JN418254

法 學 叢 書

사례중심체계

商 法 講 義 [上]

—商法總則 · 商行爲法 · 會社法—

[제 2 판]

徐 憲 濟

法 文 社

Commercial Law

Second Edition

by

Prof. Dr. Hunje Suh
Chung-Ang University

2007
Bobmun Sa
Pajubookcity, Korea

제2판 머리말

이번 개정판에서는 2003년 이후에 내려졌던 중요한 판례들을 모두 소화하였다. 우리 경제가 글로벌화됨에 따라 기업을 둘러싼 분쟁은 과거와는 비교할 수 없을 정도로 복잡하고 해결에 전문적인 지식과 경험을 요구하게 되었다. 이에 따라 중요 사례에 대해서는 사실관계와 쟁점들을 가급적 상세하게 설명하고 판결요지들도 빠짐없이 소개하였다. 한편 현재 국회에 상정되어 있는 상법개정안은 혁신적인 내용을 많이 담고 있지만 그 통과여부가 불확실하여 이번 개정판에서는 다루지 않았다.

로스쿨 법의 통과로 법학교육시스템이 근본적으로 변화를 맞게 되었다. 이에 따라 법학교재들도 새로운 시스템에 맞게 개편되어야 할 필요가 있으며, 케이스 중심의 교육에 맞는 교재 개발이 필요하다. 다만 우리의 법체제가 이론과 체계를 중시하는 대륙법계의 전통 위에 있기 때문에 미국식 케이스북만으로는 그 전반적인 이해를 돕기 위한 교과서로는 적합하지 않다고 본다.

이러한 생각 위에 저자는 오래 전부터 상법 이론과 사례를 적절하게 연결해서 입체적인 학습을 할 수 있는 이른바 사례중심체계서를 마련하여 왔다. 이러한 체계는 이론적인 교과서에 익숙하여 있던 기존의 강의자들과 학생들에게 신선한 시도로 받아들여졌지만 이제 로스쿨 시대를 맞아 더 큰 호응이 있을 것으로 기대한다.

계속되는 집중호우와 늦더위 속에서도 저자를 도와 편집과 교정 일을 맡아준 중앙대 정재곤 박사에게 감사를 드린다. 그리고 짧은 기간 내에 개정판을 마무리 해주신 법문사 관계자들에게도 감사드린다.

2007년 8월
徐 憲 濟

머 리 말

이 책은 먼저 출간된 「사례중심체계 회사법」에 총칙·상행위 부분을 추가한 것이다. '사례중심체계'의 상법 교과서를 구상하게 된 것은 상법, 특히 회사법 부분이 최근의 빈번한 법개정으로 매우 복잡하고 전문화되어 단순한 이론적인 설명만으로는 그 내용을 파악하기 어렵기 때문이었다. 주요 논점들을 사례화하여 冒頭에 제시하고 이를 중심으로 설명하게 되면 보다 생동감있고 효율적으로 그 내용을 전달할 수 있다는 것은 오랜 강의 경험을 통해 절감한 바 있다. 그리하여 판례를 기초로 사례를 재구성하고 사례에서 제시된 쟁점들을 설명부분에 삽입함으로써 보다 입체적으로 이해할 수 있는 서술체계를 채택하게 된 것이다.

이러한 기본적인 입장에서 특히 다음과 같은 몇 가지 점을 염두에 두었다. **첫째**, 제시한 사례들은 가급적 국내판례를 중심으로 하였다. 다만 판례가 없는 부분에 대해서는 우리와 비슷한 상법을 가지고 있는 일본판례를 참조하였으며 그것도 없는 부분은 가공적인 사안으로 메웠다. **둘째**, 상법의 전반적인 내용을 체계적으로 다루는 교과서에 충실하였다. 이 책은 사례중심이기는 하지만 몇몇 중요한 사례를 쟁점별로 해설해 놓은 사례집은 아니다. 따라서 사례의 해설은 따로 붙이지 않고 본문의 내용 중에 포함시켰다. **셋째**, 특정 학설이나 주장에 편중되지 않고 학설·판례를 균형있게 다루었다. 학설은 가급적 통설과 다수설 중심으로 설명하였지만 이와 견해를 달리하는 부분은 그 이유를 명시하였고, 중요한 판례는 판결문을 인용하였다. **넷째**, 학부생들의 수준에 맞는 눈높이로 가급적 쉽게 서술하였다. 일부 전문가들에게나 필요한 외국서적의 인용은 하지 않았으며 복잡한 절차나 제도에 관해서는 이를 도식화하고, 중요한 서식은 견본을 삽입하였으며, 유사한 제도에 관해서는 대비표를 만들어 제시하였다. **다섯째**, 본문의 내용을 압축한 sub-note식 방주를 달아 학습효과를 높였다. 시간에 쫓기는 수험생들에게는 매우 유용한 내용이 될 것으로 기대한다.

이 책에서는 2001년 6월말에 통과된 상법(회사법) 개정 내용을 반영하였으며 판례도 이 때까지의 것을 빠짐없이 수록하였다. 이론적인 입장에서 보면, 상법 교과서는 최소한 총칙·상행위, 회사법, 보험·해상법, 어음·수표법의 4권으로 내는 것이 타당하다고 본다. 그러나 우리 나라에서의 학습관행이 상법이 여러 권으로 되어 있는 것을 부담스러워 하기 때문에 부득이 분량이 다소 늘어나더라도 이를 上·下권으로 묶게 된 것이다.

유난히도 무덥고 습한 여름이 그 고비를 넘기고 있다. 이 더위에도 아랑곳하지 않고 방학 내내 교정과 색인작업 등 어려운 일을 도맡아 처리해 준 중앙대학교 대학원의 오영환, 고은경 조교에게 진심으로 고마운 마음을 표하고 싶다. 그리고 귀중한 시간을 할애하여 방주작업에 헌신적으로 도움을 준 최숙희양을 비롯한 중앙대학교 학부생들에게도 감사한다. 본서의 출간을 허락해 주신 법문사 배효선 사장님과 편집부, 영업부 담당자들에게도 감사의 뜻을 표한다. 무엇보다도 책을 낼 수 있는 지혜와 건강, 환경을 조성해 주신 하나님께 감사드린다.

2001년 8월

徐 憲 濟

차 례

제 1 편 商法總則

제 1 장
商法의 基礎

제 2 장
企業의 人的 組織

제 3 장
企業의 物的 組織

제 2 편 商行爲法

제 1 장
商行爲法 總論

제 2 장
商事賣買 · 相互計算 · 匿名組合

제 3 장
代理商 · 仲介業 · 委託賣買業

제 4 장
運送(周旋)業 · 倉庫業 · 公衆接客業

제 5 장
新種 商行爲

제3편 會社法

제1장
會社法 總論

제 2 장
商法上의 會社

제 3 장
株式會社의 設立

제 4 장
株式과 株主

제 5 장
株式會社의 機關

제 6 장
株式會社의 財務

제 7 장
株式會社의 構造改編과 消滅

제 8 장

合名會社·合資會社·有限會社·外國會社

부 록

찾아보기

사 례 목 차

제 1 편 商法總則

제 1 장
商法의 基礎

제 2 장
企業의 人的 組織

제 3 장
企業의 物的 組織

제 4 장
企業의 公示와 讓渡

제 2 편 商行爲法

제 1 장
商行爲法 總論

제 2 장
商事賣買・相互計算・匿名組合

제 3 장
代理商 · 仲介業 · 委託賣買業

제 4 장
運送(周旋)業 · 倉庫業 · 公衆接客業

제 5 장
新種 商行爲

제 3 편 會 社 法

제 1 장
會社法 總論

제 2 장
商法上의 會社

제 3 장
株式會社의 設立

제 4 장
株式과 株主

제 5 장
株式會社의 機關

제 7 장
株式會社의 構造改編과 消滅

제 8 장
合名會社・合資會社・有限會社・外國會社

■ 대비표 · 서식 · 그림 목록

참고서적 및 인용약어표

Ⅰ. 상법총칙 · 상행위 · 회사법(가나다순)

저 자	서 명	발행년도	인용약어
姜渭斗 · 林栽鎬	商法講義(上)	2006	강 · 임
姜 渭 斗	會社法	2000	강위(회)
金 星 泰	商法總則 · 商行爲法講論	1998	김성
金 英 鎬	商法總論	1990	김영(총)
	會社法總論	1990	김영(회)
朴 相 祚	新會社法論	1999	박상
朴 元 善	새商法(上)	1982	박원
朴 元 善 李 楨 漢	全訂會社法	1979	박 · 이
徐 燉 玨 鄭 完 溶	第四全訂 商法講義(上)	1999	서 · 정
徐 燉 玨	改正商法要論	1984	서돈
徐 廷 甲	商法(上)	1984	서정
孫 珠 瓚	第13訂增補版 商法(上)	2002	손주
孫 珠 瓚 徐 廷 甲 安 秉 洙 車 洛 勳	學說判例 註釋商法(上)	1977	주상(상)
孫 珠 瓚 梁 承 圭 李 均 成 鄭 東 潤	註釋商法(Ⅰ)	1992	주상(Ⅰ)
孫 珠 瓚 鄭 東 潤 李 均 成 李 範 燦 徐 廷 甲 安 東 燮 朴 吉 俊	註釋商法(Ⅱ-上)	1991	주상(Ⅱ-상)
	註釋商法(Ⅱ-下)	1991	주상(Ⅱ-하)

安 東 燮	商法原論	1985	안동
梁 承 圭 朴 吉 俊	商法要論(第3版)	1993	양・박
梁 承 圭	商法事例硏究(增補版)	1983	양승
李 基 秀	商法學(上)(全訂版)	1997	이기
	商法學(總則・商行爲)	2003	이기(총)
	會社法學	2002	이기(회)
李 範 燦	例解商法(上)	1988	이범
李 炳 泰	全訂商法(上)	1988	이병
李 院 錫	新商法(上)	1985	이원
李 泰 魯	判例敎材 會社法	1982	교재
李 泰 魯 李 哲 松	會社法講義(第7版)	1999	이・이
李 哲 松	商法總則 商行爲(第4版)	2003	이철
	會社法講義(第12版)	2005	이철(회)
林 泓 根	商法總則	1986	임홍(총)
	商行爲法	1989	임홍(상)
鄭 東 潤	改訂版 商法總則・商行爲法	1996	정동(총)
	會社法(第7版)	2001	정동(회)
鄭 茂 東	全訂版 商法講義(上)	1984	정무
鄭 燦 亨	商法講義(上)(第10版)	2007	정찬(상)
	會社法講義(第3版)	2003	정찬(회)
鄭 熙 喆	商法學(上)	1989	정희
鄭 熙 喆 鄭 燦 亨	第2改訂版 商法原論(上)	1997	정・정
崔 基 元	第15大訂增補版 商法學新論(上)	2004	최기
	商法總則・商行爲	1997	최기(총)
	第11大訂增補版 新會社法論	2001	최기(회)
蔡 利 植	改訂版 商法講義(上)	1996	채

II. 법령약어(가나다순)

(공증) 공증인법
(관세) 관세법
(국공) 국가공무원법
(국제사) 국제사법
(기준) 기업회계기준
(농협) 농업협동조합법
(담보사) 담보부사채신탁법
(공거) 독점규제 및 공정거래에 관한 법률
(민) 민법
(민소) 민사소송법

(법인) 법인세법
(법조) 법원조직법
(변호사) 변호사법
(보험) 보험업법
(부등) 부동산등기법
(부정경) 부정경쟁방지법
(불상) 불란서상법
(불회) 불란서상사회사법
(비송) 비송사건절차법
(사등) 공사채등록법
(상부) 상법부칙
(상시) 상법시행법
(상시규) 상법의 일부규정의 시행에 관한 규정
(상신) 상호신용금고법
(상표) 상표법
(상등규) 상업등기처리규칙
(선등) 선박등기법
(선박) 선박법
(선박안) 선박안전법
(선원) 선원법
(소득) 소득세법
(소보) 소비자보호법
(소운송) 철도소운송법
(수) 수표법

(신탁) 신탁법
(신탁업) 신탁업법
(약규) 약관의 규제에 관한 법률
(어) 어음법
(여금) 여신전문금융업법
(외감) 주식회사의 외부감사에 관한 법률
(우편) 우편법
(은행) 은행법
(일상) 일본상법
(자재) 자산재평가법
(전영) 전당포영업법
(종회) 종합금융회사에 관한 법률
(직업) 직업안정법
(증거) 증권거래법
(증투) 증권투자신탁업법
(증회) 증권투자회사법
(지공) 지방공무원법
(지자) 지방자치법
(철도) 철도법
(특허) 특허법
(파) 채무자회생 및 파산에 관한 법률
(한전) 한국전력공사법
(헌) 헌법
(형) 형법
(화류) 화물유통촉진법

제 1 편

商 法 總 則

제 1 편 총칙(제1조～45조)은 상법의 적용에 대하여 규정하고(제1조～3조), 상법의 적용범위를 기업주체의 측면에서 정하기 위해 상인개념을 규정하는 동시에 상인의 영업보조자인 상업사용인과 상인의 명칭인 상호, 상인의 공시방법인 상업등기, 상인의 계산을 위한 상업장부, 상인지위의 양도와 관련된 영업양도에 관한 규정을 두고 있다.

민법총칙이 민법의 전반에 관한 기본원칙을 정하는 것과는 달리 상법총칙은 주로 개인기업에 관한 규정이 중심을 이루고 있음을 알 수 있다. 따라서 회사기업에 관해서는 제3편 회사법이 적용되고 총칙이 적용되는 범위는 제한되어 있다.

제 1 장
商法의 基礎

개 요

상법은 실질적인 의의에 있어서는 기업에 관계하는 경제주체간의 사적 이익의 조정을 목적으로 하는 법규정의 총체이며 형식적으로는 상법전을 가리킨다. 상법은 그 규율대상이 기업인 만큼 경제현실에 민감하게 반응하는 역동적인 법으로서 합리성과 진보성을 그 특징으로 한다.

이 장에서는 상법의 의의와 역사를 살펴본 후 상법과 인접한 법분야인 민법, 경제법, 노동법, 어음·수표법과의 관계 및 상법의 경향과 특성, 상법의 법원 순으로 설명한다.

주요 내용

o 형식적 의의의 상법 — 상법전
o 실질적 의의의 상법 — 상법대상론, 기업법설
o 중세 상인법, 근대상법전의 성립, 영미 상법
o 민·상법이통일론 — 상법의 자주성
o 민법의 상화
o 상법과 경제법, 상법과 노동법, 상법과 어음·수표법
o 상법의 특성 — 자본의 집중, 노력의 보충, 위험의 분산, 유한책임
o 상법의 특성 — 영리성, 간이신속성, 공시주의, 외관주의
o 상사제정법, 상관습법, 상사자치법
o 보통거래약관 — 구속력의 근거, 내용통제, 해석원칙
o 법원의 적용순서 — 상사제정법(상관습법), 민법

제 1 절 商法의 意義

제 1 形式的 意義의 商法: 商法典

1. 意 義

형식적 의의의 상법과 실질적 의의의 상법

商法에는 다음과 같은 두 가지 의미가 있다. **첫째는**, '商法典'이라는 이름을 가진 법전을 가리키며 **둘째는**, 이론적인 측면에서 통일적으로 파악된 특별한 법영역으로서의 상법이다. 전자를 형식적 의의의 상법, 후자를 실질적 의의의 상법이라고 한다.

각국의 상법전은 역사적 특성에 따른다.

商法典은 각국의 입법정책이나 역사적 특성에 따라 가지고 있는 나라도 있고 없는 나라도 있으며 또 상법전을 가지고 있는 나라에서도 그 구성은 서로 다르다. 대개 영미법 국가에서는 不文法主義의 전통에 따라 상법전을 가지고 있지 않으나 미국은 상거래의 명확성과 각 주간의 법적용의 통일성을 기하기 위하여 방대한 내용의 統一商法典(Uniform Commercial Code: UCC)을 두고 있다. 한편 대륙법계 국가들은 대부분 상법전을 가지고 있으나 후술할 民·商二法 統一論에 의거하여 民法典 이외에 商法典을 따로 두고 있지 않은 나라(스위스·이태리·중국)도 있다.

2. 構 成

현행 상법전은 제1편 총칙, 제2편 상행위, 제3편 회사, 제4편 보험, 제5편 해상의 5개편으로 구성되어 있다.

우리 나라는 대륙법계국가의 전통적인 입장에 따라 독립된 상법전을 가지고 있다. 즉 1962년 1월 20일 법률 제1000호로 '商法'을 제정·공표하였으며 이후 1984·1991·1995·1998·1999 및 2001년에 각각 개정한 바 있다. 현행 商法典은 總則·商行爲·會社·保險·海商의 5개편으로 구성되어 있다. **제1편 總則**(제1조~45조)은 상법의 적용에 대하여 규정하고, 상법의 적용범위를 기업주체의 측면에서 정하기 위해 商人概念을 규정하는 동시에 상인의 영업보조자인 商業使用人과 상인의 명칭인 商號, 상인의 공시방법인 商業登記, 상인의 계산을 위한 商業帳簿, 상인지위의 양도와 관련된 營業讓渡에 관한 규정을 두고 있다.

제2편 商行爲(제46조~168조)는 상법의 적용범위를 기업활동 측면에서 정하기 위해 商行爲 槪念을 정립한 후 상행위의 종류와 그 특칙을 정하고, 상인이 영업을 위하여 이용하는 특수한 제도인 相互計算과 匿名組合, 보조상의 유형인 代理·委託賣買·仲介 및 특수한 상행위 유형인 運送(周旋)業·公衆接客業·倉庫業에 관한 규정을 두고 있다.

제3편 會社(제169조~637조)는 우선, 회사의 개념과 종류를 정하고 회사의 성립시기나 해산명령과 같은 모든 회사의 공통적인 문제에 대하여 규정하고 있다. 이어 合名會社·合資會社·株式會社·有限會社별로 설립으로부터 존속·해산·청산에 의한 소멸에 이르기까지 여러 단계에 있어서 會社와 그 구성원인 社員을 둘러싼 법률관계를 규정하고 있다.

제4편 保險(제638조~739조)은 기업적 생활관계에서 발생하는 위험을 분산하여 이를 비용화하는 보험제도에 있어서, 보험자와 계약자간의 다양한 법률관계를 규정하고 있다. 원래 보험업도 상행위의 일종으로서 商行爲編에서 이를 규정해야 할 것이나 그 법리의 특수성과 분량 등을 고려하여 별도의 편으로 구성하고 있다.

제5편 海商(제740조~874조)은 해상기업의 조직과 활동을 규정하고 있다. 해상기업도 기업의 일종으로서 그 조직과 영업활동에 관하여는 總則이나 商行爲編이 적용되어야 하지만 바다라는 활동무대와 船舶이라는 기업수단의 특성이 반영되어 일찍부터 육상기업과는 별개의 법적 규제를 받아 왔다. 이에 따라 현행 상법도 별도의 편으로 해상기업에 관한 규정을 두고 있는 것이다.

3. 問 題 點

이와 같이 상법이 5개편으로 구성되어 있지만 체계적인 측면에서 볼 때 과연 타당한 입법방식인가에 대해서는 의문이 제기되고 있다. 즉 상법의 각 편은 民法의 각 편이 가지고 있는 체계적인 일관성이나 관련성이 없음에도 불구하고 이를 인위적으로 하나의 법전으로 묶어두고 있는 것으로서 타당하지 않다는 것이다. 가령 제1편 總則은, 民法總則編이 민법의 전반에 관한 기초적인 법원칙과 개념을 정하는 그야말로 '총칙'임에 비해, 주로 개인기업에 관련된 제한적인 규정만을 두고 있어 회사기업에 대하여는 거의 적용될 여지가 없다. 또 제4편 保險과 제5편 海商은 제2편 商行爲와 별도의 편제로 되어 있으나 오늘날 상행위의 유형중에서 은행·증권·라이센스 등과 같이 보험이나 해상보다 훨씬 중요성을 가지는 많은 상행위가 있음에도

상법이 총5개편으로 구성되어 있지만 이러한 입법방식에 대해서는, 체계적인 측면과 이론적인 연관성 및 실무적인 편의성 측면에서 의문이 제기되고 있다.

불구하고 유독 이들만을 별도의 편으로 하여 상법에 포함시킨 것은 연혁적인 의미를 제외하고는 설득력이 없다.

나아가 상법의 각 편은 이를 하나의 法典으로 묶어두어야 할 이론적인 연관성이나 실무적인 편의성도 거의 없다. 특히 제3편 會社, 제4편 保險, 제5편 海商은 다른 부분과의 연계성이 거의 없다는 측면에서 통일적인 법전 속에 한데 묶어두는 것이 무슨 의미가 있는지 의문이다. 이에 따라 영미법계 국가에서는 물론이고 우리와 같은 대륙법계에 속하는 독일·프랑스·일본 등에서도 株式法·保險契約法·國際海上運送法 등을 상법과는 별개의 법으로 독립시키고 있는 것이다.

제 2 實質的 意義의 商法

1. 概 觀

실질적 의의의 상법의 필요성

形式的 意義의 商法, 즉 商法典안에는 商事에 관한 규정이 대부분을 차지하지만 그 이외에 행정적·형사적·절차적 규정들도 다수 포함되어 있다. 가령 商號假登記에 관한 규정이라든지, 회사의 벌칙규정, 회사소송에 관한 규정 등이 이에 속한다. 또한 상사에 관한 규정은 상법전에만 있는 것이 아니라 다른 많은 特別法에 산재해 있다. 이리하여 상법전이라는 형식에 구애되지 않고 이론적 입장에서 통일적으로 파악한 특별법 영역으로서 상법의 개념정립이 필요하며, 이를 實質的 意義의 商法이라고 한다.

상법대상론은 상법의 대상인 생활관계의 내용을 통일적으로 파악하려는 이론적 시도이고 민법에 대한 상법의 자주성을 인정하는 근거이다.

그러나 상법전의 내용을 살펴보면 매우 복잡다기하고 단편적인 규정들이 뒤섞여 있어 과연 통일적으로 파악할 수 있는 법영역으로서의 상법, 즉 실질적 의의의 상법이 존재하는가에 대하여는 의문이 제기되지 않을 수 없다. 이러한 상법의 존재 여부는 상법의 규율 대상인 생활관계가 다른 법, 특히 민법의 규율대상인 생활관계와 구별될 수 있는 특성을 가지고 있으며 또 그 내용을 통일적으로 파악할 수 있는지에 달려 있다고 하겠다. 상법의 대상인 생활관계의 내용을 통일적으로 파악하려고 하는 이론적 시도를 商法對象論이라고 하며 민법에 대한 상법의 自主性을 인정하는 근거가 되기도 한다.

2. 商法對象論

(1) 고유의 상과 법률적 상

실질적인 측면에서 볼 때 상법은 '商' 또는 '장사'에 관한 법이라고 할 수 있다. 원래 장사라고 하면 생산자와 최종 소비자의 중간에서 상품과 용역을 매개하고 중간 마진을 얻는 업을 말한다. 즉 싸게 사서 이윤을 붙여 비싸게 파는 것이 장사이며 이를 '固有의 商' 또는 '경제적인 상'이라고 한다. 그러나 싸게 사서 비싸게 팔기 위해서는 재화의 장소적 이전이나 시간적 간격의 극복이 필요하고 따라서 운송업·창고업이 상에 포함되게 되었으며 나아가 상품의 장소적·시간적 이전에 따르는 위험의 분산이나 금융의 부담을 완화시키기 위한 금융업·보험업 등도 추가되었다.

실질적 측면에서 장사를 의미하는 '고유의 상'과 더욱 확대된 상인 '법률적 상'에 대한 하나의 통일적 체계를 찾으려는 여러 견해가 등장했다.

그러나 오늘날에 와서는 이에서 더욱 확대되어 고유의 상과는 직접적인 관련이 없어 보이는 제조업이나 1차 산업까지 포괄하게 되고 이렇게 확대된 상을 '法律的 商'이라고 한다. 문제는 이렇게 다양하게 확대된 법률적인 商을 하나의 통일적인 체계로 묶을 수 있는 것인지, 또 있다고 한다면 그 계기는 무엇인지 하는 점이다. 이에 관해서는 과거에 여러 가지 견해가 제시되었지만 오늘날에는 기업법설이 통설로 확립되면서 학설 대립은 그다지 큰 의미는 없다.

(2) 학 설

1) 내용적 파악설 　상법의 대상인 생활관계의 내용을 업무의 종류로부터 실질적·직접적으로 파악하려는 방법으로서 고유의 상과의 관련성에서 설명하는 견해이다. 여기에는 **첫째로**, 발생사적인 관점에서 법률상의 상은 고유의 상으로부터 역사적·순차적으로 분화하여 발전한 것이라는 史的關聯說이 있다. 그러나 이러한 역사적 증명 자체가 곤란하고 이를 증명할 수 있다고 하여도 이로써 법률상의 상을 논리적·통일적으로 파악할 수 있는 계기가 마련되었다고 할 수 있는지는 의문이다. **둘째로**, 법률상의 상과 고유의 상을 기능적으로 관련시키는 機能的 關聯說이 있다. 즉 고유의 상이 직접 재화의 전환을 매개하는 것임에 대해 보조상은 간접적으로 재화의 전환을 매개하는 것이라고 한다. 그러나 이 견해에 의하면 제조업·금융업과 같이 재화의 전환과는 직접 관련이 없는 업까지 포괄하지 못한다는 점에서 한계를 보이고 있다.

상법의 대상인 생활관계를 고유의 상과의 관련성에서 설명하는 견해이다. 사적 관련설과 기능적 관련설이 있다.

상법의 대상인 생활관계를 외형적인 성격에 착안하여 파악하는 견해로 상적 색체설이 대표적인 견해이다.

2) 성격적 파악설 다양하게 확대된 상을 내용적인 측면에서 통일적으로 파악하는 것이 불가능하다고 보고, 그 외형적인 성격에 착안하여 파악하려는 견해이다. 이러한 견해 중에는 商的 色彩說이 가장 대표적이다. 상적 색채라고 함은 상법상 생활관계의 集團性 및 個性喪失을 의미하고 그 특색은 전문화된 영리활동인 투기매매로부터 연역된 것이라고 한다. 가령 동일한 매매에 관한 규정을 상법과 민법이 별개로 두고 있는데 내용적으로는 양자를 구별할 수 없지만 행위의 외형적 특성에서 볼 때 민법의 매매는 일회성·우연성을 가지고 개성이 뚜렷한 반면 상법의 매매는 대량적·집단적으로 이루어지고 개성 상실이라는 商的 色彩가 나타난다는 것이다. 따라서 이러한 상적 색채가 나타나는 생활관계인 商은 민법의 규율대상과는 구별되고 따라서 상법은 민법과는 독립적으로 존재할 필요가 있다는 것이다. 이 견해는 상법의 대상인 생활관계를 직접적·적극적으로 확정하는 것을 포기하고 상법의 성격론으로 시종하고 있다는 점에서 비판을 받고 있다.

상법의 대상을 기업이라는 개념으로 통일적으로 파악하려는 견해로서 현재의 통설이다.

3) 기업법설 위에서 본바와 같이 상법의 대상을 내용적인 측면 또는 형식적인 측면의 어느 한쪽만으로 파악하려는 견해는 한계를 가지고 있다. 그러므로 이를 종합하여 상법의 대상을 企業이라는 개념으로 통일적으로 파악하려는 견해가 독일의 K. Wieland에 의해 제창된 企業法說이다. 기업이 무엇인가에 대해서는 견해가 구구하지만 자본주의 경제조직에 있어서 일정한 계획에 따라 계속적 의도로서 영리활동을 영위하는 독립한 경제단위라고 할 수 있다. 이 설에 의하면 상법의 대상은 조직과 활동의 양측면에 있어서 직접적·적극적으로 확정될 수 있으며 상법의 특성도 충분히 파악할 수 있으므로 현재 국내의 통설로 되고 있다. 다만 기업은 경영학적 개념으로서 법적 주체성을 인정받고 있지 못하기 때문에 상법의 대상을 기업으로 하는 것에 반대하고, 상법은 商人에 관한 법이라는 일부 견해가 있다(최기6, 이기(총)14~15).

법률이 형식적으로 상이라고 정하는 것을 상법의 대상이라고 한다.

4) 통일적 파악을 포기하는 견해 法律上 商에 대하여 개괄적인 정의를 내리는 것을 불가능하고 또 무용한 것으로 보고 법률이 형식적으로 商이라고 정하는 것을 상법의 대상이라고 한다. 이 설에 의하면 상법은 여러 종류의 법률제도 및 법률규정을 법전의 형식으로 총괄하고 있는 것에 불과한 것이며 결국 상법의 자주성을 부정하게 된다.

3. 定　　義

통설인 기업법설에 입각하여 실질적 의의의 상법을 정의하면, 商法은 '기업에 관계하는 경제주체간의 사적 이익의 조정을 목적으로 하는 법규정의 총체'라고 할 수 있다.

(1) 기업에 관한 법규

앞에서 본 바와 같이 기업이란 일정한 계획에 따라 계속적 의도로서 영리활동을 영위하는 독립한 경제단위라고 할 수 있다. 기업은 자본주의 경제에서 생산과 유통을 담당하는 핵심적인 경제단위로서 영리성을 추구하기 위해 합리성의 바탕위에서 일반 私人들에게서는 찾아볼 수 없는 특유한 조직을 바탕으로 경제활동을 영위하는 것이므로, 특별한 법적 규율이 필요한 것이다.

일반사인의 영리활동에 비해 기업의 경제활동의 특수성이 인정된다.

(2) 기업에 관한 이익조정에 관한 법규

기업적 생활관계에 적용되는 법은 상법이외에도 民法이나 訴訟法·刑法 등 다양하다. 따라서 이들과 상법이 구별되는 것은 상법은 기업에 관련된 제 주체의 私的 利害關係의 조정을 목적으로 하는 법이라는 점이다. 자본주의 경제체제에서 가장 핵심적인 경제단위인 기업에서는 기업의 구성원인 사원·경영층인 이사·사용인·채권자·소비자 등 다양한 주체의 이해관계가 부딪치게 되는데 상법은 이들간의 사적 이해의 조정을 목적으로 하는 법이다. 즉 상법은 기업의 조직과 활동에 관련한 개개 주체간의 권리의무관계를 규율하는 법의 총체라고 할 수 있다.

상법은 기업에 관련된 제 주체의 사적인 이해관계의 조정을 목적으로 하는 법이다.

(3) 법규의 총체

국내의 통설은 상법은 기업의 특유한 법규의 총체로서 사법뿐 아니라 공법적인 규정도 포함하는 것으로 본다(서·정7, 손주7, 서정22, 최기6, 양·박19, 정찬(상)10). 상법을 기업에 관련된 제 주체간의 사적이해관계 조정에 관한 법규라고 볼 때에는 私法的 規定이 그 대부분을 차지하게 되지만 기업이 국민경제에서 차지하는 비중과 영향력이 커지면서 기업에 관련된 이해관계의 조정을 순수히 사법적 규정에만 맡겨두는 것은 타당하지 않다. 이에 따라 개개의 경제주체간의 이익조정을 꾀하는 데 필요한 법적 규율을 행하는 公法的 法規도 예외적으로 상법에 포함된다고 할 것이다. 종업원지주제도라든가 노동자의 경영참여에 관

실질적 의의의 상법은 사법뿐만 아니라 공법적인 규정도 포함하는 것으로 보는 것이 통설이다.

련된 규정, 부정경쟁방지에 관련된 규정들이 이러한 예에 속한다.

4. 存在形式

실질적 의의의 상법은 商法典·特別法·慣習法 등 여러 형태로 존재한다.

(1) 상법전과의 관계

형식적 의의의 상법과 실질적 의의의 상법이 일치하는 것은 아니다.

실질적 의의의 상법을 기업에 관련된 주체의 이익을 조정하는 법으로 보게 되면 형식적 의의의 상법인 상법전과 실질적 의의의 상법은 그 대상에 있어서 반드시 일치하는 것은 아니다. 실질적 의의의 상법에 속하면서 상법전으로부터 제외되어 있는 것으로는 농업 등 원시산업이나 의사·변호사·예술가 등의 자유직업이 있다. 또 프로젝트 파이낸스와 같은 새로운 유형의 상행위에 관해서도 상법전이 미쳐 현실을 따라가지 못함에 따라 규정의 대상에 빠져 있는 것도 많다. 또 상법전에는 실질적 의의의 상법에 포괄되지 않는 다수의 절차적·형식적 규정이 포함되어 있음은 앞에서 언급한 바 있다.

(2) 특별법·관습법 등

실질적 의의의 상법은 그 주요 부분이 상법전 안에 규정되어 있지만 상법전 만으로는 이를 모두 수용할 수 없기 때문에 다수의 특별법·상사조약이나 관습법·자치법의 형태로 존재하게 된다. 이에 관해서는 商法의 法源에서 다시 설명하기로 한다.

제3 商法의 歷史

현행 상법은 우리 나라에 고유한 것은 아니고 외국으로부터 繼受한 것으로서 그 연혁은 다음과 같다.

1. 古　代

일반사법에 대해 독립한 특별

상법상의 여러 제도의 기원은 명확하지는 않다. 기원전 18세기의 세계에서 가장 오래된 법전으로 알려진 바빌로니아의 함무라비 법전에도 이미 매매·임치·운송·코멘다와 유사한 공동기업 등에 관한 상사규정이 존재하고 있다고 한다. 그리스와 로마시대에도 은행·해상 등 상사제도가 발달한 것으로 알려지고 있지만 당시에는 일반사법이 원칙적으로 상거래에도 적용되었기 때문에 상인법으로서의 상법은 존재하지 않았다. 그러한 의미에서 일반사법에 대해 독립한 특별법으로서의 상법이 성립한 것은 중세 이후라고 할 수 있다.

법으로서의 상법이 성립한 것은 중세 이후이다.

2. 中世의 商人法

9세기경부터 이탈리아를 중심으로 하는 지중해연안과 서유럽에 상업도시가 발달하였고 이들 도시에서는 상인에 특유한 특별법이 형성되었다. 당시 시행되었던 후기 로마법은 거래에 대한 많은 제한적 규정을 포함하고 있었고 또 로마법에 대항하여 침투한 게르만법은 농민적인 법제이었기 때문에 그 어느 것도 자유로운 상거래를 위한 법이 되지는 못하였다. 이러한 배경하에 발달한 商人法(*lex mercatoria*)은 주로 관습법으로부터 유래한 것이었고 상인간에서만 적용되는 상인계급법인 동시에 도시법이라는 지역적인 한계를 가진 법이었다. 그러나 상거래의 수요에 응한다는 공통의 기초위에 성립된 것이기 때문에 그 내용은 대체로 동일하였다. 상호·상업장부·상업등기·상호계산·익명조합·어음·선하증권 등 현대 상법상의 여러 제도 중에는 이 시대에 성립한 것이 적지 않다.

관습법으로부터 유래한 상인법이 현대 상법의 모체가 되었다.

3. 近代 商法典의 成立: 대륙법계 국가

근대적인 상법전은 1807년에 나폴레옹에 의해 제정된 프랑스 상법전에서 시작한다. 이 법전은 봉건적 구제를 타파한 프랑스 혁명직후의 입법으로서 당시 평등사상의 영향에 기해, 종래 상인계급을 위한 계급법으로서의 상인법의 개념을 부정하고 대신 상법을 일정한 상행위에 관한 법으로 하고, 상행위를 영업으로 하는 자를 상인으로 규정하였다. 프랑스 상법전을 모범으로 하여 1861년에 제정된 독일의 보통상법전(구상법전)도 마찬가지로 상사법주의를 채택하였다.

1807년 프랑스 상법은 상행위 개념을 기초로 한 근대상법의 효시이다.

그 후 독일에서는 1897년에 신상법전이 제정되고 1900년부터 민법전과 동시에 시행되었다. 독일 신상법은 구상법전 이후의 경제발전을 고려하여 종래 프랑스 상법전에서부터 시작된 절대적 또는 객관적 상행위라는 개념

1897년 독일상법전은 상인법주의에 입각한

대륙법계 상법의 모법이다.

을 폐지하고 대신 상법을 상인의 영업에 관한 특별법으로서, 중세에 있어서와는 다른 의미에서의 상인법주의를 실현하기에 이르렀다. 이들 프랑스 및 독일상법은 다른 대륙법계 국가의 입법에 모범이 되었는데 우리 상법도 이 계보에 속한다.

4. 英美法系 國家의 商法

영미법은 민사와 상사의 구별이 없다.

영국과 미국은 원래 不文法 국가로서 상법도 보통법(common law)과 형평법(equity)으로 불리우는 관습법에 기초를 두고 있다. 영미법에서는 민사와 상사의 구별이 없이 사법관계가 규율되고 있는 것이 특징이다. 그러한 의미에서 영미법계 국가의 상법은 대륙법계와는 다른 독자적인 발전과정을 거쳐 왔는데 이들 국가에서도 19세기 후반 이래로 거래상의 필요로부터 개별적인 상사제도에 관한 다수의 제정법이 나타나기에 이르렀다.

상법의 세계적 통일 현상이 나타나고 있다.

그러나 현대 경제사회의 확대와 국제화가 진전됨에 따라 이와 같은 법체계의 구별은 점차 의미를 잃어가고 있다. 이리하여 1930년의 어음통일조약을 시작으로 많은 분야에서 통일법이 제정되고 있다. 특히 유럽에서 EU의 발전은 이러한 경향을 더욱 가속화하여 현재 회사법을 위시하여 상사분야의 주요사항이 거의 전부 통일되어가는 현상이 나타나고 있다.

제 2 절 商法의 地位

상법은 기업에 관련된 모든 법을 포괄하는 것이 아니고 기업에 관련된 각 경제주체의 이익 조정을 목적으로 하는 법이다. 이 점에서 상법은 기업에 관련된 다음의 여러 법들과 구별된다.

제 1 商法과 民法

商法은 民法의 特別法이다. 즉 민법의 재산법 분야만을 한정해 보면, 민법은 일반인의 경제생활관계를 규율함에 비해 상법은 경제활동 중 특수한 형태인 기업적 법률관계를 규율대상으로 한다. 이와 같이 양법이 특별법과 일반법의 관계에 있기 때문에 기업적 관계에 대해서는 민법에 우선하여 상법이 적용되므로, 상법의 적용대상을 획정하기 위한 기준의 정립이 필요하다. 이에 따라 상법은 商人과 商行爲라는 두 개념을 규정하고 있다.

민법과 상법의 관계에서는 적용범위의 차이, 상법의 자주성, 민법의 상화 현상이 문제된다.

민법과 상법의 관계에서는 이러한 형식적인 적용범위의 차이 외에도 과연 상법이 민법으로부터 독립하여 존재할 수 있는가 하는 商法의 自主性이 民·商二法統一論과 함께 논의되고 있으며 민법이 상법의 법리를 닮아가는 民法의 商化 현상도 문제된다.

1. 民·商二法 統一論과 商法의 自主性

(1) 통일론의 논거

民·商二法 統一論은 민법전과 상법전을 하나의 법전으로 통일해야 한다는 입장이다. 이는 원래 법전 편찬상의 논의이지만 그 근저에는 상법의 자주성을 부정하는 입장이 깔려 있다. 그 논거는 다음과 같다.

민·상이법 통일론은 상법의 자주성을 부정하는 입장이 전제되어 있다. 통일론은 상법은 상인단체의 법으로서 상인의 이익을 위한 법

첫째, 상법은 중세에 있어서 상인단체의 법으로 발달한 것이지만 현재 상법규정의 대부분은 일반생활관계에 적용할 수 있음에도 불구하고 민법전과 별개로 상법전을 존치시키는 것은 연혁적인 이유를 제외하고는 이론적 근거가 없다.

이므로 민법과 분리하여 둘 필요가 없다고 한다.

둘째, 민법과 상법의 적용을 받은 사항을 구별할 정확한 기준이 없기 때문에 양법전을 병존시킬 경우에는 법적용상의 곤란과 그로 인한 법적 안정성을 해한다. 즉 현재 상법전의 적용기준으로 되어 있는 商人이나 商行爲 개념이 불명확함에도 불구하고 어느 법전을 적용하느냐에 따라 그 결과는 현저히 달라지기 때문에 법적용상의 혼란이 생길 수 있다.

셋째, 상법전은 대기업자의 이익을 보호하기 위한 계급법으로서 이를 존치시킨다는 것은 일반시민의 이익의 희생시키면서 대기업만을 보호하게 된다.

넷째, 양법전을 병존시키면 사법전체로서의 통일적인 이론형성이나 발전이 방해를 받게 된다(정희40, 정동(총)23 外).

이상이 통일론의 주된 논거이며 실제 1911년의 스위스채무법, 1929년 중국민법전, 이탈리아 민법전 등이 이에 입각한 입법례이다.

(2) 통일론에 대한 비판

분리론은 상법이 상인 계급을 위한 법이 아니라 기업적 생활관계의 특수성을 반영한 것이므로 민법과는 독자적으로 존치해야 한다고 본다.

이러한 통일론에 대하여 상법의 자주성을 인정하는 입장에서는 다음과 같이 비판한다.

첫째, 상법전의 존치는 종래의 상인단체의 법을 그대로 답습하는 것이 아니라, 일반적인 생활관계와 구별되는 기업적 생활관계에 대해서는 일반법인 민법으로는 규율할 수 없는 특수성이 있기 때문에 이를 위한 특별법으로서의 상법이 필요하다. 즉 실질적으로 민상 2법을 통일할 수 없다면 법전편찬에 있어서도 이를 하나의 법전으로 통일하는 것보다는 별개의 법전으로 존치시키는 것이 타당하다.

둘째, 법적용의 곤란은 주로 상행위와 총칙부분의 근소한 규정에 대하여 발생하는데 불과하기 때문에 입법기술적으로 극복할 수 있는 것이다.

셋째, 상법전의 존치가 대기업자에게만 이익이 된다고 하지만 이는 상법전의 존부와는 관계없는 정치적인 문제이고 법전의 통일에 의해 해결할 수 있는 사항은 아니다.

넷째, 사법이론의 통일적 발전 문제는 학자들의 연구태도에 의해 시정될 수 있는 것이지 반드시 법전의 통일과는 직접 관련이 없다.

이와 같이 통일론이 내세우는 근거는 대부분 설득력이 없으므로 상법의 자주성을 인정하는 바탕 위에 서 있는 분리론이 타당하다고 본다.

(3) 분리론과 상법해체론

민법전과 상법

민법전과 상법전을 분리해야 한다는 것은 반드시 상법을 하나의 법전으로 그 전부를 묶어 편찬해야 한다는 것을 의미하지는 않는다. 상법은 기업에 관한 법으로서 경제현실의 끊임없는 발전에 보조를 맞추고 또 국제적인 통일성을 기할 필요가 크기 때문에 민법에 비해 빈번한 개정이 요구된다. 또 상법의 각 부분별로 이러한 필요성은 그 정도가 서로 달리 나타난다. 따라서 상법의 자주성을 인정하고 이를 민법과는 별개의 법전으로 존치시켜야 한다는 입장을 취하면서도 상법전을 각 부문별로 해체하여 회사법·보험법·해상법 등 단행법 체제로 해야 한다는 주장은 반드시 배치되는 것은 아니다. 또 단행법적인 입법방식의 채용으로 상법전이 폐지되어도 실질적 의의의 상법의 자주성을 손상시키는 것은 아님은 물론이다.

전의 분리와 상법해체론이 반드시 배치되는 것은 아니다.

2. 民法의 商化

(1) 민법의 상화 현상

민법과 상법이라는 두 법의 경계는 항상 고정되어 있는 것은 아니기 때문에 이를 동적으로 관찰하면 민법이 점점 상법을 닮아가는 民法의 商化 현상을 발견할 수 있다. 민법의 상화라고 할 때에는 다음과 같은 두 가지 의미를 가지고 있다. **첫째는**, 특별법인 상법상의 제도 내지 규정에 있던 것이 일반법인 민법에 점차 채용되는 것으로서, 가령 계약자유의 원칙이나 動產의 善意取得 등이 그 예이다. **둘째는**, 처음에 민법에 속하여 있던 제도나 규정이 상법으로 이관되는 것으로서, 상행위 이외의 행위를 목적으로 하는 영리법인(民事會社)은 처음에는 민법에 속한 것이었지만 후에 상법상의 회사로 인정된 것이 그 예이다.

민법의 상화는 상법상제도가 민법에 점차 채용되는 것과 민법에 속했던 제도가 상법으로 이관되는 것을 말한다.

첫 번째 의미의 민법의 상화현상은 진보적인 상법상의 제도나 규정이 일반인들의 경제생활 발전에 따른 합리적인 법적 규율의 요청으로 인하여 민법에 도입된 것이다. 두 번째 경우는 본래 상법에 속했어야 하는 제도가 제자리를 찾아간 것에 불과하고 따라서 이는 민법의 상화라기 보다는 민법의 순화라고 할 수 있다.

(2) 민법의 상화와 상법의 자주성

민법의 상화 내지 상법의 일반화현상에 의해 상법은 민법에 대하여 자주성을 상실하고 그 존재의의를 상실할 가능성이 제기될 수 있다. 그러나 민법 중 가족법분야는 상화될 수 없음은 물론이고 재산법 분야에 있어서도 일정한 한계가 있다. 또 상법은 그 합리적인 정신에 따라 거래 현실에 즉응

민법의 상화가 일정분야에서 이루어지더라도 상법의 고유영역은 유지

될 수 있다.

하는 새로운 제도를 끊임없이 창출함으로써 그 영역을 확대해 나가고 있기 때문에 민법의 상화가 일정분야에서 이루어지더라도 상법의 고유영역은 계속 유지될 수 있는 것이다. 이에 따라 민법과 상법은 그 경계를 이동하면서 여전히 병존하고 있다.

제2 商法과 經濟法

1. 經濟法의 意義

경제법은 시장에서의 경쟁질서를 보호하기 위한 법으로서 독점금지법(공정거래법)이 중심이다.

經濟法은 국가가 국민경제 전체를 정당하게 질서지우기 위해 경제를 규제하는 법규범과 법제도의 총체라고 할 수 있다(권오승,「經濟法」, 13). 우리 나라는 市場經濟를 기본으로 하고 있으므로 기업을 포함하여 여러 경제주체 상호간의 활동은 시장에 의해 조정되는 것을 원칙으로 한다. 따라서 시장에서의 경쟁질서가 獨占이나 기타 不公正行爲에 의해 왜곡되는 경우 이를 국가경제 전체적인 차원에서 시정하기 위한 개입과 간섭이 필요하며 이를 위한 법규범이 경제법인 것이다. 이와 같이 시장경제를 기본으로 하는 나라에서는 시장의 기능을 유지하기 위한 법인 獨占禁止法이 경제법의 핵심을 이루며 이외에도 시장의 실패를 교정하거나 보완하기 위한 법들인 중소기업법·소비자보호법·개별산업규제법 등이 경제법의 내용이 된다.

2. 商法과의 關係

상법과 경제법의 관계에 대해서, 통설은 상법은 미시적인 법임에 대해 경제법은 거시적인 규범이라고 하여 경제법의 독자성을 인정한다.

경제법이 시장질서를 유지하기 위한 법인만큼 시장질서 형성에 핵심적인 역할을 수행하는 기업이 동법의 주요 규율 대상이 되는 것은 당연하다. 이에 따라 기업법인 상법과 경제법은 어떠한 관계에 있는가 하는 점이 문제된다. 이에 관해서는 경제법의 독자성을 부인하고 경제법이 상법에 발전적으로 포괄되어야 한다는 견해와 상법을 기업법으로 확대하고 경제법을 기업법에 포함시켜야 한다는 견해로 나누어진다. 국내에서도 양자의 차이를 인정하면서 상법에 잠재하는 사회성·규제성 원리의 내재적인 발현을 인정한다면 법체계의 진화에 있어서 마찰을 적게 하기 위하여 일시적으로 새로운 법분과로 인정된 경제법은 상법으로 흡수되어야 할 것이라는 소수설이 있다(서·정19~20, 서돈19~20, 최기12). 그러나 통설은 상법은 개개의 경제주체간의 사적 이익의 조정을 규정하는 미시적인 법임에 대해 경제법은 시장경제라는 구조적인 틀에 관한 거시적 규범이라는 점에서 규제이념과 규제수단 등에서 차이를 보이고 있기 때문에 경제법의 독자성을 인정해야 한다고 본다(정찬(상)19).

이리하여 상법과 경제법은 동일한 사항에 관하여도 서로 다른 이념과 다른 각도에서 접근하고 있음을 알 수 있다. 가령 기업결합의 형태인 合併에 대하여 보면, 상법은 합병이라는 제도를 기업의 이윤창출을 위한 바람직한 제도로 보고 합병을 장려하는 한편, 합병에 관련된 여러 주체들간의 이해관계를 균형있게 조정하기 위한 상세한 실체적·절차적 규정을 두고 있다. 그러나 공정거래법은 합병, 특히 시장지배적인 지위에 있는 기업들간의 합병은 독점력을 확대하여 경쟁질서를 왜곡시킨다는 견지에서 경쟁제한적이거나 불공정한 방법에 의한 기업결합을 금지시키고 있으며 이를 감시할 수 있는 여러 규정을 두고 있다. 따라서 양자는 서로 다른 측면에서 보완하면서 경제질서가 유지될 수 있도록 한다는 측면에서 독자성을 인정하는 견해가 타당하다고 본다.

상법과 경제법은 동일사항에 관하여도 접근방법이 다르므로 경제법의 독자성을 인정하는 견해가 타당하다.

제 3 商法과 勞動法

1. 區 分

기업은 물적 資本과 인적 勞力을 유기적으로 결합하여 영리를 추구하는 주체이므로 기업적 법률관계에 있어서는 인적 보조자에 관련 사항이 중요한 부분을 차지한다. 이러한 인적 노력의 보완에 관련되는 법으로는 商法과 勞動法이 있는데 상법은 인적 보조의 문제를 대외적인 거래법적 측면에서 접근하여 보조자의 활동을 통해 기업적 거래관계의 확대를 모색하고 있다. 이에 따라 상법의 주요 관심은 보조자의 권한범위와 거래상대방의 신뢰보호에 두고 있다.

상법은 인적보조의 문제를 대외적인 거래법적 측면에서 접근하는데 비해서 노동법은 사회정책적인 측면에서 접근하고 있다.

이에 비해 勞動法은 기업보조자의 노동자로서의 권익보호라는 사회정책적 측면에서 접근하고 있다. 즉 기업주에 비해 상대적인 열세에 있는 노동자들의 단결권과 단체교섭권·단체행동권을 보장하고 근로기준의 최저한을 정함으로써 기업보조자로서의 노동자들의 생존권을 보장하고 있는 것이다.

2. 兩者의 관련

상법과 노동법의 접근 경향에 따라 종업원 지주제도, 기업구조 개편시 사용인의 지위보장이 중요하다.

이와 같이 동일한 기업의 인적 보조에 관해 서로 다른 측면에서 접근하고 있는 상법과 노동법은 기업에서 안정적인 노동의 공급이 중요시됨에 따라 점차 접근하는 경향을 보이고 있다. 또 노동자대표의 회사경영의 참여를 실현시킨 독일의 共同決定法이라든가 從業員持株制度와 같은 양법의 접점에서 발생하는 많은 문제가 있다. 나아가 회사의 합병이라든가 영업양수와 같은 기업의 구조조정과정에서 기업에 소속된 노동자들의 지위보장이 중요한 사회적 문제로 되고 있다.

제 4 商法과 어음·手票法

실질적인 의의에 있어서도 어음·수표법은 상법과 분리되는가 하는 점에 대해서, 통설은 어음·수표법은 상법의 일부라고 할 수 없다고 본다.

어음·手票法은 어음·수표거래에 관한 법률관계를 정하는 사법법규를 말한다. 유가증권 중 株券이나 화물상환증·선하증권·창고증권 등에 관해서는 상법에 규정을 두고 있는 것과는 달리 완전유가증권인 어음·수표에 관해서는 상법전과는 별개의 단행법으로서 어음법 및 수표법이 존재한다. 이에 따라 실질적인 의의에 있어서도 어음·수표법은 상법과 분리되는 여부가 문제된다.

국내의 통설은 商法은 기업적 생활관계를 규율하는 법이고, 어음·수표법은 지급결제를 위한 수단으로서 이용되는 어음과 수표에 관한 법이므로 이를 상법의 일부라고 할 수는 없다고 한다(정찬(상)20). 즉 어음·수표는 반드시 기업에서만 이용하는 것이 아니고 가계수표, 자기앞수표와 같이 일반인들도 널리 이용하는 것이기 때문에 어음·수표법을 기업법의 일부로 할 필요가 없는 것이다. 그러나 연혁적으로는 어음·수표는 상인들에 의해 개발되어 이용되었고, 또 프랑스 상법과 같이 입법례에 따라서는 이를 상법전의 일부로 포함시키는 경우도 있다. 우리 상법은 어음행위를 형식적으로도 상행위로 규정하고 있지 아니하므로 어음·수표법은 실질적으로나 형식적으로나 상법과는 독립된 법이라 할 것이다. 다만, 강학상으로는 어음·수표법을 상법의 한 분야로 다루고 있는 실정이다.

제 3 절 商法의 特性과 傾向

제 1 商法의 特性

1. 企業法으로서의 特性

상법은 기업생활관계를 규율대상으로 하는 법으로서 민법에 대해 일반법과 특별법의 관계에 있을 뿐 아니라 기업관계의 특유한 수요를 반영하는 기술적인 성격의 법으로서 독자적인 법영역을 형성한다. 이와 같이 기업의 특별 수요 내지 특성은 그대로 기업법인 상법의 특성으로 나타난다. 즉 기업은 영리추구를 목적으로 하는 경제주체로서 영리행위를 집단적·반복적으로 이루어가고 있으며 따라서 거래행위가 정형화될 것을 요한다. 이러한 기업의 특별수요는 단지 거래의 측면에서만 있는 것이 아니라 그 기초인 조직의 측면에도 존재한다.

거래와 조직의 측면에서 기업의 특별수요 내지 특성은 그대로 기업법인 상법의 특성으로 나타난다.

상법의 특성은 기업조직의 측면에서는 회사제도 중에 가장 잘 구현되고 있으며 기업거래의 면에서는 거래를 안전하고 확실하게 하기 위한 여러 제도에 구체화되고 있다. 이러한 특성으로부터 볼 때 상법은 전체적으로 매우 기술적인 성격을 띠게 된다.

2. 企業組織面의 特性

(1) 자본의 집중

기업이 그 기능을 충분히 발휘하기 위해서는 물적 기초로서 많은 자본이 요구된다. 그런데 민법상의 組合이나 消費貸借만으로는 이러한 자본 수요를 충족할 수 없기 때문에 상법은 匿名組合(78 이하), 船舶共有(753 이하), 각종 會社(288, 543 이하) 등 공동기업의 형태를 제도화하여 자본 조달의 편의를 도모하고 있다. 특히 株式會社制度는 거대한 자본을 소액의 주식으로 단위화하여 이를 일반투자대중에게 분산 유통시킴으로써 효과적인 자본조달 방법으로 이용되고 있다.

상법은 공동기업의 형태를 제도화하여 자본의 집중을 도모하고 있다.

(2) 노력의 보충

資本과 함께 勞力은 기업활동을 영위하는데 불가결한 인적 기초를 이룬다. 민법상으로는 이러한 인력의 보충을 위하여 대리·위임·고용·도급·조합 등의 제도를 두고 있는데 상법은 이를 특수화하여 商業使用人(10 이하)·代理商(87 이하)·仲介人(93 이하)·委託賣買人(101 이하)·合名會社(178 이하)와 같은 제도를 마련하고 있다.

(3) 위험의 분산

상법은 회사제도, 손해보험제도, 공동해손제도를 마련하여 위험을 관리·분산시키고 있다.

기업의 이윤은 위험의 대가이다. 이에 따라 영리성을 극대화하기 위해서는 기업이 부딪치는 위험을 합리적으로 관리하고 분산시키는 것이 중요하다. 이에 따라 상법은 회사제도 특히, 주식회사제도를 두어 기업이 직면하는 막대한 투자위험을 투자자 개인의 소액투자위험으로 바꾸고 나아가 株主有限責任制度로써 기업경영실패에 따른 책임으로부터 주주개인을 보호하고 있는 것이다.

한편 상법은 위험을 大數의 法則에 의해 분산시키는 損害保險制度(638 이하)를 마련하여 기업이 부딪치는 위험을 비용화함으로써 합리적인 위험관리를 가능하게 하고 있다. 나아가 共同海損(832 이하)과 같은 위험분산제도를 마련하고 있다.

(4) 유한책임제도

유한책임제도는 대규모 사업의 성립을 용이하게 하고 국가경제에서 긴요한 기업을 유지·발전시킬 수 있게 한다.

채무자가 무한책임을 부담하는 일반 사법상의 원칙을 기업활동에도 그대로 적용하게 되면 기업활동을 위축시키고 또 다수인의 기업 참여를 주저하게 할 우려가 있다. 특히 해상기업이나 항공기업과 같이 위험한 장소를 활동무대로 하는 경우에는 더욱 그러하다. 이에 따라 기업관계에 있어 당사자의 책임을 일정한도로 제한하는 有限責任制度를 도입함으로써 대규모사업의 성립을 용이하게 하고 국가경제에서 긴요한 기업을 유지발전시킬 수 있게 된다.

상법 제746조 이하의 선박 소유자의 유한책임제도가 대표적이다.

이러한 유한책임제도로는 주주의 유한책임(합자회사의 유한책임사원, 유한회사 사원의 책임 포함)을 드는 경우가 많다. 그러나 주주유한책임제도는 회사의 경영이 실패한 경우에 주주가 회사에 출자한 액만큼만 손해본다는 의미이며 전액납입제도를 취하고 있는 현행법하에서는 주주의 무책임원칙이라고 할 수 있다. 그러므로 현행법하에서 가장 대표적인 유한책임제도로는 상법 제746조 이하에 규정되어 있는 船舶所有者의 有限責任制度를 들 수 있다. 이는 기업주인 상인(선박소유자)의 채무가 아무리 커도 상법이 정해놓은 일정한 한도액만큼 책임지게 함으로써 국민경제에서 큰 비중을 차지하는 해상운송의 유지발전을 가능하게 한 것이다.

(5) 기업유지의 원칙

일단 성립한 기업을 해체하는 것은 개개 기업의 손실에 그치지 않고 그 기업을 둘러싼 이해관계자의 이익을 해하고 넓게는 사회적·국가적 손실이 된다. 이에 따라 될 수 있는 한 기존의 기업을 유지하면서 용이하게 해산되는 것을 방지할 필요가 있다. 이를 위한 상법상의 제도로는 營業讓渡(41 이하)·會社의 合倂(174)·繼續(229, 269, 519, 610)·組織變更(242, 269, 604, 607)·會社整理가 있고 상법상의 제도는 아니지만 和議·破產이 있다.

기존의 기업을 유지하면서 용이하게 해산되는 것을 방지할 필요가 있다.

3. 企業活動面에서의 特性

(1) 영리성의 보장

기업활동은 모두 영리의 목적을 실현하는 데 모아지고 있고 이를 계속적으로 실현하는 방향으로 전개된다. 물론 일반인들의 경제행위도 영리를 목적으로 하는 경우도 있지만 그 영리의 추구는 개별적이고 우연적이라는 데에서 기업활동과는 구별된다. 이에 따라 기업활동의 근본적인 動因이 되고 있는 營利性의 추구를 법적으로 뒷받침하는 것이 상법의 가장 중요한 특성으로 되고 있다.

상법은 기업활동의 근본적인 동인이 되는 영리성의 추구를 법적으로 뒷받침한다.

즉 상법의 적용범위를 획정하는 商人이나 商行爲의 개념은 영리성을 기초로 하고 있고 회사제도도 영리성의 제도적 실현이다. 또 상인의 보수청구권(61)·법정이자청구권(55)·상사법정이율(54) 등은 이러한 영리성이 반영된 것이라고 할 수 있다.

(2) 계약의 자유

기업활동이 영리성을 기본으로 하는 이상 법의 간섭보다는 상인의 합리적인 판단에 맡겨두는 것이 거래관계의 간이·신속한 체결을 위해서도 바람직하다. 현재 사법일반의 원칙으로 되어 있는 계약자유의 원칙이 원래는 상법의 영역에서 먼저 발달한 것은 이러한 이유에 기인한 것이다. 이에 따라 상법 규정의 많은 부분은 임의법규로 되어 있으며 이러한 취지를 명문화한 것도 적지 않다. 가령 민법에서 금지되어 있는 流質契約이 상사채권을 담보하기 위한 질권에 대해서는 인정되는 것(59) 등이 그 예이다.

기업활동은 상인의 합리적 판단에 맡기는 것이 타당하므로 계약 자유의 원칙이 가장 먼저 발달하였다.

(3) 간이신속성

거래의 간이신속성은 영리추구라는 기업활동의 특성에서 생겨난다.

영리를 극대화하기 위해서는 동일한 내용의 거래가 신속하고 대량적으로 이루어질 필요가 있다. 이러한 요청에 응하기 위해 상행위의 대리(48), 청약의 효력(51, 52), 청약에 대한 낙부통지의무(53), 확정기매매에 있어서 해제권(68), 매수인의 목적물검사 및 하자통지의무(69), 상사채권의 단기시효(64), 상호계산, 어음교환제도 등이 있다. 오늘날에 와서는 인터넷을 통한 거래가 대량적으로 이루어짐으로써 간이신속성은 더욱 촉진되고 있다.

(4) 정형성

거래에 있어서 개성상실과 간이신속성의 요청에 따라 그 내용과 효과의 정형화가 요구된다.

기업활동에 있어서는 다수인을 상대로 동일한 행위가 집단적·반복적으로 행해진다. 이에 따라 거래의 상대방이나 목적 기타 급부 내용이 비개성적으로 되지 않을 수 없으며 이러한 개성상실과 거래의 간이신속성의 요청에 따라 거래내용과 효과가 정형화될 것이 요청된다. 주식과 사채의 청약서제도나 운송·임치·보험·은행 등의 거래분야에 있어서 보통거래약관의 이용이나 자동판매기 등에 의한 거래의 확산이 이러한 예라고 하겠다.

(5) 공시주의

공시제도는 거래상대방을 보호하고 거래의 원활·안전을 보장하기 위한 제도이다.

간이 신속하게 이루어지는 기업활동에 있어서는 거래상에 필요한 여러 정보들을 손쉽게 획득할 수 있어야 한다. 이에 따라 행위자의 권한이나 자력 등 각종 사항을 공시하여 거래 상대방인 제3자를 보호하고 거래의 원활·안전을 보장하는 것이 필요하다. 이러한 公示制度의 대표적인 것이 商業登記制度이며 회사, 특히 복잡한 조직을 가진 주식회사의 경우에는 설립·해산·합병·회사대표 등 다수의 등기사항이 있다. 또 주식회사에 있어서는 정관으로서 일정한 공고방법을 정하고 대차대조표의 공고(449③)외에 계산서류·정관·의사록 기타 서류의 비치 및 공시가 요청된다. 상장회사의 경우에는 증권거래법상 각종 공시의무가 있다.

(6) 외관주의

상법은 거래안전을 위해서 진실보다 외관에 우위를 인정하는 외관주의를 채택하고 있다.

거래에 있어서 外觀과 眞實이 일치하지 않는 경우에 진실만에 의해 법적 효과를 결정하게 되면 당사자는 진실을 확보하지 않고는 거래를 할 수 없게 되므로 신속원활한 기업활동이 이루어질 수 없게 된다. 여기에서 상법은 거래의 안전을 위해 진실보다 외관에 우위를 인정하고 일정한 외관을 표시한 자는 이를 신뢰하여 행위를 한 자에 대해 외관에 따른 책임을 부담시킨다는 外觀主義를 채택하고 있다. 부실등기에 의한 책임(39)·명의대여자의 책임(24)·포괄적 대리권제도(11)·표현지배인(14)·자칭사원의 책임(215, 281)·유사발기인의 책임(327)·사실상 회사제도·표현대표이사의 행위에 의한 회사의 책임(395)·유가증권의 문언성·선의자보호제도 등이 외관주의에 입각하고 있는 것이다.

(7) 엄격책임주의

대량적이고 획일적으로 행해지는 기업거래관계에서는 자칫 관계 당사자의 책임소재가 불명확하여 책임추궁이 곤란하게 될 우려가 있다. 이러한 우려를 제거하고 기업자의 신용을 유지하여 거래의 안전을 보호하기 위해 기업 관계자의 의무를 강화하고 책임을 가중하는 것이 필요하다. 매수인의 검사 및 하자통지의무(69), 상사채무의 연대성(57 ①), 순차운송인의 연대책임(138 ①), 공중접객업자의 무과실책임(152), 해상운송인의 堪航能力注意義務(787), 면책약관의 제한(790) 등이 그러한 예라고 하겠다.

엄격책임주의는 상거래의 특성상 책임소재가 불명확하여 책임추궁이 곤란한 경우를 대비한 것이다.

제 2 商法의 傾向

1. 進步的 傾向

상법은 영리를 합목적적으로 추구하는 역동적인 기업을 규율대상으로 하는 법이기 때문에 경제상황의 변화에 따라 민감하게 반응한다. 이 점이 民法의 不動産法이나 家族法이 선동적이고 고정적인 특성을 가진 것과는 큰 대조를 이루는 것이다. 또 민법이 경제관계에 관한 일반법으로서 비교적 포괄적이고 추상적인 규정을 두는 경우가 많음에 대해 상법에서는 기업관계에 관한 특수하고 구체적인 규정이 많다. 이에 따라 상법은 민법과는 달리 현실에 맞게 빈번한 개정이 이루어지게 된다.

상법은 경제상황의 변화에 따라 민감하게 반응하고 기업관계에 관한 특수하고 구체적인 규정이 많아 빈번하게 개정이 이루어진다.

이와 같이 상법은 그 자체 진보적 경향만이 아니고 일반사법 체계 중에서 선구자적 역할을 한다. 민법의 상화 현상에서 보는 바와 같이 상법에서 발전한 제도나 원칙이 일반사법에 영향을 미치는 것이 적지 않은 것은 이 때문이다.

2. 世界的 傾向

상법은 이론적인 측면에서 통일성을 가지고 있을 뿐만 아니라 실제적인 필요에 의해서도 국제적인 통일화가 진전되고 있다.

상법은 기업에 관한 법으로서 자본주의적 합리주의를 기초로 하는 기술적 성격을 가지기 때문에 민법과 같이 각국의 역사·종교·풍속·관습 등 전통적이고 지역적 특성에 의해 제약받는 바가 비교적 적다. 따라서 경제발전이 일정한 단계에 도달한 여러 국가의 상법은 상당 부분 공통되는 경향이 강하다. 즉 한 나라에서 발달한 제도는 용이하게 다른 국가에 계수될 가능성이 있는 것이다.

이와 같이 상법은 이론적인 측면에서만 통일성을 가지는 것이 아니고 국제거래의 발전에 따라 각국 상법의 차이에서 오는 불편을 제거하기 위한 실제적인 필요에서도 국제적인 통일화가 진전되고 있다(양승규, 「상법의 논점」, 삼지원(2000), 15). 이리하여 일찌기 해상법분야에서 공동해손에 관한 규칙·선박충돌조약·해난구조조약·선주책임제한조약·선하증권조약 등이 성립하였을 뿐 아니라 제2차 대전 이후 국제상거래법위원회(UNCITRAL), 국제상업회의소(ICC)을 중심으로 한 사법분야의 통일법과 통일규칙이 광범위하게 발전하고 있다. 1980년의 국제매매법통일협약, 1988년의 유엔어음협약, 신용장통일규칙 등이 성립하면서 '商人法의 現代的 復活'이 논의되고 있다(서헌제, 「국제거래법」, 24).

제 4 절 商法의 法源

제 1 概 觀

商法의 法源이라 함은 실질적 의의의 상법의 존재형식을 말한다. 우리나라는 成文法主義를 채택하고 있기 때문에 법원의 중심은 商法典(형식적 의의의 상법)이지만 이외에도 다수의 상사특별법 · 상사조약 · 상관습법 · 상사자치법이 있다. 그러나 이외에 판례 · 학설 · 條理의 법원성을 인정할 것인가에 대해서는 학설의 다툼이 있다.

상법의 법원이란 실질적 의의의 상법의 존재형식이다.

그런데 상법 제1조는 "상사에 관하여 본법(상법전 및 상사특별법령)에 규정이 없는 때에는 상관습법에 의하고 상관습법도 없는 경우에는 민법을 적용한다"고 규정한다. 이는 상법의 법원중 중요한 것을 나타내고 있는 동시에 민법이 상사에도 적용된다는 것 및 이들의 적용순서를 나타내고 있다. 그러나 동조에 규정되어 있는 것으로써 상법의 법원을 망라하고 있는 취지는 아니며 또한 민법을 상법의 法源으로 들고 있는 것도 아님을 유의해야 한다(강 : 임21, 임홍(총)118).

상법 제1조의 의미

제 2 法源의 種類

1. 商事制定法

商事制定法이라고 함은 국가가 성문의 형식으로 제정한 법이다. 제정법은 기업을 둘러싼 복잡한 법률관계를 명확하고 확실하게 처리할 수 있기 때문에 가장 중요한 법원이다. 판례법주의를 채택하는 영국과 미국에서도 상사법 분야에 다수의 제정법이 존재하는 이유는 이 때문이다.

상법의 법원 중 가장 중요한 것은 상사제정법이다.

(1) 상법전

상사제정법 중 가장 중요한 것이 형식적 의의의 상법, 즉 商法典이다. 이법은 1962년 1월 20일 법률 제1000호로 처음 제정되었으며 현재까지 회사법을 중심으로 빈번하게 개정되고 있다.

(2) 상사특별법

상사특별법에는 상사부속법령, 독립의 특별법, 다수의 경제법이나 각종 업법 내지 사업규제법중에서 상사특별법의 성격을 가진 규정들이 있다.

상사특별법은 다음과 같은 2가지로 나누어 볼 수 있다. 첫째, 상법전의 규정을 시행하거나 구체화하기 위한 부속법령으로서 여기에는 商法施行法(1962년 1월 20일, 법률 제1213호), 상법 중 일부규정의 시행에 관한 규정(1984년 8월 16일, 대통령령 제11485호), 상업등기처리규칙(1991년 12월 30일, 대법원규칙 제1186호) 등이 있다. 둘째, 기업에 관한 일반법으로서 상법을 보충하거나 변경하는 독립의 특별법이 있다. 여기에는 어음법, 수표법외에 株式會社의 外部監査에 관한 법률(1980년 12월 31일, 법률 제3297호), 선박소유자 등의 책임제한절차에 관한 법률(1991년 12월 31일, 법률 제4471호) 등 다수 존재한다.

이외에도 공정거래법 · 부정경쟁방지법 · 증권거래법 · 은행법 · 신탁법 · 보험업법 등 다수의 경제법이나 각종 업법 내지 사업규제법 중에도 상사특별법으로서의 성격을 가진 규정이 존재한다.

(3) 상사조약

헌법 제6조에 의해 상사에 관한 국제조약은 상법의 법원이 된다.

憲法 제6조는 "헌법에 의해 체결 · 공포된 조약과 일반적으로 승인된 국제법규는 국내법과 같은 효력을 가진다"고 규정하고 있다. 이에 따라 우리 나라가 당사자로서 체결한 상사에 관한 국제조약은 상법의 법원이 된다. 다만 조약 중에는 체약국에 특정내용의 법률을 제정할 의무를 부과하는데 불과한 것이 있는데 이는 직접 상법의 법원으로 될 수 없다. 가령 1924년의 선하증권조약 등이 이에 속한다.

2. 商慣習法

(1) 의 의

상법의 법원으로서의 상관습법의 실질적 의의는, 성문법주의하에서 법과 현실간의 간극을 메우고 기업생활을 합리적으로 규율하는 기능을 수행하는 데 있다.

商慣習法은 관습의 형태로 존재하는 상사에 관한 법규를 말한다. 기업생활관계는 그 기구가 복잡할 뿐 아니라 내용도 다양하기 때문에 제정법이나 자치법만으로는 이를 충분히 규율할 수 없다. 또 장래의 발생가능한 현상을 모두 예견하여 성문의 규정을 마련하는 것도 불가능하고 일단 성문법이 제정되었다고 하더라도 성문법이 가지는 고정성 내지 비탄력적 성격 때문에 거래현실을 충분히 따라가지 못하는 한계를 가지고 있다. 이러한 경우에 거래사회에서는 결함을 보충하는 관습이 스스로 발생하여 법과 현실간의 간극을 메우고 기업생활을 합리적으로 규율하는 기능을 수행하게 된다. 여기에서 상법의 법원으로서의 상관습법의 실질적 의의가 있는 것이다. 또 역사적으로 볼 때에도 상법은 慣習的 起源을 가지고 있을 뿐 아니라 각국의 상법전의 편찬 이후에도 많은 관습법이 형성·발전되어 나오고 있으므로 상법에서 관습법의 존재는 매우 중요하다.

(2) 사실인 관습과 관습법

商慣習法은 '사실인 관습'인 상관습과는 구별된다는 것이 통설·판례이다(대판 2005.7.21, 2002다1178). 이에 따르면 **첫째**, 상관습은 당사자가 이에 의할 의사를 가진 것으로 인정되는 때에 한하여 구속력이 가지는데 불과하지만 상관습법은 법규범이기 때문에 당사자의 의사 여하에 불구하고 구속력을 가지며 **둘째**, 상관습은 강행규정에 반하는 경우에는 허용되지 않지만 임의법규에 우선하여 적용됨에 대해 상관습법은 상법에 임의법규가 있을 때에는 성립하지 않고 **셋째**, 상관습의 존부는 법원에 의한 사실인정 문제에 그치지만 상관습법의 적용을 잘못한 경우는 법률적용의 잘못으로 상고이유가 된다고 한다.

통설은 상관습법과 사실인 관습인 상관습과는 구별된다고 보고 그 구별기준을 법적 확신의 유무에서 찾는다.

양자의 구별기준은 法的 確信 유무에 있다는 것이 통설이다. 그러나 현실적으로 그 판정이 어려울 뿐 아니라 법적 확신의 존부를 법의 적용을 받는 자의 주관적 상태에 의존하는 것은 객관성이 없다는 이유로 사실인 상관습도 상관습법의 일종으로 보는 견해도 유력하다.

(3) 상관습법의 예

상관습법의 예로는 保證渡를 들 수 있다. 보증도는 선하증권이나 화물상환증과 상환하지 않고 운송물을 인도하는 것을 말하며 동남아나 일본 등으로부터 수입되는 화물은 운송기간이 매우 짧기 때문에 대부분 보증도에 의해 처리된다. 그러나 판례는 보증도의 상관습을 인정하면서도 보증도를 한 운송인에게 고의 또는 중과실에 의한 책임을 인정하고 있다(대판 1974.12.10, 74다376 外).

상관습법의 대표적인 예로는 보증도가 있다.

3. 商事自治法

회사 기타 단체가 법률에 근거하여 그 조직의 구성이나 운영, 구성원의 권리의무 등에 대하여 자율적으로 제정한 규칙도 그 구성원 내지 일정한 관계자에 대하여 법적 구속력을 가지기 때문에 상법의 법원으로 속한다고 보는 것이 통설이다. 다만 그 제정 근거가 반드시 법률에 있는 경우에 한하여 구속력을 인정해야 한다고 본다(정희54, 정찬(상)40).

통설은 법률에 근거하여 제정된 상사자치법은 상법의 법원에 속한다고 본다.

(1) 회사의 정관

會社의 定款은 회사의 조직 및 활동의 기본을 정하는 규칙으로서 회사

상법은 정관에 대한 구속력의 근거를 제시하고 있으므로 법원성을 가진다.

가 자주적으로 제정하는 것이다. 상법은 회사에 대해 정관의 작성을 요구하여(178, 270, 289, 543) 정관에 대한 구속력의 근거를 제공함으로써 이를 법원으로 하고 있다. 상사자치법으로서의 회사의 정관은 현재의 사원이나 기관구성원을 구속할 뿐 아니라 새로이 사원 또는 기관구성원으로 될 자에도 적용되기 때문에 제3자에 대해서도 정관의 반사적 효과가 인정된다(대판 2000.11.24, 99다12437). 이외에도 회사가 제정하는 이사회규칙이나 주식취급규정 등은 정관의 부속규정으로서 상법의 법원에 속한다고 본다.

(2) 증권거래소규칙 · 어음교환소규약

증권거래는 기본적 상행위의 하나이며, 어음교환소에서의 제시를 적법한 것으로 보기 때문에 거래규칙은 상사자치법의 하나로 볼 수 있다.

證券去來所는 회원조직의 법인이지만 증권거래소에서의 거래는 기본적 상행위이기 때문에 그 거래를 규율하는 증권거래소의 업무규정은 상사자치법의 하나로서 상법의 법원이라고 할 수 있다(대결 2004.1.16, 2003마1499; 정찬(상)40). 어음交換所規約은 어음교환소의 조직 및 어음교환절차 등을 정하는 규칙으로서 법률에 명시적인 제정근거가 없기 때문에 상사자치법으로 볼 수 없다는 견해가 있다(정동(총)53). 그러나 우리 수표법은 어음교환소에서의 제시를 적법한 지급제시로 보고 있고(수31), 대부분의 銀行渡 어음과 수표가 이 교환소를 통하여 제시되고 결제되기 때문에 그 거래절차를 정하는 규약도 상법사자치법의 하나로 보아도 문제가 없을 것이다.

4. 普通去來約款

[사례 I -4-1: 보통거래약관]

(i) X는 그 소유 영업용택시의 손해배상책임을 담보하기 위해 Y보험회사의 자동차안전보험에 가입하였는데 보험금은 사망의 경우 피해자 1인당 1,000만원, 부상의 경우 1인당 300만원, 후유장해는 무제한이었다. 그런데 Y회사는 재무부장관의 인가를 받아 안전보험약관을 폐지하고 그에 대신하여 자동차정액보험약관을 만들었는데 보험금액은 사망과 부상은 종전과 같지만 후유장애금을 1,000만원(5등급 500만원)으로 제한하였다. X는 Y보험회사와 개정된 정액보험약관에 기해 다시 보험계약을 체결하였는데 그 당시 Y회사대리점 직원이 개정약관의 내용을 X에게 알려주지 아니하고 종래의 안전보험약관이 정액보험으로 명칭만 바뀌었을 뿐이라고 하였다. X는 자동차 운행중의 과실로 A를 치어 5등급에 해당하는 상해를 입히고 후유장애 950만원을 포함하여 총 1,350만원의 손해배상금을 지급하였다. X는 후유장애에 대한 보험금을 Y로부터 얼마나 받을 수 있는가? (대판 1985.11.26, 84다카2543 참조)

(ii) X방적회사는 미국으로부터 수입하는 원면에 대해 Y보험회사와 해상보험계약을 체결하면서 그 보험기간의 종기를 X의 한국내 최종창고에 입고될 때까지로 약정하였다. 그런데 X가 수입원면을 자신의 창고내에 있는 자가보세장치장에 입고한 후 통관을 기다리던 중 화재가 발생하여 전부 소실되었다. X는 원면이 중간창고인 보세창고에 보관 중 소실하였으므로 아직 최종창고에 입고되지 않았고 따라서 보험기간이 종료되지 않았다는 이유로 Y보험회사에 보험금의 지급을 청구하였다. X의 주장은 타당한가? (대판 1988.9.27, 84다카1639·1640 참조)

(1) 의 의

普通去來約款은 사업자가 특정종류의 집단적 거래를 획일적으로 처리하기 위하여 미리 정형적으로 작성한 계약조항이다. 약관규제법에 의하면 약관은 그 명칭이나 형태 또는 범위를 불문하고 일방당사자가 다수의 상대방과 계약을 체결하기 의하여 일정한 형식에 의하여 마련한 계약의 내용을 말한다(約規 1). [사례 I-4-1]와 같은 은행거래약관·보험약관·운송약관 등이 그러한 예로서 현대적인 거래는 거의 대부분 사업자가 일방적으로 작성한 약관에 의해 거래가 이루어진다. 그러므로 약관에 성문법을 보충하는 法源性을 인정할 것인가 하는 점이 문제되는 것이다.

현대적인 거래는 대부분 사업자가 미리 작성한 약관에 의해서 이루어지므로 약관의 법원성이 문제된다.

(2) 효용과 문제점

1) 효 용 대량생산과 대량소비시대에 있어서는 사업자(상인)는 수많은 소비자 또는 다른 기업과 동일한 내용의 거래를 하는 경우가 대부분이다. 그때마다 당사자간에 거래 내용에 대한 합의를 거쳐야 한다면 사업 수행이 사실상 불가능하게 될 뿐 아니라 거래상대방마다 그 내용이 달라지게 되는 문제점이 있다. 이리하여 사업자는 미리 계약내용을 정하여 이를 약관 또는 표준계약서 등의 이름으로 인쇄하여 두고 모든 상대방과 이에 기해 획일적으로 거래에 임함으로써 비용과 시간을 절약할 수 있게 된다. 또 상대방도 약관의 내용을 미리 숙지함으로써 거래에 대비할 수 있다.

약관은 대량, 반복적 거래에 있어 비용과 시간을 절약할 수 있는 효용이 있다. 사업자와 일반소비자의 경제적 지위에 차이가 있으므로 약관의 불공정성에 대한 규제가 문제된다.

2) 문제점 사업자는 자신이 제공하는 상품이나 서비스의 내용에 정통할 뿐 아니라 우월한 교섭력을 바탕으로 하고 있는 반면 상대방인 일반소비자들은 정보력에 있어 매우 취약한 입장에 있다. 이를 이용하여 사업자들은 약관에 자신에게 유리한 조항을 일방적으로 삽입하여 상대방에게 강요하는 경우가 많다. 특히 사업자가 은행·보험·운송 등 대중의 필수적 수요

를 충족시키는 대기업인 경우에는 상대방이 약관조항의 불리함을 알고서도 어쩔 수 없이 이를 감내해야 한다. 이와 같이 약관의 공정성을 확보하는 것이 중요하기 때문에 「약관의 규제에 관한 법률」(1986.12.31, 법률 제3922호로 공포; 2005.3.31, 법률 제7491호로 개정)이 제정되었다.

(3) 구속력의 근거와 법원성

약관이 당사자간의 법률관계를 구속하는 근거와 관련하여 그 법원성을 인정하는 견해(규범설)와 이를 부인하고 당사자간의 합의의 한 형태로 보는 견해(의사설)가 대립한다. 이러한 견해의 대립은 특히 [사례 I -4-1-i]과 같이 거래 상대방(X)이 약관의 내용을 모르고 계약을 체결한 경우에도 약관조항의 구속을 받아야 하는가에 초점이 모아지고 있다.

약관의 법원성을 부정하는 견해이다. 판례의 태도이고 약관규제법도 의사설에 입각하고 있다.

1) 의사설(추정의사설) ① **학설**: 약관은 당사자간의 합의의 한 형태일 뿐 법규범은 아니므로 법원성을 인정하지 않는다. 그러므로 약관의 내용을 사전에 숙지하고 이를 계약내용으로 삽입한다는 합의에 기해서만 그 구속력을 가진다고 본다(정희55, 서·정45, 김용43, 정무46, 임홍111). 다만 당사자가 구체적인 경우에 약관에 따르지 않겠다는 특별한 의사표시가 없는 한 약관상의 조건에 따르기로 하는 합의가 있었던 것으로 추정함으로써 그 엄격성을 다소 완화하고 있다(의사추정설). 이 견해에 따르면 [사례 I -4-1-i]에서 X는 변경된 약관의 내용을 몰랐고 또 개정전의 약관에 따른다는 의사를 가지고 있었으므로 개정된 약관의 구속을 받지 않는다. 이 견해가 타당하다고 본다. ② **판례**: 대판 1985.11.26, 84다카2543도 "보통보험약관이 계약당사자에 대하여 구속력을 갖는 것은 그 자체가 법규범 또는 법규범적 성질을 가진 약속이기 때문이 아니라 보험계약 당사자 사이에서 약속내용에 포함시키기로 합의하였기 때문이라고 볼 것인바, 일반적으로 당사자 사이에서 보통보험약관을 계약내용에 포함시킨 보험계약서가 작성된 경우에는 계약자가 그 보험약관의 내용을 알지 못하는 경우에도 그 약관의 구속력을 배제할 수 없는 것이 원칙이나 다만 당사자 사이에서 명시적으로 약관에 관하여 달리 약정한 경우에는 위 약관의 구속력은 배제된다"고 판시하여(同 대판 1986.10.14, 84다카122; 2004.11.11, 2003다30807 外 다수) 의사설을 취하고 있다. ③ **약관규제법**: 사업자에게 약관의 명시 및 설명의무를 부과하고 이를 이행하지 않는 경우에는 약관을 계약의 내용으로 주장할 수 없도록 함으로써(約規 3) 의사설에 입각하고 있다.

약관의 법원성을 인정하는 견

2) **규범설** 약관에 법규성을 인정하는 견해로서 여기에는 自治法說과 商慣習法說이 있다. 상관습법설에는 약관 그 자체가 관습법이라는 견해와

보통거래약관이 이용되는 분야에서는 약관에 따른다는 관습법이 존재하는 것으로 보는 견해가 있다(손주55, 최기53, 양승규「보험법」, 70). 이 견해에 따르면 [사례 I -4-1-i]에서 X는 새로운 약관상의 보상한도인 500만원밖에는 청구할 수 없다.

해이다. 자치법설과 상관습법설이 있다.

(4) 약관의 내용통제

약관이 널리 이용되고 그 구속력이 일정범위에서 인정됨에도 불구하고 약관의 내용은 사업자가 일방적으로 결정하기 때문에 거래 상대방을 보호하기 위해 약관에 대한 통제가 문제된다. 이러한 내용통제에는 입법적·행정적·사법적 통제가 있다.

약관의 내용은 사업자가 일방적으로 결정하기 때문에 거래 상대방의 보호를 위해 입법적·행정적·사법적 통제를 한다.

1) 입법적 통제　입법 조치를 통해 부당한 약관을 통세하는 방법으로서 가장 효과적이다. 상법상 보험거래에 있어서의 불이익 변경금지조항(663) 및 해상운송인의 책임감면금지조항(790)은 이러한 입법적 통제의 예이다. 그러나 가장 기본적이고 종합적인 약관규제입법은 앞에서 본 약관규제법이다. 이 법에서는 약관의 개시·설명의무(約規 3), 불공정약관의 무효(約規 6, 7~14, 15, 16), 약관해석원칙(約規 5), 행정적 규제(約規 17~23)에 관한 규정을 두고 있다.

2) 행정적 통제　약관에 대한 주무관청의 사전심사와 인가 등의 방법으로 그 내용을 통제하는 것이다. 각종 경제관련법에 보면 이러한 약관의 인가에 관한 규정을 두고 있는 예가 많다. 가령 공정거래위원회에 의한 약관의 일반적 통제나 보험업법에 의한 보험약관의 인가, 각종 운송관련법에 의한 운송약관의 인가가 그 대표적인 예이다.

3) 사법적 통제　약관의 해석이 구체적인 소송으로 법원에 제기된 경우 그 합리적인 해석을 통해 통제하는 방법이다. 입법적·행정적 통제가 사전적이고 예방적 통제라면 사법적 통제는 사후구제적 통제이다.

(5) 약관의 해석원칙

약관을 법규로 보느냐 아니면 당사자의 의사로 보느냐에 따라 그 해석원칙은 달라질 수 있는데 약관규제법은 다음과 같은 해석원칙을 정하고 있다.

1) 공정해석원칙　약관은 신의성실의 원칙에 따라 공정하게 해석되어야 한다(約規 5 ①前). 신용카드분실에 있어서 카드발행자의 책임에 내해 이 원칙을 적용한 사례가 많다(대판 1987.4.14, 85다카2273; 1986.3.11, 85다카1490).

2) 객관적 해석원칙　약관은 고객에 따라 다르게 해석되어서는 안 되고 통일적으로 해석되어야 한다(約規 5 ①後)(대판 2005.10.28, 2005다35226). 특히 단체성이 강조되는 보험약관의 해석에 있어 이 원칙이 중요하다.

약관과 다른 내용의 개별약정을 한 경우에는 그 약정이 약관에 우선하여 적용된다는 원칙이다.

3) 개별약정우선원칙　약관과 다른 내용의 개별약정을 한 경우에는 그 약정이 약관에 우선하여 적용되어야 한다는 원칙이다(約規 4). [사례 I -4-1-i]에서 보면 당사자(X,Y)간에는 구약관을 적용하기로 하는 개별약정(후유장애 보험금을 무제한으로 하는 약정)이 있기 때문에 신약관(5급상당의 후유장애 보험금을 500만원으로 하는)에 우선하여 적용된다고 하겠다. 이러한 취지에서 대판 1985.11.26, 84다카2543은 "일반적으로 당사자 사이에서 보통보험약관을 계약내용에 포함시킨 보험계약서가 작성된 경우에는 계약자가 그 보험약관의 내용을 알지 못하는 경우에도 그 약관의 구속력을 배제할 수 없는 것이 원칙이나, 다만 당사자 사이에서 명시적으로 약관에 관하여 달리 약정한 경우에는 위 약관의 구속력은 배제된다고 보아야 할 것이다. 원심이 확정한 바와 같이 6개월이라는 단기간을 보험기간으로 정한 보험계약을 체결한 후 그 보험기간만료시마다 보험계약을 갱신하여 체결해 오는 계속적 계약관계에 있어서, 그 중간에 보통보험약관의 내용이 개정된 경우에 보험업자(Y)의 대리점 직원이 보험계약자(X)에게 개정된 약관내용을 단순히 알리지 않은 것에 그친 것이 아니라 나아가 적극적으로 그 개정이 명칭의 변경에 불과하고 그 약관내용에는 변경이 없음을 강조하기 때문에 보험계약자(X)도 기왕에 가입한 구 약관과 같은 내용의 보험계약을 갱신하여 체결할 의사를 표시함으로써 계약이 성립된 것이라면, 이는 당사자 사이에 명시적으로 구 약관에 따르기로 약정한 경우와 같이 보는 것이 타당하므로 개정된 약관의 구속력은 발생할 여지가 없다"고 판시하였다.

약관규정의 뜻이 불명확한 경우 고객에게 유리하게 해석하는 원칙이다.

4) 불명확성의 원칙　作成者不利益의 原則이라고도 하는데, 약관의 뜻이 불명확하여 여러 가지로 해석될 수 있는 경우에는 고객에게 유리하도록 해석해야 한다는 원칙이다(대판 2005.10.28, 2005다35226). 이 원칙을 [사례 I -4-1-ii]에 적용하면 화재가 발생한 보세창고(자가보세장치장)가 보험약관상의 '최종창고'에 해당하는 여부에 따라 보험회사(Y)의 책임여부가 가려지는데 그 의미가 명확하지 않은 경우에는 보험가입자(X)에 유리하게 해석해야 할 것이다. 실제로 이 사안에서 원심판결인 서울고판 1984.7.4, 83나1640(본소), 1641(반소)은 작성자불이익의 원칙을 적용하여 X가 승소하였다. 그러나 대판 1988.9.27, 84다카1639 · 1640은 "관세법의 규정에 따라 설영한 자가보세장치장은 보세구역으로서 세관장의 엄격한 관리감독을 받는 것은 사실이나 자가보세장치장에 반입된 물품은 화주(X)의 지배하에 있고 그 보관책임도 화주(X)에게 있으며 다만 관세확보라는 관세행정목적의 범위 내에서 세관장의 감독을 받는데 불과하다"고 하여 보험약관상 '최종창고'에 해당한다고 판시하였다.

제 3 法源의 適用順序

상법 제1조는 상관습법의 적용순서와 상법과 민법의 관계를 정하고 있다.

상법 제1조는 "상사에 관하여 본법에 규정이 없으면 상관습법을 적용하고 상관습법이 없으면 민법을 적용한다"고 규정하고 있다. 이는 상사에 적용될 법규의 적용순위를 정하고 있는 것으로서 특히 상관습법의 적용순위를 상법과 민법과의 관계에서 명확히 하고 있는 점에 그 의의가 있다.

1. 商慣習法과 商法典

상법전과 상관습법의 적용순위에 관해서 상법 제1조의 규정에도 불구하고 상관습법에 상법전의 변경력을 인정하는 것이 통설이다.

商事에 관하여 상법전(상사특별법령)에 규정이 없는 경우에만 상관습법이 적용되기 때문에 상관습법의 적용순위는 상법전의 후위에 있다. 상관습법도 법인 이상 법적용의 일반원칙에 따라 後法이 先法을 개폐하고 特別法이 一般法에 우선하여 적용되어야 하지만, 우리의 법제는 制定法 우선주의를 채택하고 있으므로 상법 제1조도 상관습법과 상법전의 관계에 있어서 이러한 입장을 천명한 것이다. 그러나 제정법은 일반적으로 그 내용이 추상적이고 일단 제정된 이후에는 고정적이어서 경제환경의 변화에 따라가지 못하는 한계를 지니고 있다. 관습법은 제정법이 가지는 이러한 현실과의 간격을 메우기 위해 자생적으로 형성된 것으로서 그 내용이 합리적이고 진보적인 성격을 갖기 때문에 상법 제1조가 상관습법에 대해서도 제정법 우선주의로 일관하는 것에 대해서는 비판이 제기되고 있다.

이리하여 국내의 통설은 상법 제1조의 규정에도 불구하고 상관습법에 상법전(상사특별법)의 변경력을 인정하고 있다. 다만 그 변경력이 미치는 범위를 상법의 임의규정에 한정하는 견해(임홍(총)122, 이기(총)63)와 강행규정에 대한 변경력까지 인정하는 견해(손주53, 정희56, 강·임30, 김성106)로 나뉘어진다.

2. 商慣習法과 民法

상관습법은 민법에 우선하여 적용된다.

상사에 관해서는 상법전(상사특별법령 포함)에 규정이 없는 경우에도 민법을 적용하기 전에 상관습법이 우선적으로 적용된다. 즉 상관습법은 민법에 규정이 없는 경우뿐 아니라 민법에 규정이 있는 경우에도 이를 변경하는 효력이 있다. 이는 상관습법이 상법전의 임의규정이나 강행규정과 동등한 효력이 있다고 보는 결과 상관습법과 민법의 관계는 일반법과 특별법의 관계에 있게 되어, 특별법인 상관습법이 민법에 우선하여 적용되는 것이 당연하기 때문이다. 다만 상관습법이 민법에 우선하여 적용되는 것은 양자가 특별법과 일반법의 관계에 있다기보다는 이들간의 적용순위를 정하고 있는 상법 제1조의 규정 때문이라는 견해가 있다(최기 46).

3. 法源의 適用順序

상법 제1조의 규정에 따라 각 법원간의 적용순서를 살펴보면 ① 상사자치법(약관) ② 상사특별법 · 상사조약 ③ 상법전 · 상관습법 ④ 민사특별법 ⑤ 민법전 ⑥ 민사관습법이다. 다만 자치법은 제정법의 강행법규에 반할 수 없기 때문에 상사자치법을 상법전의 후위에 두어야 한다는 견해도 있다.

제 4 商法의 適用範圍

실정법으로서 상법의 효력이 미치는 범위를 사람 · 장소 · 時 · 사항별로 나누어 살펴본다.

1. 人的 · 場所的 適用範圍

상법은 한국 국민 및 한국영토에 적용되는 것이 원칙이다. 다만 특정한 사항에 대하여는 상법이 한국 영토외의 외국인에 적용되는 경우가 있고 반대로 한국 영토 내 또는 한국 국민에 적용되지 않는 경우도 있다. 이는 國際商法의 문제로서 일반적으로는 國際私法에서 정하는 바에 따른다.

2. 時的 適用範圍

(1) 적용원칙

상법의 경우는 소급효를 인정하는 것이 타당하고 그 근거는 상법시행령 제

상법에 관하여도 '신법은 구법을 변경한다', '일반적 新法은 특별적 舊法을 변경하지 않는다'라는 원칙(商施 3)이 인정된다. 특정한 법률사실이 신구 어느 법규의 적용을 받을 것인가 하는 時際法, 즉 경과규정의 문제는 상법과 같이 개정이 비교적 빈번하게 행하여지는 법 영역에서는 중요한 문제이

다. 특히 문제되는 것은 신법 시행 전에 발생하고 신법 시행 후에도 계속하여 존속하는 법률사실에 대하여 신법의 遡及效를 인정할 것인가 하는 점이다. 時際法의 일반원칙으로는 不遡及主義가 채택되고 있지만 이는 형법과 같이 인권보호를 주된 목적으로 하는 법영역에 타당한 것이다. 상법의 경우에는 일반적으로 신법이 구법보다는 더 합리적이고 진보적인 내용으로 당사자에게 혜택을 부여하는 경우가 많기 때문에 소급적용이 타당하다고 할 수 있다. 이에 따라 商法施行法 제2조는 "상법은 특별한 규정이 없으면 상법시행전에 생긴 사항에도 적용한다"고 규정하여 신법의 소급효를 일반적으로 인정하였으며 또 상법개정시에는 구체적인 경과규정을 두어 소급효를 인정하여 왔다.

2조이다.

(2) 사 례

1991년의 상법개정으로 피해자의 保險金 直接請求權이 인정됨에 따라 상법개정 전에 발생한 보험사고에 대해 신법상의 직접청구권을 행사한 사건에 대해 대판 1995.7.25, 94다52911은 "보험사고인 교통사고가 개정상법 시행 이전에 발생하였다고 하더라도 피해자는 위 상법 제724조 제2항 본문의 규정에 의하여 자동차보험을 인수한 보험회사에 대하여 직접 보상을 청구할 수 있다고 할 것이며 개정상법 부칙 제2조 1항 단서의 규정이 위와 같은 해석을 방해하는 것은 아니다"라고 판시하였다.

3. 事項的 適用範圍

상법 제1조에 의하면 상법의 적용대상으로 되는 사항은 '商事'이다. 상사의 의의에 대해서는 이미 본 바와 같이 형식적으로 상법전이 규율하는 모든 사항이라고 보는 형식설과 실질적 의의의 상법의 대상인 기업생활관계로 보는 실질설이 있다. 형식적 의의의 상사의 중심을 이루는 것은 商行爲이지만 상행위에 대한 상법의 적용 중에서 상법은 公法人의 商行爲와 一方的 商行爲에 대해 특별규정을 두고 있다.

(1) 공법인의 상행위

公法人의 商行爲에 대하여는 법령에 다른 규정이 없는 경우에 한하여 상법을 적용한다([2]). 국가나 지방자치단체와 같은 공법인이 그 목적을 수행하기 위한 수단으로 사기업과 마찬가지로 영리행위를 행하는 경우가 적지 않다. 그런데 공법인의 영리활동은 특별한 정책적인 목적을 수행하기 위한

공법인의 영리활동에 대한 상법의 적용은 보충적이다.

수단으로 행하는 경우가 많기 때문에 그 목적달성을 위해 특별한 법령을 두는 경우가 보통이다. 따라서 동일한 상행위라도 공법인의 상행위에 대하여는 이러한 특별법령이 상법에 우선하여 적용된다. 가령 철도영업법에서는 철도운송에 따르는 배상문제의 간이·신속한 해결을 위하여 특칙을 규정하고 있는데 그 한도 내에서 상법상의 운송인의 책임규정의 적용이 배제된다.

(2) 일방적 상행위

법률관계의 복잡을 피하기 위해서 일방적 상행위에도 전원에게 상법을 적용한다. 다만 당사자 쌍방에 상행위가 되는 경우에 한하여 상법이 적용되는 규정이 다수 있다.

상행위 중에는 당사자 일방에 대해서만 상행위가 되는 一方的 商行爲와 당사자 쌍방에 모두 상행위로 되는 雙方的 商行爲가 있다. 후자의 경우 상법을 당사자 모두에 적용하는 것은 당연하지만 상법 제3조는 일방적 상행위에 대해서도 상법을 당사자 모두에 적용하도록 규정하고 있다. 또 당사자 일방이 여럿인 경우에 그 행위가 그 중 일부의 자에 대하여는 상행위이지만 다른 자에 대하여는 상행위가 아닌 때에도 전원에 대하여 상법이 적용된다. 가령 상인 A와 비상인 B가 연대하여 A의 영업을 위하여 비상인 C로부터 금전을 차입한 경우에 A, B, C 모두에 상법이 적용된다.

이와 같이 일방적 상행위에도 전원에게 상법을 적용하도록 한 것은, 법정이율이나 소멸시효기간 등에 관하여 민법과 상법이 서로 달리 정하고 있는데 만일 당사자별로 각각 상법과 민법을 적용할 경우 법률관계가 복잡해지기 때문이다. 다만 상법 제3조에 대한 예외로서 당사자 쌍방에 상행위가 되는 경우에 한하여 상법을 적용하도록 하는 규정(예: 상사매매 규정)이 다수 있다.

제 2 장
企業의 人的 組織

개 요

상법의 대상인 기업의 인적 조직으로는 주체인 상인과 종속적 보조자인 상업사용인이 있다. 상인개념은 상행위 개념과 함께 상법의 적용범위를 정하는 기준이 되며 당연상인과 의제상인의 두 가지가 있다. 상업사용인은 대외적인 영업보조자로서 포괄적·정형적 대리권을 가진 사용인으로서 상법은 대리권의 범위에 따라 세 가지 종류를 규정하고 있다.

이 장에서는 기업의 실정법상의 용어인 '영업'에 대해 살펴보고 상인의 개념과 종류, 상업사용인으로서의 지배인, 부분포괄대리인, 물건점포사용인의 권한과 의무에 대해 설명한다.

주요 내용

o 영업 — 주관적 의의, 객관적 의의(영업재산)

o 당연상인, 의제상인, 소상인

o 상인자격 — 자연인, 법인, 자유직업인

o 지배권의 특성 — 포괄성·정형성·불가제한성

o 표현지배인 — 명칭의 사용허락, 영업소로서의 실체

o 부분포괄대리인, 물건판매점포사용인

o 상업사용인의 의무 — 경업금지의무, 충실의무, 개입권

제 1 절 企業과 營業

제 1 營業의 意義와 特性

1. 營業의 뜻

영업에는 영리를 목적으로 계획적·반복적으로 행하는 영업(주관적 영업)과 영업재산 또는 영업조직(객관적 영업)이 있다.

기업법인 상법의 규율대상은 企業이다. 그러나 기업은 경영학상의 개념으로서 아직 상법에는 수용되지 않았기 때문에 이를 '營業'이라고 부른다. 그러므로 기업과 영업의 실질적 의미는 동일하다. 상법에서는 영업이라는 용어가 주관적·객관적인 두 가지 의미로 사용되고 있다. 가령 '영업을 한다'든가 '영업의 자유'라고 할 때에는 주관적 의미로 사용된 것이며, '영업의 양도' 또는 '영업의 임대차'라고 할 경우는 객관적 의미로 사용된 것이다. 주관적 의미의 영업은 영리를 목적으로 계획적·반복적으로 행하는 영업(기업)활동을 말하고, 객관적 영업에 대해서는 영업재산이라는 견해 또는 영업조직이라는 견해 등으로 나뉘어 있다.

2. 營業의 特性

객관적 의의의 영업(영업재산)은 단순한 물건 또는 권리의 집합물이 아니고 사회적 활력을 가지는 유기적인 조직체이다.

객관적 의미의 영업은 보통 營業財産으로 불리우지만 이는 단순한 물건 또는 권리의 집합물이 아니고 사회적 활력을 가지는 有機的인 組織體이다. 즉 기업의 거래관계나 고객·경영비결 등 물적으로 體化되지 아니한 사실관계도 영업을 구성하는 요소이기 때문에 이는 영업을 구성하는 각각의 재산 총화보다도 더 큰 조직적 가치를 가지고 있다. 이와 같이 영업은 조직화된 유기적 일체로서의 재산이기 때문에 영업자체가 독립한 인격을 가지는 것처럼 보이지만 영업활동에 의해 법률상 권리의무를 취득하는 주체는 상인이다.

제 2 營業의 自由와 制限

기업활동으로서의 영업의 자유는 근대자본주의 사회에 있어서 기본원칙이다. 헌법 제20조는 "누구든지 공공복리에 반하지 않는 한 직업선택의 자유를 가진다"라고 규정하여 이를 선언하고 있다. 그런데 영업의 자유도 절대적인 것은 아니고 국가안전보장 또는 공공복리를 위해 필요한 경우에 한하여 법률로써 제한할 수 있다(憲37②).

영업의 자유도 국가안전보장 또는 공공복리를 위해 필요한 경우에 한하여 법률로써 제한할 수 있다.

1. 營業 自體에 대한 制限

(1) 공법상의 제한

공익의 유지나 국가재정 확보 등의 목적으로 영업에 관한 각종 제한이 가해진다. **첫째**, 마약이나 음란도서 등의 제조·판매·수출입행위는 금지되며 이를 위반하여 한 행위의 사법상의 효력도 부인된다. **둘째**, 담배·소금·인삼의 제조·판매·수출입(담배3, 11, 12, 22; 인삼2②, 14, 15), 전화·철도·우편(우편2)·전기통신사업(전기3) 등은 국가재정상 또는 다른 정책적 이유로 국가 기타 특수법인의 독점사업으로 되어 일반인들의 영업이 제한된다. 다만 공기업 민영화 내지 규제완화 차원에서 이러한 분야에도 점차 민간의 참여가 확대되고 경쟁체제가 도입되고 있다.

영업에 관해서 공익의 유지나 국가재정 확보 등의 목적으로 공법상 각종 제한이 가해진다.

셋째, 전당포·고물영업·숙박업·음식업·농수산업·독극물영업·화약류제조판매 등은 공안·보건·위해예방·풍속유지·교통사고 방지 등의 경찰행정상의 목적상 일정한 설비를 갖추고 관할관청의 허가 또는 신고 등을 받게 하는 제한이 있다. 다만 이러한 제한규정은 대부분 단속법규에 지나지 않으므로 이에 위반하여 한 행위의 사법상의 효력에는 영향이 없다(손주92, 최기76, 임홍(총)202, 이기(총)98). **넷째**, 은행업·증권업·신탁업·보험업 등의 사업은 국민경제적 영향이 크고 또 투자자 등의 보호를 위하여 주무관청의 허가를 얻어야 하고 영업전반에 대한 금융당국의 규제도 강하게 받는다. 다만 이러한 제한규정도 단속법규적 성격을 가지므로 허가없이 영업을 하더라도 그 사법상의 효력에는 영향이 없다(대판 1997.8.26, 96다36753). **다섯째**, 법관·국가공무원·변호사 등에 대해서는 특수한 신분에 따르는 영업제한이 있다.

(2) 사법상의 제한

사법상의 제한에는 당사자간의 계약에 의한 제한과 법령에 의한 제한이 있다.

계약에 의한 영업제한에서 경업금지약정의 효력이 문제된다.

1) 계약에 의한 제한 당사자간의 계약으로 영업을 제한할 수 있다. 가령 회사의 연구개발이나 기술부서에 종사하면서 중요한 기술이나 지식을 습득한 자가 퇴직할 경우 일정기간 동종영업에 종사할 수 없도록 제한하는 경우가 이에 해당한다. 이러한 계약은 개인의 자유를 불합리하게 제한하는 반사회적인 행위(民 103)에 해당하지 않는 한 유효하다. 그러나 계약상 제한에 위반한 행위의 효력에는 영향을 주지 않지만 계약위반에 따른 손해배상책임은 부담해야 한다(손주93, 최기77, 임홍(총)197, 이기(총)98). 다만 상법은 경업금지약정의 효력을 제한하는 규정을 두고 있고(41 ②), 公正去來法도 부당한 거래제한행위를 금지하고 있으므로, 이에 위반되는 경우에는 벌칙의 제재나 행위의 효력이 부인됨을 유의해야 한다.

2) 법령에 의한 제한 상법상의 제한으로는 영업양도인(41)·상업사용인(17)·대리상(89)·무한책임사원(198, 269)·이사의 경업금지 및 특정지위취임금지 제한(397, 567)이 있다. 경업금지에 위반한 경우 상대방에 대해서는 손해배상청구·개입권 등의 권리가 인정된다. 不正競爭防止法도 부정한 수단에 의한 경쟁적 업무를 제한한다.

2. 營業活動에 대한 制限

영업활동은 공정하고 자유로운 경쟁질서 내에서 이루어져야 하므로 타인의 지적재산권을 침해하거나 경쟁을 제한하는 경우에는 규제된다.

영업이 허용되는 경우에도 공정하고 자유로운 경쟁질서의 테두리 내에서 이루어져야 한다. 그러므로 타인의 상호나 상표 등 지적재산권을 침해하는 영업활동은 허용되지 아니한다. 이에 따라 상법은 商號의 보호에 관한 규정을 두고 있으며 상표법·특허법 등 지적재산권관련법에도 상표·특허·의장 등 지적재산권의 보호와 침해방지에 관한 규정을 두고 있다. 또 不正競爭防止法은 타인의 商號를 도용하든가 계약관계 등에 의해 營業秘密을 침해하는 행위를 부정경쟁행위로 규정하고, 이에 대해서는 금지청구·손해배상청구·신용회복조치 등의 구제수단을 마련하고 있다.

한편 公正去來法은 독점력의 형성에 의해 공정하고 자유로운 경쟁을 배제하거나 일반소비자의 이익을 침해하는 영업활동을 규제한다. 즉 시장지배력을 가진 사업자의 일정한 경쟁제한행위를 규제하고, 독점을 형성하기 위한 企業結合이나 不當共同行爲 및 우월한 경제력을 바탕으로 하는 不公

正去來行爲를 규제하고 있다. 이러한 규제에 위반한 경우에는 시정조치·과징금의 부과와 함께 벌금 등 형사제재도 가하고 있다.

제 2 절 企業의 主體: 商人

제 1 商人과 商行爲

1. 商法의 適用基準으로서의 商人과 商行爲

상법의 적용기준이 되는 상인과 상행위를 어떻게 정하느냐에 따라 상인법주의와 상행위법주의로 나뉘어 진다.

기업법인 상법은 민법의 특별법으로서 민법에 우선하여 적용되기 때문에 그 적용기준을 명확히 할 필요가 있다. 상법은 이러한 상법의 적용기준(보다 정확하게는 商法總則과 商行爲法의 적용기준)으로 '商人'과 '商行爲'라는 두 개의 개념을 정하고 있다. 그런데 상인개념과 상행위개념은 다음에서 보듯이 서로 순환적인 관계에 있다. 즉 상행위개념(基本的商行爲)이 결정되고 이를 기초로 하여 상인개념이 결정된다(當然商人). 다시 상인개념(擬制商人)에 기하여 나머지 상행위 개념(準商行爲)이 정해진다. 이러한 양자의 관계에 있어 어느 편을 기본으로 하느냐에 따라 상인주의 및 상행위주의 등의 입법례가 나뉘어진다.

2. 立法主義

상인주의와 상행위주의 및 절충주의

商人主義(주관주의·형식주의)는 상인개념을 정립한 후 이로부터 상행위개념을 도출하는 입장이다. 즉 사업경영의 방식·형태에 기하여 일정범위의 영업을 하는 자를 상인으로 정하고 그 상인이 하는 행위를 상행위라고 한다. 이에 대하여 商行爲主義(객관주의·실질주의)는 우선 상행위개념을 정하고 이로부터 상인개념을 도출하는 입장이다. 즉 일정한 행위의 객관적 실질에 의해 상행위를 정하고 그 상행위를 업으로 하는 자를 상인으로 한다. 한편 절충주의라고 함은 상행위로 정한 행위를 업으로 하는 자를 상인으로 인정하는 동시에 일정한 경영방식으로 영업을 하는 자를 상인으로 한다.

상행위주의는 적용범위가 명확하다는 이점은 있으나 법에 열거된 상행위 유형이 고정적이고 한정적이어서 경제상황의 발전에 따른 새로운 업종발생에 신속히 대응할 수 없다는 결함이 있다. 그러므로 상행위주의를 기본으로 하면서도 기업의 형태나 경영방식에 착안한 상인개념을 보충적으로 인정하는 절충주의가 타당하다고 본다.

3. 商法의 立場

상법은 제46조에 열거된 기본적 상행위를 기초로 한 當然商人 개념([4])을 인정하는 동시에 상행위를 전제로 하지 않은 擬制商人([5])을 인정하고 있는데, 양자의 관계를 어떻게 파악하느냐에 따라 우리 상법이 어떠한 입장을 취하고 있는가에 대한 견해가 달라진다. 즉 상법 제5조가 중심이고 제4조는 의제상인의 하나의 예시에 불과하다고 보는 견해에 의하면, 우리 상법은 형식주의를 채택하고 있다고 한다(서돈79, 임홍(총)146, 정동(총)81). 또 이 견해를 약간 수정한 형식주의에 가까운 절충주의라는 견해도 있다(정희61, 이기(총)40, 강·임37, 채33). 당연상인을 정하고 있는 제4조가 중심이며 의제상인을 당연상인의 한계를 보충하고 있으므로 절충주의가 타당하다고 본다(同 손주65~66, 김성159).

상법의 입장에 대해서는 견해가 나누어지나 제4조가 중심이고 의제상인이 이를 보충하고 있다는 절충주의가 타당하다.

제 2 商人의 意義와 種類

1. 當然商人

[사례 II-2-1: 당연상인]

(i) ① Y_1은 여자 친구인 Y_2와 함께 농촌총각 장가보내기 운동을 하기로 하고 사무소임대와 집기구입에 필요한 비용 5,000만원을 X로부터 공동으로 차용하였다. Y_1과 Y_2는 약 100여건의 혼인을 성사시키는데 성공하였고 결혼한 부부들로부터 감사비조로 일정액의 금품을 받아 사무소를 운영하여 왔다. 그러나 IMF 사태로 사업이 실패로 돌아가자 Y_1은 잠적하였고 X는 Y_2에게 5,000만원 전액의 변제를 요구하였다. Y_2는 자신의 부담부분인 2,500만원만 지급할 수 있는가? ② 만일 Y_1과 Y_2가 마담뚜로서 부유층으로부터 다액의 사례비를 챙겨온 경우는 어떠한가? ③ 만일 Y_1과 Y_2가 혼인중매소를 차린 경우에는 어떠한가?

(ii) ① X는 중소기업협동조합법에 의해 설립된 신용협동조합이고 Y는 그 조합원으로서 인쇄업을 영위하는 상인이다. X는 1990년 3월 1일에 변제기를 동년 5월 1일로 하고 Y에게 5,000만원을 대출하였다. 그러나 Y는 변제기에 1,000만원만 상환하고 나머지는 변제하지 않았기 때문에 X는 Y를 상대로 1996년경 대부금과 지연이자를 지급하라는 소를 제기하였다. 이에 대해 Y는

상사채권의 소멸시효인 5년이 경과하였기 때문에 지급할 수 없다고 주장한다. Y의 주장은 타당한가? ② 만일 X가 새마을 금고이고 Y가 그 회원인 경우는 어떠한가? (대판 1998.7.10, 98다10793 참조) ③ 만일 X가 신용보증기금인 경우에는 어떠한가? (대판 1989.6.27, 88다카16812 참조) ④ 농업협동조합인 X가 조합원이 생산한 물건을 Y에게 판매한 경우 그 대금채권에는 3년의 단기시효가 적용되는가? (대판 2000.2.11, 99다53292 참조)

(iii) Y는 A의 건설업면허와 명의를 빌려 건축사업을 경영하고 있었다. Y는 친구인 X로부터 사업자금 5,000만원을 차용하였으나 이자지급과 이율에 대해서는 합의한 바 없다. 변제기에 Y는 X에게 원금을 상환하였으나 X는 연 6%에 의한 이자까지 지급할 것을 요구하였다. ① 이에 대해 Y는 A의 명의로 사업을 하였으므로 자신은 상인이 아니라는 이유로 5%의 이자만 지급할 수 있는가? ② 만일 세무서에 제출한 사업자등록증이 A의 명의로 된 경우는 어떠한가?

當然商人은 자기의 名義로 상행위를 하는 자를 말한다(4). 이는 상행위 개념을 기초로 하여 당연히 상인성을 부여받는다는 의미에서 붙여진 이름이다.

(1) 상행위를 할 것

상행위는 영업으로 상법 제46조 및 특별법에 의한 행위를 의미한다.

여기에서 상행위란 영업으로 상법 제46조에 열거되어 있는 행위 및 특별법(信託4, 擔保社23②)에 의한 행위를 말하며 이를 基本的 商行爲라고 한다. 상행위 이외의 영리행위(가령 어업)을 업으로 하는 경우에는 의제상인으로 될 뿐이다. 기본적 상행위의 의미와 유형에 대해서는 상행위 부분에서 상세히 설명한다.

(2) 영업으로 할 것

영업으로 한다는 것은 '영리의 목적'과 행위의 '계속성'을 요소로 한다.

기본적 상행위가 되기 위해서는 상법 제46조 각 호의 행위를 영업으로 해야 한다. 營業으로 한다는 것은 영리의 목적으로 동일 또는 유사한 행위를 반복하여 계속 행하는 것을 말한다(46本). 즉 영업성은 '영리의 목적'과 행위의 '계속성'을 그 요소로 한다. 대판 1994.4.29, 93다54842도 " '영업으로 한다고 함'은 영리를 목적으로 동종의 행위를 계속 반복적으로 하는 것을 의미하는 바… 대한광업공사가 광업자금을 광산업자에게 융자하여 주고 소정의 금리에 따른 이자 및 연체이자를 지급받는다고 하더라도, 이와 같은 대금행위는 민영광산의 육성 및 합리적인 개발을 지원하기 위하여 하는 사업이지 이를 영리를 목적으로 하는 행위라고 보기는 어렵다"고 판시하고 있다.

1) **영리의 목적** 이익을 추구하려는 의도가 있어야 한다. [사례II-2-1-i]의 ①과 같이 사무소를 차려놓고 혼인중개행위(46/⑪)를 하지만 사무실유지 정도의 사례만 받는 경우에는 이윤추구가 목적이 아니라 사회적 활동의 일종이므로 영리성이 없다. 그러므로 Y_1과 Y_2의 행위는 상행위가 아니고, 이들은 상인이 아니기 때문에 상법 제57조가 적용되지 아니한다. 따라서 Y_2의 분할책임 주장은 타당하다. 그러나 [사례II-2-1-i]의 ②,③의 경우에는 영리성이 인정될 수 있을 것이다. 또 [사례II-2-1-ii]의 ①과 같은 협동조합은 그 사업활동을 통하여 조합원의 사업이나 가계상의 상부상조를 목적으로 하는 비영리적인 조합이다. 상인의 요건인 영리성은 그 사업활동을 통해 금전적 이익을 획득하고 이를 조합원에 분배하는 것을 의미하므로, 협동조합의 활동은 영리성이 없고 따라서 그 상인성은 부인된다. 다만 이 사례에서 X는 상인이 아니지만 조합원인 Y는 상인이기 때문에 양자간의 금전 소비대차는 일방적 상행위로서 상법 제3조에 의해 상법 제64조가 적용된다. 따라서 상사시효가 소멸하였다는 Y의 주장은 타당하다. 한편 대판 1998.7.10, 98다10793은 [사례II-2-1-ii]의 ②에서 새마을 금고는 "우리 나라의 고유의 상부상조정신에 입각하여 자금의 조성 및 이용과 회원의 경제적·사회적·문화적 지위의 향상을 목적으로 하는 비영리법인이므로, 새마을 금고(X)가 금고의 회원(Y)에게 자금을 대출하는 행위는 일반적으로 영리를 목적으로 하는 행위라고 보기 어렵다"고 판시하였다. 또 대판 1989.6.27, 88다카16812는 [사례II-2-1-ii]의 ③과 같은 신용보증기금에 대해 영리의 목적이 없다는 이유로 상인성을 부인하였다. 한편 대판 2000.2.11, 99다53292는 [사례II-2-1-ii]의 ④에서 "농업협동조합법에 의하여 설립된 조합(X)이 영위하는 사업의 목적은 조합원을 위하여 차별없는 최대의 봉사를 함에 있을 뿐 영리를 목적으로 하는 것이 아니므로, 동조합이 그 사업의 일환으로 조합원이 생산하는 물자의 판매사업을 한다 하여도 동 조합(X)을 상인이라 할 수는 없고, 따라서 그 물자의 판매대금채권은 3년의 단기시효가 적용되는 민법 제163조 제6호 소정의 '상인이 판매한 상품의 대가'에 해당하지 아니한다"고 판시하였다.

영리의 목적이란 이익을 추구하려는 의도를 뜻한다.

2) **계속성** 영업성이 인정되기 위해서는 일정한 계획하에 영업설비를 갖추고 어느 정도의 기간 동안 사업을 계속하는 것이 필요하다. 그러므로 한번에 국한된 행위나 기회시마다 반복하는 투기행위 등은 영업이라 할 수

계속성이란 일정기간 일정행위의 계속을 뜻한다.

없다(최기50, 이기(총)97). 다만 기간의 장단이 문제되는 것은 아니므로 가령, 박람회 기간중이나 해수욕기간중에 매점경영을 하는 것도 영업에 속한다고 할 것이다. 대판 1991.7.23, 91도1274는 "부동산중개업법 제2조 제1호에 규정된 중개업의 요건으로서 알선·중개를 영업으로 한다고 함은 반복·계속하여 영업으로 알선중개를 하는 것을 가리키는 것이므로, 이러한 반복계속성이나 영업성이 없이 우연한 기회에 타인간의 거래행위를 중개한 것에 불과한 경우는 중개업에 해당하지 않는다"고 판시하였다.

(3) 자기의 명의로 할 것

자기명의라는 것은 상행위로부터 생기는 권리의무의 귀속주체로 된다는 것을 의미한다.

1) 권리의무의 주체　自己名義라는 것은 상행위로부터 생기는 권리의무의 귀속주체로 된다는 것을 의미한다. 따라서 영업주가 스스로 영업행위를 하는 경우는 물론이고 상업사용인이 대리하여 행하는 경우에도 영업주가 商人이고 상업사용인은 상인이 아니다. 法人의 경우에는 대표자가 영업을 실행하지만, 대표자 개인이 아닌 법인이 상인이다. 또 영업의 법적 주체인 한, 그 영업이 타인의 계산으로 하는 경우에도 상인으로 된다. 그러므로 [사례Ⅱ-2-1-ⅲ]의 ②와 같이 행정관청에 대한 신고명의나 사업자등록과 같은 세무명의인(A)과 상인(Y)이 반드시 일치할 필요가 없다. 이 때 Y가 사업상의 권리의무의 주체인 한 상인이 되므로 Y와 X간의 소비대차에 대해서는 상법 제54조가 적용되어 연 6%의 이자를 지급해야 한다. 대판 1962.3.29, 4294민상962도 "점포의 임차명의인은 처이고 납세명의인은 남편인 경우에 그 영업이 누구에 속하는지 명확하지 않을 때에는 민법 제830조 2항에 의하여 남편이 경영하는 것으로 추정한다"고 판시하였다.

2) 명의대여인 경우　[사례Ⅱ-2-1-ⅲ]의 ①과 같이 Y가 A의 명의를 빌어 사업을 하는 경우에도 Y가 이 사업상에서 생기는 권리의무의 주체인 한, Y가 상인이다. 따라서 Y와 X간의 소비대차 행위는 일방적 상행위로서 상법 제54조에 의해 연 6%의 이자를 지급해야 한다. 물론 A도 名義貸與者로서 상법 제24조에 의해 Y와 연대하여 X에게 책임을 지는데, 이는 일종의 표현책임을 인정한 것으로서 Y의 상인성 인정과는 관계없는 것이다.

2. 擬制商人

[사례 Ⅱ-2-2: 의제상인·목적물검사통지의무]

(i) ① Y는 자기집 앞마당에 100그루의 사과나무를 심어 일년에 200상자 가량

의 사과를 수확하고 있다. Y는 자기집 식구가 먹고 남은 사과 100상자를 사과판매상인 X에게 위탁하여 판매하기로 하기로 하였다. 2000년 5월 1일 Y는 사과 100상자를 X에게 판매하고 이를 즉시 인도하였다. 그러나 X는 사과가 인도된 후에 이를 조사하지 않고 있다가 2001년 2월에 사과를 출하하기 위해 살펴보니 대부분의 상자속에 포장된 사과에 과심이 썩은 하자가 발견되었다. X는 이 사과를 Y에게 반송하면서 대금을 반환해 줄 것을 요구하였으나 Y는 물품이 인도된 후 6월이 경과하였으므로 상법 제69조에 의해 대금반환을 할 수 없다고 주장한다. Y의 주장은 타당한가? ② 만일 Y가 5,000여평의 과수원을 경영하면서 그 중 2,000여평에서 수확한 사과 2,000상자를 대도시의 사과판매상인 X에게 위탁판매한 경우에는 어떠한가? (대판 1993.6.11, 93다7174 참조) ③ 만일 Y가 자기집 주변에 있는 고속도로 휴게소에 농산물 직판장을 설치하여 생산된 사과를 전시하고 지나가는 상인 X에게 판매한 경우는 어떠한가? ④ 만일 Y가 도로변에 원두막을 설치하고 지나가는 상인 X에게 판매한 경우에는 어떠한가?

(ii) 어민 A와 B는 공동으로 출자하여 어로사업과 판매사업을 위해 Y합명회사를 설립하였다. X회사는 Y회사로부터 어류를 구매하는 자인데 2000년 5월 1일 X회사는 Y회사로부터 갈치 10상자를 인도 받아 냉동창고에 보관하였으나 인수시 선도에 대한 조사를 하지 않았다. 며칠 후 X회사가 갈치를 출하하기 위해 조사해보니 대부분이 부패하였기 때문에 이를 Y회사에 돌려주고 대금반환을 청구하였다. 그러나 Y회사는 상법 제69조에 따라 대금을 반환할 수 없다고 주장하였다. Y회사의 주장은 타당한가?

(1) 의 의

擬制商人은 상행위 개념을 기초로 하지 않고 기업형태 또는 경영형식에 착안한 상인을 말한다. 당연상인만으로는 농업·어업 등 1차 산업을 영위하는 자의 상인성을 인정할 수 없을 뿐 아니라 상행위개념의 고정성으로 인해 새로운 유형의 상행위를 영위하는 자를 상인으로 포괄하기 어렵다는 한계가 있다. 이에 따라 행위내용과는 상관없이 행위의 형식에 착안하여 상인개념을 확장할 필요에서 의제상인을 인정하게 된 것이다. 이와 같이 의제상인은 상인으로 인정되는 근거가 당연상인과 다르지만 상인으로서의 취급에 있어서는 완전히 동일하다. 상법상 의제상인에는 設備商人과 民事會社의 두 종류가 있다(5).

의제상인은 기업형태 또는 경영형식에 착안한 상인으로서 설비상인과 민사회사의 두 종류가 있다.

(2) 설비상인

점포 기타 유사한 설비에 의하여 상인적 방법으로 영업을 하는 자를 설비상인이라 한다.

점포 기타 유사한 설비에 의하여 상인적 방법으로 영업을 하는 자를 말한다(5 ①). '점포 기타 유사한 설비'는 '상인적 방법'의 하나의 예시로 볼 수 있으며 상인적 방법이란 당연상인의 영업과 유사한 방법을 의미한다. 가령 상호·사무소·상업사용인을 두면서 상업장부를 작성하는 등 거래통념상 당연상인의 영업활동으로 보여지는 방법으로 영업을 하는 것을 말한다. 당연상인의 경우에는 판매하는 물품은 유상취득할 것을 요하지만 의제상인은 일정한 기업설비로 판매하는 이상 그 물품이 타인으로부터 유상취득한 여부를 묻지 아니한다. 즉 [사례II-2-2-i]의 각 경우 Y는 자신이 경작한 사과(원시취득)를 판매하는 자이기 때문에 당연상인(46. 1)이 아니다. 그러나 [사례II-2-2-i]의 ③의 경우에는 Y는 농산물직판장이라는 판매점포를 설치하고 판매원을 두고 계속적·장기적으로 수확한 사과를 판매하였기 때문에 의제상인에 해당한다. 그러나 [사례II-2-2-i]의 ①과 ②는 이러한 점포 기타 유사한 설비를 갖추지 않았으므로 영리성 여부와는 관계없이 의제상인으로 볼 수 없다. 대판 1993.6.11, 93다7174도 [사례II-2-2-i]의 ②와 유사한 사안에 대하여 Y의 사과판매행위는 영업으로 한 것이 아니라는 이유로 상법 제69조의 적용을 부인하였다. 한편 [사례II-2-2-i]의 ④의 경우 원두막을 점포 기타 유사한 설비로 보기 여려울 뿐 아니라 이를 상인적 방법이라고 하기에는 부적합하기 때문에 의제상인이 아니다.

(3) 민사회사

기업적 경영형태를 가진 민사회사도 상인으로 의제된다.

상행위를 업으로 하는 회사를 商事會社라고 하고 그 이외의 영리행위를 업으로 하는 회사를 民事會社라고 한다. 민사회사는 상행위를 영업으로 하지 않기 때문에 당연상인은 아니지만 회사라는 기업적 경영형태를 취하는 이상 이를 상사회사와 구별할 필요는 없다. 따라서 상법은 명문으로 민사회사를 상인으로 인정하고 있다(5 ②). [사례II-2-2-ii]에서 보면 Y회사(합명회사)는 어로사업을 업으로 하는 민사회사로서 상법 제5조 2항에 의해 상인으로 된다. 따라서 상법 제69조가 적용되어 X는 물품을 수령한 후 지체없이 조사하여 하자를 발견하지 아니하면 계약해제 등을 청구할 수 없다.

3. 小 商 人

(1) 의 의

小商人은 자본금 1,000만원 이하의 상인으로서 회사가 아닌 자를 말한다(商施規 2). 여기에서 말하는 자본금액은 회사법상의 자본액과는 달리 적극재산인 영업재산의 현재가액을 의미한다(손주80, 정동97, 임홍177). 동네의 구멍가게나 포장마차, 구두수선소와 같은 영세한 규모의 상인이 이에 해당한다. 이와 같이 영업규모가 매우 작은 상인까지 영업조직에 관한 상법의 여러 규정을 적용하는 것은 번잡할 뿐 아니라 쓸데없는 비용의 지출을 요구하기 때문이다. 그러나 회사는 아무리 자본규모가 적다고 하여도 회사조직을 구비하고 있는 이상 상법의 회사에 관한 규정을 적용해야 하므로 소상인으로 되지 아니한다.

소상인은 자본금 1,000만원 이하의 상인으로서 회사가 아닌 자를 말한다.

(2) 소상인에 적용되지 않는 규정

소상인에 대해서는 支配人·商號·商業帳簿·商業登記에 관한 규정은 적용되지 아니한다.

소상인에 대해서는 지배인, 상호, 상업장부, 상업등기에 관한 규정은 적용되지 아니한다.

1) 지배인　지배인은 상인에 갈음하여 영업에 관한 재판상·재판외의 모든 행위를 하는 자인데(11) 영세한 소상인으로서는 자신 이외에 지배인을 둘 필요가 없기 때문이다. 따라서 소상인이 지배인을 선임하여도 지배인으로서의 권한을 가질 수 없을 뿐 아니라 지배인으로 등기할 수도 없다. 그러나 지배인 이외의 상업사용인은 선정할 수는 있다.

2) 상업등기　소상인은 등기사항의 등기를 요하지 아니하고 등기할 수도 없다. 따라서 등기에 의해 선의의 제3자에게 대항할 수 있는 이익(37)도 누릴 수 없다.

3) 상 호　소상인도 영업상 명칭을 사용하는 것이 가능하지만 이를 상호로서 등기하거나 등기상호로서 보호받을 수 없다. 그러나 소상인이라 할지라도 회사를 나타내는 명칭을 사용할 수 없고(20) 타인의 영업으로 오인될 수 있는 영업명칭을 사용하는 것이 금지된다(23). 또 소상인이 그 영업명칭의 사용을 타인에게 허락한 경우에는 명의대여자의 책임(24)을 부담한다.

4) 상업장부　소상인이 상업장부를 이용하는 것은 자유이지만 상업장부의 작성 및 보존의무를 부담하지 아니한다. 따라서 소송상 소상인에게 상

업장부의 제출을 명할 수 없다.

제3 商人資格

상법은 상인을 기업활동상의 권리의무 주체로서 파악하고 있다. 따라서 누가, 어떠한 기업이 상인으로서의 자격, 즉 상인자격을 가지는가 하는 것이 문제된다. 이에 대해서는 상법 제4조와 제5조에서 정하는 요건이 판단기준으로 된다.

1. 自然人의 商人資格

[사례 II-2-3: 상인자격의 득상 · 보조적 상행위]

(i) Y는 슈퍼마켓사업을 하기로 하고 순차적으로 다음과 같은 행위를 하였다. Y의 행위로 인한 채무에 상법이 적용되는 경우는? ① A로부터 영업자금을 차입하였다. ② B로부터 건물을 임대받고 종업원을 고용하였다. ③ 그 후 개점광고전단의 인쇄를 C에게 의뢰하였다 ④ 개점 후 자금이 부족하였기 때문에 D로부터 금전을 차입하였다.

(ii) Y는 부동산중개업을 개시할 목적으로 그 준비행위의 일환으로 당시 같은 영업을 하고 있던 상인 X로부터 건물 1동을 구매하였다. 그런데 Y가 건물을 인도받은 후 6월이 경과한 시점에서 건물 골조에 큰 하자가 있음을 발견하고 Y에게 하자담보책임의 이행을 청구하였다. 그러나 X는 건물인도후 6월이 경과하였기 때문에 상법 제69조에 의해 하자담보책임을 질 수 없다고 항변하였다. X의 주장은 타당한가? (대판 1999.1.29, 98다1584 참조)

(iii) Y는 슈퍼마켓을 운영하여 왔는데 근처에 대형 백화점이 들어서는 바람에 경영이 악화되자 다음과 같은 단계를 거쳐 폐업하였다. 다음 중 Y가 상인자격을 상실하는 때는 언제인가? ① Y가 더 이상 손님을 받지 않고 물건의 구입과 판매행위를 중단하였다. ② Y는 슈퍼마켓 정문에 폐업공고를 붙이고 동일한 내용의 전단을 배포하였다. ③ Y는 관할세무서에 폐업신고를 하고 사업자등록증을 반환하였다. ④ Y는 사업상 부채 때문에 파산선고를 받았다. ⑤ Y는 매장의 물품을 덤핑처리(땡처리)한 후 점원도 모두 내보내고 셔터를 내렸다. ⑥ Y는 슈퍼마켓 건물을 타인에게 매각하였다.

自然人은 그 권리능력에 제한이 없기 때문에 연령 · 성별 · 행위능력 등에 관계없이 상법상의 요건만 갖추면 商人이 될 수 있다.

(1) 취 득

자연인의 상인자격 취득은 상법 제4조와 제5조의 요건을 구비한 때, 즉 상법에서 정한 일정한 종류의 영업 또는 일정한 형식에 의한 營業을 開始한 때이다. 그런데 이 영업의 개시라고 함은 반드시 영업의 목적인 기본적 상행위 자체를 개시하는 것만이 아니고 그 보조적 상행위로서의 開業準備行爲, 가령 점포를 임대하거나 사용인을 고용하고 자금을 차입하는 등의 행위도 포함한다. 이는 개업준비행위도 전체적으로 볼 때 영업의 한 부분을 이루는 것이기 때문이다.

상인자격은 영업개시한 때 취득하고, 이는 기본적 상행위 개시나 개업준비행위를 말한다.

1) 학 설 상인자격의 발생으로 되는 開業準備行爲가 있었다고 인정되는 경우는 어떠한 상태를 말하는 것인가? 제1설은 표백행위(점포개설·개점광고 등)가 행하여진 시점으로 보고 있으며, 제2설은 영업의 의사가 주관적으로 실현된 시점으로 보고, 제3설은 영업의 의사를 상대방이 인식하거나 영업의 의사가 객관적으로 인식가능하게 된 시점으로 본다(서·정73, 양·박53, 최기69, 채42, 임홍(총)186~187, 이기(총)93 外). 제4설은 단계설로서 i) 영업의 의사가 주관적으로 실현된 시점에는 상인자격의 취득 및 당해 행위의 상행위성을 상대방이 주장할 수 있고, ii) 영업의 의사가 특정 상대방에게 객관적으로 인식가능하게 된 시점에는 상인자격 및 당해행위의 상행위성을 행위자도 그 상대방에 대해 주장할 수 있으며, iii) 일반적으로 인식가능 하게 된 단계에는 보조적 상행위성이 추정된다고 한다. [사례II-2-3-i]에서 보면 ④단계는 어느 견해를 취해도 Y의 상인자격 취득은 인정되므로 D로부터 차입행위는 보조적 상행위로서 상법의 규정(채무의 연대성·상사이율·상사시효 등)이 적용된다. 그러나 제1설에 의하면 ①, ②, ③단계에서는 표백행위가 없었기 때문에 Y는 상인자격을 취득하지 못한다. 제2설에 의하면 늦어도 ②단계에서는 영업의 의사는 주관적으로 실현되었다고 보며, 제3설에 의하면 ③단계에는 영업의 의사가 객관적으로 인식가능한 것으로 평가되기 때문에 이 단계에서 Y는 각각 상인자격을 취득하며 그 채무에 대해서는 상법이 적용된다. 한편 제4설에 의하면 영업 의사가 주관적으로 실현된 시점(②단계)에서는, 상인 자격의 취득을 B가 Y에 대해 주장할 수 있고, 영업의 의사가 특정상대방(C)에게 객관적으로 인식가능하게 된 시점(③단계)에는 Y는 C에 대해, C는 Y에 대해 각각 Y의 상인자격 취득을 주장할 수 있게 된다.

개업준비행위에 대해서 학설이 대립하는데, 영업의 의사를 상대방이 인식하거나 영업의 의사가 객관적으로 인식가능하게 된 시점으로 보는 제3설이 통설·판례다.

2) 판 례 대판 1999.1.29, 98다1584는 [사례II-2-3-ii]에서 "영업의 목적인 기본적 상행위를 개시하기 전에 영업을 위한 준비행위를 하는 자는

영업으로 상행위를 할 의사를 실현하는 것이므로 그 준비행위를 한 때 상인자격을 취득함과 아울러 이 개업준비행위는 영업을 위한 행위로서 그의 최초의 보조적 상행위 등에 의하여 영업의사를 일반적·대외적으로 표시할 필요는 없으나, 점포구입·영업양수·상업사용인의 고용등 그 준비행위의 성질로 보아 영업의사를 상대방이 객관적으로 인식할 수 있으면 당해 준비행위는 보조적 상행위로서 여기에 상행위에 관한 상법의 규정이 적용된다"고 판시함으로써 제3설(통설)을 취하고 있다. 이 판결은 상인자격의 발생시점에 관한 우리 나라 최초의 대법원판결로서 의미가 있다.

(2) 상 실

상인자격은 영업을 폐지하거나 영업적 시설을 폐지할 때에 상실한다.

상인자격은 영업을 폐지하거나 영업적 시설을 폐지한 때에 상실한다. 당사자의 의사에 의한 상실의 경우로는 閉業 또는 營業讓渡가 있고 당사자의 의사에 기하지 않는 경우로는 상인의 사망이라든가 법률의 개정이나 변경에 의한 영업의 금지가 있다. 여기에서 廢止라고 함은 영업의 목적인 행위자체를 종료하는 것이 아니고 그 영업의 잔무를 사실상 종료한 때이다. 따라서 [사례 II-2-3-iii]에서 ①은 수퍼마켓 영업 그 자체를 중단하였지만 아직 재고처리라든가 매장과 점원 등 판매시설을 정리하는 문제가 남아 있기 때문에 Y의 상인자격은 유지된다. 또 아직 잔무처리가 남아 있는 한 ②와 같이 폐업광고를 한 것이나 ③과 같이 관청에 대한 폐업신고만으로는 상인자격을 상실하지 아니한다. 또 ④와 같이 개인상인에 대한 파산선고가 있다고 하더라도 파산관재인이 상인의 명의로 영업이나 잔무처리를 계속하는 한 상인자격은 상실하지 아니한다. 결국 ⑤ 또는 ⑥의 단계에 이르러서야 Y의 상인자격은 상실된다고 할 것이다.

2. 法人의 商人資格

法人은 일정한 목적을 위해 권리능력이 인정되는 것이므로 각종 법인의 목적에 비추어 상인자격의 인정여부를 검토해야 한다.

(1) 공법인

국가나 지방자치단체는 공공목적을 수행하기 위해 영리사업을 영위할 수

1) 일반 공법인 존립목적이 한정되어 있지 않은 국가나 지방자치단체는 공공 목적을 수행하기 위한 수단으로 영리사업을 영위하므로 상인이 될 수 있다. 다만 어떠한 사업이 상법상 영업으로 인정될 것인가는 사업의 목적이나 경영형식으로부터 구체적으로 판단할 수밖에 없다. 일반적으로 철

도사업이나 전기·가스사업 등은 영업으로 인정됨에 비해 우편사업의 영업성은 인정되지 아니한다. 이와 같이 公法人이 상인으로 되는 경우에도 상업등기·상호·상업장부·상업사용인 관련 규정은 적용되지 않는다. 상행위에 관한 규정이 주로 적용되지만 특별법에 별도의 규정이 있는 경우에는 이 규정이 상법에 우선하여 적용된다(2).

있으므로 상인자격이 있다.

2) **특수 공법인** 토지개량조합·농지개량조합과 같이 그 목적이 법률에 의하여 특정 공공사업에 한정된 공법인은 애초 상인능력이 없고 영업을 할 수 없기 때문에 상인자격을 취득할 여지가 없다(손주88, 최기72~73, 정희73, 이기(총)95).

공법인은 상인능력이 없다.

(2) 사법인

1) **영리법인** 營利法人에는 상행위를 업으로 하는 상사회사와 그 이외의 영리를 목적으로 하는 민사회사가 있는데 전자는 당연상인(4)이고 후자는 의제상인(5②)으로 모두 상인자격이 있다. 會社는 태생적 상인으로서 본점 소재지에 설립등기를 함으로써 성립하고 등기시점에 상인 자격을 취득한다. 또 회사는 해산하여도 청산의 목적범위 내에서 존속하고 청산의 종료에 의해 소멸하기 때문에 상인자격도 이때 소멸한다.

회사는 태생적 상인이므로 설립등기로서 상인자격을 취득한다.

2) **공익법인** 公益法人은 영리를 목적으로 하지 않는 법인으로서 상인자격 여부에 대해서 견해의 대립이 있다. 즉 공익법인도 공익사업의 목적을 달성할 수단으로서 영리사업을 영위하는 경우에는 상인으로 될 수 있다는 견해(정희73, 서·정75, 손주87, 최기72, 임홍(총)184, 이기(총)95, 정동(총)103 外)와 공익법인의 목적은 특정한 공익사업에 한정되는 것이기 때문에 별도의 규정(가령 사립학교법26)이 있는 경우를 제외하고는 상인이 될 수 없다는 견해가 있다(박원94). 영업의 개념인 영리성은 영리활동을 통해 획득한 이윤을 구성원에게 배분한다는 것이므로 상인성을 인정할 수 없다고 본다.

공익법인은 공익사업목적의 달성수단으로서 영리사업을 하는 경우에는 상인이 될 수 있다고 보는 것이 동설이나.

(3) 중간법인

각종 협동조합이나 상호보험회사는 특수한 형태의 법인(손주87~88, 임홍(총)185, 註商(Ⅰ) 140)으로서, 법에 의해 목적사업이 한정되어 있고 또 목적사업은 영리사업이 아니기 때문에 상인이 될 수 없다는 것이 통설이다(정희73, 손주87, 서·정75, 최기72 外). 그러나 공익법인의 경우와 마찬가지로 중간법인에 대해서도 상인자격이 인정되어야 한다는 일부견해가 있다(임홍(총)184, 정동(총)103).

중간법인은 목적이 영리사업이 아니기 때문에 상인이 될 수 없다는 것이 통설이다.

3. 自由職業人의 商人資格

[사례 II-2-4: 자유직업인의 상인자격]

사채업자인 X는 친구인 Y에게 사업자금 1억원을 빌려주었는데 당시 이자에 대해서는 아무런 합의가 없었다. 변제기에 X는 Y에게 연 6%로 계산한 이자의 지급을 요구하였는데 Y는 연 5%밖에는 지급할 수 없다고 주장한다. 다음 각 경우 Y의 주장은 타당한가? ① Y는 변호사로서 법무법인의 설립에 필요한 자금을 X로부터 차용한 경우 ② Y는 의사로서 종합병원을 건립하기 위한 자금의 일부로서 X로부터 차용한 경우

(1) 영업성의 부인

전문적인 기술 또는 학식을 요하는 자유직업인은 상인이 아니라는 것이 종래의 통설이다.

상법은 자기 이름으로 상행위를 영업으로 하는 자 또는 점포 기타 상인적 방법으로 영업하는 자를 상인으로 하고 있다. 이와 관련하여 의사·변호사·건축가·화가·음악가 등 자유직업에 종사하고 있는 자에게 상인자격을 인정할 것인가 하는 점이 문제된다. 전통적으로 이들 전문자유직업인의 경제활동은 상인의 요건인 영업성이 인정되지 아니하므로 상인자격이 없는 것으로 생각되어 왔다. 즉 이들의 행위는 전문적인 기술 또는 학식을 요하는 정신적 노무를 급부하는 것으로서 그 주관적 의사 여하에 불구하고 객관적·사회적으로 볼 때 영리를 추구해서는 안된다는 당위성에서 그 영업성을 부인하여 온 것이다. 그러나 오늘날에는 수백명의 의사를 고용하고 있는 대형병원이나 다수의 변호사를 고용하는 대형 법률사무소(로펌)와 같이 기업적 경영방법으로 운영되고 있는 자유직업이 적지 않고 이러한 자유직업의 商化 현상은 대도시를 중심으로 점점 증대되고 있다.

(2) 영업성의 인정 필요성

기업적 특질을 가진 자유직업인에게는 상법의 규정을 제한적으로 적용하는 것이 타당하다.

이에 따라 자유직업인의 경제활동에 대하여 당연히 영업성을 부인할 것이 아니라 그 운영방식 등을 감안하여 기업적 특질(독립성·계속성·대규모성)을 가진 자유직업인에 대해서는 상법의 관련규정을 제한적으로 적용하는 것이 타당하리라고 본다. 아직 정면으로 이 문제를 다루고 있는 판례는 없으나 병원의 행위에 대해 名義貸與者의 책임을 인정한 사례가 있고(대판 1987. 3.24, 85다카2219), 병원에 대한 대여금반환청구에서 상사법정이율을 적용한 하급심판결도 있다.

(3) 적용규정

기업적 특질을 가진 자유직업에 대해 상법을 적용한다고 하더라도 그 성질상 상법총칙 중 상업등기·상업사용인·상업장부에 관련되는 규정은 적용되지 않는다고 보아야 하며 營業讓渡에 관한 규정이나 상행위법의 규정은 적용하여도 상관없다고 생각된다. 이러한 입장에 따른다면 [사례II-2-4]의 각 경우에 Y는 제한적으로 상인성이 인정되기 때문에 Y와 X간의 소비대차에 대하여는 상법 제54조가 적용되어 연 6%의 이자를 지급하라는 X의 주장은 타당하다.

제 4 商人의 營業能力

1. 營業能力의 意義

영업능력이란 스스로 영업활동을 할 수 있는 능력, 즉 영업상의 행위능력이다.

상인은 기업 주체로서 영업활동에 의해 발생하는 권리의무의 귀속주체이다. 營業能力이라고 함은 스스로 영업활동을 할 수 있는 능력, 즉 영업상의 行爲能力을 말한다. 그런데 會社(기타 법인포함)는 그 성립과 동시에 상인으로 되고 영업활동은 대표기관이 그 목적 범위내에서 하기 때문에 상인자격외에 영업능력을 문제삼을 필요가 없다. 이에 대해 自然人은 모두 권리능력자로서 상인자격을 가지지만 연령이나 기타 개인적인 상황에 따라 구체적인 영업능력을 가지지 못하는 경우가 있다.

이러한 영업능력의 유무와 범위는 행위능력에 관한 민법의 일반원칙에 의하지만 영업활동의 특성 때문에 상법에는 약간의 특칙을 두고 있다. 영업능력이 제한되는 자로는 未成年者·限定治産者·禁治産者가 있다.

2. 營業能力에 관한 商法의 特則

(1) 무능력자의 영업

미성년자와 한정치산자는 법정대리인의 허락을 얻어 영업할 수 있고, 이를 등기하여야 한다.

未成年者와 限定治産者는 원칙적으로 스스로 영업을 할 수 없으므로 미성년자(한정치산자)가 法定代理人의 동의를 얻지 않고 한 법률행위는 取消할 수 있다. 그러나 법정대리인의 허락을 얻어 영업을 할 때에는 그 영업에 관해서는 완전한 행위능력을 가진다(民8②). 이와 같이 미성년자(한정치산자)가 영업의 허락을 받았는지의 여부는 거래상대방에게는 중요한 사항이므로 이를 상업등기에 의해 공시하도록 한 것이다(6). 따라서 등기가 없는 한 미성년자는 그 영업에 대해 능력이 있다는 것(법정대리인의 동의를 받았다는 것)을 선의의 제3자에게 대항하지 못한다(37).

(2) 무한책임사원

미성년자 또는 한정치산자가 법정대리인의 허락을 얻어 회사의 무한책임사원이 된 때에는 능력자로 본다.

미성년자 또는 한정치산자가 법정대리인의 허락을 얻어 會社의 無限責任社員이 된 때에는 그 사원자격으로 인한 행위에는 능력자로 본다(7). 무한책임사원이 되는 것을 허락한 때에는 무한책임사원의 지위에서 하는 모든 행위에 대해서도 허락한 것으로 보아 가령, 회사에 대한 出資(196, 269)라든가 業務執行(200, 269)과 같은 행위를 미성년자(한정치산자)가 단독으로 할 수 있게 한 것이다.

(3) 법정대리인의 영업대리

법정대리인이 미성년자, 한정치산자 또는 금치산자를 위하여 영업을 하는 때에는 등기를 하여야 하며, 법정대리인의 대리권에 대한 제한은 선의의 제3자에게 대항하지 못한다(8).

제 3 절 企業의 內的 補助者: 商業使用人

제 1 企業活動의 補助者

기업규모가 커질수록 영업주나 회사경영자는 자신이 기업활동을 전부 담당할 수 없고 타인의 조력을 받아야 한다. 또 합리적이고 효율적인 기업 경영을 위해 전문경영인의 도움을 받는 것이 필요한 경우도 있다. 기업활동은 일반적으로 개성이 희박하기 때문에 타인을 이용하여도 거래관계에 아무런 지장이 없는 경우가 대부분이므로 상법에는 기업이 필요로 하는 여러 형태의 기업보조자에 관한 규정을 두고 있다.

기업활동의 보조자는 내적보조자인 상업사용인과 외적보조자인 대리상·중개인·위탁매매인·운송주선인이 있다.

기업활동의 보조자 중에는 특정상인에 종속하여 그 기업의 내부에서 보조하는 자로서 商業使用人이 있으며 독립한 상인으로서 기업의 외부에서 보조하는 자로서 대리상·중개인·위탁매매인·운송주선인 등이 있다. 상법은 이들 중 특정상인의 기업 활동을 보조하는 상업사용인만을 기업의 인적 시설로서 상법총칙에 규정하고 대리상 등은 기업보조자라기보다는 독립한 하나의 기업형태로서 상행위편에서 규정하고 있다. 이를 도시하면 아래와 같다.

■ 기업보조자

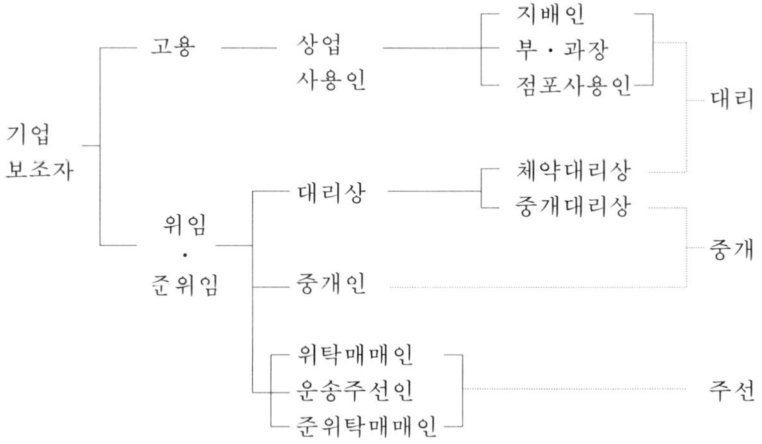

제 2 商業使用人

1. '商業使用人'이라는 用語

상법상의 상업 사용인은 대리권을 가진 사용인을 의미한다.

보통 商業使用人이라고 할 때에는 상인(기업)의 내부에서 그 기업활동을 보조하는 자를 말한다. 이러한 자들의 실무상 직함은 주임·대리·과장·부장 등 다양하고 그 업무영역도 대외적인 거래를 담당하는 영업부나 구매부 뿐 아니라 경리·기획부서가 있으며 또 사무직 이외에도 공장의 기술자나 공원 등이 있다. 따라서 상업사용인이라고 할 때에는 대리권 여부를 묻지 아니하며 이에 관련된 법적 규율은 주로 경제적 약자인 사용인의 생활상의 이익 보호가 주된 관심사이다. 이에 대해 商業代理人이라고 할 때에는 대외적 관계에서 상인을 대리하여 기업활동을 행하는 자를 말하며 상인과의 내부관계 여하를 묻지 아니한다. 즉 상업대리인에 관한 규율은 대리권의 발생·소멸 및 그 범위가 중심으로 되고 거래상대방의 보호가 중시된다.

상법총칙의 제3장 '商業使用人'에서 사용되는 상업사용인이라는 용어는 商業代理人만을 말한다. 즉 그 대리권의 범위에 따라 지배인, 부분적 포괄대리권을 가진 사용인(부장·과장) 및 물건판매 점포의 사용인만을 상업사용인으로 규정하고 있다. 그러므로 상법상 '상업사용인'은 '대리권을 가진 사용인'의 의미로 좁게 보아야 한다.

2. 立法趣旨

상업사용인 제도는 민법상의 개별적 대리제도를 상거래의 수요에 맞게 정형화한 것이다.

타인을 사용하여 거래상의 활동범위를 확장하기 위해서는 민법상 代理制度가 이용된다. 代理라 함은 법률행위를 하는 자와 그 법적 효과의 귀속주체가 분리되는 것을 말하는 바, 이를 활용하여 상인은 자신이 직접 나서지 않고도 다양한 영업활동을 해나갈 수 있다. 그러나 민법상의 대리는 個別的 代理로서 거래행위가 있을 때마다 상인으로부터 수권을 받아야 하는 한계가 있기 때문에 계속적·반복적·집단적으로 이루어지는 기업거래에 그대로 적용하는 데에는 불편이 있다. 그리하여 법에 의해 일정한 범위의 대리권이 있는 것으로 정형화한 '상업대리인제도', 즉 '상업사용인제도'가 마련된 것이다.

3. 意 義

商業使用人은 특정한 상인에 종속하여 대외적인 기업활동을 보조하는 자이다.

(1) 종속적 보조자

1) 고용관계의 존부　상업사용인은 기업 내부에서 상인을 보조하는 종속적 보조자이다. 종속한다는 것은 상명·하복의 관계에 있다는 의미로서 보통 양자간의 雇用關係를 기초로 생겨난다. 그러나 고용관계 이외에도 가령, 가족 또는 친지간에는 이러한 종속관계가 있으므로 반드시 고용관계의 존재를 그 요건으로 하지 않는다는 것이 다수설이다(서·정78, 정희79, 손주95, 최기79, 채46, 정무81, 이원97, 임홍(총)214, 이기(총)114, 정동(총)107, 정찬(상)79). 상법에는 상인과 상업사용인간의 내부관계에 대해 아무런 규정이 없을 뿐 아니라 민법의 고용관계에 관한 규정을 준용하고 있지도 않으므로 다수설이 타당하다고 본다.

상업사용인은 상인의 종속적 보조자로 반드시 고용관계를 기초로 하지만 반드시 요건이 되는 것은 아니다.

2) 구별개념　상업사용인은 상인에 대해 종속적 관계에 있으므로 독립한 상인으로서 상인의 영업을 외부에서 보조하는 代理商과 구별된다. 또 상업사용인은 경영보조자이지만 종속적 관계에 있다는 점에서 경영담당자로서 회사(상인)의 기관을 구성하는 業務執行社員이나 理事와는 구별된다. 다만 회사실무에서는 이사·상무이사·전무이사와 같은 기관구성원이 동시에 상업사용인을 겸임하는 경우가 많다(대판 1996.8.23, 95다39472).

상업사용인은 종속관계에 있다는 점에서 외부보조자 및 경영담당자와 구별된다.

(2) 대외적 영업활동 보조자: 대리권의 존재

상업사용인은 대외적인 영업활동을 보조하는 자이다. 즉 영업활동이 아닌 기술업무나 기획업무 등을 담당하는 자는 상업사용인이 아니며 영업활동을 하는 자라도 내부적인 업무만 담당하는 회계·출납 등의 업무담당자도 상업사용인이 아니다. 또 대외적인 영업활동을 보조하기 위해서는 대리권이 부여되어야 하기 때문에 대리권이 없이 상사의 지시에 따라 단순한 기계적인 업무만을 처리하는 직원은 비록 대외적인 영업활동 부서에 종사하더라도 상업사용인이 아니다. 이에 따라 상업사용인이 되기 위해서는 적어도 회사내에서 일정한 대외적인 업무를 독자적으로 처리할 수 있는 권한이 부여된 대리·과장·부장·지점장(지사장) 등이 이에 해당한다고 할 것이다.

상업사용인은 대리권을 가진 대외적 영업활동의 보조자이다.

(3) 자연인

상업사용인은 자연인에 한한다.

상업사용인은 실제로 대외적인 영업활동을 해야 하므로 자연인에 한한다(서정80, 정희79, 손주95, 정무81, 이원97, 정동(총)108).

4. 種 類

대리권의 범위에 따라 3종류의 상업사용인이 있다.

상법은 영업상의 대리권 범위를 중심으로 하여 상업사용인의 종류를 나누고 있다. 즉 영업에 관한 포괄적인 대리권을 가진 지배인(11)과 부장·과장 등 부분적 영업 대리권을 가진 사용인(15) 및 점포에 있는 물품의 판매권한이 의제되는 물품판매점포의 사용인(16)이 있다.

제3 支配人

1. 意 義

지배인은 영업주를 대신하여 그 영업에 관한 일체의 재판상 재판외의 행위를 할 권한 '지배권'을 가진 최상급 상업사용인이다.

支配人은 영업주를 대신하여 그 영업에 관한 일체의 재판상·재판외의 행위를 할 권한(지배권)을 가진 최상급 상업사용인이다(11①). 어떠한 상업사용인이 지배인인가 아닌가는 지배권의 보유라는 실질적인 상황에 의해 결정된다(통설). 따라서 지배권이 부여되어 지배인으로서의 실질을 가지는 한 반드시 '지배인'이라는 명칭을 사용할 필요는 없고 지점장·점장과 같은 명칭이 부여되어도 지배인이다. 이에 반해 지배권이 없는 한 지점장 등의 명칭이 부여되어도 지배인으로 되지 아니한다. 다만 이 경우 영업주는 외관을 신뢰한 제3자 보호를 위하여 表見支配人 행위로서 책임을 부담하는 경우는 있다.

회사 실무상으로는 '지배인'이라는 직책명을 사용하는 예는 드물고 대부분 본점의 영업부장·자금부장 또는 지점의 지점장·지사장·영업주임이라는 명칭을 사용한다. 그리고 회사소송대리 관계상 본점의 여신관리부장에 대해서도 지배인등기를 해놓는 경우가 많다.

2. 選任 및 終任

(1) 선 임

지배인은 상인

1) 선임절차 지배인은 광범위한 영업대리권을 가진 사용인이기 때문

에 그를 선임할 수 있는 자는 영업주인 商人 또는 그 代理人이다. 지배인은 특별한 수권이 없는 한 당연히 다른 지배인을 선임할 수 없다(11②의 반대해석). 회사에서는 대표기관인 대표사원 또는 대표이사가 지배인을 선임하지만 그 선임에는 지배인이 가지는 중요성을 감안하여 다음과 같은 제한이 있다. 즉 合名會社에서는 총사원의 과반수의 결의, 合資會社는 무한책임사원의 과반수 결의, 株式會社는 이사회결의, 有限會社는 이사회 과반수의 결의가 필요하다(203, 274, 393, 564). 그러나 이 결의는 회사의 내부적인 의사결정절차에 지나지 않기 때문에 이에 위반하여도 선임행위자체는 유효하다(정희81, 손주96, 최기82, 이기(총)117, 정동(총)110 정찬(상)80 外). 지배인은 영업을 전제로 하는 것이므로 청산중의 회사 및 파산중의 회사는 지배인을 선임할 수 없다.

또는 그 대리인이 선임한다. 회사에서도 일정한 요건을 갖춘 결의가 필요하다.

2) 자 격 지배인에 선임된 자는 의사능력을 가진 자연인일 것을 요하지만 반드시 행위능력자임을 요하지 아니한다(民117). 주식회사나 유한회사의 이사 또는 합명회사의 무한책임사원은 동일 회사의 지배인을 겸할 수 있지만(정희81, 정동(총)111; 대판 1968.7.23, 68다442) 감사는 그 직무의 독립적 성질상 지배인을 겸하지 못한다(411, 570). 그러나 지배인은 다른 회사의 이사나 무한책임사원 및 상업사용인을 겸직하지 못한다(17①).

지배인은 반드시 행위능력자임을 요하지 않는다.

3) 선임행위의 성질 지배인은 고용계약 또는 위임계약을 전제로 하지 않기 때문에 그 선임행위는 支配權의 수여행위(손주97)로 보면 된다. 그 형식에는 특별한 것이 없고 명시적이든 묵시적이든, 구두에 의하든 서면에 의하든 상관없다(손주 97, 임홍(총) 218). 그러나 대부분은 지배권을 가지는 직책, 가령 지점장 등의 임용행위에 포함되어 행해진다.

선임행위는 지배권의 수여행위이다.

(2) 종 임

지배인은 그 선임계약에서 정해진 계약종료사유로 終任된다. 그러나 선임행위는 대리권수여계약이므로 법에서 정한 대리권 소멸사유에 의해서도 소멸된다(民 127, 128, 659, 661, 663, 689, 690). 즉 지배인의 사망·금치산·파산(民127②) 및 영업주의 파산에 의해 소멸되며 영업주의 사망은 지배권을 소멸시키지 아니함을 유의해야 한다(50). 그러나 지배인 선임계약은 고용계약 등을 전제로 하는 경우가 많기 때문에 이들 고용계약의 종료에 의해 종임되는 경우가 대부분일 것이다.

지배인은 대리권의 소멸이나 회사의 해산 또는 영업의 폐지로 종임된다.

지배인은 영업의 존재를 전제로 하는 것이므로 회사의 해산 또는 영업의 폐지는 지배인의 종임사유라고 할 수 있다. 다만 營業讓渡는 영업의 동일성을 유지하면서 그 인적·물적 조직을 이전시키는 것이므로 당연히 지배인의 종임사유라고 할 수 없다.

(3) 등 기

지배인의 선임 및 해임은 등기사항이다.

지배인의 선임 및 해임(대리권의 소멸)은 등기사항이다(13, 非訟 179~181). 즉 영업주는 본점 또는 지점에서 이를 등기하지 아니하면 선의의 제3자에게 대항할 수 없다(37). 지배인의 대리권은 포괄적·정형적·불가제한적인 동시에 公示性을 가지는 점에서 다른 상업사용인과 구별된다.

3. 支配人의 代理權: 支配權

[사례 II-3-1: 지배인의 대리권]

(i) ① Y은행은 은행 내규로서 융통어음에 대한 배서를 하지 못하도록 제한하고 있었다. 그런데 Y은행 부산지점장인 A는 거래처의 의뢰를 받고 융통어음에 담보의 목적으로 배서하여 X에게 교부하였다. 어음이 부도가 되자 X는 Y은행에 소구권을 행사하였으나 Y은행은 A지점장이 은행내규에 위반하여 융통어음에 배서하였다는 이유로 지급을 거절하였다. Y의 주장은 타당한가? ② 만일 X가 이러한 은행내규에 대해 잘 아는 퇴임한 전임지점장인 경우는 어떠한가? (대판 1997.8.26, 96다36753 참조) ③ 만일 이 어음을 X가 X′에게 다시 배서양도한 경우에는 어떠한가?

(ii) Y은행 지점장 A는 지점의 불량대출에 의한 손실을 메우기 위해 거래처인 X회사로부터 금융거래 소프트웨어 1,000세트를 구매하여 전국은행 지점에 판매하기로 하였다. 그러나 다른 회사에서 개량된 소프트웨어가 개발되는 바람에 판매가 부진하여 A지점장은 대금지급을 못하게 되었다. 이에 X회사는 Y은행에 대해 물품대금을 청구하였으나 Y은행은 A지점장의 행위가 그 권한범위 밖이라는 이유로 물품대금의 지급을 거절하였다. Y의 지급거절은 타당한가?

(iii) ① Y은행 지점장 A는 거래처인 B회사가 부도의 위험에 직면하고 있다는 사실을 알면서도 평소 B회사로부터 다액의 커미션을 받아왔기 때문에 B가 발행한 어음에 담보의 목적으로 배서하여 이를 X에게 교부하였다. 이 어음이 부도가 되자 X는 Y은행에 소구권을 행사하였으나 Y은행은 지점장 A가 부정한 목적으로 어음에 배서하였기 때문에 어음금 지급을 거절하였다. Y은행의 지급거절은 타당한가? ② 만일 X가 B회사와 평소에 거래관계가 많았기 때문에 A와 B간의 거래를 알 수 있었던 경우에는 어떠한가?

(1) 지배권의 특성

1) 포괄성 · 정형성 지배인의 대리권(지배권)은 "영업주를 갈음하여 영업에 관한 모든 재판상 · 재판외 행위"에 미친다(11①). 지배권은 영업에 관한 모든 행위를 포괄한다는 점에서 포괄성을 가지며 또 어떠한 기업, 어떠한 지배인에 대해서도 상법에 의해 동일한 권한이 부여된다는 점에서 정형성을 가진다. 다시 말하면 일단 '지배인'에 해당하는 자로 선임되면 그가 속해 있는 기업의 규모나 영업주로부터 구체적으로 어떠한 수권을 받았는가 와는 상관없이 상법에 의해 일괄적으로 포괄적인 대리권을 갖는 것으로 정형화한 것이다. 이렇게 함으로써 대리권의 범위를 둘러싼 분쟁을 사전에 예방하여 거래의 신속안전을 기하려는 것이다.

지배권의 대리권은 영업주에 갈음하여 영업에 관한 모든 재판상 · 재판외의 행위에 미친다는 점에서 포괄성과 정형성이 있다.

2) 불가제한성 지배인의 대리권에 대한 제한은 선의의 제3자에게 대항하지 못하며(11③) 그 제한사항을 등기할 수도 없다. 이를 지배권의 불가제한성 또는 획일성이라고 부른다. 위에서 본 바와 같이 지배권은 포괄성 · 정형성을 가지는데 만일 영업주가 수권행위시에 이를 마음대로 제한할 수 있다면 그 취지가 몰각될 염려가 있기 때문에 그 제한으로 선의의 제3자에게 대항하지 못하게 한 것이다. 따라서 [사례II-3-1-i]의 ①에서 Y은행의 내규에 의해 지배인 융통어음 배서에 대한 A의 권한을 제한한 것은 선의의 제3자인 X에 대하여 주장할 수 없고 어음에 대한 지급책임이 있다. 그러나 실무적으로는 이 사례에서 보는 바와 같이 회사 또는 은행의 내부지침으로 지배인(지점장)의 권한을 일정범위로 제한하는 경우가 허다하므로 지배인의 권한을 제한하는 데 따르는 상인의 이익과 거래상대방의 신뢰보호를 어떻게 조화하느냐가 문제가 된다. 따라서 상대방(X)이 보호받기 위해서는 그러한 제한이 있다는 사실을 몰랐을 뿐 아니라 모른데 대해 중과실이 없어야 한다. 그러므로 [사례II-3-1-i]의 ②에서 Y은행은 X에 대해 소구의무를 부담하지 아니한다. 대판 1997.8.26, 96다36753도 이러한 취지에서 "지배인(A)의 어떤 행위가 그 객관적 성질에 비추어 영업주(Y)의 영업에 관한 행위로 판단되는 경우에 지배인이 영업주가 정한 대리권에 관한 제한규정에 위반하여 한 행위에 대하여는 제3자(X)가 위 대리권의 제한 사실을 알고 있었던 경우뿐만 아니라 알지 못한 데에 중대한 과실이 있는 경우에도 영업주(Y)는 그러한 사유를 들어 상대방(X)에게 대항할 수 있고 그러한 제3자(X)의 악의 또는 중대한 과실에 대한 주장 · 입증책임은 영업주(Y)가 부담한다"고 판시하였다(同 대판 1987.3.24, 86다카2073). 그리고 이 판례는 [사례II-3-1-i]의 ③과 같이 지배인의 대리권 제한에 대항할 수 있는 제3자의 범위에는 직접

지배인의 대리권에 대한 제한은 선의의 제3자에게 대항하지 못하며 등기할 수도 없다.

어음을 취득한 상대방(X)뿐 아니라 그로부터 어음을 다시 배서양도 받은 제3취득자(X′)도 포함된다고 한다.

(2) 지배권의 내용

재판상의 행위는 소송관련행위이며, 재판외의 행위는 영업관련행위이다.

1) 재판상·재판외의 행위 지배인의 대리권은 영업주의 영업에 관한 일체의 재판상·재판외의 행위에 미친다(11 ①). '영업주의 영업에 관하여'로 되어 있기 때문에 영업에 관계없는 개인적인 사항에 대해서는 지배권이 미치지 아니한다(대판 1984.7.10, 84다카424·425). 지배인은 裁判上의 行爲를 할 권한을 가지므로 어떠한 심급에서도 訴訟代理人이 될 수 있고 또 소송대리인을 선임할 수도 있다. 裁判外의 行爲에는 영업의 목적인 행위와 영업을 위하여 하는 행위가 포함된다. 부분포괄대리인 등 기타 상업사용인을 선임하는 것도 영업에 관한 행위의 일종으로 지배권에 포함되지만 지배인을 선임할 권한은 없다.

지배인의 행위가 영업에 관한 행위인지 여부는 행위의 객관적 성질에 의해 판단한다.

2) 판단기준 어떠한 행위가 영업에 관한 행위인지 여부는, 거래안전 보호라는 견지에서, 지배인이 영업주를 위하여 한다는 주관적 사정이 아니라 행위의 객관적 성질에 의해 판단한다(대판 1987.3.24, 86다카2073; 1997.8.26, 96다36753; 1998.8.21, 97다6704). [사례 II-3-1-ii]에서 보면 A지점장의 컴퓨터 소프트웨어 구매와 판매행위는 주관적으로는 Y은행의 결손을 메우기 위한 것이지만 행위의 객관적인 성질에서 볼 때 금융거래를 주로 하는 은행의 영업으로 볼 수는 없다. 따라서 A지점장의 행위는 Y은행의 '영업'에 관한 지배인의 권한을 넘은 것으로서 Y은행은 물품대금에 대해 책임이 없으며 이는 상대방(X)의 선의와는 상관없다. 대판 1960.12.8, 4293민상22도 이러한 취지에서 "여관업은 우리나라 현실에 있어 그 업태가 일반행위의 영업과는 상이하여 그 영업과 어음행위와는 연관성이 희박하므로 여관업에 관한 상업사용인은 특별한 수권이 없는 한 주인을 대리하여 어음행위를 할 권한이 없음이 상례이다"라고 판시하였다(同 대판 1984.7.10, 84다카424·425).

대리권의 남용은 상대방이 악의·중과실인 경우 권리남용 또는 신의칙위반으로 허용되지 않는다(통설·판례).

3) 대리권의 남용 반대로 [사례 II-3-1-iii]의 ①과 같이 지배인(A)의 행위가 객관적 성질에서 영업에 관한 행위에 속하는 경우에는 주관적으로 자기의 이익을 위하여 한 경우에도 유효한 대리행위로서 상인(Y은행)은 선의의 상대방(X)에 대해 책임이 있다. 다만 [사례 II-3-1-iii]의 ②와 같이 상대방(X)이 대리권남용 사실을 알았거나 알 수 있었을 경우에는 영업주(Y은행)는 책임이 없는데 그 법리구성에 대해서는, 상대방이 악의·중과실인 경우에도 지배인(A)의 행위는 유효하지만 악의의 상대방(X)이 이에 의해 취득한 권리를 영업주(Y)에 대하여 주장하는 것은 권리남용 또는 신의칙 위

반으로 허용되지 아니한다는, 권한남용설이 통설·판례의 입장이다(대판 1987.3.24, 86다카2073; 1999.3.9, 97다7721·7738).

(3) 지배권의 범위

지배인의 대리권이 미치는 범위는 영업주의 모든 영업이 아니고 商號 또는 營業所에 의해 개별화된 영업이다.

1) 상 호 상인이 1개의 상호에 의해 수종의 영업을 할 때에는 지배인의 대리권은 영업 전체에 미치지만 개인상인이 수개의 상호에 의해 수종의 영업을 영위하는 때에는 지배인의 대리권은 하나의 상호에 속하는 영업에만 미친다. 상법은 이를 직접 규정하고 있지는 않지만 지배인의 선임등기에 관한 非訟事件節次法의 규정은 이를 전제로 하고 있다(非訟 179①4). 회사의 경우에는 항상 1개의 상호밖에는 가지지 못하기 때문에 복수의 상호라는 문제는 발생하지 아니한다.

지배인의 대리권은 하나의 상호에 속하는 영업에만 미친다.

2) 영업소 영업주가 수개의 영업소에 의해 영업을 하는 때에는 지배인의 대리권은 하나의 영업소의 영업에 미친다. 이에 관해서도 상법에는 직접적인 규정이 없으나 非訟事件節次法의 규정에 의해 이를 인정할 수 있다(非訟 179①4). 그러나 특정한 지배인이 수개의 영업소의 지배인을 겸하는 것은 상관이 없다(손주100, 이기(총)119).

지배인의 대리권은 하나의 영업소의 영업에만 미친다.

4. 共同支配人

(1) 의 의

영업주는 수인의 지배인이 공동으로 대리권을 행사하여야 한다는 취지를 정할 수 있다([12]). 이 경우 수인의 지배인을 共同支配人이라고 한다. 앞에서 본 바와 같이 지배권은 광범위하고 강력하기 때문에 지배인 상호간의 견제에 의해 그 남용을 방지함으로써 영업주를 보호하기 위한 제도이다. 공동지배는 지배권의 범위에 대한 제한은 아니지만 하나의 지배권을 수인으로 하여금 공동으로 행사하게 한다는 점에서 지배권의 행사방법에 가한 제약이라고 하겠다. 이에 따라 다른 공동지배인의 대리권이 소멸되어도 이에 의해 당연히 공동지배인의 대리권이 소멸되는 것은 아니고 대리권을 공동으로 행사할 수 없을 뿐이다. 공동지배는 제3자에게 중대한 영향을 주는 사항이기 때문에 이를 정하거나 변경할 경우에는 등기를 요한다([13]).

수인의 지배인이 공동으로 대리권을 행사하는 제도가 공동지배인제도이고, 권한남용방지를 목적으로 한다.

(2) 형 태

공동지배의 형태로는 여러 가지가 있을 수 있다. 가령 A·B·C 3인을 지배인으로 선임하여 이들이 공동으로 대리권을 행사하게 하는 형태가 보통이지만, 이중 A·B 또는 B·C 또는 A·C를 공동지배인으로 하고 나머지 1인을 단독지배인으로 하는 형태도 가능하다.

(3) 대리권의 행사방법

공동지배인은 공동으로 지배권을 행사하지 아니하면 대리행위의 효과가 생기지 않는다.

1) 능동대리 공동지배인은 공동으로 대리권을 행사하여야 한다(12①). 즉 공동지배인 전원이 직접 상대방에 대하여 의사표시를 하지 아니하면 대리행위의 효과가 생기지 아니한다. 그러나 수인이 항상 동시에, 동일한 장소에서 대리행위를 해야 하는 것은 아니고 때와 장소를 달리하여 동일한 행위를 하는 것은 상관이 없다. 가령 공동지배인 A·B·C가 있는 경우에 먼저 A가 어음에 발행인으로 기명날인 한 후 B와 C가 며칠 후에 어음에 기명날인 한다든가, A가 어음에 기명날인하여 이를 B와 C가 있는 곳에 송부하여 이들이 기명날인하여 수취인에게 교부하면 유효한 공동발행이 된다.

공동지배인의 1인에 대한 의사표시는 영업주에 대하여 효력이 있다.

2) 수동대리 공동지배인의 1인에 대하여 한 의사표시는 영업주에 대하여 효력이 있다(13②). 受動代理는 각자가 단독으로 해도 지배권을 남용할 우려가 없고 만일 이를 인정하지 않으면 제3자는 공동지배인 전원에게 의사표시를 해야 하는 불편이 있기 때문이다.

(4) 공동지배인간의 권한위임

공동지배인의 권한위임은 포괄적 위임이 아닌 개별적 위임인 경우에 가능하다.

공동지배인의 1인이 다른 공동지배인에게 대리권행사를 위임할 수 있는가? 가령 A·B·C 3인의 공동지배인이 있는 경우에 A가 장기간 해외출장으로 인해 그 권한행사를 B와 C에게 위임한 경우, B·C가 공동으로 발행한 어음은 유효한 공동발행이 되는가이다. 지배권행사의 포괄적 위임은 공동지배제도의 취지를 몰각한 것이기 때문에 인정되지 않는다고 함에는 異說이 없지만, 위 사례와 같이 그 위임의 범위를 어음발행으로 특정하고 그 기간도 제한한 개별적 위임의 경우에는 허용하여도 문제가 없을 것으로 생각된다(反 최기 88, 정동(총) 118).

5. 表見支配人

[사례 II-3-2: 표현지배인]

(i) ① Y보험회사 전주지점 차장인 A는 거래은행인 X를 수취인으로 하여 'Y보

험회사 전주지점 차장 A'명의로 어음을 발행 · 교부하였다. Y회사는 X에게 어음금 지급책임이 있는가? (대판 1993.12.10, 93다36794 참조) ② 만일 A가 Y건설회사 대구현장소장인 경우는 어떠한가? (대판 1994.9.30, 94다2088 참조) ③ 만일 A가 Y증권회사 지점장대리인 경우는 어떠한가? (대판 1994.1.28, 93다49073 참조) ④ 만일 A가 Y보험회사 부산영업소 소장인 경우에는 어떠한가? (대판 1983.10.25, 83다107 참조)

(ii) Y보험회사 부산영업소장인 A는 동사의 지배인도 아니고 본사로부터 어음행위를 수권받은 바도 없었다. 그런데 A는 거래처인 B로부터 수취인란에 'Y보험회사 부산영업소'라고 기재된 약속어음을 교부받아 배서란에 'Y보험회사 부산영업소장 A'라는 명의로 배서하여 이를 피배서인 X에게 교부하였다. 어음이 부도가 되자 X는 Y보험회사에 상법 제14조를 근거로 하여 소구권을 행사하였으나 Y회사는 A는 표현지배인에 해당하지 않기 때문에 책임이 없다고 주장하였다. Y의 주장은 타당한가? (대판 1978.12.13, 78다1567 참조)

(1) 의 의

表見支配人이란 지배인이 아니면서 지배인으로 오인될 만한 명칭을 사용한 경우에 일정한 요건의 구비를 조건으로 지배인과 동일한 권한이 있는 것으로 보아 영업주에게 책임을 지우는 제도이다. 가령 상업사용인중에는 본 · 지점의 영업주임이나 영업소장 등의 명칭을 사용하지만 지배인이 아닌 경우가 있을 수 있는데 그와 거래하는 상대방의 입장에서는 그들이 마치 지배인인 것처럼 보이기 일쑤이다. 원래 이들은 지배권이 없으므로 그 행위는 無權代理로서 무효라고 할 것이지만, 상법은 거래상대방의 신뢰를 보호하기 위해 표현지배인도 지배인과 동일한 권한을 가지는 것으로 의제하여 영업주에게 그 책임을 인정한 것이다([14]).

표현지배인은 지배인이 아니면서 지배인으로 오인될 만한 명칭을 사용한 경우 선의의 제3자를 보호하기 위해 지배인과 동일한 권한을 가지는 것으로 의제하여 영업주에게 그 책임을 인정한 것이다. 영미법상의 금반언의 법리 또는 독일법상 외관법리와 같은 취지이다.

지배인의 선임 및 대리권소멸은 등기사항이기 때문에([13]) 이러한 자들과 거래하는 제3자는 등기부를 조사하면 지배권 유무를 확인할 수 있을 것이다. 그러나 지점장 등의 명칭은 지배권을 수반하는 것으로 오인되기 쉽기 때문에 민법의 表見代理를 상법적으로 제도화하여 表見支配人制度를 둔 것이다. 이는 영미법상의 표시에 의한 禁反言의 法理 또는 독일법상의 外觀法理와 동일한 취지이다.

(2) 요 건

표현지배가 성립하기 위해서는 다음의 세 가지 요건이 충족되어야 한다.

영업주로부터 본점 또는 지점의 영업주임 기타 유사한 명칭의 사용허락이 있어야 한다.

1) **명칭의 사용허락** 영업주로부터 '본점 또는 지점의 영업주임 기타 유사한 명칭'의 사용허락이 있어야 한다. 표현지배인제도는 사실과 다른 외관이 만들어진데 대해 영업주의 책임을 묻는 제도이므로 명칭의 사용에 대해서는 영업주의 허락이 필요하다. 다만 그 허락은 명시적인 경우 뿐 아니라 사용의 묵인과 같은 묵시적인 경우도 상관없다. 구체적으로 어떠한 명칭이 오인을 불러일으킬 수 있는 것인가는 일반 거래관념에 따라 판단해야 하지만 지배인·지점장·지사장 등이 대표적인 예라고 할 것이다(대판 1960.6.5, 민상53). 그러나 지점차장·지점장대리·출장소장은 그 명칭 자체에 의해 표현지배인이 될 수 없다. 대판 1993.12.10, 93다36794도 [사례Ⅱ-3-2-i]의 ①에서 "지점차장이라는 명칭은 그 명칭자체로서 상위직 사용인의 존재를 추측할 수 있게 하는 것이므로 상법 제14조 제1항 소정의 영업주임 기타 이에 유사한 명칭을 가진 사용인을 표시하는 것이라고 할 수 없고 따라서 표현지배인이 아니라"고 판시하였다. 또 판례는 [사례Ⅱ-3-2-i]의 ②와 같은 '건설회사의 출장소장'(대판 1994.9.30, 94다20884), [사례Ⅱ-3-2-i]의 ③의 '증권회사 지점장대리'(대판 1994.1.28, 93다49073) 및 [사례Ⅱ-3-2-i]의 ④의 '보험회사 영업소장'(대판 1983.10.25, 83다107)도 표현지배인으로 보지 않고 있다.

표현지배인은 근무하고 있는 장소가 본점 또는 지점의 실체를 가지고 어느 정도 독립적으로 영업활동을 할 수 있는 영업소로서의 실체를 갖추어야 한다(통설·판례).

2) **영업소로서의 실체구비** 표현지배인은 '본점 또는 지점의 영업주임'이어야 한다. 이는 표현지배인에 대한 거래상대방의 오인이 그 본점 또는 지점이라는 영업소와 결부되어 있음을 의미하는 것이다. 여기에서 영업주의 책임을 인정하기 위해서는 표현지배인이 근무하고 있는 장소가 본점 또는 지점으로서의 실체를 구비해야 하는가, 아니면 단순히 표현지배인에 상당하는 명칭만 사용하면 되는가 하는 점이 문제된다. 통설과 판례는 본점 또는 지점의 실체를 가지고 어느 정도 독립적으로 영업활동을 할 수 있는 영업소로서의 실질을 갖추고 있어야 한다고 본다. 대판 1978.12.13, 78다1567도 [사례Ⅱ-3-2-ii]에서 "상법 제14조 제1항 소정의 표현지배인에 관한 규정이 적용되기 위하여는 당해 사용인의 근무장소가 상법상 지점으로서의 실체를 구비하여야 하고 어떠한 영업장소가 상법상 지점으로서의 실체를 구비하였다고 하려면 그 영업장소가 본점 또는 지점의 지휘감독 아래 기계적으로 제한된 보조적 사무만을 처리하는 것이 아니라, 일정한 범위 내에서 본점 또는 지점으로부터 독립하여 독자적으로 영업활동에 관한 결정을 하고 대외적인 거래를 할 수 있는 조직을 갖추어야 한다"고 판시하였다(대판 1983.10.25, 83다107; 1998.8.21, 97다6704; 2000.8.22, 2000다13320). 위 사안에서 Y보험회사 부산영업소는 본점 또는 지점의 지휘아래 보험의 모집이나 보험료의 징수와 송금 등 기계적이고 제한된 보조

적인 사무만을 처리할 뿐이므로 Y회사의 기본적인 업무를 독립하여 처리할 수 있는 지점으로서의 실체를 갖추었다고 할 수는 없다. 따라서 Y회사는 A 소장의 어음배서에 대해 상법 제14조에 의한 담보책임을 부담하지 아니한다.

3) 상대방의 선의 표현지배인과 거래하는 상대방은 그가 지배인이 아니라는 사실을 몰랐어야 하며 모르는 데 대하여 중과실이 없어야 한다. 상대방의 악의·중과실에 대한 입증책임은 영업주에 있다. 惡意라고 함은 당해 사용인이 지배인이 아니라는 것을 알고 있는 것을 말하는 것이고 단지 그 사용인이 당해 거래에 대한 대리권이 없는 것을 아는 것만으로는 부족하다. 그 판정시기는 표현지배인과 상대방과의 행위 시점이므로 가령 어음을 교부를 받은 시점에서 선의인 이상 보충시에 악인인 경우에도 악의는 아니다. 선의의 상대방은 거래의 직접상대방에 한정되지만 어음의 이후 취득자는 포함된다.

표현지배인의 거래상대방은 선의이고, 중과실이 없어야 하며, 그 판정시기는 행위시점이다.

(3) 효 과

표현지배인은 재판외의 행위에 대하여 본점 또는 지점의 지배인과 동일한 권한을 가지는 것으로 간주된다(14①). 즉 영업주는 표현지배인의 행위에 대해 상대방에게 책임을 진다. 이 경우 표현지배인 자신도 상대방에 대해 책임을 지는가에 대해서는 의문이 있지만 상법의 표현대리에 관한 규정이 민법의 무권대리규정(民135①)을 배제하는 것은 아니기 때문에 표현대리인의 책임을 인정해야 할 것이다. 재판상의 행위에 대해서는 실질에 의해 대리권을 정해야 하기 때문에 대리권 의제에서 제외된다(14① 但).

표현지배인은 재판외의 행위에 대하여 본점 또는 지점의 지배인과 동일한 권한을 가지는 것으로 간주된다.

제 4 기타 商業使用人

1. 部分的 包括代理權을 가진 使用人

[사례 II-3-3: 부분적 포괄대리권을 가진 사용인]

(i) X는 Y가 신축하는 오피스텔 건물 중 특정호실을 분양받기로 하는 계약을 Y와 체결하고 계약금과 중도금 일부를 Y에게 지급하였다. Y는 공사의 진척에 문제가 있자 기존의 현장소장 및 관리부장을 A로 교체하고 A로 하여금 그 책임하에 모든 분양관련업무를 처리하도록 지시함으로써, A가 모두 80여 건에 달하는 오피스텔 건물에 관한 분양계약체결 및 대금수령 등 일체의 분

양업무를 처리하였다. 그러나 건축공사가 1년여 넘도록 중단되자 X는 A와 분양계약을 합의해제하고 기지급 분양대금을 반환받기로 약정하였다. Y는 X에게 분양대금을 반환해야 하는가? (대판 1994.10.28, 94다22118 참조)

(ii) Y회사의 영업5부장인 A_1과 농수산과 과장대리인 A_2는 B회사의 X회사에 대한 수산물매출대금채무의 담보로 제공한다는 취지로 Y회사의 냉동창고에 보관중인 생선 1,000상자에 대한 Y회사 명의의 입고보관증 1장을 작성하여 X회사의 직원에게 교부하였다. A_1과 A_2가 입고보관증 발행당시 거래선 선정 및 계약체결 · 담보설정 · 어물구매 · 어물판매 · 어물재고의 관리 등의 업무에 종사하고 있었으므로 X회사의 직원은 이들이 입고보관증발행 권한이 있는 것으로 믿고 이를 취득하였다. B회사가 대금채무를 이행하지 않을 경우 X는 Y회사에 대해 입고보관증을 제시하고 생선 1,000상자의 인도를 받을 수 있는가? (대판 1989.8.8, 88다카23732 참조)

(1) 의 의

영업주로부터 영업상 특정종류 또는 특정한 사항을 위임받은 자이다.

1) 개 념 지배인 다음으로 넓은 대리권을 가진 상업사용인을 상법은 '부분적 포괄대리권을 가진 사용인'으로 규정하고 있다. 현재 회사 실무상 부장 · 차장 · 과장 · 계장 · 주임 등이 이에 해당한다. 이들 사용인은 영업주로부터 영업에 관하여 특정 종류 또는 특정한 사항을 위임받은 자로서 이에 관한 일체의 재판외의 행위를 할 권한을 가진다(15①). 이들은 부분적이기는 하지만 포괄적이고 정형화된 대리권을 가지고 있으므로 이에 대한 제한으로 영업주는 선의의 제3자에게 대항하지 못한다(15②).

2) 지배인과의 구분 앞에서 본 바와 같이 실무상으로는 본점의 영업부장 · 자금부장 · 여신관리부장 등은 支配人에 해당하는 것으로 보기 때문에 동일한 '부장'이라는 직책중에서도 지배인에 해당하는 자와 부분포괄대리인으로 나누어진다. 결국 그 구별은 지배인등기를 하였는가에 달려 있다고 하겠다. 부분포괄대리인은 i) 대리권의 범위가 특정사항에 국한되고, ii) 재판상의 행위에는 미치지 않으며(15①後), iii) 지배인이 선임할 수 있으며(11②), iv) 등기사항이 아닌 점(13)에서 지배인과 차이가 있지만, 그 대리권이 포괄성과 정형성을 갖고(15①) 불가제한성을 갖는 점에서(15②)는 동일하다.

(2) 선임 · 종임

영업주나 지배인이 선임하며

부분포괄대리인은 원칙적으로 영업주가 선임하며 그 외에 지배인도 선임할 수 있다(11②). 이들의 선임 및 종임은 지배인과 같은 등기사항이 아니다. 따라서 등기에 의한 대항력이나 부실등기의 효력은 문제되지 아니한다. 소상인은 지배인을 선임할 수는 없으나 부분포괄대리인을 선임할 수는 있다.

등기사항이 아니다.

(3) 대리권의 범위

부분포괄대리인은 영업주로부터 수여 받은 영업의 특정 종류나 영업의 특정사항에 관한 일체의 재판외의 행위를 할 수 있다(15①).

1) **특정성과 포괄성** 부분포괄대리인의 권한은 가령 구매업무나 판매업무와 같이 영업의 특정종류로 제한되거나, 어음·수표 발행과 같은 영업의 특정사항으로 제한되는 점에서 영업주의 영업에 관한 모든 행위를 할 수 있는 지배인과 구별된다. 그러나 제한되는 업무 영역 내에서는 재판외의 모든 행위를 할 수 있는 포괄성을 가진다는 점에서 민법상의 개별대리인과 구별된다. 가령 구매부장은 물품의 구매와 관련된 상담이라든가 계약체결·대금 지급·계약해제 등에 관하여 일일이 영업주로부터 수권이 없더라도 관련되는 일체의 행위를 할 권한이 있다. 다만 어떠한 행위가 이에 해당할 것인가 영업주의 영업 규모라든가 당해 사용인의 업무분장 등을 고려하여 거래통념에 따라 판단할 수밖에 없다고 하겠다. 판례에 나타난 사례를 중심으로 살펴보면 다음과 같다.

부분포괄대리인의 권한은 영업의 특정 종류로 제한되거나, 특정사항으로 제한되지만 그 업무영역 내에서는 재판외의 모든 행위를 할 수 있는 포괄성을 가진다.

2) **권한범위내인 경우** ① 대판 1994.10.28, 94다22118은 [사례II-3-3-i]에서 "오피스텔 건물의 분양사업을 영위하는 자(Y)의 위임을 받아 관리부장 또는 관리과장의 직책을 가진 자들(A)은, 특히 그 업무의 수행이 단지 일회적으로 그치게 되는 것이 아니라 당해 오피스텔 건물의 분양이 완료될 때까지 계속적으로 반복되는 상행위인 성질에 비추어 볼 때, 상법 제15조 소정의 영업의 특정된 사항에 대한 위임을 받은 사용인으로서 그 업무에 관한 부분적 포괄대리권을 가진 상업사용인으로 봄이 타당하다. 건물의 일반분양업무는 통상 개별적인 분양계약의 체결에 그치지 않고, 사정에 따라 그 일부분양의 취소 내지 해제와 이에 따른 보완적인 재분양계약의 체결 등의 거래행위가 순차적, 계속적으로 수행되는 것이므로, 일반 거래상대방(X)의 보호를 위하여는 이러한 모든 행위가 일률적으로 그 업무범위 내에 속한다고 보아야지, 그 중에서 분양계약의 취소, 해제만을 따로 떼어 그 업무는 본인(Y)이 이를 직접 수행하든지 분양업무를 맡은 사용인(A)에게 별도의 특별수권을 하여야 한다고 새겨서는 안 될 것이다"라고 판시하여 X의 분양대금반환청구를 인정하였다. ② 자동차운송사업을 경영하는 회사의

사업과장은 그 회사의 운송업에 관한 재판외의 모든 행위를 할 수 있는 권한을 가진 자이다(대판 1974.6.11, 74다492). ③ 증권회사의 지점장대리는 그 명칭 자체로부터 상위 사용인의 존재를 추측할 수 있으므로 상법 제14조의 표현지배인이 아니고 동 제15조 소정의 부분적 포괄대리권을 가진 사용인이다(대판 1994.1.28, 93다49073) ④ 건설회사의 업무는 공사의 수주와 공사의 시공이라는 두 가지로 나눌 수 있는데 건설회사 현장소장은 특정된 건설현장에서 공사의 시공에 관련된 업무만을 담당하므로 상법 제14조의 표현지배인이라고 할 수 없고 동 제15조의 부분적 포괄대리권을 가진 사용인이다(대판 1994.9.30, 94다20884). ⑤ 이외에도 회사제품공급계약을 체결한 영업부장(대판 1968.3.5, 67다297), 통관업무를 담당하는 출장소장(대판 1963.1.31, 62다773) 등도 권한 있는 자로 본다.

3) 권한외인 경우 ① 대판 1989.8.8, 88다카23732는 [사례 II-3-3-ii]에서 "회사의 영업부장(A_1)과 과장대리(A_2)는 상법 제15조 소정의 '영업의 특정한 종류 또는 특정한 사항에 대한 위임을 받은 사용인'으로서 위 업무에 관한 부분적 포괄대리권을 가진 사용인이라 할 것이나, 피고회사(Y)의 채무부담행위에 해당하는 이 사건 담보제공약정은 위 대리권의 범위에 속한다고 볼 수 없으므로 피고회사가 본인으로서 책임을 지려면 부분적 포괄대리권을 가진 위 상업사용인들(A_1, A_2)과 거래한 원고회사(X)가 그 상업사용인들에게 그 권한이 있다고 믿을 만한 정당한 이유가 있어야 한다"고 판시하여 X의 물품인도청구를 인정하지 않았다(대판 1974.6.11, 74다492; 1966.1.31, 65다2295; 1999.7.27, 99다12932; 2006.6.15, 2006다13117 참조). ② 은행의 채무부담행위인 보증행위는 은행본점의 경리부장대리의 직무범위에 속하지 않고 또 그 직무와 관련된 행위로도 볼 수 없다(대판 1971.5.24, 71다656). ③ 회사지점에서 자금과장으로 호칭되고 지점장 바로 다음 직위에 있으며 그가 위 지점장 명의로 은행지점에 개설된 회사의 보통예금계좌에서 예금을 인출하거나 또는 이에 입금한 사실이 있다하여 예금을 인출할 수 있는 권한을 포괄하여 위임받은 상업사용인라고 할 수 없다(대판 1987.6.23, 86다카1418). ④ 회사의 경리부장은 경상자금의 수입과 지출 등 경리사무의 일체에 관하여 권한을 위임받은 것으로 봄이 타당하지만 회사의 자금차입을 위하여 이사회의 결의를 요하는 등의 사정에 비추어 보면 독자적인 자금차용은 회사로부터 위임되어 있지 않기 때문에 경리부장에게 자금차입에 관한 상법 제15조의 부분적 포괄대리권이 있다고 할 수 없다(대판 1990.1.23, 88다카3250).

2. 物件販賣店鋪 使用人

[사례 II-3-4: 물건판매점포 사용인]

(i) X는 Y백화점 대구지점의 외무사원이었던 A로부터 물품을 구매하고 선금명목으로 현금과 어음 및 수표를 교부하였다. 그런데 X와 A간의 거래물품은 Y백화점의 점포내에 있었던 것이 아니었고 또 거래행위도 점포밖에서 이루어졌다. A가 약속한 물품을 기한내에 인도하지 않자 X는 Y백화점을 상대로 물품대금반환을 청구하였다. Y백화점은 반환의무가 있는가? (대판 1976.7.13, 76다860 참조)

(ii) X가 운영하는 슈퍼마켓의 판매점원이었다가 퇴직한 A는 슈퍼마켓에서 외상으로 물품을 구매한 Y를 찾아가 외상대금을 수금하여 이를 착복하였다. X는 Y로부터 외상대금을 지급받을 수 있는가? (대판 1971.3.30, 71다65 참조)

(1) 의　의

물품의 판매를 목적으로 하는 점포의 사용인은 그 점포에 있는 물품의 판매에 관한 권한을 가지는 것으로 본다(16 ①). 이러한 사용인에게는 그 점포에 있는 물품에 대한 판매 권한이 있는 것처럼 보이는 外觀이 존재하고 이러한 외관을 신뢰한 선의의 상대방을 보호하기 위해, 그 사용인에게 실제 대리권이 있는 여부를 불문하고 대리권을 의제하고 있는 것이다. 백화점이나 쇼핑센터의 판매사원이 이에 해당하지만 백화점의 정식직원이 아니고 아르바이트 학생이 판매하는 경우에도 본조에 의해 대리권이 의제된다. 그러므로 가령 이 학생이 물품 가격을 잘못 알고 판매한 경우에도 백화점 측에서 추가로 대금지급을 요구하지 못한다.

물품판매권한이 있는 것으로 보이는 외관을 신뢰한 선의의 제3자를 보호하기 위한 제도이다.

(2) 대리권의 범위

1) 물건판매　물건판매점포 사용인의 대리권의 범위는 그 점포 내에 있는 물품의 현실적인 판매에 미친다. 비록 물품판매에 한정되기는 하지만 물품판매에 수반되는 판매계약의 체결이나 판매물품교환·대금수령·할인판매 등 전반에 관한 포괄적인 권한이 있는 것(임홍(총)240, 이철111)으로 보기 때문에 민법상의 개별대리권과는 구별된다. 물건 이외의 비디오 대여라든가 도서대여 기타 접객업소의 매표소 등에 종사하는 점포의 사용인에게도 상법 제16조를 유추적용하여 거래의 안전을 도모해야 한다(정희87, 정무90, 손주111, 임홍(총)240, 이철111, 정동(총)135).

물건판매란 물품판매 및 그에 수반된 전반적인 행위를 말한다.

점포내에서의 판매에 대해서만 대리권이 의제된다.

2) 점포내에서 판매 　사용인이 점포내에서 영업에 종사하는 것이 중요한 외관을 구성하기 때문에 점포내에서의 판매에 대해서만 대리권이 의제된다. 그러므로 [사례II-3-4-i]과 같이 외무원이나 외판원(A)이 점포에서 벗어나 물품을 판매하는 경우에는 본조에 의한 대리권이 의제되지 아니한다. 대판 1976.7.13, 76다860도 "이러한 사실관계라면 여기에 위 상법 제16조가 적용되어 소외 이영철(A)이 피고회사(Y)를 대리하여 이 사건 물품을 판매하거나 선금을 받을 권한이 있었다고 할 수는 없다"고 판시하였다(다만 Y에게 민법 제756조에 의한 사용자책임을 인정하는 것은 별론임). 또 [사례II-3-4-ii]와 같이 점포사용인(A)이 점포외의 장소에서 대금을 수령할 권한도 없다. 대판 1971.3.30, 71다65도 "상법 제16조의 물건판매점포의 사용인은 특별한 수권사실이 없는 한 그 점포외에서의 대금 영수권한이 있다고는 볼 수 없으므로 그(A)의 퇴직사실을 모르고 점포외에서 그에게 외상대금을 지급하였다 하여도 본조의 표현대리가 성립할 수는 없다"고 판시하였다.

대리권의 제한은 선의의 제3자에게 대항할 수 없다고 보아야 한다.

3) 대리권에 대한 제한 　실무상으로는 일정가격 이상의 고가품 판매나 외상판매시에는 영업주나 상급 상업사용인의 개별적인 승인을 받도록 제한하는 경우가 많은데, 이러한 대리권에 대한 제한으로 선의의 상대방에게 대항할 수 있는가? 상법은 지배인이나 부분포괄대리인의 경우(11③, 15②)와는 달리 이에 관한 아무런 규정을 두고 있지 않으나 거래안전의 보호상 동일하게 보아야 할 것이다.

제5 商業使用人의 義務

상법은 영업주의 이익을 보호하기 위하여 상업사용인에게 경업금지와 충실의무를 부과한다.

商業使用人은 영업주를 갈음하여 영업에 관한 행위를 할 수 있는 포괄적이고 정형적인 대리권이 부여되는 자로서 영업주와 특별한 신뢰관계를 바탕으로 하고 있다. 이러한 상업사용인의 지위에 비추어 상법은 영업주의 이익을 보호하기 위해 상업사용인에게 競業禁止와 忠實義務를 부과하고 있다. 이외에도 상업사용인과 영업주간에는 고용계약 또는 위임계약이 체결되는 경우가 많은데 그러한 계약상의 의무를 부담하는 것은 물론이다.

1. 競業禁止義務

상업사용인은 영업주의 허락없이 자기 또는 제3자의 계산으로 영업주의 營業部類에 속한 거래를 하지 못한다(17①). 상업사용인은 영업주의 영업상의 비밀에 접할 지위에 있기 때문에 이를 이용하여 영업주와 경쟁적인 영업에 종사할 경우 영업주의 이익을 침해할 우려가 있어 競業을 금지한 것이다.

(1) 영업부류에 속한 거래

營業部類에 속한다는 것은 영업의 목적인 거래를 의미하므로 영업을 위한 보조적인 행위나 외형적으로 영업에 속하는 행위이지만 영리성이 없는 경우에는 영업주의 허락없이도 자기 또는 제3자의 계산으로 할 수 있다(정희87~88, 손주113, 정동(총)124). 가령 영업을 위해 필요한 자금을 은행으로부터 차입하는 행위라든가 부동산회사의 사용인이 거주용 부동산을 구매하는 행위 등이 이에 속한다.

영업의 목적인 거래를 의미한다.

(2) 영업주의 허락

영업부류에 속한 거래라고 하더라도 영업주의 허락이 있는 경우에는 금지되지 아니한다. 본 조의 입법취지가 상업사용인의 경업으로부터 영업주의 이익을 지키려는 데 있으므로 본인의 허락이 있는 경우에는 이를 금지할 이유가 없기 때문이다. 영업주의 허락은 명시적인 경우는 물론이고 경업을 묵인하는 것과 같은 묵시적인 방법도 상관없다.

영업부류에 속한 거래라도 영업주의 허락이 있는 경우에는 금지되지 아니한다.

(3) 자기 또는 제3자의 계산

경업은 반드시 상업사용인의 명의로 하지 않더라도 그 영업의 실질적인 이익의 귀속주체가 상업사용인인 한 금지된다.

(4) 금지기간

경업금지의무는 상업사용인으로서의 지위에서 부담하는 의무이기 때문에 그 기간 동안에만 부담한다. 그러나 영업주와의 계약에 의해 종임 후에도 일정기간 경업금지의무를 부담하는 경우는 많다.

2. 忠實義務

상업사용인은 다른 회사의 無限責任社員, 理事 또는 商業使用人이 되지 못한다(17①). 이를 兼職禁止義務 또는 특정지위 취임금지의무라고 한다. 대리상이나 회사의 무한책임사원 또는 이사의 경우에는 同種營業을 목적으로 하는 경우에만 겸직이 금지되는데 비해(89, 198, 269, 397, 567) 상업사용인은 경업 여부

겸직금지의무는 경업여부를 불문한다.

를 불문하고 일체의 겸직이 금지되는 점에서 포괄적인 충실의무라고 할 수 있다. 이는 상업사용인이 영업주에 종속하는 지위에서 그 정성을 영업주를 위해 기울여야 한다는 취지가 반영된 것이다. 다만 다른 회사의 有限責任社員이나 株主가 될 수는 있으며 영업주의 허락이 있으면 무한책임사원이나 이사가 될 수 있다.

3. 禁止違反의 效果

(1) 경업금지위반: 개입권

상업사용인이 競業禁止義務를 위반한 경우에도 그 행위는 유효하다. 영업주는 상업사용인과 체결한 고용계약 또는 위임계약 위반에 따른 손해배상을 구할 수 있고 또 위반이 심한 경우에는 이를 해지(해임)할 수 있다(17③). 그러나 이로써 영업주가 입은 손해가 충분히 회복될 수 없으므로 상업사용인이 경업으로 얻은 이익 기타 혜택을 영업주가 탈취할 수 있는 介入權을 인정하고 있는 것이다(17②).

개입권의 인정은 손해의 입증이 곤란하고, 기존의 고객관계를 유지하게 하기 위함이다.

1) 의 의　상업사용인이 경업행위를 자기를 위하여 한 경우에는 영업주는 그 거래를 영업주를 위하여 한 것으로 볼 수 있고 제3자의 계산으로 한 때에는 영업주는 상업사용인에 대하여 그로 인한 이득의 양도를 청구할 수 있다(17②). 이러한 개입권을 인정하고 있는 이유는, 상업사용인의 경업금지 위반으로 영업주가 입은 손해는 얻을 수 있었던 이익의 상실이라는 소극적인 것으로서 그 손해의 입증이 곤란할 뿐 아니라, 상업사용인이 가로챈 고객을 되찾아 기존의 고객관계를 계속 유지할 수 있게 하기 위함이다. 개입권을 행사함에는 경업금지에 위반한 행위가 있으면 되고 그로 인해 영업주에게 손해가 발생할 필요는 없다. 법문은 '전항의 규정에 위반하여 거래를 한 경우'로 표현하고 있어 경업금지와 충실의무 양자를 포함하는 것처럼 보이지만 개입권제도의 취지로 볼 때 경업금지위반의 경우에만 개입권이 인정된다고 본다(통설).

개입권은 형성권이며 채권적 효과를 발생시킨다(실질적 개입권).

2) 효 과　개입권은 영업주의 상업사용인에 대한 일방적 의사표시로 행사하는 形成權의 일종이다. 개입권이 행사되어도 그 거래로부터 생기는 효과가 당연히 영업주에게 이전되는 것은 아니고 단지 그 이전을 요구할 수 있는 채권적 효과가 생길 뿐이다. 따라서 상업사용인은 거래가 이미 이행되었을 때에는 거래 대상인 금전 기타 물품을 영업주에게 인도할 의무를 부담하고, 아직 이행하지 않은 때에는 취득한 권리와 의무를 이전하여야 한다.

이를 實質的 介入權이라고 하며 경업금지의무를 위반한 대리상이나 이사 등에 대한 본인 및 회사의 개입권(89②, 198②, 269, 397②, 567)과 동일하다. 이에 대해 개입자가 계약의 당사자로 되는 委託賣買人 등의 개입권(107, 116)을 全面的 介入權이라고 한다.

3) 소 멸　개입권은 영업주가 그 거래를 안 날로부터 2주간 내 또는 거래일로부터 1년을 경과한 때에는 소멸한다. 이는 시효기간이 아니고 除斥期間이다.

개입권의 소멸기간은 제척기간이다.

4) 계약해지 및 손해배상청구와의 관계　영업주가 개입권을 행사하여도 아직 보전되지 않은 손해가 있는 경우에는 상업사용인에게 그 배상을 청구할 수 있고 상업사용인을 해임할 수 있다(17③). 반대로 영업주가 손해배상을 청구한 후에도 개입권을 행사할 수 있지만, 그 결과 부당이득이 발생하면 이를 반환하여야 한다(임홍(총)249, 이철114).

개입권 행사와 함께 손해배상청구와 해임을 할 수 있다.

(2) 충실의무위반

忠實義務를 위반한 경우에는 그 성질상 개입권을 행사할 수 없고(손주115, 최기105, 임홍(총)251, 정동(총)128; 反 채58), 다만 영업주는 상업사용인에 대하여 계약을 해지(해임)하거나 또는 손해배상을 청구할 수 있다(17③ 유추).

충실의무위반의 경우에는 계약해지나 손해배상청구만 할 수 있다.

제 3 장
企業의 物的 組織

개 요

기업의 물적 조직으로 상법이 규정하고 있는 사항은 기업의 활동중심인 영업소, 기업의 명칭인 상호 및 기업의 회계조직에 관한 상업장부가 있다. 상호는 상인에게는 지적재산권으로서 보호의 대상이 되지만 거래상대방의 신뢰보호도 중요하다. 상업장부에 관한 규정은 회사법의 재무제표에 관한 규정과 함께 기업의 회계정보에 관한 기본원칙을 정하고 있다.

이 장에서는 영업소로서의 본점과 지점, 상호의 선정과 보호, 명의 대여자의 책임 및 상업장부의 순으로 설명한다.

주요 내용

o 영업소의 종류 — 본점과 지점

o 상호자유의 원칙과 예외 — 회사의 상호, 상호단일의 원칙, 부정사용금지

o 상호등기 — 등기의 효과, 가등기

o 상호의 보호 — 상호사용권, 상호전용권, 부정경쟁방지법

o 명의대여자의 책임 — 명의의 사용허락, 외관의 존재, 제3자의 선의

o 상업장부와 기업회계 — 손익법의 채택

o 상업장부의 종류 — 회계장부, 대차대조표

o 상업장부의 작성, 보존, 제출

제 1 절 企業의 物的 設備: 營業所

1. 意 義

營業所라 함은 商人의 영업활동의 중심인 장소를 말한다. 상법은 영업소에 대해서는 商行爲編 通則에서 약간의 규정을 두고 있을 뿐이지만 영업소를 전제로 하는 많은 규정이 있으므로[14] 그 개념과 효과를 체계적으로 파악할 필요가 있다.

(1) 기업의 장소적 중심

영업소는 기업의 존재와 기업활동을 공간적으로 통일하는 중심점으로서 공간적 特定性을 가지는 장소이다. 이는 점포와 같은 유형적 설비만을 가리키는 것은 아니고 유기적 일체로서의 기업을 장소적 측면에서 파악한 것이다. 다시 말하면 통속적인 의미에서 영업소는 점포 기타 물적 설비를 말하지만 법률상으로는 영업활동의 중심이라는 의미를 가진다.

영업소는 영업활동의 중심지를 의미한다.

(2) 시간적 계속성

영업소는 어느 정도 시간적 계속성을 전제로 한다. 따라서 포장마차와 같은 일시적인 매점이나 이동식 야식당 등은 영업소에 해당하지 않는다. 다만 그 기간은 반드시 장기간에 걸칠 필요는 없고 가령 바캉스기간이라든가 스키시즌 중에만 오픈하는 영업소도 가능하다.

영업소는 어느 정도의 시간적 계속성을 가져야 한다.

(3) 영업활동의 집중지

영업소는 영업활동의 근원지이고 집중지이다. 따라서 상품생산공정을 담당하는 공장이라든가 상품의 보관과 인도를 담당하는 창고 등은 영업활동의 중심인 장소는 아닌 것이 보통이기 때문에 영업소에 속하지 아니한다. 그러나 최근 유행하고 있는 E-Mart와 같은 창고형 쇼핑센터는 상품이 쌓여 있는 창고에서 중요한 영업활동의 대부분 이루어지기 때문에 영업소에 해당할 것이다.

영업소는 영업활동의 근원지이고, 집중지이다. 그러므로 창고는 영업소에 속하지 아니한다.

(4) 독립적 단위

영업소는 영업활동의 본거지로서 조직 및 활동에 대하여 어느 정도 獨

영업활동 일반

에 대하여 독립적 결정권을 가지는 유기적 단위를 이뤄야 한다.

立性을 가져야 한다. 즉 영업활동 일반에 대하여 독립적 결정권을 가지고 인적 및 회계조직에 있어 유기적인 한 단위를 이루어야 한다. 따라서 영업상 업무의 보조적 역할만을 하거나 영업소의 지시에 따른 기계적인 사무만을 처리하는 장소는 영업소로서의 독립성을 가지지 아니한다(대판 1978.12.13, 78다1567 外).

2. 營業所의 種類: 本店 · 支店

(1) 개 념

영업소는 전 영업활동을 통괄하는 본점과 본점의 통괄을 받으면서도 어느 정도 독립성을 가지는 지점으로 구별된다.

상인이 수개의 영업을 영위하는 경우에 그 각 영업에 대해 독립한 영업소를 둘 수 있음은 물론이고 하나의 영업에 대해서도 수개의 영업소를 둘 수 있다. 이 때에는 영업의 통일성을 기하기 위해 전 영업활동을 통괄하는 영업소(주된 영업소로서의 本店)와 그 조직 활동에서는 본점의 통괄을 받지만 어느 정도 독립성을 가지는 부분적 중심(종된 영업소로서의 支店)으로 구별된다.

상법상 영업소의 종류로는 본점과 지점의 두 가지만 인정되지만 다른 법령에서는 이외에도 영업행위를 하는 장소를 영업소라고 지칭하는 경우가 있다. 가령 銀行法에서는 지점 기타 영업소 또는 지점 이외의 영업소라는 용어를 사용하고 있는데 이러한 경우에도 그 명칭 여하에 관계없이 그 내용이 상법상 영업소의 실체를 가진 것으로 판단되면 상법상의 영업소라고 할 것이다.

(2) 회사의 본점

회사의 본점에는 회사의 주소지로서의 본점과 실질적인 영업중심지로서의 본점이 있다.

會社의 本店 所在地는 정관의 절대적 기재사항이고 등기사항이다. 정관 소정의 본점은 회사가 결정하는 것으로서 실제경영활동의 중심지와 일치하는 것이 보통이지만 때에 따라서는 양자가 일치하지 않는 경우도 있다. 정관에 기재하거나 등기를 요하는 것은 회사의 주소이고 그 주소는 회사의 영업활동의 중심되는 장소와 항상 일치해야 할 이유는 없기 때문이다. 따라서 회사의 본점에는 회사의 住所地로서의 본점과 실질적인 營業中心地로서의 본점의 두 가지가 있으므로 상법에서 '會社의 本店'이라고 지칭할 경우에는 이 중에 어느 것을 의미하는지를 각 규정의 취지에 비추어 결정해야 한다.

(3) 지점의 요건

지점은 i) 본점과 소재장소를 달리하며, ii) 본

지점은 다음의 요건을 구비해야 한다. **첫째**, 본점과 소재장소를 달리해야 한다. **둘째**, 본점과 동일한 기업(상인)에 속해야 한다. 즉 지점은 하나의 법률상 주체(상인)에 포괄되는 한 부분에 지나지 않기 때문에 본지점간에는 법률상 매매라든가 대차 등의 거래관계가 성립할 수 없다. 다만 어음수표의 수수는 본지점간에도 인정된다. **셋째**, 지점은 그 자체로 영업소인 성질을 가져야 한다. 지점은 본점의 지휘감독을 받지만 어느 범위에서는 본점으로부터 독립하여 영업활동을 결정하고 대외적인 거래를 할 수 있는 인적·물적 조직을 갖추어야 한다. 즉 지점에는 상당히 광범위한 대리권을 가진 상업사용인이 있을 것이 요구된다. 대판 1978.12.13, 78다1567도 이러한 취지에서 "어떠한 영업장소가 상법상 지점으로서의 실체를 구비하였다고 하려면 그 영업장소가 본점 또는 지점의 지휘감독 아래 기계적으로 제한된 보조적 사무만을 처리하는 것이 아니라, 일정한 범위 내에서 본점 또는 지점으로부터 독립하여 독자적으로 영업활동에 관한 결정을 하고 대외적인 거래를 할 수 있는 조직을 갖추어야 한다"고 설시하고 보험회사의 영업소는 본점 또는 지점의 지휘감독 아래 보험의 모집·보험료의 집금과 송금 등 본지점으로부터 위임받은 사항을 처리하는 데 지나지 않으므로 영업소가 아니라고 판단한 바 있다. **넷째**, 본점에 경제상 종속되어 있어야 한다. 즉 지점의 영업은 본점의 영업과 함께 전체로서 하나의 영업을 구성하기 때문에 기본적인 업무집행은 본점의 결정에 따라야 한다.

점과 동일한 기업(상인)에 속해 있고, iii) 그 자체로 영업소인 성질을 가져야 하며, iv) 본점에 경제적으로 종속되어 있어야 한다.

3. 法的 效果

(1) 일반적 효과

營業所에 대해서는 다음과 같은 법적 효과가 인정된다. i) 상행위로 인하여 생긴 채무의 이행장소(56), ii) 등기소와 관할법원의 결정기준(34, 民訴 10), iii) 지배인의 선임단위(10), iv) 표현지배인 인정기준(14), v) 裁判籍 등의 기준(民訴 10, 破 96, 和 3).

(2) 회사의 영업소

會社의 營業所에는 다음과 같은 효과가 인정된다. i) 주주총회 등의 소집지(364, 571③), ii) 주주명부·사채원부·재무제표·정관·주주총회의사록의 비치장소(396, 448①, 579의3), iii) 회사법상 각종 訴의 관할법원(186, 240, 229, 238, 376, 380, 381, 403, 430, 446, 511, 530, 552, 565, 595, 603).

(3) 지점의 효과

支店도 독립한 영업단위이므로 i) 지점거래로 인한 채무의 이행장소(56), ii) 지점 영업의 양도(374 ①), iii) 지점에서의 등기(35, 13)의 효과가 인정된다.

제 2 절 企業의 名稱: 商 號

제 1 商號의 意義

1. 概 觀

상호는 상인들에게는 재산적 가치가 있고 소비자들에게는 상품과 서비스 구매의 기준이 되므로 그에 대한 신뢰보호의 필요가 있다.

오늘날 가장 중요한 경제활동 단위인 기업은 商號로서 자신의 동일성을 나타낸다. 현대 · 삼성 · LG · SK 등 대기업의 상호는 일반 소비자들에게 널리 알려져 있어 그 이름만 보고도 이들 기업이 생산한 물품이나 제공하는 서비스를 신뢰한다. 이에 따라 상호는 그 주체인 상인(기업)에게는 제품이나 서비스의 판매를 위한 중요한 수단으로서 재산적 가치를 가지게 된다. 한편 상호는 소비자들에게는 그 배후에 상응하는 기업의 실체를 예상하고 이를 기준으로 하여 상품과 서비스를 구매하기 때문에 소비자들의 상호에 대한 신뢰를 어떻게 보호할 것인가 하는 점이 중요하다.

이러한 측면에서 商法이나 不正競爭防止法은 한편으로는 상인들이 상호에 대해 가지는 재산적 이익을 보호하고, 다른 한편에서는 소비자들의 상호에 대한 신뢰를 보호하면서 양자를 적절히 조화하는 선에서 상호에 대한 법적 규율을 하고 있다.

2. 商號의 뜻

商號는 商人(기업)의 營業上 名稱이다.

(1) 명 칭

상호는 명칭이기 때문에 문자에 의해 표시될 수 있어야 하고, 외국어 상호의 경우 우리말 발음으로 바꾸어 표기한다.

商號는 명칭이기 때문에 자연인의 이름과 마찬가지로 文字에 의해 표시될 수 있는 것이어야 한다. 따라서 문자 이외의 기호나 도형 · 문양 등은 商標나 營業標는 될 수 있지만 상호로는 될 수 없다. 상호등기시에는 반드시 한글이나 한자로 상호를 기재해야 하므로 외국어 상호는 우리말 발음으로 바꾸어야 한다(가령 '주식회사 에스케이(SK)').

(2) 상인의 명칭

상호는 商人의 명칭이기 때문에 상인이 아닌 자연인이 그 사업에 사용하는 옥호 등의 명칭이나 회사이외의 법인인 상호보험회사나 각종 협동조합 또는 법무법인의 명칭(가령 'Kim & Chang')은 상호가 아니다. 상호는 상인을 표시하는 것이기 때문에 상품을 표시하는 상표(trade mark)나 영업을 표시하는 서비스표(service mark)와 개념상 구별된다. 그러나 실제로는 저명한 상호를 그대로 상표로 사용하는 예가 허다하다(가령 IBM, Coca-Cola, Sony 등).

상호보험회사, 협동조합 등의 명칭은 상호가 아니다.

(3) 영업상 명칭

회사는 상호 이외에 명칭을 가질 수 없고 또 그 활동은 항상 영업에 관한 것이기 때문에 會社의 商號는 영업상 명칭이다. 이에 대해 자연인은 일상생활에서의 명칭과 영업상의 명칭은 구별되므로 영업상의 명칭만 상호로 된다.

회사의 상호는 영업상의 명칭이다.

제 2 商號의 選定

[사례 Ⅲ-2-1: 상호의 선정]

(i) Y는 다음과 같이 상호를 선정하여 사용하고 있는데 소비자단체인 X는 그 상호가 소비자를 현혹한다고 주장하면서 그 사용의 폐지를 요구하고 있다. X의 주장은 타당한가? ① 한약제조판매를 업으로 하는 Y회사는 동의보감의 저자인 허준과는 아무 관련이 없지만 '허준한약주식회사'라는 상호를 사용하고 있는데, 이전에는 누구도 이러한 상호를 사용하지 않고 있으며 허준에게는 후손이 없는 경우 ② Y는 중학교 중퇴의 학력밖에는 없으나 자동차수리공장에서 다년간 기술을 배운 후 독립하여 '오박사 카센터'라는 자동차수리업을 경영하는 경우 ③ 대구가 고향인 Y가 서울에 '원조 전주비빔밥집'이라는 음식전을 차린 경우

(ii) 개인상인 Y의 다음과 같은 상호사용은 적법한가? ① 목재상을 경영하는 Y가 '동광목재상사'라는 상호를 사용한 경우 ② 여행사를 경영하는 Y가 '한국여행공사'라는 상호를 사용한 경우 ③ Y는 다른 3인과 동업으로 철공소를 경영하면서 '동국철공합명상사'라는 상호를 사용한 경우

(iii) Y는 다음과 같은 상호로 강남지역에서 음식점을 3개 운영하고 있는데 그 상호사용은 적법한가? ① Y가 압구정동에 소재하는 하나의 양식당에 '베니스'와 '나폴리'라는 두 개의 상호를 사용한 경우 ② 개인상인인 Y가 양식당

에는 '베니스', 한식당에는 '금강산', 중국식당에는 '북경'이라는 상호를 각각 사용한 경우 ③ 개인상인인 Y가 압구정동과 반포 및 청담동에 소재하는 양식당 3개에 각각 '베니스', '시드니', '나폴리'라는 상호를 사용한 경우 ④ 주식회사인 Y가 '(주) 삼오정', '(주) 삼오정 압구정점','(주) 삼오정 반포점'이라는 상호를 사용한 경우

1. 立法主義

商號를 선정함에 있어서는 상호가 나타내는 기업의 실질과 상호를 어느 정도에서 합치시켜야 하는 여부가 문제되는데 각국의 입법례는 다음과 같이 나뉘어 있다.

(1) 상호자유주의

상인은 그 영업의 실질과는 상관없이 자유로이 상호를 사용할 수 있다는 입법주의이다(영미법계).

개인기업이나 회사를 불문하고 상인은 그 영업의 실질과는 상관없이 자유롭게 상호를 선정하여 사용할 수 있다는 입장으로서 영미법계가 취하는 입법주의이다. 상호의 선정에 있어 넓은 선택권을 부여할 뿐 아니라 상속이나 영업양도 등과 같이 영업의 실질이 변경된 경우에도 기존의 상호를 그대로 속용할 수 있어 상호의 경제적 가치를 보존할 수 있다는 장점이 있다. 그러나 거래상대방에게는 오인을 불러올 위험이 있다.

(2) 상호진실주의

상호는 영업 및 영업주의 실질과 일치해야 한다는 입법주의이다(프랑스법계).

상호는 영업 및 영업주의 실질과 일치해야 한다는 입장으로서 프랑스 상법이 취하는 입법주의이다. 이에 따르면 개인기업이나 人的會社와 같이 개인 또는 사원이 거래상의 책임을 부담하는 형태의 기업에 있어서는 상호 중에는 반드시 商人이나 社員의 이름을 표시해야 한다. 반면 物的會社의 상호 중에는 영업목적을 표시해야 하고 人名의 사용은 책임관계를 혼동시킬 우려가 있으므로 금지된다. 이 방식은 거래상대방의 신뢰를 보호한다는 측면은 있지만 상호사용자의 입장에서 보면 영업양도 등으로 인하여 실질이 변경될 때에는 반드시 상호를 변경해야 하는 부담이 있다.

상호진실주의를 기초로 하면서 일정한 경우 상호속용을 인정한다(독일법계).

(3) 절충주의

상호 선정시에는 영업의 실제와 부합하게 함으로써 상호진실주의를 기조로 하지만 영업의 양도나 상속에 있어서는 종전 商號의 續用을 인정한다. 독일상법이 취하는 입법주의이다.

2. 商號自由原則과 例外

(1) 상법의 입장

우리 상법은 상호자유주의를 원칙으로 하지만, 상호에 대한 소비자의 신뢰보호를 위하여 일정한 예외를 두고 있다.

1) 원 칙 상법은 "상인은 그 이름 기타 명칭을 상호로 할 수 있다"고 규정함으로써[18] 商號自由主義를 원칙으로 한다. 따라서 상호에는 자신이나 타인의 이름을 사용하는 것도 가능하며 영업의 실태를 나타내지 않은 명칭이라도 상관없다. 즉 [사례Ⅲ-2-1-i]의 ①과 같이 타인의 유명한 이름을 상호에 사용하는 경우에도 그것이 타인의 상품과 혼동을 일으키는 부정경쟁목적이 아닌 한 허용된다. 또한 [사례Ⅲ-2-1-i]의 ②와 같이 박사학위 없는 자가 '박사'라는 문자를 상호에 사용해도 상관없다. 여기에서 '博士'라는 말은 엄격한 학문적인 의미가 아니라 이 분야의 전문가라는 일반적인 의미로 사용되는 것이라고 보기 때문이다. 이는 털보가 아닌 자라도 '털보네'라는 상호를 사용할 수 있는 것과 마찬가지이다. [사례Ⅲ-2-1-i]의 ③과 같이 경상도 사람이 '전주 비빔집'이라는 상호를 사용하는 것도 가능하며 '元祖'라는 말도 '아주 잘한다'는 통속적인 의미로 받아들이면 될 것이다.

2) 예 외 이와 같이 公序良俗에 반하지 않은 명칭이면 어떠한 것이든 상호로 할 수 있지만, 상호에 대한 일반소비자들의 신뢰보호라는 측면을 고려하여 상법은 상호자유원칙에 대한 다음과 같은 몇 가지 제한을 가하고 있다.

(2) 회사의 상호

회사의 상호는 상법이 인정하는 네 가지 회사의 종류를 명확히 밝혀야 한다.

1) 회사의 종류 회사의 상호에 있어서는 合名會社·合資會社·株式會社·有限會社의 문자를 사용해야 한다[19]. 현행 상법이 인정하는 네 가지 종류의 회사는 회사채권자에 대한 사원의 책임에 따른 구분인데 이는 회사와 거래하는 제3자에게는 매우 중요한 사항이기 때문에 반드시 회사의 상호에서 이를 밝히도록 한 것이다.

회사가 아니면 상호에 회사임을 표시하는 문자를 사용하지 못한다.

2) 개인상인의 '회사'상호 사용금지 마찬가지 이유에서 회사가 아니면서 상호에 회사임을 표시하는 문자를 사용하지 못하며, 이는 개인이 회사기업을 양수한 경우에도 마찬가지이다[20]. 이에 위반한 경우에는 일정한 과태료의 제재가 있다[28]. 다만 [사례Ⅲ-2-1-ii]의 ①에서 보듯이 '商社'라는 말은 '會社'와는 구별되는 일반적인 용어이므로 개인상인이 상호에 이를 사용하여도 상관없다(反 김성 224). 실제로 부산에 있었던 '동명목재상사'는 개인기업

이었음에도 불구하고 상사라는 상호를 사용하였다. 또한 [사례Ⅲ-2-1-ii]의 ②와 같은 '公社'라는 명칭도 법에 의해 특정된 '한국토지공사'와 같은 고유 상호는 사용하지 못하지만 그렇지 않은 경우에는 개인상인도 이를 상호로 사용해도 상관없다. 그러나 [사례Ⅲ-2-1-ii]의 ③에서 '○○합명상사'라는 상호는 비록 회사라는 문언이 사용되지는 않았지만 '합명회사'로 오인할 우려가 있기 때문에 사용할 수 없다고 본다(정찬 104).

특정 영업의 종류를 상호로 표시해야 하는 경우도 있다.

3) 특별법상의 제한　특별법에서는 특정한 영업을 하는 회사에 대해서는 그 영업의 목적을 나타내는 문자를 상호에 사용할 것과 그러한 영업을 목적으로 하지 않는 자는 상호 중에 이러한 문자를 사용할 수 없도록 제한하는 경우가 많다(銀行14, 保險8②, 證去62②, 信託7②).

(3) 상호단일의 원칙

소비자들의 혼란을 방지하고 타인의 상호선정폭을 넓혀주기 위해 동일영업에 단일상호를 사용하도록 하는 원칙이다.

1) 내 용　동일한 영업에는 단일상호를 사용해야 한다(21 ①). 이를 商號單一의 原則이라고 한다. 동일한 영업에 대해 여러 상호를 사용할 경우 상호에 대한 일반소비자들의 혼란을 초래할 뿐 아니라 타인의 상호선정 폭을 제한할 우려가 있기 때문이다. 따라서 [사례Ⅲ-2-1-iii]의 ①과 같은 경우는 허용되지 아니한다. 다만 [사례Ⅲ-2-1-iii]의 ②와 같이 개인상인이 수개의 영업을 영위할 때에는 각 영업에 대하여 별개의 상호를 선정할 수 있다(非訟 179①3). 그러나 하나의 상호를 수 개의 영업에 공통적으로 사용할 수는 있는데(최기 111), 회사의 경우에는 이 때에도 하나의 상호만 사용해야 한다. 회사의 상호는 회사의 법인격을 표시하는 유일한 명칭이므로 회사가 수개의 영업을 하더라도 상호는 동일하기 때문이다.

하나의 영업을 위해 여러 개의 영업소를 두는 경우는 하나의 상호만 사용해야 한다.

2) 수개의 영업소　동일한 영업을 위해 수개의 영업소를 둔 경우에도 하나의 상호만을 사용해야 하며 지점의 상호에는 본점과의 종속관계를 표시해야 한다(21 ②). 따라서 [사례Ⅲ-2-1-iii]의 ③과 같은 경우는 허용되지 아니하며 [사례Ⅲ-2-1-iii]의 ④는 가능하다.

(4) 주체오인 상호의 사용금지

부정한 목적으로 타인의 영업으로 오인할 수 있는 상호를 사용할 수 없다.

누구든지 부정한 목적으로 타인의 영업으로 오인할 수 있는 상호를 사용하지 못한다(23 ①). 이러한 경우에는 명의(상호)를 도용당한 자뿐 아니라 거래상대방도 피해를 입게 되므로 이를 방지하기 위해 상호자유에 대한 제한을 둔 것이다. 이에 위반한 경우에는 과태료의 제재가 있다(28).

(5) 부정경쟁사용금지

국내에 널리 인식된 타인의 성명 또는 상호를 사용하여 타인의 상품과 혼동을 일으키거나 타인의 영업상의 시설 또는 활동과 혼동을 초래하는 행위는 금지된다(不競 2①). 물론 그 타인의 허락을 받은 경우에는 부정경쟁의 문제가 발생하지 않지만 그 타인은 名義貸與者의 책임을 진다(24).

타인의 허락없이는 국내에 널리 알려진 타인의 상호나 성명을 사용할 수 없다.

제 3 商號의 登記

[사례 III-2-2: 상호의 등기 · 가등기]

(i) X는 서울 강남구에 '필립'이라는 보신탕집을 선조로부터 물려받아 경영하면서 상호등기를 하였다. 그런데 Y도 서초구에 '必立'이라는 상호로 사철탕집을 열고 상호등기를 신청하였는데 등기공무원의 착오로 등기가 이루어졌다. 이러한 사실을 알게 된 X는 상법 제22조를 근거로 Y의 상호등기 말소를 청구할 수 있는가?

(ii) '부산파이프주식회사'(X)는 부산에서 설립되어 부산경남일원에만 지점을 설치하여 운영하여 왔다. 그러나 사업을 전국규모로 확장하기 위해 본점을 서울로 이전하기로 하고 부지를 물색하여 본점건물신축공사를 하였다. 이러한 사실을 알게 된 A는 서울에 '(주)부산파이프'(Y)라는 명목상의 회사를 설립하여 상호등기를 먼저 하였다. 이 경우 X는 Y를 상대로 상호사용금지가처분 및 등기말소를 청구할 수 있는가? X가 이러한 사태를 예방하기 위해서는 이떠힌 조치를 취해야 하는가?

상호는 상인의 명칭으로서 그 동일성을 나타내는 기준일 뿐 아니라 상인과 거래하는 일반소비자들에게는 그 신용의 표적이 되므로 상호의 존재와 내용을 널리 公示할 필요가 있다. 이에 따라 商號登記制度가 마련되어 있으며 등기 상호에 대해서는 특별한 법적 보호가 부여되고 있다.

1. 商號登記의 節次

(1) 개인상호

개인상호의 등기 여부는 자유이다. 개인기업은 등기에 의해 공시되지 아니할 뿐 아니라 영업의 개시와 폐지가 빈번하므로 그 상호를 등기사항으

개인상호는 등기여부의 제한

을 받지 않으나 등기한 경우 그 법적 보호가 강화된다.

로 하여 강제하는 것이 부적합하기 때문이다. 다만 개인상호의 경우에도 등기하면 그 보호가 강화된다.

개인상호를 등기할 경우에는 영업소, 상호사용자의 이름 및 주소를 상호등기부에 등재한다(非訟 136①). 상호의 등기절차는 非訟事件節次法의 관련규정(非訟147 이하) 및 商業登記處理規則에 상세히 규정되어 있다.

(2) 회사상호

회사의 상호는 반드시 등기해야 한다.

회사의 상호는 정관의 절대적 기재사항이고 설립등기사항(180①, 271①, 317②1, 549②1)이다. 회사상호의 등기는 별도의 상호등기부에 하는 것이 아니고 會社登記簿에 하기 때문에(非訟136, 商登規50) 설립등기를 하면 등기상호로 취급받는다. 상호를 변경할 경우에는 정관변경절차와 변경등기를 해야 한다. 상호의 등기 또는 변경등기는 지점 소재지에서도 해야 한다. 회사의 상호는 청산종료 등기에 의해 소멸한다.

2. 商號登記의 效果

상호를 일단 등기하면 그 변경이나 폐지는 반드시 등기해야 하며(40) 상호의 폐지 또는 변경의 등기가 없을 때에는 이해관계인에게 登記抹消請求權이 인정된다. 또 정당한 사유없이 2년간 상호를 사용하지 않을 때에는 폐지된 것으로 본다(26). 이외에 상호등기의 효과는 다음과 같다.

(1) 동일상호의 등기 배척

등기상호는 일정지역 내에서의 같은 상호의 등기를 배척하는 효력이 있다(등기독점력).

1) 의 의 　타인이 등기한 상호는 동일한 특별시·광역시·시·군에서 동종영업의 상호로 등기하지 못한다(22). 같은 취지로 非訟事件節次法은 "상호의 등기는 동일한 특별시·광역시·시 또는 군에서 동일한 영업을 위하여 타인이 등기한 것과 확연히 구별할 수 있는 것이 아니면 이를 할 수 없다"고 규정한다(非訟 164). 이와 같이 등기상호는 같은 상호의 등기를 배척하는 효력이 있는데 이를 '登記獨占力' 또는 '事前登記排斥權'이라고 한다. 非訟事件節次法 제164조는 등기법상의 절차적 사항만을 규정한 것이라는 데에는 이견이 없지만 상법 제22조의 효력에 대해서는 견해가 나누어진다.

실체법상의 권리설(다수설)과 등기법상의 효력설로 나누어지지만 그 차

2) 학 설 　① 실체법상의 권리설; 이 규정을 등기소로 하여금 동일상호의 등기를 불허하는 등기법상의 효력과 함께 상호등기자에게 사법상의 권리인 동일상호의 등기배척권을 인정한 것이라고 하며 현재 다수설이다. 이에 따르면 [사례Ⅲ-2-2-i]에서 이 규정을 근거로 Y의 등기말소를 구한

것은 정당하다. ② **등기법상의 효력설**; 이 규정을 등기소의 의무에 관한 등기법상의 효력을 정하는데 불과하다고 한다. 그 근거로는 **첫째**, 이를 사법상의 권리라고 보면 권리자가 포기할 수도 있는데 동일상호의 중복등기는 등기자의 동의가 있어도 허용되지 않으며, **둘째** 등기상호를 침해하는 경우에는 본조에 의하지 않고도 상호권자는 상호사용폐지청구권을 행사하여 등기말소를 구할 수 있으므로 이 규정을 굳이 사법상의 효력을 정하는 규정으로 볼 필요가 없다는 것이다. 즉 [사례Ⅲ-2-2-i]에서 X가 Y의 등기말소를 구하는 것은 상법 제23조를 근거로 한 것이지 상법 제22조는 아니라는 입장이다. ③ **검토**; 실체법상의 효력설은 등기상호의 상호권은 미등기상호의 상호권이 가지지 않는 효력을 포함하는 것으로 본다. 그러나 다음에서 보는 바와 같이 상호권의 내용은 상대방의 부정목적이 추정되는 것을 제외하고는 등기전후에 차이가 없으므로 등기법상의 효력설이 타당하다. 다만 이러한 학설 차이는 [사례Ⅲ-2-2-i]에서 보는 바와 같이 등기공무원이 잘못하여 중복등기를 한 예외적인 경우에만 문제되기 때문에 큰 의미는 없다고 하겠다. ④ **판례**; 이에 대해 판례는 실체법상의 효력과 등기법상의 효력을 모두 가지고 있는 것으로 보고 있다. 즉 대판 2004.3.26, 2001다72081은 "위 규정의 취지는 일정한 지역 범위 내에서 먼저 등기된 상호에 관한 일반 공중의 오인·혼동을 방지하여 이에 대한 신뢰를 보호함과 아울러, 상호를 먼저 등기한 자가 그 상호를 타인의 상호와 구별하고자 하는 이익을 보호하는 데 있고, 한편 비송사건절차법 제164조에서 '상호의 등기는 동일한 특별시·광역시·시 또는 군 내에서는 동일한 영업을 위하여 타인이 등기한 것과 확연히 구별할 수 있는 것이 아니면 이를 할 수 없다'고 규정하여 먼저 등기된 상호가 상호등기에 관한 절차에서 갖는 효력에 관한 규정을 마련하고 있으므로, 상법 제22조의 규정은 동일한 특별시·광역시·시 또는 군 내에서는 동일한 영업을 위하여 타인이 등기한 상호 또는 확연히 구별할 수 없는 상호의 등기를 금지하는 효력과 함께 그와 같은 상호가 등기된 경우에는 선등기자가 후등기자를 상대로 그와 같은 등기의 말소를 소로써 청구할 수 있는 효력도 인정한 규정이라고 봄이 상당하다"고 판시하였다.

이는 등기공무원의 실수로 인한 중복등기에만 문제된다.

3) 예 외　등기의 독점력에는 다음과 같은 두 가지 예외가 인정된다. ① **행정구역변경**; 이 경우에는 동일상호가 같은 행정구역 내에 존재하여도 등기가 인정된다. ② **지점소재지**; 본점소재지에서 상호등기가 적법한 이상 지점소재지에서는 동일상호의 등기가 인정된다. 다만 지점의 표시를 부기하여 등기해야 한다([35]).

등기독점력은 행정구역변경과 본점·지점의 등기의 경우 예외가 인정된다.

(2) 부정목적의 추정

일정지역 내에서 동종영업으로 타인이 등기한 상호를 사용하는 자에게는 부정목적이 있는 것으로 추정된다.

상호권자는 부정한 목적으로 동일 또는 유사 상호를 사용하는 자에 대하여 그 사용금지와 손해배상을 청구할 수 있는데, 동일한 특별시·광역시·시·군에서 동종영업으로 타인이 등기한 상호를 사용하는 자에게는 不正目的이 있는 것으로 추정된다(23④). 이는 등기상호의 배타적 효력을 정한 규정이지만 商號專用權 자체는 상법 제23조에 의해 등기유무를 묻지 않고 일반적으로 인정되고 다만 등기를 한 경우에는 不正目的이 推定된다는 점에서 상호권이 강화되고 있는 것이다.

(3) 손해입증의 불요

등기상호의 침해시 손해입증이 필요없다.

미등기상호의 경우에는 타인이 부정한 목적으로 상호를 침해한 경우에도 상호권자가 그로 인해 손해가 발생하였음을 입증하여야 보호를 받을 수 있지만 등기를 한 경우에는 이를 입증할 필요가 없다. 그만큼 등기상호의 경우에는 상호권이 강화되고 있다.

3. 商號의 假登記

(1) 제도의 취지

주식회사(유한회사) 등기에 많은 시간이 요구되므로, 타인이 먼저 동일 또는 유사 상호를 등기해 두면 그 후에는 그 상호의 등기가 불가능한 문제점을 제거하기 위해 마련된 제도이다.

株式會社 또는 有限會社를 새로 설립하거나 회사의 목적 또는 상호를 변경하거나 본점을 이전하기에 앞서 설립예정지 또는 이전예정지에 임시로 상호를 등기할 수 있도록 하는 제도를 商號의 假登記라고 한다(22의2). [사례 Ⅲ-2-2-ii]에서 보는 바와 같이 주식회사 등 물적 회사에서는 이러한 절차를 경료하는데 정관변경 등 많은 시간이 요하기 때문에 사전에 이러한 정보를 입수한 자가 먼저 동일 또는 유사 상호를 등기해 두면 그 후에는 상호등기가 불가능하게 된다. 이러한 불합리한 점을 제거하기 위해 1995년 상법 개정시에 상호가등기제도를 신설하였다. 다만 가등기에 관한 규정은 실체법인 상법이 아니라 상업등기법에 두어야 한다는 비판도 있다(최기104).

(2) 가등기가 허용되는 경우

주식회사 또는 유한회사의 설립시에 상호의 가등기가 가능하다.

1) 주식회사·유한회사의 설립 　주식회사 또는 유한회사를 설립하고자 할 때에는 본점 소재지를 관할하는 등기소에 상호의 가등기를 신청할 수 있다(22의2①). 신설합병의 경우에도 가등기를 할 수 있다고 본다. 물적회사인 주식회사와 유한회사는 그 설립절차가 복잡하고 많은 시간을 요하기 때문에 사전에 방해를 차단하기 위해 상호가등기를 허용한 것이다. 이에 대해 인적

회사인 合名會社와 合資會社는 설립절차가 매우 간단하므로 이러한 방해의 염려가 적다고 보아 가등기를 허용하지 않았다.

회사의 상호나 목적변경시에는 회사의 종류에 상관없이 상호의 가등기가 허용된다.

2) 회사 상호·목적의 변경 회사의 상호나 목적 또는 상호와 목적을 변경하고자 할 때에는 본점의 소재지를 관할하는 등기소에 商號의 假登記를 신청할 수 있다(22의2②). 이 경우에는 회사의 종류에 상관없이 상호가등기가 허용된다. 회사의 상호나 목적변경은 정관변경을 초래하므로 그 절차가 복잡하고 많은 시간을 요한다는 점에서 사전 가등기를 활용하게 한 것이다.

회사의 본점을 이전할 곳을 관할하는 등기소에 상호의 가등기 신청을 할 수 있다.

3) 회사의 본점이전 회사는 본점을 이전하고자 할 때에는 이전할 곳을 관할하는 등기소에 상호의 가등기를 신청할 수 있다(22의2③). 따라서 [사례 Ⅲ-2-2-ii]에서 X는 본점이전 2년 전부터 서울에 '부산파이프주식회사'라는 가등기를 할 수 있다. 참고로 이 사례와 같이 미리 이러한 가등기를 하지 않은 경우에도 X는 Y를 상대로 상법 제23조에 기해 주체를 오인시킬 수 있는 상호의 사용금지 및 상호등기말소를 구할 수 있다. 그러나 그 요건을 충족하는 데에는 많은 어려움이 있으므로 가등기제도를 적극 활용해야 한다.

(3) 가등기의 효력

가등기한 상호는 등기상호와 동일하게 취급되어 타인에게는 부정목적 사용이 추정된다.

商號의 假登記는 상법 제22조의 적용에 있어서는 상호의 등기로 본다(22의2④). 그 의미는 등기된 상호와 마찬가지로 타인은 동일한 특별시·광역시·시·군에서 동종영업의 상호로 등기하지 못하며 만일 등기된 경우에는 가등기한 자는 그 등기말소청구권을 가진다는 것이다. 위 규정이 상법 제22조에 대해서만 언급하고 있지만 상법 제23조의 적용에 있어서도 가등기는 등기한 상호와 동일하게 취급해야 한다. 따라서 동일한 특별시·광역시·시·군에서 동종영업으로 타인이 가등기한 상호를 사용하는 자는 부정한 목적으로 사용한 것으로 추정한다.

(4) 가등기의 남용방지

가등기의 남용을 방지하기 위하여 대법원규칙으로 가등기에 일정한 제약을 두고 있다.

상호 가등기제도는 타인의 방해를 미리 차단하여 상호를 보존하는 데 기여하지만 이를 남용할 경우 오히려 타인의 상호선정의 자유를 제한할 가능성이 크다. 이에 따라 그 남용을 방지하기 위해 大法院規則(商業登記處理規則)으로 본등기까지의 기간·공탁금·가등기말소에 관한 규정을 두고 있다(22의2⑤). 즉 본등기까지의 예정기간은 설립과 본점이전의 경우에는 2년, 상호·목적 변경의 경우에는 1년을 초과하지 못한다. 또 가등기와 그 연장등기시에는 진실을 담보하기 위해 일정금액을 공탁하도록 하였으며 가등기상호의 변경, 가등기 이외의 장소로 본점의 이전 등 가등기가 필요없게 된 경우에는 이해관계인의 신청에 의해 가등기의 말소를 해야 한다.

제4 商號의 保護: 商號權

1. 概 觀

(1) 상호권의 의의

상호권은 상호사용권과 상호전용권을 그 내용으로 하며 등기여부와는 관계없이 인정된다.

商號權은 상인이 상호에 대하여 가지는 권리로서, 타인으로부터 방해받지 않고 사용할 수 있는 商號使用權과 타인에 의한 상호의 도용을 배제할 수 있는 商號專用權을 그 내용으로 한다. 상호권은 상호의 선정과 사용이라는 사실관계로부터 인정되는 권리로서 등기여부와는 관계없다. 다만 앞에서 본 대로 상호를 등기하면 상호권의 보호가 강화될 뿐이다.

(2) 상호권의 성질

상호권은 인격권인 동시에 무체재산권의 일종이다.

상호권은 財產權이라고 보는 소수견해(강·임83, 김용74~75, 이병104, 註商(Ⅰ)256)가 있지만 인격권인 동시에 특허권·상표권과 같은 無體財產權의 일종으로 보아야 한다(정희99, 서·정101, 손주137, 최기116~117, 채71, 이철138, 정찬(상)108 外).

1) 인격권적 측면　상호권이 人格權的 성질을 가지는 것은 상호가 상인의 명칭으로서 그 신용과 명성을 표창하고 이에 대한 침해가 상인의 인격에 대한 침해로 되는 점에서 자연인의 이름과 동일하기 때문이다. 상호권의 침해에 대하여 손해배상외에 신용회복에 필요한 조치가 인정되는 것은 그 인격권적 성질이 반영된 것이다.

2) 재산권적 측면　상호는 기업이 고객의 신용을 집중시키는 수단으로서 영업설비의 일부를 이루는 것이므로 財產權的 성질을 가지고 있다. 그러므로 상호는 일반적인 재산권과 마찬가지로 양도의 대상으로 된다.

2. 商號使用權

타인으로부터 방해받지 않고 상호를 사용할 수 있는 적극적인 권리로서, 등

타인으로부터 방해받지 않고 상호를 사용할 수 있는 적극적인 권리를 말한다. 상호의 사용방법에는 아무런 제한이 없으므로 간판에 부착하거나 사무용지 등에 인쇄하거나 언론매체를 통하여 홍보할 수도 있다. 상호사용권은 등기유무와 관계없이 먼저 사용하는 자에게 인정되는 권리로서 이후

타인의 동일 또는 유사 상호가 周知의 商號로 되어도 부정경쟁의 목적이 없으므로 타인으로부터 금지청구를 받지 않고 계속 사용할 수 있다. 그뿐 아니라 타인의 상호이용에 대한 배제도 청구할 수 있다. 상호사용권에 대한 침해는 민법상 不法行爲를 구성한다.

기유무와 관계없이 먼저 사용하는 자에게 인정된다.

3. 商號專用權

[사례 Ⅲ-2-3: 상호전용권]

(i) 1978년 '동성종합건설 주식회사'라는 상호로 서울에서 등기한 X는 '상아'라는 이름으로 장기간 아파트를 건설함으로써 일반인에게는 '상아'아파트 회사로서 널리 알려져 오다가 1990년경부터 비로소 아파트건설에 '동성'이라는 이름을 사용하기 시작하였다. 그러나 X가 1986년 피혁제품의 제조판매를 사업목적으로 하는 주식회사 동성을 흡수합병하여 상호를 '주식회사 동성'으로 변경한 이래 1990년경부터 아파트에 '동성'이라는 이름을 사용하기 시작한때까지의 주력업종은 피혁사업이었다. 한편 Y는 1984년 경남 창원시에서 '주식회사 동성개발'로 법인설립등기를 한 후 1989년에는 서울에 지점등기를 하였고, 1990년에는 '주식회사 동성종합건설'로 상호를 변경한 후 서울을 비롯한 수도권지역에서 일관되게 '동성'이라는 이름을 사용하여 아파트건설에 종사하여 왔다. 1991년의 건설공사도급한도액 순위에서는 X가 151위, Y가 152위로 비슷하였으나 그 후부터는 오히려 Y가 앞섰다. 그런데 X는 Y의 '주식회사 동성종합건설'이라는 상호의 사용이 부정한 목적으로 주체를 오인시키는 것에 해당한다는 이유로 그 사용폐지 및 손해배상을 청구하였다. X이 주장은 타당한가? (대판 1995.9.29, 94다31365·31372 참조)

(ii) X는 1968년부터 충주시에서 1급자동차정비업 허가를 받아 '합동공업사'라는 상호로 영업을 하였으며 1994.7경에는 레커사업 등록을 하고 '합동특수레카'라는 상호로 자동차 견인업을 시작하였다. 한편 A는 B의 명의를 빌려 1991년부터 '충주합동레카'라는 상호로 차량견인 영업을 하였는데, X의 고소로 명의대여 사실이 들어나 사업등록과 레커차량 등록이 취소되었다. 이에 A와 B는 등록 취소된 사업일체와 레커 차량을 Y에게 양도하였으며 Y는 1994.9경 자동차운송사업등록 및 특수자동차운송약관 인가를 받아 충주시에서 '충주합동레카'라는 상호로 레커업을 계속하였다. 그러나 영업소간판과 레커차량의 표면 및 전화번호부에는 종전대로 '합동레카'로 표기하였다. 이에 X는 Y의 상호사용이 부정한 목적으로 주체를 오인시킨다는 이유로 그 사용의 폐지를 청구하였다. X의 청구는 타당한가? (대판 1996.10.15, 96다24637 참조)

(iii) 다음 각 경우 X는 부정목적과 상호의 유사성을 이유로 Y의 상호사용을 금

지시킬 수 있는가? ① 의약품제조판매회사로서 약국을 개설할 수 없는 X가 서울에 '보령제약주식회사'라는 상호로 약국영업을 하는데, Y가 수원에서 '수원보령약국'을 개설한 경우(대판 1976.2.24, 73다1238 참조) ② Y가 '허바허바칼라'라는 상호로 사진촬영업을 하다가 이 상호를 X에게 양도한 후 '새허바허바칼라'라는 상호로 다시 영업을 개시한 경우(서울고판 1977.5.16, 76다3267 참조) ③ 채권자 X에게 '허바허바'라는 상호와 영업일체를 양도한 채무자 Y가 사진촬영업을 다시 개시하면서 '뉴서울사장'이라는 상호 옆 또는 아래에 작은 글씨로 '전허바허바개칭'이라고 기재한 경우(대판 1964.4.28, 63다811 참조) ④ X가 마산에 '고려당'이라는 상호로 영업을 하는데, Y가 마산에서 같은 영업을 하면서 그 간판에 'SINCE 1945 신용의 양과 고려당 마산분점'이라고 표시한 경우(대판 1993.7.13, 92다49492 참조) ⑤ X가 '왕과 시'라는 상호로 레스토랑영업을 하는데, Y가 그곳에서 얼마 떨어지지 않은 장소에 X의 레스토랑과 유사한 내부장식을 하고 '왕과 시'의 첫 구절인 '오, 자네왔는가'라는 간판을 부착하여 같은 영업을 하는 경우(서울고판 1996.3.5, 95나20111 및 대판 1996.7.26, 96다17400 참조)

가. 意 義

타인이 부정한 목적으로 자기 상호와 동일 또는 유사한 상호를 사용하는 경우 그 사용을 금지시킬 권리로서 등기의 유무에 관계없이 인정되나 등기한 경우 상대방의 부정목적이 추정된다.

商號專用權은 타인이 부정한 목적으로 자기 상호와 동일 또는 유사한 상호를 사용하는 경우에 그 사용을 금지시킬 권리이다(23①). 이러한 상호의 배타적 사용권은 상호의 도용에 의해 행해지는 부정경쟁을 배제하기 위한 권리이며 등기유무에 관계없이 인정되지만 등기할 경우에는 상대방의 不正目的이 推定된다(23조④). 상호의 도용은 불법행위의 일종으로 민법에 의한 손해배상청구가 가능하지만 손해액 산정이 어려울 뿐 아니라 손해배상만으로는 충분하지 않고 오히려 침해행위를 배제하는 것이 중요한 경우가 많다. 이에 따라 상법 제23조와 不正競爭防止法에 상호 보호에 관한 규정을 두어 손해배상청구외에 상호의 사용이나 등기의 폐지를 청구할 수 있도록 하였다(23②, ③). 不正競爭防止法에 의한 보호는 따로 설명하기로 한다.

나. 要 件

상법 제23조에 근거하여 상호사용을 금지시키기 위해서는 i) 부정한 목적으로, ii) 타인의 영업으로 오인할 수 있는 상호를 사용하여, iii) 상호권자가 손해를 입을 염려가 있어야 한다.

(1) 주관적 요건: 부정한 목적

1) 의 의 '不正한 目的'이란 기존의 상호가 가진 신용이나 경제적 가치를 자기의 영업에 이용하려는 의도를 가리킨다(김성234, 정찬109). 여기에서 말하는 부정목적은 부정경쟁방지법상의 '부정경쟁의 목적'보다는 넓은 개념이다(김성 235). 대판 1995.9.29, 94다31365·31372는 [사례Ⅲ-2-3-i]에서 "어느 명칭을 자기의 상호로 사용함으로써 일반인으로 하여금 자기의 영업을 그 명칭에 의하여 표시된 타인의 영업으로 오인시키려고 하는 의도"라고 부정목적의 의미를 설시한 다음, 이 사례의 사실관계에 비추어보면 "피고(Y)에게 원고(X)의 명칭과 동일 유사한 명칭을 사용하여 일반인으로 하여금 자기의 영업을 원고(X)의 영업으로 오인시키려고 하는 의도가 있었다고 보기는 어렵다"고 판시하였다(同 대판 2003.9.26, 2003다12601; 2004.3.26, 2001다72081). 또 대판 1993.7.13, 92다49492는 [사례Ⅲ-2-3-iii]의 ④에서 "원고(X)와 피고(Y)는 모두 같은 마산시에서 제과점을 경영하고 있으나 원고(X)는 합포구 창동에, 피고(Y)는 회원구 양덕동에 제과점이 위치하여 비교적 원거리에 있고 피고(Y)는 '서울 고려당'의 명성과 신용을 믿고 그와 마산판매대리점계약을 체결한 자로서 위 회사의 '고려당'이란 상호를 간판에 내세운 것으로 인정될 뿐 원고(X)의 상호인 마산의 '고려당'이 가지는 신용 또는 경제적 가치를 자신의 영업에 이용하고자 하는 의도는 없었다"고 판시하였다.

부정한 목적이란 기존의 상호가 가진 신용이나 경제적 가치를 자기의 영업에 이용하려는 의도를 가리킨다.

2) 고려요소 부정한 목적의 판단에 있어서는 영업의 종류·방법·기간 등을 종합적으로 고려해야 한다. 대판 1996.10.15, 96다24637도 [사례Ⅲ-2-3-ii]에서 "자동차정비업과 자동차견인업은 영업의 종류가 서로 다르고 그 영업의 성질과 내용이 서로 달라서 비교적 서비스의 품위에 있어서 관련성이 적은 점, 자동차를 견인할 경우 견인장소를 차량 소유자가 지정할 수 있는 점, 운수관련 업계에서 '합동'이라는 용어가 일반적으로 널리 사용되고 있어 그 식별력이 그다지 크지 아니한 점, 원고(X)도 별도의 견인업 등록을 한 점, 피고(Y)가 정비업을 하고 있지 아니한 점과 피고(Y)의 영업 방법이나 그 기간 등을 고려할 때, 양 상호의 중요부인 '합동'이 동일하더라도 피고(Y)가 부정한 목적으로 상호를 사용하였다고 할 수 없다"고 판시하였다.

영업의 종류, 방법, 기간 등이 부정한 목적을 판단하기 위한 기준이 된다.

3) 부정목적의 추정 등기상호의 경우에는 침해자의 부정목적이 추정되므로 상호권자는 상호의 오인가능성만 입증하면 된다(정동(총)150, 이철 146, 정찬(상)110).

(2) 객관적 요건: 상호의 유사성(오인가능성)

상호의 유사성으로 인한 오인가능성의 판단에 있어서는 상호를 전체적으로 관찰하여 주요부분이 혼동 내지 오인의 우려가 있는지가 문제된다. 또한 상거래계의 일반적 인식과 거래대중의 평균적인 관념을 기준으로 영업의 성격, 고객의 지역성 등을 종합적으로 고려해야 한다.

1) 판단기준 '타인의 영업으로 오인할 수 있는 상호'란 타인의 상호와 동일 또는 유사한 상호를 말한다. 유사성의 판단에 있어서는 상호를 전체적으로 관찰하여 주요 부분이 혼동 내지 오인의 우려가 있는지를 살펴보아야 하며 상거래계의 일반적인 인식과 거래대중의 평균적인 관념을 기준으로 영업의 성격, 고객의 지역성 등 종합적인 사정을 고려할 필요가 있다(김성 236). 이러한 취지에서 서울고판 1996.3.5, 95나20111 및 대판 1996.7.26, 96다17400은 "'타인의 영업으로 오인할 수 있는 상호'라고 함은 일반거래시장에 있어서 일반인이 영업주체를 혼동·오인할 염려가 있는 상호를 말하고, 그러한 염려가 있는지의 여부는 거래계에 있어서 양상호가 관찰되는 일반적 정황을 상정하여 일반고객의 판단력을 표준으로 하여 혼동의 염려가 있는가를 판단하여야 한다"라고 판시하였다. 그러나 오인가능성은 반드시 양당사자가 동종의 영업을 하는 경우에 한정되는 것은 아니다. 즉 대판 1996.10.15, 96다24637은 "타인의 영업으로 오인할 수 있는 상호는 그 타인의 영업과 동종 영업에 사용되는 상호만을 한정하는 것은 아니고, 각 영업의 성질이나 내용, 영업 방법, 수요자층 등에서 서로 밀접한 관련을 가지고 있는 경우로서 일반 수요자들이 양 업무의 주체가 서로 관련이 있는 것으로 생각하거나 또는 그 타인의 상호가 현저하게 널리 알려져 있어 일반 수요자들로부터 기업의 명성으로 인하여 절대적인 신뢰를 획득한 경우에는, 영업의 종류와 관계없이 일반 수요자로 하여금 영업주체에 대하여 오인·혼동시킬 염려가 있다"고 판시하였다(同 대판 2002.2.26, 2001다73879).

2) 오인가능성을 인정한 예 서울고판 1977.5.16, 76다3267 및 대판 1964.4.28, 63다811은 각각 [사례Ⅲ-2-3-ⅲ]의 ②, ③에서 오인가능성을 인정하였다. 또 대판 1993.7.13, 92다49492는 [사례Ⅲ-2-3-Ⅲ]의 ④에서 "피고(Y)의 상호인 '서울 고려당'은 그 요부가 '고려당'에 있고, 간이신속을 존중하는 거래계에서는 간략히 특징적인 부분인 '고려당'으로 호칭될 것이므로 그 경우 원고(X)의 상호인 '고려당'과 동일하여 양자는 오인·혼동의 우려가 있다"고 판시하였다(그러나 앞에서 본 바와 같이 이 판례는 Y에게 '부정한 목적'은 없다고 판시하여 결과적으로 X의 상호전용권 주장을 배척하였다).

3) 오인가능성을 부인한 예 대판 1996.10.15, 96다24637은 [사례Ⅲ-2-3-ⅱ]에서 "'합동공업사'와 '충주합동레카'는 그 칭호와 외관 및 관념을 일반 수요자의 입장에서 전체적·객관적으로 관찰할 경우 서로 유사하지 아니하여 영업주체에 대한 오인·혼동의 우려는 없다"고 보았다. 또 대판 1976.2.24, 73다1238도 [사례Ⅲ-2-3-ⅲ]의 ①에서 "원고(X)와 피고(Y)는 그 영업

의 종류·범위는 물론이거니와 그를 위한 시설과 규모 등 그 영업의 양상을 달리함은 물론 특히 그 고객을 달리함으로써 원고의 일반 고객이 원고회사의 근처도 아닌 수원에 개설된 피고경영의 '수원보령약국'을 서울에 있는 '보령제약주식회사'의 영업으로 혼동 오인하게 된다는 것은 좀처럼 있을 수 없을 것이므로, 단지 그 상호에 '보령'이라는 것이 공통된다고 해서 다른 특별한 사정도 없이 피고의 약국을 원고회사의 영업으로 오인 혼동케 할 염려는 없다"고 판시하였다. 또 서울고판 1996.3.5, 95나20111 및 대판 1996.7.26, 96다17400은 [사례Ⅲ-2-3-ⅲ]의 ⑤에서 "양 상호는 발음상·문자상·관념상 어느 점으로도 그 유사성을 찾을 수 없어 거래계의 일반적 정황상 일반고객의 판단력을 표준으로 할 때 혼동의 염려가 있다고 할 수 없으며 서로 다른 상호를 사용하는 자가 내부장식을 유사하게 함으로써 영업주체를 혼동·오인할 수 있다는 사정만으로는 상법 제23조의 주체를 오인시킬 상호의 사용이라고 할 수 없다"고 판시하였다.

(3) 손해를 받을 염려

상호권자는 타인의 상호침해로 인하여 손해를 받을 우려가 있어야 한다. 여기에서 손해라고 함은 상호권자의 재산 또는 인격에 발생하는 불이익을 말한다. 인격침해의 대표적인 경우로는 상인이 아닌 S대학의 약대출신자가 약국을 개업하면서 무단으로 'S대학 약국'이라는 상호를 사용하는 경우를 들 수 있다. 그리고 반드시 손해가 발생한 경우뿐 아니라 장래에 불이익을 받을 염려가 있는 경우까지 포함한다. 이러한 손해발생의 염려에 대해서는 피해자인 상호권자가 입증해야 하지만 등기상호인 경우에는 입증을 요하지 아니한다.

타인의 상호침해로 인하여 상호권자의 인격 또는 재산에 불이익이 있어야 한다.

다. 效　果

이상의 요건을 구비한 경우에는 상호권자는 상호의 폐지와 손해배상청구를 할 수 있다.

(1) 상호폐지청구

상호의 사용폐지는 거래 기타 영업활동 전반에 걸쳐 해당 상호의 사용과 표시를 중단하는 것을 말하며 앞으로의 사용금지뿐 아니라 현재의 사용도 즉시 철폐해야 한다. 따라서 상호가 등기된 경우에는 등기를 말소해야 하며(서울고판 1977.5.26, 76다3276), 상호가 부착된 간판을 철거하고 광고물 등도 회수해야 한다.

상호의 사용폐지는 상호의 사용과 표시를 중단하는 것이다.

(2) 손해배상청구

상호의 침해로 인해 상호권자의 신용이 훼손되거나 매출액이 감소하는 등 손해가 발생한 경우에는 상호권자는 상호폐지외에 손해배상을 청구할 수 있다(23③). 이는 민법상의 불법행위로 인한 손해배상청구권의 특수한 형태이므로 피해자(상호권자)는 불법행위요건을 전부 입증할 필요는 없고 위의 세 가지 요건만 입증하면 된다(채76, 정찬(상)112).

(3) 과태료

상법 제23조 1항에 위반하여 상호를 사용한 자는 200만원 이하의 과태료에 처해진다(28).

4. 不正競爭防止法에 의한 商號의 保護

(1) 의 의

타인의 상호도용으로 인한 부정경쟁행위로부터 상호보호를 위해 부정경쟁방지법이 제정되었다.

1) 취 지 경제활동이 복잡·다기화 하면서 그에 따른 不正競爭行爲도 날로 증대하고 다양화되고 있다. 타인의 상호를 도용함으로써 그 고객을 탈취하는 행위도 전형적인 부정경쟁방법의 하나이므로 앞에서 본 바와 같이 상법은 商號專用權을 인정하여 타인의 부정한 상호침해에 대처하고 있다. 그러나 상법상의 상호전용권은 상대방의 부정목적을 입증해야 할 뿐 아니라(등기상호는 예외이지만 동일특별시 등에 제한되고 있음), 보호수단도 소극적인 사용폐지와 손해배상에 한정되어 있다. 이에 따라 전국을 단위로 하는 넓은 범위에서 효과적으로 상호를 보호하기 위해 不正競爭防止法에 의한 상호보호가 필요하다.

부정경쟁방지법은 부정한 경쟁수단을 배제함으로서 공정한 시장질서를 확립하려는 경제규제법적인 성격을 지닌다.

2) 성 격 부정경쟁방지법은 국내에 널리 알려진 타인의 상호·상표를 침해하거나 타인의 영업비밀을 침해하는 부정경쟁행위를 방지하기 위해 제정되었다. 상법이 주로 상호에 관한 私的 利害關係의 조정을 목적으로 하는 것이라면, 부정경쟁방지법은 전국을 하나의 단위로 하여 부정한 경쟁수단을 배제함으로서 公正한 市場秩序를 확립하려는 경제규제법적 성격을 가진다(김성241). 그에 따라 兩法은 상호보호의 요건과 수단에 있어 차이를 보이고 있다.

3) 금지유형 상호와 관련하여 금지되는 '부정경쟁행위'는, 국내에 널리 알려진 타인의 성명·상호·상표 등과 동일 또는 유사한 것을 사용하여 i) 타인의 상품과 혼동을 일으키게 하는 행위(不競2①가)와 ii) 타인의 영업시설 또는 활동과 혼동을 일으키게 하는 행위(不競2②나)의 두 가지이다. 이 중 상호의

보호와 관련되는 것은 주로 두 번째 경우이다.

(2) 요 건

1) 상호의 주지성 부정경쟁방지법상 보호의 대상이 되는 상호는 '국내에 널리 알려진' 상호이다. 상호의 周知性 판단에 대해 대판 1997.7.25, 99마364는 "널리 알려진 상표 등인지 여부는 그 사용기간, 방법, 태양, 사용량, 거래범위 등과 상품거래의 실정 및 사회통념상 객관적으로 널리 알려졌느냐의 여부가 일응의 기준이 된다"고 판시하였다. 또 주지성의 범위에 대해서는 대판 1996.10.15, 96다24637은 [사례Ⅲ-2-3-ii]에서 "부정경쟁방지법 소정의 '국내에 널리 알려져 인식된 상표·상호'라 함은 국내 전역에 걸쳐 모든 사람들에게 주지되어 있음을 요하는 것이 아니고, 국내의 일정한 지역적 범위 안에서 거래자 또는 수요자들 사이에 알려진 정도로써 족하다 …충주시에서 28년간 '합동공업사'를 경영해 오고 있다는 점만으로는 위 상호가 충주시 일원에서 수요자들 사이에서 널리 알려져 있다고 할 수 없다"고 판시하였다. 주지된 상호이면 되고 반드시 등기·등록된 상호(상표)일 필요가 없다.

상호의 주지성은 사용기간 등을 고려하고 사회통념상 객관적으로 널리 알려졌느냐의 여부가 기준이 된다.

2) 영업의 혼동 타인의 성명·상호·상표 등과 동일 또는 유사한 상호를 사용하여 타인의 영업시설 또는 활동과 혼동을 일으켜야 한다. 영업의 범위, 유사상호의 의미는 상법상의 商號專用權과 동일한데 특히 문제되는 것은 영업의 혼동이 동종의 영업간에만 인정될 것인가 하는 점이다. 경영다각화 등이 일반화된 오늘날에 있어서는 타인의 상호나 상표 등을 다른 업종의 영업에 도용하는 경우에도 영업주체의 오인 또는 양자간에 어떤 관계가 있는 것으로 오인시킬 경우가 적지 않다. 이러한 무임승차 행위는 저명상호나 상표 등의 고객흡인력이나 광고력의 희석화를 초래하기 때문에 '영업의 혼동'은 다른 영업간에 표시의 모용을 포함하는 것으로 보아야 한다.

영업의 혼동은 동종영업뿐만 아니라 다른 영업간의 표시의 모용도 포함한다.

3) 부정경쟁목적·정당한 이익의 침해 ① 주관적 요건; 금지청구권의 대상이 되는 부정경쟁행위의 성립에는 '부정경쟁의 목적' 등 행위자의 주관적 사유는 그 요건이 아니므로 상호권자가 이를 입증할 필요가 없다. 대판 1996.1.26, 95도1464도 "부정경쟁행위의 성립에는 상법상의 상호권의 침해에서와 같은 부정한 목적이나 부정경쟁행위자의 고의·과실은 그 요건이 아니다"라고 판시하였다. ② 정당한 이익; 피해자의 업무상 이익은 정당한 것이어야 한다. 대판 1976.2.24, 73다1238도 [사례Ⅲ-2-3-iii]의 ①에서 "원고(X)의 행위는 약사법에서 엄히 금하고 있는 행위라 할 것이고 이와 같이

부정경쟁목적과 같은 주관적 요건은 상호권자가 입증할 필요가 없다. 그 피해는 정당한 업무상의 이익에 대한 것이어야 한다.

법에서 금지되어 있는 영업행위에 관련한 이익은 부정경쟁방지법에 의해서 보호를 받을 가치를 인정할 수 없는 부당한 영업상의 이익"이라고 판시하였다(대판 1997.2.5, 96마364).

(3) 구제수단

부정경쟁행위로 인하여 피해를 입거나 피해를 입을 우려가 있는 자는 법원에 그 행위의 금지 또는 예방을 청구할 수 있고 상대방에 대해 손해배상 및 신용회복조치를 청구할 수 있다.

1) 금지청구 부정경쟁행위로 인하여 자신의 영업상의 이익이 침해되거나 침해될 우려가 있다고 인정하는 자는 법원에 그 행위의 금지 또는 예방을 청구할 수 있다(不競 4①). 이와 함께 부정경쟁행위를 조성한 물건의 폐기, 이에 제공된 설비의 제거 기타 필요한 조치를 청구할 수 있다(不競 4②). 이미 발생한 침해의 배제뿐 아니라 발생이 예상되는 경우 미리 예방조치를 취할 수 있으며 침해에 이용되었던 물적 설비 일체를 함께 폐기하도록 함으로써 금지조치의 실효성을 높히고 있다.

2) 손해배상 및 신용회복조치 고의 또는 과실에 의한 부정경쟁행위로 타인의 영업상 이익을 침해한 자에 대해서는 손해배상을 청구할 수 있다(不競 5). 또 손해배상에 갈음하거나 손해배상과 함께 영업상의 신용회복에 필요한 조치를 명할 수 있다(不競 6).

3) 시정권고 특허청장은 부정경쟁행위 등을 한 자에 대하여 30일이내의 기간을 정하여 그 행위를 중지하거나 표지를 제거 또는 폐지할 것 등 그 시정에 필요한 권고를 할 수 있다(不競 8).

4) 벌 칙 상호의 부정사용에 대해 3년 이하의 징역 또는 3천만원 이하의 벌금을 과한다(不競 18①1).

제 5 商號의 移轉과 廢止

[사례 Ⅲ-2-4: 상호의 양도・폐지]

(i) X가 Y로부터 다음과 같이 '신라당'이라는 상호를 양도받은 경우, X는 '신라당'에 대한 상호권을 취득할 수 있는가? ① Y의 제과점 건물 및 종업원 등을 인수하여 X가 '신라당' 상호로 제과점을 운영하는 경우 ② Y가 종래의 영업중 제과부문만을 분리하여 X에게 양도하고 피자사업은 자신이 그대로 계속하는 경우 ③ Y가 부도로 제과점 영업을 사실상 폐업한 가운데 X가 '신라당' 상호만을 인수한 경우(대판 1988.1.19, 87다카1295 참조) ④ Y가 미등기상호인 '신라당'의 사용을 폐지하고 X가 이를 자신의 제과점 간판에 부착하여 사용한 경우

(ii) X는 설립당시 '천일한약주식회사'라는 상호를 등기하였다가 '주식회사 천일약방'으로 변경등기 하였지만 이로부터 4년이 경과한 현재까지 종전의 상호인 '천일한약주식회사'라는 상호를 사용하여 왔다. Y는 X가 '주식회사 천일약방'이라는 상호를 등기한 후 정당한 이유없이 2년간 사용하지 않았기 때문에 폐지된 것으로 간주하면서 '주식회사 천일약국'이라는 상호를 사용하였다. 이에 X는 Y가 자신의 상호를 침해하였다는 이유로 상호의 사용폐지를 청구하였다. X의 청구는 타당한가? (대판 1970.9.17, 70다1225 · 1226 참조)

상호의 이전에는 상호의 讓渡와 相續이 있다.

1. 商號의 讓渡

상호는 商號權이라는 無體財產權의 하나로서 재산적 가치를 가지기 때문에 등기전후를 불문하고 양도성이 인정된다. 상호권을 양도하는 것을 商號의 讓渡라고 한다(25). 상호의 양도는 주로 등기상호를 대상으로 하지만 미등기상호에 대하여도 양수인이 부정한 목적으로 사용하고 있다는 의심을 면할 수 있다는 점에서 실익이 전혀 없는 것은 아니다.

상호권은 재산적 가치를 지니므로 양도성이 인정된다.

(1) 양도가능성

1) 원 칙　상호는 원칙적으로 영업과 함께 하는 경우에 한하여 이를 양도할 수 있다(25 ①). 즉 [사례Ⅲ-2-4-i]의 ①과 같이 영업(제과점 시설 및 종업원)과 함께 상호('신라당')를 양도해야 하며, 영업과 분리하여 상호만을 단독으로 양도하는 것은 인정되지 아니한다. 제3자는 동일상호의 배후에 동일영업의 존재를 상정하여 거래를 하게 되는데, 영업으로부터 분리한 상호만의 단독양도를 인정할 경우에는 양도인의 영업과 양수인의 영업간에 혼동이 생길 우려가 있기 때문이다. 상호와 함께 양도되는 영업은 양도인의 영업의 전부인 경우뿐 아니라 조직적 일체로서의 본점 또는 지점의 영업만을 대상으로 하여도 상관없다. 그러므로 [사례Ⅲ-2-4-i]의 ②와 같이 영업의 일부(제과 사업)만 양도하는 경우에는 상호의 양도는 허용되지 아니한다. 따라서 X는 '신라당'이라는 상호를 사용할 수 없다.

상호는 영업과 함께 하는 경우에만 양도가 가능하다.

2) 예 외　영업을 폐지하는 경우에는 예외적으로 상호를 영업과 분리하여 양도할 수 있다(25 ①). 양도인의 영업과 양수인의 영업간에 혼동이 생기지 않고 또 폐업하는 상황에서 상호의 재산적 가치를 환가하여 회수할 수

사실상 영업활동을 종료하는 영업의 폐지의 경우에는 상호

를 영업과 분리하여 양도할 수 있다.

있도록 함이 타당하기 때문이다. 여기에서 '영업의 폐지'라고 함은 사실상 영업활동을 종료함을 가리키며 반드시 행정관청에 폐업신고를 마쳐야 하는 것은 아니다. 대판 1988.1.19, 87다카1295도 [사례Ⅲ-2-4-i]의 ③에서 "영업과 분리하여 상호만을 양도할 수 있는 것은 영업의 폐지의 경우에 한하여 인정되는데 이는 양도인의 영업과 양수인의 영업과의 사이에 혼동을 일으키지 않고 또 폐업하는 상인이 상호를 재산적 가치물로서 처분할 수 있도록 하기 위한 것인 점에 비추어 위 법조항에 규정된 영업의 폐지라 함은 정식으로 영업폐지에 필요한 행정절차를 밟아 폐업하는 경우에 한하지 아니하고 사실상 폐업한 경우도 이에 해당한다"고 판시한 바 있다.

(2) 양도의 요건

상호의 양도는 당사자간의 양도 합의만으로 그 효력이 생긴다.

1) 권리이전 상호의 양도는 당사자간의 양도에 관한 합의(의사표시)만으로 그 효력이 생기며 특별한 방식을 요하지 아니한다. 다만 그 구체적인 실현은 [사례Ⅲ-2-4-i]의 ④와 같이 양도인(Y)이 그 사용을 중지하고 양수인(X)이 상호를 계속 사용하는 식으로 이루어진다. 상호의 속용에는 반드시 동일한 상호를 사용하는 경우에 한정되지 않고 거래통념상 상호의 승계사용으로 인정되는 경우도 포함한다('신라당'이라는 상호를 양수하여 '30년 전통의 명과 신라당'이라는 상호로 개칭한 경우).

등기상호의 양도는 이전등기를 해야 제3자에게 대항할 수 있다. 미등기상호는 이전등기를 요하지 않는다는 것이 다수설이다.

2) 대항요건 등기상호의 양도는 이전등기를 하여야 제3자에게 대항할 수 있다(25②). 그런데 [사례Ⅲ-2-4-i]의 ④와 같이 미등기상호인 경우에도 이전등기를 하여야만 제3자에게 대항할 수 있는가 하는 점이 문제된다. 다수설은 이전등기를 요하지 않는다는 입장을 취하고 있으나(정동(총)153, 정찬(상)117), 그럴 경우 미등기상호를 양수한 자가 더 두터운 보호를 받게 되어 부당하다는 비판이 있다(이철 155). 상호권은 등기유무에 불구하고 인정되는 권리인데 미등기상호도 반드시 등기해야만 대항력을 갖출 수 있다는 것은 균형을 잃은 주장이라고 본다. 상법 제25조 의한 상호양도의 등기는 상호의 물권적 이전에 대한 대항요건으로서 제3자의 선의·악의를 불문하고 발생한다. 따라서 상호와 관련된 거래상의 책임관계에 적용되는 상호등기의 일반적 효력을 정한 상법 제37조와는 그 취지를 달리한다.

(3) 양도의 효과

상호의 양도가 이루어지면 상호권이 양수인에게로 이전된다.

상호의 양도로 상호권이 양도인으로부터 양수인에게 이전됨은 물론이다. 이외에도 상호의 양도가 영업과 함께 이루어진 경우에는 양도인은 경업피지의무를 부담하여(41) 양도한 상호를 계속 사용하는 경우에는 양수인의 상호권을 침해한 것이 된다(서울고판 1977.5.16, 76다3267; 대판 1964.4.28, 63다811; 1994.5.13, 93다56183). 또 양도인의 채권자를 보호하기 위해 양수인에게 변제책임을 인정하며(42①), 양도인의 채무자를 보호하기 위해 일정한 경우 채무자의 양수인에 대한 변제를 유효하게 한다(43).

2. 商號의 相續

상호는 상속의 대상이 된다. 등기상호를 상속받은 자가 그 상호를 계속 사용하고자 할 때에는 상속을 증명하는 서면을 첨부하여 등기를 신청해야 한다(非訟169). 상속의 등기는 양도의 등기와는 달리 상호이전의 대항요건이 아니라는 것이 통설이다(서·정102, 손주143, 최기129, 채83, 임홍(총)297 外). 합병에 의한 존속 또는 신설회사가 상호를 승계한 경우에는 존속회사의 변경등기, 신설회사의 설립등기시 그 상호를 등기해야 한다.

상호는 상속이 가능하며 그 등기는 양도의 등기와는 달리 상호이전의 대항요건이 아니다.

3. 商號의 變更·廢止

(1) 의 의

1) **상호의 변경** 상인은 그 상호를 변경할 수 있으며 이 경우 기존상호에 대한 상호권을 상실하고 새로운 상호에 대한 상호권을 취득한다. 상호는 상인의 영업상 명칭이고 특정영업 자체의 명칭이 아니므로 상인이 그 영업의 종류를 변경하여도 상호권은 당연히 소멸하지 않고 새로운 영업에 대한 상호로서 계속 존속한다. 다만 등기상호의 경우에는 상법 제22조와 관련한 특칙이 있다. 회사의 상호는 정관의 절대적 기재사항이므로 이를 변경하려면 정관변경절차를 거쳐야 하며(180.1, 271①, 317②1), 상호가 변경되더라도 회사의 권리의무주체로서의 동일성에 영향을 주는 것은 아니다(대판 1966.3.15, 65다2546; 1966.4.6, 65다2592; 1970.11.24, 70다2205). 등기상호를 변경한 때에는 지체없이 등기해야 한다(40, 非訟166②).

상호변경은 기존 상호에 대한 상호권 상실과 새로운 상호에 대한 상호권의 취득이다.

2) **상호의 폐지** 상호권자가 상호에 대한 권리를 포기하는 것을 말하며 명시적 또는 묵시적 의사표시로서 한다. 상인이 영업을 폐지하면서 상호의 사용도 함께 폐지하는 것이 보통이다. 등기상호를 폐지한 때에는 지체없이 등기해야 한다(40, 非訟166②).

상호의 폐지는 명시적 또는 묵시적 의사표시로 가능하다.

(2) 등기말소청구

상호를 변경 또는 폐지한 경우에 2주간 내에 그 상호를 등기한 자가 변경 또는 폐지의 등기를 하지 아니하는 때에는 이해관계인은 그 등기의 말

상호의 변경·폐지 후 2주간

내에 등기를 하지 아니한 경우에는 이해관계인은 그 등기의 말소를 구할 수 있다.

소를 청구할 수 있다(27). 변경 또는 폐지된 등기상호를 그대로 방치할 경우 타인의 상호선택의 폭을 제한할 뿐 아니라 부정사용문제를 야기할 수 있기 때문에 이해관계인에게 登記抹消請求權을 인정한 것이다. 개인상호뿐 아니라 회사상호의 경우에도 마찬가지이다(非訟 159⑮).

'이해관계인'이라고 함은 변경·폐지된 상호와 동일 또는 유사한 상호를 등기하려는 자를 말하는데, 休眠會社의 상호를 사용하려고 하는 자는 휴면회사의 해산명령을 청구할 수 있는 상법 제176조 1항의 이해관계인에 해당하지 않는다(대판 1995.9.12, 95마686).

(3) 폐지의제

상호를 등기한 자가 정당한 사유없이 2년간 상호를 사용하지 아니한 때에는 이를 폐지한 것으로 본다(26). 상호를 폐지한 여부는 사실문제로서 다툼이 생기기 쉽기 때문에 이러한 규정을 둔 것이다.

천재지변 등의 불가항적인 사유 뿐 아니라 주관적 이유로 상호사용이 당분간 불가능한 경우도 포함한다. 미등기상호의 경우에도 폐지의제를 유추적용한다.

1) 정당한 사유 정당한 사유라고 함은 천재지변 등 불가항력적인 사유뿐 아니라 자금부족으로 인한 일시적 사업중단과 같은 주관적인 이유로 당분간 상호사용이 불가능한 경우도 포함된다. 대판 1970.9.17, 70다1225·1226은 [사례III-2-4-ii]에서 "현재의 상호인 주식회사 천일약방이라는 상호를 등기한 후 그 상호를 2년 이상 사용하지 아니한 데 대한 정당한 사유가 있음을 찾아 볼 수 없는 본건에 있어서는 원고(X)의 본건 상호는 폐지한 것으로 간주되었다"고 판시하였다(정상조, "상호전용권과 공정한 경쟁", 「상사판례연구 I」(1996), 47).

2) 미등기상호의 경우 미등기상호의 불사용에 대해서도 이 규정을 유추적용할 수 있는가? 미등기상호의 경우에는 그 기간계산의 시기가 불명확하다는 이유로 이에 반대하는 견해가 있지만(정찬(상) 119), 미등기상호도 상법 제23조 및 부정경쟁방지법에 의해 상호권으로서 보호를 받는 점에서는 등기상호와 마찬가지이므로, 그 불사용에 대해서는 본조를 유추적용해야 할 것이다(최기 130).

제 6 名義貸與者의 責任

1. 總 說

(1) 의 의

名義貸與는 타인에게 자기의 성명 또는 상호를 사용하여 영업할 것을 허락하는 것을 말한다. 이 경우 名義貸與者는 자기를 영업주로 오인하고 명의차용자(영업주)와 거래한 제3자에 대해 名義借用者와 연대하여 배상할 책임을 부담한다[24]. 이와 같이 명의대여자의 책임을 인정하는 것은 외관(명의)을 믿고 거래한 자를 보호하기 위한 것으로서 독일법상의 外觀理論 또는 영미법상의 表示에 의한 禁反言의 法理를 근거로 한 것이다(대판 1987.3.24, 85다카2219). 명의대여자의 책임을 인정함으로써 상호자유주의의 폐단을 시정하고 商號眞實主義의 요청에 부응하고 있다.

명의대여자의 책임은 독일법상 외관이론 또는 영미법상 금반언의 법리를 근거로 한 것이다.

(2) 범 위

명의대여는 원래 일정한 대가를 주고 타인의 저명한 상호를 빌어 영업하는 경우에 이용되는 것이지만 거래계에서는 이외에도 타인의 영업허가나 면허 등을 임차하여 영업하거나(약사면허 없는 자가 약사명의로 영업허가를 받아 약국을 사실상 경영하는 경우), 하도급거래(공사를 수주한 적격건설업체가 하도급을 주어 무적격업체가 사실상 공사를 수행하는 경우), 수출대행(수출면허가 없는 중소기업이 종합무역상사를 통하여 수출하는 경우; 대판 1993.11. 23, 92다13103; 1992.8. 14, 91다30613; 1991. 7.26, 90다19121) 등 다양한 형태로 이용된다.

이러한 명의대여 중에서 不法的인 명의대여에 대해서는 관련 법규에서 처벌규정을 두고 있으며 위반행위의 사법상의 효력도 부인하고 있지만, 이와는 상관없이 본조에 의해 명의대여자의 선의의 상대방에 대한 책임이 인정되는 것이다(대판 1978.8.13, 78다236; 1959.2.19, 4290민상829; 1988.2.9, 87다카1304).

2. 要 件

가. 名義의 使用許諾

[사례 Ⅲ-2-5: 명의대여자의 책임(Ⅰ)-명의의 사용허락]

(i) Y가 A에게 다음과 같은 행위를 허락한 경우 Y는 A의 영업상 채권자인 X에 대해 변제책임이 있는가 ? ① 대한여행사인 Y가 A에게 '대한여행사 외

국부국제항공판매처'라는 간판하에 항공권판매행위를 대행하거나 대리하게 한 경우(대판 1957.6.27, 민상178 참조) ② 대한통운주식회사인 Y가 A를 임기 2년의 출장소장에 임명하고 A로 하여금 현장에서 '대한통운주식회사 신탄진 영업소'라는 간판을 붙이고 영업을 하게 한 경우(대판 1976.9.28, 76다955 참조) ③ 신원개발주식회사인 Y는 수급받은 골프장 배관공사를 A에게 하도급을 주고 A가 공사를 시행함에 있어 Y의 현장사무소 현판을 사용하게 하고, 작업보고서와 작업일지 등의 문서도 Y의 용지를 사용하게 하고, Y가 정기적으로 그에 관한 보고를 받는 등의 방법으로 감독권을 행사한 경우(대판 1973.11.27, 73다642 및 대판 1985.2.26, 83다1018 참조) ④ 금성전선주식회사인 Y는 A에게 '금성전선주식회사 전주 완주군 농업기계대리점' 이라는 명칭을 사용하여 농기구를 판매하게 한 경우(대판 1989.10.10, 88다카8354 참조) ⑤ Y는 지물도매상을 경영하던 A로부터 백상지 700연을 구매하고 이를 인도받았는데, A는 이를 X로부터 매수하여 Y에게 매도하면서 세무회계상 필요하다고 Y로부터 Y의 납세필증 사본을 교부받아 X에게 제시한 경우(대판 1978.6.27, 78다864 참조) ⑥ A는 Y백화점으로부터 지하 1층의 일부를 임대받아 'Y백화점 식품부'라는 간판을 내걸고 영업을 한 경우(대판 1977.7.26, 77다797 참조) ⑦ Y가 A에게 상호와 함께 영업양도를 하였고 A가 Y의 상호를 사용하여 X와 거래한 경우

(ii) 다음 각 경우 Y는 X의 물품대금청구에 대해 지급책임이 있는가? ① Y는'용당정미소'라는 상호를 가지고 경영하던 정미소를 A에게 임대하였는데, A가 같은 상호를 그대로 사용하여 정미소를 경영하는 것을 알고도 방치하고 있는 사이에 A가 X로부터 백미를 보관하고 보관전표를 발행한 경우(대판 1967.10.25, 66다2362 참조) ② Y가 사업에 실패한 A를 돕기 위해 A가 자기의 상점, 전화, 창고 등을 사용하여 X로부터 물품을 구매하는 것을 묵인하였으나, A가 X와의 거래를 위하여 Y의 상호를 사용한 사실이 없는 경우(대판 1982.12.18, 82다카887 참조) ③ Y는 B와 함께 공동 명의로 골프용품판매업의 사업자등록을 하였으나 그 경영에는 참여하지는 않고 A로 하여금 위 사업을 운영하도록 허락하였고, X는 Y를 위 사업의 공동사업주로 오인하여 골프용품 매매거래를 하였는데 이후 사업자등록을 B단독명의로 정정하였으나 X에게는 이를 알리지 않은 경우 (대판 1996.9.6, 96다19536 참조)

(1) '명의'의 사용허락

자신의 성명 또는 상호의 사용을 허락해야 한

1) 성명 또는 상호　명의대여자의 책임이 인정되기 위해서는 자기의 '姓名 또는 商號'를 사용할 것을 허락해야 한다. 명칭은 반드시 동일할 필요는 없고 [사례Ⅲ-2-5-i]의 ①, ②, ③과 같이 차용자(A)가 대여자(Y)의 상

에 지점·출장소·현장사무소 등을 부기하여 그 실질이 대여자의 영업소로 인정되는 경우도 해당한다(대판 1957.6.27, 민상178; 1976.9.28, 76다955; 1973.11.27, 73다642; 1985.2.26, 83다1018).

다. 명칭은 동일할 필요는 없고 지점 등의 명칭을 부가해도 상관없다.

2) 사용허락으로 볼 수 없는 경우 [사례Ⅲ-2-5-i]의 ④와 같이 '○○대리점' 등의 명칭을 부가하여 사용하게 한 경우에는 단순한 영업소와는 달리 명의대여로 보기 어렵다. 이러한 취지에서 대판 1989.10.10, 88다카8354는 "타인의 상호아래 대리점이란 명칭을 붙인 경우는 그 아래 지점, 영업소, 출장소 등을 붙인 경우와는 달리 타인의 영업을 종속적으로 표시하는 부가부분이라고 보기 어렵다"고 판시하여 대여자(Y)의 책임을 부인하였다(서울중앙지판 2004.3.5, 2003가합9761). 또한 [사례Ⅲ-2-5-ii]의 ②와 같이 명의에 관한 사용허락은 없이 단지 점포시설 등을 사용하게 한 경우(대판 1982.12.18, 82다카887) 및 [사례Ⅲ-2-5-i]의 ⑤와 같이 세무관계 처리를 위해 필요한 납세필증을 교부하여 이를 사용하게 한 경우도 명의대여에 해당하지 않는다(대판 1978.6.27, 78다864).

(2) 명의의 '사용허락'

1) 유 형 명의사용의 허락은 성명 또는 상호만을 대여하거나 사용하게 하는 경우도 있지만 대부분 [사례Ⅲ-2-5-ii]의 ①과 같이 영업의 임대와 함께 행해진다(대판 1967.10.25, 66다2362). 또한 [사례Ⅲ-2-5-i]의 ⑥과 같이 영업시설의 일부를 임대한 경우 임차인이 임대인의 상호에 부가하여 상호를 사용하는 경우도 있다(대판 1977.7.26, 77다797). 문제는 [사례Ⅲ-2-5-i]의 ⑦과 같이 영업양도시 양수인(A)이 양도인(Y)의 상호를 계속 사용하는 경우에도(42) 양도인(Y)에게 상법 제24조에 기한 책임을 인정할 것인가 하는 점이다. 영업양도에 관한 등기가 없을 경우에는 양도인이 명의대여자의 책임을 진다는 견해(양승규, "명의대여자의 책임", 「고시계」1996.6.)가 있으나 이 때에는 상호를 '양도'한 것이지 '대여'한 것은 아니므로 본조의 적용을 부인해야 할 것이다(정찬(상) 121).

명의사용의 허락은 성명 또는 상호만을 대여하거나 영업의 임대, 영업시설의 일부 임대와 함께 하는 경우도 있다.

2) 묵시적 승락 자기명의의 사용허락은 명시적일 필요는 없고 묵시적인 경우도 상관없다. 따라서 [사례Ⅲ-2-5-ii]의 ①과 같이 타인(A)이 자기(Y)의 성명 또는 상호를 사용하여 영업하고 있음을 알면서도 이를 저지하지 않고 방치하는 경우도 포함한다(대판 1967.10.25, 66다2362). 다만 단순한 不作爲는 사회적인 일정한 의무위반으로 되는 경우에 한하여 묵시적 승낙으로 보아야 한다. 대판 1982.12.18, 82다카887은 [사례Ⅲ-2-5-ii]의 ②에서 "묵시적 명의대여자의 책임을 인정하기 위하여는 영업주가 자기의 성명 또는 상호를 타인이 사용하는 것을 알고 이를 저지하지 아니하거나 자기의 성명 또는 상호를 타인이 사용함을 묵인한 사실 및 제3자가 타인의 성명 또는 상호를

명의의 사용허락은 묵시적으로도 가능하나, 그러나 단순한 부작위는 사회적인 일정한 의무위반인 경우에 한하여 묵시적 승낙으로 보아야 한다.

사용하는 자를 영업주로 오인하여 거래를 한 사실이 인정되어야 할 것이므로, 영업주(Y)가 자기의 상점, 전화, 창고 등을 타인(A)에게 사용하게 한 사실은 있으나 그 타인(A)과 원고(X)와의 거래를 위하여 영업주의 상호를 사용한 사실이 없는 경우에는 영업주(Y)가 자기의 상호를 타인(A)에게 묵시적으로 대여하여 원고(X)가 그 타인(A)을 영업주(Y)로 오인하여 거래하였다고 단정하기에 미흡하다고 할 것이다"라고 판시하였다.

명의대여관계 성립 이후에도 대여자는 그 사용허락을 철회할 수 있다.

3) 허락의 철회 명의대여관계가 성립한 이후에도 대여자는 그 사용허락을 철회할 수 있다. 그러나 명의사용에 대한 단순한 이의제기나 [사례 III-2-5-ii]의 ③과 같이 내부적으로 자신(Y)의 사업자등록명의를 철회한 것만으로는 부족하며, 거래처(X)에 적극적으로 이를 통지해야 한다(대판 1996.9.6, 96다19536).

나. 外觀의 存在

[사례 III-2-6: 명의대여자의 책임(II)-외관의 존재]

(i) 다음 각 경우 Y는 A의 영업상의 채무에 대해 X에게 변제할 책임이 있는가? ① 건설회사인 Y가 회사건물의 지하층 일부를 A에게 임대하였는데, A가 이 자리에 'Y갈비'라는 상호로 음식점을 개점하여 X로부터 한우 갈비를 구입한 경우 ② 호텔과 호텔지하실의 나이트크럽을 경영하던 Y가 자기의 영업허가 명의를 존속시킨 채 A에게 나이트크럽을 임대하여 A가 이를 경영하던 중, X로부터 외상으로 주류를 공급받은 경우 (대판 1978.6.13, 78다236 참조) ③ 보험회사인 Y가 A에게 Y회사 부산지사라는 상호로 보험계약의 알선업무를 하게 하였는데, A가 X로부터 사무실 비품을 구매한 경우 (대판 1969.3.31, 68다2270)

(ii) 인천직할시인 Y는 병원시설을 A가 대표로 있는 '사단법인 한국병원관리연구소'에 임대하여 그 경영을 위탁하고 A는 독자적 계산하에 이를 경영하여 왔다. 그러나 Y는 A의 병원경영을 실질적으로 감독하고, 병원명칭을 '인천직할시립병원'으로 하였으며, Y가 개설·경영하는 것임을 표시하는 의료기관 개설허가증을 부착하여 위탁경영사실을 대외적으로 공표한 바 없다. 병원장인 A는 Y가 주관하는 공식행사에 병원장자격으로 참석하는 등 Y소속 공무원으로서 위 병원을 관리하는 것처럼 행세하여 왔으므로, X는 Y를 병원경영자로 알고 의약품을 납품하여 왔다. X의 약품대금청구에 대해 Y는 지급책임이 있는가? (대판 1987.3.24, 85다카2219 참조)

(1) 명의사용에 의한 외관 존재

名義貸與者의 책임이 인정되기 위해서는 차용인이 대여인의 명의를 자신의 영업에 사용함으로써 대여인이 차용인의 영업주체인 것과 같은 外觀이 존재해야 한다. 이를 위해서는 대여자의 영업과 차용자의 영업에 외관상 동일성이 인정되어야 한다. 따라서 [사례Ⅲ-2-6-i]의 ①과 같이 대여자(Y)의 영업은 건설업이고 차용자(A)의 영업은 음식점인 경우에는 비록 Y회사가 A의 'Y갈비'라는 상호의 사용을 묵인하였다고 하더라도 제3자(X)가 'Y갈비'를 Y회사의 영업으로 오인할 수 있는 외관은 존재하지 않는다.

대여인이 차용인의 영업주체인 것과 같은 외관이 존재해야 한다. 그러나 외관의 동일성은 완화하여 해석해야 한다.

그러나 이러한 외관의 동일성은 엄격하게 볼 것은 아니고 완화하여 해석되어야 한다. 따라서 판례도 [사례Ⅲ-2-6-i]의 ②와 같이 대여자(Y)의 영업은 '호텔경영'이고 차용자(A)의 영업은 '나이트클럽경영'인 경우(대판 1978.6.13, 78다236) 및 [사례Ⅲ-2-6-i]의 ③과 같이 대여자의 영업은 '보험을 인수하는 업무'이고 차용자의 영업은 '보험계약의 체결을 알선하는 업무'인 경우(대판 1969.3.31, 68다2270)에도 각각 영업외관의 동일성을 인정하였다.

(2) 공공기관의 명칭사용

대여자의 명칭이 차용인의 영업상 명칭으로 사용되는 경우에 명의대여자의 책임이 인정되는데, [사례Ⅲ-2-6-ii]와 같이 공공기관의 명칭을 사용한 경우에도 본조의 책임이 인정되는 점에 유의해야 한다. 즉 명의대여자가 商人이 아니고 국가나 지방자치단체와 같은 公共機關인 경우에도 상관없다. 이 점에 관하여 대판 1987.3.24, 85다카2219는 "상법 제24조는 금반언의 법리 및 외관주의의 법리에 따라 타인에게 명의를 대여하여 영업을 하게 한 경우 그 명의대여자가 영업주인 줄로 알고 거래한 선의의 제3자를 보호하기 위하여 그 거래로 인하여 발생한 명의차용자의 채무에 대하여는 그 외관을 만드는 데에 원인을 제공한 명의대여자에게도 명의차용자와 같이 변제책임을 지우자는 것으로서 그 명의대여자(Y)가 상인이 아니거나, 명의차용자(A)의 영업이 상행위가 아니라 하더라도 위 법리를 적용하는 데에 아무런 영향이 없다"고 판시한 바 있다.

공공기관의 명칭을 사용하는 경우에도 본조 적용이 인정된다.

다. 第3者의 善意

[사례 Ⅲ-2-7: 명의대여자의 책임(Ⅲ)-제3자의 선의]

(i) Y는 가락동 농수산물도매시장에 있는 한국청과주식회사의 51번 야채중매인으로 위 도매시장 내에서 '충북상회'라는 상호로 위탁판매업을 영위하고 있

다. A는 Y의 아들로서 Y를 도와 충북상회의 대외적인 영업활동과 수금 등 업무를 보조하여 주는 한편 별도의 사업자등록을 하거나 점포를 마련한 바 없이, Y의 승낙아래 충북상회 점포에 좌판을 깔고 야채판매업을 하면서 명함에 충북상회라는 상호와 주소 및 전화번호를 기재하여 사용하였다. A가 자신의 야채판매업의 영업자금을 조달하기 위해 X로부터 금원을 차용한 경우 Y는 지급책임이 있는가? (대판 1992.8.18, 91다30699 참조)

(ii) A는 소유하는 중기와 차량 중 일부를 Y '동산중기회사'에 지입하고 일부는 아들인 B명의로 사업자등록을 한 '동산중기'의 소유로 하여 차량과 장비들을 운행관리하였다. A는 X로부터 '동산중기' 보유 중기와 Y회사에 지입한 중기의 운행에 필요한 유류를 외상으로 계속 공급받고 수시로 그 대금을 일괄 결제하여 왔다. 중기의 앞문 양옆에 '동산중기'라는 상호를 표기하고 X경영의 주유소 2층에 있는 사무실을 '동산중기'의 사무실로 이용하여 왔으며, 또 X가 A에게 지입중기의 유류를 공급하면서도 그 세금계산서상에 공급받은 자의 상호를 '동산중기'로, 성명을 B로 하고, B의 사업장 주소와 사업자등록번호 등을 기재하여 발행함과 아울러 그 거래대장에도 거래상대방을 '동산중기'로 표시하였다. X는 A에게 공급한 유류대금의 지급을 Y에게 청구할 수 있는가? (대판 1993.5.27, 93다7341 및 1989.10.27, 89다카319 참조).

(1) 제 3 자

제3자란 차용자와 거래한 상대방 또는 그로부터 채권을 양수한 자를 말한다.

명의차용자와 거래한 제3자가 명의대여자를 영업주로 오인하였어야 한다. 명의대여제도가 外觀主義에 입각하여 선의의 제3자를 보호하려는 것이기 때문이다. 여기에서 제3자는 차용자와 거래한 직접 상대방을 말하지만, 그로부터 채권을 양수한 자도 제3자로서 본조의 보호를 받는다(대판 1970.9.29, 70다1703).

(2) 제3자의 오인

誤認의 의미에 대해서는 다음과 같이 학설과 판례가 나누어지고 있다.

악의 또는 중과실이 있는 경우만 명의대여자가 면책된다는 설.

1) 중과실면책설　상대방의 오인에 악의 또는 중대한 과실이 있는 경우에만 명의대여자는 면책된다는 견해이며 통설이다(손주128, 정동(총)157, 최기135, 이철167, 임홍(총)305, 채86, 이기(총)156 外). 이 견해를 취하는 대판 1991.11.12, 91다18309는 "상법 제24조의 규정에 의한 명의대여자의 책임은 명의자를 영업주로 오인하여 거래한 제3자를 보호하기 위한 것이므로 거래 상대방이 명의대여 사실을 알았거나 모른 데에 대하여 중대한 과실이 있는 때에는 명의대여자는 책임을 지지 않는다"고 판시한 바 있다. 또 대판 1992.8.18, 91다30699는 [사례Ⅲ-2-7-i]에서 "피고(Y)가 자신의 사업인 야채중매업과 아들인 신명철(A)이 경영하는

야채판매업을 신명철과 공동하여 경영하는 것과 같은 외관을 만들어 놓고도 이를 방치하였다면 신명철이 경영한 야채판매업과 관련된 채무에 관하여 피고에게 명의대여자로서의 책임이 있고, 이 경우 신명철(A)과 원고(X) 사이의 거래경위와 피고가 신명철에게 자신의 상호와 점포 등을 사용하게 한 사정 등에 비추어, 원고 등이 신명철 개인과 거래하는 것이 아니라 야채중매업소의 경영자와 거래하는 것으로 오인을 함에 중대한 과실이 있다고 보기 어려워 피고(Y)는 원고(X) 등에 대하여 명의대여자로서의 책임을 면할 수 없다"고 판시하였다(同 대판 1969.3.31, 68다2270). 상대방의 악의 또는 중과실의 입증책임은 면책을 주장하는 명의대여자에게 있다고 판시하고 있다(대판 2001.4.13, 2000다10512).

2) 오인설 상대방의 과실유무를 불문하고 명의대여자는 책임을 지지만 악의의 경우에는 면책된다는 견해이다(강위두, "명의대여자의 책임요건에 있어서 제3자의 과실있는 선의", 판례월보(1993.11), 24). 대판 1993.5.27, 93다7341은 [사례Ⅲ-2-7-ii]에서 "일반적으로 회사에 지입된 차량은 대외적으로 소유권이나 운행관리권이 회사에 귀속되는 것이어서 이를 지입차주가 직접 운행, 관리하는 경우에도 지입차주는 회사로부터 지입차량에 관한 운행관리권을 위임받아 운행관리상 통상업무에 속하는 행위를 대리하는 데 불과하나, 통상업무에 속하는 유류공급거래를 함에 있어서 지입차주(A)에게 회사(Y)를 대리하는 의사가 없었고 상대방인 유류공급업자(X)도 회사(Y)와 거래하려는 의사가 아니었다고 볼 수 있는 특별한 사정이 있어서 유류대금을 유류를 직접 공급받은 지입차주(A)만이 부담하기로 하는 특약이 있었던 것으로 보아야 하는 경우에는 지입차주가 유류대금을 부담하여야 할 것이다"고 판시하고 있다(同 대판 1977.9.13, 77다113; 1979.12.26, 79다757; 1974.9.10, 74다457; 1986.6.10, 85다카2636; 2002.6.28, 2002다22380; 反 대판 1989.10.27, 89다카319).

상대방 과실유무를 불문하고 명의대여자가 책임진다는 설. 단, 악의의 경우 예외.

3. 效 果

가. 責任의 性質

명의대여자는 명의차용자와 연대하여 제3자에게 변제할 책임이 있다. 이는 명의대여자가 차용자의 채무변제를 보증하는 것이 아니라 직접 제3자에게 변제할 책임을 부담한다는 의미이다. 즉 명의대여자와 차용자는 제3자에 대해 不眞正連帶債務 관계에 있으므로 제3자는 그 선택에 따라 누구에 대해서도 변제를 청구할 수 있다. 그러나 그 실질은 타인의 채무의 변제이므로 명의대여자가 변제한 경우에는 명의차용자에게 求償權을 행사할 수

명의대여자와 차용자는 부진정연대채무 관계에 있으므로 제3자는 택일하여 변제를 청구할 수 있다.

있다.

나. 責任의 範圍

[사례 Ⅲ-2-8: 명의대여자의 책임(Ⅳ)-책임의 범위]

(i) Y가 A에게 다음과 같이 명의대여를 한 경우 Y는 A의 영업상 채권자인 X에 대해 변제책임이 있는가? ① A는 Y의 승낙 아래 'Y회사 문산중앙시장 신축공사 현장사무실'이라는 간판을 걸고 현장사무실의 본부장으로 행세하면서 B를 사무실의 현장소장으로 임명하였는데, B가 A의 지시에 따라 X로부터 공사자금을 대여 받고 'Y회사 문산시장 신축공사 소장 B' 명의의 차용증을 교부한 경우(대판 1989.9.12, 88다카26390 참조) ② Y가 A에게 '정미소 경영에 관한 영업행위'를 하도록 하였으나 A가 정미소점유부분에 대하여 '임대행위'를 한 경우(대판 1983.3.22, 82다카1852 참조)

(ii) 대한교육보험주식회사인 Y는 A에게 Y회사 부산지사라는 상호를 사용하여 보험계약의 체결을 알선하도록 허락하였다. A는 지사 사무실의 비품 대금을 조달하기 위해 B에게 약속어음을 발행하였는데, 어음용지 주소난에 '대한교육보험 주식회사 부산지사'라고 표시하고 개인도장외에 Y회사 부산지사장인이라는 직인을 찍었다. B로부터 이 어음을 배서 받은 소지인 X는 Y에게 어음금 지급을 청구할 수 있는가? (대판 1969.3.31, 68다2270 및 대판 1970.9.29, 70다1703 참조)

(iii) 다음과 같은 경우 Y는 X에게 배상책임이 있는가? ① A는 Y회사에 화물트럭을 지입하여 운송사업을 하고 있었는데 A가 식구들과 나들이 하다가 교통사고를 내어 X에게 전치 10주의 상해를 입힌 경우 ② 신문사인 Y가 A와 지국설치계약을 체결하고 상당한 보조를 하는 한편 A의 업무수행방법에 관하여 구체적인 지휘감독권을 유보하고 있었는데, A의 고용인인 B가 신문대금을 수금하던 중 교통사고를 일으켜 X에게 전치 10주의 상해를 입힌 경우(대판 1997.3.25, 97다3798·3804 참조) ③ Y는 A와 공동으로 채석작업을 하기로 하고 A에게 자신 명의의 사업자등록과 채석허가 등의 사용을 허락하여 작업을 하게 하였는데, A가 고용한 B가 발파작업을 하다가 석산이 무너져 X소유의 발전기가 파손된 경우(대판 1996.5.10, 95다50462 참조) ④ Y가 A에게 제본소를 양도하여 A가 이를 운영하고 있었는데 Y가 아직 양도대금을 받지 못하여 사업자등록명의는 아직 Y에게 남아 있는 상태에서 제본소의 종업원인 X가 업무상 상해를 입은 경우(대판 1995.6.29, 95다13289 참조) ⑤ 숙박업허가 명의자인 Y는 A에게 그 명의를 사용하여 여인숙을 경영하도록 승낙하고 건물을 임대하였는데, 건물에 하자가 있어 A가 Y로부터 수리비용을 지급받아 건물을 직접 수리하였으나 부실공사로 갈라진 건물벽과 구

들장 틈으로 연탄가스가 새어 나와 여인숙의 투숙객인 X 등이 사망한 경우 (대판 1993.3.26, 92다10081 참조)

(1) 영업상의 채무

1) 거래상의 채무 명의대여자가 지는 책임은 '명의차용자의 영업상의 거래로 인한 채무'에 한정된다. 그러므로 영업거래가 아닌 차용자의 개인적 채무라든가 차용자의 不法行爲로 인한 채무는 포함되지 아니한다. 그러나 목적물에 관한 瑕疵擔保責任이나 불이행으로 인한 損害賠償責任 또는 계약 해제로 인한 原狀回復義務와 같이 거래의 효과로 발생한 채무는 포함된다.

명의차용자의 영업상의 거래로 인한 채무로 제한된다. 거래상의 채무중에서도 명의대여자가 허락한 영업범위내의 행위로 인한 것이어야 한다.

2) 영업범위내의 채무 거래상의 채무인 경우에도 명의대여자가 허락한 '영업범위내의 행위'로 인한 채무이어야 한다. 이러한 취지에서 대판 1983.3.22, 82다카1852는 [사례Ⅲ-2-8-i]의 ②에서 "명의차용인(A)의 임대행위의 목적이 정미소창고 건축비용을 조달키 위한 것이라고 하여도 이러한 사정만으로는 위 건물 임대행위를 정미소의 영업범위 내에 속하는 거래라고 할 수는 없다"고 판시하였다(同 대판 1977.7.26, 76다2289). 그러나 본조의 입법취지가 외관이론에 입각하여 선의의 제3자를 보호하는 데 있다는 점을 감안하면 영업범위의 판단은 되도록 완화하여 해석해야 한다(정찬(상) 124).

3) 피용자의 행위로 인한 채무 명의대여자는 차용자가 자신의 피용자로 하여금 영업에 필요한 행위를 하게 한 경우에 그 被傭者의 行爲에 대해서 책임이 있는가? 대판 1989.9.12, 88다카26390은 [사례Ⅲ-2-8-i]의 ①에서 "명의대여자의 책임은 피고(Y)가 자기의 명의를 사용을 허락받은 자(A)의 행위에 한하고 명의차용자(A)의 피용자(B)의 행위에 대해서까지 미칠 수는 없다"고 판시하여 이를 부정하였다(同 대판 1987.11.24, 87다카1379). 그러나 명의차용자는 대여자의 명의로 영업을 하면서 필요한 경우에는 대리인을 선임하거나 피용자를 고용할 수 있으며 이는 명의대여시 대여자가 충분히 예상할 수 있는 범위내라고 할 수 있기 때문에 판례의 입장은 재고되어야 할 것이다(유영일, "명의차용자의 행위와 명의대여자의 책임", 「상사판례연구Ⅰ」, 61).

판례는 피용자의 행위로 인한 채무에 대한 책임을 부인했으나 재고해 볼 사항이다.

(2) 어음채무

명의차용자가 차용한 명의로 어음·수표행위를 한 경우에 명의대여자에게 책임이 있는가 하는 점이 문제된다. 이에 관하여는 학설과 판례가 나누어진다.

1) 긍정설 대여자가 영업을 허락한 이상 영업을 위한 수단으로 이용

영업을 위한 어

음·수표행위로 인한 채무에 대해서는 명의대여자의 책임이 인정된다는 설.

한 어음·수표행위로 인한 채무도 포함한다고 본다(정찬(상)125, 손주129, 註商(Ⅰ)244). 대판 1969.3.31, 68다2270도 [사례Ⅲ-2-8-ii]에서 "피고회사(Y)는 김현구(A)에게 부산지사라는 상호를 사용하여 보험가입자와 회사간의 보험계약체결을 알선할 것을 허락하였고 김현구는 지사 사무실비품대금 조달을 위하여 이주현(B)에게 약속어음을 발행하여 원고(X)가 그 소지인이 된 것이며, 이주현(B)이 김현구(A)의 위 어음발행행위의 주체를 피고회사로 오인한 데에 중대한 과실이 있다고 보여지지 않으므로 피고회사(Y)는 명의대여자로서 그 외관을 신뢰한 이현구(B)와의 거래에 대하여 본조에 의한 책임을 져야 한다"고 판시하여 이 견해를 취하고 있다(同 대판 1970.9.29, 70다1703).

어음·수표행위의 추상성에 비추어 영업상의 채무로 보지 않는다는 설.

2) 부정설 어음·수표행위의 추상성에 비추어 볼 때 어음채무를 본조에서 말하는 '영업상의 채무'로 볼 수 없다고 한다(이철190; 이훈종, "명의대여자의 책임에 관한 연구", 「정동윤교수화갑기념논문집」(1999), 69; 日最高判 1967.6.6). 즉 어음·수표행위의 원인관계에 대해서는 상법 제24조가 적용되지만 어음·수표채무는 영업거래로 직접 부담한 채무는 아니라는 것이다.

자신의 명의 사용을 허락했으므로, 결국 어음·수표행위도 포함된다고 보아야 할 것이다.

3) 검 토 영업을 허락한 경우에는 그 영업을 위한 자금조달에 대해서도 자신의 명의를 사용할 것을 허락한 것으로 보아야 하므로 어음·수표행위도 포함된다고 본다. 다만 대여자가 영업을 허락한 것이 아니고 단지 어음·수표행위에 대해서만 자신의 명의사용을 허락한 경우에는 본조의 적용여부가 문제될 수 있는데, 유추적용을 긍정해야 할 것이다(정찬(상)125).

(3) 불법행위채무

본조는 불법행위책임에는 적용하지 않는다.

1) 원 칙 명의대여자의 책임이 차용자의 不法行爲에 적용되는가? [사례Ⅲ-2-8-iii]의 ①에서 보면 X가 A의 영업을 Y의 영업으로 오인한 경우 Y에 대해 A의 사고로 인한 피해보상청구를 할 수 있는가이다. 본조가 외관을 신뢰하여 차용자와 거래한 제3자를 보호하기 위한 규정이므로 거래상의 채무가 아닌 불법행위책임에는 적용되지 않는다고 본다.

대여자가 차용자에 대한 지휘·감독의 지위에 있을 경우에는 예외적으로 사용자책임이 인정된다.

2) 사용자책임 이와 같이 대여자는 차용자의 불법행위로 인한 채무나 차용자의 피용자의 행위로 인한 채무에 대해서는 원칙적으로 변제책임이 없다. 그러나 대여자가 차용자 또는 차용자의 피용자를 지휘·감독하는 지위에 있다고 인정되는 경우에는 예외적으로 대여자에게 使用者責任(民756)이 인정된다. 즉 대판 1997.3.25, 97다3798·3804는 [사례Ⅲ-2-8-iii]의 ②에서 "신문사(Y)가 타인(A)의 업무수행방법에 관하여 구체적인 지휘감독권을 유보하고 있는 경우라면 비록 그 사업이 타인의 사업이고, 명의자의 고

용인이 아니라고 하더라도 실질적으로 사용자와 피용자의 관계와 다를 바 없으므로, 그 명의사용자(A)의 피용자(B)가 신문대금을 수금하는 업무수행 중 일으킨 교통사고에 대하여 사용자책임을 진다"고 판시하였다. 또 대판 1996.5.10, 95다50462도 [사례Ⅲ-2-8-iii]의 ③에서 "명의대여로 인한 사용관계의 여부는 실제적으로 지휘·감독하였느냐 여부에 관계없이 객관적으로 보아 사용자가 그 불법행위자를 지휘·감독할 지위에 있었느냐 여부를 기준으로 결정하여야 한다"고 판시하였다(同 대판 2001.8.21, 2001다3658; 2005.2.25, 2003다36133). 그러나 대판 1995.6.29, 95다13289는 [사례Ⅲ-2-8-iii]의 ④에서 사업체를 타인(A)에게 양도하였으나 아직 사업자등록명의가 남아 있는 명의잔존자(Y)는 불법행위자(A)를 지휘·감독할 지위에 있지 않다는 이유로 그 책임을 부인하였다. 또 대판 1993.3.26, 92다10081도 [사례Ⅲ-2-8-iii]의 ⑤에서 "공중위생법상 숙박업의 허가는 시설물을 기준으로 하고 있는 것으로 보이고 그에 따라 허가명의를 양도하는 경우 등에도 양수인(A)이 별다른 제한없이 지위를 승계하는 것으로 규정하고 있으므로 숙박업허가 명의대여자(Y)에 대하여는 명의사용자(A)에 대한 지휘·감독의무를 시인하기 어렵다"고 판시하여 그 책임을 부인하였다(同 대판 2001.8.21, 2001다3658).

제 3 절 企業의 會計組織: 商業帳簿

제 1 商業帳簿制度

1. 商業帳簿와 企業會計

(1) 기업회계의 필요성

기업에서 재산상황과 이윤획득여부를 파악하는 것은 경영자, 채권자, 투자자, 종업원을 위해 필요하므로 기업회계에 관한 규정을 두고 있다.

企業은 영업용 재산을 바탕으로 하여 이윤획득을 목적으로 계속적 의도로 영업활동을 하는 조직체이다. 그러므로 기업에 있어서는 그 재산상황 및 이윤의 획득여부를 항상 파악하는 것이 중요하며 이를 하지 않고는 영업활동을 계속하는 것 자체가 불가능하다. 또 기업과 거래하는 債權者는 그 채권의 회수 또는 거래의 지속 여부를 결정함에 있어서 대상 기업의 재산상황과 영업활동의 수익력에 관한 정확한 정보를 입수하는 것이 필수적이다. 또한 보다 많은 이익배당과 주가 상승에 관심을 가지고 있는 기업의 投資者들에게도 이에 큰 영향을 미치는 기업 재산과 손익상황에 대한 정보의 공시를 필요로 한다. 나아가 그 기업에 종사하고 있는 從業員들도 임금의 결정을 비롯한 여러 노동조건을 정하는 데 있어 기업의 재산과 손익상황을 파악하는 것이 필요하다.

이와 같이 기업의 재산과 손익상황에 관한 정보는 기업만이 아니고 기업에 관계하는 기업채권자·투자자·노동자·소비자 모두에게 중요한 관심사이므로 상법은 그 유무를 정확하게 파악하여 공표하기 위한 제도적 장치로서 企業會計에 관한 규정을 두고 있다.

(2) 기업회계에 관한 규정

기업회계에 관한 규정은 상업장부에 관한 규정, 계산에 관한 규정 및 기업회계기준이 있다.

기업의 財產과 損益 상황, 즉 기업회계에 관해서는 商法總則編의 '商業帳簿에 관한 規定' 이외에 株式會社編에 '計算에 관한 規定'($\frac{447\sim}{468}$)을 두고 있다. 나아가 보다 상세한 회계기준을 정하기 위해 株式會社外部監査에관한法律(外監法)의 위임에 따라 금융감독위원회가 제정한 '企業會計基準'이 있다. 이들 3자간의 적용관계와 회계서류의 차이는 다음과 같다.

1) 적용관계 첫째, 자본금 1천만원 미만의 小商人에는 회계에 관한

일반적인 법규범이 없고(9) 둘째, 자본금 1천만원 이상의 개인기업과 모든 회사에는 商業帳簿規定이 적용되고 셋째, 주식회사에는 計算規定이 적용되며(유한회사에 일부준용) 넷째, 外監法의 적용을 받는 자산총액 70억원 이상의 주식회사에는 企業會計基準이 우선적으로 적용된다.

2) 회계서류　상업장부규정은 會計帳簿와 貸借對照表의 작성을 요구하며(29①), 계산규정은 財務諸表와 그 부속명세서를 요구하고(447), 기업회계기준은 계산규정에서 요구하는 서류외에 현금흐름표의 작성을 요구한다(基準5).

(3) 상업장부와 재무제표

商業帳簿와 財務諸表는 재산과 손익의 상태를 표시함을 목적으로 하는 점에서는 같지만 그 작성목적과 범위는 일치하지 아니한다.

1) 작성목적　商業帳簿는 주로 영업상의 재산 및 손익의 상황을 명백히 함으로써 상인이 경영합리화를 기하려는 데 주된 목적이 있음에 비해, 財務諸表는 일차적으로는 이익의 배당 또는 결손시 처리의 적정을 기함으로써 주주와 채권자 등 이해관계인의 이익을 조정함을 목적으로 한다.

상업장부: 회계장부, 대차대조표
재무제표: 대차대조표, 손익계산서, 이익(결손) 잉여금 처분 계산서

2) 범　위　상업장부는 會計帳簿와 貸借對照表로 구성되며 재무제표는 貸借對照表, 損益計算書, 利益剩餘金處分計算書 또는 缺損金處理計算書(현금흐름표)로 구성된다. 그러므로 대차대조표는 재무제표와 상업장부에 공통이지만 이익잉여금(결손금)처분계산서와 현금흐름표는 상업장부가 아니다. 다만 손익계산서가 상업장부에 포함되는가에 관하여는 학설 대립이 있다(정준우, "기업회계규범으로서의 상업장부규정의 문제점", 「상사법연구」(2005), 468). 회계장부는 재무제표에는 포함되지 않지만 재무제표를 작성하기 위해서는 그 전제로 회계장부의 작성이 필요하다.

2. 損益法的 會計方式의 採擇

상법은 1984년 개정시 회계방식에 있어서 종래의 財産法을 현재와 같은 損益法으로 전환하였다.

(1) 재산법

기업회계의 주안점을 채권자 보호에 두는 방식이나. 기업채권자는 채권회수에 주된 관심을 가지기 때문에 기업의 담보가치 파악이 중요하며 자연 회계처리에 있어서도 현재의 기업담보가치를 정확히 반영하는데 역점을 두게 된다. 따라서 재산법적 회계처리에 있어서는 財産目錄이 주된 회계장부가 되며 재산평가도 현재 교환가치인 時價主義를 원칙으로 한다.

기업회계의 주안점을 채권자 보호에 두고 기업의 담보가치를 반영하는데 중점을 둔다.

(2) 손익법

기업회계의 목적을 투자자보호에 두고 기업의 수익력의 평가를 중시한다.

기업회계의 주된 목적을 투자자보호에 둔다. 투자자들의 일차적인 관심은 기업을 해체하였을 때의 교환가치가 아니라 계속적인 기업으로서의 수익력, 다시 말하면 기업의 이윤창출에 있기 때문에 손익의 평가가 중요하다. 이에 따라 손익법에 있어서는 損益計算書가 가장 중심이 되는 회계서류이며 재산 평가에 있어서는 原價主義를 취하게 된다.

(3) 현행법의 입장

현행법은 손익법을 따라 재산목록을 상업장부에서 삭제하고, 종래의 시가주의를 버리고 원가주의를 따르고 있다.

현행법은 기본적으로는 損益法에 따르고 있다. 즉 상업장부에서 財産目錄을 삭제하였으며(29①), 貸借對照表는 회계장부를 기초로 하여 작성되며(30②), 재산평가에 있어서 종래의 시가주의를 버리고 원가주의를 채택하였다(31). 이외에도 移延資産의 인정, 자본준비금과 이익준비금의 구분, 기업회계기준에서 손익계산의 중시 등은 손익법의 입장을 반영한 것이라고 하겠다. 그러나 재산법적 입장이 완전히 폐기된 것은 아니며 청산재산목록의 존치(533), 유동자산평가시 예외적인 시가평가(452①), 고정자산평가에서 예측불능감소액의 공제(31②), 금전채권의 액면주의 채택(452③), 배당가능이익의 산정방법(462)은 재산법적 입장이 남아 있는 부분이다.

제 2 商業帳簿의 意義와 種類

1. 意　　義

商業帳簿라 함은 상인이 營業上의 財産 및 損益 상황을 명확히 하기 위해 상법상의 의무로서 작성하는 장부를 말한다.

(1) 작성자

상업장부는 상인이 작성하는 장부이다.

상업장부는 商人이 작성하는 장부이다. 그러므로 상인이 아닌 상호보험회사나 협동조합이 작성하는 장부 또는 감사법인이나 의사가 작성하는 장부는, 비록 경영상황을 나타내는 경우에도 상업장부는 아니다. 小商人에게는 상업장부에 관한 규정이 적용되지 않으므로(9) 그가 작성하는 것은 상업장부가 아니다.

(2) 작성목적

상업장부는 상인이 '영업상 재산 및 손익의 상황을 명확히 하기 위해' 작성하는 장부이다. 그러므로 상인이 작성하는 서류인 경우에도 財産이나 損益의 상황을 나타내기 위한 것이 아니라면 상업장부가 아니다. 가령 仲介人日記帳(97)은 거래의 성립을 증명하기 위해 작성하는 것이므로 상업장부가 아니며 기타 주주명부(352) · 사채원부(488) · 주주총회와 이사회의사록(373, 391의3)도 마찬가지이다.

상업장부는 영업상 재산 및 손익의 상황을 명확히 하기 위해 작성한다.

(3) 작성의무

상업장부는 상인이 상법상의 의무로서 작성하는 장부이다. 그러므로 상인이 영업상 재산 및 손익 상황에 관해 작성하는 서류라도 상법상의 의무가 아니라 자신의 필요에서 임의로 작성하는 서류(메모 등)는 상업장부가 아니다. 상인 일반이 상법상의 의무로서 작성하는 상업장부는 會計帳簿와 貸借對照表이다. 그러나 財務諸表에 속하는 損益計算書를 상업장부에 포함시키는 견해도 있다.

상업장부는 상인이 상법상의 의무로 작성하는 장부이다.

2. 種 類

상업장부에는 會計帳簿와 貸借對照表가 있다(29). 1984년 상법개정 이전에는 일기장 · 재산목록 · 대차대조표의 3종을 상업장부로 하고 있었으나 재산목록을 삭제하고 현재와 같이 회계장부와 대차대조표로 그 종류를 정비하였다.

(1) 회계장부

1) 의 의　會計帳簿는 일정한 시기에 있어서 영업상 재산 및 그 가격과 거래 기타 영업상 재산에 영향을 미칠 사항을 기재하는 장부를 말한다(30 ①). 회계장부라는 명칭의 장부가 따로 있는 것은 아니며, 개개 거래에 관한 사항을 기재하는 傳票(입금전표 또는 출금전표) · 分介帳 · (總計定)元帳 등은 모두 회계장부에 속한다. 종래에는 매일 매일의 회계거래를 망라적으로 기록하는 회계장부로서 日記帳을 작성하도록 하였으나 기업회계 실세와 맞지 않았으므로 회계장부라는 명칭으로 바꾸었다. 회계장부는 대차대조표와 손익계산서 작성의 기초가 된다.

회계장부란 영업재산의 가격과 거래 등을 기재하는 장부이다.

2) 기재사항　회계장부에 기재할 사항은 '재산 및 손익의 상황을 명백히 하기 위한 사항'(29 ①) 즉, '거래 기타 영업상의 재산에 영향이 있는 사항'

회계장부의 기재사항은 재산

및 손익의 상황을 명백히 하기 위한 사항이다.

이다(30 ①). 여기에서 '去來'라 함은 회계상의 거래(부기상의 거래)를 말하며 반드시 사실상 또는 법률상의 거래와 일치하지 아니한다. 그러므로 매매계약이 체결된 것만으로는 회계상의 거래가 되지 아니하며 그에 따른 현실적인 재산의 이동(목적물 인도, 대금지급 또는 외상대금채권의 발생)이 있어야 된다(정희107, 정동(총)173 외). 또 '영업상의 재산에 영향이 있는 사항'이란 거래를 부연하는 것으로서 법률상의 변동을 일으키는 사항이 아니라 사실상의 변동을 일으키는 사항이다.

특별한 규정은 없으므로 공정·타당한 회계관행에 따른다.

3) 기재시기 회계장부에 거래를 기재할 시기에 관하여는 상법에는 아무런 규정을 두고 있지 않으므로 공정·타당한 회계관행에 따라야 한다(29 ②). 앞에서 본 바와 같이 일기장이 폐지되었으므로 반드시 매일매일 기재해야 하는 것은 아니지만 상당한 시기에 기재해야 한다(손주158, 최기148, 정동(총)177).

(2) 대차대조표

일정시점의 자산·부채 및 자본을 기재하여 기업의 재무상태를 명시하는 서류이다.

1) 의 의 貸借對照表(balance sheet)는 일정시점에서(보통은 결산기)의 자산·부채 및 자본을 기재함으로써 기업의 재무상태를 명시하는 서류이다(基準11① 참조). 즉 負債와 資本의 합계액이 資產이라는 등식(자산=자본+부채)에 따라 모든 계정을 이 3가지로 구분하여 대비하는 방식으로 회사의 재무상태를 일목요연하게 나타내는 서류이다. 대차대조표는 그 작성형식에 따라 보고식과 계정식의 2가지가 있다.

작성시기에 따라 통상대차대조표와 비상대차대조표로 나뉘어진다.

2) 종 류 대차대조표는 그 작성시기에 따라 通常貸借對照表와 非常貸借對照表로 나누어진다. 통상대차대조표는 기업이 성립한 때 또는 영업을 개시한 때에 작성되는 (개업)대차대조표와 매결산기에 정기적으로 작성되는 (결산)대차대조표가 있다(30 ②). 비상대차대조표는 회사의 합병이나 영업양도와 같은 중요한 구조변경시에 작성된다.

대차대조표는 회계장부에 의해 작성하며 작성자가 기명날인 또는 서명해야 한다.

3) 작성방법 (통상)대차대조표는 회계장부에 의해 작성하고, 작성자가 기명날인 또는 서명하여야 한다(30 ②). 이를 誘導法이라고 하는데, 복식부기의 원리에 따라 거래사실을 회계장부에 계속적으로 기록하여 대차대조표를 유도하는 형식으로 작성된다. 상법이 회계처리에 있어서 손익법을 채택한 데 따른 것이다. 이에 대하여 비상대차대조표는 재산목록법에 의하는 바, 이는 일정시점에서 기업이 보유하고 있는 자산과 부채를 실지로 조사하여 이를 기초로 작성한다.

(3) 손익계산서의 포함여부

기업경영성과를 명확히 보고

損益計算書는 기업의 경영성과를 명확히 보고하기 위해 그 회계기간에 속하는 모든 수익과 이에 대응하는 모든 비용을 적정하게 표시하는 재무제이다. 대차대조표는 특정시점의 재산상태를 보여주는데 그치므로 이것만으로는 '기간이익'을 파악하기는 어렵기 때문에 재무제표의 하나로서 그 작성이 요구되는 것이다.

하기 위해 회계기간에 속하는 수익과 비용을 적정하게 표시하는 재무제표이다.

손익계산서가 상업장부에 포함되는가에 대해 다수견해는, 상업장부는 '영업상의 재산과 손익의 상황'을 나타내기 위한 서류로서 재산과 손익의 양자를 함께 표시해야 하므로 손익만을 나타내는 손익계산서는 상업장부에 속하지 않는다고 한다. 그러나 손익법적 회계처리원칙을 채택한 현행 상법에서 손익계산서는 그 중심적인 위치를 차지하고 있으므로 상업장부의 하나로 보아야 할 것이다. 다만 다른 상업장부와는 달리 상인 일반에는 그 작성이 요구되지 않고 주식회사에만 요구된다는 차이가 있을 뿐이다.

손익계산서는 상업장부에 속하지 않는다는 견해가 다수설이다.

제 3 商業帳簿의 作成·保存·提出

1. 作 成

(1) 작성의 기본원칙: 공정·타당한 회계관행

상법 제29조 2항은 "상업장부의 작성에 관하여 이 법에 규정한 것을 제외하고는 일반적으로 公正·妥當한 會計慣行에 의한다"라고 규정하고 있다. 공정·타당한 회계관행이라 함은 상업장부의 작성목적인 영업상의 재산 및 손익상황을 명확하게 하기 위해 일반적으로 따라야 할 회계상의 慣習을 이른다. 이와 같이 기업회계실무상의 관행으로 발달한 것 중에서 일반적으로 공정·타당하다고 인정되는 바를 요약한 것이 '企業會計基準'이다.

공정·타당한 회계관행이란 영업재산 및 손익상황을 명확히 하기 위해 일반적으로 따라야 할 회계상의 관습이다. 이는 법률의 위임에 의해 제정되었으므로 법규범이다.

그런데 이러한 기업회계기준은 재산의 종류나 거래의 유형에 따라 매우 복잡다양할 뿐 아니라 경제 현실의 변화에 맞추어 늘 새로운 기준이 개발되므로 이를 고정적인 상법 내에 수용하는 것은 적합하지 않다. 따라서 상법에서는 商業帳簿의 작성에 관하여 '일반적으로 공정·타당한 회계관행'에 의할 것을 그 기본방향으로 설정하고(29②) 자산평가 등에 관한 중요한 원칙만을 정할 뿐, 나머지는 모두 '企業會計基準'에 맡기고 있다.

기업회계기준은 법률(外監法)의 위임에 의하여 제정된 것이므로 그 성격은 법규범으로서 상법의 특별법적 지위에 있다. 따라서 기업회계기준이 상법에 우선하여 적용된다.

(2) 작성의무

모든 상인에게 작성의무가 있다.

小商人을 제외한 모든 상인은 상업장부를 작성해야 한다. 작성해야 할 상업장부의 종류는, 상인일반에 대해서는 會計帳簿와 貸借對照表이며 주식회사와 유한회사는 그 이외에도 損益計算書와 기타 財務諸表가 있다.

(3) 공 시

상법은 개인상인이 작성한 상업장부의 公示에 관하여는 특별한 규정을 두고 있지 않다. 주식회사와 유한회사가 작성하는 재무제표에 관하여는 이해관계인의 보호를 위해 비치·공시(448, 449②, 579의3)와 소수주주(사원)의 열람에 대한 공여(466, 581①) 및 대차대조표의 공고(449③)에 관한 규정을 두고 있다.

2. 保　　存

(1) 보존의무

상인은 상업장부와 후일 분쟁이 생길 경우에 증명수단으로서 중요하다고 인정되는 서류를 일정기간 보존할 의무가 있다.

상인은 10년간 상업장부와 영업에 관한 중요서류를 보존해야 한다. 다만 傳票 또는 이와 유사한 서류는 5년간 이를 보존하여야 한다(33①). 이러한 보존의무는 후일 분쟁이 생길 경우에 증거의 보존을 위하여 부과되는 것이다. 따라서 여기에서 말하는 '영업에 관한 중요 서류'라 함은 후일의 분쟁에 있어서 일정한 법률관계 내지는 사실관계의 증명수단으로서 중요하다고 인정되는 서류를 말하며 계약서·설계도·영수증 등이 이에 해당한다. 상업장부중 전표는 그 분량이 커서 이를 장기간 보관하는데 많은 부담이 되므로 그 보존기간을 5년으로 제한하였다.

(2) 보존기간

보존기간의 기산점은 장부폐쇄일 또는 작성시이다.

보존의 기산점은 상업장부에 있어서는 장부를 폐쇄한 날(33②)이고, 영업에 관한 중요한 서류에 있어서는 자기가 작성한 것은 그 작성시, 그리고 타인이 작성한 것은 수령시부터 기산한다(임홍(총)333, 이철181~182). 회사가 해산한 경우에는 회사의 장부 내지 영업 및 청산에 관한 중요서류를 청산종결등기로부터 10년간 보존할 것을 요하고 이 보존자는 사원의 과반수로 이를 정한다(266, 269, 541, 613).

(3) 전산처리조직에 의한 보존

상업장부와 영업에 관한 중요서류는 마이크로 필름에 의해

상업장부와 영업에 관한 중요서류는 마이크로필름 기타의 전산정보처리조직에 의하여 이를 보존할 수 있다(33③). 즉 이들 서류의 분량이 방대하여 그 보존에는 현실적으로 많은 비용과 노력이 소요되는 점을 감안하여 그 원

본 대신 전자적 보존방식 등으로 대체할 수 있도록 한 것이다.

보존할 수 있다.

3. 提 出

(1) 제출명령

법원은 신청 또는 직권으로 상업장부의 제출을 명할 수 있다.

법원은 신청에 의하여 또는 직권으로 소송당사자에게 상업장부 또는 그 일부분의 제출을 명할 수 있다(32). 이는 民訴法 제315조의 특칙으로서 상업장부의 일반적 신뢰성에 기인하는 규정이다. 즉 民訴法上 書證은 일정한 요건에 해당하는 경우에만 그 제출을 요구할 수 있으나 상업장부는 당사것이다. 신청은 소송당사자에 한하고 일반인은 제출명령을 신청할 수 없다. 제출명령의 대상이 되는 것은 상업장부이고 그외 영업상의 중요서류는 포함되지 아니한다(정희105, 정동(총)170).

(2) 증거력

상업장부는 각 항목별로 일목요연하게 기재된 장부이므로 일반적인 문서보다 그 신빙성에 있어서 더 우월한 것처럼 생각될 수 있다. 그러나 분식결산이 광범위하게 행해지는 현실을 감안하면 그 證據力에 있어서 다른 문서와 다를 것이 없으므로 민사소송법상의 일반적인 自由心證主義에 의해 판단되어야 할 것이다(民訴 187).

4. 違反에 대한 制裁

(1) 개인기업

개인상인의 상업장부 작성·보존의무 위반 시 상법상의 제재는 없다.

개인상인이 상업장부의 작성·보존의무를 해태하거나 부실한 기재를 한 경우에도 상법상의 제재는 없다. 다만 부실회계가 원인이 되어 개인상인이 파산한 경우에는 통합도산법상의 詐欺破産罪(破 650,3) 또는 過怠破産罪(破 651,3)로서 제재를 받는 경우는 있다.

(2) 회사기업

회사기업의 상업장부 작성·보존의무 위반 시 과태료의 처벌을 받는다.

회사의 업무집행사원·이사·청산인 등이 상업장부를 작성하지 않거나 부실기재를 한 경우에는 일정한 과태료의 처벌을 받는다(636 ①9). 또 이는 법령위반행위로서 회사에 대하여 손해배상책임을 지고 악의중과실의 임무해태인 경우에는 제3자에 대해서도 손해배상책임을 지는 경우가 있다(399, 401, 567).

제 4 資産의 評價

1. 資産評價의 原則

자산의 평가방법에는 재산법과 손익법이 있는데, 상법에서는 원칙적으로 손익법에 입각하여 자산평가원칙을 정한다.

貸借對照表와 損益計算書는 모두 會計帳簿에 근거하여 작성되는 장부이다. 그런데 이 회계장부에 기재될 資産을 어떻게 평가하여 가액을 붙일 것인가 하는 점이 문제된다. 이를 과다하게 평가할 경우에는 허구적인 이익을 창출하여 결과적으로 상인의 재산적 기초를 위태롭게 하고 상업장부에 대한 이해관계인들의 신뢰를 해치게 된다. 이리하여 상법은 제31조에서 재산평가에 대한 일반적 규정을 설치하고 있는데 이는 매우 간단한 규정이므로, 주식회사 計算規定과 企業會計基準에 보다 상세한 평가규정을 두어 이를 보완하고 있다.

자산의 평가방법에는 앞에서 본대로 財産法과 損益法이 있다. 재산법은 자산의 본질을 '財産權'으로 보고 그 가치는 交換價値(時價)라고 한다. 이에 대하여 손익법은 그 본질은 '費用移延'이고 가치는 사용가치(原價)라고 한다. 상법은 원칙적으로 손익법에 입각하여 자산평가원칙을 정하고 있다.

2. 流動資産의 評價

(1) 유동자산

1년 내에 현금화되는 자산이다.

流動資産은 단기간(1년 내)에 현금화되는 자산을 의미하며 당좌자산(현금·예금·유가증권·미수금 등), 재고자산, 기타 유동자산으로 분류된다. 이 중에서 현금과 예금은 그 자체가 객관적인 화폐가치를 나타내므로 따로 평가할 필요가 없다.

(2) 평 가

유동자산은 취득가액, 제작가액 또는 시가에 의해 평가된다.

유동자산은 취득가액 · 제작가액 또는 시가에 의한다. 그러나 시가가 취득가액 또는 제작가액보다 현저하게 낮은 때에는 시가에 의한다(31.1). 이와 같이 즉 유동자산의 평가는 原價主義와 時價主義를 임의로 선택할 수 있지만 일단 어느 한편을 채택한 경우에는 '계속성의 원칙'에 따라 매결산기 마다 동일한 평가기준에 의해야 한다. 주식회사 계산규정에서는 유동자산 평가는 원칙적으로 원가주의에 의하고 예외적으로 저가주의를 따르도록 하고 있다(452, 583).

3. 固定資産의 評價

(1) 고정자산

固定資産은 오랫동안 기업내부에 고정화되어 경영수단으로서 반복 사용되고 장기간 생산에 공여되는 자산이다. 고정자산에는 토지·건물·기계 등 생산설비와 같은 유형자산과 영업권·특허권과 같은 무형자산이 있다. 고정자산은 유동자산과는 달리 현금화되는 속도(1년 이후)가 완만하여 생산과정 중에서 減價償却節次를 통하여 투하자본을 회수하게 되는 것이므로, 그 비용(감가상각비)은 생산원가에 반영된다.

고정자산은 반복사용되고 장기간 생산에 공여되는 자산이다.

(2) 평 가

고정자산은 취득가액 또는 제작가액으로부터 상당한 감가액을 공제한 가액에 의하되, 예측하지 못한 감손이 생긴 때에도 상당한 감액을 하여야 한다(31. 2). 이 규정은 원래 주식회사 계산규정인 상법 제452조 2호에 포함되어 있었으나 1984년 상법개정시 손익법을 평가의 원칙으로 채택함에 따라, 주식회사뿐 아니라 모든 상인에게 적용하기 위해 이를 상법총칙으로 옮긴 것이다.

고정자산은 취득가액, 제작가액에서 감가액을 공제한 가액으로 한다.

제 4 장
企業의 公示와 讓渡

개 요

상거래의 신속성 요청에 부응하기 위해 거래상의 중요한 사항을 일정범위의 이해관계인 또는 일반인에게 알리는 공시제도가 마련되어 있으며 그 대표적인 것이 상업등기이다. 또한 기업은 존속하는 동안 내외적인 경영여건과 환경 변화에 적응하기 위해 그 구조를 개편할 필요가 종종 발생하며, 영업양도는 회사법의 합병, 분할과 함께 대표적인 구조개편의 수단이 된다.

그러한 의미에서 이 장에서는 기업공시제도로서의 상업등기의 종류와 그 효력에 대해 설명하고 영업양도와 관련하여 양도의 본질, 절차 및 이해관계인에 대한 효력의 순으로 살펴본다.

주요 내용

o 상업등기제도 — 등기사항, 등기절차, 등기소의 심사권, 등기의 갱정과 말소
o 등기의 대항력 — 소극적 공시, 적극적 공시
o 등기의 특수적 효력 — 창설적 효력, 보완적 효력, 부수적 효력
o 부실등기의 공신력 — 등기신청인, 사실과 상위한 사항
o 기업구조개편의 수단 — 합병, 분할, 주식의 포괄적 교환·이전 등
o 영업양도의 본질 — 영업의 의미, 영업재산의 이전, 동일성의 유지
o 양도인의 경업금지 — 직업선택의 자유와의 관계
o 영업상 채권자 보호 — 상호속용, 채무인수광고
o 영업의 임대차, 경영위임, 기업담보

제 1 절 企業의 公示: 商業登記

제 1 企業의 公示制度

1. 公示制度의 機能

(1) 거래의 신속

상법은 기업에 대하여 거래상 중요한 사항을 일정범위의 이해관계인 또는 일반인에게 알리도록 하고 있으며 이를 公示制度라고 한다. 이 공시제도는 기업거래의 신속성의 요구에 부응하기 위함이다. 즉 기업이 거래상의 중요한 사항을 미리 공시하여 거래의 상대방에 그 사실을 알림으로써 그 상대방과 용이하게 거래할 수 있게 된다. 가령 기업이 대표자나 지점장이 누구인가를 공시해 두면 상대방은 그 대표자나 지점장을 통하여 안심하고 그 기업과 거래를 할 수 있게 된다. 또 기업은 미리 貸借對照表나 損益計算書를 공시하고 자기의 영업상황을 투자자에게 알려둠으로써 용이하게 주주나 사채권자를 모집할 수 있다.

상법은 기업거래의 신속성의 요구, 거래안전을 위해 기업에 관한 중요사항을 공시하게 하고 있다.

(2) 거래의 안전

公示制度는 外觀主義와 함께 거래의 안전에 부응한다. 공시제도에 있어서의 外觀主義는 기업이 일단 공시한 사실은 진실에 합치하지 않은 것이라도 이를 신뢰하여 거래한 자를 보호한다는 것이다. 가령 주식회사에서 대표이사 선임을 위한 주주총회와 이사회 결의를 거치지 않은 채 임기만료된 종전 대표이사를 대표이사로서 상업등기부에 등기한 경우에는 이를 신뢰하여 그 대표이사와 거래한 자는 그 회사와 거래한 것으로 보호된다.

공시제도는 외관주의와 함께 거래의 안전에 부응한다.

2. 公示方法

(1) 상업등기

가장 일반적인 공시방법은 商業登記이다. 상업등기는 회사기업만 아니고 개인기업도 이용할 수 있다. 즉 미성년자의 영업 · 상호 · 지배인 등기는

대표적인 공시방법은 상업등기이며 개인기

업도 이용할 수 있다.

개인기업에 인정되는 등기이며 회사기업에는 상호·지배인 등기외에 회사의 설립·해산·합병·대표자 등기 등 다수의 등기가 있으며 등기가 강제된다.

(2) 공고·서류의 비치

상업등기 이외에도 공고 내지는 서류의 비치를 공시방법으로 요구하는 경우가 있다.

상법은 공시방법으로서 상업등기 이외에도 일정한 사항의 公告 내지는 서류의 비치를 요구하는 경우가 있다. 즉 주식회사에 있어서는 공고와 서류비치를 통하여 주주와 회사채권자에게 회사의 재무상황이나 경영에 관한 심의내용을 공개하도록 하고 있다. 가령 대차대조표를 공고하고 정관·주주총회의사록·주주명부·계산서류 및 감사보고서 등을 비치하고 주주 또는 회사채권자에 제공하여야 한다(396, 448). 이외에도 證券去來法에는 투자자보호를 위해 상장회사 등에게 엄격한 증권(주식·사채 등)정보의 공시를 요구하고 있다.

(3) 증서의 작성

거래내용의 중요사항을 나타내는 증서로서 공시의 목적을 달성한다.

상법은 다수의 이해관계인이 관여하는 거래에 있어서는 거래내용의 중요 사항을 나타내는 일정한 증서를 통해 거래를 하도록 함으로써 간접적으로 공시의 목적을 달성한다. 가령 주식청약 또는 사채청약시에는 회사와 주식(사채)에 관한 중요한 사항을 기재한 주식청약서(사채청약서)에 의하도록 한다든지, 화물상환증·보험증권 등의 발행이 강제되는 것이 그러한 예이다.

제 2 商業登記制度

1. 意 義

商業登記라고 함은 '일정한 사항을 공시할 목적으로 상법이 인정하는 등기사항에 대해 법원의 商業登記簿에 하는 등기'를 말한다.

(1) 공시의 목적

거래관계에 중요한 사항의 공시를 목적으로 하는 등기이다.

상업등기는 거래관계에 중요한 일정한 사항을 공시할 목적으로 하는 등기이다. 따라서 간접적으로는 공시의 역할을 하지만 일차적으로는 특허나 조세부과와 같은 행정상의 목적으로 하는 상표등록·사업자등록과 구별된다.

(2) 상법상 등기사항에 대한 등기

상업등기는 商法이 정하는 登記事項을 등기하는 제도이다. 따라서 동일한 공시를 목적으로 하는 등기라도 民法에 의한 부동산등기, 공익법인의 등기, 보험업법에 의한 상호보험회사의 등기는 상업등기가 아니다.

상법상 등기사항을 등기하는 제도이다.

(3) 상업등기부에 하는 등기

상업등기는 법원이 관할하는 商業登記簿에 하는 등기만을 말한다. 이러한 상업등기부에는 상호등기부・미성년자등기부・법정대리인등기부・지배인등기부・합명회사등기부・합자회사등기부・주식회사등기부・유한회사등기부・외국회사등기부의 아홉 가지 종류가 있다(非訟 136). 이들 등기부 이외의 등기는 비록 상법에 의한 등기라고 하더라도 상업등기는 아니다. 따라서 船舶登記는 상법의 규정(743)에 의한 것이지만 船舶登記簿에 하는 것이므로(船登 ⑧) 상업등기가 아니다.

상업등기부에 하는 등기만을 말하며, 9가지 종류가 있다.

2. 登記事項

상법의 규정에 의해 등기가 인정된 사항에 한하여 등기할 수 있다(34). 따라서 등기하고 싶은 사항이 있는 경우에도 상법상 등기사항으로 되지 않는 한 등기할 수 없다. 그러한 의미에서 상법이 인정하는 등기사항은 상업등기의 최대한을 나타내는 것이다.

(1) 절대적 등기사항・상대적 등기사항

絶對的 登記事項은 등기가 강제되어 있는 사항이고, 相對的 登記事項은 등기 여부가 기업의 선택에 맡겨져 있는 사항이다. 등기사항의 대부분은 절대적 등기사항이며 개인기업의 商號登記(22, 非訟 164)는 상대적 등기사항에 속한다. 다만 상대적 등기사항도 일단 등기를 하면 그 변경・소멸은 절대적 등기사항으로 된다(40).

절대적 등기사항은 등기가 강제되어 있는 사항이고, 상대적 등기사항은 등기 여부가 기업의 선택에 맡겨져 있는 사항이다.

절대적 등기사항인 경우에도 등기를 하지 않으면 등기의무자가 등기사항의 존재 또는 부존재를 선의의 제3자에 주장할 수 없다는 불이익을 받는데 그친다(37). 그러나 회사등기는 많은 경우 등기기간이 법정되어 있고 이 기간 내에 등기를 하지 않은 경우에는 과태료가 부과된다는 점에서 등기가 강제되고 있다(635①1, 636①).

(2) 창설적 등기사항 · 면책적 등기사항

創設的 登記事項은 등기함으로써 일정한 법률관계가 창설되는 사항이다. 회사설립(172) · 사원의 입사 · 회사합병등기가 이에 속한다. 免責的 登記事項은 등기함으로써 당사자의 책임을 면하게 되는 사항으로써 지배인의 해임(13, 203, 274, 393, 564), 사원의 퇴사등기(225)가 이에 해당한다.

3. 登記節次

[사례 Ⅳ-1-1: 등기공무원의 심사권]

(i) A주식회사는 주주총회 개최하여 B_1,B_2,B_3를 신임 이사로 선임하고 관할 Y등기소에 위 주주총회의사록을 첨부하여 이사선임등기를 신청하였다. 그러나 주주 X는 일부의 주주에게 주주총회소집통지가 없었다는 이유로 법원에 주주총회결의취소의 소를 제기하고, Y등기소에 A회사의 등기신청에 대한 이의를 제기하였다. ① Y등기소는 A회사의 주주총회결의하자 여부를 심사하여 명확히 가려질 때까지 등기를 거절할 수 있는가? ② 만일 등기신청의 첨부서류로 제출한 주주총회의사록에 출석한 이사의 서명이 없는 경우에는 어떠한가?

(ii) X주식회사의 이사는 A와 B, C의 3인이었으나 A가 사임하였기 때문에 법정의 인원수에 모자라게 되었다. X회사는 후임자를 선임하지 아니한 채 A의 사임을 원인으로 하는 변경등기신청을 하였는데, Y등기소에서는 사임에 의한 변경등기는 후임자의 취임일부터 가능하다는 이유로 그 신청을 각하하였다. Y등기소의 각하처분은 적법한가? (日最高判 1978.12. 24, 民集 22-1,3334 참조)

등기절차에 관하여 상법은 등기업무전산화에 관한 규정을 두고 있을 뿐 대부분의 실무절차는 非訟事件節次法과 商業登記處理規則에 맡기고 있다.

(1) 등기의 신청

상업등기는 등기에 이해관계를 가진 당사자의 신청에 의하는 것이 원칙이다. 그러나 예

1) 신청주의 원칙 상업등기는 원칙적으로 당사자의 신청에 의한다(34, 40, 非訟 147①). 여기에서 '當事者'라고 함은 등기에 이해관계를 가진 자를 말하는데, 가령 商號登記의 말소에 있어서는 상호권자뿐 아니라 그 상호 사용에 이해관계를 가진 모든 자를 말한다(27). 또 회사설립등기에 있어서는 설립중회사의 대표이사(317②)가 당사자가 된다. 등기의 신청은 각 등기별로 요구되

는 법정사항을 기재한 서면에 의한다(非訟 150). 신청시에는 그 기재사실이 진실임을 담보하기 위한 서류를 첨부해야 한다. 등기해야 할 기간을 등기기간이라고 하는데, 개인기업에 대하여는 별도의 등기기간을 정하지 않고 있으나 회사등기에는 각 등기별로 등기기간이 정해져 있다.

외로서 법원이 등기소에 촉탁하거나, 직권으로 등기할 수 있다.

2) 촉탁·직권등기　다음의 경우에는 신청주의에 대한 예외로서 법원이 등기소에 촉탁하거나 또는 직권으로 등기한다. i) 법원의 해산명령(176) 또는 해산판결(241, 269, 520, 613)이 확정된 때(非訟 90, 93), ii) 회사설립무효(184, 269, 328, 552), 설립취소(184, 185, 269, 552), 합병무효(236, 269, 529, 603)판결이 확정된 때(非訟 98, 99, 107.2), iii) 등기사항인 총회결의취소(378, 578), 무효 또는 부존재(380, 578)판결이 확정된 때(107. 7), iv) 회사정리절차의 개시·취소·종결시, v) 휴면회사의 해산이 의제된 때(520의2, 非訟 214)에는 당사자의 신청을 기다리지 않고 직권 또는 촉탁에 의해 기존등기의 변경 또는 말소등기를 하게 된다.

(2) 등기소의 권한

등기공무원은 등기신청에 대해 심사권을 가지는데, 그 범위에 관해서는, i) 형식적 내용만을 심사해야 한다는 형식적 심사주의, ii) 신청사항의 진실성까지 조사해야 한다는 실질적 심사주의, iii) 진실성이 의문시 될 때에는 형식적 심사주의의 예외를 인정해야 한다는 절충주의가 있다.

1) 등기소의 심사권　등기는 당사자의 영업소 소재지를 관할하는 지방법원, 그 지원 또는 등기소가 관할한다(非訟 129). 등기공무원은 등기신청을 접수하면 非訟事件節次法 제159조에 열거한 각하사유에 해당하는 사실의 존부에 대해 조사하여 각하사유가 없는 경우에는 그 신청을 수리하고 지체없이 등기부에 등재하여야 한다. 만일 각하사유가 존재하는 때에는 이유를 기재한 결정으로서 신청을 각하한다. 이와 같이 등기공무원은 등기신청에 대해 심사권을 가지는데 이 심사권의 범위가 어디까지 미치는가 하는 점이 문제된다.

2) 형식적 심사주의　등기공무원은 등기신청사항에 대해 형식적 적합성 여부만 심사할 수 있고 내용적 진실성까지 조사할 권한과 의무가 없다고 한다(정무130, 임홍(총) 170, 이철194). 즉 등기소는 등기신청이 등기소의 관할사항인가, 등기사항에 해당하는가, 구비서류를 갖추었는가 하는 형식적 내용만을 심사해야 한다는 것이다. 이렇게 보는 근거는, i) 등기는 신청된 사항을 기재하는 것에 불과하고 공신력이 인정되지 않으며, ii) 등기공무원은 객관적인 사실을 기록하는 권한만 가지고 있으며, iii) 실질심사를 이유로 등기가 지연될 우려가 있다는 것이다. 이 견해를 취할 경우 [사례Ⅳ-1-1-i]의 ①에서 Y등기소는 A회사의 이사선임등기의 원인이 되는 주주총회결의의 하자여부를 심사하거나 이를 이유로 하는 등기의 지연은 할 수 없다. 다만 [사례Ⅳ-1-1-i]의 ②와 같이 등기신청의 첨부서류로 제출한 주주총회의사록이 상법 제

373조에서 요구하는 요건(출석이사의 서명 또는 기명날인)에 부합하지 않은 경우에는 形式不備로서 등기신청을 각하할 수 있다.

3) 실질적 심사주의　등기공무원은 신청의 형식적 요건뿐 아니라 신청사항의 진실성까지 조사할 권한이 있다고 한다(서·정120, 註商(Ⅰ)351). 그 근거로는, i) 등기는 객관적 진실을 공시하는데 그 목적이 있으며, ii) 상업등기의 관할은 법원이고, iii) 등기 후 등기에 착오가 있거나 빠진 것이 있음을 발견한 경우에는 이를 更正할 수 있다(非訟 232, 233)는 점을 내세운다. 이 견해에 의할 경우 [사례Ⅳ-1-1-i]의 ①에서도 Y등기소는 등기원인인 주주총회결의의 하자여부를 조사할 수 있고 또 이 점에 관한 법원의 판결이 내려질 때까지 등기를 거절할 수 있다.

4) 절충주의　등기신청이 형식적 요건은 갖추었으나 그 진실성이 의문시되는 경우에는 형식적 심사주의의 예외를 인정해야 한다는 입장이다(정희119~120, 손주172, 최기164, 강·임118, 정동(총)189, 이기(총)199). [사례Ⅳ-1-1-ii]에서 보면 A이사의 사임으로 이사의 법정원수(3인 이상)에 결원이 생기게 되므로 A는 후임이사가 취임할 때까지는 이사로서의 권리의무를 가진다(386①). 즉 후임자가 취임하기 전에는 X회사의 등기사항에 변경이 생기지 않으므로 퇴임등기의 신청이 있더라도 등기를 할 수 없게 되는데, 이 점에 대해서 Y등기소(등기공무원)는 심사(실질심사)를 할 권한이 있다는 것이다. 일본판례는 이와 유사한 사안에서 "등기신청서류와 등기부를 대조하면 등기공무원은 바로 상법에서 정한 인원수를 흠결한 것을 용이하게 알 수 있고, 이러한 등기를 하면 등기부에 상법에 위반하는 사항이 기재될 수밖에 없는 경우에는 신청을 각하하는 것은 정당하고, 이러한 등기공무원의 심사와 처분은 정당하다"고 판시하였다(日最高判 1978.12.24, 民集 22-1, 3334). 등기실무에서도 이사의 퇴임등기는 후임자의 선임등기와 동시에 수리하는 것으로 되어 있다.

5) 검 토　등기절차의 지연을 방지하기 위해서는 등기공무원의 심사는 형식적 심사에 한정하는 것이 타당하다고 본다. 따라서 등기공무원은 그 신청사항중에 법률관계의 유효여부에 대한 의문이 있어도 신청을 수리하고 등기해야 하며 그러한 문제는 이해관계인간의 소송에 의해 해결되는 수밖에 없다. 다만 [사례Ⅳ-1-1-ii]와 같은 경우 또는 新株發行의 변경등기신청에 있어서 발행주식수가 授權株式 수를 초과한 경우와 같이 등기신청이나 신청에 첨부된 부속서류의 기재로부터 위법하거나 무효임이 명백한 경우에는 그 한도 내에서 실질적 사항에 대한 심사를 하여 등기신청을 각하 할 수 있다. 등기사항이 법에 위반한 경우에 등기공무원에게 등기말소의 권한을

부여하는 것은 이를 뒷받침한다(非訟 234 ①1.2).

(3) 등기의 갱정과 말소

1) 갱 정 등기에 당사자가 신청한 등기사항과 실제 등기된 내용이 다른 경우에 이를 고쳐서 등기하는 것을 登記의 更正이라고 한다. 즉 등기에 착오 또는 빠진 것이 있음을 발견한 때에는 등기공무원은 등기의 갱정을 하여야 한다(非訟 233①). 이는 당사자의 신청에 의하는 경우(非訟 233 ①, 232)와 등기소가 관할 지방법원장의 허가를 얻어 직권으로 하는 경우가 있다(非訟 233 ①②).

2) 말 소 당사자의 신청대로 등기하였으나 등기내용에 법상 허용되지 아니하는 경우에는 등기공무원이 그 등기를 말소할 수 있다(非訟 234 ①.1.2). 말소도 당사자의 신청에 의한 경우(非訟 234)와 직권말소(非訟 235~238)가 있다.

(4) 등기의 공시

1) 공고의 폐지 종래 상법 제36조는 등기한 사항은 법원이 지체없이 公告하도록 하였으나 1995년 상법개정시 이 조항을 삭제함으로써 공고제도를 폐지하였다. 그 이유는 상법제정 이후 한번도 공고를 한 적이 없고 또 기업의 수가 늘어나 앞으로도 공고를 기대할 수 없기 때문이다(양승규, 전게서, 31).

2) 개별적 공시 이해관계인의 요청에 의해 개별적으로 등기사항을 공개하는 공시방식이다. 즉 일반인은 누구든지 수수료를 내고 등기부 및 부속서류를 열람할 수 있고, 그 등본이나 초본의 교부, 등기에 관한 증명의 발급을 요청할 수 있다(非訟 142).

제 3 商業登記의 效力

商業登記에는 모든 등기에 공통적으로 인정되는 一般的 效力과 특정한 등기사항에 대해 등기자체에 따르는 特殊的 效力 및 사실과 다른 등기에 대해 公信力이 인정되는 不實登記의 效力이 있다. 종래에는 일반적 효력은 등기와 공고를 한 경우에만 인정되고 특수적 효력은 등기만으로 인정되는 효력이라는 점에서 구분하는 견해가 있었으나 公告制度가 폐지됨으로써 이러한 구분은 의미가 없게 되었다.

1. 一般的 效力: 對抗力

가. 意 義

(1) 취 지

상업등기가 공시제도로서 기능하기 위해 등기한 사항에 대해서는 대항력을 인정한다.

상업등기가 공시제도로서 기능하기 위해서는 등기한 사항에 대해서는 거래상대방(제3자)이 그 내용을 알고 있는 여부에 불구하고 이를 알고 있는 것으로 간주할 필요가 있다. 또 등기를 게을리한 경우에는 이를 알지 못한 상대방에 대해서는 그 사실을 주장할 수 없도록 해야 한다. 이러한 취지에서 상법 제37조는 "등기할 사항은 이를 등기하지 아니하면 선의의 제3자에 대항하지 못한다. 등기한 후라도 제3자가 정당한 사유로 인하여 이를 알지 못한 때에도 같다"고 규정하고 있다. 상업등기에 對抗力이 인정됨으로써 상인과 제3자간의 이해관계를 조정할 수 있으며 등기가 촉진되는 효과가 있다.

(2) 선언적 효력

상업등기는 권리관계변동의 성립요건이나 효력발생요건이 아니라 권리관계를 선언하는 것에 불과하다.

商業登記의 一般的 效力은 권리관계변동의 성립요건이나 효력발생요건이 아니라 이미 성립하여 존재하는 실체관계를 제3자에게 대항할 수 있는 효력이라는 점을 유의해야 한다. 즉 상업등기가 없더라도 권리관계는 변동하지만 등기는 기존의 권리관계를 선언하고 확보하는 것에 불과하다. 다음 [사례Ⅳ-1-2]의 ①에서 보면 Y가 지배인 A를 해임하면 해임등기여부에 관계없이 A의 지배권은 소멸하고 지배인이 아닌 것이다. 다만 이를 등기하지 아니한 Y가 제3자(X)에게 이를 주장할 수 있는가 하는 점만 상업등기의 효력으로 문제되는 것이다. 판례도 會社의 解散登記는 제3자에 대한 대항요건에 불과하므로 회사의 해산결의만 있으면 해산등기가 없더라도 清算中의 會社가 존재한다고 판시하고 있다(대판 1964.5.5, 63마29; 1981.9.8, 80다2511).

나. 登記前의 效力: 消極的 公示

[사례 Ⅳ-1-2: 상업등기의 대항력(Ⅰ)-소극적 공시]

다음 각 경우에 Y는 선의인 X의 청구에 대항할 수 있는가? ① Y가 지배인 A를 해임하고 해임등기를 하지 않고 있는 사이에 A가 Y의 지배인명의로 어음을 발행하여 수취인 X에게 교부한 경우 ② A와 B는 Y회사의 공동지배인인데 공동지배의 등기를 하지 않고 있는 사이에 A가 단독으로 Y회사를 대리하여 Y

회사의 부동산을 X에게 매각한 경우 ③ A는 Y합자회사의 총사원의 동의를 얻어 무한책임사원으로 가입하기로 하였으나 변경등기 전에 Y회사의 무한책임사원인 B가 A를 제외한 전사원의 동의를 얻어 X에게 자신의 지분 및 회사를 양도하고 사원 및 지분의 변경등기를 한 경우(대판 1996.10.29, 96다19321 참조) ④ X회사의 임시총회에서 A가 대표이사로 선임되고 등기가 경료된 후 이사선임결의의 부존재확인판결이 확정되었는데, 등기를 말소하지 않고 있는 사이에 Y가 A를 대표이사로 믿고 부동산에 관한 근저당권을 설정한 경우(대판 1974.2.12, 73다1070 참조) ⑤ Y가 지배인 A를 해임하고 B를 새로운 지배인으로 선임하였는데 지배인 변경등기를 하지 않고 있는 사이에 B가 Y의 지배인명의로 어음을 발행하여 수취인 X에게 교부한 경우

등기해야 할 사항은 등기 전에는 이를 악의자에 대해서만 주장할 수 있고 선의자에 대해서는 주장할 수 없다. 이를 消極的 公示原則이라고 한다. 즉 [사례Ⅳ-1-2]의 ①에서 Y는 A를 지배인으로 믿고 거래한 제3자(X)에 대해 A의 지배인 해임사실을 주장하여 어음금 지급책임을 면할 수 없다. 또 [사례Ⅳ-1-2]의 ②에서도 Y는 A가 공동지배인이라는 항변을 X에게 하지 못한다.

(1) 등기할 사항

'등기할 사항'이라고 함은 절대적 등기사항은 물론 상대적 등기사항을 포함한 모든 등기사항을 말한다. 보통은 [사례Ⅳ-1-2]의 ②와 같이 새로이 생긴 사항(공동지배인)이다.

1) 변경·소멸등기 [사례Ⅳ-1-2]의 ①,③과 같이 기존의 등기사항이 변경되거나 소멸하였음에도 불구하고 이에 대한 변경등기나 소멸등기를 하지 않은 경우에도(40) 본조를 적용할 것인가, 아니면 不實登記의 효력문제로서 제39조에 의할 것인가 하는 점이 문제된다. 상법 제37조는 등기의무자의 귀책사유 여하를 불문하는데 대해 제39조는 등기의무자의 고의·과실로 인한 부실등기에 대해서만 책임을 지우는 차이가 있기 때문이다. 즉 [사례Ⅳ-1-2]의 ①에서 Y가 A의 해임등기를 하지 않은 것에 고의나 과실이 없다고 가정할 경우, 제39조가 적용되면 Y는 A가 발행한 어음에 대해 책임이 없는 반면, 제37조를 적용할 경우에는 책임이 있게 된다. 이에 대해서는 제37조의 문제라고 보는 견해(이철198, 정동(총)192), 제39조의 문제라고 보는 견해(채 112) 및 양자를 모두 적용해야 한다는 견해(정찬(상) 147)로 나누어지는데 세 번째 견해가

기존의 등기사항의 변경·소멸시, 변경등기나 소멸등기 하지 않은 경우에는 37조를 적용할 것인가, 39조를 적용할 것인가에 대해 견해대립이 있으나 양자 모두 적용하는 것이 타당하다고 본다.

타당하다고 본다.

판결에 의해 확정된 경우에도 등기하지 않으면 제3자에게 주장할 수 없다.

2) 판결을 원인으로 하는 경우　[사례Ⅳ-1-2]의 ④와 같이 등기할 사항이 판결에 의해 확정된 경우에도 등기하지 아니하면 이를 제3자에게 주장할 수 없다. 대판 1974.2.12, 73다1070도 이러한 취지에서 "원고회사(X)의 임시주주총회가 존재하지 아니한다는 이른바 부존재 확인청구에 관한 판결이 확정되었다 할지라도 채호(A)가 원고회사의 대표이사인 것으로 믿고 위와 같은 계약을 체결한 피고(Y)에 대한 관계에 있어서는 원고회사는 채호가 원고회사의 적법한 대표이사가 아니라는 이유를 내세워서 채호(A)가 원고회사를 대표하여 피고(Y)와 체결한 근저당권 설정계약의 효력을 부인할 수 없다"고 판시하였다.

(2) 선　의

등기사항을 등기하지 않으면, 등기사항의 존재를 알지 못한 선의자에게 대항할 수 없다.

등기사항을 등기하지 않은 경우에는 선의자에게 대항할 수 없다. 여기에서 선의라고 함은 '등기사항의 존재를 알지 못한 것'이고 '등기 여부를 알지 못함'을 의미하는 것이 아니다. 즉 [사례Ⅳ-1-2]의 ①에서 X는 A가 지배인에서 해임된 사실을 모르는 것이고 [사례Ⅳ-1-2]의 ②에서는 X는 A가 공동지배인이라는 사실을 모르는 것이다. 선의의 제3자에게 과실이 있는 경우에도 선의자로 보호받지만 중과실의 경우에는 악의와 같이 취급해야 한다.

선의인 여부는 거래시를 기준으로 하여 결정되므로 거래당시에는 선의였지만 이후 악의가 되어도 선의자로 취급된다. 해임등기 전에는 제3자의 선의가 추정되므로 제3자의 악의에 대한 입증책임은 이를 주장하는 자(등기의무자)에게 있다.

(3) 제3자

제3자는 등기사항에 정당한 이해관계를 가진 모든 자를 포함한다.

1) 이해관계인　제3자는 거래상대방에 한정되지 않고 등기사항에 관하여 정당한 이해관계를 가진 모든 자를 포함한다(대판 1960.4.21, 4290민상816). 본 조가 訴訟行爲에도 적용된다고 하면 법원도 경우에 따라서는 제3자에 해당한다. 또 조세부과처분을 하는 세무서가 제3자에 포함되는가 하는 점과 관련하여 대판 1978.12.26, 78누167 및 1990.9.28, 90누4253는 "상법 제37조 소정의 제3자라고 함은 대등한 지위에서 하는 보통의 거래관계의 상대방을 말한다 할 것이고, 조세권에 기하여 조세의 부과처분을 하는 경우의 국가는 여기에 규정된 제3자라고 할 수 없다"고 판시하여 이를 부인하고 있다(이동명, "등기사항에 대한 선의의 제3자와 조세부과권자로서의 국가", 「상사판례연구」(1996), 78).

제3자는 등기

2) 등기당사자 이외의 자　제3자는 등기당사자 이외의 자를 말한다.

등기당사자란 반드시 등기신청 명의인과는 일치하지는 않으므로 가령 합명회사의 무한책임사원은 회사등기에 대하여 제3자로 인정되지 않고, 또 지배인선임등기에 있어서 지배인도 제3자에 포함되지 아니한다. 대판 1996.10.29, 96다19321도 [사례Ⅳ-1-2]의 ③에서 "총사원의 동의로 A가 무한책임사원으로서의 지위를 취득하였다고 하더라도 그에 관한 등기가 마쳐지기 전에는 등기 당사자인 회사(Y)나 A로서는 선의의 제3자(X)에게 A가 무한책임사원이라는 사실을 주장할 수 없으므로, 만약 제3자(X)가 B만이 유일한 무한책임사원이라고 믿은데 대하여 선의라면, 회사(Y)나 A로서는 제3자(X)가 A의 동의를 받지 아니하였음을 주장하여 그 지분양도계약이 효력이 없다고 주장할 수 없다"고 판시하고 있다.

당사자 이외의 자를 말하는데, 등기당사자는 반드시 등기신청명의인과는 일치하지 않는다.

(4) 대 항

1) 제3자의 부인 '대항하지 못한다'라고 함은 등기할 사항을 등기하지 않은 상태에서는 그 실체관계를 제3자에게 주장할 수 없고 따라서 제3자는 등기사항의 존재를 부인할 수 있다는 의미이다. 즉 제3자(X)는 [사례Ⅳ-1-2]의 ①에서는 A의 해임을 부인하고 그를 지배인으로 볼 수 있고, [사례Ⅳ-1-2]의 ②에서는 A가 공동지배인이라는 사실을 부인할 수 있으며, [사례Ⅳ-1-2]의 ③에서는 A가 무한책임사원이라는 사실을 부인할 수 있다 (대판 1996.10.29, 96다19321).

2) 제3자의 주장 그러나 등기와 다른 실체관계를 제3자가 인정하여 이를 주장하는 것은 상관없다. 따라서 제3자는 자신에게 유리한 쪽을 선택하여 사실관계를 인정할 수도 있고 부인할 수도 있다. 그러므로 [사례Ⅳ-1-2]의 ⑤에서 X는 Y에 대해 B가 지배인으로서 발행한 어음금의 지급을 구할 수 있다.

등기사항을 등기하지 않은 상태에서는 제3자는 등기사항의 존재를 부인할 수 있고, 등기와 다른 실체관계를 인정하여 제3자가 이를 주장할 수도 있다.

다. 登記後의 效力: 積極的 公示

[사례 Ⅳ-1-3: 상업등기의 대항력(Ⅱ)—적극적 공시]

Y회사의 대표이사였던 A는 갑자기 대표이사를 사임하고 그 퇴임등기가 1999.12.28(금)자로 완료되었다. 그럼에도 불구하고 A는 2000년 1월 10일에 'Y회사 대표이사 A'의 명의로 약속어음을 발행하여 이를 평소 거래관계가 있던 B에게 교부하였는데 B는 어음취득 당시 A가 대표이사에서 퇴임하였다는 사실을 전혀 알지 못하였다. B로부터 이 어음을 양도받은 X가 만기에 Y회사에 어음금 지급을 청구한 경우 Y회사는 지급해야 하는가? 만일 X가 민법 제129조 또는 상법 제395조에 기해 Y회사의 표현책임을 물은 경우에는 어떠한가? (日最高判

1977.12.13, 判時880, 78 및 1974.3.22, 民集28-2, 368 참조)

(1) 적극적 공시

등기사항을 등기하면 선의의 제3자에 대해서도 그 사실을 주장할 수 있는데, 이를 등기의 적극적 효력이라고 한다.

등기해야 할 사항을 등기하면 선의의 제3자에 대해서도 그 사실을 주장할 수 있다. 이를 등기의 積極的 效力이라고 하며 제3자는 등기사항을 알고 있는 것으로 의제된다. 가령 영업주가 지배인을 해임하고 즉시 이를 등기하면 해임된 자와 거래한 제3자가 비록 해임된 사실을 알지 못한 경우에도 영업주는 거래상의 책임을 부담하지 아니한다. 등기의 적극적 효력이 인정되는 결과 등기한 자는 보호를 받게 되고 등기가 촉진된다. 등기의 적극적 공시의 효력은 등기가 사실과 부합하는 경우에만 인정되는 효력이다.

(2) 예외: 정당한 사유

상법 제37조의 '정당한 사유'의 의미에 대해서는, 객관적 사정에 한정된다는 엄격설(통설)과 탄력적으로 해석해야 한다는 소수설이 있다.

제3자가 '정당한 사유'로서 이를 알지 못한 경우에는 등기의 적극적 효력에 대한 예외가 인정되어 대항할 수 없게 된다(37①反). 여기에서 '정당한 사유'의 의미에 대해서는 다음과 같이 견해가 나누어진다.

1) 엄격설 천재 지변 등에 의해 교통통신이 두절되어 등기사항을 알지 못한 경우 또는 등기부의 멸실과 같은 客觀的 事情에 한정되며 질병이라든가 해외여행과 같은 거래 상대방의 主觀的 事情은 해당되지 않는다고 한다(통설). 일본 판례도 [사례Ⅳ-1-3]에서 늦어도 다음해 1월 7일이나 8일경에는 등기사항에 대해 등기부를 열람하는 것이 가능한 상태에 있게 되므로 B가 A의 대표자격상실을 모른 것에 대해서는 정당한 사유가 없다는 입장을 취하고 있다(日最高判 1977.12.13, 判時 880, 78).

2) 소수설 상업등기제도가 외관주의의 한 표현이라는 점을 중시하여 정당한 사유를 탄력적으로 해석해야 한다는 견해이다. 즉 [사례Ⅳ-1-3]과 같이 평소에 거래관계가 있던 자(B)에게는 갑작스런 대표이사(A)의 경질은 예상하기 어려운 것일 뿐 아니라 매거래시마다 등기의 조사를 요구하는 것은 무리라는 점에서, 등기부를 확인해 보지 않은 것만으로 정당한 사유가 없다는 것은 잘못이라고 한다. 이 견해가 타당하다고 본다.

(3) 표현대표이사·표현대리와의 관계

상법 제395조는 상법 제37조에 우선하여 적용되며, 상법

1) 표현대표이사 [사례Ⅳ-1-3]에서 만일 Y회사가 A의 사임 이후에도 대표이사 사장이라는 명칭사용을 허락하였거나 묵인한 경우에는 상법 제37조에도 불구하고 상법 제395조가 적용되어 Y는 X에 대해 어음상책임

을 부담한다. 즉 상법 제395조는 상법 제37조에 우선하여 적용되는데 그 근거에 관하여는 예외규정설, 정당한 사유 해당설 등이 주장되고 있다.

2) 표현대리 이와는 대조적으로 상법 제37조는 민법의 表見代理 규정에 우선하여 적용된다는 것이 통설의 입장이다. 이를 지지하는 일본판례를 보면 [사례Ⅳ-1-3]에서 "상인의 거래활동이 일반사인의 경우에 비해 대량적, 반복적으로 행해지고 여기에 이해관계를 가진 제3자의 범위가 매우 넓기 때문에, 상인과 제3자의 이해관계의 조정을 도모하기 위해 등기사항을 정하고 일반사법인 민법과는 별도로 상업등기에 적극적 효력을 부여하고 있는 것이다. 이러한 법의 취지를 감안할 때 주식회사 대표이사(A)의 대표권상실과 해임등기에 대해서는 상법 제37조만 적용되고 별도로 민법 제129조를 적용하거나 유추적용할 여지는 없다"고 판시하고 있다(日最高判 1974.3.22, 民集 28-2, 368).

제37조는 민법의 표현대리규정에 우선하여 적용된다.

라. 商法 제37조의 適用範圍

[사례 Ⅳ-1-4: 상업등기의 대항력(Ⅲ)-적용범위]

(i) 다음 각 경우 Y는 X의 청구에 대항할 수 있는가? ① Y가 지배인 A를 해임하고 아직 변경등기를 하기 전에 A가 자동차사고를 일으켜 X에게 전치 10주의 상해를 입힌 경우 ② Y가 지배인 A를 해임하고 아직 변경등기를 하기 전에 A가 지배인임을 사칭하여 X로부터 상품을 편취한 경우 ③ Y주식회사의 주주총회에서 대표이사 A를 해임하고 B를 선임하였는데 그 등기가 아직 경료되지 않은 사이에 주주 X가 위 주주총회결의무효확인의 소를 제기하고 그 소장에 피고 Y주식회사의 대표자를 A로 기재한 경우(日最高判 1978.11.1, 民集 22-12, 2402 참조) ④ Y회사가 대표이사 A를 해임하고 본점소재지에서는 등기하였으나 B지점 소재지에서는 등기하지 않고 있는 사이에 A가 B지점의 부동산을 X에게 매도한 경우 ⑤ 제과점을 경영하던 A가 영업을 폐지하면서 '무궁화제과점'이라는 상호를 Y에게 양도하였는데, 그 양도등기 전에 양도사실을 알고 있는 X에게 다시 상호를 양도하고 X에게 먼저 등기하여 준 경우

(ii) A합자회사는 무한책임사원인 X외 1인과 유한책임사원인 B외 3인이 출자하여 설립한 회사로서, X가 업무집행사원이며 대표사원이었다. X는 총사원의 동의를 얻어 자신의 지분전부를 B에게 양도하고 지분양도 및 퇴사등기에 필요한 서류를 B에게 교부하였다. 그러나 B는 등기를 하지 않은 채 자신과 나머지 사원의 지분전부와 회사 운영권 일체를 C에게 양도하였다. C역시 이에 따른 등기를 하지 않고 A회사의 대표사원으로 X명의를 내세워 Y세무서에 부가가치세 신고를 하였다. A회사가 부가가치세를 장기간 체납하자 Y세무

서에서는, X가 A회사의 무한책임사원임을 전제로 하여, X에게 제2차 납세의무를 부과하였다. Y의 X에 대한 조세부과처분은 정당한가? (대판 1978.12. 26, 78누167 및 1990.9.28, 90누4235 참조)

(1) 거래관계

상법 제37조가 거래관계이외의 불법행위나 부당이득에 관해서도 적용되는가에 관해, 부정하는 견해(통설), 제한적으로 부정하는 견해, 긍정하는 견해가 대립하지만, 부정설이 타당하다고 본다.

상법 제37조는 외관주의에 입각한 거래의 안전을 보호하기 위한 규정이므로 원칙적으로 去來關係에 적용된다. 이와 관련하여 [사례Ⅳ-1-4-i]의 ①,②와 같이 불법행위나 부당이득 등 非去來關係에 본조가 적용될 것인가 하는 점이 문제된다.

1) 부정설 본조가 거래의 안전을 위한 규정이라는 점을 중시하여 비거래관계에는 적용되지 않는다고 본다(통설). 이에 의하면 [사례Ⅳ-1-4-i]의 ①은 물론 ②의 경우에도 Y는 X에게 책임을 지지 아니한다.

2) 제한적 부정설 원칙적으로 부정설을 취하면서도 예외적으로 불법행위 등이 거래관계와 불가분의 관계가 있는 경우에는 적용된다고 한다(정희 123, 정무135, 채이109). 즉 [사례Ⅳ-1-4-i]의 ①에 대해서는 적용되지 않지만 [사례Ⅳ-1-4-i]의 ②에는 적용되어 Y는 X에게 A의 행위에 대한 책임을 부담한다고 본다.

3) 긍정설 기업은 경제적 생활체로서 활동영역이 광범위하며, 영업주는 등기유무와는 상관없이 지배인의 행위에 대해 사용자책임을 부담하고, 특히 회사기업에는 불법행위능력이 인정되는 점을 감안하면 상법 제37조를 널리 기업활동일반에 적용해야 한다고 한다. 이에 의하면 [사례Ⅳ-1-4-i]의 ①,②에서 모두 Y의 책임을 인정한다.

4) 검 토 상법 제37조가 외관주의에 입각하여 제3자의 신뢰를 보호하기 위한 규정임을 감안하면 불법행위 등 신뢰관계가 개재하지 않은 비거래관계까지 본조를 확대하는 것은 무리라고 하겠다. 부정설을 취하는 경우에도 [사례Ⅳ-1-4-i]의 ②는 A와 X간에 거래관계가 이루어진 것을 전제로 하므로 Y의 책임을 인정하는데 지장이 없다(김성 311). 따라서 부정설이 타당하다고 본다.

(2) 소송행위

상법 제37조가 소송행위에도 적용되는가에 대해서는 견해

상법 제37조가 소송행위에도 적용되는가? 즉 [사례Ⅳ-1-4-i]의 ③에서 주주 X가 해임된 A를 Y회사의 대표자로 소장에 기재하고 있는데 이를 부적법한 소제기로서 각하해야 하는가이다. 이에 대해서는 소송은 공권력에

의해 실체적 권리관계를 확정하는 절차로서 거래행위가 아니므로 제37조를 적용할 수 없다는 견해가 있지만(정동(총)196, 김성311, 日最高判 1978.11.1, 民集 22-12, 2402) 국내에서는 적용긍정설이 통설적 견해이다. 이 사례에서 주주 X가 대표이사의 교체사실을 몰랐다고 가정할 경우, 긍정설을 취하게 되면 A를 대표자로 기재한 X의 소제기는 적법한 것이 된다. 그러나 부정설을 취할 경우에는 등기유무에도 불구하고 회사의 대표는 실체관계에 따라야 하기 때문에 A를 대표자로 한 X의 소제기는 각하되어야 한다(다만 Y회사의 주주 X가 상법 제37조에서 말하는 '제3자'에 해당하는가에 대해서는 논란이 있다).

대립이 있지만, 국내에서는 긍정설이 통설이다.

(3) 지점거래

상업등기의 대항력은 등기한 영업소를 단위로 하여 지역적 제한을 받는다. 이에 따라 지점의 소재지에서 등기할 사항을 등기하지 아니한 때에는 상법 제37조는 그 지점의 거래에 한하여 적용한다([38]). [사례Ⅳ-1-4-i]의 ④에서 대표이사 A의 해임은 본점뿐 아니라 지점에서도 등기해야 하는데 B지점에서는 이를 등기하지 아니하였으므로 B지점의 거래인 부동산매매에 관하여는 등기가 없는 것으로서 Y회사는 선의의 X에게 대항할 수 없다.

상업등기의 대항력은 등기한 영업소를 단위로 하여 지역적 제한을 받는다.

(4) 상호의 양도

상법 제25조 2항은 "상호의 양도는 등기하지 아니하면 제3자에게 대항하지 못한다"고 규정하고 있는데 이 규정과 상법 제37조의 관계가 문제된다. [사례Ⅳ-1-4-i]의 ⑤에서 보면 X는 Y가 상호를 양도받았다는 사실을 알고 이중으로 취득하였으므로 만일 여기에 상법 제37조가 적용된다면 X는 Y에게 대항할 수 없다. 그러나 상법 제25조는 상대방의 선·악의 불문하고 적용되므로 비록 X에게 악의가 있다고 하더라도 먼저 상호양도의 등기를 한 X가 우선하게 된다.

이에 대해서는 상법 제25조가 상법 제37조의 예외규정이라는 견해와 양자는 그 적용되는 경우가 다를 뿐 예외규정으로 볼 수 없다는 견해가 대립한다. 이론적으로 볼 때에는 상법 제25조는 商號의 物權的 讓渡에 대한 대항력을 규정한 것으로서 등기의 대외적인 책임관계에 관한 규정인 상법 제37조와는 그 입법취지와 적용대상에서 차이가 있다는 견해가 타당하다고 본다. 그러나 [사례Ⅳ-1-4-i]의 ⑤에서 보듯이 그러한 구별은 매우 기교적인 설명으로서 문제의 해결을 위해서는 결국 전자를 후자의 예외규정으로 보아야 할 것이다.

상법 제25조②항과 상법 제37조의 관계에 대해서는, 상법 제25조가 상법 제37조의 예외규정이라는 견해와 양자는 적용되는 경우가 다를 뿐 예외규정으로 볼 수 없다는 견해가 대립한다.

(5) 공법관계

상법 제37조는 외관법리를 그 근거로 하므로 공법관계에는 적용되지 않는다.

상법 제37조가 상대방이 국가 또는 공공단체와 같은 公法關係에도 적용될 것인가 하는 점이 문제된다. 즉 [사례Ⅳ-1-4-ii]에서 X의 퇴사등기를 하지 않은 A회사 및 A회사의 무한책임사원 X는 그러한 사실을 모르고 조세부과처분을 한 Y세무서에 대해 상법 제37조에 기한 책임을 부담하는가이다. 생각건대 본조는 外觀法理를 그 근거로 하므로 외관법리가 적용되지 않는 공법관계에는 적용되지 않는다고 하겠다. 대판 1978.12.26, 78누167 및 1990.9.28, 90누4235도 이러한 취지에서 "등기할 사항은 등기와 공고후가 아니면 선의의 제3자에게 대항할 수 없다는 상법 제37조 소정의 제3자라 함은 대등한 지위에서 하는 보통의 거래관계의 상대방을 말한다 할 것이고, 조세권에 기하여 조세의 부과처분을 하는 경우의 국가는 여기에 규정된 제3자라 할 수 없다"고 판시하여 X의 제2차 납세의무를 부인하였다.

2. 特殊的 效力

상업등기에는 특수한 목적을 위해 인정되는 특수적 효력이 있는데 이 경우에는 상법 제37조는 적용되지 않는다.

모든 상업등기에는 그 일반적 효력으로서 대항력이 인정됨은 앞에서 본 바와 같지만 이와는 별도로 특정한 상업등기에 대해서만 인정되는 특수한 효력이 있다. 이러한 상업등기의 특수적 효력은 특정한 목적을 위해 인정되는 것으로서 거래 상대방의 선의·악의를 불문한다는 점에서 거래의 안전을 위해 선의자에 대해서만 인정되는 일반적 효력과는 구분된다. 따라서 특수적 효력이 인정되는 등기에 대해서는 상법 제37조가 적용되지 않는다(통설).

(1) 창설적 효력

등기에 의해 새로운 법률관계가 창설되는 효력을 말한다.

1) 의 의 　등기에 의해 새로운 법률관계가 창설되는 효력이다. 會社의 設立登記(172)에 의해 회사의 법인격이 취득되고, 合倂登記(233)에 의해 2 이상의 법인격이 하나로 통합되는 것이 그 예이다. 이는 지배인 선임등기가 지배인의 대리권을 창설하는 것이 아니라 이미 영업주에 의해 부여된 지배권을 대외적으로 확보하는 효력에 지나지 않는 것과는 구별된다.

2) 인정 근거 　이러한 등기에 창설적 효력을 인정하는 것은 등기사항에 관련되는 이해관계인이 다수로서 법률관계의 효력발생시기를 등기라는 객관적 기준에 의해 획일적으로 결정할 필요가 있기 때문이다.

(2) 보완적 효력

등기함으로써 등기의 전제조건인 법률사실의 하자가 보완되어 그 하자를 주장할 수 없게 되는 효력이다. 가령 設立登記나 新株發行으로 인한 변경등기 이후에는 주식인수의 무효나 취소의 주장을 할 수 없게 되는 것(320, 427)이 그 예이다.

상업등기를 함으로써 등기의 전제조건인 법률사실의 하자를 보완하는 효력이다.

(3) 부수적(해제적) 효력

등기를 기준으로 일정한 행위가 허용되거나 책임이 면제되는 효력이다. 회사의 설립등기에 의해 株券發行과 權利株讓渡가 허용되고(355②, 319), 합명회사나 합자회사의 무한책임사원은 퇴사등기 후 2년이 경과해야만 책임이 면제되는 것(225, 269)은 이에 속한다.

등기로서 일정 행위의 허용 또는 책임면제가 되는 효력이다.

3. 不實登記의 效力: 公信力

[사례 Ⅳ-1-5: 상업등기의 공신력]

(i) Y는 A주식회사의 설립시 발기인 C로부터 이사에 취임해 줄 것을 부탁받고 이를 승락하였다. 그런데 A회사에서는 Y를 이사로 선임하기 위한 창립총회 결의 등 아무런 절차를 밟지 않은 채 대표이사로 등기하였다. 이후 A회사가 도산하게 되자 A회사의 채권자인 X는 Y에 대해 이사로서의 책임을 추궁하는 소를 제기하였다. 이에 대해 Y는 선임절차의 흠결을 이유로 대항할 수 있는가? (日最高判 1972.6.15, 民集 26-5, 984 참조)

(ii) Y회사는 창립당시 A를 대표이사로 선임·등기하였지만 영업부진으로 사실상 휴업상태에 들어가 임직원들이 출근도 하지 않고 모든 회사관계인들도 회사에 대하여 무관심하게 되었다. X회사의 감사 C는 사무실에 보관중이던 대표이사의 직인을 도용하여 임시주주총회 의사록과 이사회 회의록을 위조하여, B 등 4인을 이사로, B를 대표이사로 선임한 것으로 가장한 후, 이를 사용하여 B를 Y회사의 대표이사로 등기하였다. 그러나 이후에도 A를 위시한 X회사의 주주와 이사들은 6년여 동안 회사를 방치하고 특히 대표이사의 인장보관상태를 한번도 점검하지 않았다. 그러던 중 B는 Y회사 소유인 부동산을 X에게 매도하고 소유권이전등기를 경료하여 주었다. Y회사는 X를 상대로 소유권이전등기말소를 구할 수 있는가? (대판 1975.5.27, 74다1366 및 1981.1.27, 79다1618·1619 참조)

(iii) X주식회사의 대표이사 A는 1996.3.8. 임시주주총회에서 선임된 이사들에 의하여 대표이사로 선임되어 등기된 자이다. A는 1996.3.19. B와 X회사 소유의 부동산에 대하여 근저당설정계약을 체결하고, 근저당설정등기를 경료

하였다. 그 후 B는 이 부동산을 임의경매신청하였고, Y가 낙찰받아 1997.6.30. 소유권이전등기를 마쳤다. 그런데 X회사의 주주 C가 A 등을 이사로 선임한 1996.3.8.자 임시주주총회에 대한 결의취소의 소를 제기해, 1998.4.10. 승소의 확정판결을 받았다. 이를 근거로 X회사는 Y에 대하여, 대표권이 없는 A와 B 사이에 체결된 근저당설정계약의 효력을 부정하고 등기말소와 부당이득반환청구의 소를 제기하였다. X의 주장은 타당한가?(대판 2004.2.7, 2002다19797 참조)

가. 意　義

등기된 사실은 그 기초가 된 사실이 존재하지 않으면 아무런 효력이 발생하지 않지만 상법 제39조는 외관법리에 기해 부실의 등기에도 제한적인 공신력을 인정한다.

商業登記는 등기된 사항이 존재함을 전제로 하여 효력을 가진다. 그러므로 등기가 사실과 다르거나 등기의 기초가 된 사실이 존재하지 않으면 아무런 효력도 발생하지 않고 다만 등기된 사실은 일단 진실하다는 사실상의 추정만 받을 뿐이다(대판 1959.7.23, 4291민상759 · 760; 1983.12.27, 83다카331; 1991.12.27, 91다4409 · 4416). 이는 등기공무원의 조사권이 신청사항에 대한 형식적 적합성에 한정되는 등 등기의 진실성을 확보할 제도적 장치가 미비한 현실에서 등기에 전면적인 公信力을 인정할 수 없기 때문이다.

그러나 일단 등기가 존재하는 한 이를 신뢰하여 거래한 자가 전혀 보호받지 못한다면 거래시마다 등기의 사실부합여부를 조사해야 할 것이며, 이렇게 되면 공시제도로서의 상업등기는 그 존재의의를 상실하게 된다. 그러므로 상법 제39조는 "고의 또는 과실로 인하여 사실과 相違한 사항을 등기한 자는 그 상위를 선의의 제3자에게 대항하지 못한다"고 규정하여 제한적인 公信力을 인정하였다. 이렇게 함으로써 부실등기를 한 자에게는 그에 따른 책임을 지우는 한편, 外觀法理 또는 表示에 의한 禁反言의 法理에 기해 선의의 제3자를 보호한다.

나. 要　件

제39조가 적용되기 위해서는 i) 등기한 자의 ii) 고의 · 과실에 의해 iii) 사실과 상위한 사항이 등기되고, iv) 제3자가 선의이어야 한다.

(1) 등기한 자

상법 제39조의 '등기한 자'에는 등기신청인과 부실등기에 협

1) 등기신청인　'등기한 자'라고 함은 登記申請人을 말한다. 개인기업인 경우에는 商人이며 회사기업인 경우에는 代表機關(대표사원 · 대표이사)을 의미한다. 대판 1971.2.23, 70다1361 · 1362는 "합명회사의 부실등기사실이

나 이를 방치한 사실에 대한 고의 또는 과실의 유무는 그 회사를 대표할 수 있는 업무집행사원을 표준으로 결정할 것이다"라고 판시하고 있다(同 대판 1981.1.27, 79다1618·1619; 2004.2.27, 2002다19797).

력한 자가 포함된다.

2) 부실등기에 협력한 자　부실등기에 협력한 자도 등기한 자에 포함된다. 즉 [사례Ⅳ-1-5-i]에서 Y는 A회사의 이사로 선임된 바 없어 법률상의 이사가 아니지만 그 취임을 승낙함으로써 부실등기에 동조하였기 때문에 부실등기한 자로서 X에 대해 책임을 부담한다. 일본판례는 이 사례에서 "부실등기가 주식회사 이사의 취임에 관한 것이고, 그 취임등기에 대해 이사로 될 자(Y)의 승낙이 있으면 그도 부실등기의 출현에 가담한 것으로서 상법 제14조(우리 상법 제39조)를 유추적용하여 선의의 제3자(X)를 보호해야 한다"고 판시하고 있다(日最高判 1972.6.15, 民集 26-5, 984). 그러므로 등기소의 잘못으로 인한 부실등기는 이에 해당하지 아니한다.

(2) 고의·과실

귀책사유없는 등기의무자도 부실등기를 장기간 방치한 경우에는 중과실을 인정해야 한다는 견해와 그렇지 않다는 견해(판례)가 있다.

등기한 자의 고의·과실이 존재해야 하므로 가령 제3자가 문서위조 등의 방법에 의해 부실등기가 이루어진 경우에는 본조에 의한 책임이 인정되지 않는다. 그런데 [사례Ⅳ-1-5-ii]와 같이 부실등기 자체에는 등기의무자(A)의 귀책사유가 없으나 이를 장기간 방치한 경우에는 부실등기에 대한 중과실을 인정해야 할 것인가 하는 점이 문제된다. 이에 대하여 대판 1975.5.27, 74다1366은 "부실등기의 효력을 규정한 상법 제39조는 등기신청권자(A) 아닌 제3자(C)의 문서위조 등의 방법으로 이루어진 부실등기에 있어서는 등기신청권자에게 그 부실등기의 경료 및 존속에 있어서 그 정도가 어떠하건 과실이 있다는 사유만 가지고는 회사(Y)가 선의의 제3자(X)에게 대항할 수 없음을 규정한 취지가 아니다"라고 하여 매우 좁게 해석하고 있다(윤용섭, "부실등기의 효력을 규정한 상법 제39조가 적용되기 위한 요건으로서의 등기신청권자의 고의·과실", 「상사판례연구 I」(1996), 110).

그러나 이 사례에서 등기사항의 중요성 및 부실등기가 존속한 기간(6년) 등을 감안하면 등기신청권자의 중과실을 인정하는 것이 타당할 것이다. 그러한 취지에서 이 판결의 원심인 서울고판 1974.7.9, 72나1289는 "이와 같은 부실등기 및 등기상태의 존속에 있어서의 위 소외회사(Y)의 과실은 그 자신이 부실등기를 하고 또 부실등기를 묵인한 경우에 비견할 수 있는 정도의 중대한 과실이라 볼 것이므로 위 소외회사(Y)는 상법 제39조에 의하여 등기의 상위로서 선의의 제3자인 원고(X)에게 대항할 수 없다"고 판시하고 있다. 이러한 입장에 따른다면 비록 등기의무자의 귀책사유 없이 부실등기가 되었더라도 일단 부실등기를 알게 된 이후에는 지체없이 등기의 말소 또는 변경을 하지 아니하면 부실등기로 인한 책임을 부담하게 된다.

판례는 한 걸음 더 나아가 [사례Ⅳ-1-5-iii]과 같이 X회사 소유의 부동산에 근저당권을 설정할 당시에는 대표이사(A)의 선임결의가 취소되지 않아 아직 유효한 상태에서 대표이사와 거래한 상대방을 보호하기 위해 본조를 원용하고 있다. 즉 대판 2004.2.7, 2002다19797은 "이사 선임의 주주총회결의에 대한 취소판결이 확정되어 그 결의가 소급하여 무효가 된다고 하더라도 그 선임 결의가 취소되는 대표이사와 거래한 상대방은 상법 제39조의 적용 내지 유추적용에 의하여 보호될 수 있으며, 주식회사의 법인등기의 경우 회사는 대표자를 통하여 등기를 신청하지만 등기신청권자는 회사 자체이므로 취소되는 주주총회결의에 의하여 이사로 선임된 대표이사가 마친 이사 선임 등기는 상법 제39조의 부실등기에 해당된다"고 판시하고 있다. 그러나 이사선임결의 취소판결이 확정됨으로써 그 이후부터 이사(A)의 등기가 부실등기가 되는 것이고 따라서 이를 시정하지 않고 방치한 대표이사(A)에 대한 고의·과실의 판단시점 역시 취소판결 이후가 되는 것이다. 그러므로 그 이전에 이루어진 거래에 대해서 본조를 적용하는 것은 무리가 아닌가 한다. 차라리 이 경우 거래상대방의 보호를 위해서는 등기의무자의 고의·과실을 묻지 않는 상법 제37조를 적용하는 것이 타당하지 않을까 생각된다(안성포, "선임결의가 취소되는 대표이사와 거래한 상대방의 보호", 법률신문, 2005.4.25).

(3) 사실과 상위한 사항

사실과 상위하다고 함은 진실에 합치하지 않는 것을 의미한다.

사실과 相違하다고 함은 진실에 합치하지 않는 것을 말하며 적극적이든 소극적이든 묻지 아니한다. 가령 A를 지배인으로 선임하지 않았음에도 불구하고 지배인으로 등기한 경우이거나 A를 지배인에서 해임하였는데 지배권소멸의 등기를 하지 않은 경우를 포함한다. 특히 후자의 경우에는 본조의 문제가 아니라 상법 제37조가 적용된다고 하는 견해가 있으나 양자가 동시에 적용되어야 함은 앞에서 설명한 바 있다.

(4) 제3자의 선의

제3자는 등기에 이해관계를 가진 모든 자를 의미한다.

제3자는 거래의 직접 상대방뿐 아니라 등기에 이해관계를 가진 모든 자를 의미한다. 그러므로 지배인으로 부실등기된 자가 발행한 어음을 배서양도받은 현재의 소지인도 포함된다. 제3자는 선의이면 되고 과실이 있어도 상관없지만 중과실이 있는 경우에는 악의의 제3자로 보아야 한다. 제3자의 악의 또는 중과실에 대한 입증책임은 등기신청인 측에 있다.

다. 效 果

이상의 요건을 구비하면 부실등기를 한 자는 그 등기가 사실과 다르다는 것을 선의의 제3자에게 주장하지 못한다(대판 1968.7.31, 68다1050; 1993.4.9, 92다46172; 1996.10.29, 96다19321; 2004.2.27, 2002다19797). [사례Ⅳ-1-5-i]에서는 Y(또는 A회사)는 Y가 A회사의 이사가 아니라는 사실을 X에게 주장하여 이사의 책임을 면할 수 없으며, [사례Ⅳ-1-5-ii]에서는 Y회사(또는 A)는 B가 Y회사의 대표이사가 아니기 때문에 B와 한 부동산거래는 무효라는 주장을 X에게 하지 못한다. 그러나 제3자(X)측에서 등기와는 달리 사실에 맞는 주장을 하는 것은 무방하다.

부실등기자는 선의의 제3자에 대해 등기가 사실과 다르다는 것을 주장할 수 없다.

제 2 절 企業의 讓渡: 營業讓渡

제 1 企業構造改編과 營業讓渡

1. 企業構造改編과 法的 規律

(1) 기업구조개편의 법적 수단

기업 구조개편을 위해서 상법을 비롯하여 증권거래법, 공정거래법, 세법 등에 여러 제도를 마련하고 있다.

기업은 존속하는 동안에 내외적인 경영여건과 환경의 변화에 적응하기 위해 그 구조를 개편할 필요가 종종 발생한다. 이러한 기업의 구조조정을 지원하거나 규율하기 위해 상법을 비롯하여 證券去來法, 公正去來法, 稅法 등에 여러 제도를 마련하고 있다. 기업구조개편과 관련한 상법상의 제도로는 i) 營業讓渡, ii) 유사한 종류의 회사로 전환하기 위한 組織變更(242, 269, 604, 607), iii) 企業結合(342의2, 369③), iv) 2이상의 회사가 하나로 합하는 合併(174, 230, 522, 598), v) 그 반대의 會社分割 또는 分割合併(530의2), vi) 기업의 인적조직만 변동되는 株式의 包括的 交換·移轉(460의2 이하) 등이 있다. 이외에도 증권거래법상으로는 이른바 기업매수합병(M&A)제도가 있는데, 법적으로는 합병이나 주식매수 또는 영업양도 중의 하나이다.

(2) 기업구조개편과 법적 규제

기업구조개편은 관점에 따라 평가가 달라질 수 있다. 따라서 상법이나 증권거래법에서는 이를 지원하고 공정거래법에서는 이를 규제하고 있다.

기업구조조정을 위한 여러 제도들은 하나의 기업단위에서 볼 때에는 경영의 합리화라든가 규모의 경제를 달성하고 시장에서 경쟁력의 우위에 서게 하는 등 유익한 수단이 된다. 그러나 국가적인 차원에서는 구조개편을 통하여 특정기업에 경제력이 과도하게 집중되는 등 獨寡占의 폐해가 초래될 소지가 다분히 있다. 또한 기업구조개편은 관련 투자자나 채권자 등 다수인에게 큰 영향을 주게 된다. 그리하여 기업법인 商法과 證券去來法에서는 기업구조개편을 바람직한 제도로 보고 이를 지원하기 위한 법제적인 장치를 마련하는 동시에 여러 이해관계자를 보호하기 위한 절차적인 규제를 하고 있다. 그러나 독점규제를 통한 공정한 경쟁질서의 유지를 목적으로 하는 公正去來法에서는 경쟁제한적인 합병이나 영업양도 등을 금지하고, 이를 감시하기 위해 사전에 신고하게 하며, 위반시에는 과징금부과라든가 會社分

割命令 등 강력한 규제장치를 마련하고 있다.

2. 營業讓渡 關聯規定

(1) 영업양도 관련규정

상법은 영업양도에 관하여 總則의 제7장(41~45)과 會社法(374①, 576①)에서 각각 규정하고 있다. **총칙**에서는 주로 영업양도와 관련하여 양수인의 지위를 보장하고 영업상의 채권자 또는 채무자의 신뢰를 보호하기 위한 규정이 주된 내용을 이루고 있다. 이에 대해 **회사법**에서는 회사의 구조에 중요한 변경이 생기는 영업양도에 대해 사원(주주)의 특별결의를 거치도록 하는데 주안점을 두고 있다. 또한 회사법의 영업양도 규정은 영업의 전부양도뿐 아니라 일부양도를 포함하며 기타 경영위임 등도 포괄하는 점에서 총칙의 규정과 차이가 있다.

상법은 영업양도에 관하여 총칙과 회사법에서 각각 규정하고 있다.

(2) 영업용 중요재산의 양도

이와 같이 영업양도에 관한 규정이 양쪽으로 나뉘어져 있기 때문에 그 '영업양도'의 의미가 동일한가 하는 점이, '營業用 重要財産의 讓渡'를 영업양도에 포함시키는 여부와 관련하여 문제된다. 학설은 형식설과 실질설로 나뉘어 있는데 판례는 일관하여 "단순한 영업용재산의 양도는 이에 해당하지 아니하나, 다만 영업용재산의 처분으로 말미암아 회사영업의 전부 또는 일부를 양도하거나 폐지하는 것과 같은 결과를 가져오는 경우에는 주주총회의 특별결의가 필요하다"는 입장을 견지하고 있다(대판 1997.4.8, 96다54249 外). 이에 관한 상세한 설명은 회사법의 관련부분에 맡기기로 한다.

영업용 중요재산의 양도를 영업양도에 포함시킬 것인가에 대해 학설은 대립하지만, 판례는 단순한 영업용 재산의 양도는 이에 해당하지 않는다고 판시하고 있다.

제 2 營業讓渡의 意義

1. 營業讓渡의 本質

[사례 Ⅳ-2-1: 영업양도의 본질]

A는 삼정장여관이라는 상호로 지하 1층 지상 6층 건물에서 숙박업과 함께 부속시설인 목욕탕, 이발소 등을 경영하면서 X로부터 여관의 객실용으로 비치할 칼라 TV와 냉장고 등의 전자제품을 계약금만 주고 외상구매하였다. 그 후 A는

여관경영의 부진으로 위 전자제품을 비롯한 여관내 시설물 일체를 양도담보로 제공하고 B로부터 사업자금을 차입하였으나 결국 채무를 변제하지 못하고 발행한 어음수표도 부도를 내게 되었다. Y는 A로부터 여관과 목욕탕 시설이 들어있는 이 건물 전부와 영업에 필요한 전화기, 의자와 X로부터 매수한 전자제품, 옷장, 신발장 등 비품일체를 매수함과 동시에 A의 B에 대한 피담보채무도 인수한 후, 삼정호텔이라는 상호로 영업을 계속하였다. X는 상호속용에 의한 영업양도를 이유로 A에 대한 전자제품대금을 Y에게 청구할 수 있는가? (대판 1989. 12.26, 88다카10128 참조)

(1) 양도대상으로서의 영업

영업양도에서의 '영업'은 상인이 영업목적을 위해 결합시킨 유기적인 조직체를 의미한다.

營業讓渡는 영업을 양도하는 채권계약을 말한다. 영업양도의 대상이 되는 '營業'은 앞에서 본 바와 같이 주관적 의의에서의 영업인 '상인의 영리활동'이 아니라 객관적 의의에서의 영업인 '상인이 영업목적을 위해 결합시킨 재산의 전체'인 영업재산을 말한다. 營業財産이라고 하더라도 영업을 위해 사용하는 단순한 물건 또는 권리의 집합물이 아니고 사회적 활력을 가지는 유기적인 조직체이다. 즉 기업의 거래관계나 고객·경영비결 등 物的으로 體化되지 아니한 사실관계도 영업을 구성하는 중요한 요소이기 때문에 이는 영업을 구성하는 개별 재산의 단순한 집합체보다도 더 큰 조직적 가치를 가지게 된다.

[사례Ⅳ-2-1]에서 보면 A의 여관과 목욕탕영업을 Y에게 양도하는데 있어 그 영업을 구성하는 건물·비품 등을 개별적으로 양도하는 방법과 고객관계나 경영에 대한 노하우 등을 모두 포함하여 일체로서 양도하는 방법이 있을 수 있는데, 그 양도가액 산정에 있어서 큰 차이가 있게 된다. 후자의 경우가 영업양도에 해당한다. 이와 같이 영업양도의 대상이 되는 영업은 전체로서의 영업재산을 의미하는데, 영업의 어느 측면에 중점을 두는가에 따라 영업양도의 본질에 대한 다양한 견해가 제시되고 있다.

(2) 영업재산 양도설

영업목적을 위해 조직화된 유기적 일체로서의 재산을 양도하는 것으로 이해하는 견해로

1) 학 설 영업목적을 위해 조직화된 각종 재산·물건 및 사실관계로부터 성립하는 사회적 활력을 가진 유기적 일체로서의 재산을 양도하는 것으로 이해하며 국내의 통설이다. 즉 "양도인이 영업을 전체로서 그 동일성을 해하지 않고 계약에 의해 양수인에게 이전하는 것", "재산적 가치가 있는 조직화된 영업재산을 포괄적으로 이전하는 채권계약" 등으로 정의한

다(정찬(상)159, 이철 215, 이·최119).

서 통설·판례이다.

2) 판 례　판례도 일관하여 이 견해를 취하고 있다. 즉 대판 1989. 12.26, 88다카10128은 [사례Ⅳ-2-1]에서 “상법 제41조가 말하는 영업이란 일정한 영업목적을 위하여 조직화된 유기적 일체로서의 기능재산(적극적 재산과 소극적 재산)을 뜻하는 것으로서 여기에는 단골관계 등의 경제적 가치가 있는 사실관계도 포함되는 것이고, 또한 양도란 위와 같은 기능재산의 전부 또는 중요한 일부를 넘겨 주어 그에 의하여 양도인이 그 재산으로 경영하고 있던 영업활동의 전부나 중요한 일부를 양수인으로 하여금 인계받게 하여 양도인이 그 양도한 한도에 따라 법률상 당연히 경업금지의무를 지는 결과를 수반하는 것이라고 풀이해야 하는 것이 마땅하므로, 결국 영업의 양도란 위에서 본 바와 같은 기능재산의 동일성이 유지된 일괄이전을 의미하는 것이라고 보아야 한다”고 판시하여 영업양수인(Y)의 책임을 인정하였다(同 대판 1968.4.2, 68다185).

3) 영업조직양도설·영업유기체양도설　영업조직양도설은 재산적 가치가 있는 사실관계로 구성되는 영업조직의 양도에 중점을 두고 개개의 재산은 이러한 영업조직의 從物로서 양수인에게 이전된다는 견해이다. 영업유기체양도설은 외부적인 물건 또는 관계가 공동의 경제적 목적하에 통일적으로 조직된 유기체의 양도라고 한다. 이들 견해는 통설인 영업재산양도설과 큰 차이가 없다.

영업조직양도설과 영업유기체양도설은 영업재산양도설과 큰 차이가 없다.

(3) 지위교체설

영업양도의 대상을 인적요소에 중점을 두는 견해로서 영업양도는 기업자인 지위의 인계와 교체를 목적으로 하는 행위로 본다. 기업자의 지위는 기업재산 특히 고정자산의 소유자 내지 이용권자이고, 기업활동의 권리의무와 기업수익의 귀속자이며 기업경영의 최고결정권자이므로 이러한 지위의 이전에 수반하여 영업재산도 이전할 뿐이라고 한다.

영업양도의 대상을 인적요소에 중점을 두는 견해이다.

(4) 지위·재산이전설

영업양도의 인적요소와 물적요소를 모두 중시하는 견해로서 영업양도는 양도인이 영업의 양수인으로 하여금 자기를 대신하여 영업의 경영자인 지위에 있게 할 목적으로 영업재산을 일괄하여 이전하는 것을 내용으로 하는 계약이라고 한다.

영업양도의 인적요소와 물적요소를 모두 중시하는 견해이다.

(5) 검 토

영업재산양도설은 유기적 일체로서의 영업재산이 양도되면 영업의 주체인 지위는 당연히 부수적으로 이전된다고 함에 대해, 지위교체설이나 지위·재산이전설은 기업자인 지위가 교체되는 결과 영업재산도 이전하는 효과가 생긴다고 한다. 결국 영업의 구성요소 가운데 어디에 중점을 두는가에 따라 생기는 견해의 대립으로서 그 결과에 있어서는 별다른 차이가 있는 것은 아니다. 기업자인 지위는 영업의 귀속주체가 당연히 누리는 지위이므로 영업양도를 굳이 기업자인 지위의 승계나 교체로 파악할 필요는 없다는 점에서 영업재산양도설이 타당하다.

2. 營業讓渡의 意義

[사례 Ⅳ-2-2: 영업양도의 의의]

(i) 다음 각 경우 Y는 X에 대해 변제책임이 있는가? ① Y의 점포를 A가 임대를 받아 영업을 하던 중 많은 부채때문에 채권자 X 몰래 도주하면서 영업장소에 있던 재고품 전부와 가공용 재봉틀을 Y에게 양도하여 Y가 동일한 상호로 같은 장소에서 잠시 동종 영업을 한 경우(대판 1968.4.2, 68다185 참조) ② Y는 A유한회사의 대표사원으로서 A회사의 일부 채무를 숨긴 채 A회사 및 회사소유의 화물자동차 2대를 X에게 양도하기로 하는 계약을 체결하면서 '계약일 이전에 발생한 민·형사상 문제에 대해서는 양도자가 책임진다'고 기재한 경우(대판 1995.8.25, 95다20904 참조) ③ Y는 조광권설정인가를 받아 동림광업소라는 상호로 석탄채탄업을 개시한 후 X노동사무소에 산업재해보상보험관계 성립신고서를 제출하였는데, X는 Y의 사업이 실질적으로 종전에 A가 같은 광구에서 운영해 온 대명광업소와 사업의 동질성이 유지되는 계속사업이라는 이유로, A가 종전에 체납하고 있던 산재보험료의 납부를 명하는 내용의 처분을 한 경우(대판 1991.9.10, 90누8848 참조)

(ii) Y회사가 A회사의 근로자 X 등을 다음과 같이 채용한 경우, X의 임금(퇴직금) 등의 지급에 있어 A회사에 재직한 연수를 가산해야 하는가? ① Y회사가 A회사의 기존 판매망과 생산시설을 바탕으로 하여 동일한 제품을 생산하면서 X 등 A회사 소속 근로자 일부를 A회사에서 퇴직하게 하고 Y회사가 신규입사형식으로 채용한 경우(대판 1994.11.18, 93다18938 참조) ② A회사가 영위하던 사업부문을 폐지함에 따라 X 등 근로자들의 절반정도가 A회사와 동일한 사업을 하고 있던 계열회사인 Y회사에 종전 수준으로 입사한 경우(대판 1995.7.14, 94다20198 참조) ③ 운수업자인 Y가 운수업을 폐지하는 A

로부터 그 소속종업원들에 대한 임금 및 퇴직금 등 채무를 청산하기로 하고 그 운수사업의 면허 및 운수업에 제공된 물적 시설을 양수한 후, X 등 폐지 전 종업원 중 일부만을 신규채용형식으로 새로이 고용한 경우(대판 1995.7.25, 95다7987 참조) ④ 한국수자원공사인 A가 국가와의 기중기선단에 대한 보관위탁계약 기간이 종료됨에 따라 기중기선단에 대한 보관사업을 폐지하고 그 사업 부문에 종사하던 관리요원을 면직한 후 해운산업연구원인 Y가 국가와의 사이에 새로이 기중기선단에 대한 보관위탁계약을 체결하고 그 보관사업의 수행을 위하여 면직된 X 등 관리요원들을 신규 채용한 경우(대판 1997.6.24, 96다2644 참조)

(iii) 대영파워펌프(A회사)는 펌프, 환풍기 제조 및 판매업을 주목적으로 1983.9.29. 설립되었는데 1995.8.16.경 부도가 나서 정상적인 영업활동이 어려워지자, 대표이사 등 임원진을 제외한 A회사의 인적·물적 자원을 모두 승계하여 1995.9. 21. '주식회사 대영파워'라는 상호로 A회사와 동일 목적을 가진 Y회사가 설립되었다. Y는 A회사로부터 병역특례업체 등 인·허가사항을 이전받기 위하여 시간이 필요하였으므로 1998년 12월까지는 Y와 A회사가 형식적으로 공존하였는데, Y가 1997.4.16. 부동산경매절차에서 A회사의 공장 건물을 낙찰받은 뒤 1998.12.1.을 기하여 Y는 A회사의 상호와 동일한 현재의 명칭인 '주식회사 대영파워펌프'로, A회사는 '주식회사 금전사'로 상호를 변경하였고, A회사는 1998.12.15. 폐업하였다. A회사에 8억5천만원의 채권을 가지고 있는 X금고는 Y회사가 A회사의 상호를 속용하는 영업양수인으로 보고 이 대금의 지급을 청구하였다. X의 주장은 타당한가?(대판 2005.7.22, 2005다602 참조)

營業財産讓渡說에 따른다면 영업양도는 '營業의 同一性을 유지하면서 有機的 一體로서의 營業財産을 이전하는 債權契約'이다.

(1) 영업재산의 일체적 이전

영업양도는 영업용 재산과 재산적 가치가 있는 사실관계가 기능적으로 조직화된 일체(객관적 의의의 영업)를 양도하는 것이다.

영업재산의 일부매각은 영업양도가 아니다.

1) 영업재산의 일부매각 영업을 구성하는 영업용재산을 개별적으로 이전하거나 영업재산의 일부를 매각하는 것은 영업양도가 아니다. 대판 1968.4.2, 68다185는 [사례Ⅳ-2-2-i]의 ①에서 "영업양도라 함은 일정한 영업목적에 의하여 조직화된 업체의 일체로서 이전을 목적으로 하는 것으로서 영업이 그 동일성을 유지하면서 이전됨을 요하는 것인바 점포에 있는 재

고품 전부와 가공용 재봉틀을 매수하고 점포를 명도받아 같은 상호로 잠시 동안 같은 종류의 영업을 한 사실만으로서는 영업을 양수한 것이라고 인정할 수 없다"고 판시하여 Y의 영업양수인으로서의 책임을 부인하였다. 그러나 회사의 영업용중요재산의 양도를 영업의 양도로 볼 수 있는가는 별개라고 함은 앞에서 언급한 바 있다.

주식이나 지분 등의 사원권 양도로 인해 소유관계가 변하더라도 영업양도가 아니다.

2) 지분의 양도 영업양도의 대상은 영업재산이므로 주식이나 지분 등 사원권을 양도하여 결과적으로는 대상기업의 소유관계에 실질적인 변동을 초래하더라도 영업양도가 아니다. 대판 1995.8.25, 95다20904도 [사례Ⅳ-2-2-i]의 ②에서 "통상 회사를 양수한다는 것에는, 첫째 영업 주체인 회사로부터 영업 일체를 양수하여 회사와는 별도의 주체인 양수인이 양수한 영업을 영위하는 경우와, 둘째 회사의 주식이나 지분권을 그 소유자로부터 양수받아 양수인이 회사의 새로운 지배자로서 회사를 경영하는 경우가 있는바, 첫째의 경우는 영업의 주체인 회사가 양도인이 되어 양수인과 계약을 체결하고 양도·양수 후에도 양수인은 그 회사와는 별도의 주체로서 양수한 영업을 영위하는 것이나, 둘째의 경우는 영업 자체를 양도·양수하는 것이 아니라 영업의 주체인 회사(A)의 주식이나 지분권을 양도·양수하는 것이므로, 이 경우는 회사의 주식 또는 지분권을 소유하고 있는 주주 또는 지분권자 개인(Y)이 양도인이 되는 것이고 회사(A)가 양도인이 될 수는 없다"고 판시하였다.

영업양도시, 영업재산에 포함되는 권리의무는 사법관계에만 미친다.

3) 공법상의 권리의무 영업재산에 포함되는 권리의무는 사법관계에만 미친다. 이는 영업양도에 관한 상법의 규정은 영업양도의 당사자 및 이해관계인들간의 사법상의 관계를 합리적으로 규율하는 것을 주안점으로 하고 있기 때문이다(김성 333). 대판 1991.9.10, 90누8848도 [사례Ⅳ-2-2-i]의 ③에서 "산재보험법상 이미 확정된 보험료의 납부의무는 당시의 보험가입자인 사업주(A)가 지는 것으로서, 보험시행자인 국가(X)는 특별한 법령상의 근거가 없는 한 당해 사업에 대하여 종전 보험가입자(A)에게 귀속되었던 보험료를 새로운 보험가입자(Y)에게 다시 징수할 수는 없으며, 사업의 양도·양수가 있어 그 사업에 관한 모든 권리의무가 포괄적으로 사업양수인(Y)에게 승계되었다거나 혹은 사업주들 간에 산재보험에 관한 사항을 승계하기로 한 약정이 있었다 하더라도 그 효력은 당사자간의 사법적인 법률관계에 미칠 뿐이다"라고 판시하여 이 점을 명확히 하고 있다.

(2) 영업의 동일성유지

영업양도에 있어서는 영업재산이 일체적으로 양도되는 결과 양도인의 영업과 양수인의 영업간에 同一性이 유지되어야 한다.

1) 영업재산의 일부 제외 영업재산 중 사소한 일부가 제외된 경우 동일성을 인정할 수 있는가? 대판 1989.12.26, 88다카10128은 앞의 [사례Ⅳ-2-1]에서 "영업의 동일성이 인정되는가 안되는가는 일반사회관념에 의하여 결정되어져야 할 사실인정의 문제이기는 하나 문제의 행위(양도계약관계)가 영업의 양도로 인정되느냐 안 되느냐는 단지 어떠한 영업재산이 어느 정도로 이전되어 있는가에 의하여 결정되어져야 하는 것이 아니고 거기에 종래의 영업조직이 유지되어 그 조직이 전부 또는 중요한 일부로서 기능할 수 있는가에 의하여 결정되어져야 하는 것이므로 예컨대, 영업재산의 전부를 양도했어도 그 조직을 해체하여 양도했다면 영업의 양도는 되지 않는 반면에 그 일부를 유보한 채 영업시설을 양도했어도 그 양도한 부분만으로도 종래의 조직이 유지되어 있다고 사회관념상 인정되기만 하면 그것을 영업의 양도라 하지 않을 수 없는 것이다. 그런 뜻에서 영업의 양도는 그 영업을 구성하는 모든 재산물건을 양도하지 않으면 안되는 것이 아니고 당해 영업의 요소로 인정되는 재산물건이 양도되면 영업의 양도로 보는데 아무런 지장도 없는 것"이라고 판시하고 있다(대판 2001.7.27, 99두2680; 2003.5.30, 2002다23826). 한편 대판 2005.6.24, 2005다8200은 "개인기업의 법인전환에 따른 실적 계속인정의 요건인 '자산과 부채의 포괄적인 승계'는 개인기업의 종래 영업조직이 동일성을 유지하면서 법인기업에게 양도되어 그 조직이 전부 또는 중요한 일부로서 기능할 수 있는가를 참작하여 비록 자산과 부채 중의 일부가 누락되어 양도되더라도 양도된 자산과 부채만으로도 종래의 조직이 유지되어 양도 전 개인기업과의 동일성이 있다고 인정될 정도이면 족하다고 할 것이다"라고 판시하여 개인기업이 법인으로 전환된 경우에도 영업의 동일성만 인정되면 영업양도를 인정하였다.

영업양도시에 영업재산중 사소한 일부가 제외되더라도, 양도한 부분만으로도 종래의 조직이 유지되고 동일싱을 갖추면 영업양도로 인정된다.

2) 근로관계의 이전 양도대상인 영업의 기능이 훼손되어서는 안되므로 양도기업의 인적조직 내지 근로관계도 함께 이전되어야 한다. 이는 특히 양수기업에 입사한 근로자의 퇴직금 능의 산정에 있어서 양도기업에 재직하던 기간을 합산할 것인가 하는 점과 관련하여 많은 분쟁의 소지가 되고 있다. 대판 1994.11.18, 93다18938은 [사례Ⅳ-2-2-ii]의 ①에서 "칠성음료(A) 소속 근로자들을 종전의 근로조건이나 직급상태로 그대로 인수한 것이 아닐 뿐 아니라 칠성음료의 근로자 일부는 그대로 잔류하였던 것으로 인정

영업양도시 양도기업의 근로관계도 함께 이전된다. 이는 양수기업에 입사한 근로자의 퇴직금 산정시 많은 분쟁의 소지가 되고 있다.

되고 그밖에 피고회사가 동방음료에 관련한 다른 자산이나 부채, 채권과 채무 등에 관련하여 이를 모두 인수한 것으로 인정할 아무런 증거가 없다면, 피고회사(Y)가 실질적으로 칠성음료의 영업 전부나 일부를 포괄적으로 양수한 것으로 보기도 어렵다"고 판시하였다. 또한 대판 1995.7.14, 94다20198은 [사례Ⅳ-2-2-ii]의 ②에서 "강원산업(A)은 그 사업 부문을 폐지한 것에 불과하고 피고회사(Y)가 이를 양수하기로 강원산업과 사이에 합의한 것이거나 흡수통합한 것은 아니며, 피고회사가 그 사업 부문에 속한 근로자 등 인적 조직과 장비 등의 물적 시설을 그대로 인수하지 아니한 점에 비추어 피고회사(Y)가 강원산업(A)의 그 사업 부문을 그 동일성을 유지한 채 포괄적으로 이전 받은 것으로 볼 수 없다"고 판시하였다. 대판 1995.7.25, 95다7987도 [사례Ⅳ-2-2-ii]의 ③에서 "그러한 사정만으로는 영업양도라고 볼 수 없다"고 판시하였다.

(3) 채권계약

영업양도 당사자 사이에는 영업양도를 목적으로 하는 채권계약이 있어야 한다. 따라서 당사자 의사와는 상관없는 상속이나 회사의 합병과는 구별된다.

1) 계약의 존재　영업양도에는 양도인과 양수인간에 영업양도를 목적으로 하는 명시적·묵시적 계약이 있어야 한다. 그러므로 이러한 계약관계 없이 사실상 영업의 승계가 이루어진 경우는 영업양도가 아니다. 대판 1997.6.24, 96다2644는 [사례Ⅳ-2-2-ii]의 ④에서 "영업양도란 일정한 영업목적에 의하여 조직화된 총체, 즉 물적·인적 조직을 그 동일성을 유지하면서 일체로서 이전하는 것으로서, 영업양도 당사자 사이의 명시적 또는 묵시적 계약이 있어야 한다. 한국수자원공사(A)는 대한민국과의 기중기선단에 대한 보관위탁계약 기간이 종료됨에 따라 기중기선단에 대한 보관사업을 폐지하고 이에 따라 그 사업 부문에 종사하던 원고(X) 등의 관리요원을 면직하였고, 피고(Y)는 대한민국과의 사이에 새로이 기중기선단에 대한 보관위탁계약을 체결하고 그 보관사업의 수행을 위하여 원고(X) 등 22명을 신규 채용하였을 따름이지, 한국수자원공사(A)의 기중기선단 보관사업이 영업양도에 의하여 피고(Y)에게 포괄적으로 이전되었다고 할 수 없다"고 판시하고 있다. [사례Ⅳ-2-2-iii]에서는 당사자간에 영업재산양도에 관한 명시적·묵시적 계약관계를 확인할 수는 없으나 상당한 기간에 걸쳐 영업재산의 이전이 이루어진 경우 영업양도를 인정할 것인가 하는 점이 문제되었다. 이에 대해 대판 2005.7.22, 2005다602는 "상법상의 영업양도는 일정한 영업목적에 의하여 조직화된 유기적 일체로서의 기능적 재산인 영업재산을 그 동일성을 유지시키면서 일체로서 이전하는 채권계약이므로 이 사건에서도

이러한 영업양도계약이 있었음이 전제가 되어야 하는데, 원고(Y)는 소외회사(A)로부터 그 가장 중요한 영업용 재산인 공장건물 등과 부지를 계약에 의하여 양수한 것이 아니라 원고(Y)가 설립된 뒤 1년 7개월 정도 후인 1997.4.16.에야 낙찰을 받아 취득하는 등 영업재산의 이전 경위에 비추어 보면, 사실상·경제적으로 볼 때 결과적으로 그 약 3년여의 기간에 걸쳐 영업양도가 있는 것과 같은 상태가 된 것으로 볼 수는 있을지언정 소외 회사(A)의 대표이사와 원고(Y)의 대표이사 사이에 그와 같은 내용의 묵시적 영업양도계약이 있었고, 그 계약에 따라 원고(Y)가 소외 회사(A)로부터 유기적으로 조직화된 수익의 원천으로서의 기능적 재산을 그 동일성을 유지시키면서 일체로서 양도받았다고 보기는 어렵다"고 판시하였다.

2) 채권계약　영업양도는 당사자간의 의사에 기한 개인법상의 계약에 의해 영업재산이 양도(특정승계)되는 것이므로 당사자의 의사와는 상관없이 포괄적으로 승계되는 상속이나 회사의 합병과는 구별된다. 영업양도와 會社의 合併의 차이에 대해서는 회사법의 관련부분에서 상세히 설명한다. 영업 그 자체는 독립한 물권의 대상이 아니므로 영업양도계약은 민법상의 순수한 채권계약은 아니고 일종의 混合契約으로 보아야 할 것이다.

제 3 營業讓渡節次

1. 契約當事者

(1) 양도인

영업양도시 양도인은 상인이어야 한다.

영업의 양도인은 양도의 목적인 영업의 주체로서 商人이다. 개인상인이든 회사상인이든 상관없다. 개인상인은 영업의 양도로 상인자격을 상실하지만 회사인 경우에는 영업을 양도하더라도 법인격이 소멸하지 않는 한 상인자격을 상실하지 않는다(손주197, 최기188). 그러므로 영업양도는 會社의 解散事由가 아니다. 다만 회사는 청산의 한 방법으로 영업양도를 할 수 있다(손주197, 최기188).

회사의 영업양도에 있어서 양도인은 회사이며 회사의 사원이 아니다. 그러므로 [사례Ⅳ-2-2-i]의 ②와 같이 사원(Y)이 회사(A)의 주식(지분)을 양도함으로써 회사자체를 양도하는 것은 회사의 영업양도와는 구별된다(대판 1995.8.25, 95다20904).

(2) 양수인

양수인은 상인일 필요는 없다.

양수인은 반드시 상인임을 요하지 아니한다. 양수인이 상인이 아닌 경우에는 영업의 양수로서 상인자격을 취득한다. 그러나 영업양수 자체는 개업준비행위로서 보조적 상행위에 속한다.

2. 讓渡契約의 締結

영업양도계약은 당사자가 개인 상인인 경우에는 특별한 문제가 없지만, 회사인 경우에는 사안의 중요성에 비추어 내부적인 의사결정에 있어서 엄격한 동의절차를 취해야 하며 또 반드시 대표기관에 의해 체결될 것을 요한다(이·이558, 정동(회) 416; 反 정희 482).

(1) 회사가 양도인인 경우

영업양도에는 총사원의 동의를 요한다.

1) 인적회사 합명회사와 합자회사가 존속 중에 그 영업을 양도함에는 총사원의 동의를 요한다. 정관변경이 요구되는 사항이기 때문이다(204, 269). 해산후 청산중인 경우에는 총사원의 과반수 결의를 요한다(257, 269).

영업양도시에는 주주총회 및 사원총회의 특별결의를 요한다.

2) 물적회사 주식회사와 유한회사에 있어서는 회사의 해산전후를 불문하고 주주총회(사원총회)의 특별결의를 요한다(374①1, 576①). 주식회사에 있어서는 특별결의에 반대하는 주주에게 株式買受請求權이 인정되므로(374의2) 그에 따른 절차도 취해야 한다.

(2) 회사가 양수인인 경우

영업양수로 인해 정관변경이 생기는 경우에만 총사원의 동의가 필요하다.

1) 인적회사 합명회사와 합자회사에는 이에 관한 특별한 규정이 없으므로 영업양수로 인해 정관변경이 생기는 경우에만 그에 따른 절차(총사원의 동의)를 취해야 하고(204, 269), 그렇지 않은 경우에는 일반적인 업무집행방법에 따르면 된다(손주197, 이기(총) 224, 註商(Ⅰ)388).

영업양수시 주주총회 및 사원총회의 특별결의를 요한다.

2) 물적회사 주식회사와 유한회사가 다른 회사의 영업 전부를 양수하는 경우에는 주주총회(사원총회)의 특별결의를 요한다(374①3,5, 76①). 이 경우에도 주식회사의 반대주주에게는 株式買受請求權이 인정된다(374의2).

3. 讓渡契約의 履行

영업양도계약은 하나의 채권계약이지만, 실

영업양도계약은 영업을 구성하는 개별적인 요소들을 각각 양도하는 여러 계약의 집합이 아니라 하나의 채권계약이다. 이 채권계약의 이행으로 영업(객관적 의의의 영업)에 대한 권리가 포괄적으로 이전되어야 하지만 현행법상으로는 이를 한꺼번에 물권적으로 이전하는 방법이 없기 때문에 계약의 이행은 개개의 구성부분별로 권리이전과 대항요건을 갖추는 방법에 의할 수밖에는 없다(이철224, 이기(총)226, 註商(I)389).

질적으로는 구성부분별로 권리이전과 대항요건을 갖추어서 이행할 수밖에 없다.

(1) 영업재산의 이전

1) 이전방법　권리이전방법 또는 이전의 대항요건은 개개의 권리별로 서로 다르다. 즉 i) 不動産에 대해서는 등기(民186), ii) 動産에 대해서는 인도(民188), iii) 指名債權에 대해서는 채무자에 대한 통지 또는 채무자의 승낙(民450)(대판 1991.10.8, 91다22018 · 22025), iv) 어음 · 수표 기타 指示債權에 대해서는 배서와 교부(어14, 77; 수17; 민508), v) 수표 기타 無記名債權에 대해서는 교부(民523; 수5), vi) 株式에 대해서는 교부와 명의개서(336①, 337), vii) 商號權에 대해서는 이전등기(25②), viii) 상표권 또는 특허권 등 知的財産權에 대해서는 이전등록(상표 58①1, 특허 101①1), ix) 재산적 가치가 있는 사실관계(영업권 등)에 대해서는 특별한 법적 규정이 없으므로 거래처의 소개라든가 고객명부의 인계와 같은 거래통념에 부합하는 방법으로 실질적으로 이전해야 한다(손주199, 임홍(총)475~476, 이철225).

영업재산의 이전방법과 이전의 대항요건은 개개의 권리별로 다르다.

2) 일체성(동일성)의 유지　이와 같이 영업양도에 의해 영업의 구성부분이 개별적으로 이전되기는 하나 전체로서는 양도전후에 동일성이 유지되도록 조직화된 일체로서 양도되어야 한다. 그러므로 이러한 동일성이 유지되지 않음으로써 영업양도의 목적을 달성할 수 없을 경우에는 영업양도계약의 취소와 원상회복 및 손해배상청구를 할 수 있다고 할 것이다.

영업양도시 구성부분이 개별적으로 이전되지만 전체적인 동일성은 유지되어야 한다.

(2) 경영자의 지위승계

영업양도의 본질에 관해 지위교체설 내지는 재산지위이전설에 따르면 영업양도계약의 이행을 위해서는 양수인으로 하여금 자기와 동일한 상태에서 경영할 수 있는 지위에 있게 할 의무를 부담한다. 그러나 기능적 일체로서의 영업재산이 양도되면 양수인은 당연히 경영자의 지위를 취득하므로 이를 위한 별도의 이행절차를 취할 필요도 없고 또 경영자의 지위는 채권계약의 대상이 될 수 없다고 할 것이다. 상업사용인과 같은 경영을 위한 인적조직도 영업의 동일성 유지에 필요한 요소로서 영업양도의 한 내용으로 당연히 포함된다(대판 1991.8.9, 91다15225; 1991.11.12, 91다12806; 2003.5.30, 2002다23826 外). 그러나 상업사용인 등은 언제나 계약을 해지할 수 있다(民660, 689).

지위교체설 내지는 재산지위이전설에 따르면 경영자의 지위승계의무를 부담하지만, 영업재산양도설의 경우에는 경영자의 지위는 당연히 승계된다.

제 4 營業讓渡의 效力

영업양도의 효력은 기본적으로는 양도인과 양수인간에 체결된 영업양도계약의 내용에 의해 결정된다. 다만 상법은 양수인의 보호를 위해 양도인에게 競業避止義務를 부과하고 영업상의 채권자와 채무자의 보호를 위한 약간의 규정을 두고 있다.

1. 讓渡人의 競業禁止義務

[사례 Ⅳ-2-3: 영업양도인의 경업금지의무]

(i) X는 Y_1으로부터 서울 성동구 군자동 소재하는 Y_2회사의 알루미늄휠 서울지역 판매대리점 영업을 양수하였는데, Y_1이 다음해 초순경 서울 동대문구 이문동에 한국타이어 장안대리점을 개설하고 Y_2로부터 알루미늄휠을 공급받아 공장도가격 이하로 판매하였다. 이에 X는 법원에 Y_1,Y_2를 상대로 상법 제41조 제1항 소정의 영업양도인의 경업금지의무위반으로 인한 손해배상청구의 소를 제기하였다. 이에 Y_1은 상법 제41조 제1항이 양도인의 영업자유를 지나치게 제한한다는 이유로 위헌제청신청을 하였다. X의 신청은 받아 들여질 것인가? (헌재결정 1996.10.4, 94헌가5 참조)

(ii) X는 자신의 주소지에서 신흥 정미소라는 상호로 도정업을 하던 중 정미소의 건물과 시설일체를 양서농협동조합인 Y에게 매도하였다가 얼마후 동액으로 다시 매수하여 운영하였다. 그런데 Y가 그 다음해 같은 장소에서 새로 정미소를 설치하고 도정을 하였으므로 X는 Y에 대해 경업금지와 손해배상청구를 하였다. X의 청구는 타당한가? (대판 1969.3.25, 68다1560 참조)

(iii) 다음 각 경우에 X는 Y에 대해 경업금지와 손해배상청구를 할 수 있는가? ① A가 개인기업 형태로 운영하던 식당을 X에게 양도한 후 음식영업을 목적으로 하는 Y주식회사를 설립하여 근처에서 동종영업을 개시한 경우 ② Y는 자신이 경영하던 '금화정육점'의 임차보증금과 영업시설일체를 X에게 양도한 후, 근처에 A가 새로 개설한 '대망정육점'에 고용되어 대외적인 관계에서는 영업주체로서 영업을 한 경우(서울민지판 1993.8.24, 93가합45255 참조) ③ '도일처'라는 상호로 일반음식점 영업을 하던 Y가 그 영업 일체를 X에게 양도한 후 근처에서 동종영업을 하는 '만다라'를 개업하자 X가 영업금지가처분신청을 하였는데, Y가 그 가처분을 회피하기 위해 허위의 매매계약서를

작성하여 A에게 양도한 것처럼 하고 영업허가 명의도 A로 바꾸었으나 사실상 Y가 '만다라'의 실제 경영자로서 경영을 한 경우(대판 1996.12.23, 96다37985 참조)

(1) 의 의

1) 취 지 영업양도는 양수인으로 하여금 양도인의 영업을 동일성을 유지한 채 계속하도록 하는 것이므로 양수인으로 하여금 종래의 거래선이나 구매처 등 사실관계를 이용하도록 하는 것이 중요하다. 그런데 [사례Ⅳ-2-3]의 각 경우와 같이 양도인이 동종 영업을 재개할 경우에 종선의 거래처는 자연히 양도인과 거래관계를 유지하게 되므로 영업양도의 실효를 거둘 수 없게 된다. 따라서 별도의 정함이 없더라도 영업양도계약으로부터 양수인이 종전의 상태로 영업을 계속하는 것을 방해하지 않을 양도인의 의무가 생긴다고 할 수 있다. 그러므로 競業禁止義務는 영업양도계약으로부터 당연히 생기는 효과이지만 어느 범위에서 영업이 금지되는가는 반드시 명확한 것은 아니므로, 상법 제41조는 경업금지의무의 구체적 내용을 정하고 있는 것이다.

영업양도계약으로부터 양도인의 경업금지의무가 당연히 생기며, 그 범위에 대해서는 상법 제41조가 규정하고 있다.

2) 법적 성질 국내의 통설은 이를 법률에 의해 정책적으로 인정된 의무라고 한다. 그러나 앞에서 본 바와 같이 경업금지의무는 당사자간의 묵시적 합의에 기한 意思表示的 의무라고 할 것이다. 헌법재판소 1996.10.4, 94헌가5결정도 [사례Ⅳ-2-3-i]에서 "상법이 규정하고 있는 경업금지의무는 당사자간의 특정한 약정이 없는 경우에 영업양도의 본질로부터 법이 당사자의 의사의 보완·해석규정으로 둔 것이라 할 수 있다. 즉 경업금지의무를 약정하는 것이 당사자의 합리적인 의사라고 보는 것이다. 이 사건 규정은 이러한 합리적인 당사자의 의사가 명확히 약정되어 있지 않은 경우를 대비한 의사보충규정이라고 할 수 있다"고 판시하여 이를 뒷받침하고 있다.

상법 제41조는 경업금지에 대한 당사자의 의사를 보충해주는 규정이며 법률에 의해 정책적으로 인정되는 의무이다.

(2) 경업금지의 범위

1) 약정이 없는 경우 영업을 양도한 경우에 다른 약정이 없으면 양도인은 10년간 동일한 특별시·광역시·시·군과 인접 특별시·광역시·시·군에서 동종영업을 하지 못한다(41①). 여기에서 同種營業이라고 함은 동일한 영업은 물론이고, 양도한 영업과 대체관계에 있거나 경쟁관계에 있는 영업도 포함한다. 동일 행정구역 이외에 인접 행정구역도 포함시킨 것은 행정구역의 경계선을 넘어 인접한 지역에서 경업함으로써 경업금지의무를 회피하

영업양도시 약정이 없으면 양도인은 10년간 동일한 또는 인접한 특별시, 광역시, 시·군에서 동종영업을 하지 못한다.

는 것을 방지하기 위함이다.

경업금지에 대한 약정이 있으면 동일한 특별시·광역시·시·군에 한하여 20년을 초과하지 못한다.

2) 약정이 있는 경우 양도인이 동종영업을 하지 아니할 것을 약정한 때에는 동일한 특별시·광역시·시·군에 한하여 20년을 초과하지 아니한 범위내에서 그 효력이 있다(41②). 당사자간에 약정이 있으면 경업금지기간이 10년을 초과할 수 있지만 너무 장기간으로 하면 양도인의 영업의 자유를 지나치게 제한할 염려가 있으므로 이를 20년으로 제한한 것이다.

상법 제41조의 위헌성 여부에 대해 헌법재판소는 위헌이 아니라는 입장을 밝히고 있다.

3) 본 조의 위헌성 상법 제41조 1항의 競業禁止가 職業選擇의 自由를 침해하고 그 행정구역의 크기에 따라 제한이 불평등한 것이 아닌가 하는 의문이 있다. 이 점에 대하여 헌법재판소 1996.10.4, 94헌가5 결정은 "1. 영업양도인의 경업가능성은 영업의 종류 및 영업지 등에 따라 다양하게 나타날 수 있어 경업금지구역과 기간을 세분한다는 것이 입법기술상 쉽지 아니할 뿐 아니라, 상법 제41조 제1항은 그에 반하는 특약을 인정하고 있고 그 위반에 대한 처벌규정을 두고 있지 않으며 경업과 손해 사이에 상당인과관계가 있어야만 손해배상을 청구할 수 있어서 일률적인 경업금지구역 및 기간의 설정에서 오는 불합리성이 완화되고 있는 점 등에 비추어 입법재량권의 한계를 벗어나 직업선택의 자유를 과잉 침해한 것으로 볼 수 없다. 2. 면단위에서 영업양도계약을 체결하는 당사자들의 거래환경과 대도시에서의 그것은 질적으로 다른 것이며, 일반적으로 거래당사자들은 그러한 각자의 거래환경을 염두에 두고 계약체결에 임하는 것이므로, 면단위에서 행해진 영업양도행위와 서울특별시에서 행해진 영업양도행위는 그 대상업종이 같은 종류라 하여도 이들을 같은 기준점에 놓고 판단할 수는 없는 것이다. 그렇다면 달리 다른 기준점이 쉽게 책정될 수 없는 한 이 사건 규정으로 인하여 서울특별시와 같은 대규모 지역이 다른 면 등의 소규모 지역에 비해 같은 종류의 영업양도인에게 더 불리하다 하더라도, 그 이유만으로 바로 입법자에게 이 사건 규정의 입법에 있어서 자의성이 있다고 할 수 없다"고 판시하여 헌법위반이 아니라는 입장을 밝히고 있다.

(3) 의무자의 범위

경업금지의무자는 영업의 양도인이며 상인이어야 한다는 대법원의 견해가 있으며 이에

경업금지의무를 부담하는 자는 영업의 양도인이다. 그런데 [사례Ⅳ-2-3-ii]와 같이 양도인이 상인이 아닌 경우에도 경업금지의무를 부담하는가 하는 점이 문제된다. 이에 대해 대판 1969.3.25, 68다1560은 "상법상의 영업양도에 관한 규정은 양도인이 상인이 아닌 경우에는 적용할 수 없고, 또 농업협동조합법 제5조 2항에 의하면, 동 조합은 영리나 투기사업을 하지 못하

게 되어 있으므로 동 조합을 상인이라 할 수 없고 따라서 동 조합(Y)이 도정공장을 양도하였다 하더라도 동 조합은 양수인(X)에 대하여 상법 41조에 의한 경업금지의무는 없다"고 판시하였다. 이에 대해서는 양도의 객체가 적어도 독립하여 상거래 활동의 조직체로서 기능하는 영업이라면 양도인은 경업금지의무를 부담해야 한다는 비판이 있다(김성 344).

대한 비판도 있다.

(4) 경업금지의 형태

1) 회사설립·합병　[사례Ⅳ-2-3-iii]의 ①과 같이 양도인(A)이 자신의 영업을 양도한 다음 회사(Y)를 설립하여 경업을 한 경우에 양수인(X)은 양도인(A)는 물론이고 Y회사에 대해서도 경업금지를 청구할 수 있다고 본다. 이 경우 Y회사는 그 실질적인 주인인 A의 경업금지의무를 회피하기 위한 도구로 이용되는 껍데기 회사에 불과하므로 法人格否認論이 적용된다. 또 회사합병과 같은 포괄승계에 있어서는 경업금지의무가 승계된다.

양도인이 자신의 영업을 양도한 다음, 경업을 하는 회사를 설립·합병한 경우에도 경업금지의무가 부과된다.

2) 피용자로 근무　[사례Ⅳ-2-3-iii]의 ②와 같이 영업의 주체로서 양도한 후, 다른 상인의 피용자로서 근무하는 경우에도 경업금지위반이다. 서울민지판 1993.8.24, 93가합45255도 이 사례에서 "영업양수인(X)이 갖는 그 영업에 대한 종래의 고객이나 구매처 기타의 사실관계를 이용할 수 있다는 신뢰를 보호하기 위한 위 상법 제41조의 취지에 비추어 위와 같은 피고(Y)들의 행위는 동조에 의한 경업금지의무위반에 해당한다"고 판시한 바 있다.

영업양도이후 양도인이 동종의 영업을 하는 다른 상인의 피용자로 되는 경우에도 경업금지위반이다.

3) 타인에 대한 양도·임대　[사례Ⅳ-2-3-iii]의 ③과 같이 경업금지의무를 위반하여 개시한 영업을 타인에게 양도하거나 임대하는 것도 금지된다. 대판 1996.12.23, 96다37985도 이 사례에서 "영업양도계약의 약정 또는 상법 제41조에 따라 영업양도인이 부담하는 경업금지의무는 스스로 동종 영업을 하거나 제3자를 내세워 동종 영업을 하는 것을 금하는 것을 내용으로 하는 의무이므로, 영업양도인이 그 부작위의무에 위반하여 영업을 창출한 경우 그 의무위반 상태를 해소하기 위하여는 영업을 폐지할 것이 요구되고 그 영업을 타에 임대한다거나 양도한다고 하더라도 그 영업의 실체가 남아 있는 이상 의무위반 상태가 해소되는 것은 아니므로, 그 이행강제의 방법으로 영업양도인 본인의 영업금지 외에 제3자에 대한 영업의 임대, 양도 기타 처분을 금지하는 것도 가능하다"고 판시하였다.

경업금지의무를 위반한 영업을 타인에게 양도하거나 임대하는 것도 금지된다.

(5) 의무위반의 효과

경업금지위반의 효과에 대해서는 상법에 아무런 규정을 두지 않고 있

경업금지의무

위반의 효과에 대해 상법은 아무런 규정을 두고 있지 않지만, 민법의 규정을 적용하여 경업행위중지와 손해배상청구를 할 수 있다.

다. 따라서 不作爲債務의 이행에 관한 일반원칙에 따라 競業行爲의 中止(民389③)와 그로 인한 損害賠償請求(389④, 390)를 할 수 있다. 즉 양도인의 비용으로 그 위반한 것을 제거하고 장래에 대한 적당한 처분을 법원에 청구할 수 있다. 다만 [사례Ⅳ-2-3-ⅲ]의 ③과 같이 경업위반 영업을 타인에게 양도한 경우 그 양도의 효력을 부인할 수 있는가 하는 점이 문제된다. 이에 대해 대판 1996.12.23, 96다37985은 "그 이행강제의 방법으로 영업양도인 본인(Y)의 영업 금지외에 제3자(A)에 대한 영업의 임대, 양도 기타 처분을 금지하는 것도 가능하다. 다만 가처분명령에 의하여 영업양도인(Y)의 제3자(A)에 대한 임대, 양도 등 처분행위의 사법상 효력이 부인되는 것은 아니고, 영업양도인이 그 의무위반에 대한 제재를 받는 것에 불과하다"고 판시하여 이를 부인하고 있다.

2. 營業上의 債權者保護

[사례 Ⅳ-2-4: 영업양도와 채권자보호]

(i) Y_1은 '남성사'라는 상호로 개인기업을 경영하면서 A를 고용하여 전기공사를 하던 중 A가 감전사고로 사망하였다. 이후 Y_1은 '남성정밀공업주식회사'(Y_2)를 설립하여 대표이사가 되고 같은 장소에서 같은 기계설비, 같은 종업원을 데리고 종전과 동일한 영업을 계속하면서 Y_1명의의 공장대지와 건물에 관하여 현물출자를 원인으로 하여 Y_2회사 앞으로 소유권이전등기를 하였다. A의 유가족인 X는 Y_1과 Y_2를 상대로 손해배상청구를 할 수 있는가? (대판 1989.3.28, 88다카12100 참조)

(ii) A회사는 B회사 및 C회사와 함께 영업을 폐지하고 Y회사를 설립한 후 이들 3사의 업무를 Y회사에 인계하였다. Y회사는 이들 3사의 거래선에 대해, 업무를 승계하고 동일한 업무를 개시하였다는 취지의 개업인사장을 송부하였는데, A회사에 대해 금전을 대여한 X는 이 개업인사장이 상법 제44조에서 말하는 '채무인수의 광고'로 보고 Y회사에 대해 대부금 반환을 청구하였다. X의 청구는 타당한가? (日最高判 1971.10.13, 民集15-9, 2320 참조)

(iii) 다음 각 경우에 Y는 A의 영업상의 채권자인 X에게 대항할 수 있는가? ① Y가 A로부터 상호와 함께 영업을 양수하였는데, X가 A에 대한 채무명의로써 바로 Y의 소유재산에 대해 강제집행할 경우(대판 1967.10.31, 67다1102 참조) ② X가 A를 상대로 손해배상 청구소송을 제기하여 승소의 확정판결을 받은 후 승계 집행문을 부여받아, 그 변론종결후에 A로부터 영업을 양도받아 동일한 상호로 영업을 하고 있는 Y의 영업재산에 강제집행을 실시한 경

우(대판 1979.3.31, 78다2330 참조) ③ Y가 A로부터 영업을 양수하고 A의 상호를 계속 사용하면서, A의 채권자인 X에게 A의 채무에 대한 책임이 없음을 통지한 경우(대판 1976.4.27, 75다1209·1210 참조) ④ A가 Y로부터 상호와 함께 영업을 양수하면서 Y의 채권자인 X의 동의를 얻어 그 채무를 인수하기로 약정하였는데, X가 영업양도 후 2년이 경과하도록 그 이행을 청구를 하지 않은 경우

가. 立法趣旨

營業讓受人이 양도인의 상호를 계속 사용하는 경우 또는 상호를 계속 사용하지 않더라도 양도인의 영업으로 인한 채무를 인수할 것을 광고한 때에는 양도인의 영업으로 인한 제3자의 채권에 대하여 양수인도 변제할 책임이 있다(42①, 44). **통설**은 영업양도계약도 채권계약에 지나지 않기 때문에, 양도인의 채권자와 양수인간에는 채무인수나 채무자변경으로 인한 更改 등 별도의 의무부담행위가 없는 한 양수인이 당연히 채무자가 되는 것은 아니라고 한다. 그러나 양수인이 商號를 續用하거나 債務引受를 광고한 경우와 같이 제3자인 채권자가 영업주의 교체를 알 수 없거나 또는 알 수 있었다고 하더라도 채무인수가 있었다고 볼 수 있는 외관(채권자의 신뢰)이 형성된 경우에는 外觀法理에 따라 양수인도 양도인의 채무에 대해 책임을 부담해야 한다고 한다.

상호속용 또는 채무인수광고시 양수인의 책임근거에 대해서는, 통설은 양수인이 당연히 채무자가 되는 것은 아니고 외관법리에 기한 책임을 진다고 한다. 이에대해 중첩적 채무인수가 있는 것으로 추정하는 소수설이 있다.

이에 대해 영업양도는 기업이 동일성을 유지하면서 이전되는 것이고 영업상의 채무는 기업재산에 의해 담보되는 것이므로 영업양도가 있으면 商號續用이나 채무인수의 광고가 없더라도 당연히 重疊的 債務引受가 있는 것으로 추정된다는 소수설이 있다. 이 견해에 따르면 위 상법규정은 양도계약의 당사자간의 특약으로 이전을 배제시킨 경우에만 그 의의가 있게 된다. 생각건대 개인기업의 경우 영업상의 채무라고 하더라도 영업재산은 물론 개인의 재산에 대한 강제집행이 허용되는 현행법의 체계에서 볼 때 소수설은 해석론으로 취하기는 곤란하다. 따라서 이 규정의 입법취지가 외관법리의 발현에 있다는 통설이 타당하다.

나. 讓受人의 責任要件

(1) 상호속용

1) 상호의 동일성　商號의 續用이란 양수인이 양도인의 상호와 동일

상호의 속용이

란 양수인이 양도인의 상호와 동일한 상호를 사용하는 것을 말하며, 동일성의 정도는 사회통념상으로 판단한다.

한 상호를 계속 사용하는 것을 말한다. 반드시 문자 그대로 동일하여야 할 필요는 없고 약간의 변경이 있는 경우에도 사회통념상 동일성이 있다고 인정될 수 있으면 된다. 대판 1989.12.26, 88다카10128은 '삼정장여관'을 양수받아 '삼정호텔'이라는 상호로 개칭하여 사용한 경우에 동일성을 인정하였다. 문제는 [사례Ⅳ-2-4-i]과 같이 종래 개인기업이던 영업을 양수인이 회사형태로 변경하면서 양도전 상호에 회사등의 부가어를 추가한 경우에도 동일성을 인정할 수 있는가 하는 점이다. 이에 대해 대판 1989.3.28, 88다카12100은 "양수인이 계속 사용하는 상호는 형식상 양도인의 상호와 전혀 동일한 것임을 요하지 않고, 양도인의 상호 중 그 기업주체를 상징하는 부분을 양수한 영업의 기업주체를 상징하는 것으로 상호 중에 사용하는 경우는 이에 포함된다고 할 것이고, 그 동일여부는 명칭, 영업목적, 영업장소, 이사의 구성이 동일한지 등을 참작하여 결정하여야 할 것인 바, 피고 남성정밀공업주식회사는 남성사란 상호를 계속 사용한다고 보아야 할 것이다"라고 판시하여 이를 긍정하고 있다(박병대, "영업양도와 상호속용영업양수인의 책임", 「상사판례연구 I」(1996), 138).

영업을 현물출자하여 주식회사를 설립하고 상호를 속용하는 경우는 영업양도는 아니지만, 경우에 따라서는 상법 제42조를 유추적용할 수 있다.

2) 현물출자 [사례Ⅳ-2-4-i]에서 보면 Y_1은 자신의 영업(공장대지와 건물)을 현물출자하여 Y_2회사를 설립하였는데 이는 단체법적인 회사설립행위인 점에서 개인법적인 채권계약에 의한 영업양도와는 그 법적 성질을 달리한다. 이 경우 상법 제42조를 유추적용하여 회사(Y_2)에게 출자자(Y_1)의 채권자(X)에 대한 책임을 인정할 것인가 하는 점이 문제된다. 상기 대판 1989.3.28, 88다카12100은 "영업을 출자하여 주식회사를 설립하고 그 상호를 계속 사용하는 경우 영업의 양도는 아니지만 출자의 목적이 된 영업의 개념이 동일하고 법률행위에 의한 영업의 이전이란 점에서 영업의 양도와 유사하며 채권자(X)의 입장에서 볼 때는 외형상 양도와 출자를 구분하기 어려우므로 새로 설립된 법인(Y_2)은 출자자(Y_1)의 채무를 변제할 책임이 있다"고 판시하여 이를 긍정하고 있다(同 대판 1995.8.22, 95다1223; 1996.7.9, 96다13767).

(2) 채무인수의 광고

영업양수인이 양도인의 채무인수광고를 한 경우에는 그 책임을 부담한다.

영업양도인의 상호를 속용하지 않은 경우에도 양수인이 양도인의 채무를 인수하였다는 취지의 광고를 한 경우에는 책임을 부담한다. 이는 禁反言의 原則에 의한 책임이다. 여기에서 '債務引受의 廣告'가 구체적으로 무엇을 가리키는 것인지 문제된다. 특히 [사례Ⅳ-2-4-ii]와 같이 양수인(Y)이 양도인(A, B, C)의 업무를 승계하였다는 개업인사장을 개별적으로 송부한 경우도 광고에 해당하는가?

1) **불특정 다수인에 대한 통지** 신문이나 언론매체를 통한 광고가 이에 해당함은 물론이지만 많은 채권자들에게 채무인수통지를 한 경우에도 광고에 해당한다. 즉 廣告란 불특정다수인에 대한 의사표시이므로 개별적인 통지라도 그 대상이 특정 채권자에 한정되지 않고 그 내용도 통지한 채권자에 대하여만 채무인수를 하는 것이 아니라 채권자 일반에 대해 채무인수를 한 취지로 한 것이면 된다. [사례Ⅳ-2-4-ii]에서 Y회사가 양도인의 거래처에 일반적으로 통지한 경우에는 불특정다수인에 대한 통지라고 할 수 있다.

불특정 다수인에 대한 통지도 채무인수의 광고가 된다.

2) **채무인수의 통지** 채무인수의 광고로 되기 위해서는 광고의 내용에 채무인수의 취지가 표시되어야 한다. 그러므로 [사례Ⅳ-2-4-ii]와 같이 단순한 영업양수의 광고만으로는 채무인수의 광고로 볼 수 없다. 일본판례도 이 사례에서의 개업인사장은 Y회사가 A, B, C회사의 영업을 승계하여 동일한 업무를 개시한다는 취지에 불과하고 이들 회사의 채무를 Y회사가 인수하였다는 취지의 광고로는 볼 수 없다고 판시한 바 있다(日最高判 1971.10.13, 民集 15-9, 2320).

채무인수의 광고에는 채무인수취지가 표시되어야 한다.

(3) 영업상의 채권

양수인의 책임이 인정되는 채권은 '영업으로 인한 채권'이라야 한다. 그러므로 영업과 무관하게 생긴 채권은 보호의 대상이 아니다(대판 2002.6.8, 2000다5862). 그러나 영업과 관련성이 있는 한 반드시 거래상의 채권에 한정되지 아니하고 불법행위채권이나 부당이득반환채권도 포함한다(임홍(총)484, 채131, 정동(총)245, 이기(총)239, 註商(Ⅰ) 412~413). 상기 대판 1989.3.28, 88다카12100은 [사례Ⅳ-2-4-i]에서 "영업으로 인하여 발생한 채무란 영업상의 활동에 관하여 발생한 모든 채무를 말한다고 하여야 할 것이므로 불법행위로 인한 손해배상채무도 이에 포함된다고 보아야 할 것이다"라고 판시함으로써 양도인(Y_1)의 피해자(X)에 대한 사용자책임(불법행위책임)에 대해서도 양수인(Y_2)의 배상책임을 인정하였다. 양도인이 회사인 경우에는 반증이 없는 한 회사의 영업으로 한 것으로 추정된다(대판 2002.6.8, 2000다5862).

'영업상의 채권'에 한하지만, 관련성이 있으면, 불법행위채권이나 부당이득반환채권도 포함된다.

(4) 제3자의 선의

1) **선 의** 통설과 같이 본 조의 입법취지가 외관보호의 법리에 기초를 두고 있다고 보는 이상 채권자(제3자)는 영업양도의 사실(상호속용의 경우)을 몰랐던가 채무인수가 없었다는 사실(채무인수광고의 경우)을 몰랐어야 한다.

2) **제3자** 양도인과 직접 거래한 상대방뿐 아니라 그로부터 영업상의 채권을 양수한 자도 제3자에 포함된다(이철232). 따라서 양도인이 발행한 어음을 취득한 소지인은 제3자에 해당한다.

다. 讓受人의 辨濟責任

(1) 책임의 범위

요건이 갖추어지면, 영업재산을 초과하는 경우에도 변제할 채무가 있고, 이 경우 양도인과 양수인은 부진정연대의 관계에 있다.

이상의 요건을 갖추면 양수인은 양도인의 채무를 변제할 책임이 있다. 양수인의 변제책임은 양수한 영업의 범위에 한정되는 것이 아니므로 가령 영업양도에 포함된 채무가 영업재산을 초과하는 경우에도 양수인은 그 전부에 대해 변제할 책임이 있다. 다만 양수인은 양도인이 채권자에 대해 가진 항변으로 대항할 수 있다.

양수인의 변제책임은 외관보호의 필요에서 인정되는 것이지만 이는 양도인의 채무를 대신 변제하는 것이므로 채무를 이행한 양수인에게 양도인에 대한 구상권을 인정해야 한다. 즉 양도인과 양수인의 책임은 不眞正連帶의 관계에 있다(서·정 172).

(2) 소송상의 지위

영업양도로 인해 승계되는 것은 사법상의 권리의무에 한정되며 소송상의 지위는 포함되지 않는다.

영업양도로 인해 승계되는 것은 사법상의 권리의무에 한정되는 것이므로 소송상의 지위는 양수인에게 승계되지 아니한다. 따라서 [사례Ⅳ-2-4-ⅲ]의 ①과 같이 채권자(X)가 양도인(A)에 대한 채무명의로 바로 양수인(Y)의 재산에 대해 강제집행할 수는 없다(김성 352). 대판 1967.10.31, 67다1102도 [사례Ⅳ-2-4-ⅲ]의 ①에서 "상법 제42조는 영업양수인도 변제의 책임이 있다고 규정되어 있을 뿐이고, 양도인(A)에 대한 채무명의로써 바로 양수인(Y)의 소유재산을 강제집행할 근거는 되지 못한다"고 판시하였다(同 대판 1989.12.22, 89다카11005). 또 영업양도가 확정판결의 종료 후에 이루어진 때에도 동일하다. 대판 1979.3.31, 78다2330도 [사례Ⅳ-2-4-ⅲ]의 ②에서 "영업양수인은 상법 제42조 제1항에 의하여 그 양도인의 영업으로 인한 채무를 변제할 책임이 있다 하여도 그 확정판결상의 채무에 관하여 이를 면책적으로 인수하는 등 특별사정이 없는 한 그 영업양수인을 곧 민사소송법 제204조의 변론종결후의 승계인에 해당한다고 할 수 없다"고 판시하였다.

라. 免責과 責任解除

(1) 양수인의 면책

영업양도 후 지체없이 양도인의 채무에 대한 책임없음을 등

다음과 같은 두 경우에는 양수인에게 귀책사유가 없으므로 변제책임이 없다. 첫째, 양수인이 영업양도를 받은 후 지체없이 양도인의 채무에 대하여 책임이 없음을 등기한 때이다(42② 1文). 免責登記를 한 때에는 모든 채권자

에게 대항할 수 있다. 둘째, 양도인과 양수인이 지체없이 제3자(채권자)에 대하여 양도인의 채무에 대해 책임이 없다는 취지의 통지를 한 때이다(42② 2文). 免責通知를 한 때에는 통지를 받은 채권자에 대해서만 대항할 수 있다. 면책통지는 반드시 양도인과 양수인이 함께 해야 하는데, [사례Ⅳ-2-4-iii]의 ③과 같이 양수인이 단독으로 통지를 한 경우에는 면책통지로서의 효력이 문제된다. 대판 1976.4.27, 75다1209·1210은 "영업양수인(Y)이 양도인(A)의 상호를 계속 사용하는 경우에 양도인이 그의 영업으로 인한 채권을 가진 채권자(X)에게 양수인(Y)이 위 채무에 대한 책임이 없음을 통지한 것만으로는 양수인이 위 채무에 대하여 변제의 책임이 없다고 할 수 없다"고 판시하였다. 그러나 양수인으로부터 이러한 통지를 받은 채권자가 선의의 제3자로서 보호받을 수 있는가 하는 점에서 보면 판례의 엄격한 태도는 재고되어야 할 것이다.

기한 때, 채권자에게 양도인의 채무에 대해 책임이 없다는 취지를 통지한 때에는 양수인은 면책된다.

(2) 양도인의 책임해제

1) 취 지 영업양수인이 상호속용이나 채무인수의 광고로 인해 책임을 질 경우에는 양도인의 제3자에 대한 채무는 영업양도 또는 광고 후 2년이 경과하면 소멸한다(45). 그러므로 이후에는 양수인만이 책임을 진다. 영업상의 채무는 개인의 채무라기보다는 기업의 채무이며 양도후 2년이 경과한 후까지 양도인에게 계속 책임을 지게 하는 것은 책임관계를 복잡하게 할 뿐 아니라 실제적으로도 불편하기 때문이다. 2년의 기간은 除斥期間이며 이 기간내에 채권자가 권리행사를 한 경우에는 양도인의 채무는 소멸하지 않는다(註商(上) 258, 註商(I) 424).

양도인의 제3자에 대한 채무는 영업양도 또는 광고 후 2년이 경과하면 소멸한다.

2) 중첩적 채무인수 양도인의 책임이 2년의 제척기간으로 소멸되는 것은 [사례Ⅳ-2-4-iii]의 ④와 같이 양도인(Y)과 양수인(A)간의 약정으로 채무를 인수한 경우에도 적용되는가? 만일 이 약정이 免責的 債務引受라면 양도인(Y)이 책임을 면하는 것이 당연하므로 2년의 경과를 기다릴 필요조차 없다. 문제는 重疊的 債務引受의 경우이다. 긍정설은 중첩적 채무인수가 없는 경우에도 양도인의 책임이 2년의 제척기간으로 소멸하는 것이라면 이러한 약정이 있는 경우에는 당연히 그 적용을 인정해야 한다고 본다. 이에 대해 부정설은 당사자들의 의사는 양도인이 양수인과 함께 채권자에 대해 책임진다는 취지로 보아야 하므로 양도인의 책임에 대해서만 2년의 제척기간을 적용하는 것은 타당하지 않다고 한다. 당사자의 의사를 존중하는 견지에서 부정설이 타당하다(이철238, 정찬(상)178).

중첩적 채무인수의 경우에 양도인의 책임이 2년의 제척기간으로 소멸되는가에 대해서 견해대립이 있다.

3. 營業上의 債務者保護

(1) 상호속용의 경우

영업양도시 상호 속용하는 경우에 양도인의 채무자가 선의이며 중대한 과실없이 양수인에게 변제한 때에는 그 효력이 있다.

영업의 양수인이 양도인의 상호를 계속 사용하는 경우에는 양도인의 영업으로 인한 채권에 대하여 채무자가 선의이며 중대한 과실없이 양수인에게 변제한 때에는 그 효력이 있다([43]). 영업양도는 일체로서의 영업을 양도하는 것이므로 영업상의 채권도 양도된 영업재산에 포함된다고 할 수 있다. 그러나 영업양도의 구체적 실행은 개별재산별로 해야 하므로 채권에 대해서는 채무자에 대한 통지 또는 채무자의 승낙이 있어야 하고 당연히는 채권양도가 이루어지지 아니한다. 그러나 양수인이 상호를 속용하면 영업양도의 사실을 알지 못하는 제3자인 채무자에게는 양수인이 채권자라는 외관이 형성되고 이러한 외관을 신뢰한 채무자에게 잘못이 없을 경우에는 외관법리에 따라 양수인에 대한 변제도 효력이 있는 것으로 해야 한다(정희137, 정동(총)247).

이와 같이 영업양도에 있어서 채무자 보호는 채권자 보호와 그 취지를 같이 하는 것이므로 상호속용의 의미나 채무의 범위 등은 앞에서 설명한 바와 같다.

(2) 상호를 속용하지 않는 경우

양수인이 상호 속용하지 않은 경우는 채권양도의 일반원칙에 따른다.

양수인이 상호를 속용하지 않는 경우에는 채무자의 외관신뢰라는 문제가 없으므로 채권양도의 일반원칙에 따라 처리하면 된다. 다만 채권을 양도하지 않았음에도 불구하고 양도인과 양수인이 채권양도의 취지를 광고한 때에는 상법 제44조를 유추적용하여 양수인에게 선의·무과실로 변제한 채무자의 면책을 인정해야 할 것이다(註商(上)255, 註商(I) 418~419, 反 정동(총)248).

제 5 營業의 賃貸借·經營委任·企業擔保

1. 營業의 賃貸借

[사례 Ⅳ-2-5: 영업의 임대차]

Y는 B에 대한 채권을 변제 받기 위한 방법으로, B와 다음과 같은 내용의 영업임대차계약을 체결하였다. 즉 B가 대표이사로 있는 A주식회사의 운영권을 Y

에게 양도하고, Y가 A회사의 기계와 설비일체를 임차하여 계속 제품을 생산판매하여 그 이익에서 채권을 우선 변제받고, Y가 기존 채권과 추가로 시설투자하는데 소요된 금액을 모두 회수하게 되면 A회사의 운영에 대한 임차권은 소멸시키기로 하였다. 다만 B는 이 계약을 체결함에 있어 A회사의 주주총회특별결의를 거치지 않았다. Y는 A회사를 살리기 위해 자금을 추가로 투자하고, 새로 건물을 임차하여 기존공장시설을 그곳으로 옮긴 후, 생산원료, 자재 등을 자기 비용과 책임으로 구입하여 제품을 생산하였다. 그러나 제품 판매에 있어서는 판로문제 등을 고려하여 B와의 당초 약정대로 A회사의 명칭과 상표를 그대로 사용하였다. A회사의 다른 채권자인 X는 A회사에 대한 채무명의로써 Y가 운영하고 있는 공장시설과 제품에 대해 강제집행할 수 있는가? (서울고판 1973.12.26, 73나1624 · 1625 참조)

가. 意 義

(1) 개 념

營業의 賃貸借는 상인이 일정한 대가를 받고 그 영업의 전부 또는 일부를 포괄적으로 타인에게 임대하는 계약을 말한다. 임대차의 대상은 단순한 영업재산이 아니고 일정한 영업목적에 의해 조직화된 사회적 활력을 가지는 일체로서의 기능적 재산이다. 영업의 임차인은 영업소유자에게 약정한 일정의 대가를 지급하고 임차인이 기업자로서 영업상 손익의 귀속주체로 된다. 영업의 임대차는 민법상의 임대차계약은 아니고 이에 유사한 混合契約이다.

상인이 일정한 대가를 받고, 영업의 전부 또는 일부를 포괄적으로 타인에게 임대하는 계약을 말한다.

영업의 임대차는 경영위임계약과 함께 기업결합의 수단으로 되기 때문에 영업양도와 마찬가지로 상법상 일정한 요건을 갖추어야 하고 公正去來法에 의한 규제를 받는다.

(2) 구 분

營業의 賃貸借는 영업양도, 경영위임 및 영업재산의 임대차와는 다음과 같이 구분된다.

1) 영업양도　營業讓渡는 영업에 관한 권리가 양수인에게 완전히 이전하는 점에서 임대차와 구분된다. 서울고판 1973.12.26, 73나1624 · 1625도 [사례Ⅳ-2-5]에서 "영업양도와 영업권의 임대차는 그 성질이 다른 것으로서 전자는 영업의 소유와 경영이 모두 동일성을 유지하는 채로 이전되는 것이고, 후자는 영업의 소유에는 변동이 없고, 운영만이 이전되는 것"이라고

영업양도는 영업의 소유와 경영이 완전히 이전되지만, 영업의 임대차는 운영만이 이전된다.

판시하였다. 그러나 영업주체의 지위가 이전된다는 점에서는 양자는 유사하므로 물적회사의 경우 사원총회의 특별결의를 거쳐야 하는 등 엄격한 절차를 밟아야 한다.

영업의 임대차는 영업주체의 지위가 이전되는 점에서 영업시설의 임대차와 다르다.

2) 영업시설의 임대차　영업의 임대차는 기능적 일체로서의 영업 그 자체를 대상으로 하는 점에서 영업시설의 임대차와는 구별된다. 따라서 영업시설임대차에 있어서는 영업주체의 지위가 이전되지 않지만 영업의 임대차에서는 이전되는 차이가 있다. [사례Ⅳ-2-5]에서 만일 Y가 A회사로부터 기계와 설비일체만을 임차한 경우는 영업시설의 임대차가 되지만 운영권을 함께 양도받았기 때문에 영업임대차가 되는 것이다. 그러나 영업용중요재산의 임대차는 영업의 임대차와 마찬가지로 보아야 할 경우가 있다.

영업의 임대차는 영업의 주체가 이전되지만 경영위임의 경우에 영업주체는 여전히 위탁자이다.

3) 경영위임　회사의 경영을 타인에게 위탁하는 經營委任에 있어서는 영업주체의 지위는 여전히 위탁자에게 있는 점에서 지위가 이전되는 영업의 임대차와 구분된다. 그러나 기업경영에 따르는 손익의 귀속주체는 수임인에게 이전되는 점에서 영업의 임대차와 유사하다.

(3) 취　지

영업의 임대차계약의 필요성은 거래실무의 편의에 있다.

영업의 임대차계약을 체결하는 실익은, 임대하는 기업으로서는 영업을 임대함으로써 경영의 곤란을 극복할 수 있고, 임차하는 기업으로서는 큰 자금의 소요없이 그 기업활동을 일시적으로 확대할 수 있다는 장점이 있다. 또 경영환경의 변화에 따라 기업의 규모를 줄여야 할 경우에는 임대차계약을 해제하면 족하고 기업설비를 처분하거나 종업원을 해고해야 하는 어려움을 피할 수 있는 장점이 있다. 그러나 거래실무에서는 [사례Ⅳ-2-5]에서 보는 바와 같이 채권에 대한 담보의 목적으로 영업임대차를 하는 경우도 종종 있다.

나. 節　次

영업임대차의 방식에 대해서는 아무런 규정이 없지만 주주총회 또는 사원총회의 특별결의를 요한다.

영업임대차계약의 방식에 대해서는 법에 아무런 규정이 없다. 다만 주식회사 또는 유한회사가 이러한 계약을 체결할 경우에는 주주총회 또는 사원총회의 특별결의를 거치는 것이 필요하며(374①2, 576) 특별결의에 반대하는 주주에게 株式買受請求權이 인정된다(374의2). 또한 公正去來法上의 일정한 규제를 받는다(公去 7①4).

주주총회특별결의를 거치지 않은 영업임대차계약은 무효이다. 서울고판 1973.12.26, 73나1624·1625도 [사례Ⅳ-2-5]에서 "주주총회의 특별결의를 거치지 않고 위 소외회사(A) 대표이사 박진원(B)이 그 개인의 자격으로 임의로 체결했던 사실이 인정되므로, 동 계약은 오로지 원고(Y)와 박진원(B)간의 하나의 채권계약으로서의 효력 밖에 없고, 위 소외회사(A)에 대한 관계에 있어서는 영업임대차계약의 효력이 발생할 수 없다"고 판시하였다.

다. 效 果

영업임대차의 효과에 대해서는 상법에 아무런 규정이 없으므로 당사자간의 계약내용에 의한다. 다만 성질이 허용하는 한 민법의 임대차계약에 관한 규정이 준용되며, 영업의 인도를 요하는 점에서 영업양도에 준하여 처리하면 된다(손주207, 최기206, 이기(총) 243, 註商(Ⅰ)394~395).

(1) 당사자간의 효과

임대인은 임대차기간 중 그 영업에 대해 임차인으로 하여금 사용·수익에 필요한 상태를 유지하게 할 의무를 부담하며(民 623) 이에 필요한 조치를 취해야 한다. 그러므로 영업양도와는 달리 명문의 규정은 없지만 이에 준하여 임대인은 경업금지의무를 부담한다. 한편 임차인은 임대차의 목적인 영업을 자기의 명의로써 자기의 계산으로 영위할 권리를 취득하는 동시에 임차료를 지급할 의무를 부담한다.

임대인은 사용·수익에 필요한 상태의 유지의무, 경업금지의무를 부담하고, 임차인은 임차료지급의무를 부담한다. 상법 제42조 내지 제44조의 규정을 영업의 임대차에도 준용할 것인가에 대해서는, 다수설은 인정하지만, 판례는 양자의 성질상의 다름을 이유로 이를 부정한다.

(2) 제3자에 대한 효과

상호속용 등의 경우에 영업상의 채권채무에 대한 양수인의 책임을 인정한 상법 제42조 내지 제44조의 규정을 영업의 임대차의 경우에도 준용할 것인가 하는 점이 문제된다. 이를 인정하는 견해가 다수이지만 판례는 반대하고 있다. 즉 서울고판 1973.12.26, 73나1624·1625는 [사례Ⅳ-2-5]에서 "원래 영업양도와 영업권의 임대차는 그 성질이 다른 것이므로 영업양도에 관한 상법 42조 1항이 곧 본건의 영업권의 임대차계약에 확대적용하거나, 유추적용될 수는 없다 할 것이고, 또한 피고(X) 주장과 같이 원고(Y)가 소외 회사(A)의 상호를 계속 사용함으로서, 소외 회사(A)의 피고(X)에 대한 채무에 관하여 원고(Y)에게도 책임이 있는 것이라 가정하더라도, 피고(X)는 소외 회사(A)에 대한 채무명의를 가지고 바로 원고(Y)의 소유재산을 강제집행 할 수는 없는 것"이라고 판시하였다.

2. 經營委任

(1) 개 관

상인이 기업경영을 타인에게 위탁하는 계약을 말하며, 경영관리계약과 협의의 경영위임이 있다.

經營委任은 상인이 기업경영을 타인에게 위탁하는 계약을 말한다. 이 경우 기업영영은 수임자의 명의로 행하지만 대외적으로는 위임자가 경영주체로서 그 영업으로부터 생기는 권리의무의 귀속자(상인)로 된다. 이 점에서 임차인이 경영주체가 되는 영업임대차와 다르다.

경영위임에는 기업경영의 손익이 위임자에게 귀속되는 경우와 수임자에게 귀속되는 경우가 있는데, 후자를 좁은 의미에서 經營委任이라고 하고 전자는 經營管理契約이라고 부른다. 그러나 이들은 모두 영업임대차와 함께 기업결합의 수단으로 이용되므로 주식회사와 유한회사는 商法과 公正去來法의 규제를 받는다.

(2) 경영위임계약

영업손익은 수임자에게 귀속되지만 경영은 위임자의 명의로 행하여지는 형태이다.

1) 의 의　좁은 의미의 경영위임에 있어서는 영업손익은 수임자에 귀속되지만 경영은 위임자의 명의로 행하여진다. 즉 수임자는 위임자의 기능적 일체로서의 영업재산을 이용하여 영업을 하고 그 이익을 자신이 수취하는 동시에 일정한 보수를 위임자에게 지급한다. 따라서 내부관계에서는 영업의 임대차와 유사하지만 대외적으로는 위임자의 이름으로 거래를 하기 때문에 영업으로부터 생기는 모든 권리의무는 위임자에게 귀속한다. 다만 위임자가 수임자에 대해 기업경영과 관련한 광범위한 대리권을 부여하는 경우가 적지 않다.

사원총회의 특별결의를 요한다.

2) 절 차　경영위임계약의 체결은 영업의 임대차와 거의 유사하므로 주식회사와 유한회사에 있어서는 사원총회의 특별결의를 거쳐야 한다(374②後, 576). 또 경영위임에 반대하는 주주에 대해서는 주식매수청구권이 인정된다(374의2). 경영위임의 경우에도 위임자는 영업양도에 준하여 경업금지의무를 부담한다고 할 것이다(손주208, 최기206, 정동(총)270, 이기(총)243, 註商(Ⅰ)396).

(3) 경영관리계약

위임자의 이름 및 계산, 수임자는 위임자로부터 약정한 보수를 받는 형태

1) 의 의　經營管理契約에 있어서는 기업경영은 위임자의 이름 및 계산으로 하고 수임자는 그 활동에 대해 위임자로부터 약정한 보수를 받을 뿐이다. 따라서 그 법적 성질은 사무처리의 위탁을 목적으로 하는 보통의 위임계약의 일종이라고 하겠다. 따라서 계약의 체결 및 효과에 대해서는 委

任에 관한 민법규정이 적용되며(民680 이하), 영업양도에 관한 상법 규정은 유추적용될 여지가 없다(손주209, 註商(Ⅰ)397).

이다.

2) 절 차 주식회사와 유한회사의 경영관리계약을 체결함에 있어서는 사원총회의 특별결의를 거쳐야 하며(374②後, 576), 반대하는 주주에 대해서는 주식매수청구권이 인정된다(374의2).

사원총회의 특별결의를 거쳐야 한다.

3. 企業擔保

(1) 영업의 특별재산성

客觀的 意義의 營業은 각종 물건·권리 및 사실관계로 이루어지는 하나의 유기적 결합체로서 영업을 구성하는 개개 재산의 총계 이상의 가치를 가진다. 따라서 영업은 그 자체로서 독자적인 교환가치를 가지고 독립하여 양도와 임대차 등 채권관계의 목적으로 된다. 그러한 의미에서 영업은 상인의 재산중에도 특별한 지위를 가지고 있다. 그러나 개인기업의 경우에는 그 영업생활은 상인 개인의 생활의 전체를 점하는 것은 아니기 때문에 영업재산과 그 이외의 재산(사용재산)의 구분이 명확하지 않고 영업상 채권자는 영업상 재산에 대하여만 권리를 가지는 것은 아니다. 또 영업만이 법률상 독립하여 강제집행 또는 파산대상으로 되는 것은 아니므로 영업을 구성하는 개별재산별로 집행할 수밖에 없다.

객관적 의의의 영업은 독자적인 교환가치를 가지고 독립하여 양도와 임대차 등 채권관계의 목적으로 된다.

(2) 영업의 담보화

영업은 독립하여 물권적 처분행위의 대상으로 되는 것은 아니고 따라서 영업을 일괄하여 담보화하는 방법은 현행법상 인정되지 아니한다. 따라서 영업을 담보화하기 위해서는 讓渡擔保에 의하든가 영업을 구성하는 개별재산에 대해 質權 또는 抵當權을 설정하는 수밖에는 없다. 그러나 이러한 방법에 의해서는 영업재산이 가지고 있는 유기적 일체로서의 담보가치를 충분히 이용할 수 없기 때문에 영업자체를 담보화 하는 방안이 마련되어야 한다. 다만 현재 工場抵當法(1961.10.17, 법749호)이나 鑛業財團抵當法(1961.10.17, 법750호) 등의 특별법에서 인정하는 범위내에서는 어느 정도 영업담보의 길이 열려 있다고 하겠으나, 담보방안에 대하여는 보다 구체적인 입법조치가 필요하다(정희139, 손주209, 최기208, 정동(총)252).

일괄적인 영업의 담보는 현행법상 인정되고 있지 않기 때문에 입법조치가 필요하다.

제 2 편

商行爲法

제 2 편 상행위(제46조~168조)는 상법의 적용범위를 기업활동 측면에서 정하기 위해 상행위 개념을 정립한 후 상행위의 종류와 그 특칙을 정하고, 상인이 영업을 위하여 이용하는 특수한 제도인 상호계산과 익명조합, 보조상의 유형인 대리·위탁매매·중개 및 특수한 상행위 유형인 운송(주선)업·공중접객업·창고업에 관한 규정을 두고 있다.

제 4 편 보험과 제 5 편 해상도 이론적으로는 상행위법의 일부를 이루는 것이나 연혁적인 특성이 반영되어 독립한 편으로 구성되어 있다. 상행위법은 회사법과는 달리 계약자유의 원칙이 적용되는 분야로서 현실거래에는 주로 당사자간의 계약조항이나 약관이 적용되기 때문에 실제 적용되는 범위는 매우 제한되어 있다.

제 1 장
商行爲法 總論

개 요

상행위법은 실질적인 의미에서는 기업거래에 관한 특별사법이며 형식적으로는 상법 제2편 상행위에 해당하는 규정들을 가리킨다. 상행위는 기업적 방식에 의한 영리활동을 말하며 상인개념과 함께 상법의 적용범위를 정하는 기준이 된다. 상행위법은 상행위의 특성을 감안하여 민법의 일부규정에 대한 특칙을 두고 있다.

이 장에서는 상행위의 개념과 유형을 살펴보고 상행위에 대한 민법규정의 특칙을 총칙편, 물권편, 채권편으로 나누어 설명한다.

주요 내용

o 기본적 상행위 — 매매 등 21개 유형
o 준상행위, 보조적 상행위, 일방적 상행위와 쌍방적 상행위
o 상행위의 대리 — 비현명주의, 대리권소멸, 수임인의 권한
o 상사소멸시효 — 시효의 단축
o 일반상사유치권, 상사질권
o 상사계약의 성립 — 청약의 효력, 낙부통지의무, 물건보관의무
o 상행위의 유상성 — 법정이윤, 법정이자, 보수청구
o 상사채무의 연대성 — 다수채무자의 연대, 보증인의 연대
o 상사임치
o 유가증권

제 1 절 商行爲法의 基礎

제 1 商行爲法

1. 意 義

(1) 형식적 의의의 상행위법

상법 제2편 상행위에 해당하는 규정들을 의미한다.

상행위법은 형식적 의의에서는 상법 제2편 '商行爲'에 해당하는 규정들을 가리킨다. 상법 제2편은 총 11개장으로 구성되어 있는데 이를 이론적으로 나누어 보면 제1장(通則)·제2장(賣買)·제3장(相互計算)·제4장(匿名組合)은 모든 상행위에 공통적으로 적용되는 이른바 '總論'에 해당하고, 제5장(代理商)·제6장(仲介業)·제7장(委託賣買業)·제8장(運送周旋業)·제9장(運送業)·제10장(公衆接客業)·제11장(倉庫業)은 '各論'에 해당한다.

(2) 실질적 의의의 상행위법

기업활동 내지 기업거래에 관한 민법의 특별사법이다.

실질적 의의의 상법이 민법에 대한 특별법으로서 기업의 조직과 활동에 관한 법이라고 한다면, 商行爲法은 이 중에서 企業活動 내지 企業去來에 관한 特別私法이라고 할 수 있다. 이는 제1편 總則이나 제3편 會社編이 주로 기업의 조직적 측면을 규율하는 것과 대비된다. 상행위법을 민법에 대한 특별법이라고 할 때에는, 상행위 내지 기업거래의 일반적인 필요에 의해 민법의 규정을 변경하는 특별규정을 두고 있다는 의미뿐 아니라 민법이 예상하고 있지 않은 특수한 기업거래 유형에 관한 규정을 두고 있다는 의미도 있다.

(3) 양자의 관련

형식적 의의의 상행위법은 실질적의의의 상행위법과 그 범위와 내용이 정확히 일치하지 않는다.

형식적 의의의 상행위법은 체계적이고 법률 정책적 입장에서 제정된 반면 실질적 의의의 상법은 학문적·이론적인 측면을 중시하는 것이므로 양자는 그 범위와 내용이 정확하게 일치하지는 않는다. 즉 상법 제2편에는 기업활동에 관한 특별사법이 아닌 규정도 포함되어 있는가 하면, 기업활동에 중요한 법규정 중에서도 포함되어 있지 않는 것도 많다. 가령 제3장(相互計算)은 대차결제에 관한 특수한 기술적 수단으로서 자체는 기업거래는 아니며, 제4장(匿名組合)은 공동기업의 한 형태로서 원래 회사편에 들어가야 할 제도이다. 또한 상법 제65조는 有價證券法의 범위에 속하는 것이다. 반면 오늘날 기업거래의 중요한 부분이 되고 있는 은행·증권·신탁 등 금융거래에 관하여는 상행위편에 아무런 규정을 두지 않고 있다. 또한 상법 제4편(保險)과 제5편(海商)은 상행위에 포함될 내용이나 연혁적인 이유에서 이를 별개의 편으로 독립시키고 있다.

2. 特 性

상행위법은 상법의 일부로서 민법에 대한 특성과 상거래법으로서 기업조직법에 대한 특성이 있다.

(1) 민법에 대한 특성

상행위법의 본질적인 특성은 營利性에 있으며 이로부터 정형성·신속성 등 다른 특성이 유래된다. 즉 상행위는 영리추구를 본질로 하므로 원칙적으로 有償이며(55①, 61, 民600, 686), 이를 위해 대량거래가 집단적·반복적으로 이루어지므로 민사거래에 비해 신속성과 정형성이 요구된다(52①, 民528). 상행위의 정형화는 普通去來約款의 이용으로 나타난다.

상행위법은 영리성·정형성·신속성과 같은 특성이 있다.

(2) 기업조직법에 대한 특성

1) 임의법규성 상행위법은 상법총칙이나 회사법과 같은 기업조직법과 비교해볼 때 계약자유의 원칙이 지배하는 任意法規라는 특성을 보이고 있다. 기업조직법에서는 기업을 둘러싼 여러 이해관계인에 대해 법률관계의 획일적인 처리의 필요상 그 대부분이 強行規定으로 되어 있다. 그러나 상거래의 당사자들은 합리적인 판단능력을 갖춘 상인(기업)들로서 서로 대등한 지위에서 거래에 임하기 때문에 법률관계의 처리를 당사자에 맡겨두어도 상관이 없다. 따라서 상거래에는 민사거래보다 보다 훨씬 강하게 계약자유의 원칙이 적용되기 때문에 이를 규율하는 상행위법이 임의법규성을 띄는 것은 당연하다.

상행위법은 전문적인 상인에 의한 법률관계라는 점에서 계약 자유의 원칙을 넓게 인정하여 임의법규의 특성을 지닌다.

2) 개방성·진취성 상행위법은 복잡하고 다양한 기업거래를 그 규율대상으로 하는 법분야로서 거래 현실에 민감하게 대응할 필요가 있다. 기업거래는 국내외적인 경제상황과 기술의 진보에 따라 빠르게 변화하고 있으므로 상행위법도 다른 법 분야에 비해 진취적이고 개방적인 특성을 띄게 된다.

상행위법은 거래현실변화에 민감하여 개방적, 진취적 특성을 지닌다.

제2 商行爲

1. 意 義

商行爲는 실질적인 의미에서는 상인(기업)이 다른 기업 혹은 소비자와 하는 일체의 거래행위를 말한다. 그러나 형식적인 의미에서는 상법의 적용범위를 정하기 위한 기준으로서 상법에 의해 설정된 개념으로서, 일반적으로 상행위라고 할 때에는 형식적 의미로 사용된다.

(1) 입법주의

행위의 객관적 성질에 의해 상행위를 유형화하고 상행위를 하는 자를 상인이라고 한다.

형식적 의미의 상행위 개념은 상인개념과 밀접한 관련을 가지는데, 양자를 어떻게 정할 것인가에 대해서는 다음과 같이 입법주의가 나누어진다.

1) 실질주의(객관주의) 행위의 객관적 성질에 의해 상행위를 유형화하여 열거하고, 그 상행위를 하는 자를 상인으로 보는 방법이다. 1807년의 프랑스상법이 취하는 태도로서 상법을 상인신분의 직업적 계급법으로부터 해방시켰다는 역사적 의의는 가지고 있지만, 상행위의 유형이 고정되는 결과 경제사정의 변화에 신축적으로 대응할 수 없다는 한계를 지니고 있다. 따라서 현재 순수하게 이러한 입법주의를 취하는 국가는 찾아보기 어렵다.

상인개념을 정하고 상인의 영업상 행위를 상행위로 본다.

2) 형식주의(주관주의) 상인개념을 먼저 형식적으로 정하고 그 상인의 영업상의 행위를 상행위로 보는 방법으로서 독일상법과 스위스채무법이 취하는 태도이다. 이 입법주의는 상거래의 변화에 신속히 적응할 수 있다는 장점이 있지만 상행위의 한계가 명확하지 않다는 문제점이 있다(채144, 정찬(상)190).

3) 절충주의 양자를 병용하는 입법주의로서, 일본상법이 이에 속한다.

(2) 상법의 입장

주관적 절충주의로 보는 견해, 주관주의로 보는 견해가 대립하지만 통설은 주관주의라고 본다.

상법은 영업으로 하는 일정한 행위를 '基本的 商行爲'로서 열거하고(46), 이를 자기명의로 하는 자를 상인으로 하고 있다(4, 當然商人). 한편, 상행위의 개념과는 상관없이 형식적으로 상인개념을 정하고(5, 擬制商人) 이러한 상인이 영업으로 하는 행위는 그 실질을 묻지 않고 상행위로 본다(66, 準商行爲). 이러한 상법의 태도에 대해서는 주관주의적 절충주의를 취하고 있다고 보는 견해(양·박105, 이범152, 정무59~60, 채144)와 주관주의에 입각하고 있다는 견해(정희145, 서·정139, 손주215, 정동(총)266, 최기213, 정찬(상)191)가 나누어지고 있다.

생각건대 '기본적 상행위'는 행위의 객관적 성질에 의해 상행위성을 인정하는 이른바 '절대적 상행위'와는 달리 營業性에 의해 상행위성이 인정되는 것이므로 객관주의의 입법태도와는 구별된다고 하겠다. 따라서 우리 상법이 주관주의를 취하고 있다고 보는 통설의 견해가 타당하다고 보지만 어느 견해를 취하든 실제 큰 차이가 있는 것은 아니다.

(3) 상행위의 종류

상행위에는 당연상인이 영업으로 하는 基本的 商行爲(46)와 영업을 위하여 하는 補助的 商行爲(47)가 있다. 또한 의제상인의 영업행위를 準商行爲라고 한다(66). 기본적 상행위와 준상행위는 '영업으로 하는 행위'이므로 營業的 商行爲라고 하며, 상인이 영업을 위하여 하는 보조적 상행위와 구분된다. 이외에도 당사자 쌍방에 대하여 상행위가 되는 행위를 雙方的 商行爲라 하고 당사자 일방에 대하여만 상행위가 되는 행위가 一方的 商行爲이다(3).

기본적 상행위, 준상행위, 보조적 상행위, 쌍방적 상행위, 일방적 상행위가 있다.

2. 基本的 商行爲

[사례 I-1-1: 기본적 상행위]

X는 민영광산의 합리적이고 획기적인 개발을 목적으로 그 자본금 전액을 정부가 출자하여 대한광업진흥공사법에 의해 설립된 공사로서, 광업자금의 융자를 그 사업의 하나로 하고 있다. 광산업자인 Y는 X로부터 소정의 금리에 따른 이자 및 연체이자를 지급한다는 조건으로 광업자금을 융자받았다. 융자일로부터 5년이 경과한 후에 X가 Y에게 연체이자와 융자금 원본의 상환을 청구하였으나 Y는 상사채권의 시효가 완성되었다는 이유로 이를 거절하였다. Y의 상환거절은 타당한가? (대판 1994.4.29, 93다54842 참조)

가. 意　　義

營業으로 하는 상법 제46조 각호의 행위를 基本的 商行爲라고 하며 當然商人 개념(4)의 기초가 된다. 기본적 상행위는 營業的 商行爲라고도 불리우는데 이는 행위의 객관적 성질상 당연히 상행위성이 인정되는 것이 아니라 영리의 목적을 가지고 반복·계속하여 행함으로써 비로소 상행위로 되기 때문이다. 즉 [사례 I-1-1]에서 X가 소정의 금리에 따른 이자를 받기로 하고 Y에 대해 광업자금을 융자한 행위는 상법 제46조 8호에서 규정한 '여

상법 제46조의 행위를 영업으로 할 때 기본적 상행위가 된다.

신 기타 금융거래에 관한 행위'에 해당하지만 이로써 바로 상행위성이 인정되는 것은 아니다. 왜냐하면 X의 광업자금융자는 민영광산의 합리적이고 획기적인 개발을 목적으로 하는 것이고 은행 등 금융기관과 같이 영리의 목적으로 반복·계속하여 행하는 것이 아니기 때문이다.

대판 1994.4.29, 93다54842도 이러한 취지에서 "어느 행위가 상법 제46조 소정의 기본적 상행위에 해당하기 위하여는 영업으로 동조 각호 소정의 행위를 하는 경우이어야 하고, 여기서 '영업으로 한다'고 함은 영리를 목적으로 동종의 행위를 계속 반복적으로 하는 것을 의미한다고 할 것인 바, 위 대한광업진흥공사법의 제반규정에 비추어 볼 때, 원고 공사(X)가 광업자금을 광산업자(Y)에게 융자하여 주고 소정의 금리에 따른 이자 및 연체이자를 지급받는다고 하더라도, 이와 같은 대금행위는 위 법 제1조 소정의 목적, 즉 민영광산의 육성 및 합리적인 개발을 지원하기 위하여 하는 사업이지 이를 가리켜 '영리를 목적'으로 하는 행위라고 보기는 어렵다고 할 것이다. 따라서 원고 공사의 위 법에 의한 광업자금의 융자행위는 원고 공사에 대하여는 상행위에 해당한다고 볼 수 없다"고 판시하였다(다만 이 사례에서 Y는 상인이고 당사자 일방에 상행위로 되는 채권은 상사채권시효인 5년이 적용되기 때문에 결과적으로는 Y의 지급거절은 정당하다고 판단되었다).

이와 같이 영업성이 있어야 기본적 상행위로 되기 때문에 오로지 임금을 받을 목적으로 물건을 제조하거나 노무에 종사하는 자의 행위는 기본적 상행위에 포함되지 않는다(46 但).

나. 類 型

상법 제46조에는 21가지 基本的 商行爲가 규정되어 있는데 이는 제한적인 열거로 보아야 한다.

(1) 매매행위(46.1)

동산, 부동산, 유가증권 기타의 재산을 매수 또는 매도하는 것이다(통설).

賣買는 물건과 금전을 교환하는 행위로써 가장 기본적인 상행위이다. 固有의 商은 재화의 매개에 따르는 차익을 얻는 행위로써 이로부터 오늘날 다양한 형태의 상행위가 파생되어 나온 것이므로 매매는 가장 오래된 상행위이다.

1) 목적물　매매의 대상은 동산·부동산·유가증권 기타의 재산이다. 그 의미는 민법 기타 특별법에서 정하는 바에 따르는데 기타의 재산중에는 특허권·저작권 등 無體財産權과 광업권과 같은 準物權이 있다.

2) 매매의 의미　통설은 賣買를 '買受 또는 賣渡'라고 본다(손주69, 정희63, 채146,

(박원132, 이병82, 서정75). 그러나 매수와 매도는 동일주체를 통하여 서로 내면적인 관계를 가지므로 물건을 사서 파는 행위는 전체로서 상행위성을 갖는다는 점에서 매매를 '매수와 매도'라고 보는 견해가 있다(서·정63, 정무63, 이·최63, 강·임159, 최기57~58, 김영(총)101). **통설**에 따르면 농수산업과 같은 일차산업은 기본적 상행위에 포함되지만, **소수설**에 의하면 의제상인의 영업행위로서 준상행위에 해당된다. 매수와 매도가 반드시 결부되어야 할 필요는 없다는 점에서 통설이 타당하다고 생각되지만 그 결과에 있어서 큰 차이는 없다.

3) 상사매매　상행위법에서는 매매행위 중 당사자쌍방이 상인인 경우에 대한 특칙 규정(제2장)을 두고 있다. 이외에도 특수한 매매형태인 할부판매·방문판매 등에 대해서는 소비자보호를 위한 특별법이 있다.

(2) 임대차행위(46.2)

동산, 부동산, 유가증권 기타 재산을 임차 또는 임대하는 것이다.

1) 의 의　동산·부동산·유가증권 기타 재산의 賃貸借를 영업으로 하는 행위이다. 매매는 이러한 물건의 소유권을 이전하는 행위임에 비해 임대차는 그 이용권만을 대상으로 하는 점에서 차이가 있다. 선박·항공기의 裸傭船業, 아파트 임대업, 도서·비디오 대여업, 렌트카 영업이 이에 해당한다(관련법규: 賃貸住宅法 등).

2) 임대차의 의미　임대차를 '임차와 임대'로 보는 소수견해가 있지만 '임차 또는 임대'로 보는 통설이 타당하다. 그러나 임차만을 영업으로 하는 경우는 생각할 수 없고 대부분 임대를 영업으로 한다(김성384).

(3) 제조·가공 또는 수선에 관한 행위(46.3)

타인 또는 자기의 계산으로 제조·가공·수선행위를 인수하는 것이다.

1) 의 의　제조·가공·수선에 관한 행위라고 함은 제조·가공·수선행위 그 자체를 말하는 것이 아니라 이를 引受하는 행위를 말한다. 왜냐하면 제조·가공·수선행위는 하나의 사실행위로서 상행위가 아니기 때문이다. 제조는 원재료를 투입하여 새로운 제품을 생산하는 것을 말하며, 가공은 원재료의 동일성을 유지하면서 그 부가가치를 높히는 것이며, 수선은 원재료의 효용성을 회복시키는 것을 말한다.

2) 제조·가공·수선의 의미　타인을 위하여(타인의 계산으로) 제조 등의 행위를 하는 경우로 한정된다는 견해(日本商法502.2)가 있지만, 타인을 위한 제조 등의 인수만 아니라 자기의 계산으로 원재료를 구입하여 물건을 제조하여 판매하는 행위도 포함된다고 본다(손주70, 최기59, 임홍(총)159).

(4) 전기·전파·가스 또는 물의 공급에 관한 행위(46.4)

예: 한국전력, 방송사, 가스, 수도사업

전기·전파·가스·물을 계속적으로 공급할 것을 인수하는 행위이다. 한국전력이나 방송사업, 가스나 수도사업이 이에 해당한다(관련법규: 전기통신사업법·방송법·수도법 등). 전기 등을 공급하기 위해서는 일정한 설비(전선, 파이프)를 설치하고 이를 임대하는 것도 포함되어야 하기 때문에 보통은 매매와 임대차, 도급 등이 혼합된 계약을 체결하는 경우가 많다.

(5) 작업 또는 노무의 도급의 인수(46.5)

예: 인력송출업, 헤드헌터 영업

作業의 都給의 引受라고 함은 빌딩·도로·교량·철도공사 또는 선박건조와 같은 부동산이나 선박에 관한 공사를 인수하는 행위를 말한다. 勞務의 都給의 引受라고 함은 노동자의 공급을 인수하는 계약으로서 人力送出業 등을 가리키며(관련법규:직업안정법·건설산업기본법 등) 근래에 성행하는 헤드헌터 영업 등이 이에 해당한다.

(6) 출판·인쇄 또는 촬영에 관한 행위(46.6)

예: 사진사, 영화사

출판에 관한 행위라고 함은 문서나 도서를 인쇄하여 발매하고 배포하는 행위로서 출판을 위해 저자와의 사이에 출판계약, 인쇄업자와의 사이에 인쇄계약이 이루어진다. 인쇄에 관한 행위는 기계 또는 화학적 방법으로 문서나 사진 등의 복제를 인수하는 행위이다. 촬영에 관한 행위라고 함은 사진이나 영화필름의 제작을 인수하는 행위로서 사진사나 영화사의 행위가 이에 해당한다(관련법규: 출판사 및 인쇄소의 등록에 관한 법률 등).

(7) 광고·통신 또는 정보에 관한 행위(46.7)

예: 전화, 휴대폰, 인터넷사업, 데이터베이스사업

광고란 판매를 촉진할 목적으로 일반공중에게 상품 등을 널리 선전하거나 홍보하는 것이다. 이를 인수하는 행위가 상행위로서 광고대행사의 영업이 이에 해당한다. 통신은 유무선 통신장비에 의해 정보를 전달하는 행위로서 전화사업·휴대폰사업·인터넷 사업이 그 예이다. 정보에 관한 행위는 타인이 의뢰한 정보를 유상으로 수집하여 제공할 것을 인수하는 것으로서 각종 데이터 베이스사업이나 흥신소·신용정보사업 등이 이에 해당한다(관련법규:옥외광고물 등 관리법).

(8) 수신·여신·환 기타의 금융거래(46.8)

예: 은행업

수신과 여신은 고객으로부터 금전을 수탁받거나 대여하는 행위이며, 換이란 서로 다른 화폐간에 교환하는 행위이다. 기타 금융거래는 어음할인이나 보증 등의 행위로서 은행업이 이에 해당한다. 금융거래에는 은행업 이외에도 보험·증권·신탁 등이 있으나 이에 관해서는 따로 규정을 두고 있으므로 여기에서 말하는 금융거래는 은행거래에 한정된다(관련법규: 은행법·전당포영업법 등).

(9) 객의 집래를 위한 시설에 의한 거래(46.9)

일반인들이 모일 수 있는 인적·물적 시설을 갖추고 이를 이용하게 하는 행위이다. 구체적으로는 (러브)호텔·여관·식당·목욕탕·극장 등 유흥·숙박업이나, 놀이동산·스키장·골프장 등 각종 레저산업, 도서관, 병원업도 이에 해당한다(관련법규: 공중위생법·영화진흥법 등). 상행위편 제10장에서는 公衆接客業者의 책임에 관한 규정을 따로 두고 있다.

예: 여관, 식당, 극장, 스키장, 놀이동산 등 레저산업

(10) 상행위의 대리의 인수(46.10)

위탁자인 본인에게 상행위가 되는 행위의 대리를 인수하는 행위로써 체약대리상(87)이 이에 속한다. 자동차판매대리점·보험대리점이 이에 속한다. 그러나 가전제품대리점은 대리상이 아니라 단순한 특약점인 경우가 많다(관련법규: 상법의 대리상에 관한 규정).

예: 보험대리점

(11) 중개에 관한 행위(46.11)

타인간의 법률행위의 중개를 인수하는 행위이다. 중개의 대상인 행위가 상행위인 여부를 묻지 아니한다. 상행위의 중개를 업으로 하는 자를 상법은 중개인(93)이라고 하기 때문에 상행위 이외의 법률행위를 중개하는 자를 民事仲介人(복덕방·결혼상담소·직업소개소 등)으로 구별한다(관련법규: 부동산중개업법·직업안정법 등). 민사중개인도 상인이므로 그가 그 영업범위 내에서 타인을 위하여 행위를 한 경우에는 상법 제61조에 의해 상당한 報酬請求權이 인정된다(대판 1968.7.24, 68다955).

예: 보험중개업

(12) 위탁매매 기타의 주선에 관한 행위(46.12)

周旋이란 자기의 이름으로 타인의 계산으로 법률행위를 할 것을 인수하는 행위로서 상법상 위탁매매(101)·준위탁매매(113)·운송주선(114)이 이에 속한다. 주선의 대상이 되는 행위는 위탁자에게 상행위일 필요는 없다. 위탁매매 등 주선업의 대표적인 사례로는 각종 농수산물 위판장과 증권회사가 있다(관련법규: 증권거래법 등).

예: 농수산물 시장, 증권회사

(13) 운송의 인수(46.13)

물건 또는 사람의 장소적 이동을 인수하는 행위이다. 운송의 목적이나 방법, 장소를 묻지 아니한다. 그러므로 물건운송·여객운송, 육상운송·해상운송·항공운송·복합운송, 자동차운송·철도운송·지하철운송, 정기운송·

예: 선박회사, 항공회사, 지하철회사

전세운송 등이 모두 포함된다. 이 중에서 상행위법에서는 陸上運送에 관한 규정만을 두고 있으며 海上運送에 관해서는 상법 제5편(海商)에서 따로 상세한 규정을 두고 있다(관련법규: 선박법·항공법 등).

(14) 임치의 인수(46.14)

예: 창고회사, 수하물 보관사업

타인을 위하여 물건 또는 유가증권을 보관할 것을 인수하는 행위이다. 창고회사의 영업이 이에 속하며 그 책임에 관해서는 상행위법 제11장에서 상세한 규정을 두고 있다. 여기에서 임치에는 消費任置(民 702)가 포함되지만 은행 기타 금융기관에서 하는 금전 또는 유가증권의 소비임치는 금융거래의 일종에 속한다. 다만 증권예탁원에 의한 주권 등 유가증권의 예치는 임치에 해당한다(관련법규:화물유통촉진법·농업창고업법 등).

(15) 신탁의 인수(46.15)

예: 투자신탁회사

信託은 위탁자가 수탁자와의 특별한 신임관계에 기하여 재산권을 수탁자에게 이전하거나 기타 처분을 하고 수탁자로 하여금 수익자의 이익 또는 특정의 목적을 위하여 그 재산권을 관리·처분하게 하는 법률관계를 말한다(信託 1②). 신탁의 인수는 이러한 행위를 인수하는 것을 말하며 투자신탁회사의 투신상품 판매가 이에 해당한다(관련법규:신탁법·담보부사채신탁법 등).

(16) 상호부금 기타 이와 유사한 행위(46.16)

예: 국민은행의 상호부금업무

相互賦金은 종래 민간에서 널리 이용되던 '契'를 제도권 금융의 한 방법으로 도입한 것으로서 1995년 개정 이전에는 '無盡'이라는 일본식용어를 사용하던 것을 변경한 것이다. 이는 일정한 구좌수와 급여금액을 정한 다음 정기적으로 부금을 납입시키고 그때마다 추첨이나 입찰 등의 방법으로 가입자중에서 특정한 자를 뽑아 일정금액을 선급(대여)하는 행위이다. 현재는 상호신용금고와 국민은행 등이 취급하는 상호부금업무가 이에 해당한다(관련법규: 상호신용금고법 등).

(17) 보 험(46.17)

예: 보험회사

保險은 동일한 위험에 처한 다수인이 위험단체를 구성하여 보험기금을 조성하고, 이 기금으로부터 위험발생으로 인해 인적·물적 손해를 입은 구성원에게 일정금액 또는 급여를 지급하는 제도이다(638). 여기에서의 보험은 이러한 위험의 인수를 영업으로 하는 행위, 즉 영리보험을 의미하므로 相互保險(P&I 보험)과 公保險(의료보험·산재보험)은 제외된다. 영리보험에 대해서는 상법 제4편에 상세한 규정을 두고 있다(관련법규: 상법 제4편, 보험업법 등).

(18) 광물 또는 토석의 채취에 관한 행위(46.18)

광물 또는 토석을 채취하여 이를 판매하는 행위를 말한다. 광물·토석의 채취 자체는 사실행위에 지나지 아니하므로 기본적 상행위로 될 수는 없기 때문이다. 이들 산업은 원시산업에 속하는 것이지만 대규모 기업성이 인정되어 기본적 상행위에 포함시킨 것이다. 동일한 일차산업에 속하는 농산물의 생산과 판매행위는 의제상인의 영업활동으로서 준상행위가 되는 것과 대비된다(관련법규:광업법·골재채취법 등).

예: 광산, 골재채취 사업

(19) 기계·설비 기타 재산의 물융에 관한 행위(46.19)

物融(물적금융)에 관한 행위라고 함은 리스(lease) 또는 施設貸與業이라고도 하는데, 대여시설 이용자(lessee)가 선정한 특정물건을 시설대여회사(lessor)가 새로이 취득하거나 대여 받아 그 물건에 대한 직접적인 유지·관리책임을 지지 아니하면서 대여시설 이용자에게 일정기간 이상 사용하게 하고 그 기간에 걸쳐 일정대가를 정기적으로 분할하여 지급받으며 그 기간 종료후의 물건의 처분에 관하여는 당사자간의 약정으로 정하는 행위이다(與金 2.10).

예: 리스산업

리스는 기업활동에 소요되는 기계나 설비 등을 소유하는 데 드는 비용보다 훨씬 저렴한 비용으로 그 사용가치를 누리게 할 뿐 아니라 그에 따른 조세상의 혜택도 크기 때문에 항공기·선박구입 등에 널리 활용되고 있다. 리스는 기계설비의 단순한 대여가 아니라 실질적으로는 금융의 기능을 제공함으로써 임대차와 금융이라는 두 가지 성격을 공유하고 있다. 그러므로 리스를 임대차(46.2) 및 금융거래(46.8)와는 별개의 기본적 상행위로서 규정하게 된 것이다(관련법규:여신전문금융업법 등).

(20) 상호·상표 등의 사용허락에 의한 영업에 관한 행위(46.20)

프랜차이즈 영업을 가리키는 것이다. 프랜차이즈(franchise)란 제공자(franchisor)가 가지고 있는 營業標識(商號·商標)를, 일정한 사용료를 대가로 하여 이용자(franchisee)에게 사용하게 하고 이용자에 대한 물품의 공급이나 판매 기타 사업경영에 대해 통일적인 방법으로 지도관리하는 형태의 영업을 말한다.

예: 프랜차이즈업

프랜차이즈는 제공자의 입장에서는 큰 자본 투여없이 판매망을 확충할 수 있는 한편, 이용자의 입장에서는 특정한 사업분야에 대한 전문지식이 없이도 쉽게 사업을 개시할 수 있을 뿐 아니라 제공자가 가지고 있는 상표·노하우 등을 이용할 수 있어 경쟁상 유리하다. 프랜차이즈영업은 패스트푸드 산업을 중심으로 발전하였고 최근에 와서는 렌트카·호텔·부동산·여

행사 등 서비스분야에도 광범위하게 이용되고 있으므로 이를 기본적 상행위의 하나로서 규정하게 된 것이다.

(21) 영업상 채권의 매입·회수 등에 관한 행위(46.21)

예: 팩토링사업

팩토링영업을 가리키는 것이다. 팩토링(factoring)이란 팩토링회사가 고객의 영업활동 결과 발생하는 외상매출채권을 매입함으로써 거래기업에 실질적인 금융을 제공함과 아울러 채권관리와 회수·채무자의 신용조사·신용위험인수·사무관리대행 등 부수적 서비스를 제공하는 종합금융의 일종을 말한다.

팩토링은 기업이 보유하고 있는 외상매출채권을 금융기관이 변제기전에 매입해줌으로써 채권의 유동화를 가능하게 하는 점에서, 주로 대기업에 대한 하도급채권을 보유하는 중소기업이 이용하는 제도이다. 팩토링은 현재 상업어음이 하고 있는 신용기능을 대체할 선진금융기법으로 활성화가 기대되므로 이를 새로운 기본적 상행위의 하나로서 규정하게 된 것이다(김영곤, "기본적 상행위와 대리상의 보상청구권", 「상사법연구」(1994), 37).

3. 準商行爲

설비 기타 상인적 방법에 의해 상인성 취득한 의제상인의 영업행위

準商行爲는 擬制商人이 영업으로 하는 행위를 말하며 준상행위에 관하여는 상행위편 통칙규정(제1장)이 준용된다(66). 의제상인은 기본적 상행위와는 상관없이 설비 기타 상인적 방법으로 상인성을 취득하는데 이러한 의제상인의 본래 영업행위가 준상행위이다. 가령 농민들이 수확한 농산물을 지역특산품판매점을 설치하여 판매하는 행위가 이에 해당한다. 준상행위는 상법 제46조에 제한적으로 열거되어 있는 기본적 상행위 이외의 영업적 상행위를 모두 포괄하므로 이를 통해 거래현실에 신축적으로 적응할 수 있는 것이다.

4. 補助的 商行爲

[사례 Ⅰ-1-2: 보조적 상행위]

(i) A는 도시재개발사업지구의 무허가 건물을 매입하여 전매하는 등 부동산중개업을 운영하면서, Y에게 무허가건물을 매수하여 오면 건물 1동당 금 5십만원의 사례금을 주겠다고 제의하였다. 이에 따라 Y가 무허가주택 13동을

매수하여 계약금만 지급한 상태에서 A에게 전매를 의뢰하였으나 전매가 여의치 아니하고 매도인들로부터 중도금 및 잔대금의 지급독촉을 받게 되자, A는 그 자금마련을 위하여 3천만원을 Y에게 대여하였다. A는 Y에 대한 대여금채권중 1천7백만원을 X에게 양도하였는데 X는 위 대여일로부터 약 8년이 경과한 때에 Y를 상대로 대여금반환청구의 소를 제기하였다. Y는 상사채권의 시효인 5년이 경과하였으므로 채권이 소멸하였다는 항변을 제출하였다. Y의 항변은 타당한가? (대판 1995.4.21, 94다36643 참조)

(ii) X는 다음 각 채권(채무)에 대해 이에 대하여 연 6%의 법정이자를 청구할 수 있는가? ① Y주식회사가 용도를 밝히지 않고 개인인 X로부터 금전을 차입한 경우 ② 개인기업을 영위하는 Y가 X로부터 금원을 차용하면서 "OOO 산업사 대표 아무개"라는 명함을 교부한 경우(대판 1993.10.26, 92다55008 참조) ③ 축산업협동조합인 X가 양계업을 영위하는 조합원인 Y에 대한 사료판매대금(대판 1993.3.9, 92다44329 참조) ④ 대한석탄공사인 Y가 X와 체결한 근로계약에 기한 퇴직금채무(대판 1979.6.22, 76다28 참조) ⑤ Y가 부동산중개사무소를 개설하기 위해 필요한 사무실임차료를 개인인 X로부터 차입한 경우 ⑥ 상인인 X가 자동차사고로 인하여 Y에게 부담하는 손해배상채무 (대판 1985.5.28, 84다카966 참조)

(1) 의 의

상인이 그 영업을 위하여 하는 행위이다.

補助的 商行爲라고 함은 상인이 그 영업을 위하여 하는 행위로서, 상행위로 본다(47①). 보조적 상행위는 '영업을 위하여 하는 행위'이므로 '영업으로 하는' 기본적 상행위와 구별된다. 가령 자금의 수신은 은행에 있어서는 영업적 상행위이지만 매매를 업으로 하는 상인에 있어서 매매를 위하여 하는 보조적 상행위로 된다. 또 건물의 임대는 부동산임대업에 있어서는 영업적 상행위이지만 은행에 있어서는 금융업을 위한 보조적 상행위이다.

[사례 I-1-2-i]에서 보면 A는 부동산중개업을 영위하는 상인으로서 Y에 대한 3천만원의 대여는 부동산거래를 위한 보조적 상행위라고 볼 수 있다. 대판 1995.4.21, 94다36643도 이러한 취지에서 "소외인들이 동업으로 부동산중개업을 운영하던 조합체(A)는 상법 제46조 제11호, 제4조에 의하여 상인임이 명백하고, 소외인(A)들의 이 사건 금원 대여행위는 상법 제47조에 의하여 영업을 위하여 한 상행위로 추정함이 상당하여 이로 인하여 발생한 채권은 상사채권으로서 5년의 상사시효의 적용을 받게 되는 것"으로 판시하였다(同 대판 1968.7.24, 68다955).

(2) 상행위성의 추정

개인상인의 경우에는 사생활과 영업의 구별이 명확하지 않으므로 거래의 안전을 위해 상행위성을 추정한다.

보조적 상행위로 되기 위해서는 商人의 행위이어야 한다. 보통은 기본적 상행위를 영업으로 함으로써 상인자격을 취득하고, 이 상인이 그 본래의 영업에 관하여 여러 가지 보조적인 행위를 함으로써 보조적 상행위로 되는 것이다. 회사기업의 경우에는 그 행위가 전부 영업과 관련된 것이므로 그 상행위성 여부는 거의 문제되지 아니한다. 대판 1967.10.31, 67다2064는 [사례 I -1-2-ii]의 ①에서 "주식회사가 한 행위는 반증이 없는 한 그 영업을 위하여 한 것으로 추정되는 것이고, 또한 주식회사가 그 영업을 위하여 하는 행위는 상행위로 보는 것이므로 본건 원고의 피고회사에 대한 대여금 채권은 상행위로 인하여 생긴 채권이라고 말할 수 있다"고 판시하였다.

그러나 개인상인에 있어서는 상인으로서의 자격과 일반인으로서의 자격을 중복하여 가지고 있으므로 어느 행위가 영업을 위하여 한 것인지, 아니면 개인적인 사생활을 위하여 한 것인지 명확하지 않은 경우가 많다(손주 236, 註商(I)464). 이러한 판단기준의 불명확성과 거래의 안전을 위하여 상법은 상인의 행위를 영업을 위하여 하는 것으로 추정한다고 규정하고 있다(47②). 대판 1993.10.26, 92다55008은 [사례 I -1-2-ii]의 ②에서 "甲(Y)의 금원 차용행위는 특별한 사정이 없는 한 상인인 甲이 그의 영업을 위하여 한 것으로 추정된다고 보아야 할 것이며, 이러한 추정은 그 금원이 丙의 예금구좌에 입금되고 丙이 그 금원을 사용하였다는 사실만으로 번복되기 부족하다"고 판시하였다. 따라서 상인의 특정 행위를 보조적 상행위가 아니라고 주장하는 자가 입증책임을 진다.

(3) 범 위

영업관련성의 판단은 상인의 주관적 의사가 아니라 행위의 객관적 성질에 의해 판단한다.

1) 영업관련행위 보조적 상행위는 영업과의 관련성 여부에 의해 결정되는데 상인의 주관적 의사가 아니라 행위의 객관적 성질에 의해 판단한다. 보조적 상행위에는 직접 영업을 위하여 하는 행위(상인의 영업자금 차입, 점포의 임대, 사무직원의 고용)만 아니고 영업과 관련되거나(상인의여유자금 대여) 영업의 유지나 편의를 위하여 하는 행위도 포함된다. 판례에 나타난 보조적 상행위의 예를 보면 [사례 I -1-2-i]과 같이 부동산중개업을 영위하는 상인(A)이 재개발지구내에서 무허가건물의 매수를 위해 사용한 자(Y)에 대한 금전 대여행위(대판 1995.4.21, 94다36643), [사례 I -1-2-ii]의 ③과 같이 양계업을 영위하는 상인(Y)이 사료를 구매하는 행위(대판 1993.3.9, 92다44329), [사례 I -1-2-ii]의 ④와 같이 상인(Y)이 상업사용인(X)과 체결한 근로계약(대판 1979.6.22, 76다28)이 포함된다.

2) 재산상의 행위 상인이 '그 영업을 위하여 하는 행위'란 영업과 관련된 재산상의 행위에 한정된다. 그러므로 상인의 身分行爲(결혼자금의 차입), 公法上의 行爲(세무서에 대한 신고)는 보조적 상행위가 아니다. 보조적 상행위는 재산상의 행위인 한 반드시 계약에 한정되지 않고 單獨行爲, 최고·통지와 같은 準法律行爲에도 성립될 수 있다(정희146, 정무157, 채151, 정동(총)275).

영업을 위한 행위는 영업과 관련된 재산상의 행위에 한정된다.

3) 개업준비행위 보조적 상행위는 '상인'의 행위이다. 그러므로 [사례 Ⅰ-1-2-ii]의 ⑤와 같이 아직 상인자격을 취득하기 이전에 한 개업준비행위(사무실임차료 차입)는 논리적으로는 보조적 상행위로 될 수 없지만 영업(부동산중개업)을 위하여 하는 것이 명백한 이상 여기에 포함시켜도 무방할 것이다(정찬(상)194, 反 손주217, 정동(총)100, 271~277).

상인자격이전의 개업준비행위는 영업을 위한 행위로서 보조적 상행위에 포함한다.

4) 불법행위·사실행위 재산상의 행위이므로 不法行爲나 事實行爲는 보조적 상행위로 될 수 없다(김성394). 대판 1985.5.28, 84다카966도 [사례 Ⅰ-1-2-ii]의 ⑥에서 "상법 제54조의 상사법정이율은 상행위로 인한 채무나 이와 동일성을 가진 채무에 관하여 적용되는 것이고 상행위가 아닌 불법행위로 인한 손해배상채무에는 적용되지 아니한다"고 판시하였다. 그러나 여기에서 '행위'는 반드시 법률행위만을 의미하는 것이 아니라는 점, 보조적 상행위는 고유한 의미에서의 상행위가 아니라 상행위로 의제되는 데 불과하다는 점을 들어 불법행위나 사실행위도 포함시키는 견해가 많다(정찬(상)194, 정희147, 손주218, 최기215, 채151, 정동(총)275).

재산상 행위가 아닌 불법행위나 사실행위는 보조적 상행위에 포함되지 않는다.

5. 一方的 商行爲와 雙方的 商行爲

(1) 일방적 상행위

당사자 일방에 대해서만 상행위가 되는 행위이다. 가령 일반인이 백화점에서 물건을 구매한 경우 매매행위는 백화점에 대해서는 상행위가 되지만 고객에게는 상행위가 되지 아니한다. 이러한 일방적 상행위에 대해서도 상법이 적용된다(3). 그러므로 백화점이 고객에게 외상으로 물품을 판매한 경우 외상대금채권에 대해서는 일반채권의 시효인 10년이 적용되는 것이 아니라 상사채권의 시효인 5년이 적용되며(64), 그 이율도 5%가 아니라 6%이다(54).

당사자 일방에게만 상행위가 되는 일방적 상행위도 법적용의 형평성을 위해 상법이 적용된다.

이와 같이 일방적 상행위에 대해서 상법을 적용하도록 한 것은, 동일한 행위에 대해 한 당사자에게는 상법을 적용하고 상대당사자에 대해서는 민법을 적용하게 되면 법률관계가 혼란에 빠지기 때문이다. 나아가 당사자의 한편이 수인인 경우 그 1인에 대하여만 상행위가 되는 행위에도 전원에 대해 상법이 적용된다(대판 1994.3.22, 93다31740).

(2) 쌍방적 상행위

쌍방적 상행위에 대해서만 적용되는 규정도 있다.

당사자 쌍방에 대해 상행위가 되는 행위이다. 가령 본사와 대리상간의 거래가 이에 속한다. 이에 대해서는 상법이 적용되는 것은 당연하지만 상법의 일부규정은 당사자 쌍방이 상인인 경우에만 적용되는 것이 있다. 법정이자청구권(55①)·상사유치권(58)·상사매매에 관한 규정(67~71)이 그러하다.

제 2 절 商行爲 特則

商行爲도 원칙적으로 법률행위의 한 형태이므로 별도의 규정이 없는 한 그 행위의 성립·효과·소멸 등에 대해 民法이 적용된다. 그러나 상행위는 기업활동이라는 점에서 영리성이나 거래의 안전이 중시되고 그 결과 민법과는 다른 특칙이 적용되는 경우가 적지 않다. 상법은 상행위에 관한 통칙으로서 채권법적 규정과 물권법적 규정을 두고 있는데 상거래의 성질상 채권법적 규정이 대부분을 차지하고 물권법적 규정은 적다. 아래에서는 민법의 편별에 따라 總則·物權·債權編에 대한 특칙과 有價證券에 관한 규정을 살펴본다.

상법은 영리성과 거래안전의 중시 등 특수성으로 인해 민법에 대한 특칙을 정하고 있다.

제 1 民法總則에 대한 特則

상법은 民法總則編에 대한 특칙으로 상행위의 代理·委任·消滅時效에 관한 규정을 두고 있다.

1. 商行爲의 代理와 委任

상인의 기업활동은 경영보조자인 商事代理人을 통해 이루어지는 경우가 대부분이다. 이러한 상사대리인 중에서 기업의 내적 보조자인 商業使用人의 대리권의 내용과 범위에 대해서는 앞에서 살펴본 바 있다. 또한 기업의 외적 보조자인 代理商에 대해서는 상행위편 제5장에서 별도로 규정을 두고 있다. 따라서 여기에서는 대리인의 행위가 기업활동으로 되기 위한 대리권행사의 방법(48), 대리권의 존속(50), 위임사무처리방법(49) 등에 관한 상법상 특칙에 대해서만 설명한다.

가. 代理의 方式

[사례 Ⅰ-2-1: 상사대리의 방식]

(i) 다음 각 경우에 상인 Y는 A의 다음과 같은 행위에 대해 X에게 이행책임이

있는가? ① 상가건물소유자인 Y는 전문분양업체인 A와 상가건물 매매계약을 체결하면서 특약사항으로 분양 대리권 위임 약정을 하였다. 이와 같이 Y가 형식적으로는 A에게 상가건물을 매도하는 것으로 되어 있으나, 실질적으로는 Y가 A에게 건물 내 점포의 분양을 위임하면서 다만 내부관계에 있어 그 점포를 원매자들에게 분양하여 수령할 분양대금 중에서 A가 책임을 지고 Y에게 지급해야 할 분양대금액과 그 지급시기, 분양대금 관리방법 등을 정하고 기타의 법률관계를 명백히 할 필요가 있어서 편의상 A와 그 건물에 관하여 매매계약을 체결하는 형식을 취한 것이다. A는 Y의 대리인임을 표시하지 않고 이 상가 건물의 분양계약을 X와 체결하였다. X가 Y를 상대로 상가건물의 소유권이전등기를 청구하였으나 Y는 분양계약에 대리관계의 표시가 없다는 이유로 이행을 거절하였다. (대판 1996.10.25, 94다41935 · 41942 참조) ② Y복덕방의 피용자인 A가 자기명의로 X와 중개계약을 체결한 경우(대판 1964.10.20, 64다408 참조) ③ Y자동차회사의 지입차주 A가 자기명의로 X정비소와 자동차수리계약을 체결한 경우(대판 1973.5.22, 72다2572 참조) ④ Y건설회사의 이사 겸 서울연락사무소 소장이던 A는 Y회사의 승낙을 받지 않고 동회사의 건설업면허를 타인에게 대여하여 공사를 하게 하고 그 대가를 자신이 임의로 소비하였는데, 관할 세무서인 X가 Y회사를 이 공사의 시공자로 보고 부가세 및 소득세를 부과한 경우(대판 1987.7.21, 87누224 참조)

(ii) ① A인쇄소의 외교원인 X는 자기명의로 Y와 인쇄도급계약을 체결하고, 인쇄대금을 자신에게 지급해줄 것으로 Y와 합의하였다. 그런데 Y가 대금을 직접 A에게 지급하였기 때문에 X는 Y에게 인쇄대금의 지급을 청구하였다. X의 청구는 타당한가? (대판 1956.12.15, 4289민상527 참조) ② X는 A회사에 대한 대여금채권과 관련하여 동사의 제품인 원단을 양도담보로 취득하였다. 그런데 A회사가 도산하였기 때문에 X는 원단을 환가처분 하기 위해 A회사에 그 매각을 의뢰하였다. A회사의 대표자는 X의 대리인이라는 표시를 하지 않고 Y에게 이 원단을 매도하였는데, Y는 A회사를 거래당사자로 알고 A회사에 대해 가지고 있던 채권을 자동채권으로 하여 이 원단대금과 상계하였다. 따라서 Y는 X의 대금지급청구를 거절하였는데, Y의 지급거절은 타당한가? (日最高判 1968.4.24, 民集 22-4,1043 참조)

(1) 비현명주의

대량적, 계속적으로 행해지는

민법상의 대리에 있어서는 顯名主義에 따라 대리인이 대리행위를 함에는 상대방에 대해서 그 행위가 본인을 위한 것임을 표시해야 하며(民 114), 만일 이를 표시하지 아니한 경우에는 그 의사표시는 대리인 자신을 위한 것으로 본다(民115). 商行爲의 代理에서는 이러한 민법의 원칙에 대한 예외를 인정하여 상행위의 대리인이 본인을 위한 것임을 표시하지 아니하여도 그 행위는 본인에 대하여 효력이 있다(48本). 대량적 · 계속적으로 하는 상거래에 있어서는 거래시마다 일일이 본인의 이름을 표시하는 것이 번잡할 뿐 아니라, 상행위의 대리는 보통 상업사용인에 의해 행해지므로 상대방도 영업주의 존재와 보조자에 의한 활동임을 알고 있는 경우가 대부분이기 때문이다. 또한 상거래의 목적은 대체 가능한 것이 많으므로 당사자의 개성이 그다지 문제되지 않는 것도 非顯名主義를 채택한 이유이다.

상행위는 대리에 있어 비현명주의를 택하고 있다.

(2) 본인에 대한 청구: 제48조 본문

商行爲의 代理人이 本人을 위한 것임을 표시하지 아니하여도 그 행위는 본인에 대하여 효력이 있다(48本). 상대방이 본인을 위한 것임을 알고 있었던 경우는 물론이고 알지 못한 경우에도 적용된다. 알고 있었던 경우에는 본 조가 없더라도 민법 제115조 단서의 규정에 의해 본인에게 효력이 미치므로, 본조가 의미를 가지는 것은 상대방이 당해 법률행위가 대리행위라는 사실을 알지 못한 경우이다(김성401).

상행위의 대리인이 본인을 위한 것임을 표시하지 아니하여도 그 행위는 본인에게 효력이 있다.

1) 상대방의 본인에 대한 청구 '本人에 대하여 효력이 있다'고 함은 상대방이 본인에 대하여 그 효력을 주장할 수 있다는 의미이다. [사례 I-2-1-i]의 ①에서 대판 1996.10.25, 94다41935 · 41942는 "상가건물 분양업체(A)에게 그 소유자(Y)를 대리할 권한이 있고, 그 점포의 분양행위가 그 규모, 횟수, 분양기간 등에 비추어 볼 때 상법 제46조 제1호 소정의 부동산의 매매로서 본인인 상가건물 소유자(Y)의 상행위가 되는 경우, 분양업체(A)가 수분양자(X)와 분양계약을 체결하면서 건물 소유자(Y)의 대리인임을 표시하지 않았다 하더라도 상법 제48조에 의하여 유효한 대리행위로서 그 효과는 본인인 건물 소유자(Y)에게 귀속된다"라고 판시하여 본인(Y)의 상대방(X)에 대한 건물소유권이전등기의무의 이행을 인정하였다. 또한 [사례 I-2-1-ii]의 ②에서 대판 1964.10.20, 64다408은 "복덕방(Y)의 중개행위는 상행위라 할 것이므로 그의 피용자(A)가 제3자(X)와 체결한 중개에 관한 계약은 '본인을 위함을 표시하지 않은 경우에도' 본인(Y)에게 효력이 있다"고 판시하였다. 또 [사례 I-2-1-ii]의 ③에서 대판 1973.5.22, 72다2572는 "피고회사(Y)에 지입한 차량(피고회사에 명의신탁된 차량)은 대외적으로는 피고회사의 소유인 것이며, 지입차주들(A)은 자동차의 운행을 업으로 하는

'본인에 대하여 효력이 있다'고 함은 상대방이 본인에 대하여 그 효력을 주장할 수 있다는 의미이다.

피고회사로부터 회사소유의 차량들의 운행관리권을 위임받아 통상업무에 속하는 자동차의 운행관리를 대리하는 것이라고 보아야 할 것이므로 그 지입차주들이 그 차량에 대하여 본건 수리를 하였다 하더라도 이는 자동차관리의 통상업무에 속하는 행위로서 피고회사를 대리한 행위라고 보아야 할 것이어서 피고회사(Y)는 그 수리비의 부담책임을 면할 수 없다"고 판시하였다.

'본인에 대하여 효력이 있다'고 함은 본인도 상대방에 대해 그 효력을 주장할 수 있음을 의미한다.

2) 본인의 상대방에 대한 청구 '본인에 대하여 효력이 있다'고 함은 본인도 상대방에 대해 그 효력을 주장할 수 있음을 의미한다. 이는 대리인의 행위에 의해 본인과 상대방간에 계약이 성립하므로 본인이 상대방에 대해 계약상의 채무이행을 청구할 수 있기 때문이다. 대판 1956.12.15, 4289 민상527은 [사례 I-2-1-ii]의 ①에서 "원고(X)는 피고(Y)로부터 인쇄주문을 받은 당시 경일인쇄소(A)의 외교원으로서 동 인쇄소를 대표하여 인쇄도급계약을 체결한 것이므로 원고(X)가 위 갑(A)을 위하여 계약을 한다는 표시를 하지 않았을지라도 상법 제48조에 의하여 도급계약은 동 소외인(A)에 대해서만 효력이 생긴다. 그리고 피고(Y)가 본건 인쇄대금을 원고(X)에 한하여 지불키로 한 소론 원피고간의 약정은 원피고와 동 소외인(A)간에 원고(X)만이 위 인쇄대금을 영수하여야 할 특별한 법률관계가 보이지 않는 본 건에 있어서는 당초계약에 수반하여 대금지불방법을 약정한 것에 불과한 것이라 볼 것인바, 동 소외인(A)과 피고(Y)간에 인쇄대금청산이 완료되었으므로 피고(Y)는 원고(X)에 대하여 하등 채무가 없는 것이다"라고 판시하였다.

(3) 대리인에 대한 청구: 제48조 단서

상대방이 본인을 위한 것 알지 못한 경우 대리인에 대하여 이행을 청구할 수 있다.

상대방이 본인을 위한 것임을 알지 못한 때에는 대리인에 대하여도 이행의 청구를 할 수 있다(48但). 이는 대리인을 본인으로 오인하여 거래한 상대방의 신뢰를 보호하기 위한 규정이다. 이 규정의 해석과 관련하여 다음과 두 가지가 문제된다.

상대방이 과실로 알지 못한 경우에도 대리인에게 이행을 청구할 수 있다는 견해가 통설이다.

1) 과 실 상대방이 본인을 위한 것임을 과실로써 알지 못한 경우에는 어떠한가? 민법 제115조 단서에 의하면 상대방이 대리인으로서 한 것임을 '알았거나 알 수 있었을 때'에는 본인에 대하여 효력이 생기므로 과실로 알지 못한 경우에는 대리인에게 청구할 수 없다. 다수설은 상사대리의 특수성을 인정하여 이 경우에도 대리인에게 이행을 청구할 수 있다고 보지만(孫주 221, 蔡154), 과실 있는 상대방을 보호할 필요가 없다는 취지에서 민법의 경우와

마찬가지로 이를 부인하는 견해도 있다(정찬(상)198, 정동(총)300, 임홍(상)212).

2) 3자간의 법률관계 상대방은 '대리인에 대하여도 이행의 청구를 할 수 있다'는 것은, 앞에서 본대로, 대리인의 행위로 인해 본인과 상대방간에 직접적인 법률관계가 생긴다는 것을 의미한다. 그런데 대리인과 상대방간에도 이와 동일한 법률관계가 발생한다고 보아야 할 것인가? [사례 I -2-1-ii]의 ②에서 보면 상대방(Y)은 대리인(A)를 본인으로 알고 원단의 매매계약을 체결하였으므로 대리인(A)에 대해서도 계약의 이행을 청구할 수 있다. 동시에 상대방(Y)은 대리인(A)의 행위로 인해 본인(X)과 매매계약상의 법률관계를 가지게 되므로 본인(X)에 대해 매매대금의 지급채무를 부담한다. 이 때 상대방(Y)은 대리인(A)과 본인(X)중 하나를 선택하여 매매계약의 이행을 청구할 수 있는데(不眞正連帶債務關係), 만일 상대방(Y)이 대리인(A)과의 법률관계를 선택하여 이 사례에서 보는 바와 같이 대여금채무와 매매매대금채무를 상계한 경우에는 본인(X)은 대리인(A)에 대해 본인(X)과 상대방(Y)간의 법률관계(원단매매대금의 청구)를 주장할 수 없는가 하는 문제이다. 위 대판 1956.12.15, 4289민상527는 "상법 제48조에 의하여 도급계약은 동 소외인(A)에 대해서만 효력이 생긴다"고 판시하여 이를 부인하는 듯한 태도를 보이고 있다. 이에 대해 일본판결은 "'대리인에 대하여도 이행의 청구를 할 수 있다'는 취지는 본인과 상대방간에는 이미 동조 본문의 규정에 의해 대리에 기한 법률관계가 생기기 때문에, 대리인이 본인을 위하여 한 것임을 알지 못한 때에는 상대방보호를 위해 상대방과 대리인간에도 위와 동일한 법률관계가 생긴다는 의미로 보아야 한다. 따라서 상대방(Y)은 그 선택에 따라 본인(X)과의 법률관계를 부정하고 대리인(A)과의 법률관계를 주장하는 것이 허용되어야 한다"고 판시하여 상대방(Y)의 상계항변을 받아들였다(日最高判 1968.4.24, 民集 22-4, 1043). 그러나 이 판례는 지나치게 상대방보호에 치중하여 본인의 이익을 소홀히 하였다는 비판을 받고 있다.

상대방은 '대리인에 대하여도 이행을 청구할 수 있다'는 의미와 관련하여 대리인과 상대방간에도 동일한 법률관계가 발생하는가 하는 점이 문제되는데, 판례는 이를 부인한다.

(4) 적용범위

상법 제48조에 의한 대리방식의 특칙은 본인에 대해 상행위가 되는 행위에 대해서만 적용된다. 그러므로 [사례 I -2-1-i]의 ④와 같이 조세법상의 행위에 대해서는 본조가 적용되지 아니한다. 대판 1987.7.21, 87누224도 "상법 제48조 및 제395조의 각 규정은 거래행위에 관하여 적용되는 규정들로서 조세의 부과 및 징수에 관하여는 적용될 것이 아니다"라고 판시하여 본인(Y회사)의 책임을 부인하고 있다. 또한 문언성이 강조되는 어음·수표

상법 제48조에 의한 대리방식의 특칙은 본인에 대해 상행위가 되는 행위에 대해서만 적용된다.

행위의 대리에도 적용되지 아니한다.

나. 本人의 死亡과 代理權

(1) 취 지

상법은 상행위의 위임에 대한 대리권은 본인의 사망에 의해 소멸되지 않는다.

상행위의 위임에 의한 대리권은 本人의 死亡에 의해 소멸되지 아니한다(50). 이는 본인의 사망이 대리권의 소멸사유가 되는 민법의 일반원칙(民 127.1)에 대한 예외이다. 이 규정에 의해 대리인은 새로운 수권행위 없이도 당연히 相續人의 代理人으로 된다. 상사대리인은 상인 개인을 위한 대리인이 아니고 영속적인 기업조직의 구성부분으로서 본인의 사망에도 불구하고 대리권을 존속시키는 것이 거래의 안전을 위해 필요하기 때문에 인정된 예외이다.

(2) 수권행위의 상행위성

상행위인 수권행위에 의해 생긴 대리권이다.

본 조의 취지에서 볼 때 '상행위의 위임에 의한 대리권' 이라고 함은 지배인의 선임 또는 대리상 계약과 같이 상행위인 授權行爲에 의해 생긴 대리권으로 보아야 한다. 따라서 위임계약의 목적인 행위가 상행위인 경우, 즉 상행위의 대리를 할 권한에 대하여 본 조가 적용되는 것은 아니다.

다. 受任人의 權限

(1) 취 지

상법상 수임인의 권한은 위임의 본지에 반하지 아니한 행위이며 주의적 규정이다.

상행위의 위임을 받은 자는 위임의 본지에 반하지 아니한 범위내에서 위임을 받지 아니한 행위를 할 수 있다(49). 민법상의 受任人이 '委任의 本旨에 따라' 선량한 관리자의 주의로써 위임사무를 처리해야 하는 것과 비교해 볼 때, 규정의 문언상으로는 상행위의 수임인의 권한이 확장된 것으로 보인다. 그러나 민법상 수임인의 권한에 대해서도 사정이 변경된 경우 임기응변적인 조치를 취할 수 있다는 신축적인 해석을 하는 것이 통설이므로 양자는 실질적으로는 동일한 것으로 보아야 한다. 따라서 본 조는 민법규정을 명확히 하기 위한 注意的 規定이다.

(2) 상행위의 수임

위임자체의 상행위여부 묻지 않는다.

본 조의 취지를 감안할 때 '상행위의 위임을 받은 자'라고 함은 상법 제50조의 '상행위의 위임에 의한 대리권'과 같이 한정적으로 해석할 필요는 없고 문자와 같이 상행위를 할 위임을 받은 자로 보아야 한다. 따라서 위임자체가 상행위인지 여부는 문제되지 아니한다.

2. 商事消滅時效

[사례 Ⅰ-2-2: 상사소멸시효]

(i) 다음 각 채권(채무)에 대해 채무자 Y는 채권자 X에게 5년의 단기시효를 주장할 수 있는가? ① 새마을 금고인 X가 회원인 상인 Y에 대한 대출금채권(대판 1998.7.10, 98다10793 참조) ② 동업탈퇴를 위한 정산금 채권(대판 1989.6.27, 89다카2957 참조) ③ Y가 대표이사로 있는 회사 발행의 부도난 어음과 수표금을 Y개인이 상인인 X에게 변제하기로 약정한 경우(대판 1994.3.22, 93다31740 참조) ④ X의 상사채권을 Y가 채무자로부터 상행위가 아닌 면책적 채무인수를 한 경우(대판 1999.7.9, 99다12376 참조) ⑤ 부동산중개업자인 X가 중개업을 위해 Y에게 금전대여를 한 경우(대판 1995.4.21, 94다36643 참조)

(ii) X의 Y에 대한 다음 각 채권에 대해 몇 년의 시효가 적용되는가? ① 신용장의 매매계약으로 인한 손해배상청구권(대판 1978.11.28, 78다388 참조) ② 상행위인 계약의 해제로 인한 원상회복청구권(대판 1993.9.14, 93다21569 참조) ③ 선박소유자 Y의 감항능력주의의무 위반 및 선장 등의 항해과실로 인해 선박이 침몰하여 화물이 멸실된 경우, Y의 선하증권소지인 X에 대한 불법행위로 인한 손해배상채무(대판 1985.5.28, 84다카966 참조).

(iii) X의 Y에 대한 다음 각 채권에 대해 몇 년의 시효가 적용되는가? ① Y회사의 A은행으로부터의 융자금에 대한 보증을 한 X신용보증기금이 보증채무를 변제한 후 Y에 대해 가지는 구상금채권(日最高判 1967.10.6, 民集21-8, 2051 참조). ② X은행의 고객 Y에 대한 대출금의 지연이자채권(대판 1979.11.13, 79다1453 참조) ③ 위탁자 X의 위탁상품공급으로 인한 위탁매매인 Y에 대한 이행담보책임의 이행청구권(대판 1996.1.23, 95다39854 참조)

가. 時效의 短縮

> 기업거래의 신속한 종결의 필요에 의해 상사소멸시효를 5년으로 하여 민사채권소멸 시효 10년에 대한 특칙을 두고 있다.

민법에서는 채권의 소멸시효기간을 10년을 원칙으로 하고 있다(民 162①). 이에 대해 상법은 상법 또는 다른 법령에 다른 규정이 있는 경우를 제외하고는 상행위로 인한 채권의 시효를 5년으로 단축하고 있다(64). 이는 기업거래의 신속한 종결의 필요에서 인정된 것임은 물론이다. 그러나 민법이나 상법에는 이보다 단기의 시효가 정해져 있는 경우가 많으므로 실제 5년의 시효가 적용되는 경우는 그다지 많지 않고, 商行爲인 消費貸借에 의한 채권에 적용되는데 그치고 있다. 다만 여기에서 '상행위'로 인한 채권이라고 함은 쌍방적 상행위뿐 아니라 일방적 상행위도 포함하기 때문에 시효기간의 산정에 관한 民·商 2법의 적용에 있어서 분쟁이 발생할 소지가 있다.

나. 適用範圍

5년의 단기시효가 적용되는 '상행위로 인한 채권'은 특정한 상행위의 직접적인 효력에 의해 생긴 채권뿐 아니라 그 채권의 실질적인 효력범위로 인정되는 여러 권리를 포함한다.

(1) 상행위로 인한 채권

쌍방적 상행위·일방적 상행위·기본적 상행위·보조적 상행위·준상행위에 상사시효가 적용된다.

상사소멸시효는 쌍방적 상행위는 물론 일방적 상행위로 인한 채권에도 적용된다. 또 일방적 상행위로 인한 채권은 채권자가 상인이든 채무자가 상인이든 상관없다(손주224; 대판 1989.6.27, 89다카2957; 1994.3.22, 93다31740; 1996.1.23, 95다39854; 2000.5.12, 98다23195; 2000.8.22, 2000다19922). 나아가 기본적 상행위는 물론이고 준상행위와 보조적 상행위를 포함한다. 따라서 [사례 I-2-2-i]의 ①에서 대판 1998.7.10, 98다10793은 "당사자 쌍방에 대하여 모두 상행위가 되는 행위로 인한 채권뿐만 아니라 당사자 일방에 대하여만 상행위에 해당하는 행위로 인한 채권도 상법 제64조 소정의 5년의 소멸시효기간이 적용되는 상사채권에 해당하는 것이고, 그 상행위에는 상법 제46조 각 호에 해당하는 기본적 상행위뿐만 아니라 상인이 영업을 위하여 하는 보조적 상행위도 포함되는 것이므로, 새마을금고(X)로부터 대출을 받은 회원(Y)이 상인으로서 그 영업을 위하여 대출을 받았다면 그 대출금채권은 상사채권이라"고 판시하였다(同 대판 2002.9.24, 2002다6760·6777; 2005.5.27, 2005다7863; 2006.4.27, 2006다1381).

또한 [사례 I-2-2-i]의 ②에서 대판 1989.6.27, 89다카2957은 "동업탈퇴로 인한 정산금채권을 상인을 위한 소비대차의 목적으로 약정한 경우, 새로 발생한 채권은 상사시효의 적용을 받는다"고 판시하였고, [사례 I-2-2-i]의 ③에서 대판 1994.3.22, 93다31740은 "특별한 사정이 없는 한 원고(X)의 행위는 영업을 위하여 하는 것으로 추정되고, 상인인 원고가 영업을 위하여 하는 행위는 상행위로 보아야 하며 이와 같이 당사자 중 그 1인의 행위가 상행위인 때에는 전원에 대하여 상법이 적용되므로 원고가 위 약정에 따라 피고(Y)에 대하여 취득한 채권은 5년의 단기소멸시효에 걸리는 상사채권이다"라고 판시하였다. 또 [사례 I-2-2-i]의 ④에서 대판 1999.7.9, 99다12376은 "인수채무가 원래 5년의 상사시효의 적용을 받던 채무라면 그 후 면책적 채무인수에 따라 그 채무자의 지위가 인수인으로 교체되었다고 하더라도 그 소멸시효의 기간은 여전히 5년의 상사시효의 적용을 받는다 할 것이고, 이는 채무인수행위가 상행위나 보조적 상행위에 해당하지 아니한다고 하여 달리 볼 것이 아니다"라고 판시하였고, [사례 I -2-2-i]의 ⑤에서 대판 1995.4.21, 94다36643은 "부동산중개업자(X)의 금원대여행위는 상법 제47조에 의하여 영업을 위하여 한 상행위로 추정함이 상당하고, 이로 인하여 발생한 채권은 상사채권으로서 5년의 상사시효의 적용을 받는다"라고 판시하였다.

(2) 변형된 채권

5년의 단기시효의 적용을 받는 채권은 직접 상행위에 의해 생긴 채권에 한정되지 아니하고 상행위로 인해 생긴 채권의 변형으로서 원래 채권과 실질적으로 동일성이 있는 채권도 포함된다.

상사소멸시효는 상행위로 인해 생긴 채권의 변형으로서 원래 채권과 실질적 동일성 있는 채권에 적용된다. 즉, 손해배상채권, 상행위 계약해제로 인한 원상회복 청구권, 상행위 무효, 취소로 인한 부당이득 반환 청구권이 포함된다. 단, 상행위와 관련이 없는 불법행위로 인한 손해배상 청구권에는 적용되지 아니한다.

1) 손해배상채권　상사채무 불이행으로 인한 損害賠償債權도 포함된다. [사례 I -2-2-ii]의 ①에서 대판 1978.11.28, 78다388은 "소외 태왕산업회사의 피고은행에 대한 손해배상청구권이 계약불이행으로 인한 손해배상채권이라고 한다면, 이건 신용장 매매계약은 상행위이고 따라서 그로 인한 이건 손해배상청구채권도 상법의 적용을 받는 것이므로, 이건 채권은 1977.11.15.에 5년의 상사시효기간이 만료되어 시효소멸 되었다"고 판시하였다.

2) 원상회복청구권　상행위인 계약의 해제로 인한 原狀回復請求權도 포함된다. [사례 I -2-2-ii]의 ②에서 대판 1993.9.14, 93다21569는 "상행위인 계약의 해제로 인한 원상회복청구권 또한 상법 제64조의 상사시효의 대상이 된다고 할 것인바, 원고가 이 사건 매매계약의 해제일로부터 5년이 경과한 후에 이 사건 소를 제기하였으므로 계약해제로 인한 계약금 등 반환청구권은 그 소멸시효가 완성되었다"고 판시하였다(이성훈, "원상회복청구권과 상사시효", 「상사판례연구 I」(1996), 157).

3) 부당이득반환청구권　상행위의 이행으로 급부가 이루어졌으나 그 행위가 무효 또는 취소됨으로써 원인을 상실한 경우, 그 不當利得返還請求權에 대해서도 상사시효가 적용되는가? 이는 법정채권으로서 상거래의 신속과는 무관하므로 민사시효가 적용된다는 견해가 있지만(이기(총)269, 손주225, 임홍(상)287; 대판 1985.5.28, 84다카966), 상행위로 인해 발생한 법률관계를 청산하는 것이라는 점에서는 원상회복청구권과 다를 바 없으므로, 상사시효가 적용된다고 본다(채169, 김성407).

4) 불법행위로 인한 손해배상채권　상행위와 관련이 없는 不法行爲로 인한 損害賠償債權에는 상사시효가 적용되지 아니한다. [사례 I -2-2-ii]의

③에서 대판 1985.5.28, 84다카966은 "상법 제812조에 의하여 준용되는 같은 법 제121조 제1항, 제2항의 단기소멸시효의 규정은 운송인의 운송계약상의 채무불이행으로 인한 손해배상청구에만 적용되고 일반불법행위로 인한 손해배상청구에는 적용되지 아니하는 것이고 또한 상법 제64조의 일반상사시효 역시 상행위로 인한 채권에만 준용되고 상행위 아닌 불법행위로 인한 손해배상채권에는 적용되지 아니한다"고 판시하였다.

(3) 보증채무

주채무가 민사채무이고, 보증채무가 상행위인 경우, 보증채무에만 상사시효가 적용된다.

1) 상행위인 보증채무 主債務가 민사채무인 경우 이에 대하여 한 보증이 보증인에게 상행위로 되는 때에는 그 보증인은 주채무자와 連帶責任을 부담하는데(57②), 이 경우 민사채무인 主債務에는 10년의 시효가 적용되지만 상행위에 의해 생긴 保證債務는 5년의 시효가 적용된다(손주225, 최기224, 정동(총)305, 이철266). 주채무와 보증채무간에는 연대관계가 성립하지만 소멸시효기간이나 법정이율은 각각 달리할 수 있기 때문이다.

상행위에 대해 비상인이 보증한 경우 보증인의 구상권에 상사소멸시효가 적용된다.

2) 보증인의 구상권 [사례 I-2-2-iii]의 ①과 같이 상행위인 차입을 보증한 비상인인 보증인(X)이 가지는 求償權에 대해서도 상사시효가 적용되는가? 이에 대해 일본판례는 "보증인 자신이 상인이 아니라도 그 보증위탁행위가 주채무자(Y)의 영업을 위하여 한 것으로 추정되는 결과 보증위탁계약의 당사자 쌍방에 상법의 규정이 적용된다. 그런데 본건 구상권은 X로서는 위 보증위탁계약의 이행으로 주채무자를 대신하여 변제함으로써 발생한 것이므로 본조 소정의 '상행위로 인한 채권'에 해당한다"고 판시하여 이를 긍정하고 있다(日最高判 1967.10.6, 民集 21-8, 2051).

다. 例 外

상사채권에 관한 5년의 단기시효는 상법 또는 다른 법령에 이보다 단기의 시효가 정해진 경우에는 적용되지 아니한다(64但).

(1) 상법상 단기시효

일반상사채무의 시효기간보다 단기의 시효가 적용되는 예

상법에는 기업의 특수성을 감안하여 일반상사채무의 시효기간보다 단기의 시효를 정한 경우가 많이 있다. 6월의 단기시효가 적용되는 경우로는 공중접객업자의 채무(154①)가 있고, 1년의 단기시효는 운송주선인의 채권과 채무(121, 122), 육상운송인의 채권과 채무(147, 121, 122), 창고업자의 채권과 채무(166, 167), 보험자의 보험료청구권(662), 해상운송인의 채권(811), 해상운송인의 손해배상책임(812, 820)이 있으며, 2년의 시효가 적용되는 경우로는 보험금청구권과 보험료 및 적립금반환청구권(662)이 있다.

(2) 다른 법령상의 단기시효

다른 법령상 규정에 의한 단기시효의 예

이자채권, 의사 등의 치료비채권, 변호사 등의 보수채권, 생산자 및 상인이 판매한 생산물 및 상품의 대가에 관한 채권, 수공업자 및 제조자의 업무 등에 관한 채권의 소멸시효는 3년이다(民163).

1) 지연이자 이자채권의 단기시효와 관련하여 [사례 I -2-2-iii]의 ②와 같이 대출금의 지연이자에 대해서도 3년의 시효가 적용되는가 하는 의문이 있다. 이에 대해 대판 1979.11.13, 79다1453은 "은행이 그 영업행위로서 한 대출금에 대한 변제기 이후의 지연손해금은 민법 제163조 제1호 소정의 단기소멸시효 대상인 이자채권도 아니고, 불법행위로 인한 손해배상채권에 관한 민법 제766조 제1항 소정의 단기소멸시효의 대상도 아니고, 상행위로 인한 채권에 관하여 적용될 5년간의 소멸시효를 규정한 상법 제64조가 적용되어야 한다"고 판시하였다.

2) 위탁판매인에 대한 청구권 상인의 物品販賣代金債權과 관련하여 [사례 I -2-2-iii]의 ③과 같이 위탁상품공급으로 인한 이행담보책임의 시효기간이 문제된다. 이에 대해 대판 1996.1.23, 95다39854는 "3년의 단기소멸시효가 적용되는 민법 제163조 제6호 소정의 '상인이 판매한 상품의 대가'란 상품의 매매로 인한 대금 그 자체의 채권만을 말하는 것으로서, 상품의 공급 자체와 등가성 있는 청구권에 한한다. 위탁자의 위탁상품 공급으로 인한 위탁매매인에 대한 이득상환청구권이나 이행담보책임 이행청구권은 위탁자의 위탁매매인에 대한 상품 공급과 서로 대가관계에 있지 아니하여 등가성이 없으므로 민법 제163조 제6호 소정의 '상인이 판매한 상품의 대가'에 해당하지 아니하여 3년의 단기소멸시효의 대상이 아니고, 한편 위탁매매는 상법상 전형적 상행위이며 위탁매매인은 당연한 상인이고 위탁자도 통상 상인일 것이므로, 위탁자의 위탁매매인에 대한 매매 위탁으로 인한 위의 채권은 다른 특별한 사정이 없는 한 통상 상행위로 인하여 발생한 채권이어서 상법 제64조 소정의 5년의 상사소멸시효의 대상이 된다"고 판시하였다.

제 2 民法 物權編에 대한 特則

상법은 民法 物權編에 대한 특칙으로 유치권의 성립요건을 완화한 商

事留置權과 유질계약을 허용한 商事質權에 관한 규정을 두고 있다.

1. 商事留置權

[사례 Ⅰ-2-3: 상사유치권]

(i) A건설회사는 부동산업자인 Y로부터 그 소유 토지 위에 건물을 건축해 달라는 수주를 받아 건축을 완료하였으나 Y가 건설공사대금 중 일부를 지급하지 않았다. ① A회사는 건설대금채권을 X회사에 양도하였는데 X회사는 신축된 건물과 그 부지에 대해 상사유치권을 취득했다고 주장하면서 그 명도를 거절하였다. X의 주장은 타당한가? ② 만일 Y가 공사잔금의 지급을 위해 A회사를 수취인으로 하는 약속어음을 발행교부 하였고 A가 이 어음을 X에게 양도배서 한 경우에는 어떠한가? (日東京高判 1996.5.28, 判時 1507, 118 참조)

(ii) X는 운송업과 창고업을 겸영하고 있었는데 농산물 도매상인 Y로부터 쌀의 운송을 의뢰 받아 이를 이행하였으나 운임을 지급받지 못하였다. Y는 자신의 감자를 X의 창고에 임치한 후 이를 타인에게 매도하였다. X는 Y가 운임을 지급할 때까지 감자의 반환을 거절할 수 있는가?

(iii) X증권회사는 고객인 Y회사로부터 보유주식의 매각을 의뢰받았는데 Y회사는 이전 거래에서 발생한 수수료를 지급하지 않고 있다. X는 Y가 이 수수료를 지급할 때까지 위 주식을 매각하지 않고 유치할 수 있는가?

가. 概　觀

(1) 연 혁

계속적 거래관계로 결합된 상인간에는 거래관계로 점유하는 물품을 담보로 하는 것이 상사유치권이다.

계속적 거래관계로 결합되어 있는 상인간에는 그 거래관계를 일체로 보아 각 상인은 그 거래관계에 기해 자기가 점유하는 상대방 상인의 물품으로부터 거래상의 채권을 변제받을 수 있다는 사상에 기해, 16세기 이태리 도시법에서 형성된 것이 商事留置權이다. 이러한 상사유치권제도는 독일상법에서 계수되었고 우리상법에서도 이를 받아들였다. 즉, 상인간의 상행위로 인한 채권이 변제기에 있는 때에는, 당사자간에 다른 약정이 없는 한, 채권자는 변제를 받을 때까지 그 채무자에 대한 상행위로 인하여 자기가 점유하고 있는 채무자소유의 물건 또는 유가증권을 유치할 수 있다(58).

(2) 특징과 유형

商事留置權제도는 상사채권의 물적 담보를 강화할 목적으로 民事留置權에 비해 그 성립요건을 완화한 것이 특징이지만 그 효력에 있어서는 민사유치권과 동일하다. 이러한 일반 상인간의 유치권을 一般商事留置權이라고 하여 특수한 업종에 종사하는 상인에 대해 인정하는 商事特別留置權과 구별한다. 상사특별유치권에는 대리상(91)·위탁매매인(111)·준위탁매매인(113)·운송주선인(120)·육상운송인(147)·해상운송인(800②)의 유치권이 있다.

상사채권의 물적담보를 강화할 목적으로 민사유치권에 비해 그 성립요건을 완화한 것이다.

나. 成立要件

(1) 당사자

채권자와 채무자 모두가 상인일 것을 요한다(최기229, 정동(총)307). 따라서 채무자가 수인인 채권관계에서 그 중 일부가 상인이 아닌 경우에는 그들에 대해서는 상사유치권을 행사할 수 없고 상인인 채무자에 대해서만 행사할 수 있다(최기230). 또 보증인에 대해 상사유치권을 행사할 때에도 보증인 자신이 상인이어야 한다(이철266).

상인자격은 채권발생 당시에 존재해야 하며 유치물의 점유를 취득할 때에도 유지해야 한다. 다만 상인자격은 채권의 변제기 또는 유치권의 행사시까지 요구되는 것은 아니다. 이와 같이 당사자 쌍방이 상인일 것을 요하는 점에서 민사유치권 및 특별상사유치권(대리상의 유치권제외)과 구별된다.

당사자 쌍방은 채권발생당시 상인일 것을 요하며, 유치물의 점유를 취득할 때까지 유지되어야 한다.

(2) 피담보채권

1) 상행위로 인한 채권　당사자 쌍방을 위하여 상행위, 즉 雙方的 商行爲로 인하여 발생한 채권이어야 한다. 그러므로 비록 채권자와 채무자가 모두 상인인 때에도 그 일방에 대해서만 상행위가 되는 경우에는 상사유치권이 성립하지 아니한다(정희155, 손주228, 최기229, 채173, 정동(총)307, 이기(총)274). 상사 유치권에 있어서는 채권과 유치목적물간의 個別的인 牽聯關係를 요구하지 않는 것과 균형을 이루기 위함이다. [사례 I-2-3-i,ii]에서 보면 피담보채권(건설공사대금·쌀 운송대금)은 채권자(X)와 채무자(A, Y) 모두에게 상행위(건설공사계약·운송계약)로 인하여 발생한 채권에 해당한다. 이미 발생한 타인의 채권을 양수한 경우에 유치권도 승계되는가? [사례 I-2-3-i]의 ①과 같이 타인(A)으로부터 양수한 채권은 채권자(X)와 채무자(Y)간의 거래에서 생긴 것이 아니므로 유치권이 인정되지 않는다(통설). 이를 인정할 경우 채권이 채무자의 물건을 점유하는 제3자에게 양도됨으로써 당사자가 예기하지 않은 유치권이 성립하는 것으로 되기 때문

채권과 유치목적물간의 개별적인 견련관계를 요구하지 않는 것과의 균형상 피담보채권은 쌍방적 상행위로 인하여 발생하여야 한다.

이다. 따라서 이러한 폐해가 생기지 않는 상속이나 합병 또는 이에 준하는 영업양도에 의해 채권을 취득한 경우에는 승계인에게 유치권을 인정해도 상관없다. 또한 [사례 I -2-3-i]의 ②와 같이 지시증권 또는 무기명증권의 소지인인 채권자(X)는 증권(어음)을 타인(A)으로부터 양수한 경우에도 채무자(Y)에 대한 유치권을 행사할 수 있다고 본다. 이러한 증권의 채무자는 모든 소지인에 대하여 직접 채무를 부담할 의사인 것으로 인정되므로 현재의 소지인(X)이 채무자인 상인(Y)과 상행위에 의해 채권을 취득한 것과 같이 보아야 하기 때문이다.

상사유치권의 목적물은 물건 또는 유가증권인 점에서 민사유치권과 같고, 부동산을 포함시켜야 한다고 본다.

2) **금전채권** 피담보채권은 금전채권에 한정되나 그 불이행으로 손해배상채권으로 변형될 수 있는 것이면 특정물이나 종류채권도 포함된다. 또한 피담보채권은 변제기에 있어야 함은 물론이다.

(3) 유치목적물

1) **목적물의 종류** 유치권의 목적물이 물건 또는 유가증권인 점에서 민사유치권과 같다(民 320①). [사례 I -2-3-i]과 같이 부동산도 상사유치권의 목적물이 될 수 있는가? 아직 국내에서는 이를 다룬 판례가 보이지 않고 있으나 일본에서는 하급심판결이 서로 엇갈리고 있다. 위 사안에서 일본의 판례는 "제도의 연혁, 입법의 경위, 당사자의 의사와의 관계나 법질서 전체의 정합성에 비추어 볼 때 부동산은 상법 제521조(우리 상법 제58조에 해당) 소정의 상인간의 유치권의 대상이 아니라고 해석함이 상당하다"라고 판시하였다(日東京高判 1996.5.28, 判時 1507, 118). 그러나 유치권의 대상을 動産에 국한시키는 독일(독일상법 369③)과는 달리 이러한 명문의 규정이 없는 우리법의 해석상 부동산을 제외시킬 근거가 없을 뿐 아니라, 최근 건설공사도급에 있어서 공사대금을 받지 못한 건설업자가 발주자 소유의 부지에 대해 상사유치권을 주장하는 사례가 증가하고 있기 때문에 이를 인정할 실무상의 필요성도 크다. 따라서 부동산에 대해서도 유치권을 인정해야 한다.

채권자에게 상행위가 되는 행위로 인하여 취득한 물건에 유치권이 인정된다.

점유취득의 직·간접점유는 불문한다.

2) **점유취득 원인** '채무자에 대한 상행위로 인하여 점유'하는 물건이라고 함은 점유취득행위 자체가 채무자와의 사이에 상행위일 것을 요구하는 것이 아니고, 목적물의 점유취득 원인이 상행위이어야 한다는 의미이다. 즉 채권자에게 상행위가 되는 행위로 인하여 취득한 물건에 유치권이 인정된다(정·정199, 손주228, 강·임184, 이철273, 이기(총)275). 이는 상사유치권제도가 영업활동에 의해 점유하게 된 목적물에 대해 법률상 당연히 담보물권을 인정하려는 데 있기 때문이다. 목적물에 대한 점유의 취득은 直接占有는 물론이고 인도증권(선하증권)의

취득에 의한 間接占有도 상관없다. [사례 I -2-3-ii]에서 보면 채권자(X)가 목적물(감자)의 점유를 취득한 원인은 상사임치계약(상행위)이므로 유치권이 성립한다.

3) 목적물의 소유관계 　목적물이 채무자의 소유이어야 한다. 상사유치권은 목적물과 피담보채권간의 견련관계를 요하지 않으므로 그 목적물을 채무자의 소유에 한정하지 않으면 타인의 소유권을 침해할 가능성이 크기 때문이다(김성 420). 다만 [사례 I -2-3-ii]와 같이 목적물(감자)이 유치권 성립시에 채무자(Y)의 소유이면 되고 그 후에 이를 타인에게 양도하더라도 유치권이 소멸되는 것은 아니다.

목적물은 피담보채권과 견련관계를 요하지 아니하므로 이는 채무자 소유로 한정된다.

(4) 목적물과 피담보채권간의 견련성

민법상의 유치권은 피담보채권이 채권자가 점유하는 목적물에 관하여 생긴 것인 때에 인정된다(民 320). 이에 대해 상사유치권은 목적물이 채무자 소유이면 되고 피담보채권과의 개별적인 견련성을 요하지 아니한다. [사례 I -2-3-ii]에서 보면 운임채권(피담보채권)과 감자(목적물)간에는 아무런 견련성이 없지만, 운임채권이 당사자 쌍방(X, Y)에 상행위로 인하여 발생한 것이므로, 채권자(X)는 감자에 대해 유치권을 취득한다. 이 점이 상사유치권의 가장 중요한 특징이다. 참고로 만일 Y가 상인이 아니고 농민이라면 쌀의 운임채권은 쌍방적 상행위에 의해 발생한 것이 아니므로 상사유치권이 성립하지 않고, 따라서 X는 피담보채권(운임채권)과 견련성이 없는 감자에 대해서 유치권을 주장할 수 없다.

상법상 유치권은 민법규정과 다르게 유치목적물과 피담보채권의 개별적 견련성을 요하지 않는다.

다. 排除 特約

商事留置權은 위의 요건을 구비하면 법률상 당연히 성립하는 法定擔保物權의 일종이지만 당사자간의 특약으로 그 성립을 배제할 수 있다(58但). 그러나 이러한 명문의 규정이 없는 민사유치권에 대해서도 배제특약의 효력을 인정하기 때문에 이 규정은 단순한 주의규정에 불과하다. 배제의 의사표시는 묵시적인 것이라도 상관없다. 가령 인도일자를 지정하여 그때까지 반드시 인도해 줄 것을 부탁받고 운송을 인수한 경우라든지, [사례 I -2-3-iii]과 같이 위탁자(Y)로부터 판매를 위탁받고 목적물(주식)을 보관하는 위탁판매인(X)이 이를 판매하지 않고 유치하는 것은 信義則上 인정되지 않으므로, 이 경우에는 유치권배제의 특약이 묵시적으로 존재한다고 본다(정찬(상) 206).

상사유치권은 당사자간의 특약으로 배제할 수 있다.

라. 效 力

상사유치권의 효력은 민법원칙에 따른다.

상사유치권의 효력에 대해서는 상법에 특별한 규정이 없다. 따라서 민법의 원칙에 따라 채권이 만족을 얻을 때까지 물품을 留置하고 이로부터 생긴 과실을 수수하여 優先辨濟에 충당할 수 있다(民 323). 또한 목적물을 경매하여 그 대금에서 채권의 유선변제를 받을 수 있다(民 322). 유치권자는 채무자가 파산한 경우에 그 목적물에 관하여 別除權을 가지며(破 84) 회사정리절차상 정리담보권이 된다(會整 123).

마. 特別商事留置權

특별상사유치권은 유치목적물과 피담보채권의 개별견련성을 요하지 않으며, 나아가 목적물이 채무자 소유임을 요하지 않는 점에서 요건을 완화하고 있다.

일반적인 상사유치권 이외에 상법은 대리상·위탁매매인·운송주선인·운송인·해상운송인에게 영업상의 채권에 대한 유치권을 따로 규정하고 있다. 이 중에서 대리상(91)과 위탁매매인(111)의 유치권은 피담보채권과 목적물간의 개별적인 견련관계를 요구하지 않는 점에서는 일반상사유치권과 마찬가지이지만, 나아가 목적물이 채무자의 소유임을 요구하지 않는 점에서 그 요건이 크게 완화되어 있다(김성 423).

그리고 운송인(147), 운송주선인(120), 해상운송인(800 ②)의 유치권은 목적물이 운송물로 제한되며 피담보채권과 목적물간의 견련성을 가져야 한다는 점에서 매우 좁다. 그러나 목적물은 채무자의 소유임을 요하지 않는다.

2. 商事質權

가. 民事質權: 流質契約의 禁止

민법은 채무자 보호를 위해 유질계약을 금지하고 있다.

流質契約은 질권설정시 또는 변제기전의 계약으로써 변제에 갈음하여 질권자에게 질물의 소유권을 취득시키거나 기타 법률에서 정한 방법에 의하지 않고 질물의 처분을 허용하는 약정을 가리킨다. 이러한 계약은 채무자의 어려운 사정을 이용하여 채권자가 폭리을 취할 우려가 있기 때문에 민법에서는 금지하고 있다(民 339). 다만 전당포영업은 서민금융을 위한 것이므로 예외가 인정된다(典營 21).

나. 商事質權: 流質契約의 許容

(1) 유질계약의 허용

상행위로 인하여 생긴 채권을 담보하기 위하여 설정한 질권에 대해서는 流質契約의 禁止에 관한 민법 제339조의 규정은 적용하지 아니한다(59). 상인은 타인으로부터 자금을 차입할 경우에도 합리적인 판단하에서 담보를 제공한다고 보기 때문에 법의 후견적 작용을 필요로 하지 않고 또 유질계약을 인정하는 것이 오히려 상인에게 금융의 편의를 제공하는 것이기 때문이다(정희 154).

상법은 상인의 전문성·금융의 유동성을 위해 상사질권에 대해 유질계약을 허용한다.

(2) 적용범위

유질계약이 인정되기 위해서는 피담보채권은 상행위에 의해 생긴 것이어야 한다. 여기에서 상행위는 쌍방적 상행위는 물론 채무자 또는 채권자 어느 일방에게 상행위로 되는 경우도 포함된다는 것이 다수설이다(서·정151, 정무162, 최기227, 임홍(상) 267, 정동(총)314). 이에 대해 유질계약 허용의 입법취지가 상거래에 대한 법의 후견적 보호가 불필요하다는 데에 있기 때문에 채무자에게 상행위로 되는 경우에 한정된다는 반대견해도 있다(채176, 이철269, 이기(총)272, 김용92).

유질계약은 피담보채권이 상행위에 의해 생긴 것이어야 한다.

그러나 민법에 있어서도 유질계약금지의 일반원칙이 이미 실효성을 상실하였다는 것이 통설적 견해이며, 상인의 영업자금으로부터 금융을 받은 자는 비록 비상인인 경우에도 다소의 불리함을 감수해야 하며, 유질계약을 인정하는 것이 오히려 비상인에게 금융을 용이하게 받을 수 있도록 하는 점을 고려하면, 특히 채무자에게 상행위로 되는 경우로 한정할 필요는 없다고 본다(정·정201, 이병 220, 이철269).

제 3 民法 債權編에 대한 特則

商法은 民法 債權編에 대한 특칙으로 계약의 성립, 상행위의 유상성, 다수당사자간의 채무, 채무의 이행에 관한 규정을 두고 있다.

1. 商事契約의 成立

[사례 Ⅰ-2-4: 상사계약의 성립]

(i) X회사와 Y(매수인)간에 알루미늄괴의 매매조건에 대한 협의를 하다가 이에 관한 상당한 의견일치를 보자, X는 Y측의 요청에 따라 그때까지의 교섭결과를 토대로, 유효기간을 1990.8.8. 18:00까지로 하는 Y의 매도청약 취지가 담긴 확정매도신청(Firm Offer)을 작성하여 Y에게 교부하고, Y는 즉시 기명날인 하여 이를 다시 X에게 교부하였다. 그 후 X는, Y의 청약을 아무런 수정없이 승낙한다는 취지에서, Firm Offer의 내용 중 중요부분을 그대로 기재한 상품매매기본계약서를 위 Firm Offer의 유효기간을 58분 경과한 1990.8.8. 18:58에 Y에게 교부하였다. 한편 X는 위 승낙의 의사표시를 하기 전날인 1990.8.7에 위 알루미늄괴 전량을 A회사에 전매하는 계약을 체결하였다. 그런데 Y는 상품매매기본계약서를 받고도 유효기간 경과에 대한 이의를 하지 않은 채 1990.8.14에 B회사에 위 알루미늄 전량을 매각하고 이를 인도하였다. X는 매매계약상의 권리에 기해 위 알루미늄괴를 가압류 할 수 있는가? (대판 1994.8.12, 92다23537 참조)

(ii) ① 약품도매상인 Y는 X약사와 장기간 약품거래를 하고 있었는데 의약분업의 실시로 약국 경영이 어려워지자 X는 Y에게 재고약품의 일부를 구매가의 80%가격으로 반품받아 줄 것을 요청하였다. 이에 대해 Y가 아무런 회신을 하지 않았을 경우 X는 Y가 이를 승낙한 것으로 알고 재고약품을 반품하고 그 대금의 지급을 구할 수 있는가? ② 만일 X가 Y에게 재고약품의 반품이 아니라 약국경영에 필요한 자금의 융자를 요청한 경우에는 어떠한가?

(iii) Y는 발파기계를 X에게 매도할 것을 청약하고, X의 승인을 얻어 우선 이를 X의 공장에 시험적으로 설치하였다. 그런데 X와 Y간에 기계 성능에 관한 이견때문에 매매협상이 결렬되어 Y가 기계를 반출하려 하자 X는, 기계의 유지와 보수에 소요된 비용과 기계의 설치에 따른 공장부지의 사용료를 Y가 지급하지 않았다는 이유로, 이를 저지하였다. X의 반출저지는 정당한가? (대판 1996.7.12, 95다41161 · 41178 참조)

가. 請約의 效力

상법은 청약의 효력을 對話者間의 청약과 隔地者間의 청약으로 나누어 규정하고 있다.

(1) 대화자간의 청약

對話者間의 契約의 請約은 상대방이 즉시 승낙하지 아니한 때에는 그 효력을 잃는다(51). 대화자란 당사자의 의사표시를 상대방이 즉시 알 수 있는 상태를 의미하며 반드시 얼굴을 마주보고 있을 필요는 없다. 따라서 서로 멀리 떨어져 있는 경우에도 전화·컴퓨터 통신·화상회의와 같은 통신수단을 통해 즉시 의사를 교환할 수 있는 경우에는 대화자간이다. 또 텔렉스나 팩스에 의한 계약은 일반적으로 격지자간의 계약이지만 계약당사자가 양쪽에 임재하여 즉시 텔렉스·팩스를 주고 받는 경우에는 對話者間의 계약에 해당한다.

> 대화자란 당사자의 의사표시를 상대방이 즉시 알 수 있는 상태이다.

대화자에 관한 규정을 따로 두고 있지 않은 민법의 해석론으로도 대화자간의 청약은 대화가 계속되는 동안에만 존속하는 것으로 보는 것이 정설이므로, 이 규정은 이를 명확히 한 데 의미가 있다. 다만 대화자간에도 승낙기간을 정한 청약의 경우에는 그 기간의 경과에 의해 청약의 효력이 상실됨은 당연하다.

(2) 격지자간의 청약

1) 민·상법의 규정 민법은 승낙의 통지에 대해 到達主義를 취하는(民528①, 529) 한편, 계약의 성립시기에 관해서는 "격지자간의 계약은 승낙의 통지를 발송한 때에 성립한다"라고 규정하여(民531) 도달주의에 대한 예외로서 發信主義를 취하고 있다. 양자의 관계에 대해서는 계약은 不到達을 해제조건으로 하여 발신으로 그 효력이 발생하는 것이라고 보는 것이 통설이다(곽윤(債) 67). 이에 대해 상법은 승낙기간을 정하지 않은 경우 청약의 효력에 대해서만 특별한 규정을 두고 있다.

> 민법에서는 부도달을 해제조건으로한 발신주의를 취하지만 상법은 승낙기간을 정하지 않은 청약효력에 대한 특별규정을 두고 있다.

2) 승낙기간을 정하지 않은 경우 격지자간의 계약의 청약은 승낙기간이 없으면 상대방이 상당한 기간내에 승낙의 통지를 발송하지 아니한 때에는 그 효력을 잃는다(52①). ① 발신주의; 민법에서는 승낙의 통지를 발송한 때에 부도달을 해제조건으로 하여 계약은 성립하고 통지가 도달한 때에 승낙이 확정적으로 효력이 발생한다. 이에 대해 상법은 승낙의 통지를 발송한 때에 계약이 성립하고 승낙의 효력도 확정적으로 생긴다. 이는 승낙의 통지가 청약자에게 도달하지 않는 위험을 청약자가 부담한다는 것을 의미하는데, 대량성과 반복성을 특징으로 하는 상거래에서 계약체결 여부를 신속히 결정하도록 하려는 배려에서 나온 것이다. 여기에서 '상당한 기간'이라고 함은 청약을 받고 그 승낙여부를 결정하는데 보통 소요되는 기간으로서 계약

> 승낙의 확정은 민법에서는 도달주의를 취하지만 상법은 대량성, 반복성으로 인해 발신주의를 취한다. 지연된 승낙은 새로운 청약으로 본다.

의 내용이나 거래관행을 참작하여 구체적으로 결정되어야 한다. ② **지연된 승낙**; 상당한 기간경과 후 상대방이 승락의 통지를 발송하여도 청약은 이미 실효되었기 때문에 계약은 성립하지 아니한다. 다만 청약자는 이를 새로운 청약으로 간주하여 이에 대해 승낙의 통지를 발송하면 계약을 성립시킬 수 있다(52②, 民530).

민법의 일반원칙에 따라 승낙기간 내 승낙통지를 받지 못하면 청약은 효력을 잃고 계약은 성립하지 아니한다.

3) **승낙기간을 정한 경우** 상법에 특별한 규정이 없으므로 민법의 일반원칙에 따르면 된다. 즉 청약자가 승낙기간내에 승낙의 통지를 받지 못한 때에는 청약은 효력을 잃고 계약은 성립하지 아니한다(民528①). 다만 이를 새로운 청약으로 볼 수는 있다. [사례 I-2-4-i]에서 Y가 승낙기간으로 정한 1990.8.8. 18:00까지 X의 승낙 통지를 받지 못하였으므로 Y의 청약은 효력을 상실한다. 따라서 위기간을 58분 경과하여 한 X의 승낙은 새로운 청약으로서 Y가 이에 대해 승낙하지 않는 한 계약은 성립하지 아니한다. 이러한 취지에서 대판 1994.8.12, 92다23537은 "유효기간을 1990.8.8. 18:00까지로 하는 청약의 취지가 담긴 상품거래 제의문을 교부받은 일방 당사자(X)가 같은 날 18:00를 58분 경과한 18:58에 그 거래제의문에 의한 청약을 아무런 수정없이 승낙한다는 취지에서 거래제의문의 중요 부분을 그대로 기재한 상품매매기본계약서를 타방 당사자(Y)에게 교부한 경우, 그 유효기간으로 기재된 18:00는 청약의 효력이 유지되는 최종시점이며 그 시각이 경과하면 거래제의문에 의한 청약은 그 효력이 상실된다고 봄이 신의칙에 합당하다"고 판시하였다. 그러나 승낙기간을 정한 경우와 그렇지 않은 경우를 달리 취급하는 것은 합리성이 없으므로 입법론으로는 양자 모두에 승낙의 통지를 발송한 때 확정적으로 계약이 성립하는 것으로 해야 할 것이다(정찬(상)217, 이철 280, 이기(총)278).

나. 請約을 받은 商人의 義務

(1) 낙부통지의무

외관을 신뢰한 청약자를 보호하기 위해, 상인이 상시거래관계로부터 그 영업부류에 속한 계약의 청약을 받은 때에는 지체없는 낙부통지의무를 부

1) **특칙의 취지** 민법의 일반원칙에 의하면 청약을 받은 당사자는 상대방에 대해 승낙 여부를 통지할 의무가 없으므로 그 청약을 방치해도 상관없다. 청약자가 '거절의 회신이 없을 경우 승낙한 것으로 간주한다'는 내용으로 청약한 경우에도 마찬가지이다. 일반적인 상사계약의 청약에서도 동일하다. 다만 상시거래관계가 있는 당사자간에는 종래의 거래관계에 비추어 청약에 대해 적극적인 거절의사를 표하지 않을 경우 이를 승낙한 것으로 믿는 것이 보통이다. 이를 반영하여 상법은 상인이 常時去來關係에 있는 자로

부터 그 營業部類에 속한 계약의 청약을 받은 때에는 지체없이 諾否의 通知를 발송해야 하며 이를 해태한 때에는 승낙한 것으로 본다는 규정을 두고 있다([53]). 이는 외관을 신뢰한 청약자를 보호하기 위한 규정이다(정동316, 김성434).

담한다.

2) 요 건 청약을 받은 상인에게 諾否通知義務가 발생하기 위해서는 다음과 같은 요건이 구비되어야 한다. ① **당사자**; **통설**은 청약을 받은 자가 상인이어야 하며 청약자는 반드시 상인임을 요하지 아니한다(손주 252, 최기 208, 정동(총)317, 이기(총)281~282, 이철281, 註商(Ⅰ)472). [사례 Ⅰ-2-4-ⅱ]에서 보면 반품의 청약을 받은 자(Y)는 약품도매상으로서 상인이므로 청약을 한 약사(X)가 상인이 아니라도 본조의 적용요건을 갖추었다. ② **상시거래관계**; 청약자와 상인은 상시거래관계에 있어야 한다. '상시거래관계'라고 함은 과거부터 거래관계가 있어 왔고 장래에도 거래관계가 지속될 것이 예상되는 경우를 말하며 그 판단은 거래의 규모나 종류 등을 종합해서 구체적으로 해야 한다(손주234, 최기235, 이철281). 따라서 만일 [사례 Ⅰ-2-4-ⅱ]의 ①에서 X가 약국 경영을 그만두기 위해 Y에게 전 재고품의 반품을 요청한 경우에는 거래관계의 지속이 예상되는 '상시거래관계'에 해당하지 않으므로, 청약을 받은 상인(Y)에게 낙부통지의무가 없다. ③ **청약**; 여기에서의 청약은 승낙기간을 정하지 않은 격지자간의 청약을 의미한다. 왜냐하면 대화자간의 청약은 즉시 승낙하지 않으면 효력을 상실하고([51]), 청약자가 승낙기간을 정한 경우에는 그 기간을 경과하면 청약은 효력을 상실한다는 의사이므로 본조의 적용을 배제하는 것으로 볼 수 있기 때문이다(이철 281). 따라서 [사례 Ⅰ-2-4-ⅱ]의 ①에서 만일 X가 전화로 Y에게 반품을 요청한 경우라든지, 반품의 수락여부를 며칠내로 알려달라는 취지로 한 경우에는 상인(Y)에게 낙부통지의무가 없으므로 회신을 하지 않더라도 계약은 성립하지 아니한다. ④ **영업부류에 속한 거래**; 청약의 내용은 상인의 영업부류에 속한 것이어야 한다. 즉 청약의 내용이 상인에게 기본적 상행위 또는 준상행위로 되는 것이어야 하며 보조적 상행위에 속하는 거래의 청약은 포함하지 아니한다. [사례 Ⅰ-2-4-ⅱ]의 ①에서 보면 X는 Y에게 약품의 반품을 요청하고 있는데 이는 약품도매상인 Y의 영업적 상행위(기본적 상행위 또는 준상행위)에 해당하므로 본 조의 요건을 갖추었다고 하겠다. 그러나 [사례 Ⅰ-2-4-ⅱ]의 ②에서는 X가 Y에게 자금지원을 요청하고 있는데, 이는 약품도매상인 Y로서는 그 거래선(약국)을 확보하기 위해 본업인 약품거래에 부가하여 제공하는 서비스로서 이른바 보조적 상행위에 해당하므로 '영업부류에 속한 거래의 청약'으로 볼 수 없다. 따라서 상인(Y)에게는 낙부통지의무가 없으므로 회신을 하지 않아도 계약은 성립하지 않는다.

낙부통지의무는 청약받은 자가 상인으로서 상시거래관계에 있고, 승낙기간을 정하지 않은 격지지간 청약에서 발생한다.

낙부통지의무를 해태한 경우 청약은 승낙으로 간주한다.

3) 효 과 청약을 받은 상인이 지체없이 승낙 여부에 대한 통지를 발송하지 아니하면 그 청약을 승낙한 것으로 본다(53 後但). 그러므로 청약의 내용에 따른 계약이 성립한다. [사례 I -2-4-ii]의 ①에서 Y가 X의 반품요청에 대해 아무런 회신을 하지 않았으므로 반품을 승낙한 것이 된다.

(2) 물건보관의무

상거래의 신속과 안전을 위해 상인이 그 영업부류에 속한 계약의 청약을 받은 경우에는 자신비용으로 물건, 견품을 보관하여야 한다.

1) 의 의 상인이 그 영업부류에 속한 계약의 청약을 받은 경우에 견품 기타 물건을 받은 때에는 그 청약을 거절한 때에도 청약자의 비용으로 그 물건을 보관해야 한다. 그러나 그 물건의 가액이 보관비용을 상환하기에 부족하거나 보관으로 인하여 손해를 받을 염려가 있는 때에는 그러하지 아니하다(60). 민법의 일반원칙에 의하면 청약과 동시에 물건을 견본으로 혹은 계약의 성립을 예기하여 송부해도 피청약자는 그 물품을 반송하거나 보관할 의무가 없고 이를 방치해도 상관없다. 그러나 상거래에서는 [사례 I -2-4-iii]과 같이 청약자(Y)가 승낙을 기대하고 견품을 보내거나, 상대방(X)도 물건(기계)의 성능을 시험함으로써 그 승락 여부의 판단을 적절히 할 수 있다. 그러므로 상법은 청약을 받은 상인(X)에게 청약자(Y)의 비용으로 물건을 보관할 의무를 부과함으로써 청약자가 송부한 물건의 멸실·훼손을 피할 수 있게 하고 아울러 상거래의 신속과 안전을 도모하고 있다(정희151, 정동(총)319, 이기(총)283~284, 이철283).

보관의무를 부담하는 자는 상인으로서 영업부류에 속한 거래의 청약을 받아야 한다.

2) 요 건 ① 당사자; 보관의무를 부담하는 청약을 받은 자는 상인이어야 한다. 청약자는 상인이 아니라도 상관없으며 이들간에 상시거래관계가 있음을 요하지 아니한다(이기(총)284, 이철284). ② 영업부류에 속한 거래의 청약; 營業部類의 의미는 낙부통지의무와 마찬가지로 피청약자의 기본적 상행위 또는 준상행위에 속하는 거래를 의미한다. ③ 견품 기타 물건; 보관대상은 청약과 관련하여 받은 견품이나 물건이다. 이는 거래상의 자료로 송부되어 그 반환이 예정되지 않은 시제품이나 단순한 샘플은 포함하지 아니하고 목적상품의 일부로서 받은 견품이나 물건을 의미한다(손주235, 註商(I)488).

청약을 거절한 경우에도 원칙적으로 선관주의로 보관해야 하지만 일정한 경우 예외가 인정된다.

3) 선관의무 ① 원칙; 청약을 받은 상인이 청약을 거절한 경우에도 받은 물건을 善良한 管理者의 注意로서 보관할 의무를 부담한다. 상인이 보수를 받지 않고 물건을 임치 받은 경우에도 선관주의의무를 부담하는 것(62)으로부터 이를 유추할 수 있다. 상인이 보관의무를 위반하여 물건이 멸실·훼손된 경우에는 손해배상책임을 지는데, 이는 낙부통지의무가 간접의무인 것과는 구별된다. ② 면제; 물건의 가액이 보관비용을 상환하기에 부족하거

나 보관으로 인하여 상인이 손해를 받을 염려가 있는 때에는 보관의무는 면제된다(60但). 가령 병균에 오염된 가축을 보관함으로써 상인의 다른 가축에 전염될 우려가 있는 경우이다.

4) 보관비용의 부담 물건의 보관비용은 청약자가 부담한다(60本). 보관의무는 청약을 받은 상인에게 부과되는 법적인 의무이므로 보수를 청구하지는 못하고 단지 비용의 상환만 청구할 수 있을 뿐이다. 보관비용은 송부받은 물건의 현상이나 가치를 계속 유지하고 보존하는 데 드는 비용을 말한다. 그러므로 [사례 I-2-4-iii]에서 상인(X)이 청약자(Y)에게 청구할 수 있는 금액은 기계의 유지와 보존에 필요한 비용에 한정된다. 이 점에 관하여 대판 1996.7.12, 95다41161 · 41178은 "상법 제60조는 상거래에 있어 청약을 받은 상인(X)에게 일정한 범위 내에서 청약과 동시에 송부받은 견품 등 물건에 관하여 그 청약을 거절하는 경우라도 이를 반송할 때까지 보관의무를 지움과 아울러 그 보관에 따르는 비용의 상환을 구할 수 있음을 정한 규정으로서, 그 송부받은 물건의 현상이나 가치를 반송할 때까지 계속 유지, 보존하는데 드는 보관비용의 상환에 관한 규정일 뿐, 원고(X)가 주장하는 바와 같이 그 물건이 보관된 장소의 사용이익 상당의 손해의 배상에 관한 규정은 아니라"고 판시하여 X의 공장임대료 청구를 인정하지 않았다.

물건의 보관비용은 청약자가 부담하며 청약자에게 비용상환을 청구할 수 있다. 단, 보관자에게 보수청구권은 인정되지 아니한다.

2. 商行爲의 有償性

상인은 영리를 목적으로 하는 자이므로 상인의 행위에는 有償性이 인정된다. 상법은 법정이율 · 법정이자청구 · 보수청구에 관한 규정을 두어 유상성을 보장하고 있다.

가. 商事法定利率

[사례 I-2-5: 상사법정이율]

(i) 농산물수집상인 X는 농민인 Y에게 김장용배추를 싼값으로 구매하기로 하는 계약을 체결하고 경작에 필요한 자금 5천만원을 전도금으로 차용하여 주었다. 그러나 배추농사의 흉작으로 그 이행이 곤란하게 되자 양자간 협의에 의해 매매계약을 해제하였다. 그런데 Y가 전도금의 반환을 지연하자 X는 그 원금과 연 6분의 이자 지급을 청구하였다. 이에 대해 Y는 이 거래는 자신에 대해서는 상행위가 되지 아니하며, 원상회복의무는 원래의 상행위와는 별개 독립의 채무로서 상행위성을 가지지 않기 때문에 상사법정이율을 적용해서

는 안 된다는 항변을 하였다. Y의 주장은 타당한가? (日最高判 1955.9.8, 民集 9-10, 1222 참조)

(ii) 교통사고로 사망한 피해자의 유족인 X 등은 자동차배상책임보장법에 기하여 사고를 야기한 차량의 자동차보험자인 Y회사에 대해 보험금액, 변호사비용 및 사고일로부터 채무의 완제일까지 연 6분의 지연손해금 지급을 구하였다. 이에 대해 Y는, 이건 청구는 보험계약의 상행위성과는 관련이 없는 것이므로 상사법정이율이 적용되어서는 안 된다는 항변을 하였다. Y의 주장은 타당한가? (日最高判 1992.1.19, 民集 36-1, 1 참조)

(1) 취 지

상인은 자금수요가 크고 투자수익이 높은 점을 감안해 법정이율을 연6분으로 하는 특칙을 두고 있다.

法定利率은 민법에는 연 5분으로 되어 있음에 비해 상행위로 인한 채무의 법정이율은 연 6분이다[54]. 이는 기업활동에서는 비상인간의 민사거래에서 보다 자금의 수요가 크고, 투자수익이 높은 점을 감안한 것이다. 그러나 이는 당사자간에 이율에 관한 약정이 없는 경우에 적용되는 것이고 약정이 있는 경우에는 그에 따른다. 새로운 利子制限法(법률 제8322호, 2007.3.29)은 약정이율의 최고한도를 연 40%로 제한하고 있다.

(2) 상행위로 인한 채무

상사법정이율은 쌍방적 상행위뿐 아니라 일방적 상행위로 인한 채무에도 적용된다.

1) 일방적 상행위 상행위로 인한 채무에는 쌍방적 상행위가 포함되지만 일방적 상행위로 인한 채무도 포함할 것인지 문제된다. 통설은 이를 긍정하지만(손주238, 최기240, 임홍(상)281, 채169, 이기(총)291, 註商473), 채무자가 상인인 일방적 상행위에만 상사법정이율을 적용해야 한다는 반대견해도 있다. 반대견해에 따르면 [사례 I-2-5-i]에서 배추매매계약은 채무자인 Y에게는 상행위가 아니므로 그로 인한 전도금반환채무에는 상사법정이율(연 6분)이 아닌 연 5분의 이율이 적용되어야 한다. 그러나 이 경우에도 상인의 자금은 고수익이 보장되어야 한다는 취지에서 보면 통설이 타당하다(이철 291~291). 일본 판례도 "상행위로 인한 채무라고 함은 단지 채무자에 대해 상행위로 되는 행위로 인한 채무에 한정하지 않고 채권자에게 상행위로 되는 행위에 의해 생긴 채무도 포함한다"고 판시하였다(日最高判 1955.9.8, 民集 9-10, 1222).

상사법정이율은 보조적 상행위로 인한 채무도 포함한다.

2) 보조적 상행위 상행위에는 영업적 상행위뿐 아니라 보조적 상행위도 포함한다. 이러한 취지에서 대판 1977.4.12, 76다497은 "대한석탄공사가 석탄채취에 관하여 체결한 노동계약은 보조적 상행위이므로 임금채무에 관하여는 연 6분의 비율에 의한 지연손해금을 지급하여야 한다"고 판시하

고 대판 1986.9.9, 84다464는 수출대행시 대행자가 전도자금을 선급한 경우 상사법정이율에 의한 이자를 지급해야 한다고 판시하였다. 어음·수표상의 채무는 상행위는 아니지만 그 법정이율을 연 6분으로 하고 있다(어48, 49; 수44, 45).

(3) 채무의 범위

1) 변형된 채무 상행위에 의해 생긴 채무라고 함은 그 발생원인이 상행위라는 의미이므로, 상행위로 인해 직접 생긴 채무만 아니고 이와 실질상 동일한 것으로 인정되는 경우도 포함한다. 상사채무불이행으로 인한 損害賠償債務나 상행위인 계약 해제로 인한 原狀回復義務가 이에 해당한다. [사례 I-2-5-i]에서 보면 Y는 선도금 5천만원의 반환청구권은 상행위인 배추매매계약의 해제로 인한 원상회복의무로서, 상행위와는 별개독립채무이므로 본 조가 적용되지 않는다는 항변을 하고 있다. 이에 대해 일본판례는 "본소 청구는 매매계약의 합의해제에 기한 전도대금의 반환을 구하는 것인데 매매계약이 상행위인 때에는 그 해제에 의한 전도대금반환채무에도 본 조가 적용된다"고 판시하여(日最高判 1955.9.8, 民集 9-10, 1222) 우리 통설과 같은 입장을 취하고 있다.

상사법정이율은 상사채무 불이행으로 인한 손해배상채무, 상행위의 해제로 인한 원상회복의무에 적용된다.

2) 법정채무 不當利得返還請求權이나 不法行爲로 인한 損害賠償債權에는 상사법정이율이 적용되지 아니한다(정희 153). 이러한 취지에서 대판 1985.5.28, 84다카966은 "상법 제54조의 상사법정이율은 상행위로 인한 채무나 이와 동일성을 가진 채무에 관하여 적용되는 것이고, 상행위가 아닌 불법행위로 인한 손해배상채무에는 적용되지 아니한다고 할 것이다. 그런데 원심은 피고에 대한 불법행위책임에 관하여 판단하여 이를 인정하고 그 지연손해금에 관하여는 상사법정이율인 연 6푼의 비율에 의한 금원의 지급을 명하고 있는바, 이는 상사법정이율에 관한 법률의 적용을 잘못한 위법이 있다"고 판시하였다(同 대판 2004.3.26, 2003다34045). 이와 같이 법정채권에는 상사법정이율이 적용되지 않기 때문에 [사례 I-2-5-ii]에서 피해자(X)의 보험자(Y)에 대한 보험금청구권에 상사법정이율이 적용될지는 그 성질이 불법행위로 인한 손해배상채권인가 아니면 보험계약에 기한 보험금청구권인가에 달려 있다. 이에 대해 일본 판례는 "자동차손해배상보장법에 기한 피해자의 보험회사에 대한 직접청구권은, 피해자가 보험회사에 대해 가지는 손해배상청구권으로서 피해자가 보험회사에 대해 가지는 보험금청구권의 변형 내지 이에 준하는 권리가 아니기 때문에, 보험회사의 피해자에 대한 손해배상채무는 본 조소정의 '상행위로 인하여 생긴 채무'에 해당하지 아니한다"라고 판시하였다.
(日最高判 1992.1.19, 民集 36-1, 1)

부당이득반환청구권이나 불법행위로 인한 손해배상채권 등 법정채무에는 상사법정이율이 적용되지 않는다.

나. 法定利子請求權

(1) 소비대차의 이자청구권

상인간에서 금전의 소비대차를 한 때에는 이자의 약정이 없더라도 법정이자를 청구할 수 있다.

1) 취 지 상인간에서 금전의 消費貸借를 한 때에는 이자의 약정이 없더라도 貸主는 법정이자를 청구할 수 있다(55①). 민법상 소비대차가 무이자를 원칙으로 하는 것에 대한 특칙이다(民598). 상인은 자본의 증식과 회전을 목적으로 활동하기 때문에 무이자로 소비대차 하는 것은 생각할 수 없다는 것이 그 취지이다(대판 2007.3.15, 2006다73072).

차주와 대주가 모두 상인인 쌍방적 상행위 또는 영업과 관련한 보조적 상행위에 적용된다.

2) 요 건 借主와 貸主가 모두 상인이어야 한다. 다만 소비대차가 당사자 쌍방에 상행위로 되어야 하는가에 대해서는 견해가 대립한다. 통설은 영업과의 관련성을 중시하여 쌍방에 기본적 상행위일 필요는 없으나 최소한 보조적 상행위이어야 한다고 본다(정·정225, 손주237, 최기239, 이병222, 이철289). 이에 대해 법문상 아무런 제한이 없으므로 상인간의 소비대차이면 상행위성(영업과의 관련성)에 관계없이 법정이자청구권을 인정해야 한다는 반대견해도 있다(강·임169, 정동(총)323).

다른 규정과의 균형상 일방적 상행위에도 적용되어야 한다.

3) 입법론 법정이자청구권은 상인간의 소비대차에 한하므로 상인과 비상인간의 대차에는 인정되지 아니한다. 그러나 이는 상행위의 유상성에 관한 다른 규정(54, 61)이 모두 일방적 상행위에 적용되는 것과 비교할 때 균형을 잃은 것이다. 특히 다음에서 보는 바와 같이 상인이 비상인을 위해 금전을 替當한 때에도 법정이자청구권을 인정하고 있는데(55②), 상인이 자신의 금전을 비상인에게 대차한 경우에는 법정이자를 청구할 수 없도록 하는 것은 합리성이 없다. 그러므로 이 규정은 '상인이 타인에게 금전을 대여한 경우'로 고쳐야 할 것이다(정·정225, 강·임170, 이기289, 이철289).

(2) 체당금의 이자청구권

상법은 체당금에 관하여 법정이자청구권을 인정하는 특칙을 두고 있다.

1) 취 지 민법의 委任에 있어서는 수임인이 위임사무의 처리에 관하여 지출한 필요비에 대해서는 법정이자청구권을 인정하고 있으며(688①) 任置의 경우도 마찬가지이다(701). 그러나 事務管理에 대해서는 관리자에게 체당금에 대한 법정이자청구권을 인정하지 않고 있다(739①). 이에 대해 상법은 "상인이 그 영업범위 내에서 타인을 위하여 금전을 체당한 때에는 체당한 날 이후의 법정이자를 청구할 수 있다"고 규정하여(55②), 그 원인 여하를 불문하고 영업범위 내에서 이루어진 모든 체당금에 대해 법정이자청구권을 인정하고 있다.

체당은 소비대

2) 요 건 替當이라고 함은 소비대차 이외에 타인의 채무를 변제하

기 위해 금전을 지출하는 것을 말한다. 가령 운송인이 수하인을 위해 창고료 또는 수입관세를 대납하고 물품을 揚荷한 경우라든지, 부동산중개의 위임을 받은 중개인이 부동산 이전에 따르는 양도세를 대납한 경우 등이 이에 해당할 것이다. 체당의 원인에는 위임·임치·고용·도급·사무관리 등이 있으나 委任과 任置의 경우에는 본조의 규정이 없더라도 민법에 의해 체당금의 법정이자를 청구할 수 있으므로 본조가 의미를 가지는 것은 주로 事務管理로서 체당한 경우이다.

차 이외에 타인의 채무를 변제하기 위해 금전을 지출하는 것이다.

3) 보수청구와의 관계 타인을 위하여 금전을 체당한 경우에는 체당금에 대한 법정이자를 청구하는 외에 금전 체당 자체가 상인이 타인을 위하여 행위를 하는 것이므로 그에 대한 보수를 별도로 청구할 수 있다([61])고 보는 것이 통설이다(서·정155, 정희152, 손주237, 최기239, 채168, 정동(총)324, 이기(총)290 外).

법정이자청구 외에 별도의 보수청구권이 인정된다.

다. 報酬請求權

[사례 Ⅰ-2-6: 상인의 보수청구권]

(i) Y가 X에게 다음과 같이 사무의 처리를 위탁한 경우, X는 Y에게 보수를 청구할 수 있는가? ① Y가 변호사인 X에게 계쟁사건의 처리를 위임하면서 그 보수지급 및 수액에 관하여 명시적인 약정을 하지 않은 경우(대판 1995.12.5, 94다50229 참조) ② 복덕방에 상호를 내걸고 부동산 매매 등의 소개업을 하는 X에게, Y가 소개료에 대한 약정없이 아파트 매도를 부탁한 경우(대판 1968.7.24, 68다955 참조)

(ii) 부동산업자인 X는 A보험회사로부터 사옥으로 사용할 빌딩의 매입을 부탁받고 빌딩 소유주인 Y와 A회사간의 매매계약을 성사시켰다. X가 A회사는 물론이고 Y에게도 이 건 빌딩 매매에 대한 중개 수수료를 청구한 경우, Y는 이를 지급해야 하는가? (대판 1977.11.22, 77다1889 참조)

(1) 인정취지

1) 민법의 원칙 민법상 타인을 위하여 한 행위는 원칙적으로 無償이다. 따라서 위임계약의 受任人이나 임치계약의 手置人은 특별한 약정이 없으면 보수청구를 할 수 없다(民 686①, 701, 707, 739). 그러므로 수임인이 보수청구를 하기 위해서는 당사자간에 이에 관한 명시적인 약정이 있거나 적어도 묵시적인 약정의 존재가 인정되어야 한다(김성 425). 대판 1995.12.5, 94다50229도 [사례 Ⅰ-2-6-i]의 ①에서 상인이 아닌 변호사(X)의 보수청구에 대해 "변호사에게 계쟁 사건의 처리를 위임함에 있어서 그 보수 지급 및 수액에 관하여

민법은 명시적, 묵시적 약정이 없는 한 타인을 위하여 한 행위는 원칙적으로 무상이다.

명시적인 약정을 아니하였다 하여도, 무보수로 한다는 등 특별한 사정이 없는 한 응분의 보수를 지급할 묵시의 약정이 있는 것으로 봄이 상당하다"고 판시하여 묵시적으로라도 약정이 있어야 한다는 취지를 분명히 하고 있다.

상인이 영업범위 내에서 행위를 한 때에는 상당한 보수를 청구할 수 있다.

2) 상법의 특칙 상인이 그 영업범위 내에서 타인을 위하여 행위를 한 때에는 이에 대해 상당한 보수를 청구할 수 있다(61). 그러므로 상인에게는 특약이 없더라도 보수청구권이 인정된다(이기(총)287, 이철286). 이러한 취지에서 대판 1968.7.24, 68다955는 [사례 I -2-6-i]의 ②에서 "복덕방에 상호를 내걸고 부동산 매매 등의 소개업을 하는 자는 상법 제46조 제11호, 제4조에 의하여 상인임이 명백하고 상인인 위 소개업자(X)가 그 영업범위 내에서 타인(Y)을 위하여 행위를 한 이상 특별한 약정이 없다 하여도 상법 제61조에 의하여 소개를 부탁한 상대방(Y)에 대하여 상당한 보수를 청구할 수 있다"고 판시하였다.

(2) 적용요건

상인이 영업범위내에서 행위를 하여야 한다.

1) 상인의 영업범위내의 행위 상인이 그 영업범위내에서 행위를 해야 한다. 행위자는 상인이어야 하지만 지급의무를 부담하는 상대방은 상인이 아니라도 상관없다. 영업범위내란 그 상인이 영업으로 하는 기본적 상행위나 준상행위뿐 아니라 영업을 위하여 하는 보조적 상행위도 포함한다.

행위의 사실상, 법률상의 효과가 타인에게 귀속되는 것으로서 타인에게 이익이 발생해야만 보수청구권이 생기는 것은 아니다.

2) 타인을 위한 행위 타인을 위한 행위는 그 행위의 사실상·법률상의 효과가 타인에게 귀속되는 것을 말한다(김성426, 이기287, 최기238). 그러므로 실제 타인에게 이익이 발생해야만 보수청구권을 갖는 것은 아니다. 그러나 판례는 이를 타인의 이익을 위하여 행위함을 뜻한다고 보고 있다. 즉 대판 1977.11.22, 77다1889는 [사례 I -2-6-ii]에서 "상법 61조에 의하면 상인이 그 영업범위 내에서 타인을 위하여 행위를 한 때에는 이에 대하여 상당한 보수를 청구할 수 있다고 규정되어 있고, 여기에 타인을 위하여 행위한다 함은 타인의 이익을 위하여 행위한다는 뜻이라 할 것인바 원고(X)가 피고(Y)를 위하여 이건 부동산의 매매중개를 하였다고 보여지는 자료가 없으며 원고(X)는 소외 대한교육보험주식회사(A)를 위하여 행위하였을 뿐이고, 원고(X)가 이건 부동산매매중개에 있어서 피고(Y)의 이익을 위하여 행위한 사실이 인정되지 않는 이상 원고(X)에게는 위 상법상의 보수청구권이 없음은 위 상법 제61조의 해석상 명백한 법리"라고 판시하였다.

보수를 청구할 수 있는 행위

3) 행위의 유형 보수를 청구할 수 있는 행위는 법률행위이든 사실행위이든(정희151~152, 정동(총)325) 불문한다. 따라서 타인을 위한 채무의 보증이나 어음 인

수와 같은 법률행위뿐 아니라 상품의 보관, 운송과 같은 사실행위도 포함한다. 그러나 법률상의 의무로서 타인을 위하여 하는 행위, 가령 청약을 받은 상인의 물품보관(60), 매수인의 목적물보관(70)에는 보수청구권이 발생하지 아니한다.

유형에는 제한이 없다.

(3) 보수의 결정기준

상인은 상대방에게 상당한 보수를 청구할 수 있다. 상당한 보수라고 함은 상인의 노력과 상대방이 받은 이익의 정도를 고려하고 거래의 관행 등을 참작해서 정해야 한다(정희152, 정동(총)326, 김성427). 대판 1976.6.8, 76다766은 "부동산매매중개료의 약정이 없는 경우에 그 소개료액을 정함에 있어서는 반드시 감정에 의할 것이 아니고 법원이 당시의 제반사정을 참작하여 상당액을 정할 수 있다"고 판시하였다. 또 대판 1985.10.8, 85누542는 "선박을 매매함에 있어 그 대금을 연불조건으로 지급하기로 약정하는 경우의 중개수수료는 연불에 따른 이자를 제외한 선박대금액을 기준으로 산정하여 지급하는 것이 일반거래의 관행"이라고 판시하였다.

'상당한 보수'는 상인의 노력과 상대방이 받은 이익을 고려하고 거래관행 등을 참작해야 한다.

3. 商事債務의 連帶性

상법은 수인이 동일한 원인이나 사정하에 채무를 부담하는 경우에 민법의 다수당사자의 채권관계에 관한 규정에 특칙을 두어 債務의 連帶性을 인정하고 있다. 이는 상사채권의 人的擔保를 강화하여 거래의 안전을 도모하기 위함이다(대판 1987.6.23, 86다카633). 이러한 특칙에는 多數債務者의 連帶(57①)와 保證人의 連帶(57②)가 있다.

가. 多數債務者의 連帶

[사례 Ⅰ-2-7: 다수채무자의 연대]

(i) Y_1, Y_2, Y_3는 상가건물의 건축 및 그 점포분양 등 사업을 공동으로 경영하기로 약정하고 Y_1을 그 동업대표로 선정하였다. Y_1은 X에게 상가건물내 점포를 분양매도하고 그 대금을 수령하였는데, 상가 건축이 지지부진하자 Y_1은 X에게 수령한 대금을 반환지급하기로 약정하고 분양계약을 합의해제하였다. Y_2와 Y_3는 X에게 위 대금과 지연손해금을 지급할 의무가 있는가? (대판 1991.11.22, 91다30705 참조)

(ii) 제관업을 영위하는 X회사는 M그룹 조달본부장의 발주에 의하여 계약을 맺고, M그룹의 계열회사인 A식품에서 사용할 통조림용 공관을 제조공급하여

왔다. M그룹 조달본부는 그룹 총수가 대주주로서 설립한 Y회사 등 21개 계열회사에서 필요한 각종물품의 구매를 전담하기 위하여 임의로 설치한 법인격이 없는 공동기구이다. 조달본부는 각 계열회사의 구매주문을 요청받아 총수의 결제를 거친 후 납품업체에 주문하여 계약을 체결하고, 납품업체는 실수요회사에 물품의 인도와 세금계산서를 발행하며, 그 물품대금은 계열회사 중 적당한 어느 한 회사명의의 약속어음을 발행받아 납품업체에 교부하는 방식으로 결제하였다. X회사와의 거래도 이러한 방식에 따랐는데 다만 이건 거래에 대해서는 Y회사 등 계열회사가 어음을 발행하지는 않았다. 그런데 M그룹의 부도사태로 말미암아 주력기업인 Y회사가 회사정리절차에 들어가자 X는 상법 제57조 1항에 근거하여, A회사에 공관을 납품하고 지급받지 못한 금액을 정리채권으로 법원에 신고하였다. 법원은 이를 정리채권으로 인정해야 하는가? (대판 1987.6.23, 86다카633 참조)

(1) 규정의 취지

민법의 분할채무원칙은 채권의 효력을 약화시켜 거래의 안전을 도모할 수 없으므로 상사채권에 대해서는 연대채무를 부담시키고 있다.

민법에서는 채무자가 수인이 있는 경우에 달리 정함이 없으면 각 채무자는 균등한 비율로서 채무를 부담하는 分割債務를 원칙으로 한다(民408). 그 결과 수인의 채무자중 일부가 변제자력이 없을 경우에는 그 부분에 대해서는 다른 채무자로부터 변제를 받을 수 없기 때문에 채권의 효력은 그만큼 약화된다. 이에 대해 상법은 "수인이 그 1인 또는 전원에게 상행위가 되는 행위로 인하여 채무를 부담한 때에는 연대하여 변제할 책임이 있다"고 규정하여(57①) 민법의 분할채무원칙에 대한 특칙을 규정하고 있다. 이는 상사채무의 이행을 확실하게 하여 거래의 안전을 기하기 위함이다. 대판 1987.6.23, 86다카633도 "상법 제57조 제1항의 취의는 상사거래에 있어서의 인적담보를 강화하여 채무이행을 확실히 하고 거래의 안전을 도모함으로써 상거래의 원활을 기하려는 것으로 민법상 다수 당사자간의 채무이행에 있어서의 분할채무 원칙에 대한 특별규정"이라고 판시하고 있다.

(2) 상행위로 인한 채무

채무자 중 1인 이상의 상행위로 인한 채무 및 이와 동일성이 있는 채무불이행채무, 원상

채무가 채무자 1인 또는 전원에 대하여 상행위인 행위에 의해 발생할 것을 요한다. 채권자는 상인일 필요가 없으며 채무자 중 1인은 반드시 상인이어야 한다(정희153, 정찬(상)209, 김성444). 채무는 직접 상행위에 의해 생길 것을 요하지 않고 債務不履行으로 인한 損害賠償債務(대판 1962.1.31, 4294민상310), 계약해제에 따른 原狀回復義務도 상행위로 인하여 생긴 채무와 동일성을 가지는 한 본조가 적용

된다. 이러한 취지에서 대판 1991.11.22, 91다30705는 [사례 I -2-7-i]에서 "이 사건 금원지급채무는 위 동업체의 조합채무로서 그 조합원 전원(Y_1, Y_2, Y_3)을 위하여 상행위가 되는 행위로 인하여 부담하게 된 경우에 해당한다고 할 것이므로, 피고(Y_1)가 그 개인적 책임에 기하여 다른 조합원들(Y_2, Y_3)과 연대하여 이를 변제할 책임이 있다"고 판시하였다. 한편 대판 1976.12.14, 76다2212는 "채무가 본래 상행위로 인하여 발생한 자동차수리비 및 유류대금 일부의 부당이득반환채무이므로 허정이 대표로 있는 공업사의 조합채무로서 그 공동경영자 전원을 위하여 상행위가 되는 행위로 인하여 부담하게 된 채무라고 보는 것이 상당하며, 원심이 위의 반환채무에 관하여 상법 제57조를 적용하여 연대채무를 인정한 것은 정당하다"고 판시하여 不當利得返還債務에도 본 조를 적용하고 있다.

회복의무이어야 한다.

(3) 채무자의 공동행위

채무가 채무자의 共同行爲에 의해 생길 필요가 있다. 수인이 직접적으로 공동으로 행하는 경우는 물론이고 채무자중 1인이 다른 자를 대리하여 행하는 경우도 상관없다. 행위자간에 사업을 공동으로 하는 조합이 결성되는 경우가 보통이지만 반드시 조합관계나 특수한 공동관계가 존재할 것을 요하지 아니한다. 판례는 다음과 같은 유형의 공동행위로 인해 부담하는 채무에 대해 연대책임관계를 인정하고 있다. 즉 양말제조업을 수인이 공동으로 경영하면서 원사를 외상으로 구입한 대금채무(대판 1966.11.29, 66다1741), 공동으로 물품을 구입하여 동업을 하되 업무를 분담하여 종사한 경우에 물품대금채무(대판 1976.1.27, 75다1606), 차량정비와 주유업을 공동으로 경영하는 수인이 부담하는 유류대금지급채무(대판 1976.12.14, 76다2212), 동업체인 조합의 채무가 조합원전원을 위하여 상행위가 되는 행위로 인하여 부담하게 된 덤프트럭 임대료채무(대판 1995.8.11, 94다18638) 등이다.

채무가 채무자의 공동행위에 의해 생겨야 한다. 특히 행위자간에 사업을 공동으로 하는 조합이 결성되는 경우가 보통이다.

(4) 관련문제

1) 계열회사간의 공동성　동일 대주주가 지배하는 企業集團 소속의 계열회사간에 그룹차원의 공동기구를 만들어 이를 통해 집단적으로 대외거래를 하는 경우에, 그 행위에 대해 공동성을 인정하여 연대채무를 부담시킬 수 있는가? [사례 I -2-7-ii]에서 보면 X회사는 M그룹의 조달본부를 통해 A회사와 계약을 체결하고 물품을 납품하였는데 그 납품대금에 대해 Y회사의 연대책임을 묻고 있다. 이에 대해 대판 1987.6.23, 86다카633은 "위 조달본부는 법인격 없는 그룹내의 편의상 기구에 불과한 것으로서 조달본부

대기업의 계열회사가 공동기구를 통한 대외거래에서 발생한 채무에 대해 판례는 공동성을 부인하고 있다.

의 물품구매행위는 동 그룹내의 각 독립한 법인체인 계열회사들이 조달본부에 그 대행을 위임하거나 이에 관한 대리권수여에 따른 행위로 봄이 타당하고 따라서 각 거래는 계열회사와 물품공급회사 사이에 이루어진 것으로서 그 법률효과는 그 당사자에게만 직접 미치고 유관관계가 없는 다른 계열회사는 아무런 권리의무가 발생하지 아니하는 제3자의 지위에 있음에 불과하다 할 것인즉, 조달본부에서 물품을 발주 구입하였다는 사실을 들어 상법 제57조 제1항 소정의 수인이 그 1인 또는 전원에게 상행위로 인하여 부담하는 공동구매라고 할 수 없으므로 위 각 계열회사들 사이에 동 법조에 따른 연대채무관계는 발생할 수 없다 할 것이며, 이같은 법률관계는 원고(X)가 명성그룹(M) 계열회사전체의 신용이나 재산상태를 믿고 거래하였다 하더라도 다를 바 없다"고 판시하여 이를 부인하고 있다. 그러나 위 조달본부는 계열사간의 일종의 조합으로서 이를 통해 이루어진 대외거래는 공동의 상행위로 보아 계열사(Y)에 대해 연대책임을 인정해야 한다는 비판이 있다(이기169, 이철298, 김성447).

어음의 공동발행은 연대책임이 아닌 합동책임을 부담한다.

2) 공동어음행위　어음의 공동발행인은 본조에 의한 연대책임이 아니라 合同責任을 부담한다(어47①). 어음의 공동발행은 한 개의 어음행위가 아니고 수인의 독립된 어음행위이기 때문이다. 그러므로 공동발행인 중의 일부가 어음금을 전액 지급한 경우에도 연대책임의 경우와 같은 채무자 상호간의 구상권은 생기지 아니한다.

나. 保證人의 連帶

[사례 I-2-8: 보증인의 연대]

(i) 다음 각 경우 Y는 X에게 催告·檢索의 抗辯權을 제출할 수 있는가? ① A학교법인이 X교육공제기금으로부터 융자를 받음에 있어 Y보험회사에 보증보험을 가입한 경우 ② X회사가 A를 회계직원으로 고용할 때 Y를 A의 신원보증인으로 하였는데 A가 회사의 공금을 도용하여 도주하였으므로 X회사는 Y에게 그 손해액 전부에 대해 지급을 청구한 경우(대판 1959.8.27, 4291민상407 참조) ③ A회사가 X은행으로부터 융자를 받음에 있어 A회사의 상무 Y가 보증의 목적으로 회사발행 수표에 배서한 경우(대판 1975.3.11, 75다123 참조) ④ A회사의 상무 Y는 A회사가 X에게 매도한 목적물인도채무를 보증하였는데 A회사가 그 목적물을 인도시기까지 인도하지 못하여 약정한 위약금을 지급해야 하는 경우(대판 1960.3.24, 4292민상501 참조)

(ii) A회사가 B은행으로부터 어음할인대출을 받음에 있어 A회사의 상무 Y가 보

증을 하였으며 이후 A회사는 B은행의 요청에 의해 다시 X보험회사에 보증보험을 가입하였다. X보험회사가 A회사의 대출금전액을 B은행에 변제한 경우 X는 Y에 대해 구상권을 행사할 수 있는가? 만일 Y가 자신의 부담부분 이상을 변제한 경우에는 어떠한가? (대판 1988.10.25, 86다카1729 참조)

(1) 규정의 취지

민법에서는 보증인이 주채무자와 연대하여 보증한다는 특약이 없는 한 催告·檢索의 抗辯權이 있는 단순보증이 된다(民 437). 또한 보증인이 수인이 있는 共同保證에 있어서도 分別의 利益으로 인해 각자 균등한 비율로 보증채무를 부담한다(民 439). 따라서 민사보증은 채권담보의 효력이 매우 취약하다. 이에 대해 상법은 "보증이 있는 경우에 그 보증이 상행위이거나 주채무가 상행위로 인한 것인 때에는 주채무자와 보증인은 연대하여 변제할 책임이 있다"고 규정함으로써(57 ②) 당사자간에 특약이 없어도 商事保證은 連帶保證이 된다. 이로써 상거래에서 발생한 채무의 이행을 확실하게 하여 거래의 안전을 보호하고 있다.

민사보증은 최고·검색의 항변권과 분별의 이익으로 그 효력이 취약하기 때문에 상사보증은 연대보증으로 한다.

(2) 성립요건

連帶保證이 성립하기 위해서는 보증이 상행위이거나 주채무가 상행위로 인한 것이어야 한다.

1) 보증이 상행위인 때 보증인과 채권자간의 보증계약이 상행위인 경우를 말하는데, 일방적 상행위도 포함하는가 하는 점이 문제된다. ① 보증인에게 상행위인 경우; [사례 I-2-8-i]의 ①에서 비상인(A,X)간의 소비대차에 대해 상인이 보증하고 있는데 이 보증계약은 보증인(Y)에게만 상행위가 되는 경우이다. 이는 본 조항의 이른바 '보증이 상행위인 때'에 해당하여 Y는 A와 연대보증채무를 부담한다. 따라서 Y에게는 催告·檢索의 抗辯權이 없다. ② 채권자에게만 상행위인 경우; [사례 I-2-8-i]의 ②의 보증계약은 채권자(X)에 대해서만 상행위(보조적 상행위)가 되는데, 이 경우에도 보증인(Y)은 주채무자(A)와 연대하여 보증채무를 부담하는가에 대해서는 견해가 나누어진다. 대판 1959.8.27, 4291민상407은 "상법 제57조 제2항에 소위 보증에서 상행위라 함은 보증이 보증인(Y)에 있어서 상행위인 경우 뿐 아니라 채권자(X)에 있어서 상행위성을 가진 경우를 포함한다고 해석함이 타당하다"고 판시하여 보증인(Y)에게 연대보증책임을 인정하고 있다. 그러나 이는 본 조 제1항에서 채무자에게 상행위로 된 경우에만 다수채무자간의 연

보증인과 채권자간의 보증계약이 상행위인 경우 연대보증이 성립한다.

대를 인정하는 것과 균형이 맞지 않을 뿐 아니라 본 조의 입법취지가 상인의 신용을 중시하여 거래의 안전을 기하려는 데 있다는 점에서도 타당하지 않다. 그러므로 채권자에게만 상행위인 경우는 포함하지 않는 것으로 보아야 한다(정희154, 정동(총)332~333, 정찬(상)211; 反 손주243, 최기244).

상사연대보증은 보증이 상행위가 아니더라도 주채무가 상행위인 경우 성립한다.

2) 주채무가 상행위로 인한 것인 때 주채무가 상행위로 인하여 생긴 경우에는 보증이 상행위가 아니라도 보증인은 연대보증책임을 진다. [사례 I-2-8-i]의 ③에서 보면 Y상무의 수표배서(보증)는 상행위가 아니지만 주채무인 A회사의 X은행에 대한 채무는 상행위로 인하여 생긴 것이므로 Y상무는 A회사와 연대하여 보증채무를 부담한다. 이러한 취지에서 대판 1975.3.11, 75다123은 "원고(Y)의 이건 보증을 수표금의 보증으로 인정한 것이 아니고 위 수표 발행한 원인채권인 일반소비대차 채무에 대한 보증을 한 것으로 인정하는 한 증거자료로써 수표 1매에 대한 원고의 배서를 거시한 것뿐이고, 나머지 1매에는 원고(Y)의 배서가 없다하여도 220만원 전액에 대한 보증을 한 것으로 인정한 조치가 그 적시한 증거에 비추어 적법하고, 또 원고(Y)가 위 채무에 대하여 보증한 것으로 인정되는 이상 위 대양사(A)의 채무가 상사채무인 점은 기록상 명백하니 상법의 규정에 의하여 원고(Y)의 이건 보증이 연대보증이라고 판단한 조치는 정당하다"고 판시하였다. 또한 주채무는 직접 상행위로 인하여 생긴 채무뿐 아니라 이와 동일성을 가지는 채무도 포함한다. 이러한 취지에서 대판 1960.3.24, 4292민상501은 [사례 I-2-8-i]의 ④에서 비상인(Y)은 매도인(A)의 위약금지급에 관해 상법 제57조 2항에 의해 매도인(A)과 연대책임을 부담하는 것으로 판시하였다.

(3) 효 과

1) 보증인과 주채무자간의 연대 위의 요건을 구비하면 주채무자와 보증인간에는 연대관계가 성립하여(民437 但) 보증인은 채권자에 대해 催告·檢索의 抗辯權을 가지지 아니한다.

2) 보증인 상호간의 연대 보증인이 여럿 있는 경우에 보증인 상호간에도 연대관계가 성립하는가? [사례 I-2-8-ii]에서 보면 주채무자(A)에 대해 Y와 X는 서로 다른 시기에 각각 보증을 하였는데, 이 경우 A와 Y,A와 X가 각각 B에 대해 연대보증관계에 서는 것은 물론이지만 X, Y간에도 연대관계를 인정해야 하는가이다. 만일 양자간에 연대관계를 인정할 경우에는 보증인중 1인(X)이 자신의 부담부분을 넘어 채무를 이행하면 다른 보증인(X)에게 구상권을 행사할 수 있게 되지만(民448②, 425①), 이를 인정하지 않으면 부

탁없는 보증인으로서의 구상권만 행사할 수 있다(民448①, 444). 민법 제448조 2항에 의하면 수인의 보증인이 있는 경우 보증인 상호간에 연대의 약정이 있거나 보증인과 주채무자간에 연대관계에 있을 경우에는 보증인 상호간에도 연대관계를 인정하고 있다. 따라서 보증이 상행위이거나 주채무가 상행위로 인하여 생김으로써 주채무자와 보증인간에 연대관계가 성립하는 상사보증에 있어서는 당연히 보증인 상호간에도 연대관계에 있게 된다는 것이 통설이다(손주244, 최기245). 대판 1988.10.25, 86다카1729도 "수인의 보증인이 각자 채무자와 연대하여 채무를 부담하는 경우에 있어서는 보증인 상호간에 연대의 특약이 없는 경우에도 채권자에 대하여 분별의 이익이 없는 것이므로 각자 채무전액 또는 각자가 약정한 보증한도액 전액을 변제할 책임이 있는 것이라 하겠으나, 보증인 상호간의 내부관계에 있어서는 일정한 부담부분이 있고 일정한 분할액에 한정하여 보증인의 지위에 놓이게 된다. 그러므로 연대보증인 중의 한 사람(X)이 채무를 변제하고 다른 연대보증인(Y)에게 구상권을 행사하려면 자기의 부담부분을 초과하여 변제를 하여 공동의 면책을 얻은 경우라야 가능한 것이므로 다른 보증인 중 이미 자기의 부담부분을 변제한 사람(Y)에 대해서는 구상을 할 수 없다"고 판시하였다. 따라서 [사례 I-2-8-i]의 ②와 같이 주채무가 상행위로 인한 것이 아니고 또 보증도 보증인에게 상행위로 되지 아니하는 경우에는, 주채무자와 보증인간에 연대보증이 성립하지 않으므로 당연히 보증인 상호간에도 연대관계가 성립하지 않는다.

4. 商事債務의 履行

상법은 상행위에 의해 생긴 채무이행의 장소와 시기에 대해 다음과 같은 특칙을 두고 있는데 이는 주의규정으로서 의미를 가지고 있다.

ㄱ. 履行의 場所

(1) 持參債務의 原則

민법은 채무의 성질 또는 당사자의 의사표시로 그 이행의 장소가 정해지는 경우외에는 특정물인도채무는 '채권성립 당시에 그 물건이 있던 장소', 그 이외의 채무는 '채권자의 현주소'에서 각각 이행하도록 하여, 持參債務의 원칙에 입각하고 있다(民467). 다만 증권채무는 推尋債務로서 채무자의 현영업소에서 제시해야 한다(民516). 이에 대해 상법에서는 채무이행의 장소에 대한

상사채무이행의 장소는 민법의 일반원칙에 따라 지참채무의 원칙에 입각하여 채권자의 주소에서 이행해야 한다.

특별한 규정을 두지 않고 다만 지점거래에 관해서만 규정을 두고 있다. 그러므로 상사채무의 이행에 관해서도 위에서 본 민법의 일반원칙에 따라야 한다.

(2) 지점거래로 인한 채무

지점거래로 인한 채무에 있어서는 그 지점을 채무이행장소로 본다.

支店에서의 거래로 인한 채무이행장소가 그 행위의 성질 또는 당사자의 의사표시에 의하여 특정되지 아니한 경우에는 그 특정물의 인도이외의 채무의 이행은 그 지점을 이행장소로 본다(56). 여기에서 '支店'이란 本店에 종속하는 개념으로서의 지점이 아니라 본점을 포함한 營業所의 의미로 보아야 한다(정찬(상)213, 김성441). 그렇지 않을 경우 본점의 거래에 대해서는 민법의 규정이 적용되고 지점의 거래에 대해서는 상법이 적용는 불균형이 초래되기 때문이다.

'지점의 거래'는 채권자의 지점(영업소)이든 채무자의 지점(영업소)이든 상관이 없으나 후자의 경우에만 이 특칙이 의미가 있다. 왜냐하면 채권자의 지점에서의 거래에 대해서는 채권자의 영업소가 채무이행의 장소가 되어 민법의 持參債務의 원칙과 동일하지만, 채무자의 영업소의 거래에 대해서는 이와는 달리 채무자의 영업소가 그 이행장소(推尋債務)가 되기 때문이다.

나. 履行 · 履行請求의 時期

법령 또는 관습에 의하여 영업시간이 정하여져 있는 때에는 채무의 이행 또는 이행의 청구는 그 시간 내에 하여야 한다(63). 금융기관이나 대회사들은 대부분 법령이나 관습상 영업시간이 정해진 경우가 많다. 이러한 경우에는 이행이나 이행의 청구는 그 시간내에서만 가능하므로 그 시간을 경과한 경우에는, 이행을 수령하지 않더라도 債權者遲滯가 되지 아니하며, 이행을 거절하여도 履行遲滯가 되지 않는다.

이 규정은 당사자 일방이 상인인 경우에도 적용된다. 또 이는 임의규정이므로 거래시간외의 청구에 대해 채무자가 이행을 하거나, 거래시간외의 이행을 채권자가 수령해도 상관없다.

5. 商事任置

[사례 I-2-9: 무상수치인의 책임]

(i) 다음 각 경우 X는 Y의 책임을 물을 수 있는가? ① X가 A와의 임치계약에

의하여 건고추를 창고업자인 Y소유의 냉동창고 중 A가 임차한 부분에 운반, 적치하고 그 입고시에 Y는 X가 제시한 서류만을 근거로 하여 그 서류에 기재된 입고량에 따른 인수증을 X에게 발행하였는데, 냉동시설의 고장으로 건고추가 부패한 경우(대판 1994.4.26, 93다62539 · 62546 참조) ② X가 Y 백화점에서 의류를 구입하고 다른 물건을 구매하기 위해 이를 일시 그 백화점 매장에 보관하던 중 누수로 의류가 변질된 경우

(ii) 고추상인인 Y가 X를 위하여 건고추를 매수한 후 X와 사이에, 고추시세가 상당한 수준에 상승하여 매각처분할 수 있을 때까지 무상으로 보관하여 주기로 약정하고 이를 Y의 점포에 보관하였다. Y가 위 건고추를 보관중 X에게 수시로 고추시세를 알려주고 수차 매각을 권유하였으며 최근에는 위 건고추를 속히 처분하지 않으면 벌레가 먹어 못쓰게 되니 빨리 처분하든지 인도 받아 가라고 하였으나, X는 시세가 싸다거나 보관장소가 없다는 등의 이유로 계속 거절하였다. 그러던 중 보관방법이 적절하지 못하여 고추가 부패한 경우 X는 Y의 책임을 물을 수 있는가? (대판 1983.11.8, 83다카1476 참조)

가. 意 義

(1) 취 지

민법의 일반원칙에 의하면 보수를 받고 타인의 물건을 임치받은 경우에는 수치인은 善良한 管理者의 注意義務를 부담하지만(民 374), 무상으로 임치받은 경우에는 自己의 財産과 동일한 注意로서 보관하면 된다(695). 즉 無償任置는 有償任置에 비해 주의의무가 경감되어 있다. 이에 대해 상법은 "상인이 그 영업범위 내에서 물건의 임치를 받은 경우에는 보수를 받지 아니하는 때에도 선량한 관리자의 주의를 하여야 한다"라고 규정하여(62) 無償受置人의 주의의무를 가중하고 있다(대판 1964.7.14, 64다470). 상거래에 의해 타인의 물건을 보관하는 자는 비록 無償인 경우에도 상거래 일반에 요구되는 정도의 주의의무를 부담하게 함으로써 상인의 신용을 유지하기 위함이다.

무상임치인은 선량한 관리자의 주의의무로서 보관해야 한다.

(2) 공중접객업자 · 창고업자의 임치책임

상법은 일반상인의 임치책임과는 별도로 公衆接客業者의 임치책임(152 ①), 倉庫業者의 임치책임(160)에 관한 규정을 두어 일반상인보다 높은 수준의 주의의무를 요구하고 있다. 즉 일반상인의 경우에는 선량한 관리자의 주의만 요구하지만 공중접객업자는 不可抗力임을 증명하지 못하면 책임을 져야 하며, 창고업자는 자기뿐 아니라 사용인의 과실에 대해서도 책임을 져야 한다.

공중접객업자와 창고업자는 일반상인의 주의의무보다 가중된 의무를 부담한다.

나. 適用要件

상인이 그 영업범위 내에서 無償으로 任置해야 한다.

(1) 상 인

수치인은 상인이어야 한다. 임치인은 상인이 아니라도 상관없다.

(2) 영업범위내

보조적 상행위만을 의미한다는 견해와 이를 모두 포함한다는 견해가 대립하지만, 판례는 창고업자의 기본적 상행위로서의 무상임치에 대해서도 본조가 적용된다고 한다.

'영업범위'에 대해서는 기본적 상행위를 제외한 보조적 상행위만을 의미한다고 보는 견해(정찬(상) 236)와 이를 모두 포함한다는 견해가 대립한다(김성 454). [사례 I -2-9-i]의 ①에서 보면 고추보관은 창고업자인 Y에게는 기본적 상행위가 되는데, 앞의 견해에 따르면, Y는 직접적인 계약관계가 존재하지 않는 X에 대해서는 아무런 책임을 지지 않게 되는 부당한 결론에 이르게 된다. 따라서 창고업자의 기본적 상행위로서의 무상임치에 대해서도 본조가 적용된다고 보아야 한다. 대판 1994.4.26, 93다62539 · 62546도 "원고(X)와 피고 신영섭(A)간의 위 임치계약은 위 창고부분의 소유자이자 임대인인 피고 이상돈(Y)이 가동하는 냉동시설의 가동에 의하여 그 계약목적을 달성하려는 것이 당연 전제되어 있다고 보이는 데다 창고업자인 피고 이상돈(Y)이 그 영업범위 내에서 위 건고추의 입고와 보관에 관여한 점 등에 비추어, 피고 이상돈(Y)은 위 물품인수증을 원고(X)에게 발행함으로써 원고(X)에 대한 관계에서는 적어도 위 건고추에 대한 무상수치인의 지위에서 선량한 관리자로서의 주의의무를 지게 되었다"고 판시하였다.

(3) 무보수

상법상 가중된 임치책임을 지기 위해서는 무보수이어야 한다.

보수를 받지 않아야 한다. 그러나 실제 이러한 경우는 매우 드물다. 왜냐하면 상인이 하는 보관은 기본적 상행위이든 보조적 상행위이든 타인을 위하여 하는 행위로서 상당한 보수를 청구할 수 있어 대부분 有償任置가 되기 때문이다(61). 그러므로 이 규정은 [사례 I -2-9-i]의 ②과 같은 경우 또는 레스토랑에서 고객의 외투를 일시 보관하는 경우와 같이 상인이 명시 또는 묵시의 특약에 의해 무상으로 임치를 받은 경우에 한정된다.

다. 義務違反 效果

상인의 고의·과실로 임치물

상인은 善良한 管理者의 注意로써 그 물관을 보관해야 한다. 그러므로 상인의 고의 · 과실로 임치물에 멸실 · 훼손 등의 손해가 생긴 때에는 그에 대한 손해배상책임을 진다. 다만 受置人의 선관주의의무는 임치계약의 존속 중에만 부담하므로 [사례 I-2-9-ii]와 같이 임치계약이 해지된 후 임치인(X)이 수령지체에 있는 경우에는 일반원칙에 따라 수치인(Y)이 고의·중과실이 없으면 책임을 지지 아니한다. 대판 1983.11.8, 83다카1476도 "수치인(Y)이 적법하게 임치계약을 해지하고 임치인(X)에게 임치물의 회수를 최고하였음에도 불구하고 임치인(X)의 수령지체로 반환하지 못하고 있는 사이에 임치물이 멸실 또는 훼손된 경우에는 수치인(Y)에게 고의 또는 중대한 과실이 없는 한 채무불이행으로 인한 손해배상책임이 없다. 수치인(Y)이 임치인(X)에게, 보관중인 건고추를 속히 처분하지 않으면 벌레가 먹어 못쓰게 되니 빨리 처분하든지 인도받아 가라고 요구하였다면 이는 임치계약을 해지하고 임치물의 회수를 최고한 의사표시라고 볼 여지가 있고 이에 대하여 임치인(X)이 시세가 싸다는 등 이유로 그 회수를 거절하였다면 이때로부터 수령지체에 빠진 것"이라고 판시하였다.

에 손해가 생긴 때에는 배상책임이 있다.

제 4 有價證券에 관한 規定

1. 商法 제65조의 意義

금전, 물건 또는 유가증권의 지급을 목적으로 하는 有價證券에는 민법 제508조 내지 525조의 규정을 적용하는 외에 어음법 제12조제1항, 제2항의 규정을 준용한다(65). 이와 같이 상법상 유가증권에 민법의 指示債權·無記名債權에 관한 규정이 적용되는 외에 背書의 단순성, 일부배서의 무효에 관한 어음법의 규정이 적용된다. 유가증권은 여러 기준으로 분류할 수 있으나 본조는 표창하는 재산권의 내용에 따라 구분하고 있다.

유가증권에는 민법상 지시채권·무기명채권에 관한 규정과 어음법 제12조 1, 2항이 적용된다.

(1) 금전지급증권

금전의 지급을 목적으로 하는 유가증권에는 어음·手票 및 債券이 있다. 그런데 어음·手票에 대해서는 어음법·手票法이 그 권리관계에 관한 상세한 규정을 두고 있어 본 조에 의해 민법의 指示債權·無記名債權에 관한 규정이 적용될 여지는 거의 없다. 다만 債券에 대해서는 상법의 관련규정(478~480)이 비교적 간단하므로 민법의 규정이 적용될 수 있다.

어음·수표 및 채권이 있다.

(2) 물건지급증권

예) 화물상환증, 창고증권, 선하증권과 상품권

물건의 지급을 목적으로 하는 유가증권에는 상법상의 貨物相換證·倉庫證券·船荷證券과 상품권법에 의한 商品券이 있다. 이 중에서 화물상환증·창고증권·선하증권에 관해서는 상법에서 그 발행요건과 효력(채권적효력·물권적 효력)에 관한 상세한 규정을 두고 있으므로(128~133,156~157, 813~820) 민법과 어음법의 규정은 양도·지급 등에 대해서만 적용될 수 있다.

(3) 유가증권지급증권

예: 승차권, 여행권

유가증권의 지급을 목적으로 하는 유가증권의 예는 그다지 많지 않으나 가령 승차권·승선권의 지급을 요구할 수 있는 여행권이 있다(정찬(상) 238). 이러한 증권에 대해서는 상법에 특별한 규정이나 다른 특별법이 없으므로 민법과 어음법의 관련규정이 적용될 수 있다.

(4) 기타 유가증권

예: 주권, 신주인수권증서 등

금전·물건·유가증권의 지급을 목적으로 하는 것 이외에도 상법에는 많은 유가증권이 있다. 가령 주식회사의 사원권인 株式을 표창하는 株券과 신주인수권증서·신주인수권증권 등이 있다. 그러므로 본 조는 이러한 유가증권에도 통칙규정으로서 적용되어야 한다(정찬(상) 239).

2. 有價證券法의 體系

(1) 유가증권의 뜻

유가증권의 의미는 각 실정법에 따라 다양하다.

상법 제65조가 민법의 지시채권·무기명채권에 관한 규정 및 어음법 제12조를 유가증권의 통칙규정으로서 상법상의 유가증권에 적용하고 있지만 무엇이 유가증권인가에 대해서는 아무런 언급이 없다. 有價證券의 의미는 각 실정법에 따라 다르게 사용된다. 가령 刑法 제214조의 有價證券僞造罪에서는 유가증권이 가지고 있는 사회적 신용을 보호법익으로 하기 때문에 신용의 대상이 되는 모든 유가증권을 포함한다는 의미에서 그 범위가 매우 넓다. 이에 비해 證券去來法 등에서 말하는 유가증권은 투자자보호를 위해 그 발행이나 유통의 공정성을 도모해야 하는 대량의 投資證券(주식·채권)만을 의미한다.

학문적으로는 재산권을 표창하는 권리로서 권리의 발생·

학문적인 의미에서 有價證券은 대륙법계에 고유한 것으로서 '재산적 가치가 있는 私權을 표창하는 증권으로서 권리의 발생·행사·이전의 전부 또는 일부에 그 소지가 요구되는 증권'이라고 할 수 있다(통설). 이에 대해 영미법에서는 유통증권 또는 상업증권이라는 개념을 사용한다.

행사・이전 등에 소지가 요구되는 증권이다.

(2) 유가증권법

有價證券에 관해서는 민법의 지시채권・무기명채권에 관한 규정, 어음・手票法, 상법의 각종 유가증권에 관한 규정, 證券去來法 등에서 단편적인 규정을 두고 있을 뿐 이를 포괄하는 종합적인 유가증권법은 없다. 다만 어음・手票法이 유가증권에 관해서는 가장 체계적이고 종합적인 규정을 두고 있으므로 유가증권에 대한 일반규정으로서의 역할을 한다고 본다. 따라서 본 조가 어음・手票法 대신에 불완전한 민법의 지시채권・무기명채권에 관한 규정을 유가증권의 통칙규정으로 모든 유가증권에 적용하도록 한 것은 부적절 하다고 하겠다.

유가증권에 관련된 법규는 다양하나 포괄적인 유가증권법은 존재하지 않는다.

제 2 장
商事賣買 · 相互計算 · 匿名組合

개　요

매매는 재화의 전환을 매개하는 행위로서 상개념의 기초를 이루며, 상행위 중 가장 중요한 위치를 차지하고 있다. 상호계산은 계속적 거래관계에 있는 당사자 간의 다수채권채무관계를 일정기간 지급유예하고 기간만료 후 일괄적으로 상계하는 제도이다. 익명조합은 원시적인 공동기업의 형태로서 자본가가 익명으로 영업자에게 출자하고 영업이익의 분배에 참가하는 제도이다.

이 장에서는 상사매매에 관한 상법의 특칙을 살펴보고 상호계산의 효력 및 익명조합의 법률관계를 설명한다.

주요 내용

o 매도인의 공탁 · 경매권 — 입법취지, 요건, 공탁권, 경매권

o 매수인의 검사 · 통지의무 — 입법취지, 요건, 효과

o 매수인의 목적물 보관 · 공탁의무 — 취지, 요건, 효과

o 확정기매매의 해제의제 — 확정기매매

o 상호계산의 대상채무 — 거래상의 금전채무, 유가증권채무

o 상호계산의 소극적 효력 — 당사자간의 효력, 제3자에 대한 효력

o 상호계산의 적극적 효력 — 계산서의 승인

o 익명조합의 의의 — 조합원의 출자, 영업자의 이익분배

o 비교 — 민법상의 조합, 내적조합, 합자회사, 소비대차

o 익명조합의 내부관계 — 출자, 영업의 수행, 손익의 분배

o 익명조합의 대외적 효력 — 영업자의 지위, 익명조합원의 지위

제 1 절 商事賣買

제 1 商事賣買의 法的 規律

賣買는 재화의 전환을 매개하는 행위로서의 '商'개념의 기초를 이루며, 상거래 중 가장 중요한 지위를 차지하고 있다. 이러한 매매에 관한 법적 규율로는 민법이 중요하며 상법도 다음에서 보는 바와 같이 약간의 특칙을 정하고 있다. 그러나 민·상법의 규정은 상사매매에 관한 기본적인 원칙만을 정한 것일 뿐 실제적인 거래관계는 각 분야별로 사업자들이 제정하여 사용하는 約款이나 商慣習 등에 의해 규율된다(정희157, 정찬(상)219). 또 상사매매의 형태가 국제매매인가, 통신판매 등 특수한 매매인가에 따라 割賦販賣法·訪問販賣法·通信販賣法 등 관련 분야의 특별법이나 국제협약이 당사자간의 법률관계를 규율한다.

1. 賣買에 관한 商法의 特則

(1) 상법상의 특칙

매매가 가장 기본적인 상행위이지만 매매에 관해서는 상법에 5개조의 특칙만을 두고 있을 뿐 상세한 내용은 민법의 채권편에서 규정하고 있다. 상법에 규정된 상사매매에 관한 특칙은 賣渡人의 목적물의 供託·競賣權(67), 確定期賣買의 解除(68), 買受人의 목적물의 檢査와 瑕疵通知義務(69), 買受人의 목적물 保管·供託義務(70, 71)의 4가지이다. 이러한 특칙들은 상거래의 신속성의 요구에 부응하기 위해 불안정한 거래관계를 신속히 종결시킴으로써 주로 매도인의 이익을 보호하는 데 주안점을 두고 있다.

상사매매의 특칙은 매도인의 목적물의 공탁, 경매권, 확정기매매의 해제, 목적물의 검사와 하자통지의무, 목적물의 보관·공탁의무 네 가지이다.

(2) 특칙의 적용범위

상사매매에 관한 상법의 특칙은 상인간의 매매에 적용된다. **첫째**, 당사자 쌍방이 商人이어야 한다. 그러므로 매수인이 상인인 경우에도 매도인이 상인이 아니면 적용되지 않는다(대판 1993.6.11, 93다7174·7181). **둘째**, 상사매매는 당사자 쌍방에 商行爲가 되는 매매이어야 한다. 그러므로 상인간의 매매라도 가령, 상

상사매매규정의 적용은 i) 당사자 쌍방의 상인이고 ii) 쌍방적 상행위인 매

매일 것 iii) 매매에 대해서만 적용되고 iv) 다른 특약이 있으면 적용이 배제된다.

인이 개인적 소비를 위해 다른 상인으로부터 물품을 구매한 경우에는 이 특칙이 적용되지 아니한다. 다만 여기에서 상행위는 기본적 상행위는 물론 보조적 상행위라도 상관없다. **셋째**, 상사매매에 관한 특칙은 賣買에 대해서만 적용된다. 그러므로 특정물을 제조·공급하는 계약에는 적용되지 아니한다. 대판 1987.7.21, 86다카2446도 "물건이 특정의 주문자의 수요를 만족시키기 위한 불대체물인 경우에는 당해 물건의 공급과 함께 그 제작이 계약의 주목적이 되어 도급의 성질을 강하게 띠고 있다 할 것이므로 이 경우에도 매매에 관한 규정이 당연히 적용된다고 할 수는 없을 것"이라고 판시하였다. **넷째**, 특칙은 任意規定이므로 당사자간에 다른 특약이 있으면 그 적용이 배제된다(김성460). 그리고 이러한 특약은 약관이나 관습법 등의 형태로 존재하는 경우가 많기 때문에 이를 고려해야 한다.

2. 國際商事賣買

(1) 국제매매와 법의 충돌

국제매매의 가장 곤란한 문제는 준거법에 관한 것으로써 보통은 계약서에 이에 관한 조약을 둔다.

국제상사매매는 서로 다른 국가에 소재지를 두고 있는 당사자간의 매매로서, 당사자들이 부딪치는 가장 곤란한 문제는 계약관계에 적용될 법을 어떻게 정하는가이다. 이러한 법의 충돌 문제는 일차적으로는 계약서에 준거법을 정하는 조항을 둠으로써 해결한다. 그러나 계약에 따라서는 준거법 조항을 두지 않는 경우도 있고 또 이를 둔다고 하더라도 계약관계의 모든 사항을 해결해 줄 수는 없다. 그러므로 급격히 증대하는 국제매매의 원활한 수행을 위해서는 단순히 準據法規則(conflict rule)에 의해 문제를 해결하기보다는, 매매관계에 적용될 각국의 매매법(실질법)을 통일하는 것이 필요하게 되었다.

(2) 매매법의 국제적 통일

매매법의 통일작업은 통일규칙, 국제협약의 두가지 방식으로 전개된다.

매매법의 통일작업은 한편으로는 거래계에서 발전한 관습법을 기초로 자치적으로 형성된 統一規則(uniform rules)과 다른 한편으로는 각국 정부간의 공식적인 협정 체결을 통해 마련된 國際協約(international convention)이라는 두가지 방향으로 전개되고 있다. 통일규칙은 당사자간의 계약에서 명문으로 원용할 경우에만 계약의 내용으로 편입되어 법적인 구속력을 가지는데 비해 국제협약은 계약상의 편입조항이 없어도 자동적으로 당사자간의 매매관계에 적용되는 법규범인 점에서 근본적인 차이가 있다. 국제상업회의소

(ICC)에서 상관습법을 기초로 제정한 '정형거래조건의 해석에 관한 규칙'(Incoterms)은 통일규칙의 예이고 UN국제상거래법위원회(UNCITRAL)가 1980년에 제정한 국제물품매매협약(비엔나협약)은 국제협약의 대표적인 예라고 하겠다.

(3) Incoterms와 비엔나협약

Incoterms는 국제매매계약에서 가장 중요한 관심사인 매도인과 매수인간의 비용분담, 위험의 이전 및 매도인에 제공할 선적서류에 관하여 주로 규정하고 있다. Incoterms에는 국제상인들간의 오랜 관습을 기초로 FOB · CIF조건 등 13개의 정형거래조건에 관한 해석규정을 두고 있다. Incoterms는 1936년 최초로 제정된 이래 국제거래가 발전함에 발맞추어 계속 개정되어 왔으며 현재는 Incoterms 2000이 통용되고 있다. Incoterms의 법적 성질은 慣習法으로 보는 견해가 있으나 통설은 約款으로 보고 있다(서헌제, 「국제거래법」, 131).

Incotems는 국제상인들간의 관습을 기초로 정형거래 조건에 관한 해석규정을 두고 있다.

한편 비엔나협약은 1930년대 이래 약 반세기에 걸친 국제적인 노력 끝에 제정되었는데 현재 미국 · 중국 · 독일 등 60여개국이 가입하였다. 우리나라는 2003년에 가입하여 2005년 3월부터 발효되어 현재 적용되고 있다. 비엔나협약은 협약의 가입국에 영업소를 둔 당사자간의 매매계약에 적용되는데 계약의 성립, 매도인의 의무, 매수인의 의무, 위험의 이전, 손해배상, 면책의 순으로 매도인과 매수인간의 법률관계에 대한 상세한 규정을 두고 있다.

2003년에 가입하여 2005년부터 발효되었다.

제 2 賣渡人의 供託 · 競賣權

1. 規定의 趣旨

(1) 수령거절 · 수령불능의 효과

민법에서는 채권자가 수령을 하지 않는 경우에 채무자에게 목적물의 供託 · 競賣權을 인정하고 있다. 즉 채권자(매수인)가 목적물을 수령하지 아니하거나, 수령할 수 없거나, 채무자(매도인)의 과실 없이 채권자(매수인)를 알 수 없는 경우에 채무자(매도인)에게 공탁권이 인정된다(民 487). 또 채무자(매도인)는 목적물이 공탁에 적합하지 않거나, 멸실 · 훼손될 염려가 있거나, 공탁에 과다한 비용을 요하는 경우에는 법원의 허가를 얻어 경매를 할 수 있다. 경매한 경우에는 그 대금을 공탁해야 한다(民 490).

민법에서는 공탁권을 인정하기 위해 예외적으로만 경매권이 인정된다.

(2) 상법의 특칙

상사매매에서는 공탁권과 경매권을 선택적으로 행사할 수 있다.

상인간의 매매에 있어서 매수인이 목적물의 수령을 거부하거나 이를 수령할 수 없는 때에는 매도인은 그 물건을 공탁하거나 상당한 기간을 정하여 최고한 후 경매할 수 있다. 이 경우에는 지체없이 매수인에 대하여 그 통지를 발송하여야 한다(67①). 매수인에 대하여 최고할 수 없거나 목적물이 멸실 또는 훼손될 염려가 있는 때에는 催告없이 경매할 수 있다(67②). 매도인이 경매한 경우에는 매매대금에 충당할 수 있다(67③).

(3) 양자의 차이

매수인의 수령거절 · 수령불능시에 민법에서는 채무자에게 공탁권을 원칙적으로 인정하고 예외적으로 경매권을 인정하며, 이 경매도 공탁의 준비행위로서 인정됨에 불과하다. 이에 대해 상법은 매도인에게 供託權외에 법원의 허가를 요하지 않는 競賣權(自助賣却權)을 인정하고 있다. 즉 민법은 최후의 수단으로 경매가 허용되고 또 법원의 허가를 얻어야 함에 비해 상사매도인은 이러한 제한을 받지 않고 공탁권과 경매권을 선택적으로 행사할 수 있다. 나아가 민법상으로는 경매대금을 공탁해야 하나 상사매매에 있어서는 경매대금으로 매매대금에 직접 충당할 수 있다. 이는 상거래의 간이 · 신속한 종결이라는 요청에 기해 매도인이 신속히 상품의 인도의무를 면하고 매매대금을 가능한 빨리, 용이하게 회수하게 하기 위함이다.

2. 適用要件

매도인에게 목적물의 공탁권과 경매권이 인정되기 위해서는 상사매매의 특칙요건 이외에 매수인이 목적물의 수령을 거절하거나 이를 수령할 수 없어야 한다.

(1) 수령거절 · 수령불능

매매의 목적물은 동산이나 부동산, 특정물이나 불특정물 등 제한이 없다. 매수인의 수령거절은 매매계약의 이행으로서 수령을 거절하는 것이기 때문에 매수인이 목적물을 사실상 수령해도 이를 단순히 임시적으로 보관한다는 취지를 표시한 경우에는 수령거절에 해당한다. 수령불능이 매수인의 귀책사유에 기인한 여부, 대금의 지급 여부는 문제되지 아니한다. 또 매수인의 수령거절 · 수령불능 사실이 매도인의 이행기 전에 명확해진 경우에는 이행기 도래 전에 공탁권 · 경매권을 행사할 수 있다(임홍(총)472, 정동(총)399, 이철304).

(2) 매수인의 수령지체

매수인의 수령지체는 요건이 아니기 때문에 매수인을 지체에 빠뜨리기 위해 매도인이 미리 이행의 제공을 할 필요는 없다(김성462; 反 정동(총)399, 이철304). 물론 매도인은 이행의 제공에 의해 매수인을 지체에 빠지게 하고 그에 따른 손해배상을 구하는 것도 가능하다. 민법은 공탁권의 행사요건으로 매수인의 수령거절과 수령불능 이외에 매도인이 과실없이 매수인을 알지 못한 경우를 규정하고 있지만(民487) 상법은 이러한 규정을 두지 않고 있다. 상사매매에서는 이러한 경우를 거의 예상할 수 없지만 매도인의 보호라는 민법 제487조의 입법취지를 고려할 때 매도인에게 공탁권·경매권을 인정해야 할 것이다. 예컨대 매수인이 사망하였는데 상속인을 알 수 없는 경우가 그러하다(이철305). 수령지체에 관한 입증책임은 매도인에게 있다.

3. 供 託 權

(1) 공탁권의 행사

공탁권 행사의 요건은 민법과 동일하지만 다만 상법에서는 공탁의 통지를 발신주의에 의한다.

이상의 요건을 구비할 경우에는 매도인은 민법 및 공탁법에서 정하는 바에 따라 목적물을 공탁하고 그 책임을 면할 수 있다. 그러나 공탁권 행사를 위한 요건은 민법의 규정과 다를 바 없기 때문에 상법의 공탁 관련규정은 민법에 대한 특칙을 정한 것은 아니다. 다만 민법에서는 공탁의 통지는 到達主義를 취하고 있지만(民111①), 상법에서는 發信主義에 의하는 점에서만 차이가 있을 뿐이다. 공탁의 통지나 비용은 매수인의 부담으로 본다. 통지는 공탁의 유효요건은 아니지만 이를 태만히 하여 매수인에게 손해가 생긴 경우에는 매도인은 손해배상책임을 부담한다.

(2) 경매권과의 관계

매도인은 공탁권과 경매권을 자유롭게 선택할 수 있으므로 목적물의 가격이 상승하는 경우에는 주로 경매권을 행사하여 매매대금의 회수에 나설 것이다. 그러므로 실제로 공탁권은 목적물의 가격이 하락하여 이를 경매처분해도 매매대금을 전액 회수할 수 없는 경우에 의미가 있다.

4. 競 賣 權

매수인의 수령거절·수령불능시에 매도인은 공탁권을 행사하는 이외에 상당한 기간을 정하여 매수인에게 수령을 최고한 후 목적물을 경매할 수 있다(67①). 이를 自助賣却權이라고도 한다.

(1) 수령의 최고

경매권 행사는 상당한 기간을 정하여 매수인에 수령을 최고하여야 한다.

1) 원 칙 경매권을 행사하기 위해서는 매수인의 수령거절 · 수령불능 이외에 원칙적으로 상당한 기간을 정하여 매수인에게 受領을 催告하여야 한다(67①). '상당한 기간'이라고 함은 매수인이 목적물을 수령할 것인가 아닌가를 고려함에 필요하다고 인정되는 기간을 말한다. 최고의 방법에는 제한이 없기 때문에 구두이든 서면이든 상관이 없지만 매수인에게 도달해야 한다.

2) 예 외 매수인에 대하여 최고를 할 수 없거나 목적물이 멸실 또는 훼손될 염려가 있는 때에는 催告없이 경매할 수 있다(67②). '최고를 할 수 없는 때'란 매수인의 영업소 등 소재지를 알 수 없는 경우를 말하며, '목적물이 멸실 또는 훼손될 염려가 있는 때'란 생선류의 부패와 같이 물리적인 이용가치의 훼손 이외에 가격의 급락과 같은 경제적 가치의 훼손도 포함한다.

(2) 대금충당권

매도인은 경매대금의 일부를 매매대금에 충당할 수 있다.

매도인은 경매대금을 공탁해야 하지만 매매대금의 변제기가 도래하면 그 경매대금의 전부 또는 일부를 매매대금에 충당할 수 있다(67③). 이로써 매도인은 대금채권의 일부만이라도 간이하고 신속하게 회수할 수 있으며 부족한 부분은 매매대금으로서 매수인에게 청구할 수 있음은 물론이다.

(3) 행사와 양도

경매권 행사가 권리남용으로 인정되는 경우를 제외하고는 매도인은 손해배상책임을 부담하지 아니한다.

競賣權은 매도인의 권리이고 의무는 아니므로 가령 목적물의 가격하락으로 경락대금이 시세에 비해 매우 낮은 경우에도, 경매권 행사가 권리남용으로 인정되는 경우를 제외하고는, 매도인은 손해배상책임을 부담하지 아니한다. 매도인이 이미 매매대금채권을 타인에게 양도한 경우에도 매도인의 경매권 자체는 소멸하지 않는다. 매도인의 경매권은 매수인측의 사정으로 매도인이 목적물인도의무를 이행할 수 없는 경우에 매도인의 인도의무를 면하게 하는 것을 주된 목적으로 하는 것이기 때문이다. 다만 이 경우에는 대금충당권은 매매대금채권의 양수인에 속하게 된다.

제 3 買受人의 義務에 관한 特則

1. 買受人의 檢査·通知義務

[사례 II-1-1: 매수인의 검사·통지의무]

(i) 다음 각 경우 Y는 X의 대금지급청구에 응해야 하는가? ① Y는 약 5,000평의 사과나무 과수원을 경영하면서 그 중 약 2,000평 부분에서 수확한 사과를 판매상인 X에게 위탁판매하였는데, X는 Y로부터 사과를 인도받은 후 6월이 경과한 후에야 사과의 과심이 썩은 하자를 발견한 경우(대판 1993.6.11, 93다7174·7178 참조) ② Y회사는 X에게 일정한 무늬와 규격의 포장지를 제작·공급하도록 주문하여 포장지를 인도받고 즉시 그 하자유무에 관하여 검사하지 아니한 채 보관하다가 2개월이 경과한 후 자동포장기계로 위 포장지에 포장하는 작업을 하던 중 X의 제작상의 잘못으로 규격이 틀려 포장지 전량이 사용할 수 없게 되었음을 발견한 경우(대판 1987.7.21, 86다카2446 참조) ③ 중매인 Y가 군 수산업협동조합인 X로부터 새우젓을 경락받고 즉시 검사하지 않고 있다가 며칠 후에야 새우젓에서 석유냄새가 나는 문제점을 발견한 경우(대판 1991.8.13, 91다14970 참조)

(ii) X는 인삼탕을 담아 판매할 유리병을 제조하여 Y에게 매도하였고 Y는 이 유리병에 인삼탕액을 담아 중국에 수출하였다. 그런데 유리병들의 입구표면이 균일하게 가공되어 있지 아니한 하자로 운송도중 인삼탕액이 밖으로 새어나와 모두 변질되었고, Y는 수입상으로부터 지급받았던 인삼탕의 수출대금을 모두 반환해야 하는 손해를 입었다. X가 Y에게 유리병대금의 지급을 청구하는 소를 제기하자, Y는 수출대금반환으로 인한 손해액의 지급을 구하는 반소를 제기하였다. Y가 X로부터 유리병을 인도받을 당시 유리병의 하자에 대한 조사와 통지를 하였는지에 대한 입증이 없는 경우 X와 Y의 청구 숭 어느 쪽이 인용될 것인가? (대판 1990.12.21, 90다카28498 참조)

(iii) 농기구판매업자인 X는 난방용품제조업자인 Y로부터 비닐하우스용 버너 50대를 구매하여 이를 시설재배 농가에 전매하였다. 얼마후 이 버너의 기름탱크부분에 균열이 생겨 모두 반품되었으나, X는 Y에게 이를 통지하지 않고 6월이 경과하였다. X는 Y에게 하자 없는 새 버너로 교환해 줄 것을 청구할 수 있는가? (日最高判1972.1.25, 判時662, 85).

가. 立法趣旨

(1) 민법의 일반원칙

상사매매에 있어서는 목적물 수령 후 지체없는 검사·통지 의무를 부과하고 있다.

매매의 목적물에 숨은 하자가 있거나 수량부족 등의 경우에는 매도인은 擔保責任을 부담하고, 선의의 매수인은 그 사실을 안 때로부터 1년 이내에(물건의 하자인 경우에는 6월내) 契約解除, 代金減額 또는 損害賠償請求를 할 수 있다(民573, 582). 이와 같이 민법상으로는 매수인이 목적물을 수령할 때 적극적으로 검사하여 하자를 발견할 의무는 없고, 다만 이를 발견한 경우에는 일정기간 내에 매도인에게 담보책임을 물을 수 있을 뿐이다. 그러므로 매수인이 매도인에게 목적물의 하자에 대한 책임을 물을 수 있는 기간에는 아무런 제한이 없으며 따라서 이론적으로는 매도인은 무제한적으로 책임을 부담해야 한다.

이러한 민법의 태도는 거래의 신속성을 생명으로 하는 상사매매에 그대로 적용하는 것이 부적합하다. 우선, 장기에 걸쳐 거래관계를 불안정한 상태에 두는 것이 문제일 뿐 아니라 매수인은 상인으로서 전문적 지식을 가지고 있기 때문에 목적물을 수령한 때에는 그 하자·수량부족을 용이하게 발견할 수 있는 능력이 있다. 한편 매도인의 입장에서 보면 매매의 목적물에 문제가 있음을 신속하게 알게 되면 하자가 없는 것으로 교환하든가, 부족분을 추가로 인도하든가, 다른 데 전매처분하는 등 후속조치를 강구할 수 있다. 또 기간이 오래 경과하게 되면 하자의 유무에 대한 입증상의 어려움도 커진다. 이에 따라 상법은 민법의 특칙으로서 매수인에게 지체없는 檢査·通知義務를 부과하고 있다.

(2) 상법의 특칙

매매목적물의 하자에 대한 민법의 규정은 신속성을 생명으로 하는 상사매매에 그대로 적용하는 것이 부적합하다.

상인간의 매매에 있어서 매수인이 목적물을 수령한 때에는 지체없이 이를 검사해야 하며 하자 또는 수량부족을 발견한 경우에는 즉시 매도인에게 그 통지를 발송하지 아니하면 이로 인한 계약해제, 대금감액 또는 손해배상을 청구하지 못한다. 매매의 목적물에 즉시 발견할 수 없는 하자가 있는 경우에 매수인이 6월 내에 이를 발견한 때에도 같다(69①). 매도인이 악의인 경우에는 그러하지 아니하다(69②). 본조가 민법에 대해서 가지는 특칙으로서의 의미는 매수인에 대한 지체없는 검사·통지의무의 부과와 단기의 하자기간 설정이라는 두 가지로 요약할 수 있다(남효순, "상사매수인의 검사의무·통지의무", 「상사판례연구(Ⅰ)」, 179).

이 특칙의 취지에 대해서 대판 1987.7.21, 86다카2446은 "상인간의 매매에 있어 그 계약의 효력을 민법 규정과 같이 오랫동안 불안정한 상태로 방치하는 것은 매도인에 대하여는 인도 당시의 목적물에 대한 하자의 조사를 어렵게 하고 전매의 기회를 잃게 될 뿐만 아니라, 매수인에 대하여는 그 기간중 유리한 시기를 선택하여 매도인의 위험으로 투기를 할 수 있는 기회를 주게 되는 폐단 등이 있어, 이를 막기 위하여 하자를 용이하게 발견할 수 있는 전문적 지식을 가진 매수인에게 신속한 검사와 통지의 의무를 부과함으로써 상거래를 신속하게 결말짓도록 한 것"이라고 판시하였다.

나. 適用要件

(1) 상인간의 매매

본 조는 상인간의 매매로서 쌍방적 상행위에 적용된다(69 ①).

당사자 쌍방이 상인인 경우에만 적용된다.

1) 당사자 당사자 일방이 상인이 아닌 매매에 대해서도 본 조를 유추적용해야 한다는 견해가 있지만, 전문적 지식을 가지는 상인에 대해 특별히 검사·통지의무를 부과한다는 입법취지를 고려할 때 이를 확장하는 것은 타당하지 않다. 대판 1993.6.11, 93다7174·7178도 [사례Ⅱ-1-1-i]의 ①에서 "피고(Y)가 영업으로 사과를 판매하는 것으로는 볼 수 없으니 피고(Y)는 상인이 아니라고 할 것이고, 한편 매수인에게 즉시 목적물의 검사와 하자통지를 할 의무를 지우고 있는 상법 제69조의 규정은 상인간의 매매에 적용되는 것임이 그 문면에 의하여 명백하고, 소론과 같이 매수인(X)이 상인인 한 매도인(Y)이 상인인지 여부를 불문하고 위 규정이 적용되어야 한다고 볼 여지는 없다"고 판시하였다.

제작물 공급 계약과 같은 다른 유상 계약의 본 조를 유추적용할 수 있는가에 대해서는 견해가 대립하지만, 판례는 대체불의 제작 공급계약에 한하여 유추적용해야 한다고 본다.

2) 매 매 민법은 매매에 관한 규정을 다른 有償契約에 준용하고 있지만(民 567) 상법은 이러한 규정을 두지 않고 있으므로, 다른 유상의 상사계약에도 본 조를 준용할 수 있는지 문제된다. 특히 [사례Ⅱ-1-1-i]의 ②와 같이 매매와 도급계약의 중간형태인 製作物供給契約이나 現物消費貸借·交換이 문제된다. 이러한 계약에도 유추적용을 해야 한다는 견해(이철 311)와 不代替物의 제작공급계약에는 적용되지 않는다는 견해(정동(총) 407)가 있다. 본조의 취지가 상사매매에서의 분쟁을 신속히 종결시키는 데 있으며 그 성질상 제한적으로 적용되어야 한다는 점을 고려하면, 매매와 동일시할 수 있는 교환이나 대체물의 제작공급계약에 한정하여 유추적용 해야 한다. 대판 1987.7.21, 86다카2446도 "당사자의 일방이 상대방의 주문에 따라서 자기의 소유에 속하는 재료를 사용하여 만든 물건을 공급할 것을 약정하고 이에 대하여 상대방이 대가를 지급하기로 약정하는 이른바 제작물공급계약은 그 제작의 측면에서는 도급의 성질이 있고 공급의 측면에서는 매매의 성질이 있다. 이러

한 계약은 대체로 매매와 도급의 성질을 함께 가지고 있는 것으로서 이를 어떤 법에 따라 규율할 것인가에 관하여는 민법 등에 특별한 규정이 없는 바, 계약에 의하여 제작 공급하여야 할 물건이 대체물인 경우에는 매매로 보아서 매매에 관한 규정이 적용된다고 하여도 무방할 것이나, 이와는 달리 그 물건이 특정의 주문자의 수요를 만족시키기 위한 부대체물인 경우에는 당해 물건의 공급과 함께 그 제작이 계약의 주목적이 되어 도급의 성질을 강하게 띠고 있다 할 것이므로 이 경우에도 매매에 관한 규정이 당연히 적용된다고 할 수는 없을 것이다… 이 사건 포장지는 피고(Y)의 주문에 따른 일정한 무늬와 규격으로 인쇄되어 있고 더구나 그 포장지에는 피고회사(Y) 이름까지 인쇄되어 있어 피고(Y)만이 이를 사용할 수 있고 원고(X)나 피고(Y)로서는 이를 타에 매각처분하기가 곤란하거나 불가능한 사실이 엿보이는 바, 이러한 사정 하에서라면 원고(X)가 공급한 이 사건 포장지는 불대체물에 해당할 것이고, 이러한 경우 상법 제69조 제1항에 따라 그 거래관계를 보다 신속하게 결말지을 필요가 절실히 요구된다고 할 수도 없을 것"이라고 판시하여 매도인(X)의 하자담보책임을 인정하였다.

(2) 목적물의 현실적 수령

매매목적물은 특정물과 비특정물을 포함한다(통설).

1) 목적물 매매의 목적물은 특정물과 불특정물(종류매매) 모두 포함하는 것이 **통설**이며(정희159, 손주252, 이기(총)331, 정동(총)407 外) 드물지만 부동산도 그 객체가 된다. 다만 수량을 정한 건물의 임대차계약에는 본조가 적용되지 아니한다(정·정220; 대판 1995. 7.14, 94다38342 참조).

매수인이 목적물을 현실적으로 검사할 수 있는 상태에 있어야 한다.

2) 수 령 매수인이 목적물을 현실적으로 수령하여 이를 검사할 수 있는 상태에 있어야 한다. 그러므로 화물상환증 · 선하증권 교부에 의해 목적물의 소유권이 매수인에게 이전되어도(133, 820), 매수인이 목적물의 현실적인 점유를 취득하지 않는 한 매수인에게 검사 · 통지의무가 발생하지 아니한다(정희159, 정동(총)407~408 外).

(3) 하자 · 수량부족

하자는 물건의 성질, 형상, 효용가치 등이 통상의 표준에 미치지 못하는 경우이며 권리하자는 포함하지

목적물에 하자(民580~582) 또는 수량부족(民574前)이 있어야 매수인의 검사 · 통지의무가 생긴다(정희159, 채190, 정동(총)408, 이기(총)331, 이철311, 註商(Ⅰ)512). 여기에서 瑕疵라고 함은 민법 제580조에서 말하는 하자로서 權利瑕疵는 포함하지 아니한다. 그러나 반드시 숨은 하자에 한정되는 것은 아니다. 즉 물건의 성질 · 형상 · 효용 · 가치 등이 계약된 매매의 대상물로서의 통상의 표준에 달하지 않는 경우가 하자에 해당한다. 수개의 물품이 일체를 이루어 비로소 상품으로서의 기능을 갖추

게 되는 경우에는 그 물품의 일부가 흠결되면 전체의 하자로 된다.

않는다.

매수인이 수령한 목적물의 수량이 초과하거나 계약에서 정한 바와 전혀 다른 물건인 경우에는 매수인은 검사·통지의무를 부담하지 아니한다(손주 252, 이기(총) 331~332). 하자 있는 물건의 급부는 불완전하기는 해도 계약의 이행이 있었던 것으로 되지만 전혀 다른 물건을 교부한 것은 계약의 이행이 없었던 것으로 되어 이론적으로는 양자가 구별되기 때문이다. 상법 제71조의 반대해석상으로도 그러하다. 그러나 실제로는 다른 물건임이 명백한 경우 이외에는 그 구별이 곤란하기 때문에 매수인은 의무위반의 위험을 피하기 위해 일단 통지를 해두어야 할 것이다.

수령을 초과하거나 계약과 다른 물건인 경우에는 검사·통지의무가 없다.

(4) 매도인의 선의

매도인에게 악의가 없어야 한다(69②). '惡意'라고 함은 매도인이 목적물의 인도시에 목적물에 하자 또는 수량부족이 있는 것을 알고 있음을 의미한다. 매도인이 악의인 경우에는 매도인을 보호할 필요가 없기 때문에 매수인은 통지의무를 이행하지 않고도 민법의 일반원칙에 의해 계약해제 또는 대금감액이나 손해배상을 청구하거나 완전이행을 청구할 수 있을 뿐이다.

악의는 매도인이 목적물의 하자 또는 수량부족을 알고 있는 것이다.

(5) 다른 특약 또는 특별법이 없을 것

1) 특 약 본조는 任意規定이므로 당사자간에 다른 특약이 있는 경우에는 그에 따른다(최기(총)292, 김성471). 특약은 보통 매수인의 통지기간을 단축하거나 또는 목적물 인도 후 6월 이상 경과 후에 하자가 발견된 경우에도 매수인에게 瑕疵補完請求權의 인정을 그 내용으로 한다.

2) 특별법 본 조는 하자의 검사통지 등에 관해 특별법에서 달리 정하는 경우에는 적용되지 아니한다. 대판 1991.8.13, 91다14970은 [사례 II-1-1-i]의 ③에서 "농수산물의 유통 및 가격안정을 기하기 위하여 제정된 위 농수산물유통및가격안정에관한법률이 농수산물의 거래에 관한 한 일반법인 민법 및 상법의 특별법의 위치에 있다"는 것을 전제로 하여 "중매인이 군수산업협동조합으로부터 경락받은 수산물에 숨은 하자가 있어도 농수산물유통및가격안정에관한법률에 기한 위 조합의 공판사업규정이 정한 바에 따라 즉시 이의하고 그 인수를 거부하지 아니한 이상 상법 제69조 제1항 소정의 손해배상청구를 할 수 없다"고 판시하였다.

다. 內 容

매수인은 지체없는 검사의무와 하자통지의무를 이행하지 않으면 매도인의 담보책임을 물을 수 있는 권리를 상실한다. 이 의무는 권리행사를 위한 전제로서 요구되는 것이므로 진정한 義務라기보다는 그 위반이 있으면 권리를 행사할 수 없는 일종의 間接義務이다.

(1) 검사의무

검사의 정도나 방법은 정상적인 거래관행에 의해 목적물을 거래하는 상인일반에 보통 요구되는 객관적 주의의무이다.

1) 원 칙　매수인이 목적물을 수령한 때에는 지체없이 검사를 할 의무가 있다. 지체의 유무라든가 검사의 정도 · 방법은 목적물의 종류 · 수량 · 운송방법, 목적물의 수령장소 등에 의해 구체적으로 달라진다. 그러나 이론적으로는 매수인의 능력 · 성질과 같은 주관적 사정은 고려되지 않고 정상적인 거래관행에 의해 당해 목적물을 거래하는 상인일반에 보통 요구되는 객관적 주의의무로써(손주252, 최기256, 정동(총)409, 이기(총)332, 이철313, 註商(I)512~513 外) 통상 상당하다고 인정되는 방법이나 기간 내에 검사하면 지체없이 검사한 것으로 인정된다. 검사비용은 매수인의 부담이다.

즉시 발견할 수 없는 하자는 목적물 수령 후 지체없이 상당한 주의로 검사해도 발견할 수 없는 물질적 하자를 말한다.

2) 예 외　매매의 목적물에 즉시 발견할 수 없는 하자가 있는 경우에는 6월내에 검사하여야 한다(69 ①). '즉시 발견할 수 없는 하자'라고 함은 목적물 수령후 지체없이 상당한 주의로써 검사하여도 발견할 수 없는 物質的인 瑕疵를 말하지만, 즉시 발견할 수 없는 수량부족도 포함한다. [사례II-1-1-i]의 ①에서 '사과의 과심이 썩은 하자' 또는 [사례II-1-1-i]의 ③에서 '추운 날씨로 새우젓 고유의 냄새 외에 드럼통 깊숙한 내용물 속에 혼입된 석유로 인한 석유냄새를 맡을 수는 없었던 상황에서의 석유냄새'가 이에 해당한다. 그러나 [사례II-1-1-i]의 ②에서 대판 1987.7.21, 86다카2446은 매도인이 인도한 포장지가 매수인(Y)이 요구한 규격보다 1.5내지 2밀리미터 초과하여 제작되어 매수인(Y) 소유의 자동포장기계로 그 포장지를 올바르게 절단할 수 없는 하자는, 포장지공급 당시 쉽게 발견할 수 있는 하자라고 판단하였다(남효순, "상사매수인의 검사의무 · 통지의무", 「상사판례연구 I 」(1996), 177).

(2) 통지의무

통지는 하자발견 후 될 수 있는 한 빨리 통지해야 하며 부도달의 경우 매도인이 부담한다.

매수인은 검사결과 목적물에 하자 또는 수량부족이 있는 것을 발견한 때에는 즉시 매도인에게 이를 통지하여야 한다. '즉시'라고 함은 '될 수 있는 한 빨리'라는 의미로서 정상적인 거래관행에 따라 지체없이 통지하면 된다. 通知는 發信主義에 따라 부도달의 위험은 매도인측이 부담한다. 통지의 방법에는 별다른 제한이 없고 통지의 내용은 매도인이 적절한 대책을 마련할 수 있을 만큼 구체적이어야 한다. 즉 하자의 종류 및 대체적인 범위, 또는 수량부족의 정도를 명확히 하는 내용의 통지를 하면 된다. 단지 하자 또는 수량부족이 있다는 것만을 통지하는 것은 적법한 통지라고 할 수 없다(정찬(상) 226).

(3) 입증책임

검사의무 이행 여부에 대한 입증책임은 매도인에게 있다(통설·판례).

민법의 일반원칙에 의하면 매수인이 검사의무를 이행한 여부에 대한 입증책임은 매도인에게 있는데, 상법은 이에 관한 특별한 규정을 두고 있지 않다. [사례Ⅱ-1-1-ii]에서 보면 그 입증책임이 누구에게 있는가에 따라 매도인(X)의 대금청구의 訴가 인용되든가 아니면 매수인(Y)의 손해배상청구의 反訴가 인용될 것이다. 생각건대 상인간의 매매에서는 매수인에게 지체 없는 검사·통지의무를 부과한 점, 그리고 매수인의 검사·통지의무의 이행이 매도인의 담보책임의 전제가 되어 있는 점을 감안하면 민법과는 달리 그 입증책임이 매수인에게 있다고 본다(손주253, 정동(총) 410, 이기(총)334).

대판 1990.12.21, 90다카28498도 "상법 제69조는 상인간의 매매에 있어서는 매수인의 매매목적물에 대한 검사와 하자통지의무를 매수인이 매도인에 대하여 매매목적물에 관한 하자담보책임을 묻기 위한 전제요건으로 삼고 있음이 분명하므로 그와 같은 하자담보책임의 전제요건, 즉 매수인(Y)이 목적물을 수령한 때에 지체없이 그 목적물을 검사하여 즉시 매도인(X)에게 그 하자를 통지한 사실, 만약 매매의 목적물에 즉시 발견할 수 없는 하자가 있는 경우에는 6월내에 이를 발견하여 즉시 통지한 사실 등에 관한 입증책임은 매수인(Y)에게 있다"고 판시함으로써 매수인(Y)의 손해배상청구를 배척하고 매도인(X)의 매매대금청구를 인용하였다.

라. 效　果

(1) 의무이행의 효과

본조는 매수인이 민법의 일반원칙에서 인정하는 매도인의 담보책임을 묻기 위한 전제요건을 정하는 규정이므로 검사·통지의무를 이행한 매수인에게 민법에서 정하는 이외의 특별한 청구권을 인정하는 것은 아니다.

매수인은 계약해제, 손해배상청구 또는 하자 없는 물건의 청구를 할 수 있다.

1) 하 자　　매수인은 **첫째**, 목적물이 특정물인 경우에는 계약해제권과 손해배상청구권을 행사할 수 있고(民580①, 575①) **둘째**, 불특정물인 경우에는 계약해제권·손해배상청구권(民581①) 이외에 하자 없는 물건을 청구할 수도 있다(民581②). 그리고 이러한 권리는 매수인이 그러한 사실을 안 날로부터 6월내에 행사해야 한다(民582).

2) 수량부족　　매수인은 대금감액청구권과 손해배상청구권을 행사할

수 있다(民574, 572). 매수인은 이러한 권리를 그 사실을 안 날로부터 1년 내에 행사하여야 한다(民574, 573).

(2) 의무불이행의 효과

매수인이 검사·통지의무를 이행하지 아니하면 매수인은 매도인에 대해 담보책임을 물을 수 없고 따라서 계약해제권·대금감액청구권·손해배상청구권을 행사할 수 없다. 즉 매수인의 통지의무위반은 瑕疵를 治癒하는 효과가 생긴다(김성473; 대구고판 1987.2.5, 86나926; 대판 1999.1.29, 98다1584).

의무해태시 완전이행청구도 불가능하다.

1) 완전이행의 청구 不特定物의 賣買에 대해서도 본 조가 적용된다고 함은 설명한 바 있지만, [사례 II-1-1-iii]과 같이 검사·통지의무를 해태한 매수인(X)이 매도인(Y)에게 계약해제·대금감액청구·손해배상청구 이외에 완전이행청구도 할 수 없는가 하는 점이 문제된다. 명문의 규정은 없지만 본 조의 입법취지에서 보면 비록 완전 이행이 가능하다고 하더라도 이를 청구할 수 없다고 보아야 한다(日最高判 1972.1.25, 判時 662, 85).

기간도과시 매도인의 담보책임은 소멸한다.

2) 6월 경과후 하자발견 매도인의 담보책임을 물을 수 없다는 견해(손주264, 정동(총)410, 최기294)와 이 경우에는 본 조가 적용되지 않을 뿐 민법의 일반원칙에 따라 책임을 물을 수 있다는 견해(이철314)가 대립한다. 상법이 6월의 기간을 정한 것은 상거래에서 거래관계의 신속한 종결을 그 취지로 하는 것이므로 매수인이 이 기간내에 하자를 발견하지 못한 때에는 그것이 과실에 의한 여부를 불문하고 매도인에 대해 일체의 권리를 행사할 수 없다고 보아야 한다.

2. 買受人의 目的物 保管·供託義務

가. 立法趣旨

(1) 민법의 원칙

목적물의 하자 또는 수량부족의 이해, 매수인이 계약을 해제한 경우에는 민법상 원상회복의무만 있고 보관의무는 없다.

민법의 일반원칙에 의하면 매매의 목적물에 하자 또는 수량부족에 의해 매수인이 계약을 해제한 경우에는 각 당사자는 原狀回復義務를 부담하고 매수인은 수령한 물품을 그대로 반환할 의무를 부담함에 그친다(民548). 또 주문한 물품과 다른 물품이나 주문수량을 초과한 물품이 인도된 경우에도 매수인은 수령의무가 없고, 또 이를 수령한 경우에도 보관의무는 없으므로 단지 매도인의 반환청구에 응하기만 하면 된다(손주264, 정찬(상)225).

(2) 상법의 특칙

상사매매에 이러한 민법의 원칙을 그대로 적용하게 되면 그 물품이 방치되어 매도인이 이를 轉賣할 기회를 잃게 될 뿐 아니라 현소재지에서 전매가 가능한 경우에도 무익한 반송으로 인한 이중적인 운송비용을 부담해야 하는 불이익이 생긴다. 여기에서 상법은 매도인의 보호와 거래의 신속하고 원활한 해결을 도모하기 위해(227의4), 계약해제시 매수인에게 매도인으로부터 수령한 물품의 保管·供託義務(70①本, 71) 및 경매후 그 대가를 보관·공탁할 의무(70① 但)를 부과하고 있다.

상사매매에서는 매도인의 전매기회를 보장하기 위해 보관의무를 부과한다.

(3) 상인의 보관의무

상인이 청약과 함께 견품 기타 물건을 받은 때에는 청약을 거절하더라도 보관의무를 진다(60). 이러한 商人의 一般的인 保管義務(60)와 본 조에 의한 買受人의 保管義務(70, 71)는 첫째, 전자는 계약이 성립하지 않은 것을 전제로 하고 있음에 비해 후자는 계약성립 후 해제시에 발생하는 의무이며 둘째, 전자는 상인일반의 의무임에 비해 후자는 상인간의 원격지 매매에서 매수인이 부담하는 의무이고 셋째, 전자는 물건의 가액이 보관비용을 상환하기에 부족하거나 보관으로 인하여 손해를 받을 염려가 있는 경우에는 보관의무가 면제되지만(60 但) 후자의 경우에는 그러한 예외가 인정되지 않는다는 차이가 있다.

상인의 일반적 보관의무와 매수인의 보관의무는 계약성립 여부 등에 있어 차이가 있다.

나. 適用要件

(1) 상인간의 매매

상인간의 雙方的 商行爲인 賣買이어야 한다. 이는 본 조가 "제69조의 경우에"라고 하여 상인간의 매매에 관한 규정인 상법 제69조를 전제로 하고 있고, 또한 제71조가 "전조의 규정"이라고 하여 본 조를 준용하고 있기 때문이다.

쌍방적 상행위인 매매여야 한다.

(2) 목적물의 하자·수량부족·상위·수량초과

매수인이 수령한 물건이 목적물의 하자·수량부족으로 인해 계약이 해제되었거나(70①) 매도인이 매수인에게 인도한 물품이 주문품과 상위하거나 또는 주문한 수량을 초과하였어야 한다(71). 이외에도 본 조의 입법취지를 고려할 때, 약정해제권의 행사라든가 확정기매매에서 확정기 경과로 인한 해제와 같은 경우에도 해제 전에 수령한 목적물 또는 해제 후에 인도된 물품에 대해서는 매수인의 保管·供託義務를 인정해야 한다(손주252, 최기297, 이철317, 註商(I)515 外).

목적물의 하자, 수량부족으로 인해 계약이 해제되었어야 한다.

(3) 원격지 매매

목적물의 인도장소와 매도인의 영업소가 달라야 한다.

목적물의 인도장소가 매도인의 영업소 또는 주소와 동일한 특별시 · 광역시 · 시 · 군 이외에 있어야 한다(70③). 그렇지 않은 경우에는 매도인이 직접 적당한 조치를 취할 수 있기 때문이다. 물론 同地賣買에도 매수인이 지정한 다른 장소에 목적물을 송부한 경우에는 매수인에게 목적물 保管 · 供託義務가 생기고 반대로 隔地賣買에 있어서도 매수인이 지정한 목적물의 송부처가 매도인의 영업소 또는 주소의 소재지와 동일한 지역내일 때에는 매수인은 그러한 의무를 부담하지 아니한다(김성477, 손주252, 이철318, 채194, 최기256).

(4) 매도인의 선의

매도인에게 악의가 없어야 한다.

매도인에게 악의가 없어야 한다. 상법 제69조를 전제로 하고 있는 목적물 하자 · 수량부족의 경우에는 당연하지만(70①, 69②), 명문의 규정이 없는 목적물상위 · 수량초과의 경우(71)에도 信義則상 매도인의 선의가 요구된다(이철318, 김성478).

다. 內 容

(1) 보관 · 공탁의무

매수인은 매도인의 비용으로 매매의 목적물을 보관 또는 공탁해야 한다.

매수인은 매도인의 비용으로 매매의 목적물을 보관 또는 공탁하여야 한다(70①本, 71). 保管과 供託중 어느 방법을 택하는가는 자유이다. 보관은 목적물의 성질에 따라 적당한 방법으로 선량한 관리자의 주의로써 하여야 한다(62). 보관비용은 매도인의 부담이지만 그 이외에 매수인이 상당액의 보수를 청구할 수 있는가에 대해서는(61), 법률에 의해 인정되는 의무라는 이유로 부정하는 견해가 있지만(이철319, 정찬(상)232), 매수인이 직접 보관한 때에는 상당한 보수를 청구할 수 있다는 견해(김성478, 손주256, 채194, 이기(총)337)가 타당하다.

보관기간은 매도인이 적당한 조치를 취할 수 있을 때까지 일시적 기간에 한정된다.

보관기간은 매도인이 적당한 조치를 취할 수 있을 때까지의 일시적 기간에 한정된다. 따라서 매수인이 보관의 취지를 발송했음에도 불구하고 매도인이 그에 따른 대책을 마련하지 않고 방치한 경우에는 매수인은 보관의무를 면하고 매도인에게 목적물을 반송할 수 있다.

(2) 경매의무

목적물의 멸실, 훼손 염려가 있을 때에는 법원의 허가를 얻어 경매할 수 있다(긴급매각).

매수인은 목적물이 멸실 또는 훼손될 염려가 있는 때에는 법원의 허가를 얻어 경매하여 그 대가를 보관 또는 공탁하여야 한다(70①但, 71). 이를 緊急賣却이라고 한다. 매도인의 경매권인 自助賣却(67)과는 달리 법원의 허가를 얻도록 한 것은 부당한 경매를 방지하기 위함이다. 또한 자조매각과는 달리 매수인은 보관 · 공탁과 경매를 선택할 수 있는 것이 아니라 보관 · 공탁이 불가능한 경우에만 예외적으로 경매권을 인정한다는 점도 차이가 있다.

매수인이 경매를 한 때에는 지체없이 매도인에게 그 통지를 발송하여야 한다(70②, 71). 이 통지는 發信主義에 의하기 때문에 不到達의 위험은 매도인에게 있다.

라. 效 果

매수인이 보관·공탁·경매의무를 위반한 경우에는 매도인에 대하여 손해배상의무를 부담한다. 이점에서 매수인의 검사·통지의무가 불완전한 의무인 것과 구별된다.

제 4 確定期賣買의 解除擬制

[사례 II-1-2: 확정기매매의 해제의제]

(i) 종합상사인 매수인 Y는 매도인 X로부터 알루미늄괴를 구입하되 대금결제는 X를 수익자로 하는 취소불능신용장을 개설하는 방식에 의하기로 하고, 위 물품에 대한 인도장소까지의 운임, 보험료는 X가 부담하기로 하는 계약(C.I.F 계약)을 체결하였다. 선적기일은, X가 Y에게 보낸 확정청약서의 기재에 의하면 '1990.10.경(around October,1990)'으로 되어 있고, 신용장에는 '1990.10.31.이전(nor later than Oct 31,1990)'으로 되어 있다. X는 위 물품을 1990.11.3. 호주의 포틀랜드 항에서 선적하였지만 선하증권에는 X의 요청으로 선적일자가 1990.10.31로 기재되었다. X는 1990.11.26. 위 물품의 선적서류를 신용장개설은행에 제시하고 그 매입을 요청하였으나 신용장의 유효기간(1990.11.10)이 경과되었다는 이유로 대금지급을 거절당하였다. X는 화물이 목적지인 부산항에 도착한 후 Y에게 화물인수를 요구하다가 거절당하자 이를 다른 데 처분한 후 매매계약상의 금액과 처분가액의 차액을 손해배상으로 구하였다. X의 청구는 타당한가? (대판 1995.5.26, 93다61543 참조)

(ii) 토지전매업자인 Y는 동업자이며 뷔페음식업자인 X에게 식당가를 조성하기 위한 특수한 사정임을 알고 토지를 시세보다 싸게 매각하고 특정일에 등기와 인도를 완료하기로 약정하였다. 이에 대해 X도 동일자까지 대금전액을 지급하기로 확약하였다. X가 약정일자까지 대금을 지급하지 않은 경우 Y는 催告없이 해제의 효과를 주장할 수 있는가? (日最高判 1969.8.29, 判時570, 49).

1. 立法趣旨

(1) 민법의 일반원칙

일정한 기간 내에 이행하지 아니하면 계약의 목적을 달성할 수 없는 확정기매매에서는 이행기 도과 후 바로 계약을 해제할 수 있다.

매매의 성질 또는 당사자의 의사표시에 의해 일정한 시기 또는 일정기간 내에 이행을 하지 아니하면 계약의 목적을 달성할 수 없는 매매를 確定期賣買 또는 定期賣買라고 한다. 민법의 일반원칙에 의하면 확정기매매에 있어서는 당사자 일방이 이행을 하지 아니한 채 이행기를 도과하면 상대방은 상당한 기간을 정하여 이행을 최고하지 않고도 바로 계약을 해제할 수 있다(民545). 이와 같이 계약의 해제에는 履行의 催告가 필요없지만 契約解除의 意思表示는 반드시 해야 하고 그 의사표시가 없는 한 계약의 효력은 존속한다.

(2) 상법의 특칙

상사매매에서는 확정기 경과시에 해제의 의사표시 없이 바로 계약을 해제할 수 있다.

상사매매에 이러한 민법의 원칙을 그대로 적용하게 되면, 매도인이 일정한 시기까지 이행을 하지 않을 때에는 매수인은 가격의 추이를 보아 자기에게 이로운 쪽으로 이행청구권과 계약해제권을 선택적으로 행사할 수 있게 되어, 매도인은 불안정한 상태에 있게 된다. 여기에서 상법은 당사자 일방(매도인 또는 매수인)이 확정기를 경과한 때에 상대방(매수인 또는 매도인)이 즉시 이행을 청구하지 않은 경우에는 계약은 당연히 해제되는 것으로 하여([68]), 한편으로는 상거래의 신속한 종결과 매도인의 보호를 꾀하고, 다른 한편으로는 매수인에게 계약해제의 의사표시를 할 절차를 생략하고 있다.

2. 適用要件

본조는 당사자 쌍방에 상행위인 상인간의 매매에 적용됨은 물론이다(손주250, 최기260, 박상370; 反 강·임198). 이외에도 다음과 같은 요건을 갖추어야 한다.

(1) 확정기 매매

확정기매매에는 성질상 당연한 확정기매매와 당사자의 의사표시에 의한 확정기매매가 있다.

確定期賣買에는 성질상 당연히 확정기매매로 되는 경우와 당사자의 의사표시에 의해 확정기매매로 되는 경우가 있다. 전자는 당사자간에 다른 의사표시가 없어도 계약 또는 급부의 객관적 성질로부터 이행시기가 중시되는 것으로서 絶對的 定期行爲라고 한다. 후자는 당사자간의 의사표시로서 이행기 이후의 이행에 의해 계약의 목적을 달성할 수 없다는 취지를 명확히 한 것이다. 어떠한 매매가 이에 해당하는가의 판단은 결국 매매의 구체적 상황을 고려하여 결정할 수밖에 없다.

크리스마스용품의 매매

1) 계절상품 확정기매매의 대표적인 사안으로는 목적물의 이용시기 또는 전매시기가 당사자의 의사표시 또는 거래의 객관적인 성질로부터 한정되어 있는 경우이다. 가령 수출용으로 전매할 목적인 크리스마스 용품의 매매라든가 도매상인간의 여름용품매매가 이에 해당한다. 그러나 계절적으로 수요의 증감이 있는 상품이라고 하더라도 일정한 계절이 도과하면 용도가 거의 없어지는 경우가 아니면 확정기매매로 인정하지 않는 것이 보통이다.

상품의 가격변동 폭이 크고 전매목적이 있는 상품(증권거래소에서의 주식매매)

2) 가격변동이 큰 상품 확정기매매의 판단에 있어서 상품의 가격변동폭이 크고 轉賣目的이 있었는가 하는 점이 중요시된다. 去來所에서 취급되는 상품의 매매가 그 대표적인 사례인데, 株式의 매매라든가 先物去來所에서의 거래가 이에 해당한다. 가령 고객이 증권회사에 주가가 일정한 고점 또는 저점에 달하면 무조건 팔아달라고 주문한 경우에는 의사표시에 의한 확정기매매라고 할 것이다.

매도인이 목적지까지의 운임과 보험료를 부담하는 C.I.F.매매가 확정기매매의 해당하는지 여부가 문제가 되는데, 판례는 이를 긍정하지만 그 타당성은 의문이다.

3) C.I.F매매 매도인이 목적지까지의 운임과 보험료를 부담하는 가격조건의 계약을 C.I.F(Cost, Insurance & Freight)매매라고 한다. C.I.F매매에서는 매도인의 목적물선적과 보험가입을 증명하는 서류의 제공과 매수인의 대금지급이 同時履行의 관계에 있으므로 船積日字는 매우 중요한 의미를 가진다. 따라서 C.I.F매매가 [사례II-1-2-i]과 같이 매도인(X)이 약정한 선적기일(1990. 10.31)을 단 하루라도 경과한 경우에는 자동적으로 계약이 해제되는 확정기매매에 해당하는 여부가 문제된다. 이에 대해 대판 1995.5.26, 93다61543은 "CIF매매계약에 있어서 선적기간의 표기는 불가결하고 중요한 계약요건이 되며, 더욱이 매매의 목적물이 매매당시 가격변동이 심한 원자재이고, 매수인(Y)은 수출입을 주된 업무로 하는 종합상사로서 전매를 목적으로 하여 매매계약을 체결할 경우에는 보통 수입상은 수입인지제의 재고량, 수요·공급상황, 국제 및 국내의 가격동향, 선적지로부터 양육지까지의 물품의 항해일수 등을 감안하여 가장 유리한 시점에 물품이 수입항에 도착되도록 수출상과 교섭하여 선적기일을 정하는 것이므로 선적기일에 관한 약정은 계약상 특히 중요한 의미를 가지며 선적이 늦어지는 경우에는 사정에 따라서는 매수인이 손해를 볼 우려가 있으며, 또 매매대금은 매도인(X)을 수익자로 하는 신용장을 개설하는 방법에 의하여 결제하기로 하였으면, 매도인(X)으로서는 계약상 내지 신용장상의 선적기간 내에 목적물이 선적되었다는 기재가 있

는 선하증권을 신용장개설은행에 제시하여야만 은행으로부터 그 대금을 지급받을 수 있다는 등의 사정을 종합하여, 이 사건 알루미늄 매매계약이 그 성질 또는 당사자의 의사표시에 의하여 약정된 선적기간 내에 선적되지 아니하면 계약의 목적물을 달성할 수 없는 상법 제68조 소정의 이른바 확정기매매에 해당한다"고 판시하여 이를 긍정하고 있다. 이 판례의 취지에 찬동하는 견해가 있으나(정병석, "국제상사거래에 있어 선적기일과 확정기매매", 「판례연구 9집」, 301; 윤진수, "C.I.F.매매와 확정기매매", 「상사판례연구 I」(1996), 172), C.I.F매매를 성질상의 확정기 매매로 보는 국내외의 관습법이 존재하지 않을 뿐 아니라 위 사례는 대부분의 수출입거래에서 일반적인 상황에 불과하므로 당사자의 의사표시에 의한 확정기매매도 아니라고 본다(서헌제, "C.I.F매매의본질", 「판례연구」; 김연호, 법률신문, 2440, 14).

(2) 확정기의 경과

당사자 일방이 채무를 이행하지 아니한 채 확정기를 경과하였어야 한다.

당사자 일방(채무자)이 이행하지 아니한 채 確定期를 경과하였어야 한다. 채무불이행이 채무자의 귀책사유에 기하는 여부는 묻지 않고 일정한 시기의 경과라고 하는 객관적인 사실에 의해 판정된다(손주250, 채188, 註商(I) 510; 反 정찬(상)224). 채무불이행의 당사자는 보통 목적물을 인도하지 않은 매도인이지만, [사례 II-1-2-ii]와 같이 대금지급기일을 특정하고 그때까지만 시세보다 저렴하게 목적물을 매도하기로 약정하고 매수인(X)도 그러한 사실을 알고 있었다면, 이는 약정에 기한 확정기매매라고 하겠다. 따라서 X가 그 시기까지 대금지급을 하지 않으면 계약은 자동적으로 해제된다(日最高判 1969.8.29, 判時570, 49).

(3) 상대방의 즉시 이행청구가 없을 것

상대방(채권자)이 즉시 그 이행을 청구하지 않아야 한다. '즉시'라고 함은 이행기도래와 동시에 또는 그 직후를 의미한다. 즉시 이행을 청구한 경우에는 계약은 해제되지 않는다(김성485).

3. 效 果

상인간의 확정기매매에서 이행기를 도과하면 계약은 해제한 것으로 본다(68). 해제의 효과에 관해서는 본 조에 아무런 규정이 없으므로 민법의 규정에 따라 原狀回復義務와 損害賠償義務가 발생한다(民548, 551).

제 2 절 相互計算

제 1 相互計算制度

1. 機能 및 沿革

(1) 경제적 기능

상호계산은 계속적 거래관계에 있는 당사자간의 결제를 강요하고, 자금을 절약하며, 상호간 담보적 기능을 한다.

相互計算은 상인과 그 거래선간에 계속적인 거래관계로부터 상호 다수의 채권채무를 보유하게 되는 경우에, 개별적인 결제를 피하고 일정기간 내에 생기는 채권채무를 일괄적으로 결제하는 기술적 제도이다. 상호적으로 보유하는 다수의 채권채무를 그 발생시마다 결제하게 되면 매우 번잡할 뿐 아니라 송금에 따르는 비용이나 위험부담도 크다. 그러므로 일정기간 동안에는 개별적 지급을 유예하고 기간 만료후 일정시점에서 일괄적으로 相計하고 차액만 지급하면 양자의 대차관계가 명료하게 되고 결제가 간이하다(결제간이화기능). 또한 기간만료시에 잔액만 지급함으로써 자금을 절약할 수 있다(자금절약기능).

상호계산이 가지는 또 하나의 중요한 기능은 擔保的 機能이다. 가령 A가 B에 대해 300만원의 채권을 가지고 B도 A에 대해 200만원의 채권을 가지고 있다고 가정하면, A의 300만원 채권은 B의 반대채권 200만원에 의해 담보되고 반대로 B의 200만원 채권은 A의 300만원의 반대채권에 의해 담보된다. 이와 같이 상계는 일반적으로 담보적 기능을 하는데 상호계산은 상계의 담보적 기능을 계약에 의해 제도화한 것이다. 그 결과 상호계산에 산입된 채권의 개별적인 처분은 금지되고 다른 채권자의 압류도 제한된다.

(2) 연 혁

相互計算은 13세기 초 이탈리아 여러 도시의 은행거래에서 관습법으로 발전한 것이다. 현재는 은행간에는 물론이고 운송업자간, 보험회사와 대리점 등 계속적 거래관계에 있는 기업간에 널리 이용되고 있다. 그러나 우리나라에서는 기업에 자금적 여유가 많지 않기 때문에 기업간거래관계에서 발생하는 채무는 대부분 어음으로 결제하고 있어 상호계산의 이용은 제한되어 있다.

2. 意 義

[사례 II-2-1: 상호계산의 대상채무]

정유회사인 X와 다른 정유회사인 Y간에 유류 교환계약을 체결하면서 이 거래에서 발생하는 모든 채권채무를 6개월 단위로 상호계산하기로 하고, 잔액은 매년 1월 15일과 7월 15일에 각각 결제하기로 하였다. 다음 각 경우 Y는 X의 지급요청에 응해야 하는가? ① Y의 유조차 기사가 일으킨 충돌사고로 X의 공장시설이 입은 피해 10억원의 배상을 X가 3월 15일에 청구한 경우 ② Y가 유류대금 10억원의 지급을 위해 X를 수취인으로 하여 발행한 약속어음의 만기(3월 15일)가 도래하여 지급제시한 경우 ③ Y가 유류대금 10억원의 지급을 위해 A가 발행한 약속어음을 X에게 배서양도 하였는데 이 어음이 만기(3월 15일)에 부도가 된 경우 ④ Y가 3월 15일자 유류대금 10억원의 지급을 담보하기 위해 자신의 공장부지에 저당권을 설정한 경우

相互計算은 상인간 또는 상인과 비상인간에 常時去來關係가 있는 경우에 일정한 기간의 거래로 인한 채권채무의 총액에 관하여 相計하고 그 잔액을 지급할 것을 약정하는 상법상의 특수한 계약을 말한다(72).

(1) 당사자

당사자의 일방은 상인이어야 한다.

상호계산은 상인간 또는 상인과 비상인간의 계약이기 때문에 적어도 당사자의 일방은 상인이어야 한다(정동윤, "상호계산제도에 관한 소고", 「손주찬교수고희기념논문집」, 16). 상호계산계약은 상인이 영업을 위하여 체결한 계약이므로 상인에게는 補助的 商行爲가 된다. 비상인간에 상법에서 정한 상호계산과 동일한 내용의 계약을 체결하여도(민사상 호계산) 이는 상법상의 상호계산은 아니므로, 상호계산에 관한 상법의 규정이 당연히 적용되지 않고(정희 165) 유추적용된다(정동(총)363, 임홍(상)395). 또 어음교환은 3개 이상의 은행간에 각자의 채권채무를 집합적으로 결제하기 위한 계약으로서 은행이 채권자 · 채무자가 아닌 점에서 상법에서 말하는 상호계산이 아니다(정찬(상) 241).

(2) 상호적 채권채무의 발생

상호 채권, 채무관계가 발생

상호계산은 당사자 쌍방에 생기는 채권채무를 일괄 상계하여 잔액을 지급하는 제도이므로 상호 채권채무관계가 발생하여야 한다. 그러므로 당사

자 일방에게만 채권이 발생하는 상황을 예정하여, 그 채권을 일정기간 후에 일괄결제하기로 하는 一方的 相互計算은 상법상의 상호계산이 아니다. 그러나 상호간 채권채무관계의 발생이 예정되어 있기만 하면 실제로 일방에만 채권이 발생하여도 상호계산에 해당한다(정희165, 정찬(상)242).

하여야 하므로 일방적 상호계산은 포함하지 아니한다.

상시거래는 반드시 현재 계속적인 거래관계가 있음을 요하는 것은 아니고 상호계산계약을 체결한 후 장래적으로 이러한 관계가 생겨도 상관없다.

(3) 대상 채무

1) 거래상의 금전채무 상호계산에 포함되는 대상은 당사자간의 거래로부터 일정기간 내에 발생하고 또 그 기간내에 변제기가 도래하는 모든 채권채무이다. 다만 상호계산이 다수 채권의 일괄결제제도이므로 사실상 金錢債權에 한정된다. 상호계산이 계속적인 거래관계로부터 발생하는 채권의 결제제도이므로 거래로부터 발생하는 것이 아닌 不法行爲·不當利得·事務管理로 인한 채권이라든가(정희165, 정동(총)361 外) 제3자로부터 양수한 채권은 포함되지 아니한다. 따라서 [사례 II-2-1]의 ①에서 Y의 사용자배상책임(불법행위책임) 10억원은 상호계산에 포함되지 않기 때문에 X는 상호계산기간의 종료(7월 15일)를 기다리지 않고 즉시(3월 15일) Y에게 그 이행을 청구할 수 있다.

상호계산의 대상은 당사자 간의 거래로부터 일정기간 내에 발생하고, 그 기간 내에 변제기가 도래하는 모든 채권, 채무이다. 그러나 어음 기타 유가증권상의 채권 및 담보부 채권은 포함되지 아니한다.

2) 유가증권채무 금전채권이라도 어음 기타 유가증권상의 채권과 같이 증권의 제시라는 특수한 권리행사 방법이 요구되는 채권은 포함되지 아니한다(정찬(상)242). 즉 [사례 II-2-1]의 ②에서 Y가 발행한 어음금(10억원)은 상호계산에서 제외되므로 그 만기(3월 15일)가 도래하면 X는 상호계산기간의 종료(7월 15일)를 기다리지 않고 Y에게 지급을 청구할 수 있다. 그러나 [사례 II-2-1]의 ③과 같은 어음 기타의 유가증권의 수수의 대가관계상의 채권채무(10억원)는 상호계산에 포함시킬 수 있다. 다만 이 어음이 부도가 된 경우에는 다음에서 보는 바와 같이 그 대가에 관한 항목(X의 10억원의 유류대금채권)은 상호계산에게 제거할 수 있다(73).

3) 담보부 채무 담보부 채권을 상호계산에 포함시키면 그 채권은 소멸되고 새로운 잔액채권이 성립하는 결과 채권에 부수하는 담보권은 특약이 없는 한 소멸되고 만다. 따라서 담보부채권이 당연히 상호계산에 계입된다는 것은 당사자의 의사에 반하므로 특약 또는 관습이 있는 경우에만 포함된다(정희166 外(다수설); 反 정동(총)361). 그러므로 [사례 II-2-1]의 ④에서 X와 Y간에 다른 특약이 없으면 저당권부채권인 X의 Y에 대한 10억원의 유류대금채권은 상호

계산에 포함되지 않기 때문에 X는 상호계산의 종료(7월 15일)를 기다리지 않고 즉시(3월 15일) Y에게 그 지급을 청구할 수 있다. 그러나 상인간의 유치권과 같이 개별적인 담보권 이외에 일반적인 담보권에 부수하는 채권은 당연히 산입된다.

(4) 계 약

상호계산은 포괄적인 채무를 소멸시키는 계약이다. 이 점에서 相計適狀에 있는 상호 대립하는 채권을 동등액에서 소멸시키는 단독행위인 민법상의 相計와 구별된다(정찬(상) 243).

(5) 기 간

특약이 없는 한 상호계산 기간은 6월이다.

상호계산은 일정한 기간내에 발생하는 채권의 일괄결제제도이다. 이와 같이 당사자가 약정하는 일정기간을 상호계산기간이라고 하며 특약이 없는 한 6월로 한다[74]. 상호계산기간과 상호계산계약의 존속기간은 별개의 것이므로 상호계산계약의 존속중에 상호계산기간이 종결하여도 다음 상호계산기간이 계속하여 개시된다.

3. 法的 性質

상호계산의 법적 성질은 상법상 특수한 낙성계약이다(통설).

상호계산의 법적 성질에 종래 여러 견해가 제시된 적이 있다. 즉 상호계산기간중에는 상호 채무의 지급이 유예되고 신용이 부여된다는 점에 착안하는 견지에서 상호적 소비대차설 · 상호적 위임설 · 상호적 신용개시계약설 · 유예계약설 등이 있다. 또한 상호계산기간중에 발생한 채권의 일괄상계라고 하는 점에 착안하는 입장에서는 상계예약설 · 상계계약설 등이 있다. 그러나 이들은 상호계산의 일면에만 착안한 것일 뿐 아니라 민법의 계약유형에 반드시 맞출 필요도 없기 때문에 상법상 특수한 諾成契約이라고 보는 것이 통설이다(정희166, 정동(총)362 外).

4. 段階的 相互計算

(1) 의 의

불가분의 원칙을 적용하지 않고 상호계산 기

상법에 의하면 상호계산기간 중에는 당사자간에 생긴 채권채무가 존속은 하지만 독립성을 잃고 기간 만료시에 일괄상계에 의해 생긴 잔액채권만 청구가능한 채권으로 된다. 이를 古典的 相互計算 또는 總額相互計算이라고 하는데 이로써 상호계산에 담보적 기능을 부여하여 당사자간의 계속적 거래관계를 보호한다. 이에 대해 段階的 相互計算 또는 殘額相互計算은 불가분의 원칙을 인정하지 않고 상호계산기간 중에도 당사자간에 발생하는 채권·채무는 발생할 때마다 즉시 상계되어 개개의 채권은 소멸하고 잔액채권만 자동적으로 성립하는 것이다. 따라서 總額相互計算이 상호계산의 본질적인 기능으로 인식하는 담보적 기능 대신에 결제간이화기능을 그 본질로 한다.

간 중에도 채권, 채무 발생 즉시 상계되어 개개의 채권이 소멸하고, 잔액채권만 자동적으로 성립하는 것이다.

(2) 제3자 보호

난계적 상호계산에 의하면 개개의 채권은 발생할 때마다 자동적으로 상계되어 소멸하기 때문에 이를 개별적으로 처분하거나 압류할 수 없지만 제3채권자는 잔액채권을 압류할 수 있게 된다. 단계적 상호계산은 계속적인 거래관계에서 당사자의 보호만을 중시하는 총액상호계산과는 달리 채권자 등 제3자 보호의 필요성도 아울러 고려하는 방안이다.

단계적 상호계산은 채권자 등 제3자 보호의 필요성을 고려하는 방안이다.

(3) 상법과의 관계

상법상의 상호계산은 相互計算 不可分의 原則을 그 본질적인 요소로 보기 때문에 단계적 상호계산을 포함한다고 보기 어려우나, 당사자간에 이러한 내용의 상호계산약정을 하는 것은 가능하다. 실제로 단계적 상호계산약정을 포함하는 당좌계정계약에서는 은행은 일정기간마다 누적총액을 일괄하여 차액 계산하지 않고 고객이 입금하거나 고객이 발행한 어음·수표금을 지급할 때마다 차액계산을 하여 잔액을 산출하고 대월분에 대해서는 이자를 부과하고 있다.

상법상의 상호계산은 불가분을 원칙으로 하므로 단계적 상호계산을 포함하지 아니한다.

제 2 相互計算의 效力

상호계산의 효력에는 상호계산기간중의 효력과 기간 만료후의 효력이 있고 전자를 消極的 效力(不可分의 原則), 후자를 積極的 效力이라고 한다.

1. 相互計算期間中의 效力: 消極的 效力

[사례 II-2-2: 상호계산의 소극적 효력]

Y와 A는 공동으로 양복업을 영위하기로 하고 이와 관련하여 첫째, 기성복 매

상고의 1할은 Y가 A에게 지급하고 둘째, 주문복 매상고의 1할 5분은 A가 Y에게 교부하며 셋째, 전월 16일부터 금월 10일까지 발생한 채권 · 채무를 상계하고 그 잔액을 매월 15일에 지급하기로 하는, 상호계산계약을 체결하였다. ① A가 받을 2000.4.1부터 10일까지의 5천만원 채권을 이러한 사실을 모르는 X에게 양도한 경우, X는 Y에게 그 지급을 청구할 수 있는가? ② 이러한 사실을 모르는 A의 채권자 X는 2000.4.1부터 10일까지 A가 받을 5천만원을 압류하고 전부명령을 받을 수 있는가?(日大判 1938.3.11, 民集 15-4, 320 참조).

상호계산은 상호계산기간중에는 당사자간의 채권 · 채무를 일괄하여 결제하는 제도이므로, 각 채권 · 채무는 독립성을 상실하고 집단적으로 묶여 기간만료시 일괄상계 되기까지 정지상태에 있게 된다. 이를 相互計算 不可分의 原則 또는 消極的 效力이라고 한다.

(1) 당사자간의 효력

채권의 개별적 이행의 청구 또는 상계가 금지되며, 시효의 진행이 정지되고, 이행지체가 생기지 아니한다. 그러나 해제권, 취소권 등은 행사할 수 있다.

1) 원 칙 ① **독립성의 상실**; 당사자는 각 채권의 개별적 이행을 청구하거나 이를 자동채권으로 하여 相計할 수 없다. 또한 상호계산기간 중에는 지급이 유예되므로 消滅時效의 진행은 정지하고 채무자는 이행지체에 빠지지 않는다. 그러므로 특정한 채무를 이행하여도 그 채무는 바로 소멸하지 않고 그 금액이 상호계산에 계입되어 기간만료시 일괄상계에 제공되는 한 항목으로 된다. 마찬가지 이유에서 당사자는 상호계산에 계입된 개별 채권을 제3자에게 양도할 수 없다. ② **동일성의 유지**; 각 채권은 독립성은 상실하지만 그 자체가 소멸하는 것은 아니고 동일성을 유지한 채 정체상태에 있게 된다. 따라서 해제권 · 취소권과 같은 원계약상의 권리를 행사하거나 確認의 訴를 제기할 수도 있다(손주274, 최기(총)270, 정동(총)366, 이철330, 註商(Ⅰ)521 外).

상업증권상의 채무자가 변제하지 아니한 경우에는 상호계산에서 제거할 수 있다.

2) 예 외 상호계산에 계입된 채권과 채무는 상대방의 동의가 없는 한 임의로 계산에서 제외할 수 없지만, 예외적으로 어음 기타의 商業證券으로 인한 채권 · 채무를 상호계산에 계입한 경우에 그 증권채무자가 변제하지 아니한 때에는 당사자는 그 채무의 항목을 상호계산에서 제거할 수 있다(73 後但; 정동(총)306~361, 364~365, 註商(Ⅰ)521, 註商(上)333). 앞의 [사례Ⅱ-2-1]의 ③에서 X가 배서양도 받은 A발행 어음이 부도가 되었으므로 그 대가에 관한 항목인 X가 받을 10억원의 유류대금채권은 상호계산에서 제거된다([73]). 따라서 X는 상호계산기간의 만료(7월 15일)를 기다리지 않고 어음이 부도가 된 날(3월 15일)에 즉시 Y에게 유류대금 10억원의 지급을 청구할 수 있다. 상업증권이 상호계산에 계입되는 것

은 만기에 지급되는 것을 전제로 하므로 지급인이 만기에 지급하지 않는 때에는 당사자간의 형평을 기할 필요가 있기 때문이다.

(2) 제3자에 대한 효력

불가분의 원칙은 제3자에게도 미치는가? 즉 [사례II-2-2]와 같이 상호계산의 당사자 일방(A)이 계입채권의 일부(5천만원 채권)를 임의로 제3자(X)에게 양도 또는 입질하거나 채권자인 제3자(X)가 이를 압류할 경우 그 효력은 어떠한가?

1) 절대적 효력설(무효설)　불가분의 원칙에 위반된 채권의 양도나 입질은 제3자의 선의·악의를 불문하고 무효이고 또 상호계산 당사자 일방의 채권자는 계입채권을 압류할 수도 없다는 입장이다(손주275, 정희168, 최기(총)269~270, 채204). 이에 따르면 [사례II-2-2]의 ①에서 A의 채권양도는 무효이므로 제3자(X)는 채무자(Y)에게 5천만원의 지급을 청구할 수 없게 된다. 또한 [사례II-2-2]의 ②와 같은 제3자(X)의 압류와 전부명령도 불가능하게 된다. 상호계산은 단순한 특약에 의한 채권양도제한과는 달리 강행성을 가진 상법상의 결제제도로 이해하기 때문이다.

제3자의 선의·악의를 불문하고 무효이고, 압류할 수도 없다는 견해

2) 상대적 효력설(유효설)　불가분의 원칙은 당사자 이외의 제3자에게는 그 효력을 미치지 아니하므로 당사자 일방이 이에 반하여 채권을 양도하거나 입질하더라도 유효하다고 한다(서·정172, 정무185, 양·박123, 정동(총)366~367). 이에 의하면 [사례II-2-2]의 ①에서 채무자(Y)는 선의의 제3자(X)에게 양도된 채권(5천만원 채권)이 상호계산에 계입된 채권이라는 이유로 대항할 수 없고(民449 ②) 다만 상호계산계약을 위반한 상대방(A)에게 손해배상책임을 물을 수 있을 뿐이다. 상호계산은 당사자간의 계약이므로 상호계산불가분의 원칙은 의사표시에 의한 처분금지에 불과하다고 보기 때문이다. 또 [사례II-2-2]의 ②에서 당사자 일방(A)의 채권자(X)는 상대방(Y)에 대한 채권(5천만원 채권)을 압류할 수 있다. 만일 제3자(X)의 압류를 허용하지 않는다면 채무자(A)가 임의로 이를 상계에 계입함으로써 債務免脫의 목적으로 악용할 가능성이 있기 때문이다.

불가분의 원칙은 제3자에게는 미치지 아니하므로, 채권양도 또는 입질은 유효하다는 견해

3) 절충설　債權의 讓渡와 入質의 경우에는 양도인 등이 채무자에 대한 대항요건을 갖추고(民450, 451, 349), 이 때 채무자가 이의없이 채권의 양도 등을 승낙하면 당사자간에는 이를 상호계산에서 제거하기로 하는 묵시적인 합의가 있는 것으로 볼 수 있기 때문에 그 양도가 유효하다고 본다. 이 점에서 상대적 효력설과 입장을 같이 한다. 따라서 [사례II-2-2]의 ①에서 채무자(Y)는 양수인(X)에게 상호계산에 계입된 채권이라는 이유로 대항할 수 없

양도와 입질은 유효하지만 압류는 무효라는 견해

다. 그러나 押留의 경우에는 제3채권자에게 압류권을 허용할 이유가 없다고 하며 이 점에서는 절대적 효력설에 따르고 있다(이철331~332). 이에 의하면 [사례 II-2-2]의 ②에서 상호계산에 계입된 A의 채권(5천만원 채권)에 대해서는 제3채권자(X)가 압류할 수 없다.

거래안전, 채무면탈의 수단으로써의 악용가능성 등을 고려할 때 불가분의 원칙은 선의의 제3자에게 미치지 아니한다.

4) 검 토 상호계산이 계속적 거래관계에서 발생한 채권·채무를 일괄적으로 결제하는 상법상의 제도이기는 하지만 이는 어디까지나 당사자간의 계약에 지나지 않고 언제든지 해제가 가능한 임의적인 수단이다. 또 이를 제3자에게 공시할 방법도 없다. 따라서 상호계산을 이유로 채권의 양도·입질·압류의 효력을 부인하는 것은 거래의 안전을 위협할 뿐 아니라 채무면탈의 수단으로 악용될 가능성도 배제하지 않을 수 없기 때문에 불가분의 원칙은 선의의 제3자에게 미치지 않는다고 본다(정·정(연습)171, 정찬(상)245).

2. 相互計算期間 終了 後의 效力: 積極的 效力

[사례 II-2-3: 상호계산의 적극적 효력]

가전제품제조업자인 X와 대리점인 Y는 대리점계약을 체결하고 거래에서 발생하는 모든 채권채무를 6개월 단위로 상호계산하기로 하였다. 전반기가 종료된 후 X는 Y에 대한 2억원의 잔액채권이 남아 있다는 내용의 계산서를 작성하여 Y에게 제출하고 Y는 이를 승인하였다. 다음 각 경우 Y는 X의 2억원의 지급청구에 응해야 하는가? ① Y가 가전제품대금의 지급을 위해 설정한 근저당권을 X가 실행하려는 경우 ② X가 우월적 지위를 이용하여 Y에게 1억원 상당의 냉장고를 강제로 떠맡긴 적이 있는 경우 ③ Y가 계산서를 승인할 때 잔액채권이 1억원 밖에 남지 않았다는 사실을 알았으나 X의 강요에 못이겨 2억원으로 승인한 경우 ④ 계산서에 Y가 지급한 1억원의 계상이 빠져 있는 경우

상호계산기간이 종료하면 채권·채무의 총액에 대해 일괄상계하고 그 결과 발생한 잔액에 대한 채권이 성립하는데 이를 相互計算의 積極的 效力이라고 한다.

(1) 잔액채권의 성립: 계산서의 승인

상호계산계약에 의해 지급할 잔액을 확정하기 위해 계산서

상호계산계약에 의해 일괄상계 후 지급할 잔액을 확정해야 하는데 이를 위해 計算書의 작성과 승인이 필요하다. 이는 상호계산기간 종료 후 당사자 일방이 채권·채무의 각 항목과 공제한 잔액을 기재한 계산서를 제출

하고 상대방이 이를 승인하는 방법에 의한다(75). 이와 같이 잔액채권의 성립을 상대방의 承認에 맡김으로써 승인이 부당하게 지연되거나 거부되면 다른 당사자가 불이익을 받을 수 있다. 이 때문에 잔액은 상호계산기간 중 계속해서 자동적으로 확정되고 기간종료 후에는 상대방의 승인과 관계없이 당연히 잔액청구권을 행사할 수 있는 段階的 相互計算이 도입되었다고 함은 앞에서 설명한 바 있다. 그러나 상법은 總額相互計算制度를 기초로 하고 있으므로 현행법의 해석론으로는 상대방의 승인이 있어야 계산서가 확정된다고 할 수밖에 없다.

의 작성과 승인이 요구된다.

(2) 승인의 경개적 효력

1) 신채권의 성립　계산서의 승인에 의해 상호계산에 계입된 개개의 구채권과 채무는 소멸하고 이와는 별개의 새로운 잔액 채권이 성립한다. 이로써 目的變更에 의한 更改의 효력이 생긴다(民 500). 그러므로 승인시부터 잔액채권에 대해서는 별도로 소멸시효가 진행하며(정동(총) 372) 구채무를 위해 설정하였던 담보권이나 보증채무도 소멸한다. 다만 담보부 채권은 당사자간의 특약에 의해서만 상호계산에 계입되는데 이러한 특약에서는 담보가 잔액채권에도 미치는 것으로 정하는 경우가 많다(이철 335). [사례 II-2-3]의 ①과 같이 근저당권을 설정한 경우에는 이러한 묵시적 합의가 있다고 보아 X는 2억원의 잔액채권에 대해서도 저당권을 실행할 수 있을 것이다.

계산서 승인에 의해 구채권, 채무는 소멸하고 새로운 잔액채권이 성립한다(목적변경에 의한 경개).

2) 이자의 청구　상호계산에 계입된 채권은 독립성을 상실하므로 계입일부터 이자가 발생하지 않는 것이 원칙이지만, 잔액채권은 이와는 별개의 채권이므로 잔액채권에 대해서는 채권자는 계산폐쇄일 이후의 법정이자를 청구할 수 있다(76 ①). 다만 당사자는 각 항목을 상호계산에 계입한 날로부터 이자를 붙일 것을 약정할 수 있는데(76 ②), 이 경우에는 채무자는 이중으로 이자를 지급하게 된다.

잔액채권에 대해서는 계산폐쇄일 이후 법정이자를 청구할 수 있다.

3) 이의의 금지　① 각 항목상의 하자; 更改의 효력이 발생하는 결과 당사자는 채권채무의 각 항목에 대하여 이의를 하지 못한다(75 本). 각 항목의 채권채무의 數額을 다투지 못함은 물론이고 그 원인행위의 무효·취소·해제 등의 하자를 다투지 못한다. 그러므로 [사례 II-2-3]의 ②에서 Y는 X가 제출한 계산서를 승인한 후에는 냉장고매매계약이 강요에 의한 것이라는 이유로 그 무효를 주장하지 못하므로 2억원의 잔액채무를 지급해야 한다. ② 승인행위의 하자; 그러나 승인행위 자체에 존재하는 하자를 이유로 하여 무효 또는 취소를 주장할 수는 있다. [사례 II-2-3]의 ③에서는 Y의 계

산서 승인 자체가 X의 강요에 의한 것이므로 Y는 승인의 무효를 주장하고 1억원만 지급하면 된다. ③ **착오 · 탈루**; 계산서의 각 항목 채권채무에 착오나 탈루, 즉 빠진 것이 있는 때에는 각 당사자는 이의를 제기할 수 있다(75但). [사례II-2-3]의 ④에서 보면 계산서의 항목 중 Y가 X에게 지급한 1억원의 계상이 빠져 있는데 그에 대해서는 Y가 이의를 제기할 수 있다. 그 의미에 대해서는, 당사자는 승인행위 자체의 효력을 다투어 잔액채권의 성립에 이의를 제기할 수 있다는 소수설(정희169, 채202, 김용142, 이병242)과 이러한 경우에도 승인행위 자체는 유효하고 착오 · 탈루가 생긴 부분에 관하여 부당이득반환만을 청구할 수 있다고 보는 다수설(서·정174, 손주277, 정동(총)373~374, 최기274, 이철336 外)이 대립한다. 소수설에 의하면 빠진 부분 1억원을 공제한 1억원이 잔액채권으로 되는데 비해 다수설에 의하면 잔액채권은 2억원으로 되고 다만 Y는 1억원을 부당이득반환청구권으로 하여 상계 후 1억원을 지급하는 것으로 된다. 결과에서 큰 차이가 없다.

제 3 相互計算의 終了

1. 終了의 原因

(1) 일반적 종료원인

상호계산은 존속기간의 만료 기타 계약의 종료원인에 의해 종료한다.

상호계산은 존속기간의 만료 기타 계약의 일반적인 종료원인에 의해 終了한다. 存續期間의 만료와 相互計算期間의 만료는 다르다. 계산기간의 만료는 잔액채권을 성립시키고 이를 다음 계산기간의 최초의 항목으로 계입하는데 불과하다. 상호계산은 '상시거래관계'에 있는 자간의 결제방법이므로 이들간의 거래관계가 종료하거나 영업이 타인에게 양도되면 상호계산관계도 종료한다(이기(총)360, 이철337).

(2) 특별종료원인

상호계산은 언제든지 해지할 수 있다.

1) 해 지 상호계산은 계약의 존속기간이 정해져 있을 때에도 각 당사자는 언제든지 解止할 수 있다(77). 상호계산이 당사자의 신용을 기초로 하고 있음을 배려한 것이다. 해지에는 특별한 사유가 존재하거나 상대방에 대한 예고를 요하지 않는다. 다만 해지의 의사표시는 명확해야 하고 상대방에 도달해야 효력이 생긴다(民111①).

2) 파산 및 회사정리　상호계산은 당사자의 일방이 破產한 때(破 57①) 또는 회사정리절차가 개시된 때(會整 107①)에 종료한다. 이러한 사유는 상호계산의 기초가 되는 당사자의 신용상태에 중대한 변화를 초래하기 때문이다.

2. 終了의 效果

상호계산이 종료하면 당사자는 즉시 계산을 폐쇄하고 잔액의 지급을 청구할 수 있다(77). 당사자 일방이 파산하거나 회사정리절차가 개시되면 상대방의 잔액채권은 破產債權(破 343) 또는 整理債權(會整 107②)이 된다.

제3절 匿名組合

제1 沿革과 機能

1. 經濟的 機能

익명조합은 유능한 경영자와 자본제공자를 결합하는 공동기업의 형태로서 합작회사와 유사하다.

匿名組合은 오늘날 會社制度의 기원을 이루는 가장 원시적인 共同企業 형태이다. 익명조합은 營業者의 영업을 위해 資本家가 익명으로 출자하고 그 영업으로부터 생긴 이익의 분배에 참가하는 제도이다. 출자자의 입장에서는 법률상으로 영업제한을 받거나 경영자로서 재능이 없는 경우에 이를 이용할 실익이 있으며, 영업자로서는 출자에 대한 이익을 지급하면 어떠한 간섭도 받지 않고 자유롭게 자기의 영업을 영위할 수 있는 장점이 있다(정희 170, 정동(총) 375). 따라서 익명조합은 유능한 경영자와 자본제공자를 결합하는 공동기업의 한 형태라고 할 수 있다. 이 점에서 업무를 집행하는 無限責任社員과 자본을 제공하는 有限責任社員으로 성립하는 合資會社와 유사하다.

2. 沿　　革

익명조합과 합자회사는 이탈리아 코멘다계약에서 유래되어 분화되었다.

匿名組合과 合資會社는 모두 중세 이탈리아 해상무역에서 행하여진 코멘다(commenda)계약에 그 기원을 두고 있다. 코멘다는 자본가가 기업가(많은 경우 선장)에게 금전과 선박 등을 위탁하고 기업가가 해외무역으로부터 얻은 이익을 자본가에게 분배하는 것을 내용으로 하는 계약이다. 이것이 후에 자본가뿐 아니라 기업가도 자본의 일부를 제공하는 형태(colegantia)로 변형되었다. colegantia는 15세기경부터는 자본가도 이름을 나타내고 출자를 한도로 하는 책임을 부담하는 기업형태와 자본가는 이름을 나타내지 않는 형태로 분화되었는데, 전자가 합자회사이고 후자가 익명조합으로 각각 발전한 것이다(김성 726).

제 2 匿名組合의 意義

1. 槪 念

[사례 II-3-1: 익명조합의 의의]

(i) Y_1과 X는, X가 Y_1이 경영하는 형광등공장에 출자하고 Y_1은 영업성적 여하에 불구하고 영업이익금에서 출자금의 6%에 상당하는 금액을 매월 X에게 지급하기로 하는 계약을 체결하였고, Y_2는 Y_1을 위해 연대보증 하였다. Y_1이 위 금액을 지급하지 않자 X는 Y_2에게 보증채무의 이행을 청구하였는데, Y_2는 Y_1이 분배할 이익금이 없으므로 X의 청구에 응할 수 없다고 항변하였다. Y_2의 항변은 타당한가? (대판 1962.12.27, 62다660 참조)

(ii) Y와 A는 '양명호'라는 상호의 중국음식점을 동업하기로 하는 계약을 체결함에 있어, Y는 자신의 소유 빌딩 4층과 5층을 영업장으로 제공하고 내부장식과 제세공과금 및 유지보수비용을 책임지기로 하였고, A는 대표자로서 대외적인 일체의 거래를 하며 경영에 필요한 인건비와 재료비 기타 사무실경상비 등을 책임지기로 하였다. A는 매일 매상금액의 50%를 Y에게 지급하여 그 중 30%를 임대료와 사용료로 충당하고 20%를 제세금·예치금으로 납부하되 과부족이 있을 때에는 정산하기로 하였다. A가 '양명호'의 대표자로서 사업자등록을 한 다음 업무를 집행하면서 X로부터 식품원자재를 외상매수하고 그 대금의 지급을 위해 약속어음을 발행하였는데, '양명호'의 경영부진으로 어음부도를 내고 해외로 도주하였다. X는 Y를 상대로 외상대금을 청구할 수 있는가? (대판 1983.5.10, 81다650 참조)

(iii) X와 Y간에, X가 1억원을 Y가 경영하는 사업의 운영자금으로 투자하면 그 영업의 운영결과 손익과는 관계없이 X에게 이익배당금·투자금에 대한 월 5푼의 이자·투자금의 변제를 위한 적금 합계 1,880만원을 매월 2년간 지급하기로 약정하였다. X의 지급청구에 대해 Y는 과다한 이자약정은 불공정계약이라는 이유로 그 감액을 청구할 수 있는가? (서울고판 1975.4.3, 74나764 참조).

匿名組合은 당사자의 일방이 상대방의 영업을 위하여 출자하고 상대방은 그 영업으로 인한 이익을 분배할 것을 약정함으로써 그 효력이 생기는 계약이다([78]).

(1) 당사자

익명조합의 당사자는 익명조합원과 영업자로서 3인 이상의 당사자가 있을 수 없다.

1) 당사자의 수　　익명조합계약의 당사자는 출자자인 匿名組合員과 영업을 하는 營業者이며, 민법상 조합과 같이 3인 이상의 당사자가 있을 수 없다. 다만 수인이 공동으로 출자한 경우에는 이들과 영업자간에 하나의 익명조합계약이 성립하며, 각자 출자한 경우에는 영업자와 각 익명조합원간에 여러 개의 익명조합계약이 병존하고(정희171, 정동(총)376~377) 익명조합원 상호간에는 어떠한 법률관계도 생기지 않는다.

익명조합은 상인이 아니라도 되지만, 영업자는 반드시 상인이어야 한다.

2) 상인성　　익명조합원은 상인이 아니라도 상관없지만 영업자는 반드시 상인이어야 한다. 상인인 이상 개인 · 조합 · 회사임을 묻지 아니하며 당연상인 · 의제상인, 완전상인 · 소상인 여부에 상관없다. 상인인 영업자가 익명조합계약을 체결하는 것은 補助的 商行爲가 되기 때문에 익명조합을 상행위편에 규정하고 있는 것이다.

(2) 익명조합원의 출자

익명조합은 금전 기타 재산으로 출자해야 한다.

1) 영　업　　익명조합원이 영업을 위해 出資해야 한다. 영업의 구체적인 내용은 당사자간의 약정에서 정해지지만 익명조합이 동업관계를 위해 결성되는 것이므로 그 영업은 특정되어야 한다. 그러므로 영업을 특정하지 않고 막연히 고수익 사업에 투자하면 높은 배당을 하기로 한다는 약정은 익명조합이 아니다(김성 728). 또한 영업은 반복성과 계속성을 가져야 하므로 1회적인 투자계약은 익명조합이라 할 수 없다.

2) 출자의 목적　　출자는 금전 기타 재산에 한정되며 출자재산은 영업자에 귀속된다(79).

(3) 영업자의 이익분배

영업자는 이익분배를 약정해야 하며, 익명조합의 가장 본질적인 요소이다.

1) 의　의　　영업자는 영업이익에서 생기는 利益을 分配할 것을 약정해야 한다. 이익의 분배는 경제적인 의미에서 공동기업인 익명조합에서 가장 본질적인 요소이며 익명조합원의 출자에 대한 대가로서의 의미를 가진다. 이익의 분배는 영업실적에 의해 좌우되는 것이므로 이익이 없으면 분배를 하지 않는 등 불확정적이다.

영업실적에 불구하고 정기적으로 일정액의 지급을 약속하는 경우에는 익명조합이라고

2) 일정액의 지급약정　　실제로는 [사례II-3-1]에서 보는 바와 같이 영업실적에 불구하고 정기적으로 일정액을 지급하기로 한다든지, 매출액의 일부를 지급하기로 약정하는 경우가 많은데, 이러한 약정을 익명조합이라고 할 수 있는가? 익명조합으로 인정한다면 [사례II-3-1-i]에서는 이익이 없기 때문에 약정한 금액을 지급하지 않는다는 Y_2의 항변이 타당할 것이며, [사

례Ⅱ-3-1-iii]에서는 Y가 지급하기로 한 것이 消費貸借에 대한 利子가 아니고 投資에 대한 利益配當이므로 그 불공정성이 문제되지 않을 것이다. ① **다수설·판례**; 익명조합계약성을 부인한다(손주279, 정동(총)378, 최기279, 이철341, 채206, 이기102 外). 즉 대판 1962.12.27, 62다660은 [사례Ⅱ-3-1-i]에서 "당사자의 일방(X)이 상대방(Y_1)의 영업을 위하여 출자를 하는 경우라 할지라도 그 영업에서 이익이 난 여부를 따지지 않고 상대방(Y_1)이 정기적으로 일정한 금액을 지급하기로 약정한 경우에는 가령 이익이라는 명칭을 사용하였다 하더라도 그것은 상법상의 익명조합계약이라고 할 수 없다"고 판시하였고, 대판 1983.5.10, 81다650도 [사례Ⅱ-3-1-ii]에서 "음식점시설제공자(Y)의 이익여부에 관계없이 정기적으로 일정액을 지급할 것을 약정하되 대외적 거래관계는 경영자(A)가 그 명의로 단독으로 하여 그 권리의무가 그에게만 귀속되는 동업관계는 상법상 익명조합이 아니다"라고 판시하였다. ② **소수설**; 이 경우 계약의 전 취지를 보아 당사자간에 공동사업을 인정할 관계가 있는가 아니면 단순히 원금이용을 허용한 데 지나지 않는가를 판단해야 하며, 가령 영업자의 상대방이 영업에 대한 감시권이나 간섭권을 가지고 있다면 고정적인 이익분배의 특약을 하였다고 하더라도 익명조합으로 인정할 수 있다고 한다(정희 172). ③ **검토**; 상법의 관련규정이 '영업으로 인한 이익을 분배한다'라고 되어 있으므로(78), 이익유무에 불구하고 일정액을 지급하기로 하는 약정을 익명조합계약으로 보는 것은 명문의 규정에 반하는 해석론이라고 하겠다.

할 수 없다(다수설·판례).

(4) 계 약

익명조합계약은 有償·雙務·諾成契約이다. 다만 그것이 전형계약의 어디에 속하는가에 대해서는 과거 민법의 組合契約의 일종으로 보는 견해, 有償消費貸借契約으로 보는 견해가 있었다. 그러나 익명조합에는 법적인 의미에서는 조합원의 共同事業이나 公有財産의 관념이 없으므로 민법상의 조합과는 다르며, 이익을 배당한다는 점에서 확정이자를 지급하는 消費貸借와도 다르다. 따라서 현재로는 商法上의 特殊한 契約으로 보는 것이 통설적인 견해이다(정희 172).

익명조합계약의 법적성격은 상법상의 특수한 계약이다(통설).

2. 類似制度와의 區別

익명조합은 경제적인 의미에서는 자본과 경영이 결합하는 共同企業의 한 형태로서 이와 유사한 기능을 하는 다른 제도와 다음과 같이 구별된다.

(1) 민법상의 조합

민법상의 조합은 상기업의 형태로는 부적합하므로 상거래의 수요에 맞게 변형시킨 것이 익명조합이다.

1) 양자의 관계 계약에 의한 공동기업의 원형은 民法上의 組合이다. 그러나 민법상의 조합은 조합원 전원이 업무를 집행하고(民706③) 조합재산은 조합원의 合有이므로(704) 법률관계가 복잡하다. 따라서 다수인의 이해관계를 조절하고 신속한 거래의 요구에 부응할 상기업의 형태로는 부적합하다. 또 민법상의 조합에서는 조합원 전부가 조합채무에 대해 無限責任을 부담하는데 영업에 참여하는 자가 제한된 위험만을 부담하고자 할 경우에는 적합하지 않다. 그러므로 민법상의 조합을 상거래의 수요에 맞게 변형시킨 것이 匿名組合이다.

익명조합은 당사자가 2인이고, 금전 기타 재산만 출자할 수 있으며 대외적으로는 영업자의 단독기업이다.

2) 차 이 ① 당사자; 익명조합의 당사자는 영업자와 익명조합원의 2인이지만 민법상의 조합은 2인 이상이다(78, 民703①). ② 출자; 익명조합원은 금전 기타 재산에 한하여 출자할 수 있으나 민법상 조합의 조합원은 금전 기타 재산 이외에 노무도 출자할 수 있다(86, 民703②). ③ 대외관계; 익명조합은 대외적으로는 營業者의 單獨企業임에 비해 민법상의 조합은 組合員의 共同事業이다(80, 民703①). 이에 따라 出資財産은 영업자의 단독소유이며 대외적인 관계에서도 영업자가 모든 권리의무를 부담한다. 이에 비해 민법상의 조합에서는 조합의 권리와 의무는 合有的으로 전 조합원에 귀속한다(79, 民704). 대외적인 거래행위도 원칙적으로 조합원 전원의 명의로 하여야 하나 편의상 조합대표자가 조합의 명의를 표시하고 대리의 방식으로 한다(조합대리).

3) 규정의 준용 이러한 법률상의 차이에도 불구하고 경제적 기능의 면에서는 양자는 모두 공동기업의 한 형태라는 공통점을 가지고 있으므로 내부조직면에서는 민법상의 조합에 관한 규정을 익명조합에 유추적용할 수 있다.

(2) 비전형조합(내적 조합)

민법상의 조합 및 익명조합과는 달리 당사자간의 약정으로 정하는 동업관계를 정하는 조합의 형태이다.

1) 의 의 조합에 관한 민법규정들은 대부분 임의규정이므로 동업을 목적으로 하는 당사자간의 약정에서는 계약자유의 원칙에 의해 민법상의 조합 및 익명조합과는 달리 정하는 경우가 많다. 이를 非典型組合 또는 內的組合이라고 하는데 [사례 II-3-1-ii]에서 보는 바와 같은 同業關係에 가장 많이 나타나는 형태이다. 그 내용은 매우 다양하지만 조합의 공동사업은 있으나 조합재산도 없고 대외적인 법률행위를 組合代理에 의하지 않는 인적 결합체라고 할 수 있다(배호근, "익명조합, 민법상의 조합, 내적 조합의 구별", 「상사판례연구(Ⅰ)」, 198).

내적조합은 내

2) 차이점 내적조합은 조합재산이 없고 대외적인 법률행위를 조합대

리에 의하지 않는다는 점에서는 익명조합과 동일하나 조합원 상호간에 공동목적이 있다는 점에서는 익명조합과 다르고 민법상 조합과 동일하다. 즉 내부적으로는 민법상 조합의 요소를 가지며, 외부적으로는 익명조합의 요소를 가지고 있는 것이다. 대판 1983.5.10, 81다650도 [사례II-3-1-ii]에서 "피고(Y)와 소외 수배죽(A) 사이의 위 동업관계는 중국음식점 양명호의 경영을 공동사업으로 하고, 또 이익이 난 여부를 묻지 아니하고 매일 매상액 중 일정한 금액의 지급을 약정한 점 등에서 상법상의 익명조합이라고는 할 수 없고, 한편 합유인 조합재산이 없고 소외 수배죽(A)이 영업을 위한 재료의 구입 등 위 조합의 대외적인 법률행위를 함에 있어서는 조합원인 피고(Y)를 대리할 필요없이 자기 명의로 단독으로 하고 이를 위한 권리의무가 위 소외인(A)에게 귀속되는 점에서 조합원들의 합유인 조합재산이 있고, 외부관계에서 법률행위를 함에 있어서 업무집행자가 조합원을 대리하여 그 법률효과가 조합원 전체에 귀속되는 민법상의 통상의 조합과 구별되는 일종의 특수한 조합"이라고 판시하였다.

부적으로는 민법상 조합의 요소를 가지며 외부적으로는 익명조합의 요소를 가지고 있다.

3) 규정의 준용 조합원간의 내부관계와 손익분배에 관해서는 민법상의 조합에 관한 규정을 준용해도 무방하다. 그러나 대외적인 관계에서는 조합원 중 1인(A)만이 자기 이름으로 법률행위를 하므로 제3자(X)에 대해서는 그 조합원(A)만 책임을 지고 다른 조합원(Y)은 책임이 없다. 대판 1983.5.10, 81다650도 "이러한 특수한 조합에 있어서는 대외적으로는 오로지 영업을 경영하는 위 소외인(A)만이 권리를 취득하고 채무를 부담하는 것이어서 민법 제713조가 적용될 여지가 없다"고 판시하였다(同 대판 1997.9.26, 96다14838 · 14845).

조합원간의 내부관계와 손익분배에 관해서는 민법상의 조합원의 규정을 준용할 수 있지만 외부적으로는 해당 조합원만 책임을 진다.

(3) 합자회사

合資會社와 匿名組合은 연혁적으로는 동일한 기원에서 분화·발전한 공동기업의 형태이지만 합자회사가 社團法人임에 대해 익명조합은 契約關係라는 점에서 근본적으로 다르다.

1) 차 이 ① 책임재산: 익명조합은 대외적으로는 영업자의 단독기업이므로 공동사업을 위한 재산도 영업자의 책임재산이 되지만, 합자회사의 경우 회사재산은 사원의 개인적인 채무에 대한 책임재산이 되지 않는다. ② 출자; 익명조합에서는 익명조합원만 출자의무가 있고 재산출자만 할 수 있으나(78, 272), 합자회사는 모든 사원이 출자의무를 부담하고 무한책임사원은 재산출자 외에 노무·신용출자도 할 수 있다(269, 179.4, 222). ③ 대외관계; 익명조합은 대외적으로는 영업자의 단독기업이므로 영업자만 영업을 수행하고 책

익명조합과 합자회사의 차이는 i) 출자재산은 영업자의 소유이며, ii) 익명조합원만 출자의무가 있고, iii) 영업자만 영업을 수행하

고, iv) 익명조합원에게만 이익배당한다.

임을 부담하나 합자회사에서는 모든 사원이 회사의 업무수행에 직접 · 간접으로 관여하고 회사의 채무에 대해 제2차적으로 유한 또는 무한책임을 부담한다. ④ 손익의 분배; 익명조합에서는 이익배당이 계약의 요소로서 익명조합원에게만 이익을 배당하며 손실분담의무는 없다. 그러나 합자회사에서는 모든 사원에게 이익을 배당하고 손실분담의무를 지운다.

2) 규정의 준용 합자회사에 관한 상법의 규정 중 일부는 익명조합에 준용된다(86).

(4) 소비대차

匿名組合은 익명조합원이 영업자에게 금전 기타 재산을 출연하고 그 대가로 이익을 배당받는 계약관계라는 점에서 대주가 차주에게 금전 등을 대여하고 이자를 받는 消費貸借와 유사하며, 실제로 양자의 구분은 매우 어려운 경우가 많다.

익명조합과 소비대차는 출자의무에 대한 이익배당의 참여와 차용금에 대한 확정이자의 지급에 있다.

1) 출자와 대여 양자의 근본적인 차이는 익명조합은 동업관계로서 익명조합원은 동업을 위한 출자금에 대한 利益配當에 참여함에 비해 소비대차는 차주의 단독영업에 대한 대여로서 확정적인 利子를 지급받는다는 점에 있다. 이러한 취지에서 서울고판 1975.4.3, 74나764는 [사례Ⅱ-3-1-iii]에서 "채권자(X)가 채무자(Y)에게 지급한 금원은 영업으로 생하는 이익의 배당을 본질로 하는 동업계약(조합 또는 익명조합)에 의한 출자금이라고는 볼 수 없고 소비대차계약에 인한 출자금이라고 봄이 상당하다고 할 것이므로 이익배당금 · 이자 및 적금 등을 합산한 액중 원금초과부분은 원금에 대한 이자라고 할 것이므로 이자제한법 소정의 제한을 초과하는 부분은 무효"라고 판시하였다.

2) 경영참여 익명조합은 동업관계를 전제로 하므로 익명조합원이 직접적으로는 경영에 참여할 수 없지만 업무에 대한 監視權을 가진다(86, 277). 이에 대해 소비대차의 貸主는 借主가 그 원본을 어떻게 사용하는가에 관여할 권리가 없다.

3) 상 환 익명조합원의 출자는 손실분담의 특약이 있으면 계약종료시에 잔액만 반환받지만(85 但), 소비대차에서는 그 계약종료시에 원본 전액을 반환받는다(598).

제 3 匿名組合의 內部關係

[사례 II-3-2: 익명조합의 내부관계]

(i) 세무공무원인 X는 Y마담과 룸살롱 사업을 공동으로 하기로 하고 사업자금으로 10억원을 출자하였다. 그러나 X는 공무원 신분인 관계로 Y명의로 사업자등록을 하고 Y가 대표자로서 경영하되 수익금의 50%를 X에게 분배하기로 하였다. Y가 영업수익금의 대부분을 자기 개인 용도로 사용함으로써 사업이 부도가 되자 X는 Y를 횡령죄로 고발하였다. Y에게 횡령죄가 적용될 수 있는가? (대판 1971.12.28, 71도2032 및 1973.1.30, 72도2704 참조).

(ii) X와 A는 러브호텔사업을 공동으로 하기로 하고 X는 자금을 대고 A는 대외적으로 사업대표로서 경영을 맡기로 하였다. 사업이 번창하자 A가 그 옆에 다른 호텔을 Y로부터 임대받아 독자적으로 경영하면서 호텔 수입이 급격히 감소하였다. X는 A와 Y를 상대로 어떠한 조치를 취할 수 있는가?

匿名組合의 內部關係 즉, 익명조합원과 영업자는 다음과 같은 법률관계에 있다.

1. 出　資

(1) 의무자

익명조합에서 出資義務를 부담하는 자는 익명조합원뿐이다(78 前段). 영업자는 자기의 전재산으로 영업하는 자이므로 출자라는 개념이 없다. 즉, 영업자가 자신의 영업을 위하여 재산을 출연할 수 있지만 이는 공동기업을 위한 출자라고 할 수 없으므로 익명조합원은 그 부분에 대한 이익의 분배를 요구하지 못한다(정동(총)381~382, 이기(총)106, 이철342~343).

출자의무는 익명조합원만 부담한다.

(2) 목적물

익명조합원의 출자는 금전 기타의 재산에 한정되며 노무 또는 신용출자는 인정되지 아니한다(86, 272, 79). 출자의 구체적인 종류와 가액은 익명조합계약에서 정해진다.

출자는 금전 기타 재산에 한정된다.

(3) 이 행

출자의 이행시기는 이행의 최고를 받는 때이다.

출자이행의 시기는 계약에서 정한 바가 없으면 영업자로부터 이행할 것을 催告받은 때이다(387②). 출자목적물은 영업자의 재산에 귀속되므로(79) 재산권의 이전에 필요한 절차를 밟아야 한다(정희173, 정동(총)381 外). 가령 부동산의 경우에는 이전등기, 동산의 경우에는 인도, 채권의 경우에는 양도통지, 어음·수표의 경우에는 배서·교부를 요한다. 그리고 유상계약인 익명조합계약에는 민법의 매매에 관한 규정이 준용되므로(民567) 익명조합원은 출자목적물에 대해 擔保責任을 부담한다(民570 이하).

(4) 귀 속

익명조합원이 출자한 재산은 영업자의 재산으로 본다. 이는 익명조합원이 출자재산에 대해 영업자가 관리·처분권을 가진다는 의미이다(판례).

익명조합원이 출자한 재산은 영업자의 재산으로 본다(79). 이는 제3자와의 관계에서 출자재산이 영업자에게 귀속됨을 의미할 뿐 아니라 내부관계에서도 익명조합원의 출자재산에 대해 영업자가 관리·처분권을 가진다는 의미이다. 이러한 취지에서 대판 1971.12.28, 71도2032 및 1973.1.30, 72도2704는 [사례II-3-2-i]에서 "영업에 대한 익명 조합원(X)이 상대방(Y)의 영업을 위하여 출자한 금전 기타의 재산은 상대방인 영업자(Y)의 재산으로 되는 것이어서 영업자(Y)는 타인의 재물을 보관하는 자의 입장에 있는 것이 아닌즉, 그 영업의 이익금을 함부로 자기 용도에 소비하였다 하여도 타인의 재물을 횡령하는 범죄로 될 수는 없다"고 판시하였다.

2. 營業의 遂行

(1) 영업자의 영업수행

익명조합에서는 영업자만이 영업을 하므로 익명조합은 영업에 참가하지 못한다.

1) 영업자의 단독영업 익명조합에서 영업은 영업자의 단독영업이고 영업자만이 영업을 한다. 그러므로 익명조합원은 영업에 참가하지 못하며(86, 278) 영업자를 대리하지도 못한다(정·정246, 정동(총)387, 이철343). 그러나 대내적으로는 익명조합원과 영업자의 공동기업으로서 민법의 조합에 관한 규정이 유추적용된다. 따라서 영업자는 조합계약의 본지에 따라 선량한 관리자의 주의로써 영업을 수행하여야 한다(民707, 681). 그러므로 영업자가 정당한 사유없이 영업을 하지 않거나 다른 목적에 출자를 전용하거나 영업을 변경 또는 양도한 때에는 익명조합원은 계약을 해제하고 손해배상을 청구할 수 있다.

영업자의 경업금지의무에 대

2) 경업금지의무 영업자에게 競業禁止義務가 있는가에 대해서는 명문의 규정이 없으므로 학설이 대립한다. 소수설은 합자회사 무한책임사원의

경업금지의무에 관한 규정(269, 198)을 익명조합에서 준용하지 않고 있으므로 원칙적으로 경업금지의무를 부담하지 않는다고 보지만 당사자간의 계약에 의해 이를 부과할 수는 있다고 한다(서·정179, 정희175). 이에 대해 다수설은 영업자는 익명조합원에게 善管注意義務를 부담하는데 그 내용의 하나로서 경업금지의무도 포함된다고 본다(손주285, 양·박127, 최기286, 이·최163, 임홍(상)424 外). 생각건대 익명조합원은 영업자의 영업활동으로부터 생기는 이익의 분배에 참여할 것을 목적으로 하여 출자하는데 영업자가 경업거래를 할 경우에는 그 기대에 충분히 부응하지 못한다는 점에서 다수설이 타당하다(정찬(상) 254). [사례 II-3-2-ii]에서 영업자(A)는 익명조합원(X)에 대해 부담하는 경업금지의무를 위반하였으므로 그에 따른 손해(호텔수입감소)의 배상책임이 있다. 다만 영업자(A)가 경업금지의무에 위반하더라도 그 행위가 반드시 무효로 되는 것은 아니고 또 익명조합원(X)은 介入權을 행사할 수도 없다. 그러므로 익명조합원(X)은 그 상대방(Y)에게 호텔임대계약의 무효를 주장하거나 임대계약을 자신과 맺을 것을 청구하지는 못하고 계약해지 및 손해배상청구만 할 수 있다(손주304, 정동(총)383, 이철344).

해서는 선관의무 내용의 하나로써 긍정하는 견해가 다수설이다.

(2) 익명조합원의 감시권

1) 의 의 익명조합원은 영업에 참가할 수 없지만 그 실적 여하에 따라 이익분배가 결정되므로 합자회사의 유한책임사원과 같은 監視權이 인정되고 있다(86, 277). 앞에서 본 바와 같이 익명조합원의 출자재산도 영업자의 재산으로 귀속되는 점에서 감시권은 익명조합원의 이익을 지키는 유일한 수단이 되고 있다.

익명조합원에게는 합자회사의 유한책임사원과 같은 감시권이 인정된다.

2) 내 용 익명조합원은 회계장부·대차대조표 기타의 서류를 열람할 수 있으며, 업무와 재산의 상태를 검사할 수 있고, 중요한 사유가 있을 때에는 익명조합원은 언제라도 법원의 허가를 얻어 위의 열람과 검사를 할 수 있다(86, 277②).

3. 損益의 分配

영업자는 익명조합원에게 영업으로 인한 이익을 분배할 의무를 부담하지만(78 後) 손실을 분담할 의무를 지는 것은 아니다. 즉, 이익분배는 익명조합계약의 본질적 요소이나 손실분담은 그렇지 아니하다.

(1) 이익분배

익명조합에서 이익이라 함은 순재산의 증가분이다.

1) 이 익　익명조합에는 회사와 같이 자본의 개념은 없기 때문에 이익은 단순히 각 영업년도의 영업활동에 의해 생긴 純財産額의 증가분이라고 할 수 있다. 다만 그 증가분에는 固定資産의 評價益은 포함되지 아니한다. 이익은 매영업년도를 기준으로 산정하는데(86, 277), 구체적으로는 영업년도 말의 대차대조표에 의해 확정된다(30②). 영업년도는 다른 특약이 없으면 1년으로 한다(30② 前).

이익분배의 비율은 출자가액에 비례한다.

2) 분배비율　이익의 분배비율은 당사자간의 약정에 의해 정해지지만, 약정이 없으면 각자의 出資價額에 비례하여 정하여진다(民 711). 영업자에게는 현실의 출자가 없고 그에 따른 이익분배도 없지만 익명조합원에 대한 분배비율을 정하기 위해서는 그의 출자액에 상당하는 부분을 산정할 필요가 있다. 보통 영업자가 영업에 투여한 재산과 노력 및 신용 등을 평가하여 합산한 금액으로 한다.

익명조합원에게는 이익분배청구권이 있으며 이는 익명조합계약에 본질적인 요소이다.

3) 이익분배의무　이익이 발생하면 영업자는 반드시 익명조합원에게 이를 분배할 의무를 부담하며, 익명조합원은 分配請求權을 가진다. 이익분배는 익명조합원의 출자에 대한 대가관계에 있으므로 출자와 함께 익명조합계약의 본질적인 요소가 된다. 그러므로 당초부터 이익분배를 하지 않겠다는 약정을 한 경우 또는 영업이익 여부에도 불구하고 일정액을 지급하겠다는 약정은 民法上의 組合이나 消費貸借에 해당하고 익명조합계약은 아니다(정·정247; 獨商336② 참조). 다만 당사자간의 약정으로 이익을 영업내에 유보하거나 또는 현실로 지급하지 않고 익명조합원의 출자에 가산할 수 있다. 이익의 분배는 영업년도별로 현실적으로 이루어질 것을 요하므로 차년도에 이월되지 아니한다.

(2) 손실분담

다른 약정이 없으면 익명조합원에게는 손실부담의 의무가 있으며 그 비율은 이익분배의 비율과 동일하다.

1) 분담비율　손실분담은 익명조합의 요소가 아니므로 당사자간의 약정으로 익명조합원은 손실을 분담하지 않는 것으로 정할 수 있다(82③). 그러나 이러한 약정이 없다면 익명조합이 가지는 공동기업으로서의 성질상 익명조합원도 손실분담의무가 있으며(서·정178, 정희173, 양·박128, 임홍(상)427 外), 그 분담비율은 이익분배비율과 동일한 것으로 본다(民 711②). 익명조합원이 손실을 분담하는 경우에도 이를 현실적으로 출연해야 하는 것은 아니고 계산상 그 분담액만큼 출자액이 감소하는 것에 불과하다. 익명조합원의 출자가 손실로 인해 감소하면, 그 손실을 전보한 후가 아니면 이익배당을 청구하지 못한다(82①).

2) 추가적 출자의무　익명조합원이 손실을 분담한 결과 출자액이 마이너스로 되는 경우에도 추가적인 출자의무를 부담하지 않고 이미 배당받은 이익도 반환할 필요가 없다(82②). 익명조합은 영업자의 단독기업이고 그 채무에 대하여 영업자만 무한책임을 지기 때문이다. 즉 영업손실은 영업자가 부담하고 익명조합원은 그 출자액을 한도로만 위험을 부담한다.

익명조합원은 추가적 출자의무가 없다.

제 4　匿名組合의 對外的 效力

[사례 II-3-3: 익명조합의 대외적 효력]

(i) X와 A는 상가를 건축하여 임대사업을 공동으로 하기로 하고 건축에 관한 모든 명의와 책임은 A가 맡되, X는 건축에 소요되는 자금을 출자하여 그 이익금을 나누어 가지기로 하였다. 이에 A가 건축주가 되어 상가건물을 완공한 후 자신의 명의로 보존등기를 하고 이를 Y에게 양도하였다. X는 이 건물이 자신과 A의 합유임을 내세워 Y에게 소유권이전등기의 말소를 구할 수 있는가? (대판 1972.8.29, 72다1097 참조).

(ii) Y는 제과점 경영이 어려워지자 제빵기술자인 A와 공동으로 사업을 하기로 하고, 제과점 시설과 상호 일체를 A에게 출자명목으로 양도하였다. A는 사업자등록을 자신의 명의로 변경하고 모든 대외적인 거래도 자신의 명의와 책임하에 수행하되 수익금은 절반씩 나누어 가지기로 하였다. A는 X로부터 제빵용 밀가루 등 원자재 10억원을 외상으로 구매하였으나 경영악화로 인해 상환하지 못하였다. X는 Y에게 외상대금의 지급을 구할 수 있는가?

1. 營業者의 地位

匿名組合은 경제적으로는 익명조합원과 영업자의 공동기업이지만 법적으로는 영업자의 단독기업이므로 대외적으로는 營業者만이 영업의 주체로서 제3자와 법률관계를 가진다. 즉 익명조합원이 출자한 재산과 영업자의 영업행위로 인하여 생긴 모든 권리의무는 영업자에게만 귀속되므로(79) 익명조합의 채무에 대해서는 영업자가 無限責任을 부담한다. 대판 1972.8.29, 72다1097도 [사례 II-3-3-i]에서 "갑(A)이 본건 건물의 건축사업을 영위하고 을과 병(X)은 갑(A)의 영업을 위하여 출자하고 그 영업으로 인한 이익을 분배하기로 약정한 경우의 법률관계는 익명조합관계라 할 것이므로 갑

익명조합은 영업자의 단독기업이므로 대외적으로는 영업자만 영업의 주체이다. 따라서 익명조합의 채무에 대해서는 영업자가 무한책임을 부담한

다.

(A)이 건축한 본건 건물에 대하여 을과 병(X)은 합유권을 가질 리가 없다"고 판시하였다. 그러므로 익명조합원(X)은 제3자(A)에 대해 출자재산이 合有임을 이유로 이전등기의 말소를 구할 수 없다.

2. 匿名組合員의 地位

(1) 원 칙

익명조합원은 대외적인 권리 · 의무가 없다.

익명조합은 대외적으로는 영업자의 단독기업이므로 익명조합원은 영업자의 행위에 관하여 제3자에 대하여 권리나 의무가 없으며(80) 영업자를 대리할 권한도 없다(86, 278).

(2) 예 외

익명조합원이 성명을 대여한 경우에는 영업자와 연대해 변제할 책임이 있다. 명의대여자의 책임과 그 취지를 같이 한다.

익명조합원이 자기의 성명을 영업자의 상호중에 사용하게 하거나 자기의 상호를 영업자의 상호로 사용할 것을 허락한 때에는 그 사용 이후의 채무에 대하여 영업자와 연대하여 변제할 책임이 있다(81). 익명조합원의 이름을 사용함으로써 그 영업이 익명조합원의 영업 또는 익명조합원과 영업자의 공동사업인 것과 같은 외관이 생기기 때문에 이를 신뢰한 제3자를 보호하기 위한 규정이다. 이 규정은 상법 제24조의 名義貸與者의 責任과 마찬가지로 禁反言의 法理에 기한 것이다. [사례Ⅱ-3-3-ii]에서 보면 익명조합원(Y)은 영업자(A)에게 영업재산을 출자하면서 상호도 함께 이전하였다. 그러므로 영업자(A)가 이 상호로써 제과점을 경영하면서 제3자(X)와 한 거래에 대해서는 익명조합원(Y)도 영업자(A)와 연대하여 배상할 책임이 있다. 다만 외관의 보호를 위한 본조의 취지에서 볼 때 제3자(X)는 악의 또는 중과실이 없어야 한다.

제 5 匿名組合의 終了

1. 終了의 原因

익명조합계약은 존속기간의 만료 기타 계약의 일반적인 종료원인 이외에 다음과 같은 사유로 종료된다.

(1) 약정종료사유: 해지

1) 존속기간을 정하지 않은 경우　조합계약으로 익명조합의 존속기간을 정하지 아니하거나 어느 당사자의 종신까지 존속할 것을 약정한 때에는 각 당사자는 영업년도말에 계약을 해지할 수 있다. 다만 이 해지는 6월전에 상대방에게 예고하여야 한다(83①). 익명조합계약의 당사자 일방이 채무를 불이행한 경우에는 상대방은 계약을 해지할 수 있지만(民543) 채무불이행이 없더라도 解止權을 인정하는 점에서 의미가 있다. 해지권자는 계약의 당사자인 익명조합원과 영업자이며 익명조합원의 채권자에게는 해지권이 인정되지 않는다.

각 당사자는 6개월 전에 예고하고 영업연도 말에 계약을 해제할 수 있다.

2) 부득이한 경우　조합의 존속기간의 약정의 유무에 불구하고 부득이한 사정이 있는 때에는 각 당사자는 언제든지 계약을 解止할 수 있다(83②). 여기에서 '부득이한 사유'란 익명조합원이 출자의무를 이행하지 않거나 영업자의 재산상태가 악화되는 등 상호신뢰가 상실되는 경우를 말한다.

부득이한 경우에는 언제든지 계약을 해제할 수 있다.

(2) 법정종료사유

익명조합계약은 i) 영업의 폐지 또는 양도, ii) 영업자의 사망 또는 금치산, iii) 영업자 또는 익명조합원의 파산이 있는 경우에는 자동적으로 종료한다(84). 그러나 익명조합원의 사망이나 금치산은 종료원인이 되지 아니한다. 또 영업자가 회사인 경우에 회사가 해산되어도 청산의 범위내에서 법인격이 존속하기 때문에 종료사유가 되지 아니한다.

익명조합원의 사망, 금치산은 종료원인이 아니다.

2. 終了의 效果

(1) 출자의 반환

1) 손실분담을 하지 않는 경우　익명조합원이 손실을 분담하지 않기로 하는 특약이 있는 경우에 익명조합계약이 종료하면 영업자는 익명조합원에게 그 출자의 가액을 반환하여야 한다(85本). 즉 이 때에는 손실로 인한 出資의 減少가 있는 여부를 불문하고 익명조합원이 출자한 전액을 반환해야 한다. 출자는 영업자의 재산에 귀속되기 때문에 가령 익명조합원이 現物出資를 한 경우에도 그 현물을 반환할 필요는 없고 출자액을 금전으로 평가하여 반환하면 된다. 반환되어야 할 금액은 납입된 출자액이며 납입미납금이 있는 경우에도 계약이 종료되면 그 잔액을 납입할 의무가 없다.

특약에 의해 손실을 부담하지 않고 출자가액을 반환받을 수 있다.

2) 손실분담을 하는 경우　손실분담에 관한 약정을 하지 않은 경우에

특약이 없을시

잔액만 지급한다.

는(82①) 출자가 손실로 인하여 감소하면 그 잔액만 반환하면 된다(85). 만일 손실분담액이 출자분을 초과하는 경우에는 익명조합원은 출자미납금을 이행해야 하지만, 다른 약정이 없으면 추가적인 출자나 증자를 할 의무는 없다(82②, ③).

(2) 출자반환청구권의 성질

출자반환채권은 일반채권과 동순위에 있다.

출자반환청구권은 익명조합원이 영업자에 대해 가지는 채권이며 회사의 사원이 회사에 대해 가지는 殘餘財産分配請求權과 다르다. 즉 잔여재산분배청구권은 회사의 다른 채권자에 비해 후순위임에 대해 익명조합원의 출자반환채권은 일반채권자와 동순위에 있다. 그러므로 영업자의 파산에 의해 익명조합계약이 종료한 때에는 익명조합원의 출자반환청구권은 破產債權으로 되고 일반 파산채권자와 평등한 비율로 변제를 받는다.

제 3 장
代理商 · 仲介業 · 委託賣買業

개 요

독립한 기업이면서 다른 기업의 보조적 역할을 하는 대리상, 중개업 및 위탁매매업은 기업활동의 법적인 형태가 각각 대리 · 중개 · 주선이라는 차이가 있다. 이에 따라 본인(위탁자), 대리상(중개인, 위탁매매인), 제3자간의 3면적인 법률관계가 문제된다. 기업활동의 범위가 넓어지고 거래형태와 대상이 전문화 · 복잡화되면서 이들 보조상의 역할과 중요성이 커지고 있다.

이장에서는 대리상의 법률관계, 중개업과 중개인의 의무와 권리, 위탁매매의 외부관계와 내부관계 등을 중심으로 설명한다.

주요 내용

o 대리상의 의의 — 상업사용인, 대리점 · 특약점과의 구별
o 대리상과 의무 — 통지의무, 경업금지, 영업비밀준수의무
o 대리상의 권리 — 수수료, 유치권, 보상청구권
o 대리상과 제3자간의 관계 — 대리권한, 통지수령권한
o 중개인의 의무 — 주의의무, 중립의무, 견품보관, 결약서작성 · 교부의무, 묵비의무, 개입의무(이행담보책임)
o 중개인의 권리 — 보수청구권, 급여수령권
o 위탁매매의 외부관계 — 위탁물의 귀속
o 위탁매매인의 의무 — 통지의무, 지정가준수의무, 개입의무, 위탁물처분의무
o 위탁매매인의 권리 — 보수청구권, 유치권 · 공탁권 · 경매권, 개입권

제 1 절 代 理 商

제 1 代理商制度

1. 經濟的 機能과 沿革

(1) 경제적 기능

넓은 지역에 걸쳐 사업을 전개 또는 새로운 판로를 개척할 경우, 비용부담 측면에서도 대리상이 유리하다.

代理商이 경제적으로 중요성을 띄게 된 것은 19세기 후반부터이다. 넓은 지역에 걸쳐 영업망을 가지고 사업을 전개하는 경우 또는 새로운 판로를 개척할 경우에는 대리상을 이용하는 것이 직접 해당지역에 영업소를 설치하거나 상업사용인을 파견하는 것보다 유리하다. 즉 현지 사정에 밝고 신용있는 자를 대리상으로 이용하면 비교적 용이하게 신규시장을 개척할 수 있을 뿐 아니라 거래에 따른 수수료만 지급하면 되기 때문에 비용부담 측면에서도 유리하다(정희178, 정동(총)439). 이에 따라 대리상제도는 보험업이나 해상운송업과 같이 여러 지역에 걸쳐 고객들과 계속적·반복적으로 거래하는 기업에서 많이 이용되고 있으며 保險代理店은 가장 대표적인 형태라고 하겠다.

(2) 연 혁

대리상의 개념이 법적으로 규정된 것은 독일상법이 효시이고 우리 상법은 이를 모범으로 하였다.

대리상은 다른 지역에 파견되어 활동을 하던 상업사용인이 현지에서 정착한 것이 그 효시가 되었지만 그 개념이 법적으로 명확히 규정된 것은 1987년 독일상법부터이다. 이 법은 상인으로부터 상시적인 위임을 받아 그 상인의 영업을 위해 거래를 매개하는 독립적인 기업을 대리상으로 인정하였다. 이후 1953년 법개정을 통해 대리상에 관한 규정을 대폭적으로 개정하였는데 이는 주로 대리상과 상업사용인의 구별을 명확히 하기 위한 것이었다. 독일에서는 1990년에 EU의 대리상지침에 따라 대리상에 관한 규정을 다시 개정하여 오늘에 이르고 있다. 우리 상법도 이러한 독일상법을 모범으로 한 대리상에 관한 규정을 두고 있다.

2. 獨立的 補助商의 相互比較

代理商 이외에도 상법은 독립적인 기업이면서도 다른 기업의 보조상 역할을 하는 仲介業과 委託賣買業制度를 두고 있다. 대리상에는 체약대리상과 중개대리상이 있는데 이들과 중개업·위탁매매업은 기업활동의 법적인 형태가 각각 代理·仲介·周旋이라는 차이가 있으며 이에 따라 다음과 같은 구체적인 차이가 있다.

대리상, 중개업, 위탁매매제도의 각각 법적인 형태는 대리, 중개, 주선이다.

(1) 대리·중개·주선

締約代理商은 본인의 이름으로 법률행위를 하고 그 법적 효과는 본인에게 미친다(民 114). 이에 대해 委託賣買人은 자기의 이름으로, 타인의 계산으로 법률행위를 함으로써 그 법적인 효과는 자신에게 미치지만 경제적인 효과는 위탁자에게 미치게 된다(101). 즉 거래행위의 법적 효과와 경제적 효과의 귀속주체가 서로 달라진다. 전자를 直接代理 또는 법률적 대리라고 하고 후자는 間接代理 또는 경제적 대리라고도 한다. 이에 대해 仲介商과 仲介代理商은 타인간의 법률행위를 알선하고 매개하는데 그치고 중개의 결과 법률행위는 타인간에 직접 이루어진다(93). 그러므로 중개 그 자체는 법률행위가 아니고 事實行爲에 지나지 않는다.

체약대리상은 직접대리, 법률적대리이며 위탁매매인은 간접대리, 경제적대리이다. 중개는 사실행위이다.

(2) 거래주체와의 관계

締約代理商과 仲介代理商은 특정상인을 위해 대리업무를 수행함에 대해 仲介商과 委託賣買人은 독립적인 입장에서 여러 상인과 거래를 한다. 그러므로 중개대리상과 중개상은 중개를 업으로 한다는 점에서는 동일하지만 전자가 특정상인과 계속적인 거래를 함에 대해 중개는 불특정다수인과 거래하는 점에서 차이가 난다. 대리상은 이와 같이 특정상인과의 계속적 거래관계에 있으므로 경업금지의무를 부담하지만 중개인·위탁매매인에게는 그러한 의무가 없다.

대리상은 특정상인을 위해 대리업무를 수행하지만 중개상과 위탁매매인은 독립적인 입장에서 여러 상인과 거래한다.

3. 獨占代理店契約의 規制

대리상은 대부분 본사(본인)로부터 일정한 지역내에서 獨占權을 인정받는 대신 본사가 부과하는 여러 제한을 감수하는 獨占代理店 형태를 취한다. 특히 우리 나라는 대규모 제조업체(재벌기업)가 유통시장을 장악하는 유통계열화의

대리상은 본사가 부과하는 여러 제한을 감수하는 독점대리

점 형태를 취하므로 독점규제 및 공정거래에 관한 법률의 규제의 대상이 된다.

수단으로 독점대리점 또는 판매점을 이용하면서 市場의 獨占이나 不公正去來行爲 등 각종 폐해가 초래되고 있다. 이에 따라 독점규제 및 공정거래에 관한 법률은 유통계열화가 초래하는 市場支配的地位(독·과점 사업자)의 濫用·不公正去來行爲·再販賣價格維持에 대해 규제하고 있다.

公正去來法은 국내의 독점대리점계약에 관한 특별한 규정을 두고 있지는 않지만 국제거래에 대해서는 별도의 告示를 두어 대리점계약에서 흔히 문제가 되는 대표적인 불공정거래행위를 규제하고 있다. 이에 의하면 부품 등 구입처제한, 시장분할 목적의 활동지역제한, 판매가격 등 거래방식제한, 경쟁품취급제한, 광고·선전비부과, 일방적인 분쟁해결 등이 불공정거래행위의 예이다. 본사가 이러한 불공정한 제한을 부과할 경우에는 대리점은 공정거래위원회에 신고하여 是正措置를 구할 수 있고 그로 인한 손해배상을 청구할 수도 있다. 공정거래위원회는 그 시정명령·시정권고와 함께 과징금도 부과할 수 있다.

제 2 代理商의 意義

[사례 Ⅲ-1-1: 대리상의 의의]

(i) X보험회사는 대전지점의 설치 및 운영관계를 규정한 화재보험도급계약을 A와 체결하였다. 이 계약에서 A는 대전지점 소관 구내에서 X회사 명의로 보험계약의 모집·체결 및 보험료 영수를 하며, X는 A에게 보수로서 매월 일정액을 지급하는 외에 보통 화재보험에 있어서는 순 보험료의 40%, 월불 화재보험에 있어서는 순 보험료의 30%를 지급하고, 보험계약모집에 필요한 제반경비와 관내 대리점에 대한 수수료·교통비 및 교제비 기타 모든 비용은 A가 부담하기로 하였다. Y는 A의 채무에 대해 보증하였는데 A가 수령한 보험료를 횡령하고 달아나자 X는 Y에게 보증채무의 이행을 청구하였다. Y는 최고·검색의 항변을 제출할 수 있는가? (대판 1962.7.5, 62다244 참조)

(ii) X_1회사와 Y회사는 대리점총판계약을 체결하고, X_1은 Y로부터 노래방 기기의 본체인 '스토어'를 매입하여 여기에 10여 종의 주변기기를 부착하여 노래방기기 세트를 완성한 후, 판매가격을 결정하여 노래방업자들에게 판매하였다. Y회사는 X_1을 Y회사 제품의 전문취급점 및 A/S센터 전국총판으로 기재한 광고를 일간지에 개재하였고 이를 본 X_2, X_3가 X_1을 Y회사의 대리인으로 알고 그로부터 노래방세트를 매수하였다. 그런데 스토어에 근본적인 중대한 결함이 있어서 X_1은 노래방기기의 판매를 중단하였고, X_2와 X_3은 노래

방영업을 중단하게 됨으로써 큰 손해를 입었다. X_1, X_2, X_3는 Y를 상대로 손해배상책임을 물을 수 있는가? (대판 1999.2.5, 97다26593 참조)

1. 概　　念

代理商은 일정한 상인을 위하여 상업사용인이 아니면서 상시 그 영업부류에 속하는 거래의 代理 또는 仲介를 영업으로 하는 자를 말한다(87).

(1) 일정한 상인: 본인

일정한 商人을 위하여 거래의 대리 또는 중개를 하여야 한다. 이 점에서 불특정다수인의 영업을 보조하는 중개업·위탁매매업과 다르다. 일정한 상인이라고 함은 반드시 1인이라는 의미는 아니고 특정되어 있으면 수인인 경우에도 상관없다. 그러나 상인이 아닌 자를 위하여 대리 또는 중개를 하는 民事代理商(농민의 농산물을 대리하여 판매하는 상인)은 상법상의 대리상은 아니다.

특정한 상인을 위한 거래의 대리 또는 중개를 한다.

(2) 상시거래의 대리·중개

대리상은 일정한 상인을 위해 常時 그 營業을 補助하는 자이므로 본인과 계속적 거래관계에 있어야 한다. 그러므로 대리상은 단순히 개별적인 위임사무를 처리하는 데 그치는 것이 아니라 신뢰관계에 기초하여 끊임없이 본인의 영업을 위한 배려를 할 의무를 부담한다.

본인과 계속적 거래관계에 있어야 한다.

(3) 영업부류에 속한 거래의 대리·중개

대리상은 상인의 영업부류에 속한 거래의 代理 또는 仲介를 하는 자이다. 즉 대리상에 의한 상인의 영업보조는 대리 또는 중개에 의하는데 전자를 締約代理商, 후자를 仲介代理商이라고 한다. 그러나 거래의 대리와 중개를 함께 하여도 상관없다.

영업부류에 속한 거래(기본적 상행위)의 대리 또는 중개를 하는 자이다.

'營業部類에 속하는 去來'는 본인의 基本的 商行爲에 해당하는 거래를 의미하며 보조적 상행위는 포함하지 않는다. 그러므로 가령 매매업을 하는 상인을 위해 금융의 대리나 중개를 하는 자는 대리상에 해당하지 않는다.

(4) 독립한 상인

대리상은 대리 또는 중개의 인수를 영업으로 하는 자로써 獨立한 商人이다(46.10, 11). 대리상은 본인을 위하여 반복적으로 대리나 중개를 하지만 대리상계약에 의해 이를 인수하는 것이기 때문에 '代理 또는 仲介의 引受를 업'

대리상은 본인과의 대리상 계약에 의해 다수의 대리와 중개를 인수하고, 이에 의해 영리를 도모하는 다른 독립한 상인이다.

으로 한다는 표현은 적합하지 않다. 그러나 실질적으로 보면 그 대리상계약에 의해 다수의 대리와 중개를 인수하고 이에 의해 영리를 도모하는 것이므로 대리 또는 중개의 인수를 영업으로 한다고 하여도 상관없다.

대리상은 본인인 상인의 영업을 보조하는 자이지만 본인의 기업조직 외부에서 독립한 상인이라는 점에서 일정한 상인에 종속하여 기업조직 내부에서 대외적인 영업을 보조하는 商業使用人과 구별된다.

2. 區別概念

(1) 상업사용인

일정한 상인의 대외적인 거래행위를 대리함으로써 상인의 영업을 보조한다는 점에서는 代理商은 商業使用人과 유사하다. 특히 [사례Ⅲ-1-1-i]과 같이 상업사용인이 원격지에 상주하면서 영업주를 보조하는 경우에는 양자의 구별이 어렵다.

상업사용인과의 본질적인 차이는 독립한 상인성 여부에 있다. 구체적으로는, 대리상은 i) 위임관계이며, ii) 수수료를 받고, iii) 2인 이상의 상인을 보조할 수도 있으며, iv) 자기의 영업소를 가지고, 스스로 영업비를 부담하며, v) 자기의 상호를 가지는 점 등에서 차이가 있다.

1) 차이점 양자의 본질적인 차이는 獨立한 商人性 여부에 있고 따라서 대리상은 본인과 委任關係에 있지만 상업사용인은 雇用關係에 있다. 구체적으로는 **첫째**, 대리상은 手數料를 받지만 상업사용인은 定額給與를 받으며 **둘째**, 대리상은 2인 이상의 상인을 위하여 보조하는 경우도 있지만 상업사용인은 항상 1인의 상인만을 보조하며 **셋째**, 대리상은 자기의 영업소를 가지고 본인의 영업소와는 다른 장소에서 활동하지만 상업사용인은 영업주의 영업소에서 활동하고 **넷째**, 대리상은 스스로 영업비를 부담하지만 상업사용인은 이를 부담하지 않는다. 이외에도 대리상은 독립한 상인이므로 자기의 商號를 가지고, 자신의 상업장부를 구비하고, 상업사용인을 두는 점에서 상업사용인과 차이가 있다(정희181, 정동(총)442).

2) 사례의 분석 이러한 제반 구별기준을 [사례Ⅲ-1-1-i]에 적용해 보면 **첫째**, A는 일정액의 보수외에 영업실적에 따른 수수료를 받고 있는데 상업사용인의 경우에도 일정액의 급여 외에 수수료나 상여금 등을 받아도 상관없다. **둘째**, A는 X회사의 대전 지점소관구내에서 활동하고 있으므로 대리상보다는 상업사용인이 가깝다. **셋째**, 제반 활동비(모집경비·수수료 등)는 A가 부담하는데 이는 대리상에 가깝다. 이에 대해 대판 1962.7.5, 62다244는 "계약서의 전체의 기재로 보아 지점설치 운영자(A)가 회사(X)의 단순한 상업사용인에 불과한 때에는, 순보험료중 일부를 지점설치자(A)에게 지급하기로 하고, 그 지점 운영과 경비를 설치자(A)가 부담하기로 하는 약정이 있

었다 하여 곧 지점설치 운영자(A)와 보험회사(X)의 관계가 고용관계가 아니고 대리상관계라고 단정할 수 없다"고 판시하였다. 따라서 A를 위한 보증은 身元保證으로서 商事保證이 아니므로 Y는 X의 청구에 대해 催告·檢索의 抗辯을 제기할 수 있다(商事保證에관한[사례 I-2-8-i]의 ②참조).

(2) 대리점·특약점

代理店은 대리상의 영업소를 말한다. 그러나 거래계에서는 그 법적 성질여하에 관계없이 본사의 상품 또는 영역을 독점적으로 공급받아 판매하는 자의 영업소를 대리점 또는 특약점이라고 한다. 이러한 대리점에는 상법에서 말하는 대리상에 해당하는 것도 있으나 그 대부분은 독점적인 판매권을 가지고 자신의 명의와 계산으로 물건 등을 판매하는 販賣店(특약점)이다.

대리점은 대리상의 영업소를 의미하지만, 실제로는 독점적인 판매권을 가지고 자신의 명의와 계산으로 물건 등을 판매하는 특약점이 대부분이다. 그 의미에서 대리점은 상법상의 대리상과는 구별된다.

1) 차이점 代理商은 본인의 영업을 대리하거나 중개하고 그 수수료를 영업수익으로 함에 비해 特約店은 본사로부터 물품 등을 구매하여 여기에 이익을 가산하여 자신의 명의와 계산으로 소비자에게 판매하는 점에서 근본적인 차이가 있다. 그러므로 판매하지 못한 물품 등은 대리상의 경우에는 본사에 이를 반환하면 되지만 특약점의 경우에는 자신의 재고로 남게 된다. 이러한 특약점은 본사와의 관계에서 단순한 買受人의 지위에 있는 경우와 委託販賣人의 지위에 있는 경우가 있다. 그러므로 대리상인 여부는 그 명칭에 의해서만 판단되는 것은 아니다.

2) 사례의 분석 대판 1999.2.5, 97다26593은 [사례Ⅲ-1-1-ii]에서 "제조회사와 대리점 총판 계약이라고 하는 명칭의 계약을 체결하였다고 하여 곧바로 상법 제87조의 대리상으로 되는 것은 아니고, 그 계약 내용을 실질적으로 살펴 대리상인지 여부를 판단하여야 하는바, 원고 회사(X_1)는 피고 회사(Y)로부터 이 사건 스토어를 매입하여 원고 회사(X_1) 스스로 10여 종의 주변기기를 부착하여 노래방기기 세트의 판매가격을 결정하여 위 노래방기기 세트를 소비자에게 판매하였다는 것이므로 원고 회사(X_1)를 피고 회사(Y)의 상법상의 대리상으로 볼 수 없다 할 것이고, 또한 피고 회사(Y)가 국제신문에 피고 회사(Y) 제품의 전문취급점 및 A/S센터 전국총판으로 원고 회사(X_1)를 기재한 광고를 한 번 실었다고 하더라도, 전문취급점이나 전국총판의 실질적인 법률관계는 대리상인 경우도 있고 특약점인 경우도 있으며 위탁매매업인 경우도 있기 때문에, 위 광고를 곧 피고 회사(X_1)가 제3자(X_2, X_3)에 대하여 원고 회사(X_1)에게 피고 회사(Y) 제품의 판매에 관한 대리권을 수여함을 표시한 것이라고 보기 어렵다"고 판시하였다. 따라

서 X_2, X_3는 Y회사와 직접적인 법률관계가 없으므로 X_1에 대해서는 몰라도 Y를 상대로는 손해배상을 청구할 수 없다.

제 3 代理商의 法律關係

1. 代理商과 本人의 關係

대리상 계약의 법적 성질은 위임이므로 대리상에게는 선량한 관리자의 주의 의무가 요구된다.

대리상과 본인간의 대리상계약에서는 대리상은 본인을 위하여 그 거래의 대리(법률행위) 또는 중개(사실행위)라는 사무를 처리할 의무를 부담하므로 그 법적 성질은 委任이다. 그러므로 민법의 위임에 관한 규정이 적용되어(民 681) 대리상은 거래의 대리나 중개를 함에 있어 선량한 관리자의 주의를 다해야 한다. 나아가 대리상은 평소에도 거래의 대리나 중개의 기회를 획득하기 위해 선량한 관리자의 주의로써 노력해야 한다.

가. 代理商의 義務

[사례 Ⅲ-1-2: 대리상의 의무]

Y는 X생명보험회사와 대리점계약을 체결하였다. 다음 각 경우 X회사는 Y에 대해 손해배상을 청구할 수 있는가? ① Y가 다른 해상화재보험회사의 영업소장으로 취임한 경우 ② Y가 대리점계약 종료후 3년이 지난 다음 보험중개업을 개시하면서 대리점으로 활동 중에 획득한 고객명부를 이용하는 경우

대리상은 본인에 대해 선량한 관리자의 주의의무 이외에 상법상 다음과 같은 특별한 의무를 부담한다.

(1) 통지의무

대리상은 본인의 청구가 없어도 대리 또는 중개를 한 때에 본인에게 통지 의무가 있다.

대리상이 거래의 대리 또는 중개를 한 때에는 지체없이 本人에게 그 통지를 발송하여야 한다(88). 민법의 위임에 있어서 受任者는 위임자의 청구가 있거나 위임이 종료한 때에 한하여 보고의무가 있으나(民 683), 대리상계약에 있어서는 당사자간의 특별한 신뢰관계를 고려하여 본인의 청구가 없어도, 그리고 위임의 종료여부에 관계없이 통지를 발송하도록 한 것이다. 통지를 발송하면 되고 그 부도달의 위험은 본인에게 귀속된다. 대리상이 의무를 게을리 하여 본인이 손해를 입은 경우에는 그 배상의무가 있다.

(2) 경업금지의무

1) 내 용　대리상은 본인의 허락없이 자기나 제3자의 계산으로 본인의 영업부류에 속한 거래를 하거나 동종영업을 목적으로 하는 회사의 무한책임사원이 되지 못한다(89①). 대리상은 본인과 계속적인 거래관계를 통해서 영업상의 중요한 정보에 접할 기회가 많은데 이를 이용하여 자신이나 제3자의 이익을 도모한다면 본인의 영업기회는 그만큼 감소할 수밖에 없다. 그러므로 대리상에게 競業禁止義務를 부과하여 본인이 이익을 보호하려는 것이 그 취지이며 상업사용인(17), 인적회사의 무한책임사원(198, 269), 물적회사 이사(397, 564③)의 경업금지와 그 맥을 같이 한다.

대리상은 영업상의 중요한 정보를 접할 기회가 많으므로 그 부당이용을 막기 위해 경업금지의무가 부과된다.

2) 비 교　상업사용인의 경업금지와 비교할 때 겸직금지의 범위가 동종영업을 목적으로 하는 회사의 무한책임으로만 제한되어 있다. 그러므로 대리상은 동종영업을 목적으로 하지 않는 다른 회사의 이사·주주·무한책임사원이 될 수 있다. 그러나 [사례Ⅲ-1-2]의 ①과 같이 다른 상인(해상화재보험회사)의 사용인(영업소장)이 될 수 있는가에 대해서는 부정하는 견해가 다수이다(채이 242, 이철335, 이기(총)372).

겸직금지의 범위는 동종영업을 목적으로 하는 회사의 무한책임으로만 제한되어 있다.

3) 위반의 효과　대리상이 경업금지를 위반한 경우에도 그 행위가 무효로 되는 것은 아니고 본인은 계약의 해지, 손해배상의 청구 및 개입권을 행사할 수 있다(89②, 17). 介入權은 본인이 거래를 안 날로부터 2주간, 거래가 있는 날로부터 1년 이내에 행사해야 한다(89②, 17④). 즉 [사례Ⅲ-1-2]의 ①에서 본인(X)은 대리상(Y)의 경업금지위반을 이유로 대리상계약을 해지하고 그로 인한 손해배상권 및 개입권을 행사할 수 있다. 그러나 겸직금지위반의 경우에는 개입권행사의 여지는 없다.

위반행위에 대해 본인은 계약의 해지, 손해배상의 청구, 개입권을 행사할 수 있다.

(3) 영업비밀준수의무

대리상은 계약의 종료후에도 계약과 관련하여 알게 된 본인의 영업상의 비밀을 준수하여야 한다(92의3). 일반적인 영업비밀의 침해에 대해서는 不正競爭防止法에서 규정하고 있지만 대리상은 계속적인 거래관계를 통해 본인의 영업비밀에 접할 기회가 많으므로 상법은 1995년 개정을 통해 별도로 이에 관한 규정을 두게 된 것이다. 여기에서 '영업상의 비밀'이란 영업과 관련된 사항으로서 소수인만이 알고 있고 본인이 공표되는 것을 바라지 않는 것으로서(정동(총)447, 정찬(상)266), [사례Ⅲ-1-2]의 ②와 같이 고객의 명단이라든가 판매기법, 기타 영업상의 노하우 등이 이에 해당한다.

계약 종료후에도 대리상은 알게 된 영업비밀의 준수의무를 부담한다.

營業秘密遵守義務는 대리상의 報償請求權(92의2)과 균형을 이루기 위해

비밀준수기간,

의무위반의 효과에 대한 규정이 없다.

도입하였지만 비밀준수기간이라든지 의무위반의 효과에 대해서는 규정을 두지 않음으로써 입법의 불비라는 비판을 받고 있다(김성 510). 그러므로 [사례 III-1-2]의 ②와 같이 계약종료 후 3년이 경과한 경우에는 상관없다고 하겠다.

나. 代理商의 權利

[사례 III-1-3: 대리상의 권리]

X는 Y해운회사와 대리점계약을 체결하면서 수거한 운임의 10%를 수수료로 지급받기로 하였다. 다음 각 경우 X는 Y회사에 대해 보수청구·보상청구 또는 유치권을 행사할 수 있는가? ① X가 A와 운임후불조건(freight collect)으로 운송계약을 체결한 후 수수료를 청구한 경우 ② Y회사가 X를 거치지 않고 직접 X의 관할구역에 있는 A와 운송계약을 체결한 경우 ③ X의 노력으로 큰 무역회사인 A를 고객으로 확보하였는데 Y회사가 계약기간의 만료를 이유로 대리상계약을 종료시킨 후에 A와 여러 건의 운송계약을 체결한 경우 ④ Y회사가 수수료를 지급하지 않자 X가 Y를 위해 수령한 선하증권으로 운송물을 인도받아 유치하는 경우

(1) 보수청구권: 수수료

대리상은 상인이므로 본인을 위하여 한 행위에 대해서는 약정이 없는 경우에도 상당한 보수청구권이 있다(61). 그러나 보수에 대해서는 대리상계약에서 상세히 정하는 것이 보통이다.

대리상의 보수는 체결된 계약에 대한 일정률의 수수료로 정해지는데, 보통 운임을 최종적으로 수취하였을 때 지급한다.

1) 수수료 대리상의 보수는 대리상의 노력에 의해 체결된 계약에 대한 일정률의 수수료(commission)로 정해지는 경우가 많다. 이는 대리상의 활동의욕을 자극하기 위한 것이지만 비양심적인 대리상으로 하여금 本人의 이익보다는 계약체결 건수에 더 집착하도록 할 위험도 있다. 이에 따라 [사례III-1-3]과 같이 본인(Y)이 거래대금(운임)을 최종적으로 수취하였을 때 거래가 성사된 것으로 보고 수수료를 지급하든지, 아니면 대리상으로 하여금 이행에 대한 담보를 하게 하는 특수한 대리상제도(del credere agent)를 이용한다. 따라서 [사례III-1-3]의 ①과 같이 운임후불조건으로서 계약만 체결되고 본인(Y)이 아직 운임을 받지 못한 경우에는 대리상(X)의 수수료청구권이 발생하지 않는다.

자신에 의해 성사된 거래의 범

2) 범 위 대리상은 원칙적으로 자신이 노력한 결과 성사된 거래에 대하여만 수수료를 받을 권리가 있다. 따라서 [사례III-1-3]의 ②와 같이 본

인(Y)이 대리상(X)을 거치지 않고 직접 주문을 받은 경우라든지 다른 대리상의 노력에 의해 계약이 체결된 경우에는 원칙적으로 수수료청구권이 발생하지 않는다. 반복주문에 대한 수수료 청구도 인정하는 것이 보통인데 [사례Ⅲ-1-3]의 ③과 같이 대리상계약의 종료 후에는 다음에서 설명하는 보상청구권(92의2)으로 된다.

위에 대해서만 수수료를 받을 권리가 있다.

3) 중개대리상 仲介代理商은 단지 고객을 소개할 권한만을 가지기 때문에 고객의 주문을 승낙하고 계약을 체결하는 여부는 전적으로 본인의 재량에 맡겨져 있다. 따라서 대리상은 본인이 거절한 주문에 대하여는 수수료를 청구할 권리가 없다. 그러나 이는 대리상에게 매우 불리하기 때문에 당사자간의 합의로 달리 정할 수 있으며, 또 본인이 대리상의 수수료획득을 부당하게 방해한 경우에는 이로 인한 손해를 청구할 수 있을 것이다.

원칙적으로 고객의 주문 승낙, 계약의 체결 여부는 본인의 재량에 속하는 것이나, 일정한 경우 예외가 인정된다.

(2) 유치권

대리상은 다른 약정이 없으면 거래의 대리 또는 중개로 인한 채권이 변제기에 있는 때에는 그 변제를 받을 때까지 본인을 위하여 점유하는 물건 또는 유가증권을 유치할 수 있다(91). 이를 代理商의 留置權이라고 하며 이외에도 民事留置權(320)이나 商事一般留置權(58)을 가진다.

1) 피담보채권 유치권에 의해 담보되는 채권은 거래의 대리 또는 중개로 인하여 생긴 채권(수수료·체당금의상환청구권·보상청구권)이지만 유치목적물에 관하여 생긴 것을 요하지 않는다. 이와 같이 개별적인 견련관계를 요하지 않는 점에서는 민사유치권과 다르고 일반상사유치권과 동일한데, 이는 대리상과 본인간에는 계속적인 거래관계가 존재하고 그 거래관계가 일체적인 것으로 고려되는 결과, 채권과 유치목적물간의 개별적이고 구체적인 견련을 요구하는 것이 불필요하거나 부적절하기 때문이다(정희183). 대리상으로서 한 대리·중개에 의해 생긴 채권인 이상 대리상 자격을 상실한 후에도 유치권을 행사할 수 있다.

유치권에 의해 담보되는 채권은 개별적인 견련관계를 요하지 않는다.

2) 유치목적물 대리상이 본인을 위해 적법하게 점유하는 물건 또는 유가증권이면 족하고, 채무자의 소유이거나 점유취득원인이 상행위일 것을 요하지 않는다. 대리상업무의 성질상 대리상이 점유하는 목적물은 아직 본인의 소유에 귀속되지 않든가 또는 이미 타인의 소유로 된 물건이 적지 않고 또 그 점유도 제3자로부터 취득한 것이 많아, 소유권의 소재나 점유취득의 원인을 묻게 되면 그 유치권이 실효성이 없기 때문이다(정동(총)448). 유가증권 중에는 선하증권이나 창고증권과 같이 물권적 효력을 가진 유가증권이

반드시 채무자의 소유이거나 점유취득원인이 상행위일 필요는 없고 본인을 위해 적법한 점유물 또는 유가증권이면 충분하다.

포함되는데 유치권은 이러한 유가증권상에 미치고 그 유가증권이 대표하는 운송물이나 임치물에 미치는 것이 아니다. 그러므로 [사례Ⅲ-1-3]의 ④에서 대리상(X)은 수령한 선하증권은 유치할 수 있으나 선하증권에 의해 인도받은 물품에 대해서는 유치권을 행사할 수 없다.

3) 효 력 유치권의 효력에 대해서는 별다른 규정이 없으므로 민법상의 일반유치권과 같다(民 320).

(3) 보상청구권

대리상의 활동으로 영업실적이 현저히 증대되어, 계약종료 이후에도 본인이 이로 인한 이익을 얻는 경우에는 대리인은 보상청구권을 행사할 수 있다.

1) 의 의 대리상의 활동으로 본인이 새로운 고객을 획득하거나 영업상의 거래가 현저하게 증가하고 이로 인하여 계약의 종료후에도 본인이 이익을 얻고 있는 경우에는 대리상은 본인에 대하여 상당한 보상을 청구할 수 있다. 다만, 계약의 종료가 대리상의 책임있는 사유로 인한 경우에는 그러하지 아니하다. [사례Ⅲ-1-3]의 ③과 같이 대리상(X)의 노력과 수완으로 새로운 고객(A)을 발굴하거나 종래의 고객과의 거래규모가 현저하게 증가하였음에도 불구하고 본인(Y)이 대리상계약을 종료하고 직접 고객(A)과 거래하는 경우가 허다하다. 이 경우 대리상의 노력에 대한 상당한 대가를 지급하도록 할 필요가 있으므로 1995년 개정시에 대리상의 報償請求權을 신설하였다. 이는 일종의 법정청구권이므로 당사자간의 특약으로 배제하지 못한다(이철송, "대리상의 보상청구권", 고시연구(1996.6); 反 채243).

대리상의 책임으로 종료된 경우 이외의 계약의 종료가 있어야 하고, 대리상의 활동으로 본인의 이익이 있어야 한다.

2) 요 건 ① 대리상계약의 종료; 종료의 원인은 묻지 않으나 대부분은 [사례Ⅲ-1-3]의 ③과 같이 계약기간 만료시 본인이 갱신에 응하지 않은 경우이다. 다만 대리상의 책임있는 사유로 계약이 종료한 때에는 보상청구권이 인정되지 않는다. ② 본인의 이익; 대리상의 활동으로 본인이 새로운 고객을 획득하거나 영업상거래가 현저하게 증가하고 이로 인하여 계약의 종료 후에도 본인이 이익을 얻고 있어야 한다(정동윤, "대리상의 보상청구권", 「강위두교수화갑기념논문집」(1996), 65). 본인의 이익은 영업이익이 아니라 [사례Ⅲ-1-3]의 ③에서 보는 바와 같이 대리상이 개척한 고객과의 계속적인 거래를 통해 얻는 경제적 혜택을 말한다.

3) 효 과 대리상은 본인에 대해 상당한 보상을 청구할 수 있다. 보상의 최고한도액은 대리상계약 종료전 5년간의 평균 연보수액이며, 존속기간이 5년 미만인 경우에는 그간의 평균연보수액이다(92의 2②). 보상청구권은 대리상계약이 종료한 날로부터 6월을 경과하면 소멸한다(92의 2③). 이는 除斥期間이다(정동(총) 452).

2. 代理商과 第3者의 관계

[사례 Ⅲ-1-4: 대리상과 제3자의 관계]

(i) Y생명보험회사의 중개대리점 A는 X로부터 보험계약의 청약서를 받으면서 X가 암진단을 받았다는 사실을 고지받았으나 이를 Y회사에는 알리지 않았다. 보험계약이 체결된 얼마 후 X가 암으로 사망하여 X의 유족들은 Y회사에 보험금을 청구하였다. Y회사는 X의 고지의무위반을 이유로 보험금의 지급을 거절할 수 있는가?

(ii) Y해운회사의 대리점 A는 X로부터 운송물을 수령한 후 허위의 선하증권을 발행·교부하였다. A가 이 운송물을 다른 데 처분하고 잠적해 버린 경우, X는 Y회사에 대해 사용자책임을 물을 수 있는가?

가. 代理商의 地位

(1) 대리상의 권한

대리상이 제3자에 대해 어떠한 권한을 가지는가는 授權契約(대리상 계약)에서 정해진다. 체약대리상은 대리상계약에서 정한 범위내에서 계약체결 권한을 가지고 중개대리상은 계약체결권한은 없지만 중개와 관련된 행위를 할 수 있다. 그러나 이들 대리상이 구체적으로 어떠한 권한이 있는가는 거래상대방으로서는 알기 어려울 뿐 아니라 대리상은 본인의 영업소로부터 멀리 떨어져 있는 것이 보통이므로, 거래의 안전을 위해서는 支配人의 代理權과 같은 규정(11)을 두어 그 권한의 범위를 명확히 할 필요가 있다.

수권계약에 의해 정해지지만, 지배인의 대리권과 같은 규정을 두어 거래의 안전을 도모할 필요가 있다.

(2) 통지수령권한

1) 의 의　물건 판매나 그 중개위탁을 받은 대리상은 매매의 목적물의 하자 또는 수량부족 기타 매매의 이행에 관한 통지를 받을 권한이 있다(90). 그러므로 거래상대방은 대리상에 대한 통지로써 본인에게 대항할 수 있다. 체약대리상은 계약체결권한이 있으므로 이 규정이 필요없지만 사실행위를 하는 중개대리상에게는 통지의 수령권한을 인정함으로써(정희184, 정동(총)453, 이철367) 거래의 상대방을 보호한다는 점에서 이 규정이 의미를 가진다.

거래의 상대방을 보호하기 위해, 대리상은 매매의 이행에 관한 통지를 받을 권한이 있다.

2) 보험대리점　통지수령권한은 물건판매 대리상에게만 인정되는데 [사례Ⅲ-1-4-i]과 같이 保險代理店의 告知受領權限에 대해서도 적용되는지 문제된다. 立法論으로는 본조를 중개대리상에도 유추적용하여 거래에 관한

현행 상법상으로는 통지수령권한은 물건판

매 대리상에게 만 인정된다.

사항(암진단)을 대리상(A)이 알았을 경우에는 일정한 범위내에서 본인(Y)에게 효력이 생기는 것으로 하고, 상대방(X)의 의사표시를 수령할 권한도 인정함으로써 거래의 상대방(X)을 보호할 필요가 있다. 그러나 현행법의 解釋論으로는 물건판매 이외의 중개대리상은 계약체결권 및 통지수령권한이 없으므로 본인(Y회사)은 상대방(X)의 고지의무위반을 이유로 보험금 지급을 거절할 수 있을 것이다. 그러나 상대방(X)은 保險業法에 의한 손해배상책임을 물을 수는 있다.

나. 代理商의 義務 · 責任

대리상의 행위는 본인을 위하여 한 것이므로 본인만이 책임을 진다. 단 불법행위책임은 제외한다.

대리상의 대리 또는 중개행위는 본인을 위하여 한 것이므로 본인만 그에 따른 의무와 책임을 지고 대리상은 아무런 책임을 지지 않는다. 그러나 이는 본인의 영업부류에 속한 거래에 대한 책임일 뿐 거래와 상관없는 불법행위책임까지 미치지 아니한다. [사례Ⅲ-1-4-ii]에서 보면 대리점(A)은 본인(Y)과는 독립된 상인으로서 본인(Y)을 위하여 계약체결하고 중개도 하지만, 이는 본인과 대리점과의 계약에 의하여 이루어지는 것일 뿐 본인에게 고용되거나 종속되어서 본인의 지시감독을 받는 것은 아니므로 본인의 피용자라 할 수 없다. 그러므로 본인이 대리점의 불법행위를 지시하였다는 등 특별한 사정이 없는 한 본인(Y)은 대리점(A)의 불법행위(허위의 선하증권발행)에 대해 사용자로서의 책임을 부담하지 아니한다. 그러나 [사례Ⅲ-1-4-i]과 같은 보험대리점의 경우에는 법률의 규정에 의해 대리상(A) 또는 그 사용자의 업무상 불법행위(고지사항은폐)에 대해 본인(Y)에게 책임을 지운다(保險158).

제 4 代理商契約의 終了

1. 一般的 終了事由

본인의 사망 또는 영업양도에 의해서도 대리상계약이 종료되지 않는다.

대리상계약은 委任이므로 위임의 일반적인 종료원인에 의해 종료된다. 다만 민법상의 위임은 위임인의 사망에 의해 종료되지만(民690), 상사대리권은 본인의 사망에 의해 소멸하지 않으므로(50) 대리상계약도 종료되지 않는다. 또한 대리상계약은 본인의 영업을 전제로 하기 때문에 본인이 영업을 폐지한 때에는 종료되지만 영업양도의 경우에는 대리상계약도 영업조직의 한 요소로서 이전한다(反 정동(총)453).

2. 契約의 解止

[사례 III-1-5: 대리상계약의 해지]

X는 Y보험회사의 보험대리점이었는데 Y는 보험대리점계약상의 해지조항에 의거 서면으로 해지통지를 하면서 해지의 이유를 밝히지 않고 있다가 통지서가 도달된 후 30일이 경과되고서야 계약이 해지됨을 알렸다. X는 이건 해지약관이 상법 제92조 1항에 위반한 것으로서 무효를 주장할 수 있는가? 또 X는 해지에 의해 입은 손해의 배상을 구할 수 있는가? (日橫浜地判 1975.5.28, 判타임스 327, 313 참조)

민법상 위임계약은 언제든지 해지할 수 있지만 이를 계속적인 신뢰관계를 바탕으로 하는 대리상계약에 적용하는 것은 부적합하기 때문에 상법은 解止에 관한 특칙을 두고 있다.

(1) 존속기간 약정이 없는 경우

당사자가 계약의 존속기간을 약정하지 아니한 때에는 각 당사자는 2월 전에 예고하고 계약을 해지할 수 있다(92①). 해지의 결과 상대방에게 손해가 발생하여도 이를 배상할 책임이 없다. [사례III-1-5]과 같이 당사자간의 약정으로 2월의 예고기간을 단축할 수 있는가? 이는 임의규정으로서 이에 반하는 당사자간의 약정을 유효이므로 그에 따른 당사자간의 손해배상책임은 인정되지 아니한다(日橫浜地判 1975.5.28, 判타임스 327,313).

존속기간 약정이 없는 경우 2월 전의 예고로서 계약을 해지할 수 있다.

(2) 부득이한 경우

부득이한 사정이 있는 때에는 각 당사자는 언제든지 계약을 해지할 수 있다(92②, 83②). 부득이한 事由라고 함은 대리상관계를 지속하는 것이 사회적 견지에서 부당하다고 인정되는 사유로써 기령 대리상의 불성실, 본인의 중요한 채무불이행 등이다. 이러한 사유로 계약이 해지된 경우 당사자에게 과실이 있으면 상대방은 그 손해의 배상을 청구할 수 있다.

부득이한 사정이 있을 때에는 언제든지 계약을 해지할 수 있다.

제 2 절 仲 介 業

제 1 仲介商制度

1. 經濟的 機能

기업은 시장과 제품이 고도로 전문화된 오늘날 신속, 안전한 거래를 도모하기 위한 경제적인 필요에서 활동이 요구된다.

仲介業은 타인간의 상행위의 중개를 영업으로 하는 것으로서 거래당사자를 물색하여 소개하고 거래를 권유 · 알선함으로써 계약체결의 기회를 촉진시킨다. 시장과 제품이 고도로 분화되고 전문화되어 있는 오늘날, 중요한 거래는 해당분야에 정통한 중개상의 도움을 받지 않고서는 신속 · 안전하게 이루어질 수 없다(정희185, 정동(총)453). 특히 곡물이나 원유와 같은 원자재의 대량 거래나 傭船契約 또는 海上保險과 같은 고도의 전문적인 지식을 요하는 거래에 있어서는 관련시장과 제품에 관한 전문적인 정보와 경험을 축적한 중개상의 도움이 필요하다. 이러한 경제적인 필요에서 중개업이 발전하고 있으며 특히 국제적인 상거래에 있어서는 중개상의 이용이 필수적이다. 그러나 국내에서는 '브로커'로 불리우는 중개인에 대한 부정적인 인식 때문에 不動產去來나 保險仲介를 제외하고는 그다지 활발하게 이용되지는 않는다.

2. 沿 革

중세 유럽에서부터 본격적으로 발달된 중개인 제도는 독일상법에 의해 사적 자유영업제도로 확립되었다.

중개업은 오랜 역사를 가지고 있지만 본격적으로 발전하기 시작한 것은 중세 유럽의 도시국가에서부터이다. 당시 중개업은 公職的 성격을 가지는 독점영업으로서 중개인은 도시당국 또는 동업조합에 의해 임명되고 중개업무외에 통역이나 감정인 등의 직무도 함께 수행하였다. 이러한 중개인의 공적 · 독점적 성격을 배제하고 사적인 자유영업제도로 확립한 것은 1897년의 독일상법이었으며 이것이 각국에 영향을 미치고 우리 상법도 이를 모범으로 하는 중개업제도를 받아들였다.

중개인은 일정분야에서 전문적이고 중립적인 위치에서 거

중개상은 타인의 영업활동을 위한 보조상의 일종이지만, 특정상인을 전속적으로 보조하는 대리상과는 달리 일정분야에서 전문적이고 중립적인 위치에서 거래를 성사시킨다는 점에서 그 공익적 성격이 아직도 남아 있다.

그러므로 부동산중개인이나 보험중개인과 같이 해당분야의 법률로서 중개인의 자격요건을 제한하는 경우가 많다.

래 활동을 하는 공적인 성격이 있다.

제 2 仲介의 意義

[사례 III-2-1: 중개의 의의]

부동산중개업자인 A는 대지 소유자인 B로부터 매매의뢰를 받은 사실이 없음에도 X에게 위 대지가 싸게 나와 있으니 매수하라고 기망하여 이에 속은 X로부터 매수의뢰를 받았다. A는 매도인을 B로 하고 자신은 매수인인 X의 대리인 겸 중개인으로 하는 매매계약서를 작성하고, B에게 매매대금을 전달한다는 명목으로 금원을 편취하였다. 한편 A는 부동산중개업법 제19조 제2항과 제35조의2에 근거하여 전국부동산중개업협회인 Y가 운영하는 공제에 가입하였는데 이 공제는 중개업자가 중개행위를 함에 있어서 거래당사자에게 발생한 재산상의 손해를 보상한다. X는 Y협회에 공제금의 지급을 청구할 수 있는가? (대판 1995.9.29, 94다47261 참조)

1. 仲 介 人

중개인은 타인간의 商行爲의 仲介를 營業으로 하는 자이다([93]).

(1) 타인간의 상행위

타인간의 商行爲를 仲介해야 한다. 불특정 다수인간의 상행위를 중개하는 점에서 특정한 상인을 위하여 계속적으로 상행위의 중개를 하는 仲介代理商과 구별된다. 상행위를 중개해야 하므로 적어도 당사자 1인은 상인이어야 한다. 상행위를 중개하는 점에서 상행위 이외의 행위를 중개하는 이른바 '民事仲介人'과 구별된다. 즉 혼인중매를 하는 결혼상담소라든가, 사인간의 부동산거래를 중개하는 복덕방, 직업소개소 등은 민사중개인으로서 이를 영업으로 하는 경우에는 상법 제46조 11호에 의해 상인성을 취득하지만 중개상은 아니다.

불특정 다수인간의 상행위를 중개하는 자이다.

(2) 중 개

1) 의 의 중개를 하여야 한다. 仲介는 타인간의 법률행위를 성사시키기 위해 노력하는 事實行爲이다. 즉 중개인은 스스로 법률행위의 당사자

중개행위는 타인간의 법률행위를 성사시키

기 위해 노력하는 사실행위로서, 주선행위 및 대리행위와는 구별된다.

로서 권리의무의 주체로 되는 것이 아니고 당사자를 대리하는 것도 아니므로 자기의 이름으로 타인의 계산으로 하는 周旋行爲(101) 또는 본인의 거래를 대리하는 締約代理商(87)과 다르다. 중개인이 다른 약정이나 관습이 없으면 그 중개한 행위에 관하여 당사자를 위하여 지급 기타의 이행을 받지 못하는 것은(94) 이 때문이다.

중개행위에 해당하는지의 여부는 그 행위를 객관적으로 보아 사회통념상 거래 알선, 중개를 위한 행위라고 인정되는가에 의해 결정된다.

2) 요 건 중개행위가 되기 위해서 중개인이 거래의 양당사자로부터 의뢰를 받아야 하는가, 또 중개인에게 거래당사자를 위한다는 의사가 있어야 하는가? [사례Ⅲ-2-1]에서 보면 중개인(A)은 금전을 편취할 목적으로 매수인(X)을 속인 것이므로 부동산공제에서 보상하는 '중개'행위에 해당하는 여부가 문제된다. 이에 대해 대판 1995.9.29, 94다47261은 "중개행위에 해당하는지 여부는 거래 당사자의 보호에 목적을 둔 위 규정의 취지에 비추어 볼 때 중개업자(A)가 진정으로 거래 당사자를 위하여 거래를 알선, 중개하려는 의사를 갖고 있었느냐고 하는 중개업자의 주관적 의사에 의하여 결정할 것이 아니라 중개업자의 행위를 객관적으로 보아 사회통념상 거래의 알선, 중개를 위한 행위라고 인정되는지 여부에 의하여 결정할 것이고, 한편 중개행위란 중개업자(A)가 거래의 쌍방 당사자(B,X)로부터 중개 의뢰를 받은 경우뿐만 아니라 거래의 일방 당사자(X)의 의뢰에 의하여 중개 대상물의 매매 · 교환 · 임대차 기타 권리의 득실 · 변경에 관한 행위를 알선, 중개하는 경우도 포함하는 것"이라고 판시하였다.

(3) 영 업

중개의 인수를 영업으로 한다.

중개를 營業으로 하여야 한다. 중개 그 자체를 영업으로 하는 것이 아니라 仲介의 引受라는 법률행위를 영업으로 하는 것이다. 중개의 인수는 기본적 상행위이므로(46.11) 중개인은 當然商人이다(4). 중개인은 자연인인 경우와 법인인 경우가 있는데 중개인의 자격을 주식회사로 제한하는 경우도 있다(證去 179①).

2. 仲介契約

법률행위 이외의 사무처리를 위탁하고 이를 인수하는 위임계약으로써 일방적 중개계약

중개인과 거래당사자간의 중개계약은 법률행위 이외의 사무처리를 위탁하고 이를 인수하는 委任契約이다(680). 중개계약에는 계약이 성사되어야 보수를 지급하기로 하는(성공 보수제) 一方的 仲介契約과 성사여부에 상관없이 보수를 지급하는 雙方的 仲介契約이 있다. 일방적 중개계약에서는 중개인이

계약의 성립을 위해 노력할 의무를 부담하지 않기 때문에 委任이라고 할 수는 없고 都給에 유사한 계약이다.

과 쌍방적 중개계약이 있다.

일반적으로 당사자간에 특약이나 관습(海難救助)이 없으면 쌍방적 중개계약으로 보아야 한다. 대판 1992.2.11, 91다36239도 "부동산 중개업자와 중개의뢰인과의 법률관계는 민법상의 위임관계와 같으므로 민법 제681조에 의하여 중개업자는 중개의뢰의 본지에 따라 선량한 관리자의 주의로써 의뢰받은 중개업무를 처리하여야 할 의무가 있다"고 판시하였다.

특약이나 관습이 없으면 쌍방적 중개계약으로 봐야 한다.

제 3 仲介人의 義務

仲介人은 受任人으로의 일반적인 의무 이외에 다음과 같은 특수한 의무를 부담한다.

1. 一般的 義務

[사례 III-2-2: 중개인의 주의의무]

A는 토지소유자인 B가 타지에서 의사로 근무하고 있어 관리가 소홀한 것을 이용하여 이를 처분하여 그 대금을 편취할 생각으로 부동산중개업을 하고 있던 Y에게 매매의 알선을 부탁하였다. Y는 X로부터 땅 매수를 의뢰받은 바 있어 A와 X간에 흥정을 붙인 결과, 평당 250,000원에 합의하고, Y가 멀리 있는 X를 대리하여 우선 A와 토지에 관한 매매계약을 체결하고 계약금을 대납하였다. 계약을 체결함에 있어 Y는 A가 자신의 사진을 붙여 위조한 B의 주민등록증상의 사진과 A의 얼굴이 일치하는 것만 확인하고, 그 위조여부 및 A가 등기권리증을 소지하고 있는지에 대한 확인을 제대로 하지 아니하였다. 이후 X는 Y가 A와 이미 작성하여 놓은 계약서의 매수인란에 X라고 기재하고 날인한 후 계약금을 Y에게 상환하였고, 또 Y의 입회하에 A에게 중도금도 지급하였는데, A는 이를 가지고 달아나 버렸다. X는 Y에게 계약금과 중도금에 상당하는 손해의 배상을 청구할 수 있는가? (대판 1993.5.11, 92다55350 참조)

(1) 주의의무

仲介人은 受任人으로서 善良한 管理者의 注意義務를 부담한다(民681). 그 구체적인 내용은 중개계약에 따라 달라지겠지만 거래상대방을 선택함에 있

중개인의 선관의무 중 선택에 있어 필요한 신

용조사와 그에 따른 설명의무가 중요하다.

어 필요한 신용조사와 그에 따른 설명의무가 중요하다. 즉 중개인은 [사례 Ⅲ-2-2]와 같이 서로간에 잘 모르는 당사자들을 소개하고 거래를 알선하여 계약이 이루어지도록 도와 주며, 당사자들은 이러한 중개인의 설명을 신뢰하여 거래하게 되므로 만일 이를 게을리하여 당사자 일방에 손해를 입힌 경우에는 손해배상책임을 진다. 대판 1993.5.11, 92다55350도 "부동산중개업자(Y)와 중개의뢰인(X)과의 법률관계는 민법상의 위임관계와 같으므로 중개업자(Y)는 중개의뢰의 본지에 따라 선량한 관리자의 주의로써 의뢰받은 중개업무를 처리하여야 할 의무가 있을 뿐 아니라 구 부동산중개업법 제16조에 의하여 신의와 성실로써 공정하게 중개행위를 하여야 할 의무를 부담하고 있는 바, 같은 법 제17조 제1항은 중개의뢰를 받은 중개업자(Y)는 중개물건의 권리관계, 법령의 규정에 의한 거래 또는 이용제한사항 등을 확인하여 중개의뢰인(X)에게 설명할 의무가 있음을 명시하고 있고 위 권리관계 중에는 중개대상물의 권리자에 관한 사항도 포함되어 있다고 할 것이므로, 중개업자(Y)는 선량한 관리자의 주의와 신의성실로써 매도 등 처분을 하려는 자(A)가 진정한 권리자(B)와 동일인인지의 여부를 부동산등기부와 주민등록증 등에 의하여 조사확인할 의무가 있다. 또한 등기권리증은 소유권이전등기단계에서뿐 아니라 그 이전의 거래에 있어서도 당사자 본인의 증명이나 처분권한의 유무의 확인 등을 위하여 중요한 자료가 되는 것이므로 중개업자(Y)로서는 매도의뢰인(A)이 알지 못하는 사람인 경우 필요할 때에는 등기권리증의 소지 여부나 그 내용을 확인조사하여 보아야 할 주의의무가 있다"고 판시하여 중개인의 손해배상책임을 인정하였다(同 대판 1992.2.11, 91다36239).

(2) 중립의무

어느 일방당사자의 이익만을 도모해서는 안되는 의무이다.

중개인은 위탁매매인이나 대리상과는 달리 중립적 입장에서 거래를 알선하고, 상반되는 이해관계를 절충시키고, 계약체결을 위해 노력하는 자이므로 어느 일방당사자만의 이익만을 위해 노력해서는 안된다. 특히 거래에 필요한 정보를 취득한 때에는 양당사자에게 공정하게 제공해야 하며 이를 어느 일방에게만 제공함으로써 다른 당사자가 손해를 입은 경우에는 그에 대한 책임을 져야 한다.

2. 紛爭에 對備할 義務

(1) 견품보관의무

중개인이 그 중개한 행위에 관하여 見品을 받은 때에는 그 행위가 완료될 때까지 이를 보관하여야 한다(95). 중개인의 견품수령은 見品賣買에서 생기는 것인데 후일 당사자간의 분쟁을 방지하고자 이를 보관하게 하는 것이다. 따라서 보관의 종기인 '행위가 종료한 때'라고 함은 단순히 중개행위가 성립한 때까지를 말하는 것이 아니고 그 물품의 품질에 관한 분쟁이 발생하지 않을 것이 확실하게 된 때까지라는 의미이다. 이는 법률상의 의무이므로 보관에 대한 별도의 보수를 청구하지 못하며(정희188, 정동(총)460) 보관의무가 종료하면 견품을 그 소유자에게 반환해야 한다.

중개행위에 관하여 견품을 받은 때에는 분쟁발생 가능성이 없을 때까지 보관해야 한다.

(2) 결약서 작성 · 교부의무

1) 결약서　당사자간에 계약이 성립된 때에는 중개인은 지체없이 각 당사자의 성명 또는 상호, 계약 연월일과 그 요령을 기재한 서면을 작성하여 기명날인 또는 서명한 후 각 당사자에게 교부하여야 한다(96①). 이를 結約書라고 한다. 결약서는 견품보관의무와 같이 중개인이 중개한 계약이 성립한 사실 및 그 내용을 명확히 하여 당사자간의 분쟁을 방지하고 또 분쟁이 발생할 경우 이를 신속하게 해결하기 위해 작성과 교부가 요구되는 것이다. 결약서는 당사자간에 계약이 성립한 후에 중개인이 작성하는 것이며(96①) 또한 계약을 즉시 이행하는 경우에는 당사자의 기명날인 또는 서명을 요하는 것도 아니므로(96②) 契約書는 아니고 또 계약성립의 요건도 아닌 단순한 證據書類에 불과하다.

당사자간 분쟁방지 및 분쟁발생시 신속한 해결을 위한 결약서는 단순한 증거서류이다.

2) 결약서의 교부　성립한 계약이 즉시 이행할 것인 때에는 지체없이 결약서를 작성하여 이를 각 당사자에게 교부해야 하며(96①) 이 때에는 당사자의 기명날인 또는 서명을 받을 필요가 없다. 그러나 기한부 또는 조건부 계약과 같이 즉시 이행할 것이 아닌 경우에는 각 당사자로 하여금 결약서에 기명날인 또는 서명을 하게 한 후 그 상대방에게 교부하여야 한다(96②). 계약의 이행에 시간이 소요되는 경우에는 진정성립이 추정되는 각 당사자의 기명날인이나 서명을 받은 결약서를 서로 교환하게 함으로써 분쟁의 소지를 없애기 위함이다(대판 1972.8.22, 72다1071).

즉시 이행해야 할 계약의 경우에는 지체없이 교부해야 한다.

3) 수령거부　당사자의 일방이 결약서의 수령을 거부하거나 기명날인

결약서 수령거

부 또는 기명날인 거부시 상대방에 통지해야 한다.

또는 서명을 하지 아니한 때에는 중개인은 지체없이 상대방에게 그 통지를 발송해야 한다(96③). 이러한 수령거부나 서명 등의 거부는 결약서의 내용에 대해 이의가 있음을 의미하므로 상대방으로 하여금 이에 대한 대비를 위해서 즉시 그 통지를 발송하도록 한 것이다.

(3) 장부작성 및 등본교부의무

결약서의 기재사항을 장부에 기재할 의무가 있다.
결약서는 상업장부가 아니다.

1) 장부작성의무 중개인은 결약서에 기재한 사항을 장부에 기재하여야 한다(97①, 96①). 이 장부는 仲介人 日記帳으로 불리우는데 타인간의 상행위를 기재한 것이기 때문에 중개인의 商業帳簿는 아니다. 그러나 여기에 수수료 기타 회계에 관한 기재를 한 때에는 중개인 자신의 영업회계에 관한 장부로서 상업장부가 된다(정희189, 정동(총)463, 이철374, 최기321; 反 손주305). 그러므로 그 보존에 관하여는 상업장부의 규정을 유추적용할 수 있다.

2) 등본교부의무 당사자는 언제든지 자기를 위하여 중개한 행위에 관한 장부의 등본의 교부를 요구할 수 있다(97②).

3. 默秘義務와 介入義務

[사례 III-2-3: 중개인의 개입의무]

포목중개업을 하는 Y가 직물의 생산판매를 하는 X로부터 그의 소유인 직물 1,654필을 인수하여 이를 그의 중개로서 시장상인들에게 판매하였다. Y는 X에게 그 직물들을 직접 매수하거나 판매대금에 대한 책임을 지기로 확약하지 않았고 또 매수인측의 요청으로 매수인의 성명이나 상호를 X에게 표시하지 않았다. X는 중개판매로 인한 대금을 Y에게 청구할 수 있는가? (대판 1972.8.22, 72다1071 참조)

(1) 성명・상호 묵비의무

당사자 일방이 성명・상호를 표시하지 아니할 것을 요구한 때에는 묵비의무가 있다.

당사자가 그 성명 또는 상호를 상대방에게 표시하지 아니할 것을 중개인에게 요구한 때에는 중개인은 그 상대방에게 교부할 결약서와 그 등본에 이를 기재하지 못한다(98). 가령 상대방과 경쟁관계에 있는 당사자가 거래의 중개를 요청한 경우에 상대방이 이를 알게 되면 거래의 성사가 불가능하거나 거래조건에서 크게 불리하게 되므로 이러한 묵비의무를 요구하게 된다. 상거래에서는 상대방이 누구인가 하는 점보다는 거래 자체의 성사가 중요하므로 중개인에게 묵비의무를 부과하는 것이다(손주306, 임홍(상)688).

(2) 개입의무(이행담보책임)

1) 의 의 중개인이 임의로 또는 당사자의 요구에 의하여 당사자의 일방의 성명 또는 상호를 상대방에게 표시하지 아니한 때에는 상대방은 중개인에 대하여 이행을 청구할 수 있다[99]. 이를 중개인의 介入義務 또는 履行擔保責任이라고 한다. 대판 1972.8.22, 72다1071은 [사례Ⅲ-2-3]에서 "타인간의 상행위의 중개를 영업으로 하는 중개인(Y)은 그의 중개에 의하여 성립된 당사자간의 계약이 즉시 이행될 성질의 것이 아닌 이상 각 당사자의 성명 또는 상호, 계약연월일과 그 계약의 요령을 기재한 서면을 작성하여 각 당사자로 하여금 이에 기명날인케 한 후 그 서면을 각 상대방에게 교부하여야 하며, 중개인이 임의 또는 당사자 일방의 요구에 따라 상대방(X)에게 그의 성명 또는 상호를 표시하지 않았을 경우에는 그 중개인 자신(Y)이 상대방(X)에 대하여 그 계약에 대한 이행책임을 져야 한다"고 판시하였다.

중개인이 당사자 일방의 성명·상호를 묵비한 경우 개입의무를 부담한다.

2) 취 지 중개인은 단지 중개행위를 함에 그치고 계약당사자의 지위에 있지 않다. 그러나 당사자의 일방의 성명 또는 상호를 상대방에게 알리지 않은 경우에는 그는 이행을 청구할 다른 당사자를 알 수 없고, 그 상대방은 중개인을 신뢰하여 거래한 것이므로 그 신뢰를 보호하기 위해 중개인에게 결과에 대한 이행책임을 부담시키는 것이다.

묵비의무는 중개인에 대한 신뢰를 보호하기 위한 것이다.

3) 중개인의 지위 중개인이 개입한 경우에도 계약은 일방당사자와 이름이 밝혀지지 않은 다른 당사자간에 성립하는 것이고 중개인이 계약 당사자로 되는 것은 아니다. 따라서 중개인은 그 이행을 하더라도 상대방에 대해 반대급부를 청구할 권리를 가지지 아니하며 이점이 委託賣買人의 介入權과 다르다. 개입의무를 이행한 중개인은 성명 등의 묵비를 요구한 당사자에게 求償權을 행사할 수 있다.

개입한 중개인은 계약당사자가 되지 못하고, 묵비를 요구한 당사자에게만 구상권을 청구할 수 있다.

제4 仲介人의 權利

1. 報酬請求權

[사례 Ⅲ-2-4: 중개인의 보수청구권]

(i) 부동산중개업자인 X는 Y1과 Y_2간의 부동산매매를 알선하여 양자간에 협의가 진행되었다. 그러나 X와 Y1, Y_2간에 중개료에 관한 분쟁이 생겨 결국 중개계약이 해제되었는데 이후 Y1과 Y_2간의 직접적인 협의를 통해 매매거래

가 성사되었다. X는 Y1, Y_2에 대해 중개료 지급을 청구할 수 있는가? (日最高判 1970.10.22, 民集24-11, 1599 참조)

(ii) 부동산중개인인 Y는 X_1으로부터 그 소유토지 3필지의 매각을 의뢰받고 원매자인 X_2를 소개하고 흥정을 붙였다. 그 결과 X_1과 X_2간에는 토지매매계약이 성립하여 X_1, X_2는 Y에게 약정한 중개수수료를 지급하였다. 그런데 IMF 사태의 발생으로 인해 매수인인 X_2가 중도금을 기일내에 지급하지 못하자 매매계약이 해제되었다. X_1, X_2는 Y에게 지급한 중개수수료의 반환을 청구할 수 있는가?

(iii) 부동산중개인인 X는 거래가액의 0.1%를 수수료로 받기로 하고 빌딩소유주 Y1과 토지소유주 Y_2간의 부동산교환거래를 성사시켰다. Y1의 빌딩은 10억원, Y_2의 토지는 8억원으로 각각 평가되어 Y_2가 Y1에게 2억원을 지급하는 것으로 교환계약이 성립하였다. X는 Y1, Y_2에게 얼마의 중개수수료를 청구할 수 있는가? (대판 1964.6.30, 64다268 참조)

仲介人은 商人이므로 특약이 없어도 상당한 보수, 즉 仲介料를 청구할 수 있다[61].

(1) 발생요건

중개에 의한 계약이 성립해야 중개인의 보수청구권이 생긴다.

1) 계약의 성립 중개에 의해 계약이 성립해야 한다. 계약이 성립되지 않는 이상 중개인이 아무리 큰 노력을 기울여도 보수청구권이 생기지 아니한다. 대판 1956.4.12, 4289민상81도 "매매중개료청구권은 매매가 중개인의 손을 거쳐 성립됨을 조건으로 발생하므로 중개행위로 매매가 성립되지 아니한 이상 중개인이 중개의 노력을 하였더라도 그 노력의 비율에 상당한 보수를 청구할 수 없다"고 판시하였다.

중개인의 중개행위와 계약의 성립간에는 인과관계가 있어야 한다.

2) 상당인과관계 계약의 성립이 중개인의 노력에 의한 것이어야 한다. 즉 중개인의 중개행위와 계약의 성립간에는 因果關係가 있어야 한다. [사례Ⅲ-2-4-i]과 같이 중개인(X)이 중개에 착수한 후 중개계약이 해소되고 당사자간(Y_1, Y_2)에 직접교섭에 의해 계약이 성립하는 경우가 많은데, 이 경우 중개인(X)에게 보수청구권이 인정되는가? 이에 관해서는 중개인(X)의 노력에 의해 계약이 거의 성사단계에 달했음에도 불구하고 중개료를 주지 않기 위해 당사자들(Y_1, Y_2)이 고의로 중개인을 배제한 경우에는, 계약의 성립을 정지조건으로 하는 중개계약에서 條件의 成就를 방해하였으므로 중개인(X)은 보수를 청구할 수 있다(民 150①)는 일본판례가 있다(日最高判 1970.10.22, 民集 24-11,

1599). 그러나 중개사실과 그 매매계약의 성립 사이에 인과관계가 없고, 그 해제도 중개인을 배제할 목적으로 한 것이 아니며, 보수약정도 없었던 때에는 보수를 청구할 수 없을 것이다(日最高判 1964.7.16, 民集 18-6, 1160).

3) 결약서의 교부　　결약서의 작성과 교부절차를 종료하여야 한다(100 ①). 결약서의 작성·교부절차의 종료를 보수청구의 요건으로 한 것은 그 이행의 실효성을 확보하기 위함이다. [사례Ⅲ-2-4-ii]와 같이 중개인(Y)의 노력에 의해 일단 계약이 성립한 후에 계약이 해제되거나 무효·취소된 경우에 보수청구권은 어떻게 될 것인가? 이 사례와 같이 계약의 해소사유가 중개인(Y)의 주의의무위반이 아닌 당사자간(X_1, X_2)의 사정에 의한 것이라면, 해제시 중개료 반환에 관한 약정이 없는 한 이를 반환할 의무가 없다고 하겠다.

이행의 실효성을 확보하기 위해 보수청구의 요건으로 결약서의 작성과 교부절차의 종료를 요구한다.

(2) 산 정

중개료는 정액 또는 거래가액의 일정 비율로 정하며 행정규칙으로 그 기준을 정하는 경우가 많다. 이러한 기준이 없는 경우에는 거래관행이나 난이도 등을 참작하여 합리적으로 결정해야 한다(대판 1976.6.8, 76다766). 대판 1985.10.8, 85누542도 "선박을 매매함에 있어 그 대금을 연불조건으로 지급하기로 약정하는 경우의 중개수수료는 연불에 따른 이자를 제외한 선박대금액을 기준으로 산정하여 지급하는 것이 일반거래의 관행"이라고 판시하였다.

중개료는 행정규칙의 기준에 의하거나 거래관행 등을 참작하여 정액 또는 거래가액의 일정 비율로 산정한다.

[사례Ⅲ-2-4-iii]과 같은 交換契約의 경우 보수 산정기준은 어떻게 정해지는가? 이에 관해 대판 1964.6.30, 64다268은 "부동산소개업자(X)가 부동산 교환거래를 중개한 경우에 그 소개료산정의 기준이 될 거래액은 양 부동산의 차액(2억원)이 아니고 그 부동산의 가액(10억원, 8억원)이라고 봄이 상당하다"고 판시하였다. 그러므로 X는 Y_1에 대해서는 100만원, Y_2에 대해서는 80만원을 수수료로 청구할 수 있다.

(3) 분 담

仲介人의 報酬는 당사자 쌍방이 均分하여 분담한다(100 ②). 이는 임의규정이므로 다른 특약이나 관습이 있는 경우에는 그에 따른다. 또 이 규정은 당사자간의 내부적인 분담을 정한 것이 아니라 중개인이 각 당사자에게 직접 청구할 수 있는 비율에 관한 것이므로 가령, 당사자간에서는 보수의 분담에 대한 다른 특약이 있는 경우에도 이로써 중개인에게 대항할 수 없다. 또 중개인도 당사자 일방이 그 보수를 지급하지 않은 경우에 다른 당사자에게 그 부분을 청구할 수 없다.

중개인의 보수는 당사자 쌍방이 균분하여 부담하도록 되어 있지만, 다른 특약이나 관습이 있으면 그에 따른다.

(4) 비용상환청구

거래성립을 위해 지출한 비용은 따로 청구할 수 없다.

중개인이 거래의 성립을 위해 지출한 비용은 중개료에 포함된 것이므로 다른 약정이나 관습이 없는 한 따로 청구할 수 없다. 이는 중개가 실패하여 보수청구권을 행사할 수 없는 경우에도 마찬가지이다.

2. 給與受領權

[사례 III-2-5: 중개인의 급여수령권]

X는 평소에 거래하던 단골 부동산업중개업자인 A에게 자신의 빌딩을 매각해주도록 부탁하였다. A가 원매자인 Y와 거래를 알선하고 가격을 협의하던 중 X는 다른 사무에 바빠 매매에 관한 일체를 A에게 일임하였다. 거래가 성사되자 A는 빌딩소유권을 Y에게 이전하고 대금을 지급받은 후 이를 가지고 달아났다. X는 Y에게 대금지급을 청구할 수 있는가?

다른 약정, 관습이 없는 한 중개인은 그 행위에 관하여 당사자를 위해 지급, 기타의 이행을 받지 못한다.

중개인은 다른 약정이나 관습이 없는 한 그 중개한 행위에 관하여 당사자를 위하여 지급 기타의 이행을 받지 못한다(94). 중개인은 상행위의 중개만을 하는 자로서 그 행위의 당사자로 되는 것은 아니기 때문이다. [사례III-2-1-i]과 같이 동일인(A)이 중개인과 대리인을 겸할 수 있는가? 원칙적으로는 중개인과 대리인의 역할이 구별되므로 중개인은 당사자를 위해 지급 기타의 이행을 받지 못하고 따라서 일방당사자(Y)가 중개인(A)에게 지급하여도 상대방(X)에 대한 채무의 이행으로 되지 아니한다.

그러나 仲介와 代理는 반드시 양립할 수 없는 것은 아니며 오히려 거래의 실제에서는 이 사례에서와 같이 당사자 일방(X)이 중개인(A)에게 대금의 수령이나 기타 의사표시의 수령에 대한 대리권을 부여하는 경우가 흔히 있다. 그러므로 상법은 당사자간에 다른 약정이나 관습이 있으면 중개인에게 그 이행을 하여도 효력이 있는 것으로 하고 있다(94但). 따라서 Y의 A에 대한 지급은 유효하므로 X는 Y에 대해 다시 대금지급을 청구할 수 없다.

제 3 절 委託賣買業

제 1 委託賣買制度

1. 機能과 沿革

(1) 경제적 기능

委託賣買는 자기의 명의로 타인의 계산으로 하는 물건 또는 유가증권의 매매이다(101). 이러한 위탁매매제도는 지점설치나 대리상과 같이 기업활동의 범위를 확대하는 수단으로 이용된다. 그러나 지점을 설치하는 경우에는 많은 비용이 소요되고 대리상을 둘 경우에도 권한남용 위험이 큰데 비해 위탁매매에 있어서는 그러한 비용과 위험부담이 적다. 그뿐 아니라 위탁자는 위탁매매인의 신용과 그 영업수완을 이용할 수도 있고 필요하면 위탁매매인으로부터 금융의 편의를 얻는 편리함도 있다. 한편 거래의 상대방으로서도 위탁매매인이 거래의 주체가 되므로 위탁자의 신용이나 자력 등에 신경을 쓸 필요가 없기 때문에 거래의 신속과 안전을 기할 수 있다. 이러한 이유에서 위탁매매제도가 널리 이용되었으며 상거래의 발전에 기여한 바 크다.

위탁매매는 비용과 위험부담을 경감하면서도 상인의 활동범위를 확대하는 수단으로 이용된다.

(2) 연 혁

위탁매매는 중세 유럽에서 국제무역과 관련하여 발달한 제도이다. 즉 원격지와의 거래를 하는 경우에 토착상인을 이용하여 그에게 매매를 위탁하고 그자가 자기의 이름으로 위탁받은 행위를 실행하였는데 이것이 오늘날 위탁매매의 기원이 되었다. 또 외국에 파견된 상업사용인이 현지에 정착하여 독립적인 위탁매매상이 된 경우도 있다. 당시 유럽의 여러 도시에서는 외국인에 의한 외국상품의 수출입에는 고율의 과세를 부과하는 경우가 많았기 때문에 현지인을 거래의 주체로 하는 위탁매매제도의 이용이 촉진되는 계기가 되었다. 위탁매매제도는 처음에는 대리상과 그 개념이 엄격히 구별되지 않았는데 프랑스상법에서 독립한 상거래형태로 규정된 이래 독일상법을 거쳐 우리 상법에 도입되었다.

위탁매매는 중세 유럽에서 국제무역과 관련하여 발달한 제도로 이후 프랑스상법과 독일상법을 거쳐 우리 상법에 도입되었다.

(3) 기능의 변천

원격지간 상거래의 발전에 기여한 위탁매매제도는 오늘날 유가증권 같은 전문적인 상품 거래에서 중요한 역할을 한다.

원격지간 상거래의 발전에 큰 기여를 한 위탁매매제도는 교통·통신수단의 확대에 따라 점차 그 이용범위가 축소되어 왔다. 그러나 위탁매매제도는 유가증권이나 농수산물판매와 같이 전문적인 상품 거래에는 아직까지 중요한 역할을 한다. 특히 有價證券賣買에 있어서는 전문자격 요건을 구비한 증권회사만 去來所 會員으로서 거래의 주체로 인정받기 때문에(證去 76의2, 85), 이러한 자격이 없는 일반인이나 기업은 이들에게 위탁하여 거래에 참여할 수밖에 없다. 그러한 의미에서 證券去來所나 商品去來所에서의 거래에서는 위탁매매제도가 중요한 역할을 담당하고 있다.

2. 周 旋 業

위탁매매는 자기의 명의로 타인의 계산으로 하는 주선업의 하나로 간접대리라 한다.

委託賣買는 準委託賣買·運送周旋과 더불어 周旋業의 하나이다. 準委託賣買人은 물건 또는 유가증권의 매매 이외의 위탁의 인수를 영업으로 하는 자이며[113] 運送周旋은 물건의 운송주선을 영업으로 하는 자이다[114]. 이들은 모두 '周旋行爲'를 업으로 하는 자인데, 주선이란 자기의 명의로 타인의 계산으로 법률행위를 하는 것을 말한다. '自己의 名義'라고 함은 자신의 직접 거래의 당사자로서 권리의무의 주체가 됨을 의미하여 '他人의 計算'은 거래의 경제적 효과가 타인에게 미침을 의미한다. 즉 거래의 법적 효과와 경제적 효과가 분리되는 현상이 나타나는데 이를 間接代理 또는 경제적 대리라고 하며, 직접 본인의 이름으로 본인의 계산으로 하는 直接代理 또는 법률적 대리와 구별한다.

제 2 委託賣買人

1. 意 義

[사례 Ⅲ-3-1: 위탁판매인의 의의]

Y는 X로부터 포장용 비닐을 공급받아 A축산진흥회에 납품하되 A로부터 대금을 수령하면 그 판매로 인한 이익의 존부에 관계없이 Y가 X에게 그 대금 387만원만 지급하기로 하고 X로부터 비닐 506롤을 수차에 걸쳐 공급받았다. Y는 이를 포장용에 적합하도록 가공한 후에 Y의 이름으로 경쟁입찰에 참가하여

납품하고 그 대금을 모두 수령하였다. 그러나 Y가 X에게 약속한 387만원의 지급을 미루자 X는 Y가 위탁매매인으로서 X소유의 비닐판매대금을 횡령하였다고 하여 Y를 고소하였다. Y는 횡령죄가 있는가? (대판 1982.2.23, 81도2619 참조)

委託賣買人은 자기의 명의로써 타인의 계산으로 물건 또는 유가증권의 매매를 영업으로 하는 자를 말한다(101).

(1) 거래의 형식: 주선행위

委託賣買人은 자기의 이름으로 타인의 계산으로 제3자와 법률행위, 즉 주선행위를 하는 자이다. 계산이 귀속하는 타인인 위탁자는 상인이 아니라도 상관없고 특정인인 여부를 불문한다. 위탁매매인은 제3자와 법률행위를 하는 점에서 단순히 이를 중개하는 사실행위를 하는 중개인이나 중개대리상과 구별되고, 자기의 이름으로 행위를 하는 점에서 본인의 이름으로 행위를 하는 체약대리상과 구별된다. 또 위탁매매인은 특정한 상인과 계속적인 관계를 요하지 않는 점에서 대리상과 다르다.

위탁매매인은 자기의 이름으로 타인의 계산으로 제3자와 법률행위를 하는 자이다.

(2) 거래의 대상: 물건 또는 유가증권

위탁매매의 대상은 물건과 유가증권이다. 이 점에서 매매 이외의 행위를 주선하는 準委託賣買人과 구별된다.

1) 물 건　위탁매매의 대상은 주로 그 매매에 전문적인 경험과 지식이 요구되는 물건으로서 가장 대표적인 예가 農水産物이다. 농수산물은 대량으로 거래되며 신선도의 유지가 생명일 뿐 아니라 작황이나 기후 등의 변화에 따라 가격등락도 심하기 때문에 생산자가 이를 직접 판매하는 것보다는 전문가인 中媒人을 통해 농수산물시장에서 경매의 방법으로 위탁판매한다. 또 위탁매매의 대상인 물건에는 現物 이외에 先物도 포함되며 이는 先物去來所에서 거래된다. 물건에 부동산이 포함되는가에 대해서는 찬반 양론이 있으나 실제로 부동산이 위탁매매의 대상으로 되는 예는 거의 없다.

매매에 전문적인 경험과 지식이 요구되는 농수산물 등이며 현물뿐 아니라 선물도 된다.

2) 유가증권　위탁매매의 주된 대상은 株式·債券 등 有價證券이다. 유가증권거래에 위탁매매 형식이 이용되는 이유는, 가격등락이 극심한 유가증권의 대량·신속·공정한 거래를 위해 유가증권시장(증권거래소)에서 회원인 증권회사에 대해서만 거래를 허용하는 한편, 증권회사들은 가격변동으로부터 생기는 손익을 모두 고객(위탁자)에게 귀속시킬 필요가 있기 때문이다.

가격등락이 극심한 유가증권의 특성 때문에 전문가에 위탁하여 매매하게 된다.

(3) 주선영업: 상인성

매매의 주선의 인수를 영업으로 하는 당연상인이다.

1) 당연상인 위탁매매인은 물품 또는 유가증권 매매의 주선을 영업으로 하는 자이다. 즉 위탁매매인의 기본적 상행위는 '위탁매매 기타의 주선에 관한 행위'이며(46.12) 위탁업무의 이행으로써 하는 매매행위는 기본적 상행위를 실행하기 위한 보조적 상행위이다. 위탁매매인은 이러한 주선의 인수를 영업으로 하는 當然商人이다(4). 대판 1996.1.23, 95다39854도 "위탁매매는 전형적인 상행위이며 위탁매매인은 당연한 상인이고 위탁자도 통상 상인일 것이므로 위탁자의 위탁매매인에 대한 매매위탁으로 인한 채권은 다른 특별한 사정이 없는 한 통상 상행위로 인하여 발생한 채권이어서 상법 제64조 소정의 5년의 상사소멸시효의 대상이 된다"고 판시하였다.

위탁업무와 함께 자기를 위한 매매를 하는 것은 상관없다.

2) 겸 업 위탁매매인이 위탁업무와 함께 자기를 위한 매매를 하는 것은 상관이 없으며 실제로 증권회사가 고객의 위탁을 받아 유가증권을 매매하면서 동시에 자기의 계산으로 증권거래에 참여하기도 한다. 그러나 [사례Ⅲ-3-1]과 같이 양자를 실제로 구별하는 것은 그다지 쉽지 않다. 이 사례에서 Y는 X로부터 비닐롤을 공급받으면서 제3자(A)에 대한 판매가에 상관없이 일정금액(387만원)을 지급하기로 한 것으로 보아 X,Y간에 매매계약이 성립한 것인지 아니면 지정가액준수를 부담하는 위탁판매인지 명확하지 않다. 대판 1982.2.23, 81도2619도 "위 사실만으로는 양자(X,Y) 사이의 위 물품의 공급관계가 외상판매인지 위탁판매인지 분간되지 아니하며 원심이 거래가 위탁관계에 있었다는 점에 부합하는 관계증거를 판시와 같은 이유로 믿을 수 없다 하여 배척하고 달리 이 사건 거래가 외상매매가 아닌 위탁판매 계약이라는 사실을 인정할 만한 증거가 없다는 이유로 무죄를 선고한 조치는 수긍이 간다"고 하여, Y의 횡령죄 성립을 부인하고 민사적인 채무불이행으로 판단하고 있다(최준서, "위탁매매인의 법률관계", 「상사판례연구 I」(1996), 215).

2. 法的 地位

외부관계에서는 거래의 주체가 되고 내부관계에서는 위탁자의 수임인이 된다.

위탁매매인은 법적으로는 매매의 당사자로서 권리의무의 주체로 되지만 경제적으로는 이를 위탁자인 타인의 부담으로 하고 다만 수수료를 받는 자에 불과하다. 이러한 경제적인 의미에서의 대리를 어떻게 법적으로 반영하여 위탁매매인·위탁자·제3자간의 이익을 조화시킬 것인가 하는 점이 위탁매매의 법률관계에 있어서 중요하다.

위탁매매관계에서 위탁매매인의 법적 지위는 크게 위탁매매인과 제3자와의 관계와 위탁매매인과 위탁자와의 관계에서 정해지는데 전자를 외부관계, 후자를 내부관계라고 한다. 위탁매매인은 외부관계에서는 去來의 主體로서 제3자와 매매를 하지만 내부관계에서는 위탁자의 受任人으로서 그의 계산으로 거래를 한다.

제 3　委託賣買의 外部關係

위탁매매의 외부관계에서는 위탁매매인과 제3자, 위탁자와 제3자의 관계가 문제된다. 또한 위탁매매인의 채권자가 있는 경우에 그 채권자와 위탁자간에는 委託物의 歸屬이 문제된다.

1. 委託賣買人과 第3者

(1) 매매계약의 주체

委託賣買人은 委託者를 위한 매매로 인하여 상대방에 대하여 직접 권리를 취득하고 의무를 부담한다(102). 위탁매매인이 매매 당사자로서 자기 이름으로 계약을 체결한 당연한 결과이다. 위탁매매인과 제3자간의 관계는 보통 매매에 있어서 매도인과 매수인의 관계와 같다. 그러므로 매매의 성립 및 효력에 영향을 미치는 사정이라든가 항변의 존부는 모두 위탁매매인과 상대방을 기준으로 결정한다. 이는 위탁매매의 상대방이 위탁자의 계산으로 한 것임을 알고 있었던 경우에도 같다.

위탁매매인과 제3자간의 관계는 보통의 매도인과 매수인의 관계와 같다.

(2) 채무불이행

위탁매매인이 매매계약의 주체가 되는 결과 매매로 인해 상대방에게 부담하는 瑕疵擔保責任이나 債務不履行責任은 모두 위탁매매인에게 귀속한다. 그러므로 제3자는 위탁자에게 그 책임을 물을 수 없다.

2. 委託者와 第3者

위탁매매의 실행으로 위탁자와 제3자간에는 어떠한 직접적인 법률관계가 생기지 아니한다. 그러므로 매매가 제3자의 귀책사유로 불이행이 되어도 위탁자는 제3자에게 직접 손해배상청구를 할 수 없고, 다만 債權者代位權을

위탁자와 제3자간에는 직접적인 법률관계는 생기지 않는다.

행사하거나(民404) 위탁매매인에 대한 이행담보책임(105)을 물을 수 있을 뿐이다. 또 상대방도 위탁자에게 직접 채무이행을 요구하거나 위탁자에 대한 반대채권으로 상계를 주장할 수 없다.

3. 委託物의 歸屬

[사례 Ⅲ-3-2: 위탁매매에서 위탁물의 귀속]

(i) X는 Y증권회사와 주식매매위탁계약 및 신용거래계좌설정계약을 체결하고 Y로부터 주식매수자금을 융자받아 주식을 매수한 후 이를 융자금에 대한 담보로 Y에게 제공하였다. 그 후 주가하락으로 X의 융자원리금에 대한 담보비율에 미달되게 되자 Y는 X에게 일정기간 내에 추가담보를 제공할 것을 요구하였으나 X가 이를 이행하지 않았다. 이에 Y회사는 담보로 보관중이던 주식 전부를 임의로 처분하여 융자금 상환에 충당하였다. X는 Y를 상대로 주식 반환채무 불이행을 원인으로 하는 손해배상청구를 할 수 있는가? (대판 1994.9.9, 93다40256 참조)

(ii) A는 Y의 위탁을 받아 X로부터 물품을 매수하였는데, Y로부터 받은 물품대금을 X에게 지급하지 않고 가지고 달아나 버렸다. X는 대금지급의 불이행을 이유로 매매계약을 해제하고 Y로부터 물품을 반환받을 수 있는가?

위탁매매인이 위탁자로부터 받은 물건 또는 유가증권이나 위탁매매로 인하여 취득한 물건, 유가증권 또는 채권은 위탁자와 위탁매매인 또는 위탁매매인의 채권자간의 관계에서는 이를 委託者의 소유 또는 채권으로 본다(103).

(1) 위탁자와 위탁매매인

위탁매매는 위탁자의 계산으로 하는 것이므로 위탁자와 위탁매매인간에는 위탁매매의 목적물이 위탁자에게 귀속되는 것은 당연하다.

위탁매매의 목적물이 유가증권이나 불특정물인 경우에도 소비임치와는 달리 그 소유권이 위탁매매인에게 귀속되지 않는다.

1) 유가증권의 경우 이 규정이 의미를 가지는 것은 [사례Ⅲ-3-2-i]과 같이 위탁매매의 목적물이 유가증권이나 不特定物인 경우에도 消費任置와는 달리 그 소유권이 위탁매매인(Y)에게 귀속되지 않는다는 점이다. 즉 대판 1994.9.9, 93다40256은 "고객(X)이 증권회사(Y)에게 증권을 예탁 또는 담보로 제공한 법률관계가 소비임치계약이라고 볼 수 있으려면 증권이 증권회사에게 예탁 또는 담보로 제공됨으로써 그 소유권이 증권회사에게 귀

속되어 증권회사가 이를 임의로 소비하거나 처분할 수 있다고 볼 수 있어야 할 것인 바, 고객이 증권회사에게 예탁한 증권이나 담보로 제공한 유가증권의 반환을 청구할 경우 증권회사가 그것과 종목 및 권리가 동일한 증권으로 반환할 수 있다는 약정의 취지는 증권회사가 고객에게 증권을 반환하여야 할 경우에 예탁 또는 담보로 제공받은 증권과 종목 및 권리가 동일한 증권을 반환할 수 있다는 취지이지, 예탁 또는 담보로 제공받은 증권의 소유권을 증권회사에게 귀속시키기로 한다거나 증권회사가 그 증권을 임의로 소비 또는 처분할 수 있다는 취지라고 볼 수 없고, 또 증권회사가 고객으로부터 담보로 제공받은 증권을 다른 예탁자가 예탁한 동일 종목의 증권과 혼합보관할 수 있다고 약정하였다고 하여 고객(X)이 증권회사(Y)에게 예탁 또는 담보로 제공한 증권의 소유권이 증권회사(Y)에게 귀속되어 증권회사(Y)가 이를 임의로 소비하거나 처분할 수 있게 되는 것이라고 볼 수 없다"고 판시하였다.

위탁매매의 목적물이 위탁자에게 귀속하는 결과 위탁매매인이 이를 임의로 사용·처분한 경우에 횡령죄에 해당한다.

2) **횡령죄의 구성** 위탁매매의 목적물이 위탁자에게 귀속하는 결과 위탁매매인이 이를 임의로 사용하거나 처분한 경우에는 橫領罪에 해당한다. **대판 1982.2.23, 81도2619**도 앞의 [사례Ⅲ-3-1]에서 "위탁판매에 있어서는 위탁품의 소유권은 위임자에게 속하고 그 판매대금은 다른 특약이나 특별한 사정이 없는 한 이를 수령함과 동시에 위탁자에 귀속한다 할 것이므로 위탁매매인이 이를 사용, 소비한 때에는 횡령죄가 성립한다"고 판시하였다.

(2) 위탁자와 위탁매매인의 채권자

위탁자와 위탁매매인의 채권자의 관계에서 불리한 처지에 처할 위탁자를 위해 위탁물을 위탁자의 소유로 보는 규정을 두었다.

1) **취 지** 대외관계에서 위탁매매로 인한 권리의무를 위탁매매인에게 귀속시키는 것은 거래의 신속과 편의를 위한 것이지만 때에 따라서는 부당한 결과를 초래하는 경우가 있다. 가령 위탁매매의 실행 중에 위탁매매인이 파산한 경우 위탁매매인이 취득한 재산은 전부 破産財團에 편입되어 위탁자는 매우 불리한 처지에 놓이게 된다. 이를 구제하기 위해서 위탁자와 위탁매매인의 채권자의 관계에서는 위탁자의 소유로 보는 규정을 두게 된 것이다.

2) **효 과** 그 결과 위탁물에 대한 이전행위가 없어도 당연히 위탁자에게 귀속하는 것으로 본다(대판 1982.2.23, 81도2619). 또 위탁매매인의 채권자가 위탁목적물에 대해 강제집행을 하는 경우에는 위탁자는 債權者異議의 訴(民訴 509)를 제기할 수 있으며, 위탁매매인이 파산한 경우에는 還取權(破 79)을 행사할 수 있다.

3) 채권자의 범위 본 조에서 말하는 '위탁매매인의 채권자'에는 [사례Ⅲ-3-2-ii]와 같은 위탁매매의 상대방(X)을 포함하는가? 이를 긍정하는 견해가 있으나(정찬(상) 284) 이 경우까지 위탁자(Y)의 소유권주장을 허용하는 것은 불공정하다(김성 558). 따라서 제3자(X)는 위탁자(Y)에게 목적물의 반환을 청구할 수 있다.

제 4 委託賣買의 內部關係

1. 委託賣買契約

[사례 Ⅲ-3-3: 위탁매매계약]

(i) 다음 각 경우 Y증권회사는 고객인 X에 대해 예탁주식과 예탁금의 반환 기타 손해배상책임이 있는가? ① A가 Y증권회사의 지점장으로 근무하면서 X에게 주식투자를 권유하자 X가 이에 동의하고 A로 하여금 자신의 도장을 파서 주식매매거래 위탁계좌를 개설하도록 하였다. A는 X명의의 인장을 위조하여 매매거래설정약정서를 작성하고 Y회사에서 보관하는 계좌관리대장에도 위조된 인감을 날인함으로써 Y회사에 신고된 인감이 위조된 인감인 것처럼 조작을 하였다. 그 후 X로부터 주식을 예탁받아 위조된 인장을 이용하여 임의로 운용하여 오다가 X의 계좌에 있던 예탁금을 인출하여 미국으로 도피한 경우(대판 1994.4.29, 94다2688 참조) ② 증권거래의 문외한이며 초심자들인 X 등이 Y증권회사의 영업부장겸 지배인인 A를 통하여 주식투자를 하기로 하고, A에게 유망한 종목의 주식을 적당한 시기에 적당한 수량을 매입매도하여 이득금을 남기도록 부탁하면서 주식매수대금조로 금전을 지급하였는데, A가 X 등으로 하여금 어떤 증권의 취득도 할 수 없게 하고 지급한 현금의 보관마저 소홀히 하여 그 소재가 불명하게 된 경우(대판 1980.5.27, 80다418 참조) ③ X는 Y증권회사의 지배인자격을 가진 영업부장 A에게, A의 판단아래 X의 계산으로 유망주의 거래를 하고 그 이득금 중의 일부를 X에게 지급하고 나머지는 A가 차지하기로 하는 약정을 하였다. X는 A에게 주식매매위임 증거금으로 일정액을 교부하고, A가 X를 위하여 구좌를 개설하여 위 금원을 Y회사에 입금하고, 위임증거금통장을 작성교부하였으며 이후에도 여러 차례에 같은 방식으로 Y회사에 입금이 이루어졌는데, A가 X의 통장에서 임의로 금전을 인출하여 이를 자신의 개인적인 용도로 사용한 경우(대판 1980.12.23, 79다1480 참조) ④ X는 Y증권회사의 차장인 A

에게 금원을 대여하면서 그 담보방법으로 매도약정보고서나 가명으로 설정한 증권매매위탁구좌에 입고된 증권청구서만을 교부받았는데, A가 위 금원을 횡령하고 달아난 경우(서울고판 1986.11.3, 85나3225 참조)

(ii) X는 Y증권회사의 직원인 A를 통하여 매매거래구좌설정계약을 체결하고 그에게 송금하여 주식을 매수하였다. A는 X로부터 그 거래구좌의 통장 및 인감을 건네 받고 주식의 매입, 매도 등 거래전반에 관하여 위임을 받은 뒤 X의 명의로 거래를 계속하여 왔다. 그런데 Y회사가 위탁받은 주식에 관한 이익배당금의 수령이나 무상증자에 의한 신주의 인수를 이행하지 아니하여 X가 손해를 입은 경우 X는 Y에게 그 배상을 청구할 수 있는가?(대판 1991.5.24, 90다14416 참조)

가. 意 義

(1) 위 임

위탁자와 위탁매매인간에는 물건 또는 유가증권의 매매를 주선하는 위탁매매계약이 성립한다. 이 계약은 매매의 주선이라는 사무처리를 목적으로 하는 유상의 委任契約이라고 하겠다(김성 540). 그러므로 위탁자와 위탁매매인간의 관계에는 위임에 관한 민법의 규정이 적용된다(112).

위탁매매계약은 위임계약이다.

(2) 상사매매

상인인 위탁자가 그 영업에 관하여 물건의 매수를 위탁한 경우에는 위탁자와 위탁매매인간의 관계에는 상사매매에 관한 상법의 규정(68~71)이 준용된다(110). 買受委託의 경우에는 위탁자와 위탁매매인의 관계는 매수인과 매도인의 관계와 유사하기 때문이다.

상인인 위탁자가 영업에 관하여 물건의 매수를 위탁한 경우에는 상사매매에 관한 상법의 규정이 준용된다.

1) 요 건 준용을 위해서는 첫째, 위탁자가 상인이어야 하며 둘째, 위탁자는 물건의 매수의 위탁을 하여야 하며 셋째, 매수의 위탁은 위탁자의 영업에 관한 것이어야 한다. 즉 물건의 매매를 영업으로 하는 자가 그 영업상 취급하는 물건의 매수를 위탁한 경우이어야 한다.

2) 준용규정 위탁자는 매수인과 같이 확정기매매의 해제의제(110, 68), 물건의 검사·하자통지의무(110, 69), 목적물의 보관·공탁의무(110, 70, 71)를 부담한다.

나. 契約의 成立

위탁매매계약은 諾成·不要式契約이므로 당사자간의 의사 합치만 있으

위탁매매계약

은 원칙상은 당사자의 합의만으로 성립한다.

면 성립한다. 그러나 거래의 실제에 있어서는 [사례Ⅲ-3-3-i]의 각 경우와 같이 고객(위탁자, X)은 위탁매매인(증권회사, Y)의 직원(A)에게 금전이나 증권 등을 맡기는 것으로 거래가 성립된 것으로 알고 있는데 위 직원이 이를 회사에 입금시키지 않았다든지 횡령한 경우, 위탁매매인(증권회사)의 책임과 관련하여 계약의 성립여부가 문제된다.

(1) 성립시기

증권매매거래의 위탁계약의 성립시기는 직무상 권한있는 직원이 고객으로부터 금원이나 주식을 수령할 때이며 이후 그 직원의 금원수납에 관한 처리로는 영향을 받지 않는다.

대판 1994.4.29, 94다2688은 [사례Ⅲ-3-3-i]의 ①에서 "증권매매거래의 위탁계약의 성립시기는 위탁금이나 위탁증권을 받을 직무상권한이 있는 직원(A)이 증권매매거래를 위탁한다는 의사로 이를 위탁하는 고객(X)으로부터 금원이나 주식을 수령하면 곧바로 위탁계약이 성립한다고 할 것이고, 그 이후에 그 직원(A)의 금원수납에 관한 처리는 위 계약의 성립에 영향이 없다"고 판시하였다. 다만 위탁매매거래를 위한 기본계약의 체결만으로는 위탁매매계약이 성립한다고 할 수 없다. 즉 대판 1993.12.28, 93다26632는 "고객이 증권회사와 체결하는 매매거래계좌설정계약은 고객과 증권회사간의 계속적인 거래관계에 적용될 기본계약에 불과하므로, 특별한 사정이 없는 한 그에 의하여 바로 매매거래에 관한 위탁계약이 이루어지는 것이 아니고, 매매거래 계좌설정계약을 토대로 하여 고객이 매수주문을 할 때 비로소 매매거래에 관한 위탁이 이루어지는 것"이라고 판시하였다.

(2) 판례의 입장

이러한 기준에 따라 대판 1980.5.27, 80다418은 [사례Ⅲ-3-3-i]의 ②에서 위탁자(X)와 위탁매매인(Y)간의 증권매매거래의 위탁계약의 성립을 인정하였고, 대판 1980.12.23, 79다1480도 [사례Ⅲ-3-3-i]의 ③에서 "위와 같은 증권매입대금을 맡겨서 한 증권매매거래의 위임을 가리켜 원·피고 사이의 주식매매위임계약에 의한 금원의 수수로 봄이 상당하다"고 판시하였다(同 대판 1980.11.11, 80다135; 서울고판 1989.5.1, 87나2908). 그러나 서울고판 1986.11.3, 85나3225는 [사례Ⅲ-3-3-i]의 ④를 단순한 개인간의 소비대차에 불과할 뿐 증권회사에 증권매매위탁금이 입금된 것이라고 볼 수 없다고 판시하여 계약의 성립을 부인하였다.

다. 善管注意義務

(1) 의 의

위탁매매인은

위탁매매계약은 委任契約이므로 위탁매매인은 受任者로서 위탁자를 위하여 선량한 관리자의 주의의무를 부담한다(民 681). 위탁매매의 대상인 물건과 유가증권은 가격의 등락폭이 크고 거래에 전문성이 요구되므로 그에 따른 전문가로서의 주의의무를 부담한다. 특히 위탁자가 그 가격을 지정하지 않고 위탁매매인의 판단에 일임하는 一任賣買의 경우에는 매매 시점을 결정하는데 있어 고도의 주의의무를 요한다.

수임자로서 위탁자를 위하여 선량한 관리자의 주의의무 특히, 전문가로서의 주의의무를 부담한다.

(2) 내 용

善管義務의 내용은 위탁매매계약에 따라 다양하지만 일반적으로는 위탁목적물의 보관, 목적물의 매도에 의해 취득한 채권의 보전, 매수한 물건에 대한 하자의 조사와 통지 등 매매와 관련한 매도인과 매수인으로서의 권리를 행사하고 의무를 이행해야 한다(김성 543). 그런데 [사례Ⅲ-3-3-ii]과 같은 주식매매위탁거래에 있어서는 有無償增資에 따른 新株引受와 利益配當金의 수령 등이 문제된다. 이에 관하여 대판 1991.5.24, 90다14416은 "위탁자(X)는 위 직원(A)을 통하여 그의 재량적 판단 아래 주식거래를 하여 이득을 남겨줄 것을 의뢰함과 동시에 이익배당금의 수령이나 무상증자에 따른 신주의 인수 등 주식위탁과 관련하여 통상 위탁자(X)에게 손해가 되지 않고 경제적으로 이익이 된다고 볼 수 있는 제반사항의 대행을 포괄적으로 위임한 것이고, 증권회사(Y)가 위탁받은 주식에 관한 이익배당금의 수령이나 무상증자에 의한 신주의 인수를 이행하지 아니하였다면 이는 특단의 사정이 없는 한 위 위탁약정에 관한 채무불이행이 된다고 할 것이므로 증권회사(Y)는 위탁자(X)에게 이로 인한 손해를 배상하여야 할 의무가 있다 할 것인 한편, 유상증자의 경우는 위탁자 본인(X)의 청약 및 그에 따른 업무대행위임에 관한 명시적인 의사표시가 있는 때에 한하여 증권회사(Y)가 그 업무를 대행처리 하는 것이 거래관행이어서 특약이 없는 한 유상주식의 인수에 관한 통지나 업무대행이 위탁자(X)와 증권회사(Y) 사이의 위탁매매약정상의 채무에 당연히 포함되는 것이 아니다"라고 판시하였다.

선관의무의 내용은 매매와 관련한 매도인과 매수인으로서의 권리를 행사하고 의무를 이행하는 것이다. 특히 주식매매위탁거래에 있어서는 이익배당금이나 무상증자에 따른 신주의 인수 등이 포함된다.

2. 委託賣買人의 義務

위탁매매인은 수임인으로서의 일반적인 선관의무 이외에 상법상 다음과 같은 특수한 의무를 부담한다.

가. 通知義務 · 計算書提出義務

(1) 내 용

위탁매매인이 매매를 한 때에는 위탁자에게 그 계약의 내용을 통지해야 한다.

위탁매매인이 위탁받은 매매를 한 때에는 지체없이 위탁자에 대하여 그 계약의 요령과 상대방의 주소, 성명의 통지를 발송하여야 하며 계산서를 제출하여야 한다(104). 민법상 위임에 있어서 위임인의 청구가 있거나 위탁사무를 종료한 때에만 보고하도록 한 것에 대한 특칙이다(民683). 통지에는 매매의 사실 이외에 그 상대방과 시기 등도 포함해야 하며 발신주의에 따라 부도달의 위험은 위탁자가 부담한다.

(2) 위반효과

통지의무를 태만히 하면 위탁매매인은 그로 인한 손해를 배상할 의무를 부담하지만 매매의 결과를 위탁자에게 귀속시키기 위한 요건은 아니다.

나. 指定價 遵守義務

(1) 일임매매와 지정가매매

위탁매매인은 위탁자가 지정한 매매가격을 준수할 의무가 있다.

위탁자가 매매가격을 위탁매매인에게 일임하는 것을 一任賣買라고 하고 가격을 지정하는 것을 指定價賣買라고 한다. 지정가매매는 단순히 희망가격을 제시하는 것과는 달리 최저판매가와 최고 매수가를 지정하는 구속적 가격 지시이다. 이와 같이 위탁자는 가격을 지정할 수도 있고 위탁매매인에게 맡길 수도 있지만 증권매매위탁의 경우에는 투자자 보호를 위해 일임매매가 제한된다(證去107).

(2) 지정가 위반

위탁자가 지정가를 따르지 않은 경우에는 위탁자는 그 결과를 인수하지 않아도 된다.

1) 의 의 　위탁자가 정한 지정가를 따르지 않은 경우에는 위임의 본지에 반하는 것으로서 위탁자는 그 결과를 인수하지 않아도 된다. 위탁매매인은 지정가보다 염가가 아니면 판매할 수 없었다거나 고가가 아니면 매입할 수 없었다는 점을 입증하여 그 결과를 위탁자에게 돌릴 수 없다. 다만 위탁자가 지정가보다 염가로 매도하거나 고가로 매수한 경우에도 위탁매매인이 그 차액을 부담한 때에는 그 매매는 위탁자에 대하여 효력이 있다(106①). 위탁자로서는 일정가격으로 매매하는 것이 목적이므로 상대방이 누구인가는 문제되지 않기 때문이다.

2) 요 건 　지정가 위반 매매가 위탁자에게 효력이 있기 위해서는 첫째, 위탁매매인이 차액을 부담한다는 취지의 의사표시가 매도 또는 매수의

통지와 동시에 위탁자에게 도달해야 하며(정희197, 정동(총)476 外) 차액 전액을 무조건으로 부담해야 한다. 그러나 차액의 현실적인 지급은 위탁매매인과 제3자간에 성립한 매매매계약과 동일한 시기·방법 및 조건으로 하면 된다. **둘째,** 당사자간에 반대의 특약이 없어야 한다. 그러므로 가격의 지정이 절대적인 경우에는 본 조의 적용은 없다.

3) 효 과 본조는 차액부담에 의해 지정가 위반 매매의 효력을 위탁자에게 미치게 하는 취지를 정하는데 그치고 그로 인한 위탁매매인의 의무위반책임을 면제하는 것은 아니므로 위탁자에게 손해가 생긴 경우에는 위탁매매인은 배상책임이 있다(정희197, 정동(총)477).

(3) 매매차익의 귀속

위탁자가 지정한 가액보다 고가로 매도하거나 염가로 매수한 경우에는 그 차액은 다른 약정이 없으면 委託者의 이익으로 한다(106 ②). 위탁매매는 위탁자의 계산으로 하는 것이므로 당연한 규정이다. 다만 당사자간에 다른 약정을 할 수 있다.

다. 履行擔保責任: 介入義務

[사례 Ⅲ-3-4: 위탁매매인의 이행담보책임]

X는 Y에게 전자제품의 판매를 위탁하고 1987년 4월에 이를 Y에게 공급하였다. Y가 이들 전자제품을 A에게 할부로 판매하였으나 A가 할부판매대금의 일부를 지급하지 아니하였다. X가 Y를 상대로 1992년 3월말에 판매대금의 잔금을 청구하는 소송을 제기한 경우 Y는 시효소멸의 항변으로 대항할 수 있는가? (대판 1996.1.23, 95다39854 참조)

(1) 취 지

委託賣買人은 다른 약정이나 관습이 없으면 委託者를 위한 매매에 관하여 상대방이 채무를 이행하지 아니하는 경우에는 위탁자에 대하여 이를 이행할 책임이 있다(106). 위탁매매인이 선량한 관리자의 주의로써 매매 상대방을 선택하여 매도 또는 매입하면 위탁매매인의 채무는 이행된 것이므로 상대방의 채무불이행에 대해 위탁자에게 책임을 부담해야 할 이유는 없다. 그러나 상대방의 불이행으로 인한 손해는 궁극적으로는 위탁자에게 귀속됨에도 불구하고 위탁자와 상대방간에는 직접적인 법률관계가 생기지 않기 때문에 위탁자는 그 상대방에 대해 직접 손해배상을 청구할 수 없는 문

위탁자와 상대방간에는 직접적인 법률관계가 생기지 않으므로 위탁자를 보호하기 위해 위탁매매인에게 이행담보책임을 인정한다.

제점이 있다. 나아가 위탁자는 위탁매매인의 지식이나 경험 등을 신뢰하여 상당한 보수를 지급하고 이용하는 것이므로 위탁자의 보호를 위해 특별히 履行擔保責任을 인정하는 것이다(서·정201, 채262, 이기(총)396~397).

(2) 성 질

이행담보책임은 보증채무가 아닌 법정책임이고, 또한 무과실책임이다. 또한 상행위로 인한 채권으로 5년의 상사소멸시효가 적용된다.

履行擔保責任은 상대방의 불이행이 있을 때에 인정되는 점에서 보증채무와 유사하지만 보증의 대상이 되는 주채무가 존재하지 않기 때문에 보증채무는 아니고, 법이 특히 인정한 法定責任이다. 그러므로 위탁매매인에게는 보증인과 같은 催告·檢索의 抗辯權(民437, 438)이 인정되지 아니한다. 또 위탁매매인의 과실유무를 불문하기 때문에 無過失責任이다.

이행담보책임은 매매계약상의 채권과는 구별되므로 시효기간도 3년(民163.6)이 아닌 5년이다(64). 대판 1996.1.23, 95다39854도 [사례Ⅲ-3-4]에서 "위탁자(X)의 위탁상품 공급으로 인한 위탁매매인(Y)에 대한 이득상환청구권이나 이행담보책임 이행청구권은 위탁자(X)의 위탁매매인(Y)에 대한 상품 공급과 서로 대가 관계에 있지 아니하여 등가성이 없으므로 민법 제163조 제6호 소정의 '상인이 판매한 상품의 대가'에 해당하지 아니하여 3년의 단기소멸시효의 대상이 아니고, 한편 위탁매매는 상법상 전형적 상행위이며 위탁매매인은 당연한 상인이고 위탁자도 통상 상인일 것이므로, 위탁자(X)의 위탁매매인(Y)에 대한 매매 위탁으로 인한 위의 채권은 다른 특별한 사정이 없는 한 통상 상행위로 인하여 발생한 채권이어서 상법 제64조 소정의 5년의 상사소멸시효의 대상이 된다"고 판시하여 위탁매매인(Y)의 시효소멸항변을 배척하였다.

(3) 내 용

이행담보책임에는 하자담보책임이나 손해배상책임도 포함된다. 상대방이 위탁매매인에게 대항할 수 있는 항변은 위탁매매인도 원용할 수 있다.

위탁매매인이 이행해야 할 상대방의 채무는 매매대금채무인 경우가 대부분이지만 매매의 목적물을 급부해야 할 채무도 포함한다. 또 기본적 채무에 한정되지 않고 매매계약과 관련하여 생기는 瑕疵擔保責任이나 損害賠償責任도 포함된다. 그러나 이행담보책임은 매매계약에 기해 상대방이 위탁매매인에게 부담하는 채무와 동일한 내용이기 때문에 상대방이 위탁매매인에게 대항할 수 있는 抗辯(계약해제·동시이행)은 위탁매매인도 이를 원용할 수 있다. 위탁매매인이 이행담보책임을 이행한 경우 상대방이 이행한 경우와 마찬가지이므로 위탁매매인은 그로 인한 비용과 보수를 청구할 수 있다.

(4) 예　외

이행담보책임을 부담하지 않는 관습이 있거나 당사자간에 명시 또는 묵시의 의사표시에 의해 그 책임을 배제할 수 있다(105但). 가령 위탁매매인의 수수료를 보통보다 낮게 정한 때에는 履行擔保責任 배제의 의사표시가 있는 것으로 추정된다. 대부분의 입법례에서는 우리와는 반대로 특약 또는 관습이 있는 경우에만 이행담보책임을 부담하도록 하고 있는 것은 참고할만하다.

관습 또는 당사자간에 명시 또는 묵시의 의사표시에 의해 그 책임을 배제할 수 있다.

라. 委託物에 대한 通知·處分義務

위탁매매인이 위탁매매의 목적물을 인도받은 후에 그 물건의 훼손 또는 하자를 발견하거나 그 물건이 부패할 염려가 있는 때 또는 價格 低落의 商況을 안 때에는 지체없이 위탁자에게 그 통지를 발송하여야 한다(108①). 이 경우 위탁자의 지시를 받을 수 없거나 그 지시가 지연되는 때에는 위탁매매인은 위탁자의 이익을 위하여 적당한 처분을 할 수 있다(108②). 일반적인 선관주의의무에 포함되는 내용이나 가격 저락의 상황을 안 때에 적당한 조치를 취할 수 있게 한 것을 명시적으로 규정한 데 그 의미가 있다.

목적물을 인도받은 후 하자 등의 사유를 발견한 경우는 위탁자에게 지체없이 통지해야 한다.

3. 委託賣買人의 權利

가. 報酬(手數料)請求權·費用償還請求權

(1) 수수료청구권

위탁매매인은 상인이므로 보수에 관한 특약이 없어도 당연히 報酬請求權을 가진다(61). 다만 위탁매매계약이 이행된 이후에만 보수를 청구할 수 있으므로 단순히 매매계약이 체결된 것만으로는 보수청구권이 생기지 않는다. 그러나 이는 위탁매매인과 상대방 및 위탁매매인과 위탁자간의 거래관계가 완전히 종결된 때(가령 하자담보책임이 소멸한 때)로 되는 것은 아니다. 보통 위탁매매인의 귀책사유에 기하지 않은 사유로 위탁매매의 실행이 완료되지 못한 때에는 그 이행한 역할의 비율에 따라 보수를 청구하도록 정하는 경우가 많다.

위탁매매인은 상인이므로 당연히 보수청구권을 가진다.

(2) 비용상환청구권

위탁매매인이 위탁의 실행에 비용(매입대금·관세·창고료·운송비)이 필요한 경우에는 위탁자에게 그 선급을 요구할 수 있다(民687). 만일 위탁매매인이 이러한 비용을 替當한 경우에는 체당금과 체당한 날 이후의 이자를 청구할 수 있다(民688①).

위탁의 실행에 비용이 필요한 경우는 그 선급을 요구할 수 있다.

나. 留置權 · 供託權 · 競賣權

(1) 유치권

위탁매매인에게는 유치권 공탁권 및 경매권이 인정된다.

委託賣買人에게 代理商과 같은 내용의 留置權이 인정된다(111, 91). 즉 위탁매매인은 다른 약정이 없는 한 위탁자에 대한 채권이 변제기에 있는 때에는 그 변제를 받을 때까지 위탁자를 위해 점유하는 물건 또는 유가증권을 유치할 수 있다.

(2) 공탁 및 경매권

매수를 위탁한 경우 수령거절 · 수령불능시 공탁 또는 경매할 수 있다.

물건의 매수를 위탁한 경우 위탁자가 매입한 물건의 수령을 거절하거나 수령할 수 없는 경우에는 상인간의 매매에서와 같이 위탁매매인은 그 물건을 供託하거나 상당한 기간을 정하여 수령을 최고한 후 競賣할 수 있다(109, 67①本). 이 경우 위탁매매인은 위탁자에게 지체없이 통지를 발송하여야 한다(109, 67①但). 경매를 한 경우에는 경매대금을 공탁하여야 하는데 그 전부 또는 일부를 辨濟에 充當할 수 있다(109, 67③).

다. 介入權

(1) 의 의

거래소의 시세있는 물건의 매매위탁에 대해 개입권이 인정된다.

위탁매매인이 거래소의 시세있는 물건의 매매를 위탁받은 때에는 직접 그 매도인이나 매수인이 될 수 있다. 이 경우의 매매대가는 위탁매매인의 매매의 통지를 발송한 때의 去來所의 時勢에 의한다(107①). 이를 委託賣買人의 介入權이라고 한다. 위탁자로서는 위탁물의 매도 또는 매입의 상대방이 누구인가는 문제되지 않으므로 매매조건이 공정하기만 하면 위탁매매인이 상대방으로 개입하여도 불이익이 없고 또 수수료 등 거래비용을 줄임으로써 당사자 모두에게 편리하기 때문이다. 그러므로 거래소의 시세가 있는 물건의 매매위탁에 대해서 개입권을 인정하고 있다.

위탁매매인의 개입권은 운송주선인의 개입권(116)과 마찬가지로 직접 위탁자의 거래상대방이 된다는 의미에서(全面的 介入權) 상업사용인 등의 경업금지 위반시에 그 경제적 이익만을 박탈하는 영업주 등의 개입권(17, 89, 198, 269, 397, 567)과는 구별된다.

(2) 요 건

개입권의 행사는 위탁매매인의 일방적인 행위에 의하므로 일종의 形成權이며 그 행사를 위해서는 거래소의 시세가 있는 물건으로서 금지의 특약 또는 법률의 규정이 없어야 한다.

1) 거래소의 시세 去來所란 공개경쟁적인 방법으로 매매가 형성되는 市場을 말한다(이철 390). 증권거래소 시장이나 가락동 농수산물시장 또는 부산의 공동어시장 등이 이에 해당한다. 이러한 거래소에서는 대량의 물건이 경매 등의 방법으로 공개적으로 거래되므로 객관적 시세가 형성되어 위탁매매인이 가격형성에 부당한 영향력을 행사할 여지가 없는 것이다.

거래소는 공개경쟁의 방법으로 매매가 형성되는 시장이다.

2) 금지의 특약 또는 규정 위탁의 취지 또는 특약에 의해 개입이 금지되지 않았어야 한다. 가령 위탁자가 판매처 또는 구매처를 지정한 경우에는 위탁매매인은 그 지정된 자와 매매를 해야 하며 개입할 수 없다. 또 특별법으로 위탁매매인의 개입을 명문으로 금지하는 경우에도 개입할 수 없다. 證券去來法은 증권회사가 고객으로부터 증권의 매매를 위탁받은 경우에는 개입권의 행사를 금지하고 있다(證去 44). 증권회사의 임의적인 개입으로 투자자의 이익을 침해할 위험을 배제하려는 취지에서 규정된 것이다. 그러므로 상법이 인정하는 위탁매매인의 개입권이 적용되는 경우는 실제로 흔하지 않다.

개입권 행사는 위탁의 취지나 특약에 의해 개입이 금지되지 않았어야 하고 금지규정이 없어야 하며 매매계약 체결 이전이어야 한다.

3) 매매의 실행이전 위탁매매인이 제3자와 매매계약을 체결한 후에는 개입권을 행사하지 못한다. 이 때에는 매매계약상의 권리의무가 당연히 위탁자에게 귀속되기 때문에(103), 개입의 여지가 없을 뿐 아니라 자칫 위탁자의 이익을 침해할 우려가 있기 때문이다(이철 391).

(3) 방 법

1) 의사표시 개입권은 위탁자에 대한 일방적인 의사표시로서 행한다. 그 의사표시는 위탁자에게 도달함으로써 효력이 발생한다(民 111①). 그러므로 개입의 의사표시가 위탁자에게 도달하기까지는 철회할 수 있지만 그 후에는 철회할 수 없다. 또 위탁자도 개입의 의사표시가 도달한 후에는 위탁매매계약을 해제하여 개입의 효과를 배제할 수 없다.

개입권은 형성권이므로 일방적인 의사표시에 의해 효력이 발생한다.

2) 가격결정 개입권을 행사하는 경우 그 매매가격은 개입의 의사표시를 발송한 때의 거래소의 시세에 의한다.

(4) 효 과

위탁매매인은 개입에 의해 위탁자에 대해 매도인 또는 매수인의 지위에 서게 된다. 다만 이러한 효과가 위탁매매인과 위탁자간에 매매계약이 성립한 결과라고 볼 것인가에 대해서는 견해가 나누어진다. 그러므로 당사자간에는 매매에 관한 민상법의 규정이 적용된다. 위탁매매인의 개입권 행사

위탁매매인은 개입에 의해 위탁자에 대해 매도인 또는 매수인의 지위에 서

게 되고 당사자 간에는 민상법의 규정이 적용된다.

는 위탁매매를 실행하는 한 방법이므로 매매당사자로서의 권리의무 이외에 위탁매매인으로서 보수청구권 및 비용상환청구권을 가진다.

위탁매매인은 개입을 할 경우에도 수임자로서 선관의무를 다해야 하므로 만일 자기의 전문가로서의 지식과 경험을 이용하여 위탁자에 불리한 시점에서 개입하여 위탁자에게 손해를 입힌 경우에는 배상책임이 있고 또 개입이 위탁의 본지에 정면으로 반하는 경우에는 위탁자는 개입의 효과를 거절할 수도 있다.

제 5 準委託賣買人

1. 意 義

금융선물거래업자나 광고업자 등과 같이 자기명의로 타인의 계산으로 매매아닌 행위를 영업으로 하는 자이다.

자기명의로 타인의 계산으로 매매아닌 행위를 영업으로 하는 자를 準委託賣買人이라고 한다(113). '물건 또는 유가증권의 매매' 이외의 주선행위를 영업으로 하는 점에서 委託賣買人과 구별되고, '물건운송'의 주선을 영업으로 하는 運送周旋人과도 구별된다. 이러한 준위탁매매인의 예로는 金融先物去來의 위탁을 받은 금융선물거래업자나 광고주의 위탁을 받은 광고업자 등이 있다.

2. 準用規定

위탁매매인에 관한 규정이 준용되나 매매를 전제로 한 규정은 적용되지 않는다.

준위탁매매인에 대해서는 위탁매매인에 관한 규정이 준용된다(113). 그러나 매매를 전제로 한 규정(108, 109, 110)은 준위탁매매인의 성질상 적용되지 않는다. 통설은 준위탁매매인의 거래의 객체는 거래소의 시세가 있는 물건이 아니라는 이유로 介入權에 관한 규정(107)의 적용도 부인한다. 그러나 금융선물거래는 거래소에서 객관적인 가격이 형성되기 때문에 개입권을 인정하여도 상관없다고 본다.

제 4 장
運送(周旋)業 · 倉庫業 · 公衆接客業

개 요

운송주선업은 타인을 위하여 물품운송의 주선을 하는 영업이고 운송업은 육상에서 물건 또는 여객의 장소적 이동을 인수하는 영업이다. 기업활동의 공간적 범위가 확대됨에 따라 운송(주선)업의 중요성이 커지고 있다. 한편 창고업은 물건보관을 영업으로 하며 시간적 차이를 극복하여 상품가치를 증대시키는 데 기여한다. 공중접객업은 많은 사람이 모일 수 있는 시설을 마련하여 일반공중에 제공하는 서비스업이다.

이 장에서는 운송주선업, 운송업, 창고업, 공중접객업의 순으로 설명한다. 특히 운송업에 있어서는 보증도의 문제, 배상책임의 제한, 화물상환증의 효력 등이 중요하다.

주요 내용

o 운송주선인의 권리 — 보수청구권, 확정운임주선계약, 유치권, 개입권
o 운송주선인의 의무 · 책임 — 주의의무, 손해배상책임
o 물건운송계약 — 도급계약, 당사자(수하인의 지위)
o 운송인의 의무 — 화물상환증 교부의무, 운송물인도의무, 보증도
o 손해배상책임 — 책임원인, 정액배상, 고가물면책, 책임의 소멸, 청구권경합
o 운송인의 권리 — 운송물인도청구, 운송장교부청구, 운임청구, 유치권, 공탁 · 경매권
o 화물상환증 — 채권적 효력, 물권적 효력
o 여객운송 — 승차권, 여객손해에 대한 책임, 수하물에 대한 책임
o 창고업자의 권리 · 의무
o 창고증권 — 하도지시서, 채권적 효력, 물권적 효력
o 공중접객업자의 책임 — 수치물에 대한 책임, 면책게시의 효력

제 1 절 運送周旋業

제 1 總 說

1. 運送周旋業

(1) 연 혁

운송주선업은 주선행위를 한다는 점에서 위탁매매업과 같다.

運送周旋業은 타인을 위하여 물품운송의 주선을 하는 영업이다. 周旋行爲라는 점에서는 위탁매매인과 동일하므로 처음에는 위탁매매업의 일종으로 영위되었다. 그러나 운송기관이 발달하여 복잡 · 다양화하고 운송 거리가 길어짐에 따라 적당한 운송인이나 운송방법을 신속하고 정확하게 선택하는 것이 어렵게 되었다. 이에 따라 화주와 운송인간에 개재하여 운송을 주선하는 전문가가 요구되어 이를 영업으로 하는 운송주선업이 발달함에 따라 위탁매매인과는 별도로 상법에 규정되게 된 것이다.

(2) 현대적 의의

운송주선업자는 주선업과 운송업을 함께 영위하는 복합운송의 주체이다.

오늘날 운송주선업자는 '문전에서 문전으로(door to door)'라는 운송의 이념을 실현하기 위해 周旋業과 運送業을 함께 영위하는 것이 보통이다. 즉 위탁자와 운송주선계약을 체결함과 동시에 운송인과 운송계약을 체결할 뿐 아니라 물품의 집하 · 보관 · 인도와 필요한 서류를 준비하는 등 운송주선업과 운송영업, 그리고 운송에 부수하는 각종 서비스를 제공하고 있다. 특히 육 · 해 · 공을 결합하는 複合運送이 발전함에 따라 운송주선인은 복합운송의 주체로서 등장하고 있다(김창준, "복합운송주선업자의 상법상의 지위", 「상사법연구」(2005), 11).

그러나 상법의 '운송의 주선'에 관한 규정은 운송주선업자가 영위하는 영업의 일부인 운송주선행위에 관해서만 적용되므로 현실적인 운송주선업을 규제하는 데에는 매우 미흡하다. 이와 같은 운송영업을 겸하는 운송주선인에 대하여는 그 역할수행의 물적 보장을 위해 여러 법령에서 시설기준 등을 정해놓고(철도소운송업법 · 자동차운수사업법 · 항공법 등) 이러한 요건을 구비한 자에게 주무관청에 등록할 것을 요구하고 있다(화물자동차운수사업법 21①). 그러나 이러한 규제는 운송주선계약의 사법적 효력에는 영향이 없는 것이 원칙이다.

2. 運送周旋人의 意義

運送周旋人은 自己名義로 물건운송의 주선을 영업으로 하는 자이다(114).

(1) 운송의 주선

운송주선인은 자기의 이름으로, 위탁자의 계산으로 운송인과 물건운송계약을 체결하는 것을 업으로 하는 자이다. 그러므로 위탁자의 이름으로 운송계약을 체결하는 締約代理商과 다르고 단순히 운송을 중개하는 仲介商이나 仲介代理商과 다르다. 그러나 실무상으로는 운송주선인이 위탁자(송하인)의 대리인으로 운송계약을 체결한 때에도 운송주선계약으로 보는 경우가 있다. 대판 1987.10.13, 85다카1080도 "운송주선인은 자기의 이름으로 주선행위를 하는 것을 영업으로 하는 것이지만 하주나 운송인의 대리인이 되기도 하고 실제에 있어서도 위탁자의 이름으로 운송계약을 체결하는 일이 많은 것도 사실이며, 이와 같은 경우에도 운송주선인임에는 변함이 없다"고 판시하였다(同 대판 2007.4.26, 2005다5058; 2007.4.27, 2007다4943).

운송주선인은 자기의 이름으로, 위탁자의 계산으로 영업을 하는 자이다. 그러나 하주나 운송인의 대리인이 되는 경우에도 운송주선인으로 인정한다.

운송주선계약은 위탁매매계약과 성질을 같이 하기 때문에 특칙이 없는 한 委託賣買人에 관한 규정이 준용된다(123).

(2) 물건운송의 주선

1) 물건운송주선　운송주선인은 물건운송주선을 영업으로 하는 자이므로 여객운송의 주선은 준위탁매매인에 속한다(정희204, 정동(총)590). 관광여행사는 여객의 이름으로 항공권을 예약하고 숙박시설의 수배나 관광안내업무를 알선·대행하는 영업이므로 주선업이라고 할 수 없다. 그러므로 실제로 여객운송주선업은 거의 존재하지 않는다.

운송주선인은 물건의 운송을 주선한다. 그러므로 도착지운송주선인은 상법상의 운송주선인이 아니다.

2) 운송주선　운송의 주선은 육상·해상·항공운송 및 통운송의 어느 형태이든 상관없다. 다음의 運送業이 육상운송에 한정되는 것과 다른 점이다.

3) 도착지 운송주선　도착지 운송주선인은 도착지에서 운송인으로부터 운송물을 수령하여 이를 수취인에게 인도하는 업무 및 이에 관련한 일체의 행위를 할 것을 업무로 하는 점에서 상법상의 운송주선인은 아니다. 대판 1987.10.13, 85다카1080도 다음의 [사례Ⅳ-1-1-ii]에서 "다같이 운송주선인이라 불려지고 있어도 발송지운송주선인(A_1)의 위탁을 받고 하는 도착지운송주선인(A_2)이나 중간운송주선인의행위 등은 특별한 사정이 없는 한 상법

상의 운송주선행위가 아니라"고 판시하였다. 다만 그 성질이 허용하는 한 도착지 운송주선인에게도 운송주선인에 관한 규정을 준용한다.

(3) 주선영업

운송주선인은 물건의 운송주선을 영업으로 하는 자이다.

물건의 운송주선을 영업으로 하는 자이다. 즉 물건운송주선의 인수를 영업으로 함으로써 상인이 된다(46.12, 4). 그러나 실제 운송주선인의 업무는 단순히 운송인과 운송계약을 체결하는 것에 그치지 않고 물품의 포장이나 보관과 인도 및 필요서류의 마련, 운송인이나 운송경로의 선택 등 운송을 안전하고 용이하게 하기 위한 모든 업무를 함께 수행한다.

3. 運送周旋人의 地位

[사례 Ⅳ-1-1: 운송주선인의 지위]

(i) 운송주선업자인 A는 X회사가 리비아에 수출할 물건의 운송주선을 위탁받고 Y회사와 운송계약을 체결하였다. Y의 화물자동차 적재함부분에 덮개가 허술하게 씌워, 수출품이 침수손해를 입게 된 경우 X는 Y에 대해 손해배상을 청구할 수 있는가? (서울고판 1982.5.12, 82나168 참조)

(ii) Y회사는 운송주선업자인 A_1에게 사우디아라비아의 건설현장에서 사용할 철구조물을 한국에서 사우디까지 해상운송의 주선을 위탁하고 그 대가로 m^3당 미화 40달러의 운임을 선적완료 즉시 지급하기로 하는 계약을 체결하였다. 이에 따라 A_1은 X_2해운회사와 위 철구조물의 운송을 위한 해상운송계약을 체결하였고, 화물이 선적된 후 자신과 상호 대리인관계에 있는 사우디아라비아의 운송주선인인 A_2의 양식에 송하인과 수하인을 Y로 하는 선하증권을 발행·교부하였다. 한편 Y는 A_1이 A_2의 양식에 발행한 선하증권을 거래은행에 제출하고 수출대금을 수령하였으며, 화물은 사우디에 도착하여 Y에게 인도되었다. 이 과정에서 A_1이 부채로 도산하게 되자 A_1의 채권자인 X_1회사는 A_1의 Y에 대한 운임채권을 A_1으로부터 양수하고 이를 Y에게 통지하였다. Y는 X_1과 X_2 중 누구에게 운임을 지급해야 하는가? (대판 1987.10.13, 85다카1080 참조)

運送周旋人은 送荷人의 위탁을 받아 자신의 이름으로 운송계약을 체결하므로 委託者에 대해서는 受任人의 지위에 있고, 운송인에 대해서는 貨主의 지위에 있다. 그러나 運賃確定周旋契約(119 ②)이나 주선인이 介入權을 행사한 경우(116)에는 주선인은 위탁자에 대해 운송인의 지위에 서게 되고 실제

운송을 담당하는 자는 주선인의 이행보조자가 된다(대판 2007.4.29, 2007다4943).

(1) 운송계약의 주체

운송계약의 체결로 위탁자와 운송인 간에는 아무런 법률관계가 생기지 않는다.

운송주선인이 운송계약의 주체로서 운송인에 대한 권리의무를 취득하기 때문에 위탁자와 운송인간에는 아무런 법률관계가 생겨나지 아니한다. 그러므로 서울고판 1982.5.12, 82나168(확정)은 [사례Ⅳ-1-1-i]에서 "일반적으로 상법상의 운송주선인(A)은 자기의 명의로 운송의뢰인(X)의 계산아래 운송인(Y)과 운송계약을 체결하는 것이므로 운송인(Y)과의 운송계약상의 권리의무가 당연히 운송의뢰인(X)에게까지 미치는 것은 아니라"고 하여 X의 손해배상청구를 인정하지 않았다.

그러므로 위탁자(송하인)가 운송인에 대해 운송계약상의 권리를 행사하기 위해서는 운송주선인으로부터 화물상환증 또는 선하증권을 이전받거나 채권양도를 받아야 한다. 이러한 취지에서 대판 1987.10.13, 85다카1080은 [사례Ⅳ-1-1-ii]에서 "운송주선인(A_1)은 위탁자(Y)를 위하여 물건운송의 주선을 하는 것이기 때문에 운송인(X_2)과의 사이에 물건운송계약을 체결했을 때에는 상법 제123조, 제104조에 의하여 그 구체적 내용에 관한 통지를 해야 하고 이 경우에는 위탁자(Y)와의 내부관계에 있어서는 운송주선인(A_1)이 체결한 운송계약상의 권리의무는 주선인에 의한 양도 등 특별한 이전절차 없이도 위탁자에 귀속되는 것이지만, 위탁자(Y)가 그 권리를 운송인(X_2)에게 주장할 수 있기 위하여는 민법 제450조 내지 제452조에 따른 채권양도의 통지가 필요하고 다만 지시식이나 무기명식의 선하증권이 발행되어 있을 때에는 민법 제508조, 제523조에 의하여 운송주선인(A_1)이 이를 위탁자(Y)에게 배서 또는 교부함으로써 그러한 절차를 이행하는 것이 된다"고 판시하였다(정병석, "운송주선인의 운송인지위취득", 「상사판례연구 I」(1996), 219).

(2) 위임계약

운송주선계약은 민법의 위임의 일종이므로, 위임에 관한 규정이 적용된다.

주선계약은 委任이므로 민법의 위임에 관한 규정이 적용된다(123, 112). 대판 1987.10.13, 85다카1080도 [사례Ⅳ-1-1-ii]에서 "주선이라 함은 자기의 이름으로 타인의 계산 아래 법률행위를 하는 것을 의미하는 것이므로 운송주선계약은 운송주선인(A_1)이 그 상대방인 위탁자(Y)를 위하여 물건운송계약을 체결할 것 등의 위탁을 인수하는 계약으로 민법상의 위임의 일종이기 때문에 운송주선업에 관한 상법의 규정이 적용되는 외에 민법의 위임에 관한 규정이 보충적용된다"고 판시하였다.

제 2 運送周旋人의 權利

1. 報酬請求權 · 費用償還請求權

가. 報酬請求權의 行使時期

운송주선인은 운송물을 운송인에게 인도한 때에 즉시 보수를 청구할 수 있다.

운송주선인은 특약이 없는 경우에도 상당한 보수를 청구할 수 있다(61). 다만 그 행사시기가 문제가 되는데 상법은 운송물을 운송인에게 인도한 때에 즉시 보수를 청구할 수 있다고 규정하고 있다(61 ①). 운송주선인은 운송계약의 주선을 약정하였으므로 운송계약이 성립하여 운송인에게 운송물을 인도하면 위임사무가 종료되기 때문이다. 그러므로 운송물의 인도가 있더라도 운송계약이 성립하지 않은 이상 운송주선인은 보수를 청구할 수 없으나 그러한 경우란 거의 예상할 수 없다. 도착지 운송주선을 인수한 경우에는 그 위탁사무의 종료시 즉, 도착지에서 운송물을 수하인에게 인도한 때에 보수청구권이 발생한다(정희 210).

나. 確定運賃 周旋契約

(1) 의 의

확정운임주선계약의 경우에는 보수청구권이 없다.

運送周旋契約으로 運賃의 액을 정한 경우에는 다른 약정이 없으면 따로 보수를 청구하지 못한다(119 ②). 이 경우에는 당사자가 보수를 포함하여 운임액을 확정하고 확정운임과 현실로 운송에 요하는 실제운임의 차액은 운송주선인에게 귀속시키기로 하는 약정이 있는 것으로 보기 때문이다.

(2) 법적 성질

확정운임주선계약의 성질에 대해서는 개입설과 운송계약설이 대립하고 있으나 운송계약설이 타당하다(판례).

1) 학 설 확정운임주선계약에 대해서는 운송주선인이 介入權을 行使한 경우로 보는 견해(서·정211, 김용171~172)와 運送契約이 成立한 것으로 보는 견해(정희210, 손주344, 이철502, 이원205 外)가 대립한다. 개입설에 의하면 운송주선인은 주선인의 지위와 운송인의 지위를 겸하게 되는 반면, 운송계약설에 의하면 운송주선인은 위탁자와 운송계약을 체결한 것이 되어 운송주선인에 관한 규정은 적용되지 않는 것으로 된다. 생각건대 이를 개입권 행사로 보면 운송주선인은 위탁자에 대해 별도의 보수청구권을 가지게 되는데 이는 상법 제119조 2항에 정면으로 반하는 것이 되므로 운송계약설에 따르기로 한다. 그럴 경우 운송

주선인이 선정한 운송인은 운송주선인의 履行補助者가 되고 운송주선인은 운송을 완료한 때에 한하여 확정운임청구권을 행사할 수 있다(民 665).

2) 판 례 대판 1987.10.13, 85다카1080도 [사례Ⅳ-1-1-ii]에서 "이른바 확정운임운송주선계약이 체결되었을 때에는 바로 그때에 위탁자(Y)와 운송주선인(A_1)과의 사이에 운송계약이 체결된 것으로 보아 운송의 결과에 따라 지급되는 운임에 의하여 운송주선인의 보수와 운송인으로서의 보수가 함께 약정된 것으로 해석되므로 특약이 없는 한 운송주선인으로서의 보수를 따로 구하지 못한다"라고 판시하여 운송계약설을 취하고 있다.

(3) 요 건

1) 운임의 확정 운임의 액을 정한 경우란 순수한 운송의 대가만 아니고 운송품을 위탁자로부터 수하인에게 도달되기까지의 확정액을 정한 경우를 말한다. 대판 1987.10.13, 85다카1080도 [사례Ⅳ-1-1-ii]에서 "운송주선계약으로 운임의 액이 정해진 경우라도 그것을 확정운임운송주선계약으로 볼 수 있으려면 첫째로, 주선인에게 위와 같은 재산적 바탕이 있어야 하고 둘째로, 그 정해진 '운임의 액'이 순수한 운송수단의 대가 즉, 운송부분의 대가만이 아니고 운송품이 위탁자로부터 수하인에게 도달되기까지의 액수가 정해진 경우라야만 한다"는 이유에서 확정운임 주선계약의 성립을 부인하였다.

운임의 액을 정한 경우란 운송물을 위탁자로부터 수하인에게 도달하기까지의 확정액을 정한 것을 말한다.

2) 재산적 기초 확정운송주선계약이 성립하기 위해서는 주선인에게 운송인으로서의 기능을 수행할 만한 재산적 바탕이 있어야 하는가? 상법은 이에 관해 아무런 규정이 없지만 대판 1987.10.13, 85다카1080은 [사례Ⅳ-1-1-ii]에서 "운송영업을 겸하는 운송주선인에 대하여는 그 역할수행의 물적 보장을 위하여 여러 가지의 법령에 의하여 시설기준 등을 정해놓고 있으며 해상운송주선업에 대하여도 구 해상운송사업법에서는 해상운송주선업의 면허기준 가운데 주선업을 경영하는 자의 책임범위가 명확한 경영형태일 것과 재정적 기초가 확실할 것 등을 요건으로 하고 있는 점에서 본다면 해상운송주선인 가운데에서 해상운송인으로서의 기능수행이 가능한 주선인이 됨에는 그에 상응하는 재산적 바탕(선박 등의 영업설비나 아니면 상업신용)이 있어야 한다"고 판시하여 확정운임주선계약의 성립을 부인하였다. 이러한 판례의 입장은 재산적 바탕이 없는 운송주선업체가 화물의 운송을 인수하게 되는 경우 그 계약을 이행하지 못하게 될 것을 우려한 때문이라고 보여지는데, 이는 사적 자치에 맡겨둘 사항으로서 아무런 법적 근거도 없이 그 성립을 부인하는 것은 부당

판례는 주선인의 재산적 바탕을 요건으로 하고 있으나, 이는 사적자치에 맡길 사항이다.

하다고 할 것이다(정병석, "운송주선인의 운송인 지위취득", 「상사판례연구(Ⅰ)」, 227; 이균성, "운송주선인의 해상운송인으로서의 지위취득", 「민사판례연구 Ⅺ」, 358).

(4) 혼적운송주선계약

혼적운송주선계약은 확정운임주선계약으로 간주하므로, 보수청구권이 없다.

운송주선인이 다수의 화주로부터 운송을 위탁받고 동일한 선박에 이를 混積하여 직접 자기의 계산과 이름으로 운송계약을 체결하는 경우가 있다. 이 때에는 주선계약에서 운임을 확정하지 않더라도 확정운임주선계약으로 보아야 하므로 주선인은 따로 보수를 청구하지 못한다(정희212, 최기352). 이러한 경우는 대부분 주선인이 다수의 운송물을 집적함으로써 유리한 운임으로 운송계약을 체결할 수 있어 그 차액을 취득하기 때문이다.

다. 費用償還請求權

운송주선인이 주선계약을 이행함에 있어 운송인에게 지급한 운임 기타 운송을 위하여 지출한 비용은 위임사무를 처리하기 위한 비용이기 때문에 위탁자에 대하여 그 상환을 청구할 수 있다(123, 112, 民688).

라. 消滅時效

운송주선인이 위탁자 또는 수하인에 대한 채권은 1년간 행사하지 아니하면 소멸시효가 완성한다(122). 단기시효가 적용되는 채권은 報酬請求權과 費用償還請求權이며 그 기산점은 채권을 행사할 수 있는 때이다.

2. 留 置 權

(1) 의 의

운송물에 관하여 받을 보수, 운임, 기타 위탁자를 위한 체당금이나 선대금에만 유치권을 행사할 수 있다.

운송주선인은 운송물에 관하여 받을 보수, 운임 기타 위탁자를 위한 체당금이나 선대금에 관하여서만 운송물을 유치할 수 있다(120). 이와 같이 피담보채권을 제한하고 유치목적물을 운송물로 한정하는 것은 위탁자와 운송주선인간에는 원칙적으로 계속적 거래관계가 없을 뿐 아니라 수하인의 이익을 보호하기 위함이다(정희211). 그러나 운송주선인의 다른 채권에 대해서는 민법상의 유치권(民320)이나 일반상사유치권(58)을 행사할 수 있다.

(2) 요 건

운송주선인의 특별상사유치권은 피담보채권과 유치목적물간의 개별적인 견련관계를 요구하는 대신에 유치목적물의 소유권·점유취득원인을 문제삼지 않으므로 상사유치권(58)보다는 민사유치권(320)에 가깝다. 다만 유치권의 대상이 운송물로 제한되는 점만 다를 뿐이다.

(3) 운송물의 점유

운송주선인의 보수청구권은 운송물을 운송인에게 인도함으로써 생기는데 그 보수청구권의 담보를 위해 물건의 점유를 요건으로 하는 유치권을 인정할 수 있는가 하는 의문이 생긴다. 그러나 운송주선인은 운송인을 통해 간접점유를 하고 그 처분권을 행사(139)할 수 있으므로 유치권을 행사함에는 문제가 없다.

주선인은 간접점유를 하고 있으므로 유치권을 행사할 수 있다.

3. 介 入 權

(1) 의 의

운송주선인은 다른 약정이 없으면 직접 운송할 수 있다(116①). 이를 運送周旋人의 介入權이라고 한다. 운임이나 운송방법이 일정한 운송사업의 성질상 운송을 누가 실행하는가는 중요하지 않을 뿐 아니라 주선인의 개입에 따라 위탁자가 손해를 입을 염려가 없기 때문에 인정되는 권리이다. 이 경우 운송주선인이 자기 소유의 운송수단에 의해 직접 운송을 실행할 필요는 없고 자기명의로 운송을 인수하면 족하다(김성탁, "주선업자의 개입권", 「기업법 연구」(2003.3), 287).

운송사업은 개성이 희박하므로 개입권이 인정된다.

(2) 요 건

당사자간에 반대의 특약이 없으면 개입권을 행사할 수 있다. 운송주선계약에서 개입금지를 하지 않더라도 위탁자는 개입전까지는 주선인의 개입을 금지시킬 수 있다. 주선인이 개입을 함에는 위탁매매인의 경우와 같은 去來所의 時勢가 문제가 되지 않는다. 운송의 대가인 운임은 거래소의 시세가 없는 대신에 운송구간과 형태에 따라 정형화되어 있으므로 주선인이 개입권을 행사해도 위탁자에게 불리하지는 않기 때문이다(정회211, 정동(총)602).

반대의 특약이 없으면 되고 거래소의 시세는 문제되지 아니한다.

(3) 성질과 행사방법

介入權은 形成權의 일종으로서 운송주선인의 일방적인 의사표시로서 행하며, 상대방인 위탁자에게 도달함으로써 그 효력이 생긴다. 주선인이 스스로 운송을 개시하고 위탁자가 그 사실을 안 때에는 묵시적인 개입의 의사표시가 있는 것으로 보아야 한다(정회212).

형성권으로서 일방적 의사표시로 행사한다.

(4) 개입의 의제

운송주선인이 위탁자의 청구에 의하여 貨物相換證을 작성한 때에는 직접 운송하는 것으로 본다(116 ②).

운송물을 대표하는 화물상환증의 발행청구는 개입요청으로 볼 수 있다.

1) 취 지 화물상환증은 운송물을 대표하는 증권으로서 운송인이 발행하는 것인데 위탁자가 주선인에게 그 발행을 청구하는 것은 그 개입을 요청한 것으로 볼 수 있고 또 운송주선인이 화물상환증을 발행하였다면 묵시적인 개입의사표시로 볼 수 있기 때문이다. 동일한 운송증권인 선하증권을 발행한 경우에도 마찬가지이다.

화물상환증의 작성은 운송주선인 자신의 명의로 해야 한다.

2) 작성명의 화물상환증(선하증권)의 작성은 운송주선인의 명의로 해야 하는가 아니면 타인의 명의로 발행해도 상관이 없는가? 대판 1987.10.13, 85다카1080은 [사례 Ⅳ-1-1-ii]에서 "원심이 해상운송주선인인 우양(A_1)이 상법 제116조의 개입권을 행사한 것으로 판단한 선하증권은 우양(A_1)이 자기의 명의로 발행한 것이 아니라 M.T.A.(A_2)의 대리인 자격으로 발행했다는 것이며, 그와 같이 한 이유는 양륙항인 사우디아라비아 항구에서의 통관 및 육상운송의 편의를 위하여 화주인 피고회사(Y)의 부탁을 받고 그렇게 한 것이라는 것이므로 우양(A_1)과 M.T.A.(A_2)간에 상호대리관계가 있다 하여도 그것만으로는 이 선하증권이 위에서 본 상법규정상의 개입권행사의 적법조건이 되는 '운송주선인이 작성한 증권'으로 볼 수는 없다"고 판시하여 운송주선인(A_1)에 의한 介入擬制를 인정하지 않았다(同 대판 2007.4.26, 2005다5058).

판례는 운송주선인의 재산적 기초를 요한다.

3) 재산적 기초 확정운임주선계약의 경우와 마찬가지로 운송주선인이 개입권을 행사하여 운송의 주체로 되는 데에는 운송을 실행할 만한 재산적 기초가 있어야 한다는 것이 판례의 입장이나(대판 1987.10.13, 85다카1080) 그 부당함은 앞에서 지적한 바와 같다.

(4) 효 과

운송주선인이 개입권을 행사하면 주선인과 운송인의 권리・의무를 모두 가진다.

운송주선인이 개입을 한 경우에는 運送人과 동일한 권리의무가 있다(116 ①). 즉 위탁자와 운송주선인간에는 개입에 의해 運送契約上의 法律關係가 생기므로 주선인은 위탁자에 대해 운송인으로서의 권리를 가지고 의무를 부담한다. 그러나 확정운임주선계약의 경우와는 달리, 운송주선인과 운송인간에 직접 운송계약이 성립한 것으로는 되지 않는다.

즉 개입권의 행사는 운송주선위탁의 실행방법의 하나로 보기 때문에 주선인의 지위와 운송인의 지위를 겸하는 것으로 된다. 그러므로 운송주선인은 그 본래의 지위에서 보수 및 비용의 상환을 청구할 수 있는 동시에 운송인의 지위에서 운임청구권을 가지는 것으로 본다.

제 3 運送周旋人의 義務와 責任

1. 義 務

(1) 주의의무

운송주선계약은 위임계약이므로 운송주선인은 선량한 관리자의 주의로서 운송주선계약을 이행하여야 한다(123, 112, 民681). 運送周旋契約의 履行이라고 함은 운송계약의 체결뿐 아니라 그에 부수하는 운송물의 수령·보관·인도와 각종서류의 작성 등이 포함된다. 운송주선인이 주의의무를 위반하여 위탁자에게 손해가 발생하면 손해배상책임을 진다(115).

수임인으로서 의무를 부담한다.

(2) 개별적 의무

운송주선인에게 위탁매매인에 관한 규정이 준용되는 결과(123) 운송주선인은 통지 및 계산서제출의무(104), 지정운임준수의무(106), 운송물에 대한 통지·처분의무(108)를 부담한다. 다만 위탁매매인의 이행담보책임(105)은 물건의 운송이 주선인이 갈음하여 이행할 수 있는 代替給付가 아니기 때문에 운송주선인에게는 인정되지 아니한다(김성 569).

위탁매매인에 관한 규정이 준용된다.

2. 損害賠償責任

[사례Ⅳ-1-2: 운송주선인의 손해배상책임]

X회사는 운송주선인인 Y_1에게, 미국의 수입자인 Y_2에 대한 상품수출과 관련하여 부산에서 뉴욕까지의 운송주선을 위탁하였다. Y_1은 자기 명의로 이 수출품에 대한 해상운송계약을 A해운회사와 체결하고 선하증권을 교부받아 이를 Y_2에게 넘겨 주었다. X와 Y_1간에 체결된 운송주선계약은 '수입업자 혼적운송'의 형태였으며 수출에 관련된 신용장들은 모두 운송주선업자(Y_1)의 화물수취증(FCR)을 선하증권 대용으로 거래은행의 할인 또는 추심에 사용할 수 있도록 되어 있었다. 이에 X가 Y_1으로부터 받은 화물수취증을 첨부하여 신용장개설은행에 대해 수출대금을 청구하였으나 수출품의 선적기한 도과와 품질불량을 이유로 Y_2가 신용장을 취소함으로써 대금지급이 거절되었다. 한편 Y_2는 Y_1으로부터 교부받은 선하증권을 뉴욕에서 A에게 제시하고 화물을 인도받아 갔다. X는

수출대금을 지급 받지 못하고 또 수출한 물품도 회수할 수 없는데 따르는 손해를 Y_1과 Y_2로부터 배상받을 수 있는가? (대판 1984.9.11, 83다카1661 참조).

운송주선인은 자기나 그 사용인이 운송물의 수령 · 인도 · 보관, 운송인이나 다른 운송주선인의 선택 기타 운송에 관하여 주의를 해태하지 아니하였음을 증명하지 아니하면 운송물의 멸실 · 훼손 또는 연착으로 인한 손해를 배상할 책임을 면하지 못한다(115).

가. 責任原因

(1) 자기 또는 사용인의 과실

자기 또는 사용인의 고의 · 과실에 대한 과실책임과 채무불이행책임을 진다.

운송주선인은 자기 또는 사용인의 고의 · 과실에 대한 책임을 부담한다. 使用人이라고 함은 운송의 주선을 위해 사용하는 자로서 고유의 사용인 이외에 運送人 · 下受運送周旋人 등 넓은 의미에서의 이행보조자를 말한다. 그러므로 반드시 운송주선인과 고용관계에 있을 것을 요하지 않는다. 이와 같이 운송주선인의 책임요건으로 고의 · 과실을 요하므로 그 책임은 過失責任이며 운송주선계약상의 債務不履行責任이다.

(2) 운송물 · 운송인에 관한 주의의무위반

운송인의 선택에 관한 주의를 할 뿐, 운송에 관한 직접적인 주의의무를 부담하지 않는다.

운송물의 수령 · 인도 · 보관, 운송인이나 다른 운송주선인의 선택 기타 운송에 관한 주의를 해태하였어야 한다. 운송주선인이 스스로 운송하는 것은 아니므로 운송에 관한 직접적인 주의의무를 부담하는 것은 아니며 운송인이나 다른 운송인의 선택에 관한 주의만 하면 된다. 그러므로 운송주선인이 능력과 자격을 갖춘 운송인을 선택하여 운송계약을 체결하였음에도 불구하고 그 운송인의 잘못으로 운송물에 손해가 생긴 경우에는 위탁자는 운송주선인이 운송인에 대해 가지는 損害賠償請求權(135)을 양도받아 운송인을 상대로 직접 행사하면 된다. 다른 운송인주선인의 선택은 中繼運送周旋人의 선택을 의미하고 下受運送周旋人을 포함하지 않는다.

(3) 운송증권에 관한 주의의무위반

운송물을 대표하는 증권을 잘못 교부한 경우에는 이로 인해 발생한 손해에

운송주선인은 운송물과 운송인의 선택에 관한 사항 이외에 선량한 관리자로서의 주의의무 위반에 대해서도 책임을 진다. 이러한 의무중에는 [사례Ⅳ-1-2]에서 보는 바와 같은 운송물을 대표하는 증권(화물상환증 · 선하증권 · 항공화물운송장)을 잘못 교부함으로써 권리자가 입은 손해에 대한 배상책임이 중요하다. 대판

1984.9.11, 83다카1661은 "수출자(X)가 선하증권을 첨부한 하환어음을 발행하여 국내거래은행으로부터 할인을 받거나 또는 추심위임을 하고 그 국내은행이 신용장개설은행에 추심하는 방법에 의하여 수출대금이 결제되는 방식의 무역거래에 있어서는 다른 특별한 사정이 없는 한 수입자(Y_2)가 그 수출대금을 결제할 때까지는 선하증권에 의하여 표창된 운송중인 수출품이 위 하환어음의 담보가 되는 것이며, 이와 같은 법리는 수출품의 운송이 선적자혼적운송, 운송주선업자혼적운송 또는 수입상혼적운송이거나, 당해 운송주선의 의뢰인(X)이 수출자이건 수입자이건 가리지 아니하고 적용된다 할 것임에도 불구하고 위 마노회사(Y_2)가 위 운송품을 인도 받을 수 있도록 선하증권을 위 마노회사(Y_2)에 교부하였다는 것이니 그렇다면 피고(Y_1)는 위 수출품의 운송에 관련된 원고(X)와 피고(Y_1) 사이의 위 약정을 위반한 채무불이행 내지 불법행위를 범하였다 할 것이고 따라서 피고(Y_1)는 이로 인하여 원고(X)가 입게 된 손해를 배상할 책임이 있다"고 판시하였다(同 대판 1996.9.6,94다46404).

대한 배상책임이 있다.

(4) 손해의 유형

손해의 유형은 운송물의 멸실·훼손·연착이다. 滅失은 물리적인 소멸뿐 아니라 법적으로 그 회복이 불가능한 경우를 포함하며, 毁損이란 그 가치가 감소되는 것이고, 延着이란 약정일시나 통상 도착되어야 할 일시에 도착하지 않은 상태를 말한다. 손해의 유형은 이 3가지에 한정된다는 견해가 있지만 손해가 현저한 경우를 예시한 것에 지나지 않는다고 보아야 한다.

운송물의 멸실·훼손연착 등 손해가 현저한 경우에 배상책임을 진다.

나. 無過失의 立證

운송주선인은 자기 또는 그 사용인이 주의를 해태하지 아니하였음을 증명하지 아니하면 그 책임을 면할 수 없다(115)(대판 2007.4.27, 2007다4943; 운송주선인이 운송물의 인도·수령·보관, 운송인의 선택에 관하여 주의를 게을리하지 않았음이 증명되었다고 하여 상법 제115조에 따른 책임을 부인한 사례). 이를 무과실에 대한 입증책임을 채무자인 운송주선인에게 전환하고 있는 점을 근거로 민법의 예외를 정한 특별규정으로 보는 견해가 있었으나 민법상으로도 채무자는 이행보조자의 고의·과실에 대하여 책임을 부담할 뿐 아니라 채권자는 채무불이행사실을 입증하면 되고 무과실의 입증책임은 채무자가 부담하는 것이기 때문에, 민법의 일반원칙에 대한 주의적 규정이라고 보는 견해가 통설이다(정희205, 서·정208, 최기348, 이철449, 反 채276, 김용169).

무과실의 입증책임을 운송주선인에게 부여하는 상법규정은 민법의 일반원칙에 대한 주의규정이다(통설).

다. 責任의 內容

(1) 손해배상액

운송주선인은 손해의 전액을 배상하여야 한다. 다만, 고가물 불명시의 경우 면책된다.

운송주선인의 손해배상액에 관하여는 상법에 특별한 규정이 없으므로 채무불이행과 상당인과관계가 있는 모든 손해를 배상해야 한다. 운송인에 관해서는 배상액이 정형화되어 있는 것(137)과는 구별된다. 본 조는 임의규정이기 때문에 특약에 의해 그 책임을 면제하거나 제한할 수 있다(정희206, 정동(총)596).

(2) 고가물에 대한 특칙

화폐·유가증권 기타의 高價物에 대해서는 위탁자가 운송주선을 위탁함에 있어 그 종류와 가액을 명시하지 않으면 운송주선인은 손해배상책임을 지지 않는다(124, 136). 위탁자가 고가물의 종류와 가액을 명시하지 않음으로써 그에 상당하는 보수의 지급을 면하는 것을 방지하기 위함이다(정희 207).

(3) 청구권 경합

채무불이행의 요건과 불법행위의 요건이 동시에 갖춰진 경우, 선택적으로 행사할 수 있다(청구권경합설).

운송주선인의 채무불이행이 동시에 불법행위의 요건을 충족시키는 경우에 위탁자는 이들 권리를 선택적으로 행사할 수 있다고 보는 견해가 請求權競合說이다. 이에 대해 채무불이행책임을 부담하는 경우에는 불법행위책임은 성립할 여지가 없고 청구권경합이 생기지 않는다는 法條競合說이 있다. 청구권경합설이 통설·판례이다(서·정209, 손주325, 임홍(상)769, 정무227, 최기383). 상세한 내용은 운송업 부분에 맡긴다.

라. 責任의 消滅

(1) 단기시효

수하인이 운송물을 수령한 날로부터 1년을 경과하면 책임이 소멸한다.

운송주선인의 책임은 수하인이 운송물을 수령한 날로부터 1년을 경과하면 소멸시효가 완성한다(121 ①). 상행위인 운송주선계약에 의한 채무는 5년의 시효가 적용되어야 하지만(64), 다수인을 상대로 많은 운송물을 다루는 운송업무의 특성상 장기간에 걸친 증거보전이 어려운 점을 감안하여 단기의 소멸시효를 둔 것이다. 1년의 단기시효는 당사자간의 약정에 의해 이를 단축하거나 연장할 수 없다(대판 1987.6.23, 86다카2107).

(2) 기산점

1년의 시효기간은 수하인이 운송물을 수령한 날의 다음날부터 기산하며 운송물이 전부 멸실한 경우에는 그 운송물을 인도할 날의 다음날부터 기산한다(121 ②).

(3) 예 외

1년의 단기시효는 운송주선인이나 그 사용인이 악의인 경우에는 적용하지 아니한다(121 ③). '惡意인 경우'라 함은 고의로 운송물의 멸실·훼손·연착을 초래하거나 은폐한 경우뿐 아니라 소극적으로 이를 알면서 수하인에게 알리지 않고 인도한 경우를 포함한다(대판 1987.6.23, 86다카2107).

단기시효는 운송인 또는 사용인이 악의인 경우에는 적용하지 아니한다.

마. 受荷人에 대한 責任

운송인에 관한 규정 중 受荷人의 지위와 의무에 관한 규정(140, 141)이 운송주선인에게도 준용된다(124). 그러므로 운송물이 목적지에 도착한 때에는 수하인은 송하인과 동일한 지위에 서게 되며, 수하인이 인도를 청구하면 수하인의 권리가 송하인의 권리에 우선하게 된다. 그러므로 운송주선인이 운송서류를 수하인이 아닌 제3자에게 임의로 교부하여 수하인이 운송물을 반환받지 못하게 된 경우에는 수하인에 대하여 손해배상책임을 부담한다. 이러한 취지에서 대판 1996.9.6, 94다46404는 "운송주선인의 국내 대리점인 운송취급인이 수하인용 항공화물운송장 등 운송서류를 수하인이나 통지처가 아닌 제3자(실수입업자)에게 임의 교부한 경우, 제3자가 운송취급인으로부터 교부받은 운송장 등을 이용하여 통관절차를 마치고 수입물품을 반출하여 간 이상, 그 운송장 등의 교부로써 운송취급인이 제3자에게 수입 물품을 인도한 법적 효력이 발생하였는지 여부와는 상관없이 그와 같은 운송취급인의 과실행위는 수하인의 수입 물품에 대한 인도청구권을 침해한 불법행위가 된다"고 판시하였다.

운송물이 목적지에 도착한후, 수하인이 인도를 청구하면 그 권리가 송하인에게 우선한다. 따라서, 운송주선인의 과실로 수하인이 운송물을 반환받지 못하면 손해배상책임을 부담한다.

제 4 順次運送周旋

[사례 Ⅳ-1-3: 순차운송주선]

서울의 수출상인 Y_1은 미국 시카고에 소재하는 수입상인 Y_2에게 송부할 수출품의 운송주선을 운임후불조건으로 X_1에게 위탁하였다. X_1은 서울에서 부산까지의 육상운송주선, X_2는 부산에서 포틀랜드항까지의 해상운송주선, 미국의 X_3는 포틀란드에서 시카고까지의 철도운송주선을 각각 맡았다. 다음 각 경우 X_3는 Y_2가 X_1 또는 X_2에게 지급해야 할 수수료 지급채무를 이행할 때까지 운송물에 대한 유치권을 행사할 수 있는가? ① Y_1이 X_1, X_2, X_3와 각각 운송주선계약을 체결한 경우 ② Y_1이 X_1과 전구간에 대한 운송주선계약을 체결하고, X_1이 다시 자기의 명의와 계산으로 X_2, X_3와 운송주선계약을 체결한 경우 ③ Y_1이 X_1과 서울부산간의 운송주선계약을 체결하고, X_1은 다시 자기명의로 Y_1의 계산으로 X_2, X_3과 각각 운송주선계약을 체결한 경우

1. 意　　義

동일한 운송에 관하여 수인의 운송주선인이 관여하는 경우를 널리 順次運送周旋이라고 하는데 다음과 같은 형태가 있다.

(1) 부분운송주선

위탁자가 각 구간별로 운송주선을 위탁하는 경우이다.

위탁자가 각 운송구간별로 수인의 운송주선인에게 각각 운송주선을 위탁하는 경우이다. [사례Ⅳ-1-3]의 ①이 여기에 해당한다. 이 때에는 각 운송주선인(X_1, X_2, X_3)과 위탁자(Y_1)간에 별개 독립적인 운송주선계약이 성립하므로 주선인 상호간에는 아무런 법률관계가 생기지 아니한다. 그러므로 X_3는 Y_2에 대해 유치권을 행사할 수 없다.

(2) 하수운송주선

운송주선인 1인이 전운송주선을 인수하는 형태이다.

한 운송주선인이 전구간에 걸친 운송주선계약을 인수하고, 인수한 운송주선의 전부 또는 그 일부를 자기의 명의와 계산으로 다른 운송주선인에게 위탁하는 형태이다. [사례Ⅳ-1-3]의 ②가 여기에 해당한다. 이때에는 원 운송주선인(X_1)만이 위탁자(Y_1)에 대해 운송주선의 책임을 지고 다른 하수운송주선인(X_2, X_3)은 그의 이행보조자가 된다. 이때에도 하수운송주선인(X_2, X_3) 상호간에는 아무런 법률관계가 생기지 아니한다. 그러므로 X_3는 Y_2에 대해 유치권을 행사할 수 없다.

(3) 중간(중계)운송주선

제1운송인이 제1구간 운송주선을 인수하고 나머지는 자신의 이름으로 운송주선을 위탁하는 형태이다.

발송지에서 최초의 운송주선인이 처음구간에 대해서 운송주선을 인수하고, 그 다음 구간에 대해서는 그 운송주선인이 자기의 이름으로 위탁자의 계산으로 운송주선을 위탁하는 형태이다. [사례Ⅳ-1-3]의 ③이 여기에 해당하며 좁은 의미에서의 순차운송주선은 바로 이러한 경우를 말한다. 이 때에는 제1운송주선인(X_1)은 다른 운송주선인(X_2, X_3)의 선택에 대해서만 위탁자(Y_1)에게 책임을 지는 점에서 하수운송주선과 구별된다. 그리고 운송주

선인(X_1, X_2, X_3) 상호간에 일정한 법률관계가 발생하는데 상법은 이에 관해 특별한 규정을 두고 있다.

2. 法律關係

(1) 중간운송주선인의 의무

1) 취 지 수인이 순차로 운송주선을 하는 경우에는 후자는 전자에 갈음하여 그 권리를 행사할 의무를 부담한다(117①). 운송주선인은 위탁자에 대해 보수청구권과 비용상환청구권을 가지고 이들 채권과 관련하여 운송물을 유치할 수 있는 권리(120)가 있다. 그러나 [사례Ⅳ-1-3]의 ③에서 보는 바와 같이 운송물의 점유는 다음 운송주선인(X_3)에게 이전되므로 선순위 운송주선인(X_1, X_2)은 운임 등의 채권을 가지고도 유치권을 행사할 수 없다. 이를 위해 후자(X_3)는 전자(X_1, X_2)에 갈음하여 수하인(Y_2) 등에게 그 권리를 행사할 의무를 부담하고 채권 및 운송물에 대해 유치권을 행사할 수 있게 한 것이다. 후자(X_3)가 이 의무를 게을리한 때에는 전자(X_1, X_2)에 대해 손해배상책임을 부담한다.

선순위운송주선인이 위탁자에 대한 유치권 행사를 보장하기 위해 후순위 운송주선인은 자신의 채권에 갈음하여 수하인에게 그 권리를 행사해야 한다.

2) 전자의 범위 이 규정의 의미를 후자(X_3)의 전자에 대한 선관의무의 구체화로 보고 전자를 반드시 직접적인 전자(X_2)만을 의미한다고 보는 견해가 있다(손주330, 註商(Ⅰ)613, 정찬(상)308). 그러나 순차운송주선에 있어서 운송주선인의 권리를 보호하려는 본조의 취지에서 볼 때 이렇게 좁게 해석할 일은 아니다. 그러한 점에서 X_3는 X_1의 Y_2에 대한 채권에 대해서도 유치권을 행사할 수 있다고 하겠나.

선순위운송주선인의 범위를 직접전자로 한정하는 견해가 있으나 넓게 보아야 한다.

(2) 대위변제의 효과

1) 전자에 대한 변제 순차운송주선에서 후자가 전자에게 변제한 때에는 전자의 권리를 취득한다(117②). 가령 [사례Ⅳ-1-3]의 ③에서 X_3이 X_2에게 수수료 등을 지급한 경우에는 채무자인 수하인(Y_2)에게 양도통지를 하지 않고도 법률상 당연히 권리를 취득한다. 辨濟者代位(民481)와 마찬가지의 효과가 생기므로 채무자(Y_2)는 전자(X_1, X_2)에 대하여 가진 모든 항변으로 후자(X_3)에 대항할 수 있다.

후자가 전자에게 변제하면 전자의 권리를 취득하고, 운송주선인이 운송인에게 변제하면 운송인의 권리를 취득하여 변제자대위의 효과가 발생한다.

2) 운송인에 대한 변제 순차운송주선에서 운송주선인이 운송인에게 변제한 때에는 운송인의 권리를 취득한다(118). 여기에서 운송주선인이란 중간운송주선인을 말하며 운송인은 자기의 이전구간의 운송인을 말한다. 가령

[사례Ⅳ-1-3]의 ③에서 X_3이 X_2가 주선한 운송인에게 운임을 지급하고 운송물을 인도받은 경우에는 그 운송인의 수하인(Y_2)에 대한 운임청구권을 대위 취득한다.

제2절 運 送 業

제1 總 說

1. 運 送 業

(1) 의 의

운송은 사람 또는 물건을 한 장소에서 다른 장소로 이동시키는 것을 말한다. 기업활동의 광역화로 말미암아 물건과 사람의 장소적 이전이 필수적이 됨에 따라 운송업은 매우 중요한 (보조)기업의 형태가 되었다(정희215~216, 정동(총)497). 특히 국제적인 거래가 활발해짐에 따라 재화와 사람의 국제적인 운송수요는 대폭적으로 증대하고 있어 운송업의 중요성은 날로 더해가고 있다.

운송업은 사람 또는 물건의 장소적 이전을 업으로 하는 보조기업이다.

(2) 형 태

1) 운송객체별　운송은 그 객체에 따라 물건운송·여객운송·통신운송으로 나누어진다. 운송의 중심은 물건운송이지만 육상과 항공운송부문에서는 여객운송도 중요한 부분을 차지하고 있다.

2) 운송지역별　운송은 그 지역에 따라 육상운송·해상운송·항공운송·복합운송으로 나누어진다. 육상운송은 육상·호천 또는 항만에서의 운송을 말하고, 기타 해상에서의 운송은 해상운송이다. 해상운송은 해상에서 선박에 의한 운송이고 항공운송은 항공기에 의한 운송이다. 복합운송은 육상과 해상 및 항공운송이 유기적으로 결합된 운송형태로서 국제운송에서 많이 이용된다.

육상운송은 여객운송, 해상운송은 물건운송이 중심이 되며, 항공운송은 비교적 근래에 발달하여 이에 관한 법이 갖추어지지 않았다.

(3) 법 원

1) 법 규　육상운송은 상행위편의 운송에 관한 규정의 적용을 받지만 육상운송 중에서 가장 중요한 철도운송과 도로운송에 대하여는 특별법규(철도운송업법·화물자동차운수사업법·여객자동차운수사업법 등)가 있고, 상법에 우선하여 적용된다. 그러므로 육상운송에 관해 상법이 적용될 여지는 그다지 많지 않다. 해상운송은 상법의 海商編의 적용을 받는다. 그러나 항공운송의 계약관계를 규율할 규정이 없기 때문에 사업자가 국제조약에 근거하여 제정한 항공운송약관이 주로 적

육상운송에 관해서는 상행위편의 '운송'에 관한 규정이 적용된다.

용되고 육상운송 및 해상운송에 관한 규정도 유추적용된다.

대량적 · 반복적으로 이루어지는 운송업에서는 약관의 이용이 필수적이다.

2) 약 관 운송계약관계는 대량적 · 반복적으로 이루어지기 때문에 대부분 사업자가 제정한 약관의 규율을 받게 된다. 그러나 운송사업의 공익적 성질을 고려하여 약관에 대한 입법적 · 행정적 · 사법적 감독이 요구된다. 해상운송과 항공운송 및 복합운송은 국제적인 측면이 반영되어 그 약관도 해당분야에서 체결된 국제조약등을 반영하여 제정되는 경우가 많다.

2. 運 送 人

상행위편의 운송인은 육상운송인이다.

運送人은 陸上 또는 瑚川, 港灣에서 물건 또는 여객의 운송을 영업으로 하는 자를 말한다(125). 여기에서의 운송인은 육상운송인을 지칭하므로 상행위편의 운송업은 陸上運送業만을 의미한다.

(1) 운송지역

육상운송은 지하와 지상, 호수와 하천 및 항만에서의 운송도 포함한다.

육상운송은 철도운송과 도로운송이 주류를 이루지만 지하(지하철) 및 지상(케이블카)을 포함한다. 또 호수와 하천 및 항만에서의 운송은 육상구간은 아니지만 그 규모가 작고 육상과의 연계가 밀접하므로 육상운송에 포함된다. 그러므로 소양호나 한강의 유람선 및 부산의 오륙도 관광선 사업자는 여기에서 말하는 운송인이다. 육상운송에 포함되는 호천과 항만의 범위에 관해서는 상법의 일부시행에 관한 규정 제3조에 의해 船舶安全法 施行令에서 平水區域으로 지정하고 있다.

(2) 운송객체

운송객체는 물건 또는 여객이다.

물건 또는 여객을 운송한다. 물건이라고 함은 운송할 수 있는 모든 물체를 말한다. 다만 우편물은 물건이지만 그 운송은 공익사업으로 영위되기 때문에 상법상의 운송업의 대상으로 되지 아니한다. 다만 최근에는 상업서류송달업이 민간에 개방되었다. 여객은 운송의 객체인 자연인으로서 반드시 운송계약의 당사자에 한정되지 않고 가령, 아버지와 동행하는 어린아이도 포함한다.

(3) 운송영업

운송인은 당연상인이다.

운송의 인수를 영업으로 하는 자로서 當然商人이다(4, 46.13). 운송의 인수를 하면 되고 반드시 스스로 운송을 하지 않아도 상관없다. 따라서 타인으로 하여금 운송을 실행하게 하여도(하수운송) 운송인이 됨에는 지장이 없다.

제 2 物件運送

1. 物件運送契約

[사례 Ⅳ-2-1: 물건운송계약]

(i) 다음 각 경우 Y의 항변은 타당한가? ① X는 공장에서 생산된 견직물을 출고하기 위해 Y운송회사의 트럭을 일정기간 대절하기로 Y와 약정하였다. X는 운송물이 고가품임을 감안하여 A를 대표로 보내 트럭에 동승하게 하였으나 야간에 잠깐 자리를 비운 사이에 운송물을 도난당하고 말았다. 이에 X는 Y에게 운송인으로서의 손해배상책임을 물었으나, Y는 트럭과 운전수를 대여하였을 뿐 운송은 X의 책임하에 이루어졌다고 항변하였다(대판 1963.4.18, 63다126 참조). ② Y는 덤프트럭 1대를 A중기회사에 지입하였으나 사실상 자기의 계산과 책임하에 수요자의 요청에 의하여 일정한 노선 없이 그때그때 날품팔이 식으로 모래, 자갈 등을 운반하여 주고 대가를 받아 왔다. X세무서는 이를 중기도급 및 대여업으로 보고 소득표준율 25%를 적용 과세하였으나, Y는 자신의 영업은 운송업으로서 세율 10.5%가 적용되어야 한다고 항변하였다(대판 1983.4.26, 82누92 참조).

(ii) 자동차운송중개 · 대리업을 하는 X는 A농산회사로부터 비료의 운송을 위탁받아 이를 수하인으로 지정된 Y비료회사에 인도하였으나 약정한 운임을 받지 못하였다. X와 A간의 운송계약에서 운임은 A로부터 받고 Y회사에는 청구하지 않기로 약정한 경우, Y에게는 운임지급의무가 없는가? (청주지판 1995.10.6, 94가합2999(확정) 참조)

가. 意 義

(1) 개 념

1) 도급계약 물건운송계약은 당사자 일방(운송인)이 물건을 운송할 것을 약정하고, 이에 대해 상대방은 보수(운임)를 지급할 것을 약정함으로써 성립하는 계약이다. 이는 운송이라는 일의 완성을 목적으로 하는 것이므로 都給契約이다(民 664). 그러나 상법은 운송에 관한 상세한 규정을 두고 있기 때문에 민법의 도급에 관한 규정이 적용될 여지는 거의 없다.

운송이라는 일의 완성을 목적으로 한다는 점에서 도급계약으로서 임대차계약과 구별된다.

2) 임대차와의 구별 운송계약은 도급계약이므로 당사자 일방이 상대

방에게 운송수단(트럭, 자동차)을 임대하고 그 대가를 받는 賃貸借契約과 개념상으로는 구별된다(대판 2007.4.27, 2007다4943). 그러나 [사례Ⅳ-2-1-i]에서 보는 바와 같이 실제로 그 구별이 용이하지 않은 경우가 많다. 대판 1963.4.18, 63다126은 [사례Ⅳ-2-1-i]의 ①에서 "물품운송계약이란 당사자의 일방에 물품을 한 장소로부터 다른 장소로 이동할 것을 약속하고 상대방이 이에 대하여 일정한 보수를 지급할 것을 약속함으로써 성립하는 계약을 말하는 것이며 일정한 시간 또는 일정한 장소 사이를 일정한 화주(X)물품을 운송하기 위하여 자동차가 제공되고 그에 대한 보수가 개개의 물품에 대하여 정하여지지 아니하고 일정한 시간 또는 일정한 장소 사이의 운행을 기준으로 하여 정하여지는 소위 대절계약인 경우에 있어서도 화주(X)가 차량소유자(Y)에게 지급되는 금원이 운송에 대한 보수로서의 운임의 성질을 가진 것이며 화주(X)에 대하여 운전수의 고용 및 자동차 사용을 목적으로 하는 법률관계를 인정할 수 없는 만큼 운송계약인 성격에 변동이 없으며, 차량에 의하여 운송된 화주(X)들의 물품의 운행중 보관은 사실상 그 적재하차가 누구에 의하든 차량소유회사(Y)에 의하여 된 것"이라고 판시하여 운송인으로의 책임을 인정하였다. 그러나 대판 1983.4.26, 82누92는 [사례Ⅳ-2-1-i]의 ②에서 "물품운송계약이란 당사자의 일방이 물품을 한 장소로부터 다른 장소로 이동할 것을 약속하고 상대방이 이에 대하여 일정한 보수를 지급할 것을 약속함으로써 성립하는 계약을 말하며 이런 운송계약은 운송이라는 일의 완성을 목적하는 것이므로 도급계약에 속한다고 할 것이나, 원고(Y)가 14톤 덤프트럭으로 수요자의 요청에 의하여 모래, 자갈 등을 운반하여 주고 그에 대한 댓가 즉 보수를 받은 것이라면 이는 위에서 본 중기도급업에 해당된다고 할 것이니 위 소득표준율인 25퍼센트에 따라 과세한 피고(X)의 본 건 처분은 적법하다"고 판시하여 운송계약임을 부인하였다.

(2) 계약의 요소

운송물, 운송경로 및 도착지, 운송수단, 운임은 운송계약의 4대 요소이다.

운송계약은 운임을 대가로 운송물을 일정한 운송수단을 이용하여 한 장소로부터 다른 장소(도착지)까지의 운송경로를 통해 운송하기로 하는 계약이다(김성 584). 그러므로 운송물 · 운송경로 및 도착지 · 운송수단 · 운임은 운송계약의 4대 요소이다. 이들 각 요소에 대해서는 관련되는 부분에서 상세히 설명한다.

(3) 계약의 체결

운송계약은 낙

운송계약은 諾成 · 不要式契約이므로 계약의 성립에 운임의 지급이나 계약서의 작성을 요하지 않는다. 상법은 송하인에게 運送狀 교부의무를 부과하고(126①) 또 운송인에게는 貨物相換證 교부의무를 부과하지만(128①), 이는 모두 운송계약의 성립을 전제로 한 당사자의 의무로서 계약성립의 요건이 아니므로 낙성계약성과 모순되는 것은 아니다.

성·불요식계약이므로 운임의 지급이나 계약서의 작성이 필요하지 않다.

나. 當事者

(1) 당사자

물건운송계약의 당사자는 운송 위탁을 하는 送荷人과 운송을 인수하는 運送人이다. 송하인은 반드시 운송물의 소유자일 것을 요하지 않고, 운송주선의 경우에는 운송주선인이 운송계약상의 송하인으로 되고 물건운송의 주선을 위탁한 하주가 송하인으로 되는 것은 아니다.

계약 당사자는 송하인과 운송인이다.

(2) 수하인의 지위

1) 의 의　물품운송에 있어서 도착지는 발송지로부터 원거리에 소재하므로 도착지에서 물건을 수령할 자가 필요하며, 운송계약에서 이러한 자로 예정된 자가 受荷人이다. 송하인 자신을 수하인으로 지정한 경우라든가 화물상환증이 발행된 경우에는 수하인에게 아무런 권리가 인정되지 않으므로 상관이 없지만, 그렇지 않은 경우에는 운송계약의 당사자가 아닌 수하인이 어떠한 지위에서 운송계약상의 권리를 취득하고 의무를 부담하게 되는가 하는 점이 문제된다. 이에 관하여는 종래 송하인대리설·사무관리설·권리이전설 등이 주장된 바 있지만 현재로는 제3자를 위한 계약설(서·정222, 최기363, 이기(총)459, 채309)과 상법이 인정하는 특수한 지위라는 견해(정희224, 손주339, 정동(총)547, 임홍(상)854, 김용106, 이병313, 정무247)가 대립한다. 생각건대 수하인의 수익의 의사표시가 필요없고, 또 수하인에게 일정한 의무가 부과되는 점, 그리고 수하인의 지위가 운송단계별로 강화하는 점 등을 감안할 때 상법상의 특수한 지위라고 보는 것이 타당하다.

수하인의 지위에 대해서는 제3자를 위한 계약설과 상법이 인정하는 특수한 지위라는 견해가 대립한다.

2) 지위의 발전　受荷人의 地位는 운송의 진전에 따라 각 단계별로 강화되는 특징이 있다. ① 도착전; 운송물이 도착하기 전까지는 송하인만이 권리를 가지며 수하인은 운송물에 대해 아무런 권리를 가지지 아니한다(139). ② 도착후; 운송물이 도착지에 도착한 때에는 수하인은 송하인과 동일한 권리를 가진다(140①). 그러므로 운송인은 송하인에 대한 항변으로 수하인에게 대항할 수 있는데, 이 점에서 화물상환증소지인의 지위와는 다르다. 양자의 권리가 병존하므로 먼저 권리를 행사하는 자가 우선한다. ③ 인도청구후; 운송물이 도착한 후 수하인이 그 인도를 청구한 때에는 수하인의 권리가 송

운송인의 지위는 운송물 도착전, 도착후, 인도청구후와 같은 각 단계별로 그 지위가 강화된다.

하인의 권리에 우선한다(140②). 종래에는 송하인의 권리가 소멸하는 것으로 규정되어 있었으나 1995년 개정시 현재와 같이 변경하였다.

수하인이 운송물을 수령한 때에는 운임지급의무를 부담한다.

3) **운임지급의무** 수하인이 운송물을 수령한 때에는 운송인에 대하여 운임 기타 운송에 관한 비용과 체당금을 지급할 의무를 부담한다(141). '수령한 때'라고 함은 수령후가 아니라 수령함에 있어서라는 의미이므로 운송인은 수하인에게 同時履行의 抗辯權을 주장할 수 있다. [사례Ⅳ-2-1-ii]와 같이 운송계약에서 운임을 송하인에게만 받기로 약정한 경우에도 수하인의 운임지급의무가 있는가? 청주지판 1995.10.6, 94가합2999(확정)는 "상법 제141조에 의하면 수하인(Y)이 운송물을 수령한 때에는 운송인(X)에 대하여 운임 기타 운송에 관한 비용을 지급할 의무를 부담한다고 규정되어 있는바, 이는 송하인(A)의 운임지급의무와는 달리 계약상의 의무가 아니라 법률이 예외적으로 인정한 의무로써 수하인(Y)은 운송물을 수령함으로써 운임에 관하여 송하인(A)과 함께 연대채무를 부담하게 된다고 봄이 상당하다"고 판시하고 있다(이 판례에서는 운송인 X와 송하인 A간에 이러한 약정이 있다는 증거가 없다는 이유로 수하인 Y의 운임지급채무를 인정하고 있음).

2. 運送人의 義務

운송인은 운송계약의 본지에 따라 운송물을 수령하여 보관하고 상당한 기간내에 운송하여, 수하인에게 인도할 의무가 있다. 이러한 기본적 의무이외에 운송에 상당한 시간이 요하는 점을 감안하여 貨物相換證 交付義務와 運送物 處分義務를 부담한다. 또 운송인이 이러한 의무를 위반한 경우에는 손해배상책임을 부담한다. 그러나 운송인의 의무에 관한 상법의 규정은 대단히 불충분하기 때문에 관련 특별법에 의해 보충된다. 또 운송에 관한 규정은 대부분 임의규정이므로 실제로는 당사자간에 정한 약관의 규율을 받는다.

가. 貨物相換證 交付義務

송하인의 청구에 의해 화물상환증을 교부해야 한다.

운송인은 송하인의 청구에 의하여 貨物相換證을 교부하여야 한다(128①). 송하인으로 하여금 운송물의 교환가치를 활용하게 할 목적으로 화물상환증을 교부하도록 하였지만 실제로는 거의 이용되지 못하고 있다.

나. 運送物 處分義務

(1) 의 의

송하인 또는 화물상환증이 발행된 때에는 그 소지인이 운송인에 대하여 운송의 중지, 운송물의 반환, 기타의 처분을 청구할 수 있다(139 ①). 이를 운송인의 處分義務라고 한다. 시장의 상황이나 매수인의 신용상태의 변화에 적응하여 송하인이나 화물상환증의 소지인이 이러한 처분을 해야 할 경우가 빈번히 발생하기 때문에 인정된 의무이다(정희 221).

송하인 또는 화물상환증소지인이 운송의 중지 등 처분을 청구할 수 있다.

(2) 처분의 내용

운송물 처분의무는 송하인이나 화물상환증 소지인의 이익을 위하여 인정된 것이지만 운송인의 의무를 가중하거나 변경해서는 안된다. 그러므로 '운송의 중지'란 운송을 더 이상 계속하지 않는다는 의미이고, '운송물의 반환'이란 발송지로 반송하는 것이 아니고 현 소재지에서 인도함을 말한다. 그러므로 다른 운송물의 운송이라든가 운송구간의 연장에 응할 의무는 없다. 또한 '기타의 처분'은 운송물의 양도라든가 입질과 같은 법률상의 처분은 포함하지 않는다(이철 403).

운송물 처분의무는 운송인의 의무를 가중해서는 안된다.

이러한 처분으로 송하인의 수하인에 대한 채무불이행이 되거나 불법행위가 되는 경우가 있지만 이는 운송인과는 별개의 문제로서, 이를 근거로 처분의무의 이행을 거절할 수 없다. 다만 운송물이 도착지에 도착한 후 수하인이 그 인도를 청구한 때에는 수하인의 권리가 송하인에게 우선하므로(140 ②) 송하인의 처분권은 인정되지 아니한다.

(3) 운임 등의 청구

송하인 등이 처분권을 행사하더라도 운송계약이 해제되거나 손해배상책임이 인정되는 것은 아니다. 그러나 운송물의 처분과 관련하여 운송인의 보호를 위해 운송인에게 이미 운송한 비율에 따른 운임, 체당금과 처분으로 인한 비용의 지급을 청구할 수 있도록 하였다(139 ①). 그러나 운송의 비율에 따른 청구만 인정한 것은 운송물이 송하인의 과실로 멸실한 경우에 운임의 전액을 청구할 수 있게 한 것(134 ②)과 비교할 때 균형이 맞지 않는다. 그러므로 운송의 비율을 산정할 때 운송시간이나 난이도 등을 감안해야 할 것이다(정희221~222, 손주336, 이철404).

운송인은 운송시간, 난이도 등을 감안하여 운임과 비용의 지급을 청구할 수 있다.

라. 運送物 引渡義務

[사례 Ⅳ-2-2: 운송인의 운송물 인도의무 · 보증도]

(i) A회사는 중동지역으로부터 저밀도 포리에티렌을 수입하여 국내의 B회사에 판매하였다. 운송물은 C해운회사를 통하여 선적되었는데 C는 선하증권을 발행하여 A의 홍콩지사에 교부하였으며, A는 이를 거래은행인 X에게 배서양도 하였다. 운송물이 도착하자 B는 A로부터 발급받은 실수요자 확인서와 D은행 명의의 화물선취보증서(L/G)를 C의 국내대리점인 Y해운회사에 제시하고 이와 상환으로 운송물을 수령하였다. 한편 일반적인 수입절차와는 달리 운송물이 국내에 도착하여 실수요자인 B에게 인도된 후에 비로소 X은행이 신용장을 개설하였는데, X가 Y에게 선하증권을 제시하여 운송물의 인도를 청구하였으나 그 인도를 받지 못하였다. Y는 X에 대해 불법행위로 인한 손해배상책임이 있는가? (대판 1989.3.14, 87다카 1791 참조)

(ii) X는 원목을 A에게 매각하고 A는 그 대금으로 수표를 발행하여 X에게 교부하였다. X는 원목의 운송을 Y통운회사에 위탁하였는데 운송계약에는 X가 송하인 겸 수하인으로 지정되었으며 화물상환증은 발행되지 않았다. 이 매매계약 이전에도 원목이 목적지에 도착하면 A는 X와 체결한 매매계약에 따라 그때마다 대금을 X에게 지급하고 직접 Y로부터 인도받았으며, Y도 X와 A간의 계약에 따라 아무런 의심도 없이 소유자인 A에게 인도하였다. 그런데 이건에서 A가 X에게 원목 대금으로 지급한 위 수표가 지급거절되자 X는, Y가 수하인 이외의 자에게 운송물을 인도함으로써 자신이 손해를 입었다고 주장하면서 그 배상을 청구하였다. X의 주장은 타당한가? (대판 1965. 10.19, 65다697 참조)

運送人은 도착지에서 運送物을 受荷人에게 인도할 의무를 부담하며 인도에 의해 운송인의 계약상 의무가 완료된다. 도착지에서 운송물의 인도를 청구할 권리를 가지는 자는 貨物相換證이 발행된 경우에는 그 정당한 所持人이고 발행이 되지 않은 경우에는 受荷人이다.

(1) 화물상환증이 발행된 경우

운송물의 처분과 인도청구시에 그 증권과 상환으로서 해야 함을 말한다.

1) 상환증권성 　화물상환증은 運送物引渡請求權을 표창하는 有價證券이므로 화물상환증이 발행된 경우에는 그 정당한 소지인만 운송물의 인도청구권을 갖는다. 그러므로 화물상환증이 발행된 경우에는 운송물에 관한 처분은 그 증권으로서 하여야 하며(132), 이와 상환하지 아니하면 운송물의 인도를 청구할 수 없다(129). 이를 貨物相換證의 相換證券性이라고 한다. 이

렇게 하지 않으면 운송인은 증권의 善意取得者로부터 다시 운송물의 인도를 청구받을 위험이 있기 때문이다.

2) 위반의 효과　운송인이 증권과 상환하지 아니하고 운송물을 제3자에게 인도한 때에는, 운송인은 증권의 정당한 소지인에 대하여 채무불이행에 의한 손해배상책임을 부담하며 경우에 따라서는 불법행위책임도 면할 수 없다.

(2) 보증도 · 가도의 경우

화물상환증보다 운송물이 먼저 도착한 경우, 화주가 운송인에게 화물선취보증서를 제출하고 먼저 운송물을 인도받는 것이 보증도 또는 가도이다.

1) 의 의　화물상환증이 발행된 경우에는 이와 상환하지 않고 운송물을 인도하게 되면 운송인은 그에 따른 책임을 부담해야 하지만, [사례Ⅳ-2-2-i]와 같이 운송실무에서는 운송물이 먼저 도착하였음에도 불구하고 화물상환증이 도착하지 않아 운송물을 찾을 수 없는 경우에, 화주(B)가 운송인(Y)에게 貨物先取保證書(Letter of Guarantee: L/G)를 제출하고 먼저 운송물을 인도 받는 경우가 많다. 이를 保證渡 또는 假渡라고 한다. 이 때 보증서를 발급하는 은행은 화물상환증 등 운송증권을 담보로 취득한 신용장개설은행(X)인 것이 보통이며(다만 사례에서는 신용장개설은행이 아닌 D은행으로부터 보증서를 발급받았음) 또 이 사례와 같이 수하인(A)과 실수요자(B)가 다를 경우에는 수하인(A)으로부터 실수요자 확인서를 받아 함께 제출하게 된다.

보증도는 해상운송에서 통용되는 상관습으로써, 판례도 그 유효성을 인정한다.

2) 보증도의 상관습　保證渡는 육상운송에서는 거의 찾아볼 수 없고 주로 해상운송에서 행해지는데 오늘날 해운기술의 비약적인 발전으로 선적서류보다 선박이 먼저 도착하는 경우가 빈번하여 서류의 지연에 따르는 운송물 처분기회의 상실을 피하기 위해 해운 실무계에서 널리 통용되는 상관습이다. 대판 1974.12.10, 74다376도 "해상화물운송인은 상법 제129조, 제820조에 의하여 선하증권과 상환하여 화물을 인도하여야 할 것이나 그 선하증권상에 수하인으로 표시되어 있고 이를 소지한 원고은행의 인도지시가 있는 경우에는 위 법조는 적용될 여지가 없다"고 판시하여 보증도의 유효성을 긍정하고 있다.

보증도로 인하여 손해를 입은 정당한 선하증권소지인에 대하여 운송인은 불법행위책임을 진다(통설 · 판례).

3) 운송인의 책임　보증도를 받은 운송물의 수령인이 후일 화물상환증을 취득하여 이를 운송인에게 반환하면 아무런 문제가 없지만 이 사례와 같이 화물상환증(선하증권)이 선의의 제3자(X)에게 취득되어 운송물의 수령인(B)이 이를 교부할 수 없는 경우에는 운송인(Y)은 증권의 정당한 소지인(X)에 대해 운송물을 수령인(B)으로부터 되찾아 인도하든지 이것이 불가능하면 손해배상책임을 부담해야 한다. 대판 1989.3.14, 87다카 1791은 "이

른바 보증도의 상관습은 운송인 또는 운송취급인(Y)의 정당한 선하증권 소지인(X)에 대한 책임을 면제함을 직접 목적으로 하는 것이 아니고 오히려 보증도로 인하여 정당한 선하증권 소지인(X)이 손해를 입게 되는 경우 운송인 또는 운송취급인이 그 손해를 배상하는 것을 전제로 하고 있는 것이므로 운송인 또는 운송취급인(X)이 보증도를 하였다 하여 선하증권과 상환함이 없이 운송물을 인도함으로 인하여 선하증권 소지인(X)의 운송물에 대한 권리를 침해하는 행위가 위법성이 없는 정당한 행위로 된다거나 선하증권 소지인 아닌 자(B)에게 운송물을 인도하는 운송인 또는 운송취급인의 주의의무가 감경 또는 면제된다고 할 수 없는 것이다. 그러므로 운송인 또는 운송취급인이 이른바 보증도의 상관습에 따라 선하증권 소지인 아닌 자(B)에게 운송물을 인도하여 줌으로 인하여 선하증권 소지인(X)의 운송물에 대한 권리가 침해되어 손해가 발생한 경우에는 운송인 또는 운송취급인(Y)은 선하증권 소지인(X)에 대하여 고의 또는 중대한 과실로 인한 불법행위 책임을 진다고 할 것이다"라고 판시하였다(同 대판 1991.12.10, 91다14123; 1992.1.21, 91다14494; 1992.2.14, 91다13571; 1992.2.14, 91다4292; 1992.2.25, 91다30026; 1999.4.23, 98다13211). 그러나 일반적인 보증도의 경우에는 이 사례와는 달리 보증서를 발급하는 은행이 신용장개설은행으로서 선하증권의 정당한 소지인인 경우가 대부분이므로, 보증도로서 바로 운송인이 증권소지인에게 손해를 가한다는 고의 또는 중대한 과실이 있다고 보는 것은 부당하다. 이는 保證渡의 商慣習을 부인하는 것이나 마찬가지이고 해운실무계의 현실을 전혀 고려하지 않은 것이다(서헌제, "보증도와 해상운송인의 책임," 「상사판례연구(II)」, 459).

4) 보증인의 책임　보증도로 인해 운송인(Y)이 화물상환증소지인(X)에게 손해배상책임을 부담하면 화물선취보증서 발급은행(D)이 보증조건에 따라 그 손해를 보상해야 한다.

(3) 화물상환증이 발행되지 않은 경우

수하인에게 운송물을 인도해야 한다. 수하인으로부터 운송물의 소유권을 취득한 자에게 인도한 경우에도 의무위반이 된다는 판례의 태도는 신의

화물상환증이 발행되지 않은 경우에는 受荷人에게 운송물을 인도해야 한다. 운송물이 도착지에 도착하였을 때에는 수하인은 송하인과 동일한 권리를 취득하고(140①), 수하인이 그 운송물의 인도를 청구한 때에는 수하인의 권리가 송하인의 권리보다 우선하기 때문이다(140②). 문제는 [사례Ⅳ-2-2-ii]와 같이 수하인(X)으로부터 운송물의 소유권을 취득한 자(A)에게 인도한 경우에도 의무위반이 되는가 하는 점이다. 이에 관하여 대판 1965.10.19, 65다697은 "운송계약의 경우에 화물상환증을 작성하지 아니하였을 때에는 운송인(Y)은 수하인(X)에게 물건을 인도하여야 함은 상법규정상 명백한 바

이므로 운송인(Y)이 수하인 이외의 제3자(A)에게 물건을 인도하여 수하인(X)이 물건의 인도를 받을 수 없게 되었다면 그 제3자(A)가 수하인과의 계약으로 물건의 소유권을 취득한 자라 하더라도 운송인이 수하인과의 관계에 있어서 물건의 인도에 관하여 주의를 해태하지 아니하였다고 할 수 없는 것"이라고 판시하였다(同 대판 1966.7.26, 65다2308; 1993.5.27, 92다32180). 그러나 이러한 판례의 태도는 禁反言의 法理나 信義則에 비추어 볼 때 수긍하기 어렵다.

칙에 어긋나므로 수긍하기 어렵다.

3. 運送人의 損害賠償責任

가. 意 義

(1) 연 혁

운송인은 운송계약의 내용에 따라 위탁자에게 여러 가지 의무를 부담한다. 이 중에서도 가장 중요한 의무는 운송물을 송하인으로부터 수령하여 잘 보관하고 운송하여 이를 수하인에게 인도하는 것이다. 이러한 의무에 위반하였을 때에는 그로 인한 손해배상책임을 지게 된다. 운송인의 책임은 연혁적으로는 로마법상의 레셉툼책임(결과책임주의 또는 무과실책임주의)에서 유래한 것이나 상법은 독일법의 예에 따라서 過失責任主義로 하였다. 다만 배상책임액을 일정한 한도로 제한하고(137), 고가물에 관한 책임의 면제(136) 및 단기소멸시효(147, 121)를 인정함으로써 다수인을 상대로 저렴한 운임으로 운송업을 영위하는 운송인을 보호하고 있다.

운송인의 책임은 과실책임을 기본으로 하지만 운송인 보호를 위해 정액배상, 고가물 면책 등 특례를 인정한다.

(2) 규정의 성질

1) 학 설 운송인은 자기 또는 운송주선인이나 사용인 기타 운송을 위하여 사용한 자가 운송물의 수령, 인도, 보관과 운송에 관하여 주의를 해태하지 아니하였음을 증명하지 아니하면 운송물의 멸실, 훼손 또는 연착으로 인한 손해를 배상할 책임을 면하지 못한다(135). 이 규정의 성질에 대해서는 무과실의 입증책임을 운송인에게 전환한 점에서 민법의 일반원칙에 대한 例外規定이라는 견해와 단지 이를 구체화한 例示的 規定이라는 견해(통설)가 대립한다. 예외규정설에 따르면 운송인의 책임원인은 운송물의 멸실·훼손·연착에 한정되지만, 예시적 규정설(정희225, 손주341, 임홍(상)813, 이철407, 채296 外)에 의하면 위 규정에 예시된 유형의 손해 이외에 대해서도 운송인은 배상책임을 부담하게 된다.

운송인의 손해배상책임에 대한 규정은 민법의 일반원칙에 대한 예시적 규정으로 보아야 한다(통설).

2) 검 토 생각건대 민법상으로도 채권자는 채무불이행사실만 입증

하면 되고, 무과실의 입증책임은 채무자가 부담하는 것으로 해석되기 때문에 본 조를 반드시 민법에 대한 예외규정이라고 할 필요는 없다. 다만 본조에 의한 운송인의 손해배상책임에 대해서는 배상액을 제한하는 등([137]) 책임을 감경하고 있으므로 그 적용범위를 제한적으로 보아야 한다(김성 597). 따라서 운송물의 멸실 · 훼손 · 연착이외의 사유에 대해서는 민법의 일반원칙에 따른 책임을 물으면 된다.

나. 責任原因

[사례 Ⅳ-2-3: 운송인의 손해배상책임]

X는 Y(대한민국)의 산하 철도청과 백미 951가마를 김천에서 예미까지 운송해 주도록 화물운송계약을 체결하고 그 운임 전액을 지급하였다. 철도청에서는 이를 김천역에서 유개화차 2량에 480가마와 471가마로 나누어 적재하고 운송중 영월역에 도착하여 위 백미화차중 1량은 그대로 보내고 나머지 1량은 분리하여 역구내에 그대로 방치하였다. 그 무렵 그 지역일대에 상당한 호우가 내려 역옆을 흐르는 한탄강이 범람하여 역구내까지 침수되는 바람에 역구내에 있던 백미화차도 침수되어 그중 상당부분이 부패 변질되었다. 철도청이 백미화차를 영월역에 분리할 당시 영월지구에는 이미 2일전부터 계속폭우가 내리고 있었을 뿐만 아니라 그 하루 전에는 중앙관상대에서 그 지방에 대한 호우주의보를 발표하였다가 다시 그날 21:00에는 호우경보를 발표하였다. Y는 X가 입은 손해에 대해 배상책임이 있는가? (대판 1975.10.7, 75다71 참조)

운송인의 책임발생의 원인은 운송인 자신 또는 이행보조자 즉, 운송주선인이나 사용인 기타 운송을 위하여 사용한 자가 운송물의 수령, 인도, 보관과 운송에 관하여 주의를 태만히 하여 운송물의 멸실, 훼손 또는 연착으로 인해 손해가 생기는 것이다([135]).

(1) 이행보조자

운송인은 자신이 선임한 운송주선인이나 사용인 기타 운송을 위하여 사용한 자의 행위에 대해서도 책임을 진다. '使用人'은 운송인과 고용관계가 있기 때문에 운송에 관여한 자를 말하고 '운송을 위하여 사용한 자'라 함은 下受運送人 기타 고용관계없이 운송에 관여한 자를 말한다.

(2) 귀책사유

운송물의 손해 1) 고의 · 과실 운송물의 손해는 운송인 자신 그 이행보조자가 운송물의 수령·인도·보관 기타 운송에 관한 주의를 해태한 것에 기인하여야 한다. 즉 이들의 고의·과실이 있어야 한다. 運送物의 引渡에 관한 과실에 대해서는 앞의 [사례Ⅳ-2-2]와 관련된 판례를 참조하면 된다. 運送에 관한 과실에 대해서는 대판 1975.10.7, 75다71이 [사례Ⅳ-2-3]에서 "화물운송인인 철도청으로서는 설사 한탄강의 범람을 예측할 수 없다 할지라도 침수에 대한 아무런 조치를 취한 흔적이나 또는 조치를 취할 수 없었던 사정을 엿볼 자료가 없는 이 사건에 있어서는 운송인의 운송에 관한 주의를 해태하지 아니하였다고는 인정되지 아니하므로 원심판결이 불가항력이란 피고(Y)의 주장을 배척한 조치는 정당하다"고 판시하였다(同 대판 1965.12.28, 65다2125).

는 운송인 또는 이행보조자의 고의·과실에 기인한 것이어야 한다.

2) 입증책임　운송인이 그 책임을 면하기 위해서는 손해가 이들의 과실에 의해 생기지 않은 것을 입증해야 하고, 단지 이행보조자의 선임·감독에 대해 상당한 주의를 한 것을 입증하는 것만으로는 부족하다. 손해발생원인이 밝혀지지 않은 경우에도 마찬가지이다. 대판 1975.10.7, 75다71도 [사례Ⅳ-2-3]에서 "철도편으로 탁송한 화물이 훼손된 경우에는 철도운송인인 피고(Y)에게 위 화물운송에 관하여 과실이 있다고 일응 추정되는 것이며 운송인은 화물운송에 관하여 주의를 해태하지 아니하였음을 증명하지 아니하면 운송화물의 훼손으로 인한 손해배상책임을 면치 못한다 함이 상법 제135조에 명백하다"고 판시하였다(同 대판 1965.12.28, 65다2125).

운송인이 무과실에 대한 입증을 해야 책임을 면한다.

(3) 손해의 유형

운송인이 본조에 의해 손해배상책임을 부담하는 것은 운송물의 멸실·훼손·연착으로 인한 손해이다. 그러므로 가령 화물상환증 기재의 잘못이나 화물상환증교부를 지체함으로써 운송물과 관계없이 생긴 손해에 대해서는 민법의 일반원칙에 따라 배상하면 된다.

책임원인은 운송물의 멸실·훼손·연착으로 인한 손해이다.

다. 損害賠償額

[사례 Ⅳ-2-4: 운송인의 손해배상액]

(i) 송하인 X는 운송인 Y에 대해, Y의 지점에 보관되어 있던 물건을 수하인 A에게 운송할 것을 위탁하였다. 그런데 Y의 종업원의 잘못으로 이 운송물이 B에게 송부되었는데 B로부터 그 반환을 받을 수 없게 되어 Y의 운송계약은 이행불능으로 되었다. 이에 Y는 X에게 운송계약서에 운송물가액으로 기재된 금액인 2,000만원을 손해배상금으로 지급하려 하였으나 X는 전매이익의 배상도 포함하여 2,500만원의 지급을 요구하였다. X의 주장은 타당한가? (日最高判 1978.4.20, 民集32-3, 670 참조)

(ii) 농민인 X는 A김치회사에 김장용 배추 1트럭분을 2,000만원에 매도하고, 트럭운송인 Y에게 김장시즌에 맞추어 출하할 수 있도록 운송을 위탁하였다. 그런데 Y의 배추운반용 트럭의 고장과 수리로 인해 운송이 예정일보다 2일이나 늦어지게 되었다. 인도예정일의 배추값이 1트럭당 2,000만원이라고 가정하면 다음 각 경우 Y는 X에게 얼마의 손해배상을 해야 하는가? ① 인도예정일의 2일 후에 배추값이 1,500만원으로 폭락하자 A는 인도지연을 이유로 매매계약을 해제하였고, X는 이를 다른 김치회사에 그 가격으로 판매한 경우 ② 인도예정일의 2일후에 배추값이 2,500만원으로 상승하였으나 X는 A에게 인도지연으로 인한 배상금 200만원을 부담하게 된 경우

(1) 입법취지

운송인의 부담을 경감하고 배상액을 균일하게 하기 위해 배상액을 제한한다.

민법의 일반원칙에 의하면 채무자(운송인)는 債務不履行과 相當因果關係가 있는 모든 손해를 배상해야 하며(民393 ①), 채무자가 알았거나 알 수 있었던 특별한 사정으로 인한 손해도 배상해야 한다(民393 ②). 그러나 이러한 모든 손해를 다 배상할 경우에는 다수인을 상대로 대량의 화물을 운송해야 하는 운송인에게는 너무 큰 부담이 될 뿐 아니라 개별적인 송하인 별로 배상의 내용이 다를 수 있으므로 배상액을 일정액으로 제한함으로써 법률관계를 획일적으로 처리하도록 한 것이다.

(2) 배상액 산정기준

전부멸실 또는 연착의 경우 배상액은 인도할 날의 도착지 가격에 의해 산정된다.

1) 전부멸실 · 연착 운송물이 전부 멸실되거나 연착한 경우의 손해배상액은 인도할 날의 도착지 가격에 의한다(137 ①). '인도할 날'이란 운송계약이나 화물상환증상의 인도예정일을 말하며 '도착지의 가격'은 도착지에서 보통 거래되는 시장가격을 말한다. ① 멸실; 全部滅失은 운송물이 물리적으로 소멸한 경우뿐 아니라 [사례Ⅳ-2-4-i]와 같이 법적으로 그 회복이 불가능한 경우를 포함한다. 운송인(Y)의 책임이 도착지에서의 가격에 한정되는 결과 인도예정일의 가격을 산정하여 배상하면 된다. 그러므로 배상액은 운송계약상의 표시금액인 2,000만원도 아니며 송하인이 이를 전매하기로 한 가격 2,500만원도 아니다. ② 연착; 延着은 운송계약에서 약정한 시기, 또는 이러한 약정이 없는 경우에는 상당한 시기에 운송물을 수하인에게 인도하지 못한 경우를 말한다. 연착으로 말미암아 수하인이 적기에 전매할 기회를 놓치거나 인도지연에 따르는 책임을 지게 됨을 고려한 것이다. 그런데 연착시에도 '인도할 날'의 도착지가격을 기준으로 손해액을 산정하도록 한 것은 문

제가 있다. 멸실과는 달리 연착한 경우에는 운송물이 수하인에게 인도된 경우이므로 [사례Ⅳ-2-4-ii]의 ①과 같이 '인도할 날'의 가격(2,000만원)이 실제인도일의 가격(1,500만원)보다 높은 경우에는 그 차액(500만원)을 배상액으로 산정하면 된다. 그러나 [사례Ⅳ-2-4-ii]의 ②와 같이 인도할 날의 가격(2,000만원)이 실제인도일의 가격(2,500만원) 보다 낮을 경우에는 운송인은 아무런 책임을 지지 않게 된다. 그러나 이 사례에서 보듯이 시장과 작황에 따라 가격변동이 극심한 농작물 등의 운송에 있어서는 적기에 인도하는 것이 매우 중요하므로 송하인(X)은 수하인(A)에게, 시장가격의 등락에 상관없이 인도지연에 따르는 배상금(200만원)을 약정하는 경우가 많다. 따라서 연착시의 손해액산정에 대해서는 멸실과는 다른 기준을 마련해야 할 것이다.

인도할 날의 도착지 가격에 의한다.

2) 일부멸실·연착 운송물이 일부멸실 또는 훼손된 경우의 손해배상액은 인도한 날의 도착지의 가격에 의한다(137②). 일부멸실은 운송물의 잔존부분이 독립적인 경제적 가치를 가지는 경우이며 훼손은 물건이 부패하거나 변질하여 경제적 가치가 감소함을 말한다. 일부멸실·훼손에 의해 나머지도 쓸모 없이 된 경우는 전부멸실로 보아야 한다.

3) 이중이득의 방지 운송물의 멸실 또는 훼손으로 인하여 지급을 요하지 아니하는 운임 기타 비용은 배상액에서 공제하여야 한다(137④). 이중의 이득을 취득하지 못하도록 하기 위함이다.

(3) 배상액제한의 배제

운송인의 고의나 중대한 과실로 손해가 발생한 때에는 상법의 특칙이 적용되지 않는다.

운송물의 멸실, 훼손 또는 연착이 운송인의 고의나 중대한 과실로 인한 때에는 운송인은 모든 손해를 배상하여야 하다(137③). 배상액제한은 立證이 곤란을 덜고 책임을 경감시킴으로써 운송인을 보호하려는 취지에서 나온 것인데 운송인 자신의 고의나 중대한 과실이 개재한 경우에는 보호할 필요가 없기 때문이다. 이 경우에는 민법의 일반원칙으로 돌아가 운송인은 채무불이행과 상당인과관계 있는 모든 손해를 배상해야 하며(民393①), 특별손해에 내해서는 운송인이 그 사정을 알았거나 알 수 있었을 경우에 배상책임이 있다(民393②).

(4) 적용범위

배상액제한은 임의규정으로서 당사자간의 약정으로 책임을 가중하거나 감경할 수 있다. 또 본조는 운송인의 債務不履行責任에 관한 규정이므로 不法行爲로 인한 손해배상책임에는 적용되지 아니한다.

라. 高價物에 관한 免責

[사례 Ⅳ-2-5: 운송인의 고가물에 관한 책임]

(i) 다음 각 경우 운송인 Y는 X가 입은 손해를 배상할 책임이 있는가? ① X가 비단(견직물)을 운송의뢰하면서 그 종류와 가격을 명시하지 않았는데 Y의 운전기사의 잘못으로 도난당한 경우(대판 1963.4.18, 63다126 참조) ② X가 직지제조용 조직기의 운송을 의뢰하면서 Y에게는 이 기계가 고가물임을 알렸으나 Y의 의뢰를 받고 하역작업을 하던 A중기회사에게는 알리지 않았는데, A의 크레인기사의 과실로 기계가 손상을 입은 경우(대판 1991.1.11, 90다8947 참조)

(ii) A는 B반도체회사가 제작한 TDX교환기를 구미공장에서 서울까지 컨테이너로 운송함에 있어 발생할 위험에 관하여, X보험회사와 B를 피보험자로 하는 운송보험계약을 체결하였다. 한편 Y운송회사는 A와 위 교환기의 운송계약을 체결하고 Y에 지입된 차량으로 운송하던 중 고가다리 밑을 통과하다가 화물의 높이 때문에 교각과 교환기가 부딪쳐 파손되었다. 이에 X는 B에게 거액의 수리비를 보험금으로 지급하고 보험자대위에 기해 Y에 대해 손해배상청구를 하였다. 이에 대해 Y는 위 교환기가 고가물임에도 불구하고 A가 그 종류와 가액을 명시한 바 없으므로 면책된다는 이유로 배상책임을 부인하였다. Y의 주장은 타당한가? (대판 1991.8.23, 91다15409 참조)

(1) 입법취지

운송계약체결시에 고가물임이 명시되지 않은 경우에 운송인은 손해배상책임이 없다.

화폐, 유가증권 기타의 高價物에 대하여는 송하인이 운송을 위탁할 때 그 종류와 가액을 명시한 경우에 한하여 운송인이 손해의 배상을 할 책임이 있다[136]. 고가물은 일반 운송물에 비해 멸실 · 훼손의 위험성이 크고 일단 손해가 발생하면 거액이 되기 때문에 운송의 위탁시에는 이를 명시하고 그에 따른 특별한 배려를 받아야 한다. 그러나 송하인이 이를 명시하지 않고 이에 상응하는 할증운임을 지급하지 않은 채 손해가 발생할 경우 운송인에게 고액의 손해배상책임을 지우는 것이 형평에 맞지 않다. 이에 따라 상법은 고가물임을 명시하지 않은 경우에는 運送人을 免責하고 있는 것이다.

(2) 고가물의 범위

고가물은 무게나 부피 등에 비해 그 가치가 월등히 높은 물

상법은 고가물의 예로 화폐와 유가증권을 들고 있지만 보석이나 귀금속 · 골동품 등이 이에 포함된다. 일반적으로 고가물이란 무게나 부피 등에 비해 그 가치가 월등히 높은 물건을 의미하는데 오늘에 와서는 반도체나 고

가의 약품·기계도 고가물이 될 수 있다. 대판 1963.4.18, 63다126은 [사례Ⅳ-2-5-i]의 ①에서 "견직물은 오늘날 사회경제 및 거래상태로 보아 본조 소정의 고가물이라 볼 수 없으므로 그 종류와 가격을 명시하지 아니하였다 하여도 운송인(Y)은 손해배상책임을 면할 수 없다"고 판시하였고, 대판 1991.1.11, 90다8947은 [사례Ⅳ-2-5-i]의 ②에서 직지제조용 조직기를, 대판 1991.8.23, 91다15409는 [사례Ⅳ-2-5-ii]에서 TDX 전화교환기가 각각 고가물임을 전제로 판단하고 있다.

건으로서 반도체, 약품 등이 이에 해당한다.

(3) 명시의 내용

明示해야 할 사항은 운송물의 종류 및 가액이지만 종류의 명시에 의해 가액을 당연히 알 수 있을 때에는 가액은 반드시 명시할 필요가 없다. 명시의 시기는 원칙적으로 계약시이지만 인도시까지 하면 된다는 것이 다수설이다. 명시의 상대방은 운송인이다. 그러므로 [사례Ⅳ-2-5-i]의 ②와 같이 운송인(Y)에게 명시하였으면 실제로 하역작업을 하는 이행보조자(A)에게 명시하지 않더라도 상관없다. 대판 1991.1.11, 90다8947도 "기계의 소유자(X)가 기계의 운송 및 하역을 운수회사(Y)에게 맡기면서 그 운송물의 내용을 알렸는데 운수회사(Y)의 의뢰를 받아 크레인으로 위 기계의 하역 작업을 하던 중기회사(A)의 크레인 운전업무상 과실로 기계가 파손된 경우 소유자(X)는 중기회사(A)에 대하여까지 위 기계가 고가물임을 알릴 의무가 있다 할 수 없으므로 이를 이유로 내세운 과실상계 항변은 이유없다"고 판시하였다.

운송물의 종류 및 가액의 명시는 인도시까지 운송인에 대해서 하면 된다(다수설).

(4) 명시·불명시의 효과

1) 완전면책　고가물임을 명시하지 않은 경우에는 고가물이 멸실 또는 훼손된 경우에도 운송인은 전혀 책임을 지지 않는다(136). 즉 명시가 없으면 高價物로서는 물론이고 普通物로서도 배상책임을 부담하지 아니한다. 고가물을 보통물로서 가액을 정하는 것이 불가능하기 때문이다. 또 명시한 경우 명시가액만큼 반드시 배상해야 하는 것은 아니고 운송인이 실제 손해액을 입증하여 그 범위에서 배상하면 된다. 이와는 반대로 송하인이 실제가격보다도 현저히 지렴한 가액을 명시한 경우에는 송하인은 가액이 그 이상임을 입증하여 그 초과액의 배상을 청구할 수 없다. 가액의 명시가 운송인의 손해배상액의 최고한도를 정하였다고 보기 때문이다.

고가물임이 명시되지 않으면 보통물로서도 배상책임이 없다.

2) 보통물로서의 주의를 하지 않은 경우　이에 대해서는 보통물로서도 책임이 없다는 견해(정희226, 정동(총)525, 채298, 註商(Ⅰ)681), 보통물로서의 책임이 있다는 견해(이철412),

고가물로서의 책임이 있다는 견해(정찬(상) 324)가 대립한다. 입증책임이 전환되어 있는 점을 고려하면 제1설이 타당하지만 운송인이 고의로 고가물을 멸실·훼손시킨 경우까지 면책시키는 것은 형평에 맞지 않으므로 이 때에는 고가물로서의 책임이 있다고 본다(정찬(상) 324).

3) 운송인이 고가물임을 안 경우　고가물임을 명시하지 않았음에도 불구하고 운송인이 우연히 이것을 알게 된 경우에 대해서도 운송인이 면책된다는 견해(채 299), 보통물로서의 주의의무가 있고 이를 해태한 경우 고가물로서의 책임이 있다는 견해(정희227, 임홍(상)824~825, 최기378, 註商(Ⅰ)681) 및 고가물로서의 주의의무가 있고 이를 해태한 경우 고가물로서 책임이 있다는 견해(이철412~413, 손주344, 강·임268)가 대립한다. 운송인은 선량한 관리자의 주의로서 타인의 운송물을 운송하고 보관할 의무가 있는 점을 감안하면 고가물임을 안 이상 이를 명확히 하여 운임의 증액을 요구하는 한편 고가물로서의 주의를 기울이는 것이 타당하다고 보기 때문에 세 번째 견해를 취하고자 한다(김성 606).

(5) 불법행위책임

고가물에 대한 면책규정이 불법행위에는 적용되지 않는다는 판례의 입장에 따르면 이 규정의 실익은 거의 없게 된다.

고가물임을 명시하지 않은 경우 운송인의 채무불이행책임은 본조에 의해 면책되는데 만일 손해가 [사례Ⅳ-2-5-ii]의 경우와 같이 운송인(A) 또는 그의 이행보조자(Y)의 불법행위로 인한 경우에도 적용될 것인가 하는 점이 문제된다. 이에 대해 대판 1991.8.23, 91다15409는 "상법 제136조와 관련되는 고가물불고지로 인한 면책규정은 일반적으로 운송인의 운송계약상의 채무불이행으로 인한 청구에만 적용되고 불법행위로 인한 손해배상청구에는 그 적용이 없으므로 운송인(A)의 운송이행업무를 보조하는 자(Y)가 운송과 관련하여 고의 또는 과실로 송하인(B)에게 손해를 가한 경우 동인(Y)은 운송계약의 당사자가 아니어서 운송계약상의 채무불이행으로 인한 책임은 부담하지 아니하나 불법행위로 인한 손해배상책임을 부담하므로 위 면책규정은 적용될 여지가 없다"고 판시하였다(여미숙, "고가물에 대한 운송인의 책임", 「상사판례연구 Ⅰ」(1996), 240; 同 대판 1977.12.13, 75다107). 그러나 이러한 판례의 입장에 따르면 본조의 적용여지는 거의 없게 된다.

마. 免責約款

(1) 의 의

운송인의 책임은 약관으로 면

운송인의 책임은 위와 같지만 실제 운송계약에서 사용하는 약관에서는 그 책임을 면제하거나 경감하는 경우가 많다. 이를 免責約款이라고 하며 운송인이 그 사용인의 귀책사유로 인한 손해에 대하여는 책임을 부담하지 않는다는 過失約款, 운송인의 배상액을 인정한도로 제한하는 賠償額制限約款, 운송물의 내용에 대해서는 모르기 때문에 책임이 없다는 不知約款 등이 주로 이용된다.

제하거나 경감하는 경우가 많다(면책약관).

(2) 효 력

육상운송에 관한 법은 임의법규이므로 이러한 면책약관은 約款規制에 관한 法律에 저촉되지 않는 한 유효하다. 그러나 이를 무제한 허용할 경우 운송인의 책임에 관한 상법의 규정은 死文化되고 당사자간에 현저히 불공정한 결과가 초래할 우려가 있다. 그러므로 公序良俗·信義誠實 또는 權利濫用에 관한 법리를 적용하여 일정한 제약을 가할 필요가 있으며 판례상 請求權競合論도 이와 맥락을 같이 한다.

면책약관은 신의칙 등을 적용하여 제약을 가해야 한다.

바. 責任의 消滅

[사례 Ⅳ-2-6: 운송인의 책임소멸]

Y선박회사는 일본으로 수출하는 열연강판의 운송을 의뢰받고 1980.4.16에 양하장에서 수하인인 A에게 이를 인도하였다. 운송물의 인도수령시에 A의 직원과 Y의 사용인인 선박의 일등항해사가 공동으로 그 상태를 확인·점검한 결과 운송물 일부가 해수로 녹이 슨 것을 확인하였다. A는 자신의 보험자인 X에게 이를 통지하고 X는 A에게 보험금을 지급한 후 Y에 대한 손해배상채권을 대위취득 하였다. 그런데 X는 1981.4.16이 경과한 후에 여러 차례에 걸쳐 제소기간 연장요청을 하여 Y는 이에 동의하였고 또한 Y는 이후에 두 차례에 걸쳐 X가 주상하는 손해금액의 20% 범위안에서는 배상에 응할 것을 제의하였다. 그러나 X는 이를 거절하고 운송물의 훼손으로 인한 전 손해의 배상을 청구하는 소송을 연장된 제소기간 내에 제기하였다. Y는 그 책임이 있는가? (대판 1987.6.23, 86다카2107 참조).

운송인은 다수인을 상대로 대량의 화물을 운송하므로 그 책임에 관한 증거보전이 곤란한 점을 감안하여 책임소멸에 관한 다음과 같은 두 가지 특칙을 두고 있다.

(1) 특별소멸사유

운송인의 책임은 수하인 또는 화물상환증소지인이 유보없이 운송물을 수령하고 운임 기타의 비용을 지급한 때에는 소멸한다. 그러나 운송물에 즉

운송인의 책임은 손해를 알

지 못한 선의로 유보없이 운송물을 인도한 경우에는 소멸한다.

시 발견할 수 없는 훼손 또는 일부멸실이 있는 경우에 운송물을 수령한 날로부터 2주간내에 운송인에게 그 통지를 발송한 때에는 그러하지 아니하다(146①). 그러나 운송인 또는 그 사용인이 악의인 경우에는 운송물을 유보없이 수령한 후에도 책임이 소멸하지 아니한다(146②).

(2) 단기소멸시효

운송인이 선의인 경우 1년의 소멸시효가 완성되면 책임이 소멸한다. 시효기간은 임의로 변경할 수 없다는 것이 판례의 태도이다. 악의인 경우엔 일반상사시효가 적용된다.

운송인의 책임은 운송인이나 그 사용인이 악의인 경우를 제외하고 수하인이 운송물을 수령한 날 또는 인도할 날부터 1년을 경과하면 소멸시효가 완성한다(147, 121).

1) 규정의 성질 이 규정은 운송인의 보호를 위해 민·상법상의 일반적인 소멸시효기간을 단축한 것인데 1년의 시효기간을 당사자간의 임의로 연장하거나 단축할 수 있는가 하는 점이 문제된다. 이에 대해 대판 1987.6.23, 86다카2107은 [사례Ⅳ-2-6]에서 "당사자(X, Y) 사이에 해상운송인(Y)의 책임에 관하여 제소기간을 약정하고 그 기간연장에 합의하였다 하더라도 위와 같은 제소기간의 약정과 그 기간연장에 관하여 상관습법이 확립되었다고 인정되지 아니한다면 그러한 약정과 합의에 의하여 위 소멸시효에 관한 상법이나 민법규정의 적용을 배제할 수는 없다"고 판시하여 합의에 의한 시효연장 가능성을 부인하고 있다.

2) 악의의 의미 운송인이나 사용인의 악의가 있으면 단기시효가 적용되지 아니하고 일반상사시효가 적용되는데 이때의 惡意란 사실에 대한 인식을 의미하는 故意와는 다르다. 대판 1987.6.23, 86다카2107도 [사례Ⅳ-2-6]에서 "상법 제812조에 의하여 준용되는 같은법 제121조 제3항에 규정된 운송인이나 그 사용인이 '악의인 경우'라 함은 운송인이나 그 사용인이 운송물에 훼손 또는 일부 멸실이 있다는 것을 알면서 이를 수하인에게 알리지 않고 인도된 경우를 가리킨다. 위 운송물의 인도당시 수하인(A)의 직원에게도 위 운송물 일부가 녹이 슨 것이 알려졌으므로 피고(Y)의 사용인이 이를 수하인(A)에게 알리지 않고 인도한 것이라고 볼 수 없고, 따라서 피고(Y)는 '악의'의 운송인에 해당되지 아니한다"고 판시하였다.

3) 기산점 훼손된 경우에는 수령한 날로부터 기산하며 전부멸실된 경우에는 인도할 날로부터 起算한다. 일부멸실된 경우 멸실된 부분에 대한 책임의 시효는 인도할 날로부터 기산한다. 대판 1976.9.14, 74다1215도 "철도편에 탁송한 전주 43개중 1개가 운송도중 사용불능 상태로 완전히 파손된 것이라면 전부멸실에 해당되는 것이어서 상법 제147조, 제121조 제2항

에 의하여 운송인의 책임은 그 멸실된 전주를 인도할 날로부터 소멸시효가 진행된다"고 판시하였다.

사. 不法行爲責任과의 關係

[사례 Ⅳ-2-7: 운송인의 불법행위책임]

(i) X방송회사는 방송기자재의 운송을 Y선박회사에 위탁하였는데 Y는 그 소유 선박의 제1하치장에 이를 적재하였다. 그런데 그 선박의 선원이 고정시설 없이 난로를 피우다가 화재가 발생하여 방송기재의 대부분이 본래의 용도로 사용하기 어려울 정도로 훼손되었다. X는 Y에게 사고당시의 감정가액에 해당하는 금액의 배상을 청구하였는데, Y는 X가 운송위탁시 방송기재의 종류와 가액을 명시하지 않았고, Y가 발행한 선하증권상에는 운송물 당 배상액에 대한 제한이 있으며, X의 손해배상청구소송이 화재발생후 1년이 경과한 후에 제기되었다는 항변을 제출하였다. Y의 항변은 타당한가? (대판 1977. 12.13, 75다107 참조)

(ii) Y회사는 송하인 A가 수하인인 B제철회사에 수출하는 공장건설기자재의 해상운송계약을 A와 체결하고 Y가 용선한 선박에 화물을 적재하였다. 그런데 선원들이 화물의 고정장치를 튼튼히 하지 않았기 때문에 태풍으로 화물이 동요되고 서로 부딪쳐서 그 일부는 파손되었다. X보험회사는 B에게 보험금을 지급하고 B를 대위하여 Y에게 불법행위로 인한 손해배상과 운송채무불이행으로 인한 손해배상을 선택적으로 청구하였다. 이에 대해 Y는 선하증권의 면책약관에 의하면 운송인은 멸실 또는 훼손된 운송물의 1포장 또는 1단위당 영국화 100파운드 상당가액 이상의 배상책임을 지지 않기로 규정되어 있으므로 위 금액 이상의 배상의무가 없다고 항변하였다. Y의 항변은 타당한가? (대판 1983.3.22, 82다카1533(전) 참조)

(1) 문제의 소재

운송인의 운송물의 멸실·훼손·연착에 대한 손해배상책임은 그 배상액이 정액으로 제한되고(137), 고가물임을 명시하지 않은 경우 면책되며(136), 1년의 단기시효로 소멸할 뿐 아니라(147, 121), 면책약관에 의해서도 그 책임이 면제되거나 경감된다. 그런데 운송인을 보호하기 위한 이러한 특칙들은 運送契約上의 債務不履行責任 이외에 不法行爲에 기한 損害賠償責任에도 적용될 것인가? 운송물이 운송인 또는 그 이행보조자의 귀책사유에 의해 멸실·훼손된 경우에는 운송인의 채무불이행이 되는 동시에 운송물의 소유권에 대한 침해로서 불법행위를 구성하는 경우가 대부분이기 때문이다.

운송인의 책임을 면제·경감시키는 상법의 특칙들이 불법행위로 인한 손해배상책임에도 적용할 수 있는지에 대해 학설이 대립한다.

(2) 청구권의 경합

운송인에게는 채무불이행책임과 불법행위책임이 있고, 송하인은 임의로 하나를 선택하여 청구할 수 있으므로 상법의 특칙은 적용되지 않는다는 학설이다(통설 · 판례).

1) 청구권경합설 계약책임과 불법행위책임은 그 요건과 효과를 달리하여 병존하기 때문에 송하인은 위 두 가지 청구권 중 하나를 임의로 선택하여 행사할 수 있다고 한다. 따라서 송하인이 불법행위를 이유로 청구를 하는 경우에는 운송인 보호를 위한 특칙들은 적용되지 않게 된다. 통설과 판례가 취하는 입장이다(서 · 정209, 손주345, 임홍(상)828, 이철415). 대판 1977.12.13, 75다107은 [사례Ⅳ-2-7-i]에서 "하송인(X)이 동시에 그 화물의 소유자인 경우 그 화물이 운송인의 고의나 과실로 인하여 멸실훼손된 때에는 그 운송계약상의 채무불이행책임과 소유자에 대한 불법행위책임이 동시에 성립 병존하는 것이며 그때 권리자(X)는 그 어느 쪽의 청구권도 이를 행사할 수 있는 것이다. 상법소정의 1년의 단기 소멸시효나 고가물 불고지에 따른 면책 또는 선박소유자의 유한책임 한도에 관한 각 규정들은 운송계약 불이행으로 인한 손해배상청구권에만 적용되고, 선박소유자인 피고(Y)의 일반불법행위로 인한 손해배상을 구하는 이건에 있어서는 적용이 없는 것이며, 피고(Y)가 내세운 이건 운송약관은 원 · 피고간의 운송계약상의 채무불이행으로 인한 청구에만 적용될 것이라고 보아야 할 것이므로 피고(Y)의 불법행위로 인한 손해배상을 구하는 이 사건에 있어서는 그 주장의 약관을 들어 책임을 면할 수는 없다"고 판시하였다(同 대판 1962.6.21, 62다102; 1980.11.11, 80다1812). 또한 앞의 [사례Ⅳ-2-5-ii]에서 대판 1991.8.23, 91다15409도 高價物免責 규정은 불법행위청구에는 적용되지 않는다고 판시하였고, 대판 1985.5.28, 84다카366도 "해상운송에 준용되는 상법 제121조는 운송계약상의 채무불이행책임에 대해서만 적용되고 불법행위로 인한 손해배상의 경우에는 적용되지 않는다"고 판시하였다. 이 견해에 의하면 Y의 항변은 타당하지 않다.

계약상 의무위반과 위법행위 사이에는 특별 · 일반의 법률관계가 있다고 보고, 계약책임이 성립하면, 불법행위책임은 배제된다는 학설이다.

2) 법조경합설 계약책임은 계약으로 맺어진 채권채무의 특별관계에 있는 자 사이에서 발생하는 배상관계인 반면 불법행위 책임은 일반적인 사회생활 관계에서 아무와의 사이에서도 발생할 수 있는 배상관계이므로 특별관계의 계약책임이 성립하는 이상 일반관계의 불법행위책임은 배제되어야 한다. 그리고 계약책임에 관하여 면책이나 책임제한의 특칙 또는 특약이 있다고 하여도 청구권경합설의 견해에 따라 불법행위책임을 면할 수 없다고 한다면, 위와 같은 계약책임에 관한 특칙이나 특약은 무의미하게 되고 말 것이므로 계약책임만을 인정해야 한다는 것이다. 이 견해에 의하면 운송인의 책임에 관한 여러 특칙들은 모두 유효하며 [사례Ⅳ-2-7-i]에서 Y의 항변은 타당하다.

3) 검 토 불법행위책임이 일반적인 사회생활에서 아무와의 사이에서도 발생할 수 있는 배상관계라고 할지라도 구체적인 배상관계는 특정한 당사자인 가해자와 피해자 사이에서 발생한 생활관계로서 마치 계약책임이 특정한 당사자인 채권자와 채무자 사이에서 발생한 생활관계인 것과 다를 바 없으며, 단지 그 배상청구권의 발생근거가 계약상의 의무위반이 아니라 법률에 규정된 위법행위라는 데에 계약책임과의 차이가 있으므로, 계약상 의무위반의 법률관계가 위법행위의 법률관계에 대하여 반드시 특별·일반의 관계에 있다고 단정할 수는 없다. 또 法條競合說이 내세우는 실제적 근거인 계약책임에 관한 면책이나 책임제한의 특칙 또는 특약이 불법행위책임에 적용되지 않음으로써 유명무실하게 된다는 점은 請求權競合說이 장점으로 내세우는 권리자 보호의 측면을 뒤집어 공격하는 것에 지나지 않는 것이다(대판 1983.3.22, 82다카1533(전)). 따라서 청구권경합설을 취하기로 한다.

계약책임과 불법행위책임은 반드시 특별·일반의 관계에 있다고 할 수 없으므로 청구권경합설이 타당하다.

(3) 면책약관의 경우

請求權競合論에 의할 경우 운송인 보호를 위한 상법의 특칙은 거의 적용될 여지가 없어 사문화된다. 그런데 [사례Ⅳ-2-7-ii]와 같이 대부분의 선하증권(화물상환증)상의 약관에는 운송인의 책임을 일정한 한도로 제한하는 免責條項이 삽입되는데 이 약관조항이 불법행위청구권에는 적용되지 않는다면 거래 현실과 너무나 동떨어지는 문제점이 있다. 그리하여 종래의 판례들은 많은 비판을 받은 바 있는데 대판 1983.3.22, 82다카1533(전)은 청구권경합론의 입장을 유지하면서도 면책약관의 효력을 인정하는 쪽으로 그 입장을 바꾸었다. 즉 "해상운송인(Y)이 발행한 선하증권에 기재된 면책약관은 위에서 본 일반 운송계약상의 면책특약과는 달리 운송계약상의 채무불이행책임뿐만 아니라 그 운송물의 소유권 침해로 인한 불법행위책임에 대하여도 이를 적용하기로 하는 당사자간의 숨은 합의가 포함되어 있다고 보는 것이 타당하므로, 별도로 당사자 사이에 위 면책약관을 불법행위책임에도 적용키로 한 합의를 인정할 증거가 없더라도 그 면책약관의 효력은 당연히 운송인의 불법행위책임에까지 미친다고 보아야 할 것이다"고 판시하여 Y의 항변을 받아들였다. 이 판례는 船荷證券의 物權的 效力과 債權的 效力을 근거로 면책약관의 효력을 인정하고 있으므로 육상운송에 있어서도 貨物相換證이 발행된 경우에는 이 판례의 취지가 그대로 타당할 것이다.

판례는 선하증권의 물권적 효력과 채권적 효력을 근거로 선하증권상의 면책약관은 불법행위책임에까지 효력이 미친다는 예외를 인정한다.

4. 運送人의 權利

가. 運送物 引渡請求權

운송인은 송하인에게 운송물의 인도를 청구할 수 있다.

운송계약은 諾成契約이므로 운송인이 송하인으로부터 운송물을 수령해야 운송계약이 성립하는 것은 아니다. 그러나 운송물을 인도받지 못하면 운송에 착수할 수 없으므로 운송인에게 그 인도청구권이 인정된다. 상법은 이에 관한 명문의 규정을 두고 있지는 않지만 운송계약의 성질상 당연한 권리이다. 송하인이 운송물을 인도하지 않으면 債權者遲滯의 책임(民400~403)을 져야 한다.

나. 運送狀 交付請求權

송하인은 운송인의 청구에 의하여 運送狀을 교부하여야 한다(126①). 이를 운송인의 운송장 교부청구권이라고 한다.

(1) 의 의

운송장은 운송에 관한 중요사항을 기재하는 서면이다.

運送狀은 송하인이 운송에 관한 중요사항을 기재하여 운송인에게 교부하는 서면으로서 일종의 運送指示書와 같다(이철400, 이기(총)435). 다수인을 상대로 대량의 화물을 운송하는 운송인으로서는 일일이 수령한 운송물의 내용을 점검하는 것이 불가능하므로 송하인이 작성한 운송장의 기재를 신뢰하여 운송에 임하며 또 貨物相換證을 작성하게 된다(채306). 그러므로 상법은 운송장의 기재내용을 법정하고 그 부실기재에 대해서는 송하인의 책임을 묻고 있다.

(2) 내 용

운송장에는 i) 운송물의 종류, 중량 또는 용적, 포장의 종별, 개수와 기호, ii) 도착지, iii) 수하인과 운송인의 성명 또는 상호, 영업소 또는 주소 iv) 운임과 그 선급 또는 착급의 구별, v) 운송장의 작성지와 작성년월일을 기재하고 송하인이 기명날인 또는 서명하여야 한다(126②).

(3) 법적 성질

운송장은 운송계약서 또는 유가증권이 아니

운송장은 운송계약성립후 송하인이 작성하는 것이므로 운송계약서가 아니고 또 어떠한 운송계약상의 권리를 표창하는 것이 아니므로 有價證券도 아닌, 일종의 證據證券이라고 하겠다. 運送狀과 유사한 航空貨物運送狀

의 법적 성질에 대해 서울민지판 1990.12.18, 89가합65253(확)은 "항공화물운송장에 통상 기재되는 'not negotiable'의 의미는 항공화물운송장이 선하증권과 달리 유가증권이 아니라는 것에 불과할 뿐 그 양도나 매입이 불가능하다는 것은 아니고, 장기간이 소요되는 해상운송과 달리 단기간에 운송이 종료되는 항공운송에는 증거증권인 항공화물운송장 이외에 해상운송에 있어서의 선하증권과 같은 유가증권은 별도로 존재하지 아니하므로 항공화물운송장은 항공화물의 수령에 관하여 강력한 증명력을 가지는 것"이라고 판시하였다.

고 증거증권이다.

(4) 부실기재의 책임

1) 운송인에 대한 책임　송하인이 운송장에 허위 또는 부정확한 기재를 한 때에는 운송인이 악의인 경우를 제외하고는 운송인에 대하여 이로 인한 손해를 배상할 책임이 있다([127]). 운송인은 운송장의 기재를 신뢰하여 운송에 임하기 때문에 만일 운송장에 부실의 기재가 있으면 그에 따른 적절한 대비를 하지 못함으로써 손해를 입을 염려가 있기 때문이다. 이는 일종의 法定擔保責任으로서 무과실책임이다(최기390, 이철401, 정동(총)540).

운송장의 부실기재의 책임은 운송인 또는 제3자가 악의인 경우 외에는 송하인에게 있다.

2) 제3자에 대한 책임　운송장은 증거증권이므로 이를 신뢰한 제3자에 대해서도 송하인은 손해배상책임이 있다. 위 서울민지판 1990.12.18, 89가합65253(확)도 "원고(신용장매입은행)가 공권인 항공화물운송장에 기재된 대로 수출물품이 항공기에 적재된 것으로 믿고 위 갑이 화환어음 매입대금 반환채무를 지급보증 하였다면 그 발행인(운송주선인겸 송하인)은 원고가 그로 인하여 입게 된 손해를 배상할 책임이 있다"고 판시하였다.

다. 運賃 기타 費用請求權

[사례 Ⅳ-2-8: 운송인의 운임청구권 · 유치권]

(i) A회사는 Y운송회사에 토건장비의 운송을 위탁하여 1991.3까지 지급할 운임채무가 1,600만원에 달하였다. A가 1991.3.21. Y에게 X소유의 강철재 657톤의 운송을 의뢰함에 따라, Y는 트럭 10대분에 해당하는 80톤의 운송은 완료하여 인도하였고, 목적지에 도착한 16톤과 운송도중에 있던 24톤은 A의 부도소식을 듣고 운임채권을 확보하기 위해 유치하였다. X는 Y가 유치한 강철재 40톤의 소유자임을 주장하면서 Y에게 그 인도를 구하는 소를 제기하였다. Y는 A회사에 대한 운임채권 1,600만원과 이미 운송 완료된 80톤의 운임 및 유치하고 있는 40톤의 운임을 변제받을 때까지 강철재 40톤의 인도를 거절할 수 있는가? (대판 1993.3.12, 92다32906 참조)

(ii) Y회사는 일본 요코하마항으로부터 부산항까지 트럭 16대의 운송을 X선박회사에 위탁하고 운임의 지급을 위해 약속어음을 발행 · 교부하였는데 운송도중 태풍을 만나 트럭이 선박과 함께 침몰되었다. 그런데 X가 발행한 선하증권에는 불가항력으로 운송물이 멸실한 경우에도 운임을 지급하기로 하는 특약조항이 포함되어 있었다. Y는 X가 제시한 어음에 대해 지급해야 하는가? (대판 1972.2.22, 72다2500 참조)

運賃은 운송이라는 일의 완성에 대한 보수로서 운송계약의 중요한 내용중의 하나이다. 그러나 당사자간에 운임지급에 관한 특약이 없어도 운송인은 상인으로서 당연히 상당한 運賃請求權을 가진다(61).

(1) 지급의무자

운임은 송하인과 수하인이 연대하여 지급한다.

受荷人이 운송물을 수령한 때에는 운송인에 대하여 운임 기타 운송에 관한 비용과 체당금을 지급할 의무를 부담한다(141). 送荷人도 운송계약의 당사자로서 운임지급의무를 부담하는데 송하인과 수하인은 連帶債務者가 된다. 한편 화물상환증이 발행된 경우에는 그 소지인이 운임지급의무를 부담하지만 운임선급문언이 기재된 경우에는 그 문언적 효력에 의해 운임지급의무가 없다.

(2) 지급시기

운임은 운송물을 인도할 만한 상태를 갖출 때 청구할 수 있으나, 이는 당사자간의 약정에 의해 선급될 수도 있다(CIF매매).

1) 운임후급　운송계약은 都給契約이므로 그 대가인 운임은 일의 완성, 즉 운송물의 인도가 완료된 이후에 청구할 수 있다. [사례Ⅳ-2-8-i]과 같이 운송인이 아직 인도하지 않고 보관중인 운송물(철강재 40톤)에 대한 운임청구권도 발생하는가? 대판 1993.3.12, 92다32906은 "운임은 특약 또는 관습이 없는 한 상법이 인정하는 예외적인 경우를 제외하고는 운송을 완료함으로써 청구할 수 있는 것이고, 운송의 완료라 함은 운송물을 현실적으로 인도할 필요는 없으나 운송물을 인도할 수 있는 상태를 갖추면 충분하다"고 판시하여 운송인(Y)의 운임청구권을 인정하였다.

2) 운임선급　운임지급시기에 관하여는 운송계약당사자들은 다른 약정을 할 수 있으므로 송하인으로부터 운임의 전부 또는 일부를 先給받을 수 있다. 국제무역에서 흔히 이용되는 CIF매매는 매도인(송하인)이 운임을 부담하는 조건이므로 운임선급의 특약이 있는 것으로 보아야 한다.

(3) 운송물이 멸실한 경우

1) 불가항력　운송물의 전부 또는 일부가 송하인의 책임없는 사유로 인하여 멸실한 때에는 운송인은 그 운임을 청구하지 못한다. 운송인이 이미 그 운임의 전부 또는 일부를 받은 때에는 이를 반환하여야 한다(134①). 이른바 不可抗力에 의한 손해의 발생을 의미하는데 이 경우에는 債務者危險負擔主義(民537)에 의해 운송인에게 고의나 과실이 없어도 운임청구권을 인정하지 않는다. 그런데 실무상으로는 [사례Ⅳ-2-8-ii]와 같이 당사자간에 이와 다른 약정을 하는 경우가 많은데, 그 효력을 인정할 것인가 하는 점이 문제된다. 이에 대해 대판 1972.2.22, 72다2500은 "원고(X)가 청구하는 운임에 관하여 상법 134조, 812조의 규정에 불구하고 당사자가 이와 다른 특약을 하는 것은 무방한 것이므로 피고(Y)는 불가항력으로 인한 운송물의 멸실의 경우에도 운송인인 원고(X)에게 그 운임을 지급할 의무가 있다"고 판시하여 이를 긍정하였다.

불가항력에 의해 손해가 발생한 경우에는 운송인은 운임청구권을 갖지 않으나, 당사자간의 특약으로 달리 규정할 수 있다.

2) 송하인의 과실　운송물의 전부 또는 일부가 송하인의 과실로 인하여 멸실한 때에는 운송인은 운임의 전액을 청구할 수 있다(134②). 당연한 것이지만 운송물의 멸실로 인해 운송비용이 절감된 효과가 있음에도 불구하고 기회비용의 보상차원에서 운임전액을 청구할 수 있도록 한 점에 의미가 있다.

3) 성질상의 하자　운송물의 멸실이 운송물의 性質이나 瑕疵로 인한 경우에도 운송인은 운임의 전액을 청구할 수 있다(134②). 가령 생선이 부패하는 것이나 유리제품이 깨어지는 것은 성질상의 멸실이며 하자는 포장의 불충분성으로 인해 운송물이 멸실하는 경우를 가리킨다. 다만 송하인이 운송인에게 운송물의 성질을 고지하고 이에 따른 특별대책(가령 냉동운송)을 부탁한 경우에는 그러하지 아니한다.

송하인의 과실 또는 운송물의 성질상의 하자로 인하여 손해가 발생하였을 때에는 운임의 전액을 청구할 수 있다.

(4) 기타 비용청구권

운송인은 운임이외에 운송에 관련한 비용과 替當金의 청구권을 갖는다(141). '운송에 관한 비용'이란 운임중에 포함되지 않은 하역료·통관비용·보관료등을 말하며, 替當金이란 운송인이 송하인등을 위해 입체한 금전을 말한다.

(5) 청구권보전·소멸시효

1) 청구권보전　운송인은 운임 기타 비용을 변제받기 위해 運送物을 引渡와 同時履行의 抗辯權을 갖는다. 또 다음에서 보는 바와 같은 운송물의

留置權과 競賣權을 갖는다.

2) 소멸시효 운송인의 송하인 · 수하인 또는 화물상환증 소지인에 대한 운임청구권 · 비용청구권은 1년간 행사하지 아니하면 소멸시효가 완성한다(147, 122). 운송인의 책임에 대한 소멸시효를 1년으로 한 것(147, 121)과 균형을 맞추기 위함이다.

라. 留 置 權

(1) 취 지

운송인의 유치권은 피담보채권을 제한하고 유치목적물이 운송물로 제한되는 점에서 일반 상사유치권과 다르다.

운송인은 운송물에 관하여 받을 보수, 운임 기타 위탁자를 위한 替當金이나 先貸金에 관하여서만 운송물을 유치할 수 있다(147, 120). 運送人의 留置權은 피담보채권을 제한하고 유치목적물을 운송물로 한정하는 한편, 유치목적물의 소유권 · 점유취득원인을 문제삼지 않는다는 점에서 一般商事留置權(58)과 다르다. 이는 도착지에서 운송물을 수령할 受荷人이 반드시 운송계약의 당사자인 送荷人과 동일인이 아니기 때문이다. 대판 1993.3.12, 92다32906도 [사례Ⅳ-2-8-i]에서 "상법 제147조, 제120조 소정의 운송인의 유치권에 관한 규정의 취지는, 운송실행에 의하여 생긴 운송인(Y)의 채권을 유치권 행사를 통해 확보하도록 하는 동시에 송하인(A)과 수하인(X)이 반드시 동일인은 아니므로 수하인(X)이 수령할 운송물(강철재)과 관계가 없는 운송물에 관하여 생긴 채권 기타 송하인(A)에 대한 그 운송물과는 관계가 없는 채권을 담보하기 위하여 그 운송물이 유치됨으로써 수하인(X)이 뜻밖의 손해를 입지 않도록 하기 위하여 피담보채권의 범위를 제한한 것이다"라고 판시하였다(김택수, "상법 제147조, 제120조 소정 운송인의 유치권에 관한 규정취지와 그 피담보채권의 범위", 「상사판례연구 I」(1996), 232).

(2) 피담보채권의 범위

피담보채권은 운임, 체당금, 선대금 등 운송물과 개별적인 견련관계가 있는 것에 한정된다.

1) 운임 등 유치권에 의해 담보되는 채권의 범위는 운임 · 체당금 · 선대금에 한정된다. 그러므로 송하인의 운송물인도의무나 운송장교부의무(126) 위반으로 인한 손해배상청구권은 포함되지 않는다(손주349, 정찬(상)332).

2) 계속적 운송계약 운송인의 유치권은 피담보채권과 운송물과의 개별적인 牽聯關係를 요하는데 [사례Ⅳ-2-8-i]와 같은 계속적 운송계약에서는 피담보채권의 범위가 문제된다. 즉 운송인(Y)은 송하인(A)에 대해 1990.10부터 1991.3까지 발생한 운임 1,600만원과 그후에 이미 운송 완료한 80톤의 운임 및 유치하고 있는 40톤의 운임채권을 가지고 있다. 이중에서 운송인(Y)이 유치하고 있는 40톤의 강철재로서 담보되는 채권은 어디까지인가

하는 점이다. 이에 대해 대판 1993.3.12, 92다32906은 피담보채권의 범위를 제한하고 있는 본조의 입법취지를 설명한 다음, "따라서 위 강철재와 무관하게 이미 발생된 피고(Y)의 소외 회사(A)에 대한 위 금 16,482,950원의 채권담보를 위하여 이 사건 강철재 40톤을 유치할 수는 없다. 그러나 동일한 기회에 동일한 수하인(X)에게 운송하여 줄 것을 의뢰받은 운송인(Y)이 그 운송물의 일부를 유치한 경우 위 운송물 전체에 대한 운임채권은 동일한 법률관계에서 발생한 채권으로서 유치의 목적물과 견련관계를 인정하여 피담보채권의 범위에 속한다고 할 수 있을 것이고, 이와 같이 보는 것이 수하인(X)의 보호와 아울러 운송인(Y)의 채권확보를 목적으로 한 위 상법규정의 취지에도 부합하는 것"이라고 하여 80톤의 운임과 40톤의 운임을 지급받을 때까지 40톤을 유치할 수 있다고 판시하였다.

마. 運送物의 供託 · 競賣權

(1) 취 지

운송물이 목적지에 도착하였으나 수하인측의 사정으로 인해 운송물을 수령하지 않으면 수하인 등은 운송인에게 受領遲滯責任을 부담한다(民400~403). 그러나 대량의 화물을 계속적으로 운송해야 하는 운송인으로서는 수하인의 운송물 수령을 언제까지나 기다릴 수는 없다. 이 경우에 운송계약관계를 조속히 종료시켜 운송인의 영업에 지장을 주지 않기 위해 운송인에게 운송물의 供託 · 競賣權을 인정하고 있다. 이는 상인간의 매매에서 매도인에게 인정된 공탁 · 경매권(67)과 유사하다.

운송인의 수령 지체에 따른 손해를 막기 위해 운송물의 공탁 · 경매권을 부여한다.

(2) 공탁권

1) 요 건　수하인을 알 수 없을 때 또는 수하인이 운송물의 수령을 거부하거나 수령할 수 없는 경우에 운송인은 운송물을 供託할 수 있다(142①, 143①). 受荷人은 운송물을 수령할 권한이 있는 자를 지칭하므로 송하인이 지정한 수하인 및 화물상환증소지인뿐 아니라 수하인을 따로 지정하지 않은 때에는 송하인도 포함한다. '수하인을 알 수 없을 때'란 수하인의 소재가 불명하거나 화물상환증이 유통되어 그 현재의 소지인을 알 수 없는 경우를 말한다. 受領拒否는 수하인이 정당한 사유없이 수령을 하지 않는 것을 말하며 受領不能은 수하인측의 사정으로 수령이 장기간 불가능한 때를 뜻한다(이철 421).

수하인 불명, 수령거부, 수령불능의 경우에는 운송인은 수하인의 비용으로 운송물을 공탁할 수 있다.

2) 행 사　이러한 사유가 있으면 운송인은 수하인의 비용으로 운송물을 공탁할 수 있다. 운송인이 수하인 불명을 이유로 공탁한 경우에는 송

하인에게, 수하인 등의 수령거부 또는 수령불능을 이유로 공탁한 경우에는 수하인 또는 화물상환증소지인에게, 지체없이 그 통지를 발송하여야 한다(142③, 143①). 1995년 개정전에는 수하인 불명시 공탁의 통지는 송하인 이외에 '알고 있는 화물상환증소지인'에게도 통지하도록 하였으나, 수하인에는 화물상환증소지인이 포함되기 때문에 입법의 과오라는 지적을 받았다. 그리하여 개정시에 이 부분을 삭제하였다.

(3) 경매권

운송인이 수하인에게 운송물의 처분에 대한 지시를 최고하였으나 지시를 하지 않은 경우 운송인은 경매권을 갖는다.

1) 요 건 ① **최고**; 수하인불명 또는 수하인의 수령거부 · 수령불능의 경우에 운송인이 송하인에 대하여 상당한 기간을 정하여 운송물의 처분에 대한 지시를 催告하였으나 그 기간 내에 지시를 하지 아니한 때에는 운송물을 競賣할 수 있다(142①,②, 143①). 다만 수하인의 수령거부 · 수령불능의 경우에는 송하인에 대한 최고를 하기 전에 수하인에 대하여 상당한 기간을 정하여 운송물의 수령을 최고하여야 한다(143②). 다만 송하인 · 수하인에게 최고할 수 없거나 운송물이 멸실 또는 훼손될 염려가 있는 경우에는 催告없이 경매할 수 있다(145, 67②). ② **공시최고**; 송하인 · 화물상환증소지인과 수하인을 알 수 없는 때에 운송인이 권리자에 대하여 6월 이상의 기간을 정하여 그 기간내에 권리를 주장할 것을 공고하였으나 그 기간내에 권리를 주장하는 자가 없는 때에는 운송물을 경매할 수 있다(144①, ③). 이 공고는 관보나 일간신문에 2회 이상하여야 한다(144②).

2) 행 사 운송인이 수하인 불명을 이유로 경매한 경우에는 송하인에게, 수하인 등의 수령거부 또는 수령불능을 이유로 경매한 경우에는 수하인 또는 화물상환증소지인에게, 지체없이 그 통지를 발송하여야 한다(142③, 143①). 경매대금중 경매비용을 공제한 잔액은 공탁하여야 하는데, 그 전부 또는 일부를 운임 등 운송인의 채권변제에 충당할 수 있다(145, 67③).

5. 貨物相換證

가. 意義와 機能

(1) 의 의

운송물의 수령을 증명하고 운송물 인도청구

貨物相換證은 운송물의 수령을 증명하고 목적지에서 이를 증권의 정당한 소지인에게 인도할 것을 약정함으로써, 運送物引渡請求權을 표창하는 有價證券이다. 화물상환증은 송하인의 청구에 의해 운송인이 발행하는 점에서 송하인이 발행하는 運送狀과는 다르다.

권을 표창하는 유가증권이다.

(2) 성 질

貨物相換證은 유가증권으로서 요식증권성(128②)·요인증권성(128①)·문언증권성(131)·지시증권성(130)·상환증권성(129)·처분증권성(132)·인도증권성(133)이 있다. 이러한 성질로부터 화물상환증은 運送物引渡請求權을 표창하는 債權的 效力과 운송물 자체를 대표하는 物權的 效力이 인정된다.

(3) 기 능

화물상환증은 운송의 장기화 시 따로 자금사장을 방지하기 위해 사용된다.

貨物相換證은 해상운송에서 이용되는 船荷證券을 육상운송에 응용한 것이다. 상인들은 거액의 자금이 운송의 장기화로 인해 사장되는 것을 막기 위해 운송물을 대표하는 화물상환증을 발행하게 하여 운송도중이라도 이를 처분하여 투하자금을 회수할 수 있게 한 것이다. 이러한 투하자금회수는 주로 화물상환증을 담보로 발행되는 貨換어음을 은행이 매입하는 방법을 통해서 이루어진다. 그러나 우리 나라는 남북분단상황이 고착화됨에 따라 대륙으로 통하는 육상로가 막혀 육상운송은 길어야 하루에 불과하다. 따라서 해상운송에서의 선하증권과는 달리 화물상환증은 전혀 이용되지 않는 상황이다. 다만 화물상환증의 효력에 관한 여러 규정들은 선하증권에도 그대로 준용된다는 점에서 법리적으로는 관심을 가질 필요가 있다.

나. 發行과 讓渡

(1) 발행인

화물상환증은 운송물의 수령 후에 송하인의 청구에 의해 운송인이 발행한다.

화물상환승은 송하인의 청구에 의해 운송인이 발행한다(128①). 화물상환증은 운송물의 수령을 증명하는 승권이므로 수령후에 발행함이 원칙이다. 그러므로 운송물을 수령함이 없이 허위로 화물상환증을 발행하면 발행인은 민사적으로는 文言證券性(131)에 따른 책임을 지고형사적으로는 허위유가증권작성죄(刑 214)에 해당한다(대판 1995.9.29, 95누803).

(2) 기재사항

1) 법정기재사항 화물상환증에는 i) 운송물의 종류, 중량 또는 용적, 포장의 종별, 개수와 기호, ii) 도착지, iii) 수하인과 운송인의 성명 또는 상호, 영업소 또는 주소, iv) 송하인의 성명 또는 상호, 영업소 또는 주소, v) 운임 기타 운송물에 관한 비용과 그 선급 또는 착급의 구별, vi) 화물상환증의 작성지와 작성년월일을 기재하고 운송인이 기명날인 또는 서명하여야

한다(128 ②). 화물상환증은 어음과 같은 엄격한 要式證券이 아니므로 법정기재사항을 흠결하여도 상관없다(정희228-229, 정동(총)550).

2) 임의 기재사항 화물상환증에는 법정기재사항 이외에도 많은 사항을 기재할 수 있는데, 일단 기재된 경우에는 법정기재사항과 동일한 효력을 가진다. 임의적 기재사항은 사안별로 많은 차이가 있지만 그 대부분은 운송인의 책임을 일정한 경우에 면책하거나 제한하는 이른바 면책조항이며 약관의 형식으로 제정하여 화물상환증의 이면에 삽입된다.

(3) 양 도

화물상환증은 원칙적으로 배서에 의해 양도할 수 있고, 이 배서는 권리이전적 효력과 자격수여적 효력을 갖는다.

1) 지시성 화물상환증은 당연한 지시증권으로서 기명식으로 발행한 경우에도 배서에 의해 양도할 수 있다(130 本). 그러나 화물상환증에 배서를 금지하는 뜻을 기재한 때에는 배서에 의해 양도할 수 없고(130 但), 지명채권양도의 방법과 효력에 따라서 양도할 수 있다(民 450).

2) 배서의 효력 화물상환증에 한 배서는 權利移轉的 效力과 資格授與的 效力이 있다(65, 民 508, 513). 그러므로 人的抗辯이 切斷되며(65, 民515), 善意取得이 인정되며(65, 民514), 善意支給人이 免責된다(65, 民 518). 다만 어음 · 수표배서에 인정되는 擔保的 效力은 없다.

다. 債權的 效力

[사례 Ⅳ-2-9: 화물상환증의 채권적 효력]

운송(주선)업자인 Y는 평소 거래관계가 있던 A로부터 중동으로 수출하는 시멘트 1,000부대의 운송을 위탁받고 A의 요청에 의해 아직 이를 수령하지 않은 상태에서 먼저 선하증권을 발행하였다. A는 이 선하증권을 담보로 화환어음을 발행하여 X은행에서 할인받은 후 그대로 도주하여 버렸다. X는 Y에 대해 선하증권상 수령한 것으로 기재된 시멘트 1,000부대의 인도를 청구할 수 있는가?(대판 1982.9.14, 80다1325).

(1) 의 의

운송에 관한 사항은 운송인과 소지인 간에는 화물상환증에 기재된 바에 의한다.

貨物相換證의 債權的 效力이란 운송인과 화물상환증 소지인간의 채권적 관계를 정하는 효력을 말하며 화물상환증의 文言的 效力이라고도 한다. 즉 화물상환증을 작성한 경우에는 운송에 관한 사항은 운송인과 소지인간에 있어서는 화물상환증에 기재된 바에 의한다(131). 다시 말하면 운송에 관한 사항은 운송인과 화물상환증소지인 간에는 화물상환증이 정하는 바에 의해 결정하고 운송계약에는 좌우되지 않는다는 의미이다.

화물상환증소지인은 운송계약의 당사자가 아니므로 그 내용을 알 수 없고 화물상환증에 기재된 내용만을 믿고 취득한다. 그러므로 운송물을 대표하는 화물상환증의 유통성을 보장하기 위해서는 화물상환증 취득자의 신뢰를 보호하여 운송인에게 화물상환증에 기재된 대로 책임을 지우는 것이다.

(2) 요인성과의 충돌

1) 요인성　화물상환증은 어음·수표와는 달리 요인증권이다. 그러므로 운송인과 송하인의 관계는 운송계약의 내용에 의해 결정되고 화물상환증은 단지 증거자료에 불과하다. 그러므로 운송계약과 화물상환증의 내용이 다를 경우에는 당사자는 운송계약의 내용에 따라 권리와 의무를 부담한다.

요인성에 따르면 운송계약을 우위에 두고, 문언성에 따르면 화물상환증의 기재내용을 우위에 두게 된다.

2) 공 권　이와 같이 화물상환증이 발행된 경우에 그 발행인인 운송인과 송하인 및 운송인과 증권소지인간에 있어서 화물상환증의 기재의 효력이 서로 달라지게 되는데, 가장 문제가 되는 것이 [사례Ⅳ-2-9]와 같은 空券, 즉 운송물(시멘트 1,000부대)을 전혀 수령함이 없이 화물상환증(선하증권)이 발행된 경우이다. 이 때 운송인(Y)은 증권소지인(X)에 대해 어떤 책임을 지는가? 만일 요인성을 중시한다면 증권상 기재에도 불구하고 운송인은 운송물을 수령한 바 없으므로 소지인에게도 이를 인도할 의무가 없다. 그러나 문언성을 중시한다면 운송물을 인도해야 할 것이나 그 인도가 불가능하므로 운송물이 전부 멸실한 경우에 준하여 손해배상을 해야 한다.

(3) 학설·판례

1) 요인설　貨物相換證의 要因性을 중시하는 견해로서, 화물상환증은 운송계약의 존재를 바탕으로 발행되는 것이므로 문언성도 운송계약의 범위내에서만 적용된다고 한다. 그러므로 운송계약이 무효이거나 운송물 수령사실이 없는 경우에는 권리(운송물인도청구권)발생의 원인을 흠결한 것이므로 증권은 무효이고 운송인은 운송물 인도의무가 없다. 다만 이와 같이 空券을 발행함으로써 증권소지인에게 손해를 발생하게 하였으면 그에 대한 不法行爲責任을 부담하면 된다. 그러므로 문언성에 관한 본조의 '운송에 관한 사항'이란 운임수령과 같은 경미한 사항에 국한된다고 한다. 대판 1982.9.14, 80다1325도 위 사례에서 "선하증권은 운송물의 인도청구권을 포함하는 유가증권인바, 이는 운송계약에 기하여 작성되는 유인증권인 점, 상법은 운송인이 송하인으로부터 실제로 운송물을 수령 또는 선적하고 있는 것을 유효한 선하

화물상환증의 요인성은 운송계약이 전제가 되어야 하므로, 운송인은 운송물 인도의무가 없고 손해에 따른 불법행위책임만을 진다.

증권성립의 전제조건으로 삼고 있다고 보이는 점 등에 비추어 볼 때, 위 운송물의 인도청구권은 운송인(Y)이 송하인(A)으로부터 실제로 받은 운송물 즉, 특정물에 대한 것이고 따라서 운송물을 수령 또는 선적하지 아니하였음에도 불구하고 선하증권이 발행된 경우에는 그 선하증권은 원인과 요건을 구비하지 못하여 목적물의 흠결이 있는 것으로 이는 누구에 대하여도 무효라고 봄이 상당하다. 원고(X) 소송대리인은 선하증권의 문언증권성에 관한 상법 제820조, 제131조의 규정을 들어 선하증권의 발행인(Y)은 운송물을 실제로 받은 여부에 불구하고 선하증권에 기재된 바에 따라 책임을 져야 한다고 주장하나, 위 같은 조 소정의 '운송에 관한 사항'에는 운송물의 수취여부와 같은 사항은 포함되지 않는다고 보여지므로 위 주장은 채용할 수 없다. 그렇다면 운송물의 수령없이 발행된 이 사건 선하증권을 무효라고 한 원심의 판단은 정당하다"고 판시하였다.

화물상환증을 운송계약과 독립된 것으로 보고, 운송물의 인도가 불가능할 경우 채무불이행책임을 진다.

2) 문언설(권리증권설) 화물상환증이 발행되면 증권상의 권리는 운송계약으로부터 독립하여 성립하므로 운송인은 기재된 문언에 따라 책임을 진다고 본다. 그리고 요인성에 관해서는 증권상에 권리의 원인인 운송계약의 내용을 기재하면 된다는 정도의 의미밖에는 부여하지 않는다(정경영, "상법총칙, 상행위편 개정의견",「상사법연구」(2005), 115). 그러므로 [사례Ⅳ-2-9]와 같이 실제 운송물의 수령이 없어도 증권면에 수령한 것으로 기재되면 운송인은 그 인도의무를 면할 수 없지만, 운송인이 이를 이행할 수 없으므로 그에 따른 債務不履行責任을 진다고 한다.

선의의 제3자에 대해서만 문언성에 따라 책임을 부담한다.

3) 절충설 화물상환증은 어음과 같이 기재에 의해 무조건적인 채무를 발생하게 하는 無因證券은 아니고 운송계약의 존재를 전제로 하여 그 제약을 받는 要因證券이지만, 이것과 증권의 善意取得者 保護는 별개의 문제로서 분리되어야 한다. 그러므로 空券은 원인을 흠결한 것이므로 무효로 보아야 하지만, 자신이 기재한 내용을 무효라고 주장하는 것은 禁反言의 原則에 반하기 때문에 증권작성자는 선의의 제3자에 대하여 증권기재의 외관에 따른 책임을 부담해야 한다는 것이다. 절충적 견해중에는 공권이나 운송물상위에 있어서는 문언증권성을 중시한 契約締結上의 過失理論에 따라 책임진다는 견해 등이 있다.

요인증권인 화물상환증에 무인증권성을 전제로 하는 문언적 효력을 부여한 본조에 모

4) 검 토 ① 요인설의 검토; 이 견해의 문제점은 要因性을 강조하는데 그치고 그 文言性을 간과함으로써 선의자 보호를 위한 본조를 공문화시키고 있다는 점이다. 물론 이 견해도 문언성을 전혀 부인하는 것은 아니지만 그 범위를 '운임의 수령에 관한 기재' 정도로 극히 제한하는 것은 이론적인 근거가 빈약하다는 비판을 면할 수 없다. ② 문언설의 검토; 선의취

득자를 보호하고 본 조의 문리해석에 충실한 견해이지만, 요인성을 증권상 기재 그 자체로부터 바로 인정하기 때문에 결국은 화물상환증을 어음과 같은 無因證券으로 보게 되는 점에서 근본적인 한계를 지니고 있다. ③ **검토;** 화물상환증이 표창하는 권리는 운송계약에 기하여 운송인이 수령한 운송물의 반환청구권이지, 화물상환증에 기재된 운송물의 인도를 청구할 권리는 아니다. 이는 화물상환증이 어음·수표와는 다른 요인증권인 본질에서 도출되는 것으로서 문언설도 이를 부정할 수 없다. 그러나 선의자 보호를 위해 증권상기재에 문언적 효력을 인정하고 있는 본 조의 취지를 제한적으로 해석할 수도 없다. 결국 이러한 모순은 文言證券性은 無因證券性을 전제로 해서만 완전한 의미를 가지는데 상법은 要因證券인 貨物相換證에 文言的 效力을 부여함으로서 생기는 불가피한 것이다. 그러므로 여기에서는 절충적 견해를 취하기로 한다. ④ **학설대립의 의미;** 이와 같이 이론적으로는 큰 차이를 보이지만 그 실제적 차이는 그다지 크지 않은 점을 유의해야 한다. 즉 요인설에 의하면 [사례Ⅳ-2-9]과 같은 空券이 발행된 경우 운송인(Y)은 소지인에 대해 불법행위책임을 부담해야 하고, 문언설·절충설에 의하면 채무불이행책임을 부담해야 한다. 물론 불법행위책임과 채무불이행책임은 그 입증이나 손해배상의 범위에서 차이가 있지만 요인설을 취하는 판례도 그 손해액의 산정에 있어서 '운송물의 멸실 당시의 가액'을 기준으로 하고 있으므로 결과적으로는 채무불이행책임과 거의 차이가 없다(대판 1993.10.8, 92다12674).

순이 있다. 그러므로 절충설을 취할 수 밖에 없지만 실제적으로 두 학설에 따른 책임에는 큰 차이가 없다.

(4) 인정범위

貨物相換證의 債權的 效力은 '운송인과 소지인간'에 있어서 '운송에 관한 사항'에 미친다

운송인의 권리·의무 및 책임에 관한 사항

1) 운송에 관한 사항 운송에 관한 사항이란 운송인의 권리와 의무 및 책임에 관한 전반적인 사항을 의미하며 요인설이 주장하듯이 '운임의 수령에 관한 사항'으로 제한되는 것은 아니다. 다만 증권작성행위 자체에 사기 또는 강박과 같은 하자가 있다든지, 운송인이 소지인에게 직접 대항할 수 있는 항변에 대해서는 채권적 효력이 미치지 아니한다.

2) 운송인·소지인간 운송계약의 당사자인 운송인과 송하인 간에는 채권적 효력이 미치지 않는다. 그리고 선의의 취득자를 보호하려는 본조의 취지상 악의의 소지인에 대해서도 미치지 않는다.

라. 物權的 效力

[사례 Ⅳ-2-10: 화물상환증의 물권적 효력]

(i) 매도인 X는 매수인 Y에게 백미 1,000가마를 매도하고 A운송회사에 운송을 위탁하였다. A는 X의 지시에 따라 화물상환증상의 수하인을 X의 거래은행인 B로 기재하여 X에게 교부하였으며, X는 이 화물상환증을 담보로 화환어음을 발행하여 B은행에 할인을 요청하였으나 거절당하였다. 이에 X는 직접 Y에게 화물상환증을 제시하고 대금지급을 청구하였으나 Y는 물품을 수령하기 전에는 대금을 지급할 수 없다는 이유로 거절하였다. 이에 X는 다시 상당한 기간을 정하여 화물상환증과 상환으로 대금지급을 최고하였고 그 기간 내에 Y가 대금지급을 거절하자 매매계약을 해제하고 손해배상청구를 하였다. X의 조치는 타당한가?

(ii) 운송인 X와 A는, A가 B에게 송부하는 백미 1,000가마의 운송계약을 체결하고 X는 화물상환증을 A에게 교부하였다. 그런데 도착지 운송취급인인 C가 화물상환증 발급사실을 알면서도 이와 상환하지 않고 운송물을 B에게 인도하였다. B는 이를 D창고에 임치하고 D로부터 창고증권을 교부받아 이를 Y은행에 기존채무의 담보로 제공하였다. Y는 B에 대한 질권의 실행으로서 D창고에 보관중인 백미 1,000가마를 경매에 붙였다. 한편 X는 A에게 손해배상 한 후에 화물상환증을 배서양도받아 그 소지인으로서 공탁된 매각대금에 대해 자신이 정당한 수령권자라는 확인을 구하는 소를 제기하였다. 위 쌀 경매대금에 대해 X와 Y중 누가 우선하는가? (日最高判 1929.2.23, 民集11-2, 148 참조)

(1) 처분증권성과 물권적 효력

화물상환증의 처분증권성이 보장되려면 증권의 인도가 물권적 효력을 갖는 것이 중요하다.

화물상환증을 작성한 경우에는 운송물에 관한 처분은 화물상환증으로써 하여야 한다(132). 운송기간 중 자금이 사장되는 것을 피하기 위해 운송물의 양도나 담보제공 등을 운송인의 점유하에 있는 운송물 그 자체가 아니라 화물상환증으로써 하도록 한 것이다. 다만 이러한 貨物相換證의 處分證券性이 보장되기 위해서는 우선 증권의 취득자에게 증권에 기재된 대로 운송물이 인도되어야 하고(文言證券性, 131), 증권과 상환하지 아니하면 운송물의 인도를 청구할 수 없어야 할 뿐 아니라(相換證券性, 129), 증권의 인도가 운송물의 인도와 동일한 효력, 즉 物權的 效力(133)을 가져야 한다.

화물상환증에 處分證券性이 인정되는 결과 [사례Ⅳ-2-10-i]과 같이 매도인(X)의 매수인(Y)에 대한 변제의 제공도 운송물 그 자체가 아닌 화물상환증으로 하면 된다. 따라서 매도인이 화물상환증을 적법하게 제공하였음에도 불구하고 매수인이 이와 상환으로 대금을 지급하지 않게 되면 매수인은 수령지체에 빠지게 되고, 운송물과 상환으로 대금을 지급하겠다는 同時履行의 抗辯權을 주장할 수 없다. 다만 이러한 처분증권성이 인정되기 위해서는 매수인(Y)이 화물상환증상의 권리자, 즉 수하인이어야 한다. 이 점에 관해서는 다음에서 설명한다.

(2) 의 의

貨物相換證의 物權的 效力이라 함은 화물상환증의 인도가 증권기재의 운송물 자체의 인도와 동일한 효력을 가지는 것을 말한다. 즉 화물상환증에 의하여 운송물을 받을 수 있는 자에게 화물상환증을 교부한 때에는 운송물 위에 행사하는 권리의 취득에 관하여 운송물을 인도한 것과 동일한 효력이 있다(133). 물권적 효력이 인정되는 결과 화물상환증은 引渡證券이 되며, 운송물에 관한 처분은 화물상환증에 의하지 않으면 이를 할 수 없게 된다(132).

화물상환증의 인도가 운송물의 인도와 동일한 효력을 가지는 것이다.

(3) 발생요건

1) 운송인의 점유　물권적 효력은 운송인이 운송물을 점유하고 화물상환증 소지인이 그 반환청구권을 가지고 있음을 전제로 한다. 다만 운송인이 이를 직접 점유할 필요는 없고 언제든지 인도받아 반환할 수 있는 상태에 있으면 충분하다. 그러므로 空券이 발행된 경우나 운송물이 멸실한 경우에는 물권적 효력은 생기지 않는다. 그런데 [사례Ⅳ-2-10-ii]와 같이 운송물이 물리적으로는 멸실하지 않았지만 제3자(Y)가 선의취득하여 운송인(X)이 반환할 수 없는 경우에는 어떠한가? 이 경우에는 운송물이 멸실된 경우와 마찬가지로 물권적 효력은 생기지 않는다는 견해가 통설이다(손주363, 이철433, 채333, 註商(Ⅰ)662). 이에 따르면 운송물의 경매대금에 대한 우선권은 화물상환증 소지인(X)이 아니라 선의취득자(Y)이다. 이에 대해 화물상환증이 발행된 경우 증권의 인도없이는 운송물에 대한 소유권을 취득할 수 없으므로 물권적 효력이 인정된다는 소수 견해가 있다(정희235~236).

물권적 효력이 발생하기 위해서는 운송인이 운송물을 점유하고 정당한 소지인이 그 반환청구권을 가지고 있어야 한다. 그러므로 공권이 발행되거나 운송물을 반환받을 수 없는 경우에는 효력이 없다.

2) 정당한 소지인　물권적 효력은 화물상환증이 정당한 소지인에게 교부된 경우에만 인정된다. 여기에서 정당한 소지인이란 '화물상환증에 의하여 운송물을 받을 수 있는 자'를 말한다. 그러므로 화물상환증이 기명식 또는 지시식으로 발행된 경우에는 수하인 또는 수하인으로부터 배서를 받은 자이며(130), 무기명식으로 발행된 경우에는 단순한 소지인이다. [사례Ⅳ-2-10-i]에서 보면 화물상환증의 수하인은 B로서 매수인(Y)은 '운송물을 받

을 수 있는 자'가 아니므로 매수인(Y)에 대한 교부에 물권적 효력이 생기지 아니한다. 그러므로 매도인(X)의 화물상환증 제공은 적법한 변제의 제공으로서 매수인을 이행지체에 빠지게 하지 못하기 때문에 이를 이유로 한 계약의 해제는 타당하지 않다.

(4) 법리구성

물권적 효력의 법리구성에 대해서는 상대설과 절대설, 부인설이 나누어지고 또 상대설도 엄정상대설과 대표설로 나누어지는 등 학설이 복잡하다. 그 초점은 민법상 返還請求權의 讓渡에 의한 引渡(民 190)와 관련하여 본조를 어떻게 파악할 것인지에 모아지고 있다. 즉 상대설은 운송물에 대한 직접점유가 운송인에게 있고 화물상환증의 교부에 의해 운송물에 대한 間接占有만 이전한다고 보는 입장임에 비해, 절대설은 화물상환증의 인도만으로 운송물에 대한 直接占有가 이전된다고 보는 견해이다.

화물상환증의 교부를 반환청구권의 양도로 본다.

1) 엄정상대설 화물상환증의 교부를 민법상 반환청구권의 양도에 의한 인도의 한 방법으로 본다. 그러므로 물권적 효력이 있기 위해서는 운송인이 직접 점유를 해야 하고 증권의 교부외에 반환청구권의 양도절차(운송인에 대한 양도통지)를 갖추어야 한다. 이 견해에 의하면 본조는 민법 제190조의 例示規定에 지나지 않게 되는데 결과적으로는 물권적 효력을 부인하는 것과 마찬가지이므로 국내에서는 지지를 받지 못하고 있다.

화물상환증의 교부를 간접점유의 이전으로 본다.

2) 대표설 화물상환증의 교부를 간접점유의 이전으로 보는 점에 있어서는 엄정상대설과 같지만 화물상환증이 운송물을 대표하기 때문에 증권의 교부가 있으면 바로 간접점유가 이전한다고 본다(정희234~235, 서 · 정237, 손주367, 김용195, 최기407, 이원232, 정무267). 그러므로 증권만 교부하면 따로 반환청구권의 양도절차(民 450)가 필요없기 때문에 본조를 민법 제190조의 例外規定으로 본다. 운송인은 운송물에 대한 점유를 해야 하지만 반드시 직접점유일 필요는 없고, 가령 창고업자에게 임치한 경우와 같이 간접점유를 하여도 상관없다.

운송물 반환청구권의 유가증권적 양도로 본다.

3) 절충설 본조는 민법 제190조에서 말하는 목적물반환청구권의 양도가 아니고 그와는 다른 증권에 표창된 運送物返還請求權의 有價證券的 讓渡라고 본다(정동(총)569~570, 이기(총)471). 운송인이 직접점유를 하고 있어야 한다는 점, 본조의 독자성을 인정한다는 점에서는 대표설과 차이가 없지만 自主占有와 他主占有를 구별하지 않는 점에서 다르다. 이 견해는 운송인이 운송물을 횡령한 경우(自主占有)에도 물권적 효력을 인정함으로써 거래의 안전을 한층 더 보호하고 있다.

4) 절대설 화물상환증의 인도는 운송물의 점유와는 관계없이 운송물의 인도와 동일한 효력이 있다는 견해이다(박원194, 차낙227, 이병328). 증권의 이전이 운송물 자체의 점유이전을 의미하고 운송인의 직접점유 여부를 묻지 않는 점에서 본조를 민법 제190조와는 관계없는 '상법상 특별히 인정된 점유이전 원인'으로 파악하는 입장이다. 그러므로 증권의 인도 이외에 반환청구권의 양도절차(民450)는 필요하지 않게 된다.

화물상환증의 인도는 운송물 자체의 인도로 본다.

5) 검 토 절대설이 증권의 유통성을 강화하는 견해이기는 하나 물건이 滅失하거나 제3자에 의해 善意取得된 경우에 점유의 기초인 물건 그 자체가 존재하지 않는 것으로 되기 때문에 물권적 효력을 인정하지 않는 점에서는 대표설이나 절충설과 차이가 없다. 엄정상대설은 물권적 효력을 부인함으로써 화물상환증의 유통성을 저해한다는 점에서 취할 바 못된다. 또 절충설은 유가증권양도의 일반론으로 가지고 인도증권인 화물상환증을 설명하려는 점에서 오류를 범하고 있다고 본다. 그러므로 통설인 대표설을 취하기로 한다.

통설인 대표설을 취한다.

(5) 내 용

물권적 효력은 '운송물 위에 행사하는 권리의 취득'에 관하여 인정된다.

(6) 권 리

권리는 소유권이 대표적인 경우이지만 그 외에도 질권과 유치권 및 운송인에 대한 처분권(139)이 그 대상이다.

(7) 취 득

권리의 취득에 대해서만 물권적 효력이 인정되므로 권리의 소멸이나 변경 등은 그 대상이 아니다. 그러므로 운송물이 멸실하거나 제3자에게 선의취득된 경우에는 증권소지인은 화물상환증의 채권적 효력에 의해 운송인에게 손해배상을 청구할 수 있을 뿐이다.

권리의 소멸, 변경은 대상이 아니다.

6. 順次運送

[사례 Ⅳ-2-11: 순차운송]

송하인 X는 부천에 있는 자신의 창고로부터 부산까지의 전자제품운송을 Y_1통운회사에 위탁하였다. Y_1은 부천으로부터 서울역까지 트럭운송을 하고, 서울역에서 부산역까지의 구간에 대해서는 철도청인 Y_2에 운송을 위탁하였다. X가 부산역에서 물품을 수령할 때에 확인해보니 운송물의 상당부분이 파손되어 있었다. 그러나 Y_1회사는 이미 도산상태에 있었으므로, X는 Y_2에게 운송물 손해에 대한 배상을 청구하였는데, Y_2는 X와 직접 운송계약을 체결한 바 없으므로 책임이 없다고 항변하였다. Y_2의 항변은 타당한가?

가. 意 義

(1) 의 의

수인의 운송인이 동일 운송계약에 운송인으로 관여한 경우이다.

順次運送이라고 함은 수인의 운송인이 동일한 운송계약에 운송인으로서 관여한 경우를 통틀어 말한다. 운송구간이 길어지고 다양한 운송형태가 발전함에 따라 이러한 순차운송 또는 通運送의 이용이 늘고 있다. 순차운송 중에서 선박에 의한 해상운송과 철도운송 · 도로운송, 항공운송과 같이 서로 다른 두 가지 이상의 운송수단이 결합하여 출발지에서 최종 목적지까지 일관하여 운송을 하는 경우를 複合運送이라고 한다.

(2) 형 태

부분운송, 하수운송, 동일운송, 공동운송의 4가지 유형이 있다.

1) 구 분 순차운송의 형태도 순차운송주선과 같이 ① 동일한 운송물을 수인의 운송인이 각 구간별로 독립하여 운송하는 경우(部分運送), ② 제1운송인이 전구간의 운송을 담당하고 그 전부 또는 일부를 다른 운송인을 이행보조자로 이용하는 경우(下受運送), ③ 수인의 운송인이 공동하여 전구간의 운송을 인수하고 내부적으로 구간별 운송을 분담하는 경우(同一運送), ④ 제1운송인이 전구간의 운송을 인수하여 그중 일부를 자신이 실행하고 나머지 구간에 대해서는 자기가 송하인이 되어 위탁자의 계산으로 각 구간별운송인에게 운송을 위탁하는 경우(共同運送 또는 連帶運送)의 4가지로 나누어 볼 수 있다.

2) 사 례 [사례Ⅳ-2-11]에서 보면 송하인(X)은 제1운송인(Y_1)에게 부천에서부터 부산까지의 전 운송을 위탁하였으므로 부분운송이나 동일운송이 아니고, 하수운송 또는 공동운송중의 하나이다. 그런데 下受運送과 共同運送은 송하인 등에 대한 책임에 있어서 판이하다. 즉 이 사례에서 송하인(X)은 제2운송인(Y_2)에게 손해배상책임을 묻고 있는데 만일 이 경우가 하수운송에 해당한다면, 제2운송인(Y_2)은 제1운송인(Y_1)의 이행보조자에 불과하기 때문에 직접 송하인(X)에 대해서는 책임을 부담하지 않고 따라서 Y_2의 항변은 타당하다. 그러나 공동운송이면 제1운송인과 제2운송인은 다음에서 보는 바와 같이 송하인에 대해 연대책임을 부담하기 때문에 제2운송

인(Y_2)은 송하인(X)과 계약관계가 없다는 이유로 송하인(X)의 청구를 거절할 수 없다. 이와 같이 양자간에 차이가 있음에도 불구하고 실제로 이 중 어느 경우에 해당하는가는 그 구별이 쉽지 않다.

(3) 상법상 순차운송

위의 여러 형태 중에서 상법상 순차운송, 즉 협의의 순차운송은 共同運送을 말한다. 공동운송은 1인의 운송인이 전체 운송을 인수한다는 점에서 부분운송이나 동일운송과 구별되며, 중간운송인을 송하인의 계산으로 선임하는 점에서 자기의 계산으로 선임하는 하수운송과도 구별된다. 그러므로 [사례Ⅳ-2-11]에서 제1운송인과 제2운송인간의 운송계약이 누구의 계산으로 하였는가에 따라 제2운송인의 책임관계가 달라지게 된다. 만일 자신(Y_1)의 계산으로 한 것이면 하수운송이 되고, 송하인(X)의 계산으로 한 것이면 공동운송이 되어 제2운송인(Y_2)은 송하인(X)에게 직접 손해배상책임을 부담하게 된다.

상법상의 순차운송은 4가지 형태 중 공동운송을 말한다. 따라서 각 운송인들은 송하인에 대해 연대책임을 진다.

나. 法律關係

(1) 연대책임

1) 외부관계 순차운송에 있어서는 각 운송인은 운송물의 멸실, 훼손 또는 연착으로 인한 손해를 연대하여 배상할 책임이 있다(138②). 이는 [사례Ⅳ-2-11]에서 보는 바와 같이 순차운송의 경우 손해가 어느 운송구간에서 발생하였는지의 입증이 곤란하기 때문에 송하인이나 수하인의 보호를 위해서 둔 규정이다(정희241, 정동(총)583, 최기396, 강·임319). 그러나 이 규정은 임의규정이므로 운송실무에 있어서는 각 운송인(Y_1,Y_2)은 책임을 자신의 담당구간에서 생긴 손해에 한정하는 특약을 붙이는 것이 보통이다. 따라서 이 규정이 실무적으로 적용될 여지는 거의 없다. 그러므로 위 사례가 공동운송에 해당한다고 하더라도 제2운송인(Y_2)이 운송계약에 연대책임배제의 특약조항을 삽입하고, 또 그 손해가 자신의 운송구간에서 발생한 것이 아님을 입증한 경우에는 책임이 없다.

당사자간의 특약에 의해서 각 운송인은 연대책임을 배제할 수 있다.

2) 내부관계 운송인중 1인이 손해를 배상한 때에는 그 손해의 원인이 된 행위를 한 운송인에 대하여 求償權이 있다(138②). 이 경우에 그 원인이 된 행위를 한 운송인을 알 수 없는 때에는 각 운송인은 그 운임액의 비율로 손해를 분담한다. 그러나 손해가 자기의 운송구간 내에서 발생하지 아니하였음을 증명한 때에는 손해분담의 책임이 없다(138③).

운송인 중 1인이 배상할 때에는 원인제공자에 대해 구상권이 있다.

(2) 대 위

順次運送周旋人의 代位에 관한 규정은 순차운송에도 준용된다(147, 117). 그 취지와 내용에 관해서는 순차운송부분에서 설명하였기 때문에 여기에서는 차이점에 대해서만 간단히 살펴보기로 한다.

후자는 전자에 갈음하여 권리를 행사할 의무를 부담한다.

1) 중간운송인의 의무 수인이 순차로 운송을 하는 경우에는 후자는 전자에 갈음하여 그 권리를 행사할 의무를 부담한다(147, 117①). 순차운송에 있어서는 운송물의 점유는 다음 운송인에게 이전되므로 선순위 운송인은 유치권을 행사할 수 없다. 이에 따라 후자는 전자에 갈음하여 수하인 등에게 그 권리를 행사할 의무를 부담하고 유치권을 행사하게 한 것이다.

2) 대위변제의 효과 순차운송에서 후자가 전자에게 변제한 때에는 전자의 권리를 취득한다(147, 117②). 변제자대위(民 481)와 마찬가지의 효과가 생기므로 채무자는 전자에 대하여 가진 모든 항변으로 후자에 대항할 수 있다.

3) 적용범위 대위에 관한 규정은 좁은 의미의 순차운송에 대해서만 적용된다는 견해(통설)와 4가지 형태 모두에 인정된다는 견해(김성 643)가 있다. 본조가 준용하고 있는 상법 제117조가 좁은 의미의 순차운송주선만을 대상으로 하고 있는 점을 감안하면 통설이 타당하다고 하겠다.

제3 旅客運送

1. 意 義

(1) 개 관

육상·호천·항만에서 운임을 받고 여객을 운송하는 영업이다.

旅客運送은 육상 또는 호천, 항만에서 운임을 받고 자연인인 여객을 장소적으로 이전하는 영업이다(125). 여객을 운송의 객체로 하고 있는 점에서 물건을 운송의 대상으로 하는 물건운송과 구별된다. 여객운송은 그 대상이 자연인인 점에서 물건운송에 있어서와 같은 운송물의 수령·보관·운송·인도 등에 따르는 책임문제가 발생하지 않지만 여객의 생명·신체의 안전에 대한 책임을 져야 하는 점에서 고도의 주의의무를 부담한다.

(2) 관련법규

여객운송업에 관한 법규는 안전운행에 관한

여객운송의 형태는 철도·지하철·버스·택시·유람선 등 여러 가지인데 이들 각종 운송사업에 대해서는 철도법·궤도사업법·여객자동차운수사업법 등과 같은 특별법을 두어 규제를 하고 있다. 그러나 이들은 주로 운행에 따른 안전감독 등 행정규제에 관한 것이므로 운송인과 승객간의 민사적인 책임문제에 관해서는 별도의 규정이 필요하다. 상법의 여객운송에 관한 규정(148~150)은 이를 위해 제정되었지만 자동차사고에 대해서는 自動車損害賠償保障法이 기본법으로서 승객과 운송인간의 관계를 규율하고 있으므로, 상법이 적용될 여지는 거의 없다. 따라서 상법상 여객운송인의 책임에 관한 규정이 적용되는 것은 주로 철도운송에 한정되며, 관련 판례가 여기에 집중되고 있는 것은 이 때문이다.

행정법규와 사고시 손해배상 책임에 관한 규정으로 나누어 진다.

2. 旅客運送契約

[사례 Ⅳ-2-12: 여객운송계약 · 승차권]

(i) 다음 각 경우 운송인 Y는 X가 입은 손해를 배상할 책임이 있는가? ① X가 입장권만 소지하고 객차안에까지 들어가 전송을 한 다음 진행중인 열차에서 뛰어내리다가 사망한 경우(대판 1991.11.8, 91다20623 참조) ② 철도무임승차증을 지닌 철도청 공무원인 X가 열차에서 추락하여 사망한 경우 ③ 승객 X가 승차권에 표시된 하차역인 수원역에서 내리려고 하였으나 승객이 붐벼 내리지 못하고 승강구에 매달렸다가 추락한 경우(대판 1979.8.14, 79다1070 참조) ④ 잠결에 하차하지 못한 승객 X가 열차가 출발할 무렵 잠에서 깨어나 서서히 진행중인 열차에서 뛰어내리다가 추락하여 부상당한 경우(대판 1993.2.26, 92다46684 참조)

(ii) 다음 각 경우 승객 X의 주장은 타당한가? ① 운송인 Y는 여객운임을 인상하면서 인상액 및 인상시기를 예고하는 동시에 이미 발행된 회수승차권에 대해서는 인상분만큼 추가 지급할 것을 요하는 취지의 고시를 하였는데, 구권을 소지하고 있던 X가 인상시기 이후에도 추가지급없이 승차를 요구한 경우(日大判 1916.2.3, 民錄23, 35 참조) ② Y지하철공사는 금액만 기재한 회수승차권을 발행하였는데, 운임 개정과 동시에 승차권 양식을 변경하였다. 그리고 운임개정전에 발행한 구회수권에 대해서는, 운임개정후 6월이 경과되면 무효로 한다는 취지를 운임개정전 3월부터 게시 · 광고하였다. 그런데 운임개정 6월후에 구회수권의 소지인 X가 구회수권 상당액의 반환을 청구한 경우(日名古屋地判 1991.3.15, 判타임스764, 245 참조)

가. 旅客運送契約

(1) 의 의

일의 완성에 대해 운임을 지급하므로 도급계약이다.

여객운송계약은 여객의 장소적 이동, 즉 자연인의 운송을 인수하는 계약이다. 이는 여객의 운송이라고 하는 일의 완성을 목적으로 하고 그 결과에 대하여 운임이 지급되는 계약으로서 그 법적 성질은 都給契約이다. 계약의 당사자는 운송을 인수하는 운송인과 운송의 위탁자로서의 여객이다. 여객 자신이 위탁자로 되는 경우가 보통이지만 가령 부모가 여객인 자녀의 운송은 위탁하는 때에는 위탁자와 여객이 달라질 수도 있다. 여객운송계약은 일반적으로 有償이지만 일정 연령 이하의 유아나 어린이에 대해에서는 無償으로 하는 경우가 대부분이다.

(2) 계약의 성립

여객운송계약은 보통 승차권 발행시에 성립되므로, 승차권이 없는 여객이 입은 손해는 배상할 책임이 없다.

1) 성립시기 여객운송계약은 諾成 · 不要式契約이다. 그러나 실제로는 운송인이 운송을 개시하기 전에 미리 운임을 받고 승차권을 발행하는 경우가 많은데, 계약 성립시점이 문제된다. 일반적으로는 승차권발행시에 성립한다고 보며, 만일 승차후에 승차권을 구입하는 경우에는 승차시에 성립한다고 본다(정희243, 정동(총)571).

2) 운송인의 책임 운송인의 책임은 운송계약 성립이 전제가 된다. 그러므로 [사례Ⅳ-2-12-i]의 ①과 같이 피해자(X)가 운송계약상의 여객이 아닌 때에는 그 자가 입은 손해에 대해서는 운송인(Y)의 책임이 없다. 대판 1991.11.8, 91다20623도 "이 사건 입장권은 여객의 송영을 목적으로 열차내까지가 아니라 승강장에만 입장하고자 하는 사람에게만 발매되는 것이니만큼 입장권 발매로써 피고(Y)와 그 매수인(X) 사이에 여객운송계약이 체결되었다고 볼 수 없고, 위 사고가 오로지 위 망인(X)이 안내방송에 따라 우선 열차 내에 오르지 아니하여야 하고 승차한 경우라도 열차 출발 전에 조속히 하차하여야 하는 등 주의의무를 위반한 과실로 발생하였으므로 국가(철도청, Y)의 여객운송인으로서의 책임이 없다"고 판시하였다.

3) 무임승차중의 책임 운송계약은 有償契約이므로 운임을 지급하고 승차권을 구입해야 계약이 성립한다. 그러므로 無賃乘車중의 사고에 대해서는 운송인은 계약상 책임은 없다. 그러나 [사례Ⅳ-2-12-i]의 ②는 무임승차가 법적으로 허용되는 경우로서 운송계약은 적법하게 성립하였으므로 운송인은 그 책임이 있다고 할 것이다(김성647). 그러나 이 경우에도 운송인의 책임

을 부인한 하급심판결이 있다(서울민지판 1995.4. 11).

(3) 계약의 종료: 승월구간의 책임

계약종료후의 사고에 대해서는 운송인은 책임이 없다. 그런데 [사례Ⅳ-2-12-i]의 ③과 같이 일단 유효한 운송계약에 기해 탑승한 승객이 원래 운송계약에서 정한 승차구간을 지나서 사고를 당한, 이른바 乘越區間에서의 책임문제가 열차탑승에서 자주 발생한다. 승월의 원인이 불가피한 사정에 기한 것이고 승객이 계약의 연장이나 갱신의 노력을 기울인 경우에는 운송인의 책임을 인정하는 것이 타당하다(김성 648).

승객이 계약의 연장 또는 갱신의 노력을 기울였거나, 불가피한 사유로 승월을 한 경우에는 예외적으로 운송인의 책임을 인정한다.

대판 1979.8.14, 79다1070도 "철도에 의한 여객 운송계약은 승차권에 표시된 시발역과 도착역 사이에 한하여 존속하는 것이 원칙이라 할 것이나 승객이 전적으로 자기의 책임으로 돌릴 수 없는 사유로 이른바 승월을 한 경우에는 계약갱신 연장 등 절차를 취하지 않았다 하더라도 예외적으로 그 승월구간에 있어서도 운송계약이 그대로 존속한다고 봄이 상당하다. 망인(X)은 승차권에 표시된 도착역인 수원역에서 하차하려다 정차 시간이 불과 30초인데 사고당일은 마침 초여름 일요일 오후라 승객이 붐벼 그러하지 못하고 승강구 하단에 매달렸다가 추락한 것인데 운송인인 나라(Y)는 위의 사고방지를 위하여 주의를 다한 것으로 볼 수 없다. 그렇다면 위와 같이 하여 승월후 일어난 사고는 같은 망인(X)에게만 귀책시킬 수 없는 것으로서 앞서 말한 여객 운송계약이 계속된 동안에 일어난 것이라 함이 상당하다"고 판시하였다(이준승, "승월구간에 있어서 여객에 대한 손해배상책임", 「상사판례연구 I」(1996), 274).

그러나 이와 유사한 사안인 [사례Ⅳ-2-12-i]의 ④에서 대판 1993.2.26, 92다46684는 운송인의 책임을 부인하고 있다. 다만 이 판례는 승월구간의 책임이 아니라 운송인의 주의의무 위반여부를 주로 문제삼고 있으므로 판례의 변경은 아니라고 할 것이다.

나. 乘車券의 法的 性質

(1) 의 의

旅客運送에서는 대량운송의 편의를 위해 乘車券이 이용되는데 그 유형과 효력에 대해서는 상법에 아무런 규정을 두지 않고 있다. 일반적으로 승차권에는 보통승차권 · 정기승차권 · 회수승차권이 있으며 대부분 무기명식으로 발행되지만 할인정기승차권과 같이 기명식으로 발행되는 경우도 있다. 과거에 가장 많이 이용된 것은 무기명식 회수승차권(토큰 · 학생회수권 · 지하철표)이었지만 오

승차권에는 여러 유형이 있으나 무기명식 회수승차권이 많이 이용된다.

늘날에 와서는 교통카드와 같은 첨단형태로 대체되고 있다.

(2) 회수권의 법적 성질

금액만 표시된 회수권의 유가증권성 여부에 대해 학설의 대립이 있다.

無記名式 回收乘車券도 여러 종류가 있으므로 그 법적 성질을 일률적으로 논하기는 어렵다. 가령 승차구간 · 등급 · 통용기간 · 금액과 같은 주요조건을 기재한 회수권은 발행시에 운송계약의 중요한 내용이 특정되어 있으므로 운송채권을 표창하는 유가증권이라고 보는 데에는 별다른 이론이 없다. 그러나 [사례Ⅳ-2-12-ii]의 각 경우와 같이 금액만 기재된 회수권에 대해서는 운송채권을 표창하는 유가증권이라는 견해, 운송예약을 증명하는 증권이라는 견해 및 금전을 대용하는 증권에 불과하다는 견해 등으로 나누어져 있다. 이러한 학설대립은 [사례Ⅳ-2-12-ii]의 ①과 같이 회수권 발행이후 운임을 인상한 경우라든지 [사례Ⅳ-2-12-ii]의 ②와 같이 운송인이 구회수권을 무효로 하는 조치를 취할 경우에 각각 그 결론을 달리한다.

통설인 운송채권증권설에 따르면 추가운임을 지급하지 않아도 된다. 그러나 판례의 입장인 금전대용증권설에 따르면 추가운임을 지급해야 한다.

1) 운임인상의 경우 통설인 運送債權證券說에 의하면 [사례Ⅳ-2-12-ii]의 ①에서 회수권발행후 운임이 인상되더라도 이미 표창된 권리에는 영향을 주지 않기 때문에 구 회수권을 소지하고 있는 승객(X)은 추가운임을 지급하지 않고도 탑승할 수 있게 된다. 運送豫約證券說에 의하면 회수권은 단지 본계약을 체결할 채권만을 표창하기 때문에 운임 인상시에 추가지급할 취지의 합의가 운송계약에 포함된다고 본다. 이에 대해 金錢代用證券說은 회수권은 운임지급에 관하여 금전을 대용하는 것에 불과하다고 보기 때문에 추가운임의 지급은 당연하다고 한다. 대판 1960.2.18, 4291민상906은 "전차의 보통승차권은 전차이용자가 피고 회사(전차운수사업자)의 전차운임취급내규에 따라 장차 성립할 운송계약을 예상하고 피고 회사에 동 승차권 통용당시의 전차운임에 해당하는 현금을 선불하였음을 증명하는 표권으로서, 이를 소지중 운임의 변경이 없이 운송계약이 성립되는 경우에 운임의 현금지불에 대용되는 것이라 할 것이며 위 보통승차권은 융통성 있는 유가물로서 매매양도의 대상이 될 수 있으나 유가증권은 아니라 할 것이다"라고 판시하여 금전대용증권설을 취하고 있다. 이러한 판례의 입장에 따른다면 승객(X)은 당연히 추가된 운임을 지급해야 한다.

운송채권증권설에 의하면 무효로 된 회수권에 대해 환급청구를 할 수 있

2) 무효로 한 경우 운송채권증권설에 의하면 회수권에 표창된 운송채권이 소멸시효에 의해 소멸되지 않는 한 운송인은 소지인의 동의없이 일방적인 게시 · 공고에 의해 무효로 할수 없다고 본다. 그러므로 [사례Ⅳ-2-12-ii]의 ②에서 회수권의 유효를 전제로 한 소지인(X)의 환급청구는 타당하

다. 그러나 운송예약증권설이나 금전대용증권설에 의하면 운송계약의 내용의 하나로서 양식변경시 舊回數券을 무효로 할 수 있다고 한다. 다만 무효조치를 정하고 있는 운송인(Y지하철공사)의 조례·시행규정의 합리성과 필요성이 인정될 것인가 하는 점만 문제된다고 한다. 이러한 취지에서 일본판례는 "회수권 양식변경후 6개월간의 기간경과로써 舊回數券을 무효로 하는 내용의 조례 및 시행규정을 정한 것이 심히 불합리하거나 공서양속에 위반하여 무효라고 할 수 없다"고 판시하여 소지인(X)의 환급청구나 부당이득반환청구를 인정하지 않았다(日名古屋地判 1991.3.15, 判타임스764, 245).

으나, 다른 학설은 이를 인정하지 않는다.

3. 旅客運送人의 責任

여객운송인은 여객을 목적지까지 운송함에 있어 선량한 관리자의 주의를 다하여야 한다. 이를 게을리하여 여객자신의 생명이나 신체에 손상을 주는 경우(인적손해) 또는 여객의 수하물에 멸실·훼손의 손해가 발생한 경우(물적손해)에는 배상책임을 부담한다.

선관주의 의무가 있다

가. 人的損害: 旅客의 損害에 대한 責任

[사례 Ⅳ-2-13: 여객운송인의 책임]

(i) 다음 각 경우 운송인 Y는 X가 입은 손해에 대해 주의의무 위반책임이 있는가? ① 열차의 승무원이 차내방송으로 열차가 완전히 홈에 정지하기 전에는 뛰어내리지 않도록 방송을 하고 차내 순시를 하였음에도 불구하고 승객 X가 열차가 정차하기 전에 승강장으로 뛰어내리다가 사망한 경우(대판 1992.12.22, 92다29476 참조) ② 열차의 승무원이 술에 취해 소화물칸에서 놀던 야유회 승객을 한번 객차로 돌려보냈으나 그중 한 명인 X가 문열린 소화물칸으로 다시 돌아와서 추락사한 경우(대판 1975.11.11, 75다1897 참조) ③ 승객 A가 휘발유통을 들고 버스에 승차한 후 담배를 피우다가 폭발하여 다른 승객 X가 중화상을 입은 경우(대판 1973.3.28, 72다2404 참조) ④ 승객 A가 열차의 선반위에 짐을 불완전하게 올려 놓았기 때문에 그 짐보따리가 떨어져 다른 승객 X가 상해를 입은 경우(대판 1971.6.21, 71다846 참조) ⑤ 운행하던 열차의 창문이 약 20센티미터 가량 열려 있어 그 틈 사이로 유리조각이 날아들어와 타고 있던 승객 X의 눈에 박힌 경우(대판 1979.11.27, 79다628 참조) ⑥ 승객 X가 기차를 타고 여행하던 도중 밖에서 열차를 향해 투석한 돌에 맞아 중상을 입은 경우(대판 1969.7.29, 69다832 참조)

(ii) A는 서울역에서 부산행 새마을열차 승차권을 구입하여 위 열차에 탑승한 다

음 청도군 소재 남성현 터널을 통과할 즈음 객차 뒤편 승강구에서 추락 사망하였다. 철도청인 Y는 A의 유족 X의 다음과 같은 청구에 대해 배상책임이 있는가 ? ① 실직중인 A의 일실이익 청구 ② X가 A의 사망으로 인해 입은 정신적 손해의 청구(대판 1982.7.13, 82다카278 참조)

(1) 책임원인

운송인은 자기 또는 사용인이 운송에 관한 주의를 해태하지 아니하였음을 증명하지 아니하면 여객이 운송으로 인하여 받은 손해를 배상할 책임을 면하지 못한다(148 ①). 여객운송인의 책임은 물건운송인과 같이 과실책임주의를 취하고 있다. 여객의 운송으로 인한 손해란 여객의 死傷으로 인한 손해를 의미하므로 가령, 여객의 의복 등에 생긴 손해는 민법의 규정(民 750)에 의해 손해배상을 청구하면 된다.

(2) 주의의무의 범위

여객운송인의 주의의무의 정도는 매우 높다.

여객운송인은 여객의 생명이나 신체의 안전을 보호해야 할 지위에 있으므로 그 주의의무의 정도는 매우 높다. 따라서 주의의무는 차량의 운행에 국한되지 않고 차량내의 설비에 대한 안전점검이나 승객의 안전을 위한 승무원의 관리에 이르기까지 폭넓은 범위에 미치게 된다. 여객운송인의 책임과 관련하여 특히 문제되는 사례를 보면 다음과 같다.

여객의 과실이 개재된 경우 사고방지를 위한 주의의무의 정도가 문제된다.

1) 승객의 과실 여객의 사고는 여객자신의 과실이 개재한 경우가 많다. 이 경우 여객운송인에게 사고방지를 위해 어느 정도의 주의의무가 있는지 문제된다. 대판 1992.12.22, 92다29476은 [사례Ⅳ-2-13-i]의 ①에서 승무원들이 여객운송에 관한 주의의무를 다한 것으로 보기 어렵다고 판시하였고, 대판 1975.11.11, 75다1897은 [사례Ⅳ-2-13-i]의 ②에서 "기차의 차장이 술에 취하여 기차를 타고 소화물칸에서 노는 승객들을 한번 객차칸으로 돌려보냈다 하더라도 그들이 소화물칸으로 되돌아오지 못하도록 객차와 소화물칸을 연결하는 문을 폐쇄하지 아니하고 소화물칸의 바깥을 향한 문을 잠가놓지 아니한 경우에는 여객운송에 관한 주의를 다하지 못한 과실책임이 있다"고 판시하였다(同 대판 1974.11.12, 74다997; 1978.5.23, 78다393; 1977.9.28, 77다982; 1979.5.8, 79다365; 1979.5.15, 79다336; 1979.5.29, 79다679; 1980.1.15, 79다1966; 1990.5.25, 89다카9200; 1991.7.23, 91다20623). 이 경우에는 운송인의 책임을 인정한다고 하더라도 손해액산정에서 있어서 과실상계를 함은 물론이다.

2) 다른 승객의 행위 대판 1971.6.21, 71다846은 [사례Ⅳ-2-13-i]의 ③에서 "버스차장이 여객운송의 안전을 위하여 차내에서 흡연하는 승객(A)

이 있으면 이를 제지할 업무상 주의의무를 위배하여 방임한 과실로 폭발사고가 발생하였다면 빼스회사(Y)는 위 사고로 인해 승객(X)이 입은 손해에 대해 상법 제148조에 의한 배상책임이 있다"고 판시하였고, 대판 1971.6. 21, 71다846도 [사례Ⅳ-2-13-i]의 ④에서 운송인의 책임을 인정하였다.

3) 외부작용 대판 1979.11.27, 79다628은 [사례Ⅳ-2-13-i]의 ⑤에서 "그 유리조각이 제3자의 투척 등의 행위에 기인된 것이 아니고, 열차진행에 수반해서 통상적으로 날아 들어온 것이라면, 이는 운송업자나 그 사용인이 적절한 조치를 취하여 여객의 안전을 도모하여야 할 주의의무의 범위에 속하는 사항"이라고 판시하였다. 그러므로 대판 1969.7.29, 69다832는 [사례Ⅳ-2-13-i]의 ⑥에서 운송인의 책임을 인정하지 않았다.

(3) 손해배상범위

운송인은 여객의 일실이익을 포함한 재산적 손해와 정신적 손해, 연착손해를 보상해야 한다. 정신적 손해는 여객 본인만이 청구할 수 있다.

운송인이 배상해야 할 여객의 사상으로 인한 손해는 재산적 손해뿐 아니라 정신적 손해(위자료)도 포함함은 물론이다.

1) 재산적 손해 치료비·장례비와 같은 적극적 손해는 물론이고 소극적 손해, 즉 [사례Ⅳ-2-13-ii]의 ①과 같은 일실이익의 상실도 포함한다. 그 산정에 대해 대판 1982.7.13, 82다카278은 "여객운송인이 운송으로 인하여 사망한 여객이 입은 일실이익의 손해액을 산정함에 있어서 사망 당시의 수익을 기준으로 함이 원칙이고 사망당시 직업이 없었다면 일반노동 임금을 기준으로 할 수밖에 없으나, 사망 이전에 장차 일정한 직업에 종사하여 그에 상응한 수익을 얻게 될 것이라고 확실하게 예측할 만한 객관적 사정이 있을 때에는 장차 얻게 될 수익을 기준으로 그 손해액을 산정할 수 있다"고 판시하였다.

2) 정신적 손해 피해자 자신이 운송인에 대해 위자료를 청구할 수 있음은 당연하며 유족들은 사망한 피해자의 위자료청구권을 상속할 수 있다. 문제는 [사례Ⅳ-2-13-ii]의 ②와 같이 유족(X)이 피해자(A)의 사망으로 입은 정신적 손해를 청구할 수 있는가 하는 점이다. 이에 대해 대판 1982.7.13, 82다카278은 본조의 책임이 운송계약의 상대방인 여객에 대한 채무불이행책임이라는 것을 전제로, "승객(A) 아닌 그 망인의 처, 자녀들(X)은 그로 인하여 정신적 고통을 받았다 하더라도 상법 제148조 제1항에 의하여 여객운송자에게 손해배상책임이 있음을 이유로 그들의 위자료를 청구할 수는 없다"고 판시하였다(同 대판 1974.11.12, 74다997).

3) 연착손해 여객운송인의 손해배상책임은 연착으로 인한 손해도 포

함한다. 다만 그 손해의 입증이 곤란한 점을 고려하여 일정한 조건하에 운임의 일부 또는 전부를 환급하는 방식을 취하는 경우가 많다.

(4) 손해배상액

정액배상주의를 취하는 물건운송인의 책임과는 달리 여객운송인의 책임은 개별화되어 있다.

손해배상의 액을 정함에는 법원은 피해자와 그 가족의 정상을 참작하여야 한다(148②). 정액배상주의를 취하는 물건운송인의 책임(137)과는 달리 배상액을 피해자 별로 개별화한 점에 의의가 있다. 통설적인 견해는 이 규정이 통상손해의 배상을 원칙으로 하는 민법 제393조에 대한 예외를 정한 것이므로 여객이 입은 특별손해에 대하여 당사자의 예견 내지 그 가능성의 유무를 묻지 아니하고 법원이 당연히 이를 참작하여야 한다고 본다. 따라서 손해배상의 범위가 확대될 여지가 많다.

그러나 이러한 통설에 대해 대량수송으로 인한 사고의 대형화라는 여객운송의 특질을 감안할 때 손해배상액을 정형화하거나 제한할 필요성이 더 많음에도 불구하고, 상법의 규정을 확대 해석하는 것은 바람직하지도 않고 또 본조의 문리해석에도 반한다는 이유로, 반대하는 견해가 있다(이준승, "승월구간에 있어서의 여객에 대한 손해배상책임", 「상사판례연구(Ⅰ)」, 279). 일리가 있을 뿐 아니라, 본조가 강행규정은 아니므로 실무상으로는 책임제한 약관을 사용하는 경우가 허다하기 때문에 논의의 실익은 거의 없다고 본다.

(5) 책임의 소멸

단기시효의 특칙이 없다.

여객의 인적손해에 대한 운송인의 손해배상책임에는 물건운송인과 같은 특별소멸사유나 단기소멸시효에 관한 특칙이 없다. 그러므로 일반상사시효인 5년이 적용된다(64).

나. 物的損害: 手荷物에 대한 責任

여객이 여행에 휴대한 물품인 수하물에 대한 운송인의 책임은 운송인이 인도를 받은 여부에 따라 託送手荷物과 携帶手荷物로 나누어 볼 수 있다.

(1) 탁송수하물

1) 책 임 운송인은 여객으로부터 인도를 받은 수하물에 관하여는 운임을 받지 아니한 경우에도 물건운송인과 동일한 책임이 있다(149①). 그러므로 운송인이 무과실을 입증해야 하고 정액배상주의(137)와 고가물에 관한 특칙(136)이 적용된다.

2) 수령지체 수하물이 도착지에 도착한 날로부터 10일내에 여객이

그 인도를 청구하지 아니한 때에는 第67조의 규정을 준용하여 운송인에게 공탁·경매권을 인정한다. 그러나 주소 또는 거소를 알지 못하는 여객에 대하여는 최고와 통지를 요하지 아니한다(149②).

(2) 휴대수하물

1) 입증책임 운송인은 여객으로부터 인도를 받지 아니한 수하물의 멸실 또는 훼손에 대하여는 자기 또는 사용인의 과실이 없으면 손해를 배상할 책임이 없다(150). 이때에는 수하물을 여객이 직접 점유·관리하므로 운송인의 책임을 인정하기 어려우므로 여객이 운송인의 과실을 입증해야 한다.

2) 손해배상액 상법은 운송인의 손해배상액에 관한 규정을 두지 않고 있지만 탁송 수하물과 마찬가지로 상법 137조에 의해 그 배상액을 정하는 것이 타당하다(통설).

(3) 책임의 소멸

수하물에 관해서는 물건운송인과 마찬가지로 1년의 단기시효가 적용된다고 할 것이다.

4. 旅客運送人의 權利

(1) 운임청구권

여객운송인은 상인이므로 약정이 없어도 당연히 보수를 청구할 수 있다(61). 운송계약은 도급이므로 운송이 완료되어야 보수를 청구할 수 있다. 그러나 사전에 승차권을 구입하고 탑승시 개찰함으로써 사실상 운임을 선급하도록 하고 있다.

(2) 유치권

운송인은 탁송수하물의 운임에 관하여 수하물을 유치할 수 있다. 또한 여객의 운임에 관하여도 탁송수하물에 대한 유치권을 인정하는 것이 통설이다(손주373, 최기418, 채334, 註商(Ⅰ)740~741).

제3절 倉庫業

제1 總 說

1. 倉庫業의 效用과 規律

(1) 창고업의 효용

창고업을 통해 상품의 가치 증대, 비용 절감, 금융의 편의 등을 도모할 수 있다.

타인의 물건보관을 영업으로 하는 창고업은 상인으로 하여금 시간적 차이를 극복함으로써 상품의 가치를 증대시키는 데 기여한다. 특히 계절적으로 수용공급의 부침이 심한 농수산물이나 원자재의 경우에는 창고업이 이를 극복하는데 중요한 기능을 한다. 또한 상인은 자기 스스로 물건의 보관에 필요한 시설을 갖출 필요없이 전문적인 창고업자에게 이를 맡김으로써 비용을 절감할 수 있는 이점도 있다. 나아가 상인은 창고증권을 이용하여 보관중인 물건을 처분하거나 담보에 제공함으로써 금융의 편의도 받을 수 있다.

(2) 창고업의 규율

창고업은 화물유통촉진법의 규제를 받는다.

이와 같이 창고업의 효용이 크기 때문에 창고업에 대한 국가의 감독이 요구된다. 종래 일반창고업은 倉庫業法의 규율을 받았으나 貨物流通促進法(1991.12.14, 법 제4433호)으로 대체되었다. 이 법은 물류표준화와 복합운송주선업·화물터미널사업 및 창고업 등에 관한 사항을 종합적으로 규정하여 화물의 유통을 촉진하기 위해 제정되었다. 이외에도 농업창고에 대해서는 農業倉庫法, 보세창고에 대해서는 關稅法이 각각 적용된다.

2. 倉庫業의 意義

창고업은 타인을 위하여 창고에 물건을 보관하는 영업이다(155). 貨物流通促進法은 창고업을 타인의 수용에 응하여 유상으로 창고에 물건을 보관하는 사업이라고 한다(同法 2.8).

(1) 창 고

창고라 함은 물건보관의 용도에 제공되는 시설을 말한다. 그 설비가 물건보관에 적합하기만 하면 반드시 지붕이 있는 건물임을 요하지 않고 또 창고업자의 소유에 속하는 여부도 문제되지 않는다. 그러므로 목재·석재 야적장이나 컨테이너 야드도 창고에 해당한다. 貨物流通促進法에서는 창고를 물건의 멸실 또는 훼손을 방지하기 위한 보관시설 또는 보관장소라고 한다(同法 2.7).

창고는 물건보관 용도에 제공되는 시설이다.

(2) 보 관

물선의 보관은 목적물을 점유하여 멸실·훼손되는 것을 방지하고 현상을 유지하는 활동을 말한다. 그러므로 보관으로 목적물에 대한 소유권의 이전은 생기지 않는다. 이에 따라 수치인이 목적물에 대한 소유권을 취득하고 동일한 종류·품질·수량의 다른 물건을 반환하기로 하는 消費任置(民 702)는 창고업에 포함되지 않는다. 그러나 종류·품질이 동등한 수치물을 혼합하여 보관하고 그 중에서 동일한 수량의 물건을 반환하는 混藏任置(民 258)의 경우에는, 목적물에 대한 소유권은 임치인의 공유에 속하고 수치인은 이를 보관함에 지나지 않기 때문에 개념상으로는 창고업에 포함된다. 다만 상법은 특정물 보관에 중점을 두고 混藏任置에 대해서는 아무런 규정을 두지 않고 있다.

보관은 점유만 이전될뿐 소유권에는 영향이 없으므로 소비임치는 창고업에 포함되지 않는다.

(3) 목적물

창고업은 타인을 위하여 물건을 보관하는 영업이므로 그 목적물은 타인의 물건(동산)이다. 그러므로 자기물건이나 부동산은 제외된다. 또 화폐나 유가증권 등은 은행 기타 금융기관의 보관대상으로서(정희252, 정동(총) 616, 정찬(상)365), 어느 정도의 장소적·공간적 요소를 포함하는 창고업의 목적물로는 적합하지 않다.

보관의 목적물은 타인의 물건이나.

(4) 보관영업

물건의 보관을 영업으로 하는 자이다. 즉 보관의 인수를 영업으로 함으로써 상인이 된다(4, 46. 14). 그러나 운송(주선)업 기타 영업을 겸영하는 것은 상관없다. 실제로도 운송(주선)인이 운송(주선)계약만을 전업으로 하는 경우는 드물고 부수적인 업무로서 창고업을 함께 한다. 그러나 이들이 임치계약 없이 운송중의 물건을 보관하는 것은 창고업에 해당하지 않기 때문에, 반드시 운송계약과는 별도로 임치계약을 체결하고 일정한 시설을 갖추고 목적물을 보관해야 창고업자의 자격을 겸하게 된다(정희252, 정동(총)617~618).

보관의 인수를 영업으로 하는 상인으로서 운송업 등을 겸영하는 것은 상관없다.

3. 倉庫任置契約

(1) 계약의 성립

낙성 · 불요식 계약이므로 물건의 인도는 계약성립요건이 아니다.

창고업은 '任置의 引受'를 영업으로 하는 것이므로 물건의 인도 이전부터 존재할 수 있는 행위이다. 그러므로 창고임치계약은 운송계약과 마찬가지로 낙성 · 불요식계약이다. 따라서 임치물의 인도는 계약 성립후 임치인이 창고업자에게 부담하는 의무이며 창고증권의 발행도 계약성립후 임치인의 청구가 있는 때에 창고업자가 부담하는 의무이다.

(2) 계약의 종료

임치기간을 정하지 않은 경우 6월이 경과해야 해지할 수 있다.

임치계약은 기간의 만료, 목적물 멸실 등 계약일반의 소멸원인에 의해 소멸한다. 기간의 약정이 없으면 임치인은 언제든지 계약을 해지할 수 있다(民 699). 그러나 창고임치계약에 있어서는 특칙을 두어 임치기간을 정하지 않은 경우 창고업자는 임치물을 받은 날로부터 6월이 경과하여야 임치계약을 해지하고 임치물을 반환할 수 있도록 하였다(163 ①). 그리고 불시해지로 인하여 임치인이 예측하지 못한 손해를 입지 않도록 하기 위해 2주간 전에 예고하여야 한다(163 ②). 다만 부득이한 사유가 있으면 위 규정에도 불구하고 언제든지 임치물을 반환할 수 있다(164).

창고업자가 적법하게 해지하고 임치물 회수를 요청하였으나 임치인이 수령을 지체한 경우에는 임치물에 생긴 손해는 임치인이 부담해야 한다(대판 1983.11.8, 83다카1476).

제 2 倉庫業者의 義務 · 責任 · 權利

1. 倉庫業者의 義務

(1) 보관의무

임치물의 손실을 방지하기 위해 선량한 관리자의 주의로서 보관해야 한다.

창고업자의 가장 중요한 의무는 선량한 관리자의 주의로써 임치물을 보관하는 것이다. 주의의 내용은 임치물의 성질에 따라 다르겠지만 일반적으로 말하면 임치물의 멸실 · 손상을 방지하기 위해 필요한 주의를 다해야 할 의무를 말한다. 즉, 도난 · 화재 · 풍수해 등을 예방하고 통풍 · 방습 · 방충을 위한 방법을 강구해야 한다.

임치물에 보험, 특히 화재보험을 가입하는 것은 원칙적으로 보관의무에 포함되지 않는다. 다만 임치물에 대해 창고증권을 발행하고자 할 때에는 화재보험 및 도난보험에 가입해야 한다(貨流 45).

(2) 창고증권교부의무

창고업자는 임치인의 청구에 의해 倉庫證券을 교부하여야 한다(156).

(3) 임치물의 검사 · 견본적취 · 보존처분의무

임치인의 임치물 검사 · 견본적취 · 보존처분에 협력할 의무가 있다.

임치인 또는 창고증권소지인은 영업시간 내에 언제든지 창고업자에 대하여 임치물의 검사 또는 견품의 적취를 요구하거나 그 보존에 필요한 처분을 할 수 있다(161). 그러므로 창고업자는 이러한 행위를 허용하고 상당한 협력을 하여야 한다. 검사는 임치물의 상태나 품질 등을 조사하는 것이며, 摘取는 임치물 중에서 견본을 빼어내는 것이고, 보존에 필요한 처분은 임치물의 멸실 · 훼손을 방지하거나 현상유지를 위한 행위로서 가공 · 수선과 같은 적극적 행위는 포함하지 않는다(정희256, 정찬(상)368).

이러한 의무는 임치물을 목적으로 하는 상거래의 편의를 부여하고 또 보존행위의 완전을 기함으로써 당사자의 이익을 조화하기 위함이다. 그러나 견품의 적취로 인해 임치물의 수량에 변경이 생기므로 증명서 교부나 창고증권에 그 내용의 기재를 요구할 수 있다(정희256, 정동(총)622).

(4) 반환의무

임치인의 청구가 있으면 언제든지 임치물을 반환해야 한다.

창고업자는 임치인의 청구가 있으면 보관기간의 약정여하에 불구하고 언제든지 임치물을 반환해야 한다(民698, 699). 이는 임치기간을 정하지 아니한 때에 창고업자가 임치물수령시로부터 6월이 경과해야 반환할 수 있는 것과 대비된다(163 ①). 창고증권이 발행된 경우에는 창고업자는 증권과 상환으로 반환의무를 부담한다. 다만 이 경우에도 보증도 · 가도를 하는 경우가 있는데 이에 관해서는 화물상환증에서 살펴본 바와 같다.

(5) 임치물에 대한 하자통지 · 처분의무

위탁매매인의 하자통지 · 처분의무에 관한 규정이 준용된다.

창고업자에게 위탁매매인의 하자통지와 처분의무에 관한 규정이 준용된다(168). 즉 창고업자가 임치물을 받은 후 그 물건의 훼손 또는 하자를 발견하거나 그 물건이 부패할 염려가 있는 때 또는 가치저락의 상황을 안 때에는 지체없이 임치인에게 그 통지를 발송하여야 한다(168, 108①). 임치인의 지시를 받을 수 없거나 그 지시가 지연되는 때에는 창고업자는 임치인의 이익을 위하여 적당한 처분을 할 수 있다(168, 108②).

가치저락의 경우 통지 · 처분 의무는 불합리하다.

이와 같이 창고업자에게 임치물의 훼손이나 부패 등의 염려가 있는 때에 긴급조치를 취하도록 한 것은 합리적이지만 가치저락의 경우에도 이러한 통지와 처분을 하게 하는 것이 타당한지는 의문이다. 왜냐하면 위탁매매인은 위탁자를 위해 자기의 명의로 법률행위를 할 지위에 있기 때문에 이러한 의무와 권한을 부여하는 것이 당연하지만 창고업자는 물건보관이라는 사실행위를 하는 자에 불과하기 때문이다.

2. 倉庫業者의 損害賠償責任

[사례 Ⅳ-3-1: 창고업자의 손해배상책임]

(i) 창고업자인 Y통운회사가 X들로부터 천일염을 임치받아 서울 용산역 구내 Y회사 적치장에 보관하고 있던 중 65년만의 집중호우로 침수유실되었다. 이때 서울지방에 내린 비는 일찍 멎어 천일염 보관장소가 침수되지 않다가 한강 상류지방에 계속 내리는 비로 인하여 한강수위가 늘어나 당국이 한강수문을 모두 폐쇄하자, 완전히 침수되었다. 당시 천일염보관현장에서 15 내지 20미터 되는 지점에 일부 비어 있는 고지대가 있어 천일염을 이곳으로 옮겨 놓을 수도 있었지만 Y는 소수 인원만으로 침수가 시작된 때로부터 1,2시간 정도 이 작업을 하였을 뿐 그 후부터는 구제작업을 중단하였다. Y는 X에 대해 주의의무위반으로 인한 손해배상책임이 있는가? (대판 1975.4.8, 74다1213 참조)

(ii) A는 파손고입(破損故入) 15,100매를 수선완료하여 X회사의 창고에 입고하는 조건으로 Y회사에 매매하기로 하였다. A는 X의 창고관리인에게 위탁하여 인부를 고용하여 X의 창고문전 공지에서 위 고입을 수선하여 입고작업을 시켰다. 그런데 입고 작업시에 인부들이 창고내의 가마니 뭉치위에 켜 놓은 촛불을 끄지 아니한 채 창고 밖으로 나와 촛불이 창고안에 적재된 가마니에 인화되어 창고가 그 안에 적재된 고입과 함께 소실되었다. 고입소실에 대한 배상책임은 누구에게 있는가? (대판 1972.1.31, 71다2651 · 2652 참조)

(iii) 농협중앙회인 X와 한국생사수출조합인 Y는, X가 각 제사업체로부터 양도담보로 취득한 생사의 품질검사를 위해 Y가 임치하여 사용하는 생사검사소 창고에 입고시키면 Y는 이를 보관 · 관리하고, X의 요청이나 동의가 있을 때에 한하여 출고하며, 무단출고로 인해 X의 채권 보전이 불가능하게 되었을 때에는 그 손해를 Y가 배상하기로 약정하였다. 그런데 Y조합의 안양출장소장은 생사 16표가 X에게 양도담보의 목적물로 제공된 것임을 알고 그

보관증을 X에게 교부하여 이를 입고한 뒤, X로부터 위 보관증을 회수하거나 동의를 받지 아니한 채로 A회사에 출고하여 인도하였다. 출고시로부터 1년이 경과한 다음 X는 Y에게 손해배상을 구할 수 있는가? (대판 1981.12.22, 80다1609 참조)

가. 責任原因

창고업자는 자기 또는 사용인이 임치물의 보관에 관하여 주의를 해태하지 아니하였음을 증명하지 아니하면 임치물의 멸실 또는 훼손에 대하여 손해를 배상할 책임을 면하지 못한다(160).

(1) 과실책임원칙

창고업자의 책임은 운송(주선)인의 손해배상책임과 동일하게 규정되어 있다. 그러므로 창고업자는 자기 또는 그 사용인의 주의의무위반(과실)이 있어야 손해배상책임을 부담한다. 그런데 失火責任에 관한 法律에 의하면 失火의 경우에는 중대한 과실이 있을 경우에만 불법행위로 인한 손해배상책임을 인정하고 있는데, 이 규정이 창고업자의 失火로 인한 손해배상책임에도 적용될 것인가 하는 점이 문제된다. 이에 대해 대판 1968.9.17, 68다1402는 "창고업자의 임치물의 소실로 인한 손해배상책임에 관하여 상법 160조에 의한 채무불이행을 원인으로 하는 손해배상책임을 묻는 경우에는 불법행위를 원인으로 손해배상책임을 물을 경우에만 적용되는 실화책임에관한법률은 적용될 수 없다"고 판시하였다(同 대판 1967.10.23, 67다1919). 따라서 실화의 경우에도 창고업자는 경과실만 있으면 본조에 의한 책임을 진다.

운송인의 책임과 마찬가지로 자기 또는 사용인의 과실에 대해 손해배상책임이 있다.

(2) 주의의무위반

창고업자는 임치물의 보관자로서 일반적으로 예상할 수 있는 태풍·홍수 등의 천재지변이나 도난·화재 등을 방지할 조치를 취해야 한다. 즉 경비원의 배치나 화재·도난경보기의 장치, 방재·방습 시설의 구비 등 조치를 취해야 하며 이를 게을리한 경우에는 그로 인한 손해를 배상해야 한다.

1) 판단기준 [사례Ⅳ-3-1-i]에서 보는 것처럼 예상하지 못한 천재지변의 경우에 창고업자의 주의의무 위반은 당시의 상황에 따라 구체적으로 판단해야 한다. 이러한 취지에서 대판 1975.4.8, 74다1213은 "천일염 등 수많은 물품들을 임치 보관하고 있는 적치장이 집중호우로 침수되어 천일염이 유실된 경우에 법원이 보관업자에 대하여 보관상 주의의무의 해태를 인

천재지변이나 도난·화재를 방지할 적절한 조치를 취하지 않으면 손해배상책임을 진다. 주의의무위반 여부는 당시의 상황에 따라 구체적으로 판단해야 한다.

정하기 위하여는 보관물을 이적하는 등 구조하기 위하여 필요한 장비나 인부의 소요량을 확정하고 보관업자의 영업규모로 보아 이러한 양의 장비와 인부를 동원할 수 있었는가, 만약 위 소요량을 모두 동원할 수 없었다면 보관업자가 당시의 상황에서 동원할 수 있었던 최대의 장비와 인부의 수를 확정하여 그것을 가지고 임치 보관하고 있는 천일염을 포함하는 모든 물품을 구출할 수 있는 비율을 산정한 다음 이에 기하여 천일염을 구출할 수 있는 수량을 산출하여 이에 관한 보관상 주의의무의 해태여부를 논단하여야 한다"고 판시하였다.

책임은 임차물의 보관에 한정된다.

2) 범 위 본조는 임치물의 보관상의 책임에 적용된다. 그러므로 [사례Ⅳ-3-1-ii]와 같이 창고업자(X)가 작업인부의 알선 등 편의만 제공하고 입출고작업은 임치인(A)의 책임하에 이루어지고 손해가 보관상의 주의의무위반이 아니라 입고작업상의 잘못으로 발생한 경우에는, 창고업자는 책임이 없다. 대판 1972.1.31, 71다2651 · 2652도 "수선입고(入庫) 작업을 한 인부들의 과실로 인하여 창고가 소실된 경우에 있어서 고입(故入)을 입고하는 작업이 누구의 소유물에 관한 누구의 입고 작업이었는지에 따라 특단의 사정이 없는 한 창고나 그 안에 있는 고입의 멸실에 대한 책임의 소재를 달리한다"고 판시하였다.

(3) 임치물의 멸실

물리적 멸실외에 점유상실도 포함한다.

임치물의 멸실이란 물리적 멸실뿐 아니라 도난당한 경우라든가 [사례Ⅳ-3-1-iii]와 같이 창고증권(보관증)과 상환하지 않고 임치물을 인도함으로써 정당한 권리자(X)에게 이를 반환할 수 없는 경우도 포함한다(손주392, 채343). 이러한 취지에서 대판 1981.12.22, 80다1609는 "상법 제166조 제1항에서 말하는 '멸실'은 물리적 멸실뿐만 아니라 수취인(Y)이 임치물을 권한없는 자(A)에게 무단 출고함으로써 임치인(X)에게 이를 반환할 수 없게 된 경우를 포함한다"고 판시하였다(同 대판1978.9.26, 78다1376).

(4) 손해배상액

물건운송인의 손해배상액 산정에 대한 특칙을 유추 적용한다.

창고업자의 책임에 대해서는 물건운송인의 경우와 같은 배상액의 제한(137), 고가물특칙(136)에 관한 규정이 없다. 창고업과 운송업이 대량의 화물을 비교적 저렴한 가액으로 취급한다는 점에 공통점을 가지므로 이를 유추적용 해야 할 것이다(최기433, 김성667; 대판1993.9.28, 93다26892 · 26908). 그러나 이는 해석의 한계를 벗어난 것으로 부당하다는 반대견해도 있다(손주392, 채343, 이기(총)521, 註商(Ⅰ)778, 정찬(상)370).

나. 責任의 消滅

(1) 특별소멸원인

창고업자의 책임은 임치인 또는 창고증권소지인이 유보없이 임치물을 수령하고 보관료 기타의 비용을 지급한 때에는 소멸한다. 그러나 i) 임치물에 즉시 발견할 수 없는 훼손 또는 일부 멸실이 있는 경우에 임치물을 수령한 날로부터 2주간내에 창고업자에게 그 통지를 발송한 때, 또는 ii) 창고업자 또는 그 사용인이 악의인 경우에는 적용하지 아니한다(168, 146).

유보없이 임치물을 수령한 경우 책임이 소멸한다.

(2) 단기소멸시효

임치물의 멸실 또는 훼손으로 인하여 생긴 창고업자의 책임은 그 물건을 출고한 날로부터 1년이 경과하면 소멸시효가 완성한다(166 ①). 이 기간은 임치물이 전부 멸실한 경우에는 임치인과 알고 있는 창고증권소지인에게 그 멸실의 통지를 발송한 날로부터 기산한다(166 ②). 그러나 단기소멸시효는 창고업자 또는 그 사용인이 악의인 경우에는 적용하지 아니한다(166 ③). 여기에서 '악의'라 함은 [사례Ⅳ-3-1-ⅲ]과 같이 임치물을 인도받은 자가 그 임치물을 반환 받을 정당한 권리자가 아님을 알면서 출고한 경우를 포함한다. 이러한 취지에서 대판 1981.12.22, 80다1609는 "본건의 경우 원심이 적법히 확정하고 있는 바와 같이 피고 조합(Y)의 안양출장소장인 소외 신현수는 본건 생사를 양도담보권자인 원고(X)의 동의를 받지 아니한 채 임치인이 이 건 소외 한남공업 주식회사(A)에 무단 출고함으로써 원고(X)로 하여금 담보물의 보전을 불가능하게 하였다는 사정 아래에서는 피고(Y)의 피용자인 위 소외인에게 악의가 있다고 보는 것이 상당하다고 할 것이므로 피고의 단기소멸시효의 항변을 배척한 원심의 판단은 결론에 있어 정당하다"고 판시하였다(同 대판 1978.9.26, 78다1376). 단기시효는 임치인의 청구에만 적용되고 임치물이 타인 소유인 경우 소유자의 청구에 대해서는 적용되지 아니한다(대판 2004.2.13, 2001다75318).

운송인과 마찬가지로 1년의 단기소멸시효가 완성하면 책임이 소멸하지만 악의인 경우 예외이다.

3. 倉庫業者의 權利

(1) 임치물인도청구권

창고임치계약은 낙성계약이므로 임치물을 창고업자에게 인도하여야 계약이 성립하는 것은 아니다. 그러나 보관할 물건이 없으면 창고업자는 그

업무의 성질상 목적물 인도청

구권이 있다.

업무의 실행이 불가능하므로 명문의 규정은 없지만 임치인에게는 목적물의 인도를 청구할 권리가 있다.

(2) 보관료 및 비용상환청구권

임치물 출고시에 보관료 등의 청구를 할 수 있다.

창고업자는 임치물을 출고할 때가 아니면 보관료 기타의 비용과 체당금의 지급을 청구하지 못한다. 그러나 보관기간 경과후에는 출고전이라도 이를 청구할 수 있다(162①). 임치물의 일부출고의 경우에는 창고업자는 그 비율에 따른 보관료 기타의 비용과 체당금의 지급을 청구할 수 있다(162②).

1) 시 기　보관료 등의 청구권은 원칙적으로 임치물의 출고시에 행사할 수 있지만 당사자간의 약정으로 정기 또는 수시로 지급하기로 하는 경우가 많다.

2) 의무자　임치인이 보관료 등의 지급의무를 부담하는 것은 당연하지만 창고증권이 발행된 경우에는 그 소지인이 임치물을 수령한 때에 보관료지급의무를 부담한다. 그러므로 창고증권의 양도로서 임치물에 대한 소유권이 이전되면 그 이후의 보관료 기타 비용은 양수인이 이를 부담한다(대판 1963. 5.30, 63 다188).

3) 유치권　보관료 등의 채권에 대해서는 창고업자에게 특별한 유치권이 인정되지 않는다. 따라서 창고업자는 일반상사유치권(58)이나 민법상의 유치권(民 320)을 행사할 수 있다.

4) 시 효　창고업자의 보관료 등 채권의 시효는 출고일로부터 1년이다(167).

(3) 공탁 · 경매권

임치인 또는 창고증권의 소지인이 임치물의 수령을 거절하거나 수령할 수 없을 때에는 창고업자는 상인간의 매매에 관한 경우에 준하여 임치물의 공탁 및 경매권을 행사할 수 있다(165, 67).

제 3 倉庫證券

1. 意　義

[사례 Ⅳ-3-2: 하도지시서]

경유 102드럼의 소유자인 A는 이를 창고업자인 Y에게 임치한 채로 X에게 매도하고 양자간 합의에 따라 현실로 물건을 인도하는 대신, 물건의 인도를 의뢰하는 Y앞으로 된 하도지시서를 발행하여 X에게 교부하였다. 그런데 X가 A에게 매매대금을 지급하지 않자, A는 Y에게 임치물을 X에게 반환하지 말도록 지시하였다. X는 Y에게 하도지시서를 제시하고 임치물의 인도를 구할 수 있는가? (대판 1970.10.23, 70다1985 참조)

(1) 개 념

창고증권은 창고업자가 임치물의 수령을 증명하고 증권의 소지인에게 임치물을 반환할 것을 약정함으로써, 임치물 반환청구권을 표창하는 유가증권이다. 창고에 보관중인 임치물에 관해 창고업자로부터 창고증권을 발행받아 이를 양도·입질함으로써 보관중인 물건의 투하가치를 충분히 활용할 수 있게 한 것이다.

(2) 하도지시서

하도지시서에 창고업자의 기명날인이 있는 경우에만 유가증권으로 보는 것이 통설이다.

이와 같이 임치물의 가치를 활용하기 위한 수단으로 상법은 창고증권제도를 마련하고 있지만 실무상으로는 이에 대신하여 荷渡指示書(delivery order: D/O)가 많이 이용된다. 하도지시서에는 i) 임치인이 창고업자에게 그 증서의 소지인에게 인도할 것을 일방적으로 지시하는 형태, ii) 여기에 창고업자가 승인의 의미로 기명날인한 형태 및 iii) 창고업자가 그 이행보조자에게 물건의 인도를 지시하는 형태가 있다. 이 중에서 i)은 발행인이 창고업자가 아니고 임치인이라는 점에서, iii)은 내부적인 서면인 점에서 각각 유가증권이 아니라는 견해가 통설이다. 대판 1970.10.23, 70다1985는 [사례 Ⅳ-3-2]에서 "출고지시서는 일종의 면책증서이므로 실질관계인 매매계약에 의하여 영향을 받는 유인증권이라 할 것이어서 위 지시서의 양수인(X)은 증권을 양도받았다는 사실만으로는 그 물건의 인도청구권을 취득할 수 없으며 또 지령서의 양도는 그 표시물건의 양도와 같은 효력이 없다"고 판시하였다.

그러나 ii) 유형의 하도지시서는 창고증권(화물상환증)을 대신할 수 있는 유가증권으로 볼 수 있다는 것이 통설이다(정동(총) 638 外). 이에 의하면 만일 [사례 Ⅳ-3-2]에서 하도지시서에 창고업자(Y)가 승인의 기명날인을 한 경우에는 임치인(A)의 반환금지 지시에도 불구하고 창고업자(Y)는 그 소지인(X)의 청구에 따라 임치물을 인도해야 할 것이다.

(3) 성 질

화물상환증에 관한 규정이 준용된다.

창고증권에 대해서는 화물상환증에 관한 제129조 내지 제133조의 규정이 준용된다(157). 따라서 창고증권에는 문언증권성 · 상환증권성 · 지시증권성 · 처분증권성이 인정된다.

2. 發行 및 讓渡

(1) 입법주의

우리나라는 양도증권과 입질증권을 분리하지 않는 단권주의를 채택하고 있다.

창고증권의 발행에 관해서는 i) 화물상환증과 같이 한 장의 창고증권으로 임치물의 양도와 입질을 함께 하게 하는 單券主義와 ii) 양도증권(預證券)과 입질증권의 두가지로 나누어서 발행하는 複券主義 및 iii) 당사자의 선택에 의하도록 하는 병용주의의 3가지 입법주의가 있다. 우리 나라는 단권주의를 채택하고 있는데 간이하게 권리를 행사할 수 있는 이점은 있지만 입질을 위하여 증권을 교부한 후에는 양도가 곤란하다는 문제가 있다.

(2) 발 행

임치물 수령후 임치인의 청구에 의해 발행한다.

1) 발행청구　창고업자는 임치인의 청구에 의하여 창고증권을 교부하여야 한다(156①). 창고증권은 임치물을 수령한 후에 발행하며 임치인을 위하여 임치물에 화재보험을 붙여야 한다(貨流45).

임치물 운항과 각 부분에 대한 창고증권교부청구를 할 수 있다.

2) 분할청구　창고증권소지인은 자신의 비용부담으로 창고업자에 대하여 그 증권을 반환하고 임치물을 분할하여 각 부분에 대한 창고증권의 교부를 청구할 수 있다(158). 대량의 임치물에 대해 한 장의 창고증권이 발행된 경우 그 중 일부분을 처분하고자 할 경우에 이러한 분할청구가 이용된다.

엄격한 요식증권이 아니므로 법정기재사항의 일부를 결해도 유효이다.

3) 기재사항　창고증권에는 i) 임치물의 종류, 품질, 수량, 포장의 종별, 개수와 기호 ii) 임치인의 성명 또는 상호, 영업소 또는 주소 iii) 보관장소 Ⅳ) 보관료 v) 보관기간을 정한 때에는 그 기간 vi) 임치물을 보험에 붙인 때에는 보험금액, 보험기간과 보험자의 성명 또는 상호, 영업소 또는 주소 vii) 창고증권의 작성지와 작성년월일을 기재하고 창고업자가 기명날인 또는 서명하여야 한다(156②). 이와 같이 창고증권의 기재사항이 법정되어 있지만 엄격한 요식증권은 아니므로 이중에 본질적인 것이 아닌 일부가 생략된 경우에도 그 효력에는 영향이 없다.

(3) 양 도

창고증권의 양도는 화물상환증과 같다. 즉 창고증권은 기명식인 경우에도 배서에 의하여 양도할 수 있다. 그러나 창고증권에 배서를 금지하는 뜻을 기재한 때에는 그러하지 아니하다(157, 130).

화물상환증과 같다.

3. 效 力

[사례 Ⅳ-3-3: 창고증권의 효력]

(i) 창고업자인 Y통운주식회사는 A회사로부터 일본산 스텐강판 90상자를 수탁임치하고 그에 관한 창고증권을 발행하였고, X는 A로부터 이를 배서양도받아 그 소지인이 되었다. 그런데 A는 수입직후 상자에서 스텐강판을 대부분 꺼내고 그 대신 각목 등을 넣어 수입원품과 같이 재포장(박스작업)을 한 후, Y회사에 그 내용과 중량 등을 검사하지 아니하고 임치하여 주기를 위탁하였다. Y는 위탁자의 신고대로 1,000Kg상자로서 임치하고 용량을 1,000Kg라고 표시하여 창고증권을 발행하였다. 그런데 창고증권에는 '수치물의 하조가 그 내용을 검사하기 부적당할 때에는 하물의 종류, 품질 및 수량에 대하여 당회사(피고)는 책임을 지지 아니한다. 본증권의 적요란에 내용을 검사하지 아니한 취지를 기재한 때에도 같다'는 문언이 인쇄되어 있었고 또 적요란에 '품질 및 종류는 임치인의 신고에 의함'이라는 문언을 기재하였다. Y는 X에게 스텐강판 90상자 분을 인도할 의무가 있는가? (서울고판 1971.5.14, 71나106 참조)

(ii) 양곡상 X는 Y에게 전분 750포대의 판매를 위탁하고 이를 창고업자 A의 창고에 입고하였다. Y는 이를 B에게 전매하였고 B명의로 임치물에 관하여 창고증권이 발행되었다. 이후 B는 보관료를 지급하지 않은 채 창고증권을 A에게 제시하여 임치물을 인도 받아 갔다. X가 Y에게 물품대금의 지급을 청구하자 Y는 대금에서 창고료를 공제하고 지급하였다. Y의 보관료 공제는 타당한가? (대판 1963.5.30, 63다188 참조)

창고증권에는 화물상환증의 효력에 관한 제129조 내지 제133가 준용되고 있다(157). 그러므로 창고증권의 채권적 효력과 물권적 효력은 화물상환증에서 설명한 바와 같다. 여기에서는 창고증권에 특이한 사항에 대해서만 살펴본다.

(1) 채권적 효력: 문언성

창고업자와 소지인간에는 창고증권에 기재된 바에 의한다. 특히 부지약관의 효력이 문제된다.

창고증권을 작성한 경우에는 임치에 관한 사항은 창고업자와 소지인간에 있어서는 창고증권에 기재된 바에 의한다(157, 131). 이러한 창고증권의 채권적 효력과 관련하여 특히 [사례Ⅳ-3-3-i]과 같은 不知約款의 효력이 특히 문제된다. 창고업은 대량으로 물건을 보관하기 때문에 임치물의 입고시 그 내용을 일일이 점검하는 것이 불가능하여 창고업자는 임치물의 내용을 검사하지 않았고 따라서 책임도 없다는 내용의 약관을 창고증권에 삽입하여 사용한다. 만일 이 약관의 효력을 무제한 인정할 경우 창고증권의 채권적 효력은 부인되는 결과가 될 것이기 때문에 그 한계를 어떻게 정할 것인가 하는 점이 문제되는 것이다.

부지약관의 효력도 인정하지만 창고업자의 고의 · 과실이 있는 경우 효력을 부인한다(통설 · 판례).

통설은 대량의 화물을 취급하는 창고업의 실정으로 보아 부지약관의 효력은 인정하지만, 창고업자가 임치물의 내용을 알고 있었거나 쉽게 알 수 있었을 경우에는 그 효력을 부인한다. 서울고판 1971.5.14, 71나106도 [사례Ⅳ-3-3-i]과 같이 창고증권에 부지약관이 인쇄되어 있고 또 적요란에 검사하지 아니한 취지의 기재를 한 경우에 대해 "그 임치물의 내용을 검사하지 아니한 채 이를 보관한 경우 바로 그 면책약정의 효력을 인정함은 상당하지 아니하다고 할 것이나 보관품 내용의 검사로 그의 변질감량을 초래한다거나 보관품의 하조방법, 크기, 수량에 비추어 용이하게 그 포장을 해체하여 내용을 검사하기 부적합하였다는 등 거래통념상 내용검사가 부적합한 경우였다면 그 면책약관은 유효한 것으로 봄이 상당하다"고 판시하고 있다.

(2) 물권적 효력

창고증권교부는 임치물 인도와 동일한 효력이 있다.

창고증권에 의하여 임치물을 받을 수 있는 자에게 창고증권을 교부한 때에는 임치물위에 행사하는 권리의 취득에 관하여 임치물을 인도한 것과 동일한 효력이 있다(157, 133). 그러므로 대판 1963.5.30, 63다188은 [사례Ⅳ-3-3-ii]에서 "입고된 물건에 관하여 창고증권이 발행되면 그 발행일자 이후에는 그 창고증권의 명의인(B)이 그 물건에 대하여 소유권을 취득하고 따라서 그 뒤에 생기는 창고료, 화재보험료는 물론, 감량 등에 대한 책임도 그 명의인(B)이 져야 될 것이다"라고 판시하여 임치인(X)의 보관료 등에 대한 지급책임을 부인하였다(同 대판 1955.3.10, 4287민상128).

(3) 입질과 일부출고

임치물을 입질한 경우 변제기

창고증권으로 임치물을 入質한 경우에도 질권자의 승낙이 있으면 임치인은 채권의 변제기전이라도 임치물의 일부반환을 청구할 수 있다(158 本). 창고증권의 처분증권성에 의해 입질한 경우 창고증권을 질권자에게 교부해야 한다. 그러나 임치물의 가액이 피담보채권액을 초과하는 경우에는 임치물의 일부를 창고증권과 상환하지 않고 반환청구할 수 있도록 함으로써 그 교환가치를 최대한 이용하게 한 것이다.

전에도 일부 반환을 청구할 수 있다.

이 경우에는 창고업자는 반환한 임치물의 종류, 품질과 수량을 창고증권에 기재하여야 한다(158 但). 이로써 창고증권을 분할(158 ①)하는 부담을 덜 수 있게 하였다.

제 4 절 公衆接客業

제 1 總 說

1. 意 義

(1) 개 념

많은 사람이 모일 수 있는 일정한 시설에 의한 거래를 영업으로 하는 것이다.

공중접객업은 많은 사람이 모일 수 있는 일정한 시설을 마련하여 이를 일반공중에 제공하는 서비스업이다. 즉 극장 · 여관 · 음식점 기타 客의 集來를 위한 시설에 의한 거래를 영업으로 하는 자를 공중접객업자라고 한다(151). 국민들의 생활수준이 향상됨에 따라 이러한 시설의 이용이 크게 늘고 있는데, '客의 集來를 위한 시설'에는 위에서 열거한 것 이외에 도서관 · 목욕탕 · 커피숍 · 노래방 · 캬바레 · 이발소 · 전자오락실 · 스키장 · 놀이공원 · 백화점 등 다양하다. 공중접객업자는 當然商人이다(4,46. 9).

(2) 이용관계

제공서비스 이용의 법적성질은 종류별로 다르다.

공중접객업자가 제공하는 서비스의 이용이 어떠한 법적 성질의 것인가는 그 종류별로 다른데, 그에 따라 서비스제공자의 책임도 영향을 받는다. 가령 숙박업자가 투숙객과 체결하는 숙박계약은 숙박료를 받고 객실을 일시 사용하게 하는 임대차계약이 될 것이며(대판 1994.1.28, 93다43590), 식당업자와 고객간에는 음식물에 대한 매매계약이 체결된다.

2. 法的 規律

(1) 행정적 규제

위생보건, 풍속, 질서유지를 위한 규제를 받는다.

공중접객업자의 시설에는 다수의 이용객이 드나들게 되므로 그에 따른 각종 위생보건이나 안전유지, 풍속질서유지 등이 요구된다. 이에 따라 公衆衛生法 · 食品衛生法 · 風俗營業規制에 관한 法律 · 未成年者保護法 등이 적용된다.

(2) 상법의 규정

상법은 공중접객업에 관한 여러 측면 중에서 이용객이 반입한 물건의 분실이나 도난시 민사책임에 관한 약간의 규정을 두고 있을 뿐이다. 그러나 공중접객업자의 시설에서 발생한 안전사고로 인해 고객이 입은 인적 손해의 배상이 사회적으로 중요한 문제가 되고 있으므로 이에 관해서도, 여객운송인의 책임(148)에 준한 규정을 두는 것이 바람직하다.

상법도 이용객 반입물건의 도난책임에 관해서만 규정한다.

제 2 公衆接客業者의 責任

1. 物的 損害에 대한 責任

가. 受置物에 대한 責任

[사례 Ⅳ-4-1: 공중접객업자의 수치물에 대한 책임]

(i) A는 Y가 경영하는 '국화장' 여관에 하룻밤 투숙하면서 여관건물 정면 노폭 6미터 정도의 길 건너편에 있는 주차장에 자신의 승용차를 여관종업원에게 고지하지 않고 주차시켜 놓았다가 도난당하였다. 이 주차장은 출입구가 여관의 계산대에서 마주 볼 수 있는 위치에 있기는 하나 시정장치가 부착된 출입문을 설치하거나 도난방지를 위한 특별한 시설을 하지 아니한 채 그 입구에 국화장 주차장이라는 간판을 세우고, 그 외곽은 천으로 된 망을 쳐 놓고, 차를 세울 부분에 비와 눈에 대비한 지붕을 설치하였으며, 주차된 차량을 경비하는 종업원이 따로 있지 않다. A에게 보험금을 지급한 보험회사 X는 Y에게 보험자대위에 기한 손해배상청구를 할 수 있는가? (대판 1992.2.11, 91다21800 참조)

(ii) X는 Y가 경영하는 호텔에 투숙하면서 수정원석을 맡겨두었는데 Y는 이를 동 호텔의 일반휴대물을 보관하여 두고 있던 2층 숙직실 창고에 보관하였다. 그런데 도적이 외부로부터 이 호텔의 비상문을 부수고 침입하여 보관중이던 수정원석을 절취하여 갔다. Y는 X에 대해 주의의무위반으로 인한 손해배상책임이 있는가? (대판 1965.2.23, 64다1724 참조)

공중접객업자는 客으로부터 임치를 받은 물건의 멸실 또는 훼손에 대하여 不可抗力으로 인함을 증명하지 아니하면 그 손해를 배상할 책임을 면하지 못한다(152①).

(1) 의 의

상법상 특별책임으로서 무과실의 입증만으로는 면책되지 않는다.

공중접객업자는 타인으로부터 물건을 위탁받는다는 점에서는 운송(주선)인이나 창고업자와 동일함에도 불구하고 그 책임은 이들보다 훨씬 무거워서, 자기나 사용인의 무과실을 입증하는 것만으로는 책임을 면할 수 없다. 이와 같이 공중접객업자의 책임을 가중하고 있는 것은 객을 보호하고 그 신용을 유지하기 위함인데, 이는 로마법상 레셉툼책임에서 유래한 것이다. 공중접객업자의 책임은 원래 임치계약상의 책임이지만 특별히 그 책임을 가중한 것으로서 '상법상 특별책임'이라고 할 것이다.

(2) 임치의 성립

임치계약이 성립하고 임치물의 수령이 있어야 책임이 성립한다. 그러므로 주차사실을 고지하지 않고 열쇠를 맡기지 않은 채 단순히 여관 주차장에 주차한 사실만으로는 임치계약의 성립이 인정되지 않는다(판례).

본조에 의한 책임은 객으로부터 임치받은 물건에 대한 책임이므로, 임치계약이 성립하고 임치물의 수령이 있어야 한다. 그러므로 [사례Ⅳ-4-1-i]에서 객(A)이 도난당한 차량에 대해 숙박업자(Y)의 책임을 묻기 위해서는 차량에 대한 임치계약이 성립한 여부부터 살펴 보아야 한다. 이에 대해 대판 1992.2.11, 91다21800은 "상법 제152조 제1항의 규정에 의한 임치가 성립하려면 우선 공중접객업자와 객 사이에 공중접객업자가 자기의 지배영역내에서 목적물보관의 채무를 부담하기로 하는 명시적 또는 묵시적 합의가 있음을 필요로 하는 바, 주차장 출입과 주차사실을 통제하거나 확인하는 시설이나 조치가 되어 있지 않은 채 단지 주차의 장소만을 제공하는 데에 불과하여 그 주차장 출입과 주차사실을 여관측에서 통제하거나 확인하지 않고 있는 상황이라면, 부설주차장관리자로서의 주의의무위배 여부는 별론으로 하고 그러한 주차장에 주차한 것만으로 여관업자(Y)와 투숙객(A)사이에 임치의 합의가 있는 것으로 볼 수 없고, 투숙객이 여관측에 주차사실을 고지하거나 차량열쇠를 맡겨 차량의 보관을 위탁한 경우에만 임치의 성립을 인정할 수 있을 것이다. 그러므로 주차사실을 전혀 고지하지 아니한 소외 최중성(A)과 피고(Y) 사이에 주차차량에 관한 임치의 합의가 있었던 것으로 보기 어렵다"고 판시하여 공중접객업자(Y)의 책임을 부인하고 있다(양창수, "투숙객의 자동차도난에 대한 숙박업자의 책임", 「상사판례연구 I」(1996), 288; 同 대판 1998.12.8, 98다37507).

이러한 판례의 입장에 대해서는, 여관이 손님에 대한 서비스업이라는 점을 중시한다면 오히려 투숙객에게 방을 배정하고 방열쇠를 건네줄 때 적극적으로 주차여부를 문의하였어야 하고, 이를 게을리한 때에는 묵시적인 임치계약의 성립을 인정해야 한다는 비판이 있다(김성 681).

(3) 불가항력

불가항력의 의미에 대해 여러 학설이 주장된다. 통설은 외부에서 발생한 사건으로 보통의 주의를 다해도 방지할 수 없는 위해를 불가항력이라고 한다.

본조의 책임은 불가항력으로 인한 것임을 입증한 경우에만 면할 수 있다. 不可抗力의 의미에 관해서는 다음과 같이 견해가 나누어지고 있는데 [사례Ⅳ-4-1-ii]를 중심으로 그 차이를 보면 다음과 같다.

1) 학 설 ① **주관설**; 사업의 성질에 따라 최대의 주의를 다하더라도 피할 수 없는 危害라고 본다. 이 견해는 결국 무과실책임을 인정하는 것과 마찬가지로서 이 사례에서 호텔업자(Y)는 도난에 대한 책임이 있다. ② **객관설**; 객관적으로 그 사업의 외부에서 발생한 사건으로서 보통 그 발생을 예측할 수 없는 危害라고 한다. 공중접객업자의 주관적 사정과는 상관없이 사건의 객관적 성질에 따라 불가항력 여부를 결정해야 한다는 입장이다(이병338, 정무276). 이 사례에서 보면 도적이 비상문을 뚫고 들어올 가능성은 객관적으로 인정되므로 도난은 불가항력이라고 볼 수 없다. ③ **절충설**; 그 사업의 외부에서 발생한 사건으로서 공중접객업자가 보통 필요하다고 인정되는 주의를 다하더라도 방지할 수 없는 危害라고 한다. 현재의 통설이다(서·정243, 박199, 손주385, 김용202, 최기422, 채359, 이원237, 이·최207, 註商(Ⅰ)748). 이 사례에서 호텔업자가 창고의 자물쇄를 채우고 종업원을 통해 수시로 점검하는 등 필요한 주의를 다하였음에도 불구하고 도난을 당하였으면 불가항력으로서 면책될 것이다. ④ **과실책임설**; 공중접객업자에 대해 운송인이나 창고업자보다 특별히 가중된 책임을 인정할 근거가 없다는 취지에서 불가항력을 상법 제134조의 '책임 없는 사유'와 동일시하는 입장이다(정희248). 이 사례에서는 절충설과 마찬가지로 보면 된다.

2) 판 례 대판 1965.2.23, 64다1724는 이 사례에서 "원고(X)는 상법 152조 또는 동법 153조에 의거하여 본건 손해배상청구를 하는 것이 아니고 민법 750조에 의기한 피고(Y)의 불법행위를 원인으로 하는 것임은 기록에 의하여 분명하므로, 피고가 상법 151조 이하에서 규정하는 공중접객업자로서의 주의의무를 태만히 하였음을 전제로 하는 원고의 주장은 이유없는 것이고, 피고로서는 일반사회의 평상인으로서 지켜야 할 주의의무를 태만히 하였다고는 볼 수 없고 원판결이 이와 같은 취지로 판단하여 피고(Y)의 불법행위를 원인으로 하는 원고(X)의 손해배상청구를 배척한 조처는 적법하다"고 판시하고 있다. 이 판례의 의미에 대해서는 절충설을 취하고 있다는 견해(김성683)가 있지만, 일반불법행위책임을 문제삼고 있기 때문에 본조에 대한 해석의 기준으로 볼 수는 없다고 하겠다(정찬(상)360).

3) 검 토 연혁적 근거에 기한 공중접객업자의 책임가중은 현대사회에 와서는 그 의미가 없지만, 그렇다고 본 조의 존재를 무시하는 과실책임

설도 무리가 있다고 본다. 따라서 여기에서는 통설이 취하는 절충설을 취하기로 한다. 다만 이 사례의 적용에서 보듯이 절충설과 과실책임설은 실제적으로는 거의 차이가 없다고 하겠다.

나. 受置하지 않은 物件에 대한 責任

(1) 의 의

공중접객업자는 객으로부터 임치를 받지 아니한 경우에도 그 시설내에 휴대한 물건이 자기 또는 그 사용인의 과실로 인하여 멸실 또는 훼손된 때에는 그 손해를 배상할 책임이 있다(152 ②). 이 경우 공중접객업자의 과실에 대한 입증책임은 객에게 있다.

(2) 성 질

이 책임은 임치계약상의 책임도 아니고 불법행위 책임도 아닌 시설이용관계를 바탕으로 하여 상법이 인정하는 특별책임이다(서 · 정244, 손주387, 임홍(상)903, 채359, 이기(총)532 註商(Ⅰ)750). 이 점에서 여객으로부터 인도받지 않은 수하물에 대한 운송인의 책임(150)과 동일하다.

다. 免責揭示의 效力

[사례 Ⅳ-4-2: 공중접객업자의 면책게시]

X는 Y가 운영하는 뚝섬골프장에서 운동을 마치고 3년 정도 사용한 중고 골프채 13개가 들어 있는 골프가방을 골프장 현관 내의 거치대에 놓아둔 후 샤워를 하러 간 사이에 이를 도난당하였다. 이 골프장은 퍼블릭코스로서 골프장이용객 이외에도 1층 식당 이용객들로 항시 붐비는 상태이었으나 Y는 골프용품 등의 분실이나 도난을 방지하기 위해 필요한 수의 경비원이나 골프장 거치대에 자물쇠 장치를 하지 않았다. 대신 골프장의 현관구내와 접수대 및 1번홀 입구 등에 "골프가방의 보관, 관리는 본인이 하여야 하고 분실시 책임지지 않는다"는 취지의 안내문을 게시하였다. Y는 X에게 골프채분실에 대해 어느 정도의 손해배상책임이 있는가? (서울민지판 1991.3.20, 90나24290 참조)

공중접객업자가 영업시설 내부에 한 면책게시는 일방적인 것이므로 효력

공중접객업자의 책임에 관한 상법 제152조는 강행규정이 아니므로 당사자간의 명시 또는 묵시적 합의로 이를 배제하고 그 책임을 감경하거나 면제할 수 있다(통설; 손주387, 채359, 이기(총)532, 註商(Ⅰ)750). 그런데 실제적으로는 [사례Ⅳ-4-2]와 같이 공중접객업자가 영업시설 내부에 객의 휴대품에 대해서는 책임지지

않는다는 취지의 면책게시를 하는 경우가 많다.

이 없고, 단지 과실상계의 대상이 될 뿐이다.

(1) 게시의 무효

상법은 공중접객업자의 이러한 일방적인 면책게시는 효력을 인정하지 않는다(152③). 이러한 경우에는 업자측의 일방적인 게시이므로 당사자간에 면책에 관한 합의가 있는 것으로 보지 않기 때문이다. 서울민지판(확정) 1991.3.20, 90나24290도 [사례Ⅳ-4-2]와 같이 도난방지를 위한 경비원이나 자물쇠장치를 하지 아니한 경우에는 "위 골프장이 대중골프장(퍼블릭 코스)으로서 일반골프장과 달리 이용객이 보조자(캐디)없이 스스로 운반용 카트를 골프가방을 싣고 다니도록 되이 있고 그 사용요금도 현저히 저렴하며 위 골프장의 현관 등에 골프가방의 보관, 관리는 본인이 하여야 하고 분실시 책임지지 않는다는 안내문을 게시하였다 하더라도, 위 골프장 경영자(Y)는 상법 제152조 제2항, 제3항에 따라 위 이용객(X)이 위 골프가방을 도난당함으로써 입게 된 손해를 배상할 책임이 있다"고 판시하였다.

(2) 과실상계

다만 이러한 게시는 객의 과실을 판단하는 자료는 될 수 있으므로 책임을 산정함에 있어 과실상계의 대상이 될 수는 있다(손주386, 채360, 이기(총)534, 註商(Ⅰ)751). 서울민지판(확) 1991.3.20, 90나24290도 [사례Ⅳ-4-2]에서 "도난사고 당시에 원고(X)는 위 골프장을 40 내지 59회 정도 이용한 사람으로서 위와 같은 분실사고에 대한 피고(Y)측의 안내문을 숙지하고 있었으므로 위 골프가방을 두고 자리를 비울 때에는 피고측 근무자들에게 보관을 요청하는 등으로 도난방지 조치를 취하였어야 할 것임에도 불구하고 만연히 위 거치대에 위 골프가방을 놓고 샤워를 하러 감으로 인하여 위 도난사고를 당한 사실이 인정되므로 위 손해액의 결정에 원고의 이러한 과실을 참작하면 피고(Y)가 원고(X)에게 배상할 금원은 위 손해액(40만원) 중 20만원으로 정함이 상당하다"고 판시하였다.

라. 高價物에 대한 責任

[사례 Ⅳ-4-3: 공중접객업자의 고가물에 대한 책임]

다음 각 경우 Y는 X가 입은 손해에 대해 배상책임이 있는가? ① 신혼부부인 X들이 Y가 경영하는 호텔 특실에 투숙하여 자고 있던 중 결혼식장에서 예물로 교환한 시계·다이아 반지·다이아 목걸이를 도난당하였는데, 그 예물의 종류와 가액을 프론트에 근무하는 직원에게 명시하지 않았을 경우(대판 1977.2.8, 75

다1732참조) ② X는 Y가 경영하는 목욕탕에서 들어가면서 종업원에게 가액을 고지하지 않고 시계를 맡겨 두었다가 분실하였는데, 그 종업원은 이전에도 X로부터 그 시계를 임치 받은 일이 있어 그 종류와 가액을 잘 알고 있었던 경우(서울민지판 1985.5.1, 84나1190 참조)

종류와 가격이 명시되지 아니한 채 임치된 고가물에 대하여는 손해배상 책임이 없다.

화폐·유가증권 기타의 高價物에 대하여는 객이 그 종류와 가액을 명시하여 임치하지 아니하면 공중접객업자는 그 물건의 멸실 또는 훼손으로 인한 손해를 배상할 책임이 없다(153).

(1) 의 의

다수의 객들과 거래하는 공중접객업자를 보호하고 고가물에 대한 임치와 가액 명시를 촉구하려는 취지에서 규정된 것으로서, 운송(주선)인의 고가물에 관한 특칙(124, 136)과 동일하다.

(2) 면책의 요건

고가물특칙이 적용되기 위해서는 객이 고가물의 가액을 명시하여 임치하지 않았어야 한다. 대판 1977.2.8, 75다1732는 [사례Ⅳ-4-3]의 ①에서 "결혼식장에서 선물로 교환된 물건이라고 하여서 반드시 가격을 밝힐 수 없다고도 할 수 없고 부로바시계 1개 시가 64,000원 상당 옥토시계 1개 시가 25,000원 상당 백금부착 3푼짜리 다이야반지 1개 시가 150,000원 상당과 백금부착 1푼짜리 다이야 목거리 1개 시가 70,000원 상당은 상법 제153조 소정의 고가물에 해당한다"고 판시하였다.

가액의 명시는 반드시 객이 직접 해야 하는 것은 아니고 [사례Ⅳ-4-3]의 ②와 같이 공중접객업자의 종업원이 이를 알고 있으면 된다. 서울민지판(확) 1985.5.1, 84나1190도 "객(X)이 목욕탕영업주(Y)의 사업사용인에게 고가물을 그 종류와 가액을 명시하지 아니하고 임치하였다가 분실당한 경우라도 그 사업사용인이 전에도 그 목욕탕시설을 이용하기 위하여 그곳에 온 바 있는 그 객으로부터 그 고가물을 임치받은 일이 있어서 그 종류와 가액을 이미 잘 알고 있었다면 공중접객업자인 목욕탕영업주(Y)는 다른 특별한 사정이 없는 한 그 객(X)에게 그 고가물의 멸실로 인한 손해를 배상할 책임이 있다"고 판시하였다.

마. 責任의 消滅

공중접객업자의 책임은 공중접객업자가 임치물을 반환하거나 객이 휴대물을 가져간 후 6월이 경과하면 소멸시효가 완성한다(154①). 단기시효를 둔 취지는 운송인의 경우와 마찬가지이다. 시효기간은 물건이 전부 멸실한 경우에는 객이 그 시설을 퇴거한 날로부터 기산한다(154②). 단기시효는 공중접객업자나 그 사용인이 惡意인 경우에는 적용하지 아니한다(154③). 악의의 의미도 운송인의 단기시효에 관한 규정과 마찬가지이다.

임치물 반환 후 6월이 경과하면 시효가 완성한다.

2. 人的 損害에 대한 責任

[사례 Ⅳ-4-4: 공중접객업자의 인적 손해에 대한 책임]

A는 Y가 경영하는 여관 2층에 투숙하였다가 여관 2층 복도에서 발생한 화재로 전신화상을 입고 질식 사망하였다. Y는 여관 2층에서 연기가 나오는 것을 보고 처에게 화재신고를 하게 한 뒤 소화기를 들고 배전판의 스위치를 내린 다음 2층에 올라가려 했으나 연기가 이미 복도에 가득 차서 계단 끝에 서서 "불이야"라고 몇번 소리지르면서 소화기로 불을 끄다가 연기가 심하여 밖으로 나왔다. 여관의 2층 복도 바닥에는 불연성인 모노륨이 깔려 있어 담배불에 의한 화재가능성은 희박하고 전기가 누전된 흔적도 없어 화재원인이 밝혀지지 않았다. Y는 A의 유족 X에 대해 손해배상책임이 있는가? (대판 1994.1.28, 93다43590 참조)

상법은 객이 입은 人的 損害에 대한 공중접객업자의 책임에 관해서는 아무런 규정을 두지 않고 있다. 따라서 [사례Ⅳ-4-4]와 같은 인적손해에 관해서는 민법의 일반원칙이 적용된다. 대판 1994.1.28, 93다43590도 "공중접객업인 숙박업을 경영하는 자가 투숙객과 체결하는 숙박계약은 숙박업자가 고객에게 숙박을 할 수 있는 객실을 제공하여 고객으로 하여금 이를 사용할 수 있도록 하고 고객으로부터 그 대가를 받는 일종의 일시사용을 위한 임대차계약으로서, 여관의 객실 및 관련시설, 공간은 오로지 숙박업자의 지배 아래 놓여 있는 것이므로 숙박업자는 통상의 임대차와 같이 단순히 여관의 객실 및 관련시설을 제공하여 고객으로 하여금 이를 사용수익하게 할 의무를 부담하는 것에서 한 걸음 더 나아가 고객에게 위험이 없는 안전하고 편안한 객실 및 관련시설을 제공함으로써 고객의 안전을 배려하여야 할 보호의무를 부담하며 이러한 의무는 숙박계약의 특수성을 고려하여 신의칙상

객이 입은 인적 손해에 대하여는 민법의 일반원칙이 적용되므로 단기소멸시효는 적용되지 아니한다.

인정되는 부수적인 의무로서 숙박업자(Y)가 이를 위반하여 고객(A)의 생명, 신체를 침해하여 손해를 입힌 경우 불완전이행으로 인한 채무불이행책임을 부담한다"고 판시하였다.

공중접객업자의 인적손해에 대해서는 短期時效에 관한 규정[154]은 적용되지 않는다.

제 5 장
新種 商行爲

개 요

기업이 제공하는 상품과 서비스가 다양해지고 기업활동이 세계화·금융화·디지털화됨에 따라 새로운 유형의 상거래가 끊임없이 등장하고 있어 상법도 이러한 변화를 수용하지 않을 수 없다. 이리하여 1995년 상법개정시에 새로운 상행위로서 리스·프랜차이즈·팩토링의 세 가지를 추가로 기본적 상행위에 편입하였다. 그러나 이들 법률관계는 아직 충분히 확립되어 있지 않은 관계로 그 상세한 규율은 거래관습이나 당사자간의 약정 또는 약관에 맡겨두고 있는 상황이다.

그러므로 이 장에서는 관련 특별법과 약관의 내용을 참조하여 리스, 프랜차이즈, 팩토링의 법률관계를 간단하게 살펴본다.

주요 내용

o 리스의 유형 — 운용리스, 금융리스, 레버리지드리스, 판매재취리스
o 리스거래의 법률관계 — 리스이용자, 리스회사, 공급자간의 관계
o 프랜차이즈의 유형 — 종속형 프랜차이즈, 조합형 프랜차이즈
o 프랜차이즈의 법률관계 — 내부관계, 외부관계
o 팩토링의 기능 — 기업매출채권의 처리, 진성어음의 대체수단
o 팩토링계약 — 기본계약, 채권양도
o 팩토링거래의 법률관계 — 채권양도, 채무자의 항변

제1절 總 說

1. 概 觀

새로운 유형의 상거래를 상법에 수용하여 기본적 상행위에 편입하였다.

상법은 전형적인 상거래유형을 '基本的 商行爲'로서 21가지로 유형화하여 열거하고 있다(46). 그 중에서 전통적으로 중요한 거래유형인 賣買·代理商·仲介業·委託賣買業·運送(周旋)業·公衆接客業·倉庫業에 대해서는 상세한 규정을 두어 그 법률관계를 규율하고 있다. 그러나 기업이 제공하는 상품과 서비스가 다양해지고 기업활동이 세계화·금융화·디지털화됨에 따라 새로운 유형의 상거래가 끊임없이 등장하고 있어 상법도 이러한 변화를 수용하지 않을 수 없게 되었다(권순희, "신종 상행위인 여행계약의 상법전에의 편입필요성에 관한 검토", 「상사법연구」(2004), 322).

이리하여 1995년 상법개정시에 새로운 商行爲로서 리스(46.19)·프랜차이즈(46.20)·팩토링(46.21)의 세 가지를 추가로 기본적 상행위에 편입하였다. 그러나 이들 법률관계는 아직 충분히 확립되어 있지 않은 관계로 그 상세한 규율은 거래관습이나 당사자간의 약정 또는 약관에 맡겨두고 있는 상황이다.

2. 法典外의 商行爲

국제금융분야에서 새로운 상행위의 유형들이 계속적으로 창안되고 있다.

상법이 새로운 상행위로서 리스·프랜차이즈·팩토링을 추가하였지만 거래사회에서는 이보다 훨씬 다양하고 복잡한 유형의 상거래 유형을 계속적으로 창안하고 있다. 이러한 경향은 특히 국제금융영역에서 두드러지게 나타나고 있는데 가령, 거래상의 위험을 극복하기 위한 방안으로서 창안된 先物거래·옵션거래·스왑거래가 있으며, 금융의 거대화에 따른 위험의 분산책으로서 이용되는 신디케이트론이 있고, 금융의 증권화에 따른 각종 국제채권(유로본드, 양키본드 등)이 발행되고 있으며, 뮤츄얼 펀드와 같은 간접투자상품도 이용되고 있다. 나아가 금융과 실물거래를 다양하게 접목시킨 企業買受·合倂(M&A), 합작투자(Joint-Venture), 프로젝트파이낸스(Project Finacing) 등이 이용되고 있다(서헌제, 「국제거래법」 422 이하).

새로운 상행위에 대해서는 계

이러한 신종 상행위에 대한 규율도 원칙적으로는 상법이 관심을 가져야 할 것이나 그 내용과 유형이 빠르게 변화하고 있을 뿐 아니라 아직 충분한 법원칙이 확립되지 않는 상황이므로, 현재는 주로 당사자간의 계약이나 관련 국제적인 상인단체가 제정한 표준약관(가령 先物去來 등에 대해서는 ISDA약관 등)에 맡겨져 있다. 물론 계약자유의 원칙이 적용되는 범위 내에서는 문제가 없으나, 소비자보호 등 강행규정이 개입할 필요가 있는 경우에 그 적용의 한계를 정하는 것이 어려운 과제이다.

약・약관 등에 의해 규제된다.

제2절 리 스

제1 總 說

1. 意 義

리스는 기계·시설 재산의 물품에 관한 행위이다.

리스(lease)는 전통적으로는 특정인에게 동산 또는 부동산을 비교적 장기에 걸쳐 이용하게 하고 그 대가로 임차료를 받는 賃貸借 일반을 의미하였다. 그러나 오늘날 리스라고 할 때에는 기업이 기계와 같은 고가의 물건을 필요로 하는 경우 이를 구입하여 소유하지 않고 리스회사를 통하여 임차하는 방식을 말한다. 상법은 리스를 "기계·시설 재산의 物融에 관한 행위"라고 하고 있는데(46. 19), 리스 기본법인 與信專門金融業法은 좀더 자세하게 리스(시설대여)란 "대여시설이용자(리스이용자, lessee)가 선정한 특정물건을 시설대여회사(리스회사, lessor)가 새로이 취득하거나 대여받아 그 물건에 대한 직접적인 유지·관리책임을 지지 아니하면서 대여시설이용자에게 일정기간 이상 사용하게 하고, 그 기간에 걸쳐 일정대가를 정기적으로 분할하여 지급받으며, 그 기간 종료후의 물건의 처분에 관하여는 당사자간의 약정으로 정하는 物的金融"이라고 정의하고 있다(同法 2.10). 실무에서는 리스를 단순히 '렌탈'이라고도 부른다.

2. 經濟的 機能

(1) 시설이용기능

리스는 사용가치와 소유가치를 분리하여 생산비용의 절감을 가능하게 한다.

기업이 생산에 필요로 하는 기계 등 고가의 설비는 그 소유보다는 효율적인 사용이 중요하다. 이 때 리스를 이용하게 되면 설비의 소유권이 리스기간 동안 리스회사에 유보되지만 물건의 사용에 관한 모든 권리가 리스이용자에게 부여되기 때문에 실제적으로는 자기물건과 마찬가지로 사용·수익할 수 있게 된다. 이와 같이 리스는 기업활동에 소요되는 기계나 설비 등의 사용가치를 소유가치로부터 분리하여 생산활동에 소요되는 비용절감을 가능하게 하는 이점이 있다. 나아가 리스료에 대한 손비처리를 인정함으로써 조세상의 혜택도 크다.

(2) 금융기능

리스는 금융기법의 하나이지만 전통적인 금융과는 여러 면에서 차이를 보이고 있다. 즉 리스는 자금이 아닌 물건의 형태로 대여하며, 원리금이 아닌 사용료의 형태로 상환을 할 뿐 아니라, 대상물건이나 상대방에 있어서도 다르다. 그러므로 리스이용자는 담보가 부족하거나 신용이 취약한 기업인 경우가 많고, 이외에도 減價償却이 큰 기계 등을 조달하려는 기업이나, 예산상의 제약으로 대규모 기자재 도입이 어려운 대학 등 연구기관이 이용자의 주류를 이룬다.

리스는 물건으로 대여하여 사용료의 형태로 상환하는 점에서 전통적인 금융과 다르다.

3. 類　　型

리스는 다양한 형태가 있는데 그 기능에 따라 운용리스와 금융리스, 대상물에 따라 동산리스와 부동산리스, 리스가 이루어지는 형태에 따라 직접리스와 간접리스(레버리지드 리스), 판매재취리스로 각각 분류된다.

(1) 운용리스

본래 의미의 리스로서 리스이용자가 필요한 기간만 기계나 설비를 사용할 수 있도록 하는 방식으로서 물건의 사용에 중점을 둔다. 금융리스와는 달리 계약기간 중에도 중도해약이 가능하며 리스물건의 보수관리를 리스회사에 부담시킬 수 있는 반면, 금융리스보다 리스료가 비싼 것이 일반적이다. 운용리스는 종래의 임대차와 크게 다를 바 없다.

물건의 사용에 중점을 두는 본래 의미의 리스 형태

(2) 금융리스

리스방식을 취하는 금융거래로서 貸主(lessor)는 리스 물건의 구입가격에 이자와 비용 등을 합한 금액을 借主(lessee)에게 융자하고 借主는 리스계약기간 동안에 이를 분할하여 상환하는 방식이다. 그러므로 금융리스에 있어서는 리스설비의 가용년수와 리스계약기간이 일치하는 것이 보통이며 중도해약은 원칙적으로 인정되지 않는다. 또 설비의 하자 보수 등의 책임도 차주에게 있다. 금융리스는 직접리스와 간접리스로 구분되는데 간접리스의 대표적인 형태가 레버리지드리스이다(정동(총) 659-662).

물건구입이용을 융자하고 계약 기산동안 분할 상환하는 리스 형태

(3) 레버리지드 리스

레버리지드 리스(leveraged lease)란 斡旋리스라고도 불리우는데, 리스회

리스가액의 일

부분만 조달하고 나머지는 차입하는 리스형태

사가 리스물건 가액의 약 20%~40% 정도만 자기자금으로 조달하고 나머지는 차입하는 형태로 이루어지는 리스이다. 소액의 자기자금을 지렛대(leverage)로 하여 3~4배에 달하는 자금조달을 할 수 있기 때문에 붙여진 이름이다. 레버리지드리스는 세법상 투자세액공제혜택을 받기 위해 고안된 것으로서 항공기·선박 등 거액의 자금이 소요되는 대형리스물건의 도입에 주로 이용된다.

(4) 판매재취리스

설비소유자가 리스회사에 판매하고 다시 리스받는 형태

販賣再取리스(sale-and-leaseback)는 어떤 기계 등 설비를 소유하고 있는 기업이 이를 리스회사에 판매하고 그 판매가격을 취득원가로 하여 다시 리스 받는 방식으로서, 물건을 실제 이동하지 않고 형식상 소유권만 이전되는 리스형태이다. 이로써 리스이용자는 리스물건을 계속 사용수익하면서도 필요한 운전자금의 조달이 가능하게 된다. 이 방식은 주로 중고품의 리스에 많이 이용된다.

4. 리스去來의 規律

(1) 국내적 규율

여신전문 금융업법이 기본법이다.

리스업에 대해서는 與信專門金融業法이 그 기본법으로 적용된다. 그러나 이 법은 행정규제법으로서 리스거래의 사적 법률관계에 대해서는 해결의 기준이 되지 못한다. 이에 따라 리스업자가 제정하여 사용하는 約款이 가장 중요한 근거가 된다.

(2) 국제적 규율

UNIDROIT의 국제금융리스 협약

항공기·선박·프랜트와 같은 대규모 리스물건의 국제간 판매가 빈번해지면서 이를 위한 금융의 방법으로서 금융리스가 국제적으로는 널리 이용되고 있다. 이에 따라 각국의 금융리스에 대한 법적·제도적 차이를 극복하기 위해 1988년 私法統一을 위한 국제기구(UNIDROIT)가 중심이 되어 '국제금융리스협약'이 체결되었다. 이 협약은 금융리스를 운용리스로부터 구별하여 금융리스에 독자적인 규범체계를 마련하는데 그 목적을 두고 있는데, 특히 금융리스에 의해 창설되는 특유한 3면적인 법률관계를 명확히 하고 있어, 국내리스에 관한 법률문제의 해석에도 좋은 지침이 되고 있다.

제 2 리스去來의 構造

1. 金融리스의 特徵

금융리스는 리스이용자(차주)·리스회사(대주) 및 리스물건의 공급자라는 3당사자간에 체결되는, 리스물건의 공급계약 및 리스계약으로 성립되는 거래이다. 즉 리스거래는 리스계약과 공급계약이라는 두 개의 분리된 계약이 아니고 상호 의존적인 두개의 합의로 이루어진 하나의 복합적인 거래이다. 리스회사는 리스물건의 소유자로서 이를 임대하는 자가 아니고 금융의 제공자로서 담보의 목적을 위해 형식적·법적인 소유권을 보유하는 자에 불과한 반면, 리스이용자는 리스물건의 구매나 이용 등 리스거래의 중심적인 역할을 담당하는 실질적인 소유자인 것이 현실이다. 따라서 이를 적절하게 규율하기 위해서는 리스거래의 금융적 측면에 초점을 맞추어 이를 하나의 복합적인 3당사자간 거래로 파악해야 할 것이다. 이렇게 함으로써 종래 리스에 대해 임대차에 관한 규정을 적용함으로써 해결하지 못하였던 공급자의 계약위반에 대한 리스이용자의 直接請求權을 인정할 수 있게 되는 것이다(서헌제,「통상문제와 법」, 570).

리스거래는 리스계약과 공급계약이라는 상호의존적인 두 개의 합의로 이루어진 하나의 복합적인 거래이다.

■ 리스거래의 구조

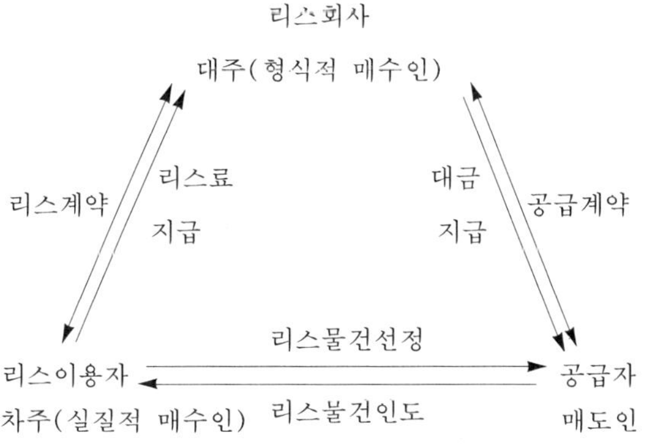

2. 리스契約의 法的 性質

[사례Ⅴ-2-1: 리스계약]

광고대행업체를 경영하는 X와 렌탈회사인 Y는, X의 업무에 필요한 컴퓨터 장비를 Y가 수입대행업체인 A로부터 구입한 다음, 이를 Y로부터 렌탈하기로 하는 계약을 체결하였다. X는 A로부터 컴퓨터 장비를 인수한 후 Y에게 물건의 인수인도 확인서를 발급하였으며, 렌탈료 납입 보증을 위해 자신의 부동산에 근저당권 설정등기를 하였다. X·Y간에 체결된 렌탈계약서에는 첫째, X가 물건 인수인도 확인서 발급시에는 물건의 상태 및 성능이 정상적인 것으로 간주하기 때문에 그 상품성 또는 사용목적에의 적합성에 대하여는 Y가 책임지지 않으며 둘째, 물건의 유지·보수는 X의 책임과 비용부담으로 하되 천재지변 기타 이유 여하를 막론하고 사실상 물건을 인수한 때로부터 반환시까지 발생한 물건의 멸실·훼손에 대한 모든 책임은 X가 부담하고 셋째, 계약기간 중 X의 계약해지권을 유보하되 만일 해지시에는 X는 약정된 렌탈료 총액에서 기 지급분을 공제한 금액을 Y에게 지급하며 넷째, 렌탈기간 종료시에는 X의 선택에 따라 물건을 반환하거나 또는 약정 양도금액을 Y에게 지급하고 물건을 인수할 수 있으며 다섯째, 렌탈기간은 60개월로 정하였다. X가 A로부터 인수한 컴퓨터 장비에 하자가 있어 X는 렌탈계약을 해지하고 Y에게 보증금반환을 청구하였다. Y는 계약상의 조항을 내세워 이를 거절하고 잔여 렌탈료의 일시지급과 물건의 컴퓨터 장비의 인도를 청구할 수 있는가? (대판 1996.8.23, 95다51915 참조)

(1) 비전형계약

리스계약의 법적 성질에 관한 논의는 주로 [사례V-2-1]과 같이 리스회사(Y)가 리스물건의 하자로 인한 담보책임을 리스이용자(X)에게 부담하는가 하는 점과 관련된다.

리스계약을 민법상 임대차계약으로 보는 견해이다.

1) 임대차계약설 　리스회사가 리스이용자에게 일정한 물건을 유상으로 사용·수익하게 한다는 점에서 리스계약은 賃貸借契約이라고 한다(최기 395). 다만 순수한 민법상의 임대차계약과는 다른 특수한 임대차계약으로 보는 견해가 대부분이다. 이에 따르면 리스계약에는 민법상의 임대차계약에 관한 규정(民 627)이 적용되므로 목적물의 하자담보책임면책에 관한 리스계약상의 조항은 무효로 된다. 그러므로 [사례Ⅴ-2-1]에서 리스물건의 하자를 이유로 하는 리스이용자(X)의 계약해지는 타당하다.

2) 비전형계약설 리스거래의 경제적 실질을 중시하여 리스계약은 민법의 임대차와는 다른 특수한 非典型契約이라고 보는 견해이다(정동(총) 669). 그러므로 임차인 보호를 위한 민법 임대차에 관한 강행규정은 리스계약에는 적용되지 않는다고 본다. 금융리스가 3당사자간의 복합적인 거래라는 본질에 적합한 견해라고 생각한다.

리스거래의 경제적 실질을 중시하는 견해이다.

3) 판 례 대판 1996.8.23, 95다51915는 [사례 V-2-1]에서 "시설대여(리스)는 시설대여 회사가 대여시설 이용자가 선정한 특정 물건을 새로이 취득하거나 대여받아 그 물건에 대한 직접적인 유지·관리책임을 지지 아니하면서 대여시설 이용자에게 일정기간 사용하게 하고 그 기간 종료 후에 물건의 처분에 관하여는 당사자간의 약정으로 정하는 계약으로서, 형식에서는 임대차계약과 유사하나, 그 실질은 대여시설을 취득하는데 소요되는 자금에 관한 금융의 편의를 제공하는 것을 본질적인 내용으로 하는 물적 금융이고 임대차계약과는 여러 가지 다른 특질이 있기 때문에 이에 대하여는 민법의 임대차에 관한 규정이 바로 적용되지 아니한다"라고 판시하여 비전형계약설에 입각하고 있다(同 대판 1990.5.11, 89다카17065; 1986.8.19, 84다카503·504; 1994.11.8, 94다23388; 1997.10.24, 97다27107; 1997.11.28, 97다26098).

판례는 리스계약의 실질에 주목하여 비전형계약설에 입각하고 있다.

(2) 낙성계약

리스계약은 諾成契約이다. 그러므로 이용자가 리스물건수령증을 리스회사에 발급한 이상 현실적으로 리스물건이 인도되기 전이라도 리스기간이 개시된다(대판 1991.12.10, 90다19114; 1997.10.24, 97다27107).

낙성계약이다.

제 3 리스去來의 法律關係

리스거래에서는 리스이용자와 리스회사 및 공급자간의 3면적인 법률관계가 형성되며, 이 중에서 리스이용자와 리스회사간의 법률관계가 중심을 이룬다.

1. 리스利用者와 리스會社간의 法律關係

리스회사는 리스이용자에 대해 리스료지급청구권·기간만료시 리스물건 반환청구권·입회청구권·재정보고징수권을 가지는 반면 리스물건의 인도의무·인도지체 등에 따른 책임·평온한 점유의 보장의무 등을 부담한다.

한편 리스이용자는 리스회사에 대해 리스물건의 사용수익권·계약갱신권 또는 구매선택권 등의 권리와 리스물건의 수령과 수검의무·리스료지급의무·리스물건의 보관의무·통지 및 보고의무·표지부착의무·리스물건반환의무 등을 부담한다.

(1) 리스물건에 관한 리스회사의 권리 확보

리스물건에 관한 소유권과 이용권의 분리현상 때문에 리스물건에 관한 리스회사의 권리 확보가 중요하다.

리스의 법리에서 핵심적인 사항은 리스물건에 관한 소유권과 이용권의 분리현상이다. 이때 가장 문제되는 것이 리스이용자의 부당한 처분이나 리스이용자의 채권자에 의한 강제집행 등으로부터 리스회사의 권리를 어떻게 보호하며 또 리스회사가 대항할 수 있는 범위를 어떻게 정할 것인가 하는 점이다. 이에 대비하여 보통 리스契約에는 리스회사의 소유권을 명시하는 표지를 리스물건상에 부착하도록 하고, 리스회사 이외의 자는 이 표지를 제거하지 못하도록 하였다(與金 36).

(2) 리스물건 하자에 관한 리스회사의 면책

금융제공자의 역할만 하는 리스회사의 특성상 리스계약에 리스물건하자에 관해서 리스회사의 면책조항을 두는 것이 보통이다.

1) 의 의　　리스거래에서 리스회사는 순전히 금융제공자로서의 역할만하기 때문에 리스물건에 관한 전문적인 지식이 없어 그 선택에 관여하지 않을 뿐 아니라 리스물건의 인도시에 이를 점검할 기회도 가지지 않는 것이 보통이다. 이에 따라 리스물건상의 하자 또는 결함에 대하여 리스회사에게 책임을 지우는 것이 타당하지 않기 때문에 리스계약에는 [사례 V-2-1]에서 보듯이 리스물건에 대한 리스회사의 免責을 정하는 조항을 두게 된다.

약관규제에관한법률과 관련해서 리스회사의 하자담보책임배제 조항의 유효성이 문제된다.

2) 유효성　　이러한 리스회사의 하자담보책임배제가 사업자에게 일방적으로 유리한 조항으로서 무효가 아닌가 하는 의문이 제기된다. 이에 대해 대판 1996.8.23, 95다51915는 "시설대여계약서상 시설대여 회사(Y)가 물건 인도시 물건이 정상적인 성능을 갖추고 있는 것을 담보하도록 되어 있으나, 다만 대여시설 이용자(X)가 물건 인도인수확인서를 발급하였을 때는 물건의 상태 및 성능이 정상적인 것을 확인한 것으로 간주한다고 되어 있는 경우, 시설대여계약은 그 실질이 대여시설의 취득자금에 관한 금융의 편의 제공에 있음에 비추어 시설대여 회사의 담보책임은 대여시설이 공급자(A)로부터 이용자(X)에게 인도될 당시에서의 대여 시설의 성능이 정상적임을 담보하되, 이용자가 별다른 이의없이 리스물건 인도인수확인서를 발급하면 시설대여 회사(Y)의 하자담보의무는 충족된 것으로 보는 범위 내에서의 책임이라고 봄이 상당하다. 시설대여계약은 법적 성격이 비전형계약으로서 민법의 임대차에 관한 규정이 적용되지 아니하는 점 및 시설대여 제도의 본질적

요청(금융적 성격) 등에 비추어, 시설대여 회사(Y)의 하자담보책임을 제한하는 약정조항은 약관규제에관한법률 제7조 제2호, 제3호에 해당하지 아니한다"고 판시하였다.

(3) 리스물건의 수령과 수검

리스물건은 공급자로부터 직접 리스이용자에게 인도되므로, 리스이용자는 이를 수령한 뒤 지체없이 검수하고 리스회사에 借受證(물건수령증)을 교부해야 한다. 리스회사는 차수증의 교부로써 리스물건의 인도와 그 상태를 확인하고 공급자에게 대금을 지급하게 되는 것이다.

리스물건 수령 후 차수증을 교부하며, 이로써 리스기간이 개시된다.

그러므로 이용자가 차수증을 리스회사에 발급한 이상 현실적으로 리스물건이 인도되기 전이라도 리스기간이 개시되어 리스료지급의무가 발생한다(대판 1991.12.10, 90다19114; 1997.10.24, 97다27107). 그러나 리스이용자의 채무불이행으로 인한 손해 보상을 위한 보증보험계약의 해석에 있어서는 그러하지 아니하다(대판 1995.5.12, 94다2862 · 2879; 1995.7.14, 94다10511; 1995.9.29, 93다3417).

(4) 리스물건의 유지 · 관리

리스의 형식적인 소유권은 리스회사에 있지만 그 실질적인 점유와 이용은 리스이용자에게 있으므로 리스이용자는 리스물건을 유지 · 관리할 의무가 있다. 그러므로 리스계약에서는 [사례 V-2-1]에서 보는 바와 같이 리스이용자에게 적절한 주의로 리스물건을 관리 · 사용하며, 자연소모와 당사자의 합의하에 리스물건을 변경한 경우를 제외하고는, 인도시의 상태대로 리스물건를 유지하고 계약종료시 리스회사에게 반환하도록 규정한다.

리스이용자에게 유지 · 관리 의무가 있다.

(5) 리스이용자의 의무위반에 대한 조치

리스이용자가 리스료의 지급해태나 리스물건의 관리 등에 관한 의무를 위반하는 경우 리스회사에 계약해지권이나 期限利益喪失 등의 구제수단이 부여된다. 즉 [사례 V-2-1]에서 보는 바와 같이 리스이용자의 채무불이행에 대해서는 지연이자 및 손해배상청구외에 장래 리스료의 일시지급을 청구와 함께 계약해지권 및 계약해지후 리스물건의 반환청구를 인정한다. 손해배상의 액에 대하여는 리스계약에서 그 산정방법을 미리 정하는 경우가 많은데 이를 실무상 規定損失金 또는 줄여서 規損金이라고 부른다. 규손금의 법적 성질은 위험부담 및 손해배상액의 예정이다(서울민지판 1982.4.20. 81가합2642).

리스료 지급해태 등 의무위반시 기한이익상실, 규손금의 지급 등 구제수단이 인정된다.

2. 리스利用者와 供給者間의 法律關係

(1) 공급자에 대한 직접청구

리스거래는 하나의 3면적 거래관계이므로 리스이용자의 공급자에 대한 직접청구권이 인정된다.

리스거래에 있어서는 리스물건의 선택은 [사례Ⅴ-2-1]과 같이 供給者(A)와 리스이용자(X)간의 교섭에 의해 정해지며 그가 실질적인 매수인으로서 리스물건을 사용한다. 따라서 공급자로부터 인도된 리스물건이 공급계약의 조건에 적합하지 않고 리스이용자가 손해를 입은 경우에는 그에게 공급자에 대한 직접적인 손해배상청구를 인정하는 것이 타당하다. 그러나 종래에는 리스이용자와 공급자간의 직접적인 계약관계의 존재를 인정하지 않았기 때문에 그 법적 근거를 어디에서 찾을 것인지가 문제되었다. 그러나 앞에서 본 바와 같이 리스거래는 리스회사와 리스이용자 및 공급자간에 하나의 3면적 거래로 볼 수 있기 때문에 리스이용자의 공급자에 대한 직접청구권도 인정될 수 있다(리스협약 10).

(2) 계약해제권 등

리스이용자는 공급계약의 당사자는 아니므로 해제권·취소권을 행사할 수 없다.

리스이용자에게 直接請求權을 인정한다고 하여도 그는 계약당사자가 아니므로 供給契約의 해제권이나 취소권 등 계약당사자의 지위에서만 행사할 수 있는 권리는 리스회사의 동의없이 행사할 수 없다. 리스물건이 계약상의 조건에 맞지 않는 경우에도 리스이용자는 일정요건에 따라 리스契約을 해제할 수 있기 때문에 따로 供給契約을 해제할 권리 등을 인정하지 않아도 별다른 불이익은 없다고 하겠다.

제 3 절 프랜차이즈

제 1 總 說

1. 意 義

프랜차이즈란 프랜차이즈 제공자(加盟事業者, franchisor)가 보유하는 營業標識(商號·商標)를 프랜차이즈 이용자(加盟契約者, franchisee)에게 사용하게 하고, 이용자에 대한 물품의 공급이나 판매 기타 사업경영에 대해 통일적인 방법으로 지도·관리하는 형태의 사업계약을 말한다. 상법은 프랜차이즈를 '상호·상표 등의 사용허락에 의한 영업에 관한 행위'로 규정하여 기본적 상행위에 포함시키고 있다(46. 20).

상호·상품 등 영업표지의 사용허락에 의한 영업

프랜차이즈는 營業標識의 단순한 사용허락을 넘어 구체적인 사업방법까지 제공해 준다는 점에서 營業標識의 이용계약인 라이센스보다는 한단계 발전한 방식이라고 할 수 있다.

2. 經濟的 機能

프랜차이즈는 제공자의 입장에서는 자기가 보유하고 있는 지명도가 높은 영업표지를 최대한 활용하여 큰 자본 투여없이 전국적인 판매망을 구축할 수 있다는 이점이 있고, 이용자의 입장에서는 특정한 사업분야에 대한 전문지식이 없이도 쉽게 사업을 개시할 수 있고 제공자가 가지고 있는 상표·노하우 등을 이용할 수 있어 경쟁상 유리하다고 할 수 있다.

제공자의 입장에서는 큰 자본 투여없이 판매망을 구축할 수 있고, 이용자는 제공자의 저명 상표·노하우를 이용할 수 있다.

프랜차이즈는 20세기 초 미국에서 석유나 자동차회사들의 유통방식으로 채택되었는데 패스트푸드 산업에 이용되면서 본격적으로 발전하기 시작하였다. 최근에 와서는 렌트카·호텔·부동산·여행사 등 서비스분야에도 광범위하게 이용되고 있으며 우리 나라에서도 유통업분야를 중심으로 급격히 확산되고 있다. 현재 국내에는 '맥도날드', '피자헛'과 같은 외식업체를 중심으로 다수의 외국 프랜차이즈가 진출해 있다.

3. 類 型

프랜차이즈는 제공자와 이용자간의 관계에 따라 종속형 프랜차이즈와 조합형프랜차이즈로, 그 목적에 따라 산업프랜차이즈와 서비스프랜차이즈(호텔체인) 또는 유통프랜차이즈와 생산프랜차이즈(부품생산라인)로 각각 구분할 수 있다.

(1) 종속형 프랜차이즈

제공자와 이용자 간의 비대칭성으로 인해 이용자가 제공자의 지휘·통제를 받는 형태

제공자와 이용자간에 경제력이나 기술력 및 노하우에서 비대칭성이 존재하여 이용자가 제공자의 지휘통제를 받는 형태의 프랜차이즈를 말한다. 프랜차이즈에 있어서는 제공자는 자사의 제품이나 서비스의 품질 또는 이미지를 유지하기 위해 이용자에게 판매시스템의 일관성이나 경쟁조건의 통일성을 요구하는 경우가 많기 때문에 대부분의 프랜차이즈는 이 유형에 속한다. 따라서 종속형 프랜차이즈에 있어서는 설비의 제공, 광고와 판촉 및 매출액의 보장 등이 계약의 주된 내용으로 된다.

(2) 조합형 프랜차이즈

제공자와 이용자 간의 상호이용 형태

프랜차이즈 제공자와 이용자가 영업표지를 상호간 이용하기 위해 교환계약을 체결하고 이에 기초하여 공동의 마켓팅 전략을 분업적으로 수행하는 형태의 프랜차이즈이다. 따라서 종속형 프랜차이즈와는 달리 양자간에 지배·종속관계가 없으며 제공자는 상품이나 상표·노하우등의 제공자로서 이용자에 대한 영업상의 지시나 통제를 하지 않는다. 이러한 대표적인 예로는 호텔체인 등이 있다.

제 2 프랜차이즈의 法律關係

프랜차이즈에 있어서는 제공자와 이용자간의 관계, 이용자와 고객간의 관계 및 제공자와 고객간의 관계가 각각 문제된다. 이중에서 프랜차이즈 이용자와 고객간의 관계는 통상적인 매매 또는 시설이용관계이므로 특별히 문제될 것이 없다. 여기에서는 프랜차이즈 제공자와 이용자간의 내부관계 및 프랜차이즈 제공자와 고객(제3자)간의 외부관계에 대해서만 살펴본다.

1. 內部關係

(1) 프랜차이즈 계약

1) 의 의 프랜차이즈 제공자와 이용자간의 내부관계는 양자간에 체결되는 프랜차이즈계약에 의해 정해진다. 이 계약에서는 개개의 상품이나 원재료의 제공·판매에서부터 품질관리, 이용자나 그 사용인에 대한 교육·연수, 상호 및 서비스마크의 사용, 광고 등의 판촉행위, 판매장의 설치나 레이아웃에 이르기까지 다양한 사항을 그 내용으로 한다. 프랜차이즈에 있어서는 영업에 대한 통일성을 유지하는 것이 무엇보다도 중요하기 때문에 프랜차이즈 제공자는 이러한 내용을 포괄하는 約款을 작성하여 사용하는 경우가 많다.

내부관계는 프랜차이즈계약에 의하여 정해지고 프랜차이즈 제공자는 약관을 작성하여 사용하는 경우가 많다.

2) 성 질 계속적 계약으로서 매매·임대차·도급·위임의 요소뿐 아니라 상표 등 영업표지의 사용허락(라이센스)까지 포함된 혼합계약이다(이기(총)579, 정동(총)688, 정찬(상)392).

(2) 제공자의 의무

1) 충실의무 프랜차이즈 제공자는 이용자에 비해 해당사업분야에서 전문적인 지식을 갖춘 우월한 지위에서 이용자의 사업내용을 지도·통제하는 지위에 있고 이용자는 제공자의 사업상의 능력이나 경험에 의존하는 경우가 많기 때문에 고도의 주의의무(충실의무)가 요구된다. 특히 프랜차이즈 영업의 관건이라고 할 수 있는 이용자의 점포에 대한 입지선정이나 종업원들에 대한 교육과 훈련, 점포의 설비와 장식 등의 분야에서 이러한 충실의무를 다해야 한다.

제공자는 우월적 지위에 있으므로 고도의 주의의무가 요구된다.

2) 영업표지의 사용허락의무 프랜차이즈의 목적이 제공자의 널리 알려진 영업표지를 이용하게 하려는 데 있으므로 영업표지의 사용허락은 제공자의 가장 중요한 의무이다. 영업표지의 사용허락은 이용자가 적극적으로 이를 사용할 수 있게 할 의무뿐 아니라 타인이 이를 침해할 경우 그 배제조치를 취하여 이용자에게 피해가 가지 않도록 할 의무까지 포함한다.

적극적 사용 및 침해의 배제조치까지 포함된다.

(3) 이용자의 의무

1) 수인의무 프랜차이즈는 인지도가 높은 제공자의 영업표지를 이용자가 사용하여 고객에게 상품이나 서비스를 제공하는 것이므로 사용자로서는 그 품질을 유지하는데 많은 관심을 가진다. 또 프랜차이즈는 중앙에 소

제공서비스의 품질유지와 균일화를 위해 이

용자는 제공자의 지시를 준수할 의무가 있다.

재한 제공자가 전국 곳곳에 산재한 여러 이용자와 동일한 프랜차이즈계약(체인)을 맺는 것이 보통이므로 이들이 고객에게 제공하는 상품·서비스의 품질을 균일화하는 것도 중요하다. 이를 위해 보통 프랜차이즈 제공자는 모든 이용자에게 상품제조에 소요되는 동일한 원·부자재를 공급하며 표준화된 영업교범에 기해 영업장의 규격과 각종 서비스방식의 통일을 기하기 때문에, 이용자는 제공자가 제시한 영업교범과 지시 등을 준수함으로써 제공자의 이러한 노력에 협조할 의무를 부담한다. 나아가 제공자가 제공한 영업표지나 노하우 등을 보호하고 비밀을 유지할 의무도 부담한다. 프랜차이즈는 당사자간의 신뢰관계를 바탕으로 하는 것이므로 원칙적으로 제공자의 동의가 없는 한 이용자는 그 영업권을 타인에게 양도할 수 없다.

가입금, 보증금, 로열티 등 지급의무를 부담한다.

2) 로열티 지급의무　이용자는 프랜차이즈계약을 체결하면서 제공자에게 가입금·보증금 또는 관리금 명목의 일정금액을 지급하는 것이 보통이다. 또 제공자가 제공하는 여러 서비스에 대한 대가로서 정기적으로 로열티를 지급할 의무도 부담한다. 일반적으로 가입금은 영업표지등의 사용허락에 대한 대가이며, 보증금은 이용자의 제공자에 대한 의무이행의 담보로서 예치하는 금액으로 서로 다르다. 그러나 실제로는 이러한 구분을 하지 않은 채 여러 가지 명목으로 지급되기 때문에 계약관계가 중도에 해소된 경우에 이용자가 돌려 받을 수 있는 범위를 둘러싸고 분쟁의 소지가 크다고 하겠다(임재호, "프랜차이즈계약과 해석원리", 「강위두교수화갑논문집」, 118).

2. 外部關係

일반소비자가 프랜차이즈 이용자를 제공자와 동일한 기업으로 오인하여 거래한 경우의 책임에 대해서는, 다양한 견해가 제시되고 있다.

프랜차이즈에 있어서는 제공자와 이용자는 독립한 상인으로서 별개의 책임 주체이지만 이용자가 제공자의 상호 등 영업표지를 사용함으로써 외부적으로는 단일기업으로 오인될 소지가 충분히 있다. 이에 대한 대비책으로 이용자가 제공자의 직영점 또는 지점과 같은 표시를 하지 못하도록 제한하는 것이 보통이지만 충분하지 않다. 이와 같이 일반소비자(제3자)가 프랜차이즈 이용자를 제공자와 동일한 기업으로 오인하여 거래한 경우 제공자는 제3자에 대해 책임이 있는가, 책임이 있다면 그 법적 근거는 무엇인가 하는 점이 문제된다.

이에 대해서는 양자간에 민법상 조합관계(民 703)에 있다는 견해, 표현대리의 법리(民 125)를 원용하는 견해, 사용자책임(民 756)을 인정하는 견해, 제조물책임(民 750)을 인정하는 견해 및 상법상 名義貸與者의 責任(24)을 인정하는 견해 등 다양하다. 판례는 프랜차이즈 제공자가 상품의 제조자인 경우에 제3자에게 제조물책임을 인정하고 있다(대판 1997.1.25, 75다2092).

제 3 프랜차이즈의 規制

1. 背 景

제공자와 이용자간의 지배종속관계를 시정하기 위해 가맹사업의 불공정거래행위의 기준고시가 시행되고 있다.

프랜차이즈에 있어서는 제공자의 전체적인 사업계획에 따라 통일성을 기할 필요에서 이용자의 영업에 대한 어느 정도의 통제는 불가피하다고 할 수 있다. 그러나 프랜차이즈 사업에 있어서 제공자와 이용자는 그 자금력이나 조직력 및 사업에 대한 정보력에 있어서 이용자가 제공자에게 전적으로 의존하는 등 불균형이 개재한다. 그러므로 제공자는 자신의 이러한 우월적 지위를 이용하여 이용자의 사업활동에 대해 부당한 간섭과 통제를 가하는 경우가 종종발생한다. 이를 방치할 경우 양자간의 지배종속관계를 심화시켜 이용자는 부당한 손해를 입을 뿐 그 피해는 결국 프랜차이즈를 이용하는 일반소비자들에게 전가될 우려가 크다. 이러한 불공정거래를 시정하기 위해 公正去來法의 부속법률로서 '加盟事業公正化에관한法律'이 제정되어 시행되고 있다(2002.5.13, 법률 제6704호).

2. 加盟事業法

필요한 정보의 개시 및 불공정거래 판단시 프랜차이즈의 특성을 반영하도록 하였다.

가맹사업법에서는 프랜차이즈거래가 가지는 통제적이고 계속적인 특성을 고려하여 가맹여부의 판단에 필요한 정보 및 자료가 계약전에 충분히 공개되도록 하고, 불공정거래행위의 판단시 프랜차이즈의 특성을 반영하는 합리적인 규제를 하는 것을 기본원칙으로 하고 있다. 이 법에서는 불공정거래행위의 유형을 크게 i) 거래거절, ii) 구속조건부거래, iii) 거래상 지위의 남용 및 iv) 기타 불공정거래행위로 나누어 규정하고 있다(同法 12, 시행령 별표 2).

제4절 팩 토 링

제1 總 說

1. 意 義

외상매출채권을 양도하여 현금화하고 팩토링회사가 대신 추심하는 영업이다.

팩토링은 기업이 영업상 발생하는 외상매출채권을 팩토링회사에 양도하여 그 대금을 즉시 현금화하고, 이를 양수받은 팩토링회사가 거래기업을 대신하여 채권을 추심하는 것을 말한다. 즉 팩토링영업은 '외상매출채권매입업'으로서 팩토링회사가 거래기업의 영업활동 결과 발생하는 현재 및 장래의 외상매출채권을 매입함으로써 거래기업에 금융을 제공함과 아울러, 채권관리 및 회수 · 채무자의 신용조사 · 신용위험인수 · 사무관리대행 등 부수적 서비스를 제공하는 종합금융의 일종을 말한다(정동(총)699~702, 이철489, 이기(총)587).

상법은 팩토링을 '영업상 채권의 매수 · 회수 등에 관한 행위'로 규정하여(46. 21) 기본적 상행위의 하나로 열거하고 있으며, 與信專門金融業法은 '기업이 물품 및 용역의 제공에 의하여 취득한 매출채권의 양수 · 관리 · 회수업무'로 규정하고 있다(동법46 ①6).

2. 經濟的 機能

(1) 기업매출채권의 처리

팩토링은 기업이 보유하는 외상매출채권을 즉시 현금화함으로써 기업의 자금난 해소에 도움을 준다.

기업은 다른 기업이나 소비자에게 상품을 신용으로 판매하고 외상매출채권을 보유하게 되는 경우가 많다. 특히 자동차 · 가전제품 등 내구소비재의 할부판매 증가에 따라 외상매출채권의 규모는 커지게 된다. 그러나 이러한 외상매출채권을 변제기를 기다려 회수해야만 한다면 매출기업으로서는 그동안 생산과 판매에 투입된 막대한 자금이 묶이게 되는 어려움에 직면하게 된다. 특히 중소하청기업의 대기업에 대한 납품대금채권의 경우에는 하루 빨리 이를 현금화하지 않으면 자금력이 약한 중소기업으로서는 견딜 수 없게 된다.

이러한 경제적 수요에 따라 금융기관들은 그 고객인 거래기업이 가지고 있는 매출채권을 양수함으로써 외상채권의 현금화를 도와주고, 거래기업을 대신하여 이를 관리하고 추심하여 원금과 수수료에 충당하는 영업에 나서게 된 것이다. 팩토링은 처음에는 양수받은 채권이 지급되지 않을 경우에 양도한 거래기업에 그 상환을 요구하는 방식(不眞正 팩토링)으로 운용되었으나, 이럴 경우 기업의 자금난해소에 도움이 되지 않기 때문에 현재에는 상환하지 않는 조건(without recourse)으로 채권을 양수하는 형태(眞正 팩토링)가 주로 이용된다. 이 경우 채권회수에 대한 위험이 팩토링회사에 전가되기 때문에 할인료는 그만큼 높아지게 된다.

(2) 진성어음의 대체수단

우리 나라의 기업간 매출채권의 주된 결제수단은 약속어음(眞性 어음)이다. 그러나 대기업의 하도급기업에 대한 납품대금의 어음 결제는 만기가 120일에서 심한 경우 180일까지 이르고 그나마도 어음발행기업이 부도가 나는 경우에는 그 회수가 막막하다. 그리하여 대기업의 부도시 하청기업의 연쇄도산이 발생하는 것은 이러한 후진적인 어음수수관행 때문이다(서헌제, 「사례중심체제 어음·手標法」, 48).

팩토링은 기업간 매출채권의 주된 결제수단인 약속어음의 대체수단으로 이용된다.

그러나 금융기법이 발달한 선진국에서는 기업매출채권의 결제수단으로서 어음의 이용은 이제는 거의 사라지고 그 대체수단으로서 팩토링이 발달하였다. 그런데 채권 양도를 주된 영업으로 하는 팩토링업이 확립되기 위해서는 채권양도의 공시수단이 확보되지 않으면 안 되기 때문에 현행법상의 채권양도에 대한 불완전한 공시방법을 하루 빨리 보완할 필요가 있다.

(3) 영업현황

팩토링업은 1980년에 종합금융회사가 처음으로 취급하였으며 그 후 단기금융회사·은행 등에서 이 업무를 수행하고 있다. 1992년부터는 상법에 의해 설립된 회사들은 모두 팩토링영업을 할 수 있게 됨으로써 전면적으로 자유화되었다. 이에 따라 종래 사채업자들이 대거 팩토링회사를 설립하여 영업에 나서게 됨으로써 금융부실화의 원인이 되기도 하였다.

3. 法的 規律

(1) 국내적 규율

상법에는 팩토링을 기본적 상행위의 하나로 포함시켰을 뿐 그 내용에 관한 규정을 두지 않고 있다. 그러므로 채권양도에 관한 민법의 규정이 기

채권양도에 관한 민법규정이

적용된다.

본적으로 적용되지만 앞에서 설명한 대로 현행규정은 미비점이 많으므로 실무에서는 이를 보완하는 약관을 제정하여 사용하고 있다.

(2) 국제적 규율

UNIDROIT는 팩토링 협약을 제정하였다.

팩토링이 국제무역에 활용되면서 팩토링에 관한 세계적인 통일규칙의 마련이 필요하게 되자 私法統一을 위한 국제기구(UNIDROIT)의 주도로 1988년에 '국제팩토링에관한협약'을 채택하였다. 이 협약에서는 팩토링거래에 관여하는 세 당사자인 팩토링회사(팩터)와 거래기업(공급자) 및 채무자간의 권리와 의무에 대한 전반적인 사항을 규율하고 있는데, 국내 팩토링거래에 대한 해석의 기준으로 활용될 수 있을 것이다.

제 2 팩토링契約

1. 契約의 當事者

팩토링거래의 3당사자는 팩토링회사, 거래기업, 채무자이다.

팩토링거래는 팩토링회사와 거래기업 및 채무자의 3당사자간에 이루어진다. 팩토링회사는 거래기업으로부터 매출채권을 매입함으로써 실질적으로는 금융을 제공하고, 채권의 변제기에 채무자로부터 채권을 추심받아 이를 변제에 충당한다. 거래기업은 채무자에게 외상으로 물건을 판매한 후 보유하는 매출채권을 팩토링회사에 매각하는 자이다. 채무자는 거래기업으로부터 외상으로 물건을 매수하거나 용역을 제공받은 자로서 거래기업에 대한 채무를 팩토링회사에 지급할 의무를 부담한다.

■ 팩토링 거래의 구조

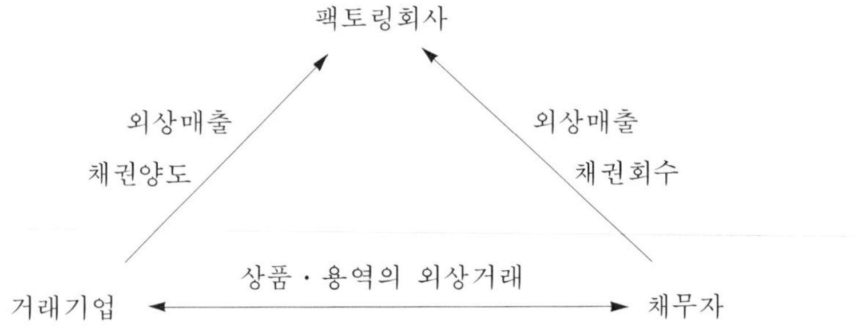

2. 基本契約과 債權讓渡

팩토링거래에 있어서는 팩토링회사와 거래기업간에 기본계약으로서의 팩토링계약이 체결되고 이 계약에 기해 거래기업에 발생하는 개별적 채권이 팩토링회사에 양도된다.

(1) 기본계약

1) 의 의 팩토링계약은 일정기간에 걸쳐 팩토링회사가 거래기업이 취득하는 외상매출채권을 양수하기로 하는 내용의 계속적 계약이다. 양도의 대상이 되는 채권은 이미 발생한 채권도 있지만 장래채권도 포함된다. 또 기본계약에서는 채권양도 이외에 팩토링회사가 거래기업에 제공하는 채무자의 신용조사·신용위험인수와 같은 여러 부수적인 서비스에 관한 내용도 포함한다.

일정기간 외상매출채권을 매입하기로 하는 계속적 계약이다.

2) 성 질 이와 같이 팩토링계약에서는 팩토링회사가 거래기업을 위해 여러 서비스를 제공하게 되므로 그 법적 성질은 위임이라고 하겠다. 다만 팩토링회사가 거래상인을 위해 선급금융을 제공할 경우에는 소비대차의 요소가 혼합된 특수계약이 된다.

위임이지만 소비대차가 혼합된 특수계약인 경우도 있다.

(2) 개별적 채권양도

1) 의 의 기본계약의 이행으로서 거래기업이 외상매출로 인해 취득한 채권이 팩토링회사에 양도된다. 이는 指名債權의 讓渡에 해당하는 바 그 대항요건으로서 채무자에게 통지하거나 채무자의 승낙을 요하는데(民 450), 그 때마다 이를 충족시키는 것이 불편하기 때문에 거래기업은 채무자에게 외상매출시 미리 양도에 대한 승낙을 받아 놓는 것이 보통이다.

지명채권의 양도로서 미리 양도승낙을 받는다.

2) 성 질 거래기업의 팩토링회사에 대한 채권양도의 법적 성질에 대해서는 크게 債權賣買說과 消費貸借說로 나뉘어지고 있다. 그러나 모든 팩토링을 일률적으로 설명하는 것은 부적절하므로 眞正팩토링과 不眞正팩토링으로 나누어 보아야 한다. 즉 양도된 채권에 대한 회수가 불가능할 경우 팩토링회사가 거래기업에 대해 償還請求權을 행사할 수 있는 권리를 유보하는 형태의 부진정 팩토링은 소비대차로 보아야 할 것이며, 그렇지 않은 진정팩토링은 채권매매로 보는 것이 타당하다고 본다(정동(총)705~706, 이기(총)592~593, 최기455, 이은영, 「채권각론」275). 왜냐하면 진정 팩토링에 있어서는 채권회수에 대한 위험을 전적으로 팩토링회사가 부담하기 때문에 팩토링회사와 거래기업간에 채권매매 이

진정팩토링은 채권매매로 보고 부진정팩토링은 소비대차로 본다.

외에 그 원인행위로서의 소비대차가 존재할 수 없기 때문이다. 이는 마치 어음할인의 법적 성질을 어음의 매매로 보는 것과 같은 이치이다.

제 3 팩토링去來의 法律關係

팩토링去來는 팩토링회사와 거래기업 및 채무자간의 3면적인 거래로서 이루어지는데, 팩토링회사와 거래기업간에는 채권양도에 관련된 법적 문제들이 있으며 팩토링 회사와 채무자간에는 채무자의 항변이 문제된다. 거래기업과 채무자간의 관계는 통상적인 매매 또는 용역공급관계이므로 별도로 문제되는 점은 없다.

1. 팩토링會社와 去來企業間의 關係: 債權讓渡

팩토링회사와 거래기업간의 관계는 이들간에 체결된 팩토링계약에 의해 정해지는데, 특히 채권양도와 관련해서 채권양도의 통지, 장래채권의 양도성 및 양도금지특약부 채권의 양도 등이 문제된다.

(1) 채권양도의 통지

민법상 채권양도 규정만으로는 이중양도, 선의취득 등에 문제점이 있다.

指名債權의 讓渡는 양도인이 채무자에게 통지하거나 채무자가 승락하지 않으면 채무자, 기타 제3자에게 채권양도의 사실을 대항할 수 없으며 양도인의 통지나 승락은 確定日字 있는 證書에 의하지 아니하면 채무자 이외의 제3자에게 대항하지 못한다(民 450). 이와 같이 현행 규정상 양도인에게만 讓渡通知權이 부여되기 때문에 양수인은 양도인의 이중양도에 대해 속수무책일 뿐 아니라 채무자에게 善意辨濟가 인정되지 않는 등 많은 문제점이 있다.

이러한 미비점을 보완하기 위해 1988년 팩토링協約은 양도인인 거래기업(공급자)의 양도통지뿐 아니라 양수인인 팩토링회사의 양도통지도, 양도대상채권 및 양수인과 양도인을 상당한 정도로 특정하는 등 일정한 요건을 갖춘 경우에는 유효한 것으로 인정하고 있는데, 우리법의 운용에 좋은 참고가 된다(팩토링협약 8①).

(2) 장래채권의 양도

장래채권의 양도는 반사회성

팩토링에 있어서 양도대상인 채권에는 현재의 채권뿐 아니라 장래채권도 포함된다. 將來債權은 양도시에는 아직 성립요건이 완전히 갖추어져 있지 않으나 장래에 그것이 갖추어지리라고 예상되는 채권을 말한다. 민법에서는 장래채권의 양도에 대해 아무런 정함이 없기 때문에 그 인정여부가 문제된다(民428②). 그러나 契約自由의 原則에 비추어 볼 때 장래채권의 양도성은 반사회성을 띄지 않는 한 명문의 규정이 없다는 이유로 부인할 필요는 없다는 것이 통설·판례의 입장이다(정찬(상)388, 서민「채권양도에 관한 연구」78; 대판 1969.12.13, 69다1745).

없는 한 인정된다(통설·판례).

(3) 양도금지특약부 채권의 양도

讓渡禁止特約附 채권이 팩토링거래의 대상이 되는 경우가 많은데, 이는 당사자간의 약정으로 특정 채권의 양도를 금지할 수 있도록 한 규정(民449②)에 저촉된다. 이를 해결하기 위해 실무에서는 팩토링회사가 거래기업의 대리인 자격으로 채무자로부터 외상대금을 수령하여 변제에 충당하든가 아니면 팩토링회사가 거래기업으로부터 외상매출채권이 아닌 상품 자체를 매입하는 형식을 취하고 거래기업의 명의로 팩토링회사의 계산으로 판매하게 하는 등 우회적인 방법이 사용된다.

양도금지특약부 채권의 양도는 현행법의 규정에 저촉되므로 우회적 방법이 사용되고 있다.

그러나 이러한 방법은 불편할 뿐 아니라 법적인 안정성을 기대할 수 없기 때문에 궁극적으로는 양도금지특약부 채권양도가 유효하도록 법을 개정할 필요가 있다. 참고로 1988년 팩토링협약은 이를 원칙적으로 유효한 것으로 규정하고 있다(팩토링협약 6①).

2. 팩토링會社와 債務者間의 關係: 債務者의 抗辯

(1) 채무자의 선의변제

팩토링회사의 채권양도통지가 그 요건을 갖추면 양도는 채무자에 대해 효력이 있기 때문에 채무자에게는 善意支給免責이 인정된다(팩토링협약 8②). 즉 채무자는 양수인이 진정한 권리자인 여부를 조사할 의무가 없고 만일 진정한 권리자가 아닌 자에게 지급한 경우에도 이중지급의무가 없다.

선의지급의 면책이 인정된다.

(2) 채무자의 항변권

채권양도에 있어서 채무자는 양도통지를 받은 시점까지 양도인에게 대항할 수 있는 사유로 양수인에게 대항할 수 있다(民451②). 그러나 이를 무제한 허용할 경우 팩토링회사는 예측하지 못한 항변으로 대항 받을 위험이 있다. 따라서 팩토링회사는 거래기업으로부터 채무자가 채권양도를 이의없이 승락하였다는 취지의 특정일자 있는 서면을 미리 받아두고 있으므로 팩토링회사가 이러한 항변으로 대항 받는 일은 실제로 발생하지 아니한다(정동(총) 709~710,

항변권 주장에 대한 대비책으로 항변포기서면을 미리 받아둔다.

정찬(상)389).

(3) 채무자의 반환청구권

채무자는 매매계약 상의 사유로 대항할 수 없다.

팩토링회사와 거래기업간의 팩토링관계와 거래기업과 채무자간의 매매관계는 별개이므로 채무자가 매매계약상의 사유로써 팩토링회사에 대항할 수 없다. 따라서 채무자는 물품매매계약의 불이행 등을 이유로 팩토링회사에 지급한 채무금액의 반환을 청구할 수 없다(팩토링협약 10①). 다만 팩토링회사가 거래기업에 매입채권에 대한 대가를 지급하지 않았거나 거래기업에 계약불이행 등의 사유가 있었다는 것을 알고서 지급한 경우에는 매매대금의 반환을 청구할 수 있다고 보아야 한다(팩토링협약 10②).

제 3 편

會 社 法

제 3 편　회사(제169조～637조)는 우선, 회사의 개념과 종류를 정하고 회사의 성립시기나 해산명령과 같은 모든 회사의 공통적인 문제에 대하여 규정하고 있다. 이어 합명회사·합자회사·주식회사·유한회사별로 설립으로부터 존속·해산·청산에 의한 소멸에 이르기까지 여러 단계에 있어서 회사와 그 구성원인 사원을 둘러싼 법률관계를 규정하고 있다.

이 편에서는 상법의 편제에 따른 서술을 지양하고, 주식회사를 중심으로 설립, 사원(주주·주식), 기관, 재무(자금조달·계산), 구조개편과 소멸의 순으로 체계를 세웠다. 이는 주식회사 이외의 회사들은 그 실제적인 중요성이 그다지 크지 않으므로 마지막 장에서 한꺼번에 다루는 것이 거래현실에 부합한다고 본 때문이다.

제 1 장
會社法 總論

개　요

회사는 기업경영에 필요한 자금조달과 인력의 보완 및 위험의 분산이라는 요청에 가장 잘 부합하는 기업형태이다. 이에 따라 회사는 우리 경제의 핵심적인 주체로서 중요성을 지니고 있는 반면 그 남용도 심각한 실정이다.

이 장에서는 우선 모든 회사를 營利, 社團, 法人으로 정의하는 상법 규정의 의미를 살펴본 다음, 법인인 회사의 권리능력과 불법행위능력을 알아본다. 그리고 회사제도의 법적 기초가 되는 회사법의 의미와 특성 및 그 개정추이를 설명한다.

주요 내용

o 회사제도의 기능 — 자본과 노동의 결합, 위험분산, 기업유지
o 회사제도의 남용 — 법인격, 유한책임, 주식회사의 남용
o 회사의 영리성과 상인자격
o 회사의 사단성 — 인적회사, 주식회사, 1인회사
o 회사의 법인성 — 법인격 부인
o 회사의 권리능력 — 성질, 법령, 목적에 의한 제한
o 회사의 불법행위능력과 범죄능력
o 회사법 — 실질적 의의, 형식적 의의
o 회사법의 개정 — 1984년, 1995년, 1998년, 1999년, 2001년 개정

제 1 절 會社制度

제 1 會社의 經濟的 機能

1. 企業經營의 形態

출자자의 수에 따라 기업경영의 형태가 나뉘어진다.

企業은 出資者의 수에 따라 個人企業과 共同企業으로 나누어진다. 개인기업은 개인이 출자하여 경영하고 그 이익을 모두 차지하는 동시에 그 손실도 전부 부담하는 원시적이고 기초적인 기업형태이다. 이에 대해 공동기업은 다수인이 공동으로 출자하고 경영하여 그 이익과 위험을 나누어 가지는 경영형태로써 會社企業이 그 대표적인 형태이다. 그러나 그외에도 수인의 개인기업자가 공동으로 사업을 영위하는 民法上의 組合(民703~724), 이를 약간 합리화하여 해상기업에만 이용되는 船舶共有(753~764), 공동출자자의 일부가 기업이윤의 분배를 받는 것을 목적으로 하여 기업자에게 익명으로 출자하는 匿名組合(78~86) 등이 있다(윤석현, "새로운 기업유형의 도입에 관한 연구", 「상사법연구」(2005), 115).

공동기업의 대표적인 형태인 회사기업은 법인격을 가진다.

공동기업의 가장 대표적인 형태는 會社企業이다. 회사 이외의 다른 공동기업은 法人格을 가지지 않기 때문에 구성원인 기업가 개인의 대외적 신용이나 구성원 상호간의 신뢰관계에 의존하는 바가 크고, 따라서 기업의 유지나 영속성을 확보하기 어렵다. 이에 비해 회사기업은 다음에서 보는 바와 같이 그 종류 여하를 불문하고 法人格을 가지고(171①), 이를 구성하는 개인으로부터 독립한 존재이기 때문에 공동기업의 특징이 가장 잘 실현될 수 있는 형태이다.

2. 會社制度의 機能

회사제도는 i) 자본과 노동력을 결합, ii) 기업에서 발생하는 위험을 분산, iii) 기업을

會社制度는 다수인이 공동출자를 함으로써 이루어지는 공동기업의 전형적인 형태이다. 그 경제적인 기능은 주로 資本과 勞力을 결합하고 企業危險을 분산함으로써 개인으로서는 불가능한 대규모 기업경영을 가능하게 하는 것이다.

(1) 자본과 경영의 결합

기업경영은 개인 혼자의 힘으로도 가능하지만 개인의 능력은 자본의 면에 있어서나 노력의 면에 있어서 한계가 있으므로 기업 규모가 커지게 되면 그 경영에 필요한 자본과 노력에 대한 타인의 협력이 요구되지 않을 수 없다. 이 경우 필요한 자본이나 노력을 소비대차나 고용계약에 의해 보충할 수도 있지만 이렇게 되면 기업주는 경영실적 여하에 불구하고 일정한 이자와 보수를 지급할 부담을 안게 된다. 그러나 상대방을 共同企業者로서 참여시키게 되면 기업활동의 협력을 얻게 되는 동시에 그 손익에도 참가시킴으로서 경영위험을 분산시킬 수 있게 되는 이점이 있다. 이것이 기업의 경영형태가 점차 개인기업에서 공동기업으로 이전되는 이유이다. 會社制度를 이용한 자본의 결합기능은 株式이라는 소액의 출자단위에 의해 일반투자자의 영세자본을 기업자본으로 흡수할 수 있게 하는 株式會社에서 가장 잘 구현되고 있다.

유지하는데 그 기능이 있다.

(2) 위험의 분산

會社制度는 기업에 발생하는 위험을 다수인에게 분산시키는 기능을 한다. 기업경영은 많은 위험을 안고 있지만 會社의 구성원인 社員의 수가 많게 되면 이러한 위험이 분산되어 개인의 부담은 완화된다. 나아가 회사와 사원의 분리가 진전되어 회사채무는 회사만 그 책임을 부담하고 사원은 이에 대해 어떠한 책임도 부담하지 않는 社員有限責任의 原則이 채택되면, 사원이 부담하는 위험은 매우 제한된다. 株式會社나 有限會社의 이용률이 높은 것은 이러한 이점 때문이다. 이러한 危險의 분산 또는 제한에 의해 위험성이 높은 사업도 회사제도를 이용하여 영위할 수 있게 되고, 이는 결국 기업정신의 활성화를 불러와 국민 경제적으로도 큰 역할을 수행하게 되는 것이다.

사원의 수에 따른 위험의 분산과 회사와 사원의 분리를 전제한 사원유한책임의 원칙

(3) 기업의 유지

個人企業에 있어서는 기업주의 개인적 사정이 직접적으로 기업의 존속에 영향을 미치지만 會社企業에 있어서는 社員의 개인적인 사정은 간접적인 영향을 줄 뿐이다. 기업에 法人格이 부여됨으로써 회사의 법적 독립성이 확립되고 또 사원수가 증대하여 기업의 소유와 경영의 분리가 진전되면 이러한 경향은 더욱 더 두드러진다.

기업에 법인격 부여 및 소유와 경영의 분리를 통한 기업의 유지

제2 會社制度의 發展

근대적인 형태의 會社制度는 資本主義와 기원을 같이 하고 자본주의의 발전에 대응하여 정비되어 온 것은 물론이지만, 그 구체적인 기원과 발전에 관하여는 다음과 같은 여러 견해가 주장되고 있다.

1. 學 說

(1) 기원에 대한 학설

합명회사와 주식회사의 병행적 발전

1) 병행설 合名會社와 株式會社가 병행적으로 발전하였다는 견해이다. 이는 중세의 당좌조합 중에 2종의 결합형태를 구분하여, 하나는 상인의 상호적 결합체인 공동기업에 영리의 원리를 도입하여 자본가와 경영자가 평등하게 출자하고 평등하게 경영에 참가하는 societas, 즉 合名會社로 되고, 다른 하나는 계약에 의해 자본가가 기업가에 자본을 위탁하여 영업을 하고 그로부터 생기는 이익의 분배를 받는 것을 목적으로 하는 commenda로부터 株式會社가 생성하였다는 것이다.

가족공동체와 commenda라는 양자의 교착을 통해 발전

2) 교착설 회사형태는 고래로부터 總有를 기초로 하는 家族共同體와 commenda라는 두 기원을 가지고 있으며, 그 변천과 발달은 양자의 교착에 의해 이루어진 것이라는 견해이다. 이는 상업의 발달로 commenda가 생성되고 commenda가 보다 오랜 가족공동체와 결합하여 새로운 형태로서의 societas 즉, 合名會社로 변형되었으며, 그 후 상업의 발전에 따라 합명회사에 이어 株式會社도 생성되었다는 것이다.

개인기업, 합명회사, 합자회사, 주식회사로 발전했다.

3) 일원설 개인기업으로부터 合名會社가 생성되고 이어 合資會社로 발전하였으며, 合資會社로부터 株式會社가 발전하였다는 견해이다. 이 견해가 현재 국내의 통설이다.

(2) 검 토

현재의 회사형태는 Commenda의 영향을 받고 생성되었고, 합명회사가 먼

이러한 견해의 차이는 주로 회사의 기원에서 株式會社의 본질적 특색을 어디에서 구하는가 하는 점과 관련되어 있다. 어떠한 견해에 따르든 현재의 회사형태는 중세의 기업형태였던 commenda의 강한 영향을 받고 생성되었으며, 회사제도는 상업상 필요의 소산으로서 合名會社가 먼저 발달하였

고 이로부터 다른 형태의 회사가 분화 · 발전하였다고 할 수 있다. 저 발전하였다.

2. 會社制度의 發展

(1) 합명회사의 생성

회사에 유사한 단체는 그리스 · 로마시대에도 이미 존재하였다고 생각되지만, 근대적 의미의 회사제도는 그 기원을 중세 공동기업형태인 船舶共有나 commenda에서 구하는 것이 보통이다. 이는 가족공동체나 상속공동체에 대하여 큰 영향을 주어 중세 이탈리아, 독일 등의 상업도시에서 수인의 자녀가 아버지의 영업을 공동적으로 상속한 경우라든지, 자식이 아버지 생전에 그 영업에 참여하는 경우, 또는 수인이 공동으로 영업을 하는 경우에 이용되었으며, 이후 계속적 기업조직으로서 合名會社로 이행되었다. 여기에서 구성원의 無限責任制, 企業支配의 合議制, 代表制 등이 확립되었다.

(2) 합자회사의 생성

합자회사의 생성과정과 주식회사로의 발전

合名會社는 commenda에 영향을 주어 자본가와 경영자가 동시에 외부에 나타나는 accommanditia와 그렇지 않은 participatio로 분리되었으며 전자는 合資會社로, 후자는 匿名組合으로 각각 발전하였다. 초기의 합자회사는 출자자 수가 매우 적었지만 그 수가 점점 증가하면서 機關의 分化가 시작되고 소유와 경영의 분리도 서서히 생겨나는 동시에 출자자 전원의 有限責任性이 확립되면서 주식회사가 생성된 것이다.

(3) 주식회사의 발달

주식회사의 기원은 17C의 식민회사이다.

주식회사는 17세기 이래 네딜란드, 프랑스, 영국 등에 설립된 植民會社, 특히 1602년 창립된 네덜란드의 동인도회사에서 그 기원을 구하는 것이 통설이다. 초기의 株式會社는 정부의 특허에 의해 설립되고 공법적 색채가 짙은 것이었다. 그러나 特許主義는 프랑스 혁명을 계기로 폐지되고 免許主義 단계에 접어들었으며, 곧이어 현재와 같은 準則主義가 확립되면서 널리 확산되어 資本主義 발달에 중요한 역할을 하였다. 20세기에 이르러는 有限責任을 기초로 하는 소규모 공동기업에 적합한 기업형태로서 주식회사의 엄격성을 완화한 有限(責任)會社가 독일 등 각국에서 생성되었다. 한편 회사제도는 자본주의의 고도화에 따라 경쟁압력을 회피하기 위한 수단으로서 카르텔, 트러스트, 콘체른과 같은 企業結合이라는 새로운 형태로 발전되고 있는데, 이는 주로 주식회사에서 문제된다.

제3 會社制度의 濫用과 規制

회사는 법인격이 부여되고 사원의 유한책임 등의 이점이 있다.

會社는 독립한 法人格이 부여되고 사원의 책임이 한정되는 등 개인기업에서 찾아볼 수 없는 이점을 가지고 있다. 그러므로 회사를 설립하거나 그 경영에 참가하는 자가 회사의 본래의 목적보다는 회사제도에 따르는 이러한 이점을 이기적인 목적으로 이용하게 되면, 회사제도가 남용되어 그 폐해는 매우 크다고 하겠다. 이에 따라 그 남용을 방지할 제도적 장치의 마련이 요구된다.

1. 會社制度의 濫用

會社制度의 濫用은 주로 法人格의 남용, 有限責任의 남용, 資本集中의 남용 등이 있다.

(1) 법인격의 남용

회사의 법률관계를 간명하게 처리하기 위해 법인격이 부여된다.

회사에 법인격을 부여하는 것은 회사의 구성원이나 소유재산과 구별되는 회사의 독자적인 존재와 재산을 가지고 회사의 법률관계를 간명하게 처리하기 위함이다. 그런데 이러한 이점을 이용하여 개인이 채권자의 추징을 피하기 위해 자기 재산을 출자하여 株式會社를 설립한다든지, 競業避止義務의 회피나 不當勞動行爲의 은폐수단으로 회사의 법인격을 남용하는 경우가 있다. 이러한 유형의 폐해는 家族會社 또는 1人會社의 경우에 가장 현저하게 나타나고 있다.

(2) 자본조달수단으로서의 남용

자본의 집중이 용이하나 그에 따른 문제점도 있다.

회사제도는 자본의 집중을 가능하게 하는 이점을 가지지만 이를 남용하여, 실질적으로는 특정사업의 경영을 목적으로 하지 않으면서도 회사경영에 무지한 투자자들을 속여 거액의 자금을 편취하는 경우가 많다. 특히 근래에 벤처기업 붐을 타고 별다른 기술력이나 아이디어도 없이 코스닥시장에 무작정 등록하여 투자자금을 끌어모으는 것이 그 대표적인 사례라고 하겠다.

(3) 유한책임제도의 남용

위험분산, 기업

社員의 有限責任制度는 기업활동에 따르는 위험의 분산을 꾀함으로써 그 기업의 설립과 유지를 용이하게 하지만 資本充實原則에 따르지 않으면 안된다. 그러나 1人會社의 사례에서 보듯이 회사의 실질적인 지배주주 또는 기업주가 회사의 재산을 개인재산과 혼용하고, 회사의 경영을 전단함에도 불구하고 유한책임을 내세워 일체의 책임을 지지 않는 경우가 허다하다(손주찬, 「상사법의 제문제」(1983.8), 29).

의 설립과 유지가 용이하다.

(4) 주식회사제도의 남용

商法은 기업의 규모에 따라 그 형태를 선택할 수 있도록 合名會社, 合資會社, 株式會社, 有限會社의 4종의 회사를 인정하고 있다. 그러나 우리 나라에서는 영세한 기업들도 거의 대부분 주식회사 형태를 취하고 있는데 이러한 현상도 회사제도 남용의 일례라고 하겠다. 즉 상법이 규정하고 있는 주식회사에 대한 엄격한 법규정을 준수할 의사도 없이 단지 주식회사에 부여된 세간의 명성을 이용하기 위해 주식회사를 설립·운영함으로써 채권자 기타 이해관계인에게 손해를 끼치는 경우도 많다.

주식회사라는 세간의 명성을 이용한 무절제한 주식회사 설립의 경우가 많다.

2. 濫用의 規制

(1) 회사남설의 규제

이러한 회사제도의 남용을 방지하기 위해서는 부정한 목적이나 부실한 회사의 설립을 방지하여야 한다. 이를 위하여 상법은 準則主義를 유지하되 설립에 대한 감독을 엄격히 하고 있다. 이에 따라 合名會社, 合資會社에 있어서는 設立取消의 訴를 통하여 채무면탈 목적의 회사 설립을 무효로 한다. 또 株式會社와 有限會社에 있어서는 회사재산의 확보와 독립성을 보장하기 위한 여러 규정들을 통하여 남설을 규제하고 있다. 즉 정관기재사항의 세분화, 現物出資 등에 대한 법원의 감독, 公證人에 의한 認證, 납입취급기관의 한정과 납입금보관증명자의 책임명기, 발기인의 책임, 가장납입에 대한 제재, 발기인의 권리주 양도에 대한 제재, 현물출자, 재산인수에 대한 사원의 재산가액전보책임, 납입 또는 인수담보책임 등에 관한 규정이 그 것이다.

준칙주의의 유지와 회사설립에 대한 엄격한 감독으로 남설을 규제하고 있다.

(2) 회사법위반에 대한 제재

회사법 위반에 대한 교정조치를 통하여 회사제도의 남용을 규제한다. 이는 회사가 형식적으로 성립한 것 같은 외관을 나타내고 있어도 법인격을 가질만한 가치가 있는 실질적 요건을 欠缺하거나 債務免脫을 위한 수단으로 이용되는 때에는 회사 존립의 정당한 이유가 없기 때문이다. 會社設立無

회사법 위반에 대한 교정조치를 통한 회사제도의 남용을 규제하고 있다.

效의 訴나 會社解散請求權 등은 유력한 수단이 되지만 이외에도 法院의 解散命令(176)과 解散判決(241, 520)이 있다. 나아가 法人格否認의 法理 또는 업무집행관여자의 책임(401의2)을 원용함으로써 有限責任의 남용을 규제하고 있다.

제 2 절 會社의 法律的 意義

會社라고 할 때에는 일반적으로 영업소나 공장, 각종 설비 등 물적 시설과 이를 경영하는 경영자, 종업원 등 전체로 이루어지는 기업체를 생각하게 된다. 그러나 법률적인 의미에서 회사는 商法에 의해 설립된, 營利를 목적으로 하는 社團法人을 말한다(169, 171①).

법률적 의미의 회사는 상법에 의해 설립된 영리를 목적으로 하는 사단법인이다.

제 1 會社의 營利性

1. 營利性의 뜻

(1) 영리목적

會社는 營利를 목적으로 한다(169). 이는 회사가 어떠한 영리사업을 행하여야 한다기 보다는 영리활동에 의해 획득한 이익을 사원에게 분배하는 것을 의미한다(통설). 이익의 분배는 利益配當이나 殘餘財産分配 등 어떠한 방법에 의하여도 상관없다. 이 점에서 相互保險會社나 각종 협동조합, 회원조직의 증권거래소 등은 단체의 활동을 통하여 구성원의 경제적 지위의 향상을 목적으로 하지만, 그 활동으로부터 생긴 이익의 분배를 목적으로 하지 않기 때문에 회사가 아니다(이철(회)41, 채378, 이기(회)67, 註商(II-上)62).

회사의 영리활동에 의한 이익은 사원에게 분배한다.

(2) 구 분

회사가 행하는 영리사업에 대하여는 업종을 묻지 않지만 일반적으로 商行爲를 營業으로 하는 회사를 商事會社(당연상인), 그 이외의 영리행위를 목적으로 하는 것을 民事會社(의제상인)로 구분한다. 그러나 상법은 양자를 동일하게 商人으로 취급하므로 그 구별의 의미는 없다. 또 국가나 지방자치단체와 같은 公法人이나 公益法人 등도 영리사업을 함으로써 상인자격을 취득하지만 이들은 공공사업의 수단 또는 재정수입의 목적으로 영리사업을 영위하고 그로 인하여 얻은 이익을 구성원에 분배하지 않기 때문에 상법상의 회사는 아니다(이철(회)41, 채378, 정동(회)11, 이기(회)67 註商(II-上)63).

상행위를 영업으로 하는지 여부에 따라 상사회사와 민사회사를 구별한다.

(3) 영리성의 형식화

회사의 정관상 목적 사업이 영리사업인 이상 영리사업에 부수하여 비영리사업을 겸하는 것은 상관없다. 또한 회사의 영리성과 관련하여 회사가 학교나 자선단체에 대한 무상의 기부행위를 한다든가 또는 정치헌금을 기부하는 행위가 정관 소정의 목적범위 내에 속하는가 하는 점이 문제되는데, 이에 대해서는 目的에 의한 權利能力制限 부문에서 설명하기로 한다.

2. 商人資格

영리추구를 목적으로 하는 회사도 상인이다.

회사는 영리를 그 존재의 목적으로 하므로 날 때부터 商人이다. 회사에 있어서 상인자격은 법인격과 같이하기 때문에 영업재산외의 私用財産이 있을 수 없고, 商號외에 명칭을 가질 수 없으며, 영업소외에 주소를 가질 수 없다. 다만 회사가 스스로 영업을 할 필요는 없고, 그 경영을 타인에게 위임하여 임대료를 받는 것은 상관없다.

제2 會社의 社團性

인적회사는 조합적 특성이 강해 사단성의 설명이 어렵다.

會社는 모두 社團이다(169). 社團이라는 용어는 보통 組合과 대립하는 개념으로 사용되고 있다. 이들을 구별하는 구체적인 기준에 대하여는 정설이 확립되어 있는 것은 아니나, 일반적으로는 구성원의 개성이 뚜렷하고 구성원 상호간의 계약관계에 의해 결합한 단체를 組合이라고 하고, 구성원의 개성이 희박하여 구성원이 단체와의 사원관계를 통하여 간접적으로 결합하는 단체를 社團이라고 한다. 이러한 의미에서 볼 때 사원간의 인적 신뢰관계를 바탕으로 하는 人的會社(合名會社, 合資會社)는 조합적 특성이 강하므로 그 사단성을 어떻게 설명할 것인가 하는 점이 우선 문제된다. 나아가 株式會社의 경우 사원의 결합이라기보다는 재산의 결합에 가까운데 그 재단성과 사단성을 어떻게 조화할 것인가 하는 점도 문제된다.

1. 人的會社의 社團性

인적회사(합명·합자회사)의

상법 제169조는 회사의 종류에 관계없이 회사를 모두 사단으로 규정하지만, 合名會社나 合資會社의 실질은 조합이다. 이를 반영하여 회사의 내부관계에 대하여는 조합에 관한 민법의 규정이 준용되고 있다(195, 269). 여기에서 인적회사의 社團性을 어떻게 이해할 것인가 하는 점이 문제된다.

사단성문제

(1) 학 설

1) 인적결합설 상법이 모든 회사를 사단이라고 할 때에는 사단에 조합을 포함하는 상위개념으로서, '공동의 목적을 가진 복수인의 결합체'라는 넓은 의미로 사용하고 있다고 본다(정희279, 정동(회)12, 안동330, 강·임370).

사단은 조합을 포함한 상위개념이다.

2) 형식적 사단설 인적회사는 실질적으로는 조합에 속하지만 사단이라는 형식(사원관계)을 통하여 결합하고 있다고 한다(이범113, 서정177)

실질은 조합이지만 형식은 사단이다.

3) 실질적 사단설 인적회사는 사단과 조합으로 절대적으로 구별되는 것이 아니므로, 인적회사는 형식적으로는 물론이고 실질적인 면에서도 사단이라고 한다(정찬(상)413, 채373).

실질과 형식도 사단이다.

(2) 검 토

실질적 사단설은 상법이 인적회사를 사단으로 규정하고 있으므로 실질적으로도 사단이라고 하며 그 이유로, 사단개념을 확장하게 되면 사단도 아니고 조합도 아닌 제3의 단체를 인정하는 것과 같은 착오를 유발시킬 우려가 있다는 것을 내세운다(정찬(上) 413). 그러나 이러한 견해야말로 사단 개념의 혼란을 가져오게 되므로, 상법은 실질적으로는 조합인 인적회사가 복수의 사원으로 구성된다는 의미에서 사단이라는 용어를 사용하고 있다고 보아야 할 것이다.

형식적 사단설이 타당하다고 본다.

2. 株式會社의 社團性

(1) 재단설

상법은 명문으로 주식회사의 사단성을 인정하고 있으며 통설도 사단으로 보고 있다. 그러나 오늘날 주식회사제도의 발전과 변화과정에서 나타나는 여러 현상으로부터 볼 때 주식회사를 종래와 같이 사단으로 보는 데 대해 의문을 제기하는 株式會社 財團說이 유력하게 주장되고 있다. 재단설은 주식회사에서 1人會社가 인정되고, 소유와 경영이 분리되며, 주주총회의 권한이 제한되고, 無議決權株主와 같이 다른 인적결합체에서는 찾아볼 수 없는 현상이 나타나고 있는 데 주목한다. 그리고 이러한 현상은 주식회사에서는 특수한 예외적인 것이 아니고 질적으로나 양적으로 주식회사의 중요한 부분을 차지하고 있으므로, 주식회사를 단순한 인적결합체로 볼 수 없고 물적결합체인 營利財團法人으로 보아야 한다는 것이다.

주식회사는 물적결합체인 영리재단법인으로 보아야 한다.

(2) 검 토

사단설이 타당하지만 오늘날의 주식회사를 설명하기에 어려움이 있다.

통설인 사단설은 사단과 재단의 구분이 단순히 사람중심인가 아니면 재산중심인가 하는 점에 있다기보다는 그 구성과 운영에 있어 구성원의 자율성이 인정되는가에 있는데, 주식회사는 그 기본구조에 있어서 자율성이 인정되는 사단이라고 한다. 나아가 재단설이 지적하는 문제들은 주식회사의 일부 특성을 과장한 것에 불과하고 주식회사의 본질적인 측면은 어디까지나 사단이라고 한다. 통설에 찬성하지만 오늘날 거대한 주식회사에서 나타나는 각종 현상을 사단설만으로 모두 설명하는 데에는 어려움이 있는 것이 사실이다.

3. 1人會社의 社團性

[사례 Ⅰ-2-1: 1인회사]

(i) A회사의 주식 전부를 소유하고 있던 X는 전주식을 Y에게 양도하고 이사들의 사임서 및 회사관계 인장을 교부하였다. 그러나 Y는 주식의 양도대금을 지급하지 않은 채 당일로 이 인장들을 사용하여, X가 1975년 5월 12일에 임시주주총회를 소집하고 여기에서 종전의 이사들을 해임하고 Y 등을 이사로 선임하였다는 내용의 주주총회의사록을 작성하였다. 또한 Y는 새로 선임된 이사들로 구성된 이사회에서 Y를 대표이사로 선임하였다는 결의가 있었던 것처럼 꾸며서 등기를 하고, 대표이사 또는 이사로서의 직무를 수행하였다. Y로부터 주식 양도대금을 받지 못한 X는 Y가 주주총회의 소집절차나 회의개최사실도 없이 회사에 보관중인 이사의 인감을 사용하여 주주총회의사록을 작성하였으므로 그 결의는 부존재라는 이유로, Y를 상대로 대표이사 및 이사직무집행정지 가처분을 신청하였다. X의 가처분 신청은 타당한가?(대판 1976.4.13, 74다1755 참조).

(ii) A회사의 주식 전부를 소유하고 있는 대표이사 Y는 이사회의 승인을 받지 않은 채, 10억원 상당의 회사 소유 부동산을 자신의 친척인 B의 명의를 빌려 5억원에 매수하고 소유권이전등기를 경료하였다. ① A회사의 다른 이사인 X가, 임무해태를 이유로 Y에게 5억원의 손해배상청구를 한 경우, Y는 책임이 있는가? ② X가 Y의 배임행위를 이유로 업무상 배임죄 또는 횡령죄로 형사고발한 경우, Y는 형사책임이 있는가?(대판 1974.4.23, 73도2611 및 1983.12.13, 83도2330 참조)

(1) 1인회사

회사는 사단, 즉 공동의 목적을 가진 복수인의 결합체이다. 따라서 회사의 성립이나 존속을 위해서는 원칙적으로 2인 이상의 구성원(사원)의 존재가 필요하다. 따라서 합명회사나 합자회사에서는 사원이 1인이 되는 것은 회사의 해산사유가 된다(227.3, 269). 그러나 주식회사와 유한회사는 설립시에 사원(발기인)이 1인이라도 상관없고(288, 543), 또한 주주(사원)가 1인이 되는 것이 해산사유가 되지 않는다(517.1, 609①1). 여기에서 주식회사(유한회사)에서 1人會社를 인정할 것인가, 인정한다면 그 사단성은 어떻게 설명할 수 있는가, 1인회사의 법률관계는 어떻게 될 것인가 하는 점이 문제된다.

회사는 공동의 목적을 가진 복수인의 결합체인 사단이다.

(2) 학설 · 판례

학설은 이론적인 측면에서 긍정설과 부정설로 나누어지나, 국내의 학설과 판례는 예외없이 긍정설을 취하고 있다.

1) 긍정설　주주가 1인인 것이 주식회사의 해산사유로 되지 아니하고, 주식의 양도가 자유롭기 때문에 일시적으로 주주가 1인이 된 경우에도 다시 복수로 될 가능성이 있으며, 1인회사를 인정하는 것이 기업유지원칙에 반하지 아니한다고 본다. 판례도 1인회사의 유효성을 전제로 하여 1인 주주에 의한 주주총회의 성립을 인정하고 있다(대판 1976.4.13, 74다1755; 1964.9.22, 63다743·792; 1966.9.20, 66다1187 · 1188; 1976.5.11, 73다52).

주식의 양도성과 기업유지원칙을 이유로 1인회사를 인정하고 있다.

2) 부정설　주식회사는 사원이 1인인 경우를 해산사유로 명시하고 있지 않으나 이는 사단법리에서 볼 때 당연한 것이며, 1인회사는 주로 회사제도를 남용하는 수단으로 사용되기 때문에 이를 방지하기 위해서도 1인회사를 부정하여야 한다고 한다.

사단법리와 회사제도의 남용을 이유로 1인회사를 부정하고 있다.

(3) 사단성

1인회사를 인정하는 것은 주식회사가 사단, 즉 2인 이상으로 구성된 단체라는 것에 반하지 않는가 하는 의문이 있다. 그러나 주식회사에서 사원의 지위는 이른바 주식으로 세분화되어 있으며, 주식은 주권이라는 유가증권에 표창되어 유통되므로 사단이라는 것은 반드시 주주라는 사람이 복수여야 한다는 의미는 아니라고 할 것이다. 즉, 주식(주권)의 유통과정에서 우연히 1인이 소유하는 경우도 있을 수 있는데, 이를 사단성에 반한다고 볼 수는 없을 것이다(정찬(상) 414).

사원지위의 주식으로 세분화되어 주식의 유통성으로 1인회사의 사단성은 긍정된다.

(4) 1인회사의 법률관계

주식회사에 관한 법규정은 주주가 복수인 것을 전제로 하고 있는 바 1

1인회사의 특유성(1인출석=전원출석, 주주의사대로의 결의)으로 인해 주주총회의 성립을 인정한다.

1) 주주총회 1인회사에서는 주주총회의 소집통지가 없는 경우에는 물론이고, 주주총회를 개최한 사실이 없는 경우에도 1인주주가 동의하면 유효한 총회성립을 인정한다(손주429~430, 채376, 註商(Ⅱ-上)59; 反 이철(회)44). 즉 대판 1976.4.13, 74다1755는 [사례 I-2-1-i]과 유사한 사안에서 "주식회사에 있어서 회사가 설립된 이후 총주식을 한 사람이 소유하게 된 이른바 1인회사(A회사)의 경우에는 그 주주(Y)가 유일한 주주로서 주주총회에 출석하면 전원총회로서 성립하고, 그 주주(Y)의 의사대로 결의가 될 것임이 명백하므로 따로이 총회소집절차가 필요없고, 실제로 총회를 개최한 사실이 없었다 하더라도 그 1인 주주(Y)에 의하여 의결이 있었던 것으로 주주총회 의사록이 작성되었다면 특별한 사정이 없는 한 그 내용의 결의가 있었던 것으로 볼 수 있다"고 판시하여 원고(X)의 가처분신청을 기각하였다(同 대판 1964.9.22, 63다743·792; 1966.9.20, 66다1187·1188; 1976.5.11, 73다52; 2002.12.24, 2000다69927; 2004.12.10, 2004다25133). 이 점은 한 사람이 다른 사람의 명의를 빌려 주주로 등재하였으나 총주식을 실질적으로 그 한 사람이 모두 소유한 경우에도 마찬가지이다(대판 2007.2.22, 2005다73020). 총주주의 동의를 요하는 이사의 책임면제(400)의 경우에도 실질적으로 1인 주주의 동의만 있으면 된다(대판 2002.6.14, 2002다11441).

○ 긍정설 - 회사채권자 보호를 위해 이사(1인주주)의 자기거래시 이사회의 승인이 필요하다.

○ 부정설 - 상법 제398조의 입법취지(회사 이익 보호)와 관련해 이사(1인주주)의 자기 거래시 이사회의 승인이 필요없다.

2) 이사의 자기거래 [사례 I-2-1-ii]와 같이 1인회사(A)에서 1인주주(Y)가 이사인 경우 그 이사(Y)와 회사(A)간의 거래에도 이사회의 승인(398)을 얻어야 하는가 하는 점이 문제된다. **긍정설**은 1인 회사인 경우에도 회사의 재산은 주주만 아니라 회사채권자에 대한 담보가 되므로 1인주주인 이사라고 하더라도 상법 제398조의 예외가 될 수 없다고 한다(이철(회)44, 614, 손주430, 채377, 이기(회)70). 이에 대하여 **부정설**은 이러한 경우 회사의 이익은 1인주주의 이익과 일치하고 상법 제398조의 입법취지가 회사의 이익을 보호하기 위한 것이라고 볼 때 그 적용의 여지가 없다고 한다(정동(회)17, 최기481, 이병675, 강·임374). 긍정설에 의하면 [사례 I-2-1-ii]의 ①에서 1인주주(Y)의 회사재산 처분행위는 자기거래임에도 불구하고 이사회의 승인을 받지 않았으므로, 법령위반에 의한 임무해태에 해당하여 회사(A)에 대하여 손해배상책임(399)을 부담한다고 본다. 1인회사가 남용될 우려가 많으므로 이 경우에도 이사회의 승인을 받아야 한다는 긍정설이 타당하다.

3) 주식병합공고 1인 회사에서 주식병합을 위한 공고절차(440)를 거치지 않은 경우에 주식병합의 효력이 있는가 하는 점이 문제된다. 이에 대해 대판 2005.12.9, 2004다40306은 "주식병합에 있어서 위와 같이 일정한 기간을 두어 공고와 통지의 절차를 거치도록 한 취지는 신 주권을 수령할 자를 파악하고 실효되는 구 주권의 유통을 저지하기 위하여 회사가 미리 구

주권을 회수하여 두려는 데 있다 할 것인바, 사실상 1인 회사에 있어서 주식병합에 관한 주주총회의 결의를 거친 경우에는 회사가 반드시 위와 같은 공고 등의 절차를 통하여 신 주권을 수령할 자를 파악하거나 구 주권을 회수하여야 할 필요성이 있다고 보기는 어려우므로, 주식병합에 관한 주주총회의 결의에 따라 그 변경등기가 경료되었다면 위와 같은 공고 등의 절차를 거치지 않았다고 하더라도 그 변경등기 무렵에 주식병합의 효력이 발생한다고 봄이 상당하다"고 판시하고 있다.

4) 업무상배임 · 횡령 [사례 I-2-1-ii]와 같이 1인주주(Y)가 회사(A)에 손해를 가한 경우 회사에 대한 背任罪 또는 橫領罪가 성립될 것인가 하는 점이 문제된다. 이에 대하여 대판 1974.4.23, 73도2611은 "실질적인 1인 회사의 1인주주인 피고인으로서 회사의 손해는 바로 그 주주 한사람의 손해인 것임에 비추어 볼 때 회사에 손해를 가하려는 의사, 즉 범의가 없어 회사에 대한 배임죄는 성립할 수 없다"고 판시하였다. 그러나 이후 전원합의체판결인 대판(전) 1983.12.13, 83도2330은 "배임죄의 주체는 타인을 위하여 사무를 처리하는 자이며, 그의 임무위반 행위로써 그 타인인 본인에게 재산상의 손해를 발생케 하였을 때 이 죄가 성립되는 것인 즉, 소위 1인회사에 있어서도 행위의 주체와 그 본인은 분명히 별개의 인격이며, 그 본인인 주식회사에 재산상 손해가 발생하였을 때 배임죄는 기수가 되는 것이므로 궁극적으로 그 손해가 주주의 손해가 된다 하더라도 이미 성립한 죄에는 아무 소장이 없다"고 판시하여 종래의 판례의 입장을 변경하였다. 또한 대판 1989.5.23, 89도570도 1인주주가 회사재산을 횡령한 경우 횡령죄의 성립을 인정하고 있다.

1인주주가 회사에 가한 손해에 대한 배임죄 및 횡령죄는 성립되지 않는다.

5) 법인격부인 1인회사인 경우에도 법적으로는 주주와 회사는 별개의 인격이므로 주주는 회사채무에 대하여 아무런 책임을 부담하지 아니한다. 그러나 1인회사에서는 주주와 회사의 재산이 혼용되고 법인격이 남용되거나 껍데기화할 가능성이 매우 크므로 法人格否認論이 적용될 소지가 많다고 하겠다(이철(회)44, 채377, 김영(회)51). 나아가 1인회사제도의 남용을 방지하기 위해 1인 회사의 단독주주의 무한책임을 인정하는 입법례가 있다(이탈리아 民法2362, 스페인 주식회사법개정안13).

1인회사는 재산이 혼용되고 법인격이 남용될 가능성이 있어 법인격부인론의 적용여지가 많다.

제 3 會社의 法人性

1. 法 人 格

회사는 모두 법인으로 법률행위의 주체이고 권리와 의무를 부담한다.

會社는 모두 法人이다(171①). 법인이라고 함은 자연인은 아니지만 자연인과 같은 권리·의무의 귀속주체로 의제되어 법률관계를 간명하게 처리하고 또 책임재산을 한정하는 기능을 한다. 즉 회사는 모두 법인으로서 법률행위의 주체로 활동하고 권리와 의무를 부담하며 그 자체 재산을 보유한다. 이는 사단적 특질을 가지는 物的會社는 물론이고 그 실질이 조합인 合名會社나 合資會社의 경우에도 마찬가지이다.

(1) 법인격과 회사의 실체

합명회사와 합자회사의 법인격을 인정하는 것은 모순이다.

일반적으로 복수의 구성원으로 성립하는 단체에 있어서는 구성원의 집합체적 성질에 착안하여 단체적 법률관계를 각 사원에게 직접 귀속시키는 방법으로 법적인 처리를 할 수 있다. 다른 한편으로 단체로서의 동질적 성질에 착안하여 단체적 법률관계를 단체 그 자체에 귀속시키고 각 구성원은 단체에 대한 지분의 주체로서 이에 간접적으로 참여시키는 방법으로 다할 수도 있다. 그 어느 쪽으로 하는가는 각 사단의 단체적 실체에 따라 결정하여야 할 법률정책 내지는 법기술적인 선택에 지나지 않는다. 사단에 법인격이 인정되는 '社團法人'도 있고 법인격이 없는 '權利能力없는 社團'도 있다. 또 조합에는 법인격이 인정되는 것과 그렇지 않은 조합도 있다. 따라서 사단과 조합은 서로 대립하는 개념이지만 조합과 법인은 대립개념은 아니다. 그러한 의미에서 그 실질은 조합인 合名會社와 合資會社에 대해서도 그 법적 처리의 간명을 위한 법기술로서 법인격을 인정하는 것은 모순이 아니라고 하겠다.

(2) 설립근거법으로서의 상법

회사로 되기 위해서는 상법규정에 의해 설립되어야 한다.

法人格은 법률의 규정에 의해 부여되는 것으로서 회사는 상법의 규정에 따라 설립된 것이어야 한다. 즉 영리를 목적으로 하는 단체 중에도 상법에 의해 설립된 것이 아니면 회사가 아니다. 外國會社는 상법에 의해 설립된 것이 아니므로 회사는 아니지만 상법은 외국회사에 대하여도 상법의 규정을 적용하고 있다(617).

2. 法人格의 否認

[사례 I -2-2: 법인격 부인]

(i) 변호사인 Y_1은 자신의 처와 친척 및 사무장 명의를 이용하여 스웨터 수출을 영업으로 하는 Y_2회사를 설립하고 자신이 대표이사로 취임하였다. Y_2회사의 창립당시 자본은 500만원으로써 연간 수출액이 10만달러임에 비추어 보면 매우 적었으며 그 대부분은 Y_1자신이 출자하여 대주주가 되는 동시에 다른 명목상의 주주인 Y_1의 처, 근친, 사무장에 대한 주식분배는 증여 또는 공로주로서 Y_1자신의 재량에 의해 배정하였다. Y_2회사의 재산과 Y_1의 재산이 구별없이 결제되어 Y_2의 채무를 Y_1이 결제하기도 하고 Y_2회사의 재산은 Y_1명의로 가등기하였다가 이를 타인에게 처분하기도 하였다. Y_2회사의 사무소는 Y_1의 변호사 사무소에 두고 회사의 운영이나 기본자산의 처분에 있어서 주식회사 운영에 관한 법적 절차인 주주총회, 이사회결의, 감사권의 발동 등을 무시하고 Y_1이 독단적으로 개인기업 같이 운영하였다. Y_2회사는 스웨터 원사의 매매대금을 지급하기 위해 Y_2회사 대표이사 Y_1의 명의로 수취인 X에게 어음을 발행하였는 바 Y_2회사가 이를 지급하지 못하게 되자 Y_1에게 어음금 지급을 청구하였다. Y_1는 이 어음에 대해 지급책임이 있는가? (서울고판 1976.5.27, 75나616 · 617 및 대판 1977.9.13, 74다954 참조)

(ii) 홍콩에 거주하는 해운업자인 A는 홍콩과 리베리아에 각각 Y_1 및 Y_2 선박회사를 설립하고 자신이 두 회사의 대표이사가 되었다. 그러나 Y_2회사는 세금을 절감하기 위해 편의상 설립한 실체가 전혀 없는 간판회사로써 대외적으로 사용하는 주소나 전화번호 등도 Y_1과 동일하였으며 Y_2의 선박관리 등 일체의 운영은 Y_1회사에 위임하고 있었다. Y_2회사 소유인 선박이 고장나자 Y_1회사는 X조선소에 그 수리를 위임하였으며 X는 동 선박이 Y_1회사의 소유로 알고 수리하였다. 그러나 Y_1회사가 선박수리비를 지급하지 않자, X는 동 선박을 압류하였는데 Y_2회사는 동 선박이 자신의 소유임을 이유로 하여 압류에 대한 제3자 이의의 소를 제기하였다. Y_2의 이의신청은 타당한가? (대판 1988.11.22, 87다카1671 참조).

(iii) X는 Y_1주식회사와 1991.6.19. Y_1회사가 분양하는 오피스텔 및 상가에 대한 분양계약을 체결하고, 1992.3.30까지 사이에 계약금 및 2차중도금을 지급하였다. 그런데 분양의 저조로 Y_1회사가 시공사에 공사대금 지급을 지체하게 되자 시공사는 1992.8. 이래 공사를 중단하였고, X는 Y_1회사의 채무불이행을 이유로 1996.5.에 분양계약을 해제하였다. 한편 Y_1회사의 대표이사 Y_2는 종전부터 다른 여러 회사를 사실상 지배하면서 이들 회사를 내세워 그 회사

명의로 또는 자신의 개인명의로 빌딩 또는 오피스텔 분양사업을 해오던 자로서, X와의 계약직전에 Y_1회사의 전 대표이사로부터 Y_1회사의 주식을 양수하고 대표이사로 취임하였다. Y_1회사의 발행주식은 총5,000주이고 외형상 Y_2 등 4인 명의로 분산되어 있으나 실질적으로는 Y_2가 대부분 소유하고 있고, 주주총회나 이사회결의 역시 외관상 회사로서의 명목을 갖추기 위한 것일 뿐 실질적으로는 이러한 법적 절차가 지켜지지 아니한 채 Y_2 개인의 의사대로 회사 운영에 관한 일체의 결정이 이루어져 왔다. Y_1회사의 사무실은 현재 폐쇄되어 그곳에 근무하는 직원도 없다. Y_2는 Y_1회사가 다른 분양자로부터 받은 분양대금 78억원 중 30억원 가량을 임의로 이 사건 오피스텔 및 상가의 부지를 자신의 명의로 매입하는 자금으로 사용하였고, 회사채권자들에 의한 강제집행에 대비하여 그 부지에 대해 제3자 명의로 가등기를 설정하였다가 말소하기도 하는 등 Y_1회사의 재산과 Y_2 개인 재산이 제대로 구분되어 있지도 않았다. Y_1회사가 시행하는 이 공사는 공사발주금액만도 166억원 가량인 대규모 공사이고, 건물의 분양대금도 수백억원에 달함에 반하여, Y_1회사의 자본금은 5,000만원에 불과하였다. 그리고 분양 대금으로 매수한 부지는 Y_2 개인 명의로 소유권이전등기가 되어 있고 나머지 분양대금 역시 그 용도가 명확히 밝혀지지 아니한 채 모두 사용되어버려, Y_1회사의 실제 자산은 사실상 아무 것도 없다. X는 Y_1회사에 대하여는 분양대금 중 일부의 반환을 구하는 한편, Y_2에 대하여는 Y_1회사와 동일시 할 수 있으므로 Y_1회사와 연대하여 이행할 원상회복의무를 이행할 책임이 있다고 주장하였다. X의 주장은 타당한가? (대판 2001.1.19, 97다21604 참조)

(1) 법인격부인의 법리

회사의 법인격이 불법적으로 이용될 때에는 특정법률관계에서 법인격을 부인한다.

1) 의 의 會社는 法人이기 때문에 그 사원과 별개의 독립한 인격자이다. 따라서 1人會社나 母會社에 종속한 子會社의 경우에도 주주와 회사, 모회사와 자회사는 각각 별개의 인격자이고 별개의 권리·의무관계에 있는 것으로 취급된다. 그러나 법인격을 인정하는 것은 그것이 사회적으로 유용한 기능을 담당하고 그 법적 처리의 편의를 도모하는 데 적합하기 때문이다. 그런데 이러한 법의 목적을 악용하여 회사의 법인격이 불법적으로 이용될 때에는, 특정한 법률관계에 대한 法人格을 否認하고 그 배후에 있는 실질적인 관계에 착안하여 법적 처리를 하는 것이 바람직하며, 이러한 요구에 부응하는 것이 미국 판례법에서 발전한 法人格否認의 法理이다(고평석, "법인격부인론의 부인", 「손주찬교수화갑기념논문집」(1984.7), 76, 남재우, "미국의 법인격무시이론", 「상사법연구」(1995), 10 회사 해산명령).

회사 해산명령제도는 법인격

2) 구분개념 法人格을 부인한다는 점에서 이 법리는 부정한 목적으로 회사설립이 이루어진 경우 등에 인정되는 법원에 의한 會社解散命令制

度와 유사하다. 그러나 解散命令制度는 회사의 법인격을 전면적으로 박탈하여 법인으로서 존재 그 자체를 부인하는 것임에 비해, 法人格否認의 法理는 형평성에 입각하여 특정한 사안에 대해 특정한 법률관계에 한정하여, 회사의 법인격을 일시적으로 정지시키고 그 배후에 있는 실체에 부합한 법적 처리를 하려는 점에서 구별된다.

을 전면 박탈하지만 법인격부인의 법리는 일시적으로 정지시킨다.

3) 법인격 부인론의 수용 미국의 판례법에서 발전한 法人格 否認論(doctrine of disregard of corporate entity)은 독일의 實體責任理論(Durchgiriffshaftung), 일본의 法人格 形骸化論으로 변형수용되었으며 우리 나라에서도 학설은 일찍부터 그 수용을 주장한 바 있다. 우리 나라에서 처음 법인격부인론을 수용한 판결은 [사례 I -2-1-i]에서 서울고판 1976.5.27, 75나616 · 617이었다. 그러나 이 사건의 상고심인 대판 1977.9.13, 74다954는 사실관계가 법인격부인의 적용대상이 되지 않는다고 함으로써 그 수용여부에 대한 판단은 유보하였다. 대법원에서 처음 법인격부인론을 수용한 판결은 [사례 I -2-1-ii]에서 대판 1988.11.22, 87다카1671이었다. 그러나 이 판결은 便宜船籍을 위하여 설립된 회사에 의한 제3자 이의소송에 한정된 것으로서 법인격부인론을 전체적으로 수용한 것은 아니라고 보는 견해도 있다. 그러므로 법인격부인론을 일반적으로 수용한 판결은 [사례 I -2-1-iii]에서 대판 2001.1.19, 97다21604가 그 처음이라고 할 수 있고 이후 판결들은 이에 따르고 있다(대판 2004.11.12, 2002다66892; 2006.8.25, 2004다26119 등). 우리 나라에서는 주식회사제도가 지나치게 남용되어 회사와 개인재산이 전혀 구별되지 않은 영세한 회사들이 많고 이를 악용한 채무면탈이나 탈법행위가 자행되는 현실을 감안하면 법인격부인론을 적극적으로 활용하여야 할 것이다.

(2) 법인격부인론의 근거

법인격부인의 법리에 대한 이론적 근거로서는 법인격의 인정이 입법정책에 의한 법기술이기 때문에 그 이용에도 이를 인정한 법의 목적에 따른 일정한 한계가 있다는 점을 들 수 있다. 한편 그 실정법적 근거에 대하여는 학설상, 민법 제2조 2항의 권리남용 금지규정에서 찾는 견해(정동윤, 주석 상법(II), 102), 민법 제2조 1항의 信義則에서 찾는 견해(이·이 42), 그리고 상법 제171조 1항의 회사의 법인성 규정에서 찾는 견해(손주 454) 등이 있다. 생각건대 상법 제171조 1항은 법인격의 근거 규정일 뿐이므로 이를 가지고 부여된 법인격을 부인하는 근거로 삼는 것은 무리라고 보인다. 그리고 다음에서 보는 바와 같이 법인격부인론은 법인격남용 이외에 법인격이 껍데기화 한 경우도 포함하는 점을 감안하면 권리남용을 포함하는 신의칙에서 찾는 견해가 무난하리라 생각된다. 그러나 어느 견해에 의하든 구체적 사안의 해결에 있어서는 큰 차이가 없다고 보인다.

법인격 부인의 근거에 대해 서울고판 1974.5.8, 72나2582은 "법이 회사라는 단체의 독립된 사회적·경제적 작용에 착안하여 부여한 법인격은 그 본래의 목적을 상실하고 무의미하게 될 뿐 아니라 오히려 사회적 혼란을 야기하게 되고 그러한 회사의 법형식 남용이 법이 추구하는 구체적·실질적 정의에 반하고 신의성실의 원칙에 위배되는 것"이라고 판시하였다. 대판 1988.11.22, 87다카1671은 "원고 및 ○○회사(Y_2)는 XX회사(Y_1)와 외형상 별개의 회사로 되어 있으나 Y_1회사는 이 건 선박의 실제상 소유자인 Y_2회사가 편의치적을 위하여 설립한 회사들로서 실제로는 사무실과 경영진 등이 동일하므로 이러한 지위에 있는 원고(Y_2)가 법률의 적용을 회피하기 위하여 별개의 법인격을 가지는 회사라는 주장을 내세우는 것은 신의성실의 원칙에 위반하거나 법인격을 남용하는 것으로서 허용되어서는 아니된다 할 것이다"고 판시하였다(동 대판 1989.9.12, 98다카678; 2001.1.19, 97다21604; 2004.11.12, 2002다66892; 2006.8.25, 2004다26119).

(3) 법인격부인론의 적용

법인격부인론이 주로 판례와 학설을 통해 발전해온 관계로 적용되는 경우도 각국마다 상이하다. 즉 법인격이 남용된 경우에 한정하는 입장(최기 54)과 그 이외에 법인이 껍데기화 한 경우까지를 포함하는 견해, 그리고 법인형태의 흠결과 불공정거래로 나누어 설명하는 견해(정동 31), 형태요건만으로 설명하는 견해(강·임380, 이·이52) 등 다양하다. 일본 최고재판소의 판례에서 법인격부인론의 적용유형을 법인격남용의 경우와 법인격이 껍데기화 한 경우의 두 가지로 구분한 이래 우리 나라에서도 대부분 이를 따라 그 적용요건을 두 가지로 구분하여 설명하는 것이 일반적이다.

(4) 법인격남용

1) 의 의 법인격부인론이 적용되는 가장 대표적인 경우가 [사례 I-2-2-ii]와 같이 회사의 배후에 있는 자(A)가 타인(X)과의 관계에서 위법 또는 부당한 목적을 추구하기 위해 회사(Y_1, Y_2)를 이용하는 경우이다. 법인격남용에 있어서는 회사의 배후에 있는 자가 회사 법인격을 이용한다는 사실(지배요건)과 위법하거나 부당한 목적(목적요건)이라는 두 가지가 중요하다.

2) 지배요건 '지배'라고 함은 회사의 배후에 있는 자가 회사를 자기 뜻대로 도구로써 이용할 수 있는 지배적 지위에 있는 것, 즉 회사와 그 배

후자의 실질적 동일성이 있는 것을 말한다. 그러므로 단순히 주주총회를 좌지우지할 수 있는 다수 주식을 가지고 있는 것만으로는 부족하고, 정상적인 투표권의 행사에 의한 지배를 넘어서 회사가 그 자체의 의사 또는 존재를 상실하여 배후자가 운영하는 사업체의 일개 부서로 인식될 수 있을 정도의 완전한 지배이어야 한다(차한성, "법인격부인론", 「민사판례연구XXIV」579). 그러나 구체적으로 어떠한 사실관계가 이른바 완전한 지배에 해당하는지는 일률적으로 정하기는 어렵고 구제척인 경우에 따라 지배의 형식, 정도 등 모든 사정을 종합하여 결정할 수밖에 없을 것이다. [사례 I-2-2-i]이나 [사례 I-2-2-iii]과 같이 1인 회사나 가족회사 등 실질적 이해관계를 갖지 않는 다수주주로 된 사실상의 1인 회사가 이 요건을 충족하는 것으로 보는 데에는 별 문제가 없다. 또 [사례 I-2-2-ii]와 같이 해운기업에서 조세회피 등의 목적으로 이용하는 간판회사(paper company)에 있어서도 이러한 지배요건을 충족시킨다고 하겠다.

2) **목적요건** 법인격남용이 인정되기 위해서는 회사와 주주의 실질적 동일성이 존재하는 것 이외에 그 지배주주가 회사를 위법 또는 부당한 목적으로 이용해야 한다. 이에 대해 고의의 존재를 증명하는 것이 실제로 어려울 뿐 아니라 배후의 지배자에게 남용의 의도가 없는 경우에도 그에게 개인적 책임을 지우는 것이 구체적 정의에 부합하는 경우가 있다는 점에서 목적요건은 불필요하다는 견해가 있다(정동윤, 「주석상법(II)」101, 이·이153). 그러나 다음에서 보는 바와 같이 남용의도가 없어도 법인격이 껍데기화 한 경우를 따로 법인격부인론의 적용요건의 하나로 보는 이상, 법인격 남용의 경우에는 위법 또는 부당한 목적이 있어야 한다고 보는 것이 타당하다(차한 580). [사례 I-2-2-i]과 [사례 I-2-2-iii]의 경우에는 위법 또는 부당목적이 뚜렷하지 않으나 [사례 I-2-2-ii]에서는 채무면탈을 위해 법인격을 남용한다는 목적이 비교적 명확하다고 하겠다.

3) **구체적 사례** 법인격남용의 대표적인 사례는 [사례 I-2-2-ii]와 같은 채무면탈의 경우이지만 그 외에도 ① 競業避止義務를 부담하는 자가 이를 회피할 목적으로 자기가 지배하는 회사로 하여금 競業行爲를 하게 한 경우, ② 개인이 그 기업을 회사조직으로 하여 회사를 피보험자로 하는 손해보험계약을 체결한 후 미리 사고를 초래한 경우, ③ 회사를 해산하여 진 종업원을 해고하고 새로운 회사를 설립하거나 개인기업의 형태로 바꾸어 실질적으로는 그 이전 영업을 계속함으로써 구 종업원 중 조합활동을 한 자를 기업으로부터 축출한 경우, ④ 거래상의 채무를 부담하는 회사의 지배주주가 이를 회피하기 위해 회사를 해산하고 구 회사와 조직 및 사업내용과 거

의 동일한 회사를 신설한 경우(김대연, "종속회사의 파산과 지배회사의 책임", 「상사법연구」(2005), 400), ⑤ 회사의 업무의 규모와 그 형태에 비해 과소한 자본의 주식회사를 설립하여 업무수행에 필요한 자금의 대부분을 지배주주가 소비대차의 형태로 회사에 대여한 경우 등이 있다. 대판 2004.11.12, 2002다66892은 "기존회사가 채무를 면탈할 목적으로 기업의 형태·내용이 실질적으로 동일한 신설회사를 설립하였다면, 신설회사의 설립은 기존회사의 채무면탈이라는 위법한 목적달성을 위하여 회사제도를 남용한 것이므로, 기존회사의 채권자에 대하여 위 두 회사가 별개의 법인격을 갖고 있음을 주장하는 것은 신의성실의 원칙상 허용될 수 없다 할 것이어서 기존회사의 채권자는 위 두 회사 어느 쪽에 대하여서도 채무의 이행을 청구할 수 있다"고 판시하였다.

(5) 법인격의 껍데기화

1) 의 의 법인격이 껍데기화(형해화)되었다는 것은 법인이라고 하여도 이름뿐이어서 실질적으로는 배후의 지배주주의 개인영입에 지나지 않는 상태로 된 경우를 의미한다. 즉 회사가 배후인에 의해 지배된다는 것만으로는 부족하고 나아가서 [사례 I-2-1-i]이나 [사례 I-2-1-iii]과 같이 회사는 단순한 꼭두각시에 불과하고 회사(Y_1)가 곧 개인(Y_2)이고, 개인(Y_1)은 곧 회사(Y_2)로서 주식회사운영에 관한 법적 절차가 무시되어 그 실질이 개인기업으로 인정되는 경우를 말한다. 한편 그 유형은 다르지만 [사례 I-2-1-ii]의 Y_1회사와 같이 조세회피의 목적을 위해 서류상으로만 설립·운영되는 간판회사의 경우도 이러한 예에 속한다고 하겠다.

2) 징 표 어느 정도에 이르러야 법인이 껍데기만 남았다고 판단할 수 있는가 하는 점도 일률적으로 정할 수는 없고 구체적인 상황에 따라 판단해야 할 것이다. [사례 I-2-1-i]이나 [사례 I-2-1-iii]에서 보면 ① 주주총회, 이사회의 불개최, 주권의 미발행 등 회사로서의 업무형태가 전혀 존재하지 않고, ② 상대방에게 마치 회사의 사업이 주주의 개인사업인 듯한 인상을 줄 정도의 양자간에 업무의 혼동이 있는 경우, ③ 회사의 영업소나 공장 등 재산을 지배주주로부터 대여한다든지, 회사의 자금으로 인수한 재산을 지배주주 개인 앞으로 등기하여 관리하는 등 양자 사이에 재산의 혼동이 있는 경우, ④ 회사가 당초부터 사업규모에 비추어 극히 적은 자본으로 설립되고, 업무수행에 필요한 자본의 대부분을 지배주주로부터 대부받는 형식으로 회계가 운영되는 경우, ⑤ 친자회사의 경우에 이사 등 임원의 겸임이 있는 경우 등을 들 수 있다. 대판 2001.1.19, 97다21604도 "이와 같은 피고

이정수(Y_2)의 피고 회사(Y_1) 주식양수 경위, 피고 이정수(Y_2)의 피고 회사(Y_2)에 대한 지배의 형태와 정도, 피고 이정수(Y_1)와 피고 회사(Y_1)의 업무와 재산에 있어서의 혼융 정도, 피고 회사(Y_1)의 업무실태와 지급받은 분양대금의 용도, 피고 회사(Y_1)의 오피스텔 신축 및 분양사업의 규모와 그 자산 및 지급능력에 관한 상황 등 제반 사정에 비추어 보면 피고 회사(Y_1)는 형식상은 주식회사의 형태를 갖추고 있으나 이는 회사의 형식을 빌리고 있는 것에 지나지 아니하고 그 실질은 배후에 있는 피고 이정수(Y_2)의 개인기업이라 할 것이고 따라서 피고 회사(Y_1)가 분양사업자로 내세워져 수분양자들에게 이 사건 건물을 분양하는 형식을 취하였다 할지라도 이는 외형에 불과할 뿐이고 실질적으로는 위 분양사업이 완전히 피고 이정수(Y_2)의 개인사업과 마찬가지라고 할 것이다"라고 판시하여 껍데기화되었음을 인정하고 있다.

(6) 법인격 부인의 효과

1) 실체법상의 효과 법인격부인론이 적용됨으로써 당해 사안에 대하여 법인과 사원의 분리원칙이 배제되어 회사와 그 배후자는 실질적 동일체로 간주되고, 따라서 회사의 효과의사를 바로 그 배후자의 의사로 보는 것이므로, 회사 채권자는 직접 지배주주에게 책임을 물을 수 있고, 반대로 지배주주에 대한 채권자는 회사에게 직접 책임을 추궁할 수 있게 된다. 그러나 法人格을 부인하는 것은 회사의 法人으로서의 존재 그 자체에 어떠한 변화를 주는 것은 아니고 구체적인 사건의 해결에 관련된 범위에서 法人格이 없는 것과 마찬가지로 취급하는 데 그친다. 즉 법인격의 중요한 기능이라고 할 수 있는 會社와 社員의 분리라는 효과를 일시적, 부분적으로 부정함으로써 상대방은 거래의 명의인이 누구인가를 불문하고 사원 또는 회사(법인) 어느 쪽에 대하여도 거래상의 책임을 추궁할 수 있게 되는 것이다. 대판 2001.1.19, 97다21604도 "그런데 피고 이정수(Y_2)는 아무런 자력이 없는 피고 회사(Y_1)가 자기와는 별개의 독립한 법인격을 가지고 있음을 내세워 이 사건 분양사업과 관련한 모든 책임을 피고 회사(Y_1)에게만 돌리고 비교적 자력이 있는 자신의 책임을 부정하고 있음이 기록상 명백한 바, 이는 신의성실의 원칙에 위반되는 법인격의 남용으로서 심히 정의와 형평에 반하여 허용될 수 없다 할 것이고, 따라서 피고 회사(Y_1)로부터 이 사건 오피스텔을 분양받은 원고(X)로서는 피고 회사(Y_1)는 물론 피고 회사의 실질적 지배자로서 그 배후에 있는 피고 이정수(Y_2)에 대하여도 위 분양계약의 해제

로 인한 매매대금의 반환을 구할 수 있다"고 판시하였다(동 대판 2004.11. 12, 2002다66892). 이러한 제한적인 효과를 인정하는 것은 한편으로는 회사를 法人으로 존속시켜 유효성을 인정하는 동시에, 다른 한편으로는 반사회적인 목적으로 회사제도를 이용하는 것을 저지하여 구체적인 상황에 적합한 문제해결을 꾀하고자 함이다.

2) 소송법상의 효과　會社의 法人格이 否認되는 경우에도 訴訟法上의 旣判力은 당사자 이외에는 미치지 않는다고 보기 때문에 개인이나 그가 지배하는 회사 중 누구에게 채무명의를 가지는가에 따라 달라진다. 즉 회사에 대한 판결의 기판력 및 집행력을 가지고 사원에 대하여 강제집행을 하고자 하면 사원에 대하여 다시 채무명의를 얻어야 한다(정찬(상) 421). 이러한 취지에서 대판 1995.5.12, 93다44531은 "○○회사와 XX회사가 기업의 형태나 내용이 실질적으로 동일하고, ○○회사는 회사의 채무를 면탈할 목적으로 설립된 것으로서 ○○회사가 XX회사의 채권자에 대하여 XX회사와는 별개의 법인격을 가지는 회사라는 주장을 하는 것이 신의성실의 원칙에 반하거나 법인격을 남용하는 것으로 인정되는 경우에도, 권리관계의 공권적인 확정 및 그 신속·확실한 실현을 도모하기 위하여 절차의 명확·안정을 중시하는 소송절차 및 강제집행절차에 있어서는 그 절차의 성격상 XX회사에 대한 판결의 旣判力 및 집행력의 범위를 회사에까지 확장하는 것은 허용되지 아니한다"고 판시하였다.

제 3 절 會社의 能力

권리능력과 회사의 기관을 통한 행위능력·불법행위능력을 보유한다.

會社는 法人이므로 自然人과 마찬가지로 일반적인 권리의무의 주체로 될 자격, 즉 一般的 權利能力을 가지고 있다. 그러나 회사의 활동은 자연인의 행위를 통하여 실현될 수밖에 없는데 그 회사의 활동을 매개하는 사람을 會社의 機關이라고 부른다. 따라서 기관의 행위는 곧바로 회사 자신의 행위로 인정되기 때문에 회사는 기관을 통하여 스스로 법률행위를 할 수 있으며, 그러한 의미에서 行爲能力을 가지고 또 不法行爲能力도 있다.

제 1 權利能力

회사의 일반적 권리능력 자체는 자연인의 경우와 다를 바 없지만, 법인이라는 사실로부터 다음과 같은 약간의 제한이 있다.

1. 性質에 의한 制限

(1) 제한의 범위

'법인'이라는 특성에 의한 권리능력이 제한된다.

회사는 자연인이 아닌 법인이기 때문에 性이나 연령, 생명, 신체, 친족관계를 전제로 하는 권리와 의무인 신체상의 자유권, 親權, 扶養의 권리의무 등을 향유하거나 부담하지 아니한다. 그러나 회사도 명예권, 商號권 등의 인격권이나 대리권을 가질 수 있으며 遺贈도 받을 수 있다. 회사는 상업사용인 되지 못하지만 다른 회사의 주주나 유한책임사원이 될 수 있다(손주446, 이철(회)65, 정동(회)47).

(2) 이사·감사·지배인

회사는 다른 회사의 이사·감사가 될 수 없다.

성질상의 제한과 관련하여 회사가 다른 회사의 이사 또는 감사가 될 수 있는가 하는 점이 문제된다. 이에 관하여는 긍정설(강·임393, 정동(회)47, 서·정289, 이병403), 부정설(이철(회)66, 채387, 박·이66, 최기(회)77) 및 업무담당이사와 감사에 한하여 부정하는 견해(정희290, 손주446)가 대립한다. 생각건대 이사와 감사는 법인인 회사의 의사결정과 집행을 대신하는 기관을 의미하기 때문에 자연인에 한정된다고 보는 부정설이 타당하다. 이는 인적 개성을 중시하는 지배인 등 商業使用人도 마찬가지이다. 다만 회사의 發起人은 법인이라도 상관없다(同 이철(회)66; 反 정찬(상)432).

2. 法令에 의한 制限

[사례 Ⅰ-3-1: 법령에 의한 회사의 권리능력제한]

(i) Y주식회사는 상호신용금고법에 의해 설립된 상호신용금고이다. X는 A에게 1,500만원을 대여하고 그 지급확보를 위하여 A로부터 액면 1,500만원의 약속어음을 발행받으면서, A의 채무를 보증하는 뜻으로 Y회사 대표이사 B에게 위 어음에 배서해 줄 것을 요구하였다. 이에 B는 Y회사의 이사회결의를 받지 않은 채 Y회사를 대표하여 위 어음에 배서하여 X에게 교부하였다. X는 A회사의 부도로 어음금을 지급받지 못하게 되자, Y회사에 대하여 배서인의 담보책임의 이행을 요구하였다. 이에 대해 Y회사는, Y회사 명의로 된 대표이사 B의 배서는 상호신용금고법 제17조 제2항에 규정된 이사회결의와 재무제표 및 장부에 계상하는 절차를 거치지 아니한 채무부담행위로써 무효라고 주장하였다. Y의 주장은 타당한가? (대판 1985.11.26, 85다카122 참조).

(ii) Y회사는 광명그룹의 회장인 C가 위 그룹의 자금조달을 쉽게 하기 위하여 단기금융업법에 의해 설립한 투자금융회사이다. 광명그룹의 주력기업인 A회사의 대표이사인 C는 동회사가 X보험회사로부터 대출을 받는 데 담보가 필요하자 Y회사의 대표이사인 B에게 지시하여, A회사가 발행한 어음에 Y회사가 어음보증을 하게 하였다. A회사의 부도로 어음금을 지급받지 못한 X회사가 Y회사에 보증책임의 이행을 구하자 Y회사는, 이 건 어음보증은 동일인에 대한 편중여신으로써 단기금융업법 제11조에 위반하여 무효라고 주장하였다. Y의 주장은 타당한가? (대판 1987.12.8, 86다카1230 참조)

회사의 법인격은 상법 등 법률에 의해 부여되는 것이므로 회사의 권리능력이 법령의 제한에 따르는 것은 당연하다.

(1) 상법상의 제한

회사는 타회사의 무한책임사원이 되지 못한다.

회사에 일반적으로 인정되는 법령상의 권리능력제한으로는 다른 회사의 無限責任社員이 되지 못한다는 것이 있다(173). 만일 이를 허용하면 회사의 존립의 기초가 다른 회사에 의해 좌우되기 때문에 각 회사의 독립적인 운영이 위협받는다는 점을 고려한 것이다(정희 291). 그러나 相互出資나 相互支

給保證 등 다른 수단에 의하여도 企業集中이 심화되고 있는 현재 이러한 권리능력제한이 타당성을 가지는 가는 의문이다. 이외에도 解散後의 회사 또는 破產宣告를 받은 회사는 淸算 또는 破產의 목적 범위 내에서만 권리를 향유하고 의무를 부담한다는 제한이 있다(245, 269, 542①, 613①).

(2) 특별법상의 제한

1) 문제점 은행, 보험, 증권회사와 같은 금융업을 목적으로 하는 회사들은 그 설립근거법에 의하여 겸업이나 다른 사업분야의 행위를 할 수 없도록 제한을 받고 있다(은행38, 보험9·10 등). 특히 [사례 I-3-1]과 같이 서민금융이나 특별한 목적을 위해 설립한 상호신용금고 또는 농업협동조합 등은 일반은행과는 달리 자금의 차입이나 운용 등에 있어 엄격한 규제를 받게 된다. 그런데 이러한 제한을 會社의 權利能力 자체에 대한 제한으로 볼 것인가, 아니면 단순한 행정적인 團束法規로 볼 것인가 하는 점이 문제된다. 이를 권리능력제한으로 보게 되면 위 [사례 I-3-1]에서 법령위반행위는 효력이 없고, 따라서 회사(Y)는 대표기관(B)의 행위에 대하여 책임이 없다.

금융업을 목적으로 하는 회사에 대한 엄격한 규제를 권리능력 제한 문제로 볼 것인지 단속법규로 볼 것인지의 문제이다.

2) 학 설 이를 효력규정으로 보는데 찬성하는 소수견해가 있기는 하지만(이병403, 양·박185), 이 규정들은 단속법규로서 권리능력과는 무관하고 그 제한의 위반도 사법상의 효력에는 영향이 없다고 보는 것이 다수견해이다(이철(회)66, 정동48, 강·임394).

3) 효력규정으로 본 판례 판례는 종래 이를 단속법규로 보았으나 대판(전) 1985.11.26, 85다카122에 의하여 그 입장을 변경하였다. 즉 [사례 I-3-1-i]과 유사한 사안에서 이 판결의 다수의견은 "상호신용금고법 제17조 제1항 및 제2항의 차입행위 등 채무부담제한에 관한 규정은 서민의 금융 및 저축업무를 담당하는 상호신용금고가 경영자의 무분별하고 방만한 채무부담행위로 인한 자본구조의 악화로 부실화됨으로써 그 업무수행에 차질을 초래하고 신용질서를 어지럽게 하여 서민거래자의 이익을 침해하는 사태가 발생함을 미리 방지하려는 데에 그 입법취지가 있다고 하겠으므로, 이러한 차입 등 채무부담의 제한규정은 단순한 단속법규가 아니라 효력법규로서 이에 위반한 채무부담행위는 무효라고 보아야 할 것이다"라고 판시하였다. 그러나 소수의견은 "상호신용금고의 자금차입행위는 상호신용금고법 제11조 소정의 상호신용금고가 그 목적으로 하는 업무 자체에는 해당하지 아니하나 그 소요자금의 조달 등 목적수행을 위하여 필요한 부수적 업무에는 해당한다 할 것이고 동법 제17조 제2항의 차입절차 규정은 상호신용금고의 금융업무의 건실한 경영을 확보하고 계원 및 부금자 등의 이익보호를 도모하기

위한 내부적인 제약규정으로 단속규정이라 할 것이므로 위 규정에 반하는 차입행위의 사법상의 효력을 부인할 것은 아니다"라는 입장을 밝히고 있다.

4) 단속규정으로 본 판례 그러나 대판 1987.12.8, 86다카1230은 [사례 I-3-1-i]과 유사한 사안인 [사례 I-3-1-ii]에서 "단기금융업법 제11조를 둔 뜻은 원래 영리법인인 단기금융회사의 자금운용업무 등은 그 회사의 자율에 맡기는 것이 옳겠지만, 그가 갖는 자금중개기능에 따른 공공성 때문에 특정인에 대한 과다한 자금의 편중운용을 규제함으로써 보다 많은 사람에게 여신의 기회를 주고자 함에 있다 할 것이므로, 이 규정은 이른바 단속규정으로 볼 것이고 따라서 이를 위반하여 자금의 운용이 이루어졌다 하더라도 사법상의 효력에는 아무런 영향이 없다"고 판시하여 앞의 전원합의체 판결과는 상반된 입장을 보이고 있다(同 대판 1988.1.19, 86다카1384; 1987.12.12, 87다카1458).

3. 目的에 의한 制限

[사례 I-3-2: 회사의 목적과 권리능력]

(i) 투자금융주식회사인 Y_1은 건설회사인 Y_2, 주택회사인 Y_3 등과 함께 광명그룹 산하의 회사로서 광명그룹의 회장인 A가 제도금융을 이용하여 위 그룹의 자금조달을 쉽게 할 목적으로 자본금 100억원으로 설립한 회사이다. Y_2는 X로부터 금 2억 3천만원을 차용하면서 대표이사 A의 지시에 따라 그 담보로서 Y_2가 발행인이 되고 금액이 2억 3천만원, 수취인 Y_1으로 된 약속어음 1매를 발행하여 Y_1의 대표이사인 B로 하여금 위 약속어음에 보증의 뜻으로 배서하게 하였다. B는 이 어음에 Y_1회사명의의 배서를 하여 이를 X에게 양도하였다. X가 지급기일에 Y_2에 지급제시 하였으나 지급이 거절되자 Y_1에게 소구의무의 이행을 구하였다. 그러나 Y_1은 B의 어음배서는 Y_1회사의 정관소정의 목적범위 외의 행위라는 이유로 그 지급을 거절하였다. Y_1의 지급거절은 타당한가? (대판 1987.10.13, 86다카1522 참조)

(ii) ① 자본금 5,000억원인 H철강주식회사의 대표이사인 C는 동사를 대표하여 집권당에 정치헌금으로 1억원을 기탁하였다. 소수주주 X는 이러한 C의 행위는 H회사의 정관소정의 사업목적을 넘은 것일뿐 아니라 이사의 충실의무에 위반하였다는 이유로 C를 상대로 손해배상책임을 구하는 대표소송을 제기하였다. X의 청구는 타당한가? ② 만일 H회사가 부도직전에 몰려 하청대금의 지급도 어려운 형편에서 집권당에 10억원의 정치헌금을 한 경우는 어떠한가?

(1) 의 의

민법 제34조(정관의 목적 범위 內에서의 권리능력 보유)를 영리법인인 회사에 유추적용할지 여부

자연인은 어떠한 목적을 가지고 이 세상에 태어나는 것이 아니기 때문에 권리능력에는 제한이 없다. 그러나 법인은 일정한 사회적인 목적을 가지고 생겨나고 이러한 목적은 定款에 목적사항으로 기재된다. 이에 따라 民法 제34조는 법인의 권리능력은 정관소정의 목적범위 내에서 권리의무를 가지는 것으로 규정하고 있다. 문제는 營利法人인 회사에도 이 규정이 유추 적용될 것인가 하는 점이다(이상원, “정관으로 정한 목적과 회사의 권리능력”, 「상사판례연구(Ⅰ)」, 307). 이를 부정한다면 상관없지만 만일 이를 긍정한다면 회사도 定款에 기재된 범위 내에서만 권리능력을 가지게 되므로 회사의 代表機關이 목적범위 외의 행위를 하게 되면 이는 회사에 대해 효력이 없게 된다. 목적에 의한 권리능력제한 문제는 회사의 설립이후 해산시까지에 관련되는 것이므로 설립중의 회사가 ‘설립의 목적범위내’에서, 그리고 청산중의 회사가 ‘청산의 범위내’에서 각각 권리능력이 제한되는 것과는 구별된다(정희 291).

민법 제34조의 유추적용을 긍정하는 견해를 취하나 목적에 의한 제한의 범위를 제한하려는 해석상의 노력이 이루어져 왔다.

[사례Ⅰ-3-2-i]에서 보면 거래상대방인 X가 대표이사 B의 어음배서행위가 구체적으로 Y_1회사의 정관소정 목적범위내인가를 알아보기 위해서는 등기부를 열람할 수밖에 없다. 그러나 거래시마다 이를 확인하는 것이 번거로울 뿐 아니라 구체적인 행위(어음배서)가 그 목적 범위 내에 속하는 여부가 명확하지 않은 경우가 많다. 만일 어음배서가 Y_1회사의 목적범위 외의 행위로 판명이 난다면 X는 Y_1회사에 대해 擔保責任을 물을 수 없고 代表理事인 B 개인에 대해 無權代理人의 책임을 추궁할 수밖에는 없다. 그러나 대개 B는 無資力인 경우가 많기 때문에 Y_1회사의 신용을 보고 돈을 빌려준 X는 예기하지 못한 손해를 보게 된다. 이러한 관점에서 民法 제34조의 유추적용을 긍정하는 견해를 취하더라도 목적에 의한 제한의 범위를 가급적 제한하려는 해석상의 노력이 이루어져 왔다.

(2) 학설 · 판례

회사의 능력은 정관소정의 목적범위 내로 제한되지 않는다.

1) 제한부정설 회사의 능력은 정관소정의 목적범위 내로 제한되지 아니한다는 견해이며 국내의 통설이다(서돈275, 이철(회)71, 손주449, 정동(회)51, 최기507, 채389, 이기(회)104~105, 김용73, 강·임395). 그 논거는 i) 민법 제34조를 회사에 준용한다는 명문의 규정이 없고, ii) 定款의 목적사업은 이익획득의 수단에 불과하므로 이로써 회사의 권리능력을 제한해야 할 이론적 근거는 박약하며, iii) 목적에 의한 권리능력의 제한을 인정하면 회사에 불리할 때에는 ‘能力外의 契約’이라는 이유로 책임을 회피함으로써 거래의 안전을 해할 우려가 있으며, iv) 비교법적으로 보아도 대

륙법계에서는 목적에 의한 권리능력제한을 인정하지 않을 뿐 아니라 종래 능력외이론을 엄격하게 적용하던 영미법계에서도 최근에 와서는 대폭적으로 이를 완화하는 추세에 있다는 것이다(최완진, "대표이사의 대표권제한과 남용", 고시연구(2000.10), 152). 이 견해는 定款에 기재된 회사의 목적은 회사의 기관에 대한 권한을 제약하는 효력을 가지는 것으로 보기 때문에 회사의 대표기관이 목적범위 외의 행위를 하더라도 그 행위는 효력이 있고 다만 代表機關의 權限濫用으로 된다고 본다. 이 설에 의하면 [사례 I-3-2-i]에서 Y_1회사의 권리능력은 정관소정의 목적사항에 제한을 받지 않기 때문에 대표이사 B의 어음배서행위는 Y_1회사의 어음배서로써 효력을 가진다. 따라서 Y_1회사는 X에 대해 배서인으로서 담보책임을 부담한다.

회사의 능력에 관해 민법 제34조의 유추적용을 긍정한다.

2) 제한긍정설 회사에 대해 민법 34조의 유추적용을 인정하여 회사의 권리능력은 정관소정의 목적에 의해 제한된다고 본다(강·임394, 정희293, 박·이69, 김용277, 이병407). 다만 거래의 안전을 위하여 목적의 범위를 점차적으로 넓게 해석하여 왔다. 즉 당초에는 목적범위를 목적 자체에 속하는 행위, 즉 '정관에 정한 목적으로 기재된 사항'만에 한정되는 것으로 엄격하게 해석하였지만 그 후 '목적을 수행하는데 필요한 행위'로 이를 확장하였고, 나아가 '정관소정의 문자에 구애됨이 없이 이로부터 추리 연역되어야 할 사항'을 포함하는 것으로 보았다. 그리고 특정한 행위가 목적범위 내에 속하는 여부는 행위자(대표자)의 주관적 의사에 기하여 판단할 것이 아니고 행위의 객관적 성질에 의해 추상적으로 결정되어야 하는 것으로 보고 있다. 현재는 이에서 더 나아가 '정관소정의 목적에 명시적으로 반하지 않는 사항'은 모두 목적 범위내의 행위로 봄으로써 사실상 제한부정설과 차이가 없게 되었다.

제한긍정설 입장에서 목적범위를 확장해석해 왔다.

3) 판 례 판례는 제한긍정설의 입장에서 그 목적범위를 확장 해석하여 왔다(권기범, "회사의 권리능력", 「정희철 교수정년기념논문집」(1985.2), 100). 대판 1987.10.13, 86다카1522는 [사례 I-3-2-i]과 유사한 사안에서 "회사도 법인인 이상 그 권리능력이 정관으로 정한 목적에 의하여 제한됨은 당연하나 정관에 명시된 목적 자체에는 포함되지 않는 행위라 할지라도 그 목적수행에 필요한 행위인가 여부는 문제된 행위가 정관기재의 목적에 현실적으로 필요한 것이었던가 여부를 기준으로 판단할 것이 아니라 그 행위의 객관적 성질에 비추어 추상적으로 판단할 것이다. 피고(Y_1)는 단기금융업법의 적용을 받는 단기금융회사로서 위 법 제7조 소정의 어음 및 채무증서의 발행 및 어음의 할인과 매매, 어음의 인수 및 보증, 어음매매의 중개 등의 업무를 정관상의 목적으로 표방하고 있는 바 피고회사(Y_1)의 대표이사(B)가 주식회사 광명건설(Y_2)이 원고(X)로부터

금원을 차용하고 발행한 이 사건 어음에 그 지급을 담보하기 위하여 배서한 행위는 피고회사(Y_1)의 정관에 명시된 목적 그 자체는 아니라 할지라도 그 행위의 객관적 성질에 비추어 보아 그 목적수행에 필요한 행위로서 피고회사(Y_1)의 목적범위 내의 행위"라고 판시하고 있다(대판 1988.1.19, 86다카1384; 1987.9.8, 87다카1349; 1991.11.22, 91다8821; 2005.5.27, 2005다480). 또 대판 2005.5.27, 2005다480은 "그 판단에 있어서는 거래행위를 업으로 하는 영리법인으로서 회사의 속성과 신속성 및 정형성을 요체로 하는 거래의 안전을 충분히 고려하여야 할 것인바, 회사가 거래관계 또는 자본관계에 있는 주채무자를 위하여 보증하는 등의 행위는 그것이 상법상의 대표권 남용에 해당하여 무효로 될 수 있음은 별론으로 하더라도 그 행위의 객관적 성질에 비추어 특별한 사정이 없는 한 회사의 목적범위 내의 행위라고 봄이 상당하다"고 판시하였다.

(3) 정치헌금의 경우

회사의 정치헌금이 상당한 금액인지 여부에 따라 '목적범위 내의 행위'인지 여부를 판단한다.

회사의 목적에 의한 權利能力制限 여부는 [사례 I -3-2-ii]와 같이 정치헌금 등 무상의 급부행위에 대해서도 적용되는가 하는 점이 문제된다(강희갑, "주식회사의 지배구조에 관한 미국법의 동향", 「박길준교수화갑기념논문집」(1998.9), 263). 우리 나라에는 아직 이와 관련된 직접적인 판례가 없지만 日本의 最高裁判所判決(日最高判 1970.6.24, 民集 24-6, 625)은 위 사례와 유사한 사안에서 "회사는 사회를 구성하는 사회적 실재로서 그에 따른 사회적 작용을 부담하여야 하기 때문에 일견 정관소정의 목적과 관계없어 보이는 행위인 경우에도 회사에 사회통념상 기대 내지 요청되는 행위는 목적에 포함되는 것으로 보아야 한다. 정당은 의회민주주의의 불가결한 것으로서 사회의 구성단위인 회사에 대하여도 정당의 발전에 협력하는 것이 당연히 기대되는 것이고 그 협력의 한 형태로서 정치헌금의 기부도 상당한 금액이면 회사의 목적범위 내에 속한다"라고 판시하였다(박홍대, "판례에서 본 회사대표자의 정관기재 목적범위외의 행위", 「강위두교수화갑기념논문집」(1996.2), 469). 국내 학설도 회사가 사회의 구성원으로서 통상 행하는 정도의 기부행위는 당연히 허용되는 것이므로 정치헌금도 이러한 점에서 다른 일반의 기부와 다르지 않다는 입장을 취한다(정동(회)54, 채392, 註商(II-上)99).

이러한 견해에 따르면 [사례 I -3-2-ii]의 ①에서 자본금 5,000억원의 대회사인 H회사에서 1억원 정도의 정치헌금은 목적범위 내의 행위로 된다고 보여지며 따라서 C대표이사의 행위는 대표이사의 忠實義務에 반하지 않는 것으로 보아야 할 것이다. 그러나 [사례 I -3-2-ii]의 ②와 같이 회사의 기본 영업행위인 납품대금도 지급할 수 없는 어려운 상황에서 10억원의 거액을 헌금한 것은 목적범위를 벗어난 것으로서 C대표이사의 행위는 충실의무에 위반하였다고 할 것이다.

제 2 意思能力·行爲能力

법인의 의사능력과 행위능력을 인정하는 견해가 통설이다.

法人의 본질에 대한 **擬制說**을 취하면 회사에는 意思能力과 行爲能力은 없고 회사는 대리인의 법률행위에 의해 발생되는 권리의무의 귀속을 받는 것에 불과하다. 이에 대해 **法人實在說**에 의하면 법인은 1개의 유기체 내지 조직체로서 사회적으로 실재하는 생활체이고 그 조직의 일부를 이루는 기관의 지위에 있는 자가 그 지위에서 한 의사표시와 법률행위는 법인 그 자체의 법률행위로 된다고 한다. 따라서 법인도 의사능력이나 행위능력이 인정된다고 한다(정찬(상)437, 이철(회)73). 국내에서는 법인의 의사능력과 행위능력을 인정하는 견해가 통설이다. 생각건대 회사에 권리능력을 인정하는 이상 이를 누릴 수 있게 하는 의사능력과 행위능력도 인정하는 것이 당연하다고 하겠다.

대표기관의 행위에 대하여 대리에 관한 규정을 유추적용한다.

회사에 의사능력과 행위능력을 인정한다고 하여도 代表機關이 하는 대표행위의 방식이나 효과에 관한 특별한 규정은 없으므로 대리에 관한 규정이 유추적용된다(民59 ②).

제 3 不法行爲能力과 犯罪能力

[사례 Ⅰ-3-3: 회사의 불법행위능력과 범죄능력]

(i) ① 변호사업계의 전문지인 "서울 변호사신문"을 발행하고 있는 Y회사의 편집국장이자 대표이사인 A는 X변호사의 업무를 방해할 목적으로 동 변호사가 사건 브로커를 고용하여 형사사건을 싹쓸이하고 있다는 중상 기사를 여러 차례 동 신문에 개재하였다. 이로 인해 상당한 손해를 입게 된 X변호사는 Y회사와 A를 상대로 손해배상청구를 하였다. Y회사와 A는 책임이 있는가? ② 만일 A가 이사 겸 편집국장인 경우에는 어떠한가? ③ 만일 A가 단순한 편집국장인 경우에는 어떠한가?

(ii) Y건설회사의 대표이사인 A는 이 회사가 건축한 상가를 분양하고 대금전액을 완납받은 후 소유권이전등기 절차를 이행하였다. 분양대금은 Y회사의 채무변제와 세금납부에 충당하였다. 그런데 이 상가는 Y회사의 전 대표이사가 이미 X에게 분양하고 대금전액을 완납받은 것이었다. 전 대표이사는 회사의 자금난으로 행방을 감추었고 대신 A가 대표이사로 취임하면서 그 분양사실

을 알고 있었다. 분양대금 상당의 손해를 입게 된 X는 Y회사와 A를 배임죄로 처벌해 줄 것을 고소하였다. Y회사와 A는 배임죄의 주체가 될 수 있는가? (대판 1984.10.10, 82도2595 참조)

1. 不法行爲能力

(1) 회사의 불법행위책임

法人實在說에 의하면 회사에 행위능력이 인정되는 결과로서 당연히 不法行爲能力도 인정하게 된다. 회사에 불법행위능력을 인정하게 되면 회사의 기관이 그 업무를 집행함에 있어 고의 또는 과실로 인하여 타인에게 손해를 가한 때에는 회사 자신의 不法行爲로 되어 회사가 그 손해배상책임을 부담한다. 따라서 [사례 I-3-3-i]의 ①에서 A대표이사의 불법행위로 인하여 X가 입은 손해에 대해 Y회사는 책임이 있다.

불법행위능력도 인정된다.

(2) 대표기관의 책임

이와 같이 회사(Y)에 不法行爲能力을 인정하는 한 대표이사 개인(A)의 불법행위는 이론상 성립할 여지가 없을 것이다. 그러나 商法은 회사를 대표하는 社員 또는 代表理事가 그 업무집행으로 인하여 타인에게 손해를 가한 때에는 회사는 그 사원과 연대하여 배상할 책임이 있다고 규정함으로써(210, 269, 389③, 567) 대표기관 구성자(A)에게도 책임을 지우고 있다. 회사(Y)와 대표기관(A)의 책임은 不眞正連帶責任이므로 Y회사가 X에게 손해를 배상한 때에는 A에게 求償權을 행사할 수 있다(정희 295).

대표기관이 타인에게 손해를 가할시 그 대표기관과 회사는 부진정연대 책임을 지고 구상권을 인정한다.

(3) 회사의 사용자책임

그런데 [사례 I-3-3-i]의 ②와 ③의 경우에는 A는 代表機關이 아니고 단순한 理事會의 구성원 또는 사용인 지위에 지나지 않기 때문에 A의 불법행위가 Y의 불법행위가 되지는 아니한다. 다만 Y회사는 A의 사용자로서 民法 제756조에 의한 使用者賠償責任을 부담할 뿐이다(대판 1969.7.22, 69다702; 1966.9.20, 66다1166; 1971.6.8, 71다598).

비대표기관의 행위에 대해 회사는 사용자배상 책임을 진다.

2. 犯罪能力

私法上의 不法行爲能力과는 별개로 법인인 회사가 刑法上의 犯罪行爲의 주체가 될 수 있는가 하는 것은 회사의 범죄능력과 관련하여 문제된다

회사는 범죄능력이 없다. 단

(이용식, "법인의 범죄능력과 형법에 있어서의 제조물책임", 「상사판례연구(Ⅰ)」, 333). 이에 관하여 통설·판례는 형법상의 범죄행위는 자연인의 행위에 의해서만 수행될 수 있다는 근거에서 법인의 일반적인 범죄능력을 부정한다. 다만 行政特別法上 兩罰規定이 있어 법인을 벌금형의 주체로 한 경우에는 예외적으로 범죄능력을 인정한다(서·정293, 손주452, 이기(회)106). 이러한 취지에서 대판 1984.10.10, 82도2595는 [사례 Ⅰ-3-3-ii]와 유사한 사안에서 "형법 제355조 제2항의 배임죄에 있어서 타인의 사무를 처리할 의무의 주체가 법인이 되는 경우라도 법인은 다만 사법상의 의무주체가 될 뿐 범죄능력이 없는 것이며 그 타인의 사무는 법인을 대표하는 자연인인 대표기관의 의사결정에 따른 대표행위에 의하여 실현될 수밖에 없어 그 대표기관은 마땅히 법인이 타인에 대하여 부담하고 있는 의무 내용대로 사무를 처리할 의무가 있다 할 것이므로 법인(Y)이 처리할 의무를 지는 타인(X)의 사무에 관하여는 법인(Y)이 배임죄의 주체가 될 수 없고 그 법인을 대표하여 사무를 처리하는 자연인인 대표기관(A)이 바로 타인의 사무를 처리하는 자, 즉 배임죄의 주체가 되는 것"이라고 판시한 바 있다.

제 4 公法上의 能力

성질에 반하지 않는 한 회사의 공권에 대한 권리능력은 인정된다.

회사는 그 성질에 반하지 않는 한 公權의 권리능력을 가지며 구체적으로는 개개의 법령에서 정하는 바에 의한다. 즉 회사는 請願權, 行政不服申請權 등 각종의 공권을 향유하고 또 法人稅 기타 稅의 납부 또는 공법상의 의무를 부담한다. 한편, 회사는 민사소송의 당사자능력과 소송능력이 인정되고 또 형사소송의 소송능력도 가진다(民訴60, 刑訴27).

제 4 절 會社의 法的 規律

제 1 會社法의 意義

1. 實質的 意義

실질적 의의의 회사법은 회사에 관한 法規의 總體라고 보는 것이 다수설(서돈256, 손주422, 정동(회)57, 이철(회)6, 최기461, 註商(II-上)38)이지만 私法規定만을 의미한다고 보는 소수설(정희265, 채363, 정찬(上)399)도 있다. 회사법은 회사를 둘러싼 각종 이해관계의 조정과 법률관계의 원활한 처리 등을 규율목적으로 하는 법이다. 구체적으로는 회사의 조직과 회사의 형성, 회사와 사원간의 관계, 사원상호간의 관계, 회사 또는 사원과 제3자와의 관계, 회사의 소멸 등을 그 내용으로 한다. 이러한 목적을 실현하기 위해 회사법은 대외관계뿐만 아니고 대내관계에 대하여도 원칙적으로 엄격한 強行規定을 설정하고 이에 적극적으로 간섭하고 있다. 다만 그 정도는 회사의 종류에 따라 다르다.

회사를 둘러싼 각종 이해관계·법률관계의 처리 등을 규율하는 법으로 강행규정성이 있다.

合名會社와 같이 사원의 개성이 중시되고 또 사원의 無限責任에 의해 회사채권자 보호가 이루어지는 경우에는 사원의 자치가 광범위하게 인정된다. 이에 반해 이해관계자가 많은 株式會社에 있어서는 대부분 強行規定일 뿐 아니라, 公示主義를 철저히 하여 회사에 관한 중요사항을 널리 공시함으로써 관계자를 보호하고 있다. 또 그 공공성에 비추어 국가기관인 法院의 광범위한 개입이 인정된다. 그러나 규율의 주안점은 어디까지나 회사를 둘러싼 각 이해관계자의 사적 이익의 조정이기 때문에 회사법의 대부분은 私法的 규정으로 되어 있다. 다만 그 실효성을 보장하기 위한 약간의 절차적·공법적 규정(소송법, 비송사건절차법 및 벌칙규정)도 포함한다. 그리고 회사에 관련된 법규라도 자유경쟁질서의 확보를 목적으로 하는 獨占禁止法이나 각종 산업에 대한 특별법 등은 회사법과 규율의 이념을 달리 하는 것으로써, 회사법에 포함시키지 않는다.

2. 形式的 意義

形式的 意義의 회사법은 상법 제3편을 말하는데, 여기에는 회사에 고유한 법적 사항 이외에도 절차적 규정, 행정적 규정 및 형사적 규정이 다수 포함되어 있다.

제 2 會社法의 特性

회사법은 기업의 주체에 관한 법이다.

會社法은 공동기업의 형태인 회사의 종류, 조직 및 활동에 관한 법률관계를 정하는 것이기 때문에 기업의 주체에 관한 법으로서 상법의 중요한 일부분을 구성한다. 따라서 상법이 다른 법에 대하여 가지는 특성은 회사법의 특성이라고도 할 수 있다.

1. 會社法에 고유한 特色

(1) 단체성

회사법은 단체법으로서 특색을 가진다.

회사법상의 여러 규정들은 회사라는 社團의 조직과 운영에 관한 것이다. 즉 회사내부 사원간의 관계에 관한 규정도 개인 대 개인의 관계가 아니라 사단의 구성원이라는 측면에서 규율된다. 이러한 의미에서 회사법은 개인 상호간의 대등관계를 정하는 個人法에 대해 團體法으로서의 특색을 가진다. 즉 다수결 원칙, 사원평등 원칙, 단체와 기관간의 대표관계, 법률관계의 획일적 확정요청 등은 이러한 단체법으로서의 특색을 보여주고 있다.

(2) 영리성

회사는 각 구성원의 경제적 이익확보를 목적으로 한다.

會社는 營利團體로서 각 구성원의 경제적 이익의 확보를 목적으로 한다. 즉 회사는 구성원의 영리추구의 수단임을 그 본질로 한다. 따라서 회사법상의 여러 규정은 그 구성원의 경제적 이익의 보호와 이에 관련하여 생기는 관계자간의 이해관계의 공정한 조정을 중요한 목표로 하고 있다. 그러한 의미에서 회사법은 國家 기타의 公法人 또한 公益法人에 관한 법과 같이 공익달성을 본래의 목적으로 하는 것과는 구별된다.

(3) 공공성 · 사회적 책임

회사법은 사원의 경제적 이익의 보호와 그 조정을 주요 목적으로 하지만 사원의 영리추구는 공익에 반하지 않는 범위에서만 인정되는 것은 물론이다. 이러한 공공성의 요구는 다수의 이해관계자가 참여하는 주식회사에서 현저히 나타난다. 이리하여 주식회사는 단지 사원인 주주의 영리추구를 위한 수단이라는 의미를 넘어서 사회적인 존재로서, 사회가 요구하는 일정한 책임을 부담하는 공동단체적 성격을 가진다고 하겠다.

다수이해관계자의 존재로 인해 공공성이 요구되고 사회적 책임을 진다.

다만 주식회사의 社會的責任이라고 할 때에는 단지 경영자들이 가져야 할 사명감과 자세를 의미한다고 보는 견해도 있고 법적인 책임으로 보는 견해도 있다. 또한 상법에 기업의 사회적 책임에 관한 일반규정을 두어야 한다는 주장도 있으나 아직 실현되지는 않고 있다.

(4) 강행성

이와 같이 회사법은 단체적 성질을 가지고 있으므로 강행규정의 성질을 가진다. 그러나 사원이 대외적인 직접책임을 지고, 비교적 소수의 인원으로 구성되는 인적회사의 법률관계는 사원들의 자율에 맡기는 부분이 많다고 하겠다. 그러나 주주뿐 아니라 채권자, 일반투자자 등 다수의 이해관계인들이 개재하는 주식회사에 관련되는 규정들은 대부분이 강행규정으로 되어 있다.

다수의 이해관계인의 보호를 위해 강행규정을 가진다.

2. 商法의 共通的 特徵

會社法은 상법의 한 부분으로써 상법이 가지는 일반적인 특색을 가지고 있다. 그러나 회사법의 목적상 이러한 특성이 보다 현저하게 나타나는 경우가 많고 公示主義와 外觀主義가 그러한 예라고 할 것이다. 또한 회사는 국민경제에 중요한 위치에 있으며, 국민재산의 관리자로서 국민다수의 생활이 회사에 의존하고 있기 때문에 회사법에 있어서는 企業維持의 理念이 특히 요청된다(최준선, "2006년 회사법개정안의 논점", 「기업법연구」(2006.12), 32).

상법상 특성인 공시주의, 외관주의가 나타나고, 기업유지의 이념이 요구된다.

제 3 會社法의 改正 추이

상법의 여러 부분 중에서도 회사법은 우리경제 현실에 가장 민감하게

경제현실과 관

련한 회사법의 현실적응성의 요청과 IMF사태를 계기로 한 회사법의 대대적인 개정이 이루어졌다.

대응하는 분야므로 경제상황의 변화에 따라 빈번히 개정될 필요가 있다. 그러나 상법(회사법)은 1962년 처음 제정된 이래, 오랜 동안 개정하지 않고 방치되다가 1984년에 처음으로 개정된 후 1995년, 1998년, 1999년에 잇따라 개정되고 있다. 특히 1998년과 1999년의 개정은 IMF사태의 원인으로 지목되었던 우리 기업의 투명성 확보와 지배구조개선에 그 초점이 맞추어져 있으며, 종래 회사법의 근본구조를 바꾸는 대대적인 개정이라는 점에서 매우 중요한 의의를 가진다고 하겠다.

1. 1962년 制定法

상법은 1962년 법률 제1,000호로 제정되었다. 그 이전에는 日本商法에 근거한 이른바 依用商法이 적용되고 있었는데, 이 때 제정된 상법은 회사법 부분에서 종전과는 크게 다른 입장을 취하였다. 즉 영미법적인 제도를 대폭적으로 도입하여 i) 주주총회중심주의 대신 이사회중심주의를 취하였고, ii) 수권자본제도를 도입하였으며, iii) 자금조달의 기동성을 높이기 위해 상환주식, 할인발행제도, 사채발행의 확대를 하였으며, iv) 유한회사법을 폐지하고 이를 상법에 흡수하였다.

2. 1984년 改正法

(1) 개정 배경

경제발전을 통한 법과 현실의 괴리 및 80년대 들어서의 재벌의 경제력 집중현상 등에 대한 규제가 필요하게 되었다.

상법이 제정된 이후 우리 경제는 비약적인 발전을 하였으며 그에 따라 회사는 수에서는 물론이거니와, 그 규모면에서도 제정 당시와는 비교할 수 없을 정도로 성장하였다. 이에 따라 회사법이 경제 현실을 제대로 규율할 수 없는 법과 현실의 괴리현상이 나타나게 되었지만, 이는 주로 특별법의 제정으로 메우고 기본이 되는 회사법의 개정은 제때에 이루어지지 못하였다. 특히 1980년대에 들어오면서 財閥에 의한 경제력 집중현상이 두드러지게 나타나면서 독점의 완화가 중요한 경제현안으로 등장하자 1980년에는 '獨占規制및公正去來에관한法律'이 제정되었다. 이와 보조를 같이하여 상법에서도 경제력 집중의 중요한 수단이 되는 相互株 保有를 규제할 근거를 마련하고, 그 이외에도 상법운용상 문제가 되었던 여러 가지 사항을 보완할 법개정이 시급하다는 주장이 강하게 제기되었다. 이리하여 상법 제정 후 20여년이 경과한 1984년에 와서야 첫번째로 대대적인 개정이 이루어지게 되었다.

(2) 주요 내용

이때 새로 도입하였거나 개정된 내용 중 중요한 것만을 살펴보면, i) 주식회사의 최저자본제의 도입(329①), ii) 감사에 대한 업무감사권의 부여(412), iii) 주식배당제도의 도입(462의2), iv) 주식양도방법의 일원화(336), v) 자회사에 의한 모회사 주식의 취득제한(342의2), 의결권의 불통일행사(368의2), 상호주에 대한 의결권제한(369③), 주주총회결의 부존재확인의 소의 신설(380) 등이다.

3. 1995년 改正法

(1) 개정 배경

1991년에 상법이 또 한차례 개정되었으나 이 때는 제4편 保險法과 제5편 海商法에 한정된 것이었다. 1990년대에 들어오면서 우리 경제는 대외적으로는 개방화, 국제화의 추세가 두드러지고 대내적으로는 자율화, 규제완화 경향이 현저하게 나타나면서 회사법에도 큰 영향을 주게 되었다. 특히 회사의 규모가 커지면서, 현실과는 동떨어진 회사법상의 엄격한 절차나 규제로 인하여 쓸데없는 비용과 노력이 소모된다는 불만이 고조되었다. 나아가 대주주와 그에 추종하는 경영진들의 전횡을 견제할 장치를 마련함으로써 주주, 채권자, 일반투자자, 경영자 등의 이해 관계를 균형있게 보장할 필요성도 제기되었다. 이러한 제반 요청에 부응하여 1995년에 회사법의 제2차 개정이 이루어졌으나, 이 때의 개정이 오히려 소액주주와 경영자의 이해를 조화시키기보다는 지나치게 경영자의 편익에 기울어졌다는 비판도 있다(안이 23).

(2) 주요 내용

개정내용 중 중요한 부분을 보면, i) 주식회사 설립절차의 간소화(298, 299의2, 310③), ii) 정관에 의한 주식의 양도제한 허용(335①但) 및 양도승인절차의 신설(335의2~335의7), iii) 주주총회결의요건의 완화(368①, 434), iv) 반대주주의 주식매수청구권(374의2, 530), v) 결의취소판결 등의 소급효 인정(376②, 380, 190本), vi) 감사의 지위강화(410, 412의2~412의4), vii) 회계처리의 합리화, vii) 간이합병의 신설(522①但) 등이다.

4. 1998년 · 1999년 · 2001년 改正法

(1) 개정 배경

1997년 말 닥친 IMF사태는 우리경제 전반에 걸친 획기적인 개혁을 요구하게 되었다. 특히 IMF사태의 가장 큰 원인 중의 하나가 재벌체제가 가지는 비민주적인 경영구조와 불투명성, 경직성에 있다는 주장이 힘을 얻게 되면서 會社法, 證券去來法, 公正去來法 등 기업법 분야에서 광범위한 개정작업이 추진되었다. 그 일환으로 1998년과 1999년 및 2001년에 연속적으로 회사법의 개정이 이루어졌는데 이는 우리 회사법의 기본골격을 바꾸는 정도의 대대적인 수술이라고 할 수 있다.

그 개정 방향은 크게 다음과 같은 세 가지로 압축할 수 있다. 첫째, 기업지배구조를 개선하여 대주주의 전횡을 견제하고 소수주주권을 강화하는 것이다. 둘째, 기업인수·합병(M&A) 등 기업구조조정의 원활과 신속성을 보장하기 위한 제도적 장치의 마련과 보완이다. 셋째, 기업의 자금조달, 특히 외자유치를 위한 투자유인책을 마련하는 것이다.

(2) 1998년 개정 내용

주요 개정내용을 조문의 순서대로 살펴보면, i) 합병, 자본감소 등에 있어 채권자이의기간의 단축(232①), ii) 주식의 최저액면가 인하(329④), iii) 주식분할제도의 도입(329의2), iv) 주주제안제의 도입(363의2), v) 소수주주권 행사요건의 완화(366, 363의2, 385, 402, 403, 466, 476), vi) 집중투표제의 도입(382의2), vii) 이사의 충실의무(382의3), viii) 업무집행지시자의 책임(401의2), ix) 중간배당제도의 도입(462의3), x) 소규모합병제도(527의2), xi) 회사분할제도의 도입(530의2 이하) 등이다.

(3) 1999년 개정 내용

주요 개정내용을 살펴보면, i) 주식매수선택권(스톡옵션)의 도입(340의2이하), ii) 의장의 총회질서 유지권한(366의2), iii) 서면결의제의 도입(368의3), iv) 이사회결의 방법의 개선(391), v) 이사회 내 위원회제도의 도입(393의2), vi) 감사위원회제도의 도입(415의2이하) 등이다.

(4) 2001년 개정 내용

주요 개정내용을 살펴보면, i) 주식회사 및 유한회사의 경우 1인의 발기인에 의한 회사설립을 가능하게 하고(288, 543), ii) 정기 주주총회의 특별결의에 의하여 주식을 매수 소각할 수 있도록 하며(342의2), iii) 지주회사 설립 등을 용이하게 하기 위하여 주식교환·이전제도를 새로이 도입하고(360의2 이하), iv) 회사 영업에 중대한 영향을 미치는 다른 회사의 영업 일부의 양수에 대하여도 주주총회의 특별결의를 얻도록 하고 있으며(374①4), v) 주식매수청구권 행사시 주식의 매수가액을 곧바로 법원에 대하여 그 결정을 청구할 수 있도록 규정하며(374의2 ④,⑤), vi) 이사의 회사의 업무에 관한 정보접근권을 강화하며(393), vii) 주주외의 자에게 신주를 배정하는 경우에는 정관에 의하도록 하되 회사의 경영목적상 필요한 경우로 제한하여 주주의 신주인수권을 강화하는 것(418)을 그 주요내용으로 하고 있다.

제 2 장
商法上의 會社

개 요

상법상의 회사로는 합명회사, 합자회사, 주식회사 및 유한회사의 네 종류가 있다. 이 네 가지 회사의 구별기준은 주로 사원이 회사채무에 대해 어떠한 형태와 범위에서 책임을 지는가에 따른 것이다. 그러나 이론적, 경제적인 측면에서는 이와 다른 기준으로 회사를 분류하기도 한다.

이 장에서는 이들 각종회사에 공통된 사항인 설립, 구조개편, 소멸, 회사법상의 소, 회사의 벌칙에 관하여 살펴보고 각종회사의 차이를 출자, 채권자보호, 투하자본 회수, 기관구성, 자본과 재산의 관계로 나누어 다룬다. 이어 초점을 주식회사에 맞추어 주식회사의 기본구조를 개관한다.

주요 내용

o 상법상의 회사 — 합명회사, 합자회사, 주식회사, 유한회사
o 인적회사와 물적회사
o 모회사와 자회사, 상장회사와 비상장회사, 공개회사와 폐쇄회사
o 각종회사의 설립, 조직변경, 합병, 해산, 청산, 계속
o 회사법상의 소 — 소의 종류 · 특성 · 절차, 판결의 효력
o 회사의 벌칙 — 형사벌, 행정벌
o 각종회사의 차이 — 출자, 채권자보호, 기관, 투하자본회수, 자본과 재산
o 주식회사의 의의 — 자본단체, 주식, 유한책임
o 주식회사의 경제적 기능과 폐해
o 주식회사의 법적 규제 — 공시주의와 사적자치의 제한

제 1 절 會社의 種類

제 1 商法上 會社

1. 區分基準

상법상의 회사로는 合名會社, 合資會社, 株式會社 및 有限會社의 4종류가 있다(170). 이와 같이 상법이 네 종류의 회사만 인정하는 것은 회사를 둘러싼 법률관계의 명확성을 기하기 위해 다른 형태의 회사를 인정하지 않으려는 취지이다. 이 네 가지 회사의 구별기준은 주로 社員이 회사채무에 대해 어떠한 형태와 범위에서 責任을 지는가에 따른 것이다. 즉 사원이 회사채무에 대해 直接·連帶·無限責任을 부담하는가, 아니면 間接·有限責任을 부담하는가, 아니면 사원 중 일부는 無限責任을 부담하고 나머지 일부는 有限責任을 부담하는가에 따른 구별이다. 이러한 사원의 책임형태는 그 회사의 대외적 신용의 기초가 어디에 있는가를 결정하는 중요한 요소로서, 회사와 거래하는 제3자의 가장 중요한 관심사이기 때문에, 회사법은 이를 기준으로 하여 4종의 회사를 구별짓고 있는 것이다(오수근·김성애, "회사 형태의 선택에 관한 실증연구", 「상사법연구」(2002.5), 398).

사원이 회사의 채무에 대해 어떠한 형태의 책임을 지느냐에 따라 합명·합자·주식·유한회사로 나뉘어진다.

2. 合名會社·合資會社·株式會社·有限會社

(1) 합명회사

合名會社는 회사재산으로 회사채무를 완제할 수 없는 경우에 모든 사원이 회사채권자에 대해 直接·連帶·無限責任을 부담하는 회사이다(212). 즉, 합명회사는 無限責任社員만으로 구성되는 회사이다.

2인 이상의 무한책임사원으로 구성된다.

(2) 합자회사

合資會社는 회사재산으로 회사채무를 완제할 수 없는 경우에 사원 중 일부가 회사채권자에 대해 直接·連帶·無限責任을 부담하고(212, 269), 나머지 사원은 회사채권자에 대해 출자액의 한도 내에서 直接·連帶責任을 부담하는 회사이다(279). 즉 합자회사는 無限責任社員과 有限責任社員의 2원적 조

무한책임사원과 유한책임사원이 1인 이상으로 구성된다.

직을 가지는 회사이다.

(3) 주식회사

유한책임사원으로 구성되는 일원적 조직의 회사이다.

株式會社는 社員(株主) 전원이 회사에 대해 보유주식의 引受價額을 한도로 하여 출자의무를 부담하는 데 그치며(331), 회사채무에 대하여 직접적으로는 어떠한 책임도 부담하지 않는 회사를 말한다. 즉, 주식회사는 유한책임사원인 주주만으로 구성되는 일원적 조직의 회사이다.

(4) 유한회사

사원이 자본전보책임을 지는 등, 인적회사의 특성을 동시에 가진다.

有限會社는 사원 전원이 회사에 대하여 유한의 출자의무를 부담하는 데 그치고(553), 회사채무에 대하여는 직접적으로 아무런 책임도 부담하지 않는 회사이다. 이러한 의미에서 유한회사 사원의 책임은 주주의 책임과 동일하나 유한회사에서는 사원이 특정한 경우, 회사에 대해 出資約束額을 넘는 資本塡補責任을 부담하는 경우도 있고(550, 551, 593, 607④), 회사의 내부관계에서도 많은 부분에서 주식회사와 다른 원칙이 인정된다.

3. 大會社·小會社

상법상 자본총액 5억원 미만의 소회사에 관해서는 특별규정을 두어 대회사와 구분하고 있다.

상법은 명시적으로 대회사와 소회사를 구별하지는 않으나 자본총액이 5억원 미만의 소규모 주식회사에 대하여는 특별규정을 두고 있다(383 ①但). 즉 주식회사는 이사가 3인 이상이어야 하며, 대표이사와 이사회가 분화되는 것이 원칙이지만, 이러한 소규모회사에 있어서는 이사를 1인 또는 2인으로 할 수 있다(383 ①但). 이사가 1인인 경우에는 이사회나 대표이사가 따로 존재하지 않으므로 이사회결의사항은 주주총회결의로 대체하며(383 ④), 이사회소집에 관한 규정이 적용되지 아니하고(383 ⑤), 그 이사가 이사회의 기능과 대표이사의 기능을 담당한다(383 ⑥).

제 2 기타 分類

商法典상으로는 네 종류의 회사가 있지만, 학설상 또는 경제적으로는 다음과 같은 여러 관점에서 회사를 분류할 수 있다.

1. 學說上 分類

(1) 인적회사 · 물적회사

사원과 회사의 관계에 의한 구별이다. 人的會社에 있어서는 사원과 회사의 결합 정도가 매우 높고, 이에 따라 사원의 개성이 중요한 의미를 가진다. 즉 사원은 회사채무에 대해 직접 · 연대 · 무한책임을 부담하는 동시에 業務執行權 및 會社代表權을 가지고, 따라서 소유와 경영이 일치하게 된다. 회사신용의 기초가 사원 개인에 있고 사원 상호간의 신뢰관계를 기초로 하기 때문에 사원지위의 이전이 매우 어렵다. 이에 대해 物的會社에 있어서는 사원과 회사의 결합정도가 희박하여 사원은 출자금액을 한도로 하는 간접 · 유한책임을 부담하고, 업무집행권과 회사대표권을 가지지 않으므로 자연스럽게 소유와 경영의 분리가 이루어진다. 그리고 회사의 대외적 신용은 전적으로 회사의 재산에 있으므로 사원지위의 이전은 매우 용이하다.

인적회사에서는 소유 · 경영이 일치하고 직접 · 연대 · 무한책임을 진다.

인적회사의 전형은 合名會社이고 물적회사의 전형은 株式會社이다. 나머지 회사는 이들 양 요소를 포함하는 중간형태지만 합자회사는 인적회사로서의 색채가 강하고 유한회사는 물적회사의 성격이 농후하다.

(2) 개인주의적 회사 · 단체주의적 회사

社員資格과 業務執行의 관계를 기준으로 하는 구별이다. 개인주의적 회사는 사원이 당연히 업무집행권과 회사대표권을 가지는 自己機關原則이 적용된다. 이에 대해 단체주의적 회사는 각 사원만이 당연히 업무집행사원과 회사대표가 되는 것이 아니고, 별도로 경영능력을 가진 자 중에서 선발하여 기업경영에 참여시키는 제3자기관이 가능하다. 개인주의적 회사는 의사결정에서 전원일치를 원칙으로 하고 사적자치가 광범위하게 인정됨에 대해, 단체주의적 회사는 다수결을 기본으로 하고 강행법에 의한 규제가 많다. 인적회사 · 물적회사의 구별과 별다른 차이가 없다.

물적회사는 자신이 출자한 금액의 한도내에서 간접 · 유한책임을 질 뿐이다.

2. 經濟的 分類

(1) 지배회사 · 종속회사

어느 회사가 계약이나 자본참가 또는 임원파견 등의 수단에 의해 다른 회사의 경영을 지배하는 경우에 이들은 支配會社와 從屬會社의 관계에 있게 된다. 현행법상 지배·종속관계에 있는 회사로는 상법상의 母會社와 子會社, 그리고 公正去來法上의 持株會社와 事業會社가 있다.

1) 모회사·자회사 어떤 회사가 다른 회사의 발행주식의 총수의 100분의 50을 초과하는 주식을 가진 경우 그 회사를 母會社라고 하고, 다른 회사를 子會社라고 한다(342의 2①). 이 경우 자회사가 모회사의 주식을 취득할 수 없는데, 이는 지배·종속관계에 있는 회사간에 株式의 相互保有를 금지하기 위함이다. 그러나 연결제무제표 기준은 다른 회사의 발생주식총수의 과반수 취득으로 지배·종속관계를 인정하는 점에서 상법과 차이가 있다.

다른 회사의 발행주식총수를 소유하는 회사인 지주회사는 완전모회사이다.

2) 지주회사(완전모회사)·사업회사(완전자회사) 持株會社란 사업활동을 하지 않고 다른 회사의 주식을 소유함으로써 그 회사를 지배하는 것을 유일한 목적으로 하는 회사를 말한다(公去 8①). 그러나 일반적으로는 보다 넓게, 직접 사업활동을 함과 동시에 다른 회사를 지배하기 위하여 주식을 소유하는 회사까지 포함하는 의미로 사용하고 있다. 상법상으로는 지주회사를 完全母會社라고 하며 다른 회사의 발행주식총수를 소유하는 회사이다(360의 2①). 이 경우에는 母會社와 유사하다(안경봉, "지주회사 설립시 고려하여야 할 몇 가지 논점", 「고시연구」(2000.2), 49). 事業會社란 持株會社의 지배하에서 직접 사업활동을 영위하는 회사를 말하며 完全子會社에 해당한다.

(2) 상장회사·비상장회사

상장회사는 주식을 증권거래소에 상장한 법인을 말한다.

유가증권시장에 상장된 유가증권의 발행인을 上場會社(上場法人)라 하고 그렇지 않은 법인은 非上場會社라고 한다(證去2 ③3,4). 일반적인 용어로 公開會社, 非公開會社라고도 하나 상장회사와 정확히 일치하는 개념은 아니다. 상장법인은 內部者去來禁止, 公示主義 등에 관해 금융감독위원회의 엄격한 감독을 받으나 회사가 필요한 자금을 자본시장에서 직접 조달할 수 있다는 측면에서 바람직하다고 하겠다. 일반적으로는 자본금이 일정규모 이상의 대회사는 상장법인인 경우가 많고 소규모의 회사는 비상장법인이지만, 자본금수 천억원 이상의 대회사도 여러 가지 이유에서 상장을 하지 않는 경우도 많다.

(3) 공개회사·폐쇄회사

그 구별기준은 반드시 명확한 것은 아니지만, 閉鎖會社는 사원의 수가 적고, 정관에 의한 주식양도의 제한이 있으며, 주식이 증권거래소에 상장되어 있지 않은 회사를 말한다. 公開會社는 이와 반대의 특징을 가진 회사이다.

3. 設立根據法에 의한 區分

(1) 상사회사 · 민사회사

商行爲를 業으로 하는 회사를 商事會社, 그 이외 營利行爲를 업으로 하는 회사를 民事會社라고 한다. 상사회사는 固有의 商人이고 민사회사는 의제상인으로 개념상 구별되지만, 양자는 모두 상법의 적용을 받기 때문에 구별의 실익은 없다.

상사회사 · 민자회사 모두 상법의 적용을 받는다.

(2) 내국회사 · 외국회사

內國會社는 국내법에 의해 설립된 회사이며 外國會社는 외국법에 준거하여 설립된 회사이다. 따라서 외국회사는 우리 상법상의 회사는 아니지만 한국에서 영업을 하는 한, 일정한 요건하에서 상법의 적용을 받는다[621]. 내국회사, 외국회사의 구별은 자본의 구성이 외국계 자본으로 되어 있다든지, 외국에 있는 모기업의 국내 자회사와 같은 外資會社와 그렇지 않은 內資會社 또는 合作會社의 구별과 다른 것임을 유의하여야 한다. 外資會社는 자본의 경제적 구성이 외국계라는 것일 뿐 법률상으로는 엄연히 국내법에 의해 설립된 국내회사인 경우가 대부분이기 때문이다.

외국회사라도 국내에서 영업을 하는 한 상법의 적용을 받는다.

(3) 일반법상의 회사 · 특별법상의 회사

대부분의 회사가 상법의 적용만을 받는 일반법상의 회사이지만 상법 외에 특별법의 규정에 따르는 특별법상의 회사가 있다. 이 중에는 특수한 사업을 영위하는 회사에 공통적으로 적용하기 위해 제정된 일반특별법상의 회사가 있고(은행, 보험, 신탁, 증권), 한국전력주식회사법과 같이 특정한 회사만을 위해 제정된 特定特別法上의 會社가 있다.

일반법상 회사와 특별법상 회사는 상법의 적용을 받는다.

제 2 절 各種會社의 共通事項

제 1 會社의 設立

사원의 출자는 회사설립의 중요요소이다.

會社의 設立은 영리사업을 영위하는 데 필요한 자금을 모으고, 공동으로 사업에 참여할 사원을 모집하여 회사라는 법인을 만드는 것이다. 설립에 있어서는 회사의 운영에 필요한 물적 기초인 회사재산을 형성하기 위한 社員의 出資가 중추적인 요소가 된다.

1. 總 說

(1) 설립의 의의

정관작성, 사원·출자확정, 기관구성, 그리고 설립등기를 하면 회사가 설립된다.

회사의 설립은 회사라는 社團法人을 창설하기 위한 일련의 행위로 이루어지는 법률요건을 말한다. 설립행위는 社團이라는 단체를 형성하는 부분과 法人을 성립시키는 두 부분으로 나누어진다. 즉 회사가 형성되기 위해서는 첫째, 단체의 조직활동을 정하는 기본원칙인 定款을 작성하고, 둘째 단체의 구성원이자 출자자인 社員과 각 사원이 제공하는 出資를 확정해서, 단체의 활동을 실현할 機關을 구성하고, 셋째 設立登記를 하여야 한다.

이러한 절차는 모든 회사에 공통되지만 두번째 단계인 實體形成에 있어서는 회사의 종류에 따라 많은 차이를 보이게 된다. 가령 인적회사의 전형인 합명회사의 경우를 보면, 사원수도 적고 지분양도에 의한 사원변동도 용이하지 않기 때문에 사원 및 사원의 출자 등이 설립시에 정관에서 처음부터 확정된다. 또 사원은 정관에 다른 정함이 없는 한, 법률상 당연히 회사의 업무를 집행하고 회사를 대표하는 기관으로 되기 때문에 따로 기관을 구성하는 절차도 요구되지 않는다. 또 사원전원이 회사채권자에 대해 直接·連帶·無限責任을 부담하기 때문에 회사성립 전에 출자가 현실적으로 이행되어야 할 필요도 없다. 따라서 회사는 정관의 작성과 설립등기만으로 성립하므로 설립절차는 매우 간단하고 신속하게 종료된다. 이에 비하여 물적회사의 전형인 주식회사는 발기인, 주식의 인수와 청약, 출자의 이행, 설립경과의 조사 등 매우 복잡한 절차를 거쳐 설립된다.

(2) 준칙주의와 제한

1) 준칙주의 회사설립에 대하여 대부분의 국가는 처음에는 각 회사마다 군주의 특허나 의회의 특별입법을 필요로 하는 特許主義를 채택하였다. 그러나 경제발전에 따라 회사수가 많아지면서 설립시마다 특별법을 제정하는 것이 매우 불편하게 되자 회사설립에 요구되는 일반적인 조건을 규정한 법을 제정하고, 행정관청의 심사를 거쳐 설립면허를 부여하는 免許主義로 이행하였다. 그러나 면허주의도 자본주의 경제의 발전에 따른 회사설립의 폭발적인 수요에 부응하지 못하게 되자, 아예 사전 허가나 면허를 폐지하고 회사법에 정한 요건과 절차를 구비하면 회사의 성립을 인정하는 準則主義로 이행하였다. 상법도 일반적인 회사에 대하여는 준칙주의를 채택하고 있다.

요건과 절차를 구비하면 회사의 성립을 인정한다.

2) 준칙주의의 제한 이와 같이 회사설립에 준칙주의가 원칙이기는 하지만 은행이나 보험, 증권, 신탁업 등 공공의 이익에 중대한 관계가 있는 사업을 영위하기 위해서는 특별법에 의한 주무관청의 許可 또는 認可가 필요하다. 영업의 허가 또는 인가는 영업수행을 위한 요건으로서 법인격의 취득을 위해 필요한 設立免許와는 구별되지만, 사실상 영업면허를 취득하지 못하는 한 설립이 불가능하다는 측면에서는 준칙주의에 대한 제한이라고 할 수 있다. 또한 한국전력주식회사와 같이 회사의 설립을 위하여 특별법의 제정이 요구되는 경우에는 그 한도 내에서 특허주의가 존속하고 있다.

공공의 이익에 관계되는 특별법상의 회사에 있어서는 아직까지 특허주의를 채택하고 있다.

(3) 설립행위의 법적 성질

설립행위의 법적 성질은 合同行爲라는 것이 통설이다(서·정306, 손주453, 최기512, 채403). 다만 주식회사 설립의 경우에는 定款作成과 株式引受를 구분하여, 전자는 합동행위지만 후자는 계약이므로 그 설립은 전체적으로 볼 때에는 합동행위와 계약이 병존한다는 견해도 있다(정희297, 정동(회)95, 정찬(상)441). 이에 대하여 정관작성이나 주식인수는 모두 계약이며, 다만 단체법적인 특성이 반영된 사단법적인 계약 또는 조직법상의 계약이라고 보는 소수설이 있다(이철(회)86). 그러나 설립행위를 사단적 실체를 형성하기 위한 법률요건이라고 본다면, 이는 설립을 구성하는 구체적 법률행위(定款作成, 株式引受)와는 구별되는 것이며, 따라서 설립행위를 전체적으로는 合同行爲라고 보아도 상관없다고 생각한다.

설립행위는 합동행위이다.

2. 設立節次

會社의 設立은 정관의 작성, 사원의 확정, 출자의 이행, 기관의 구성,

설립등기의 순으로 진행된다. 출자의 이행에 관하여는 다음에서 별도로 다루기로 하고 나머지 부분에 대하여만 각종회사의 공통점과 차이점을 살펴본다.

(1) 정관의 작성

회사의 근본규칙을 정하여 이를 정관이라는 서면에 기재하는 것이다.

1) **정관의 의의** 定款은 실질적인 의미에서는 회사의 조직과 활동을 정하는 根本規則을 말하고, 형식적으로는 이러한 규칙을 기재한 書面을 의미한다. 따라서 설립시 정관작성이라 함은 회사의 근본규칙을 정하여 이를 '定款'이라는 서면에 기재하는 것을 말한다. 정관은 회사라는 단체의 자치법규로서(서·정310, 정희297, 이철(회)83~86 外) 회사법의 法源에 포함되며 현재 및 장래의 사원을 구속한다. 회사설립시 최초로 작성된 정관을, 이후 변경된 정관에 대해 原始定款이라고 한다.

사원이 기명날인 또는 서명하면 된다.

2) **정관작성** 정관의 작성은 일정한 사항을 기재하고 사원(발기인)이 기명날인 또는 서명하면 된다. 다만 물적회사에서는 公證人의 認證을 받아야 한다(292, 543③). 정관의 기재사항에는 i) 기재하지 아니하면 정관자체가 무효로 되는 절대적 기재사항, ii) 기재하지 아니하여도 정관의 효력에는 영향이 없지만 기재하면 그 효력이 생기는 상대적 기재사항, iii) 강행법규나 회사의 본질에 반하지 않는 한, 임의로 기재할 수 있는 임의적 기재사항으로 나누어진다.

사실상 회사설립은 종료하고 설립등기만 하면 된다.

3) **정관작성의 의미** 인적회사에서는 정관에서 사원(기관)과 출자가 확정되므로 정관의 작성으로 회사설립은 사실상 종료하고 설립등기만 하면 된다. 그러나 주식회사에서는 정관작성은 설립의 시작에 불과하고 그 이외에도 주주의 확정, 기관의 구성, 출자의 이행과 같은 복잡한 실체형성 과정이 필요하다.

(2) 사원의 확정

정관의 작성으로 확정된다.

합명회사, 합자회사 및 유한회사에서는 사원의 성명이 정관의 절대적 기재사항이므로(179.3, 270, 543②1), 정관의 작성으로 사원은 확정된다. 그러나 주식회사의 경우 주주는 정관에 기재되지 아니하고 별도의 주식인수절차에 의해 확정된다(293, 301~304).

(3) 기관구성

인적회사의 無限責任社員은 원칙적으로 업무집행과 회사대표기관이고(200①, 207, 273), 그 성명이 정관에 기재되므로 정관의 작성으로 기관도 확정된다.

또한 유한회사에서도 초대이사나 감사를 정관에서 정할 수 있다(547, 568②). 그러나 주식회사에서는 발기인 또는 창립총회에서 이사와 감사를 선임하게 된다(296, 312, 547).

(4) 설립등기

회사는 설립등기를 함으로써 성립한다(172). 인적회사의 등기기간에 대하여는 별도의 정함이 없고 주식회사와 유한회사는 법정의 설립절차가 종료한 날로부터 2주간 내에 하여야 한다(317, 549). 설립등기의 효력에는 법인격을 창설하는 효력(본래적 효력)과 부수적 효력이 있다. 이는 일반적인 상업등기가 가지는 對抗力(37)에 대한 예외이다.

회사는 설립등기를 함으로써 성립한다.

■ 각종회사의 설립관련법규정

		합명회사 합자회사	주식회사		유한회사
			발기설립	모집설립	
정관 작성		178, 179 269, 270	289, 292	289, 292	543
실체 형성	사원확정	179.3, 270	293	301~304	543②1
	출자이행	179.4, 270	295	303~307	548
	기관구성	200①, 207, 273	296	312	547, 568
법인격 취득	설립등기 (172)	180, 181, 271	317	317	549

3. 設立의 瑕疵

(1) 하자의 주장

회사가 설립등기에 의해 외관상 성립한 경우에도 설립절차에 흠이 있어 설립의 효력을 그대로 유지시킬 수 없는 경우에는 無效 또는 取消의 대상이 된다. 그러나 회사의 설립에는 많은 이해관계자들이 개재되어 이를 일반원칙에 맡길 수는 없기 때문에 設立無效의 訴 또는 設立取消의 訴(184, 185, 327)라는 제도를 마련하고 있다.

설립절차의 흠은 무효 또는 취소의 대상이 된다.

(2) 주관적 하자 · 객관적 하자

회사설립절차의 하자에는 주관적인 원인에 기한 하자와 객관적인 원인에 기한 하자가 있다. 전자는 설립에 참가한 사원의 개인적인 사정에 기한 것으로서, 가령 사원에게 착오·사기·강박·무능력이 있거나, 사원이 채권자를 詐害할 목적으로 회사를 설립한 경우[185]이고, **후자는** 설립행위가 강행법규 또는 회사의 본질에 반하는 경우이다. 합명회사, 합자회사, 유한회사에 있어서는 사원의 개성이 중요하기 때문에 객관적인 하자에 의한 설립무효 외에 개별 사원의 설립행위에 주관적 하자가 있는 경우에도 회사 자체의 설립무효 및 설립취소가 인정된다. 이에 대해 주식회사에 있어서는 사원의 개성이 중요하지 않기 때문에, 주주의 주관적 원인에 기한 하자는 단지 株式引受의 無效·取消로 됨에 지나지 않고 회사설립 자체의 취소는 인정되지 아니한다. 즉, 주식인수가 취소된 경우에도 발기인의 引受擔保責任으로 해결하고 주주의 개별적인 인수 취소는 회사설립의 무효원인으로 되지 아니한다. 따라서 주식회사에서는 설립절차의 객관적 하자만이 문제로 된다.

(3) 소의 내용

각종회사의 설립무효·취소의 원인, 소의 절차, 판결의 효력 등은 관련되는 부분에서 상세히 설명하기로 한다.

■ 각종회사의 설립무효·취소

<table>
<tr><td rowspan="2">무효
원인</td><td>〈객관적 하자〉
설립절차가 설립에 관한 법정요건을 충족시키지 못하는 경우</td><td>· 정관의 절대적 기재사항의 흠결
· 설립등기의 무효
· 공서양속에 반하는 회사설립</td><td>주식회사</td><td rowspan="3">합명회사·합자회사·유한회사</td></tr>
<tr><td>〈주관적 하자〉
설립절차를 구성하는 개개의 설립행위가 그 행위자에 존재하는 사유로 인해 효력이 없는 경우</td><td>· 사원의 심신상실, 의사흠결</td><td></td></tr>
<tr><td>취소
원인</td><td></td><td>· 무능력, 의사표시의 하자
· 채권자 사해 목적의 회사설립</td><td></td></tr>
</table>

제 2 會社의 構造改編

1. 概 觀

회사는 존속 중 내외적 경영여건과 환경의 변화에 적응하기 위해 그 구조를 개편할 필요가 종종 발생한다. 이러한 회사의 구조조정을 지원하거나 규율하기 위하여 상법을 비롯하여 證券去來法, 公正去來法, 稅法 등에 여러 가지 제도를 마련하고 있다. 회사의 구조개편과 관련한 상법상의 제도로는 i) 營業讓渡(41~45, 374), ii) 유사한 종류의 회사로 전환하기 위한 組織變更, iii) 企業結合(342의2, 369③), iv) 2이상의 회사가 하나로 합하는 合併, v) 그 반대의 會社分割 또는 分割合併 및 vi) 주식의 포괄적 교환·이전에 의한 완전모자회사(지주회사)의 신설 등이 있다. 이외에도 증권거래법상으로는 이른바 기업매수합병(M&A)제도가 있는데, 법적으로는 합병, 주식매수 또는 개정매수(영업양도) 중의 하나이다.

각종회사의 특수성으로 인해 구조개편의 절차가 상이하다.

이러한 회사의 구조개편에 있어서도 각종 회사의 특수성이 반영되어 있으며, 특히 주식회사의 구조개편은 회사의 여러 이해관계자들에게 주는 영향이 크기 때문에 복잡한 절차를 거치게 된다. 여기에서는 구조개편의 주요한 수단이 되는 조직변경과 합병에 대하여, 각종회사에 공통되는 개괄적 사항 및 그 차이만을 살펴보고 기타 자세한 내용은 각 회사부분에서 다루기로 한다. 그리고 1998년 개정상법시 도입된 會社分割 및 2001년 상법개정시 도입된 株式의 包括的 交換·移轉은 주식회사에 대하여만 인정되는 것이므로 주식회사 부분에서 다루는 것이 옳을 것이다.

2. 組織變更

(1) 의 의

1) 개 념　회사의 조직변경은 회사가 그 동일성을 유지하면서 다른 종류의 회사로 변경되는 것을 말한다. 경영상의 여건 변화로 인하여 회사의 조직을 다른 종류로 변경할 필요가 있을 경우에, 일단 회사를 해산하고 다시 다른 종류의 회사를 설립하는 것은 복잡한 절차를 거쳐야 하므로 많은 시간과 비용이 소모된다. 따라서 회사의 동일성을 유지하면서 다른 종류의

동일성을 유지하면서 다른 회사로 변경되는 것이다.

회사로 그 조직을 변경할 수 있는 組織變更制度가 마련되어 있으며, 이는 企業維持의 原則에도 부합하는 것이다.

흡수합병, 사실상의 조직변경은 법률상의 회사조직변경이 아니다.

2) 사실상의 조직변경 조직변경은 회사의 동일성을 유지하면서 다른 종류의 회사로 변경되는 것이므로, 어느 회사가 소멸하고 이를 다른 회사가 승계하는 吸收合倂이나, 회사가 일단 해산·청산하고 그 재산을 재투자하여 다른 종류의 회사를 설립하는 '事實上의 組織變更'과도 구별된다. 대판 1985.11.12, 85누69도 "회사의 조직변경은 회사가 그의 인격의 동일성을 보유하면서 법률상의 조직을 변경하여 다른 종류의 회사로 되는 것을 일컫는다 할 것이고 상법상 합명, 합자회사 상호간 또는 주식, 유한회사 상호간에만 회사의 조직변경이 인정되고 있을 뿐이므로 소외 계룡건설합자회사가 그 목적, 주소, 대표자 등이 동일한 주식회사인 원고 회사를 설립한 다음, 동 소외 회사를 흡수합병하는 형식을 밟아 사실상 합자회사를 주식회사로 변경하는 효과를 꾀하였다 하더라도 이를 법률상의 회사조직변경으로 볼 수는 없다"고 판시하고 있다.

(2) 유 형

물적회사 상호간, 인적회사 상호간에서만 인정된다.

회사의 조직변경은 物的會社 상호간 또는 人的會社 상호간에서만 인정된다(242, 269, 604, 607). 물적회사와 인적회사는 회사의 대외적인 책임관계와 조직의 구성을 근본적으로 달리하므로, 만일 인적회사와 물적회사 상호간에 조직변경을 인정할 경우에는 회사의 동일성이 유지되기 어렵기 때문이다. 따라서 현행법상 인정되는 조직변경은 합명회사와 합자회사 상호간, 주식회사와 유한회사 상호간에서만 인정된다. 그러나 이종회사간의 합병이 허용되는 점을 감안한다면, 조직변경을 이와 같이 제한하는 것은 균형을 잃은 것이라고 할 수 있다(정동(회) 248).

(3) 절 차

사원총회의 특별결의와 채권자보호절차를 거쳐야 한다.

회사의 조직변경은 회사의 사원이나 채권자에게 큰 영향을 주게 되므로, 대부분 사원총회의 특별결의(242①, 269, 604①, 607①)와 채권자보호절차를 거치도록 한다. 이외에도 물적회사에서는 사원의 자본전보책임을 부과한다(604, 605, 607, 608). 또한 조직변경의 효력을 획일적으로 미치도록 하기 위해 조직변경등기를 하여야 하는데, 형식상으로는 변경 전 회사의 해산등기와 변경 후 회사의 설립등기를 한다(606).

3. 合 併

가. 意義와 類型

(1) 의 의

1) 개 념 合併이라고 함은 둘 이상의 회사가 상법의 규정에 따라 하나의 회사로 합하는 것, 즉 합병 당사회사가 그 재산과 사원을 병합하여 1개의 회사로 되는 것을 말한다(대판 2003.2.11, 2001다14351). 합병에는 당사회사 중 하나가 존속하고 다른 회사가 해산하여 여기에 흡수되는 吸收合併과 모든 당사회사가 해산하는 동시에 새로운 회사가 설립되는 新設合併이 있다. 어느 경우이든 합병으로 인하여 i) 당사회사의 일부 또는 전부가 해산과 동시에 소멸하고, ii) 존속회사의 자본증가 또는 새로운 회사의 설립으로 소멸회사의 사원을 존속회사 또는 신설회사에 수용하고, iii) 존속회사 또는 신설회사가 소멸회사의 권리의무를 포괄승계하게 된다. 이와 같이 합병은 재산과 사원을 분리하지 아니한 채, 여러 회사가 하나로 되는 법기술이라는데 그 특징이 있으며, 기업결합의 방법으로는 가장 완벽한 형태라고 하겠다.

2개 이상의 회사가 청산절차를 거치지 않고 하나의 회사도 되는 것을 말한다.

2) 사실상의 합병 합병이란 상법의 규정에 따라 이루어진 것을 말한다. 상법상 합병에 관하여는 회사편의 통칙(174~175), 합명회사(230~240), 합자회사(269), 주식회사(522~529) 및 유한회사(598~603)에 각각 규정을 두고 있다. 그런데 이러한 합병의 규정에 따르지 않고, 하나 이상의 회사가 해산한 후 다른 회사가 신주발행 및 영업양수에 의해 주주를 수용하고 재산을 인계하든가, 둘 이상의 회사가 해산하고 그 사원 및 자산으로 새로운 회사를 설립함으로써 합병과 마찬가지의 효과를 거둘 수도 있다. 그러나 이는 상법에서 정한 요건과 절차에 따르지 않은 것이므로 합병이 아니고 事實上 合併에 지나지 아니한다(정동(회)806, 정찬(상)456). 이러한 경우에는 해산회사에 대해 반드시 청산절차를 요하지만, 합병에서는 청산절차를 요하지 아니하는 데 그 차이가 있다(정희303, 정찬(상)456).

상법상의 요건과 절차를 따르지 않고 합병과 같은 효과를 거둘 수 있다.

(2) 형 태

1) 흡수합병·신설합병 합병에는 당사회사 중 하나가 존속하고 다른 회사가 해산하여 여기에 흡수되는 吸收合併과, 모든 당사회사가 해산하는 동시에 새로운 회사가 설립되는 新設合併이 있다. 흡수합병은 규모가 큰 회사가 작은 회사를 흡수하는 경우에 적합하고, 신설합병은 대등한 회사끼리 합병하는 경우에 적합한 형태라고 할 수 있다. 그러나 실제로는 합병회사의

흡수합병과 신설합병이 있는데 실제에 있어서는 흡수합병이 대부분 이루어진다.

규모와 상관없이 거의 대부분 흡수합병의 방법을 취한다. 신설합병시에는 i) 회사의 설립에 준하여 영업허가나 면허 등을 다시 받아야 하고, ii) 상장회사의 경우에는 주식의 상장절차를 새롭게 밟아야 하며, iii) 주주에게 신주권을 발행하여야 하기 때문에 많은 절차와 비용이 소요될 뿐 아니라, iv) 세제상으로도 매우 불리하기 때문이다(정동(회)804, 정찬(상)457, 이철(회)98).

2) 간이합병 · 소규모합병　합병은 유용한 구조조정 수단의 하나이지만 종래 상법상 합병절차는 매우 번잡하여 그 이용을 기피하는 원인이 되었다. 이리하여 1995년과 1998년 상법개정시 i) 소멸회사(피흡수회사)와 존속회사(흡수회사)간에 특수한 관계가 있는 경우와 ii) 합병의 규모가 미미한 경우에는, 각각 이사회결의로서 주주총회결의를 대신하게 하는 簡易合併(527의2)과 小規模合併(527의3)을 신설함으로써, 합병절차를 대폭적으로 간소화하였다.

■ 합병의 유형

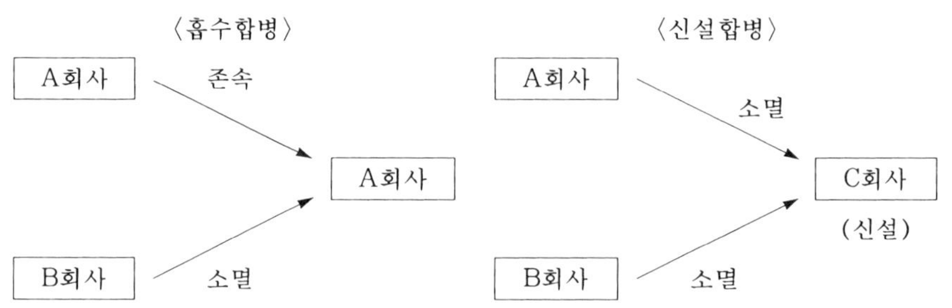

(3) 합병과 M&A(기업매수합병)

기업매수라 함은 매수회사가 피매수회사의 주식의 일부 또는 전부를 매수하거나, 계약에 의해 피매수회사의 사업의 일부 혹은 전부를 매수하여 대상회사의 지배권을 취득하는 것이다. 이 때 앞의 방법을 주식매수라 하고 후

합병은 기업규모의 확대라든가, 경영합리화, 경쟁회피, 시장독점 등 여러 가지 목적을 위하여 행해진다. 그러나 오늘날 이루어지는 합병은 주로 기업의 구조조정과 신규시장의 진출을 위한 기업매수합병(M&A)의 수단으로 사용된다. M&A의 방식으로는 合併 이외에 株式買受와 資産買受(營業讓渡)방식이 있다(정쾌영, "공개매수제도에 관한 고찰", 「상사법연구」(2006), 310).

1) 주식매수　株式買收(stock acqusition)는 매수회사(매수인)가 피매수회사의 주주(매도인)가 소유하는 주식의 전부 또는 일부를 매수하는 것을 말한다. 피매수회사가 주식을 매각한 이후에도 소멸하지 않는다는 점에서 합병과는 구별되며, 또 피매수회사의 자산이나 사업내용에는 변화가 없고 단지 주주가 바뀐다는 점에서 資產買收(영업양도)와도 구별된다. 주식매수는, 피매수회사의 대주주로부터 계약에 의해서 주식을 취득하는 방법, 공개매수에 의한 방법, 피매수회사가 신주를 발행하고 그 신주를 인수하는 방법

의 세 가지가 주로 이용된다. 피매수회사의 주주는 회사의 방침을 따르지 않고 자기 판단으로 자유로이 자기의 소유주식을 매각하기 때문에, 합병의 경우와 같이 소수주주를 보호하기 위한 株式買受請求權은 부여되지 않는다.

자를 자산매수(영업양도)라 한다.

주식으로 회사 지배권을 획득할 수 있는 주식매수의 방법이 가장 많이 이용된다.

2) 이용도　이러한 3가지 M&A의 방법 중 가장 많이 이용되는 것은 주식매수이다(이문성, "M&A의 서론적 고찰", 「상사법연구」(1991), 14). 주식매수의 가장 큰 장점은 피매수회사 주식의 과반수를 취득하면 회사지배권을 획득할 수 있으므로 자산과 부채를 이전하지 않고, 주식양도절차만으로 간단하게 기업을 매수할 수 있다는 것이다. 이에 따라 피매수회사의 주주총회라든가 이사회의 승인은 필요없으며 매수의 대상이 주식에 한정되기 때문에 자산매수에 있어서와 같은 복잡한 절차도 필요없다. 또 주주만 바뀌기 때문에 회사의 동일성이나 사업내용도 변하지 않고 따라서 제3자의 동의를 받을 필요도 없다. 다만 피매수회사가 공개회사로서 다수의 주주로부터 공개매수하는 경우에는, 투자자보호를 위해 일정한 사항을 공시한 서류를 금융감독위원회에 제출하는 등 상세하고 엄격한 규제가 수반되는 점은 있다(강희갑, "기업의 매수·합병(M&A)과 지배주식의 양도", 「상사법연구」(1991), 111).

(4) 합병과 영업양도(자산매수)

資產買收(asset acqusition)는 매수회사(양수인)가 계약에 의해 피매수회사(양도인)의 자산과 사업의 전부 또는 일부를 매수하는 것을 말하며 상법상 營業讓渡에 해당한다.

영업양도와 흡수합병은 경제적으로 동일하다.

1) 유사점　영업양도는 기업의 재산이 일괄하여 다른 기업에 이전하는 점에서 흡수합병과 매우 유사하며 경제적으로도 거의 동일한 취급을 받고 있다. 또한 기업의 중요한 구조변경으로서 그 구성원에 미치는 영향이 크므로, 주주총회특별결의를 거칠 것을 요하고(374, 522), 반대주주에 대하여 株式買受請求權(374의2, 522의3)이 인정되는 점도 동일하다.

영업양도는 거래법상 계약이고 합병은 단체법상 계약이다.

2) 차이점　법적으로 영업양도가 일반 去來法上의 契約에 의한 영업의 이전임에 비하여, 합병은 團體法上의 契約에 의한 회사(법인)간의 합일이라는 근본적인 차이가 있으며 그로부터 다음과 같은 구체적인 차이가 파생한다. ① 해산·청산; 營業讓渡에 있어서 양도인의 재산과 영업이 양수인에게 이전하더라도 양도인의 법적 지위는 소멸하지 않고 존속한다. 물론 양도인의 재산이나 영업이 양도된 경우에는 양도인은 해산·청산절차를 밟아 소멸되는 경우가 보통이지만, 이는 영업양도의 효과로서 당연히 발생하는 것은 아니다. 이에 대하여 合併의 경우에는 합병되는 회사는 당연히 해산하고 다만 청산절차없이 주주와 회사재산이 존속회사 또는 신설회사에 흡수

될 뿐이다. ② 권리 · 의무의 승계; 營業讓渡에서는 계약에서 정한 범위에서 양도회사의 재산이 양수회사에 개별적으로 이전되므로 양도회사는 재산의 일부를 제외시키거나 또는 영업의 일부를 양도하는 것도 가능하다. 또 채무는 채권자의 승낙을 얻어 인수를 하지 않는 한 승계되지 아니한다. 이에 대해 合併은 소멸회사의 모든 권리 · 의무가 당연히 존속회사 또는 신설회사에 포괄적으로 승계된다.

■ **합병과 영업양도의 비교**

		합병(흡수합병)	영업양도
공통점		주주총회 특별결의(374, 522)	
		반대주주의 주식매수청구권(374의2, 522의3)	
차이점	계약	단체법상의 계약 요식계약 (합병계약서, 522)	거래법상의 계약 불요식계약
	재산	포괄이전	개별이전
	채무	당연이전	양도회사 채권자의 승낙
	채권자보호	있음	없음
	해산	피합병회사의 당연해산 (277.4)	양도회사는 당연해산하지 않음

나. 合併의 性質

(1) 합병의 본질론

합병에 의해 소멸회사의 권리 · 의무와 사원의 지위가 당연히 존속회사 또는 신설회사에 포괄적으로 이전되는데, 이러한 현상을 법적으로 어떻게 설명할 것인가 하는 것이 합병의 본질론으로서 크게 人格合一說과 現物出資說이 대립되고 있다.

두개이상의 회사의 인격합일의 결과로서 회사재산의 포괄승계가 이루어진다.

1) 인격합일설 ① 내용; 복수의 회사가 사단법상의 특별한 계약에 의해 합체가 되어 단일회사가 되는 것이라고 한다. 즉, 합병에 의해 소멸회사가 그대로 존속회사 또는 신설회사에 포섭되는 이른바 인격의 합일화가 이루어지며, 인격합일화의 결과로서 회사의 재산과 주주의 이전이 파생된다고 하는 것이다. 이는 합병에서 법인격의 합일이라고 하는 사단법적인 요소를

중시하는 견해이며 국내의 통설이다(손주457, 정동(회)809, 이철(회)101, 강·임414, 채820). ② 비판; 이에 대하여 現物出資說은, 합병의 본질론이 규명하여야 하는 것은 합병시에 재산과 주주지위의 포괄적 이전이 어떻게 이루어지는가 하는 점으로서 두 개 이상의 인격의 합일화라고 하는 것은, 그 외면적 특성을 비유적으로 설명한 것에 지나지 않을 뿐, 아무런 내용이 없는 공허한 것이라고 비판한다.

소멸회사의 현물출자로써 신주가 발행되고 신설회사로 설립한다.

2) 현물출자설 ① 내용; 합병의 본질은 소멸회사의 영업전부를 현물출자함으로써 이루어지는 존속회사의 신주발행(흡수합병의 경우) 또는 신설회사의 설립(신설합병의 경우)이라고 한다. 즉 소멸회사의 재산전부가 존속회사 또는 신설회사에 이전되고 이와 동시에 그 재산을 출자함으로써 존속회사 또는 신설회사의 주식이 발행되어 이를 소멸회사의 주주에게 배정한다는 것이다. 이는 합병에서 재산의 현물출자라고 하는 재산법적인 요소에 중점을 두는 견해이다(서·정641). ② 비판; 이에 대하여 人格合一說은, 현물출자 하는 것은 소멸회사인데 이에 의해 존속회사 또는 신설회사의 주주로 되는 것은 소멸회사가 아니고 소멸회사의 주주라고 보는 것은 법논리상 맞지 않는다고 비판한다.

3) 양설의 차이 양설은 합병의 본질에 대한 이해의 차이에 따라 다음과 같은 몇 가지 구체적인 문제에 대하여도 그 설명을 달리한다. 즉 i) 모회사가 주식의 100%를 소유하는 자회사를 흡수합병하는 이른바 無增資合併을 인정할 것인가, ii) 자산재평가를 하여 채무초과로 확인된 회사를 소멸회사로 하는 합병을 인정할 것인가, iii) 존속회사의 자본(준비금) 증가액의 최고한도는 소멸회사로부터 승계한 순재산액으로 제한될 것인가 하는 것이다. 그러나 어느 견해이든 합병이라는 복잡한 현상에 대한 비유적인 설명일 뿐 그 전체를 명쾌하게 설명하기에는 부족할 뿐 아니라 위에서 제시된 구체적인 문제도 입법상 거의 해결되었기 때문에 오늘날에 와서는 합병의 본질론은 그다지 실익이 없는 논의가 되어 버렸다.

인격합일설이 타당하다.

4) 검 토 앞에서 본 대로 합병이란 영업양도와는 달리 회사(법인)라는 인격체의 합일에 주안점이 있는 것이고, 인격이 합일된 결과 법인의 모든 권리관계가 포괄적으로 이전된다고 설명하는 것이 보다 논리적이라고 할 수 있다. 따라서 여기에서는 人格合一說을 취하기로 한다.

(2) 합병과 합병계약

합병계약은 합병절차중 한 요소이지만 합병과 구분한다.

합병은 합병당사회사의 대표이사간에 체결되는 合併契約을 시작으로 하여, 합병계약의 승인결의, 채권자보호절차, 주식의 병합, 합병등기와 같이 상법에서 정한 절차에 따라 이루어지는 전과정을 말한다. 합병에서 가장 중심이 되는 것은 합병계약이지만 이는 합병이라는 복합적인 과정의 한 요소에 지나지 않기 때문에 합병과 합병계약은 구분하는 것이 통설적 입장이다(정희303, 이철(회)102, 정동(회)804). 여기에서 합병계약과 구별되는 합병도 그 자체로써 하나의 계약으로 볼 것인가, 만일 이를 계약으로 본다면 어떠한 성질의 계약인가, 또 합병과 구별되는 합병계약은 어떠한 계약인가 하는 점이 문제되는 것이다.

합병을 단체법상의 특수한 법률사실로 보는 소수설이 타당하다.

1) **합병의 성질** 통설은 합병 자체를 하나의 계약으로 본다. 다만 그 성질에 대하여는 社團法상의 특수한 계약이라는 설(정희306, 서·정641, 정동(회)814), 물권적 효력을 갖는 계약 혹은 準物權契約이라는 설(박·이95, 김용232)이 있다. 이에 대하여 합병을 團體法상의 특수한 법률사실이며 이를 요건으로 하여 소정의 효과가 발생한다는 소수설이 있다(이철(회)102, 정찬(상)459). 이 견해는 합병을 계약으로 보지 않는 근거로서 i) 당사자간에 합의가 있어야 하는데 대표기관간에 체결되는 합병계약을 제외하고는 따로이 계약으로 볼 만한 의사표시의 교환이 없으며, ii) 합병으로 인한 권리·의무의 포괄적인 승계는 계약의 효력으로써 이루어지는 것이 아니라 법규정의 효과라는 점을 들고 있다. 이 견해가 타당하다고 본다.

합병계약의 성질은 채권계약이고, 조건부계약이라는 것이 통설의 입장이다.

2) **합병계약의 성질** 합병당사회사의 대표기관간에 체결되는 합병계약은 그 계약에 기하여 합병절차를 완료시켜야 할 의무를 부담한다는 점에서 채권계약이며 그 법적 성질은 다음과 같다. ① **단체법상의 계약**; 계약의 당사자는 합병당사회사이며 그 사원(주주)이 아니고, 계약의 내용결정에 있어서는 단체법적인 제약이 많아 사적자치가 제약을 받고, 계약의 이행에 있어서도 각 당사회사의 승인결의와 채권자보호절차 등 가변적인 요소가 많은 점에서 엄격한 이행을 요구하는 개인법적인 채권계약과는 구별된다. ② **조건부계약**; 이와 같이 합병계약이 당사회사의 사원총회에서 승인을 받지 못할 경우 합병이 중도에서 좌절될 수 있으므로, 그 승인결의를 정지조건으로 하는 조건부계약이라고 보는 것이 통설이다(反 이철(회)103). ③ **계약**; 그러나 合併契約은 合併의 豫約이라고 보는 것은 타당하지 않다. 이를 예약이라고 할 경우에는 이후에 예약완결의 의사표시나 본계약 체결에 대한 청약과 승낙이 있어야 하는데, 합병절차상 그러한 의사표시로 볼 수 있는 것은 존재하지 않기 때문이다.

다. 合倂의 自由와 制限

(1) 상법상의 제한

상법상 회사는 자유롭게 합병할 수 있으며(174①), 다른 종류의 회사간의 합병도 인정된다. 다만 다음과 같은 제한이 있다.

회사의 종류와 상관없이 합병할 수 있다.

1) 물적회사와 인적회사간의 합병　회사의 종류와 상관없이 합병할 수 있기 때문에 물적회사(株式會社·有限會社)는 인적회사(合名會社·合資會社)와 합병할 수 있다(174①). 다만 어느 경우에도 존속회사 또는 신설회사는 주식회사 또는 유한회사이어야 한다(174②). 그러나 합명회사와 합명회사, 합명회사와 합자회사, 또는 합자회사와 합자회사가 합병하여 주식회사나 유한회사를 신설할 수는 없다.

2) 유한회사와 주식회사간의 합병　주식회사가 유한회사와 합병하여 유한회사가 존속회사 또는 신설회사로 될 경우에는, 주식회사의 社債償還을 완료하여야 한다(600②). 유한회사는 社債를 발행할 수 없기 때문이다. 한편 유한회사와 주식회사가 합병하여 주식회사가 존속회사 또는 신설회사로 될 경우에는, 법원의 인가를 얻지 아니하면 합병의 효력이 없다(600①). 주식회사에서는 출자를 이행하지 아니한 주주가 책임을 지지 아니하는데, 이를 악용하여 출자미필의 사원이 책임을 회피하는 것을 방지하고자 함이다(551, 593).

(2) 특별법상의 제한

1) 공정거래법상의 제한　독점을 억제하고 자유로운 경쟁촉진을 주된 목적으로 하는 공정거래법은 합병에 의한 기업결합을 독점형성의 주된 수단으로 보고 엄격히 규제를 가한다. 즉 일정한 거래분야에서 경쟁을 제한하는 기업간의 합병과 불공정한 방법에 의한 합병을 금지하고(公去7①3), 이를 사전에 예방하기 위해 일정규모 이상의 합병에 대하여는 공정거래위원회에 사전에 신고하도록 하고 있다(公去12①3).

2) 증권거래법상의 제한　주권상장법인과 주권비상장법인이 합병하고자 하는 경우에 주주총회의 승인(522)은 그 주권비상장법인이 기업등록을 한 날로부터 3월이 경과한 후에 하지 아니하면 그 효력이 없다(證去190). 또 주권상장법인이 다른 법인과 합병하고자 하는 경우에는 합병요건·절차 등 합병기준에 따라 합병관련사항을 금융감독위원회와 증권거래소에 신고하여야 한다(證去190의2①).

3) 통합도산법상의 제한　파산절차가 진행중인 회사는 합병할 수 없고

수 없고(破 329①), 회사정리절차가 진행중인 회사는 회사정리법에 의하여만 합병할 수 있다(破 193②).

4) 기타 특별법상의 제한　은행, 보험 등 금융업 및 특수한 업종을 영위하는 회사가 합병할 시에는 당해 법에 따른 주무관청의 허가 또는 조정 등을 받아야 한다.

라. 合併의 節次

계약체결, 사원총회의 특별결의, 채권자보호절차, 합병의 실행, 합병등기의 순으로 진행된다.

합병절차는 합병당사회사의 대표기관간에 합병계약의 체결, 당사회사 사원총회의 특별결의, 채권자보호절차, 합병의 실행, 합병등기의 순으로 진행된다. 특히 주주와 채권자 등 다수의 이해관계인이 관계하는 주식회사(유한회사)의 합병에서는 合併契約書의 작성을 의무화하고 簡易合併과 小規模合併節次를 도입하고 있다. 합병등기는 본점소재지에는 2주내, 지점소재지에는 3주내에 존속회사에 있어서는 변경등기, 소멸회사에 있어서는 해산등기, 신설회사에 있어서는 설립등기를 하여야 한다(233, 269, 528, 602). 합병등기는 합병의 효력발생요건이다(234, 269, 530②, 603).

마. 合併의 效力

(1) 당사회사 일부 또는 전부의 해산

합병에 의한 해산은 청산을 하지 않고 해산과 동시에 소멸한다.

흡수합병의 경우에는 당사회사의 일부(존속회사를 제외한 모든 회사)가 해산하고 신설합병의 경우에는 당사회사 전부가 해산한다. 그러나 합병에 의한 해산에 있어서는 보통 해산과는 달리 淸算을 하지 않고 해산과 동시에 소멸한다(227.4, 269, 517.1, 609①1). 이는 소멸회사의 재산이 존속회사 또는 신설회사에 그 동일성을 유지한 채 그대로 승계되어 따로 청산할 필요가 없기 때문이다.

(2) 사원지위의 승계

합병으로 인해 소멸회사 또는 피흡수회사의 사원은 존속회사 또는 신설회사의 사원이 된다(대판 2003.2.11, 2001다14351). 이를 위하여 새로운 지분 또는 주식이 배정된다. 다만 주식회사의 경우 합병에 반대하는 주주로 하여금 株式買受請求權(522의3, 530)을 행사하고 새로운 회사의 주주가 되지 않을 수 있다.

(3) 권리의무의 포괄적 승계

소멸회사의 모든 권리의무를 포괄승계한다.

1) 포괄승계　합병을 할 경우 존속회사 또는 신설회사는 소멸회사의 모든 권리의무를 승계한다(235, 269, 530②, 603). 이는 포괄승계이므로 각각의 권리의무에 대하여 개별적인 이전행위(가령 어음의 배서)를 요구하지 아니한다. 그러므로 합병

계약서나 승인결의에서 일부를 제외하는 취지를 정하여도 효력이 없다. 다만 계약 상대방의 계약해제를 인정하는 것은 무방하며, 따라서 소멸회사의 사용인이 고용계약을 해지한 경우에는 종전의 퇴직금규정에 의한 퇴직처리를 하여야 할 것이다. 대판 1994.3.8, 93다1589는 "회사의 합병에 의하여 근로관계가 승계되는 경우에는 종전의 근로계약상의 지위가 그대로 포괄적으로 승계되는 것이므로 합병 당시 취업규칙의 개정이나 단체협약의 체결 등을 통하여 합병 후 근로자들의 근로관계의 내용을 단일화하기로 변경 조정하는 새로운 합의가 없는 한 합병 후 존속회사나 신설회사는 소멸회사에 근무하던 근로자에 대한 퇴직금 관계에 관하여 종전과 같은 내용으로 승계하는 것이라고 보아야 한다"고 판시하였다.

2) 대항요건 소멸회사의 권리의무는 법률상 당연히 존속회사 또는 신설회사에 이전하지만 대항요건을 갖추어야 하는 권리에 대하여는 각각 그 절차를 취하여야 한다. 가령 선박의 이전에 대한 등기(743), 記名社債 이전시 社債原簿와 債券의 기재(479 ①)와 같은 대항요건을 갖추어야 한다. 그러나 기명주식양도의 경우에는 주권의 소지만으로 권리자로 추정되기 때문에(336 ②), 따로 제3자에 대한 대항요건을 갖출 필요는 없다. 물론 회사에 대하여 주주권을 행사하기 위하여 株主名簿에 名義改書를 하여야 하지만(337 ①), 이는 권리귀속 관계를 정하기 위한 대항요건과는 무관한 것이다.

대항요건을 갖춰야 하는 권리는 그 절차를 취하여야 한다.

바. 合併의 無效

합병은 합병계약서의 작성으로부터 합병등기에 이르기까지 복잡한 과정을 거쳐 진행되며, 여러 회사가 관여하기 때문에 그 절차상 하자가 발생할 소지가 많다. 그러나 합병등기에 의해 일단 합병이 효력을 발생하면 앞에서 본대로 당사회사의 소멸과 사원지위의 승계 및 권리의무의 포괄적 이전이 이루어지므로, 하자의 주장을 일반적인 원칙에 따르게 하면 법률관계의 불안정과 혼란을 초래하게 된다. 그리하여 설립무효의 경우와 유사하게 제소권자와 제소기간을 제한하고 판결의 효력도 획일적으로 하고 있다(236~240, 269, 529~530, 603). 그러나 합병무효의 원인에 대하여는 별다른 규정을 두지 않고 있으므로 개개의 경우에 해석상 정할 수밖에 없다.

제소권자와 제소기간을 제한하고 판결의 효력도 획일적으로 하고 있다.

제 3 會社의 消滅과 繼續

1. 解 散

(1) 해산과 회사의 소멸

회사의 해산은 회사의 법인격을 소멸시키는 원인이 되는 법률요건이다.

1) 원 칙 會社의 解散이라 함은 회사의 法人格 消滅의 原因이 되는 법률요건을 말한다. 해산으로 인하여 회사는 목적사업인 영업을 수행할 수 없게 되지만, 법인격이 바로 소멸되는 것은 아니고 清算節次를 거쳐야 한다. 왜냐하면 회사는 자연인의 경우와 같은 상속인이 없으므로 해산사유가 발생하더라도 일시에 회사의 모든 권리의무가 타인에게 포괄승계될 수 없고, 회사가 보유하는 적극재산과 소극재산을 청산하여 잔여재산이 있으면 이를 주주들에게 분배하는 청산절차가 필요하기 때문이다. 그러므로 회사는 해산 후에도 청산의 목적범위 내에서 권리능력이 있는데(245, 269, 542①, 613①), 해산 후에 존속하는 회사를 청산회사 또는 청산법인이라고 한다. 회사는 이러한 청산절차가 종료되어야 비로소 법인격이 소멸한다.

해산사유는 합병·분할·분할합병·파산이 있다.

2) 합병·분할·분할합병·파산 회사의 해산사유 중 합병과 분할 또는 분할합병의 경우에는 예외적으로 청산절차 없이 바로 법인격이 소멸한다. 이는 마치 자연인의 상속과 같이 회사의 권리의무가 합병·분할·분할합병에 의해 다른 회사에 포괄적으로 승계되기 때문이다. 또한 破產의 경우에는 일반적인 청산절차 대신 파산절차를 거쳐 법인격이 소멸한다.

(2) 해산사유

임의적 해산과 강제적 해산이 있다.

해산사유는 사원의 의사에 기한 任意的 解散과 회사의 자치에 의하지 아니하는 強制的 解散이 있다(227, 269, 285①, 517, 609). 정관의 규정이나 사원총회의 결의에 의한 해산은 임의적 해산의 예이고, 법원의 해산명령(176), 해산판결(241, 269, 520, 613①), 休眠會社의 解散擬制(520의2)는 강제적 해산에 해당한다. 회사의 해산사유는 회사의 종류에 따라 다르기 때문에 각 회사부분에서 설명한다.

(3) 해산의 효과

1) 청산절차의 개시 회사가 해산한 때에는 합병·분할·분할합병 및 파산의 경우를 제외하고는 청산절차에 들어간다.

해산등기의 효

2) 해산의 공시 회사가 해산한 때에는 합병·분할·분할합병 및 파

산의 경우를 제외하고는 본점소재지에 2주, 지점소재지에는 3주 내에 해산등기를 하여야 한다(228, 269, 530①, 602). 그러나 회사는 해산사유의 발생으로 당연히 해산하고 해산등기와는 상관없다. 대결 1964.5.5, 63마29는 "회사 해산등기의 효력에 대하여는 상법상 회사설립등기 등과 같은 특별한 규정이 없으므로 상법 총칙의 규정에 의하여 회사 해산등기는 제3자에게 대한 대항요건에 불과하다고 해석하여야 할 것이므로 해산결의가 있고 청산인의 선임결의가 있는 이상 그 해산등기가 없다 하여도 청산 중인 회사라고 해석하여야 한다"고 판시하였다(同 대판 1981.9.8, 80다2511).

력은 제3자의 대항요건에 불과하다.

2. 清 算

(1) 총 설

1) 의 의 清算은 해산 후 회사의 모든 법률관계를 종결하고 잔여재산을 주주에게 분배하는 것을 목적으로 하는 절차로서, 그 종료에 의해 회사가 소멸한다. 회사가 해산한 때에는 합병 또는 분할 및 파산의 경우를 제외하고 청산절차에 들어간다. 앞에서 본 바와 같이 합병(분할)의 경우에는 권리의무의 포괄승계와 주주의 수용이 있기 때문이며, 파산의 경우에는 破産法에 의한 별도의 파산절차에 들어가기 때문이다.

모든 법률관계를 종결하고 잔여재산을 주주에게 분배하는 것을 목적으로 하는 절차이다.

2) 법정청산과 임의청산 청산은 정관의 규정 또는 총사원의 동의로 재산을 처분하는 任意清算과 법률이 정하는 절차에 따른 法定清算이 있다. 합명회사와 합자회사는 임의청산과 법정청산이 인정되지만 주식회사와 유한회사는 법정청산만 인정된다. 이는 회사재산을 유일한 담보로 하는 회사채권자를 보호하고 일부 대주주의 횡포로부터 일반주주를 보호하기 위함이다.

3) 청산중의 회사 회사는 해산 후에도 청산의 목적범위 내에서 존속하는데 이러한 청산절차 중에 있는 회사를 清算中의 會社 또는 清算法人이라고 한다. 청산회사의 법적 성질에 관하여 통설·판례는 同一性說에 입각하여, 해산 전의 회사와 동일한 회사로서 그 목적이 청산의 범위 내로 축소된 것이라고 한다(대판 1991.11.22, 91다22131).

해산 후에도 회사는 청산목적 범위내에 존속한다.

(2) 청산인

清算法人의 기관을 清算人이라고 한다. 청산인은 i) 청산회사에서 자율적으로 선임하며, ii) 따로 선임절차를 밟지 아니한 경우에는 해산전 회사의 업무집행기관(업무집행사원 · 이사)이 청산인이 되며(252, 269, 542①, 613①), iii) 위 i), ii)에 의하여도 청산인이 되는 자가 없는 경우에는 이해관계인의 청구에 의해 법원이 선임한다(531②, 613①).

(3) 청산절차

1) 청산인의 직무권한 청산인은 ii) 현존사무의 종결, ii) 채권의 추심과 채무의 변제, iii) 재산의 환가처분, iv) 잔여재산의 분배를 한다(254, 269, 542①, 613①).

2) 청산의 방법 임의청산과 법정청산에 따라 그 방법이 다르다.

(4) 청산의 종결

청산사무가 종결되고 청산인이 청산결과에 대하여 총사원의 동의 또는 사원총회의 승인을 얻은 후에는 청산종결등기를 하여야 한다(264, 269, 542①, 613①). 청산종결등기로 회사(청산법인)는 소멸한다. 그러나 등기 후에도 청산사무가 남아 있으면 청산은 종결되지 아니한다(대판 1968.6.18, 67다2528; 1969.2.4, 68다2284; 1991.4.30, 90마672; 1994.5.27, 94다7607; 1997.4.2, 97다3408).

3. 會社의 繼續

(1) 의 의

회사가 해산전의 상태로 복귀하여 원래의 회사와 동일성을 유지하며 존립 중의 회사로서 존속하는 것을 의미한다.

會社의 繼續이라 함은 일단 해산한 회사가 회사로서의 동일성을 유지하면서 해산 전의 상태로 복귀하여 존립 중의 회사로서 그 존재를 계속하는 것을 말한다. 회사가 존립기간의 만료나 해산결의 등에 의해 임의로 해산한 경우에는 사원들의 의사에 따라 회사를 다시 계속할 수 있게 하는 것이 企業維持原則에도 부합하는 것이다(정동(회)677, 정희 317, 정찬(상)496). 그러나 법원에 의한 강제해산의 경우나 합병 등에 의해 회사의 재산이 다른 회사에 승계된 경우에는 회사의 계속을 인정할 필요는 없다.

(2) 사 유

1) 공통사유 ① 회사가 존립기간의 만료 기타 정관에 정한 사유의 발생 또는 총사원의 동의(인적회사), 사원총회의 특별결의(물적회사)에 의해 해산한 경우에는 나머지 사원의 동의, 또는 사원총회의 특별결의로 회사를 계속할 수 있다(229①, 269, 519, 619①). ② 파산절차에서 強制和議의 가결이 있는 때 또는 파산폐지결정이 있는 때에도 계속할 수 있다(破 540).

2) 각 회사의 특유한 사유 ① **합명회사**; '社員이 1人이 되어' 해산한 경우에는 새로 사원을 가입시켜 회사를 계속할 수 있다(229②, 610②). 이 경우에는

새로 가입하는 사원을 유한책임사원으로 하면서 합자회사로 조직을 변경할 수 있다(242②, 229②). 회사설립의 무효 또는 취소판결이 확정된 경우에 무효·취소의 원인이 일부 특정한 사원에 한정되는 것인 때에는 다른 사원 전원의 동의로 회사를 계속할 수 있으며(194①), 무효 또는 취소의 원인이 있는 사원은 퇴사한 것으로 본다(194②). ② **합자회사**; '無限責任社員 또는 有限責任社員 全員이 退社하여' 해산한 경우에는 잔존 무한책임사원 또는 유한책임사원 전원의 동의로 새로운 무한책임사원 또는 유한책임사원을 가입시켜 회사를 계속할 수 있다(285②). 이 경우에도 무한책임사원 전원의 동의로 합명회사로 조직을 변경하여 회사를 계속할 수 있다(286②). ③ **주식회사**; 休眠會社로 의제되어도 신고기간 후 3년 이내에 주주총회특별결의가 있는 경우에는 회사를 계속할 수 있다(520의2③). ④ **유한회사**; '社員이 1人이 되어' 해산한 경우에 새로 사원을 가입시켜 회사를 계속할 수 있다(610②).

(3) 시 기

해산등기 후에도 회사를 계속할 수 있지만 언제까지 가능한지 문제된다. 殘餘財産分配가 개시되면 계속결의를 할 수 없다는 설(이철(회) 121)과 청산종결시까지는 가능하다는 설(강·임487, 정동678, 서돈488)이 대립한다. 주식회사에서는 회사의 물적 기초가 중요하기 때문에 인적회사의 경우와는 달리 잔여재산분배가 개시되면 계속결의가 불가능하다고 보아야 할 것이다.

(4) 효 력

장래에 향해 효력이 발생한다.

회사계속의 효력은 장래를 향하여 발생한다. 그러므로 해산 후 회사계속 결의시까지 청산인이 한 청산사무의 효력에는 영향을 주지 아니한다. 회사의 계속에 의해 회사는 영업능력을 회복하므로 청산인은 그 지위를 상실하고 존속 중의 회사의 기관으로 복귀한다. 다만 해산 전의 이사가 당연히 복귀하는 것은 아니고 신규로 선임하여야 한다.

(5) 공 시

이해관계인에게 큰 영향을 주기 때문에 계속등기를 해야 한다.

해산된 회사가 계속으로 인해 존속 중의 회사로 복귀하는 것은 이해관계인에게 큰 영향을 주기 때문에 이를 공시하여야 한다. 그리하여 회사계속 결의로부터 본점소재지에서는 2주, 지점소재지에서는 3주 내에 계속등기를 하여야 한다(229③, 269, 285①, 530①, 611).

제 4 會社法上의 訴

1. 訴의 特性

하자의 주장은 소로써만 가능하고, 판결에 대세적 효력을 부여하며, 취소의 소급효를 일정한 경우 제한한다.

일반적인 법률행위는 그 요건에 흠결이 있어 무효 또는 취소되는 경우, 그 주장은 누가, 언제라도, 어떠한 방법으로 할 수 있고, 또 재판에 의해 무효로 확정되어도 그 효과는 당사자간에서만 미치는 것이 원칙이다. 나아가 그 효과도 행위 당시로 소급하여 처음부터 무효로 된다. 그러나 회사법상에 인정되는 여러 訴에 대하여도 이 원칙을 관철하게 되면 단체법상의 법률관계를 획일적으로 처리하지 못하여 혼란이 생길 뿐 아니라, 하자 있는 법률관계를 바탕으로 진전된 이후의 여러 행위들이 소급적으로 붕괴됨으로써 예상하지 못한 손해를 입게 된다. 이에 따라 회사법상 각종 訴에 대하여는 i) 하자의 주장은 소로써만 할 수 있고, ii) 법률관계의 획일적 확정을 위하여 판결에 對世的 效力을 부여하며, iii) 취소의 소급효를 일정한 경우에 제한하는 공통적인 특성을 가지고 있다.

2. 訴의 種類

(1) 각종회사에 공통적인 소송

회사의 설립·해산·합병에 관련된 하자를 다투는 소송은 각종회사에 공통적으로 인정된다.

1) **설립무효·취소소송** 합명회사, 합자회사, 유한회사에는 설립무효 또는 취소의 소가 모두 인정된다(184, 269, 552). 주식회사에서는 설립무효의 소만 인정된다(328).

2) **해산소송** 법원의 해산판결을 청구하는 소송이다(214①, 269, 520, 613①).

3) **합병무효소송** 합병절차에 하자가 있을 경우 합병무효의 판결을 구하는 소송이다(236, 269, 529, 603).

(2) 합명회사·합자회사에 특유한 소송

사원의 개성이 중시되는 인적회사에서는 사원의 지위에 관한 소송이 인정된다. 여기에는 i) 業務執行社員의 權限喪失宣告에 관한 소송(205, 269), ii)

社員의 除名에 관한 소송(220, 269)이 있다. 물적회사에는 이러한 소송이 없지만 업무집행기관인 理事의 職務停止假處分制度가 있다(407).

(3) 주식회사 또는 유한회사에 특유한 소송

다수의 사원으로 구성되고 기관자격과 사원자격이 분리되는 물적회사에서는 사원총회의 결의에 하자가 개재하기 쉽고, 업무집행기관의 권한남용 소지가 많기 때문에 이를 다투는 소송이 많이 인정된다.

1) 총회결의에 관한 소송 주주총회결의에 하자를 다투는 소송으로는 決議取消의 訴(376), 決議無效·不存在確認의 訴(380), 不當決議取消變更의 訴(381)의 네 가지가 있다. 유한회사에도 이와 동일한 네 가지 소송이 인정된다(578).

2) 이사·감사 등에 관한 소송 주식회사의 이사 또는 감사에게 부정행위가 있음에도 불구하고 회사가 해임하지 아니한 때에는 소수주주는 그 해임을 법원에 청구하는 소송을 제기할 수 있다(385②, 415). 유한회사의 이사에 대하여도 마찬가지이다(567, 570). 또 회사가 이사 또는 감사의 책임을 추궁하는 소송을 제기하지 않을 경우에, 주주(사원)가 회사를 대표하여 제기하는 代表訴訟이 있다. 대표소송은 이외에도 발기인, 불공정신주인수인, 주주권행사 관련 이익을 제공받은 자에 대하여도 제기할 수 있다(324, 424의2②, 467의2④).

3) 자본증감에 관한 소송 주식회사의 신주발행 무효의 소(429), 자본감소 무효의 소(445), 유한회사의 증자 무효의 소(595) 및 자본감소 무효의 소(597)이다.

4) 위법배당에 관한 소송 주식회사와 유한회사가 배당가능 이익없이 배당한 경우 그 반환을 청구하는 소송(462②, 583)이다.

5) 구조개편에 관련된 소송 합병무효의 소(529), 분할무효의 소(530의11), 주식교환 무효의 소(360의14), 주식이전 무효의 소(360의23)이다.

3. 訴의 節次

(1) 제소권자

제소권자가 특정되는 소송이 있다.

결의무효·부존재확인의 소를 제외한 다른 모든 소송에 있어서는 제소권자가 특정되어 있다. 결의무효·부존재확인의 소에 있어서도 아무나 소송을 제기할 수 없고 반드시 확인의 이익이 있는 자이어야 한다. 피고는 대부분 회사이다.

(2) 제소기간

법률관계를 확정하기 위해 제소기간을 제한한다.

회사에 관한 법률관계를 단기간 내에 확정하기 위하여 제소기간을 일정하게 제한한다. 즉 결의취소의 소는 결의 후 2월 이내에 제기하여야 하고, 신주발행과 자본감소 무효의 소는 절차종료 후 6월 이내에 제기하여야 하며, 설립무효·취소 또는 합병무효의 소는 설립등기 또는 합병등기 후 2년 내에 제기하여야 하는 것과 같다.

(3) 소의 관할·병합·공고

1) 관 할 회사법상의 소송은 예외 없이 회사의 본점소재지 지방법원의 전속관할에 속한다(186). 그러므로 회사법상의 소송에 대하여는 합의관할이나, 임의관할 또는 응소관할은 인정되지 아니한다(이철(회) 94).

2) 병 합 소송의 중복을 피하고 유사한 사안에 대한 판결의 저촉을 피하기 위해 수 개의 訴가 동시에 계속된 때에는 변론을 병합하여야 한다(188).

3) 공 고 소가 제기되면 법원은 지체 없이 그 취지를 공고하여야 한다(187). 이는 소가 제기된 사실을 많은 이해관계인에게 알리기 위함이다.

4) 재량기각 설립무효·취소의 소 또는 결의취소의 소에 대하여는 원고의 주장이 이유있다 하더라도 법원이 회사의 현황과 제반사정을 참작하여 원고의 주장을 인용하는 것이 부적당하다고 인정하는 경우에는 청구를 기각할 수 있다(189, 379).

4. 判決의 效力

위에서 본 바와 같이 회사 법률관계의 획일적 확정과 기존상태 존중의 필요성 때문에, 판결에는 민사소송의 일반원칙에 대한 예외를 인정하여 대세적 효력과 소급효의 제한이 있다.

(1) 대세적 효력

대세적 효력을 가진다.

원고의 승소판결이 확정된 때에는 판결은 당사자 이외의 제3자에 대하여 효력이 미친다(190本, 376②, 380, 381②). 이를 判決의 對世的 效力이라고 하는데 판결에 의해 단체의사의 효력을 부인하게 되는 결과, 이를 획일적으로 확정할 필요가 있기 때문에 인정되는 효력이다. 대세적 효력의 결과 기판력의 범위는 다른 모든 당사자에게 미쳐 동일한 사안에 대해 다시 소를 제기하지 못한다.

(2) 소급효의 제한

판결의 효력은 판결 확정 전에 생긴 회사와 사원 및 제3자간의 권리·의무에 영향을 미치지 아니한다(190 但). 다만 소급효를 인정하지 아니하고는 소송 소기의 목적을 달성할 수 없는 경우에는 소급효를 인정하고 있다. 소급효를 제한하는 상법 제190조 단서는 종래 주주총회 결의소송에도 준용되었지만 1995년 상법개정시 이를 삭제하였다(376②, 380, 381②).

소송의 목적에 따라 소급효를 인정하고 있다.

(3) 원고패소의 경우

1) 대세적 효력 원고 패소의 판결은 확정되어도 대세적 효력은 없고 다른 사원이나 이해관계자들은 동일한 사안에 대하여 다시 소송을 제기할 수 있다.

2) 패소원고의 책임 원고패소의 경우 원고가 악의 또는 중과실이 있었던 때에는 회사에 대하여 손해배상책임을 부담한다(191). 濫訴를 방지하기 위함이다.

■ 회사법상의 소의 비교

	대세적 효력	소급효 제한	주장방법제한
설립무효·취소(184, 328)	○	○	○
신주발행무효(431)	○	○	○
합병무효(239, 240)	○	○	○
자본감소무효(445, 446)	○	×	○
총회결의취소(376)	○	×	○
총회결의무효·부존재(380)	○	×	×

제 5 會社의 罰則

1. 總 說

회사는 자본주의체제에서 가장 핵심적인 경제활동의 주체로서 중요한 기능을 하지만, 그에 비례하여 남용의 소지가 클 뿐 아니라 각종 경제범죄

회사의 벌칙은 형사벌과 행정벌이 있다.

의 대상이 되는 경우가 많다. 특히 주식회사는 주주, 종업원, 채권자 등 회사를 둘러싼 많은 이해관계인이 존재함에도 불구하고 소유와 경영의 분리로 말미암아 일부 大株主와 任職員 등을 제외한 다른 이해관계인은 경영에 관여할 수 없으므로, 이들의 부정행위로 인하여 일반주주와 채권자들은 손해를 입을 여지가 매우 크다. 상법은 이러한 폐해를 제거하기 위해 私法的·行政的인 측면에서 여러 장치를 강구하는 한편, 벌칙에 관해서도 많은 규정을 두고 있다. 즉 회사 임직원의 형사책임을 일반의 경우보다도 가중하고, 회사재산 및 주주와 채권자 등을 해할 우려가 있는 행위에 대해서는 刑罰을 부과하고 있다.

會社의 罰則은 크게 刑事罰과 行政罰로 구별되며, 범죄의 주체가 법인인 경우에는 벌칙은 그 행위를 한 이사, 감사 기타 업무를 집행한 사원 또는 지배인에게도 적용한다(637).

2. 刑 事 罰

(1) 특별배임죄(622, 623)

회사의 사회적 중요성을 감안하여 刑法의 背任罪에 관한 특별규정을 두어 회사 임직원의 배임에 대한 형벌을 가중하고 있다(박주환, "회사법상의 특별배임죄에 관한 소고", 「서돈각교수화갑기념논문집」(1980.11), 335).

특별 배임죄의 주체는 임직원과 법인이다.

1) 주 체 ① **임직원**; i) 발기인, 업무집행사원, 이사·감사 또는 이들의 직무대행자(386②, 407①, 415, 567), 지배인 기타 회사영업에 관한 어떤 종류 또는 특정한 사항의 위임을 받은 사용인, 청산인 또는 그 직무대행자(542②), 설립위원(175, 622①②)과 ii) 사채권자 집회의 대표자 또는 그 결의를 집행하는 자(623)가 그 대상이다(대판 2002.4.9, 99도2165). 특별배임죄의 주체는 적법한 이사 또는 대표이사이어야 하므로 그 선임결의가 부존재하는 등 하자가 있는 경우에는 주체가 될 수 없다(대판 1986.9.9, 85도218). 또한 '使用人'은 포괄적 대리권을 가진 자만을 말하므로 위임된 회사의 업무가 개별적이고 구체적인 사항에 관한 것인 경우에는 주체가 될 수 없다(대판 1978.1.14, 77도1637). ② **법인**; 문제는 법인(회사)이 그 주체가 될 수 있는가 하는 점이다. 이에 대하여 대판(전원) 1984.10.10, 82도2595는 "형법 제355조 제2항의 배임죄에 있어서 타인의 사무를 처리할 의무의 주체가 법인이 되는 경우라도 법인은 다만 사법상의 의무주체가 될 뿐 범죄능력이 없는 것이며 그 타인의 사무는 법인을 대표하는 자연인인 대표기관의 의사결정에 따른 대표행위에 의하여 실현될 수밖에 없어 그 대표기

관은 마땅히 법인이 타인에 대하여 부담하고 있는 의무 내용대로 사무를 처리할 임무가 있다 할 것이므로 법인이 처리할 의무를 지는 타인의 사무에 관하여는 법인이 배임죄의 주체가 될 수 없고, 그 법인을 대표하여 사무를 처리하는 자연인인 대표기관이 바로 타인의 사무를 처리하는 자, 즉 배임죄의 주체가 된다"고 판시한 바 있다. 그러나 이 판결의 소수의견은 "법인은 사법상의 의무주체가 될 뿐 범죄능력이 없다고 하나, 바로 이 사법상의 의무 주체가 배임죄의 주체가 되는 것이므로 이것을 떠나서 배임죄는 성립할 수 없다 할 것이고 법인의 대표기관은 법인이 타인에 대하여 부담하고 있는 의무내용대로 사무를 처리할 임무가 있다는 그 임무는, 법인에 대하여 부담하는 임무이지 법인의 대표기관이 직접 타인에 대하여 지고 있는 임무는 아니므로, 그 임무에 위배하였다 하여 이를 타인에 대한 배임죄가 성립한다고 할 수 없다"고 설시한 바 있다.

2) 행 위 　형법상의 배임죄와 마찬가지로 자기 혹은 제3자의 이익 또는 회사를 해할 목적으로 그 임무에 위배하여 회사(사채권자)에 재산상의 손해를 가하는 것이다(623①). 자기 또는 제3자의 이익과 동시에 회사의 이익을 목적으로 한 경우에도 종합적으로 판단하여 전자를 주로 한 경우에는 배임죄의 성립을 방해하지 아니한다. 임무위반의 여부는 법령, 정관, 주주총회 결의 또는 이사회의 결의와 같은 형식적인 기준만 아니고 선관의무 또는 충실의무의 위반 여부를 종합적으로 고려하여 판단하여야 한다. 본죄의 성립에는 임무위배, 이익취득, 회사의 손해발생에 대한 고의가 있어야 한다(대판 1981.1.27, 79도2810).

임무위배, 이익취득, 회사의 손해발생에 대한 고의가 있어야 한다.

3) 처 벌 　i)의 경우에는 10년 이하의 징역 또는 3천만원 이하의 벌금에 처하고(622①), ii)의 경우에는 7년 이하의 징역 또는 2천만원 이하의 벌금에 처한다(623). 미수범도 처벌한다(624).

(2) 회사재산을 위태롭게 하는 죄(625)

회사의 재산은 사원 전원의 재산인 동시에, 회사채권자에 대하여는 담보가 되므로 그 안전을 확보할 필요가 있어 이를 위태롭게 하는 행위를 처벌한다. 이 죄는 재산을 위태롭게 할 만한 행위가 있으면 바로 성립하고 구체적으로 재산상의 위험이 발생하였는가를 묻지 아니하므로 抽象的 危險犯에 속한다. 따라서 특별배임죄와 같은 이익이나 가해의 목적 또는 재산상의 손해발생은 그 요건이 아니다.

재산을 위태롭게 할만한 행위가 있으면 된다.

1) 주 체 　특별배임죄의 주체(622①) 이외에 검사인, 공증인(298③, 299의2, 310③, 313②),

감정인(299의2, 310③, 422①)이다.

2) 행 위 ① **출자의 부실보고**; 주식 또는 출자의 인수나 납입, 현물출자의 이행, 제290조, 제416조 제4호 또는 제544조에 규정된 사항에 관하여 법원·총회 또는 발기인에게 부실한 보고를 하거나 사실을 은폐한 때이다(625.1). ② **자기주식취득**; 누구의 명의로 하였는지를 불문하고 회사의 계산으로 부정하게 그 주식 또는 지분을 취득하거나 질권의 목적으로 이를 받은 때이다(625.2). 본조의 입법취지와 관련하여 대판 1993.2.23, 92도616은 "상법 제625조 제2호가 자기주식취득행위를 처벌하는 가장 중요한 이유는 자사주를 유상취득하는 것은 실질적으로는 주주에 대한 출자의 환급이라는 결과를 가져와 자본충실의 원칙에 반하고 회사재산을 위태롭게 한다는 데 있고, 사법상의 위법과 형법상의 위법은 반드시 일치하는 것은 아니므로 외형적으로는 사법상 금지되는 자기주식취득의 경우라도 자기주식취득의 위법상태가 바로 해소되는 것을 예정하고 취득한 때와 같이 회사재산에 대한 추상적 위험이 없다고 생각되는 경우 형법상으로는 실질적 위법성이 없으므로 '부정하게' 주식을 취득한 경우에 해당하지 않아 자기주식 취득금지 위반죄로 처벌할 수 없으나, 그러한 경우에 해당하지 않는 사법상 금지되는 자기주식취득은 본죄로 처벌할 수 있다"고 판시하고 있다. 또 대판 2005.2.18, 2002도2822는 "회사가 신주를 발행하여 실제로는 타인으로부터 제3자 명의로 자금을 빌려 자기의 계산으로 신주를 인수하면서도 제3자 명의를 차용한 경우, 이는 상법 등에서 허용하지 않는 자기주식의 취득에 해당하므로 회사의 신주인수행위는 무효라고 보아야 할 것이지만, 신주인수대금의 납입을 위하여 회사가 제3자 명의로 금원을 차용한 행위의 효력은 부정할 수가 없고 그 차용원리금의 상환의무는 회사가 부담한다고 보아야 하므로, 회사의 대표이사가 가지급금의 형식으로 회사의 자금을 인출하여 위 차용원리금 채무의 변제에 사용하였다고 하더라도 이는 업무상횡령죄에 해당한다고 볼 수 없다"고 판시하였다. ③ **위법배당**; 법령 또는 정관의 규정에 위반하여 이익이나 이자의 배당을 한 때이다(625.3). ④ **영업외 투기행위**; 회사의 영업범위 외에서 투기행위를 하기 위하여 회사재산을 처분한 때이다(625.4).

3) 처 벌 5년 이하의 징역 또는 1천500만원 이하의 벌금에 처한다.

(3) 주식취득제한에 위반한 죄(625의2)

1) 주 체 상법 제635조 제1항에 기재된 자이다.

2) 행 위 제342조의2 제1항에 위반하여 모회사가 자회사의 주식을

취득하거나 또는 예외적으로 취득한 경우에도 6월 이내에 처분하지 않는 행위이다.

3) 처 벌 2천만원 이하의 벌금에 처한다.

(4) 부실보고죄(626)

1) 주 체 이사, 감사 또는 그 직무대행자(386②, 407①, 415, 567)이다.

2) 행 위 주식회사와 유한회사간의 조직변경(604, 607)의 경우에 회사에 현존하는 순재산액(604②, 607②)에 관하여 법원 또는 총회에 부실한 보고를 하거나 사실을 은폐하는 것이다.

3) 처 벌 5년 이하의 징역 또는 1천500만원 이하의 벌금에 처한다.

(5) 부실문서행사죄(627)

1) 주 체 i) 특별배임죄의 주체(622①), 외국회사의 대표자, 주식 또는 사채의 모집의 위탁을 받은 자, ii) 주식 또는 사채를 매출하는 자이다.

2) 행 위 i)의 경우에는 주식 또는 사채를 모집함에 있어서 중요한 사항에 관하여 부실한 기재가 있는 주식청약서, 사채청약서, 사업계획서, 주식 또는 사채의 모집에 관한 광고 기타의 문서를 행사하는 것이고 ii)의 경우에는 그 매출에 관한 문서로서 중요한 사항에 관하여 부실한 기재가 있는 것을 행사하는 것이다. 이는 주식 또는 사채모집에 있어 일반투자자에게 투자판단의 자료로 제공되는 사항에 대해 공정성과 투명성을 보장하기 위한 것이다(대판 2003.3.25, 2000도5712).

3) 처 벌 5년 이하의 징역 또는 1천500만원 이하의 벌금에 처한다.

(6) 납입가장죄 등(628)

1) 주 체 i) 특별배임죄의 주체(622①) 또는 ii) 이들의 행위에 응하거나 이를 중개한 자이다.

2) 행 위 i)의 경우 납입 또는 현물출자의 이행을 假裝하는 것이고 ii)의 경우 그 행위에 응하거나 이를 중개를 하는 것이다. 대판 1997.2.14, 96도2904는 본조의 입법취지와 관련하여 "상법 제628조 제1항 소정의 납입가장죄는 회사의 자본충실을 기하려는 법의 취지를 유린하는 행위를 단속하려는 데 그 목적이 있는 것이므로, 당초부터 진실한 주금납입으로 회사의 자금을 확보할 의사 없이 형식상 또는 일시적으로 주금을 납입하고 이 돈을 은행에 예치하여 납입의 외형을 갖추고 주금납입증명서를 교부받아 설립등기나 증자등기의 절차를 마친 다음, 바로 그 납입한 돈을 인출한 경

우에는, 이를 회사를 위하여 사용하였다는 특별한 사정이 없는 한 실질적으로 회사의 자본이 늘어난 것이 아니어서 납입가장죄 및 공정증서원본부실기재죄와 부실기재공정증서원본행사죄가 성립하고, 다만 납입한 돈을 곧바로 인출하였다고 하더라도 그 인출한 돈을 회사를 위하여 사용한 것이라면 자본충실을 해친다고 할 수 없으므로 주금납입의 의사 없이 납입한 것으로 볼 수는 없다"라고 판시하고 있다(대판 1986.8.19, 85도2158; 1986.9.9, 85도2297; 1993.8.24, 93도1200; 2001.8.21, 2000도5418 참조).

3) 처 벌 5년 이하의 징역 또는 1천500만원 이하의 벌금에 처한다.

(7) 초과발행의 죄(629)

1) 주 체 발기인, 이사 또는 그 직무대행자(386②, 407①)이다.

2) 행 위 회사가 발행할 주식의 총수를 초과하여 주식을 발행하는 것이다.

3) 처 벌 5년 이하의 징역 또는 1천500만원 이하의 벌금에 처한다.

(8) 독직죄(630)

1) 주 체 i) 특별배임죄의 주체(622, 623), 검사인, 공증인(298③, 299의2, 310③, 313②), 감정인(310③, 422①) 및 ii) 이익을 약속·공여하거나 또는 공여의 의사를 표시한 자이다.

2) 행 위 i)의 경우에는 그 직무에 관하여 부정한 청탁을 받고 재산상의 이익을 수수, 요구 또는 약속하는 것이고 ii)의 경우에는 이익을 약속·공여하거나 또는 공여의 의사를 표시하는 것이다.

3) 처 벌 5년 이하의 징역 또는 1천500만원 이하의 벌금에 처한다.

(9) 증수뢰죄(631)

1) 주 체 다음 각 사항에 관하여 i) 부정한 청탁을 받고 재산상의 이익을 수수, 요구 또는 약속한 자 및 ii) 이익을 약속·공여하거나 또는 공여의 의사를 표시한 자이다.

2) 행 위 **첫째** 창립총회, 사원총회, 주주총회 또는 사채권자집회에서의 발언 또는 의결권의 행사, **둘째** 각종 소의 제기, 소수주주권(소수사원권)의 행사, **셋째** 유지청구권(402), 신주발행유지청구권(424)의 행사이다.

3) 처 벌 1년 이하의 징역 또는 300만원 이하의 벌금에 처한다.

(10) 납입책임면탈의 죄(634)

1) 주 체 타인 또는 가설인명의로 주식 또는 출자를 인수한 자이다.

2) 행 위 납입의 책임을 면하기 위하여 타인 또는 가설인 명의로 주식 또는 출자를 인수하는 것이다.

3) 처 벌 1년 이하의 징역 또는 300만원 이하의 벌금에 처한다.

(11) 주주의 권리행사에 관한 이익공여의 죄(634의2)

1) 주 체 i) 주식회사의 이사 · 감사 또는 그 직무대행자(386②, 407①, 415), 지배인 기타 사용인 및 ii) 이익을 수수하거나, 제3자에게 이를 供與하게 한 자이다.

2) 행 위 주주의 권리의 행사와 관련하여 회사의 계산으로 재산상의 이익을 공여하거나 수수하거나 공여하게 하는 것이다.

3) 처 벌 1년 이하의 징역 또는 300만원 이하의 벌금에 처한다.

3. 行 政 罰

會社法에는 회사의 채권자, 주주, 사원 기타 이해관계인의 보호를 위한 많은 규정을 두고 있는데, 이들 규정의 실효성을 보장하기 위하여 회사의 임직원 등에게 위반행위에 대한 과태료를 부과하고 있다. 過怠料는 행정상, 또는 민사상의 질서벌로서 형법상의 형벌은 아니다. 따라서 과태료에 대해서는 형법총칙이 적용되지 아니한다.

(1) 주 체

회사의 발기인, 설립위원, 업무집행사원, 이사, 감사, 외국회사의 대표자, 검사인, 공증인(298③, 299조의2, 310③, 313②), 감정인(299의2, 310③, 422①), 지배인, 청산인, 명의개서대리인, 사채모집의 위탁을 받은 회사와 그 사무승계자 또는 직무대행자(386②, 407①, 415, 542②, 567)이다(635①). 또는 회사성립 전에 회사의 명의로 영업을 양도한 자이다(636).

(2) 행 위

상법 제635조 제1항에 열거한 27가지와 동조 제2항의 권리주 양도 및 제636조의 회사의 성립 전에 회사의 명의로 영업을 양도하는 것이다.

제 3 절 各種會社의 差異

상법상 인정되는 4종류의 회사 중 合名會社와 合資會社는 人的會社에 속하고, 株式會社와 有限會社는 物的會社에 속한다. 그런데 인적회사는 회사의 대외적 신용의 기초를 社員이라는 인적요소에 두고 있는 반면, 물적회사는 회사의 財産이라는 물적요소에 두고 있음에 따라 출자의무의 이행, 채권자보호, 사원의 투하자본 회수, 기관구성, 사원지위의 변경 등 여러 가지 측면에서 대조를 보이고 있다.

제 1 出資의 履行

회사설립의 가장 중요한 과정인 출자의 이행은 인적회사와 물적회사에 있어서 큰 차이가 있다.

1. 人的會社

(1) 합명회사

합명회사는 사원의 재산출자 외에도 노무출자 및 신용출자도 인정된다.

합명회사에서는 회사채권자에 대한 제1차적인 담보는 사원의 출자로 형성된 회사 재산이지만, 사원이 債務超過 또는 強制執行不奏效시에는 연대하여 회사채무의 변제책임을 부담한다(212). 이와 같이 각 사원이 회사채권자에 대해 직접 · 연대 · 무한책임을 부담하는 것이 합명회사의 기본적 특질이기 때문에 출자이행은 매우 완화되어 i) 각 사원에게 노무출자 및 신용출자가 인정되고(195, 222, 民703②), ii) 출자의무의 이행시기 및 정도에 대한 규정도 따로 두지 않고 회사의 자치에 맡겨두고 있다.

(2) 합자회사

합자회사의 무한책임사원의 책임은 합명회사의 사원책임과 동일하다(269). 그러나 유한책임사원은 무한책임사원과는 달리, 금전 기타 재산만 출자의 목적으로 할 수 있다(272).

2. 物的會社

(1) 주식회사

주식회사에 있어서는 資本維持 原則의 요청상 주주의 출자의무의 이행에 대하여는 다음과 같은 엄격한 규제를 가하고 있다.

주식회사는 회사재산이 대외적 신용의 유일한 기초가 되므로 재산을 출자함에 있어서도 발기인을 제외하고는 정확한 담보가치를 가지는 재산출자에 한하며 발기인의 인수·납입담보책임규정이나 액면이하 발행금지 규정 등을 통해 자본충실원칙을 철저히 지켜야 한다.

1) 최저자본금　주식회사에 있어서는 자본금 5,000만원 이상일 것을 요하는데, 이는 주식회사의 재산적 기초를 확보하기 위함이다.

2) 출자의무의 이행　發起人이나 株式引受人의 출자는 金錢出資를 원칙으로 한다. 위험한 약속인 現物出資 등 變態設立事項은 발기인에 한정하여 예외적으로 인정되며, 이 경우에도 출자재산의 과대평가를 방지하기 위하여 정관에 현물출자를 하는 자의 성명, 출자의 목적인 재산 및 그 가격 등을 기재하고 검사인 등의 조사를 받는다(299, 299의2, 300, 310, 313①3, 422).

3) 발기인의 인수 및 납입담보책임　회사설립시에 발행한 주식으로서 회사 성립 후에 아직 인수되지 아니한 주식이 있거나 주식인수의 청약이 취소된 때에는 발기인이 이를 공동으로 인수한 것으로 본다(322). 또한 주식인수 후 아직 납입을 완료하지 않은 주식이 있는 때에는 발기인은 연대하여 납입하여야 한다(326).

4) 액면이하 발행금지　주식발행시 액면상당의 회사재산을 확보하기 위하여 액면이하의 발행을 금지하고(330, 417), 그 납입에 대하여 주식인수인의 상계를 금지한다(334).

5) 주금납입　납입의 장소와 방법을 특정하여 발기설립 또는 모집설립 여하를 불문하고 납입은 납입취급은행에서만 취급하도록 하고, 또 假裝納入을 방지하기 위하여 납입보관자의 보관금액에 대한 증명서 교부와 납입의 부실 또는 그 반환의 제한에 대하여 대항할 수 없도록 하였다(318).

(2) 유한회사

유한회사에 있어서도 사원은 유한책임을 부담하므로 주식회사의 경우와 마찬가지로 회사재산을 현실적으로 확보할 필요성이 크다. 이에 따라 최저자본금을 1,000만원 이상으로 하고(546), 일정한 경우에는 사원과 설립당시의 이사는 회사에 대하여 資本忠實責任을 부담한다(550, 551). 사원의 자본전보책임은 사원유한책임원칙에 대한 예외를 이루는 것으로 총사원의 동의로도 이를 면제할 수 없다(550②). 이외에도 주식회사에 유사한 엄격한 법규제가 존재한다.

제 2 債權者 保護

1. 會社債權者 保護

회사채권자는 일반 사법상의 채권자의 일종이기 때문에, 민법의 채권자 보호규정의 적용을 받는 것은 물론이다. 그러나 한편으로는 채무자가 회사이기 때문에 일반채권과는 다른 배려가 필요하다.

(1) 사단법인성의 고려

會社는 社團法人이기 때문에 회사의 채무는 회사재산에서 변제하고 사원은 회사채무에 대해 책임을 부담하지 않는 것이 원칙이다. 따라서 회사의 종류에 관계 없이 회사재산을 확보하는 것이 채권자를 위하여 일차적인 중요성을 가진다.

(2) 회사조직변경의 고려

회사의 조직변경, 합병, 해산과 같은 구조개편이나 소멸을 초래하는 경우에는 회사채권자의 지위에 중대한 영향을 미친다. 따라서 이러한 회사의 기본적인 構造變更時에는 회사채권자에 대한 특별한 보호조치가 마련되어 있다.

(3) 계산규정의 정비

회사기업은 개인기업에 비하여 규모가 크고 경리내용이 복잡하기 때문에 그 재산가치나 지급능력을 파악하는 것이 곤란하다. 따라서 공정한 會計制度와 監視制度가 정비되어야 한다.

(4) 특수한 채권의 존재

주식회사에는 일반적인 채권 이외에 社債라는 특수한 채권이 있다. 사채는 그 종류가 다양하고, 거액이며, 변제기가 장기에 길치고, 집단적 성격을 가진다는 점에서 일반채권에 비해 특수한 보호를 받는다.

2. 人的會社

사원이 채권자에 대해 직접·연대·무한의 책임을 진다.

인적회사는 조합적 결합관계라는 특성이 반영되어 합자회사의 유한책임사원을 제외하면, 사원은 회사채무에 대해 直接·連帶·無限責任을 부담한다(212, 269). 따라서 채권자보호는 제1차적으로는 회사재산에 의해, 제2차적으로는 무한책임사원의 개인재산에 의해 담보된다. 또 신규사원의 책임(213, 269), 퇴사원의 책임(225, 269), 자칭사원의 책임(215, 269)을 인정하고 있다. 인적회사에 있어서는 채무초과가 파산원인으로 되지 않기 때문에, 회사재산의 확보는 채무의 담보라는 의미에서는 그다지 중요하지 않다.

3. 物的會社

회사재산이 유일한 담보이다.

물적회사의 사원은 출자가액에 대한 이행의무만을 부담할 뿐 대외적으로는 어떠한 책임도 지지 않기 때문에 회사채권자에 대한 담보는 회사재산 이외에는 없다. 그러므로 채권자보호를 위해서는 회사재산의 확보가 중요하다.

(1) 회사재산의 확보

회사재산을 확보하기 위하여 회사가 보유할 순재산액의 기준이 될 일정한 數額, 즉 資本을 확정하고 이를 마음대로 변경하지 못하도록 하는 것이 중요하다. 나아가 자본액에 상당하는 재산을 회사가 현실적으로 보유하도록 하기 위해 필요한 장치를 마련하여야 한다. 주식회사나 유한회사에서 보는 資本의 3原則은 이러한 요구에 부응하는 것이다.

(2) 기 타

이외에도 채권자보호와 식·간접적인 관련성을 가지는 제도로는 자산평가기준으로서의 原價主義의 채택, 監査人에 의한 회계감사제도, 각종 공시제도, 외관주의에 기한 책임, 무효의 불소급, 회사정리절차에 대한 채권자의 참가, 사채권자 보호제도 등이 있다.

제 3 投下資本의 回收(社員地位의 交替)

1. 社員의 責任과 投下資本回收

인적회사의 사원교체는 엄격한 규제를 받지만 물적회사의 경우는 비교적 자유롭게 허용된다.

회사는 영리단체이므로 사원들은 자신이 투하한 자본의 회수에 많은 관심을 가지게 된다. 그런데 투하자본의 회수를 회사의 해산을 기다려 殘餘財産分配만 기대할 수 밖에 없다면 아무도 선뜻 투자에 나서지 않을 것이므로 회사의 존속 중에도 투하자본의 회수책이 강구되지 아니하면 안된다. 투하자본의 회수는 사원지위의 교체나 퇴사를 의미하게 되는데, 이에 대한 법적 규율은 회사의 종류에 따라 큰 차이를 보이게 된다.

인적회사는 사원상호간의 인적 신뢰를 기초로 결합하고, 사원은 당연히 업무집행권을 가지는 반면, 회사채무에 대한 무한책임을 부담한다. 그러므로 인적회사에서 사원의 교체는 회사의 내부만 아니라 대외적인 관계에서도 중대한 영향을 미친다. 이에 반하여 물적회사의 사원은 출자로서 자본에 참가하는데 그치고 그 개성은 중시되지 아니하므로 사원의 교체는 그다지 중요하지 아니하다. 이에 따라 인적회사의 사원교체는 엄격한 규제를 받는데 비하여 물적회사는 비교적 자유롭게 허용된다. 다만 유한회사는 그 소규모·폐쇄성으로 인해 지분의 양도에 일정한 제약을 받는다(이강용,"폐쇄회사의 분쟁과 조정에 관한 연구", 「상사법연구」(1995), 77).

2. 人的會社

(1) 무한책임사원

채무에 대해 무한책임을 진다.

합명회사의 사원이나 합자회사의 무한책임사원은 회사의 채무에 대해 무한책임을 부담한다. 그러므로 인적회사의 무한책임사원이 누구인가는 사원상호간에서는 물론이고, 회사채권자로서도 매우 중요한 관심사이므로 투하자본의 회수의 수단으로서 사원지위의 교체는 극히 제한된다. 지분의 회수방법에는 持分讓渡와 退社 및 殘餘財産分配가 있다.

전부인 경우 퇴사를 의미하고 사원 이외의 자

1) 지분의 양도 사원의 지위의 일부가 다른 사원에게 양도될 때에는, 사원의 변동은 아니지만 인적 결합의 기초의 하나인 사원간의 지분비율에 변동이 생긴다. 지분 전부가 양도될 때에는 양도인의 退社를 의미하고 또

지분의 전부 또는 일부가 사원 이외의 자에게 양도되는 때에는 양수인은 새로운 사원으로의 入社를 의미한다. 그러므로 사원은 다른 사원의 동의를 얻지 아니하면 그 지분의 전부 또는 일부를 타인에게 양도할 수 없도록 제한하고 있다(197, 269). 또한 지분의 전부를 양도한 사원에게는 퇴사원의 책임에 관한 규정이 준용되고 있다(225②, 269).

에게 양도되면 입사를 의미한다.

2) 퇴 사　이와 같이 인적회사의 무한책임사원은 지분양도에 의한 투하자본회수를 거의 기대할 수 없다. 그럼에도 불구하고 사원이 투자자본의 회수를 바란다든지, 사원간의 인적 신뢰관계가 상실된 경우 등을 고려하여 회사의 존속 중에 지분의 환급을 받고 회사로부터 탈퇴하는 退社制度가 마련되어 있다(217, 218, 269). 사원이 퇴사한 때에는 그 당시 회사재산상황에 따른 지분의 還給을 받지만, 퇴사등기를 하기 전에 발행한 회사의 채무에 대해 2년간 책임을 부담한다(225, 269).

퇴사시에도 채권자 보호를 위해 퇴사 등기를 히기 전 회사채무에 대해 2년간 책임을 진다.

3) 잔여재산분배　회사의 해산 후 청산절차를 거쳐 나머지 재산을 각 사원에게 분배함으로써 투하자본을 회수하게 된다. 인적회사의 청산에는 임의청산과 법정청산이 인정된다고 함은 앞에서 본 바와 같다.

(2) 유한책임사원

합자회사의 유한책임사원은 그 책임이 출자가액에 한정되는 반면, 업무집행권과 회사대표권이 없다. 그러므로 유한책임사원의 교체는 대내·외적으로 큰 영향이 없기 때문에 그 지분의 전부 또는 일부의 양도는 어느 경우에도 무한책임사원의 동의가 있으면 가능하다(276). 지분양도에 대해 무한책임사원전원의 동의를 얻지 못한 때에는 임의퇴사제도를 이용하면 된다(269).

3. 物的會社

(1) 주주의 투하자본회수

주식회사의 주주에게는 인적회사의 경우와 같은 퇴사제도가 없다. 따라서 회사의 존속 중에는 어떠한 경우에도 출자의 환급은 인정되지 아니한다. 그 대신 지분(주식)의 양도를 자유롭게 인정함으로써 언제든지 회사관계로부터 탈퇴할 수 있도록 보장하고 있다. 주주의 투하자본회수의 방법으로는 株式의 讓渡, 株式買受請求, 株式의 有償消却, 殘餘財産分配가 있다.

주식의 양도를 자유롭게 보장하여 투하자본의 회수를 용이하게 하고 있다.

(2) 주식의 양도

1) 자유양도의 원칙　주주는 주식의 인수가액을 한도로 하여 책임을

부담할 뿐 대외적으로는 어떠한 책임도 부담하지 아니하므로, 주주자격에서는 회사의 경영에 참여하지 못한다. 그러므로 주주지위의 교체는 대내외적으로 아무런 영향이 없어 자유롭게 인정된다(335 ①本). 나아가 주식을 주권에 표창하여 유가증권화하고, 주권을 주식시장에 상장하여 일반투자자들의 투자수단으로 제공함으로써 그 양도성을 극대화하고 있다.

2) 양도에 대한 제한 주식의 양도성은 절대적으로 보장되는 것은 아니므로 주권발행전의 양도제한(335 ③), 自己株式(341, 341의2) 및 子會社에 의한 母會社株式의 취득제한(342의2, 342의3), 특별법상의 양도 및 보유제한이 가하여지고 있다. 이러한 정책적인 제한 이외에도 특정인간의 폐쇄적인 기업구성을 원하는 경우에는 정관에 의한 주식의 양도제한을 인정한다(335 ①但). 다만 이 경우에는 주주에게 주식매수청구권을 인정함으로써 투하자본의 적정한 회수를 보장하고 있다.

(3) 주식매수청구

會社의 合併과 營業讓渡와 같은 중요한 사항은 주주총회특별결의를 거쳐야 하는데 결의에 반대하는 주주에 대하여는 株式買收請求權을 인정하고 있다(374의2, 522의3). 이는 회사의 구조변경에 반대하는 소수파주주에게 투하자본을 회수하여 회사관계로부터 떠나갈 수 있도록 하기 위함이다.

(4) 주식의 유상소각

有償消却은 자본감소절차에 의한 利益消却(343)과 償還株式의 償還(345)이 있다. 어느 경우에나 회사와 주주간의 합의 또는 정관에서 정한 바에 따라 투하자본을 회수하는 것이지만 회수액을 특정수준까지 보장하는 것은 아니다.

(5) 잔여재산분배

회사의 해산의 경우에도 주주는 잔여재산분배의 방식으로 투하자본을 회수한다. 주식회사의 청산에는 法定淸算만 인정된다.

(6) 유한회사 사원의 지분

사원이 간접유한책임을 부담하고, 당연히 회사경영에 참가하는 것이 아닌 점 등은 주주의 경우와 마찬가지이다. 그러나 유한회사는 소수의 사원으로 구성되는 폐쇄적·비공개적인 기업형태로서 사원상호간에 신뢰관계의 유지가 중요하다. 따라서 지분의 양도에는 일정한 제한이 가하여지고(556), 지분의 유가증권화는 금지되는(555) 차이가 있다. 지분양도 이외에 투하자본을 회수하는 방법으로는 자본감소에 의한 지분의 유상소각, 이익소각(560, 341)과, 해산시 잔여재산분배가 있는 것은 주식회사와 동일하다.

제 4 機關構成

1. 機關構成과 社員

(1) 기 관

회사는 법인으로서, 法人實在說에 의하면 의사능력과 행위능력을 가지지만 스스로 행동할 수는 없기 때문에 회사의 의사결정이나 집행은 자연인이 대신할 수밖에 없다. 이와 같이 회사를 위하여 의사결정과 그 실행을 담당하는 자를 會社의 機關이라고 한다. 이러한 기관은 회사의 종류에 따라 다르기는 하지만 代表機關과 業務執行機關 그리고 監督機關으로 나누어 볼 수 있다.

회사를 위하여 의사결정과 그 실행을 담당한다.

(2) 기관과 사원

회사는 사단으로서 그 사단을 구성하는 사원이 있다. 社員은 회사의 영업에 필요한 자본을 출자하고 이익배당에 참여하는 자로서, 사원자격과 기관자격은 개념상 구별된다. 그러나 인적회사에 있어서는 대외적 신용의 기초가 사원에게 있고 사원이 회사의 경영에 대하여 무한책임을 부담하기 때문에, 사원이 당연기관으로서 회사의 경영에 참여할 수밖에 없다. 이에 따라 인적회사에 있어서는 사원자격과 기관자격의 분화가 이루어지지 않는다. 이에 반해 물적 회사에 있어서는 사원은 회사의 경영에 대한 책임을 부담하지 않기 때문에 사원자격과 기관자격은 분리된다. 이를 경제적인 측면에서 보면, 소유와 경영의 분리 현상의 발현이라고 할 수 있다.

2. 自己機關: 人的會社

(1) 원 칙

합명회사의 사원과 합자회사의 무한책임사원은 당연히 회사의 업무집행권과 대표권을 가진다(200, 207, 273). 즉 사원이 기관도 겸하는 自己機關 원칙이 적용되며 업무집행과 회사대표 및 감독기관간의 분화도 이루어지지 않는다. 유한책임사원은 업무집행이나 회사대표를 하지 못한다(273, 278). 또 인적회사의

업무집행권과 대표권을 가진다.

社員總會는 물적회사와는 달리 법정기관이 아니다.

(2) 예 외

정관으로 무한책임사원의 일부만을 업무집행사원으로 정한 때에는 그 사원만 업무집행권을 가지고 다른 사원의 업무집행권한은 상실된다(201, 269). 그러나 사원 이외의 제3자를 업무집행사원으로 할 수 없다는 점에서 자기기관의 원칙은 지켜지고 있다. 또 업무집행사원이 당연히 회사대표권을 가지지만, 정관 또는 총사원의 동의로 이 업무집행사원 중에서 회사를 대표할 자를 정한 경우에는 다른 사원의 대표권은 제약을 받게 된다(207, 208①, 269).

(3) 감시권

업무집행권이 없는 사원은 회사의 업무 및 재산상황을 감시할 포괄적인 권한을 가진다(195, 民710). 또 유한책임사원은 무한책임사원의 감시권보다는 제한되는 감시권을 가진다(277).

3. 第3者 機關: 物的會社

(1) 주식회사

기관의 분화현상이 뚜렷하여 여러 기관들로 나뉘어진다.

주식회사는 전형적인 물적 회사로서, 기관자격과 사원자격이 명확히 분리될 뿐 아니라 기관의 분화현상이 뚜렷하게 나타난다. 즉 최고의사결정기관인 株主總會, 업무집행기관인 理事會 및 대표기관인 代表理事, 그리고 감독기관인 監事(監査委員會)로 나누어진다. 그러나 대규모회사에서는 이외에도 常務會, 이사회내 각종 委員會, 外部監査人 등의 여러 기관들이 있다.

이와 같이 주식회사에서 기관이 복잡하게 분화되어 있는 것은, 일반투자자들로부터 영세한 자금을 모아 거대한 산업자금으로 전환하는 한편, 주주는 유한책임을 지고 회사경영에 대하여는 책임이 없을 뿐만 아니라 경영에 대한 참여가 자동적으로 보장되는 것도 아니기 때문이다. 이에 따라 주식회사에서는 회사의 支配權을 가진 대주주와 경영으로부터 배제된 소수주주간의 이해관계가 대립하고, 또 이사 등의 경영층과 상업사용인 및 회사채권사 등 회사를 둘러싼 여러 계층간의 이해관계가 복잡하게 얽혀 있어, 이들의 이해를 대변할 기관이 복잡하게 분화될 수밖에 없다.

(2) 유한회사

유한회사도 물적회사이기는 하나, 소규모·폐쇄성으로 인해 기관구성에 있어서는 주식회사와 차이가 있다. 즉 필요기관으로 이사와 사원총회가 있지만 감사는 임의기관이며 이사회제도가 없다. 원칙적으로 각 사원이 회사대표권과 업무집행권을 가지나 사원총회에서 대표이사를 선임할 수 있다. 감사는 임의기관이지만 회계감사 및 업무감사권을 가진다.

제 5 資本과 會社財産

1. 資本과 財產

(1) 의 의

1) 자 본 회사는 목적사업을 수행하기 위해 자본이 필요하며 자본은 사원의 출자로 이루어진다. 그러나 회사법상 자본개념은 '사업밑천' 이라는 일반적 의미와는 다르고, 또 각종 회사에 따라 서로 다른 개념을 가지고 있음을 유의하여야 한다. 즉 합명회사와 합자회사에서 자본은 '社員이 出資할 基金總額'이고 유한회사에서는 '納入된 出資額'이지만(548, 591), 주식회사에서는 '發行株式의 額面總額'을 말한다(451). 자본은 회사의 규모나 보유재산의 기준이 되는 중요한 사항이기 때문에 정관과 등기에 의해 공시된다. 다만 주식회사에서는 등기사항일 뿐 정관의 기재사항은 아니다(317 ②2).

자본은 회사의 규모나 보유재산의 기준이 되는 중요한 사항이다.

2) 재 산 재산은 회사가 현실적으로 보유하고 있는 재산의 총체를 말한다. 여기에는 물권, 채권, 지적재산권과 같은 적극재산뿐 아니라 채무와 같은 소극재산이 포함된다. 회사의 재산은 정관이나 등기에 의해 나타낼 수는 없지만 회사의 計算書類(재무제표)등에 의해 주주와 채권자 등 이해관계자에게 공시된다.

적극재산과 소극재산을 포함한다.

(2) 기 능

자본은 정관과 등기에 의해 공시되는 일정불변의 抽象的인 數額임에 대해 재산은 회사의 영업성적이나 물가의 변동, 시장상황 등에 따라 유동적으로 변화하는 現實的인 數額이다. 따라서 회사설립 당시에는 자본과 재산이 일치하지만 시간의 경과에 따라 양자는 차이가 있게 된다. 그러나 회사채권자에 대한 담보가 되는 것은 외부에서는 잘 알 수 없는 회사의 현실적인 재산이므로, 채권자 보호를 위해서는 회사의 재산 상황을 공시하고 재산을 현실적으로 회사 내에 유보시키는 것이 중요하다. 인적회사에서는 사원

자본은 추상적인 액수이고 재산은 현실적인 액수이다.

이 회사채권자에 대해 직접·무한책임을 부담하므로 자본과 재산의 관계는 큰 의미를 가지지 않지만, 회사재산이 유일한 신용의 기초가 되는 물적회사에서는 양자의 관계가 매우 중요하므로 이에 관한 법적 규제가 많다.

2. 人的會社

(1) 자율적 규제

자본을 현실적으로 보유할 필요는 없다.

합명회사에서는 사원이 회사채권자에 대해 직접·연대·무한책임을 부담하므로 회사 내에 자본에 상당하는 재산을 현실적으로 보유하도록 요구하지 아니한다. 이리하여 자본도 명목상의 수액에 지나지 아니하며 출자의 목적과 이행, 이익배당의 방법 등에 대하여도 정관 또는 총사원의 동의로 자유롭게 정할 수 있다. 다만 출자의무를 이행하지 아니하는 사원에 대하여는 법원에 除名宣告의 청구를 할 수 있다(220①1, 269). 자본은 정관의 기재사항이기 때문에 자본의 변경은 정관변경절차(총사원의 동의)를 밟아야 하며 등기사항이다(204, 269, 270).

(2) 유한책임사원

무한책임을 지지 않는 합자회사의 유한책임사원이 이익이 없음에도 불구하고 배당을 받은 경우에는 회사채권자에 대한 책임액에 가산하고(279②), 출자감소 등기 후 2년간은 회사채무에 대해 책임을 부담한다(280).

3. 物的會社

(1) 자본에 관한 3원칙

자본확충의 원칙, 자본유지의 원칙, 자본감소제한의 원칙이다.

물적회사에서는 사원이 회사채무에 대해 책임을 지지 않으므로 대외적 신용의 기초는 회사의 재산뿐이다. 이에 따라 자본에 상당하는 현실적인 재산을 회사 내에 유보시킬 필요에서 資本確定의 原則, 資本維持의 原則, 資本減少制限의 原則을 요구한다. 다만, 유한회사는 주식회사와는 달리 授權資本制度를 채택하지 않기 때문에 資本 3原則이 보다 엄격하게 유지된다.

(2) 자본의 증감

1) 주식회사　　주식회사는 授權資本制度를 채택하고 있으므로 자본은 정관의 기재사항이 아니고 등기에 의해 공시될 뿐이다. 자본의 증가는 이사회결의 사항이며(416), 자본의 감소는 주주총회의 특별결의와 채권자보호절

차를 경유하도록 엄격히 제한하고 있다(438 이하).

2) 유한회사 유한회사는 주식회사와는 달리 자본총액이 정관기재사항이므로(543 ②2), 자본의 감소는 물론이고 증가의 경우에도 정관변경절차(사원총회의 특별결의)를 거쳐야 한다. 그 이외의 사항에 대하여는 주식회사의 규정이 준용된다.

(3) 자본과 재산의 관계

자본과 재산의 관계는 주식회사와 유한회사에서 동일하다. 즉 보통의 新株發行(416)에서는 주금액이 납입되므로 자본증가와 함께 재산도 증가한다. 또 흡수합병(523), 轉換株式의 轉換(346, 513), 會社整理計劃에 의한 신주발행의 경우(會整 622)에도 마찬가지이다. 그러나 準備金의 資本轉入(461 ②), 轉換株式의 轉換(346), 資産再評價 積立金의 자본전입(資再 28 ②2, 30)의 경우에는 장부상의 이체에 지나지 않기 때문에 자본은 증가하여도 재산에는 변동이 없다. 자본의 감소의 경우에도 주금액의 환급이나 주식의 유상소각은 재산의 감소를 초래하지만, 주금액의 인하와 주식의 무상소각은 명의상의 자본감소에 지나지 않는다.

(4) 유한회사 사원의 자본전보책임

유한회사의 사원도 주주와 마찬가지로 유한책임을 부담한다. 그러나 유한회사 사원에 대하여는 일정한 경우에 자본전보책임(548, 593, 594)을 부과하고 있는데 이는 유한책임 원칙의 중요한 예외가 된다.

제 4 절 株式會社의 基本構造

제 1 株式會社의 意義

주식회사는 유한책임을 가지는 주주들과 출자된 자본을 기반으로 하는 물적회사의 전형이다.

상법상 주식회사의 개념에 관하여 따로 정한 바는 없지만 관련규정을 종합할 때, "株主의 출자에 의한 資本을 가지고, 資本은 株式으로 세분화되고, 주주는 주식의 인수가액을 한도로 有限責任을 부담하는 회사"라고 할 수 있다(손주543, 정동69, 정찬(상)536). 즉 資本, 株式, 有限責任의 3가지가 주식회사의 기본적인 3요소라고 하겠다.

1. 資本團體

주식회사는 전형적인 물적회사로서 사람의 결합체라기보다는 資本的結合體이다. 즉 주식회사에 있어서 資本이란 그 성립의 기초인 한편, 주주의 출자액과 책임의 한계를 나타내며, 회사가 보유할 재산의 기준으로서 채권자보호 기능을 한다. 이와 같이 자본은 일정 불변의 추상적인 수액으로서 회사의 규모와 신용도를 측정하는 기준이 되므로 등기와 대차대조표를 통하여 공시된다.

(1) 자본의 뜻과 규모

자본은 사원의 출자에 의해 이루어진 일정한 금액으로서 원칙적으로 발행주식의 액면총액이다.

1) 의 의 주식회사에 있어서 자본이란 '발행주식의 액면총액'을 말한다(451). 우리 나라에서는 無額面株式을 허용하지 않기 때문에 자본은 전부 주식으로 세분화되어 '발행주식총수 × 1주의 액면가액 = 자본'이라는 등식이 성립된다(451). 다만 償還株式의 상환(345), 利益消却(343 但)의 경우에는 예외적으로 자본액과 발행주식의 액면총액이 일치하지 아니한다. 이와 같이 주식회사의 자본은 '發行資本'을 의미하기 때문에, 아직 발행되지 않은 발행예정주식총수를 의미하는 '授權資本'은 자본이 아니다.

2) 규 모 자본의 최저한은 5,000만원이며(329 ①), 최고한도에는 아무런 제한이 없다. 최저자본에 대한 규정은 영세한 주식회사의 난립을 방지할 목적으로 1984년 상법개정시 도입된 것인데 그 액수가 과연 타당성이 있는지

는 의문이다(손영화, "상법상 자본제도의 개선방안", 「상사법연구」(2006), 394).

(2) 수권자본제도

1) 의 의　授權資本制度란 회사설립시 회사가 발행을 예정하고 있는 총주식 중 일부만 인수되어도 회사는 성립하고 나머지는 이사회의 결의에 의해 수시로 발행할 수 있도록 하는 제도이다. 이에 대해 회사설립시에 발행예정주식총수에 대한 인수가 확정되어야 회사성립을 인정하는 確定資本制度가 있다. 주식회사의 자본적 기초를 튼튼히 한다는 측면에서는 확정자본제도의 장점이 있지만, 회사의 경영상태에 따른 기동성 있는 증자를 꾀할 수 있다는 점에서 보면 영미식의 수권자본제도가 우월하다.

총주식의 일부만 인수되어도 회사는 성립하고 나머지는 이사회의 결의로 수시 발행할 수 있도록 하는 제도이다.

2) 상법의 규정　상법은 예정주식총수, 즉 授權資本을 정관의 기재사항으로 하고(289 ①3), 수권주식총수 중 미발행분은 이사회의 결의만으로 발행할 수 있게 함으로써 수권자본제도를 채택하고 있다(416). 다만 회사의 자본적 기초를 튼튼히 하기 위해 설립시 발행하는 주식수를 수권주식수의 4분의 1 이상으로 하도록 함으로써(289 ②), 확정자본제도를 가미하고 있다.

(3) 자본의 3원칙

회사가 보유할 순재산액의 기준으로서 자본이 가지는 기능을 담보하기 위해 다음과 같은 구체적인 자본 3원칙이 인정된다.

1) 자본확정의 원칙　자본금액을 정관에 기재하고 그 총액에 상당하는 주식의 전부에 대해 인수가 확정될 것을 요구하는 원칙으로서, 회사의 재산적 기초를 확보하여 무책임한 회사설립을 방지하기 위하여 요구되는 것이다. 그러나 수권자본제와 관련하여 자본확정의 원칙이 우리 법에서도 인정될 수 있는가에 대하여는 학설이 나누어지고 있다. 통설은 회사 설립시 발행예정주식총수의 4분의 1이상의 인수와 납입을 요구하고 있기 때문에(289 ②) 그 한도 내에서는 자본확정의 원칙이 유지된다고 본다(서·정296~298, 손주538~540, 최기524~527, 이철(회)170~171, 양·박275, 정찬(상)571, 강·임490 이; 反 정희357~358, 정동(회)72~78).

회사의 재산적 기초를 확보하여 무책임한 회사설립을 방지하기 위한 것이다.

2) 자본충실·유지의 원칙　회사설립시 또는 존속 중에 자본액에 상당하는 재산을 현실적으로 확보하고, 이를 항상 보유할 것을 요구하는 원칙이다. 자본이 회사새산을 확보하기 위한 기준으로 인정되는 이상, 회사가 그 자본에 상당하는 재산을 보유하는 것은 당연한 요청이다. 이 원칙은 회사채권자 보호를 주된 목적으로 하지만 동시에 고율 배당을 요구하는 대주주나 경영층에 의한 불건전한 회사 운영으로부터 기업의 건전성을 확보하고 장래 주주의 이익을 옹호하는 기능도 한다. 구체적으로는 주식의 割引發行制

회사채권자를 보호하고 기업의 건전성확보, 장래 주주의 이익을 옹호하는 기능을 한다.

限(330, 417), 納入시 相計禁止(334), 全額納入主義(295, 303, 421, 425), 現物出資 등에 대한 엄격한 규제(299, 310, 313, 314, 422), 발기인과 이사 등의 引受·納入擔保責任(321, 428), 利益配當의 制限(462), 法定準備金의 積立(458, 459), 自己株式의 취득제한(341) 등은 이 원칙에 입각한 규정이다.

회사채권자와 주주의 이익을 위한 것이다.

3) 자본불변의 원칙 일단 확정된 자본액은 임의로 증감할 수 없다는 원칙으로서, 자본충실원칙을 실효성 있게 보장하기 위한 전제가 된다. 그러나 자본증가는 회사의 물적 기초를 튼튼히 하기 때문에 이사회결의만으로 할 수 있으므로 자본불변의 원칙은 자본감소제한의 원칙이라고 할 수 있다. 資本減少를 자유로 허용하면 그에 따른 회사재산도 임의로 감소하게 되어 회사채권자와 주주의 이익을 해칠 우려가 있기 때문에 인정되는 원칙이다. 그러나 이는 자본감소는 어떠한 경우에도 할 수 없다는 뜻은 아니며, 주주총회의 특별결의와 채권자 보호절차를 경유할 경우 필요에 따라 자본감소를 할 수 있다.

2. 株　　式

자본의 구성단위이다.

주식회사의 사원지위(지분)는 세분화된 비율적 단위라는 형식을 취한다(329). 이러한 사원의 지위를 株式이라고 하고 사원을 株主라고 한다. 주식회사에서 사원지위의 단위화는 사원의 개성을 상실시키는 한편, 영세한 자금을 가진 자라도 용이하게 출자를 하게 함으로써 다수인이 사원이 되는 것을 가능하게 한다. 사원지위의 주식화와 함께 주식의 유가증권화는 그 양도성을 강화한다.

3. 有限責任

(1) 원　칙

출자의무만 부담하고 그 밖의 회사채권자에는 책임을 지지 않는 간접·유한책임이다.

주주는 회사에 대하여 그 가진 주식의 인수가액을 한도로 하는 유한의 출자의무를 부담함에 그치고, 회사채권자에 대하여 어떠한 직접적인 책임도 부담하지 않는다(331). 즉 주주가 출자의무를 이행함으로써 회사의 재산이 형성되고 이것이 채권자에 대한 책임재산이 된다는 측면에서 주주의 책임은 間接·有限責任이라고 할 수 있다. 그러나 주주의 출자의무도 엄격히 따지면 주식인수인으로서의 책임이고, 우리법에서는 全額納入主義를 채택하기 때문에 일단 주주가 된 이후에는 어떠한 책임도 부담하지 않게 된다.

(2) 예 외

주주유한책임은 주식회사의 본질에 관한 것이므로 정관이나 주주총회의 특별결의에 의하여도 이와 달리 정할 수 없다. 그러나 주주가 사후에 이를 포기하거나 개별적인 동의에 의해 회사채무를 부담하거나 추가출자의무를 부담하는 것은 무방하다(정회359; 대판 1983.12.13, 82도735; 1989.9.12, 89다카890). 주주유한책임은 군소주주뿐 아니라 대주주에게도 마찬가지로 적용된다. 다만 法人格否認의 法理를 원용하거나, 또는 業務執行指示者로서(401의2)의 지배주주에 대한 책임을 추궁하는 경우는 예외이다.

주주의 사후포기나 개별적인 동의는 유한책임의 예외이다.

제 2 株式會社의 經濟的 機能

1. 本來的 機能

주식회사는 다른 회사보다도 훨씬 더 뛰어난 자본 집중과 위험 분산 기능을 함으로써, 오늘날 대량생산과 소비시대에 적합한 대기업의 경영형태가 되고 있다.

(1) 자금조달의 우월성

앞에서 본 바와 같이 주식회사에 있어서는 주주의 지분이 세분화된 비율적 단위의 형태를 취하고, 그 단위액은 비교적 소액으로써 일반대중이 용이하게 이를 취득할 수 있다. 나아가 주식은 원칙적으로 유가증권인 株券에 표창되어 거래의 대상이 됨으로써 용이한 투자대상이 되고 있다. 특히 유가증권화한 주식이 증권거래소에 上場되는 경우에는 주가의 등락에 따라 막대한 자금을 기업으로 흡수할 수 있게 된다. 이와 같이 주식회사는 대중에 산재하는 영세한 자금까지 흡수하여 거대한 자본을 형성하게 하며, 동시에 기업경영에 따르는 위험을 다수 주주에게 분산시킴으로써 현대사회가 요구하는 대기업에 적합한 기업형태이다.

소액으로 일반대중이 쉽게 취득할 수 있다.

(2) 소유와 경영의 분리

주주의 유한책임과 주식양도자유의 원칙은 필연적으로 기업의 소유와 경영의 분리를 초래한다. 주식분산이 잘 이루어진 대규모 주식회사에서는 주주의 수가 엄청나게 많을 뿐 아니라 항상 변동하기 때문에 이들이 경영에 참여하는 것은 불가능하다. 나아가 대부분의 소액주주들은 회사의 경영보다

주주의 수가 다수이고 변동하기 때문이다.

는 주가의 등락에 따른 양도차익에만 관심을 가지기 때문에 경영에 참여할 의사와 능력이 없는 경우가 대부분이다. 이리하여 회사의 경영은 소수의 기업가주주나 전문적인 경영인의 수중에 들어가게 되어 자연히 소유와 경영의 분리가 이루어진다. 이는 회사법상으로는 주주총회의 권한이 축소되는 반면 이사회 중심주의가 강화되는 것으로 반영되고 있다.

(3) 사회적 책임

사적영리추구뿐만 아니라 공공성도 요구된다.

주식회사는 주주만이 아니라 채권자, 사용인과 일반소비자의 이해관계가 얽혀 있어 국민경제에 큰 영향을 미치는 경우가 많다. 여기에서 주식회사의 공공성이 주장되고 그 한 표현으로서 '기업자체'라는 개념이 주창되고 있다. 이는 주식회사를 단지 주주의 사적인 영리추구의 수단으로 볼 것이 아니라 국민경제에서 차지하는 가치를 인정하여 사회적인 책임을 수행해야 한다는 것이다. 그러나 최근의 회사법 개정은 소위 '주주가치의 극대화'라는 영미식 경영이념에 기울어지고 있다.

2. 弊 害

이상과 같은 경제적 기능을 가진 주식회사제도는 자본주의 경제발전에 공헌한 바가 지대한 반면 그 폐해도 적지 않다.

(1) 경영전횡

회사의 소유와 경영의 분리현상에 편승한 회사 경영진의 전횡을 들 수 있다. 즉 주식의 광범위한 분산에 따라 '소유는 원심적인 분산구조를 취함에 반해 지배는 구심적으로 집중'하여 일부 대주주 또는 경영자에게 지배권이 집중된다. 또 일반주주는 이익배당과 주가상승에만 관심을 가지기 때문에 발기인이나 이사 그리고 소수의 대주주 등이 일반주주의 회사경영에 대한 무지와 무관심에 편승하여 자신들의 이익만을 추구함으로서 회사재산과 존립의 기초를 위태롭게 하는 경우가 많다.

(2) 유한책임의 남용

주주유한책임의 남용이 심각하다. 회사의 지배권을 장악한 支配株主는 회사제도를 남용하여 자신의 개인적인 이익을 꾀하지만, 그로 인한 손해에 대하여는 法人格과 有限責任을 내세워 책임을 회피하는 경우가 대단히 많다. 특히 우리 나라에서는 부실기업의 도산시 회사채권자들과 금융기관이 막대한 손실을 떠안게 되는 경우가 허다하였다(김태주, "주식회사제도의 남용", 「서돈각교수화갑기념논문집」(1980.11), 21).

(3) 주주간의 갈등

주식회사의 주주는 기업참여의 동기나 형태에 따라 투자주주, 투기주주, 기업가주주, 보통주주, 대주주, 중소주주, 영세주주, 우선주주, 보통주주, 후배주주 등 다양하게 구분된다. 이에 따라 특정한 이익군에 속하는 주주가 다른 이익군에 속하는 주주나 회사 자체의 건전한 발전을 무시하고 일시적이고 이기적인 이익을 추구하는 사태가 생기기 쉽다. 이를 방지하기 위해 주주간의 이해관계가 충돌하는 사항에 대하여는 주주총회와는 별도로 종류주주총회(435)의 결의를 얻도록 하고 있다.

(4) 투기조장

증권거래소제도는 투기 대상으로서 주식 거래량을 증대시켜 호황시대에는 자본적 기초가 허약한 泡沫會社의 남설을 초래하고 공황의 원인이 되게 한다. 특히 최근의 벤처붐을 타고 재산이나 경영적 기초가 부실한 기업들이 코스닥시장에 상장되는 경우가 많다. 이러한 폐해는 특정 회사의 주주나 채권자의 이익을 해할 뿐 아니라 국민경제 전반에 경제적인 부담으로 작용할 가능성이 크다.

(5) 재벌의 독점

우리 나라에 특유한 현상이기는 하지만 주식회사제도는 재벌에 의한 企業結合의 수단으로 이용되어 과도한 경제력 집중이 초래되고 있다. 이는 주로 재벌계열 회사간의 相互出資나 相互支給保證과 같은 수단으로 거미줄처럼 얽혀 있어 계열 회사간의 경영이나 재무구조의 독립성은 전혀 보장되지 않고, 회사법에는 존재하지 않는 사장단회의라든가, 그룹기획조정실과 같은 초법적인 기구를 통한 재벌총수의 전단적 경영이 심각하다. 나아가 한 기업의 도산은 곧바로 다른 기업의 도산으로 이어짐으로써 국민경제에 심각한 악영향을 주고 있다(이철송, "재벌과 법", 「상사법연구」(1996), 34).

제 3 株式會社의 法的 規制

주식회사에는 기업의 소유자로서의 주주, 기업경영자로서의 이사만 아니고 회사채권자, 사용인, 소비자 등 다양한 집단의 이해관계가 서로 교착된다. 따라서 이들간의 이해관계를 조정하고 위에서 본 바와 같은 폐해가 발생하지 않도록 방지하는 것이 주식회사법의 중요한 임무이다. 이러한 임무를 수행하기 위해 주식회사법은 다음과 같은 특징을 가진다.

1. 強行規制主義: 私的自治의 制限

회사채권자의 이익을 보호하고 거래의 안전을 기하기 위해서이다.

주식회사법은 대부분 強行規定이고 私的自治는 매우 제한적으로만 허용된다. 우선, 회사의 외부관계에 대한 규정은 회사채권자의 이익을 보호하고 거래의 안전을 기하기 위하여 대부분 강행규정으로 되어 있다. 한편 회사의 내부관계에 관한 규정도 인적회사와는 달리 대부분 강행규정이다. 주식회사에서는 주주가 끊임없이 변동하여 상호간 인적 신뢰관계가 없을 뿐 아니라 이해관계를 달리하는 여러 계층의 주주가 존재하기 때문에 회사의 내부관계를 주주의 자치에 위임하는 것이 반드시 주식회사의 공정한 운영과 건전한 발전을 보장하는 것은 아니기 때문이다. 따라서 주식회사법은 대부분 強行性을 띠고 정관 또는 주주총회의 결의로도 이와 달리 정할 수 없다. 또 그 위반에 대하여 過怠料 부과뿐 아니라 刑事處罰까지 부과하는 것은 이 때문이다.

2. 公示主義

주주, 채권자, 장래의 투자자들을 보호하기 위해 중요사항을 공개하는 것이다.

公示主義는 상법을 관통하는 특색이지만 특히 주식회사법에서 현저하다. 주식회사에는 이해관계인이 광범위하고 그 신용의 기초도 회사재산과 현재의 영업상황에 있기 때문에 외부로부터 용이하게 알 수 없는 영업 및 재산에 관한 중요사항을 공개하여 일반주주나 회사채권자 또는 장래의 투자자들을 보호할 필요성이 크다. 그러므로 공시주의를 철저히 이행하기 위해 정관에 公告方法을 정하도록 하고(289 ①7), 이를 등기사항으로 하도록 하고 있다(317 ②1). 또 각종 장부를 비치하여 주주 및 회사채권자에게 자유롭게 열람하도록 하고(448) 貸借對照表를 공고하도록 하고 있다(449 ③). 증권거래법은 회사법과는 별도로 대규모 주식회사에 대해 會社의 영업과 경리에 관한 중요한 사항을 開示하도록 규정하고 있다.

3. 法院의 關與

주식회사에 개재하는 다양한 이해관계의 합리적인 조정을 위하여 국가기관, 특히 법원의 관여가 광범위하게 이루어진다. 법원에 의한 檢査人의 선임, 주주총회소집, 주식매수청구가액의 결정, 사채권자집회, 이사의 직무집행정지, 이사해임의 소, 신주발행무효의 소, 회사해산의 소 등에서 법원이 회사관계에 개입한다. 또한 회사정리법도 주식회사의 갱생절차에 대해 법원의 광범위한 관여를 인정하고 있다.

합리적인 조정을 위해 국가기관이 관여한다.

4. 法規制의 限界와 課題

이와 같이 회사법이 주식회사에 대해 적극적인 간섭을 가하고 있지만 현실적으로 그 실효성이 어느 정도인지는 의문이다. 우리 나라의 대부분을 차지하는 가족중심의 소규모 회사에서는 회사재산과 사주(주주)의 재산이 구별되지 않고, 주주총회나 이사회와 같은 회사 기관이 거의 무시되고, 회사의 계산이나 경리에 대한 감독도 전혀 행하여지지 않는 경우가 허다하다. 또한 재벌회사에서도 주주총회, 이사회 등이 무력화되고 초법적 기구인 회장비서실, 그룹조정실과 같은 비법적 기구에 의한 전횡이 이루어지고 있는 것이 현실이다. 이에 따라 會社法의 死文化 논의도 제기되고 있는 실정이다.

소규모회사나 재벌회사가 대부분인 현실에서 회사법의 실효성에 관한 논의가 제기되고 있다.

제 3 장
株式會社의 設立

개 요

주식회사는 설립에 의해 태어난다. 주식회사는 다수의 주주와 자본으로 구성되는 물적회사이므로 그 설립도 복잡한 과정을 거쳐 진행된다. 설립은 발기인이 중심이 되는 '설립중의 회사'를 통하여 이루어지는데, 구체적인 과정은 발기설립과 모집설립에 따라 차이가 있으며 주식인수인의 출자와 그 이행이 중심이 된다.

이 장에서는 설립의 기획단계인 설립중의 회사를 살펴보고, 발기설립과 모집설립절차를 설명한 다음, 설립관여자의 책임과 설립의 무효를 다루기로 한다.

주요 내용

o 설립의 기획 — 발기인, 발기인조합
o 설립중의 회사 — 법적 성질, 성립시기, 발기인의 능력과 권한
o 정관의 작성 — 절대적 기재사항, 상대적 기재사항, 임의적 기재사항
o 변태설립사항 — 현물출자, 재산인수, 사후설립, 설립비용
o 발기설립 — 주식인수, 출자이행, 이사 · 감사 선임, 설립경과의 조사
o 모집설립 — 주식의 청약과 배정, 납입금보관자, 가장납입, 창립총회
o 설립등기 — 본질적 효력, 부수적 효력
o 발기인의 책임 — 자본충실책임, 손해배상책임, 회사불성립시 책임
o 기타 설립관여자의 책임 — 이사 · 감사, 유사발기인
o 설립의 하자 — 설립무효, 회사의 부존재

제 1 절 總　說

1. 株式會社 設立의 特色

株式會社의 설립도 다른 회사와 마찬가지로 정관작성과 실체형성 및 설립등기로 이루어진다. 그러나 주식회사는 변동이 심한 다수의 株主와 거액의 자본으로 구성되는 물적회사이므로, 그 설립은 인적회사의 경우와는 다른 여러 가지 특색이 있다.

정관작성, 실체형성, 설립등기로 주식회사가 설립된다.

(1) 정관작성

合名會社에 있어서 정관작성은 사원으로 될 자 전원에 의하지만 株式會社에서는 發起人이 하는 점에 차이가 있다. 정관의 기재사항에 있어서도 회사의 목적, 상호 및 본점 소재지는 동일하지만 그 이외에는 차이가 많다.

정관작성은 발기인이 한다.

(2) 사원과 출자의 확정

株式會社에서는 株主가 다수일 뿐 아니라 변동이 자유롭기 때문에 회사설립시에 이를 定款에서 확정한다는 것은 불가능할 뿐 아니라 부적당하다. 이에 따라 주주는 現物出資의 경우를 제외하고는 정관외에서 株式引受에 의해 확정된다. 또 사원의 出資도 合名會社의 경우와는 달리 현물출자를 제외하고는 정관외에서 확정되며, 설립단계에서 출자의 이행이 완료되어야 한다.

(3) 기관구성

株式會社에서는 사원자격과 기관자격이 분리된다. 따라서 이사와 감사는 發起人 또는 創立總會에 의해 선임되며 주주가 아니라도 상관없다.

(4) 설립절차의 복잡성

株式會社에서는 정관작성 이후에도 株主의 확정과 出資의 이행, 기관구성 등 회사의 실체형성에 많은 시간과 절차가 요구되므로 인적회사에 비해 설립절차가 매우 복잡하다. 특히 회사설립시 발행하는 주식의 일부를 외부에서 모집하는 募集設立方法을 취하는 경우에는 주주의 확정이 여러 단계를 거쳐 행하여지고 기관의 선임에 創立總會의 소집이 요구되는 등 發起設立에 비해 더욱 복잡하다.

인적회사에 비해 설립절차가 복잡하다.

(5) 사적자치의 배제

주식회사 설립에 관한 규정은 대부분 강행규정이다.

사원상호간의 인적 신뢰관계를 바탕으로 설립절차가 자율적으로 이루어지는 合名會社와는 달리 株式會社에는 주주상호간에 인적 신뢰관계가 없고 또 회사채권자로서는 회사재산만이 유일한 담보이기 때문에 설립에 관한 규정은 대부분 강행규정이다(최기532, 이범124, 정동(회)96~97). 또한 設立經過는 法院이 선임한 檢査人 또는 創立總會의 조사를 받으며 발기인 등 설립관여자에 대하여는 엄중한 책임이 부과된다(321~327).

2. 發起設立과 募集設立

발기설립과 모집설립의 두가지 방법이 있다.

주식회사를 설립하는 데에는 發起設立과 募集設立의 두 가지 방법이 있다. 발기설립은 회사의 설립시에 발행하는 株式의 총수를 發起人이 전부 인수하여 회사를 설립하는 방법으로서 단순설립 또는 동시설립이라고 한다(295 이하). 모집설립은 發起人이 그 일부만을 인수하고 나머지 주식에 대하여는 외부로부터 株式引受人을 모집하여 회사를 설립하는 방법이다(301 이하). 어느 방법을 택하여도 상관은 없지만 전자는 상호간에 신뢰관계가 있는 소수의 발기인만으로 회사를 설립하는 방법으로서 소규모회사를 설립하는데 적합함에 비해, 후자는 발기인 외에 다수의 응모자가 가세하여 회사를 설립하는 것으로서 대규모회사 설립에 적합한 방법이라고 하겠다(정찬(상)577).

그러나 이제까지 우리 나라는 소규모 회사의 경우에도 발기설립의 사례는 매우 적고 대부분 모집설립의 방법을 선택하여 왔다. 이는 발기설립절차는 간단하기는 하지만 設立經過에 대하여 반드시 法院이 選任한 檢査人의 조사가 필요하였기 때문이었다. 이에 따라 1995년 개정시에는 발기설립의 경우에도 모집설립과 마찬가지로 자율적으로 설립경과를 조사하도록 하였으므로 앞으로는 발기설립의 이용이 증가할 것으로 예상된다(정동(회)98, 정찬(상)578).

제 2 절 設立의 企劃

주식회사는 대규모기업을 위한 회사형태로 예정되어 그 설립에는 복잡한 실체형성절차가 요구되기 때문에 주주로 될 자가 모두 설립에 참여할 수 없다. 그러므로 설립을 기획하고 추진해 나가는 주체가 필요하며 이를 發起人이라고 한다. 발기인들은 사업의 목적이나 자본규모, 기관구성 등 회사의 기본적인 골격을 정하고 구체적인 설립절차에 착수하게 된다. 처음에는 회사설립을 목적으로 하는 發起人組合을 구성하여 이를 중심으로 설립사무를 추진하다가 일정시점에 도달하면 設立中의 會社가 형성된다. 그리고 設立登記를 경유하면 회사가 완성된다.

발기인은 설립을 기획하고 구체적인 설립절차에 착수한다.

제 1 發 起 人

[사례 Ⅲ-2-1: 발기인 · 발기인조합]

(i) Y_1,Y_2,Y_3 3인은 컴퓨터 조립 및 판매를 목적으로 하는 A회사를 설립하기로 하고 Y_1에게 업무집행을 맡기기로 하였다. 그런데 Y_3은 개인사정상 자기 대신에 Y_4를 발기인으로 정관에 기명날인하게 하고 실제 회사 설립사무에는 Y_3가 계속 관여하였다. 설립절차가 잘 진행되지 않아 정관의 인증은 다음해에 가서야 이루어졌다. 그 사이 Y_1은 Y_2,Y_3와 상의 없이 A회사 명의로 컴퓨터 사업을 시작하여 X회사로부터 컴퓨터 부품을 구입하여 조립한 뒤 이를 B회사에 납품하였다. Y_1은 대금지급을 위하여 수취인을 X회사로 하는 어음을 B로부터 발행 받아 배서한 후에 이를 X에게 교부하였다. 이 어음이 부도가 나자 X는 Y_1,Y_2,Y_3,Y_4에게 부품대금의 지급을 청구하였으나 Y_2,Y_3,Y_4는 영업행위에 관여한 바 없으므로 지급책임 없다고 주장하였다. 이들의 주장은 타당한가? (日最高判 1960.12.9, 民集 14-13, 2994 참조)

(ii) 위 (i)에서 만일 Y_1,Y_2,Y_4가 A회사 주식의 일부를 인수한 뒤 Y_1이 이건 거래를 한 경우에는 어떠한가?

1. 意　　義

(1) 개　념

정관에 발기인으로 서명 또는 기명날인한 자이다.

발기인은 회사설립의 기획자로서 회사 설립시 작성되는 定款에 發起人으로 署名 또는 記名捺印한 자를 말한다(289①). 통설은 이와 같이 발기인의 개념을 형식적으로 파악하기 때문에 회사설립에 실질적으로 관여하여도 정관에 발기인으로 서명 등을 하지 않으면 법률상 발기인이 되지 아니하며, 이를 類似發起人이라고 한다(서·정308, 손주547, 이철(회)177, 이기(회)257, 정찬(상)579). [사례Ⅲ-2-1]에서 보면 Y_3는 실제 설립사무에 관여하였지만 정관에 기명날인하지 않았으므로 발기인이 아니며 Y_4가 발기인이다. 이와 같이 발기인의 의미를 형식적으로 파악하는 것은 발기인이 회사설립을 위하여 일정한 권한을 가지는 동시에 설립에 대하여 법이 정한 엄격한 책임을 부담하기 때문에, 그 범위를 명확히 하기 위함이다.

(2) 주식인수

발기인의 요건이 아니라 의무이다.

발기인은 주식을 인수할 것이 요구하지만 주식인수는 발기인으로 되는 요건으로는 볼 수 없고 발기인의 의무에 불과하다. 따라서 정관에 발기인으로서 서명한 자는 주식을 인수하지 않아도 발기인으로서 책임을 면할 수 없다.

2. 資格과 數

(1) 수

1인 설립도 가능하다.

종래 주식회사의 설립에는 7인 이상의 發起人이 필요하였지만 단순한 名義만을 빌려주는 발기인이 적지 않았기 때문에 1995년 개정 상법은 이를 3인으로 완화하였다. 그러나 주식회사에서 1인회사가 인정되고 또 세계적인 추세도 1인의 發起人을 허용하는 것을 고려하면 굳이 3인 이상으로 할 필요가 없다는 비판을 받아왔다. 그리하여 2001년 개정상법은 발기인의 최저수를 정하지 않는 방법으로 1인 설립을 인정하였다(288).

(2) 자　격

미성년자 기타 무능력자도 발기인이 될 수 있다.

발기인의 자격에는 별다른 제한은 없고 未成年者 기타 無能力者도 발기인이 될 수 있다(정희362, 서·정308, 손주548, 채429, 이기(회)150, 정동(회)101, 강·임496, 이철(회)177). 법인 내지 회사도 발기인으로 될 수 있다는 것이 통설이다. 그러나 발기인은 실제 회사설립 업무에 종사하는 자이므로 활동능력이 없는 무능력자나 법인은 발기인이 될 수 없다는 견해도 있다(박·이134, 정찬(상)579). 회사의 권리능력이 定款 소정의 목적에 의해 제한된다는 견해에 따르면 회사는 그 목적범위 내에 있는 다른 株式會社의 발기인으로 되지만, 제한부정설에 따르면 목적범위 여부를 불문하고 다른 회사의 발기인이 될 수 있다.

3. 地 位

발기인은 발기인간의 계약관계에 의해 성립한 發起人組合의 組合員인 동시에 設立中 會社의 기관이다. 발기인은 주식회사 설립에 있어서 중심적인 역할을 하므로 여러가지 權限을 가지며 또한 설립에 관련한 엄격한 責任도 부담한다.

발기인조합의조합원이고설립중회사의 기관이다.

제 2 發起人組合

1. 意 義

株式會社의 설립절차는 발기인에 의한 정관작성으로부터 시작하지만 이들 발기인간에는 보통 정관작성에 앞서 회사설립을 목적으로 하는 組合契約이 체결되고 그 이행행위로서 정관작성 기타 설립에 필요한 각종행위가 행하여진다. 이를 發起人組合이라고 하며 그 구성원은 처음에는 발기인으로 될 자이지만 정관작성 후에는 정관에 발기인으로 記名捺印(署名)한 자에 한정된다.

회사설립 목적으로 조합계약에 의해 성립된 조합이다.

[사례Ⅲ-2-1-i]에서 보면 A회사의 설립을 목적으로 하는 Y_1,Y_2,Y_3간의 조합이 결성되었으니 定款에는 Y_1,Y_2,Y_4가 기명날인하였으므로 이들을 조합원으로 하는 發起人組合이 존재한다. [사례Ⅲ-2-1-ii]에서는 발기인들이 주식인수를 하였기 때문에 설립중의 회사가 창립되어 發起人組合이 병존하고 있다.

2. 業務執行

(1) 창립위원

조합의 업무집행을 위임받은 1인 또는 수인의 조합원을 말한다.

발기인조합은 민법상의 조합이기 때문에 民法의 규정이 적용된다(정희363, 서·정309, 손주549, 정동(회)103, 이·이171, 이범125, 이철(회)178). 이에 따라 각 발기인은 업무집행의 권리와 의무가 있으며, 업무집행은 발기인의 과반수에 의해 결정되지만 조합의 일상적인 업무는 각 조합원이 단독으로 할 수 있다. 그러나 [사례Ⅲ-2-1-i]과 같이 조합의 업무집행을 1인 또는 수인의 조합원에게 위임하는 경우가 많고 이들을 보통 創立委員이라고 한다.

(2) 대 리

조합원이 다른 조합원을 대리하는 것이 가능하다.

발기인조합에는 법인격이 없기 때문에 조합이 제3자와 거래를 함에는 일부 조합원이 다른 조합원을 대리하여 하는 것이 보통이다. 그러나 [사례Ⅲ-2-1-i]과 같이 業務執行組合員(Y_1)을 따로 둔 경우에는 내부적인 업무집행뿐 아니라 단독으로 조합을 대리할 수 있는 권한도 부여되었다고 할 것이다. 문제는 대리권의 범위이다. 즉 이 사례에서 Y_1이 대표하고 있는 발기인조합은 A회사의 설립에 필요한 여러 행위를 할 것을 목적으로 하는 조합으로서, 영업행위는 발기인 조합의 목적범위를 넘는 것이라고 하겠다. 이에 따라 Y_1의 부품구입과 판매행위에는 Y_1의 대리권의 범위를 넘은 無權代理로서 나머지 조합원들이 이를 追認하지 않는 한 다른 조합원은 책임이 없다. 이는 [사례Ⅲ-2-1-ii]와 같이 설립중의 회사가 창립되어 있는 경우에도 마찬가지이다. 왜냐하면 후술하는 바와 같이 설립중의 회사의 權利能力은 설립목적에 제한되는 것이기 때문에 Y_1의 영업행위는 설립중의 회사의 행위로 될 수 없고, 따라서 그 채무는 설립 후 A회사의 채무로 되지 않는다.

3. 設立中의 會社와의 關係

양자는 밀접한 관계이지만 별개의 개념이다.

발기인조합과 후술할 설립중의 회사는 별개의 개념이다. 발기인조합은 설립중의 회사가 창립되기 이전부터 존재하고 또 설립중의 회사가 성립된 후에도 소멸하거나 설립중의 회사로 발전하는 것이 아니고 이와 병존한다(통설). 그리고 발기인조합은 회사의 성립에 의해 목적을 달성하고 해산하지만 설립중의 회사는 설립등기에 의해 법인격을 취득하여 완전한 주식회사로 된다. 이러한 몇 가지 차이점을 제외하면 양자는 인적범위뿐 아니라 모든 사항에 걸쳐 매우 밀접한 관계에 있다. 즉 발기인에 의한 정관의 작성, 주식의 인수, 설립사무의 집행 등은 설립중의 회사에 있어서는 그 규칙제정, 설립행위, 기관활동이 되며 발기인조합에 대하여는 조합계약의 이행이 된다.

제 3 設立中의 會社

[사례 Ⅲ-2-2: 설립중의 회사]

(i) Y외 3인은 B로부터 시장용 토지를 1억4천만원에 구매하기로 하고 1978년 3월 9일에 계약을 체결하였다. 그러나 잔금은 이듬해 1979년 5월 10일 완불하고 토지의 등기이전을 위하여 1979년 5월 17일에 자본금 3백만원의 A회사를 설립하였다. 그러나 시장건물 신축에 소요되는 자금부족으로 시장을 개설할 형편이 되지 못하자 Y 등은 동년 8월 20일에 C에게 이 토지를 2억원에 매도하였다. 그리고 C가 이 토지의 소유권이전등기를 A회사 명의로 언제든지 할 수 있도록 하기 위해 C에게 Y 등이 소유하고 있던 A회사 주식을 양도하고, 대표이사와 이사직에서 사임하는 방법으로 A회사의 운영권을 C에게 양도하였다. X세무서에서는 Y 등에게 토지 이전에 대한 양도소득세를 부과하였으나 Y 등은 자신들의 토지매입은 설립중의 A회사의 기관자격으로 매수한 것이라는 이유로 세금납부를 거절하고 있다. Y의 주장은 타당한가? (대판 1985.7.23, 84누678 참조)

(ii) Y외 2인은 골프용구의 제조판매를 목적으로 하는 A주식회사를 설립하기로 하고 1995년 5월 1일에 설립등기를 완료하였다. 그러나 설립등기 이전에 이미 Y는 A회사의 대표이사 직함을 사용하고 회사명의로 사실상 영업을 시작하였다. 1995년 3월에 Y는 A회사를 선전하기 위해 당시 유명한 프로골프선수인 X를 초빙하여 시범경기를 갖기로 하였다. X는 A회사가 존재하고 Y를 A회사의 대표이사로 알고 Y와 시범경기에 관한 계약을 체결하였다. X가 출전료를 받지 못하자 1995년 6월 1일에 Y에게 이를 지급할 것을 청구하였으나 Y는 자신은 A회사(설립중의 회사)의 대표이사로서 계약한 것이기 때문에 A회사(성립후의 회사)가 지급책임이 있다고 주장하였다. Y의 주장은 타당한가? (日最高判 1953.12.3, 民集 7-12, 1299 참조)

1. 意義 및 效用

설립등기 이전에 어느 정도 회사로서 실체가 형성된 미완성의 회사를 일컫는다.

設立中의 會社는 會社의 成立(設立登記) 이전에 어느 정도 회사로서의 실체가 형성된 미완성의 회사를 말한다. 株式會社의 설립과정을 보면 회사는 설립등기에 의해 갑자기 출현하는 것이 아니고 그 실체가 점진적·단계적으로 형성되어 설립등기에 이르는 것이다. 이와 같이 설립등기 전에 존재하는 설립중의 회사는 회사로의 실체를 완전히 갖추지 못한 미완성의 것이지만 현실에 실재하는 존재로서, 사회와 여러 가지 교섭을 하므로 이러한 실체를 법률적으로도 승인할 필요가 있는 것이다(정성숙, "설립중의 회사와 발기인의 책임", 「상사법연구」(2005), 336). 또한 설립단계에 있어서 권리의무가 그대로 성립후의 회사의 권리의무관계로 이전되면 법적 처리에 있어 매우 편리하기 때문에 이를 위하여 '設立中의 會事'라는 강학상의 개념을 인정하게 된 것이다(정희363, 이철(회)182, 정찬(상)582). 만일 설립중의 회사를 인정하지 않게 되면 설립과정에서 발기인이 회사를 위하여 취득한 재산(가령, 납부된 주금이나 현물출자재산)이 일단 발기인의 재산으로 되었다가 설립등기를 마친 후에 발기인이 다시 이를 회사에 이전하는 절차를 밟아야 하는데, 이는 불필요한 비용과 위험을 초래하는 것이다.

이러한 취지에서 대판 1970.8.31, 70다1357은 "설립중의 회사란 상법규정에 명시된 관념이 아니고, 발기인이 회사의 설립을 위하여 필요한 행위로 인하여 취득 또는 부담하였던 권리·의무가 귀속되는 관계를 사회학적, 법률학적으로 포착하기 위한 강학상의 개념"이라고 하고, 대판 1985.7.23, 84누678은 "설립중의 회사라 함은 설립등기 이전에 어느 정도 실체가 형성된 미완성의 회사를 말하는 강학상의 개념"이라고 판시하고 있다.

2. 成立後의 會社와의 關係

성립한 회사와 동일한 존재라는 견해가 통설이고, 그 법적성질은 권리능력 없는 사단이다.

설립중의 회사가 성장, 발전하여 법정의 요건을 갖춘 때에는 設立登記를 經了하여 완전한 회사로 되기 때문에 설립중의 회사와 성립한 회사는 실질적으로는 동일한 존재라는 同一性說이 통설이다(정희364, 이철(회)183, 이범125, 채437; 단 정동(회)134는 '조합도 아니고 권리능력 없는 사단도 아니며 법인도 아닌 특수한 성질의 단체'로 보고 있음). 따라서 설립중의 회사의 모든 관계가 일정한 요건 하에 당연히 그대로 성립 후 회사의 법률관계로 된다. 즉 株式引受人은 주주로 되고, 선임된 理事와 監事는 회사의 기관으로 되고, 설립중의 회사가 취득하였거나 부담하는 권리의무는 성립한 회사에 귀속하는 것으로 되며, 특별한 이전행위는 필요하지 않다. 이와 같이 설립중의 회사는 법인격만 없지 설립후 회사와 완전히 동일한 존재이므로 그 법적 성질은 權利能力 없는 社團으로 본다. 따라서 설립중의 회사는 訴訟上 當事者能力과 不動產登記能力이 인정된다(강위두, "설립 중의 회사", 「김창조 박사고희기념논문집」(1987.7), 83).

[사례Ⅲ-2-2-i]에서 만일 Y의 토지매입이 설립중 A회사의 기관자격으로 한 것임이 입증되면 이 토지는 일단 권리능력 없는 사단인 설립중의 A회사의 명의로 등기되고 이후 A회사가 설립되면 별도의 등기이전절차 없이 바로 A회사의 토지가 된다. 또 [사례Ⅲ-2-2-ii]에서 만일 Y의 행위(시범경기를 위한 X의 초빙계약)가 설립중의 A회사의 능력범위 내의 행위인 경우라면 X에 대한 채무는 별도의 채무이전절차 없이 바로 성립후 A회사의 채무로 된다.

3. 成立時期

정관이 작성되고 발기인이 1주 이상 주식을 인수하였을 때 성립한다고 본다.

설립중의 회사는 성립후의 회사와 동일성을 가지는 社團이므로 사단으로서의 실체가 어느 정도 형성되어야 성립된다고 할 수 있다. 다만 그 時點에 대하여는 i) 정관작성시라는 설(이철(회) 185), ii) 발행주식총수가 인수된 때라는 설(정동(회) 139), iii) 발기인이 1주 이상의 주식을 인수한 때라고 보는 설이 대립한다. 다수설은 iii)견해를 취하고 있는데(정희364, 서·정309, 손주550~551, 정찬(상)583, 최기545, 채434, 이범125 外) 이는 이 단계에 이르러야 장래의 주식회사 조직이 확정되고 그 인적·물적 기초의 일부가 정하여져 사단으로 볼 수 있는 요건이 구비된다고 보기 때문이다. 대판 1985.7.23, 84누678도 이러한 취지에서 "정관이 작성되고 발기인이 1주 이상의 주식을 인수하였을 때 비로소(설립 중의 회사가) 성립한다"고 판시하였다(同 대판 1990.11.23, 90누2734; 1990.12.26, 90누2536; 1994.1.28, 93다50215;1998.5.12, 97다56020; 청주지판 2006.6.2, 2004가합1735).

[사례Ⅲ-2-2-i]에서 보면 Y 등은 B로부터 1억 4천만원에 토지를 사서 시장을 조성하려다가 포기하고 이를 C에게 2억원에 매노하였다. 그런데 계약체결은 1978년 3월이었고 토지대금 완제일이 1979년 5월 10일 이었던데 비해, 이 토지의 등기취득을 위한 A회사의 설립은 그후 1주일 뒤인 동년 5월 17일이었으며 A회사의 자본금은 불과 300만원으로 토지가격에 비해 현저히 균형을 잃은 것이었다. 이러한 사정을 종합해 볼 때 Y 등이 시장개설을 위한 주식회사를 향후 설립할 것을 예상하고 있었다 하더라도, 토지취득 당시에는 A회사의 실체는 전혀 존재치 않았고 따라서 발기인들(Y 등)이 설립중의 회사의 기관자격으로 A회사를 위하여 매매계약을 체결하여

이 건 토지를 취득하였다고 볼 수는 없다. 대판 1985.7.23, 84누678도 "원고들(Y)이 이 사건 토지를 매수할 당시 그와 같은 요건을 갖추었다고 볼 자료도 없다"고 판시하고 있다.

이러한 설립중의 회사로서의 실체가 갖추어지기 이전에 발기인이 취득한 권리·의무는 구체적 사정에 따라 발기인 개인 또는 발기인조합에 귀속되는 것으로서 이들에게 귀속된 권리의무를 설립 후의 회사에 귀속시키기 위하여는 양수나 채무인수 등의 특별한 이전행위가 있어야 한다(청주지판 2006.6.2, 2004가합1735).

4. 發起人의 能力과 權限

발기인이 설립중 회사의 기관으로서 한 행위의 법률관계를 말한다.

설립중의 회사의 법적 성질을 권리능력 없는 사단으로 보는 결과 설립중의 회사의 법률관계를 민법의 이론을 원용하여 내부관계와 외부관계로 나누어 설명하는 경우가 많다(정찬(상) 580 이하). 그러나 설립중의 회사는 회사의 설립시까지만 한시적으로 존재하는데 불과하므로 굳이 이렇게 설명할 필요성이 있는지는 의문이다. 결국 설립중 회사의 법률관계란 발기인이 설립중 회사의 기관으로서 취득한 권리의무관계가 설립중 회사에 일단 총유적으로 귀속하였다가 회사가 성립하면 별도의 이전행위 없이 회사에 귀속한다는 것이다. 그리고 이러한 효과가 생기는 것은 발기인이 설립중 회사의 기관으로서 그 권한범위 내에서 한 행위에 한정되므로 발기인의 능력과 권한에 대하여만 살펴보면 충분하다(이철(회) 183).

(1) 권한의 범위

발기인의 권한에 속하는 행위에 한정된다.

발기인은 한편으로는 發起人組合의 조합원인 지위와 다른 한편으로는 設立中 會社의 구성원인 동시에 그 業務執行機關의 지위를 가진다. 그런데 발기인이 회사 설립을 위하여 한 행위가 모두 성립 후 회사에 귀속되는 것은 아니며, 설립중의 회사의 기관으로서의 발기인의 권한에 속하는 행위에 한정된다. 발기인의 권한 범위에 대하여는 학설이 다양하게 나누어져 있는데 i) 설립중의 회사는 회사의 설립을 목적으로 하는 것이므로 발기인의 권한은 직접 설립에 관한 행위(가령 정관작성, 주식인수 및 납입에 관한 행위, 창립총회의 소집)에 한정된다는 견해(최기 533, 이철(회) 183), ii) 회사의 설립을 위한 사실상·경제상 필요한 일체의 거래행위(가령 설립사무소의 임차, 설립사무원의 고용, 주식청약서 등 필요서류의 인쇄, 주주모집광고의 위탁 등)까지 포함된다는 견해(정희362, 365, 371, 채436, 이기(회)151), iii) 영업을 위한 준비행위(영업소, 공장용 건물 또는 부지의 매입, 기계의 매입, 제품의 공급계약, 종업원의 고용 등)도 포함한다는 견해(정동(회) 145) 및 iv) 회사의 목적인 영업행위까지 할 수 있다는 견해가 있다.

(2) 개업준비행위

통설은 개업준비 행위를 발기인의 권한범위 내에 포함시키지 않으나 판례는 이를 인정하는 것으로 보인다.

이러한 학설 대립의 초점은 [사례Ⅲ-2-2-ii]에서 발기인(Y)이 A회사의 영업을 위한 준비로 유명선수인 X를 초빙하여 시범경기를 한 것과 같은 開業準備行爲가 발기인의 권한범위 내에 속하는가 하는 점에 있다. 통설은 주식회사의 엄격한 설립규제와 발기인의 권한남용 방지 취지에서 이를 좁게 해석하여, 설립된 회사의 영업을 위한 토지나 원료의 구매와 같은 개업준비행위는 권한범위 내에 포함되지 않지만 상법이 명문으로 규정을 두고 있는 財産引受의 경우에만 예외라고 한다(최병학, "개업준비행위와 발기인의 책임", 「회사법상의 제문제(상)」(1987), 61). 이에 대해 주식회사의 목적이 일정한 영업을 하는데 있는 이상, 영업을 할 수 있는 상태에 있는 회사를 창설하는 것이 회사설립이므로 開業準備行爲도 당연히 발기인의 권한에 속하는 것으로 보는 소수견해가 있다(정찬(상) 580). 이 견해는 財産引受는 남용방지의 필요에서 특별히 둔 제한규정이라고 본다.

통설의 입장을 따르면 [사례Ⅲ-2-2-ii]에서 X를 초빙하여 시범경기를 체결한 행위는 발기인(Y)의 권한범위를 넘은 것으로서 설립 후 A회사에게 출전료의 지급책임이 없다. 판례의 입장은 명확하지는 않으나 [사례Ⅲ-2-2-i]과 유사한 사안에서 대판 1985.7.23, 84누678은 Y 등의 시장용 토지구입이 설립중 A회사의 권한범위 내라는 것을 전제로 하여 설립중 회사의 성립여부에 관하여 판시하고 있다. 또 대판 1970.8.31, 70다1357은 "장래 운송사업을 목적으로 설립중인 회사의 발기인이 발기인대표로 자동차조립계약을 체결한 경우에 이 계약은 회사설립사무의 집행을 위하여 체결한 것으로 보고 자동차조립대금을 성립한 회사가 변제하여야 한다"고 판시하여 개업준비 행위도 발기인의 권한 범위에 속한다는 소수설의 입장을 취하고 있는 것으로 보인다.

설립준비행위는 설립후 회사에 귀속한다.

설립중의 회사와 성립후의 회사는 法人格의 有無라는 법적 형식의 차이일 뿐 실질적으로 완전히 동일하다고 한다면, 設立登記 有無에 따라 그 權利能力에 현격히 차이를 두는 것은 부당하다고 하겠다. 나아가 회사의 영업은 법인격 취득 후에 바로 시작되는 것이 아니라 설립중의 회사에서부터 준비를 거쳐 이루어지는 연속된 과정이기 때문에 이를 회사로 설립된 이후에만 權利能力에 포함시키는 것은 문제이다. 그러한 측면에서 開業準備行爲는 발기인의 권한의 범위에 포함되는 것으로서 설립 후 회사에 귀속되는 것으로 보아야 할 것이다.

제 3 절 設立節次

설립절차는 정관작성, 주식의 인수·납입 및 기관구성, 설립등기이다.

株式會社의 설립절차는 크게 3단계로 나누어 볼 수 있다. 첫째, 회사의 조직과 활동에 관한 기본규칙인 定款의 作成이고 둘째, 株式의 引受와 納入 및 機關構成으로 이루어지는 실체형성과정이고 셋째, 法人格의 취득을 위한 設立登記이다. 이 중에서 두 번째 단계가 주식회사설립에 있어서 가장 중심되는 것으로서 여기에는 發起設立과 募集設立의 두 가지 방법이 있다(박진태, "주식회사의 설립절차", 「상사법연구」(1994), 41).

발기설립
발기인이 회사 설립시 발행하는 주식의 전부를 인수하고 회사를 설립하는 절차

모집설립
발기인이 회사 설립시에 발행하는 주식의 총수 전부를 인수하지 않고 잔여의 주식에 대하여 주주를 모집하여 회사를 설립하는 절차

■ 설립절차의 비교

발기설립	모집설립	단 계
1. 정관의 작성(289)	1. 정관의 작성(289)	기본규칙확정
2. 주식발행사항결정(291)	2. 주식발행사항결정(291)	
3. 발기인의 전부 인수(293)	3. 발기인의 일부 인수(293) 4. 주주의 모집(301) 5. 청약(302) 6. 배정-인수의 확정(303)	사원(출자)확정
4. 발행가액의 전액납입(295) 현물출자의 전부이행(295)	7. 발행가액의 전액납입(305) 현물출자의 전부이행(305)	회사재산확정
	8. 창립총회의 개최(308)	
5. 이사·감사의 선임(296)	9. 이사·감사의 선임(312)	기관구성
6. 검사인의 조사(299) 이사·감사의 조사(298)	10. 검사인의 조사(310) 이사·감사의 조사(313) 11. 창립총회의 보고·변경(314)	
7. 설립등기(317)	12. 설립등기(317)	법인격취득

제 1 定款의 作成

1. 定款의 意義

주식회사의 설립절차는 발기인에 의한 定款의 작성으로 시작한다. 회사의 조직과 활동에 관한 근본규칙을 정하여 이를 '定款'이라는 서면에 기재하는 것이나. 정관은 회사의 自治法規로서 會社法의 法源에 포함되며 현재 및 장래의 주주를 구속한다. 회사설립시 최초로 작성된 정관을 이후 변경된 정관에 대해 原始定款이라고 한다.

실질적 개념은 회사의 조직과 활동에 관한 근본규칙이고 형식적 개념은 근본규칙을 기재한 서면이다.

정관에는 각 발기인이 서명 또는 기명날인 하여야 한다(289 ①). 정관은 公證人의 認證을 받지 않으면 효력이 없는데(292) 이는 정관의 내용을 명확히 하여 후일 분쟁과 부정행위를 방지하기 위함이다. 다만 정관변경의 경우에는 인증을 받을 필요가 없으며, 특수회사의 정관작성과 그 변경에 대하여는 주무관청의 인가를 요하는 경우가 많다.

2. 定款의 記載事項

정관의 기재사항은 그 법적 효력에 따라 絶對的 記載事項, 相對的 記載事項 및 任意的 記載事項으로 나누어진다. 실제 정관에는 총칙, 주식, 주주총회, 이사 및 이사회, 감사, 계산, 부칙 등의 순으로 여러 조항들이 체계적으로 기재된다(上場會社標準定款 (부록) 참조).

(1) 절대적 기재사항

정관으로서의 효력을 가지기 위하여 반드시 기재되지 않으면 안되는 사항으로서 만일 이를 빠트리거나 기재가 위법인 때에는 정관 전체를 무효로 하는 사항이다. 絶對的 記載事項은 다음과 같다(289 ①).

미기재시 정관을 무효로 한다.

1) 목 적 회사가 영위하려는 事業目的으로서 사회통념상 회사의 사업내용이 무엇인가를 알 수 있을 정도로 구체적으로 기재할 것을 요한다. 보통은 구체적인 사업목적을 열거한 다음 "전 각호의 사업에 附帶되는 사업"과 같은 문언을 부기하는 것이 관행이다(標準定款 2·6). 이는 회사의 권리능력과 관련하여 성립 후 회사업무에 지장을 주지 않기 위한 배려이다. 정관소정의

목적은 會社의 能力외에도 理事의 違法行爲留止(402), 解散命令(176)과 관련을 가진다.

2) 상 호　商號 중에는 주식회사라는 문자를 반드시 삽입하여야 한다(19, 標準定款 1). 銀行, 保險, 證券 등 특정한 업무를 수행하는 회사의 상호에는 사업의 종류를 명기해야 하는 경우도 있다.

3) 회사가 발행할 주식의 총수　회사가 장래 발행할 예정주식총수로서 授權資本의 범위를 주식수로 나타낸 것이다(標準定款 5). 發行豫定株式 총수의 범위에 대한 제한은 없지만 회사 설립시에 그 4분의 1이상을 발행하지 않으면 안되기 때문에 간접적인 제약을 받게 된다. 회사설립시 미발행분은 회사성립 후 理事會의 결의로 발행된다(416).

4) 1주의 금액　1주의 금액은 100원 이상이어야 하며 均一하여야 한다(329). 상법은 無額面株式을 인정하지 아니한다(標準定款 6).

5) 회사설립시 발행하는 주식의 총수　발행할 예정주식총수 중에서 설립시에 발행할 주식총수를 정관에 기재하여야 한다(標準定款 7). 설립시 발행주식총수는 授權株式의 4분의 1 이상이어야 하며(289 ②), 그 전부에 대해 引受와 納入이 확정되어야 한다. 이는 授權資本制 하에서 이사회에 대한 신주발행의 범위를 제한하고 설립의 기초를 확고하게 하기 위함이다. 설립시 발행하는 주식에 대하여는 그 총수 외에 각 종류별 주식수를 기재하여야 한다.

6) 본점소재지　本店이 소재하는 독립 최소행정구역을 말하며(標準定款 3), 구체적인 장소는 본점소재지 내에서 이사가 결정할 수 있다. 본점소재지는 등기관계상 국내에 두어야 한다.

7) 회사가 공고하는 방법　주식회사에는 公告를 요하는 것이 많고 공고사항은 주주 기타 이해관계자에게 중요한 관심사항이므로 공고방법을 정관에 특정하도록 한 것이다(標準定款 4). 공고는 관보 또는 일간신문에 하고 신문을 특정하여야 한다(289 ③).

8) 발기인의 성명 · 주민등록번호 · 주소　발기인이 누구인가를 명확히 하기 위하여 이를 기재사항에 포함시킨 것이다. 발기인의 동일성을 인식할 수 있는 한 주소를 생략하여도 좋고 또 정관의 본문에 기재하지 아니하여도 記名捺印과 署名에 부기한 주소가 있으면 된다(서돈296, 정동 (회)110, 채407).

(2) 상대적 기재사항

기재시 효력이 발생하는 사항

정관에 기재하지 않아도 정관 자체의 효력에는 영향이 없지만 일단 정관에 기재되면 기재의 효력이 생기는 사항이다. 이러한 사항은 회사법의 여러 군데에서 찾아볼 수 있는데(344②, 346①, 357, 361, 383③, 387, 390②, 416, 418①, 463①, 517① 등) 가령 "定款으로 이를 정할 수 있다"라든가 "定款에서 달리 정하지 않은 때"라는 식으로 규정되어 있는 경우이다. 이러한 상대적 기재사항 중 설립과 관련하여 가장 중요한 것은 상법 제290조에 열거되어 있는 變態設立事項이다.

이다.

(3) 임의적 기재사항

기재여부가 회사의 자율에 맡겨져 있는 사항이다. 따라서 그 기재를 흠결하여도 정관자체가 무효로 된다든가 그 사항의 효력이 발생하지 않는 것은 아니다. 다만 특정한 사항을 명확히 하여 代表理事나 理事會, 株主總會와 같은 회사기관을 기속하기 위해 특히 정관에 기재되는 사항을 말한다. 정기주주총회의 소집시기, 총회의 의장, 이사와 감사의 수, 영업년도 등에 관한 기재가 이에 속한다.

그 기재여부가 자율에 맡겨져 있다.

종래에는 주식의 名義改書節次라든가 주권의 종류 또는 이익처분 방법 등과 같이 세밀한 부분까지 모두 정관에 기재하는 것이 관행이었다. 그러나 정관이 회사의 자치법규인 이상 이들도 정관에 기재되면 회사를 기속하는 규범으로 되기 때문에, 최근에는 정관의 내용을 필요불가결한 내용으로 최소화하고 상세한 사항은 理事會規則, 株式處理規則 등에 위임하는 경향이 늘고 있다.

3. 變態設立事項

회사를 설립함에 있어, 자본충실을 기하기 위해 반드시 定款에 기재하고 檢査人에 의한 조사가 있어야 그 효력이 발생하는 사항을 변태설립사항이라 한다(290, 299, 310). 변태설립사항으로 규정된 것들은 남용의 위험이 매우 크고 주주나 회사채권자를 해할 우려가 높기 때문에 '위험한 약속'이라고 부른다. 이를 정관에 기재하는 것은 회사채권자 또는 주식인수인에게 그 존부와 내용을 알림으로써 적절한 의사결정을 할 수 있게 하는 동시에, 발기인의 활동을 공시함으로써 남용을 억제하기 위함이다. 變態設立事項이 부당하다고 인정되는 경우에는 발기설립시에는 법원, 모집설립시에는 창립총회에서 이를 변경할 수 있다. 그러나 실제로는 이러한 變態設立事項이 정관에 기재되는 예는 드물다고 한다.

회사설립시 자본충실을 위해 반드시 정관에 기재하고 검사인에 의한 조사가 있어야 효력이 발생하는 사항이다.

(1) 발기인이 받을 특별이익(290. 1)

발기인의 특별이익은 회사의 설립기획자로서 공로를 인정하여 부여되는 것으로서 발기인의 보수와 구별된다. 보통은 이익배당, 잔여재산분배, 신주인수에 관한 우선권이나 회사시설 이용권 등과 같이 회사의 계속적 부담으로 되는 재산적 이익이다. 이러한 사항은 발기인이 자의적으로 결정할 위험성이 많기 때문에 변태설립사항으로 하여 엄격히 규제하는 것이다.

(2) 현물출자(290. 2)

현물출자되는 재산이 과대평가되어 다른 출자자의 손실을 초래하거나 자본충실을 해치게 될 우려를 막기 위해 변태설립사항의 하나로 규정하고 있다.

1) 의 의　금전 이외의 재산출자를 말한다. 기존회사의 조직을 변경하여 주식회사로 하는 경우, 知的財產權이나 鑛業權 등을 출자하는 경우, 다른 기업을 合倂하는 경우에는 현물출자제도가 매우 유익하기 때문에 출자의 한 방법으로 인정한 것이다. 그러나 현물출자의 목적물이 과대평가 되면 다른 출자자의 손실을 초래할 뿐 아니라 자본충실을 해치게 될 우려가 있으므로 현물출자에 대한 공정한 평가를 위해 이를 변태설립사항의 하나로 규정하고 있는 것이다. 우리 나라에서는 일찍부터 車輛持入制라는 독특한 형태의 現物出資가 행하여지고 있다. 이는 차량 1대씩을 보유하는 영세차주들이 운수사업상의 제약을 회피하기 위해 차량을 현물출자하여 회사를 설립하거나 기존회사에 현물출자하여 주주로 되는 동시에, 출자한 차량을 독자적으로 관리·수익하고 처분하는 일종의 동업 기업형태이다(권종호, "2006년 회사법개정시안의 주요내용", 「상사법연구」(2006), 308).

2) 출자목적과 자격　현물출자의 목적은 貸借對照表의 資產의 部에 기재할 수 있는 것이면 무엇이든지 상관없다. 토지, 건물 등 유형적인 물건뿐 아니라 有價證券, 다른 회사의 株式, 知的財產權, 營業權 등도 가능하다(정희 369, 정동(회)111, 이철(회)191, 채409, 이기(회)160, 정찬(상)593, 강·임503). 종래에는 회사설립시 발기인만 현물출자가 가능하였으나 이러한 제한을 철폐하였다.

3) 출자의 이행　현물출자는 다음에서 볼 財產引受와는 달리 단체법상의 출자행위이다. 그러나 그 현실적인 이행은 출자목적인 재산종류별 이전방식에 따른다. 즉 동산은 인도, 부동산은 등기이전, 유가증권은 배서와 교부 등이다. 다만 등기와 등록은 그에 필요한 서류를 완비하여 발기인대표에게 교부하면 이행한 것으로 본다(295②, 305③). 현물출자에 관하여는 민법상의 위험부담·하자담보에 관한 규정이 유추적용된다(통설).

4) 출자의 불이행·무효　현물출자를 이행하지 않았거나 또는 정관에 기재하지 않는 등 법적인 절차를 흠결하여 무효로 되었거나 과대하게 평가한 경우에는 발기인과 회사설립 당시의 이사가 자본충실책임, 손해배상책임을 진다. 그러나 현물출자는 타인에 의한 대체적 급부가 불가능한 경우가

많을 뿐 아니라 담보책임으로 이를 보전하는 데에는 한계가 있으므로 흠결이 심한 경우에는 設立無效의 원인이 된다.

(3) 재산인수(290.3)

[사례 III-3-1: 재산인수 · 사후설립]

(i) X는 A와 공동으로 광산업을 목적으로 하는 Y회사를 설립하기로 하였다. X는 9천6백만원으로 평가된 광업권을 현물로 출자하고, A는 1억원을 현금으로 출자하여 X는 49%의 持分을 갖고 A는 51%의 지분을 각각 갖기로 하였다. 다만 X는 현물출자에 따른 번잡함을 피하기 위해 Y회사 설립후 Y회사와 X간의 매매계약에 의해 이를 이전하기로 하고, Y회사 설립등기 후에 광업권 이전등록을 마쳤으나 이에 관한 사항이 Y회사의 정관에 변태설립사항으로 기재되지 아니하였다. X와 Y간의 광업권 이전 계약은 성립하는가? (대판 1994.5.13, 94다323 참조)

(ii) ① Y주식회사 발기인대표 A와 X는 회사설립등기 전에 X소유 부동산에 대하여 매매계약을 체결하였는데 회사성립 후에도 대금이 지급되지 않았다. 정관에 이 계약이 기재되지 아니한 경우 X는 Y회사에 대하여 계약해제 후 부동산의 반환을 구할 수 있는가? ② 만일 Y회사 성립 후에 주주총회의 특별결의에 의해 이 계약을 승인한 경우에는 어떠한가? (日最高判 1953.12.3, 民集 7-12, 1299 참조)

1) 의 의 　財産引受라 함은 발기인이 설립중의 회사를 위하여, 회사의 설립을 조건으로, 株式引受人 또는 제3자와 재산을 매매형식으로 양수할 것을 약정하는 단체법상의 양수계약을 말한다. 재산인수의 목적물이 과다하게 평가되면 설립후 회사의 재산적 기초가 위태롭게 될 우려가 있고 또 양도인이 발기인일 경우 다른 주주에게는 불공평한 결과가 된다. 따라서 실질적으로는 현물출자와 마찬가지의 위험이 있기 때문에 이를 變態設立事項으로 한 것이다.

회사 성립을 위하여 회사성립 후 일정한 재산을 양수하기로 약정하는 계약으로 변태설립 사항이다.

2) 현물출자와의 관계 　현물출자는 단체법상의 출자행위이나 재산인수는 개인법상의 거래행위라는 점에서 양자는 법적으로는 구별된다. 그러나 재산인수는 현물출자에 요구되는 번거로운 절차와 감독을 회피하기 위한 수단으로 이용되는 경우가 많다. 財産引受도 현물출자와 마찬가지로 정관에 기재하고 조사 또는 평가절차를 거쳐야 하지만 대부분의 경우 재산인수 약정을 은닉하였다가 설립 후에 실행하는 사례가 많았다. 따라서 회사 설립

후에 어떠한 재산을 인수하기로 하는 구체적인 약정이 상법 제290조 3호 소정의 '財産引受'에 해당하는가 하는 점이 문제로 된다. 대판 1994.5.13, 94다323은 [사례Ⅲ-3-1-i]과 유사한 사안에서 "당사자 사이에 회사를 설립하기로 합의하면서 그 일방(X)은 일정한 재산을 현물로 출자하고, 타방(A)은 현금을 출자하되 현물출자에 따른 번잡함을 피하기 위하여 회사의 성립후 회사(Y)와 현물출자자(X) 사이의 매매계약에 의한 방법에 의하여 위 현물출자를 완성하기로 약정하고 그 후 회사설립을 위한 소정의 절차를 거쳐 위 약정에 따른 현물출자가 이루어진 것이라면, 위 현물출자를 위한 약정은 그대로 위 법조항(제290조 제3호)이 규정하는 재산인수에 해당한다고 할 것이어서 정관에 기재되지 아니하는 한 무효"라고 판시하였다. 이러한 판례 입장에 따르면 Y회사와 X간의 광업권 인수계약은 財産引受에 해당하는데, 정관에 기재하지 아니하였으므로 무효로 된다(김인겸, "현물출자에 따른 제재를 회피하기 위하여 회사설립 후에 재산을 양수하기로 한 약정의 유효성", 「상사판례연구(Ⅰ)」, 385).

정관에 기재하지 않은 재산인수는 확정적·절대적 무효라는 것이 다수설이다.

3) 정관에 기재하지 않은 재산인수　정관에 기재하지 않은 재산인수는 효력이 없는데, 그 무효는 확정적·절대적이라는 것이 다수설이다(서·정316, 손주559, 정동(회)114, 이철(회)194, 이기(회)162). 이에 따르면 [사례Ⅲ-3-1-ii]의 ①에서 Y회사가 양도인(X)에게 追認의 의사표시를 하여도 무효인 재산인수는 유효로 되지 아니하며 무효는 회사측(Y)만 아니라 양도인인 상대방(X)도 주장할 수 있다고 한다. 따라서 Y회사는 X에게 위 부동산을 반환해야 할 것이다. 이에 대해 회사가 회사성립 후 스스로의 판단에 의해 추인하는 경우 이를 부인할 이유가 없다는 견지에서, 이를 일종의 無權代理의 追認으로 보는 견해가 있다(정찬(상)595, 채409). 특히 무권대리의 추인으로 보는 견해에 따르면, [사례Ⅲ-3-1-ii]의 ②와 같이 성립후 회사의 주주총회에서 이를 승인한 경우에도 무효로 보는 것은 구체적 타당성에 반한다고 한다. 이러한 취지에서 대판 1992.9.14, 91다33087도 "정관에 기재되지 아니한 재산인수는 무효라고 할 것이나, 한편 위와 같은 방법에 의한 현물출자가 동시에 상법 제375조가 규정하는 사후설립에 해당하고 이에 대하여 주주총회의 특별결의에 의한 추인이 있었다면 원고 회사는 유효하게 위 현물출자로 인한 부동산의 소유권을 취득한다"고 판시하고 있다.

(4) 설립비용, 발기인의 보수(290.4)

[사례 Ⅲ-3-2: 설립비용]

(i) ① Y주식회사의 정관에는 회사가 부담할 설립비용이 설립사무소 임차료 및

인건비 3,000만원, 주주모집 비용 2,000만원 합계 5,000만원 이내로 기재되었다. Y회사의 발기인 대표 A는 설립비용으로 사용한다는 사실을 고지하고 발기인 B로부터 4,500만원을 차용하여 그 중 2,000만원을 임차료 및 인건비로 사용하고 2,300만원을 주주모집 광고비 등으로 사용하였다. 그런데 회사가 성립한 후에도 A는 차입금을 B에게 변제하지 않았다. B는 위 차입금을 Y회사로부터 받을 수 있는가? ② 만일 A가 나머지 200만원을 설립등기시 등록세로 납부한 경우에는 어떠한가? (日大判 1917.7.4, 民集 6, 428 참조)

(ii) Y주식회사의 정관에는 회사가 부담할 설립비용이 5,000만원 이내로 기재되었다. 그런데 Y회사 발기인대표 A는 설립비용으로 사용한다는 사실을 고지하고 발기인 B로부터 3,000만원, C은행으로부터 4,000만원을 각각 차용하여 이를 모두 설립사무소의 임차료와 주주모집광고료로 사용하였다. 회사성립 후에도 A는 차입금을 변제하지 아니하고 있는데 B와 C는 Y회사로부터 그 변제를 받을 수 있는가?

1) 의 의 발기인이 設立中의 會社의 기관으로서 회사설립을 위하여 지출한 일체의 비용을 設立費用이라고 한다. 회사설립을 위하여 필요한 비용이면 성립후 회사가 부담하는 것이 당연하며 발기인이 회사에 이를 求償할 수 있다. 그러나 이를 무제한 허용하면 회사는 성립시부터 과대한 비용을 부담하게 되어 회사의 재산적 기초가 위태롭게 된다. 따라서 이를 變態設立事項의 하나로 하여 엄격히 규제하는 것이다. 설립비용은 會社不成立의 경우에는 發起人이 부담한다.

발기인이 회사설립을 위하여 지출한 비용이다.

2) 포함되는 비용 설립비용에는 정관의 작성비용, 주식청약서 등의 작성비용, 주주모집광고비, 창립사무소 임차료, 통신비, 사무원의 급료, 창립총회에 관한 비용, 법원의 검사를 위하여 소요되는 비용 등이 포함된다. 설립비용은 총액만 기재하면 되고 각 항목별로 이를 기재하여도 구속력이 없다. 따라서 [사례Ⅲ-3-2-i]의 ①에서 A가 지출한 임차료 및 인건비 2,000만원과 주주모집비 2,300만원, 합계 4,300만원은 정관에 기재된 설립비용 총액 5,000만원 한도 내이므로 Y회사의 부담으로 된다. 그러나 [사례Ⅲ-3-2-i]의 ②에서 설립등기를 위한 등록세 200만원은 그 산정의 객관성이 보장되기 때문에 設立費用에 포함되지 않고 Y회사가 따로 지급하여야 한다. 또 발기인의 보수는 별도로 정관에 기재하여야 할 變態設立事項이기 때문에 설립비용에는 포함되지 아니한다. 그리고 개업준비비용은 설립비용에 포함되지 아니한다(정희372, 정동(회)114, 이철(회)194, 채이410, 이기(회)162, 정찬(상)595).

발기인의 보수, 개업준비비용은 설립비용에 포함되지 않는다.

3) 비용의 귀속 이와 같이 설립비용이 정관기재범위 내이고 이에 대해 檢査人의 조사 등 절차를 마친 경우에는 회사의 부담으로 된다. 따라서 발기인 A가 이미 이 비용을 지급한 경우에는 성립후 Y회사에 대하여 구상할 수 있다. 또한 [사례Ⅲ-3-2-i]과 같이 발기인 대표 A가 이를 지급하지 않고 제3자인 B로부터 차입하여 회사성립시까지 변제하지 않은 경우에는 그 채무는 Y회사에 귀속되는 것은 물론이다. 문제는 [사례Ⅲ-3-2-ii]와 같이 발기인대표 A가 정관기재액(5,000만원)보다 많은 액수를 여러 채권자(B, C)들로부터 차입한 경우 그 채무의 그 귀속관계는 어떻게 되는가 하는 점이다. 종래에는 설립비용에 관한 채무는 정관에 기재되고 검사인의 조사와 창립총회의 승인이 있는 범위 내에서 성립후 회사에 직접 귀속된다고 보는 견해가 다수설이었다. 그러나 이에 따를 경우 [사례Ⅲ-3-2-ii]에서 보듯이 B로부터 3,000만원, C로부터 4,000만원 합계 7,000만원의 채무 중 5,000만원만 Y회사가 부담하게 되므로 이를 B, C간에 어떻게 분배할 것인가 하는 어려움에 봉착하게 된다. 따라서 근래에 와서는 發起人이 設立中의 會社의 機關으로서 설립사무소의 임차와 같은 설립에 필요한 거래행위를 한 경우에는, 그 채무는 설립중의 회사에 귀속하기 때문에 정관소정의 기재액(5,000만원)을 넘는 7,000만원 전액에 대해 Y회사의 책임을 인정하는 견해가 유력하게 주장되고 있다(정동(회)116, 이기(회)163). 이에 의하면 Y회사는 초과액(2,000만원)에 대해서만 발기인 A에게 구상할 수 있다.

발기인의 보수는 변태설립사항이다.

4) 발기인의 보수 발기인의 보수는 발기인이 회사설립을 위해 기울인 노력에 대한 보수이다. 앞에서 설명한 特別利益과는 달리 성립후 회사로부터 일시에 현금으로 지급되는데, 과다한 지급을 방지하기 위해 변태설립사항으로 하여 규제하는 것이다. 설립비용, 발기인의 보수 및 설립등기세액은 創業費로서 移延資産으로 인정된다(453①).

제 2 株式發行事項의 決定

1. 株式發行事項

주식의 종류와 수, 액면 이상의 주식을 발행

설립시 발행하는 주식에 대하여는 發行株式總數와 1株의 金額이 정관에 기재된다(289① 4.5). 나머지 사항들은 정관에 규정하여도 좋지만 정관작성후 사태의 진전에 따라 발기인이 결정하여도 상관없다. 이러한 사항 중 주주의 모집방법, 주식의 청약기간, 납입기일, 납입취급은행 등은 발기인의 다수결에 의해 정하지만 비교적 중요하다고 생각되는 다음 두 가지는 발기인 전원의 동의로써 이를 정한다.

할 때 그 수와 금액면은 발기인 전원의 동의로서 결정된다.

(1) 주식의 종류와 수(291.1)

優先株, 後配株, 相還株式, 轉換株式, 無議決權株式 등의 발행이 정관에 예정되어 있는 경우에는 그 중 어떤 주식을 얼마만큼 설립시에 발행할 것인가는 발기인 전원의 동의로써 정하여야 한다.

(2) 액면 이상의 주식을 발행하는 때에는 그 수와 금액(291.2)

주식회사의 자본을 구성하는 것은 발행주식의 액면총액이므로 액면가 이상으로 발행할 때에는 초과분은 資本準備金으로 적립된다. 이는 후일 準備金의 資本轉入에 의해 주주들에게 무상으로 배분될 수액이므로 그 수와 금액의 결정은 중요하다고 보아 발기인 전원의 동의를 얻도록 한 것이다(정희373, 손주564, 정동(회)118 外).

2. 發起人 全員의 同意

동의의 방식은 서면에 의하거나 구두에 의하거나 특별한 제한은 없고, 명시 또는 묵시라도 상관없다. 발기인 전원의 동의가 없을 경우에는 원칙적으로 會社設立의 無效原因이 된다.

제 3　實體形成(社員·機關의 形成)

발기인에 의한 정관작성 및 주식발행사항 결정후 실체형성단계인 株式의 引受와 出資의 履行, 그리고 機關의 構成이 행하여진다. 이 단계에서 주식회사의 구성원인 주주와 주주의 출자가 확정되고 기관이 확정되므로 설립절차의 가장 중심을 이룬다. 실체형성 과정은 發起設立과 募集設立에 따라 다른데 그 결정은 발기인 전원의 합의에 의한다(이철(회)196, 정찬(상)596).

주식의 인수와 출자의 이행, 기관의 구성단계가 있다.

1. 發起設立

가. 株式의 引受

(1) 방 식

발기설립시 총 주식이 인수되어야 하고 서면에 의한다.

發起設立의 경우에는 설립시 발행하는 주식의 전부가 發起人에 의해 인수된다. 발기인에 의한 주식의 인수는 書面에 의하여야 하고(293) 口頭에 의한 인수는 무효이다. 이 서면은 주식청약서와 같은 특별한 방식을 요하지 아니하므로 발기인이 작성하고 서명한 정관 자체에 주식의 인수를 기재하여도 좋다. 인수시기는 정관작성시 또는 그 이후에만 가능하다는 견해가 있으나(정찬(상)598, 정동(회)119, 이철(회)198, 이기(회)170) 그 이전이라도 상관 없다고 본다(정희374, 서돈301, 최기562).

(2) 법적 성질

발기인의 주식인수는 합동행위로 보는 것이 다수설의 입장이다.

發起人에 의한 株式引受의 법적 성질에 대하여는, 설립중의 회사의 入社契約으로 보는 견해(이철(회)197~198)가 있기는 하지만, 다수설은 정관소정의 조직을 가진 회사의 설립에 발기인 전원이 참가한다는 취지의 의사표시가 합치한 合同行爲로 보고 있다(정희374, 서·정320, 손주566, 이기(회)170 外).

나. 出資의 履行

(1) 금전출자

1) 전액납입주의 발기인이 설립시 발행하는 주식총수를 인수하면 지체없이 納入期日을 정하여 발행가액 전액을 납입하여야 한다(295①1). 額面 이상으로 주식을 발행한 때에는 액면초과금액도 납입하여야 한다.

2) 납입방법 발기인은 납입사무를 맡을 은행 기타 금융기관과 납입장소를 지정하여야 한다(295①2). 주금액의 납입은 현실적으로 행하여야 하기 때문에 어음·手票로 납입한 경우에는 지급시에 납입된 것으로 보고 代物辨濟나 更改 등도 인정되지 아니한다. 상계도 허용되지 아니한다(대판 2003.5.16, 2001다44109). 또 발기인은 납입에 관하여 相計로써 회사에 대항할 수 없다(334). 납입해태의 경우에는 채무불이행의 일반원칙에 의해 처리하면 된다.

(2) 현물출자

재산을 인도하고 관련서류를

現物出資를 하는 발기인은 납입기일에 지체없이 출자의 목적인 재산을 인도하고 등기, 등록 기타 권리의 설정 또는 이전을 요할 경우에는 이에 관한 서류를 완비하여 交付하여야 한다(295②). 現物出資에 포함된 不動產의 이전등기나 각종 권리의 이전등록은 일단 설립중의 회사의 명의로 하였다가 회사가 성립하면 그대로 회사의 소유로 되지만, 비용절감 등의 목적을 위하여 회사설립을 기다려서 직접 회사의 명의로 登記·登錄을 하도록 하기 위해 필요한 서류들을 교부하도록 한 것이다. 현물출자의 이행을 게을리한 경우에는 失權節次나 契約解除 등은 인정되지 아니하고 強制履行(民389, 390)의 방법으로 실현하여야 한다(정동(회)120, 정찬(상)603).

교부해야 한다.

다. 理事·監事의 選任

金錢出資의 納入과 現物出資의 履行이 완료된 때에는 발기인은 지체없이 의결권의 과반수로 이사와 감사를 선임하여야 한다(296①). 이때 발기인의 의결권은 그 인수주식 1주에 1개로 한다(296②). 발기인은 의사록을 작성하여 의사의 경과와 그 결과를 기재하고 기명날인 또는 서명하여야 한다(297). 선임된 이사들은 理事會를 개최하여 代表理事를 選任하여야 한다(이기(회)171, 이철(회)203, 정찬(상)606). 설립단계에서 선임된 이사는 업무집행기관이 아니고 회사성립까지 감사와 함께 監督機關에 불과하다.

설립단계의 이사는 감독기관이다.

라. 設立經過의 調查

[사례 III-3-3: 설립경과의 조사]

(i) A는 1억원으로 평가된 광업권을 현물출자하고 B는 1억원을 현금으로 출자하여 자본금 2억원(1주의 금액 1만원)의 Y주식회사를 설립하기로 하였다. A측에서는 C를, B측에서는 X를 각각 발기인으로 세우고, A측에서 회사설립사무를 주관하면서 형식상 모집설립의 방법을 취하기로 하였다. 그리하여 공모주주로 D의 명의를 모용하여 동인이 500주의 주식을 인수한 것처럼 서류를 작성하였다. A는 평소 잘 알고 지내는 감정인 E에게 부탁하여 광업권에 대한 감정서를 받아 이를 법원에 제출하고 창립총회를 개최하지 않고 바로 설립등기를 마쳤다. 이에 대해 X는 창립총회를 거치지 않았고 법원이 선임한 검사인에 의한 현물출자에 대한 조사가 없었기 때문에 Y회사의 설립은 무효라고 주장한다. X의 주장은 타당한가? (대판 1992.2.14, 91다31494 참조)

(ii) ① 위 (i)의 경우에 E의 감정서에서 A가 출자한 광업권이 8,000만원으로 평가되었기 때문에 법원이 A의 출자분을 8,000만원으로 감액하고, Y회사의 자본금을 1억 8천 만원으로 감액하도록 A와 B에게 통고한 경우에 이들은 각각 어떠한 대응을 할 수 있는가? ② 만일 A가 재산인수방식으로 위 광업권을 Y회사에 양도하기로 하는 계약을 체결한 경우에는 어떠한가?

(1) 이사 · 감사의 조사

이사와 감사는 취임후 지체없이 회사의 설립에 관한 모든 사항이 法令 또는 定款에 위반되는지의 여부를 조사하여 발기인에게 보고하여야 한다(298①). 다만 이사와 감사 중 발기인이었던 자, 현물출자자 또는 재산인수의 계약당사자는 설립경과에 관한 조사와 보고에 참여하지 못한다(298②). 만일 이사와 감사 전원이 이에 해당할 경우에는 公證人으로 하여금 조사 · 보고하게 하여야 한다(298③).

(2) 검사인의 조사 · 보고

이사는 변태설립사항에 관한 조사를 하게 하기 위해 檢査人의 선임을 법원에 청구하여야 한다(298④). 검사인은 변태설립사항과 현물출자의 이행여부를 조사하여 법원에 보고하여야 하며(299①) 그 謄本을 지체없이 각 발기인에게 교부하여야 한다(299②). 이를 교부받은 발기인은 調査報告書에 사실과 다른 사항이 있는 때에는 이에 대한 증명서를 法院에 제출할 수 있다(299③).

(3) 공증인 · 감정인의 조사 · 보고

모집설립의 경우에도 법원이 선임한 검사인에 의한 조사 · 보고가 요구된다.

회사의 설립비용과 발기인의 특별이익 및 보수에 대하여는 公證人의 調査 · 報告로, 현물출자와 재산인수 및 現物出資의 이행에 관하여는 공인된 鑑定人의 감정으로, 법원선임 檢査人의 조사 · 보고를 갈음할 수 있다(299의2 1문). 이 경우 公證人 또는 鑑定人의 조사와 감정결과를 법원에 보고하여야 한다(299의2 2문). 이는 1995년 상법개정시 신설된 것이다.

앞에서 언급한 바와 같이 종래 발기설립절차에 있어서는 법원이 선임한 검사인에 의한 조사 · 보고를 요구함으로써 發起設立을 기피하였고 대부분 [사례Ⅲ-3-3-i]와 같이 복잡한 募集設立의 방식을 가장한 설립이 행하여지고 있었다. 대판 1992.2.14, 91다31494는 이러한 사안에 대하여 타인(D) 명의에 의한 주식인수의 경우에는 名義借用人(A)이 주식인수인이라는 것을 전제로 하여, 발기인만에 의한 주식총액의 인수이기 때문에 형식은 모집설립이지만 발기설립으로 보고 있다. 따라서 발기설립에 요구되는 절차를 밟지 않았으므로 설립무효라고 판시하였다. 현재는 법의 개정으로 發起設立時에도 변태설립사항에 대한 공증인, 감정인의 조사 · 보고만으로 법원이 선임한 검사인의 조사 · 보고를 갈음할 수 있게 하였으므로 이 사례에서 X의 주장은 타당하지 않게 되었다.

(4) 법원의 변경처분

변경처분시 정관을 변경하면 설립절차를 계속 할 수 있다.

법원은 검사인 또는 공증인의 조사보고서 또는 감정인의 감정결과와 이에 대해 발기인이 제출한 설명서를 심사하여 변태설립사항이 부당하다고 인정한 때에는 이를 변경하여 각 발기인에게 통고할 수 있다(300①). 만일 발기인이 이러한 변경에 불복할 경우에는 주식의 인수를 취소할 수 있다. 이 경우 나머지 발기인들은 정관을 변경하여 설립에 관한 절차를 속행할 수 있다(300②). [사례Ⅲ-3-3-ii]의 ①에서 A의 현물출자가 과다하게 평가되어 2,000만원 삭감하라는 법원의 통고에 대해 현물출자자(A)가 불복하여 주식인수를 취소한 경우에는, 정관에 기재된 '會社設立時 發行株式總數(2만주)' 부분에서 현물출자자에게 배정되었던 주식수(1만주) 만큼 삭감하고 또 변태설립사항으로 기재되었던 '現物出資(광업권 1억원)'에 대한 부분을 삭제하여 나머지 발기인(B등)이 설립절차를 계속할 수 있다.

법원의 變更通告가 있은 후 2주 내에 주식의 인수를 취소한 발기인이 없는 때에는 정관은 통고에 따라 변경된 것으로 본다(300③). 다만 [사례Ⅲ-3-3-ii]의 ②와 같은 재산인수에 대하여 가격이 부당하다고 판단하여 법원이 그 가액을 삭감한 경우에는 상대방(A)이 이를 승낙하지 않는 한 財產引受는 무효로 된다고 보아야 한다.

2. 募集設立

가. 株主의 募集

(1) 상법상의 절차

응모자보호, 주식청약 사무 간명을 위하여 주식청약서를 이용한다.

募集設立은 발기인이 설립시 발행하는 주식총수 중 일부만 인수하고 나머지 주식에 대하여는 따로 株式引受人을 모집하는 방법에 의한 설립이다(301). 이 경우에도 우선, 발기인의 주식인수가 필요하지만 그 방식은 발기설립의 경우와 마찬가지로 서면에 의한 인수이어야 한다(293). 발기인이 형식적으로 1주만 인수하여도 된다. 다음으로는, 殘餘株式에 대하여 주주를 모집하게 되는데 모집의 방법에는 제한이 없기 때문에 公募 또는 緣故募集도 상관없다. 대판 1992.2.14, 91다31494는 형식상 모집설립의 방식을 택하기 위해 公募株主로 타인의 명의를 모용하여 형식적인 소수의 주식을 인수하게 한 경우를 發起設立으로 보았다(최기원, "주식회사의 설립절차", 「상사판례연구(Ⅰ)」, 390). 상법은 주주의 모집에 있어서 법정사항을 기재한 株式請約書를 작성하여 응모자에게 교부할 것을 요구하고 株式請約은 이 주식청약서에 의하도록 하고 있다(302①). 이는 설립될 회사의 대체적인 구성과 회사가 발생하는 주식의 내용, 請約의 조건 등을 응모자에게 미리 알려 이들을 보호하는 동시에 다수인에 의한 株式請約 사무를 간명하게 처리하기 위함이다.

(2) 증권거래법상의 절차

5억원을 넘는 공모의 경우 증권거래법상의 일정한 절차를 밟아야 한다.

주주의 모집이 일정 규모를 넘어 일반 투자자를 대상으로 공개모집하는 경우에는 투자자 보호를 위해 證券去來法上의 일정한 절차를 밟아야 한다. 즉 모집주식의 발행가액총액이 5억원을 넘는 公募의 경우에는 금융감독위원회에 有價證券發行申告書를 제출하고 事業說明書 등을 작성하여야 한다(證去 12,13). 이는 기업에 관한 충분한 정보를 개시하여 투자자의 판단자료로서 활용하게 하기 위함이다. 그러나 실제 주식회사 설립시 證券去來法이 적용되는 경우는 거의 없다고 한다.

나. 株式의 引受

[사례 III-3-4: 주식의 인수]

(i) Y교수는 회사법강의를 효율적으로 하기 위해 학생들과 모의회사설립을 하기로 하였다. Y교수는 발기인대표로서 4,000만원을 출자하고 X를 포함한 수강생 100명에게 1인당 10만원씩 출자하게 하여 자본금 5,000만원의 A회사의 설립등기를 하였다. 모의회사 설립이 끝난후 X는 자신의 출자분 10만원을 돌려 받을 수 있는가?

(ii) Y는 자신이 발기인 대표가 되어 온천수개발을 위한 A회사의 설립을 추진하면서 X에게 출자를 권유하였다. X는 온천수맥을 발견하였다는 Y의 말만 믿고 1억원의 주식을 인수하였으나 회사설립 등기후 Y의 말은 거짓으로 들어났다. X는 주식인수를 취소하고 납입대금의 환급을 받을 수 있는가?

(iii) X는 Y_1에 대하여 2억원의 채권을 가지고 있었다. 그런데 Y_1은 다른 자산이 전혀 없음에도 불구하고 자신이 가진 현금 1억원을 모두 출자하여 Y_2회사를 설립하고 이사로 취임하였다. X는 Y_1의 주식인수를 취소할 수 있는가? 취소할 수 있다면 Y_2회사는 어떻게 되는가?

(1) 의의 및 성질

설립중의 회사의 입사계약으로 보는 것이 타당하다.

발기인 이외의 일반 모집주주의 주식인수는 응모자의 引受請約과 발기인의 株式配定으로 이루어진다. 모집설립시 주식인수의 법적 성질에 대해서는 '設立中의 會社의 入社契約'이라는 설(서·정326, 손주575~576, 이철(회)204, 채419, 註商(II-上)424)과 '장래 성립할

회사의 入社契約'이라고 보는 설(정희377~378, 정동(회)126)로 나누어진다. 모집주주의 引受請約은 발기인들의 주식인수 이후에 이루어지는데 설립중의 회사의 성립시기를 발기인이 정관을 작성하고 주식의 일부가 인수된 때라고 보는 통설적 견해에 따르면, 청약시에는 이미 설립중의 회사가 존재하고 따라서 주식인수의 성질은 설립중의 회사에의 입사계약이라고 하는 것이 타당하다(정찬(상) 599). 주식의 인수는 발기인이 결정한 株式請約書의 내용에 청약자가 따르는 것이기 때문에 附合契約의 성질을 가진다.

(2) 청 약

명의차용자가 주식인수인이 될 수 있다.

모집에 응하여 주식의 청약을 하려고 하는 자는 株式請約書 2통에 인수할 주식의 종류와 수 및 주소를 기재하여 署名(記名捺印)하여야 한다(302 ①). 따라서 청약서에 의하지 않은 청약은 무효이다. 假設人의 명의로 주식을 인수하거나 타인의 승락 없이 그 명의로 주식을 인수하는 경우가 많은데 이때에는 名義를 빌려 주식을 인수한 자가 株式引受人이 된다(332 ①). 또 명의를 대여한 자는 名義借用者(실제 株式引受人)와 연대하여 납입할 책임이 있다(332 ②). 이 점에 관하여는 다음에서 상세히 설명하기로 한다.

(3) 배 정

청약내용에 구속되지 않고 자유롭게 정할 수 있다.

1) 배정자유의 원칙 　모집주식에 대한 인수의 청약이 있을 때에는 발기인은 주식을 配定한다(303). 배정은 인수청약에 대한 승낙이라고 할 수 있는데 일반계약상의 승낙과 다른 점은 발기인이 청약의 내용에 구속되지 않고 자유로 정할 수 있다는 점이며, 이를 配定自由의 原則이라고 한다. 발기인은 보통 주주모집 광고나 사업설명서 등에 선착순 또는 按分比例, 引受價額順으로 배정한다는 내용을 제시하는 경우가 많은데, 이러한 배정방법을 미리 정하지 않는 한 가장 적당하다고 인정되는 자에 대하여 자유롭게 배정할 수 있다. 이는 주식청약자는 아직 주주가 아니므로 株主平等의 原則이 적용되지 않기 때문이다. 다만 청약내용보다 많은 주식수를 배정한다든지, 다른 종류의 주식이나 고가의 인수가액으로 한 배정은 무효라고 할 것이다.

2) 주식인수인의 의무 　배정에 의해 請約者는 株式引受人으로 되고 배정된 주식수에 따라 납입할 의무를 부담한다(303). 그러나 인수청약시 주금액에 상당하는 금액을 請約證據金으로 납부하는 경우에는 주식의 배정을 받게 되면 청약증거금이 株金의 납입으로 대체된다(정동(회)126, 정찬(상)602).

(4) 무효·취소의 제한

주식인수의 청약이 어떠한 효력을 가지는가는 회사설립에 중대한 영향을 미친다. 만일 청약이 무효가 되거나 취소가 되어 회사설립시에 발행하는 주식총수의 인수에 흠결이 생기면 會社不成立 또는 設立無效를 초래하기 때문이다. 따라서 청약의 효력을 될 수 있는 한 유지하기 위하여 상법은 다음과 같이 일반사법상의 원칙적용에 대한 특칙을 두고 있다.

1) 주식청약서의 요건 흠결　주식청약자들의 이익을 보호하기 위해 株式請約書에 기재될 내용을 법에 명시하고 있는데 그 중 일부를 누락한 경우에는 그 청약은 무효로 된다. 그러나 이를 무제한 주장하게 한다면 회사설립의 기초를 해칠 우려가 있기 때문에 회사성립 후(320①) 또는 창립총회에서 권리를 행사한 후에는 주식청약서의 요건의 흠결을 이유로 하여 주식인수의 무효를 주장할 수 없도록 제한하고 있다(320②).

주식청약은 단체법상 행위로서 비진의 의사표시는 적용되지 않는다.

2) 비진의의사표시　非眞意意思表示의 無效에 관한 民法 제107조 단서 규정은 주식인수의 청약에는 적용되지 아니한다(302③). 따라서 발기인이 주식청약인의 청약이 眞意가 아님을 알았거나 알 수 있었을 경우에도 청약의 무효를 주장할 수 없다. 주식의 청약은 단체법상의 행위로서 획일적 확정의 필요상 개인간의 거래관계를 규율하는 일반사법상의 원칙을 그대로 적용할 수 없기 때문이다. 마찬가지 이유에서 명문의 규정은 없지만 通情虛僞表示에 관한 民法 제108조도 주식인수의 청약에는 적용되지 아니한다고 본다(이기영, "타인명의에 의한 주식인수의 효과", 「회사법상의 제문제(상)」(1987), 88). [사례Ⅲ-3-3-i]에서 보면 X 등의 출자행위는 모의회사설립에 참여하는 것으로서 주식을 인수하려는 진의가 없는 非眞意意思表示이다. 그리고 발기인대표 Y도 X의 의사표시가 진의가 아님을 알고 있었기 때문에 민법 107조에 의하면 무효이나 그 무효의 주장은 회사설립등기 후에는 할 수 없다. 따라서 X가 출자의 환급을 받기 위하여는 주식을 양도하는 수밖에 없다.

3) 사기·강박·착오　주식인수인이 창립총회에 출석하여 권리를 행사하였거나 회사가 성립한 후에는 詐欺, 強迫 또는 錯誤를 이유로 주식인수를 취소하지 못한다(320①). 다만 일정한 시기까지 창립총회를 종결하지 아니한 때에는 주식의 인수를 취소할 수 있다(302②8). 취소의 제한은 청약자뿐 아니고 발기인 측에도 적용되며 발기인의 선의·악의를 불문한다. 따라서 [사례Ⅲ-3-3-ii]에서 비록 발기인 Y의 사기가 있었다고 하더라도 A회사의 설립등기 후에는 X는 주식인수를 취소하여 출자금의 환급을 받을 수 없다.

4) 무능력·사해행위　상법상에 특별한 규정이 없는 意思無能力, 行爲

無能力 또는 채권자 詐害行爲(民 406)를 이유로 한 주식인수의 무효 또는 취소에 대하여는 상법 제320조 1항이 적용되지 않는다(정찬(상) 601). 따라서 [사례Ⅲ-3-3-iii]에서 Y_1의 회사설립행위가 사해행위의 요건에 해당하면 Y_2회사의 설립등기 이후에도 X는 債權者取消權을 행사하여 Y_1의 주식인수를 취소할 수 있다. 이 경우 Y_1의 주식인수의 취소로 바로 Y_2회사의 설립이 무효로 되지 않는다. 이는 주식회사에서는 사원의 개성이 중요하지 않으므로 主觀的 瑕疵는 설립무효의 원인이 되지 않기 때문이다. Y_1의 주식인수 취소분은 발기인의 引受擔保責任으로 보충되지만 Y_1이 Y_2회사의 실질상의 소유주임을 감안한다면 Y_1의 수식인수의 취소는 Y_2회사의 設立無效事由가 된다고 하겠다.

다. 出資의 履行

(1) 납입의무

회사설립시에 발행하는 주식총수가 인수된 때에는 발기인은 지체없이 주식인수인에 대하여 각 주식에 대한 인수가액의 전액을 납입시켜야 한다(303, 305①). 주금의 납입은 현실적으로 이루어져야 하므로 代物辨濟나 更改는 허용되지 아니하며 어음·手票로 납입한 경우에는 어음·手票金이 지급된 때 납입이 있는 것으로 본다. 請約證據金을 청약과 함께 사전에 납부한 경우에는 증거금으로 납입대금에 충당하기 때문에 납입의무의 이행은 문제되지 아니한다. 상계는 허용되지 아니한다(대판 2003.5.16, 2001다44109).

현실적으로 인수가액을 납입하여야 한다.

(2) 납입금보관자

[사례 Ⅲ-3-5: 납입금의 반환시기]

Y은행은 A회사의 설립시 주금납입취급은행으로 지정되어 발기인 B에 대해 납입금보관증명서를 교부하였다. A회사는 창립총회를 개최하여 B를 이사로 선임하고 동일 설립등기신청을 하였다. 다음날 B가 설립등기신청의 수리증명서를 제출하고 납입금반환청구를 하였기 때문에 Y은행은 즉시 이를 반환하였다. 설립등기후 대표이사로 선임된 X가 Y은행에 대해 납입금의 반환을 청구한 경우 Y은행은 이를 거절할 수 있는가? (日最高判 1962.3.2, 民集 16-3, 423 참조)

株金의 부실한 납입을 방지하기 위하여 그 납입은 은행 기타 금융기관에만 할 수 있다(302 ②.9). 발기인은 주식청약서에 납입금보관자를 지정하여 기재하여야 하며, 이를 변경하기 위해서는 법원의 허가를 얻어야 한다(306). 납입금 보관자는 발기인 또는 이사의 청구가 있는 때에는 보관금액에 관하여 證明書를 교부하여야 하며, 증명한 보관금액에 대하여는 納入의 不實 또는 금액의 반환에 관한 제한이 있음을 이유로 하여 회사에 對抗하지 못한다(318①, 318②).

그런데 상법 제318조에는 納入金의 반환시기에 대하여는 아무런 정함이 없다. 따라서 [사례Ⅲ-3-5]와 같이 납입금보관자(Y)가 설립등기전에 발기인(B)의 청구에 의해 이를 반환한 경우 성립후 회사(A, X)에 대항할 수 있는가 하는 점이 문제된다. 생각건대 주식납입에 관한 상법의 규제는 납입을 확실히 하여 설립시 資本充實을 기하고자 하는 데 있고(정동(회) 127) 또 회사성립 전에 납입금을 사용할 수 있다는 특별한 규정이 없으므로 납입금보관자(Y)는 그 증명한 납입금액을 회사성립시까지 보관하여야 한다고 본다. 따라서 회사성립 전에 발기인 또는 이사(B)에게 납입금을 반환한 경우 이로써 성립한 회사(A, X)에 대항할 수 없다고 할 것이다(日最高判 1962.3.2, 民集 16-3, 423; 反 정동(회)127~128).

(3) 가장납입

[사례 Ⅲ-3-6: 가장납입]

(i) Y_1은 발기인 대표로서 A주식회사의 설립을 추진하였다. 그런데 예정된 주주모집이 어려워지자 A는 납입금 보관자로 지정된 B은행의 지점장인 Y_2와 짜고, Y_1이 B은행으로부터 대출을 받아 이를 주식인수대금으로 납입하고, 납입금으로 보관된 금액에 관하여는 회사성립 후 즉시 반환하기로 하였다. 이에 따라 Y_2는 A회사가 B은행에 개설한 주식청약증거금계정에 대출금을 이체한후 납입금보관증을 교부하였다. ① 회사설립 후 Y_1, Y_2간의 합의에 따라 보관금으로 대출금을 갚은 경우 A회사의 설립은 무효인가? ② 이때 Y_1, Y_2는 어떠한 민·형사상책임을 부담하는가? ③ 회사설립 후 대표이사로 취임한 Y_1이 Y_2와의 합의를 무시하고 보관금의 인출을 요구하면 B은행은 지급하여야 하는가?

(ii) Y와 X는 컴퓨터 조립판매를 목적으로 하는 자본금 1억원의 벤처기업인 A주식회사를 설립하기로 하고 Y는 4천주(4천만원), X는 6천주(6천만원)를 각각 인수하였다. 그러나 사업성이 불투명하다고 판단한 X가 주식인수금의 납입을 미루자 Y는 설립절차를 담당하던 법무사 C로부터 6천만원을 빌려 이를 X의 주식인수대금으로 납입취급은행 B에 납입하고, A회사의 설립등기후 곧바로 B은행으로부터 납입금액을 반환 받아 C에 변제하는 방법으로 납입절차를 마쳤다. 회사설립후 Y가 대표이사로 취임하여 A회사의 사업이 성공하자 그동안 경영에 참여하지 않고 있던 X는 경영권을 장악할 목적으로 대주주의 자격으로 임시주주총회의 소집을 요구하였다. X의 요구는 타당한가? (대판 1994.3.28, 93마1916 참조)

株金을 실제로 납입하지 않고 납입된 것으로 假裝하여 설립절차를 마치는 것을 假裝納入이라고 한다. 가장납입은 재산적 기초가 없는 빈껍데기 회사를 설립하여 채권자와 다른 선의의 주주를 해칠 우려가 있으므로 상법은 이를 방지하기 위한 제도적 장치를 마련하고(318①, 318②), 가장납입에 대한 설립관여자의 민·형사책임에 관한 규정을 두고 있다(328, 628). 가장납입의 유형은 크게 一時借入金에 의한 納入과 納入金保管者와 짜고 납입을 가장하는 두가지 유형으로 나누어 볼 수 있다.

가장납입과 일시차입금에 의한 납입이 있다.

1) 공모에 의한 납입가장 ① 의의; 납입가장의 가장 전형적인 사례는 [사례III-3-6-i]과 같이 발기인(Y_1)이 納入取扱機關(Y_2)과 서로 짜고 차입하여 이를 회사(A)의 예금으로 주금납입의 이행을 가장하고, 동시에 차입금을 변제할 때까지는 예금을 인출하지 않기로 약정하는 것을 말한다.

■ 공모에 의한 가장납입

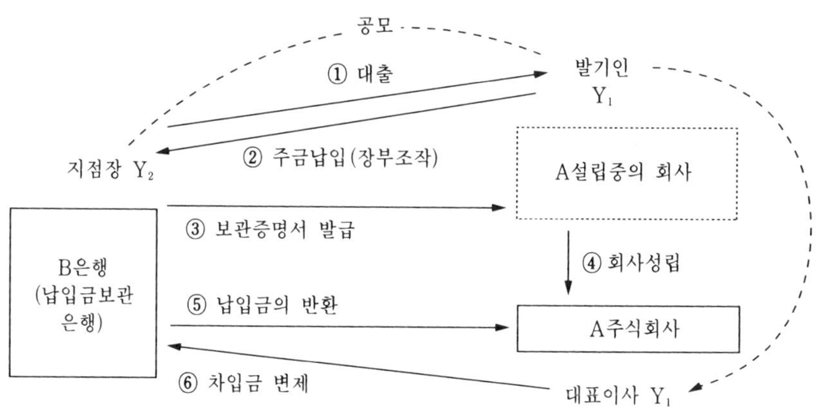

② 효력; 공모에 의한 납입을 금지하는 것은, 회사재산(A)이 은행(B)에 대한 채권으로 존재하지만 발기인 등(Y_1)에 의한 차입금의 변제가 될 때까지는 회사경영을 위하여 대표이사(Y_1)가 그 재산을 자유롭게 처분할 수 없다는 점에서, 실질적으로 납입이 없는 것과 마찬가지의 상태가 되기 때문이다. 이와 같이 공모에 의한 납입은 납입취급은행(B)으로서는 장부상의 조작에 불과하고 회사(A)로서는 資本充實이 전혀 생기지 않기 때문에 회사채권자보호의 견지에서 무효로 보아야 할 것이다. 납입이 무효가 된 부분이 경미할 경우에는 발기인 등(Y_1)의 納入擔保責任으로 보전되어 A회사의 설립이 무효로 되지는 않지만 납입대금의 대부분이 공모납입인 경우에는 회사설립의 무효사유가 된다고 할 것이다. ③ 발기인 등의 책임; 발기인 등(Y_1)

실질적으로 납입이 없는 것으로 본다.

은 納入擔保責任 이외에 임무해태로 인한 회사 및 제3자에 대한 손해배상 책임을 부담한다(321, 322). 그리고 공모납입에 가담한 발기인(Y_1), 이사, 감사와 納入取扱銀行의 임직원(Y_2) 및 이를 중개한 자도 納入假裝罪로 형사처벌을 받게 된다(628①, 628②). 이러한 취지에서 대판 2004.12.10, 2003도3963은 "상법 제628조 제1항은 발기인이나 이사 등 회사 측 행위자의 납입가장행위를 처벌하는 조항이고 같은 조 제2항에서 규정하는 '제1항의 행위에 응한다'라는 것은 주금납입취급기관으로 지정된 금융기관의 임직원이 발기인이나 이사 등 회사 측 행위자의 부탁을 받고 주금의 입출금 및 주금납입증명서 발급업무를 해주는 것을 의미하는 것인바, 주금납입취급기관의 임직원이 회사 측 행위자의 부탁을 받고 실제 처음부터 주금이 입금된 사실조차 없는데도 허위로 납입증명서를 발급해 주거나 주금 자체를 대출해주는 경우뿐만 아니라 제3자로부터 차용한 돈으로 주금을 납입하여 주금납입증명서를 발급받은 다음 즉시 주금을 인출하여 차용금의 변제에 사용하는 방식으로 납입을 가장한다는 사정을 알면서 그 주금의 입출금 및 주금납입증명서 발급업무를 해주기로 회사 측 행위자와 통모한 경우에도 같은 조 제2항의 응납입가장죄가 성립한다"고 판시하였다. 한편 납입취급은행(B)은 증명한 납입금액에 대하여는 납입의 부실 또는 그 금액의 반환에 관하여 제한이 있다는 이유로 회사(A)에 대하여 대항하지 못한다(318②). 따라서 납입취급은행(B)은 보관증명한 금액에 대하여는 회사(A)에 대하여 무조건의 지급의무를 진다. 이와같이 금융기관의 위험부담이 매우 크므로 이 방법에 의한 假裝納入은 거의 이용되지 않는다(이·이 203).

2) 일시차입금에 의한 납입가장 ① 의의; 가장 납입의 방법으로 보통 이용되는 형태로는 [사례Ⅲ-3-6-ii]와 같이 발기인(Y,X)이 납입취급기관(B) 이외의 자(C)로부터 차입하여 주식의 납입에 충당하고 설립등기 완료후 납입금을 인출하여 차입금을 갚아버리는 것이다. 이 때 일시차입금은 그냥 보여주기 위한 것이라는 의미에서 '見金'이라고도 한다.

일시차입금의 효력에 대해 다수설은 무효의 입장이나 판례는 유효라 본다.

② 효력; 一時借入金에 의한 납입의 효력에 대하여는 학설은 대체로 무효로 보지만 판례는 유효로 본다(정희379, 정동(회)129, 이철(회)208; 反 서·정327, 채423). 즉 대판 1983.5.24, 82누522는 "소위 견금에 의한 주금납입의 경우에도 금원의 이동에 따른 현실의 불입이 있는 것이고, 설령 그것이 실제로는 납입의 가장수단으로 이용된 것이라 하더라도, 이는 당해 납입을 하는 발기인의 내심적 사정에 의하여 회사의 설립이나 증자와 같은 집단적 절차의 일환을 이루는 주금납입의 효력을 좌우함은 타당하지 아니하다 할 것이다"라고 판시하였고, 또 대판

■ 일시차입에 의한 가장납입

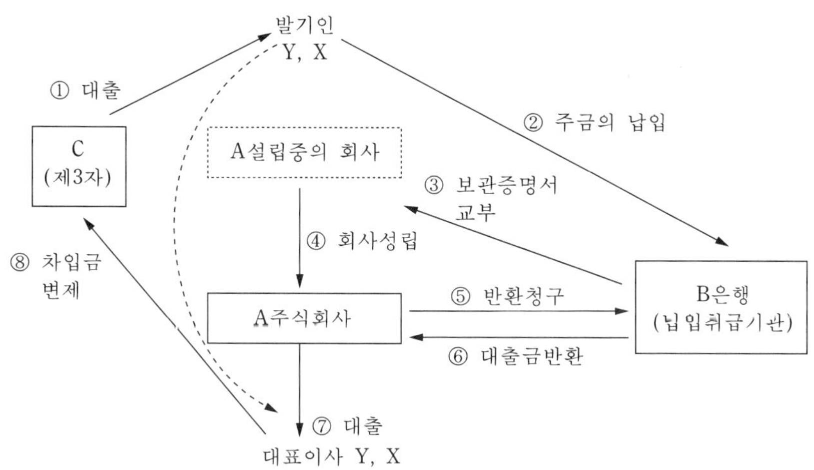

1994.3.28, 93마1916은 "이른바 주금의 가장납입의 경우에도 주금납입의 효력을 부인할 수 없는 것이므로, 설사 주주가 주금을 가장납입하였다 하더라도 그 주주를 실질상의 주식인수인에게 명의만을 빌려준 차명주주와 동일시 할 수는 없다고 할 것이다"라고 판시하였다(대판 1966.10.21, 66다1482; 1985.1.29, 84다카1823; 1989.9.12, 89누916; 2004.3.26, 2002다29138-가장납입의 경우에는 상법 제332조 2항은 적용되지 않는다.). 이러한 판례의 입장에 따르면 見金株主(X)의 납입은 유효하므로 A회사는 대체납입한 금액의 반환을 X에게 청구할 수 있지만, X가 이에 응하지 않고도 주주로서의 지위를 유지하게 된다. 따라서 X는 한푼도 출자함이 없이 지배주주로서 주주총회를 소집하여 A회사의 경영권을 확보할 수 있다는 불합리한 결과가 초래된다. ③ 판단기준; 그러므로 어떠한 납입이 가장납입에 해당하는 여부의 판단은 부분적으로 볼 것이 아니고, 일련의 행위가 처음부터 계획된 가장납입의 일환으로 행하여지고 그 결과 전체적으로 볼 때 자본충실을 위태롭게 하는가 하는 점을 고려하여야 할 것이다. 즉 회사성립후 차입금을 반환하기까지의 기간, 납입금이 회사자금으로서 운용된 사실, 차입금반환이 회사의 자금관계에 미치는 영향이 그 판단기준으로 고려되어야 할 것이다. 이와 같이 차입금으로 납입한 모든 경우가 가장납입에 해당하는 것은 아니지만 회사설립후 바로 인출하여 반환할 의도로 차입하여 납입하였다면 설립에 관한 강행법규를 잠탈하는 행위로서, 납입이 없는 것과 마찬가지로 보아야 할 것이다(정희379, 손주578, 정동(회)129, 이기(회)178, 정찬(상)605). ④ 발기인 등의 책임; 見金에 의한 납입을 무효로 보는 결과 발기인(Y, X)은 납입담보책임을 부담하며(321) 가장납입이 자본구성에서 큰 부분을

차지할 때에는 설립무효의 원인이 된다. 또 발기인(Y)은 임무해태로 인한 회사 및 제3자에 대해 손해배상책임(322)과 假裝納入罪(628 ①) 및 公正證書原本不實記載罪(刑 228)의 책임이 있다(대판 1986.8.19, 85도2158;1986.9.9, 85도2297; 2001.8.21, 2000도5418; 2004.6.17(전), 2003도7645). 한편 납입취급기관(B)은 발기인(Y, X)의 의도를 알 수 없으므로 보관증명책임(318 ②)을 부담하지 않는다.

라. 創立總會

[사례 III-3-7: 창립총회의 권한]

Y는 X회사 설립 발기인대표로서 자신이 소유하는 토지를 현물출자하였다. 그러나 정관에 그 취지를 기재하지 않고 단지 X회사의 창립총회에서 현물출자의 승인을 받았다. 그러나 Y는 X회사의 설립등기 후에도 위 토지의 소유권이전등기를 하지 않고 있기 때문에 X회사는 토지의 소유권 확인을 구하는 소송을 제기하였다. X회사는 승소할 수 있는가? (日最高判 1966.12.23, 民集 20-10, 2227 참조)

(1) 의 의

모집설립의 경우 일반 주식인수인에게 설립경과보고를 하기 위한 최고의사결정기관이다.

募集設立의 경우에 발기인 이외의 일반 주식인수인은 주식청약서 또는 사업설명서에 기재된 내용 이외의 사항에 대하여는 알 수 없다. 그러므로 주식인수인총회(창립총회)를 개최하여 설립경과에 대한 보고를 받고 필요한 변경조치를 함으로써 회사설립을 마무리해야 한다. 창립총회는 주식인수인에 의해 구성되는 설립중의 회사의 최고의사결정기관이다.

(2) 소집 · 결의

주주총회에 관한 규정이 준용된다.

납입과 현물출자의 이행이 완료되면 발기인은 지체없이 創立總會를 소집하여야 한다(308 ①). 창립총회는 주주총회의 전신이기 때문에 소집절차, 소집장소, 의결권, 결의의 하자 등에 대하여는 주주총회에 관한 규정이 준용된다(308 ②). 다만 회사의 창설이기 때문에 그 결의는 특히 신중을 기하기 위하여, 출석한 株式引受人의 의결권의 3분의 2이상, 인수된 주식총수의 과반수에 해당하는 다수로 하여야 하며(309), 정관으로도 결의요건을 완화할 수 없다. 창립총회에서는 無議決權株主도 결의에 참여할 수 있다.

(3) 권 한

창립총회의 권한은 회사설립에 관한 모든 사항에 미치지만 특히 발기인의 설립보고청취, 이사 · 감사의 선임, 설립경과의 조사 및 변태설립사항의 변경에 관하여 규정을 두고 있다.

1) 발기인의 보고 발기인은 회사의 창립에 관한 사항을 서면에 의하여 창립총회에 보고하여야 한다(311①). 이 보고서에는 주식인수와 납입에 관한 제반상황과 變態設立事項에 관한 실태를 명확히 기재하여야 한다(311②).

2) 이사·감사의 선임 최초의 이사와 감사는 창립총회에서 선임한다(312). 창립총회에 선임된 이사는 회사 성립시까지는 감사와 마찬가지로 설립에 관한 감독기관에 불과하며 發起人이 집행기관이다.

3) 설립경과의 조사 이사와 감사는 취임후 지체없이 회사의 설립에 관한 모든 사항이 법령 또는 정관의 규정에 위반되는지의 여부를 조사하여 창립총회에 보고하여야 한다(313①). 이사와 감사 중 발기인이었던 자, 현물출자자 또는 재산인수를 약정한 자는 이 조사·보고에 참가하지 못하며 만일 모든 이사와 감사가 이에 해당할 때에는 公證人으로 하여금 조사·보고하게 하여야 한다(313②, 298②③). 변태설립사항에 관한 조사를 위해 발기인은 법원에 檢査人의 선임을 청구하고(310①) 檢査人의 보고서는 창립총회에 제출한다(310②). 그러나 발기설립의 경우와 마찬가지로 발기인의 特別利益과 報酬 및 設立費用에 관하여는 公證人의 조사·보고로, 그리고 현물출자와 재산인수의 경우에는 鑑定人의 鑑定書로 이를 갈음할 수 있다(310③).

창립총회의 변경권은 변태설립사항이 부당한 경우 시정하는 입장에서 행사될 수 있다.

4) 변태설립사항의 변경 창립총회에서 변태설립사항이 부당하다고 인정한 때에는 이를 변경할 수 있다(314①). 또 창립총회의 변경에 불복하는 발기인은 주식인수를 취소할 수 있고 정관을 변경하여 절차를 속행할 수 있다(300②, 314②). 發起設立의 경우 變態設立事項의 변경은 법원만 할 수 있는 것(300①)과는 다르다. 그런데 창립총회의 변경권과 관련하여 [사례Ⅲ-3-7]과 같이 정관에 기재되지 않은 현물출자를 새롭게 승인하는 등 변태설립사항의 확장이나 추가적 변경이 가능할 것인가 하는 점이 문제된다. 생각건대 변태설립사항은 발기인의 권한남용으로 회사의 재산적 기초를 위태롭게 할 위험이 크기 때문에 회사채권자와 선의의 주주를 보호하고자 법의 엄격한 규제를 받고 있다. 따라서 상법 제314조 1항에 의한 창립총회의 변경권은 원시정관에 기재된 변태설립사항이 부당하다고 인정되는 경우에 이를 감독하고 시정하는 입장에서 축소하거나 삭제하는 방향으로만 행사할 수 있고 새로운 변태설립사항을 정하여 추가하거나 확장하는 것을 허용하는 취지는 아니라고 하겠다(日最高判 1966.12.23, 民集 20-10, 2227). 따라서 Y의 현물출자는 창립총회의 승인을 얻었다고 할지라도 정관에 기재되지 아니하여 무효이므로 X회사는 이건 토지의 소유권확인소송에서 승소할 수 없다.

5) 정관변경·폐지의 결의 召集通知書에 그 기재가 없는 경우에도 창

립총회에서는 정관의 변경 또는 설립의 폐지를 결의할 수 있다(316①, 316②). 따라서 창립총회에서 회사의 목적, 상호, 회사가 발행하는 주식의 총수 등을 변경할 수 있다.

제 4 設立登記

설립절차는 종료되고 회사는 법인격을 취득한다.

주식회사의 설립절차는 설립등기로서 종료되고, 회사는 법인격을 취득한다. 이와 같이 회사의 성립에 설립등기를 요하는 것은 準則主義에 따라 회사설립이 자유롭기 때문에 회사의 법정요건 충족에 대한 국가의 심사기회를 확보하고, 회사의 중요사항에 대한 公示主義를 실현함과 동시에, 회사의 성립시기를 획일적으로 정하기 위함이다.

1. 登記節次

(1) 시 기

發起設立의 경우에는 이사·감사의 조사·보고가 종료한 때, 변태설립사항이 있는 경우에는 그 조사절차 및 법원의 변경처분이 종료한 때로부터 2주간 내에 하여야 하며, 募集設立의 경우에는 창립총회 종료시 또는 변태설립사항의 변경시로부터 2주간내에 하여야 한다(317①).

(2) 등기사항

설립등기사항은 회사의 목적, 상호, 회사가 발행하는 주식총수, 1주의 금액, 공고방법, 본점·지점의 소재지, 발행주식총수 및 종류와 각종 주식의 내용과 수, 자본액, 이사, 감사의 성명 및 주민등록번호, 대표이사의 성명과 주소 등이다(317②).

2. 登記의 效力

(1) 본질적 효력

設立登記에 의해 법인인 주식회사가 성립하며(172) 이를 설립등기의 創設的 效力이라고 한다. 회사성립과 동시에 설립중의 회사의 구성원인 주식인수인은 주주로 되고 선임된 이사·감사는 성립후 회사의 최초의 이사·

감사가 된다. 그리고 설립중의 회사의 집행기관인 발기인이 회사설립을 위하여 취득하거나 부담한 권리의무는 당연히 성립한 회사에 귀속된다. 이와 같이 회사의 설립등기에 창설적 효력이 인정되지만 그 이외에 商業登記의 一般的 效力을 정한 상법 제37조가 적용되는가 하는 점이 문제된다. 생각건대 상법 제37조의 적용은 배제되어 設立登記가 있으면 제3자의 선의·악의를 불문하고 모든 제3자에 대하여 회사의 성립을 대항할 수 있다고 보아야 할 것이다(정찬(상) 612).

(2) 부수적 효력

설립등기가 있으면 이외에도 다음과 같은 여러 부수적인 효력이 발생한다. i) 주식인수인이 주식청약서의 요건 흠결을 이유로 하여 인수의 무효를 주장하거나 착오, 사기 또는 강박을 이유로 인수를 취소하지 못한다(320 ①). ii) 주권발행이 허용되고(355 ①②), 權利株讓渡의 制限(319)이 해제된다. iii) 이외에도 발기인의 資本充實責任(321① 321②)이 발생하고 訴에 의하지 않고는 設立無效를 주장할 수 없게 되며(328 ①), 商號權(非訟 203.1, 289①2)이 발생한다.

제 4 절 設立關與者의 責任

주식회사의 설립은 절차적으로 매우 복잡하기 때문에 그 과정에서 잘못이나 부정이 생기기 쉽고 그 결과 성립한 회사에 대하여는 물론이고 주식인수인이나 일반 제3자에게도 손해가 미치는 경우가 적지 않다. 따라서 상법은 발기인이나 회사성립 당시의 이사, 감사 등 설립관여자에게 엄격한 민사책임과 형사책임을 부과함으로써 회사의 건전한 설립을 기하고 있다.

■ 설립관여자의 책임

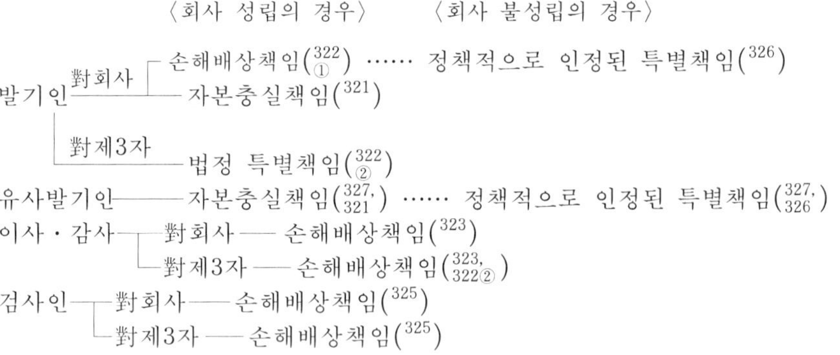

제 1 發起人의 責任

[사례 III-4-1: 발기인의 책임]

(i) Y는 B, C와 함께 자본금 1억원, 1주의 금액 1만원인 A주식회사를 설립하기로 하였다. Y와 B는 각각 4,900주씩 인수하고 C는 200주를 인수하였다. ① 회사설립후 C가 주금액을 납입하지 않은 것이 발견된 경우 Y, B, C는 어떠한 책임을 부담하는가? ② Y가 평소거래은행으로부터 4,900만원을 일시 차입하여 납입하고 설립후 납입금을 반환받아 차입금을 상환한 것이 발견된 경우는 어떠한가?

(ii) Y는 B, C와 함께 자본금 10억원, 1주의 금액 1만원인 A회사를 설립하고 설립등기를 종료하였다. Y는 4억원을 현금으로 납입하였고 형제간인 B와 C는

공동으로 상속한 토지를 6억원으로 평가하여 현물출자하기로 하였다. 그러나 회사설립 이후에도 B와 C는 소유권이전등기를 하지 않고 있다가 타인에게 이를 매각한 후 자취를 감추었다. 한편 A회사는 사업이 부진하여 파산선고를 받았고 파산관재인인 X는 Y에게 B, C의 현물출자분 6억원의 지급을 청구하였다. Y는 책임이 있는가?

(iii) Y는 B등 5명과 함께 자본금 1억원, 1주의 금액 1만원인 A회사의 발기인으로서 설립절차를 진행하였다. Y는 평소거래가 있던 C은행으로부터 1억원을 대출 받아 주금액을 납입하고 설립등기를 한 후 납입금을 반환 받아 대출금을 상환하였다. X는 Y의 명성을 신뢰하여 B로부터 A회사 주식 2천주를 3천만원에 매입하였다. 이후 가장납입 사실이 드러나 A회사는 설립무효판결을 받았고 법정청산 중에 X는 Y에 대해 상법 제322조 1항에 의한 손해배상책임을 구하였다. Y는 책임이 있는가?

(iv) Y는 B 등과 함께 자본금 1억원, 1주의 금액 1만원인 A회사의 설립을 추진하였다. X_1은 주주모집에 응하여 6천주를 배정받고 주금액 6천만원을 납입하였다. 그러나 설립절차가 계속 지연되어 주식청약서에 기재된 청약취소일까지 창립총회가 개최되지 못하자 X_1은 주식인수를 취소하였다. 한편 Y와 B는 X_2로부터 설립비용 5천만원을 차입하여 이를 설립사무소 임차료와 사무원 급료 및 회의비 등으로 사용하였다. 또 Y와 B는 설립절차를 추진하면서 A회사의 목적사업인 컴퓨터 조립을 위해 X_3로부터 4천만원의 부품을 외상으로 구매하였다. A회사의 설립이 좌절된 경우 Y는 X_1, X_2 및 X_3에 대해 각각 어떠한 책임을 부담하는가?

설립중의 회사의 기관으로 설립관 여자 중 가장 엄격한 책임을 부담한다.

發起人은 주식회사 설립의 기획자이며 설립중의 회사의 기관이기 때문에 설립관여자 중 가장 엄격한 책임을 부담한다. 발기인의 책임은 회사가 성립한 경우와 불성립으로 끝난 경우가 서로 다르다. 또 회사가 성립한 경우 회사에 대한 책임과 회사 이외의 제3자에 대한 책임으로 나누어지고 회사에 대한 책임은 자본충실책임과 손해배상책임으로 나누어진다. 자본충실책임은 다시 引受擔保責任과 納入擔保責任으로 구분된다.

1. 會社가 成立한 경우

가. 會社에 대한 責任

(1) 자본충실책임

1) 의 의　회사설립시에 발행한 주식으로서 회사성립후에 아직 인수되지 아니한 주식이 있거나 주식인수의 청약이 취소된 때에는 발기인이 이를 공동으로 인수한 것으로 본다(321①). 또 회사성립후 납입을 완료하지 않은 주식이 있는 때에는 발기인은 연대하여 그 납입을 하여야 한다(321②). 이를 發起人의 資本充實責任이라고 한다. 이 책임은 자본충실의 요청상 법이 인정한 무과실책임이기 때문에 총주주의 동의로도 면제할 수 없다. 설립등기 전에 주식인수의 흠결이 생긴 경우에는 정관변경에 의해 설립시 발행하는 주식수를 감소하거나 失權株式에 대해 주주를 재모집함으로써 설립절차를 속행할 수 있으므로 자본충실책임은 會社成立을 전제로 한다.

발기인에게 인수 납입담보 책임을 부담시켜 설립이 무효로 되는 것을 방지하기 위해서이다.

2) 입법취지　회사 설립시 발행하는 주식의 전부에 대한 인수와 납입이 있어야 회사가 성립될 수 있지만 설립등기 후 인수 또는 납입의 흠결이 나타날 수 있다. 그런데 [사례Ⅲ-4-1-i]의 ①과 같이 이러한 흠결이 그다지 크지 않은 경우까지 회사의 설립을 무효로 하게 되면 법률관계의 혼란이 생길뿐 아니라 회사설립을 위하여 소요된 많은 비용이나 노력이 수포로 돌아가게 된다. 따라서 이 경우에는 발기인(Y,B,C)에게 引受와 納入擔保責任을 부담시킴으로써 설립이 무효로 되지 않도록 하려는 것이 자본충실책임의 입법취지이다. 그러나 [사례Ⅲ-4-1-i]의 ②와 같이 인수와 납입의 흠결이 현저한 경우에는 이 규정에 의한 구제의 여지가 없고 설립무효의 원인이 된다는 것이 통설의 입장이며(정희384, 서·정334, 손주588, 이철(회)216, 최기585, 정찬(상)615 外), 따라서 발기인(Y,B,C)들의 引受納入擔保責任은 발생하지 않는 것으로 본다. 이에 대해 발기인의 담보책임은 채권자보호를 주된 목적으로 하는 것이므로 설립무효에 의한 구제와 관련이 없다는 소수설에 의하면(양승110, 김용308), 이 경우에도 발기인들의 納入擔保責任이 발생한다고 본다.

3) 인수담보책임　회사성립 후에는 주식청약서의 요건흠결을 이유로 인수의 무효를 주장하거나 사기, 강박 또는 착오를 이유로 하여 그 인수를 취소할 수 없기 때문에(320①) 회사성립 후에 인수가 되지 않은 주식이 남아있는 경우는 매우 드물다. 가령 株式請約書를 위조하여 인수를 가장한 경우

라든가 주식청약서에 의하지 않은 인수, 또는 無能力者에 의한 주식인수의 경우에 아주 예외적으로 '引受되지 아니한 株式' 또는 '株式引受의 請約이 取消'되는 경우가 발생할 수 있다. 인수담보책임을 부담하는 발기인은 공동으로 주식을 인수한 것으로 보기 때문에 당연히 주식인수인으로 되고 납입하면 주주로서 주식을 공유하게 된다.

4) 납입담보책임　納入擔保責任은 납입이 없는 경우에는 물론이고 假裝納入과 같이 납입이 존재하여도 그것이 유효한 납입으로서 인정되지 않는 경우에도 발생한다. 納入擔保責任은 引受擔保責任과는 달리 이를 이행하더라도 수수가 되는 것은 아니며 다만 주식인수인 및 다른 발기인에게 求償할 수 있을 뿐이다.

5) 현물출자의 경우　[사례Ⅲ-4-1-ii]와 같이 현물출자자(B,C)의 주식인수가 취소 또는 무효로 된 경우라든가, 현물출자의 이행이 되지 아니한 경우에도 발기인(Y)의 資本充實責任에 의해 보완될 수 있는가 하는 점이 문제된다. 종래 다수설은 現物出資가 가지는 특성상 타인이 대체하여 이행할 수 없을 뿐 아니라 상법도 納入과 現物出資의 이행을 구별하여 규정하고 있으므로(321 ②) 이를 부정하고 있다(정찬(회)616, 정희385, 손주589~590, 최기591, 이·최264, 註商(II-上) 505; 日大判 1938.12.14, 民集17-23, 2371). 이러한 견해에 따르면 Y는 B, C의 미이행분 6억원에 대한 납입의무가 없고 A회사는 設立無效로 될 것이다. 그러나 근래의 유력설에 의하면 현물출자의 미이행의 경우에도 금전출자와 마찬가지로 발기인이 納入擔保責任을 부담한다고 보며 日本은 최근 상법개정을 통하여 發起人과 設立當時 理事에게 미이행 재산가액의 전보책임을 지우고 있다(정동(회)162, 이·이211, 이기(회)306, 日商法19②). 이에 의하면 Y는 6억원의 납입담보책임을 부담하며 Y가 이를 이행하면 A회사는 설립무효로 되지 않는다.

현물출자의 경우에도 발기인의 납입담보 책임을 부담하는 것이 유력설의 입장이다.

(2) 손해배상책임

발기인이 회사설립에 관하여 任務를 懈怠한 때에는 그 발기인은 회사에 대하여 연대하여 손해를 배상할 책임이 있다(322 ①). 발기인은 設立中 會社의 기관으로서 선량한 관리자의 주의로써 사무를 집행할 의무를 부담하기 때문이다. '임무해태'란 가장납입(대판 1989.9.12, 89누916), 발기인이 그 임무를 발기인대표에 일임하고 일체 관여하지 않은 경우(정동(회) 163) 등이 해당한다. 발기인의 임무해태로 인한 책임은 원래 設立中의 會社에 대하여 부담하는 것이지만 설립중의 회사가 발기인에 대하여 가지는 손해배상청구권은 회사의 성립에 의해 당연히 성립후 회사에 이전된다. 발기인의 손해배상책임은 過失責任이며 상

발기인의 손해배상책임은 선관주의 의무를 부담하기 때문이다.

법이 인정하는 특수한 손해배상책임으로서 總株主의 동의에 의해 면제할 수 없다. 발기인이 資本充實責任을 지는 경우에도 임무해태로 인해 회사에 손해가 있으면 損害賠償責任을 진다. 발기인의 책임추궁을 위해 代表訴訟을 제기할 수 있다(403~406).

나. 第3者에 대한 責任

(1) 의 의

과실있는 발기인만 연대하여 책임부담을 한다.

발기인이 惡意 또는 重大한 過失로 인하여 그 임무를 해태한 때에는 그 발기인은 제3자에 대하여도 연대하여 損害를 배상할 責任이 있다(322②). 원래 발기인은 설립중의 회사의 기관으로서 발기인의 임무해태로 인해 제3자에게 손해를 가한 경우에는 회사가 책임지고, 발기인과 제3자간에는 직접적인 법률관계가 생기지 않는 것이 원칙이다. 그러나 제3자 보호라는 정책적 견지에서 발기인에게 惡意 또는 重大한 過失이 있는 경우에 한하여 特別한 責任을 인정하고 있으며, 이사의 제3자에 대한 책임(401)과 같은 취지이다.

발기인의 제3자에 대한 책임은 經過失의 경우를 제외한다는 점에서 책임이 감경되고 있으나, 임무해태에 대하여만 惡意 또는 重過失이 있으면 되고 직접 제3자에 대하여는 違法性이 존재할 필요는 없다는 점에서 책임이 가중되고 있다(정희386, 정찬(상)618).

(2) 책임의 범위

발기인이 부담하여야 할 책임의 범위에 대하여는 間接損害(任務懈怠에 의해 회사가 손해를 입고 이를 통하여 제3자가 손해를 입은 경우)와 直接損害(발기인의 행위에 의해 직접적으로 제3자가 손해를 입은 경우)를 모두 포함한다(정희386, 정동(회)164, 최기593, 강·임549, 이철(회)219, 채444, 이기(회)190; 反 서·정335, 이병361). 또한 상법 제322조 2항에 의한 책임은 민법상의 불법행위책임을 배제한 것이 아니라고 보기 때문에 양자의 경합이 인정된다.

(3) 제3자의 범위

주주를 포함한 회사 이외의 자이다.

발기인이 배상책임을 부담하여야 할 제3자는 회사 이외의 자를 말한다. 여기에는 주식청약자, 주식인수인이 포함되는 것은 물론이지만 [사례Ⅲ-4-1-ⅲ]과 같이 주주(X)가 포함되는가 하는 점이 문제된다. 통설은 商法 제322조 2항이 그 대상을 널리 '제3자'라고 규정하여 특히 주주를 제외하지 않고 있으며, 회사가 발기인의 책임을 반드시 추궁한다는 보장도 없기 때문에 주주(X)가 제3자에 포함된다고 한다(정찬(회)619, 정희386, 정동(회)164, 이철(회)219, 채445, 이기(회)190, 註商(II-上)511 外). 따라서 발기인 Y는 X가 입은 손해(주식취득금액 3,000만원+법정이자)를 배상하여야 한다. 물론 이 경우 Y에게 임무해태에 대한 악의 또는 중과실이 있어야 하지만 假裝納入의 경우에는 이러한 위법성이 충분히 입증될 수 있을 것이다. 그러나 제3자에 주주가 포함되지 않는다는 소수설에 의하면(서돈336, 서정414) X는 Y에 대해 직접 손해배상을 청구할 수 없고, 우선 Y로 하여금 A회사에 대한 資本充實責任을 이행하게 한 다음 A회사의 재산으로부터 殘餘財産分配를 받으면 된다고 본다.

2. 會社 不成立의 경우

회사 불성립의 경우에도 발기인은 연대하여 책임을 진다.

회사의 설립이 중간에 좌절되어 불성립한 경우에도 회사설립의 기획자이며 설립중 회사의 기관이었던 발기인은 설립에 관한 일체의 행위에 대하여 연대하여 책임을 지며 또 회사설립에 관하여 지급된 비용이 있으면 이를 부담하여야 한다(326 ①②).

(1) 입법취지

회사 불성립의 경우에도 발기인에게 이러한 책임을 부담시키는 입법취지에 대하여는 당연규정설과 정책규정설이 대립된다. 당연규정설은 회사가 불성립으로 되면 설립중의 회사는 처음부터 소급하여 존재하지 않은 것으로 되기 때문에 만일 발기인이 권리·의무의 귀속주체로 되지 않으면 그 동안 발생한 권리·의무를 합리적으로 처리할 수 없다는 것을 근거로 한다(최기 597).

이에 대해 정책규정설은 회사가 불성립으로 된 경우에는 목적달성불능에 의해 해산하여 청산하게 되는데, 이론상으로는 株式引受人도 설립중의 회사의 구성원인 이상 회사의 채무를 변제한 후 잔액에 대하여만 納入金返還을 청구할 수 있는 것이지만, 株式引受人 및 債權者保護를 위하여 발기인에 대하여만 책임을 부담하도록 한 정책적인 규정이라고 한다(서돈314, 이범285, 정찬(상)620, 정희386).

(2) 회사의 불성립

회사가 설립등기에 이르지 못한 것으로 확정된 경우이다.

상법 제326조에 의해 발기인이 책임을 부담하기 위해서는 회사가 불성립하여야 한다. 會社의 不成立이란 회사가 설립절차에 착수하였지만 도중에 좌절하여 設立登記에 이르지 못한 것으로 확정된 경우이다. 예를 들어 설립시에 발행하는 주식총수의 引受 및 納入 또는 現物出資의 이행이 없어 설립이 좌절된 경우라든가 創立總會에서 설립폐지의 결의가 된 경우로서, 회사가 법률상으로는 물론 사실상으로도 존재하지 않게 된 때이다.

그러나 [사례Ⅲ-4-1-iv]와 같이 株式請約書에 기재된 주식청약 취소시기까지 창립총회가 종결되지 않았다든가 營業의 認·許可를 받지 못한 것만으로는 회사의 불성립이라고 할 수 없다. 또 설립등기가 완료된 이후 회사의 設立無效判決이 확정된 경우에는 성립된 회사의 해산에 준하여 청산하면 되고 이때 발기인의 책임도 회사성립의 경우와 같은 책임으로 된다(이철(회) 219).

(3) 책임의 범위

회사설립에 관한 행위만 책임을 진다.

발기인은 회사설립에 관하여 한 행위에 대하여 책임을 부담한다. 이는 회사가 성립하였으면 그 권리의무 관계가 당연히 회사에 귀속되었을 행위를 의미하며 설립중의 회사의 기관으로서 발기인의 권한범위와 일치한다. 발기인의 권한을 법인의 형성 그 자체에 한정시키는 견해에 의하면, [사례 Ⅲ-4-1-iv]에서 주식인수인 X_1의 납입금 6천만원에 대하여만 상법 제326조가 적용되고 X_2 및 X_3에 대한 채무에 대하여는 적용되지 않는다. 이 경우 발기인(Y, B 등)의 X_1에 대한 책임은 무과실책임이고 발기인 전원의 연대책임이라는 점에서 발기인이 發起人組合의 구성원으로서 지는 분할책임과는 구별된다. 따라서 Y는 자신의 부담부분에 한하여 X_1에 대한 납입금반환책임을 진다는 항변을 하지 못한다.

그러나 발기인의 권한에 회사설립에 법적·경제적으로 필요한 일체의 행위가 포함된다는 多數說에 의하면, 株式의 募集이나 納入金의 受領 이외에도 설립사무소의 임차, 사무원의 고용, 주식모집광고 및 설립비용의 차입행위도 포함한다고 본다(정희362, 365, 371, 서돈 292, 채436). 따라서 발기인(Y, B 등)은 X_1(6천만원)에 대하여는 물론이고 X_2에 대한 차입비용(5천만원)에 대하여도 연대하여 배상책임을 진다. 그러나 어느 견해를 취하든지 발기인의 권한은 A회사의 목적사업인 행위에는 미치지 않는다고 보기 때문에 X_3에 대한 컴퓨터 부품구입대금(4천만원)에 대하여는 상법 제326조 1항이 적용되지 않고 發起人組合 또는 發起人 개인의 채무로 될 뿐이다. 이럴 경우 X_3로부터의 부품구입행위가 商行爲이면 Y, B 등은 X_3에 대해 연대책임을 부담하기 때문에(57①) 결과적으로는 이 조항이 적용되는 경우와 차이가 없다. 그러나 商行爲가 아닌 경우에는 Y는 분할책임을 지기 때문에 자신의 분담부분에 대하여만 지급하면 된다.

제 2 기타 設立關與者의 責任

1. 理事·監事의 責任

회사와 제3자에게 손해배상책임을 진다.

회사의 설립전에 선임된 이사와 감사는 설립중의 회사의 監査機關이다. 즉 발기설립의 경우에는 이사와 감사는 설립경과를 조사하여 이를 발기인에게 보고하고(298①) 모집설립의 경우에는 창립총회에서 설립경과에 대한 조사·보고의무를 부담한다(313①). 따라서 이러한 임무를 해태한 때에는 회사 또는 제3자에게 損害賠償責任을 진다. 이때 발기인도 책임이 있는 경우에는 이사와 감사는 발기인과 연대하여 손해를 배상할 책임이 있다(323). 제3자에 대한 이사·감사의 책임은 惡意 또는 重過失이 있는 경우에만 부담한다.

2. 類似發起人의 責任

(1) 의 의

발기인과 동일한 책임을 진다.

類似發起人은 발기인이 아니면서 株式請約書, 기타 주식모집에 관한 서면(사업설명서, 주주모집광고 등)에 성명과 회사의 설립에 찬조하는 뜻을 기재할 것을 승낙한 자를 말하며 발기인과 동일한 책임을 부담한다(327). 정관에 발기인으로 記名捺印(署名)한 자만을 발기인으로 보기 때문에(289①) 그 이외의 자는 발기인으로 책임을 부담하지 않는 것이 원칙이다. 그러나 발기인 이외의 자라고 하여도 그 이름이 설립찬조자로서 소정의 서면에 기재되어 있을 때에는 일반인들은 그 자를 발기인으로 오인하여 주식청약을 하는 것이 보통이다. 따라서 이러한 외관을 신뢰한 자를 보호하기 위하여 자기 이름을 설립찬조자로 기재할 것을 승낙한 자에게 발기인과 동일한 책임을 부담시키는 것이며 禁反言 내지 外觀理論의 한 표현이라고 할 수 있다(정동(회)167, 이철(회)225, 정찬(상)622 外).

(2) 책임의 요건

類似發起人으로서 책임을 지우기 위해서는 株式募集에 관한 서면에 자기의 성명 및 설립에 찬조하는 뜻의 기재를 할 것을 승낙하여야 한다. 여기에서 서면은 주식청약의 권유의 대상자에 대한 것이므로 금융감독원에 제출하는 有價證券申告書는 포함되지 않는다고 본다. 설립에 찬조한다는 뜻과 성명이 이러한 서면에 객관적으로 표시되어 있으면 되고, 반드시 서면에 설립찬조자, 찬조인, 창립위원 등의 직함이 이름과 함께 기재될 필요는 없다. 성명사용에 대한 승낙은 묵시적인 경우에도 상관없다.

(3) 책임의 내용

유사 발기인은 임무해태로 인한 책임은 지지 않는다.

類似發起人은 발기인과 동일한 책임을 부담한다. 그러나 유사발기인은 설립중의 회사의 기관으로서의 직무권한이 없기 때문에 임무해태로 인한 책임은 지지 않는다는 것이 통설이다(정찬(회)592, 정희388, 정동(회)167, 이철(회)223, 이범135, 채448, 이기(회)193, 註商(II-上)524). 즉 회사성립의 경우에는 資本充實責任, 불성립의 경우에는 주식인수인에 대한 納入金返還에 관하여 발기인과 연대하여 책임이 있다.

제 5 절 會社設立의 瑕疵

제 1 瑕疵의 法的 處理

주식회사의 설립절차에 흠이 있을 때에는 설립이 무효로 된다. 일반적으로는 법률행위의 무효는 누가, 언제, 어떠한 방법으로도 그 무효를 주장할 수 있다. 그러나 주식회사의 설립과 같이 다수인간에 복잡하고 다양한 법률관계가 연관되는 경우에는 일반원칙에 따라 이를 처리하게 되면 법적인 혼란이 초래되고 거래의 안전을 해치게 된다. 따라서 상법은 민법의 일반원칙에 수정을 가하여 주식회사에 대하여는 設立無效의 訴라는 제도를 인정하여 提訴權者, 提訴期間을 제한하는 동시에 법률관계를 획일적으로 처리하고 무효의 효과가 소급되지 않도록 함으로써 법률관계의 안정을 꾀하고 있다.

주식회사의 설립자에 흠이 있을 때 법률관계를 획일적으로 처리하기 위해 둔 제도가 설립무효의 소이다.

株式會社에 있어서는 사원의 개성이 중요하지 않기 때문에 合名會社, 合資會社나 有限會社와는 달리 주주의 주관적 원인에 기한 하자는 단지 株式引受의 無效·取消사유로 됨에 지나지 않고 會社設立 자체의 취소는 인정되지 아니한다. 주식인수가 취소된 경우에도 발기인에게 引受擔保責任이 부과되기 때문에 개별적인 인수취소는 회사설립의 무효원인으로 되지 아니한다. 따라서 주식회사의 설립에 있어서는 설립절차의 객관적 원인에 기한 하자만 문제된다(정희383, 정찬(상)447, 이철(회)222, 이범132 外).

주식회사 설립에 있어서는 설립절차의 객관적 원인에 기한 하자만 문제된다.

제 2 設立無效

1. 無效原因

주식회사의 설립무효원인에 대하여는 상법은 특별한 규정을 두지 않고 있으므로 해석에 의해 이를 정할 수밖에 없는데 企業維持, 去來의 安全을 고려하여 가급적 좁게 인정하여야 할 것이다. 일반적으로 회사의 목적이 公序良俗에 반하든가 설립절차가 強行規定에 위반한 경우에 設立無效가 된다고 보지만 설립절차에 관한 규정을 개별적으로 검토하여 정할 수밖에 없다.

定款의 絶對的 記載事項이 흠결되었거나 위법하게 기재되었을 때(289①), 정관에 공증인의 認證이 없을 때(292), 株式發行事項의 결정에 대해 發起人 전원의 동의가 없을 때(291), 株式의 引受 또는 納入의 흠결이 현저할 때(321① 321②), 創立總會의 소집이 없었을 때(308①), 설립경과에 대한 조사・보고가 흠결되었을 때(298~300, 310~314) 設立登記가 무효로 되었을 때(317①) 등이 무효라고 하겠다.

2. 設立無效의 訴・判決

주식회사의 設立無效는 訴만으로 주장할 수 있으며 그 법적 성질은 形成의 訴이다.

(1) 당사자

원고는 株主・理事 또는 監事에 한정된다(328①). 無議決權株主나 회사성립 후 주주가 된 자도 포함한다. 그러나 회사채권자, 발기인 등은 이해관계가 있더라도 濫訴를 방지하기 위해 원고적격이 없다. 피고는 항상 회사이다.

(2) 제소기간

설립무효의 소는 회사성립의 날로부터 2년 내에 제기하여야 한다(328①). 회사성립의 날은 본점소재지에 설립등기(172)를 한 날이다.

(3) 절 차

訴의 관할, 公告, 倂合, 재량기각 등은 會社法上의 訴에서 설명한 바와 같다(328②).

(4) 판결의 효력

원고 승소판결의 對世的 效力, 不遡及效, 淸算, 패소원고의 손해배상책임 등은 회사법상의 訴에서 설명한 바와 같다(328②).

제 3 會社의 不存在

1. 意 義

회사의 설립등기가 되었어도 회사로 인정할 수 있는 조직이나 실체가 전혀 없는 경우에는 會社의 不存在에 해당한다. 이 경우에는 設立無效의 訴를 제기할 것까지도 없이 일반원칙에 따라 누가, 언제든지, 어떠한 방법에 의해서도 그 부존재를 주장할 수 있으며 필요하면 會社不存在確認의 訴를 제기할 수도 있다.

회사의 실체가 없는 경우에 회사부존재 확인의 소를 제기할 수 있다.

이와 같이 부존재는 전혀 회사로서의 실체를 갖추지 못한 경우이기 때문에 설립절차가 중도에 좌절하여 설립등기를 마치지 못한 會社의 不成立과 구별되며, 또 설립절차는 이행되어 설립등기도 마쳤지만 그 설립에 중대한 하자가 있는 設立無效와도 구별된다.

2. 不存在에 該當하는 경우

개인이 제멋대로 회사라는 명칭을 사용하여 사업을 경영하고 가공의 설립등기를 한 경우, 정관의 작성이 전혀 없는 경우, 주식인수 및 납입이 전혀 없는 경우, 창립총회를 개최하지 않고 이사·감사의 선임이 없는 경우 등이 그 예라고 할 것이다. 그러나 이러한 흠결은 개별적으로는 설립무효의 원인에도 해당하기 때문에 不存在라고 하기 위해서는 이들 사유가 중복되어 회사로서의 실체가 전혀 존재하지 않는 것으로 간주되는 경우이어야 할 것이다.

부존재라고 하기 위해서는 회사의 실체가 전혀 존재하지 않는 것으로 간주되는 경우이어야 한다.

제 4 장
株式과 株主

개 요

주식회사의 사원을 주주라고 하며 주주가 회사에 대하여 가지는 권리의무를 주식이라고 한다. 또한 주식은 자본의 세분화된 단위로서 주권이라는 유가증권에 표창되어 유통되므로 대중으로부터 영세한 자금을 조달하는 데 적합하다.

이 장에서는 이러한 주식의 여러 형태와 주주의 권리의무 및 주권과 주주명부를 다룬 다음, 주식의 양도와 담보 등 변동에 대하여 살펴본다. 특히 주식의 양도가 제한되는 여러 경우와 2001년 상법 개정시 새로이 도입된 주식의 포괄적 교환・이전을 설명한다.

주요 내용

o 주식의 의의 — 자본의 구성단위, 사원권
o 수종의 주식 — 우선주, 보통주, 후배주
o 특수한 주식 — 상환주식, 전환주식, 의결권 없는 주식
o 주주의 권리 — 자익권, 공익권, 소수주주권
o 주주의 의무와 책임 — 주주유한책임, 충실의무
o 주주평등의 원칙
o 실질주주 — 타인명의에 의한 주식인수, 주권의 예탁, 실질주주
o 주권 — 주권불소지제도, 주권의 상실과 재발행
o 주주명부 — 대항력, 폐쇄와 기준일
o 주식의 양도 — 주권의 교부, 명의개서, 선의취득, 유통시장
o 정관에 의한 주식양도제한 — 의의, 방식, 절차, 위반의 효과
o 법률에 의한 양도제한 — 권리주, 주권발행전주식, 자기주식, 상호주
o 주식의 담보 — 질권의 효력
o 주식의 소각・병합・분할
o 주식의 포괄적 교환・이전

제 1 절 株 式

제 1 株式의 意義

株式은 사원인 주주가 회사에 대하여 가지고 있는 持分을 말한다. 株式會社의 지분은 人的會社의 지분과는 달리 지분이 균등한 비율적 단위로 세분화되고 1인의 사원이 복수의 지분을 갖는다는 점에서 특색이 있다. 이와 같이 주주가 가지는 株式은 비율적 단위로 세분화되기 때문에 株式의 합계가 資本이라는 의미에서 자본의 구성단위인 동시에(329②, 464 등), 株式을 보유하는 주주가 회사에 대하여 가지는 法的 地位(社員權)를 의미한다(335 등, 박철영, "상법상 주식제도의 문제점 및 과제", 「기업법연구」(2005.9), 9).

주식은 주식회사자본의 구성단위이며 주주가 회사에 대하여 가지는 지위를 의미한다.

1. 資本의 構成單位

(1) 주식과 자본의 관계

주식은 자본의 구성단위이다. 즉 주식회사의 자본은 이를 주식으로 분할하여야 하며(329②), 우리 나라는 無額面株式을 인정하지 않기 때문에 주식회사의 자본은 發行株式의 額面總額이 된다(451). 그리고 株金額은 100원이상으로 균일하여야 한다(329③④). 이와 같이 株式會社의 자본을 어린아이들이라도 마음만 먹으면 얼마든지 살 수 있는 극히 명목적인 단위(100원)로 세분화하는 것은 광범위하게 퍼져 있는 영세한 자본을 집적하여 이를 거대한 기업자본으로 바꾸기 위한 것이다. 또한 이러한 주식을 株券으로 증권화하여 유통시장에서 거래하게 함으로써, 자본을 투자한 기존주주에게는 손쉽게 투하된 자본을 회수하여 회사를 떠날 수 있게 하고, 신규주주에게는 새로운 회사에 대한 지분참여를 용이하게 하는 것이다.

자본은 발행주식의 액면총액이며 세분화, 증권화된 주식을 통해 자본을 집적시킨다.

(2) 주식의 불가분성

1) 불가분의 원칙 주식은 세분화된 단위인데 이를 단위 미만으로 분할하거나 그 주식이 표창하는 권리를 분할하여 별도로 타인에게 양도할 수 없다. 株式倂合시 1주에 미달하는 端株가 발생하는 경우 그 처리방법을 정

주식은 단위미만으로 분할할 수 없다.

하는 것은(443) 이를 반영한 것이다.

1주를 공유할 수는 있다.

2) 주식의 공유와 분할 단위주식을 세분화하여 그 귀속주체를 달리할 수 없지만 1株를 수인이 共有하는 것은 상관없다(333②). 또 주식을 최저단위(100원) 미만으로 세분화하는 것이 아니고 가령 10,000원짜리 1주를 1,000원짜리 10주로 분할하는 것(329의2)도 무방하다.

2. 社 員 權

주주가 회사에 대하여 가지는 법적지위가 사원권이며 주식이 이를 표창한다.

주식은 주주가 회사에 대하여 가지는 법적 지위, 즉 社員權을 의미한다. 社團을 구성하는 요소는 사람이고 사원권은 그 사람의 법적 지위를 의미하는 것이므로 엄격히 말하면, 1인의 사원에게는 사원권이 1개밖에 없고 다만 각 사원이 가지고 있는 사원권은 그 出資額에 따른 양적인 차이가 있다고 하여야 할 것이다. 그러나 주식회사는 인적 색채가 매우 희박하여 社員權 자체가 물적인 단위로 세분화하기 때문에 복수의 주식을 가지는 주주는 社員權을 여러 개 가지는 것으로 보게 되며, 이를 持分複數主義라고 한다. 이에 따라 주식회사의 社團性은 사원이 아니라 사원으로부터 단절된 사원권을 기초로 하는 것으로서 1人會社가 인정되는 것은 이 때문이다.

제 2 株式의 本質

1. 學 說

(1) 사원권설

주식의 본질은 사원권이라고 한다.

통설은 주식의 본질을 社員權이라고 한다. 사원권이라고 하지만 구체적인 권리를 가리키는 것은 아니고 주식회사에 있어서 주주가 가지는 사원으로서의 법적 지위를 의미하며 주주가 회사에 대해 가지는 각종 권리의무는 이러한 지위를 기초로 하여 인정된다고 한다.

(2) 사원권 부인설

주식은 자익권만을 의미한다.

議決權 등 共益權은 주주가 회사의 기관인 자격에서 가지는 권한에 불과하며 利益配當請求權과 같은 自益權과는 그 성질을 달리한다. 따라서 이들을 포괄하는 2원적인 주주권을 인정할 수는 없다고 하며 주식은 自益權

만을 내용으로 하는 주주의 지위라고 설명한다.

(3) 채권설

共益權은 일종의 공권으로서 윤리적 색채를 띄고 있으므로 단체 자체의 이익을 위하여 행사하여야 하는 一身專屬的 人格權이라고 한다. 이와 같이 양도·상속의 목적으로 될 수 없는 것은 社員權의 내용이 아니며, 따라서 주식은 利益配當請求權이라는 금전채권에 한정된다고 한다. 그리고 공익권은 주식을 취득하여 주식회사라고 하는 사단의 구성원으로 된 결과 주주가 원시취득하는 것이라고 본다.

주식은 이익배당청구권에 한정된다.

2. 學說의 檢討

사원권 부인론이나 주식채권설은 공익권의 공공성과 주식의 채권화라는 최근의 경향을 보여주고 있다는 점에서 일리가 없는 것은 아니다. 그러나 주식회사의 경영과 재산은 법적으로는 법인인 회사에 속하지만 경제적·실질적으로는 주주전체에 속하는 것으로서, 주주는 비율적 지분으로써 이익의 분배와 회사경영에 참여할 권리를 가진다. 이와 같이 경제적 이익의 향수와 기업지배의 가능성이 주식의 본질이며 自益權이나 共益權은 이러한 株主權의 변형물에 지나지 않는 것이다. 따라서 공익권도 주주 자신의 이익을 위하여 인정되는 권리로서 자익권의 가치실현을 보장하는 수단에 지나지 않는다.

주식은 자익권과 공익권을 모두 포함한다.

물론 주주권이 주주의 이익을 위한 권리이기는 하지만 주주의 私的 이익을 위해 회사의 이익을 침해하여서는 안되며, 사원권 부인론은 공익권의 행사에 관한 이러한 단체적 제약에 대하여 반성을 촉구한다는 측면에서 그 의의가 인정되어야 할 것이다. 그리고 주주권의 상실사유 및 당사자간의 특약 또는 주주권 포기의 의사표시만으로 주주권이 상실되거나 그 행사가 제한되지 않는다(대판 2002.12.24, 2002다54691).

제 3 株式의 種類

1. 記名株式·無記名株式

(1) 의 의

記名株式(share certificate)은 株券과 株主名簿에 주주의 이름이 기재된

기명주식은 주

주의 이름을 알 수 있는 주식이며, 기명식이 원칙이다.

주식이고, 無記名株式(share warrant to bearer)은 주권과 주주명부에 주주의 성명이 기재되지 않는 주식이다. 주식은 記名式을 원칙으로 하고 무기명주식의 주권은 정관에 규정된 경우에 한하여 발행할 수 있다(357①). 그러나 우리 나라에서는 無記名株券은 거의 발행되지 아니한다(標準定款 8).

(2) 권리행사

권리행사를 위하여 기명주식은 주권제시가 필요없지만, 무기명주식은 주권 제시가 필요하다.

기명주식의 주주는 株主名簿의 기재를 기준으로 하여 권리행사를 하기 때문에 권리행사 때마다 주권을 회사에 제시하여야 하는 것은 아니다. 물론 주주가 주주명부에 자기의 이름과 주소를 기재하기 위해서는 주권을 회사에 제출하여야 하지만 일단 등재한 이후에는 권리행사에 주권을 제시할 필요가 없고 또 회사로부터 주주명부상의 주소로 통지를 받게 되므로(357①) 권리행사의 기회를 놓치지 않게 되는 것이다.

이에 대해 무기명주식은 주권의 교부에 의하여 양도되고 주주명부상의 名義改書를 요하지 않기 때문에 회사로서는 누가 주주인지 알 수 없다. 따라서 주주에 대한 通知와 催告는 公告에 의하여야 하며(353①), 무기명주식의 주주가 권리를 행사하기 위해서는 총회일 1주전에 주권을 회사에 供託하여야 한다(358). 이와 같이 무기명주식의 권리행사를 위하여 주권의 제시가 필요하므로 株券不所持制度를 이용할 수 없다. 무기명주식을 발행한 때에도 주주명부의 작성이 요청되지만 이는 실질적으로 株券臺帳에 불과하다.

(3) 권리양도 · 입질

주권의 교부로 양도할 수 있다.

주식의 양도는 무기명주식이든 기명주식이든 株券의 交付만으로 할 수 있으므로(336①) 차이가 없다. 기명주식의 入質에는 주권의 교부만으로 하는 略式質과 주주명부에 질권의 등록을 하는 登錄質의 구분이 있으나 무기명주식은 주권의 교부에 의한 입질만 인정된다.

(4) 무기명주식의 전환

무기명주식을 기명식으로 전환할 수 있다.

무기명주식의 주주는 회사에 대하여 언제든지 주권을 記名式으로 하여줄 것을 청구할 수 있다(357②). 그러나 記名式株券을 무기명식으로 전환하는 것은 인정되지 않는다고 본다.

2. 額面株式 · 無額面株式

(1) 의　의

額面株式(par value stock)은 1주의 금액이 定款과 株券에 표시되는 주식을 말한다. 발행주식의 액면가는 資本金으로 되고, 액면가를 초과하는 가액으로 발행하였을 때에는 초과분은 資本準備金으로 積立된다(451, 459.1). 無額面株式(non par value stock)은 1주의 금액이 표시되지 않고 주권에는 株式數만 기재되는 주식이다. 따라서 무액면주식의 수주는 전체발행주식수에 대한 비율적 지분만을 갖는다. 우리 상법은 額面株式만 인정한다.

액면주식은 금액이 표시된 주식이다.

(2) 무액면주식의 도입 필요성

주식의 가액에는 額面價, 發行價, 時價가 있지만 실제로 의미를 가지는 것은 증권시장에서 형성되는 時價이다. 時價는 회사의 경영상태와 경제상황에 따라 변동하는 유동적인 가액이기 때문에 회사가 新株를 발행한다든가 利益配當을 하는 경우에 時價를 기준으로 하게 된다(박길준 "주식의 시가발행제에 관한 법적 고찰", 「손주찬교수화갑기념논문집」(1984.7), 181). 따라서 액면주식만을 고집할 경우 시가가 액면가 이하로 형성되는 경우에 신주발행을 통한 자금조달의 길은 사실상 막히게 되며 이러한 상황은 IMF사태 이후 현실로 나타났다. 따라서 경제상황에 따른 탄력적인 자금조달을 가능하게 하기 위해서는 無額面株式制度를 도입할 필요가 있다(양동석 · 이영주, "무액면주식제도의 도입에 관한 연구", 「기업법연구」(2003.12), 211).

무액면 주식은 탄력적인 자금조달이 가능하다.

회사의 자금조달의 편의를 위하여 액면주식제도에 있어서도 액면미달발행제도(할인발행)가 있지만 법원의 허가를 얻어야 하는 등 엄격한 제한이 따르고 있어 사실상 이용되지 않고 있다(417①). 또 최근 상법개정을 통해 1주의 금액을 명목적인 단위인 100원으로 인하한 것은 無額面株式制度로 가기 위한 중간 단계로 볼 수 있다.

3. 優先株 · 普通株 · 後配株(數種의 株式)

(1) 수종의 주식

1) 의　의　數種의 株式은 이익이나 이자의 배당 또는 잔여재산의 분배에 관하여 내용이 다른 주식을 말한다(344①, 標準定款 8). 즉 數種의 株式이란 주주권의 내용 중 특히 재산적 이익에 관한 권리에 있어서 차이가 있는 종류

'주주평등의 원칙'에 대한 예외이다.

의 주식으로서 株主平等의 原則에 대한 예외를 이루는 것이다. 數種의 株式은 우선주·보통주·후배주·혼합주 등으로 구분되는데 자금조달의 기동성과 편의를 위해 인정된 것이다(이범491 이하, 이철(회)228).

주식의 종류란 '수종의 주식'을 말한다.

2) 구 분 상법에서 말하는 '株式의 種類'란 이러한 '數種의 株式'을 말하는 것으로서(291.1, 302②4, 317②3, 352①2, 416①, 436), 이는 학문적 분류상의 주식의 종류와는 다른 특수한 의미를 가지는 것이다(정희397, 정찬(상)634). 따라서 앞에서 본 記名株式·無記名株式, 額面株式·無額面株式은 주식과 주권의 외형적 형태에 따른 구분에 불과하기 때문에 數種의 株式이 아니다. 또 뒤에서 설명할 償還株式·轉換株式·無議決權株式은 數種의 株式을 발행한 경우에 그 중 어떠한 종류의 주식에 특수한 약정이 부가된 주식을 의미하므로 그 자체가 數種의 株式이 되는 것은 아니다.

정관에 정한 경우에 한해 발행할 수 있다.

3) 발 행 회사는 정관에 각종 주식의 내용과 수를 정한 경우에 한해 數種의 株式을 발행할 수 있다(344②, 標準定款 8의2①②). 또 數種의 株式을 발행하는 것은 기존주주들에게 중대한 이해관계가 있는 만큼 이를 株式請約書, 株主名簿, 株券에 기재하고 登記하여야 한다(317②3). 정관에 정한 범위 내에서 구체적으로 어떠한 종류의 주식을 얼마만큼 발행할 것인가는 회사설립시에는 발기인, 신주발행시에는 이사회가 이를 정한다(291.1, 416.1).

주식의 종류에 따라 정관 외 특수한 정함을 할 수 있다.

4) 특 칙 數種의 株式을 발행한 때에는 정관에 다른 정함이 없는 경우에도 주식의 종류에 따라 新株의 引受, 株式의 倂合·分割·消却 또는 회사의 合倂·分割로 인한 주식의 배정에 관하여 특수한 정함을 할 수 있다(344③). 따라서 우선주에 대해 보통주보다 더 많은 신주를 배정한다든지 株式消却시 우선주의 소각분을 보통주보다 많게 할 수 있다. 다만 이로 인해 어느 종류의 주주에게 손해를 미치게 될 경우에는 그 종류의 주주만으로 구성되는 種類株主總會의 決議를 얻어야 한다(436, 435).

(2) 유 형

우선주→보통주→후배주의 순서로 배당한다.

1) 유 형 數種의 株式 중 優先的 地位가 부여되는 종류의 주식을 優先株, 劣後的 地位가 부여되는 종류의 주식을 後配株, 표준으로 되는 주식을 普通株라고 한다. 보통주도 후배주에 대하여는 우선적 지위를 가지는 것이지만 보통주를 표준으로 하는 결과 이와 같이 부르는 것이다. 또 이익배당에 있어서는 보통주보다 우선하지만 잔여재산의 분배에 있어서는 열후적인 혼합주도 인정된다. 또 동일 주식 중에도 부여되는 우선권의 내용에 따라 가령 A급 우선주, B급 우선주와 같이 세분되기도 한다.

2) 우선권·열후권의 내용 우선주의 우선권 또는 후배주의 열후권은 이익·이자의 배당이나 잔여재산의 분배에 관한 것이어야 한다. 따라서 신주인수권에 대하여 우선권을 가진 종류의 주식을 인정할 수는 없고 또 공익권에 관한 우선주 등도 인정되지 아니한다. 외국의 입법례 가운데는 외국자본에 의한 국내기업의 침투에 대한 방어수단으로서 이용되는 複數議決權株라든지 優先議決權株와 같이, 의결권에 대해 우선적 지위를 가진 株式의 발행이 인정된 사례가 있지만 우리 상법상으로는 이를 인정하지 않는다.

이익·이자의 배당이나 잔여재산 분배에 관한 것이다.

3) 효 용 우선주와 후배주는 보통 신주발행시 주주모집을 용이하게 하기 위하여 발행된다. 가령, 공모주주에게 인센티브를 부여하기 위해 신주를 우선주로 한다든가 또는 모집청약이 과열될 것으로 예상되는 경우에는 신주를 후배주로 할 수 있는데, 실제 후배주가 발행되는 예는 없다고 한다. 또 신설합병시 합병조건을 조정하기 위해 당사회사 일방의 주주에게 기한부우선주를 배당하는 예가 많다.

주주모집을 용이하게 한다.

(3) 우선주

優先株(prefrence share)는 그 우선권의 형태에 따라 參加的·非參加的 優先株, 累積的·非累積的 優先株로 구분된다.

1) 참가적 우선주 參加的 優先株란 우선주에 일정한 예정률(가령 20% 우선배당)에 의한 이익배당을 먼저 하고 나머지 잔여분이 있으면 優先株와 普通株에 평등하게 배당하는 것과 같이, 일정률의 우선배당 이외에 잔여이익에 대하여 참가권이 인정되는 것을 말한다(標準定款 8의2③). 非參加的 優先株는 이러한 참가권이 없이 단지 일정률의 우선배당을 받는 것만을 말하는데, 이 경우에는 반드시 우선주가 보통주보다 더 많은 배당을 받는다는 보장이 없다. 따라서 非參加的 優先株는 실제로는 확정 이익의 지급을 받는 社債에 유사하지만 이익이 없으면 배당이 없다는 점에 사채와는 구별된다. 우리 나라에서는 참가적 우선주가 대부분을 차지한다.

참가적 우선주는 일정률의 우선배당 이외에 잔여분에 대하여 참가권이 인정된다.

2) 누적적 우선주 累積的 優先株라 함은 특정년도의 배당이 소정의 우선배당율에 달하지 않은 경우에는 이를 후년도에 이월하여 배당받는 것이고(標準定款 8의2④), 이러한 이월을 인정하지 않는 것을 비누적적 우선주라고 한다. 우선주에 있어서 배당우선권은 매년도의 이익배당에 관한 것이지만 이익배당은 각 영업년도 단위로 결정되는 것이기 때문에 정관에 별도의 정함이 없는 한 배당우선권은 비누적적인 것으로 본다.

배당이 소정의 우선배당율에 달하지 않는 경우 이를 후년도에 이월하여 배당받는 것이다.

3) 조건부 우선주 우선주의 우선권 또는 후배주의 열후권에는 解除

해제조건이나

존속기간의 정함이 있는 것이 다.

條件 또는 存續期間의 정함이 있는 것과 없는 것이 있다. 가령 일정기간 보통주에 대하여 우선주와 동율의 배당을 할 때에는 우선주의 우선권은 소멸하는 것으로 정하는 경우이다. 이러한 정함이 있으면 그 조건의 성취에 의해 별도의 절차를 요하지 않고 당연히 우선권이 소멸하여 보통주로 된다.

우선배당이 아니므로 우선주는 아니다.

4) 1%우선주　우선주의 본질은 보통주에 앞선 우선배당, 즉 선순위의 배당을 받는 데 있고 반드시 보통주 보다 유리한 고율의 배당을 받는 것은 아니다. 따라서 보통주 보다 1%의 추가배당을 한다는 소위 '1% 우선배당주'는 우선주가 아니므로 이를 대가로 하여 議決權을 부여하지 않는 것은 위법이다(이철(회) 229).

4. 償還株式

(1) 의 의

발행시부터 상환하여 소각할 것이 예정된 주식이다.

償還株式(callable stock)이란 발행시부터 회사의 이익으로 상환하여 消却할 것이 예정되어 있는 주식을 말한다(345 ①). 자금조달의 필요상 일시적으로 우선주를 발행하지만 자금사정이 호전되면 이를 상환하여 소각시킴으로써 우선배당에 대한 부담을 줄이고 경영권을 확보하고자 하는 경우에 이용된다.

상환주식은 자기자본을 구성하며 이익이 있어야 상환할 수 있다.

1) 상환주식과 사채　償還株式은 일정기간 내에 상환이 보장된다는 측면에서 社債와 유사한 기능을 하지만 법적으로는 償還株式은 자기자본을 구성하는 반면, 社債는 타인자본이라는 점에서 차이가 있다. 또 償還株式은 配當可能利益으로 상환하여야 하기 때문에 이익이 없으면 상환이 언제까지라도 지연될 수 있지만 사채는 이익여부에 불구하고 계약에 따라 원리금을 상환해야 한다는 점에서 구별된다.

특정 종류의 주식에 대하여만 소각할 수 있다.

2) 상환주식과 이익소각　회사가 이익으로써 株式을 소각하는 점에 있어서는 상환주식의 상환과 利益消却(343)은 유사하다. 그러나 利益消却에 있어서는 주주평등의 원칙에 따라야 하므로 일부의 株式만을 대상으로 하는 소각은 허용되지 아니함에 대해, 償還株式에 있어서는 특정 종류의 주식(대부분 우선주)에 대하여만 소각할 수 있다는 점에서 주주평등의 원칙에 대한 예외를 이룬다.

(2) 발 행

償還株式은 利益配當優先株에 한하여 발행할 수 있으며 정관으로 상환가액, 상환기간, 상환방법과 수를 기재하여야 한다(345②). 상환기간은 '주식발행시로부터 일정기간을 경과한 후 몇년 내에 각 배당금 지급시'와 같이 정한다. 상환가액은 주식의 액면가액이나 발행가액 또는 시가에 의하는 등 자유로 정할 수 있다. 상환방법으로는 임의상환(매입상환)과 강제상환이 있고 또 상환여부의 선택권을 회사가 가지는 경우와 이를 주주에게 부여하는 경우가 있다.

이익배당우선주에 한하여 발행하며 정관으로 정한다.

償還株式을 발행할 때에는 이를 주식청약서(302②7, 420②)와 주권(356, 7)에 기재하고 등기함으로써(317②6) 公示하여야 한다.

(3) 상 환

1) 재 원　상환은 배당가능이익으로 하여야 하므로 이익이 없는 한 상환기한이 도래하여도 상환을 할 수 없다. 따라서 기한내에 상환을 확실히 하기 위하여 정관에 매년 이익의 일부를 償還基金으로 적립하도록 정하는 것이 보통이다.

배당가능이익으로 한다.

2) 절 차　상환의 방법으로 임의상환을 정한 경우에는 회사는 주주로부터 소정의 조건으로 상환주식을 취득하여 소각하여야 한다(341, 1). 이 경우 주주로부터 취득한 주식은 일단 회사의 自己株式으로 되지만 지체없이 실효절차를 밟아야 한다(342). 또 강제상환의 방법을 정한 경우에는 회사는 상환의 취지 및 3월 이내의 일정한 기간 내에 주권을 회사에 제출할 것을 공고하고 주주 및 登錄質權者에 대해 개별적으로 통지하여야 한다(343②, 440). 이 기간이 만료한 때에 비로소 상환의 효력이 생긴다(343②, 440).

상환주식을 취득하여 소각한다.

(4) 효 과

1) 자본감소 여부　상환이 있은 때에는 그 주식은 소멸하고 회사의 發行株式總數는 감소하므로 변경등기를 요한다. 그러나 이 경우에는 자본감소절차를 이행하지 않았기 때문에 자본감소는 생기지 않는다. 따라서 자본이 발행주식의 액면총액이라는 등식(451)은 償還株式의 경우는 예외로 된다.

자본감소는 생기지 않는다.

2) 미발행주식수의 증가 여부　상환주식을 상환한 때에는 회사의 未發行株式(授權株式)이 그만큼 증대되는 것처럼 보이므로 감소한 만큼 理事會의 결정으로 재발행할 수 있는가 하는 점이 문제된다. 그러나 이렇게 되면 무한정으로 수권발행을 인정한 것으로 되어 다른 주주의 권리보호에 반하기 때문에 허용되지 아니한다고 보는 것이 통설적 견해이다(서·정357, 손주626, 정동(회)197, 이철(회)234, 최기612~613, 채607, 이기(회)217, 註商(上)906~907).

감소한 만큼 재발행할 수 없다.

5. 轉換株式

(1) 의 의

수종의 주식을 다른 종류의 주식으로 전환할 수 있는 권리가 부여된 주식이다.

轉換株式(convertible share)은 회사가 數種의 株式을 발행하는 경우에 다른 종류의 주식으로 전환하는 권리인 轉換權이 부여된 주식을 발행할 수 있는데, 이를 전환주식이라 한다(346①). 전환주식은 자금조달을 용이하게 하기 위한 것으로서 미국에서 발달한 제도이다. 가령 신주발행시 비참가적 우선주를 발행하여 여기에 보통주로의 전환권을 부여하면, 일정기간 우선배당을 받다가 장래 회사의 경영실적이 호전되어 보통주가 받는 배당액이 우선주를 능가하게 될 때에는, 보통주로 전환할 수 있으므로 주주 모집이 용이하다. 轉換株式은 無議決權株式과 마찬가지로 數種의 株式을 발행하는 경우에 그 중 특정한 종류의 주식에 대하여 부가된 속성이므로 전환권의 유무로서 주식의 종류가 달라지는 것은 아니다. 또 數種의 株式간에 전환하는 것이므로 무기명주식을 기명주식으로 전환(357②)하는 것은 전환주식의 전환이 아니다(이철(회) 235).

(2) 발 행

정관으로 전환청구, 전환조건, 청구기간과 전환으로 인해 발행할 주식의 수와 내용을 정한다.

1) 정관의 규정 회사가 전환주식을 발행함에는 정관으로 전환을 청구할 수 있다는 취지외에 轉換의 條件, 轉換의 請求期間과 전환으로 인하여 발행할 주식의 수와 내용을 정하여야 한다(346①, 標準定款 8의2⑦). 轉換의 條件이라 함은 轉換比率, 즉 소멸될 주식과 이에 대신하여 발행할 다른 종류의 주식의 교환비율이며, 가령 우선주 1주를 보통주 1.2주로 전환한다는 식이다. 전환을 청구하여야 할 기간은 '주식발행일로부터 몇 년 경과일까지'라고 정하는 것이 보통이지만 '발행일로부터 일정기간 후'라는 식으로 무제한으로 정하여도 상관없다. 전환청구기간중에는 회사는 전환에 의해 발행하여야 할 주식의 수를 發行豫定株式總數중에 유보하여야 한다(346②). 그렇지 않으면 전환청구에 응해 신주를 발행할 수 없기 때문이다. 가령 授權株式總數가 보통주 1만주, 우선주 5천주인 회사에서 우선주를 보통주로 전환할 때 전환조건이 1:1.2인 경우에는, 전환에 대비하여 6천주의 보통주를 발행할 수 있도록 수권자본의 여분을 남겨두어야 한다. 따라서 이 회사는 전환전에는 보통주를 4천주밖에는 발행할 수 없게 된다.

2) 공 시 전환주식을 발행할 때에는 株式請約書 또는 新株引受請求

權證書와 株主名簿 및 주권에도 정관에 정한 사항(전환권, 전환조건, 전환기간, 전환후 발행주식)을 기재하고 이를 등기함으로써 공시하여야 한다(347, 317 ②7, 352③, 356.8).

(3) 전　환

1) 전환청구　전환을 청구하려는 주주는 청구서 2통에 전환하고자 하는 주식의 종류와 수, 청구년월일을 기재하고 기명날인(서명)하여 여기에 주권을 첨부하여 회사에 제출하여야 한다(349 ①②). 종래에는 의결권이나 신주인수권의 변동에 따른 회사의 사무번잡을 피하기 위해 주주명부 폐쇄기간 중에는 전환청구를 할 수 없도록 제한하였으나 1995년 상법개정시에 이러한 제한을 철폐하였다. 다만, 이 경우 의결권 행사의 혼란을 방지하기 위해 주주는 新株式을 가지고 의결권을 행사할 수 없도록 제한하였다(350 ②).

전환권은 형성권이므로 회사의 승낙을 요하지 않으며 청구한 때에 효력을 가진다.

2) 전환효과　전환청구권은 形成權의 일종이므로 회사의 승낙을 요하지 않고 전환청구시에 당연히 전환의 효력이 발생한다(350 ①). 이에 따라 전환청구가 있는 주식은 소멸하고 신주식이 발행되기 때문에 주주가 제출한 주권은 그 효력을 상실한다. 회사는 주주를 전환후의 신주식의 주주로 취급하고 주주명부의 기재를 정정하는 동시에 지체없이 신주권을 발행하여야 한다. 이와 같이 전환주식은 주주가 청구한 때 즉시 효력이 생기기 때문에 주주는 주식의 時價 등을 고려하여 적절한 전환시기를 선택할 수 있다는 이점이 있다. 다만 利益 또는 利子의 配當은 전환시를 기준으로 비율적으로 계산하는 것이 번잡하기 때문에 전환청구를 한 때가 속한 영업년도 말에 전환된 것으로 본다(350 ③前). 따라서 당해 결산기분의 이익배당은 전환전의 주식을 기준으로 하게 되지만, 정관에 특별한 규정을 둔 때에는 신주식을 기준으로 전환청구가 이루어진 영업년도분의 이익배당을 받을 수 있다(350 ③後, 標準定款 8의2⑦但, 10의4).

3) 등　기　전환한 날이 속하는 달의 末日로부터 2주간 내에 본점소재지에서 전환으로 인한 변경등기를 하여야 한다(351).

(4) 전환과 자본구성

발행가액 전체가 전환 전·후에 동일하여야 한다.

1) 발행가액　전환으로 인하여 신주식을 발행하는 경우에 전환전의 주식의 발행가액은 신주식의 발행가액으로 한다(348). 이는 전환전의 주식 1주와 전환후의 주식 1주의 발행가액이 동일하여야 한다는 것이 아니고 발행가액 전체가 전환 전후에 동일하여야 한다는 의미이다(이철(회) 237). 가령 1주의 금액(액면가)이 10,000원인 회사에서 優先株와 普通株의 전환비율을 1:1.2로 정한 경우에, 우선주 10,000주를 보통주로 전환하게 되면 보통주

12,000주를 발행하여야 한다. 이때 전환전 우선주의 발행가액이 12,000원인 경우(액면가 10,000만원), 총 발행가액은 12,000만원이 되기 때문에 전환으로 발행될 보통주의 발행가액은 10,000원($\frac{12,000만원}{12,000주}$)이 된다. 만일 전환전 우선주의 발행가액이 12,000원 미만이면 전환후 보통주의 발행가액은 10,000원 미만으로 될 수 밖에 없는데, 이는 액면미달발행이 되므로 상법이 정한 경우가 아니면 허용되지 않는다([417]). 따라서 전환주식을 발행할 경우에는 반드시 전환비율 이상으로 그 발행가액을 책정하지 않으면 안 된다.

하향전환의 경우 자본이 그대로이거나 증가하며, 상향전환의 경우 자본이 감소한다.

2) 자본증감　위에서 든 예에서 轉換株式(優先株)의 발행가액(12,000만원)이 발행주식의 액면총액, 즉 資本額(10,000만원)을 초과하는 부분(2,000만원)은 資本準備金으로 적립된다. 그런데 전환에 의해 보통주 12,000주가 10,000원의 가액으로 발행되면 준비금으로 적립되었던 2,000만원이 자본금으로 전입되어 결과적으로 자본이 증가한다. 따라서 전환비율이 1:1 이상(하향전환)인 경우에는 전환으로 인해 자본이 그대로이거나 증가하므로 상관없지만 1:1 미만(상향전환)인 경우에는 발행주식수의 감소로 인하여 자본감소가 초래되는데, 채권자보호절차를 밟지 않은 경우이므로 무효라고 할 것이다(손주629, 정동(회)200, 채608, 이기(회)218, 註商(II-下)58, 정찬(상)647). 이에 대해 우리 상법은 상향전환을 금지하는 규정이 없기 때문에 채권자보호절차를 밟으면 유효하다는 견해도 있다(이철(회)238).

(5) 전환과 발행예정주식총수

재발행을 인정하며 전환주식일 필요가 없다는 것이 다수설이다.

가령 발행예정주식총수가 보통주 10,000주, 우선주 5,000주인 회사에서 전환조건 1:1.2에 따라 우선주를 모두 보통주로 전환하면 보통주가 6,000주 발행되고 우선주는 하나도 없게 된다. 이 경우 理事會의 결의로 다시 우선주 5,000주를 발행할 수 있는가 하는 점이 문제된다. 통설은 償還株式의 경우와는 달리 재발행을 인정하더라도 이사회가 授權株式數의 제한을 잠탈할 우려가 없으므로 발행할 수 있다고 본다(서·정359, 손주629, 정동(회)200, 강·임577, 이기(회)219, 채609, 정찬(상)644~647; 反 이범494). 재발행하는 경우에 반드시 전환주식으로만 발행할 수 있다는 소수설(정찬(상)647)이 있으나 전환권이 없는 주식으로만 발행하여야 한다는 다수설이 타당하다고 본다.

6. 議決權 없는 株式

(1) 의 의

議決權 없는 株式(non-voting share)은 이익배당에 관한 우선적 내용이 있는 주식으로서 의결권이 배제된 주식을 말한다(370①, 標準定款 8의2①). 주주의 의결권은 주주권의 내용 중에서도 가장 핵심적인 것이지만 오늘날 주식의 광범위한 분산에 의해 군소 투자주주들은 회사 경영에 참여할 가능성이나 의사보다는 주식이 가지고 있는 경제적인 가치인 이익배당이나 증권시장에서의 주가등락에만 관심을 가진다. 이러한 주주들에게는 의결권은 큰 의미가 없으므로 의결권을 포기하는 대신 이익배당에서 우선적 지위를 보장받는 것이 유리하다.

이익배당에 있어 우선적 지위를 가지는 주식으로 의결권이 배제된 주식이다.

또 경영권자나 지배주주의 입장에서 보아도 의결권 없는 주식을 발행함으로써 경영권에 영향을 주지 않으면서도 자금을 조달할 수 있다. 나아가 회사의 입장에서 보면 의결권 없는 주주가 가진 주식수는 주주총회 의결시 發行株式總數(議決定足數)에 산입하지 않기 때문에(371①), 총회참석을 기대할 수 없는 군소주주들의 불참으로 총회가 불성립되는 것을 예방하는 효과도 있다. 이러한 여러 이해관계가 맞아 의결권 없는 주식이 널리 이용되고 있다(이범찬, "무의결권주의 문제점과 개선방안", 「김교창변호사화갑기념논문집」(1997), 209).

(2) 발행의 제한

1) 우선주 회사가 數種의 株式을 발행하는 경우에 정관으로 이익배당에 관한 우선적 내용을 가진 주식에 한하여 의결권 없는 주식으로 할 수 있다(標準定款 8의2①). 따라서 같은 우선주라도 殘餘財産分配에 관하여만 우선권이 부여된 주식에 대하여는 의결권을 배제할 수 없다. 그러나 利益配當에 관한 우선주인 한 비참가적 또는 비누적적 우선주라도 상관없다. 이익배당에 관한 우선권이 부여된 주식에 한정되기 때문에 배당률에 있어서만 보통주보다 일정하게 유리한 주식, 가령 '보통주배당률 + 1%'를 보장하는 대가로 의결권을 배제하는 것은 위법이다(이·이413, 김정국·유진희, "1%무의결권 우선주의 문제점과 치리방안", 「상사법연구」(1995), 218). 개정상법은 이익배당에 관해 우선적 내용이 있는 종류의 주식에 대하여는 정관으로 최저배당율을 정해야 한다고 규정하고 있다(344②後). 자금조달을 쉽게 하려는 우선주의 본래의 취지에 충실하려면 확정배당율(예를들어 연 8% 등) 이상의 범위내에서 이사회가 시장사정에 따라 융통성있게 배당율을 정할 수 있도

이익배당에 관한 우선권을 가진 주식에 한하여 의결권 없는 주식으로 할 수 있다.

록 이사회에게 재량권을 주는 것이 옳다(정동윤, "상법상의 의결권없는 우선주에 관하여", 「김교창변호사 화갑기념논문집」(1997), 199).

발행주식총수의 4분의 1을 넘지 못한다.

2) 발행한도 의결권 없는 주식은 발행주식총수의 4분의 1을 넘지 못한다(370②). 무의결권주식을 무제한 인정할 경우 소수의 의결권 주식을 보유하는 것만으로 회사의 지배권을 장악할 수 있기 때문이다. 다만 주권상장법인이나 주식을 신규로 상장하기 위해 주식을 募集 또는 賣出하는 법인은 예외적으로 발행주식총수의 2분의 1을 초과하지 않는 범위 내에서 의결권 없는 주식을 발행할 수 있다(證去 191의2). 의결권 없는 주식의 발행이 법정한도 내에 있기만 하면 다른 주식의 消却에 의해 그 발행한도를 넘은 경우에는 상관없다.

(3) 의결권 이외의 권리

의결권을 전제로 한 권리는 제한되지만, 총회에 참석하여 질문 및 발언할 권리는 인정되어야 할 것이다.

의결권 없는 주주는 의결권뿐 아니라 의결권의 존재를 전제로 하는 다른 권리도 제한된다. 그러나 제한의 범위에 대하여는 견해가 나누어지는데, 특히 총회소집청구(366), 결의소송(376, 380), 대표소송(403), 이사·청산인의 위법행위유지청구(402, 542②), 이사·감사의 해임청구권(385②), 株式買受請求權(374의2)의 행사여부가 문제된다. 이러한 권리는 의결권의 존재가 전제가 되므로, 모두 부정하는 견해(서돈334, 정동(회)201)와 인정하는 견해(정찬(상) 643)가 있으나 일률적으로 정할 수는 없다고 본다(이철(회) 421).

의결권 없는 주주는 총회소집통지를 받을 권리는 없지만(363④) 총회에 출석하여 토의에 참가하고 질문 및 발언할 권리는 반드시 의결권의 존재를 전제로 하는 것은 아니므로, 인정되어야 할 것이다.

(4) 의결권의 인정

의결권 없는 주식은 원칙적으로 의결권을 가지지 않지만 다음의 경우에는 예외적으로 의결권이 인정된다.

정관소정의 우선배당이 없을 때 의결권은 부활된다.

1) 우선배당을 하지 않는 경우 의결권 없는 주식은 이익배당에 대한 우선권을 대가로 하여 의결권을 포기한 주식이다. 따라서 의결권 없는 주식에 대하여 정관소정의 배당이 없을 때에는 의결권은 부활된다. 즉 정관소정의 우선 배당을 받지 않는다는 취지의 결의가 있은 때로부터 우선배당을 받는다는 결의가 있은 때까지 의결권을 행사할 수 있다(370 ①但, 標準定款 8의2⑤). 그러한 의미에서 상법이 인정하는 의결권 없는 주식은 條件附無議決權株式이라고 할 수 있다.

손해가 발생한 경우 종류주주

2) 종류주주총회 定款變更이나 會社合併이 의결권 없는 주식에 손해를 미치는 경우에는 種類株主總會(435①③, 436)에서 무의결권 주식을 가진 주주들

의 동의를 요하게 되므로 이러한 총회에서는 무의결권 주식을 가진 주주도 의결권을 행사할 수 있다.

총회를 통해 행사할 수 있다.

3) **총주주의 동의를 요하는 경우** 이사·감사의 책임면제(400, 415), 유한회사로의 組職變更(604)의 경우에는 총주주의 동의를 요하기 때문에 의결권 없는 주식을 가진 주주의 동의도 필요하다.

4) **창립총회** 창립총회에서는 의결권 없는 주식의 인수인도 의결권을 행사할 수 있다(308 ②).

제 2 절 株　　主

제 1 意　　義

1. 株主의 槪念

주식회사에 출자한 사람으로 주식을 가진 사람을 주주라고 한다.

주식회사의 사원을 株主라고 한다. 주주는 주식을 인수하고 주금액을 납입하거나, 타인으로부터 기존주식을 양수함으로서 주주가 되며(대판 1967.6.13, 62다302), 주식의 양도 또는 소각에 의해 주주의 지위를 상실한다(대판 1963.11.7, 62다1179; 1991.4.30, 90마672). 주주가 될 수 있는 자격에는 제한이 없으므로 자연인은 물론이고 법인도 주주가 될 수 있으며 자본시장개방에 따라 외국인도 제한없이 주주가 될 수 있다. 다만 특별법에 의해 주주자격이 제한되는 경우가 있다(341, 證去188~189, 189의2, 公去7① 등).

2. 株主의 種類

경제적인 의미에서 주주는 기업가주주, 투자주주, 투기주주, 소수주주, 지배주주 등으로 구분된다. 법률적으로는 주식의 분류에 따라 보통주주, 우선주주, 의결권 없는 주주 등으로 구분된다. 또 名義상의 株主와 實質株主로도 구분한다. 그러나 證券去來法上 實質株主라고 할 때에는 증권예탁원에 주식을 예탁하여 증권회사 명의로 명의개서를 한 증권회사의 고객을 말한다.

제 2 株主의 權利義務

1. 總　　說

(1) 주주의 지위와 권리

주주권은 단체법상 권리이다.

주주는 주주인 지위에서 회사에 대하여 여러 가지 권리를 가진다. 이 株主權은 단체법상의 권리로서 보통의 채권과는 그 성질을 달리한다. 즉 주주권은 주주의 지위와 분리하여 양도하거나 입질 또는 압류의 대상으로 되지 않고 시효에도 걸리지 않는 동시에 그 지위의 양도에 따라 양수인에게 이전된다. 또 단체의 통제력에 따라야 하기 때문에 強行規定 또는 株主平等原則에 반하거나 주주의 고유권을 침해하지 않는 한 주주총회의 결의로 이를 박탈하거나 변경할 수 있다.

(2) 주주의 제3자적 권리

주주는 주주로서의 지위와는 관계없이 회사에 대하여 여러 가지 권리를 가질 수 있으며 이를 債權者的 權利 또는 第3者的 權利라고 한다. 가령 주주가 회사에 대하여 소비대차의 貸主가 되거나 임대차의 임대인이 되는 경우이다. 그러나 주주의 지위에서 취득한 권리 중에서도 그 성질상 채권자적 권리에 속하는 것이 있다. 가령 利益配當請求權은 주주권의 내용을 이루는 것이지만 주주총회의 배당결의로 구체화된 利益配當金支給請求權은 주주권과는 분리된 채권적 권리이다. 따라서 이는 주식과 분리하여 양도, 입질 등 처분할 수 있으며 압류의 대상으로 되고 시효에 걸리며, 주식이 양도되어도 당연히 양수인에게 이전하지 않는다. 그뿐만 아니라 주주총회의 결의로도 이를 박탈하거나 변경할 수 없다.

주주로서의 지위와 관계없이 회사에 대하여 여러 가지 권리를 가질 수 있다.

2. 自益權과 共益權

[사례 Ⅳ-2-1: 공익권의 성질]

Y주식회사의 주주 X_2는 주주총회에서 회사 경영과 회계상의 의혹에 대해 질문하려 하였으나 대표이사의 사주를 받은 총회꾼들의 부당한 방해로 좌절되었다. 이에 X_1는 주주총회결의취소소송을 제기하였는데 소송계속 중 사망하였기 때문에 법원은 사망에 의해 소송이 종료되었다는 판결을 하였다. 그런데 X_1의 소유주식을 상속한 X_2는 아버지의 유지를 계승하여 소송계속을 구하는 신청을 하였다. X_2의 신청은 인용될 것인가? (日最高判 1970.7.15, 民集 24-7, 804 참조)

(1) 의　의

주주의 권리는 목적에 따라 自益權과 共益權으로 분류된다. **自益權**은 회사로부터 경제적 이익을 받는 것을 목적으로 하는 권리로서 재산적 권리로 불리운다. 이익배당청구권(462), 이자배당청구권(463), 잔여재산배분청구권(538)이 중심이지만 주주의 투하자본회수에 관련되는 주식매수청구권(374조의2, 522조의3), 주권교부청구권(358), 명의개서청구권(337②), 주권전환청구권(357②), 상환청구권

자익권은 회사에 대한 재산적 권리이며, 공익권은 회사의 관리와 운영을 목적으로 하는 권리이다.

(345), 신주인수권(418①), 전환주식의 전환청구권(346①)도 이에 속한다.

이에 대해 **公益權**은 주주가 회사의 관리와 운영에 관여하는 것을 목적으로 하는 권리이다. 공익권은 회사의 의사결정에 참여하여 부당한 운영을 감독·시정하고 또 그 구제를 구하는 것을 내용으로 하는데 의결권(369, 368), 주주총회의결취소의 소권(376), 설립무효의 소권(328), 신주발행무효의 소권(429①), 이사의 위법행위유지청구권(402), 신주발행유지청구권(424), 代表訴訟(403), 주주총회소집요구권(366), 이사·감사의 해임청구권(385②, 451), 검사인의 해임청구권(539), 장부열람권(466) 등이 이에 속한다.

(2) 공익권의 성질

자익권과 공익권의 차이는 이익의 성질이 아니라 그 기능에 있다. 즉 자익권은 수익기능을, 공익권은 지배기능을 한다.

自益權은 개별 주주가 다른 주주와 대립적 관계에서 가지는 개인적 이익을 목적으로 함에 대해 公益權은 주주가 공통적으로 가지는 공동의 이익을 목적으로 하는 점에서 차이가 있다. 이러한 차이를 보다 중시하여 공익권은 주주가 주주의 자격에서 가지는 권리는 아니고 회사의 기관인 자격에서 가지는 권한에 불과하다고 보는 社員權否認論이나 공익권의 권리성은 인정하지만 인격권이기 때문에 자익권과는 성질을 달리한다는 株式債權說이 주장되고 있다. 이러한 견해에 따른다면 [사례Ⅳ-2-1]에서 X_1의 株主總會決議取消請求權(공익권)은 일신전속적인 권리 또는 권한으로서 상속의 대상이 되지 아니한다. 따라서 X_2의 소송승계는 인정되지 아니할 것이다.

그러나 공익권은 주주권의 한 내용일 뿐 아니라 본질적으로는 주주의 경제적 이익의 확보를 목적으로 한다는 점에서 자익권과 다르지 않다고 본다(통설). 즉 전형적인 이익사회(gesellschaft)로서의 주식회사에 있어서는 그 사원인 주주는 자기자신의 이익을 위해 출자하여 그 지위를 취득하는 것으로서 주식의 내용을 이루는 권리는 모두 주주의 개인적인 이익확보를 목적으로 함은 물론이다. 따라서 권리의 목적으로 되어 있는 이익의 성질을 기준으로 하는 한, 자익권과 공익권은 본질적으로 동일하다고 할 수 있다. 그러므로 이들의 차이는 이익의 성질에 있는 것이 아니라 그 기능에 있다고 하겠다. 즉 주주가 가진 회사의 소유권(株主權)에는 수익기능과 지배기능이 있는 바 자익권은 수익기능을 함에 대해 공익권은 지배기능을 하는 것이다. 즉 그 행사의 효과가 직접적으로 주주에게 귀속하는 권리가 자익권이고 그 효과가 직접적으로는 회사에 귀속하는 것이 공익권이라고 할 수 있다. 이러한 입장에 따르면 [사례Ⅳ-2-1]에서 X_1이 가지고 있던 주주권을 상속한 X_2는 X_1이 제기한 소송을 승계할 수 있다.

3. 單獨株主權과 少數株主權

(1) 의 의

단독주주권은 자익권이고 소수주주권은 공익권이다.

주주의 권리 중에는 주주가 가진 주식수와 관계없이 각 주주가 단독으로 행사 할 수 있는 것과 회사가 발행한 주식총수의 일정비율 이상을 가진 주주만 행사할 수 있는 것이 있다. 전자를 單獨株主權이라고 하고 자익권은 그 성질상 모두 단독주주권이다. 이에 대해 후자를 少數株主權이라고 하고 공익권의 일부가 이에 속한다.

(2) 소수주주권

소수파의 이익을 보호하기 위한 권리이다.

1) 의 의　주식회사의 운영은 원칙적으로 주식수에 기한 다수결의 원리에 따라 행하여진다. 그런데 다수파에 의한 지배로부터 소수파의 이익을 옹호하기 위하여 과반수에는 미달하지만 일정수 이상의 주식을 보유하는 주주에게 인정하는 권리를 少數株主權 또는 少額株主權이라고 한다. 그러나 소수주주권 중에는 주주권 남용 방지 차원에서 그 행사에 일정수 이상의 주식보유를 요구하는 것도 있다(권재열, "상법상 소수주주권에 관한 연구", 「고시계」(2000.7), 82).

권리행사를 위하여 요구되는 보유주식수에 따라 나누어진다.

2) 유 형　소수주주권은 권리행사를 위하여 요구되는 보유주식수에 따라 다음과 같이 세 가지로 나누어진다. ① **발행주식총수의 100분의 1 이상**을 요구하는 것으로는 유지청구권(402)과 대표소송제기권(403)이 있다. ② **발행주식총수의 100분의 3 이상**을 요구하는 것으로는 주주제안권(363의2①), 주주총회소집청구권(336), 집중투표청구권(382의2①), 이사해임청구권(385②), 회계장부열람권(466①), 업무·재산상태검사청구권(466의2①)이 있으며 대부분의 소수주주권은 여기에 속한다. ③ **발행주식총수의 100분의 10이상**을 요구하는 것으로는 해산판결청구권(520)이 있다. 종래 소수주주권은 해산판결청구를 제외하고는 일률적으로 발행주식총수의 100분의 5이상이라는 엄격한 요건을 요구함으로써 그 행사가 매우 어려웠다는 비판을 받았으므로 1998년 상법 개정시 이를 100분의 3으로 완화하였고, 특히 소수주주권중 가장 중요한 代表訴訟에 대하여는 100분의 1로 하였다.

3) 증권거래법상의 소수주주권　상법보다 앞서 1996년에 개정된 證券去來法에서는 소수주주권의 행사요건을 더 완화하고 있다. 즉 i) 대표소송은 1만분의 1이상(證去 191의13①) ii) 이사·감사해임청구, 유지청구는 1만분의 50 이상(證去 191의13②) iii) 주주제안, 회계장부열람은 100분의 1이상(證去 191의13③), iv)

주주총회소집청구, 회사의 업무재산상태 검사는 100분의 3이상이다(證去 191의13④). 그리고 자본금 1,000억원 이상의 대규모회사는 이를 더욱 완화하고 있다. 이와 같이 증권거래법이 상법보다 소수주주권 행사요건을 완화하고 있는 것은 동법의 대상이 되는 상장회사나 대규모회사의 경우에는 주식의 분산도가 매우 높아 100분의 1이나 100분의 3이라는 주식보유요건을 갖추기가 현실적으로 매우 어렵기 때문이다. 다만 소수주주권의 남용을 방지하기 위하여 권리행사전 6월간 주식을 계속 보유하도록 요구하고 있다.

여러 주주의 주식을 합산하여 보유주식비율이 되면 공동으로 행사할 수 있다.

4) 행 사 소수주주권은 다수파의 전횡으로부터 회사의 이익을 지키기 위해 소수파주주에게 부여하는 것이므로 1인의 주주가 100분의 1 또는 100분의 3에 해당하는 주식을 모두 보유하여야 하는 것은 아니고, 여러 주주가 가진 주식을 합산하여 이러한 비율에 도달하면 공동으로 행사할 수 있다. 그리고 이러한 보유주식비율은 권리행사 시점에서 갖추면 되며, 특히 종래에는 대표소송과 관련하여 이러한 지주율은 소송계속중 계속 보유하여야 하였지만 1998년 상법개정시에는 소제기시에만 갖추면 되는 것으로 완화하였다(403⑤).

■ 소액주주운동

지배주주나 경영자의 전횡을 막고, 소액주주의 주주권을 보장하자는 운동이다.

(1) 상법과 증권거래법상으로는 지배주주나 경영자의 전횡을 방지하기 위해 소수주주권을 보장하고 있지만 종래 이러한 소수주주권이 행사된 예는 거의 없었다. 그 가장 큰 이유는 소수주주권 행사의 요건으로 요구되는 지주율이 너무 높았던 때문이었다. 가령 1995년을 기준으로 할 때, 상장기업의 평균 시가총액이 2,000억원을 조금 넘는 수준이었으므로 그 100분의 5를 보유하려면 약 100억원의 자금이 소요되었다. 여기에다 소액주주들은 대부분 배당율이나 주가의 시세차익에만 관심을 가지고 불리할 때에는 언제든지 팔아치운다는 생각을 가지고 있기 때문에 회사 경영에 대하여는 무관심하였다. 또 소수주주권 행사에는 막대한 자금과 노력이 소요되지만 그 혜택은 행동에 나선 소수주주권자에게만 주어지는 것이 아니라 모든 주주에게 고루 돌아가기 때문에 자기가 나서기 보다는 다른 주주가 해주기를 기대하는 소위 무임승차효과도 큰 이유가 되었다. 결국 소액주주운동은 한사람의 주주보다는 흩어져 있는 많은 소액주주들을 끌어 모아 할 수밖에 없는데 이를 추진할 수 있는 조직이 없었던 것도 소수주주권을 기피하게 하는 현실적인 제약이었다.

(2) 이에 대해 선진국인 미국과 일본에서는 소액주주운동이 경제민주주의를 실현하고 경영진들의 부패와 무능을 견제할 수 있는 핵심적인 수단으로 인식되어 이를 적극적으로 활용하고 있다. 우리 나라의 대기업은 재벌체제라는 1인 지배구조가 고착되어 변칙상속에 의한 부의 세습화라든가 相互支給保證에 의한 계열기업군의 결합, 회장 1인에 의한 독단적 경영, 과도한 차입경영 등으로 회사의 경영이

악화되고 주주가 손해를 입어도 이를 견제하거나 그 책임을 추궁할 수 있는 제도적 장치들이 거의 무력화되어 있다. 이에 따라 재벌오너의 방만한 경영과 책임추궁의 효과적인 수단으로서 소수주주권행사가 주목을 끌고 있는 것이다.

(3) 우리 나라에서 소액주주운동에 불을 당긴 것은 1997년 6월에 참여연대에 의한 삼성전자의 新株發行無效의 訴가 제기되면서 부터이다. 삼성전자는 이건희회장의 아들인 이재용에게 변칙상속의 수단으로 시가보다 저렴한 가액으로 600억원의 私募轉換社債를 발행하여 그 대부분을 이재용에게 배정한 후 이를 주식으로 전환하였다. 참여연대측은 이러한 전환사채의 발행과 주식전환은 소액주주의 신주인수권을 침해하고, 의결권을 희석한 것이며, 전환가격이 발행일의 시가보다 낮게 책정되었으므로 소액주주의 이익을 침해하였다고 주장하였다. 그리하여 신문광고와 캠페인 등으로 삼성전자 소액주주들을 규합하여 轉換社債發行無效의 訴를 제기하고 나중에 이를 新株發行無效의 訴로 전환하였다. 이외에도 삼성전자의 삼성자동차에 대한 출자책임을 추궁을 위한 주주총회의 참석, 삼성전자의 노대통령에 대한 뇌물공여행위에 대한 株主代表訴訟의 提起 등 활발한 움직임을 보이고 있다.

(4) 이러한 참여연대측의 소액주주활동은 그동안 법전 속에만 묻혀 있던 소수주주권이 대기업 경영주들의 횡포를 방지하기 위한 효과적인 수단이 될 수 있다는 가능성을 보여주었다는 점에서 우리 나라 회사법상 매우 중요한 의미를 가지고 있다. 그러나 소수주주권이 본격적으로 활성화되기 위해서는 앞으로도 넘어야 할 산이 많이 남아 있다. 그 가장 큰 제약요인이었던 지주율은 상법과 증권거래법의 개정으로 상당히 완화되었지만 소액주주운동을 전개하는데 소요되는 막대한 소송비용을 제소주주에게 미리 담보하도록 한 것이라든가, 회사와 소액주주간에 개재하는 회사정보에 대한 현저한 불균형도 시정되어야 할 문제이다. 나아가 회사측으로부터 제기되는 집요한 방해공작을 어떻게 효과적으로 차단할 것인가 하는 것도 연구과제이다.

4. 固 有 權

주주총회나 정관변경에 의해서도 일방적으로 박탈하거나 제한할 수 없는 주주의 권리이다.

주주의 권리 중에는 주주총회의 다수결이나 정관변경에 의해서도 일방적으로 박탈하거나 제한할 수 없는 것이 있으며 이를 株主의 固有權이라고 한다. 무엇이 고유권에 속하는가는 주주로서의 본질적 이익에 관련된 사항으로서 회사의 단체적 규율에 승복하지 않아도 되는 영역이 어디까지인가 하는 문제로 귀착된다. 그러나 강행규정으로 되어 있는 사항은 대부분 고유권이라고 보기 때문에 오늘날에 와서는 주주의 고유권론은 큰 의미를 가지지 못한다고 하겠다.

주주의 의결권(369) 등 공익권에 관련되는 규정은 대부분 강행규정으로 되어 있어 총회의 다수결이나 정관변경으로써도 박탈할 수 없는 권리라고 할 것이다. 또 자익권도 영리법인인 회사의 본질에 관련되는 것이기 때문에 일방적으로 이를 박탈할 수 없는 것이 원칙이다. 따라서 利益配當請求權(464)을 배제하거나 정지할 수 없지만 합리적인 근거에 기해 이익의 전부 또는 일부를 회사내에 유보하고 배당을 일정하게 조정하거나 주주에게 배당하지 않는 것은 이익배당청구권의 제한이라고 할 수는 없다.

5. 株主의 義務와 責任

[사례 Ⅳ-2-2: 주주의 의무와 책임]

(i) Y상호신용금고의 전대표이사와 지점장이 공모하에 부외거래를 하여 Y금고에 33억원 상당의 손해를 입혔다. 이에 Y금고의 전·현직 이사이며 대주주이던 X 등 4인은 위 사태의 수습을 위하여 각자 일정금액을 Y금고에 제공하기로 약정하였다. X도 이 약정에 따라 Y금고에 3억 6천만원을 지급하였으나 얼마 후 X는 자신이 Y금고에 지급한 금액은 주주유한책임원칙에 반하는 추가출자에 해당하여 무효라는 이유로 그 반환을 요구하였다. X의 반환청구는 타당한가? (대판 1989.9.12, 89다카890 참조)

(ii) X회사의 주식을 인수한 Y가 다음과 같이 출자의무를 이행한 경우 X회사의 주주가 될 수 있는가? ① X회사가 출자금을 대납한 경우(대판 1963.10.22, 63다494참조) ② Y가 당좌수표로 출자금을 납입하였으나 수표가 부도가 된 경우(대판 1977.4.12, 76다943 참조) ③ X회사가 Y에게 지급할 임금채무와 상계한 경우 또는 X회사와 Y간의 합의로, Y가 X회사에 대하여 가지고 있는 대출채권을 출자로 전환한 경우

(iii) IMF사태로 경영이 악화된 A주식회사는 경쟁기업인 B회사와의 빅딜에 응하는 조건으로 채권은행단으로부터 기존대출분에 대한 연장과 추가대출을 받기로 하였다. 그러나 이 회사의 최대주주인 Y는 빅딜에 대한 정부와 채권은행단의 의지를 잘못 판단하여 경영진의 간곡한 설득에도 불구하고 채권은행단의 제의에 응하지 않기로 하였다. 이에 Y는 자신에 동조하는 다른 주주를 규합하여 주주총회특별결의에서 빅딜안을 부결시켰다. 이후 정부의 지시에 따라 채권은행단들이 대출금 회수에 나서자 A회사는 결국 파산하고 말았다. Y주주에 반대하여 정부의 빅딜안을 수용할 것을 주장하던 X주주는 A회사의 파산으로 투자분을 전부 잃게 되었다. X는 Y를 상대로 손해배상청구를 할 수 있는가?

(1) 유한책임의 원칙

1) 의 의 　주주는 그 주식의 인수가액을 한도로 출자의무를 부담하며 그 이외에 주주 자격에서 회사에 대하여 어떠한 의무도 부담하지 아니한다(331). 이를 株主有限責任原則이라고 한다. 그리고 주주의 출자의무는 전액납입제에 의해 회사설립 또는 신주발행의 효력발생 전에 완전히 이행할 것을 요하기 때문에 엄격히 말하면 株式引受人의 의무에 지나지 않고 주주의 의무라고 할 수 없다. 만일 회사 성립 후 또는 신주발행의 효력발생 후에 아직 인수하지 아니한 주식이 있거나 주식인수가 취소된 때에는 발기인 또는 이사가 공동으로 이를 인수한 것으로 보고(321, 428), 다른 주주에게는 그에 따른 추가적인 부담을 시키지 아니한다(서완식, "지배주주와 주주유한책임 원칙", 「상사법연구」(2005), 410).

주주는 그 주식의 인수가액을 한도로 출자의무를 부담한다.

2) 채무분담약정 등 　주주유한책임은 주식회사의 본질적인 것으로써 정관 또는 주주총회의 결의에 의하여도 이를 파기하거나 주주에게 인수가액 이외의 추가출자의무를 부과할 수 없다. 다만 주주전원 또는 일부가 자발적으로 회사채무를 분담하기로 합의하는 것은 주주유한책임과는 무관한 것이므로 유효하다고 할 수 있다. 이러한 취지에서 대판 1989.9.12, 89다카890은 [사례Ⅳ-2-2-i]과 유사한 사안에서 "상법 제331조의 주주유한책임원칙은 주주의 의사에 반하여 주식의 인수가액을 초과하는 새로운 부담을 시킬 수 없다는 취지에 불과하고 주주들(X 등)의 동의 아래 회사(Y)채무를 주주들이 분담하는 것까지 금하는 취지는 아니라 할 것이다"라고 판시하고 있다(同 대판 1983.12.13, 82도735). 또한 신주발행시 이사와 통모하여 불공정한 가액으로 신주를 인수한 주주는 회사에 대해 공정한 발행가액간의 차액을 지급할 의무를 부담하지만(424의2), 이는 일종의 손해배상이고 주주유한책임에 대한 예외라고 할 수 없다.

주주들의 동의 아래 회사채무를 주주들이 분담할 수 있다.

(2) 출자의무

주주(주식인수인)의 의무는 출자의무에 국한된다. 출자의무의 이행은 金錢出資 또는 現物出資를 구별하지 않고 현실적으로 이행할 것을 요한다. 이와 관련하여 다음과 같은 몇가지 사항이 문제된다(조지현, "주주유한책임원칙의 제한", 「상사법연구」(2005), 301).

1) 회사의 대위변제 　회사는 주식인수인의 주금납입의무를 대신 이행할 수 없다. 대판 1963.10.22, 63다494도 [사례Ⅳ-2-2-ii]의 ①에서 "주금불입의무이행은 현실적인 이행이 있어야 한다는 것은 현행 상법 제334조 소정 법의라고 할 것인 바 원고회사(X)가 아니고 원고회사의 중역이 개인자격으로 피고(Y)가 불입한 원고회사 주금을 입체 지급하였다면 몰라도, 주

현실적인 이행이 있어야 하며 회사가 대신 이행할 수 없다.

금불입의 현실적 이행의 효과를 거둘 수 없는 원고 회사 자체(X)에 의한 입체 불입이란 허용될 수 없는 바임에도 불구하고 원판결이 피고가 불입할 원고회사 주금을 원고 회사 자체가 입체 지급하여 이행하였다고 판단한 원판결에는 주금 불입 의무이행에 관한 법리를 오해한 위법이 있다"라고 판시하고 있다.

어음 또는 수표가 현실적으로 결제되어 현금화되어야 한다.

2) 어음·수표에 의한 지급　어음·수표의 교부는 지급에 갈음하는 것이 아니라 지급의 방법으로 하는 것이므로 [사례Ⅳ-2-2-ii]의 ②에서는 회사가 현실로 그 어음 또는 수표의 지급을 받기까지는 출자의무는 이행되지 않은 것으로 본다(이철(회) 247). 대판 1977.4.12, 76다943도 "주금납입의무는 현실적 이행이 있어야 하므로 당좌수표로서 납입한 때에는 그 수표가 현실적으로 결제되어 현금화되기 전에는 납입이 있었다고 할 수 없다"고 판시하였다.

주주의 일방적인 상계는 금지된다.

3) 상 계　회사가 출자의무의 이행을 면제하거나 주주는 相計로서 회사에 대항할 수 없다(334). 그러나 이는 주주가 회사에 대하여 일방적으로 하는 상계가 금지된다는 의미이고 [사례Ⅳ-2-2-ii]의 ③과 같이 회사(X)가 하는 상계나 당사자(X회사, Y)간의 합의에 의한 상계는 허용된다. 특히 금융기관이 회사에 대하여 가지고 있는 채권을 출자로 전환할 현실적인 필요에서 大法院例規는 명시적으로 이를 허용하고 있다(同登記例規 960).

(3) 충실의무

지배주주는 소수주주의 이익을 부당하게 침해하여서는 안 된다는 충실의무를 부담한다.

[사례Ⅳ-2-2-iii]에서 지배주주 Y는 회사의 경영을 맡은 이사가 아니고 단순한 주주이기 때문에 X가 Y의 책임을 추궁하기 위해서는 우선 민법상의 불법행위 규정의 원용을 고려해 볼 수 있다. 그러나 Y의 행위는 적법한 주주권의 행사로서 X가 입은 손해에 대한 고의·과실이 없기 때문에 불법행위책임은 성립하지 않는 경우가 대부분이다. 따라서 X에 대한 Y의 책임을 인정하기 위해서는 그 전제로 Y의 X에 대한 忠實義務가 인정되어야 한다.

人的會社는 사원 상호간의 인적 신뢰를 바탕으로 하고 있을 뿐 아니라, 사원이 모두 무한책임을 부담하기 때문에, 사원은 회사뿐 아니라 다른 사원에 대하여도 충실의무를 부담한다. 그러나 사원의 개성이 희박한 주식회사의 주주는 물론이고 다른 사원에 대하여도 책임을 지지 않는 것이 원칙이다. 이는 주주는 회사의 경영에 참여하지 못할 뿐 아니라, 주식의 양도로 언제든지 회사관계로부터 벗어날 수 있는 존재이기 때문이다.

그러나 이러한 논리는 주식회사의 경영과 운명에 결정적인 영향을 미치는 다수주주(지배주주)의 경우에는 타당하지 않다. 왜냐하면 지배주주(Y)는 다른 주주(X)의 사원권의 내용과 가치에 영향을 미칠 수 있는 지위에 있으므로 소수주주의 이익을 부당하게 침해해서는 안 된다는 충실의무를 부담한다고 보기 때문이다(김택주, "경영판단의 원칙의 적용요건", 「기업법연구」(2006.3), 51). Y에게 충실의무를 인정할 경우 충실의무위반 여부는 '經營判斷의 原則'(최병규, "경영판단원칙과 그의 수용방안", 「기업법연구」(2005.6), 111)의 적용여부에 따라 달라진다. 그런데 이 사례에서는 회사의 경영진들이 빅딜에 대한 정부와 채권은행단의 의지를 누누이 강조하였음에도 불구하고 Y는 이를 무시하였으므로 Y의 행위에 대하여 경영판단의 원칙을 적용할 수는 없다고 본다. 따라서 대주주인 Y는 주주의 충실의무를 위반하였으므로 그로 인해 X가 입은 손해에 대해 배상책임이 있다고 할 것이다(최기 584).

(4) 업무집행지시자로서의 책임

사실상 회사를 지배하는 대주주가 이사에게 업무집행을 지시한 경우 이에 대해 책임을 묻는 제도이다.

이와 같이 종래 상법의 해석론으로도 지배주주에게 충실의무에 기한 책임을 인정할 수 있지만 1998년 개정상법은 이사에게 업무집행을 지시한 者의 책임을 묻는 제도를 신설함으로써(401의2) 명문으로 이를 뒷받침하고 있다. 여기에서 '業務執行을 지시한 者'란 표면적으로는 회사의 이사가 아니지만 사실상 회사를 지배하는 대주주를 지칭하는 것이다. 지배주주라고 함은 회사의 지배권(경영권)을 장악한 주주를 가리키는 사회학적 개념으로서 다수결의 원칙에 따르면 발행주식의 과반수 이상을 보유하는 자이어야 한다. 그러나 대규모회사에서는 주식이 광범하게 분산되어 있고 또 대부분의 군소주주들은 경영권에는 관심을 보이지 않기 때문에 20~30%의 비교적 적은 주식만으로도 지배주주가 될 수 있다(이철(회) 248).

주식평등의 원칙에 따르면 지배주주는 자신의 보유하는 주식의 비율에 따른 이익만 누려야 하지만 지배권을 수단으로 하여 그 이상의 각종 불공정한 혜택을 누리는 경우가 많다. 그러나 지배주주는 주주유한책임을 방패로 하여 경영의 실패나 부정으로 인한 책임을 회피하고 있으므로, 이를 차단하기 위해 위에서 본 주주의 충실의무라든가 업무지시자의 책임을 인정하게 된 것이다. 따라서 [사례Ⅳ-2-2-ⅲ]에서 만일 Y가 지배주주로서 사실상 경영에 관여해 온 사실이 인정되면 X는 상법 제401조의 2에 기해 Y의 책임을 추궁할 수 있을 것이다.

제 3 株主平等의 原則

1. 意 義

(1) 산술적 · 비례적 평등

주주평등의 원칙은 주주가 가지는 각 주식이 균등하게 취급된다는 것이고 주주는 주식수에 비례하여 차등적으로 취급된다는 의미이다.

평등은 법이 목적으로 하는 이념으로써 주식회사라는 이익단체에 있어서도 그 구성원인 주주가 평등하게 취급되어야 하는 것은 당연하다. 다만 어떻게 취급하는 것이 평등으로 인정되는가는 개개 단체 특성에 따라 반드시 동일하지는 않다. 즉 단체의 구성원이 고정되어 있고 개개인의 개성이 깊이 침투되어 있는 경우에는 算術的인 平等보다는 配分的 平等이 그 이념에 합치한다고 할 것이다.

이에 대해 전형적인 물적회사인 주식회사에 있어서는 사원인 주주의 개성은 전혀 문제로 되지 아니하고 그 교체가 자유롭기 때문에 사원의 인적 개성에 기초한 배분적 평등보다는 산술적인 평등이 적합하다. 그러나 주식회사에서 산술적 평등은 주주가 가진 주식 단위에 있어서만 타당성을 가지는 것임을 유의하여야 한다. 따라서 株主平等의 原則은 주주가 가지는 각 주식이 법적으로 균등하게 취급된다는 것이고 주주는 그 가진 주식수에 비례하여 차등적으로 취급된다는 것을 의미한다. 그러므로 보다 엄격하게 말하면 株主平等原則은 株式平等原則이라고 하는 것이 옳을 것이다(정희394, 정동(회)185, 정찬(상)631).

(2) 기 능

일반주주에 권리를 보장한다.

주주평등의 원칙은 다수결의 원리에 따른 부당한 결정으로부터 일반주주의 권리를 보장하는 기능을 한다. 상법에는 이 원칙을 직접 선언하는 명시적인 규정을 두고 있지는 않지만, 이를 전제로 하는 많은 규정을 두고 있다. 가령 이익배당의 기준(464本), 잔여재산의 분배기준(538本), 주주의 의결권(369①) 등이 주주평등의 원칙에 입각한 것이다.

2. 內 容

(1) 적용범위

주주인 자격에 기하여 가지는 권리와 의무에 적용되며, 주주가 스스로 평등대우의 이익을 포기하는 것은 가능하다.

주주평등의 원칙은 주주인 자격(주식인수인 포함)에 기하여 가지는 권리와 의무에 적용된다. 그러므로 회사설립시에 발행하는 주식에 대하여 발기인이 株式請約者에 따라 차등적인 조건으로 배정하는 것은 주주평등의 원칙에 반하지 아니한다. 또 신주발행시마다 서로 다른 발행가액을 정하는 것도 상관없다. 이는 회사의 경제적 가치나 주식의 수급상황에 따라 주식인수가액이 달라지는 결과에 불과하고 사원이 된 후의 대우에 영향을 미치는 것은 아니기 때문이다.

회사가 주주평등의 원칙에 반하는 결정을 하는 것은 허용되지 않지만 주주가 스스로 평등대우의 이익을 포기하는 것은 상관없다. 따라서 실무에서 관행화되고 있는 소액주주에 대한 고율배당은 다수주주가 스스로 균등배당을 포기한 것이므로 주주평등의 원칙에 반하는 것은 아니라고 하겠다. 이러한 취지에서 대판 1980.8.26, 80다1263은 "주주총회에서 대주주와 소주주에게 차등배당하기로 한 결의는 대주주가 스스로 배당받을 권리를 포기하거나 양도하는 것과 마찬가지여서 상법 제464조에 위반된다고 할 수 없다"고 판시하였다.

(2) 법률상의 예외

자본조달 용이를 위해 수종의 주식이 인정되나 동종의 주주간에는 평등의 원칙이 적용된다.

1) 수종의 주식　주주평등의 원칙에 대하여는 數種의 株式에 관한 예외가 인정된다(344①②). 즉 優先株, 後配株, 償還株式(345), 轉換株式(346) 등 재산적 내용에 차이가 있는 주식이나 議決權 없는 株式(370)과 같이 공익권에 차등이 있는 주식의 발행이 인정된다. 또한 이들에 대하여는 정관에 다른 정함이 없어도 신주의 인수, 주식의 倂合 혹은 消却 또는 合倂에 의한 주식의 배정 등에 관하여 달리 정할 수 있는데(344③), 이러한 예외는 주식회사의 자본조달요청에 부응하기 위한 것임은 물론이다. 그러나 數種의 株式이 발행된 경우에도 동종의 주주간에는 평등의 원칙이 적용된다. 따라서 회사가 數種의 株式을 발행한 경우에 정관의 변경 혹은 회사의 합병이 어떠한 종류의 주식에 손해를 미칠 우려가 있을 때에는 그 종류의 주주총회의 결의(434①②)를 얻어야 한다.

대주주의 지배

2) 의결권의 제한　이외에도 감사 선임에서 일정비율 이상의 주식을

를 방지하기 위한 경우에 인정된다.

가지는 대주주의 의결권을 제한한다든지(409②), 은행·보험 등 금융기관에서 일정비율 이상의 대주주에 대하여는 의결권을 제한하는 경우가 있는데(公去10) 이는 대주주의 영향력으로부터 감사의 독립성을 확보하고, 은행 등 금융기관에 대한 특정 대주주의 지배를 방지하고자 하려는 목적에서 인정되는 예외이다.

(3) 해석상의 예외

주주평등원칙은 강행규정이므로 법에 규정이 없는 경우에는 예외가 허용되지 않지만 원칙적용과 관련하여 다음과 같은 몇 가지 사항이 문제된다.

1) 일할배당 영업년도 중간에 신주를 발행한 경우 당해 영업년도에 대한 이익배당시 신주에 대하여는 신주발행일부터 영업년도 말일까지의 일수에 대한 日割配當을 하여야 하는가, 아니면 구주와 마찬가지로 전액을 배당하여야 하는가 하는 점이 문제된다. 1995년 상법개정시에 정관에 규정을 두는 경우에는 일할배당을 하든 전액배당을 하든 임의로 선택할 수 있도록 하고 있으나, 어느 경우에도 주주평등의 원칙에 합치하는 여부가 문제된다. 이점에 관하여는 이익배당부분에서 설명한다.

합리적인 범위내에서 인정된다.

2) 주주에 대한 이익제공 회사는 누구에게든지 주주의 권리행사와 관련하여 재산상의 이익을 제공할 수 없다(467의2). 이는 주주평등의 원칙상 당연한 것이지만 회사 실무에서 일정수 이상의 주식을 보유하는 주주에게 회사에서 특별한 편익이나 이익을 제공하는 경우가 많다. 가령 항공회사에서 일정 지분이상의 주주에게 항공권을 무상으로 제공하는 경우와 같은 것이다. 이러한 株主優待制度는 회사의 경영전략상 합리적인 범위내인 경우에는 주주평등의 원칙에 위반하지 않는다고 보아야 할 것이다. 특히 종업원에 대한 복지제도 차원에서 시행되는 우리 社株組合에 대한 보조금 지급이나, 특정한 공로자에게 株式買受選擇權(스톡옵션)을 제공하는 것은 널리 이용된다.

3. 違反의 效果

무효이나 동의로 치유될 수 있다.

주주평등원칙은 강행법적 성격의 기본원칙이므로 이에 위반되는 정관의 규정, 주주총회의 결의 또는 대표이사의 업무집행은 무효라고 하겠다(정희395, 정동(회)185~186, 정찬(상)631). 그러나 불이익을 받은 주주의 동의가 있으면 그 무효는 치유된다(대판 1980.8.26, 80다1263).

제4 實質株主

1. 意　義

넓은 의미에서의 實質株主는 주주명부에 기재된 주주는 아니지만 실질적으로 주식을 보유하는 자를 말한다. 그 반면 실질적으로는 주식을 보유하고 있지 않지만 주주명부에 주주로 등재되어 있는 자를 名義上의 株主라고 한다. 이러한 실질주주에는 i) 타인의 명의로 주식을 인수한자(332), ii) 명의개서 미필자(失期株), iii) 증권거래법상의 실질주주가 포함된다. 그러나 일반적으로 실질주주라고 할 때에는 좁은 의미의 실질주주 즉, 세 번째 경우만을 말한다. 失期株에 대하여는 名義改書 부분에서 살펴보기로 하고 여기서는 名義借用의 경우와 狹義의 實質株主에 대하여 설명한다.

주식을 인수하였으나 명의개서를 하지 않은 者를 말한다.

2. 他人名義로 株式을 引受한 者

[사례 Ⅳ-2-3: 타인명의에 의한 주식인수]

(i) A회사가 신주를 발행하였는데 주주 Y는 무단으로 X의 명의를 모용하여 이를 인수하였다. 그러나 Y가 납일기일이 경과할 때까지 인수대금을 납입하지 못함에 따라 X는 자신이 인수대금을 납입할 것과 신주를 자신에게 교부해 줄 것을 요구하였다. A회사는 X의 청구에 응해야 하는가?

(ii) A주식회사의 설립을 추진하여온 Y는 발기인으로서 상당액의 주식을 인수한 후 모집설립의 형식을 취하기 위해, 평소 잘 알고 지내던 X의 허락을 얻어 X의 명의로 약간의 주식을 인수하였다. ① 회사 성립후에 X가 인수한 주식의 납입이 이행되지 않은 경우 누가 납입의무를 이행하여야 하는가? ② Y가 X명의로 인수한 주식대금을 납입한 경우 A회사는 Y와 X중 누구에게 이익배당과 신주를 배정하여야 하는가? ③ X로부터 주식을 양도받은 X_1이 A회사에 대해 명의개서를 요구하면 A회사는 이에 응해야 하는가?

(1) 문제의 제기

회사설립시 또는 신주발행시에 여러 가지 목적으로 타인의 명의를 빌려 주식을 인수하는 사례가 실무상 성행되고 있다. 타인 명의로 주식을 인

타인의 허락을 얻지 않은 경우 실제인수인이

주주로 취급되며, 타인의 허락을 얻은 경우에는 형식설과 실질설로 견해가 대립된다.

수하는 경우로는 [사례Ⅳ-2-3-i]과 같이 假設人의 名義 또는 무단으로 他人을 名義를 사용하는 경우와 [사례Ⅳ-2-3-ii]와 같이 타인의 허락을 얻어 그 명의로 인수하는 경우가 있다. 이러한 경우에 누구에게 납입책임을 지울 것인가, 회사는 누구를 주주로 취급하여 이익배당이나 신주배정 등을 하여야 할 것인가 하는 점이 문제된다.

이에 대하여 상법 제332조는 타인의 허락을 얻지 아니한 경우와 허락을 얻은 경우로 나누어, 전자의 경우에는 실제인수인(Y)이 주식인수인으로서 책임이 있다고 규정(332①) 하는데 비해, 후자에 대하여는 名義貸與者(X)와 名義借用者(Y)가 연대하여 납입할 책임이 있다(332②)고만 규정할 뿐 누구를 주주로 취급하여야 한다는 점을 명확히 하고 있지 않다. 이에 따라 학설과 판례는 명의주주(X)를 주주로 보아야 한다는 형식설과 실질주주(Y)를 주주로 보아야 한다는 실질설 등으로 나누어지고 있다. 이 점은 주식의 양도가 있는 경우에 제3자(X_1)의 보호 등과 관련하여 곤란한 문제를 야기한다.

(2) 납입의무

타인의 명의를 무단으로 도용한 자가 납입의무를 지며, 허락을 얻은 경우에는 명의차용자와 명의 대여자가 연대하여 납입할 책임을 진다.

假設人의 명의 또는 他人의 명의를 무단으로 모용한 [사례Ⅳ-2-3-i]에서는 명의모용자(Y)만이 납입의무를 지고 주식인수인이 된다(332①). 따라서 명의를 모용당한 자(X)는 납입책임이 없고 그가 납입을 하여도 주주가 되지 못한다. 그러므로 A회사는 X의 청구를 거절할 수 있다. 한편 타인의 허락을 얻어 주식을 인수한 [사례Ⅳ-2-3-ii]에서는 명의차용자(Y)와 명의대여자(X)가 연대하여 납입할 책임이 있다(332②).

타인명의에 의한 주식인수에 대하여 명의모용자 또는 명의대여자에게 책임을 지우고 있는 상법 제332조는 타인명의에 의한 주식인수가 유효함을 전제로 하고 있으므로 인수가 무효 또는 취소된 경우에 발기인과 이사에게 인정하는 引受擔保責任(321①, 428①)은 성립할 여지가 없다.

(3) 주주의 확정

타인의 허락을 얻어 주식을 인수한 경우 주식인수의 명의자가 누구인가에 대하여는 실질설과 형식설이 대립한다.

실질적인 주식인수인이 주주이다. 판례의 입장이다.

1) **실질설** 주식인수의 명의자가 누구인가에 관계없이 실질적인 주식인수인을 주주라고 본다. 이 견해는 상법 제332조 1항과 2항의 균형에서 그 근거를 찾고 있다. 즉 제1항에서는 가설인이나 무단으로 명의를 차용한 자를 주주로 보고 있는데 대해 제2항은 납입책임에 대하여만 규정하고 있지만 이는 명의차용자가 주주임을 전제로 한 것이라고 본다(서돈305, 정동119, 정찬(상)653, 정희543,

(채592, 최기170). 판례도 일관하여 실질설에 입각하고 있다. 즉 대판 1975.9.23, 74다804는 "무릇 주식을 인수함에 있어서 타인의 승낙을 얻어 그 명의로 출자하여 주식대금을 납입한 경우에는 실제로 주식을 인수하여 그 대금을 납입한 명의차용인(Y)만이 실질상의 주식인수인으로서 명의대여인(X)으로부터 명의개서 등 절차를 밟은 여부와는 관계없이 주주가 된다할 것이요, 명의대여인(X)은 주주가 될 수 없다 할 것이다"라고 판시하고 있다(同 대판 1976.3.9, 74다805; 대결 1980.9.19, 80마396; 대판 1980.12.9, 79다1989; 1985.12.10, 84다319; 1988.4.10, 97다50619; 2004.3.26, 2002다29138; 2005.2.18, 2002도2822). 실질설에 의하면 [사례 Ⅳ-2-3-ii]에서 Y만이 주주이고 A회사는 Y에게 이익배당이나 신주를 배정하여야 한다. 또 X로부터 주식을 양도받은 X_1는 무권리자로부터 취득이기 때문에 선의취득의 요건을 구비한 여부에 따라 그 지위가 달라진다.

명의상의 주식인수인을 주주로 본다.

2) **형식설** 명의상의 주식인수인을 주주로 본다. 이는 외관주의 또는 표시주의의 원칙으로부터 실질관계가 어떠한가를 불문하고 명의대여인(X)이 회사에 대한 관계에서 주주라고 보는 것이다. 주식회사에 있어서 주식에 관한 법률관계는 서면행위이고 집단적, 대량적인 취급을 요하는 것이기 때문에 株式引受證이나 株式請約書에 기재된 바에 따라 형식적이고 획일적인 기준에 의해 권리의 귀속을 결정하여야 한다는 입장이다(손주583, 양승규"名義借用에 의한 株式引受와 株主資格"72). 형식설에 의하면 [사례Ⅳ-2-3-ii]에서 X가 주주이고 A회사는 X에게 이익배당과 신주배정을 하여야 한다. 또 X로부터 주식을 양도받은 X_1은 권리자로부터 양도받은 것이기 때문에 비록 X가 名義貸與者라는 사실을 알고 있었다 하더라도 X_1은 권리를 취득한다.

대규모 회사의 경우 대량적 편의를 위해 형식설이 타당하며 소규모 회사의 경우에는 실질설이 타당하다.

3) **검 토** 실질설은 상법 제322조에 충실한 해석론이라는 장점이 있는 반면, 형식설은 주식인수계약의 書面行爲性을 중시하는 점에서 설득력이 있다(이기영, "타인명의에 의한 주식인수의 효과", 「회사법상의 제문제(상)」(1987), 82). 생각건대 다수인의 이해관계가 복잡하게 관련되는 주식회사의 단체적 성질이나 획일적 확정의 필요성을 감안할 때, 주식인수증이나 청약서의 기재를 중시하는 형식설이 타당하다고 생각되지만 회사의 규모에 따라 달리 취급하여야 할 필요성은 있다고 본다. 즉 대규모회사에서는 주주의 개성이 크게 문제되지 않고 대량적 거래의 편의라는 측면에서 형식설이 타당함에 비해, 주식양도를 제한하는 비교적 소규모회사에 있어서는 인적요소가 중시되기 때문에 서면상의 명의인을 주주로 신뢰하는 정도가 보다 약하다고 하겠다. 이러한 절충적 입장에 서면 [사례Ⅳ-2-3-ii]에서 A회사의 규모와 주주구성의 측면에서 구분하여 대규모회사인 경우에는 X를 주주로 보고 소규모 폐쇄회사인 경우에는 Y를 주주로 보아야 한다.

3. 實質株主

(1) 주권의 예탁

고객은 주권을 증권회사에 예탁하고, 이를 다시 증권예탁원에 예탁한다.

주권의 매매는 증권회사를 통하여 하게 된다. 주식거래를 계속하고자 하는 자(고객)는 주권을 증권회사에 예탁하여 두고, 증권회사는 고객의 동의를 얻어 그 주권을 다시 證券預託院에 예탁한다(證去 174②). 이 경우 증권회사는 고객의 명칭, 예탁 받은 유가증권(주권)의 종류와 수 등을 기재한 顧客計座簿를 작성 비치하여야 하고(證去 174의2①), 예탁원은 예탁자(증권회사)의 명칭, 주소, 유가증권의 종류와 수 등을 기재한 預託者計座簿를 작성·비치하고 예탁된 유가증권을 혼합하여 보관한다(證去 174③). 이와 같이 예탁원에 혼합보관된 주권은 고객과 예탁자의 공유에 속하게 되는데 이러한 주권의 공유자를 實質株主라고 한다(證去 174의7①).

(2) 예탁의 효력

고객계좌부와 예탁계좌부에 기재된 자는 각각 그 유가증권을 점유한 것으로 본다.

고객계좌부와 예탁자계좌부에 기재된 자는 각각 그 유가증권을 占有하는 것으로 본다(證去 174의3①). 유가증권의 양도 또는 질권설정을 목적으로 고객계좌부와 예탁자계좌부에 대한 대체의 기재가 있은 경우에는 유가증권의 교부가 있었던 것과 동일한 효력을 가진다.

예탁자의 고객과 예탁자는 각각 고객계좌부와 예탁자계좌부에 기재된 유가증권의 종류·종목 및 수량에 따라 예탁유가증권에 대한 共有持分을 가진 것으로 추정한다(證去 174의4①). 예탁자의 고객이나 그 질권자는 예탁자에 대하여, 예탁자는 예탁원에 대하여 언제든지 共有持分에 해당하는 예탁유가증권의 반환을 청구할 수 있다(證去 174의4②).

(3) 권리행사

예탁자 또는 고객의 신청으로 인하여 권리를 행사할 수 있다.

1) 예탁원(명의주주)의 권리행사 예탁원은 원칙적으로 예탁자 또는 고객의 신청에 의하여 예탁유가증권에 관한 권리를 행사할 수 있다(證去 174의6①). 그러나 예탁원은 예탁자의 신청이 없는 경우에도 예탁유가증권에 대하여 자기명의로 명의개서 또는 등록을 청구할 수 있으며(證去 174의6②), 명의개서된 주식에 대하여는 주권불소지신고(358의2) 및 주주명부의 기재와 주권에 관하여 주주로서의 권리를 행사할 수 있다(證去 174의6③).

공유지분에 상당하는 주식을

2) 고객(실질주주)의 권리행사 실질주주는 주주로서의 권리행사에 있어서는 共有持分에 상당하는 주식을 가지는 것으로 본다(證去 174의7①). 그러므로

실질주주는 증권거래법에 특별한 제한이 있는 경우를 제외하고는 주주로서의 권리를 행사할 수 있다. 그러나 예탁원의 권리로 되어 있는 주권불소지 신고, 주주명부의 기재와 주권에 관하여는 권리행사가 제한된다(證去 174의6③).

가지는 것으로 본다.

(4) 실질주주명부와 실질주주증명서

1) **실질주주명부** 예탁원이 실질주주명단을 통지하면 발행회사는 實質株主名簿를 작성하는데, 실질주주명부의 기재는 株主名簿의 기재와 동일한 效力을 가진다(證去 174의8②). 실질주주명부에 관하여는 株主名簿 부분에서 설명한다.

주주명부의 기재와 동일한 효력을 가진다.

2) **실질주주증명서** 예탁원은 실질주주의 신청에 의하여 주권의 예탁을 증명하는 문서를 발행하는데 이를 實質株主證明書라고 한다(證去 174의10①). 실질주주가 실질주주증명서를 발행회사에 제출한 경우에는 주주명부에 명의개서를 하지 않은 경우에도 회사에 대하여 대항할 수 있다(證去 174의10③). 즉 실질주주증명서에 주주명부의 명의개서와 동일한 대항력을 부여한 것이다(최한준, "주식회사에 있어서 명의주주와 실질주주", 「상사법연구」(1995), 199).

주주명부의 명의개서와 동일한 효력을 가진다.

제 3 절 株券과 株主名簿

제 1 株 券

1. 總 說

(1) 의 의

주권은 주주의 지위를 표창하는 유가증권이다.

株券은 주주의 지위(주식)를 표창하는 有價證券이다. 유가증권이라 함은 재산적 가치가 있는 권리를 표창하는 증권으로서 권리의 발생, 이전, 행사의 전부 또는 일부에 그 소지를 요하는 것이라고 할 수 있다. 이는 무형의 권리를 증권에 의해 구체화함으로써 권리를 상품으로서 유통시키는 법적 기술이다. 주식은 세분화된 단위로서 널리 투자대중으로부터 영세한 자금을 모으기 위하여는 이를 유가증권화하여 유통시킬 필요가 있기 때문에 주권을 그 수단으로 이용하고 있는 것이다.

그러나 주권을 분실하거나 도난당한 경우에는 권리를 상실할 위험이 있어 대량의 주식을 장기간 보유할 필요가 있는 경우에는 오히려 주권의 존재가 부담스러울 수 있다. 이러한 경우를 대비하여 株券不所持制度를 마련하여 두고 있다(김순석, "주식 등의 전자등록제도 도입의 필요성과 법적 검토과제", 「상사법연구」(2005), 116). 또 증권시장에서 대량의 주식이 빈번하게 거래가 되는데 그때마다 주권을 교부하는 것은 거래의 안전과 신속을 해치게 된다. 특히 주식거래가 컴퓨터 단말기를 통해 이루어지는 경우에는 주권의 존재는 유명무실해질 수밖에 없다. 이에 따라 주권을 현실적으로 교부하지 않고 주식을 양도할 수 있게 하는 證券代替決濟制度가 널리 이용된다.

(2) 유가증권적 성질

주권은 이미 존재하는 주식을 표창하는 것으로 권리의 양도나 행사에만 그 소지가 요구되는 불완전 유가

1) 불완전 유가증권 주권은 이미 존재하는 주식을 표창하는 것으로서 주권의 작성에 의해 주식, 즉 주주의 지위가 확정되는 것은 아니기 때문에 어음·手票와 같은 設權證券이 아니다. 즉 주주의 지위는 회사성립시 또는 신주발행시에 이미 발생하며 주권은 이렇게 발생한 주주의 지위를 표창하기 위해 회사 성립후 또는 신주발행후에 발행하는 것에 지나지 않는다. 또

증권이다.

한 우리 나라의 대부분을 차지하는 영세한 주식회사에서는 아예 주권을 발행하지 못하는 경우가 많다. 따라서 주권은 권리의 발생과는 상관없고 발생한 권리의 양도나 행사에만 그 소지가 요구되는 대표적인 不完全有價證券이다.

2) 비문언증권　주권은 기재사항이 법정되어 있는 要式證券이다(356). 그러나 법정기재사항 중 본질적이 아닌 내용을 흠결하여도 주권이 무효로 되지 아니한다는 점에서 어음·手票와 같은 絶對的 要式證券은 아니다. 또 주권은 그 기재가 정관에 반하거나 진실이 아닌 경우에는, 비록 선의·무과실로 증권을 취득한 자에 대하여도 기재의 효력이 없다는 점에서 文言證券이 아니다.

3) 투자증권　주권은 동일한 내용의 증권이 대량으로 발행되어 유통된다는 점에서 債券과 함께 증권거래법상의 投資證券에 해당한다. 특히 증권시장에 상장되어 유통되는 주권의 경우에는 투자대중의 보호를 위해 그 발행에는 엄격한 공시의무가 부과되는 등 규제를 받게 된다.

(3) 종　류

주주의 성명 기재여부에 따라 기명주권과 무기명주권으로 나뉜다.

1) 기명주권·무기명주권　주주의 성명이 기재되어 있는 주권을 記名株券, 기재되어 있지 않은 주권을 無記名株券이라고 한다. 기명주권이든 무기명주권이든 단순한 주권의 교부만에 의해 권리를 양도한다는 점에서는 동일하다. 그러나 회사에 대해 권리의 양도를 대항하기 위해서는 기명주권의 경우에는 名義改書를 하여야 한다는 점에서 차이가 있다(337 ①). 무기명주권은 정관에 규정이 있는 경우에 한하여 발행할 수 있으며(357 ①), 주주는 언제든지 기명주권으로 전환할 것을 청구할 수 있다(357 ②). 기명주권을 무기명주권으로 전환하는 것도 가능하다는 견해가 있으나(정동(회)211, 이기(회)227), 우리 상법상 명문의 규정이 없으므로 부정하는 것이 옳을 것이다(정찬(상)656, 채621, 이철(회)228).

주권이 표창하고 있는 주식수에 따라 구분된다.

2) 단일주권·병합주권　주권이 표창하고 있는 주식수에 따라 한 개의 주식만 표창하는 것을 單一株券, 수 개의 주식을 표창하는 것을 倂合株券이라고 한다. 회사는 정관의 규정에 따라 1주권, 10주권, 100주권 등을 발행할 수 있는데(標準定款 9) 주주는 회사에 대개 주권의 分割 또는 倂合을 청구할 수 있다(정동(회)212, 이기(회)227, 정찬(상)657). 다만 주권의 분할은 뒤에서 설명할 주식의 분할과는 다르다.

일정한 조건하에 주식으로 전환할 수 있는 주식대체증서

3) 주식예탁증서　일정한 조건하에 주식으로 전환할 수 있는 권리가 부여된 株式代替證書를 말한다. 국내기업이 해외에서 주식발행을 통하여 자금을 조달할 경우 국내보관기관에 주권을 보관시키고 이를 근거로 외국의

이다.

예탁기관으로 하여금 해외현지에서 원주식으로 전환이 가능한 권리를 나타내는 증서를 발행하게 되는데 이 주식대체증서를 預託證書라고 한다. 해외에서 직접 주식을 발행할 경우에는 각국의 법률, 거래제도, 주식의 형태 등의 차이로 인하여 주주권의 행사라든가 주식의 양도 등 주식거래에 많은 제약을 받게 된다. 이에 따라 외국인투자자에게 현지의 주식과 같이 자국의 주식거래를 할 수 있도록 고안된 것이 예탁증서이다.

보관하고 있는 주권용지이며 주권이 아니다.

4) 예비주권 회사는 株券의 併合, 分割, 毁損에 대비하여 항시 약간의 주권용지를 보관하고 있으며 이를 豫備株券이라고 한다. 예비주권은 주권이 아니므로 여기에 소정의 기재를 하여 주권을 발행교부하여도 유효한 발행이 되지 아니한다.

2. 株券의 發行

[사례 Ⅳ-3-1: 주권의 효력발생시기]

(i) X회사는 Y_1회사의 주주로서 기명식주식 24,215주를 소유하고 있었다. Y_1회사는 Y_2 및 Y_3회사와 합병하여 Y주식회사를 신설하였고 소멸하는 구주를 회수하고 대신 신주를 발행하였다. X회사가 소유하고 있던 Y_1회사의 구주 24,215주에 대해 Y회사가 발행할 신주는 1,232주였다. 그런데 X회사와는 별개인 X_1회사가 마치 X회사가 상호를 X_1회사로 변경한 것처럼 허위의 변경계를 Y회사에 제출하였다. Y회사는 이를 적법한 상호변경으로 오인하여 X_1회사가 가지고 온 X회사의 구주권과 상환으로 Y회사의 신주 1,232주를 X_1회사에 발행·교부하였다. X_1은 이 주권을 선의의 X_2에게 양도하였다. X는 잘못 발행된 1,232주에 대한 주권을 다시 교부해 줄 것과 그 동안 받지 못한 이익배당금의 지급을 Y회사에 청구하였다. X의 주장은 타당한가? (대판 1977.4.12, 76다2766 참조)

(ii) Y회사는 신주발행후 주권의 작성을 끝내고 주주에게 발송하기 위해 금고에 보관중에 X주주의 주권을 도난당하였다. 이 주권을 선의로 취득한 A가 주권을 Y회사에 제시하고 명의개서를 받았다. X는 Y회사에 대해 주권의 재교부를 청구할 수 있는가?

(1) 주권의 기재사항

대표이사가 기명날인 또는 서명하여야 한다.

株券에는 주주의 이해관계에 중요한 사항들을 기재하여 이를 공시하도록 하고 있다. 즉 회사의 상호, 회사성립시기, 발행주식총수, 신주발행일자, 1주의 금액, 수종의 주식, 주식양도에 대한 제한, 상환주식, 전환주식에 관한 사항을 기재하고 代表理事가 記名捺印 또는 署名하여야 한다(356). 그러므로 대표이사가 아닌 자가 발행한 주권은 무효이며(대판 1970.3.10, 69다1812), 대표이사가 발행한 것이면 비록 이사회결의없이 발행한 경우에도 그 효력이 있다(대판 1996.1.26, 94다24039). 그 이외에 기명주권에는 주주의 성명이 기재된다. 그러나 앞에서 본대로 주권의 요식성은 그다지 엄격하지 않으므로 위 법정기재사항 중 회사성립시기라든가 대표이사의 기명날인은 흠결하여도 주권으로서의 효력에는 영향이 없다(대판 1996.1.26, 94다24039).

(2) 주권의 발행시기

회사는 주식의 발행 후 지체없이 주권을 발행해야 하며, 주주는 교부청구권을 가진다.

1) 발행의무 회사는 주주가 株券不所持의 신청을 한 경우를 제외하고는 주주의 지위가 발생한 때에 지체없이 주권을 발행하여야 하며 주주는 주권교부청구권을 가진다(355 ①②). 다만 무기명주식의 주권은 정관에 정한 경우에 한하여 발행할 수 있다(357 ①). 주주가 주식을 양도함으로써 투하자본을 회수하기 위해서는 주권의 교부가 필요하기 때문에(336 ①) 주권발행을 회사의 의무로 하는 동시에 주주에게는 교부청구권을 인정한 것이다. 지체없는 주권발행의 필요성은 통상의 신주발행의 경우(416)뿐 아니라 전환주식의 전환

■ 주권의 예시

株式會社株券
金五拾萬원整
第20回發行
마第 號
1.會社의 商號 ○○株式會社
1.會社의 成立年月日 西紀 1980年 2月 1日
1.會社가 發行할 株式의 總數 四千萬株
1.壹株의 金額 金五仟원整
1.株式의 種類 記名式普通株式
1.株式發行年月日 西紀 1980年 9月 1日
本株券은 當會社의 定款에 依한 株式 壹百株의 株主임을 證하기 爲하여 裏面記名者에게 交付함.
○○株式會社
代表理事 × × ×

주 주	귀하		교부년월일	西紀 1995年 7月 1日	
등록년월일	주 주 명	등록증인	등록년월일	주 주 명	등록증인
①			⑤		
②			⑥		
③			⑦		
④			⑧		

아래 부분은 전산처리 되오니 글씨를 쓰거나 더럽히지 마십시오.

(346, 349), 전환사채의 전환(515 ①②), 주식배당(462 의2), 준비금의 자본전입에 의한 주식의 발행(461), 주식의 분할(329 의2), 주식의 병합(440, 530③), 주권의 제권판결에 의한 재발행(360 ①②)의 경우에도 마찬가지이다. '주식의 발행 후 지체없이'라고 함은 주식발행의 준비를 위하여 필요한 합리적인 기간내를 의미하며 보통 법에 규정된 6월 이내라고 본다(정희417, 정동(회)213, 이기(회)352, 정찬(상)626). 주식발행 후 지체없이 주권을 발행하지 않은 경우 손해를 입은 주주는 회사에 대해 배상을 청구할 수 있고(399, 401) 이사는 과태료의 제재를 받는다(635 ①19).

회사 성립전이나 신주의 납입기일 전에 주권을 발행하지 못한다.

2) 발행제한 회사의 성립전이나 신주의 납입기일 전에는 주권을 발행하지 못하며(355 ②) 이에 위반하여 발행한 주권은 무효이다(355 ③本). 權利株讓渡의 禁止(319)에 비추어 권리주의 有價證券化를 억제하려는 데 제한의 취지가 있다. 회사성립전 또는 신주발행효력발생전에 주권이 발행된 것에 의해 손해를 입은 자는 회사에 대해 손해배상을 구할 수 있고(399, 401) 이러한 주권발행을 한 이사는 과태료의 제재를 받는다(635 ①19).

(3) 주권의 효력발생시기

주권의 발행은 주권의 작성과 교부로 이루어진다.

주권의 발행은 주권의 作成과 交付라는 2단계를 거쳐 이루어진다. 즉 주권을 인쇄하고 여기에 주권번호와 주주의 성명을 기재한 후 代表理事가 記名捺印하면 작성이 이루어지고 이를 주주에게 교부함으로써 발행은 완성된다. 그런데 이 과정에서 [사례Ⅳ-3-1-i]과 같이 진정한 주주(X) 이외의 자(X_1)에게 잘못 교부된 경우라든지 또는 [사례Ⅳ-3-1-ii]와 같이 주권이 분실되어 제3자(A)가 취득한 경우에 주권발행의 효력은 어떻게 되는가 하는 문제가 생긴다. 이는 주권의 효력발생시기를 언제로 보는가와 관련이 있으며 교부시설, 발행시설, 작성시설로 견해가 나누어진다.

교부시설은 주권이 진정한 주주에게 교부되면 효력이 발생한다는 견해이다.

작성시설은 주권을 작성하기만 하면 진정이든 아니든 주권의 효력이 발생한다고 한다.

1) 학 설 ① 교부시설; 회사가 주권을 작성하여 이를 주주에게 交付한 때에 효력이 발생한다는 견해이다(정희418~419, 정동(회)215, 이철(회)259, 강·임584, 이기(회)259, 이·최280, 강356, 註商(II-下)76). 이에 따르면 [사례Ⅳ-3-1-i,ii]에서 주권이 진정한 주주(X)에게 교부되기 전에는 주권으로서의 외형이 있더라도 이는 단순한 지편에 지나지 않고 따라서 제3자(X_2,A)가 이를 취득하더라도 善意取得이 인정되지 아니한다. 그러므로 X는 Y회사에 대해 주권의 재교부를 청구할 수 있다. ② 작성시설; 회사가 주권을 작성하여 어느 주주의 것인가를 확정한 때, 다시 말하면 주주의 이름을 주권에 기재한 때에 그 효력이 발생한다고 한다. 이 견해에 따르면 [사례Ⅳ-3-1-i,ii]에서 Y회사가 X를 주주로 기재하여 주권을 작성한 때 주권의 효력이 발생하므로 이후 선의의 제3자(X_2,A)가 취득하면 선의취득

이 되고 주주(X)는 유출된 주권에 대해 除權判決을 받지 않으면 주권의 재교부를 청구할 수 없게 된다. ③ 발행시설; 위 두 견해의 절충설로서 회사가 주권을 작성하여 이를 자기의 의사에 기해 누구엔가 교부한 때에 주권의 효력이 발생한다는 견해이다(정찬(상) 660). 이 견해에 의하면 [사례Ⅳ-3-1-ⅰ]에서 Y회사는 자기의 의사에 따라 이를 X_1에게 교부하였으므로 그때 주권발행의 효력은 생긴다. 따라서 X_2는 주권을 선의취득하므로 X는 제권판결에 의하지 않으면 Y회사에 대해 주권의 재교부를 청구할 수 없다. 그러나 [사례Ⅳ-3-1-ⅱ]에서는 Y회사는 X주주의 주권을 자신의 의사에 반하여 도난당하였으므로 주권발행의 효력은 생기지 아니한다. 따라서 비록 A가 선의로 이를 취득하였다고 하더라도 권리를 취득할 수 없고 X는 Y회사에 대해 주권의 재교부를 청구할 수 있게 되는 것이다.

발행시설은 회사가 자기의사에 기해 주권을 준 경우에는 주권의 효력이 인정된다고 한다.

2) 판 례　초기의 판례는 발행시설에 입각한 표현을 사용한 것이 있다(안경봉, "주권의 효력발생시기", 「상사판례연구(Ⅰ)」, 424). 즉 대판 1965.8.24, 65다968은 "회사가 적법하게 주권을 작성하여 주주에게 교부할 의사로서 교부하였고 그 교부에 있어서 교부를 받을 자에게 대한 착오가 있다 하여도 이미 그 주권이 유통되어 제3자가 악의 또는 중대한 과실없이 선의취득을 한 경우에는 본래 주주의 주주권은 상실되었다 아니할 수 없고 따라서 그 주권발행은 유효라고 해석하여야 한다"라고 판시하였다. 그러나 대판 1977.4.12, 76다2766은 "상법 제355조 소정의 주권발행은 동법 제356조 소정의 형식을 구비한 문서를 작성하여 이를 주주에게 교부하는 것을 말하고 위 문서가 주주에게 교부된 때에 비로소 주권으로서의 효력을 발생한다고 해석되므로 피고회사(Y)가 주주권을 표창하는 문서를 작성하여 이를 주주가 아닌 제3자(X_1)에게 교부하여 주었다 하더라도 위 문서는 아직 피고회사(Y)의 주권으로서의 효력을 가지지 못한다고 보아야 할 것이다"라고 판시하여 교부시설로 입장을 바꾸었다. 이후 판례들은 일관하여 교부시설을 취하고 있다(대판 1987.5.26, 86다카982·983; 1991.8.13, 91다14093; 1992.10.27, 92다16836; 1993.12.28, 93다0719; 2000.3.23, 99나67529).

판례는 교부시설을 취한다.

3) 검 토　이러한 학설과 판례의 대립은 작성된 주권을 교부받아야 할 진정한 주주(X)를 보호할 것인가, 아니면 주권의 선의취득자(X_2,A)를 보호할 것인가 하는 가치판단의 문제에 귀착한다. 동일한 사항이 문제되는 어음이론에서는 權利外觀論이 통설적 견해로 되어 있는 것과는 달리 주권의 경우에는 교부시설이 통설·판례의 입장이다(최준선, "주권의 효력발생시기", 「고시연구」(2000.10), 149). 이러한 차이는 결국 고도로 추상화되어 있는 完全有價證券인 어음에서는 선의자보호가 가장 우선시되는 가치임에 비해, 회사라는 실체의 영향을 강하

진정한 주주의 보호를 우선하는 교부시설이 타당하다.

게 받는 不完全有價證券인 주권에 있어서는 외관보다는 실질을 더 존중하여야 한다는 데에서 기인하는 것이라고 본다. 따라서 진정한 주주의 보호를 우선하는 교부시설이 타당하다고 생각한다.

3. 株券不所持制度

(1) 제도의 취지

분실과 도난에 의한 권리상실의 위험을 덜고 보관비용을 줄이기 위해 주주가 원할 경우 주권을 발행하지 않는 제도이다.

기명주식의 주주는 주주명부에 자기의 성명과 주소를 기재하면 회사에 대한 관계에서는 주권 없이도 권리를 행사할 수 있다. 한편 주식의 양도는 주권의 교부에 의하므로 주식의 양도를 위하여는 주권이 필요하다(336①). 그러나 증권시장에서 대량으로 빈번하게 이루어지는 주식거래에서는 주권을 교부하는 불편 때문에 앞에서 본대로 주권을 증권예탁원에 예탁하여 두고 계좌이체만으로 주식을 양도하는 것이 현실이다. 따라서 주권 분실과 도난에 따르는 권리상실의 위험을 덜고 주권보관비용을 줄이기 위해 주주가 원할 경우 주권을 발행하지 않는 株券不所持制度가 널리 이용된다(안성준, "일본의 주권불발행제도에 관한 고찰",「상사법연구」(2005), 27). 주권불소지제도란 주주가 주권을 소지하지 않겠다는 뜻을 회사에 신고한 때에는 회사는 주권 발행을 정지하고 이미 발행한 株券을 無效로 하거나 名義改書代理人에게 任置시키는 것을 말한다(358의2). 이 제도는 1984년 상법개정시 도입되었으며 1995년 상법개정에서는 구주권의 폐기 이외에 명의개서대리인에 대한 임치도 가능하도록 하였다.

(2) 불소지신고

기명주식에 대하여 주주명부상의 주주가 불소지 신고를 할 수 있다.

1) 신고자격　주주는 정관에 별도의 정함이 없는 경우에는 記名株式에 대하여 불소지신고를 할 수 있다(358의2①). 불소지신고를 할 수 있는 자는 주주명부상의 주주이므로 주식을 양도받았지만 名義改書를 하지 않은 자는 이를 할 수 없다(이철(회)259, 정찬(상)661). 또 無記名株式은 주권이 있어야 주주권을 행사할 수 있기 때문에 불소지의 대상이 되지 아니한다. 주주는 자신이 보유하고 있는 주식 중 일부에 대하여 불소지신고를 할 수 있다(이철(회)260, 註商(II-下)85, 정찬(상)662). 가령 보유주식을 나누어 경영권확보를 위해 장기적으로 보유할 부분은 불소지로 하고 나머지는 시세에 따라 언제든지 양도할 수 있도록 주권을 교부받아 두는 경우이다.

회사나 명의개서대리인에게 한다.

2) 상대방　신고는 회사에 대하여 하여야 하지만 회사가 名義改書代理人을 두고 명의개서대리인에 의해서만 명의개서사무를 행하는 경우에는

명의개서대리인에 대하여 신고하여야 한다(337②).

3) 시 기　신고는 정관에 따로 규정이 있는 경우를 제외하고는 언제라도 가능하다. 주주명부의 폐쇄기간 중에는 명의개서 청구를 할 수 없지만 株券不所持申告는 가능하다(이철(회)260).

4) 주권의 제출　주권이 이미 발행되어 있는 경우에는 주권을 제출하지 않으면 주권불소지신고를 할 수 없다(358의2③). 주권의 병합, 분할, 명의개서를 위해 주권을 이미 회사에 제출한 경우나 주권을 상실하여 제권판결을 받은 경우에는 주권의 제출이 필요없다.

(3) 회사의 조치

1) 주권발행전인 경우　불소지신고를 받은 회사는 지체없이 주권을 발행하지 않는다는 뜻을 주주명부와 그 復本에 기재하고 그 사실을 주주에게 통지하여야 한다. 이 경우 회사는 그 주권을 발행할 수 없으며(358의2②), 만일 주권을 발행하여도 효력이 없고 따라서 선의취득도 인정되지 아니한다.

2) 주권이 발행된 경우　주권이 발행된 이후에 불소지신고가 있는 때에는 그 주권은 회사에 제출되어야 하며, 회사는 이를 무효로 하든가 名義改書代理人에게 임치한 후 이를 주주에게 통지하여야 한다(358의2③). 그 선택은 회사의 임의이며 주권을 제출한 주주가 관여할 수 없다. 명의개서대리인에 대한 임치는 재발행신고에 대비하기 위한 것이다. 무효로 한다는 뜻은 주권을 폐기처분하여야 한다는 의미이며, 이후 그 주권이 다시 유통되어도 선의취득이 불가능하다. 이에 대해 임치의 경우는 주권 자체가 무효로 되는 것은 아니기 때문에 잘못 유통되면 선의취득도 가능하다. 無效와 任置의 경우에 주주명부에 주권불소지의 기재(358의2②)를 요하는가 하는 점이 문제된다. 법문상 이 점이 명확하지 않으나 해석상 무효의 경우에만 이를 기재하여야 할 것으로 본다. 회사가 제출받은 주권을 무효로 처리하였거나 임치한 경우에는 그 사실을 주주에게 통지하여야 한다.

제출받은 주권을 무효로 하거나 임치한 후 이를 주주에게 통지하여야 한다.

(4) 주권의 발행 또는 반환

주권불소지신고에 의해 불소지의 기재 또는 주권의 임치가 된 경우에도 그 주식의 양도성이 배세된 것은 아니므로 신고를 한 주주는 언제든지 주권의 발행 또는 반환을 청구할 수 있다(358의2④). 따라서 불소지신고를 한 주주는 일정기간 내에 주권의 발행 또는 반환을 청구할 수 없다는 취지의 정관규정은 무효이다(정동(회)218, 註商(II-下)86, 정찬(상)663). 불소지의 기재에 의해 구주권이 무효로 된 경우에는 주주명부상의 주주 이외의 자에게 잘못 발행된 주권은 무효

불소지의 기재 또는 주권이 임치가 될 경우에도 주주는 주권의 발행 또는 반환을 청구할 수 있다.

로 되지만 주권이 임치된 경우에는 진정한 주주 이외의 자에게 반환되어도 그 주권은 유효하다.

4. 株券의 善意取得

[사례 Ⅳ-3-2: 주권의 선의취득]

골프장영업을 목적으로 하는 A주식회사의 공동대표이사인 X는 총주식 50,000주 중 51%인 25,500주, 다른 공동대표이사인 B_1는 49%인 24,500주를 각각 소유하고 있었는데, 1990.4.20 양자간 협의에 의해 주식수에 상응하여 X는 오백주권 51장을, B_1는 오백주권 49장을 나누어 가졌다. X는 1987.5.9. A회사의 대표이사직을 사임한 이래 현재까지 골프장 경영에 직접적으로 관여하지 않고 있었다. 그런데 골프장 이용자수가 감소한 데다가 거래은행으로부터 대출금변제통보를 받아 A회사가 자금난을 겪게 되자 1993. 9월경 A회사의 부사장이며 B_1의 처인 B_2는, 친인척관계에 있던 Y회사의 대표이사 C와 A회사의 주식전부를 담보로 제공하기로 하는 내용의 금전소비대차약정서를 작성하고, Y회사로부터 6억원을 차용하였다. 이러한 약정에 따라 X는 B2에게 자신의 오백주권 51장을 교부하였으며, B_2는 C에게 이를 포함한 회사의 오백주권 100장을 담보로 제공하였다. 며칠 후 B_2와 C는 위 약정서일자로 소급하여 A회사 주식의 10%를 위 원리금상환시에 C개인에게 무상양도한다는 '금전소비대차계약에 따르는 특약사항'을 추가로 작성하였다. 그런데 C는 위 주식을 담보로 취득하면서 X 및 B_1의 대표이사 법인인감외에 X의 개인인감날인 및 X의 '담보제공승락용' 인감증명서까지 받았으나, 무상양도에 관한 특약사항에 대해서는 법인인감만 받았다.
이후 A회사의 Y회사에 대한 원리금상환이 완료함에 따라 Y회사는 C에 대한 무상양도분 10%를 제외한 오백주권 90장만 반환하였다. X는 Y회사를 상대로 자신의 나머지 주식 2,550주의 반환을 청구할 수 있는가? (대판 2000.9.8, 99다58471 참조).

(1) 의 의

주권의 선의취득을 인정하는 이유는 거래의 신속안전을 위해서이다.

주권을 점유하는 자는 적법한 소지인으로 추정되기 때문에 주권의 점유자로부터 악의 또는 중대한 과실없이 주권을 취득한 자는 주권을 선의취득한다[359]. 선의취득의 결과 비록 양도인이 무권리라고 하더라도 양수인은 주권을 진정한 권리자에게 반환할 필요가 없다. 주식의 유통을 강화하기 위하여 주권의 교부만으로 주식을 양도할 수 있도록 하고 있는데 양도시마다 양도인의 진정성 여부를 확인하여야만 한다면 거래의 신속안전을 도모할 수 없을 것이다. 그리하여 양도인의 외관(주권의 점유)을 신뢰하여 주권을 취득한 자에게 권리취득을 인정하는 것이 선의취득이다. 주권의 선의취득에는 수표법 제21조가 준용되는데, 이는 주권의 선의취득에는 동산의 선의취득과는 달리 도품·유실품에 대한 특칙(民 251)이 인정되지 않는다는 점과 진정한 권리자의 점유상실원인 여하를 불문한다는 의미이다.

(2) 요 건

1) 유효한 주권의 존재 　주권의 선의취득을 위해서는 유효한 주권이 존재하여야 한다. 따라서 예비주권에 대한 선의취득은 인정되지 아니하며 또 주권불소지에 의해 무효로 된 주권도 선의취득의 대상이 되지 아니한다. 주권을 발행하였으나 아직 교부되지 아니한 상태에서 유통된 경우 선의취득의 인정여부는 주권의 효력발생시기를 언제로 볼 것인가에 달려 있는데, 통설인 교부시설에 의하면 선의취득이 인정되지 아니할 것이다.

유효한 주권이 존재하여야 한다.

2) 점유취득 　양수인이 주권을 선의취득하기 위해서는 주권을 교부에 의해 취득해야 한다. 이에 따라 대판 2005.11.10, 2005다38089는 "주권에 대한 선의취득은 거래의 동적 안전을 보호하기 위한 제도이므로 피고가 파산관재인으로서 파산채권자 전원의 이익을 위하여 그 직무를 수행한다고 하더라도 이 사건 주식에 대한 피고의 점유는 반사회질서의 법률행위를 통해 동방금고가 점유하고 있던 이 사건 주식을 그대로 보관하는 것에 불과할 뿐, 동방금고와의 새로운 거래행위를 통하여 이를 취득한 것이 아니어서 원고들에 대하여 선의취득을 주장할 수 없다"고 판시하고 있다. 주권의 점유를 취득하는 방법에는 현실인도(교부) 외에 간이인도, 반환청구권의 양도가 있다. [사례Ⅳ-3-2]에서는 C가 X소유의 주식 2,550주에 대한 선의취득을 하기 위해서는 주권에 대한 점유를 취득해야 하는데 이 주권은 Y회사가 보관하고 있었으므로 C의 점유취득 여부가 문제되는 것이다. 이 점에 대해서 대판 2000.9.8, 99다58471은 "주권의 점유를 취득하는 방법에는 현실의 인도(교부)외에 간이인도, 반환청구권의 양도가 있으며, 양도인이 소유자로부터 보관을 위탁받은 주권을 제3자에게 보관시킨 경우에 반환청구권의 양도에 의하여 주권의 선의취득에 필요한 요건인 주권의 점유를 취득하였다고 하려면, 양도인이 그 제3자에 대한 반환청구권을 양수인에게 양도하고 지명채권 양도의 대항요건을 갖추어야 할 것이다. 기록에 의한 즉, B_2와 C는 A회사의 Y회사에 대한 원리금 상환이 종결되는 시점에 Y회사에게 담보로 제공한 주주들의 주식지분 중 각각 총 소유주식수의 10%씩을 C에게 무상

주권의 점유를 취득하여야 한다.

으로 양도한다는 약정을 한 사실을 알 수 있고, 그 약정은 원리금상환이 종결될 것을 정지조건으로 하여 주권반환청구권을 C에게 양도한다는 취지로 해석되며, 실제 A회사가 원리금을 모두 상환한 1996.6.17. 정지조건의 성취로 주권반환청구권의 양도의 효력이 발생하였고, 양수인인 C는 채무자인 Y회사의 대표이사의 지위도 겸하고 있으므로 B_2가 주권반환청구채권의 채무자인 Y회사에 대해 조건부양도통지를 한 것으로 볼 수 있어 채권양도의 대항요건도 갖추었다고 할 것이어서 결국 1996.6.17. 선의취득의 요건으로서의 주권의 점유취득이 있었다"고 판시하고 있다.

다수설은 양도인이 무권리자인 경우에만 인정하지만, 판례는 양도행위 자체에 하자가 있는 무권대리인 경우에도 인정한다.

3) 양도인의 범위　양도인이 무권리자인 경우에 한정하는가 아니면 거래행위 자체에 무능력이나 무권대리 등의 하자가 있은 경우까지 포함되는가에 대하여는 어음수표의 경우와 마찬가지로 학설의 대립이 있다. 다수설은 양도인이 무권리자인 것을 제외하고는 양도행위자체에는 하자가 없어야 한다고 본다. 이에 대해 소수설은 상법 제359조에 의해 준용되는 수표법 제21조가 민법 제249조와는 달리 "사유여하를 불문하고 점유를 잃은 자가 있은 경우에…"라고 규정하고 있은 점을 중시하고 또 거래의 안전을 도모한다는 취지에서 양도인의 무권리뿐 아니라 양도행위의 하자로 인한 경우까지 포함하여 매우 넓게 선의취득을 한다. 대판 1997.12.12, 95다49646은 "주권의 선의취득은 양도인이 무권리자인 경우뿐 아니라 무권대리인인 경우에도 인정된다"고 판시하여 소수설을 따르고 있다.

취득자에게 악의 또는 중과실이 없어야 한다.

4) 선의·무과실　취득자에게 악의 또는 중과실이 없어야 한다. 중과실의 인정여부는 취득자에게 어느 정도의 주의의무를 요구하는가에 달려 있는데 어음수표에 관한 판례들이 참조가 될 수 있을 것이다. 즉 양수인(주로 증권회사)이 양도인의 신원을 주민등록증이나 전화번호 등으로 확인한 경우에는 비록 처음 보는 고객으로부터 주권을 취득하여도 선의취득이 인정된다. 또 주권에 관한 공시최고를 조회하지 않은 것만으로는 악의나 중과실이 의제되지 아니하므로 公示催告期間 중에도 선의취득이 인정될 수 있다. 이 점에 관해 대판 2000.9.8, 99다58471은 "주권의 취득이 악의 또는 중대한 과실로 인한 때에는 선의취득이 인정되지 않는바(359 手21), 여기서 악의 또는 중대한 과실의 존부는 주권 취득의 시기를 기준으로 결정하여야 하며, 중대한 과실이란 거래에서 필요로 하는 주의의무를 현저히 결여한 것을 말한다. 주식무상양도 약정 당시 X소유 주식 중 10%부분을 B_2가 양도할 권한이 있었는지에 관하여 C는 B_2의 말만 듣고 단지 B_2가 주권을 소지하고 있었을 뿐 X의 위임장 등 그 처분권한을 증명할 만한 어떠한 증빙서류도

갖추지 않았음에도 주식무상양도약정을 구두로 체결하였다는 점, C는 Y회사의 대표이사의 지위에서 주식 10%를 무상양도한다는 특약사항에는 X의 A회사 대표이사 법인인감만 날인받고 더구나 약정당사자를 주식소유자와 주식양수자가 아닌 A회사와 Y회사로 기재하고 있는 점, X와 B_1, B의 처인 B_2와 C는 서로 친인척관계에 있어 C로서는 충분히 X에게 의사확인을 할 수 있었다고 보이고, A회사의 주식가치가 결코 적다고 할 수 없음에도 전체 주식의 10%를 무상으로 양도받음에 있어 한번도 X에게 직접 그 의사를 확인하여 보지 않은 점에 비추어 C에게는 거래에서 필요로 하는 주의의무를 현저히 결여한 중대한 과실이 있다"고 판시하고 있다.

(3) 효 과

주권의 선의취득자는 주권을 반환할 필요가 없다. 이는 선의취득자가 주권이 표창하는 주주권을 취득하고 반면 진정한 주주는 그 권리를 상실한다는 의미이다. 선의취득자라도 회사에 대항하기 위하여는 명의개서를 할 필요는 있다. 선의취득자와 제권판결 취득자간의 우선순위에 관하여는 앞에서 설명한 바 있다.

선의취득자가 주주권을 취득하며 진정한 주주는 그 권리를 상실한다.

5. 株券의 喪失과 除權判決

[사례 Ⅳ-3-3: 주권의 상실과 제권판결]

(i) Y는 A회사의 주주로서 보유중이던 주권을 도난 당하자, 즉시 법원에 공시최고신청을 하였다. 한편 공시최고기간이 만료되기 전에 X는 이 주권을 B증권회사로부터 선의로 취득하여 A회사에 대해 명의개서를 청구하였다. A회사는 이에 응하여야 하는가 ? 만일 A회사가 공시최고 사실을 알면서 명의개서를 한 경우에 Y에 대해 면책을 주장할 수 있는가?

(ii) ① 위 (i)에서 만일 X가 공시최고법원에 권리신고를 하지 않고 Y가 제권판결을 받았다고 가정할 경우, A회사가 무상증자에 의해 신주를 발행하면 Y와 X중 누구에게 신주인수권이 있는가? ② 만일 X가 신주발행시까지 명의개서를 하지 않았을 경우에는 어떠한가? (日東京高判 1979.4.17, 高民集 32-1, 70 참조)

(1) 주권의 상실과 주주권

주주가 주권을 도난 당하거나 분실 또는 훼손 등의 사유로 인하여 상실

주권을 상실하

여도 주주권을 상실하는 것은 아니다.

하여도, 주주권을 상실하는 것은 아니다. 특히 주주명부에 名義改書를 하였으면 주주는 주권이 없이도 주주권을 행사할 수 있다. 그러나 명의개서를 하기 전의 주주는 주권이 없으면 명의개서를 청구할 수 없고 또 주권은 주식양도의 수단이기 때문에 이를 상실하면 주주는 자기가 가지고 있는 주식을 다른 사람에게 양도할 수 없다. 그뿐 아니라 상실주권이 제3자에게 선의취득되면 주주는 주식 자체를 상실하게 될 위험이 있다.

(2) 상실자의 구제

훼손된 경우에는 신주권을 교부받을 수 있고, 상실한 경우에는 공시최고에 의한 제권판결을 받아야 한다.

주권을 상실한 주주에게 한편으로는 권리행사 및 양도의 수단을 회복시키는 동시에 다른 한편으로는 제3자에 의한 선의취득의 가능성을 배제하여야 한다. 우선, 주권이 훼손된 경우에는 주주는 훼손된 주권을 회사에 제출하고 이와 상환으로 신주권의 교부를 구할 수 있다. 이 경우 신주권을 교부받기 위해 회사에 제출된 주권은 무효로 되므로 이것이 잘못 유통되어도 주식의 선의취득문제가 제기되지 아니한다. 다음으로, 주권을 상실한 경우에는 이를 제출할 수 없을 뿐 아니라 누군가 그 주권을 소지할 우려가 있기 때문에 公示催告와 除權判決이라는 절차를 통하여 그 주권을 무효로 하는 동시에 상실자에게 주권을 재발행함으로써 권리행사를 가능하게 하여야 한다.

(3) 공시최고

공시최고는 법원이 불분명한 이해관계자의 권리나 청구의 신고를 공고의 방법으로 최고하는 일로서 기간안에 신고를 하지 않으면 권리를 잃게 된다.

1) 신 청 상실한 주권을 무효로 하기 위해서는 公示催告에 의한 除權判決을 받아야 한다. 공시최고는 민사소송법상의 공시최고절차에 의한다. 공시최고는 권리 또는 청구의 신고를 하지 아니하면 그 권리를 잃게 될 것을 법률로 정한 경우에만 할 수 있다(民訴 475). 신청자는 신청의 이유와 제권판결을 청구하는 취지를 밝혀야 한다(民訴 477①).

2) 공 고 공시최고의 신청이 적법하다고 판단하면 법원은 법원게시판 또는 관보에 이를 공고하고, 上場會社의 주권인 경우 證券去來所에도 공고한다. 공시최고기간은 3월 이상이며 이 기간이 종료될 때까지 권리신고가 없으면 제권판결을 하게 된다(民訴 480, 481,492). 만일 권리신고를 한 자가 있을 경우에는 공시최고절차는 중단되고 신청인과 권리신고인간에 보통의 소송절차에 의해 권리의 귀속관계가 정하여진다(民訴 485).

공시최고기간 중에도 선의취득이 가능하다.

3) 공시최고와 명의개서 공시최고의 공고가 있어도 제3자의 악의가 의제되지 아니한다. 따라서 [사례Ⅳ-3-3-i]과 같이 공시최고기간 중에도 선의취득이 가능하며 회사(A)는 그 자(X)의 명의개서 청구를 거절할 수 없다. 또 회사(A)는 그 주권에 대해 공시최고가 있다는 사실을 알고 있어도

명의개서 청구자(X)가 무권리자인 것에 대해 악의 또는 중대한 과실이 없으면 명의개서에 의해 면책된다. 따라서 Y는 주주의 권리를 상실한다.

(4) 제권판결

1) **소극적 효력**　공시최고기간중에 권리신고가 없을 때에는 법원은 공시최고기일에 신청된 주권을 무효로 하는 선언을 하며 이를 除權判決이라고 한다(360①; 民訴487). 제권판결은 주권이라는 유가증권으로부터 그 표창되어 있는 주주권을 분리하는 판결로서 이후 주권은 단순한 종이장에 지나지 않는다. 따라서 그 주권에 의해 권리행사를 할 수 없고 또 선의취득의 대상이 되지 않는다.

공시최고기간중에 권리신고가 없으면 신청된 권리를 무효로 하는 선언한다.

2) **적극적 효력**　제권판결이 있게 되면 申請人은 주권이 없이도 주주권을 행사할 수 있는 형식적 자격을 부여받게 된다. 회사도 이러한 자를 권리자로 인정하여 의무를 이행하면 면책된다. 다만 제권판결은 주권이 가지고 있던 형식적 자격을 복원하는 데 그치고 실체적인 권리관계를 창설하는 효력이 없으므로 신청인을 정당한 권리자로 확정하는 것은 아니다(서울민지판 1971.2.10, 69라401). 주권을 상실한 자는 제권판결이 있으면 회사에 대하여 주권의 재발행을 청구할 수 있다(360②). 다만 제권판결 이전에 善意取得者가 있은 경우 주권의 재발행에 대하여는 다음에서 보는 바와 같은 문제가 있다.

주권의 형식적 자격을 복원시키는 것이지만 신청인을 정당한 권리자로 확정하는 것은 아니다.

3) **선의취득과의 관계**　[사례Ⅳ-3-3-ii]와 같이 제권판결 이전에 주권을 선의취득 하였으나 공시최고에 의한 권리신고를 하지 않은 경우에 선의취득자(X)와 제권판결 취득자(Y)간에 누가 우선하는가 하는 점이 문제된다. 다수설인 **선의자우선설**은 상법 제359조(手21)의 명문의 규정과 주권의 유통보호를 근거로 하여 선의취득자(X)는 권리신고를 하지 않더라도 제권판결에 의해 권리를 잃지 않는다고 한다(손주697, 정찬(상)663, 이원38, 정동(회)220). 이에 대해 **제권판결우선설**은 선의취득자(X)를 우선시킬 경우 제권판결제도의 존재의의가 없다는 것을 이유로 선의취득자(X)도 권리신고를 하지 않는 한 제권판결에 의해 권리를 상실한다고 한다(최기691, 이철(회)264). 이에 대해 대판 1991.5.28, 90다6774는 "선의취득하여 주권을 가지고 있고 제권판결에 하자가 있더라도 제권판결에 대한 불복의 소에 의하여 제권판결이 취소되지 않는 한 회사에 대하여 적법한 주주로서의 권한을 행사할 수 없다"고 함으로써 제권판결이 우선한다는 입장을 취하고 있다.

다수설은 선의자 우선설을, 판례는 제권판결 우선설을 취한다.

이러한 논의들은 대부분 어음수표에 관한 이론을 그대로 주권에 적용한 것으로 보이는데, 주권에 있어서는 株主名簿의 효력과의 관계에서 일반

유가증권과는 다른 특수성이 있다는 점을 간과한 것이 아닌가 생각된다. 즉 [사례Ⅳ-3-3-ii]의 ②와 같이 선의취득자(X)가 아직 주주명부의 명의개서를 하지 않은 상황에서는 선의자(X)와 제권판결취득자(Y)의 우선순위에 관한 위 논의들은 그 나름대로 의미가 있다고 하겠다. 그러나 [사례Ⅳ-3-2-ii]의 ①과 같이 선의자(X)가 제권판결전에 이미 명의개서를 한 경우에도 이와 동일하게 취급하는 것은 타당하지 않다. 이 사례와 유사한 사안에 대하여 日本의 判決에서는 주주명부상의 주주(X)에게 신주를 배정한 회사의 조치를 유효한 것으로 보고 있다(日東京高判 1979.4.17, 高民集 32-1, 70).

제 2 株主名簿

1. 意 義

주주 및 주권에 관한 사항을 명확히 하기 위하여 회사가 작성하는 장부이다.

株主名簿라고 함은 주주 및 주권에 관한 사항을 명확히 하기 위하여 회사가 작성하는 장부이다(396①). 주주명부는 주권대장이나 주주카드와 같이 회사가 사무처리상 임의로 작성하는 장부와는 달리 상법상 그 작성과 기재가 의무로 되어 있고 또 기재사항이 법정되어 그에 따른 일정한 법적 효과가 인정된다. 주주명부는 회사의 영업 및 재산 상황을 명확히 하려는 것이 아니기 때문에 商業帳簿(29①)는 아니다.

주식은 양도성이 높아 주주의 교체가 빈번할 뿐 아니라 그 양도는 회사와는 무관하게 주권의 교부만으로 이루어지므로 회사로서는 누가 주주인지 알 수 없다. 따라서 회사가 주주를 확인할 수 있도록 하기 위해 작성하는 것이 주주명부이다. 특히 記名株式의 경우에는 회사로서는 주주명부에 의해 권리행사자를 획일적으로 확정할 수 있고 또 주주는 일일이 주권을 제시하지 않고도 주주명부에 의해 권리를 행사할 수 있다는 이점이 있다. 무기명주식의 경우에도 주주명부를 작성하지만 여기에는 주주의 성명과 주소가 기재되지 않으므로 주권대장에 불과하다.

2. 公 示

株主名簿는 대표이사가 작성하여 본점에 비치하여야 한다. 名義改書代理人을 둔 경우에는 그 영업소에 주주명부 또는 그 복본을 둘 수 있다(396①).

주주명부의 비치의무를 태만히 한 때에는 이사에 대해 과태료의 제재가 부과된다(635①9).

주주 및 회사채권자는 영업시간 내에는 언제라도 주주명부 또는 그 복본의 열람 또는 등사를 청구할 수 있다(396②). 그러나 그 청구가 부당한 목적을 위한 것으로서 권리의 남용으로 인정되는 때에는 회사는 그 목적이 부당함을 입증하고 청구를 거절할 수 있다.

3. 記載事項

기명주식을 발행한 때에는 주주의 성명과 주소, 각 주주가 가진 주식의 종류와 수, 주권번호, 각주식의 취득년월일을 주주명부에 기재하여야 한다(352①). 無記名式株券을 발행한 때에는 주주명부에 그 종류, 수, 번호와 발행년월일을 기재하여야 한다(352②). 전환주식을 발행한 때에는 상법 제347조 소정의 사항을 기재하여야 한다. 이외에도 질권의 등록(340①), 신탁재산의 표시(信託3②), 주식공유의 경우 주권행사자(333②)를 기재하여야 한다. 주주명부에 기재되어야 할 사항을 기재하지 않거나 부실의 사항을 기재한 때에는 발기인, 이사 등에게 과태료의 제재가 적용된다(635①9).

4. 效　　力

(1) 주식양도의 대항력

記名株式의 양도는 주주명부에 명의개서를 하여야 회사에 대항할 수 있다(337①). 대항할 수 있다고 함은 양수받은 주주가 주주로서의 권리를 회사에 대하여 행사할 수 있다는 의미이며 주주명부의 가장 중심되는 효력이라고 할 수 있다. 無記名株式의 경우에는 株券의 供託을 함으로써 권리를 행사한다(358).

기명주식의 양도는 명의개서를 해야 회사에 대항할 수 있다.

(2) 주주자격의 추정력

주주명부의 명의개서에는 자격수여적 효력이 있으므로 주주명부에 주주로 기재된 자는 회사에 대하여 권리자로 추정된다. 그러나 이는 형식적 자격만 인정하기 때문에 회사는 그 자가 진정한 권리자가 아님을 입증하여 권리행사를 거절할 수 있다. 주주명부에 의해 인정되는 주주자격의 추정력(337①)은 주권의 소지에 의해 인정되는 적법한 소지인으로서의 추정력(336②)과

주주명부에 주주로 기재된 자는 회사에 대하여 권리자로 추정된다.

는 구별됨을 주의하여야 한다. 전자는 회사에 대한 권리행사 면에서의 추정력인 반면, 후자는 주식의 양도당사자간에서 권리귀속 면에서의 추정력을 말하는 것이다(이철(회)268, 정찬(상)666).

이러한 취지에서 대판 1989.7.11, 89다카5345는 "상법의 규정상 주권의 점유자는 이를 적법한 소지인으로 추정하고 있으나 이는 주권을 점유하는 자는 반증이 없는 한 그 권리자로 인정된다는 것, 즉 주권의 점유에 자격수여적 효력을 부여한 것이므로 이를 다투는 자는 반대사실을 입증하여 반증할 수 있는 것이며, 또한 기명주식의 이전은 취득자의 성명과 주소를 주주명부에 기재하여야만 회사에 대하여 대항할 수 있는 바, 이 역시 주주명부에 기재된 명의상의 주주는 실질적 권리를 증명하지 않아도 주주의 권리를 행사할 수 있게 한 자격수여적 효력만을 인정한 것뿐이지 주주명부의 기재에 창설적 효력을 인정하는 것이 아니므로 반증에 의하여 실질상 주식을 취득하지 못하였다고 인정되는 자가 명의개서를 받았다 하여 주주의 권리를 행사할 수 있는 것도 아니다"라고 판시하였다.

(3) 면책적 효력

주주명부를 신뢰한 회사를 위한 효력이다.

주주명부에 추정적 효력이 있으므로 회사는 주주명부에 주주로 기재되어 있는 자에게 이익배당이나 의결권부여, 신주배정을 한 경우에는 비록 그 자가 진정한 주주가 아닐지라도 면책된다.

(4) 통지·최고의 효력

주주명부 기재한 주소로의 통지나 최고는 유효한 것으로 본다.

주주 또는 질권자에 대한 회사의 通知 또는 催告는 주주명부에 기재한 주소 또는 그 자로부터 회사에 통지한 주소로 하면 되고 통지·최고는 보통 그 도달할 시기에 도달한 것으로 본다(353①). 원래 회사가 주주에게 하는 통지나 최고는 주주의 진정한 주소에 현실로 도달하지 아니하면 그 효력이 없다. 그러나 주주가 항상 변동하는 주식회사에 있어서는 회사가 주주의 진정한 주소를 탐지하여 통지나 최고를 하는 것이 불가능하기 때문에 이러한 특별한 효력을 인정하는 것이다.

5. 株主名簿의 閉鎖와 基準日

(1) 제도의 취지

이익배당이나 주주총회에서

1) 의 의 주식은 주권의 양도만으로 이루어지므로 회사로서는 누가 주주인지를 알지 못하는 경우가 많다. 그런데 회사가 利益配當을 한다거나

주주총회를 개최할 경우에 참석하여 議決權을 행사할 주주를 확정할 필요가 있으며 이를 위하여 株主名簿의 閉鎖와 基準日이라는 두 가지 제도를 두고 있다(354). 이는 회사의 편의를 위한 것이므로 강제성은 없으나 일단 주주명부의 폐쇄와 기준일을 둘 경우에는 상법의 규정에 따라야 한다(정희412, 이철(회)270, 273, 정찬(상)667). 주주명부폐쇄와 기준일은 정기주주총회이든 임시주주총회이든 관계없다(標準定款 13).

의결권 행사할 주주를 확정하기 위한 제도이다.

2) 차 이　주주명부가 폐쇄되면 이후 명의개서를 할 수 없지만 基準日의 지정 후에도 명의개서를 할 수 있으며, 주주명부의 폐쇄는 특정한 목적을 위하여만 이용할 수 없으나 기준일제도는 특정목적을 위해 이용할 수 있다는 차이점이 있다. 그러나 실무상으로는 결산기 이후 정기주주총회에 출석할 주주와 이익배당을 받을 주주를 확정하기 위해 양 제도를 병행하여 이용하고 있다(標準定款 13①②).

기준일 지정 후에도 명의개서 가능하며 기준일 제도는 특정목적 위해 이용할 수 있다.

(2) 주주명부의 폐쇄

1) 의 의　주주명부의 폐쇄는 주주 또는 질권자로서 권리를 행사할 자를 정하기 위해 회사가 일시 주주명부 기재의 변경을 정지하는 것을 말한다(354①). 즉 권리행사일로부터 일정기간 이전에 주주명부를 폐쇄하여 명의개서를 정지하면 그 시점에 명부상의 주주가 고정되어 권리를 행사할 주주를 확정할 수 있다. 보통 회사의 決算期는 매년 12월 31일이지만 정기주주총회는 다음해 3월경에 개최되는데 1월 1일(결산기말일의 익일)부터 定期總會일까지 주주명부를 폐쇄하면 폐쇄당시의 주주가 정기총회에서 이익배당을 받고 의결권행사를 할 주주로 확정되는 것이다(標準定款 13①③).

회사가 일시 주주명부 기재의 변경을 정지하는 것이다.

2) 공 고　이와 같이 주주명부를 폐쇄하면 명의개서를 할 수 없으므로 주식을 취득하였으나 아직 명의개서를 하지 않는 자들에게 이를 촉구하는 의미에서 주주명부 폐쇄에 대한 예고절차를 두고 있다. 즉 주주명부 폐쇄 2주간 전에 이를 공고하도록 하고 있으며 다만 정관에 그 기간을 정한 때에는 사전 공고없이 바로 주주명부를 폐쇄할 수 있다(354④, 標準定款 13①②). 또 폐쇄기간이 사전 공고없이 바로 주주명부를 폐쇄할 수 있다(354④, 標準定款 13①②). 또 폐쇄기간이 장기화되면 주식양도에 제한을 주기 때문에 폐쇄기간이 3월을 초과할 수 없도록 하였다(354②). 3월을 초과한 경우에는 그 초과기간은 무효로 된다(손주645, 최기652, 정동(회)228, 정찬(상)668).

주식을 취득하였으나 명의개서를 하지 않은 자들을 위해 공고한다.

3) 효 력　株主名簿의 閉鎖期間 중에는 주주가 회사에 대해 명의개서를 청구하면 회사는 이를 거절할 수 있다. 다만 폐쇄기간 중에도 전환주

명의개서 청구를 거절할 수

있다. 임의로 명의개서한 경우에는 기간 경과 후 효력이 발생하는 것이 타당하다.

식(346①), 전환사채(516②), 신주인수권부사채(516의9 516의10)상의 권리는 행사할 수 있다. 이 기간 중에 회사가 임의로 명의개서를 한 경우의 효력에 관하여는 무효로 보는 견해(정동(회)226, 최기(회)382, 이병402, 이원389, 註商(II-下)74 外)와 명의개서는 유효하나 그 효력은 폐쇄기간 경과 후에 발생한다는 견해(정희411, 이철(회)272, 日大判 1917.3.9. 民錄 22, 247)로 나누어진다. 폐쇄기간 중 명의개서 정지는 회사의 사무처리의 번잡을 회피하기 위한 것에 지나지 않으므로 이를 무효로 하는 것은 타당하지 않지만 주주평등의 원칙상 그 효력은 기간경과 후에 발생한다고 보는 것이 옳다(정찬(상)668).

(3) 기준일

일정한 날을 정하여 그 기준으로 되는 날의 주주명부에 기재된 주주 또는 질권자가 권리행사를 하는 것으로 본다.

1) 의 의　基準日制度는 회사가 일정한 날을 정하여 그 기준으로 되는 날의 주주명부에 기재된 주주 또는 질권자를 권리행사 할 주주 또는 질권자로 보는 제도이며 이 일정한 날을 基準日이라고 한다(354①). 현실적으로 권리행사하는 날 이외의 시점의 주주에게 권리행사를 시킬 필요에서 인정되는 제도이다. 가령 결산기가 12월 31일까지인 회사에서 결산기말 현재의 주주에게 이익배당을 하고자 할 때에는, 일단 다음해 1월 1일부터 정기주주총회일(가령 3월 15일)까지 株主名簿를 폐쇄하여 정기총회에 참여할 주주를 확정한다. 그런데 현실적으로 이익배당은 정기주주총회가 종료된 후 상당기간(1월 이내)이 지나야 가능하기 때문에 이익배당을 위한 기준일(대개는 정기주주총회일, 3월 15일)을 주주명부 폐쇄와는 별도로 정하게 된다. 만일 배당기준일을 따로 정하지 않을 경우에는 주주명부의 폐쇄를 배당일까지로 하여야 하는데 이렇게 되면 폐쇄기간이 3월을 넘게 될 우려가 많기 때문이다. 따라서 기준일은 대개 주주명부의 폐쇄와 함께 이용된다(김순석, "주권 및 주주관리제도의 개선방안", 「기업법연구」(2005.9), 150).

2) 공 고　基準日을 정관으로 정하지 아니한 경우에는 기준일의 2주간 전에 공고하여야 한다(354④, 標準定款 13②). 기준일의 공고에는 그 목적(가령 利益配當)을 기재하여야 하는데 그 목적 이외에는 이용할 수 없다.

6. 實質株主名簿

주주명부 기재와 동일한 효력을 가진다.

주주의 주권이 증권예탁원에 예탁된 경우에는 예탁원이 자기명의로 명의개서를 하게 되므로, 주권 발행회사의 주주명부상에는 실질주주가 아닌 명의주주(예탁원)가 주주로 등재하게 된다. 그러므로 발행회사에서는 이와는 별도로 실질주주명부를 작성할 필요가 있다. 즉 예탁원은 주식의 실질주주의 명단을 주권발행회사(또는 그 名義改書代理人)에게 통지하여야 하며, 통지를 받은 회사는 통지받은 사항과 통지일시를 기재하여 실질주주명부를 작성하여 비치하여야 한다(證去 174의8①). 實質株主名簿에의 기재는 株主名簿에의 기재와 동일한 效力을 가진다(證去 174의8②). 그러므로 그 기재는 자격수여적 효력, 면책적 효력이 부여되므로, 실질주주는 그 권리를 입증하지 않고도 주주로서의 권리를 행사할 수 있고 회사도 그를 주주로 인정하면 면책된다.

제 4 절 株式의 變動

주주의 지위인 株式은 여러 가지 원인에 의해 변동하며 이러한 주식의 변동은 당사자인 주주의 입장에서는 주식의 취득과 상실로 나타난다. 주식의 취득에는 原始取得과 承繼取得이 있는데, 원시취득은 회사설립시 또는 신주발행시의 株式引受와 善意取得이 있다. 승계취득은 다시 포괄승계와 특정승계로 나누어지는데 포괄승계는 주식의 상속, 합병이 있고 특정승계는 주식의 양도가 있다. 이외에도 주식의 포괄적 교환과 이전이 있다. 주식의 상실은 주식이 소멸되는 절대적 상실과 주식이 타인에게 양도됨으로서 상대적으로 상실되는 경우로 나누어 볼 수 있다. 자본감소에 의한 株式의 消却이나 利益消却, 償還株式의 償還의 경우에는 주식자체가 소멸하는 절대적 상실의 예이다. 轉換株式의 轉換이나 회사합병, 주식의 倂合의 경우에는 구주식의 소멸과 신주식의 취득이 동시에 발생한다.

이러한 여러 가지 주식변동의 원인 중 여기에서는 가장 중요한 주식의 양도, 담보취득, 주식의 소각 · 병합 · 분할 및 2001년 상법개정시 새로이 도입된 주식의 포괄적 교환 · 이전에 대해서 살펴 본다.

제 1 株式의 讓渡

1. 株式의 讓渡性

(1) 주식양도의 의의

주식의 양도는 법률행위에 의한 주식의 이전이다.(준물권행위)

株式의 讓渡는 법률행위에 의한 주식의 이전을 말한다. 이는 주식양도를 위한 채권계약(원인행위)의 이행으로 하는 행위로서, 그 결과 주식의 이전이라는 효과가 생기는 準物權行爲를 말한다(정희422, 서·정368, 정찬(상)670, 이·최284 外). 그러므로 주식의 양도에 의해 공익권, 자익권이 모두 양수인에게 이전된다. 그러나 이익배당결의에 의해 구체화된 배당금지급청구권과 같이 이미 주주권으로부터 분리된 債權的 權利는 이전되지 아니한다(이철(회)275, 정동(회)231, 채627, 註商(II-上)561).

(2) 양도성의 보장

전형적인 물적회사인 주식회사에 있어서는 주주의 출자금으로 형성되는 회사 재산이 채권자에 대한 유일한 담보이다. 따라서 회사의 재산으로 출자를 반환하는 것은 원칙적으로 인정되지 않기 때문에 인적회사와 같은 퇴사제도가 없다. 그러므로 주주가 출자금을 회수하기 위해서는 회사해산시 잔여재산분배청구 외에는 주식을 양도하는 수밖에 없다. 이러한 의미에서 종래 상법은 주식의 양도성을 정관으로도 제한하지 못하도록 보장하였다. 그러나 주식양도를 제한할 현실적인 필요성을 인정하여 1995년 상법개정시 주식의 양도에 이사회의 승인을 받도록 정관으로 정할 수 있게 하였다(335 ①).

퇴사제도가 없는 주식회사에서는, 주주의 출자금 회수를 위해 주식의 양도성을 보장한다.

(3) 양도성의 경제적 의미

주식의 양도성을 높히기 위하여 주식을 소액단위화하고 증권화하고 있지만 그 실제적인 양도성은 회사의 구조에 따라 다르게 나타난다. 즉, 회사가 공개되어 주권이 증권시장에 상장되어 있는 경우에는 증권시장의 시세에 따라 객관적인 주가가 형성되고 또 증권당국의 엄격한 감독을 받아 이익배당이나 공시가 제대로 이루어진다. 이러한 회사의 주식은 일반투자자들도 쉽게 매입할 수 있고 필요한 경우에는 언제든지 매각하여 시세차익을 얻을 수 있기 때문에 그 양도성은 실질적·경제적 의미에서도 보장된다.

양도성은 회사의 구조에 따라 다르게 나타난다.

그러나 비상장인 소규모 폐쇄회사에 있어서는 법적으로는 양도성이 보장되지만 주가도 객관적으로 형성되지 않고, 배당에 대한 확실한 보장도 없을 뿐 아니라, 대부분 주권자체도 발행하지 않는 경우가 많다. 그러므로 이러한 회사의 주식을 일반투자자들이 투자수단으로 매입하는 경우는 매우 드물고, 회사의 내막을 잘 아는 사람들간에 회사의 경영권양도의 수단으로만 주식양도가 제한적으로 이루어진다. 그러므로 그 양도성이 가지는 의미는 상장회사의 경우와는 사뭇 다르다고 하겠다.

2. 株式讓渡의 方法: 株券의 交付

(1) 주권의 교부

주식의 양도는 주식을 양도하기로 하는 당사자간의 합의와 그 이행인 주식의 이전이라는 준물권행위로 이루어진다. 주식의 이전에는 주권의 교부가 필요하며 이는 주식양도의 대항요건이 아니라 성립요건이다(336 ①). 종래 상법은 무기명주식의 경우에는 주권의 교부만으로 양도하고 기명주식에 대

주식의 양도는 주권의 교부가 필요하다.

하여는 주권에 배서교부하든가 양도증서의 교부에 의해 양도하도록 하였으나, 1984년 상법개정으로 이를 통일하여 모든 주식의 양도는 주권의 교부만으로 하도록 하였다. 그러므로 주식의 양도라는 측면에서는 기명주식과 무기명주식간에는 아무런 차이가 없게 되었다.

이와 같이 주식의 양도는 당사자간 합의와 주권의 교부만으로 성립하지만 기명주식의 경우에는 주식양도를 회사에 대항하기 위해서는 주주명부에 名義改書를 하여야 한다(337 ①). 이 점에서 명의개서가 필요없는 무기명주식과 차이가 있다.

(2) 주권교부의 방식: 주권대체결제의 이용

주권대체결제란 대량의 주식거래에서, 현실적인 주권교부 없이 예탁구좌상의 대체만으로 주식을 양도하는 것을 말한다.

株券의 交付라고 함은 양도인이 양수인에게 주권의 점유를 넘기는 것을 말한다. 가장 보통의 경우는 現實引渡이지만 簡易引渡나 占有改定 및 返還請求權의 讓渡에 의한 인도도 가능하다. 대판 1977.3.8, 76다1292도 "주권의 교부는 현실의 인도이외에 간이의 인도, 점유개정, 반환청구권의 양도에 의하여서도 가능하다"고 판시하고 있다. 이러한 교부방식 중 반환청구권의 양도가 주권대체결제제도와 관련하여 중요하다.

주식회사의 규모가 거대해지고 주식의 분산도가 높아지면서 대량의 주식거래가 증권거래소를 중심으로 빈번하게 이루어지는데, 거래시마다 주권을 현실적으로 교부하여야 한다면 큰 불편과 비용이 초래하게 될 것이다. 이에 따라 주권을 일정한 예탁기관에 보관시켜 놓고 현실적인 주권교부 없이 예탁구좌(고객계좌부)상의 대체만으로 주식을 양도할 수 있도록 한 제도가 株券預託決濟制度 또는 株券代替決濟制度이다. 이때 양도인과 양수인간에는 증권예탁원에 대한 주권반환청구권의 양도에 의한 주권의 인도가 이루어지게 되는 셈이다(임중호,「독일증권예탁결제제도」참조).

(3) 예 외

1) 주권발행전 주식양도 주권교부에 의한 주식양도는 주권이 발행된 경우에 한한다. 주권이 발행된 경우에는 비록 주권불소지제도에 의해 주권을 소지하지 않은 경우에도 주식을 양도하기 위해서는 주권의 교부가 필요하다. 그러나 회사성립후 또는 신주발행후 6월이 경과하도록 회사가 주권을 발행하지 않은 경우에는 예외적으로 주권교부없이 양도할 수 있다(335 ③). 이에 관하여는 주식양도제한 부분에서 다시 설명하기로 한다.

2) 대량주식의 공개매수 기업의 매수합병(M&A)을 위한 대량주식의 일시적인 대량매입은 증권시장을 통하여 이루어질 수 없으므로 이른바 場

外市場에서 公開買受의 방식에 의한다. 證券去來法은 公開買受의 요건과 절차 등에 관하여 상세한 규정을 둠으로써 일반적인 주식양도방법에 대한 특례를 이루고 있다(證去 21~27의2).

(4) 점유의 권리추정력

주권의 교부가 주식양도의 성립요건이므로 주권을 점유하는 자는 적법한 소지인으로 추정된다(336 ②). '적법한 소지인으로 추정된다'는 것은 주권의 점유자는 자신이 실질적인 주주임을 입증하지 않고도 회사에 대해 명의개서를 청구할 수 있으며, 회사는 점유자를 주주로 보고 명의개서를 하면 비록 적법한 권리자가 아니라고 하더라도 악의 또는 중대한 과실이 없는 한 면책된다는 의미이다. 또 점유자로부터 주권을 취득한 자는 비록 양도인이 무권리자라고 하더라도 악의 또는 중대한 과실이 없는 한 주식을 취득한다.

주권을 점유하는 자는 적법한 소지인으로 추정된다.

3. 株式讓渡의 對抗要件: 名義改書

[사례 Ⅳ-4-1: 명의개서]

X는 Y로부터 A회사의 주식 1만주를 양수하였지만 명의개서를 하지 않고 있었다. A회사는 이사회에서 주주에게 무상증자에 의한 신주배정을 의결하고 주주명부상의 주주에 대하여 보유주식 1주에 대해 1.5주의 비율로 신주인수권을 부여하였다. ① X는 A회사에 대해, Y에 대한 매매대금지급과 상환으로 신주 1만5천주를 자신에게 교부할 것을 청구할 수 있는가? ② A회사는 Y와 X간의 주식양도사실을 확인한후 신주 1만5천주를 X에게 교부할 수 있는가? ③ X가 신주배정기준일 이전에 A회사에 대하여 명의개서를 요구하였으나 A회사가 부당하게 이를 거절한 경우 X는 어떠한 조치를 취할 수 있는가? 만일 A회사의 과실로 명의개서가 되지 않은 경우에는 어떠한가? ④ Y가 신주인수권을 행사하여 신주 1만5천주를 회사로부터 교부받은 경우 X는 Y에 대하여 매매대금지급과 상환으로 주식 1만5천주의 인도를 청구할 수 있는가?

(1) 명의개서의 의의

명의개서는 주주명부에 주주의 성명과 주소, 각 주주가 가진 주식의 종류와 수, 주권의 번호, 각 주식의 취득연월일을 기재하는 것을 말한다. 주식의 양도는 주권의 교부만으로 이루어지지만 회사에 대하여 주주로서의 권리를 행사하기 위하여 명의개서를 하여야 한다(337 ①). 즉 명의개서는 記名株

명의개서는 회사에 대하여 주주로서의 권리를 행사하기 위한 대항요건이다.

式양도의 대항요건이다. 또 상속, 합병등으로 주식을 취득한 자도 회사에 대항하기 위하여는 명의개서를 하여야 한다. 記名株式뿐 아니라 記名社債의 경우에도 회사에 대한 권리행사를 위해서는 명의개서가 요구된다.

이와 같이 명의개서를 하여야 회사에 대항할 수 있도록 한 것은, 회사는 주주명부에 의해 의결권을 행사하거나 이익배당을 받을 주주를 획일적으로 확정함으로써 회사를 둘러싼 법률관계를 명확히 할 수 있기 때문이다. 그러나 이익배당이나 의결권행사 등에 관심이 없고 단기적인 시세차익만을 노리는 대부분의 일반투자자들은 번잡한 명의개서를 하지 않을 것이므로 명의개서는 장기적으로 주식을 보유할 의사가 있는 일정규모 이상의 주식을 가진 주주들에게 한정된다. 이 명의개서에 의해 주권소지인과 회사는 社團法的인 연결을 가지게 된다(정희438, 정동(회)271, 이기283, 정찬(상)699).

(2) 명의개서의 절차

양수인이 회사에 대하여 주권을 제시하여 명의개서를 청구할 수 있다.

1) 청 구 주식을 양도받은 양수인은 단독으로 名義改書를 청구할 수 있으며 그 상대방은 회사이며 양도인이 아니다(정동(회)271, 이철(회)281; 대판 1975.9.23, 74다804). 명의개서를 청구함에는 반드시 주권을 제시하여야 하며 단지 주식을 양수 받은 사실을 회사에 통지하는 것만으로는 명의개서를 청구할 수 없다(대판 1995.7.28, 94다25735). 앞에서 본 바와 같이 주권을 점유하는 자는 적법한 소지인으로 추정되므로(336②), 명의개서를 청구함에는 주권의 제시만 있으면 되고, 주식취득의 원인을 증명할 필요는 없다.

판례는 조사의무를 인정하나 그 타당성은 의문이다. 회사의 조사권은 형식적 권리에 한한다고 본다.

2) 조 사 ① 조사의무; 주권의 점유가 적법한 소지로 추정되는 결과(336②), 회사는 악의 또는 중대한 과실이 없는 한 제시된 바에 따라 명의개서를 하면 면책되고 그 진정성 여부에 대한 조사의무는 없다(정동(회)272, 채이657, 註商(II-上)575, 이철(회)282, 정찬(상)700). 그러나 대판 1974.5.28, 73다1320은 "주권의 소지인이 상호변경을 이유로 명의개서를 요청하여 온 경우 주식회사는 위 상호변경절차의 적법성을 조사한 후가 아니면 그 명의개서를 하여서는 아니될 의무가 있고, 이를 해태한 경우에는 중대한 과실이 있다"고 판시하여 조사의무를 인정하고 있으나 그 타당성은 의문이다. ② 조사권; 조사의무와 관련하여 회사에 명의개서 청구자의 실질적 권리 여부에 대한 조사권이 있는가 하는 점이 문제된다. 이에 대해 회사는 주주의 이익을 위하여 상당한 배려를 하여야 할 권리와 의무가 있다고 하여, 청구자의 권리에 대하여 의심할만한 상당한 이유가 있는 때에는 그 조사를 위하여 필요한 기간 동안 명의개서를 거부할 수 있다는 일부 견해가 있다(정동(회)272). 그러나 이는 주권의 점유에 자격수여

적 효력이 인정된다는 점을 간과하였을 뿐 아니라 조사를 이유로 명의개서를 부당하게 지연시킬 우려가 있으므로 회사는 형식적 권리에 대한 조사만으로 그 책임을 다하였다고 할 것이다.

(3) 명의개서의 효과

명의개서를 하지 않은 양수인은 회사에 대하여 주주권을 행사할 수 없다.

1) 명의개서전 양수인의 지위　名義改書를 하면 주주는 적법한 주주로 추정받고 회사에 대하여 주주임을 대항할 수 있을 뿐 아니라(337 ①), 회사도 명부상의 주주에게 권리행사를 인정하면 免責된다(353 ①). 따라서 [사례Ⅳ-4-1]의 ①과 같이 주식을 양수하였으나, 아직 명의개서를 하지 않은 양수인(X)은 회사에 대하여 주주권을 행사할 수 없고 양도인(Y)이 권리행사를 할 수 있을 뿐이다. 대판 1988.6.14, 87다카2599·2600도 이러한 취지에서 "상법 제461조에 의해 주식회사가 이사회의 결의로 준비금을 자본에 전입하여 주식을 발행할 경우에는 회사에 대한 관계에서는 이사회의 결의로 정한 일정한 날에 주주명부에 주주로 기재된 자만이 신주의 주주가 된다"고 판시하여 회사의 기명주식을 실질적으로 취득하였으나 신주배정기준일로 정한 날까지 명의개서를 하지 아니한 양수인(X) 대신 주주명부상의 주주(Y)에게 신주를 배정하였다.

회사가 임의로 명의개서 전 주주에게 주주권을 인정할 수 있느냐에 대해 판례는 긍정하나 부정설이 타당하다고 본다.

2) 회사의 권리인정　상법 제337조 제1항은 "…주주명부에 기재하지 아니하면 회사에 대항하지 못한다"라고 규정할 뿐이므로 [사례Ⅳ-4-1]의 ②와 같이 회사(A)측에서 명의개서 전 주주(X)를 적극적으로 주주로 인정하여 그에게 이익배당이나 신주배정을 할 수 있는가 하는 문제가 제기된다. 이에 대하여는 명의개서는 회사의 법률관계를 획일적으로 처리하기 위한 것이므로 회사가 임의로 주주권을 인정할 수 없다는 부정설(최기705~706, 이철(회)285, 양·박324)과 명의개서는 단순한 대항요건에 불과하고 다수 주주와의 관계에서 사무처리를 획일적으로 처리하려는 회사의 편의를 위한 제도이므로 회사가 임의로 실질적 주주에게 주주권을 인정하여도 상관없다는 긍정설(손주673, 정찬(회)386, 정동(회)276, 채659, 이기(회)284~285)이 대립한다. 대판 1989.10.24, 89다카14714는 "상법 제337조의 규정은 주주권 이전의 효력요건을 정한 것이 아니고 회사에 대한 관계에서 누가 주주로 인정되느냐 하는 주주의 자격을 정한 것으로서 기명주식의 취득자가 주주명부상의 주주명의를 개서하지 아니하면 스스로는 회사에 대하여 주주권을 주장할 수 없다는 의미이고, 명의개서를 하지 아니한 실질상의 주주를 회사측에서 주주로 인정하는 것은 무방하다고 해석하여야 할 것이다"라고 판시하여 긍정설을 따르고 있다(同 대판 2001.5.15, 2001다12973). 생각건대 회사가 명의

개서를 하지 않은 주주에게 권리행사를 인정하면 첫째, 명의개서제도의 존재이유가 없어지게 되고, 둘째 회사의 임의의 선택에 의해 권리행사 여부가 좌우되므로 단체법상 법률관계의 획일적 확정을 저해할 뿐 아니라, 세째 회사가 누구에게는 권리행사를 인정하고 누구에게는 인정하지 않을 경우 주주평등의 원칙에도 반하게 된다. 따라서 부정설이 타당하다고 보며 [사례Ⅳ-4-1]의 ②에서 A회사는 X에게 1만5천주의 신주배정을 할 수 없다고 본다.

주권의 점유자에 대해 정당한 사유없이 명의개서를 거절할 수 없다.

3) 명의개서의 부당거절　주권의 점유자는 적법한 소지인으로 추정되므로 회사는 청구자가 실질적으로 무권리자임을 입증하지 못하는 한 명의개서를 거절할 수 없다. 따라서 [사례Ⅳ-4-1]의 ③과 같이 회사(A)가 청구자(X)의 명의개서를 부당하게 거절한 경우에는 X는 회사(A)에 대하여 손해배상을 청구할 수 있고 이사는 과태료의 제재를 받는다(635①7). 또 회사에 대해 명의개서청구의 소를 제기할 수도 있을 것이다(民訴714②). 나아가 명의개서를 하지 못한 주식의 양수인(X)은 소를 제기하지 않고도 회사(A)에 대해 주주자격을 주장할 수 있다. 대판 1993.9.13, 92다40952도 이러한 취지에서 "피고회사가 정당한 사유 없이 명의개서를 거절한 것이라면 그 명의개서가 없음을 이유로 그 양도의 효력과 주식양수인의 주주로서의 지위를 부인할 수는 없다"고 판시하였다. 따라서 명의개서청구 이후의 이익배당이나 신주발행에 대해 권리를 청구할 수 있으며, 소집통지를 받지 못한 경우 주주총회결의의 취소도 구할 수 있다. 그러므로 위 사례에서 양수인(X)은 회사(A)의 명의개서 거절이 부당한 것을 입증하여 신주발행분 1만5천주를 자신에게 교부할 것을 청구할 수 있고 또 다른 손해가 있으면 함께 청구할 수 있다. A회사의 과실로 명의개서가 이루어지지 않은 경우에도 마찬가지이다.

당사자간에 주주권은 양수인에게 귀속되어야 한다고 보는 것이 통설의 입장이다.

4) 실기주(실념주)　주식양수인이 명의개서를 하지 않고 있는 사이에 신주배정기준일 또는 이익배당기준일과 같은 특정한 주주권행사의 기일을 경과함으로써 그 권리를 행사할 수 없게 되는 경우가 있는데 이를 失期株 또는 失念株라고 한다(김교창, "이른바 실념주의 문제", 「회사법의 제문제」(1982), 210). 가령 [사례Ⅳ-4-1]의 ④에서 주식양수인(X)이 신주배정기준일이 경과하도록 회사(A)에 대해 명의개서를 하지 않음으로써 신주(1만5천주)의 교부청구권을 상실한 것과 같은 경우이다. 이 때 회사(A)는 주주명부상의 주주(Y)에게 신주권을 교부하면 면책이 되지만, 당사자(Y,X)간에는 위 권리가 누구에게 귀속되는가 하는 문제가 발생한다. 통설은 당사자간에는 이미 주주권이 양수인(X)에게 이전되었으므로 그 권리는 양수인(X)에게 귀속되어야 한다고 본다. 다만 그 근거로

는 양도인(Y)이 법률상 원인없이 이득을 얻었으므로 양수인(X)이 부당이득반환을 청구할 수 있다는 견해(日最高判 1968.12.12, 民集 22-13, 2943)와 양도인(Y)을 준사무관리자로 보고 그에 따른 의무의 이행을 청구할 수 있다는 준사무관리설(정동(회) 508, 이철(회)287, 최기712, 채696)로 나누어진다. 어느 견해를 취하든 위 사례에서 주식의 양도인(Y)은 양수인(X)에게 자신이 교부받은 신주 1만5천주를 교부하여야 할 것이다.

5) 명의개서 후 양도계약해제 등 기명주식이 양도되어 주주명부상 양수인 명의로 명의개서가 이루어진 후 주식양도약정이 해제되거나, 취소된 경우, 주주명부상의 주주명의 복구 없이 양도인은 주식회사에 대한 관계에서 주주로서 대항할 수 없다(대판 2002.12.24, 2000다69927).

(4) 명의개서대리인

1) 의 의 이와 같이 주식의 양도를 회사에 대항하기 위해서는 명의개서가 필요하지만 회사가 주식을 대량으로 발행한 경우에는 빈번한 명의개서 사무처리를 위하여 많은 비용과 인력이 소모된다. 그리하여 상법은 회사의 명의개서를 제3자에게 위탁처리 할 수 있도록 하였는데, 이러한 사무를 대행하는 자를 名義改書代理人이라고 한다. 이와 같이 명의개서 그 자체는 법률행위가 아니므로 '代理'란 있을 수 없기 때문에 '名義改書代理人'이라는 명칭보다는 '名義改書代行者'라고 하는 것이 옳을 것이다(證去 180).

명의개서 사무처리를 대행하는 자를 말한다.

2) 선 임 회사가 명의개서대리인을 두려면 정관에서 그 취지를 정하여야 하며(337②, 標準定款 11) 구체적인 선임과 위탁은 이사회결의로써 정한다. 명의개서대리인은 회사와 주주의 편의를 위한 것이므로 그 선임은 임의이지만 증권거래소 상장회사의 경우에는 선임이 강제된다(有價證券上場規程 15①12). 명의개서대리인으로 될 수 있는 자는 재경부장관에 등록한 주식회사에 한정되는데(證去 180①) 현재는 증권예탁원, 서울은행 및 국민은행이 이 업무를 하고 있다.

정관과 이사회결의로써 정한다.

3) 업 무 명의개서대리인이 주식취득자의 성명과 주소를 주주명부의 複本에 기재한 때에는 주주명부에 명의개서를 한 것으로 본다(337②). 이외에도 명의개서대리인은 질권의 등록, 사채원부의 명의개서를 할 수 있으며 회사의 위임이 있은 경우 총회소집통지, 배당금의 지급, 주권 및 채권발행의 대행업무를 수행한다.

4) 책 임 명의개서대리인이 정당한 사유 없이 명의개서를 하지 않거나 주주명부 또는 복본에 기재할 사항을 기재하지 않거나 또는 부실한 기재를 한 경우에는 과태료의 제재를 받는다(635① 7, 9). 명의개서대리인은 회사와

의 관계에서는 수임인이므로 선량한 관리자로서의 주의의무를 부담하여 이를 위반한 경우에는 손해배상책임을 진다(民680, 681).

■ 주식의 양도와 대항력

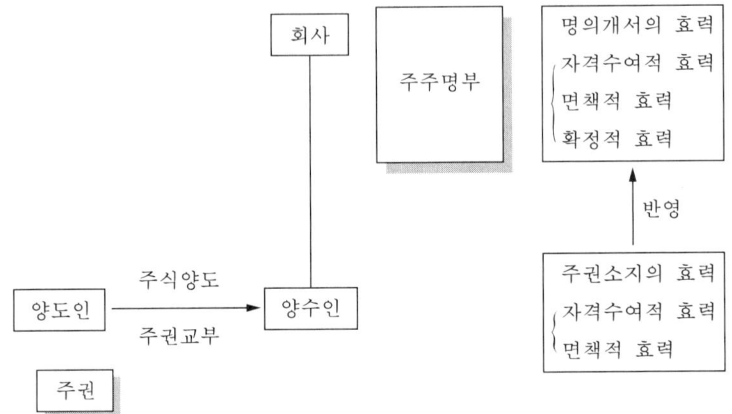

■ 명의개서의 문제

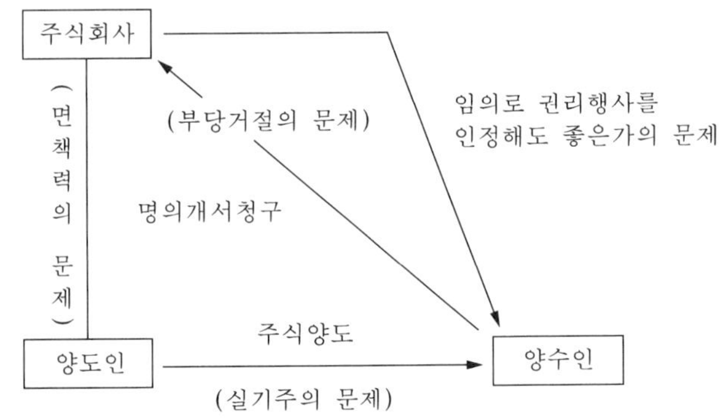

4. 株式의 流通市場

(1) 의 의

주식이 매매되는 시장을 말한다.

株式의 讓渡가 이루어지는 場을 주식의 유통시장이라고 한다. 주식시장은 發行市場과 流通市場으로 나누어지는데 유통시장이란 회사가 발행한 주식이 투자자 상호간에 매매되는 시장을 말한다. 현재 우리 나라의 유통시장은 證券去來所市場과 協會仲介市場(코스닥시장) 및 場外市場으로 나누어진다.

■ 증권시장의 종류

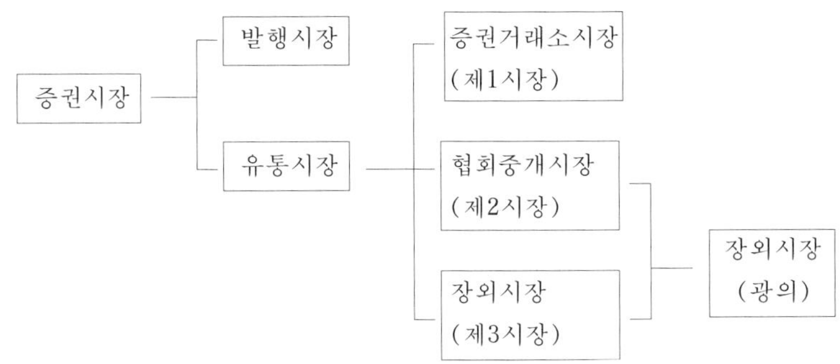

(2) 증권거래소시장

1) 법적 형태 證券去來所는 회원인 證券會社가 증권(주식, 채권 등)의 발행·매매 등의 위탁업무를 수행하기 위해 설립한 시장이다. 이와 같이 주식거래는 증권거래소의 회원인 증권회사만 할 수 있으므로 주식을 매매하고자 하는 일반투자자들은 증권회사를 통해서만 시장에 참여할 수 있다. 투자자(고객)와 증권회사의 관계는 전형적인 委託賣買(101)로서 증권회사의 명의로 고객의 계산으로 거래가 이루어지며, 이는 증권거래소규약에 따른 정형적인 거래라는 점에서 부합계약으로서의 성질을 가진다.

일반투자자의 주식매매는 증권회사를 통해서만 이루어진다.

2) 공정거래질서 증권시장에서 거래되는 주식의 가격은 주식의 수급, 회사의 경영상태, 기타 경제전반의 상황에 따라 수시로 변동된다. 그러므로 주가의 변동에 영향을 줄 정보를 적시에 공시하여 대주주나 군소주주, 외부투자자, 내부자에 관계없이 공정하게 접근할 수 있는 기회를 보장하는 것이 매우 중요하다. 그리하여 증권거래소에 상장한 회사에게는 특별한 공시의무가 부과되고(證去 186), 內部者去來를 제한하고(證去 188), 각종 시세조종행위를 금지한다(證去 188의4).

3) 현 황 증권거래소시장은 코스닥시장이 발전하기 전까지는 우리나라의 유일한 증권시장이었으며 지금도 대부분의 중요회사의 주식이 상장되어 있다.

(3) 협회중개시장

증권거래소가 아닌 증권업협회가 운영하는 제2의 증권시장을 말한다. 증권업협회는 비상장 기업중에서 성장성과 기술력이 있는 기업들을 등록하도록 하여 이들 기업이 발행한 주식을 일정한 거래질서하에서 거래하도록 시장을 조직화하여 운영하고 있다. 協會仲介市場(코스닥시장)은 벤처기업 등이 자금을 조달할 수 있는 시장이라는 의미에서 매우 중요하지만 시장의 참

시장 참여의 기준이 완화되어 투자의 위험이 높다.

여기준이 증권거래소 상장기준에 비하여 상당히 완화된 수준이므로 그 만큼 투자위험이 높다고 할 수 있다.

(4) 장외시장

조직화된 시장 이외의 유가증권거래시장이다.

場外市場이란 넓은 의미로는 증권거래소시장 이외의 장소에서 유가증권이 거래되는 시장을 총칭하는 의미로 사용되나, 좁은 의미로는 증권거래소 시장이나 협회중개시장과 같이 일정한 시간과 규칙에 의하여 경쟁매매가 이루어지는 조직화된 시장이외의 有價證券去來市場을 의미한다. 좁은 의미의 장외시장에서는 비상장주식은 물론 상장주식도 거래될 수 있으며, 거래방법에 있어서도 매매당사자간의 개별접촉에 의해 거래되는 직접거래와 증권회사의 중개에 의해 거래되는 창구거래방식이 있다. 장외거래시장의 가장 중요한 예로는 기업매수합병(M&A)의 수단인 公開買受가 있다(송종준, "개정공개매수제도의 내용과 쟁점",「김교창 변호사 화갑기념논문집」(1997), 414).

제 2 株式讓渡의 制限

주식양도의 자유는 주식회사에 있어서는 본질적 요청이지만 주주의 투하자본회수를 부당하게 제한하지 않는 범위내에서, 회사의 필요에 의해 또는 주식회사제도의 건전성을 유지하기 위해 그 양도를 제한할 수 있다. 종래 우리 상법은 주식의 자유양도성을 강행적으로 보장하여 정관으로도 이를 제한하지 못하도록 하였으나, 1995년 상법개정에 의해 정관에 의한 제한을 허용하였다.

■ 주식양도의 제한

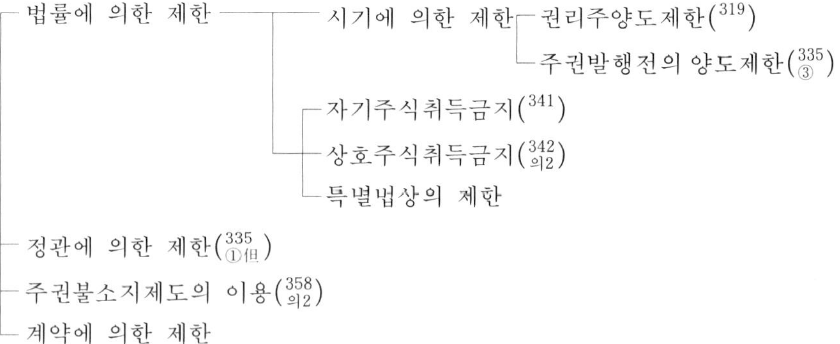

1. 定款에 의한 制限

가. 意義 및 趣旨

株式의 讓渡는 정관에 정하는 바에 따라 理事會의 承認을 얻도록 할 수 있다(335 ①但). 주식회사 중에도 소규모 폐쇄회사는 소유와 경영이 실제적으로는 분리되어 있지 않고 주주의 개성이 회사경영에 미치는 영향이 큰 경우가 많다. 이러한 회사에서는 회사의 경영상 바람직하지 못한 자가 참가하는 것을 방지하여 회사경영의 안정을 도모할 필요가 있다(이철(회) 292). 다시 말하면 주주가 누구에게 주식을 양도하는가에 대하여 양도인 이외의 주주가 밀접한 이해관계를 가진 경우에는 양수의 상대방을 제한할 수 있도록 한 것이다. 이때 양도제한을 받은 주주는 이사회에 청구하여 매수권자를 지정받든가 또는 매수청구권의 행사에 의하여 그 투하자본의 회수를 보장받게 된다.

소규모 폐쇄회사에서 회사경영상 불리한 자가 참가하는 것을 방지하기 위해 양수의 상대방을 제한할 수 있다.

우리 나라의 주식회사는 대부분이 비상장회사로서 그 소규모 폐쇄성에 있어서는 인적회사와 크게 다르지 않다. 그런데 종래 회사법은 대규모 공개회사만을 규율대상으로 상정하여 회사가 자치적으로 주식양도를 제한하는 것을 금지하고 있었는데, 이는 우리 기업의 실정에는 적합하지 않다는 비판을 받아 왔다. 이리하여 1995년 상법개정에서는 종래의 주장을 수용하여 정관에 의해 주식양도를 제한할 수 있도록 하였다(박영길, "주식양도의 제한에 위반한 행위의 효력", 「김교창변호사 화갑기념논문집」(1997), 284).

나. 讓渡制限의 方式

[사례 Ⅳ-4-2: 주식양도제한의 방식]

(i) ① Y주식회사는 주주총회를 소집하여 주식의 양도에 이사회의 승인을 얻도록 하는 내용의 정관변경을 하였다. 정관변경에 반대한 소수주주인 X는 어떠한 조치를 취할 수 있는가? ② Y회사가 상장회사인 경우에는 어떠한가? ③ 무기명주식의 양도에 대하여도 이사회의 승인을 얻도록 한 경우에는 어떠한가?

(ii) Y주식회사는 주주총회를 소집하여 다음과 같이 주식양도에 대한 제한규정을 신설하는 정관변경을 하였다. 이러한 주식양도제한은 적법한가? ① 주식의 양도시 대표이사의 승인을 얻도록 제한한 경우 ② 주식의 양도시 주주총회의 승인을 얻도록 제한한 경우 ③ 주주 및 종업원 이외의 자에게 주식을 양도하는 경우에만 이사회의 승인을 얻도록 한 경우 ④ 회사설립 후 5년간

주식양도에는 이사회의 승인을 얻도록 한 경우 ⑤ 10만주 이상의 주식을 양도하는 경우에만 이사회의 승인을 얻도록 한 경우 ⑥ 보통주를 양도하는 경우에만 이사회의 승인을 얻도록 한 경우

(1) 정관의 규정

회사가 주주의 주식양도를 제한하기 위해서는 반드시 정관에 그에 관한 규정을 두어야 한다.

회사가 주주의 주식양도를 제한하기 위해서는 반드시 정관에 그에 관한 규정을 두어야 한다(335①後). 주식의 양도성은 주주들의 이해관계와 주식회사의 구성 및 운영에 있어 중요한 사항이므로 회사의 기본규칙인 정관에서 이를 정하도록 한 것이다. 원시정관에 규정을 둔 경우는 문제없지만 회사설립후 정관변경에 의해 새로 주식양도제한을 도입하는 경우에는 정관변경절차를 거쳐야 하는데, [사례Ⅳ-4-2-i]의 ①과 같이 이에 반대한 주주(X)에 대한 보호수단이 마련되어 있지 않다. 우리 상법상 주주총회결의에 반대한 주주에게 株式買受請求權을 인정하는 것은 영업양도(374의2)와 합병(522의3)의 두 경우로 한정되기 때문에 소수주주 X는 이사회의 승인을 얻어 보유주식을 양도 하는 수밖에는 없다. 참고로 日本 商法은 이 경우 정관변경요건을 다른 사안보다 엄격하게 하고 반대주주의 보호를 위해 株式買受請求權도 인정하고 있다(日商 348①, 408.5).

(2) 공 시

주식양도의 제한은 공시해야 한다.

주식양도의 제한은 주식의 자유양도에 대한 중대한 예외일 뿐 아니라 주식양도제한이 설정되면 주식의 가치도 하락한다. 그러므로 주식을 양수하려는 자가 예상하지 못한 손해를 입지 않게 하기 위해 이를 공시해야 한다. 즉, 株式請約書 및 株券에 양도가 제한되어 있다는 뜻의 기재를 하고(302②5, 356.6의2) 이를 등기하여야 한다(317②3의2). 등기가 되어 있지 않으면 양도제한을 선의의 제3자에게 대항할 수 없고(37①), 등기가 있어도 주권에 기재되지 않으면 대항할 수 없다. 이 경우에는 상법 제37조2항 소정의 '정당한 사유'가 있는 것으로 보기 때문이다. 이와 같이 명문의 규정을 두고 있는 경우 이외에도 전환사채와 신주인수권부사채의 채권, 사채원부, 신주인수권증권(514①5, 516의4.4, 516의5②5)에도 양도제한 사실을 기재하여야 한다고 본다(이철(회)294, 정찬(상)689).

(3) 제한의 대상

주식양도의 제한은 폐쇄적인

주식양도의 제한은 폐쇄적인 주주구성을 원하는 비공개회사를 위한 것이므로 상장회사의 주식은 그 대상으로 되지 아니한다(有價證券上場規程 15.11의2). 그러므

로 [사례Ⅳ-4-2-i]의 ②와 같은 경우에는 상장이 폐지된다(規程37.7). 문제는 [사례Ⅳ-4-2-i]의 ③과 같은 무기명주권도 양도제한의 대상이 되는가 하는 점이다. 무기명주식의 경우에는 양수인이 주권을 회사에 공탁하면 언제든지 권리를 행사할 수 있으므로 이론적으로는 양도를 제한할 수 있다고 하여도 실효성은 없다고 하겠다(정찬(상)689, 이철(회)294).

비상장회사를 대상으로 한다.

(4) 제한의 형태

1) 제한의 강화　이와 같이 정관으로 주식의 양도를 제한할 수 있지만 그 양도제한은 주주의 투하자본회수를 어렵게 하는 것이기 때문에 상법에서 정한 것보다 양도제한을 강화하는 것은 허용되지 아니한다. 그러므로 일정기간(5년간) 주식양도를 전면적으로 제한한다든지, 주식의 양도에 주주전원의 동의를 얻도록 하는 정관의 규정은 무효이다. 대판 2000.9.26, 99다48429도 "상법 제335조 제1항 단서는 주식의 양도를 전제로 하고, 다만 이를 제한하는 방법으로서 이사회의 승인을 요하도록 정관에 정할 수 있다는 취지이지 주식의 양도 그 자체를 금지할 수 있음을 정할 수 있다는 뜻은 아니기 때문에 정관의 규정으로 주식의 양도를 제한하는 경우에도 주식양도를 전면적으로 금지하는 규정을 둘 수는 없다"고 판시하고 있으며 또한 "주주 전원의 동의가 있으면 양도할 수 있다는 내용이 있으나 이 역시 상법 제335조 1항 단서 소정의 양도제한 요건을 가중하는 것으로서 상법규정의 취지에 반할 뿐 아니라, 사실상 양도를 불가능하게 하거나 현저하게 양도를 곤란하게 하는 것으로서 실질적으로 양도를 금지한 것과 달리 볼 것은 아니다"라고 판시하여 이 점을 분명히 하고 있다. 또 [사례Ⅳ-4-2-ii]의 ①, ②와 같이 양도의 승인기관을 대표이사로 하거나 주주총회로 변경하는 것은 허용되지 아니한다. 왜냐하면 주주총회는 그 소집이 어려워 필요한 경우 기동성 있게 승인여부를 결정할 수 없기 때문이다(이철(회)295).

상법에서 정한 것보다 양도제한을 강화하는 것은 허용되지 않는다.

2) 제한의 완화　그러나 [사례Ⅳ-4-2-ii]의 ③과 같이 승인을 요하는 매수인의 범위를 일정하게 한정하거나(손주651, 정동(회)233, 이·이294), [사례Ⅳ-4-2-ii]의 ④와 같이 양도의 시기를 한정하는 등 양도제한 요건을 완화하는 것은 가능하나. 양도제한은 모든 주식에 대하여 평등하게 적용되어야 하며 [사례Ⅳ-4-2-ii]의 ⑤와 같이 특정 대주주 또는 소유주식수에 따라 양도를 제한하는 것은 허용되지 아니한다(이철(회)295). 한편 [사례Ⅳ-4-2-ii]의 ⑥과 같이 특정 종류의 주식에 대하여만 양도를 제한하는 것은 허용된다고 본다(344③; 정동(회)233).

제한완화는 가능하다.

다. 讓渡制限 株式의 讓渡節次

[사례 Ⅳ-4-3: 양도제한주식의 양도]

(i) A회사의 정관에는 주식양도에 대하여 이사회의 승인을 요하는 취지의 규정을 두고 있다. A회사의 주주 B는 전체주식 중 15%를 보유하고 있고, 주주 X는 45%, 주주 Y는 40%의 주식을 보유하여 서로 B의 주식을 양도받으려고 한다. B는 자신이 소유하는 주식을 주주 X에게 양도하기 위해 양도승인을 청구하였으나 A회사는 이를 거부하고 주주 Y를 상대방으로 지정하였다. B는 주주 Y에게 이 주식을 양도하여야 하는가?

(ii) A회사는 비상장회사로서 80% 이상의 주식을 대표이사의 친족들이 보유하고 있으며 정관에는 주식양도제한규정이 있다. A회사 주식의 9%를 보유하고 있는 Y는 A회사에 대해 주식의 양도승인 또는 선매권자 지정청구를 하였는데 A사는 양도를 승인하지 않고 X를 선매권자로 지정하였다. X와 Y간에 주식의 매매가격에 대한 합의가 이루어지지 않자 법원에 가격결정청구를 하였다. Y의 매도청구시 A사의 주가는 배당환원방식으로는 2만원, 장부상순자산방식으로는 18만원, 수익환원방식으로는 6만원으로 각각 평가되었다. Y주식의 매매가격은 얼마로 정해질 것인가? (日東京高決 1988.5.23, 判時 1318, 125 참조)

(iii) A회사의 정관에는 주식양도에 대하여 이사회의 승인을 요하는 취지의 규정을 두고 있다. Y는 A회사 주식의 60%이상을 가진 대주주로서 회사의 경영이 악화되자 주식을 처분하고 회사에서 손을 떼기 위해, 자력이 전혀 없는 B를 상대방으로 지정하여 A회사에 주식양도승인을 청구하였다. Y는 자신의 친족인 이사들에게 압력을 넣어 주식양도승인을 거부하게 한 다음 바로 A회사에 주식매수청구를 하였다. 이에 대해 소액주주 X는 어떻게 대응할 수 있는가?

양도제한이 있는 주식을 양도하기 위해서는 우선 양도인에 의한 양도의 승인청구가 있고 이에 대한 회사의 승인 또는 승인거부가 따르게 된다. 회사의 승인이 있을 경우에는 문제없지만 승인이 거절되면 그 후속조치로 양도상대방의 지정청구 또는 회사에 대한 주식의 매수청구가 있게 된다(정진세, "이사회승인없는 양도제한주식 양도의 효력", 「상사법연구」(1997), 329).

■ 주식의 양도승인절차

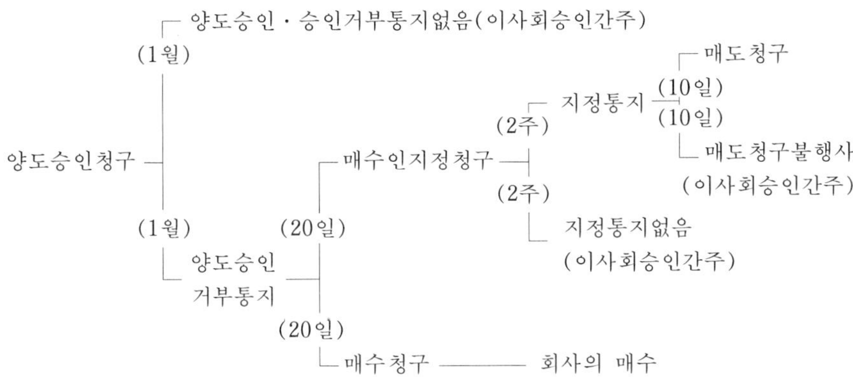

(1) 양도승인청구

1) 양도인(주주)의 승인청구　양도제한이 있는 주식을 양도하고자 하는 주주는 회사에 대하여 양도의 상대방 및 양도하고자 하는 주식의 종류와 수를 기재한 서면으로 양도의 승인을 청구할 수 있다(335의2①). 이와 같이 양도의 승인청구는 반드시 양수받을 상대방 및 양도의 대상이 되는 주식을 특정하고 서면에 의하여야 하므로 구두로 하는 것은 효력이 없다(정동(회)234, 정찬(상)690). 양도인의 승인청구는 양도 이전의 사전청구인 점에서 양수인에 의한 사후승인청구와는 구별된다.

2) 양수인의 승인청구　양도제한이 있는 주식을 취득한 자는 회사에 대하여 그 주식의 종류와 수를 기재한 서면으로 그 취득의 승인을 청구할 수 있다(335의7①). 양수인의 승인청구는 경매에 의한 취득과 같이 사전에 양도승인청구를 할 수 없는 경우에 필요하다. 양수인의 승인청구에도 양도인의 승인청구와 마찬가지의 절차가 요구된다(335의7②).

(2) 회사의 승인 · 승인거부

1) 승　인　승인청구에 대해 회사는 1월 이내에 주주 또는 양수인에게 서면으로 승인여부를 통지하여야 한다(335의2②, 335의7②). 이 기간내에 통지하지 아니한 때에는 주식의 양도를 이사회가 승인한 것으로 본다(335의2③, 335의7②). 그 승인여부는 이사회의 재량이므로 타당성 여부를 다툴 수 없다고 본다(이철(회)299). 이사회에서 승인을 한 경우에는 승인청구서에 기재한대로 양도의 상대방에게 주식을 양도할 수 있다. 이사회의 승인결의를 거치지 않았거나 하자있는 결의에 기한 대표이사의 승인통지의 효력은 주주 및 양수인에게 악의 또는 중과실이 없는 한 유효로 보아야 할 것이다(정동(회)234, 정찬(상)690, 이철(회)298).

승인청구에 대해 회사가 1개월 이내에 주주 또는 양수인에게 통지하지 아니한 때에는 이사회가 승인할 것으로 본다.

2) 승인거부 회사가 양도승인을 거부한 경우에는 거부의 통지를 하여야 하며, 거부통지를 받은 양도인 또는 양수인은 20일 내에 회사에 대하여 양도상대방의 지정 또는 주식매수청구를 할 수 있다(335의2④, 335의7②).

(3) 매수인의 지정청구

양도승인을 거부한 경우 회사에 대하여 양도상대방의 지정을 청구할 수 있다.

1) 지정청구 회사가 양도승인을 거부한 경우 주주 또는 양수인은 회사에 대하여 양도상대방의 지정을 청구할 수 있다(335의2④). 이 청구는 구두에 의하여도 상관없다고 본다. 회사의 양도승인거부는 회사가 원하지 않는 자가 주주로 되는 것을 방지하고자 함에 있는 것이지 주식양도자체를 거부한 것은 아니며, 또 양도인도 그 상대방이 누구이든 투하자본을 회수할 수 있으면 상관없기 때문에 회사로 하여금 양수받을 상대방을 지정하도록 한 것이다. 주주가 양도승인을 할 때 상대방의 지정청구도 함께 하는 경우가 많다(정동(회)235~236, 정찬(상)693).

지정청구가 있는 때로부터 2주내에 지정통지를 하지 아니한 때에는 이사회의 승인이 있는 것으로 본다.

2) 지정통지 주주 또는 양수인의 지정청구가 있는 때에는 이사회의 결의로 이를 지정하고 그 청구가 있은 날로부터 2주간 내에 청구자(주주, 양수인) 및 지정된 상대방에게 이를 통지하여야 한다(335의3①, 335의7②). 이 기간 내에 주주 또는 양수인에게 상대방지정의 통지를 하지 아니한 때에는 주식의 양도에 관하여 이사회의 승인이 있는 것으로 본다(335의3②, 335의7②). 회사가 주식양도를 거부하고 특정인을 매수 상대방으로 지정할 경우는 보통 [사례Ⅳ-4-3-i]과 같이 회사의 경영권 쟁탈과 관련되는 때가 많다. 이 경우에 이사회는 상대방지정에 대해 재량권을 가지는가?(임중호, "양도제한부주식의 양도승인에 관한 몇가지 문제점", 「김교창 변호사 화갑기념논문집」(1997), 308)

이사회는 상대방지정을 충실의무에 따라야 한다.

이에 관해 우리 상법은 아무런 규정을 두고 있지 않지만 이사회는 忠實義務에 따라 상대방을 선택하여야 한다고 본다(이철(회)301). 그럴 경우 A회사의 이사회는 X, Y가 현재 가지고 있는 주식수에 비례하여 B의 주식을 분배하여야 하며 임의로 이를 Y에게 몰아줌으로써 Y에게 경영권이 돌아가도록 하여서는 안될 것이다.

매수 상대방으로 지정된 자는 지정청구를 한 주주에게 매도청구를 할 수 있으며 이는 형성권이다.

3) 매도청구 이사회에 의해 주식매수의 상대방으로 지정된 자는 지정통지를 받은 날부터 10일 이내에 지정청구를 한 주주에 대하여 서면으로 그 주식을 자기에게 매도할 것을 청구할 수 있다(335의4①, 335의7②). 이를 先買權이라고 하며 그 성질은 형성권이기 때문에 선매청구를 하면 양도인의 승낙을 기다리지 않고 바로 매매가 성립한다(정동(회)236, 정찬(상)694, 이철(회)302). 선매권자로 지정된 자가 이 기간 내에 매도청구(선매권행사)를 하지 않은 경우에는 선매권을 상실하고 회사는 양도를 승인한 것으로 간주한다(335의4②, 335의3②).

4) 매도가액의 결정 지정매수인이 매도청구를 하면 양도인과의 사이에 매매가 성립하지만 매매가격은 공정하게 결정되어야 한다. 이를 위하여 매매가격은 첫째, 주주와 매도청구인간의 협의에 의해 결정하며(335의5①), 둘째 선매권자의 매도청구를 받은 날로부터 30일 이내에 협의가 이루어지지 아니한 경우에는 주주 또는 매도청구인은 법원에 대하여 매도가액의 결정을 청구할 수 있다(335의5②, 374의2④). 법원은 회사의 재산상태 그밖의 사정을 참작하여 공정한 가액으로 이를 산정하여야 한다(335의5②, 374의2⑤). 종래에는 회사가 지정하는 회계전문가나 법원의 매수가격산정 중 하나를 선택할 수 있었으나 2001년 상법개정으로 선택권을 배제하고 바로 법원의 매수가격산정청구를 할 수 있게 하였다. 이와 같이 매수가격의 산정이 문제되는 것은 [사례Ⅳ-4-3-ii]와 같이 주로 객관적인 주가가 형성되지 아니하는 비상장회사의 주식과 관련된다. 우리 나라에서는 아직 그 사례가 없기 때문에 구체적인 산정기준은 알 수 없지만 日本의 경우에는 재판실무상 수익환원방식, 배당환원방식, 순자산방식, 유사업종대비방식 등이 사용된다고 한다. 그런데 평가대상이 되는 주식이 경영권을 확보할 수 있는 지배주식인가 아니면 배당금취득이 주된 목적인 소액주식인가에 따라 평가기준이 달라진다. 위 사례에서 Y의 주식(9%)은 배당이익을 목적으로 하는 非支配株式이므로 그 가액산정은 배당환원방식에 의한 1주당 2만원으로 평가된다(日東京高判 1988.5.23, 判時1318, 125).

주주와 매도청구인간의 협의가 이루어지지 않으면 법원에 매도가액의 결정을 청구를 할 수 있다.

(4) 회사에 대한 매수청구

1) 회사의 주식매수 앞에서 본 대로 회사가 양도승인을 거부한 경우 거부의 통지를 하여야 하며 거부통지를 받은 양도인 또는 양수인은 20일내에 회사에 대하여 양도의 상대방의 지정 또는 주식매수청구를 할 수 있다(335의2④, 335의7②). 매수청구를 받은 회사는 2월 이내에 그 주식을 매수하여야 한다(335의6, 374의2②). 이와 같이 규정상으로는 회사의 양도승인거부시 양도인(양수인)은 상대방지정과 매수청구의 선택권을 가지며 경우에 따라서는 주식매수를 먼저 청구할 수 있는 것처럼 되어 있다. 그러나 회사의 주식매수는 自己株式取得에 해당하므로 주주의 주식매수청구권은 무제한 허용되는가, 또 주주에게 선택권이 있는가 하는 문제가 제기된다. 만일 주주의 선택권을 허용한다면 [사례Ⅳ-4-3-iii]과 같이 경영상태가 악화된 회사에서 대주주(Y)가 이사회와 결탁하여 무가치한 주식을 회사(A)로 하여금 매수하게 함으로써 채권자들이나 소수주주(X)보다 앞서 출자금을 환급받는 방법으로 株式買受請求權을 이용할 수 있다. 회사의 주식매수는 실질적으로는 자본감소절차를 밟

회사의 양도승인거부시 양도인은 양도의 상대방 지정 또는 매수를 청구할 수 있다.

지 않은 채 이루어지는 資本還給에 지나지 아니하므로 자본충실의 원칙상 회사는 먼저 상대방 지정을 하여야 하며 이것이 불가능한 경우에만 매수청구를 허용하여야 할 것이다(이철(회) 303).

협의가 이루어지지 않으면 법원에 매수가액 결정을 청구할 수 있다.

2) 매수가액의 결정　매수가액은 첫째 회사와 매수청구인간의 협의에 의하고(335의6, 374의2③), 둘째 매수청구일로부터 30일 이내에 협의가 이루어지지 않을 경우에는 회사 또는 매수청구인은 법원에 대하여 매수가액의 결정을 청구할 수 있다(335의6, 374의2④). 법원은 회사의 재산상태 그밖의 사정을 참작하여 공정한 가액으로 이를 산정하여야 한다(335의6, 374의2⑤). 종래에는 협의, 회계전문가의 산정, 법원의 매수가액산정의 3단계로 하였으나 이를 선매권자의 매도청구와 동일하게 협의와 법원의 가액산정의 2단계로 단순화시켰다.

라. 讓渡制限에 違反한 株式讓渡의 效力

[사례 Ⅳ-4-4: 양도제한에 위반한 주식양도의 효력]

(i) Y회사의 정관에는 주식양도에 대하여 이사회의 승인을 요하는 취지의 규정을 두고 있다. X가 소유하는 Y회사의 주식이 경매에 붙여져 A가 이를 경락받았지만 상법 제335조의 2에 의한 양도승인청구를 하지 않았기 때문에 Y회사의 주주명부에는 여전히 X가 주주로 기재되어 있다. Y회사가 X의 주주권행사를 거절하고 있기 때문에 X는 Y회사를 상대로 주주지위확인과 주주권행사의 방해금지를 청구하는 소를 제기하였다. X의 주장은 타당한가? (日最高判 1988.3.15, 判時 2273, 124 참조)

(ii) A회사의 정관에는 주식양도에 대하여 이사회의 승인을 요하는 취지의 규정을 두고 있다. X는 소유하는 A회사의 주식에 양도담보를 설정하고 채권자 X에게 주권을 교부하였다. 이후 X는 이 양도담보설정은 주식의 양도에 해당하는 것으로서 이사회의 승인을 받지 않았기 때문에 무효라고 주장하고 Y에 대해 주권의 반환을 요구하고 있다. X의 주장은 타당한가? (日最高判 1973.6.15, 民集 27-6, 700 참조)

(1) 회사에 대한 효력

정관의 규정에 위반하여 이사회의 승인을 얻지 아니한 주식의 양도는 회사에 대하여 효력이 없다.

정관의 규정에 위반하여 이사회의 승인을 얻지 아니한 주식의 양도는 회사에 대하여 효력이 없다(335②). 따라서 양수인은 회사에 대해 名義改書를 청구할 수 없고 회사도 양수인을 주주로 취급할 수 없다. 그러면 [사례Ⅳ-4-4-i]과 같이 주식이 타인(A)에게 양도되었다는 사실을 회사(Y)가 알고 있는 경우에도 양도승인청구가 없다는 이유로 주주명부상의 주주(X)를 계속

주주로 취급하여야 하는가 하는 문제가 제기된다. 주식의 취득자가 名義改書를 하지 않으면 회사에 대하여 주주로서의 권리를 행사할 수 없지만, 회사가 주주로 취급할 수 있는가에 대하여는 긍정설과 부정설이 대립한다고 함은 앞에서 설명한 바와 같다. 부정설을 취하면 위 사례에서 Y회사는 당연히 X를 주주로 취급하여야 하지만 긍정설을 취할 경우에는 반드시 동일한 결론에 도달하지는 않는다. 왜냐하면 양도승인이 없는 주식양도를 회사에 대한 관계에서는 무효로 하는 것은 양도제한 취지를 관철하여 회사의 이익을 보호하기 위함이다. 따라서 그 무효를 회사측(Y)에서 주장하는 것은 몰라도, 주식을 양도한 후 주주명부상으로만 주주로 남아 있는 X가 주주지위를 주장함은 권리남용 또는 신의칙위반이 될 것이다. 그러므로 이 경우에 주식의 양도인과 양수인이 모두 회사에 대하여 주주임을 주장할 수 없는, 이른바 주주의 공백상태가 생기게 된다(日最高判 1988.3.15, 判時 2273, 124).

(2) 양도당사자간의 효력

1) 양도의 경우 상법 제335조 제2항은 정관의 규정에 위반하여 이사회의 승인을 얻지 아니한 주식의 양도는 회사에 대하여 효력이 없다고만 규정할 뿐 양도당사자간에 어떠한 효력이 있는지에 대하여는 아무런 규정을 두고 있지 않다. 그러나 주식이 이미 양도된 후 양수인측이 회사에 대한 승인청구를 하는 것을 인정하고 있는데(335의7), 이는 양도에 대한 승인이 없어도 당사자간에는 유효하다는 것을 전제로 하고 있기 때문이다. 생각건대 양도제한취지는 회사로 하여금 원하지 않는 자가 주주로 되는 것만을 방지하기 위함이지 그 양도자체의 효력까지 부인하는 것은 아니며, 원래 주식회사에서 주식의 양도성 보장은 그 본질적인 요청인 점을 감안한다면 당사자간에서는 유효로 보아야 할 것이다(정동(회)239, 이철(회)298, 정찬(상)690).

양도제한의 취지에 입각해, 당사자간에서는 유효로 보아야 할 것이다.

2) 양도담보의 경우 [사례Ⅳ-4-4-ii]와 같은 양도담보의 설정에도 이사회의 승인이 요구될 것인가 하는 문제가 있다. 만일 양도담보의 설정에 이사회의 승인이 요구된다면, 이사회에 대한 先買權者의 지정청구는 융자자를 지정해 줄 것을 청구한다는 의미로 보아야 하기 때문에 타당하지 아니하다. 나아가 양도담보 설정시에 이사회의 승인을 받았다고 하더라도 이후 채무를 변제한 후 주식을 반환받을 때에 다시 승인을 받아야 하는가 하는 문제가 제기된다. 또한 質權設定의 경우에는 이사회승인을 받지 않아도 된다고 보기 때문에 담보권설정이라는 점에서는 동일한 양도담보설정시에도 마찬가지로 보아야 할 것이다(日最高判 1973.6.15, 民集 27-6, 700). 그러므로 채무불이행으로 인해

채무불이행으로 인해 양도담보가 실행될 단계에서 이사회의 승인이 요구된다.

양도담보가 실행될 단계에서 이사회의 승인을 받으면 되기 때문에 X의 주장은 타당하지 않다.

2. 法律에 의한 制限

가. 權利株譲渡의 制限

(1) 권리주의 의의

회사설립 전 납입기일 전 주식인수로 인한 권리를 말한다.

權利株란 회사의 설립전 또는 신주발행효력 발생(납입기일)전에 존재하는 株式引受로 인한 권리를 말한다. 다시 말하면 株式引受人의 地位가 권리주이며 엄밀히 말한 의미에서는 新株引受權 자체는 권리주가 아니지만 신주인수권을 행사하여 주식을 인수하면 주식인수인이 된다.

(2) 양도제한의 근거

절차의 간이화와 자본충실을 위한 것이다.

권리주의 양도는 회사에 대하여 효력이 없다(319). 이와 같이 권리주의 양도를 제한하는 이유는, 이를 자유롭게 허용할 경우 주주명부의 정비나 주권발행사무가 지체되는 등 절차가 번잡해질 뿐 아니라 권리주가 투기의 대상이 되어 자칫 회사의 자본충실이 설립단계나 신주발행단계에서부터 부실해질 우려가 있기 때문이다.

(3) 권리주양도의 효력

회사에 대하여 효력이 없다. 또한 회사측의 승인을 부정하는 것이 통설과 판례이다.

권리주의 양도는 회사에 대하여 효력이 없으므로 양수인은 회사에 대하여 주식인수인으로서의 권리를 주장할 수 없다. 그런데 회사측에서 그 양도의 효력을 인정할 수 있는가에 대하여는 견해가 나누어진다. 통설과 판례는 회사의 승인이 효력이 없다고 보는데 대하여(정동(회)241, 이철(회)308, 박·이204, 최기662～663, 채650, 이기(회)259, 이·최285, 註商(II-上)494; 대판 1965.12.7, 65다2069) 소수설은 권리주 양도를 인정하는 것도 무방하다고 한다(정희424, 강위376). 그러나 실무상으로는 신주의 청약일과 납입기일간의 간격이 매우 짧아 권리주가 존재할 수 있는 기간이 한정되어 있으므로 권리주 양도의 효력을 논하는 것 자체가 큰 실익이 없다고 하겠다. 권리주의 양도는 회사에 대하여는 효력이 없지만, 그 자체가 불법은 아니므로 당사자간에서는 채권적 효력이 있다.

나. 株券發行前 株式讓渡의 制限

[사례 Ⅳ-4-5: 주권발행전 주식양도]

(i) A회사는 1990년 5월 1일에 설립등기를 하였으나 주권을 발행하지 않고 있었다. A회사의 발행주식 60%를 보유하고 있던 대표이사 X는 사업전망이 불투명하다고 판단하여 1990년 8월 1일에 보유주식을 모두 Y_1,Y_2,Y_3에게 양도하였다. Y_1,Y_2,Y_3는 주식양수 직후 임시주주총회를 소집하여 Y_1을 대표이사로 선임하였다. ① 1990년 10월 15일경 X는, 주권발행전 주식양도는 무효로서 Y_1,Y_2,Y_3는 주주가 아니므로 이들이 참석한 주주총회결의는 존재하지 않는다는 이유를 내세워, 주주총회결의부존재확인의 소와 Y_1의 대표이사직무정지 가처분신청을 제기하였다. X의 가처분 신청은 타당한가? ② 만일 주식양도 직후 A회사에서 주권을 발행하여 이를 Y_1,Y_2,Y_3에게 교부한 경우에는 어떠한가? ③ 만일 A회사가 주권을 계속 발행하지 않고 있는 사이에 1990년 11월 15일경 X가 주주총회결의부존재확인의 소를 제기한 경우에는 어떠한가? ④ Y_1등이 주식양수 후 A회사의 경영이 호전되자 X가 1996년 5월 1일에 주주총회결의부존재확인의 소와 Y_1의 대표이사직무정지가처분신청을 제기한 경우에는 어떠한가? (대판 1983.4.26, 80다580 참조)

(ii) A회사의 발행주식 총수는 22,000주로서 이중 X가 25%인 5,500주, Y가 30%인 6,600주, B가 10%인 2,200주를 각각 보유하고 있었으며 회사설립 후 6월이 경과한 현재까지 주권은 발행되지 아니하였다. X는 B로부터 2,200주를 양수하는 계약을 체결하고 A회사의 대표이사로부터 주식양도 승락의 의사표시를 기재한 서면에 확정일자를 받고 대금을 지급하였다. 한편 Y는 X가 B로부터 매수하였던 위 주식 2,200주를 B로부터 다시 매수한 다음 주주명부에 명의개서를 하였다. 이에 X는 A회사와 Y를 상대로 하여 주주명부상 Y의 명의로 기재되어 있는 위 2,200주에 대한 주주권이 자신에게 있다는 확인을 구하고, A에 대하여는 위 주식에 대한 명의개서를 요구하는 소송을 제기하였다. X는 승소할 수 있는가? (대판 1995.5.23, 94다36421 참조)

(1) 의의 및 입법취지

거래의 안전을 기하고, 회사의 주권발행사무의 혼잡을 피하기 위해서이다.

株券發行前 株式이란, 회사가 성립한 후 또는 신주발행 효력 발생후에도 주권이 발행되지 아니한 주식을 말한다. 주식의 양도성 보장은 주식회사에 있어서는 본질적인 요청이므로 주권이 발행되지 아니한 경우에도 주식양도가 허용되어야 할 것이다. 그러나 주식의 양도에는 株券의 交付가 필요하므로(336①), 주권이 발행되지 아니한 상태에서 양도하게 되면 양도의 公示

方法이 없어 주식거래의 안전을 기할수 없을 뿐 아니라 회사의 주권발행사무에도 혼잡을 초래한다(이철(회)309, 정희424). 이리하여 주권발행전에는 주식양도를 금지한 것이다(335③).

회사성립후 또는 신주발행후 6월이 경과한 후에도 주권을 발행하지 않으면 주식의 양도가 가능하다.

그러나 주권발행이 장기간 지체될 경우에도 계속 양도를 제한하게 되면 주주의 투하자본회수에 대한 중대한 제약이 되므로, 상법은 회사성립후 또는 신주발행후 6월이 경과한 후에도 주권을 발행하지 않으면 주식을 양도할 수 있도록 하였다(335③但). 1984년 개정 이전에는 이러한 예외규정을 두지 아니하였고 우리 판례가 양도제한 규정을 매우 엄격하게 해석하여, 주권발행전 주식양도는 회사에 대항할 수 없음은 물론 회사측에서도 그 효력을 인정할 수 없다는 입장을 고수하였다(대판 1967.1.31, 66다2221 外, 오수근, "주권발행전의 주식양도", 상사판례연구(Ⅰ), 398). 이에 따라 이 규정이 주권이 발행되지 아니하는 소규모 폐쇄회사에서 회사의 경영권을 양도한 후 다시 경영권을 탈취하는 수단으로 악용되어 왔다(김교창,"주권발행전 주식양도의 효력",「회사법의 제문제」(1982) 237).

(2) 6월 경과전 양도

회사 성립 후 또는 신주납입기일 후 6월이 경과하기 전에 한 주권발행전 주식의 양도는 회사에 대하여 효력이 없다.

1) 양도의 무효　회사성립후 또는 신주의 납입기일후 6월이 경과하기 전에 한 주권발행전주식의 양도는 회사에 대하여 효력이 없다(335③). 양수인이 회사에 대해 주주로서 名義改書를 청구할 수 없을 뿐 아니라 회사측에서도 양도의 효력을 인정하여 명의개서를 할 수 없고 명의개서를 하여도 무효이다(채648, 이기(회)259, 이철(회)310, 정찬(상)674, 대판 1987.5.26, 86다카982·983 外). [사례 Ⅳ-4-5-i]의 ①에서 양수인들(Y_1, Y_2,Y_3)이 주식을 양수한 것은 회사성립일(90.5.1)로부터 6월이 경과되기 전(90.8.1)이므로 그 양도는 회사(A)에 대한 관계에서는 효력이 없고 따라서 이들은 주주로서의 자격이 인정되지 않는다. 또한 이들(Y_1,Y_2,Y_3)로 구성된 주주총회결의는 결의취소 또는 부존재의 원인이 되며 여기에서 선임된 대표이사(Y_1)도 대표이사가 될 수 없다(대판 1975.12.23, 75다770; 1983.9.27, 83도1622). 또 [사례Ⅳ-4-5-i]의 ②와 같이 주식양수후 회사(A)가 주권을 발행하여 양수인(Y_1,Y_2,Y_3)에게 교부하더라도 주권으로서의 효력이 없다(이철(회)310, 정찬(상)674). 대판 1987.5.26, 86다카982·983은 이러한 취지에서 "주권발행전에 한 주식의 양도는 회사에 대한 관계에서 있어서 아무런 효력이 생기지 않으므로 나중에 주권의 발행이 있었다 하더라도 주권양도의 효력이 생기는 것은 아니다"라고 판시하고 있다. 그러나 양도당사자(X·Y)간에서는 양도의 효력이 있음은 물론이다(이철(회)310, 채648, 이기(회)259, 정찬(상)674; 대판 1975.4.22,75다174; 1983.2.22, 82다15).

다수설은 주권

2) 무효의 치유　그런데 [사례Ⅳ-4-5-i]의 ③과 같이 주식양도는 회사

성립후 또는 신주발행일로부터 6월전(1990.8.1)에 이루어졌으나 회사(A)가 주권을 발행하지 않고 6월이 경과한 때에는 무효가 치유될 것인가 하는 문제가 있다. 다수설은 무효의 치유를 인정하지만(정희425, 정동(회)243, 이철(회)310, 이기(회)262, 정찬(상)675) 반대하는 소수견해도 있다(최기664). 긍정설을 취하면 양수인들(Y_1,Y_2,Y_3)이 주주로서 참석한 총회결의의 하자는 치유될 것이다.

발행전 주식의 양도후 주권의 발행없이 6월이 경과하면 무효의 치유를 긍정한다.

3) 신의칙의 적용　6월의 경과로 하자가 치유되지 않는다는 견해를 취할 경우에는 그 무효상태는 언제까지 지속될 것인가 ? [사례Ⅳ-4-5-i]의 ④와 같이 양도인(X)이 회사(A)의 상태가 악화되어 보유 주식을 양도한후 양수인들(Y_1,Y_2,Y_3)의 노력으로 회사의 경영이 호전된 후에 주식양도의 무효를 주장하여 회사의 경영권을 도로 찾아올 수 있는가 하는 문제이다. 이에 대해 대판 1983.4.26, 80다580은 "실질상의 1인주주로서 대표이사직에 있던 자가 주권을 발행하지 아니하고 있다가 자금난으로 회사를 경영할 수 없어 그 주식을 모두 양도한 후, 양수인들이 회사의 부채를 정리하고 경영한지 무려 7,8년이 지난 후에 이르러 주권발행전의 주식양도라는 이유로 그 주식양도의 효력을 다투는 것은 신의성실의 원칙에 반한 소권의 행사이어서 허용되지 아니한다"라고 판시하였다(同 대판 1987.7.7, 86다카2675).

부정설에 의하면 양도인이 무효를 주장함에 있어 신의칙이 적용된다.

(3) 6월 경과후 양도

1) 효　력　회사성립후 또는 신주의 납입기일후 6월이 경과하기까지 회사가 주권을 발행하지 아니하면 주권없이 주식을 양도할 수 있다(335③後). 6월 정도가 주권발행에 필요한 준비를 위한 합리적인 기간으로 보기 때문이다. 이 경우 양도는 당사자간에서는 물론이고 회사에 대한 관계에서도 효력이 있기 때문에 양수인은 양도사실을 입증하여 회사에 대해 名義改書를 청구할 수 있다. 대판 1995.5.23, 94다36421도 "주권발행전 주식을 양수한 사람은 특별한 사정이 없는 한 양도인의 협력을 받을 필요없이 단독으로 자신의 주식을 양수한 사실을 증명함으로써 회사에 대하여 그 명의개서를 청구할 수 있다"라고 판시하고 있다. 따라서 주권발행전에 주식을 양수한 자는 주주명부상의 명의개서 없이도 회사에 대하여 주주권자임을 주장할 수 있다.

당사자간이나 회사에 대해서도 효력이 있다.

2) 양도방법　1984년 상법 개정시 주권발행전 주식양도를 허용하면서 그 양도방법에 대하여는 아무런 규정을 하지 않았다. 따라서 해석상 그 양도는 일반적인 指名債券讓渡方式에 따라 당사자간 양도합의와 회사에 대한 통지 또는 회사의 승락을 요한다고 본다(정동(회)244, 이철(회)311, 채649 外). 대판 1988.10.11, 87누481도 "주권발행전의 주식양도는 지명채권양도의 일반원칙에 따라 당

지명채권양도의 일반원칙에 따른다.

사자 사이의 의사표시만으로 성립하는 것이므로, 주권이 발행된 경우 기명주식양도의 절차를 밟지 않았다고 하여 주식양도의 효력이 없다고는 할 수 없다"고 판시하고 있다(同 대판 1995.5.23, 94다36421; 2002.9.10, 2002다29411).

제3자에 대한 대항요건은 확정일자부통지이며, 명의개서는 회사에 대한 권리행사를 위한 대항력일 뿐이다.

3) 대항력 주권이 발행되지 않은 경우에는 주권의 소지로 인한 적법성 추정(336②)을 받지 못하므로 양수인은 제3자에 대하여, 그리고 회사에 대하여 각각 대항력을 갖추지 않으면 안 된다. [사례 Ⅳ-4-5-ii]에서 보면 주주(B)로부터 동일한 주식(2,200주)을 각각 양도받은 X와 Y 중, X는 회사(A)에 대해 먼저 確定日字附通知를 하였고 Y는 먼저 名義改書를 하였다. 이 경우 X와 Y 중 누가 우선할 것인가? 생각건대 주식양도의 제3자에 대한 대항력을 갖추기 위하여는 회사(채무자)에 대한 확정일자부통지를 하여야 하며 명의개서는 이후 회사에 대한 권리행사를 위한 대항력일 뿐이다(최기원, "주권발행전 주식양도의 효력 및 대항요건", 「상사판례연구(Ⅰ), 412」). 따라서 X,Y의 우선관계에서는 누가 먼저 확정일자부통지를 하였는가에 의해 결정되며 명의개서 여부는 문제되지 아니한다. 왜냐하면 이 경우 양수인(X)은 명의개서가 없어도 회사에 대해 주주권자임을 주장할 수 있기 때문이다. 이러한 취지에서 대판 1995.5.23, 94다36421은 "주권발행전의 주식양도의 제3자에 대한 대항요건으로는 지명채권의 양도와 마찬가지로 확정일자 있는 증서에 의한 양도통지 또는 회사의 승락이라고 보는 것이 상당하고, 주주명부상의 명의개서는 주식양수인들(X, Y) 상호간의 대항요건이 아니라 적법한 양수인이 회사(A)에 대한 관계에서 주주의 권리를 행사하기 위한 대항요건에 지나지 아니한다고 볼 것이다. 따라서 원심이 확정일자 있는 증서에 의하여 피고회사(A)의 승락을 받은 원고(X)를 적법한 주식의 양수인이라고 판단한 것은 정당하다"고 판시하였다(同 대판 1996.8.20, 94다39598; 2003.10.24, 2003다29661; 2006.6.2, 2004도7112-채권담보의 목적으로 주식이 양도된 경우; 2006.9.14, 2005다45537).

다. 自己株式의 取得制限

[사례 Ⅳ-4-6: 자기주식의 취득제한]

(i) X는 Y_1의 제안에 따라 X의 이름으로 Y_1회사의 유상증자에 참여하기로 하되, 100억 원을 Y_1로부터 대출받아 이를 신주인수의 청약대금으로 Y_1에 납입하고, 인수한 주식 전부를 Y_1에게 담보로 제공하기로 하였다. 그리고 만일 Y_1이 영업정지를 받는 등의 사유가 발생하는 경우에는 그 전 일자로 Y_1에 대하여 X가 위 주식의 매수(환매)를 청구할 수 있는 권리가 발생한 것으로 간주하고, 매수가격을 발행가액으로 하여 X의 대출금채무와 상계된 것으로 보고 이자 등 일체의 채권에 대하여 Y_1의 권리가 상실되는 것으로 계약을

체결하였다. 그런데 Y_1이 도산하자 Y_1의 파산관재인 Y_2는 X에게 위 대출금의 상환을 요구하고 있다. 이 경우 X는 Y_1, Y_2를 상대로 채무부존재확인을 구할 수 있는가? (대판 2003.5.16, 2001다44109 참조)

(ii) Y회사의 대표이사이며 대주주인 A와 또 다른 대주주인 X는 Y회사의 경영권을 둘러싸고 오랜기간 대립하여 왔다. 이러한 경영권분쟁을 근원적으로 해결하기 위해 양자간 합의에 의해 X의 소유주식을 Y회사에 양도하는 대신 Y회사의 보유 부동산을 X에게 양도하기로 하였다. Y회사가 취득한 X의 주식은 소각하거나 A가 이를 양수함으로서 X를 제외하고 A등이 Y회사를 독자적으로 경영하기로 한 것이다. 그런데 Y회사의 주가가 대폭적으로 상승하자 X는 Y회사를 상대로 하여 Y회사의 자기주식 취득은 상법에 위반하여 무효라고 주장하고 주식의 반환을 청구하였다. X의 반환청구는 타당한가? (대판 1992.4.14, 90다22698 참조).

(iii) X는 Y회사의 주식 80% 보유하고 있는 대주주로서 그 중 절반을 타인에게 양도하기 위해 주식양도승인청구를 하였으나 거부되었다. X는 Y회사에 주식매수청구를 하고 Y회사가 이에 응해 X의 주식을 취득하였으나 아직 이를 소각하지는 않았다. Y회사는 100% 무상증자를 하여 신주를 발행하였는데 이중 Y회사에 40%를 유보하고 X에게 40%, 나머지 주주에게 20%를 각각 배정하였다. 이에 대해 X는 Y회사가 보유하는 자기주식은 신주인수권이 없다는 이유로 자신에게 신주의 66%를 배정하고 나머지 주주에게 33%를 배정할 것을 주장하고 있다. X의 주장은 타당한가?

(1) 의 의

상법은 자기주식의 취득을 원칙적으로 금지한다. 다만 폐해가 생길 염려가 없는 경우에 한하여 예외적으로 인정한다.

自己株式이란 회사가 주주로부터 양수한 자기회사의 주식을 말한다. 이론적으로 볼 때 社團法人인 주식회사가 스스로 그 사원(주주)으로 될 수는 없지만 주식회사의 사원권은 주식으로 객관화되어 있을 뿐 아니라 주권에 의해 상품화되어 있기 때문에 회사가 이를 하나의 재산으로 취득할 수는 있다. 따라서 상법은 자기주식취득이 초래할 폐해를 고려하여 원칙적으로 취득을 금지하되(341; 정희426, 이철(회)312~314), 폐해가 생길 염려가 없는 경우에는 예외적으로 그 취득을 허용하는 한편 취득된 자기주식의 주주권을 일정하게 제한하고 있다(박진태, "자기주식취득금지의 완화", 「강위두교수화갑기념논문집」(1996.2), 292). 또 子會社가 母會社의 주식을 취득하는 것은 두 회사간에 주식을 相互保有로서 규제하고 있지만, 그 실질은 自己株式의 取得禁止의 한 유형이라고 하겠다(342의2).

(2) 자기주식의 폐해

자본 감소를 초래한다.

1) **자본충실침해** 자기주식을 유상으로 취득하게 되면 주주에 대한 출자의 환급으로서 資本減少절차를 우회한 자본감소가 되어 회사채권자를 해하게 된다.

평등한 주식상환의 보장을 해할 수 있다.

2) **주주평등위배** 다수의 주주가 투자분의 회수를 원할 경우 회사가 임의로 그 중 일부의 주식만을 매수하게 되면 주주간에 불평등을 초래하게 된다. 이때 자기주식취득은 평등한 주식상환의 보장을 잠탈하는 수단으로 이용되기 쉽다.

의결권 총수의 감소로 회사 지배권을 강화할 수 있다.

3) **지배의 불공정** 자기주식은 의결권행사가 제한되기 때문에 지배주주 또는 이사 등이 자기주식을 이용하여 직접적으로 지배권을 보전할 수는 없다. 그러나 회사가 취득한 자기주식만큼 의결권총수가 감소하게 되므로 주주총회에서 다수를 점하는 데 필요한 주식수는 자기주식 취득 전에 비해 감소하게 되어 회사의 지배권강화 수단으로 이용될 수 있다(양동석, "자기주식 취득의 제한에 관한 고찰", 「기업법 고찰」(2002.4), 397).

주가를 조작할 수 있다.

4) **주식거래의 불공정** 자기주식의 취득은 회사에 의한 주가조작의 수단으로 이용될 우려가 많다. 자기주식취득을 무제한 허용하면 회사는 內部者去來를 통하여 주가상승의 이익을 일반투자가에 앞서 차지할 것이기 때문에 자기주식의 취득을 금지시키는 것이다. 대판 2003.5.16, 2001다44109도 "주식회사가 자기의 계산으로 자기의 주식을 취득하는 것은 회사의 자본적 기초를 위태롭게 하여 회사와 주주 및 채권자의 이익을 해하고 주주평등의 원칙을 해하며 대표이사 등에 의한 불공정한 회사지배를 초래하는 등의 여러 가지 폐해를 생기게 할 우려가 있으므로 상법은 일반 예방적인 목적에서 이를 일률적으로 금지하는 것을 원칙으로 하면서, 예외적으로 자기주식의 취득이 허용되는 경우를 유형적으로 분류하여 명시하고 있다"고 판시하고 있다.

(3) 적용범위

회사는 자기의 計算으로 자기의 주식을 취득하지 못한다(341). 또 회사는 발행주식총수의 20분의 1을 초과하여 자기의 주식을 質權의 목적으로 받지 못한다(341의3).

회사가 자기 계산으로 하는 유상 취득을 제한한다

1) **자기의 계산** 상법상 제한되는 자기주식 취득은 회사가 '自己의 計算'으로 하는 유상취득의 경우이며 무상취득은 이에 해당하지 아니한다. 왜냐하면 무상의 주식취득은 부당한 투기 목적으로 악용되지는 않기 때문이

다. 대판 1996.6.25, 96다12726도 이러한 취지에서 "회사는 원칙적으로 자기의 계산으로 자기의 주식을 취득하지 못하는 것이지만, 회사가 무상으로 자기주식을 취득하는 때와 같이 회사의 자본적 기초를 위태롭게 하거나 회사 채권자와 주주의 이익을 해한다고 할 수가 없는 경우에는 예외적으로 자기주식의 취득을 허용할 수 있다"고 판시하였다.

2) 타인명의　회사가 자기의 계산으로 주식을 취득하는 한 그 명의가 누구인가는 중요하지 않다. 가령 제3자의 명의로 회사의 주식을 취득하는데 있어 회사가 융자라든가 전도금, 보증금, 담보의 제공과 같은 경제적 지원을 한 경우에는 자기주식 취득으로 금지된다. 이러한 취지에서 대판 2003.5.16, 2001다44109는 [사례Ⅳ-4-6-i]에서 "비록 회사(Y) 아닌 제3자(X)의 명의로 회사의 주식을 취득하더라도, 그 주식취득을 위한 자금이 회사(Y)의 출연에 의한 것이고 그 주식취득에 따른 손익이 회사(Y)에 귀속되는 경우라면, 상법 기타의 법률에서 규정하는 예외사유에 해당하지 않는 한, 그러한 주식의 취득은 회사(Y)의 계산으로 이루어져 회사의 자본적 기초를 위태롭게 할 우려가 있는 것으로서 상법 제341조가 금지하는 자기주식의 취득에 해당한다"고 판시하였다. 그러나 반대로 회사 명의이지만 타인의 계산으로 하는 자기주식 취득은 허용된다. 가령 증권회사가 위탁의 실행으로 일시적으로 자기주식을 취득하는 경우에는, 주식취득으로 발생하는 손익이 위탁자에 귀속하고 주식취득에 필요한 자금도 위탁자가 부담하므로 자기주식의 취득으로 보지 아니한다.

회사가 자기 계산으로 취득하는 한 명의는 상관없다. 타인의 계산으로 하는 회사명의의 취득은 가능하다.

3) 자기사채　회사는 주식과는 달리 자기가 발행한 社債는 자유롭게 취득할 수 있다. 그러나 사채 중에서도 주식으로 전환할 수 있는 전환사채나 신주인수권이 부여된 사채의 경우 그 취득은 허용되지만, 전환권 또는 신주인수권을 행사할 수 없다고 보아야 한다.

회사는 자기가 발행한 사채는 자유롭게 취득할 수 있다.

(4) 예　외

자기주식의 취득이 불가피한 경우로서 상법과 특별법에 의해 허용되는 경우는 다음과 같다.

1) 주식소각의 경우　회사가 株式을 消却하기 위한 때에는 일시적으로 자기주식취득이 허용된다(341.1). 가령 회사가 資本減少(343①本)나 利益消却(343①但) 또는 償還株式의 상환(345①)과 같은 절차의 일환으로 주식을 소각하여야 하는 경우에 소각을 위해 일시적으로 자기주식의 취득을 허용하는 것이다. 이러한 경우에는 이미 채권자보호절차를 밟았거나 아니면 정관의 규정에 따

주식을 소각하기 위한 때에는 자기 주식이 허용된다. 판례는 자본감소절차를 거치지 아니하고 주식소각

을 위한 주식취득을 가능하다고 본다.

라 이루어지는 것이므로 자기주식취득을 허용하여도 주주평등의 원칙이나 자본충실을 침해할 우려가 없기 때문이다. 이 경우 회사는 지체없이 자기주식의 실효절차를 밟아야 한다. 문제는 [사례Ⅳ-4-6-i]과 같이 자본감소 등의 절차를 이행함이 없이 장차 주식을 소각하려는 계획만으로 하는 자기주식취득을 허용할 것인가 하는 점이다. 이에 대하여 대판 1992.4.14, 90다22698은 "피고(Y)가 원고(X)의 주식을 유상으로 취득한다고 하더라도 그것은 주식을 소각하기 위한 때에 해당되어 무효라고 할 수는 없고, 이와 같은 주식 소각의 경우 거쳐야 되는 자본감소의 절차는 피고(Y)의 주식취득 이후에 취하여야 할 절차로서 위와 같은 절차를 거치지 아니하였다 하여 위 약정자체가 무효가 된다고 할 수 없다… 이 사건의 경우와 같은 주식의 임의소각은 그 주식을 취득하고 상법 소정의 자본감소의 절차와 실효절차를 마친 때에 소각의 효력이 생기는 것이라 할 것이므로 주식의 취득과 동시에 소각의 효력이 생기는 것이라는 전제 아래 그 이전에 자본감소의 절차 등을 밟지 않은 피고의 주식취득이 무효라고 하는 소론은 이를 받아들일 수 없다"고 판시하고 있다. 그러나 이러한 판례의 취지에 따른다면, 사실상 자기주식취득을 무제한적으로 허용하는 결과가 되므로 부당하다고 할 것이다(이철(회) 316).

합병이나 영업양수의 경우 자기주식취득이 허용된다.

2) 합병·영업양수의 경우 회사의 합병 또는 다른 회사의 영업전부의 양수로 인한 경우에는 자기주식취득이 허용된다(341. 2). 흡수합병의 경우 피합병회사의 재산중에 합병회사의 주식이 포함되어 있거나 영업양도의 경우 양도목적인 재산중에 양수회사의 주식이 포함되어 있는 경우에는 합병회사나 양수회사는 자기주식을 취득하게 된다. 합병이나 영업양도와 같은 포괄적인 승계에서 자기주식을 분리하기가 어렵기 때문에 불가피하게 인정되는 예외이다(이철송, "자회사에 의한 친회사주식의 취득", 「손주찬교수화갑기념논문집」(1984.7), 111).

회사의 권리실행에 있어 그 목적달성에 필요한 경우 자기주식취득이 허용된다.

3) 권리실행을 위한 경우 회사의 권리를 실행함에 있어 그 목적을 달성하기 위해 필요한 때에는 자기주식이 허용된다(341. 3). 가령 어떤 회사의 채무자가 가진 재산이 그 회사 주식이 전부인 경우에는 회사가 이를 競落받든가 代物辨濟로 받는 경우가 그 예가 될 것이다. 대판 1977.3.8, 76다1292는 "상법 341조 3호에서 주식회사가 자기주식을 취득하는 경우로서 '회사의 권리를 실행함에 있어서 그 목직을 달성하기 위하여 필요한 때'라 함은 회사가 그의 권리를 실행하기 위하여 강제집행, 담보권의 실행등에 당하여 채무자에게 회사의 주식 이외에 재산이 없는 때에 한하여 회사가 자기 주식을 경락 또는 대물변제등으로 취득할 수 있다고 해석되며, 따라서 채무자의 무자력은 회사의 자기 주식취득이 허용되지 위한 요건"이라고 판시하였다.

단주처리를 위해 필요한 경우 자기주식취득이 허용된다.

4) 단주처리의 경우 端株의 처리를 위하여 필요한 때에는 자기주식취득이 허용된다(341.4). 그러나 단주처리의 방법에 관하여 규정을 두고 있는 경우(443①, 530③, 461②, 462의2③)에는 그에 따라야 하므로 단주처리를 위해 자기주식취득이 허용되는 경우란 통상의 신주발행이나 전환주식 또는 전환사채의 전환으로 인한 신주발행의 경우에 한정된다.

주주에게 매수청구권을 인정하는 경우 자기주식취득이 허용된다.

5) 주식매수청구권 행사의 경우 회사가 주식양도승인청구를 거부한 경우에는 주주에게 매수청구권을 인정하고 있으므로(335의6), 회사에 자기주식취득이 허용된다. 이외에도 주주에게 주식매수청구권이 인정되는 각 경우에(374의2①, 522의3, 530의11②) 자기주식취득이 허용된다.

스톡·옵션의 행사에 대비하여 미리 회사내에 자기주식을 유보하여 둘 수 있다.

6) 주식매수선택권 부여 목적인 경우 株式買受選擇權, 이른바 스톡·옵션(stock option)이라 함은 회사가 설립과 경영 또는 기술혁신에 기여하였거나 기여할 수 있는 이사, 감사 또는 사용인에게 미리 정한 가액(주식매수선택권의 행사가격)으로 신주 또는 회사의 자기주식을 매수할 권리를 부여하는 것을 말한다(340의2①). 회사의 경영상태가 호전되어 주가가 상승하면 이 권리를 행사함으로서 이사나 사용인은 이익을 얻을 수 있게 되므로 일종의 인센티브 역할을 한다(최한준, "주권상장법인의 자기주식취득에 관한 연구", 「상사법연구」(1997), 345). 스톡·옵션의 행사에 대비하여 회사는 미리 자기주식을 취득하여 이를 회사내에 유보하여 둘 필요가 있으므로 발행주식총수의 100분의 10을 초과하지 아니하는 범위 내에서 자기주식 취득이 허용된다. 다만 그 취득금액은 배당가능이익의 한도이내이어야 한다(341의2①, 462①). 그리고 발행주식총수의 100분의 10 이상의 주식을 가진 주주로 부터 취득하는 경우에는 주주총회 특별결의를 거쳐야 한다(341의2②). 이 경우 회사는 주주총회결의 후 6월 이내에 주식을 취득하여야 한다(최완진, "주식매수선택권", 「고시계」(2000.4), 17).

기업매수에 대한 방어수단으로서 자기주식을 취득할 수 있다.

7) 특별법상의 예외 주권상장법인 및 협회등록은 기업매수(M&A)에 대한 방어수단으로 배당가능이익의 한도 내에서 자기주식을 취득할 수 있다. 나아가 주식시장의 안정수단으로 自社株買入이 광범위하게 인정된다(김택주, "방어적 자기주식취득", 「상사법연구」(1994), 139). 다만 자기주식을 취득하거나 취득한 주식을 처분할 경우에는 관련사항을 금융감독위원회와 증권거래소 또는 협회에 신고만 하면 된다(證去 189의2③). 이와 같이 상장회사나 등록회사의 경우 사실상 아무런 제한이 없이 自己株式取得을 허용하고 있으므로 商法의 적용을 받아 자기주식취득이 엄격히 제한되는 비공개회사와는 균형이 맞지 않는다는 문제점이 있다.

8) 해석상의 예외 법정된 예외사유 이외에도 무상으로 취득한 경우, 위탁매매업자가 위탁자의 계산으로 자기주식을 취득한 경우, 신탁회사가 자

기주식의 신탁을 인수하는 경우에도 예외적으로 자기주식 취득이 허용된다고 함은 관련되는 곳에서 이미 설명한 바 있다.

(5) 위반의 효과

통설은 정책적 이유로 무효라고 보지만, 유효설이 타당하다고 본다.

1) 학설 · 판례 상법 제341조에 위반하여 자기주식을 취득하거나 질취한 경우 그 효력에 대하여는 무효설, 유효설, 부분적 무효설이 대립한다. ① **무효설**; 상법 제341조는 회사, 채권자 및 주주나 일반투자가들이 이익을 보호하기 위한 정책적인 이유에 의해 제정된 강행규정이기 때문에 이에 위반한 자기주식취득은 양도인의 선의 · 악의를 불문하고 무효라고 본다(서정 373, 정동(회)248, 최기669, 이범145, 이기(회)264, 정찬(상) 679; 대판 1955.4.7, 4287민상229; 1964.11.12, 64마719). 무효설이 통설이다(권기훈, "위법하게 취득한 자기주식", 「강위두교수 화갑기념논문집」(1996.2), 317). 대판 2003.5.16, 2001다44109는 [사례Ⅳ-4-6-i]에서 "이 경우는 결국 원고(X)가 청약하는 신주인수대금을 Y_1이 대출의 형식으로 제공하여 납입하게 하지만 X에게는 그 대여금 상환의 책임을 지우지 아니하고 그 주식인수에 따른 손익을 Y_1에 귀속시키기로 하는 내용의 계약이라고 할 것이고, 따라서 이 계약의 실질은 Y_1의 계산 아래 Y_1이 X의 명의로 Y_1 스스로 발행하는 신주를 인수하여 취득하는 것을 목적으로 하는 것으로서, 자기주식의 취득이 금지되는 유형에 해당한다고 할 것이므로, 위 계약은 대출약정을 포함한 그 전부가 무효라고 할 것이고, 그 계약에 따라 X가 Y_1의 대여금으로 신주대금을 납입한 것 역시 무효라고 할 것이다"라고 판시하여 무효설을 취하고 있다(동 대판 2006.10. 12, 2005다75729). ② **유효설**; 상법 제341조는 명령적 규정에 불과하기 때문에 이에 위반한 행위자체의 효력에는 영향을 주지 않고 이사의 손해배상책임이 생길 뿐이라고 한다(박·이206, 강·임 607, 채648). 이 견해에 의하면 거래의 안전을 꾀할 수 있지만 자기주식 취득제한의 실효를 거둘 수 없게 된다. ③ **부분적 무효설**; 자기주식취득은 원칙적으로 무효이지만 거래의 안전을 고려하여 제3자 명의에 의한 취득의 경우 상대방(양도인)이 선의이면 예외적으로 유효로 보아야 한다는 입장이다(정희426, 손주713, 이철(회)321). 위에서 본 바와 같이 이미 상장회사나 등록회사에서는 자기주식취득이 무제한적으로 허용되는 점에 비추어 보면 상법상 자기주식취득제한이 가지는 의미가 그다지 크지 않다고 할 것이므로 유효설이 타당하다고 본다.

무효의 주장은 회사만 할 수 있다.

2) 무효의 주장 무효설 또는 상대적 무효설을 취할 경우에 무효의 주장은 누구라도 할 수 있는 것인가? [사례Ⅳ-4-6-i]에서 보면 양도인(X)은 주식을 회사(Y)에 양도한 후 주가가 대폭 상승하자 주식양도의 무효를 주장하고 그 반환을 요구하고 있는데 그 허용여부가 문제된다(이 사례가 상법 제341조 제1호에

해당하지 않는다는 것을 전제로 함). 자기주식취득을 금지하는 입법취지가 회사의 채권자, 일반주주의 이익을 보호하는 데 있으며, 또한 양도인(X)의 무효주장을 허용하면 위 사례와 같이 양도 이후 주가가 상승한 경우에 무효를 주장함으로써 투기행위를 조장할 우려가 있기 때문에, 무효의 주장은 회사만 할 수 있다고 본다. 따라서 X의 주장은 타당하지 아니하다.

자기주식의 질취의 제한은 탈법행위를 방지하는 데 있다.

3) 질취의 경우　발행주식총수의 5% 이상을 질권의 목적으로 받을 경우에도 자기주식취득의 위반으로 된다(341의3). 이때에도 주식취득의 경우와 마찬가지로 무효로 볼 것인가 하는 문제가 있다. 생각건대 자기주식의 質取를 제한하는 것은 이를 자기주식취득의 탈법행위로 이용하는 것을 방지하고자 함에 있기 때문에 취득의 경우보다 그 제한의 이유가 약하다. 그뿐 아니라 20분의 1을 초과하는 부분을 무효로 하게 되면 채무자가 담보로 제공한 주식 중 어느 부분에 대한 질권이 무효로 되는가 하는 난점이 제기된다.

(6) 자기주식의 지위

적법하게 취득한 자기주식에 대하여 회사는 주주권을 행사할 수 있는가 하는 문제가 있다.

공익권은 인정되지 않는다.

1) 공익권　의결권을 행사할 수 없다는 점에 관하여는 명문으로 규정(369②)되어 있고 그 외 共益權도 인정되지 않는다고 본다. 회사가 자기주식에 대하여 공익권(소수주주권, 각종 소권)을 행사하는 것은 이치에 어긋나기 때문이다. 의결권이 없는 결과 자기주식은 정족수의 계산에서 발행주식총수에 산입되지 아니한다(371①).

이익배당청구권과 잔여재산청구권은 부정된다. 신주인수권에 대해서 통설은 전면적으로 부정하지만 소수설은 무상과 유상을 구분한다. 주식분할은 허용된다.

2) 자익권　① **이익(이자)배당청구권**은 인정되지 아니한다고 본다. 왜냐하면 자기주식의 취득은 실질적으로는 자본의 환급에 해당하는 것으로서 여기에 이익배당을 하면 가공자본에 배당하는 것으로 되어 부당하기 때문이다. ② **잔여재산분배청구권**도 이를 인정할 경우 청산이 종료되지 않기 때문에 인정되지 아니한다. ③ **신주인수권**에 대하여는 견해가 나누어진다. i) 통설은 자기주식의 신주인수권을 전면적으로 부정하는 반면(정희427, 서·정375, 손주663, 이범146, 정동(회)249~250, 이철(회)323~324, 이기(회)266, 강·임609, 註商(II-上)595 外) ii) 소수설은 유상증자와 무상주교부를 나누어, 유상증자에 의한 신주인수권은 납입금의 환급을 초래하므로 허용하여서는 안되지만 [사례Ⅳ-4-6-ⅲ]과 같은 무상주교부는 인정하여야 한다고 본다(최기676). 통설의 입장에 따라 자기주식에 대하여 무상주를 교부하지 않을 경우 자기주식에 대한 신주배정분(40%)은 누구에게 귀속하는가 하는 문제가

제기된다. 이에 대해 통설은 일실 이익은 주주들에게 비례적으로 귀속한다고 설명하지만(이철(회) 324) 그 결과는 X의 주장대로 신주는 Y회사를 제외한 나머지 주주들에게 그 보유주식 비율대로 X에게 66%, 나머지 주주에게 33%씩 전부 배정하는 것이 된다. 그러나 이러한 결과는 주주의 신주인수권의 부당한 확장을 초래하는 것이므로 타당하지 않다고 하겠다. 독일주식법도 자기주식에 대해 일체의 권리를 부정하지만 그 예외로 준비금의 자본전입으로 인한 신주를 배정받을 수 있도록 허용하고 있는 것은 그 때문이다(同法 215). ④ 주식분할은 주식이 동일성을 유지하면서 보다 작은 단위로 세분화되는 것에 불과하므로 자기주식도 분할에 의해 당연히 증가한다.

라. 相互株 保有의 制限

[사례 Ⅳ-4-7: 상호주 보유의 제한]

(i) 다음 각 경우 B회사는 A_1회사 또는 A_2회사의 주식을 취득할 수 있는가? ① A_1회사가 A_2회사 발행주식의 51%를 보유하고 있고, A_1회사와 A_2회사가 합하여 B회사 발행주식의 51%를 보유할 경우 ② A_1회사가 A_2회사의 주식의 51%를 보유하고 있고, A_2회사가 B회사의 주식을 51%를 보유하는 경우

(ii) A_1회사는 A_2회사의 주식 51%를 보유하고 있다. 다음 각 경우 A_2회사는 A_1회사의 주식을 취득할 수 있는가? ① A_2 회사가 A_1회사의 주식을 보유하는 B회사의 영업을 양수한 경우 ② A_2회사가 채권의 실행을 위해 B회사가 보유하는 A_1회사의 주식을 압류한 경우 ③ 증권회사인 A_2회사가 위탁매매의 실행으로 A_1회사의 주식을 취득한 경우

(iii) 다음 각 경우 B회사는 보유하고 있는 A_1회사 또는 A_2회사의 주식에 대해 의결권을 행사할 수 있는가? ① A_1회사는 B회사 주식의 20%를 보유하고, B회사는 A_1회사의 주식의 8%를 보유하는 경우 ② A_1회사는 B회사 주식의 20%를 보유하고, B회사는 A_1회사의 주식 11%를 보유하는 경우 ③ A_1회사는 A_2회사 주식의 51%와 B회사 주식의 3%를 보유하고, A_2회사는 B회사 주식의 8%를 보유하는 경우 ④ A_1회사는 A_2회사 주식의 51%를 보유하고, A_2회사는 B회사 주식의 11%를 보유하는 경우

상호주 보유란 둘 이상의 회사들이 직접 또는 간접으로 상호간에 주식을 보유하는 것을 말

相互株 保有라 함은 둘 또는 그 이상의 회사들간에 직접 또는 간접으로 상호간에 주식을 보유하는 관계를 말한다. 가령 A주식회사가 B주식회사의 주식을 보유하고 반대로 B회사도 A회사의 주식을 보유하는 것을 말한다. 이러한 주식의 상호보유는 회사간의 업무제휴 또는 浮動株의 증가를 방지하여 경영의 안정을 도모하는 등 여러 가지 목적으로 행하여진다. 그러나

주식의 상호보유는 다음에서 보는 바와 같이 폐해를 초래하기 때문에 취득 자체를 제한하거나(342의2) 아니면 보유주식의 의결권이 제한되는(369③) 등 규제를 받게 된다.

한다.

(1) 상호주의 유형

주식의 상호보유 형태는 참여기업의 수와 참여 형태에 따라 單純相互保有와 고리형 相互保有, 行列式 相互保有로 구분할 수 있다.

1) 단순 상호보유 A회사와 B회사가 직접적으로 상호출자하는 형태이다.

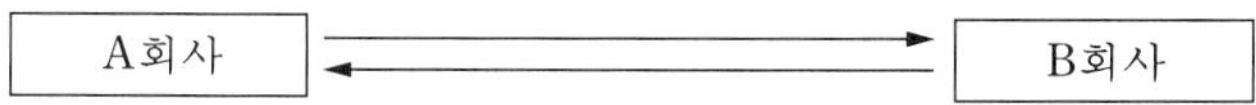

2) 고리형 상호보유 A회사가 B회사에, B회사가 C회사에, C회사가 다시 A회사에 순환적으로 출자하는 형태이다.

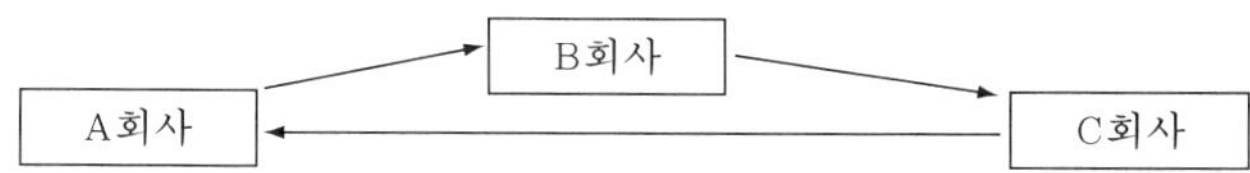

3) 행열식 상호보유 위 2가지 형태가 복합된 것으로서 A회사는 B, C, D회사에, B회사는 A, C, D회사에, C회사는 A, B, D회사에, D회사는 A, B, C회사에 각각 출자하는 형태이다.

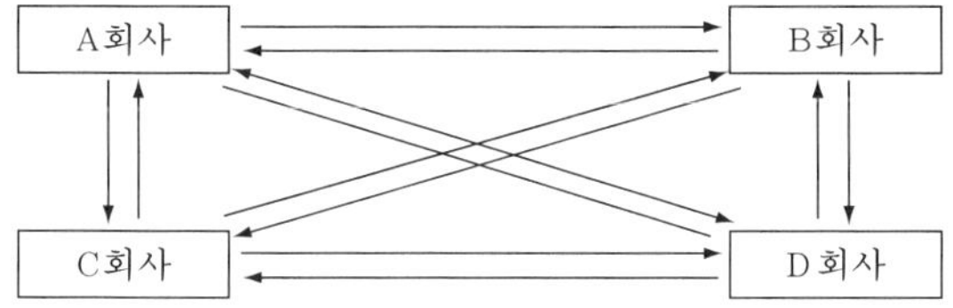

(2) 상호주 보유의 폐해

상호주 보유는 자본의 공동화를 초래하고 의결권행사 내지는 회사지배의 왜곡을 초래하는 폐해가 생긴다. 이를 단순 상호보유를 중심으로 살펴보기로 한다.

상호보유에 상응하는 실질적 재산이 증가하지 않거나 감소하여 허구의 자본이 형성된다.

1) 자본의 공동화 A, B 양회사가 상호 신주발행에 의해 상대방회사의 주식을 취득하는 경우에는 그 주식납입대금이 직접적으로는 양회사간에 왕복하는데 불과하고 발행주식의 증가에도 불구하고 실질적으로는 회사 재산의 증가가 생기지 않는다. 또 A, B 양회사가 주식시장에서 서로 상대방 주식을 취득함으로써 상호보유가 생기는 경우에도 실질적으로는 출자의 환

급이 이루어져 相互保有株式數에 상응하는 회사재산의 감소가 초래된다. 이와 같이 주식의 상호보유에 있어서는 형식적으로 자본이 증가하거나 변함이 없는 경우에도 이에 상응하는 실질적 재산이 증가하지 않거나 감소함으로써 허구의 자본이 형성되는데, 이를 '資本의 空洞化'라고 한다.

■ 행열식 상호보유에서의 자본공동화(김세신, 149면에서 따옴)

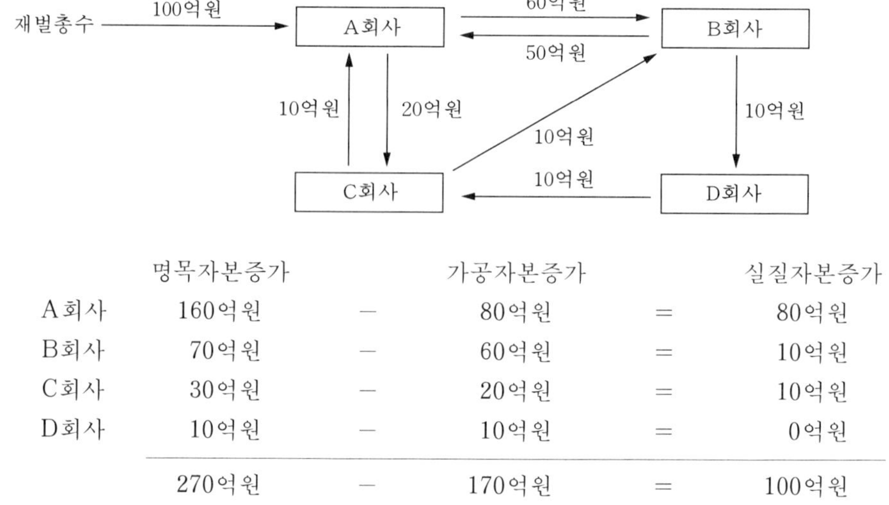

	명목자본증가		가공자본증가		실질자본증가
A회사	160억원	−	80억원	=	80억원
B회사	70억원	−	60억원	=	10억원
C회사	30억원	−	20억원	=	10억원
D회사	10억원	−	10억원	=	0억원
	270억원	−	170억원	=	100억원

양회사의 의결권행사의 왜곡을 초래한다.

2) 의결권행사 또는 회사지배구조의 왜곡 A회사가 B회사의 주주총회 결의에 영향을 줄 정도의 주식을 보유하면 A회사의 경영진의 의결권행사가 B회사의 주주총회에 영향을 준다. 나아가 A회사의 주주총회의 결의시 B회사 소유의 A회사주식의 의결권을 A회사의 경영진이 의도하는 방향으로 행사할 수 있다. 그 반대의 경우도 마찬가지이므로 결국 株式의 相互保有는 양회사의 의결권행사의 왜곡을 초래한다(강위두, "주식상호보유의 규제에 관한 비교법제", 「정희철정년기념논문집」(1985.2), 113).

(3) 상법상의 규제

단순 상호보유만을 규제한다.

1) 규제의 대상 위 세 가지 유형의 상호보유중 우리 상법이 규제대상으로 하는 것은 두 개 주식회사간의 단순 상호보유이다. 고리형 상호보유라든가 행열식 상호보유의 경우에는 그 범위가 무한정 늘어날 가능성이 있기 때문에 규제를 위해서는 결국 특정 기업집단(그룹)에 소속하는 기업간의 보유주식분을 대상으로 한정할 수밖에 없다. 그러나 상법으로 이를 정하는 데에는 입법기술상 한계가 있으므로 두회사간의 단순상호보유만을 규제하고 고리형이나 행열식 상호보유는 公正去來法에서 大規模企業集團(財閥)의 지

정을 전제로 하여 재벌계열사간의 출자총액제한이라는 형태로 규제하고 있다.

2) 규제의 방법 상호보유를 규제하는 방법은 입법례에 따라서 보유자체를 금지하는 유형과 보유를 금지하지는 않지만 일정비율 이상의 상호주에 대하여는 의결권을 제한하는 유형이 있다. 보유금지는 자본공동화라는 폐해의 방지에 중점을 둔 것이고 의결권제한은 지배구조의 왜곡을 방지하는데 초점이 있다. 상법은 양자를 병용하여 우선 母子會社間의 상호주 보유를 금지하고(342의2) 그 이외의 회사간에는 10%이상 보유주식에 대하여 의결권을 제한하고 있다(369③). 또 10%이상 주식을 취득할 경우에는 상대방회사에 통지하도록 하였다(342의3).

보유금지 또는 의결권 제한을 통해 규제한다.

(4) 자회사의 모회사 주식취득금지

1) 금지의 취지 어느 회사가 자본참가에 의해 다른 회사의 경영을 지배하는 경우에 이들은 支配會社와 從屬會社의 관계에 있게 되며 이 중에서 다른 회사의 발행주식의 총수의 100분의 50을 초과하는 주식을 가진 회사를 母會社라고 하고 다른 회사를 子會社로 본다(342의2). 자회사가 모회사의 주식을 취득하지 못하게 함으로써 支配從屬關係에 있는 회사간에 주식의 상호보유를 금지하고 있다. 자회사의 모회사주식취득은 형식적으로는 다른 법인에 대한 출자이고 모·자회사관계에 있지 않은 회사간의 주식 상호보유와 다를 바 없지만, 실질적으로는 자기주식취득과 동일한 목적을 달성한다는 점에서 취득을 금지하는 것이다. 가령 A_1회사가 A_2회사의 주식을 50% 보유하고 있는 모회사인 경우, A_2회사가 A_1회사의 주식을 1만주 취득한다면 이는 A_1회사가 자기주식 5,000주를 취득한 것과 마찬가지가 된다.

자회사의 모회사 주식취득은 실질적으로 자기주식 취득과 동일한 목적을 달성하기 때문에 금지하는 것이다.

2) 모·자회사의 범위 종래의 상법은 발행주식총수의 40% 이상 보유로 모·자회사관계를 인정하였는데 대부분의 입법례에서는 이를 50%로 하고 있다. 또 상장법인등의 회계처리에 관한 규정도 연결재무제표 작성이 요구되는 지배종속관계를 50%로 하는 점에서 상법과 차이가 있었다. 2001년 개정상법은 이러한 문제를 감안하며 50%로 하였다.

발행주식총수의 50% 이상 보유로 모자회사를 인정한다.

3) 취득금지 ① 자회사는 모회사의 주식을 취득할 수 없다(342의2①). 즉 A_1회사(모회사)가 A_2회사(자회사)의 주식을 50% 초과하여 보유하고 있는 경우 A_2회사는 A_1회사의 주식을 취득할 수 없다.

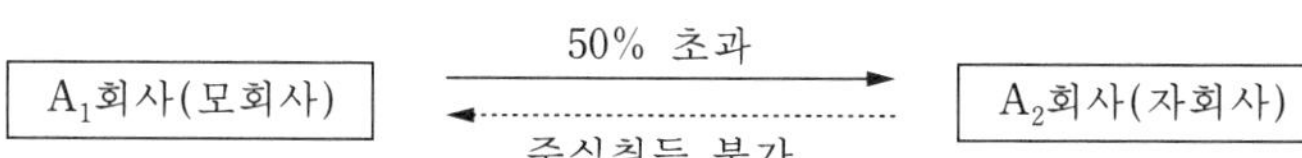

② [사례Ⅳ-4-7-i]의 ①와 같이 모회사(A_1)와 자회사(A_2)가 합하여 다른 회사(B)의 주식을 50% 초과하여 보유할 경우, 다른 회사(B)도 모회사(A_1)의 자회사가 되어 모회사(A_1)의 주식을 취득할 수 없다(342의2③). 다만 자회사(A_2)와 다른 회사(B)간에는 모자회사관계가 없기 때문에 B회사는 A_2 회사의 주식을 취득할 수 있다(김세신, "주식의 상호보유제한에 관한 소고", 「서돈각교수정년기념논문집」(1986.3), 151).

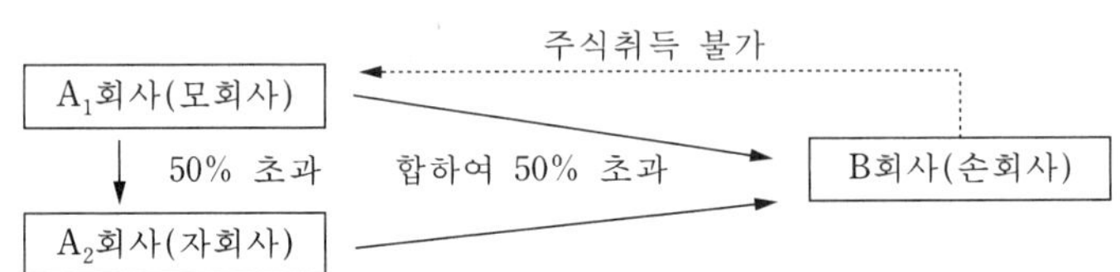

③ [사례Ⅳ-4-7-i]의 ②와 같이 모회사(A_1)의 자회사(A_2)가 孫會社(B) 주식의 50%를 초과하여 보유할 경우, 손회사(B)는 모회사(A_1) 및 자회사(A_2)의 자회사로 되어, 손회사(B)는 모회사(A_1) 및 자회사(A_2)의 주식을 취득할 수 없다(342의2③; 최기681, 손주665, 註商(II-下)36 外).

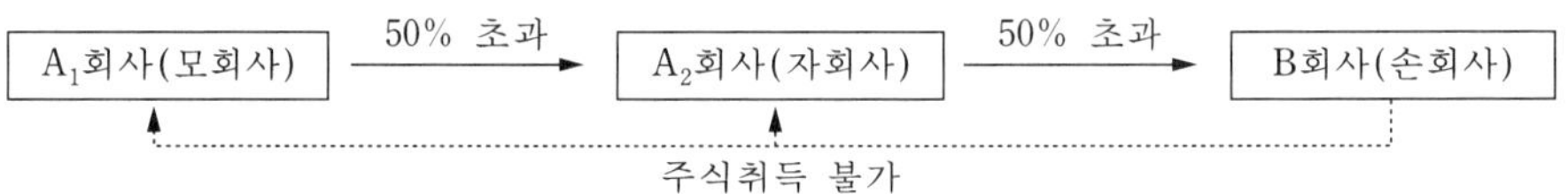

포괄적 승계의 경우, 회사의 권리실행을 위한 경우, 자회사가 신탁회사나 증권회사인 경우, 질권의 목적인 경우에는 자회사가 모회사의 주식을 취득할 수 있다.

4) 금지의 예외 다음의 경우에는 예외적으로 자회사가 모회사의 주식을 취득할 수 있다. 첫째, 주식의 포괄적 교환, 주식의 포괄적 이전, 회사의 합병 또는 다른 회사의 영업전부의 양수로 인한 때이다(342의2①1). [사례Ⅳ-4-7-ii]의 ①에서 자회사(A_2)가 다른 회사(B)를 합병하거나 영업양수를 할 때, 그 다른 회사(B)가 모회사(A_1)의 주식을 보유하고 있는 경우에는 자회사(A_2)는 이를 취득할 수 있다. 둘째, 회사의 권리를 실행함에 있어 그 목적을 달성하기 위하여 필요한 때이다(342의2①2). [사례Ⅳ-4-7-ii]의 ②에서 자회사(A_2)가 다른 회사(B)에 대한 채권을 실행함에 있어, 다른 회사(B)가 모회사(A_1)의 주식 이외에는 다른 재산이 없는 경우 자회사(A_2)는 모회사(A_1)의 주식을 취득할 수 있다. 셋째, [사례Ⅳ-4-7-ii]의 ③과 같이 자회사인 信託會社 또는 證券會社(A_2)가 모회사(A_1)의 주식을 취득하는 것은 허용된다. 넷째, 자회사가 모회사의 주식을 질권의 목적으로 취득하는 것은 허용된다. 이는 모회사라도 별개의 회사이기 때문에 自己株式의 質取와 구별한 것이다.

모회사의 주식

5) 모회사주식의 지위 예외에 해당하여 자회사가 취득한 모회사의 주

식은 6월 이내에 이를 처분하여야 한다(342의 2②). 처분하기 전에도 자기주식과 같이 의결권 등 공익권과 이익배당청구권 등이 없고 다만, 무상주 교부나 주식분할에 대한 권리는 있다고 본다(정희431, 최기713, 정동(회)255~256, 이철(회)330, 이기(회)268, 정찬(上)686, 註商(II-下)37).

을 6월 이내에 처분하여야 한다.

6) 금지위반의 효과 금지에 위반하여 자회사가 모회사의 주식을 취득한 경우의 효과에 대하여는 무효설(정동(회)255, 최기683, 서·정379, 이기(회)267), 유효설(정희433), 상대적 무효설(손주667, 이철(회)331)이 나누어지지만, 自己株式의 경우와는 달리 무효설이 타당하다고 본다. 이는 상호주보유의 규제는 證券去來法이나 公正去來法상 예외가 인정되지 않고 오히려 규제가 강화되기 때문이다. 이사가 상법 제342조의 2에 위반하여 모회사의 주식을 취득하였거나, 예외에 해당하여 합법적으로 취득한 후 6월 이내에 처분하지 아니한 경우에는 벌금형의 제재를 받으며(625의 2), 회사에 대하여도 손해배상책임이 있다(399).

무효설, 유효설, 상대적 무효설이 있으나 무효설이 타당하다.

(5) 비모자회사간의 상호주 보유규제

1) 규제의 취지 모자회사의 관계에 있지 않은 회사간의 상호주식보유는 금지하지는 않되, 의결권을 박탈함으로써 이를 회사지배의 수단으로 이용하지 못하게 하고 있다. 가령 A회사가 B회사의 지배권을 장악하기 위해 10%를 초과하는 B회사 주식을 취득한 경우, B회사가 A회사의 지배권을 무력화(의결권행사 저지)시키려면 B회사도 A회사 주식의 10%를 초과하여 취득하면 된다. 10%의 주식보유는 회사의 지배권을 장악하기에는 부족한 비율이지만 주식분산도가 높은 상장회사에서는 의결권행사에 영향을 줄 수 있는 수준이다. 또한 證券去來法이나 公正去來法 등에서 경영권취득 내지 이사와의 밀접한 관계를 구성할 보유주식비율을 10%로 하고 있으므로 이에 근거한 것이라고 볼 수 있다. 참고로 日本 商法은 25%를 의결권제한의 기준으로 정하고 있다.

비모자회사간의 상호주식보유는 금지하지 않는다. 다만 의결권을 박탈함으로써 이를 회사지배의 수단으로 이용하지 못하게 하고 있다.

2) 의결권행사의 제한 회사, 모회사 및 자회사 또는 자회사가 다른 회사의 발행주식 총수의 10분의 1을 초과하는 주식을 가지고 있는 경우에 그 다른 회사가 가지고 있는 회사 또는 모회사의 주식은 의결권이 없다(369③). 이를 구체적으로 살펴보면 다음과 같다.

첫째, [사례Ⅳ-4-7-ⅲ]의 ①과 같이 A_1회사가 B회사의 주식을 10% 초과하여 가지고 있고, B회사는 A_1회사의 주식을 10%미만으로 보유하는 경우, A_1회사는 B회사에 대해 의결권을 행사할 수 있지만 B회사는 A_1회사에 대해 의결권이 없다.

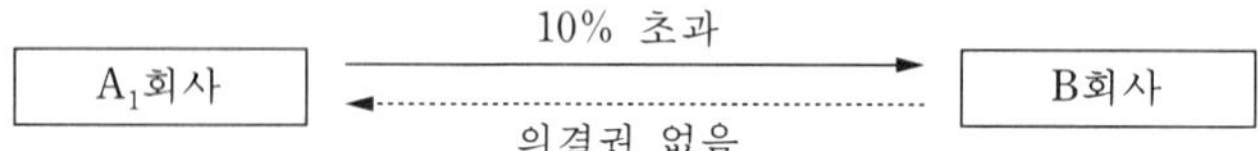

둘째, [사례Ⅳ-4-7-ⅲ]의 ②와 같이 A_1회사와 B회사가 상호간에 10%를 초과하는 주식을 보유하는 경우에는 서로간에 의결권이 없다. 따라서 상대방회사의 지배권을 견제하는 수단으로 상호주 보유를 이용할 수 있다.

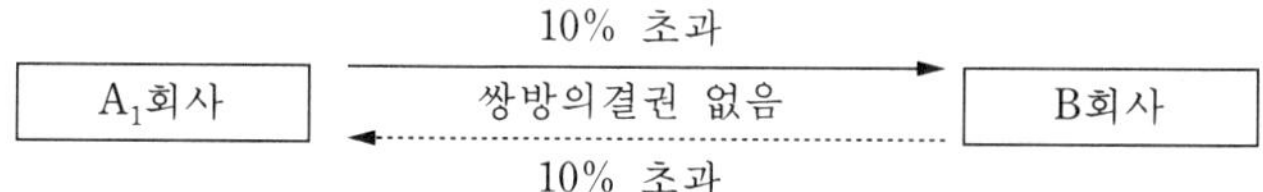

셋째, [사례Ⅳ-4-7-ⅲ]의 ③과 같이 모회사(A_1) 및 자회사(A_2)가 합하여 다른 회사(B)의 주식 10%를 초과하여 보유하는 경우에는 다른 회사(B)가 보유하는 모회사(A_1)의 주식은 의결권이 없다. 그러나 B회사가 보유하는 자회사(A_2)의 주식에 대하여는 의결권이 제한되지 아니한다.

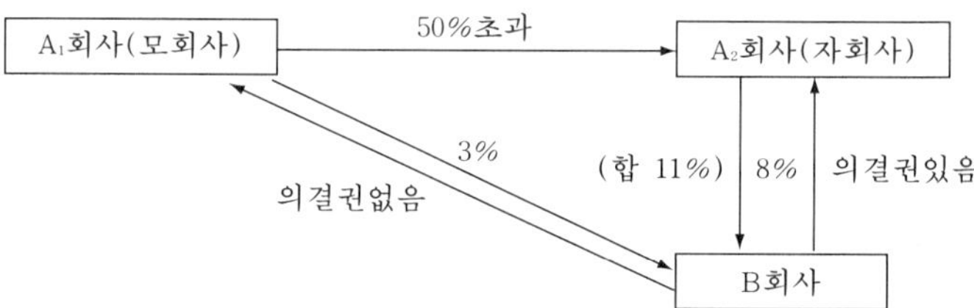

넷째, [사례 Ⅳ-4-7-ⅲ]의 ④와 같이 자회사(A_2)가 다른 회사(B)의 주식을 10%초과하여 보유할 경우, 다른 회사(B)는 보유하는 모회사(A_1) 주식 및 자회사(A_2) 주식에 대하여는 의결권이 없다.

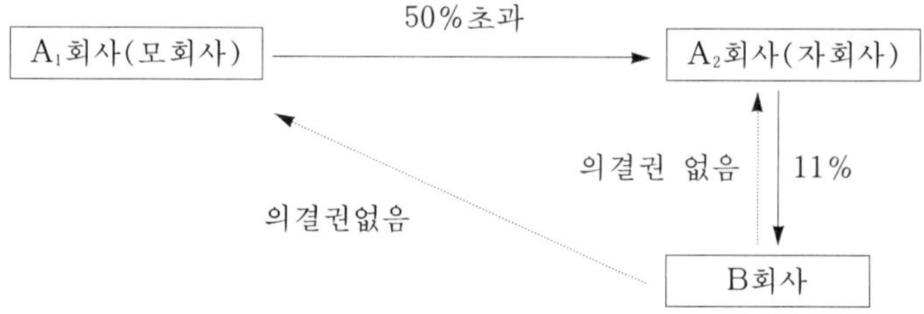

결의취소의 사유가 된다.

3) 제한위반의 효과 의결권행사의 제한에 위반하여 의결권을 행사한 때에는 결의취소의 사유가 된다. 이러한 주식에 대하여는 주주총회소집통지를 할 필요가 없으며 총회에서 발행주식총수에 산입되지 아니한다.

(6) 특별법상의 상호주 보유규제

2개의 상장법인

1) 증권거래법상의 제한 證券去來法 제189조는 "상장법인은 대통령령

이 정하는 경우를 제외하고는 그 법인이 발행한 주식을 다른 상장법인이 소유하게 하고, 이와 관련하여 다른 상장법인의 주식을 소유하여서는 아니된다"고 규정하고 있다. 이러한 주식의 상호보유제한은 2개의 상장법인간에 발행주식총수의 100분의 5를 초과하여 상호적으로 취득하는 경우에 적용된다. 모자회사간에서만 상호주취득을 금지하는 상법의 규정에 비해 볼 때 적용범위를 대폭적으로 확대한 것이라고 하겠다.

간 상호보유를 제한한다.

2) 공정거래법상의 제한　公正去來法은 대규모기업집단(재벌)의 과도한 경제력집중을 억제하기 위해 그 주된 수단으로 이용되어 왔던 系列會社間 상호출자를 제한하고 각 회사별로 출자총액을 제한하고 있다(公正 9). 즉 대규모기업집단에 속하는 회사는 자기주식을 취득 또는 소유하고 있는 계열회사의 주식을 취득하거나 소유하는 것이 금지된다. 이는 상법이나 증권거래법과는 달리 대규모기업집단에 속하는 회사간에는 두 회사간의 단순상호주뿐 아니라 고리형 상호주나 행열식 상호주의 취득을 포괄적으로 금지하는 점에서 매우 엄격한 규제라고 할 수 있다.

계열회사 상호출자를 제한하고 각 회사별 출자총액을 제한한다.

(7) 주식취득의 통지

1) 입법취지　회사가 다른 회사의 발행주식의 10분의 1을 초과하는 주식을 취득한 때에는 그 다른 회사에 대하여 지체없이 이를 통지하여야 한다(342 의3). 앞에서 본대로 A회사가 B회사의 주식을 50%를 초과하여 취득한 때에는 B회사는 A회사의 주식을 취득할 수 없으며 또 A회사가 B회사의 주식을 10% 초과하여 취득한 때에는 B회사가 보유하는 A회사의 주식에 대하여는 의결권이 제한된다. 이와 같이 B회사로서는 A회사가 자신의 주식을 대량(10%초과)으로 취득하게 되면 여러가지 제한을 받게 되므로 경영권 방어 등 대책을 마련할 기회가 보장되어야 한다. 이러한 필요에서 1995년 상법개정시 다른 회사의 주식을 10% 초과하여 취득할 경우에 그 회사에 대한 통지의무을 도입하였다(유진희, "결합기업의 개념과 통지의무", 「박길준교수화갑기념논문집」(1998.9), 330면). 이 규정의 입법취지에 대하여는 대판 2001.5.15, 2001다12973은 "회사가 다른 회사의 발행주식총수의 10분의1 이상을 취득하여 의결권을 행사하는 경우 경영권의 안정을 위협받게 된 그 다른 회사는 역으로 상대방 회사의 발행주식의 10분의 1 이상을 취득함으로써 이른바 상호보유주식의 의결권제한규정(369 ③)에 따라 서로 상대회사에 대하여 의결권을 행사할 수 없도록 방어조치를 취하여 다른 회사의 지배가능성을 배제하고 경영권의 안정을 도모하기 위한 것"이라고 판시하였다.

주식취득의 통지의무는, 다른 회사가 자기회사의 주식을 대량으로 취득하게 되면 여러가지 제한을 받게 되므로 경영권 방어 등의 대책을 마련할 기회 보장을 위한 취지에서 도입되었다.

다른회사 주식의 10% 초과하여 취득한 때 통지의무가 발생한다.

2) 통지요건 통지의무가 발생하는 경우는 다른 회사 주식의 10%를 초과하여 취득하는 때이다. 그런데 [사례Ⅳ-4-7-ⅲ]의 ③과 같이 모회사(A_1) 및 자회사(A_2)가 합하여 다른 회사(B) 주식의 10%를 초과하여 취득하는 경우에도 통지의무가 있는가 하는 점이 문제된다. 이 경우에도 다른 회사(B)는 의결권행사에 제한을 받기 때문에 마찬가지로 A_1, A_2회사는 B회사에 대해 주식취득의 통지를 하여야 한다고 본다.

3) 통지의 방법과 시기 통지는 지체없이 하여야 하며 통지할 사항은 취득한 주식의 종류와 수이다.

마. 特別法上의 制限

(1) 증권거래법에 의한 내부자거래제한

내부자가 취득한 중요정보의 이용으로 인한 일반투자자들의 손해 발생을 방지하기 위함이다.

1) 제한의 취지 上場法人 또는 登錄法人의 임직원이나 대주주 등 회사의 기업내부 정보에 용이하게 접근할 수 있는 자의 자기회사 주식거래를 금지하고 그 거래차익을 반환하게 하는 등의 규제를 內部者去來制限이라고 한다(證去 188의3). 증권시장에서 거래되는 주식의 가격은 발행 회사의 경영이나 재산상태를 반영하여 형성되는데 이러한 주식가격에 영향을 미칠 중요한 정보를 가장 빨리, 그리고 쉽게 접근할 수 있는 자들은 이사나 대주주등 회사의 고위 경영진들이다. 그런데 이러한 내부자가 취득한 중요정보를 이용하여 일반투자자에 앞서 자기회사의 주식거래를 하게 되면, 정보에 접근할 수 없는 일반투자자들은 번번히 손해를 보게 된다. 이러한 내부거래가 광범위하게 행하여질 경우 결국 일반투자자들은 증권시장을 불신하여 외면하게 될 것이고, 이는 증권시장을 통하여 자금을 조달하려고 하는 주식회사제도 자체의 존립을 위태롭게 한다. 따라서 이러한 內部者去來(insider trading)를 대표적인 불공정거래로 보고 엄격하게 규제하는 것이다.

주식의 공매, 매매차익 반환 및 미공개정보의 이용을 금지한다.

2) 내부자거래의 규제 證券去來法에서 규제하는 내부자거래는 주식의 공매 금지, 단기매매차익의 반환 및 미공개정보를 이용한 주식 매수 또는 매도의 금지이다(이철송, "내부자거래의 규제", 「정희철정년기념논문집」(1985.2), 143). ① 공매(證去 188①)란, 내부자가 소유하지 아니한 주식을 일단 매도한 후 이행일에 타인의 주식을 사거나 빌려 이행하는 것이다. 이는 주로 단기차익을 노리는 것으로서 내부정보 이용여부를 불문한다. ② 매매차익반환(證去 188②)은 일정한 내부자가 그 회사의 주식을 매수한 후 6월 이내에 매도하거나 또는 매도한 후 다시 매수한 경우 그 차익의 반환을 청구하는 것이다. ③ 미공개정보의 이용금지(證去188 의2,3)는 내부자가 대외적으로 공개되지 아니한 정보를 이용하여 주식거래를 한 경우, 내

부자에 대한 벌칙의 적용과 그 거래로 인하여 손해를 입은 자에게 손해배상 청구권을 인정하는 것이다.

(2) 공정거래법에 의한 경쟁제한적 주식취득제한

누구든지 직접 또는 특수관계인을 통하여 다른 회사의 주식을 취득 또는 소유함으로써 일정한 거래분야에서 경쟁을 실질적으로 제한하는 행위를 하여서는 아니된다(公去 7). 주식취득을 통하여 시장에서의 경쟁을 제한하고 시장을 독점하려는 기도를 방지하기 위해 도입된 주식거래제한이다.

주식취득을 통해 경쟁을 제한하여서는 안된다.

(3) 은행법에 의한 주식취득제한

은행법은 특정인에 의한 금융독점을 방지하기 위해 은행주의 소유상한을 정하는 한편, 반대로 金融資本이 産業資本을 지배하는 것을 방지하기 위해 은행이 다른 법인의 주식을 소유하는 것을 일정하게 제한하고 있다. 즉 동일인이 금융기관의 의결권 있는 발행주식총수의 100분의 10을 초과하는 주식을 소유하거나 사실상 지배하지 못한다(銀行 15①). 또 금융기관은 다른 금융기관이나 다른 주식회사의 주식을 발행주식총수 100분의 15를 초과하여 매입하거나 항구적으로 소유하지 못한다(銀行 37).

금융독점과 금융자본의 산업자본지배를 방지하기 위한 제한이다.

3. 契約에 의한 制限

[사례 Ⅳ-4-8: 계약에 의한 주식양도제한]

(i) A회사와 B회사는 합작투자계약을 체결하고 합작회사인 Y회사를 설립하였다. A와 B는 합작투자약정시에 주주들을 대리하여 상호간에 다음과 같은 내용의 주식양도제한에 관한 합의를 하였고, Y회사도 주주들과 이와 동일한 내용의 주식양도제한 합의를 하였다. 그 내용을 보면 첫째, Y회사가 사전에 공개되는 경우를 제외하고, Y회사의 설립일로부터 5년동안 Y회사의 어느 주주도 Y회사 주식의 전부 또는 일부를 다른 당사자 또는 제3자에게 매각하거나 양도할 수 없고 다만 법률상 또는 정부의 조치에 의하여 그 주식의 양도가 강제되는 경우 또는 당사자들 전원이 그 양도에 동의하는 경우는 예외로 하며 둘째, 5년경과후에도 A회사 또는 B회사 이외의 주주가 주식을 양도하는 경우에는 합의 또는 감정에 의한 공정가액으로 A, B회사가 보유주식비율에 따른 우선 매수권리를 가진다는 것이었다. 그런데 이러한 주식양도제한약정에 위반하여 Y회사 설립으로부터 5년이 경과되기 전에 Y회사의 주주로부터 주식을 양도받은 X가 Y회사에 대해 명의개서를 청구하였다. Y회사는 X의 주식명의개서 청구를 거부할 수 있는가? (대판 2000.9.26, 99다

48429 참조)

(ii) X와 Y 등은 중계유선방송업을 운영하던 자들로서 각기 보유 운영하던 방송 시설물을 현물출자 하는 방식으로 A케이블티브이 방송을 설립하였으나, 내부적으로는 기존에 자신들이 운영하던 유선방송사를 각자 그대로 운영하면서 등기부상으로는 지점으로 등재하여 독립채산제로 운영하였다. 그런데 B가 A방송사의 새로운 대주주가 되자 A방송의 발행주식 총수의 52%를 소유한 주주들인 X, Y 등은 B측의 적대적 M&A를 막기 위하여 주식양도제한약정서를 체결하여 합동법률사무소에서 인증 받았다. 위 약정서의 내용을 보면 "1. 서명주주들이 소유한 주식을 개별적으로 서명 주주 이외의 제3자에 대한 유무상양도나 담보제공 등을 할 수 없으며, 이 약정은 향후 추가적으로 획득하는 주식도 포함된다. 2. 만약 약정서에 서명한 주주가 주식의 일부 또는 전부에 대하여 위 1항에 해당하는 행위를 하고자 할 경우, 회의소집을 요구하여야 하며, 서명 주주 전원이 반드시 참석하여 그 승인 여부를 만장일치로 결정하고 주식매매를 희망할 경우 서명 주주 중 매수의사가 있는 주주가 우선적으로 매수할 수 있는 권리를 가진다. 4. 적대적 M&A나 지분인수로 인하여 사업의 계속적 공동체 운영에 문제가 발생했을 때 또는 서명 주주들 전원이 동의할 경우에는 각 주주의 주식 전부를 1주당 동일한 가격으로 제3의 인수자에게 일괄 매도하기로 한다. 5. A방송 주주총회의 의결권행사는 약정서 체결일 이후 즉시 서명 주주들 중 특정 주주에게 위임하여 의결권을 통일적으로 행사한다. 6. 서명주주들 간의 주식매매시 매매가격은 만장일치로 협의하여 결정한다. 7. 서명주주들은 위의 합의내용을 위반한 경우 위반행위자의 기 보유 주식을 제외한 나머지 주주들의 주식을 주당 50,000원으로 산정하여 그 총액을 위약금으로 한다"는 것이었다. X,Y 등 이 약정서에 서명·날인한 A방송의 주주들은 위와 같은 내용을 다른 주주들에게 알리지 않았다. 그런데 Y 등은 A방송 주식의 20%에 해당하는 약 19만주를 B에게 56억원에 매도하면서 약정서에 서명·날인한 다른 주주들에게 주식의 우선매수를 위한 회의를 소집하거나 주식매수를 제안하지 않았다. 이에 X는 Y 등의 B에 대한 주식 매도가 약정서에 위배되어 무효라고 주장하고 약정서에 정해진 위약금을 청구하였다. X의 주장은 타당한가? (부산고판 2007.1.11, 2005나13783 참조)

(1) 의 의

계약에 의한 주식양도 제한은 회사와 주주간

상법은 주식양도의 제한을 원하는 경우에는 정관에 이러한 취지의 규정을 두도록 하고 있다(335①但). 그러나 정관에 양도제한을 설정하지 않거나 또는 정관상의 양도제한과 병행하여 당사자간의 계약에 의해 주식양도를 제한하는 경우가 많다. 이와 같이 계약에 의한 주식양도제한에는 주주와 회사간의 합의에 의한 양도제한과 주주 상호간 또는 주주와 제3자간의 계약에 의한 양도제한이 있다. 회사와 주주간의 계약에 의한 주식양도제한은 [사례Ⅳ-4-8-i]과 같이 폐쇄회사에 있어서 종업원지주제도를 유지하기 위한 수단으로 주로 이용된다. 이에 대해 주주간의 합의에 의한 양도제한은 [사례Ⅳ-4-8-ii]과 같은 합작계약에서 주로 행해진다. 이러한 합작사업에서는 합작 상대방이 누구인가가 중요하므로 만일 주식을 자유로이 양도하게 하면 그 계약의 본래의 목적을 달성하기 어렵기 때문에 주식양도제한에 대한 합의를 하게 되는 것이다.

또는 주주간의 합의로 이루어진다. 종업원지주제도 유지나 합작사업을 위해 주로 행해진다.

(2) 제한의 효력

상법은 회사가 가지는 주식양도제한의 요청과 주주의 투하자본회수 확보라는 요청의 균형을 조화하는 선에서 상법 제335조 제1항 단서의 정관에 의한 양도제한제도를 마련하고 있은 것이다. 따라서 당사자간 계약에 의한 주식양도제한을 무한정 허용한다면 상법이 고려하는 균형은 깨어질 수밖에 없으므로 이를 일정한 한도에서 제한하지 않을 수 없다.

1) 회사와 주주간의 계약에 의한 제한 이러한 계약은 상법 제335조의 탈법수단으로 인정되기 쉽기 때문에 원칙적으로 무효이지만 그 계약 내용이 주주의 투하자본 회수를 부당하게 제한하는 것이 아닌 합리적인 경우에는 예외적으로 유효라고 하겠다. 가령 비공개회사에서 종업원지주제를 시행하면서 종업원 퇴직시 주식을 회사가 지정하는 자에게 매도할 것을 정한 자체는 유효하다고 보아야 할 것이다. 왜냐하면 폐쇄회사에서는 주식을 양도하는 것이 사실상 곤란하기 때문에 양도시 회사에 매수의무를 부담시키는 것은 오히려 주주에게 투하자본회수의 기회를 보장하는 것으로서 그 이익에 반하는 것은 아니기 때문이다. 문제는 매수가격인데 취득시 가격 그대로 매도하도록 정하는 것은 종업원의 주가상승혜택을 부정하는 것이므로 상법 제335조 단서의 취지에 반하여 무효라고 보아야 한다. 그러나 [사례Ⅳ-4-8-i]에서는 이러한 합리성을 가진다고 보기는 어렵다. 대판 2000.9.26, 99다48429도 "이 사건약정은, 그 내용 자체에 의하더라도 그 양도에 이사회의 승인을 얻도록 하는 등 그 양도를 제한하는 것이 아니라 설립후 5년간 일체의 주식의 양도를 금지하는 내용으로, 이와 같은 내용은 위에서 본 바와 같이 정관으로 규정하였다고 하더라도 이는 주주의 투하자본회수의 가능성을 전면적으로 부정하는 것으로서 무효라고 할 것이다. 그러므로 이와 같이

양도를 제한할 수는 있으나 투하자본회수 가능성을 전면적으로 부정할 수는 없다.

정관으로 규정하여도 무효가 되는 내용을 나아가 회사나 주주들 사이에서, 혹은 주주들 사이에서 약정하였다고 하더라도 이 또한 무효라고 할 것이다"라고 판시하고 있다.

계약자유의 원칙으로 효력을 인정하지만 회사에 대해서는 무효이다.

2) 주주간 계약에 의한 제한　이러한 주식양도제한은 상법 제335조 제1항과는 관계없이 계약자유의 원칙에 기해 그 효력을 인정하여야 할 것이다. 그러한 취지에서 부산고판 2007.1.11, 2005나13783은 [사례Ⅳ-4-8-ii]에서 "상법 제335조 제1항의 취지에 비추어 볼 때 회사의 정관으로 혹은 회사와 주주간의 약정으로 주식의 양도를 전면적으로 금지하는 것은 무효라고 할 것이나, 주주가 자신의 이익 일부를 포기하면서 계약에 참여하는 주주간 주식양도제한약정에 있어서는 상법상 강행적 규율이 필요한 구조적 약자가 존재하지 아니하고, 계약에 참여한 주주를 특별히 보호할 이유도 존재하지 아니하므로, 원칙적으로 유효이고, 따라서 그러한 제한의 위반에 관하여 위약금을 부과하는 약정도 당사자 사이에서는 원칙적으로 유효이며(한편 이러한 경우에도 그 제한계약은 계약당사자 사이에 채권적 효력을 발생시킴에 불과하고 그러한 제한에 위반하여 주식양도가 행하여진 경우 주식양도 자체는 원칙적으로 유효하므로, 회사는 제3자에 대하여 주식양도의 효력을 인정하여야 하고, 다만 계약위반자인 양도인은 손해배상의무나 위약금 지급의무를 부담할 뿐이라고 할 것이다), 예외적으로 그러한 주주 상호간의 약정이라도 그 약정의 체결 목적과 내용, 제한의 정도 등에 비추어 공서양속에 위반되거나 투하자본의 회수가능성을 전면적으로 부정하는 경우에는 이를 무효라고 보아야 할 것이다. 이 사건 약정은 A방송이 설립된 후 B측이 다수의 지분을 확보하자 위기의식을 느낀 일부 주주들이 경영권을 확보하기 위하여 체결한 것이므로 그 목적이 위법하다고 할 수 없는 점, 이 사건 약정에서 제3자에 대한 주식양도를 금지하는 듯한 기재가 있는 것은 사실이나 그 실질적 내용은 주식이 제3자에게 양도될 수 있음을 전제로 하면서 다만, 제3자에게 주식을 양도할 경우에 약정 주주들이 원하지 않는 자에 대한 주식양도를 금지하고 아울러 주식양도를 원하는 경우에는 약정 주주들에게 우선 매도하여야 할 의무를 부담시키기 위한 것이어서 그 제한이 주주의 투하자본 회수가능성을 원천적으로 봉쇄하는 것은 아니라고 보여지는 점, 적대적 M&A에 대비하여 경영권을 확보하기 위하여 제3자에 대한 주식양도를 제한할 현실적 필요성이 있다는 점, 가격 결정에 약정 주주의 만장일치를 요구한다고 하여 인적 신뢰관계를 기초로 위와 같은 약정을 한 주주들 가격 결정에 약정 주주의 만장일치를 요구한다고 하여 인적 신뢰관계를 기초로 위와 같은 약정을 한 주

주들 사이에서 제3자가 제시한 매수가격보다 현저하게 낮은 가격으로 결정되거나 주식의 양도가 불가능하게 될 것이라고 단정할 수 없을 뿐 아니라, 그 매도가격이 현저하게 불합리하게 결정될 경우 이를 이유로 이 사건 약정을 해지할 수도 있다고 보이는 점 등을 종합해보면 약정 주주들의 투하자본 회수가능성을 전면적으로 부정하여 강행법규에 위반되거나 공서양속에 반한다고 볼 수 없다"라고 판시하였다. 한편 대판 2000.9.26, 99다48429가 [사례Ⅳ-4-8-i]에서 '무효'라고 하는 것은 Y회사가 주주들(A,B)간의 양도제한 약정을 근거로 하여 명의개서를 거부하는 것을 허용하게 되면 주주들간의 양도제한약정을 할 상법 제335조 제1항의 회피수단으로 이용하는 것이 되므로 회사에 대해서는 무효라는 의미이다.

제 3 株式擔保

[사례 Ⅳ-4-9: 주식담보]

(i) Y주식회사 주주 X는 A로부터 1억원을 차입하고 그 담보로 자신이 보유하고 있던 시가 1억 2천만원 상당의 Y회사 주식 1만주에 대한 주권을 교부하였다. X가 변제기에 차입금상환을 할 수 없게 되자 A는 Y회사에 주권을 제시하고 명의개서를 요구하였다. Y회사는 A를 정당한 주주로 보고 명의개서를 하였으나, X는 A가 질권자에 지나지 않으므로 Y회사의 명의개서는 무효라고 주장하였다. X의 주장은 타당한가?

(ii) Y주식회사 주주 A는 소유하는 Y회사의 주식을 담보로 제공하고 X로부터 금전을 대부 받았다. ① Y회사가 이익배당결의를 한 경우에 X는 이익배당금에 대한 권리를 주장할 수 있는가 ? ② Y회사가 주식배당을 할 경우 X는 그 주식에 대한 권리를 주장할 수 있는가? ③ Y회사가 A에게 신주인수권을 부여하고 액면으로 신주를 발행할 것을 결의한 경우 X에게는 어떠한 권리가 인정되는가? ④ Y회사가 준비금을 자본전입하여 무상주를 교부할 경우 X는 그 주식에 대한 권리를 주장할 수 있는가?

1. 意 義

(1) 취 지

주식은 재산적 가치를 가지고 있을 뿐 아니라 유동성이 높기 때문에 채권의 물적 담보로서 이용되는 경우가 많다. 주식을 담보로 하는 방법으로는

주식은 재산적 가치를 가지며

유동성이 높아 채권의 물적담보로 이용된다.

주식의 入質과 讓渡擔保가 있는데, 상법은 이중 주식의 입질에 대하여만 규정을 두고 있다. 권리의 입질에 대하여는 민법에서 정하고 있지만 주식은 주권이라는 유가증권에 표창되어 있다는 측면과 개별적인 재산권과는 달리 의무자인 회사가 다수의 주식을 획일적으로 취급한다는 점을 고려하여 상법에 특별한 규정을 두게 된 것이다.

(2) 담보자유의 원칙

주식의 담보는 재산적 가치만을 목적으로 하므로 자유롭게 인정된다.

주식양도자유의 원칙과 동일한 취지에서 주주의 투하자본회수 방법의 하나인 주식의 담보도 자유롭게 인정된다(정동(회)283, 이기(회)288, 정찬(상)714). 그러나 주식의 담보는 주식이 가지는 재산적 가치만을 목적으로 하고 그 이외의 공익권은 대상으로 되지 않기 때문에(정찬(회)403, 정희440, 손주681, 최기721 外) 주식을 담보로 제공하더라도 회사의 이익을 침해하는 경우는 거의 발생하지 않는다. 따라서 주식양도를 제한하는 소규모 폐쇄회사에 있어서도 주식을 담보로 제공하는 것은 제한하지 않는 경우가 많다. 또 정관으로 양도를 제한한 경우에도 담보설정은 자유이며, 다만 주식을 취득한자에 대하여 양도제한의 효과가 미친다고 하겠다.

(3) 담보의 제한

권리주, 주권발행전 주식 및 자기주식이 질권 목적이 된 경우에는 제한이 있다.

예외적으로 권리주 또는 주권발행전의 주식의 담보설정은 당사자간에는 유효이지만 회사에 대하여는 효력이 생기지 않는다(정동(회)283). 또 회사는 발행주식총수의 20분의 1을 넘어 自己株式을 質權의 목적으로 취득할 수 없다(341의3)는 제한이 있다. 제한위반의 효과에 대하여는 자기주식취득금지의 경우와 같이 무효설(서·정377, 최기721, 김용340, 정무409, 이기(회)290), 상대적 무효설(정희429, 양·박336), 유효설(손주683, 정동(회)285, 채659, 정찬(상)716)이 대립하고 있는데, 유효설이 타당하다고 본다.

2. 類 型

주식담보의 종류로는 상법에 규정을 두고 있는 질권과 거래계에서 관행적으로 행해지는 주식의 양도담보가 있다. 또 담보권을 회사(주주명부)에 등록한 여부에 따라 登錄質과 登錄讓渡擔保 및 略式質과 略式讓渡擔保로 나누어 볼 수 있다. 무기명주식의 경우에는 약식질과 등록질의 구분이 없고 그 입질은 기명주식의 등록질과 같은 효력을 가진다.

(1) 약식질

당사자간의 질권설정 합의와 주권의 교부를 효력발생요건으로 하고 또 주권의 점유계속을 제3자에 대한 대항요건으로 하는 질권을 말한다(338 ①.②). 주식의 양도도 주권의 교부만으로 이루어지기 때문에 주권의 교부가 있는 경우에 入質인가 讓渡인가의 구별이 문제가 된다. 이는 질권설정과 주식의 양도담보의 구별에서 특히 문제되는데 담보설정 계약시 이를 명확히 할 필요가 있다. 그런데 [사례Ⅳ-4-9-i]과 같이 당사자(X,A)의 의사가 명확하지 않은 경우에는 담보권자(A)에게 유리한 양도담보의 설정으로 보아야 할 것이다. 따라서 채무자(X)가 변제기에 상환하지 못함으로써 주식의 소유권은 담보권자(A)에게 귀속되므로 A를 주주로 보고 명의개서를 한 회사(Y)는 면책된다. 그리고 당사자간에 질권설정계약의 합의로 보더라도 주권의 점유자(A)는 정당한 소지인으로 추정되므로(336 ②), A를 주주로 보고 명의개서를 한 회사(Y)는 면책된다.

당사자간 질권설정 합의와 주권의 교부를 효력발생요건으로 하고 주권의 점유계속을 제3자에 대한 대항요건으로 하는 질권이다.

株式의 入質을 제3자에게 대항하기 위해서는 주권의 계속적 점유를 요한다. 그런데 여기에서 말하는 제3자에 회사도 포함되는가, 또 회사에 대항하기 위해서는 질권의 등록을 하여야 하는가 하는 문제가 있다. 생각건대 질권의 등록을 하면 질권자가 자기의 권리를 증명하지 아니하여도 회사에 대하여 질권자로서 권리를 행사할 수 있고 회사도 등록질권자에 지급 기타 급부를 하면 면책된다는 효과가 생길 뿐이므로 대항요건과는 별개의 문제로 보아야 한다.

(2) 등록질

질권설정자인 주주의 청구에 의해 회사가 주주명부에 질권자의 성명 및 주소를 기재하고 주권에 질권자의 성명을 기재한 것을 말한다(340). 위에서 설명한 略式質로는 질권설정이 주주명부에 표시되지 않으므로 질권자는 회사에 대하여 자기의 권리를 주장할 수 없어 질권실행에 불편을 수반하기 때문에 질권자 보호의 측면에서 충분하지 않다. 이러한 취지에서 登錄質制度가 마련되어 있지만, 질권설정자가 주식입질의 사실을 나타내기를 꺼려하기 때문에 실제로는 거의 이용되지 않고 있다.

질권자의 권리행사를 위해 주주명부에 질권설정을 표시한다.

(3) 양도담보

채무자가 주권의 소유권을 채권담보의 목적으로 채권자에 이전한 후, 채무 변제시에 채권자가 이를 채무자에게 반환하고, 기일에 변제하지 아니한 때에는 목적물을 처분하여 그 대금으로 채권의 회수에 충당하는 방법으

주권의 소유권을 담보목적으로 채권자에게

이전한다.

로 설정하는 주식담보이다.

3. 質權의 效力

(1) 규정의 개관

주식에 대한 질권의 설정방식이 略式質이든 登錄質이든 民法上 質權에 대해 인정되는 효력인 株券을 유치할 권리(民 335), 轉質權(民 336), 物上代位權(339, 340, 民 342但)이 인정됨은 물론이다. 따라서 주식의 소각·병합·전환이 있는 때에는 이로 인하여 종전의 주주가 받을 금전이나 주식에 대하여도 종전의 주식을 목적으로 한 질권을 행사할 수 있다(339, 340①). 주식의 분할의 경우에도 마찬가지이다. 한편 登錄質의 경우에는 회사로부터 이익이나 이자의 배당, 잔여재산의 분배에 우선변제권이 있다(340①).

이와 같이 상법이 略式質과 登錄質의 효력에 관해 각각 달리 규정하고 있고 또 등록질의 효력이 미치는 범위를 이익배당 등에 한정하고 있으므로 약식질에 대하여도 이익배당청구권이 인정되는가, 약식질과 등록질이 신주인수권에 기해 교부되는 주식에도 미치는가 하는 점이 해석상 문제된다. [사례Ⅳ-4-9-ii]에서는 사안이 등록질인지 약식질인지 그리고 무기명 주식의 입질인지 명확하지 않기 때문에 각 경우를 나누어서 검토할 필요가 있다.

(2) 물상대위권의 행사

등록질권자는 질권자로 추정되지만 약식질권자는 권리행사를 위해 압류할 것을 요한다.

登錄質權者는 회사에 대한 관계에서는 질권자로 추정되므로 주식의 교부나 지급전에 압류하지 않고도 권리를 실행할 수 있으며 회사는 질권자에게 교부함으로서 면책된다. 따라서 회사는 질권자의 권리행사를 위하여 필요한 경우 질권자에게 통지하여야 할 것이다(440, 431②, 343②). 그러나 **略式質**의 설정은 회사와 관계가 없으므로 그 권리를 행사하려면 회사로부터 교부 또는 지급이 있기 전에 압류하여야 한다(서·정391, 손주686, 이병414, 정찬(회)408, 최기725, 채674, 정동(회)289; 反 이철(회)343). 따라서 [사례Ⅳ-4-9-ii]의 각 사안에서 X에게 물상대위권을 인정할 경우에도 X가 등록질권자이면 직접 Y회사에 배당금이나 주식의 교부를 청구할 수 있지만, 약식질권자인 경우에는 Y회사에 청구할 수 없고 Y회사가 이를 A에게 교부하거나 지급하기 전에 압류하여야 할 것이다.

(3) 이익배당청구권

변제기 도래전에는 공탁을 청

1) 등록질 　登錄質의 경우에는 이익배당에 그 효력이 미치는 것이 명문으로 인정된다(340①). 이익배당시 채권의 변제기가 아직 도래하지 않은 경

우에는 등록질권자는 민법 제353조 3항을 준용하여 회사에 供託할 것을 청구할 수 있다. 그러나 공탁의 청구가 없는 경우에는 회사로서는 피담보채권의 변제기가 언제인지 알 수 없는 경우가 보통이므로 담보권자에 지급함으로서 면책된다. 따라서 [사례Ⅳ-4-9-ii]의 ①에서 담보권자(X)는 변제기 도래전이면 배당금의 공탁을 청구할 수 있고 변제기 도래후이면 배당금을 지급받아 피담보채권의 변제에 충당할 수 있다. 또 이 사례에서 담보로 제공된 주식이 무기명주식인 경우에는 그 주권의 교부는 주주명부의 등재와 동일한 효력을 가지므로, 무기명주식의 입질은 등록질과 같은 효력을 가진다.

구할 수 있고, 변제기 도래후면 배당금을 지급받을 수 있다.

2) 약식질 略式質에 대하여는 상법에 명문의 규정이 없으므로 긍정설과 부정설로 견해가 나누어진다. **긍정설**은 배당금을 주식의 果實로 보고 질권자는 질권의 목적으로부터 생기는 과실을 수취할 수 있는 이상, 질권자가 이익배당금을 취득하는 것은 당연하다고 한다(정희440~441, 정동(회)290, 이병 414, 최기720, 채673, 이기(회)291~292). 이에 대해 **부정설**은 약식질의 경우 질권설정은 회사와는 무관하게 이루어질 뿐 아니라 주식자체의 재산적 가치만 담보의 목적으로 되는 것이므로 이익배당청구권에는 그 효력이 미치지 않는다고 본다(서·정391, 손주686, 이·이337, 박·이214, 정무419, 정찬(상)718). 생각건대 주식회사 관계의 집단적·조직적 처리의 요청상 기명주식의 주주의 권리는 회사에 대한 관계에 있어서는 주주명부에 의해 획일적으로 처리되어야 하며 이는 이익배당의 경우에도 마찬가지라고 하겠다. 나아가 주식양도의 경우에도 양수인이 주주명부상 명의개서를 하지 않는 한 이익배당청구를 할 수 없다는 것과의 균형상 약식질의 경우에도 이익배당청구권을 인정하지 않는 부정설이 타당하다고 본다. 또 실제 약식질권자가 이익배당청구를 행사한 사례가 없다. 이러한 입장을 취한다면 [사례Ⅳ-4-9-ii]의 ①에서 담보권자(X)는 회사(Y)에 대해 이익배당청구를 할 수 없다.

배당금을 주식의 과실로 보아 긍정하는 설도 있으나 획일적 처리의 필요로 인해 부정하는 것이 타당하다.

(4) 주식배당청구권

등록질권자에게는 주식배당에 의한 주권교부청구권(462의2, 340③)이 인정되므로 [사례Ⅳ-4-9-ii]의 ②에서 X가 등록질권자인 경우에는 주권의 교부를 Y회사에 청구할 수 있다. 만일 위 사례에서 X가 **약식질권자**인 경우에는 주식배당의 법적 성질을 어떻게 파악하는가에 따라 결론이 달라지게 된다. 즉 주식배당의 본질을 株式分割로 파악하게 되면, X에게 주식배당에 대한 권리를 인정하지만 이를 利益配當이라고 보면, 질권자에게 이익배당청구권을 인정하는 여부에 따라 X의 주식배당청구를 인정하는 견해와 부인하는 견해로 나누어진다.

등록질권자에게는 인정되나 약식질권자의 경우에는 견해가 내립된나.

(5) 신주인수권

다수설은 질권자에게 신주인수권을 부정하며 담보가치가 저하된 경우에는 추가담보를 제공받아야 할 것이다.

1) **통상의 신주발행** 신주를 시가보다 낮은 가격으로 발행할 경우 입질된 주식의 담보가치가 감소될 가능성이 있으므로 질권의 효력이 신주인수권에도 미치는지 여부가 문제된다. 新株引受權은 주식의 교환가치의 일부를 이룬다는 이유에서 株式質權의 效力은 신주인수권에도 미친다는 소수설(정동(회)291, 채673, 이기(회)292)이 있지만, 다수설은 신주는 주주가 별도의 납입을 하고 취득하는 것이므로 담보물(주식)의 교환가치가 실현되는 구주의 과실이 아니라는 이유에서 질권자에게 신주인수권을 부정한다(정희441, 이철(회)342, 최기759, 정찬(상)719). 다만 신주를 시가 이하로 발행함으로서 담보물인 구주의 지위가 비례적으로 저하될 경우 당사자간 합의에 의해 추가 담보를 제공받아야 할 것이다. [사례Ⅳ-4-9-ⅱ]의 ③에서 Y회사는 신주를 액면으로 발행하였는데 액면가가 시가와 동일한 수준일 경우에는 문제가 없지만 시가 이하인 경우에는 X가 보유하는 담보물의 가치가 저하된다. 따라서 소수설에 따르면 X에게 신주인수권을 인정하여야 하지만 다수설은 이를 부정하고 다만 A와 X의 합의를 통하여 추가담보를 제공하여야 한다고 본다.

질권자는 무상주의 교부를 청구할 수 있다.

2) **신주의 무상교부** 무상주의 교부를 株式의 分割로 보게 되면 질권의 효력이 미친다고 하겠다. 따라서 [사례Ⅳ-4-9-ⅱ]의 ④에서 X가 등록질권자인가 약식질권자인가를 불문하고 주식의 교부를 청구할 수 있다고 본다. 이를 新株引受權으로 보는 경우에도 통상의 신주인수와는 달리 주금의 납입이 없기 때문에 구주의 과실로 보아 질권의 효력이 미친다고 본다.

(6) 의결권 등 공익권

공익권은 주식담보의 대상이 아니다.

株式擔保는 주식이 가지는 재산적 가치만을 목적으로 하는 것이므로 의결권 등 공익권은 그 대상으로 되지 않는다. 따라서 등록질이든 약식질이든 議決權은 질권설정자가 이를 행사한다(대판 1992.5.12, 90다8862).

제 4 株式의 消却·倂合·分割

회사의 존속중에 발행주식수가 증가하거나 감소하는 원인으로는 新株發行이외에 株式의 消却·倂合·分割이 있다. 그런데 株式의 消却·倂合·分割에 있어서는 주식수의 증감에 따라 자본이 증감하는 경우와 그렇지 않은 경우가 있으며, 회사재산이 실질적으로 증감하는 경우와 그렇지 않은 경우가 있다.

1. 株式의 消却

(1) 개 관

1) 의 의 株式의 消却이라 함은 특정한 주식을 절대적으로 소멸시키는 회사의 행위를 말한다. 주식의 소각은 회사의 존속 중에 인정되는 유일한 주식소멸의 원인이다. 원래 주식회사에 있어서 주주의 출자는 消費貸借와는 달리 반환이 예정되어 있지 않기 때문에 주주의 투하자본회수는 주식의 양도를 통하여만 실현되며 合名會社와 같은 退社制度는 인정되지 아니한다. 그러나 예외적으로 주식의 소각을 통하여 주주는 회사관계로부터 탈퇴할 수 있다. 주식소각은 회사의 규모를 축소하기 위한 경우나 해산될 회사의 청산절차를 간단하게 하기 위하여 행해진다.

주식의 소각은, 회사의 존속중에 인정되는 유일한 주식소멸의 원인으로 회사의 규모축소나 해산될 회사의 청산절차를 간단히 하기 위해 행하여진다.

■ 주식의 소각 · 병합 · 분할과 자본, 주식, 회사재산간의 관계

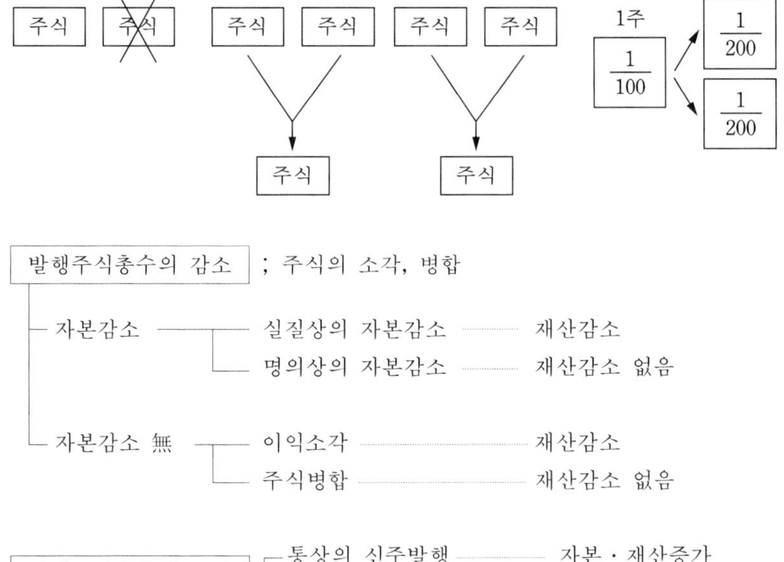

2) 구별개념 주식의 소각은 주식의 포기와는 구별된다. 즉 주주가 주주권을 행사하지 않고 주권을 폐기처분하여도 주식 그 자체는 소멸하지 아니한다. 또 회사에 대하여 포기의 의사표시를 하고 주권을 무상으로 반환하

주식의 포기로 주식은 소멸되지 않는다.

여도 이는 단지 회사의 自己株式取得에 지나지 않고 이후 회사가 이를 소각하지 않으면 주식은 소멸되지 아니한다.

자본감소의 방법으로 하는 경우와 이익으로 소각하는 경우가 있다.

3) 상법의 규정 주식의 소각은 資本減少의 方法으로 하는 경우와 정관의 규정에 따라 주주에게 배당할 이익으로 하는 경우 및 주주총회 특별결의에 의한 경우의 3가지가 있다. 이익으로 소각하는 경우에는 다시 특정종류의 주식에 대하여만 소각하는 償還株式의 償還(345)과 모든 주식에 대해 평등하게 하는 利益消却(343①但, 343의2)이 있다. 상법 제343조에서 '資本減少에 관한 規定에 의한다'고 함은 자본감소의 실행방법으로서 소각이 행하여지는 경우로 본다.

(2) 주식소각의 방법

소각의 방법은 주주의 의사에 의하는 여부에 따라 강제소각과 임의소각으로 나누어지며 그 대가의 유무에 따라 유상소각과 무상소각으로 나누어진다. 주식의 소각은 그 방법 여하에 따라 주주와 회사채권자의 이해에 중대한 영향을 주게 되므로 엄격한 절차에 따라야 한다.

주주의 의사에 의하는 여부에 따라 강제소각과 임의소각으로 나눈다.

1) 강제소각과 임의소각 **任意消却**은 특정한 주식을 소각함에 있어 회사가 주주와 자유로운 계약에 의해 自己株式을 취득하여 이를 실효시키는 방법이다(341.1). 임의소각에 있어서는 주주평등의 원칙에 따라야 하지만 매입기회가 평등하게 제공되는 한, 회사가 자기에게 유리한 청약에 응해 매입하여도 주주평등원칙에 반하지 아니한다. 이에 대해 **強制消却**은 주주의 의사에 의하지 않고 회사가 일방적으로 주식을 소멸시키는 것으로서 보통 추첨이나 안분비례에 의해 행하여진다. 이 경우에는 회사는 특정한 주식에 대해 소각을 행하는 취지 및 1월 이상의 기간을 정하여 주권을 회사에 제공할 것을 공고하고 주주 및 등록질권자에 대하여 개별적으로 통지하여야 한다. 주식의 소각은 그 기간만료시에 효력이 생긴다(343②, 440).

주주에 대한 대가 유무에 따라 무상소각과 유상소각으로 나눈다.

2) 무상소각과 유상소각 無償消却은 주식의 소각에 있어 주주에 대하여 대가의 제공을 요하지 않는 것이고, 有償消却은 주주에 대가를 제공하고 행하는 주식의 소각이다. 유상소각에는 소각의 재원에 따라 주주에게 배당할 이익에 의한 소각과 자본에 해당하는 회사의 기본적 재산에 의한 소각으로 나누어진다.

(3) 주식소각의 요건

주주와 채권자를 보호하기 위

1) 자본감소에 의한 경우 자본감소의 규정에 의한 주식의 소각에 있어서는 주주보호를 위하여 주주총회의 특별결의로서 주식을 소각하는 취지,

주식소각의 방법과 그 구체적 내용을 정할 것을 요한다. 또 채권자보호를 위하여 주주총회 결의일로부터 2주간 이내에 회사채권자에 대하여 1월 이상의 기간내에 자본감소에 이의가 있으면 회사에 대해 신청할 것을 공고하고 회사가 알고 있는 채권자에게는 개별적으로 催告하여야 한다(343②, 440). 회사채권자가 이의신청기간내에 이의를 할 때에는 회사는 이행기가 도래한 채무에 대하여는 변제를 하고 아직 이행기가 도래하지 않은 채무에 대하여는 상당한 담보를 제공하여야 한다.

한 절차에 의한다.

2) 이익소각의 경우　주주에게 배당할 이익을 재원으로 하여 주식의 소삭을 하는 경우에는 자본감소가 생기지 않으므로 채권자보호를 위한 특별한 배려는 필요하지 않다. 다만 주주의 보호를 위하여 주식의 소각을 예견할수 있도록 정관에 주식을 소각할 수 있다는 취지와 그 방법을 정하여야 한다(343①但). 주식소각을 위한 재원은 배당가능이익 즉, 회사의 순자산액으로부터 자본액법정준비금 및 정관소정의 임의준비금을 공제한 잔액이다.

자본이 감소되지 않으므로 주주의 보호만 필요하다.

3) 상환주식의 상환의 경우　상환주식을 발행하기 위하여는 정관으로 상환주식을 발행할 취지 및 그 수와 내용을 정하여야 한다(345②).

(4) 주주총회 특별결의에 의한 주식소각

1) 제도의 취지　주식시장에 유통되는 주식 수를 감소시켜 주가 인상을 도모할 필요에서 2001년 개정상법은 종래의 자본감소, 이익소각 및 주식상환에 의한 주식소각과 별도로 주주총회 특별결의에 의한 주식소각제도를 도입하였다(343의2). 이는 재무재표상의 잉여금으로 회사의 자기주식을 매수하는 방법에 의한 주식소각이다. 이는 모든 주식이 평등하게 소각되는 이익소각이라는 점에서는 종래의 이익소각(343①但)과 동일하되 임의소각이라는 점에 그 특징이 있다. 즉 종래의 이익소각은 정관에 구체적인 규정이 없는 경우 정관변경에 의하여 소각을 할 수 있지만 이익소각을 위한 정관변경은 총주주의 동의를 요하는 등 그 요건이 까다로운 점을 감안하여 그 절차를 완화하였다. 다만 주식소각에 주주총회의 결의를 요하도록 한 점에서 경제사정 등의 변화에 따라 영업연도중 기동적으로 자기주식을 소각할 필요가 있을 경우에는 효과적으로 대처할 수 없다는 한계가 있다. 따라서 장기적으로는 정기총회 후 예견할 수 없는 상황이 발생하는 등 특히 그 필요성이 인정되는 경우에는 정관에 의한 수권이 있으면 이사회의 결의만으로 자기주식을 취득·소각할 수 있도록 해야 할 것이다.

유통되는 주식 수를 감소시켜 주가인상을 도모할 필요에서 인정되는 임의소각이다. 다만 영업연도중에는 효과적으로 대처할 수 없다는 한계가 있다.

2) 절　차　회사는 정기총회에서 특별결의에 의하여 주식을 매수하여

정기총회의 특

별결의에 의한 다.

이를 소각할 수 있다(343의 2①). 이 결의에서는 매수할 주식의 종류, 총수, 취득가액의 총액 및 주식을 매수할 수 있는 기간을 정하여야 한다(343의 2②). 주식을 매수할 수 있는 기간은 총회결의 후 최초의 결산기에 관한 정기총회가 종결한 후로 정하지 못한다(343의 2④). 정기총회에서만 주식소각결의를 할 수 있도록 한 것은 배당가능이익이 확정된 단계에서만 가능하기 때문이다.

3) 제 한 회사가 매수할 수 있는 주식의 취득가액의 총액은 대차대조표의 순자산액에서 자본의 액, 그 결산기까지의 적립된 자본준비금과 이익준비금의 합계액 및 그 결산기에 적립하여야 할 이익준비금의 액을 공제한 액을 초과하지 못한다(343의 2③). 만일 순자산액이 이 금액의 합계액에 미치지 못할 우려가 있는 경우에는 주식의 매수를 하여서는 아니된다(343의 2⑤). 그럼에도 불구하고 회사가 주식을 매수하여 소각한 경우 이사는 회사에 대하여 연대하여 그 미치지 못한 금액을 배상할 책임이 있다(343의 2⑥).

(5) 주식소각의 효과

1) 효력발생시기 주식의 소각이 자본감소절차에 의할 경우에는 주주총회의 특별결의와 회사채권자보호절차가 완료된 때에 효력을 발생하고, 주주에게 배당할 이익으로 하는 강제소각의 경우에는 주권제출기간만료시에 각각 효력이 발생한다(343② 441). 또 임의소각에 있어서는 회사가 취득한 자기주식에 대하여 실효절차를 취할 때에 효력이 발생한다.

소각된 주식에 대해 이사회의 발행권한은 인정되지 않는다.

2) 미발행주식수의 증가 주식의 소각이 효력을 발생하면 당해 주식은 소멸하고 회사의 발행주식총수는 그만큼 감소하는데 소멸한 주식수만큼 회사의 미발행주식수가 증가하여 그 부분에 대해 주식을 다시 발행할 수 있는가 하는 문제가 제기된다. 소각된 주식에 대하여는 이사회의 주식발행권한이 이미 행사되었기 때문에 다시 발행권한을 행하는 것은 허용되지 아니한다고 본다(서·정393, 손주694, 정동(회)295, 이철(회)351, 최기737, 채677, 정찬(회)415~416, 이기(회)294).

자본감소절차에 의한 경우만 자본이 감소된다.

3) 자본감소여부 주식이 소각되어도 자본감소절차에 의한 경우를 제외하고는 자본감소의 효과가 생기지 아니한다. 법정의 채권자보호절차(438 이하)를 밟지 않는 한 자본감소가 생기지 아니하기 때문이다.

2. 株式의 併合

주식병합에 의해 회사의 발행

株式의 併合이라고 함은 종래 2주를 1주로 하는 것과 같이 다수의 발행주식을 소수의 주식으로 변경하는 것을 말한다. 상법에는 자본감소 및 회회사의 합병의 경우에 행하는 株式의 倂合에 대하여만 규정을 두고 있지만 (440, 530③), 그 이외의 경우에도 이를 금지할 이유가 없으므로 일반적으로 株式의 倂合이 인정된다고 하겠다.

주식수가 감소하지만, 자본에는 변동이 없다.

주식의 병합에 의해 회사의 발행주식수가 감소하지만 자본감소의 절차에 의한 경우 이외에는 자본에는 변동이 생기지 아니한다. 또 주식병합의 방식 여하에 따라서는 병합에 적합하지 않은 端株가 발생하게 되는데 경매 등의 방법으로 처리하여야 한다(443).

3. 株式의 分割

(1) 의 의

주식분할로 발행주식총수는 증가하나 자본 변동은 없다. 또한 주가를 인하하여 주식의 시장성을 높힌다.

株式의 分割이라 함은 기존의 주식을 세분화하여 종래보다 많은 수의 주식으로 하는 것을 말한다. 주식분할에 의해 발행주식총수가 증가하고 그 증가분에 대하여 모든 주주에게 보유주식수에 비례하여 신주를 발행하게 되는데, 주주는 새로운 납입을 하지 아니하므로 주식분할전후에 회사의 자본에는 변동이 생기지 아니한다. 상법은 無額面株式을 인정하지 않기 때문에 주식분할이란 액면분할을 의미하게 된다. 즉 종래 액면가 1만원의 주식 1만주를 발행하던 회사가 액면가 5,000원의 주식으로 분할하여 1만주를 더 발행하는 것이다.

주식분할은 회사재산이 증가하지 않음에도 불구하고 주식수만을 증가하는 것이기 때문에 분할에 의해 주가(시장가)는 하락한다. 따라서 주가가 매우 높게 형성되어 있는 경우에는 분할에 의해 그 가격을 인하함으로써 주식의 시장성을 높일 수 있다. 나아가 신주발행이나 이익배당에 대비한 주가조정 또는 회사 합병이나 분할의 준비단계에서 주가조절 등의 목적으로 이용된다.

(2) 절 차

주주총회의 특별결의를 거친다.

1) **주주총회 특별결의** 株式分割을 위하여는 주주총회의 특별결의를 거쳐야 한다(329의2). 앞에서 본대로 주식분할은 액면분할을 의미하므로 정관상 액면금액의 변경이 있어야 하고 또 주식분할로 인해 증가될 주식수가 정관상의 발행예정주식총수를 넘을 경우에는 이를 변경하여야 하므로 주식분할 특별결의에서는 정관도 변경하여야 한다. 주식분할로 인해 端株가 발생하는 경우에는 주식병합의 예에 따라 처리하면 되므로(329의2③, 443), 정제될 수 없는 단수도 허용된다. 가령 주금액 5,000원을 2,000원으로 분할하여 구주 1주에 대해

1.5주를 추가로 발행할 수 있으며 단주는 경매 기타의 방법으로 처리하면 된다.

주주와 채권자의 지위가 변동되므로 통지와 공고를 하여야 한다.

2) 주주와 채권자에 대한 통지와 공고 株式分割로 인하여 주식수는 증가하지만 회사의 자산이나 자본에 어떠한 변경이 생기는 것은 아니므로 자본감소의 경우와 같은 특별한 채권자보호절차는 요구되지 아니한다. 다만 주주와 채권자의 지위에 변경이 생기므로 회사는 1월 이상의 기간을 정하여 주식분할의 뜻과 그 기간내에 주권을 회사에 제출할 것을 공고하고 주주명부에 기재된 주주와 채권자에 대하여는 따로 그 통지를 하여야 한다(329의2③, 440).

3) 신주발행 주식분할의 경우에는 반드시 신주가 발행된다.

4) 주권교환 주식분할에 있어서는 주권교환의 절차를 밟아야 한다. 위 주권제출공고와 최고에 의해 주권을 제출한 구주주에게 회사는 분할된 신주권을 교부하여야 한다(329의2③, 440).

(3) 효 력

주식분할의 효과는 주권제출기간이 만료한 때에 그 효력이 발생한다(329의2③, 441). 다만 주식분할이 회사의 합병 또는 회사의 분할과 동시에 진행되어 채권자보호절차를 밟는 경우에는 채권자이의기간의 종료시에 주식분할의 효력이 발생한다.

제 5 株式의 包括的 交換·移轉

1. 意 義

(1) 취 지

영업양도나 합병 등이 가지는 절차상·비용상 한계를 극복하고 기본적으로 기업의 물적 조직은 그대로 둔 채 인적조직만 간편하게 이전시키기 위한 것이다.

株式의 包括的 交換·移轉은 회사간에 주식 전부를 받거나 주는 방식으로 완전한 모회사 또는 자회사가 될 수 있도록 한 제도이다. 즉 주식의 포괄적 교환과 포괄적 이전은 모두 완전모회사(지주회사)의 설립을 전제로 한 것이다. 포괄적 주식교환은 회사가 신주를 발행하여 다른 회사의 주주가 가진 주식 전부와 교환하도록 함으로써 그 다른 회사의 모회사가 되는 방식임에 비해, 포괄적 이전은 회사가 별도의 완전모회사를 설립하여 주주가 가진 그 회사의 주식 전부를 새로 설립하는 완전모회사에 이전함으로써 완전자회사가 되는 것이다.

종래 기업구조개편의 주된 수단이었던 영업양도나 회사의 합병 또는 분할은 절차가 복잡할 뿐 아니라 노조와의 갈등이 커서 그 추진이 원활하지 못하였다. 그리하여 경제력집중의 수단으로 간주되어 그동안 전면 금지되던 持株會社를 구조조정의 수단으로 적극 활용할 필요성이 커지면서, 1999년 公正去來法 개정을 통해 지주회사가 제한적으로 허용되었다. 2001년 개정상법은 이러한 지주회사의 설립에 관한 상법상의 제도적 보완책으로서, 미국 모범사업회사법(MBCA) 제11.02와 1999년 개정 일본상법(364～372)을 모범으로 하여 주식의 포괄적 교환·이전제도를 도입하였다. 이는 기존의 영업양도나 합병 등이 가지는 절차상·비용상의 한계를 극복하면서 기본적으로 기업의 물적조직은 그대로 둔 채 인적조직만 간편하게 이전시키기 위한 것이다.

(2) 특 징

주식의 포괄적 교환·이전은 주식 변동사유의 하나라는 점에서는 주식의 양도와 유사하다. 그러나 주식의 양도는 주주가 소유하는 주식을 개별적으로 양도하는 개인법적인 계약임에 비해 주식의 포괄적 교환·이전은 주주총회특별결의를 통해 회사의 주주가 가지고 있는 주식 전부를 포괄적으로 별개의 회사에 이전하거나 흡수시켜 회사조직의 변경을 가져오는 조직법상의 행위라는 점에서 구별된다. 주식교환·이전제도는 주식이라는 자산이 이미 개개의 주주에게 귀속되어 주주의 고유재산으로 되어 있는 것을 회사가 총주주의 동의를 얻지 않고 주주총회라는 회사결의기관에 의한 다수결에 의해 처분권한을 행사하는 점에 그 특징이 있다(나승성, "주식교환제도에 관한 연구", 「상장협」(2000.9), 114). 따라서 이에 관한 상세한 설명은 회사의 구조개편부분에서 다루는 것이 적당하기 때문에 여기에서는 개괄적인 내용만을 살펴 본다.

주주총회특별결의를 통해 회사의 주주가 가지고 있는 주식 전부를 포괄적으로 별개의 회사에 이전·흡수시켜 회사조직의 변경을 가져온다.

(3) 법적 성질

주식교환·이전은 기업을 구성하는 인적조직과 물적조직의 유기적인 결합을 분리하여 인적조직을 별도의 법주체에 이전·흡수시킴으로써 이들 별개의 법주체간에 완전모자회사(지주회사)라는 결합관계로 묶는 행위이다. 이를 다른 조직법상의 행위인 합병·영업양도 등과 비교해 보면, 合併은 복수의 합병당사회사의 인적조직 및 물적조직을 완전히 합체하는 것이고, 營業讓渡는 기존회사의 인적조직은 회사법인과 동시에 존속시키면서 물적조직만을 양수회사에 이전하는 것이다. 이에 대해 주식교환·이전은 회사의 인적조직을 별개회사에 이전·흡수시켜 회사조직의 변경을 가져오는 조직법상의 회사의 행위이다. 다만 주식교환제도는 기존회사간에 완전모자회사 관계를 신설하는 반면에 주식이전은 새로이 회사를 신설하는 점에서 차이

인적조직과 물적조직을 분리하여 인적조직을 별개회사에 이전·흡수시키는 조직법상의 행위이다.

가 있다(김동훈, "주식의 포괄적 교환·이전에 관한 소고", 「기업법 연구」(2002. 4), 371).

2. 株式의 包括的 交換

(1) 의 의

완전자회사의 발행주식총수와 완전모회사의 주식을 교환하는 것을 말한다.

주식의 포괄적 교환이란 회사(완전모회사)가 다른 회사(완전자회사)의 발행주식총수와 자기회사의 주식을 교환함으로써 완전자회사의 주식은 완전모회사로 된 회사에 이전되고, 그 완전자회사로 된 회사의 주주는 그 완전모회사로 된 회사가 발행한 신주의 배정을 받아 그 회사의 주주로 되는 것을 말한다. 즉 주식교환은 완전자회사가 되는 회사의 주주가 가지는 그 회사의 주식이 완전모회사가 되는 회사에 이전하고, 그 완전자회사가 되는 회사의 주주는 그 완전모회사가 되는 회사가 주식교환을 위하여 발행하는 신주의 배정을 받음으로써 그 회사의 주주가 되는 것이다(360의2②). 이는 기존의 두 개 주식회사(A와 B)가 주식교환에 의해 한쪽(가령 A사)은 지주회사(모회사), 다른 쪽(B사)은 자회사가 되는 방식이다. 이 때 A·B회사의 사업이나 재산에는 변동이 없고 자회사의 주주만 변동한다.

■ 주식의 포괄적 교환

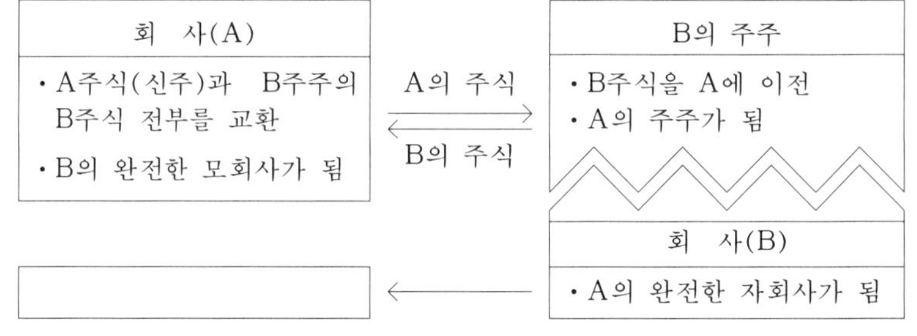

(2) 절 차

완전자회사의 주식전부가 완전모회사로 이전되며 자회사의 주주에게 모회사의 신주가 배정된다.

A·B회사의 주주총회특별결의에 의해 양 회사간의 주식교환계약서의 승인을 얻고(360의3), 그에 따라 B회사의 주식은 전부 주주의 개별적인 의사와는 상관없이 포괄적으로 A회사에 이전하며, 그 대신 B회사의 주주에 대해서는 A회사의 신주가 배정되며 이에 갈음하여 A회사의 자기주식을 이전할 수도 있다(360의6). 이리하여 B회사의 주주는 A회사의 주주가 되므로 B회사의 주식을 A회사의 주식과 교환하는 형식이 되는 것이다(손주찬, "회사법개정안의 문제점의 검토", 기업법연구(2001, 21)).

(3) 주주의 보호

주식교환 · 이전은 모든 회사의 모든 주식을 그 대상으로 하는 포괄적 이전이므로 주주전원에게 그 영향이 미치게 된다. 그러므로 주주의 보호가 문제된다. 그리하여 주식교환을 함에는 i) 주주총회의 특별결의를 거쳐야 하며, ii) 주식교환계약서의 사전비치 및 열람권(360의4, 391의3③), iii) 반대주주의 주식매수청구권(360의5), iv) 주식교환무효의 소(360의13) 등을 인정하고 있다. 주식교환의 경우에는 A · B회사의 사업이나 재산에 전혀 변동이 없으므로 채권자 보호는 별도로 필요하지 않다.

포괄적 이전으로 주주전원의 보호가 필요하다.

3. 株式의 包括的 移轉

(1) 의 의

주식의 포괄적 이전이란 완전자회사가 되는 회사의 주주가 소유하는 그 회사의 주식은 주식이전에 의하여 설립하는 완전모회사에 이전하고, 그 완전자회사가 되는 회사의 주주는 그 완전모회사가 주식이전을 위하여 발행하는 주식의 배정을 받음으로써 그 완전모회사의 주주가 되는 것을 말한다(360. 15). 이 방식은 기존사업회사가 지주회사를 신설하는 방식인 점에서 지주회사와 자회사가 모두 기존회사인 주식교환과 구별된다. 즉 주식이전에 있어서는 자회사(B)만 존재하고 지주회사(A)는 자회사 주식의 현물출자에 의해 설립되는 방식을 취하는 것이다.

기존사업회사가 지주회사를 신설한다는 점에서 주식교환과 구별된다.

■ 주식의 포괄적 이전

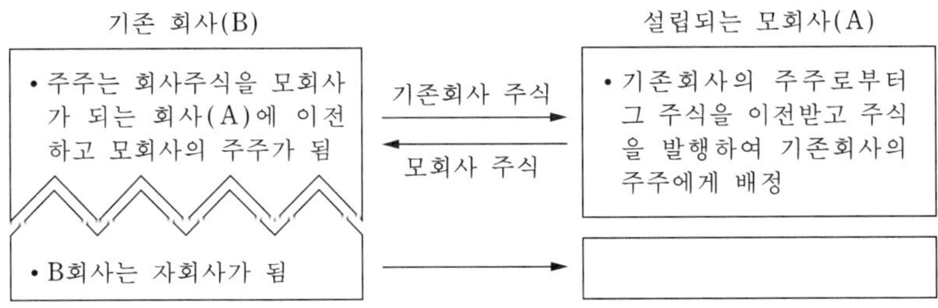

(2) 절 차

주식의 포괄적 이전에 있어서는 자회사만 존재하므로 이전계약서라는 것이 있을 수 없고 단지 자회사(B)에 의한 이전계획서가 있다(360의16). B회사의 주주총회에서 주식의 포괄적 이전방식으로 A회사(지주회사)를 설립하기로 결의하면(360의16①), B회사의 모든 주식이 포괄적으로 현물출자가 되어 A회

자회사의 모든 주식이 현물 출자되어 모회사가 설립되고, 모회사의 주식은

자회사의 주주에게 배정된다.

사라는 완전모회사가 설립되고 A회사 설립시 발행되는 주식은 B회사의 주주에게 배정된다. 그 결과 B회사의 주주는 A회사가 되고 종래 B회사의 주주는 A회사의 주주가 되는 것이다.

(3) 주주의 보호

주주의 보호를 위해 i) 주주총회특별결의를 거쳐야 하며, ii) 주식이전계획서·주식배정서면 기타 일정한 서류의 비치 및 열람권(360의17), iii) 주식이전무효의 소(360의23) 등이 있다. 주식이전의 경우에도 자회사(B)의 재산이나 영업에 아무런 변동이 없으므로 회사채권자 보호는 별도로 요구되지 아니한다.

제 5 장
株式會社의 機關

개 요

소유와 경영의 분리에 따라 지배주주와 소수의 사내이사들에게 기업경영권이 집중되면서, 이들의 독선과 전횡을 어떻게 견제하여 일반주주와 회사채권자의 이익을 균형있게 보장하는가 하는 점이 주식회사의 기관에서 관심을 가져야 할 가장 중요한 문제이다.

이러한 문제의식하에서 이 장에서는 주주총회, 이사회와 대표이사, 감사와 감사위원회로 대별되는 주식회사의 기관, 즉 경영기구를 다룬다. 특히 최근 일련의 상법개정을 통하여 사외이사 중심의 감사위원회제도가 도입되면서 주주총회, 이사회, 감사로 3분되던 종래의 기관구조는 근본적인 변화를 겪고 있음을 유념해야 할 것이다.

주요 내용

o 기업지배구조 개선 — OECD 기업지배구조원칙, 모범기업지배구조규약
o 주주총회 — 권한, 소집과 운영, 의장, 의사진행
o 의결권 — 1주1의결권원칙과 제한, 불통일행사, 대리행사, 의결권계약
o 결의취소의 소 — 원인, 당사자, 제소기간, 재량기각
o 결의무효·부존재확인의 소 — 원인, 소의 성질, 소의 이익
o 이사 — 사내이사·사외이사, 선임과 퇴임, 임기, 보수
o 이사회 — 권한, 이사회와 위원회, 회의, 상무회
o 대표이사 — 업무집행권과 대표권, 공동대표이사, 표현대표이사
o 이사의 의무 — 선관의무, 충실의무, 경업금지, 자기거래제한
o 이사의 책임 — 회사·제3자에 대한 책임, 업무집행지시자의 책임, 대표소송
o 감사 — 선임, 직무와 권한, 책임
o 감사위원회 — 구성, 권한 및 책임
o 외부감사인과 검사인 — 자격과 선임, 권한, 의무

제1절 總　說

제1 機關構成의 原理

1. 機關의 意義와 分化

(1) 개　념

자연인이 일정 지위를 가지고 권한 행사를 함으로서 무형의 존재인 회사 자체의 의사나 행위로 평가되는 조직상 지위이다.

會社는 다수의 社員으로 이루어지는 法人으로서 고유한 의사를 가지고 스스로 영리활동을 한다. 그러나 이는 무형의 존재인 회사를 위하여 특정한 자연인이 회사 조직상의 일정한 지위를 가지고, 그 지위에서 가지는 권한행사로써 의사결정이나 행위를 하고, 이것이 회사 자체의 의사나 행위로 평가되는 것에 지나지 않는다. 이 조직상의 지위를 會社의 機關이라고 하고 自然人이 여기에 취임한다. 이와 같이 회사가 하나의 有機體로서 활동하기 위해서는 기관을 두는 것이 불가결하지만 기관을 어떻게 구성하는가는 회사의 종류에 따라 달라진다.

(2) 기관의 종류와 분화

의사결정기관, 집행기관, 감독기관, 대표기관 등으로 구분된다.

會社의 機關은 意思決定機關, 執行機關, 監督機關, 代表機關 등으로 구분된다. 人的會社에서는 이러한 기관의 분화가 이루어지지 않고 하나로 통합되어 있음에 비해, 物的會社 중 다수의 이해관계자들로 구성되는 株式會社에서는 기관분화가 이루어진다. 이는 인적회사에서는 대외적인 신용의 기초가 社員이라는 인적요소에 집중되고 사원들이 無限責任을 부담하므로 사원이 당연히 경영도 하고 경영에 대한 책임도 부담하기 때문이다. 즉 인적회사에서는 기관자격과 사원자격의 분화 및 기관 분화의 필요성이나 가능성이 존재하지 아니한다.

주주총회, 이사회 및 대표이사, 감독기관 등으로 구분된다.

이에 비해 다수의 주주로 구성되는 株式會社의 경우 사원인 주주는 有限責任을 부담하므로 회사의 경영결과에 대하여는 전혀 책임을 지지 않기 때문에 주주에게 회사의 경영을 맡길 수 없다. 이에 따라 회사의 경영은 주주의 손을 떠나 전문적인 經營機關에 속하게 되면서 社員資格과 機關資格의 분화 및 기관의 분화가 자연스럽게 이루어진다. 즉 회사의 중요사항에 대한 의사결정기관으로서 株主總會와 업무집행기관으로서의 理事會 및 代表理事, 그리고 경영과 회계에 대한 감독업무를 담당하는 監査機關으로 기관이 분화되는 것이다(양승규, "주식회사의 경영기구", 「서돈각교수화갑기념논문집」(1980.11), 75).

2. 所有와 經營의 分離와 機關의 再分化

(1) 소유와 경영의 분리

> 기업의 소유자는 주주이지만 직접 기업경영에 참여하는 것은 총회에서 선임한 이사이다.

株式會社는 대규모 공동기업에 적합한 형태로써, 모든 주주가 회사의 경영에 참여하는 것은 불가능하므로 기업의 소유와 경영이 분리되지 않을 수 없다. 즉 기업의 소유자인 주주는 株主總會를 통해 제반 의사를 결정할 수 있지만 스스로 기업경영에 참여하는 것은 적합하지 않기 때문에 총회에서 선임한 이사에게 이를 맡기게 된다. 그러나 주주총회에서 理事의 선임과 해임 및 중요한 사항에 대한 결정권을 가지는 한 경영진을 견제할 수 있으므로 기업의 소유와 경영의 법적 분리에도 불구하고 기업에 대한 지배는 계속 주주의 수중에 유보된다.

그러나 19세기말경부터 선진각국에서 株式會社의 규모가 거대해지고 막대한 자본의 집중이 이루어지면서 실질적인 측면에서 기업의 소유와 경영의 분리가 본격적으로 촉진되기 시작하였다. 즉 주식이 투자대중에게 광범위하게 분산되면서 회사의 경영을 목적으로 하여 주식을 소유하는 소수의 기업가 주주와 주식을 단지 투자 또는 투기의 대상으로 고려하고 회사의 경영능력이나 경영에 대한 관심이 전혀 없는 다수의 투자주주 또는 투기주주로 나누어졌다. 그 결과 기업의 소유는 다수의 투자주주에게 있지만 그 경영은 소수의 기업가 주주에게 귀속하는, 소유와 경영의 실질적 분리가 촉진되었다.

(2) 소유자 지배에서 경영자 지배로

> 회사의 지배가 주주총회의 결의에 필요한 발행주식 총수의 과반수 주식을 가진 자의 수중에 귀속되는 것이다.

1) 소유자지배 株式會社의 중요사항, 특히 경영자인 이사의 과반수를 선임할 수 있는 힘을 會社의 支配라고 한다(이철(회) 388). 이사를 선임할 권한은 주주총회에 있으므로 회사의 지배는 주주총회의 결의에 필요한 발행주식총수의 과반수 주식을 가진 자의 수중에 귀속된다. 이러한 지배형태를 多數者支配 또는 법률상 지배(소유자 지배)라고 한다. 그러나 앞에서 본 바와 같이 거대한 회사에서 대다수 주주는 투자주주 또는 투기주주로서 회사경영에 무지하거나 무관심하기 때문에 스스로 총회에 출석하지 않음은 물론, 적극

적으로 대리인을 보내어 의결권을 행사하지도 아니한다. 여기에서 기업가 주주는 의결권의 대리행사를 권유하고 위임장을 모집하는 등의 방법을 동원하면 주식의 과반수를 보유하지 않고 20～30%만으로도 회사의 지배가 가능해진다. 이러한 지배형태를 少數者 支配라고 한다.

회사규모 확장과 주식분산 등의 원인으로 지배주주가 부재하게 되어, 보통 기존의 경영자에 의해 회사가 지배되는 형태이다.

2) 경영자 지배 그런데 회사의 규모가 커지고 주식 분산이 더욱 진전되어 이것이 극도에 달하면 회사의 지배를 의도하거나 지배능력을 가진 기업가 주주가 존재하지 아니하는 상태에 들어가게 된다. 이러한 支配株主 부재의 회사에서는 의결권 대리행사를 권유하여 위임장을 모을 수 있는 지위에 있는 자는 보통 기존의 경영자이다. 따라서 이들은 거의 아무런 주식을 소유하지 않고도 회사를 지배할 수 있게 되며, 이러한 지배형태를 經營者 支配라고 한다. 이와 같이 기업의 지배가 주주의 손에서 경영자의 손으로 넘어오는 현상을 가리켜 '소유는 원심적으로 분산을 계속하고, 지배는 구심적으로 집중된다'고 한다. 그러나 의결권의 불행사와 委任狀 권유에 의해 성립하는 소수자 지배 또는 경영자 지배는 법률상 지배가 아닌 사실상의 지배임을 유의하여야 한다. 경영자 지배의 경우에는 일단 회사의 경영에 중대한 문제가 생기면 주주는 대주주인 금융기관이나 동일 기업집단에 속하는 기업들과 합하여 경영자로부터 지배권을 탈취하여 소유자 지배를 행할 가능성이 있다. 이 의미에서 경영자 지배는 소유자 지배가 잠재화하거나 소극화한 상태에 불과하다고 할 것이다.

(3) 경영자 지배와 기관의 재분화

경영자 지배에 따라 대표이사와 이사회로 분화되고, 상무회가 출현한다.

기업의 소유와 경영(지배)의 분리현상은 株式會社의 機關分化에 큰 영향을 주게 된다. 즉 경영자 지배하에서 株主總會는 단지 경영자의 결정을 회사의 결정으로 하기 위한 장치로 변하게 되므로 주주총회는 형식화된다. 이에 따라 주주총회의 권한이 축소되고 이사회 권한이 확대되는 동시에 代表理事와 理事會로 분화된다. 나아가 이사회 내에 소수의 경영진들로 구성되는 常務會의 출현과 이들에 대한 경영권의 집중현상이 심화되면서 경영자에 대한 주주나 채권자의 통제를 어떻게 할 것인가 라는 문제가 제기된다. 이에 따라 다음에서 볼 기업지배구조의 개선 논의를 불러오고 있다.

제 2 企業支配構造의 改善

1. 企業支配構造의 뜻

企業支配構造란 원래 위에서 본 바와 같이 회사의 意思決定構造가 다수자 지배인가 아니면 소수자 지배인가 또는 경영자 지배인가를 가리키는 것이었다. 그러나 최근에 국내외적으로 기업지배구조 개선에 관한 논의가 활발해지면서 그 의미는 기업의 경영과 통제에 관한 시스템을 가리키는 특수한 용도로 사용되고 있다(이철(회) 390). 이러한 의미에서 企業支配構造(corporate governance)란 企業經營에서 주주와 경영진 및 기타 이해집단간의 이해관계를 조정하고 규율하는 제도적 장치와 운영메커니즘을 의미한다. 다시 말하면 경영권을 가진 경영자에 대하여 채권자, 일반주주 등 이해관계자들의 經營統制의 정도를 나타내는 수준 또는 이를 규율하기 위한 制度的 裝置를 말한다.

기업경영에서 주주와 경영진 및 기타 이해집단간의 이해관계를 조정하고 규율하는 제도적 장치이다.

이러한 기업지배구조에 관한 논의가 국내외적으로 주목을 받고 있는 것은, 세계경제의 글로벌화가 진행되면서 기업들이 안정적으로 외국인투자를 유치하고 기술혁신을 지속하기 위해서는 선진국 수준의 기업의 투명성이 보장되어야 한다는 데에서 비롯된 것이다. 특히 國際資本自由化를 주도하고 있는 OECD에서는 1999년 5월에 회원국의 기업들이 준수해야 할 '기업지배구조 원칙'(OECD Principles of Corporate Governance)을 제정함으로써 이러한 논의에 큰 기여를 하였다.

2. 企業支配構造의 類型

(1) 소유구조

경영통제시스템으로서의 기업지배구조는 각국의 기업문화와 소유구조에 따라서 서로 다른 모습으로 나타난다. 선진국의 기업은 지배주주 등 경영자의 지분율이 매우 낮은 반면 일반투자자들의 경영감시장치가 발달하였다. 가령 미국의 경우 1974년을 기준으로 할 때 상위 200대 기업의 경영자 및 대주주의 지분율이 5%미만인 기업의 비중이 83%에 달하고 있다. 이에 비해 우리 나라는 30대 그룹계열사의 대주주(특수관계인 및 관계회사 포함)

미국의 경우 경영자 지배가, 한국의 경우 소유자 지배가 일반적이다.

의 지분율이 1998년을 기준으로 할 때 무려 44.5%에 이르고 있다. 즉 미국의 경우 經營者 支配가 일반적임에 비해 한국은 아직도 대부분 多數者 支配(所有者 支配)의 단계에 머무르고 있음을 알 수 있다.

(2) 기업지배구조

소유구조의 상이함으로 인하여 미국에서는 이사회가, 독일에서는 감사회가 경영감독기능을 수행한다.

이러한 소유구조의 상이는 기업지배구조에도 영향을 주는데 미국에서는 理事會의 經營監督機能을 그 핵심적인 내용으로 한다. 즉 미국기업은 理事會에서 社外理事의 비중이 과반수 이상을 차지하며 이들은 이사회 내의 업무집행위원회, 감사위원회, 경영자보수결정위원회, 이사추천위원회 등 해당 소위원회에 소속되어 경영감독기능을 수행한다(최준서, "기업지배구조개선의 실태분석", 「기업법연구」(2005.6), 38). 이에 대해 독일은 근로자 추천인사의 비중이 높은 監事會에서 경영감독기능을 수행하고 있는데, 세계적으로는 미국식의 監事委員會制度를 도입하는 추세이다. 이에 대해 우리 나라를 비롯한 아시아 기업들은 감사(감사역회의)가 업무와 회계감사를 수행하며 이사회는 최고경영자를 중심으로 경영집행기능을 수행한다.

3. OECD의 企業支配構造 原則

(1) 제정배경

세계경제의 압도적 우위를 갖는 미국의 기업지배구조 방식이 OECD의 원칙으로 제정되었다.

각국의 企業支配構造는 그 나라의 기업상황을 반영하여 형성된 것이므로 어느 유형이 반드시 우월하다고 할 수는 없다. 그러나 오늘날 세계경제에서 미국이 차지하는 압도적인 우위를 바탕으로 하여 미국식 기업지배구조가 소위 '글로벌 스탠더드'로 정착되고 있다. 이러한 상황을 바탕으로 하여 OECD의 기업지배구조 원칙이 제정되었는데, 이는 의무적으로 준수해야 하는 국제법은 아니지만 기업들이 국제적으로 준수하여야 할 최소한의 규범을 담고 있다는 점에서 사실상 구속력이 있다고 하겠다(최성근, "2004년 OECD 기업지배구조원칙개정의 쟁점사항 분석 및 우리 법제도와의 비교평가", 「상사법연구」(2007), 213).

(2) 주요 내용

OECD 원칙은 주주의 권리, 주주의 동등대우, 기업지배구조에서 이해관계자의 역할, 공시 및 투명성, 理事會(監事會)의 역할 등 다섯 가지 사항으로 나누어져 있다.

①주주의 권리보호 형태이어

1) 주주의 권리 기업지배구조는 주주의 권리를 보호하는 형태이어야 한다. 주주의 기본적인 권리에는 소유권의 안전한 등록방법(명의개서), 주식

의 양도, 기업공시, 의결권, 이사·감사의 선임, 이익배당이 포함되어야 한다.

야 한다.

2) 주주의 동등대우　기업지배구조는 소액주주와 외국인주주를 포함한 모든 주주의 평등대우를 보장하는 형태이어야 한다. 모든 주주는 권리침해에 대하여 유효한 구제를 받을 수 있는 기회를 가져야 한다. 이를 위해 自己去來와 內部者去來는 금지되고 이에 대한 정보는 공개되어야 한다.

②모든 주주의 평등대우를 보장해야 한다.

3) 이해관계자의 역할　기업지배구조는 법률에 의한 이해관계자 집단의 권리를 인용하여야 하며 복지와 고용기회의 창출을 위한 기업과 이해관계집단간의 적극적인 협력과 건전한 財務狀態의 유지를 촉진하는 형태이어야 한다. 이를 위해 성과향상제도를 도입하고 정보에 대한 접근을 보장해야 한다.

③건전한 재무상태의 유지를 촉진해야 한다.

4) 공시 및 투명성　기업지배구조는 기업의 재무상태, 성과, 소유구조, 기타 지배구조에 관한 모든 중요한 사항에 대하여 정확한 정보의 적시공개를 보장하는 형태이어야 한다. 특히 재무제표의 작성과 감사는 독립적인 監査人에 의해 행하여져야 한다.

④정확한 정보를 공개해야 한다.

5) 이사회(감사회)의 역할　기업지배구조는 理事會(監事會)의 전략적인 방향설정과 효율적인 감독, 기업과 주주에 대한 이사회(감사회)의 책임성을 보장하는 형태이어야 한다. 이를 위해 이사회(감사회)는 경영진으로부터 독립하여 객관적으로 판단할 수 있도록 충분한 수의 社外理事(社外監事)를 선임하여야 한다.

⑤이사회(감사회)는 경영진으로부터 독립하여 객관적 판단을 해야한다.

4. 우리 나라의 企業支配構造 改善

(1) 지배구조개선의 필요성

앞에서 본대로 우리 나라 대기업에서 大株主(재벌총수)의 내부지분율은 44.5%에 이르고 있어 기업의 소유와 경영의 분리는 이루어지지 않고 있다. 이러한 소유구조는 대주주의 강력한 리더십을 도내로 신속한 의사결정과 과감한 기업경영을 가능하게 하였다는 점에서 우리 경제의 고도성장에 기여한 바가 적지 않다. 그러나 대주주의 전횡적인 경영권행사를 통제할 효과적인 장치가 결여됨에 따라 전문지식과 균형감각에 입각한 합리적인 경영전략의 수립이 불가능하였고, 투자자나 채권자 등 이해관계인의 보호는 무시될 수밖에 없었다. 이러한 기업지배구조하에서 한보, 기아, 삼성자동차, 대우 등 대규모 투자의 실패는 필연적인 결과라고 할 수 있고, 외국인투자자들의 한국기업의 투명성과 투자자금 활용의 적합성에 대한 불신이 가중되어 결국 IMF위기가 도래하게 된 것이다. 따라서 IMF위기를 극복하고 우리 기업의 경쟁력을 제고하기 위하여도 기업지배구조의 개선은 우리 경제가 해결해야 할 시급한 과제라고 하겠다.

(2) 기업지배구조 모범규약의 제정

한국형 모범규약의 내용은 대체로 이사회 기능을 제고하는 것과 주주를 중시하는 경영풍토를 정착시키는 것이다.

企業支配構造의 개선노력을 촉진하고 그 방향을 제시하기 위해 OECD의 기업지배구조 원칙을 모범으로 하여 1999년 8월에 한국형 企業支配構造模範規約을 제정하였다. 모범규약의 내용은 대체로 이사회 기능을 제고하는 것과 주주를 중시하는 경영풍토를 정착시키는 것이다. 이사회 기능의 제고를 위하여 이사후보 선정방법 및 임원과의 구분, 사외이사 중심의 감사위원회의 도입과 이사회의 경영감독기능 강화, 이사의 주식보유 의무 등을 도입하고 있다. 주주를 중시하는 경영풍토의 정착을 위해서는 기관투자가의 경영감시활동을 강화하고 서면투표제, 경영자의 평가와 보수결정 방안, 외국인투자가를 위한 복수언어 공시 등을 그 내용으로 한다.

(3) 기업지배구조개선의 제도화

현재 우리 나라의 기업지배구조 개선노력은 商法과 證券去來法 등의 개정을 통하여 제도화되고 있다(백정웅, "엔론사태 이후의 미국의 새로운 기업지배구조", 「상사법연구」(2005), 204). 그 방향은 크게 기업의 투명성 제고, 경영감독 기능의 강화 및 소액주주의 권한 강화 라는 세 가지 방향으로 전개되고 있다.

1) 투명성 제고　　감사의 투명성확보를 위하여 국제회계기준의 수용과 감사인 선임위원회의 설치를 의무화하고 結合財務諸表의 작성을 의무화하였다.

2) 경영감독 강화　　지배주주의 책임경영을 강화하기 위하여 業務執行指示者 등의 책임조항을 신설하였다. 또 社外理事 위주의 監事委員會를 도입함으로서 이사회의 경영견제와 감독기능을 중시하는 미국식 기업지배구조로 전환을 모색하고 있다.

3) 소수주주의 권한강화　　集中投票制, 株主提案制, 中間配當制를 신설하고 소수주주의 권한행사 요건을 완화하였다. 또한 기관투자가의 의결권제한을 폐지하고 소수주주의 피해구제를 용이하게 하기 위해 集團訴訟制度의 도입을 추진하고 있다(권재열, "소수주주권의 법리", 「상사법연구」(2004), 147).

제 3 株式會社의 機關構造

이사회 중심의 제도가 정착되어 가고 있다.

상법은 1998년과 1999년의 잇따른 개정을 통하여 社外理事 중심의 監査委員會制度를 도입하면서 주주총회, 이사회, 감사로 3분되던 종래의 기관구조는 근본적인 변화를 겪고 있다. 즉 주주가치의 극대화라는 미국식 경영이념에 충실하여 주주들에게 이사회가 전적인 책임을 지는 대신, 이사회가 업무집행뿐 아니라 업무·회계감독권까지 장악하는 명실상부한 이사회중심제도가 정착되고 있는 것이다. 이를 위하여 이사회 내 委員會를 두어 이사회를 활성화하고, 특히 監査委員會를 설치하여 종래 감사의 지위를 대신하도록 하였다. 다만 급격한 변화에 따르는 혼란을 감안하여 감사제도를 존치하되 회사의 선택에 따라 감사위원회 또는 감사를 두도록 하였다(정병석, "주식회사의 기관구성과 권한의 분배", 「상사법연구」(1992), 244). 그러나 증권거래법의 적용을 받는 일정 규모 이상의 회사들은 감사위원회제도의 도입이 의무적이다.

■ 주식회사의 기관구조

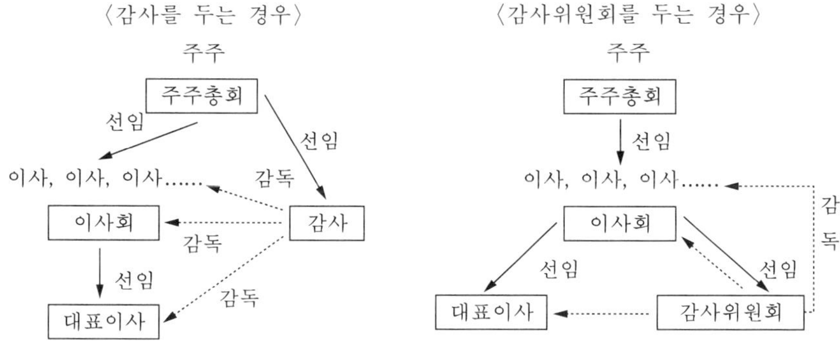

제2절 株主總會

제1 意義와 權限

1. 意 義

株主總會라 함은 출자자인 주주에 의해 구성되고 회사의 기본적인 중요사항에 대해 의사를 결정하는 필요적 기관을 말한다.

(1) 필요적 의사결정기관

회사기관의 존재형태로서의 주주총회는 상설적 기구로, 활동 형태로서의 주주총회는 임시기관으로 보나 어느 경우든 필요적 기관이다.

株主總會는 회사기관의 존재형태로서의 주주총회와 그 활동형태로서의 주주총회로 구별된다. 전자에 중점을 두는 경우에 주주총회는 주주가 있는 한 항상 존재하고 필요에 따라 활동할 수 있다는 의미에서 상설적 기구로 보게 되며(정희445, 정동(회)308, 채460, 이기(회)362, 정찬(상)757, 이철(회)393), 후자에 중점을 두는 경우에는 정기 또는 임시로 소집되어 성립하는 會議體로서 임시기관으로 보게 된다(손주698, 이원415). 어느 견해에 의하든 株主總會는 株式會社 내부의 기관구성에 있어서는 그 존재가 예정된 必要的 機關으로 보는 데 대하여는 이견이 없다. 의결권이 없는 주주는 주주총회의 구성원이 아니라는 견해가 있으나(정희444, 정동(회)307, 정찬(회)453) 이는 회의체로서의 주주총회에 대하여만 타당성을 가진다고 하겠다(이철(회)392, 이기(회)361).

이와 같이 주주총회는 필요적 기관이므로 회사가 존속하는 한 청산절차에 들어간 단계에도 존재한다. 그러나 회사성립 전에는 그 전신인 創立總會가 주식인수인의 집회로서 존재한다.

(2) 최고의사결정기관

회사의 기초를 이루는 주요사항에 대한 결정권을 가지고 있으므로 법률상 최고기관의 지위를 가진다.

주식회사의 소유와 경영의 분리 현상에 따라 종래의 주주총회 중심주의를 수정하여 회사의 업무집행에 관한 일반적 사항의 결정권은 이사회에 부여하고, 주주총회는 상법 또는 정관에 정한 사항에 대하여만 결의할 수 있다. 그러나 주주총회가 이사·감사의 선임과 해임에 관한 사항은 물론 이익배당에 관한 사항, 정관변경, 자본감소, 합병, 영업전부의 양도, 해산 등과 같이 회사의 기초를 이루는 주요사항에 대한 결정권을 가지는 이상 법률상 여전히 최고기관의 지위를 가진다고 할 수 있다(정동(회)308, 이철(회)393~394, 채460, 이기(회)362, 註商(II-下)102, 정찬(상)757).

2. 權　　限

[사례 V-2-1: 주주총회의 권한]

(i) Y회사의 정관에는 각각 다음과 같은 조항을 두고 있는데 Y회사의 소수주주 X는 이 조항이 상법에 위반하여 무효라고 주장한다. X의 주장은 타당한가? ① "주주총회는 이사추천위원회의 추천을 받은 자에 한하여 이사로 선임할 수 있다" ② "사채발행은 주주총회의 결의에 의한다".

(ii) 건물임대업을 수된 사업으로 하는 X주식회사의 A사장(대표이사)은 IMF사태로 말미암아 사업이 부진하자 동 회사의 유일한 재산이라고 할 수 있는 강남소재 10층짜리 빌딩을 Y에게 매각하였다. ① 그 후 부동산 가격이 다시 상승하자 X주식회사의 주주들은 A사장의 이건 빌딩 매각은 주주총회특별결의를 거치지 않은 것으로서 무효라고 주장하고, Y에게 빌딩을 반환해줄 것을 청구하였다. Y는 이에 응해야 하는가? ② 만일 A사장이 이건 부동산을 매각하기 이전에 부동산임대업의 부진으로 X회사가 휴업상태에 있었던 경우에는 어떠한가? ③ 만일 A사장이 이건 부동산을 Y에게 양도담보로 제공하고 채무변제를 하지 못한 경우에는 어떠한가? (대판 1988.4.12, 87다카1662 참조)

(iii) X회사는 회사소유 3개 공장 중 1개와 그에 속하는 일체의 영업을 Y회사에 양도하면서 주주총회특별결의를 거치지 않았다. Y회사는 대금일부를 지급하지 않은 상태에서 양수한 영업을 계속하였는데 얼마 후 사업부진으로 영업활동을 사실상 중단하게 되었다. ① X회사가 Y회사에 잔대금을 청구하자 Y회사는 이건 영업양도계약은 X회사의 주주총회특별결의를 거치지 않았으므로 무효라고 주장한다. Y의 주장은 타당한가? ② 만일 영업양도로부터 20년이 경과한 후에 Y가 이러한 주장을 한 경우에는 어떠한가? (日最高判 1986. 9.11, 判時 1215, 125 참조)

株主總會는 商法 또는 定款에 정하는 사항에 한하여 결의할 수 있다(361). 이는 상법이 이사회중심주의를 취하는 결과 주주총회의 결의사항을 제한한 데 따르는 것이다(남기윤, "상법 제361조에서의 정관자치의 범위와 한계", 「상사법연구」(1997), 443). 주주총회는 회의체기관으로서 그 권한 행사를 위하여 필요한 결의요건에 따라 普通決議事項, 特別決議事項, 特殊決議事項으로 나누어진다.

상법 또는 정관이 정하는 사항에 한하여 결의할 권한이 있다.

가. 商法上의 權限

(1) 전속적 권한

회사와 영업에 관한 기본적 사항으로 주주의 이익에 중대한 영향을 미치는 것이다.

주주총회의 권한사항은 그 내용에 따라 기관구성에 관한 사항(336③, 367, 382, 385, 409, 415, 531, 539), 재무에 관한 사항(438, 449①, 462의2①, 464의2①, 540①, 513③, 516의2④), 업무감독에 관한 사항(334, 375, 388, 400, 415, 542, 542②), 회사의 구조개편 및 소멸에 관한 사항(374, 433①, 518, 519, 522, 530의2, 604①)으로 나누어 진다.

이러한 상법상 株主總會의 권한은 理事와 監事의 任免을 제외하고는 주로 회사와 영업에 관한 기본적인 사항으로써 주주의 이익에 중대한 영향을 미치는 것이므로 모두 전속적 권한사항으로 되어 있다. 따라서 정관으로도 그 결정권을 다른 기관이나 제3자에게 위임할 수 없다. 다만 [사례Ⅴ-2-1-i]의 ①과 같이 대규모 上場會社들은 이사회 내에 이사추천위원회를 두고 여기에서 추천 받은 자에 한하여 주주총회에서 이사로 선임하도록 제한하는 경우가 많은데, 이러한 제한이 주주총회의 전속적 권한을 침해한 것이 아닌가 하는 의문이 제기될 수 있다. 그러나 이는 주주총회의 이사선임 권한을 다른 기관에 위임하는 것이 아니고 대주주의 영향력을 제한하여 기업지배구조를 개선하려는 방안의 하나로 보아 유효하다고 할 것이다. 이사의 보수결정도 마찬가지이다. 다만 발행주식의 80%를 보유하는 대주주가 주주총회 결의를 거치지 않고 이사의 보수를 결정한 것을 유효로 본 판례가 있다(대판 1978.1.10, 77다1788; 反 1979.11.27, 79다1599).

(2) 권한의 구분

株主總會의 권한은 결의에 요구되는 주식수에 따라 普通決議事項, 特別決議事項 및 特殊決議事項으로 나누어진다.

출석주주의 과반수와 발행주식 총수 4분의 1 이상 다수로서 한다.

1) 보통결의사항 보통결의는 상법 또는 정관에 다른 정함이 없는 경우에는 출석한 주주의 과반수와 발행주식총수의 4분의 1이상의 다수로서 하여야 한다(368①). 상법이나 정관에서 특별결의를 요구하는 이외에는 모두 보통결의사항이라고 보아야 한다. 구체적으로는 理事·監事 및 淸算人의 選任과 報酬決定(382, 409①, 388, 415, 542②), 財務諸表의 承認(449), 株式配當(462의2), 檢査人의 選任(366③, 367, 542②), 總會의 延期 또는 續行(392)이 이에 속한다(이형규, "상법 중 회사편(일반)에 대한 개정의견", 「상사법연구」(2005), 186). 종래 주주총회 권한사항이던 이사의 競業承認과 介入權의 행사는 1995년의 상법개정에 의해 이사회승인사항으로 변경되었다.

출석주주 의결

2) 특별결의사항 특별결의는 출석주주의 의결권의 3분의 2이상의 다

수와 발행주식총수의 3분의 1이상의 다수로써 결의한다(434). 여기에 속하는 사항은 대부분 주식회사의 기본적 구조에 변경을 가져오는 것으로서 대주주의 전횡으로부터 소수주주를 보호할 필요에서 결의요건을 가중시킨 것이다. 가장 대표적인 사항으로는 定款變更(434)이 있으며 그 외에도 株式消却(343의2), 株式의 包括的 交換(360의2 이하), 株式의 包括的 移轉(360의15 이하), 資本減少(438①), 會社의 解散(518), 會社의 合併(522③, 175②), 會社의 繼續(519), 營業의 全部 또는 重要한 一部의 讓渡(374①1), 營業全部의 賃貸 또는 經營委任 등(374①2), 다른 회사의 영업전부의 양수(374①3), 회사의 영업에 중대한 영향을 미치는 다른 회사의 영업 일부의 양수(374①4), 理事 또는 監事의 解任(395, 415), 株式의 割引發行(417①), 株式買受選擇權의 부여(340의3), 事後設立(375) 등이 있다.

권의 3분의 2 이상의 다수와 발행주식 총수의 3분의 1 이상 다수로서 결의한다.

3) 특수 결의사항(총주주의 동의)　이사·감사·청산인의 회사에 대한 책임의 면제(400, 415, 542②), 발기인의 회사설립에 관한 손해배상책임의 면제(324, 400), 주식회사의 유한회사로의 조직변경(604)은 총주주의 동의를 요하는 사항이다. 이 경우에는 의결권 없는 주주의 동의도 얻어야 한다.

(3) 영업용 중요재산의 양도

1) 문제의 소재　營業의 전부 또는 중요한 일부의 讓渡는 주주총회의 特別決議를 거쳐야 한다(374. 1). 그런데 [사례 V-2-1-ii]와 같이 회사의 영업을 위한 중요재산을 양도하는 경우가 본조에서 말하는 '營業의 讓渡'에 해당하여 특별결의를 받아야 하는지 여부가 문제된다. 이는 본조의 '영업'이 상법총칙에서 말하는 '사실관계를 포함한 유기적 일체로서의 영업재산의 총체'를 의미하는가, 아니면 '사실상 회사의 영업의 전부 또는 그 중요한 일부를 구성하는 개개의 영업용 재산'도 포함한다고 보는가에 따라 달라진다.

영업의 전부 또는 일부의 양도는 주주총회의 특별결의를 거쳐야 한다.

2) 학　설　학설은 형식설과 실질설로 나누어진다. ① 형식설; 상법총칙상의 영업과 회사법상의 영업이 형식상 동일한 용어를 사용하므로 그 뜻도 동일하게 보아야 한다는 것을 전제로 하여, 영업용 재산의 양도는 그것이 중요한 재산이라도 주주총회의 특별결의를 요하지 않는다고 본다(日最高判 1965.9.22, 民集 19-6, 1600). 따라서 양도회사가 영업양도의 경우에 요구되는 競業避止義務도 부담하지 않는다고 본다. 형식설에 의하면 A사장의 이건 X회사의 빌딩매각은 특별결의를 거칠 필요가 없기 때문에 X회사의 주주들은 빌딩의 반환을 요구할 수 없다. ② 실질설; 영업용재산의 양도가 실질적으로 볼 때 회사의 영업의 전부 또는 그 일부를 양도·폐지·중단하는 것과 동일한 결과를 초래할 경우에는 특별결의가 필요하다고 본다(정동(회)313, 채491, 이철(회)787~788). 이 견해에 의

주주총회의 특별결의를 요하지 않는다.

주주총회의 특별결의가 필요하다.

하면 주주총회의 특별결의를 거치지 않은 빌딩의 매각은 무효이므로 X회사 주주들은 Y에게 빌딩의 반환을 요구할 수 있게 된다.

기본적으로 형식설에 입각하고 있으나 예외적으로 실질설을 적용하고 있다.

3) 판 례　판례는 일관하여 "주주총회의 특별결의가 있어야 하는 상법 제374조 1호 소정의 영업의 전부 또는 일부의 양도라 함은 일정한 영업목적을 위하여 조직되고 유기적 일체로 기능하는 재산의 전부 또는 일부를 총체적으로 양도하는 것을 의미하는 것으로서 이에는 양수회사에 의한 양도회사의 영업적 활동의 전부 또는 중요한 일부의 승계가 수반되어야 하는 것이므로 단순한 영업용 재산의 양도는 이에 해당하지 아니하나, 다만 영업용재산의 처분으로 말미암아 회사영업의 전부 또는 일부를 양도하거나 폐지하는 것과 같은 결과를 가져오는 경우에는 주주총회의 특별결의가 필요하다"고 판시하고 있다(대판 1994.10.28, 94다39253; 1997.4.8, 96다54249, 54256; 1998.3.4, 95다6885; 2002.4.12, 2001다38807; 2004.7.8, 2004다13717-특허권의 양도). ① 기본적 입장; 판례는 기본적으로 형식설에 입각하여 단순한 영업재산만의 양도는 주주총회의 특별결의를 요하지 않는다고 본다. 즉 대판 1997.4.8, 96다54249 · 54256은 "신축건물의 양도약정만으로는 영업의 전부 또는 일부를 양도하거나 폐지하는 것과 같다고 할 수 없어서 주주총회의 특별결의는 필요없다"고 한다. 또 대판 1997.7.25, 97다15371은 금속제품 생산을 주된 영업으로 하는 회사가 온천개발사업을 하기 위한 준비로써 보유하고 있던 부동산을 매각한 경우, 대판 1997.6.27, 95다40977도 회사가 사무실의 전세보증금채권을 양도한 경우에 대하여 각각 단순한 영업재산의 양도로서 특별결의를 요하지 않는다고 보았다. ② 예외; 판례는 예외적으로 양도한 재산이 회사의 존속의 기초가 되는 중요한 재산으로서 이러한 재산의 양도로 營業의 廢止나 中斷을 초래할 경우에는 영업의 양도와 다를 바 없으므로 주주총회의 특별결의를 요한다고 본다. 즉 대판 1969.11.25, 64다569는 광산업을 하는 회사가 광업권을 양도한 경우, 대판 1977.4.26, 75다2260은 시장의 점포임대를 업으로 하는 회사가 시장건물을 양도한 경우, 대판 1987.4.28, 86다카553은 흄관 제작과 판매를 업으로 하는 회사가 흄관 제작에 반드시 필요한 유일한 흄관 몰드를 처분한 경우, 대판 1988.4.12, 87다카1662는 호텔관광업을 위해 설립된 회사가 호텔건축용 부지를 처분한 경우에 각각 회사 존속의 기초가 되는 중요재산의 처분으로써 주주총회의 특별결의를 거쳐야 한다고 판단하고 있다.

형식설은 거래안전을, 실질설은 주주의 이익

4) 검 토　형식설은 去來의 安全을 중시하는 견해이고 실질설은 株主의 利益保護에 치중하는 견해이다. 형식설은 재산의 중요성 여부는 회사 내부의 사정인 바 그에 따라 주주총회결의를 거쳐야 하는지 여부가 결정된

다면 거래상대방은 불측의 손해를 입게 될 우려가 있다는 것이다. 그러나 영업의 전부 또는 일부의 양도는 주주총회의 특별결의를 거쳐야 효력을 가지는데 이와 실질적으로는 동일한 의미를 가지는 영업용 재산의 양도에 대하여 특별결의를 거치게 한다고 하여 반드시 거래의 안전을 해친다고 할 수는 없다(양승규, "주식회사의 중요재산의 처분과 영업양도", 「이태로교수화갑기념논문집」(1992.4), 113). 거래상대방도 거래의 대상이 되는 재산이 양도회사에 있어서 가지는 중요성을 알 수 있는 경우가 대부분이기 때문에 거래에 앞서 특별결의를 거친 여부를 조사해야 할 주의의무가 있다고 본다. 따라서 [사례Ⅴ-2-1-ii]의 ①에서 빌딩의 반환을 주장하는 X회사 주주들의 주장은 타당하다. 그러나 [사례Ⅴ-2-1-ii]의 ②와 같이 재산의 양도 이전에 회사가 이미 폐업상태에 들어간 경우에는 특별결의를 요구하지 아니한다. 이 경우에는 재산의 양도로 새삼스럽게 영업의 폐지나 중단이 초래되지 않기 때문이다(대판 1988.4.12, 87다카1662).

보호를 중시한다.

5) 담보제공의 경우 [사례Ⅴ-2-1-ii]의 ③과 같이 영업용 중요재산을 담보로 제공하는 경우에도 특별결의가 요구되는지 문제된다. 이에 대하여 대판 1965.12.21, 65다2099·2100 및 1987.4.28, 86다카553은 실질적으로 재산의 양도와 동일한 매도담보에 대하여는 환매기간 내에 환매하지 못하면 영업의 전부 또는 중요부분을 폐업하게 되므로 주주총회의 특별결의를 요한다고 하여 실질설을 취하였다(강위두, "회사의 영업용 중요재산의 양도와 주주총회의 특별결의", 「상사판례연구 I」, 441). 그러나 대판 1971.4.30, 71다392는 영업용 재산에 저당권설정계약을 체결하는 것에 대하여는 특별결의를 요하지 않는다고 한다.

판례는 실질설과 형식설을 혼용하고 있다.

(4) 영업양도의 무효주장과 신의칙

1) 문제의 소재 상법 제374조 1호에 의하면 회사의 영업의 전부 또는 중요한 일부의 양도에 대하여는 주주총회의 특별결의를 거쳐야 한다. 그런데 [사례Ⅴ-2-1-iii]과 같이 특별결의를 거치지 않고 한 영업양도의 효력은 어떠한가 하는 문제가 있다 이 점은 상법이 영업양도와 유사한 合併節次상의 하자에 대하여는 合併無效의 訴를 인정하고 제소권자와 제소기간을 제한하며 遡及效를 부정하고 있음에 비해, 영업양도에 대하여는 아무런 규정을 두고 있지 않기 때문에 발생하는 것이다.

특별결의를 거치지 않은 영업양도의 효력에 대한 문제다.

2) 위반의 효과 본조에 위반한 영업양도의 효력을 무효로 보게 되면 그 무효는 누가, 언제까지라도 주장할 수 있으며 필요한 경우 株主總會決議否存在確認의 訴를 제기할 수 있다고 할 것이다. 즉, [사례Ⅴ-2-1-iii]의 ①에서 Y의 무효주장이 타당하다고 하지만 이는 거래의 안전을 저해하는 결

과가 된다. 그러므로 선의의 제3자 보호를 위해 양도인(X)은 양수인(Y)에게 惡意 또는 重過失이 있는 경우에만 무효의 주장을 할 수 있다고 보아야 할 것이다. 즉, X가 무효를 주장하지 않는 한 Y측에서는 무효를 주장할 수 없다고 본다(日最高判 1986.9.11, 判時 1215, 125). 다만 회사관계의 획일적 확정이라는 요청은 합병과 영업양도의 경우에 동일한데, 영업양도의 경우에만 상대방의 善意·無過失에 따라 무효 여부가 좌우된다는 것은 형평에 맞지 않는다는 문제점은 계속 남게 된다. 결국 이 문제는 立法의 不備에서 나온 것인만큼 해석론으로 해결하는 데에는 한계가 있기 때문에 營業讓渡를 事實上의 合併으로 구성하고 合併無效制度를 준용하는 법개정이 필요하다고 본다.

3) 신의칙의 적용　주주총회 특별결의를 거치지 않은 영업양도의 효력에 대해 어떠한 견해를 취하든 [사례 V-2-1-iii]의 ②와 같이 양도 후 Y가 양도에 대한 문제제기를 전혀 하지 않고 또 양도가 있는 후 20년이 경과된 후에 그 무효를 주장하는 것은 信義則에 반하는 것으로 허용될 수 없다고 본다(日最高判 1986.9.11, 判時 1215, 125).

나. 定款上 權限事項

(1) 정관에 의한 권한 확장

상법이 정한 사항 외에도 정관으로 권한을 추가할 수 있다.

株主總會의 권한은 상법이 정한 사항 이외에도 정관으로 추가할 수 있다(361). 그런데 정관에 의한 주주총회의 권한 확장은 상법상 명문의 규정이 있는 경우에 한정되는가 아니면 그러한 제한없이 허용되는가 하는 문제가 있다. 가령 상법 제461조에 의하면 準備金의 資本轉入은 이사회의 권한사항이지만 정관으로 주주총회 권한사항으로 정할 수 있도록 되어 있다. 新株發行(416), 代表理事 選任(389), 轉換社債에 관한 事項(513 ③), 新株引受權附社債에 관한 事項(516의2 ②但)에 대하여도 마찬가지이다. 그러나 [사례 V-2-1-i]의 ②에서 社債發行과 같이 상법상 이사회의 권한사항으로 한정되어 있는 경우(469)에도 이를 정관으로 주주총회의 권한 사항으로 할 수 있는가 하는 점이 문제된다.

(2) 학 설

긍정하되, 주주총회 소집권만 권한이 될 수 없다고 본다.

통설은 株主總會의 최고기관성이나 주식회사에서 권한분배의 자율성을 감안할 때 이를 긍정하여야 하며, 다만 주주총회의 소집권은 그 성질상 주주총회의 권한으로 될 수 없을 뿐이라고 한다(정희445, 정동(회)315, 서·정413, 박·이231, 이병427, 채498, 이기(회)363 外).

소유, 경영 분

통설에 따르면, 위 사례에서 주주총회의 결의에 따른 Y회사의 사채모집은 적법하다고 할 것이다. 이에 대하여 소수설은 이를 무제한 허용할 경우 주주총회가 이사회의 권한을 대폭적으로 잠식할 수 있게 되어 소유와 경영을 분리하는 상법의 이념에 반한다고 비판한다(이철(회) 395). 이 견해에 따르면 Y회사의 社債發行은 상법 제469조에 위반하여 위법이라고 하겠다.

리 이념에 따라 부정한다.

(3) 검 토

상법은 株主總會의 형식화 경향과 지배구조의 변화를 감안하여 주주총회의 권한을 제한하고 이사회중심주의를 채택하고 있다. 그러한 관점에서 상법은 주주총회와 이사회의 권한을 배분하여 정하고 있으며(361, 393) 다만 회사의 자율적인 권한배분이 필요한 사항에 대하여는 위에서 본 바와 같이 명문으로 재량권을 부여하였다. 따라서 이러한 명문의 규정이 없는 경우에는 정관으로 이를 변경할 수 없다고 보아야 할 것이다.

명분의 재량권 부여 규정이 없는 경우에는 부정설로 보아야 한다.

나아가 理事會決議에 기한 업무집행으로 회사에 손해를 가한 경우에는 이사들에게 책임을 지우고 있는데(399, 401), 만일 이를 株主總會決議로 집행할 수 있다고 한다면 그로 인해 회사가 손해를 입게 되어도 책임추궁을 할 수 없다는 결과가 된다. 이는 결국 支配株主들이 責任을 회피하면서도 전단적인 경영을 할 수 있는 길을 터주게 될 위험이 있다고 본다. 그러한 의미에서 상법이 명문으로 유보하고 있는 경우 이외에는 정관에 의한 권한 확장은 허용되어서는 안될 것이다(이철(회)395~396, 정찬(상)760).

다. 定款變更

(1) 의 의

1) 개 념　定款의 變更은 회사의 조직과 활동의 根本規則인 定款을 변경하는 것을 말한다. 정관에는 회사의 근본규칙으로서의 정관(실질적 의의의 정관)과 이러한 규칙을 기재한 서면(형식적 의의의 정관)이 있는데, 정관의 작성은 이 2가지 의미를 모두 가지고 있지만, 정관변경은 실질적 의의의 정관만 문제된다(정찬(상) 981). 그러나 형식적 변경과 실질적 변경의 구분이 모호하기 때문에 모든 정관변경이 포함되어야 한다는 반대견해도 있다(이철(회) 731).

회사의 조직과 활동의 근본규칙인 정관을 변경하는 것이다.

2) 취 지　회사의 근본규칙인 정관은 일정불변의 것은 아니고 경제사정이나, 영업환경의 변화에 따라 구성원인 株主의 總意로써 변경할 수 있다. 그러나 물적회사인 주식회사에서 총의는, 인적회사와 같이 구성원 전원의 동의를 의미하는 것은 아니고, 절대다수의 찬성을 요하는 特別決議에 의하면 된다.

경제사정이나 영업환경의 변화에 따라 정관을 변경해야 한다.

(2) 절 차

출석주주의결권 3분의 2 이상 수와 발행주식총수 3분의 1 이상의 수로 한다.

1) 주주총회특별결의　정관변경은 株主總會의 特別決議에 의하여야 한다(433①, 434). 다만 정관의 규정 중 사실에 기초하는 것은 그 사실의 변경(가령 본점소재지의 주소변경, 공고를 개재할 신문의 변경)에 의해 당연히 변경되고 총회의 결의를 요하지 아니한다(이철(회)731, 손주894, 정동(회)655, 이기(회)165, 이·최405). 결의방법은 출석한 주주의 의결권의 3분의 2이상의 수와 발행주식총수의 3분의 1이상의 수로써 하여야 한다(434②). 정관변경을 위한 주주총회의 소집통지에는 회의의 목적사항('정관의 일부 변경의 건')외에 의안의 요령('정관 제10조의1주의금액을 1,000원으로 변경함')을 기재하여야 한다(434②).

그 종류의 출석주주 의결권 3분의 2 이상 수와 발행주식 총수 3분의 1 이상 수로 한다.

2) 종류주주총회　회사가 數種의 株式을 발행한 경우에 정관의 변경이 어떠한 종류의 주주에게 손해가 미칠 때에는 다시 그 종류의 주주총회의 결의가 있어야 한다(435①). 종류주주총회의 결의는 그 종류의 출석주주의 의결권의 3분의 2이상의 수와 그 종류의 발행주식총수의 3분의 1이상의 수로써 하여야 한다(435②).

3) 등 기　정관변경 그 자체는 등기를 요하지 않지만 정관변경이 등기사항의 변경으로 되는 경우에는 變更登記를 하여야 한다.

(3) 효 력

주주총회 결의시에 효력이 발생한다.

1) 원 칙　정관변경의 효력은 주주총회결의시에 생긴다. 서면인 정관의 변경은 정관변경의 효력요건이 아니고, 효력발생 후에 하는 사무처리에 불과하다. 정관변경에는 原始定款의 작성시에 요구되는 公證人의 認證(292)이 필요 없다. 대판 1978.12.26, 78누167도 이러한 취지에서 "주식회사의 원시정관은 공증인의 인증을 받음으로써 효력이 생기는 것이지만, 일단 유효하게 작성된 정관을 변경할 경우에는 이에 관한 주주총회의 특별결의가 있으면 그 때 유효하게 정관변경이 이루어지는 것이며, 서면인 정관이 고쳐지거나 변경내용이 등기사항인 때의 변경등기 여부 내지 공증인의 인증 여부는 정관변경의 효력발생에는 아무런 영향이 없다"고 판시하고 있다.

예외적으로 조건성취나 기한 도래에 의해 효력이 발생한다.

2) 예 외　정관변경결의가 條件附 또는 期限附로 된 때에는 조건의 성취 또는 기한의 도래에 의해 효력이 발생함은 물론이다(정찬(상)984).

(4) 정관변경의 범위와 한계

정관변경의 범위에는 제한이 없다. 절대적 기재사항(목적, 상호등)뿐 아니라 상대적 기재사항과 임의적 기재사항의 변경도 가능하며, 현존 규정의 변경이나 삭제외에 신규정의 추가도 인정된다. 원시정관에서 정관의 특정조항에 대한 변경을 불허하는 내용의 규정을 두고 있는 경우에도 그 조항의 변경이 가능하다(정동(회)655, 이기280). 그러나 정관변경은 주식회사의 기본적 특질이나 강행법규에 반하지 않아야 함은 물론 주주의 固有權을 침해하거나 株主平等의 原則에 위반하지 않아야 한다. 정관변경과 관련하여 특히 문제로 되는 사항은 授權株式數의 변경과 株金額의 변경이다.

1) 수권주식수의 변경　회사가 발행할 주식의 총수(수권주식수)는 정관의 기재사항(289①3)이므로 이를 증가시키거나 감소시키기 위하여는 정관변경을 하여야 한다. 회사설립시에는 수권주식수는 발행주식수의 4배를 초과할 수 없도록 제한되지만(289②), 설립 후 정관변경시에는 이러한 제한을 받지 아니한다. 종래에는 정관변경시에도 이러한 제한을 받고 있었는데 上場會社의 경우 자본시장의 상황에 따라 한꺼번에 수권주식수를 넘는 대규모 증자가 필요한 경우가 허다한데, 그때마다 정관변경절차를 밟아야 하는 번거로움이 많았다. 이리하여 1995년 개정시에는 회사설립 후에는 授權株式數를 發行資本과는 관계없이 얼마든지 늘릴 수 있도록 한 것이다.

수권주식수의 변경을 위해서는 정관을 변경하여야 한다.

2) 주금액의 변경　① 주금액의 인상; 주식의 액면금액을 인상하기 위하여는 정관변경을 하는 동시에 인상분만큼 주주에게 추가출자를 하게 하든가 아니면, 株式을 併合하여야 할 것이다. 주식병합은 가령 1주의 금액이 5,000원인 회사에서 주금액을 1만원으로 인상하면서, 구주 2주를 신주 1주로 병합하는 경우이다. 그러나 추가적인 출자는 有限責任의 원칙에 반하고, 주식의 병합은 端株가 생기기 때문에 총주주의 동의가 없는 한 단순한 정관변경만으로는 불가능하다고 본다(정희547, 정동(회)658, 이철(회)733, 정찬(회)750~751, 이기(회)167; 反 손주896). ② 주금액의 인하; 주금액의 인하란 가령 주금액이 1만원인 회사에서 10분의 1인 1,000원으로 감소하는 경우이다. 여기에는 10분의 1로 資本을 減少하는 경우(438 이하)와 주금액감소와 동시에 발행주식수를 10배로 늘림으로서 자본액은 동액으로 유지하는 株式分割(329의2)이 있다. 자본감소의 경우에는 자본감소절차를 밟아야 하기 때문에 정관변경만으로는 가능하지 않으나 주식분할은 정관변경에 의해 자유롭게 할 수 있다. 특히 1998년 개정으로 주금액을 100원 이상으로 낮추었기 때문에 株式分割이 매우 빈번하게 이용된다.

1주금액은 정관기재사항으로써
① 병합은 가능하지만 주금액만 인상하는 것은 주주유한책임에 위배되는 이유로 불가능하다.
② 분할은 가능하지만 주금액만 줄이는 것은 자본만 줄이게 되는 것으로서 자본감소절차가 필요하다.

3. 種類株主總會

[사례 V-2-1A: 종류주주총회]

X는 비누적적이고, 의결권이 없는 Y전자주식회사의 우선주 40,000주를 보유하고 있는 우선주주이다. 우선주식에 관한 Y회사의 기존 정관 제8조 제5항은 “우

선주식의 존속기간은 발행일로부터 10년으로 하고 이 기간만료와 동시에 보통주식으로 전환된다. 그러나 위 기간 중 소정의 배당을 하지 못한 경우에는 소정의 배당을 완료할 때까지 그 기간을 연장한다. 이 경우 전환으로 인하여 발행하는 주식에 대한 이익의 배당에 관하여는 제8조의2의 규정을 준용한다"라고 규정하고 있다. Y회사는 2002.2.28. 정기주주총회를 개최하여 제1호 의안으로「재무제표승인에 관한 건」과 제2호 의안으로「정관 제8조 제5항의 삭제하는 것을 내용으로 하는 정관변경의 건」을 결의하였다. X는 이 정관변경에 관한 결의가 자신에게 불리하다고 판단하여 Y회사에 우선주 종류주주총회의 소집을 요구하였으나 Y는 이를 소집하지 않았다. 이에 따라 X는 Y회사의 정관변경결의의 부존재확인의 소를 제기하였는데, Y는 종류주주총회의 흠결은 주주총회결의가 효력을 발생하기 위한 절차적 요건을 결한 경우로서 주주총회결의 취소사유에 해당하는데, X의 소제기는 제소기간인 2개월을 도과하여 부적법하다고 주장한다. Y회사의 주장은 타당한가? (대판 2006.1.27, 2004다44575,44582 참조)

(1) 의 의

특별결의를 요하는 사항중 위험이 큰 사안에 대하여 총회결의의 특정 종류의 주주들만에 의한 총회의 결의를 말한다.

회사가 數種의 株式을 발행한 경우에 주주총회결의 사안 중에는 각 종류별 주주의 이해관계가 서로 엇갈리는 경우가 많다. 가령 신주발행시 新株引受權의 배정비율을 정함에 있어서 優先株와 普通株간에 어느 정도 차이를 둘 것인가 하는 것 등이다. 이러한 사안에 대하여 주주총회에서 다수결로 결정하게 되면 수적으로 열세에 있는 종류의 주주들은 손해를 입기 마련이다(박철영, "종류주식의 확대와 주주간 이해조정", 「상사법연구」(2005), 73). 그러므로 주주총회특별결의를 요하는 사항 중에서 이러한 위험이 큰 사안에 대하여는 주주총회결의 외에 특정 종류의 주주들만에 의한 총회의 결의를 요하는데, 이를 種類株主總會라고 한다. 種類株主總會決議는 주주총회결의의 효력발생을 위한 부가적인 요건이기는 하지만 별개의 주주총회는 아니며, 주식회사의 기관도 아니다(이철(회)509, 정찬(상)799).

(2) 결의가 요구되는 경우

상법상 種類株主總會의 결의를 요하는 사안으로는 다음의 세가지가 있다.

1) 불리한 정관변경 정관을 변경함으로써 어느 종류의 주주에게 손해를 미치게 될 때이다(435 ①). 가령 優先株에 대한 배당률을 낮추는 정관변경이 이에 해당한다. 대판 2006.1.27, 2004다44575,44582는 [사례Ⅴ-2-1A]에서 "어느 종류의 주주에게 손해를 미치게 될 때라 함에는, 어느 종류의 주주에게 직접적으로 불이익을 가져오는 경우는 물론이고, 외견상 형식적으로는

평등한 것이라고 하더라도 실질적으로는 불이익한 결과를 가져오는 경우도 포함되며, 나아가 어느 종류의 주주의 지위가 정관의 변경에 따라 유리한 면이 있으면서 불이익한 면을 수반하는 경우도 이에 해당된다고 할 것이다. 그런데 이건 정관변경으로 인하여, 기존의 우선주주들이 무상증자 등에 의하여 향후 새로 배정받게 될 우선주의 내용에만 차이가 생기는데, 차이가 생기는 부분인 향후 배정받게 될 우선주의 내용은 구 우선주와 달리 10년 후에도 보통주로 전환할 수 없는 것이므로, 보통주로의 전환에 의한 의결권의 취득을 바라고 있던 우선주주의 지위에서는 정관변경이 불리한 반면, 의결권의 취득에는 관심이 적고 그보다는 이익배당에 더 관심이 있던 우선주주의 지위에서는 특정 비율 이상의 우선배당권이 10년의 제한을 받지 아니하고 언제까지나 보장되는 것이어서 유리하다. 이와 같이 우선주주 각자의 입장에 따라 유리한 점과 불리한 점이 공존하고 있을 경우에는 우선주주들로 구성된 종류주주총회의 결의가 필요하다"고 판시하였다.

2) 주식의 종류에 따른 차별적 조치 數種의 주식을 발행하는 경우 각 주식의 종류에 따라 주식의 倂合·分割·消却 또는 회사의 合倂·分割로 인한 주식의 배정에 관하여 특수한 결의를 하는 경우이다(436, 344③). 가령 주식소각의 대상을 우선주에 한정한다든지, 주식병합의 비율을 우선주와 보통주에 따라 서로 다르게 정한다든지 하는 경우이다.

3) 불리한 합병·분할, 주식교환·이전 주식교환, 주식이전 및 회사의 合倂 또는 分割로 인하여 어느 종류의 주주에게 손해를 미치는 경우이다(436). 가령 주식의 종류에 따라 합병비율(교환·이전 비율)을 달리 정하는 경우이다.

(3) 결의요건

種類株主總會의 결의는 출석한 주주의 의결권의 3분의 2이상의 다수와 그 종류의 발행주식총수의 3분의 1이상의 수로써 하여야 한다(435②). 이는 강행규정이므로 정관으로 결의요건을 완화하여도 효력이 없다(정동(회)363, 손주738, 이기(회)396, 정찬(회)506). 종류주주총회의 결의에는 의결권이 없는 주주도 의결권을 가진다(435③). 기타 소집과 운영 등에 관하여는 株主總會에 관한 규정을 준용한다(435③).

출석주주 의결권의 3분의 2 이상 다수와 그 종류이 발행주식총수의 3분의 1 이상 수로써 해야 한다.

(4) 결의 흠결의 효과

종류주주총회의 결의가 요구됨에도 불구하고 이를 거치지 않은 경우 주주총회결의의 효력은 어떠한가? 특히 [사례 V-2-1A]와 같이 주주총회결의 사항 중 종류주주총회를 거칠 필요가 없는 사항(제1호 의안)과 거쳐야 하는 사항(제2호 의안)이 있는 경우 두개의 결의 전부에 대해 하자가 있는 것으로 보아야 하는가 아니면 이중 두 번째 결의에 대해서만 하자가 있는가 하는 점이 문제된다. 상법 제435조는 이에 대해 아무런 규정을 두고 있지 않고 있는데 이에 대해서는 절차적 흠결로서 결의취소사유에 해당한다는 설, 일부하자설 및 주주총회결의 불발효라는 설등이 대립한다.

이에 대해 대판 2006.1.27, 2004다44575,44582는 "상법 제435조 제1항의 문언에 비추어 보면, 어느 종류 주주에게 손해를 미치는 내용으로 정관을 변경함에 있어서 그 정관변경에 관한 주주총회의 결의 외에 추가로 요구되는 종류주주총회의 결의는 정관변경이라는 법률효과가 발생하기 위한 하나의 특별요건이라고 할 것이므로, 그와 같은 내용의 정관변경에 관하여 종류주주총회의 결의가 아직 이루어지지 않았다면 그러한 정관변경의 효력이 아직 발생하지 않는 데에 그칠 뿐이고, 그러한 정관변경을 결의한 주주총회결의 자체의 효력에는 아무런 하자가 없다고 할 것이다. 그러나 정관의 변경결의의 내용이 어느 종류의 주주에게 손해를 미치게 될 때에 해당하는지 여부에 관하여 다툼이 있는 관계로 회사가 종류주주총회의 개최를 명시적으로 거부하고 있는 경우에, 그 종류의 주주가 회사를 상대로 일반 민사소송상의 확인의 소를 제기함에 있어서는, 정관변경에 필요한 특별요건이 구비되지 않았음을 이유로 하여 정면으로 그 정관변경이 무효라는 확인을 구하면 족한 것이지, 그 정관변경을 내용으로 하는 주주총회결의 자체가 아직 효력을 발생하지 않고 있는 상태(이른바 불발효 상태)라는 관념을 애써 만들어서 그 주주총회결의가 그러한 「불발효 상태」에 있다는 것의 확인을 구할 필요는 없다"고 판시하였다. 따라서 제1호의안에 대한 주주총회결의는 유효하다고 할 수 있다.

(5) 결의의 하자

독점의 소로써 다툴 수 있다는 견해와 이의 인정실익이 없다는 견해가 있다.

種類株主總會의 결의에 하자가 있는 경우 이를 독립의 訴로써 다툴 수 있는가 아니면 株主總會決議의 瑕疵로서 다투어야 하는가에 대하여는 견해가 나뉘어진다. 주주총회에 관한 규정이 준용된다는 점에 근거하여 종류주주총회결의 취소 등을 제기할 수 있다는 설(손주789, 최기500)이 있지만, 이를 인정하여도 어차피 주주총회결의의 효력을 다투기 위하여는 다시 소송을 제기하여야 하므로 인정의 실익이 없다고 하겠다(이철(회) 511).

제 2 召集과 運營

1. 召 集

[사례 V-2-2: 주주총회의 소집]

(i) Y회사의 발행주식총수는 100만주이며 이 중 25만주가 무의결권주이다. Y회사의 의결권 있는 주식 1만주와 1만 5천주를 각각 보유하고 있는 주주 X_1과 X_2는 이사회에 주주총회소집을 요구하였으나 이사회에서는 이를 거절하였다. ① 이들은 법원에 주주총회 소집허가를 청구할 수 있는가? ② 법원이 주주총회 소집을 허가한 경우 Y회사가 이에 불복할 수 있는 방법은 무엇인가?

(ii) Y주식회사의 이사이었던 X가 사임한 후 유일한 주주인 A는, 임시주주총회에서 B·C·D를 각각 이사로 선임한 것으로 주주총회 의사록을 작성하였다. 이에 대하여 X는 Y회사의 주주총회가 개최된 사실이 없다는 이유로 총회결의부존재를 주장하고 있다. X의 주장은 타당한가? 만일 A가 Y회사 주식의 98%를 가진 주주인 경우에는 어떠한가? (대판 1993.6.11, 93다8702 참조)

(iii) 발행주식총수가 5,000주인 Y주식회사에서 X_1은 자본을 투자하고 A는 기술을 제공하여 각각 2,500주씩 보유하고 있으며 X_1은 대표이사로, A는 이사로 재직하고 있다. 회사운영자금을 조달하기 위해 X_1은 보유주식 중 300주를 X_2에게 양도하고 그를 이사로 영입하였다. 그러나 회사 경영이 극도로 어려워지자 X_1과 X_2는 B에게 경영권을 이양하기로 하고, 자신들의 보유주식에 대한 의결권을 B에게 위임하는 한편 자신들의 투자금 반환을 조건으로 보유주식을 B에게 확정적으로 양도하는 계약을 B와 체결하였다. A와 B는 주주총회소집절차를 별도로 밟지 않고 회합하여 임시주주총회결의에 의해 B를 이사로 선임하고 동일자 이사회결의에 의해 A와 B를 공동대표이사로 선임한 다음 등기를 경료하였다. 이후 회사의 수익금이 발생하지 아니하여 X_1과 X_2의 투자금을 상환하지 못하자 이들은 주주총회 및 이에 후속한 이사회 결의부존재확인소송을 제기하고 A와 B의 이사직무정지 가처분신청을 하였다. X_1과 X_2의 주장은 타당한가? (대판 1993.2.26, 92다48727 참조).

가. 株主總會의 召集權者

株主總會는 주주에 의하여 구성되는 회의체기관이므로 그 소집권한을 가진 자에 의해 법적인 절차에 따라 소집되어야 한다. 소집권자의 소집에 의하지 않는 주주의 집회는 주주총회가 아니기 때문에 이런 집회에서 결의가 되어도 그 결의는 株主總會決議로 되지 아니한다.

(1) 이사회에 의한 소집

다른 규정이 없는 경우 이사회 결의에 의해 대표이사가 소집한다.

株主總會의 召集은 상법에 다른 규정이 있는 경우 외에는 理事會의 결의에 의해 代表理事가 소집한다(362, 標準定款 18①). 淸算중인 회사에 있어서는 淸算人會가 소집권한을 가진다(542②). 이사가 1인인 소규모회사에서는 이사가 소집을 결정하고 집행한다(383① 但⑥).

(2) 소수주주에 의한 소집

발행주식 총수의 100분의 3 이상의 해당 주식을 가진 주주는 소집가능하다.

1) 의 의 발행주식 총수의 100분의 3이상에 해당하는 주식을 가진 주주는 회의의 목적사항과 소집의 이유를 기재한 서면을 이사회에 제출하여 임시총회의 소집을 청구할 수 있다(366①). 다수 주주의 지원을 받는 이사회가 주주총회의 소집을 기피할 경우 소수주주들로 하여금 직접 주주총회를 소집하여 필요한 사항을 의결할 수 있도록 하기 위해 마련된 것이다.

소수주주의 요건은 증권거래법상 완화되고 있는 추세이다.

2) 소수주주의 요건 株主總會의 召集을 청구할 수 있는 주주는 발행주식 총수의 100분의 3이상을 가진 주주이다. 종래에는 100분의 5이상을 요구하였으나 1998년 개정시 100분의 3이상으로 완화하였으며, 자본금 1,000억 이상의 상장법인의 경우에는 1,000분의 15로 더욱 완화되고 있다(證去 191의 13④). 다만 100분의 3이라는 주식의 보유는 상법상의 회사의 경우에는 소집청구시에만 구비하면 되지만 상장법인의 경우 소집청구전 6월 이상의 주식보유를 요구한다. 그런데 상장법인의 경우에도 상법상의 주식보유요건인 3%만 확보하면 6월의 보유기간을 충족시키지 않아도 주주총회소집을 요구할 수 있는가 하는 점이 문제된다. 이는 본 조와 증권거래법의 관계를 어떻게 파악할 것인가에 달려있다. 이에 대해 대판 2004.12.10, 2003다41715는 "증권거래법의 위 조항에 따라 소수주주의 주주총회소집청구요건이 완화되었음에도 불구하고, 1998.12.28. 상법이 개정되면서 같은 법 제366조의 주주총회소집청구요건인 주식보유비율이 5% 이상에서 3% 이상으로 낮아짐으로써 상법과 증권거래법상의 각 주주총회소집청구를 위한 주식보유비율이 3% 이상으로 동일하게 된 반면, 증권거래법상의 보유기간요건

은 그대로 유지됨으로 말미암아 시행령에서 따로 정하고 있는 일정한 법인과 주식보유방법을 논외로 하면, 일반적인 경우 증권거래법에 기한 소수주주의 주주총회소집청구요건이 상법상의 그것보다 더 엄격해지는 결과로 되었는바, 이와 같은 상법 및 증권거래법의 해당 조항의 개정 연혁, 입법 취지, 각 그 조항의 내용 및 적용범위 등을 종합적으로 고려해 보면, 증권거래법 제191조의13 제5항은 상법 제366조의 적용을 배제하는 특별법에 해당한다고 볼 수 없고, 주권상장법인 내지 협회등록법인의 주주는 증권거래법 제191조의13 제5항이 정하는 6월의 보유기간요건을 갖추지 못한 경우라 할지라도 상법 제366조의 요건을 갖추고 있으면 그에 기하여 주주총회소집청구권을 행사할 수 있다"고 판시하였다. 또 100분의 3이상이라는 보유주식수를 산정함에 있어 발행주식총수에 의결권이 없거나 제한된 주식도 포함되는가 하는 점도 문제된다. [사례Ⅴ-2-2-i]의 ①에서 보면 X_1과 X_2가 보유하고 있는 주식은 합하여 2만 5천주인데, 만일 무의결권주식(25만주)을 발행주식총수(100만주)에서 제외한다면 나머지 75만주의 100분의 3을 상회하기 때문에 주주총회소집을 요구할 수 있음에 대해, 만일 이를 포함한다면 요건(3만주)에 미달하기 때문이다. **통설**은 의결권 없는 주식을 가진 주주는 주주총회의 소집에 대한 이해관계를 가지지 않기 때문에 이를 제외하여야 한다고 본다. 따라서 X_1과 X_2의 주주총회 소집요구는 정당하다고 본다. 代表訴訟(403)의 경우 무의결권 주식도 발행주식수에 포함되는 것과는 구별된다.

소수주주의 요건은 증권거래법상 완화되고 있는 추세이다.

3) **소집절차** 소수주주의 청구에도 불구하고 이사회가 지체없이 총회소집절차를 밟지 아니한 때에는 총회소집을 청구한 주주는 법원의 허가를 얻어 소집할 수 있다. 그리고 [사례Ⅴ-2-2-i]의 ②와 같이 법원의 소집허가결정에 대하여는 불복하지 못하며(非訟 81②) 特別抗告(民訴 420)를 할 수 있을 뿐이다(대판 1963.9.23, 63바15; 1991.4.30, 90마672). 소수주주의 청구 또는 소집에 의하여 개최된 총회에서는 회사의 업무와 재산상태의 조사를 위하여 검사인을 선임할 수 있다(366③).

이사회가 총회소집을 지체하면 청구한 주주는 법원의 허가를 얻어 소집가 능하다.

(3) 감사·감사위원회에 의한 소집

監事 또는 監査委員會는 회의의 목적사항과 소집의 이유를 기재한 서면을 이사회에 제출하여 임시총회의 소집을 청구할 수 있다(412의3①, 415의2⑥). 감사(감사위원회)의 청구가 있는 후 지체없이 회사가 총회소집의 절차를 밟지 아니한 때에는 청구한 감사(감사위원회)는 法院의 허가를 얻어 총회를 소집할 수 있다(412의3②, 415의2⑥). 종래 監事에게는 주주총회의 소집권을 인정하지 않았

회의 목적 사항과 소집이유 기재 서면을 이사회에 제출하여 소집청구할 수 있다.

으나 1995년 개정시 이를 인정하였으며 1999년 개정에 의해 監事委員會에도 소집권을 부여하였다.

(4) 법원의 명령에 의한 소집

주주의 법원에 대한 검사인의 선임청구와 법원의 대표이사에 대한 주주총회의 소집명령

회사의 업무집행에 관하여 不正行爲 또는 法令이나 定款에 위반한 중대한 사실이 있음을 의심할 만한 사유가 있는 때에는 發行株式의 100분의 3이상의 주식을 가진 주주는 회사의 업무와 재산상태를 조사하게 하기 위하여 법원에 檢査人의 선임을 청구할 수 있다(467①). 법원은 검사인의 조사보고를 위하여 필요하다고 인정한 때에는 대표이사에게 주주총회의 소집을 명할 수 있다(467③). 이 경우에는 이사회의 소집결정을 요하지 않고 대표이사가 바로 소집하여야 한다(통설). 대표이사가 법원의 소집명령에 위반한 경우에는 과태료의 제재를 받는다(635①20).

(5) 전원출석 주주총회(1인 회사)의 경우

주주총회는 원칙적으로 이사회의 결의에 의해 소집되며 소집통지 등 절차를 거쳐야 적법하게 성립할 수 있다. 그런데 이러한 절차를 생략한 채 [사례 V-2-2-ii]와 같이 1인 주주라든가 [사례 V-2-2-iii]과 같이 주주전원이 출석하여 결의한 경우 적법한 주주총회로 볼 수 있는가 하는 문제가 제기된다.

주주전원의 동의하에 이루어진 결의는 유효하다고 본다.

1) **통설·판례** 통설과 판례는 총회소집절차가 법정되어 있는 것은 주주에 대하여 총회의 출석과 결의에 대한 준비기회를 부여하려는 데 있는 것이므로 株主全員(1人 株主)의 동의하에 이루어진 결의는 유효하다고 본다(정희449, 서·정399, 최기787, 정동(회)322, 註商(II-下)109, 이철(회)412~414, 정찬(회)464, 김성호, "독일주식법상의 소수주주축출제도와 그 시사점", 「상사법연구」(2005), 91). 즉 [사례 V-2-2-ii]와 유사한 사안에서 대판 1993.6.11, 93다8702는 "주식회사에 있어서 회사발행의 총주식을 한 사람이 소유하고 있는 1인회사의 경우에는 그 주주가 유일한 주주로서 주주총회에 출석하면 전원총회로서 성립하고, 그 주주의 의사대로 결의될 것임이 명백하므로 별도의 총회소집절차가 필요없다 할 것이고, 실제로 총회를 개최한 사실이 없다 하더라도 그 1인 주주에 의하여 의결이 있었던 것으로 주주총회의사록이 작성되었다면 특별한 사정이 없는 한 그 내용의 결의가 있었던 것으로 볼 수 있어 형식적인 사유에 의하여 결의가 없었던 것으로 다룰 수는 없다고 할 것이다"라고 판시하고 있다(대판 1966.9.20, 66다1187·1188; 1976.4.13, 74다1755; 1977.2.8, 74다1754; 1992.6.23, 91다19500). 한편 [사례 V-2-2-iii]과 유사한 사안에서 대판 1993.2.26, 92다48727은 "임시주주총회가 법령 및 정관상 요구되는 이사회의 결의없이 또는 그 소집절차를 생략하고 이루어졌다고 하더라도, 주주의 의결권을 적법하게 위임받은 수임인과 다른 주주 전원이 참석하여

총회를 개최하는 데 동의하고 아무런 이의없이 만장일치로 결의가 이루어졌다면, 이는 다른 특별한 사정이 없는 한 유효한 것"이라고 판시하였다(대판 1979.6.26, 78다1794; 1996.10.11, 96다24309). 본 판례는 소규모·폐쇄적인 회사가 다수인 우리 나라의 실정에 부합한다고 본다(홍복기, "주식회사의 지배구조에 관한 2006년 회사법 개정시안", 「상사법연구」(2006), 186).

주주전원의 동의하에 이루어진 결의는 유효하다고 본다.

2) 소수설 이사회의 주주총회 소집권은 정관으로도 변경할 수 없는 고유권으로서 주주전원의 동의가 있어도 생략할 수 없으며, 또 통설·판례와 같이 볼 경우에 株式會社를 사실상 개인기업과 같이 운영하는 것을 묵인하는 결과가 되기 때문에 허용되어서는 안된다고 한다(이철(회) 415). 이 견해는 상법상 이사회와 주주총회의 권한분배원칙을 준수하여야 한다는 점을 지적한 측면에서는 일리가 없는 것은 아니다. 그러나 [사례V-2-2-ii,iii]에서 보는 바와 같이 주주총회결의의 하자를 다투는 경우의 대부분은 자신(X_1,X_2)에게 불리한 결과가 생길 경우 추후에 절차상의 하자를 문제삼아 자신의 약속을 번복하기 위한 수단으로 삼고 있으므로, 이를 허용하는 것은 禁反言의 원칙에 반한다고 하겠다. 따라서 구체적 타당성의 측면에서 통설과 판례의 입장이 옳다고 본다.

주주전원의 동의에 의한 이사회의 주주총회 소집권은 허용되어서는 안된다고 본다.

나. 株主總會의 召集時期와 場所

(1) 소집시기

주주총회는 그 소집시기를 기준으로 定期總會와 臨時總會로 나누어진다.

1) 정기총회 定期總會는 매년 1회 정한 시기에 소집되지만(365 ①) 연 2회 이상의 이익배당을 하는 회사에 있어서는 매 決算期 후 3월 이내에 소집된다(365 ②). 정기총회에서는 주로 決算과 利益配當에 관한 결의를 하지만 이사의 선임이나 정관변경과 같은 다른 안건도 처리할 수 있다. 보통 정기총회의 개최시기는 정관에 규정되어 있다(標準定款 17②).

매년 1회 정한 시기에 소집된다.

2) 임시총회 臨時總會는 필요에 의하여 임시로 소집되는 총회이며 여기에 부의될 사항에 대하여는 특별한 정함은 없다(365 ③). 정기총회와 임시총회는 그 소집시기가 다를 뿐 권한이나 결의의 효력에 차이가 있는 것은 아니다.

필요에 의해 임시로 소집된다.

(2) 소집지와 소집장소

1) 소집지 주주총회는 정관에 별도의 정함이 없는 한 회사의 본점소재지, 또는 그 인접지에서 소집하여야 한다(364, 標準定款 20). 여기에서 소집지라 함은 시, 군, 특별시, 광역시의 구와 같은 최소 독립행정구역을 말한다(이철(회)

별도 정함이 없는 한 회사의 본점소재지 또는 그 인접지에서 소집한다.

(406, 정찬(상)763). 이와 같이 소집지를 제한하고 있는 것은 고의로 주주의 출석이 곤란한 지역에서 주주총회가 개최되는 것을 방지하고자 함이다.

2) 소집장소 소집장소는 소집지 내에서 구체적으로 주주총회가 개최될 장소를 의미한다. 상법에는 召集場所에 관한 규정을 두고 있지 않으므로 소집지 내에서 총회개최에 알맞는 장소를 선택할 수 있고, 부득이한 사정이 있는 경우에는 편의로 이를 변경할 수 있다. 그러나 장소의 선택이나 회의장에 도착방법이 불공정한 때에는 決議取消의 원인이 된다(정희448, 정찬(상)764).

다. 株主總會의 召集通知 · 公告

(1) 통지와 공고

회일을 정해 2주전에 각 주주에게 통지를 발송해야 한다.

1) 통지의 발송 주주총회를 소집함에는 회일을 정하여 2주간 전에 각 주주에 대하여 書面 또는 전자문서 통지를 발송하여야 한다(363①, 標準定款 19①). 無記名株式을 발행한 경우에는 회일 3주간 전에 총회를 소집하는 뜻과 회의의 목적사항을 공고하여야 한다(363③). 이 기간을 준수하지 아니하면 소집절차의 위법으로 되어 總會決議取消의 원인으로 된다. 이 통지는 주주명부에 기재된 주주의 주소 또는 그 자가 회사에 통지한 장소로 발송하면 되고(발신주의), 그 도달 유무는 문제되지 아니한다.

개별주주에 대해 서면 또는 전자문서로 하여야 한다.

2) 통지 · 공고의 방법 소집통지는 반드시 개별주주에 대하여 서면 또는 전자문서로 하여야 하며 이는 강행규정으로써 다른 방법으로 대체하지 못한다(정동(회)320, 이철(회)403, 이기(회)366, 정찬(상)764). 종래에는 반드시 서면통지에 한정하였으나 주주수의 엄청난 증대에 따라 소집통지의 개별적 발송에 많은 비용과 노력이 소모되므로 인터넷이나 기타 전자적 방법에 의한 통지도 가능하도록 2001년 개정상법에서 전자문서도 추가하였다(정경영, "IT와 관련 회사법 개정 의견", 「상사법연구」(2005), 233). 上場法人의 경우에는 발행주식 총수의 1% 이내의 주주에 대한 소집통지는 2개 이상의 일간신문에 2회 이상 공고함으로써 서면통지에 갈음할 수 있다(證去191의10①, 令84의17①, 標準定款19②). 무기명주주에 대한 공고는 정관에 정한 공고방법에 따라야 한다.

총회개최 일시, 소집지, 장소, 소집자, 회의 목적사항을 기재하여야 한다.

3) 통지 · 공고의 내용 통지 및 공고에는 총회개최일시, 소집지, 소집장소 및 소집자 외에 회의의 목적인 사항(의사일정)을 기재하여야 한다(標準定款19③). 議事日程의 기재는 무엇을 결의할 것인가를 알릴 수 있는 정도이면 되고, 특정한 주요의안(주주 이외의 자에 대한 신주발행, 정관변경, 자본감소, 합병, 영업전부의 양도 등 상법소정의 사항)에 관하여는 의안의 요령, 의안, 계약서 내용의 요점을 기재하여야 한다(432②, 438②, 522②). 의사일정은 그 총회에 대한 각 주주의 태도결정에 대한 중요한 역할을 하기 때문에 총회에서 불시에 이를 변경하거나 의사일정에 없는 사항을 결정할 수 없다. 대판

1979.3.27, 79다19도 "주주총회는 원칙적으로 회의의 목적사항으로 통지한 것 이외에는 결의할 수 없으며 이에 위배하여 다른 안건을 부의하였다면 특단의 사정이 없는 한 상법 제376조의 총회소집절차 또는 결의방법이 법령에 위반한다고 보아야 한다"고 판시하고 있다.

4) **통지 · 공고의 해태** 회사가 총회소집의 통지나 공고를 게을리하거나 부적법하게 한 경우에는 결의취소의 사유가 되고 이사 또는 청산인에게는 벌칙이 부과된다(635 ①2).

결의취소의 사유가 되고, 이사 · 청산인에게 벌칙이 부과된다.

■ **주주총회소집통지**

제30기 정기주주총회 소집통지서

당사 정관 제10조에 의하여 정기주주총회를 다음과 같이 소집하오니 참석하여 주시기 바랍니다.

－다 음－

1. 日 時: 2003년 3월 15일(수) 오전 10시
2. 場 所: 서울특별시 종로구 수송동 10 번지
   본사 대회의실
3. 會議의 目的事項
   1) 보고사항: 영업보고 및 감사보고
   2) 결의사항
      o제1호의안: 제30기 대차대조표, 손익계산서 및 이익잉여금처분안의 승인의 건
      -1주당 예상배당금: 보통주 1,000원, 우선주 1,200원
      o제2호의안: 정관 일부변경의 건
      o제3호의안: 이사선임의 건
      o제4호의안: 감사선임의 건
      o제5호의안: 이사와 감사의 보수지급한도액 승인의 건
      o제6호의안: 이사에 대한 주식매수선택권부여의 건
4. 實質株主의 議決權行使에 관한 사항

증권회사 또는 증권예탁인에 주권을 예탁하고 계신 실질주주께서는 의결권을 직접 행사하거나 또는 불행사하고자 하는 경우에 그 뜻을 주주총회의 5일전까지 증권예탁원에 통지하셔야 합니다. 그렇지 않을 경우에는 증권거래법 제174조의6 제5항 및 제6항에 의해 증권예탁원이 그 의결권을 대신 행사하게 됩니다.

2003년 2월 ○○일
서울특별시 종로구 수송동 10번지
XXX 주식회사
대표이사 아 무 개

결의사항은 이사회에서 결정한다.

타인명의로 주식인수시 명의차용자가 실질주주가 되며, 명부상주주와 실질상주주가 다른 경우 실기주에서 실질주주가 된다.

(2) 통지의 생략

소집통지를 하지 않아도 된다.

1) 의결권 제한의 경우 無議決權株式, 회사의 自己株式, 자회사가 취득한 모회사의 주식, 비모자회사간의 相互株式과 같이 의결권이 제한되는 주주에 대하여는 소집통지를 하지 아니하여도 된다(363④). 소집통지는 의결권 행사를 위한 전제이므로 의결권이 제한되는 주주에 대하여 통지를 요구할 필요가 없기 때문이다.

당해주주에게 총회소집을 통지하지 아니할 수 있다.

2) 장기간 불도달의 경우 통지가 주주명부상의 주주의 주소에 계속 3년간 도달하지 아니한 때에는 회사는 당해 주주에게 총회의 소집을 통지하지 아니할 수 있다(363①但). 주식의 단기적 매매차익에만 관심을 두고 주주명부상 名義改書를 게을리하는 주주가 증대하면서 주주명부상의 주소로 통지하여도 장기간 도달되지 않는 경우가 많아지고 있다. 이러한 경우 무익한 통지로 인한 비용이나 시간을 절감하기 위해 1995년 상법개정시 통지를 생략할 수 있도록 하는 규정을 신설하였다. 증권예탁원에 예탁된 주식의 實質株主에 관하여는 실질주주명부상의 주소에 3년간 계속 불도달한 경우도 포함한다.

라. 株主總會의 延期와 續行

(1) 의 의

연기는 회의를 후일 열 것으로 미루는 것이고 속행은, 시간부족 등의 사정으로 후일에 다시 의사를 계속하는 것이다.

주주총회에서는 회의의 延期 또는 續行을 결의할 수 있다(372①). 延期라 함은 총회의 성립 후 의사에 들어가지 않고 회의를 후일에 열 것으로 미루는 것이고, 續行은 의사는 개시하였지만 시간의 부족 기타 사정에 의해 의사를 종결하지 못하고 후일에 다시 의사를 계속하는 것이다. 연기와 속행결의에 의해 후일 다시 개최된 총회를 延期會 또는 繼續會라고 한다.

(2) 소집절차의 생략

주주총회에서 연기 또는 속행의 결의가 된 때에는 그 회의를 위하여 따로 소집절차를 밟을 필요가 없다(372②). 다만 연기회 또는 계속회는 이전 총회와 동일성을 유지하여야 하므로 결의사항을 변경할 수 없다(이철(회) 416). 연기나 속행은 주주총회결의 전에만 가능하므로, 결의가 성립하면 가부를 불문하고 연기 또는 속행을 할 수 없다(대판 1989.2.14, 87다카3200).

2. 議 事

가. 株主總會의 議長

[사례 V-2-3: 주주총회 의장·질서유지]

(i) A주식회사의 이사인 Y_1,Y_2는 신제품개발과 관련한 경영상의 실책이 주주총회에서 추궁당할 것을 우려하여 총회전에 총회꾼인 주주 Y_3,Y_4를 요정에서 접대하고 수고비조로 일정액을 주면서 주주총회의 원만한 운영에 협력해줄 것을 부탁하였다. Y_3,Y_4는 총회에 출석하여 의사진행을 리드하여 별다른 어려움 없이 총회가 종결되었다. X검사는 Y_1,Y_2의 Y_3,Y_4에 대한 금품 공여가 상법 제631조에서 말하는 '부정한 청탁'을 받고 재산을 수수하거나 공여한 것으로써 위 4명을 기소할 수 있는가? (日最高判 1969.10.16, 刑集 23-10, 1359 참조)

(ii) A주식회사의 발행주식 100만주 중 10주를 보유하고 있는 X는 총회꾼으로서 주주총회에 참석하여 이사들의 개인생활에 관한 질문을 반복하는 등 의사를 방해하였다. ① 의장인 대표이사 Y는 회의의 원만한 진행을 위하여 X에게 퇴장을 명할 수 있는가? ② 만일 Y가 회의를 일시 정회하고 X를 개인적으로 불러 의사진행을 방해하지 않을 것을 조건으로 회사 공금에서 일정 금액을 지급한 경우 X와 Y는 각각 어떠한 민·형사상책임이 있는가?

(iii) A주식회사 정관에는 "주주총회 의장은 대표이사 사장이 되고 사장 유고시에는 대표이사 전무가 된다"라고 규정되어 있다. ① 사장인 Y가 주주총회에 참석하였음에도 불구하고 주주총회에서 주주가 아닌 X이사를 의장으로 선임한 경우는 그 효력은 어떠한가? ② 주주총회의 의안이 Y사장의 경영실패를 이유로 한 해임결의인 경우에도 Y는 의장이 될 수 있는가?

(1) 의장의 기능

의사를 진행하고 운영한다.

株主總會도 회의체의 일종인 이상 議事를 진행하고 운영하기 위하여 議長이 필요하다. 의장에 관하여는 종래 아무런 규정을 두고 있지 않았으나 1999년 개정상법은 總會議長의 秩序維持 權限에 관한 규정을 신설하였고(366의2), 또 의사록에 의장의 서명을 요구함으로써(373②) 의장의 필요성을 당연한 전제로 하고 있다. 의장의 직무는 의사일정에 따라 주주총회의 의사를 원활하게 진행시켜나가는 데 있으며, 구체적으로는 주주총회의 개회 및 폐회를 선언하고, 의사진행을 지휘하고, 의사일정에 따른 의안의 공정한 채택을 하는 것이다.

(2) 의장의 권한

총회의 질서유지, 의사의 정리 권한이다.

1) 질서유지권한 의장은 총회의 질서를 유지하고 議事를 정리한다(366의2②, 標準定款 22). 이를 위하여 의장은 총회장에서 고의로 의사진행을 방해하기 위한 발언 및 행동을 하거나 질서를 문란하게 하는 자에 대하여 그 발언의 정지 또는 퇴장을 명할 수 있다(366의2③, 標準定款 22). 이 규정은 원래 證券去來法 제191조의9에 있던 내용을 상법에서 받아들인 것으로서 [사례 V-2-3-i,ii]와 같은 총회꾼에 의한 총회질서문란에 대처하기 위한 것이다. 그러나 퇴장까지 명할 수 있게 한 것이라든지 주주의 발언을 제한할 수 있게 한 것은 위헌적 소지가 있다는 비판이 있다(이철(회) 439).

약간의 주식을 소유한 자로, 여러가지 방법으로 의사진행을 방해한다.

2) 총회꾼의 문제 주주총회의 질서유지와 관련하여 이른바 '총회꾼'의 문제가 있다. 총회꾼이란 약간의 주식을 소유하고 회사의 의뢰를 받아 직업적으로 주주총회의 의사진행을 리드하고 거마비 등의 명목으로 금품을 수령하는 자를 말한다. 그 외에도 회사로부터 돈을 뜯어낼 목적으로 총회에 불시에 나타나 주주의 지위를 남용하여 회사간부에 대한 개인공격을 하거나 위협하여 의사진행을 방해하는 형태도 있다. 특히 [사례 V-2-3-i]과 같이 회사의 경영자측(Y_1,Y_2)으로부터 경영상의 부정이나 실패에 대한 책임추궁을 방해하기 위해 총회꾼(Y_3,Y_4)을 이용할 경우 상법 제631조의 權利行使防害 등에 관한 贈受賄罪의 성립 여부가 문제된다. 엄격히 말하면 원활한 의사진행을 의뢰한 것만으로는 본조에서 말하는 '주주총회에서의 발언 또는 의결권행사'에 대한 '부정한 청탁'에 해당한다고 할 수는 없지만, 타인의 발언이나 의결권행사에 유형·무형의 압력을 가할 것을 의뢰하는 것은 본조에 해당한다고 그 의미를 넓게 해석하는 日本判例가 있다(日最高判 1969.10.16, 刑集 23-10, 1359).

회사는 누구에게든지 주주의 권리행사와 관련하여 재산상 이익을 공여할 수 없다.

3) 주주에 대한 이익공여금지 총회꾼의 방해나 이를 이용한 회사측의 주주총회 무력화를 차단하기 위해 상법 제631조의 贈受賄罪에 관한 규정을 두고 있지만 앞에서 본 바와 같이 그 적용요건이나 입증책임이 엄격하여 실효성이 적다. 그뿐 아니라 이들에게 제공된 이익을 회사에 회복시킬 수 있는 私法的인 수단이 필요하여 1984년 상법개정시 주주권행사와 관련한 이익공여금지에 관한 규정(467의2)과 주주권행사에 관한 利益供與의 罪에 관한 규정(634의2)을 신설하였다. 즉 회사는 누구에게든지 주주의 권리행사와 관련하여 재산상의 이익을 공여할 수 없으며, 만일 공여한 때에는 공여받은 자는 그 이익을 회사에 반환하여야 하며, 이를 위해 주주의 대표소송이 허용

된다. 다만 본조에서는 회사의 계산으로 제공되는 이익이어야 하므로, [사례Ⅴ-2-3-i]에서 처럼 이익공여자들이 회사가 아닌 이사 개인(Y_1,Y_2)인 경우에는 여기에 해당하지 않으며, [사례Ⅴ-2-3-ii]와 같이 회사공금으로 이익을 공여하였을 때에만 문제된다. 이 사례에서 총회꾼(X)은 수수한 금품을 A회사에게 반환할 의무를 부담하며, X와 대표이사(Y)는 利益供與罪의 책임이 있다.

회사는 누구에게든지 주주의 권리행사와 관련하여 재산상 이익을 공여할 수 없다.

(3) 의장의 선임

1) 이사회 소집총회 주주총회 의장은 定款에서 정하고 있지 않은 한 總會에 출석한 주주들에 의하여 선임된다(366의2①, 標準定款 21①②). 종래 학설과 판례는 해석론으로서 이를 인정하고 있었는데(정동(회)348, 정찬(상)783, 이철(회)438; 대판 1983.8.23, 83도748), 1999년 상법개정시 명문의 규정을 둔 것이다. 그러나 실제 대부분의 회사들은 정관에서 총회의장을 사장, 사장 유고시에는 전무이사, 상무이사 등으로 정하고 있다. 그런데 [사례Ⅴ-2-3-iii]의 ①과 같이 정관에 의장을 특정한 자(Y)로 지정한 경우에 다른 자(X)를 총회의 의장으로 정할 수 있는가 하는 점이 문제된다. 사장(Y)에 대한 불신임안이 제기된 경우라든지 또는 特別利害關係가 있는 등 정당한 이유가 없는 경우에는 다른 자(X)를 의장으로 정하게 되면 결의방법이 정관에 위반한 것으로서 결의취소의 원인이 된다. 또 이 사례에서는 주주 아닌 자(X)를 의장으로 선출할 수 있는가 하는 점도 문제된다. 주주총회가 주주로서 구성되는 회의체이기 때문에 의장은 당연히 주주가 되어야 한다고도 볼 여지가 있지만, 의장은 의사의 진행과 질서유지를 담당하는 자에 불과하고 의안에 대한 어떠한 결정권을 갖는 자는 아니기 때문에, 정관에서 특별히 주주로 제한하지 않는 한 주주 아닌 자도 의장이 될 수 있다고 할 것이다(이철(회)438, 정찬(상)783).

정관에서 특별히 제한하지 않는 한 주주 아닌 자도 의장이 될 수 있다.

2) 주주 소집총회 주주가 法院의 허가를 얻어 소집한 총회에 있어서는 정관의 의장에 관한 규정은 적용되지 않는다. 이는 회사 경영진들의 반대에도 불구하고 소수주주가 법원의 허가를 얻어 총회를 소집한 경우이므로 정관에 따라 의장을 정하면 공정한 의사진행을 기대하기가 곤란하기 때문이다. 그러므로 이 경우에는 총회에서 따로 의장을 선임하여야 한다.

주주가 법원의 허가를 얻어 소집한 총회에서는 따로 의장을 선임하여야 한다.

(4) 의장 적격

[사례Ⅴ-2-3-iii]의 ②와 같이 총회의장(Y)의 해임안이 議案으로 되어 있는 경우 등 특별이해관계가 있는 자가 의장이 될 수 있는가 하는 점이 문제된다. 의장은 주주임을 요하지 않으므로 결의에 관하여 특별이해관계를

의장 자신의 해임이 의안인 경우 의장으로서

의 적격은 부정하는 것이 타당하다.

갖는 경우에도 의사진행을 할 수 있다는 견해가 있다(이철(회)438, 정찬(상)783). 그러나 의장(Y)이 자신의 해임을 의안으로 하는 총회에서 의사의 공정한 진행을 기대할 수 없으므로 의장으로서의 적격도 부정하는 것이 타당할 것이다.

나. 株主總會의 議事進行

[사례 V-2-4: 주주총회 의사]

(i) A회사의 발행주식총수 100만주 중 20만주가 무의결권주식이다. 이사선임을 의안으로 하는 임시주주총회에서 의장인 Y는 18만주의 주식을 가진 주주들이 참석한 것을 확인한 후 개회를 선언하였다. 그러나 소수주주 X는 의사정족수를 충족하지 못하였다는 이유로 Y의 개회선언은 불법이라고 주장하고 즉시 의안토의를 중단할 것을 요구하였다. X의 주장은 타당한가?

(ii) A회사의 대표이사인 X는 주주총회의 의장으로서 적법하게 개회된 임시총회에서 주주들이 자신의 경영실책을 비난하자 이에 불만을 품고 다른 이사들과 함께 퇴장하였다. 이에 총회에 출석한 Y를 위시한 총주식수의 과반수 주주 전원의 동의로 Y를 임시의장으로 선출하여 총회를 진행하여, 당일의 의안대로 출석주주들의 과반수 이상의 찬성에 의하여 X 대표이사와 이사 전원을 해임하고 Y등을 이사로 선임하고, 이어 이사회를 개최하여 이사 전원의 찬성으로 Y를 새로운 대표이사로 선출하였다. X는 이러한 주주총회와 이사회 결의의 무효확인을 구하는 소를 제기하였다. X의 제소는 정당한가? (대판 1983.8.23, 83도748 참조).

(iii) A회사 주식의 73% 정도를 소유하고 있는 B 등은 A회사의 유일한 영업용 재산이라고 할 수 있는 빌딩을 Y에게 매각하기로 하고 이에 대한 주주총회 특별결의를 받은 것처럼 총회의사록을 작성하였다. Y는 이러한 총회의사록을 믿고 건물을 양도받았으나 A회사의 소수주주 X는 이건 빌딩의 양도는 A회사의 주주총회 특별결의를 거치지 않아 무효라고 주장하면서 반환을 요구하였다. X의 반환요구는 타당한가? (대판 1993.9.14, 91다33926 참조).

(1) 개회: 주주총회의 성립

주주명부에 기재되어 있는 자이어야 하고, 출석자와 명부상 주주의 동일성이 확인되어야 한다.

1) 출석주주의 자격심사　주주총회는 의장의 개회선언에 의해 개시되지만 총회의 성립을 위해서는 우선 출석주주 또는 그 대리인의 자격심사가 선행되어야 한다. 즉 총회에서 議決權을 행사하려는 주주는 주주명부의 폐쇄시 또는 基準日에 주주명부에 기재되어 있는 자에 한하기 때문에 출석한 주주가 이러한 자격을 가지는지 여부 및 출석한 자와 주주명부상의 주주의 동일성 여부가 확인되어야 한다. 출석주주의 자격심사권한은 일차적으로는

議長에게 속하지만 이에 대한 의문이나 분쟁이 생긴 경우에는 株主總會決議로서 결정하여야 할 것이다.

2) 정족수의 확인　종래에는 정관에 별도의 정함이 없는 한 총회가 성립하기 위해서는 발행주식총수의 과반수 주식을 보유하는 주주의 출석을 요구하였으므로 개회에 앞서 議事定足數의 충족 여부를 확인하였다. 그러나 대부분 회사에서는 정관으로 의사정족수 요건을 배제하고 있기 때문에 이사선임의 경우를 제외하고는 이러한 의사정족수의 확인이 실제로는 필요하지 않았다. 1998년 개정상법은 이러한 실무상의 관행을 고려하여 의사정족수 요건을 폐지하고 의결정족수만을 정하고 있다. 이와 관련하여 [사례 V-2-4-i]과 같이 總會의 開會(성립)를 위하여 議決定足數의 출석이 필요한가 아니면 그에 미달되어도 일단 총회는 개회되고 다만 의결만 할 수 없을 뿐인가 하는 점이 문제된다. 이사선임을 포함한 보통결의에는 발행주식총수의 4분 1이상의 찬성을 얻어야 하기 때문에, A회사에서는 무의결권주(20만주)를 제외한 주식총수(80만주)의 4분의 1인 20만주의 주식을 가진 주주가 참석하지 아니하면 총회 자체가 성립되지 아니한다고 보아야 한다(이철(회) 455).

총회 성립을 위해 발행주식 총수의 과반수 주식을 보유하는 주주가 출석해야 한다.

3) 개회선언　출석주주의 자격심사와 정족수 확인이 완료되면 의장은 이를 보고하고 총회의 개최를 선언한다. 의장의 개회선언에 의해 총회는 성립한 것으로 본다.

일정조건구비시 의장의 개회선언으로 총회는 성립한다.

(2) 주주총회의 의사진행

1) 주주의 의사참여　의장의 개회선언에 의해 총회가 성립하면 소집통지에 기재된 총회의 목적 사항이 부의되며 결의가 요구되는 사항에 대하여는 제안설명과 토의를 거쳐 표결에 붙여진다. 주주는 이러한 의안의 심의과정에서 질문을 하고 동의를 제출하는 형식으로 토의에 참가하고 議決權을 행사함으로써 表決에 참가한다. 동의는 주주총회성립 후에는 언제라도 제기가 가능하지만 의장이 그에 대한 가부를 물어 결정하여야 하기 때문에, 총회의 延期 또는 續行이라든가 의장의 불신임과 같은 총회의 의사운영에 관한 사항 또는 의안의 수정과 같은 직접 의제에 관한 사항에 한정된다. 주주의 의사참여와 관련하여 株主提案權이 가장 중요하므로 이에 관하여는 별도로 설명한다.

2) 주주의 질문권　상법은 주주의 설명청구권이나 이에 대한 이사·감사의 설명의무에 관하여는 명문의 규정이 없지만 주주의 質問權은 주주의 총회참여권의 일부로서 당연히 인정된다. 다만 질문의 범위가 제출된 의

질문범위는 정당한 사유가 있는 한 회사의 일반적 사항까

지 포함된다.

안 또는 이에 관련한 사항에 한정되는가 아니면 이와 직접 관계없는 회사의 일반적 사항까지 포함되는가 하는 점이 문제된다(김재범, "주주의 질문권과 회사의 설정의무", 「상사법연구」(2003.2), 155). 설명청구를 받은 이사나 감사는 회의의 목적사항과 무관하거나 설명을 하는 것이 주주의 공동의 이익을 현저하게 해하는 것과 같은 정당한 사유가 있는 경우에만 설명을 거절할 수 있다고 보아야 한다(日商 239 의3참조).

허용되지 않지만, 회의목적 사항을 벗어나지 않는 변경은 수정으로써 허용된다.

3) 의안의 변경 · 추가　　주주총회는 소집통지에 기재되지 않은 사항에 대하여는 결의할 수 없기 때문에 의안의 변경이나 추가는 허용되지 아니한다. 다만 소집통지에 기재된 회의의 목적인 사항을 일반적으로 벗어나지 않은 범위의 의안변경은 의안의 수정으로써 허용된다. 의안의 수정은 출석주주가 동의의 형식으로 제출할 수 있지만 이사회도 발의권을 가지는 것으로 보아야 한다.

(3) 주주총회의 폐회

의장의 일방적 총회 폐회선언은 확인적인 것에 불과하므로 총회는 종료되지 않는다.

예정된 의사일정이 전부 종료된 때에는 의장은 총회의 폐회를 선언하여 이를 종료시켜야 한다. 총회 종료를 위한 폐회선언은 의장의 권한이지만 의장은 예정된 의사일정을 전부 종료시킬 책무가 있으므로 이를 무시하고 일방적으로 총회를 종료시키는 것은 허용되지 아니한다. 그런데 [사례Ⅴ-2-4-ii]와 같이 심의가 종결되지 아니한 의안이 남아 있음에도 불구하고 의장(X)이 일방적으로 총회의 폐회를 선언한 경우 총회는 종료되었다고 할 수 있는가? 폐회선언은 확인적인 것에 불과하고 형성적인 효력이 없으므로 의장이 권한을 남용하여 폐회선언을 하였다고 하더라도 총회는 종료되지 않는다. 이러한 취지에서 대판 1983.8.23, 83도748도 "적법히 소집된 임시주주총회가 개회선언되어 법률상으로나 사실상으로 의사를 진행할 수 있는 상태에서 대표이사가 주주들의 비난에 불만을 품고 자진 퇴장하였다면 이는 동인이 임시주주총회의장으로서 적절한 의사운영을 하여 의사일정을 종료케 하는 등의 직책을 포기하고 스스로 그의 권한 및 권리행사를 하지 아니하였다고 보아야 할 것이다"라고 판시하고 있다. 따라서 퇴장한 의장을 대신하여 주주들이 의장을 선출하여 한 결의와 그에 따른 이사회결의는 모두 적법하다고 하겠다(同 대판 2001.5.15, 2001다12973).

(4) 주주총회 의사록의 작성

총회의 의사에 대해 대표이사가 작성하여 본

1) 작성 · 비치　　총회의 의사에 대하여는 의사록을 작성하여야 한다(373 ①). 議事錄이라 함은 의사 과정의 요령 및 그 결과를 기재하여 의장과 출석한 이사 전원이 서명한 문서를 말한다(373 ②). 의사록의 작성의무자에 관하

여는 상법상 명문의 규정이 없는데 대표이사로 보아야 할 것이다(標準定款 28). 대표이사는 의사록을 주주 및 회사채권자의 열람 또는 등사요구에 응하기 위하여 본점 및 지점에 이를 비치하여야 하며(396 ①), 주주와 채권자는 영업시간 내에 언제든지 의사록의 열람 또는 등사를 청구할 수 있다(396 ②). 주주총회결의 내용이 등기사항인 경우에는 그 등기의 변경신청시에는 의사록을 첨부하여야 하는데 이 경우 의사록은 公證人의 認證(公證66 의2①)을 받아야 한다.

점 및 지점에 비치하여야 한다.

2) 효 력 의사록은 총회의사에 관한 사실의 기록으로서 證據文書의 일종에 불과하므로 결의의 효력에는 아무런 영향을 미치지 아니한다(통설). 따라서 의사록이 부실하게 기재되었을 경우에는 이를 입증하여 그와 다른 사실을 주장할 수 있다. 그런데 [사례 V-2-4-iii]과 같이 총회결의가 없었음에도 불구하고 결의가 있는 것으로 의사록이 작성된 경우 이를 믿고 거래한 상대방(Y)은 보호받을 수 있는가 하는 점이 문제된다. 이 사례와 유사한 사안에 대하여 대판 1993.9.14, 91다33926은 "임시주주총회의사록이 작성되어 이들(B)이 주주총회의결의 외관을 현출하게 하였다면 비록 형식상 당해 회사의 주주총회의결의 존재를 인정할 수 없다 하더라도 그와 같은 회사 내부의 의사결정을 거친 회사의 외부적 행위를 유효한 것으로 믿고 거래한 자(Y)에 대하여는 회사(A)의 책임을 인정하는 것이 타당하다"고 판시하고 있다. 그러나 이 판결은 창설적 효력이 없는 총회의사록의 효력을 오해한 잘못이 있다고 하겠다(이철(회) 459).

의사록은 결의의 효력에는 아무런 영향을 미치지 아니한다.

다. 株主提案權

[사례 V-2-4A: 주주제안권]

Y주식회사는 증권거래법상 주권상장법인이며 X등은 Y회사의 발행주식총수 중 1,000분의 10 이상인 2.56%에 해당하는 주식을 2007.1.30. 기준으로 6개월 전부터 계속하여 보유하고 있는 Y회사의 주주이다. X 등은 2007.3.16.자 정기주주총회 6주 전인 2007.1.30.경 Y회사의 이사들에 대하여 정기주주총회에서 이사 10인과 감사 1인의 선임을 내용으로 하는 의안을 주주총회의 목적사항으로 할 것을 제안하면서, 의안의 요령을 상법 제363조에서 정하는 통지와 공고에 기재할 것을 청구하였다. 그러나 Y회사의 이사회는 2007.2.22. 이 의안을 주주총회의 목적사항으로 상정하지 아니한 채 주주총회의 소집결의를 하고 그에 따른 소집통지와 공고를 하였다. 이에 X등은 Y회사를 상대로 이 의안을 정기주주총회의 목적사항으로 상정하고, 그에 따른 소집통지와 공고를 하여야 한다는 내용의 가처분신청을 제기하였다. X의 신청은 타당한가? (대결 2007.2.28,

2007카합215 참조)

(1) 취 지

일정요건을 갖춘 주주가 적극적으로 주주총회의 의제나 의안을 제안할 수 있게 해 주주의 주도권 행사를 가능하게 한다.

종래 이사회의 결정으로 소집되는 주주총회에서는 소집통지에 기재된 목적사항에 한하여 결의할 수 있었으므로 주주들이 의안을 발의하여 능동적으로 총회에 참여할 수 있는 길은 사실상 봉쇄되어 있었다. 株主提案權은 일정한 요건을 갖춘 주주가 적극적으로 주주총회의 議題나 議案을 제안할 수 있게 함으로써 주주가 주주총회에서 주도권을 행사할 수 있게 하려는 취지에서, 1996년 證券去來法에 처음 도입된 이후 1998년 개정상법도 도입하였다. 주주제안권은 소수파 주주들에 의해 행사되는 경우가 대부분이므로 이러한 제안이 주주총회에서 결의되는 사례는 매우 드물다. 그럼에도 불구하고 주주제안권이 의미를 갖는 것은, 주주가 의안을 총회에 제출하고 이를 소집통지 및 참고서류에 기재시키는것 만으로도 주주의 의견이나 제안을 다른 주주들에게 개시하고 경영진들에 대한 사실상의 통제기능을 할 수 있다는 데에서 찾을 수 있다(정완용, "회사법의 IT화 관련 개정사항에 관한 고찰", 「상사법연구」(2006), 228).

(2) 행사요건

의결권 없는 주식외 발행주식총수의 100분의 3 이상에 해당하는 주식을 가진 주주가 행사가능하며 그 요건은 완화되고 있다.

株主提案權은 의결권 없는 주식을 제외한 발행주식총수의 100분의 3이상에 해당하는 주식을 가진 주주에게 허용된다(363의2①). 證券去來法은 발행주식총수의 100분의 1이상으로 그 행사 요건을 낮추고 있으며 자본금이 1,000억원 이상인 회사에는 이를 1,000분의 5로 더욱 완화하고 있다(證去令 84의21①). [사례 V-2-4A]에서 주주 X는 주주제안권을 행사할 수 있는 주식을 보유하고 있다. 증권거래법은 제안권 남용을 방지하고 회사의 사정을 어느 정도 파악한 주주에게만 제안권을 허용하려는 취지에서 위 주식을 6월 이상 보유한 주주에게만 제안권을 인정한다. 그러나 상법에서는 이를 요구하지 아니하므로 제안권 행사시까지만 취득하면 된다. 위 주식을 보유한 주주는 이사회에 대하여 주주총회 회일 6주 전에 서면으로 일정한 사항을 주주총회의 목적사항으로 할 것을 청구해야 한다(363의2①). 청구의 상대방이 이사회로 되어 있지만 대표이사에게 청구서면을 송부하여도 상관없다.

(3) 제안내용

의제제안과 의안제안으로 나

주주제안은 議題提案과 議案提案으로 나누어진다. 전자는 '이익배당의 건', '이사해임의 건' 등 총회의 목적으로 할 사항(363의2①)을 제안하는 것이고,

후자는 '20% 이익배당 실시', '金아무개 이사의 해임' 등 목적사항에 관한 議案의 要領(363의 2②), 즉 구체적인 결의안을 제출하는 것이다. 이와 같이 상법이 의제제안과 의안제안을 구별하는 것은 큰 의미는 없지만 종래 의제와 의안을 구분한 관행에 따른 것이라고 할 수 있다. 議題提案은 법령 또는 정관에 의해 주주총회의 결의사항으로 되어 있는 사항(363의 2③)에 한하여 그 내용으로 할 수 있다. 의안제안은 주주가 의제를 제안하고 그에 부속하여 제출하는 경우와 이사회에서 제출한 의제에 대한 수정 또는 반대제안인 경우가 있다.

뉜다.

(4) 회사가 거절할 수 있는 제안

주주제안 내용이 법령 또는 정관에 위반되는 경우 총회의 목적사항으로 하는 것을 거절할 수 있다.

이사회는 주주제안의 내용이 법령 또는 정관에 위반되는 경우에는 총회의 목적사항으로 하는 것을 거절할 수 있다(363의 2③). 상법에서는 거절할 수 있는 제안이 무엇인지에 대하여는 아무런 규정을 두고 있지 않으나 證券去來法 施行令에서는 i) 주주총회의결사항이 아닌 사항, ii) 주주총회에서 부결된 내용과 동일한 의안을 부결일로부터 3년 내에 다시 제안하는 경우, iii) 임기 중 임원의 해임에 관한 사항, iv) 기타 실현 불가능하거나, 의안으로 상정할 실익이 없거나, 제안이유가 허위이거나, 특정인의 명예를 훼손하는 사항 등에 대하여는 제안을 금지하고 있다(證去令 84의21③). 이와 같이 상법 및 증권거래법이 정하고 있는 주주제안거부사유들은 지나치게 광범위하고 불명확하여 주주제안권의 실효성을 살리지 못할 수 있다. 특히 증권거래법 시행령 제84조의21 제3항 제6호에 기재된 사유 중 하나인 위 iv)의 사유는 이를 광의로 해석한다면 '주주총회에 상정해 보아야 결의될 가망성이 없는 사항'까지 포함되어, 결국 주주제안의 허용 여부에 관해 이사회에 광범위한 재량권을 줌으로써 주주제안제도의 근본적인 취지를 살리지 못하게 될 우려가 있다고 하겠다. 이러한 취지에서 대결 2007.2.28, 2007카합215는 [사례Ⅴ-2-4A]에서 "증권거래법 제191조의14, 증권거래법 시행령 제84조의21 제3항 각호에 규정된 주주제안거부사유들은 주주제안권의 명백한 남용을 방지하기 위한 예외적 규정으로서 마련된 것이므로, 그 남용의 위험이 명백하지 않는 한, 소수주주의 주주제안권의 폭넓은 실현을 위하여 엄격하게 해석되어야 한다. 「주주총회의 의안으로 상정될 실익이 없거나 부적합한 사항」이라 함은 이미 이익이 실현되었거나 회사 이익과 아무런 관련이 없는 사항, 영업관련성이 없는 사항 또는 주식회사 본질에 적합하지 않은 사항 등으로서 형식적 판단에 의해 주주총회의 의결사항이 되기에 적당하지 아니한 것을 의미하는데, 이사 또는 감사의 선임을 내용으로 하는 의안이 그 자체로서 주주총회의 의결대상이 되기에 실익이 없다거나 부적합하다고 할 수 없다"고 판시하여 이사회의 자의적인 판단이 개입될 여지를 차단하기 위해 주주제안거부사유를 엄격한 해석이 요청된다는 점을 명시하였다.

(5) 회사의 조치

株主提案權의 행사가 적법하고 그 내용이 위에서 본 바와 같은 거절사유에 해당하지 아니할 경우에 회사는 이를 召集通知 및 公告에 기재하고 주주총회의 목적사항으로 하여야 한다. 그리고 제안주주의 청구가 있는 경우에는 주주총회에서 당해 의안을 설명할 기회를 부여하여야 한다(363의 2③).

(6) 주주제안의 부당거절

주주제안을 부당하게 거절하는 경우 일정액의 과태료에 처한다.

회사의 이사가 상법 제363조의 2에 위반하여 주주가 제안한 사항을 부당하게 주주총회의 목적사항으로 하지 아니한 때에는 500만원 이하의 과태료에 처한다(635① 19의3). 즉 의제제안에 대해 정당한 이유없이 의제로 취급하지 않은 경우나 의안제안에 대해 정당한 이유없이 의안의 요령을 소집통지와 공고에 기재하지 아니한 경우에는 과태료에 처하게 된다. [사례 V-2-4A]와 같이 회사가 부당하게 주주제안을 거부한 경우에는 주주총회결의 전까지는 가처분신청을 통해 구제를 받을 수 있다. 이때 누구를 피신청인으로 할 것인가 하는 점이 문제되는데 대결 2007.2.28, 2007카합215은 "의안상정을 구하는 본안 소송의 피고적격자는 개별 이사가 아닌 회사"라고 판시하고 있다.

그런데 주주제안을 무시하고 한 총회결의는 어떠한 효력을 가지는가? 우선 의제제안을 부당하게 거절하여 총회의 의제로 하지 않은 경우에는 결의취소 대상으로 되는 결의 자체가 존재하지 않는 상황이므로 決議取消의 訴를 제기할 수 있는가 하는 점이 문제된다. 이 경우에는 주주제안을 무시하기는 하였지만 다른 결의사항에 대한 절차상의 하자는 없으므로 결의취소의 대상이 되지 않는다고 본다(이철(회) 412). 한편 '金아무개'를 이사로 선임할 것을 제안하였는데 이를 의안의 요령에 기재하지도 않고 주주총회에 상정하지도 않은 채 '李아무개'를 이사로 선임한 경우에는 결의방법에 하자가 있는 것으로 보아 결의취소의 사유가 된다(이철(회) 412).

3. 決 議

가. 意義와 要件

(1) 의 의

1) 개 념 決議는 주주들의 표결 또는 서면투표를 거쳐 주주총회의 의사를 확정하는 절차이며 또 표결(서면투표) 결과 확정된 주주총회의 意思表示 자체를 의미하기도 한다. 주주들은 각자의 의결권을 행사함으로서 결의에 참여하게 된다. 이러한 의결권행사는 주주의 의사표시이지만 표결(서면투표)로써 확정된 결의는 주주총회 전체의 의사표시가 되어 결의에 찬성한 주주들은 물론이고 반대한 주주들에 대하여도 구속력을 갖는다. 이와 같이 주주의 의결권행사는 결의를 구성하는 한 요소에 지나지 아니하므로 가령 의결권행사에 무효·취소 등 하자가 있는 경우에도, 그로 인해 정족수의 부족이 초래되는 경우를 제외하고는, 결의 자체의 효력에는 영향을 주지 아니한다.

결의는 단체로서의 의사결정을 말한다.

2) 법적 성질 주주총회결의의 법적 성질에 대하여는 전통적인 법률행위인 合同行爲라는 견해(정희455, 정찬(상)784)와 독자적 성질의 법률행위라는 견해(정동(회)351, 이기 (회)385, 이철(회)440~442)가 대립한다. 이 문제는 의사표시의 하자 등 일반 법률행위에 적용되는 원칙이 결의에도 그대로 적용될 것인가 하는 것과 관련을 가지는데, 이를 부정함이 타당하므로 독자적 성질의 법률행위로 보아야 할 것이다.

합동행위와 독자적 성질의 법률행위라는 견해가 대립한다.

3) 결의와 다수결제도 주주총회는 주주 전체로 구성되는 회의체 기관으로서 그 의사결정은 株主의 總意에 기하여야 한다. 그러나 이는 반드시 주주전원의 일치에 의한 결정이어야 한다는 것을 의미하는 것은 아니며 원칙으로 다수결제도에 의한다. 주식회사의 다수결제도의 특색은 구성원의 머리 수에 의한 다수결이 아니고 資本的 多數決이며 1주 1의결권 원칙은 이러한 자본다수결의 원칙을 나타내고 있다. 그러나 결의될 사항의 중요성에 따라 결의방법과 결의요건이 가중되는 경우가 있으며, 특히 결의사항이 개개주주의 의사를 존중하여야 하는 경우에는 자본다수결제에 예외를 인정하여 주주전원의 동의를 요하도록 하고 있다.

주주총회의 의사결정을 주주의 총의에 기하되 이때 결정은 다수결제도에 의한다.

(2) 결의요건

1) 보통결의 普通決議는 상법 또는 정관에 다른 정함이 없는 경우에는 출석한 주주의 과반수와 발행주식총수의 4분의 1이상의 다수로서 하여

출석주주의 과반수와 발행주

식 총수의 4분의 1 이상 다수로서 한다.

야 한다(368①, 標準定款 27). 종래에는 보통결의에 議決定足數 이외에 議事定足數를 두어 발행주식총수의 과반수에 해당하는 주식을 가진 주주가 출석한 때에만 회의가 성립하고 출석주주의 과반수 찬성으로 의결을 하였다. 그러나 1995년 개정상법은 의사정족수는 폐지하고 의결정족수를 출석주주의 과반수와 발행주식총수의 4분의 1이상으로 완화하는 동시에 이사선임에서의 특칙규정(舊商 384)도 삭제하였다. 이로써 정관에 다른 규정이 없는 한 4분의 1 정도의 주식만 보유하면 주주총회 결의를 도출해 낼 수 있게 된 것이다. 이러한 개정은 대규모 상장회사에 있어서 주식의 광범위한 분산과 주주의 증대로 인해 일반주주들의 주주총회 출석이 어려운 현실을 감안하여 총회성립을 용이하게 하기 위한 것이다. 즉 종래에도 과반수출석과 과반수찬성을 요구하였기 때문에 25% 정도의 주식만 보유해도 의결정족수를 채울 수 있었으므로 결의요건을 특별히 가중한 것은 아니고, 다만 총회성립에 요구되는 의사정족수를 폐지하였다는 점에서 의미를 찾을 수 있다. 이러한 의사정족수의 폐지에 대하여는 지배주주들의 경영독주를 가능하게 하여 소수주주의 보호에 역행한다는 비판이 제기되고 있다(이철(회) 447). 한편 정관으로 결의요건을 완화(가령 출석주주의 3분의 1 또는 발행주식총수의 5분의 1 이상의 찬성)할 수 있는가에 대하여는 일부 찬성하는 견해(정동(회) 354)가 있지만 통설은 이를 부정한다(최기780, 이철(회) 447, 정찬(상)787).

출석주주 의결권의 3분의 2 이상 수와 발행주식 총수 3분의 1 이상의 수로 한다.

2) **특별결의** 特別決議는 출석주주의 의결권의 3분의 2이상의 수와 발행주식총수의 3분의 1이상의 수로써 하는 결의이다(434). 앞에서 설명한 바와 같이 특별결의에 대하여도 1995년 상법개정시 의사정족수는 삭제하고 의결정족수만을 정하고 있다. 특별결의의 요건은 정관으로 가중할 수는 있어도 완화할 수 없다는 것이 통설이다.

3) **특수결의** 전 주주의 동의를 얻어야 성립하는 결의를 말한다.

나. 決議方法

표결과 서면결의가 있다.

주주총회의 결의방법에는 주주들이 직접 총회에 참석하여 가부를 묻는 表決과 출석하지 않고 찬반의사를 표시한 서면을 통해 이루어지는 書面決議가 있다.

(1) 표 결

표결은 주주라는 자연인이 직접 참석하는 것으로써, 회의와

결의는 주주총회의 의사표시로써 모든 주주를 구속하는 효력이 있기 때문에 결의의 성립에는 명확성이 요구된다. 즉 주주총회의 토의과정에서 반대 또는 찬성의 의사를 표시한 것만으로는 결의가 성립되었다고 할 수 없

고, 반드시 의안에 대해 출석주주의 의사를 묻고 그에 대한 표결과정을 거쳐야 한다. 이러한 취지에서 대판 1989.2.14, 87다카3200은 "주주총회에서 토의된 안건에 관하여 가부의 의결을 하지 않은 이상 그 토의과정에서 주주들의 찬성 또는 반대의 의사표시가 있었다고 하더라도 이러한 사실만으로 가부의 결의가 있었던 것으로 볼 수 없다"고 판시하였다.

구별되어야 한다.

표결의 방법에는 제한이 없고 거수, 기립 또는 기명투표 등 주주들의 의사를 확인할 수 있는 것이면 된다. 주주총회에서는 자본다수결제를 채택하기 때문에 주주들의 의결권의 수를 확인할 수 없는 무기명투표는 허용되지 않는나고 본다.

(2) 서면결의

1) 도입의 취지 종래 서면결의는 유한회사에서 총사원의 동의가 있는 경우 이외에는 허용되지 않았다(577). 따라서 주주가 의결권을 행사하려면 직접 총회에 출석하거나 대리인을 통하여 할 수밖에 없었다. 그러나 대규모 회사는 주주수가 너무 방대한 나머지 한자리에 모을 수 없을 뿐 아니라 번거로운 일상에서 주주들이 일일이 총회에 출석하기도 어려운 경우가 많다. 書面決議制度는 이와 같이 총회출석이 어려운 주주들의 의결권행사를 용이하게 하고 주주총회의 성립을 쉽게하기 위해 이용되는 제도로써 미국, 일본 등 선진국에서는 일반화되어 있다. 물론 議決權代理行使에 의해서도 이러한 목적을 어느 정도 달성할 수는 있지만 주주가 타인을 거치지 않고 직접 자신의 의사를 표시할 수 있다는 점에서 서면결의제도가 더 우월하다고 하겠다(권종호, "서면투표제도, 과연 입법상의 성과인가?", 「상사법연구」(2000), 489). 이러한 취지에서 1999년 상법개정에서 서면결의제도를 도입함으로써 주주는 총회에 출석하지 아니하고 서면에 의하여 의결권을 행사할 수 있게 된 것이다(368의3①, 標準定款 27의2②).

총회출석이 어려운 주주들의 의결권행사를 용이하게 하고 주주총회의 성립을 쉽게 한다.

2) 요 건 서면결의는 정관에 규정을 둔 경우에만 가능하다(368의3①, 標準定款 27의2①). 그러므로 서면결의제도는 각 회사의 임의적 선택에 따라 시행하지만 일단 정관에 규정을 둔 경우에는 반드시 실시해야 한다. 서면에 의한 의결권을 행사하기 위해서는 회사는 총회소집통지서에 議決權書面과 參考書類를 첨부하여야 한다(368의3②, 標準定款 27의2②). 주주는 이 의결권서면에 필요한 사항을 기재하여 會日의 전일까지 회사에 제출하여야 할 것이다.

정관에 규정을 둔 경우에만 가능하다.

3) 의결권서면과 참고서류 서면결의에 필요한 서류는 議決權書面과 參考資料이다(368의3②). ① 의결권서면; 서면결의에 필요한 주주의 찬반 의사표시가 기재되는 서면으로써 서면결의의 필수적 요건이다. 그러나 상법에는

서면결의에 필요한 주주의 찬반의사 표시가 기재되는 서면

이다.

의결권서면의 내용과 기재사항에 대하여는 아무런 규정을 두고 있지 않다. 그러나 주주의 성명과 그가 행사할 수 있는 의결권의 수를 기재하고, 의안별로 찬성과 반대를 기재할 수 있는 란(필요한 경우에는 기권을 기재할 수 있는 란), 이사·감사 등의 선임에 관한 의안의 경우에는 2인 이상의 후보가 있는 때에는 각 후보에 관하여 찬반의 기재를 할 수 있는 란 및 주주가 날인할 수 있는 란을 두어야 한다. 찬반·기권의 어느 것도 기재하지 아니한 서면이 제출된 경우에 회사는 이를 찬성, 반대 또는 기권으로 본다는 취지를 기재할 수 있다고 본

■ 의결권행사서면

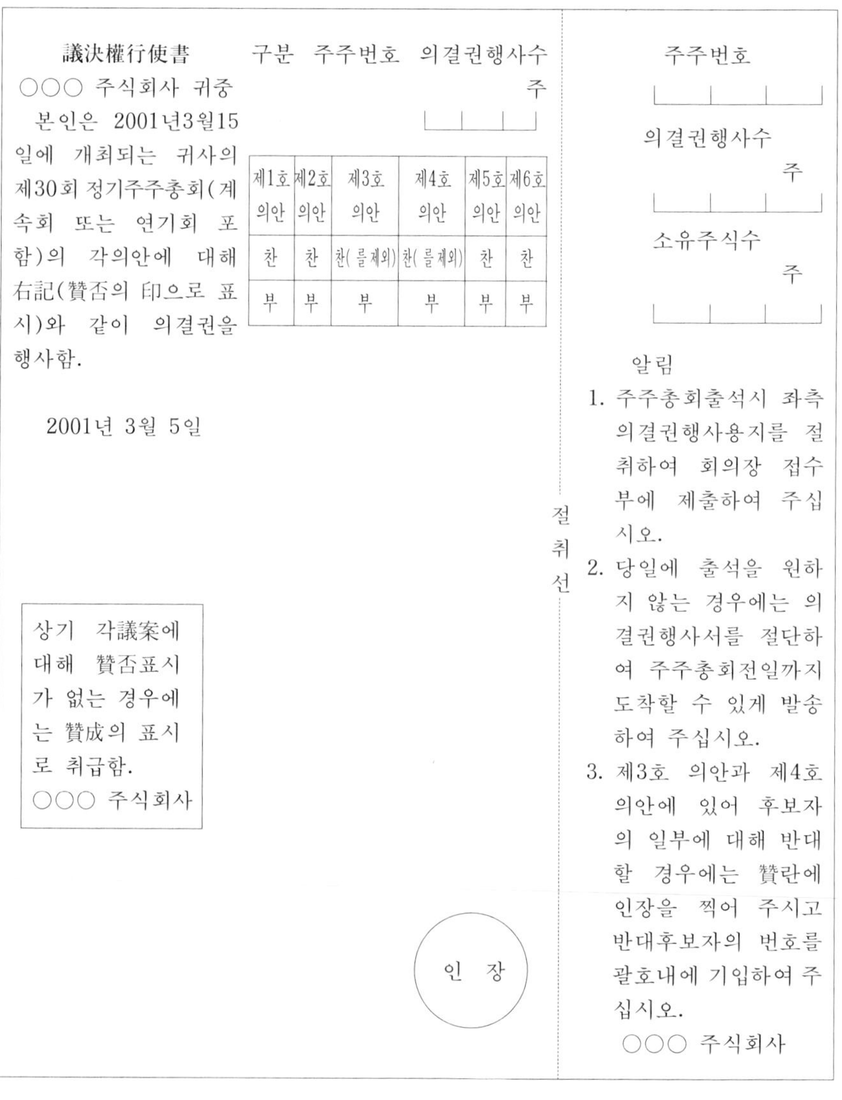

議決權行使書

○○○ 주식회사 귀중

본인은 2001년3월15일에 개최되는 귀사의 제30회 정기주주총회(계속회 또는 연기회 포함)의 각의안에 대해 右記(贊否의 印으로 표시)와 같이 의결권을 행사함.

2001년 3월 5일

구분 주주번호 의결권행사수

주

제1호 의안	제2호 의안	제3호 의안	제4호 의안	제5호 의안	제6호 의안
찬	찬	찬(를제외)	찬(를제외)	찬	찬
부	부	부	부	부	부

상기 各議案에 대해 贊否표시가 없는 경우에는 贊成의 표시로 취급함.
○○○ 주식회사

인 장

절취선

주주번호

의결권행사수

주

소유주식수

주

알림

1. 주주총회출석시 좌측 의결권행사용지를 절취하여 회의장 접수부에 제출하여 주십시오.
2. 당일에 출석을 원하지 않는 경우에는 의결권행사서를 절단하여 주주총회전일까지 도착할 수 있게 발송하여 주십시오.
3. 제3호 의안과 제4호 의안에 있어 후보자의 일부에 대해 반대할 경우에는 贊란에 인장을 찍어 주시고 반대후보자의 번호를 괄호내에 기입하여 주십시오.

○○○ 주식회사

다. ② 참고자료; 주주가 의안의 내용을 정확히 파악하고 가부를 결정하는데 도움이 되는 자료를 말한다. 참고자료는 정관으로 정하되, 의제와 의안의 요령, 의안을 제안한 이유, 기타 주주가 의안에 관하여 적정한 판단을 하는데 필요한 사항을 기재하여야 한다.

주주의 의안내용 파악과 가부 결정에 도움이 되는 자료이다.

4) 정족수　서면에 의하여 행사한 의결권의 수를 출석한 주주의 의결권의 수에 산입하는 것은 당연하다. 주주가 찬반·기권의 어느 것도 기재하지 아니한 의결권서면을 제출한 경우에는 회사가 이를 찬성, 반대 또는 기권으로 볼 수 있다.

서면으로 행사한 의결권도 정족수에 산입한다.

5) 의결권서면의 비치　회사는 주주가 제출한 의결권서면을 주주총회 종결 후 일정기간 본점에 비치하여야 할 것이다. 이는 주주총회의 하자를 다투는 소송이 제기되었을 경우 서면으로 제출된 주주의 의결권행사에 대한 증거자료를 확보하기 위함이다.

6) 문제점　서면결의를 시행하기 위해서는 주주들이 의안의 내용을 정확히 파악하고 가부를 결정할 수 있도록 충분한 내용의 참고자료를 작성 송부해야 하는데 총회시마다 이를 행하는 것은 회사로서는 매우 큰 부담이 아닐 수 없다. 또 주주수가 많지 않은 소규모 회사에서는 총회 개최를 서면결의로 대신하는 등 서면결의제도의 도입이 오히려 총회의 형식화를 더욱 부채질할 가능성도 없지 아니하다. 따라서 서면결의제도는 일정규모 이상의 회사만 채택하게 하는 방안이 바람직하다고 본다.

서면결의제도 도입으로 총회의 형식화를 초래할 우려가 있다.

다. 反對株主의 株式買受請求權

[사례 V-2-5: 주식매수청구권]

(i) Y회사는 주주총회 특별결의에 의해 다음과 같은 사항을 결정하였다. 이 결의에 반대한 소수주주 X는 Y회사에 주식매수청구를 할 수 있는가? ① 주식양도시 이사회의 승인을 받아야 한다는 내용의 정관변경 결의 ② 회사의 영업용 중요재산의 양도 결의 ③ 회사의 해산 결의와 함께 다른 회사에 영업을 양도한다는 결의 ④ 기존 주식 5주를 1주로 병합하는 자본감소 결의

(ii) Y회사는 주주총회특별결의에서 다른 회사와 합병을 결의하였다. 무의결권주식 1만주와 보통주 2만주를 보유하고 있는 주주 X는 이 결의에 반대하였다. 주주총회 직후 X가 보통주 3만주를 추가로 취득하였을 경우 X가 Y회사에 매수를 청구할 수 있는 주식은 얼마인가?

(iii)) A방송사는 2001.1.31. 비상장회사인 Y케이블 TV방송사의 주주인 B 등으로부터 Y방송사 발행 주식의 69.85%가 되는 349,250주를 1주당 평균 28,633

원에 매수함으로써 Y방송사의 최대주주가 되었고, 2001.3.31에는 Y회사의 이사회를 개최하여 A사와의 흡수합병결의를 하였다. Y회사의 소수주주인 X 등 4인은 합병결의에 반대하고 자신들이 보유하고 있는 주식에 대해 주식매수청구권을 행사하였다. Y회사는 과거 C정보통신사와 Y방송사가 합병해서 설립된 회사로서 합병당시 Y방송의 영업권 및 경영권 양도 대가 상당액이 9,681,810,688원으로 평가되었고 은평구에서 독점적으로 종합유선방송사업을 하고 있었다. Y방송사의 가입자수가 1998년 15,843명, 1999년 29,254명, 2000년 42,080명으로 점차 증가하고 있었으나 합병 당시 3년간 적자가 누적된 상태에서 자본잠식에 이를 정도로 그 경영상태가 좋지 않았다. 그러나 전반적으로 종합유선방송업의 전망은 상당히 밝은 것으로 평가되고 있었다. 한편 A사와 Y사간의 합병당시 다른 지역의 종합유선방송사 주식의 거래가액을 보면, 한국케이블티브이 관악방송의 주식 52,672주(총발행주식의 4.39%)가 1주당 약 37,970원, 합계 20억 원에 매도되었고, 서초종합유선방송의 주식 97,443주(총발행주식의 4.39%)가 1주당 약 55,417원, 합계 54억원에 매도된 것으로 조사되었다. X는 매수가격을 A사가 B로부터 매입한 가액인 주당 28,633원으로 주장한 반면 Y회사는 비상장회사의 주식가액을 정함에 있어서는 시장가치, 순자산가치, 수익가치 등 여러 가지 평가요소를 종합적으로 고려하여 산정해야 한다고 전제하고 첫째, 시장가치는 합병 2월전에 이루어진 A사에 대한 주식매도가액인 28,633원에서 경영권양도대가를 공제한 22,025원으로 하고 둘째, 순자산가치는 1주당 1,386원으로 셋째, 수익가치는 0원으로 산정한 다음 이를 산술평균한 가액인 7,803원으로 주장하였다. Y의 주장은 타당한가? (대판 2006.11.24, 2004마1022 참조)

(1) 의 의

주주이익에 영향을 미치는 사항이 다수결로 결의된 경우 이에 반대하는 주주가 소유주식을 공정가격으로 매수할 것을 회사에 대해 청구할 수 있는 권리이다.

株式買受請求權은 주주총회에서 주주의 이익에 중대한 영향을 미치는 사항이 다수결로 결의된 경우에 이에 반대한 주주로 하여금 자기의 소유주식을 공정한 가격으로 매수할 것을 회사에 대하여 청구할 수 있는 권리를 말한다(374의2, 522의3). 다수결 원칙상 주주총회에서 결의된 사항은 반대 주주도 구속함은 물론이다. 그러나 다수파 주주가 합병(522)이나 영업양도(374 ①) 및 주식의 포괄적 교환·이전(360의2 이하)와 같은 회사의 구조에 중요한 변화를 시도함으로써 자신의 이익을 꾀할 경우, 이를 반대하는 소수파 주주로 하여금 다수파에 수동적으로 따라가기 보다는 일정한 보상을 받고 회사로부터 떠날 수 있는 길을 보장해 줄 필요가 있다. 즉, 주식매수청구권은 회사의 운명에 중요한 변화가 생기는 상황에서 다수파주주와 소수파주주 쌍방의 이익을 조화하기 위한 것이다.

이러한 목적을 가진 주식매수청구권은 원래 미국법상 발달한 제도로서 1982년 證券去來法에 의해 도입되어 상장회사에 적용되어 왔다. 그러나 이 제도의 필요성은 상장회사보다는 비상장회사에 더욱 크다고 하겠다. 왜냐하면 상장회사의 경우에는 주식이 증권거래소에 상장되어 있어 그 처분이 용이함에 비하여 비상장회사에 있어서는 주식의 처분이 어렵기 때문이다. 이에 따라 1995년 상법개정시 주식매수청구권을 상법에 도입함으로서 모든 주식회사로 그 적용범위를 확대하였다. 그러나 이 제도는 주주에게 出資의 還給을 허용하는 것이므로 그 운용 여하에 따라서는 자본충실을 해할 가능성이 있을 뿐 아니라 매수가격의 결정을 둘러싸고 분쟁이 유발되는 등 문제점도 있다(강헌, "상법상 주식매수청구권제도의 문제점", 「상사법 연구」(2002.8), 398).

(2) 주식매수청구권이 인정되는 경우

영업양도에 관한 결의, 합병결의, 주식교환 또는 이전의 결의에서 인정된다.

회사의 구조적 변경을 초래하는 특별결의 중 어떠한 사항에 대해 주식매수청구권을 인정할 것인가는 각국의 입법정책에 속하는 문제이다. 상법은 營業讓渡와 合倂을 위한 특별결의에 대하여만 반대주주의 주식매수청구권을 인정하고 있는데 日本商法은 [사례 V-2-5-i]의 ①과 같이 주식양도제한을 위한 정관변경결의에도 인정한다.

1) 영업양도 등에 관한 결의 i) 영업전부 또는 중요한 일부의 讓渡, ii) 영업 전부의 賃貸 또는 經營委託, 타인과 영업의 損益 전부를 같이하는 契約 기타 이에 준하는 契約의 체결·변경 또는 해약, iii) 다른 회사 영업 전부의 讓受, iv) 회사의 영업에 중대한 영향을 미치는 다른 회사의 영업 일부의 양수(2001년 상법개정시 새로 추가됨)에 관한 결의 채택시에 주식매수청구권이 인정된다(374의2①). [사례 V-2-5-i]의 ②와 같이 영업용 중요재산의 양도결의에 반대한 주주에게도 매수청구권이 인정될 것인가는 이를 주주총회특별결의사항으로 볼 것인가에 따라 결정하여야 할 것이다. 이를 긍정하는 판례와 통설에 의하면 매수청구권도 인정하는 것이 순리이다. 또 [사례 V-2-5-i]의 ③과 같이 영업양도 결의와 동시에 회사의 해산결의를 한 경우에는 주주는 회사의 청산절차에 의해 잔여재산분배를 받을 수 있기 때문에 따로 주식매수청구권을 인정할 필요는 없다고 본다(정동(회)359, 이철(회)469~470, 정찬(상)792). [사례 V-2-5-i]의 ④에서는 기존주주들에게 매우 불리한 자본감소 결의가 이루어지지만 매수청구권은 인정되지 아니한다.

2) 합병결의 　합병계약서의 승인 결의시에도 주식매수청구권이 인정된다(522의3).

3) 주식교환 · 이전 결의 　주식교환 · 이전에 관한 승인결의시에도 반대주주의 주식매수청구권이 인정된다(360의5①, 360의22).

(3) 행사절차

총회에 앞서 반대의사를 서면으로 작성하여 회사에 통지해야 한다.

1) 서면통지 　반대주주가 주식매수청구권을 행사하기 위하여는 결의가 있게 될 총회에 앞서 반대의사를 회사에 통지하여야 한다(360의5①, 360의22, 374의2①, 522의3①). 즉 결의의 내용을 이루는 영업양도나, 합병에 반대하는 의사를 회사에 書面으로 通知하여야 하며 통지는 결의가 이루어질 총회개최 전에 회사에 도달하여야 한다(정찬(상)716, 이철(회)471).

총회에서 의결권을 행사하여야 한다는 설과 상법에서 명시적 요구를 하지 않는다는 설이 대립된다.

2) 의결권행사요부 　주식매수청구권을 행사하기 위하여는 반대주주가 총회에 참석하여 당해 결의의 채택에 반대하는 방향으로 의결권을 행사하여야 하는가? 이에 대하여는 총회 개최에 앞서 반대의사를 통지한 주주라도 총회에서 의결권을 행사하지 아니한 경우에는 주식매수청구권이 인정되지 않는다는 설(손주733)과 상법에서 이를 명시적으로 요구하지 않는다는 설(최기424, 이철(회)470)이 대립된다. 생각컨대 證券去來法에서는 의결권 없는 주주에게 주식매수청구권을 인정하고 있는 점(證去191①)을 감안하면 後說이 타당하다고 본다. 이러한 관점에서 보면 [사례 V-2-5-ii]에서 X가 가지고 있는 주식 중 무의결권주식 1만주에 대하여는 매수청구를 할 수 없다.

3) 통지 · 공고 　반대주주의 주식매수청구권 행사의 기회를 보장하기 위하여 회사는 영업양도나 합병, 주식교환 · 이전 결의를 위한 주주총회소집통지나 공고에 주식매수청구권의 내용 및 행사방법을 명시하여야 한다(374③, 360의3④, 360의16③). 이를 게을리한 경우에는 벌칙이 부과된다(635①20의2).

(4) 매수청구

반대의사 통지 후, 주주는 결의일로부터 20일 내에 서면으로 주식의 매수를 청구해야 한다.

1) 매수청구 　결의에 반대한 주주는 결의일로부터 20일 내에 서면에 의해 주식의 매수를 청구하여야 하며 이 서면에는 주식의 종류 및 수를 기재하여야 한다(374의2①, 360의5③, 360의22). 매수를 청구하는 주식은 반대주주가 가지고 있는 주식의 전부 또는 그 일부라도 상관없다(정희461, 정동(회)360, 이철(회)474). 그러나 반대의사를 사전에 통지한 경우에만 매수청구권이 인정되므로, 가령 통지 후 주식을 추가로 취득한 경우에는 증가된 부분에 대하여는 매수청구권이 인정되지 아니한다(정동(회)360, 이철(회)473). 따라서 [사례 V-2-5-ii]에서 X가 총회직후 추가로 취득한 3만주에 대하여는 매수청구를 할 수 없고 원래 보유하고 있던 보통

주 2만주만 그 대상으로 된다.

2) 회사의 매수 주식매수청구를 받은 회사는 2월 이내에 그 주식을 매수하여야 하며 회사의 승락을 필요로 하지 않으므로(374의2②, 360의5③, 360의22) 주식매수청구권은 形成權이다. 다만 그 행사에 의해 대상 주식에 관한 매매계약이 성립한다는 견해(정동(회)238, 360, 최기787, 이철(회)472)와 회사에 대하여 買受價格協議義務를 생기게 할 뿐이라는 설(정희460, 이기(회)394, 정찬(상)797)이 대립하는데, 회사는 매수청구를 거절할 수 없고 승낙하지 않아도 효력이 발생하기 때문에 주식매수의무를 부담한다고 보아야 할 것이다. 이 경우 회사는 自己株式을 취득하게 되며(341.5) 취득한 주식은 상당한 기간 내에 처분하여야 한다(342).

매수청구를 받은 회사는 2월 내에 그 주식을 매수해야 한다.

(5) 매수가격 결정

1) 가액결정방법 주식매수청구에서 가장 어려운 문제는 買受價格의 결정이다. 왜냐하면 매수청구권이 행사되는 경우는 주로 주식이 上場되지 아니하여 그 객관적인 市場價格이 형성되어 있지 않은 회사일 뿐 아니라 상장회사의 경우에도 영업양도나 합병결의를 전후로 하여 주식가격의 변동이 심해지기 때문이다. 따라서 매수가액은 영업양도결의나 합병결의가 없었으면 형성되었을 공정한 가격을 정하기 위하여 첫째, 당사자간의 협의에 의하고(374의2③), 둘째 매수청구일로부터 30일 이내에 협의가 이루어지지 아니한 경우에는 회사 또는 주식의 매수를 청구한 주주는 법원에 대하여 買受價額의 결정을 청구할 수 있다(374의2④). 법원이 주식의 매수가액을 결정하는 경우에는 회사의 재산상태 그밖의 사정을 참작하여 공정한 가액으로 이를 산정하여야 한다(374의2⑤). 종래에는 매수가액 결정이 협의, 회계전문가의 산정, 법원의 결정이라는 3단계로 이루어지고 법원에 매수가액결정을 청구하기 위해서는 매수청구주식의 30% 이상이 반대할 경우에만 가능하였으나 회사와 매수청구주주간에 균형이 맞지 않는다는 비판을 받았다. 그리하여 2001년 상법개정시 현재와 같이 변경하였다.

당사자간 협의에 의하고, 30일내 협의가 이루어지지 않으면 주주는 법원에 대해 매수가액의 결정을 청구한다.

2) 사례의 검토 [사례 V-2-5-iii]은 비상장주식가액 산정의 대표적 사례라고 할 수 있는데 대판 2006.11.24, 2004마1022는 다음과 같은 다섯 가지 기준을 제시하였다. ① 회사의 합병 또는 영업양도 등에 반대하는 주주가 회사에 대하여 비상장 주식의 매수를 청구하는 경우, 그 주식에 관하여 객관적 교환가치가 적정하게 반영된 정상적인 거래의 실례가 있으면 그 거래가격을 시가로 보아 주식의 매수가액을 정하여야 하나, 그러한 거래사례가 없으면 비상장주식의 평가에 관하여 보편적으로 인정되는 시장가치방식,

순자산가치방식, 수익가치방식 등 여러 가지 평가방법을 활용하되, 비상장 주식의 평가방법을 규정한 관련 법규들은 그 제정 목적에 따라 서로 상이한 기준을 적용하고 있으므로, 어느 한 가지 평가방법(예컨대, 증권거래법 시행령 제84조의7 제1항 제2호의 평가방법이나 상속세 및 증여세법 시행령 제54조의 평가방법)이 항상 적용되어야 한다고 단정할 수 없고, 당해 회사의 상황이나 업종의 특성 등을 종합적으로 고려하여 공정한 가액을 산정하여야 한다(대판 2005.4.29, 2005도856; 2005.10.28, 2003다69638 등 참조). ② 회사의 발행주식을 회사의 경영권과 함께 양도하는 경우 그 거래가격(28,633원)은 주식만을 양도하는 경우의 객관적 교환가치를 반영하는 일반적인 시가로 볼 수 없다. ③ 비상장법인의 순자산가액에는 당해 법인이 가지는 영업권의 가액도 당연히 포함된다. 그러므로 원심이 은평방송의 영업권을 전혀 고려하지 않은 채 은평방송의 1주당 순자산가치를 1,386원으로 판단한 것은 순자산가치에 관한 법리를 오한 것이다. ④ 유선방송사업의 경우 초기에 방송장비 및 방송망 설치 등의 대규모 시설투자가 필요하지만, 그 이후에는 인건비 등의 비용 외에는 추가비용이 크게 필요하지 않고, 일정 수 이상의 가입자가 확보되면 월 사용료 상당의 수입이 안정적으로 확보된다는 특색이 있기 때문에 가입자의 수, 전송망의 용량, 지역내 독점 여부 등을 기초로 한 미래의 수익률이 기업가치 내지 주식가치를 평가하는 데 중요한 고려요소이다. 나아가 종합유선사업을 하는 주식회사의 가입자 수가 점차 증가하고 있었다면, 기준시점 당시 그 주식회사가 독점적으로 종합유선방송사업을 영위할 수 있었는지 여부, 종합유선방송업의 현황 및 전망, 거시경제전망, 회사의 내부 경영상황, 사업계획 또는 경영계획 등을 종합적으로 고려하여 주식의 수익가치를 산정하는 것이 주식의 객관적인 가치를 반영할 수 있는 보다 적절한 방법이다. 그러므로 과거 3년간 1주당 순손익액만을 기초로 하여 은평방송(Y)의 1주당 수익가치를 0원으로 산정한 것은 미래의 추정이익에 의한 수익가치 산정에 관한 법리를 오해한 것이다. ⑤ 시장가치, 순자산가치, 수익가치 등 여러 가지 평가요소를 종합적으로 고려하여 비상장주식의 매수가액을 산정하고자 할 경우, 당해 회사의 상황이나 업종의 특성, 위와 같은 평가요소가 주식의 객관적인 가치를 적절하게 반영할 수 있는 것인지, 그 방법에 의한 가치산정에 다른 잘못은 없는지 여부에 따라 평가요소를 반영하는 비율을 각각 다르게 하여야 한다. 그럼에도 불구하고, 원심이 시장가치, 순자산가치, 수익가치라는 세 가지 요소들 중 특별히 어느 요소를 가중하여 평균을 구할 근거를 발견할 수 없다는 이유로 위 세 가지 가격을 단순히 산술평균하여 은평방송(Y) 주식의 매수가액을 7,803원으로 산정한 것은 잘못이다(위 판결은 Y의 주장과 같은 입장을 취하였던 원심판결을 파기 환송하였다).

제 3 株主의 議決權

1. 總 說

가. 意 義

議決權은 株主가 株主總會에 출석하여 表決에 참여하거나 書面決議에 참가하는 권리를 말한다. 주주총회는 주식회사의 경영을 담당하는 이사의 선임과 해임을 위시하여 회사의 조직과 경영에 관한 기본적인 사항에 대한 결정권을 가지고 있기 때문에 그 결의에 참가하는 의결권은 주주의 가장 중요한 권리의 하나이다. 현실적으로도 주주총회에서 다수의 의결권을 확보함으로써 회사의 지배권을 차지하게 되므로 주식회사의 지배권 쟁탈은 많은 경우 의결권을 중심으로 전개된다. 의결권은 주주에게만 인정되는 권리이며 회사채권자나 종업원 등 기타 이해관계자에게는 인정되지 아니한다.

주주가 주주총회에 출석하여 표결에 참가하거나 서면결의에 참가하는 권리이다.

나. 性 質

(1) 주주의 권리

의결권은 주주가 가지는 권리 중에도 가장 중요한 권리로써 법에서 인정한 예외를 제외하고는 정관이나 주주총회의 결의로도 이를 박탈할 수 없는 固有權이다. 또 의결권은 그 행사로써 회사기관이나 주주 등을 구속하는 회사의 의사형성에 관여하는 권리이므로 共益權에 속한다. 이와 같이 의결권은 회사구성원인 주주의 권리라는 것이 통설적 견해이지만(정동(회)324, 이기(회)411~412, 정찬(上)770 外), 의결권은 주주의 권리가 아니고 주주가 회사의 기관인 주주총회의 일원으로서 가지는 權限에 지나지 않는다는 견해와 의결권은 주주의 권리이지만 公權에 비유되는 一身專屬的인 인격권이라는 견해도 있다(이윤영, "주식회사의 의결권의 지위", 「정희철교수화갑기념논문집」(1979.9), 65).

의결권은 주주의 권리라는 견해와 회사기관으로 가지는 권한이라는 견해, 인격권이라는 견해로 나뉜다.

(2) 의결권행사의 자유

議決權을 주주총회의 일원인 주주의 권한으로 보는 입장은 自益權과는 달리 회사의 이익을 위하여 이를 행사할 의무가 있다고 한다. 그러나 통설

의결권을 자익권으로 보아 주

주는 이를 자유롭게 행사할 수 있다는 것이 통설의 견해다.

적 견해는 주식회사는 그 구성원인 주주의 경제적 이익추구를 위한 단체로서의 본질을 가지는 이상 주주의 의결권도 그 이익의 확보를 위하여 부여되는 것이라고 보며, 1주 1의결권이 원칙이나 의결권의 대리행사가 인정되는 것은 바로 이 때문이라고 한다(정동(회)324, 정찬(상)771, 이기(회)375). 따라서 주주는 의결권 행사 여부에 대한 자유를 가지고 주주 자신의 이익을 기준으로 하여 이를 행사할 수 있다. 다만 주식회사는 다른 주주와 공동으로 경제적 이익추구라는 목적을 달성하기 위해 결성된 단체이고 의결권은 그 구성원인 주주의 이익확보를 위하여 인정된 권리이므로, 그 행사에는 단체로서의 성격에 따르는 제약은 인정되어야 할 것이다. 그러한 의미에서 議決權은 信義誠實의 原則에 따라 행사되어야 하고 그 남용은 허용되지 아니한다. 의결권 행사에 있어 주주가 부정한 청탁을 받고 재산상의 이익을 수수한 경우에는 그 이익의 반환청구가 허용되고(467의2), 또 受賂罪의 성립을 인정하는 것은 이 때문이다(631, 634의2).

2. 議決權의 數와 制限

가. 1株 1議決權 原則

통설은, 복수주식을 가진 자는 그 수 만큼의 의결권을 가진 것으로 본다.

주주는 1주에 대해 1의결권을 가지며 이를 1株 1議決權 原則이라고 한다(369①, 標準定款 23). 의결권의 본질에 대한 입장 차이에 따라 이 원칙의 의미에 관하여도 서로 다른 견해를 취하게 된다. 즉 의결권의 본질을 주주가 회사의 기관으로서 가지는 權限이라고 보는 입장은, 의결권은 주주 1인에 대하여 항상 1개이고 다만 그 분량이 보유주식수에 의하여 정하여진다고 본다. 이에 대해 의결권을 주주의 權利로 보는 통설은 그 의미를 문자와 같이 해석하여, 복수의 주식을 가진 자는 그 수만큼의 의결권을 가진 것으로 본다. 생각컨대 주식회사가 주식이라는 균등하고 세분화된 단위로써 구성된 자본적 결합체인 이상 각 주식에 대해 균등한 회사지배와 균등한 기업이윤의 참여를 인정하는 것은 당연한 결과이기 때문에 통설이 타당하다고 본다.

나. 議決權의 制限

(1) 상법상의 제한

예외적으로 1주당 의결권이 없는 경우(소극)와 1주당 의

1주 1의결권의 원칙은 강행적으로 보장된 것이므로 법에 규정이 있는 경우 이외에는 정관 또는 주주총회의 결의로도 예외를 인정할 수 없다. 상법상 인정되는 소극적인 예외로는 無議決權株式(370), 自己株式(341), 相互株

式(342의2), 감사선임에서 대주주의 의결권제한(409②) 등이 있다. 한편 적극적인 예외로는 1주에 대해 복수의 의결권을 인정하는 경우가 있지만 우리 나라를 위시해서 현재 이러한 제도를 채택하고 있는 입법례는 없다. 이사선임결의에서 이용되는 集中投票制가 이 원칙에 대한 예외에 해당하는가 하는 문제가 있지만, 이는 복수의 이사를 선임하는 경우에 각 이사마다 투표하는 대신에 1인에 대하여 이사수만큼의 투표권을 한꺼번에 부여하는 제도이므로, 복수의 의결권을 인정하는 것과는 구별하여야 할 것이다.

결권이 여러 개 있는 경우(적극)가 있다.

(2) 은행법 등

금융관계법과 공정거래법은 경제력집중 억제의 취지에서 의결권을 제한하고 있다. 즉 공정거래법 제11조는 규모기업집단에 속하는 회사로서 금융업 또는 보험업을 영위하는 회사가 취득 또는 소유하고 있는 국내계열회사주식에 대한 의결권 행사를 금지하고 있으며 동조 단서에서는 일정한 경우 예외를 허용하고 있다. 그런데 예외에 해당하는 주식에 대해 무상증자 또는 주식분할로 발행된 주식에 대해서도 마찬가지로 의결권행사가 제한될 것인가 하는 점이 문제된다. 이에 대해 대판 2005.12.9, 2003두10015는 "상법 제461조에 의한 무상증자는 준비금이 자본에 전입되어 자본이 증가하는 경우 주주에 대하여 그가 가진 주식의 수에 따라 발행되는 것으로서 회사재산의 증가 없이 주식의 수만 증가하게 되므로 주주가 보유하는 주식(무상증자로 발행된 주식 포함)의 경제적 가치에는 변화가 없는 점, 상법 제329조의2에 의한 주식분할은 자본의 증가 없이 발행주식 총수를 증가시키는 것으로서 이에 의하여 회사의 자본 또는 자산이나 주주의 지위에 실질적인 변화가 없는 점 등에 비추어 보면, 단서에 해당하여 의결권을 행사할 수 있는 주식에 대한 무상증자로 취득한 주식 또는 그러한 주식의 분할로 취득한 주식은 그 의결권을 행사할 수 있는 주식과 동일하게 보아야 한다"고 판시하였다.

다. 特別利害關係人의 議決權行使制限

[사례 V-2-6: 특별이해관계인의 의결권제한]

(i) Y회사의 주주총회에서 다음과 같은 결의를 할 경우 주주인 X는 의결권을 행사할 수 있는가? ① Y회사의 영업용 주요재산인 빌딩을 X에게 양도하기로 하는 계약의 승인결의 ② X를 이사로 선임하는 결의 ③ X회사와 Y회사 간의 합병결의

(ii) X회사는 Y회사 주식 20%를 보유하고 있다. Y회사의 영업을 X회사에 양도

하기로 하는 사항을 목적으로 하는 Y회사의 주주총회에 X회사는 A를 대리인으로 출석시켰다. ① A는 의결권을 행사할 수 있는가? ② 주주총회에 A를 제외하고 14%의 주식을 가진 다른 주주들이 출석한 경우 표결에 들어갈 수 있는가?

(1) 의결권제한의 취지

의결권제한은 공익적성격과 관련이 있다.

總會의 決議에 대해 特別한 利害關係가 있는 자는 의결권을 행사하지 못한다(368 ④). 앞에서 본 바와 같이 의결권행사는 주주의 자유에 속하지만 주주가 특정한 결의사항에 대해 개인적 이해관계를 가진 경우에도 의결권 행사를 인정하면, 그 주주는 주주로서의 입장보다는 개인적인 입장에서 자기이익을 확보하기 위하여 의결권을 행사하게 된다. 이는 다른 주주와 회사의 이익을 침해하는 결과가 되기 때문에 의결권 행사를 제한하는 것이다(김재범, "주주의결권행사의 제한", 「고시연구」(2000.9), 34, "주주의결권행사의 제한과 동의의무", 「정동윤교수화갑기념논문집」(1999.6) 187).

(2) 특별이해관계

통설은 주주가 그 지위를 떠난 순수한 개인적인 이해 관계를 가진 경우이다.

1) 의 의 주주의 의결권이 제한되는 '特別利害關係'의 의의에 대하여는 상법상 아무런 규정을 두고 있지 않다. 이에 대해서는 i) 결의에 의해 권리의무를 취득하거나 상실하는 등 법률상의 이해관계를 의미한다고 보는 설(이병 603), ii) 모든 주주에게 평등하게 관련되는 것이 아니라 특정 주주에게만 관련되는 경우로 보는 설(박·이 243), iii) 주주가 그 주주인 지위를 떠난 순수한 개인적인 이해관계를 가진 경우로 보는 설로 나누어지는데 세번째 견해가 통설이다(정동329, 이철(회)422, 채478, 이기(회)383, 손주713, 정찬(상)774). 구체적으로는 회사와 주주간의 영업양도계약체결에 관한 결의(374)에서 계약당사자인 주주, 주주인 이사에 대한 면책 혹은 책임해제 유보결의(400, 415, 324)에 있어서 그 대상이 되는 이사인 주주, 이사 등의 보수결정(388, 415)에서 해당이사인 주주는 특별이해관계인으로 본다. 따라서 [사례Ⅴ-2-6-i]의 ①에서 주주(X)는 특별이해관계인에 해당한다. 특별이해관계가 문제되는 경우로는 다음과 같은 것이 있다.

통설은 이사선임시 후보자인 주주는 특별관계를 가지지 않는 것으로 본다.

2) 이사선임·해임결의 ① 이사선임; [사례Ⅴ-2-6-i]의 ②와 같이 이사선임결의시 후보자인 주주(X)는 특별이해관계를 가지는가에 대하여는 이를 부인하는 것이 통설이다. 즉 이사선임은 후보로 되어 있는 주주(X)에 대한 개인적인 이해관계만 있는 것이 아니고 주주가 주주로서의 지위에 기하여 회사(Y)의 지배 내지 경영에 참여하기 위한 중요한 권능이므로 어떤 주주가 이사선임의 후보로 되었다는 것만으로는 선임결의에 특별이해관계를

가진 것으로 볼 수 없다 ② 이사해임; 이사해임에 관하여도 해임 대상인 주주(이사)는 特別利害關係人이 아니라고 본다.

3) 재무제표 승인결의　　주주총회에서 財務諸表의 承認이 있으면 그 부수적 효과로서 이사·감사의 책임이 해제되기 때문에 이사·감사가 승인결의에 대해 특별이해관계를 가지는지 여부가 문제된다. 그러나 책임의 해제는 계산서류승인 결의의 직접적 효과라기 보다는 이를 기산점으로 한 2년의 除斥期間 경과의 효력이라고 할 수 있기 때문에 승인결의 자체에 대하여 이사 혹은 감사인 주주는 특별이해관계인이 아니라고 할 것이다. 다만 승인결의와 동시에 면책을 보류하는 결의를 한다든가 책임추궁 결의를 하는 경우에는 이사 혹은 감사인 주주는 특별이해관계가 있다.

> 그 자체에 대해 특별이해관계인은 아니나, 그와 동시에 면책보류결의, 책임추궁 결의시에는 특별이해관계가 있다.

4) 합병결의　　[사례 V-2-6-i]의 ③과 같이 회사 합병의 경우 당사자인 일방회사(X)가 상대방 회사(Y)의 주주인 경우에 그 상대방 회사(Y)의 합병결의에 대해 주주인 회사(X)는 특별이해관계가 있는지 문제된다. 생각건대 合倂은 조직법상의 행위로서 물권적 효과가 생기는 것이므로 등가관계를 기초로 하는 채권계약과는 그 성질이 다르다. 따라서 이 경우에는 특별이해관계인이 아니라고 본다.

(3) 특별이해관계인의 지위

1) 의결권행사의 제한　　주주는 특별이해관계가 있는 의안에 대해 의결권행사가 금지되고 대리인에 의한 의결권행사도 인정되지 않는다(정동(회)328, 이철(회)423, 손주715, 최기786). 나아가 다른 주주의 대리인으로서 의결권을 행사하는 것도 허용되지 아니한다. 따라서 [사례 V-2-6-ii]의 ①에서 대리인 A는 의결권을 행사할 수 없다.

2) 정족수의 계산　　特別利害關係人도 주주총회에 출석하여 발언할 권리를 가지기 때문에 그 보유주식은 발행주식총수에 산입되지만 총회결의의 성립에 필요한 다수결을 산정하는 데에는 산입되지 아니한다(371②). 즉 보통결의를 하는데 필요한 최소한의 정족수인 '발행주식총수의 4분의 1'(368①) 또는 특별결의를 하는데 필요한 정족수인 '발행주식총수의 3분의 1'(434)을 계산하는 데에는 산입된다. 따라서 [사례 V-2-6-ii]의 ②에서 A(X)가 보유한 20%의 주식은 표결처리 요건인 3분의 1에 산입되며 여기에 다른 출석주주의 보유주식 14%를 합산하면 Y회사 발행주식의 3분의 1이 넘기 때문에 營業讓渡를 위한 특별결의에 들어갈 수 있는 정족수는 구비하였다고 볼 수 있다.

> 보유주식은 발행주식 총수에 산입되지만 총회결의 성립에 필요한 다수결 산정에는 산입되지 않는다.

특별이해관계인의 의결권 제한으로 인한 부당한 손해를 막기 위해 부당결의 취소와 그 변경의 소 제도를 두었다.

3) 부당결의취소, 변경의 소 특별이해관계인의 의결권이 제한되는 결과 다른 주주들의 부당한 결의로 인해 손해를 입을 가능성이 있다. 이에 따라 특별이해관계인이 의결권을 행사하지 아니한 경우에 그 결의가 현저히 부당하고 또 특별이해관계인인 주주가 그 의결권을 행사하면 결의의 성립을 저지할 수 있었던 경우에 특별이해관계인인 주주는 決議의 取消 또는 變更의 訴를 제기할 수 있도록 하였다(381).

3. 議決權의 不統一行使

가. 意 義

주주가 수개의 의결권을 가진 경우 의안에 대해 일부찬성과 다른 부분은 반대로 행사하는 것이다.

議決權의 不統一行使라 함은 주주가 수 개의 의결권을 가진 경우에 주주총회의 의안에 대하여 그 일부를 찬성으로 행사하고, 다른 부분은 반대로 행사하는 것을 말한다(368의2). 종래 단일 주주지위설을 중심으로 하여 불통일행사를 부인하는 견해도 있었으나, 오늘날 주식은 극도로 物化하여 의결권은 각 주식 단위로 존재하는 현상에 비추어 볼 때 불통일행사를 부인할 필요는 없을 것이다. 또 법인이 소유하는 주식의 의결권행사에 관하여 내부적인 의사가 통일되지 아니하였을 때라든가, 신탁회사가 동일회사의 주식을 다수인으로부터 신탁재산으로 받은 경우 등에는 불통일행사를 인정하여야 할 실제적인 필요성이 있다고 하겠다. 이러한 취지에서 1984년 개정상법은 명문으로 이를 인정하고 그 절차에 관한 규정을 두게 되었다.

나. 要 件

총회 3일전 회사에 대해 서면으로 그 취지와 이유를 통지하여야 한다.

주주가 의결권을 불통일적으로 행사하기 위해서는 총회 3일 전에 회사에 대하여 서면으로 불통일행사의 취지 및 그 이유를 통지하여야 한다(368의2①, 標準定款25①). 통지의 이유를 기재하도록 한 것은 회사가 불통일행사를 거부를 할 것인가를 판단하기 위한 것이므로 판단의 기초로 될 수 있는 정도의 기재가 있으면 된다. 통지는 총회마다 하여야 한다는 규정이 없기 때문에 포괄적인 통지도 가능하나(정희452, 정동(회)338~339, 이기(회)379, 채476, 손717; 反 이철(회)421). 주주가 이 통지를 하지 않고 의결권을 불통일로 행사한 경우에는 결의방법이 법령에 위반한 것으로서 결의취소의 원인이 된다(정동(회)339, 이철(회)427, 정찬(상)779). 왜냐하면 의결권의 불통일행사에 대하여는 회사가 이를 거부할 수 있으므로 그 판단을 위해서는 반드시 통지가 필요하기 때문이다.

다. 不統一行使의 拒否

(1) 재량권 부여

회사는 주주가 信託을 인수하였거나 기타 타인을 위하여 주식을 가지고 있는 경우 이외에는 의결권의 불통일행사를 거부할 수 있다(368의2②, 標準定款 25②). 의결권불통일행사가 필요없는 경우까지 무제한 이를 인정하면 총회운영에 무의미한 혼란이 생기기 때문에 이를 회피하려는 데 재량권 부여의 취지가 있다. 회사에 대하여 거부의무를 부과하지 않고 거부의 재량권만을 부여한 것은 거부이유의 유무 판정에 대하여 회사에 부담을 지우지 않기 위함이다.

총회 운영의 무의미한 혼란을 피하기 위하여 회사에 일정재량권을 부여하였다.

(2) 재량권의 한계

회사가 拒否權을 행사할 수 없는 '他人을 위하여 株式을 가지는 경우'라 함은 타인의 이익을 위하여 또는 타인의 계산에서 주식을 가진 경우이다. 株券代替決濟制度 하에서 명의상 주주와 실질상 주주가 다른 경우가 대표적이지만 그 이외에도 失權株, 株主名簿 폐쇄기간 중에 주식의 일부가 양도된 때에도 불통일행사를 허용하여야 할 것이다. 다만 株式共有의 경우에는 불통일행사가 반드시 허용된다고 볼 수 없다.

회사가 타인의 이익을 위하거나 타인의 계산으로 주식을 가진 경우는 재량권이 없다.

(3) 거부의 효과

회사가 적법하게 거부를 한 경우에는 주주는 의결권을 불통일행사할 수 없고 이에 위반하여 한 의결권의 행사는 무효이다. 그러나 이 경우에도 그 주주는 출석주주로 취급되고, 그 의결권은 정족수와 출석주주의결권 중에 산입된다. 또 회사의 거부가 위법일 때에는 주주가 불통일행사를 할 수 있음은 물론이다.

4. 議決權의 代理行使

[사례 V-2-7: 의결권의 대리행사]

(i) Y회사의 주주 X가 타인에게 의결권행사를 위임하면서 다음과 같이 약정한 경우 그 효력은 어떠한가? ① 주주총회 의안으로 상정된 '계산서류 승인의 건'과 '이사 선임의 건' 전부에 대하여 의결권을 위임함. ② 향후 3년간 모든 주주총회의 의결권행사를 위임함. ③ 의결권행사의 위임은 철회할 수 없음.

(ii) Y회사의 정관에서 의결권대리행사와 관련하여 다음과 같은 규정을 둘 경우 그 효력은 어떠한가? ① 주주는 타인으로 하여금 의결권을 행사하게 하지

못한다. ② 의결권을 대리행사하는 경우에는 주주를 대리인으로 지정하여야 한다.

(iii) 상장법인인 Y회사는 주주총회소집 통지를 하면서 주주들에게 백지위임장을 송부하여 의결권대리행사를 권유하였다. 다음 각 경우 주주총회결의의 효력은 어떠한가? ① Y회사가 주주 X_1,X_2 등에게 의결권행사에 참고가 될 서류를 송부하지 않았다. ② Y회사가 주주 X_1,X_2 등의 명시된 의사에 반하여 의결권을 행사하였다.

가. 意　義

의결권을 주주 스스로 행사치 않고, 대리인을 통해 행사하는 것이다.

議決權의 代理行使라 함은 株主가 가진 議決權을 스스로 행사하지 않고, 대리인을 통하여 행사하는 것을 말한다. 주주의 의결권은 共益權이기는 하지만 一身專屬的이 아닌 권리이므로 반드시 주주 본인에 의하여 행사될 필요는 없기 때문에 상법은 대리인에 의한 의결권행사를 인정하고 있다(368③, 標準定款 26①). 이로써 총회출석이 어려운 주주들의 의결권행사를 실질적으로 보장할 수 있게 된다. 그러나 오늘날 의결권대리행사는 주주측의 필요에서 적극적으로 이용되기보다는 회사측의 委任狀勸誘에 의해 수동적으로 이용되는 경우가 많다(정찬형, "주주총회 활성화를 위한 제도 개선 방안", 「상사법연구」(2005), 76).

즉, 白地委任狀에 의한 의결권대리행사의 관행에서 보는 바와 같이 의결권대리행사는 주주총회의 운용에 필요한 정족수 확보라든가 경영진들의 회사지배 수단으로써 더 중요한 기능을 하고 있다. 이와 같이 회사의 지배권쟁탈이 주로 위임장 쟁탈을 중심으로 하고 있기 때문에 上場法人의 경우에는 백지위임장에 의한 의결권대리행사의 권유에 일정한 제한을 가하고 있다(정경영, "전자투표제도 도입을 위한 법제정비 방안에 관한 연구", 「상사법연구」(2005), 107).

나. 代理權 수여

(1) 수권의 방법

대리인은 대리권 증명서면(위임장)을 회사에 제출해야 한다.

의결권을 대리행사할 경우 대리인은 그 대리권을 증명하는 서면, 즉 위임장을 회사에 제출하여야 한다(368③, 標準定款 26②). 위임장에는 위임의 취지를 표시하고 대리행사를 할 자의 성명을 기재한 후 주주가 서명 또는 기명날인하여야 한다(대판 1995.2.28, 94다34579; 2004.4.27, 2003다29616-위임장은 원본이어야 하고 사본은 이에 해당하지 않는다). 그러나 보통 회사가 주주에게 의결권대리행사를 권유할 때에는 대리인란을 공백(백지)으로 한 백지위임장을 제출받아 회사가 대리인을 보충하여 의결권을 행사시킨다. 이 경우 주주는 회사에 대하여 대리인선임을 위임한 것으로 볼 수 있다(정찬(상) 778).

(2) 포괄적 위임

수권시에는 총회의 의안으로 되어 있는 사안 별로 주주의 의사를 지정하여 대리행사 시키는 것이 보통이다. 다만 [사례Ⅴ-2-7-ⅰ]의 ①과 같이 총회에서 다룰 모든 의안에 대한 의결권행사를 포괄적으로 위임할 수 있다고 본다. 대판 1969.7.8, 69다688도 "주주권의 행사를 위임함에는 구체적이고 개별적인 사항에 국한한다고 해석하여야 할 근거는 없고 주주권행사를 포괄적으로 위임할 수 있다고 하여야 할 것이며 포괄적 위임을 받은 자는 그 위임자나 회사재산에 불리한 영향을 미칠 사항이라고 하여 그 위임된 주주권행사를 할 수 없는 것이 아니다"라고 판시하고 있다. 그러나 [사례Ⅴ-2-7-ⅰ]의 ②와 같이 일정기간 동안 의결권행사를 포괄적으로 위임할 수 있는가 하는 점에 대하여는 견해가 나뉜다. 총회별로 대리권을 수여하여야 한다는 견해(정희451, 이철(회) 431, 이기(회)376)가 있지만 통설은 이를 긍정한다(서·정405, 정동(회)332, 정찬(상)778, 최기773, 채473). 위 사례와 같이 기간을 특정하여 의결권을 위임하는 것은 허용된다고 본다. 다만 [사례Ⅴ-2-7-ⅰ]의 ③과 같이 기간을 제한하지 않고, 또 撤回權을 인정하지 않은 포괄적 위임은 무효라고 보며 주주 X는 언제든지 위임을 철회할 수 있다고 할 것이다.

총회에서 다른 모든 의안에 대한 의결권행사를 포괄적으로 위임할 수 있으나, 일정기간 동안의 위임여부에 대해서는 견해가 나뉜다.

다. 代理行使의 制限

(1) 대리행사의 금지

議決權代理行使는 주주에게는 의결권행사를 용이하게 함으로써 그 기회를 실질적으로 보장한다는 점에 의의를 가지고 있다(정완용, "바람직한 전자투표 인프라 구축 방안", 「상사법연구」(2005), 204). 이와 관련하여 [사례Ⅴ-2-7-ⅱ]의 ①과 같이 회사(Y)가 정관으로 대리행사를 금지한 경우 그 효력을 어떻게 볼 것인가 하는 문제가 있다. 오늘날 주식의 광범위한 분산으로 모든 주주의 현실적인 총회출석이 불가능한 점을 감안하면 대리행사를 전면적으로 금지시키는 것은 주주의 의결권을 침해하는 것이라고 볼 수 있다. 따라서 상법 제368조 제3항은 강행규정이라고 보며 이에 위반되는 정관의 규정은 무효라고 하겠다.

대리행사의 전면적 금지는 주주의 의결권을 침해한 것으로서 무효이다.

(2) 대리인 자격제한

[사례Ⅴ-2-7-ⅱ]의 ②와 같이 대리인 자격의 제한, 특히 대리인 자격을 주주로 한정하는 정관의 효력이 문제된다. 실제로 많은 회사는 주주 외의 제3자에 의한 총회의 방해를 방지하기 위해 정관으로 의결권 대리행사인의

유효설과 무효설로 나뉘어져 있으며 통설은

유효설이다.

자격을 그 회사의 주주로 한정하는 취지를 정하고 있다. 통설은 대리인 자격을 제한할 합리적인 이유가 있는 경우에는 상당한 정도로 제한을 가할 수 있다고 하며 대리인 자격을 주주로 한정하는 것은 합리적인 제한에 속하는 것으로서 상법 위반이 아니라고 한다(정희451, 손주721, 이기(회)377, 이·최308, 정찬(상)777). 이에 대하여 대리인 자격을 주주로 한정하게 되면 주주의 입장에서는 대리인선임에 있어 심한 애로를 겪는 반면 대리행사를 권유하는 경영자나 대주주에게만 유리하게 되므로, 허용되어서는 안된다는 무효설이 있다(이철(회)429, 이원426, 정무430, 채473). 그러나 단 1주를 보유하더라도 주주자격이 있으며 주식시장을 통한 주식취득이 매우 용이한 현실을 감안하면 대리인 자격제한이 주주에게만 일방적으로 불리하다는 것은 설득력이 약하다고 본다.

(3) 10분의 1을 초과한 경우

판례는 상법 제345조의3이 유추적용되지 않는 것으로 본다.

회사가 다른 회사의 발행주식 총수의 10분의 1을 초과하여 의결권을 대리행사할 권한을 취득한 경우 상법 제342조의 3이 유추·적용되어 그 다른 회사에 대해 지체없이 통지해야 하는가? 이 점에 대해서 대판 2001.5.15, 2001다12973은 "주주가 개별 안건에 대하여 찬·부의 의견을 명시하여 의결권 대리행사를 위임하여 위임받은 자가 그 의사에 따라 이를 행사하는 경우에는 주식을 취득하여 의결권을 행사하는 경우에 비하여 회사에 대한 지배 가능성이 크지 않을 뿐만 아니라 주주총회를 목전에 둔 시점에서 의결권의 대리행사는 위임받은 회사의 발행주식 10분의 1 이상을 취득하여 자기 회사에 대한 의결권을 박탈하는 것이 용이하지도 않아 실효성도 없는 반면, 개별 안건에 대한 의견을 명시하여 의결권에 대한 행사를 위임한 주주의 의결권을 통지의무 위반 이유로 박탈하여야 할 합리적인 이유도 없는 점 등을 고려하면, 이 사건에서와 같이 특정 주주총회에 한정하여 각 주주들로부터 개별안건에 대한 의견을 표시하게 하여 의결권을 위임받아 의결권을 대리행사하는 경우에는 위 규정이 유추적용되지 않는다"고 판시하였다.

라. 會社에 의한 委任狀의 勸誘

(1) 이 이

대리행사 권유와 그에 따른 위임장 송부로 회사와 주주간에는 위임계약

의결권의 대리행사는 [사례 V-2-7-iii]과 같이 회사로부터 白紙委任狀에 의한 의결권 대리행사의 권유에 따른 경우가 많다. 즉 회사(Y)는 주주총회의 소집통지를 주주에게 송부할 때에 위임장 용지도 송부하고 주주가 총회에 출석하지 않을 경우에는 위임장 용지에 서명하여 백지위임장으로 회사

에 제출하도록 권유한다. 총회에 출석하지 않는 주주(X_1, X_2)는 회사의 권유에 응하여 위임장 용지에 서명만 하여 백지위임장으로 회사에 반송하는 것이 통례이다. 따라서 회사는 반송된 백지위임장으로 적당한 자를 대리인으로 지정하여 의결권을 대리행사시킨다(안정표, "의결권대리행사의 문제점에 관한 소고", 「기업법연구」(2005.3), 127). 이러한 대리행사의 권유와 그에 따른 위임장의 송부로써 회사와 주주간에는 委任契約이 성립하는데, 대리행사 권유는 단순한 청약의 유인이 아니라 청약으로 보아야 한다. 따라서 주주가 위임장을 송부하면 의결권대리행사를 위한 위임계약이 성립하게 되므로 회사는 의결권행사 의무를 부담한다(이철(회) 434).

이 성립한다.

(2) 상장회사의 경우

상장회사는 주주에게 결의사항에 대한 찬부를 명시할 수 있는 위임장과 참고자료를 송부해야 한다.

백지위임장의 권유는 의결권의 사장을 막고 주주총회의 성립을 쉽게 한다는 장점이 있는 반면, 군소 주주들의 회사에 대한 무관심을 증대시켜 경영진들의 회사지배 수단으로 남용될 위험성이 크다고 하겠다. 우리 나라의 대기업은 지배주주의 지분율이 높아 그 동안 위임장 권유의 문제점은 그리 크게 부각되지는 않았으나 IMF사태 이후 외국자본의 대량유입과 그에 따른 기업인수합병(M&A)이 증대하면서 회사경영권 확보와 관련하여 새로운 의미를 얻고 있다. 이에 따라 위임장권유의 남용을 제한하고 회사가 위임장을 이용하여 주주의 의결권행사를 왜곡시키는 것을 방지하기 위하여 證券去來法 제199조와 동 법의 위임에 따라 제정된 금융감독위원회의 '議決權代理行使의勸誘에관한規則'에서는 일정한 규제를 가하고 있다. 즉 상장회사가 발행주식에 대해 위임장 권유를 행하는 경우에는 권유자는 피권유자인 주주에게 주주총회의 결의사항에 대해 찬부를 명시할 수 있는 委任狀을 송부하여 권유하여야 한다. 그리고 권유자는 피권유자에게 금융감독위원회가 정하는 參考書類를 송부하여 주주의 판단을 위한 정보를 개시하여야 한다. 다만 [사례 V-2-7-iii]의 ①과 같이 이러한 규제에 위반하여 의결권행사에 필요한 참고서류를 송부하지 않은 경우에는 증권거래법 소정의 벌칙이 적용되지만 주주총회결의 효력에는 아무런 영향을 미치지 않는다. 그러나 [사례 V-2-7-iii]의 ②와 같이 주주(X_1, X_2)의 명시된 의사에 반하여 회사(Y)가 의결권을 행사한 경우에는 대리권남용이론에 준하여 의결권 행사가 무효로 되고 결의취소의 원인이 된다고 할 것이다.

5. 議決權行使에 관한 契約

가. 議決權 信託

(1) 의 의

주주가 타인에게 의결권을 행사시킬 목적으로 일정기간 주식을 신탁적으로 양도하는 것이다.

議決權 信託(voting trust)이라 함은 주주가 타인에게 議決權을 행사시킬 목적으로 일정기간 주식을 신탁적으로 양도하는 것을 말한다. 다수 주주의 의결권을 1인 또는 수인이 수탁받아 이를 통일적으로 행사하기 위하여 사용되는 제도이다. 의결권 신탁이 있으면 회사에 대한 관계에서는 受託者가 주주로 취급되어 자기 이름으로 주주총회에서 의결권을 행사할 수 있게 된다. 이에 대하여 信託者인 주주는 회사에 대한 관계에서는 제3자에 불과하지만 신탁계약상의 신탁 수령자로서 수탁자가 발행한 議決權信託證書에 의해 수탁자가 회사로부터 수령한 이익배당 등을 수탁자로부터 받게 된다.

의결권 신탁제도는 미국에서 발달한 제도로서 會社支配의 수단으로 이용되고 있다. 특히 19세기 후반 미국에서는 각 산업에서 시장의 독점적 지배를 위하여 소위 트러스트로 불리우는 企業結合이 형성되었는데 이러한 트러스트 형성의 주된 수단으로 의결권 신탁제도가 이용되었다. 이에 따라 미국의 초기판례는 의결권 신탁을 무효로 한 경우가 많았지만 이후 독점화의 수단으로 남용된 경우를 제외하고는 유효한 것으로 보고 있으며, 현재는 판례뿐 아니라 각주의 制定法에 있어서도 일정한 조건하에서 유효한 것으로 되어 있다.

(2) 효 력

긍정설과 부정설로 나뉜다.

국내에는 議決權 信託의 예가 거의 없었으나 최근에는 그 사례가 점차 증가하고 있다. 현행 상법상 의결권 신탁에 관한 규정이 존재하지 않기 때문에 이를 유효로 볼 것인가에 대하여는 긍정설(정동(회) 341), 부정설(정찬(상) 732)로 나누어진다. 議決權 信託이 주식으로부터 분리된 의결권만의 신탁을 목적으로 한 것이면 무효로 되지만 의결권의 행사를 목적으로 한 주식 자체의 신탁인 경우에는 유효하다고 보아야 할 것이다. 다만 탈법행위를 목적으로 하는 것이나 公序良俗 혹은 株式會社法의 정신에 반하는 경우에는 무효라고 하였다.

나. 議決權의 資格讓渡

(1) 의 의

타인으로 하여금 의결권을 행사시키는 방법의 하나로 앞에서 본 의결권 신탁 이외에 議決權의 代理讓渡 또는 資格讓渡가 행해지고 있다. 이는 주주가 주식 자체를 양도하는 것이 아니라 타인에게 주주권 또는 의결권을 행사할 권한을 부여하는 것, 즉 주주에 의한 의결권행사의 授權을 말한다. 의결권의 자격양도에 의해 양수인은 자신의 이름으로 타인이 소유하는 주식의 의결권행사가 가능하게 된다. 그러나 타인에게 의결권을 위임한 것만으로는 주주권이 상실되거나 그 행사가 제한되지는 않는다(2003.12.24, 2002다54691).

타인에게 주주권 또는 의결권을 행사할 권한을 부여하는 것이다.

(2) 독일 주식법상의 자격양도

독일에서는 은행이 고객으로부터 임치받은 無記名株式의 議決權을 행사함으로써 주식의 발행회사에 대한 지배적 지위를 확보하고 있는데 이를 위한 수단으로 자격양도가 이용된다. 즉 은행이 고객으로부터 주식을 임치받을 때 은행거래약관에 의해 그 주식에 대해 자격양도를 함께 받아 의결권을 행사하는 것이 통례이다. 그러나 독일에서도 자격양도에 의한 의결권행사의 남용이 문제되어 1937년의 舊株式法에서는 은행거래약관과 같은 普通去來約款에 의하여 의결권의 일반적 수권 또는 15개월을 넘는 수권을 금지하였다. 나아가 1965년 新株式法에서는 은행 기타 금융기관이 자격양도의 방법에 의해 고객으로부터 임치받은 주식의 의결권을 자신의 이름으로 행사하는 것을 금지하고 주주로부터 위임에 의한 대리행사만 허용하였다. 따라서 현재의 독일에서는 은행에 대한 任置株式의 자격양도는 금지되지만, 이는 주주가 금융기관 이외의 자에 대한 자격양도까지 금지하는 것은 아니다.

은행에 대한 임치주식의 자격양도는 금지되지만, 금융기관 외의 자에 대한 양도까지 제한하지는 않는다.

(3) 상법상의 자격양도

상법상 議決權의 資格讓渡가 가능한가에 대하여는 견해가 나누어진다. 자격양도에 의해 형식상 주주자격과 의결권행사의 자격이 분리되기 때문에 주식이 표창하는 권리의무의 일체성으로부터 볼 때 허용되지 않는다는 부정설(정찬(상) 783)과 백지위임장에 의한 의결권 대리행사나 의결권 신탁이 인정되는 이상, 의결권에 대한 자격양도만을 부정할 이유가 없다는 긍정설이 있다(서·정405, 정동(회)344~345). 그러나 독일과는 달리 우리 나라에서는 무기명주식이 거의 이용되지 않기 때문에 실제로 자격양도가 문제되는 경우는 없으므로 실익이 없는 논의가 아닌가 생각된다.

부정설과 긍정설로 나뉜다.

다. 議決權拘束契約

(1) 의의와 형태

주주가 타주주나 제3자를 상대로 일반적 또는 특정사안에 한정하여 의결권 행사를 약속하는 계약이다.

議決權拘束契約(voting agreement)은 주주가 다른 주주 또는 주주 이외의 제3자를 상대로 하여, 일반적으로 또는 특정한 사안에 한정하여, 일정한 방향으로 의결권을 행사할 것을 약속하는 계약을 말한다. 이러한 의결권구속계약은 주주에 의한 會社支配 혹은 企業結合의 수단으로 이용되고 있으며 특히 독일에서는 콘체른 형성의 수단으로 널리 이용되어 왔다. 의결권구속계약의 형태로는 단순한 주주간의 계약, 주주간의 단체형성, 주주와 제3자간의 계약이 있다. 이중 단순한 주주간의 계약은 특정한 결의사항에 대한 의결권 행사에 관하여서만 이루어지는 경우가 많지만, 주주단체는 1회의 의결권행사에 한정되지 않고 일정기간에 걸쳐 특정한 목적을 위하여 의결권을 통일적으로 행사하기 위한 것이다.

국내에서도 의결권구속계약은 여러 형태로 존재하고 있는데, 종래에는 일부 주주가 회사 경영자측에 대항하기 위해, 혹은 종업원주주가 가진 의결권을 종업원 단체에서 통일적으로 행사하기 위해 이용되는 사례가 있었다. 근래에 이르러서는 국내기업이 외국기업과 자본제휴를 하는 경우에 외국기업에 의한 경영주도를 방지하기 위하여 외국기업에 유리한 의결권행사를 하지 않을 것을 내용으로 하는 의결권계약이 성행하고 있다.

(2) 효 력

대체적으로 유효설이 유력한 견해이다.

1) 학 설 의결권구속계약의 효력에 대하여, 독일에서는 계약의 내용이나 목적이 공서양속 또는 신의성실에 반하지 않는 한 일반적으로 유효한 것으로 보고 있으며, 미국에서도 계약의 목적이나 내용 등이 위법 내지 부당한 것이 아니면 유효하다고 한다. 우리 나라에서도 대체로 이러한 견해를 따라가고 있다.

일정경우는 무효로 본다.

2) 무효인 경우 이와 같이 의결권구속계약의 효력은 일반적으로 인정되지만 다음과 같은 경우에는 위법 내지 부당한 것으로서 무효라고 하겠다. 첫째 의결권계약이 총회시마다 대리권을 수여하도록 한 규정(368③) 또는 自己株式 및 相互株式에 대하여 의결권을 정지하고 있는 규정(369②③)에 위반하는 내용으로 체결된 경우이다. 둘째, 의결권구속계약이 회사와 주주간에 체결되고, 주주가 회사 혹은 이사의 지시에 따라 의결권을 행사할 의무를 부담하는 내용으로 된 경우이다. 독일 주식법 제136조 제3항은 이러한 의결

권구속계약을 금지하는 명문의 규정을 두고 있다.

3) **위반의 효력** 유효한 의결권구속계약에 위반하여 의결권행사가 이루어져도 당사자 간의 채무불이행의 문제가 생기는 것에 불과할 뿐 의결권 행사 자체는 유효하다(정찬(상) 782).

위반시에도 의결권행사 자체는 유효하다.

제 4 株主總會決議의 瑕疵

1. 決議訴訟制度

가. 趣 旨

株主總會는 주식회사의 출자자인 주주에 의해서 구성되는 最高意思決定機關이고 그 결의는 주주가 의결권을 행사함으로써 이루어진다. 그러므로 의결권행사에 瑕疵가 있는 경우에는 이를 기초로 하는 결의의 효력에 일정한 영향을 미치게 된다. 그러나 주식회사에는 다수의 이해관계자들이 개재하고 결의를 기초로 많은 법률관계가 형성되므로 다른 회사법상의 訴와 마찬가지로, 하자의 주장을 일정한 방법으로 제한하고 그 효과도 획일적으로 하기 위해 상법에는 株主總會決議取消의 訴(376), 無效確認의 所(380), 決議不存在確認의 訴(380), 不當決議取消・變更의 訴(381)가 마련되어 있다(김교창, "주주총회의결에 관한 소",「서돈각교수화갑기념논문집」(1980.11), 98). 이와 같이 주주총회결의의 효력을 다투는 소송을 통칭하여 '決議訴訟'으로 부르기로 한다.

하자의 주장을 일정방법으로 제한하고, 그 효과도 획일적으로 하기 위해 결의소송제도를 두었다.

나. 決議訴訟의 構造

상법이 주주총회의 하자를 다투는 방법으로 이상과 같은 여러 유형의 소송을 규정하고 있는데 이는 각각 소송물을 달리하는 별개의 소송인가, 아니면 하자 있는 결의에 의해 발생한 효력을 장래에 향하여 해소시키려는 점에서 소송목적을 같이하는 하나의 訴訟物에 지나지 않는가 하는 점이 다투어진다.

■ 결의소송의 원인

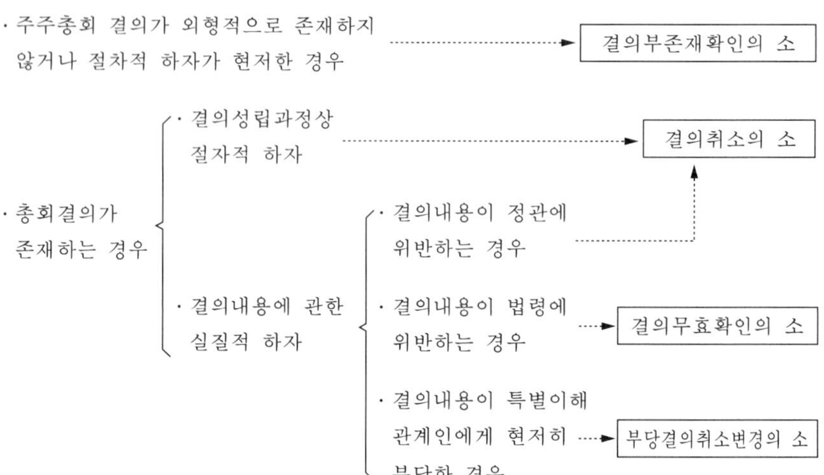

■ 결의소송의 비교

		결의취소의 소	결의무효 · 부존재확인의 소
소의 원인			
목 적		결의의 법적 안정성	결의의 공정성 확보
소의 성질		형성소송	확인소송(통설 · 판례), 형성소송(소수설)
방법	주장방법	소에 의함	제한 없음(통설 · 판례), 소에 의함(소수설)
	제소권자	주주, 이사, 감사	제한 없음
	제소기간	결의일로부터 2월 이내	제한 없음
효력	소급효	인정	인정
	대세적효력	인정	인정
재량기각		인정	인정되지 않음

(1) 통설 · 판례

결의무효확인 소와 결의부존재확인 소는 확인의 소이므로 결의취소의 소와는 소송물을 달리 하는 것으로 본다.

결의무효확인의 소 및 결의부존재확인의 소를 確認의 訴라고 보기 때문에 결의취소의 소와는 소송물을 달리하는 것으로 본다(대판 1992.8.18, 91다39924; 1992.9.22, 91다5365). 따라서 당사자가 이를 변경하기 위해서는 訴의 變更節次를 거쳐야 하며 만일 주장하는 바가 하나일지라도 그에 대한 평가가 다를 수 있는 경우에는 각기 取消, 無效確認, 不存在確認의 訴를 豫備的, 選擇的으로 병합하여 제기해야 한다고 본다. 또한 당사자가 무효확인을 구하는 경우에도 법원의 판단에 취소사유에 해당한다고 하여 취소판결을 내릴 수 없고 청구를 기각해야 한다고 본다. 다만 대판(전) 1983.3.22, 82다카1810은 有限會社의 社員總會 決議의 瑕疵에 관하여 무효확인의 소와 부존재확인의 소간에는 訴訟物의 공통성이 인정된다고 판시한 바 있다.

(2) 일원론(신소송물론)

결의무효, 부존재확인의 소를 形成의 訴로 보는 것을 전제로 하여 특정한 회사의 특정한 총회의, 특정한 내용의 결의에 관하여는 이를 다투는 방법의 여하에 관계없이 1개의 소송의 대상이 된다고 한다. 따라서 취소사유이건 무효사유이건 부존재 사유이건 이는 모두 청구를 이유 있게 하는 사실에 지나지 않고 이를 변경하거나 추가하여도 訴의 變更이 아니라고 본다. 또 법원도 당사자가 청구취지로 들고 있는 것에 구애되지 않고 취소 또는 무효·부존재확인 판결을 할 수 있다고 한다.

취소, 무효, 부존재사유 여부를 가리지 않고 1개의 소송대상이 된다고 한다.

2. 決議取消의 訴

주주총회소집절차 또는 결의방법이 法令 또는 定款에 위반하거나 현저히 不公正한 때 및 결의 내용이 정관에 위반한 때에는 주주, 이사, 또는 감사는 決議取消의 訴를 제기할 수 있다(376 ①). 이는 결의 성립과정에 하자가 있는 경우 또는 결의내용이 정관에 위반한 경우에는 소로써 그 취소를 구하지 않는 한 결의의 효력을 부인할 수 없고 또 취소의 판결이 있을 때까지는 결의는 유효하며, 취소판결에 의해 비로소 무효로 된다는 의미이다. 이와 같이 결의 성립절차상의 하자와 결의내용의 정관위반 주장을 일정하게 제한한 것은, 하자의 내용이 비교적 경미한 경우에 판정상의 곤란을 고려하고 하자의 주장을 무제한 인정할 경우 초래될 법률관계의 혼란을 방지하고자 함에 있다(안성포, "독일 회사법의 개혁과 최근 동향", 「기업법연구」(2005.9), 88).

결의취소의 소는 형성의 소로써 취소사유가 있더라도 취소판결이 확정되기 전에는 총회의 결의는 유효하다.

가. 取消原因

[사례 V-2-8: 총회결의취소의 원인]

(i) Y회사의 주주 X가 주주총회 종결 후 2월이 경과한 다음, 주주총회에 다음과 같은 소집절차상의 문제가 있음을 발견한 경우 이를 다툴 수 있는가? ① 전무이사가 정관의 규정에 따라 대표이사의 직무를 대행하던 중 이사회의 결의없이 주주총회를 소집한 경우 ② 이사가 이사회의 결의에 따라 주주총회를 소집한 경우 ③ Y회사 발행주식의 43%를 취득한 X가 명의개서를 청

구하였으나 Y회사는 X의 주주지위를 인정할 수 없다며 이를 거절하고 X에게 주주총회 소집통지를 하지 않은 경우 ④ 2인의 공동대표이사 중 1인이 단독으로 주주총회를 소집하고 다른 공동대표이사와 41% 주식을 보유한 주주에게 소집통지를 하지 아니한 경우.

(ii) Y회사의 주주 X가 주주총회 종결 후 2월이 경과한 다음, 주주총회에 다음과 같은 결의방법상의 문제가 있음을 발견한 경우 이를 다툴 수 있는가? ① 이사선임을 목적으로 하는 주주총회에서 Y회사 발행주식 40,000주 중 27%인 10,544주만이 참석하여 결의가 이루어진 경우 ② 반대주주의 위임장이 접수되지 않고 결의가 이루어진 경우(대판 1996.12.23, 96다32768 · 32775 · 32782 참조).

결의 성립과정에서 생긴 하자 및 결의 내용의 정관 위반을 대상으로 한다.

決議取消의 訴는 결의의 성립과정에서 생긴 하자 및 결의내용의 정관위반을 대상으로 하는 것이지만 이는 외견상 주주총회의 결의가 존재하는 것을 전제로 하는 것이다. 따라서 하자가 현저하여 결의가 법률상 존재하지 않는 것으로 인정되는 경우에는 決議不存在의 原因이 된다. 그러나 양자는 절차상의 하자를 대상으로 하는 점에서는 동일하므로 구체적으로는 구별이 용이하지 아니하다.

(1) 소집절차에 관한 하자

1. 이사회의 결의에 의한 소집 2. 대표이사의 소집 ⇒둘 중 하나를 결한 경우 취소사유가 되고 모두 결한 경우는 부존재사유가 된다.

1) 소집결정 주주총회는 이사회결의에 의해 대표이사가 소집하여야 한다. 따라서 [사례Ⅴ-2-8-i]의 ①과 같이 대표이사가 이사회의 결의에 기하지 않고 소집한 때(대판 1980.10.27, 79다1264), 또는 [사례Ⅴ-2-8-i]의 ②와 같이 소집에 관한 이사회결의가 있었으나 평이사가 소집한 때(대판 1962.1.11, 4294민상490; 1993.9.10, 93도698)에는 결의취소의 원인이 된다. 그러나 이사회결의도 없고 대표이사가 아닌 자가 소집한 경우에는 결의부존재에 해당하여 총회일로부터 2월경과 후에도 X는 그 하자를 다툴 수 있게 된다. 한편 소집권자가 소수주주나 감사(감사위원회)인 경우에도(366①②, 412의3, 415의2⑥) 마찬가지이다(대판 1975.7.8, 74다1969).

일부주주에 대한 소집통지의 흠결은 결의 취소의 원인이 된다.

2) 소집통지 일부 주주에 대한 召集通知의 欠缺은 주주평등의 원칙에 위배되므로 당연히 결의취소의 원인이 되며(대판 1981.7.28, 80다2745 · 2746) 그 정도가 현저한 때, 가령 주주의 전부 또는 대부분의 주주에게 소집통지를 발송하지 않은 경우에는 결의부존재가 된다(대판 1978.11.14, 78다1269). 일부 주주에 대한 소집통지의 흠결은 주주의 지위를 다투는 사안에서 흔히 발생하는데 판례는 [사례Ⅴ-2-8-i]의 ③과 유사한 사안을 결의부존재로 보지 않고 취소사유에 해당한다

고 판시하였다(대판 1996.12.23, 96다32768 · 32775 · 32782). 또 [사례 V-2-8-i]의 ④도 결의부존재에 해당하지 않고 취소사유가 된다는 것이 판례의 입장이다(대판 1993.1.26, 92다11008). 이외에도 소집통지가 주주의 주소 이외에 발송된 때, 소집통지의 발송이 법정기간을 위반한 때(대판 1981.7.28, 80다2745), 소집통지에 있어서 회의의 목적인 사항과 의안의 요령에 관한 기재가 불명확하거나 부정한 경우 또는 의사일정 또는 의안의 요령을 흠결한 경우(대판 1969.2.4, 68다2284; 1979.3.27, 79다19), 총회일시와 장소가 부정당한 경우, 주주총회 개회시각을 사실상 부정확하게 한 경우(2003.7.11, 2001다45584) 소집통지가 구두로 된 경우(대판 1967.2.28, 63다981)도 결의취소의 원인이 된다.

(2) 결의방법에 관한 하자

1) 의결권 제한 위반결의 주주 또는 그 정당한 대리인이 아닌 자가 결의에 참가한 경우(대판 1962.1.31, 4294민상452; 1983.8.23, 83도748), 特別利害關係人이 의결권을 행사한 경우(368 ④)(대판 1965.11.16, 65다1683), 議決權의 不統一行使를 위법으로 인정한 경우(368 의2), 無議決權株主(370), 회사의 自己株式(369 ②), 자회사의 모회사주식(369 ③), 감사선임시 발행주식총수의 100분의 3을 초과하는 주식과 같이 의결권이 제한되는 주주가 의결권을 행사한 경우가 이에 해당한다.

2) 정족수 미달결의 정족수에 미달한 결의는 그 흠결의 정도가 현저한 경우에는 決議不存在가 되지만 그렇지 않은 경우에는 取消事由가 된다. 1995년 개정상법은 의사정족수를 폐지하고 의결정족수만을 두고 있기 때문에 의결에 필요한 최소정족수를 충족하지 않고 이루어진 결의는 취소사유가 아니라 부존재 사유이다. [사례 V-2-8-ii]의 ①에서 보면 보통결의의 성립에 필요한 최소비율인 25%를 넘는 27%의 주주가 출석하였으므로 부존재는 아니고 취소사유에 해당한다(대판 1996.12.23, 96다32768 · 32775 · 32782).

정족수에 미달한 결의의 흠결 정도가 현저하지 않을 경우 취소사유가 된다.

3) 종류주주총회결의 흠결 種類株主總會 결의를 흠결한 것이 無效원인인가 取消원인인가가 문제되는데, 종류주주총회는 독립적인 기관이 아니고 주주총회결의를 이루는 하나의 절차라고 보아야 하므로, 그 결의를 거치지 않은 것은 절차상의 하자로서 取消原因에 해당한다고 본다(이철(회) 512).

주주총회결의를 이루는 하나의 절차이므로 이의 흠결은 취소사유에 해당한다.

4) 의장의 무자격 정관에서 정하거나 주주총회결의에 의해 선임된 의장(366 의2)이 아닌 자가 의장으로서 회의를 진행한 경우 결의취소사유가 된다. 즉 판례는 정당한 의장을 제치고 주주 중 1인이 스스로 의장이 되어 주주총회를 진행한 경우 취소사유에 해당한다고 보았으나(대판 1977.9.28, 76다2386), 의장이 부당하게 사회를 거부하여 주주끼리 임시로 의장를 선출하여 총회를 진행한 경우에는 적법하다고 하였다(대판 1983.8.23, 83도748).

결의취소 사유가 된다.

(3) 결의성립의 현저한 불공정

회사가 고용한 총회꾼이 폭행·강박을 사용하여 의결권행사를 방해한 경우, 의장이 부당하게 주주의 발언을 제한하거나 질문응답시간을 주지 않거나 설명을 생략하여 급히 결의한 경우, 주주의 출석이 곤란한 시간이나 장소를 선정하여 총회를 소집한 경우 등이 여기에 해당한다. [사례Ⅴ-2-8-ii]의 ②와 같이 대리인출석을 방해하여 총회 회의장에 늦게 입장하였는데 그 사이에 결의를 한 경우(대판 1987.9.8, 86다카2971) 및 결의에 반대가 예상되는 주주의 출석을 지연시키고 이를 틈타 안건을 가결시킨 경우(대판 1996.12.10, 96다39998)도 현저히 不公正한 결의라고 하겠다.

(4) 결의내용의 정관위반

내용상의 위법 중에서 정관에 위반한 정도의 경미한 하자는 취소사유라고 규정하고 있다.

종래에는 결의취소의 소를 절차상의 하자만을 대상으로 하였으나 1995년 상법개정에 의해 결의내용의 정관위반도 취소의 대상으로 하였다. 이에 해당하는 사유로는 정시 전에 총회가 개최된 경우, 정관이 정하는 이사의 정원을 넘는 이사선임결의, 정관에서 정한 금액 이상으로 이사의 보수를 정하는 결의 등이 있다. 정관상 의장이 아닌 자가 정당한 사유 없이 의장으로 총회의사에 관여한 경우(대판 1977.9.28, 76다2386)에는 취소사유가 되지만, 의장이 부당하게 사회를 거절하여 주주들이 임시로 의장을 선출하여 회의를 진행한 때에는 결의는 적법하다고 한다(대판 1983.8.23, 83도748).

나. 當事者 및 訴의 利益

[사례 Ⅴ-2-9: 총회결의취소의 당사자·소의 이익]

(i) Y회사의 주주인 X로부터 그 보유주식 중 일부를 양수 받은 A는 Y회사에 명의개서를 청구하였으나 Y회사는 이를 부당하게 방치하였다. ① 그후 소집된 주주총회에서 Y회사가 A에게 소집통지를 하지 않은 경우, X는 총회 소집절차상의 법령위반을 이유로 결의취소의 소를 제기할 수 있는가? ② 만일 X가 무의결권주식을 보유하는 경우에는 어떠한가? ③ 만일 소송계속 중에 X가 주식을 타인에게 양도한 경우에는 소를 각하하여야 하는가?

(ii) Y회사의 주주인 X는 A를 이사로 선임한 주주총회의 소집절차 및 결의방법의 하자를 이유로 하여 주주총회결의 취소의 소를 제기하였다. 그런데 이 소송의 계속 중에 A가 사퇴하여 후임이사가 선임된 경우 소송의 결과는 어떻게 될 것인가? (대판 1995.2.24, 94다50427 참조)

(iii) Y회사는 A를 대표이사로 선임하기 위한 임시주주총회를 소집하면서 주주인 X에게 소집통지를 하지 않았다. X가 소집절차의 법령위반을 이유를 주주총

회결의취소의 소를 제기한 경우, 이 결의에서 선임된 A는 Y회사를 대표하여 소송을 수행할 수 있는가? (대판 1983.3.22, 82다카1810 참조)

(1) 원 고

訴를 제기할 수 있는 자는 株主, 理事, 監事, 또는 淸算人에 한정된다(376①, 542②). 이는 形成의 訴에 대하여 밀접한 이해관계를 가진 일정범위의 자에게 원고적격을 한정적으로 부여하는 취지로써, 이들은 반증이 없는 한 訴의 利益을 가지는 것으로 추정된다.

제소권자가 주주, 이사, 감사, 청산인으로 제한된다(무효 및 부존재확인의 소는 제소권자에 제한을 두지 않는다).

1) 주 주 주주는 주주총회결의에 대해 이해관계를 가지므로 보유주식수에 관계없이 提訴權을 가진다. 즉 주주는 결의 당시 주주인가, 총회결의에 찬성하였는가, 결의에 의해 손해를 입었는가에 관계없이 제소권이 인정된다(대판 1998.5.12, 98다4569). 따라서 [사례 V-2-9-i]의 ①에서 주주 X는 타인(A)에 대한 소집절차상의 하자를 이유로 취소의 소를 제기할 수 있다고 본다(대판 1981.7.28, 80다카2745·2746). 다만 제소권은 주주명부상의 주주에게만 인정되므로 名義改書를 하지 아니한 주식인수인(A)은 제소권이 없다(대판 1991.5.28, 90다6774). [사례 V-2-9-i]의 ②와 같이 의결권 없는 주주(X)에게도 제소권을 인정할 것인가 하는 점이 문제된다. **통설**은 결의취소의 소는 의결권을 전제로 하는 것이므로 이를 부정하지만(손주792, 이원434, 이병614, 정무401), 앞에서 본 바와 같이 取消의 訴權은 총회결의 참석여부를 불구하고 인정되는 것으로서 의결권과는 별개의 권리이므로 긍정하여야 할 것이다(최기(회)515, 정동(회)367, 이철(회)484). [사례 V-2-9-i]의 ③과 같이 제소주주(X)가 소송계속 중 주식을 양도하거나 사망 기타의 사유로 제소자격을 상실한 경우에는 제소권의 소멸을 이유로 訴를 却下하여야 하는가? **통설**은 이를 긍정하고 있으나(손주792, 정동(회)367, 최기(회)515, 서정518, 이병615, 이원434, 채503) 決議取消의 訴를 회사 전체의 이익을 위해 제기되는 共益的 성질의 訴이므로 제소권자의 사정에 결부시켜 소송을 종결시키는 것은 부당하다고 본다(이철(회)482). 다만 株主가 사망한 경우에는 다른 주주로 하여금 訴訟承繼를 허용하여야 할 것이다.

· 명의개서하지 않은 주식인수인은 주주로서 제소권이 인정되지 않는다.
· 의결권 없는 주주에게는 제소권을 인정하지 않는다는 것이 통설이다.

2) 이사·감사 결의당시 이사와 감사는 제소권이 있다. 임기만료 후의 이사·감사는 원고적격이 없으나 후임이사·감사의 선임시까지 권리의무를 가지는 자는 제소권이 있다(대판 1992.8.14, 91다45141). 理事解任決議에 의해 해임된 이사의 제소권은 인정하여야 할 것이다.

(2) 소의 이익

현행법은 취소 판결에도 소급효를 인정하고 있다.

決議取消의 訴는 形成의 訴이므로 법이 규정하는 소정의 요건을 구비하면 訴의 利益이 인정된다. 소의 이익과 관련하여 [사례 V-2-9-ii]와 같은 경우에 결의취소의 소를 제기할 이익이 있는가 하는 점이 문제된다. 판례는 理事選任決議의 취소를 구하는 소에 있어서 그 결의에 의해 선임된 임원들이 모두 그 직에 취임하지 아니하거나 사임하고 그 후 새로운 주주총회결의에 의해 후임임원이 선출되어 그 선임등기까지 마쳐진 경우라면 그 결의의 취소를 구할 소의 이익은 없다고 한다(대판 1995.2.24, 94다50427; 1996.10.11, 96다24309). 그러나 이러한 판례의 입장은 取消判決에 遡及效를 인정하지 않았던 종래에는 타당하지만 현행법에서는 소급효를 인정하기 때문에, 가령 이사에게 지급한 보수의 반환을 청구하는 전제로서 선임결의의 효력을 다툴 경우에는 소의 이익이 있다고 할 것이다.

(3) 피 고

반드시 회사를 피고로 한다.

1) 피 고 반드시 會社를 被告로 하여야 한다. 이는 判決의 對世的 效力이 인정되므로 당해 회사를 제외한 다른 피고를 고려할 수 없기 때문이다. 따라서 회사 이외의 자를 共同被告로 하는 것은 허용되지 아니한다.

이사가 취소의 소를 제기한 경우 외에는 대표이사가 소송을 수행한다.

2) 소송의 대표자 代表理事가 회사를 대표하여 소송을 수행하여야 하지만 理事가 취소의 소를 제기한 경우에는 監事(監事委員會 委員)가 대표한다(394, 415의2⑥). 판례는 [사례 V-2-9-iii]과 같이 대표이사가, 취소소송의 대상인 주주총회결의에서 선임된 자라고 하더라도, 회사를 대표할 권한이 있다고 한다(대판(전) 1983.3.22, 82다카1810).

다. 提訴期間

[사례 V-2-10: 총회결의취소의 제소기간 · 소송물론]

(i) X는 Y주식회사의 주주로서 주주총회결의에 의결권이 없는 A가 참여하였다는 이유로 결의취소의 소를 제기하였다. 그러나 소송진행과정에서 A가 적법하게 의결권을 위임받은 사실이 나타나자 주주총회종결일로부터 2월이 경과한 후에 청구원인을 주주인 B가 소집통지를 받지 못하였다는 것으로 변경하려고 한다. 법원은 이를 허용해야 하는가?

(ii) Y주식회사의 정기주주총회에서 재무제표승인결의가 이루어졌는데 주주 X는 재무제표에 대한 감사의 검토가 없었다는 이유로 결의무효확인의 소를 제기하였다. 그런데 X는 이 사유가 결의취소의 원인에 해당한다는 것을 알고 총회 종결 후 2월이 경과된 후에 결의취소의 소를 예비적 청구로 추가하였다.

법원은 이를 허용해야 하는가? (日最高判 1970.11.16, 民集 33-7, 709 참조)

(1) 청구원인 변경

決議取消의 訴는 결의일로부터 2월내에 제기하여야 한다. 이 기간은 除斥期間이므로 이 기간경과 후에는 하자를 다툴 수 없다. 따라서 [사례 V-2-10-i]과 같이 기간 경과 후에는 청구원인의 변경도 허용되지 않는다고 본다. 그러나 新訴訟物論(일원론)에 의하면 주주 X가 제소한 것은 총회결의의 하자이므로 하자의 원인이 무엇인가에 대하여는 법원은 당사자의 청구원인에 구애받지 않고 판단하여야 한다고 본다.

2개월의 제소기간을 경과하면 결의하자를 다툴 수 없다.

(2) 청구의 추가

상법이 決議取消의 訴와 決議無效確認의 訴를 구별하여 규정하고 있는 것은 결의취소원인으로 되는 節次上의 흠이 무효원인으로 되는 內容上의 흠에 비해 그 정도가 비교적 경미하다는 점에 착안한 것으로써 양자간에 본질적인 차이가 있는 것은 아니다. 이러한 법의 취지에 비추어 볼 때 [사례 V-2-10-ii]와 같이 무효확인소송에 있어서 무효원인으로 주장되는 하자가 결의취소원인에 해당하는 경우에는 결의취소의 주장이 제소기간을 경과한 후에 제기된 경우에도 결의무효확인소송 제기시부터 제기된 것으로 취급해야 할 것이다(日最高判 1970.11.16, 民集 33-7, 709).

결의취소와 무효확인 소의 원인상에 본질적 차이가 있는 것이 아니므로 청구의 추가가 가능하다.

라. 裁量棄却

[사례 V-2-11: 총회결의취소의 재량기각]

(i) 발행주식총수가 20만주인 Y회사의 임시주주총회에서 결의에 참가한 11만주 전원의 찬성으로 회사해산결의가 성립되었다. 2천500주를 보유하고 있는 주주 X는 주주총회 소집을 결정한 이사회의 정족수가 부족하였고, 소집통지의 발송이 법정기간에 2일 부족하다는 이유로 총회결의취소의 소를 제기하였다. 법원은 재량으로 청구를 기각할 수 있는가? (日最高判 1971.3.8, 民集 25-2, 183 참조)

(ii) Y상호신용금고는 임시주주총회를 소집하여 정관상 회계년도의 개시와 종료일자를 상호신용금고연합회가 제정한 기준에 맞추어 개정하고자 하였다. Y회사 발행주식총수의 3분의 1을 약간 상회하는 수의 주식을 소유하고 있는 X 등이 정관변경에 반대함으로서 부결될 것이 예상되자 정관변경에 찬성하는 주주들이 이를 방지하기 위하여 속행결의를 하였다. 이후 개최된 계속회

에서 X측이 선임한 대리인 A의 위임장 접수가 거절되어 회의에 참석하지 못한 채 정관변경결의가 통과되었다. 이에 X 등이 주주총회결의취소의 소를 제기한 바, 법원은 이를 재량기각할 수 있는가? (대판 1987.9.8, 86다카2971 참조)

(1) 취 지

경미한 하자로 결의 취소시 회사에 더 큰 손해발생 또는 거래의 안전이 손상하는 경우, 이를 막기 위한 것이다.

決議取消의 訴가 제기된 경우에 決議의 내용, 회사의 상황과 제반사정을 참작하여 그 취소가 부적당하다고 인정한 때에는 법원은 그 請求를 棄却할 수 있다(379). 앞에서 본 바와 같이 결의취소의 소는 결의절차상 하자 및 결의내용의 정관위반과 같은 경미한 하자를 대상으로 하는 것으로서 이를 이유로 결의를 취소하게 되면 오히려 회사에 더 큰 손해가 생길 뿐 아니라 거래의 안전을 손상시키는 경우가 많다. 따라서 제반상황을 고려할 때 결의취소가 부적당하다고 인정되는 경우에는 원고의 청구를 기각할 수 있는 권한을 법원에 부여한 것이다. 법원은 직권으로 이러한 사정의 유무를 심사하여야 한다(박삼봉, "주주총회결의취소의 소와 재량기각", 「상사판례연구 II」, 470).

(2) 재량기각 사유

결의 결과에 영향 없음이 명확할 때, 부당 목적으로 소권이 남용되는 경우이다.

재량기각사유로는 [사례 V-2-11-i]과 같이 일부 주주에 대하여 총회소집통지가 없었지만 그 주식수가 매우 적어 결의의 결과에 영향이 없는 것이 명확한 때, 결의취소의 소가 회사에 대하여 의미가 없고 금품 강요 등 부당한 목적을 위하여 제기되어 소권의 남용으로 인정된 때 등이다(서울고판 1998.8.25, 98나5267). 대판 1987.9.8, 86다카2971은 [사례 V-2-11-ii]와 유사한 사안에서 "상법 제379조는 결의의 절차에 하자가 있는 경우에 결의를 취소하여도 회사 또는 주주의 이익이 되지 않는가, 이미 결의가 집행되었기 때문에 이를 취소하여도 아무런 효과가 없는가 하는 때에 결의를 취소함으로써 오히려 회사에게 손해를 끼치거나 일반거래의 안전을 해치는 것을 막고 또 소의 제기로써 회사의 질서를 문란케 하는 것을 방지하려는 취지"라고 판시하였다.

3. 決議無效·不存在確認의 訴

가. 總 說

주주총회 의결 내용이 법령위

株主總會決議의 내용이 法令에 위반된 경우는 無效確認을 구하는 訴를 제기할 수 있다(380前). 또 총회의 소집절차 또는 결의방법에 있어 결의가 존재한다고 볼 수 없을 정도의 중대한 하자가 있는 경우에는 決議不存在의 確認을 請求하는 訴를 제기할 수 있다(380後). 결의무효는 결의 내용상의 하자에 관한 것이라는 점에서 결의취소 및 결의부존재와 구별되며, 결의무효와 부존재는 결의의 효력이 원래부터 없다는 것을 주장한다는 점에서 일단 유효한 결의의 취소를 구하는 취소의 소와 구별된다. 또 결의무효·부존재확인의 소가 결의취소나 부당결의취소·변경의 소와 구별되는 가장 중요한 점은 提訴權者와 提訴期間에 제한이 없다는 점이다.

반된 경우에는 무효 확인의 소를 제기한다. 총회 소집절차나 결의방법에 중대 하자가 있는 경우는 부존재 확인의 소를 제기한다.

決議不存在確認의 訴는 종래 학설과 판례에 의하여 발전하여 왔지만 1984년 상법개정시 도입되었다. 현재 국내 주식회사의 절대 다수를 차지하는 가족·친지 중심의 폐쇄회사에서는 상법상의 주주총회 소집절차라든가 결의방법은 거의 무시되는 실정이기 때문에 부존재확인의 소가 주주총회결의의 하자를 다투는 가장 빈번한 수단으로 이용되고 있다.

나. 決議無效의 原因

[사례 V-2-12: 총회결의무효의 원인]

(i) Y회사의 주주총회에서 다음과 같은 결의를 한 경우에 주주 X는 결의무효확인의 소를 제기할 수 있는가? ① 회사의 과다한 부채를 해결하기 위해 부채의 일부를 주주들이 부담하기로 하는 결의 ② 회사를 청산하지 않고 존속시키며 회사의 전 재산을 처분하여 주주에게 분배하고 그 재산매수자가 새로운 주주가 된다는 결의 ③ 대주주에게는 30%, 소액주주들에게는 33%의 이익을 배당하기로 하는 결의

(ii) Y회사의 주주총회에서 다음과 같은 결의를 한 경우에 주주 X는 결의무효확인의 소를 제기할 수 있는가? ① 다른 계열회사를 지원하기 위해 그 회사의 영업을 부당하게 높은 가격으로 양수하는 결의 ② 노동조합을 무력화시키기 위해 회사를 해산하기로 하는 결의

(1) 법령 위반

결의가 법령에 위반한 경우에는 無效의 原因이 된다(380). 결의내용이 구체적인 법령의 규정에 위반하지는 않았지만 주주평등의 원칙 등 주식회사의 기본적 원리에 반하거나 公序良俗에 위반하는 경우에도 무효원인이 된다. 구체적으로는 주주유한책임의 원칙, 주주평등의 원칙을 위반한 때, 위법한 계산서류를 승인한 때, 상법 제462조에 위반하여 이익배당결의를 한 때, 주주총회의 전속적 결의사항을 이사회에 위임한 때, 密輸入과 같은 위

결의가 법령에 위반시 무효의 원인이 된다.

법한 사항을 정관의 목적으로 하기 위한 정관변경결의 등이다.

[사례 V-2-12-i]의 ①은 주주유한책임에 반하는 결의로써 무효라고 하겠다. 그러나 주주유한책임의 원칙은 주주의 의사에 반하여 주식의 인수액을 초과하는 새로운 부담을 시킬 수 없다는 취지에 불과하고 주주들의 동의 아래 회사채무를 주주들이 분담하는 것까지 금하는 취지는 아니기 때문에 모든 주주들이 동의한 경우에는 유효의 결의로 보아야 할 것이다(대판 1983.12.23, 82도735). [사례 V-2-12-i]의 ②도 당연무효가 아니라는 판례가 있다(대판 1966.7.26, 66다933). [사례 V-2-12-i]의 ③에 대하여도 판례는 대주주가 스스로 배당받을 권리를 포기하거나 양도한 것과 마찬가지여서 무효가 아니라고 판시하고 있다(대판 1980.8.26, 80다1263).

(2) 불공정다수결남용

공정거래법 또는 노동법 등의 특별법상 위반 사유에 해당되는 경우 무효로 본다.

大株主가 多數決을 남용하여 불공정한 내용의 결의를 하거나 소수주주의 이익을 침해하는 결의를 한 경우에 그 효력이 문제된다. [사례 V-2-12-ii]의 ①과 같이 대주주(재벌총수)들의 주도하에 그룹계열기업에 대한 부당지원을 위한 영업양수결의 등이 이러한 전형적인 사례가 될 것이다. 이러한 결의는 公正去來法상 不當內部去來禁止에 위반하는 것이므로 직접 상법에 위반하지는 않았지만 법령위반으로 무효로 보아야 할 것이다. 또 [사례 V-2-12-ii]의 ②는 勞動法上 不當勞動行爲에 해당하여 무효로 본다.

다. 決議不存在의 原因

[사례 V-2-13: 총회결의부존재의 원인]

(i) Y회사의 주주총회에 다음과 같은 하자가 발견된 경우 주주 X는 결의부존재확인의 소를 제기할 수 있는가? ① 이사회의사록을 위조하여 소집한 경우 ② 평이사가 소집한 경우 ③ 부존재한 총회에서 선임된 대표이사가 소집한 경우 ④ 대부분의 주주에게 소집통지를 하지 않은 경우 ⑤ 유효하게 총회가 산회된 후 과반수를 넘는 주식을 가진 주주 3인이 별도로 모여 결의한 경우 ⑥ 실제 소집절차와 회의절차를 거치지 아니한 채 Y회사의 주식 대부분을 가지고 있는 대주주로부터 위임받은 자가 주주총회의사록을 작성한 경우 ⑦ 주주 아닌 자들이 모여 주주총회의사록을 위조한 경우

(ii) X회사와 전혀 관련이 없는 A 등은 마치 대표이사 B가 주주총회를 소집하고, 이 총회에 주주 8명중 3명이 출석하여 B를 대표이사에서 퇴임시키고, 자신(A)을 대표이사에 취임하도록 하는 결의가 있었던 것처럼 주주총회의사록을 위조한 후, 임원개임등기를 경료하였다. 이어 A 등은 X회사 소유 부

동산을 Y에게 매도하고 소유권이전등기를 경료하였다. B가 X회사를 상대로 주주총회결의 부존재확인의 소를 제기하여 승소판결이 확정된 경우, X회사는 Y를 상대로 이건 부동산이전등기의 말소를 구할 수 있는가? (대판 1992. 8.18, 91다39924 참조)

(1) 부존재 사유

決議不存在의 原因은 총회의 소집절차 또는 결의방법에 총회결의가 존재한다고 볼 수 없을 정도의 중대한 하자가 있는 경우이다([380]). 이와 같이 부존재확인의 소는 절차상의 하자를 문제삼는다는 점에서는 취소의 소와 동일하기 때문에 양자의 구별이 문제된다. 왜냐하면 取消의 訴에 대하여는 제소권자와 제소기간이 제한됨에 비해 不存在確認의 訴에 대하여는 이러한 제한이 없으므로 당사자로서는 가능하면 부존재확인의 소를 제기하고자 할 것이기 때문이다. 결의부존재의 원인으로는 크게 주주총회의 성립이나 결의의 존재 자체가 전혀 없는 경우(이른바 表見決議 및 非決議)와 결의가 일응 존재한다고 보여지지만 그 성립에 현저한 하자가 있어 법률상 결의가 부존재한 것으로 평가되는 경우로 나누어진다.

총회의 소집절차 또는 결의방법에 중대한 하자가 있는 경우이다.

(2) 절차의 현저한 흠결

판례에 나타난 부존재원인을 보면 다음과 같다. 첫째, [사례 V-2-13-i]의 ①과 같이 이사회결의가 없거나 이사회의사록을 위조하여 총회를 소집한 경우이다(대판 1978.9.26, 78다1219). 그러나 이를 결의취소의 사유로 본 판례도 있다(대판 1980.10.27, 79다1264). 둘째, [사례 V-2-13-i]의 ②와 같이 소집권한이 없는 자가 소집한 경우이다(대판 1962.6.9, 72다2611; 1973.7.24, 73다326). 그러나 이를 결의취소로 본 판례도 있다(대판 1962.1.11, 4294민상490; 1993.9.10, 93도698). 셋째, [사례 V-2-13-i]의 ③과 같이 부존재한 제1총회결의에 의해 대표이사로 선임된 자가 소집한 제2총회는 부존재라고 한다(대판 1993.10.12, 92다28235·28242). 넷째, [사례 V-2-13-i]의 ④와 같이 대부분의 주주에게 소집통지를 하지 않은 경우이다(대판 1973.6.9, 72다473; 1978.11.14, 78다1269; 1980.12.9, 80다128). 그러나 41%를 보유한 주주에게 소집통지를 하지 않은 경우를 취소사유로 본 판례가 있다(대판 1993.1.26, 92다11008). 다섯째, [사례 V-2-13-i]의 ⑤와 같은 경우도 판례는 부존재사유로 보고 있다(대판 1993.10.12, 92다28235 · 28242).

(3) 표현결의 및 비결의

1) 의 의 　위에서 본 부존재사유들은 비록 절차상 현저한 흠결이 있

판례는 회사와

무관한 사람이 위조한 비결의와, 주주의 동의 아래 의사록만 기재하는 표현결의를 구분하기도 한다.

지만 일응 총회결의 자체는 존재하는 경우이지만, 이와는 달리 [사례 V-2-13-i]의 ⑥과 ⑦은 소집절차나 총회절차 없이 의사록만 작성한 경우로서 판례에서 말하는 表見決議 및 非決議에 해당한다. 그런데 판례와 일부 학설은 다시 [사례 V-2-13-i]의 ⑦과 같이 회사와 전혀 무관한 사람들이 의사록을 위조한 非決議와 [사례 V-2-13-i]의 ⑥과 같이 1인주주 또는 대주주의 동의아래 의사록만 기재하는 表見決議를 구분하여, 상법 제380조의 결의부존재는 후자인 표현결의만을 뜻한다고 보고 있다(대판 1992.8.18, 91다39924; 1992.9.22, 91다5365; 1993.9.26, 92다32876; 1995.6.29, 94다22071; 1995.9.15, 95다13302; 1996.6.11, 95다13982; 2004.8.20, 2003다20060; 2004.8.16, 2003다9636; 정동353). 즉 주식의 소유가 실질적으로 분산되어 있는 경우에는 상법상의 원칙으로 돌아가 실제의 소집절차와 결의절차를 거치지 아니한 채 주주총회의 결의가 있었던 것처럼 주주총회 의사록을 허위로 작성한 것이라면 설사 1인이 총 주식의 대다수를 가지고 있고 그 지배주주에 의하여 의결이 있었던 것으로 주주총회 의사록이 작성되어 있다 하더라도 도저히 그 결의가 존재한다고 볼 수 없을 정도로 중대한 하자가 있는 때에 해당하여 그 주주총회의 결의는 부존재하다고 보아야 한다(대판 2007.2.22, 2005다73020).

판례의 입장은 비결의의 경우 개정이전에는 부존재소송의 판결에도 불소급효가 적용되어 전혀 결의가 없는 경우에도 기존의 법률관계가 존재하게 되는 부당함을 막기 위한 것이었다.

2) 구분이유 판례가 이와 같이 表見決議와 非決議를 구분하여 비결의는 제380조에 의한 결의부존재확인의 소의 대상이 아니라고 보는 이유는, 1995년 개정전 상법 제380조가 판결의 소급효를 제한하는 상법 제190조 후단을 준용하고 있었기 때문이었다. 즉 [사례 V-2-13-ii]와 유사한 사안에서 대판 1992.8.18, 91다39924는 "상법 380조가 190조의 규정을 준용하고 있는 것은, 380조 소정의 주주총회 결의부존재확인의 소도 이를 회사법상의 소로 취급하여 그 판결에 대세적 효력을 부여하되, 주주나 제3자를 보호하기 위하여 그 판결이 확정되기까지 그 주주총회의 결의를 기초로 하여 이미 형성된 법률관계를 유효한 것으로 취급함으로써 회사에 관한 법률관계나 법적 안정성을 보장하여 주려는 법정책적인 판단의 결과이다. 상법 380조가 규정하고 있는 주주총회결의 부존재확인판결은 '주주총회의결의'라는 주식회사 내부의 의사결정이 일단 존재하기는 하지만 그와 같은 의사결정을 위한 주주총회의 소집절차 또는 결의방법에 중대한 하자가 있기 때문에 그 결의를 법률상 유효한 주주총회의 결의라고 볼 수 없음을 확인하는 판결을 의미하는 것으로 해석함이 상당하다. 주식회사와 전혀 관계가 없는 사람이 주주총회의사록을 위조한 경우와 같이 주식회사 내부의 의사결정 자체가 아예 존재하지 않는 경우에 이를 확인하는 결정도 상법 제380조 소정의 주주총회결의 부존재확인판결에 해당한다고 보아 상법 190조를 준용하여서는

안 된다"고 판시하고 있다.

3) 검 토　이러한 판례의 입장에 따르면 위 사례에서 대표이사(B)가 받은 총회결의 부존재확인 판결에 대하여는 개정전 상법 제380조와 190조가 적용되지 않기 때문에 소급효가 인정된다. 따라서 이 총회결의를 전제로 하여 체결된 X회사와 Y간의 이건 부동산매매계약도 소급적으로 무효로 되어 X회사는 이전등기의 말소를 구할 수 있게 된다. 이와 같이 판례가 表見決議와 非決議를 구분하는 것은 판결의 효력이 소급되지 않을 경우 위법한 행위를 한 자(A)가 부당한 이득을 취할 수 있도록 허용하는 불합리한 결과가 될 수 있음을 감안한 것이있나. 그러나 표현결의와 비결의의 구분기준이 모호할 뿐 아니라 1995년 상법개정에 의해 제190조 단서의 규정을 준용하지 않게 됨에 따라 이러한 구분이 현재도 필요한지 의문이다(대판2004.8.16,2003다9636-정관변경결의, 전환사채발행 부존재확인; 이철(회)497,정찬(상)806).

라. 訴의 性質

[사례 V-2-14: 무효 · 부존재확인의 소의 성질]

X회사와 전혀 관련이 없는 A 등은 주주총회의사록을 위조하여 A를 대표이사로 선임한 것처럼 위장한 후, A의 명의로 X회사 소유 부동산을 Y에게 매도하고 소유권이전등기를 경료하였다. 이 사실을 알게 된 X회사는 위 주주총회가 부존재임을 전제로 하여 Y를 상대로 부동산이전등기말소를 구하는 소를 제기하였다. 이에 대해 Y는 먼저 A를 대표이사로 선임한 주주총회부존재확인의 소를 제기하여 확정판결을 받은 후 등기말소를 구해야 한다고 주장하고 있다. Y의 주장은 타당한가? (대판 1992.9.22, 91다5365 참조)

확인의 소인가 형성의 소인가 여부가 문제된다.

상법 제380조는 決議無效 · 不存在 確認의 訴에 대하여 전속관할 등 소송절차에 관한 규정을 준용하고 판결의 對世的 效力을 인정하고 있지만 제소권자나 제소기간에 대하여는 아무런 규정을 두지 않고 있다. 이에 따라 무효확인(부존재)의 소의 법적 성질이 確認의 訴인가 아니면 形成의 訴인가 하는 점이 문제로 되며, 그 성질을 어떻게 파악하는가에 따라 무효(부존재)의 주장을 訴로써만 할 수 있는가 아니면 단순한 抗辯으로도 제기할 수 있는가가 결정된다(김상훈, "사원총회결의의 효력을 다투는 소송의 성질과 그 소송상 대표자", 「상사판례연구 I」, 511). [사례 V-2-14]에서 보면 회사(X)가 부동산 양수인(Y)을 상대로 반환청구를 함에 있어, 확인소송설에 의하면 부동산이전등기말소를 구하는 소를 제기하고 그 이유로써 대표이사선임결의가 부존재(무효)라는 주장을 하면 되지만, 형성소송설에 의하면 먼저 선임결의의 부존재(무효)확인 소송을 제기하여 승소한 후 이를 근거로 양수인(Y)에게 부당이득반환청구를 하여야 한다는 차이가 있다.

(1) 확인소송설

처음부터 당연무효 또는 부존재인 법률관계를 소송으로 확인하는 것에 불과하므로 소 이외의 방법으로 이러한 하자를 주장할 수 있다.

결의 내용이 법령에 위반한 때 또는 현저한 절차상의 흠결이 있는 때에는 그 결의는 당연무효(부존재)이므로 그 주장은 반드시 소에 의할 필요는 없고 항변으로 주장하는 것도 가능하다. 또 민사소송법의 일반원칙에 따라 무효(부존재)확인의 소를 제기할 수 있음은 물론이다. 다만 이를 통상의 확인소송으로 하면 그 판결은 대세적 효력이 없어 당사자 이외에는 효력이 미치지 않기 때문에 회사 법률관계의 획일적 확정이라는 요청에 맞지 않는다. 이러한 불비를 보완하기 위하여 상법은 특별규정을 두어 확인판결에 대세적 효력을 인정한 것이라고 본다(서·정419~420, 손주748~749, 양·박365, 최기(회)526~527, 채509, 이기(회)404, 정찬(상)810, 註商(II-下)175).

판례는 일관하여 확인소송설을 취하고 있다. 즉 대판 1963.5.17, 4294민상1114는 "주주총회 결의의 내용이 법령 또는 정관에 위반되는 경우에 그 결의는 당연히 무효인 것이므로 일반원칙에 의하여 누구나 언제든지 여하한 방법으로라도 그 무효를 주장할 수 있는 것이고, 그 무효의 주장은 소의 방법에 한한다고 해석할 수 없다"고 판시하였다. 또 [사례 V-2-14]와 유사한 사안에서 대판 1992.9.22, 91다5365는 "주주총회결의의 효력이 그 회사 아닌 제3자 사이의 소송에 있어 선결문제로 된 경우에 당사자는 언제든지 당해 소송에서 주주총회결의가 처음부터 무효 또는 부존재하다고 다투어 주장할 수 있는 것이고, 반드시 먼저 회사를 상대로 제소하여야만 하는 것은 아니며, 이와 같이 제3자간의 법률관계에 있어서는 상법 380조, 190조는 적용되지 아니한다"고 판시하고 있다.

(2) 형성소송설

소송에 의하여 비로소 법률관계가 창설되는 것이므로 반드시 소의 방법으로써만 그 하자를 주장할 수 있다.

무효(부존재)확인의 소는 그 명칭에도 불구하고 形成의 訴로 본다. 이는 다수구성원을 가진 회사 법률관계의 획일적 확정의 요청에 따른 것이고 특히 무효(부존재)확인 판결에 대세적 효력을 인정하고 있으므로 소 이외의 방법으로 무효(부존재)를 주장하는 것은 허용되어서는 안된다고 한다(정희468~469, 정동(회)374, 이철(회)487~488, 송상현「民訴法(上)」187, 이시윤「民訴法」297).

(3) 검 토

상법 제380조가 제소권자와 제소기간에 제한을 두지 않고 있으므로 어느 견해를 취하든 소의 이익이 있는 자는 제소기간에 제한 받지 않고 소를 제기할 수 있다는 점에서는 차이가 없고, 다만 그 주장 방법이 訴만으로 한정되는가 하는 차이만 있을 뿐이다. 생각컨대 형성소송설을 취할 경우에는 [사례 V-2-14]와 같이 명백한 公序良俗 위반이나 주식회사의 본질에 위반이 있는 경우에도 무효(부존재)확인 판결이 있을 때까지는 그 결의를 유효한 것으로 취급하여야 하는데, 이는 부당하다고 할 수 있다. 또 종래에는 확인판결의 소급효를 제한하고 있었으나 1995년 상법개정으로 이를 폐지하였으므로 형성소송이라는 주장은 큰 의미가 없게 되었다. 그리고 판결의 대세적 효력은 기판력의 주관적 범위를 확장한 데 지나지 않으므로 이를 인정하였다고 하여 반드시 형성판결이라고 보아야 할 이유는 없다고 본다.

마. 當事者 및 訴의 利益

[사례 V-2-15: 무효·부존재확인의 당사자 및 소의 이익]

(i) Y회사의 주주총회에 결의부존재사유가 있을 경우, 다음 각 경우에 주주 X는 결의부존재확인의 소를 제기할 수 있는가? ① X가 해임결의에 찬성한 경우 ② X가 주권발행 전에 주식을 양도한 경우 ③ X가 주식을 양도받았으나 아직 명의개서를 하지 않은 경우 ④ X가 명의대여자인 경우

(ii) Y회사의 주주총회에 결의부존재사유가 있을 경우, 이사 X는 결의부존재확인의 소를 제기할 수 있는가? ① X가 위 결의에 의해 해임된 경우 ② X가 해임된 후 적법한 절차에 의해 새로운 이사가 선임된 경우 ③ X가 사임한 경우 ④ X가 퇴임하였지만 아직 후임이사가 선임되지 않은 경우 ⑤ X가 하자 있는 다른 결의에 의해 선임된 경우

(iii) 이사선임을 위한 Y회사의 주주총회에 결의부존재사유가 있을 경우, 채권자 X는 결의부존재확인의 소를 제기할 수 있는가?

(iv) Y회사의 주주총회에서 대표이사 X를 해임하고 A를 후임대표이사로 선임하는 결의를 하였다. X가 총회결의부존재확인의 소를 제기한 경우, A는 이 소송의 대표자로 될 수 있는가?

(1) 원 고

제소권자에 대한 제한이 없다.

決議無效(不存在)確認의 訴는 제소권자에 대한 제한이 없으므로 주주나 이사 등에 한정되지 않고 누구든지 訴의 利益이 있는 한 원고로서 제소할 수 있다. 다만 주주나 이사 등은 결의에 대해 개인적 이해관계가 없는 경우에도 회사의 구성원 또는 기관의 지위에서 당연히 소의 이익이 인정됨에 대하여, 제3자(채권자)는 당해 결의에 의해 자신의 권리 내지 이익에 중대한

영향이 있는 경우를 제외하고는 소를 제기할 이익을 가지지 않는 것이 보통이다.

1) 주 주 [사례 V-2-15-i]의 ①과 같이 결의에 찬성한 주주(X)도 제소할 수 있으며(대판 1977.4.26, 76다1440·1441), [사례 V-2-15-i]의 ②와 같이 주권발행 전에 주식을 양도한 주주도 제소권이 있다(대판 1970.3.10, 69다1812). 그러나 회사성립 후 또는 신주발행 후 6월이 경과한 후에는 소의 이익이 없어진다고 할 것이다. 그러나 [사례 V-2-15-i]의 ③과 같이 名義改書前 주주라든가(대판 1991.5.28, 90다6774) [사례 V-2-15-i]의 ④와 같이 名義貸與者인 경우(대판 1980.12.9, 79다1989)에는 소권이 없다. 주주는 부존재확인 소송을 제기하면서 가처분이 허용된 경우라도 직접 회사와 제3자간의 거래에 개입하여 이를 금지할 수 없다(대결 2001.8.1, 2000마7839).

2) 이 사 [사례 V-2-15-ii]의 ①과 같이 부존재한 결의에 의해 해임된 이사도 부존재를 주장할 수 있으나(대판 1962.1.25, 4294민상525), [사례 V-2-15-ii]의 ②와 같이 해임된 후 적법한 절차에 의해 후임이사가 선임된 경우에 결의의 부존재를 다투는 것은 과거의 법률관계의 확인을 구하는 것이 되어 원칙적으로 확인의 이익이 없다고 할 것이다(대판 1991.12.13, 90다카1158; 1992.2.28, 91다8715; 1995.2.24, 94다50427). [사례 V-2-15-ii]의 ③과 같이 사임한 이사는 소권이 없지만(대판 1982.9.14, 80다2425), [사례 V-2-15-ii]의 ④와 같이 퇴임 후 후임이사의 취임시까지 권리의무를 보유하는 경우에는 소권이 인정된다(대판 1992.8.14, 91다45141; 1985.12.10, 84다카319). 그리고 [사례 V-2-15-ii]의 ⑤와 같이 흠 있는 결의에 의해 선임된 이사라고 하더라도 재임 중에 있었던 총회결의에 대하여는 소의 이익이 인정된다(대판 1969.9.27, 66다980).

3) 채권자 [사례 V-2-15-iii]과 같이 제3자(채권자)는 회사의 대내적 사항에 관한 결의에 대하여 소의 이익이 없다고 할 것이다(대판 1980.1.29, 79다1322; 1992.8.14, 91다45141).

(2) 피 고

회사를 피고로 한다.

회사를 피고로 하여야 한다. 따라서 회사 이외의 자를 공동피고로 하는 것은 허용되지 아니한다. 상법 제394조에 의하면 이사와 회사간의 소에 있어서는 감사(감사위원)가 회사를 대표하여야 하는데 [사례 V-2-15-iv]에서도 감사가 회사(Y)를 대표해야 할 것인가 하는 문제가 있다. 그러나 이 조항은 결의소송에 관련된 이사의 이사자격에 관하여 쌍방간에 다툼이 없는 경우에는 적용되지 않기 때문에 문제된 결의에 의해 선임된 대표이사(A)가 이 소송의 대표자로 될 수 있다.

4. 不當決議 取消·變更의 訴

(1) 취 지

總會決議에 대하여 特別利害關係를 가진 株主는 議決權을 행사하지 못한다(368④). 이는 주주가 개인적인 이해관계를 가지고 있는 사안에 대하여 다수결을 이용하여 회사의 이익에 상반되는 결의를 하는 것을 방지하고자 함에 있다. 그런데 특별이해관계인의 의결권이 제한됨을 기화로 하여 소수 주주가 불공정한 결의를 한 경우에는 이를 시정할 수 있는 기회를 부여하는 것이 공정하므로, 특별이해관계인에게 그 결의의 취소 또는 변경을 청구하는 소송을 제기할 수 있도록 한 것이다(381①). 부당결의취소만이 아니고 그 변경의 소를 인정한 것은 동일내용의 결의가 반복될 경우에 대비한 것이다.

특별이해관계를 가짐으로 해서 의결권이 제한되는 주주가 주주총회결의에 참석할 수 있도록 하기 위함이다.

(2) 제소요건

첫째, 결의에 특별이해관계가 있기 때문에 의결권을 행사할 수 없었던 경우라야 한다. 그렇지 않고 자신의 개인적인 사정으로 총회에 불참한 주주는 이 소송을 제기할 수 없다. 둘째, 결의가 현저하게 부당하였어야 한다. 현저한 부당이라 함은 반드시 결의내용이 법령 또는 정관에 위반한 경우에 한정되지 아니하고 사회통념상 현저하게 회사 기타 이해관계자의 이익을 해하는 경우가 포함된다. 가령 특정 주주에게 회사재산을 양도하기로 하는 결의에서 특별이해관계인인 주주가 의결권을 행사하지 못함을 기화로 하여 나머지 주주들이 현저하게 비싼 가격으로 매도할 것을 결의한 경우이다. 셋째, 특별이해관계 있는 주주가 의결권을 행사하였더라면 결의를 저지할 수 있었어야 한다. 따라서 결의성립을 저지하기 위해 충분한 주식수를 보유하고 있어야 하는데, 결의 요건이 단순 과반수인가 아니면 특별가중 요건을 요구하는가에 따라 달라질 것이다.

결의에 특별이해관계가 있어 의결권을 행사치 못한 경우, 결의의 부당, 의결권 행사시 결의저지가 가능했어야 한다.

(3) 당사자 및 제소기간

소의 원고는 특별이해관계를 가진 자로서 의결권이 제한되었던 주주이며 피고는 회사이다. 제소기간은 결의일로부터 2월 이내이다.

5. 決議訴訟의 節次와 判決

가. 訴訟節次

(1) 관할 · 병합 · 공고

소송은 회사의 본점소재지 지방법원에 제기하고, 법원은 그 취지를 공고해야 하며, 소송 중복시에는 변론을 병합한다.

주주총회결의의 하자를 다투는 決議訴訟(결의취소의 소, 결의무효 · 부존재확인의 소, 부당결의취소 · 변경의 소)은 會社의 本店所在地 地方法院에 제기하여야 한다(376②, 380, 381②, 186). 소가 제기되면 법원은 지체없이 그 취지를 公告하여야 한다(376②, 380, 381②, 187). 또 소송의 중복을 피하고 소송을 획일적으로 확정하기 위하여 여러 소송이 동시에 계속된 때에는 변론을 병합하여야 한다(376②, 380, 381②, 188).

(2) 소송상 화해 등

판례는 회사의 청구인락을 부정한다.

결의소송에서 원고가 請求抛棄 또는 和解를 하거나 피고인 회사가 請求를 認諾할 수 있는가? 판결의 대세적 효력이 인정되는 점을 중시하고 소송이 원고 개인의 이익만이 아니고 전 주주의 이익을 대표하여 진행한다는 입장에서 보면 변론주의 적용을 제한하여야 할 필요성이 전혀 없는 것은 아니다. 그러나 다른 주주의 이익 보호는 스스로 제소를 하거나 또는 다른 소송에 참가하는 등의 방법을 강구하면 되기 때문에 和解 등을 인정하여도 상관없다고 본다. 피고인 회사가 한 自白의 구속력에 대하여도 마찬가지이다. 그러나 대판 1993.5.27, 92누14908은 "청구인락은 당사자의 자유로운 처분이 허용되는 권리에 관하여만 허용되는 것으로서 회사법상 주주총회결의의 하자를 다투는 소나 회사합병무효의 소 등에 있어서는 인정되지 아니하므로 법률상 인정되지 아니하는 권리관계를 대상으로 하는 청구인락은 효력이 없다"고 하여 부정하는 입장을 취하고 있다(同 대판 2004.9.24, 2004다28047).

나. 判　決

(1) 대세적 효력

판결확정시 취소, 무효된 결의는 당사자외 제3자에게도 효력이 미친다.

원고 승소판결이 확정된 때에의 결의는 취소(변경) 또는 무효(부존재)로 되며 판결은 당사자 이외의 제3자에 대하여 효력이 미친다(376②, 380, 381②, 190). 이를 判決의 對世的 效力이라고 하며 판결에 의해 단체의사의 효력을 부인하게 되는 결과, 이를 획일적으로 확정할 필요가 있기 때문에 인정되는 효력이다. 對世的 效力의 결과 기판력의 범위는 다른 모든 당사자에게 미쳐 동일한 사안에 대해 다시 소를 제기하지 못한다.

(2) 소급효

1) 준용규정의 삭제 종래에는 판결의 효력은 소급하지 않는다는 상법 제190조 단서가 결의소송판결에도 준용되었지만 1995년 상법개정시 이를 삭제하였다(376②, 380, 381②). 그 이유는 일률적으로 判決의 遡及效를 제한한 결과 결의소송을 제기할 실익이 없는 경우가 많았고 소급효를 인정하여도 제3자 보호에 영향을 주지 않는 경우도 많았기 때문이다. 다만 준용규정의 삭제로 모든 경우에 소급효를 인정할 수밖에 없다는 설(최기827~828, 이철(회)501)이 있지만, 소급효의 인정 여부는 일률적으로 볼 것이 아니라 개개 사안별로 제3자 보호 및 회사 법률관계의 안정이라는 측면을 고려하여 정해야 한다는 설(정동(회)370)이 타당하다고 본다.

판례소급효 제한으로 소송제기 실익이 없었고, 소급효를 인정해도 제3자 보호에 영향이 없었으므로 본 규정을 삭제했다.

2) 소급효의 인정 여부 주주총회결의가 이에 기해 이루어진 후속행위의 유효요건이 아닌 경우에는 판결의 소급효를 인정하여도 상관이 없다. 또한 결의가 법령상 소정의 행위의 유효요건으로 되어 있는 경우에도 마찬가지이다. 가령 이사의 자기거래에 관한 책임면제, 이사 보수의 결정, 계산서류의 승인 및 이익배당 등과 같이 결의가 완결적인 경우에도 소급효를 인정할 수 있다고 본다. 그러나 정관변경, 이사선임, 해산 등과 같이 그 결의에 기해 새로운 법률관계가 생성되는 경우에는 소급효를 제한하여야 할 것이다.

총회결의가 이에 기해 이루어진 후속행위의 유효요건이 아닌 경우는 소급효 인정은 가능하나, 그렇지 않은 경우는 인정되지 않는다.

3) 제3자 보호 이와 같이 판결의 효과로서 일반적으로는 소급효가 인정되기 때문에 제3자 보호는 대표이사의 대표권 제한에 관한 규정(389③), 부실등기의 효력에 관한 규정(39), 표현대표이사에 관한 규정(395)에 의해야 할 것이다.

(3) 원고패소의 경우

1) 대세적 효력 원고패소 판결은 확정되어도 대세적 효력은 없고 다른 주주나 이해관계자들은 동일한 하자에 대해 다시 취소의 소를 제기할 수 있다(376②, 380, 191). 결의취소소송에 있어서는 제소기간 경과 등의 이유로 다시 소제기가 불가능한 경우가 많지만 결의무효(부존재)확인판결의 경우에는 제소기간의 제한이 없으므로 원고가 패소하는 한 이론적으로는 누구든지, 언제까지라도 계속 동일한 소를 제기할 수 있다.

대세적 효력이 없고 다시 취소의 소를 제기할 수 있다.

2) 패소원고의 책임 원고패소의 경우 원고가 악의 또는 중과실이 있

었던 때에는 회사에 대하여 손해배상책임을 부담시킴으로써 주주의 남소를 방지하고 있다(376②, 380, 381②, 191).

6. 다른 訴訟과의 關係

(1) 문제의 소재

주주총회 결의부존재와 무효는 반드시 소에 의할 필요가 없고 단순한 항변으로도 제출할 수 있다는 것이 통설·판례의 입장이다.

주주총회의 결의를 기초로 하여 후속적인 행위가 이루어지고 그 후속행위의 하자를 다투는 소송절차가 별도로 마련되어 있는 경우에는 주주총회 결의의 하자는 반드시 이러한 소송절차에 따라야 하는가, 아니면 이와는 별도로 결의소송을 제기할 수 있는가? 가령 하자 있는 합병주주총회의 결의에 의해 合併이 이루어진 경우 그 하자의 주장은 合併無效의 訴(529)에 의하여야 하는가 아니면 주주총회결의 무효확인의 소 또는 결의취소의 소를 별도로 제기할 수 있는가 하는 점이다. 減資無效의 訴(445)에서도 동일한 문제가 제기된다.

合併節次를 중심으로 보면 合併契約書에 대하여 주주총회의 승인을 받아야 하므로 결의가 부존재, 무효 또는 취소된 경우에는 합병 전체가 무효로 된다. 그런데 주주총회 결의부존재와 무효는 반드시 소에 의할 필요가 없고 단순한 항변으로도 제출할 수 있다는 것이 통설·판례의 입장(확인소송설)이므로 결의의 하자를 주장하는 자는 결의의 무효(부존재)를 이유로 合併無效의 訴를 제기하면 된다. 그러나 결의의 하자가 취소원인에 해당하는 경우에는 결의취소의 확정판결에 의해 비로소 형성적으로 그 효력이 상실되므로, 결의효력을 부인하기 위하여는 합병무효의 소와는 별도로 결의취소의 소를 제기할 필요가 있는가 하는 문제가 제기되는 것이다.

(2) 학설·판례

합병의 효력을 다투는 방법으로 合併無效의 訴를 정하고 있는 상법의 입장은 합병결의도 합병절차의 하나의 요소에 불과한 것이기 때문에 합병등기 이후에는 결의하자의 주장은 모두 합병무효의 소에 흡수되고 독립한 결의취소의 소를 제기하거나 유지할 수 없다는 취지로 보아야 할 것이다(정동359, 이철(회)506).

대판 1993.5.27, 92누14908도 "회사합병에 있어서 합병등기에 의하여 합병의 효력이 발생한 후에는 합병 무효의 소를 제기하는 외에 합병결의무효확인청구만을 독립된 소로서 구할 수 없다"고 판시하고 있다. 그러나 이 판례는 앞에서 본 바와 같이 주주총회 무효확인판결을 確認의 判決로 보는 입장을 전제로 하여 이를 항변으로 제출하고 합병무효의 소로 해결하여야 한다는 입장이므로, 형성판결인 결의취소에 대하여도 동일한 입장을 취하는지 여부는 명확하지 않았다. 이 점에 대해서 대판 2004.8.20, 2003다20060는 "상법 제429조는 신주발행의 무효는 주주 · 이사 또는 감사에 한하여 신주를 발행한 날로부터 6월내에 소만으로 이를 주장할 수 있다고 규정하고 있으므로, 설령 이사회나 주주총회의 신주발행 결의에 취소 또는 무효의 하자가 있다고 하더라도 그 하자가 극히 중대하여 신주발행이 존재하지 아니하는 정도에 이르는 등의 특별한 사정이 없는 한 신주발행의 효력이 발생한 후에는 신주발행무효의 소에 의하여서만 다툴 수 있다"고 판시하여 이를 명확히 하였다(대판 1989.7.25, 87다카2316 참조).

제 3 절 理事 · 理事會 · 代表理事

제 1 業務執行機關의 構造變化

1. 理事 · 理事會 · 代表理事

이사는 이사회를 통해 업무집행에 참여하고, 이사회에서 대표이사를 선임해 대표행위를 한다.

理事는 개별적으로는 업무집행권이나 회사대표권을 가지지 아니하고 이사전원으로 구성되는 理事會의 구성원으로서 理事會를 통하여 업무집행에 참여하게 된다. 또 이사회에서 代表理事를 선임하여 대표이사가 회사를 위하여 대표행위를 한다. 이와 같이 상법은 理事와 이사로 구성되는 理事會 및 代表理事를 두고 있기 때문에 이사가 독립한 기관인가, 이사회와 대표이사는 어떠한 관계에 있는가 하는 점이 문제된다. 이들간의 관계를 어떻게 파악하든 상법은 이사회중심주의를 채택하여 모든 경영권을 여기에 집중시키고 있다. 즉 주주총회의 권한을 정관 및 법률에 있는 사항으로 제한하는 대신 모든 회사의 업무에 관한 권한을 이사회에 둠으로써 소유와 경영의 분리 및 경영전문화를 꾀하고 있다.

2. 理事會의 形式化

대규모 회사에서 이사수 증가로 이사회 소집이 어려워지고, 상설적 활동이 불가능해짐에 따라 자연히 형식화되었다.

상법은 이사회중심주의를 채택하여 이사회에 업무집행에 대한 결정권과 업무집행에 대한 감독권을 부여하고 있다(393). 그러나 대규모 회사에서 이사의 수가 증가함에 따라 이사회의 소집자체가 어려워지고 있으며 회의체기관으로서의 이사회는 상설적으로 활동할 수 없으므로 자연히 형식화된다. 이에 따라 회사의 실제적인 업무집행은 지배주주와 연계된 대표이사와 대표이사를 보좌하는 任員들(상무회)에게 집중된다(윤성승, "집행임원의 법적지위 및 책임의 비판적 고찰", 「기업법연구」(2006. 12), 48). 이와 같이 주주총회와 함께 이사회마저 형식화됨에 따라 경영진들의 독주를 견제하고 주주들의 이익을 확보하는 장치의 마련이 중요성을 띄게 되면서 회사의 支配構造改善 문제가 등장하게 된 것이다.

이에 따라 이사회는 업무집행기관으로서의 의미보다는 경영진(임원)들의 업무집행에 대한 기본적인 방향을 설정해주고 또 이들의 업무집행을 감독하는 기능이 더 중요하게 되었다. 특히 최근 진행되고 있는 企業支配構造의 개선에 따라 社外理事가 중심이 된 미국식 監査委員會制度를 도입하게 되면서 이제 이사회는 명실공히 업무감독과 회계감독을 주로 하는 기관으로 그 성격이 바뀌게 되었다고 하겠다(정준우, "이사회의 경영감독기능 강화를 위한 사외이사제도의 도입·운영과 그 문제점", 「기업법연구」(2006.9), 166).

3. 社內理事(상근이사)와 社外理事(비상근이사)

이사회의 주된 기능이 업무집행기능에서 업무감독기능으로 바뀌면서 이사회를 구성하는 이사의 위치도 변화하게 되었다. 즉 종래 우리 나라 기업들의 이사는 주로 종업원이사 또는 지배주주와 연계를 가지는 社內理事(상근이사)가 중심이 되었다. 이러한 이사회구성은 이사회가 효율적인 업무집행기능을 하는 데에는 적합할지는 모르나 독립하여 중립적인 입장에서 경영진들의 업무를 감독하는 데에는 적합하지 않다. 이에 따라 이사회의 구성을 회사 또는 지배주주로부터 독립한 社外理事(비상근이사)의 비중을 높이고 있으며 특히 자산규모가 2조원 이상인 상장기업들은 사외이사의 비중을 과반수 이상으로 하도록 강제되고 있다. 또한 회사의 경영에 대한 감독을 맡게 될 이사회내 監査委員會는 3분의 2이상을 사외이사로 구성하도록 함으로써 사외이사의 중요성이 더하게 되었다(안택식, "기업경쟁력 강화를 위한 사외이사제도의 개선방안", 「상사법연구」(2002.8), 258).

이사회와 지배주주로부터 독립하여 보다 중립적으로 경영업무를 감독한다는 점에서 사외이사의 비중을 높이고 있다.

제 2 理 事

1. 地 位

가. 意 義

理事(director)는 이사회의 구성원이며 회사와의 관계에서는 受任人으로서의 지위를 가진다(382 ②). 이와 같이 이사는 이사회의 구성원으로서 業務執行決定權과 業務監督權의 행사에 참여하는데, 이외에 이사가 기관으로서 상법상 독자적인 권한을 가지는가에 대하여는 견해가 나누어진다. 통설은 이사의 기관성을 부인하지만(정희470, 서·정426, 손주754, 정동(회)382~383, 채545, 최기(회)540, 강·임136, 註商(II-下)183 外), 이를 긍정하는 소수설(이철(회)512, 박·이252)이 있으며 또 이사가 1인인 소규모 주식회사의 경우(383 ⑥)에만 기관성을 인정하는 견해(정찬(상) 816)도 있다. 상법상 이사의 지위가 명문화

이사는 그 자체의 지위만으로는 기관성이 인정되지 아니하며 단지 이사회의 구성원으로서 회사의 업무집행에 관여한다는 것이 통설

이다.

되어 있으므로 기관성 인정여부에 따라 실제적인 차이가 있는 것은 아니다.

이사에는 사외이사(비상근이사)와 사내이사(상근이사)가 있다. 상법은 사외이사에 관한 정의규정을 따로 두고 있지 않으나 監査委員會를 구성하는 사외이사에 관하여 소극적 요건을 정하고 있다(415의 2②).

나. 資　格

[사례 V-3-1: 이사의 자격]

(i) Y회사의 주주총회에서 다음과 같은 정관변경결의를 한 경우 주주 X는 헌법 제11조 및 공서양속 위반을 이유로 결의무효확인의 소를 제기할 수 있는가? ① "이사는 한국국적을 가진 자에 한한다" ② "이사는 10만주 이상 주식을 가진 자에 한한다" ③ "이사는 회사의 최대주주가 아닌 자라야 한다"

(ii) Y회사는 A회사의 자회사이다. Y회사의 주주총회에서 A를 이사로 선임한 경우 Y회사의 주주 X는 상법 제382조의 위반을 이유로 결의무효확인의 소를 제기할 수 있는가?

(1) 자격제한

별다른 제한을 두고 있지 않으나 특별법상 결격사유는 있다.

상법은 이사의 자격에 대한 별다른 제한을 하고 있지 않다. 따라서 行爲無能力者도 이사가 될 수 있으나 意思能力을 갖추어야 한다고 본다(反 이·이502). 특별법상으로는 이사의 결격사유로서 禁治産 또는 限定治産者, 破産宣告를 받고 복권되지 아니한 자, 禁錮이상의 형의 선고를 받고 집행을 종료하지 아니한 자 등은 이사가 될 수 없도록 제한하고 있는데(保險12, 銀行18, 證去33, 191의12③) 상법에도 이러한 규정을 두어야 할 것이다.

회사의 자주적 판단영역이므로 제한가능하다.

1) 국적에 의한 제한　[사례 V-3-1-i]의 ①과 같이 이사를 한국인으로 한정함으로써 외국인을 배제하는 것이 憲法上 平等條項이나 公序良俗에 반하는가 하는 점이 문제된다. 원시정관으로 이러한 규정을 두는 것은 회사의 자주적 판단에 맡겨진 영역에 속하므로 불합리하게 외국인에 대해 차별적 취급을 하는 것은 아니라는 데에는 이견이 없다(이철(회) 515). 또한 이 사례와 같이 정관변경에 의해 이러한 조항을 도입하는 경우에도 적법한 정관변경절차를 거치는 한, 외국인주주의 주주권을 침해하는 것은 아니라고 보아야 할 것이다.

정관으로 자격주에 대한 규정을 둘 수 있다.

2) 보유주식수에 의한 제한　정관으로 이사가 보유해야 할 주식수, 이른바 資格株에 대한 규정을 둘 수 있고 이사는 그 수의 주권을 감사에게 공탁하여야 한다(387). 그런데 [사례 V-3-1-i]의 ②와 같이 그 보유주식수의 비율을 지나치게 높게 정한 경우에는 대주주만 이사로 선임될 수 있으므로

주식회사에서 소유와 경영의 분리라는 대원칙에 위반될 소지가 크다. 반대로 [사례Ⅴ-3-1-i]의 ③과 같이 특정한 대주주 또는 지배주주에 대한 이사 자격제한은 주주평등의 원칙에 위반되어 무효라고 할 것이다. 다만 監査委員會를 구성하는 社外理事에 대하여는 그 중립성을 보장하기 위한 결격사유를 법정하고 있다(415의2②).

3) 법인이사 [사례Ⅴ-3-1-ii]와 같은 법인이사의 허용 여부에 대하여는 부정설(이철(회)512, 최기(회)552, 서정241, 채546), 비업무집행이사에 대하여 허용된다는 설(정희471, 손주759), 긍정설(서·정427, 정동(회)387, 강위317)로 나누어진다. 긍정설은 발기인이나 회사정리법상의 관리인의 경우에는 법인이 될 수 있으므로 이사의 경우에도 허용해야 한다고 하나, 이사는 인적신뢰관계를 바탕으로 하고 이사회의 구성원으로서 그 능력과 개성을 전제로 선임되기 때문에 자연인에 한정된다는 통설에 따르기로 한다.

부정설과 긍정설로 나뉜다.

(2) 사외이사의 자격제한

株券上場法人의 경우에는 일정 수 이상의 사외이사를 의무적으로 두어야 하며(上場規程48의5), 1999년 개정상법은 이사회내 감사위원회를 둘 경우에는 구성이사의 3분의 2 이상을 사외이사로 하도록 하고 있다(415의2②). 상장법인의 사외이사는 경영, 경제, 회계, 법률 또는 관련기술 등에 관한 전문지식이나 경험이 풍부한 자로 제한된다(證去2⑲). 그러나 상법상으로는 이러한 적극적인 의미에서의 자격제한 보다는 감사위원회의 공정성을 보장하기 위해 사외이사로 될 수 없는 소극적 요건만을 정하고 있다(염미경, "사외이사의 효율적 활용방안", 「상사법연구」(2005), 175). 이에 따르면 사외이사는 현재의 경영진 또는 지배주주와 관련이 없는 자로 제한된다(415의2②).

상장법인은 적극적으로 제한하고 있으나, 상법은 소극적 요건만을 규정하고 있다.

다. 權 限

(1) 정보접근권의 보장

이사는 회사의 기관이 아니고 이사회의 구성원에 지나지 않기 때문에 독자적인 권한을 가지지 아니한다. 이사회가 경영진에 대한 효율적인 경영통제기능을 하고 중심적인 경영기구로 되기 위해서는 그 구성원인 (사외)이사의 업무수행의 전문성과 책임성을 높여야 하기 때문에 회사정보에 대한 접근권을 보장할 필요가 있다. 그러나 종래의 상법상 이사에게 회사의 회계장부를 검사할 권리가 있는지 여부는 명확하지 않다. 이사회에 이사의 직무의 집행을 감독할 책임이 있다는 점에 비추어 보면(393②) 이사회는 회사의 회

이사회가 경영진에 대한 효율적 통제기능을 하기 위해 회사정보에 대한 접근권을 보장해 주어야 한다.

계장부 및 업무와 회사재산을 검사할 권리를 갖는다는 것은 당연하지만 각 이사가 개별적으로 그러한 권리를 가지는지는 분명하지 않다. 그리하여 2001년 개정상법은 이사가 대표이사로 하여금 다른 이사 또는 피용자의 업무에 관하여 이사회에 보고할 것을 요구할 수 있도록 하고(393 ③), 이사로 하여금 업무집행상황을 3월에 1회 이상 이사회에 보고하도록 규정함으로써(393 ④) 이사의 정보접근권을 보다 강화하고 있다.

감사위원인 이사의 경우 회사 및 자회사의 업무와 재무제표상태에 대한 보고요구권과 조사권한이 있는 점, 업무를 담당하지 않는 이사들에게도 이사회에 상정된 사항에 대해서는 감시의무가 있고 이를 해태한 때에는 회사에 대해 손해배상책임이 인정되고 있는 점에 비추어(대판 1985.6.25, 84다카1954), 개정상법이 이사의 정보접근권을 명문화한 것은 이사의 업무영역과 권한에 대한 분쟁의 소지를 없애고 기업활동의 투명성을 높이기 위한 것이다.

(2) 비밀유지

회사기밀보호 책임을 함께 부여해야 한다.

다만, 이로 인하여 회사의 회계장부 등 기밀사항에까지 사외이사 정보접근이 용이해진다는 점에서 이들 회사기밀보호의 책임을 함께 부여하는 것이 마땅하다. 2001년 개정상법은 이사의 비밀유지의무를 규정하고 있으나(382의4) 정보접근권의 남용 등 부작용의 최소화를 위하여 비밀유지의무 위반시 제재방안의 마련이 필요하다.

2. 選任과 退任

가. 選 任

[사례 V-3-2: 이사의 선임 · 집중투표제]

(i) Y회사의 주주총회에서 다음 각 정관의 규정에 따라 이사를 선출한 경우 주주 X는 이사선임결의의 무효를 주장할 수 있는가? ① "이사추천위원회의 추천을 받은 자에 한하여 이사로 선임할 수 있다." ② "일정 비율이상의 주식을 보유하는 주주의 추천을 받은 자에 한하여 이사로 선임할 수 있다." ③ "이사의 선임은 출석주주의 의결권의 과반수 찬성으로 의결한다" ④ "이사의 선임은 발행주식총수의 과반수 이상 주식을 가진 주주의 동의를 얻어 의결한다."

(ii) Y회사 정관에는 이사선임시 집중투표제를 배제하는 규정이 없다. 무의결권주를 제외한 발행주식총수가 12만주인 Y회사는, 임시주주총회를 소집하여

임기만료 등으로 결원이 생긴 이사 5인을 선임하려고 한다. ① 소수주주 X가 집중투표에 의해 원하는 후보를 이사로 선출하기 위해서는 최소한 어느 정도의 주식을 보유해야 하는가? ② Y회사는 X의 집중투표 청구를 무산시키기 위해 주주총회를 여러 번 분산 개최하여 각 총회마다 1 내지 2인의 이사를 선임할 수 있는가? ③ Y회사는 집중투표를 원천적으로 봉쇄하기 위해 이사회규칙을 개정하여 이사의 수를 10인에서 5인으로 줄이고 각 이사의 임기를 달리 정할 수 있는가? ④ 집중투표에 의해 X측 인사가 이사로 선출된 경우 Y회사는 주주총회를 개최하여 X측 이사의 해임을 결의할 수 있는가?

(1) 선임기관

회사설립시 최초의 이사는 發起設立의 경우 發起人이 정하고, 募集設立時에는 創立總會에서 선임한다. 성립후 회사에 있어서는, 회사정리법과 같이 특별한 규정이 있는 경우를 제외하고는, 이사의 선임은 주주총회의 전결사항이다(382①, 標準定款 30①). 따라서 정관의 규정으로도 勞動組合 등 다른 기관에 그 선임을 위임할 수 없다. 그러나 [사례Ⅴ-3-2-i]의 ①은 일정수의 사외이사들로 구성되는 추천위원회에서 이사후보를 추천하게 함으로써 대주주의 영향력을 배제하려는 취지에서 도입된 것이기 때문에 주주총회의 전결권에 대한 제한은 아니라고 본다. 이는 그러나 [사례Ⅴ-3-2-i]의 ②와 같이 특정 대주주에게 이사 후보자지명권을 주는 것은 허용될 수 없다.

발기설립 경우는 발기인이, 모집설립 경우는 창립총회에서 이사를 선임한다.

(2) 선임결의

1) 결의요건 종래에는 이사선임결의 요건에 대하여 특별규정을 두고 있었으나(舊商 384) 1995년 개정시 이를 삭제하였으므로 보통결의로 선임한다. 따라서 출석주주의 의결권의 과반수와 발행주식 총수의 4분의 1 이상의 수로 정한다(368①, 標準定款 30②). 보통결의 요건을 완화할 수 없다고 보기 때문에 이사선임에 있어서도 [사례Ⅴ-3-2-i]의 ③과 같이 단순히 출석주주의 과반수 찬성만으로는 결의할 수 없고 최소한 발행주식총수의 4분의 1이상의 찬성을 얻어야 한다. 문제는 [사례Ⅴ-3-2-i]의 ④와 같이 결의요건을 가중할 수 있는가 하는 점이다. 선임요건을 가중할 경우 이사선임이 어려워져서 경우에 따라서는 회사의 경영이 교착상태에 빠질 위험이 있기 때문에 허용되지 않는다고 본다(이철(회) 518).

출석주주 의결권 과반수와 발행주식 총수 4분의 1 이상의 수로 정한다.

2) 결의방법 선임결의의 방법도 정관에서 정한 바에 따르는데 수인의 이사가 선임되는 경우에 1인마다 개별적으로 결의를 하거나 모든 후보

보통 일괄하여 후보자 명부가

제출되고 이에 대해 가부를 묻는 형식의 결의 방법이 많다.

에 대해 한꺼번에 결의하는 것도 가능하다. 그러나 보통은 일괄하여 후보자의 명부가 제출되고 이에 대하여 가부를 묻는 형식의 결의가 되는 경우가 많다. 또 정관에서 명시적으로 배제하지 않는 한 集中投票制에 의하여 이사를 선임하여야 하지만 대부분의 회사에서는 이를 배제하고 있다(標準定款 30③).

선임결의의 하자시에도 결의부존재, 무효·취소의 주장이 인정된다.

3) 선임결의의 하자　이사선임결의에 대하여도 하자가 있으면 결의부존재, 무효, 취소의 주장이 인정되는 것은 당연하다. 결의부존재나 무효의 주장은 반드시 소로서 할 필요는 없지만 이사의 職務執行停止, 또는 職務代行者 選任의 가처분을 구하기 위하여는 결의취소의 경우와 마찬가지로 소를 제기할 필요가 있다.

(3) 집중투표제

2인 이상 이사 선임시 주주의 의결권을 특정 후보자에게 집중함으로서 소수파 주주의 이해관계를 대변하는 이사선임이 가능하도록 하는 비례대표제의 일종이다.

1) 의 의　集中投票制(cumulative voting)라 함은 주주총회에서 2인 이상의 이사를 선임할 경우, 선임결의를 일괄적으로 하여 각 주주에게 그가 가진 주식 수에 선임될 이사 수를 곱한 의결권을 부여하고, 주주는 그 의결권을 1인 또는 수인의 후보자에게 집중함으로써(382 의2) 소수파 주주도 자신의 이익을 대변할 수 있는 이사의 선임이 가능하도록 하는 일종의 比例代表制이다. 가령 발행주식 총수 100주를 주주 2인이 60주와 40주씩 나누어 가지는 어떤 회사에서 이사 2인을 선임한다고 가정할 경우, 이사 1인씩 개별적으로 선임하게 되면 다수파 주주가 이사 전원을 차지하게 된다. 그러나 집중투표제에 의할 경우 다수파 주주는 120개의 의결권을 가지고 소수파주주는 80개의 의결권을 가지게 되는데, 다수파 주주가 이를 2인에게 분산시키면 각 후보에게 60개의 의결권밖에 행사할 수 없음에 비해 소수파 주주는 80개의 의결권을 1인의 이사후보에게 집중시킴으로써 2인의 이사 중 1인을 당선시킬 수 있게 되는 것이다. 따라서 선임될 이사 수가 많으면 많을수록 소수의 주식으로 이사 선임을 확보할 수 있다. 그러면 [사례Ⅴ-3-2-ii]의 ① 에서 소수 주주 X는 어느 정도의 지분을 확보해야 하는가? N인의 이사가 선임되는 총회의 출석 주식총수가 A주라고 하면 1인의 이사를 당선시키기 위하여는 $\frac{A+1}{N+1}$주를 보유하거나 모아야 한다. 이를 위 사례에 대입해보면 회사(Y)의 모든 주주(12만주)가 출석한다고 가정할 경우 X는 2만 1주를 보유하면 집중투표에 의해 자기측 이사 1인을 당선시킬 수 있게 되며, 출석주주가 적으면 그만큼 적은 주식만으로도 가능하게 될 것이다.

집중투표제는 소수파주주의 이해관계를 대

2) 기 능　이와 같이 집중투표제는 다수결제도하에서 경영에서 전적으로 소외될 수밖에 없는 소수주주에게 자신의 지분만큼 경영에 참여할 수

있는 길을 열어준다는 측면에서 경영의 민주화를 위한 제도라고 할 수 있다. 이리하여 1998년 상법개정시 이 제도를 도입하였다. 그러나 집중투표에 의해 당선된 이사는 회사전체의 이익보다는 자신을 밀어준 소수주주의 이익만을 대변할 위험이 있으며, 또 이사회의 분열을 초래하여 효율적인 경영을 저해할 것이라는 우려도 적지 않다. 그리하여 상법은 이를 強行的으로 시행하지 않고 각 회사의 자율적 판단에 맡겨 정관으로 집중투표제를 배제할 수 있도록 하였다(382의 2①). 그러나 우리보다 앞서 이 제도를 시행한 日本에서는 거의 대부분의 회사들이 정관으로 집중투표제를 배제함으로서 유명무실하게 되고만 경험을 가지고 있다.

변하는 이사의 선임가능성을 높이는 장점이 있는 반면 이사회 운영의 효율성을 저하시킬 수 있는 단점도 있다.

3) 절 차 집중투표는 2인 이상의 이사 선임시에 인정되는 것이지만 항상 행해지는 것은 아니고 발행주식총수의 100분의 3 이상에 해당하는 주주의 청구가 있어야 한다(382의 2①).이 청구는 이사선임을 위한 주주총회의 7일 전까지 書面으로 하여야 한다(382의 2②). 이 서면은 총회 종결시까지 본점에 비치하여 주주들이 열람할 수 있도록 하여야 하고(382의 2⑥) 총회 의장은 의결에 앞서 집중투표 통지가 있다는 사실을 알려야 한다(382의 2⑤). 이를 위반한 때에는 決議取消의 원인으로 된다. 집중투표의 결과 투표가 일부 후보자에게만 집중되어 선임되어야 할 이사중 일부만 결정된 경우에는 나머지 인원에 대하여만 재투표를 하면 된다. 이 경우 선임될 이사가 1인이면 普通決議로, 2인 이상이면 集中投票에 의하여야 한다.

발행주식 총수의 100분의 3 이상에 해당하는 주주의 청구가 있어야 한다.

4) 배 제 집중투표제는 경영에 참여를 원하는 소수주주 측에서 선호하는 제도이지만 그 부작용도 적지 않기 때문에 大株主나 經營者 측에서는 정관에 규정을 둠으로서 이를 배제할 것으로 예상된다. 그러나 이를 위한 정관변경이 쉽지 않은 경우에는 [사례Ⅴ-3-2-ii]에서 보는 바와 같은 여러 가지 수단을 동원하여 집중투표를 봉쇄하려고 할 것이다. [사례Ⅴ-3-2-ii]의 ②와 같이 집중투표를 무산시키기 위해 주주총회를 여러번 분산개최하거나 이사 선임을 목적으로 하는 소집통지에 선출될 이사 수를 명시하지 아니한 경우에는 議案 및 議案提出方法이 탈법행위로서 총회결의 취소사유에 해당한다고 본다(최기 831). [사례Ⅴ-3-2-ii]의 ③은 집중투표를 봉쇄하기 위해 가장 널리 이용되는 방법인데 아직 우리 나라에서는 논의가 없지만 미국에서는 불법이 아니라고 보고 있다. 한편 [사례Ⅴ-3-2-ii]의 ④와 같은 경우도 충분히 예상할 수 있는데 이를 허용할 경우 집중투표제의 취지는 몰각될 것이다. 그러한 의미에서 집중투표에 의해 선임된 이사의 해임요건을 현재보다 강화하든가 특별한 사유가 없으면 해임할 수 없도록 하는 입법적 보완이

대주주나 경영자 측에서는 정관에 규정을 둠으로서 이를 배제할 수 있다.

필요하다.

(4) 취 임

회사의 임용계약 청약과 이에 대한 피선임자의 승낙이 있어야 이사 취임이 가능하다.

1) 취임의 승락 理事의 選任決議가 있어도 그것만으로는 바로 이사의 취임이 완료되는 것은 아니고 회사의 임용계약 청약과 이에 대한 피선임자의 승낙이 있어야 한다(대판 1995.2.28, 94다31440). 그러나 보통은 선임결의에 앞서 결의의 성립을 조건으로 하는 피선임자의 명시 또는 묵시의 취임승낙이 있는 경우가 많다. 이러한 경우는 결의성립에 의해 조건이 성취되는 것이기 때문에 피선자는 즉시 취임한다.

감사가 이사에 선임된 경우는 감사를 사임해야 한다.

2) 취임제한 이사는 감사를 겸임할 수 없기 때문에 감사가 이사에 선임된 때에는 감사를 사임하지 않으면 안 된다(411). 또 타인의 지배인이나 겸업관계에 있는 다른 회사의 무한책임사원은 이사가 될 수 없으며, 기타 상법과 독점금지법상의 취임제약이 있다.

3) 선임등기 이사가 선임되고 피선임자가 그 취임을 승낙한 때에는 회사는 본점소재지에서는 2주내에 또 지점소재지에서는 3주내에 그 이사의 성명과 주민등록번호를 등기해야 한다(317②, 8,183). 동일인이 재선된 경우에도 다시 등기하여야 한다. 그러므로 등기전에 이사라는 직함을 형식적·명목적으로 부여받은 것에 불과한 자는 상법상 이사로서의 직무권한을 행사할 수 없다(대판 2003.9.26, 2002다64681).

나. 退 任

[사례 V-3-3: 이사의 퇴임]

(i) Y주식회사의 이사인 X_1, X_2는 아직 임기가 남아 있었지만, 재신임을 묻기 위해 사표를 제출하자는 총무이사의 말에 따라, 나머지 이사들과 함께 대표이사이며 회장인 A에게 일괄사표를 제출하였다. 그런데 A가 X_1, X_2의 사표만 수리하고 나머지 이사들의 사표는 반려하자 X_1, X_2는 Y회사가 임기만료전에 정당한 이유없이 자신들을 해임한 것이므로 상법 제385조에 기해 손해배상의무가 있다고 주장한다. X_1, X_2의 주장은 타당한가? (대판 1998.4.28, 98다8615 참조)

(ii) Y주식회사의 대표이사이었던 X는 지병의 악화로 대표이사직을 사임한 후 보유하고 있던 주식을 A이사에게 양도하고 A가 대표이사에 취임하였다. A가 주주총회를 소집하여 X를 이사에서 해임하자 X는 Y회사가 정당한 이유없이 자신을 해임하였다는 이유로 손해배상을 청구하였다. X의 주장은 타당한가? (日最高判 1982.1.21, 判時 1037, 129 참조)

(iii) 레미콘영업을 주된 업무로 하는 A회사의 이사인 Y는 이사회의 승인 없이 레미콘 영업을 목적으로 하는 B회사를 설립하고 B회사의 이사 겸 대표이사가 되어 영업준비를 하여오다가 영업활동을 개시하기 전에 B회사의 이사 및 대표이사직을 사임하였다. 이러한 사실이 알려지자 A회사는 Y이사를 해임하기 위한 주주총회를 소집하였으나 성원미달로 유회되었다. A회사 주식의 3%를 보유하고 있는 주주 X는 상법 제397조 2항에 의거 Y이사의 해임을 법원에 청구할 수 있는가? (대판 1993.4.9, 92다53583 참조)

(1) 퇴임사유

이사는 위임의 일반적 종료사유에 의해 퇴임한다.

理事와 會社의 관계는 委任이므로 이사는 위임의 일반적인 종료사유에 의해 퇴임한다(382②). 즉 임기만료가 가장 일반적인 퇴임사유이며 이외에도 이사의 사망, 파산, 금치산선고에 의해 퇴임한다(民690). 다만 임기만료에 의해 퇴임한 경우 이사의 법정 인원수를 결하게 되면 후임이사의 취임시까지 계속 이사로서의 권리의무가 있다(386①). 회사의 解散과 淸算도 이사의 퇴임사유이지만 해산시에는 원칙적으로 이사가 淸算人이 된다(531①本). 이사가 퇴임한 경우에는 퇴임등기를 하여야 한다(317②8, 183).

(2) 사 임

이사는 대표이사에게 사임의 의사표시를 함으로서 퇴임할 수 있다.

理事는 언제든지 一方的 意思表示에 의해 辭任할 수 있다(民689①). 사임의 의사표시는 대표이사에게 하여야 하는데 대표이사에게 도달됨으로서 효력을 발생하므로 대표이사의 승인을 요하지 아니한다(대결 1997.9.11. 97마1474; 대판 1993.9.14. 93다28799). 그런데 회사실무에서는 [사례 V-3-3-i]과 같이 再信任을 묻기 위한 요식적 행위로서 이사전원이 대표이사에게 일괄사표를 제출하는 경우가 흔히 있다. 이때 이사들(X_1,X_2)은 의례적인 재신임을 묻기 위해 사표를 제출한 것으로서 사임은 진의가 아니므로 대표이사(A)가 이를 반려하지 않고 선별적으로 수리한 경우 해임이 아닌가 하는 의문이 있다. 이에 대해 대판 1998.4.28, 98다8615는 "사표를 제출함으로써 그의 신임 여부에 따라서는 사표가 수리될 수도 있다는 것을 예상하고 그에게 사표의 처리를 일임하기 위하여 사표를 제출한 것이므로 그 사표의 제출이 진의 아닌 의사표시라고 볼 수 없다"고 하고 "대표이사에게 사표의 처리를 일임한 경우에는 사임 의사표시의 효과 발생 여부를 대표이사의 의사에 따르도록 한 것이므로 대표이사가 사표를 수리함으로써 사임의 효과가 생긴다"고 판시하고 있다. 이러한 판례의 취지에 따르면 대표이사(A)가 사표를 수리한 것은 임기전 해임이 아니므로 회사는 사임한 이사들에게 상법 제385조 1항에 따른 손해배상책임이 없다고 하겠다.

(3) 주주총회결의에 의한 해임

주주총회는 회사에 대해 위임계약의 임의 해지권을 가진다.

1) 취 지 주주총회는 특별결의에 의해 이사를 解任할 수 있다(385①, 415). 즉 주주총회는 정당한 사유의 유무에 불구하고 언제든지 이사를 해임할 수 있다. 이는 회사에 대하여 委任契約의 任意解止權을 부여하는 것으로서 민법의 위임규정에 대한 특례를 인정한 것이다. 주주는 회사지배에 관한 기본적 권리를 가지므로 이러한 解任權을 부여한 것이기 때문에 정관으로 주주총회의 해임권을 박탈하거나 해임요건을 엄격하게 할 수 없다고 본다. 해임결의가 있으면 해임의 효과가 발생하며 통지가 있어야 하는 것은 아니다(日最高判 1966.12.20, 民集 20-10, 2160, 정동(회)389; 反 정희473, 정찬(상)769).

주주총회의 특별결의에 의한다.

2) 결의요건 이사의 해임은 株主總會의 特別決議에 의한다(385①). 해임결의의 대상으로 된 이사가 주주인 경우에도 그 이사는 해임결의에 대하여 특별이해관계인으로서 의결권이 제한되지 않는다.

임기만료전 정당한 이유없이 해임된 이사는 회사에 대해 그 발생한 손해의 배상을 청구할 수 있다.

3) 손해배상 이사의 임기만료전에 정당한 이유없이 해임된 경우에는 해임된 이사는 회사에 대하여 해임으로 인하여 발생한 손해배상을 구할 수 있다(385①). 이는 주주총회의 특별결의에 의하여 언제든지 이사를 해임할 수 있게 하는 한편, 임기가 정하여진 이사가 그 임기 전에 정당한 이유 없이 해임당한 경우에는 회사에 대하여 손해배상을 청구할 수 있게 함으로써 주주의 회사에 대한 지배권 확보와 경영자 지위의 안정이라는 주주와 이사의 이익을 조화시키려는 규정이고, 이사의 보수청구권을 보장하는 것을 주된 목적으로 하는 규정이라 할 수 없다. 그러므로 이를 이사회가 대표이사를 해임한 경우에도 유추 적용할 것은 아니고, 대표이사가 그 지위의 해임으로 무보수, 비상근의 이사로 되었다고 하여 달리 볼 것도 아니다(대판 2004.12.10, 2004다25123). 여기에서 '정당한 이유'란 주주와 이사 사이에 불화 등 단순히 주관적인 신뢰관계가 상실된 것만으로는 부족하고, 이사가 법령이나 정관에 위배된 행위를 하였거나 정신적·육체적으로 경영자로서의 직무를 감당하기 현저하게 곤란한 경우, 회사의 중요한 사업계획 수립이나 그 추진에 실패함으로써 경영능력에 대한 근본적인 신뢰관계가 상실된 경우 등과 같이 당해 이사가 경영자로서 업무를 집행하는 데 장해가 될 객관적 상황이 발생한 경우를 말한다(대판 2004.10.15, 2004다25611; 2001.6.15, 2001다23928-임기). 또 [사례 V-3-3-ii]와 같이 질병 등으로 업무수행이 곤란한 경우도 포함된다. '정당한 이유'의 존부에 대한 입증책임은 손

해배상을 청구하는 이사가 부담한다(대판 2006.11.23, 2004다49570).

(4) 소수주주의 해임청구

1) 의 의　이사의 직무수행에 不正行爲 또는 法令과 定款에 위반한 중대한 사실이 있음에도 불구하고 주주총회에서 이사의 해임을 부결한 때에는 소수주주는 법원에 理事解任의 訴를 제기할 수 있다(385②). 이는 주주총회에 의한 해임과는 달리 정당한 해임사유가 있을 것을 요하고 주주총회에서 해임을 위한 결의가 있을 것을 전제로 한다. 판례는 [사례Ⅴ-3-3-iii]과 같이 競業禁止 위반이 있는 경우 본조 소정의 법령에 위반한 중대한 사실이 있다고 판시하고 있다(대판 1993.4.9, 92다53583).

중대 위반사항이 있음에도 총회에서 이사해임을 부결한 때는 소수주주가 법원에 소를 제기할 수 있다.

2) 요 건　이와 같이 이사의 해임은 일단 주주총회의 결의 대상이 될 것을 요하기 때문에 이사회가 이를 總會의 議題로 하지 않을 때에는 주주는 법원에 대하여 이를 목적으로 하는 주주총회소집을 청구하고 총회에서 결의를 거쳐 부결되지 아니하면 해임의 소를 제기할 수 없다. 판례는 [사례Ⅴ-3-3-iii]과 같이 주주총회가 성원미달로 유회된 경우에도 해임을 부결한 때에 해당한다고 보고 법원에 이사해임을 청구를 할 수 있다고 한다(대판 1993.4.9, 92다53583).

이사의 해임을 총회의 의제로 해야 한다.

3) 절 차　訴를 제기할 수 있는 자는 발행주식 총수의 100분의 3 이상의 주식을 가지고 있는 주주에 한하며 총회에서 해임결의에 찬성한 자가 아니라도 상관없다. 피고는 회사와 이사 쌍방이다. 이사해임의 소는 총회에서 해임결의를 부결한 후 1월 이내에 회사 본점소재지의 지방법원에 제기하여야 한다(385③, 186).

다. 職務執行停止

(1) 목적 및 성질

이사선임결의의 하자를 다투는 소송이나 이사해임의 소와 같이 이사이 지위를 부인하는 소송이 제기된 경우에도 本案이 확정될 때까지는 당해 이사는 업무집행을 계속할 수 있다. 따라서 본안이 확정되기 전이라도 이사의 업무집행을 중단시킬 필요가 있는 경우라든가 소송 계속전에도 급박한 사정이 있을 때에는 이사의 職務執行停止假處分을 신청할 수 있다(407①). 또 직무집행정지에 의해 이사의 직무를 대신하여 행할 자가 필요한 때에는 職務執行代行者의 選任을 위한 가처분도 구할 수 있다(407①). 대표이사의 직무집행정지가처분도 마찬가지이며 이사의 직무집행정지에 관한 규정은 감사 및

본안확정전이라도 필요시 직무집행정지 가처분 신청이 가능하다.

청산인에 준용된다(415, 542).

이 가처분의 성질에 대하여는 민사소송법상의 가처분(民訴 714②)의 일종으로서 동법의 적용을 받지만 상법은 이에 관한 특칙을 정한 것이라고 본다(정찬(상) 823, 김교창, "이사직무집행정지 등 가처분",「회사법의 제문제」(1982), 323).

(2) 신청자

본안 소송의 원고 또는 원고가 될 수 있는 자이다.

가처분의 신청인은 본안소송의 원고 또는 원고가 될 수 있는 자이다(정동(회)396, 정찬(상)823). 선임결의취소의 소에 있어서는 원고인 주주·이사·감사(376①), 해임의 소에 있어서는 소수주주(385②), 선임결의·해임결의의 무효·부존재확인의 소에 있어서는 확인의 이익이 있는 자는 누구나 가처분신청을 할 수 있다. 피신청인은 이사이고 회사가 아니다(대판 1982.2.9, 80다2424; 1972.1.31, 71다2351).

(3) 직무집행대행자

가처분에 의해 직무집행이 정지된 이사를 대신해 그 직무를 행하는 자이다.

가처분에 의해 직무집행이 정지된 이사를 대신하여 그 직무를 행하는 자를 직무집행대행자라 한다. 職務執行代行者는 가처분명령에 다른 정함이 있는 경우외에는 회사의 常務에 속하지 아니한 행위를 하지 못한다. 그러나 법원의 허가를 얻은 경우에는 그러하지 아니하다(408①). 常務라고 함은 회사의 영업의 범위에 속하는 통상의 업무를 말한다. 정관의 규정에 따른 정기주주총회의 소집이나 변호사에 대한 소송위임은 상무에 속하지만 新株發行 또는 社債發行은 상무에 속한다고 할 수 없다(대판 1970.4.14, 69다1631). 그러나 대행자가 상무 외의 행위를 한 경우에도 회사는 선의의 제3자에 대하여 책임이 있다(408②).

3. 任期와 定員

가. 任 期

(1) 임기의 제한

주주에 의한 경영통제 무력화 방지를 위해 3년을 넘을 수 없다.

理事의 任期는 3년을 넘을 수 없다(383②). 임기를 종신으로 하거나 지나치게 장기로 한 경우 주주에 의한 경영통제가 무력화될 수 있기 때문이다. 그러나 연임에 대한 제한은 없기 때문에 주주들의 신임을 얻는 한 임기를 계속 연장할 있을 것이다(정희472, 정동(회)388, 정찬(상)823). 이사의 임기는 정관으로 그 임기중의 최종의 결산기에 관한 정기주주총회의 종결에 이르기까지 연장할 수 있다(383③, 標準定款31但). 이는 이사가 선임된 총회의 개최일(가령 1995.2.25)과 임기 중 최종총회의 개최일(가령 1998.3.15)이 서로 다른 경우에 최종총회 개최일(1998. 3.15) 전에 그 임기가 종료됨으로써 총회에서 이사로서의 임무를 수행하지 못하게 되는 불편을 피하기 위함이다.

(2) 임기의 개시

임기의 개시는 선임결의시가 아니라 임용계약시이다(정희472, 정찬(상) 823, 정동(회)388). 다만 선임결의에 앞서 사전계약에 의하여 취임일자를 정하는 것이 보통이기 때문에 실제로 始期는 문제가 되지 아니한다. 이사가 임기 중 결원이 된 경우 그 보궐로서 선임된 자의 임기는 전임자의 잔여기간이 아니고 새로운 임기가 적용되는 것으로 본다. 다만 정관으로 이와 달리 정하는 경우에는 그에 따른다.

임용계약시에 개시된다.

나. 定 員

(1) 정 원

理事의 數는 3인 이상으로 한다(383 ①本). 이사는 이사회의 구성원이므로 회의체 운영상 최소한 3인의 이사가 필요하다고 보기 때문이다. 정원의 상한에는 제한이 없다(標準定款 29). 그러나 발행주식의 액면총액이 5억원 미만의 회사는 이사의 수를 1인 또는 2인으로 할 수 있다(383 ①但).

3인 이상이고, 상한의 제한은 없다.

(2) 결원의 충원

법률 또는 정관에서 정한 이사의 수가 欠缺된 때에는 대표이사는 지체없이 결원을 보충하기 위한 절차를 취하여야 한다(標準定款 32). 법정 이사의 수에 흠결이 있음에도 불구하고 후임 이사의 선임을 위한 주주총회의 소집을 태만히 한 때에는 過怠料의 제재를 받는다(635 ①8). 또 소수주주는 이사의 결원을 보충하기 위한 주주총회의 소집을 청구할 수 있다. 수인의 이사가 동시에 결원이 된 때에는 한꺼번에 후임이사를 선임하여야 하며, 집중투표를 배제하기 위해 선임시기를 달리할 수 없다고 본다.

법률정관시 정한 이사의 수 흠결시 대표이사는 지체없이 충원절차를 취해야 한다.

다. 缺員時 臨時措置

(1) 퇴임이사의 임기연장

법률 또는 정관에서 정한 이사의 員數를 결한 경우에는 임기의 만료 또는 사임으로 인하여 퇴임한 이사는 새로 선임된 이사가 취임할 때까지 이사의 권리의무가 있다(386 ①). 이는 결원을 보충하기까지 회사업무집행에 공백이 생기는 것을 회피하기 위해 종임 후에도 직무를 행함에 지장이 없는 경우에

결원보충시까지 회사업무 공백의 방지를 위해 퇴임이사의 임기를 연장한

다.

는 퇴임한 이사에 직무를 맡기도록 한 것이다. 따라서 사임이나 임기만료 이외의 사유, 즉 회사의 해산, 이사의 사망 또는 금치산선고, 회사 또는 이사의 파산, 기타 부정행위나 법령 정관위반으로 해임된 경우는 여기에 해당하지 아니한다. 이 점에 대해 대판 2000.11.17, 2000마5632는 "대표이사 및 이사의 임기 만료로 법률 또는 정관에 정한 원수에 결원이 발생한 경우, 회사 동업자들 사이에 동업을 둘러싼 분쟁이 계속되고 있다는 사정만으로는 그 임기 만료된 대표이사 및 이사에게 회사의 대표이사 및 이사로서의 권리의무를 보유하게 하는 것이 불가능하거나 부적당한 경우에 해당한다고 할 수 없다"고 판시하였다. 또 公益法人에 관한 판례중에서는 이사의 결원이 생긴 경우에도 임기만료되지 않은 다른 이사들로써 정상적인 활동을 할 수 있는 경우에는 퇴임이사로 하여금 직무를 계속하게 할 필요는 없다고 보고 있다(대판 1988.3.22, 88누884). 퇴임한 이사가 가지는 이사로서의 권리의무에는 제한이 없다. 이는 가처분에 의해 선임된 이사직무대행자가 원칙적으로 常務 이외에는 행할 수 없다는 것과 다르다. 퇴임이사의 임기연장은 대표이사의 경우에도 준용된다(389③).

(2) 일시이사(가이사)의 선임

퇴임이사의 임기연장이 불가능 또는 부적당한 경우 법원은 일시 이사의 직무를 수행할 자를 선임할 수 있다.

퇴임이사의 임기연장이 불가능하거나 부적당한 경우에는 필요하다고 인정할 때에는 법원은 이사·감사 기타 이해관계인의 청구에 의하여 일시이사의 직무를 수행할 자를 선임할 수 있다(386②). 이를 一時理事 또는 假理事라고 한다. 대판 2000.11.17, 2000마5632는 "여기에서 필요한 때라 함은 이사의 사망으로 결원이 생기거나 종전의 이사가 해임된 경우, 이사가 중병으로 사임하거나 장기간 부재중인 경우 등과 같이 퇴임이사로 하여금 이사로서의 권리의무를 가지게 하는 것이 불가능하거나 부적당한 경우를 의미한다고 할 것이나, 구체적으로 어떠한 경우가 이에 해당할 것인지에 관하여는 일시이사 및 직무대행자제도의 취지와 관련하여 사안에 따라 개별적으로 판단해야 할 것"이라고 한다.

일시이사를 선임한 경우에는 본점과 지점의 소재지에서 그 등기를 하여야 한다(386②). 일시이사의 권한은 법원이 제한한 경우가 아니면 본래의 이사와 같다(대판 1968.5.22, 68마119). 일시이사 선임에 관한 규정은 대표이사에도 준용된다(389③).

4. 理事의 報酬

[사례 V-3-4: 이사의 보수·퇴직위로금]

(i) ① A회사는 상무이사로서 임기만료에 의해 퇴직한 Y_1, Y_2에게 주주총회결의를 거치지 않고 관례에 따라 상당액의 퇴직위로금을 지급하였다. A회사의 주주 X는 주주총회의 결의없이 지급한 퇴직위로금은 무효임을 이유로 그 반환을 청구할 수 있는가? (대판 1964.4.31, 63다715; 1969.2.4, 68다2220 참조) ② 만일 이사회규칙으로 일정기간 이상 근무한 이사들에게 퇴직위로금을 지급한다는 규정이 있는 경우에는 어떠한가? (대판 1969.5.27, 69다327 참조) ③ 만일 퇴직금의 지급에 대한 주주총회결의는 없었지만 A회사 주식의 80%를 보유하는 대주주의 지급약속에 따른 경우는 어떠한가? (대판 1978.1.10, 77다1788; 1979.11.27, 78다1599 참조) ④ 만일 A회사의 주주총회에서 퇴직이사 Y_1, Y_2에게 퇴직위로금을 지급하기로 하되 그 금액이나 시기에 관하여는 이사회에 위임하기로 한 경우에는 어떠한가?

(ii) Y회사의 정기주주총회에서 이사의 보수액에는 사용인 겸직 이사의 사용인분 급여는 포함되지 않음을 명시하고 이사 전원의 보수총액을 증액하는 취지의 결의를 하였다. ① Y회사의 주주 X는 이러한 내용의 주주총회결의는 상법 제388조에 위반하여 무효임을 주장할 수 있는가? ② 만일 위 주주총회에서 이 회사의 대주주이며 대표이사인 A의 보수를 회사의 경영상태에 비추어 아주 과다하게 책정한 경우에는 어떠한가?

(1) 취 지

會社와 理事의 관계는 委任이므로 특별한 약정이 없으면 報酬를 청구할 수 없는 것이 원칙이다(382②, 686①). 그러나 주식회사의 이사는 경영자로서 전문적 지식과 경험이 요구되고 엄격한 책임을 부담함은 물론 회사는 이사들이 노력에 의해 이익을 획득하기 때문에 보수를 지급하는 것이 보통이다. 다만 그 결정을 理事會에 맡길 경우에는 과다하게 책정할 염려가 있을 뿐 아니라 이사의 보수는 경영성과에 대한 보상의 의미가 있기 때문에 정관에서 별도의 정함이 없는 한 주주총회결의로 그 액을 정한다(388, 標準定款 40①).

과다책정의 우려를 방지하고 경영성과에 대한 보상을 하려는 데에 그 취지가 있다.

(2) 보수의 결정

이와 같이 이사의 보수는 정관 또는 주주총회의 결의에 의해 정해지지만 정관으로 이를 정하는 경우는 드물고 대부분 주주총회의 결의로 정한다

(정희474, 정동(회)392, 정찬(상)772). 주주총회에서 이사의 보수에 대한 결정이 있으면 개정할 때까지 계속 효력을 가지기 때문에 총회마다 동일한 결의를 반복할 필요는 없다. 또 이사의 보수에 대한 주주총회 결의는 각 이사나 감사에 대해 개별적으로 정할 필요는 없고 전임원에 대해 보수총액이나 최고 한도를 정하면 된다.

이사보수결정에 관한 주주총회에서 이사인 주주는 특별이해관계있는 주주로서 의결권을 행사할 수 없으며 이것의 위반은 결의취소의 사유이다.

이와 같이 이사의 보수에 관하여는 총회의 결의를 요하나 [사례Ⅴ-3-4-i]의 ①과 같이 관례에 따라 退職金(報酬)을 지급한 경우 주주총회의 묵시적 승인이 있다고 볼 것인가 하는 점이 문제되는데 초기판례는 이를 긍정하고 있다(대판 1964.4.31, 63다715; 1969.2.4, 68다2220). 또 [사례Ⅴ-3-4-i]의 ②와 같은 이사회의 퇴직금규정 등은 주주총회의 묵시적 승인을 받은 것으로 보고 있다(대판 1969.5.27, 69다327)(標準定款 40②). 나아가 [사례Ⅴ-3-4-i]의 ③과 같이 지배주주의 약속으로서 총회결의를 대신할 수 있는 것으로 본 판례도 있다(대판 1978.1.10, 77다1788; 反 대판 1979.11.27, 79다1599). 그러나 이후의 판례는 금액, 지급방법, 지급시기 등에 관한 주주총회결의가 없으면 보수청구권을 인정하지 않는 쪽으로 입장을 바꾸고 있다(대판 1983.3.22, 81다343; 1992.12.22, 92다28228). 이에 따르면 [사례Ⅴ-3-4-i]의 ④와 같은 경우는 허용되지 않지만 이사보수총액을 총회결의로서 정하고 개인별 지급액을 이사회에 위임할 수는 있다고 본다(정희474, 정동(회)393, 정찬(상)831).

(3) 보수의 범위

월봉, 연봉, 주택수당 기타 현물급여, 퇴직위로금, 경조금까지 포함한다.

이사의 보수는 이사의 회사에 대한 勞務의 대가로서 지급되는 것으로서 月俸, 年俸은 물론이고 주택수당 기타 現物給付도 포함된다. 회사의 退職時 일시에 지급되는 퇴직위로금이나 이사의 사망시 지급되는 경조금은 직무수행에 대한 대가(후불)의 성격을 가지고 있으므로 보수에 포함된다(대판 1977.11.22, 77다1742; 1988.6.14, 87다카2268). 이러한 취지에서 대판 2004.12.10, 2004다25123은 "이사에 대한 퇴직위로금은 그 직에서 퇴임한 자에 대하여 그 재직 중 직무집행의 대가로 지급되는 보수의 일종으로서 상법 제388조에 규정된 보수에 포함되고, 정관 등에서 이사의 보수 또는 퇴직금에 관하여 주주총회의 결의로 정한다고 규정되어 있는 경우 그 금액·지급방법·지급시기 등에 관한 주주총회의 결의가 있었음을 인정할 증거가 없는 한 이사의 보수나 퇴직금청구권을 행사할 수 없다"고 판시하였다.

또 대판 2006.11.23, 2004다49570은 "주식회사와 이사 사이에 체결된 고용계약에서 이사가 그 의사에 반하여 이사직에서 해임될 경우 퇴직위로금과는 별도로 일정한 금액의 해직보상금을 지급받기로 약정한 경우, 그 해직보상금은 형식상으로는 보수에 해당하지 않는다 하여도 보수와 함께 같은 고용계약의 내용에 포함되어 그 고용계약과 관련하여 지급되는 것일 뿐 아니라, 의사에 반하여 해임된 이사에 대하여 정당한 이유의 유무와 관계없이 지급하도록 되어 있어 이사에게 유리하도록 회사에 추가적인 의무를 부과하는 것인바, 정관에서 그 액을 정하지 않는 한 주주총회 결의가 있어야만 회사에 대하여 이를 청구할 수 있다"고 판시하였다.

문제가 되는 것은 [사례 V-3-4-ii]의 ①과 같이 사용인겸직이사가 사용인으로서 받는 급여도 이사의 보수에 포함될 것인가 하는 점이다. 생각건대 양 대가의 구분이 사실상 어렵다는 점, 우리 나라 회사의 거의 대부분 이사들이 사용인겸직 이사라는 점을 감안하면, 이사의 보수에 대한 주주의 실효성 있는 통제의 필요상 그 부분도 주주총회의 승인을 받아야 한다고 본다(정동392, 이기308, 이철(회)529, 정찬(상)830).

(4) 보수의 적정성

직무수행과 균형선에서 합리적으로 정해야 한다.

이사의 보수는 그 직무수행과 균형을 이루는 선에서 합리적으로 정해야 한다. 따라서 [사례 V-3-4-ii]의 ②와 같이 이사의 보수를 회사의 경영상태에 비추어 부당하게 높게 책정한 경우에는 비록 주주총회의 결의를 거친 경우라도 그 효력을 인정할 수 없다고 본다. 우리 나라 회사의 많은 경우 지배주주가 이사를 겸직하고 있는데, 이들의 보수를 부당하게 높게 산정하는 것은 주주에게 돌아갈 이익을 일부 대주주에게 차등적으로 배당하는 결과가 되어 주주평등의 원칙과 자본충실원칙에 반한다고 하겠다(이철(회)532).

제 3 理 事 會

1. 意 義

이사회는 회사의 업무집행을 위한 의사결정을 하는 필요적 비상설기관이다.

理事會(board of directors)는 회사의 업무집행에 관한 意思決定을 하는 會議體 機關이다. 또 이사회 내에 監査委員會를 두는 경우에는 회사의 업무와 회계감독기관의 지위도 겸한다.

(1) 업무집행에 관한 의사결정기관

회사의 업무집행은 이사회에서 이를 결정한다(393). 즉 理事會는 상법 또는 정관에서 주주총회의 결의사항으로 정한 것을 제외하고는 회사의 모든 업무집행에 대한 결정권을 가지는 意思決定機關이다. 그러나 회의체기관인 이사회의 성격상 이사회에서 모든 사소한 사항까지 일일이 다 결정할 수 없으므로 상법 또는 정관(이사회규칙)에서 이사회의 권한으로 되어 있는 사항 이외의 일상업무(상무)에 관한 결정권은 代表理事에게 있다.

(2) 업무 및 회계감독기관

감사에 갈음하여 이사회내에 감사위원회를 두는 경우는 이사회가 업무 및 회계를 감독한다.

이사회는 회의체기관으로서 실제 업무수행에는 적합하지 않으므로 의사결정만 하고 그 구체적인 집행은 代表理事가 행한다. 그리고 업무집행의 적정을 기하기 위하여 이사회는 대표이사를 포함한 모든 이사의 직무집행을 감독한다(393②). 즉 監事를 두는 회사에서는 감사에게 업무와 회계감독권을 부여하지만 이사회는 이와는 별개로 대표이사의 직무집행에 대한 自己是正的 감독권을 가지는 것이다. 그러나 감사에 갈음하여 이사회 내에 監査委員會를 두는 경우에는 감사위원회가 종래의 감사 지위를 대신하므로 이사회는 회사의 업무 및 회계감독기관이라고 할 수 있다(정찬형,"주식회사 지배구조 관련 개정의견",「상사법연구」(2005), 141).

2. 權　　限

가. 法定權限

2001년 개정상법은 이사회의 활성화를 위하여 "중요한 자산의 처분 및 양도, 대규모 재산의 차입, 지배인의 선임 또는 해임과 지점의 설치·이전 또는 폐지 등 회사의 업무집행은 이사회의 결의로 한다"라고 정하여 이사회 결의사항의 범위를 구체화하고 있다. 이는 종래의 상법 제393조에서 회사의 업무집행에 관한 전반적인 사항을 이사회의 결의에 의하도록 하고 있음에도 불구하고 대부분의 결정이 최고경영진을 중심으로 이루어지고 있는 현실을 감안하여 이사회의 감시기능을 충실화하고자 하는 것이다. 종래 상법의 해석에 의하더라도 명시적으로 주주총회의 권한으로 규정된 사항외의 모든 사항은 이사회의 결의사항이라고 해석되고 있으며, 개정상법에 의한 이사회결의사항은 이미 정관에 의하여 이사회의 결의사항으로 하고 있는 경우가 대부분인 점을 감안할 때, 개정 상법이 기존 제도와 관행을 크게 변경시키는 것은 아니다.

(1) 업무집행결정권

회사의 업무집행에 대한 결정권을 가진다.

1) 일반회사　　상법상 이사회는 회사의 업무집행에 대한 결정권을 가지고 있다(393, 標準定款 37①). 구체적으로는 i) 중요한 자산의 처분 및 양도, ii) 대

규모 재산의 차입, iii) 지배인의 선임 또는 해임과 지점의 설치, 이전 또는 폐지(393①), iv) 주식양도제한의 경우 양도승인(335①), v) 주주총회의 소집(362), vi) 대표이사의 선임과 공동대표의 결정(389①②), vii) 회사와 이사간 거래의 승인(398), viii) 이사의 경업승인(397①), ix) 신주발행(416), x) 법정준비금의 자본전입(461①), xi) 주식분할(392의2①), xii) 사채발행(469), xiii) 재무제표의 승인(447)이 있다. 이외에도 정관변경 등 주주총회의 결의를 요하는 사항의 원안 작성 및 중요한 인사의 결정은 상법 및 정관에 규정이 없는 경우에도 이사회의 결의를 요한다고 본다. '중요한 자산의 처분 및 양도'와 관련해서 이사회규정상 이사회부의 안건으로 정해진 경우에 한정되는 것은 아니다. 이에 관해서 대판 2005.7.28, 2005다3649는 다음의 [사례 V-3-5-iii]에서 "상법 제393조 제1항은 주식회사의 중요한 자산의 처분 및 양도는 이사회의 결의로 한다고 규정하고 있는바, 여기서 말하는 중요한 자산의 처분에 해당하는가 아닌가는 당해 재산의 가액, 총자산에서 차지하는 비율, 회사의 규모, 회사의 영업 또는 재산의 상황, 경영상태, 자산의 보유목적, 회사의 일상적 업무와의 관련성, 당해 회사에서의 종래의 취급 등에 비추어 대표이사의 결정에 맡기는 것이 상당한지 여부에 따라 판단하여야 할 것이고, 중요한 자산의 처분에 해당하는 경우에는 이사회가 그에 관하여 직접 결의하지 아니한 채 대표이사에게 그 처분에 관한 사항을 일임할 수 없는 것이므로, 이사회규정상 이사회 부의사항으로 정해져 있지 아니하더라도 반드시 이사회의 결의를 거쳐야 한다"고 판시하였다.

2) 소규모회사　자본금 5억원 미만의 회사는 1인 또는 2인의 이사만 선임할 수 있는데(383①) 이사가 1인인 경우에는 중요한 이사회의 권한은 주주총회의 권한으로 한다(383④). 다만 총회의 소집결정 등 절차에 관한 사항은 1인 이사가 결정한다(383⑤).

(2) 업무감독권

감사를 두는 경우와 이사회 내 감사위원회를 설치하는 경우가 있다.

이사회의 감독권은 監事를 두는 경우(409)와 이사회 내 監査委員會를 설치하는 경우(415의2)에 각각 다르다. 즉 전자의 경우 이사회의 감독권은 自己是正的 업무감독권에 한정되지만, 후자의 경우에는 회사의 모든 업무 및 회계에 대한 감독권을 가진다. 이사가 1인인 소규모회사에서는 주주총회에 업무감독권이 있다고 본다.

이사회의 감독기능은 감사의 그것과 비교하

1) 대표이사의 직무감독　이사회의 결의를 대표이사가 집행하기 때문에 이사회는 대표이사의 직무집행에 대한 감독권을 가진다(393②). 이사회의

여 상하관계에서의 감독기능이며 타당성감독에까지 미친다는 점에서 감독의 범위가 넓다.

직무감독은 대표이사가 이사회의 결의에 따라 충실히 업무집행을 하는가에 모아져 있으므로 자기시정적인 사전감독의 성격을 가진다. 또한 이 감독권은 타당성(합목적성)감사에도 미치는 점에서 감사의 적법성 감사와 구별된다(손주774, 정동(회)403, 정찬(상)836). 이사회에 의한 이사의 직무감독을 위하여 2001년 개정상법은, 이사는 대표이사로 하여금 다른 이사 또는 피용자의 업무에 관하여 이사회에 보고할 것을 요구할 수 있게 하였으며(393③), 이사는 3월에 1회 이상 업무의 집행상황을 이사회에 보고하도록 하였다(393④).

2) **업무 및 회계감독** 감사에 갈음하여 감사위원회를 설치할 경우에는 현재 감사의 권한을 감사위원회가 수행하게 되므로, 이사회는 대표이사에 대한 직무감독과는 별개로 회사의 업무와 회계에 대한 사후감독권을 가진다(415의2①).

나. 다른 機關과의 관계

(1) 이사회와 주주총회

주주총회 권한은 상법과 정관에서 정한 사항에 한정되고, 이사회는 이외 모든 사항에 대해 결정권을 가진다.

주주총회의 권한은 상법과 정관에서 정한 사항에 한정된다. 그러므로 이사회는 명시적인 규정이 없는 경우에도 주주총회의 권한사항으로 되어 있는 것을 제외한 모든 사항에 대하여 결정권을 가진다. 다만 정관으로 이사회 권한 사항을 총회의 권한사항으로 이관할 수 있는데 이사회의 존재를 유명무실하게 할만큼 모든 권한을 총회에 이관할 수 없음은 물론이다. 그 외에도 사안의 성질 또는 상법의 규정으로부터 이사회의 본래적 권한으로 생각되는 것(가령, 주주총회의 소집결정)은 총회의 권한으로 이관할 수 없다.

(2) 이사회와 대표이사

대표이사가 이사회의 파생적 기관이라는 견해와 병존적 기관이라는 견해가 대립한다.

업무집행에 관한 의사결정기관인 이사회와는 별도로 代表理事를 두고 있는데, 대표이사는 이사회의 결정을 집행할 뿐 아니라 회사의 일상적인 업무에 대한 결정권도 가지고 있으므로 양자의 관계가 문제된다. 이에 관하여는 대표이사가 이사회의 파생적 기관이라는 견해(서·정437, 이병649, 채515)와 병존적 기관이라는 견해(정동(회)382, 정무457, 서정283, 박·이313, 최기869, 강위325, 양·박322)가 대립하지만, 어느 견해를 취하여도 정관으로 이사회의 법정권한사항을 대표이사의 권한으로 할 수 없다고 본다(정희476, 정동(회)401, 채521, 이기(회)324, 강·임764, 註商(II-下)230, 정찬(상)845). 법정권한사항 이외에도 정관, 이사회규칙 등으로 정한 이사회 소관사항에 대하여도 대표이사는 이사회결의 없이는 업무집행을 할 수 없다. 다만 이사회에서 기본적인 사항을 정하고 세부적인 것을 대표이사에 위임하는 것은 관계없다. 나아가 이사회 소관이 아닌 사항

■ 주주총회와 이사회의 비교

			주주총회	이사회
권 한			상법 또는 정관에서 정한 사항(361)	회사의 업무집행, 이사의 직무집행감독(393); 감사를 둘 경우 업무 및 회계감사(415의2); 감사위원회를 둘 경우
구 성			주주 종류주주총회(435)	이사(사내이사, 사외이사) 위원회설치(393의2) 감사위원회(415의2)
소집절차	소집권자		이사회(362), 소수주주(366) 감사·감사위원회(412의3, 415의2) 법원(467)	각이사(390), 특정이사
소집절차	소집통지	발송처	각 주주(363)	각 이사·감사(390②)
소집절차	소집통지	시 기	회일2주전(363)	회일1주전(390②), 정관으로 단축가능
소집절차	소집통지	방 법	서면(363)	제한없음
소집절차	소집절차생략		전원출석 주주총회	이사전원의 동의로 생략(390③)
의결권	수		1주1의결권(369①)	1인1의결권
의결권	행사방법	불통일	가능(368의2)	불가능
의결권	행사방법	대 리	가능(368③)	불가능
의결권	행사방법	서 면	가능(368의3)	통신수단에 의한 결의(391②)
의결권	제한		자기주식, 상호주, 무의결권주 특별이해관계인(368④)	특별이해관계인(391③)
결의방법			보통결의, 특별결의	과반수출석·과반수찬성, 가중가능(391①)
결의하자			결의소송인정(376, 380)	특별규정 없음

(3) 이사회와 감독기관

별개 독립기관에 맡기는 유형과 이사회에 통합하는 유형이 있다.

입법례에 따라서는 회사의 업무와 회계감독권과 업무집행을 담당하는 이사회와는 별개 독립의 기관에 맡기는 유형과 이를 이사회에 통합하는 유형이 있다. 종래 우리 상법은 대륙법계의 전통적인 입장에 따라 업무와 회계감독권을 독립기관인 監事에 부여하고 있었다. 그러나 감사제도가 유명무실하다는 반성과 함께 미국식 감사위원회제도의 도입이 세계적인 추세가 되고 있음을 감안하여 1999년 상법개정시 監査委員會制度를 채택하여, 회사의 선택에 따라 감사 또는 감사위원회를 두도록 하였다.

3. 理事會의 構成

가. 理 事 會

업무집행기관으로서의 필수적 이사회와 비상설기관인 이사회의로 구별된다.

理事會는 이사 전원으로 구성되는 회의체 기관이다(標準定款 37①). 즉 이사회는 업무집행기관이라는 점에서는 회사의 필수적 기관이지만 구체적으로는 회의에 의해 소집되는 비상설기관이다. 다시 말하면 업무집행기관으로서의 '理事會'와 구체적으로 소집된 '理事會議'는 구별된다(정동(회)400, 이철(회) 540, 정찬(상)833).

나. 委 員 會

(1) 도입의 취지

이사회가 보다 전문적인 의사결정을 도출할 수 있도록 한다.

이사의 수가 많아지고 또 비상근의 사외이사가 증대하면서 이사회의 개최가 현실적으로 어려워지고 있다. 또 사안에 따라서는 전체 이사회에 회부하는 것 보다 일부 이사들로 구성되는 위원회에서 집중적으로 검토한 후 결정하는 것이 보다 효율적인 경우가 많다. 나아가 이사들간에 이해가 충돌되는 인사, 보수문제의 결정에 관하여는 중립적인 社外理事들로 구성되는 위원회로 하여금 결정하게 하는 것이 보다 공정성을 확보할 수 있다. 그 때문에 실무적으로는 이사회 내에 경영위원회 또는 이사추천위원회, 이사보수결정위원회 등과 같은 위원회를 두는 경우가 많다(최병규, "이사회내 위원회제도에 관한 연구", 「기업법연구」(2000.10), 61 이하).

이러한 현실을 반영하고 특히 감사에 갈음할 미국식 監査委員會制度를 도입하기 위하여, 委員會 일반에 관한 근거규정을 마련할 필요가 있어 1999년 상법개정시 이사회내 위원회를 설치할 수 있는 근거 규정을 신설하였다(393의2①). 다만 회사의 규모나 형편에 따라 그 설치여부를 자율적 결정에 맡겨 둘 필요에서 정관에서 정하는 바에 따르도록 하였다(標準定款 39의2).

(2) 위원회와 이사회

이사회의 의결로써 효력을 가지나 검토만을 위임받은 때는 예외이다.

1) 위원회결정의 효력 위원회는 이사회의 하부조직으로서 이사회가 위임한 사항에 대한 결정권을 가진다(393의2②本). 즉 위원회가 결정한 사항은 이사회의 의결로서 효력을 가진다. 다만 결정권 없이 검토만을 위임받은 경우에는 그러한 효력을 인정할 수 없다. 이 점에 관하여는 명문의 규정을 두고 있지 않지만 해석상 명백하다고 하겠다(김건식, 24).

2) 위임금지사항 이와 같이 위원회 결정의 효력이 이사회의 위임여부에 달려 있으므로 이사회의 권한을 어느 범위에서 위원회에 위임할 수 있는가 하는 점이 문제된다. 상법은 위임을 원칙적으로 허용하되 i) 주주총회의 승인을 요하는 사항의 제안, ii) 대표이사의 선임 및 해임, iii) 위원회의 설치와 그 위원의 선임 및 해임, iv) 정관에서 정하는 사항은 위임할 수 없도록 제한하였다(393의2②).

이사회가 통제할 수 있도록 각 이사에게 통지하여야 한다.

3) 위원회결정의 통지 이사회에서 위임한 경우에도 원래의 업무집행 결정기관인 이사회로 하여금 위원회의 결정을 파악하고 통제할 수 있도록 하기 위해 위원회의 결의사항을 각 이사에게 통지하도록 하였다(393의2④前). 통지의 대상은 결의된 사항에 한정되며 통지의 상대방은 이사회가 아닌 각 이사임을 유의하여야 한다. 통지를 받은 각 이사는 이사회의 소집을 요구할 수 있으며, 이사회는 위원회가 결의한 사항에 대하여 다시 결의할 수 있다(393의2④後)

4) 이사회규정의 준용 위원의 결원, 위원회의 회의 및 결의방법 등에 관하여는 이사회에 관한 규정을 준용한다(393의2⑤).

(3) 위원회의 구성

委員會는 3인 이상의 이사로 구성한다(393의2③). 監査委員會는 사외이사를 포함하여 3인 이상으로 구성하며(415의2②) 기타 중요한 위원회는 3인 이상으로 구성되는 것이 보통이기 때문이다. 위원의 선임은 이사회에서 한다.

4. 이사회의

[사례 V-3-5: 이사회결의]

(i) Y회사의 대표이사 A는 개인적인 용도로 X은행으로부터 융자를 받으면서 Y회사를 연대보증인으로 세우고, 다음과 같이 이사회 승인결의를 받았다. X은행이 다음 각 사실을 알고 있다고 가정할 경우 Y회사에 대해 보증채무의 이행을 구할 수 있는가? ① 승인에 반대할 가능성이 있는 이사들에게 소집통지를 하지 않은 경우 ② 전체 8인의 이사 중 A를 포함하여 4인의 이사가 참석하여 전원이 찬성한 경우 ③ 전체 8인의 이사 중 A를 포함하여 5인의 이사가 참석하여 A등 3인이 찬성한 경우 ④ 전체 8인의 이사 중 A를 포함하여 6인의 이사가 참석하여 전원이 찬성하였으나 A가 이사회 의장으로서 영향력을 행사한 경우

(ii) Y는 X회사의 대표이사 A로부터 X회사 소유의 부동산을 매입하였다. 그런

데 X회사의 주주 B는 대표이사 A의 선임을 위한 이사회결의에 하자가 있음을 이유로 이사회결의무효확인의 소를 제기하여 승소판결을 받았다. X회사는 Y에 대하여 위 부동산의 반환을 청구 할 수 있는가? (대판 1988.4.25, 87누399 참조)

(iii) X개발은 Y회사의 대표이사 A로부터 Y소유의 공장용지를 매매대금 160억원에 매수하는 계약을 체결하고 계약금 10억원과 1차 중도금 6억원을 지급하였다. Y회사는 법원으로부터 회사정리절차개시결정을 받았다가 이 계약체결 직전에 회사정리절차종결결정을 받았다. 이 부동산은 Y에 대한 회사정리절차 진행 당시 보유자산 처분계획 대상에 포함되어 있지 아니하였다. Y의 이사회규정은 이사회에 부의할 사항으로 '자본금의 30% 이상에 상당한 주요 자산의 취득, 임대차 또는 처분(제11조 제3항 제10호)'을 규정하였다가, 이 계약체결직후에 '최근 사업연도 말 자산총액의 10% 이상에 상당한 주요 자산의 취득, 임대차 또는 처분'으로 개정하였다. 그런데 이 공장용지는 Y의 자산총액의 5.8% 상당에 해당하며, 그 매매가격을 기준으로 할 때 Y의 부동산총액에 19.7%에 해당하고, Y소유의 부동산 중 세 번째로 규모가 큰 것이었다. Y는 의류 제품의 생산 · 판매를 주된 사업으로 하는 회사로서 사업목적에 부동산 매매업이 포함되어 있기는 하나, 부동산 매매는 특별한 경우에 한하여 행하였다. A는 이 매매계약을 체결함에 있어 Y의 실무 담당자들을 배제한 채 이사회의 보고나 승인도 받지 않았다. 한편 X개발은 매매계약 체결 당시 이 매매계약이 Y회사의 이사회 결의를 필요로 하는 사항인지, 그리고 이사회의 결의가 있었는지를 Y측에 문의한 적이 없고, 다만 매매계약을 체결한 후에 매매계약 체결사실이 한국증권거래소의 전자거래공시사항으로 공시되었는지 여부를 확인한 결과 공시되지 아니한 것으로 확인되자, Y에게 매매계약 체결사실이 공시되지 아니한 이유에 관하여 문의를 하였다. X가 잔대금의 지급과 상환으로 부동산에 대한 소유권이전등기를 청구하자 Y는 이사회결의를 받지 않은 A의 부동산매매계약은 무효라고 주장하였다. Y의 주장은 타당한가? (대판 2005.7.28, 2005다3649 참조)

理事會는 會議體機關이므로 그 권한을 행사하기 위해서는 회의를 개최하여 결의에 의해 의사를 결정할 필요가 있다.

가. 理事會의 召集

(1) 소집권자

이사회결의에

1) 이 사 이사회의 소집은 각 이사가 한다. 그러나 이사회결의로

소집할 이사를 정한 때에는 그러하지 아니하다(390①). 보통은 정관이나 이사회규칙으로 대표이사나 이사회 의장에게 소집권을 부여한다(윤승은, "이사회의 소집권자", 「상사판례연구(Ⅰ)」, 550, 標準定款37②). 소집권자로 지정된 자가 다른 이사의 정당한 소집요구를 거절한 때에는 소집요구를 한 이사가 이사회를 소집할 수 있다(390②). 종래 학설과 판례상 인정되었던 내용을 2001년 개정상법에서 도입하였다(정동(회)403, 채518, 이기(회)320; 대판 1976.2.13, 74마595; 1976.2.10, 74다2255).

의한 소집을 제외하고는 각 이사가 하며 지정자의 소집 요구 거절시 요청한 이사가 소집할 수 있다.

2) 감 사 감사는 이사회에 출석하여 의견을 진술할 수 있으며(391의2①), 이사가 법령 또는 정관에 위반한 행위를 하거나 그 행위를 할 염려가 있다고 인정한 때에는 이사회에 이를 보고하여야 한다(391의2②). 이와 같이 감사에게 의견진술권과 보고의무를 부과함에도 불구하고 감사에게 이사회 소집권을 인정하지 않는 것은 균형을 잃은 것이라고 하겠다.

의견진술권과 보고의무를 부과하고 있다.

(2) 소집절차

1) 소집통지 이사회를 소집함에는 會日을 정하고 그 1주간 전에 각 이사 및 감사에 대하여 통지를 발송하여야 한다. 그러나 이 기간은 정관으로 단축할 수 있다(390③). 주주총회의 경우와는 달리 회의의 목적인 사안의 기재는 요구되지 않기 때문에 통지는 정관, 이사회규칙 등에서 방법을 특정한 경우를 제외하고는 반드시 서면일 필요는 없고 구두 또는 전화에 의하여도 상관없다(정희475, 정동(회)403, 이기(회)320, 채519, 정찬(상)834; 反 최기(회)571). [사례 V-3-5-i]의 ①과 같이 일부이사에게 소집통지를 흠결한 결의는 무효라고 본다. [사례 V-3-5-i]의 ④와 같이 통지를 받지 못한 이사들이 출석하여 반대하였더라도 결의에 영향이 없었을 것이라는 가정이 성립하더라도 이사회의장이 영향력을 행사한 경우에는 역시 무효이다(대판 1992.7.24, 92다749). 따라서 X는 위 각 경우 보증채무의 이행을 구하지 못한다.

회일 일주간 전에 통지를 발송하여야 하며 형식에는 제한이 없다.

2) 소집절차의 생략 이사 및 감사 전원의 동의가 있는 때에는 이러한 절차 없이 언제든지 회의할 수 있다(390④, 標準定款 37②但). 동의는 회의마다 있을 필요는 없고, 가령 '매월 제1 수요일 오후 2시부터 본사 회의실에서 개최한다'라는 식의 포괄적 동의도 유효하다.

이사 및 감사 전원 동의(포괄적 동의 포함)시에는 절차생략이 가능하다.

나. 理事會의 議事 및 決議

(1) 정족수

상법에는 理事會의 議事에 관한 특별한 규정이 없으므로 정관이나 이사회 규칙에서 정한 바가 있으면 그에 의하고 그렇지 않으면 회의체의 일반

이사는 이사회에서의 결의에

대하여 책임을 져야 하므로 기명투표만이 허용되어야 한다는 것이 통설이다.

적 관습에 따른다. 이사회의 결의는 과반수 출석과 출석이사 과반수로 결정하며 정관으로 이 요건을 가중할 수 있지만 경감할 수는 없다(391①, 標準定款 38①). 가령 재적 이사 6인중 3인이 참석하여 전원이 찬성한 경우에도 성립 정족수에 미달하여 무효이다(대판 1995.4.11, 94다33903). 따라서 [사례 V-3-5-i]의 ②에서 이해관계인(A)을 정족수에 포함시키더라도 과반수에 미달되어 결의는 무효로 된다. 이 정족수는 개회시만 아니라 결의의 전과정에서 요구된다(정동(회)405, 정찬(상)780).

이사회의 출석은 이사 본인일 것을 요하고 代理人의 출석은 인정되지 아니한다(정희476, 정동(회)402, 채521, 정찬(상)835; 대판 1982.7.13, 80다2441). 정관으로 '가부동수의 경우에는 의장이 결정하는 바에 의한다'라고 정하는 경우가 많은데, 이를 결의요건 경감으로 보아 무효라는 견해가 있지만(정희477, 손주776, 이철(회)841, 정찬(상)781, 김용382, 서정248, 강위323, 채521, 이기(회)321), 회의체 업무집행기관으로서의 이사회 결정의 신속성과 확실성을 보장한다는 측면에서 유효로 보아야 할 것이다(서·정435, 정동(회)405, 이병645, 박·이271). 결의요건의 충족여부는 이사회결의 당시를 기준으로 판단한다(대판 2003.1.24, 2000다20670). 이사회의 의장은 정관으로 정한다(標準定款 37③).

(2) 통신수단에 의한 회의

통신수단에 의한 참가도 출석으로 인정한다.

최근 통신수단의 급속한 발달로 遠隔地에 소재하고 있는 다수인이 동시에 회의를 하는 것이 가능하게 되었다. 이사수가 증가하고 또 대부분 이사들이 업무수행의 목적상 원격지에 소재하는 일이 많아지면서 이들간에 화상회의나 전화회의에 의해 이사회를 운영하는 회사도 이미 상당수에 달하고 있다. 이러한 상황을 감안하여 1999년 개정상법은 이사의 전부 또는 일부가 직접회의에 출석하지 않고 모든 이사가 동시에 서로 들을 수 있는 통신수단에 의하여 회의에 참가하는 길을 마련하였다(송종준, "주주총회 · 이사회의 운영 등 기타 개정사항", 「고시계」(2000.4), 28). 즉 이사가 화상회의에 의하여 이사회에 참가하는 경우에는 이사회에 직접 출석한 것으로 본다(391②, 標準定款 38②).

(3) 특별이해관계

자기거래가 대표적인 예이다.

이사회 결의에 대하여 특별이해관계를 가진 자는 그 의결권을 행사할 수 없다(391③, 368④, 標準定款 38③). 특별이해관계는 [사례 V-3-5-i]과 같은 自己去來가 그 대표적인 경우이며(대판 1992.4.14, 90다카22698) 대표이사의 선임 및 해임결의에 있어서 그 후보자인 이사는 특별이해관계인에 해당하지 않는다고 본다. 특별이해관계인인 이사는 이사회의 정족수를 산정하는 데에는 출석자의 수에 산입되지만 결의의 성립에 필요한 출석이사의 과반수에 있어서는 산입되지 아니한다(대판 1991.5.28, 90다20084). 따라서 [사례 V-3-5-i]의 ③에서 특별이해관계인(A)을 포함하여 5인이 출석하여 성립정족수는 채웠으나 A에게는 의결권이 없으므로 정족수 미달로 결의가 성립되지 못한다. [사례 V-3-5-i]의 ④에서는 결의정족수는 충족하지만 특별이해관계인(A)이 이사회 의장으로서 영향력을 행사한 것이 문제되는데 하자있는 결의로 보아야 할 것이다(이병태, "이사회의 운영", 「이태로교수화갑기념논문집」(1992.4), 154).

(4) 이사회의사록

1) 작성의무 이사회의 의사에 관하여는 議事錄을 작성하여야 한다(391의3①, 標準定款 39①). 의사록에는 안건, 경과요령, 그 결과, 반대하는 자와 그 반대이유를 기재하고 출석한 이사 및 감사가 기명날인 또는 서명하여야 한다(391의3②, 標準定款 39②). 의사록은 이사회 의사의 경과 및 결과에 대한 증거로 되지만 유일한 증거는 아니기 때문에 의사록에 기재되어 있어도 반증을 들어 이를 번복할 수 있고 또 의사록에 기재되지 아니하여도 별도의 증거가 있으면 결의의 존재를 주장할 수 있다. 이사가 이사회 결의에 기해 회사 및 제3자에 대하여 책임을 부담하는 경우(399, 401)에는 결의에 반대한 이사는 의사록에 이의를 제기한 것을 기재하여야 한다. 그렇지 않으면 결의에 찬성한 것으로 추정되어(399③) 반증을 들 수 없을 때에는 책임을 부담하여야 한다.

안건, 경과요령, 결과, 반대하는 자의 이름과 이유를 기재하여야 한다.

2) 비치·공시의무 종래에는 이사회의 의사록을 본점에 비치하여 주주와 채권자의 열람·등사에 응하도록 하였다. 그러나 이사회의사록에는 회사의 대외적인 기밀사항이 포함되는 경우가 많기 때문에 1999년 개정시에는 주주에 대하여만 이를 제한적으로 공개하도록 하였다. 즉 주주는 영업시간 내에는 언제든지 의사록의 열람 또는 등사를 청구할 수 있지만(391의3③) 회사는 이유를 붙여 청구를 거절할 수 있다. 이 경우에는 주주는 법원의 허가를 얻어 열람 또는 등사를 청구할 수 있다(391의3④).

영업시간 내에 주주의 의사록 열람·등사청구가 가능하고 회사의 제재시에는 법원의 허가를 얻어 청구할 수 있다.

다. 理事會 決議의 瑕疵

(1) 총 설

1) 하자의 주장 이사회도 주주총회와 마찬가지로 일정한 절차에 따라 소집되고 회의를 개최하여야 유효한 결의를 할 수 있기 때문에 소집절차, 결의 방법에 법령과 정관 위반의 사실이 있거나 또는 이사회 권한 이외의 사항을 결의한 경우에는 결의의 효력이 문제된다. 그러나 주주총회 결의에 대하여는 決議取消, 無效, 不當決議 變更·取消 등에 대하여 상세한 규정이 있음에도 불구하고 이사회 결의의 하자에 대하여는 아무런 규정이 없다. 따라서 이사회 결의에 대하여는 하자의 원인 여하를 불문하고 民法의

일반무효의 법리에 따른 하자의 주장이 가능하므로 누구든지 어떤 방법으로든 무효를 주장할 수 있다.

규정에 따라 그 무효를 주장할 수 있음에 불과하다고 본다(이철(회)554, 채523, 정찬(회)560, 정동(회)407, 이기(회)322). 이 경우 무효를 주장할 수 있는 자에는 제한이 없기 때문에 이해관계를 가진 자는 누구든지 주장할 수 있고 또 반드시 소의 방법에 의할 필요도 없다(대판 1982.7.13, 80다2441; 1988.4.25, 87누399). 필요한 경우 결의무효확인의 소를 제기할 수 있지만 관할법원, 제소기간, 변론의 병합 등에 있어서도 民訴法의 일반원칙에 따른다.

승소확정판결을 받은 경우라 할지라도 대세적 효력은 없다.

2) 판결의 효력 이사회결의를 무효로 하는 판결이 확정되어도 對世的 효력은 없다(이철(회)554, 정찬(회)561, 정동(회)407). 대판 1988.4.25, 87누399도 이러한 취지에서 [사례 V-3-5-ii]와 유사한 사안에서 "무효의 주장의 방법으로서 이사회결의무효확인소송이 제기되어 승소확정판결을 받은 경우 그 판결의 효력에 관하여는 주주총회결의무효확인 소송 등과는 달리 상법 제190조가 준용될 근거가 없으므로 대세적 효력이 없다고 할 것이다. 그 판결의 효력은 위 소송의 당사자(B,X) 사이에서만 발생하는 것이고, 피고(Y)를 포함한 위 소송의 당사자 아닌 사람들과의 사이에 있어서는 위 대표이사(A)가 대표이사로서 한 행위에 아무런 영향을 미치지 않는다고 할 것이다"라고 판시하고 있다. 따라서 X회사는 대표이사 선임결의의 무효를 전제로 한 이건 부동산에 대한 반환청구를 할 수 없다. 다만 이 사례에서 A에 대하여는 表見代表理事에 관한 규정(395)을 유추적용할 것인가 하는 점이 문제될 수 있는데 이에 대해서는 관련되는 곳에서 다시 살펴보기로 한다.

(2) 결의하자의 원인

1) 소집절차 또는 결의방법이 정관·법령에 위반한 경우 소집권한이 없는 자가 소집하거나, 소집통지가 정관 또는 상법에서 정한 시기까지 발송되지 않았거나, 정족수에 부족한 결의를 하였거나, 특별이해관계인이 결의에 가담한 경우이다. 위 [사례 V-3-5-i]의 각 경우가 이에 해당한다.

2) 이사회 권한 이외의 사항을 결의한 경우 주주총회의 권한사항에 대해 이사회가 결의한 경우가 이에 해당한다. 이사회 소집통지에 포함되어 있지 않은 사항에 대한 결의를 한 경우도 하자의 원인이 된다고 본다.

3) 결의의 부존재 이사회로서의 실체가 없이 의사록만 작성되어 있는 경우도 결의 부존재의 원인으로 되지 않고 결의무효의 원인으로 본다.

(3) 무효의 결의에 기한 대표이사 행위의 효력

외부자의 이해 조정에 따라 효

1) 대외적 거래행위 代表理事가 理事會決議를 거치지 않았거나 무효인 이사회 결의에 기하여 대외적인 행위를 한 경우에 그 효력이 문제된다.

대표이사의 행위는 매우 다양하기 때문에 그 효과를 일률적으로 정할 수 없고, 회사의 업무집행에 관한 결정으로서의 중요성과 의사결정의 유효한 성립여부를 용이하게 알 수 없는 외부 제3자의 이해를 어떻게 조정할 것인가에 따라 결정되어야 한다. [사례 V-3-5-iii]에서 대판 2005.7.28, 2005다33649는 "주식회사의 대표이사가 이사회결의를 요하는 대외적 거래행위를 함에 있어서 실제로 이사회결의를 거치지 아니하였거나 이사회결의가 있었다고 하더라도 그 결의가 무효인 경우, 거래상대방이 그 이사회결의의 부존재 또는 무효사실을 알거나 알 수 있었다면 그 거래행위는 무효이며, 이 경우 거래의 상대방이 이사회의 결의가 없었음을 알았거나 알 수 있었음은 이를 주장하는 회사측이 주장·입증해야 한다"고 판시하였다(同 대판 1995.4.11, 94다33903; 2003.1.24, 2000다20670).

력의 성립여부가 결정된다.

2) 대내적 행위 회사 내부적인 지배인의 선임·해임, 지점의 설치·폐쇄와 같이 이사회 결의를 유효요건으로 하는 사항은 이사회결의가 무효로 되면 그 선임 등도 무효로 된다. 그러나 社債發行, 新株發行과 같은 거래적 행위 또는 이에 준하는 행위에 관하여는 이사회결의 무효 등은 대표이사의 행위에 영향을 주지 않는다고 보는 것이 통설의 입장이다(정희478, 정동(회) 417, 이철(회)549 채524, 정찬(회)561). 이사회 결의없이 대표이사가 주주총회를 소집한 때에는 주주총회 결의취소의 원인으로 된다.

이사회결의가 유효요건인 사항과는 달리 거래적 행위 등에 관하여는 영향을 미치지 않는다는 것이 통설이다.

5. 理事會規則과 常務會

가. 理事會規則

(1) 의 의

理事會規則이라 함은 이사회의 소집, 결의사항, 운영방법 등을 정한 이사회의 내부규칙이다. 定款과는 달리 반드시 제정하여야 하는 것은 아니지만 규칙을 제정하여 두면 이사회의 적정한 운용을 할 수 있으므로 대부분의 회사에서는 이사회 규칙을 두고 있다.

(2) 규칙의 내용

이사회규칙에서 정할 사항은 각 회사의 규모나 특수성에 따라 다양하다. 회사에 따라서는 이사회규칙으로 정해도 좋은 사항을 정관의 임의적 기재사항으로 한 경우도 있고 또 이사회규칙이 없는 회사도 있다. 일반적으로 이사회규칙에는 이사회의 소집권자, 사장·부사장·전무 등 임원과 그 업무분장, 이사회에서 심의되어야 할 업무범위, 이사회의 결의방법, 의장 및 의

이사회의 소집권자, 임원과 업무분장 및 업무범위, 결의사항, 의사록, 상무회에 관한 사항을

정한다.

사록에 관한 사항, 상무회에 관한 사항을 정하는 경우가 많다.

나. 常 務 會

(1) 의 의

常務會라 함은 주식회사에서 상무이사 이상의 이사로 구성되는 회의체를 말한다. 상무회는 이사회, 대표이사와는 달리 상법상 필요적 기관은 아니므로 회사에 따라서는 이를 두지 않는 경우도 있고 구성원도 일률적이지 않다. 오늘날 대회사에 있어서는 이사의 수도 많고 또 지점장 등 상업사용인을 겸직하는 경우가 많기 때문에 이사들이 원격지에 소재하여 이사회를 빈번히 개최하는 것이 곤란하다. 이러한 대규모회사에서는 회사의 일상업무를 사장이 전단적으로 처리할 위험이 있기 때문에 기업관리의 안전과 신중을 기하는 의미에서, 그 중간적 기관으로 회사의 업무집행에 관한 주요사항을 심의하는 상무회를 두는 경우가 많다.

(2) 상무회의 법적 성격

이사회와 달리 임의적 기관이고, 협의기관 내지 자문기관이다.

상무회는 상법상 필요적 기관이 아니므로 보통은 이사회규칙 또는 이사회에서 따로 정한 상무회 규칙이 적용된다. 따라서 상무회의 법적 성격이나 부의될 사항 등도 이 규칙에서 정한다. 상무회가 업무집행에 관한 주요사항을 심의하는 경우에도 이는 단순히 사장의 자문에 응하거나 이사회에 부의될 원안을 심의하는데 불과하기 때문에 이사회나 대표이사의 권한을 침해하는 것은 아니다. 요컨데 상무회는 일반적으로 회사의 의사결정기관은 아니고 협의기관 내지는 자문기관의 성격을 가진다.

그러나 오늘날 대규모회사에서는 이사회가 점점 형식화하는 경향이 크고 상무회에서 정한 원안이 대부분 그대로 이사회에 승인되는 경우가 많기 때문에 실질적으로는 그 이상의 역할을 담당하고 있다고 하여도 좋다. 입법론적으로 이를 상법상의 기관으로서 도입할 것인지의 여부를 검토하여야 할 것이다(양만식, "집행임원제도의 도입에 따른 지배구조론의 전개", 「상사법연구」(2005), 196).

(3) 구성과 운영

상무회를 구성하는 이사의 범위는 상무회규칙에서 정하지만 일반적으로는 상무이사 이상의 이사 전원으로 구성되는 경우가 많다. 그러나 이 보다 좁게 전무이사 이상으로 한정하는 회사도 있고, 또 그 범위를 확대하여 총무부장 기타 상업사용인 겸직 이사로 그 구성원을 확대하는 회사도 있다.

상무회의 심의 방법은 구성원의 의견을 듣고 사장이 결정하며 결의의 방법도 다수결 또는 전원일치 등 회사에 따라서 다양하다. 상무회도 의사록을 작성하는 것이 보통이지만, 주주총회나 이사회의 의사록과는 달리 비치하거나 공개할 의무가 있는 것은 아니다.

제 4　代表理事

1. 意　　義

代表理事(Chief executive officer; CEO)는 對外的으로는 회사를 代表하고 對內的으로는 회사의 業務執行을 담당하는 이사로서 주식회사의 必要的 機關이다. 회사는 법인이므로 그 의사를 대외적으로 표시하고 또 대내적으로 이를 집행하는 기관(자연인)이 필요하다. 그런데 이사회는 비상설의 회의체 기관이므로 회사를 대표하거나 구체적인 업무집행을 하는 데에는 부적합하다. 따라서 이사회의 구성원 중 1인 또는 수인을 선정하여 이들로 하여금 회사 대표와 업무집행을 담당하게 할 필요에서 대표이사제도를 두게 된 것이다. 대표이사는 이사회로부터 독립적인 권한을 가지는 기관으로 보는 견해(최기869, 강위325, 정동(회)382, 정무457, 정찬(상)845, 서정283, 박·이313, 양·박322)와 이사회에서 파생된 기관으로 보는 견해(서·정437, 이병649, 채515)의 대립이 있으나 학설에 따른 실제적인 차이는 없다고 하겠다(이철(회)556).

대외적으로 회사를 대표하고 대내적으로 업무집행을 하는 필요적 상설기관이다.

자본금 5억원미만의 소규모회사로서 이사가 1인인 경우에는 그 이사가 업무집행의 의사결정, 집행 및 회사대표를 하므로(383⑥), 대표이사의 선임과 종임에 관한 규정은 적용될 여지가 없다. 다만 그 이사에 대하여는 대표이사의 권한에 관한 규정이 적용된다.

2. 選定과 退任

가. 代表理事의 選定

(1) 자격, 수 및 임기

代表理事는 회사를 대표해야 할 이사이기 때문에 대표이사로 되기 위해서는 우선 이사로 선임되어야 한다. 그 외에 정관으로 대표이사의 자격을 제한할 수 있다. 대표이사의 수에 대하여는 특별한 제한이 없으므로 1인 이

이사 중에서 선임하며, 수에 관한 규정이 없는 한 자율이고 이

사의 임기와 동일하다.

상의 대표이사를 두면 되고 정관에서 그 수를 정한 경우에는 그 수만큼 선정하여야 한다. 이사가 1인인 회사는 그 이사가 회사를 대표한다(383⑤). 그런데 2인 이상의 이사가 있는 회사에서도 이사의 수가 많지 않은 경우에는 이사 모두를 대표이사로 선정하는 경우가 종종 있는데 그 적법성 여부가 문제된다. 이렇게 될 경우 업무감독기관인 이사회와 집행기관인 대표이사의 구분이 없어진다는 이유로 위법이라는 견해가 있으나(정동(회)411, 채526, 註商(II-下)211), 1인이 양자를 겸하더라도 이사의 지위와 대표이사의 지위는 구별된다는 점에서 보면 이를 굳이 위법이라고 볼 이유는 없다고 하겠다(이철(회)553, 정찬(上)846). 대표이사의 임기에 대하여 특별한 규정은 존재하지 않는다. 그러나 대표이사이기 위해서는 이사일 것이 요구되기 때문에 이사의 임기와 동일한 것이 보통이다.

(2) 선정기관

적법한 선정절차에 의한 경우에는 임용계약과 취임 후 주소·성명을 등기하여야 한다.

代表理事는 理事會에서 선정한다. 그러나 정관으로 주주총회에서 선정하도록 할 수 있다(389①, 標準定款 33). 이와 같이 代表理事로 되기 위해서는 적법한 選定節次를 거쳐야 하기 때문에, 選定이 없는 한 사실상 대표이사로서 그 직무를 장기간 수행하더라도 대표이사의 행위로 볼 수 없으며(대판 1989.10.24, 89다카14714), 회사의 경영권을 인수한 자라고 하더라도 대표이사가 아니다(대판 1994.12.2, 94다7591). 이사가 대표이사에 선정된 경우 대표이사로서의 임용계약이 필요하며, 취임한 경우 그 주소 및 성명은 등기하여야 한다(317②9).

(3) 선정결의의 하자

대표이사의 선정결의에 하자가 있는 경우의 처리에 대하여는 상법상 특별한 규정이 없으므로 민법의 일반원칙에 따라, 결의가 무효이면 대표권이 없는 것으로 된다. 따라서 대표권이 없는 자에 의한 주주총회 소집은 주주총회 결의취소의 원인으로 된다. 그러나 대외적 거래행위에 대하여는 거래안전보호의 견지에서 表見代表理事에 준하여 처리한 판결도 있고(대판 1988.4.25, 87누399; 1985.12.10, 84다카319), 부실등기의 대항력을 제한한 상법 제39조를 원용한 판결도 있다(대판 2004.4.27, 2002다19797).

나. 代表理事의 退任

(1) 퇴임사유

주주총회의 보통결의로써 한다는 점에서 특

대표이사는 대표이사직의 임기만료, 해임 또는 사임에 의하여 퇴임한다. 대표이사를 선정한 이사회 또는 주주총회는 언제든지 대표이사를 해임할 수 있다. 또 대표이사는 이사임을 전제로 하기 때문에 대표이사가 이사의 지위를 상실한 때에는 대표이사 자격도 상실한다.

별결의에 의한 이사의 해임과 다르다.

(2) 대표이사의 결원

대표이사의 퇴임에 의해 대표이사가 없게 된 경우 또는 정관에서 정한 정원을 결한 경우에는 임기의 만료 또는 사임으로 인하여 퇴임한 대표이사는 새로 선정된 대표이사가 취임할 때까지 대표이사의 권리의무가 있다(389③, 386①). 이 경우에 법원은 필요하다고 인정하는 때에는 이사, 감사 기타 이해관계인의 청구에 의하여 일시 대표이사의 직무를 행할 자를 선정할 수 있다(389③, 386②). 법원에 의하여 선임된 임시대표이사는 대표이사와 동일한 권리의무를 갖는다(대판 1968.5.22, 68다119)

3. 權　限

가. 業務執行權

商法은 株券 및 債券에 대한 기명날인 또는 서명을 대표이사의 직무권한으로 정하고 있다(356, 478②). 그 이외에 정관·의사록·주주명부·사채원부의 비치, 계산서류 등의 작성·비치 및 주주총회에 대한 제출(396①), 재무제표의 작성·비치·공고(447, 449)를 이사의 직무권한으로 규정하고 있는데 이들은 당연히 대표이사의 직무권한으로 보아야 할 것이다(통설). 이와 같이 상법상 명문의 규정이 있는 경우 이외의 일반적인 업무집행권은 다음과 같다.

(1) 대표이사의 업무집행권

1) 의 의　代表理事의 業務執行權에 대하여는 상법상 명문의 규정이 없다. 그러나 대표이사의 대표권은 회사 내부관계에서 보면 업무집행의 일부분이라고 할 수 있으므로 대표이사는 대내적으로는 영업에 관한 모든 업무를 집행할 권한이 있는 것은 당연하다(이철(회) 561). 이와 같이 대표이사는 그 대표권의 범위 내의 영업에 관한 사항을 집행할 권한을 가지지만, 업무집행에 관하여는 별도의 의사결정기관인 이사회가 있고, 또 중요한 업무에 관하여는 주주총회의 결의를 요하는 경우도 있기 때문에, 이러한 사항에 대하여는 대표이사는 이들 기관의 결의에 따라 집행할 권한만 가진다.

대표이사는 이사회와는 별개의 독립된 기관이지만 이사회 및 주주총회의 업무결정에 따라서만 업무를 집행해야 한다.

2) 범 위　대표이사가 수인인 경우에도 각자 단독으로 업무집행을 한다. 다만 업무집행상의 혼란이 생길 우려가 있기 때문에 정관이나 이사회 규칙 등으로 내부적 업무집행 범위를 정하는 경우가 보통이다(標準定款 34①②). 가령

대표이사간의 합의제로 하든가 아니면 각 대표이사의 업무범위를 정하는 경우도 있지만 대부분은 대표이사들이 회사 실무상 사장, 부사장, 전무이사, 상무이사와 같은 임원을 겸직하고 이들간에는 상하 통솔관계에 있기 때문에 그에 따른 업무분장이 정해진다.

(2) 대표이사의 업무결정권

1) 이사회위임사항　이사회는 구체적인 사항의 업무결정권을 理事會規則이나 理事會決議를 통하여 일반적으로, 또는 구체적으로 대표이사에게 위임할 수 있으며 그 한도내에서 대표이사는 업무결정권을 갖는다. 다만 이사회의 결정권을 유명무실하게 할만큼 포괄적인 위임은 하지 못하며, 또 이사회는 대표이사에게 위임한 사항에 대하여도 의결할 수 있고 이사회결의가 있는 경우에는 대표이사는 그에 구속된다.

파생기관설에 의한 대표이사의 결정권 긍정 견해가 타당하다.

2) 일상업무　이사회의 구체적인 위임이 없는 경우에도 법률 또는 정관의 규정으로 이사회나 주주총회의 결의를 요하는 사항 이외의 日常業務에 대한 결정권이 대표이사에게 있는가 하는 점이 문제된다. 파생기관설은 이를 긍정하지만 독립기관설은 부정한다. 그러나 그다지 중요하지 않은 일상업무까지 이사회의 위임을 받아 결정하여야 한다는 것은 타당하지 않을 뿐 아니라 현실적으로도 적절하지 아니하다. 그러한 취지에서 대판 1997.6. 13, 96다48282는 "법률 또는 정관 등의 규정에 의하여 주주총회 또는 이사회의 결의를 필요로 하는 것으로 되어 있지 아니한 업무중 이사회가 일반적·구체적으로 대표이사에게 위임하지 않은 업무로서 일상업무에 속하지 않은 중요한 업무에 대하여는 이사회에게 그 의사결정권한이 있다"고 판시하여 일상업무 결정권이 대표이사에게 있음을 명확히 하고 있다.

나. 代 表 權

[사례 Ⅴ-3-6: 대표이사의 대표권제한·대표권남용·불법행위]

(i) Y_1, Y_2, Y_3회사는 대주주인 A의 개인기업이나 마찬가지로 운영되고 있었다. Y_1, Y_2회사의 대표이사직을 맡고 있던 A는 Y_3회사의 대표이사이며 자신의 큰아들인 B로부터 Y_3회사가 X보험회사에 리스보증보험을 가입함에 있어 연대보증을 해 줄 것을 요청 받았다. 이에 A는, Y_1, Y_2회사의 정관에 회사명의의 연대보증계약을 체결함에는 이사회승인을 받도록 되어 있음에도 불구하고, 이사회결의를 거치지 않고 이들 회사의 명의로 Y_3회사를 위한 연대보증계약을 X회사와 체결하였다. 이후 Y_3회사의 부도로 리스회사에 보험금을 지급하게된 X회사는 Y_1, Y_2회사에 구상권을 행사하였다. ① Y_1, Y_2회사는 보

증보험계약의 체결이 이사회결의를 거치지 않았다는 이유로 지급을 거절할 수 있는가? ② 만일 A가 형식적으로 이사회결의를 거쳐 보증계약을 체결한 경우에도 Y_1, Y_2회사는 보증계약의 체결이 대표이사 A의 개인적 이익을 위한 것이라는 이유로 지급을 거절할 수 있는가? (대판 1993.6.25, 93다13391 참조).

(ii) Y회사 대표이사 A는 Y회사의 주거래은행인 X로부터 개인적인 용도로 융자를 받으면서 그에 대한 보증으로서 X를 수취인으로 하는 Y회사 명의의 약속어음을 발행하였다. 이후 X가 Y회사에 대해 약속어음금의 지급을 청구하자 Y회사는 이 약속어음이 대표이사 A의 개인적 용도로 발행한 것이라는 이유로 지급을 거절하였다. X은행은 A가 개인적 용도로 융자받는다는 사실을 몰랐지만 이에 대한 조회를 Y회사에 하지 않은 잘못이 있을 경우, Y의 주장은 타당한가?

(iii) Y상호신용금고의 대표이사인 A는 X로부터 일정금액을 예탁금으로 입금 처리하여 줄 것을 의뢰받았다. 그러나 A는 이 금액을 Y금고의 다른 공동대표이사인 B의 개인자금을 조달할 목적으로 차용하면서도 외관상으로만 이를 Y금고의 차입금으로 입금 처리하는 양 가장하여 X를 속이고 실제로는 차입금원장 등을 장부에도 기장하지 아니하였다. 이에 A는 X에게 Y금고용 차입금증서가 아닌 B개인 명의로 발행된 약속어음을 교부하여 주었다. ① X의 예탁금반환청구에 대해 Y회사(금고)는 지급할 책임이 있는가? ② A와 B는 각각 X에게 어떠한 책임이 있는가? (대판 1990.11.13, 89다카555·26878 참조)

(1) 의 의

대표이사의 대표권은 회사의 권리능력의 범위와 일치하며, 능동대리·수동대리는 물론 사실행위나 불법행위에도 대표권이 미친다.

1) 내 용　代表理事의 代表權限은 회사의 영업에 관한 재판상·재판외의 모든 행위에 미친다(389③, 209①, 標準定款 34①). 대표권은 이와 같이 포괄적·정형적이라는 점에서 지배인의 대리권[11]과 유사하지만, 지배인의 대리권은 원칙적으로 특정 영업소의 영업범위에 한정되는 것임에 비해 대표이사의 권한은 회사의 모든 영업에 미친다는 점에서 차이가 있다. 어떠한 행위가 회사의 영업에 관한 행위인가 아닌가의 판정은 그 행위의 객관적·추상적인 성격만으로 판단하여야 하며 행위자인 대표이사의 주관적 의도에 따라 결정하여서는 안된다.

2) 대리의 준용　代表理事의 代表權은 代理權과 다르다. 대표라고 함은 대표이사의 행위가 그대로 회사의 행위로 되는 것으로서, 대리에서와 같이 대표이사의 행위의 효과가 회사에 귀속하는 것은 아니다. 이와 같이 대표와 대리는 구별되지만 양자간에는 실질적인 차이가 없기 때문에 대리에

관한 규정이 대표권행사에도 유추적용된다(民 59②). 즉 대표방식으로서의 顯名主義, 表見代理, 無權代理 등에 관한 규정은 특별한 규정(395)이 없는 한 대표행위에도 적용된다.

(2) 대표권의 제한

무권대표행위이므로 회사에 효과가 미치지 않는 것이 원칙이다.

1) 내재적 제한 대표권한은 회사의 영업에 관한 재판상·재판외의 모든 행위에 미치지만 이는 영업의 계속을 전제로 한다. 따라서 대표권의 범위에 영업전부의 양도, 임대, 경영위임 등의 행위는 포함하지 않고 또 정관변경, 해산, 합병, 자본감소, 신주발행과 같은 회사의 기본적 조직개편에 관한 행위도 포함하지 아니한다. 다만 이러한 사항을 주주총회 또는 이사회에서 결의한 경우에는 그 대외적 집행은 대표이사가 한다.

2) 법률적 제한 대표권은 재판상 행위, 즉 訴訟行爲에도 미치지만 회사와 이사간의 소송에 있어서는 대표이사가 회사를 대표하지 못하고 감사가 회사를 대표한다(394 ①②).

3) 내용적 제한 대표이사의 권한에 속하는 사항에 대하여도 정관이나 이사회결의 등으로 제한할 수 있다(김재범, "대표이사 권한의 제한과 대표행위의 효력", 「박길준교수화갑기념논문집」(1998.9), 596). 특히 數人의 代表理事가 있을 때에는 이들은 대개 사장, 부사장, 전무이사, 상무이사와 같은 임원을 겸직하고 상하관계에 있기 때문에 그에 따른 업무분담이 정해지는데(標準定款 34②), 이러한 업무분담은 대표권한의 면에서 볼 때에는 대표권의 내부적 제한이 되는 것이다. 다만 이러한 내용적 제한은 선의의 제3자에게 대항하지 못한다(389③, 209②). 즉 이 제한에 위반하여 대표행위를 한 경우, 상대방이 대표권의 제한이 있음을 알지 못한 경우에는 회사는 그 행위의 무효를 주장할 수 없다. 이러한 취지에서 대판 1993.6.25, 93다13391은 [사례Ⅴ-3-6-i]과 유사한 사안에서 "주식회사의 대표이사(A)가 이사회의 결의를 거쳐야 할 대외적 거래행위에 관하여 이를 거치지 아니하고 한 경우라도 이와 같은 이사회결의사항은 회사(Y_1,Y_2)의 내부적 의사결정에 불과하다 할 것이므로 그 거래 상대방(X)이 그와 같은 이사회결의가 없었음을 알거나 알 수 있었을 경우가 아니라면 그 거래행위는 유효하다고 해석되고 위와 같은 상대방(X)의 악의는 이를 주장하는 회사측(Y_1,Y_2)이 주장, 입증하여야 할 것이다"라고 판시하고 있다(대판 1978. 6.27, 78다389; 1984.12.11, 84다카1591; 1989.5.23, 89도570; 1990.12.11, 90다카25253; 1994.10.28, 94다39253; 1995.4.11, 94다33903; 1996.1.26, 94다42754; 2005.5.27, 2005다480). 다만 상대방(X)에게 중대한 과실이 있는 경우에도 회사(Y_1,Y_2)는 거래행위의 무효를 주장할 수 없음을 주의해야 한다.

(3) 대표권의 남용

代表權의 制限을 위반한 無權代表行爲와는 달리 객관적으로는 대표이사의 권한내의 행위임에도 불구하고 주관적으로 대표이사가 개인적인 이익을 위하여 대표권을 행사한 경우를 代表權의 濫用이라고 한다. [사례Ⅴ-3-6-i]의 ②에서 대표이사(A)의 보증행위는 회사(Y_1,Y_2)의 영업을 위한 것이 아니라 자신의 큰아들(B)을 위한 것이며 또 [사례Ⅴ-3-6-ii]에서 어음발행도 개인적(A)인 이익을 위해 회사(Y)로 하여금 보증하게 한 것이다. 대표권의 남용행위는 외형적으로는 권한범위내의 행위이므로 대내적인 책임추궁과는 별개로 대외적으로는 유효로 보아야 할 것이다. 다만 상대방(X)이 대표권남용 사실을 알고 있는 경우에는 회사(Y)가 그 행위(보증, 어음발행)의 무효를 주장할 수 있다. 그 근거에 대하여는 다음과 같이 견해가 나누어진다.

1) 비진의표시설　대표권의 남용을 일종의 非眞意 意思表示로 보는 결과 상대방이 이를 알고 있는 경우에는 무효이지만 선의의 상대방에 대하여는 대항하지 못한다는 입장이다(최기(회)596~597, 채535). 이러한 입장을 취하는 최근 판례인 대판 1993.6.25, 93다13391은 "주식회사의 대표이사(A)가 회사(Y)의 이익을 위해서가 아니고 자기(A) 또는 제3자(B)의 이익을 도모할 목적으로 그 권한을 행사한 경우에 상대방(X)이 대표이사(A)의 진의를 알았거나 알 수 있었을 때에는 그 행위는 회사에 대하여 무효가 된다"고 판시하고 있다(대판 1988.8.9, 86다카1858; 1990.3.13, 89다카24360; 1993.6.25, 93다13391; 1997.8.29, 97다18059; 2005.7.28, 2005다3649). 이 견해에 의하면 [사례Ⅴ-3-6-ii]와 같이 상대방(X)의 중과실이 있는 경우에는 회사(Y)는 어음발행의 무효를 주장할 가능성이 있다.

상대방의 악의 또는 과실이 있으면 회사가 이를 가지고 대표권 남용의 항변으로써 무효로 할 수 있다고 한다.

2) 권리남용설　남용행위는 객관적으로는 대표권의 범위내의 행위이므로 유효하지만 악의의 상대방이 회사에 대하여 권리를 행사하는 것은 權利濫用 또는 信義則의 法理에 기하여 인정되지 않는다는 입장이다(정희482, 손주786, 정동(회)416, 이철(회)561~562, 이기(회)331). 이 견해에 의할 경우 [사례Ⅴ-3-6-ii]와 같이 상대방(X)이 악의가 없으면 비록 중대한 과실이 있더라도 회사(Y)는 그 행위(어음발행)의 무효를 주장하지 못한다. 이 견해를 취하는 대표적인 판례인 1987.10.13, 86다카1522는 "주식회사의 대표이사가 그 대표권의 범위 내에서 한 행위는 설사 그 대표이사가 회사의 영리목적과 관계없이 자기 또는 제3자의 이익을 도모할 목적으로 그 권한을 남용한 것이라 할지라도 일응 회사의 행위로서 유효하고, 다만 그 행위의 상대방이 그와 같은 사정을 알았던 경우에는 그로 인하여 취득한 권리를 회사에 대하여 주장하는 것이 신의칙에 반하므

제3자가 악의이더라도 대표행위는 유효하다고 보고, 다만 악의의 상대방이 그 권리를 행사하는 것은 권리남용에 해당되어 허용되지 않는다.

로 회사는 상대방의 악의를 입증하여 그 행위의 효과를 부인할 수 있을 뿐이다" 라고 판시한 다음 "원심의 판단 중 대표이사가 그 권한을 남용하여 한 행위임을 거래의 상대방이 중대한 과실로 알지 못하였을 때에도 회사가 상대방에 대하여 그 행위의 효력을 부인할 수 있는 것처럼 설시한 부분은 잘못이다"라고 판시하였다(대판 1990.3.13, 89다카24360; 2004.3.26, 2003다34045).

제3자 보호를 위해 선의와 무과실이 요구된다고 본다.

3) 내부적 제한설(대표권제한설) 대표권에는 '회사의 이익을 위하여 행사되어야 한다'라는 내부적 제한이 있는 것으로 보고 대표권남용은 이러한 내부적 제한을 일탈한 것으로 무효라고 한다. 다만 表見代理에 관한 상법 규정([14])을 유추적용하여 상대방이 악의 또는 중대한 과실이 있는 경우에는 예외적으로 유효로 보아 회사는 책임을 면한다고 본다.

4) 상대적 무효설(이익교량설) 남용행위는 대표이사의 善管主義義務에 위반하여 무효이지만 거래의 안전을 위해 선의의 상대방에 대하여는 무효를 주장할 수 없다고 한다.

권리남용설이 타당하나, 악의와 중과실의 구분이 불필요하므로 판례의 입장인 비진의 표시설을 따른다.

5) 검 토 권리남용설은 권한남용행위를 유효로 보고 상대방의 악의가 있는 경우에만 예외적으로 무효로 보는데 대하여, 나머지 견해는 모두 권한남용행위를 무효로 보는 데에서 출발하여 거래의 안전을 보호하기 위해 예외적으로 유효라는 입장을 취하고 있다. 생각건대 대표권남용행위는 행위의 객관적 내용이나 성격상 아무런 흠이 없이 행해지는 것이므로 대표이사의 內部的·心理的 상태를 이유로 이를 무효로 보는 것은 타당하지 않다고 생각된다. 따라서 이론적으로는 권리남용설이 타당하지만 이에 의할 경우 상대방에게 중과실이 있는 때에도 회사의 책임을 인정하게 되는데, 악의와 중과실을 구별할 필요가 있는지 의문이다. 그러한 의미에서 여기에서는 판례가 취하는 非眞意表示說에 따르기로 한다(최완진, "대표이사의 대표권 제한과 남용", 「고시연구」(2000.10), 156).

6) 상대방의 고의·중과실 어느 견해에 의하든지 거래상대방이 보호를 받기 위해서는 대표권남용에 대해 선의이며 중과실이 없어야 한다. 즉 상대방은 법인의 대표자의 행위가 직무에 관한 행위에 해당하지 아니함을 알았거나 또는 중대한 과실로 인하여 알지 못한 경우에는 법인에게 손해배상책임을 물을 수 없다고 할 것이다. 여기서 중대한 과실이라 함은 거래의 상대방이 조금만 주의를 기울였더라면 대표자의 행위가 그 직무권한 내에서 적법하게 행하여진 것이 아니라는 사정을 알 수 있었음에도 만연히 이를 직무권한 내의 행위라고 믿음으로써 일반인에게 요구되는 주의의무에 현저히 위반하는 것으로 거의 고의에 가까운 정도의 주의를 결여하고, 공평의 관점에서 상대방을 구태여 보호할 필요가 없다고 봄이 상당하다고 인정

되는 상태를 말한다(대판 2004.3.26, 2003다34045).

(4) 대표이사의 불법행위

대표이사가 업무집행으로 인하여 타인에게 손해를 가한 때에는 회사는 대표이사와 연대하여 손해배상책임을 진다(389③, 210). 이는 法人實在說에 입각하여 會社의 不法行爲能力을 인정한 것이라는 점은 앞에서 설명한 바 있다. 이와 같이 대표이사의 불법행위에 대해 회사의 책임을 인정하기 위해서는 대표이사의 행위가 '業務執行으로 인하여' 한 것일 필요가 있다. 대표이사의 행위가 대표이사로서의 직무와 밀접한 관련이 있고 외형상으로 대표이사의 직무범위 내의 행위로 볼 수 있는 경우에는 회사의 불법행위가 성립하며 대표이사의 주관적 의도는 문제삼지 아니한다.

업무집행으로 인한 것인 때에만 회사가 연대하여 손해배상책임을 진다.

대판 1990.11.13, 89다카555, 26878도 [사례 V-3-6-iii]과 유사한 사안에서 "이는 실질적으로는 갑(A)의 개인적인 융통행위로서 위 금고(Y)의 차용행위로서는 무효라 하겠으나, 그의 행위는 위 금고(Y) 대표이사(A)로서의 직무와 밀접한 관련이 있을 뿐만 아니라 외형상으로는 위 금고(Y) 대표이사(A)의 직무범위 내의 행위로 보아야 할 것이고 을(X)의 처지에서도 위 금고(Y)와의 거래로 알고 있었던 것이므로 위 금고(Y)는 그 대표이사 갑(A)의 직무에 관한 불법행위로 인하여 을(X)이 입은 손해를 배상할 책임이 있다"고 판시한 바 있다.

불법행위를 저지른 대표이사(A)는 회사(Y)와 연대하여 상대방(X)에게 배상할 책임이 있으며 양자의 책임은 不眞正連帶責任이다. 또 회사(Y)가 먼저 손해의 전부 또는 일부를 배상한 경우에는 대표이사(A)에게 구상할 수 있다. 어음을 발행한 대표이사 B는 X에게 어음상책임을 지는 것은 물론이다.

4. 共同代表理事

[사례 V-3-7: 공동대표이사]

(i) Y회사의 공동대표이사 중의 1인인 A_2는 회사의 경영에는 관여하지 아니한 채 그 권한행사를 다른 공동대표인 A_1에게 위임하고 그의 인감 및 명판을 보관시켜 두고 있었다. A_1은 Y회사설립 이전에 다른 사업관계로 X에게 부담하던 채무의 보증을 위하여 X를 수취인으로 하는 약속어음을 Y회사 명의로 발행하기로 하고, 이 어음에 자신의 인감과 A_2의 인감을 사용하여 대표이사의 기명날인을 하였다. ① X의 어음금 지급청구에 대해 Y회사는 지급책임이 있는가? ② 만일 A_2가 인감 및 명판을 A_1에게 보관시켜 두지 않고,

개별적 사안별로 권한행사를 A_1에게 위임한 경우에는 어떠한가? (대판 1989. 5.23, 89다카3677 참조)

(ii) Y건설회사는 대표이사인 A_1 및 A_2가 공동으로 회사를 대표하여야 한다는 취지의 등기를 하였다. 그러나 A_1은 단독으로 'Y회사 대표이사 사장 A'라는 명칭을 사용하여 X등과 아파트분양계약을 체결하였다. Y회사가 이를 알고도 방치한 경우 X는 Y회사에 분양계약의 이행을 청구할 수 있는가? (대판 1993.12.28, 93다47653 참조)

(1) 의 의

대표권의 행사를 공동으로 하게 함으로써 대표권 남용을 사전에 방지할 수 있는 제도이다.

數人의 代表理事가 있는 경우에 2인 이상의 대표이사가 공동으로 회사를 대표할 수 있도록 정할 수 있으며 이를 共同代表理事라고 한다(389②). 공동대표이사의 정함이 있는 경우에는 1인이 단독으로 회사를 대표하는 행위를 하여도 회사의 행위로는 인정되지 않고 반드시 공동으로 회사를 대표하여야 하기 때문에 대표권행사의 남용을 방지할 수 있다. 다만 受動行爲에 대하여는 공동대표이사의 1인에 대하여 한 의사표시는 회사에 대한 의사표시로서 효력을 가진다(389③, 208②). 수인의 대표이사가 있는 경우에도 이러한 정함이 없는 한 각 대표이사는 단독으로 회사를 대표할 수 있다. 따라서 공동대표는 대외적 영향이 크기 때문에 이를 정한 경우에는 그 취지를 등기하여야 한다(317의 2.10). 공동대표의 결정 및 그 폐지결정은 이사회 결의로 하지만 주주총회에서 대표이사를 선임하는 경우에는 공동대표의 결정도 주주총회에서 하여야 한다(대판 1993.1.26, 92다11008).

(2) 대표권의 위임

판례는 공동대표이사제도의 취지를 들어 포괄적인 대표권 위임은 부정하나 개별적 위임은 가능하다고 본다.

1) **포괄적 위임** 공동대표를 정한 경우에 대표이사는 공동으로 대표할 수 있는데, [사례Ⅴ-3-7-i]의 ①과 같이 그 중 1인(A_2)이 다른 공동대표이사(A_1)에게 대표권을 포괄적으로 委任할 수 있는가 하는 점이 문제된다. 이에 대하여 대판 1989.5.23, 89다카3677은 "주식회사에 있어서의 공동대표제도는 대외관계에서 수인의 대표이사가 공동으로 대표권을 행사할 수 있게 하여 업무집행의 통일성을 확보하고, 대표권 행사의 신중을 기함과 아울러 대표이사 상호간의 견제에 의하여 대표권의 남용 내지는 오용을 방지하여 회사의 이익을 도모하려는 데 그 취지가 있으므로, 공동대표이사의 1인이 그 대표권 행사를 특정사항에 관하여 개별적으로 다른 공동대표이사에게 위임함은 별론으로 하고, 일반적·포괄적으로 위임함은 허용되지 아니한

다"고 판시하였다(反 정동(회)419; 日最高判 1979.3.8, 民集 33-2, 24 5).

2) 개별적 위임 [사례 Ⅴ-3-7-i]의 ②와 같이 특정거래별로 개별적인 위임을 할 수 있다는 데 대하여는 이견이 없다(손주787~788, 이철(회)566~568, 채536, 이기(회)329, 註商(Ⅱ-下)214). 즉, 대판 1996.10.25, 95누14190은 "회사의 공동대표이사 2명 중 1명이 단독으로 동의한 것이라면 특별한 사정이 없는 한 이를 회사의 동의라고 볼 수 없으나, 다만 나머지 1명의 대표이사가 그로 하여금 건물의 관리에 관한 대표행위를 단독으로 하도록 용인 내지 방임하였고 또한 상대방이 그에게 단독으로 회사를 대표할 권한이 있다고 믿은 선의의 제3자에 해당한다면 이를 회사의 동의로 볼 수 있다"고 판시하고 있다.

공동대표이사 중 1인의 대표행위에 용인 내지 방임이 있었던 경우는 위임으로 본다.

(3) 공동대표와 표현대표이사

[사례 Ⅴ-3-7-ii]와 같이 공동대표이사의 1인(A_1)이 단독으로 사장 등의 명칭을 사용하여 회사를 대표하는 행위를 한 경우에 表見代表理事에 관한 규정에 의해 회사(Y)의 책임을 인정할 것인가 하는 문제가 있다. 학설은 긍정설과 부정설로 나뉘어지는데 긍정설이 통설이다. **부정설**은 이를 긍정한다면 공동대표제도의 존재의의가 없어질 뿐 아니라 등기의 대항력을 인정하는 상법 제37조의 취지에도 반한다고 한다(이철(회) 576). 이에 대하여 **긍정설**은 표현대표제도는 대표권이 없는 자의 행위에 대해 회사의 책임을 인정하는 것인데, 이 경우에는 공동대표라는 제한이 있기는 하지만 대표권이 있기 때문에 회사의 표현책임을 인정하는 것이 형평에 맞는다고 한다(정동(회)426, 최기(회)671, 채543, 이기(회)336,註商(Ⅱ-下)242 外).

공동대표인 경우라 하더라도 대표권이 있는 이상 표현책임의 인정은 타당하다(통설·판례).

판례는 긍정설을 취하고 있는 바, 대판 1993.12.28, 93다47653은 "회사(Y)가 수인의 대표이사(A_1,A_2)가 공동으로 회사를 대표할 것을 정하고 이를 등기하였음에도, 공동대표이사 중의 1인(A_1)이 대표이사라는 명칭을 사용하여 법률행위를 하는 것을 용인하거나 방임한 때에는, 그 공동대표이사(A_1)가 단독으로 회사를 대표하여 한 법률행위에 관하여 회사(Y)가 선의의 제3자(X)에 대하여 상법 제395조에 따른 책임을 진다"고 판시하였다(대판 1987.7.7, 87다카504; 1991.11.12, 91다19111;1992.10.27, 92다19033; 안수현, "대표이사의 명칭으로 한 공동대표이사 1인의 단독대표행위와 회사책임",「상사판례연구(Ⅰ)」, 597).

5. 表見代表理事

[사례 Ⅴ-3-8: 표현대표이사]

(i) X회사의 주식을 전부 양수 받아 실질적인 경영권을 장악한 A는 명목상의

대표이사인 B로부터 대표이사 인감과 명판을 건네 받아 직접 X회사의 대표이사로서의 업무집행권을 실질적으로 행사하였다. 이후 A는 Y종금회사로부터 이미 대출 받은 차용금 채무에 대한 추가 담보로 X회사 소유의 부동산에 근저당권설정계약을 체결하였는데, 당시까지 법인등기부상 X회사의 대표이사는 B로 등재되어 있는 관계로 근저당권설정계약서에는 X회사의 대표이사를 B로 기재하고 B의 명판과 인감을 날인하였다. 그런데 X회사는 다음과 같은 이유로 Y회사에 대해 저당권설정계약의 무효를 주장하고 등기말소를 구하고 있다. X의 주장은 타당한가? ① A는 X회사의 적법한 대표자도 아니고, X회사로부터 이 사건 부동산에 관하여 근저당권을 설정할 대리권을 수여받은 사실이 없기 때문에 위 근저당권설정등기는 원인무효이다. ② 상법 제395조는 '이사'의 자격이 있는 자에게 표현대표이사의 명칭사용을 허락한 경우에만 적용되는데 A는 이사가 아니고 또 X회사가 명칭의 사용도 허락하지 않았다. ③ 상법 제395조는 표현대표이사가 자기의 명칭을 사용한 경우에 한정되는데 A는 B의 명칭을 사용하여 저당권설정계약을 체결하였다. ④ Y는 금융거래를 전문으로 하는 회사로서 오래 전부터 A와 금융거래를 해와서 이 사건 근저당권설정계약 당시 A가 X회사의 적법한 대표이사가 아닌 사실을 알고 있었거나 쉽게 알 수 있었다. ⑤ X회사의 정관에 의하면 회사의 중요한 재산을 처분할 경우 이사회의 승인을 받도록 되어 있는데 이건 저당권설정계약에 대하여는 이사회결의를 거치지 않았다. (대판 1998.3.27, 97다34709 참조)

(iii) Y주식회사의 전무이사 A는 동회사의 실질적인 제3인자에 해당하는 사업총괄부문장으로 근무하면서 자신의 직위를 이용하여 Y회사의 거래은행인 X은행으로부터 Y회사의 예금을 담보로 하는 대출을 받아 이를 사적으로 유용하기로 하였다. A는 Y회사의 재경본부장에게 부탁하여 Y회사 대표이사의 법인명판과 법인인감을 대출서류에 날인하게 하여 자신의 사무실을 확인차 방문한 X은행의 대출담당자에게 교부하였다. A는 위 대출금의 상환기일이 다가오자 Y회사 명의의 약속어음을 발행하여 이를 X은행으로부터 할인받아 위 대출금 상환에 사용하기로 하였다. 이에 A는 Y회사 재경본부장에 부탁하여 Y회사의 약속어음용지에 어음발행용 인감과 명판을 날인하고 Y회사 거래처중의 하나인 B를 형식상의 수취인으로 하는 어음을 발행하였고, B는 이를 X은행으로부터 할인받았다. X은행이 만기에 이 어음을 지급제시 하였으나 무거래를 이유로 지급이 거절되었다. X는 Y회사에 위 어음에 대한 표현대표이사의 책임을 물을 수 있는가? (대판 2003.7.22, 2002다40432 참조)

가. 總 說

(1) 제도의 취지

대표권이 있는 것과 같은 외관이 있는 경우에 회사는 선의의 제3자에게 책임을 진다.

대표이사로 선임되고 등기된 자는 아니지만 그에게 부여된 명칭이 대표권이 있는 것처럼 보이는 외관을 가진 理事를 表見代表理事라고 한다. 회사는 표현대표이사가 한 행위에 대하여 선의의 제3자에게 책임을 부담한다(395). 회사의 실무상 회장, 사장, 부사장, 전무이사, 상무이사 등의 명칭을 사용하는 임원들은 대부분 대표이사로 선임되는 것이 보통이지만 그 중에는 대표권이 없는 보통 이사들도 있다. 그러나 회사의 외부에서 볼 때 이러한 명칭을 사용하는 이사들은 전부 대표권이 있는 것으로 생각하기 때문에 이러한 신뢰를 보호하기 위해 회사는 이들의 행위에 대해 책임을 지도록 한 것이다(안강현, "표현대표이사", 「박길준교수화갑기념논문집」(1998.9), 612).

(2) 인정근거

表見代表理事制度의 근거에 대하여는 견해가 다음과 같이 나뉘어진다. 즉 영미법상의 禁反言의 法理에 두는 견해(박·이289, 註商(II-下)237), 독일법상의 外觀理論에서 찾는 견해(정희484, 이기(회)447), 양자 모두에서 찾는 견해(서·정444, 채537)가 있는 바 판례는 세 번째 견해를 취하고 있다. 즉 대판 1998.3.27, 97다34709는 "상법 제395조는 표시에 의한 금반언의 법리나 외관이론에 따라 대표이사로서의 외관을 신뢰한 제3자를 보호하기 위하여 그와 같은 외관의 존재에 대하여 귀책사유가 있는 회사로 하여금 선의의 제3자에 대하여 그들의 행위에 관하여 책임을 지게 하려는 것"이라고 판시하고 있다.

나. 外觀保護制度

(1) 상업등기와의 관계

대표이사의 성명은 등기사항이므로 어떠한 이사에게 사장 등의 명칭이 부여되어 있는 경우에도 대표이사인지 여부는 등기부를 확인하면 명백히 밝혀진다. 상법 제37조는 등기 후에는 정당한 사유가 없는 한 제3자의 악의를 의제하기 때문에 등기제도를 중시하는 한 표현대표이사의 규정은 이와 모순된 것처럼 보인다. 따라서 등기제도와 표현대표이사제도의 관계를 어떻게 파악할 것인가 하는 점이 문제된다(정동윤, "표현대표이사", 「정희철교수화갑기념논문집」(1979.9), 101).

상법 제37조와 제395조는 그 차원을 달리 한

1) 이차원설　　양자는 각기 그 차원을 달리한다는 견해이며(정동(회)424 이철(회)559 이기(회)452, 강·임780, 註商(II-下)242) 판례도 이에 따르고 있다. 즉 대판 1979.2.13, 77다2436은 "상법 제395조와 상업등기와의 관계를 헤아려보면, 본조는 상업등기와는 다

다는 견해이다.

른 차원에서 회사의 표현책임을 인정한 규정이라고 해야 옳으니 이 책임을 물음에 상업등기가 있는 여부는 고려의 대상에 넣어서는 아니된다"고 판시하고 있다. 그러나 양자는 모두 외관을 보호하는 제도라는 점에서 공통되기 때문에 이 견해는 타당하지 않다고 생각된다(최기원, "표현대표이사의 행위와 회사의 책임", 「상사판례연구(Ⅰ)」, 573).

대표권이 없는 자의 거래행위에 대하여는 상법 제37조의 적용을 배제하여 책임을 부여하여야 한다.

2) 예외규정설 상법 제395조는 상법 제37조의 예외규정이라는 견해이다(정희484, 최기(회)570, 채544). 즉 회사와 거래시마다 등기부를 확인하는 것은 실제상 불가능함에도 불구하고 대표권이 없는 이사에게 사장, 전무이사 등의 명칭을 부여하고 외부와 거래를 하게 한 후 등기를 내세워 회사가 책임을 면한다면 거래의 안전을 해치게 되므로, 이 경우에는 상법 제37조의 적용을 배제하고 대표이사의 외관을 부여한 회사로 하여금 책임을 부담하게 한다는 것이다. 이 견해가 타당하다고 본다.

3) 정당사유설 표현대표이사를 신뢰한 것이 상법 제37조 2항의 '정당한 사유'에 해당한다는 견해이다. 그러나 정당한 사유란 不可抗力的인 사유를 말하는 것이므로 타당하지 않다고 본다.

(2) 표현대리와의 관계

표현대표이사는 민법상 표현대리보다 포괄적이다.

표현대표이사는 '理事'라는 지위에 기초하여 '代表理事'라는 외관의 존재를 신뢰한 자를 보호한다는 측면에서 民法上 表見代理와 유사하다. 그러나 표현대표이사는 표현대리의 특칙규정이 아니고 그 요건이 서로 다르기 때문에 양자는 어느 한 쪽이 다른 쪽을 배척하는 관계에 있지 않다(정찬(상)859). 다만 표현대표가 훨씬 포괄적이기 때문에 상법 제395조가 성립되면 민법상 표현대리에 관한 규정이 적용될 여지는 거의 없을 것이다.

(3) 표현지배인과의 관계

표현대표이사와 표현지배인은 외관을 신뢰한 제3자를 보호하려는 제도이다.

표현대표이사와 표현지배인은 모두 일정한 권한이 있는 것과 같은 명칭의 사용을 회사(본인)가 허락한 경우에 이를 신뢰한 제3자를 보호하려는 제도인 점에서 매우 유사하다. 그러나 표현대표이사는 '이사'에게 대표이사의 권한을 부여하는 것임에 비해 표현지배인은 '상업사용인'에게 '지배인'의 권한을 부여하는 것이라는 점에서 차이가 있다. 그러나 이사가 아닌 상업사용인이 '대표이사'의 명칭을 사용한 경우에도 표현대표이사를 인정하는 것이 통설이므로 그 한도 내에서는 양자가 관련을 가진다(서울고판 1972.12.30, 72나2141).

(4) 부실등기의 공신력과의 관계

부실등기의 고

대표이사로 선임되지 않았거나 퇴임하였음에도 불구하고 대표이사로 등기되어 있는 자가 회사를 대표하여 거래한 경우, 선의의 제3자에 대한 책임에 대하여 상법 제39조를 적용할 것인가 아니면 상법 제395조를 적용할 것인가하는 것이 문제된다. 대법원판례는 상법 제39조가 적용되기 위해서는 不實登記의 고의과실이 대표이사에게 있어야 한다고 보기 때문에, 적법한 대표이사의 잘못없이 이사가 임의로 이사회의록 등을 위조하여 대표이사로 등기한 경우에는, 상법 제39조는 적용되지 아니하고 상법 제395조를 유추적용하여야 한다고 본다(대판 1975.5.27, 74다1366; 1985.6.11, 84다카963). 그러나 不實登記의 사실을 알고도 회사가 이를 묵인한 것과 같은 중대한 과실이 있는 경우에는 상법 제39조를 적용하여야 한다는 견해가 있다(정찬(상) 861~862).

의·과실 유무에 따라 상법 제39조와 제395조의 적용여부가 결정된다.

다. 適用要件

[사례Ⅴ-3-8-i]에서 A는 X회사의 1인 주주일 뿐 대표이사도 아니고 또 이건 抵當權設定契約에 대한 대리권을 부여받은 바가 없다. 따라서 A가 회사를 대표하여 한 저당권설정계약이 유효하기 위해서는 A가 상법 제395조의 표현대표이사에 해당되는가를 밝혀야 한다. 表見代表理事가 성립하기 위해서는 i) 행위자(A)는 대표권이 있는 명칭을 사용하여야 하고, ii) 회사(X)가 명칭사용을 허락하여야 하고, iii) 제3자(Y)가 선의이어야 한다.

(1) 외관의 존재: 명칭의 사용

代表理事가 아닌 자가 회사를 대표할 권한이 있는 것으로 인정될 만한 명칭(외관)을 사용하여 거래행위를 하여야 하고, 그와 같은 명칭이 표현대표이사의 명칭에 해당하는지 여부는 사회 일반의 거래통념에 따라 결정해야 한다(대판 2003.2.11, 2002다62029).

1) 명 칭 이러한 명칭으로 상법이 열거하고 있는 것은 사장, 부사장, 전무이사, 상무이사이지만 이외에도 회장, 부회장, 총재, 이사장 등이 이에 해당할 것이다. 「사례Ⅴ-3-8-ii]에서는, A는 '전무이사'라는 직함을 가지고 있다. 그러나 경리담당이사는 이러한 명칭에 해당한다고 볼 수 없다(대판 2003.2.11, 2002다62029).

2) 이사자격 여부 상법 제395조의 문언에 따르면 행위자가 이사자격을 갖추어야 하는 것으로 되어 있는데 [사례Ⅴ-3-8-i]의 ②와 같이 행위자(A)가 이사가 아닌 경우에는 표현대표이사가 성립할 것인지 문제된다. 판례와 통설은 반드시 이사임을 요하지 않는다고 본다(정희 485, 정동(회)421, 이철(회) 570, 채540, 이기(회)333, 註商(II-下) 239). 즉 대판 1998.3.27, 97다34709은 "이 규정은 표시에 의한 금반언의

행위자가 대표권 있는 명칭을 사용하고 회사가 이를 허락하였다면 반드시 이사임을 요하

지 않는다(통설·판례).

법리나 외관이론에 따라 대표이사로서의 외관을 신뢰한 제3자를 보호하기 위하여 그와 같은 외관의 존재에 대하여 귀책사유가 있는 회사로 하여금 선의의 제3자에 대하여 그들의 행위에 관한 책임을 지도록 하려는 것이므로, 회사가 이사의 자격이 없는 자에게 표현대표이사의 명칭을 사용하게 허용한 경우는 물론, 이사의 자격이 없는 사람이 임의로 표현대표이사의 명칭을 사용하고 있는 것을 회사가 알면서도 아무런 조치를 취하지 아니한 채 그대로 방치하여 소극적으로 묵인한 경우에도 위 규정이 유추적용되는 것으로 해석함이 상당하다"고 판시하고 있다(대판 2004.2.27, 2001다53387). 이사선임결의가 무효·부존재인 경우(대판 1992.7.28, 91다35816) 또는 전혀 이사로 선임된 사실이 없는 경우(대판 1985.6.11, 84다카963)도 같다.

판례는 표현대표이사가 행한 행위에 대한 책임은 명칭을 불문한다는 입장이다.

3) 사용명칭 상법 제395조는 표현대표이사가 자신의 명칭으로 한 행위에 대하여 적용되는 것이 원칙이지만 [사례 V-3-8-i]의 ③과 같이 다른 진정한 대표이사(B)의 명의로 한 행위에 대하여도 적용될 것인지 문제된다. 초기의 판례는 이 경우에 표현대리에 관한 규정을 적용하였으나(대판 1968.7.30, 68다127), 이후 표현대표이사의 성립을 인정하고 있다. 즉 대판 1998.3.27, 97다34709는 "상법 제395조는 표현대표이사가 자기의 명칭(A)을 사용하여 법률행위를 한 경우는 물론이고 자기의 명칭을 사용하지 아니하고 다른 대표이사의 명칭(B)을 사용하여 행위를 한 경우에도 적용된다"고 판시하고 있다(대판 1979.2.13, 77다2436; 1988.10.25, 86다카1228; 1998.3.27, 97다34709; 2003.7.22, 2002다40432; 2003.9.26, 2002다65073).

법률행위와 준법률행위를 포함하며, 권한범위 내의 행위여야 한다.

4) 대표행위 표현대표이사가 명칭을 사용하여 대표이사의 권한에 속하는 대표행위를 하여야 한다. 따라서 대내적인 업무집행은 포함되지 않는다. 대표행위에는 法律行爲는 물론이고 準法律行爲를 포함하나 不法行爲와 訴訟行爲에는 적용되지 않는다(이철(회)573, 정동(회)424, 정찬(상)869, 채539). 또 표현대표이사의 행위에 대해 회사의 책임을 인정하려면 대표이사의 권한범위내의 행위이어야 하므로, 가령 표현대표이사가 주주총회의 특별결의를 거치지 않고 회사의 영업용 중요재산을 양도담보로 제공한 경우라든지(대판 1964.5.19, 63다293), [사례 V-3-8-i]의 ⑤와 같이 이사회결의를 거치지 않은 근저당설정행위에 대하여는 회사(X)에 책임이 없다. 이러한 취지에서 대판 1998.3.27, 97다34709는 "표현대표이사의 행위로 인정이 되는 경우라고 하더라도 만일 그 행위에 이사회의 결의가 필요하고 거래의 상대방인 제3자(Y)의 입장에서 이사회의 결의가 없었음을 알았거나 알 수 있었을 경우라면 회사(X)로서는 그 행위에 대한 책임을 면한다"고 판시하였다.

(2) 회사의 귀책사유: 명칭사용허락

1) 명칭사용의 허용　表見代表理事의 행위에 대하여 회사의 책임을 인정하기 위해서는 회사의 귀책사유 즉, 表見的 명칭의 사용을 회사가 명시적 또는 묵시적으로 허용하였어야 한다. ① 사용의 허락; 회사가 사장 등의 직함을 적극적으로 부여한 경우는 물론이고 표현대표이사의 행위를 사후적으로 묵인하였다든지, 표현대표이사가 한 계약을 이의 없이 이행한 경우, 적법한 대표이사가 장기간 직무수행을 방치하고 있는 사이에 다른 이사가 실질적으로 회사의 대외거래를 하여 온 경우(대판 1988.10.11, 86다카2936)에도 묵시적 승인이 있는 것으로 본다. 대판 1998.3.27, 97다34709는 [사례 V-3-8-i]에서 "회사(X)가 이사의 자격이 없는 자(A)에게 표현대표이사의 명칭을 사용하게 허용한 경우는 물론, 이사의 자격이 없는 사람이 임의로 표현대표이사의 명칭을 사용하고 있는 것을 회사(X)가 알면서도 아무런 조치를 취하지 아니한 채 그대로 방치하여 소극적으로 묵인한 경우에도 위 규정이 유추적용되는 것으로 해석함이 상당하다"고 판시하고 있다(同 대판 1992.7.28, 91다35816; 2005.9/9, 2004다17702). ② 무단사용; 회사가 명칭사용을 허용하지 않았음에도 불구하고 임의로 명칭을 사용한 경우에는 회사에 책임이 없다. 이러한 취지에서 대판 1974.11.12, 74다1091은 "명목상 회사로서의 법정요건인 기관을 갖추기 위하여 이사로 등기되어 있을 뿐 대표이사 또는 전무이사가 아니며 회사에서 동인들로 하여금 회사를 대리케 하였거나 동인들에게 대표이사 또는 전무이사의 명칭을 사용케 한 일이 없다면 동인들이 자의로 차용한 차용금에 관하여 회사에서 책임을 지게 할 표현대리의 법리는 적용할 여지가 없다"고 판시하였다. ③ 사용의 방치; 판례는 회사의 과실에 의해 명칭의 사용을 방치한 경우에도 회사의 책임을 부인하고 있다. 즉 대판 1975.5.27, 74다1366은 "표현대표자의 명칭사용을 명시적으로나 묵시적으로나 승인한 경우에만 한하는 것이고 회사의 명칭사용 승인 없이 임의로 명칭을 잠칭한 자의 행위에 대하여는 비록 그 명칭사용을 알지 못하고 제지하지 못한 점에 있어서 회사에게 과실이 있다고 할 지라도 그 회사의 책임으로 돌려 선의의 제3자에 대하여 책임을 지게 하는 취지는 아니다"라고 판시하였다(대판 1995.11.21, 94다50908).

명칭을 사용하도록 허락한 경우에만 사전·사후를 불문하고 책임을 부담한다.

2) 명칭사용의 허용기관　명칭사용의 허용은 그러한 권한이 있는 대표이사 또는 이사회결의에 의하여야 한다. 이러한 취지에서 대판 1992.9.22, 91다5365는 "회사가 표현대표를 허용하였다고 하기 위해서는 진정한 대표이사가 이를 허용하거나, 이사 전원이 아닐지라도 적어도 이사회의 결의의 성립을 위하여 회사의 정관에서 정한 이사의 수, 그와 같은 정관의 규정이

권한 있는 대표이사나 이사회결의에 의한다.

없다면 최소한 이사 정원의 과반수의 이사가 적극적 또는 묵시적으로 표현이사를 허용한 경우이어야 한다"라고 판시하였다. 또 대판 1992.12.27, 94다7621 · 7638은, 대표이사를 주주총회에서 선임하도록 되어 있는 회사에서 주주총회의 결의 없이 의사록을 위조하여 대표이사 등기를 한 자의 행위에 대하여, 회사의 귀책사유가 없음을 이유로 상법 제395조의 성립을 부인하였다(정승욱, "참칭대표이사와 회사의 귀책사유", 「상사판례연구(Ⅰ)」, 586). [사례Ⅴ-3-8-i]에서는 진정한 대표이사(B)가 행위자(A)에게 대표이사의 인감과 명판을 맡기고 일체 경영에서 손을 뗀 점을 보면 적법한 승인이 있었다고 보아야 할 것이다.

(3) 외관의 신뢰: 제3자의 선의

표현대표이사제도는 외관을 신뢰한 제3자를 보호하기 위함이므로 제3자는 행위자에게 대표권이 없음을 몰랐어야 한다. 따라서 회사는 제3자의 악의를 입증하여 그 책임을 면할 수 있다(대판 1971.6.29, 71다946).

직접 상대방과 표현적 명칭을 신뢰한 모든 당사자를 포함한다.

1) 제3자의 범위 표현대표이사제도에 의해 보호를 받는 제3자란 행위의 직접 상대방뿐 아니라 표현적 명칭을 신뢰한 모든 당사자를 포함한다. 가령 표현대표이사가 발행한 어음을 수취인으로부터 선의로 취득한 제3자(所持人)는 본 조에 의해 보호를 받는다(대판 1988.10.25, 86다카1228).

대표권없다는 사실을 알지 못한다는 것을 의미한다.

2) 선의의 내용 선의는 표현대표이사에게 대표권이 없다는 사실을 알지 못하였다는 것을 의미하며 반드시 법률상 대표이사가 아니라는 것을 알지 못해야 하는 것은 아니다. [사례Ⅴ-3-8]의 ④에서 보면 제3자(Y)는 표현대표이사(A)가 회사(X)의 법률상 대표이사가 아니라는 사실을 알고 있었지만 대표권(경영권)이 있는 것으로 알았으므로 선의가 인정된다(대판 1998.3.27, 97다34709).

과거의 판례는 제3자에게 과실이 있는 경우에도 회사에 책임을 물었으나 최근에는 중과실이 없어야 한다는 입장을 취하고 있다.

3) 제3자의 무과실 상법 제395조는 제3자의 과실에 대하여는 언급을 하지 않고 있으므로 제3자의 無過失까지 요구되는가 하는 의문이 있다. 학설은 다른 표현책임제도와의 균형상 무과실을 요구한다는 견해, 법조문의 문리해석상 악의의 경우에만 면책된다는 견해(이·박 291) 및 중과실의 경우에는 악의와 동일시하는 견해(최기(회)608~609, 정동(회)423, 이기(회)335, 정찬(상)868, 정희485, 註商(Ⅱ-下)241)로 나누어진다. 이 점에 대하여 대판 1973.2.28, 72다1907은 "상법 제395조의 규정은 무과실을 필요로 한다는 규정이 없고, 그 입법취지가 대표권이 없는 이사에 대하여 회사를 대표하는 권한이 있는 것으로 인정될만한 명칭을 부여하는 것을 가급적이면 금지하고, 그와 같은 명칭을 사용할 것을 허용한 이상 그에 대하여 회사로서는 선의의 제3자에 대하여 책임을 져야 한다는 데 있을 뿐 아니라 거래의 신속과 안전 등을 고려할 때 위의 법조해석에 있어서 그 제

3자는 '선의' 이외에 무과실까지도 필요로 한다고는 해석할 수 없다"고 판시함으로써 제3자에게 과실이 있는 경우에도 회사의 책임을 인정하고 있다. 그러나 표현대표이사에게 회사대표자격을 의심할 만한 사정이 있는 데에도 제3자가 회사에 이를 확인하거나 등기부를 열람하는 등의 최소한의 주의조차 기울이지 아니한 중과실이 있는 경우까지 보호할 필요가 있는가에 대하여는 명확한 기준을 제시하지 않고 있다(손수일, "표현대표이사의 규정에 의하여 보호되는 선의의 제3자는 무과실까지 요하는지 여부", 「상사판례연구(Ⅰ)」, 562). 그러나 대판 1994.12.2, 94다7591은 "원고들이 위 소외인이 피고회사의 적법한 대표이사가 아니라는 사실을 알았거나 알지 못한데 중대한 과실이 있었다고 하기는 어렵다고 보아야 할 것이다"라고 판시하고 또 위 [사례 Ⅴ-3-8-i]에서 대판 1998.3.27, 97다34709는 "증거들에 의하면 피고(Y)로서는 위 근저당권설정계약 당시 원고 회사(X)와 최재용(A) 사이의 위와 같은 관계를 잘 알고 이창홍(B) 명의로 근저당권설정계약을 체결한 사실을 인정할 수 있으므로, 피고(Y)가 위 근저당권설정계약 당시 원고 회사(X)의 주식의 전부를 양수하여 원고 회사를 실질적으로 경영하고 있던 최재용(A)을 원고 회사(X)를 대표할 권한이 있는 자로 믿은 데에 어떠한 과실이 있다고 할 수는 없다"고 판시함으로서 최근의 판례들은 중과실이 없어야 한다는 입장을 취하고 있는 것으로 보인다(대판 2003.7.22, 2002다40432).

제 5 理事의 義務

1. 概 觀

선관주의의무와 충실의무 및 특별규정에 의한 의무가 있다.

이사와 회사의 관계는 委任에 관한 규정에 따르기 때문에 이사는 회사에 대하여 善良한 管理者의 注意로서 직무를 행하여야 할 의무를 부담한다(382②, 民681). 또 이사는 법령 및 정관 그리고 주주총회의 결의를 준수하고 회사를 위하여 충실하게 그 직무를 수행할 의무, 즉 忠實義務를 부담한다(382의3). 이러한 일반적 의무 이외에도 이사와 회사간의 이해관계의 조절을 위해 법률 또는 정관의 특별 규정에 의해 부담하는 구체적 의무가 있다.

2. 善管義務 · 忠實義務

가. 善管義務

[사례 Ⅴ-3-9: 이사의 선관의무 · 감시의무]

(i) A주식회사는 영상사업과 광고사업을 주된 영업으로 하는 회사로서 이 회사의 이사 Y_1은 영상부문을 담당하고 이사 Y_2는 광고부문을 담당하고 있었다. 그런데 IMF사태로 인해 광고수주가 격감하면서 이 부문의 적자로 인해 A회사는 도산하고 말았다. A회사의 채권자 X는 Y_2에 대하여는 임무해태를 이유로, Y_1에 대하여는 감시의무위반을 이유로 각각 책임을 추궁한 바, Y_1은 광고부문의 적자는 이사회에서 논의된 바도 없고 또 자신은 관여하지 않았기 때문에 책임이 없다고 주장하고 있다. Y_1의 주장은 타당한가? (日最高判 1973.5.22, 民集 27-5, 655 참조)

(ii) A주식회사는 같은 계열기업인 B회사로부터 원료를 공급받아 이를 위탁 가공하여 B회사에 납품하고 이로 인한 공임취득을 주된 영업으로 하는 회사이다. A회사가 관할 세무서에게 B회사에 대한 제품납품시 신고하여 그 승인을 얻고 지정기간 내에 B회사에 제품이 반입되었음을 증명한 경우에 한하여 B회사를 제조자로 보고 과세하지만, 이러한 신고 등 절차를 밟지 아니한 경우에는 A회사를 제조자로 간주하고 과세하도록 되어 있었다. 그러나 A회사의 대표이사 Y_1과 상무이사 Y_2는 B회사의 조세절감을 지원하기 위해 제품납품시 세무서에 신고를 하지 아니하여 A회사가 물품세와 직물류세를 납부하게 되었고 A회사의 평이사인 Y_3, Y_4도 이러한 사실을 알면서 방치하였다. Y_1, Y_2, Y_3, Y_4는 조세의 부당납부로 인해 A회사가 입은 손해에 대한 배상책임이 있는가? (대판 1985.6.25, 84다카1954 참조)

(1) 의 의

통상적인 판단력과 능력을 요구하는 것이 기준이며, 회사에 불이익을 주었다고 무조건 선관의무 위반인 것은 아니다.

善良한 管理者의 注意라 함은 영업의 종류, 규모, 기타 조건에 비추어 회사의 업무를 행하기 위해 요구되는 통상적인 판단력과 능력을 가지고 이사의 업무를 행하는 것을 말한다. 이사의 행위가 善管義務에 위반하였는지 여부는, 이사가 현실적으로 알았던 사실 및 선량한 관리자의 주의를 다하였더라면 알 수 있었던 사실에 기초하여 합리적으로 회사의 이익을 위해 기대되는 바에 의해서 결정된다. 그러나 경영상의 판단에는 위험이 따르는 경우가 적지 않기 때문에 회사에 불이익한 결과가 생기는 것만으로는 주의의무에 위반하였다고 할 수 없다.

이사가 선관주의의무에 위반하여 회사에 손해를 가한 때에는 회사에 대하여 손해배상책임을 부담하며(399) 또 악의 또는 중대한 과실로 그 임무를 해태한 때에는 제3자에게 손해를 배상할 책임이 있다(401).

(2) 주의의무의 내용

이사에게 요구되는 의무로는 理事會出席義務, 企業秘密遵守義務, 監視義務 등이 있지만 주의의무의 구체적 내용은 그 지위에 따라 다음과 같이 달라질 것이다.

1) 대표이사 代表理事는 회사 업무 전반에 대하여 적정하게 집행할 직책에 있기 때문에 자신의 행위는 물론이고 업무담당이사나 사용인에 위법행위가 있을 때에는 그 사실을 알지 못하였더라도 주의의무 위반의 책임을 면할 수 없다. 대판 2003. 4.11, 2002다70044는 "주식회사의 대표이사가 대표이사로서의 업무 일체를 다른 이사 등에게 위임하고 대표이사로서의 직무를 전혀 집행하지 않는 것은 그 자체가 이사의 직무상 충실 및 선관의무를 위반하는 행위에 해당하는 것"이라고 판시하였다(同 대판 2006.9.8, 2006다21880).

선의이더라도 주의의무 위반의 책임을 진다.

2) 업무담당이사 業務擔當理事는 자기가 분담하는 업무에 대하여는 적정한 집행을 확실히 하기 위하여 필요한 주의를 다하여야 한다. 담당 이외의 업무에 관하여는 平理事와 마찬가지로 취급된다. 그러나 업무담당이사는 회사 업무 전반을 잘 알 수 있는 입장에 있기 때문에 현실로 알고 있었던 사실과 상당한 주의를 하면 알 수 있었던 사실에 관하여 책임이 있다.

담당업무에 한하여 상당한 주의의무를 요한다.

3) 평이사 平理事는 이사회에 출석하여 심의 및 결정에 참가하고 회사의 업무에 대한 보고를 청취하고 영업과 계산서류를 검토하는 것을 통하여 영업전반에 대한 지식을 습득한다. 이사가 직무수행과정에서 위법행위를 발견한 때에는 이사회의 심의를 통하여 시정을 요구하거나 법률의 규정에 의해 부여된 각종의 권한을 행사하여 위법상태를 시정하여야 한다. 이사가 업무집행을 감독하여야 할 의무를 平理事의 監示義務라고 한다.

업무집행을 감독해야 하는 의무이다.

(3) 감시의무

1) 의 의 善管義務의 구체적인 내용의 하나로 監視義務가 있다. 즉 이사는 자신이 선관주의의무를 다하여야 할 뿐 아니라 다른 이사나 대표이사의 직무수행에 대해 감시해야할 의무가 있으며, 만일 위법·부당한 임무해태가 있다고 의심할 만한 사유가 있음에도 불구하고 이를 방치한 때에는 그로 인하여 회사가 입은 손해를 배상할 책임이 있다. 이러한 이사의 감시

다른 이사나 대표이사의 직무수행에 대한 감시의무는 감독기관에 시정을 촉구하는 정도

면 충분하다.

권 또는 감시의무는 이사회(감사위원회) 및 감사가 가지는 감독권과는 다른 것이다. 즉 이사의 감시권(감시의무)은 다른 이사의 직무수행을 직접 감독하고 그 시정을 명하는 것이 아니라 이를 발견하여 감독기관에 그 시정을 촉구하는 정도의 의미를 가진다(김이수, "미국법상의 이사의 감사의무와 위반책임", 「상사법연구」(2001.5), 320).

회사 업무 전반을 잘 알 수 있는 위치에 있으므로 평이사보다 높은 주의의무를 요구한다.

2) 업무담당이사의 경우　대표이사는 모든 이사의 업무집행을 감시할 의무가 있음은 물론이다. 그런데 [사례Ⅴ-3-9-i]과 같이 대표권이 없이 각각 담당업무가 정해져 있는 이사(Y_1,Y_2)의 경우에 자기가 담당하는 업무 이외의 부문에 대한 감시의무가 있는가 하는 점이 문제된다. 이 경우 업무담당이사(Y_1)는 다른 업무(광고사업)에 대하여는 평이사와 같은 지위에서 감시의무를 부담한다고 보면 된다(日最高判 1973.5.22, 民集 27-5, 655). 대판 2004.12.10, 2002다60467, 60474는 "주식회사의 이사는 이사회의 일원으로서 이사회에 상정된 의안에 대하여 찬부의 의사표시를 하는 데에 그치지 않고, 담당업무는 물론 다른 업무담당이사의 업무집행을 전반적으로 감시할 의무가 있으므로, 주식회사의 이사가 다른 업무담당이사의 업무집행이 위법하다고 의심할 만한 사유가 있음에도 불구하고 이를 방치한 때에는 이로 말미암아 회사가 입은 손해에 대하여 배상책임을 면할 수 없다"고 판시하여 이를 긍정하고 있다. 다만 업무담당이사들은 평이사와는 달리 상무회의 구성원으로서 다른 사업부문에 대한 상황을 잘 알 수 있고 따라서 다른 이사들을 감시할 기회가 많아지므로 그만큼 감시의무의 정도가 平理事 보다는 높다고 하겠다(이철(회)583, 정찬(상)883).

평이사라 해도, 이사회에 상정되지 않은 의안에 대한 감시의무에 소홀이 있으면 책임을 져야 한다.

3) 평이사의 감시의무　① 근거; 업무를 담당하지 않는 비상근의 평이사도 이사회의 구성원으로서 이사회에 상정된 사항에 대하여는 감시의무가 있다. 이는 이사의 임무해태가 理事會決議에 의한 것인 때에는 그 결의에 찬성한 이사에게도 손해배상책임이 있으며(399②) 또한 이사회결의에 대해 異義를 한 기재가 없는 이사는 결의에 찬성한 것으로 보기 때문이다(399③). ② 일반적·능동적 감시의무; [사례Ⅴ-3-9-ii]와 같이 이사회에 부의되지 않은 회사의 업무전반에 대해서도 평이사들(Y_3,Y_4)의 일반적·능동적인 감시의무가 있는가? 종래에는 상법 제399조 2항의 반대해석상 이를 부인하는 견해가 유력하였으나 최근의 통설·판례는 긍정하는 입장을 취하고 있다. 즉 주식회사의 이사회는 이사의 업무집행을 감독할 지위에 있기 때문에 이사회를 구성하는 이사는 이사회에 상정된 사안에 대하여만 감시를 하는 데 그치지 않고 대표이사의 업무집행 일반에 대해 이를 감시하고 필요하면 이사회를 소집하여 이사회를 통하여 업무집행이 적정하게 이루어지도록 할 의무가 있다고 한다(이철(회)583, 정동(회)429, 정찬(상)883). 이러한 취지에서 대판 1985.6.25, 85다카1954

평이사의 감시의무는 알았거나 알 수 있었을 사항에 한하여 인정할 수 있다.

는 "주식회사(A)의 업무집행을 담당하지 아니한 평이사(Y_3, Y_4)는 이사회의 일원으로서 이사회를 통하여 대표이사(Y_1)를 비롯한 업무담당이사(Y_2)의 업무집행을 감시하는 것이 통상적이긴 하나 평이사의 임무는 단지 이사회에 상정된 의안에 대하여 찬부의 의사표시를 하는 데에 그치지 않으며 대표이사(Y_1)를 비롯한 업무담당이사(Y_2)의 전반적인 업무집행을 감시할 수 있는 것이므로, 업무담당이사(Y_1, Y_2)의 업무집행이 위법하다고 의심할만한 사유가 있음에도 불구하고 평이사(Y_3, Y_4)가 감시의무를 위반하여 이를 방치한 때에는 이로 말미암아 회사(A)가 입은 손해에 대하여 배상책임을 면할 수 없다"고 판시하고 있다. ③ 감시의무의 판단기준; 평이사들은 회사의 업무집행에 관여하지 않기 때문에 이사회에 상정되지 않은 사항에 대하여는 알 수 없는 경우가 많다. 이럴 경우 그 모른 것 자체가 감시의무위반이 될 것인가, 아니면 알았거나 알 수 있었을 사항에 대해서만 감시의무가 있는가 하는 점이 문제된다. 이에 대해 위 대판 1985.6.25, 84다카1954는 "피고들 중 일부(Y_3, Y_4)는 소외 회사(A)의 업무집행을 담당하지 아니한 평이사들이긴 하나 평이사라는 이유만으로 그 책임을 면할 수 없을 뿐 아니라 이들은 앞서 본 바와 같이 소외 회사(A)에게 이 사건에서 문제된 혼방사의 가공위탁을 한 위탁업체(B)와 관련이 있는 자들로서 업무담당이사(Y_1,Y_2)의 위 가공위탁과 관련된 부정한 업무집행(세법상의 신고불이행)을 알 수 있었던 사실이 인정되므로, 위와 같은 이사로서의 감시의무위반책임을 인정한 원심판단은 정당하다"고 판시함으로써 후자의 견해를 취하고 있다.

(4) 비밀유지의무

업무상 중요정보를 접할 가능성으로 인한 충실의무의 강화이다.

이사는 재임중뿐만 아니라 퇴임후에도 직무상 알게 된 회사의 영업상 비밀을 누설하여서는 아니된다(382의4). 이사, 특히 사외이사는 하나의 회사에 전업하지 않고 수개의 회사 또는 다른 업무에 종사하는 경우가 많은데 업무수행과정에서 취득한 중요정보를 유출할 가능성이 있다. 이에 따라 2001년 개정상법은 한편으로는 이사의 정보접근권을 보장하면서(393 ③,④) 다른 한편으로는 비밀유지의무에 관한 규정을 신설하였다. 비밀유지의무는 이사의 선관의무 또는 충실의무의 한 내용에 포함된다고 해석할 수 있으나 이를 보다 명확히 하기 위해 따로 규정을 둔 것이다.

나. 忠實義務

(1) 취 지

선관주의의무와 구별되는 직무수행에 관한 의무이나 통설과 판례는 선관의무의 한 내용으로 본다.

이사는 법령과 정관의 규정에 따라 회사를 위하여 그 직무를 충실하게 수행하여야 한다(382의3). 이를 善管主義義務와 구별하여 忠實義務라고 한다. 종래에는 충실의무에 관한 규정을 따로 두고 있지 않았으므로 양자의 관계에 관하여는, 충실의무는 선관의무에 포함되는 한 내용으로서 별도의 충실의무를 인정할 필요가 없다는 견해(통설·판례)와 이사의 競業避止義務나 自己去來制限으로 충실의무가 구체화되어 있으므로 이를 인정할 수 있다는 소수설로 나누어져 있었다. 그러나 근래에 와서 회사의 규모가 커지고 회사 경영진들(이사)이 주주나 회사채권자에게는 물론이고 사회경제 전반에 미치는 영향력이 증대함에 따라 이사의 성실한 직무수행이 더욱 강하게 요청되고 있다. 이러한 추세를 감안하여 1998년 개정상법에서는 영미법상의 충실의무에 유사한 광범위한 의무를 부과한다는 취지에서 충실의무에 관한 규정을 신설한 것이다.

(2) 영미법상의 충실의무

영미법상의 독특한 의무로써 회사의 경영진들의 권리남용에 대하여 광범위하게 원용된다.

영미법상 이사에게는 信認義務(fiduciary duty)가 부과되고 있다. 信認義務는 善管義務(duty of care)와 忠實義務(duty of loyalty)로 나눠지는데 선관의무는 우리법상 선관주의의무와 유사하나 충실의무는 영미법에 독특한 것이다. 미국법상 충실의무는 회사의 경영진이 회사를 이용하여 사기적이거나 불공정한 거래를 행하지 못하도록 하고 이익충돌의 가능성이 있는 상황에서 주주들의 이익을 침해하는 것을 금하는 것을 그 내용으로 한다. 이러한 충실의무가 적용되는 사안으로는 이사의 자기거래, 이사의 보수결정, 이사의 회사 또는 주주재산의 유용, 기타 복합적인 원인에 의한 거래 등이 있다. 특히 최근에 들어와 기업인수합병(M&A)이 활성화되면서 회사에 대한 적대적 M&A의 시도가 있는 경우에 대상회사의 경영진이 취하는 여러 가지 방어조치가 이사들의 충실의무위반을 구성하는가 하는 문제가 관심사가 되고 있다. 아무튼 이사의 충실의무는 英美 會社法의 중심되는 과제로서 회사의 경영진들이 자신의 지위를 불공정하게 이용하는 모든 경우에 광범위하게 원용된다(김병연, "이사의 충실의무와 영미법상 신인의무", 「상사법연구」(2005), 67).

(3) 선관의무와의 관계

1998년 개정상법은 영미법상의 충실의무를 염두에 두고 충실의무에 관한 규정을 신설한 것으로 보이는 바, 충실의무와 선관의무의 관계가 문제된다.

1) **동질설**　충실의무를 선관의무와 동질적인 의미로 보거나 이를 구체화한 것에 불과하다는 입장이다(손주792~793, 최기897, 정찬(상)871). 따라서 개정상법이 충실의무에 관한 규정을 두게된 것은 이사의 선관주의의무를 구체적, 주의적으로 규정한 것에 불과할 뿐 그 내용상에 큰 차이는 없다고 한다. 대판 1985. 11.12, 84다카2490은 "악의 또는 중대한 과실로 임무를 해태한 행위라 함은 이사의 충실의무 또는 선관의무위반행위로서 위법성이 있는 것을 말한다"라고 판시하고 있는데 이는 간접적으로 이 견해에 따른 것으로 생각된다. 우리와 동일한 규정을 두고 있는 일본의 판례는 "이사의 충실의무에 관한 규정은 선관의무를 부연하고, 일층 명확하게 한 것일 뿐이고 통상 위임기관에 따르는 선관의무와 별개의 고도한 의무를 규정한 것은 아니다"라고 보다 분명하게 판시하고 있다(同 日最高判 1970.6.24, 民集 24-6, 625).

선관의무에 포함되거나 구체화한 것에 불과하다는 견해이다.

2) **이질설**　우리 법률상의 충실의무는 영미법상의 충실의무를 따른 것으로서 선관의무와는 근본적으로 다르다고 한다(정희486, 정동(회)432~434, 강위539, 이철(회)591~595). 또 이미 우리 법에도 영미법상 충실의무의 내용으로 되고 있는 경업금지, 자기거래제한이 법정되어 있으므로 충실의무를 선관의무보다 고도의 주의의무를 부담하는 것으로 인정하여도 문제가 없다고 한다.

성실한 직무수행을 위한 고도의 주의의무라는 견해이다.

3) **검　토**　현대사회에서 회사조직이 방대해지고 그 사업이 전문화됨에 따라 이사는 경영자로서 전문적 능력을 보유하는 반면 주주 및 주주총회의 이사에 대한 감시기능은 약화되고 있다. 이러한 상황에서는 이사가 자신의 직무권한을 이용하여 회사에 손해를 가할 가능성은 점점 커지고 있다. 그러므로 이사에게 그 직무를 수행함에 있어 지위를 이용하여 자기 또는 제3자의 이익을 추구하지 말 것과, 회사와 자신의 이익이 상반되는 경우에는 항상 회사의 이익을 우선시켜 성실하게 직무를 수행할 것을 요구하는 충실의무를 명시적으로 규정할 필요가 있다. 이러한 의미에서 일반적인 선관주의와 구별되는 고도의 주의의무를 요구하는 충실의무를 신설하였다고 보아야 할 것이다.

일반적인 선관주의와 구별되는 고도의 주의의무라고 보는 것이 타당하다.

(4) 충실의무의 내용

충실의무를 선관의무와 구별되는 의무로 파악할 경우에는 그 내용이

선관의무 외에

회사기회 유용금지 및 소수주주의 이익침해 금지 등 광범위하게 적용되어야 한다.

상법이나 증권거래법 등에서 명문의 규정을 두고 있는 사항, 즉 理事의 競業禁止(397), 理事의 自己去來禁止(398), 內部者去來의 規制(證去 188)에 한정되지 않고 보다 광범위하게 적용되어야 한다. 그리하여 영미법상 충실의무의 내용으로 되어 있는 회사기회의 유용금지라든가, 소수주주의 이익을 침해하는 지배주식의 매각 등도 그 내용으로 고려해 볼 수 있다.

(5) 의무위반효과

손해배상의무가 인정되며 해임과 형사책임 추궁의 원인 및 대상이 된다.

선관의무위반의 경우와는 달리 충실의무위반의 효과에 대하여는 아무런 규정을 두고 있지 않다. 그러나 상법 제397조, 제398조 등 충실의무에 관련되는 개별적인 규정을 위반한 경우에는 손해배상의무가 인정됨에는 의문이 없다. 나아가 이러한 개별적 조항에 위반한 것은 아니나 일반적으로 충실의무위반으로 인정될 수 있는 경우에도 상법 제399조의 법령위반 또는 임무해태로 보아 손해배상책임을 부담한다고 본다. 그 외에 이사의 충실의무위반이 법령에 위반한 중대한 사실인 경우에는 해임사유에 해당하며 형사책임의 부과 대상도 된다.

다. 經營判斷과 理事의 義務

[사례 Ⅴ-3-10: 경영판단의 법칙과 이사의 의무]

(i) A회사는 대형백화점에 물품을 납품하는 중소 의류제조업자이다. A회사의 이사 Y는 B백화점에 대한 납품관계를 계속 유지하기 위해 손실을 감수하면서도 시가의 반액으로 제품을 공급하였다. 그러나 B백화점에서는 품질 불량을 이유로 결국 거래선을 A회사와 경쟁관계에 있는 C회사로 전환하자 A회사의 경영은 파탄지경에 이르게 되었다. A회사 주주 X가 Y이사의 충실의무 또는 선관의무위반을 이유로 대표소송을 제기한 경우 Y는 책임이 있는가? (日東京高判 1994.7.9, 判時 1549, 11 참조)

(ii) 건물임대업을 목적으로 하는 A회사의 대표이사 Y는 IMF사태 이후 주식시장이 활황세를 보이자 사업영역을 증권투자로 확장할 것을 계획하고 주주총회를 개최하여 유가증권의 매매를 회사의 목적에 추가하는 내용의 정관변경을 하였다. A는 거래은행으로부터 다액의 자금을 융자받아 이를 투자자문회사에 맡겨 투자 일체를 위임하였으나 몇 년 후 주가폭락으로 큰 손실을 입고 차임금변제도 불가능하게 되었다. A회사의 주주 X가 Y의 경영실패를 이유로 대표소송을 제기한 경우 Y는 책임이 있는가? (日東京地判 1992.9.21, 判時 1480, 154)

(iii) A종금은 어음 및 채무증서의 발행·할인·매매·중개·인수 및 보증, 설비

또는 운전자금의 투융자, 유가증권의 인수·매매·매출·모집 또는 매출의 주선 등의 업무를 영위할 목적으로 설립된 종합금융회사인데, 2000.5.24. 금융감독위원회로부터 업무정지명령을 받고, 2001.5.21. 법원으로부터 파산선고를 받아 X가 그 파산관재인으로 선임되었다. X는 A종금이 파산전에 A종금의 대표이사로 재직하였던 Y_1 등을 상대로 제기한 손해배상청구소송을 수계하였다. Y_1은 대표이사로서 B개발에 대한 여신을 취급하였는데 여신 당시 B개발은 3년간 계속하여 당기순손실이 발생하여 납입자본금 84억원이 완전잠식되었고, 차입금이 매출액을 초과하여 재무구조가 취약하다는 사실을 잘 알면서도 어음할인 대출한도를 기존의 12억원에서 29억원으로 17억원을 증액한 다음, 2건의 어음할인대출을 하여 합계 금 20억원의 여신을 제공하였다. 당시 B개발은 기존의 여신금액 12억원에 대한 변제가 전혀 없었고, 그 연체이자만 1억6천만원이 되었으며 기업체종합평가표에 의한 점수가 45점으로 C등급이었다. 그러나 Y_1은 대출에 대한 담보로 액면가 33억 상당의 주식에 대하여 질권을 설정하였고, B개발의 대표이사의 연대보증을 받았으며, 어음할인 대출한도 계산 방법을 달리할 경우 B개발에 대한 여신한도액 29억원은 여신한도의 범위 내에 있었고, B개발의 성장성 및 활동성의 지표인 매출액 증가율이 82.73%이었다는 점을 고려하였다. 그러나 결국 B개발은 부도가 발생하였고, A종금은 B개발에 대한 116억원의 대출금을 회수할 수 없게 되었다. X는 Y_1이 여신취급에 있어서 법령 및 내규에 따라 채권회수에 필요한 제반 조치를 취하여야 할 임무가 있음에도 이를 위반하거나 임무를 해태하는 등 위법한 행위를 함으로써 A종금이 B개발에 제공한 여신금액 116억원을 변제받지 못하였으므로, 그 손해를 배상할 의무가 있다고 주장하였다. 이에 대해 Y_1은 B개발에 대한 여신은 금융기관의 대표이사로서 경영판단에 기한 것이라고 주장하고 있다. Y_1의 주장은 타당한가? (대구지판 2003.12.9, 2000가합22908,2002가합3789 참조)

(1) 경영판단의 법칙

理事는 善管義務와 忠實義務를 부담하므로 이에 위반한 직무수행으로 회사에 손해를 가한 때에는 배상책임을 부담하게 된다. 그러나 이사는 급변하는 기업환경하에서 수시로 여러 가지 경영상의 결정을 내려야 하는데 그 결과 회사에 생기는 모든 손해를 다 책임져야 한다면 이사에게 가혹할 뿐 아니라 적극적이고 책임 있는 경영을 기대하기는 어려울 것이다. 이리하여 미국에서는 이사의 업무집행행위의 결과를 가지고 사후적으로 책임을 묻지 않는다는 '經營判斷의 法則'(business judgement rule)이 판례법상 발전하게

적극적이고 효율적인 회사경영을 위해 도입한 것으로 이사의 사후책임을 묻지 않는 법칙이다.

되었다. 이는 이사의 경영판단이 회사에 손해를 초래하는 결과를 발생시켰다고 하더라도 그 판단이 객관적인 정보에 따라 이루어졌고, 합리성을 확보할 수 있는 일정한 요건하에서 성실하게 행해진 경우에는 단순히 그 판단이 잘못되었다는 이유만으로 책임지지 않는다는 것이다(권재열, "경영판단의 원칙의 도입여부를 다시 논함", 「상사법연구」(2000), 501; 정봉진, "이사의 주의의무와 경영판단의 법칙간의 관계에 관한 미국법 고찰", 「상사법 연구」(2002.8), 360).

미국 판례법상 경영판단의 원칙이 적용되기 위한 요건으로는 i) 의식적인 경영판단이 행하여졌을 것, ii) 이사에게 개인적인 이해관계가 존재하지 않을 것, iii) 합리적인 정보에 기하였을 것, iv) 선의였을 것, v) 재량의 남용 또는 회사자금의 낭비로 인정되는 결정이 아닐 것의 다섯 가지가 있다(김재형, "이사의 기부행위와 경영판단의 법칙",「상사법연구」(2004), 243). 그러므로 법령에 위반한 행위에 대하여는 이사가 임무를 수행함에 있어서 선관주의의무를 위반하여 임무해태로 인한 손해배상책임이 문제되는 경우에 고려될 수 있는 경영판단의 원칙은 적용될 여지가 없다(대판 2005.10.28, 2003다69638).

(2) 상법과 경영판단의 법칙

재벌체제가 지배적인 우리나라의 경우 도입의 한계가 있다.

경영판단의 법칙은 소유와 경영의 분리를 전제로 하여 전문경영인 체제가 확립된 미국에서 발전한 이론이라는 점에서 기업경영의 형태와 소유구조가 미국과는 판이한 우리 나라에 그대로 도입하는 데에는 일정한 한계가 있다고 본다. 즉 우리 나라는 중소기업은 물론이고 재벌계열의 대기업의 경우에도 대부분 지배주주 중심의 가족경영 형태로 운영되기 때문에 섣불리 경영판단의 법칙을 도입하여 경영실패에 대한 면책을 부여할 경우, 경영에서 소외된 소수주주와 채권자들의 이익을 침해할 위험이 있기 때문이다.

그러나 우리 상법상 이사의 선관주의의무 위반여부를 판단함에 있어서 미국 판례법상 발전된 경영판단의 요건들은 참고가 될 수 있다고 본다. 우리나라에서도 1990년대 말 IMF 사태로 인한 금융기관의 부실여신과 관련해서 경영자들의 책임이 문제되었는데 이때 경영판단의 법칙을 적용한 판례들이 상당수 있다. 이러한 판례중에는 상법 제399조에 의한 책임의 인정여부에 관한 것도 있지만, 대부분은 이사의 특수배임죄의 성립여부에 관련된 것들이다(대판 2004.7.22, 2002도4229; 2007.3.15, 2004도5742).

(3) 경영판단의 법칙과 손해배상책임

경영재량 범위내에서 신중한 조사 및 검토에

우리와 유사한 이사의 의무에 관한 규정을 가지고 있는 일본에서는 하급심을 중심으로 이사의 선관주의의무 위반여부를 판단함에 있어 경영판단의 법칙을 고려한 판결들이 나오고 있으며 그 대표적인 것이 [사례 V-3-10]과 같은 것이다. [사례 V-3-10-i]에서 이사(Y)가 부당하게 저렴한 가격으로 제품을 큰 거래선(B)에게 납품함으로써 회사(A)에 손해가 생기게 한 것은 이사의 의무위반을 구성할 가능성이 있다. 그러나 B와 장기적인 거래관계를 고려하여 한 경영판단이 Y에게 맡겨진 경영재량의 범위내이면 Y의 책임은 부정된다. 다만 이러한 보호가 주어지기 위해서는 Y는 B에 대한 판매와 그후의 계속적인 거래가능성에 대한 정보를 신중하게 조사하고 검토하였어야 할 것이다(日東京高判 1994.7.9, 判時 1549, 11).

의하여 행해졌을 경우엔 책임이 부정된다.

[사례 V-3-10-ii]에서 회사(A)의 본업이 위축된 경우에 본업외에 유망한 부문으로 사업을 확장하여 손해를 만회하려는 판단은 경영판단으로서 이사(Y)의 재량에 맡겨져 있는 것이다. 그러나 실패할 경우 본업을 위협할 만큼 위험부담이 큰 회사자금을 주식에 투자한 것은 재량권을 일탈한 것으로 되는 경우가 많다. 이 경우 정관상 목적사업에 유가증권매매를 기재한 것은 이사에게 재량권을 부여했다고 볼 여지가 전혀 없는 것은 아니나 그것만으로는 절대적인 의미를 가지지 못한다. 즉 회사의 규모, 사업의 성질, 영업이익의 액 등에 비추어 그 신규사업에 의해 회복하기 곤란하거나 불가능한 손실이 발생할 위험성이 있고, 이러한 위험성을 예견할 수 있었는지를 종합적으로 검토하여 주의의무위반 여부를 결정해야 한다. 나아가 투자자문회사에 일임하고 그 감독을 태만히 한 것도 선관주의의무위반을 인정할 수 있는 이유의 하나라고 하겠다(日東京地判 1992.9.21, 判時 1480, 154).

회복하기 곤란하거나 불가능한 손실발생의 위험성을 충분히 고려하였는지 여부에 따라 판단하여야 한다.

[사례 V-3-10-iii]에서 **대구지판 2003.12.9, 2000가합22908, 2002가합3789**는 "금융기관이 그 임원을 상대로 대출과 관련된 임무 해태를 내세워 채무불이행으로 인한 손해배상책임을 물음에 있어서는 임원이 한 대출이 결과적으로 회수곤란 또는 회수불능으로 되었다고 하더라도 그것만으로 바로 대출결정을 내린 임원에게 그러한 미회수금 손해 등의 결과가 전혀 발생하지 않도록 하여야 할 책임을 물어 그러한 대출결정을 내린 임원의 판단이 선량한 관리자로서의 주의의무 내지 충실의무를 위반한 것이라고 단정할 수 없고, 대출과 관련된 경영판단을 함에 있어서 통상의 합리적인 금융기관 임원으로서 그 상황에서 합당한 정보를 가지고 적합한 절차에 따라 회사의 최대이익을 위하여 신의성실에 따라 대출심사를 한 것이라면 그 의사결정 과정에 현저한 불합리가 없는 한 그 임원의 경영판단은 허용되는 재량의 범위 내의 것으로서 회사에 대한 선량한 관리자의 주의의무 내지 충실의무를 다한 것으로 볼 것이며, 금융기관의 임원이 위와 같은 선량한 관리자의 주

의의무에 위반하여 자신의 임무를 해태하였는지의 여부는 그 대출결정에 통상의 대출담당임원으로서 간과해서는 안 될 잘못이 있는지의 여부를 대출의 조건과 내용, 규모, 변제계획, 담보의 유무와 내용, 채무자의 재산 및 경영상황, 성장가능성 등 여러 가지 사항에 비추어 종합적으로 판정해야 한다(대판 2002.6.14, 2001다52407 등 참조). 종금사에 있어서 대출적격업체를 선정하고 대출한도를 정하여 여신을 취급하는 금융거래 형태는 당해 기업체의 신속한 단기 자금조달을 위하여 대출 만기일 또는 할인금액 등에 대한 의사 결정이 수시로 빈번하게 이루어져야 하는 필요에 따라 그 운용기관인 종금사의 특성을 감안하여 도입된 것으로서, 당해 기업체에 대한 여신한도를 정하여 그 범위 내에서 그때 그때의 사정에 따라 할인 취급을 시행하게 되는 것이고, 대출한도의 설정에 있어 심사규정에 의하면 위 네 가지 방법 중 한 가지를 선택할 수 있게 되어 있는데 그 중 ㉣방식에 의할 경우 이 사건 대출한도 설정은 영남종금의 심사규정을 위반한 것으로 볼 수 없는 점, 당시는 우리나라의 외환금융위기 사태 직후로서 전반적으로 경제적 불확실성이 존재하고 있었던 상황이었는데, 삼주개발(B)의 경우 성장성의 지표인 매출액 증가율이 업계 평균인 16.45% 보다 훨씬 높은 82.73%에 이르고 있었던 점 등을 종합하여 보면, 피고(Y_1)의 이 사건 여신한도 증액이나 대출에 관한 경영상 판단이 특별히 불합리하였다고 보이지는 아니하므로, 결과적으로 삼주개발(B)이 회사정리절차에 들어감으로써 채권회수가 불확실하게 되었다고 하더라도 위 피고가 선량한 관리자의 주의의무 내지 충실의무에 위반하여 자신의 임무를 해태하였다고 볼 수는 없다"고 판시하고 있다.

(4) 경영판단의 법칙과 형사책임

앞에서 본 바와 같이 경영판단의 법칙과 관련한 대부분의 판례들은 주로 이사의 특수배임죄 또는 횡령죄와 관련된 것이다. 대판 2004.7.22, 2002도4229는 "경영상의 판단과 관련하여 기업의 경영자에게 배임의 고의가 있었는지 여부를 판단함에 있어서도 일반적인 업무상배임죄에 있어서 고의의 입증 방법과 마찬가지의 법리가 적용되어야 함은 물론이지만, 기업의 경영에는 원천적으로 위험이 내재하여 있어서 경영자가 아무런 개인적인 이익을 취할 의도 없이 선의에 기하여 가능한 범위 내에서 수집된 정보를 바탕으로 기업의 이익에 합치된다는 믿음을 가지고 신중하게 결정을 내렸다 하더라도 그 예측이 빗나가 기업에 손해가 발생하는 경우가 있을 수 있는바, 이러한 경우에까지 고의에 관한 해석기준을 완화하여 업무상배임죄의 형사책임을 묻고자 한다면 이는 죄형법정주의의 원칙에 위배되는 것임은 물론이고 정책적인 차원에서 볼 때에도 영업이익의 원천인 기업가 정신을 위축시키는 결과를 낳게 되어 당해 기업뿐만 아니라 사회적으로도 큰 손실이 될 것이므로, 현행 형법상의 배임죄가 위태범이라는 법리를 부인할 수 없다 할지라도, 문제된 경영상의 판단에 이르게 된 경위와 동기, 판단대상인 사업의 내용, 기업이 처한 경제적 상황, 손실발생의 개연성과 이익획득의 개연성 등 제반 사정에 비추어 자기 또는 제3자가 재산상 이익을 취득한다는 인식과 본인에게 손해를 가한다는 인식(미필적 인식을 포함)하의 의도적 행위임이 인정되는 경우에 한하여 배임죄의 고의를 인정하는 엄격한 해석기준은 유지되어야 할 것이고, 그러한 인식이 없는데 단순히 본인에게 손해가 발생하였다는 결과만으로 책임을 묻거나 주의의무를 소홀히 한 과실이 있다는 이유로 책임을 물을 수는 없다"고 판시하였다(同 대판 2007.3.15, 2004도5742; 최승재, "경영판단의 항변과 기업경영진의 배임죄의 성부," 법률신문, 2004.10.21).

또 대판 2004.6.24, 2004도520은 "대기업의 회장 등이 경영상의 판단이라는 이유로 甲 계열회사의 자금으로 재무구조가 상당히 불량한 상태에 있는 乙 계열회사가 발행하는 신주를 액면가격으로 인수한 것이 그 자체로 업무상배임 행위임이 분명하고 배임에 대한 고의도 충분히 인정된다"고 판시하였다.

또 대판 2005.10.28, 2003다69638은 "회사가 기업활동을 함에 있어서 형법상의 범죄를 수단으로 하여서는 안 되므로 뇌물 공여를 금지하는 형법규정은 회사가 기업활동을 함에 있어서 준수하여야 할 것으로서 이사가 회사의 업무를 집행하면서 회사의 자금으로서 뇌물을 공여하였다면 이는 상법 제399조에서 규정하고 있는 법령에 위반된 행위에 해당된다고 할 것이고 이로 인하여 회사가 입은 뇌물액 상당의 손해를 배상할 책임이 있다"고 판시하였다.

3. 競業禁止·自己去來制限

회사와 이사간의 이익이 충돌될 수 있는 경우 이를 방지하기 위해, 이사에게 회사와 경쟁적인 업무를 금지하고([397]) 이사와 회사간의 거래를 제한한다([398]).

가. 競業禁止義務

[사례 V-3-11: 이사의 경업금지의무]

(i) 서울과 경인지역에서 숙녀복을 제조판매 하는 X회사는 가까운 장래에 부산지역에 진출할 것을 계획하고 시장조사를 위해 Y이사를 파견하였다. Y이사는 시장조사결과 사업전망이 매우 좋은 것을 알게 되었으나 이 사실을 이사회에 보고하지 않고 불리한 점만을 강조하였다. 얼마 후 Y는 숙녀복 제조판매를 사업목적으로 하는 A회사를 부산지역에 설립하고 사업을 개시하였다. X회사는 Y이사에 대해 경업금지의무 위반을 이유로 손해배상청구 또는 A회사 주식의 인도를 구할 수 있는가? (日東京地判 1981.3.26, 判時 1015, 27 참조)

(ii) 레미콘영업을 주된 업무로 하는 X회사의 이사인 Y는 이사회의 승인 없이 레미콘 영업을 목적으로 하는 A회사를 설립하고 A회사의 대표이사가 되어 영업준비를 하여오다가 영업활동을 개시하기 전에 A회사의 이사 및 대표이사직을 사임하였다. X회사는 경업금지의무 위반을 이유로 Y이사를 해임하고 손해배상책임을 물을 수 있는가? (대판 1993.4.9, 92다53583 참조)

(iii) 주택건설을 목적으로 하는 X회사의 이사인 Y는 가까운 장래에 독립하여 주택건설업을 개시하기로 하였다. Y는 아는 사람으로부터 주택건설에 적합한 부지가 있다는 사실을 전해듣고 X회사에 알리지 않은 채 이 토지를 구입하여 건물을 지은 후 이를 제3자인 A에게 양도하였다. X회사는 개입권을 행사하여 A를 상대로 이 토지의 소유권이 X회사에 있다는 확인을 구하는 소송을 제기할 수 있는가? (日最高判 1949.6.4, 民集 3-7, 235 참조)

(1) 경업금지의 취지

업무상 취득한 정보나 거래관계를 이용한 회사의 이익침해를 방지하기 위함이다.

理事는 이사회의 승인이 없으면 자기 또는 제3자의 계산으로 회사의 營業部類에 속하는 거래를 하거나 同種營業을 목적으로 하는 다른 회사의 무한책임사원이나 이사가 되지 못한다(397). 이를 이사의 競業禁止義務라고 한다. 이사는 이사회의 구성원으로서 회사의 중요한 정보에 접하게 되고 또 주요고객과 관계를 가지게 된다. 이러한 이사가 업무상 취득한 회사의 정보나 거래관계를 이용하여 회사와 경쟁관계에 있는 거래를 행하거나 다른 회사의 이사로서 활동하게 되면 회사의 이익을 해칠 뿐 아니라 회사의 去來先을 가로챌 위험이 있다. 이에 따라 이사에게 경업금지의무를 부과하여 이사와 회사간의 이해관계 충돌로부터 회사의 이익을 보호하고 있는 것이다(김교창, "이사의 충실의무와 경업금지", 「회사법의 제문제」(1982), 290).

(2) 경업금지

금지되는 競業은 자기 또는 제3자의 계산으로 회사의 營業部類에 속하는 거래를 하는 것이다.

1) 회사의 영업 '會社의 營業'이라 함은 회사가 현실적으로 영위하는 사업으로서 이미 시행하고 있는 사업은 물론이고 일시적으로 정지한데 불과한 사업도 포함한다. 그러나 정관의 목적으로 기재한 사업이라 하여도 현재 영위하지 않거나 영업을 할 예정이 없거나 또는 영업을 폐지한 때에는 제외된다. 문제는 [사례Ⅴ-3-11-i]과 같이 회사(X)가 현재의 영업지역과 다른 지역(부산)에 진출을 계획 중에 있는 경우라든가 다른 사업분야에 진출을 예정하는 경우에 그 지역(부산)에서의 거래나 그 사업부문도 회사(X)의 영업에 포함되는가 하는 점이다. 결국 이 판단은 그 지역(부산)에 대한 진출이 확실한가에 따라 결정해야 하는데 X회사는 이미 진출을 기도하고 Y이사를 파견하여 시장조사를 구체적으로 진행시킨 점으로 보아 이 지역에서의 영업을 포함한다고 보아야 할 것이다. 따라서 Y이사의 행위는 競業에 해당한다(日東京地判 1981.3.26, 判時 1015, 27).

일시적으로 중단한 사업을 포함하는 개념이며, 정관의 기재와는 상관없이 회사에 실질적으로 이익과 손해를 줄 수 있는 것을 말한다.

2) 영업부류에 속한 거래 '會社의 營業部類에 속한 去來'라 함은 회사의 영업에 속한 거래보다는 넓은 개념으로서, 회사의 영업과 동종의 물품 또는 서비스를 공급하거나 그 공급을 받는 것에 한정되지 않고 대체효과가 있는 상품 또는 서비스에 관한 거래를 포함한다. 그러나 형식적으로는 이러한 거래에 해당하더라도 이사가 영업적 요소를 흠결한 거래를 하는 것은 상관없다. 또 회사의 영업상 필요한 상품 또는 서비스를 이사가 취득하는 것도 금지되지 아니한다. 따라서 이 조항은, 이사는 회사의 영업상 기회를 이용하여서는 안 된다는 미국법상의 '회사기회이론'(corporate opportunity doctrine)에 비해, 그 적용 범위가 훨씬 좁다고 할 수 있다.

대체효과 있는 상품 또는 서비스를 포함한다.

3) 자기 또는 제3자의 계산 이사가 누구의 이름으로 경업거래를 하는가는 묻지 않고 제3자의 명의로 거래하더라도 자기의 계산으로 한 것이면 여기에 해당한다. 따라서 [사례Ⅴ-3-11-i]과 같이 이사(Y)가 회사(A)를 설립하여 그 회사(A)로 하여금 경업을 하게 한 경우도 자기계산으로 하는 경업거래에 해당한다. 제3자의 계산으로 한 경우란 이사가 제3자의 계산으로 자신의 명의로 하거나 제3자의 대리인으로 거래를 한 경우를 가리킨다.

이해관계에 주체가 누구인지에 따라 해당여부가 결정된다.

(3) 겸직금지

이사는 동종영업을 목적으로 하는 다른 회사의 무한책임사원이나 이사

영업 준비단계

의 회사도 동종 영업에 해당한다고 본다.

가 되지 못한다. '同種營業'은 競業에서 말하는 '會社의 營業部類'와 동일한 의미로 보면 된다. 동종영업을 목적으로 하는 회사라 함은 실제 영업을 영위하는 회사는 물론이고 영업을 준비하는 단계에 있는 회사도 포함한다. 이러한 취지에서 [사례 V-3-11-ii]와 유사한 사안에서 대판 1990.11.2, 90마745는 "아직 영업을 개시하지 못한 채 공장의 부지를 매수하는 등 영업의 준비작업을 추진하고 있는 회사라고 하여, 위 규정에서 말하는 '동종영업을 목적으로 하는 다른 회사'가 아니라고 보아야 할 합리적인 이유가 없다"고 판시하였다.

(4) 이사회의 승인

개별적인 사전 승인으로 경업을 금지하고 있다.

경업을 절대적으로 금지하는 것은 경제활동의 자유를 보장하는 憲法에 위반될 가능성이 있으므로 이사회의 승인을 받을 것을 조건으로 예외적으로 허용한다. 종래 경업의 승인은 주주총회의 소관사항이었으나 1995년 상법개정시 이를 이사회 승인사항으로 변경하였다(397②). 이사회승인은 개별적으로 사전에 받아야 하며 포괄적인 승인은 허용되지 아니한다. 그리고 경업을 하고자 하는 이사는 특별이해관계인으로서 승인결의에서 의결권이 제한된다.

(5) 위반의 효과

형성권적인 성격을 가지며, 그 효과는 이사에게만 미치고 거래상대방에게는 영향을 미치지 않는다.

1) 개입권의 행사　이사가 경업금지에 위반하여 거래를 한 때에는, 회사는 거래가 있은 날로부터 1년 이내에 理事會決議에 의해 介入權을 행사할 수 있다(397③). 즉 경업거래가 이사 자신의 계산으로 한 때에는 이를 회사의 계산으로 한 것으로 볼 수 있고 제3자의 계산으로 한 것인 때에는 그 이사에 대해 이로 인한 이득의 양도를 청구할 수 있다(397②). 이로써 회사는 損害額을 보전하지 않아도 손실을 회복할 수 있고 거래선을 계속 확보할 수 있게 된다. 그러나 개입의 효과는 債權的이기 때문에 개입권을 행사하면 회사는 이사에 대하여 거래의 경제적 결과를 회사에 귀속시킬 것을 청구할 수 있을 뿐이고 거래대상 물품 또는 권리를 직접 취득하는 것은 아니다. 또 회사가 개입권을 행사하더라도 이사에 대하여만 그 효과를 주장할 수 있고 그 거래상대방에 대해서는, 경업금지위반 사실을 알았다고 하더라도 대항할 수 없다. 따라서 [사례 V-3-11-iii]에서 X회사는 개입권을 행사하여도 문제의 토지에 대한 소유권을 당연히 취득하는 것은 아니므로 그 소유권확인을 구할 수는 없다. 즉 X회사의 이사회가 개입권행사를 결정하여도 이는 Y에 대해 토지의 인도를 청구할 수 있음에 불과하고 X회사의 토지소유권을 인정하는 물권적 효력을 가진 것이 아니며, 이는 A가 악의인 경우에도 마찬가

지이다(日最高判 1949.6.4, 民集 3-7, 235).

2) 손해배상책임 경업금지의무에 위반한 이사는 회사에 대하여 손해배상책임을 부담한다(399). 따라서 회사는 개입권을 행사하지 않고 손해배상청구를 할 수 있으며 또 개입권을 행사하여도 회복할 수 없는 손해가 있으면 그 배상을 청구할 수 있다. 손해배상책임이 성립하기 위해서는 이사의 고의·과실과 같은 주관적 요건이 요구되며 이사에게 악의 또는 중과실이 있으면 제3자에 대하여도 책임이 있다.

이사의 고의·과실요건이 충족되고 악의 또는 중과실이 있으면 제3자에 대하여도 책임이 있다.

3) 해 임 경업금지에 위반한 것은 상법 제385조 2항 소정의 '법령에 위반한 중대한 사실'에 해당하므로 회사는 이사를 해임할 수 있고 임기전 해임에 따른 손해배상을 하지 않아도 된다(대판 1993.4.9, 92다53583).

나. 自己去來制限

[사례 V-3-12: 이사의 자기거래제한]

(i) Y회사와 A회사의 대표이사를 겸직하고 있는 B는, A회사가 X은행으로부터 융자를 받음에 있어, Y회사를 대표하여 A회사의 채무에 대하여 연대보증을 하였다. 그리고 B는 Y회사를 대표하여, 보증채무의 이행을 담보하기 위해 X은행을 수취인으로 하는 Y회사 명의의 약속어음 1매를 발행하여 X은행에 교부하였다. B가 연대보증 및 어음발행에 대하여 Y회사의 이사회승인을 받지 않은 경우 X은행은 Y회사에 대해 보증채무의 이행 또는 어음금 지급을 구할 수 있는가? (대판 1984.12.11, 84다카1591 참조)

(ii) Y회사를 설립 중이던 A는, B회사와 친분이 있는 X에게 Y회사가 B회사와 대리점계약을 체결할 수 있도록 주선해줄 것을 요청하고, 만일 대리점계약 체결이 성공하면 계약체결일로부터 종료될 때까지 매월 일정금액을 Y회사로 하여금 X에게 생활비조로 지급하기로 하는 약정을 체결하였다. Y회사가 설립된 후 A는 대표이사가 되고 X는 이사가 되었으며, X의 노력으로 Y회사는 B회사와 대리점계약을 체결하게 되자 Y회사는 이사회승인을 얻지 아니하고 주주전원의 동의하에 위 A와 X간의 약성을 승인하였다. Y회사가 처음 7년간 위 약정금을 X에게 지급하였으나 이후에는 지급을 중단한 경우, X는 나머지 약정금을 Y에 대해 청구할 수 있는가? (대판 1992.3.31, 91다16310 참조)

(1) 의 의

이사가 자기 또는 제3자의 계산으로 회사와 하는 거래를 自己去來라고 한다(398). 이사가 그 지위를 떠나 개인적인 입장에서 회사와 利害相反되는

불공정한 경우를 제외하고는

이사회의 승인을 얻으면 가능하도록 하고 있다.

거래를 할 경우, 즉 회사의 직접거래 상대방이 되거나 상대방의 대리인 또는 대표자로서 거래할 경우, 이사의 지위를 이용하여 회사에 손해를 끼칠 염려가 있으므로 거래의 공정을 기하고 회사의 손해를 방지하기 위하여 自己去來를 엄격히 제한한다. 그러나 형식적으로는 자기거래에 해당하더라도 거래의 성질상 불공정의 우려가 없는 경우도 있으므로 상법은 자기거래를 전면적으로 금지하지는 않고 다만 사전에 이사회의 승인을 얻도록 한다(윤보옥, "이사의 자기거래", 「서돈각교수 화갑기념논문집」(1980.11), 129).

(2) 자기거래의 범위

회사에 이익이 되거나 약관에 확정되어 있는 거래는 이사회의 승인을 요하지 않는다.

1) **불공정한 거래** 自己去來를 규제하는 목적은 회사의 이익을 지키기 위함이므로 회사에 불리하지 않은 거래는 이사회의 승인을 받을 필요가 없다. 가령 이사가 회사에 대해 증여하는 경우라든가, 기존채무의 조건을 회사에게 유리하게 변경하는 행위와 같이 외형적으로 회사에 손해를 줄 염려가 없는 거래 또는 무이자 또는 무담보로 회사에 대출하는 거래가 이에 해당한다. 또 운송계약, 보험계약, 예금계약 등과 같이 보통거래약관에 의하여 이루어지는 정형적인 거래는 요금, 조건 등이 약관에 의해 확정되어 있는 한 그에 따른 행위는 이사회의 승인을 요하지 아니한다. [사례 V-3-12-i]과 같은 연대보증행위는 자기거래에 포함됨은 물론이다.

어음행위도 자기거래에 포함된다는 적용긍정설이 타당하다.

2) **어음행위** [사례 V-3-12-i]과 같은 어음행위(발행)도 이사회의 승인을 받아야 하는 자기거래인가에 대하여는 견해가 나누어진다. 즉 어음행위는 거래의 결제를 위한 수단적 행위이며 그 자체는 무색적 행위이므로 이해충돌을 일으킬 염려가 없기 때문에 상법 제398조의 적용대상이 아니라는 **부정설**과(서·정 446), 어음행위는 원인관계상의 채무보다 엄격한 채무를 부담하게 하고 기존의 법률관계를 더욱 복잡하게 하므로 회사의 이익을 위해 상법 제398조가 적용되어야 한다는 **긍정설**(정희487~488, 정동(회)441, 손주799, 최기907, 이철(회)626, 채559 外)이 대립한다(양동석, "이사와 회사간의 어음거래와 상법 제398조 적용", 「기업법연구」(2006.6), 141). 생각건대 어음채무에 대해서는 i) 抗辯의 切斷이 인정되고, ii) 입증책임이 경감되며, iii) 銀行渡 어음의 경우에는 부도처분의 제재를 받을 염려가 있으며, iv) 어음채무에 대해서는 담보의 제공없이 假執行宣告를 하게 되어 있는 점(民訴 199但) 등 어음행위는 그 원인관계상의 채무에 비해 행위자에게 많은 불이익을 가져다 줄 염려가 있기 때문에 적용긍정설이 타당하다고 본다(대판 1966.9.6, 66다1146; 1978.3.28, 78다4; 1994.10.11,94다24626).

각 회사의 대표이사를 겸직하

3) **자기 또는 제3자의 계산으로 하는 거래(직접거래)** 直接去來에는 이사가 직접 회사의 상대방으로서 하는 거래 이외에 상대방의 대리인 또는 대

표자로서 하는 거래도 포함한다. 가령 A회사와 B회사의 대표이사를 겸직하고 있는 Y가 두 회사를 대표하여 A·B회사간의 거래를 한 경우, 두 회사 모두에 대하여 자기거래가 되어 각각 A·B회사 이사회의 승인을 얻어야 한다(대판 1969.11.11, 69다1374; 1996.5.28, 95다12101·12118). 또 A회사의 대표이사와 B회사의 이사를 겸직하고 있는 Y가 A회사를 대표하여 B회사와 거래하는 경우에도 A·B회사에 대하여 자기거래가 되어 A·B회사의 이사회승인을 얻어야 한다.

는 경우에는 이사회의 승인을 필요로 한다.

4) 간접거래　이사가 회사와 직접적인 법률관계가 없지만 실질적으로 그 거래로부터 이익을 받는 반면 회사가 불이익을 받는 거래를 間接去來라고 한다. 간접거래도 이사와 회사간의 이해가 대립하는 거래이기 때문에 직접거래와 마찬가지로 취급할 필요가 있다(박해성, "간접거래와 이사와 회사간의 거래", 「상사판례연구(Ⅰ)」, 609). 가령 [사례Ⅴ-3-12-i]과 같이 이사(B)가 대표하는 다른 회사(A)가 부담할 채무에 대하여 회사(Y)가 보증, 채무인수 또는 회사재산에 담보권을 설정하는 경우가 이에 해당한다. 이 점에 대하여 대판 1984.12.11, 84다카1591은 "상법 제398조에서 말하는 거래에는 이사와 회사 사이에 직접 성립하는 이해상반하는 행위뿐만 아니라 이사가 회사를 대표하여 자기를 위하여 자기개인 채무의 채권자인 제3자와 사이에 자기개인채무의 연대보증을 하는 것과 같은 이사개인에게 이익이 되고 회사에 불이익을 주는 행위도 포함하는 것이라 할 것이고, 이런 의미에서 볼 때, 원판시 두 회사(Y,A)의 대표이사를 겸하고 있던 소외 김용관(B)이 위 회사(A)의 채무에 관하여 피고회사(Y)를 대표하여 연대보증을 한 경우에는 역시 상법 제398조의 규정이 적용되는 것으로 보아야 할 것이다"라고 판시하고 있다(대판 1965.1.22, 65다734; 1969.11.11, 69다1374; 1980.1.22,78다1237; 1980.7.22, 80다341·342; 1989.1.31, 87누760).

거래행위시 개인과 회사의 이해가 상반되는 경우 상법 제398조를 적용한다.

(3) 이사회의 승인

1) 승인방법　이사회의 승인은 사전에, 그리고 각 거래별로 하여야 하며 포괄적인 승인은 허용되지 아니한다. 다만 반복하여 이루어지는 동일 유형의 거래에 관하여는 기간과 한도 등을 합리적인 범위로 정하여 포괄적으로 승인할 수 있다고 본다(정동(회)442, 이철(회)627, 채560, 이기(회)345, 註商(Ⅱ-下)251, 정찬(상)879, 강·임803). 거래당사자인 이사는 특별이해관계인으로서 의결권을 행사하지 못한다(391②, 368④). 자본금 5억원 미만으로 이사가 1인인 소규모회사의 경우에는 이사회가 없으므로 주주총회의 승인을 얻어야 한다(383④).

사전에, 각 거래별로 하여야 하며 동일유형 거래에 한하여 포괄승인을 허용한다.

2) 총주주의 동의가 있는 경우　[사례Ⅴ-3-12-ii]와 같이 자기거래에 대한 이사회의 승인이 없더라도 총주주의 동의가 있는 경우에는 어떻게 볼

사전에 총주주의 동의가 있

으면 자기거래도 인정된다.

것인가?(강희갑, "주주전원의 동의와 이사의 자기거래", 「고시계」(1999.4), 92) 1인 주주인 이사의 자기거래도 마찬가지이다(이화수, "주주의 동의와 상법 제398조 위반행위의 효력", 「상사판례연구(Ⅰ)」, 617). 이에 대하여 대판 1992.3.31, 91다16310은 "회사(Y)의 이사(X)에 대한 채무부담행위가 상법 제398조 소정의 이사의 자기거래에 해당하여 이사회의 승인을 요한다고 할지라도, 위 규정의 취지가 회사 및 주주에게 예기치 못한 손해를 끼치는 것을 방지함에 있다고 할 것이므로, 그 채무부담행위에 대하여 사전에 주주 전원의 동의가 있었다면 회사(Y)는 이사회의 승인이 없었음을 이유로 그 책임을 회피할 수 없다"고 판시하고 있다(同 대판 2002.7.12, 2002다20544). 따라서 X는 Y회사에 대해 약정금의 계속지급을 구할 수 있다. 그러나 이러한 판례의 입장에 따르게 되면, 우리나라의 대다수 회사들은 폐쇄회사로서 1인 또는 소수의 주주들이 회사를 개인기업처럼 지배하고 있는 현실에 비추어, 자기거래를 이용하여 주주가 회사의 이익을 詐取하는 기회로 삼을 수 있다는 비판이 제기되고 있다(이철(회) 627).

(4) 자기거래 위반의 효과

이사회승인 없이 자기거래를 한 이사는 법령에 위반한 행위로서 회사에 대하여 손해배상책임을 부담한다. 그런데 승인없이 한 거래행위의 私法的 效力은 어떠한가에 대하여는 무효설과 유효설, 그리고 판례가 취하는 상대적 무효설이 대립된다(이병태, "이사의 자기거래", 「손주찬 교수화갑기념논문집」(1984.7), 222).

본조를 강행규정으로 보아 무효라고 한다.

1) **무효설** 본조를 强行規定으로 보고 이에 위반하는 행위 즉, 이사회의 승인을 얻지 않고 한 거래행위는 무효라고 한다(서·정445, 김용 389, 최기917). 그리고 거래행위가 어음행위이면 자기거래 위반은 物的抗辯으로서 선의의 제3자에게도 그 무효로서 대항할 수 있다고 한다. 선의의 제3자 보호는 선의취득 규정과 어음행위독립의 원칙을 적용하면 된다고 한다.

본조를 임의규정으로 보아 거래안전 보호를 주장하는 설이다.

2) **유효설** 본조를 임의규정으로 보고 이를 위반하여도 그 행위의 효력에는 아무런 영향이 없다고 한다(서정286, 박·이 303, 양·박383). 이사회승인 여부는 회사의 대내적 사정인데, 이에 따라 대외적 행위의 효력이 좌우되는 것은 거래의 안전에 비추어 부당하다는 것을 논거로 한다.

특정권리자 사이에서만 주장이 가능하고 그 이외의 자에 대해서는 주장할 수 없다는 설이다.

3) **상대적 무효설** 본조의 위반은 무효이지만 그 무효를 선의의 제3자에 대하여는 주장할 수 없다고 하며 회사는 제3자의 선의에 관한 입증책임을 부담한다고 한다. 판례와 다수설이 취하는 입장이다(정희489, 이병680, 이원 458, 정동(회)444, 채이561). 즉 대판 1973.10.31, 73다954는 "이사가 상법 제398조를 위반하여 행위를 한 경우에는 당해 이사에 대하여 그 행위의 무효를 주장할 수 있음은 당연하지만 회사 이외의 제3자와 이사가 회사를 대표하여 자기를 위하여 한 거

래에 대해서는 거래의 안전의 견지에서 선의의 제3자를 보호할 필요가 크므로 회사는 그 거래에 대하여 이사회의 승인을 안 받은 것 외에 상대방인 제3자가 악의라는 사실을 주장·입증해야 비로소 그 무효를 그 상대방인 제3자에게 주장할 수 있다고 해석해야 옳은 것이다"라고 판시하고 있다(同 대판 1974.1.15, 73다955; 1978.3.28, 78다4; 1978.11.14, 78다513; 1978.12.26, 77다907; 1981.9.8, 80다2511; 1984.12.11, 84다카1591; 1994.10.11, 94나24626; 2004.3.25, 2003다64688). 선의자보호와 회사의 이익보호의 균형이라는 견지에서 이 견해가 타당하다고 생각한다.

4) 상대방의 선의　상대적 무효설을 취할 경우 거래상대방은 자기거래라는 사실을 알지 못하였다고 하더라도 이를 알지 못한 데 중대한 과실이 있을 경우에는 보호받지 못한다. 이 경우 중대한 과실이라 함은 거래상대방이 조금만 주의를 기울였더라면 그 거래가 이사와 회사간의 거래로서 이사회의 승인이 필요하다는 점과 이사회의 승인을 얻지 못하였다는 사정을 알 수 있었음에도 불구하고, 만연히 이사회의 승인을 얻은 것으로 믿는 등 거래통념상 요구되는 주의의무에 현저히 위반하는 것으로서 공평의 관점에서 제3자를 구태여 보호할 필요가 없다고 봄이 상당하다고 인정되는 상태를 말한다(대판 2004.3.25, 2003다64688).

제 6 理事의 責任

1. 槪　觀

채무불이행책임, 자본충실책임, 손해배상책임 및 제3자에 대한 책임이 부과된다.

理事는 회사와 위임관계에 있기 때문에 이사가 의무위반 행위로 인해 회사에 손해를 가한 때에는 債務不履行責任을 부담한다. 그러나 상법은 회사관계의 특수성을 감안하여 이사에게 資本充實責任(428), 損害賠償責任(398), 제3자에 대한 責任(401) 등을 부담시키고 있다. 나아가 이사가 아니면서 실질적으로 회사의 업무를 지시하거나 영향력을 행사한 자에 대해서도 이사와 동일한 책임을 부담시키는 조항(401의2)을 신설하였다. 이는 재벌총수 등 지배주주들이 실질적으로는 회사의 업무에 관여하면서도 이사가 아니라는 점에서 아무런 책임도 부담하지 않는 등 불합리를 제거하기 위해 1998년 상법개정시 신설한 조항이다. 이와 같이 상법은 이사 등에게 무거운 책임을 부과하고 있고 그 배상액도 거액에 달하는 경우가 많기 때문에 이사의 無資力의 경우에 대비하여 책임보험의 활용이 점차 증가하고 있다(장덕조·유지혜, "이사에 대한 보상제도 도입의 타당성 고찰", 「기업법연구」(2005.9), 169).

이러한 이사 및 업무집행지시자의 책임 면제는 총주주의 동의가 필요하고 책임의 추궁에는 주주의 代表訴訟이 인정된다(안성포, "이사의 면책에 관한 입법론적 고찰", 「상사법연구」(2004), 88). 이들 규정은 監事 및 淸算人에 준용된다.

2. 會社에 대한 責任

가. 損害賠償責任

[사례 Ⅴ-3-13: 이사의 회사에 대한 책임]

(i) A주식회사는 항공기기의 제조판매를 영업으로 하는 회사이다. A회사가 1986년부터 1988년에 이르기까지 3년간 '대공산권 수출통제를 위한 국제협정'(COCOM)에 위반하여 구 소련에 군사목적으로 전용될 수 있는 항공기부품을 수출한 것이 밝혀져 미국정부로부터 거액의 벌금과 과징금, 수출금지 등의 제재를 받고 국내에서도 벌금을 부과받았다. 이에 A회사 주주 X는 대표소송을 제기하여 관세법, 한·미간 수출통제협정 등을 위반하여 제품의 수출을 승인한 이사 Y_1,Y_2,Y_3에 대하여 회사가 입은 손해에 대한 배상청구를 하였다. 다음 각 경우 이들은 책임이 있는가? ① 구 소련 지역에 대한 수출에 앞서 Y_1,Y_2,Y_3는 국제통상전문변호사의 자문을 받아 별다른 문제가 없음을 확인한 경우 ② 이사회에서 Y_3는 구 소련지역에 대한 수출에 문제가 있음을 지적하였으나 Y_1과 Y_2는 수출품목이 순수한 상업용으로만 사용되는 것으로서 미국과 한국정부에서도 묵인하는 것이라는 설명을 듣고 납득한 경우 ③ 항공기부품을 수출하면서 Y_1이 구 소련 정부관리들에게 뇌물을 상납하였으나 Y_2,Y_3는 이러한 사실을 몰랐던 경우 (日東京地判 1996.6.20, 判時 1572, 27 참조)

(ii) X회사의 전 대표이사인 Y는 회사업무와는 무관하게 개인적 용도로 2억원 상당의 X회사 명의의 어음과 수표를 발행하였는데, X회사는 1억원 정도를 들여 이를 회수함으로서 손해를 입었다. 이에 X회사는 임시주주총회를 소집하여 Y의 불법행위로 인한 구상금채권을 부도채권으로 특별손실처리하기로 결의하고 장부처리한 후 대차대조표를 일간신문에 공고하였다. 그러나 그후 세무사의 조언에 따라 구상금채권에 대한 특별손실비용처리를 철회하고 이를 X회사 장부의 자산계정에 유보시켜둔 채 Y를 상대로 구상금청구를 하였다. Y는 이에 응해야 하는가? (대판 1989.1.31, 87누760 참조)

(1) 의 의

이사의 위임관

理事가 法令 또는 定款에 위반한 행위를 하거나 그 任務를 懈怠한 때에는 회사에 대하여 연대하여 손해를 배상할 책임이 있다(399①). 이사가 회사에 손해를 가한 경우에는 민법의 일반원칙에 따라 채무불이행 또는 불법행위책임을 진다. 그런데 상법이 이사의 책임에 관한 규정을 따로 두고 있는 것은 이사의 특수성을 감안하여 민법상의 책임과는 별개의 특수한 책임(불법행위책임)을 인정한 것인가, 아니면 위임계약의 불이행에 따른 일반적인 책임(채무불이행책임)인가 하는 점이 문제된다(양만식, "최근 일본 회사법의 개정동향", 「기업법연구」(2005.9), 62). 어느 견해를 취하는가에 따라 양자의 競合 인정 여부가 달라지는데 통설과 판례는 후자의 입장을 따르고 있다. 즉 대판 1985.6.25, 84다카1954는 "주식회사의 이사 또는 감사의 회사에 대한 임무해태로 인한 손해배상책임은 일반불법행위책임이 아니라 위임관계로 인한 채무불이행책임"이라고 판시하였다. 또 대판 1989.1.31, 87누760은 [사례 V-3-13-ii]와 유사한 사안에서 "주식회사(X)는 대표이사(Y)의 위와 같은 행위가 상법 제398조 소정의 이사와 회사간의 이해 상반하는 거래행위에 해당한다 하여 이사회의 승인 여부에 불구하고 같은 법 제399조 소정의 손해배상청구권을 행사할 수 있음은 물론이고 대표권의 남용에 따른 불법행위를 이유로 한 손해배상청구권도 행사할 수 있다"고 하여 請求權競合을 인정한다.

계로 인한 채무불이행책임으로 보는 것이 판례의 태도이다.

(2) 책임원인 I: 법령 또는 정관위반

1) 법령·정관위반행위 이사가 법령 또는 정관의 구체적인 규정을 위반한 때를 말한다. 여기에는 이사의 개인적 의무에 관한 규정인 競業禁止(397), 自己去來制限(398)에 위반된 행위는 물론이고, 이사가 이사회의 일원으로서 법령 또는 정관에 위반하는 결의를 한 경우, 가령 違法配當案의 제출(462①), 위법한 新株發行(451) 또는 社債發行決議(470)에 참여한 경우도 포함된다. 또 대표이사의 법령위반행위나 대표권의 남용도 여기에 해당한다(김문환, "이사의 회사에 대한 책임", 「서돈각교수화갑기념논문집」(1980.11), 137). 그런데 [사례 V-3-13-i]에서 보는 바와 같이 이사들(Y_1,Y_2,Y_3)이 상법 규정이 아닌 관세법이라든가 국제협정(외국법) 또는 뇌물공여죄를 금지하는 형법의 규정에 위반하는 이사회결의에 참여한 경우에도 '法令'위반에 해당하는가? 여기에서 법령은 국내법을 지칭한다고 보아야 하므로 외국법이나 국제협정 위반은 포함되지 아니하지만 商法 이외의 關稅法이나 刑法 등 특별법 위반은 포함된다. 대판 2006.11.9, 2004다41651, 41668은 "여기서 법령을 위반한 행위라고 할 때 말하는 '법령'은 일반적인 의미에서의 법령, 즉 법률과 그 밖의 법규명령으로서의 대통령령, 총리령, 부령 등을 의미하는 것인바, 종합금융회사 업무운용지침, 외화자금거래취급

특별법 위반을 포함하는 국내법을 지칭한다.

요령, 외국환업무 · 외국환은행신설 및 대외환거래계약체결 인가공문, 외국환관리규정, 종합금융회사 내부의 심사관리규정 등은 이에 해당하지 않는다"고 판시하였다. 다만 뇌물공여는 비록 회사의 업적 향상을 도모하기 위한 영업활동의 일환으로 한 경우에도 정관 목적범위내의 행위로 보기 어렵기 때문에 형법위반외에 정관위반에도 해당한다. 그러나 정당에 대한 정치헌금기부는 사회통념상 회사에 기대되는 행위로서 그 액이 합리적 범위를 넘지 않는 한 회사의 권리능력 범위내의 행위로 보아야 하므로 정관위반이 아니라고 하겠다.

과실책임을 지며 이사가 무과실에 대한 입증책임을 부담한다.

2) **책임의 성질** 법령 · 정관위반책임이 過失責任인가 아니면 無過失責任인가에 대하여는 견해가 나누어지고 있다. **종래의 다수설**은 법령 · 정관에 위반하였다는 것 자체가 과실이기 때문에 과실여부를 묻지 아니한다고 한다(서·정447, 손주805, 서정227, 최기923). 그러나 **근래의 유력설**은 過失責任主義는 私法의 대원칙이므로 이에 대한 예외를 인정하기 위하여는 명문의 규정이 필요하고, 법령에 대한 법원의 해석이 달라지거나 행정관청의 명령 등이 변경되어 결과적으로 법령에 위반한 행위를 하게 된 경우에도 이사에게 책임을 지우는 것은 부당하다고 한다(이철(회)598, 정동(회)448, 채564, 이기(회)346; 서울고판 1980.8.18, 79나821). [사례 V-3-13-i]의 ①에서 보면 이사들(Y_1, Y_2, Y_3)은 적성국(구 소련)에 수출하기 전에 통상전문변호사에게 자문을 구하여 수출하고자 하는 제품이 관세법이나 수출통제에 관한 한미협정의 규제를 받는 군사용 품목이 아닌 순수한 상업용품목이라는 점을 확인하고 수출할 것을 결정하였으므로, 결과적으로 법령위반이 되었으나 과실은 없다고 하겠다. 따라서 회사(X)는 이들(Y_1, Y_2, Y_3)의 법령위반책임을 물을 수 없다고 본다. 다만 이사가 법령 또는 정관에 위반하였다는 것 자체가 과실의 존재를 추정시키는 것이므로, 이사가 무과실에 대한 입증책임을 부담한다(정동(회)448, 이철(회)598, 정찬(상)887; 허덕회, "이사의 법령위반 행위에 대한 책임", 「상사법연구」(2002.5), 382). 대판 2006.11.9, 2004다41651, 41668는 "이사가 임무를 수행함에 있어서 법령을 위반한 행위를 한 때에는 그 행위 자체가 회사에 대하여 채무불이행에 해당하므로, 그로 인하여 회사에 손해가 발생한 이상 손해배상책임을 면할 수 없고, 위와 같은 법령을 위반한 행위에 대하여는 이사가 임무를 수행함에 있어서 선량한 관리자의 주의의무를 위반하여 임무해태로 인한 손해배상책임이 문제되는 경우에 고려될 수 있는 경영판단의 원칙은 적용될 여지가 없다"고 판시하고 있다.

(3) 책임원인 II: 임무해태

선관주의의무

1) **임무해태** 이사의 행위가 법령과 정관의 구체적인 규정에 위반하

지는 않았지만 善管注意義務(382 ②)나 忠實義務(382 의3)에 위반한 경우를 말한다. 대판 1996.12.23, 96다30465·30472도 이러한 취지에서 "주식회사가 대표이사를 상대로 주식회사에 대한 임무해태를 내세워 채무불이행으로 인한 손해배상책임을 물음에 있어서는 대표이사의 직무수행상의 채무는 미회수금 손해 등의 결과가 전혀 발생하지 않도록 하여야 할 결과채무가 아니라, 회사의 이익을 위하여 선량한 관리자로서의 주의의무를 가지고 필요하고 적절한 조치를 다해야 할 채무"라고 판시하고 있다. 이러한 임무해태의 예로는 미수채권회수를 게을리한 때, 사용인에 대한 감독불충분으로 인해 회사재산이 낭비된 때, 회사의 규모나 재산상태에 비해 거액의 자금을 차입하여 증권투자 하였으나 실패한 경우, 시장조사도 제대로 하지 않고 신규시장에 진출하였으나 실패한 경우, 다른 이사에 대한 감시의무를 게을리한 경우 등을 들 수 있다. 다만 이러한 임무해태를 판단함에 있어 전술한 經營判斷의 法則을 고려하여야 할 것이다(대판 2006.11.9, 2004다41651, 41668).

나 충실의무에 위반한 경우를 말하며 판단시 경영판단의 법칙을 고려하여야 한다.

2) 책임의 성질　임무해태로 인한 책임이 過失責任이라는 데 대하여는 이견이 없다. 다만 과실있는 이사들이 연대책임을 부담하는 점에서 民法의 일반원칙에 대한 예외를 이루고 있다. 그리고 이사의 과실에 대한 입증책임도 일반원칙에 따라 이를 주장하는 자(회사 또는 소수주주 등)에게 있다(정동(회)448, 채 564, 정찬(상)887).

입증책임은 이사의 임무해태를 주장하는 자에게 있다.

(4) 책임의 내용

1) 책임의 범위　이사는 법령이나 정관 위반 또는 임무해태와 상당인과관계가 있는 손해를 배상하여야 한다. 2인 이상의 이사가 책임을 부담하는 때에는 그 전원이 連帶責任을 부담한다(399 ①).

2) 책임의 부담자　책임을 부담하는 자는 위법행위를 행한 이사이지만 현실적으로 행위를 하지 아니한 이사도 다음의 경우에는 동일한 책임을 부담한다. 첫째, 위법행위가 理事會決議에 의해 이루어진 때에는 결의에 찬성한 이사도 책임을 진다(399 ②). 이는 이사의 책임추궁을 용이하게 하기 위해 특별히 둔 규정이다. 이사회 의사록에 이의를 하지 않은 것은 찬성한 것으로 추정되기 때문에 이사가 책임을 면하기 위해서는 반대하였다는 입증을 하여야 한다(399 ③). 이를 위하여 1999년 상법개정시에는 理事會議事錄에 반드시 안건, 경과요령, 그 결과, 반대하는 자와 반대이유를 기재하도록 하였다(391의 3②). 따라서 [사례 V-3-13-i]의 ②에서 Y_3는 적극적으로 수출에 찬성하지는 않았지만 납득하고 명시적인 반대를 하지 않았기 때문에 Y_1,Y_2와 연대하여 손해배상책임을 진다. 둘째, 이사가 이사회 결의에 참가하지 않았거나

이사회 의사록에 이의를 제기하지 않은 것은 찬성한 것으로 추정되며, 이사에게 감시의무 위반이 있으면 책임이 인정된다.

위법행위가 이사회 결의에 기하지 않은 경우에도 다른 이사의 위법행위를 방지하지 않은 것에 대하여 감시의무 위반이 있을 때에는 책임이 있다. [사례Ⅴ-3-13-i]의 ③에서 이사 Y_2,Y_3는 Y_1의 뇌물공여에 대한 감시의무를 위반하였으므로 Y_1과 연대하여 손해배상책임이 있다.

3) 책임의 제한 이사가 법령 또는 정관에 위반한 행위를 하거나 그 임무를 해태함으로써 회사에 대하여 손해를 배상할 책임이 있는 경우에 그 손해배상의 범위를 정함에 있어서는, 당해 사업의 내용과 성격, 당해 이사의 임무위반의 경위 및 임무위반행위의 태양, 회사의 손해 발생 및 확대에 관여된 객관적인 사정이나 그 정도, 평소 이사의 회사에 대한 공헌도, 임무위반행위로 인한 당해 이사의 이득 유무, 회사의 조직체계의 흠결 유무나 위험관리체제의 구축 여부 등 제반 사정을 참작하여 손해분담의 공평이라는 손해배상제도의 이념에 비추어 그 손해배상액을 제한할 수 있다(대판 2004.12.10, 2002다60467; 2005.10.28, 2003다69638). 그러나 이러한 판례의 입장에 대해서는 책임제한의 근거가 추상적이고, 미약할 뿐 아니라 신의칙이나 손해배상공평의 분담원칙을 원용하여 이사의 책임제한을 명문의 근거가 없어도 인정하는 것은 손해배상액에 대한 법원의 재량을 너무 넓게 인정하고 있다는 비판이 제기되고 있다(김선웅, "이사의 책임경영원칙을 불완전한 근거로 저버린 판결", 법률신문, 2005.2.1).

(5) 책임의 소멸

이사의 책임은 그 발생원인에 따라 민법이 정하는 채권의 소멸사유에 의해서 소멸한다. 그러나 상법은 이사와 회사간의 특별한 관계를 고려하여 이사의 회사에 대한 責任免除는 주주 전원의 동의를 요하는 것으로 정하고 있다. 또 특별책임소멸사유로서 財務諸表 承認決議에 따른 책임해제도 인정한다.

총주주의 동의가 있어야 이사의 책임이 소멸된다.

1) 책임의 면제 이사의 손해배상책임은 總株主의 동의가 없으면 면제하지 못한다(400). ① 근거; 회사의 이사에 대한 손해배상책임을 자유로 면제시킬 수 있다고 하면 이사에게 엄격한 의무를 부과하고 그 책임추궁을 위해 주주에게 代表訴訟을 인정하는 의미가 상실되기 때문이다. 그러나 다수결의 원칙에 대해 예외를 두어 총주주의 동의를 얻도록 한 것은 이사에 대한 손해배상청구권에 대하여는 개별주주가 지분적 이해관계를 가지고 있다고 보기 때문이다. 총주주의 동의만 얻으면 되기 때문에 반드시 주주총회 결의에 의할 필요는 없고 개개 주주별로 동의를 얻어도 된다(이철(회)604, 註商(II-下)259 정찬(상)892). 다만 총주주에는 의결권 없는 주주도 포함된다(손주807, 정동(회)449, 註商(II-下)259, 채565,

정찬(회) 637 外). 또 사실상 1인주주의 동의가 있는 경우에도 마찬가지이다(대판 2002.6. 14, 2002다 11441). ② 책임의 경합; [사례 Ⅴ-3-13-ⅱ]과 같이 대표이사(Y)의 행위가 임무해태로 인한 損害賠償責任을 발생시킬 뿐 아니라 대표권의 남용으로서 不法行爲責任의 원인이 된 경우에, 회사(X)의 이사(Y)에 대한 책임면제는 임무해태책임만 면제시키는 것인가 아니면 양자를 포함하는 것인가 하는 문제가 있다. 이는 결국 양책임의 競合을 인정하는 여부에 따라 결론이 달라지는데 대판 1989.1.31, 87누760은 "총주주의 동의를 얻어 대표이사(Y)의 행위로 손해를 입게된 금액을 특별손실로 처리하기로 결의하였다면 그것은 바로 상법 제400조 소정의 이사의 책임소멸의 원인이 되는 면제에 해당되는 것이나 이로써 법적으로 소멸되는 손해배상청구권은 상법 제399조 소정의 권리에 국한되는 것이지 불법행위로 인한 손해배상청구권까지 소멸되는 것으로는 볼 수 없다"고 판시하여 경합설을 취하고 있다(同 대판 1996.4.9, 95다56316). 생각건대 우리 나라 회사의 대부분이 1인 주주 또는 가족회사로서 총주주의 동의를 얻는 것은 그다지 어렵지 아니하므로 지배주주(이사)의 책임을 면제하기가 용이하다는 점을 감안한다면, 불법행위책임과 경합을 인정하는 것이 타당할 것이다(이철(회)604, 정동(회)449). 따라서 X회사는 비록 Y의 책임을 면제하는 주주총회 결의를 하였다고 하더라도 이와는 별도로 Y의 불법적인 대표권남용을 이유로 하는 책임을 추궁할 수 있을 것이다.

2) 책임의 해제　　정기주주총회에서 재무제표를 승인한 때에는 이사·감사가 부정행위가 있는 경우를 제외하고는 2년 내에 다른 결의가 없으면 이사와 감사의 책임을 면제한 것으로 본다(450). 장기간 엄격한 책임을 추궁할 가능성을 남겨두는 것은 이사에게 가혹하기 때문에 일정한 요건에 기하여 그 책임을 소멸시키려는 것이다. 책임해제의 성질에 대하여는, 법률이 계산서류 승인결의에 부여한 효과라는 견해와 계산서류승인 후 2년 기간경과의 효과라고 보는 견해가 있다. 어느 견해를 취하여도 책임의 소멸은 주주의 의사에 기하지 않고 법률이 부여한 특별효과라는 점에서 책임면제와는 다르다. 그러나 이사의 不正行爲에 기한 책임은 2년이 경과한 때에도 해제되지 않는다. 부정행위라 함은 반드시 악의의 가해행위뿐 아니라 불법행위 이외에 이사의 권한 내의 행위라 할지라도 당해 사정하에서 이를 행함이 정당시 될 수 없는 모든 경우를 의미한다(서울고판 1977.1.28, 75나2885).

법률이 부여한 특별효과이므로 주주의 의사와는 무관한 것이다.

3) 소멸시효　　회사의 이사에 대한 책임은 일반원칙에 따라 10년의 소멸시효의 완성으로 소멸한다(정희492, 이철(회)605, 채565; 대판 1969.1.28, 68다305; 1985.6.25, 84다카1954; 2006.8.25, 2004다24144).

나. 資本充實責任

무과실책임이며, 총주주의 동의로도 면제하지 못한다.

新株發行에 의한 변경등기가 있은 후에도 아직 인수되지 아니한 주식이 있거나 주식인수의 청약이 취소된 경우에는 이사가 이를 공동으로 인수한 것으로 본다(428①). 이 경우에 회사에 손해가 발생한 때에는 이사에게 손해배상책임이 있다(428②). 이는 회사설립시 발기인의 資本充實責任과 유사한 것으로서 無過失責任이다. 이사의 자본충실책임은 총주주의 동의로도 이를 면제하지 못한다(정동(회)450, 이기(회)348, 註商(II-下)427, 정찬(상)894).

3. 第3者에 대한 責任

[사례 V-3-14: 이사의 제3자에 대한 책임]

(i) 대규모 투자의 실패로 자금난을 겪고 있는 A회사의 이사 Y_1은 회사채 발행을 통하여 운용자금을 조달하기로 하고, 감사 Y_2의 협조를 얻어 A회사의 재무상태가 매우 양호한 것으로 재무제표를 허위로 작성하여 이를 공시하였다. 투자자 X는 이러한 재무제표의 내용을 믿고 A회사의 회사채를 다량 매입하였으나, 얼마후 A회사는 부도를 내고 정리절차에 들어가게 되면서 회사채의 원리금 상환이 사실상 불가능하게 되었다. X는 Y_1과 Y_2를 상대로 상법 제401조에 기한 손해배상책임을 물을 수 있는가?

(ii) X회사는 폐광상태인 광산(임야)과 그에 따른 광업권을 소유하고 있던 중 광산에서 배출되는 오염을 염려하여 염가로 광산과 광업권을 A회사에 매도하였다. X회사와 A회사는 매매계약시 광산과 관련되는 모든 위험부담을 A회사가 부담하기로 하고, 임야 및 광업권 이전에 필요한 서류를 A회사에 교부하였다. 그후 이러한 내용을 잘 알고 있는 Y가 A회사의 대표이사로 취임하였는데, Y는 오염피해발생을 우려한 나머지 임야만 A회사 명의로 이전한 채 X회사의 수차에 걸친 독촉에도 불구하고 광업권은 이전하지 않고 그대로 두었다. 결국 오염피해가 발생하자 행정관청의 명령에 따라 공부상 광업권자인 X회사가 모든 피해보상과 복구시설을 이행하게 되었다. X회사는 Y이사에 대해 이로 인한 손해배상을 청구할 수 있는가? (대판 1985.11.12, 84다카2490 참조)

(iii) 벤처캐피탈회사인 X회사는 A회사 및 A회사의 대주주이자 대표이사인 Y와 합작투자계약을 체결하고, A회사의 신주 1만 5천주(액면 1억5천만원)와 전환사채 1억 5천만원 상당을 인수함으로써, 총 3억원을 투자하였다. 합작투자계약에 의하면 A회사와 Y이사는 X회사가 투자한 자금의 목적 외 사용을

위해서는 사전승인을 받아야 하는 등 각종의무를 부담하고 그러한 의무를 이행하지 않는 경우에는 손해배상책임을 부담하도록 되어 있었다. 그후 Y가 회사자금 8억여원을 인출하여 횡령함에 따라 A회사의 발행수표가 부도되고 곧이어 도산하고 말았다. X회사는 Y에 대하여 어떠한 내용의 손해배상책임을 물을 수 있는가? (대판 1993.1.26, 91다36093 참조)

가. 總　說

(1) 기　능

경과실이 배제되고 제3자에 대한 위법성과는 무관하며 회사에 대한 악의·중과실이 문제되는 책임이다.

理事가 惡意 또는 重大한 過失로 인하여 그 임무를 해태한 때에는 그 이사는 제3자에 대하여 연대하여 손해를 배상할 책임이 있다(401①). 이를 이사의 제3자에 대한 책임이라고 한다. 이사는 회사와 위임관계에 있으므로 임무해태로 인해 제3자에게 손해를 가한 경우에도 회사가 책임을 지면 되고 이사가 직접 책임을 질 이유는 없다. 따라서 이 규정은 예외에 속하는 것으로서 우리 나라와 日本에만 있는 특유한 규정이다.

회사는 자금조달을 위해 株式이나 社債를 발행하고 또는 신종기업어음(CP어음) 기타 유가증권 등의 발행을 통하여 제3자(투자자)와 관계를 가지게 되는데, [사례 V-3-14-i]에서 보는 바와 같이 이들(X)이 회사의 도산 등으로 채권을 회수할 수 없는 경우에 그 일에 관여한 이사(Y_1, Y_2)에게 직접 책임을 묻는 수단으로 이 조항을 활용할 실익은 크다. 이러한 의미에서 日本에서는 本條가 회사법 중에서도 가장 중요한 기능을 하는 규정으로 인식되고 판례의 축적이 가장 많은 분야로 알려지고 있다. 그러나 日本에서 보다 재무구조가 취약한 회사가 대부분인 우리 나라에선 어찌된 영문인지 本條의 활용이 매우 저조한 상태에 있다(서규석, "상법 제401조와 기업의 사회적 책임", 「손주찬교수화갑기념논문집」(1984.7), 128).

(2) 문제점

이와 같이 이사의 제3자에 대한 책임을 인정한 상법 제401조는 그 잠재적 적용범위가 매우 넓은 규정이다. 그럼에도 불구하고 그 입법취지에서부터 시작하여 책임의 성질이 무엇인가, 불법행위책임과의 경합을 인정할 것인가, 악의·중과실의 대상은 임무해태인가 아니면 제3자의 손해인가, 손해는 직접손해에 한정되는가 아니면 간접손해도 포함하는가, 제3자에는 주주가 포함되는가 하는 여러 쟁점에 대해서는 정립된 학설이나 판례가 거의 없는 실정이다(정진세, "이사의 제3자에 대한 책임에 관한 소묘", 「손주찬정년기념논문집」(1989.9), 391).

나. 立法趣旨

本 條의 입법취지에 대하여 통설과 판례는 제3자를 두텁게 보호하기 위한 것이라고 보는데 대해 소수설은 오히려 이사의 경과실을 면책하기 위한 규정으로 본다. 이와 같은 기본적인 입장차이로부터 위에서 열거한 여러 쟁점들에 대한 해석론상의 차이가 초래된다.

(1) 통설·판례; 제3자 보호

법인격부인의 법리보다 광범위하고 직접적으로 제3자 보호기능을 할 수 있다.

배상능력이 없는 개인기업과 같은 주식회사에서 경영자(이사)의 개인재산으로 직접 거래상대방과 채권자에게 배상하도록 하기 위해 이사의 제3자에 대한 책임을 인정한 것이라고 본다. 이는 法人格否認의 法理와 유사한 기능을 하지만 그보다는 훨씬 광범위하고 직접적으로 제3자 보호 기능을 할 수 있다고 한다(김건식, "이사의 제3자에 대한 책임", 「상사판례연구(Ⅰ)」, 638). 대판 1985.11.12, 84다카2490은 "이사는 회사의 위임에 따라 회사에 대하여 수임자로서 선량한 관리자의 주의의무를 질뿐 제3자와의 관계에 있어서 위 의무에 위반하여 손해를 가하였다 하더라도 당연히 손해배상의무가 생기는 것은 아니로되, 경제사회에 있어서의 중요한 지위에 있는 주식회사의 활동이 그 기관인 이사의 직무집행에 의존하는 것을 고려하여 제3자를 보호하고자 이사의 악의 또는 중대한 과실로 인하여 위 의무에 위반하여 제3자에게 손해를 입힌 때에는 위 이사의 악의 또는 중과실로 인한 임무 해태행위와 상당인과 관계가 있는 제3자의 손해에 대하여 그 이사가 손해배상의 책임을 진다는 것이 위 법조의 취지"라고 판시하여 통설을 취하고 있다.

(2) 소수설; 이사 보호

이사의 직무수행을 보장하기 위한 규정으로 보는 것이 소수설의 입장이다.

상법 제401조는 이사의 악의 또는 중대한 과실이 있는 경우에만 배상책임을 인정하고 있는 바, 이는 경과실에 대하여는 면책함으로써 이사의 과감한 직무수행을 보장하기 위한 규정이라고 한다(서정242, 이원262). 즉 회사경영의 복잡성에 비추어 과실로 인하여 제3자에게 손해가 생기는 경우가 많으므로 일반불법행위책임을 묻는 것은 이사에게 가혹하기 때문이라고 한다.

다. 責任의 性質

이사의 제3자에 대한 책임의 성질에 대하여는 다음에서 보는 바와 같이 다양하게 학설이 나누어지고 있는데 그 까닭은 경과실이 배제되는 점, 이사의 악의·중과실이 제3자의 손해가 아닌 회사에 대한 임무해태에 요구된다는 점, 제3자의 손해에 대한 위법성이 요구되지 않는 점에서 기인한다.

(1) 법정책임설

이사의 위법행위에 의해 손해를 입은 제3자의 보호를 확실히 하기 위해 不法行爲責任과는 다른 特別責任을 정한 규정이라고 본다(정희철, "상법 제401조에 의한 이사의 책임", 「기업법의 전개」(1979.8), 181). 즉 이사가 임무해태로 인해 회사에 대해 책임지는 것은 당연하지만 제3자에 대해 책임을 지는 것은 상법이 특별히 제3자를 보호하기 위해 인정한 것이라는 견해이다(정희494, 손주809, 정동(회)452, 이철(회)607, 강위566~567). 불법행위책임과는 무관하므로 제3자에 대한 관계에서는 위법성이 요구되지 않으며 양자의 競合을 인정한다(김문환, "이사의 제3자에 대한 책임", 「서돈각교수화갑기념논문집」(1986.3), 171). 국내의 통설이며 이 견해가 타당하다고 생각한다.

불법행위 책임과는 다른 특별책임이라는 견해이다(통설).

(2) 불법행위특칙설

이사의 보호에 중점을 두는 견해로서 경과실이 면제된 것만을 제외하고는 一般不法行爲와 동일한 것으로 본다(서정242, 이원262). 따라서 본조의 책임이 인정되면 따로 불법행위책임을 물을 수 없게 된다.

양자의 경합을 부정한다.

(3) 특수불법행위설

상법이 인정한 特殊不法行爲責任으로 파악하는 견해이다(서·정455~456, 이병692). 즉 일반적인 불법행위와는 달리 위법성이 피해자인 제3자에게 있는 것이 아니라 회사에 대한 악의·중과실로 인한 임무해태에 있다는 점에서 특수한 책임이라고 한다. 이 견해는 이사의 제3자에 대한 책임을 불법행위로 파악하는 점에 있어서는 불법행위특칙설과 유사하고 법정책임설과 다르나, 위법성을 회사에 대한 관계에서 찾고 있는 점에서 법정책임설과 다를 바 없다.

회사에 대한 임무해태에 위법성이 있다고 본다.

(4) 판례의 입장

판례가 不法行爲特則說을 취하고 있지 않음은 분명하나 法定責任說과 特殊不法行爲說 중 어느 것을 취하고 있는지는 종래 명확하지 않다. 즉 [사례 V-3-14-ii]와 유사한 사안에서 대판 1985.11.12, 84다카2490는 "고의 또는 중대한 과실로 인한 임무해태행위라 함은 이사의 직무상 충실 및 선관의무위반의 행위로서 위법한 사정이 있어야 하고 통상의 거래행위로 인하여 부담하는 회사의 채무를 이행할 능력이 있었음에도 단순히 그 이행을 지체하고 있는 사실로 인하여 상대방에게 손해를 끼치는 사실만으로는 이를 임무를 해태한 위법한 경우라고 할 수는 없다"고 판시하였다. 또 [사례 V-3-14-iii]에서 대판 1993.1.26, 91다36093은 "주식회사의 주주가 그 회사의 대

특수불법행위설에 가까운 입장을 취한다.

표이사의 악의 또는 중대한 과실로 인한 임무해태행위로 직접손해를 입은 경우에는 이사와 회사에 대하여 상법 제401조, 제389조 제3항, 제210조에 의하여 손해배상을 청구할 수 있다"고 판시하였다.

그러나 대판 2006.12.22, 2004다63354는 "다만 그러나 상법 제401조에 기한 이사의 제3자에 대한 손해배상책임이 제3자를 보호하기 위하여 상법이 인정하는 특수한 책임이라는 점을 감안할 때, 일반 불법행위책임의 단기소멸시효를 규정한 민법 제766조 제1항은 적용될 여지가 없고, 일반 채권으로서 민법 제162조 제1항에 따라 그 소멸시효기간은 10년이다"라고 판시함으로써 법정책임설을 취하고 있음을 분명히 하였다.

라. 責任의 原因

(1) 악의·중과실로 인한 임무해태

판례는 회사의 임무해태에 대하여만 존재하면 된다는 입장이다.

1) 악의·중과실의 대상 이사는 악의 또는 중대한 과실로 인하여 그 임무를 해태하여 제3자에게 손해가 생긴 때에 배상책임을 진다(401①). 여기에서 이사의 惡意·重過失이 회사의 임무에 관해서 요구되는 것인가, 아니면 제3자의 손해에 관하여 요구되는 것인가 하는 점이 문제된다. [사례Ⅴ-3-14-ii]에서 보면 이사(Y)는 회사(A)의 손해를 우려하여 광업권이전을 미룸으로써 제3자(X)에게 손해를 가하고 있는데, 회사(A)의 임무해태에 관하여는 악의·중과실이 없다고 할 수 있지만 제3자(X)의 손해에 대하여는 악의·중과실이 존재한다. 따라서 이 점에 관해 어떠한 입장을 취하는가에 따라 이사(Y)의 제3자(X)에 대한 책임의 인정여부가 결정되는 것이다. **法定責任說**은 이사의 책임이 법이 인정하는 특별한 책임이라고 보는 것의 논리적 귀결상 악의·중과실은 회사의 임무에 관하여 요구된다고 한다. **特殊不法行爲說**은 이사의 책임이 불법행위라고 함에도 불구하고 악의·중과실은 회사의 임무해태에 대하여 있으면 된다고 한다. **不法行爲特則說**은 이사의 악의·중과실은 제3자에 가한 손해에 대한 것이라고 본다. 이에 대하여 대판 1985.11.12, 84다카2490은 "고의 또는 중대한 과실로 인한 임무해태행위라 함은 이사의 직무상 충실 및 선관의무위반의 행위"라고 판시함으로서 그 대상은 회사의 임무해태에 대하여만 존재하면 된다는 입장을 취하고 있다.

이사의 충실 및 선관의무위반의 행위를 말하며 회사의 채무이행지체는 위

2) 임무해태(악의·중과실의 사례) 本 條의 입법취지가 주식과 사채 등 유가증권의 부실 발행으로부터 투자자를 보호하는 데 있으므로 [사례Ⅴ-3-14-i]과 같이 주식청약서·사채청약서·신주인수권증권·재무제표 기타 서류에 허위기재를 하거나 공시한 경우가 대표적인 악의·중과실에 해당하

는 사례라고 하겠다. 그 외에도 [사례Ⅴ-3-14-iii]과 같이 회사재산을 횡령하거나 착복한 경우, 지급의 가능성이 없이 어음을 발행하여 어음소지인에게 손해를 준 경우, 시장조사를 충분히 하지 아니한 채 새로운 사업에 다액의 투자를 하여 파탄을 초래한 방만한 경영이 있는 경우, 은행의 이사가 연금을 횡령하여 계산서류에 허위기재로서 회사에 파탄을 초래한 경우 등이 있다. 문제는 [사례Ⅴ-3-14-ii]와 같이 회사의 채무이행을 지체한 것만으로 악의·중과실을 인정할 수 있을 것인가 하는 점이다. 이에 대하여 대판 1985.11.12, 84다카2490은 "고의 또는 중대한 과실로 인한 임무 해태행위라 함은 이사의 직무상 충실 및 선관의무위반의 행위로서(예를 들면, 회사의 경영상태로 보아 계약상 채무의 이행기에 이행이 불가능하거나 불가능할 것을 예견할 수 있었음에도 이를 감추고 상대방과 계약을 체결하고 일정한 급부를 미리 받았으나 그 이행불능이 된 경우와 같이) 위법한 사정이 있어야 하고 통상의 거래행위로 인하여 부담하는 회사의 채무를 이행할 능력이 있었음에도 단순히 그 이행을 지체하고 있는 사실로 인하여 상대방에게 손해를 끼치는 사실만으로는 이를 임무를 해태한 위법한 경우라고 할 수는 없다"고 판시하고 있다(同 대판 2006.8.25, 2004다26119).

법한 사정이 아니라 하여 악의·중과실을 인정하지 않는다.

3) 경과실의 면책여부　理事가 輕過失로 임무를 해태한 경우에는 회사에 대해서만 책임지고 제3자에 대해서는 책임을 지지 아니한다. 다만 이사의 경과실 위반행위가 별도의 불법행위요건을 구비할 경우 그에 따른 책임을 부담하는가에 대해서는, 法定責任說과 特殊不法行爲說은 경합을 인정하지만, 不法行爲特則說은 본조의 입법취지가 경과실의 경우 이사를 면책시키는데 있다고 보기 때문에 경합을 인정하지 아니한다. 고의·중과실과 경과실의 구별에 대하여는 위 대판 1985.11.12, 84다카2490은 위법성의 존재 여부를 기준으로 제시하고 있다.

경과실로 인한 경우에는 회사에 대해서만 책임을 지고 제3자에 대해서는 책임지지 않는다.

(7) 입증책임

이사의 제3자에 대한 책임은 예외에 속하는 것이므로 악의·중과실의 입증책임은 제3자가 진다고 보는 것이 통설의 입장이다. 그러나 [사례Ⅴ-3-14-i]과 같이 회사(A)에 내한 투자판난에 있어 중요한 자료가 되는 서류를 이사(Y_1,Y_2)가 허위로 작성하거나 공시한 경우에는 중대한 의무위반으로서 그 직무수행상 악의 또는 중과실이 있는 것으로 추정하는 것이 타당하다고 본다. 따라서 이 경우에는 책임을 면하려는 이사(Y_1,Y_2)측에 악의·중과실에 의한 임무해태가 없었다는 입증책임이 있다고 보나 그 이외의 사유에 대해

제3자가 입증책임을 진다.

서는 통설과 같이 제3자(X)측에 입증책임이 있다고 할 것이다.

(3) 책임부담 이사의 범위

이사회결의가 있었을 경우 문제의 사안에 찬성하거나 혹은 의사록에 이의한 것이 기재되어 있지 않으면 연대책임을 진다.

상법 제401조에 의해 제3자에 대하여 책임을 부담하는 자는 악의·중과실로 임무를 해태한 이사이며, 그러한 이사가 수인이 있는 때에는 연대하여 책임을 진다(401①). 악의·중과실에 의한 임무해태가 이사회의 결의에 기한 때에는 결의에 찬성한 이사는 그 행위를 한 것으로 간주된다(401②, 399②). 또한 결의에 참가한 이사가 의사록에 이의를 한 것이 기재되어 있지 않는 한 그 결의에 찬성한 것으로 본다(401②, 399③, 319의3②). 그러나 그 결의에 찬성한 것에 악의 또는 중과실이 없으면 책임은 발생하지 않는다.

이사가 스스로 적극적인 위법행위를 하지 않은 경우에도 다른 이사의 위법행위를 방지하여야 할 의무에 위반한 때에는 책임을 면할 수 없다. 따라서 이름만 빌려준 명목상 대표이사가 실권을 가진 다른 이사의 위법행위의 방지를 위해 노력하지 않은 중과실이 있을 때에는 책임이 인정된다. 다만 인과관계의 인정이 문제될 수 있을 것이다(이균성, "명목이사·표현이사의 제3자에 대한 책임", 「고시계」(2000.5), 154).

마. 責任의 範圍

(1) 손해의 범위

이사가 임무해태로 인해 배상책임이 있는 제3자의 손해는 直接損害에 해당하는가 아니면 間接損害도 포함하는가 하는 점이 문제된다.

1) 직접손해·간접손해 直接損害라고 함은 회사의 손해여부에 관계없이 이사의 행위로 인해 제3자가 직접 그리고 개인적으로 입은 손해를 말하며, 間接損害란 일차적으로는 회사에 손해가 생기고 그 결과 이차적으로 제3자가 입은 손해를 말한다. 가령 이사가 허위 서류를 공시함으로써 상승한 주가를 진실한 것으로 오인하여 주식을 구매하였지만 허위임이 밝혀져 주가가 급락한 경우에 주주가 입은 손해가 직접손해에 해당하며, [사례 V-3-14-iii]과 같이 이사(Y)가 회사(A)재산을 횡령함으로서 회사(A)가 손해를 입고 그에 따른 회사의 부도로 주주(X) 또는 채권자(X)가 변제 받지 못함으로 입은 손해가 간접손해에 해당한다. 대판 1993.1.26, 91다36093은 "대표이사(Y)가 회사(A) 재산을 횡령하여 회사(A) 재산이 감소함으로써 회사(A)가 손해를 입고 결과적으로 주주(X)의 경제적 이익이 침해되는 손해와 같은 간접적인 손해"라고 판시함으로써 이러한 구분에 따르고 있다.

통설은 손해의

2) 학설·판례 **통설**은 *法定責任說*을 취하는 결과 손해의 유형에 제

한을 둘 필요가 없다고 본다. 즉 이사는 제3자의 직접손해뿐 아니라 임무해태와 상당인과관계가 있는 간접손해에 대해서도 책임을 진다고 한다(이철(회) 618, 최기790). 그러나 **판례**는 이사의 책임은 직접손해에 한정된다는 입장을 취하고 있다. 즉 대판 1993.1.26, 91다36093은 [사례 V-3-14-iii]에서 "간접적인 손해는 상법 제401조 제1항에서 말하는 손해의 개념에 포함되지 아니하므로 이에 대하여는 위 법조항에 의한 손해배상을 청구할 수 없고, 이와 같은 법리는 주주(X)가 중소기업창업지원법상의 중소기업 창업투자회사라고 하여도 다를 바 없다"고 판시하고 있다(同 대판 2003.10.24, 2003다29661). 그러나 이 사례에서 제3자(X)는 주주인 동시에 채권자인데 위 판결의 논지는 제3자(X)의 주주인 지위에 대하여만 해당하므로 채권자로서의 지위를 포함하여 모든 간접손해를 배제하고 있는지는 확실하지 않다.

유형에 제한을 둘 필요가 없다고 하나 판례는 직접손해에 한정하고 있다.

(2) 제3자의 범위

1) 문제의 소재 본 조에서 말하는 제3자는 회사와 이사 이외의 자를 말하는데 여기에 주주가 포함될 것인가 하는 점이 문제된다. 주주가 입은 직접손해에 대하여 이사에게 책임이 있음은 물론이지만 주주의 간접손해가 포함되는 여부에 대해서는 견해가 나뉜다. [사례 V-3-14-iii]에서 보면 X는 A회사의 주주이자 채권자인데 대표이사(Y)의 횡령으로 인해, 주식인수에 따른 간접손해(1억5천만원 상당)와 전환사채 인수에 따른 간접손해(1억 5천만원)를 각각 입게 되었다. 여기에서 X는 Y를 상대로 양 손해를 모두 포함한 3억원의 손해배상을 청구할 수 있는가, 아니면 채권자로서 입은 손해 1억 5천만원만 청구할 수 있는가 하는 점이 문제된다.

제3자에 주주가 포함되는지 여부가 문제된다.

2) 학설 · 판례 **통설**은 제3자라고 함은 회사와 이사 이외의 모든 자를 가리키는 것이므로 주주나 주식인수인을 제외시킬 이유가 없다고 하며(손주810~811, 이철(회)609~610, 채568, 이기(회)339, 정찬(회)646), **소수설**은 주주가 입은 간접손해는 대표소송을 통하여 회사로 하여금 전보받을 수 있으므로 본 조의 대상이 아니라고 한다(서돈306·397). 이에 대하여 대판 1993.1.26, 91다36093은 "주식회사(A)의 주주(X)가 대표이사(Y)의 악의 또는 중대한 과실로 인한 임무해태행위로 직접 손해를 입은 경우에는 이사(Y)와 회사(A)에 대하여 상법 제401조, 제389조 제3항 제210조에 의하여 손해배상을 청구할 수 있으나, 대표이사(Y)가 회사 재산을 횡령하여 회사 재산이 감소함으로써 회사(A)가 손해를 입고 결과적으로 주주(X)의 경제적 이익이 침해되는 손해와 같은, 간접적인 손해는 상법 제401조 제1항에서 말하는 손해의 개념에 포함되지 아니하므로 이에 대하여

제3자에 주주를 포함하지 않는 것이 판례의 입장이다.

는 위 법조항에 의한 손해배상을 청구할 수 없다"고 판시하여 소수설을 따르고 있다(대판 2003.10.24, 2003다29661). 생각건대 대표소송은 소수주주만 제기할 수 있고 담보제공 등의 제약이 있으므로 그것만으로는 주주의 보호에 미흡한 점을 감안하면, 본 조에 의해 주주가 직접 이사에 대하여 손해배상청구를 할 수 있다고 보아야 한다. 결국 주주의 간접손해에 관하여 일률적으로 상법 제401조의 적용을 부정하는 견해는 타당하지 않다(정동윤, "주주의 간접손해에 대한 이사의 책임",「김두환교수화갑기념논문집」(1994.3), 615)

(3) 책임의 시효

이사의 제3자에 대한 손해배상의 시효는 책임의 성질을 어떻게 파악하는가에 따라 달라진다. 이를 불법행위의 일종으로 보는 不法行爲特則說과 特殊不法行爲說은 시효기간을 3년으로 보는데 대하여 法定責任說은 일반채권의 소멸시효기간인 10년이라고 한다.

이에 대해 대판 2006.12.22, 2004다63354는 "다만 상법 제401조에 기한 이사의 제3자에 대한 손해배상책임이 제3자를 보호하기 위하여 상법이 인정하는 특수한 책임이라는 점을 감안할 때, 일반 불법행위책임의 단기소멸시효를 규정한 민법 제766조 제1항은 적용될 여지가 없고, 일반 채권으로서 민법 제162조 제1항에 따라 그 소멸시효기간은 10년이라고 판시하였다.

4. 業務執行關與者(事實上 理事)의 責任

가. 立法 背景

재벌체제에서 책임경영체제 확립을 위해 신설된 규정이다.

대부분의 우리 나라 대기업들은 財閥體制라는 독특한 기업지배구조하에서 운영되어 왔다. 재벌체제하에서는 동일 그룹(大規模企業集團)에 속하는 여러 회사들은 법적으로는 독립되어 있으나 마치 한 회사의 각 사업 부문 정도로 인식되어, 각 회사가 독자적인 판단에 따라 경영을 하는 것이 아니라 재벌총수(지배주주)와 그를 보좌하는 그룹기조실이나 비서실의 지시를 받아서 기계적으로 집행한다. 즉 재벌계열 회사들의 모든 경영상의 중요한 결정은 그룹 전체적인 차원에서 총수가 독단적으로 결정하거나 총수가 주재하는 그룹사장단 회의에서 결정되고 각 계열회사는 단순히 이를 집행하는 존재에 불과하므로, 각 계열회사의 법적기관인 대표이사나 이사회는 형식화(무력화)될 수밖에 없었다.

그러나 이러한 船團式 經營의 실패에 따른 책임문제가 부각될 경우에는, 개별회사의 경영에 대한 사실상의 결정권을 행사한 재벌총수나 그 보좌진들은 그 회사의 이사로 등기되어 있지 않은 까닭에, 어떠한 법적 책임도 지지 않게 된다. 즉 종래의 상법은 法的인 理事(登記理事)의 책임만을 인정하고 있었기 때문에 피해를 입은 회사나 그 회사의 주주 또는 채권자는, 회사의 배후에서 영향력을 행사해 온 지배주주(총수)를 상대로 책임을 추궁할 수 있는 길이 봉쇄되어 있었다. 이러한 불합리를 극복하고 각 회사별로 독립적인 책임경영체제를 확립하기 위해 公正去來法상 계열회사간 상호지급보증 해소, 부당내부거래 규제 등의 조치와 함께 1998년 개정 상법은 業務執行指示者 등의 책임을 인정하는 규정(401의2)을 신설하였다. 이는 독일주식법상의 '영향력행사자' 내지는 영국회사법상의 '배후이사제도'를 모범으로 한 것으로서, 업무집행관여자에는 업무집행지시자 이외에 無權代行者, 表見理事가 있다.

나. 責任의 根據와 性質

(1) 책임의 인정근거

회사의 법적 기관이 아닌 업무집행관여자를 이사로 擬制하여 그 책임을 인정하는 근거에 대해서는 다음과 같은 여러 견해가 대립된다.

지배주주의 영향력행사는 주주의 충실의무 위반이다.

1) 주주의 충실의무론　지배주주에게도 유한책임원칙이 적용됨은 물론이지만 주주의 유한책임은 주주가 회사의 업무집행에 참여할 수 없다는 점을 고려한 것이므로, 만일 지배주주가 사실상의 영향력을 행사하여 회사의 업무집행에 관여한 경우에는, 그에 상응하는 책임을 인정하는 것이 마땅하다는 것이다. 또한 영향력 행사를 주주권행사의 일종으로 보는 경우 이는 주주의 忠實義務에 위반한 것이므로 그에 따른 책임을 인정하여야 한다고 한다.

지배주주의 업무집행관여는 불법행위이다.

2) 불법행위책임론　대표이사나 이사 이외에는 회사의 업무집행에 관여할 수 없으므로 지배주주 등의 업무집행관여는 不法行爲를 구성한다는 입장이다. 그러나 회사를 위할 목적으로 한 업무집행관여행위까지 불법행위로 보는 것은 무리라고 하겠다.

영향력을 행사한 지배주주는 사실상 이사로 본다.

3) 사실상 이사의 법리　지배주주에게 이사의 책임을 지우는 것은 주주의 영향력행사를 이사의 업무집행으로 파악하는 事實上의 理事의 法理에 따른 것이라고 한다. 이 견해에 따르면 이사의 개념을 주주총회에서 선임되고 등기한 자와 같은 형식적 요건을 갖춘 자로 한정하지 않고 실질적으로 파악하여, 이사의 기능을 사실상 수행한 자에게 이사의 의무와 책임에 관한

규정을 적용할 수 있다고 한다. 이 견해가 가장 설득력 있다고 본다.

(2) 책임의 성질

위에서 본 바와 같이 상법 제401조의 2는 業務執行指示者뿐 아니라 無權代行者, 表見理事에 대하여도 이사의 책임과 관련하여 상법 제399조와 제401조를 적용하도록 하고 있다. 그러나 이들 조항은 회사에 대한 '任務懈怠'를 책임의 요건으로 하고 있는데, 업무집행관여자들은 회사로부터 어떠한 임무도 부여받은 바 없으므로 임무해태란 있을 수 없다. 따라서 업무집행관여자의 회사에 대한 책임의 법적 성질이 무엇인가에 대하여는 견해가 나뉘어진다.

업무집행관여자의 책임의 성질을 불법행위책임으로 보는 견해이다.

1) 불법행위책임설 법률상 이사가 아닌 자가 영향력을 이용하여 업무집행에 대한 지시를 하거나 이사명의로 업무집행을 하는 것 자체가 위법행위이므로, 그로 인하여 손해가 발생한 경우에 책임을 지는 것은 不法行爲責任이다. 본 조에서 업무집행관여자를 '理事라고 본다'고 규정하지만 이는 이사에 상응하는 책임을 부담시킨다는 의미이지 이사가 아닌 자가 이사로 된다는 것은 의미하는 것은 아니기 때문에, 업무집행관여자가 이사임을 전제로 하는 책임(계약책임)을 인정할 수는 없다고 한다.

업무집행관여자를 사실상 이사로 보아 계약책임을 부과한다는 견해이다.

2) 계약책임설 업무집행지시나 이사 명의로 업무집행을 하는 모든 경우에 책임을 지는 것이 아니라 법령·정관위반이나 임무해태가 있는 경우에만 책임을 지므로 이를 일반 민법상의 불법행위책임이라고 할 수 없다. 본 조는 회사가 이들에게 업무집행에 대한 관여를 허용하였다는 것으로부터 위임계약을 擬制함으로써 이들을 事實上 理事로 본다는 것을 전제로 하는 것이므로, 이들의 책임은 이러한 위임계약을 위반한 契約責任이라고 본다.

업무집행관여자의 책임은 계약책임으로 보는 것이 타당하다.

3) 검 토 업무집행관여자의 책임을 어떻게 보는가에 따라 立證責任, 連帶責任, 消滅時效 등에서 차이가 있다. 그러나 상법 제399조에 의한 이사의 회사에 대한 책임에 있어서도 이사의 임무해태에 대한 입증책임은 이를 주장하는 자에게 있다고 보는 것이 통설·판례의 입장이므로 그 책임의 성질 여하에 따라 입증책임의 분배에는 차이가 없고 연대책임면에서도 마찬가지이다. 다만 시효기간에 있어서는 불법행위책임으로 보면 3년이지만, 계약책임으로 보면 10년이다. 업무집행관여자를 事實上 理事로 보고 그 책임을 인정하는 것이 본 조의 입법취지라고 한다면 계약책임으로 보는 것이 논리에 맞는 해석론이라고 하겠다.

다. 責任의 成立要件

상법 제401조의 2는 업무집행관여자의 유형으로 i) 회사에 대한 영향력을 이용하여 업무집행을 지시한 자(제1호), ii) 이사의 이름으로 직접 업무를 집행한 자(제2호), iii) 이사가 아니면서 명예회장 등의 명칭을 사용하여 회사의 업무를 집행한 자(제3호)의 세 가지를 규정하고 이들을 法律上 理事로 擬制하여 그와 동일한 책임을 지게 한다. 이 세 가지 유형 중 i)은 좁은 의미에서의 業務執行指示者에 해당한다고 할 것이고 ii)는 일종의 無權代行者이며 iii)은 表見理事에 해당한다. i)과 ii)를 합하여 '배후이사'라고도 한다. 이들 업무집행관여자들의 책임은 회사에 대한 책임과 제3자에 대한 책임으로 나누어지는데 여기에서는 회사에 대한 책임을 중심으로 그 성립 요건을 살펴본다.

(1) 업무집행지시자

業務執行指示者로서 책임을 부담하는 데에는 i) 회사에 대한 자신의 영향력을 이용하여, ii) 이사에 대한 업무집행을 지시함으로써, iii) 법령 · 정관위반 또는 임무해태가 있을 것을 요한다(401의 2①1).

영향력은 회사 내부에 힘이 미치는 것에 한정해서 생각해야 한다.

1) 회사에 대한 영향력의 이용　① 계약책임설; '影響力'이란 법률적으로나 사실상으로나 회사의 지배력을 가진 자가 그것을 이용하여 회사 내부에서 자신의 목적을 달성시킬 수 있는 힘이라고 하며 이 견해가 통설이다(정동 458). 다수의 주식을 보유함으로써 주주총회를 지배하고 여기에서 선임된 이사를 통하여 간접적으로 회사 경영에 영향력을 행사하는 경우가 이에 해당할 것이다. 여기에는 자연인뿐 아니라 법인인 지배회사도 포함한다(대판 2006. 8.25, 2004 다26119). 따라서 회사 외부에서 회사와의 계약관계에 기하여 영향력을 미치는 도급업체, 은행, 노동조합 등은 포함되지 아니한다고 본다(손주814, 정동(회)458, 최기937; 정승욱, "업무집행 관여자의책임", 「상사법연구」(1988), 278). ② 불법행위책임설; 영향력의 의미를 회사의 의사결정에 있어서 자신이 의도하는 바대로 하게 할 수 있는 사실상의 힘이라고 한다. 따라서 지배주주를 위시하여 회사의 채권자나 지속적 거래관계에서 우월적 지위에 있는 자는 물론이고 공법적이거나 정치적으로 영향력을 행사하는 정부기관 또는 공무원까지도 포함시킨다(이철(회) 613~614). ③ 검토; 업무집행지시자를 法律上 理事로 擬制하여 책임을 추궁하는 본 조의 입법취지에 비추어 볼 때, 영향력이란 회사 내부에서 기관(이사)처럼 회사의 업무집행에 관여한 경우로 한정하여야 할 것이다. 그렇지 않고 단순히 회사 외부에서 영향력을

미치는 경우까지 이사의 지위를 인정하여 책임을 추궁할 수 있다고 한다면 本 條는 걷잡을 수 없이 확대 적용될 위험이 있다. 외부 영향력행사자의 책임이 문제될 경우에는 이를 일반적인 계약책임이나 불법행위책임으로 다루면 된다.

지시행위에는 구속력이 있어야 한다.

2) 이사에 대한 업무집행지시 ① 이사에 대한 지시; 배후에 영향력 있는 자가 '理事' 또는 대표이사에게 지시하여야 한다. 여기에서 이사란 반드시 등기여부를 묻지 않으며 사용인도 포함된다. ② 업무집행에 대한 지시; 업무집행이란 회사의 목적을 달성하기 위해 직접 또는 간접으로 관련되는 모든 법률적·사실적 행위를 포함한다. 다만 회사의 영업 자체를 양도하거나 해산, 합병, 조직변경 등의 행위가 업무집행에 포함될 것인가 하는 의문이 있다. 본 조에서 문제삼는 것은 이사가 독립하여 처리할 수 있는 회사의 영업과 관련한 행위를 말하는데, 이러한 사항들은 대부분 주주총회 특별결의사항으로서 총회결의를 거친 한, 영향력 행사는 문제되지 않는다고 보기 때문에, 업무집행에서 제외되어야 할 것이다. ③ 지시행위; 지시란 적극적으로 하여져야 하고 구속력을 가져야 한다. 따라서 단순한 조언이나 자문에 응하여 자신의 의견을 피력한 것만 가지고는 지시라고 할 수 없다. 또 지시는 반드시 계속적으로 행하여 질 필요는 없다. 지배주주가 의결권행사를 통하여 간접적으로 영향력을 행사한 경우가 문제되는데, 의결권행사는 주주권의 내용이고 이사의 업무집행이 아니므로 지시라고 볼 수 없을 것이다.

회사에 손해가 있어야 한다.

3) 법령·정관위반 또는 임무해태 ① 유형; 업무집행지시에 따른 업무집행이 법령·정관에 위반되거나 임무해태로 되어 회사에 손해를 가하여야 한다. 그 구체적인 의미에 대하여는 이사의 책임부분에서 설명한 내용이 여기에도 그대로 해당되는데 가령 재정상태가 나쁜 계열회사에 대한 신용공여나 보증행위, 위험성이 높은 신규사업에 대한 투자, 회사재산의 횡령, 업무집행지시자에 대한 융자, 담보의 제공 등이 있을 것이다. ② 대상자; 법령·정관위반 또는 임무해태가 '業務執行指示者'에게 있어야 하는가 아니면 그로부터 지시 받은 '理事'에게 있어야 하는가 하는 점이 문제된다. 업무집행관여자 중에서도 다음에서 보는 無權代行者나 表見理事의 경우에는 이들이 직접 업무집행을 하기 때문에 논란의 여지가 없지만, 업무집행지시의 경우에는 업무의 지시자와 집행자가 분리되기 때문에 이러한 점이 특히 문제가 되는 것이다. 지시를 받은 이사에게 법령·정관 위반 또는 임무해태가 있어야 하며, 따라서 이사의 업무집행이 회사에 대해 임무해태가 되면 바로 업

무집행지시자의 책임요건을 충족한다고 보아야 할 것이다.

(2) 이사 명의의 업무집행자(무권대행자)

배후에서 영향력을 이용하여 이사에게 업무집행을 지시하는 대신, 자신이 직접 이사 명의로 업무를 집행하는 자도 업무집행관여자의 하나로서 이사와 동일한 책임을 부담한다(401의 2①2). 가령 실질적인 사주가 특정한 자를 명목상의 이사로 세우고는 그로부터 이사의 명판과 인감 등 직무수행에 필요한 수단을 확보하여, 그 이사 명의로 업무집행을 하는 경우이다. 이는 법률상 이사가 아니면서 이사명의로 직무를 행하는 자이므로 無權代行者라고 할 수 있다. 재벌기업의 총수들은 주로 앞에서 본 업무집행지시라는 형태로 영향력을 행사하지만, 중소기업의 실질적인 소유주들이 법적인 책임을 회피하면서도 회사를 경영하는 수단으로 주로 이 방법을 이용한다(정동(회)459, 최기938).

법률상 이사가 아니면서 이사 명의로 직무를 행하는 자를 말한다.

이 조항에는 업무집행지시자에서 보는 바와 같은 '影響力'을 이용하여야 한다는 명시적인 규정은 없지만, 배후에 있는 자가 법률상 이사를 제쳐두고 직접 이사 명의로 업무를 집행하기 위해서는 그러한 영향력이 뒷받침되지 않으면 안된다는 점에서, 마찬가지로 보아야 할 것이다. 또 이사로 선임되어 직무를 수행하였으나 사후에 선임결의가 무효 또는 취소된 경우, 이사선임절차 없이 취임등기에 동의한 자, 사임 후 퇴임등기를 하지 않기로 승락한 자에 대해서도 적용된다.

(3) 표현이사

이사가 아니면서 명예회장 · 회장 · 사장 · 부사장 · 전무 · 상무 · 이사 기타 회사의 업무를 집행할 권한이 있는 것으로 인정될 만한 명칭을 사용하여 회사의 업무를 집행한 자도 그 집행한 업무에 관하여 이사와 같은 책임을 진다(401의 2①3). 이를 表見理事라고 한다. '회사의 업무를 집행할 권한이 있는 명칭'으로는 본 호에 열거되어 있는 것 말고도 가령 그룹기획실장, 본부장 또는 비서실상 기타 임원(非登記理事)을 들 수 있다(손주816, 최기938~939, 정동(회)459).

표현대표이사와 유사하나 요건과 효과면에서 차이가 있다.

이 조항의 내용은 表見代表理事에 관한 상법 제395조와 유사한 형식으로 되어 있으나 양자의 요건과 효과는 서로 다르다. 우선, 表見代表理事는 제3자 보호를 위하여 '회사의 책임'을 인정하는 규정이나 表見理事는 회사 또는 제3자에 대한 '이사 자신의 책임'에 관한 규정이라는 점에서 구별된다. 또한 表見代表理事는 外觀法理에 기초를 두고 있으므로 명칭사용을 회사가 허락하였어야 하고 제3자가 이를 신뢰하였어야 하지만, 表見理事는 명칭사용에 대한 회사의 승인여부나 청구권자의 신뢰여부는 문제되지 아니한다는 차이가 있다.

라. 責任의 內容

손해배상책임을 부담하고, 이는 대표소송의 대상이다.

이상의 요건을 갖춘 업무집행관여자는 회사에 대하여 손해배상책임을 진다(401의2①, 399①). 또 악의 또는 중대한 과실로 인하여 그 임무를 해태한 경우에는 제3자에 대하여 손해배상책임을 진다(401의2①, 399①). 이 경우에 회사 또는 제3자에 대하여 손해를 배상할 책임이 있는 이사는 업무집행관여자와 연대하여 책임을 진다(401의2②). 다만 업무집행관여자에게는 이사회 출석권이나 다른 이사에 대한 감시의무가 없으므로 이를 전제로 한 이사결의에 찬성한 이사의 책임에 관한 규정(399②③, 401②)은 적용되지 않는다. 업무집행관여자의 회사에 대한 책임도 代表訴訟의 대상이 된다.

5. 理事의 責任 추궁

가. 總　說

소수주주들에 의하며 유지청구권과 대표소송제도가 이에 해당한다.

주주들은 주주총회에서 이사 선임과 해임결의에 참여함으로서 간접적으로 이사의 직무집행에 대한 감독을 하고 그 책임을 추궁할 수 있다. 그러나 주주들이 보다 직접적으로 이사의 업무집행에 대한 책임을 추궁하는 제도로서 留止請求權(402)과 代表訴訟制度(403)가 있다. 원래 이사의 회사에 대한 책임은 회사가 이를 추궁하여야 하나 이사와 회사간의 특수한 관계로 보아 이를 기대하기가 곤란한 점을 감안하여, 소수주주들로 하여금 회사의 기관인 지위에서 회사를 위하여 이사의 책임을 추궁할 수 있게 한 것이다. 留止請求權은 위법행위가 행하여지기 전에 이를 방지하기 위한 사전 예방적 청구임에 비하여 代表訴訟은 사후구제적 성격을 가진다.

나. 留止請求權

(1) 의　의

회사에 손해가 생길 것을 염려하여 사전에 이사의 업무집행을 정지시키는 권리이다.

이사가 법령 또는 정관에 위반한 행위를 하여 이로 인하여 회사에 회복할 수 없는 손해가 생길 염려가 있는 경우에는 監事(監事委員會) 또는 발행주식 총수의 100분의 1이상에 해당하는 주식을 가진 주주는 회사를 위하여 이사에 대하여 그 행위를 留止할 것을 청구할 수 있다(402, 415의2⑥). 이를 違法行爲留止請求權 또는 禁止請求權이라고 하며 영미법상의 유지명령제도

(injuction)를 도입한 것이다. 이러한 일반적인 유지청구권 이외에 新株發行留止請求權이 별도로 규정되어 있다(424).

유지청구권은 사전에 이사의 업무집행을 정지시킨다는 점에서는 앞에서 설명한 이사의 직무집행정지(407)와 유사하나, 유지청구는 구체적인 개개의 위법행위를 대상으로 하며 반드시 소에 의하여 행사할 필요가 없다는 점에서, 이사의 직무집행을 일반적으로 금지시키는 직무집행정지가처분과는 구별된다. 또 유지청구권은 주주가 회사의 기관적 지위에서 이를 행사한다는 점에서 대표소송과 같지만, 사전에 소극적 예방조치로서 하는 점에서 사후에 적극적 급부를 목적으로 하는 대표소송과 구별된다.

(2) 요 건

1) 법령·정관에 위반한 행위　　이사가 법령 또는 정관에 위반한 행위를 할 것을 요한다(402). 여기에서 법령·정관위반행위라고 함은 가령 自己株式 취득을 규제하는 상법 제341조라든가 이사회결의 없는 신주발행 등과 같이 구체적인 규정에 위반한 경우 뿐 아니라 이사의 善管義務(382) 또는 忠實義務(382의3)와 같은 일반적인 규정에 위반한 경우도 포함한다. 따라서 이사의 임무를 해태한 행위는 여기에서 말하는 법령·정관위반행위에 해당한다고 할 수 있다(反 이철(회)642). 그리고 법령·정관위반행위인 한 행위의 유·무효를 묻지 아니하며, 정관목적범위에 포함되는 여부를 묻지 아니한다(註商(II-下) 265, 정찬(상)901).

구체적인 규정뿐만 아니라 일반규정의 위반까지도 포함한다.

2) 회복할 수 없는 손해발생의 염려　　회복할 수 없는 손해발생의 염려라 함은 가령 대표이사에 의해 처분된 재산을 반환받을 수 없을 뿐 아니라 이사의 손해배상책임에 의해서도 그 손해가 배상될 수 없는 경우이다. 또 손해가 전혀 회복할 수 없는 경우는 아니지만 그 비용이나 절차 등을 감안할 때, 회복이 상당히 곤란한 경우도 이에 해당한다.

전혀 회복할 수 없거나 현저하게 곤란한 경우가 이에 해당된다.

(3) 절 차

1) 당사자　　유지청구를 행사하는 자는 감사(감사위원회) 또는 발행주식 총수의 100분의 1이상에 해당하는 주식을 가진 주주이다. 종래에는 유지청구의 행사요건을 발행주식 총수의 100분의 5로 하였으나 그 활성화를 위해 1998년 상법개정에서 이를 완화하였다. 證券去來法에서는 이를 더욱 완화하여 상장법인의 경우 6월 이상 계속하여 발행주식 총수의 1만분의 50(자본금 1,000억원 이상인 회사에 있어서는 1만분의 25이상)을 보유하는 자로 하였다(證去191의13②). 유지청구의 상대방은 會社가 아니라 법령·정관에 위반한 행위를 한 理事이다.

발행주식 총수의 1/100이상의 주식을 가진 주주를 당사자라 하고, 법령·정관에 위반한 행위를 한 이사를 상대방이라 한다.

2) 행사방법　　유지청구의 행사는 반드시 訴에 의할 필요는 없고 주주

행위중지청구

시 불이행의 경우에는 유지의 소나 가처분으로 중지시킬 수 있다.

가 위법행위를 하는 이사에 대하여 그 행위를 중지할 것을 청구할 수 있다. 다만 이사가 위법행위를 중지하지 않는 경우에는 주주는 그 이사를 피고로 하여 회사를 위하여 留止의 訴를 제기하고 또 가처분(民訴 714)으로서 그 행위를 중지시킬 수 있다. 이와 같이 상법이 실체법상의 권리로서 유지청구권을 인정하고 있지만 가처분을 이용하지 않는 한 그 실효성이 별로 없을 것이다.

3) 유지의 소 留止請求가 訴에 의할 경우에는 留止의 訴는 회사를 위하여 제기하는 것이므로 그 판결의 효력은 당연히 회사에 미친다(民訴 204). 그 이외에 소송관할, 소송참가, 승소주주의 권리, 패소주주의 책임 등에 관하여는 대표소송과 같은 규정이 없지만 관련 규정을 유추 적용할 수 있다고 본다(정찬(상) 902).

(4) 효 과

해당이사는 그 행위 중지여부를 선관주의로서 결정해야 한다.

1) 이사의 책임 유지청구권의 행사가 있는 경우에 해당 이사는 그 행위의 중지여부를 선량한 관리자의 주의로써 결정하여야 한다. 만일 중지하지 아니하고 계속하였으나 결과적으로 그 행위가 법령·정관 위반행위로 된 경우에는 임무해태로 인한 책임을 지지만, 이 책임은 유지청구행사 여부와 관계없는 것이기 때문에 그 책임의 발생을 유지청구권 행사의 효과로 볼 필요는 없다.

유지 청구를 무시하고 한 행위일지라도 효력에는 영향이 없다.

2) 행위의 효과 유지청구의 대상이 된 이사의 법령·정관위반행위가 무효일 경우에는 문제없지만 유효인 경우, 유지청구를 무시하게 되면 이후 그 행위(개별적 거래행위)의 *私法上 效力*이 어떻게 될 것인가 하는 점이 문제된다. 거래의 안전을 보호하기 위하여 상대방의 선의·악의 불문하고 효력에 영향이 없다고 보아야 한다(정동(회)464, 정찬(상)903).

다. 代表訴訟

[사례 Ⅴ-3-15: 대표소송]

(i) Y회사는 주식회사 A금고의 영업 전부를 양수하기로 하는 계약을 체결하였다. A회사가 이 영업양도계약에 대해 주주총회 특별결의를 거치지 않았을 경우, 이 회사의 발행주식의 1%를 보유하는 주주 X는 Y회사를 상대로 하여 영업양도계약의 무효확인을 구하는 소송을 제기할 수 있는가? (대판 1979.2.13, 78다1117 참조).

(ii) A주식회사의 대표이사 Y는 회사를 대표하여 매수한 토지를 자기명의로 소유권 이전등기를 하였다. 이에 대해 A회사의 발행주식 1%를 보유하는 주주 X는 상법 제403조의 규정에 의해 Y를 상대로 하여, 위 토지의 소유권을 A

회사에 이전할 것을 구하는 소송을 제기할 수 있는가? (日大阪高判 1979.10. 30, 民高集 32-2, 214 참조)

(1) 의 의

1) 개 념 代表訴訟은 회사가 이사 또는 업무집행관여자의 책임 추궁을 게을리 한 경우, 소수주주가 회사를 위하여 이사(업무집행관여자)의 책임을 묻기 위해 제기하는 소이다(403, 401의2). 代表訴訟에 관한 규정은 발기인, 감사, 청산인, 불공정가액으로 주식을 인수한 자, 주주권행사와 관련하여 이익을 제공받은 자 등의 책임에 대하여도 준용된다(324, 415, 542①, 424의2②, 467의2④). 대표소송은 영미법상의 대표소송에서 유래한 제도로서 파생소송, 또는 대위소송이라고도 한다(강희갑, "상법상 주주의 대표소송", 「김교창변호사화갑기념논문집」(1997), 331).

소수주주가 직접 이사의 책임을 묻고자 제기하는 소이다.

2) 활성화 이사의 책임을 추궁하기 위한 대표소송제도가 인정되고 있지만 이제까지 국내에서는 그 활용도가 극히 저조하여 1997년도에 첫 소송이 제기된 정도이다. 대표소송이 부진한 이유는 다른 소수주주권 행사와 마찬가지로 그 행사에 필요한 보유주식 요건이 엄격할 뿐 아니라 소송수행에 따르는 비용(인지대, 변호사비용)이 막대함에 비해 정작 승소한 경우에도 그 혜택은 모든 주주에게 골고루 돌아가기 때문에 대표소송을 제기할 誘因이 없었기 때문이다. 대표소송은 이사의 책임을 사후적으로 추궁하는데 주안점이 있지만 이를 잘 활용하면 이사나 업무집행관여자들의 전단적인 경영을 사전에 견제하는 효과적인 수단이 될 수 있다(양동석, "기업의 지배구조개선을 위한 주주대표소송", 「상사법연구」(2000), 423). 이러한 의미에서 미국이나 일본에서는 대표소송이 활발하게 이용되고 있으며 우리나라도 이를 활성화하기 위해 제소요건의 완화(403①, 證去191의13①), 소송비용 및 변호사비용 등의 보상(405①, 證去191의13⑤), 인지대의 정액화(民事訴訟등印紙法2④)와 같은 제도적 장치를 마련하고 있다(윤영신, "주주대표소송의 변호사 보수 등 소송관련비용의 부담", 「상사법 연구」(2001.5), 208).

상법 제405조는 제소주주의 권리·의무를 규정하고 있다.

(2) 취지 및 성질

1) 취 지 주주는 회사의 機關이 아니고 出資者에 지나지 않으므로 회사의 재산에 대해 간접적인 이해관계만을 가진다. 따라서 비록 회사에 손해가 생긴 경우에도 주주가 회사를 대표하여 소송을 제기할 수 없다. 대판 1979.2.13, 78다1117도 [사례Ⅴ-3-15-i]과 유사한 사안에서 "주식회사(A)의 주주(X)는 회사의 재산관계에 대하여 단순히 사실상 경제상 또는 일반적·추상적인 이해관계만을 가질 뿐 구체적 또는 법률상의 이해 관계를 가진다고는 할 수 없으므로 주주(X)는 상법 403조 이하의 규정에 의한 대표

회사와 직접적인 이해관계가 없는 주주에게 인정되는 회사를 대표하는 유일한 소송이다.

소송의 경우를 제외하고는 회사의 재산관계에 대하여 당연히 확인의 이익을 갖는다고는 할 수 없다"고 판시하였다(대판 1978.4.25, 78다90; 1998.3.24, 95다6885). 대표소송은 이에 대한 예외로서 회사와 이사간의 밀착관계로 인해 그 책임추궁이 소홀해질 것을 염려하여 특별히 인정된 것이다(김영곤, "주주의 대표소송에 관한 소고", 「기업법 연구」(2002.12), 11).

승소하든 패소하든 그 효과는 다른 주주에게도 미친다.

2) 성 질 대표소송은 주주가 실질적으로는 회사의 대표기관적 지위에서 수행하는 것이지만, 소송의 형식상으로는 타인인 회사의 이익을 위하여 수행하는 제3자 訴訟擔當에 해당한다. 상법 제403조가 '株主는 會社를 위하여 訴를 제기할 수 있다'라고 하는 것은 이를 두고 하는 말이다. 따라서 원고인 주주가 받은 판결은 회사가 받은 판결과 동일한 효력을 가지고 또 그 반사적 효과로서 다른 주주에게도 미친다. 이는 원고가 승소한 경우에 한정되지 않고 패소한 경우에도 마찬가지이다.

(3) 소의 대상: 이사의 책임범위

무제한설과 제한설이 대립하나, 무제한설이 타당하다고 본다.

1) 회사에 대한 책임 대표소송은 이사(업무집행관여자)가 회사에 대하여 지는 책임을 추궁하기 위한 것이므로 제3자에 대한 책임이나 주주에 대한 책임은 그 대상이 아니다.

2) 책임범위 대표소송의 대상이 되는 '理事의 責任'에 대하여는 이사(업무집행관여자)가 회사에 대하여 부담하는 모든 채무라고 하는 다수설(정동(회)467, 이철(회)639, 서·정472, 손주821, 양·박402, 채575, 이기(회)354, 註商(II-下)269 外)과 상법 제399조의 책임(법령·정관위반 또는 임무해태로인한책임) 및 상법 제426의 책임(자본충실책임)에 한정된다는 소수설(강위(회)582, 박·이 317, 정희398)이 대립된다. [사례V-3-15-ii]에서 무제한설을 취할 경우에는 주주(X)는 대표이사(Y)를 상대로 하여 토지소유권이전을 요구할 수 있는 대표소송을 제기할 수 있지만 제한설에 따를 경우에는 대표이사(Y)의 임무해태(토지를 자신의 명의로 등기한 행위)로 인해 회사(A)가 입은 손해(시세차익)의 배상만을 대표소송으로 구할 수 있게 된다. 생각건대 대표소송제도가 회사와 이사(업무집행관여자)간의 유착관계로부터 회사의 손해를 방지하고자 함에 있으므로 모든 책임을 대상으로 한다고 보아야 할 것이다.

3) 재임 중 책임 이사의 책임이 재임 중에 발생한 경우에는 비록 그 이사가 퇴임한 후에도 대표소송을 제기할 수 있다.

(4) 당사자

발행주식총수의 1/100을 보유한 자는 소를

1) 제소권자 발행주식총수의 100분의 1이상에 해당하는 주식을 가진 주주에 한하여 소를 제기할 수 있다. 종래에는 100분의 5이상으로 되어 있었으나 1998년 상법개정시 이를 현재와 같이 완화하였다(정준우, "주주대표소송의 원고적격에 관한 쟁점사항 검

토",「기업법연구」(2005.6), 132). 다만 上場會社에 있어서는 소제기전 6월 이상 1만분의 1이상의 주식을 보유하는 주주로 더욱 완화하였다(證去 191의13①). 제소당시에 소수 주주의 요건을 구비하면 제소 후 보유주식수가 100분의 1 이하로 감소하더라도 무방하다(403⑤). 대표소송의 제기와 관련해서 지배회사의 주주가 자회사의 이사의 책임을 추궁하는 소송, 이른바 이중대표소송을 제기할 수 있는가 하는 점이 문제된다. 이에 대해 대판 2004.9.23, 2003다49221은 "어느 한 회사가 다른 회사의 주식의 전부 또는 대부분을 소유하여 양자간에 지배종속관계에 있고, 종속회사가 그 이사 등의 부정행위에 의하여 손해를 입었다고 하더라도, 지배회사와 종속회사는 상법상 별개의 법인격을 가진 회사이고, 대표소송의 제소자격은 책임추궁을 당하여야 하는 이사가 속한 당해 회사의 주주로 한정되어 있으므로, 종속회사의 주주가 아닌 지배회사의 주주는 상법 제403조, 제415조에 의하여 종속회사의 이사 등에 대하여 책임을 추궁하는 이른바 이중대표소송을 제기할 수 없다"고 판시하여 이를 부정하고 있다.

2) 피　고　　피고는 회사에 대하여 책임이 있는 이사 또는 업무집행관여자이다.

(5) 소의 절차

감사에게 서면으로 소를 청구하여야 한다.

1) 제소전 절차　　대표소송 제기에 앞서 주주는 이유를 기재한 서면으로 회사에 대하여 이사의 책임을 추궁할 소의 제기를 청구하여야 한다(403①②). 회사와 이사간의 소송에서는 감사(감사위원)가 회사를 대표하므로 청구는 감사(감사위원)에게 하여야 한다(394①, 415의2⑥). 감사(감사위원)가 이 청구를 받은 날로부터 30일 이내에 소를 제기하지 아니한 때에는 소수주주는 즉시 회사를 위하여 소를 제기할 수 있다(403③). 그러나 이 기간의 경과로 인하여 회사에 회복할 수 없는 손해가 생길 염려가 있는 경우에는 즉시 소를 제기할 수 있다(403④). 가령 30일 기간 동안에 시효가 완성되거나 책임해제의 효과가 생기는 경우와 같이 법률상의 사유는 물론이고 이사의 재산상태 악화라든가 재산은닉의 우려와 같은 사실상의 사유도 여기에 해당한다.

대표소송의 고지는 의무이며, 회사의 보조참가는 부인한다.

2) 관할 · 고지 · 참가　　① 관할; 대표소송은 회사의 본점소재지의 지방법원의 관할에 전속한다(403⑦, 186). ② 소송고지; 주주가 대표소송을 제기한 때에는 지체없이 회사에 대하여 소송의 告知를 하여야 한다(403⑦, 187). 원래 소송고지는 자유이나 대표소송의 고지는 의무적이다. 따라서 주주가 고지를 하지 아니한 경우에는 회사에 대하여 손해배상책임을 진다(송상현,「民訴(上)」167; 이시윤,「民訴」230).

③ **소송참가**; 주주는 대표소송에 참가할 수 있으며 그 참가의 성질은 共同訴訟參加이다. 회사의 공동소송참가는 주주를 위해 할 수 있을 뿐이고 이사를 위해서는 참가할 수 없다. 문제는 회사가 이사를 위하여 보조참가할 수 있는가 하는 점이다. 補助參加라 함은 타인간의 소송이 계속된 때 그 소송의 결과에 대해 이해관계를 가지는 제3자가 소송당사자 일방을 보조하기 위해 그 소송에 참가하는 것을 말하는데(民訴 42), 여기에서 '소송의 결과'라 함은 판결의 주문에 나타난 '訴訟物인 權利 또는 法律關係의 存否'를 의미하므로 이를 부인해야 할 것이다.

해의설이 통설이며 대표소송 제기에 대한 중요한 견제장치가 된다.

3) 주주의 담보제공 대표소송이 제기된 경우 피고인 이사는 提訴株主의 惡意를 소명하여 상당한 담보의 제공을 명할 것을 법원에 청구할 수 있다(403⑦, 176③,④). 악의 주주에 대한 담보제공명령과 패소한 경우 배상책임(405②)은 소수주주들의 대표소송의 제기에 대한 중요한 견제장치가 된다는 점에서 그 요건으로 되어 있는 '惡意'의 의미가 중요하다(최완진, "주주의 대표소송에 관한 고찰", 「고시계」(2000.9), 33). 이에 대하여는 피고(이사)에게 손해가 생길지도 모른다는 것을 인식하면 족하다는 견해와 부당하게 피고의 이익을 해하려는 의도가 있어야 한다는 견해로 나누어져 있는데 국내에서는 害意說이 통설이다(이철(회)651, 최기948). 소수주주의 대표소송에 대한 권리를 최대한 보장해야 한다는 측면에서 해의설이 타당하다고 본다(김대연, "주주대표소송에서의 담보 제공 명령제도", 「상사법 연구」(2002.8), 400).

반드시 법원의 허가를 요한다.

4) 소취하 · 청구포기 · 화해 대표소송을 제기한 경우에는 법원의 허가를 얻지 아니하고는 訴의 取下, 請求의 抛棄 · 認諾, 和解를 할 수 없다(406⑥). 대표소송의 본질이 주주가 회사를 위하여 하는 제3자 소송담당인 점에서 제소주주는 소송물에 대한 처분권이 없으므로 당연한 규정이다. 다만 청구의 認諾은 피고가 하는 것이므로 이를 금지하여야 할 이유가 없다는 견해(이철(회) 652)가 있으나 마찬가지로 보아야 할 것이다.

재심의 소는 회사와 다른 주주들이 제기할 수 있다.

5) 재 심 대표소송에서 원고와 피고의 공모로 인하여 소송의 목적인 회사의 권리를 사해할 목적으로써 판결을 하게 한 때에는 회사 또는 주주는 확정한 종국판결에 대하여 再審의 訴를 제기할 수 있다(406). ① **취지**; 대표소송은 주주가 회사를 위하여 하는 소송으로서 그 판결의 효력이 회사와 다른 주주에게 구속력을 가지므로 만일 원고와 피고가 결탁하여 회사의 권리를 침해할 경우 그 권리를 회복할 수단이 필요하다. 물론 이 경우 회사와 다른 주주는 민소법상의 재심제도(民訴 422)를 이용할 수 있지만 이것만으로는 불충분하기 때문에 상법은 별도로 再審의 訴를 인정하고 있는 것이다. ② **공모**; 재심의 소를 제기하기 위해서는 회사의 권리를 詐害할 목적으로

원고와 피고가 共謀하여야 한다. 공모가 있어야 하므로 원고에게만 부정한 목적이 있는 경우에는, 악의의 제소자로서 담보제공 또는 손해배상책임은 있어도 재심의 대상이 되지는 않는다. ③ **제소권자**; 재심의 소를 제기할 수 있는 자는 회사와 다른 주주들이다. 주주인 경우에는 반드시 소수주주가 아니라도 상관없다.

(6) 효 과

1) 판결의 효력 대표소송은 위에서 본 바와 같이 제3자 소송담당의 한 경우이므로 원고인 소수주주가 받은 판결의 효력은 승소한 경우이든 패소한 경우이든 당연히 회사에 미친다(民訴 204③). 이는 다른 회사법상의 소송에서 判決의 對世的 效力이 원고승소의 경우에만 인정되는 것과 구별된다(190). 또 주주가 받은 판결의 효력은 다른 주주에게도 미치기 때문에 다른 주주들은 동일한 사안에 대하여 소를 제기할 수 없다.

승소 · 패소를 불문하고 회사에 미친다.

2) 승소주주의 비용청구권 代表訴訟 또는 再審의 訴에서 주주가 승소한 경우에는 그 주주는 소송비용 외에 소송으로 인한 실비액의 범위 내에서 상당한 금액의 지급을 청구할 수 있다. 이 경우 소송비용을 지급한 회사는 이사 또는 감사에 대하여 구상권이 있다(405①, 406②). 원고의 승소로 인하여 회사와 다른 주주들에게도 그 이익이 돌아가므로, 피고가 부담하는 소송비용 이외에 원고가 별도로 지출한 비용을 회사로 하여금 부담하게 하는 것이 타당하다는 취지에서 인정되는 권리이다. 여기에서 '실비액'이라고 함은 변호사비용만을 의미한다는 견해(강·임582, 정찬(상) 909, 정희500)와 이에 국한되지 않고 회사가 직접 소송을 제기하였더라면 지출되었을 모든 유형의 비용을 포함하는 것으로 보아야 한다는 견해(이철(회) 653)가 대립된다. 대표소송이 제3자 소송담당이라는 것을 감안하면 후자의 견해가 타당하다고 생각되며 주권상장법인의 대표소송에 관하여는 증권거래법에서는 이러한 취지의 규정을 두고 있다(證去191의 13⑤). 또 '民社訴訟等 印紙法'에서는 제소주주의 부담을 덜기 위해 대표소송은 訴價를 알 수 없는 소송으로서 청구금액에 관계없이 訴價를 1천만 100원으로 보고 0.5%의 인지대를 계산한다.

소송비용과 실비액을 청구할 수 있으며 당사자가 회사이면 모든 유형의 비용을 실비액으로 본다.

3) 패소주주의 책임 제소주주가 패소한 경우에도 악의인 경우 외에는 회사에 대해 손해배상책임이 없다(405②, 406②). 원고가 패소한 모든 경우에 손해배상책임을 묻게 되면 대표소송의 제기가 매우 위축될 것이기 때문에 악의가 있는 경우에만 책임을 인정한 것이다. 여기에서 '惡意'란 담보제공의 경우와 마찬가지고 부당하게 피고의 이익을 해하려는 의도가 있는 것으로 보

제소주주가 패소해도 악의가 아니면 손해배상책임이 없다.

아야 한다. 따라서 단순히 소송수행을 부적당하게 하여 패소한 경우에는 손해배상책임이 없다(反 이철(회)653).

라. 證券관련 集團訴訟

현행 證券去來法에 의하면 회사의 이사 기타 상업사용인의 분식회계 등 불법행위로 인해 피해를 입은 투자자(주주)들이 회사를 상대로 손해배상을 청구할 수 있는 길이 열려 있다(證去 15②등). 그러나 기존의 개별적 소송제도 하에서는 개개의 소액투자자(주주)로서는 소송을 제기할 만큼 피해액이 크지 않을 뿐 아니라, 설사 어느 주주가 소송을 제기해서 승소한 경우에도 그 판결의 혜택은 다른 주주들에게는 미치지 않기 때문에 동일한 소송을 중복적으로 제기해야 하는 문제가 있어 주주권리의 소송상 실현이 사실상 막혀 있었다. 이러한 개별소송제의 한계를 극복해서 피해집단에 속하는 주주 중의 어느 한사람이 소송을 제기해서 승소하거나 패소하게 되면 소송을 제기하지 않은 다른 주주에게도 그 판결의 효과가 자동적으로 귀속하게 되는 증권관련 集團訴訟制度가 새로이 도입되었다(증권관련집단소송에관한법률). 이로써 주주들이 회사(이사)의 불법행위에 효과적으로 대응할 수 있게 되어 경영의 투명성 제고 및 경제정의의 실현이 가능하게 되었다.

집단소송의 대상 행위는 분식회계, 허위공시(유가증권신고서·정기보고서), 주가조작 및 부당내부거래의 4가지이다. 다만 집단소송제의 도입이 경제에 미치는 충격을 고려해서 일정기간 유예기간을 두고 있다.

제 4 절 監査制度

제 1 總 說

1. 概 觀

감사 및 감사위원회 임원선임, 외부감사제도, 검사인제도가 있다.

株式會社에 있어서 주주는 出資者이며 실질적인 의미에 있어 회사의 공동소유자로서의 지위를 가지고 있다. 따라서 주주는 자기가 출자한 자본이 경영을 위임받은 이사에 의해 적절하고 타당하게 운영되고 있는가를 감독할 필요가 있다. 주주의 감독권은 주주총회에서 財務諸表의 승인이나 이사의 選任·解任 등을 통하여 행사되며 또 장부열람권의 행사 등에 의해 개별적으로도 이사를 감독할 수 있다. 그러나 이는 어디까지나 간접적인 감독으로 반드시 실효를 거둔다고 볼 수 없기 때문에 株主總會에서 監事를 선임하거나 監事委員會의 委員(理事)을 선임하여 이들로 하여금 상시 이사의 직무수행을 감시하도록 하고 있다. 나아가 국민경제에 미치는 영향이 큰 일정규모 이상의 회사에 대하여는 外部監査制度가 강제되고 있으며 특별한 경우 법원 등에 의해 선임되는 檢査人制度가 이를 보완하고 있다.

2. 變 遷

감사제도는 1962년 상법제정 당시 도입된 이래 여러 차례 변화를 거쳐 오늘에 이르고 있다. 이와 같이 감사제도가 많은 변천을 겪은 것은 감사제도의 실효성이 그만큼 문제되었기 때문이다.

(1) 1962년 제정법

회계감사에 한정되었다.

1962년 처음 제정될 당시 우리 회사법은 미국식 理事會制度를 도입하여 이사회가 업무집행을 담당하는 이사를 감독하도록 하였기 때문에 감사의 직무는 오로지 회계감사에 한정되었다. 그러나 감사는 주주총회에서 선임되는데 비해 계산서류의 원안은 이사회에서 작성되기 때문에 감사의 독립성에 문제가 있었고, 업무감사가 뒷받침되지 않는 회계감사는 한계를 가질 수 밖에 없어 감사의 실효성이 의문시되었다. 이에 따라 많은 기업들이 분식결산이나 경영부정 등으로 인해 도산하게 되면서 유명무실한 감사제도를 재정비할 것을 요구하는 목소리가 높았다.

(2) 1984년 개정법

회계감사권에 업무감사권을 부여하였다.

1984년 개정상법은 이러한 문제점들을 감안하여 감사의 지위를 강화하는 등 경영감독의 실효를 거둘 수 있는 제도적 장치를 마련하였다. 즉 감사에게 會計監査權뿐 아니라 業務監査權을 부여하고 임기의 연장과 각종 권리와 의무에 관한 규정을 보완하였다.

한편, 국민경제에 큰 영향을 미치는 일정규모 이상의 주식회사에 대하여는 적정한 회계처리와 객관적인 감사를 위하여 회계법인 등에 의한 외부감사의 필요성이 크다는 점을 감안하여, 1980년에는 '株式會社의外部監査에관한法律'을 제정하여 外部監査制度를 도입하였다. 그러나 외부감사제도는 주주총회에서 승인된 확정재무제표를 대상으로 행하는 사후감사이기 때문에 상법에 의한 사전감사와 중복되는 문제가 있어 양자의 조정이 요망되었다.

(3) 1995년 개정법

감사지위 강화제도가 보완되었다.

1995년 상법개정에서도 감사의 지위를 강화하기 위한 여러 가지 제도보완이 있었다. 즉 감사의 임기를 2년에서 3년으로 연장하였고(410), 감사해임시 의견진술권(409의2), 주주총회소집청구권(423의3), 이사의 감사에 대한 보고의무(412의2), 자회사에 대한 조사권 등(412의4)을 신설하였다.

(4) 1997년 증권거래법

상근감사제도를 도입하였다.

한편, 주권상장법인에 적용되는 證券去來法도 감사의 지위를 강화하기 위한 취지에서 1997년에 대폭적인 개정을 하였다. 우선 감사 선임에 있어서 대주주의 영향력을 차단하기 위한 3% 의결권 제한요건에 주주와 특수관계인의 보유주식을 합산하도록 하였으며 이러한 3%의 의결권 제한요건을 감사의 선임뿐 아니라 해임에도 적용하도록 하였다(證去 191의11①). 특히 常勤監事制度를 도입하여 주권상장법인은 일정한 자격을 갖춘 1인 이상의 상근감사를 두도록 하였다.

3. 監査制度의 類型

監査制度는 주식회사의 본질적인 기능과 밀접한 관련을 가지고 또 각국의 독특한 기업문화와도 연계되어 있기 때문에 立法例에 따라 큰 차이를 보이고 있다. 감사제도의 유형은 크게 회사의 경영과 감독을 분리하여 각각 다른 기관에 맡기는 2원적 구조와 이를 하나의 기관에 통합하는 1원적 구조 및 절충하는 절충적 구조로 크게 나뉜다.

(1) 독일의 감사회제도: 이원적 구조

독일주식법은 주식회사의 운영기관을 理事會와 監事會로 구분하고, 회사의 경영과 대표는 이사회(대표이사)에 전속하고 경영에 대한 감독은 감사회에 맡기면서, 양자의 인적 구성면에서도 엄격한 독립성을 유지하도록 하는 2원적 구조를 특징으로 하고 있다. 그러면서도 감사의 실효성을 확보하기 위해 감사회에 이사의 임면권을 부여하고, 借入行爲·保證行爲와 같은 중요한 업무집행사항에 대하여는 감사회의 동의를 얻도록 하고 있으며, 연도 결산서의 승인권을 부여하고 있다.

이사회와 감사회로 구분한다.

이러한 감사회를 중심으로 하는 독일의 감사제도는 감사회를 통하여 노동자의 경영참가를 가능하게 하는 共同決定制度가 그 밑바탕이 되어 있다. 즉 독일 회사법의 기초는 기업을 주주의 이익만을 위해 존재하는 것이 아니고 주주와 경영자, 노동자간의 상호파트너적 조직체로 이해하는 데 있다(전삼현, "독일감사회제도의 문제점", 「상사법연구」(2004), 199). 따라서 감사제도는 이러한 회사의 여러 이해관계자들의 이익을 포괄하는 기업이익을 도모하는 방향으로 직무를 수행하여야 한다고 본다.

독일의 공동결정제도는 노동자의 참여를 근간으로 한다.

(2) 미국의 감사위원회제도: 일원적 구조

미국 회사법은 회사의 기관을 주주총회와 이사회로 구성하고, 별도의 監督機構를 두지 않는 것을 특징으로 한다. 즉 이사회가 業務執行機關과 동시에 업무집행에 대한 監督機關을 겸하는 이른바 일원적 구조를 가지고 있다. 그러나 업무집행과 감독을 하나의 기관에 통합하는 것은 감독의 적정성이나 효율성의 면에서 문제가 아닐 수 없다. 실제로 미국 회사의 경영은 최고경영자(CEO)를 포함한 경영진에 의해 이루어지는데 이들이 이사회와 주주총회를 지배하면서 사실상 經營統制를 받지 않는 지경에 이르게 되었다. 이리하여 이사회의 기능을 경영에 대한 감독과 경영자에 대한 任免權을 주

별도의 감독기구는 없다.

로 하는 쪽으로 변경하였고, 경영진들의 영향력이 미치지 않는 社外理事 중심으로 개편하게 된 것이다. 따라서 미국 감사제도의 핵심은 이사회 내 감사위원회에 있게 된다.

이러한 감사위원회를 중심으로 하는 미국식 감사제도의 이론적인 기초는, 경영진이 이사회의 감독을 받고 이사회의 구성원인 이사들은 주주총회의 신임을 받는다는 것이다. 즉 미국식 경영감독의 기초에는 주주의 투자자로서의 지위의 보장, 즉 주주가치를 극대화하는 것이 경영과 감독의 일차적인 목표라는 데 있다. 이렇게 보는 데에는 미국에서는 자본시장이 발달하여 경영성과는 즉각적으로 자본시장에 반영되어 株價의 하락 등 주주의 지위와 직결되어 있기 때문이다. 감사제도는 이러한 주주의 이익을 보장하기 위해 주주로부터 신임을 받은 이사회와 이사회로부터 신임을 받은 감사위원회가 경영진들의 경영성과를 정확히 평가하는데 모아지고 있는 것이다(임중호 37).

(3) 한국·일본의 감사제도: 절충적 구조

미국식 이사회제도에 독일식 감사제도를 도입하였다.

한국과 일본은 경영구조 측면에서는 미국식 이사회제도를 채택하면서도 이사회와는 별개의 감사를 두어 온 것이 특징이다. 그러나 業務監事權이 없는 會計監査權만으로는 감사의 실효성이 적어 감사제도가 유명무실하게 되자 감사에게 업무감사권을 부여하고, 대주주의 영향력을 제한하기 위해 의결권을 제한하였으며, 최근에는 常勤監事制度까지 두어 감사의 지위를 강화하여 오고 있다. 그럼에도 불구하고 현실적으로 감사는 대주주와 그의 지휘를 받는 경영진에 대한 견제기능을 제대로 실행하지 못함으로써 그 근본적인 개편에 직면하고 있는 것이다.

4. 監査委員會制度의 도입

(1) 도입배경

감사의 실효성과 경영의 투명성 결여가 감사위원회제도 도입의 원인이다.

위에서 본 바와 같이 우리 나라의 감사제도는 여러 차례 변천을 겪어오면서 법률적으로는 감사의 독립성과 권한을 강화하여 왔지만, 그 실효성에는 늘 문제가 제기되어 왔다. 특히 1997년 IMF사태를 맞게 되자, 국민경제에 큰 영향을 미치는 대기업 경영자(지배주주)들의 독단적인 경영에 대하여 효과적인 經營統制裝置가 부족했던 것이 부실경영의 큰 원인의 하나로 지적되면서 企業支配構造, 특히 경영감독체제의 개편이 추진되어 왔다. 또한 한국에 대한 외국인 투자에 있어서 한국회사들의 경영감독 체계의 미흡에 따른 투명성의 결여가 가장 큰 투자장애 요인으로 지적되기도 하였다. 이에 따라 한국 경제의 구조조정을 담당하던 IBRD를 위시한 외국투자자들의 강력한 요청에 따라 미국식 경영감독체계인 감사위원회제도를 도입하게 된 것이다(전우현, "주식회사 감사위원회제도의 개선에 관한 일고찰", 「상사법연구」(2005), 258).

(2) 경 과

감사위원회제도 채택에 관해 상법과 증권거래법은 입장을 달리한다.

감사위원회제도는 1999년 9월 企業支配構造改善委員會에서 마련한 '企業支配構造 模範規準'이 그 토대가 되고 있으며, 이후 이를 법적·제도적으로 뒷받침하기 위한 상법과 증권거래법 개정이 1999년 12월에 이루어짐으로써 그 도입이 성사되었다. 즉 商法上으로는, 주식회사의 감사제도로서 監事 또는 監事委員會(사외이사 중심으로 구성)를 선택적으로 채택할 수 있도록 하면서, 證券去來法 등 금융관계법에서는 은행 등 일정한 금융기관과 자산규모 2조원 이상의 주권상장법인에 대하여 현행 감사(상근감사)를 대체하는 監事委員會制度를 도입하도록 하고 이사회의 1/2이상을 社外理事(非常任理事)로 구성하도록 의무화하였다.

(3) 도입의 타당성

사외이사 중심의 감사위원회제도의 의무화에 대하여 비판이 제기되고 있다.

이와 같이 일정규모 이상의 대규모회사에 대하여 사외이사 중심의 감사위원회제도를 의무화한 데 대하여는 첫째, 민간기업의 자율적 판단이 배제된 법적 강제적용으로 인한 부작용이 우려되고 둘째, 대주주 및 경영자의 책임강화에만 치우쳐 기업지배구조개선의 궁극적 목표인 기업가치 및 경영효율 제고 등이 경시되고 있으며 셋째, 국제적 기준보다 엄격한 기준의 적용으로 우리 기업의 성장력을 약화시킬 수 있다는 등 다양한 비판이 제기되고 있다.

생각컨대 기업지배구조는 원칙적으로 기업의 자율적인 판단과 선택에 따라 개선하는 것이 바람직한 방향이라 할 것이나, 기업경영의 투명성 확보가 시급한 국가적 과제로 대두되고 있는 현실을 고려할 때, 이러한 제도개편은 우리 경제의 선진화를 위해 불가피한 선택이라고 하겠다(김건식, "상법개정안 발표의견(II)", 31~32).

■ 감사, 감사위원회, 외부감사인의 비교

		감 사	감사위원(회)	외부감사인
기관	지 위	업무·회계감독기관	업무·회계감독기관	회사의 기관이 아님
	성 격	단독기관·독립기관	회의체기관·이사회내 위원회	임시기관
	구 성	상근 또는 비상근감사 상장회사; 상근감사1인	이사 (사외이사 3분의2)	공인회계사
	대 상	모든 회사	모든회사 일정규모 이상 상장회사 (證去 191의17)	자산총액 70억이상
선임·해임	수	1인 이상	3인 이상(415의2②)	규정 없음
	선 출	주주총회(409①②)	규정 없음(이사회)	주주총회(外監2)
	임 기	3년(410)	규정 없음(2년)	임기 없음
	해 임	주주총회특별결의	이사회특별결의 (415의2③)	회계법인 또는 감사반 (外監3①)
	자 격	제한 없음 상장회사 상근감사 (證去191의11)	제한 있음 (415의2②)	제한 있음 (外監3④)
의무·책임	경업·자기거래제한	없음	있음	없음
	對회사	임무해태책임(414①)	임무해태책임 (415의2⑥,414①)	임무해태책임 (外監17①)
	對제3자	악의·중과실(414②)	악의·중과실 (415의2⑥,414②)	감사보고서에 대한 책임(外監17②)
직 무		이사의 직무수행감사 (412) (적법성감사; 다수설)	이사의 직무수행감사 (415의2⑥) (타당성감사; 다수설)	회계감사 (外監6)

제 2 監 事

1. 意 義

(1) 필요·상설 감사기관

주권상장법인 監事는 회사의 업무감사를 주된 임무로 하는 必要的 常設機關이다. 하지만 필요적 상설기관이라고 하여 감사가 반드시 회사 내에 상주하면서 일상적인 업무를 처리하는 상근감사일 것을 요하는 것은 아니다. 즉 상법은 常勤監事와 非常勤監事를 구별하고 있지 않은데, 이로 인해 종래 대부분의 회사들은 감사를 비상근으로 하는 예가 많기 때문에 감사가 회사의 업무를 제대로 파악할 수 없어 실효적인 감사가 사실상 불가능하였다(송상현, "상법개정안과 감사의 지위론", 「손주찬교수화갑기념논문집」(1984.7), 152). 이에 따라 1997년 개정 證券去來法에서는, 주권상장법인의 경우 반드시 일정한 자격요건을 갖춘 1인 이상의 상근감사를 두도록 하였다(證去 191의12①).

의 경우 반드시 1인 이상의 상근감사를 두어야 한다.

그러나 앞에서 본 바와 같이 1999년 증권거래법 개정으로 일정규모 이상의 상장법인에 있어서는 감사(상근감사)가 폐지되고 감사위원회가 이를 대체하게 되어, 현재 상근감사제도는 이에 해당하지 않는 주권상장법인에만 계속 존치되고 있다.

상근감사가 폐지되고 감사위원회로 대체되었다.

(2) 단독 감사기관

감사는 단독기관이므로 2인 이상의 감사를 두는 경우에도 각자 독립하여 감사의 직무를 수행한다. 입법례에 따라서는 수인의 감사가 감사회를 구성하여 회의체기관으로 활동하는 경우도 있지만 상법은 單獨機關으로 하고 있다. 이러한 감사의 단독기관성은 법적으로는 그 직무수행의 독립성을 보장하는 수단이 되지만 현실적으로는 경영진으로부터의 영향력을 차단하는 데 있어서 취약성으로 인하여 감사위원회제도를 도입한 배경이 되었다는 점은 앞에서 언급한 바 있다.

감사위원회는 회의체기관이며 단독으로 감사의 직무를 수행한다.

2. 選任 및 終任

[사례 V-4-1: 감사의 선임]

Y주식회사의 주주총회에서는 X를 감사로 선임하는 결의를 하였다. 그런데 Y회사의 대표이사인 A는 X에 대하여 이사인 주주들을 상대로 대여금청구소송을 제기할 것과 주주 간 경영권 분쟁과 관련하여 특정 주주의 이익만을 위하여 감사의 지위를 악용하지 않을 것 등을 확약하는 내용의 서면을 제출할 것을 정지조건으로 하여 감사임용계약의 청약을 하였고, X는 이를 승낙하였다. 이후 Y회사는 A가 제시한 조건의 내용 자체가 불법적인 것이어서 무효라는 이유로 X의 감사 지위를 부인하고 있다. 이에 X는 자신을 감사로 선임한다는 Y회사의 주주총회결의는 창설적인 효력을 갖는 것으로서 그 자체로 감사임용계약에 대한 청약에 해당하거나 아니면 채권자의 승낙을 조건으로 한 단독행위이므로 별도

의 임용계약이 체결되지 않았더라도 감사의 지위를 취득하였다는 이유로 Y회사를 상대로 감사지위확인 가처분을 신청하였다. X의 신청은 타당한가? (대판 2005.11.8, 2005마541 참조)

(1) 선 임

주주총회의 보통결의에 의하고, 상장법인의 경우 증권거래법의 규정을 적용한다.

監事의 選任은 주주총회의 보통결의에 의한다(409①, 標準定款 41의2③). 다만 의결권 없는 주식을 제외한 발행주식 총수의 100분의 3을 초과하는 수의 주식을 가진 주주는 그 초과하는 주식에 관하여는 의결권을 행사하지 못한다(409②). 정관으로 이 비율을 낮출 수 있다(409③). 이는 감사 선임결의에서 대주주의 영향력을 차단함으로써 감사의 독립성을 확보하기 위함이다. 이러한 100분의 3이라는 상법상 요건은 1인 주주를 기준으로 판단하지만, 상장법인의 감사선임시에는 주주의 친족 등 특수관계인이 보유한 주식을 합산하여 이를 1인이 소유한 것으로 본다(證去191의11①). 그런데 [사례 V-4-1]과 같이 주주총회 선임결의만 있으면 감사로서의 지위를 획득하는가, 또는 감사선임 결의를 감사임용계약의 청약으로 보아 선임대상자의 승낙만 있으면 감사로서의 지위가 인정되는가 하는 점이 문제된다. 이에 대해 대판 2005.11.8, 2005마541은 "감사의 선임에 관한 주주총회의 결의는 피선임자를 회사의 기관인 감사로 한다는 취지의 회사 내부의 결정에 불과한 것이므로, 주주총회에서 감사선임결의가 있었다고 하여 바로 피선임자가 감사의 지위를 취득하게 되는 것은 아니고, 주주총회의 선임결의에 따라 회사의 대표기관이 임용계약의 청약을 하고 피선임자가 이에 승낙을 함으로써 비로소 피선임자가 감사의 지위에 취임하여 감사로서의 직무를 수행할 수 있게 되는 것이므로, 주주총회에서 감사선임의 결의만 있었을 뿐 회사와 임용계약을 체결하지 아니한 자는 아직 감사로서의 지위를 취득하였다고 할 수 없다"고 판시하여 이를 부인하고 있다. 나아가 이 판결은 "주주총회에서 감사로 선임된 자(X)에게 회사(Y)의 대표이사(A)가 감사임용계약의 청약을 하면서 부가한 조건의 내용 자체가 무효이거나 조건을 부가하여 위 청약의 의사표시를 하는 것이 무효인 경우, 그 조건뿐만 아니라 청약의 의사표시 전체가 무효로 되는 것이므로 이에 대하여 피선임자(X)가 승낙의 의사표시를 하였다 하더라도 감사임용계약이 성립된 것으로 볼 수 없다"고 하여 X의 감사지위를 인정하지 않았다.

감사를 선임한 때에는 그 성명과 주민등록번호를 등기하여야 한다(317②8).

한편, 감사는 이사와는 달리 회사의 규모에 상관없이 1인 이상이면 된다(標準定款 41의2①).

(2) 자 격

1) 겸직금지 감사는 감독기관의 성격상 자기회사 및 자회사의 이사 또는 지배인 기타 사용인을 겸할 수 없다(411). 그 결과 가령 사용인이 감사에 선임된 때에는 사용인 지위를 퇴임하지 아니하면 감사에 취임할 수 없는데, 이는 이사의 경우에 사용인의 지위를 겸직하는 것이 허용되는 것과 구별되는 점이다. 1995년 상법개정시 금지의 범위를 子會社까지 확장하였는데 이는 母會社의 지배를 받는 자회사의 감사가 모회사를 감사하는 것이 불가능하기 때문이다. 이와 같이 상법상으로는 겸직을 제한하는 이외에는 아무런 자격을 요구하지 아니하나 감사직무가 가지는 전문성과 공정성 등을 고려할 때 적어도 아래에서 보는 바와 같이 上場法人의 常勤監事에 요구되는 결격사유는 없는 자로 하여야 할 것이다.

이사 또는 지배인 기타 사용인과 겸할 수 없다.

2) 자연인 여부 감사는 그 업무의 성질상 자연인에 한정된다는 견해(정희505, 정찬(상)912)와 회계법인도 될 수 있다는 견해(정동(회)476, 註商(II-下)313)로 나뉘어 지는데 이사와 마찬가지로 前說이 타당하다고 본다(홍복기, "개정증권거래법에 있어서 감사의 자격", 「김교창변호사화갑기념논문집」(1997), 377).

자연인에 한정된다는 견해이다.

3) 상장회사의 상근감사 주권상장법인의 상근감사는 公認會計士 등 소정의 전문적 자격을 구비한 자로서 다음과 같은 결격요건이 없어야 한다(證去191의12③). 상근감사의 결격요건은 i) 미성년자·금치산자 또는 한정치산자, ii) 파산자로서 복권되지 아니한 자, iii) 금고이상의 형을 받고 그 집행이 종료되거나 집행을 받지 아니하기로 확정된 후 2년을 경과하지 아니한 자, iv) 이 법에 의하여 해임되거나 면직된 후 2년을 경과하지 아니한 자, v) 당해 회사의 주요주주 기타 당해 회사의 경영에 영향을 미칠 수 있는 자로서 대통령령이 정하는 자(의결권 있는 발행주식의 100분의 10 이상을 소유한자), vi) 당해 회사의 주요주주, vii) 당해 회사의 상근 임직원 또는 최근 2년 이내에 상근 임직원이었던 자의 7가지이다.

결격요건에 해당하지 않는 전문적 자격인이다.

(3) 임 기

종래 감사의 임기는 이사와 같이 2년이었으나 감사의 지위를 강화하기 위하여 1995년 상법개정시 이를 3년으로 연장하였다. 즉 감사의 임기는 취임후 3년 이내의 최종의 결산기에 관한 정기총회의 종결일까지이다(410, 標準定款 41의3). 이와 같이 감사의 임기는 최종결산기에 관한 정기총회종결일까지이므로 그 취임시점에 따라 3년이 다소 넘기도 하고 모자라기도 한다. 다만, 감사의

정관이나 주주총회결의로 연장하거나 단축할 수 없다.

임기는 정관이나 주주총회결의로 연장하거나 단축할 수 없다(정찬(상)913, 註商(II-下)410).

(4) 종 임

주주총회 특별결의로서 감사를 해임할 수 있으며, 특별결의는 상법 제434조에서, 보통결의는 제368조 1항에서 규정한다.

감사는 회사와의 관계에서 위임에 관한 규정에 따르기 때문에 임기의 만료, 해임, 사망 등에 의해 종임되는 것은 이사의 경우와 같다(415,382②,385). 따라서 회사는 주주총회의 특별결의로써 언제라도 감사를 해임할 수 있다. 하지만 정당한 사유없이 임기만료 전에 해임한 때에는 그 감사는 회사에 대해 해임에 의해 생긴 손해의 배상을 청구할 수 있으며 부당하게 해임되었다고 생각하는 감사는 주주총회에서 의견을 진술할 수 있다(409의2). 감사의 선임과는 달리 해임결의에 있어서는 대주주의 의결권을 제한하는 규정을 두고 있지 않은데, 이는 입법의 착오라고 할 수밖에 없다. 참고로 證券去來法은 해임결의에 있어서도 발행주식 총수의 100분의 3을 초과하는 주식에 대하여는 의결권을 제한한다(證去 191의11①, 令 84의10).

감사가 종임하면 변경등기를 해야 한다.

기타 소수주주의 解任請求, 職務執行停止, 職務代行者 選任假處分, 缺員의 處理 등에 관하여는 이사에 관한 규정이 준용된다(415, 385, 386, 407). 그러나 회사가 해산한 이후 淸算中에는 회사의 계산업무를 감사할 필요가 있기 때문에 회사의 해산은 감사의 종임사유가 되지 아니한다. 감사가 종임한 때에는 등기사항의 변경이 되므로 變更登記를 하여야 한다.

3. 職務와 權限

가. 業務·會計監査權

감사는 이사의 직무집행을 監査한다(412①). 즉 감사는 회계감사뿐 아니라 이사의 업무집행 전반을 감사할 직무와 권한을 가지고 있으며, 이사 개개인을 대상으로 할 뿐 아니라 이사회의 권한사항도 포함된다(標準定款 41의5①). 업무감사를 위해 필요한 경우 언제든지 이사에 대해 보고를 요구할 수 있고 회사재산상태를 조사할 수 있으며(412②), 자회사에 대한 조사권도 있다. 또 정기결산 감사를 위해 재무제표나 영업보고서 등을 제출받아 이를 감사하며 그 결과를 이사회에 보고하고 주주총회에서 의견을 진술한다.

(1) 감사의 범위

적법성감사에 한정한다.

감사는 이사의 직무집행이 법령·정관에 위반하는 여부에 대한 감사(適法性 監事)를 할 수 있음은 당연하지만, 이사의 업무집행이 타당한가에 관한

妥當性 監事도 할 수 있는지에 대해서는 다툼이 있다. 즉 i) 감사는 적법성 감사에 한정되고 상법에 명문의 규정이 있는 경우에만 타당성 감사가 허용된다는 견해(서·정477, 註商(II-下)328, 정찬(상)915, 이철(회)665, 정동(회)479), ii) 원칙적으로 적법성 감사에 한정되지만 이사의 업무집행이 현저하게 부당한 경우에는 타당성 감사가 허용된다는 견해(정희506, 정무447, 채583), iii) 감사는 회사의 감사기관이므로 회사에 중대한 영향을 미치는 사항에 대하여는 타당성 감사도 하여야 한다는 견해(최기953, 이기(회)415)로 나누어진다.

상법의 규정이 없으면, 감사에게 타당성 감사권이 없다고 본다.

생각건대 업무집행권이 없는 감사에게는 이사의 업무집행의 타당성을 감사할 능력이 없다고 보아야 하기 때문에 타당성 감사권을 부여하는 것은 적당하지 않다. 그뿐 아니라 이를 허용할 경우 감사가 이사의 경영에 관한 자유로운 판단을 부당하게 구속할 우려가 있어 經營判斷의 法則에도 어긋난다. 따라서 상법에서 명문으로 타당성 감사를 허용하거나 이사의 업무집행이 현저하게 타당성을 결한 것으로 인정되는 경우를 제외하고는 일반적으로 감사에게 타당성 감사권이 없다고 보아야 할 것이다(이범찬, "감사제도의 제문제", 「서돈각교수화갑기념논문집」(1980. 11), 182).

(2) 이사에 대한 영업보고요구권 · 업무재산상황조사권

감사로부터 보고 또는 조사를 요구받은 이사는 이를 거절할 수 없다.

감사의 업무감사권을 실효성 있게 뒷받침하기 위하여 감사에게 이사에 대한 영업보고를 요구하거나 회사의 재산상태에 관한 조사권을 부여하였다. 즉 감사는 언제든지 이사에 대하여 영업에 관한 보고를 요구하거나 회사의 업무와 재산상태를 조사할 수 있다(412②). 따라서 이사는 감사로부터 보고 또는 조사를 요구받은 경우 그 사항이 회사의 기밀에 속한다는 이유로 보고나 설명을 거절할 수 없다. 이사가 정당한 사유없이 감사의 요구를 거절한 경우에는 조사를 방해한 것으로서 과태료의 제재를 받게 된다(635①3.4). 감사가 보고를 받을 수 없기 때문에 필요한 조사를 하지 못한 때에는 감사는 그 취지와 이유를 감사보고서에 기재하여야 한다(447의4⑫11). 상법상 감사는 이사에 대하여만 영업보고를 요구할 수 있도록 되어 있지만 商業使用人에 대하여도 보고를 요구할 수 있도록 하여야 할 것이다.

(3) 자회사에 대한 영업보고요구권 · 조사권

자회사 관계를 파악하여 감사의 실효성을 높이는데 그 취지가 있다.

1) 취 지 현재 국내 많은 대기업들은 다수의 계열기업을 거느리는 企業集團의 형태로 운용되는 경우가 많은데 대회사(母會社)는 종속회사(子會社)를 통일적인 지휘 아래 두고 경제적으로 일체를 이루어 활동하고 있다. 이러한 모·자회사 관계에 있어서는 모회사가 자회사를 이용하여 移轉

去來를 하거나 분식결산을 함으로써 모회사나 자회사의 진정한 상황을 은폐하는 경우가 많다. 따라서 1995년 개정상법에서는 모·자회사 관계를 전체적으로 파악하여 감사의 실효성을 높이기 위해 모회사의 감사가 자회사에도 미치는 것으로 한 것이다. 여기에서 모자회사의 관계는 상법 제342조의2에 정한 바에 따른다.

직무수행에 필요한 사항 내에서만 인정된다.

2) 영업보고요구권 모회사의 감사는 그 직무를 수행하기 위하여 필요한 때에는 자회사에 대하여 영업의 보고를 요구할 수 있다(412의4①, 標準定款 41의5③前). 보고요구의 요건은 '母會社에 대한 監事職務의 遂行을 위하여 필요한 때'이며 그 범위는 '職務遂行에 필요한 事項'으로 제한된다. 왜냐하면 모·자회사 간에 있다고 하더라도 자회사는 법적으로는 엄연히 독립한 회사이므로 모회사의 감사를 무제한 자회사에 확장할 수는 없기 때문이다. 따라서 보고요구시에는 그 이유와 보고사항을 구체적으로 명시하여야 할 것이다.

영업보고만으로 직무수행이 가능한 경우에는 행사할 수 없다.

3) 자회사에 대한 조사권 모회사의 감사는, 자회사에 대하여 영업에 관한 보고를 요구하였으나 자회사가 지체없이 보고하지 아니할 때 또는 그 보고의 내용을 확인할 필요가 있는 때에는 자회사의 업무와 재산상태를 조사할 수 있다(412의4②, 標準定款 41의5③後). 다만, 이는 영업보고가 실효성이 없는 경우에 대비한 것이므로 영업보고만으로는 충분히 직무를 수행할 수 있을 경우에는 직접 조사권을 행사할 수 없다고 본다.

정당한 이유를 수반한 조사거부는 인정된다.

4) 자회사의 조사거부 자회사는 정당한 이유가 없는 한 모회사의 감사의 영업보고 요구 또는 조사권을 거부하지 못한다(412의4③). 자회사의 대표이사 등이 감사의 조사를 정당한 이유없이 거부한 때에는 5백만원 이하의 과태료 제재를 받는다(625①21의2). 여기서 정당한 이유라고 함은 모회사의 감사직무수행과 관련이 없는 사항에 대한 조사를 하거나 자회사의 營業機密에 관한 침해 등 자회사의 독립적 이익을 침해하는 경우를 말한다(이철(회) 667).

(4) 이사의 보고의무

감사에게 보고를 태만히 한 이사는 회사에 대해 책임을 진다.

이사는 회사에 현저하게 損害를 미칠 염려가 있는 사실을 발견한 때에는 즉시 이를 감사에 보고하여야 한다(412의2). 이와 같이 이사에게 일정한 사항에 대한 보고의무를 부과하는 것은, 감사의 이사회에 대한 報告義務와 이사의 違法行爲留止請求와 관련하여 감사의 업무감사권의 행사를 실효성 있게 하기 위한 것이다. 현재 현저한 손해를 미치지 아니하여도 장래 미칠 염려가 있으면 보고의 대상에 포함된다. 또 보고의 방식에는 별다른 제한이 없기 때문에 서면으로든 구두로든 상관없다. 이사가 회사에 현저하게 손해를 미칠 우려가 있는 사항을 발견하였지만 감사에 대한 보고를 태만히 한 때에는 이사의 회사에 대한 책임문제로 되고, 또 보고를 받은 감사가 적절한 조치를 강구하지 않은 때에는 감사의 책임원인이 된다.

나. 調査·監査의 報告

(1) 이사회 출석·의견진술·보고

출석·의견진술권 보장을 위해 이사회소집통지를 받을 권한이 부여된다.

1) **출석·의견진술** 감사는 이사회에 출석하여 의견을 진술할 수 있다(391의2①). 감사는 會計監査만 아니고 이사의 업무집행전반의 감사를 행하는 기관이고 회사의 업무집행의 의사결정은 이사회에서 이루어지기 때문에 이사회에서 위법하거나 현저하게 부당한 결의가 행하여지는 것을 방지하기 위하여 理事會出席과 의견진술 권한이 부여되고 있다. 이러한 감사의 출석과 의견진술권을 보장하기 위하여 감사에게 이사회소집통지를 받을 권한이 부여되고 있으므로(390②), 감사에 대한 소집통지를 결한 경우에는 이사회결의 무효의 원인이 된다. 출석한 감사는 의사록에 서명하여야 한다(391의3③).

감사는 상정된 의안과 관련이 없어도 보고해야 한다.

2) **이사회에 대한 보고** 감사는 이사가 법령 또는 정관에 위반한 행위를 하거나 그 행위를 할 염려가 있다고 인정한 때에는 이사회에 이를 보고하여야 한다(391의2②). 위에서 본 바와 같이 감사에게 이사회 출석과 의견진술권이 있지만 이는 이사회에 상정된 議題에 한정되는 것이므로, 이사의 위법행위가 의제가 아닌 경우에는 감사는 의견진술을 할 수 없다. 이에 따라 1984년 상법개정시 이사회의 업무감독권 행사를 촉구하기 위해, 이사회의 의제에 관계없이 감사의 직무상의 의무로서 이사의 위법행위를 보고하도록 한 것이다. 이는 직무상 의무이기 때문에 감사가 이사의 위법행위를 알면서도 고의 또는 과실에 의해 보고하지 않은 경우에는 감사는 법령위반으로 그 책임을 부담하여야 한다. 그런데 감사가 이러한 보고를 하려고 하여도 이사회가 개최되지 아니하면 보고할 수 없으므로 이사회소집을 요구할 수 있는 권리를 부여할 필요가 있다. 그러나 아직까지 상법은 감사의 이사회소집권을 부여하고 있지 아니하다.

(2) 주주총회의 소집청구와 의견진술

임시총회소집청구권이 있으며, 법원의 허가를 얻어서 총회 소집이 가능

1) **소집청구** 감사는 회의의 목적사항과 소집의 이유를 기재한 서면을 이사회에 제출하여 臨時總會의 召集을 청구할 수 있다(412의3①, 標準定款 41의5②). 감사의 청구가 있은 후 지체없이 회사가 총회소집 절차를 밟지 아니한 경우에 임시주주총회를 청구한 감사는 法院의 허가를 얻어 총회를 소집할 수 있다

하다.

(412의3②, 366②). 감사결과 이사의 업무집행이 위법하거나 현저히 부당하다고 판단한 경우에는 위에서 본 바와 같이 감사는 일차적으로 이사회에 출석하여 의견진술을 하지만 이사회에서 이를 반영하지 않을 경우, 감사는 회사의 최고의사결정기관인 주주총회결의를 통해 감사결과를 반영시킬 필요가 있다. 이와 같이 감사결과의 실효성을 확보하기 위해 감사에게 株主總會召集請求權을 부여하고 있다고 보여지므로 감사는 그 업무와 관련하여 필요한 경우에 한하여 총회소집을 청구할 수 있다고 보아야 한다. 그러나 회사의 이익을 위하여 필요한 때에는 반드시 감사권과 직접 관련이 없더라도 감사가 총회의 소집을 청구할 수 있다고 보는 견해도 있다(최기 813).

법령·정관 위반 및 현저히 타당성을 결한 경우에 행하며 형식을 불문한다.

2) 의견진술 감사는 이사가 주주총회에 제출할 議案 및 書類를 조사하여 법령 또는 정관에 위반하거나 현저하게 부당한 사항이 있는지의 여부에 관하여 주주총회에 그 의견을 진술하여야 한다(413). 현저히 부당하다고 함은 의안 또는 서류에 기재된 사항이 이사의 회사에 대한 주의의무나 충실의무에 위반하는 등 현저히 타당성을 결여한 경우를 말한다. 決算監事의 보고에 대하여는 별도로 상세한 필요적 보고사항이 정하여져 있으므로 이 규정은 일반적인 감사의 주주총회에 대한 보고의무를 정한 것이다. 보고의 방법에 관하여는 특별히 정한 것이 없기 때문에 서면에 의할 필요는 없고 구두에 의하여도 좋다. 감사는 총회에서 주주로부터 질문에 답을 해야 하며 議案의 심의에 필요한 설명을 할 의무가 있기 때문에 감사 자신이 보고하여야하고 대리인에게 보고하게 할 수 없다. 실제로는 定期總會에서 감사는 代表理事가 정기총회에 제출하려고 하는 財務諸表를 조사하여 여기에 법령 또는 정관에 위반한 사항이 기재된 여부에 대하여만 의견을 보고하는 것이 보통이다.

(3) 감사보고서의 제출

주권상장법인의 경우 총회 1주전까지 회사에 제출해야 한다.

대표이사는 매결산기에 貸借對照表, 損益計算書, 營業報告書, 이익잉여금처분계산서 및 그 부속명세서를 작성하여 理事會의 承認을 받은 후에 이를 감사에게 제출하여야 한다(447의3). 감사는 이들 서류를 조사하여 4주간 내에 監査報告書를 작성하여 이사에 제출하여야 한다(447의4①). 다만 주권상장법인의 경우에는 감사의 감사보고서는 外部監査人의 감사보고서 제출시한과 같이 총회 1주전까지 회사에 제출하면 된다(證去191의11③). 감사보고서의 기재사항은 상세히 법정되어 있는데(447의4②) 이는 감사보고서가 형식적으로 흐르는 것을 막고 주주들에게 구체적인 판단을 위한 자료를 제공하려는 데 있다.

다. 기타 權限

(1) 감사해임에 관한 의견진술권

해임대상 감사 및 다른 감사에게도 효력이 미치며 의결권행사의 공정을 위해 부여한 것이다.

감사는 주주총회에서 감사의 해임에 관한 의견을 진술할 수 있다(409의2). 감사도 이사와 마찬가지로 株主總會 特別決議에 의해 언제든지 解任될 수 있는데 이는 감사 선임시 대주주의 영향력을 배제하기 위해 의결권을 100분의 3이하로 제한한 것과 균형이 맞지 않는다. 또 감사해임에 관한 주주총회 의안은 이사회나 소수주주에 의해 제안되는데, 감사는 이사회에 출석하여 의견진술은 할 수 있으나 의결권이 없으므로, 그 의견진술에도 불구하고 해임안이 주주총회에 상정될 수 있다. 이에 따라 감사의 독립적 지위를 보장하기 위해서는 감사에게 해임에 관한 의견을 진술할 수 있는 기회를 부여할 필요가 있으므로 1995년 개정상법에서 이를 도입한 것이다.

감사해임에 관한 의견진술은 해임의 대상이 된 감사뿐 아니라 다른 감사의 해임에 대하여도 미친다. 이는 단순한 의견진술이므로 주주총회의 의사결정을 구속하는 것은 아니지만 주주들의 의결권행사의 공정을 기하기 위해 부여되는 것이므로, 이를 간과한 경우 決議取消事由가 된다.

(2) 위법행위유지청구권

소수주주의 유지청구권과 동일하다.

이사가 법령 또는 정관에 위반한 행위를 하여 이로 인하여 회사에 회복할 수 없는 손해가 생길 염려가 있는 경우에 감사는 회사를 위하여 이사에 대하여 그 행위를 유지할 것을 청구할 수 있다(402). 監事의 違法行爲 留止請求權은 少數株主의 留止請求權과 同一하다.

(3) 회사대표권

감사는 소에 관하여 회사를 대표하며, 효력규정이므로 이에 위반한 소송은 무효이다.

회사가 이사에 대하여 또는 이사가 회사에 대하여 訴를 제기하는 경우에 감사는 그 訴에 관하여 회사를 대표한다(394). 원래 대표이사가 회사를 대표하여 소송을 수행하여야 하지만, 이사가 소송의 당사자인 경우에는 공정성을 유지하기 위해 감사로 하여금 회사를 대표하게 한 것이다. 회사가 이사에 대하여 소송을 제기하는 경우에 감사는 단지 형식적인 소송명의인에 불과한가 아니면 주도적으로 소제기를 결정할 수 있는가 하는 점이 의문이나, 후자로 해석하여야 할 것이다(정희507, 정동(회)480, 이철(회)662, 채583, 이기(회)416, 註商(II-下)236). 또 소수주주가 이사의 책임을 추궁하기 위한 대표소송을 제기한 경우에도 감사가 회사를 대표한다(394, 403①).

감사의 회사대표에 관한 상법의 규정은 效力規定이므로 이에 위반하여 대표이사가 회사대표로서 수행한 소송은 무효이다. 다만 이사가 회사를 상대로 제기한 소송에서 회사의 대표자를 대표이사로 기재하였더라도 이를 감사로 보정할 수 있고 보정하면 적법한 소가 된다. 대판 1990.5.11, 89다카15199는 이러한 취지에서 "피고회사의 이사인 원고가 피고회사에 대하여 소를 제기함에 있어서 상법 394조에 의하여 그 소에 관하여 회사를 대표할 권한이 있는 감사를 대표자로 표시하지 아니하고, 대표이사를 피고회사의 대표자로 표시한 소장을 법원에 제출하고…… 피고회사의 대표이사가 피고를 대표하여 한 소송행위나 피고회사의 대표이사에 대하여 원고가 한 소송행위는 모두 무효이다. 그럼에도 불구하고 원고가 스스로, 또는 법원의 보정명령에 따라, 소장에 표시된 피고회사의 대표자를 이 사건 소에 관하여 피고회사를 대표할 권한이 있는 감사로 표시하여 소장을 정정함으로써 그 흠결을 보정할 수 있다"고 판시하고 있다.

(4) 각종 소권

감사는 회사운영의 적정을 기하기 위하여 다음과 같은 각종의 회사법상의 訴를 제기할 권한을 가진다. 즉 會社設立 無效의 訴(328), 總會決議 取消의 訴(376), 新株發行 無效의 訴(429), 資本減少 無效의 訴(445), 合併無效의 訴(529)를 제기할 수 있다.

4. 義務와 責任

가. 義 務

(1) 선관의무

비밀유지의무와 보고의무가 이에 해당한다.

감사는 회사와의 관계에서는 委任에 관한 규정이 적용되기 때문에(民 681) 그 직무를 행함에 있어서는 선량한 관리자로서의 주의의무를 부담한다. 특히 재임중 또는 퇴임후에도 직무상 알게 된 회사의 영업상 비밀을 누설하여서는 아니된다(415·382의4) 또한 감사의 직무를 수행하는 자로서 요구되는 각종 보고의무를 부담한다. 즉 理事會에 대한 報告義務(391의2②), 주주총회에서의 意見陳述(413), 監事錄의 作成(413의2), 監査報告書의 作成과 提出義務(447의4①)를 부담하는데 이에 관하여는 관련되는 곳에서 이미 설명한 바 있다.

(2) 충실의무 등

이사와 달리 충

감사는 업무집행을 담당하지 않기 때문에 이사와는 달리 회사와 이해관계가 충돌하는 경우는 거의 존재하지 아니한다. 따라서 감사에 대하여는 이사의 경우와 같이 충실의무를 요구하거나 경업금지, 회사와의 거래에 대한 제한의무도 존재하지 아니한다.

실의무는 존재하지 않는다.

나. 報 酬

감사는 회사와의 관계에서 수임자의 입장에 있기 때문에 특약이 없는 한 無償이지만 報酬를 받는 것이 원칙이다. 감사의 보수는 이사의 보수에 관한 규정이 준용되어 정관 또는 총회의 결의로 정한다(415, 388). 그러나 실무적으로 감사의 보수는 이사의 보수와 일괄하여 임원의 보수로써 그 총액만을 주주총회결의로 정하고 그 범위 내에서 대표이사가 각 이사 또는 감사에게 배분하는 것이 통례였다. 이러한 감사의 보수지급 관행은 감사를 사실상 이사회의 하위에 두어 그 독립성에 영향을 줄 뿐 아니라, 계산서류부속명세서에는 이사에 지급한 보수액과 감사에 지급한 보수액을 구별하여 기재하도록 되어 있는 점으로 볼 때 위법이라고 하겠다(이·이 631). 이리하여 證券去來法에서는 감사의 보수를 별도로 정하도록 규정하고 있다(證去 191의11③). 따라서 앞으로는 상장회사의 주주총회에서 감사의 선임 또는 보수결정을 함에 있어서는 이사의 선임 또는 보수결정의 의안과는 반드시 분리하여 심의를 하지 않을 수 없게 되었다.

감사의 독립성에 영향을 주지 않는 범위내에서 이사의 보수에 관한 규정이 준용된다.

다. 責 任

[사례 V-4-2: 감사의 책임]

Y_2는 Y_1이 대표이사로 있으면서 사실상 1인회사로 경영하던 A회사를 인수하여 대표이사로 되고 Y_1은 감사에 취임하였다. 이전부터 A회사의 경리업무를 담당하던 Y_3는 Y_2가 회사를 인수한 이후에도 계속하여 A회사의 경리업무를 담당하면서 사실상 자금조달책임을 전담하였다. Y_3는 대표이사의 명판과 미신고직인을 A회사의 어음용지에 찍고, 그 어음의 신용도를 높이기 위하여 Y_1,Y_2가 회사에 맡겨둔 실인을 도용하여 이들이 개인명의로 배서한 것처럼 꾸미는 등 변칙적인 방법으로, A회사 명의의 어음을 발행하였다. Y_3는 이들 어음을 사채시장에서 할인하여 일부는 A회사의 운영자금으로 사용하고 일부는 개인적인 용도로 사용하였다. 한편 Y_2는 A회사의 어음발행 등 회계관리를 Y_3에게 전담시켜오면서 그에 대한 감독이나 은행에 대한 확인조치를 취한 적이 없을 뿐 아니라 나중에 Y_3의 위조어음남발 사실을 확인하였음에도 불구하고 아무런 조치를 취하지 않았다. 또 Y_2도 은행으로부터 A회사 명의로 거액을 대출받아 그 중 일부를 대여금변제 등의 명목으로 빼내가 A회사를 파산상태에 이르게 하였다. X는 Y_3

가 발행한 위 변칙어음을 사채시장에서 취득하여 이를 A회사에 지급제시하였으나 지급이 거절되고 A회사도 부도를 내고 도산하였다. X는 Y_1,Y_2에 대하여 각각 감사와 이사의 제3자에 대한 책임을 물을 수 있는가? (대판 1988.10.25, 87다카1370 참조)

(1) 회사에 대한 책임

선관주의에 의한 과실책임을 지며 총주주의 동의에 의해 면제가 가능하고, 책임추궁에 대표소송을 인정하고 있다.

監事는 선량한 관리자의 주의로써 그 직무를 수행하여야 한다. 따라서 감사가 業務監事·會計監査 등의 임무를 태만히 하여 회사에 손해가 생긴 때에는 그 감사는 회사에 대하여 연대하여 損害賠償責任을 부담한다(414①). 가령 財務諸表에 대하여 상당한 주의를 가지고 조사하였으면 부정 또는 허위의 기재가 있는 것을 발견할 수 있었음에도 불구하고 이를 태만히 하여 잘못 보고함으로써 회사에 손해가 생긴 경우라든지, 이사의 행위에 대한 감독을 소홀히 함으로써 회사에 손해가 생기는 것을 방지하지 못한 경우 등이 이에 속한다. 회사에 대한 책임은 임무해태로 인한 過失責任이므로 고의·과실이 없으면 책임을 부담하지 아니한다(대판 2003.10.9, 2001다66727-상호신용금고의 출자자 등에 대한 대출감독소홀에 따른 책임(부정)). 감사의 책임에 있어서 總株主의 동의가 없는 한 면제되지 아니하는 것, 책임 추궁에 대하여 代表訴訟이 인정되는 것 등은 이사의 책임과 마찬가지이다(대판 1996.4.9, 95다56366-총주주의 동의에 의한 감사책임면제).

(2) 제3자에 대한 책임

이사의 제3자에 대한 책임과 동일하다.

監事가 惡意 또는 重大한 過失로 인하여 그 임무를 해태한 때에는 그 감사는 제3자에 대하여 연대하여 손해를 배상할 책임이 있다(414②). 감사의 제3자에 대한 책임의 성질, 요건, 효과 등은 이사의 제3자에 대한 책임과 동일하다(김건식, "감사의 제3자에 대한 책임", 「상사판례연구(Ⅰ)」, 675). 대판 1988.10.25, 87다카1370은 [사례Ⅴ-4-2]에서 "회사의 감사(Y_1)가 회사의 사정에 비추어 회계감사 등의 필요성이 있음을 충분히 인식하고 있었고 또 경리업무담당자(Y_3)의 부정행위의 수법이 교묘하게 저질러진 것이 아닌 것이어서 어음용지의 수량과 발행매수를 조사하거나 은행의 어음결제량을 확인하는 정도의 조사만이라도 했다면 위 경리업무담당자(Y_3)의 부정행위를 쉽게 발견할 수 있었을 것인데도 아무런 조사도 하지 아니하였다면 이는 감사로서의 중대한 과실로 인하여 그 임무를 해태한 것이 되므로 위 경리업무담당자(Y_3)의 부정행위로 발행된 어음을 취득함으로써 손해를 입은 어음소지인들(X)에 대하여 위 감사(Y_1)는 상법 제414조 제2항·제3항에 의한 손해를 배상할 책임이 있다"고 판시하였다.

(3) 이사와 연대책임

감사가 회사 또는 제3자에 대하여 손해를 배상할 책임이 있는 경우 이사도 그 책임이 있는 때에는 그 감사와 이사는 連帶하여 배상할 책임이 있다(414③). 감사의 직무가 이사의 업무집행을 감독하는 데 있고 감사의 임무해태로 인한 회사 또는 제3자에 대한 책임은 이사의 違法行爲를 전제로 하는 경우가 대부분이므로 양자의 연대책임을 인정한 것이다. 따라서 [사례 V-4-2]에서 X는 이사(Y_1)과 감사(Y_2)의 연대책임을 물을 수 있다.

이사의 위법행위를 전제로 하여 인정된다.

제 3 監査委員會

1. 總　　說

가. 意　　義

監査委員會는 3인 이상의 이사로 구성되는 이사회 내의 위원회로서 監事에 갈음하여 회사의 업무감사를 주된 임무로 하는 필요적 상설기관이다(415의2①). 감사가 이사회와 독립한 單獨監査機關임에 비해 감사위원회는 이사회내의 한 위원회로서 會議體 監督機關인 점에서 구별된다. 이와 같이 감사위원회가 이사회의 하부 위원회로 되어 있으므로 감사업무의 독립성을 보장하기 위해 감사위원회 위원의 3분의 2이상은 社外理事로 구성하도록 하였다(415의2②). 감사위원회의 직무권한 및 책임은 감사와 동일하다.

이사회 내의 위원회로 회의체 감독기관이다.

나. 長　　點

감사의 실효성을 보장하기 위하여 감사의 권한 강화, 감사선임의 독립성 확보, 상근감사의 도입 등 여러 가지 제도적 부완을 하였음은 앞에서 살펴본 바 있다. 그러나 감사는 이러한 강력한 법적 지위에도 불구하고 그 업무수행에서 여러 한계를 보여 실질적으로는 무력화됨으로써 감사위원회로 대체하게 된 것이다. 감사에 비해 감사위원회가 가지는 우위성은 다음과 같은 몇 가지로 나누어 살필 수 있다(최건이, "감사위원회제도의 문제점과 개선방안에 관한 연구", 「기업법연구」(2006.9), 195).

(1) 회의체 기관

감사는 상법상 강력한 권한과 독립성이 있지만 단독기관인 점에서 업무수행이나 판단능력에 한계를 가질 수밖에 없다. 이에 대해 감사위원회는

단독기관이 갖는 업무수행 및

판단능력의 한계를 극복할 수 있다.

3인 이상의 이사로 구성되는 會議體機關이므로 외부로부터의 영향력을 차단하고 회의를 통한 합리적인 판단을 할 수 있다는 장점이 있다.

(2) 경영통제의 효율성

사전적인 경영통제가 가능하다.

감사는 회계감사는 물론이고 업무감사에 있어서도 이사 등 경영진들의 업무수행에 대한 事後的인 適法性 監査에 치중하는 데 비하여, 社外理事가 중심이 되는 감사위원회는 직접 의사결정과정(이사회)에 참여하여 그 타당성을 문제삼을 수 있다는 점에서, 경영통제의 효율성 측면에서 감사에 비해 탁월하다고 할 것이다.

(3) 외부감사와의 연계성

내부·외부감사를 모두 감독하므로써 분업과 보안이 용이하다.

기업 재무정보의 신뢰성은 내부감사와 외부감사가 적절히 연계되고 또 보완적으로 이루어지는 경우에 가장 잘 얻어질 수 있다. 그런데 감사는 그 권한이 내부감사업무에 치중되어 있고 외부감사와의 관계도 모호하지만, 감사위원회는 내부감사와 외부감사를 모두 감독하므로 양자간의 분업과 상호보완이 효과적으로 이루어 질 수 있도록 뒷받침할 수 있다.

(4) 보편성

미국식 경영제도의 도입 추세에 부합한다.

주요국들의 감사제도를 비교하여 보았지만 오늘날 경제력의 우위를 바탕으로 하여 미국식 경영제도가 이른바 글로벌스탠드로 채택되고 있는 추세이므로 우리 기업들의 국제적인 경쟁력이나 외국인투자의 유치에 있어서도 감사위원회제도를 채택하는 것이 유리하다고 할 수 있다. 종래 監査制度를 여러 측면에서 보완하여 왔지만 기업실무에서는 감사가 긍정적인 역할을 하고 있다는 사례를 거의 찾아볼 수 없었기 때문에 차제에 미국식 감사위원회제도의 도입은 의미가 있다고 본다.

다. 設 置

(1) 자율성의 보장

상법은 감사와 감사위원회제도를 선택적으로 채택하도록 하고 있다.

감사위원회는 우리에게는 생소한 제도이기 때문에 그 도입에 반대하는 견해도 많았고 도입방법에 대하여도 이견이 있었다. 이리하여 1999년 개정상법에서는 감사위원회제도를 의무화하지 않고 회사의 자율적 판단에 따라 현행 감사를 그대로 유지할 수도 있고 아니면 감사에 갈음하여 감사위원회를 둘 수 있도록 하였다. 그러므로 회사는 정관이 정한 바에 따라 감사에 갈음하여 감사위원회를 설치할 수 있다(415의2①, 標準定款 41의2①). 이와 같이 감사위원회 도입을 기업의 자율에 맡겨둔 것은, 자본시장에서 자금을 조달해야 하는 기업으로서는 투자자의 신뢰를 얻기 위해 자발적으로 이를 도입할 것이라고 기대하기 때문이다.

(2) 도입의 강제

증권거래법상 중요한 금융기관이나 대기업을 대상으로 한다.

그러나 자본시장의 통제기능이 충분하게 성숙되지 않은 우리 나라에서는 시장기능만 믿고 채택 여부를 회사의 임의에 맡기는 것은 타당하지 않은 측면이 있다. 특히 기존 감사가 존속하기 때문에 법적인 강제를 하지 않으면 기업이 스스로 이를 도입할 것으로 기대하기는 어렵다. 이리하여 1999년 개정 證券去來法에서는 국민경제에 큰 영향을 미치는 일정규모 이상의 대규모회사(자산규모 2조원 이상인 상장회사)나 金融機關에 대하여는 감사위원회제도의 도입을 강제하고 있다(證去191의17①). 이와 같이 중요한 금융기관이나 대기업에서 감사위원회제도가 뿌리를 내리게 되면 다른 회사에서도 이를 따를 것으로 보여 장기적으로는 감사위원회가 감사를 대체할 것으로 예상된다.

라. 監事의 處理

(1) 상법상의 회사

선택적 채택에 의하여 기존감사 퇴진이 문제시 된다.

상법에는 감사위원회의 도입에 관한 경과규정을 두고 있지 않다. 따라서 감사에 갈음하여 감사위원회를 설치하는 회사에서는 아직 임기가 도래하지 않은 기존감사는 자진 사퇴하든가 아니면 사퇴를 거부하는 경우에는 주주총회에서 해임을 결의하여야 한다. 해임이 불가능할 경우에는 임기가 만료될 때까지 감사위원회설치를 미룰 수밖에 없다.

(2) 도입이 강제되는 회사

증권거래법에서 대규모 회사나 일정한 금융기관에 감사위원회를 설치하도록 하고 있다.

감사위원회 도입이 강제되는 대규모회사나 일정한 금융기관에서는 경과규정을 두어 개정 증권거래법 시행 후 최초로 소집되는 정기주주총회에서 감사위원회를 설치하도록 하고 있다(證去附9). 그리고 재임하고 있는 常勤監事는 감사위원회를 설치하여야 하는 定期總會日까지 임기만료되지 않거나 해임되지 아니하는 경우, 그 임기 만료시까지 감사위원 중 사외이사가 아닌 위원으로 본다. 이 경우에 그 상근감사는 임기종료시까지 주주총회에서 선임된 이사로 본다(證去附10).

2. 構　成

가. 委員의 數

최소한 3인이어야 한다.

감사위원회는 3인 이상의 위원(이사)으로 구성한다(415의2②, 標準定款 41의2②). 감사위원회도 이사회 내의 위원회의 하나일 뿐 아니라(392의2③), 社外理事의 비중이 3분의 2이상은 되어야 하기 때문에 위원이 최소한 3인이 되어야 하고, 또 회의체 감사기관으로서 신중한 의사결정을 도모하기 위함이다.

나. 委員의 資格: 社外理事

(1) 사외이사의 의의

증권거래법은 정의규정을 두고 있으나 상법은 배제사유만을 규정하고 있다.

감사위원회의 독립성을 확보하기 위하여 위원의 3분의 2이상은 社外理事로 하여야 한다(415의2②但, 標準定款 41의2③). 사외이사라 함은 會社의 常務에 종사하지 아니하는 理事를 말하는 데 상법은 사외이사를 적극적으로 정의하지는 않고 소극적으로 대주주나 경영진으로부터의 독립성이 의심되는 자를 감사위원에서 배제하는 방식을 채택하고 있다(415의2②). 이와 같이 상법이 사외이사의 개념을 정하지 않고 감사위원에서 배제되는 경우만을 정하고 있으므로 감사위원회 위원이 아닌 사외이사에 대하여 본 규정이 적용되는지 명확하지 않다. 한편 증권거래법에서는 사외이사에 관한 정의규정을 두고 있으며 상법과 유사한 배제사유를 정하고 있다(證去 2⑲).

(2) 사외이사의 배제사유

대주주나 경영진으로부터의 독립성에 의심되는 자이다.

1) 업무담당이사·피용자(제1호)　회사의 업무를 담당하는 理事 및 被用者 또는 선임된 날부터 2년 이내에 업무를 담당한 理事 및 被用者 이었던 자는 배제된다. 증권거래법에서는 任職員(상무에 종사하는 자)이라는 용어를 사용하고 있지만 상법에서는 개념의 명확성을 기하기 위하여 이사 또는 피용자라는 용어를 사용한 것이다.

최다 주식보유자와 배우자 및 직계존비속이다.

2) 최대주주 및 특수관계인(제2, 3호)　최대주주가 자연인인 경우, 본인과 그 배우자 및 直系尊卑屬은 배제된다. 최대주주라 함은 의결권 있는 발행주식총수를 기준으로 소유하는 주식의 수가 가장 많은 자를 말한다. 최대주주가 법인인 경우 그 법인의 이사·감사 및 피용자도 배제된다.

증권거래법과는 다소 차이가

3) 이사의 배우자 및 직계존비속(제4호)　반드시 업무담당이사의 배우자 등에 한정되지 않고 이사의 배우자 등은 배제된다는 점에서 증권거래법상

임원의 배우자 및 직계존비속이 배제되는 것과 차이가 있다.

있다.

4) 관련회사의 이사·감사 및 피용자(제5,6,7호) ① 母會社 또는 子會社의 理事·監事 및 被用者는 배제된다. 증권거래법에서는 계열회사의 임직원이거나 최근 2년 내에 임직원이었던 자로 되어 있으나 상법에서는 이를 母·子會社로 하였다. 그리고 2년 기간을 두지 않은 것은 상법이 소규모회사에 적용되는 사정을 고려한 것이다. ② 회사와 중요한 이해관계에 있는 법인은 이사·감사 및 피용자도 배제된다. 중요한 이해관계라고 함은 거래관계에 있어서나 기타 사업상 경쟁관계 또는 협력관계에 있는 법인을 의미한다. ③ 회사의 이사 및 피용자가 이사로 있는 다른 회사의 이사·감사 및 피용자도 배제된다.

모·자회사, 중요한 관련법인 및 회사의 이사·감사 또는 피용자를 배제한다.

5) 결격사유 상법에서는 이상에서 본 것과 같은 배제사유만 정할 뿐 따로 감사위원의 결격사유를 정하고 있지 아니하다. 그러나 증권거래법에서는 종래 常勤監事에 요구되던 일정한 결격사유를 사외이사의 배제사유의 하나로서 정하고 있다. 즉 i) 未成年者·禁治產者 또는 限定治產者, ii) 破產者로서 復權되지 아니한 者, iii) 금고이상의 형을 받고 그 집행이 종료되거나 집행을 받지 아니하기로 확정된 후 2년을 경과하지 아니한 者, iv) 증권거래법에 의하여 해임되거나 면직된 후 2년을 경과하지 아니한 자는 사외이사로 될 수 없다. 상법상의 감사위원에 대하여도 이와 동일한 결격사유를 정하는 것이 타당할 것이다.

상법에선 명확히 규정하고 있지 않다.

다. 委員의 選任 및 終任

[사례 V-4-3: 감사위원의 선임]

담배·인삼 등의 제조판매를 목적으로 하는 Y회사는 증권거래법상의 주권상장법인으로서 자산은 3조 9천억원이고, 발행주식은 1억6천만주이다. X는 Y회사 발행주식의 6.7%에 해당하는 1천만주를 보유하고 있는 주주이다. Y회사의 정기총회를 앞두고 사외이사 2인과 감사위원인 사외이사 4인이 각각 임기가 만료될 예정이어서 X는 Y회사와 그 대표이사 A에게 다음과 같은 주주제안서를 송부하였다. 그 내용은 첫째, X가 추천하는 이사후보 3인의 성명을 기재하고 둘째, Y회사의 사외이사후보추천위원회가 증권거래법 제191조의16 제3항 및 제54조의5 제3항에 의하여 사외이사를 추천할 때 이들 3인을 후보자 명단에 포함시키고 셋째, 정기주주총회에서 집중투표제를 통해 이사를 선출할 것을 제안하는 것이었다. 이에 대해 Y회사는 주주총회를 소집하면서 주주총회의 목적사항 중 사외이사의 선임에 관한 부분은, 「제2호 안건」과 「제3호 안건」으로 분리하여 공고하였는데, 제2호 안건은 X가 추천한 3인의 후보와 사외이사후보추천위원회가 추천한 2인의 후보 중에서 2인의 사외이사를 선임하는 것이고, 제3호 안건은 사외이사후보추천위원회가 추천한 4인의 후보를 두고 4인의 감사위원회의 위원이 되는 사외이사를 선임하는 것으로 되어 있다. X는 대표이사 A에게 이러한 이사선임방식에 항의하면서 자신이 추천한 3명을 포함한 총 9명의 후보들 중에서 집중투표의 방법으로 경선을 통해 한번에 6인의 사외이사를 선임하도록 요구하고 주주총회금지가처분신청을 하였다. X의 가처분신청은 타당한가? (대전지판 2006.3.14, 2006카합242 참조)

(1) 선 임

감사위원회 위원의 선임에 관하여 상법은 특별한 규정을 두고 있지 아니하다.

발기인 과반수 또는 창립총회에서 선임된다.

1) 회사설립시　발기설립과 모집설립시 이사와 감사의 선임에 대한 규정(296, 312)을 감사위원에 대하여 준용하고 있으므로(415의 2⑥), 새로 설립하는 회사의 경우에는 발기인 과반수(296) 또는 창립총회(312)에서 각각 감사위원회 위원을 선임하면 된다.

이사회가 이사 중에서 선임한다.

2) 기존회사의 경우　기존의 회사에서 감사를 대체하여 감사위원회를 둘 경우에 그 위원은 이사회가 이사 중에서 선임하는 것으로 본다. 감사위원회의 독립성을 보장하기 위해서는 감사선임의 경우와 마찬가지로 감사위원을 주주총회에서 선임하고 또 대주주의 의결권을 제한하여야 한다는 비판이 있다. 그러나 감사위원회도 이사회의 하부기관인 점에서 이사회가 선임하는 것이 타당하며, 그 구성에서 대주주의 영향력을 받지 아니하는 社外理事가 3분의 2이상을 차지하므로 독립성에는 문제가 없다. 또한 주주총회에서 선임한다고 하여 반드시 독립성이 보장되지 않음은 감사선임의 예에서 찾아볼 수 있고 나아가 위원교체시마다 주주총회를 소집해야 하는 번거로움이 있으므로 이사회에서 선임하는 편이 타당하다고 본다(김상규, "감사위원회 위원의 선·해임에 관한 연구", 「상사법연구」(2005), 150).

3) 상장회사의 경우　증권거래법은 주권상장법인의 경우 감사위원회의 위원이 되는 사외이사의 선임에 관하여 상법상 감사의 선임에 관한 규정을 준용하여 대주주의 의결권을 3%로 제한한다고 규정하고 있어(증권거래법 제54조의6 제6항) 감사위원회 위원의 선임권한이 이사회에 있는지 아니면 주주총회에 있는지 명시적으로 밝히고 있지 않다. 이와 관련하여 종래 주권상장법인들의 주주총회 운영 실무는 ① 감사위원회 위원이 되는 사외이사

를 다른 사외이사들과 분리하여 주주총회에서 뽑는 방식(분리선출 방식)과 ② 감사위원회 위원이 될 사외이사를 포함하여 이사후보 전체를 대상으로 이사선임결의를 하고 나서 선임된 이사 중에서 대주주 의결권 제한규정을 적용하여 감사위원을 뽑는 방식(일괄선출 방식)으로 나뉘어져 운영되고 있는 실정이다.

그런데 [사례Ⅴ-4-3]에서 보는 바와 같이 Y회사가 주장하는 분리선출 방식에 의할 경우, 소수주주(X)가 자신이 추천한 후보를 이사로 선임하는데 필요한 주식의 수가 증가되는 결과 집중투표에 의한 이사선임권의 약화를 가져오게 되고, 나아가 "이사의 선임결의에 관하여 각 주주는 1주마다 선임할 이사의 수와 동일한 수의 의결권을 가진다"는 상법 제382조의2 제3항의 규정에도 부합하지 않는다는 비판이 있을 수 있다. 반면 X주주가 주장하는 일괄선출 방식에 의할 경우, 대주주의 의결권 제한 없이 선임된 이사들 가운데서 감사위원회 위원이 되는 사외이사가 선임될 것이므로, 증권거래법이 감사위원의 선임에 관하여 상법상 대주주 의결권 제한규정을 준용한 입법취지가 몰각될 염려가 있어 문제이다.

이점은 결국 입법에 의해 해결되어야 하지만 대전지판 2006.3.14, 2006카합242는 "첫째로, 분리선출 방식에 의할 경우 소수주주의 집중투표에 의한 이사선임청구권이 약화된다고 하더라도 상법 및 증권거래법상 집중투표제는 정관에 의해 배제될 수 있는 성질의 것이라는 점(상법 제382조의2 제1항, 증권거래법 제191조의18 제1항), 소수주주들로서는 사외이사의 선임방법에 관하여 일괄선출 방식을 택하도록 제안할 수 있을 것이라는 점 등에 비추어 보면, 분리선출 방식이 소수주주의 의결권 또는 집중투표제의 취지를 현저하게 침해한다고 보기 어렵고 둘째로, 일괄선출 방식에 의할 경우 제1단계의 사외이사 선임결의에서 대주주가 지지하는 후보들이 대부분 사외이사로 선임될 가능성이 큰 것은 사실이지만, 제2단계 감사위원회 위원의 선임결의에서 상법상의 대주주 의결권 제한규정을 적용하여 감사위원회 위원을 선임하는 이상 이를 법률에 위반된 것이라고 보기 어렵다. 위와 같은 사정들을 종합하여 보면, 채무자 회사(Y)가 분리선출 방식을 채택함으로써 채권자들(X)의 의결권, 집중투표제의 방법에 의한 이사선임청구권을 침해하였다고 볼 수 없으므로, 채권자들(X)의 위 주장은 이유 없다"고 판시하고 있다.

(2) 해 임

이사 총수의 2/3 이상의 결의로 한다.

감사위원의 선임권이 이사회에 있으므로 그 해임도 이사회결의로서 한다. 다만 감사위원의 독립성을 보장하기 위하여 그 해임에 관한 理事會 決議는 이사 총수의 3분의 2이상의 결의로 하여야 한다(415의2③). 그러나 상법은 해임사유를 정하고 있지 아니하므로 부정행위나 법령·정관위반과 같은 특별한 사유가 없어도 해임이 가능하다고 본다.

(3) 임 기

이사의 규정을 준용한다.

임기에 관하여도 특별한 규정을 두지 않고 감사의 임기에 관한 상법 제410조도 준용하고 있지 않다. 따라서 감사위원에 관하여는 이사의 임기에 관한 규정(383②)이 적용된다고 본다. 다만 감사위원의 임기와 이사의 임기가 차이가 나는 경우가 있으므로 회사 합병시에는 감사위원의 임기도 이사의 임기와 마찬가지로 종료되도록 하는 준용규정을 두고 있다(527의4).

라. 意思決定 및 代表

(1) 결 의

의원과반수 출석에 과반수 찬성으로 한다.

監査委員會는 會議體機關이므로 결의에 의해 의사를 결정한다. 감사위원회의 결의방법에 대하여는 아무런 규정을 두지 않고 있으므로 회의체기관의 일반적인 의사결정방법에 따라 위원과반수출석에 과반수찬성으로 의결한다고 본다.

(2) 대 표

감사위원회의 결의로 의사집행의 대표를 선임한다.

감사위원회는 그 결의로 위원회를 대표할 자를 선정하여야 한다. 이 경우 수인의 위원이 공동으로 위원회를 대표할 것을 정할 수 있다(415의2④, 標準定款 41의2⑤). 회의체기관인 감사위원회가 기존 감사의 권한을 행사하는 경우에 개개의 위원이 이를 현실적으로 집행하는 것은 어렵다. 따라서 감사위원회를 대표하여 결정된 의사를 집행할 대표를 선임하도록 한 것이다.

3. 權限 및 責任

(1) 개 관

미국과는 달리 회계감사권 뿐만 아니라 종래

감사위원회제도가 가장 발달해 있는 미국에서는 감사위원회의 권한은 會計監査에 국한되는 것이 통례이다. 이는 미국에서는 社外理事制度가 정착해 있을 뿐 아니라 이사회 내에 각종 위원회가 활발하게 운용되고 있어 감사위원회의 권한을 회계감사에 한정하더라도 별다른 문제가 없기 때문이다. 참고로 미국법률가협회(ABA)가 정한 감사위원회의 중요한 기능과 권한을 보면, i) 외부감사인의 추천 및 해임, 보수, 감사계약기간 및 독립성에 대한 심사, ii) 회사의 고위회계담당임원의 선임 및 해임에 대한 심사, iii) 외부감사인(및 고위회계담당임원)과 이사회간의 접촉창구로서의 기능, iv) 외부감사결과, 내부감사결과 기타 재무제표에 관한 심사 등이다(김건식 41이하).

그러나 이사회제도가 제대로 기능하지 않는 우리 나라에서는 감사에 갈음하여 감사위원회제도를 도입하면서 그 권한을 회계감사에 국한하는 것은 경영감녹기능을 오히려 후퇴시킬 우려가 있다. 나아가 감사제도를 완전히 없애지 않고 감사와 감사위원회를 병렬적으로 존치하여 두고 선택적으로 운영하도록 하는 상황에서 양자의 권한을 달리 할 경우 법적용의 혼란이 초래될 우려가 있다. 이리하여 종래 감사가 행사하던 모든 권한을 감사위원회가 행사하도록 하였다(김건식 41).

(2) 감사의 권한 준용

감사의 권한에 관한 규정을 준용한다.

감사위원회에 대하여는 감사의 권한에 관한 규정이 준용된다(415의2⑥). 이에 따라 이사의 직무집행을 감사할 권한(412①, 標準定款 41의3①), 이사에 대한 영업보고요구 및 재산상태조사권(412②), 이사의 보고의무(412의2), 총회소집청구(412의3), 자회사의 조사권(412의4), 총회제출의안 및 서류에 대한 조사보고(413), 이사의 위법행위에 대한 보고(391의2②), 이사와 회사간의 소에 관한 대표(394①), 유지청구권(402) 등이 감사위원회의 권한사항이다.

(3) 감사의 실효성 확보

내부감사직원을 따로 두고 감사위원회가 통제해야 한다.

위에서 본 바와 같이 1997년 증권거래법 개정을 통하여 일정규모 이상의 상장법인에 관하여는 감사의 실효를 거두기 위하여 常勤監事를 두도록 하였다. 그런데 社外理事(非常勤理事)가 중심이 된 감사위원회가 이를 대체함으로써 오히려 감사의 실효성이 후퇴할 것이라는 우려가 있을 수 있다 그러나 위 미국의 예에서 보았듯이 감사위원회는 직접 감사를 수행하는 것이 아니라 內部監査職員과 外部監査의 선임과 직무수행을 감독하고, 이들간의 상호 연계를 이룰 수 있는 접촉창구로서의 기능을 하며, 이들의 감사결과를 심사하는 등 통제기능만 수행한다. 따라서 감사위원회제도가 제대로 기능하기 위하여는 내부감사직원을 따로 두고 감사위원회에서 이를 통제할 수 있어야 한다(김건식 41). 다만 상법에서는 이를 기업의 자율에 맡기고 있으며 다만 회사의 비용으로 전문가의 조력을 구할 수 있다는 규정을 두고 있다

(415의 2⑤).

(4) 의무와 책임

사외이사에게는 충실의무, 자기거래제한, 경업금지의무 등은 없다.

감사위원의 책임에 관하여는 감사의 책임에 관한 규정을 준용한다(415의2⑥, 414). 감사위원은 이사를 겸하므로 감사의 책임규정을 준용하지 않아도 이사로서의 책임을 지지만 이사로서의 책임과 감사의 책임이 다르기 때문에 별도의 준용규정을 둔 것이다. 또 회사의 업무를 담당하지 않는 사외이사인 감사위원에게는 이사에게 요구되는 忠實義務나 自己去來制限 및 競業禁止義務 등은 요구되지 않는다고 본다.

제 4 外部監査人

1. 意 義

외부의 독립한 회계전문가에 의한 감사이다.

주식회사에서 감사나 감사위원회에 의한 감사를 內部監査라고 하고 외부의 독립한 회계전문가에 의한 감사를 外部監査라고 한다. 공익성이나 국민경제에 미치는 영향이 큰 일정규모 이상의 주식회사는 내부감사만으로는 공정하고 투명한 회계처리를 기할 수 없다고 보고 '株式會社의 外部監査에 관한 法律(1980.12.31, 법률 3297)'에 의한 외부감사를 강제하고 있다.

외부감사대상 주식회사는 직전 사업년도 말의 자산총액이 70억원 이상인 회사이다(外監2, 令2①). 다만 정부투자관리기본법의 적용을 받는 주식회사 등은 제외된다.

2. 資格과 選任

(1) 자 격

監査人은 會計法人 또는 監査班이어야 한다(外監 3①). 財經部長官은 감사인의 형태와 그 소속 公認會計士의 수 등을 참작하여 감사인이 감사할 수 있는 회사의 규모 등을 제한할 수 있다(外監 3②). 또 감사대상회사와 이해관계가 있는 경우에는 감사인이 될 수 없으며(外監 3③) 회계법인인 감사인은 동일한 이사로 하여금 회사의 연속하는 6개 사업년도에 대한 감사업무를 행하게 할 수 없다(外監 3④).

(2) 선 임

1) 선임시기 회사는 매사업년도 개시일부터 4월 이내에 감사인을 선임하여야 한다(外監 4①). 상장법인은 연속하는 매 3개 사업년도의 감사인을 동일 감사인으로 하여야 한다(外監 4의2①). 회사가 이 기간내에 감사인을 선임하지 아니한 경우에는 증권선물위원회가 감사인을 지명하여 그를 선임하거나 변경하도록 할 수 있다(外監 4의3).

매사업년도 개시일부터 4월 이내에 선임한다.

2) 제청기관 감사인을 선임함에는 감사 또는 감사인선임위원회의 제청에 의해 정기주주총회의 승인을 얻어야 한다. 그러나 上場法人이나 企業集團系列會社의 감사인선임은 반드시 감사인선임위원회의 제청을 얻도록 하고 있다(外監②, 標準定款 43의2). 감사인선임위원회는 감사(2인), 사외이사(2인), 최대주주를 제외한 대주주(2인), 지배주주를 제외한 최대채권자(2인)로 구성된다(外監令 3의2①). 그러나 감사에 갈음하여 감사위원회를 설치한 때에는 감사위원회를 감사인선임위원회로 본다. 감사인선임위원회와 감사위원회의 구성측면을 비교할 때, 선임위원회가 이해관계인의 고른 의견수렴을 통해 외부감사인 선임에 있어서의 독립성제고에 보다 기여할 수 있다고 보여지나, 감사위원회를 의무적으로 두어야 할 기업에게 별도로 감사인선임위원회를 설치토록 강제하는 것은 과중한 부담이 될 수 있음을 감안한 것이다.

감사 또는 감사인선임위원회가 이에 해당한다.

3. 權 限

監査人은 언제든지 회사 및 관계회사와 계열회사의 會計에 관한 帳簿와 書類를 열람 또는 등사하거나 회계에 관한 자료의 제출을 요구할 수 있으며, 그 직무의 수행을 위하여 특히 필요한 때에는 업무와 재무상태를 조사할 수 있다. 다만, 관계회사 또는 계열회사에 대한 업무와 재산상태를 조사할 경우에는 證券先物委員會의 승인을 얻어야 한다(外監 6①).

회계장부 또는 서류의 열람·등사, 연결재무제표와 결합재무제표 감사 협조 및 제출요청을 할 수 있다.

聯結財務諸表 또는 結合財務諸表를 감사하는 감사인은 그 직무의 수행을 위하여 필요한 때에는 회사·관계회사 및 계열회사의 감사인에 대하여 감사관련자료의 제출 등 필요한 협조를 요청할 수 있다. 이 경우 회사·관계회사 및 계열회사의 감사인은 지체없이 이에 응하여야 한다(外監 6②).

외부감사인의 원활한 감사업무 수행을 위하여 회사로 하여금 그 사업년도의 財務諸表·聯結財務諸表 또는 結合財務諸表를 작성하여 소정의 기간내에 감사인에게 제출하도록 하고 있다(外監 7).

4. 義 務

(1) 감사 · 보고의무

監査人은 일반적으로 공정 · 타당하다고 인정되는 監査基準에 따라 감사를 실시하여야 한다(外監 5①). 이 감사기준은 金融監督委員會가 證券先物委員會의 심의를 거쳐 정한다(外監 5②). 監査人은 감사보고서를 작성하여 정기총회 1주일 전에 회사(監事 또는 監事委員會)에 제출하고 총회후 2주일 내에 證券先物委員會 및 韓國公認會計士會에 제출하여야 한다(外監 8①).

(2) 비밀준수의무

監査人과 그에 소속된 公認會計士, 證券先物委員會委員 기타 감사 또는 감리업무와 관련하여 이들을 보조하는 자와 證券先物委員會의 업무를 위탁받아 수행하는 한국공인회계사회의 관련자는 그 직무상 알게 된 비밀을 누설하여서는 아니된다. 다만, 다른 법률에 특별한 규정이 있는 경우에는 그러하지 아니하다(外監 9).

(3) 부정행위 보고의무

법령 · 정관에 위배되는 행위 및 부정행위 발견시 행하여야 한다.

監査人이 그 직무를 수행함에 있어서 이사의 직무수행에 관하여 不正行爲 또는 法令이나 定款에 위반되는 중대한 사실을 발견한 때에는 이를 감사(감사위원회)에게 통보하고 주주총회에 보고하여야 한다(外監 10①). 監査人은 회사가 회계처리 등에 관하여 회계처리기준을 위반한 사실을 발견한 때에는 이를 감사(감사위원회)에 통보하여야 한다(外監 10②). 감사(감사위원회)는 이사의 직무수행에 관하여 不正行爲 또는 法令이나 定款에 위반되는 중대한 사실을 발견한 때에는 이를 監査人에게 통보하여야 한다(外監 10③).

(4) 주주총회 출석의무

監査人 또는 그에 소속된 공인회계사는 주주총회의 요구가 있는 때에 이에 출석하여 의견을 진술하거나 주주의 질문에 답변하여야 한다(外監 11).

5. 責 任

[사례 Ⅴ-4-4: 외부감사인의 책임]

A회사는 신공장 건설에 따른 자금 부담과 금융비용 과다 부담 등으로 인하여

거액의 당기 순손실을 입게 되었다. 그러나 A회사는 이러한 내용을 재무제표에 사실대로 표시할 경우 대외신용도가 하락하여 금융기관들로부터 자금을 대출 받을 수 없게 되어 경영이 더욱 어려워질 것이라고 판단하였다. 이에 따라 A회사는 받을 어음 보관잔액증명과 거래 회사들에 대한 채권채무조회서를 위조하여 외상매출채권을 과대계상하고, 재고자산을 과대계상하는 방법으로 분식결산하여, 당기순이익이 발생한 것처럼 허위내용으로 재무제표를 작성하였다.

한편 A회사의 외부감사인으로 선임된 Y회계법인 소속 회계사인 B와 C는 감사시간에 쫓긴다는 이유로 재고자산에 대한 실사를 소홀히 하고 매출채권과 받을 어음에 대한 직접 조회 확인 절차를 실시하지 아니하여, 재고자산과 매출채권의 과대계상 사실을 발견하지 못하였다. 이리하여 Y회계법인은 위 재무제표가 진정하게 작성되었으며 A회사의 재무상태를 적정하게 표시한 것이라는 감사보고서를 작성하여 제출하였다. 그런데 증권감독원의 감사보고서 감리 실시결과 A회사의 분식결산 사실과 Y회계법인의 부실감사 사실이 밝혀져 이를 공표하고 거래정지 등 제재를 하였다.

한편 X는 평소 거래하는 증권회사를 통하여 A회사 주식 10,000주를 1주당 15,000원에 매입하였다. 그런데 A회사의 분식결산과 부실감사 사실이 공표되자 주가가 계속 급락하여 거래정지해제 후 하종가를 계속하다가 현재는 5,000원에 거래되고 있다. X는 보유주식 중 5,000주를 10,000원에 매도하였고 나머지 5,000주는 5,000원에 매도하였다. X는 누구를 상대로 하여 어느 범위에서 손해배상을 청구할 수 있는가? (대판 1997.9.12, 96다41991 참조).

감사인과 회사의 관계는 委任이므로 감사인은 수임인으로서 선관의무를 부담한다. 그러나 감사인은 會計專門家로서 고도의 주의의무를 부담하며 이를 위반한 경우에는 법정책임으로서 손해배상책임이 부과된다(이범찬 · 오욱환, "감사와 외부감사인의 법적 책임", 「강위두교수 화갑기념논문집」(1996.2), 16).

선관의무와 더불어 회계전문가로서 고도의 주의의무를 부담한다.

(1) 회사에 대한 책임

감사인이 그 임무를 게을리하여 회사에 대하여 손해를 발생하게 한 때, 그 감사인은 회사에 대하여 손해를 배상할 책임이 있다. 이 경우 監査班인 감사인의 경우에는 당해 회사에 대한 감사에 참여한 公認會計士가 연대하여 손해를 배상할 책임을 진다(外監 17①).

(2) 제3자에 대한 책임

1) 취 지 감사인이 중요한 사항에 관하여 감사보고서에 기재하지 아니하거나 허위의 기재를 함으로써 이를 믿고 이용한 제3자에게 손해를

제3자에는 상장법인의 투자자

가 포함된다.

발생하게 한 경우에는 그 감사인은 제3자에 대하여 손해를 배상할 책임이 있다(外監 17②). 제3자에는 상장법인의 투자자가 포함된다. [사례Ⅴ-4-4]에서 보면 투자가(X)에게는 외부감사인(Y)의 감사보고서나 감사의견이 중요한 투자판단의 기초가 되므로 감사인에게 무거운 책임을 인정하는 것이다(이준섭, "재무정보 공시에 대한 외부감사인의 손해배상 책임", 「상사법연구」(1998), 163). 대판 1997.9.12, 96다41991도 이 사례에서 "주식거래에 있어서 대상 기업의 재무상태는 주가를 형성하는 가장 중요한 요인 중의 하나이고, 대상 기업의 재무제표에 대한 외부감사인의 회계감사를 거쳐 작성된 감사보고서는 대상 기업의 정확한 재무상태를 드러내는 가장 객관적인 자료로서 일반투자자에게 제공·공표되어 그 주가 형성에 결정적인 영향을 미치는 것이므로, 주식투자를 하는 일반투자가로서는 그 대상 기업의 재무상태를 가장 잘 나타내는 감사보고서가 정당하게 작성되어 공표된 것으로 믿고 주가가 당연히 그에 바탕을 두고 형성되었으리라는 생각 아래 대상 기업의 주식을 거래한 것으로 보아야 한다"고 판시하고 있다. 따라서 Y는 부실감사로 인해 X가 입은 투자손실을 배상하여야 한다.

2) 책임의 주체 손해배상책임의 주체는 감사인인 Y회계법인이고 직접 감사를 담당하였던 회계사(B,C)에 대하여는 물을 수 없다. 이 점이 監査班인 감사인의 경우에 감사에 참여한 공인회계사가 연대하여 손해를 배상할 책임을 지는 것(外監 17②③)과 다르다.

부실감사와 인과관계가 있는 모든 손해이다.

3) 책임의 범위 제3자가 입은 손해는 부실감사와 인과관계가 있는 모든 손해이다. 이와 관련하여 [사례Ⅴ-4-4]에서 대판 1997.9.12, 96다41991은 "주식을 매수한 원고(X)가 소외 회사(A)의 분식결산 및 피고(Y)의 부실감사로 인하여 입은 손해액은 위와 같은 분식결산 및 부실감사로 인하여 상실하게 된 주가 상당액이라고 봄이 상당하고, 이 사건의 경우 이와 같은 분식결산 및 부실감사로 인하여 상실하게 된 주가 상당액은 특별한 사정이 없는 한 분식결산 및 부실감사가 밝혀져 거래가 정지되기 전에 정상적으로 형성된 주가와 분식결산 및 부실감사로 인한 거래정지가 해제되고 거래가 재개된 후 계속된 하종가를 벗어난 시점에 정상적으로 형성된 주가의, 또는 그 이상의 가격으로 매도한 경우에는 그 매도가액과의 차액 상당이라고 볼 수 있다"고 판시하였다. 따라서 X가 입은 손해는 주가상실액 7천5백만원이라고 하겠다.

(3) 연대책임

감사인과 이사

감사인이 회사 또는 제3자에 대하여 손해를 배상할 책임이 있는 경우에 당해 회사의 이사 또는 감사(감사위원)도 그 책임이 있는 때에는 그 감사인과 당해 회사의 이사 및 감사(감사위원)는 연대하여 손해를 배상할 책임이 있다(外監 17④). 따라서 [사례Ⅴ-4-4]에서 Y는 분식결산을 하는데 참여하였던 A회사의 이사 또는 감사와 연대하여 X에게 배상책임을 진다.

및 감사(감사위원)는 연대하여 손해배상책임을 진다.

(4) 시 효

감사인의 손해배상책임은 그 청구권자가 당해 사실을 안 날로부터 1년 이내 또는 감사보고서를 제출한 날로부터 3년 이내에 청구권을 행사하지 아니한 때에는 소멸한다. 다만 선임계약으로 그 기간을 연장할 수 있다(外監 17⑦). 대판 1997.9.12, 96다41991은 "여기서 '당해 사실을 안 날'이라 함은 문언 그대로 청구권자가 외부감사법 제17조 제2항 소정의 감사보고서의 기재 누락이나 허위 기재의 사실을 현실적으로 인식한 때라고 볼 것이고, 일반인이 그와 같은 감사보고의 기재 누락이나 허위 기재의 사실을 인식할 수 있는 정도라면 특별한 사정이 없는 한 청구권자 역시 그러한 사실을 현실적으로 인식하였다고 봄이 상당하다"고 판시하였다.

청구권자가 사실을 안 날로부터 1년이내 또는 감사보고서를 제출한 날로부터 3년 내에 행사한다.

(5) 손해배상공동기금

監査人은 손해배상책임을 보장하기 위하여 損害賠償共同基金의 적립 또는 保險加入 등 필요한 조치를 하여야 한다(外監 17⑥). 이 기금은 韓國公認會計士會에 적립된다(外監 17의2).

감사인의 손해배상책임을 보장하기 위함이다.

제 5 檢 査 人

1. 意 義

檢査人은 주식회사의 설립절차, 업무 및 재산상황, 계산의 정부 등을 조사할 권한을 가진 臨時機關이다. 이와 같이 검사인은 법이 정한 경우에 임시로 선임되기 때문에 직무권한의 범위도 선임된 목적에 따라 다르나, 주로 회사와 독립된 입장에서 회계감독업무를 수행하는 점에서 外部監査人과 유사하다.

임시기관이며 업무는 외부감사인과 유사하다.

2. 資格과 地位

(1) 자 격

자연인에 국한된다는 것이 통설이나 법인도 포함된다는 견해가 있다.

검사인의 자격 및 인원수에 대하여는 법에 특별한 규정이 없다. 그러나 검사인은 그 직무의 성질상 회사의 理事, 監事(監査委員) 또는 使用人이 될 수 없다고 할 것이다. 그외에 發起設立의 경우 發起人·財産引受의 상대방, 新株發行의 경우 現物出資者, 會社整理의 경우 淸算人등 조사 또는 검사의 대상으로 되는 사항의 당사자에 대하여도 마찬가지라고 하겠다.

검사인은 자연인에 한정된다고 하는 것이 통설이다. 그러나 법인을 검사인으로 하는 규정도 있으며 그렇지 않은 경우에도 검사인은 이사, 감사와는 달리 그 인적 개성이 중요시되지 않고, 또 조사(검사)의 대상인 사항에 따라서는 가령 회계법인을 선임하는 것이 합리적이라고 인정되는 경우도 있으므로, 법인(회계법인)도 포함된다고 본다(이철(회) 681).

(2) 지 위

선관의무를 부담하는 수임자라고 본다.

주주총회(창립총회)에서 선임된 검사인과 회사와의 관계는 委任이므로 회사에 대하여 선관의무를 부담한다. 법원에 의해 선임된 검사인은, 일종의 공적 기관의 성격을 지니고 있지만, 그 기능면에서는 주주총회에서 선임된 검사인과 다를 바 없으므로, 회사에 대하여 선관의무를 부담한다고 할 것이다(이철(회)681, 최기951).

3. 選任과 解任

검사인은 주주총회 또는 법원에 의해 선임된다. 임시기관인 검사인의 임기는 따로 없고 그 임무가 종료하면 지위도 소멸한다. 다만 임무 완료전이라도 주주총회에서 선임된 경우에는 주주총회의 결의로, 법원에서 선임한 경우에는 법원이 각각 해임할 수 있다.

(1) 법원이 선임하는 경우

회사설립시 이사의 청구에 의하며, 액면 미달의 신주발행

첫째, 회사설립시 變態設立事項에 대한 조사를 위하여 이사의 청구에 의해 선임되며 이 경우 검사인은 變態設立事項 및 現物出資의 이행여부를 조사한다(298④, 299①). 둘째, 액면미달의 新株發行時 선임되며 이 경우 검사인은 회사의 재산상태와 필요한 사항을 조사한다(417③). 또 신주발행시 현물출자의

내용을 조사하기 위하여 이사의 청구에 의하여 선임된다. 셋째, 회사의 업무집행에 관하여 부정행위 또는 법령·정관에 위반한 중대한 사실이 있음을 의심할 만한 사유가 있을 때 少數株主의 청구에 의해 선임된다. 이때 검사인은 회사의 업무와 재산상태를 조사한다(467①).

시와 부정행위 및 법령·정관의 중대한 위반시 소수주주의 청구에 의한다.

(2) 주주총회에서 선임하는 경우

첫째, 少數株主가 소집한 주주총회에서 회사의 業務와 財産狀態를 조사하기 위하여 선임한다(366③). 둘째, 이사가 제출한 서류와 감사의 보고서를 조사하기 위하여 선임할 수 있다(367). 청산중이 회사에서도 이사가 제출한 서류와 감사의 보고서를 조사하기 위하여 선임할 수 있다(542②·367).

회사의 업무와 재산상태 조사 및 이사의 제출서류와 감사보고서 조사를 목적으로 한다.

4. 責　任

회사설립시 설립경과를 조사하기 위해 법원이 선임한 검사인이 惡意 또는 重大한 過失로 인하여 그 임무를 해태한 때에는 회사 또는 제3자에 대하여 손해배상책임이 있다(325). 그 이외의 검사인의 책임에 관하여는 특별한 규정이 없지만, 검사인은 회사와 위임관계에 있으므로 위임의 본지에 따라 선량한 관리자의 주의로써 업무를 처리하여야 한다. 따라서 이 의무위반에 대하여는 회사에 대하여 채무불이행의 책임을 부담하며, 제3자에 대하여도 불법행위요건을 구비하면 불법행위책임을 부담한다.

법원선임 검사인의 손해배상책임 요건으로 악의 또는 중과실을 규정하고 있다.

제 6 장
株式會社의 財務

개 요

주식회사는 영리단체로서 경영활동을 위하여 많은 자금을 필요로 한다. 이에 따라 회사는 여러 가지 방법을 통해 자금을 조달하게 되는데, 이러한 회사의 자금조달방법 중 일반투자자로부터 거액의 자금조달을 위하여 상법에 특별히 규정을 두고 있는 것이 신주발행과 사채발행이다. 한편 주식회사는 경영활동을 통하여 얻은 이익을 주주에게 배당하는 것을 궁극적인 목적으로 한다. 그러나 과도한 이익배당은 주식회사의 물적 기초를 위태롭게 하므로 이를 정확하게 산출하기 위해 결산과 계산제도를 마련해 두고 있다.

이 장에서는 이러한 주식과 사채발행 및 재무제표의 작성과 결산·이익배당과 같은 주식회사의 재무에 관한 사항을 다룬다.

주요 내용

o 자금조달의 유형 — 내부자금·외부자금, 타인자금·자기자금
o 통상의 신주발행과 특수한 신주발행
o 신주인수권 — 주주의 신주인수권, 제3자의 신주인수권
o 신주발행절차 — 이사회결의, 신주발행가액, 신주의 배정과 인수
o 신주발행의 흠 — 신주발행유지, 불공정발행, 신주발행의 무효
o 주식과 사채의 차이와 접근
o 사채의 발행 — 총액제한, 발행방법, 절차
o 사채의 유통 — 채권, 사채원부와 사채등록부
o 원리금 상환 — 이권, 상환
o 사채의 관리 — 수탁회사, 사채권자집회
o 전환사채, 신주인수권부사채, 이익참가부사채, 교환사채

제 1 절 株式會社의 資金調達

제 1 資金調達의 源泉과 類型

1. 概 觀

주식회사의 대표적인 자금조달 유형은 주식과 사채의 발행이다.

계속적인 이윤추구를 목적으로 하는 회사로서는 그 사업규모를 유지·확대하고 영업활동을 계속하기 위하여 막대한 자금이 필요하다. 여기서, 회사가 자금조달을 외부로부터 구하는가 아니면 내부에서 구하는가에 따라 외부자금(외부금융)과 내부자금(내부금융)으로 구분된다. 외부자금조달에는 금융기관 등으로 부터의 借入金에 의한 자금조달과 有價證券發行 즉, 株式과 社債發行에 의한 자금조달이 있다. 그런데 주식회사란 원래 대중자본의 집중을 목적으로 생성된 제도이므로 그에 알맞은 자금조달 형태인 주식과 사채에 의한 자금조달이 중요하다. 이에 대해 내부자금조달은 회사의 내부이윤으로 조달되는 자금으로써 이윤의 內部留保(準備金), 減價償却 등으로 이루어진다(이기수, "자본회사에서의 자본에 관하여", 「손주찬교수정년기념논문집」(1989.9), 303).

회사의 자금은 반환의무부담 여부에 따라 타인자금과 자기자금으로 구별된다.

또 회사의 자금은 반환의무를 부담하는 여부에 따라 타인자금과 자기자금으로 구별된다. 타인자금은 금융기관으로부터 차입금 및 사채발행에 의해 조달한 자금이고, 자기자금은 주식발행에 의한 자금과 내부자금이 있다. 내부자금에 의한 자기금융은 기업의 입장에서는 매우 유용한 것이지만 과다한 경우에는 1주당 이윤량을 증대시키거나 또는 과소자본화를 초래하여 주가를 계속적으로 등귀시키는 요인이 된다. 또 상대적으로 기관주주의 持株比率을 증대시켜 주식의 유동성, 주식의 분산도를 저하시킴으로써 회사의 자금조달에 영향을 미칠 수가 있다. 따라서 적절한 시기에 주식분할 등을 통해 주식의 유동성을 회복시킬 필요성이 뒤따르게 된다.

2. 株式에 의한 資金調達

주식은 수권자본제도하에서

株式은 세분화된 비율적 단위이며 또 株券에 표창되어 거래될 뿐 아니라 증권시장제도에 의해 그 거래의 안전성과 편의성이 뒷받침되고 있다. 이

의의를 갖는 것이며 자금마련의 기동성을 꾀할 수 있다.

러한 제도적 기초에 힘입어 회사는 주식을 통하여 손쉽게 대중으로부터 영세한 자금을 자기자본으로 흡수할 수 있게 된다. 한편 주식에 의한 자금조달은 授權資本制度와 관련하여 그 의미를 가지게 되는데, 회사는 정관에 정한 발행예정주식총수의 범위내에서는 필요에 따라 언제든지 이사회결의만으로 주식을 발행할 수 있으므로 자금마련의 기동성을 꾀할 수 있다.

주식에 의해 조달된 자금은 회사의 자기자금으로 장기적 고정자본에 투자가 가능하다.

주식에 의해 조달된 자금은 회사의 자기자본으로서 회사가 존속하는 이상 반환의무나 기한도 존재하지 않고 또 이자의 지급도 필요하지 않다. 다만 이익이 생긴 경우에 그 분배를 하면 된다. 이와 같이 주식에 의해 조달된 자금은 회사의 자기자금이므로 기업재무구조의 개선에 기여하는 역할을 하고 장기적, 고정자본에 투자할 수 있는 자금이 된다. 그러나 주식발행에 의한 자금조달은 회사의 발행주식총수를 증가시키기 때문에 舊株主에 대한 이익배당 및 그에 따른 주가하락(이른바 이론권리락)과 같은 영향을 미치게 된다. 또 주식을 취득한 주주는 회사의 구성원으로서 회사운영에 관여하는 공익권, 특히 議決權을 가지기 때문에 회사의 지배관계에도 영향을 미친다. 따라서 회사로서는 주식발행에 의한 자금조달이 모든 면에서 가장 바람직한 방법이라고는 할 수 없다.

3. 社債에 의한 資金調達

사채에 의해 조달된 자금은 법률적으로 반환의무를 부담하는 타인자금이나, 경제적으로는 준자본적 성격을 가진다.

기존주주가 가지는 이해관계에 큰 영향을 주지 않으면서도 회사가 필요한 장기적이고 거액의 자금을 조달할 수 있는 수단이 社債發行이다. 社債는 주식과 같이 소액으로 분할된 채무이고, 債券이라는 유가증권에 표창되어 증권시장에서 거래될 뿐 아니라, 일반적으로 그 상환기한이 5년 내지 10년 정도의 장기이어서 대중투자자로부터 안정적으로 거액의 자금을 조달할 수 있는 수단이다. 한편 투자자의 입장에서 보면 社債權者는 순수한 채권자이기 때문에 주주와 같이 회사운영에 관여하지 않는 대신, 회사의 이익에 관계없이 이자지급을 받고 상환기한에 일반채권자와 마찬가지로 회사재산에서 변제받을 수 있다. 이러한 의미에서 사채에 의한 장기고정자금의 조달은 회사의 입장에서나 투자자의 입장에서나 주식발행의 경우보다 더 바람직한 측면이 있다. 이와 같이 사채에 의한 자금조달은, 법률적으로는 차입금과 마찬가지로 반환의무를 부담하는 타인자금이지만 경제적으로는 準資本的 성격을 가지고 있는 것이다(양승규, "개정상법에 있어서 주식회사의 자본조달",「손주찬교수화갑기념논문집」(1984.7), 173).

오늘날, 주식이

그런데 주식이 대량적으로 발행되고 널리 분산되면서 일반주주는 회사의 경영에는 전혀 관심이 없는 투자주주가 되고 주식의 배당률에 있어서도 任意準備金의 적립에 의해 배당율의 평균화를 도모하면서, 사채의 이자율과 거의 차이가 없게 되었다. 이리하여 경제적으로는 주식과 사채가 닮아가는 株式의 社債化 현상이 진행되고 있다. 또 법률적으로도 누적적 우선주, 의결권 없는 주식, 상환주식과 같이 社債的 株式뿐 아니라 전환사채, 신주인수권부사채, 이익참가부사채와 같은 株式的 社債가 이용되면서 주식과 사채의 차이는 점차 줄어드는 실정에 있다.

대량으로 발행되고, 경영에 무관심한 투자주주가 늘어나면서 주식의 사채화 현상이 발생하였다.

4. 證券市場(資本市場)의 育成과 規律

기업이 필요로 하는 장기적이고 거액의 자금조달은 주로 주식과 사채의 발행에 의존하게 되는데, 이를 위해서는 證券市場(資本市場)이 건전하게 육성이 되어야 한다. 증권시장은 기업에 있어서는 자금조달의 場이지만 투자대중에게는 자산운용의 場이 되며, 국가적으로는 영세가계자금을 생산자금으로 전환시키는 통로의 역할을 하게 된다. 그러므로 증권시장의 효율성과 공정성을 유지·발전시키는 것은 기업과 투자대중의 이익은 물론이고 국민경제를 보호하기 위해 필수불가결한 것이다. 이에 따라 증권시장의 규율을 위해 제정된 證券去來法은 증권시장의 기본법으로서 회사법과는 상호보완하면서 증권시장의 조직과 기능에 대한 필요한 규제를 하고 있다.

기업의 자금조달을 위한 증권시장의 건전한 육성을 위해 증권거래법이 제정되었다.

(1) 증권거래법의 목적과 연혁

證券去來法은 주식과 사채 등 有價證券의 공정한 발행과 유통제도, 신속·정확한 公示秩序, 사기적인 발행과 유통거래를 방지하기 위한 각종 公正去來制度를 운용하는 한편, 증권시장의 운영을 담당하는 증권기관에 대하여 적정한 기능과 역할을 부여함으로써 자유롭고 공정한 증권시장을 조성하기 위해 제정된 법률이다(證去 1). 증권거래법은 1962년 상법과 함께 제정되었으나 우리 경제와 기업의 변화와 이에 따른 경제정책 및 증권정책의 당면과제에 대응하기 위해 계속적으로 개정되어 오고 있다. 특히 최근들어 증권거래법은 이른바 資本市場開放의 추세와 企業支配構造 개선을 위해 각종 제도를 보완하는 등 두드러진 변화를 보이고 있다.

증권거래법은 자유롭고 공정한 증권시장조성을 위해 제정된 법률이다.

(2) 증권시장의 조직과 운영

證券去來法은 증권시장의 조직과 운영에 관한 기본법으로서 증권행정기관인 재경부장관·금융감독위원회 및 금융감독원은 물론이고 증권거래소·

증권거래법은 증권시장의 조

직과 운영에 관한 기본법이다.

증권예탁원·증권업협회·증권금융 등의 기능과 역할을 부여하고 있다. 또 증권업자인 증권회사와 투자자문회사에 대한 개업제도와 건전경영기준 등 증권시장의 조직체계를 규정하고 있다. 나아가 유가증권의 발행과 유통제도·공시제도·불공정거래제도·M&A제도 등 증권시장의 운영사항을 제도화하고 있다.

(3) 투자자보호를 위한 규제

증권거래법은 공정거래질서 정착을 위해 각종 정보의 신속·정확한 공시를 의무화하고 있다.

證券去來法의 내용 중 가장 중요한 것은 증권시장에서의 公正去來秩序의 정착이므로 증권거래법은 이를 위해 전제가 되는 각종 정보(기업정보와 거래정보)의 신속·정확한 公示를 의무화하고 있다. 즉 회사가 증권시장에서 신주발행, 사채발행 등에 의해 자금을 조달하는 경우에 사전에 유가증권 발행신고서, 사업설명서 등 투자에 필요한 제반 정보를 담은 서류 등을 제출하도록 하여 이를 開示함으로써 투자자들의 투자판단자료로 제공한다. 또 발행된 증권(주식과 사채권)을 증권시장에서 유통시키는 기업에 대하여도 일정한 정보를 계속적으로 개시하도록 하고 있다.

증권거래법은 내부자거래에 대한 엄격한 규제를 통해 일반투자자를 보호하고 있다.

이와 같이 증권의 가치는 발행회사의 재무나 수익력 등에 의존하므로 그에 대한 정보의 획득이 투자판단에서 가장 중요한 역할을 한다. 그런데 이러한 정보의 획득에 있어 외부자들은 기업의 내부자에 비해 뒤쳐질 수밖에 없다. 따라서 증권거래법은 외부자의 보호를 위해, 內部者去來에 대한 엄격한 규제를 하고 있으며, 이른바 작전세력에 의한 부당한 시세조종행위 등 不公正去來行爲를 차단함으로써 일반투자자들이 피해를 입지 않도록 규율하고 있다.

제 2 新株發行에 의한 資金調達

1. 總 說

가. 通常의 新株發行과 特殊한 新株發行

(1) 의 의

신주발행은 통상의 신주발행과 특수한 신주

넓은 의미에서 新株發行이라고 함은 회사성립후 회사가 발행할 주식총수 중 미발행부분에 대하여 새로운 주식을 발행하는 모든 경우를 말한다. 이러한 광의의 신주발행에는 '통상의 신주발행'과 '특수한 신주발행'이 있다.

신주발행에는 일반적으로 자본증가가 따르므로 회사실무에서는 신주발행을 단순히 '增資'라고 하며 증자에 따르는 새로운 주금납입이 있는 경우를 '有償增資', 그렇지 않은 경우를 '無償增資'라고 한다.

발행으로 나누어진다.

通常의 新株發行은 회사가 자금(외부자금)을 조달할 것을 직접적인 목적으로 하여 신주를 발행하는 경우를 말하는데, 상법 제416조 이하의 '新株의 發行'이라고 함은 바로 이를 가리키는 것이다. 이에 대하여 特殊한 新株發行은 통상의 신주발행이외의 신주발행을 말하는 것이며, 상법에 규정되어 있는 것으로는 전환주식의 전환(346), 전환사채의 전환(513), 주식배당(462의2), 법정준비금의 자본전입(461②), 주식분할(329의2), 흡수합병에 의한 신주발행(523)이 있고, 특별법에 의한 것으로는 회사정리절차 중에 행하여지는 무상발행이 있다(會整222). 특수한 신주발행은 주로 내부자금에 기하여 주주에 대한 이익환원, 주식분산, 유통주식수 증가에 따른 유동성 증대 등 여러 목적을 위해 행해진다.

통상의 신주발행은 자금조달을 직접적 목적으로 하는 것으로 상법 제416조 이하가 이를 규정한다.

(2) 양자의 차이

通常의 新株發行에 있어서는 신주의 인수인에게 금전출자 또는 현물출자를 이행하게 하므로, 인수인을 누구로 하는가와 관련하여 배정자유의 원칙, 신주인수권의 부여라는 문제가 발생한다. 그러나 特殊한 新株發行의 경우에는 회사가 보유하고 있는 재산을 기초로 하여 신주를 발행하는 것이기 때문에 이러한 문제는 생기지 아니한다. 이에 따라 양자간에는 다음과 같은 여러가지 면에서 차이를 나타낸다.

통상의 신주발행에서는 배정자유의 원칙, 신주인수권의 부여라는 문제가 발생하나, 특수한 신주발행은 이와 다르다.

1) 자산의 변동 통상의 신주발행에 있어서는 주금의 납입 또는 현물출자의 이행이 따르기 때문에 회사재산이 현실적으로 증대함에 대하여 특수한 신주발행에 있어서는 원칙적으로 회사가 현재 보유하고 있는 재산(내부자금)을 기초로 하여 신주가 발행되기 때문에 회사재산의 현실적인 증가는 생기지 아니한다. 다만 특수한 신주발행 중 흡수합병에 의한 신주발행의 경우에는 소멸회사의 재산이 존속회사에 포괄적으로 이전되고 소멸회사의 주주에게 존속회사의 신주가 발행되는 것이기 때문에 그 한도 내에서는 재산의 증가가 생긴다.

특수한 신주발행 중 흡수합병에 의한 신주발행의 경우 재산의 증가가 생긴다.

2) 자본의 변동 통상의 신주발행에서는 주식수가 증대하기 때문에 언제나 자본이 증가한다. 그러나 특수한 신주발행은 자본이 증가하는 경우와 그렇지 않은 경우로 나누어진다. 즉 株式分割과 같이 자본의 증감과 관계없는 경우도 있고 準備金의 資本轉入과 같이 먼저 자본증가가 생기고 후

통상의 신주발행은 언제나 자본이 증가하나, 특수한 신주발행은 자본의 변동이 일정하지 않다.

에 신주가 발행되는 경우도 있다.

통상의 신주발행은 이사회에서 결정한다.

3) 신주발행의 결정　통상의 신주발행은 원칙적으로 理事會에서 결정하지만(416) 특수한 신주발행은 일률적이지 않다. 즉 準備金의 資本轉入은 이사회결정사항이지만(438①), 株式併合은 주주총회특별결의에 의하고(440) 株式配當은 주주총회보통결의(462의2)에 의한다. 기타 전환주식, 전환사채의 전환, 신주인수권부사채의 경우에는 신주발행이 문제되기 전에 그 조건이 미리 정하여지는 경우도 있다. 또 회사정리절차 중에 행하여지는 신주발행과 같이 법원에 의한 인가 또는 정리계획의 관계인집회에 의한 가결로 결정되는 경우도 있다.

통상의 신주발행은 납입기일 다음날 효력이 발생한다.

4) 효력발생시기　통상의 신주발행은 납입기일 다음날 그 효력이 발생하지만 특수한 신주발행은 효력발생시기가 일률적이지 않다. 즉 준비금의 자본전입은 배정일 또는 주주총회결의시, 주식분할은 이사회결의시, 주식배당은 주주총회종결시, 전환주식 또는 전환사채의 전환은 전환청구가 있는 때에 각각 신주발행의 효력이 생긴다. 또 회사정리절차에 의한 신주발행은 정리계획인가결정시 또는 계획에서 정한 시기에 각각 효력이 생긴다.

(3) 특수한 신주발행

特殊한 新株發行은 그 발행의 목적이나 재원, 절차 등이 서로 다르므로 일률적으로 설명하기가 곤란하다. 따라서 이들 각 경우에 대하여는 관련되는 곳에서 상세히 다루기로 하고 여기에서는 간단하게 대비하여 본다.

준비금이 자본에 비해 과다하게 적립된 경우에 이를 시정하기 위해 자본전입을 한다.

1) 준비금의 자본전입　회사의 계산상 法定準備金計定으로 되어 있는 금액의 전부 또는 일부를 資本金計定으로 이체하는 것을 말한다(461). 준비금의 자본전입으로 신주의 무상교부가 있게 되므로 실질적으로는 주식분할과 유사한 효과를 가진다. 준비금이 자본에 비해 과다하게 적립된 경우에는 이익배당을 어렵게 하고 주가가 너무 높게 형성되어 시장성을 저하시키므로 이를 시정하기 위해 資本轉入을 한다. 자본전입의 결정기관은 원칙적으로 이사회이지만 정관으로 주주총회에서 결정하게 할 수 있다.

주식배당은 무상으로 신주를 주주의 주식수에 비례하여 교부한다.

2) 주식배당　이는 배당가능이익을 자본전입하여 신주를 발행하는 것으로써(462의2①), 이 신주에 대하여는 이익배당결의를 한 주주총회에서 인수와 납입을 확정한 것으로 된다. 따라서 준비금의 자본전입과 마찬가지로 무상으로 신주를 주주의 주식수에 비례하여 교부하게 된다. 株式配當은 이익배당총액의 2분의 1을 초과할 수 없지만 상장회사에 대하여는 예외가 인정된다.

3) 전환주식 · 전환사채의 전환 轉換株式(346 이하)과 轉換社債(513 이하)에 대하여 전환권자가 전환을 청구하면 회사는 신주를 발행하여 전환권자에 교부하여야 한다. 전환의 효력은 전환청구시에 발생하므로(350, 516②), 신주발행의 효력발생시기도 전환청구시라고 할 수 있다. 전환주식의 경우에는 전환비율이 동일하면 전환으로 인해 자본의 변동이 없으나 전환비율이 1:1보다 크면 준비금으로 적립되었던 부분이 자본으로 전입되므로 자본증가가 발생한다. 전환사채의 경우에는 전환으로 언제나 자본이 증가한다.

전환주식과 전환사채를 전환할 때 신주를 발행한다.

4) 신주인수권부사채의 인수권행사 新株引受權附社債는 사채권자에게 신주인수권이 부여된 사채인데, 사채권자가 신주인수권에 의하여 소정의 가액으로 신주발행을 회사에 청구할 수 있다(516의 2이하). 신주가 발행되면 주금의 납입이 이루어지므로 신주발행에 의해 자본과 회사재산이 동시에 증가한다.

사채권자는 회사에 신주발행을 청구할 수 있다.

5) 회사의 합병 회사의 흡수합병 또는 분할합병의 경우 존속회사는 소멸회사의 순재산을 승계하고 이에 해당하는 신주를 발행하여 소멸회사의 주주에게 교부하게 된다. 존속회사의 입장에서 보면 신주발행을 통해 회사의 재산과 자본이 증대하지만, 따로 주식인수의 청약과 배정은 없고 소멸회사의 주주에게 그 보유주식의 비율대로 신주를 교부하며 소멸회사의 재산이 존속회사에 포괄적으로 이전하는 점에서, 보통의 신주발행과 차이가 있다.

주식인수의 청약과 배정이 없고, 소멸회사의 주주에게 신주를 교부하여, 소멸회사의 재산이 포괄적으로 이전한다.

6) 주식의 병합 · 분할 株式의 倂合은 수개의 주식을 합하여 종래 보다 적은 수의 주식으로 하는 것을 말하는데(440), 이로써 발행주식총수와 자본은 감소되지만 회사의 재산에는 변동이 없다. 株式分割은 기존 주식의 액면을 세분화하여 적은 단위로 하는 것을 말하며(329의2), 발행주식총수는 증가하지만 재산이나 자본에는 변동이 없다.

7) 주식의 포괄적 교환 · 이전 주주총회의 특별결의에 의해 주식의 포괄적 교환 · 이전이 이루어지면 종래 완전자회사의 주주에게 완전모회사의 주식을 배정하여 신주를 발행하게 된다(460의2 이하). 이 경우에는 회사의 물적 조직은 변동이 없으며 단지 인적조직의 변경만 있을 뿐이다. 완전자회사의 주식이 완전모회사에게로 교환 또는 이전되는 것이므로 완전모회사의 자본과 재산은 그만큼 증가하게 된다.

주식의 포괄적 교환 · 이전은 회사재산의 변동없이 인적조직의 변경만 있다.

■ 설립과 신주발행의 비교

		설　　립	신주발행
공통점	전액납입	295, 303, 305①	421
	납입취급기관	305②	425②
	현물출자검사	299, 310	422
	인수담보책임	321	428
차이점	총액인수주의	295	
	수권자본제도	수권자본의 1/4이상(289③)	제한없음
	현물출자	발기인에 한정	제한없음
	재산인수등	엄격한 규제(290)	규제없음
	납입담보책임	이사, 발기인(321)	이사의 납입의무 없음
	실권절차	규정 있음	규정없음. 당연실권
	기존주주의 보호	없음	신주인수권, 불공정발행규제 (424, 424의2)

■ 신주발행의 여러 경우

	결정방법	효력발생시기	재원	자본	회사재산
통상의 신주발행	이사회(416)	납입기일 익일 (423)	주주의 납입금	증가	증가
주식분할	주주총회(329의2)	배정기일	불요	불변	불변
준비금전입	이사회(438)	결의시	준비금	증가	불변
전환주식의 전환	정관규정(346)	전환청구시	종전의 납입금	불변, 증가	불변
전환사채의 전환	이사회(513②), 주주총회(513③)	전환청구시	사채납입금	증가	불변
신주인수권 부사채	이사회(516의2②), 주주총회(516의2④)	전환청구, 납입시	납입금	증가	증가
흡수합병	주주총회특별결의 (522)	합병절차 종료시	소멸회사재산	증가	증가

나. 新株發行의 方式

상법에는 通常의 新株發行 방식에 대해 특별한 정함이 없다. 그러나 회사 실무상으로는 新株引受權을 누구에게 부여하는가에 따라 신주발행방식은 다음과 같은 세 가지 형태로 나뉘어진다.

(1) 주주배정

기존 주주에게 신주인수권을 부여하는 가장 일반적인 방식이다.

기존 주주에게 신주인수권을 부여하는 방식의 신주발행이며 가장 일반적인 형태이다. 즉 상법은 정관에 다른 정함이 없으면 주주는 그가 가진 주식수에 비례하여 신주의 배정을 받을 권리가 있다고 함으로써(418①) 이를 원칙적인 신주발행의 방식으로 정하고 있다. 新株引受權은 우선적으로 신주를 인수할 수 있는 지위를 의미할 뿐이며 발행가액에 대하여 유리한 취급을 받을 것을 내용으로 하는 것은 아니다. 종래 우리 나라에서는 주식의 시가가 액면을 현저히 초과하는 경우에도 액면발행을 함으로써, 신주인수권은 그 차액을 취득할 수 있는 권리로 인식되어 왔으나 근래에 와서는 時價發行制度가 정착되고 있다.

(2) 제3자 배정

특정한 제3자에게 신주인수권을 부여하는 방식이다.

회사의 임원·종업원·거래선과 같은 특정한 제3자에게 新株引受權을 부여하는 방식의 신주발행이다. 신주인수권을 주주 이외의 제3자에게 부여하는 것은 회사의 경영권 및 기존주주의 이해관계에 밀접한 관계가 있으므로 법률 또는 정관에 특별한 규정이 있어야 한다(418②). 다만 정관에 규정이 없더라도 주주총회특별결의에 의해 제3자 배정을 할 수 있다고 본다(이철(회) 697). 1999년 개정상법은 이른바 株式買受選擇權(스톡옵션)制度를 도입하여 회사는 정관에 정하는 바에 따라 주주총회특별결의로 회사의 설립, 경영과 기술혁신 등에 기여한 임직원(이사, 감사 피용자)에게 특별히 유리한 가격으로 신주를 인수할 수 있는 권리를 부여하고 있다(340의2①).

(3) 모집(공모)

일반투자자를 모집하여 신주를 배정하는 방식이다.

新株引受權을 특정인에게 부여하지 않고 일반투자자를 모집하여 신주를 배정하는 방식의 신주발행이다(標準定款 10의2). 이 경우에 주식청약인 중 누구에게나 자유로 신주를 배정할 수 있는 配定自由의 原則이 적용된다. 모집에는 모집범위를 발행회사와 연고관계가 있는 자에 한정하는 연고모집과 불특정 다수인으로부터 모집하는 공모가 있으나 공모가 주로 행해진다. 公募에는 구주주의 신주인수권을 전면적으로 배제하는 순수한 공모인 一般公募增資와 기존주주에게 우선적으로 신주인수청약의 기회를 부여하고 그 주주 등이 청약하지 아니한 주식을 다시 일반인을 상대로 모집하는 방식의 株主優先公募增資가 있으나, 실무상으로는 후자가 널리 행해진다. 또 公募에 있어서도 발행회사가 직접 투자자를 상대로 주식을 모집하거나 매출하는 直接公募는 비상장법인의 경우에 예외적으로 이용되며, 대부분은 증권회사가 주간사회사가 되어 모집업무를 대행하거나 주선하는 방식이 이용되는데 여기에는 다시 총액인수방식과 모집주선방식이 있다.

신주발행총액을 인수하는 방식이다.

1) 총액인수방식 주간사회사가 발행회사의 신주발행총액을 인수하여 신주인수권자인 구주주 등에게 우선 배정하여 청약을 받고, 청약 미달분과 端株에 대하여 일반인을 대상으로 청약을 받는 방식이다. 만일 일반청약에서도 미달이 생기면 그 미달분은 주간사회사가 인수하게 된다.

신주발행에 대한 청약이나 배정을 주선만 하는 방식이다.

2) 모집주선방식 주간사회사가 발행회사의 신주발행에 대한 청약이나 배정을 단순히 주선만 하는 방식이다. 따라서 신주에 대한 청약이나 배정에 대한 절차는 총액인수방식과 동일하나 최종미달분에 대한 인수책임을 주간사회사가 지지 않는다는 점에서 차이가 있다. 현재 실무상으로는 모집주선방식이 주류를 이루고 있다.

2. 新株引受權

가. 意 義

신주인수권은 우선적으로 신주를 인수하는 지위에 그친다.

新株引受權은 회사가 신주를 발행하는 경우 그 전부 또는 일부를 타인에 우선하여 인수할 수 있는 권리를 말한다. 신주인수권은 우선적으로 신주를 인수를 할 수 있는 지위에 그치고, 발행가액이나 인수조건 등에서 타인에 비하여 우대받을 것을 그 내용으로 하는 것은 아니다. 또 신주인수권은 권리일 뿐 의무는 아니므로 권리자가 신주를 인수하지 않을 수 있으며, 이러한 주식을 실무상 '失權株'라고 한다. 실권주의 처분은 원칙적으로 회사의 자유이나 보통은 공모에 의해 주주를 모집한다고 함은 앞에서 설명한 바 있다.

신주인수권은 순수한 증자를 목적으로 하는 통상의 신주발행에서 중요하다.

신주인수권은 이론상으로는 모든 신주발행에서 문제되지만 特殊한 新株發行의 경우에는 인수권자가 법에 정하여져 있어 신주인수권이 누구에게 귀속되는가 하는 것은 문제되지 아니한다. 따라서 신주인수권은 순수한 증자를 목적으로 하는 通常의 新株發行에서 중요하고, 이 경우 신주인수권이 주주에게 있는 경우와 제3자가 가지는 경우로 나누어진다.

나. 株主의 新株引受權

[사례 Ⅵ-1-1: 주주의 신주인수권]

(i) Y회사의 발행주식 총수 10만주 중 X_1이 보통주 4만주, X_2가 우선주 3만주, Y회사가 자기주식으로 보통주 3만주를 각각 보유하고 있다. Y회사의 이사회

가 3만주의 신주발행을 하면서 다음과 같이 결의한 경우 주주 X_1, X_2는 신주발행무효의 소를 제기할 수 있는가? ① 신주발행분을 우선주에 먼저 배정하고 나머지를 보통주에 배정한다. ② 보통주와 우선주를 구분하지 않고 신주발행분을 주식수에 비례하여 배정한다. ③ Y회사가 보유하는 자기주식 3만주에 대하여도 신주를 배정한다. ④ 단주의 처리는 이사회에 일임한다. ⑤ 실권주의 처리는 이사회에 일임한다.

(ii) Y회사의 주주 X와 A는 각각 Y회사의 주식 51%와 40%를 나누어 가지고 있는 대주주이다. Y회사 이사회에서 A로부터 강남소재 빌딩 1동을 현물출자로 받고 A에게 Y회사의 보통주식 170,000주를 배정하기로 결의하였다. 그 결과 X와 A의 보유주식비율은 40%와 51%로 역전되었다. 이에 X는 Y회사의 신주발행이 자신의 신주인수권을 침해한 것이고 또 주주총회특별결의를 거치지 아니한 절차상 중대한 흠결이 있다는 이유로 신주발행무효의 소를 제기하였다. X는 승소할 수 있는가? (대판 1989. 3. 14, 88누889 참조)

(1) 의 의

株主의 新株引受權이란 주주가 신주를 우선적으로 인수할 수 있는 권리를 말한다. 주주의 신주인수권에 대하여는 주주평등의 원칙이 적용되고 신주인수권을 가진 주주는 그 보유 주식수에 비례하여 신주의 배정을 받을 권리를 가진다. 신주인수권은 抽象的 新株引受權과 具體的 新株引受權으로 나누어진다. 추상적 신주인수권과 구체적 신주인수권과의 관계는 추상적 이익배당청구권과 주주총회의 배당결의에 의해 발생한 구체적인 배당금지급청구권의 관계와 유사하다(임홍근,“신주인수권”,「서돈각교수 화갑기념논문집」(1980.11), 200).

주주의 신주인수권에는 주주평등의 원칙이 적용되고, 주주는 신주를 배정받을 권리를 가진다.

1) **추상적 신주인수권** 주주권의 한 내용을 이루는 것으로서 장래 회사가 신주를 발행하게 되면 이를 인수할 수 있는 가능성을 의미하는 것으로서, 주식으로부터 분리되어 양도하거나 포기할 수 없다.

주주권의 내용으로 주식으로부터 분리, 양도, 포기할 수 없다.

2) **구체적 신주인수권** 회사가 이사회결의로 신주를 발행하게 되었을 때 보유주식수에 비례하여 신주를 청약하고 배정받을 수 있는 권리를 말하며, 이사회에서 결정한 신주배정 기준일에 발생한다. 구체적 신주인수권은 주식과는 독립한 권리이기 때문에 주식과 분리하여 독립적으로 譲渡 또는 入質의 대상이 된다.

주식과 독립한 권리이다.

(2) 기 능

신주가 발행되면 회사의 발행주식총수가 증가함에 따라 회사의 지배라든가 순자산 및 수익에 대해 舊株 1주당 비율적 지위가 저하한다. 즉 주주가 종래 주주총회에서 가지는 議決權의 비율이 감소하고 신주발행이전에 행사할 수 있었던 少數株主權도 행사할 수 없는 경우가 생긴다. 또 신주가 대량으로 공급되면 주식시장에서 구주식의 가격이 하락하고 이익배당도 영향을 받게 된다. 그러나 구주주에게 신주인수권이 부여되면 구주주는 구주에 대하여 생기는 이러한 불이익을 신주의 인수에 의해 전보할 수 있다. 이와 같이 주주의 신주인수권은 구주주에게 그 비율적 지위의 유지를 가능하게 하고 이를 보호하는 기능을 한다.

(3) 제 한

주주의 신주인수권의 배제는 대주주의 이익을 위해 소수주주의 이익을 침해한다는 의미를 가지고 있다.

종전의 상법은 정관에 다른 정함이 없을 경우에 한하여 신주인수권을 부여하였다. 앞에서 본 바와 같이 주주의 신주인수권은 주주지분의 비율적 지위를 유지하기 위해 인정되는 주주의 기본적 권리의 하나이다. 그러나 우리 나라에서는 자본조달의 기동성을 이유로 제3자 배정 또는 공모에 의한 신주발행을 선호함으로써 주주의 신주인수권을 배제하는 정관의 규정을 두고 있는 사례가 빈번하다. 그러나 자본조달의 기동성과 용이성이라는 회사의 이익이 신주인수권으로부터 배제되는 기존주주의 이해보다도 우선적으로 고려될 필요성이 존재할 때에만 신주인수권제한조치가 허용되어야 함에도 불구하고 정관으로 무제한 제한할 수 있도록 방치하고 있는 것은 중대한 법적 흠결이라고 할 수 있다. 특히 대주주인 경영진의 이익과 회사의 이익이 동일시되는 재벌기업에 있어서는 결국 주주의 신주인수권의 배제는 대주주의 이익을 위해 소수주주의 이익을 침해한다는 의미를 가지고 있다. 그러므로 정관으로 무제한 신주인수권을 배제할 수 있도록 한 구상법 제418조 1항은 많은 비판을 받았다(유영일, "주주의 신주인수권에 관한 연구", 「기업법연구」(2003.12), 147).

2001년 개정상법은 신주인수권 부여를 원칙으로 하고 있다.

이에 따라 2001년 개정상법은 주주는 그 가진 주식수에 따라서 신주를 배정받을 권리가 있다고 하여 주주에게 신주인수권을 부여하는 것을 원칙으로 하고 다만 정관에 정함이 있는 경우 예외적으로 주주이외의 제3자에게 신주인수권을 부여할 수 있도록 하였다(418 ①,②).

(4) 신주인수권과 주주평등원칙

위에서 본 바와 같이 법률이나 정관으로 제한되는 경우를 제외하고는 모든 주주에게 신주인수권이 부여된다. 다만 주주에게 신주인수권을 부여하든 제한하든 그가 가진 주식수의 비율에 따른 주식평등의 원칙에 의하여야 한다. 그러나 다음의 경우에는 예외적으로 차등적 대우를 할 수 있다.

수종의 주식은

1) 수종의 주식　회사가 數種의 株式을 발행한 때에는 정관에 정함이

없는 경우에도 주식의 종류에 따라 신주인수에 대한 특수한 정함을 할 수 있다(344 ③). 따라서 [사례Ⅵ-1-1-i]의 ①과 ②는 모두 적법한 결의라고 할 수 있다.

신주인수시에 차등을 둘 수 있다.

2) 자기주식　회사가 가지는 自己株式 및 자회사가 갖는 모회사의 주식에 대하여는 신주인수권이 인정되지 아니한다(정찬(상) 937). 따라서 [사례Ⅵ-1-1-i]의 ③은 무효의 결정이며 주주들(X_1,X_2)은 신주발행분(3만주) 전부를 자신들에게 배정할 것을 청구할 수 있다. 또 회사가 일시적으로 취득한 자기주식을 처분할 경우에도 기존주주에게 신주인수권이 인정되지 아니하고 회사는 사유롭게 이들 저분할 수 있다.

자기주식 및 자회사의 모회사 주식에 대한 신주인수권은 인정되지 않는다.

3) 단주의 처리　신주발행시 舊주주에 대하여 발행되는 주식 중 1주 미만의 端株가 생기는 경우 그 처리방법에 대하여는 상법에 규정이 없다. 통설은 단주에도 주주의 신주인수권이 미치는 것으로 보고 다만 그 처리에 있어서는 株式併合에 관한 상법 제443조를 준용하여 단주를 競買 등의 방법으로 처분하고 그 처분가액과 신주의 발행가액과의 차액을 단주수에 비례하여 분배하여야 한다고 한다(정희519, 서·정492, 정동(회)525, 이철(회)701, 채697, 정찬(상)939). 이에 대해 단주의 처리는 이사회에 일임되는 것으로 보아 신주인수권이 배제된다는 견해가 있다(손주 806). 통설의 견해에 따르면 [사례Ⅵ-1-1-i]의 ④와 같은 이사회결의는 주주(X_1,X_2)의 신주인수권을 무시하는 것으로서 무효라고 보아야 할 것이다. 실무적으로는 단주의 처리방법에 관하여 정관에 규정을 두는 것이 대부분이다.

단주에도 주주의 신주인수권이 미치는 것으로 본다.

4) 실권주의 처리　失權株라고 함은 신주인수권이 있는 자가 配定日에 인수청약을 하지 않은 주식을 말한다. 실권주의 처리는 총액인수방식에 의할 경우 주간사회사가 이를 일괄인수하므로 문제가 없지만, 모집주선방식에서는 발행회사가 이를 책임지고 처분하여야 하므로 이사회결의에서 그 처분방법을 정하게 되며 보통은 공모방식에 따라 일반주주를 모집한다. 따라서 [사례Ⅵ-1-1-i]이 ⑤는 적법한 결의이다. 失權株는 失期株(失念株)와 구별됨을 유의하여야 한다. 실기주라 함은 신주발행시 주식의 양수인이 배정일까지 주주명부에 名義改書를 실기하였기 때문에 주주명부상의 명의주주인 주식양도인에게 배정된 신주를 말한다.

총액인수방식의 경우 주간사회사가 일괄인수하고, 모집주선방식의 경우 보통 공모방식에 따른다.

5) 현물출자　신주발행시에도 신주를 배정받은 자가 금전 대신 現物로 출자할 수 있다. 신주발행시의 현물출자는 대부분 회사가 필요로 하는 특정재산의 취득을 목적으로 하는 것인데 그 객관적인 평가의 어려움 때문에 주주의 보유주식수에 비례한 정확한 신주배정이 곤란하게 된다. 이에 따

현물출자자에 대해서는 일반주의 신주인수권이 미치지 않는다.

라 현물출자분에 한정하여 신주를 발행하고 나머지 주주에 대하여는 신주를 배정하지 않는 경우가 대부분이다. 이와 같이 기존 주주의 신주인수권이 배제되는 현물출자를 이용하면 마음먹기에 따라서는 [사례Ⅵ-1-1-ⅱ]와 같이 회사 지배권의 향배를 임의로 변경할 수도 있기 때문에 현물출자의 결정권이 어디에 있는가 하는 점이 문제된다. 회사설립시 현물출자에 관하여는 반드시 정관에 규정을 두도록 되어 있지만(295), 신주발행시 현물출자에 관하여는 명확한 규정이 없고 다만 신주발행에 관한 이사회결정사항의 하나로서 "현물출자를 하는 자의 성명, 목적재산의 종류·수량·가액 그리고 이에 대하여 부여할 주식의 종류와 수"를 들고 있을 뿐이다(416. 4). 이에 따라 이 규정을 문리대로 해석하여 이사회결의만으로 현물출자를 할 수 있고 이에 대하여는 구주주의 신주인수권이 배제된다고 보는 견해(최기702, 정동(회)506)가 있으며 판례도 이를 지지하고 있다(김건식, "현물출자와 신주인수권", 「상사판례연구(Ⅰ)」, 688). 즉 대판 1989.3.14, 88누889는 "주주의 신주인수권은 주주가 종래 가지고 있던 주식의 수에 비례하여 우선적으로 인수의 배정을 받을 수 있는 권리로서 주주의 자격에 기하여 법률상 당연히 인정되는 것이지만 현물출자자에 대하여 발행하는 신주에 대하여는 일반주주의 신주인수권이 미치지 않는다"고 판시하였다. 그러나 이렇게 볼 경우 [사례Ⅵ-1-1-ⅱ]에서 보는 바와 같이 이사회결의만으로 회사의 지배구조를 바꾸어 놓을 수도 있을 뿐 아니라 주주의 신주인수권은 법률 또는 정관의 규정에 의하지 않으면 제한할 수 없도록 한 상법 제418조 1항의 원칙에 위반된다. 따라서 상법 제416조 4호의 규정에도 불구하고 주주(X,A)의 지배권에 변동을 가져오는 현물출자는 정관의 규정 또는 이에 갈음하는 주주총회의 특별결의를 거쳐야 한다고 해석하는 견해가 타당하다고 본다(이철(회) 696).

(5) 신주인수권 침해의 효과

주주에게 신주인수권이 있음에도 불구하고 회사가 이를 무시하여 신주를 발행한 경우에 주주는 新株發行留止請求權을 행사하여 이를 저지할 수 있다. 그러나 일단 신주가 발행된 경우에 그 효력에 대하여는 i) 무효라는 설(서돈424, 정찬(회)513, 최기(회)757 外), ii) 주주의 신주인수권을 일반적으로 무시한 때에 무효가 된다는 설(손주 914), iii) 주주의 신주인수권을 전부 또는 대부분 무시한 경우에는 무효이지만 그 정도가 근소할 때에는 무효가 되지 않고 이사의 손해배상책임만 문제가 된다는 설(정동(회) 532), iv) 지배권에 영향을 미칠 때에는 무효가 된다는 설(이철(회) 721) 등이 있다.

생각건대 신주인수권은 신주가 발행됨으로써 기존주주가 가지는 회사에 대한 지배력의 저하 기타 주가등락에 따르는 경제적 손실의 전보를 목적으로 인정되는 권리이므로 이를 근본적으로 무시한 신주발행은 무효라고 할 것이다. 그러나 신주인수권 침해가 일부 주주에 대한 근소한 범위에 그치는 경우까지 전체 신주발행을 무효로 하게 되면, 회사법률관계의 안정을 해칠 우려가 있으므로 iv)의 견해가 타당하다고 본다.

다. 第3者의 新株引受權

[사례 Ⅵ-1-2: 제3자의 신주인수권]

(i) Y회사의 정관에 다음과 같은 신주인수권에 관한 규정을 두고 있을 경우, Y회사의 주주 X는 이들 규정이 주주의 신주인수권을 침해하는 것으로서 무효를 주장할 수 있는가? ① 주주총회 보통결의가 있는 경우 이사회가 정한 자에게 신주를 배정한다. ② 이사회결의로서 외국의 금융기관에 대해 신주를 배정한다. ③ 이사회결의로 일반공모증자방식으로 신주를 발행한다. ④ 긴급한 자금의 조달을 위하여 국내외금융기관에게 신주를 발행한다. ⑤ 회사가 경영상 필요로 OOO 회사(외국의 합작기업)에 신주를 배정한다. ⑥ 회사가 기술도입의 필요로 XXX 회사(합작기업)에 발행주식총수의 10%까지 신주를 배정한다.

(ii) Y회사의 정관에 다음과 같은 규정을 두고 있을 경우, Y회사의 주주 X는 그 무효를 주장할 수 있는가? ① 회사는 회사의 설립·경영과 기술혁신 등에 기여할 임직원에게 발행주식총수의 100분의 15의 범위 내에서 주식매수선택권을 주주총회의 특별결의에 의하여 부여할 수 있다. ② 주식매수선택권의 행사로 교부할 주식은 기명식보통주식으로 한다. ③ 주식매수선택권의 부여대상이 되는 임직원의 수는 재직임직원의 100분의 1을 초과할 수 없고, 1인에 대하여 부여하는 주식매수선택권은 발행주식총수의 100분의 15를 초과할 수 없다. ④ 주식매수선택권을 행사할 1주당 행사가액은 주식의 시가 이상이어야 한다. ⑤ 주식매수선택권은 주주총회결의일로부터 5년간 행사할 수 있다. 단 주식매수선택권을 부여받은 자는 주주총회결의일로부터 2년 이상 재직하여야 한다. ⑥ 당해 임직원이 주식매수선택권을 부여받은 후 경영실적이 좋지 않거나 신기술을 개발하지 못한 경우에는 이사회결의로서 주식매수선택권의 부여를 취소할 수 있다.

(iii) Y회사의 정관에는 신주발행시 Y회사의 주주가 아닌 X에게 발행주식 총수의 10% 이내에서 우선적으로 배정하도록 정하고 있다. ① Y회사가 신주를 발행하면서 위 정관의 규정을 무시하고 이를 전부 구주주에게 배정한 경우 X는 어떠한 조치를 취할 수 있는가? ② X는 신주인수권을 타인에게 양도할

수 있는가?

(1) 의 의

제3자의 신주인수권에는 구체적 신주인수권만 있다는 것이 통설의 입장이다.

주주 이외의 제3자가 신주를 우선적으로 인수할 있는 권리이다. 주주에게 신주인수권이 부여되는 경우에도 그것이 주주가 가진 주식수에 비례하여 주주인 지위에서 당연히 인정되는 것이 아니면 제3자의 신주인수권에 해당한다. 제3자의 신주인수권은 회사와 구체적인 계약에 의해 발생한다고 보는 통설에 의하면, 주주의 신주인수권과는 달리 구체적 신주인수권만 있다(정희521, 정동(회)513, 채이703, 이기(회)449). 그러나 후술하는 바와 같이 제3자의 신주인수권도 법률 또는 정관의 규정에 의해 추상적으로 존재한다는 견해를 취하게 되면, 구체적 신주인수권 이외에 추상적 신주인수권의 존재도 인정하게 된다(이철(회)692).

(2) 발생근거

제3자의 신주인수권은 법률의 규정이나 정관에 의해 발생한다.

1) 법 률　특정한 정책적인 목적을 달성하기 위해 상법 및 특별법에서 제3자에게 신주인수권을 부여하는 경우가 있다. 우선 상법상의 규정으로는 회사가 정관으로 株式買受選擇權을 채택한 경우(340의2)와 轉換社債 또는 新株引受權附社債를 발행한 경우에 제3자(회사의 임직원, 사채권자)에게 신주인수권이 부여된다. 또 證券去來法에서는 주권상장법인인이 유상증자(신주발행)을 하는 경우에 이른바 우리사주조합에 가입한 종업원에게 신주발행분의 20% 이내에서 우선 배정받을 권리를 인정하고 있다.

제3자에게 신주인수권을 부여할 수 있는 정관의 규정에는 합리성과 예측가능성이 요구된다.

2) 정 관　회사는 정관에 정하는 바에 따라 신기술의 도입, 재무구조의 개선 등 회사의 경영상 목적을 달성하기 위하여 필요한 경우에 한하여 주주 이외의 자에게 신주를 배정할 수 있다(418②, 標準定款10②). 정관에 규정이 없더라도 정관변경의 요건에 해당하는 주주총회특별결의가 있으면 제3자에게 신주인수권을 부여할 수 있다고 본다. 다만 제3자에게 신주인수권을 부여하는 정관의 규정은 합리성이 있어야 하고 또 제3자의 범위가 구제적으로 확정되어야 한다(통설). 왜냐하면 주주가 회사재산과 지배에 관하여 가지는 비례적 이익은 주주권의 본질적 내용이므로 이를 제한하고 제3자에게 신주인수권을 부여하기 위해서는 합리적인 근거와 예측가능성이 있어야 하기 때문이다. 따라서 [사례Ⅵ-1-2-i]의 ①,②와 같은 제3자 배정에 대한 백지위임은 무효라고 할 것이다. 그러나 제3자는 반드시 특정할 필요는 없고 [사례Ⅵ-1-2-i]의 ④,⑤,⑥과 같이 합작파트너이거나 거래선 또는 거래금융기관과 같이 그 범위가 정해지면 된다. 또 [사례Ⅵ-1-2-i]의 ③과 같이 '公募' 방식

에 의할 것으로 정하여도 상관없다. 그리고 제3자 배정의 합리성을 확보하기 위해서는 [사례Ⅵ-1-2-i]의 ③,④에서 보듯이 재무구조개선이나 [사례Ⅵ-1-2-i]의 ⑤,⑥과 같이 외국자본이나 기술도입과 같은 회사의 발전에 필요하고 주주배정에 의해서는 그 목적을 달성할 수 없다고 인정되는 경우이어야 한다(標準定款 10②6). 이와는 달리 [사례Ⅵ-1-2-i]의 ②에 있어서는 제3자 배정의 목적과 대상을 특정하지 않고 있기 때문에 정관의 규정은 무효이다. 제3자에게 신주인수권이 부여되는 경우에는 주식청약서에 이를 기재하여야 한다(420. 5).

(3) 주식매수선택권

주식매수청구권, 이른바 스톡옵션은 제3자의 신주인수권 중 가장 중요한 것으로 상법 340조 2에서 규정한다.

1) 의 의　제3자에게 신주인수권이 부여되는 경우 중 가장 중요한 것은 1999년 상법개정에서 새로 도입된 株式買受選擇權이다. 株式買受選擇權, 이른바 스톡옵션(stock option)은 회사의 설립·경영·기술혁신 등에 기여하였거나 기여할 수 있는 이사·감사·피용자에게 미리 정한 가액으로 신주 또는 자기주식의 매수권을 부여하거나 주식의 실질가격과의 차액을 지급하는 제도를 말한다(340 의2). 株式買受選擇權을 부여 받게 되면 주가상승에 의한 혜택을 받게 되므로 회사 임직원 등이 주인의식을 가지고 경영과 기술개발에 전념할 수 있도록 하는 동기를 부여한다. 가령 [사례Ⅵ-1-2-ii]에서 Y회사가 정관의 규정에 따라 기술담당이사와 연구원에게 입사당시의 주식시세인 1주당 20,000원에 10,000주를 매수할 수 있는 권리(매수선택권)를 부여한 경우, 만일 이들의 입사 후 4년경에 Y회사의 주가가 최고로 상승하여 1주당 100,000원이 되면 그때 매수선택권을 행사하여 8억원(80,000원×10,000주)의 시세차익을 얻을 수 있게 된다. 이에 따라 株式買受選擇權제도는 현재는 자산이나 경영규모가 그다지 크지 않으나 성장잠재력이 큰 벤처기업 등에서 많은 자금부담없이 회사가 필요로 하는 전문기술보유자나 경영능력을 가진 자들을 고용할 수 있게 한다(주영은, "미국에서의 주식매수선택권이 회사재산감소를 가져오는가에 관한 고찰", 「상사법연구」(2005), 64). 이리하여 1997년 증권거래법 개정을 통하여 주권상장법인과 협회등록법인 및 벤처기업을 대상으로 하여 이 제도를 처음 시행하였다. 그런데 이를 실시해 본 결과 경영성과의 향상, 유능한 인력의 확보, 전문경영인의 육성 등 긍정적인 측면이 많으며 앞으로 우리 나라 기업의 대외경쟁력 향상에도 기여하는 바가 크다고 판단되어, 상법상의 제도로 수용하여 일반회사에 확대하였다. 나아가 租稅特例制限法에서는 이를 장려하기 위해 稅制上의 특혜를 부여하고 있다(同法 15).

주식매수선택

2) 유 형　株式買受選擇權은 新株引受權을 부여하는 경우, 自己株式

권에는 신주발행, 자기주식양도, 차액정산의 3가지 유형이 있고 이 중 신주발행이 가장 일반적인 방법이다. 유형의 선택은 주주총회 특별결의로 한다.

의 매수선택권을 부여하는 경우, 차액을 금전으로 지급하거나 자기주식을 양도하는 경우의 3가지 유형이 있다(340의2①). 이 3가지 방법 중 어느 방법을 채택할 것인가는 주주총회특별결의로 정해야 한다(340의3②2). ① **신주발행**; 선택권을 행사하면 회사가 그에 상응하는 신주를 발행하여 교부하는 유형으로서 가장 일반적인 방법이다. 이 때 신주의 발행가액은 주주총회에서 정하는 주식매수선택권의 행사가액이 된다. 매수선택권의 행사시에 주가가 얼마이든지 상관없이 미리 정한 행사가액으로 주식을 인수할 수 있으므로, 신주인수선택권은 권리자의 입장에서는 新株引受權으로서의 성질을 가진다. [사례Ⅵ-1-2-ⅱ]에서 Y회사의 주가가 100,000일 때 기술담당이사와 연구원들이 선택권을 행사하면 행사가액인 1주당 20,000원에 각각 10,000주의 신주를 발행받을 수 있다. ② **자기주식양도**; 선택권을 행사하여 회사가 보유하는 자기주식을 주주총회에서 미리 정한 행사가액으로 매수하는 유형이다. 이 방법을 채택할 경우에는 회사는 선택권행사에 대비하여 미리 自己株式을 취득할 수 있다(341의2①). [사례Ⅵ-1-2-ⅱ]에서 Y회사의 주가(실질가액)가 100,000원일 때 기술담당이사와 연구원들이 선택권을 행사하면 행사가액인 1주당 20,000원에 각각 10,000주의 자기주식을 매수할 수 있다. ③ **차액정산**; 선택권의 행사시에 주식의 실질가액이 선택권의 행사가액보다 높은 경우에 회사가 그 차액을 금전으로 지급하거나 그 차액에 상당하는 자기주식을 양도하는 방식이다. 이러한 방식을 인정하는 이유는 선택권의 행사로서 신주가 발행되거나 자기주식이 양도되면 기존주주들의 지분율이 저하될 우려가 있어 이를 방지하기 위함이다. 株式의 實質價額이라고 함은 주식매수선택권의 행사일을 기준으로 평가한 금액으로서 上場株式인 경우에는 時價가 될 것이고 非上場株式인 경우에는 1주당 순자산가치를 의미한다. [사례Ⅵ-1-2-ⅱ]에서 Y회사의 주가가 100,000원일 때 기술담당이사와 연구원들이 선택권을 행사하면 회사는 신주발행이나 자기주식을 양도하는 대신 실질가액(100,000원)과 행사가액(20,000원)의 차액 8억원(80,000원×10,000주)을 현금으로 지급하든가 아니면 자기주식 8,000주를 양도할 수 있다.

권리자의 자격은 정관으로 구체적 요건을 정한다.

3) 부여요건 ① **권리자의 자격**; 선택권을 부여받을 수 있는 자는 회사의 설립·경영·기술혁신 등에 기여하였거나 기여할 수 있는 이사·감사 또는 피용자로서 구체적인 자격요건은 정관으로 정하여야 한다(340의3①3). 다만 선택권을 너무 남발할 경우에는 주주들의 이익을 해칠 가능성이 있으므로 실무적으로는 [사례Ⅵ-1-2-ⅱ]의 ③과 같이 그 대상을 재직 임직원의 일정 비율 이하로 제한하는 경우가 많다. ② **결격요건**; 선택권을 부여받을 수 없

는 자로는 i) 의결권 없는 주식 제외한 발행주식총수의 100분의 10 이상의 주식을 소유한 대주주 ii) 이사·감사의 선임·해임 등 회사의 주요경영사항에 사실상 영향력을 행사하는 주주 iii) 전술한 자의 배우자, 직계존비속(340의 2②)이 있다. 이는 선택권제도가 대주주에 의해 남용되는 것을 방지하기 위함이다. [사례Ⅵ-1-2-ii]의 ①은 이러한 소극적 요건을 정하지 않았기 때문에 잘못된 것이다(標準定款 10의3②). ③ **부여한도**; 선택권의 부여로 발행하게 될 신주나 교부하게 될 자기주식의 수는 회사의 발행주식총수의 100분의 10을 초과할 수 없다(340의 2③). 이와 같이 제한한 것은 경영자나 종업원 등이 과다이익을 향유함으로서 주주의 이익이 침해되어서는 안되기 때문이다. 다만 증권거래법에서는 주권상장법인과 협회등록법인의 경우에는 발행주식총수의 100분의 15까지, 그리고 벤처기업에 있어서는 100분의 50까지 확대하고 있다(證去令 84의6⑤). [사례Ⅵ-1-2-ii]의 ①에서 Y회사가 상장회사나 벤처기업인 경우에는 상관없지만 상법상의 회사인 경우에는 100분의 10이상은 부여할 수 없다. 또한 [사례Ⅵ-1-2-ii]의 ③과 같이 정관으로 1인당 부여할 수 있는 선택권의 수를 일정하게 제한하고 있는데, 1인당 최고한도는 100분의 10이다(租稅特例制限法 15).

신주나 자기주식수는 발행주식총수의 100분의 10을 초과할 수 없는데 이는 주주의 이익을 보호하기 위한 것이다.

4) **부여절차** 株式買受選擇權을 부여하고자 하는 회사는 정관에 이에 관한 규정을 두어야 한다. 그러나 정관의 규정은 선택권에 대한 근거가 될 뿐이며 특정한 임직원에게 선택권을 부여하기 위해서는 주주총회특별결의를 거치고 대상자와 회사간에 계약서를 작성하여야 한다. ① **정관의 규정**; 정관에 규정할 사항으로는 i) 일정한 경우 선택권을 부여할 수 있다는 뜻, ii) 선택권의 행사로 발행하거나 양도할 주식의 종류와 수, iii) 선택권을 부여받을 자의 자격요건, iv) 선택권의 행사기간, v) 일정한 경우 이사회결의로 선택권의 부여를 취소할 수 있다는 뜻의 5가지가 있다(340의 3①). ② **주주총회의 결의**; 선택권은 주주총회의 특별결의에 의하여 구체적으로 부여할 수 있다(340의 2①). 주주총회에서 결의할 사항은 i) 선택권을 부여받은 자의 성명, ii) 선택권의 부여방법(新株發行 또는 自己株式讓渡), iii) 선택권의 행사가액과 그 조정에 관한 사항(선택권행사에 의한 신주인수가액 또는 자기주식 매수가액), iv) 선택권의 행사기간, v) 선택권을 부여받을 자 각각에 대하여 선택권의 행사로 발행하거나 양도할 주식의 종류와 수이다(340의 3②). ③ **계약의 체결**; 회사는 주주총회의 결의에 의하여 선택권을 부여받은 자와 계약을 체결하고 상당한 기간내에 그에 관한 계약서를 작성하여야 한다(340의 3③). 주주총회결의는 회사내부의 의사결정과정에 지나지 않으므로 계약의 체결에 의하여 비로소 선택권이 부여된다. 이 계약서는 선택권의 행사

주식매수권의 부여는 정관의 규정, 주주총회 특별결의, 계약체결의 절차를 따른다.

기간이 종료할 때까지 본점에 비치하고 주주로 하여금 영업시간내에 이를 열람할 수 있도록 하여야 한다(340의3④). 선택권의 존재와 그 행사 여부에 따라 주가의 변동에 영향을 미치게 되므로 그 회사의 주식을 거래하고자 하는 자에게 이를 공시하기 위함이다(염미경, "주식매수 선택권에 관한 법적 문제점의 검토", 「상사법 연구」(2002.8), 219).

선택권의 성격은 형성권이고 선택권의 행사기간은 정관과 주주총회에서 정한다.

5) 선택권의 행사 ① **의의와 성격**; 계약에 의해 선택권이 부여된 자는 계약상의 조건에 따라 선택권을 행사할 수 있다. 선택권의 행사는 자유이므로 가령 회사의 주가가 행사가액을 밑도는 경우에는 그 행사의 실익이 없으므로 행사하지 않을 수도 있다. 그러나 선택권을 행사하면 회사는 신주를 발행하거나 자기주식을 양도하거나 차액을 지급할 의무를 부담하므로 그 성격은 형성권이라고 하겠다. ② **행사기간**; 선택권의 행사기간은 정관과 주주총회결의에서 정하는데 보통 [사례Ⅵ-1-2-ii]의 ⑤와 같이 선택권을 부여하는 '총회결의일로부터 몇년간'으로 정한다. 다만 총회결의일부터 2년이상 재임 또는 재직하여야 행사할 수 있으므로 그 始期는 제한된다(340의4①). 이와 같이 선택권의 행사시기를 제한하는 것은 이 제도가 경영진이나 종업원에 대한 인센티브를 부여하는 것이므로 일정기간 이상 회사에 재직하도록 하기 위함이다. ③ **행사가액**; 선택권의 행사가액은 i) 신주발행형인 경우에는 신주의 인수가액을 말하며, 선택권 부여일을 기준으로 한 주식의 실질가액과 권면액 중 높은 금액 이상이어야 하며, ii) 자기주식양도형인 경우에는 주식의 양도가액으로서, 선택권 부여일을 기준으로 한 주식의 실질가액 이상이어야 한다(340의2④). 이와 같이 선택권의 행사가액의 최저한을 제한하는 것은 지나치게 낮은 가액으로 선택권을 부여함으로써 회사의 자본충실이 저해되지 않도록 하기 위함이다. ④ **행사절차**; 선택권의 행사가 신주인수권의 행사와 유사한 측면이 있으므로 그 행사절차에 관하여는 新株引受權附社債에 관한 규정이 준용되고 있다. 즉 선택권을 행사하려는 자는 청구서 2통에 선택권을 행사할 주식의 종류와 수를 기재하고 기명날인 또는 서명을 하여 회사에 제출하여야 한다(340의5, 516의8①③). 선택권자의 청구가 있으면 회사는 신주발행·자기주식양도와 차액지급 중 어느 쪽을 택할 것인지를 정해야 하는데 그 결정은 이사회결의를 요한다고 본다. 만일 회사가 신주발행 또는 자기주식을 양도하기로 한 경우에는 선택권자는 행사가액 전액을 납입하여야 한다(340의5, 516의8①③). ⑤ **행사의 효과**; 선택권의 내용이 신주발행인 경우에는 선택권행사의 효력에 관하여는 신주발행에 관한 규정이 준용된다. 즉 i) 선택권자가 행사가액을 납입한 때에 주주가 되며(340의5, 516의8⑨), ii) 주주명부폐쇄기간중에 선택권을 행사한 경우 폐쇄기간중에는 의결권이 없고(340의5, 350②), iii) 영업

선택권의 행사가액의 최저한 제한 목적은 회사의 자본충실 저해방지에 있다.

선택권의 행사는 신주인수권부사채에 관한 규정을 준용한다.

연도중에 선택권을 행사한 경우 이익배당에 관해서는 정관의 규정으로 직전년도말에 선택권을 행사한 것으로 보며(340의5, 350③), iv) 발행주식수와 자본액에 변동이 생기므로 선택권행사일로부터 2주간내에 변경등기를 하여야 한다(340의5, 351). 그러나 자기주식양도형인 경우에는 선택권의 행사에 응해 회사가 보유하는 주식을 단순히 양도하면 되기 때문에 신주발행을 전제로 하는 위 준용규정은 해당되지 않는다.

선택권은 양도할 수 없고 정관에 규정을 둔 일정 사유에 이사회 결의가 있으면 상실한다.

6) 선택권의 양도와 상실 ① 양도; 선택권은 이를 양도할 수 없다. 다만 선택권을 행사할 수 있는 자가 사망한 경우에는 그 상속인이 이를 행사할 수 있다(340의4②). 선택권은 임직원들의 기술개발이나 경영성과의 향상을 도모하기 위해 부여하는 것이므로 이를 타인에게 양도할 수 있게 하면 그러한 효과를 거둘 수 없기 때문이다. 양도가 불가능하기 때문에 入質이나 押留할 수 없다고 본다. ② 상실; 일정한 경우에 이사회결의로 선택권의 부여를 취소할 수 있도록 정관에 규정을 둘 수 있으며(340의3①5), 이러한 사유가 발생하면 선택권을 상실한다. 어떠한 사유가 이에 해당할 것인가에 대하여는 상법에는 아무런 규정이 없으나 선택권부여의 취지에서 볼 때, i) 선택권을 부여받은 후 2년 이내에 임의로 퇴임하거나 퇴직한 경우(340의4①), ii) 선택권을 부여받은 임직원의 고의·과실로 회사에 중대한 손해를 초래한 경우, iii) 기타 선택권부여계약에서 정한 취소사유가 발생한 경우이다(標準定款 10의3⑨). 그러므로 [사례Ⅵ-1-2-ii]의 ⑥과 같이 단순히 경영능력의 부족이나 기술개발의 실패등의 사유만으로는 선택권을 박탈할 수 없다.

(4) 신주인수권의 성질

통설은 신주인수권의 성질을 계약상 권리로 본다.

제3자의 新株引受權은 그 근거가 되는 법률 또는 정관의 규정에 의해 추상적으로 발생하는가 아니면 이들 규정에 따라 회사와 구체적으로 신주배정에 관한 계약을 체결하여야 비로소 발생하는가 하는 점이 문제된다. 통설은 정관으로 제3자의 신주인수권을 규정한 경우에도 정관의 효력이 당연히 제3자에게 미친다고는 볼 수 없으므로 제3자는 정관만으로는 신주인수권을 취득하는 것은 아니고 회사와 별도의 계약에 의해 취득하며, 따라서 제3자의 신주인수권은 계약상의 권리라고 한다(정희521, 정찬(회)702~703, 정동(회) 513, 채703, 이기(회)449, 정찬(상)944). 이러한 견해에 따르면 [사례Ⅵ-1-2-iii]의 ①에서 제3자(X)의 신주인수권을 무시하고 신주를 발행하더라도 회사(Y)는 단지 채무불이행에 따른 손해배상책임만 질 뿐이라고 한다.

신주인수권부

그러나 위 주식매수선택권에서도 보았듯이 법률과 정관의 규정에 따라

여의 근거는 주주와 제3자 모두 정관이다.

제3자에게 신주인수권을 부여하는 경우에는 그 제3자는 정관이라고 하는 회사의 기본규범에 의해 신주인수권이 부여되는 것으로 보아야 한다. 즉 주주의 경우에도 정관으로 신주인수권이 제한될 수 있기 때문에 그 신주인수권 부여의 근거는 어디까지나 정관이며, 이 점에서는 제3자의 경우와 다르지 않다. 따라서 제3자의 경우에도 주주와 마찬가지로 정관의 규정에 따라 抽象的 新株引受權이 부여되며, 주주총회 또는 이사회결의와 회사와의 신주인수계약에 의해 具體的 新株引受權을 취득한다고 본다(同 이철(회)701). 그러므로 [사례 Ⅵ-1-2-ⅲ]의 ①과 같이 제3자(X)의 추상적 신주인수권을 무시한 신주발행에 대하여는 제3자(X)는 假處分에 의해 이를 사전에 차단시킬 수 있다고 본다. 다만 新株發行留止請求나 無效의 訴는 그 자격이 주주 등으로 제한되기 때문에 제3자(X)는 이를 제기할 수 없다. 그러나 제3자(X)는 이사 또는 회사(Y)에 대하여 손해배상을 청구할 수 있음은 물론이다. 이와 같이 제3자의 抽象的 新株引受權을 인정할 경우에는 [사례 Ⅵ-1-2-ⅲ]의 ②와 같이 그 양도는 허용되지 않는다고 할 것이다(정동(회)514, 이철(회)701, 이기(회)449; 反 서·정493, 정희521, 정찬(상)944).

라. 新株引受權의 讓渡

[사례 Ⅵ-1-3: 신주인수권의 양도]

(ⅰ) Y회사의 정관에는 신주발행시 Y회사의 주주가 아닌 X에게 발행주식총수의 10%이내에서 우선적으로 배정하도록 정하고 있다. Y회사 이사회에서 신주발행결의를 하고 X와 1만주를 배정하기로 계약을 한 경우, X는 1만주에 대한 신주인수권을 타인에게 양도할 수 있는가?

(ⅱ) A회사의 발행주식총수는 22,000주로서 이 중 X가 25%인 5,500주, Y가 30%인 6,600주, B가 10%인 2,200주를 각각 보유하고 있었으나 회사설립 후 6월이 경과한 후에도 주권은 발행하지 않고 있다. A회사의 이사회에서 50% 증자를 결의하고 각 주주들에게 보유주식수에 비례하여 신주를 발행하기로 하였으나, 신주인수권의 양도에 관하여는 아무런 결정을 하지 않았다. X는 B로부터 2,200주와 신주인수권(1,100주)을 양수하는 계약을 체결하고 A회사의 대표이사로부터 주식양도 승락의 의사표시를 기재한 서면에 확정일자를 받고 대금을 지급하였다. 한편, Y는 X가 B로부터 매수하였던 위 2,200주 및 신주인수권을 B로부터 다시 매수한 다음 주주명부에 명의개서를 하였다. 이에 X는 A회사와 Y를 상대로 하여 주주명부상 Y의 명의로 기재되어 있는 위 2,200주 및 신주인수권(1,100주)이 자신에게 있다는 확인을 구하고 A회사에 대하여는 위 주식에 대한 명의개서를 요구하는 소송을 제기하였다. X는 승소할 수 있는가? (대판 1995.5.23, 94다36421 참조)

(1) 서 설

정관에 의해 인정된 주주 또는 제3자의 抽象的 新株引受權은 주식으로부터 분리하여 이를 타인에게 양도할 수 없지만 이사회결의에 의해 부여된 具體的 新株引受權은 그 채권적 성질상 주식으로부터 분리하여 양도할 수 있다. 주주에게 신주인수권을 부여하는 것은 舊주식의 비례적 가치를 유지시키기 위함이지만 이는 사실상 출자를 강요하는 것이 된다. 따라서 추가적인 출자의 여력이 없는 주주로 하여금 이를 처분하여 신주의 발행가액과 시가의 차액을 취득하게 할 필요에서 신주인수권의 양도를 허용하게 된 것이다.

추상적 신주인수권은 양도가 가능하나, 구체적 신주인수권은 양도할 수 없다.

그러나 제3자의 신주인수권은 제3자와 회사간의 특수한 관계를 고려하여 부여된 것일 뿐 아니라 정책적 목적에서 제3자로 하여금 일정기간 주식의 보유를 요구하는 경우가 많으므로 회사의 허용여부에 불구하고 그 양도가 불가능하다고 본다(정동(회)514, 이철(회)702, 이기(회)450; 反 서·정493, 정희521, 정찬(상)944). 실제로 제3자에게 신주인수권을 부여하는 법률 또는 정관의 규정에서 그 양도를 금지하는 예도 많다(340의4②; 證去 189의4⑤). 따라서 [사례 Ⅵ-1-3-i]에서 X는 타인에게 新株引受權을 양도할 수 없다.

제3자의 신주인수권은 양도가 불가능하다.

(2) 양도의 요건

株主의 新株引受權의 讓渡는 정관의 규정 또는 이사회의 결의로서 정한다(416.5). 다만 정관의 규정에 의해 신주발행을 주주총회에서 결정할 경우에는 그 양도에 관한 사항도 주주총회에서 정한다. 新株引受權의 讓渡를 위해서는 新株引受權證書를 발행하는 등 회사로서는 사무부담이 크기 때문에 그 양도의 허용 여부를 회사의 자율에 맡긴 것이다. 그런데 [사례 Ⅵ-1-3-ii]와 같이 이사회결의 없이 신주인수권을 양도한 경우 그 효력은 어떠한가, 어떠한 방법으로 양도할 수 있는가 하는 점이며 문제되는 바 이에 관하여는 학설과 판례가 나뉘어진다.

신주인수권의 양도는 정관의 규정이나 이사회의 결의로 정하나 이사회결의없이 양도된 신주인수권의 효력이 문제된다.

1) 부정설　新株引受權의 讓渡는 법률상 당연히 인정되는 것이 아니라 정관이나 이사회결의로 허용한 경우에만 인정되기 때문에 이에 위반한 신주인수권의 양도는 무효라고 본다. 즉 그 양도는 당사자(B와 X 또는 Y)간에는 채권적 효력이 있지만 회사(A)에 대하여는 효력이 없으므로 양수인(X 또는 Y)은 그 양도로서 회사(A)에 대하여 대항할 수 없다고 한다. 이 견해가 통설이다(서·정490, 손주895, 정동(회)510, 이기(회)506, 채700).

통설적 견해로 이사회결의 없는 신주인수권의 양도는 무효로 본다.

2) 긍정설　新株引受權의 讓渡를 허용하는 것은 주주의 비례적 이익을 보호하기 위한 것이므로 이사회의 결의로 양도성을 박탈할 수 없다고 본

판례의 입장으로서 이사회의

결의가 양도성을 박탈할 수 없다고 본다.

다. 이 견해는 상법 제416조 5호가 "주주가 가지는 신주인수권을 양도할 수 있는 것에 관한 사항"을 이사회결의사항으로 규정한 것은, 양도성을 전제로 하여 그 양도방법만을 정한다는 의미로 보아야 한다는 것이다(이철(회) 703~704). 판례도 긍정설을 취하고 있다. 즉 대판 1995.5.23, 94다36421은 [사례Ⅵ-1-3-ii]와 유사한 사안에서 "상법 제416조 제5호에 의하면, 회사의 정관 또는 이사회의 결의로 주주가 가지는 신주인수권을 양도할 수 있는 것에 관한 사항을 결정하도록 되어 있는 바, 신주인수권의 양도성을 제한할 필요성은 주로 회사측의 신주발행사무의 편의를 위한 것에서 비롯된 것으로 볼 수 있고, 또 상법이 주권발행전 주식의 양도는 회사에 대하여 효력이 없다고 엄격하게 규정한 것과는 달리 신주인수권의 양도에 대하여는 정관이나 이사회의 결의를 통하여 자유롭게 결정할 수 있도록 한 점에 비추어 보면, 회사가 정관이나 이사회의 결의로 신주인수권의 양도에 관한 사항을 결정하지 아니하였다하여 신주인수권의 양도가 전혀 허용되지 아니하는 것은 아니고, 회사가 그와 같은 양도를 승락한 경우에는 회사에 대하여도 그 효력이 있다고 할 것"이라고 판시하고 있다.

양도·제한의 취지 및 상법 제416조 5호의 의의에 비추어 볼 때 부정설(통설)이 타당하다고 본다.

3) 검 토 어느 견해를 취하는가는 주주의 신주인수권의 양도와 그 제한을 인정하는 취지 및 상법 제416조 5호를 어떻게 새기는가에 달려 있다고 할 것이다. 주주의 신주인수권이 정관의 규정에 의해 인정되며, 그 양도성도 정관 또는 이사회의결에 의해 인정되는 점과 신주인수권 양도를 위하여 회사가 부담할 비용 등을 감안할 때, 위 규정은 단순히 양도방법에 관한 사항만을 제한한 것으로 볼 수는 없다. 또 긍정설은 "신주인수권의 양도는 신주인수권증서의 교부에 의하여만 이를 행한다"라는 상법 제420의3조에도 정면으로 반한다. 따라서 통설이 타당하다고 생각하며 [사례Ⅵ-1-3-ii]에서 양도인(B)으로부터 주식(2,200주)을 양수한 X 또는 Y는 신주인수권(1,100주)에 대하여는 회사(A)에 대하여 대항할 수 없다고 본다.

(3) 신주인수권증서에 의한 양도

新株引受權의 讓渡는 新株引受權證書의 交付에 의해서만 이를 행한다(420의 3①). 따라서 정관 또는 이사회결의로 신주인수권의 양도를 인정할 경우에는 회사는 신주인수권증서를 발행하여야 한다. 다만 주주의 청구가 있는 때에만 신주인수권증서를 발행할 것을 정한 경우에는 주주의 청구가 있어야 발행된다(416. 6).

신주인수권증

1) 의 의 新株引受權證書는 신주인수권을 표창하는 有價證券이다.

이는 신주인수권의 양도를 보다 안전·신속하게 하기 위해 마련된 것이지만 실제 발행된 사례도 그다지 많지 않고 또 증권시장에 상장되어 유통된 사례는 거의 없다고 한다. 그 이유는 신주인수권 자체의 존속기간이 매우 짧기 때문이다.

서는 유가증권으로 보나 실질적인 유통은 불가능하다.

2) 발 행 新株引受權證書는 신주인수권이 확정되는 신주배정기준일 이후부터 청약일 2주전까지 발행하여야 한다. 다만 이사회에서 발행청구기간을 따로 정한 경우에는 그에 의한다(420의 2①). 新株引受權證書에는 i) 신주인수권증서라는 뜻의 표시, ii) 주식청약서 소정의 사항, iii) 신주인수권의 목적인 주식의 종류와 수, iv) 일정기일까지 주식의 청약을 하지 아니할 때에는 그 권리를 잃는다는 뜻과 번호를 기재하고 이사가 기명날인 또는 서명을 하여야 한다(420의 2②). 上場法人의 경우에는 신주발행공고시 신주인수권증서의 매매 및 중개를 대행할 증권회사를 선정하는 것이 보통이다.

신주인수권증서는 신주배정기준일 이후부터 청약일 2주전까지 발행한다.

3) 효 력 新株引受權證書는 기명식 또는 무기명식으로 발행될 수 있지만 어느 경우에도 證書의 交付만으로 권리가 양도된다(420의 3①). 신주인수권증서의 점유자는 적법한 소지인으로 추정된다(420의 3②). 따라서 실질적인 권리자임을 입증하지 않고도 신주인수권을 행사할 수 있으며 선의취득도 가능하다(420의 3②). 신주인수권증서가 발행된 경우에는 신주의 청약은 신주인수권증서에 의하여야 한다(420의 4①). 따라서 신주인수권증서를 상실한 경우에는 公示催告에 의해 除權判決을 받아야 하지만, 신주청약기일이 공시최고기간에 비해 훨씬 단기간이므로 이를 강제하지 않고 주식청약서에 의해 주식의 청약을 할 수 있도록 하였다. 그러나 그 청약은 신주인수권증서에 의한 청약이 있는 때에는 그 효력을 잃는데(420의 4②), 이는 신주인수권증서에 權利推定力이 인정되기 때문이다.

신주인수권증서는 교부만으로 권리가 양도되므로 선의취득이 가능하다.

(4) 신주인수권증서가 발행되지 아니한 경우

신주인수권의 양도는 신주인수권증서의 교부에 의해서만 이를 행하므로(420의 3①), 이사회에서 신주인수권의 양도에 관한 결의가 없었다든지 신주인수권증서가 발행되지 아니한 경우에는 신주인수권을 양도할 수 없다고 보아야 한다. 그러나 앞에서 본 바와 같이 소수설과 판례는 이사회의 인정여부에 관계없이 신주인수권을 양도할 수 있다는 입장을 취하고 있으며, 다수설도 회사에는 대항할 수 없지만 당사자간에서는 양도의 효력이 있다고 보고 있다. 이 경우 신주인수권은 指名債權讓渡의 방법과 그 효력에 따라 양도하는 것으로 보아야 할 것이다.

신주인수권증서가 발행되지 않으면 양도할 수 없으나 소수설과 판례는 지명채권양도 방법에 의해 이사회 인정없이 양도할 수 있다고 본다.

이러한 취지에서 대판 1995.5.23, 94다36421은 [사례Ⅵ-1-3-ii]에서 "신주인수권증서가 발행되지 아니한 신주인수권의 양도는 주권발행전의 주식양도에 준하여 지명채권양도의 일반원칙에 따른다고 보아야 하므로, 주권발행전의 주식양도나 신주인수권증서가 발행되지 아니한 신주인수권양도의 제3자(Y)에 대한 대항요건으로는 지명채권의 양도와 마찬가지로 확정일자 있는 증서에 의한 양도통지 또는 회사(A)의 승락이라고 보는 것이 상당하고, 주주명부상의 명의개서는 주식 또는 신주인수권의 양수인(X,Y)들 상호간의 대항요건이 아니라 적법한 양수인(X)이 회사(A)에 대한 관계에서 주주의 권리를 행사하기 위한 대항요건에 지나지 아니한다고 볼 것이다"라고 판시하였다. 결과적으로 A회사(채무자)에 신주인수권양도의 확정일자부통지를 먼저 한 X에게, A회사에 대한 명의개서를 먼저 한 Y보다 우선권을 인정하고 있다.

3. 新株發行節次

상법상 신주발행절차는 이사회의 신주발행결정이 있게 되고(416), 이에 따라 신주배정일의 지정·공고(418②) → 신주인수권자에 대한 최고(419) → 주식청약서의 작성(420) 및 신주인수권증서의 발행(420의2) → 주식인수의 청약(419④, 420의4①) → 신주배정 → 출자이행(421, 425, 305③, 295②) → 신주발행의 효력발생(423①) → 변경등기(317② 2,3) → 신주권 교부의 순으로 진행된다. 그러나 上場法人이 公募방식으로 신주를 발행하는 경우에는 주간사회사와 주식인수계약의 체결, 감독원에 대한 有價證券申告書, 사업설명서를 작성·제출하고 이를 공시하는 등 증권거래법상의 복잡한 절차를 추가적으로 밟아야 한다.

가. 新株發行事項의 決定

理事會에서 신주발행결의시 상법 제416조에 열거된 사항들로써 정관에 규정이 없는 경우에는 이사회에서 결정한다. 그러나 상법 또는 정관으로 주주총회에서 결정하기로 정한 경우에는 그에 따른다.

(1) 신주의 종류와 수(416.1)

신주의 종류와 수는 미발행주식의 범위 내에서 정한다.

발행하려고 하는 신주의 수는 회사가 발행할 주식의 총수 중 미발행주식의 범위 내에서 정하여야 한다. 신주의 종류와 수는 정관에서 數種의 株式 발행이 예정되어 있는 경우에 그 중에서 어떠한 주식을 얼마만큼 발행할 것인가를 정하는 것이다. 다만 利益配當優先株의 내용 중 우선배당액에 대하여 정관에서 그 상한만을 정하고 있는 경우에는 그 범위 내에서 구체적인 우선배당액을 정할 수 있고, 轉換株式의 전환조건 또는 전환청구기간에 대하여도 정관에 정함이 없으면 이를 신주발행시에 정할 수 있다.

(2) 신주의 발행가액과 납입기일(416. 2)

신주의 발행가액은 액면 이상이어야 한다.

株式의 割引發行은 주주총회의 특별결의사항이므로 신주의 발행가액은 額面 또는 그 이상이어야 한다. 납입기일은 신주인수인이 株金의 납입 또는 現物出資의 이행을 하여야 할 날을 말한다. 납입기일이 경과하도록 납입 또는 이행하지 않으면 失權措置되며 납입하면 그 다음날로부터 주주가 된다(423).

(3) 신주의 인수방법(416. 3)

신주의 인수방법은 이사회에서 정한다.

定款으로 주주 이외의 제3자에게 신주인수권을 부여하는 경우 또는 모집방식에 의해 신주를 발행할 수 있도록 정한 경우에는 그에 따른 주주배정, 제3자배정, 모집을 하여야 한다. 그러나 인수(모집)의 구체적인 방법에 관하여는 이사회에서 정하여야 하는데, 가령 직접모집 또는 간접모집에 의할 것인가, 총액인수 또는 모집주선의 방법에 의할 것인가, 주간사회사는 어디로 할 것인가 하는 사항 등을 정하여야 한다. 나아가 주식의 청약단위, 실권주와 단주의 처리방안, 주금납입취급기관의 지정을 하여야 한다.

(4) 현물출자에 관한 사항(416. 4)

現物出資를 하는 자의 성명과 그 목적인 재산의 종류, 수량, 가액과 이에 대하여 부여하여야 할 주식의 종류와 수를 정하여야 한다.

(5) 신주인수권양도에 관한 사항(416. 5)

주주의 신주인수권의 양도 여부를 결정하여야 한다. 그 의미에 관하여는 앞에서 설명한 바 있다.

(6) 신주인수권증서의 발행에 관한 사항(416. 6)

신주인수권의 양도는 新株引受權證書의 교부만으로 양도할 수 있다. 그러나 주주에 따라서는 그 양도를 원하지 않는 경우도 있으므로, 양도를 원하는 자에게만 증서를 발행한다는 것과 그 청구기간을 정하여야 한다.

(7) 배정기준일(418 ②)

이사회는 일정한 날을 기준으로 하여 그 날에 株主名簿에 기재된 주주가 신주인수권을 가지는 것을 정해야 하는데 이를 配定基準日이라고 한다(418②). 배정일이 결정되면 회사는 2주간 전에 공고하여야 하며, 배정일을 기준으로 하여 신주인수권증서의 청구, 신주인수권자에 대한 최고기간이 정해진다.

나. 新株의 發行價額

(1) 공정성과 균등성

신주발행시에는 공정성과 균등성이 요구되며, 이를 위반한 인수인은 상법 424조 2항의 규정에 의해 책임을 진다.

1) **공정성** 앞에서 본 바와 같이 신주의 발행가액은 이사회에서 신주발행사항의 하나로 정하게 되는데 이는 원칙적으로 이사회의 재량에 속하는 사항이다. 그러나 신주의 발행가액을 어떻게 정하는가는 신주인수권자인 주주와 신주발행을 통해 자금을 조달하려는 회사의 이해관계가 서로 엇갈리는 문제이다. 따라서 신주의 발행가액은 회사의 자산상태, 수익력, 주가의 수준 등을 감안하여 公正한 價額으로 정하여야 한다(정희524; 최엽·이지한, "신주발행과 지배가치침해에 관한 소고", 「강위두교수화갑기념논문집」(1996.2), 430).

2) **균등성** 신주의 발행가액은 발행시마다 균등하여야 한다. 다만 數種의 株式을 발행한 경우에는 주식의 종류에 따라 그 가액을 달리할 수 있다. 발행조건의 균등성은 동시에 발행되는 동종의 주식을 자의적으로 일부의 자에게 특히 유리한 조건으로 발행하는 불공정을 방지하기 위함이다. 또한 이는 신주발행결의에서 정하는 발행가액(발행예정가액)에만 적용되고 회사에 납입되어야 할 실제발행가액(배정가액·인수가액)에는 적용되지 아니한다. 즉 경쟁입찰의 방식으로 이루어지는 公募에 의한 주식청약의 경우에는 고액의 청약자로부터 순차적으로 각각 다른 가격으로 주식이 배정되기 때문에 株式請約書에 기재하는 인수가액이 발행예정가액보다 높은 경우가 생기는 것은 당연하다. 그러나 주주배정에 의한 신주발행의 경우에는 모든 주주에게 동일한 발행가액을 적용하여야 한다.

3) **불공정인수인의 책임** 理事와 通謀하여 현저하게 불공정한 발행가액으로 주식을 인수한 자는 회사에 대하여 공정한 발행가액과의 차액에 상당한 금액을 지급할 의무가 있다(424의2①). 이에 관하여는 다음에서 다시 설명한다.

(2) 액면미달발행

상법은 무액면주식을 허용하지 않는 대신 액

1) **취 지** 회사가 필요한 자금을 신주발행을 통해 조달하려고 할 때 주식시장에서 그 회사의 주가가 액면가 이하로 형성되어 있으면 투자자들

은 액면가로 발행되는 신주보다는 낮은 가액의 구주를 주식시장에서 매입하려고 할 것이다. 따라서 이러한 경우에 주식을 액면가 이하로 발행하는 것이 허용되지 아니하면 신주발행을 통한 자금조달이 불가능하다. 그러므로 상법은 無額面株式을 허용하지 않는 대신 신주발행의 편의성을 도모하기 위해 일정한 요건하에서 株式의 額面未達發行(割引發行)을 인정하고 있다. 그러나 액면미달발행의 허용에도 불구하고 그 요건이 매우 까다롭기 때문에 실제로 발행되는 예는 거의 없으며, 대개는 액면발행을 하고 실권주는 대주주가 일괄적으로 인수하는 방식을 취한다고 한다(이철(회) 690).

면미달발행을 인정한다.

2) 요 건 ① 시기: 회사가 성립 후 2년이 경과 한 후이어야 한다. 액면미달분은 일정기간 동안 償却을 하여야 하는데 그러기 위해서는 회사의 영업이 어느 정도 본궤도에 올라야 하기 때문이다. ② 결의: 주주총회의 특별결의를 요한다. 액면가 이하로 발행되는 경우에는 액면가로 주식을 인수하였던 舊주주와의 형평성이 문제될 뿐 아니라 구주의 주가하락을 유발할 수 있기 때문이다. 주주총회결의에서는 주식의 최저발행가액을 정하여야 한다(417②). ③ 법원의 인가: 법원의 인가를 받아야 한다. 액면미달의 경우에는 자본액에 상당하는 현실적인 재산이 증가되지 아니하기 때문에 資本充實에 반하고 따라서 회사채권자를 해할 우려가 있기 때문이다. 법원은 회사의 상황과 제반사정을 참작하여 최저발행가액을 변경하여 인가할 수 있다. 이 경우에 법원은 회사의 재산상태와 필요한 사항을 조사하게 하기 위하여 檢査人을 선임할 수 있다(417③). 다만 상장법인의 경우에는 법원의 인가를 요하지 아니한다(證去191 의15①).

액면미달발행을 하기 위하여는 회사 성립후 2년 경과시 주주총회 특별결의 후 법원의 인가가 있어야 한다.

3) 발행시기 법원의 인가를 얻은 날로부터 1월내에 발행하여야 한다. 법원은 이 기간을 연장하여 인가할 수 있다(417④).

4) 상 각 액면미달금은 移延資産으로 계상하여 발행 후 3년 이내에 균등액 이상을 상각해야 한다(455). 미상각액은 주식청약서에 기재하여 주식청약사에 대한 공시를 하여야 한다(420.4).

(3) 시가발행제도

1) 의 의 時價發行이란 신주발행시 舊주식에 대하여 주식시장에서 형성된 주식의 가격을 기준으로 산정된 발행가액으로 발행하는 것을 말한다. 이는 증권시장에서 주가가 형성되어 있는 상장주식에 대하여만 인정되는 제도이며 그 기본적인 내용은 '上場法人財務管理規程' 제11조에서 규정하고 있다.

시가발행제도는 상장주식에 대해서만 인정된다.

시가발행제도는 투자자 보호와 주식회사의 안정적 발전을 위해 의무화하였다.

2) 배 경 앞에서 본대로 신주발행가액을 어떻게 정하는가는 舊주주와 회사의 이해관계가 서로 엇갈리는 부분으로서, 액면발행을 하든 시가발행을 하든 이사회의 재량에 맡겨져 있다. 따라서 종래에는 주가가 액면액을 현저히 초과하는 경우에도 액면발행을 함으로써 신주발행의 프리미엄을 전부 구주주가 차지하였다. 그러나 회사가 신주를 발행하는 데에는 많은 비용이 소요될 뿐 아니라 액면가로 신주가 대량 공급되면 주가가 하락하는 이른바 理論權利落으로 인한 주가의 단층현상이 두드러지게 나타난다. 이에 비해 신주발행을 시가에 준하는 가액으로 하면 신주발행초과금을 회사 내에 적립하여 기업의 재무구조를 개선할 수 있고 자금조달비용을 절감할 수 있다. 나아가 주가의 급격한 변동요인을 없앰으로서 신주발행을 계기로 한 투기현상을 방지할 수 있다. 이에 따라 투자자보호와 주식시장의 안정적 발전을 위해 일정한 요건을 갖춘 상장법인에 대하여는 시가발행제도를 의무화하였고 현재는 時價發行割引率을 자율화하고 있다.

■ 시가발행제도에 있어서의 발행가액 산정

- ▶ 이론권리락주가＝(또는 조정주가) $\dfrac{\text{기준주가}+\text{발행가액}\times\text{유상증자비율}}{1+\text{증자비율}}$
- ▶ 발행가액＝이론권리락주가×(1－할인률)
- ▶ 할인률은 보통 30% 정도이며 신주인수권자의 프리미엄이 된다.

다. 新株의 配定과 引受 등

[사례 Ⅵ-1-4: 주식의 청약증거금]

Y주식회사의 이사회는 주주배정에 의한 신주발행을 결의하고, 각 주주에게 신주인수권행사의 조건으로 신주청약시 납입금에 해당하는 금액을 청약증거금으로 제공할 것과 청약증거금은 납입기일에 납입금에 충당되며 이자는 지급하지 아니한다는 취지를 실권예고부 신주배정통지서에 기재하여 각 주주에게 통지하였다. Y회사의 주주 X는 청약기간 내에 청약증거금을 예납하지 않은 채 신주인수청약을 하고 납입기일 전날에 납입금을 우송하였으나, 수령이 거절되고 신주에 대해 실권조치를 받았다. X는 Y회사에 대하여 어떠한 조치를 취할 수 있는가? (日最高判 1970.11.12, 民集 24-12, 1901 참조)

(1) 배정일의 지정·공고

배정일은 신주배정과 주식인

1) 배정일 회사는 신주인수권자를 확정하기 위해 신주의 配定基準日을 정하여야 하고 주주나 기타 투자자들에게 이를 공시하기 위해 정관에서

정한 방법으로 공고하여야 한다. 즉 회사는 이사회의 결의로써 일정한 날을 정하여 그 날에 주주명부에 기재되어 있는 주주가 신주인수권을 가지는 취지 및 신주인수권을 양도할 수 있을 때에는 그 취지를 미리 공고하여야 하는데 이날을 配定(基準)日이라고 한다(418①). 배정일은 신주를 배정받고 주식의 인수가 확정되는 날이 아니고 신주인수권을 가진 주주를 확정하기 위한 기준일이다.

수가 확정되는 날이 아니라 신주인수권을 가진 주주를 확정하는 날이다.

2) 배정일 · 명의개서정지 공고 　배정일의 공고는 배정일의 2주간 전 또는 그 날이 주주명부 폐쇄중인 때에는 폐쇄기간의 초일의 2주간 전에 하여야 한다(418②). 지정일의 공고와 함께 주주명부 名義改書停止公告(354)도 함께 한다.

3) 실기주 　신주발행시 주식의 양수인(실질적인 주주)이 배정일까지 주주명부에 名義改書를 실기하였기 때문에 주식의 양도인에게 배정된 신주를 말한다. 광의로는 신주발행의 경우만 아니고 이익배당 등에 대하여도 소정의 기일(배당기준일 등)까지 명의개서를 하지 않은 경우도 포함한다. 회사에 대한 관계에 있어서는 배정일에 주주명부에 주주로 기재되어 있는 주식양도인이 신주인수권자로 되지만 주식양도 당사자간의 관계에 있어서도 신주인수권이 주식양도인에게 귀속된다고 할 수는 없다. 왜냐하면 회사가 주주명부상의 주주를 주주로 취급하면 면책된다는 것과 주식양도당사자간의 법률관계는 별개의 문제이기 때문이다.

실기주는 신주배당과 이익배당 등에서 소정의 기일까지 명의개서를 하지 않은 경우 발생한다.

(2) 신주인수권자에 대한 최고

회사는 신주인수권자에 대하여 그 인수권을 가지는 자에게 주식의 종류 및 수와 일정한 기일(청약일)까지 주식인수의 청약을 하지 아니하면 그 권리를 잃는다는 뜻을 통지하여야 한다. 신주인수권의 양도에 관한 사항 및 신주인수권증서의 청구와 청구기간에 대하여도 통지하여야 한다(419①). 無記名株主에 대하여는 개별적 통지가 불가능하므로 이를 공고하여야 한다(419②). 이상의 통지와 공고는 청약일 2주간 전에 하여야 한다(419③). 이러한 통지와 함께 주식청약서 · 신주인수권증서 및 청약안내서가 송부된다. 이상의 통지와 공고에도 불구하고 청약일까지 주식인수의 청약을 하지 아니한 때에는 신주인수권을 상실하며 失權株가 발생한다(419④).

회사는 신주인수권자에게 주식인수의 청약에 대해 최고해야 한다.

(3) 주식인수의 청약

1) 주식청약서에 의한 청약 　주식인수의 청약을 하고자 하는 자는 상법 제420조 소정의 사항을 기재한 株式請約書 2통에 인수할 주식의 종류와

주식인수의 청약에 대해서는

민법 제107조 비진의 의사표시가 적용되지 않는다.

수 및 주소 등을 기재하고 기명날인 또는 서명하여야 한다(425, 302①). 주식인수의 청약에 대하여는 民法 제107조(非眞意 意思表示)가 적용되지 아니하며, 신주발행으로 인한 변경등기를 한 날로부터 1년을 경과한 후에는 신주를 인수한 자는 주식청약서 또는 신주인수권증서의 요건의 흠결을 이유로 하여 인수의 무효를 주장하거나 詐欺, 強迫 또는 錯誤를 이유로 하여 그 인수를 취소하지 못한다. 그 주식에 대하여 주주의 권리를 행사한 때에도 같다(427).

신주인수권증서 발행시 이 증서를 통해 청약하고 상실한 경우에는 주식청약서에 의한 청약이 가능하다.

2) **신주인수권증서에 의한 청약** 新株引受權證書를 발행한 경우에는 신수인수권증서에 의하여 주식의 청약을 하여야 한다. 이 경우에도 신주인수권증서에 인수할 주식의 종류와 수 및 주소 등을 기재하여 기명날인 또는 서명하여야 한다(420의 4①). 신주인수권증서를 상실한 경우에는 주식청약서에 의해 주식의 청약을 할 수 있으나 그 청약은 신주인수권증서에 의한 청약이 있는 때에는 그 효력을 잃는다(420의 4②).

청약증거금은 납입금 선납의 성격을 띄는 것으로 신주인수권자가 증거금을 마련하지 못하면 실권한다고 본다.

3) **청약증거금** ① 의의; 인수한 주금액의 납입은 청약에 대한 배정이 있는 후에 이행하는 것으로 되어 있지만, 실무적으로는 [사례Ⅵ-1-4]과 같이 청약시에 납입금에 상당하는 금액을 청약증거금으로 납입시키고 이를 납입기일에 납입금으로 충당하는 관행이 널리 행하여지고 있다. 이 경우 청약대금의 전부를 예치시키기 때문에 '證據金'이라는 용어에도 불구하고 配定을 조건으로 하는 납입금의 先納이라고 하는 것이 옳을 것이다. ② **주주배정의 경우**; 會社設立時나 公募에 의한 신주발행의 경우에는 배정자유의 원칙에 의해 청약증거금을 납입한 인수청약에 대하여만 배정하고, 그렇지 않은 경우에는 청약을 거절할 수 있음은 당연하다. 그러나 株主配定에 의한 신주발행의 경우에는 주주는 신주인수권을 가지고 청약기간 내에 청약하면 당연히 신주배정을 받고 그 인수한 신주의 주금액납입은 납입기일까지 하면 된다. 따라서 주주에게 주식청약단계에서 인수대금 전액을 請約證據金으로 납입할 것을 강제하고 납입하지 않는 경우에는 청약을 거절하는 것은 주주의 신주인수권을 침해하는 위법한 것이 아닌가 하는 의문이 제기된다. ③ **검토**; 고유한 신주인수권을 갖는 자가 과중한 증거금을 마련하지 못하여 실권하게 된다면 이는 신주인수권행사에 관한 부당한 조건이 되며 따라서 증거금은 발행가액의 3분의 1을 초과할 수 없다고 하는 견해가 있다(최기 996). 그러나 청약증거금 관행은 회사가 자금계획을 예정하여 이를 달성하려는 수단으로서 합리성이 있을 뿐 아니라 상법에서 이를 금지하는 명문의 규정이 없기 때문에 적법하다고 보아야 할 것이다(日最高判 1970.11.12, 民集 24-12, 1901). 따라서 [사

례Ⅵ-1-4]에서 Y회사의 조치는 타당하므로 X는 Y회사에 新株發行留止請求나 실권조치로 인한 손해배상청구를 할 수 없다고 본다. ④ **이자지급**; 청약증거금이 납입기일에 납입금으로 충당되기까지 이자를 지급하지 않는 것도 주주배정에서 일반적인 관행으로서 적법하다는 것이 통설이다. 이 경우에는 청약증거금에 이자를 가산한 액을 실질적인 발행가액으로 볼 수 있기 때문이다.

(4) 배정 · 인수 · 납입

주식인수의 법적 성질은 입사계약이다.

신주인수청약에 대하여는 이사가 배정하는데(421), 신주인수권자에 대한 배정에 있어서는 정관 또는 이사회의 결의에 따라 배정하기 때문에 재량의 여지는 없다. 배정에 의해 청약자는 신주인수인이 되어 주금납입 또는 현물출자의 이행의무를 부담한다. 그러나 앞에서 본대로 인수대금 전액을 청약증거금으로 미리 납입하므로 배정에 의해 확정적으로 주주의 지위를 취득한다고 할 수 있다. 주식인수의 법적 성질은 주식청약인과 회사와의 入社契約이다.

신주인수인은 납입기일에 인수가액 전액을 납입해야 한다.

신주인수인은 배정된 주식수에 따라 납입기일에 인수가액 전액을 납입하여야 한다(421). 납입장소, 납입금보관자의 증명과 책임, 현물출자의 이행방법은 모집설립의 경우와 같다(425, 306, 305, 295). 다만 新株引受權證書에 의해 청약한 경우 납입은 신주인수권증서에 기재된 납입장소에서 하여야 한다(425②, 305②). 주식청약증거금을 미리 납입한 경우에는 납입기일에 이를 납입금으로 충당한다.

(5) 현물출자의 검사

현물출자시 이사는 법원에 검사인의 선임을 청구해야 한다.

신주발행의 경우에도 회사설립시와 마찬가지로 現物出資가 인정되며, 현물출자로 인하여 회사의 지배구조가 변경되는 등 영향이 있을 때에는 그 결정은 상법 제416조 4호의 규정에도 불구하고 주주총회 특별결의에 의하여야 한다는 점은 앞에서 설명한 바 있다. 현물출자의 평가에 대하여는 엄중한 규제가 필요한 점은 설립의 경우와 마찬가지이므로 이사는 이를 조사하게 하기 위하여 법원에 檢査人의 선임을 청구하여야 한다. 이 경우 공인된 감정인의 감정으로 검사인의 조사에 갈음할 수 있다(422①).

검사절차를 거치지 않은 현물출자의 경우에도 무효는 아니다.

법원은 검사인의 조사보고서 또는 감정인의 감정결과를 심사하여 현물출자가 부당하다고 인정한 때에는 이를 변경하여 이사와 현물출자자에게 통고할 수 있다(422②). 이러한 법원의 변경조치에 불복하는 현물출자자는 그 주식의 인수를 취소할 수 있다(422③). 법원의 통고가 있는 후 2주내에 주식인수를 취소한 현물출자자가 없는 때에는 현물출자에 관한 사항은 통고에 따라 변경된 것으로 본다(422④). 그러나 이러한 검사절차를 거치지 아니한 현물출자의 경우에도 그에 따른 신주발행이나 변경등기가 무효로 되지는 않는다고 한다(대판 1980.2.12, 79다509).

(6) 실권주·단주의 처리

실권주는 이사회에서 미리 정한 방법에 의해 처리되는데 공모가 일반적인 방법이다.

신주인수권자가 배정된 주식에 대하여 소정의 청약기일까지 청약을 하지 아니하거나(419④), 납입기일에 인수한 주식에 대한 납입을 하지 아니한 경우(423②)에는 신주인수권을 상실하여 失權株로 처리된다. 신주발행의 경우에는 회사설립시와는 달리 總額引受主義를 채택하지 아니하므로 실권주가 발생한 경우에는 이를 미발행주식으로 남겨두어도 상관없다. 그러나 이렇게 되면 신주발행에 의해 자금을 조달하려는 계획에 차질이 생기므로 이사회에서 그 처리방법을 미리 정하여 두게 되는데, 대개는 실권주 공모 등의 방법에 의해 주주를 모집한다.

그런데 실무적으로는 회사가 실권주를 이용하여 증여를 하거나 대량의 失權株를 유도하여 지배주주에게 집중배정하는 사례가 많다. 따라서 相續稅法은 失權株의 인수자와 배정된 신주의 인수권을 포기한 주주가 특수관계인에 해당하는 때에는 증여세의 과세대상으로 하고 있으며(相續稅法令 41③), 失權株의 처리결과 대주주 1인의 소유지분에 변동이 생기는 경우에는 증권거래소에 그 내용을 신고하도록 하고 있다(上場規程 26).

신주인수 후 납입하지 않거나 현물출자를 이행하지 아니하여 실권주로 처리된 경우에는 회사는 주식인수인에게 손해배상을 청구할 수 있다(423③). 端株의 처리에 관하여는 앞에서 설명한 바 있다.

(7) 신주발행의 효력 발생

신주는 납입기일 다음날 효력이 발생한다.

신주의 인수인은 납입 또는 현물출자의 이행을 한 때에는 납입기일 다음날로부터 주주의 권리의무가 있다. 그러나 신주인수권의 행사에 의하여 발행된 주식에 대한 이익이나 이자의 배당에 관하여는 정관에 정하는 바에 따라 그 납입기일이 속하는 영업연도의 직전 영업연도 말에 신주가 발행된 것으로 할 수 있다(423①, 350③).

(8) 증자등기

신주발행후 발행주식총수와

신주발행이 효력을 발생하면 회사의 發行株式總數와 資本額에 변경이 생기는데 이들은 등기사항이므로(317② 2.3), 납입기일로부터 본점소재지에서는 2

주 내에, 지점소재지에서는 3주 내에 변경등기를 하여야 한다(317④, 183). 주식인수인은 변경등기일로부터 1년이 경과한 후에는 주식청약서나 신주인수권증서의 요건흠결을 이유로 하여 그 인수의 무효를 주장하거나 사기·강박·착오를 이유로 하여 주식의 인수를 취소하지 못한다(427). 증자등기를 완료한 후 등기부등본을 주금납입은행 또는 금융기관에 제출하고 주금액을 인출하게 된다.

자본액의 변경은 등기해야 한다.

라. 上場法人의 特例

上場法人의 신주발행, 특히 일반인을 상대로 公募方式(주주우선공모)에 의해 신주를 발행하는 경우에는 위에서 본 절차에 추가하여 證券去來法상 특별한 절차가 요구되는데, 그 중심은 일반투자자의 보호를 위한 有價證券申告書의 작성과 제출이다.

(1) 이사회 신주발행의사록의 사본제출 및 공시

上場法人이 신주발행을 위한 이사회결의를 하였을 경우에는 결의내용을 지체없이 증권거래소에 공시하고, 이사회의사록 사본을 첨부하여 금융감독위원회와 증권거래소에 문서로써 신고하여야 한다(公示規程 4). 名義改書代理人에 대하여도 이사회결의 내용을 통지하는 것이 보통이다.

(2) 유가증권신고서의 제출

1) 의 의 上場法人이 신주를 발행하고자 할 경우에는 이사회결의를 거쳐 금융감독위원회에 有價證券申告書를 작성하여 제출하고 동 신고서에 대한 효력이 발생하여야만 신주를 발행할 수 있다(證法 8). 유가증권신고서제도는 유가증권의 募集·賣出行爲에 대한 公示制度의 핵심적인 부문이다. 즉 회사가 주식과 사채 등 유가증권을 발행할 경우 상법상의 株式請約書나 社債請約書만 가지고는 충분한 공시가 안되기 때문에, 현재와 미래의 투자자를 보호하기 위하여 상세하고 사전적이며, 예방적인 공시를 부장하고자 하는 제도이다.

상장법인 신주발행시 유가증권 신청서를 작성하여 제출해야 한다.

2) 기재사항과 첨부서류 有價證券申告書는 신주를 발행할 때마다 신고하여야 하는 서류이며 그 기재사항은 i) 회사의 개요, ii) 사업의 내용, iii) 재무에 관한 사항, iv) 감사인의 감사의견, v) 지배구조 및 관계회사의 현황, vi) 주식에 관한 사항, vii) 임원 및 종업원에 관한 사항 viii) 기타 투자자보호를 위해 필요한 사항이다. 신고서에 첨부하여야 할 서류로는 i) 정관, ii) 법인등기부등본, iii) 이사회의사록 사본, iv) 신주발행 허가 또는 승

인서사본, v) 감사인의 감사보고서, vi) 연결감사보고서이다(證去 8).

3) 심사·수리·효력발생 금융감독위원회는 발행인이 제출한 유가증권신고서에 대하여 기재사항과 첨부서류 등에 대한 형식요건 심사 및 기재내용의 진실성과 정확성에 대한 실질적 심사를 한 후 그 수리 여부를 결정한다. 신고서를 제출받고 수리의 거부통지가 없으면 제출한 날에 수리된 것으로 간주한다. 신고서의 효력발생은 신고서를 수리한 후 7일(주주우선공모의 경우 10일)이 경과한 날에 발생한다(證去 9). 신고서가 효력이 발생한다고 하여 신고서의 기재사항이 진실 또는 정확하다는 것을 인정하거나 유가증권의 가치를 보증 또는 승인하는 효력을 가지는 것은 아니다.

4) 사업설명서 신고서의 효력이 발생한 후 신주발행회사는 事業說明書 8부를 작성하여 이를 증권거래소에 제출하여야 한다(證去 13). 사업설명서는 투자자들을 대상으로 하여 신주발행계획과 자금용도 및 회사의 사업계획 등을 알림으로서 투자판단에 도움을 주려는 목적에서 작성 제출하는 서류이다.

(3) 유가증권발행실적보고서의 제출

신주발행이 완료되면 지체없이 유가증권발행실적보고서를 작성하여 금융감독위원회에 제출하여야 한다. 이 實積報告書는 유가증권신고서와 함께 2년간 비치하고 일반투자자에게 열람하여야 한다. 실적보고서에는 i) 발행인의 명칭과 주소, ii) 간사기관의 명칭, iii) 청약에 관한 사항, iv) 공시이행사항, v) 유가증권교부일, vi) 등기일자 및 상장일자, vii) 조달된 자금의 사용내역, viii) 유상증자 전후 주요 주주의 지분변동상황, ix) 신주인수권증서의 발행내역, x) 신권주의 처리내역을 기재하여야 한다(證去 17,18).

4. 新株發行의 흠

가. 理事의 引受擔保責任

(1) 의 의

이사에게 미인수주식을 공동으로 인수할 책임이 부여된다.

신주발행에 의한 변경등기가 있는 후에도 아직 인수하지 아니한 주식이 있거나 주식인수의 청약이 취소된 때에는 이사가 이를 공동으로 인수한 것으로 본다(428 ①). 따라서 이사는 연대하여 주식인수대금을 납입할 의무가 있으며 이를 理事의 資本充實責任 또는 引受擔保責任이라고 한다. 회사설립의 경우와는 달리 신주발행에 있어서는 총액인수주의를 취하지 않기 때문에 인수의 흠결이 생긴 부분은 未發行株式으로 남겨두고 이를 이사의 담보책임으로 메울 필요는 없다. 그러나 신주발행으로 인한 자본증가가 등기에 의해 공시되었음에도 불구하고 인수의 흠결 등이 생긴 경우에는 공시에 부합하는 자본충실을 기하기 위하여 이사에게 引受責任을 부과하고 있는 것이다.

이사의 인수담보책임은 무과실 책임이며 법정의 특별책임이다.

주식인수인이 인수 후 납입하지 않을 경우에는 失權株로 처리되어 주식인수인의 지위를 상실하므로(423 ②), 신주발행에 있어서는 理事의 引受擔保責任 이외에 納入擔保責任이 문제되지는 아니한다. 이사의 인수담보책임은 그 과실유무를 불문하기 때문에 무과실책임이며 법정의 특별책임이다. 이사의 인수담보책임은 총주주의 동의가 있어도 이를 면제할 수 없다. 上場法人이 주간사회사와 총액인수방식으로 신주를 발행하는 경우에는 미인수분에 대하여는 발행을 인수한 증권회사가 납입책임을 지므로 이사의 인수담보책임이 발생할 여지는 없다.

(2) 내 용

이사의 인수담보책임은 신주발행에 의한 변경등기 후 인수가 안된 주식이 있거나 주식의 청약이 취소된 때에 발생한다.

1) 인수흠결 주식　증자등기 전에 인수되지 아니한 주식이 발견된 경우에는 失權株로 처리하여 주주를 새로 모집하든가 아니면 미발행주식으로 남겨두면 되므로 '變更登記後 引受가 안된 株式'이 발생하는 경우란 흔치 않다. 다만 이사가 주식청약서를 위조하여 인수완료를 가장한 경우와 같이 당초부터 인수가 없이 변경등기가 된 경우에 예외적으로 존재할 뿐이다. 현물출자자가 납입기일까지 현물출자의 이행을 하지 않은 경우에도 실권하기 때문에 주식을 발행한 것으로 변경등기 된 경우에는 이사의 인수담보책임이 발생하며 이때에는 현물출자 대신 금전에 의한 납입의무를 부담하는 것으로 본다.

2) 인수취소 주식　증자등기 전에 주식인수가 취소된 경우에도 失權株로 처리하면 되기 때문에 여기에서 문제가 되는 것은 등기후 주식인수가 취소된 경우이다. 그런데 무능력을 이유로 하는 주식청약의 취소는 제한이 없지만 사기, 강박 또는 착오를 이유로 하여 그 인수를 취소하는 경우나 주식청약서 또는 신주인수권증서의 요건흠결을 이유로 하는 인수의 무효주장은 신주발행으로 인한 변경등기 후 1년 이내로 제한된다(427).

나. 新株發行의 留止

[사례 Ⅵ-1-5: 신주발행의 유지]

合作會社인 Y회사의 주식은 대주주인 X회사와 A회사가 각각 42%와 40%, 개인주주인 B가 나머지 8%를 보유하고 있다. A회사는 X회사의 자금난을 기화로 Y회사 지배권을 장악하기 위해 Y회사 대표이사와 합의하에 Y회사 이사회를 개최하여, 신주발행가액을 시가보다 30%정도 높게 정하여 100% 신주발행을 결의하였다. 자금여력이 없는 X회사가 신주를 인수하지 못함에 따라 대량의 실권주가 발생하게 되자 A회사는 실권주를 전부 배정받음으로써 Y회사의 지배권을 차지하려고 한다. ① X회사는 신주발행유지청구를 할 수 있는가? ② B는 신주발행유지청구를 할 수 있는가? ③ 만일 Y회사가 시가보다 15%정도 낮은 가격으로 신주를 발행한 경우에는 어떠한가? ④ 만일 Y회사가 X의 유지청구를 무시하고 실권주를 A에게 배정한 경우 신주발행의 효력은 어떠한가? ⑤ X가 법원으로부터 신주발행금지가처분을 받았으나 Y회사가 이를 무시하고 실권주를 A에게 배정한 경우에는 어떠한가?

(1) 의 의

신주발행유지청구권은 이사의 법령 또는 정관위반행위를 사전에 저지할 수 있는 주주의 권리이다.

會社가 法令 또는 定款에 위반하거나 현저하게 不公正한 방법에 의하여 주식을 발행함으로써 주주가 불이익을 받을 염려가 있는 경우에는 그 주주는 회사에 대하여 발행을 留止할 것을 청구할 수 있는데 이를 新株發行留止請求權이라고 한다(424). 신주발행에 의해 주식수가 증가하여도 신주가 주주에게 공정하게 배정되면 주주는 그 비례적인 지위를 유지할 수 있다. 하지만 신주발행이 법령 또는 정관에 위반하거나 현저하게 불공정한 경우에는 주주에게 불이익이 미칠 수가 있는데, 이러한 경우에도 신주발행은 원칙적으로 이사회의 전결사항이기 때문에 주주들이 관여할 수 없는 결과가 된다. 신주발행유지청구권은 이러한 경우에 대비하여 주주에게 사전에 이를 저지할 수 있도록 할 필요에서 인정되는 권리이다.

(2) 일반 유지청구권과의 관계

新株發行留止請求는 이사의 법령 또는 정관위반행위를 사전에 저지하기 위해 주주에게 인정되는 권리라는 점에서는 일반적인 留止請求權(402)과 그 취지를 같이 한다. 그러나 그 내용에 있어서는 다음과 같은 차이가 있다.

유지청구권은 소수주주에, 신

1) 권리자 유지청구권은 소수주주권임에 비해 신주발행유지청구권은 단독주주권으로서 모든 주주에게 인정된다. 이는 신주발행에 있어서 주주의

비례적 지위의 유지는 모든 주주에게 요구되기 때문이다.

2) 대 상　유지청구권은 이사의 모든 법령·정관위반행위를 대상으로 하지만 신주발행유지는 신주발행에 대하여만 문제되고 법령·정관위반뿐 아니라 현저하게 불공정한 경우도 포함한다.

주발행유지청구권은 모든 주주에게 인정된다.

3) 요 건　유지청구는 회사에 회복할 수 없는 손해가 생길 염려가 있는 때에 행사할 수 있으나 신주발행유지는 주주 자신이 불이익을 받을 염려가 있는 경우에 행사할 수 있다. 이에 따라 유지청구는 公益權임에 비해 신주발행유지는 自益權으로서의 성질을 가지고 있다.

유지청구는 공익권, 신주발행유지청구는 자익권의 성질을 가진다.

(3) 유지청구의 원인

1) 법령·정관위반　법령위반의 경우로는 신주발행절차, 특히 신주인수권자에 대한 공고나 최고절차를 밟지 않음으로써 실권을 유도한 경우라든가(419④) 현물출자에 요구되는 검사를 하지 않고 현물출자분을 고액으로 평가한 경우이다(422). 정관위반의 예로는 정관에 정한 주주의 신주인수권을 무시하거나(418①), 신주발행의 결정권을 주주총회에 부여하였는데 이사회결의로 신주를 발행한 경우(416但), 정관에 규정이 없음에도 불구하고 제3자에게 우선주를 발행하는 경우 등이다.

신주발행유지는 i) 법령, 정관의 위반, ii) 신주의 현저한 불공정 발행, iii) 주주와 불이익을 받을 염려가 있을 때 청구할 수 있다.

2) 현저한 불공정　주주평등의 원칙에 위반하는 신주배정, 즉 각 주주별로 인수가액을 달리하거나 주식배정 비율을 달리하거나 請約證據金에 차별을 두는 경우를 들 수 있다. 또 [사례Ⅵ-1-5]와 같이 시가에 비해 현저히 높은 발행가액(30% 할증가액)을 정함으로서 납입의 여력이 없는 주주(X)로 하여금 실권을 유도하여 대주주(A)에게 이를 배정하는 경우도 포함한다. 다만 [사례Ⅵ-1-5]의 ③과 같이 시가에 비해 15%정도 낮은 수준으로 발행가액을 정한 경우에도 불공정발행이 될 것인가 하는 점이 문제되는데, 이 경우 비록 X의 자금난을 이용하여 실권을 유도하기는 하였지만 신주발행절차나 발행가액산정에 문제가 없기 때문에 불공정발행으로서 유지청구의 대상이 된다고 할 수 없을 것이다.

3) 주주의 불이익　신주발행이 위법·불공정할 뿐 아니라 그로 인해 주주가 불이익을 받을 염려가 있어야 한다(424). 가령 회사가 발행할 수 있는 주식총수(수권주식수)를 넘어 신주가 발행된 경우에는 법령위반의 신주발행이지만 그 자체만으로는 주주 개인에게 불이익을 주는 것은 아니므로, 신주발행유지의 대상은 아니다. 다만 이로써 회사 전체에 회복할 수 없는 손해를 생기게 하는 경우로써 일반적인 違法行爲留止請求(402)의 대상으로

될 뿐이다. [사례Ⅵ-1-5]의 ①에서 주주 X는 Y회사의 불공정발행으로 인해 경영권을 상실하게 되는 불이익을 받을 우려가 있기 때문에 유지청구를 할 수 있다. 또 [사례Ⅵ-1-5]의 ②에서 주주 B는 경영권 쟁탈과는 무관하지만 시가보다 높은 발행가액으로 그만큼 불이익을 받을 염려가 있으므로 유지청구를 할 수 있다고 본다.

(4) 유지청구의 절차

유지청구의 당사자는 주주에 한정된다.

1) 당사자 불이익을 받을 염려가 있는 주주(X,B)가 회사(Y)를 상대로 청구할 수 있다. 주주인 한, 의결권의 유무를 묻지 아니한다. 그러나 반드시 주주에 한정되므로 제3자는 비록 법령 또는 정관에 의해 보장되는 신주인수권이 침해된 경우에도 유지청구를 할 수 없다.

유지청구의 방법과 범위에는 특별한 제한이 없다.

2) 방법·범위 유지청구의 방법에는 특별한 제한이 없으므로 단순한 의사표시로도 할 수 있고 訴를 제기할 수도 있으며, 이 訴를 본안으로 하여 신주발행유지의 假處分을 신청할 수 있다. 유지청구의 범위는 신주발행의 하자가 중대할 경우에는 절차를 전체적으로 중지시킬 수도 있고 그 하자가 부분적이거나 경미한 경우에는 그 부분만을 시정할 것을 청구할 수도 있다.

유지청구는 신주의 납입기일까지만 가능하다.

3) 시 기 유지청구는 사전적 구제방법이므로 신주발행이 완료되기 전인 신주의 납입기일까지만 할 수 있다. 신주발행에 무효원인이 있을 경우에는 신주의 효력발생 후에도 주권의 발행 등을 유지청구할 수 있다는 견해(정동(회) 490)가 있으나 그 타당성은 의문이다.

(5) 유지청구의 효과

회사가 유지청구를 무시하고 신주발행을 속행할 경우 신주발행무효의 소의 원인이 된다는 설과 무효원인이 안된다는 설이 있다.

1) 청구위반의 효과 주주가 유지청구를 하면 회사(이사회)는 신주발행의 違法이나 不公正性에 대한 심사를 하여야 할 주의의무를 부담한다. 그러나 [사례Ⅵ-1-5]의 ④,⑤와 같이 회사(Y)가 이를 무시하고 신주발행절차를 속행한 경우의 효력에 관하여는, 新株發行無效의 訴의 원인으로 된다는 설(정찬(회)719, 손주825, 정동(회)529, 이병756, 이·최359)과 거래안전의 보호를 이유로 무효원인으로 되지 않는다는 설이 있다(이철(회)707, 김용414). 생각건대 법령·정관위반의 신주발행은 그 자체가 무효의 원인이므로 따로 유지청구위반을 문제삼을 필요는 없으며, 위 사례와 같이 현저한 불공정발행의 경우에만 문제될 것이다. 이 점에 관하여는 [사례Ⅵ-1-5]의 ④와 같이 유지청구가 단순한 재판외의 청구인가, 아니면 [사례Ⅵ-1-5]의 ⑤와 같이 유지청구 가처분에 위반한 것인가에 따라 달리 보아야 할 것이다.

2) 판 례 서울고판 1977.4.7, 76나2887도 이러한 취지에서 “상법

제424조의 규정에 의하여 주주가 회사에 대하여 신주의 발행을 유지할 것을 청구하였음에도 신주가 발행된 경우의 효력에 관하여는, 그 유지청구가 단순한 재판외의 청구가 아니라 적어도 유지를 명하는 가처분신청 또는 제소에 의하여 법원으로부터 그 유지청구를 인용하는 가처분 또는 판결이 선고됨으로써 유지 이유에 관한 공권적 판단이 내렸음에도 불구하고 이에 반하여 신주가 발행되었을 때에 한하여 그 발행을 무효로 볼 수 있는 것으로 해석함이 상당하다 할 것으로서, 원고의 위 가처분신청이 기각되어 받아들여지지 않고 본건 신주발행이 이루어진 이상 단지 재판외에서 원고가 유지의 청구를 하였다는 점만으로 이에 반하여 이루어진 본건 신주발행을 무효라고 할 수는 없다"고 판시하고 있다.

3) 위반책임 정당한 유지청구를 무시한 경우 대표이사 등에게 중과실이 있다고 할 수 있으므로 주주(X,B)는 회사(210) 또는 이사(401)를 상대로 손해배상책임을 물을 수 있다.

유지청구를 무시하면 회사는 중과실로 인한 손해배상책임을 진다.

다. 新株의 不公正發行과 引受人의 責任

[사례 Ⅵ-1-6: 불공정가액의 신주인수인의 책임]

(i) A회사는 公募에 의한 신주발행을 하면서 Y증권회사와 총액인수계약을 체결하고, 발행가액을 이론권리락주가에서 15%를 할인한 가액인 주당 15,000원으로 정하였다. A회사의 주주 X는 신주의 공정한 발행가액은 신주발행결의 전날의 종가인 18,000원이라고 주장하고 Y증권회사가 A회사의 이사와 모의하여 현저히 불공정한 발행가액으로 신주를 인수하였기 때문에 그 차액을 A회사에 반환할 것을 요구하는 대표소송을 제기하였다. X의 반환청구는 타당한가? (日最高判 1975.4.8, 民集 29-4, 350 참조)

(ii) 액면가 10,000원인 A회사의 주식은 주식시장에서 25,000원 정도로 거래되고 있다. A회사의 이사회에서는 주주배정방식에 의한 신주발행을 결의하고 그 발행가액을 액면가액으로 정하였다. 주주 X는 신주인수자금을 동원하지 못하여 실권되고 이것이 대주주인 Y에게 배정되었다. 이에 X는, Y가 A회사의 이사들과 통모하에 현저히 불공정한 가액으로 신주를 인수하였다는 이유로 그 차액의 반환을 구하는 소를 제기하였다. X의 주장은 타당한가?

(1) 취 지

理事와 通謀하여 현저하게 不公正한 발행가액으로 주식을 인수한 자는 회사에 대하여 공정한 발행가액과의 차액에 상당한 금액을 지급할 의무가

불공정발행주식을 인수한 자

는 회사에 차액에 상당한 금액을 지급해야 한다.

있다(424의2). 신주를 불공정한 가액으로 발행하면 회사는 공정한 가액으로 발행하였으면 얻을 수 있었던 이익을 상실하는 것으로 된다. 이 경우 이사는 회사에 대하여 任務解怠로 인한 損害賠償責任을 부담하지만 신주인수인은 이사회에서 정한 가액으로 인수하였기 때문에 그 가액 이상의 책임을 부담하지 않는 것이 원칙이다. 그러나 이사와 인수인간에 불공정가액에 대한 통모가 있었던 경우에는 인수인에게 그 차액을 지급할 책임을 부담시키는 것이 회사와 다른 주주의 보호를 위하여 필요하기 때문에 인정되는 책임이다.

(2) 책임요건

통모는 합의가 없으면 인수인이 악의이더라도 책임을 지지 않는다.

1) 통 모 신주인수인이 이사와 通謀하여 현저히 불공정한 가액으로 신주를 인수하였어야 한다. 통모라고 함은 의식적인 합의를 의미하므로 통모합의가 없는 한, 발행가액이 현저히 불공정하다는 것을 인수인이 알고 있었던 경우에도 책임은 발생하지 아니한다.

현저하게 불공정한 발행가액이란 상장주식의 경우 시가를 기준으로 하고 시가 없는 주식은 계산된 가액을 기준으로 판단한다.

2) 현저하게 불공정한 발행가액 ① **발행가액**: 이사회에서 정한 발행가액이 아니라 인수인이 실제로 납입한 발행가액(배정가액, 인수가액)을 의미한다. 이는 이사회에서 정한 발행가액은 발행예정가액에 지나지 않으므로 인수인에게 배정된 가액은 이와 다를 수 있는데, 회사의 자금조달과 관련하여 실제로 중요한 것은 인수가액이기 때문이다. 따라서 이사회에서 불공정 발행가액을 정하고 그 가격으로 인수한 경우라든가, 이사회에서 현물출자를 과대하게 평가하고 신주를 인수시킨 경우와 같이 발행가액과 인수가액 모두 불공정한 경우에는 인수인의 책임이 있음은 물론이지만, 발행가액은 불공정하더라도 실제 인수가액은 공정한 경우에는 인수인은 책임이 없다. 반대로 이사회가 정한 발행가액은 공정한데 실제 인수가액은 불공정한 경우에는 인수인에게 책임이 있다. ② **현저한 불공정가액**: 주식시장에서 주가가 형성되어 있는 주식의 경우 그 時價를 기준으로 정하여진 발행가액을 하회하는 것을 말하고, 시가가 없는 주식이라면 회사의 자산상태나 수익력 등을 감안하여 계산한 가액을 기준으로 판단하여야 할 것이다. [사례Ⅵ-1-6-i]은 주식시장에서 일반적으로 통용되는 時價發行制度에 의한 신주발행인데, 시가발행제도에서 발행가액은 기준주가(이론권리락주가)에서 일정율(대개는 30%)정도 낮은 가액으로 정하여 진다. 따라서 A회사가 기준주가에서 15%정도 낮은 발행가액(15,000원)을 정한 것은 정당한 것이며 현저히 불공정한 가액이라고 할 수 없다. 따라서 이 가액으로 신주를 전부 인수한 Y증권 회사는 차액(3,000원)을 지급할 의무가 없다고 하겠다.

3) 주주배정방식의 신주발행 [사례 Ⅵ-1-6-ii]에서 보면 A회사는 시가(25,000원)가 액면가(10,000원)보다 현저하게 높은 상황에서 액면발행을 하였으므로 현저히 불공정한 가액이라고 할 수 있다. 그런데 불공정발행으로 인한 인수인의 책임은 이 사례에서와 같이 신주발행분이 모두 주주에게 배정되는 경우에도 적용되는가 하는 것이 문제된다. 이에 대하여는 i) 자본충실의 요청은 주주배정방식에 있어서도 요구된다는 이유에서 긍정하는 설(정동(회)535), ii) 이사와 대주주가 통모한 경우에는 대주주의 책임이 인정되어야 한다는 설(최기(회)726), iii) 적용을 부정하는 설(이철(회)709, 정찬(상)958)이 대립된다. 생각건대 시가(25,000원)를 하회하는 액면발행(10,000원)을 한다는 것은 신주발행 프레미엄(15,000원)을 주주(X,Y)에게 부여한다는 의미인데 이는 원래 舊주주들에게 잠재적으로 귀속되는 이익을 현재화한 것에 지나지 않는 것이며, 準備金의 資本轉入에 의해 주주에게 신주를 무상배정하는 것과 동일한 이치이다. 따라서 발행주식 전부를 주주가 신주인수권에 기해 인수할 때에는 적용되지 않는다는 iii)의 견해가 타당하다고 본다. 다만 실무적으로는 액면발행을 할 경우 주가의 급격한 변동으로 인한 투기조장의 우려가 있을 뿐 아니라 신주발행 프레미엄을 전부 주주가 차지하기 때문에 신주발행을 통해 회사의 재무구조개선을 꾀할 수 없다는 점에서 上場法人에 대하여 時價發行制度를 강제하고 있다. 따라서 학설대립은 주로 주가가 객관적으로 평가되기 어려운 소규모 폐쇄회사를 대상으로 하는 것으로써 큰 의의가 없다고 하겠다.

(3) 책임의 내용

1) 차액지급의무 인수인은 공정한 가액과 불공정한 인수금액의 차액에 상당한 금액을 회사에 지급할 의무가 있으며 회사는 지급된 차액을 資本準備金으로 적립하여야 한다. 이 책임의 성질은 주주의 추가적 출자의무로서 株主有限責任 原則의 예외라고 보는 견해가 통설이다(정희530, 정동(회)535, 이철(회)709, 정찬(상)958, 이기(회)465, 註商(II-下)409). 이에 대해 이 차액은 주식인수인으로서 지급하여야 하는 것이기 때문에 주주유한책임원칙의 예외가 아니라는 견해도 있다(최기763). 생각건대 불공정가액으로 신주를 인수한 전원에게 이 차액의 지급의무가 부과되는 것이 아니고 이사와 통모가 있을 것을 그 책임발생요건으로 하므로, 회사에 대한 일종의 不法行爲에 기한 損害賠償責任이라고 보아야 한다. 다만 그 요건, 배상액 및 책임자에 대한 특별한 제한이 부과되는 점에서 일반적인 불법행위책임과 구별될 뿐이다.

인수인의 차액지급의무를 주주유한책임 원칙의 예외라고 보는 것이 통설이다. 일종의 불법행위에 기한 손해배상책임이라고 보는 것이 타당하다.

2) 특 칙 이와 같이 인수인의 책임이 법적으로는 불법행위책임이라

인수인의 책임

은 실질적으로 출자의 성격을 띈다.

고 하여도 그 실질은 出資의 성격을 가지는 것이므로 회사에 대한 債權으로 相計하거나 회사가 이를 면제할 수는 없으며, 어음에 의한 지급은 실제 지급이 있는 때에 유효한 납입이 있는 것으로 된다(정동(회)535, 정찬(상)958). 또 이는 신주를 인수한 자에게 주어지는 책임이므로 그로부터 주식을 양수한 자는 책임이 없다.

신주인수인의 책임추궁은 주주대표소송으로 한다.

3) 책임의 추궁　　신주인수인의 책임은 주주가 代表訴訟을 통하여 추궁할 수 있다(424의2②, 403~406). 인수인의 책임은 회사에 대한 책임이므로 회사가 이를 추궁하는 것이 당연하지만 이사와의 통모를 전제로 하기 때문에 회사가 이를 추궁하는 것을 사실상 기대할 수 없기 때문이다.

인수인 책임과 이사책임은 부진정연대채무 관계로 보는 것이 통설의 입장이다.

4) 이사책임과의 관계　　인수인의 책임은 이사의 회사 또는 주주에 대한 손해배상책임에 영향을 미치지 아니한다(424의2③). 양자의 관계에 대하여는 상호독립한 책임이라는 설(이·이 673)이 있으나 不眞正連帶責任이라고 보는 견해가 통설이다(정희530, 정동(회)535, 註商(Ⅱ-下) 408, 채710, 정찬(상)959).

라. 新株發行의 無效·不存在

[사례 Ⅵ-1-7: 신주발행의 무효·부존재]

(i) Y회사의 발행주식총수는 1,000만주이고 수권주식수는 1,600만주이다. Y회사는 이사회결의로 준비금의 일부를 자본에 전입하는 등 포괄증자를 통하여 발행주식총수를 2,000만주로 하는 동시에, 주주총회를 개최하여 신주발행의 효력발생을 조건으로 회사의 수권주식수를 6,000만주로 증가시킬 것을 결의하였다. Y회사 주주 X는 이러한 조건부결의는 상법 제289조 2항에 위반하여 무효라는 소를 제기하였다. X는 승소할 수 있는가? (日最高判 1962.3.8, 民集 16-3, 473 참조)

(ii) Y회사의 대표이사 A는, Y회사 주식의 과반수를 보유하는 대표이사 X로부터 경영권을 빼앗기 위해, X가 입원중임을 기화로 X에게는 통지하지 않은 채 이사회를 소집하여 신주발행을 결의하였다. ① 이사회에서는 주주우선공모방식에 의해 신주발행을 하기로 하였지만 X에게는 인수최고통지를 하지 않아 실권으로 처리되었고, A가 그 대부분을 인수함으로써 과반수 이상의 주식을 보유하는 대주주가 되었다. 나중에 이러한 사실을 알게 된 X는 첫째, 소집통지 없이 자신이 참석하지 아니한 채 이루어진 이사회의 증자결의는 무효이며 둘째, 자신에게 인수최고통지를 하지 않은 절차상의 중대한 흠결이 있으므로 본건 신주발행은 무효라고 주장하였다. X의 주장은 타당한가? ② 만일 X에게 인수최고통지를 하였지만 X가 와병중이어서 신주인수에 필요한 자금을 동원하지 못함에 따라 청약을 하지 못한 경우에는 어떠한가?

(日最高判 1993.7.14, 判時 1512, 178 참조)

(iii) Y회사의 발행주식총수 67,200주 중 공동대표이사인 A와 B가 각각 30%인 20,160주, X_1이 40%인 26,880주(X_1이 X_2의 명의로 보유중인 11,840주 포함)씩 보유하고 있었다. X_1뿐 아니라 A, B도 각각 타인에게 보유주식 중 일부를 명의신탁하고 있었으나 X_1,A,B는 오랫동안 Y회사를 공동으로 경영하여 왔기 때문에 서로 상대방의 위 명의신탁관계를 잘 알고 있었고 그 동안 위 3자만 모여 주주총회결의를 하였다. 그런데 X_1과 A,B간에 회사경영권을 둘러싼 분쟁이 발생하여 X_1은 Y회사에서 손을 떼기 위해 자신의 보유주식을 이들에게 양도하기로 하였으나 양도금액에 관한 합의가 이루어지지 않았다. 이러한 상황에서 A와 B는 Y회사의 수권주식수를 268,000주로 늘리기 위한 임시주주총회를 소집하였는데 X_2의 위임장 인정문제로 X_1측의 대리인이 불참한 채로 A와 B만이 참석하여 정관변경결의를 하고 이어 이사회를 열어 신주발행결의를 함으로써 발행주식총수는 188,160주가 되었다. X_1,X_2는 Y회사로부터 신주인수권배정 및 신주청약요령을 통지받았음에도 불구하고 신주대금을 납입하지 아니하여 실권되고 말았다. 이에 X_1,X_2는 Y회사의 신주발행이 현저하게 불공정하다는 이유로 신주발행 무효의 소를 제기하였다. 이들의 소송은 정당한가? (대판 1995.2.28, 94다34579 참조)

(iv) Y회사는 임시주주총회를 개최하면서 X를 위시한 주주들에게 소집통지하지 않았기 때문에 X등 주주들이 참석하지 않은 채, 주주 아닌 A_1,A_2,A_3가 모여서 발행예정주식총수에 관한 정관 변경결의와 이들을 이사로 선임하는 결의를 하였다. 총회직후 이들은 이사회를 개최하여 A_1을 대표이사로 선임하고 이어 신주발행결의를 하였다. Y회사의 주주 X가 신주발행부존재확인을 구하려고 할 경우 언제, 어떠한 방법으로, 누구를 상대로 하여야 하는가? (대판 1989.7.25, 87다카2316 참조)

(1) 의 의

1) 취 지 신주발행이 납입기일의 다음날부터 일단 효력이 발생하여도 여러 가지 원인에 의해 무효로 되는 경우가 있다. 그러나 이를 일반원칙에 따라 처리하면 신주발행이 유효임을 전제로 하여 진전된 여러 법률관계의 안정을 해칠 뿐 아니라 법률관계의 획일적 확정도 기대할 수 없게 된다. 이에 따라 新株發行無效制度를 마련하여 그 무효의 주장을 가급적 제한하는 동시에 무효로 되는 경우에도 이를 획일적으로 확정하고, 소급효를 제한하고 있다. 신주발행무효는 설립무효의 경우와 그 취급에 있어 유사하다.

신주발행무효제도는 무효의 주장을 제한하고, 무효인 경우에는 소급효를 제한함으로써 법률관계의 안정을 꾀하는데 그 의의가 있다.

2) 구별개념 신주발행의 무효는 신주발행절차를 전체적으로 무효로

하는 것으로써 개별적인 新株引受의 無效와 구별되며, 일단 신주발행절차가 존재하는 것을 전제로 하므로 하자가 현저하여 신주발행이 존재하지 않는 것과 같은 新株發行 不存在와 구별된다.

(2) 무효원인

신주발행의 무효원인을 좁게 해석하는 것은 거래안전의 측면으로 볼 때 타당하다.

新株發行無效의 原因에 대하여는 상법상 별다른 규정이 없기 때문에(429), 어떠한 하자가 무효원인으로 될 것인가는 신주발행에 관련되는 법령 또는 정관규정의 해석에 의해 결정되어야 할 것이다. 일반적으로는 신주발행에 하자가 있어도 留止의 대상(424)이나 理事의 損害賠償責任의 발생원인(399, 401)으로 되는 데 그치고, 무효원인은 가급적 좁게 해석하는 것이 타당하다(정희 531, 정동(회)530, 정찬(상)961). 이렇게 보는 것은 신주발행이 효력을 발생하면 회사는 확대된 규모로 활동을 개시함으로써 회사, 주주, 채권자 등이 그 유효성에 이해관계를 가지기 때문이다. 즉 대표이사가 회사를 대표하여 신주를 발행한 이상 상대방은 그 유효성을 신뢰하여 신주를 인수하고 제3자도 이를 신뢰하여 신주를 양수하기 때문에 신주발행에 대하여도 거래안전보호의 요청이 크기 때문이다. 신주발행무효원인으로 특히 문제되는 것은 다음과 같다.

수권주식수 초과발행을 하더라도 조건부정관변경결의는 유효하다.

1) 수권주식수 초과발행 정관에 정하여진 授權株式數(289 ①3)를 초과한 신주발행은 무효임에 대하여는 다툼이 없다. 또 정관에서 인정하고 있는 종류의 주식 이외의 주식을 발행한 경우에도 무효임은 물론이다. 신주의 일부분이 수권주식수를 넘은 경우에도 어느 신주가 이에 해당할 것이지 특정할 수 없기 때문에 신주발행 전부가 무효로 된다. 따라서 수권주식수에 여유가 없는 경우에는 먼저 수권주식수를 늘리는 정관변경을 한 후 신주발행을 하여야 한다. 그러나 실무상의 편의를 위해 [사례Ⅵ-1-7-i]과 같이 增資決議(이사회결의)와 함께 증자의 효력발생을 조건으로 하는 정관변경의 주주총회결의를 하는 경우가 많다. 해석상 수권주식수를 넘는 신주발행을 하더라도 추후 정관변경에 의해 수권주식총수를 증가하면 하자는 치유된다고 보기 때문에 이러한 조건부정관변경결의는 유효하다(日最高判 1962.3.8, 民集 16-3, 473). 따라서 X의 주장은 타당하지 아니하다.

신주인수권의 무시범위에 대해 학설은 대립하나 회사지배구조 변경시 무효의 경중을 구

2) 신주인수권의 무시 주주의 신주인수권을 무시하고 제3자에게 배정하였다든지 공모방식으로 신주를 발행한 경우도 무효원인이 된다. 또 배정기준일을 공고하지 아니하거나 [사례Ⅵ-1-7-ii]의 ①과 같이 신주인수권자(X)에 대한 최고 또는 공고를 하지 아니함으로써 청약을 못하여 실권된 경우도 이에 속한다(이·이 676). 신주인수권을 무시한 경우의 효력에 대하여는 i)

주주의 신주인수권의 전부 또는 대부분을 무시한 신주발행은 무효이지만 근소한 일부분만 무시한 경우에는 무효로 보지 않고 이사의 손해배상책임만 발생할 뿐이라는 설(정동(회) 531), ii) 회사지배구조에 변경이 생길 경우에는 신주인수권 무시의 경중을 가리지 않고 무효라고 보는 설(이철(회) 722), iii) 신주인수권은 정관에 다른 정함이 없는 한 주주의 고유권적인 自益權이라는 점에서 무시의 정도나 지배권과 결부시킬 필요없이 무효원인이 된다는 설(최기(회) 754~755)로 나누어진다. 생각건대 주주에게 신주인수권을 부여하는 이유는, 주주가 회사의 지배권과 주식의 경제적 가치에 대하여 가지는 비례적 지위의 보장에 있나고 할 수 있으므로 지배권에 영향을 미치는 정도에 따라 무효여부를 가려야 한다는 ii)설이 타당하다고 할 것이다(日最高判 1993.7.14, 判時 1512, 178). 이러한 입장에 서면 위 사례에서는 지배권에 미치는 영향이 현저하므로 무효사유가 된다.

분하지 않고 무효라고 보는 설이 타당하다.

3) 이사회결의의 흠결　신주발행절차의 가장 중심은 理事會決議이므로 결의에 중대한 하자가 있거나 결의가 없는 경우에 신주발행효력이 문제된다. 이에 대하여는 거래의 안전을 중시하는 유효설과 절차적 정의를 중시하는 무효설이 대립한다. 유효설에는 i) 신주발행을 회사의 업무집행에 준하는 것으로 취급하거나(정희531, 강위648), ii) 내부의 의사결정에 불과하다고 하거나, iii) 획일적인 처리(정동(회)531, 이기(회)461)를 근거로 제시하는 견해가 있으며, 무효설은 수권자본제의 내재적 한계로서 이사회결의의 절차적 신중을 근거로 한다(서·정500, 최기(회) 754~755, 이철(회)712). 하급심판결 중에는 무효인 주주총회결의로 선임된 자격없는 이사들에 의한 신주발행결의는 무효라는 입장을 취하는 것이 있다(서울고판 1977.4.7, 76나2887).

흠있는 이사회결의에 대해서 유효설과 무효설이 대립한다.

4) 자본충실위반　법정요건을 갖추지 않은 額面未達發行은 무효이다. 다만 미달금액이 근소한 때에는 유효로 보고 이사의 손해배상책임으로 전보하여야 한다는 견해가 있다(이철(회)721, 정동(회)531). 신주발행의 경우에도 현물출자시에는 검사인의 검사 또는 감정인의 감정을 받아야 한다(422). 이를 흠결한 경우의 효과에 관하여는 무효라고 보는 견해가 다수설이나 판례는 당연무효로 보지 아니한다(대판 1980.2.12, 79다509).

신주발행시 검사나 감정을 받지 않은 현물출자에 대해 다수설은 무효이나, 판례는 당연 무효로 보지 않는다.

5) 현저한 불공정 발행　신주발행이 법령 또는 정관에 위반되지는 않았지만 [사례Ⅵ-1-7-iii]과 같이 현저하게 불공정한 경우 新株發行留止請求(424)를 할 수 있음은 앞에서 설명한 바 있다. 그러나 이 경우가 無效原因에도 해당되는가에 대해서는 i) 거래의 안전을 위하여 유효로 보는 설(이기(회) 462), ii) 회사지배권에 영향을 미치는 경우에만 무효가 된다는 설(이철(회)710~714, 정찬(상)962, 정동(회)532)

신주발행유지청구의 사유가 무효원인이 되지 못한다는 것이 판례의 입장이다.

및 iii) 언제든지 무효로 된다는 설(최기(회) 757)이 나뉘어진다. 한편 대판 1995.2.28, 94다34579는 [사례 Ⅵ-1-7-iii]과 유사한 사안에서 "회사(Y)가 주주(X_1)에게 상법 제418조 제1항 소정의 주주의 신주인수권을 배제한 바 없고 오히려 그 주주(X_1)가 회사(Y)로부터 신주배정 통지를 받고도 그 주식대금을 납입하지 아니하여 실권된 경우, 가사 발행주식의 총수를 증가시키는 정관변경의 주주총회결의 이전에 그 주주(X_1)와 회사의 대표이사(A,B) 사이에 회사의 경영권에 관하여 분쟁이 있었고, 그 주주(X_1)가 자기 소유주식을 그 대표이사(A,B)에게 양도하고 회사 경영에서 탈퇴하려고 하였지만 그 양도대금에 관한 합의가 이루어지지 않은 상태에서 발행주식 총수를 현저하게 증가시키는 신주발행이 이루어짐으로써 회사(Y)에 대한 그 주주(X_1)의 지배력이 현저하게 약화되고, 그로 인하여 그 주주(X_1)가 대표이사(A,B)에게 적정한 주식대금을 받고 주식을 양도하는 것이 더욱 어려워지게 되었다고 하더라도, 그러한 사유만으로는 그 신주발행이 현저하게 불공정한 방법에 의한 신주발행으로서 무효라고 볼 수 없다"고 판시하였다. 또 신주발행이 선량한 풍속 기타 사회질서에 반하여 현저히 불공정한 방법으로 이루어진 경우에는 무효이다(대판 2003.2.26, 2000다42786).

(3) 신주발행 무효의 소

무효를 주장함에 있어서 주장권자, 기간, 방법에의 일정한 제한이 있다.

1) 무효주장의 제한　신주발행에 위에서 본 무효원인이 있더라도 거래의 안전을 고려하여 주주, 이사 또는 감사가 신주발행일(납입기일의 익일)로부터 6월내에, 회사에 대하여 소만으로 주장할 수 있다(429). 다만 이사가 소를 제기한 경우에는 감사(감사위원)가 회사를 대표한다(394①, 415의2⑥). 따라서 항변에 의한 주장은 인정되지 않고 제소기간이 경과한 때에는 무효의 원인을 추가하거나 변경하지 못한다(서울고판 1977.4.7, 76다2887). 주주가 소를 제기하는 경우에는 신주발행당시의 주주일 필요는 없고 신주발행 후 주식을 양수한 주주라도 무방하다. 또 구주의 주주이거나 무효의 소의 대상으로 된 신주의 주주인 경우에도 상관없다.

무효의 소에는 회사설립 무효의 소에 관한 규정을 준용한다.

2) 소의 절차　관할, 소제기의 공고, 청구기각, 패소원고의 책임, 무효판결의 등기 등에 관하여는 會社設立無效의 訴에 관한 규정이 준용된다(430, 186~189, 191, 192). 제소주주의 담보제공의무에 관하여는 株主總會決議 取消의 訴에 관한 규정이 준용된다(430, 377).

(4) 신주발행 무효판결의 효과

무효판결은 형

1) 대세적 효력　신주발행의 무효판결은 법률관계를 획일적으로 확정

하기 위하여 당사자 이외의 제3자에도 그 효력이 미친다(430, 190). 무효판결이라는 명칭에도 불구하고 그 본질은 形成判決이기 때문에 그 효력이 제3자에게도 미치는 것이다.

성판결로서 당사자의 제3자에게도 효력이 미친다.

2) 불소급효 신주발행은 무효판결의 확정에 의하여 장래에 대하여 그 효력을 잃는다(431①). 무효판결로써 신주발행을 소급적으로 무효로 처리하면 발행된 주식의 유효를 전제로 이루어진 많은 법률관계가 붕괴되어 회사의 단체적 법률관계의 안정과 주식거래의 안전을 기할 수 없으므로 소급효를 제한한 것이다. 종전의 상법은 이 규정에도 불구하고 소급효를 인정하는 상법 제190조를 준용하고 있었으나, 1995년 개정시 준용규정을 삭제하였으므로 입법상의 모순은 제거되었다.

무효판결의 확정은 법률관계 안정을 위해 소급하지 않는다.

3) 무효판결후의 처리 무효판결의 확정으로 新株는 효력을 상실하므로 회사는 유통되고 있는 신주를 강제적으로 회수하여 소각하여야 한다. 우선 회사는 지체없이 신주가 무효가 되었다는 뜻과 3월 이상 기간 내에 신주의 주권을 회사에 제출할 것을 공고하고 주주명부에 기재된 주주와 질권자에 대하여는 각별로 그 통지를 하여야 한다(431②). 다음으로 회사는 신주의 주주에 대하여 그 납입한 금액을 반환하여야 한다(432①). 다만 반환액이 판결 확정시의 회사의 재산상태에 비추어 현저하게 부당한 때에는 법원은 회사 또는 반환대상 주주의 청구에 의하여 그 금액의 증감을 명할 수 있다(432②). 반환된 금액은 실효한 주식의 변형물이므로 質權者는 이에 대해 질권을 행사할 수 있으며 이를 우선변제에 충당할 수 있다(432③, 339, 340①②).

무효판결 후, 회사는 신주를 강제로 회수·소각해야 한다.

4) 자본 및 등기경정 무효판결에 의해 신주는 실효되기 때문에 회사의 발행주식총수는 감소하고 미발행주식수는 그만큼 증가한다. 이에 따라 자본 및 자본준비금의 액도 신주발행 전으로 복귀한다. 발행주식총수 및 자본액에 종전으로 복귀함에 따라 登記의 更訂을 하여야 한다(317② 2.3).

무효판결에 의해 자본변경은 등기의 결정사항이다.

(5) 신주발행의 부존재

신주발행절차를 현저히 흠결하여 그 실체가 전혀 없음에도 불구하고 단지 신주발행변경등기 등 외관이 존재할 뿐인 경우에는 新株發行의 不存在로써 학설과 판례는 新株發行無效와 구별한다.

신주발행의 부존재와 무효를 구분하는 것이 학설과 판례의 입장이다.

1) 원 인 부존재의 원인으로는 이사회결의, 주식의 배정과 주금의 납입과 같은 신주발행의 실체가 전혀 없음에도 불구하고 변경등기, 신주권 발행과 같은 외관이 존재하는 경우이다. 그러나 대판 1989.7.25, 87다카2316은 [사례Ⅵ-1-7-iv]와 같이 신주발행결의와 신주의 인수와 납입이 있

더라도 적법한 이사회와 대표이사에 의해 이루어진 것이 아닌 경우에는 부존재로 보고 있다. 즉 "주주들(X)에게 통지하거나 주주들의 참석 없이 주주 아닌 자들(A_1, A_2, A_3)이 모여서 개최한 임시주주총회에서 발행예정주식총수에 관한 정관변경결의와 이사선임결의를 하고, 그와 같이 선임된 이사들(A_1, A_2, A_3)이 모인 이사회에서 대표이사 선임 및 신주발행결의를 하였다면 그 이사회는 부존재한 주주총회에서 선임된 이사들로 구성된 부존재한 이사회에 지나지 않고 그 이사들에 의하여 선임된 대표이사(A_1)도 역시 부존재한 이사회에서 선임된 자이어서 그 이사회의 결의에 의한 신주발행은 의결 권한이 없는 자들에 의한 부존재한 결의와 회사를 대표할 권한이 없는 자에 의하여 이루어진 것으로서 그 발행에 있어 절차적·실체적 하자가 극히 중대하여 신주발행이 존재하지 않는다고 볼 수밖에 없으므로 회사(Y)의 주주(X)는 위 신주발행에 관한 이사회결의에 대하여 상법 429조 소정의 신주발행무효의 소의 제기기간에 구애되거나 신주발행무효의 소에 의하지 않고 부존재확인의 소를 제기할 수 있다"고 판시하고 있다.

부존재확인의 소는 대세적 효력이 없고 소급효도 제한되지 않는다.

2) 주 장 부존재한 경우에는 무효의 소에 의하지 않고 일반원칙에 따라 누가, 언제든지, 어떠한 방법에 의해서도 그 부존재를 주장할 수 있고 필요하면 新株發行不存在確認의 訴를 제기할 수도 있다(정동(회)533, 이철(회)719, 이기(회)460, 정찬(상)964). 다만 그 판결의 효력은 대세적 효력이 없고 소급효도 제한되지 아니한다.

제 3 社債發行에 의한 資金調達

1. 總 說

가. 意 義

(1) 사채의 의의

사채는 자금조달을 위해 세분화된 유가증권을 발행하는 형식으로 부담하는 채무이다.

社債라 함은 회사가 불특정 다수의 투자자로부터 장기에 걸친 거액의 자금을 조달하기 위해 有價證券(債券) 발행의 형식으로 부담하는 채무이다. 社債도 株式과 마찬가지로 단위화된 액면으로 균등하게 분할되기 때문에 社債는 債券에 의해 단위화된 채무를 뜻하기도 한다. 이와 같이 일반투자자로부터 세분화된 유가증권을 통해 기채하는 방식으로는 社債이외에도 국가나 지방자치단체가 발행하는 公債가 있지만 社債와는 발행주체, 적용법규에서 차이가 있다. 실무에서는 사채를 '會社債'라고 부른다.

社債는 주식회사가 발행하는 것으로서 상법도 이에 대하여만 특별규정을 두고 있다. 주식회사 이외에 합명회사나 합자회사 또는 회사 이외의 법인이나 일반개인도 채권발행에 의해 일반투자가로부터 기채하는 것이 금지되지 않지만 그 사례가 전혀 없다. 다만 유한회사는 그 폐쇄적인 성질상 사채발행이 허용되지 않는다.

상법은 사채에 대해 주식회사 관련규정만을 두고 있다.

(2) 사채의 특색

社債는 주식회사가 자금조달을 위하여 타인으로부터 금전을 차입하는 것으로서, 일정한 이자의 지급과 원금의 상환을 약정하는 점에서는 일반 消費貸借와 다를 바 없다. 그러나 社債는 借主가 주식회사이고, 貸主가 일반투자자이며, 차입금액이 거액일 뿐 아니라 상환기한이 장기에 걸치고, 차입금이 균등한 금액으로 분할되어 각 사채권자에 대한 조건이 동일하며, 유가증권(채권)이 발행되는 점에 그 본질적인 특징이 있다. 그에 따라 일시에 대량적이고 집단적인 起債에 필요한 기술적 처리가 요구될 뿐 아니라, 다수의 사채권자가 장기간에 걸쳐 이해관계를 같이하는데 따르는 사채권자의 단체적 취급 및 보호가 요청된다.

사채는 i) 차주가 수식회사이고, ii) 대주가 일반투자자이며, iii) 거액의 차입금액을 장기에 상환하고, iv) 균등한 금액으로 차입금이 분할된다는 데 그 특색이 있다.

(3) 사채에 대한 법적 규율

社債에 관한 법적 규율로 가장 중요한 것은 商法의 社債에 관한 규정이다. 그러나 상법은 형식적으로는 사채 일반을 그 적용대상으로 하지만 실질적으로는 無擔保社債에 대하여만 적용되기 때문에 擔保附社債는 특별법인 擔保附社債信託法의 적용을 받는다. 또 사채는 債券發行을 통해 일반투자자들로부터 자금을 조달하는 것이므로 투자자보호를 위한 證券去來法상의 규율이 중요하다. 이와 관련하여 有價證券引受業務에관한規程, 有價證券上場規程 등이 적용된다.

사채에 관해서는 상법, 담보부사채 신탁법, 증권거래법의 규율을 받는다.

나. 株式과 社債

株主는 회사의 구성원으로서 회사에 대하여 단체법적인 권리인 社員權을 가짐에 비해 社債權者는 단순한 채권자로서 순전히 개인법적 성격의 금전채권을 가지는 데 불과하다는 점에서 양자는 법적인 면에서는 근본적인 차이가 있다. 그러나 사채는 유가증권발행의 방법에 의하여 일반투자자로부터 자금을 조달한다는 측면에서는 주식과 유사한 기능을 하며 따라서 양자는 서로 접근하는 경향을 보인다.

사채와 주식은 법적인 면에서 차이가 인정되나 대량으로 자금조달을 한다는 기능적 측면에서는 거의 흡사하다.

(1) 공통점

주식과 사채는 장기적 자금조달 수단으로서 공통점을 가진다.

株式과 社債는 모두 장기적이고 안정적인 자금조달을 위한 수단이라는 점에서 공통점을 가진다. 구체적으로는 i) 거액을 세분화된 단위로 분할하여 일반투자자들이 소액단위로도 투자할 수 있게 하며, ii) 유가증권발행을 통하여 신속·안전하게 거래할 수 있게 하며, iii) 증권시장의 上場을 통하여 투하자금의 회수를 쉽게 하며, iv) 이사회결의만으로 기동력 있게 발행하며, v) 기명식과 무기명식발행 및 양자간의 전환이 허용되며, vi) 名義改書制度를 둠으로서 집단적 관리와 대항력을 부여하는 점에서 공통된다.

(2) 차이점

사채권자는 미리 정해진 일정한 이자를 지급받는다.

1) 이익배당과 이자지급 주주는 회사에 배당가능이익이 발생하고 주주총회의 배당승인결의가 있어야 비로소 이익배당을 받을 수 있고 그 배당액도 매년 다르다. 이에 대해 사채권자는 배당가능이익의 유무와 크기에 관계없이 미리 정해진 일정한 이자의 지급을 받는다.

2) 투자의 회수 주주는 회사존립 중에는 원칙적으로 주금액을 환급받을 수 없고 회사가 해산한 경우에만 잔여재산분배를 받을 수 있다. 그러나 해산시에도 회사채권자가 먼저 변제받은 후 잔액이 있으면 분배를 청구할 수 있을 뿐이다. 그러나 사채권자는 상환기한이 도래하면 원금의 상환을 받을 수 있다.

3) 경영참여 주주는 회사의 구성원으로서 그 보유주식수에 비례하여 주주총회에서 의결권을 가지며 기타 업무집행에 대한 감독과 시정요구권을 가진다. 그러나 사채권자는 회사경영에 참여할 권리는 없고 주주총회에서 의결권 및 감독시정권도 없다.

4) 기 타 社債는 分割納入(476 ①), 額面未達發行(474 ②6), 自己社債의 취득, 납입에 대한 상계가 허용되지만 주식은 원칙적으로 이들이 허용되지 아니한다(295, 305, 330, 341, 334).

(3) 양자의 접근

주식과 사채의 이러한 차이는 普通株와 一般社債를 비교하는 경우에 가장 뚜렷이 나타난다. 그러나 주식과 사채는 그 경제적 기능이 유사하기 때문에 서로 접근하는 경향을 보이고 있으며, 이는 주로 '株式의 社債化'로 나타난다.

주식의 사채화는 이익배당 ·

1) 주식의 사채화 소유와 경영의 분리현상에 따라 주식이 사채에 접근하는 현상이 두드러지게 나타나고 있는데, 구체적으로는 다음과 같은 3가

지 면에서 문제된다. ① **이익배당면**이다. 원래 주식은 투자증권으로서 이자증권인 사채와 다르지만 실제로는 배당률이 평균화되어 이자율에 접근하면서 주식의 투자증권성은 희박해지고 있다. 또 배당우선주 특히, 非參加的·累積的 優先株는 사채와 큰 차이가 없다. ② **투하자본 회수면**이다. 원래 주주에게는 회사존립 중에는 주금의 환급이 인정되지 않지만 償還株式의 출현으로 사채와 접근하고 있다. 또 잔여재산분배우선주도 회사재산의 분배에 있어 채권자보다는 劣位에 있지만 보통주에 우선하는 점에서 주식과 사채의 중간적 성질을 가진다. ③ **경영참가면**이다. 주주에게는 주주총회에서 의결권이 인정되지만 대중투자주주들은 총회참석에는 관심이 없어지면서 백지위임장에 의해 의결권행사를 경영자에 일임하고 있다. 특히 이익배당에 대한 우선권을 대가로 의결권을 포기하는 無議決權株式의 출현은 이러한 현상을 더욱 부채질하면서 실제로는 주주는 사채권자와 다를 바 없는 지위에 있게 된다.

투하자본회수·경영참가면에서 문제가 된다.

2) 사채의 주식화　한편, 주식이 사채에 접근해 가는 현상과 마찬가지로 사채가 주식에 접근해가는 '社債의 株式化'현상도 나타나고 있는데, 이는 특히 轉換社債, 新株引受權附社債, 利益參加附社債 등에서 현저하다. ① **사채권자의 이익참가**를 인정하는 것으로는 이익발생을 조건으로 이자가 지급되는 收益社債와 일정율의 이자지급 이외에 기업이익 배당에도 참가하는 利益參加附社債가 대표적이다. ② **경영참가**를 인정하는 사채가 외국에서는 발행되는 사례가 있으나 우리 나라에서는 존재하지 아니한다. ③ 발행회사가 해산 또는 중대한 의무불이행의 경우 외에는 원금이 상환되지 아니하는 永久社債도 외국에서는 인정되는데 이는 사채의 주식화의 한 유형이라고 하겠다.

전환사채, 신주인수권부사채, 이익참가부사채에서 현저하다.

다. 社債契約의 性質

(1) 학 설

社債는 주식회사가 일반투자자들로부터 起債하는 것으로서 사채인수인과 회사간에는 社債契約이 체결된다. 그런데 사채계약은 債券이라는 유가증권의 발행과 인수를 통하여 이루어지므로 그 법적 성질이 무엇인가 하는 점이 문제된다. 이에 관하여는 i) 사채권의 매매라는 債券賣買說(서·정545, 정찬(상) 1047, 정희588, 서정317) ii) 매출발행의 경우에는 債券의 매매이고 그 이외는 소비대차 유사의 無名契約이라는 절충설(이병762, 손주996, 정동(회)534) 및 iii) 보통의 消費貸借라는 說(이철(회) 801~802)이 대립한다. 채권매매설은 사채계약이 예외없이 債券이라는 유가증권의 매출

사채계약의 법적성질에 대해 채권매매설, 절충설, 소비대차설이 대립한다.

(발행)과 그 매입에 의해 이루어지는 점을 중시하고 있음에 비해, 소비대차설은 사채계약은 사채인수시에 이미 성립하고 채권발행은 사채액 납입 이후에 이루어질 뿐 아니라([478]) 계약당사자의 주관적 의도도 債券 자체의 매매에 있다기보다는 채권·채무관계의 발생에 있기 때문에, 시기적으로나 계약의 목적의 측면에서 사채계약을 채권매매로 보는 것이 타당하지 않다고 한다.

(2) 검 토

소비대차 유사의 무명계약이지만 채권발행을 통해 매출이 이루어지는 경우에 채권매매라고 보는 절충설이 타당하다.

채권매매설은 債券을 발행회사의 추상적 채무약속을 표창하는 無因證券으로 간주함으로써 채권거래의 안전을 보호하려는 견해이지만, 사채금액의 납입 후 채권교부전에 사채권자가 대부금채권을 가지는 것을 설명할 수 없다는 이론적인 결함이 있다. 또 소비대차설은 債券이라는 유가증권을 통하여 사채의 모집이 이루어지고 債券에 의해서 권리가 유통되는 사채거래의 특성을 무시한 이론이라고 할 수 있다. 나아가 사채발행의 형태는 매우 다양하기 때문에 이를 일률적으로 파악하는 것도 타당하지 않다. 따라서 일반적으로는 소비대차 유사의 무명계약이지만 채권발행을 통하여 매출이 이루어지는 경우에는 채권매매라고 보는 절충설이 타당하다고 본다.

다만 사채계약의 성질을 이렇게 파악할 경우에는 債券을 사채계약상의 권리를 표창하는 要因證券으로 볼 수밖에 없지만 債券은 이른바 文言證券이므로 그 거래의 안전을 도모할 수 있다고 본다.

라. 社債市場의 現況

IMF 극복이후 주식시장과 코스닥시장의 활황으로 사채시장은 성장이 둔화되었다.

株式과 社債는 기업이 證券市場을 통하여 자금을 조달할 수 있는 가장 중요한 수단으로서 경제상황의 전개에 따라 상호 영향을 받게 된다. 우리나라에서는 1972년 기업공개촉진법이 제정되면서 회사채일반공모제도가 도입되었는데 동아제약의 회사채 발행이 최초의 사례로 알려지고 있다. 이후 1980년대에 들어와 회사채발행규모가 급격히 신장하였으나 기업의 경영이 안정되고 흑자를 기록하게 되자 주식발행을 통한 자금조달이 늘어나면서 회사채시장은 상대적으로 그 성장세가 둔화되었다.

1990년대에 들어와서는 국제수지흑자폭의 감소 및 주식시장의 침체로 기업의 자금조달은 다시 회사채시장으로 집중되었고 그 발행규모도 급격히 증대되었다. 특히 1997년 말에 닥친 IMF위기로 주식시장이 거의 붕괴되자 회사채발행은 기업의 유일한 자금조달 창구로서의 기능을 하게 되었다. 그러나 우리 경제가 IMF위기를 극복하고 경기가 호전되면서 주식시장이 폭발적인 장세를 이룸에 따라 기업자금조달의 무게중심은 다시 채권시장에서 주식시장으로 옮겨가고 있다. 특히 코스닥시장의 활황과 그로 인한 벤처기업들의 주가가 폭등하면서 이들 기업의 자금조달은 대부분 주식발행을 통하여 이루어지고 있는 실정이다.

2. 社債의 發行: 募集

가. 社債發行의 制限

社債는 債券發行을 통하여 일반투자자로부터 대량으로 집단적으로 모집하게 되므로 사채권자보호를 위해 다음과 같은 상법과 증권거래법상의 제한을 받는다.

(1) 사채발행한도의 제한

사채권자 보호를 위해 상법과 증권거래법상에서 제한한다.

1) 원 칙　사채의 총액은 최종 대차대조표에 의하여 회사에 현존하는 순자산액의 4배를 초과하지 못한다(470 ①). 이와 같이 사채발행한도를 제한하는 것은 회사의 상환능력을 고려한 것인데 특히 이전에 발행된 사채 소지인의 이익을 보호하기 위한 것이므로, 여기에서 '社債總額'이란 특정시점에서 발행하는 사채액만을 말하는 것이 아니라 이미 발행한 사채를 포함하는 社債殘高의 의미이다.

2) 예 외　따라서 舊社債의 상환을 위하여 사채를 발행하는 借換發行의 경우에는 舊사채의 발행액은 사채총액 중에 산입하지 아니하고, 납입기일(분할납입의 경우에는 제1회 납입기일)로부터 6월 이내에 舊社債를 상환하여야 한다(470 ③). 또 상장법인이 전환사채 또는 신주인수권부사채를 발행하는 경우에는 전환사채금액 또는 신주인수권 행사가 가능한 금액은 발행한도의 제한을 받지 아니한다(證去 191 의5). 이 금액은 추후에 주식이 발행되어 자기자본화할 부분이므로 상환능력과 관련이 없다고 보기 때문이다.

위반시 이사의 책임만을 묻고 사채효력에는 영향이 없다.

3) 위반효과　사채발행한도제한에 관한 상법 규정에 위반하여 사채가 발행된 경우에도 그 사채자체의 효력에는 영향이 없으며, 다만 이사의 책임이 발생할 뿐이다(정동(회)545, 이기(회)475, 정찬(상)1049, 註商(Ⅲ)50).

(2) 재모집의 제한

전 사채총액의

회사는 전에 모집한 사채총액의 납입이 완료된 후가 아니면 다시 사채

납입완료 후 재모집이 가능하나 위반시 무효는 아니다.

를 모집할 수 없다(471). 이 제한은 미납금을 남겨둔 채 불필요하게 사채가 남발되는 것을 억제할 필요에서 요구되는 제한으로서 분할 납입의 사채에서만 문제된다. 그러나 실무상으로는 분할납입의 경우는 거의 존재하지 아니하므로 큰 의미는 없다. 이 제한에 위반하여 발행된 사채도 무효가 아니라는 점은 총액제한의 경우와 마찬가지이다.

(3) 사채금액의 제한

사채금액은 일정한 제한이 있고 위반시 무효이다.

각 사채의 금액은 1만원 이상으로 하여야 한다(472①). 동일 종류의 사채에서는 각 사채의 금액은 균일하거나 또 최저액으로 정제할 수 있는 것이어야 한다(472②). 사채권자집회에서 의결권은 최저액마다 1개씩 주어지므로 의결권산정에서 단수가 생기지 않도록 하기 위함이다. 이에 위반한 사채발행은 무효이다(정희590, 정동506, 정찬(상)1050).

나. 社債發行(募集)의 方法

상법은 사채발행방법으로 공모발행(474)과 총액인수(475前), 도급모집(474②14, 475後)의 3가지만 예상하고 있지만 실제로는 매우 다양하다. 즉 중개인(대리인)의 개입여부에 따라 직접발행과 간접발행으로, 사채의 모집(인수)방법에 따라 공모와 개별모집으로 나누어진다. 공모와 공모 이외의 발행(모집)은 후술하는 바와 같이 사채청약서의 사용이 요구되는가 하는 점에서 차이가 나는데(474), 직접모집과 위탁모집은 公募에 속하며, 매출발행과 총액인수는 個別募集에 해당하고, 도급모집은 양자를 겸하고 있다.

(1) 직접발행

발행회사가 직접 모집하는 방법이나 거의 이용되지 않는다.

1) 직접모집　발행회사가 직접 회사채를 모집하는 것으로서, 회사채발행에 따른 제반업무처리와 발행에 따른 위험부담을 발행회사가 부담한다. 회사가 모든 절차를 직접 진행하여야 하기 때문에 중개자에 대한 수수료를 절약할 수 있는 이점이 있는 반면, 발행사무처리를 위하여 많은 인원이 필요할 뿐 아니라 사채모집이 전문적 업무로서 복잡하므로 실제적인 어려움이 많다. 상법은 이 방법을 중심으로 규정하고 있지만 실제로는 거의 이용되지 아니한다.

매출발행은 특수은행이 발행하는 회사채에만 제한적으로 이용된다.

2) 매출발행　회사채발행총액을 확정하지 아니하고 일정한 기간을 정하여 회사채를 직접 매출하고 매출된 금액만큼 발행하는 방법이다. 그러나 채권은 사채금액의 납입이 완료된 후가 아니면 발행할 수 없으므로(478), 일반 주식회사에서는 이러한 방법에 의한 사채발행은 인정되지 아니하고, 특

수은행(국민은행, 산업은행)이 발행하는 회사채에만 제한적으로 이용된다.

(2) 간접발행

직접발행에 따른 사무처리의 복잡성을 피하고 위험부담의 해소를 위하여 발행회사가 중개인 또는 대리인에게 제반절차를 위임하여 중개인이 자기의 위험부담으로 발행하는 방법이다. 이러한 중개인이나 대리인은 일정한 규모 이상의 자본을 가진 주식회사로서 금융감독위원회의 허가를 받은 證券會社로 제한된다(證去 28, 2⑧5, 令 14). 간접발행의 방법에는 委託募集, 殘額引受 및 總額引受의 방법 등이 있다.

1) 위탁모집 　사채발행에 관한 제반절차를 인수인(중개인)에게 위임하여 발행하는 방법으로써(476 ②), 인수인은 발행회사의 대리인자격 또는 인수기관 자신의 명의로 사채를 발행하는 방법이다. 사채의 모집 또는 매출액이 발행총액에 미달함으로써 생기는 위험을 발행회사가 부담하여야 하기 때문에 일반적인 사채발행에는 거의 이용되지 아니한다.

2) 도급모집(잔액인수) 　사채발행업무 일체를 인수기관에 위탁함과 동시에 발행회사의 명의로 사채를 모집 또는 매출하며 모집 또는 매출액이 총액에 미달할 때에는 인수기관이 그 잔액을 책임지고 인수하는 계약에 의한 사채발행이다(474②14, 475後).

3) 총액인수 　사채발행업무 일체를 인수기관이 맡아 처리함과 동시에 사채발행총액을 인수기관이 일괄인수한 후 인수기관의 책임하에 모집 또는 매출하는 방법이다(475). 발행회사는 모집(매출)계약과 동시에 발행업무가 완료되기 때문에 간편할 뿐 아니라 필요한 자금을 즉시 입수할 수 있고, 인수인은 시장의 상황에 따라 기동력 있게 사채를 일반인에 매출함으로써 인수가액과 매출가액의 차액을 최대한 획득하게 된다. 따라서 현재 우리 나라의 사채발행은 대부분 이 방법에 의하고 있다.

인수기관이 업무처리 및 모집 또는 매출하는 방법이다.

다. 社債發行節次

(1) 이사회결의

1) 취　지 　사채의 발행은 이사회결의사항이다(469). 사채는 일종의 차입금이기 때문에 그 발행은 회사의 업무집행에 속하지만, 그 중요성에 비추어 이를 이사회결의사항으로 한 것이다. 이는 授權資本制度하에서 자금조달의 기동성을 위하여 신주발행을 이사회의 권한으로 한 것과 그 맥을 같이 한다. 전환사채나 신주인수권부사채의 발행도 마찬가지이다.

사채발행은 중요성에 비추어 이사회결의사항으로 규정하고 있다.

세부사항은 대표이사에게 위임할 수 있다.

2) 결의사항 이사회결의에서는 발행할 사채의 총액, 권면액, 이율, 발행가액, 상환방법, 발행방법 등 중요한 사항을 결정하여야 하지만 세부적인 사항은 대표이사에게 위임할 수 있다. 대표이사가 적법한 이사회결의 없이 사채를 발행한 경우에도 발행된 사채는 유효하다(통설).

(2) 사채의 청약

사채청약의 절차는 모집방법에 따라 다르다.

일반투자자를 보호하기 위해 사채청약서를 작성한다.

1) 공 모 公募(直接募集, 委託募集, 都給募集)의 경우 사채의 청약은 社債請約書에 의하게 되는데, 청약을 하려고 하는 자는 사채청약서 2통에 법정사항을 기재하고 서명 또는 기명날인을 하여야 한다(474②). 사채청약서는 발행회사의 이사 또는 위탁회사가 작성하고(474②), 법정사항을 기재하여야 한다(474②). 社債請約書는 사채모집에 응하려는 일반투자자를 보호하기 위하여 사채에 관한 중요한 사항을 공시하려는 취지에서 요구되는 것이므로, 이에 의하지 아니하거나 중요한 사항의 기재가 누락된 경우에는 무효라고 본다(정희592, 손주966, 정동(회)547, 이기(회)476, 정찬(상)1053).

2) 개별모집 公募이외의 募集(賣出發行, 總額引受, 都給募集)에 있어서는 사채청약서에 의한 청약은 요구되지 아니하다. 총액인수와 도급모집에 있어서는 일반공중을 대상으로 한 모집이 아니고, 매출발행의 경우에는 특별법에서 법정사항을 공고하도록 하고 있으므로 굳이 사채청약서에 의하지 않더라도 일반투자자를 보호할 수 있기 때문이다.

(3) 사채의 배정과 납입

1) 배정·납입 사채청약에 대해 이사가 배정하면 사채계약이 성립하며, 신청인은 사채권자가 되고 배정받은 사채금액에 대한 납입의무를 부담한다. 사채의 모집이 완료한 때에는 이사는 지체없이 인수인에 대하여 각 사채의 전액 또는 제1회의 납입을 시켜야 한다(476①). 실제로는 전액납입만 행하여진다. 委託募集의 경우에는 受託會社가 이를 할 수 있다(476②). 사채의 납입에 관하여는 주식납입의 경우와는 달리 상계의 금지, 납입장소의 제한이 없고 代物辨濟도 인정된다.

응모분에 대하여는 사채 성립 견해가 통설이다.

2) 응모의 일부흠결 사채총액에 대한 응모가 없을 경우에는 사채 전체가 불성립으로 되는지, 아니면 응모분에 한하여 사채가 성립하는지가 문제될 수 있는데, 상법에서는 이에 대하여 명문의 규정을 두고 있지 않다. 다만, 학설상으로 사채계약의 통일적 일체성을 강조하는 입장에서 이 경우 사채 전체가 성립하지 아니한다는 견해가 있었으나, 사채도 본질적으로는

회사의 차입금에 지나지 않으므로 응모분에 대하여 사채가 성립한다는 견해가 통설이다(이철(회)805, 정동(회)548, 채722).

3) 등 기 사채의 발행은 등기사항이 아니다. 다만 전환사채와 신주인수권부사채는 등기를 요한다.

(4) 유가증권신고서 · 사업설명서등의 제출

주식회사가 증권시장에서 사채를 발행하여 일반투자자로부터 자금을 조달하기 위해서는 투자자 보호를 위한 증권거래법상의 절차를 밟아야 한다. 즉 상장법인과 등록법인은 有價證券申告書를 제출하고, 신고서가 효력을 발생하여야만 사채를 모집하거나 매출할 수 있다(證去 2①4, 2③④8). 또 事業說明書를 작성하여 열람시켜야 하며(證去 12), 외부감사를 받아야 한다(證去 194 의3①).

3. 社債의 流通

사채는 보통 상환기간이 장기이므로 사채권자에게 만기 이전에도 투하자본이 회수될 수 있는 길을 열어주어야 한다. 이에 따라 상법은 社債를 債券이라는 유가증권에 표창하여 신속 · 간편하게 양도할 수 있도록 하고, 社債原簿 · 社債登錄簿를 두어 이를 관리하게 한다. 나아가 증권거래법은 일정규모 이상의 사채를 증권시장에 상장하도록 하고, 거래의 공정성을 보장함으로써 일반투자자들이 안전하게 거래할 수 있도록 한다.

가. 債 券

(1) 의의 · 성질

債券은 사채권자의 권리를 표창하는 유가증권이다(478 ②). 債券이 추상적 채무약속을 표창하는 無因證券이라는 견해가 있지만(註商(Ⅲ)68, 서정320), 매출발행의 경우를 제외하고는 사채계약상의 권리를 표창하는 要因證券이라는 견해가 통설이다(최기(회)783, 서·정551, 정무559, 강위421). 이외에도 債券은 요식증권 · 상환증권 · 문언증권으로서의 특성을 가지지만 그 요식성은 엄격하지 않기 때문에 일부의 기재가 흠결되어도 증권으로서의 효력에는 영향이 없다.

채권은 사채계약상의 권리를 표창하는 요인증권이다(통설).

(2) 종 류

債券은 記名式과 無記名式이 있으며 양자는 그 양도와 입질의 대항요건이 다르다. 사채발행조건에서 어느 하나로 특정하지 않은 이상 사채권자는 기명사채와 무기명사채의 상호전환을 청구할 수 있다(480). 우리 나라에

우리나라는 무기명채권만 발행한다.

■ 채권(債券)과 이권(利券)

서는 주식과는 달리 無記名債券만 발행된다.

(3) 발 행

사채총액을 납입하지 않고 발행한 사채의 효력에 관해 유효설이 타당하다고 본다.

社債券은 사채총액의 납입이 없으면 발행할 수 없다(478 ①). 사채총액을 납입하지 않고 사채권을 발행한 경우, 그 효력에 대하여는 무효설과 유효설이 대립되나 유효로 보는 견해가 타당하다(정동(회)550, 정찬(상)1055). 무기명사채의 경우에는 채권을 상실하면 除權判決을 받아 재발행을 신청할 수 있다. 한편, 公社債登錄法에 의한 등록사채의 경우에는 채권이 발행되지 않는데(同法 5①②), 이는 주식에서 점차 株券없이 거래하는 경향(주권불소지제도, 증권예탁)과 그 취지를 같이 하는 것이다.

나. 讓渡와 入質

양도와 입질에 관해서는 기명사채와 무기명사채의 규정을 유추적용한다.

상법은 社債의 양도(입질)방법에 관하여는 아무런 규정을 두지 않고 다만 기명사채 이전의 회사에 대한 대항요건에 관하여만 1개 조항(479)을 두고 있을 뿐이다. 따라서 기명사채와 무기명사채의 양도(입질)방법과 효력에 관하여는 관련 규정을 유추적용하여야 할 것이다.

(1) 기명사채

1) 양 도 記名社債는 記名證券이므로 그 양도에는 당사자간의 합의와 채권의 교부를 요한다. 다만 취득자의 성명과 주소를 사채원부에 기재하고 그 성명을 채권에 기재하지 아니하면 회사 기타 제3자에게 대항하지 못한다(479①). 名義改書代理人을 둔 경우에는 그 영업소에 비치된 사채원부 또는 복본에 명의개서를 하면 된다(479②). 이와 같이 記名債券은 指名債權의 일종이므로 背書에 의하여 양도할 수 없다(정희594, 정찬(회)837).

당사자간의 합의와 채권의 교부로 양도한다.

2) 입 질 記名社債의 入質에 관하여는 記名社債의 양도에 관한 상법 제479조에 의하여야 한다는 설(이철(회)808, 채이730), 記名株式의 입질에 관한 상법 제338조 및 340조를 유추적용하자는 설(김용454, 이병772)이 있지만, 다수설은 權利質權設定에 관한 민법 346조 및 347조에 의하여야 한다고 보고 있다(정희595, 정동(회)551, 정찬(회)838, 손주971, 이기(회)479 外).

입질에 관해서는 민법 346조 및 347조에 의한다는 것이 다수설이다.

(2) 무기명사채

無記名社債의 양도에 대하여는 민법의 無記名債權에 관한 규정(民523)에 따라 양수인에게 채권을 교부함으로서 그 효력이 있다. 입질의 경우에도 질권자에게 채권을 교부함으로써 효력이 생기고(民351), 계속적 점유로써 제3자에게 대항할 수 있다.

무기명사채의 양도와 입질은 채권교부로 효력이 발생한다.

(3) 등록사채

登錄社債의 양도나 입질은 등록기간에 등록하고 발행회사가 비치하는 사채원부에 기재하지 아니하면 발행회사 기타 제3자에게 대항하지 못한다(債登6①). 이는 무기명사채의 경우에도 마찬가지이다(債登6②).

(4) 선의취득

지명채권은 기명증권으로서 그 양도는 지명채권양도의 방법과 그 효력으로써만 가능하고, 점유자가 적법한 소지인으로서 추정이 되지 않기 때문에 善意取得도 인정되지 아니한다(정동(회)552, 정희595). 무기명채권은 채권의 교부에 의해 양도되기 때문에 선의취득도 인정된다.

다. 社債原簿 · 社債登錄簿

(1) 사채원부

1) 의 의 社債原簿는 사채 및 채권에 관한 사항(기명사채는 사채권자에 관한 사항 포함)을 명백히 하기 위하여 법정사항을 기재하여 작성하는

장부이다(488). 사채원부는 영업상의 재산 및 손익의 상황을 명확히 하기 위한 것은 아니므로 商業帳簿는 아니다. 기채회사의 대표이사는 이를 본점에 비치하여야 하지만(396①), 명의개서대리인을 둔 때에는 사채원부 또는 그 복본을 명의개서대리인의 영업소에 비치하고, 주주 및 사채권자의 열람에 제공하여야 한다(396②).

주주명부와 기능이 유사하나 실익은 크지않다.

2) 기 능　사채원부는 기명사채에 관하여는 주주명부와 유사한 기능을 가지고 있다. 즉 기명사채 이전의 대항요건(479), 기명사채에 대한 통지와 최고(489①, 353)에 있어서 법률상 의의를 가진다. 그러나 우리 나라에서는 주식과는 달리 사채는 대부분 무기명식이기 때문에 사채원부의 실익은 그다지 크지 않다.

(2) 사채등록부

등록사채이전과 담보권설정의 대항요건과 관련하여 의의가 있다.

社債登錄簿는 公社債登錄法에 의한 등록사채를 위하여 등록기관이 비치하여야 하는 장부이며 법정사항을 기재하고 등록사채권자 기타 이해관계자의 열람에 제공하여야 한다(債登 9,12). 사채등록부는 등록사채의 이전과 담보권설정의 대항요건과 관련하여 의의가 있다(債登 6).

4. 社債의 元利金 償還

사채권자는 이자의 지급과 원금의 상환을 받을 권리를 가진다.

가. 利子의 支給

사채의 이자율 및 이자지급방법과 기한은 사채모집결의(469)에서 정하여지며 사채청약서, 채권과 사채원부에 이를 각각 기재하여야 한다(474②, 479②, 488). 기명사채의 이자지급은 持參債務의 일반원칙에 따라 사채원부에 기재된 사채권자에게 그 주소 또는 영업소에서 지급하면 된다. 회사가 이자지급을 게을리한 경우에는 사채권자집회의 결의에 의해 사채총액에 대한 期限의 利益을 상실한다(505, 506).

(1) 이자의 지급방법

현재 국내에서 발행되는 무기명사채는 이자지급방법에 따라 복리사채, 할인사채 및 이권(이표)부사채로 나누어진다.

복리사채는 일종의 이자후불

1) 복리사채　이자가 매 이자 계산단위의 기간수만큼 복리로 재투자되어 만기에 원금과 이자가 일시에 지급되는 사채이다. 일종의 이자후불인

셈이다.

이라 할 수 있다.

2) 할인사채　원금 및 이자금액을 사채의 액면으로 하고 이자상당액을 액면금액에서 발행일에 일시에 할인하는 사채이다. 이자를 붙이지 않는 대신 이자액만큼 미리 할인하여 발행하는 것으로서 'zero coupon'이라고 불리운다.

이자액만큼 할인하여 발행하는 사채이다.

3) 이권(이표)부사채　사채이자를 일정기간마다 받을 수 있는 利券(이표)이 사채권에 첨부된 사채이다. 발행시 이자율이 확정되는 금리확정부사채와 일정기간은 확정이자율에 의하여 이자를 지급하고 나머지 기간은 정기예금금리에 연동시킨 이자율에 따라 이자를 지급하는 금리연동부사채가 있다. 현재 우리 나라에서는 대부분 3개월 선급의 금리확정부사채를 발행하고 있다.

일정기간마다 사채이자를 받을 수 있는 이권이 첨부된 사채이다.

(2) 이권(이표)

1) 의　의　무기명사채에 첨부하여 발행되는 利券은 이자지급기에 이자의 지급을 약속하는 유가증권이다. 사채권자는 利券을 제시하고 이와 상환으로 이자의 지급을 받을 수 있으며, 이 경우 債券 자체를 제시할 필요는 없다. 利券은 채권으로부터 분리되면 이자지급청구권을 표창하는 독립한 유가증권으로서 채권과는 별개로 유통된다. 따라서 사채권자는 이자지급기전에 利券만을 분리하여 양도할 수 있으며, 이권소지인은 利券과 상환으로 이자의 지급을 받을 수 있다. 이권상실의 경우에는 채권상실과 마찬가지로 제권판결을 신청할 수 있다.

이자지급기에 이자지급을 약속하는 유가증권이다.

2) 이권의 흠결　利券이 분리양도 되었음에도 불구하고 회사가 무기명사채를 기한 전에 조기상환하는 경우에는 利券의 흠결이 발생한다. 따라서 회사는 흠결된 이권에 상당한 금액을 상환액으로부터 공제하여야 하며(486①), 이권소지인은 이후 언제라도 이권과 상환하여 공제금액을 지급을 청구할 수 있다(486②). 이미 지급기가 도래한 이권에 대하여는 회사는 상환액과 별도로 그 지급의무를 부담하지 않기 때문에, 그 이권에 상당한 금액을 공제할 수 없다고 보아야 할 것이다(이철(회)809~810, 정희596, 정찬(상)1059; 反 정동(회)553).

나. 社債의 償還

회사가 사채권자에 대하여 채무를 변제하는 것을 社債의 償還이라고 한다. 그 방법과 기한은 사채발행결의에 의해 정하여지며 사채청약서, 채권 및 사채원부에 기재된다(474②8, 478②2, 488③). 보증사채의 경우에는 보증기관이 상환을 보증한다.

(1) 상환금액

동율로 초과한 사채의 상환은 가능하다.

사채의 상환은 券面額을 상환하는 것이 원칙이나 초과하여도 상관이 없다. 다만 초과액은 각 사채에 대하여 동률이어야 한다(473).

(2) 상환방법

만기일시상환이 일반적인 상환방법이다.

1) 상환방법　만기에 전액을 일시에 상환하는 만기일시상환이 보통이다. 그러나 사채발행 후 일정 거치기간이 경과한 후 그때부터 사채의 원금을 만기시까지 일정비율로 균등하게 분할상환하는 정기분할상환, 사채의 상환을 위하여 일정금액을 반드시 적립하여야 하는 감채기부금상환, 만기전에 발행회사가 임의로 상환할 수 있는 임의상환 등이 있다.

회사가 자기사채 취득 후 소각하는 임의상환이 인정된다.

2) 임의상환　회사가 自己社債를 취득하여 消却하는 것으로써 주식의 경우와는 달리 자유롭게 인정된다. 사채의 시세가 하락하여 수익률이 시중금리보다 높아졌을 때에는 이 방식으로 상환하는 것이 회사에 유리하다. 그러나 기한의 이익의 포기로 상대방(사채권자)의 이익을 해하지 못하므로 사채발행시 상환조건에서 미리 그 취지를 명시해 두어야 한다.

(3) 불공정상환

불공정상환시 취소의 소를 제기할 수 있다.

회사가 어느 사채권자에 대하여 한 변제, 화해 기타의 행위가 현저하게 불공정한 때에는 사채모집의 위탁을 받은 회사는 그 원인인 사실을 안 때로부터 6월, 행위가 있는 때로부터 1년 이내에 그 행위의 취소를 청구하는 소를 제기할 수 있다(511①②). 다만 수익자인 채권자 또는 전득자가 그 행위 또는 전득시에 사채권자를 해할 것을 알지 못한 때에는 취소를 청구할 수 없다(511③, 民406①但).

5. 社債의 管理

사채는 발행회사에 대한 일반투자자의 장기에 걸친 거액의 채권이므로 사채원리금의 확실한 지급을 확보하고, 사채권자의 이익을 보호하기 위한 사채의 관리가 필요하다. 사채의 합리적인 관리를 위하여 상법은 受託會社制度와 社債權者集會制度를 두고 있다.

가. 受託會社

(1) 의 의

1) 지 위 受託會社는 사채 발행회사로부터 사채모집의 위탁을 받은 회사로서 발행회사와는 위임관계에 있지만 사채권자와는 직접계약관계에 있지 아니하다. 그러나 사채인수인들은 수탁회사를 신뢰하여 사채를 인수하는 것이 보통이므로 수탁회사는 사채모집과 관련하여 중요한 지위를 가진다. 그리고 일단 사채모집이 끝나면 수탁회사와 발행회사 또는 사채권자간의 법률관계는 종료되는 것이 원칙이지만, 사채의 합리적 관리를 위하여 모집 후에도 계속하여 수탁회사로서의 지위를 가지며, 사채권자를 위하여 법률상 일정한 권한과 의무가 부여된다. 즉 수탁회사는 발행회사에 대하여는 임의대리인, 사채권자에 대하여는 법정대리인의 지위를 가진다. 그리고 은행, 신탁회사 또는 증권회사가 아니면 수탁회사가 될 수 없다.

수탁회사는 발행회사에는 임의대리인, 사채권자에는 법정대리인의 지위에 있다.

2) 사임과 해임 수탁회사는 발행회사와 사채권자집회의 동의를 얻어야 사임할 수 있다. 다만 부득이한 사유가 있는 경우에는 법원의 허가를 얻어 사임할 수 있다(481). 수탁회사가 사무처리에 부적임하거나 기타 정당한 사유가 있을 때에는 법원은 발행회사 또는 사채권자집회의 청구에 의하여 이를 해임할 수 있다(482).

3) 사무승계자 수탁회사가 사임하거나 해임된 경우에 발행회사와 사채권자집회의 일치로 사무승계자를 선임할 수 있으며, 부득이한 사유가 있을 경우 법원은 이해관계인의 청구에 의해 선임할 수 있다(483). 사무승계자도 은행, 신탁회사 또는 증권회사이어야 한다.

사무승계자는 은행, 신탁회사, 증권회사이다.

(2) 권한과 의무

1) 모 집 수탁회사는 자신의 명의로 위탁회사를 위하여 사채를 모집할 수 있다(476①). 즉 사채청약서의 작성, 청약, 배정, 납입을 받을 수 있는데, 이는 수탁회사의 가장 기본적인 권한이다.

수탁회사는 자신의 명의로 사채를 모집한다.

2) 상 환 수탁회사는 사채권자를 위하여 사채의 상환을 받음에 필요한 재판상, 재판외의 모든 행위를 할 권한이 있다(484①). 수탁회사가 사채의 상환을 받은 때에는 지체없이 이를 공고하고, 알고 있는 사채권자에게는 각별로 이를 통지하여야 한다(484②). 이 경우에 사채권자는 채권과 상환하여 상환액의 지급을 청구할 수 있다(484③). 또 수탁회사는 발행회사의 불공정한 변제나 화해 기타의 행위에 대하여는 취소의 소를 제기할 수 있다(511).

3) 사채권자집회 수탁회사는 사채권자집회의 소집(491①), 출석 및 의견진술(493①), 대표자출석청구(494), 결의집행(501)등의 권한을 갖는다.

4) 보수·비용 수탁회사에 대한 보수와 그 사무처리에 요할 비용은 특정한 약정이 없으면 법원의 허가를 얻어 기채회사가 부담하게 할 수 있고, 수탁회사는 상환받은 금액에서 사채권자에 우선하여 그 보수와 비용의 변제를 받을 수 있다(507).

5) 공동수탁회사 수탁회사가 2개 이상인 때에는 공동으로 권한을 행사하여야 하며(485①), 각 사채권자에 대하여 연대하여 상환액을 지급할 의무가 있다(485②).

나. 社債權者集會

(1) 의 의

사채권자집회는 회사의 기관이 아니나 그 운용에 관해서는 주주총회의 규정을 준용한다.

社債權者集會는 사채권자의 이해에 중대한 관계가 있는 사항에 대하여 사채권자의 총의를 결정하기 위해, 동 종류의 사채권자에 의해 구성되는 회의체이다. 이는 발행회사외에 존재하는 것으로서 회사의 기관은 아니다(정희 600, 정찬(상) 1063). 사채권자는 장기에 걸쳐 공통의 이해관계를 가지기 때문에 의식적이지는 않더라도 하나의 이익단체를 형성하고 있으며, 사채권자집회는 이를 기초로 하고 있다. 사채권자는 사채권자집회에서 총의를 결정하여 발행회사에 대한 자기의 이익을 지키기 위한 조치를 취할 수 있고, 발행회사도 총회결의가 있으면 개개의 사채권자와 교섭하지 않아도 되므로 편리하다. 사채권자집회는 주주총회와 비견될 수 있으므로 그 운영에 관하여는 주주총회의 여러 규정이 준용된다(510).

(2) 소 집

사채권자집회는 발행회사나 수탁회사가 소집한다.

발행회사 또는 수탁회사가 소집한다(491①). 사채총액의 10분의 1에 해당하는 사채권자는 회의의 목적사항과 소집이유를 기재한 서면의 제출로써 소집청구할 수 있다(491②). 발행회사가 소집청구에 응하지 아니할 경우에는 법원의 허가를 얻어 소집할 수 있다(491③, 366③). 무기명사채권자는 그 채권을 供託함으로써 소집청구할 수 있다(491④).

(3) 권 한

결의사항은 법정되어 있다. 즉 기채회사의 자본감소, 합병에 대한 이의(530, 439③) 대표자 및 결의집행자의 선임과 해임(500①, 501, 504), 기채회사의 기한이익의 박탈(505), 불공정상환취소의 소제기(512, 511), 수탁회사의 사임동의(481), 해임청구(482), 사무승계자결정(483) 등이다. 이외에도 법원의 허가를 얻어 사채권자의 이해에 중대한 관계가 있는 사항에 관하여 결의할 수 있다(490).

(4) 결 의

1) 의결권 각 사채권자는 사채의 최저액마다 1개의 의결권이 있다(492①). 무기명식채권을 가진 자는 회일로부터 1주간 전에 채권을 공탁하지 아니하면 그 의결권을 행사하지 못한다(492②). 의결권의 대리행사, 자기사채의 의결권 제한, 특별이해관계인의 의결권 제한, 정족수 및 의결권의 계산 등은 주주총회와 동일하다.

최저액마다 1개의 의결권이 있다.

2) 방 법 의결권의 과반수출석에 3분의 2이상의 찬성으로 결의한다(434). 다만, 비교적 경미한 사항에 대하여는 과반수출석에 과반수찬성으로 결의한다(495②).

3) 효 력 사채권자집회의 결의는 결의 자체만으로는 효력이 생기지 아니하고 결의일로부터 1주간 내에 법원의 인가를 얻어야 한다(496, 498①). 이는 사채권자를 보호함과 동시에 결의의 하자문제를 非訟事件인 인가절차에 흡수하기 위함이다. 법원의 인가가 있으면 그 결의는 모든 사채권자에 대하여 효력이 있다(498②).

법원의 인가로 효력이 발생한다.

4) 위 임 사채권자집회는 사채총액의 500분의 1이상을 가진 사채권자중에서 1인 또는 수인의 대표자를 선임하여 그 결의할 사항의 결정을 위임할 수 있다(500①).

5) 집 행 결의는 수탁회사가 집행하고, 수탁회사가 없는 경우에는 대표자가 집행한다(501). 그러나 사채권자집회의 결의로 집행자를 따로 선임할 수 있다. 사채권자집회는 언제든지 대표자나 집행자를 해임할 수 있고 위임한 사항을 변경할 수 있다(504).

■ 주주총회와 사채권자집회의 비교

		주주총회	사채권자집회
유	결의사항	법령 · 정관기재사항(361)	법정되어 있음(481, 482, 483, 500, 504, 505, 512)
	결의의 효력	당연효력발생	법원의 인가를 요함(498①)
사	결의의 하자	결의소송(376, 380)	없음
	의결권의 수	1주1의결권(369①)	최저액당 1의결권(492①)
점	소집권자	이사회, 감사, 소수주주, 법원 등(362, 366, 431의2, 467)	회사 또는 수탁회사(491①), 사채총액 10분의 1(491②)

차이점	소집통지		363①,②	493②, 363①,②
	결의방법		원칙보통결의(371), 예외특별결의(434)	원칙특별결의, 예외보통결의(495)
	결의의 집행		대표이사	수탁회사, 대표자(500)
	의결권 행사 제한	대리행사	368③	510, 368③
		불통일행사	368의 2	규정없음
		자기주식	369②③	510, 369②
		서면결의	368의 3	규정없음

6. 特殊한 社債

상법은 사채에 관해 일반적인 사채(무보증사채, 무담보사채)를 중심으로 규정하는 한편 특수한 사채로서 전환사채, 신주인수권부사채를 인정하고 있다. 그러나 실무상으로는 擔保附社債信託法의 적용을 받는 담보부사채가 있으며 이외에도 보증사채, 이익참가부사채, 교환사채 등이 사용되고 있다.

가. 擔保附社債

(1) 의 의

물적담보가 붙여진 사채로서 총사채권자가 평등한 담보이익을 향수한다.

擔保附社債는 물적담보가 붙여진 사채로서 擔保附社債信託法에 의해 발행된다. 인적담보가 붙여진 사채(보증사채)는 담보부사채가 아니다. 사채의 원리금 상환에 대해 불안을 가진 사채권자에게 그 상환을 확보하기 위해 물적담보를 제공할 필요가 있지만 사채권자는 아주 다수이고 또 끊임없이 변동하므로 개별적으로 담보권을 설정하는 것은 불가능하다. 여기에서 영미법상 信託制度를 도입하여 기채회사(위탁회사)와 사채권자간에 신탁회사(수탁회사)를 두고, 위탁회사와 수탁회사간의 신탁계약에 의해 수탁회사가 物上擔保權을 취득하여 이를 총사채권자(수익자)를 위하여 보존·실행하는 의무를 부담함으로써, 총사채권자가 그 채권액에 비례하여 평등한 담보이익을 향수할 수 있도록 하는 것이 담보부사채이다.

(2) 발 행

담보부사채는 폐쇄담보방식과 분할발행이 있다.

담보부사채는 총액을 1회에 발행하는 폐쇄담보방식과 동일순위의 담보권을 가진 사채를 여러 차례에 나누어 발행하는 분할발행이 있다(擔信 14, 15, 26). 분할발행의 경우에는 발행회사는 사채의 최고액을 정하여 미리 그 전부에 대한 담보권을 설정하여 두고 시장상황에 따라 분할하여 사채를 발하게 되는데, 각 분할된 사채는 발행시기에 관계없이 동일순위의 담보권을 향유할 수 있으므로 매우 편리하다. 이는 개방담보로서 신주발행에 있어서 수권자본제도와 비견될 수 있는 것이다.

나. 轉換社債

[사례 Ⅵ-1-8: 전환사채의 법적 성질]

(i) Y주식회사는 그 정관에 신주발행 및 인수에 관한 사항은 주주총회에서 결정하고, 자본의 증가 및 감소는 발행주식 총수의 과반수에 상당한 주식을 가진 주주의 출석과 출석주주가 가진 의결권의 2/3 이상의 찬성으로 의결하도록 규정하고 있었다. 그런데 Y회사의 이사회에서 주주총회의 특별결의를 거치지 않은 채 전환사채의 발행을 결정하였다. 이에 Y회사의 주주인 X는 위 전환사채의 발행과 관련한 Y회사 이사회의 결정이 무효라는 확인을 구하는 소를 제기하였다. X의 소제기는 타당한가? (대판 1999.6.25, 99다18435 참조)

(ii) Y종합금융주식회사에는 제1 대주주군인 A회사측과 제2 대주주인 X가 있었는데, Y회사의 경영진은 A회사측이 완전히 장악하고 있었고 X는 감사의 직위만 가지고 있었다. A측과 X간에 Y회사의 경영권을 둘러싼 분쟁이 발생하자 X는 자신에게 우호적인 B등으로 하여금 비밀리에 Y회사의 주식을 증권시장에서 매집하여 1996.12.6.에는 X측의 보유 주식수가 A측을 능가하여 제1 대주주군이 되었고, 이를 계기로 X는 A회사측에게 경영진의 개편을 위한 임시주주총회의 소집을 요구하였다. 다급해진 A측은 경영권방어를 위하여 X측에게는 비밀에 붙인 채, 장악하고 있던 이사회로 하여금 1997.1.7. 전격적으로 전환사채를 발행케 하였다. 발행물량은 주식으로 전환될 경우 X측과의 지분 비율을 다시 역전시키기에 충분한 400억원이었고 전환기간은 제한을 두지 아니하여 발행 즉시 전환이 가능케 하였다. 이에 따라 A측의 우호세력인 주주 C등은 발행 당일로 위 400억원의 전환사채를 전액 인수하여 그 다음날부터 3일간에 그 중 380억원을 주식으로 전환하였고, 경영진 개편을 위한 1997.2.13.의 임시주주총회에서, 전환된 주식의 의결권을 모두 A측에게 위임하였다. 이에 X는 Y회사를 상대로 하여 상법 제429조에 기해 전환사채발행무효의 소를 제기하는 한편, C등을 상대로 의결권행사금지가처분을 신청하였다. X의 청구는 타당한가? (서울고결 1997.5.13, 97라36 참조)

(1) 의 의

轉換社債(convertible bonds; CB)는 발행회사의 주식으로 전환할 수 있는 권리가 부여된 社債이다. 즉 전환사채는 사채인 동시에 잠재적인 주식으로

사채인 동시에 잠재적 주식의

성질을 가지는 것으로 발행회사주식으로 전환가능한 사채이다.

서, 사채의 확실성과 주식의 투기성을 겸비한 양자의 중간형태라고 할 수 있다. 따라서 전환사채권자는 회사의 재무상태가 좋지 않을 경우에는 社債權者로서 안전하게 이자를 받고 사업이 호전되면 전환권을 행사하여 株主로서 이익배당에 참여할 수 있다(최완진, "전환사채에 관한 업적 연구", 「정희철정년기념논문집」(1985.2), 210). 한편 회사로서도 전환사채의 발행에 의해 일반사채의 경우보다 유리한 조건으로 자금을 조달할 수 있으므로 현재 거의 이용되지 않는 轉換株式과는 달리 널리 이용되고 있다. 특히 우리기업의 국제적인 신용도가 높아감에 따라 우량기업을 중심으로 해외전환사채가 활발하게 발행되고 있다.

전환사채의 발행에는 기존주주 보호를 위해 주주에 우선적 사채인수권을 부여한다.

그런데 轉換社債는 잠재적인 주식이므로 그 발행에 있어서는 사채권자 이외에 기존주주의 보호가 필요하다. 그리하여 그 발행은 원칙적으로 이사회결의사항으로 하지만 주주에게 사채의 우선적인 인수권을 부여하고 있다. 그러므로 소비대차계약에 부수한 조건으로 채권을 주식으로 전환시키는 약정은 무효이다. 이러한 취지에서 대판 2007.2.22, 2005다73020은 "주식회사가 타인으로부터 돈을 빌리는 소비대차계약을 체결하면서 「채권자는 만기까지 대여금액의 일부 또는 전부를 회사 주식으로 액면가에 따라 언제든지 전환할 수 있는 권한을 갖는다」는 내용의 계약조항을 둔 경우, 달리 특별한 사정이 없는 한 이는 전환의 청구를 한 때에 그 효력이 생기는 형성권으로서의 전환권을 부여하는 조항이라고 보아야 하는바, 신주의 발행과 관련하여 특별법에서 달리 정한 경우를 제외하고 신주의 발행은 상법이 정하는 방법 및 절차에 의해서만 가능하다는 점에 비추어 볼 때, 위와 같은 전환권 부여조항은 상법이 정한 방법과 절차에 의하지 아니한 신주발행 내지는 주식으로의 전환을 예정하는 것이어서 효력이 없다"고 판시하고 있다. 이와 같이 轉換社債는 법적으로는 社債이지만 그 실질은 株式이므로, 그 본질을 어떻게 파악하는가에 따라 다음에서 보는 바와 같이 발행결정기관, 무효·불공정의 주장 방법의 취급이 달라진다.

(2) 발행사항의 결정

轉換社債의 발행방법에는 주주배정, 모집, 제3자 배정이 있는데 그 방법여하에 따라 결정기관에 차이가 있다. 즉 주주배정의 경우에는 원칙적으로 理事會에서 결정하나(513②), 제3자 배정과 모집의 경우에는 정관에 규정이 없으면 株主總會特別決議로써 이를 정한다(513③, 標準定款14①).

정관에 전환주식의 발행을 명시하지 않은 경

1) 주주배정 정관에 규정이 없으면 이사회에서 전환사채의 총액, 전환조건, 전환에 의해 발행될 주식의 내용, 전환을 청구할 수 있는 기간, 주

주에게 전환사채의 인수권을 준다는 뜻과 인수권의 목적인 전환사채의 액을 결정하여야 한다. 다만 정관으로 주주총회에서 이를 결정하기로 정한 경우에는 그러하지 아니하다(513②). 전환사채도 발행한도의 제한을 받으나(470), 상장법인의 경우에는 한도의 제한이 없다(證去 191의5). 그런데 [사례Ⅵ-1-8-i]과 같이 정관에서 주주총회의 권한사항을 '轉換株式의 發行'으로 명시하지 않고 단순히 '신주발행' 또는 '자본증가'라고만 정한 경우 전환주식의 발행은 이사회결의에 의하는가, 아니면 주주총회결의를 거쳐야 하는가 하는 점이 문제된다. 이는 轉換社債의 본질을 社債로 볼 것인가 아니면 株式으로 볼 것인가에 따라 그 결론이 달라질 것이다. 이 점에 대하여 대판 1999.6.25, 99다18435은 [사례Ⅵ-1-8-i]과 유사한 사안에서 "전환사채는 전환권의 행사에 의하여 장차 주식으로 전환될 수 있어 이를 발행하는 것은 사실상 신주발행으로서의 의미를 가지므로, 회사가 전환사채를 발행하기 위해서는 주주총회의 특별결의를 요한다"라고 판시하고 있다. 또한 서울고결 1997.5.13, 97라36도 [사례Ⅵ-1-8-ii]에서 "전환사채의 발행이 경영권 분쟁 상황하에서 열세에 처한 구지배세력(A)이 지분 비율을 역전시켜 경영권을 방어하기 위하여 이사회를 장악하고 있음을 기화로 기존 주주(X)를 완전히 배제한 채 제3자인 우호세력(C)에게 집중적으로 '신주'를 배정하기 위한 하나의 방편으로 채택된 것이라면, 이는 전환사채 제도를 남용하여 전환사채라는 형식으로 사실상 신주를 발행한 것"이라고 판시하고 있다.

우에도 주주총회 특별결의를 거쳐야 한다(판례).

2) 전환조건 발행사항 중 전환조건이라고 함은 전환가액과 전환비율을 말한다. ① 전환가액; 전환사채를 주식으로 전환하는 경우 주식 1주를 전환사채의 액면 얼마와 교환할 수 있는가를 나타내는 것으로서, 보통은 "사채 10,000원을 보통주식 1주로 전환할 수 있다"라는 식으로 정한다(標準定款 14③). 이러한 전환가액의 결정방법에는 時價轉換方式과 額面轉換方式이 있다. 이 중 시가전환방식이라고 함은 전환사채 발행시의 주가를 기준(기준주가)으로 하여 이를 약간 상회하는 가액을 전환가액으로 정하는 방식이고, 액면전환방식은 전환사채 발행시의 주가 여하에 불구하고 주식의 액면가액을 전환가액으로 정하는 방식이다. 이는 마치 신주발행에서의 시가발행 및 액면발행과 유사하며 상장법인의 경우 시가전환방식에 의하고 있다. ② 전환가액의 조정; 시가전환방식에 의할 경우 전환사채의 가치는 사채발행당시의 주식가액과 전환시의 주식가액에 의해 좌우된다. 따라서 사채가 발행된 후 주가가 하락하면 사채권자는 손해를 보게 된다. 그런데 주가가 시장의 상황에 의하여 변동할 경우에는 사채권자가 이를 감수해야 하지만, 발행회사가 대규모 유상

증자를 하거나 주식배당 및 준비금의 자본전입과 같은 무상증자를 통하여 주가가 하락하는 이른바 轉換權의 稀釋化가 발생할 경우에는, 이를 방지하기 위한 대책이 마련되어야 할 것이다. 상법에는 이에 대한 특별한 규정이 없으나 '有價證券引受業務에관한規程'에서는 발행회사와 인수주간사회사간의 협의에 의해 전환가액을 조정하도록 함으로써 사채권자를 보호하고 있다. ③ **전환비율**; 전환사채의 액면당 주식으로 전환을 청구할 수 있는 비율을 의미한다. 가령 전환가액이 10,000원이고, 보유하는 사채가 1,000,000원이라고 가정할 경우, 전환비율이 100%이면 100주의 주식을 발행하여야 하고, 전환비율이 50%이면 50주의 주식을 발행하고 잔액은 채권으로 존속하게 된다.

제3자에게 전환사채를 발행하는 경우에 기존주주의 보호를 위해 주주총회 특별결의를 거친다.

3) 제3자 배정 · 모집 주주 이외의 자에게 전환사채를 발행하는 경우에는 그 발행할 수 있는 전환사채의 액, 전환의 조건, 전환으로 인하여 발행할 주식의 내용과 전환을 청구할 수 있는 기간에 관하여 정관에 규정이 없으면 주주총회특별결의로서 이를 정하여야 한다(513③). 전환사채는 주식으로 전환이 예정되어 있는 사채이므로 제3자에게 그 인수권을 주는 것은 신주인수권을 부여하는 것과 마찬가지이다. 따라서 제3자에게 신주인수권을 부여하는 경우와 마찬가지로 신기술도입, 재무구조개선 등 경영상의 목적달성을 위해 필요한 경우에 한하여 정관에 정하는 바에 따라(513②但 418②) 또는 주주총회 특별결의를 거치도록 함으로써 기존주주의 이익을 보호하고 있다. 여기에서 전환의 조건 등이 정관에 이미 규정되어 있어 주주총회의 특별결의를 다시 거칠 필요가 없다고 하기 위해서는 전환의 조건 등이 정관에 상당한 정도로 특정되어 있을 것이 요구된다고 하겠다. 그러나 주식회사가 필요한 자금수요에 대응한 다양한 자금조달의 방법 중에서 주주 외의 자에게 전환사채를 발행하는 방법을 선택하여 자금을 조달함에 있어서는 전환가액 등 전환의 조건을 그때 그때의 필요자금의 규모와 긴급성, 발행회사의 주가, 이자율과 시장상황 등 구체적인 경제사정에 즉응하여 신축적으로 결정할 수 있도록 하는 것이 바람직하다. 따라서 주주총회의 특별결의에 의해서만 변경이 가능한 정관에 전환의 조건 등을 미리 획일적으로 확정하여 규정하도록 요구할 것은 아니며, 정관에 일응의 기준을 정해 놓은 다음 이에 기하여 실제로 발행할 전환사채의 구체적인 전환의 조건 등은 그 발행시마다 정관에 벗어나지 않는 범위에서 이사회에서 결정하도록 위임하는 방법을 취하는 것도 허용된다(대판 2004.6.25, 2000다37326).

(3) 전환사채의 발행절차

전환사채는 사채인 동시에 잠재적 주식이므로 그 발행절차는 보통의 사채와 유사하나, 신주발행절차에서 보는 배정일의 지정·공고, 주주에 대한 최고·공고와 실권, 배정, 납입, 등기와 같은 절차가 추가로 요구된다.

전환사채의 발행절차는 사채와 유사하나 일정한 절차의 추가를 요한다.

1) 공 시 사채청약서, 채권과 사채원부에 사채를 주식으로 전환할 수 있다는 뜻, 전환의 조건, 전환으로 인하여 발행할 주식의 내용, 전환을 청구할 수 있는 기간, 주식의 양도에 관하여 이사회의 승인을 얻도록 정한 때에는 그 규정을 기재하여야 한다(514).

2) 배정일의 지정·공고 전환사채의 액이 결정되면 주주는 그 보유주식수에 따라 전환사채의 배정을 받을 권리가 있다. 그러나 각 전환사채의 금액 중 최저액에 미달하는 단수에 대하여는 그러하지 아니하다(513의2①). 따라서 인수권을 행사할 주주를 확정하기 위하여 배정기준일을 정하고 그 2주간전에 배정기준일에 주주명부에 기재된 주주가 인수권을 갖는다는 뜻을 공고하여야 한다(513의2②, 418②).

3) 주주에 대한 최고 기준일에 인수권이 확정된 주주에게 전환사채의 액, 발행가액, 전환의 조건, 전환으로 인하여 발행할 주식의 내용, 전환을 청구할 수 있는 기간과 일정기일(청약일)까지 청약을 하지 아니하면 그 권리를 잃는다는 뜻을 청약일의 2주간전에 통지하여야 하며(513의3①), 무기명주주를 위하여 동일한 사항을 공고하여야 한다(513의2②, 419③). 청약기일에 청약하지 아니하면 실권한다(513의2②, 419④).

4) 유지청구·불공정인수인의 책임 회사가 법령 또는 정관에 위반하거나 현저하게 불공정한 방법으로 전환사채를 발행함으로써 주주가 불이익을 받을 염려가 있는 경우에는 신주발행에서와 같이 주주가 그 발행의 유지를 청구할 수 있다(516①, 424). 전환사채발행유지 청구는 전환사채 발행의 효력이 생기기 전, 즉 전환사채의 납입기일까지 이를 행사하여야 한다. 따라서 전환사채권자가 전환 청구를 하면 회사는 주식을 발행해야 하는데, 전환권은 형성권이므로 전환을 청구한 때에 당연히 전환의 효력이 발생하여 전환사채권자는 그 때부터 주주가 되고 사채권자로서의 지위를 상실하게 되므로(516, 350), 그 이후에는 주식전환의 금지를 구할 법률상 이익이 없다(대판 2004.8.16, 2003다9636; 2004.6.25, 2000다37326). 그러나 대판 2004.6.25, 2000다37326은 "전환사채의 인수인이 회사의 지배주주와 특별한 관계에 있는 자라거나 그 전환가액이 발행시점의 주가 등에 비추어 다소 낮은 가격이라는 것과 같은 사유는 일반적으로 전환사채발행유지청구의 원인이 될 수 있음은 별론으로 하고 이미 발행된

전환사채 또는 그 전환권의 행사로 발행된 주식을 무효화할 만한 원인이 되지는 못한다"고 판시하였다. 또 불공정인수인의 책임이 인정된다(516①, 424의2).

5) 등 기 회사가 전환사채를 발행한 때에는 일반 사채와는 달리 사채의 납입이 완료된 날로부터 2주간 내에 본점의 소재지에 전환사채의 등기를 하여야 한다(514의2).

(4) 전 환

전환청구는 청구서에 의한다.

1) 전환청구 전환의 청구는 청구서에 의하여야 한다. 청구서에는 전환하고자 하는 사채와 청구 연월일을 기재하고 記名捺印하여야 하며, 청구서 2통에 채권을 첨부하여 회사에 제출하여야 한다(515).

청구기간의 제한은 없으나 상장법인의 경우 발행 후 3월 경과시부터 가능하다.

2) 청구기간 전환청구는 청구기간중에는 언제든지 할 수 있다. 주주명부 폐쇄기간중에도 가능하지만 그 기간중에는 의결권을 행사할 수 없다. 청구기간은 정관 또는 이사회의 발행사항결정에서 정하여지는데 보통 발행일 다음날부터 상환일 직전까지로 되어 있다. 그러나 상장법인의 경우에는 발행 후 3월이 경과한 후에 전환청구를 할 수 있다(標準定款14④).

전환의 효력발생시기는 청구서 제출시이다.

3) 전환의 효력 사채권자가 청구서를 회사에 제출함으로써 전환의 효력이 발생하며(516②, 350) 사채권자는 주주가 된다. 그러나 사채이자의 지급, 주식의 이자 또는 이익배당에 관하여는 그 청구를 한 때가 속하는 영업년도 말에 전환된 것으로 본다(516②, 350③前). 회계연도 중간에 사채가 주식으로 전환되면 이자지급이나 이익배당에 혼선이 생길 우려가 있기 때문이다. 다만 정관의 규정으로 직전 영업년도 말에 전환된 것으로 볼 수 있다(516②, 350③後, 標準定款14⑤). 상법 제334조에 의하면 주주는 납입에 관하여 상계로써 회사에 대항하지 못한다고 규정되어 있다. 그런데 전환사채는 발행 당시에는 사채이며, 사채권자가 전환권을 행사한 때 비로소 주식으로 전환되어 회사의 자본을 구성하게 되므로, 전환사채의 인수에 관해서는 상계금지에 관한 상법 제334조의 규정이 적용되지 않는다고 보아야 할 것이다(대판 2004.8.20, 2003자20060). 전환사채의 질권자는 전환후의 주식에 대해 질권을 행사한다.

전환으로 인해 신주가 발행되면 자본은 증가하나 부채는 감소한다.

4) 신주발행 전환의 효력이 발생하면 신주를 발행하게 되는데, 회사는 전환기간중에 전환에 의해 발행될 주식의 수만큼 미발행주식으로 유보해두어야 한다(516①, 346②). 전환으로 인해 신주가 발행되면 그만큼 자본이 증가하는 대신 부채(사채)는 감소한다.

5) 변경등기 전환에 의해 등기사항(전환사채총액, 발행주식총수, 자본의 총액)에 변동이 생기므로 변경등기를 하여야 한다. 즉 전환을 청구한 날이 속하는 달의 말일부터 2주간내에 본점소재지에 등기를 하여야 한다(516②, 351).

전환에 의한 변경등기를 요한다.

(5) 전환사채발행의 무효·불공정

轉換社債의 발행에 하자나 현저한 불공정이 개재된 경우에 대하여는 신주발행의 경우와는 달리 특별한 규정을 두지 않고 있다. 그러나 [사례Ⅵ-1-8-ii]에서 보는 바와 같이 轉換社債는 장래 주식으로 전환함으로써 회사의 지배구조에 변화를 줄 수도 있으므로 그 발행의 무효나 불공정이 있을 경우 신주발행에 관한 관련규정(424, 424의2, 429)을 유추적용할 수 있는가 하는 점이 문제된다. 이에 대하여 서울고결 1997.5.13 97라36은 "전환사채의 발행에 무효사유가 있는 경우 그 무효를 인정하여야 하고, 그 방법은 신주발행무효의 소에 관한 상법 제429조를 유추적용할 수 있다. 전환사채의 발행이 경영권 분쟁 상황하에서 열세에 처한 구지배세력(A회사측)이 지분 비율을 역전시켜 경영권을 방어하기 위하여 이사회를 장악하고 있음을 기화로 기존 주주(X)를 완전히 배제한 채 제3자인 우호세력(C)에게 집중적으로 '新株'를 배정하기 위한 하나의 방편으로 채택된 것이라면, 이는 전환사채 제도를 남용하여 전환사채라는 형식으로 사실상 신주를 발행한 것으로 보아야 하며, 그렇다면 그러한 전환사채의 발행은 주주의 신주인수권을 실질적으로 침해한 위법이 있어 신주 발행을 그와 같은 방식으로 행한 경우와 마찬가지로 무효로 보아야 하고, 뿐만 아니라 그 전환사채의 발행은 현저하게 불공정한 방법에 의한 발행으로서 이 점에서도 무효라고 보아야 한다고"판시하였다(同 대판 2004.6.25, 2000다37326; 2004.8.16, 2003다9636; 2004.8.20, 2003자20060). 따라서 전환사채발행부존재 확인의 소에 있어서 상법 제429조에 정한 6월의 제소기간의 제한이 적용된다고 할 것이다(同 대판 2004.8.16, 2003다9636; 2004.8.20, 2003자20060).

전환사채의 발행에 무효나 불공정이 있을 때 신주발행에 관한 규정을 유추적용한다(판례).

다. 新株引受權附社債

(1) 의 의

新株引受權附社債(bonds with stock purchase warrants; BW)라 함은 사채발행회사의 신주를 인수할 수 있는 권리가 부여된 사채를 말한다. 상법은 회사로 하여금 신주인수권부사채를 발행할 수 있도록 하고 있다(516의2①).

1) 취 지 신주인수권부사채권자는 사채권자로서의 안전한 지위를 누림과 동시에 주가가 상승할 경우에는 신주인수권을 행사하여 주주로 될

신주인수권부사채는 전환사채와 유사하나

신주인수권을 행사해도 사채권자로 남아있다는 점에서 차이가 있다.

수 있는 한편, 회사는 이에 의해 유리한 조건으로 자금을 조달할 수 있게 된다. 이와 같이 신주인수권부사채는 사채의 확실성과 주식의 투기성을 함께 지니는 양자의 중간형태라는 점에서 전환사채와 유사하지만, 전환사채는 전환을 하면 사채권자의 지위를 상실하고 주주로 됨에 대하여 신주인수권부사채는 신주인수권을 행사하여도 사채를 상실하지 않고 사채권자로 남아있는 점에서 차이가 있다(강희갑, "전환사채의 발행요건과 그 전환에 관한 상법상의 문제점", 「서돈각교수화갑기념논문집」(1980.11), 213, 강대섭, "신주인수권부사채의 발행규제와 이를 위반한 발행의 효력문제", 「고시연구」(2000.9), 73).

현재 채권에 신주인수권을 표시하고 사채를 양도하는 비분리형만 발행된다.

2) **형 태** 신주인수권부사채는 분리형과 비분리형이 있다. 분리형은 債券과 별도의 증권(新株引受權證券)에 신주인수권을 표시하여 사채와 분리하여 신주인수권만을 양도할 수 있는 형태이고, 비분리형은 채권에 신주인수권을 표시하고 사채와 함께 신주인수권을 양도하는 형태이다. 현재 국내에서는 비분리형만 발행되고 있다.

(2) 발 행

新株引受權附社債도 轉換社債와 마찬가지로 주주배정, 제3자배정, 모집의 방식으로 발행하는데 그에 따라 발행사항의 결정기관이 달라진다.

주주배정은 이사회에서 하나 정관규정이 있으면 주주총회에서 한다.

1) **주주배정** 정관에 규정이 없으면 이사회에서 新株引受權附社債의 총액, 신주인수권의 내용, 신주인수권의 행사기간, 신주인수권의 분리양도에 관한 사항, 대용납입에 관한 사항, 주주의 인수권과 그 액을 결정하여야 한다. 다만 정관으로 주주총회에서 이를 결정하기로 정한 경우에는 그러하지 아니하다(516의2②). 代用納入이란 사채권자가 신주인수권을 행사할 때 주금의 납입을 사채의 상환금에 의하여 하는 것을 말하며(516의2②5), 사채권자의 청구가 있는 경우에만 가능하다.

발행가액의 합계액은 신주인수권부사채의 금액을 초과하지 못하도록 제한하고 있다.

2) **신주인수권의 내용** 발행사항중 신주인수권의 내용이란 각 新株引受權附社債에 대한 신주인수권이 부여되는 비율, 신주인수권행사에 의해 발행되어야 할 주식의 종류와 발행가액 등을 말한다. 특히 발행가액의 합계액은 신주인수권부사채의 금액을 초과할 수 없도록 제한하고 있는데(516의2③, 標準定款15①②), 이는 주주의 이익보호를 위해 사채액이 비하여 과대한 신주인수권을 부여하는 것을 방지하기 위함이다. 新株引受權附社債의 발행 후 주식의 희석화로부터 사채권자를 보호하기 위해 신주인수권 행사가액에 대한 조정이 요구되는 것은 전환사채의 경우와 동일하다.

주주이외의 자에게 발행하는

3) **제3자 배정·모집** 주주 이외의 자에게 新株引受權附社債를 발행하는 경우에는 그 발행할 수 있는 新株引受權附社債의 액, 신주인수권의 내

용과 신주인수권의 행사기간에 관하여 정관에 규정이 없으면 주주총회특별결의로서 이를 정하여야 한다(516의2④). 新株引受權附社債는 신주인수권이 부여되어 있는 사채이므로, 제3자에게 그 인수권을 주는 것은 그에게 신주인수권을 부여하는 것이 된다. 따라서 신기술도입, 재무구조 개선 등 회사의 경영상 목적을 달성하기 위하여 필요한 경우 정관에 정하는 바에 따르거나(418②, 516의2④但) 주주총회 특별결의를 거치도록 함으로써 기존주주의 이익을 보호하고 있다.

경우에 주주총회 특별결의를 거친다.

4) 발행절차 新株引受權附社債의 발행절차는 전환사채와 거의 동일하다. 즉 신주인수권부사채의 공시(516의4), 배성일의 지정·공고(516의10, 513의2, 418②), 주주에 대한 최고와 실권(516의3, 419), 인수와 납입, 수권주식과의 관계(516의10, 516①, 346②), 유지청구 및 불공정인수인의 책임(516의10, 516①, 424, 424의2), 등기(516의7, 514의2) 및 변경등기(516의10, 351)에 대하여는 통상의 신주발행 및 전환사채의 발행에서 설명한 바와 같다.

발행절차는 전환사채와 거의 동일하다.

(3) 신주인수권의 양도

新株引受權의 讓渡는 新株引受權附社債가 분리형인가 비분리형인가에 따라 다르다. 즉 비분리형의 경우에는 신주인수권은 債券의 交付에 의해 양도되지만, 분리형의 경우에는 新株引受權證券의 交付에 의하여만 양도되기 때문에 반드시 新株引受權證券이 발행되어야 한다.

1) 신주인수권증권 이사회의 발행사항결의에서 신주인수권만을 양도할 수 있는 것으로 정한 경우에는(516의2②4) 회사는 債券과 함께 新株引受權證券을 발행하여야 한다(516의5①). 이 경우에는 채권 자체에는 신주인수권부사채에 관한 사항을 기재할 필요는 없고 신주인수권증권에 신주인수권증권의 표시, 회사의 상호, 신주인수권의 내용, 기간, 대용납입, 주금납입취급기관 및 장소, 주식양도에 관한 제한을 기재하고 이사가 기명날인 또는 서명하여야 한다(516의5②). 이 증권에는 권리자의 성명을 기재하지 않으므로 無記名證券이다.

신주인수권부사채가 분리형일 때에는 신주인수권증권을 발행하여 교부한다.

2) 신주인수권의 양도 신주인수권증권이 발행된 경우에는 그 교부에 의하여만 신주인수권이 양도된다(516의6①). 신주인수권증권은 신주인수권을 표창하는 유가증권이라는 점에서 통상의 신주발행시에 발행하는 新株引受權證書(420의2)와 동일하다. 그러나 신주인수권증서가 발행일 이후 청약일까지 약 2주정도 단기간에만 유통되는데 비해 신주인수권증권은 신주인수권을 행사할 수 있는 기간 동안 장기간 유통되므로, 상실시 除權判決에 의해 재발행을 받을 필요가 있다(516의6②, 360).

신주인수권증권은 장기간 유용되므로 상실시 제권판결에 의한 재발행의 필요가 있다.

(4) 신주인수권의 행사

1) 행사방법 신주인수권을 행사하려고 하는 자는 청구서 2통을 회사에 제출하여야 한다(516의8①). 신주인수권증권이 발행된 때에는 신주인수권증권을 청구서에 첨부하고, 이를 발행하지 아니한 때에는 채권을 제시하여야 한다(516의8②). 신주인수권증권은 납입과 상환으로 회사가 회수하고, 채권만 제시된 경우에는 채권에 신주인수권의 행사가 있었다는 뜻을 기재하여 사채권자에게 반환한다. 인수권의 행사는 그 행사기간 중에 하여야 하지만 주주명부 폐쇄기간 중에도 할 수 있다. 다만 그 기간 중에는 의결권은 행사할 수 없다(516의9 350②).

주금납입은 현금이 원칙이나 대용납입이 인정되고 그 법적 성질은 상계로 본다.

2) 주금납입 신주인수권을 행사하려는 자는 신주발행가액 전액을 납입하여야 한다(516의8①). 납입은 채권 또는 신주인수권증권에 기재된 은행 기타 금융기관에 하여야 한다(516의8③). 납입금 보관은행의 변경 및 책임은 회사설립의 경우와 동일하다(516의8④, 306, 318). 주금납입은 현금으로 하는 것이 원칙이지만 대용납입이 인정된다고 함은 앞에서 설명한 바 있다. 代用納入의 법적성질에 관하여는 상환청구와 납입의무의 相計로 보는 견해(이철(회)826, 양·박447, 최기(회)810, 정찬973)와 사채와 주식의 차이점을 중시하여 代物辨濟로 보는 견해(정희617)로 나누어지나, 相計로 보는 것이 옳다고 생각한다.

효력발생시기는 주금납입을 한 때이다.

3) 효력발생 신주인수권을 행사한 자는 주금납입을 한 때에 주주가 된다(516의9). 다만 이익이나 이자의 배당에 관하여는 신주인수권을 행사한 때가 속하는 영업년도 말에 신주가 발행된 것으로 본다(516의9, 350③). 신주인수권부사채에 설정된 질권은 인수권행사로 발행된 신주에는 미치지 아니한다. 인수권을 행사하더라도 사채는 그대로 존속하기 때문이다. 그러나 사채상환에 갈음하여 대용납입을 한 경우에는 사채는 소멸하므로 신주에 대하여 질권을 행사할 수 있다고 본다.

4) 신주발행 신주인수권을 행사하고 주금을 납입한 경우에는 그 때로부터 주주가 되므로 미발행주식으로 유보하였던 신주를 발행·교부한다. 그에 따라 회사의 자본이 증가한다.

라. 기타 特殊社債

상법은 전환사채와 신주인수권부사채에 대하여만 규정을 두고 있지만 실무상으로는 이외에도 보증사채, 이익참가부사채, 교환사채, 변동금리부사채 등이 이용된다. 이 중에서 이익참가부사채와 교환사채에 대하여만 간단히 살펴보기로 한다.

(1) 이익참가부사채

1) 의 의　사채권자가 사채의 이율에 따른 이자를 받는 외에 발행회사의 이익배당에도 참가할 수 있는 권리가 부여된 사채이다. 회사의 이익에 참가한다는 것은 주식에 고유한 성질이므로 이러한 채권을 인정한다는 것은 社債權의 株式化의 한 단면이며, 경제적으로는 無議決權株式과 유사한 기능을 한다. 利益參加附社債는 당해 영업년도에 배당을 받지 못하였을 경우 차기년도로 권리가 넘어가는 여부에 따라 累積的, 非累積的 利益參加附社債로 구분될 수 있다.

사채권자가 이자 외에 이익배당에도 참가할 수 있는 사채를 말한다.

2) 현 황　우리 나라에 利益參加附社債가 도입된 것은 최근의 일로서 법적으로는 증권거래법 제191조의4 및 동 시행령 제84조의 12에 근거를 두고 있다. 따라서 주권상장법인 및 협회등록법인에 한하여 발행할 수 있는데 아직 한 건도 발행된 사례가 없다는 것으로 알려져 있다. 이는 우리 나라 상장기업의 경우 이익의 많고 적음에도 불구하고 매년 이익배당률이 평준화되어 있기 때문에 이익참가부라고 하지만 수익면에서 보통사채와 크게 다를 바 없기 때문이다.

수익면에서 일반사채와 비슷하여 발행된 사례는 없다.

3) 발 행　利益參加附社債는 이익배당에 참가할 수 있는 권리가 부여된 사채이므로 그 발행에 대하여는 기존주주의 이해관계가 크다. 따라서 전환사채와 마찬가지로 주주가 인수권을 갖는 것을 원칙으로 하고 제3자에게 발행할 때에는 그 인수액, 이익배당참가의 내용에 관하여 정관에 규정이 있거나 주주총회의 특별결의를 거쳐야 한다(證去令 84의12③). 기타 발행사항의 결정, 발행절차, 유지청구, 등기 등은 전환사채와 유사하다(證去令 84의12).

인수권은 주주에게 있는 것이 원칙이고 제3자에게 발행할 때는 주주총회 특별결의를 거친다.

(2) 교환사채

1) 의 의　사채권의 소지인에게 교환권행사기간 내에 사전에 합의된 교환조건으로 발행회사가 보유하고 있는 다른 상장법인의 주식과 교환을 청구할 수 있는 권리, 즉 交換權이 부여된 社債를 말한다. 이는 교환권청구시 추가적인 자금유입이 없다는 점에서 신주인수권부사채와 다르며, 자본금의 증가가 수반되지 않는다는 점에서 전환사채와도 다르다. 交換社債도 이익참가부사채와 마찬가지로 증권거래법 제191조의4 및 동 시행령 제84조의 13에 근거를 두고 있으며 주권상장법인에 한하여 발행할 수 있다.

발행회사 보유의 다른 상장법인의 주식과 교환할 수 있는 권리가 부여된 사채로서 주권상장법인만 발행가능하다.

2) 발 행　交換社債는 사채권자에게 신주를 발행하거나 이익에 참여시키는 것이 아니라 단지 회사가 보유하는 다른 회사의 주식과 교환하는 것이기 때문에 주주의 이해관계에 영향을 미치지 아니한다. 따라서 정관에 규

이사회결의만으로 발행가능하고 전환사채의 발행과 유사

하다.

정을 두거나 주주총회의 특별결의를 거칠 필요없이 이사회결의만으로 발행할 수 있다. 그 이외의 사항은 대부분 전환사채의 발행과 유사하다.

교환의 효력은 교환청구시 발생한다.

3) 교 환 교환의 대상이 되는 것은 회사가 보유하고 있는 다른 회사의 상장유가증권(주식, 전환사채, 신주인수권부사채)이다. 교환청구에 대비하여 발행회사는 교환에 필요한 유가증권을 신탁회사 기타 금융기관에 교환청구일 또는 사채상환일까지 예탁하여야 한다. 교환청구는 청구서 2통에 채권을 첨부하여 회사에 제출하여야 한다. 교환의 효력발생시기에 관하여는 전환주식의 전환청구에 관한 상법 제350조 1항을 준용하고 있으므로 그 청구시에 효력이 생긴다고 하겠다.

제 2 절 株式會社의 計算(決算 및 利益配當)

제 1 計算과 決算

1. 計算制度

가. 趣 旨

株式會社는 주주(투자자)가 출자한 자본을 바탕으로 하여 영리활동을 하는 회사로서, 그 궁극적인 목적은 영업을 통하여 획득한 이익을 주주들에게 분배하는 데 있다. 그러나 경영에 참여하는 일부 대주주를 제외하고 일반 주주들은 회사가 일정한 영업년도에 어느 정도의 경영 성과가 있고 그에 따른 이익 또는 손실이 발생하였는지 알 수 없는 경우가 많다. 또 그 회사의 현재의 주주는 아니지만 많은 잠재적 투자자들은 회사의 경영상태와 수익상태에 대한 명확한 정보가 있어야 이를 기초로 하여 증권시장에서 그 회사의 株式이나 社債에 대한 투자를 할 수 있다. 나아가 주식회사는 많은 상대방과 거래관계를 맺고 있는데 株主有限責任의 原則에 따라 회사재산만이 유일한 담보로 되면서 이들을 보호하기 위해 회사의 재산적 기초를 확보하는 것이 중요하다.

주식과 사채평가, 투자판단의 기초, 신용상태를 확인하고 거래의 안전을 도모하는 데 있어 중요하다.

이와 같이 주식회사가 영리단체로서 그 기업의 財務狀況에 대한 정보의 정확성을 기하는 것은, 경영진들에게는 경영계획을 수립하는데 있어서, 일반주주와 사채권자들에게는 그들이 보유하는 주식과 사채의 가치를 평가함에 있어서, 또 일반투자자들에게는 투자판단의 기초로서, 그리고 회사의 거래상대방에게는 회사의 신용상태를 확인하고 거래의 안전을 도모하는 데 있어서 매우 중요한 것이다. 이러한 의미에서 회사의 재무상황과 경영성과를 명확히 확인하고 이에 대한 공정한 평가를 한 후, 이를 이해관계자에게 널리 공시할 필요가 있다.

나. 計算 · 決算 · 會計

매 決算期를 단위로 하여 회사의 재산과 손익상태를 확인 · 평가하고

계산과 회계는

실제로 동일한 의미로 사용된다.

이를 바탕으로 이익 또는 손실을 처리하기 위한 의사결정(주주총회결의)을 하는 일련의 행위를 가리켜 會社의 計算이라고 한다. 그러므로 계산은 決算節次와 利益配當을 포괄하는 동적 개념으로 사용된다(이철(회) 744). 상법에서는 '計算'이라는 용어를 사용하고 있지만 상법이외의 기업회계기준이나, 증권거래법, 세법 등에서는 계산 대신에 '企業會計'라는 용어를 사용하고 있는데, 계산은 재산상태와 손익을 확인하는 작업이라는 점에서 기업회계와 뜻을 같이하지만, 결산결과의 처리를 위한 의사결정까지를 포괄하는 점에서 회계보다는 넓은 개념이다. 그러나 실제로 양자는 거의 동일한 의미로 사용되고 있다.

다. 計算(會計)에 관한 法的 規律

(1) 법적 규율의 필요성

기업내부 및 이해관계인들간의 이해조정이라는 측면에서 중요하다.

計算(企業會計)이 단순히 기업활동의 성과를 파악하고 이를 바탕으로 기업을 합리적으로 경영하기 위한 기업내부적인 필요에 의해 자발적으로 이루어진다면 이에 대한 법적규율의 필요성은 그다지 크지 않을 것이다. 그러나 이는 단순히 기업내부의 필요를 충족시키는 데 그치지 않고 기업에 관계하는 다양한 이해관계인과 관련을 가질 경우에는 그들간의 이해조정이라는 측면에서 기업회계에 대한 정보의 공시가 중요시되고, 이를 보장하기 위한 엄격한 법적 규율이 요구되는 것이다(박정우, "기업회계 관련법들간의 충돌성에 관한 연구", 「기업법연구」(2005.9), 188).

(2) 법 원

계산에 관한 법원으로는 상법, 증권거래법, 세법 등이 있다.

주식회사의 계산(회계)을 규율하는 중요한 法源으로는 상법의 '計算規定'과 株式會社外部監査에관한法律에 근거한 '企業會計基準'이 있다. 또 세법상의 '會計處理規定'과 증권거래법상의 '上場法人財務管理規程'이 있는데, 이들은 각각 적용영역과 규율목적을 달리 한다. ① **상법의 계산규정**은 일반적인 주식회사를 그 대상으로 하며, 주주와 채권자 보호의 견지에서 배당가능이익의 적정한 산정기준을 마련하는 데 중점을 두고 있다. ② **상장법인을 대상으로 하는 증권거래법**은 기업회계기준에 기초를 두고, 주로 기업의 수익력 표시에 중점을 두는 한편, 투자자보호라는 견지에서 기업에 관한 정보공시의 적정성 확보에 초점을 두고 있다. ③ **세법**은 조세법률주의원칙하에 조세부담의 공평이라는 견지에서 소득세나 법인세 등의 대상이 되는 課稅所得算定에 관한 규제가 그 중심이 된다.

2. 計算規定과 企業會計基準

가. 商法上 計算規定

會計에 관하여는 상법총칙편의 상업장부에 관한 규정 이외에 주식회사편에 계산에 관한 규정(447~468)을 두고 있다. 이들 규정의 내용을 분류해 보면 다음과 같다. ① 재무제표의 작성과 공시승인에 관한 규정으로서 주주와 회사채권자로 하여금 회사의 재무상태와 손익상황을 명확하게 알 수 있게 한다(447~450). ② 회계장부 및 대차대조표에 기재될 자산과 그 평가방법 및 이연자산(창업비, 신주발행비용, 신주발행시 미달금액, 사채차액, 배당건설이자 등)의 계상에 관한 규정이다(451~457). ③ 법정준비금(이익준비금과 자본준비금)의 적립과 사용제한, 준비금의 자본전입, 이익과 이자의 배당에 관한 규정으로서 자본유지와 회사재무구조의 안정성 확보를 목적으로 한다. ④ 주주의 회계장부열람권, 회사의 업무재산상태의 검사, 회사의 이익공여금지에 관한 규정 및 경리의 부정에 대한 방지와 회사의 비리를 방지하기 위한 처벌규정이 있다(466~467의2, 634의2, 635).

강행규정으로서 정관으로도 변경할 수 없다.

이러한 규정들은 회사의 계산관계를 명확히 함과 동시에 회사의 재산적 기초를 확보하기 위한 강행규정으로서 정관으로도 변경할 수 없는 것으로 보아야 한다(정동(회)583, 채755, 이기(회)504, 정찬(상)966). 또 영업성적과 재산상태를 공개하는 절차를 두어 주주 및 회사채권자, 선의의 투자자 일반의 이익을 보호하고 있다(송종준, "회사법상 회계관련규정의 개정 및 새로운 제도의 도입", 「상사법연구」(2006), 257).

나. 企業會計基準

(1) 의 의

재산을 평가하고 손익을 확인하는 작업이다.

會社의 計算(會計)은 재산을 평가하고 손익을 확인하는 작업으로서 주도 계산상의 수치를 다루게 되므로 체계적인 기준에 따른 회계학적 방법론이 사용된다. 그런데 이러한 회계기준은 재산의 종류나 거래의 유형에 따라 매우 복잡다양할 뿐 아니라 경제현실의 변화에 맞추어 늘 새로운 기준이 개발되므로 이를 고정적인 상법내에 수용하는 것은 적합하지 아니하다. 따라서 상법에서는 商業帳簿의 작성에 관하여 '일반적으로 공정타당한 회계관행'에 의할 것을 그 기본방향으로 설정하고(29②), 주식회사의 계산규정에서 재무제표와 자산평가 등에 관한 중요한 원칙만으로 정할 뿐, 나머지는 모두

株式會社外部監査에 관한 法律에 근거하여 금융감독위원회가 제정한 '企業會計基準'에 맡기고 있다. 이와 같이 기업회계기준은 법률(外監法)의 위임에 의하여 제정된 것이므로 그 성격은 법규범이며 따라서 이사나 감사가 이를 위반하여 회계처리를 한 경우에는 법령위반으로 책임을 지게 된다(오수근, "회계에 대한 법적 규율의 체계", 33).

(2) 회계의 기본원칙

회계의 기본원칙으로는 진실성, 명료성, 충분성, 계속성, 실효성의 원칙을 들 수 있다.

企業會計基準은 外監法의 적용을 받는 회사의 회계와 감사인의 감사에 통일성과 객관성을 부여하기 위하여 회계처리 및 보고에 관한 기준을 정함을 목적으로 제정되었다(基準 1). 企業會計基準이 정하고 있는 회계처리의 일반원칙을 보면 i) 회계처리 및 보고는 신뢰할 수 있도록 객관적인 자료와 증거에 의하여 공정하게 처리하여야 하며(진실성의 원칙), ii) 재무제표의 양식 및 과목과 회계용어는 이해하기 쉽도록 간단·명료하게 표시하여야 하며(명료성의 원칙), iii) 중요한 회계방침과 회계처리기준·과목 및 금액에 관하여는 그 내용을 재무제표상에 충분히 표시하여야 하며(충분성의 원칙), iv) 회계처리에 관한 기준 및 추정은 기간별 비교가 가능하도록 매기 계속하여 적용하고 정당한 사유없이 이를 변경하여서는 아니되며(계속성의 원칙), v) 회계처리와 재무제표 작성에 있어서 과목과 금액은 그 중요성에 따라 실용적인 방법에 의하여 결정하여야 하며(실용성의 원칙), vi) 회계처리과정에서 2 이상의 선택가능한 방법이 있는 경우에는 재무적 기초를 견고히 하는 관점에 따라 처리하여야 하며, vii) 회계처리는 거래의 실질과 경제적 사실을 반영할 수 있어야 한다(基準 3). 그리고 회계처리에 관하여 이 기준에서 정하는 것 이외에는 일반적으로 공정타당하다고 인정되는 회계관습에 따라야 한다(基準 4).

다. 計算規定과 企業會計基準의 關係

(1) 양자의 관계

기업회계기준과 상법은 일반법과 특별법의 관계에 있다.

기업회계기준은 外監法의 수권에 따라 제정된 법규범이므로 상법의 하위규범이 아니고 일반법과 특별법의 관계에 있다. 따라서 外監法이 적용되는 영역에서는 기업회계기준이 상법의 계산규정보다 우선하여 적용된다. 상법총칙의 상업장부에 관한 규정, 주식회사의 계산규정 및 기업회계기준의 3자간 적용관계를 보면 i) 자본금 1천만원 미만의 개인기업과 공동기업, 이른바 小商人에는 회계에 관한 일반적인 법규범이 없고(9), ii) 자본금 1천만원 이상의 개인기업과 모든 회사에는 상업장부규정이 적용되고, iii) 주식회사에는 계산규정이 적용되며(유한회사에 일부준용), iv) 外監法의 적용을 받는 자산총액 70억원 이상의 주식회사에는 기업회계기준이 우선적으로 적용된다. 즉 주식회사에 대한 회계규율은 공개회사 중심의 '企業會計基準'과 중소기업을 대상으로 하는 '商法의 計算規定'으로 이원화되어 있는 셈이다.

(2) 차 이

주식회사의 계산(회계)에 적용되는 이들 세 가지 규정의 차이점은 다음과 같다.

1) 회계서류상의 차이　상업장부규정은 회계장부(전표, 원장 등)와 대차대조표의 작성을 요구하며(29 ①), 계산규정은 재무제표(대차대조표, 손익계산서, 이익잉여금처분계산서 또는 결손금처리계산서)와 재무제표부속명세서를 요구하고(447), 기업회계기준은 계산규정에서 요구하는 서류 외에 현금흐름표의 작성을 요구한다(基準 5).

2) 규율의 정도차이　여러 측면에서 차이를 보이고 있는데 가령 자산평가를 보면 상업장부규정은 유동자산과 고정자산으로만 규정하고 있으나 계산규정에서는 유동자산, 금전채권, 사채와 주식, 영업권으로 나누어 규정하고 있다. 그런데 기업회계기준에서는 이를 보다 상세하게 분류하여 유가증권, 재고자산, 투자자산, 유형고정자산, 무형고정자산, 이연자산으로 구분하고 있다.

라. 企業會計制度의 國際化

국제자본시장에서 기업의 자금조달을 원활히 하기 위해 국제적인 기준에 맞는 기업회계가 필요하다.

기업활동과 투자의 글로벌화가 진척되면서 우리 나라 기업의 외국에서의 자금조달이나 외국인의 우리 나라 회사에 대한 투자가 급격히 증대하고 있다. 이러한 국제화 시대에 있어서는 무엇보다도 기업의 재무상황에 대한 투명성 제고가 투자판단의 자료로서 중요시된다. 그러나 종래 우리 나라 기업의 회계처리는 이른바 분식결산이나 계열기업간의 손익분산처리와 같은 인위적인 조작으로 국제적인 신인도를 상실하였다. 이러한 기업재무정보의 불투명성은 재벌의 독단적인 경영과 함께 외국인의 한국회사에 대한 투자를 기피하게 하는 중요한 원인으로 되었고 이는 결국 IMF위기로 이어지게 된 것이다. 따라서 이러한 위기의 재발을 막고 국제자본시장에서 우리 나라 기업의 자금조달을 원활히 하기 위해서는 국제적인 기준에 맞는 기업회계관행의 정착이 시급하다(왕순모, "기업회계법의 구축과 전망", 「상사법 연구」(2003. 2), 111).

실무적으로 국제회계준을 따

國際會計基準委員會는 기업의 회계처리의 중복을 회피하고 재무정보에 관한 국제간의 비교가능성을 높이기 위해 국제적으로 공감할 수 있는 통일르나, 상법의 계산규정과 상이한 부분이 많다.

된 기준으로서 국제회계기준(International Accounting Standard: IAS)을 제정·공표하여 오고 있다. 각국은 이러한 국제적으로 승인된 기준에 자국의 경제적 특성을 반영하는 형태로 국제회계기준을 수용하고 있는데, 우리의 기업회계기준도 이러한 국제회계기준에 따른 것이다. 다만 우리 나라의 독특한 재벌경영구조를 반영하여 結合財務諸表의 작성이 요구되는 등 약간 차이가 있을 뿐이다. 이와 같이 국제적으로나 우리의 회계실무는 미국의 영향아래 있는 국제회계기준을 따르고 있음에도 불구하고 상법의 계산규정은 독일법을 繼受한 것이므로 기업현실과 맞지 않는 부분이 많이 있었다. 이리하여 1984년 상법개정시 계산규정을 현실에 맞게 대폭적으로 개정하였으나 아직도 미흡한 점이 많이 남아 있다.

3. 決算節次

주식회사의 계산에 관한 규정은 결산관련규정이 중요하다.

주식회사의 計算에 관한 규정은 決算에 관한 부분과 그 이외의 규정으로 나누어지는데 결산에 관련한 규정이 중요한 부분을 차지하고 있다. 주식회사의 결산절차는 다음과 같다.

① 결산기에 (대표)이사는 재무제표 및 영업보고서를 작성하여 이사회의 승인을 얻어야 한다(447, 447의2). ② 정기총회 會日의 6주간 전에 이를 감사(감사위원회)에게 제출하여야 한다(447의3, 415의2⑥). ③ 감사(감사위원회)는 이를 받은 날로부터 4주간 내에 감사보고서를 작성하여 (대표)이사에게 제출한다(447의3, 415의2⑥). ④ 대표이사는 재무제표와 영업보고서 및 감사보고서를 총회 會日의 1주간 전부터 본점과 지점에 비치하고 주주와 회사채권자의 열람에 제공하여야 한다(448). ⑤ 대표이사는 정기총회에 재무제표를 제출하여 그 승인을 얻어야 하며, 영업보고서는 총회에 제출하고 이를 보고하여야 한다(449). 이로써 결산절차는 종료한다. ⑥ 정기총회에서 재무제표를 승인하면 배당가능이익이 확정되며 이를 바탕으로 이익배당을 하거나 주식배당을 하게 된다. 주주의 이익배당금은 총회에서 승인이 있는 날로부터 1월 이내에 지급하여야 한다(464의2). ⑦ 총회에서 재무제표의 승인을 하면 대표이사는 대차대조표를 지체없이 공고하여야 하며(449③), 정기총회에서 승인한 후 2년 이내에 다른 결의가 없으면 이사와 감사의 회사에 대한 책임이 해제된다(450).

■ 연말결산회사의 결산절차(총회) 일정의 예

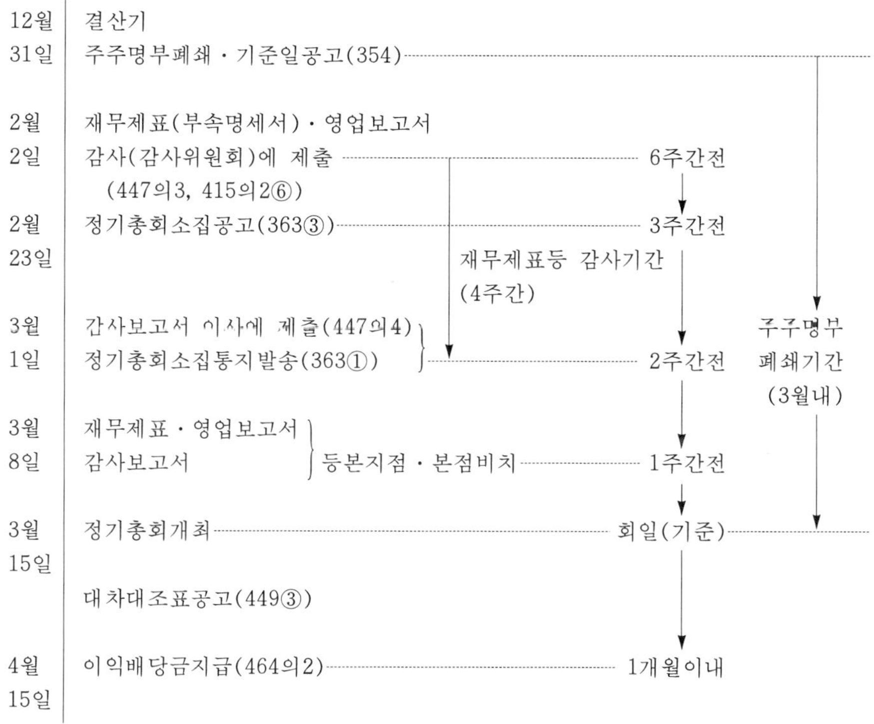

제 2 財務諸表

1. 總 說

가. 意 義

財務諸表는 기업의 재정상태와 경영성과를 기재하여 주주, 채권자 등 이해관계인에게 필요한 회계사실을 알리기 위하여 이사가 당해 연도의 매 결산기에 작성하고, 주주총회의 승인을 받아 확정되는 회계서류를 말한다. 대차대조표, 손익계산서, 이익잉여금처분계산서 또는 결손금 처리계산서가 이에 해당하는데(447), 그 중심은 損益計算書이다. 기업회계기준은 이외에도 현금흐름표를 재무제표에 포함시키고 있다.

기업의 재정상태와 경영성과를 기재, 필요한 회계사실을 알리기 위해 작성되는 회계서류이다.

나. 商業帳簿와의 구분

재무재표와 상업장부는 재산과 손익상태를 표시한다는 점은 같지만 작성목적과 범위는 다르다.

財務諸表와 商業帳簿는 재산과 손익의 상태를 표시함을 목적으로 하는 점에서는 같지만 그 작성목적과 범위는 일치하지 아니한다. 즉 상업장부는 주로 영업상의 재산 및 손익의 상황을 명백히 함으로써 상인이 경영합리화를 기하려는데 주된 목적이 있음에 비해, 재무제표는 일차적으로는 이익의 배당 또는 결손시 처리의 적정을 기함으로써 주주와 채권자 등 이해관계인의 이익을 조정함을 목적으로 한다(김두환,「주식회사의 계산제도」, 58~59).

손익계산서와 이익잉여금 처분계산서는 상업장부가 아니다.

商業帳簿는 會計帳簿와 貸借對照表로 구성되는데 회계장부는 상인이 일상의 거래와 기타 영업상 재산에 영향이 있는 사항을 기재하는 동태적 장부이다(30①). 대차대조표는 재무제표와 상업장부에 공통하는 것이지만 손익계산서와 이익잉여금처분계산서는 상업장부가 아니다. 또 회계장부는 재무제표에는 포함되지 않지만 재무제표를 작성하기 위해서는 그 전제로 회계장부의 작성이 필요하다.

2. 種 類

가. 貸借對照表

(1) 의 의

기업의 재무상태를 나타내는 서류로서 투자자들에게 가장 중요한 투자판단의 기초가 된다.

貸借對照表(balance sheet; B/S)는 일정시점에서(보통은 결산기)의 자산, 부채 및 자본을 기재함으로써 기업의 재무상태를 명시하는 서류이다. 즉 負債와 資本의 합계액이 資産이라는 등식에 따라 모든 계정을 이 3가지로 구분하여 대비하는 방식으로 회사의 재무상태를 일목요연하게 나타내는 서류로서 그 형식에는 보고식과 계정식의 2가지가 있다. 대차대조표는 기업내부자들은 물론이고, 외부의 투자자들에게도 가장 중요한 투자판단의 기초가 되는 것이므로 다른 재무제표와는 달리 公告하도록 하고 있다(449③).

貸借對照表는 그 작성시기에 따라 통상대차대조표와 비상대차대조표로 나누어지는데, 전자는 매결산기에 정기적으로 작성되는 것이고, 후자는 회사의 합병이나 영업양도와 같은 중요한 구조변경시에 작성되는 것이다.

(2) 종 류

영업계속의 경우에 유도법, 청

貸借對照表는 그 종류와 목적에 따라 작성방법을 달리 한다. 영업의 계속을 전제로 하여 매결산기에 작성되는 통상대차대조표는 誘導法(또는 損益

法)에 의하는데, 이는 복식부기의 원리에 따라 거래사실을 회계장부에 계속적으로 기록하여 대차대조표를 유도하는 형식으로 작성되는 것이다. 이에 대하여 회사의 청산이나 파산시에 작성되는 대차대조표는 財産目錄法에 의하는 바, 이는 일정시점에서 기업이 보유하고 있는 자산과 부채를 실지로 조사하여 이를 기초로 작성하는 것이다. 종래에는 통상대차대조표도 財産目錄法에 의하여 작성하도록 하였으나 1984년 상법개정시 현재와 같은 유도법으로 바꾸었다.

산·파산의 경우에는 재산목록법으로 작성한다.

(3) 작성기준 및 양식

貸借對照表의 작성기준에 대하여는 상법에는 아무런 규정을 두고 있지 않으나 기업회계기준에서는 자산·부채 및 자본으로 구분하고, 자산은 유동자산 및 고정자산으로, 부채는 유동부채 및 고정부채로, 자본은 자본금·자본잉여금·이익잉여금 및 자본조정으로 각각 구분하여 작성할 것을 요구한다(基準 11①). 대차대조표의 양식에는 보고식·계정식·요약보고식·요약계정식이 있다(基準 11②).

■ 대차대조표 예시

대 차 대 조 표

××회사 2000년 ×월 ×일(단위: 백만원)

자산		부채	
I. 유동자산		I. 유동부채	3,379
(1) 당좌자산	3,378	II. 고정부채	1,154
(2) 재고자산	3,799	부채총계	4,533
II. 고정자산		자본	
(1) 투자자산	1,159	I. 자본금	3,432
(2) 유형자산	450	II. 자본잉여금	1,200
(3) 무형자산	5	III. 이익잉여금	293
(4) 이연자산	667	자본총계	4,925
자산총계	9,458	부채와 자본총계	9,458

나. 損益計算書

(1) 의 의

損益計算書는 기업의 경영성과를 명확히 보고하기 위하여 그 회계기간에 속하는 모든 수익과 이에 대응하는 모든 비용을 적정하게 표시하는 재무

사업년도라는 일정기간의 기

업성과를 나타내기 위한 동태적인 결산표이다.

제표이다(基準 39①). 대차대조표가 주로 결산기말의 경영상태를 나타내는 정태적인 재무제표라고 한다면, 손익계산서는 事業年度라는 일정기간의 기업성과를 나타내기 위한 동태적인 결산표라고 할 수 있다. 손익계산서의 형태도 보고식과 계정식이 있다.

(2) 작성기준

기업회계기준은 모든 수익과 비용을 그것이 발생한 기간에 정당하게 배분되도록 처리할 것과 그 발생원천에 따라 명확하게 분류하여 대응표시하되 총액에 의하여 기재할 것을 요구한다(基準 40).

다. 利益剩餘金處分計算書 또는 缺損金處理計算書

이월이익잉여금의 총변동사항을 표시하는 재무재표이다.

이익잉여금처분계산서는 이익잉여금의 처분사항을 명확히 보고하기 위하여 이월이익잉여금의 총변동사항을 표시하는 재무제표이다. 만일 경영성과가 좋지 아니하여 결손이 발생한 경우에는 결손금처리계산서를 작성하여야 하는데, 이는 결손금의 처리사항을 명확히 보고하기 위하여 이월결손금의 총변동사항을 표시하는 재무제표이다(基準 76).

라. 財務諸表附屬明細書

기업의 주된 자산과 부채, 자본과 준비금 및 거래에 관한 변화를 기재한 명세표이다.

財務諸表附屬明細書는 재무제표의 내용을 보충하는 부속서류이며 기업이 갖는 주된 자산과 부채, 자본과 준비금 및 거래에 관한 변화를 기재한 명세표이다. 기업회계기준에서는 반드시 작성하여야 하는 18개의 필요적 부속명세서(基準 88①)와 필요에 따라 임의로 작성하는 9개의 임의적 부속명세서로 구분하고 있다(基準 88②).

마. 營業報告書

(1) 의 의

사업의 개요와 당해 영업년도 및 과거 3년간의 영업실적 기타 영업에 관련된 주요사항을 기재하는 서류이다.

營業報告書는 회사의 목적, 사업의 내용, 영업소 등 사업의 개요와 당해 영업년도 및 과거 3년간의 영업실적 기타 영업에 관련된 주요사항을 기재하는 서류이다. 이는 문장의 형식으로 작성되는 영업전반에 대한 보고서라는 측면에서 계수로 작성되는 財務諸表와 구별된다. 그러나 영업보고서에는 재무제표에 대한 부연설명과 재무제표상에 계수로서 표시되지 아니한 영업에 관한 중요한 내용이 포함되는 것이므로 재무제표와 무관하지 않다. 영업보고서에 기재될 내용에 관하여는 '商法의一部規定의施行에관한規程'

제5조에 상세히 열거되고 있다.

(2) 승인과 보고

영업보고서는 재무제표는 아니지만 재무제표와 함께 매결산기에 작성하여 이사회승인을 받아야 하며(447의2①), 이사는 영업보고서를 정기총회에 제출하여 그 내용을 보고하여야 한다(449②).

3. 作成과 承認

가. 作 成

(1) 재무제표 · 영업보고서의 작성

대표이사는 매 결산기에 재무제표와 그 부속명세서 및 영업보고서를 작성하여 이사회의 승인을 얻어야 한다(447, 447의2①). 재무제표 · 영업보고서의 작성과 이사회승인에 대한 시한에 관하여는 규정이 없으나 감사에게 제출하여야 할 시기가 정기총회 6주간 전이므로 그 이전에 승인절차를 거쳐야 한다.

재무제표 · 영업보고서의 작성후 이사회의 승인을 받아야 한다.

(2) 감사보고서

1) 내부감사 이사는 재무제표와 그 부속명세서 및 영업보고서를 정기총회 6주간 전에 감사(감사위원회)에 제출하여야 한다(447의3, 415의2⑥). 감사(감사위원회)는 정기감사를 한 후 이 서류를 받은 날로부터 4주간 내에 감사보고서를 작성하여 대표이사에게 제출하여야 한다(447의4①, 415의2⑥). 감사보고서에는 감사방법의 개요 등 11개 사항을 기재하여야 한다(447의4②, 415의2⑥).

2) 외부감사 상장법인 등 외부감사를 받아야 할 회사는 재무제표 등을 주주총회 6주간 전에 外部監査人에게 제출하여야 한다. 외부감사인은 정기총회일 1주일 전에 회사에 감사보고서를 제출하여야 한다(外監 8).

나. 公 示

대표이사는 정기총회 會日 1주간 전부터 재무제표와 영업보고서 및 감사보고서를 본점에 5년간, 지점에 3년간 비치하여야 한다(448①). 주주와 회사채권자는 영업시간내에 언제든지 이들 서류를 열람할 수 있으며 회사가 정한 비용을 지급하고 그 서류의 등본이나 초본의 교부를 청구할 수 있다(448②). 대표이사는 재무제표에 대한 주주총회의 승인을 얻은 때에는 지체없이 대차대조표를 公告하여야 한다(449③).

재무제표, 영업보고서, 감사보고서는 공시해야 한다.

다. 承 認

[사례 Ⅵ-2-1: 재무제표의 승인과 이사의 책임해제]

X중석회사의 이사 Y는 회사의 생산실적에 비추어 도저히 이행할 수 없는 과다한 양의 중석을 매도하기로 하는 계약을 A회사와 체결하고 계약금을 수령하였다. 그 결과 X회사는 A회사에 대하여 매매계약의 불이행으로 인한 거액의 손해배상을 하였고, Y이사는 X회사에 대하여 임무해태로 인한 손해배상책임을 부담하게 되었다. 그런데 Y이사가 X회사의 정기주주총회에 제출한 재무제표(영업보고서)상에는 위 중석매매계약금으로 금 2천5백만원과 7백2십만원이 수입되었다고 기재된 명세표만 있을 뿐, Y이사의 임무해태로 인한 손해배상책임에 관한 사항이나 Y이사가 X회사에 그 손해를 배상하였다는 점에 대하여는 아무런 기재가 없었다. 정기총회일로부터 2년이 경과한 다음 X회사가 Y이사를 상대로 손해배상청구소송을 제기하자, Y이사는 재무제표(영업보고서)에 대한 정기총회의 승인으로 자신의 책임이 해제되었다고 주장한다. Y의 주장은 타당한가, 그 입증책임은 누구에게 있는가? (대판 1969.1.28, 68다305 참조)

(1) 절 차

재무제표는 정기총회의 보통결의에 의해 승인된다.

대표이사는 이사회승인과 감사(감사위원회)의 감사를 거쳐 재무제표를 정기총회에 제출하여 그 승인을 요구하여야 하며(449 ①), 영업보고서를 제출하여 그 내용을 보고하여야 한다(449 ②). 주주총회는 보통결의에 의해 이를 승인을 하거나 승인을 거부할 수 있으며 또 수정하여 승인할 수도 있다(정동(회)591, 이철(회)751, 채760, 이기(회)512, 註商(II-下)528, 정찬(상)994).

(2) 효 과

재무제표가 확정되면 주주의 배당이익이 확정되고 이사와 감사의 책임이 해제된다.

재무제표에 대한 주주총회의 승인이 있으면 당해 결산기의 재무제표는 확정된다. 이에 따라 주주에게 배당할 이익이 확정되고 부수적으로 이사와 감사의 책임이 해제된다.

1) 이익배당 재무제표의 확정에 따라 이익잉여금처분계산서에 포함된 利益處分案이 효력을 발생하여 주주는 회사에 대하여 구체적인 배당금지급청구권을 취득하게 된다.

장기간의 책임존부에 따른 과중한 책임으로 적임자를 찾기 어려움을 방지

2) 이사·감사의 책임해제 재무제표를 승인한 후 2년 내에 다른 결의가 없으면, 회사는 이사와 감사(감사위원)의 책임을 해제한 것으로 본다. 다만 不正行爲에 관하여는 그러하지 아니하다(450). ① 취지; 상법 제400조와 제415조에 의하면 이사와 감사(감사위원)의 책임은 총주주의 동의에 의하

여만 면제하도록 되어 있으므로 책임해제는 이에 대한 중대한 예외가 된다. 책임의 존부에 관한 불안정이 장기에 걸치게 되면 과중한 책임 때문에 이사에 취임할 적임자들을 찾기 어려울 것에 대비하기 위한 규정이다. ② **해제의 범위**; 이와 같이 예외적으로 이사 등의 책임을 해제하고는 있지만 이 규정을 악용하여 이사 등이 부당하게 책임을 면할 소지가 많기 때문에 그 책임해제의 범위는 좁게 해석하여야 할 것이다. 따라서 책임해제의 범위는 재무제표에서 알 수 있는 사항에 한정되므로 [사례Ⅵ-2-1]과 같이 재무제표(營業報告書)에 수입지출금액이 명시되어 있다고 하더라도 그 원인된 행위에 관한 책임까지 해제되는 것은 아니라고 할 것이다. 따라서 責任解除에 관한 입증책임은 이사·감사에게 있다(정희554, 정동(회)593, 이철(회)752, 정찬(上)995). 대판 1969.1.28, 68다305도 이와 유사한 사안에서 "위 각 영업보고서에 기재된 수입금에 대해서는 위 총회의 승인을 얻었다고 할 것이나 그 각 보고서에 기재되지 아니한 사유나 지출에 대하여 위 총회의 승인이 있었다고는 할 수 없고, 각 영업보고서에 그 수입금이 기재되었으니 그에 관한 모든 계약 사항이 승인된 것이라는 취지의 주장은 받아들일 것이 못되며, 책임해제를 주장하는 주식회사의 이사(Y)는 그 회사(X)의 주주총회에 제출 승인된 서류에 그 책임사유가 기재되어 있다는 것을 입증할 책임을 져야 한다"라고 판시하고 있다. 따라서 Y의 주장은 타당하지 아니하다. ③ **적용제외**; 이사와 감사의 부정행위에 대하여는 책임해제가 되지 아니한다. '不正行爲'는 刑事的인 범죄뿐 아니라 이사의 권한 내의 행위일지라도 당해 사정하에서 정당시 될 수 없는 모든 행위를 뜻한다(서울고판 1977.1.28, 75나2885). 그리고 부정한 원인행위가 없더라도 가령 외부감사인과 공모하여 감사결과를 얻어낸 경우와 같이, 재무제표 승인절차에 부정행위가 개재된 경우도 이에 해당한다. 또한 승인결의 후 2년 내에 다른 결의가 있으면 책임이 해제되지 아니한다.

하기 위한 것으로 재무제표에서 알 수 있는 사항에 한정된다.

부정행위는 형사적 범죄, 이사의 권한내 행위라도 정당시 될 수 없는 모든 행위를 뜻한다.

4. 內　　容

재무제표는 그 종류가 많을 뿐 아니라 복잡하고 전문적이기 때문에 상법에서 그 상세한 내용을 규정하는 것은 적합하지 아니하다. 이에 따라 많은 부분은 기업회계기준에 맡기고 상법은 그 중에서도 중요하다고 생각되는 資産評價原則, 移延資産, 資本과 準備金에 대하여만 규정을 두고 있다.

상법은 자산평가원칙, 이연자산, 자본과 준비금에 대해 규정하고 있다.

가. 資産評價

(1) 의 의

회사재무상태의 중심인 자산을 기업회계기준으로 평가하는 것이다.

재무제표의 중심이 되는 貸借對照表는 회사의 재무상태를 資産과 負債 및 資本으로 나누어 기재한다고 함은 앞에서 언급한 바 있다. 그러나 이중에서도 資産이 회사의 재무상태에서 중심적인 위치에 있으므로 이를 어떻게 평가하는 가는 貸借對照表의 작성에 있어서 뿐 아니라 기업회계의 전과정에 있어서 중요한 문제가 아닐 수 없다. 이에 따라 상법은 총칙편에서 상인 일반에 적용되는 자산평가의 원칙을 개괄적으로 정하고(31), 주식회사의 계산규정에서 이를 보완하여 자산평가방법을 정하고 있다(452). 그러나 보다 상세한 자산평가기준은 기업회계기준(제4장)에서 정하고 있다.

상법이나 기업회계기준에서 정하고 있는 자산평가 기준은 일반적인 결산평가에서 사용되는 기준이므로, 청산이나 파산 또는 자산재평가시에는 다른 기준이 적용된다(533, 資財26).

(2) 평가 원칙

재산법은 자본유지 및 배당계산의 관점에서 파악하고 손익법은 이해관계인의 보호를 위해 정보제공의 관점에서 파악한다.

1) 재산법과 손익법　자산의 평가방법에는 財産法的 原則(財産主義)과 損益法的 原則(成果主義)이 있다. **재산법**은 채권자보호를 위한 자본유지 및 주주보호를 위한 배당계산이라는 관점에서 자산을 파악하고 있으며, 그 논리적 귀결로서 자산의 본질을 '財産權'으로 보고 그 가치는 交換價値(時價)라고 한다. 이에 대하여 **손익법**은 기업의 여러 이해관계자들인 주주, 채권자, 일반투자자의 보호를 위한 정보제공이라는 관점에서 자산을 파악함으로써, 그 본질은 '費用移延'이고 가치는 使用價値(原價)라고 한다. 재산법은 기업의 현재가치의 평가에 주력하기 때문에 재무제표에서 가장 중요한 것은 財産目錄이 되지만, 손익법에서는 기업의 수익력의 평가에 초점을 맞춘 損益計算書가 중심이 된다.

자산평가를 손익법으로 하는 것이 상법의 입장이니 재산법적 입장도 남아 있다.

2) 상법의 입장　제정당시 상법은 재산법적 입장을 취하고 있었으나 1984년 개정상법은 손익법적 입장으로 전환하였다. ① **손익법**; 상법은 상업장부에서 재산목록을 삭제하였으며, 주식회사의 자산평가에 관하여 원가주의를 채택하였다. 이외에도 移延資産의 인정, 자본준비금과 이익준비금의 구분, 기업회계기준에서 손익계산의 중시 등은 손익법의 입장을 반영한 것이라고 하겠다. ② **재산법**; 그러나 재산법적 입장이 완전히 폐기된 것은 아니며 청산재산목록의 존치(533), 유동자산평가시 예외적인 시가평가(452 ①), 고

정자산평가에서 예측불능감소액의 공제(31②), 금전채권의 액면주의 채택(452③), 배당가능이익의 산정방법(462)은 재산법적 입장이 남아 있는 부분이라고 하겠다.

(3) 자산별 평가

자산 3분류법에 의해 유동자산, 고정자산, 이연자산으로 구분한다.

1) 자산의 분류　　자산은 분류의 목적에 따라 유동자산과 고정자산, 상각자산과 비상각자산, 비용자산과 화폐자산 등으로 구분할 수 있다. 이 중에서 우리 상법은 流動資産, 固定資産, 移延資産의 3분류법에 입각하고 있다(김두환, 169). 즉 상법 제452조에서는 자산을 유동자산, 고정자산, 금전채권, 사채, 주식, 영업권으로 구분하여 그 평가방법을 정하고 移延資産에 관하여는 따로 상법 제453조 내지 제457조에서 열거하고 있는데, 금전채권·사채·주식·영업권에 관한 규정은 그 평가의 특칙을 정한 것일 뿐 유동자산이나 고정자산 중 어느 하나에 속하기 때문에, 상법은 자산의 3분류법에 따르고 있는 것이다.

단기간에 현금화되는 자산으로 취득가액 또는 제작가액으로 평가한다.

2) 유동자산　　① 의의; 流動資産은 단기간(1년내)에 현금화되는 자산을 의미하며 당좌자산(현금, 예금, 유가증권, 미수금 등), 재고자산, 기타 유동자산으로 분류된다(基準12). ② 평가; 유동자산의 평가는 取得價額 또는 製作價額에 의한다. 그러나 시가가 취득가액 또는 제작가액보다 현저하게 낮은 때에는 시가에 의하여야 한다(452.1). 이는 상법 제31조에서 原價와 時價의 병용을 인정하는 데 대한 특칙을 정한 것으로서, 유동자산의 과대계상을 방지하기 위한 취지라고 할 수 있다.

장기간 생산에 공여되는 자산으로 취득가액 또는 제작가액으로 상당한 감액을 하고 있나.

3) 고정자산　　① 의의; 固定資産은 오랫동안 기업내부에 고정화되이 경영수단으로서 반복 사용되고 장기간 생산에 공여되는 자산이다. 고정자산에는 토지, 건물, 기계 등 생산설비와 같은 유형자산과 영업권, 특허권과 같은 무형자산이 있다(基準16). 고정자산은 유동자산과는 달리 현금화되는 속도(1년 이후)가 완만하여 생산과정 중에서 減價償却節次를 통하여 투하자본을 회수하게 되는 것이므로, 그 비용(감가상각비)은 생산원가에 반영된다(김두환, "상법상 고정자산평가원칙에 관한 연구", 「상사법연구」(1997), 473). ② 평가; 고정자산의 평가는 취득가액 또는 제작가액으로부터 상당한 감가액을 공제한 가액에 의하되, 예측하지 못한 減損이 생긴 때에도 상당한 감액을 하도록 하고 있다(31.2). 이 규정은 원래 상법 제452조 2호에 포함되어 있었으나 1984년 상법개정시 손익법을 평가의 원칙으로 채택함에 따라, 주식회사뿐 아니라 모든 상인에게 적용하기 위하여 이를 상법총칙으로 옮긴 것이다.

채권금액에 의해 평가한다.

4) 금전채권　금전채권은 채권금액에 의한다. 그러나 채권을 채권금액보다 낮은 가액으로 취득한 때 또는 이에 준하는 경우에는 상당한 감액을 할 수 있다. 추심불능의 염려가 있는 채권은 그 예상액을 감액(대손처리)하여야 한다(452.3).

상장된 사채는 결산기전 1월의 평균가액에 의한다.

5) 사 채　去來所의 시세있는 社債, 즉 증권시장에 상장되어 있는 사채는 결산기전 1월의 평균가격에 의하고, 시세없는 사채는 취득가액에 의한다. 그러나 취득가액과 사채의 금액이 다른 때에는 상당한 증액 또는 감액을 할 수 있다. 추심불능의 염려가 있는 사채에는 그 예상액을 감액하여야 한다(452.4).

취득가액에 의하나, 결산기전 1월의 평균가격이 더 낮을 때에는 시세에 의한다.

6) 주 식　去來所의 시세 있는 株式은 취득가액에 의한다. 그러나 결산기전 1월의 평균가격이 취득가액보다 낮을 때에는 그 시세에 의한다. 거래 기타의 필요상 장기간 보유할 목적으로 취득한 주식은 거래소의 시세의 유무를 불구하고 취득가액에 의한다. 그러나 발행회사의 재산상태가 현저하게 악화된 때에는 상당한 감액을 하여야 한다. 이는 유한회사 出資의 평가의 경우에도 마찬가지이다(452.5).

유상의 승계취득의 경우에 한정한다.

7) 영업권　영업권은 유상으로 승계취득한 경우에 한하여 취득가액을 기재할 수 있다. 이 경우에는 영업권을 취득한 후 5년 내의 매결산기에 균등액 이상을 償却하여야 한다(452.6).

나. 移延資産

(1) 의 의

중요한 업무로 인한 큰 비용을 일정기간에 걸쳐 나누어 상각하도록 하는 것이다.

1) 개 념　移延資産이란 실제 회사의 자산이 아니고, 회사가 지출한 비용(損費)이지만 이를 계정과목상 자산의 항목(移延計定)에 計上하는 것을 말한다. 회사의 창업이나 증자와 같은 중요한 업무로 인하여 큰 비용이 발생하였을 경우 당해 결산기에 이를 한꺼번에 비용(損費)으로 처리한다면 이익이 경감되고 손실이 발생하여 재무구조에 주는 충격이 크기 때문에 이를 일정기간에 걸쳐 나누어 償却하도록 한 것이다. 회사가 지출한 이러한 비용은 후년도에 있어서도 경영상 유익한 효과를 가져오므로 후년도의 수익에 대응하는 부분을 후년도의 부담으로 하여, 수년에 걸쳐 점진적으로 손비로 처리할 수 있게 한 것이다.

규모가 크고 효과의 연장이 큰 중요비용만 이

2) 상법상 규제　회사에서 발생하는 거의 대부분의 비용은 후년도 까지 효과가 미치는 것이지만 이를 모두 移延資産으로 처리한다면 장부상의 재산상태와 실제재산상태간의 차이가 심해질 것이다. 따라서 비교적 규모가

크고 그 효과의 연장이 뚜렷한 몇 가지 중요한 비용만을 이연자산으로 하고 그 償却期間과 방법을 명시함으로써 자본충실을 기하고 있다. 다만 그 計上 여부는 회사의 임의에 맡겨져 있다. 즉 이연자산은 대차대조표의 資産의 部에 기재할 수 있으며 법정 기간 내에 상각하여야 한다.

연자산으로 한다.

(2) 종 류

1) 창업비　정관의 규정에 의해 회사가 부담할 설립비용 및 발기인이 받을 보수액(290④)을 지출한 경우 그 액과 설립등기에 지출한 세액은 대차대조표 資産의 部에 計上할 수 있다(453①, 290.4). 이 금액은 회사성립후 또는 개업전에 이자를 배당할 것을 정한 때에는 그 배당을 마친 후 5년 내의 매결산기에 균등액 이상의 償却을 하여야 한다(453②).

2) 개업비　개업의 준비를 위하여 지출한 금액은 대차대조표 資産의 部에 계상할 수 있다(453의2①). 이 금액은 개업 후 3년 내의 매결산기에 균등액 이상의 상각을 하여야 한다(453의2②). 기업회계기준에서는 이를 이연자산으로 하고 있었는데 1995년 개정시 이를 상법에서 받아들였다.

3) 신주·사채발행비용　신주(사채)를 발행한 경우에는 그 발행에 필요한 비용의 액은 대차대조표 자산의 부에 계상할 수 있다(454①, 456③). 이 금액은 신주발행 후 3년 내의 매결산기에 균등액 이상의 상각을 하여야 한다(454②, 456③). 신주발행비용은 주식청약서나 신주권 등의 인쇄비, 납입금보관기관에 대한 수수료, 모집광고비, 인수회사에 대한 수수료, 변경등기를 위한 등록세 등을 말한다. 사채발행비용도 마찬가지이다.

4) 액면미달금액·사채차액　액면가 이하로 주식을 발행한 경우 액면미달금액의 총액은 대차대조표의 자산의 부에 計上할 수 있다(455①). 이 금액은 신주발행 후 3년 내의 매결산기에 균등액 이상을 償却하여야 한다(455②). 사채를 발행한 후 그 상환할 총액이 모집에 의한 실수액을 초과한 때에는 그 차액은 대차대조표의 자산의 부에 계상할 수 있다(456①). 이 금액은 사채상환기한내의 매결산기에 균등액 이상을 償却하여야 한다(456②).

5) 배당건설이자　건설이자를 배당할 경우 배당한 금액은 대차대조표의 자산의 부에 계상할 수 있다(457①). 이 금액은 개업후 연 6분 이상의 이익을 배당하는 경우에는 그 6분을 초과한 금액과 동액 이상의 償却을 하여야 한다(457②).

6) 연구개발비　신제품 또는 신기술의 연구 또는 개발과 관련하여 특별히 발생한 비용은 대차대조표의 자산의 부에 계상할 수 있다(457의2①). 이 금

액은 그 지출 후 5년 내의 매결산기에 균등액 이상을 償却하여야 한다(457의 2②). 이는 기업의 연구개발을 장려하기 위해 기업회계기준의 내용을 1995년 상법개정시 도입한 것이다.

다. 資本·資本減少

[사례 Ⅵ-2-2: 자본의 감소]

(i) 주식의 액면가가 10,000원이고 발행주식총수가 1만주로서 자본금이 1억원인 Y회사가 자본액을 7천만원으로 감소(30% 감자)하려고 한다. 다음 각 방법 중 우리 상법상 가능한 것은 무엇인가? ① 유상 또는 무상으로 주금액을 7,000원으로 감액한다. ② 유상 또는 무상으로 각 주주가 가진 주식의 30%를 강제소각한다. ③ 회사가 추첨을 통해 주주로부터 3,000주를 매입하여 소각한다. ④ 회사가 무상으로 원하는 주주의 주식만 소각한다. ⑤ 유상 또는 무상으로 각 주주가 가진 주식 10주를 7주로 병합한다.

(ii) X회사는 Y회사를 상대로 매매대금지급을 구하는 소송을 제기하여 그 소송 계속 중에, Y회사가 X회사에 통지하지 아니하고 그 자본액을 3분의 1로 감소하는 주주총회결의와 감자등기를 하였다. X회사는 '알고 있는 채권자'인 자신에게 통지하지 않은 채 이루어진 Y회사의 자본감소는 채권자에 대항할 수 없다는 이유로, 자본감소의 무효확인을 구하고 있다. X의 주장은 타당한가? (日大判 1932.4.30, 民集11-7, 706 참조)

(iii) Y회사는 몇몇 대주주에게 구두로 소집통지를 하여 개최된 주주총회에서 자본감소와 주식병합을 결의하고, 그 실행을 거쳐 자본감소등기를 하였다. Y회사의 주주 A는 주식병합으로 인한 환급금 3억원과 함께 신주권을 교부받았으며, 주식은 B에게 양도하였다. 이후 Y회사의 다른 주주 X는 구두로 소집된 주주총회결의에 기해 이루어진 자본감소와 주식병합은 무효라는 이유로, 감자무효의 소를 제기하여 무효판결이 확정되었다. ① Y회사는 주식병합시 지급한 환급금 3억원을 반환받을 수 있는가, 반환청구가 가능하다면 그 상대방은 누구인가? ② Y회사가 B에게 주식의 반환을 청구한 경우 B는 이에 응해야 하는가? (日東京高判 1984.6.28, 判時 1124, 210 참조)

(1) 자 본

일정한 계산상의 수액으로서 회사재산을 확보하는 기능을 한다.

1) 의의 및 기능 資本(capital)은 일반적으로 자본금이라고 불리는 일정한 계산상의 수액으로서 대차대조표의 資本의 部에 기재된다. 상법은 대차대조표상의 순재산액으로부터 자본과 준비금을 공제한 후가 아니면 이익배당을 할 수 없도록 하고 있으므로 자본은 회사재산을 확보하는 기능을 한

다. 자본의 액은 정관의 기재사항은 아니지만 이를 기재한 대차대조표가 공고되며 또 등기에 의하여 일반에게 공시된다(317②). 이 때 자본의 최저액은 5,000만원 이상이어야 한다(329①).

2) 자본의 액 주식회사의 자본은 상법에 다른 규정이 있는 경우 외에는 발행주식의 액면총액으로 한다(451). 그러나 利益消却(343①但)과 償還株式의 상환 (345)의 경우에는 이익으로 주식을 소각하는 것이기 때문에 발행주식총수는 감소하여도 자본액은 감소하지 아니한다.

발행주식의 액면총액이다.

3) 자본의 변동과 재산 자본은 등기사항이기는 하지만 일정불변으로 고정되어 있는 것이 아니고 수시로 변동하며, 자본이 증가하는 경우와 감소하는 경우가 있다. ① **자본증가**; 이는 발행주식총수의 증가를 의미하는데 앞에서 본대로 회사의 순재산액의 증가를 수반하는 通常의 新株發行과 명목상의 자본증가인 特殊한 新株發行이 있다. ② **자본감소**; 자본감소는 대차대조표상의 자본항목에 기재된 액을 감소하는 계산상의 조작에 불과하다. 그러나 자본감소에는 회사재산의 감소를 동반하는 實質減資와 그렇지 않은 名目減資가 있다. 실질감자는 사업규모가 축소됨에 따라 자본에 비해 재산이 과다하게 된 경우 회사가 이를 주주에게 반환하기 위해 행하여진다. 명목상의 자본감소는 큰 결손이 발생하여 현재의 자본을 그대로 두고는 이익배당을 할 수 없게 된 회사에서 순재산액과 자본을 일치(결손의 전보)시키기 위하여 한다. 대부분은 자본감소는 명목상의 자본감소이다. ③ **자본감소와 신주발행의 결합**; 명목감자와 동시에 신주발행을 하여 자금을 조달하는 경우가 많다. 이는 회사의 자본결손이 심하여 증권시장에서 주가가 액면가를 하회함으로써 신주발행에 의한 자금조달이 여의치 않은 경우에 행해지는 방법으로써, 우선 명목상의 자본감소를 통하여 주가를 끌어올리는 동시에 신주발행을 하면, 종래의 자본규모를 회복하면서 자금조달을 할 수 있는 것이다. IMF관리체제 이후 재벌기업의 부채비율축소를 정부에서 강력히 요구하자 국내 일부 대기업에서는 이러한 방법을 통하여 재무구조를 개선하는 예가 많아졌다.

자본의 변동으로 인한 재산의 증감은 신주발행의 방식에 따라 다르다.

(2) 자본감소의 의의

資本減少(減資)라고 함은 회사의 자본의 액, 즉 발행주식의 액면총액을 감소하는 것을 말한다. 자본은 회사재산을 확보하는 기능과 결합된 금액이므로 일단 정하여진 자본을 자유롭게 감소할 수 없지만(資本不變의 原則), 회사재산이 과잉으로 되거나 회사에 결손이 생긴 경우에 자본을 감소할 필

재산이 과잉되거나 결손의 경우 엄격한 절차를 통해 자본을 감소한다.

요가 생긴다. 이에 따라 상법은 자본감소를 금지하지 않고, 다만 엄격한 절차를 통하여 자본을 감소할 수 있도록 하고 있다. 자본감소에는 위에서 본 대로 명목감자와 실질감자가 있다(권기범, "주식회사의 자본감소에 관한 연구", 「상사법연구」(2005), 83).

(3) 자본감소의 방법

발행주식감소, 주금액 감소 또는 양자를 병행하는 방법이 있다.

주식회사의 자본은 발행주식의 액면총액이므로(451), 자본의 감소는 發行株式數를 감소하든가, 株金額을 감소하든가, 양자를 병행하는 방법으로 할 수 있다. 어떠한 방법에 의하든 주주평등의 원칙에 따라야 하지만 회사가 數種의 株式을 발행한 경우, 주식의 소각과 병합에 의한 감자에 있어서는 주식의 종류에 따라 서로 달리 취급할 수 있다(344③). 다만 種類株主總會의 결의를 거쳐야 할 경우가 있다(436).

액면가를 낮추는 방법으로 정관변경 절차에 의해야 한다.

1) 주금액의 감소 [사례 Ⅵ-2-2-i]의 ①과 같이 발행주식수(1만주)는 그대로 두면서 주식의 액면가를 낮추는 방법이다. 그런데 1주의 금액은 정관의 기재사항이므로(289①4) 이를 감액하기 위해서는 정관변경절차(433, 434)를 거쳐야 한다. 이때 자본감소분에 대하여 주주에게 환급하는 경우(實質減資)와 주주의 손실에서 감소하는 切棄(名目減資)가 있다. 1998년 상법개정으로 1주의 금액을 100원 이상으로 대폭 낮추었으므로 앞으로 이 방법에 의한 감자가 활발해질 것으로 예상된다.

상법은 강제소각만을 규정하나, 실제로 임의·유상소각이 가장 많이 이용된다.

2) 주식의 소각 발행주식중 일부를 없애는(消却) 방법이다. 소각에는 [사례 Ⅵ-2-2-i]의 ②와 같이 주주의 의사에 관계없이 행하는 強制消却과 [사례 Ⅵ-2-2-i]의 ③,④와 같은 任意消却이 있다. 또 주주에게 대가를 지급하는 有償消却(실질감자)과 주주의 일방적 손실에서 하는 無償消却(명목감자)이 있다. 상법은 강제소각에 관하여만 규정(343②)을 두고 있지만 실제로는 [사례 Ⅵ-2-2-i]의 ③과 같은 임의·유상소각이 가장 많이 이용되는 방법이다. 강제소각이든 임의소각이든 주주평등의 원칙에 따라야 하므로 임의소각의 경우에 만일 소각을 원하는 주주가 많을 경우에는 안분비례 또는 추첨을 통하여 소각할 주식을 결정할 수 있다(통설). 그러나 추첨과 같은 사행적 방법을 사용하는 것은 실질적 평등에 반한다는 이유로 허용되지 않는다는 견해도 있다(이철(회) 732~733). 회사가 주식의 소각을 위해 自己株式을 취득할 수 있다고 함은(341.1) 앞에서 본 바 있다. [사례 Ⅵ-2-2-i]의 ④와 같은 임의·무상소각은 상법상 허용되기는 하지만 주로 변칙적인 증여 방법으로 이용되기 때문에 세법상 과세대상이 된다(이철(회) 733).

모든 주식에 일

3) 주식의 병합 [사례 Ⅵ-2-2-i]의 ⑤와 같이 여러 주식(10주)을 합하

여 그보다 적은 수의 주식(7주)을 발행하는 방법이다. 併合은 모든 주식에 대해 일률적으로 행하여지기 때문에 가장 공평한 감자의 방법으로 널리 이용되므로, 상법은 이를 자본감소의 전형적인 방법으로 보고 상세한 규정(440 이하)을 두고 있다. 다만 병합의 경우에는 1주에 달하지 않은 端株가 생기는 것이 보통이므로 단주의 처리에 관한 규정(443, 444)을 따로 두고 있다.

율적으로 이루어져 가장 공평한 감자의 방법으로 널리 이용된다.

■ 주식소각, 자본감소, 주식병합의 관계

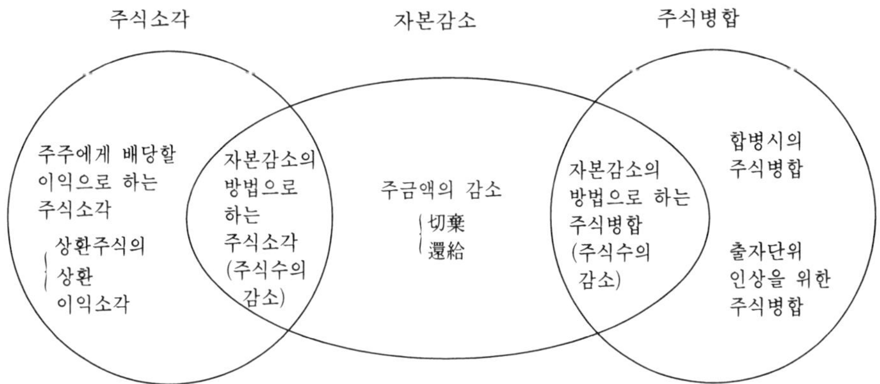

(4) 자본감소의 절차

자본감소에는 주주와 회사채권자의 이해관계가 걸려 있기 때문에 주주총회의 특별결의와 채권자보호절차 및 주식에 대한 절차가 요구된다.

1) 주주총회특별결의　자본의 액은 정관의 기재사항은 아니므로 그 감소를 위하여 정관변경을 요하지 아니한다. 그러나 자본의 감소는 주주의 권리를 감축시키거나 소멸시키는 것이기 때문에 주주의 이익에 중대한 영향을 미치므로 주주총회의 특별결의를 거치도록 한 것이다. 減資決議를 위한 총회의 소집통지 및 공고에는 의안의 요령을 기재하여야 한다(438②). 減資決議에서는 자본감소액, 감자방법 등을 정하여야 하며 이를 이사회에 위임할 수 없다(439①). 감자의 방법으로 株金額을 감소할 경우에는 이를 변경하기 위한 정관변경결의가 필요하지만, 감자결의로 갈음할 수 있다고 본다(정동(회)636, 이철(회)724~725, 채803, 이기(회)499, 정찬(상)977).

주주이익에 큰 영향을 주기 때문에 특별결의를 요한다.

2) 채권자보호절차　① 공고와 최고; 實質減資의 경우에는 물론이고 名目減資의 경우에도 이익배당가능성이 그만큼 커져서 회사재산의 사외유출이 용이하게 되므로, 자본감소는 회사재산을 유일한 담보로 하는 회사채권자에게는 중대한 이해관계가 달려 있다. 이에 따라 자본감소를 위해서는 채권자보호절차를 밟아야 한다. 즉 회사는 감자결의일로부터 2주간 내에, 회사채권자에 대하여 자본감소에 이의가 있으면 일정기간(1월 이상) 내에 이를

회사 채권자 보호를 위해 이의기간을 공고하고 채권자에게 최고해야 한다.

제출할 것을 公告하고, 회사가 알고 있는 채권자에게는 각별로 催告하여야 한다(439②, 232②). ② **채권자**; '회사가 알고 있는 債權者'라고 함은 채권자가 누구인가, 그 채권이 어떠한 원인에 기한 청구인가 하는 점에 대한 대체적인 내용을 회사가 알고 있는 채권자를 말한다. 채권의 이행기가 도래한 여부는 문제되지 아니한다. 그런데 [사례Ⅵ-2-2-ii]과 같이 회사(Y)가 채권의 존재에 관하여 다투고 있는 경우에 그 상대방(X)이 여기에서 말하는 '알고 있는 債權者'에 포함될 것인가 하는 점이 문제되는데, 이 경우에도 催告를 하여야 한다고 본다(日大判 1932.4.30, 民集11-7, 706). ③ **이의에 대한 조치**; 이의제출기간 내에 이의가 없으면 채권자가 자본감소를 승인한 것으로 본다. 그러나 이의를 제기하면 회사는 변제하든가, 상당한 담보를 제공하든가, 채권자에 대한 변제를 목적으로 하여 신탁회사에 상당한 재산을 신탁하여야 한다(439②, 232③). 社債權者가 이의를 제출하기 위해서는 사채권자집회의 결의를 거쳐야 하며, 이 경우에는 법원은 이해관계인의 청구에 의해 사채권자를 위하여 이의 기간을 연장할 수 있다(439③).

감자의 방법으로는 주금액감소, 주식병합, 주식소각이 있고, 현행법은 주식병합·소각에 대하여만 규정하고 있다.

3) **주식에 대한 조치** 주식에 대한 조치는 감자방법에 따라 다르다. 상법에는 감자의 방법으로 株式併合과 消却에 대하여만 규정하고 있으므로 그 이외의 경우에는 해석에 의하여 정할 수밖에 없다. ① **주금액감소**; 회사가 주주에게 株金額 감소에 관하여 통지·공고하고 주권을 회사에 제출시켜 주금액을 정정하면 된다(정희542, 정동(회)664, 정찬(상)977). ② **주식병합**; 회사는 1월 이상의 기간을 정하여 주식병합의 뜻과 그 기간 내에 주권을 회사에 제출할 것을 공고하고 주주명부에 기재된 株主와 質權者에 대하여는 각별로 그 통지를 하여야 한다(440). 주식병합에 있어서 위와 같이 일정한 기간을 두어 공고와 통지의 절차를 거치도록 한 취지는 신 주권을 수령할 자를 파악하고 실효되는 구 주권의 유통을 저지하기 위하여 회사가 미리 구 주권을 회수하여 두려는 데 있다 할 것인바, 사실상 1인 회사에 있어서 주식병합에 관한 주주총회의 결의를 거친 경우에는 회사가 반드시 위와 같은 공고 등의 절차를 통하여 신 주권을 수령할 자를 파악하거나 구 주권을 회수하여야 할 필요성이 있다고 보기는 어려우므로, 주식병합에 관한 주주총회의 결의에 따라 그 변경등기가 경료되었다면 위와 같은 공고 등의 절차를 거치지 않았다고 하더라도 그 변경등기 무렵에 주식병합의 효력이 발생한다고 봄이 상당하다(대판 2005.12.9, 2004다40306). 주식병합의 효력은 주권제출기간이 만료한 때(441本) 또는 채권자보호절차(채권자이의 및 이의에 대한 회사의 변제 등의 조치)가 종료한 때에 그 효력이 발생한다(441但). 따라서 구주의 효력상실과 신주의 효력발생은 이 때에 동시에 이루어진다. 주권

을 제출한 주주에게 신주권을 교부하게 되는데 만일 구주권을 회사에 제출할 수 없는 자가 있는 때에는 회사는 그 자의 청구에 의하여 3월 이상의 기간을 정하고 이해관계인에 대하여 그 주권에 대한 이의가 있으면 그 기간 내에 제출할 뜻을 공고하고 그 기간이 경과한 후에 신주권을 청구자에게 교부할 수 있다(442①). 단주의 처리에 있어 주권을 제출할 수 없는 경우에도 이와 같은 절차에 의한다(443②). 이 공고는 公示催告에 의한 除權判決과 유사한 기능을 한다. 병합에 적당하지 아니한 수의 주식(단주)이 있는 때에는 그 부분에 대하여 발행한 신주를 경매하여 각 주 수에 따라 그 대금을 종전의 주주에게 지급하여야 한다(443①本). 그러나 거래소의 시세가 있는 주식(상장주식)은 거래소를 통하여 매각하고 거래소의 시세가 없는 주식은 법원의 허가를 얻어 경매 이외의 방법으로 매각할 수 있다(443①但). 무기명식주권을 제출하지 아니한 경우에도 단주처리의 방법에 따른다(444). 기명주식주권은 이를 제출하지 아니하더라도 주주명부에 의해 각 주주가 가진 주식수에 비례하여 병합할 수 있지만, 무기명식주권인 경우에는 이를 회사에 제출하지 아니하면 주주별 주식병합이 불가능하기 때문에 이를 처분하여 그 대금을 지급하도록 한 것이다. ③ 주식소각; 株式消却 절차에 관하여는 따로 규정을 두지 않고 주식병합절차에 관한 규정을 준용한다(343②, 440, 441). 강제소각의 경우에는 소각의 취지와 주권제출에 관한 공고 및 통지(343②, 440), 소각의 효력발생시기(343②, 441), 端株處理(443)등은 주식병합과 동일한 절차를 밟아야 한다. 임의소각은 회사와 주주간의 계약체결에 의한 자기주식취득과 실효처분(341.1, 342)에 의하는데 주주들에게 공평한 기회를 보장하기 위하여 주주에 대한 통지 또는 공고가 필요하다고 할 것이다.

(5) 자본감소의 효력

1) 효력발생시기　　자본감소는 필요한 모든 절차, 즉 주주총회의 결의와 채권자보호절차 및 주식에 대한 조치가 완료한 때에 발생한다(정회543, 정동(회) 666, 정찬(상)979). 다만 강제소각 및 병합의 경우에는 주권제출기간의 만료 또는 채권자보호절차의 완료시에 효력이 발생한다(441). 자본감소가 효력을 발생할 때까지는 주주총회특별결의에 의해 자본감소결의를 철회할 수 있다.

주주총회 결의와 채권자보호절차, 주식에 대한 조치가 완료될 때 발생한다.

2) 주금액 · 주식수의 감소　　자본감소의 효력이 발생하면 자본이 감소하는 것은 물론이지만, 주금액 또는 주식수를 감소한 경우에는 그에 따라 1주의 금액이나 발행주식총수가 감소한다. 발행주식총수가 감소하여도 수권주식수는 정관변경이 없는 한 감소되지 않지만, 자본감소분만큼 미발행주식

발행주식 총수가 감소하여도 정관변경없이 수권주식수는 감소하지 않는

다.

수가 부활하는 것은 아니다. 또 감자결과로 수권주식수가 발행주식총수의 4배가 넘는 경우에도 상관없다.

3) 변경등기 자본감소로 인하여 자본의 액, 발행주식총수, 1주의 금액 등 등기사항에 변경이 생기기 때문에 변경등기를 하여야 한다(317③, 183). 그러나 등기는 감자효력요건은 아니다.

4) 감자차액의 처리 자본감소에 의해 감소한 자본액이 주식의 소각 또는 반환에 요한 금액 및 결손전보에 사용한 금액을 초과하는 경우에는 그 초과액(감자차액)은 資本準備金으로 적립하여야 한다(459, 2).

(6) 자본감소의 무효

무효의 주장은 소로써만 한다.

자본감소의 절차나 내용상에 무효원인이 있는 경우에도 設立無效나 新株發行無效의 경우와 마찬가지로 법률관계의 획일적 확정을 위하여 무효의 주장을 訴로써만 주장할 수 있다.

1) 무효원인 감자주주총회결의에 하자가 있는 경우, 채권자보호절차를 취하지 않은 경우, 감자방법이 주주평등원칙에 위반하는 경우, 자본액을 5천만원 미만으로 한 경우 기타 법령·정관에 위반하거나 현저히 불공정한 경우에 무효원인이 된다.

주주, 이사, 감사, 자본감소를 승인하지 않은 채권자만 소를 제기할 수 있다.

2) 감자무효의 소 ① 무효주장의 제한; 減資에 무효원인이 존재하는 경우에는 주주, 이사, 감사, 청산인, 파산관재인 또는 감자를 승인하지 아니한 채권자에 한하여 감자등기일로부터 6월내에 訴로써만 주장할 수 있다(445). 주주는 자본감소에 의해 보유주식 전부가 소각된 자도 포함한다. 자본감소를 승인하지 않은 채권자 중에는 변제·담보제공 등을 받지 못한 자뿐 아니라, [사례Ⅵ-2-2-ii]에서 이의신청최고를 받지 못한 자(X)도 포함한다. 다만 그 자에게 회사가 변제·담보제공 등을 하면 소의 이익을 상실한다. ② 소의 절차; 소의 관할, 소제기의 공고, 소의 병합, 하자보완과 청구기각, 제소원고의 담보제공, 패소원고의 책임 등은 설립무효의 소(신주발행무효의 소)와 같다(446)(대판 2004.4.27, 2003다29616-감자무효의 소의 재량기각). ③ 주주총회결의소송과의 관계; 자본감소에 관한 주주총회결의에 취소·부존재·무효 등 하자가 존재하여 이것이 자본감소무효의 원인으로 된 경우에, 그러한 하자의 주장은 株主總會決議訴訟에 의하여야 하는가, 아니면 減資無效의 訴에 의하여야 하는가 하는 점이 문제된다. 이에 관하여는 주주총회결의하자 부분에서 상세히 설명하였으므로 재론을 생략한다.

무효판결에는

3) 무효판결의 효과 ① 대세적 효력; 자본감소무효의 판결이 확정되

정되면 제3자에도 판결의 효력이 미친다(446, 190本). 이는 자본감소에 관한 다수의 법률관계를 획일적으로 확정할 필요에서 인정된 것이다. 따라서 [사례Ⅵ-2-2-ⅲ]에서 무효판결의 효력은 당사자인 X와 Y회사뿐 아니라 다른 주주인 A 및 그 주주로부터 주식을 양도받은 B에게도 미친다. 감자가 무효가 됨으로서 병합된 주식은 병합전 주식으로 복귀하고 주주(A)에게 지급된 還給金(3억원)도 회수하여야 한다. 회수는 현재의 주주(B)가 아니고 자본감소 당시의 주주(A)로부터 하여야 할 것이다. ② **소급효**; 종래 무효판결에 대하여 遡及效를 제한하던 준용규정(190但)을 1995년 개정시 삭제함으로써 소급효가 부여된다(446, 190本). 소급효를 인정하여도 채권자에게 그다지 불이익을 수지 않는다고 보기 때문이다. 그러나 무효판결의 소급효는 대세적 효력과 함께 감자의 유효를 전제로 하여 이루어진 법률관계(A와 B간의 주식양도)를 모두 무효로 하여 큰 혼란을 야기할 가능성이 있다. 소급효가 인정됨으로써 Y회사는 무효로 된 주식(주권)의 반환을 현재의 소지인(B)에게 요구할 수 있게 되는데 이는 거래의 안전의 측면에서 문제가 아닐 수 없다(日東京高判 1984.6.28, 判時 1124, 210). 따라서 입법론으로서 소급효를 제한하는 것이 타당할 것이다. ③ **청구기각**; 청구기각 판결의 효력은 일반원칙에 따라 소송당사자간에만 효력이 생긴다. 패소원고에 악의 또는 중과실이 있는 때에는 회사에 대하여 연대하여 손해배상책임을 부담하여야 한다(446, 191).

대세적 효력이 인정되고, 자본에 변경이 없었던 것이 된다.

라. 準 備 金

[사례 Ⅵ-2-3: 준비금의 적립과 자본전입]

(i) 다음 각 경우에 A회사는 얼마의 법정준비금을 적립하여야 하는가? ① 주식의 액면가가 10,000원인 A회사가 발행가액을 15,000원으로 하여 1만주를 발행할 경우 ② 자본금이 2억원, 순재산액이 1억6천만원인 A회사가 자본결손을 메우기 위해 그 자본금을 1억5천만원으로 감소를 하면서, 감자비용(주식소각·주금반환)을 1천만원 지출한 경우 ③ 자본금 2억원인 A회사가 자산 1억5천만원인 B회사를 흡수합병하고 그 자본금을 2억7천만원으로 증자하면서, B회사의 부채 1천만원과 B회사의 주주들에게 합병교부금 2천만원을 지급한 경우 ④ B회사로부터 2억원을 출자받아 분할·신설된 A회사가 자본금을 1억5천만원으로 하면서, B회사의 채무 1천만원을 승계하고 B회사의 주주들에게 교부금 2천만원을 지급한 경우

(ii) A은행의 주주인 Y는 그 보유주식을 X에게 8년 분할 상환으로 매도하면서 대금완납시까지 주주권을 Y가 계속 보유하기로 합의하였다. A회사는 이 기

간 중에 임시 주주총회를 3회 개최하여 제1회 총회에서는 유상증자, 제2회 총회에서는 자산재평가적립금과 임의준비금을 자본전입하는 무상증자, 제3회 총회에서는 자산재평가적립금과 법정준비금을 자본전입하는 무상증자를 결의하고 그에 따른 신주를 Y에게 발행교부하였다. X는 이들 유·무상신주에 대한 권리는 자신에게 있다고 하면서 Y에게 그 양도를 청구하였다. X의 청구는 타당한가? (대판 1974.6.25, 74다164 참조)

(1) 의의와 종류

자본과 같이 대차대조표의 자본의 부에 기재되는 계산상의 수액이다.

1) 의 의 準備金(reserve)은 회사의 순재산액이 자본액을 초과하는 잉여금 중 주주에게 배당하지 아니하고 일정한 목적을 위하여 회사내에 적립하여 두는 금액을 말하며, 積立金이라고도 불리운다. 준비금은 자본과 같이 대차대조표의 負債(資本)의 部에 기재되는 계산상의 수액에 불과하며 이익산출에서 공제항목이 된다. 즉 준비금을 적립한다는 것은 일정한 금전을 현실적으로 적립하는 것이 아니라 대차대조표의 資本의 部에 기재하는 준비금의 액을 증가시키는 것이며, 마찬가지로 준비금을 사용한다는 것도 일정한 금전을 현실적으로 지출하는 것이 아니라 준비금의 액을 감소시킨다는 의미에 지나지 않는다.

장래의 결손에 대비할 수 있는 기능이 있다.

2) 기 능 준비금의 액을 증가시키면 그만큼 배당가능이익이 줄어들기 때문에 회사내에 유보되는 순재산액도 증가한다. 따라서 장래의 결손에 대비할 수 있으므로 자본유지의 원칙에 부합하는 것이다. 이에 따라 상법은 일정한 한도에서 준비금의 적립을 강제하고 그 사용방법에 대하여도 제한을 가하고 있다.

3) 종 류 준비금은 그 적립의 강제성 유무에 따라 法定準備金과 任意準備金으로, 그 적립의 재원에 따라 資本準備金과 利益準備金으로, 적립의 목적에 따라 任意準備金, 秘密準備金, 類似準備金 등으로 분류된다. 또한 資産再評價法에 따른 再評價積立金이 있다.

(2) 법정준비금

상장법인의 경우에는 이익준비금의 일환으로 재무구조개선 적립금이 있다.

법정준비금은 법률의 규정에 의해 적립되는 준비금으로, 그 재원에 따라 이익준비금과 자본준비금으로 나뉘어진다(김순석, "주식회사 법정준비금제도의 재검토", 「상사법연구」(2005), 328).

1) 이익준비금 매결산기의 이익 및 이에 준하는 재원에 의해 적립되는 준비금이다. 회사의 이익은 이를 모두 주주에게 배당하여도 자본유지의 원칙에는 반하지 않지만 이익의 일부를 불시의 손실에 대비하기 위하여 적

립하는 것이 좋다. 이에 따라 상법은 회사 자본의 2분의 1에 달할 때까지 매결산기의 금전에 의한 이익배당액의 10분의 1이상의 금액을 이익준비금으로 적립하도록 하고 있다(458). 금전배당에 한정되므로 주식배당의 경우에는 이익준비금을 적립하지 않아도 된다. 이는 주식배당시에는 금전의 사외유출이 발생하지 아니하므로 준비금의 적립과 마찬가지의 효과가 있기 때문이다. 상장법인은 '上場法人財務管理規程'에 의해 자기자본비율이 100분의 30에 달할 때까지 매결산기마다 일정한 이익을 적립하여야 하는데 이를 재무구조개선적립금이라고 한다.

자본준비금은 영업과 관계없이 발생한 것으로 적립한도와 적립률의 제한 없이 모두 적립한다.

2) 자본준비금　資本去來에서 발생하는 잉여금을 재원으로 하여 적립하는 법정준비금의 하나이다. 자본준비금은 영업과 관계없이 발생한 것으로서 원래 주주에게 배당하여야 할 것은 아니므로, 그 적립한도와 적립률에 제한 없이 모두 적립하여야 한다(459 ①). 상법은 자본준비금의 재원을 다음과 같이 정하고 있다. ① **액면초과액**(459 ①1); 회사가 주식을 액면 이상으로 발행한 때에는 그 액면초과액은 자본준비금으로 적립하여야 한다. [사례Ⅵ-2-3-i]의 ①에서 보면 1억원(1만원×1만주)은 자본금이 되고 5천만원(5,000원×1만주)의 초과액은 법정준비금으로 적립된다. ② **주식교환차익**; 주식의 포괄적 교환을 한 경우에는 제360조의7에 규정하는 資本增加의 한도액이 完全母會社의 증가한 자본액을 초과한 경우의 그 초과액(459① 1의2). ③ **주식이전차익**; 주식의 포괄적 이전을 한 경우에는 제360조의18에 규정하는 자본의 한도액이 설립된 完全母會社의 자본액을 초과한 경우의 그 초과액. ④ **감자차익**(459 ①2); 자본감소의 경우 그 감소된 자본액이 주식의 소각이나 주금의 반환에 요한 금액을 초과한 경우를 減資差益이라고 한다. 그런데 이 감자차익에서 자본결손의 전보에 충당하고 남은 금액이 있을 경우에는 이를 자본준비금으로 적립하여야 한다. [사례Ⅵ-2-3-i]의 ②에서 A회사의 감자차익은 4천만원(5천만원－1천만원)이 되고, 여기에서 자본결손을 전보(4천만원 중 3천만원)하고 남은 1천만원(순재산액 1억6천만원 －자본금 1억5천만원)을 자본준비금으로 적립하여야 한다 ⑤ **합병차익**(459 ①3); 회사의 合併으로 인하여 생긴 잉여금을 말한다. 합병의 결과 소멸된 회사로부터 승계한 재산의 가액이 그 회사로부터 승계한 채무액, 그 회사의 주주에게 지급한 금액과 합병 후 존속하는 회사의 자본증가액 또는 합병으로 인하여 설립된 회사의 자본액을 초과한 때에는 그 초과금액은 자본준비금으로 적립하여야 한다. [사례Ⅵ-2-3-i]의 ③에서 B회사로부터의 인계자산(1억 5천만원)에서 B회사로부터의 인계부채(1천만원), 합병교부금(2천만원) 및 A회사 자본증가(7천만원)를 공제한 합병차익(5천만원)이 A회사의 준비금으로 적립되어야

할 금액이다. ⑥ **분할차익**(450① 3의2); 회사의 分割로 인하여 생긴 잉여금이다. 회사의 분할 또는 분할합병으로 인하여 설립된 회사에 출자된 재산의 가액이 출자한 회사로부터 승계한 채무액, 출자한 회사의 주주에게 지급한 금액과 설립된 회사의 자본액 또는 존속하는 회사의 자본증가액을 초과한 때에는 그 초과금액은 자본으로서 준비금으로 적립하여야 한다. [사례 Ⅵ-2-3-i]의 ④에서 B회사의 출자금액(2억원)이 A회사의 자본금(1억 5천만원)을 초과하는 금액(5천만원)에서 B회사로부터의 인계부채(1천만원)와 분할교부금(2천만원)을 공제한 금액(2천만원)이 A회사가 적립할 자본준비금이 된다. ⑦ **기타자본잉여금**(459①4); 자본거래에서 발생한 잉여금은 그 성질상 이익잉여금이 아니므로 이를 배당하거나 임의준비금으로 적립하는 것은 부당하다. 이에 따라 자본잉여금에 관한 포괄적인 규정을 신설하여 법정준비금으로 적립하도록 한 것이다(왕순모, "자본준비금에 관한 포괄규정설정의 당부와 기타 자본잉여금의 법적 성질", 「강위두교수 화갑기념논문집」(1996.2), 461). ⑧ **재평가적립금**(再評28); 화폐가치의 하락에 따르는 자산의 재평가에 의하여 생긴 자본잉여금을 재원으로 한 법정준비금이다. 이는 특별법인 資産再評價法에 의하여 적립되는 준비금으로서, 재평가 가액에서 재평가일 1일전에 대차대조표상의 이월결손금을 공제한 잔액을 적립하여야 한다(再評28①). 재평가적립금은 재평가세의 납입과 자본에 전입하는 이외에는 이를 처분하지 못한다(再評28②).

자본의 결손전보충당이나 자본전입에 사용한다.

3) 사 용　법정준비금은 資本의 缺損塡補에 충당하는 경우(460①)와 資本轉入(461)하는 이외에는 처분할 수 없다. 자본의 결손이란 결산기말의 회사의 순재산액이 자본과 법정준비금(자본준비금과 이익준비금)에 미달하는 상태를 말한다. 결손의 전보는 우선 이익준비금으로 충당하고 부족한 경우에 한해 자본준비금으로 충당할 수 있다(460②).

(3) 준비금의 자본전입

이사회결의에 의해 자본에 전입함으로 재무구조가 개선되는 효과가 있다.

1) 의 의　법정준비금은 자본의 결손전보에 사용하는 이외에도 이사회결의에 따라 그 전부 또는 일부를 자본에 전입시킬 수 있다(461①). 회사에 다액의 법정준비금이 적립되면 자본과 준비금간에 불균형이 생기게되고 주주의 배당이익이 감소하게 된다. 따라서 이러한 불균형을 시정하기 위하여 준비금을 자본에 전입시켜 신주를 무상으로 주주에게 발행함으로써(無償增資) 회사의 신용도 높아지고, 자본도 증가하여 재무구조가 개선되는 효과가 있다. 이 경우, 준비금이 자본으로 전입되어도 이는 준비금계정에서 자본금계정으로 이전되는 장부상의 조작에 불과하므로, 자본은 증가하지만 회사의 순재산액에는 변동이 없다.

2) 대 상 전입대상이 되는 준비금은 법정준비금뿐이며 임의준비금은 포함하지 아니한다. 임의준비금은 주주에게 배당할 이익이므로 이를 자본전입하게 되면 주주의 이익배당에 관한 권리를 해하기 때문이다. 그러나 실무상으로는 [사례Ⅵ-2-3-ⅱ]에서 보듯이 임의준비금도 자본전입을 하는데 이 때에는 임의준비금을 법정준비금으로 항목변경하는 결의와 동시에 자본전입결의를 한 것으로 본다. 법정준비금인 한 이익준비금과 자본준비금에 구별이 없으며 그 전입의 순서나 한도에도 제한이 없다(손주찬, "상법개정시안에서의 주식회사자본조달의 보완에 관한 제도",「상사법의 제문제」(1983.8), 152). 한편, 상법 제461조 이외에도 자산재평가법에 의한 재평가적립금의 자본전입이 인정된다(再評 28②).

법정준비금만 자본전입의 대상이 된다.

3) 절 차 **① 이사회결의**; 준비금의 자본전입에는 이사회의 결의를 요한다(461①). 종전의 상법은 주주총회결의사항으로 하고 있었으나 1984년 개정시 이사회결의사항으로 한 것이다. 그러나 정관으로 주주총회결의사항으로 정할 수 있다. 이사회결의에서는 이익준비금과 자본준비금 중 어느 것을 전입한다는 것과 전입액, 신주배정일을 구체적으로 정하여야 한다. **② 신주발행**; 자본전입이 있는 경우에는 전입액에 대하여 신주를 발행하여 주주에게 무상으로 교부하게 된다. 다만, 이때는 무상으로 교부하는 것이므로 신주의 발행가액은 액면가액이어야 한다. 이 경우에는 주주평등의 원칙에 의하여 각 주주는 그 持株數에 따라서 주식의 배정을 받게 되나 주주에게 배정된 신주에 1주가 되지 못하는 단주가 생긴 경우에는 이를 모아 매각하여 그 대금을 持株數에 따라 지급한다(461②). **③ 신주배정일의 지정·공고**; 이사회결의가 있는 때에는 회사는 일정한 날을 정하여 그 날에 주주명부에 기재된 주주가 무상신주의 주주가 된다는 뜻을 그 날의 2주간 전에 공고하여야 한다(461③). 배정일의 공고는 주식을 양수한 실질적인 주주가 名義改書를 게을리하여 무상신주의 배정을 받을 기회를 상실하지 않도록 하기 위한 배려이다. 그러나 배정일제도는 이사회에서 준비금의 자본전입을 결의한 경우에만 적용되고 주주총회가 결정한 때에는 적용되지 아니한다(461④). **④ 배정의 통지·공고**; 신주발행의 효력이 발생한 때에는 이사는 지체없이 신주를 받은 주주와 주주명부상의 질권자에 대하여 그 주주가 받은 주식의 종류와 수를 통지하고 무기명주식의 주권을 발행한 경우에는 이사회결의의 내용을 공고하여야 한다(461⑤). **⑤ 주권의 교부와 등기**; 신주발행이 효력을 발생한 때에는 회사는 그날로부터 6월 이내에 주권을 발행하여야 한다(355②). 준비금의 자본전입으로 자본과 발행주식수가 증가하게 되므로 소정의 변경등기를 하여야 한다(183, 317 ② 2, 3).

자본전입은 이사회결의, 신주발행, 신주배정일의 지정·공고, 배정의 통지·공고, 주권의 교부와 등기 순으로 이루어진다.

이사회결의의 경우 신주배정일에, 주주총회결의의 경우 주주총회시 그 효력이 발생한다.

4) 효 력 ① 효력발생시기; 이사회결의로 자본전입을 하는 경우에는 신주배정일에 그 효력이 발생하며(461③), 주주총회결의에 의한 경우에는 주주총회시에 그 효력이 각각 발생한다(461④). 이 때로부터 舊株主는 신주의 주주가 된다. 이익이나 이자의 배당에 관하여는 신주의 효력발생시기를 기준으로 하여 日割配當하는 것이 원칙이나 정관이 정하는 바에 따라 주주가 되는 시기가 속하는 영업년도의 직전 영업년도말을 기준으로 할 수 있다(461④, 350③). ② 물상대위; 종전의 주식을 목적으로 하는 질권은 등록질이건 약식질이건 신주 또는 단주의 처분에 의한 매득금에 대하여 물상대위가 인정된다(461⑦, 339). ③ 구주와 신주의 관계; 자본전입으로 발행되는 주식은 구주의 果實이나 從物이 아니고 따라서 과실이나 종물의 귀속에 관한 일반원칙이 적용되지 아니한다. 대판 1974.6.25, 74다164도 [사례Ⅵ-2-3-ii]와 유사한 사안에서 "주식의 연불매매계약에 있어서 매수인(X)이 주식매매대금을 완납할 때까지는 매도인(Y)에게 주식의 소유권 즉 주주권이 그대로 유보되어 있는 것으로 약정된 경우에 매수인(X)이 주식매매대금을 완납하지 않고 있는 사이에 자본증가로 인하여 생긴 유상주나 자본전입에 의하여 생긴 무상주는 당연히 주주권을 그대로 유보하고 있는 매도인(Y)에게 귀속되는 것이다. 이건 유상주와 무상주가 구주에서 파생된 것이라 할지라도 그것이 신주로 발행되고 나면 그 근거주와는 법률상 별개의 것으로 독립된 가치를 가지게 되는 것이고, 주물과 종물의 관계에 있게 되는 것은 아니라 하였음에 잘못이 있다 할 수 없으므로, 이와 같은 사실관계에 비추어 보면 이건 문제의 유상 및 무상주인 신주들이 당초의 주식매매목적물에 포함되어 원고(X)에게 귀속될 것은 아니다"라고 판시하고 있다.

자본전입이 위법한 경우 무효라고 본다.

5) 위법한 자본전입 이사회결의(주주총회결의)없이 신주를 발행하거나 하자 있는 결의에 의한 신주발행과 같이 자본전입이 위법한 경우에는 그 자본전입은 무효라고 본다. 그 무효의 주장에는 아무런 제한이 없기 때문에 확인의 이익이 있는 한 누구라도, 언제든지 무효의 소를 제기하거나 소 이외의 방법으로 무효를 주장할 수 있다고 본다.

(4) 기타준비금

정관의 규정이나 주주총회의 결의에 의하여 적립하는 준비금이다.

1) 임의준비금 ① 의의; 법의 강제에 의하여 적립하는 것이 아니라 정관의 규정이나 주주총회의 결의에 의하여 적립하는 준비금을 가리킨다. 임의준비금은 법정준비금의 적립 후 여유가 있는 때에 적립이 인정되며 그 적립의 목적에 따라 여러 가지로 나뉘어진다. 즉 결손에 대비하기 위한 缺

損塡補準備金, 이익배당의 평균화를 위한 配當平均準備金, 社債返還準備金, 償却準備金, 退職給與準備金 등이 있다. ② 사용; 임의준비금은 적립목적을 위하여 우선적으로 사용되어야 하지만 그 이외에도 결손의 전보에 사용하거나 이익배당(주식배당)의 재원으로 사용할 수 있다(이·이 724).

2) 비밀준비금 ① 의의; 형식상 대차대조표상으로는 준비금의 명목을 붙이지 않지만 실질상으로는 준비금의 성질을 가진 것을 말한다. 가령 회사재산을 과소평가하여 기입하고 부채항목도 과소평가하여 장부가액을 초과하는 현실재산액이 적립되도록 하는 것이다. ② 적법성; 비밀준비금은 한편으로는 회사의 재산적 기초를 튼튼히 하는 측면이 있지만, 회계정보의 부실을 초래하고 경영자에 의한 粉飾決算과 주가조작 등 부정한 목적에 이용될 수 있으므로, 그 적법성에 관하여는 견해가 나누어져 있다. 즉 비밀준비금은 주주의 이익배당청구권을 침해하고, 기업회계의 진실성과 공개성의 원칙에 위반하는 탈법수단으로서 위법하다는 견해(박·이387, 손주923~924, 김용434, 정찬(상)1004)와 재산의 저평가는 상법 제31조에서 금지하지 아니하며, 자본충실의 원칙에도 부합한다는 견지에서 적법성을 긍정하는 견해(서·정528, 이철(회)763~764, 정동(회)611, 정희563)가 있다.

실질상 준비금의 성질을 가지나 대차대조표상 준비금의 명목을 붙이지 않는 것이다.

제 3 利益配當

1. 總 說

가. 意 義

(1) 개 념

회사는 영리법인이기 때문에 영리활동의 결과에 의해 얻은 이익을 구성원인 주주에게 분배하는 것이 존립목적이다. 주주에 대한 이익의 분배는 회사의 해산을 기다려 殘餘財産分配의 방법에 의하는 것도 이론적으로는 가능하지만, 보통 회사는 존립기간을 정하지 않은 영속적인 존재이기 때문에 정기적으로 결산을 하여 주주에게 이익을 분배하며 이를 利益配當이라고 한다.

영리활동에 의한 이익을 주주에게 분배하는 것으로 회사의 존립목적이다.

(2) 유 형

이익배당은 그 배당시기에 따라 결산기배당과 중간배당으로, 배당금의 현실적 지급여부에 따라 현금배당(협의의 이익배당)과 주식배당으로, 배당금

배당시기, 지급여부, 배당금결

정기준에 의해 분류된다.

의 결정기준에 따라 액면배당과 시가배당으로 각각 나뉘어진다. 또 이익배당은 배당가능이익에서 배당하는 것이 원칙이지만 이에 대한 예외로서 일정한 회사에서는 개업전에 이익이 없어도 이자를 배당하게 하며 이를 建設利子配當이라고 한다.

(3) 배당에 관한 상법의 규율

상법규정은 주주의 권리보장과 과다한 권리의 억제라는 두 가지 이해관계를 조절한다.

이익배당에 관한 상법의 규율은 주주의 이익배당청구권의 정당한 보장과 과다한 이익배당의 억제라는 두 가지 상반된 이해관계의 조절에 초점이 맞추어져 있다. 즉 주주의 이기심에 기한 과다한 이익배당을 하게 되면 순재산의 사외유출이 많아져 채권자보호에 문제가 생기므로 재산유지원칙에 입각하여 배당가능이익을 엄격히 규제하고 있다. 한편 이익배당은 주주의 固有權이므로 배당가능이익이 충분히 존재함에도 불구하고 지나치게 낮은 배당을 한다든가 장기간 이익배당을 하지 않는 것은 주주의 정당한 이익을 침해하는 것으로서 규제되어야 할 것이다. 그러나 현행 상법상으로는 주주의 이익배당청구권에 대한 적절한 보장책은 매우 미흡한 실정이다(이균성,“기업이익과 소수주주의 지위”,「서돈각교수화갑기념논문집」(1980.11), 40).

나. 利益配當請求權

[사례 Ⅵ-2-4: 주주의 이익배당청구권]

(i) Y벤처회사는 1999년도 경기호전에 힘입어 막대한 이익을 실현하였다. 그러나 2000년 3월에 개최된 정기총회에서 이익의 70%는 향후 연구개발비로 적립하고 나머지는 연구원들의 사기진작을 위하여 전부 보너스로 지급하며, 주주에게는 이익배당을 하지 않기로 결의하였다. 소주주인 X는 이러한 주주총회결의는 주주의 고유권인 이익배당청구권을 침해하는 것으로서 무효라고 주장한다. X의 주장은 타당한가?

(ii) Y회사는 1999년 3월 15일에 개최된 정기주주총회에서 1998년도 순이익금 중 50억원을 1만주 이상 소유하는 주주를 제외한 소주주에게만 주당 20%씩 배당하기로 결의하였다. Y회사의 주식 30,500주를 소유하는 주주 X가 이익배당을 받지 못하게 되자, X는 대주주를 제외한 이익배당결의는 주주평등의 원칙에 위배되는 무효의 결의인에도 불구하고 Y회사가 고의 또는 과실로 이익배당을 하지 않음으로써 1억원 상당의 손해를 입었다고 주장하고, Y회사에 그 배상을 청구하였다. X의 청구는 타당한가? (서울고판 1976.6.11, 75나1555 참조).

(1) 고유권

1) 의 의 주주는 이익배당에 참여하는 것을 목적으로 회사에 투자하는 것이므로 주주의 이익배당청구권은 주주가 가진 권리 중에서도 가장 중요하다. 따라서 이는 주주총회의 다수결로도 박탈할 수 없는 固有權이므로 영구적으로 또는 일정기간 이익배당을 하지 않고 그 대신 잔여재산을 증가시키는 것은 정관 또는 주주총회의 결의로 정할 수 없다. 그러나 [사례Ⅵ-2-3-i]과 같이 회사의 경영합리화를 위하여 일정한 범위 내에서 이익을 회사내에 유보하고 배당을 제한하기로 하는 주주총회결의는 고유권의 침해라고는 할 수 없다. 다만 이러한 이익배당제한이 장기간에 걸치는 경우에는 이익배당청구권의 침해가 될 것이다.

주주총회의 다수결로도 박탈할 수 없는 고유권으로 주주의 가장 중요한 권리이다.

2) 제한에 대한 대책 이익배당에 대하여 가지는 이해관계는 경영권을 장악하고 있는 대주주와 그렇지 못한 소액주주간에 현격한 차이가 있다. 즉 대주주측은 이익배당 이외에도 경영자로서의 보수나 상여금 또는 自己去來 등의 방법으로 투자이익을 회수하는 다양한 수단을 보유할 뿐 아니라 이익을 가급적 회사내에 유보시킴으로써 자금사용의 폭을 넓힐 수 있다. 이에 대하여 소액주주는 이익배당이 유일한 투자회수수단이며 또 적절한 이익배당이 보장되지 않으면 주식의 가치도 유지될 수 없다. 특히 [사례Ⅵ-2-4-ii]와 같이 배당가능이익이 많지 않을 경우에는 일정 수(1만주) 이상의 주식을 보유하는 주주에게는 이익배당을 하지 않는 경우가 흔히 있는데, 이는 주주의 이익배당청구권을 침해하는 것이 아닌가 하는 의문이 제기된다. 이점에 대하여 서울고판 1976.6.11, 75나1555은 "이익배당의 결정은 주주총회의 권한에 전속하기 때문에 주주총회결의에 의하여 비로소 그 내용이 구체적으로 확정되는 것이고, 이익배당이 확정되기 전에는 주주의 이익배당청구권은 일종의 기대권을 내용으로 하는 추상적 권리에 지나지 않는다 할 것이므로, 법원이 주주총회에 갈음하여 이사회에서 제출한 이익금처분안을 수정하여 주주의 구체적 이익배당을 확정 지울 길이 없고 주주가 이익배당에 관한 주주총회의 결의를 강요할 수도 없는 것이므로 결국 원고(X)에게는 확정적인 이익배당청구권이 없고, 또 적법한 이익배당에 관한 주주총회결의가 없다 하여 상법상의 채무불이행 또는 불법행위도 될 수 없다"고 판시하고 있다. 한편 대판 1983.3.22, 81다343은 有限會社의 이익배당과 관련하여 "사원총회의 계산서류승인에 의한 배당금의 확정과 배당에 관한 결의가 없는 경우에는 이익배당금 청구는 이유없다"고 판시함으로써 같은 입장을 취하고 있다.

이익배당청구권은 추상적 권리에 지나지 않는다는 것이 판례의 입장이다.

(2) 추상적 이익배당청구권과 구체적 이익배당청구권

주식에 불가분적으로 포함되는 권리이다.

주주는 주식을 보유하는 이상 이익의 유무를 불문하고 이익배당청구권을 가지며 이를 抽象的 利益配當請求權이라고 한다. 이러한 의미의 이익배당청구권은 구체적인 금전지급청구권이 아니고 의결권과 마찬가지로 주식에 불가분적으로 포함되어 있는 권리이다. 따라서 이를 주식으로부터 분리하여 독립적으로 양도하거나 入質 등 처분이나 압류의 대상으로 될 수 없고 또 이것만이 독립하여 시효에 걸리는 것도 아니다.

주주권으로부터 독립한 권리이다.

이에 대하여 주주총회결의에 의하여 이익배당이 결정되면 비로소 회사에 대하여 확정액의 배당금지급청구권을 취득하는데 이를 具體的 利益配當請求權이라고 한다. 이 구체적 이익배당청구권은 주주권으로부터 독립하여 별개로 양도하거나 입질하고 압류 및 전부명령의 대상이 되며 독립하여 소멸시효에 걸린다. 이는 주주가 주주로서의 지위가 아닌 제3자적 지위에서 회사에 대하여 가지는 권리이다.

2. 利益配當(現金配當)

가. 利益配當의 要件

이익을 배당함에는 배당가능이익이 존재하여야 하며 주주총회에서 財務諸表(利益剩餘金處分計算書)의 승인으로 배당가능이익이 확정된다.

(1) 배당가능이익

1) 상법상 배당가능이익　배당가능이익은 대차대조표상의 순자산액(자산의 부의 합계액으로부터 부채의 부의 합계액을 공제한 잔액)으로부터 i) 자본액, ii) 그 결산기까지 적립된 법정준비금(자본준비금과이익준비금의 합계액), iii) 그 결산기에 적립하여야 할 이익준비금의 합계액을 공제한 금액이며 이를 한도로 이익배당을 할 수 있다(462①).

2) 실제 배당이익　위 배당가능이익은 이익배당의 최고한도를 의미할 뿐 실제로 이를 전부 배당하지는 않는다. 보통 여기에서 법인세액을 공제하고 또 정관의 규정이나 주주총회의 결의로 任意準備金을 적립한 후 이를 공제하고 배당하는 것이 보통이다(홍복기·박정우, "회사의 계산제도 개선에 관한 연구",「상사법 연구」(2001.11), 54).

(2) 이익배당의 기준

액면배당과 시가배당으로 나

배당가능이익이 확정된 후 구체적으로 주주에게 배당할 금액을 정할 때 주식의 액면을 기준으로 하는가 아니면 시가를 기준으로 하는가에 따라 額

■ 이익배당의 산출방법

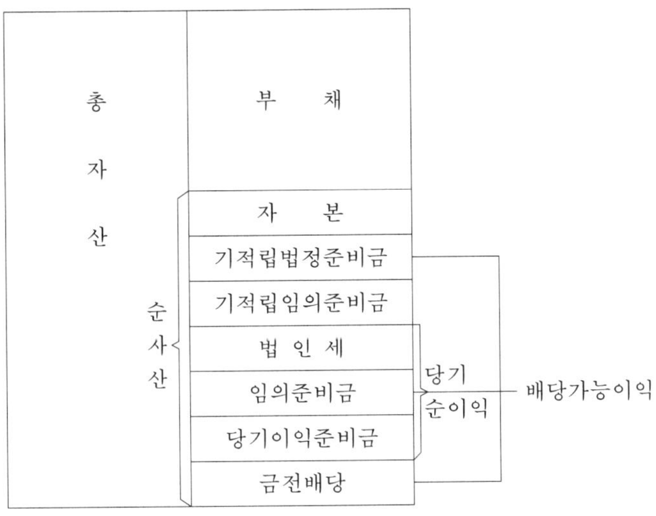

面配當과 時價配當으로 나누어진다. 가령 어떤 회사주식의 액면가가 5,000원, 시가가 50,000원이고 10%의 이익배당을 할 경우에 액면가를 기준으로 하는 것과 시가를 기준으로 하는 것은 배당금에서 10배의 차이가 난다. 상법에는 배당기준에 대하여는 아무런 규정을 두고 있지 않기 때문에 종래 우리 나라 회사들은 예외없이 액면배당을 하였다. 그러나 경영실적이 좋은 회사일수록 우량주로서 액면가와 시가의 차이가 현격한데, 명목적인 가액에 지나지 않는 액면가를 기준으로 이익배당을 하는 것은 주주의 이익배당청구권을 지나치게 제한하는 것이 아닌가 하는 의문이 있다. 그리하여 이익배당에 대한 주주들의 불만이 커지자 근래에 와서는 時價配當을 하는 회사들이 증가하고 있다. 차제에 이를 회사의 임의에 맡겨둘 것이 아니라 입법적인 대책을 마련하는 것이 필요하다고 본다(김재문, "주식회사의 이익배당에 관한 법적 고찰", 「상사법연구」(1995), 268).

누어지는데, 이는 회사의 자율에 맡긴다.

나. 利益配當의 決定

[사례 VI-2-5: 이익배당과 주주평등의 원칙]

(i) Y회사의 정기주총회에서 발행주식의 1% 이상을 보유하는 주주 전원(개인 13명, 법인 9개)이 출석하여 이들 전원의 찬성으로 1%이상의 대주주에게는 30%, 1%미만의 소액주주에게는 33%의 이익배당을 결의하였다. Y회사의 주주 X는 이러한 차등배당은 주주평등의 원칙에 위반된다는 이유로 주주총회결의 무효의 소를 제기하였다. X의 소제기는 정당한가? 만일 주주평등원칙에 위반하지 않는다면 차등배당을 하는 이유는 어디에 있는가? (대판 1980.

8.26, 80다1263 참조)

(ii) Y회사는 1997년 12월 결산 결과 경영악화로 인한 결손을 보게되자 다음해 3월에 개최된 정기주주총회에서 무배당결의안을 통과시키기로 하고, 사전에 대주주들의 양해를 구하였다. 그러나 이 회사 주식의 3%를 보유하고 있는 대주주인 A만 이에 반대하고 무배당으로 인한 손실전보를 하지 않으면 의결권행사를 위한 위임장 교부를 거절하겠다고 위협하였다. 이에 Y회사와 A주주는 회사가 이익배당을 할 수 있을 때까지 매월 A주주에게 500만원씩 지급하기로 하는 계약을 체결하였다. Y회사의 다른 주주 X는, 이러한 Y회사와 A간의 계약은 주주평등원칙에 위반된다는 이유로, Y회사를 상대로 지급금지가처분신청을 하였다. X의 가처분신청은 타당한가? (日最高判 1970.11.24, 民集 24-12, 1963 참조)

(iii) A회사는 1999년 6월 1일자로 이사회를 개최하여 신주발행과 준비금의 자본전입을 동시에 하는 유무상 포괄증자를 결정하고 신주의 납입기일을 동년 7월 1일로 하였다. 이에 따라 주식 2만주를 보유하는 주주 Y는 유상증자분 1만주와 무상증자분 1만주의 신주를 각각 배정받아 4만주를 보유하게 되었다. A회사는 경영흑자로 인하여 2000년 3월에 개최된 정기주주총회에서 40%의 이익배당을 결정하고 Y주주에게 1억6천만원(4만주×1만원×40%)의 배당금을 지급하였다. 이에 A회사 채권자인 X은행은 Y주주의 보유주식 중 신주 2만주에 대하여는 일할배당을 하여야 하므로 그 차액을 반환할 것을 청구하였다. X의 반환청구는 타당한가?

(1) 주주총회에 의한 결정

재무제표의 승인이 있으면 주주총회에 의해 결정된다.

이익배당은 주주총회에 의해 결정된다. 즉 이사는 매결산기에 이익의 처분 또는 손실의 처리에 관한 의안(이익잉여금처분 계산서에 포함)을 다른 財務諸表와 함께 작성하여 이사회의 승인과 감사(감사위원회)의 감사를 받은 후 정기총회에 제출하여 그 승인을 구하여야 한다(447,447 의4,449). 利益配當議案을 포함한 재무제표의 승인이 있으면 이익배당이 결정된다. 재무제표의 승인은 주주총회의 전권사항이므로 주주총회는 이를 수정변경하여 승인할 수 있다(정찬(강) 941). 재무제표에 대한 승인이 있으면 당기의 이익이 확정되고 각 주주는 회사에 대하여 확정액의 배당금지급청구권을 취득한다(대판 1983.3.22, 81다343).

(2) 이익배당과 주주평등의 원칙

주식수에 따라 차등지급하는

1) 원 칙 이익배당의 결정은 株主平等의 原則에 따라야 한다. 그러므로 이익배당은 각 주주가 가진 주식수에 따라 지급한다(464 本). 다만 優先

株, 後配株 등 이익배당의 내용에 있어 차이가 있는 數種의 株式을 발행한 경우에는 정관 등에서 정하는 바에 따라 주식의 종류별로 각각 다른 배당을 할 수 있다(464 但).

주주평등의 원칙에 의한다.

2) 차등배당 　우선주 등을 제외하고는 배당률이 동일하여야 하나, 실제로는 [사례Ⅵ-2-5-i]과 같이 대주주들의 호의로 소액주주의 배당률을 높게 하거나 소액주주에게만 배당하고 대주주에게는 무배당을 결의하는 경우가 많다. 이 경우 주주평등원칙의 위반여부가 문제될 수 있으나 대판 1980. 8.26, 80다1263은 "대주주가 참석하여 당해 사업년도 잉여이익 중 자기들이 배당받을 몫의 일부를 스스로 떼내어 소액주주들에게 고루 나눠주기로 한 것이니 이는 주주가 스스로 그 배당받을 권리를 포기하거나 양도하는 것과 마찬가지로서 상법 제464조의 규정에 위반된다고 할 수 없다"고 판시하였다. 그러나 이는 모든 대주주들의 동의를 전제로 한 것이므로 만일 이러한 결의에 반대하는 대주주가 있을 경우에는 그에게는 소액주주에 대한 배당률(33%)대로 지급하여야 할 것이다. 그러나 이러한 차등배당의 실제적인 이유는 대주주들의 호의라기보다는 1%이상 주식보유를 기준으로 하여 배당소득에 대한 과세율에 있어서 큰 차이가 있으므로 節稅의 수단으로 이용하는 것이다.

대주주의 동의를 전제로 한 것이므로 주주평등원칙의 위배는 아니나, 실질적으로 탈세의 수단이 된다.

3) 무배당손실전보 　[사례Ⅵ-2-5-ii]와 같이 회사(Y)가 배당을 하지 않는 대신 특정주주(A)에게 무배당으로 인한 손실을 전보하는 경우가 있는데, 이는 이익배당을 주주총회결의사항으로 하는 규정(449, 462) 및 주주평등의 원칙(464)에 대한 위반 여부가 문제된다. 생각컨대 회사(Y)가 특정 주주(A)에 대하여 일정금액(매월 500만원)을 지급할 경우에는 주주에 대한 이익공여금지(467의2)에 해당하지만, 만일 그 지급이 무배당으로 인한 손실의 전보를 목적으로 한 것이고 또 그 지급액도 이익배당금과 유사한 경우에는 실질적으로는 이익배당에 해당한다. 따라서 주주총회결의를 거치지 않고 또 특정주주에게만 이를 지급한 경우에는 주주평등원칙에 반하여 위법한 이익배당이라고 하겠다(정희565, 손주935, 정동(회)624~625, 정찬(상) 1011; 日最高判 1970.11.24, 民集 24-12, 1963).

주주평등원칙에 반하는 위법한 이익배당으로 본다.

(3) 일할배당 · 전액배당

영업년도 중간에 新株를 발행한 경우에 당해 영업년도에 대한 이익배당시 신주에 대하여는 신주발행일부터 영업년도 말일까지의 일수에 대한 日割配當을 하여야 하는가, 아니면 舊株와 마찬가지로 전액을 배당하여야 하는가? 상장법인의 경우에 有償新株에 대하여는 일할배당을 하고 無償新

株에 대하여는 전액배당을 하는 것이 실무의 관행으로 되어 있는데 그 적법성에 대하여는 견해가 나뉘어 있다.

회사의 선택에 따라 일할배당이나 전액배당을 할 수 있다.

1) 유상신주 [사례Ⅵ-2-5-iii]에서 보면 Y주주는 유상신주 1만주를 교부 받았는데 日割配當을 하게 되면 구주의 365분의 184(99.7.1∼99.12.31)에 해당하는 배당금만 지급하는 것이 된다. 이에 대하여는 주주평등의 원칙과 관련하여 적법설과 위법설 그리고 임의설이 대립한다. ① 적법설; 신주의 주주는 신주발행시 까지는 회사에 대한 자금상의 기여를 한 바 없고 기업의 위험을 부담한 바 없으니 투하자본의 운용기간에 비례하여 차액배당하는 것이 실질적인 평등대우라고 한다(정희566, 손주936, 정찬(상)1011, 법무부유권해석). 이 견해에 따르면 X의 주장은 타당하다. ② 위법설; 영업년도의 이익·손실과 주주의 출자간에는 대가관계가 없을 뿐 아니라 회사청산시 잔여재산의 분배에 있어서도 新·舊株의 구별을 하지 않고 있으므로 이와 균형상 이익배당에서도 구별하지 않는 것이 타당하다고 한다(이철(회)776). 이 견해에 의하면 X의 주장은 타당하지 않다. ③ 임의설; 일단 투하자본의 운용기간에 비례하여 일할배당하는 것이 실질적 평등에 부합하지만, 회사가 균등배당을 하더라도 형식적 평등을 실현하는 것이므로 상법 제464조에 위반하는 것은 아니라고 하며(서돈451, 서정657, 정동(회)625), 따라서 X의 주장은 타당하지 않다. ④ 검토; 1995년 상법개정시 轉換株式의 轉換으로 인하여 발행되는 신주에 대한 이익배당에 관하여 "정관이 정하는 바에 따라 그 청구를 한 때가 속하는 영업연도의 직전 영업년도말에 전환된 것으로 할 수 있다"고 규정하고(350③後), 이 규정을 新株發行과 準備金의 資本轉入, 株式配當에 각각 준용하고 있다. 따라서 회사의 선택에 따라 일할배당을 하거나 전액배당을 선택할 수 있다고 할 것이다. 그러므로 이 사례에서 A회사가 정관에 이러한 규정을 둔 경우에는 상관없지만 그렇지 않은 경우에는 일할배당을 하여야 하므로 Y주주는 X의 주장대로 초과배당분을 A회사에 반환하여야 한다.

무상신주의 경우 전액배당을 한다.

2) 무상신주 [사례Ⅵ-2-5-iii]에서 보면 Y주주는 준비금의 자본전입으로 신주 1만주를 1999년 6월 1일자(이사회결의일)로 취득하였으므로 이익배당에 관하여는 유상신주와 동일한 문제가 발생한다. 그러나 無償新株(준비금의 자본전입, 재평가적립금의 자본전입, 주식배당)는 기존주식의 분할로서 영업연도의 중간에 발행되었다고 하더라도 회사에 대한 자금의 기여도 측면에서는 구주와 동일하기 때문에 일할배당은 타당하지 않으며 실무적으로도 전액배당을 하고 있다. 그러므로 X의 주장은 무상신주부문에 대하여는 타당하지 않다.

다. 利益配當金의 支給

(1) 이익배당을 받을 주주

기준일 당시의 주주는 이익배당을 받는다.

정기총회에서 이익배당안이 승인되어 이익배당이 결정되면 각 주주는 회사에 대하여 확정액의 配當金請求權을 취득한다. 배당금청구권을 취득하는 주주는 원래 승인결의 당시의 주주이지만, 대부분은 결산기(대부분 직전연도의 12월31일)를 이익배당기준일로 정하고 다음날부터 결산 주주총회까지는 주주명부를 폐쇄하기 때문에, 기준일 당시의 주주가 주주총회에서 의결권을 행사하고 여기에서 결정된 배당금을 지급받게 된다(標準定款45③).

(2) 배당금의 지급시기

주주총회의 재무제표 승인 날부터 1월이내 지급해야 한다.

회사는 주주총회에서 재무제표의 승인이 있는 날로부터 1월 이내에 배당금을 지급하여야 한다(464의2①本). 그러나 주주총회 또는 이사회에서 배당금 지급시기를 따로 정한 경우에는 그에 의한다(464의2①但). 이익배당의 지연에 따른 주주의 손해를 방지하기 위하여 1984년 개정시 신설한 조항이다.

회사가 이 시기에 배당금을 지급하지 아니한 경우에는 이사는 과태료의 제재를 받는다(635①22의2). 또 주주는 이사에 대하여 손해배상책임(401)을 추궁할 수 있고, 회사에 대하여는 배당금 외에 遲延損害金의 지급을 구할 수 있다.

(3) 배당금청구권의 소멸시효

배당금의 지급청구권은 5년간 이를 행사하지 아니하면 소멸시효가 완성한다(464의2②).

라. 中間配當

(1) 의 의

이익배당의 부담 평준화와 자금조달의 활성화에 그 의의가 있다.

연 1회의 결산기를 정한 회사는 정관의 규정에 따라 영업년도 중 1회에 한하여 이사회의 결의로 일정한 날을 정하여 그 날의 주주에게 금전으로 이익을 배당할 수 있는데, 이를 中間配當이라고 한다(462의3①, 標準定款45의2①). 중간배당제도는 이익배당의 부담을 평준화하고 증권시장에서의 주식가치를 높혀 자금조달을 활성화시킨다는 취지에서, 1997년부터 證券去來法에 의해 상장회사와 협회등록법인에 한하여 실시하던 제도인데(證去192의3), 1998년에는 상법 개정에서도 이를 받아들여 모든 주식회사에 확대하였다. 그러나 우리 나라에서는 연 1회 배당이 관행으로 굳어져 있으므로 굳이 중간배당제도를 도입할 필요성이 있는가에 대한 비판이 있다(이철(회) 776).

한편, 중간배당은 그 결의기관이 주주총회가 아닌 理事會이고, 주식배당을 제외한 금전배당에만 가능하며, 배당재원이 당해 년도의 이익이 아니라 그 직전 결산기의 이익이라는 점에서 일반배당(定期配當)과 구별된다.

(2) 재원과 한도

전년도 이익배당의 후불이라 볼 수 있다.

中間配當은 연 1회 결산기를 정한 회사에 한정되며, 정관에 중간배당을 허용하는 규정이 있어야 하는 외에 다음 금액을 그 한도로 한다. 즉 중간배당은 직전결산기의 대차대조표상의 순자산액에서 i) 직전결산기의 자본액, ii) 직전결산기까지 적립된 자본준비금과 이익준비금의 합계액, iii) 직전결산기의 정기총회에서 이익으로 배당하거나 또는 지급하기로 정한 금액, iv) 중간배당에 따라 당해 결산기에 적립하여야 할 이익준비금을 공제한 액을 한도로 한다(462의3②, 標準定款45의2③). 즉 직전 결산기에서 이익잉여금의 처분(이익배당)을 하고 남은 잔액이 중간배당의 재원이 되므로, 중간배당은 실질적으로는 전년도 이익배당의 후불이라고 볼 수 있다(정동(회)628, 이철(회)768~769, 최기1049, 강위705). 그러나 당기에 발생한 이익의 선급(가지급)이라고 보는 견해도 있다(손주 974·979).

(3) 배당제한과 책임

당해연도에 결손이 예상되면 중간배당은 제한되고, 위반시 이사는 회사와 연대책임을 진다.

中間配當은 직전결산기에 처분하지 아니한 이익을 재원으로 하는 것이므로 만일 당해연도에 결손이 예상된다면 이를 중간배당으로 주주에게 분배할 것이 아니라 결산기까지 유보하여 결손전보에 사용하여야 할 것이다. 이에 따라 당해결산기의 대차대조표상의 순자산액이 상법 제462조 제1항 각호의 합계액에 미치지 못할 우려가 있는 때에는 중간배당을 하여서는 아니된다(462의3③). 만일 이를 위반하여 중간배당을 한 경우에는 그 이사 및 중간배당결의에 찬성한 이사는 회사에 대하여 연대하여 그 차액(배당액이 그 차액보다 적을 경우에는 배당액)을 배상할 책임이 있다. 다만 이사가 이러한 우려가 없다고 판단함에 있어 주의를 게을리하지 아니하였음을 증명한 때에는 그러하지 아니하다(462의3④). 이는, 이사에게 중간배당에 대한 위험을 부담시키되 무과실책임을 지우는 것은 가혹하므로 무과실을 입증하면 책임을 면하도록 한 것이다.

(4) 절 차

이사회의 재량에 속한다.

中間配當은 정관에 규정이 있을 때 한하여 할 수 있다(標準定款45의2①). 그러나 중간배당은 이사회결의만으로 할 수 있으므로 중간배당을 할 것인지 여부는 이사회의 재량이다. 중간배당을 받을 주주는 정관에서 정한 날의 주주이어야 하며 따로 이를 위한 주주명부의 폐쇄나 基準日을 정하지 않는다.

(5) 이익배당에 관한 규정의 준용

주주명부의 폐쇄에 관한 규정을 제외하고 이익배당에 관한 규정을 준용한다.

中間配當은 엄격한 의미에 있어서는 이익배당은 아니지만 주주에게 이익을 분배한다는 점에서는 그 성질을 같이하므로 이익배당에 관한 여러 규정을 준용하고 있다. 즉 등록질의 효과(340①), 數種의 株式의 특례(344①), 영업연도 중에 발행한 주식(350③), 주주명부의 폐쇄(354①), 의결권 없는 주식(370①), 건설이자의 償却(457②), 이익준비금의 적립(458), 이익배당의 기준(464)을 준용하고 있다. 앞에서 본 바와 같이 중간배당은 정관상 지정된 날의 주주에게 하는 것이므로 주주명부의 폐쇄에 관한 규정(354①)의 준용은 잘못된 것이다.

3. 株式配當

[사례 Ⅵ-2-6: 주식배당]

Y_1회사의 발행주식총수는 10만주(1주의 금액 1만원)이며 이 중 보통주가 5만주이고 우선주가 5만주이다. Y_1회사는 임직원들의 주식매수선택권의 행사에 대비하여 1만주의 보통주를 자기주식으로 보유하고 있으며, Y_2는 1999년 7월 1일에 Y_1회사의 보통주 2만주를 취득하였다. 2000년 3월에 개최된 Y_1회사의 정기주주총회에서 당기 배당가능이익이 2억원으로 확정되어 1억원은 현금으로 배당하고, 나머지 1억원에 대하여는 구주 10주당 신주 1주를 교부하는 주식배당을 하기로 결의하였다. 다음 각 경우에 Y_1회사의 채권자인 X은행은 Y_1회사와 Y_2에 대하여 각각 그 배당받은 신주의 전부 또는 일부의 반환을 청구할 수 있는가? ① Y_1회사의 보유주식에 대하여 신주 1,000주를 배당한 경우 ② Y_2에게 보통주 2,000주를 배당한 경우 ③ Y_2에게 보통주 1,000주와 우선주 1,000주를 배당한 경우 ④ Y_2의 주식에 약식질권을 설정한 자에게 보통주 2,000주를 교부한 경우

가. 意　　義

(1) 의　의

배당가능이익을 주식으로 발행, 배당하는 것으로 회사의 자본기초를 견고히 하는데 그

株式配當이란 주식회사가 주주에게 배당할 수 있는 이익의 일부를 새로이 발행하는 주식으로 배당하는 것을 말한다(462의2①). 즉 주식배당은 배당가능이익 중 일부를 資本轉入하여 발행한 신주를 주주에게 무상으로 분배하는 제도이다. 株式配當制度는 이익의 사내유보를 통하여 회사의 재산적 기초를 튼튼히 하기 위해 미국과 일본 등에서 시행하던 제도인데, 우리 나라

의의가 있다.

에는 1984년 상법개정시 도입되었다(이범찬, "주식배당에 관한 몇가지 문제", 「서돈각교수정년기념논문집」(1986.3), 241).

(2) 기 능

기업의 자금부담과 배당금지급지연에 의한 주주의 불이익을 해소하는 기능을 한다.

우리 나라 기업들의 주주총회 개최시기는 대부분 결산기 다음 연도의 3월경에 몰려 있다. 이로 인해 과거 현금배당만 허용되던 때에는 기업이 자금조달면에서 압박을 받아, 심지어 어떤 기업은 배당금 지급에 5, 6개월이 소요되기도 하고 현금을 마련할 수 없는 경우에는 會社債까지 발행하는 사례도 비일비재하였다. 이러한 배당금지급에 따르는 기업의 자금부담과 배당금지급 지연에 따른 주주의 불이익을 덜어주기 위해, 한편으로는 株式配當制度를 도입하여 배당자금을 기업내에 축적시켜 재투자재원으로 확보할 수 있도록 하고(462의2), 다른 한편으로는 배당금지급시기를 주주총회결의일로부터 1월내로 제한한 것이다(464의2).

임의준비금, 배당가능이익을 자본전입하여 주주에게 신주를 배정하는 것이다.

株式配當制度가 인정되기 전까지는 임의준비금(배당가능이익)을 자본전입하기 위해서는, 정관변경이나 주주총회결의를 통하여 이익준비금(법정준비금)으로 이체한 후 이를 다시 자본전입하는 편법을 사용하고 있었다. 그러나 이러한 우회적인 방법은 비용과 시간을 필요로 할 뿐 아니라 주주가 현금배당을 요구하는 경우에는 여러 가지 불편이 따르게 된다. 株式配當制度는 이러한 불편을 제거하여 임의준비금 또는 배당가능이익을 직접 자본전입하고 주주에게 신주를 배정할 수 있게 하는 것이다. 그러나 주식배당에 따른 주식수의 증가로 인하여 배당압력이 가중되는 것은 회사로서는 큰 부담이 아닐 수 없다(이정한, 「주식배당제도에 관한 연구」, 정희철교수정년기념논문집, 상법논총(1985.2), 154).

(3) 구별개념

株式配當은 금전 대신 새로이 주식을 발행하여 그 주식으로 하는 이익배당이므로 회사가 기존의 自己株式으로 주주에게 교부하는 것은 주식배당이 아니다. 또한 주식배당은 이익배당의 일종으로서 무상으로 신주를 교부하는 점에서 주식분할이나 준비금의 자본전입과 유사하지만 다음과 같은 점에서 구별된다.

발행주식 총수만 증가한다는 점에서 주식배당과 다르다.

1) 주식분할 상법상으로는 無額面株式이 인정되지 않기 때문에 주식분할이란 액면분할을 의미한다. 즉 주식분할은 株金額을 분할하여 더 작은 단위로 하는 것에 지나지 않으므로(가령 액면 10,000원인 주식 1주를 액면 1,000원인 주식 10주로 분할), 자본에는 변동이 없고 발행주식총수만 증가하게 되는데 이 점에서 자본과 발행주식총수가 증가하는 주식배당과 다르다.

준비금의 자본

2) 준비금의 자본전입 준비금의 자본전입으로 무상신주가 교부되고

명목상 자본이 증가하는 점에서는 주식배당과 유사하지만, 주식배당은 배당가능이익을 그 재원으로 하는 점에서 법정준비금이 재원이 되는 준비금의 자본전입과 구별된다.

전입은 법정준비금이 재원이 된다는 점에서 주식배당과 다르다.

나. 本 質

株式配當의 본질에 관하여는 영국과 미국 그리고 일본 내에서는 다양한 견해의 대립이 있다. 국내에서도 그 영향을 받아 利益配當說과 株式分割說이 대립하고 있는데 이익배당설이 다수설이다.

(1) 이익배당설

株式配當의 본질을 이익배당의 일종, 즉 변형이라고 보는 견해로서 그 논거는 다음과 같다(정희568, 손주944, 이철(회)779~780, 최기(회)869, 정찬(상)916, 강·임939, 정찬형, "주식배당제도",「손주찬교수기념논문집」(1989.9), 465). **첫째로,** 주식배당과 현금배당간에는 배당목적물에서 차이가 있을 뿐 실질에서는 모두 이익배당의 성질을 가지고 있으며 다만 주식배당은 이익잉여금의 사내유보를 수반하는 특수한 이익배당일 뿐이다. **둘째,** 배당 절차에 있어서도 배당가능이익의 확정과 주주에게 신주인수권을 부여하는 점에서 현금배당과 동일하다. **셋째,** 주식배당은 현금배당 대신 행해지는 것이므로 주주로서는 받아야 할 배당을 받지 않은 만큼 출자를 한 셈이고, 회사로서는 지급하여야 할 금액을 지급하지 않았으므로 그만큼 회사재산이 증가되었다고 볼 수 있다. 따라서 주식배당에서는 단순한 주식분할과는 달리 자본증가와 함께 회사재산이 증가한다.

주식배당을 이익배당의 일종으로 보는 견해로서 자본과 회사재산이 증가한다.

(2) 주식분할설

株式配當은 이익배당의 일종이 아니라 배당가능이익의 자본전입에 따른 신주발행으로 그 본질은 주식분할이라는 견해로서(정동(회)633), 그 구체적 논거는 다음과 같다(정동(회)633, 김용438, 정무540, 註商(II-下)589, 박실순, "수식배당제도, 고시계(1984.6)"38). **첫째,** 이익배당이란 회사의 이익이 현금 등의 형태로 주주에게 지급될 때 비로소 실현되는 것인데, 주식배당은 이익을 회사내에 확보하려는 절차이므로 이를 분배라고 부르는 것은 잘못이다. **둘째,** 절차적인 측면에서도 주식배당결의는 확정된 이익을 자본에 전입한다고 하는 하나의 결의로써 이루어지며, 일단 현금배당을 결의한 후 다시 신주발행을 결의하는 것은 아니다. **셋째,** 주식배당 전후를 통하여 회사의 재산은 변동되지 않고, 다만 이익 또는 임의 준비금계정에서 자본계정으로 옮겨지는 것에 불과하다. 따라서 주식배당은 신주가 지

신주가 주주수에 비례하여 분배되는 주식분할로 보는 견해이다.

주수에 비례하여 분배되는 점에서 그 본질은 주식분할이다.

(3) 검 토

주식분할설은 주식배당을 이익배당이 아니라고 명시하고 있는 영미법의 영향을 받은 견해라고 할 수 있다(박길준, "주식배당제도에관한소고", 「손주찬교수정년기념논문집」(1989.9), 440). 그러나 영미법과 우리 회사법간에는 다음에서 보는 바와 같은 몇 가지 점에서 차이가 있으므로 영미법상의 이론을 그대로 수용하여 주식배당의 본질을 주식분할이라고 보는 데에는 찬성할 수 없다.

1) 무액면주식의 불인정 영미법상으로는 無額面株式을 인정하고 있으므로 주식분할, 준비금의 자본전입 및 주식배당간에는 본질적인 차이가 없고 따라서 주식배당을 주식분할로 보아도 상관이 없다. 그러나 우리 상법에서는 額面株式만을 인정하기 때문에 앞에서 설명한 바와 같이 3자간에는 자본의 증감이나 회사재산의 증감 및 그 재원에 있어서 분명한 차이가 있다.

2) 법규정의 형식 법규정의 형식면에서 볼 때 주식배당은 현금배당을 하는 경우와 동일한 요건을 필요로 하고, 이익배당총액의 2분의 1을 한도로 주식배당을 하고 있으며, 또 端株에 관하여는 단주처리에 관한 일반규정(462의2③, 443①)에 따르도록 한 점을 고려하면 이익배당의 일종이라고 보아야 할 것이다.

(4) 양설의 차이

株式配當의 본질을 어떻게 이해하느냐에 따라 신주발행요건, 自己株式에 대한 배당, 數種의 株式에 대한 처리, 중간배당, 일할배당, 단주처리, 과세 등 주식배당에 관련된 거의 모든 분야에 걸쳐 입장을 달리하게 된다(신현윤, "주식배당의 본질", 「고시연구」(2000.7), 153).

자기주식에 대해서는 주식배당이 불가능하다는 것이 통설의 입장이다.

1) 자기주식에 대한 배당 [사례 Ⅵ-2-6]의 ①에서 회사(Y_1)가 보유하는 자기주식(1만주)에 대하여 신주(1,000)를 배당할 수 있는가 하는 점이다. 이익배당설을 취하면서 자기주식에 대한 이익배당청구권을 인정하면 회사의 자기주식에 대하여도 주식배당이 가능하다고 보지만(서정267, 강위289), 이를 부인하는 통설에 따를 경우에는 자기주식에 대하여는 주식배당을 할 수 없게 된다(정희427, 서·정375, 채이782, 정찬(상)1018). 그러나 주식분할설은 자기주식도 기발행주식인 이상 그 대상에서 제외시킬 이유가 없기 때문에 이에 대한 주식배당을 인정한다(정동(회)637, 김용438, 註商(II-下)592). 위 견해 중 어느 쪽을 취하는가에 따라 X의 반환청구의 타당성 여부가 결정될 것이다.

통설에 의하면

2) 일할배당 [사례 Ⅵ-2-6]의 ②에서 Y_2가 주식을 취득한 것은 영업

연도 중간(1999. 7.1)이기 때문에 2,000주를 전부배당한 것이 정당한가 하는 점이다. 이익배당설 중 일할배당의 적법성을 인정하는 통설에 따르면 신주와 구주는 차등을 두어 신주에 대하여 당연히 일할배당을 할 수 있다고 할 것이다. 그러나 일할배당을 위법이라고 보는 소수설(이철(회) 779)에 의할 경우에는 주식배당에 대하여도 일할배당을 부정한다. 주식분할설은 신주와 구주간에 차등을 둘 수 없다는 이유로 일할배당을 부정한다.

신주에 대한 일할배당이 가능하다.

3) 수종의 주식에 대한 배당　[사례Ⅵ-2-6]의 ③에서 Y_2의 보유주식은 보통주인데 우선주로 주식배당을 할 수 있는가 하는 점이다. 이익배당설에 의하면 주식배당은 현금배당에 대신하여 신주를 배당하는 것이므로 주주가 가지고 있는 주식의 종류와 다른 주식을 발행할 수 있다고 한다(정희575, 이철(회)779). 주식분할설은 구주와 같은 종류의 주식, 즉 보통주에는 보통주, 우선주에는 우선주를 발행하여야 한다고 한다(정동(회)636, 박길준 42, 정무541, 註商(II-下)591). 1995년 개정상법에서는 회사가 數種의 株式을 발행한 때에는 각각 그와 같은 종류의 주식으로 배당할 수 있다는 규정(462의2②後, 標準定款45③)을 두고 있으나 이는 임의규정이므로 반드시 어느 견해를 채택한 것이라고 할 수 없다(정찬(상) 1018).

상법의 규정은 임의규정이므로 어느 설을 취해도 상관없다.

4) 약식질권자의 물상대위　[사례Ⅵ-2-6]의 ④에서 Y_2에게 배당된 2,000주를 약식질권자에게 교부할 수 있는가 하는 점이다. 이익배당설 중에서 略式質權의 효력이 이익배당청구권에도 미친다는 입장에 의하면 주식배당에 의한 신주에도 물상대위가 인정되나(정희 576), 다수설은 이를 부정한다(서·정 391 外). 주식분할설은 신주에 물상대위권의 효력이 당연히 미친다고 한다(정무 542).

5) 배당과세　이익배당설은 현금배당과의 균형상 당연히 과세의 대상이 된다고 본다. 이에 대하여 주식분할설은 주식배당을 주식분할의 일종으로 보기 때문에 주주에게 있어서 기존의 비례적 지위를 세분함에 지나지 않으며, 아무런 자산상 소득도 생기지 않으므로 과세할 수 없다고 본다(정찬(상) 1020). 참고로 미국에서는 비과세가 판례의 입장이지만 한국이나 일본에서는 이를 세법상 소득으로 간주하여 과세하고 있다(所得 17①3, ②2).

세법상 소득으로 간주하여 과세한다.

다. 要　件

(1) 배당가능이익의 존재

주식배당은 배당가능이익을 자본전입하여 신주를 발행하는 것이므로 우선 배당가능이익이 있어야 한다. 배당가능이익이란 현금배당의 경우와 마찬가지로 상법 제462조 1항에 의하여 산출된 이익을 말하지만, 당기의 이익에 한정되지 않고 이월잉여금이나 임의준비금도 포함한다. 다만 임의준비금

상법 제462조 1항에 의해 산출된 이익에 이월잉여금과 임의준비금을 포

함한다.

의 경우에는 그 적립근거가 되는 정관 또는 주주총회의 결의에 따른 절차를 밟아 배당가능이익으로 환원하여야 한다. 즉 대차대조표상의 손실, 이월손실, 기타 자기자본에 대한 반대항목이 計上되어 있는 경우에는 먼저 임의준비금을 손익계산서상의 당기말처분이익으로 환원시켜야 한다(김두환, 260).

(2) 주식배당의 한도

이익배당총액의 2분의 1금액을 초과할 수 없다.

주식배당은 이익배당총액의 2분의 1에 상당하는 금액을 초과하지 못한다(462의 2①但). 배당가능이익의 전부에 대하여 주식배당을 한다면 주주의 현금배당청구권을 침해하는 것이 되기 때문에 이를 제한한 것이다. 그러나 주권상장법인의 경우에는 주식의 時價가 券面額에 미달되지 않는 것을 조건으로 이익배당총액을 주식배당할 수 있도록 하였다(證去191 의3①).

(3) 수권주식의 존재

株式配當에 의한 신주발행도 미발행수권주식의 한도 내에서 하여야 한다. 轉換株式이나 轉換社債를 발행한 경우에는 전환에 따른 신주발행분을 유보하여야 하기 때문에 주식배당으로 발행할 수 있는 신주는 그만큼 제한된다.

라. 節　次

株式配當은 利益配當과 新株發行을 동시에 하는 것이기 때문에 양자의 절차를 밟아야 한다.

(1) 주주총회의 결의

보통결의에 의해 주식수에 비례하는 현금배당과 주식배당을 한다.

주식배당은 주주총회의 결의사항이며(462의 2①本) 이익배당과의 균형상 보통결의에 의하여야 한다(정동(회)636, 이철(회)781, 채789, 이기(회)532, 정찬(상)1021, 강·임941, 註商(II-下)593). 총회에서는 배당가능이익을 확정한 후 이익배당을 주식배당의 방식으로 한다는 취지, 주식배당액, 신주의 종류와 수 등 발행조건을 정하여야 한다(462①). 이러한 결의에 있어서는 주주평등의 원칙에 따라야 하므로, 일부주주에게는 현금배당만하고 다른 주주에게는 주식배당만하는 식이어서는 안 되며 각 주주가 보유하는 주식수에 비례하여 현금배당과 주식배당을 배분한다(정동(회)634, 이철(회)781, 채788, 註商(II-下)592, 정찬(상)1021).

보통의 신주발행결의에서는 신주의 발행가액이 중요한 결정사항이나 주식배당에서는 신주의 發行價를 주식의 권면액(액면가)으로 한다고 규정하였으므로(462의 2②), 주주총회에서는 발행가액을 결정할 여지가 없게 되었다. 이와 같이 발행가액을 권면액으로 고정시킴으로써 주가의 등락에 따라 주주의 이해관계가 달라진다. 가령 주식의 액면가가 10,000원이고 시가가 20,000원이라고 한다면 주주는 누구나 현금배당보다 주식배당을 원할 것이고, 반대로 주가가 액면이하로 형성되어 있을 경우에는 주주는 현금배당을 선호할 것이므로 회사가 주주들로 하여금 주식배당결의에 동의하도록 유도하는 것이 어렵게 될 것이다.

(2) 주식배당의 통지·공고

주식배당의 결의가 있는 때에는 이사는 지체없이 배당을 받을 주주와 주주명부에 기재된 質權者에게 그 주주가 받을 주식의 종류와 수를 통지하고, 무기명식의 주권을 발행한 때에는 주주총회결의의 내용을 공고하여야 한다(462의2⑤). 상장회사의 주식배당은 증권시장에서 주가변동의 중요한 원인이 되므로 일반투자자를 보호하기 위해 주식배당사항이 공시되어야 한다.

상장회사의 경우 주가변동의 주요원인이 될 수 있다.

(3) 신주의 발행

주식배당결의가 있는 때에는 배당가능이익을 자본전입하고 그에 해당하는 신주를 발행하여야 한다. 신주의 발행가액은 권면액(액면가)이며 數種의 株式을 발행한 때에는 각각 그와 같은 종류의 주식으로 할 수 있다(462의2②). 앞에서 설명한 바와 같이 이 규정은 임의규정이므로 배당결의에서 이를 무시하고 모든 종류의 주식에 동일한 주식을 발행하여도 무관하다. 그러나 어떠한 종류의 주식을 발행받는가는 주주에게 중대한 이해관계가 있을 뿐 아니라 주주평등의 원칙과도 관련된 것이기 때문에 이를 회사의 임의에 맡긴 것은 잘못된 것이라는 비판이 있다(이철(회) 789).

권면액이 발행가액이고 수종의 주식 발행시 각각 동일 종류의 주식으로 발행한다.

(4) 단주의 처리

주식배당에 의한 신주발행에서 端株가 생기는 경우 종래에는 금전으로 배당하도록 하였다. 그러나 주가가 액면가를 상회하는 경우에는 금전배당이 주주에게는 손해이므로, 1995년 개정시 거래소의 시세가 있는 주식은 거래소를 통하여 매각하고 그 대금을 배당하도록 하였다(462의2③, 443①).

금전배당이 원칙이다.

(5) 등 기

주식배당에 의해 등기사항인 자본과 발행주식총수가 증가하므로 주주총회결의가 있는 날로부터 본점소재지에서는 2주간내, 지점소재지에서는 3주간내에 변경등기를 하여야 한다(317④, 183).

마. 效　果

(1) 자본과 주식수의 증가

주식배당으로 인해 이익이 자본전입되면서 發行株式總數와 資本이 증가된다. 그러나 주식배당전후에 회사의 순재산액에는 변동이 없다.

(2) 신주발행효력

주주총회 종결시 효력이 발생한다.

주식배당에 의한 신주발행의 효력, 즉 주식배당을 받은 주주가 신주의 주주가 되는 시기는 주주총회의 종결시이다(462의 2④). 이는 통상의 신주발행의 효력발생시기가 '納入期日의 다음날'(423 ①)이 되며, 준비금의 자본전입에 있어서는 '이사회에서 정한 신주배정일'(461 ③④) 또는 주주총회결의에 의한 자본전입시는 '總會決議時'인 점과 구별된다.

이익이나 이자배당에 대하여 일할배당의 허용여부에 대하여는 앞에서 설명한 바와 같이 정관에서 그 주주총회가 있는 영업년도의 직전 영업년도말부터 주주가 되는 것으로 정할 수 있다(462의2④, 350③).

(3) 물상대위

登錄質權者는 주식배당으로 주주가 받은 신주에 대하여 質權을 가지며(462의2⑥, 340①), 또 그 신주에 대한 주권의 교부를 청구할 수 있다(462의2⑥, 340③). 略式質의 효력이 주식배당으로 주주가 받을 신주에 미치는가에 대하여는 앞에서 설명한 바와 같다.

4. 利子配當

가. 意　義

(1) 개　념

이익이 없으면 배당하지 못하는 원칙의 예외이다.

회사의 목적인 사업의 성질에 의하여 회사성립 후 2년 이상 그 영업전부를 개시하기가 불능하다고 인정한 때에는 회사는 정관으로 일정한 주식에 대하여 그 개업전에 일정한 기간내에 일정한 利子를 주주에게 배당할 수 있음을 정할 수 있다(463). 이를 利子(建設利子 또는 工事利子)의 배당이라고 하며, 이익이 없으면 배당을 못하는 원칙에 대한 중대한 예외가 되고 있다.

(2) 취　지

장기간 이익배

주식회사는 배당가능이익이 없으면 이익을 배당할 수 없지만(462 ①), 이

원칙을 고집하면 철도, 운하, 항만, 수력발전 등과 같이 초기에 고정자본의 투입이 많아 개업시까지 장기간 이익배당을 할 수 없는 사업을 목적으로 하는 회사로서는 주주를 모집하여 설립하기가 어려워진다. 이에 따라 이러한 회사는 엄격한 요건의 충족을 조건으로 하여 개업전에도 일정한 이자를 주주에게 배당할 수 있도록 한 것이다.

당이 어려운 회사를 위한 것이다.

(3) 성 질

建設利子는 배당가능이익이 없음에도 불구하고 지급되는 것이므로 이익배당이라고 할 수 없고, 또 주주가 한 출자는 회사에 대한 대여금(소비대차)이 아니므로 출자에 대한 이자라고도 할 수 없다. 따라서 그 법적 성질에 대하여는 자본의 일부환급으로 보는 견해(서·정537, 채793, 김용439)와 이익배당의 선급으로 보는 견해(정희578, 양·박429, 이철(회)788, 강위716) 및 절충설(정동(회)640)이 대립한다. 생각건대 건설이자의 배당은 이익이 없음에도 불구하고 주주에게 금전을 지급하는 측면에서는 자본의 일부환급으로 볼 수 있는 동시에, 배당한 이자액은 移延資産으로 처리되어 추후 이익에 의해 償却되는 점에서는 이익배당의 선급으로서의 성질을 가지고 있으므로 절충설이 타당하다고 본다.

자본의 일부환급으로 보는 견해와 이익배당의 선급으로 보는 견해가 있으나 절충설이 타당하다고 본다.

나. 要 件

建設利子의 配當에는 자본유지의 원칙을 준수하기 위하여 다음과 같은 엄격한 요건이 부과된다.

(1) 사업의 성질

회사의 목적인 사업의 성질상 회사의 성립 후 2년 이상 그 영업전부를 개시하기가 불능하다고 인정되는 경우이어야 한다. 따라서 경제적 불황이나 천재지변과 같이 사업의 성질 이외의 사정에 의하여 정상적인 영업이 불능하거나 지연되는 것은 여기에 해당하지 아니한다. 한편, 사업의 일부에 대한 개업이 가능하여도 전부의 개업이 불가능하면 건설이자를 배당할 수 있다.

설립후 2년 이상 영업전부의 개시불능이 인정되어야 한다.

(2) 정관의 배당규정

原始定款에 i) 일정한 주식에 대하여, ii) 개업전의 일정한 기간내에, iii) 일정한 이자를 주주에게 배당할 수 있다는 취지의 규정을 두어야 한다(463 ①). 정관에서 회사가 발행할 주식의 총수 중 이자를 지급할 주식 수를 정하지만, 회사는 그 주식전부를 설립시에 발행할 필요는 없으며 회사설립후 필요에 응하여 수시로 발행하거나 필요가 없으면 발행하지 않아도 된다. 또

정관에 건설이자배당의 취지에 관한 규정을 두어야 한다.

정관에 이자의 배당기간을 정하고 회사는 이 기간 내에만 이자를 배당하여야 하지만, 이 기간 중에도 이미 영업전부를 개업하게 되면 이자를 배당할 수 없다. 이자율은 년 5%를 넘지 않아야 한다(463①). 이자의 배당은 주주와 채권자에게는 중요한 사항이므로 주식청약서에 기재되고(302②6), 등기되어야 한다(317②5).

(3) 법원의 인가

정관의 규정은 법원의 인가를 요하는데 이는 유효요건으로 본다.

1) 원시정관 건설이자의 배당에 관한 정관의 규정은 법원의 인가를 받아야 한다(463②). 그 인가는 유효요건이므로 인가가 없으면 건설이자에 관한 정관의 규정은 무효이다. 인가는 비송사건절차법에 따라 회사의 본점소재지의 지방법원합의부의 관할로 한다(非訟72①).

법원의 인가로 정관의 변경이 가능하다.

2) 정관변경 정관에서 정한 이자배당의 조건은 정관변경에 의해 이를 변경할 수 있으나 이 경우에도 법원의 인가를 받아야 한다(463②). 그 정관변경이 건설이자에 관한 규정을 삭제하거나 배당률, 배당기간을 감축하는 경우에는 건설이자부 주주의 固有權을 침해하는 것이므로 그 주주 전체의 동의를 얻어야 하지만, 이를 연장하는 경우에는 일반적인 정관변경절차에 따르면 된다.

다. 節 次

(1) 배당기준과 지급시기

주주평등원칙에 의하고 지급시기도래시 주주는 자연적으로 권리를 취득한다.

建設利子는 주주평등원칙에 따라 각 주주가 가진 이자부주식수에 따라 배당하여야 한다. 이자의 배당과 그 액수는 정관에 정한 바에 따르는 것이기 때문에 이자부주식을 가진 주주는 주주총회결의 유무에도 불구하고 정관소정의 지급시기가 도래하면 당연히 회사에 대해 이자배당금지급청구권을 취득한다(정희578, 손주951, 정동(회)641, 이철(회)789, 채794, 이기(회)538, 註商(II-下)601; 反 김용440). 이는 구체적인 이익배당청구권이므로 독립하여 양도하거나 입질 또는 압류의 대상이 된다.

이자배당금은 원칙적으로 주주명부에 기재된 주주의 주소 또는 주주가 회사에 통지한 장소에서 지급하여야 하며 그 지급에 요하는 비용은 회사가 부담한다.

(2) 배당액의 상각처리

이자배당은 이익의 선급으로서의 성질을 가

회사가 이자배당을 한 경우에는 배당액을 移延資産으로서 資産의 部에 計上할 수 있다(457①). 이를 인정하지 아니하면 이자배당에 의해 자본의 결손이 생기고 개업후 이익배당이 어려워지게 되어 이자배당을 인정한 의미가 없어지기 때문이다. 따라서 이익배당액의 償却에 대하여는 다른 移延資産의 경우와 같이 일정기간 내에 하는 것이 아니고, 자본총액의 6%를 초과하는 이익배당 또는 중간배당을 할 때마다 그 초과액과 동액 이상의 금액을 상각하는 것으로 되어 있다(457 ②). 이러한 점에서 보면 이자배당은 이익의 선급으로서의 성질을 가지고 있는 것으로 보인다.

진다.

5. 違法配當

[사례 VI-2-7: 위법배당의 효과]

A주식회사는 1998년도 결산결과 결손이 발생하였으나 대외적인 신용도와 주주들의 배당요구를 감안하여, 이사 B는 자산 부풀리기 방식에 의한 분식결산을 통하여 100억원의 배당가능이익을 계상한 재무제표를 작성하였다. 감사 C는 이러한 사실을 알고도 재무제표가 정당하게 작성되었다는 감사보고서를 제출하였다. 1999년 3월에 개최된 정기주주총회에서는 이익 중 50억원은 현금으로 배당하고, 나머지 50억원은 주식으로 배당하기로 하는 이익잉여금처분계획안을 확정하였다. 이에 따라 주주인 Y_1과 Y_2는 각각 1억원의 현금배당과 1만주의 신주를 교부받았는데, Y_1은 분식결산 사실을 알고 있었으나 Y_2는 이를 알지 못하였다. ① A회사의 채권자인 X은행이 위법배당을 이유로 주주총회결의 무효의 소와 함께 Y_1과 Y_2를 상대로 1억원의 배당금과 신주 1만주에 대한 반환청구의 소를 제기한 경우, X의 청구는 타당한가? ② 이 경우 반드시 주주총회결의무효확인판결이 먼저 확정이 되어야 반환청구가 가능한가? ③ 이사 B와 감사 C는 각각 누구에게, 어떠한 책임이 있는가?

가. 違法配當의 意義

違法配當이란 광의로는 법령 또는 정관에 위반한 모든 이익배당을 말하나, 협의로는 배당가능이익이 없이 또는 배당가능이익의 한도를 초과하여 한 이익배당을 말한다(462 ②). 일반적으로 위법배당이라고 할 때에는 좁은 의미의 위법배당을 가리킨다. 회사가 [사례 VI-2-7]와 같이 자산 부풀리기의 방법으로 분식결산을 하여 배당가능이익을 조성한 경우에도 위법배당에 해당하며(註商(II-下)581, 이기(회)523), 회사 실무에서는 이를 '문어배당' 또는 '낙지배당'이라고 한다. 위법배당의 경우에는 이사·감사 등에게 손해배상책임이 인정되는 것과 그 외 벌칙이 적용되지만, 중요한 것은 위법배당으로 지급된 배당금(現金配當)이나 신주(株式配當)의 처리와 관련된 문제이다.

지급된 배당금이나 신주의 처리문제가 가장 중요하다.

나. 利益配當(現金配當)의 違法

(1) 주주의 반환의무

선의·악의를 불문하고 반환의무를 부담한다.

위법배당은 무효이므로 배당받은 주주는 이를 회사에 반환하여야 한다(462②). 위법배당에 의한 주주의 반환의무는 자본충실에 기인하는 것이므로 악의의 주주(Y_1)는 물론이고 선의의 주주(Y_2)도 반환의무를 부담한다.

반환청구 가능시점이 문제되나 회사가 직접 청구할 수 있다고 보는 것이 타당하다.

1) 회사의 반환청구 주주가 스스로 반환을 하지 않을 경우에는 회사가 반환청구를 하여야 한다. 위법배당의 주주총회결의에 대하여 無效確認의 訴가 제기된 경우, 회사(A) 또는 회사채권자(X)는 반드시 무효판결의 확정 후에만 반환청구를 할 수 있는가 하는 점이 문제된다. 無效確認의 訴를 確認訴訟이라고 하면 채권자는 무효확인 판결이전에도 반환청구를 할 수 있으나, 이를 形成訴訟으로 보면 무효확인판결의 확정을 기다려 그 이후에만 반환청구를 할 수 있다는 견해가 있다(정찬(상)1013, 정희565). 그러나 위법배당자체는 배당결의의 효력여하와는 관계없이 자본충실에 위반되고 강행규정(462①)에 반하므로 무효확인의 소의 성질과는 무관하게 부당이득반환의 법리(民741)에 의해 회사가 직접 반환청구할 수 있다고 보는 견해가 타당하다고 본다(이·이749, 정동(회)630).

상법은 채권자보호를 위해 직접 주주에 반환을 청구하도록 규정하고 있다.

2) 채권자의 반환청구 회사가 반환청구를 하지 않을 경우 회사채권자(X)가 직접 주주에 대하여 위법배당액을 회사(A)에 반환할 것을 청구할 수 있다(462②). 위법배당으로 인해 회사의 책임재산이 감소되므로 채권자보호를 위해 상법이 특별히 인정한 권리이다. 따라서 이는 회사의 권리를 代位하는 것이 아니므로 채권자대위의 요건(변제기의 도래, 법원의 허가)을 갖추지 않아도 된다. 반환청구를 할 수 있는 채권자는 반드시 위법배당결의 당시의 채권자에 한정되지 아니하며 또 반환청구액도 채권액에 한정되지 아니하고 위법배당한 전액이다(정동(회)627, 이기(회)523, 註商(II-下)583, 정찬(상)1013).

(2) 이사·감사의 책임

이사와 감사는 회사에 연대책임을 부담한다.

위법배당안을 주주총회에 제출한 이사(B) 및 이사회에서 그 승인결의에 찬성한 이사는 회사(A)에 대하여 연대하여 손해배상책임을 부담한다(399). 이러한 이사들에게 惡意 또는 重大한 過失이 있는 경우에는 회사채권자(X) 및 주주(Y_2) 등 제3자에 대하여도 손해배상책임이 있다(401). 또한 감사(C)가, 이사(B)가 제출한 재무제표(이익잉여금처분계산서등)에 허위나 부실이 있음을 알고도 허위의 감사보고를 한 때는 그 감사 및 外部監査人은 회사(A)와 제3자(Y_2)에 대하여 임무해태로 인한 손해배상책임을 진다(414, 外監17). 위법배당을 한 이사(B) 등에게는 벌칙이 적용된다(625. 3).

다. 株式配當의 違法

株式配當이 요건과 절차에 관한 규정을 위반한 경우의 효과에 대하여는 상법상 특별한 규정이 없다. 주식배당은 利益配當과 新株發行이라는 두 가지 성질을 겸하는 것이므로, 위법한 주식배당도 이익배당요건을 위반한 주식배당과 신주발행요건을 위반한 주식배당의 2가지로 나누어 볼 수 있다.

(1) 이익배당요건의 위반

주식배당은 이익배당의 일종인데 자본에 전입할 배당가능이익이 없으면서 이익이 있는 것처럼 이익처분안을 꾸며서 배당을 하였거나, 또는 상법 제462조 1항에 의한 금액을 공제하지 않고 배당을 한 경우이다. 이 경우 신주발행의 효력, 회사채권자의 반환청구권 및 이사의 책임에 관하여 견해가 대립한다.

위법한 주식배당에 대해 유효설과 무효설이 대립하나 무상으로 신주를 발행하므로 무효라 보는 것이 타당하다.

1) 신주발행의 효력 　이에 관하여는 유효설과 무효설이 대립되어 있다. ① **무효설**; 배당가능이익이 없이 신주를 발행한 경우에는 상법 제462조를 위반한 것이므로 당연히 무효이고, 또 실질적으로는 액면미달의 신주발행이 되어 상법 제330조를 위반한 것이 되므로 新株發行無效의 訴의 대상이 된다고 한다(정희577, 정동(회)638, 이철(회)787, 이기(회)533, 註商(Ⅱ-下)597). ② **유효설**; 이를 무효로 하더라도 무효의 소의 제소권자는 주주, 이사 또는 감사에 한정되므로 채권자보호에 도움이 되지 않으며, 이를 유효로 보아도 자본이 증가할 뿐 현금배당과는 달리 회사재산이 사외로 유출되거나 감소되는 것이 아니므로 채권자에게 불리할 것이 없다. 또 주주의 입장에서도 신주가 발행된 이상 장래 이익배당액이 감소되기는 하지만 불이익이 아니라고 한다(이정한, "주식배당제도에 관한 연구"173, 이범21). ③ **검토**; 이 경우는 배당가능이익이 없음에도 불구하고 무상으로 신주를 발행한 경우와 마찬가지이므로 자본충실의 원칙에 반하여 무효라고 할 것이다.

부정설과 긍정설이 대립하나, 신주발행을 무효라 하면 당연히 반환청구권을 인정하는 것이 타당하다.

2) 회사채권자의 반환청구 　[사례Ⅵ-2-7]과 같이 배당가능이익이 없음에도 불구하고 주주(Y_1,Y_2)에게 현금배당(1억원)을 한 경우에는 회사채권자(X)는 그 반환을 청구할 수 있는데(462②), 주식배당(1만주)에도 이러한 청구권이 인정될 것인가 하는 점이 문제된다. ① **부정설**; 상법 제462조 1항 위반을 이유로 주주에게 배당된 주식의 액면총액(1만원×1만주=1억원)을 현금으로 반환하도록 한 것은 신주인수도 하지 아니한 주주에게 출자를 강제하는 것으로써 주주유한책임의 원칙에 반하며, 또 회사재산의 사외유출이

없으므로 회사채권자로서는 아무런 불이익을 받은 바 없으므로 반환청구권을 인정할 수 없다고 한다(정희577, 정동(회)636~637, 이철(회)787, 최기(회)874~875). ② **긍정설**; 주식배당도 일종의 배당이므로 위법배당의 경우에는 배당액을 회사에 반환할 것을 청구할 수 있다고 한다(이정한173, 채792). ③ **검토**; 배당가능이익이 없음에도 불구하고 한 배당을 당연 무효라고 한다면 그러한 무효로 처리된 결의에 의해 배당받은 주식에 대한 반환청구권을 인정하는 것이 타당할 것이다. 따라서 주주(Y_1, Y_2)는 배당 받은 주식(1만주)을 회사(A)에 반환하여야 할 것이다.

손해배상책임을 인정하는 긍정설이 타당하다.

3) **이사·감사의 책임** 위법한 주식배당의 경우에도 이사 등에게 책임이 있는가에 대하여는 긍정설과 부정설이 대립한다. ① **긍정설**; 이 때에도 이사는 법령위반행위를 한 것이므로 회사에 대한 손해배상책임(399)과 자본충실책임(428)을 지며, 감사는 임무해태로 인한 손해배상책임(414)을 이사와 연대하여 회사에 대하여 부담한다고 한다(정희577, 정동(회)637, 채792, 이기(회)534). ② **부정설**; 이사가 위법한 주식배당을 하였다고 하더라도 회사에 손해가 없으므로 손해배상책임을 물을 수 없고, 또 신주에 대한 인수와 납입이 있는 것이 아니므로 자본충실책임도 부담하지 않는다고 한다(이범21). ③ **검토**; 이 때에도 이사에게는 법령위반, 감사에게는 임무해태가 있으며 비록 현실적으로 회사재산이 사외에 유출되지는 않았지만 신주발행으로 인한 회사의 주주에 대한 부담(이익배당 등)이 커지는 등 손해가 없었다고 할 수 없으므로, 이사·감사의 회사(A) 및 제3자(Y_2)에 대한 손해배상책임을 인정하는 것이 타당하다고 하겠다. 다만 주식배당으로 인한 납입이 없었으므로 자본충실책임은 인정하기 어려울 것이다.

(2) 신주발행요건의 위반

통상의 신주발행과 동일하게 처리된다.

주식배당을 결의한 주주총회에 하자가 있거나, 정관소정의 授權株式數를 초과한 주식배당을 하였거나, 주식배당에 대한 통지나 공고를 하지 않은 경우와 같이 주식배당으로 인한 신주발행요건을 위반한 경우에는 通常의 新株發行과 마찬가지로 처리하면 된다. 즉 신주발행의 효력발생 전이면 新株發行留止請求에 관한 규정에 의해 유지청구를 할 수 있고, 효력발생 후에는 新株發行無效의 訴에 관한 규정(424)을 유추적용하여 주주, 이사 또는 감사는 신주발행일(주주총회 종결일)로부터 6월내에 소로서만 그 무효를 주장할 수 있다(429).

라. 利子配當의 違法

(1) 의 의

利子配當은 배당가능이익이 없어도 가능한 대신 배당의 조건에 관한 정관의 규정이 있어야 하고 그 정관은 법원의 인가를 받아야 한다. 따라서 위법한 이자배당이란 정관의 규정이 없음에도 불구하고 이자를 배당하였거나, 정관에서 정한 配當率이나 배당기간을 위반한 배당이거나 또는 법원의 인가를 받지 않은 정관의 규정에 따른 배당을 말한다.

정관규정없는 이자의 배당, 이자율과 배당기간의 위반 등을 말한다.

(2) 효 과

이러한 이자배당은 無效이므로 회사는 그 배당받은 주주에 대하여 반환을 청구할 수 있다. 또 이사는 법령위반으로 인해 회사에 손해를 가하였으므로 회사에 손해배상책임을 부담하며(399), 제3자에게 손해배상책임을 지는 경우도 있다(401). 이사와 감사는 벌칙의 적용을 받는다(625.3). 그러나 이자배당은 배당가능이익과는 상관이 없으므로 그 위반을 전제로 한 회사채권자의 반환청구(462③)는 인정되지 아니한다.

무효이나 위반을 전제로 한 회사채권자의 반환청구는 인정하지 않는다.

제 4 株主의 經理監督 등

1. 概 觀

주주는 주주총회에서 의결권을 행사하여 회사의 기본적 사항을 결정하는 외에 代表訴訟의 제기(403), 이사의 違法行爲留止請求(402), 이사의 해임청구(385) 등에 의해 이사의 업무집행을 감독·시정하고 株式買受請求權(374의2), 會社解散請求權을 수단으로 자신의 이익을 지킬 수 있다. 그러나 주주가 이러한 권리를 효과적이고 적절하게 행사하기 위해서는 회사의 업무나 재산상황, 특히 경리에 대한 상세하고 정확한 정보를 알 필요가 있다. 여기에서 상법은 주주에 대하여 회사의 經理監督權을 부여하고 있다. 또 회사의 경리사항은 회사채권자나 일반투자자에도 알릴 필요가 있기 때문에 일정한 내용이 공시된다. 주주의 경리감독권은 그 범위에 따라 행사의 요건이 다음과 같이 단계적으로 가중된다.

회사업무나 재산상황에 대한 주주의 알 권리 보장을 위해 인정한다.

(1) 재무제표 등의 공시와 열람: 단독주주권

이사는 재무제표 등과 감사보고서를 공시해야 한다.

1) 일반회사　결산절차와 관련하여 이사는 정기총회일 1주간 전부터 재무제표와 부속명세서 및 영업보고서를 감사보고서와 함께 본점에는 5년간, 지점에는 그 등본을 3년간 비치하여 주주, 회사채권자에게 공시하여야 하며(448), 정기총회의 승인을 얻은 후 지체없이 대차대조표를 공시하여야 한다(449③, 外監14②). 재무제표 등의 공시는 주주에게만 아니고 회사채권자를 그 대상으로 함에 반해, 대차대조표의 공시는 관보 또는 일간신문지에 하는 것이므로 일반투자자를 그 대상으로 하는 것이다.

유가증권보고서를 금융감독위원회에 제출하고 일반인의 열람도 가능하게 해야 한다.

2) 상장회사　증권거래법은 상장회사 등에는 원칙적으로 사업년도마다 유가증권보고서를 작성하고 여기에 포함된 재무제표에 대하여는 공인회계사 또는 감사법인의 감사증명을 받은 후, 그 보고서를 금융감독위원회에 제출하도록 하고 있다. 또 반기보고서나 수시보고서도 작성하여 제출하도록 하고 있다(證去186의2①, 186의3). 이러한 보고서 사본은 증권거래소에 제출하고, 회사의 본점 또는 주요지점에도 비치하여 일반인의 열람에 제공하고 있다. 따라서 주주 기타 일반투자자는 언제든지 유가증권보고서와 재무제표 등의 사본을 열람함으로써 회사의 재정상태를 알 수 있다.

(2) 회계장부 · 서류 열람권: 소수주주권

발행주식총수의 100분의 3이상에 해당하는 주식을 가지고 있는 주주는 재무제표 기타 부속명세서 작성의 기초로 되는 회계장부 및 서류자체의 열람등사를 청구할 수 있다(466).

(3) 업무 · 재산상태 조사권: 소수주주권

일정한 사유가 있을 때에는 발행주식총수의 100분의 3이상에 해당하는 주식을 가진 주주는 회사의 업무 · 재산상황을 조사하기 위한 검사인의 선임을 법원에 청구할 수 있다(467).

2. 株主의 會計帳簿 · 書類閱覽權

[사례 VI-2-8: 회계장부 · 서류열람권]

Y회사는 콘크리트제조판매업을 목적으로 하는 회사로서 공동대표이사였던 A와 X가 각각 주식의 50%씩 보유하고 있다. 그런데 X가 Y회사와 사업목적이 동일한 다른 주식회사를 설립하고 그 회사의 이사겸 대표이사로 취임하자, A는 X의 그러한 행위가 상법상 경업금지의무 위반임을 들어 대표이사직무정지가처분

과 이사해임의 소를 제기하여 그 판결이 확정되었다. 이로써 X는 Y회사의 경영진에서 배제되고 현재까지 A가 Y회사의 대표이사로서 단독으로 경영을 담당하고 있다. 그런데 Y회사는 설립이래 현재까지 주주총회를 개최하거나 이익배당을 실시한 바 없고 또 최근에는 Y회사가 생산한 콘크리트제품을 운반하는데 사용되던 레미콘트럭 50대를 주주총회의 특별결의도 없이 다른 회사 명의로 소유권이전등록을 하였다. 이에 X는 Y회사에 대하여 경영실태에 관한 조사에 필요하다는 이유로 회계장부 등의 열람 및 등사를 요청하였으나, Y회사는 이러한 X의 청구는 회사의 경영에 부당하게 관여하여 Y회사를 파탄으로 몰고 가려는 의도라는 이유로 거절하였다. ① X가 회계장부의 열람·등사를 청구하기 위하여는 이유의 기재를 어느 정도로 하여야 하는가? ② X에게 회계장부의 열람·등사권이 인정된다면 그 범위는 어디까지인가? ③ X는 Y회사를 상대로 하여 회계장부 등의 열람·등사를 명하는 가처분을 신청을 할 수 있는가? (대판 1999.12.21, 99다137 참조)

(1) 의의와 내용

발행주식총수의 100분의 3이상에 해당하는 주식을 가진 주주는 이유를 붙인 서면으로서 회계장부 및 서류의 열람 또는 등사를 청구할 수 있다(466①). 주주는 재무제표와 그 부속명세서의 열람과 등본의 교부를 구할 수 있지만 이는 이사가 작성하는 것이고 반드시 경리의 상세한 사항이 명시되어 있지는 않으므로, 이들 서류작성의 기초로 된 會計帳簿와 書類 자체의 열람과 등사를 청구할 권리를 주주에게 인정한 것이다. 여기에서 會計帳簿란 상법총칙에서 말하는 회계장부이고 日記帳, 元帳이 이에 해당하지만 그에 대신하여 錢票를 사용할 때에는 전표도 포함한다. 會計書類라고 함은 회계장부에 들어가지 않는 전표, 영수증 등 회계장부기록의 재료가 되는 경리관련 서류이다. 열람등사청구의 대상에는 자회사의 회계장부도 포함된다(대판 2001.10.26, 99다58051). 주주는 장부열람권을 스스로 행사하는 외에 公認會計士 등 대리인에게 행사시키고 보조자를 사용할 수도 있다. 주주의 장부열람권의 남용과 정보의 외부유출을 방지하기 위해 이를 少數株主權으로 하고 있다(안성포, "주주정보권에 관한 비교법적 고찰", 「상사법연구」(2005), 41).

주주의 소수주주권으로서, 발행주식총수 100분의 3 이상을 보유한 주주에 해당하는 권리이다.

(2) 행사와 그 거부

회계장부열람권의 행사는 이유를 붙인 서면으로 하여야 하고 회사는 그 청구가 부당함을 증명하지 아니하면 이를 거부하지 못한다(466②). 주주가 어느 정도로 이유를 기재하여야 하며 또한 회사가 그 청구를 거부할 수 있

서면으로 행사하고, 회사는 부당한 목적을 증

명하여 거부할 수 있다고 본다.

는 정당한 이유란 무엇을 의미하는 가에 대하여는 구체적인 규정을 두고 있지 아니하다. 이 점에 대하여 대판 1999.12.21, 99다137은 [사례 Ⅵ-2-8]과 유사한 사안에서 "회계의 장부와 서류를 열람 또는 등사시키는 것은 회계 운영상 중대한 일이므로 그 절차를 신중하게 함과 동시에 상대방인 회사(Y)에게 열람 및 등사에 응하여야 할 의무의 존부 또는 열람 및 등사를 허용하지 않으면 안 될 회계의 장부 및 서류의 범위 등의 판단을 손쉽게 하기 위하여 그 이유는 구체적으로 기재하여야 한다"고 판시하고 있다. 또 회사가 거부할 수 있는 사유에 대하여 이 판례는 "위 인정과 같이 신청인(X)과 위 서립규(A) 사이에서 그동안 여러 차례 법적 분쟁을 거쳐오면서 두 사람의 갈등이 심화되어 있는 사정만으로는 신청인의 회계의 장부와 서류의 열람 및 등사청구가 회사의 경영에 부당하게 관여하여 피신청인 회사(Y)를 파탄으로 몰고 가려는 의도에 따른 것이라고 단정하기에는 부족하다"고 판시하였다. 그러나 경업관계에 있는 다른 회사가 그 회사의 주주임을 내세워 회계장부등의 열람권을 행사한 경우에는 그 청구를 거부할 수 있다고 보아야 한다. 이러한 취지에서 대결 2004.12. 24, 2003마1575에서는 "상대방의 경영감독을 위하여 이 사건 서류들에 대한 열람·등사를 구하는 것이 아니라, 주주라는 지위를 내세워 상대방을 압박함으로써 궁극적으로는 자신의 목적인 경영권 인수(적대적 M&A)를 용이하게 하기 위하여 위 서류들에 대한 열람·등사권을 행사하는 것이라고 보아야 할 것이고, 나아가 두 회사가 경업관계에 있기 때문에 이 사건 열람·등사 청구를 통하여 얻은 상대방의 영업상 비밀이 재항고인의 구체적인 의도와는 무관하게 경업에 악용될 우려가 있다고 보지 않을 수 없으므로, 결국 재항고인의 이 사건 열람·등사 청구는 정당한 목적을 결한 것"이라고 결정하였다.

이러한 판례의 취지에 따르면 주주권의 행사와 상관없는 목적이나 회사를 해할 목적으로 열람청구권을 행사할 경우에만 회사는 이를 증명하여 청구를 거부할 수 있다고 보아야 한다(손주 954, 정동(회) 643, 정찬(상)1035).

(3) 행사의 범위

횟수가 아닌 권리행사의 필요범위를 제한한다는 것이 판례의 태도이다.

회계장부열람권의 행사는 1회로 제한되는가, 아니면 일정기간을 정하여 반복하여 열람할 수 있는가 하는 점도 문제된다. 이에 관하여 대판 1999. 12.21, 99다137은 "열람, 등사청구권은 그 권리행사에 필요한 범위내에서 허용되어야 할 것이지, 열람 및 등사의 회수가 1회에 국한되는 등으로 사전에 제한될 성질의 것은 아니다"라고 판시하여 1월간 이를 허용한 원심판결을 인용하고 있다.

(4) 가처분의 허용

주주의 열람, 등사청구에 대하여 회사가 부당하게 거절한 경우 주주는 가처분을 신청할 수 있는가? 이에 관하여도 대판 1999.12.21, 99다137은 "상법 제466조 제1항 소정의 소수주주의 회계장부열람등사청구권을 피보전권리로 하여 당해 장부 등의 열람·등사를 명하는 가처분이 실질적으로 본안소송의 목적을 달성하여 버리는 면이 있다고 할지라도, 나중에 본안소송에서 패소가 확정되면 손해배상청구권이 인정되는 등으로 법률적으로는 여전히 잠정적인 면을 가지고 있기 때문에 임시적인 조치로서 이러한 회계장부열람등사청구권을 피보전권리로 하는 가처분도 허용된다"고 판시하였다.

주주의 열람등사청구에 회사가 부당한 거절을 한 경우 주주의 가처분을 허용하는 것이 판례의 입장이다.

3. 株主의 業務·財産狀態調査權

[사례 Ⅵ-2-9: 회사의 업무·재산상태의 검사]

Y회사는 동회사 주식의 5%를 보유하고 있는 주주인 X에 대하여 외상대금채무를 부담하고 있었으나 이를 변제하지 않고, 회사의 장부상에도 기장하지 않고 있었다. 또 Y회사는 경영부실의 책임을 지고 이사직을 사임한 A의 퇴임등기를 하지 않고, 후임이사의 선임도 미루고 있다. 이에 X는 Y회사의 결산보고서 내용이 실지 재산상태와 일치하는지 여부에 의심이 간다는 것을 이유로 하여, 상법 제467조 제1항에 기하여 회사의 업무, 재산상태를 조사하기 위한 검사인의 선임을 법원에 청구하였다. X의 청구는 타당한가? (대결 1985.7.31, 85마214 참조)

(1) 의 의

회사의 업무집행에 관하여 不正行爲 또는 法令이나 定款에 위반한 중대한 사실이 있음을 의심할만한 사유가 있는 때에는 발행주식총수의 100분의 3이상에 해당하는 주식을 가진 주주는 회사의 업무와 재산상태를 조사하게 하기 위하여 법원에 檢査人의 선임을 청구할 수 있다(467①). 다만 자본금 1,000억원 이상의 주권상장법인의 경우, 6월전부터 계속하여 발행주식총수의 1,000분의 15이상을 보유하고 있는 주주는 청구권이 있다(證去 191의13④, 令④). 앞에서 본대로 소수주주에게는 회계장부열람권을 부여하고 있지만 장부의 열람만으로는 그 실상을 파악하기가 어려운 경우에는 한걸음 더 나아가 회사의 업무와 재산상태를 조사할 필요가 있다. 그러한 취지에서 소수주주에

주주에게 회사의 업무·재산상태검사권을 인정하나 남용방지를 위해 법원에 검사인의 선임을 청구하도록 하였다.

게 회사의 업무·재산상태에 대한 조사요구권을 인정하고 있다. 그러나 업무와 재산의 조사는 매우 강력한 조치이기 때문에 그 남용을 방지하기 위해 주주의 직접 조사 대신 주주의 청구에 기하여 법원이 선임한 검사인이 조사하도록 하고 또 그 사유도 일정하게 제한하고 있다.

(2) 선임청구의 사유

이사의 단순한 임무해태는 선임청구의 사유로 인정하지 않는 것이 판례의 입장이다.

검사인의 선임청구는 회사의 업무집행에 관하여 부정행위 또는 법령이나 정관에 위반한 중대한 사실이 있어야 한다. 그 의미에 대하여 상법에는 구체적인 규정을 두고 있지 않으나 이 청구권 자체가 예외적이고 강력한 것임을 감안한다면 이사의 단순한 임무해태는 그 사유가 될 수 없다고 할 것이다. 이에 관하여 대결 1985.7.31, 85마214는 [사례Ⅵ-2-9]와 유사한 사안에서 "상법 제467조 제1항이 규정하고 있는 검사인선임 청구사유인 '업무집행에 관한 부정행위 또는 법령이나 정관에 위반한 중대한 사실'에 대하여는 그 내용을 구체적으로 명확히 적시하여야 하고, 단순히 결산보고서의 내용이 실지 재산상태와 일치하는지 여부에 의심이 간다는 정도의 막연한 것으로 그 사유를 삼을 수는 없는 것이고, 또 사건 본인 회사(Y)가 사임한 이사(A)에 대한 퇴임등기를 태만히 하고 후임자를 보선하지 않고 있다 하여도 그것만으로는 같은 법 제467조 제1항이 규정하고 있는 '중대한 사실'에 해당한다고 할 수 없다. 한편 사건 본인 회사(Y)가 재항고인(X)에 대한 대여금 또는 외상매입대금을 변제하지 않고 있다거나 위 대여금을 회사장부에 기장하지 않았다는 사정만으로는 업무집행에 관하여 부정행위가 있다고 단정할 수 없다"고 판시하였다(同 대판 1996.7.3, 95마1335).

(3) 검사인의 업무

검사인은 조사결과를 법원에 보고하여야 하고 주주총회가 소집되면 주주총회에도 보고해야 한다.

법원이 검사인을 선임하면 검사인은 회사의 업무와 재산상태를 조사하고 그 조사의 결과를 법원에 보고하여야 한다(467②). 보고를 받은 법원은 필요하다고 인정한 때에는 대표이사에게 주주총회의 소집을 명할 수 있으며(467③), 주주총회가 소집된 경우에는 검사인은 그 조사보고서를 주주총회에도 보고하여야 한다(467③但, 310②). 이 때 이사와 감사는 지체없이 검사인의 조사보고서의 정확여부를 조사하여 주주총회에 보고하여야 한다(467④). 주주총회는 그 결과에 따라 이사·감사의 해임 등 책임을 추궁할 수 있다.

4. 會社의 利益供與禁止

[사례 Ⅵ-2-10: 주주에 대한 이익공여]

(i) A주식회사의 발행주식 100만주 중 10주를 보유하고 있는 Y는 총회꾼으로서 주주총회에 참석하여 이사들의 개인생활에 관한 질문을 반복하는 등 의사를 방해하였다. 총회의장인 대표이사 B는 회의의 원만한 진행을 위하여, Y를 개인적으로 불러 의사진행을 방해하지 않을 것으로 조건으로 회사 공금에서 100만원을 지급하였다. 주주 X는 Y와 B를 상대로 어떠한 책임을 추궁할 수 있는가? 만일 대표이사 B가 개인비용으로 Y에게 100만원을 지급한 경우에는 어떠한가?

(ii) A주식회사의 종업원들은 Y종업원사주조합을 결성하였는 바 A회사는 이 조합에 대하여 매년 일정액의 장려금을 지급하여 주식매입을 지원하였으나, 조합원의 의결권행사에 대하여는 아무런 제한을 가하지 않았다. 주주 X는 Y사주조합에 대한 장려금 지원은 주주에 대한 이익공여라는 이유로 Y조합을 상대로 장려금 반환을 구하는 소를 제기하였다. X의 청구는 타당한가? 만일 A회사가 Y사주조합에 대한 장려금을 지원하면서 의결권행사에 협조를 구한 경우에는 어떠한가? (日福井地判 1985.3.29, 金商 720, 40 참조)

(iii) A항공회사는 사규로서 주주 우대 항공권 발행에 관한 규정을 두고 있는데, 그 내용을 보면 회사의 주식을 1만주에서 2만주를 보유하는 주주에게는 매년 미주왕복항공권 1매씩, 2만주 이상을 보유할 경우에는 매1만주 증가할 때마다 미주왕복항공권 1매씩을 추가로 교부하고 있다. 3만주를 보유하는 주주 Y는 A회사로부터 매년 미주왕복항공권 3매를 무상으로 교부받아 왔는데 소액주주 X는 이러한 주주우대항공권교부는 주주에 대한 이익공여금지에 반한다는 이유로 Y를 상대로 그 반환을 청구하고 있다. X의 청구는 타당한가? (日高松高判 1989.4.24, 金商 859, 3 참조)

(1) 입법취지

종래 우리나라는 주주총회 시즌만 되면 이른바 총회꾼으로 불리우는 소액주주들이 준동하여 의사진행이 방해되고, 선의의 일반주주들이 의견을 개진할 수 있는 기회가 차단되는 일이 빈번히 발생하였다. 이러한 주주총회의 소란을 방지하고 총회의 원만한 진행을 위하여 [사례Ⅵ-2-10-i]과 같이 회사에서는 총회꾼들에게 금품을 제공하는 일이 일상사가 되었는데, 이러한 병폐를 없애기 위해 1984년 상법개정시 주주의 권리행사와 관련한 일체의

회사의 총회꾼에 대한 금품제공을 폐지하여 정당한 주주의 권리행사를 보호하는데 그 입법취지가 있다.

이익공여를 금지시키는(467의2) 한편, 利益供與의 罪에 관한 규정(634의2)을 신설하였다. 그러나 회사가 주주에 대하여 일정한 이익을 공여하더라도 [사례Ⅵ-2-10-ⅱ,ⅲ]과 같이 불법목적 여부가 명확하지 않은 경우에 대하여는 이익공여금지에 관한 규정의 적용여부가 문제된다.

(2) 위법한 이익공여의 금지

공여이익은 주주의 권리행사에 관련된 재산상 이익이다.

회사는 누구에게든지 주주의 권리행사와 관련하여 재산상의 이익을 공여할 수 없다(467의2①). 위법한 이익공여에 해당하기 위해서는 회사에 의한 利益의 供與이어야 하고, 공여된 이익은 재산상의 것에 국한되고, 공여이익은 주주의 권리행사에 관련된 것이어야 한다.

이익공여는 회사의 계산으로 한 것이다.

1) 이익공여자 이익공여자는 회사이다. [사례Ⅵ-2-10-ⅰ]과 같이 대표이사(B)가 공여하는 경우뿐 아니라 회사의 계산으로 한 것이면 이사·감사·사용인이 공여한 것도 회사가 공여한 것이 된다(정희583, 정동(회)647, 정찬(상)1040). 따라서 대표이사(B) 또는 이사 등이 자기의 계산으로 이익공여를 할 때에는 상법의 규정에 위반하지 않는다고 본다.

이익공여의 상대방은 불문한다.

2) 이익공여의 상대방 상대방은 누구이든 상관없다. 주주는 물론이고 주주와 특수한 관계가 있는 자이거나 주주에 대하여 영향력이 있는 자 및 장래 주식을 취득하지 않는다는 것을 목적으로 금전을 교부받은 자도 상대방이 된다.

재산상 이익은 경제적 이익을 말한다.

3) 재산상의 이익공여 이익공여는 재산상의 이익에 한정된다. 재산상의 이익은 금액으로 평가할 수 있는 경제적인 이익을 말하는 것으로서 그 종류는 문제되지 아니한다. 즉 현금, 물건 이외에 편익이나 용역의 제공, 채무의 면제, 신용의 공여, 정보의 제공 등이 포함된다.

이익공여는주주의 권리행사에 관련된 경우여야 한다.

4) 주주의 권리행사와의 관련성 회사의 이익공여는 주주의 권리행사와 관련된 경우에 위법한 것으로 된다. 주주의 권리는 議決權의 行使가 주된 것이지만 그 이외에도 소수주주권의 행사와 같은 共益權이나 自益權도 그 대상이 된다. 권리행사와의 관련성은 주주의 권리행사에 영향을 미치려는 취지라고 볼 수 있는데, 상법은 이에 관한 推定規定을 두어 입증의 어려움을 덜어주고 있다. 즉 회사가 특정 주주에 대하여 무상으로 재산상의 이익을 공여한 경우 또는 회사가 특정한 주주에 대하여 유상으로 재산상의 이익을 공여하여도 회사가 얻은 이익이 공여한 이익에 비하여 현저히 적은 때에는 주주의 권리행사와 관련하여 이를 공여한 것으로 추정한다(467의2②). 이와 관련하여 [사례Ⅵ-2-10-ⅱ]와 같은 社株組合에 대한 보조금의 지급 및 [사

례Ⅵ-2-10-iii]과 같은 株主優待券의 공여에 대하여도 추정규정이 적용되어 이익공여를 받은 사주조합이나 주주측에서 입증책임을 부담하는가 하는 점이 문제된다. [사례Ⅵ-2-10-ii]에서 사주조합(Y)에 대한 보조금지급은 종업원의 복지를 위한 것이므로 이익공여금지 규정의 적용대상이 아니라고 보아야 할 것이다(日福井地判 1985.3.29, 金商 720, 40). 그러나 [사례Ⅵ-2-10-iii]에서 주주우대권의 공여는 일반주주를 대상으로 한 것이 아니고 특정한 소수주주만을 대상으로 한 경우이므로 이익공여에 해당한다고 할 것이다(日高松高判 1989.4.24, 金商 859, 3).

(3) 이익의 회수

회사가 이익공여금지에 위반하여 재산상의 이익을 공여한 경우에는 이익을 공여받은 자는 이를 회사에 반환하여야 한다. 이 경우에 회사에 대하여 대가를 지급한 것이 있는 때에는 그 반환을 받을 수 있다(467의 2③). 회사가 그 반환청구를 하지 않은 경우에는 대표소송에 관한 규정에 준하여 다른 주주가 그 반환을 위한 대표소송을 제기할 수 있다(467의 2④).

상법 제467조는 민법의 특별규정으로 부당이득반환의 원칙에 의한다.

상법 제467조에 위반한 이익공여는 무효이므로 회사는 不當利得返還의 原則에 의해 공여한 이익의 반환을 청구할 수 있다. 그러나 不法原因給與(民 746)나 非債辨濟(民 742) 규정에 의해 반환청구권이 제한될 소지가 있으므로, 이러한 문제를 해결하기 위해 반환청구에 관한 특별규정을 둔 것이다(정희584, 손주994, 정동(회)649, 정찬(회)590, 이철(회)797, 이기(회)543, 註商(II-下)612 外).

(4) 이사 등의 책임

1) **손해배상책임** 이익공여금지에 위반한 이사는 회사에 대하여 연대하여 손해배상책임이 있다(399). 이사회의 결의에 의해 이익공여가 결정된 경우에는 반대의사를 표명하지 않은 이사도 책임이 있다. 감사가 會社의 計算으로 위법한 이익공여를 한 경우 또는 그 임무를 해태하여 이사의 위법한 이익공여를 눈감아 준 경우에는 회사에 대하여 임무해태로 인한 손해배상책임을 진다(414①).

이사는 회사에 대해 연대배상책임을 진다.

2) **형사책임** 주주권의 행사와 관련하여 재산상의 이익을 수수한 경우에는 權利行使等에 관한 增收賂罪(631)와 利益供與의 罪(634의2)가 문제된다. ① **증수뢰죄**; 주주총회 등에서 발언 또는 의결권행사와 관련하여 부정한 청탁을 받고 재산상의 이익을 수수, 요구 또는 약속한 자는 1년 이하의 징역 또는 300만원이하의 벌금에 처한다. 증수뢰죄의 대상은 재산상의 이익을 제공한 자와 수수한 자 모두이다. ② **이익공여죄**; 주식회사의 이사·감사 또는 직무대행자 기타 사용인이 주주의 권리의 행사와 관련하여 회사의 계산

이익공여는 형사상 증수뢰죄, 이익공여죄의 책임을 진다.

으로 재산상의 이익을 공여한 때에는 1년 이하의 징역 또는 300만원이하의 벌금에 처한다. 이는 증수뢰죄와는 달리 이익공여자만을 처벌대상으로 한다.

5. 使用人의 優先辨濟權

(1) 취 지

사용인 보호에 그 의의가 있다.

주식회사와 고용관계에 있는 사용인이 고용계약상 회사에 대하여 가지고 있는 신원보증금을 비롯한 급료·상여금·퇴직금 등 채권에 대하여는 사회정책적인 차원에서 다른 채권보다 우선권을 인정할 필요가 있다. 물론 회사는 이러한 채권을 담보하기 위하여 任意準備金을 적립하는 것이 보통이지만, 임의준비금은 이사회 또는 주주총회결의로 임의로 사용할 수 있을 뿐 아니라 회사에 결손이 발생한 경우에는 그 전보에 우선적으로 투입되기 때문에 사용인을 충분히 보호할 수 없다. 이에 따라 상법은 使用人의 優先辨濟權을 명문으로 보장하고 있는 것이다(468). 다만 우선변제권은 고용관계에 있는 사용인을 보호하기 위한 것이므로 雇傭關係가 아니라 委任關係에 있는 이사·감사의 보수채권은 여기에 포함되지 아니한다(정희581, 손주956, 정동(회)650, 이철(회)798, 註商(II-下)613, 정찬(상)1042).

(2) 우선변제권

질권이나 저당권에 우선하지 못하는 일종의 법정담보권으로 본다.

신원보증금의 반환을 받을 채권 기타 회사와 사용인간의 고용관계로 인한 채권이 있는 자는 회사의 총재산에 대하여 우선변제를 받을 권리가 있다. 그러나 質權이나 抵當權에 우선하지 못한다(468). 이 우선변제권은 일종의 法定擔保權으로서 회사재산에 대한 경매권도 인정된다. 그러나 동일한 법정담보물권인 船舶優先特權(872)이 질권과 저당권에 우선하는 것에 비하면 그 효력이 약하다고 할 수 있는데, 이는 船舶優先特權이 선박이라는 특정물을 담보의 목적으로 하는 데 대하여 사용인의 우선변제권은 회사의 전재산에 미치므로 約定擔保物權(질권·저당권)의 후순위로 한 것이다.

(3) 공익채권

정리채권과 정리담보권에 우선하여 변제된다.

채무자회생 및 파산에 관한 법률은 회사 근로자의 급료와 퇴직금 등을 公益債權으로 하여(破 179. 10·11), 정리절차에 의하지 아니하고 수시로 변제할 수 있고 정리채권과 정리담보권에 우선하여 변제하도록 하였다(破 180).

제 7 장
株式會社의 構造改編과 消滅

개 요

주식회사는 존속 중에 내외적인 경영여건과 환경의 변화에 적응하기 위해 그 구조를 개편할 필요가 종종 발생하다. 이러한 구조개편은 주주, 채권자 등 이해관계자들에게 주는 영향이 크기 때문에 이들의 의사를 반영하고 보호하기 위한 복잡한 절차를 거치게 된다. 한편 이러한 복잡성으로 인해 구조개편에는 엄격한 법정절차가 요구된다.

이 장에서는 주식회사 구조개편의 중요한 수단이 되는 조직변경과 합병·분할 및 지주회사(주식의 포괄적 교환·이전)을 설명한 후, 해산과 청산 및 주식회사의 갱생을 위한 회사정리제도를 다룬다.

주요 내용

o 조직변경 — 요건, 절차, 효력, 무효
o 합병계약서 — 흡수합병계약서, 신설합병계약서
o 합병절차 — 합병계약, 승인결의, 채권자보호, 경과보고, 등기, 사후공시
o 간이합병과 소규모 합병
o 합병의 무효와 불공정 — 합병비율의 공정성확보, 합병무효의 소
o 회사분할의 형태 — 단순분할, 분할합병, 혼합분할
o 분할계획서, 분할합병계약서 — 흡수분할합병, 신설분할합병
o 분할절차 — 분할계획(계약), 승인결의, 채권자보호, 등기
o 지주회사에 의한 구조개편
o 주식의 포괄적 교환·이전절차
o 해산사유 — 해산명령, 해산판결, 휴면회사의 해산의제
o 청산 — 청산중의 회사, 청산인, 청산사무
o 회사의 정리 — 정리절차개시, 기구, 정리계획, 종료

제 1 절 組織變更 · 合併 · 分割 · 持株會社

제 1 會社의 組織變更

1. 意 義

회사의 조직변경은 기업유지의 원칙에 부합하는 것이다.

會社의 組織變更이라고 함은 회사가 그 동일성을 유지하면서 다른 종류의 회사로 변경되는 것을 말한다. 조직변경의 뜻과 취지 및 유형에 대하여는 이미 설명을 한 바 있으므로 여기에서는 株式會社에서 有限會社로의 조직변경에 대하여만 살펴보기로 한다.

2. 要 件

주식회사가 유한회사로 조직변경을 하는 경우 사채상환을 완료하고, 자본충실의 절차를 거쳐야 한다.

(1) 사채상환의 완료

株式會社는 社債의 償還을 완료하기 전에는 유한회사로 변경하지 못한다(604①但). 비공개적인 유한회사는 주식회사와는 달리 사채를 발행하지 않기 때문에 조직변경 전에 이를 상환하도록 한 것이다.

(2) 자본충실

주식회사를 유한회사로 조직변경하는 경우에 유한회사의 자본총액은 회사에 현존하는 순재산액보다 많은 금액으로 할 수 없다(604②). 이는 유한회사의 자본충실요청에 의한 것이다. 이에 위반하여 회사에 현존하는 순재산액이 자본총액에 부족하는 때에는 조직변경결의 당시의 이사 및 주주는 회사에 연대하여 그 부족액을 지급할 책임을 지게 되는데(605①), 이는 株主有限責任原則에 대한 예외가 된다. 이 경우 주주의 책임은 면제될 수 없지만(605②, 550②, 551②, ③), 이사의 책임은 총사원의 동의로 면제할 수 있다(605②).

3. 節 次

(1) 총주주의 동의

주식회사에서 유한회사로 조직변경함에는 總株主의 同意를 요한다(604①). 이 결의에서는 정관 기타 조직변경에 필요한 사항을 정하여야 한다(604③). 그러나 1인의 주주만 반대하여도 조직변경이 불가능하도록 한 것은 현실적으로 볼 때, 매우 불합리하다. 따라서 해산의 경우와 같이(518, 434) 주주총회특별결의로서 결성하도록 하고, 반대주주에게는 株式買受請求權(374의2)을 인정하는 것이 합리적일 것이다.

조직변경은 사원이나 채권자에게 큰 영향을 주게 되므로, 사원총회의 특별결의와 채권자보호절차를 거쳐야 한다.

(2) 채권자보호절차

조직변경을 함에 있어서는 合併에서와 같은 채권자보호절차가 요구된다(608, 232). 그런데 주식회사와 유한회사는 같은 물적회사로서 회사재산이 대외적인 채권에 대한 담보가 되는 점에서는 큰 차이가 없다. 따라서 조직변경으로 인해 자본총액이 감소되지 않는 경우까지 채권자보호절차를 취하도록 한 것은 재고되어야 할 것이다.

(3) 조직변경의 등기

조직변경을 한 때에는 본점소재지에는 2주간 내에, 지점소재지에는 3주간 내에, 주식회사(변경전 회사)에 대하여는 해산등기, 유한회사(변경후 회사)에는 설립등기를 하여야 한다(243, 286③, 606, 607). 그러나 조직변경은 회사의 해산이나 설립이 아니기 때문에 이와 같은 해산과 설립등기를 하는 것은 단순히 기술적인 처리를 위한 것이라는 의미 밖에는 없다고 하겠다.

조직변경의 효력을 획일적으로 미치도록 하기 위해 등기를 해야 한다.

4. 效 力

(1) 효력발생시기

조직변경의 효력발생시기에 대하여 상법은 합병의 경우와 같은 명문의 규정을 두고 있지 않다. 이에 따라 학설상으로 登記時라는 설(강108, 정동(회)803, 정찬(상)454, 채813, 註商(II-上)250)과 현실적으로 조직변경이 있는 때로 보는 설(서·정 637)이 대립한다. 생각건대, 조직변경과 같은 중요한 구조변경에 대하여는 그 기준시점을 명확히 할 필요가 있으므로 합병의 경우와 같이 등기시를 기준으로 하는 것이 타당하다고 본다.

등기시를 기준으로 하는 것이 타당하다.

(2) 조직변경의 효과

현행법상 인정되는 조직변경은 합명회사와 합자회사 상호간, 주식회사와 유한회사 상호간에서만 인정된다.

조직변경의 효력이 생기면 주식회사는 그 人格의 同一性을 유지한 채 유한회사로 변한다. 그 결과 주주는 유한회사의 社員으로 되고, 주식은 사원의 持分으로 전환된다. 따라서 종전의 주식을 목적으로 하는 質權은 유한회사의 지분상에 物上代位의 효력이 미친다(604④, 601①). 이 경우 질권의 목적인 지분에 관하여 출자자수와 질권자의 성명 및 주소를 사원명부에 기재하지 아니하면, 그 질권으로서 회사 기타 제3자에 대항하지 못한다(604④, 601②).

5. 無　　效

설립무효·취소의 소에 관한 규정을 준용한다.

조직변경의 무효원인으로는 社債償還을 완료하지 않은 경우, 총주주의 동의가 없는 경우 등을 생각해 볼 수 있다. 그런데 조직변경의 하자에 대하여는 설립무효·취소와 같은 명문의 규정은 없지만, 법률관계의 획일적 확정을 위해서는 設立無效·取消의 訴에 관한 규정을 준용하여야 할 것이다(이철(회)114, 이·최475, 정동(회)108, 정찬(상)454, 註商(II-上)250, 강109). 조직변경의 무효판결이 확정되면 해산의 경우에 준하여 청산할 것이 아니고 변경전의 주식회사로 복귀한다고 본다(이철(회)114, 정찬454).

제 2 會社의 合併

1. 意　　義

합병은 재산과 사원을 분리하지 아니한 채, 여러 회사가 하나로 되는 법기술이다.

合併이라고 함은 둘 이상의 회사가 상법의 규정에 따라 하나의 회사로 합하는 것을 말한다. 둘 이상의 회사가 하나로 합한다는 것은 합병 당사회사가 그 재산과 주주를 병합하여 1개의 회사로 된다는 의미이다(대판 2003.2.11, 2001다14351). 합병에는 당사회사 중 하나가 존속하고 다른 회사가 해산하여 여기에 흡수되는 吸收合併과 모든 당사회사가 해산하는 동시에 새로운 회사가 설립되는 新設合併이 있다(이균성, "주식회사의 구조의 변경" 「박길준화갑기념논문집」(1998.9), 410). 합병의 형태, 합병과 M&A, 合併의 本質, 合併과 合併契約, 합병의 자유와 제한 등에 관하여는 앞에서 상세히 설명한 바 있으므로 여기에서는 株式會社 합병의 특유한 사항을 중심으로 살펴본다.

2. 合併節次

주식회사의 합병절차는 합병당사회사의 대표이사간에 합병계약의 체결을 시작으로 한다. 이어 각 합병당사회사의 주주총회에서 합병계약서의 승인을 얻고, 채권자보호절차 및 주식병합 또는 분할절차를 취하고, 합병기일에 이르러 당사회사가 실질적으로 합일하고, 합병등기를 하면 합병의 효력이 발생한다(김교창, "회사의 합병에 관한 입법론적 고찰", 「정희철교수화갑기념논문집」(1979.9) 160). 1998년 상법개정시 합병절차를 간이화하는 일환으로 합병보고총회 또는 창립총회에 대신하는 理事會의 公告로써 갈음할 수 있게 하였으며, 簡易合併・小規模合併制度도 신설 또는 보완하였다.

합병절차는 합병계약의 체결, 사원총회의 특별결의, 채권자보호절차, 합병의 실행, 합병등기의 순으로 진행된다.

■ 합병절차의 개요

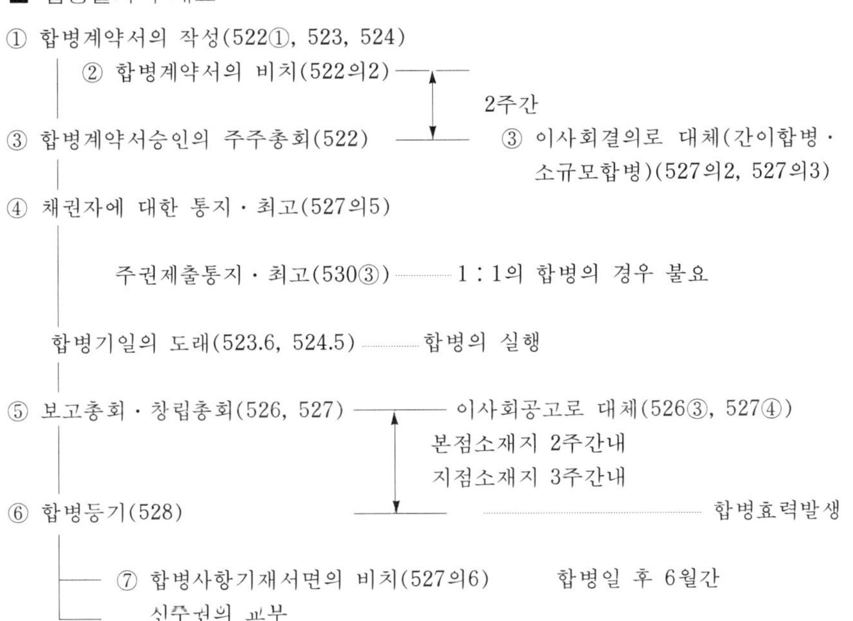

가. 合併契約의 締結: 合併契約書의 作成

(1) 합병계약서의 작성

주식회사가 합병을 함에는 합병당사회사의 대표이사가 이사회의 결의를 거쳐 合併契約을 체결한다. 합병계약에서는 합병의 조건, 존속회사 또는 신설회사가 취하여야 할 조치, 합병절차의 진행시기 등을 정하게 되는데,

주식회사의 합병에서는 주주와 채권자 등 다수의 이해관

계인이 관계하므로 합병계약서 작성을 의무화하고 있다.

상법은 합병계약은 반드시 법정사항을 기재한 合併契約書의 작성에 의할 것을 요구한다(522①, 523, 524). 따라서 합병계약의 체결은 합병계약서의 작성을 의미하게 된다. 이로 인해 합병계약서의 법정사항을 흠결할 때에는 합병계약은 무효가 되며, 주주총회의 승인을 얻어도 효력이 생기지 아니한다.

(2) 흡수합병의 합병계약서

합병계약서의 기재사항에 대하여 존속회사 또는 신설회사가 인적회사인 경우에는 아무런 제한이 없으나 물적회사인 경우에는 기재하여야 할 일정한 법정사항이 있다.

1) 존속회사의 수권주식수(523.1) 존속하는 회사가 합병으로 인하여 그 발행할 주식의 총수가 증가하는 때에는 그 증가할 주식의 총수, 종류와 수를 기재하여야 한다. 합병으로 인하여 소멸하는 회사의 주주에게 신주를 발행하여야 하므로, 존속회사의 수권주식수에 여분이 없는 경우에는 이를 증가시킬 필요가 있기 때문에 합병계약서에 이를 기재하게 하는 것이다.

2) 존속회사의 자본·준비금 증가액(523.2) 존속회사가 소멸회사로부터 승계한 것은 소멸회사의 재산이고 자본이나 준비금은 아니기 때문에 존속회사의 자본증가액이 소멸회사의 자본액과 일치할 필요는 없다. 존속회사의 자본의 증가액은 존속회사가 합병당시 발행하는 신주의 총수에 액면금액을 곱한 것이며, 만일 소멸회사로부터 승계한 재산이 그 회사의 주주에게 지급한 금액(合併交付金)과 존속회사의 자본증가액 또는 신설회사의 자본액을 초과한 때에는 그 초과금액은 資本準備金으로 적립하여야 한다(459①3). 그러나 소멸회사의 이익준비금이나 자본준비금은 존속회사가 그대로 승계할 수 있다(459②).

3) 신주의 배정비율(523.3) 존속회사가 합병당시에 발행하는 신주의 총수, 종류와 수 및 합병으로 인하여 소멸회사의 주주에 대한 신주의 배정에 관한 사항은 이른바 合併條件으로서 합병계약의 중심되는 내용이 된다. 이는 소멸회사의 주주에게 그가 가진 주식 몇 주에 대하여 존속회사의 어느 종류의 신주를 몇 주 배정하는가 하는 配定比率(合併比率)을 정하는 것이며 합병 당사회사의 재산상태, 수익력 등에 의해 결정된다.

4) 합병교부금(523.4) 존속회사가 소멸회사의 주주에게 지급할 금액을 合併交付金이라고 하는데 신주의 배정비율과 함께 합병조건의 중심이 된다. 합병비율은 당사회사의 재산상태 등을 감안하여 정하게 되는데, 실제로는 그 비율이 복잡한 경우가 많기 때문에 이를 간단하게 조정할 필요가 있다(가령 1:0.495를 1:0.5). 이로 인해 존속회사는 소멸회사의 주주에게 주식배정과 함께 그 차액(0.005주에 해당하는 금액)을 보전하기 위해 합병교부금을 지급하게 된다(최성근, "합병교부금의 허용범위에 관한 해석론·입법론", 「상사법연구」(2005), 402). 또한 소멸회사의 영업년도중에 합병기일이 도래하는

경우 소멸회사의 최종결산기일로부터 합병기일의 전날까지의 이익배당에 상당하는 금액을 합병교부금으로 지급하는 경우도 있다. 그러나 소멸회사의 주주에게 신주를 전혀 배정하지 않고 합병교부금만 지급하는 것은 자본충실의 원칙에 반하므로 허용되지 않는다고 본다(정희626, 정동(회)821, 정찬(상)1022).

5) 합병총회의 기일(523.5) 합병계약을 승인한 주주총회의 기일을 말하며 합병당사회사가 동일한 날로 정하는 것이 보통이지만 달리 할 수도 있다.

6) 합병기일(523.6) '合併을 할 날'이란 소멸회사의 재산이 존속회사에 이전되고 소멸회사의 주주에게 존속회사의 신주를 배정하여 실실적으로 당사회사가 합체하기로 예정된 날을 말한다. 보통 合併期日은 合併新株의 배정기일과 동일하게 정하지만 배정기일보다 후일로 하는 경우도 있다. 이날은 합병의 예정일이기 때문에 반드시 이날 합병이 완료되어야 하는 것은 아니고 그 절차의 진행에 따라 다소 빨라지거나 늦어질 수 있다. 또 합병의 효력은 合併登記時에 발생하는 것이므로 합병의 날에 합병이 효력을 발생하는 것도 아니다.

7) 존속회사의 정관변경(523.7) 존속회사가 합병으로 인하여 정관변경을 하기로 정한 때에는 그 규정도 合併契約書에 기재하여야 한다. 이는 존속회사가 소멸회사의 사업을 승계함으로써 정관소정의 목적이나 상호 또는 본점 등을 변경할 필요가 있는 경우를 위한 것이다. 한편, 合併契約書에 기재한 것으로 정관변경의 효력이 생기는 것은 아니지만 합병계약서에 대한 承認決議가 있으면 따로 定款變更節次를 밟지 않고도 존속회사의 정관은 변경된 것으로 본다.

8) 배당한도액(523.8) 각 회사가 合併으로 인하여 이익의 배당 또는 중간배당을 할 때에는 그 한도액을 개재해야 한다. 자본충실을 기하기 위함이다.

9) 이사 · 감사 등(523.9) 합병으로 인하여 존속하는 회사에 취임할 理事와 監事 또는 監事委員會의 委員을 정한 때에는 그 성명 및 주민등록번호를 기재해야 한다.

10) 임의적 기재사항 합병계약서에는 합병의 성실 또는 강행법규에 위반하지 아니하는 한 법정사항 이외의 사항도 기재할 수 있다. 가령 합병계약체결후의 당사회사의 선관의무, 임원 및 종업원의 처우, 특별한 사유에 의한 합병조건의 변경, 합병계약의 해제 등을 정할 수 있다.

(3) 신설합병의 합병계약서

신설합병의 합병계약서에는 신설회사에 대하여 목적, 상호, 회사가 발행할 주식의 총수, 1주의 금액, 수종의 주식을 발행할 때에는 그 종류, 수와 본점소재지를 기재하여야 한다(524. 1). 나머지 사항은 吸收合併의 경우와 동일하다(524. 2~6).

나. 合併契約書의 承認決議

(1) 의 의

합병계약은 주주를 보호하기 위한 대내적 절차를 밟아야 효력이 생긴다.

合併에 의해 當事會社의 주주와 재산이 하나로 되기 때문에 합병은 주주의 이해에 중대한 영향을 미치게 된다. 그러므로 각 당사회사는 합병계약서에 정해진 날에 주주총회를 개최하여 合併契約書의 承認을 얻어야 한다(522 ①). 앞에서 본 대로 대표이사가 체결한 합병계약은 합병의 예약이 아니고, 합병결의를 정지조건으로 하는 本契約이기 때문에 합병결의가 있으면 확정적으로 합병계약이 효력을 발하게 된다. 그러나 합병당사회사의 어느 일방에서 합병계약서의 승인을 거부하는 결의를 하면 합병은 도중에 좌절된다. 간이합병과 소규모합병에서는 이사회결의로 합병승인결의를 갈음할 수 있다(527의2①, 527의3①).

(2) 공 시

주주의 입장을 미리 파악하고, 회사 채권자가 합병에 이의를 제기할 것인지를 사전에 판단하기 위해서 합병계약의 요령 등을 공시하여야 한다.

합병계약서의 승인을 위한 주주총회의 소집통지에는 회의의 목적인 사항외에 합병계약의 요령을 기재하여야 한다(522 ②). 또 각 당사회사의 이사는 총회의 회일 2주전부터 합병한 날 이후 6월이 경과하는 날까지 i) 합병계약서, ii) 소멸회사주주에 대한 신주배정과 그 이유를 기재한 서면, iii) 각 회사의 최종 貸借對照表와 損益計算書를 본점에 비치하여야 한다(522의 2①). 주주 및 회사채권자는 영업시간 내에는 언제든지 위 서류의 열람을 청구하거나, 회사가 정한 비용을 지급하고 그 등본 또는 초본의 교부를 청구할 수 있다(522의 2②). 이는 주주총회결의에 앞서, 주주의 입장에서 합병비율이 공정한 것인지, 채권자의 입장에서 합병이 자기채권에 어떠한 영향을 미치는 지를 파악할 수 있도록 하기 위해 이들 서류를 공시하도록 한 것이다.

(3) 결의요건 및 종류주주총회

合併契約書의 承認은 株主總會 特別決議에 의한다(522 ③). 만일 회사가 數種의 株式을 발행한 경우에 합병이 이 가운데 특정 종류의 주주에게 손해를 준 때에는 총회결의 외에 그 종류의 주주총회의 결의를 요한다. 그리고 존속회사 또는 신설회사가 주식회사인 경우 합병당사회사의 일방 또는 쌍방이 합명회사 또는 합자회사인 때에는 총사원의 동의를 얻어 합병계약서를 작성하여야 한다(525①). 그 내용은 주식회사의 합병계약서와 동일하다(525②).

(4) 주식매수청구권

합병계약서의 승인결의가 성립한 경우에는 이에 반대한 주주에게 株式買受請求權이 인정된다(522의3).

다. 債權者保護節次

(1) 공고 · 최고

채권자보호절차로 합병결의 전에 합병계약서 등을 공고하거나, 합병결의 후에 이의를 제출할 수 있다.

합병에 의해 당사회사의 재산은 존속회사의 재산으로 합일되어 모든 채권자의 책임재산이 되기 때문에 합병은 각 당사회사의 이해관계인, 특히 주주나 채권자에게 중대한 영향을 미친다(김홍수, "회사합병과 채권자보호", 「손주찬교수정년기념논문집」(1989.9), 554). 이리하여 각 당사회사는 합병계약서의 승인결의일로부터 2주간 내에 회사채권자에 대하여 합병에 이의가 있으면, 일정기간(1월 이상)내에 이를 제출할 것을 公告하고 회사가 알고 있는 채권자에게는 따로 따로 이를 催告하여야 한다(527의5①). 채권자가 이 기간내에 이의를 제출하지 아니하면 합병을 승인한 것으로 본다(527의5③, 232②③).

(2) 이의에 대한 조치

채권자가 이의를 제출하면 회사는 辨濟하든가, 상당한 담보를 제공하든가, 또는 이를 목적으로 신탁회사에 상당한 재산을 信託하여야 한다(527의5③, 232③). 社債權者가 이의를 제출하기 위해서는 사채권자집회의 결의가 있어야 하며, 이 경우 법원은 이해관계인의 청구에 의해 이의기간을 연장할 수 있다(530②, 439③).

라. 株式의 倂合 · 分割

(1) 주식의 병합

소멸회사의 주식과 존속회사 또는 신설회사의 주식배정비율이 다른 경우에는 주식의 병합 또는 주식의 분할절차를 거쳐야 한다.

소멸회사의 주식에 대하여 존속회사 또는 신설회사 주식의 배정비율이 1대1일 때에는 株式倂合節次를 밟을 필요는 없다. 그러나 그 비율이 2대1 또는 3대2와 같은 경우에는 주식배정의 준비를 위하여 소멸회사에서 주식병합 절차를 취하여야 한다. 株式倂合에 대하여는 자본감소시의 주식병합절차를 준용한다(530③, 440~444). 다만 주식병합은 주권제출기간만료시에 효력이 생기는 것이 원칙이지만 합병의 경우에는 합병등기에 의한 합병의 효력발생을 조건으로 하는 것이다. 따라서 新株券은 합병등기 후 존속회사 또는 신설회사가 발행한다.

(2) 주식의 분할

합병비율이 1대 2라든가 또는 2대 3과 같이 소멸회사의 주식에 대하여 존속회사 또는 신설회사의 주식을 더 많이 배정하는 경우에는 소멸회사에서는 株式分割을 하여야 한다. 이 경우에도 일반적인 주식분할 규정을 준용하지만 그 효력발생도 합병등기에 의한 합병의 효력발생을 조건으로 한다.

마. 合併實行 및 任員任期延長

(1) 합병기일의 합병실행

합병기일에 소멸회사의 재산 및 주주에 관련된 서류들은 존속회사 또는 신설회사에 인도되고, 이 날 소멸회사의 주주는 존속회사 또는 신설회사의 주식의 배정을 받고 그 주식인수인이 된다. 이와 같이 합병기일에 당사회사가 실질적으로 합일되지만, 그 합일은 확정적인 것은 아니고 合併登記에 의한 합병의 효력발생을 조건으로 하는 것이다.

(2) 이사 · 감사의 임기

흡수합병의 경우 존속회사의 이사 및 감사로서 합병전에 취임한 자는 합병계약서에 다른 정함이 없는 경우에는 합병 후 최초로 도래하는 결산기의 정기총회가 종료하는 때에 퇴임한다(527의4①). 이로써 이사 · 감사의 임기가 합병 후 최초의 정기총회이전에 종료하는 경우에는 定期總會日까지 임기가 연장된다. 신설합병의 경우에는 이러한 규정을 둘 필요가 없다.

사. 合併經過報告

(1) 보고총회 · 창립총회

합병을 한 경우 주주총회 또는 창립총회를 소집하여 합병에 관한 사항을 보고하여야 한다.

흡수합병의 경우 존속회사의 이사는 債權者保護節次, 株式併合節次, 端株處理를 종료한 후 지체없이 주주총회를 소집하여 합병에 관한 사항을 보고하여야 한다(526①). 신주인수인은 이 총회에서 주주와 동일한 권리를 행사할 수 있다(526②). 신설합병의 경우 설립위원은 흡수합병과 같은 절차를 밟은 후 지체없이 창립총회를 소집하여야 한다(527①). 창립총회에 관해서는 주식회사 설립시 창립총회에 관한 규정이 준용된다(527③).

(2) 이사회공고에 의한 대체

보고총회, 창립

이와 같이 합병절차에는 합병계약승인을 위한 총회와 보고총회 · 창립총회라는 2회의 주주총회를 개최하여야 한다. 그런데 이는 대단히 번잡할 뿐 아니라, 당사회사가 실질적으로 합일하는 합병기일과 합병의 효력이 생기는 합병등기일간에는 3개월 전후의 기간이 소요되어, 법률관계의 불안정이 상당기간 지속된다. 이에 따라 1998년 개정 상법에서는 이러한 합병절차를 간이화하기 위하여 보고총회 · 창립총회를 이사회공고로서 갈음할 수 있도록 하였다(526③, 527④).

총회는 이사회 공고로서 갈음할 수 있다.

아. 合併登記

(1) 합병등기

회사가 합병한 때에는 보고총회 · 창립총회가 종결한 날 또는 보고에 갈음하는 공고일부터 본점소재지에는 2주내, 지점소재지에는 3주내에 合併登記를 해야한다. 그러나 合併登記가 특별히 있는 것은 아니고 존속회사에 있어서는 變更登記, 소멸회사에 있어서는 解散登記, 신설회사에 있어서는 設立登記를 하면 된다(528①, 317). 합병의 효력은 존속회사 또는 신설회사가 본점소재지에 위 변경등기 또는 설립등기를 함으로써 발생한다(530②, 234).

합병등기는 합병의 효력 발생요건이다.

(2) 사채의 등기

존속회사 또는 신설회사가 합병으로 인하여 전환사채 또는 신주인수권부사채를 승계한 때에는 합병등기와 동시에 社債의 登記를 하여야 한다(528②).

자. 事後公示

존속회사 또는 신설회사의 이사는 i) 채권자보호절차, ii) 합병기일, iii) 합병으로 인하여 소멸하는 회사로부터 승계한 재산의 가액과 채무액, iv) 기타 합병에 관한 사항을 기재한 서면을 합병기일로부터 6월간 본점에 비치하여야 하며(527의6①), 주주 및 회사채권자의 열람 및 등 · 초본의 교부청구에 응하여야 한다(527의6②, 522의2②). 종래는 합병에 관한 사항의 보고를 합병등기전에 개최되는 보고총회 또는 창립총회에서 하도록 하였지만 절차의 간소화를 위해 이를 이사회공고로 대체하면서, 그대신 事後公示制度를 1998년 개정시 도입하였다.

합병한 후 존속회사 또는 신설회사의 이사는 합병에 관한 사항을 공고해야 한다.

3. 簡易合併 · 小規模合併

합병은 주주의 지위에 큰 영향을 미치므로 합병계약서는 주주총회의

합병절차가 매

우 번잡하여 절차의 간소화를 위한 제도로써 간이합병과 소규모합병제도가 도입되었다.

승인을 얻어야 하고, 합병의 실행후에도 다시 報告總會(創立總會)를 개최하도록 하고 있다. 그러나 합병절차에 있어서도 가장 시간과 비용이 많이 소요되는 것이 주주총회의 소집이므로 1998년 상법개정시 報告總會(創立總會)는 이사회공고로 대체하도록 하였을 뿐 아니라 합병승인 주주총회를 이사회결의로 갈음하는 簡易合倂과 小規模合倂制度도 도입하였다. 간이합병과 소규모합병은 합병의 대부분을 차지하는 株式會社의 吸收合倂에서만 인정된다는 점에서는 유사하나, 간이합병은 소멸회사에 대하여 인정되는 특례(합병결의생략)임에 대하여, 소규모합병은 존속회사에 인정되는 특례(합병결의생략)라는 점에서 차이가 있다.

가. 簡易合倂

(1) 적용범위

簡易合倂은 흡수합병시 소멸회사에서 합병승인결의를 생략할 수 있는 경우이다. 즉 i) 소멸회사의 총주주의 동의가 있거나, ii) 소멸회사의 발행주식총수의 100분의 90이상을 존속회사가 소유하고 있는 때에는 소멸회사의 주주총회 승인은 이사회승인으로 갈음할 수 있다(527의2①). i)의 경우에는 이미 소멸회사의 전주주의 동의가 있으므로 다시 승인결의를 받을 필요가 없고, ii)의 경우에는 합병하는 두 회사가 경제적으로는 이미 하나의 회사라고 할 수 있는데다, 합병으로 인하여 소멸회사의 주주에게 미치는 영향이 그다지 크지 않기 때문에 번잡한 주주총회승인결의를 생략할 수 있도록 한 것이다. 그러나 합병결의의 생략(簡易合倂)은 신설합병이나 흡수합병시 존속회사에는 적용되지 않는다. 그러나 ii)에 해당하는 경우에는 존속회사에 대하여도 인정하는 것이 타당하다고 본다(권기범, "약식합병", 「정동윤교수화갑기념논문집」(1999.6), 307).

(2) 주식매수청구권

간이합병의 경우에도 반대주주는 株式買受請求權을 가지지만(총주주 동의의 경우에는 예외), 총회의 합병결의가 없기 때문에 주주에게 주식매수청구의 기회를 부여하기 위한 장치가 필요하다. 이에 따라 소멸회사는 합병계약서를 작성한 날로부터 2주내에 주주총회의 승인을 얻지 아니하고 합병을 한다는 뜻을 공고하거나 주주에게 통지하여야 한다(527의2②). 공고 또는 통지한 날로부터 2주내에 회사에 대하여 서면으로 반대의 통지를 한 주주는, 그 기간이 경과한 날부터 20일내에 주식의 종류와 수를 기재한 서면으로 회사에 대하여 자기가 소유하고 있는 주식의 매수를 청구할 수 있다(522의3②).

나. 小規模合併

(1) 적용범위

흡수합병시 존속회사가 합병으로 인하여 발행하는 신주의 총수가 그 회사의 발행주식총수의 100분의 5를 초과하지 아니하는 때에는 그 존속하는 회사의 주주총회의 승인은 이를 이사회승인으로 갈음할 수 있는데(527의 3①), 이를 小規模合併이라고 한다. 대규모회사가 소규모회사를 흡수합병하는 것은, 흡수회사(존속회사)의 입장에서는 대부분 회사의 경영에 필요한 자산을 취득한다든지, 사업분야를 약산 확상하는 정도의 일상적인 경영활동에 지나지 아니하며, 주주의 지위에 그다지 큰 변화를 주지 아니한다. 그런데 이러한 소규모합병시에도 일일이 주주총회승인결의를 받아야 한다면 회사경영의 신축성과 기동성을 꾀할 수 없을 것이다. 이리하여 회사자산규모로 볼 때 20분의 1에 미치지 못하는 정도의 흡수합병은, 일상적인 회사의 업무와 마찬가지로, 이사회결의만으로 할 수 있도록 하는 小規模合併制度를 인정한 것이다. 다만 다른 회사의 영업을 양수하는 경우에는 그 규모와 관계없이 주주총회 특별결의를 요하도록 한 것(374 ①3)과 균형이 맞지 않는 입법이라는 비판이 있다(이철(회) 859~860).

(2) 절 차

반대주주의 주식매수청구권이 부여되지 아니한다.

존속회사의 합병계약서에는 주주총회의 승인을 얻지 아니하고 합병을 한다는 뜻을 기재하여야 한다(527의 3②). 또 존속회사는 합병계약서를 작성한 날부터 2주내에 소멸회사의 상호 및 본점의 소재지, 합병기일, 주주총회의 승인을 얻지 아니하고 합병을 한다는 뜻을 공고하거나 주주에게 통지하여야 한다(527의 3③). 주주에게 합병사실과 합병이 주주에게 미치는 영향을 판단할 수 있는 기회를 보장하기 위하여 이러한 公示制度를 마련하였지만, 소규모합병시에는 반대주주에게 주식매수청구권을 부여하지 아니한다(527의 3⑤).

(3) 소규모합병의 제한

合併交付金이 존속회사의 最終貸借對照表상 현존하는 순자산액의 100분의 2를 초과한 때(527의 3①但) 및 존속회사의 발행주식총수의 100분의 20이상에 해당하는 주식을 소유한 주주가 소규모합병 공고 · 통지일로부터 2주간내에 회사에 대하여 서면으로 합병에 반대하는 의사를 통지한 때(527의 3④)에는 소규모합병을 할 수 없다. 이러한 정도의 주식을 보유하는 주주가 반대할 경우, 합병승인결의가 통과되기 어려워 합병이 사실상 불가능할 것이기 때문이다.

4. 合併의 效果

소멸회사의 재산은 존속회사 또는 신설회사에 그 동일성을 유지한채 그대로 승계되어 따로 청산할 필요가 없다.

합병에 의하여 당사회사의 일부 또는 전부가 解散하고, 주주지위의 승계가 이루어지며, 존속회사 또는 신설회사는 소멸회사의 모든 권리의무를 승계한다(530②, 235). 이에 따라 소멸회사의 주주는 단주라든가 주식매수청구권을 행사하는 경우 등과 같은 특별한 경우를 제외하고는 원칙적으로 합병계약상의 합병비율과 배정방식에 따라 존속회사 또는 신설회사의 주주권을 취득하여, 그 주주가 된다(대판 2002.2.11, 2001다14351). 이와 같이 합병에 의해 소멸회사의 주주가 취득하는 주식은 종래의 주식과 법률상 동일성을 유지하기 때문에 소멸회사의 주식을 목적으로 하는 質權은 新株에도 미친다. 이에 따라 登錄質權者는 존속회사 또는 신설회사에 대하여 신주식에 대한 주권의 양도를 청구할 수 있다(530④, 339, 340③).

5. 合併의 無效와 不公正

[사례 Ⅶ-1-1: 합병의 무효·불공정]

(i) Y회사는 경영합리화를 위하여 주식 50%를 보유하는 계열기업인 A회사와 합병하기로 하였다. Y회사와 A회사의 대표이사는 합병비율을 2:1로 잠정 결정한 후 간단한 합병계약서를 작성하여 양 회사의 주주총회승인결의를 받았다. 이후 Y회사의 주주 X가 합병계약서에 합병비율의 기재가 없다는 것을 이유로 합병무효의 소를 제기하였다. 이에 대하여 Y회사는 합병계약서에 기재가 없지만 소집통지에 첨부된 참고서류로부터 합병비율을 명확히 알 수 있다고 항변하였다. Y회사의 항변은 타당한가? 만일 Y회사의 채권자가 무효를 주장한 경우에는 어떠한가? (日大判 1944.8.25, 民集 23-17, 524 참조)

(ii) 상장회사인 Y회사의 발행주식은 50만주, 1주의 금액은 1만원, 자본금은 50억원이고 비상장인 A회사의 발행주식총수는 100만주, 1주의 금액은 1만원, 자본금은 100억원이다. B는 Y회사의 발행주식 40%와 A회사의 발행주식 70%를 각각 보유하는 대주주이며 A회사도 Y회사의 주식을 30% 보유하고 있어, Y회사와 A회사는 계열기업이다. Y회사와 A회사는, Y회사를 존속회사로 하는 흡수합병계약을 체결하고 각 임시주주총회를 개최하여 합병계약서를 승인한 후, 합병기일에 합병등기를 종료하였다. 합병당시 Y회사의 1주당 순자산가액은 8만원이었으나 A회사의 1주당 순자산가치는 4,800원에 불과하였음에도 불구하고 합병비율을 1:1로 정하고, Y회사는 신주 100만주를 발행하여 A회사의 주주에게 배정, 교부하였다. 합병당시 Y회사의 발행주식

12%를 보유하고 있던 주주 X는 합병결의에 찬성하였다. ① 이후 주주 X는 합병비율의 불공정성을 이유로 Y회사를 상대로 합병무효의 소를 제기할 수 있는가? ② 만일 Y회사와 A회사간의 합병비율을 10:1로 정한 경우에는 어떠한가? (인천지판 1986.8.29, 85가합1526 참조).

合倂은 합병계약서의 작성으로부터 합병등기에 이르기까지 복잡한 과정을 거쳐 진행되며, 여러 회사가 관여하기 때문에 그 절차상 하자가 발생할 소지가 많다. 그러나 합병등기에 의해 일단 합병이 효력을 발생하면 앞에서 본 대로 당사회사의 소멸과 주주지위의 승계 및 권리·의무의 포괄적 이전이 이루어지므로, 하자의 주장을 일반적인 원칙에 따르게 하면 법률관계의 불안정과 혼란을 초래하게 된다. 그리하여 설립무효의 경우와 마찬가지로 제소권자와 제소기간을 제한하고 판결의 효력도 획일적으로 하고 있다. 合倂無效와 관련하여 특히 문제가 되는 것이 [사례Ⅶ-1-1-ii]에서 보는 바와 같은 合倂의 不公正性이다.

가. 無效原因

합병무효원인에 대하여는 별다른 규정이 없으므로 개개의 경우에 해석상 정할 수 밖에 없다.

合倂의 無效原因에 대하여는 상법에 아무런 규정을 두고 있지 않은데 合倂의 요건을 충족하지 않은 경우에는 무효로 될 것이다. 가령 합병계약서가 작성되지 않았다든지(522 ①), 주주총회의 합병계약서 승인결의에 하자가 있는 경우, 채권자보호절차를 취하지 않은 경우(527 의5), 公正去來法의 규정에 위반하여 합병이 이루어진 경우 등이다. 특히 문제로 되는 것이 [사례Ⅶ-1-1-i]과 같이 合倂契約書의 법정사항이 흠결된 경우의 효력이다. 앞에서 본 대로 합병절차에 있어서 가장 중요한 것이 合倂契約書의 작성이고, 그 법정기재사항에 관하여는 상세한 규정(523, 524)을 두고 있으므로, 合倂比率과 같은 주요사항을 흠결한 경우에는 合倂無效의 原因이 된다. 합병계약서의 기재내용을 법정하는 것은 합병의 중요사항에 대해 이해관계를 가지는 주주와 회사채권자에게 그 내용을 사전에 공시하여 주주총회의 승인결의(주주의 경우)와 이의의 제기(채권자의 경우)에 대비할 수 있도록 하기 위함이다. 따라서 [사례Ⅶ-1-1-i]과 같이 비록 합병계약서에는 기재하지 않았지만 소집통지에 첨부된 서류에서 주주(X)가 그 내용을 알 수 있었던 경우에는 무효의 원인에 해당하지 않는다고 하겠다(日大判 1944.4.25, 民集 23-17, 524). 그러나 이러한 항변은 회사채권자에 대하여는 주장할 수 없을 것이다.

나. 合併의 不公正

(1) 의 의

합병에서 合併比率의 公正性의 확보가 실무적으로는 가장 중요하고도 어려운 문제이다. 그러나 실제로 이루어지는 대부분의 합병에서는 합병당사회사의 실질가치 여하에도 불구하고, 그 합병비율을 1:1로 정하고 있다고 한다. 이는 합병절차의 간소화를 위하여 그 차액을 合併交付金으로 정산하는 때문이기도 하지만, 실제로는 [사례Ⅶ-1-1-ii]에서 보는 바와 같이 상장회사(Y)와 비상장회사(A)간의 합병을 이용하여 합병당사회사를 지배하는 대주주(B)가 막대한 이익을 챙기려는 의도에 근본적인 원인이 있다. 즉 회사의 순자산가치가 17:1정도로 현격하게 차이가 있는 Y회사와 A회사를 1:1로 합병함으로써 A회사 주식의 순자산가치가 증대하는 반면, Y회사의 주식가치는 하락하게 된다. 그런데 A회사 주식의 70%와 Y회사주식의 40%를 각각 소유하고 있는 B는 Y회사 주식가치의 하락분보다 A회사 주식가치의 상승분이 훨씬 크기 때문에 합병으로 인하여 큰 이익을 보는 반면, Y회사의 군소주주(X)는 주가하락으로 인한 손해만 보게 되는 것이다. 따라서 이러한 합병은 군소주주의 희생하에 대주주의 이익을 위한 수단으로 악용되는 경우가 많다.

(2) 합병의 불공정과 무효

합병비율이 현저하게 불공정한 경우에는 무효원인이 된다.

合併의 不公正性을 방지하기 위하여 상법은 合併契約書의 기재내용을 법정하고, 이를 사전에 공시하며, 또한 주주총회의 특별결의를 거치도록 하고 있다. 그러나 [사례Ⅶ-1-1-ii]와 같이 대주주(B)가 Y회사(존속회사)의 주식 40%와 자신이 지배하는 A회사(소멸회사)가 가지는 Y회사의 주식 30%를 합하여 주주총회특별결의를 이끌어 낼 수 있는 경우에는 이러한 장치는 아무 소용이 없다. 이에 따라 최종적으로는 사법적인 수단인 合併無效의 訴에 의할 수밖에 없는 것이다(강희갑, "주식회사에 있어서의 합병비율의 공정성", 「서돈각교수정년기념논문집」(1986.3), 289).

합병비율이 불공정한 경우에도 반대주주에게 株式買受請求權(522의3)이 인정되므로 그 자체는 합병무효의 원인이 아니지만, 합병비율이 현저하게 불공정한 경우에는 무효원인이 된다. [사례Ⅶ-1-1-ii]의 ①과 유사한 사안에서 인천지판 1986.8.29, 85가합1526은 "흡수합병의 경우 합병비율 즉 존속회사가 합병당시 발행하는 신주를 소멸하는 회사의 주주에게 배정, 교부함에 있어서 적용할 비율을 정하는 것이 합병계약의 가장 중요한 내용이 된다 할 것인데, 합병비율은 합병당사회사의 재산상태와 그에 따른 주식의 객관적 가치에 비추어 공정하게 정함이 원칙이라 할 것이고, 만일 그 비율이 합병당사회사의 일방에게 불리하게 정해진 경우에는 그 회사의 주주가 합병전 회사 재산에 대하여 가지고 있던 지분비율을 합병후에 유지할 수 없게 됨으로써 실질적으로 주식의 일부를 상실케 하는 결과를 초래하는 만큼, 현저하게 불공정한 합병비율을 정한 합병계약은 사법관계를 지배하는 신의성실의 원칙이나 공평의 원칙에 반하여 무효라고 할 것인 바, 위 인정사실에 의하면 합병당시 순자산액을 기준으로 할 때 피고회사(Y)와 소멸회사(A)의 발행주식 1株의 가치가 무려 17:1이나 됨에도 불구하고 합병비율은 1:1로 정해졌다는 것이니, 그렇다면 기업자체나 주식의 가치가 대차대조표상의 자산상태나 영업실적에 의하여 엄밀하게 측정할 수 있는 성질의 것이 못되고 장래의 사업전망이나 경기변동 등 불확실한 요인에 의하여 영향을 받게 된다는 점을 감안한다 하더라도 달리 위와 같은 합병비율을 수긍할 만한 아무런 합리적 이유도 찾아 볼 수 없는 이 사건에 있어 위 합병비율은 현저하게 불공정하다고 할 수밖에 없고, 따라서 피고회사(Y)와 소멸회사(A) 사이에 체결된 이 사건 합병계약은 그 내용으로 된 합병비율이 현저하게 부당하여 무효라 할 것이다. 또한 무효인 합병계약이 합병당사회사 주주총회의 승인을 받았다 하여 유효로 전환될 리는 없는 것이고, 또한 원고(X)가 위 임시주주총회에 참석하여 합병결의에 찬동하였다 하더라도 그와 같은 사유만으로 곧 합병의 무효를 구함이 신의성실의 원칙이나 금반언의 원칙에 반하여 부당하다고 할 수 없다"라고 판시하였다. 이러한 판시에 따른다면 [사례Ⅶ-1-1-ii]의 ②와 같이 합병비율이 현저한 불공정이 아닌 경우에는 합병은 무효로 되지 아니한다고 할 것이다.

다. 合併無效의 訴

(1) 제소권자

合併無效의 訴는 각 회사의 주주·이사·감사·청산인·파산관재인 또는 합병을 승인하지 아니한 채권자에 한하여 訴만으로 이를 주장할 수 있다(529 ①). 여기서 '各 會社'라고 함은 존속회사·신설회사뿐 아니라 해산회사도 포함한다(정동(회)835, 최기473, 註商(II-上)242). 한편, 公正去來法에 위반한 합병에 대하여는 公正去來委員會가 합병무효의 소를 제기할 수 있다(公去 16②). 이 경우 피고는 존속회사 또는 신설회사이다.

합병무효의 소는 민사소송의 일반원칙에 대한 예외를 인정하여 대세적 효력과 소급효의 제한이 인정된다.

(2) 제소기간

合倂無效의 訴는 合倂登記日로부터 6월 이내에 제기하여야 한다(529②).

(3) 소의 절차

관할 기타 소의 절차는 設立無效의 訴와 같다(530②, 240, 186~189).

라. 合倂無效判決

(1) 판결의 효력

대세적 효력이 있다.

1) 원고승소판결 합병무효판결이 확정되면 제3자에 대하여도 효력이 있다(530②, 240, 190). 합병의 법률관계를 획일적으로 확정하기 위하여 판결에 對世的 效力을 인정한 것이다. 이에 따라 합병무효판결이 확정된 때에는 존속회사의 변경등기, 해산회사의 회복등기, 신설회사의 해산등기를 각각 하여야 한다(530②, 238). 또한 합병무효판결은 판결확정 전에 생긴 회사와 주주 및 제3자간의 권리의무에 영향을 미치지 아니한다(530②, 240, 190). 이는 합병의 유효를 전제로 하여 이루어진 많은 후속적인 법률관계를 소급적으로 무효로 할 경우 생길 법률관계의 혼란을 피하기 위함이다.

2) 원고패소판결 원고가 패소한 경우에는 판결의 효력은 일반원칙에 따라 소송당사자에게만 미친다(民訴 204①). 제소원고의 손해배상책임, 재량기각에 관하여는 설립무효판결에 관한 규정을 준용한다(530②, 240, 191, 189).

(2) 무효판결의 후속조치

합병무효판결은 장래에 향하여 법률관계가 무효가 되므로 합병전의 상태로 복귀시키는 조치들이 취하여져야 한다.

합병무효판결은 소급효가 제한되기 때문에 기존의 법률관계에 대하여는 영향을 미치지 않지만 장래를 향하여는 그 효력이 발생한다. 따라서 합병전의 상태로 복귀시키는 조치들이 취하여져야 한다.

1) 주식에 대한 처리 소멸회사는 부활하고 존속회사 또는 신설회사는 장래를 향하여 합병전의 회사로 분할하는 절차를 취하여야 할 것이다. 또한 흡수합병에서 존속회사가 소멸회사의 주주에 대하여 발행한 주식은 무효로 되며, 신설합병에서는 신설회사가 소멸한다.

2) 재산에 대한 처리 합병당시 각 회사가 소유하고 있던 적극재산 또는 부담하고 있던 채무 중 존속회사 또는 신설회사에 현존하는 것은 모두의 원래의 회사로 복귀한다. 그러나 존속회사 또는 신설회사가 합병 후 취득한 積極財産은 공유로 되고, 부담한 채무는 당사회사의 連帶債務로 된다(530②, 239①②). 이 경우 공유재산의 지분과 연대채무의 부담부분은 당사회사간의 협의에 의하여 정하고 협의가 이루어지지 않을 경우에는 법원은 그 청구에 의하여

합병당시의 각 회사의 재산상태 기타의 사정을 참작하여 결정한다(530②, 239③).

3) 임원에 대한 처리　부활한 해산회사의 이사와 감사가 누가 되는가에 대하여는 관련 규정이 없지만 합병당시의 이사・감사가 당연히 복직하는 것은 아니고, 무효판결의 확정시의 존속회사 또는 신설회사의 이사・감사가 해산회사의 이사・감사로서의 권리의무를 가진다고 본다.

제 3　會社의 分割

1. 意義와 性質

가. 背　　景

회사분할은 전문화, 분업화를 달성하기 위하여 기업구조조정의 중요한 수단이 되고 있다.

會社分割은 合併과는 반대로 하나의 회사가 둘 이상으로 나뉘어지는 현상을 말하는 것으로서 합병과 마찬가지로 기업구조조정의 중요한 수단이 되고 있다. 합병이 이른바 규모의 경제를 추구하여 기업의 몸집을 키우는 것이라면, 분할은 정보화시대에 알맞는 전문화・분업화를 달성하기 위하여 기업의 군살을 빼는 작업이라고 할 수 있다. 특히 우리 나라 기업은 그동안 사업다각화라는 명목하에 하나의 회사가 여러 영역에 걸쳐 사업을 영위하는 경우가 많았다. 그러나 이처럼 비대해진 기업구조로는 급변하는 기업환경에 유연하게 대처할 수 없을 뿐 아니라 정보화시대에 필요한 신속한 경영결정에 큰 장애가 되고 있다. 나아가 동일한 회사 내에서도 여러 사업분야별로 수익성이 다를 수 있는데, 수익성의 차이에 따른 임금의 차별화를 위해서도 會社分割制度가 바람직한 것이다. 이리하여 종래 우리나라 실무계에서는 회사분할제도의 도입을 희망하여 왔다(손주찬, "주식회사분할에 관한 정부안의 검토", 「박길준화갑기념논문집」(1998.9), 345).

한편 과도하게 경제력이 집중되어 있는 獨占企業의 경우에는 기업스스로의 필요에서보다는 국가적인 차원에서 경쟁의 촉진을 위하여 기업분할이 필요한 경우도 있다. 미국에서 있었던 AT&T사의 분할 및 최근 Microsoft사에 대한 분할명령이 그러한 예라고 할 것이다. 그러나 회사분할제도를 입법으로 갖추고 있는 나라는 그다지 많지 않은데, 우리 상법은 프랑스회사법 및 독일의 事業再編法을 모범으로 하여 1998년 개정시 주식회사에 한하여 分割制度를 도입하였다.

나. 概　　念

會社의 分割은 하나의 회사가 두개 이상의 회사로 분리되는 것을 말한다. 즉 회사가 그 경영하던 영업부문을 분리하여 독립시키는 경우에 분할이 발생한다. 회사의 분할에서는 분할되는 회사(양도회사)의 재산 일부가 수 개의 회사에 포괄승계되고, 재산을 승계한 회사(양수회사)는 그에 대한 대가로서 주식을 발행·교부한다. 이 때 발행되는 주식을 누구에게 교부하느냐에 따라 人的分割과 物的分割로 나누어진다.

(1) 물적분할과 인적분할

분할 전 회사의 주주가 분할 후 회사의 주주가 되는지 여부에 따라서 물적분할과 인적분할로 나뉜다.

物的分割은 회사분할시 발행되는 주식을, 분할되는 회사의 주주에게 교부하는 것이 아니라 분할회사 자체에 교부함으로써, 주주단계까지는 분할이 행하여지지 않는 경우를 말한다(김재문, "회사분할제도에 관한 법적 고찰", 「기업법연구」(2006.3), 320). 가령, 건설업을 영위하는 A회사가 주택건설부문만을 따로 분리시키기 위해 100% 자회사인 B회사를 설립하여, B회사의 주식을 A회사가 보유하는 경우가 이에 해당한다. 이때 A회사의 주주에게는 B회사의 주식이 교부되지 아니하므로 분할의 효과가 직접적으로 주주에게는 미치지 아니한다. 이에 대하여 자회사에게 영업의 일부분을 분리독립시키는데 그치지 않고, 주주단계까지 분할을 행하는 경우를 人的分割이라고 한다. 가령 A회사의 주주에게 B회사의 분할에 따른 A회사의 주식감소분 만큼 B회사의 주식을 교부하는 경우이다. 이 경우에는 A회사는 실질적으로도 A, B 2개의 회사로 분할되는 것이다.

(2) 상법상의 회사분할

넓은 의미에서 회사의 분할이라고 할 때에는 인적분할뿐 아니라 물적분할도 포함되지만 좁은 의미의 분할은 인적분할만을 의미한다. 상법은 人的分割에 대하여 상세한 규정(530의2)을 두고 物的分割에 대하여는 인적분할에 관한 규정을 준용한다(530의12). 인적분할의 개념에는 재산의 포괄승계뿐 아니라 사원(주주지위)의 승계도 포함한다.

다. 性　　質

(1) 학　설

분할의 법적성격에 대해서는 인격분할설과

분할의 법적 성질에 대하여는 합병의 경우에 대응하여 人格分割說과 現物出資說이 대립한다. 그러나 합병의 성질을 人格合一이라고 보는 통설의 입장에서도 합병의 반대현상인 분할에 대하여는 인격분할설을 취하지 않고 대부분 現物出資說을 취하고 있다. 이는 합병의 경우에는 법인격의 합일에 주안점이 주어지고 그 결과 각 회사(법인격)의 권리 · 의무관계의 포괄적 이전이 초래됨에 대하여, 분할에 있어서는 법인격의 분할보다는 사업의 분리(출자)에 초점이 맞추어지고 그 결과 법인격이 소멸되거나, 합병하거나 또는 존속하기 때문이다.

현물출자설이 대립한다.

이에 대하여 회사분할은 회사의 영업을 분리하여 그 주체인 법인격을 달리하는 동시에 분할되는 영업에 상응하여 회사의 주식소유관계를 분리하는 회사법적 법률사실이라는 견해(이철(회)859~860, 최기1273~1274), 합병과 마찬가지로 인격의 분할로 보는 견해(정찬(상) 477)도 있다.

(2) 검 토

다수설이 지적하는 바와 같이 분할에는 합병과는 다른 특질이 있으며, 이를 단순히 합병의 역현상으로서 인격의 분할로 보는 것은 타당하지 않다. 특히 순수히 회사재산의 분리만 이루어지는 물적분할도 분할의 개념에 포함시킬 경우에는, 분할에서 인격분할의 의미는 거의 찾아볼 수 없고 순수한 출자의 한 형태라고 하겠다. 또 우리 상법이 모범으로 하고 있는 프랑스상법에서도 명문으로 분할을 財産의 出資로 규정하고 있으며, 우리 상법도 회사분할에 따른 재산의 이전에 대하여 '出資'라는 용어를 사용하고 있는 점(530의4②, 530의9②③)으로 볼 때 현물출자설이 타당하다고 본다.

2. 分割의 形態

會社分割은 그 분류기준에 따라 여러 가지로 나누어지며 그 용어도 구구하다. 즉 i) 분할에 의하여 재산을 이전하는 회사(양도회사)가 소멸하는가에 따라 完全分割(消滅分割)과 不完全分割(存續分割)로, ii) 분할에 의해 재산을 이전받는 회사(양수회사)가 신설되는 회사인가 아니면 기존의 회사인가에 의해 新設分割과 吸收分割로, iii) 분할 후 분할된 부분이 독립한 회사로 남아 있는가 아니면 다른 회사와 합하여지는가에 따라 單純分割과 分割合併으로 각각 나누어진다. 앞에서 본 인적분할과 물적분할도 분할의 종류로서 설명하는 경우도 많다. 상법은 분할을 단순분할(530의2①), 분할합병(530의2②), 양자의 혼합형태(530의2③)의 세 가지로 나누어 규정하고 있다.

완전분할과 불완전분할, 신설분할과 흡수분할, 단순분할과 분할합병으로 나눌 수 있다.

가. 單純分割

한 회사가 두 회사 이상으로 분할되는 경우로, 나머지 일부만 신설회사가 되는 경우와 각각 신설회사로 되고 종래의 회사는 소멸되는 경우가 있다.

單純分割은 한 회사가 두 회사 이상으로 분할되는 경우로서(530의 2①), 여기에는 ⓐ 분할된 일부는 그대로 존속회사로 되고 나머지 일부가 신설회사로 되는 경우와, ⓑ 분할 부분이 각각 신설회사로 되고 종래의 회사(양도회사)는 소멸하는 경우가 있다. ⓐ는 가령 A건설회사의 사업분야 중 토목사업은 그대로 남겨두고 주택사업은 C회사를 신설하여 넘겨주는 경우로서, 흡수합병에 대응하는 것이고 ⓑ는 A회사를 분할 해체하여 토목사업은 C_1회사, 주택사업은 C_2회사를 각각 신설하여 넘겨주는 경우로서 신설합병에 대응하는 것이다. ⓐ는 不完全分割(存續分割), ⓑ는 完全分割(消滅分割)에 해당한다. 이를 그림으로 보면 다음과 같다.

■ 단순분할의 형태

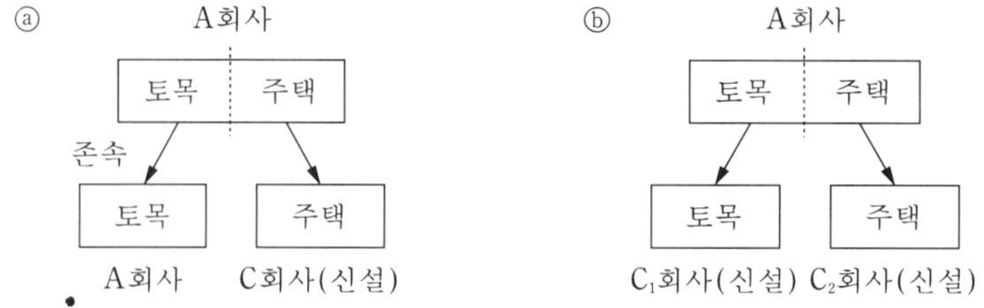

나. 分割合倂

분할된 일부분이 동시에 다른 회사 또는 다른 회사의 일부분과 합병하여 하나의 회사로 되는 경우이다.

分割合倂은 분할된 일부분이 동시에 다른 회사 또는 다른 회사의 일부분과 합병하여 하나의 회사로 되는 경우이다(530의 2②). 분할합병은 다시 다음과 같은 형태로 나누어진다. ⓒ A회사의 주택사업을 분할하여 B회사에 흡수하는 경우이다. 흡수합병과 유사하지만 A회사의 전부가 아니고 그 일부분만 흡수되는 점에서 차이가 있다. ⓓ A회사가 분할하여 그 일부(주택사업)가 B회사와 합병하여 C회사를 설립하는 경우 또는 A회사만 아니고 B회사도 분할되어 그 각각 분할된 일부분(주택사업)을 합병하여 C회사를 설립하는 경우이다. ⓒ를 흡수분할합병(분할+흡수합병), ⓓ를 신설분할합병(분할+신설합병)이라고 한다(권기범, "주식회사의 분할", 「서돈각 교수정년기념논문집」(1986.3), 234).

■ 분할합병의 형태

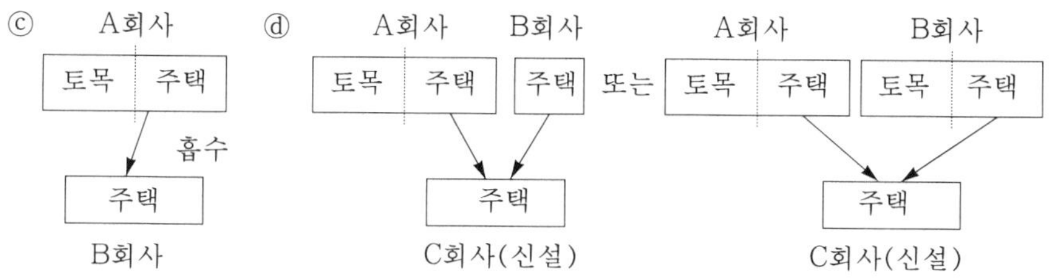

다. 混合分割

단순분할과 분할합병이 혼합되는 분할로서(530의 2③), 위 단순분할과 분할합병의 각 경우가 조합되는 여러 형태가 있을 수 있다. 단순분할인 ⓑ와 분할합병인 ⓓ가 결합하는 혼합분할을 가정해 보면, A회사와 B회사를 각각 토목사업과 주택사업으로 분할한 후, A회사의 토목사업과 B회사의 토목사업을 합하여 C_1토목회사를 설립하고, A회사의 주택사업과 B회사의 주택사업을 합하여 C_2주택회사를 설립하는 형태이다.

혼합분할은 단순분할과 분할합병이 혼합되는 형태의 분할이다.

■ 혼합분할의 형태

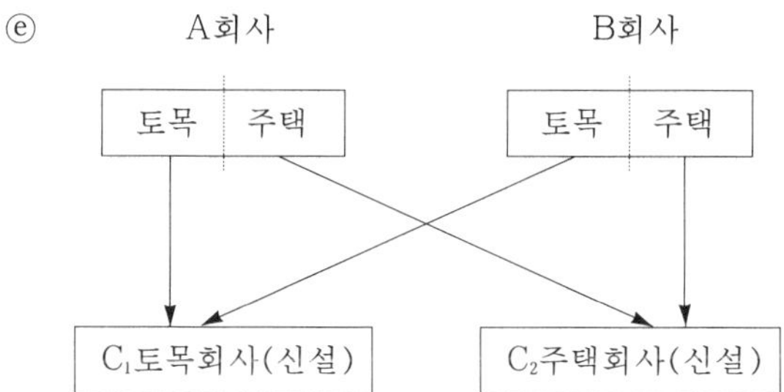

3. 會社分割節次

회사분할절차는 분할의 형태가 단순분할(ⓐ,ⓑ)인가 분할합병(ⓒ,ⓓ,ⓔ)인가에 따라 다르며, 또 분할로 인하여 새로운 회사가 설립되는 경우(ⓐ,ⓑ,ⓓ,ⓔ)와 그렇지 않은 경우(ⓒ)에 따라 차이가 있다. 분할절차는 양도회사와 양수회사에서 각각 진행된다. 우선, 양도회사에서는 분할계획서를 작성하여 이를 공시하고, 주주총회승인결의, 채권자보호절차, 주식병합·분할을 한 후 양도회사가 소멸하는 경우에는 해산등기, 존속하는 경우에는 변경등기를 한다. 한편, 양수회사는 ⓒ의 경우에는 자본증가를 수반하는 흡수합병절차를 밟아 변경등기를 하지만, 나머지 모든 경우에는 새로운 회사를 설립하여야 하므로 회사설립 또는 설립과 합병절차를 거쳐 설립등기를 함으로써 절차가 종료한다.

가. 分割計劃書 · 分割合併契約書의 作成

單純分割(ⓐ,ⓑ)의 경우에는 양도회사에서 분할계획서를 작성하면 되지만, 分割合併(ⓒ,ⓓ,ⓔ)의 경우에는 양도회사와 양수회사간의 합의를 거쳐 분할합병계약서를 작성한다.

(1) 분할합병계약서

분할합병계약서는 吸收分割合併(ⓒ)과 新設分割合併(ⓓ,ⓔ)의 경우에 기재내용이 서로 다르다.

> 흡수분할합병계약서에는 수권주식, 분할주식, 분할신주배정 및 주식병합분할, 분할합병교부금, 연대책임배제, 총회의 기일, 분할합병일, 정관변경에 관한 사항을 기재하여야 한다.

1) 흡수분할합병의 경우 분할되는 회사의 일부가 다른 회사와 합병하여 그 상대방회사가 존속하는 흡수분할합병(ⓒ)은 분할회사(양도회사, A회사)에 대하여는 분할이 되고, 상대방회사(양수회사, B회사)로서는 흡수합병이 되므로, 분할합병계약서의 기재내용도 분할회사와 분할합병 상대방회사에 관한 사항으로 각각 나뉘어져 있다. 첫째, 분할합병의 상대방회사(B)에 관한 기재사항은 다음과 같다(530의 6①). ① **수권주식**; 분할합병의 상대방회사(B)가 분할합병으로 인하여 발행할 주식의 총수가 증가하는 경우에는 증가할 주식의 총수, 종류 및 종류별주식의 수이다. 이는 정관의 기재사항이기 때문에 포함시킨 것으로서 수권주식수를 증가시킬 필요가 없으면 기재하지 않아도 된다. ② **분할신주**; 상대방회사(B)가 분할합병을 함에 있어서 발행하는 신주의 총수, 종류 및 종류별 주식의 수로서 합병신주에 대응하는 것이다. ③ **분할신주배정 및 주식병합 · 분할**; 분할되는 회사(A)의 주주에 대한 분할합병의 상대방회사(B)의 주식 배정에 관한 사항 및 배정에 따른 주식 병합 또는 분할을 하는 경우에는 그에 관한 사항이다. 즉 분할회사의 주주에게 1주당 배정될 상대방회사의 주식수(분할조건 또는 분할비율)를 기재하도록 한 것으로서 분할합병계약서의 가장 중심되는 사항이다. 신주의 배정비율은 분할당사회사(A,B) 주식의 순자산가치에 비례하는 것이 원칙이지만, 법적인 의무는 아니므로 이른바 불비례적 분할신주의 배정도 가능하다. 다만 종전의 지분비율대로 분할신주를 배정하는 경우에는 검사인의 검사가 생략된다(530의 4②後). ④ **분할합병교부금**; 분할되는 회사(A)의 주주에 대하여 분할합병의 상대방회사(B)가 지급할 금액을 정한 때에는 그 규정으로서 합병교부금에 대응하는 것이다. ⑤ **자본 · 준비금**; 분할합병의 상대방회사(B)의 증가할 자본총액과 준비금에 관한 사항

이다. ⑥ 재산승계; 분할되는 회사(A)가 분할합병의 상대방회사(B)에 이전할 재산과 그 가액이다. 분할에서는 양도회사에서 분할된 재산이 양수회사에 포괄승계되므로 그 승계되는 재산의 내역과 가액을 기재하여야 한다. 이는 분할조건과 더불어 분할합병계약서의 중심이 된다. ⑦ 연대책임배제; 분할로 인하여 발생하는 연대책임을 배제하는 결정을 한 경우에는 그 내용이다. ⑧ 분할합병승인총회의 기일; 분할합병당사회사의 승인결의의 일자이다 ⑨ 분할합병기일; 합병기일에 대응하는 것이다. ⑩ 이사・감사의 선임; 분할합병의 상대방회사(B)의 이사와 감사를 정한 때에는 그 성명과 주민등록번호이다. 분할합병의 상대방회사의 이사와 감사를 선임하는 데에 분할회사(A)의 주주의 의사를 반영하기 위해 이를 기재사항에 포함시킨 것이다. 이러한 기재가 있는 경우에는 소규모분할합병은 허용되지 아니한다. ⑪ 정관변경; 분할합병의 상대방회사(B)의 정관변경을 가져오게 하는 사항이다. 이는 장차 상대방회사의 주주가 될 분할회사(A)의 주주의 동의를 얻도록 한다는 측면과 함께 별도의 정관변경절차 없이 분할합병승인결의만으로 정관변경을 하기 위함이다. 둘째, 분할회사(A)는 분할후에도 축소되어 계속 존속하므로 그 기재사항은 단순분할의 분할계획서 중 존속회사에 관한 기재사항과 같다(530의6③, 530의5②). 따라서 감소할 자본과 준비금의 액, 자본감소의 방법, 분할로 인하여 이전할 재산과 그 가액, 분할후의 발행주식총수, 수권주식수의 감소, 정관변경에 관한 사항을 기재하여야 한다.

신설분할합병계약서에는 회사의 설립에 관한 사항이 추가 기재되어야 한다.

2) 신설분할합병의 경우 분할되는 회사의 일부가 다른 회사 또는 다른 회사의 일부와 분할합병하여 회사를 설립하는 이른바 신설분할합병(ⓓ, ⓔ)의 경우에도, 분할합병계약서에는 분할회사(A 또는 A,B)에 관한 사항과 설립되는 회사(C 또는 C_1,C_2)에 관한 사항을 각각 기재하여야 한다. 첫째, 설립되는 회사에 관한 기재사항은 다음과 같다(530의6②). ① 회사설립에 관한 사항; 분할로 인하여 회사가 신설되기 때문에 기재사항은 단순분할의 분할계획서와 같다. 즉 회사의 상호, 목적, 본점소재지, 공고방법, 발행주식총수, 1주의 금액, 자본금 및 준비금, 재산승계, 연대책임배제, 이사・감사, 기타 정관에서 정할 사항을 기재하여야 한다. ② 분할합병에 관한 사항; 분할신주, 분할신주배정 및 주식병합・분할, 재산이전, 분할합병교부금, 주주총회기일, 합병기일을 기재하여야 하는데 이는 흡수분할합병에서 설명한 바와 같다. 둘째, 분할되는 회사는 분할후에도 축소되어 계속 존속하기 때문에 그 기재사항은 단순분할의 분할계획서 중 존속회사에 관한 부분과 같다(530의6③, 530의5②).

(2) 분할계획서

단순분할(ⓐ,ⓑ)은 분할당사회사가 1개뿐이므로 분할회사(A)에서 분할계획서만 작성하면 된다. 단순분할은 언제나 회사의 신설(C 또는 C_1,C_2)을 초래하기 때문에 분할계획서의 기재사항은 회사설립에 관한 부분과 분할에 관한 부분으로 구성된다(530의 5①). 그러나 분할회사가 존속하는 경우(ⓐ)에는 존속회사(A)에 관한 사항도 기재하여야 한다(530의 5②).

1) 완전분할의 경우 분할에 의하여 회사를 설립하는 경우에는 분할계획서에 다음 사항을 기재하여야 한다(530의 5①). ① 설립되는 회사(C 또는 C_1,C_2)의 상호, 목적, 본점소재지 및 공고의 방법; 일반적인 회사설립의 경우와 같다. ② 설립되는 회사가 발행할 주식의 총수 및 1주의 금액; 授權株式數를 말한다. ③ 설립되는 회사가 분할 당시에 발행하는 주식의 총수, 종류 및 종류별 주식의 수; 分割新株를 말한다. ④ 분할되는 회사의 주주에 대한 설립되는 회사의 주식의 배정에 관한 사항 및 배정에 따른 주식의 병합 또는 분할을 하는 경우에는 그에 관한 사항; 분할비율에 관한 것이다. ⑤ 분할되는 회사의 주주에게 지급할 금액을 정한 때에는 그 규정; 분할교부금이다. ⑥ 설립되는 회사의 자본과 준비금에 관한 사항 ⑦ 설립되는 회사에 이전될 재산과 그 가액 ⑧ 연대책임의 배제에 관한 사항 ⑨ 설립되는 회사의 이사와 감사를 정한 경우에는 그 성명과 주민등록번호 ⑩ 설립되는 회사의 정관에 기재할 그 밖의 사항.

2) 불완전분할의 경우 회사분할 이후에도 분할회사가 존속하는 경우(ⓐ)에는 위에서 본 설립회사(C)에 관한 사항 이외에, 존속회사에 관한 사항도 분할계획서에 기재하여야 한다. 즉 존속회사의 감소할 자본과 준비금의 액, 자본감소의 방법, 분할로 인하여 이전할 재산과 그 가액, 분할후의 발행주식총수, 수권주식총수의 감소, 정관변경에 관한 사항을 기재하여야 한다(530의 5②).

나. 分割의 公示

회사의 분할은 주주와 채권자 등 이해관계인에게 큰 영향을 주므로 분할에 관계된 사항은 공시해야 한다.

분할은 회사의 기본적인 構造變更으로서 주주와 회사채권자 등 이해관계인에게 주는 영향이 크므로 이를 공시하도록 하고 있다. 이러한 공시의무에 위반한 경우에는 分割無效의 原因(530의11 ①, 529)으로 되고 과태료의 제재도 받는다(635. 21).

(1) 분할회사의 공시

1) 분할대차대조표 등의 비치 분할되는 회사(A 또는 A,B)의 이사는 분할승인주주총회의 회일 2주전부터 분할등기를 한 날 또는 분할합병을 한 날 이후 6월간 분할계획서 또는 분할합병계약서, 분할부분에 대한 대차대조표, 분할합병의 상대방회사의 대차대조표, 분할회사의 주주에 대한 신주배정과 그 이유를 기재한 서면을 작성하여 이를 본점에 비치하여야 한다(530의7①). 주주 및 회사채권자는 이들 서류를 영업시간내에는 언제든지 열람할 수 있으며, 회사가 정한 비용을 지급하고 그 등본과 초본의 교부를 청구할 수 있다(530의7③, 522의2②). 분할부분에 대한 대차대조표는 분할시 작성되는 것으로서 분할회사의 최종대차대조표와는 구별된다.

2) 소집통지 · 공고 분할계획 또는 분할합병계약의 요령은 분할승인 주주총회의 소집통지와 공고에 기재하여야 한다(530의3④).

(2) 분할합병 상대방회사의 공시

분할합병상대방회사(B)의 이사는 분할합병승인 주주총회의 회일 2주전부터 분할합병등기를 한 후 6월간 분할합병계약서, 분할회사의 분할부분에 대한 대차대조표, 분할회사의 주주에 대한 신주배정과 그 이유를 기재한 서면을 작성하여 이를 본점에 비치하여야 한다(530의7②). 주주와 회사채권자에 대한 공시는 분할의 경우와 동일하다(530의7③, 522의2②).

다. 株主總會의 承認決議

분할은 분할당사회사의 주주총회승인을 받아야 한다(530의3①). 단순분할(ⓐ,ⓑ)에 있어서는 분할회사(A)의 주주총회승인을 받아야 하고, 분할합병(ⓒ,ⓓ,ⓔ)의 경우에는 분할회사뿐 아니라 분할상대방회사(B)의 주주총회승인을 받아야 한다. 어느 경우에나 분할로 인하여 신설되는 회사(C 또는 C_1,C_2)의 분할승인결의는 있을 수 없다.

회사분할시 분할당사회사의 주주총회승인을 받아야 한다.

(1) 주주총회결의

분할계획서와 분할합병계약서에 대한 주주총회의 승인은 특별결의에 의하여야 한다(530의3②). 이 결의에는 의결권 없는 주식의 주주도 의결권이 있다(530의3③). 주주총회소집통지에는 분할계획서와 분할합병계약서의 요령을 기재(530의3④)하여야 함은 앞에서 언급한 바 있다. 회사가 數種의 株式을 발행한 경우에 분할 또는 분할합병으로 인하여 어느 종류의 주주에게 손해를 미치게 되는 때에는 그 종류의 주주총회결의가 있어야 한다(530의3⑤, 435).

회사분할시 특별결의에 의한다.

(2) 주주의 부담이 가중되는 경우

주주총회특별결의 또는 종류주주총회결의외에 그 주주 전원의 동의가 있어야 한다.

회사의 분할 또는 분할합병으로 인하여 각 관련 당사회사의 주주의 부담이 가중되는 경우에는 주주총회특별결의 또는 종류주주총회 결의외에 그 주주 전원의 동의가 있어야 한다. 가령 분할의 경제적 실효를 거두기 위하여 일부 주주의 추가출자를 전제로 한 분할계획을 세웠다든지, 일부주주에게 특정한 재산의 이전을 요구하는 내용을 분할계획서 또는 분할합병계약서에 포함시키는 사례가 있는데, 이러한 경우에는 주주유한책임의 원칙에 입각하여 이들 주주 전원의 동의를 얻도록 한 것이다.

(3) 주식매수청구권

분할합병시에만 주식매수청구권을 인정하고 있다.

분할합병에서는 합병의 경우와 마찬가지로 회사재산이나 영업 등에 변화가 초래되므로, 분할합병에 반대하는 주주에게 株式買受請求權을 인정하고 있다(530의11②, 522의3). 그러나 단순분할의 경우에는 분할회사의 재산과 영업이 분할되기는 하여도 주주의 권리는 신설회사에 그대로 미친다는 논리에서 주식매수청구권을 인정하지 아니한다. 그러나 분할시 주식배정비율을 기존 회사의 주식비율에 따르는 경우에는 별다른 문제가 없지만 분할계획서에서 이와 달리 정할 수 있으므로, 단순분할의 경우에도 반대주주에게 주식매수청구권을 인정하는 것이 타당하다고 본다.

(4) 간이·소규모분할의 인정여부

분할합병에는 회사의 합병에서 인정되는 簡易合倂(527의2)과 小規模合倂(527의3)에 관한 규정이 준용된다(530의11). 그러나 분할합병과 합병은 그 성질면에서 매우 유사하기 때문에 해석상 이들 규정을 준용할 수 있을 것인지 논의된다.

1) 간이분할합병　가령 흡수분할합병(ⓒ)에서 상대방회사(B)가 이미 분할회사(A) 주식을 100분의 90이상 소유한다든지, 분할회사(A)의 주주전원이 분할합병에 동의한 경우 분할회사(A)의 주주총회를 생략하고 이사회결의로 갈음할 수 있는가 하는 점이다. 분할합병이 일반적인 합병에 비해 특히 분할회사의 주주에게 불이익을 주는 것은 아니므로 준용을 인정해야 할 것이다(이철(회) 889~890).

2) 소규모분할합병　흡수분할합병(ⓒ)에서 상대방회사(B)가 분할회사(A)의 일부를 흡수한 결과 발행하는 신주가 그 회사(B)의 발행주식총수의 100분의 5를 초과하지 않는 경우에 상대방회사(B)의 주주총회승인결의를 생략할 수 있는가 하는 문제이다. 간이합병과 마찬가지 이유에서 그 준용을

인정하여야 할 것이다(反 이철(회) 889~890).

라. 債權者保護節次

(1) 단순분할의 경우

1) 원 칙 단순분할의 경우(ⓐ,ⓑ)에는 분할회사(A)의 재산 중 일부는 분할회사(A)에 남고 나머지 일부는 신설회사(C)에 이전되거나(ⓐ), 분할회사(A)의 재산이 2개 이상의 신설회사(C_1,C_2)에 전부 이전한다(ⓑ). 따라서 분할회사(A)의 채권자의 입장에서는 책임재산의 귀속주체가 달라지기는 하지만 재산자체가 감소되거나 없어지지는 아니한다. 이에 따라 단순분할의 경우에는 분할로 인하여 설립되는 회사(C 또는 C_1,C_2) 또는 존속회사(A)는 분할전의 회사채무에 대하여 연대책임을 부담하면 되고(530의 9①) 따로 채권자보호절차를 취할 필요는 없다(대판 2004.8.30, 2003다25973).

회사분할은 채권자들에게 큰 영향을 주므로 채권자보호절차를 거쳐야 된다.

2) 예 외 단순분할을 하되, 신설회사(C 또는 C_1,C_2)가 분할회사의 채무에 대하여 연대책임을 부담하지 않고, 분할회사가 출자한 재산에 관한 채무만 부담하는 것으로 제한한 경우에는(530의 9②前), 채권자보호절차를 취하여야 한다(530의9④, 527의5, 439③). 이 조항의 입법취지에 대해서는 대판 2004.8.30, 2003다25973은 "만약 이러한 연대책임의 원칙을 엄격하게 고수한다면 회사분할제도의 활용을 가로막는 요소로 작용할 수 있으므로 연대책임의 원칙에 대한 예외를 인정하여 신설회사가 분할되는 회사의 채무 중에서 출자받은 재산에 관한 채무만을 부담할 것을 분할되는 회사의 주주총회의 특별결의로써 정할 수 있게 하면서, 그 경우에는 신설회사가 분할되는 회사의 채무 중에서 그 부분의 채무만을 부담하고, 분할되는 회사는 신설회사가 부담하지 아니하는 채무만을 부담하게 하여 채무관계가 분할채무관계로 바뀌도록 규정하였다고 해석된다"고 판시하였다. 따라서 만일 이 경우 채권자보호절차를 위하지 않은 경우에는 연대책임의 원칙으로 돌아간다. 대판 2004.8.30, 2003다25973은 "분할되는 회사와 신설회사가 분할 전 회사의 채무에 대하여 연대책임을 지지 않는 경우에는 채무자의 책임재산에 변동이 생기게 되어 채권자의 이해관계에 중대한 영향을 미치므로 채권자의 보호를 위하여 분할되는 회사가 알고 있는 채권자에게 개별적으로 이를 최고하도록 규정하고 있는 것이고, 따라서 분할되는 회사와 신설회사의 채무관계가 분할채무관계로 바뀌는 것은 분할되는 회사가 자신이 알고 있는 채권자에게 개별적인 최고절차를 제대로 거쳤을 것을 요건으로 하는 것이라고 보아야 하며, 만약 그러한 개별적인 최고를 누락한 경우에는 그 채권자에 대하여 분할채

무관계의 효력이 발생할 수 없고 원칙으로 돌아가 신설회사와 분할되는 회사가 연대하여 변제할 책임을 지게 되는 것이라고 해석하는 것이 옳다"고 판시하였다(同 대판 2006.11.23, 2005두4731).

(2) 분할합병의 경우

분할합병의 경우에는 합병의 경우(ⓒ,ⓓ,ⓔ)와 마찬가지로 당사회사의 채권자가 책임재산을 공유하게 되므로 채권자로서는 큰 영향을 받게 된다. 즉 재무구조의 견실성에 있어서 서로 다른 분할회사의 일부분과 다른 회사 또는 그 일부분과 합병됨으로써, 분할합병 당사회사의 채권자들은 유리해질 수도 있고 혹은 불리해지기도 한다. 이에 따라 분할합병의 경우에는 합병과 마찬가지로 각 합병당사회사에서는 채권자보호절차를 취하여야 한다(530의11②, 527의5).

마. 承認決議後의 節次

(1) 주식의 분할 또는 병합

분할에 있어서도 합병의 경우와 마찬가지로 分割新株配定을 위하여 필요한 경우 주식의 병합 또는 분할절차를 취하여야 한다(530의11①, 329의2).

(2) 신설회사의 창립총회

분할에 의해 회사가 신설되는 경우(ⓐ,ⓑ,ⓓ,ⓔ)에는 회사설립에 관한 규정이 준용된다(530의4①). 그러나 창립총회에 관하여는 신설합병의 창립총회 규정에 따른다(530의11①, 527). 다만 절차의 간소화를 위해 창립총회를 이사회공고로 대체할 수 있으며(530의11①, 527④), 창립총회를 개최하는 경우에는 설립위원은 분할회사의 대표이사로 한다(530의11①但).

(3) 신설회사의 설립조사·보고

분할로 인하여 회사가 신설되는 경우(ⓐ,ⓑ,ⓓ,ⓔ)에는 분할회사의 일부를 현물로 출자하여 회사를 설립하는 것과 같다. 이에 따라 現物出資의 경우에 준하여 법원이 선임한 검사인에 의한 검사를 받도록 하고 있다(530의4①, 299). 그러나 검사인의 조사와 보고절차는 감정인의 감정으로 대체할 수 있다(530의4①, 299의2). 그리고 절차의 간소화를 위하여 분할회사의 주주에게 종전의 주식보유비율에 따라 신설회사의 주식을 배정하는 경우에는 조사보고절차가 생략된다(530의4②後).

(4) 상대방회사의 보고총회

吸收分割合併(ⓒ)에서 분할합병의 상대방회사(B)는 흡수합병에서 존속회사와 유사하므로, 분할합병 후 보고총회는 흡수합병의 보고총회에 따른다(530의11①, 526). 절차의 간소화를 위해 이사회공고로 갈음할 수 있는 것도 마찬가지이다.

바. 分割登記

(1) 등기절차

회사분할은 등기시에 효력이 발생한다.

단순분할의 경우(ⓐ,ⓑ)에는 신설회사의 창립총회가 종결한 날, 분할합병의 경우(ⓒ,ⓓ,ⓔ)에는 합병보고총회 또는 창립총회가 종료한 날로부터 본점소재지에서는 2주, 지점소재지에서는 3주내에 분할에 관련된 등기를 하여야 한다. 즉 분할 후 존속회사에서는 변경등기, 분할로 소멸하는 회사에서는 해산등기, 신설회사에서는 설립등기를 하여야 한다(530의11①, 528①, 317). 분할 후 존속하는 회사 또는 신설회사가 분할 또는 분할합병으로 인하여 전환사채 또는 신주인수권부사채를 승계한 때에는 사채의 등기를 하여야 한다(530의11①, 528②).

(2) 등기의 효력발생

존속회사의 변경등기, 신설회사의 설립등기 또는 합병등기에 의해 분할 또는 분할합병의 효력이 발생한다(530의11①, 234).

4. 分割의 效果

[사례 Ⅶ-1-2: 회사분할과 책임]

D_2중공업은 회사 내 기계사업부문이 사용할 사무실 용도로 D_1회사로부터 D센터빌딩의 의 일정부분을 임차하였는데, 임대보증금 8억 3천만원, 임대료 월 9천만원, 관리비 월 4천만원으로 정하였다. 한편 D_2중공업의 회사분할에 의하여, D_2중공업은 존속한 채 그 기계부문 영업을 분리하여 Y회사를, 조선부문 영업을 분리하여 D_3조선공업주식회사를 각각 설립하였는데, D_2는 D_1에게 가지고 있던 임대보증금반환채권을 신설된 Y회사에 출자하였다. D_2회사의 주주총회특별결의를 받은 분할계획서는 분할기준일을 1999.8.31.로 하고 "신설회사들은 본 분할계획서에 별도로 정하지 않은 한 분할회사의 채무 중에서 출자한 재산에 관한 채무만을 부담한다"라고 규정하였다. 한편 D_1의 회사분할에 의하여, D_1은 존속한 채 그 건설부문 영업을 분리하여 X를, 무역부문 영업을 분리하여 주식회사 D_4인터내셔널을 설립하였다. D_1, X, Y 사이에 X가 기존임대차계약상의 D_1의 모

든 권리·의무를 포괄승계한다는 내용으로 임대차변경계약서(200.12.27)를 작성하였다. 그런데 D_2중공업은 임대차계약상의 임료, 관리비 등을 지급하지 않았고, Y 또한 회사분할 이후 임료, 관리비 등을 지급하지 않았다. X는 Y에게 회사분할 이전과 이후의 연체 임료 등의 지급을 구하였으나, Y는 분할 전인 2000년 9월까지의 임료는 D_2중공업의 채무이므로 Y가 이를 지급할 의무가 없다고 통지하였다. X와 Y 및 D_4사이에 D_2와 D_1의 회사 분할 이전에 발생한 채권·채무에 관하여, 회사분할로 신설된 X, Y, D_4의 채권·채무 관계를 명확히 하기 위하여 합의서를 작성하였는데, 위 합의서에는 "D2와 D1 간의 워크아웃(workout) 이전 거래에서 기인한 채권·채무 중 신설 분할회사인 X, Y, D_4간의 채권·채무는 위에서 정한 채권·채무가 전부임을 확인하며, 그 이외의 어떠한 D그룹 워크아웃 이전 거래에서 기인한 채권·채무도 신설 분할회사들에게는 영향을 미치지 않음을 확인한다"라는 조항이 포함되어 있다. Y는 회사분할 전인 2000년 9월까지의 D_2의 연체임료에 대해 X에게 지급책임이 있는가? (대판 2004.7.9, 2004다17191 참조)

가. 當事會社의 解散·變更·設立

(1) 분할회사의 해산 또는 변경

회사의 분할로 인하여 기존회사는 해산 또는 변경되고, 신회사가 설립 또는 변경된다.

완전분할(ⓑ)의 경우에는 분할회사(A)는 해산되고(517.1의2), 청산절차 없이 소멸한다. 그 소멸시기는 분할로 인한 新會社의 설립등기 또는 합병등기시이다(530의11 ①, 234). 불완전분할(ⓐ)의 경우에는 분할회사(A)는 분할된 부분만큼 떨어져 나가서 재산과 사업이 축소된 형태로 변경된다.

(2) 신회사의 설립 또는 변경

단순분할(ⓐ,ⓑ) 또는 신설분할합병(ⓓ,ⓔ)으로 인하여 신회사(C)가 설립되고, 흡수분할합병(ⓒ)의 경우에는 상대방회사(B)는 흡수한 부분만큼 재산과 사업이 증가된 형태로 변경된다.

나. 權利義務의 包括承繼

회사의 분할로 인하여 권리의무가 포괄승계된다는 점에서 영업양도와 구별된다.

분할 또는 분할합병으로 인하여 설립되는 회사 또는 존속하는 회사는 분할하는 회사의 권리와 의무를 분할계획서 또는 분할합병계약서가 정하는 바에 따라 승계한다(530의10). 이는 분할의 효과로서 권리의무의 포괄승계가 일어남을 주의적으로 규정한 것이다.

(1) 재산의 이전

합병의 경우와 마찬가지로 재산이 포괄적으로 승계되므로 각 재산별로 개별적인 이전절차를 취할 필요가 없다. 분할 또는 분할합병으로 설립되는 회사(C) 또는 상대방회사(B)가 영업권을 취득하는 경우에는 그 취득가액을 대차대조표의 資產의 部에 計上할 수 있다. 이 경우에는 설립등기 또는 분할합병등기를 한 후 5년내에 매결산기에 균등액 이상을 償却하여야 한다. 즉, 영업권을 移延資產으로 인정한 것이다.

회사분할시 재산이 포괄적으로 승계되므로 각 재산별로 개별적인 이전절차를 취할 필요는 없다.

(2) 채무의 승계

앞에서 설명한 대로 분할회사의 분할전 채무에 대하여 존속회사, 신설회사 또는 분할합병의 상대방회사는 연대책임을 부담하는 것이 원칙이다(530의9①). 그러나 채권자보호절차를 취하는 것을 전제로 하여 연대책임을 배제할 수 있는 경우가 있는데, 다음의 두 가지 경우가 그것이다. 다만 회사의 분할 또는 분할합병에 있어서 신설회사 또는 분할합병의 상대방 회사가 분할 전의 회사의 채무 중에서 출자받은 재산에 관한 채무만을 부담하기로 정한 것이 아니라, 아예 분할 전의 회사의 모든 채무를 승계하지 않기로 정한 경우, 연대책임원칙의 예외는 허용되지 않는다고 보아야 하고, 따라서 채권자보호절차를 취하였는지 여부를 불문하고 상법 제530조의9 제1항에 의하여 분할 전의 회사의 채무에 대하여 연대변제책임을 진다(대구고판 2006.4.14, 2005나1484).

존속회사, 신설회사 또는 분할합병의 상대방회사는 분할회사의 전 채무에 대하여 연대책임을 부담하는 것이 원칙이다. 그러나 단순분할, 분할합병의 경우 예외가 인정되는 때도 있다.

1) 단순분할(ⓐ, ⓑ)의 경우 신설회사(C 또는 C_1, C_2)가 분할회사의 채무에 대하여 연대책임을 부담하지 않고, 분할회사(A)가 출자한 재산에 관한 채무만 부담하는 것으로 제한한 경우이다(530의9②). 다만 앞에서 본대로 채권자이의 제출권(527의5, 439③)이 인정되며(530의9④), 분할전 회사가 알고 있는 채권자에게 개별적인 최고절차를 거치지 않은 경우에는 예외적으로 연대책임을 진다(대판 2004.8.30, 2003다25973; 2006.11.23, 2005두4731).

2) 분할합병(ⓒ)의 경우 분할합병에 따른 출자를 받는 존립중의 회사(B)가 분할되는 회사(A)의 채무 중 출자한 재산에 관한 채무만을 부담할 것을 정한 경우이다(530의9③).

3) 연대책임배제의 범위와 기준 본조에 의해 연대책임이 배제되는 채무는 분할회사가 출자한 재산에 관한 채무이외의 것에 한정되며 그 기준 시점은 분할계획서상의 분할 기준일이다. [사례Ⅶ-1-2]에서 보면 D_2는 신설된 Y회사에 임대보증금반환채권(9억3천만원)을 출자하였는데, D_2의 연체임료채무가 여기에서 말하는 '분할회사가 출자한 재산에 관한 채무'에 해당하

는가 하는 점과 그 기준시점은 언제인가 하는 점이 문제된다. 이에 대해 대판 2004.7.9, 2004다17191는 "분할계획서상 분할기준일 이전의 분할 전의 회사채무에 관하여 신설회사의 연대책임 원칙을 배제하는 규정을 두고 있음에도, 분할기준일 후의 분할 전의 회사채무에 대하여 분할계획서에 특별한 규정을 두고 있지 아니하는 경우, 회사분할에 있어서 신설회사는 원칙적으로 분할 전의 회사채무에 관하여 연대하여 변제할 책임이 있고(상법 제530조의9①), 회사가 상법 제530조의3 제2항의 규정에 의한 특별결의로 분할에 의하여 회사를 설립하면서, 신설회사가 분할되는 회사의 채무 중에서 출자한 재산에 관한 채무만을 부담할 것을 정함으로써 출자한 재산에 관한 채무 외의 채무에 대하여는 부담하지 아니할 것을 정할 수 있으나(상법 제530조의9②), 출자한 재산에 관한 채무에 관하여는 위 규정에 의하더라도 신설회사가 그 책임을 면할 수 없는 것이 원칙이므로, 특별한 사정이 없는 한 신설회사에 출자한 재산에 관한 채무는 그것이 분할기준일 후부터 분할 전까지 발생한 것이라도 신설회사에게 승계되는 것으로 보아야 할 것인바, 이 사건 연체 임료 채무는 대우중공업(D_2)이 신설회사인 피고(Y)에게 출자한 임대보증금반환채권과 동일한 임대차계약에 기하여 발생한 것이므로, 출자한 재산에 관한 채무라고 할 수 있어 피고가 이를 승계한 것으로 볼 수 있다"고 판시하여 이를 명확히 하고 있다.

(3) 분할차익의 적립

분할 또는 분할합병으로 인하여 설립된 회사(C) 또는 존속하는 회사(B)에 출자된 재산의 가액이 출자한 회사(A)로부터 승계한 채무액, 출자한 회사(A)의 주주에게 지급한 금액과 설립된 회사(C)의 자본액 또는 존속회사(B)의 자본증가액을 초과한 때에는 그 초과금은 자본준비금을 적립하여야 한다(459①3의2).

(4) 주주자격의 취득

분할신주를 배정받을 주주는 물적분할의 경우에는 분할회사 그 자체이며, 인적분할의 경우에는 분할회사의 주주이다. 이들의 주주자격의 취득시기는 분할합병의 효력발생시기이다.

5. 分割의 無效

(1) 소와 판결

分割無效의 訴에 대하여는 合倂無效의 訴에 관한 규정이 준용된다(530의 11①). 따라서 무효의 원인, 제소권자, 피고, 소의 절차, 무효판결의 효력 등에 관하여 합병의 경우에 준하여 생각하면 된다. 다만 분할무효는 모든 이해관계인에게 획일적으로 확정되어야 하므로 그 피고는 신설, 변경, 존속회사 등 모든 당사회사를 공동피고로 하여야 한다.

분할무효판결은 대세적효력과 불소급효를 가진다.

(2) 판결의 후속조치

판결후의 조치에 관하여는 단순분할의 경우에는 회사설립무효의 경우에 준하여 처리하면 되고, 분할합병의 경우에는 합병무효에 따라 처리하면 된다.

분할무효판결이 확정된 때에 존속회사는 변경등기, 신설회사는 해산등기, 소멸회사는 회복등기를 해야 한다.

제 4 完全母子會社(持株會社): 株式의 包括的 交換·移轉

1. 持株會社(完全母子會社)와 企業構造改編

가. 持株會社(完全母子會社) 概觀

(1) 지주회사(완전모자회사)의 뜻

持株會社(stock holding company)는 주식의 소유를 통해 다른 회사의 사업내용을 지배하는 것을 주된 사업내용으로 하는 회사를 말한다(公去 8①). 지주회사에는 자회사의 경영이나 관리 이외의 다른 사업을 하지 않는 순수지주회사와 다른 사업도 함께 영위하는 사업지주회사가 있는데 공정거래법은 순수지주회사만을 규율 대상으로 한다. 상법에서는 지주회사를 完全母會社라고 하며 지주회사의 지배를 받는 사업회사를 完全子會社라고 하는데, 완전모회사는 완전자회사의 발행주식의 총수를 소유하는 회사이다(360의 2①).

주식소유로 다른 회사의 지배를 사업으로 하는 회사이다.

(2) 지주회사(완전모자회사)의 기능

1) 사업과 경영의 분리　지주회사의 가장 중요한 기능은 사업과 경영의 분리이다. 일반적으로 사업회사들은 일상적인 사업활동에 급급하여 장기적인 시장환경의 변화와 수요예측 및 기술변화에 따르는 계획과 전략을 수립하기 어렵다. 그러므로 일상적인 사업활동에서 떠난 지주회사에 의한 통합관리가 유용하며 그 전형적인 경우로는 하나의 기술만 믿고 창업하는 벤처산업을 들 수 있다.

2) 구조조정수단　지주회사의 기능은 기업구조조정의 수단이 된다는 데 있다. 지주회사에는 분사형과 합병형이 있는데 분사형은 기존회사가 영위하던 여러 사업부문을 분사하여 독립시키고 기존회사는 지주회사로서 전체를 통합·관리하는 형태이며, 합병형은 지주회사를 설립하여 여러 회사를 합병하는 효과를 거두는 대체수단으로 이용된다. 즉 중복 과잉투자에 따르는 비효율을 제거하기 위해서는 유사한 기업간에 합병이 필요하지만, 합병의 경우에는 채권채무관계의 확정이라든가 고용승계 등의 문제때문에 노조나 채권금융기관 등의 반대로 순조롭지 못함에 따라 합병의 중간단계나 또는 그 대체수단으로서 지주회사제도가 이용되는 것이다. 금융지주회사법에 의한 금융지주회사가 그 대표적인 사례이다.

3) 경제력집중의 수단　지주회사는 적은 자본을 가지고 많은 회사를 지배할 수 있어 경제력집중의 수단이 된다는 역기능이 있다. 실제로 20세기초 미국의 대기업들이 산업지배를 위해 지주회사제도를 활용한 바 있으며 2차대전 전의 독일과 일본의 재벌들도 지주회사를 정점으로 하여 거대한 기업군을 거느린 바 있다.

기업간에 지배종속관계가 성립되어 소수주주나 채권자 등의 권리를 침해할 소지가 있다.

4) 지배구조의 왜곡　지주회사는 기업지배구조를 왜곡하는 장치로 이용될 수 있다. 회사법은 하나의 독립된 기업을 대상으로 하는데 지주회사의 개입으로 기업간에 지배종속관계가 성립되면 지배주주가 소수주주나 채권자 등의 권리를 침해할 소지가 다분히 생기게 된다. 가령 지주회사와 사업회사간의 내부거래라든가 이전가격조작, 재무구조의 왜곡 등 여러 가능성이 발생하게 된다(유진희, "지주회사 규제의 정책방향", 「상사법연구」(2006), 410).

(3) 지주회사(완전모자회사)에 대한 규제

1) 공정거래법　지주회사는 재벌형성의 유력한 수단이 될 수 있으므로 경제력집중의 억제를 위해 종래 공정거래법은 지주회사의 설립을 전면적으로 금지한 바 있다. 그러나 1997년말 IMF사태의 도래로 기업지배구조

조정의 필요성이 커짐에 따라 지주회사설립이 검토되기 시작하였다. 외환위기 극복을 위해서는 외자유치가 절실할 뿐 아니라 기업의 핵심역량을 집중하기 위해서는 비주력사업을 분리매각하거나 중복·과잉투자사업체를 통합하는데 지주회사제도가 유력한 수단이 된다. 그리하여 1999년 4월 공정거래법 개정으로 지주회사를 제한적으로 허용하였으며 2000년 법개정으로 그 허용의 폭을 대폭적으로 확대하였다.

2) 상 법　상법은 1998년 회사분할제도를 도입함으로써 분사형 지주회사를 위한 제도적 기초를 마련하였으며, 2001년 개정상법은 株式의 包括的 交換·移轉制度를 도입함으로써 합병형 지주회사에 관한 법적 뒷받침을 하게 되었다.

나. 持株會社(完全母子會社)의 設立方式

(1) 설립방식

지주회사는 크게 기존회사를 지주회사로 전환하는 방식과 지주회사를 신설하여 기존회사를 지주회사의 자회사로 하는 방식으로 나뉘어진다. 지주회사 전환에는 i) 기존회사가 발기인으로서 사업부문을 현물출자하여 자회사를 설립하거나, 재산인수방식에 의하거나, 사후설립에 의하는 방법 ii) 장차 지주회사가 될 기존회사가 다른 사업회사의 주주로부터 주식전부를 매수하는 방법, iii) 지주회사에 의한 제3자 배정증자방식, iv) 회사분할방식이 있다.

지주회사 신설에는 i) 지주회사가 될 회사를 설립하고 기존 사업회사의 주주가 소유하는 주식을 그 회사가 매수하는 방식, ii) 제3자 배정증자방식, iii) 물적분할방식이 있다.

(2) 기존방식의 문제점

지주회사전환이나 신설을 위한 여러 방식 중 변태설립(현물출자·재산인수·사후설립)의 경우에는 검사절차의 부담이 있으며 영업양도가 수반되므로 그에 따른 절차를 밟아야 한다. 또 주식매수방식이나 제3자 배정증자방식은 모든 주주로부터 주식을 매수해야 성공할 수 있으며 거액의 자금이 소요된다는 문제점이 있다. 물적분할방식은 회사가 분할로 인해 소규모화되며 법인격이 달라짐으로 인해 인허가를 새로 취득해야 하는 문제점이 있다(손주찬, "회사법개정안의 문제점의 검토", 19).

(3) 주식의 포괄적 교환·이전 방식의 채택

기존의 상법상으로도 지주회사설립에는 위에서 본 여러 방법이 가능하　회사간에 주식지만 그에 따른 문제점이 있으므로 2001년 개정상법은 株式의 包括的 交換·移轉에 의한 완전모회사(지주회사)의 전환과 설립에 관한 제도를 마련하였다. 株式의 包括的 交換·移轉은 회사간에 주식 전부를 받거나 주는 방식으로 완전한 모회사 또는 자회사가 될 수 있도록 한 제도이다. 포괄적 주식교환은 회사가 신주를 발행하여 다른 회사의 주주가 가진 주식 전부와 교환하도록 함으로써 그 다른 회사의 모회사가 되는 방식임에 비해(지주회사 전환방식), 포괄적 이전은 회사가 별도의 완전모회사를 설립하여 주주가 가진 그 회사의 주식 전부를 새로 설립하는 완전모회사에 이전함으로써 완전자회사가 되는 것이다(지주회사 설립방식). 이는 기존의 영업양도나 합병 등이 가지는 절차상·비용상의 한계를 극복하면서 기본적으로 기업의 물적조직은 그대로 둔 채 인적조직만 간편하게 이전시키기 위한 것이다.

株式의 包括的 交換·移轉의 의의와 성질에 대해서는 앞에서 설명한 바 있으므로 여기에서는 절차상의 문제에 대해서 살펴 보기로 한다.

2. 株式의 包括的 交換·移轉節次

주식교환·이전제도가 합병이나 분할과 같은 회사의 구조개편에 관한 조직법상의 행위라는 점에서 그 절차는 이들과 유사한 점이 많다. 즉 주식교환계약서·주식이전계획서의 작성, 주주총회의 승인, 사전공시, 주권의 실효절차, 사후공시의 순으로 진행된다. 또한 간이·소규모주식교환제도가 인정되는 것도 마찬가지이다. 주식교환과 주식이전제도는 절차상 약간의 차이가 있기는 하나 대체로 유사하기 때문에 이를 한데 묶어 설명하기로 한다.

가. 株式交換契約書·株式移轉計劃書의 作成

(1) 주식교환계약서

주주총회의 특별결의에 의한 승인을 얻어야 한다.

주식교환은 양당사회사의 주주에게 중대한 영향을 미치게 되므로 주식교환을 하고자 하는 회사는 주식교환계약서를 작성하여 주주총회의 특별결의에 의한 승인을 얻어야 한다(360의3①②). 그 기재사항은 다음과 같다(360의3③). ① 완전모회사가 되는 회사가 주식교환으로 인하여 정관을 변경하는 경우에는 그 규정; 완전모회사는 주식교환으로 인해 회사의 목적, 수권주식수 등에 관한 정관변경이 필요하다. 그러나 완전자회사는 주식교환을 하더라도 보통 정관의 기재사항에 변경이 생기는 것은 아니므로 기재사항에 포함되지 아니한다. ② 완전모회사가 되는 회사가 주식교환을 위하여 발행하는 신주의 총수·종류와 종류별 주식의 수 및 완전자회사가 되는 회사의 주주에 대한 신주의 배정에 관한 사항; 완전모회사는 자회사의 주주가 가지는 주식과 교환으로 신주를 발행해서 배정해야 하므로 이에 관한 사항이 주식교환계약서의 가장 중요한 사항이 된다. 특히 교환비율을 어떻게 정할 것인가 하는 점이 핵심이다. 만일 각 회사가 전환사채를 발행하고 있는 경우에는 미리 그 증가주식 수를 예측하여 한도액을 적정하게 조정해야 한다. 완전모회사는 주식교환에 있어 신주발행에 갈음하여 그 회사가 소유하는 자기주식으로 완전자회사의 주주에게 이전할 수 있다(360의6). ③ 완전모회사가 되는 회사이 증가할 자본의 액과 자본준비금에 관한 사항; 완전모회사의 자본은 주식교환일에 완전자회사에 현존하는 순자산액을 한도로 증가한다(360의7①). 자본증가의 한도액 중 자본에 전입한 액은 자본준비금으로 적립해야 한다(459①.1의2). ④ 완전자회사가 되는 회사의 주주에게 지급할 금액을 정한 때에는 그 규정; 이른바 주식교환교부금에 관한 사항으로서 교환비율을 단순하게 정하는 대신 그 차액을 현금으로 지급하기 위함이다. 합병교부금 또는 분할교부금에 대응하는 것이다. ⑤ 각 회사가 제1항의 결의를 할 주주총회의 기일. ⑥ 주식교환을 할 날; 이른바 주식교환기일을 의미하는데 주식교환에 대해서는 신주발행절차가 준용되지 않으므로 신주의 납입기일도 존재하지 않는다. 이에 따라 주식교환계약서에 일정한 날짜를 기재하여 그 효력발생일로 한 것이다. ⑦ 각 회사가 주식교환을 할 날까지 이익을 배당하거나 제462조의3의 규정에 의하여 금전으로 이익배당을 할 때에는 그 한도액; 주식교환계약일부터 교환기일 사이에 이익배당·중간배당이 행해지면 금액이 회사밖으로 유출되기 때문에 자본충실의 원칙상 그 한도액을 기재하도록 하였다. ⑧ 제360조의6의 규정에 의하여 회사가 자기의 주식을 이전하는 경우에는 이전할 주식의 총수·종류 및 종류별 주식의 수. ⑨ 완전모회사가 되는 회사에 취임할 이사와 감사 또는 감사위원회의 위원을 정한 때에는 그 성명 및 주민등록번호.

(2) 주식이전계획서

주주총회 특별결의를 요한다.

주식의 포괄적 이전도 회사의 주주에게 미치는 영향이 크므로 이전계획서를 작성하여 주주총회의 특별결의를 거쳐야 한다(360의16①②). 주식의 포괄적 이전의 경우에는 자회사만 존재하므로 이전계약서라는 것이 있을 수 없고 단지 자회사에 의한 이전계획서를 작성하면 된다. 그 기재사항은 다음과 같다. ① 설립하는 완전모회사의 정관의 규정 ② 설립하는 완전모회사가 주식이전에 있어서 발행하는 주식의 종류와 수 및 완전자회사가 되는 회사의 주주에 대한 주식의 배정에 관한 사항; 완전모회사는 완전자회사의 주주로부터 자회사의 주식을 전부 이전받는 대신에 완전모회사의 주식을 자회사주주에게 배정교부해야 하므로 주식이전계획서의 가장 중심이 되는 부분이다. 특히 주식이전비율을 정하는 것이 가장 핵심이다. ③ 설립하는 완전모회사의 자본의 액 및 자본준비금에 관한 사항; 완전모회사의 자본은 주식교환일에 완전자회사에 현존하는 순자산액에서 그 회사의 주주에게 지급할 금액을 공제한 액을 초과하지 못한다(360의18). 자본증가의 한도액 중 자본에 전입한 액은 자본준비금으로 적립해야 한다(459①·1의3). ④ 완전자회사가 되는 회사의 주주에 대하여 지급할 금액을 정한 때에는 그 규정; 주식이전교부금에 관한 사항이다. ⑤ 주식이전을 할 시기; 완전자회사의 주주들이 소유하는 주식을 모회사에 이전해야 할 기일을 말한다. 그러나 주식이전의 효력은 설립된 완전모회사가 주식이전등기를 한 때에 발생한다(360의20, 360의21)는 점에서 주식교환기일에 주식교환의 효력이 발생하는 것과 다른 점이다. ⑥ 완전자회사가 되는 회사가 주식이전의 날까지 이익을 배당하거나 제462조의3의 규정에 의하여 금전으로 이익배당을 할 때에는 그 한도액 ⑦ 설립하는 완전모회사의 이사와 감사 또는 감사위원회의 위원의 성명 및 주민등록번호 ⑧ 회사가 공동으로 주식이전에 의하여 완전모회사를 설립하는 때에는 그 뜻

나. 株式交換·移轉의 承認

(1) 소집통지·공고

주주총회의 소집통지·공고에 i) 주식교환계약서·주식이전계획서의 주요내용, ii) 주식매수청구권의 내용 및 행사방법, iii) 일방회사의 정관에 주식의 양도에 관하여 이사회의 승인을 요한다는 뜻의 규정이 있고 다른 회사의 정관에 그 규정이 없는 경우 그 뜻을 기재해야 한다(360의3④, 360의16③). 이는 주주에 대해 주식교환·이전에 대해 명확히 하고 주주가 주주총회에서의 의결권행사 등을 위해 관계서류의 열람 등을 하는 것을 가능하게 하기 위함이다.

주식양도에 관한 사항을 통지에 기재하도록 한 것은 주식교환·이전의 결과 완전자회사의 주주는 주식양도에 관하여 제한을 받게 되므로 그 주주의 이익을 보호하기 위해 정관변경의 경우에 필요한 주주총회 특별결의를 거치도록 한 것이다.

(2) 결의요건 및 종류주주총회

주식교환계약서 · 주식이전계획서의 승인결의는 특별결의에 의한다(360의 3②, 360의 16②). 주식교환 · 이전은 관련회사의 주주들에게 중대한 영향을 미치므로 이를 특별결의에 의하도록 한 것이다. 즉 완전자회사의 주주는 완전모회사의 주주가 되어 그 지위에 중대한 변경이 생기고 완전모회사의 주주에게도 완전모자회사관계를 신설한다는 회사의 기본적 변경이 생기므로 주주에게 미치는 영향이 크다고 하겠다(나승성, "상법개정안상의 주식교환제도 검토", 「고시연구」(2000.1), 79~80).

주주들에게 중대한 사항이므로 특별결의에 의한다.

회사가 수종의 주식을 발행한 경우에 주식교환 · 이전으로 인해 특정종류의 주주에게 손해를 줄 때에는 총회결의외에 그 종류의 주주총회의 결의를 요한다(436).

(3) 주식매수청구권

주식교환계약서 · 주식이전계획서의 승인사항에 관하여 이사회의 결의가 있는 때에 그 결의에 반대하는 주주는 주주총회 전에 회사에 대하여 서면으로 그 결의에 반대하는 의사를 통지한 경우에는 그 총회의 결의일부터 20일 이내에 주식의 종류와 수를 기재한 서면으로 회사에 대하여 자기가 소유하고 있는 주식의 매수를 청구할 수 있다(360의5①, 360의22). 주식교환 · 이전시 완전자회사 또는 완전모회사의 주주는 주식교환 · 이전의 조건, 특히 주식교환 · 이전 비율에 불만을 가질 수 있고 이러한 주주를 보호하기 위해 주식매수청구권을 인정하여 회사로부터 탈퇴할 수 있도록 하였다. 간이주식교환의 경우에도 주식매수청구권이 인정되지만(360의 5②), 소규모주식교환의 경우에는 인정되지 아니한다(360의 10⑦). 주식매수청구의 구체적인 절차는 영업양도의 경우와 같다(360의 5③).

다. 事前公示

(1) 서류 등의 비치

이사는 주주총회의 회일의 2주전부터 주식교환 · 이전의 날 이후 6월이 경과하는 날까지 i) 주식교환계약서 · 주식이전계획서, ii) 완전자회사가 되는 회사의 주주에 대한 주식의 배정에 관하여 그 이유를 기재한 서면, iii) 주주총회의 회일 전 6월 이내에 작성한 주식교환을 하는 각 회사(주식이전의 경우에는 완전자회사가 되는 회사)의 최종 대차대조표 및 손익계산서를 본점에 비치하여야 한다(360의4①, 360의17①).

주식교환계약서 · 주식이전계획서가 주식교환 · 이전에 관한 주요내용을 담고 있으므로 그 내용을 알고자 하는 주주에게 그 자체를 공시하도록 한 것이다. 특히 완전자회사 주주에 대한 주식배정에 관한 사항을 따로 공시사항으로 명시한 것은 주식교환·이전비율이 주식교환·이전의 가장 핵심적인 사항이므로 그 적절성 여부를 판단할 수 있도록 하기 위함이다.

(2) 열람 및 등사

주주는 영업시간내에는 언제든지 주식교환계약서·주식이전계획서 등 비치하여 놓은 서류의 열람요구 및 등사를 청구할 수 있다(360의4②, 360의17②, 391의3③). 주식교환·이전의 적정성의 판단과 주식매수청구권 행사 및 주식교환·이전무효의 소를 제기할 경우 그 자료를 확보할 수 있도록 하기 위함이다.

라. 株券의 失效節次

(1) 주권의 제출과 실효

주식교환·이전에 의해 완전자회사가 되는 회사는 주주총회승인결의를 하였을 때에는 그 승인을 한 뜻, 주식교환일의 전날까지 주권을 회사에 제출하여야 한다는 뜻(주식이전의 경우에는 1월을 초과하여 정한기간내에 주권을 회사에 제출하여야 한다는 뜻), 주식교환·이전일에 주권이 무효가 된다는 뜻을 주식교환일 1월 전(주식이전의 경우에는 제한이 없음)에 공고하고 주주명부에 기재된 주주와 질권자에 대하여 따로 따로 그 통지를 하여야 한다(360의8①, 360의19①).

완전모회사의 주주를 확정하기 위해 구주권의 제출이 필요하다.

구주권의 제출은 주식교환·이전에 의해 발행될 완전모회사의 주주를 확정하기 위해 필요하다. 주권을 제출받은 완전자회사는 주주명부를 작성하여 이를 기초로 완전모회사의 주권을 교부하게 된다. 그러나 주권의 제출여부에 불문하고 완전자회사의 주권은 모두 무효로 되는데, 제출되지 않은 주권은 완전모회사가 발행하는 신주권의 교부청구권을 표창하는 유가증권으로는 계속 효력을 갖는다고 하겠다(나승성, "상법개정안상의 주식교환제도 검토", 83).

(2) 주권을 제출할 수 없는 경우

구주권 또는 구단주권을 제출할 수 없는 자가 있는 때에는 회사는 그 자의 청구에 의해 이해관계인에 대해 이의가 있으면 3월 이상의 기간을 정하여 이의를 할 것을 공고하고 그 기간경과 후에 신주권 또는 신단주권을 교부할 수 있다(360의8②, 360의19②, 442, 444).

(3) 단주의 처리 등

주식교환 · 이전에 있어서 신주배당에 관한 준비행위로서 주식을 병합하는 경우에 단주가 생길 가능성이 있다. 그리하여 주식병합시 단주처리에 관한 규정을 주식교환 · 이전에 준용한다(360의11①, 360의22, 443).

마. 事後公示 및 登記

(1) 주식교환계약서 · 주식이전계획서 등의 사후공시

이사는 i) 주식교환 · 이전일, ii) 주식교환 · 이전일에 완전자회사가 되는 회사에 현존하는 순자산액, iii) 주식교환 · 이전으로 인하여 완전모회사에 이전한 완전자회사의 주식의 수, iv) 그밖의 주식교환 · 이전에 관한 사항을 기재한 서면을 주식교환 · 이전의 날부터 6월간 본점에 비치하여야 한다(360의12①, 360의22). 주주는 영업시간내에는 언제든지 이 서면의 열람을 요구하거나 또는 등사를 청구할 수 있다(360의12②, 360의22, 391의3③).

이러한 사후공시는 주식교환 · 이전절차가 적정히 행해진 것을 간접적으로 담보함과 동시에 주주가 주식교환무효의 소를 제기하기 위한 판단자료를 확보하기 위함이다. 특히 주식교환 · 이전일을 기재사항으로 한 것은 주식교환 · 이전무효의 소의 기산일이 되기 때문이다.

(2) 주식이전의 등기

주식이전을 한 때에는 설립한 완전모회사의 본점의 소재지에서는 2주내에, 지점의 소재지에서는 3주내에 설립등기사항(317②)을 등기하여야 한다(360의20). 주식이전은 이로 인하여 설립한 완전모회사가 그 본점소재지에서 주식이전등기를 함으로써 그 효력이 발생한다(360의21). 주식교환의 경우에는 따로 등기하는 절차가 없다.

3. 簡易 · 小規模 株式交換

이사회 승인으로 주주총회 승인을 갈음한다.

주식교환 이전에 이미 쌍방당사회사간에 완전모자회사와 유사한 관계가 구축되어 있거나 완전자회사의 규모가 작아 완전모회사의 주주에게 주는 영향이 미미한 경우에는 주주총회 승인을 이사회 승인으로 갈음하는 간이 · 소규모 주식교환절차를 마련하였다. 이는 합병에 있어서 간이합병 · 소규모합병제도와 그 취지를 같이 하는 것으로서 간이주식교환에 있어서는 완전자회사의 주주총회가 생략되고, 소규모주식교환에 있어서는 완전모회사의 주주총회가 생략된다.

가. 簡易株式交換

(1) 적용범위

총주주의 동의 혹은 총주식의 90% 이상을 회사가 소유할 때 주주총회승인 대신 이사회 승인으로 갈음한다.

완전자회사가 되는 회사의 i) 총주주의 동의가 있거나, ii) 그 회사의 발행주식총수의 100분의 90 이상을 완전모회사가 되는 회사가 소유하고 있는 때에는 완전자회사가 되는 회사의 주주총회의 승인은 이를 이사회의 승인으로 갈음할 수 있다(360의 9①). 이 경우에는 주식교환당사회사간에 이미 경제적으로는 완전모자회사관계에 있는 데다 주식교환으로 인하여 완전자회사의 주주에게 미치는 영향이 크지 않기 때문에 번잡한 주주총회승인결의를 생략할 수 있도록 한 것이다. 그러나 총회결의 생략은 완전자회사에 대해서만 인정되고 완전모회사에 대해서는 적용되지 않음을 유의해야 한다.

(2) 공고·통지

주주에게 공고, 통지하여야 하지만, 총주주의 동의가 있는 때에는 그러하지 않다.

간이주식교환의 경우에 완전자회사가 되는 회사는 주식교환계약서를 작성한 날부터 2주내에 주주총회의 승인을 얻지 아니하고 주식교환을 한다는 뜻을 공고하거나 주주에게 통지하여야 한다. 다만, 총주주의 동의가 있는 때에는 그러하지 아니하다(360의 9②). 간이주식교환의 경우에도 반대주주는 주식매수청구권을 가지는데 주주총회의 승인결의가 없기 때문에 주주에게 주식매수청구의 기회를 부여하기 위해 주식교환 취지의 통지와 공고가 요구되는 것이다. 공고 또는 통지를 한날부터 2주내에 회사에 대하여 서면으로 주식교환에 반대하는 의사를 통지한 주주는 그 기간이 경과한 날부터 20일 이내에 주식의 종류와 수를 기재한 서면으로 회사에 대하여 자기가 소유하고 있는 주식의 매수를 청구할 수 있다(360의 5②).

나. 小規模株式交換

(1) 적용범위

주주의 지위에 큰 변화가 없으므로 이사회의 승인으로 갈음할 수 있다.

완전모회사가 되는 회사가 주식교환을 위하여 발행하는 신주의 총수가 그 회사의 발행주식 총수의 100분의 5를 초과하지 아니하는 경우에는 그 회사에서의 제360조의3 제1항의 규정에 의한 주주총회의 승인은 이를 이사회의 승인으로 갈음할 수 있다(360의 9①). 대규모회사가 소규모회사와 주식교환에 의해 완전모자회사로 되는 것은 완전모회사의 입장에서는 대부분 자회사의 사업분야를 약간 확장하는 정도의 일상적인 경영활동에 지나지 아니하며 주주의 지위에 그다지 큰 변화를 주지 아니한다. 그런데 이러한 소규모주식교환시에도 일일이 주주총회승인결의를 받아야 한다면 지주회사를 통한 기동성있는 구조조정을 꾀할 수 없을 것이다. 이리하여 회사자산규모로 볼 때 20분의 1에 미치지 못하는 정도의 주식교환은 일상적인 회사업무와 마찬가지로 이사회결의만으로 할 수 있도록 하는, 소규모교환제도를 인정한 것이다. 완전자회사가 되는 회사의 주주에게 신주발행에 갈음하여 완전모회사의 자기주식을 이전하는 경우의 주식은 주식교환을 위하여 발행하는 신주로 본다(360의 10②).

(2) 절 차

주식교환계약서에 완전모회사가 되는 회사에 관하여는 주주총회의 승인을 얻지 아니하고 주식교환을 할 수 있는 뜻을 기재하여야 한다(정관변경 제외)(360의 10③). 완전모회사가 되는 회사는 주식교환계약서를 작성한 날부터 2주내에 완전자회사가 되는 회사의 상호와 본점, 주식교환을 할 날 및 주주총회 승인을 얻지 아니하고 주식교환을 한다는 뜻을 공고하거나 주주에게 통지하여야 한다(360의 10④). 주주에게 주식교환사실과 주식교환이 주주에게 미치는 영향을 판단할 수 있는 기회를 보장하기 위해 이러한 공시제도를 마련하였지만, 소규모주식교환시에는 반대주주에게 주식매수청구권을 부여하지 아니한다(360의 10⑦).

(3) 소규모주식교환의 제한

소규모주식제한의 특례는 i) 완전자회사가 되는 회사의 주주에게 지급할 금액(주식교환교부금)이 최종 대차대조표에 의하여 완전모회사가 되는 회사에 현존하는 순자산액의 100분의 2를 초과하는 때(360의10 ①但) 및 ii) 완전모회사가 되는 회사의 발행주식총수의 100분의 20 이상에 해당하는 주식을 가지는 주주가 제1항 본문의 규정에 의한 주식교환에 반대하는 의사를 통지한 때(360의 10⑤)에는 허용되지 아니한다. i)의 경우에는 완전자회사의 주주에게 다액의 주식교환교부금을 지급하여 주식교환신주의 수를 적게 하는 방법 등의 탈법적인 행위를 방지하기 위함이며, ii)의 경우는 이러한 정도의 주식을 보유하는 주주가 반대할 경우, 주식교환승인결의가 통과되기 어려워 주식교환이 사실상 불가능할 것이기 때문이다.

4. 株式交換·移轉의 效果

가. 株式交換의 效果

(1) 인적조직의 이전

합병과 영업양도와 구별된다.

주식교환에 의해 일방 회사는 완전모회사가 되고 다른 상대방회사는 완전자회사가 된다. 즉 자회사의 주주는 모회사가 되며, 자회사의 주주였던 자들은 모회사의 신주를 배정받거나 모회사가 소유하는 자기주식을 이전받아 모회사의 주주가 된다. 이와 같이 주식교환의 효력은 회사의 물적조직은 그대로 두고 인적조직의 변경만 초래한다는 점에서 인적·물적조직의 합체가 동시에 수반되는 합병과 구별되고, 인적조직은 그대로 둔 채 물적조직만 이전시키는 영업양도와 구별된다.

(2) 효력발생일

주식교환의 날에 효력이 발생한다.

주식교환의 효력이 발생하는 시점은 주식교환계약서에 기재된 주식교환의 날이다(360의 3③6). 주식교환에 의해 자회사의 주주들에게 신주를 발행하거나 자기주식을 이전하는 것은 주식교환의 효력이 발생한 후에 행해지는 절차에 지나지 않는다.

(3) 질권의 물상대위

주식교환은 주식가치의 실현의 한 형태라는 점에서 질권의 물상대위의 대상이 된다. 그러므로 주식의 소각·병합·분할·전환시 질권의 물상대위 규정(339) 및 등록질권자의 권리에 관한 규정(340③)은 주식교환의 경우 완전자회사가 되는 회사의 주식을 목적으로 하는 질권에 이를 준용한다(360의 11②).

(4) 완전모회사의 자본증가 한도액

완전모회사가 되는 회사의 자본은 주식교환의 날에 완전자회사가 되는 회사에 현존하는 순자산액에서 i) 완전자회사가 되는 회사의 주주에게 지급할 금액(주식교환교부금), ii) 완전자회사가 되는 회사의 주주에게 신주발행에 갈음할 자기주식을 이전하는 경우 주식의 회계장부가액의 합계액을 공제한 금액을 초과하여 증가시킬 수 없다(360의 7①). 완전모회사가 되는 회사가 주식교환 이전에 완전자회사가 되는 회사의 주식을 이미 소유하고 있는 경우에는 완전모회사가 되는 회사의 자본은 주식교환의 날에 완전자회사가 되는 회사에 현존하는 순자산액에 그 회사의 발행주식총수에 대한 주식교환으로 인하여 완전모회사가 되는 회사에 이전하는 주식의 수의 비율을 곱한 금액에서 위 i), ii)를 공제한 금액의 한도를 초과하여 이를 증가시킬 수 없다(360의7②). 완전모회사의 자본충실을 기하기 위해 마련된 규정이다.

(5) 완전모회사의 이사·감사의 임기

주식교환에 의하여 완전모회사가 되는 회사의 이사 및 감사로서 주식교환전에 취임한 자는 주식교환계약서에 다른 정함이 있는 경우를 제외하고는 주식교환후 최초로 도래하는 결산기에 관한 정기총회가 종료하는 때에 퇴임한다(360의13). 완전모회사의 이사·감사는 주식교환에 의해 당연히 퇴임하는 것은 아니지만 완전모회사의 주주가 되는 완전자회사의 주주들의 의사가 반영된 것이 아니기 때문에 이들을 포함시켜 완전모회사 주주 전원으로 구성되는 주주총회에서 새롭게 선출하기 위해 결산 주주총회 종결시에 퇴임하도록 한 것이다.

나. 株式移轉의 效果

(1) 인적조직의 이전

주식이전에 의해 완전모회사가 신설되어 기존회사와 완전모자회사관계가 설정되고 기존회사의 주주들은 완전모회사의 주주가 된다. 주식교환과 마찬가지로 회사의 인전조직의 변경만 초래된다. 주식교환과의 차이는 완전모회사가 새롭게 설립된다는 점에 있다.

(2) 효력발생일

주식이전의 효력발생일은 주식이전계획서상의 '주식이전을 할 시기'(360의16①5)가 아니라 주식이전등기일(360의21)이라는 점에서 주식교환과 다르다.

(3) 질권의 물상대위

질권의 물상대위에 관한 규정(339, 340③)은 주식이전의 경우 완전자회사가 되는 회사의 주식을 목적으로 하는 질권에 이를 준용한다(360의22).

(4) 완전모회사의 자본의 한도액

설립하는 완전모회사의 자본은 주식이전의 날에 완전자회사가 되는 회사에 현존하는 순자산액에서 그 회사의 주주에게 지급할 금액(주식이전교부금)을 공제한 액을 초과하지 못한다(360의18).

5. 株式交換 · 移轉의 無效

절차상의 하자는 소만으로 다툴 수 있고 제소기간과 제소권자를 제한한다.

주식교환 · 이전은 회사의 인적조직의 변경을 가져오는 조직법상의 행위로서 이를 기초로 다수의 법률관계가 형성되므로 비록 그 절차상에 하자가 있더라도 하자의 주장을 일반적인 원칙에 따르게 할 수 없다. 그리하여 합병무효의 경우와 같이 訴만으로 하자를 다툴 수 있게 하고 제소기간과 제소권자를 제한하고 판결의 효력도 획일적으로 하고 있다.

(1) 무효원인

주식교환 · 이전 무효의 원인에 대해서는 법에 아무런 규정을 두지 않고 있다. 주식교환계약서 · 주식이전계획서상의 중대한 하자가 있는 경우, 승인결의의 무효 · 부존재 등의 절차위반이 있는 경우, 공시위반 등이 무효원인에 해당할 것이다.

(2) 제소권자

주주, 이사, 감사, 감사위원회의 위원 또는 청산인만 주장할 수 있다.

주식교환 · 이전의 무효는 각 회사의 주주 · 이사 · 감사 · 감사위원회의 위원 또는 청산인에 한하여 소만으로 이를 주장할 수 있다(360의14①, 360의23①). 주식교환 · 이전에 있어서는 회사의 물적조직에는 변동이 없어 채권자를 해하는 일이 없으므로 채권자를 제소권자에 포함시키지 않았다. 피고는 쌍방회사이고 필요적 공동소송이 된다.

(3) 제소기간 · 관할

주식교환 · 이전 무효의 소는 주식교환 · 이전일로부터 6월 이내에 제기해야 한다(360의14①, 360의23①). 제소기간은 합병무효의 소와 같다(529②). 소는 완전모회사가 되는 회사의 본점소재지의 지방법원의 관할에 전속한다(360의14②, 360의23②).

(4) 소의 절차

소의 절차는 설립무효의 소와 같다. 그리하여 주식교환 · 이전 무효의 소에 상법 제187조 내지 제189조(소제기의 공고, 병합심리, 청구기각), 제191조(패소원고의 책임), 제192조(설립무효의 등기), 제377조(제소주주의 담보제공의무)가 준용된다(360의14④, 360의23④).

(5) 판결의 효력

제3자에게는

1) 주식교환무효 판결　　주식교환무효의 판결은 제3자에 대해서도 효력

이 있으나 소급효는 없다(360의14④, 190本). 따라서 완전모회사가 주식교환에 의해 발행한 신주는 장래에 향하여 그 효력을 잃고 완전모회사는 주식교환의 대가로 이전받았던 완전자회사의 주식을 원래의 주주에게 반환해야 한다. 그러므로 주식교환무효 판결이 확정된 때에는 완전모회사가 된 회사는 주식교환을 위하여 발행한 신주의 주주 또는 자기주식을 이전받은 주주에 대하여 그가 소유하였던 완전자회사가 된 회사의 주식을 이전하여야 한다(360의14③). 이 경우에 상법 제339조(질권의 물상대위) 및 제340조 제3항(질권자의 질권교부청구권)의 규정을 준용한다(360의14④).

효력이 있으나 소급효는 없다.

2) 주식이전무효 판결　주식이전무효의 판결은 제3자에 대해서도 효력이 있으며 소급효도 있다(360의23④, 190). 주식이전을 무효로 하는 판결이 확정된 때에는 완전모회사가 된 회사는 주식이전을 위하여 발행한 주식의 주주에 대하여 그가 소유하였던 완전자회사가 된 회사의 주식을 이전하여야 한다(360의23③, 190). 이 경우에도 상법 제339조(질권의 물상대위) 및 제340조 제3항(질권자의 질권교부청구권)의 규정을 준용한다(360의23④). 다만 주식이전의 경우에는 주식교환의 경우와는 달리 완전모회사가 새로 설립되기 때문에 그 무효판결이 확정되면 완전모회사를 해산의 경우에 준하여 청산하여야 한다(360의23④, 193).

제3자에게 효력이 있고 소급효도 있다.

제2절 解散·淸算·會社整理

제1 解 散

1. 意 義

(1) 해산과 청산

회사의 해산은 회사의 법인격 소멸의 원인이 되는 법률요건을 말하고, 청산은 주주들에게 잔여재산을 분배하는 절차이다.

會社의 解散이라 함은 회사의 법인격 소멸의 원인이 되는 법률요건을 말한다. 해산으로 인하여 회사는 목적사업인 영업을 수행할 수 없게 되지만, 법인격이 바로 소멸되는 것은 아니고 淸算節次를 거쳐야 한다. 왜냐하면 회사는 자연인과 같은 상속인이 없으므로 해산사유가 발생하더라도 일시에 회사의 모든 권리의무가 타인에게 포괄승계될 수 없고, 회사가 보유하는 적극재산과 소극재산을 청산하여 잔여재산이 있으면 이를 주주들에게 분배하는 청산절차가 필요하기 때문이다. 그러므로 회사는 해산후에도 청산의 목적범위 내에서 권리능력이 있는데(542①, 245), 이처럼 해산후에 존속하는 회사를 淸算會社 또는 淸算法人이라고 한다. 회사는 이러한 청산절차가 종료되어야 비로소 법인격이 소멸한다.

(2) 합병·분할·분할합병·파산의 경우

합병, 분할, 분할합병, 파산의 경우에는 권리의무가 포괄 승계되므로 별도의 청산절차없이 법인격이 소멸한다.

회사의 해산사유 중 合併과 分割 또는 分割合併의 경우에는 예외적으로 청산절차 없이 바로 법인격이 소멸한다. 이는 마치 자연인의 상속에서와 같이 회사의 권리의무가 합병·분할·분할합병에 의해 다른 회사에 포괄적으로 승계되기 때문이다. 또한 파산의 경우에는 일반적인 청산절차 대신 파산절차를 거쳐 법인격이 소멸한다.

(3) 임의해산과 강제해산

해산에는 주주의 의사에 기한 任意的 解散과 회사의 자치에 의하지 아니하는 強制的 解散이 있다. 정관의 규정이나 주주총회결의에 의한 해산은 임의적 해산의 예이고, 법원의 해산명령, 해산판결, 휴면회사의 해산의제는 강제적 해산에 해당한다.

2. 解散事由

[사례 Ⅶ-2-1: 회사의 해산사유]

(i) Y회사의 정관에 다음과 같은 해산사유를 정한 경우, 그 효력이 있는가? ① 2010년 결산기까지 존속한다. ② 이사회결의로서 해산한다. ③ 대표이사의 결정으로 해산한다. ④ 주주총회의 보통결의에 의해 해산한다.

(ii) Y회사가 다음과 같은 목적으로 주주총회에서 해산결의를 한 경우, 그 결의는 유효한가? ① 거액의 회사채무를 면탈하기 위한 경우 ② 조합원을 해고하여 노동조합을 와해시키기 위한 경우

(iii) A회사의 대표이사 Y는 과세신고를 제대로 하지 않았기 때문에 A회사는 관할 세무서로부터 거액의 세금을 추징당하였다. 또한 A회사가 과다한 부채로 파산지경에 이르게 되자, Y대표이사를 위시한 이사 전원이 사임하여 A회사는 이사가 없는 상태에서 사실상 폐업상태가 지속되었다. A회사의 채권자인 X은행이 Y이사에 대하여 임무해태로 인한 손해배상책임을 대위청구하자, Y는 A회사는 이미 소멸되었기 때문에 존재하지 않는 피대위자의 권리를 행사할 수 없다는 이유로 X의 청구를 거절하였다. X의 이행거절은 타당한가? (대판 1985.6.25, 84다카1954 참조).

(1) 상법상의 해산사유

해산사유는 존립기간, 기타 정관에서 정한 사유이다.

1) 존립기간 기타 정관에서 정한 사유의 발생　존립기간의 만료 또는 정관에서 정한 해산사유가 발생한 때에는 회사는 해산한다(517.1, 227.1). 회사는 강행법규나 주식회사의 기본적 성질에 반하지 않는 한, 정관에서 해산사유를 정할 수 있다. 따라서 [사례Ⅶ-2-1-i]의 ①은 적법하며 유효하다. 다만 [사례Ⅶ-2-1-i]의 ②,③과 같이 주주총회의 解散權을 하위기관에 위임하거나, [사례Ⅶ-2-1-i]의 ④와 같이 총회의 특별결의사항(518)을 보통결의사항으로 변경하는 것은 인정되지 아니한다. 또한 정관으로 회사의 존립시기나 해산사유를 정하여도 그 시기의 도래전이나 해산사유 발생전에 다른 원인에 의해 해산하는 것을 방해하지 아니한다.

2) 회사의 합병　회사가 합병한 경우에는 法人格의 合一이 이루어지므로 해산사유의 하나가 된다(517.1, 227.4). 그러나 합병에 의하여 모든 당사회사가 해산하는 것은 아니고, 신설합병의 경우에는 양당사회사가 모두 해산하지만 흡수합병의 경우에는 존속회사는 해산하지 아니한다. 또 해산후의 회사가

합병할 때에는 합병이 해산원인으로 되지 않고 청산절차가 종료하는데 그친다.

3) 회사의 분할 또는 분할합병 회사의 분할 또는 분할합병의 경우에도 법인격의 분화와 합일현상이 발생하므로 이를 해산사유의 하나로 하였다(517.1 의2). 그러나 불완전분할(ⓐ)에서 분할회사(A), 흡수분할합병(ⓒ)에서 상대방회사(B)는 분할 또는 분할합병으로 해산하지 아니한다.

4) 회사의 파산 회사가 파산한 경우에는 정상적인 영업활동을 할 수 없으므로 해산사유의 하나로 하였다(517.1, 227.5). 주식회사에 있어서는 인적회사와는 달리 지급불능 외에 *債務超過*도 파산원인으로 된다. 해산후의 회사가 파산한 때에는 파산은 해산원인으로 되지 않고, 청산절차에서 파산절차로 이행한다.

5) 해산을 명하는 판결 회사는 법원의 명령 또는 판결로도 해산한다(517.1, 227.6). 해산명령과 해산판결에 대하여는 다음에서 다시 설명하기로 한다.

6) 주주총회결의 회사는 주주총회 특별결의에 의해 언제라도 자유롭게 해산할 수 있다(517.2, 518). 정관에서 회사의 해산시기나 해산사유를 정한 경우에도 마찬가지이다. 해산결의의 효력은 그 동기나 의도에 의해 좌우되는 것이 아니므로, 가령 [사례Ⅶ-2-1-ii]의 ①,②와 같은 의도로 이루어진 경우에도 결의자체는 유효하다고 할 것이다.

7) 휴면회사의 해산의제 이 경우에는 회사는 해산한 것으로 인정된다. 이에 대하여는 다음에서 다시 설명하기로 한다.

(2) 특별법상의 해산사유

특별법에 의해 영업허가의 취소 등을 해산사유로 정하는 경우가 있다.

(3) 사실상해산

회사는 해산과 청산절차를 거쳐야 비로소 법인격이 소멸한다.

회사는 해산 및 청산절차를 거쳐 소멸하고 그 밖의 사유로는 소멸하지 아니한다. 따라서 [사례Ⅶ-2-1-iii]와 같이 회사가 사실상 해산상태에 있다고 하더라도 해산과 청산절차를 거치지 않는 한 법인격이 소멸되지 아니한다. 대판 1985.6.25, 84다카1954도 "회사가 부채과다로 사실상 파산지경에 있어 업무도 수행하지 아니하고 대표이사나 그 외의 이사도 없는 상태에 있다고 하여도 적법한 해산절차를 거쳐 청산을 종결하기까지는 법인의 권리능력이 소멸한 것으로 볼 수 없으므로, 이 사건에서 소외 대명모방주식회사(A)가 소론 주장과 같이 부채과다로 사실상 활동을 전혀 하지 않는 법인이라고 하여도 이런 사실만으로 그 권리능력이 소멸되어 존재하지 않는다고

까지 말할 수는 없다"고 판시하여 X의 대위청구를 받아들였다.

3. 法院에 의한 強制解散

가. 解散命令

[사례 Ⅶ-2-2: 회사의 해산명령]

(i) 시장업을 영위하는 Y회사는 근대식 시장건물을 신축하기 위하여 시장상인 A등으로부터 미리 점포임대차 보증금을 거두어 공사를 시작하였다. 그러나 공사도중 Y회사의 대표이사가 A등이 낸 돈의 일부를 횡령하고 도주하자 A등과 Y회사간에 신축건물의 소유권을 둘러싸고 분쟁이 발생하였다. ① 그로부터 이 분쟁에 대한 법원의 확정판결이 있을 때까지 Y회사는 그 기능을 사실상 상실하고 정상적인 시장경영 업무를 수행하지 못하였으나, Y회사가 승소판결에 기하여 위 신축건물을 회수하고 A등과의 거래관계를 정산하는 등 정상적인 업무수행을 할 수 있는 위치로 복귀하였다. 검사 X는 Y회사가 과거 수년동안 정상적인 업무수행을 하지 못한 것은 해산명령사유인 '회사가 정당한 사유 없이 1년 이상 영업을 휴지하는 때'에 해당한다는 이유로 법원에 해산명령을 청구하였다. X의 청구는 타당한가? ② 만일 Y회사가 A등과의 소송에서 패소하였으나 이후 다시 정상적인 영업을 재개한 경우에는 어떠한가? (대결 1978.7.26, 78마106; 1979.1.31, 78마56 참조)

(ii) X회사는 '전자랜드'라는 명칭의 빌딩을 소유하고, 같은 명칭의 서비스표 등록 및 상표 등록을 하였다. 그런데 X는 그 상호를 '전자랜드주식회사'로 변경하려고 하는데 휴면회사인 Y회사가 동일한 상호를 등록하고 있었으므로 상호변경등기를 할 수 없었다. 이리하여 X회사는 법원에 Y회사의 해산명령을 청구하였다. X의 청구는 타당한가? (대판 1995.9.12, 95마686 참조)

(1) 의 의

회사의 존재가 법적으로 인정되는 것은 회사가 사회적으로 유용한 기능을 수행할 것을 기대하기 때문이다. 그러나 회사가 그 기대되는 사회적 임무를 수행하지 아니하고 오히려 공익을 해할 경우에는 회사의 존재를 부정하는 것이 당연하므로 解散命令制度가 마련되어 있다. 해산명령은 회사설립에 관하여 준칙주의를 취하는 결과 초래될 수 있는 폐해를 시정하는 의미도 있다(손주찬, 「상사법의 제문제」(1983.8), 5).

해산명령제도는 회사가 사회적으로 유용한 기능을 수행하지 못할 때 공익유지의 목적으로 행하여진다.

해산명령제도는 법원이 비송사건절차법에 의하여 하는 결정으로서 주로 공익유지를 그 목적으로 하는 점에서, 회사가 자치적 능력을 상실한 경우 주주 등의 사적 이익보호를 위해, 이들의 제소에 의해 법원이 하는 해산판결과는 구별된다. 그러나 解散命令制度는 실제로는 거의 활용되지 못하고 있기 때문에 휴면회사의 해산의제에 관한 규정을 따로 두고 있다.

(2) 사 유

해산명령은 회사 설립목적이 불법한 때, 정당한 사유없이 영업개시를 지연하거나 휴업을 할 때, 회사의 이사가 불법행위를 할 때 인정된다.

해산명령의 사유는 공익유지를 위하여 회사의 존립을 허용할 수 없는 것으로 법원이 인정하는 사유를 말한다. 여기에서 '公益'이라고 함은 사회 전반의 이익을 의미하는 것이지만 반드시 여기에 한정하지 아니하고 주주, 채권자 등 회사를 둘러싼 이해관계인의 경제적 이익도 고려하여 판단된다.

1) 설립목적의 불법 회사설립의 목적이 불법한 때이다(176①1). 정관소정의 목적이 불법적인 경우뿐만 아니라, 가령 수입업을 설립목적으로 하여도 실제로는 밀수를 주업으로 하는 것과 같이, 정관소정의 목적은 적법하더라도 설립의 실질적 의도가 불법적인 경우도 이에 포함된다. 정관에서 정한 목적이 불법인 경우에는 설립무효의 원인도 된다.

2) 영업개시의 지연 · 영업휴지 회사가 정당한 사유없이 설립 후 1년 이내에 영업을 개시하지 아니하거나 1년 이상 영업을 休止하는 때이다(176①2). 설립후에도 정당한 사유 없이 설립목적사업을 수행하지 않고 계속 방치할 경우 회사의 법인격이 다른 목적으로 남용될 소지가 있으므로, 休眠會社의 정리를 위하여 해산을 명하도록 한 것이다. 개업이라고 함은 회사의 목적인 사업자체의 개시를 말하는 것으로 그 준비행위를 지칭하는 것은 아니지만, 소정의 사업을 목적으로 하는 회사로서 사회통념상 합리적이라고 인정될 수 있는 정도이면 개업에 해당한다고 보아야 할 것이다. 다만 개업의 지연이나 휴업상태가 지속되어도 정당한 사유가 있으면 해산시킬 수 없으므로 '正當한 事由'의 유 · 무가 중요한 판단기준이 된다. 정당한 사유로는 경제계의 예상외의 변동, 회사의 정리 등을 생각할 수 있다. 그런데 [사례Ⅶ-2-2-i]와 같이 사업용 기본재산(시장건물)에 관한 분쟁으로 인하여 정상적인 영업을 하지 못하는 경우가 이에 해당하는지 문제된다. 대결 1978.7.26, 78마106은 [사례Ⅶ-2-2-i]의 ①과 같이 원고가 분쟁에서 승소한 사안에 대하여 "시장경영 목적의 회사(Y)가 시장건물 신축 중 그 소유권을 둘러싼 분쟁으로 수년간 그 기능을 사실상 상실하고 정상적인 업무수행을 하지 못하다가 그 후 확정판결에 기하여 정상적인 업무수행을 할 수 있게 된 경우에 상법 제176조 제1항 제2호 후단 소정의 회사해산명령 사유인 '회사가 정당한 사

유없이 1년 이상 영업을 휴지하는 때'에 해당한다고 볼 수 없다"고 판시하였다. 그러나 [사례Ⅶ-2-2-i]의 ②와 같이 회사가 패소한 사안에서 대결 1979.1.31, 78마56은 "회사의 기본재산인 동시에 영업의 근간이 되는 부동산의 소유권귀속과 등기절차 등에 관련된 소송이 계속되었기 때문에 부득이 영업을 계속하지 못하였다 하여 회사해산명령결정을 다투는 경우에 위 소송이 부당하게 제기한 것이었다면, 그 영업휴지는 상법 제176조 제1항 제2호 소정의 영업휴지에 정당한 사유가 있는 경우에 해당되지 아니한다"고 판시하여 대조를 보이고 있다.

3) 이사(업무집행사원)의 불법행위　이사 또는 회사의 업무를 집행하는 사원이 법령 또는 정관에 위반하여 회사의 존속을 허용할 수 없는 행위를 한 때이다(176 ①3). 이사의 행위를 통하여 회사가 반사회적 존재로 인정되는 경우이다. 따라서 이들이 그 지위에 근거하거나 또는 지위를 이용하여 불법행위를 한 경우에는, 그 행위가 회사의 행위로서 법률상 인정되는 여부는 문제되지 아니한다. 그러나 회사를 이용하지 않는 순전한 개인적 불법행위는 포함하지 아니한다. 다만, 이사 등을 교체함으로써 불법을 시정할 수 있는 경우에는 회사의 존속을 허용할 수 없는 때에 해당하지 아니한다고 본다.

(3) 절 차

해산명령재판은 비송사건절차법에 따른다.

해산명령의 재판은 非訟事件節次法에 따른다. 관할은 본점소재지의 지방법원합의부에 속하며(非訟 72①), 법원은 결정하기 전에 이해관계인 또는 검사의 의견을 청취하여야 한다(非訟 90②).

1) 청 구　이해관계인이나 검사의 청구 또는 법원의 직권으로만 해산명령을 할 수 있다(176 ①本). 이해관계인은 주주나 회사채권자 외에 회사의 존립에 직접적인 법률상의 이해관계를 가진 자를 말한다. 대판 1995.9.12, 95마686은 [사례Ⅶ-2-2-ii]와 유사한 사안에서 "상법 제176조 제1항에 의하여 법원에 회사의 해산명령을 청구할 수 있는 이해관계인이란 회사 존립에 직접 법률상 이해관계가 있는 자라고 보아야 할 것이므로 휴면회사인 위 소외 회사(Y)로 인하여 상호변경 등기를 할 수 없다는 사실만으로는 재항고인(X)을 위 법조 소정의 이해관계인이라 보기 어렵다"고 판시하였다.

2) 담보제공　이해관계인이 해산청구를 한 때에는 법원은 회사의 청구에 의해 상당한 담보의 제공을 명할 수 있다(176 ③). 해산청구의 남용을 방지하기 위함이다. 이때 회사는 이해관계인의 청구가 악의임을 소명하여야 한다(176 ④).

3) 보전처분 해산청구가 있는 때에는 법원은 해산을 명하기 전일지라도 이해관계인이나 검사의 청구에 의하여 또는 직권으로 관리인의 선임이나 기타 회사재산의 보전에 필요한 처분을 할 수 있다(176②). 해산에 앞서 재산의 은닉이나 기타 부정행위에 대한 대응책이다.

(4) 효 과

해산을 명하는 결정이 있으면 회사는 즉시 해산된다.

해산을 명하는 결정이 있으면 회사는 즉시 해산된다. 회사의 해산에 행정관청의 인가를 얻도록 되어 있는 경우에도 마찬가지이다(대판 1980.3.11, 80마68). 이 결정에 대하여는 회사·이해관계인·검사는 즉시항고할 수 있으며(非訟 91), 항고는 집행정지의 효력을 가진다.

나. 解散判決

[사례 Ⅶ-2-3: 회사의 해산판결]

X회사와 외국기업인 A회사는, A회사의 특허 및 영업비밀을 이용하여 제품을 생산하기로 하는 합작계약을 체결하고, 50:50의 출자비율로서 Y회사를 설립하였다. 그런데 X회사가 A회사의 영업비밀을 다른 곳에 유출하자, A회사는 합작계약위반을 이유로 자사측 이사들을 철수시켰다. 이로 인하여 Y회사의 제품생산 및 판매가 상당기간 중단되어 경쟁회사에 시장을 빼앗기게 되자, X회사는 법원에 Y회사의 해산을 청구하였다. X의 청구는 타당한가?(日東京地判 1988.7.18, 判時 1349, 148 참조)

(1) 의 의

해산명령제도는 공익유지를 목적으로 하는 반면 해산결정은 주주의 이익보호를 위한 제도이다.

解散判決은 주주의 이익보호를 위하여 인정된다는 점에서 공익을 목적으로 하는 解散命令制度와 구분된다. 즉 주주가 해산을 원할 경우에는 주주총회특별결의에 의하면 되지만, 결의요건에 부족한 소수파 주주들이 회사의 존속으로 인한 피해로부터 자신들의 정당한 이익을 지키기 위하여 이용하는 것이 해산판결제도이다.

(2) 청구사유

해산결정은 회사업무의 정체, 회사재산의 관리, 처분에 있어서 현저한 실당으로 회사의

회사의 업무정체 등의 경우에 부득이한 사유가 있는 때에 해산청구를 할 수 있다(520①本). 여기에서 '부득이한 事由'라고 함은 회사를 해산하는 이외에는 회사의 정상적인 운영에 따른 주주의 정당한 이익을 지킬 수 있는 방법이 없는 경우를 의미한다. 따라서 이사의 해임이나 개선, 위법행위유지청구, 대표소송 등에 의해 주주의 이익이 보호될 수 있는 경우에는 해산청구

존립을 위태롭게 한 때 인정된다.

는 인정되지 아니한다. 그러나 이는 해산판결 이외에는 회사를 해산시킬 수 있는 방법이 없는 경우에 한정된다는 의미는 아니므로 解散命令의 청구가 가능한 경우에도 인정된다.

1) 회사업무의 정체 회사의 업무가 현저한 停頓狀態를 계속하여 회복할 수 없는 손해가 생긴 때 또는 생길 염려가 있는 때이다(520①1). 가령 이사간에 분열이 생겨 업무가 정체되거나 주주간에도 분열이 생겨 이사의 개선이 불가능한 경우이다. 가장 전형적인 경우로는 [사례Ⅶ-2-3]과 같이 50:50의 합작기업(Y)에서 합작선(X,A)간에 회사경영에 대한 이견이 생긴 경우이다. 이 때에는 해산 이외에는 업무의 정돈상태를 해결할 수 없는데, 어느 한쪽만으로는 해산결의를 성립시킬 수 없으므로 해산판결청구를 인정하여야 할 것이다(日東京地判 1988.7.18, 判時 1349, 148).

2) 회사재산의 관리 · 처분의 실당 회사재산의 관리 또는 처분의 현저한 失當으로 인하여 회사의 존립을 위태롭게 할 때이다(520①2). 가령 이사가 회사재산을 부당하게 유용 또는 처분하여 회사에 치명적인 손해를 주는 경우이다.

(3) 청구권자

1) 소수주주권 해산판결 청구는 발행주식총수의 100분의 10이상에 해당하는 주식을 보유하는 주주에게 인정된다(520①). 주주 1인이 이에 해당하는 주식 전부를 보유할 필요는 없으며, 여러 주주들의 소유주식수를 합산하여 이 요건을 충족하면 된다. 다만, 이 주식보유는 訴提起時에 뿐만 아니라 소송의 계속 중에도 계속되어야 한다. 보유주식수의 산정에는 無議決權株式이 포함되지만 회사가 보유하는 自己株式은 제외된다.

2) 귀책당사자 [사례Ⅶ-2-3]에서 X회사와 같이 Y회사의 업무정돈사태를 유발한 책임이 있는 당사자(주주)인 경우에도 해산청구를 할 수 있는가 하는 점이 문제된다. 민법상 조합의 해산청구사안에 관한 것이기는 하지만 대판 1993.2.9, 92다21098은 "조합원사이의 반목 불화로 인한 대립으로 신뢰관계가 파괴되어 조합의 원만한 공동운영을 기대할 수 없게 된 경우도 포함되며, 위와 같이 공동사업의 계속이 현저히 곤란하게 된 이상 신뢰관계의 파괴에 책임이 있는 당사자라고 하여도 조합의 해산청구권이 있다고 보아야 한다"고 판시함으로써 이를 긍정한다(同 대판 1991.2.22. 90다카26300).

(4) 절 차

해산판결절차

해산판결절차는 해산명령의 경우와는 달리 訴訟事件이다. 해산판결청구는 소송사건에 해당한다.

의 소는 회사를 피고로 하는 形成의 訴로서 회사의 본점소재지 지방법원의 전속관할에 속한다(520②, 241②, 186). 해산판결이 확정되면 회사는 해산하여 청산절차에 들어가게 된다. 원고가 패소한 경우, 악의 또는 중대한 과실이 있을 때에는 회사에 대하여 연대하여 손해배상책임을 부담한다(520②, 241②, 191).

다. 休眠會社의 解散擬制

(1) 의 의

휴면회사란 회사로서 등기되어 있음에도 불구하고 현실적으로 영업을 하지 아니하는 회사를 말한다.

休眠會社라 함은 회사로서 등기되어 있음에도 불구하고 전혀 영업을 하지 아니하거나 회사로서의 실체를 구비하지 아니한 채 방치되어 있는 회사를 말한다. 회사설립에 관한 準則主義는 이러한 휴면회사의 난립을 부추기고 있는데, 현재 등기되어 있는 회사 중 상당수가 휴면상태에 있는 것으로 알려지고 있다. 이러한 휴면회사의 존재는 사실과 등기의 불일치를 가져와 등기의 공시기능을 약화시키고, 다른 회사의 商號선택의 자유를 저해할 뿐 아니라 이른바 회사꾼들에 의한 불법적인 회사의 매매에도 이용된다. 이러한 폐해를 제거하기 위하여 해산명령제도가 있지만, 앞에서 본 바와 같이 해산명령제도는 실제 거의 이용되지 않기 때문에 1984년 상법개정시 휴면회사의 해산의제에 관한 규정을 도입하였다.

(2) 대 상

법원행정처장의 휴면회사 整理公告時에 5년간이나 변경등기를 하지 아니한 회사가 그 대상이 된다. 즉 정상적인 영업을 하는 회사이면 이사·감사의 임기(3년)만료와 같은 등기사항의 변경이 빈번하기 때문에 5년 동안이나 등기를 변경하지 아니한 회사는 일단 그 대상으로 한다는 것이다. 법원행정처장이 최후의 등기 후 5년을 경과한 회사는 본점소재지를 관할하는 법원에 아직 영업을 폐지하지 아니하였다는 뜻의 신고를 할 것을 관보로써 공고한 경우, 최후의 등기 후 공고한 날에 이미 5년을 경과한 회사가 대상이 된다(520의2①前).

(3) 해산·회사계속·청산

위 공고일로부터 2월 이내에 신고를 하지 아니하거나 등기하지 아니한 때에는 그 회사는 신고기간이 만료된 때에 해산한 것으로 본다(520의2①後, 施行規定6). 이 경우 해산등기는 등기소의 직권으로 한다(非訟237). 해산이 의제된 회사는 3년 이내에 주주총회특별결의에 의해 회사를 계속할 수 있으며(520의2③), 회사계속등기를 하여야 한다(521의2, 229③). 해산이 의제된 회사가 3년 이내에 회사를 계속하지 아니한 경우에는 그 회사는 3년이 경과한 때에 청산이 종결된 것으로 본다(520의 2④).

4. 解散의 效果

(1) 청산절차의 개시

회사가 해산한 때에는 합병 · 분할 · 분할합병 및 파산의 경우를 제외하고는 淸算節次에 들어간다.

(2) 해산의 공시

회사는 해산등기가 없다 하더라도 해산사유가 발생하면 당연히 해산한다.

회사가 해산한 때에는 파산의 경우외에는 이사는 지체없이 주주에 대하여 그 통지를 하고 無記名式의 株券을 발행한 경우에는 이를 公告하여야 한다(521). 또한 회사가 해산한 때에는 합병 · 분할 · 분할합병 및 파산의 경우를 제외하고는 본점소재지에 2주, 지점소재지에는 3주내에 해산등기를 하여야 한다(521의2, 228).

회사는 해산사유의 발생으로 당연히 해산하고 해산등기와는 상관없다. 이러한 취지에서 대판 1981.9.8, 80다2511는 "회사 해산등기의 효력에 대하여는 상법상 회사설립등기 등과 같은 특별한 규정이 없으므로 상법 총칙의 규정에 의하여 회사 해산등기는 제3자에게 대한 대항요건에 불과하다고 해석하여야 할 것이므로 해산결의가 있고 청산인의 선임 결의가 있는 이상 그 해산등기가 없다 하여도 청산중인 회사라고 해석하여야 한다"고 판시하였다.

5. 會社의 繼續

회사의 계속이라 함은 일단 해산한 회사가 회사로서의 동일성을 유지하면서 해산전의 상태로 복귀하여 그 존재를 계속하는 것을 말한다.

회사가 존립기간의 만료 기타 정관에 정한 사유의 발생 또는 주주총회결의에 의해 해산한 경우에는 주주총회특별결의에 의해 회사를 계속할 수 있다(519). 휴면회사로 의제된 경우라도 신고기간후 3년 이내에 주주총회특별결의에 의해 회사를 계속할 수 있다고 함은 앞에서 본 바와 같다(520의 2③). 또한 파산절차에서 強制和議의 가결이 있는 때 또는 파산폐지결정이 있는 때에도 회사를 계속할 수 있다(破 35②). 회사 계속의 시기, 효력, 등기에 대하여는 앞에서 설명한 바 있다.

제2 清 算

1. 意 義

[사례 Ⅶ-2-4: 청산중의 회사]

Y회사의 소액주주이며 이사인 X는 Y회사의 임시주주총회결의에 의해 이사에서 해임되자, Y회사를 상대로 주주총회결의의 무효확인소송을 제기하였다. ① 소송계속 중에 Y회사는 전격적으로 주주총회를 소집하여 해산결의를 하고 해산등기를 종료한 후 A를 청산인으로 선임하였다. Y회사의 해산으로 X가 제기한 소송은 어떻게 되는가? 만일 X가 이 소송에서 승소한 경우 A는 청산인의 지위를 유지할 수 있는가? ② 소송계속 중에 Y회사가 법원의 해산판결을 받아 A를 청산인으로 선임한 경우에는 어떠한가? (대판 1991.11.22, 91다22131 참조)

(1) 의 의

해산후 회사의 모든 법률관계를 종결하고 잔여재산을 주주에게 분배하는 절차이다.

清算은 해산 후 회사의 모든 법률관계를 종결하고 잔여재산을 주주에게 분배하는 것을 목적으로 하는 절차로서, 그 종료에 의해 회사가 소멸한다. 회사가 해산한 때에는 합병 또는 분할 및 파산의 경우를 제외하고 청산절차에 들어간다. 앞에서 본 바와 같이 합병(분할)의 경우에는 권리의무의 포괄승계와 주주의 수용이 있고 또 파산의 경우에는 파산법에 의한 별도의 파산절차에 들어가기 때문이다.

(2) 종 류

청산에는 임의청산과 법정청산이 있다.

주식회사의 청산에는 합명회사 및 합자회사의 경우와는 달리, 정관의 규정 또는 총사원의 동의로써 정하는 방법으로 재산을 처분하는 任意清算은 인정되지 않고 반드시 법률이 정하는 절차에 따른 法定清算에 의하여야 한다. 이는 회사재산을 유일한 담보로 하는 회사채권자를 보호하고 일부 대주주의 횡포로부터 일반주주를 보호하기 위함이다.

(3) 청산중의 회사

청산법인은 해산 전의 회사와 동일한 회사로

1) 의의·성질　회사는 해산 후에도 청산의 목적범위내에서 존속하는데(542①, 245), 이러한 청산절차중에 있는 회사를 清算中의 會社 또는 清算法人이라고 한다. 청산회사의 법적 성질에 관하여도 설립중의 회사의 경우와 마

서 그 목적이 청산의 범위내로 축소된 것이라고 본다.

찬가지로 견해가 나뉘어질 수 있지만, 통설 · 판례는 해산전의 회사와 동일한 회사로서 그 목적이 청산의 범위내로 축소된 것이라는, 同一性說을 취하고 있다. 즉 대판 1991.11.22, 91다22131은 [사례Ⅶ-2-4]의 ①과 유사한 사안에서 "주식회사는 해산된 뒤에도 청산법인으로 되어 청산의 목적범위 내에서 존속하므로, 그 주주는 주주총회의 결의에 참여할 수 있을 뿐더러 잔여재산의 분배청구권 및 청산인의 해임청구권이 있고, 한편 해산 당시의 이사는 정관에 다른 규정이 있거나 주주총회에서 따로 청산인을 선임하지 아니한 경우에 당연히 청산인이 되고 해산 당시 또는 그 후에 임기가 만료되더라도 새로 청산인이 선임되어 취임할 때까지는 청산인으로서 권리의무를 가진다. 주식회사가 해산되었다 하더라도 해산 당시의 이사 또는 주주(X)가 해산전에 이루어진 주주총회 결의의 무효확인을 구하는 청구에는 청산인(A) 선임결의의 무효를 다투는 청구가 포함되어 있을 수 있고, 이 경우 그 중요 쟁점은 회사의 청산인이 될 지위에 관한 것이므로 항상 소의 이익이 없다고 단정할 수 없다"고 판시하였다. 한편 [사례Ⅶ-2-4]의 ②에 관하여는 "주식회사가 법원의 해산판결로 해산되는 경우에 그 주주는 여전히 권리를 보유하지만 이사의 지위는 전혀 다른 바, 그것은 상법상 이사는 당연히 청산인으로 되는 게 아니라 법원이 임원 기타 이해관계인 또는 검사의 청구에 의하여 또는 직권으로 청산인을 선임하도록 규정하고 있고, 청산법인에서는 이사에 갈음하여 청산인만이 회사의 청산사무를 집행하고 회사를 대표하는 기관이 되기 때문이다... 따라서 위 이사(X)로서는 해산판결 전에 이루어진 회사(Y)의 주주총회 결의나 이사회 결의의 무효확인을 구할 법률상이익이 없다"고 판시하였다.

청산법인의 권리능력은 청산의 범위내로 축소된다.

2) 권리능력범위　청산법인의 목적은 청산의 범위내로 축소되므로 영업을 전제로 하는 행위는 할 수 없다. 즉 이사는 그 지위를 상실하고 청산인이 이를 대신하며, 주주는 이익배당을 받지 못하고 잔여재산분배를 받는다. 또 신주나 사채발행, 지점설치와 같이 영업을 확대하는 행위도 할 수 없다. 다만, 영업을 전제로 하지 않는 제도는 인정되므로 주주총회 및 감사(감사위원회)는 존속하고, 소수주주의 법원에 대한 검사인선임청구도 가능하며 주식의 유동도 인정된다. 한편, 채권의 추심은 할 수 있으나 새로운 대출이나 대출기간의 연장은 할 수 없다고 본다. 다만 채권추심의 한 방법으로서 일부는 추심하고 나머지 부분에 대하여 채권양도를 한 경우, 그 채권양도는 유효하다고 할 것이다.

2. 清 算 人

[사례 Ⅶ-2-5: 청산인]

(i) X회사는 이사전원이 결원되어 법원이 Y 등을 임시대표이사와 이사로 선임하였다. Y 등은 X회사의 부실로 더 이상 존속시킬 수 없다고 보고 일부 주주들에 대하여 소집통지를 하지 않은 채 주주총회를 개최하여 해산결의를 하고, 해산등기와 Y의 청산인등기를 하였다. ① X회사는, 위 해산결의는 소집통지를 흠결한 무효이고 Y는 임시대표이사이므로 청산인이 될 수 없다는 이유로, Y를 상대로 청산인 직무집행정지 가처분을 신청하였다. X의 신청은 타당한가? ② Y가 청산인회의 승인을 받지 않고 X회사 소유부동산을 자신이 대주주로 있는 A회사에 매각한 경우, X회사는 부동산의 반환을 청구할 수 있는가? (대판 1981.9.8, 80다2511 참조).

(ii) Y회사는 휴면회사가 되어 해산등기를 마쳤으나, 대표청산인인 A는 해산등기 이후에도 상법의 규정에 따른 청산절차를 밟지 아니하였다. Y회사의 채권자 X는 여러 차례의 주소보정을 하면서 A에게 재산관계 명시결정을 송달하였으나 송달불능상태에 있었다. X는 청산인 직무집행대행자의 선임을 법원에 청구할 수 있는가? (대판 1998.9.3, 97마1429 참조)

(iii) X는 A회사의 대표이사는 아니었지만 실질적으로 A회사를 지배하는 대주주로서 A회사가 해산하자 유일한 청산인이 되었다. Y는 A회사에 채무를 부담하고 있었는데 X와 교섭하여 일부는 변제하고 나머지는 X가 양수하기로 하였다. X가 합의된 변제기일에 Y에게 잔여채무의 이행을 청구하였으나, Y는 X가 대표청산인이 아니므로 채권양도계약은 무효라는 이유로 채무의 이행을 거절하였다. Y의 이행거절은 타당한가? (대판 1989.9.12, 87다카2691; 日最高判 1971.10.19, 民集 25-7, 952 참조)

清算人은 청산사무를 집행하고 清算中의 會社를 대표하는 기관이다. 회사가 청산절차에 들어가면 이사는 그 지위를 상실하고 청산인이 이에 대신하여 청산사무를 담당한다. 또한 이사회와 대표이사는 각각 清算人會와 代表清算人이 갈음하여 청산업무를 담당한다(542 ②).

(1) 선 임

청산인은 청산법인에서 자율적으로 선임하

1) 회사의 선임 ① 법정청산인; 원칙적으로 해산 전 이사 전원이 당연히 청산인이 되며(531 ①本) 이를 法定清算人이라고 한다. [사례 Ⅶ-2-5-i]의

①과 같은 임시이사(386, 389)도 청산인이 될 수 있다. 대판 1981.9.8, 80다2511도 이러한 취지에서 "주식회사가 해산한 경우에 정관에 다른 규정이 있거나 주주총회에서 타인을 선임한 때를 제외하고는 해산 당시의 일시 이사 및 일시 대표이사는 청산인 및 대표청산인이 된다. 주식회사의 해산등기 및 청산인 등기는 제3자에 대한 대항요건에 불과하므로 주주총회의 해산 및 청산인 선임결의가 무효로서 등기가 무효로 되었다고 하여도 원고 회사(X)의 해산 및 피고 이병상(Y)의 대표청산인의 자격에 무슨 소장이 있다고도 할 수 없다"고 판시하였다(同 대판 1991.11.22, 91다22131). ② 임의청산인; 예외적으로 정관으로 정산인으로 될 자를 지정하거나 또는 주주총회에서 선임한 경우에는 이사가 당연히 청산인으로 되지 못한다(531 ①但). 청산인 선임결의에 있어서는 이사의 경우와는 달리 集中投票가 인정되지 아니한다.

거나, 해산전 업무집행기관이 하거나 이해관계인의 청구에 의해 법원이 선임한다.

2) 법원의 선임　회사내에서 자율적으로 청산인을 정할 수 없는 경우에는 법원은 이해관계인의 청구에 의해 청산인을 선임한다(531 ②). 또 解散命令 또는 解散判決로 해산하는 경우에도 이해관계인이나 검사의 청구 또는 법원의 직권으로 법원이 청산인을 선임한다(542①, 252). [사례Ⅶ-2-5-ii]와 같이 대표청산인이 있지만 그 직무을 수행하지 아니하는 경우에는 임시청산인의 선임을 법원에 청구할 수 있다고 본다. 대판 1998.9.3, 97마1429도 "현재의 대표청산인(A)을 상대로 하여서는 재산관계 명시결정을 공시송달의 방법에 의하지 아니하고는 송달할 방법이 없게 되어 재산관계의 명시신청을 통하여 재항고인이 얻고자 하는 효과를 얻을 수 없게 되는 바, 이와 같은 경우에는 사건본인 회사(Y)의 대표청산인이 부재한 것과 다름이 없어 대표청산인(A)에게 그 권리의무를 보유하게 하는 것이 불가능 또는 부적당한 경우라고 할 것이므로, 이는 상법 제386조 제2항에 따라 사건본인 회사의 채권자(X)로서 이해관계인인 재항고인의 청구에 의하여 일시 이사의 직무를 행할 자를 선임할 필요가 있다고 인정되는 때에 해당한다"고 판시하였다.

3) 등　기　청산인의 취임에는 일정한 사항의 등기를 요한다(542①, 253①).

(2) 정원 및 임기

淸算人의 정원 및 임기에 대하여는 이사와는 달리 아무런 규정이 없다. 통설은 淸算人會와의 관계상 청산인은 2인 이상이어야 하며 다만, 자본금 5억원 미만인 회사로서 이사가 1인인 소규모회사의 경우에는 1인이어도 상관없다고 한다(정희631, 서·정575, 손주1087~1088, 채835, 정찬(회)888, 註商(Ⅲ) 189). 그러나 청산인 수에 대하여는 제한이 없기 때문에 1인이라도 무방하다고 보아야 할 것이다(정동(회)681, 이기(회)548; 대판1989.9.12, 87다카2691).

청산인의 수에 관하여는 제한이 없다.

청산인이 수인이 있어 淸算人會를 두고 代表淸算人이 있는 경우에는 대표청산인만이 대표권이 있음은 물론이다. 그러나 청산인이 1인이라도 된다는 견해를 취할 경우 1인의 청산인이 청산법인의 대표권한이 있는가 하는 점이 문제된다. 이에 대하여 대판 1989.9.12, 87다카2691은 [사례Ⅶ-2-5-iii]과 유사한 사안에서 "논지는 청산인은 2인 이상이여야 하므로 한사람의 직무대행자가 청산회사의 청산인으로서 한 업무의 집행은 불완전한 법률행위라 할 것이니 해산된 주식회사(A)에 있어서 한사람의 청산인이 하는 법률행위는 법원의 허가를 받아야 한다는 취지이나, 주식회사의 청산인의 수에 대하여 제한이 없으므로 1인이어도 상관없으며, 그 경우에는 1인 청산인(X)이 당연히 대표청산인이 된다 할 것이다"라고 판시하였다. 이러한 판지에 따르면 Y의 채무이행의 거절은 타당하지 아니하다.

(3) 종 임

위임의 일반적인 종료사유에 따라 퇴임한다.

청산인은 위임의 일반적인 종료사유에 따라 퇴임하며, 법원이 선임한 경우 이외에는 언제든지 주주총회결의로 이를 해임할 수 있다(539①). 또한 청산인이 그 업무를 집행함에 현저하게 부적임하거나 중대한 임무에 위반한 행위가 있는 때에는 발행주식총수의 100분의 3이상에 해당하는 주식을 가진 주주는 법원에 그 청산인의 해임을 청구할 수 있다(539②). 이 소는 본점소재지의 지방법원의 전속관할에 속한다(539③, 186). 청산인이 종임한 경우에는 변경등기를 요한다(542①, 253②, 183).

(4) 지 위

청산인에 대하여는 이사에 관한 규정이 준용된다.

청산인과 회사의 관계는 위임이다. 그리하여 청산인에 관하여는 이사에 관한 규정이 준용된다(542②). 즉 청산인의 보수, 청산인과 회사간의 소에 있어서의 대표, 청산인의 책임, 유지청구, 대표소송은 이사에 준한다. 다만 청산중의 회사는 영업을 하지 않기 때문에 청산인은 이사와는 달리 競業禁止義務(397)를 부담하지 않지만 自己去來(542②, 398)의 금지의무는 부담한다. 따라서 [사례Ⅶ-2-5-i]의 ②와 유사한 사안에서 대판 1981.9.8, 80다2511은 "주식회사의 청산인(Y)이 청산인회의 승인 없이 회사(X)를 대표하여 자기를 위하여 회사 이외의 제3자(A)와의 사이에 회사와 이해상반하는 거래를 한 경우에 회사(X)는 당해 청산인(Y)에 대하여는 청산인회의 승인이 없었다는 이유로 그 행위의 무효를 주장할 수 있지만, 위 제3자(A)에 대하여는 그 거래에 대하여 청산인회의 승인이 없다는 것외에 상대방인 제3자(A)가 악의라는 사실을 주장·입증하여야만 비로소 그 무효를 제3자에게 주장할 수 있다"고 판시하였다.

3. 清算事務

[사례 Ⅶ-2-6: 청산의 종결]

X회사는 Y회사가 발행한 선일자수표의 소지인으로서 Y회사를 상대로 수표금 반환청구소송을 제기하였다. 이 소송이 계속중에 Y회사는 주주총회를 개최하여 해산결의를 하고 채권자에 대한 채권신고의 최고를 하였으나, X회사는 채권신고를 하지 않았다. Y회사의 청산종결등기 이후에도 X회사는 Y회사를 상대로 수표금청구 소송을 계속할 수 있는가? (대판 1968.6.18, 67다2528 참조).

(1) 주된 청산사무

청산인은 현존사무의 종결, 채권의 추심과 채무의 변제, 재산의 환가처분, 잔여재산의 분배를 한다.

청산인의 주된 사무는 현존사무를 종결하고, 채권회수와 채무변제를 하고, 재산을 換價處分하여 잔여재산을 확정한 뒤 이를 주주에게 분배하는 데 있다(542①, 254①). 청산인이 수인 있는 경우에는 청산사무를 清算人會의 과반수로 결정하며, 代表清算人은 청산사무에 관하여 재판상, 재판외의 모든 행위를 할 권한이 있다(542①②, 254②③, 389③, 209).

1) 현존사무의 종결 등　현존사무의 종결을 위하여 필요한 새로운 거래(가령 매매계약의 이행을 위한 물품의 구입)를 포함한다. 채권의 회수에는 변제의 수령 이외에 대물변제의 수령, 화해 등도 포함한다. 재산의 환가방법으로 영업의 전부 또는 중요한 일부를 양도함에는 주주총회의 특별결의가 필요하다(374).

2) 채무의 변제　① 채권자에 대한 최고; 청산인은 취임한 날로부터 2월내에 회사채권자에 대하여 일정한 기간(2월 이상)내에 그 채권을 신고할 것과 그 기간내에 신고하지 아니하면 청산에서 제외될 뜻을 2회 이상 공고로써 催告하여야 한다(535①). 청산인은 알고 있는 채권자에 대하여는 각별로 그 채권의 신고를 최고하여야 하며, 그 채권자가 신고하지 아니한 경우에도 이를 청산에서 제외하지 못한다(535②). 따라서 [사례Ⅶ-2-6]과 같이 소송이 제기된 채무의 채권자(X)는 청산인이 알고 있는 채권자에 속하므로 신고하지 않은 경우에도 청산에서 제외되지 아니한다(대판 1968.6.18, 67다2528). ② 신고기간내의 변제금지; 청산인은 채권신고기간내에는 채권자에 대하여 변제하지 못한다. 그러나 회사는 그 변제의 지연으로 인한 손해배상책임을 면하지 못한다(536①). 그러나 청산인은 소액의 채권, 담보있는 채권 기타 변제로 인하여 다른 채권자를 해할 염려가 없는 채권에 대하여는 법원의 허가를 얻어 이를 변제할

수 있다(536②). ③ 변제; 채권신고기간내에 신고한 채권자 및 알고 있는 채권자에게는 변제기도래 유무를 불문하고 변제하여야 한다. 다만 변제기가 도래하지 않은 채무에 대하여는 중간이자를 공제하여야 할 것이다(542①, 259). 회사재산이 채무를 완제할 수 없는 경우에는 청산인은 지체없이 破産宣告를 신청하여야 한다(542①, 254④, 民 93). ④ 제외된 채권자에 대한 변제; 청산에서 제외된 채권자는 분배되지 아니한 잔여재산에 대하여서만 변제를 청구할 수 있다(537①). 그러나 이미 일부의 주주에 대하여 재산의 분배를 한 경우에는 그와 동일한 비율로 다른 주주에게 분배할 재산을 공제하고 남은 재산에 대하여만 채권자에게 변제한다(537②).

3) 잔여재산의 분배　청산인은 원칙적으로 회사의 모든 채무를 변제한 후가 아니면 회사재산을 주주에게 분배할 수 없다(542①, 260). 이에 위반하여 재산을 분배할 때에는 회사는 각 주주에 대하여 그 반환을 청구할 수 있다. 잔여재산의 분배는 원칙적으로 각 주주가 가진 주식수에 따라야 하지만 잔여재산분배에 관하여 내용이 다른 주식을 발행한 경우에는 그에 따른다(538, 344①). 주주의 잔여재산분배청구권은 주주권의 한 내용을 이루지만 회사채무를 완제한 후 잔여재산이 확정한 때에 구체적인 청구권이 된다.

(2) 부수적 청산사무

청산인의 부수적 청산사무로는 청산인의 신고, 회사재산조사보고, 대차대조표 등의 제출이 있다.

1) 청산인의 신고　청산인은 취임한 날로부터 2주간내에 해산의 사유와 그 연·월·일 및 청산인의 성명·주민등록번호 및 주소를 법원에 신고하여야 한다(532). 청산은 법원의 감독에 속하기 때문에 그 판단자료를 제공하기 위함이다.

2) 회사재산조사보고의무　청산인은 취임한 후 지체없이 회사재산상태를 조사하여 재산목록과 대차대조표를 작성하고 이를 주주총회에 제출하여 그 승인을 얻어야 한다(533①). 청산인은 승인을 얻은 후 지체없이 재산목록과 대차대조표를 법원에 제출하여야 한다(533②).

3) 대차대조표 등의 제출　청산인은 정기총회회일로부터 4주간전에 대차대조표 및 그 부속명세서와 사무보고서를 작성하여 감사(감사위원회)에 제출하여야 한다(534①, 415의2⑥). 감사(감사위원회)는 정기총회회일로부터 1주간전에 위 서류에 대한 감사보고서를 청산인에 제출하여야 한다(534②, 415의2⑥). 청산인은 정기총회회일 1주간 전부터 대차대조표 등의 서류와 감사보고서를 본점에 비치하여야 한다(534③). 주주와 회사채권자는 이들 서류를 열람할 수 있고 그 등·초본의 교부를 청구할 수 있다(534④, 448①②). 청산인은 대차대조표 및

사무보고서를 정기총회에 제출하여 그 승인을 요구하여야 한다(534⑤).

(3) 청산의 종결

1) 결산보고서의 제출 청산사무가 종료한 때에는 청산인은 지체없이 결산보고서를 작성하여 이를 주주총회에 제출하여 그 승인을 얻어야 한다(540①). 승인이 있는 때에는 부정행위를 제외하고는 회사는 청산인에 대하여 그 책임을 해제한 것으로 본다(540②).

2) 등 기 결산보고서의 승인이 있으면 淸算終結의 登記를 하여야 하다(542①, 264). 청산종결등기로 회사(청산법인)는 소멸한다. 그러나 등기 후에도 청산사무가 남아 있으면 청산은 종결되지 아니한다. 대판 1968.6.18, 67다2528은 [사례Ⅶ-2-6]과 유사한 사안에서 "피고회사(Y)는 본건 소송제기 후에 해산결의를 하였으므로, 본건 채권은 계출이 없었다 할지라도, 청산으로부터 제외될 수 없고, 청산법인이 청산종결의 등기를 하였더라도, 채권채무가 남아있는 이상, 청산은 종료되지 아니한 것이므로, 그 한도에 있어서 청산법인(Y)은 당사자능력을 가진다"고 판시하였다. 따라서 X회사가 Y회사를 상대로 제기한 수표금반환소송은 Y회사의 청산종결등기에도 불구하고 계속된다(同 대판 1969.2.4, 68다2284; 1991.4.30, 90마672; 1994.5.27, 94다7607; 1996.10.17, 66마901).

청산종결등기로 회사는 소멸한다. 단, 등기 후에도 청산사무가 남아 있으면 청산은 종결되지 아니한다.

3) 서류의 보존 회사의 장부 기타 서류는 본점소재지에서 청산종결의 등기를 한 후 10년간 이를 보존하여야 한다. 다만 전표 또는 이와 유사한 서류는 5년간 보존하여야 한다(541①). 이들 서류의 보존은 청산인 기타 이해관계인의 청구에 의하여 법원이 보존인과 보존방법을 정한다(541②).

제 3 會社의 回生

1. 意 義

(1) 회사의 회생

회사의 회생은 재정적 궁핍으로 파탄에 직면하였으나 경제적으로 회생의 가치가 있는 주식회사에 관하여 채권자, 주주 기타의 이해관계인의 이해를 조정하며 그 사업의 회생재건을 도모함을 목적으로 하는 절차이다(破1). 주식회사 또는 유한회사가 재정적으로 파탄에 직면한 경우에 파산절차를 밟아 회사를 해체 · 회생하여야 할 것이나 그 파탄의 원인이 일시적인 유동성의 부족으로 말미암은 것으로서 충분히 경제적 회생의 가치가 있다고 판단될 경우에는, 법원의 감독하에 채권자나 주주 등 회사의 여러 이해관계인들의 이해를 조정하여 회사를 재건해나가는 제도이다. 회사회생은 종래 會社整理法에 의하는 절차로서, '會社의 整理'라는 용어를 사용하였지만 이는 회사를 회생하여 해체한다는 오해를 줄 소지가 있어 적절하지 못하다는 비판을 받아 왔다. 그리하여 종래 파산 등에 관련된 破産法, 和議法, 會社整理法을 모두 2005년 3월 31일에 「채무자회생및파산에관한법률」(2005.3.31, 법 제7428호)로 통합하였다.

이 법은 제1편(총칙), 제2편(회생절차), 제3편(파산절차), 제4편(개인회생절차), 제5편(국제도산), 제6편(벌칙) 및 부칙으로 구성되어 있다. 아래에서는 제2편의 규정을 중심으로 회사(채무자)의 회생절차를 간단히 살펴본다.

(2) 절차의 개요

회사회생사건은 회사의 본점소재지를 관할하는 지방법원의 본원합의부의 관할에 전속한다(破 6). 회사회생절차는 회생개시신청, 법원의 보전처분, 개시결정, 관리위원회 구성, 관리인 선임, 회생계획의 결정과 수행, 회생절차종료의 순으로 진행된다.

2. 回生節次의 開始

(1) 개시원인

1) 채무변제불능　회사의 사업계속에 현저한 지장을 초래함이 없이는 변제기에 있는 채무를 변제할 수 없는 때이다(破 34①).

2) 파산사유　회사에 파산의 원인인 사실이 생길 염려가 있는 때이다(破 34①).

(2) 개시신청

1) 회사의 신청　회사회생절차의 개시는 원칙적으로 회사의 신청에 의하며 법원의 직권에 의한 개시는 없다.

2) 채권자·주주의 신청　파산원인사실의 발생 염려를 사유로 하는 경우에는 자본의 10분의 1이상에 해당하는 채권을 가진 채권자 또는 발행주식총수의 10분의 1이상에 해당하는 주식을 가진 주주도 신청할 수 있다(破 34②). 이 경우 법원은 회사의 경영 및 재산상태에 관한 자료의 제출을 명할 수 있다(破 34③).

(3) 보전처분

법원은 회생절차개시결정을 하기 전에 이해관계인의 신청 또는 직권으로 회사의 업무와 재산에 관하여 가압류·가처분 기타 필요한 보전처분을 명할 수 있다(破 44). 보전처분이 있는 후에는 법원의 허가를 얻지 아니하면 회사회생절차개시신청 및 보전처분신청을 취하할 수 없다(破 48).

(4) 개시결정

1) 개시결정　법원은 신청회사가 경제적으로 갱생의 가치가 있다고 판단할 경우에는 개시결정을 신청일로부터 1월 내에 개시결정을 하게 되는데, 그 개시결정은 즉시 효력을 발생한다(破 49). 개시결정 및 기각결정에 대하여는 즉시항고 할 수 있다(破 53). 법원은 개시결정과 동시에 관리인을 선정하고 회생채권·회생담보권·주식의 신고기간, 관계인집회의 기일, 회생채권·회생담보권조사기일을 정하여야 한다(破 50). 또한 개시결정을 공고하고 관리인등 이해관계자에게 송달하여야 한다(破 51).

2) 개시결정의 효력　법원의 개시결정은 회사의 현존상태를 동결시키는 효력이 있다. 즉 개시결정이 있는 때에는 회사사업의 경영과 재산의 관리 및 처분권은 관리인에게 전속한다(破 56). 따라서 회사가 개시결정 후 회사재산에 관하여 한 법률행위는 회생절차의 관계에서는 그 효력을 주장하지 못한다(破 64). 또한 회사회생절차와 대립관계에 있는 파산, 강제집행, 가압류·가처분·경매절차는 중지된다(破 57).

3. 回生節次의 機構

회생절차의 개시로 회사는 회생회사로 전환된다. 따라서 종전의 회사기관인 주주총회와 이사회, 감사(감사위원회)는 권한 행사가 제한되고 이를 대신하여 집행기관으로서의 관리인, 의결기관으로서의 관계인집회 및 감독기관으로서의 관리위원회가 구성되어 기능한다.

(1) 관리인·보전관리인·조사위원

1) 관리인　회사회생 업무수행의 중심적 기관이다. 관리인은 법원이 관리위원회와 채권자협의회의 의견을 들어 선임한다(破 74). 관리인은 회사사업의 경영, 재산관리 및 처분, 회사회생계획의 수립과 수행권한을 가지며(破 77, 78) 그에 따른 부수적인 권한을 가진다.

2) 보전관리인　보전관리명령이 있는 때에는 회생절차개시결정 전까

지 채무자의 업무수행, 재산의 관리 및 처분을 하는 권한은 보전관리인에게 전속한다(破85). 보전관리인에 대해서는 관리인에 관한 규정이 준용된다(破86).

3) 조사위원 법원은 필요하다고 인정하는 때에는 관리위원회의 의견을 들어 1인 또는 여럿의 조사위원을 선임할 수 있다. 조사위원은 조사에 필요한 학식과 경험이 있는 자로서 그 회생절차에 이해관계가 없는 자 중에서 선임하여야 한다(破87). 조사위원은 관리인과 같이 검사업무를 가진다(破87).

(2) 관계인집회

1) 의 의 관계인집회는 회생회사의 구성원인 회생채권자, 회생담보권자 및 주주로 구성되는 회생회사의 의결기관이다. 회생개시 전 회사의 중요한 의사결정은 최종적으로는 주주총회가 관장하였음에 비해 회생회사의 의결기관에 주주이외에 채권자와 담보권자가 동등하게 참여하는 것은 회사회생절차에 있어서 이들의 이해관계가 주주보다 오히려 크기 때문이다.

2) 권한 · 의결 관계인집회의 가장 중요한 권한은 관리인이 작성한 회생계획안을 심리하고 결정하는 것이다(破232, 237). 관계인집회의 회의에서 회생채권자와 회생담보권자는 (피담보)채권액에 따라, 주주는 주식수에 따라 각각 의결권을 가지며(破88) 결의방법은 회생채권자, 회생담보권자, 주주별로 일정한 수 이상의 찬성으로 한다(破235).

(3) 관리위원회 · 채권자협의회

1) 관리위원회 회사회생절차의 적정 · 신속한 처리를 위하여 법원의 상설기구로서 관리위원회를 둔다. 이는 회생회사의 기관이라기보다는 회생절차를 주도하는 법원의 감독기능을 대신 수행하기 위하여 도입한 것이다(破15). 관리위원회의 권한은 보전관리인 · 관리인 · 조사위원의 선임에 대한 의견제시와 업무수행의 적정성에 관한 감독 및 평가, 회생계획안에 대한 심사, 채권자협의회의 구성 및 정보전달, 회생절차 진행상황에 대한 평가 등이다(破17).

2) 채권자협의회 회사회생에 가장 큰 이해관계를 가진 자는 채권자임에도 불구하고 과거 회사회생사례에서는 이들이 소외되었던 점을 감안하여, 도입한 것이다(破20). 채권자협의회는 관리위원회의 주도로 구성한다(破20③). 채권자협의회는 채권자들의 이해를 조정하여 법원에 회생절차에 관한 의견을 제시할 수 있으며(破21) 법원으로부터 회생절차에 관한 일정한 서류 기타 정보를 제공받는다(破22).

4. 回生計劃의 作成과 遂行

(1) 회생계획의 의의

회생계획이란 회사의 회생을 위한 기본적인 계획으로서 여기에는 회생채권자·회생담보권자·주주의 권리의 전부 또는 일부의 변경, 회사 영업이나 재산의 양도, 정관변경, 자본감소나 신주·사채의 발행, 합병·해산·회사의 신설 등과 같은 조치를 포함한다(破220). 결국 회생계획은 회사회생에 관계된 이해주체들인 채권자와 주주들이 상호 양보하여 회사를 되살리기 위한 기본계획을 말한다.

(2) 안의 작성

회생계획안은 관리인이 작성하지만(破220③) 회사와 신고한 회생채권자, 회생담보권자 및 주주도 이를 작성할 수 있다(破221). 회생계획안을 작성한 경우에는 일정기간 내에 이를 법원에 제출하여야 한다. 회생계획은 관리위원회의 심사, 행정관청등의 의견(破226), 노동조합의 의견(破227)을 청취한 후 관계인집회의 결의를 얻어야 한다(破232, 237).

(3) 법원의 인가

법원은 관계인집회에서 회생계획안을 가결한 때에는 계획의 인부에 관한 결정을 하여야 한다(破242). 법원은 회생계획안이 법률의 규정에 합치하고, 공정·형평하고 수행이 가능하며, 결의를 성실·공정한 방법으로 한 경우에 한하여 인가결정을 할 수 있다(破243①). 다만 회생절차가 법률의 규정에 위반하는 경우에도 위반의 정도나 회사의 현황 등을 고려하여 인가를 불허하는 것이 부적당하다고 인정하는 때에는 인가결정을 할 수 있다(破243②).

(4) 효력범위

인가된 회생계획은 회사, 모든 회생채권자, 회생담보권자와 주주, 회생을 위하여 채무를 부담하거나 담보를 제공하는 자와 신회사를 위하여 또한 이들에 대하여 효력이 있다(破250①). 다만 회생계획은 회생채권자 또는 회생담보권자가 회사의 보증인 기타 회사와 함께 채무를 부담하는 자에 대하여 가진 권리와 회사 이외의 자가 회생채권자 또는 회생담보권자를 위하여 제공한 담보에 영향을 미치지 아니한다(破250②).

(5) 수 행

회생계획인가결정이 있는 때에는 관리인은 지체없이 계획을 수행하여야 한다(破 257). 회생계획의 수행에 대한 평가는 관리위원회가 하며 법원은 회생계획의 수행에 필요한 명령을 할 수 있다.

5. 回生節次의 終了

(1) 회생절차의 종결

회생계획에 따른 변제가 시작된 이후 회생계획의 수행에 지장이 없다고 인정되는 때에는 법원은 관리인, 신고한 회생채권자 또는 회생담보권자의 신청에 의하여 또는 직권으로 회생절차의 종결을 결정한다(破 283). 회생절차의 종결로 법원과 관리인의 임무는 끝이 나고 회사는 종전사태로 복귀한다. 다만 이사, 대표이사 또는 감사의 회사재산도피·은닉 또는 고의적인 부실경영에 기인한 경우에는 회사의 이사 또는 감사로 선임되거나 대표이사로 선정될 수 없다(破 284).

(2) 회생절차의 폐지

회생절차개시결정 이후에 직권이나 신청에 의해 회생절차를 중도에 폐지하는 것을 말한다. 이는 회생의 가망이 없거나 회사가 신고한 모든 채무를 변제할 수 있음이 명백하여 회생절차를 진행할 필요가 없는 경우에 회사의 신청 또는 법원의 직권으로 한다(破 286 이하).

제 8 장
合名會社 · 合資會社 · 有限會社 · 外國會社

개 요

상법상 회사의 종류에는 주식회사 이외에도 합명회사, 합자회사, 유한회사가 있다. 이 가운데 합명회사는 회사의 채무에 대하여 직접 · 연대 · 무한책임을 부담하는 사원으로만 구성되는 회사이며, 합자회사는 무한책임사원과 유한책임사원이 이원적으로 구성되는 회사이다. 또한 유한회사는 모든 사원이 회사에 대한 출자의무만 부담하는 회사인데, 채권자에 대하여는 직접책임을 부담하지 않는 점에서는 주식회사와 유사하지만, 소규모 · 폐쇄적으로 구성된다는 점에서 주식회사와는 다른 특색이 있다.

이 장에서는 합명회사 · 합자회사 · 유한회사의 설립, 내부관계, 외부관계, 구조개편과 소멸 등을 다룬다. 외국회사는 이들 회사와는 성격을 달리하지만 설명의 편의를 위하여 이 장에 포함시키기로 한다.

주요 내용

o 합명회사의 설립 — 설립절차의 특색, 설립무효와 취소
o 합명회사의 내부관계 — 출자, 업무집행, 손익분배, 지분변동, 정관변경
o 합명회사의 외부관계 — 회사대표, 사원의 책임
o 사원의 입사와 퇴사
o 합자회사의 내부관계 — 출자, 업무집행, 손익분배, 지분변동
o 합자회사의 외부관계 — 회사대표, 사원의 책임
o 유한회사의 연혁, 특성 — 소규모 · 폐쇄성
o 사원의 지위 — 지분양도, 입질
o 회사의 관리 — 이사, 감사, 사원총회
o 정관변경(자본의 증감) — 자본의 증가, 자본의 감소
o 외국회사 — 설립본거지, 지위, 국내영업요건, 영업폐쇄

제 1 절 合名會社

제 1 總 說

1. 意 義

합명회사는 신용의 기초가 사원인 인적회사의 전형이다.

合名會社는 회사의 채무에 대하여 直接 · 連帶 · 無限責任을 부담하는 사원으로만 구성되는 회사이다. 즉 각 사원이 회사채권자에 대해 직접적으로 무한책임을 부담하는 점에 합명회사의 특징이 있으며, 회사의 대외적인 신용의 기초가 社員이라는 인적요소에 중점이 있는 人的會社의 전형이다. 이와 같이 합명회사는 사원이 무거운 책임을 부담하는 반면에, 정관에 별도의 정함이 없는 한, 각 사원은 회사의 업무를 집행하고 회사를 대표할 권한을 가진다. 즉 합명회사는 주식회사와는 달리 기업의 소유와 경영이 일치하므로, 인적신용이 있는 소수인에 의한 동업에 적합한 형태이다. 그러므로 합명회사는 법적으로는 社團法人이지만 그 실체는 개인기업의 결합 또는 조합기업이라고 할 수 있다.

2. 沿 革

합명회사는 사원의 개성이 중시되므로 사원은 자연인에 한한다.

合名會社에서는 사원의 개성이 중시되기 때문에 주식회사와는 달리 사원은 自然人이어야 하며 회사 기타 법인은 사원으로 될 수 없다. 원래 합명회사라는 명칭은 프랑스의 'societe en nom collectif'에서 유래하는데, 프랑스에서는 사원 전원의 이름을 商號 중에 표기할 것을 요하기 때문에 '合名會社'라는 명칭을 사용하게 된 것이다. 그러나 우리 상법은 합명회사의 상호에 사원의 이름을 기재할 것을 요구하지 않기 때문에 합명회사라는 명칭은 부적합한 측면이 있다.

제 2 設 立

1. 意義와 特色

(1) 의의 · 성질

合名會社의 設立은 사원이 되고자 하는 자 2인 이상이 定款을 作成하고 設立登記를 함으로 완료된다. 그러나 실세로는 정관 작성에 앞서 설립사들간에 설립을 위한 조합계약이 체결되고, 그 이행으로서 설립절차가 진행된다. 이와 같은 설립행위의 법적 성질은 合同行爲라고 보는 것이 통설이다(서·정306, 손주472, 최기451, 채403).

합명회사의 설립행위의 법적 성질은 합동행위이다.

(2) 특 색

합명회사는 회사의 대외적 신용의 기초가 사원에게 있으므로 설립절차에 있어서도 社員의 確定이 중요하다. 따라서 설립시 정관에서 사원이 특정된다. 또 주식회사와 같은 회사의 물적기초를 확보하기 위한 복잡한 절차가 요구되지 아니하므로 회사의 성립전에 출자의 이행이 완료될 필요는 없으며(정동(회)740, 채871, 이기616, 정찬(상)521, 註商(II-上)119), 信用出資나 勞務出資도 가능하고, 출자에 대한 검사절차도 없다. 그리고 사원이 업무집행을 담당하므로 업무집행기관의 구성절차도 없다. 이와 같이 합명회사의 설립절차는 매우 간단하므로 주식회사 설립시에 요구되는 發起人制度도 필요치 않다.

합명회사는 사원이 대외신용의 기초이므로 물적요소가 중요한 주식회사와 다르다.

2. 設立節次

(1) 정관작성

합명회사의 설립에는 2인 이상의 사원이 공동으로 정관을 작성하여야 한다(178). 주식회사의 경우와는 달리 정관을 공증인에게 인증(292)받을 필요가 없다. 정관에는 다음과 같은 사항을 기재하고 총사원이 기명날인 또는 서명하여야 한다(179本).

제178조 사원이 될 2인 이상의 공동작성
※참고 제292조
제179조 본문

1) 절대적 기재사항 정관에 반드시 기재하여야 할 사항으로는 i) 목적, ii) 상호, iii) 사원의 성명·주민등록번호 및 주소, iv) 사원의 출자의 목적과 그 가격 또는 평가의 표준, v) 본점의 소재지, vi) 정관의 작성년월

절대적 기재사항(제179조)과 상대적 기재사항

일의 6가지이다(179). 상호에는 '合名會社'라는 문언을 사용하여야 하지만(17) 사원의 이름을 상호중에 넣을 필요는 없다. 출자의 목적은 금전 기타 재산, 노무, 신용 등 제한이 없으며 출자의 종류만 아니고 그 객체를 구체적으로 특정할 것을 요한다. 절대적 기재사항의 어느 하나를 결한 경우에 정관은 무효이고 따라서 회사설립도 무효로 된다. 이와 같이 사원 및 그 출자가 정관에서 이미 확정된다는 점이 합명회사 정관의 특색이라고 할 수 있다.

2) 상대적 기재사항　반드시 기재하여야 정관의 효력이 발생하는 사항은 아니나, 정관에 기재하지 아니하면 법적인 효력이 발생하지 아니하는 사항이다. 사원의 업무집행권 제한(200①) 및 업무집행사원제도(201①), 대표사원(207), 공동대표(208①), 퇴사(218.1), 해산사유(227.1), 지분환급의 제한(222但), 임의청산(247①)이 이에 해당한다.

3) 임의적 기재사항　이외에도 정관에는 합명회사의 본질이나 강행법규 또는 공서양속에 반하지 않는 사항을 기재할 수 있다. 다만 임의적 기재사항도 정관에 기재된 이상 이를 변경하기 위해서는 정관변경절차를 밟아야 한다.

(2) 설립등기

1) 등기사항　합명회사도 다른 회사와 마찬가지로 設立登記에 의해 성립한다(172). 설립등기사항은 i) 목적, 상호, 사원의 성명·주민등록번호 및 주소(대표사원을 정한 때에는 다른 사원의 주소를 제외함), 본점·지점의 소재지, ii) 사원의 출자목적, 재산출자에는 그 가격과 이행한 부분, iii) 존립기간 기타 해산사유, iv) 대표사원의 성명, v) 공동대표의 다섯 가지이다(180). 지점이 설치된 경우에는 지점소재지에서도 동일한 사항을 등기하여야 하며(181, 182), 등기의 변경이 있는 때에는 본점소재지에서는 2주간내, 지점소재지에서는 3주간내에 변경등기를 하여야 한다(183).

설립등기는 창설적 효력이 있다.

2) 등기의 효력　설립등기에 의해 합명회사가 성립하므로 설립등기에는 創設的 效力이 있다. 그러나 지점설립등기나 변경등기는 商業登記의 一般的 效力(37)만이 있다.

3. 設立無效·取消

사단적 법률관계에 획일적 확

회사의 설립에 하자가 있는 경우에 일반원칙에 따라 그 무효 또는 취소를 주장하게 하면 社團的 法律關係의 획일적 확정원칙에 반하게 된다. 이리하여 합명회사에 대해서도 設立無效의 訴 또는 取消의 訴를 마련하여 회사관계에 있어서 법적 안정성을 도모하고 있다. 다만, 주식회사와 다른 점은 정관기재사항의 미비와 같은 객관적인 하자 외에 사원의 무능력 등 설립행위의 주관적 하자도 설립절차상의 하자에 포함된다는 점이다. 이는 합명회사에 있어서는 사원의 개성이 그만큼 중요하기 때문이다.

정을 위해 합명회사의 설립무효, 취소는 설립무효의 소, 취급의 소로만 다룰 수 있다.

(1) 무효원인

설립무효의 원인에는 객관적인 하자와 주관적 하자가 있다.

1) 객관적 하자 주로 定款記載事項의 불비와 같은 객관적인 하자가 합명회사 설립의 무효원인이 된다. 가령, 정관의 절대적 기재사항이 흠결되었거나, 합명회사의 본질에 반하는 기재(가령 사원의 책임제한)가 있는 경우이다. 또한 설립등기가 무효로 되는 경우도 마찬가지이다. 다만, 설립등기가 없는 경우에는 회사자체가 법률상 존재하지 않으므로 이 때는 설립무효가 아니라 會社의 不成立에 해당한다.

설립의 중요부분의 하자 즉, 절내석 기새사항의 흠결 등 객관적인 하자는 무효의 원인이 된다.

2) 주관적 하자 설립에 참가한 자의 意思에 欠缺(의사무능력, 비진의표시, 통정허위표시)이 있는 경우이다. 합명회사에 있어서는 사원의 개성이 중시되기 때문에 사원 1인의 의사표시가 무효인 경우에, 다른 사원만으로 회사가 성립되는 것을 인정하지 아니하며 회사설립 전체를 무효로 한다(통설). 다만 설립행위가 합동행위임을 이유로 하여 非眞意表示, 通情虛僞表示에 관한 규정은 적용되지 아니한다는 견해가 있다(서돈 498).

주관적 하자는 의사의 흠결 등 인적요소의하자를 의미하며 사원 1인만의 의사표시의 하자라도 설립무효사유가 된다.

(2) 취소원인

設立取消의 원인은 민법의 취소사유가 그대로 해당된다. 즉, 行爲無能力者가 법정대리인의 동의를 얻지 아니하고 설립에 관한 의사표시(정관에 서명)를 하거나 詐欺·強迫 또는 錯誤에 의하여 설립에 관한 의사표시를 한 경우이다. 또 사원이 그 채권자를 해할 것을 알고 회사를 설립한 때에도 취소의 원인이 된다(185). 다만, 이는 민법상 일반적인 債權者取消權에 관한 특별규정이므로, 선의의 제3자를 보호하기 위해 취소권의 행사를 제한하는 민법의 규정 (民 109②, 110③)은 적용되지 아니한다. 민법과는 달리 설립이 취소가 되어도 소급효가 제한되므로 제3자 보호의 문제가 발생하지 않기 때문이다.

설립취소사유는 민법상 취소사유가 그대로 해당된다.

(3) 소절차·판결의 효력

1) 제소권자 설립무효는 사원에 한하여, 설립취소는 그 취소권이 있는 자에 한하여 회사성립의 날로부터 2년내에 訴만으로 이를 주장할 수 있

회사설립후 2년 이내에 제기

할 수 있다.

다(184). 이 때, 무효의 소이든 취소의 소이든 모두 形成의 訴이므로 소만으로 무효 또는 취소를 주장할 수 있다. 다만 주관적 하자를 이유로 무효 · 취소를 주장하는 경우에는 그 하자가 있는 사원에 한하여 소를 제기할 수 있지만, 객관적 하자를 이유로 하는 무효의 소에 있어서는 모든 사원이 소를 제기할 수 있다.

일반적으로 회사를 피고로 한다.

2) 피 고　일반적으로는 회사를 피고로 하지만, 詐害行爲를 이유로 한 취소의 경우에는 회사와 사해행위를 한 사원이 공동피고가 된다(185).

3) 절차 · 판결　관할(186), 소제기의 공고(187), 소의 병합(188), 판결의 대세적 효력 및 소급효의 제한(190), 패소원고의 책임(191), 판결확정의 등기(192), 판결확정시 청산(193)에 관하여는 會社法上 訴에서 설명한 바와 같다.

무효취소사유가 특정사원에 국한될시 그 이외의 사원의 전원동의로 회사를 계속할 수 있다(제194조).

4) 회사의 계속　설립무효 · 취소판결이 확정된 경우에, 그 무효나 취소의 원인이 특정한 사원에 한한 것인 때에는 다른 사원 전원의 동의로써 회사를 계속할 수 있다(194①). 이 경우에 그 무효 또는 취소의 원인이 있는 사원은 退社한 것으로 본다(194②). 이 경우에 새로운 사원을 가입시켜 회사를 계속할 수 있다(194③, 229②). 회사를 계속하는 경우에는 본점소재지에서는 2주간내에, 지점소재지에서는 3주간내에 회사계속등기를 하여야 한다(194③, 229③).

제 3 會社의 內部關係

사원과 회사, 사원과 사원간의 법률 관계가 회사의 내부 관계이다.

會社는 社團法人(169, 171)이므로 원칙적으로는 사원과 회사, 회사와 제3자간에서만 법률관계가 성립하고, 사원과 사원 및 사원과 제3자간에는 직접적인 법률관계가 존재하지 아니한다. 그러나 合名會社의 실체는 組合에 지나지 않으므로 그 법률관계에서도 조합적 특성이 반영되어 i) 사원과 회사뿐 아니라 ii) 사원과 사원간, 그리고 iii) 회사와 제3자간에서만 아니라 iv) 사원과 제3자간에도 직접적인 법률관계가 생긴다. 이러한 측면에서 상법은 합명회사의 법률관계를 내부관계와 외부관계로 나누어 규율하고 있는데, 내부관계는 i)과 ii)를 말하고 외부관계는 iii)과 iv)를 말한다.

1. 出 資

(1) 의 의

出資는 사원이 회사의 사업을 수행하기 위해 사원자격에서 하는 일정한 給付이다. 사원은 반드시 정관에서 확정된 출자를 하여야 하며, 정관으로도 출자의무가 없는 사원을 인정할 수 없다(179.4). 출자의무는 會社의 設立 또는 入社에 의해 발생하고 그 이행이나 사원자격의 상실에 의해 소멸된다. 합명회사에서는 이러한 사원의 출자에 의해 회사의 운영에 필요한 자금이 조달되는데 이를 일반적으로 자본금이라고 부르고 있다. 하지만 주식회사와는 달리 합명회사에서는 법적으로 資本이라는 개념이 없다. 굳이 자본이라고 한다면 노무출자와 신용출자를 제외한 '財産出資의 總額'을 말한다(정동(회)747, 정찬(상)525).

사원에게는 반드시 정관에서 확정된 출자를 할 의무가 있다.

(2) 출자의 유형

합명회사의 사원은 회사채무에 대하여 직접·연대·무한책임을 부담하기 때문에 출자에 대한 제한이 주식회사와 같이 엄격하지 않다. 즉 出資의 目的인 이상 재산 이외에 신용이나 노무도 출자로서 인정된다(196, 222, 民 703②). 財産出資는 금전에 의한 것이 보통이지만 동산, 부동산, 無體財産權, 用益權과 같은 현물출자는 물론이고 영업의 비결과 같은 사실관계도 상관이 없다. 信用出資는 사원이 회사에 자기의 신용을 이용시키는 방법에 의한 출자를 말하는데, 가령 회사를 위하여 연대보증을 하고 회사가 발행한 어음에 배서나 인수를 하든가, 물적 담보를 제공하는 경우 등이 그 예이며, 그 밖에 단순히 사원으로서 입사하여 무한책임을 부담하는 방식도 상관없다. 勞務出資는 정신적 노무와 육체적 노무를 불문하나, 주로 특별한 기술을 가진 자가 회사에 자신의 노무를 제공하는 방식으로 하는 출자이다.

재산 이외에 노무출자, 신용출자도 가능하며 금전이외에 현물출자 또한 가능하다.

(3) 출자의 이행

출자의무의 이행은 정관에서 정하는 방식에 의하며 특별한 정함이 없을 경우에는 일반적인 업무집행방법에 따른다(195, 民706①). 다만 그 이행의 시기나 비율 등은 사원평등원칙에 따라야 한다. 그러나 회사의 현존재산이 그 채무를 변제함에 부족한 때에는 청산인은 그 변제기에 불구하고 각 사원에 대하여 출자를 청구할 수 있다(258). 출자의 이행방법은 출자의 목적에 따라 다른데 현물출자의 경우에는 각 재산권별로 이전절차를 밟아야 하며, 채권을 출자의 목적으로 한 사원은 채권이 변제되지 아니한 때에는 그 채권액의

출자이행방법은 정관에 정함이 없으면 일반적 업무집행방법에 따른다.

변제 및 이자와 손해를 배상할 책임을 진다(196).

회사의 출자이행청구 또는 이행기의 도래에 의해 추상적인 출자의무가 구체화되고, 금전 기타 재산출자에 대한 청구권은 독립하여 시효에 걸리며 양도, 상계, 압류가 가능해진다(정희327, 정동(회)746, 채이880, 정찬(상)527, 註商(Ⅱ-上)153). 사원이 구체화된 출자의무를 이행하지 않을 때에는 제명, 업무집행권 또는 대표권상실의 원인이 된다(220①1, 205①, 216).

2. 業務執行

(1) 의 의

회사의목적사업을 수행하기 위한 법률적, 사실적 행위를 의미한다.

業務執行은 회사의 목적사업(가령 운수업, 유통업 등)을 수행하기 위한 행위로서 법률행위(운송계약, 매매계약 등)뿐 아니라 사실행위(매장의 설치, 광고, 사원교육 등)도 이에 포함된다. 업무집행이란 영업을 전제로 하는 것이므로 가령 영업자체를 양도한다든지, 다른 회사를 합병한다든지 기타 해산, 조직변경, 정관변경과 같은 회사의 기본적 변경을 초래하는 행위는 업무집행의 범위에 속하지 아니한다.

(2) 업무집행기관

업무집행권은 원칙적으로 사원에게 있다.
자기기관의 원칙; 사원자격과 기관자격의 일치를 의미한다.
사원 아닌 자는 업무집행사원으로 선임될 수 없다.(통설)

1) 업무집행권 ① 자기기관의 원칙; 합명회사의 업무집행기관은 원칙적으로 각 사원이다(200①). 사원자격과 기관자격이 일치한다는 점에서 이를 '自己機關'이라고 부르며 주식회사에서 보는 바와 같은 소유와 경영의 분리는 이루어지지 아니한다. 이는 합명회사의 사원은 회사의 대외적인 채무에 대하여 직접 · 연대 · 무한책임을 지는 결과, 회사경영에 직접 참여하는 것이 당연하기 때문이다. ② 업무집행사원; 예외적으로 정관에 사원의 1인 또는 수인을 업무집행사원으로 정한 때에는 그 사원에게 업무집행권이 있다(201①). 사원의 수가 많은 경우 업무집행의 신속성과 효율성이 떨어지게 되므로 사원 중에서 따로 업무집행사원을 지정하여, 그에게 경영을 맡기고 나머지 사원에게는 業務監視權을 부여하는 것이다. 업무집행사원은 반드시 사원 자격을 가진 자이어야 하므로 정관이나 총사원의 동의가 있는 경우에도 사원 아닌 자를 업무집행사원으로 선임할 수 없다(통설). 그러나 사원 이외의 자를 업무집행의 보조자로 사용하는 것은 상관없다.

업무집행사원의 사임 · 해임

2) 업무집행권의 제한과 상실 ① 사임 · 해임; 업무집행사원과 회사의 관계는 위임관계이므로 민법의 위임에 관한 규정이 준용된다. 즉 업무집행

은 제한된다.

사원은 정당한 사유가 없으면 사임할 수 없고, 또 다른 사원 전원의 동의가 없으면 해임되지 아니한다(195, 民708). ② **권한상실선고**; 사원이 업무를 집행함에 현저하게 부적임하거나 중대한 업무에 위반한 행위가 있는 때에는 법원은 사원의 청구에 의하여 업무집행권한의 상실을 선고할 수 있다(205①). 가령 競業禁止義務에 위반하였거나, 업무집행 또는 회사대표에 부정행위가 있는 경우가 이러한 사유에 해당할 것이다. 업무집행사원이 1인인 경우에는 업무집행권을 박탈하게 되면 회사의 업무집행이 불가능해지므로 권한상실선고를 할 수 없다고 본다(同 정찬(상)528; 反 정동(회)748, 註商(II-上)175). 대판 1977.4.26, 75다1341은 合資會社에서 업무집행사원이 1인인 사안에 대하여 "상법 205조가 규정하고 있는 합자회사의 업무집행사원의 권한상실선고제도는 회사의 운영에 있어서 장애사유를 제거하는 데 목적이 있고 회사를 해산상태로 몰고 가자는 데 목적이 있는 것이 아니므로 무한책임사원 1인뿐인 합자회사에서 업무집행사원에 대한 권한상실신고는 회사의 업무집행사원 및 대표사원이 없는 상태로 돌아가게 되어 권한상실제도의 취지에 어긋나게 되어 이를 할 수 없다"고 판시한 바 있다. 업무집행사원의 권한상실선고의 판결이 확정된 때에는 본점과 지점소재지에서 등기하여야 한다(205②).

(3) 업무집행의 결정과 실행

업무집행사원이 수인이 있는 경우에는 각자 업무집행을 할 수 있지만 다른 업무집행사원의 이의가 있는 때에는 곧 그 행위를 중지하고 업무집행사원 과반수의 결의에 의하여야 한다(201②). 또 정관으로 수인의 사원을 共同業務執行社員으로 정한 때에는 그 전원의 동의가 없으면 업무집행에 관한 행위를 하지 못한다. 그러나 지체할 염려가 있는 때에는 그러하지 아니하다(202). 이는 업무집행사원의 권한남용을 방지하려는 취지이며 주식회사의 共同代表理事와 유사하다. 다만 支配人의 선임과 해임은 정관에 다른 정함이 없으면 총사원의 과반수결의에 의하여야 한다(203).

(4) 업무집행의 감독

사원에게는 업무감사권이 있다.

합명회사는 사원간의 인적 신용을 기초로 하고 각 사원이 무한책임을 부담하기 때문에 주식회사와 같이 監事나 檢査人은 존재하지 않는다. 그러므로 업무집행권이 없는 사원도 업무집행의 결과에 대하여는 업무집행사원과 동일한 책임을 부담하므로 언제든지 회사의 업무 및 재산상황을 검사할 권한이 있다(195, 民710). 사원의 業務監視權은 정관이나 총사원의 동의로도 제한하거나 박탈할 수 없다(정희329, 정동(회)750, 이철(회)133, 정찬(회)165, 채878, 이기(회)622; 反 최기1172). 사원은 업무감시권을 타인에게 대행시킬 수는 없지만 자기책임하에서 보조자를 사용하는 것은 상관없다. 또 감시권을 가진 사원에게 감사의 명칭을 부여하는 것 또한 허용된다.

3. 社員總會

[사례 Ⅷ-1-1: 합명회사 · 합자회사의 사원총회]

(i) X합명회사는 사원 A, B_1, B_2로 구성되어 있는데, B_2는 B_1에게 명의만을 빌려주어 사원으로 등기되었을 뿐, 실질적으로는 B_1이 B_2분의 출자를 하고, 모든 권한행사도 B_1에게 일임하고 있었다. A와 B_1은 X회사 소유부동산을 Y에게 매각하기로 합의하고 Y에게 소유권이전등기를 하였다. 이후 X회사는 이건 부동산매매는 X회사의 사원총회결의를 거친 바 없기 때문에 무효라는 이유로, 소유권이전등기의 말소를 구하고 있다. X회사의 주장은 타당한가? (서울고판 1971.11.30, 70나500 참조).

(ii) Y합명회사는 대표사원 A와 일반사원 X 등 5인의 사원으로 구성되어 있다. A는 X에게는 소집통지를 하지 않은 채 나머지 4인의 사원으로 사원총회를 개최하여 Y회사 소유부동산을 매각하는 결의를 하였다. 이에 X는 사원총회결의에 참여한 A 등 4인의 사원을 상대로 하여 사원총회결의 무효확인을 구하는 소를 제기하였다. X의 소송은 적법한가? (대판 1991.6.25, 90다14058 참조)

(1) 의사결정

원칙적으로 사원 전원의 과반수의 결의로 의사결정을 한다.

합명회사의 의사결정은 사원의 결의에 의한다. 그 결의는 원칙적으로 사원 전원의 과반수에 의하지만(195, 民706②), 지분양도(197), 정관변경(204), 해산(227. 2) 등 모든 사원의 이해관계에 중대한 영향을 미치는 사안에 대하여는 總社員의 동의를 요한다. 그러나 일상적인 업무결정은 사원 또는 업무집행사원이 단독으로 결정하며, 그 결정에 대하여 다른 사원의 이의가 있는 경우에만 사원들의 결의를 요한다(201 ①,②).

(2) 사원총회

결의는 사원총회에 의하는 것이 보통이다.

사원의 결의는 社員總會에서 하는 것이 보통이며 정관에서 사원총회에 관한 규정을 두는 것은 무방하다. 그러나 합명회사는 소수의 사원으로 구성되는 것을 예상하고 있으므로 주식회사와는 달리 사원총회를 회사의 기관으로 설정하지 않고 있다. 그러므로 모든 사원이 한곳에 모여 회의 방식으로 결의할 필요는 없고, 각 사원의 의사를 개별적으로 확인하는 방법으로 하여도 무방하다. 서울고판 1971.11.30, 70나500도 [사례Ⅷ-1-1-i]과 유사한 사안(합자회사에 관한 사안임)에서 "원고는 위 재산의 처분에는 원고회사(X) 총사원의 특별결의가 있어야 한다고 주장하나 합자회사소유의 재산을 처분함에 있어서는 총사원의 동의가 있으면 족하고 그 총사원의 동의의 형식을 반드시 요식행위로서의 특별결의를 요하는 것이라 할 수 없다"라고 판시하고 있다.

(3) 의결권

1) 1인 1의결권주의 합명회사의 사원은 출자지분의 다소에 관계없이 모두 동일한 의결권을 가진다(頭數主義). 이는 주식수에 비례하여 의결권의 수를 달리하는 주식회사와는 다른 점이며, 모든 사원이 회사채무에 대하여 무한책임을 지고 업무집행권을 가짐에 따른 당연한 결과이다. 따라서 [사례Ⅷ-1-1-i]에서 B_2는 실질적으로 출자를 한 바 없지만 다른 사원과 마찬가지로 의결권을 가진다.

행사방법엔 제한이 없다. 합명회사는 사원의 개성이 중시되며 따라서 의결권의 대리행사는 허용되지 아니한다.(다수설)

2) 행사방법 사원총회를 법적인 기관으로 설정하지 않았으므로 의결권행사방법에 대하여도 별도의 규정이 없다. 그러므로 구두, 우편, 전화 등 사원의 의사를 확인할 수 있는 방법이면 무엇이든지 상관이 없다. 그런데 [사례Ⅷ-1-1-i]과 같이 議決權의 代理行使가 가능한가 하는 점이 문제된다. 합명회사에서는 사원의 개성이 중요하고 따라서 그 의사결정에 있어서도 본인의 의사가 중요하므로 대리행사는 허용되지 아니한다는 것이 다수설의 입장이다(이철(회)134, 이기(회)621, 정찬(상)529). 그러나 서울고판 1971.11.30, 70나500은 "소외 김○○(B_1)은 소외 이○○(A) 이외의 다른 사원들(B_2)에게 자기의 권리를 신탁하는 뜻에서 그의 연고자들을 유한 또는 무한사원으로 등기한 것이고 실질상 사원권은 자기 스스로 행사하면서 대리의 입장을 취한 것임은 이미 앞서 인정한 바와 같고 또 사원의 대리를 금지하는 법적 근거도 찾아 볼 수 없거니와 일부 사원(B_2)이 실제의 사원권리자인 다른 사람(B_1)에게 포괄적인 대리권을 수여하는 것도 유효하다"고 판시하여 대리행사를 허용하는 입장을 취하고 있는데, 그 타당성은 의문이다.

(4) 결의의 하자

결의의 하자를 다투는 경우 민사소송상의 무효확인 소송에 의한다.

사원총회가 법적기관이 아니므로 총회결의의 하자를 다투는 소송에 대하여도 주식회사와는 달리 아무런 규정을 두고 있지 않다. 그러므로 사원총회결의의 하자를 다투는 경우에는 民事訴訟法上의 일반적인 無效確認訴訟에 의하여야 할 것이다. 이 경우 피고를 누구로 하여야 할 것인가 하는 점이 문제된다. [사례Ⅷ-1-1-ii]와 같이 사원(A 등)을 상대로 한 무효확인청구에서 대판 1991.6.25, 90다14058은 "합명회사나 합자회사의 사원총회결의는 회사의 의사결정으로서 그로 인한 법률관계의 주체는 회사이므로 회사(Y)를 상대로 하여 사원총회결의의 존부나 효력유무의 확인판결을 받음으로써만 그 결의로 인한 원고(X)의 권리 또는 법률상 지위에 대한 위험이나 불안을 유효적절하게 제거할 수 있는 것이고, 회사가 아닌 사원(A) 등 개인을 상대로 한 확인판결은 회사(Y)에 그 효력이 미치지 아니하여 즉시확정의 이익이 없으므로 그러한 확인판결을 구하는 소송은 부적법하다"고 판시한 바 있다.

4. 競業禁止 · 自己去來制限

(1) 사원의 경업금지

1) 의 의 　사원은 다른 사원의 동의가 없으면 자기 또는 제3자의 계산으로 회사의 영업부류에 속하는 거래를 하지 못하며(競業禁止), 동종영업을 목적으로 하는 다른 회사의 무한책임사원 또는 이사(兼職禁止)가 되지 못한다(198①). 競業禁止義務는 사원의 업무집행권이나 회사대표권 유무에 불구하고 모든 사원에게 요구된다. 그러나 정관으로 금지의 범위를 제한하거나 면제할 수 있다고 본다(최기1173, 정동(회)751, 이기(회)622, 정찬(상)530). 합명회사 사원의 경업금지의무는 商業使用人(17)보다는 좁고 代理商(89)과 주식회사의 理事(397①)와는 같다. 다만 주식회사에서는 이사회의 승인(397①), 유한회사에서는 사원총회의 승인(567但)을 얻어야 하는 차이가 있다. 경업금지의무의 내용에 관하여는 주식회사에서 설명한 바와 같다.

개입권 행사에는 다른 사원 과반수의 결의로, 그 행사를 안 날로부터 2주, 있었던 날로부터 1년 내에 행사해야 한다.

2) 위반의 효과 　① **개입권 · 손해배상청구권**; 사원이 경업금지의무를 위반한 경우에는 회사는 介入權(198②,③)과 損害賠償請求權(198③)을 행사할 수 있다. 개입권의 행사는 다른 사원 과반수의 결의에 의하여 행사하여야 하며, 다른 사원 1인이 그 거래를 안 날로부터 2주간을 경과하거나 그 거래가 있은 날로부터 1년을 경과하면 소멸한다(198④). 다만 겸직금지에 위반한 경우에는 그 성질상 개입권을 행사할 수 없고 손해배상청구에 의하여야 할 것이다. ② **제명 등**; 다른 사원의 과반수의 결의로써 위반행위를 한 사원의 제명선고(220①2), 업무집행권 또는 대표권상실선고(205, 216)를 법원에 청구할 수 있다.

(2) 자기거래제한

1) 의 의　사원은 다른 사원 과반수의 결의가 있는 때에 한하여 자기 또는 제3자의 계산으로 회사와 거래를 할 수 있다(199本). 업무집행권이나 회사대표권유무에 불구하고 인정되는 의무이다. 주식회사에 있어서는 이사회의 승인, 유한회사에서는 감사의 승인(감사가 있는 때) 또는 사원총회의 승인(감사가 없는 때)이 있는 때(564③) 자기거래를 할 수 있는 점에서 차이가 있지만 자기거래제한의 형태와 그 내용은 동일하다.

다른 사원의 과반수 결의에 의하지 않고는 자기거래가 제한된다.

2) 위반의 효과　사원이 자기거래제한에 위반한 경우에는 손해배상책임, 업무집행권과 회사대표권상실선고의 청구대상으로 되는 점은 경업금지의무위반의 경우와 마찬가지이다(205, 216). 그러나 경업금지위반의 경우와는 달리 自己去來制限 違反은 제명사유로는 되지 아니한다(220① 참조). 그러나 제명이 가능하다고 하는 반대견해도 있다(이철(회)135, 註商(II-上)163).

경업금지의무위반과 같으나 단, 제명사유는 되지 않는다.

5. 損益分配

(1) 의 의

1) 손익의 개념　합명회사는 영리법인이므로 회사경영의 결과 손해 또는 이익이 발생한 경우에는 이를 지분에 비례하여 각 사원에게 분배하여야 한다. 합명회사에서 利益이라고 하면 대차대조표상의 순재산액에서 자본의 액을 공제하고 남은 부분을 말하고, 損害는 모자라는 부분을 말한다(정희330, 손주496, 정동(회)754, 이철(회)136, 정찬(상)531). 한편 손익산정의 기준이 되는 대차대조표상의 순재산이나 자본에는 재산출자분만 포함되고 신용출자나 노무출자는 포함되지 아니한다(정희330, 손주546, 정찬(상)504).

회사 경영의 결과로 생긴 손해 또는 이익이다.

2) 손익분배의 원칙　합명회사에서는 주식회사와는 달리 엄격한 배당가능이익의 개념이나 확정에 관한 규제를 하지 않고 그 분배를 사원의 자치에 맡겨두고 있다. 따라서 준비금적립에 관한 의무도 없으며 이익이 없어도 배당할 수 있다. 이는 각 사원이 채권자에 대해 직접·무한책임을 부담하므로 이러한 배당을 인정하여도 회사채권자보호에 문제가 없기 때문이다.

주식회사와 달리 그 분배는 사원의 자치에 의한다.

(2) 분배의 표준

1) 표 준　손익분배의 표준에 대하여는 정관 또는 총사원의 동의로 정한 바가 있으면 그에 의하고, 특별한 정함이 없으면 組合에 관한 민법의 규정에 의해 각 사원의 출자이행분에 비례하여 분배하면 된다(民711①). 이익

분배의 표준은 정관, 총사원의 동의에 의한다.

또는 손실 중 하나에 대하여만 비율을 정한 것이 있는 때에는 그 비율은 양자에 공통적으로 적용된다(民 711②). 이와 같이 손익분배의 표준을 반드시 출자지분에 비례하지 않아도 되도록 한 것은 어차피 회사의 채무에 대하여는 전 사원이 연대하여 책임을 부담하는 점에서는 동등하기 때문이다.

2) 시 기 손익분배의 시기는 정관에서 정한 것이 있으면 그에 의하지만, 회사는 적어도 매년 1회 일정시기(결산기) 대차대조표를 작성하여야 하기 때문에(30②), 그 때 손익분배를 하는 것이 보통이다.

(3) 분배의 방법

현금이 원칙이나 사내유보나 사원의 지분 증가에 충당할 수 있다.

이익분배는 현금으로 하는 것이 원칙이지만, 社內留保나 사원의 지분증가에 충당할 수도 있다. 이 경우에 사원은 퇴사 또는 회사의 해산시에 그 반환을 요구할 수 있다. 손실의 분담은 현실로 각 사원이 추가적인 출자의무를 이행해야 하는 것이 아니고 회사의 계산상 사원의 지분을 감소하는 데 그친다. 그러나 사원의 퇴사 또는 회사의 해산시에는 분담한 손실액을 전보하여야 한다(정희331, 정동(회)755, 이철(회)136, 이기(회)623, 정찬(상)532).

(4) 이익배당청구권

이익배당청구권은 사원권의 내용중 하나이다.

사원의 이익배당청구권은 주주의 경우와 마찬가지로, 社員權의 내용으로서의 추상적 이익배당청구권과 결산기에 이익배당결의로 구체화된 구체적 利益配當請求權으로 구별된다. 구체적인 配當金支給請求權은 금전채권으로서 지분양도제한(197)에 상관없이 양도하거나 압류 또는 전부명령의 대상이 된다(정희331, 정찬(상)532).

6. 持分의 變動

(1) 의 의

사원의 지분은 추상적으로 사원권, 구체적으로는 회사재산의 비율적 수액이다.

1) 개 념 합명회사 사원의 持分은 추상적으로는 사원으로서의 지위(사원권)를 의미하며, 구체적으로는 회사재산에 대하여 가지는 비율적 受額을 의미한다. 이는 마치 주식회사에서 주식이 주주권과 자본의 구성단위라는 2가지 의의를 가진 것과 마찬가지이다. 持分의 讓渡(197)라고 할 때에는 첫번째 의미에서 사용한 것이고, 회사해산시나 사원의 퇴사시에 사원자격에 기해 회사로부터 환급받거나(적극지분), 회사에 지급할(소극지분) 계산상의 수액은 두번째 의미의 지분이다. 이와 같이 지분은 團體法上 社員權을 의미하는데 지나지 않으므로 物權法上 共有者가 가지는 持分과는 구별된다. 따

라서 대판 1962.5.3, 4294민상1590은 "합명회사의 사원은 단지 합명회사의 지분을 가졌음에도 불구하고 회사재산에 대하여는 직접 아무런 권리가 없으므로 그 재산의 인도를 청구할 수 없다"고 판시하였음은 당연하다.

2) 지분단일주의 합명회사의 지분은 각 사원에게 1개씩 있고 그 크기가 사원의 출자에 따라 각각 달라진다. 이는 주식회사의 주식(유한회사 사원의 지위)이 균등한 비율적 단위로 구성되고 각 주주는 보유주식수에 따라 여러 개의 지분을 가지는 이른바 持分複數主義와 대립하는 것이다.

사원의 지분은 각 사원마다 1개이며 단지 출자의 비율에 따라 달라질 뿐이다.

(2) 지분의 양도

1) 전부양도 사원권으로서의 지분은 양도의 대상이 된다(대판 1971.10.25, 71다1931). 지분의 양도는 당사자간의 계약에 의해 성립하며 그 계약이 효력을 발생하기 위해서는 다른 사원 전원의 동의를 요한다(197). 이는 합명회사가 사원간의 인적신뢰를 바탕으로 할 뿐 아니라, 각 사원이 회사채무에 대하여 연대책임을 부담하기 때문에 어느 사원이 지분을 양도하고 회사관계로부터 이탈하는 것은 다른 사원 모두에게 큰 영향을 주기 때문이다. 다만 정관으로 이를 완화할 수 있다(정희333, 서·정590, 손주488, 최기1176, 정동(회)757, 註商(II-上)156, 정찬(회)169). 지분양도로 정관기재사항인 사원의 변경(179.3)이 생기지만 지분양도에 대한 동의에 정관변경동의도 포함되는 것으로 보아야 한다(이철(회)138~139, 채887, 정찬(상)534, 정희333, 註商(II-上)156).

사원권으로서의 계약에 의해 성립하며, 효력발생시 다른 사원 전원의 동의가 필요하다(제197조).

2) 일부양도 持分의 일부를 양도할 수 있으며 이 경우에도 다른 사원 전원의 동의를 얻어야 하는 것은 전부양도와 마찬가지이다(197). 사원간에 지분의 일부양도가 있을 경우에는 양도인의 지분이 축소되고 양수인의 지분이 증가하는데 그치지만, 제3자에게 양도가 된 경우에는 양수인은 새로이 入社한 것이 된다.

일부 양도도 가능하나 다른 사원 전원의 동의를 얻어야 한다.

3) 대항요건 持分讓渡는 정관의 기재사항일 뿐 아니라 등기사항이기도 하다(180.1). 이에 따라 지분양도가 있을 경우에는 변경등기를 하여야 하는데(183), 변경등기에는 대항력이 있으므로(37), 지분양도를 제3자에게 대항하기 위해서는 정관변경등기를 하여야 한다. 회사가 변경등기를 하지 아니할 경우에는 지분양수인은 회사에 대하여 변경등기를 청구할 권리가 있다. 대판 1968.10.29, 68다1088은 "피고 합자회사 범양산업사에 대하여서도, 위 지분양수를 주장하여 그에 따르는 사원변경등기의무의 이행을 청구할 수 있으며, 같은 피고 회사로서는 원고가 이 사건지분을 양수한 원인이, 채권담보를 위한 것이라는 이유만으로서는 위 사원변경등기의무의 이행을 거절할 수 없다"고 판시한 바 있다.

지분양도는 정관기재사항이며 등기사항이다.

(3) 상 속

지분은 상속되지 않으며 사원의 사망은 퇴사의 원인이 된다.

1) 원 칙　합명회사에서는 사원의 개성이 중요하므로 원칙적으로 持分의 相續을 인정하지 아니한다. 이에 따라 사원의 사망은 退社의 원인이 되며(218. 3), 상속인은 피상속인의 퇴사로 인한 持分還給請求權을 상속할 뿐이다. 다만 청산중에 사원이 사망한 경우에는 당연히 지분의 상속이 이루어진다(246).

정관에 의해 상속을 인정할 수 있다.

2) 예 외　정관에서 지분의 상속을 인정한 경우에는 상속인이 사원의 지위를 승계한다. 이 경우에는 상속인은 상속의 개시를 안 날로부터 3월내에 회사에 대하여 승계 또는 포기의 통지를 발송하여야 한다(219 ①). 상속인이 통지 없이 3월을 경과한 때에는 사원이 될 권리를 포기한 것으로 본다(219 ②).

(4) 입질 · 압류

통설과 판례는 입질을 인정한다. 그 요건은 다른 사원전원의 동의 여부에 따라 학설이 대립한다.

1) 입 질　지분의 입질에 관하여는 아무런 규정이 없지만 통설과 판례는 입질을 인정한다(대판 1971.10.25, 71다1931). 다만 入質의 요건에 대하여는 견해가 나누어지는데, 양도의 경우와 마찬가지로 입질에 대하여 다른 사원전원의 동의를 요한다는 다수설(정희334, 손주489, 최기539, 채890, 이기(회)624, 정찬(상)535)과 입질 자체는 동의가 필요 없으며, 질권의 실행으로 인한 持分의 換價에 대하여만 동의를 얻어야 한다는 소수설(정동(회)758~759, 서·정 590, 이철(회)144)이 나뉘어진다. 사원이 비록 지분에 질권을 설정하더라도 나중에 피담보채권을 변제하면 사원지위에 변경이 생기지 아니하므로, 질권의 실행단계에 들어가 사원지위에 변경이 생길 경우에만 다른 사원의 동의를 얻도록 하는 것이 타당하다고 본다.

압류는 가능하지만 지분의 환가, 전부에 다른 사원 전원의 동의를 요하여 실효를 거두기가 어려우므로 채권자보호규정을 두고 있다.

2) 압 류　채권자가 사원의 지분을 압류할 수 있지만(대판 1971.10.25, 71다1931) 이를 換價하거나 轉付하는 데에는 다른 사원전원의 동의를 요하므로 그 실효를 거두기가 매우 어렵다. 이러한 사정을 고려하여 상법은 압류채권자보호를 위한 몇 가지 규정을 두고 있다. ① 사원지분의 압류는 사원이 장래이익의 배당과 지분의 환급을 청구하는 권리에 대하여도 그 효력이 있다(223). 이에 따라 이익배당시 또는 지분환급시가 도래할 때마다 채권자는 채권의 推尋 또는 轉付할 수 있다(정희334, 정찬(상)536). ② 압류채권자는 6월전에 예고하고 영업년도말에 사원을 퇴사시킬 수 있다(224 ①). 그 사원이 변제를 하거나 상당한 담보를 제공한 때에는 그 효력을 잃는다(224 ②). 여기에서 '담보를 제공한 때'라고 함은 담보물권을 설정하거나 보증계약을 체결한 때를 말하는 것으로서, 중첩적 채무 인수계약이 체결되거나 채무인수를 승락한 때에는 이에

해당한다(대판 1989.5.23, 88다카13516). ③ 임의청산을 할 경우에는 압류채권자의 동의를 얻어야 한다(247 ④). 이에 위반하여 회사가 재산을 처분한 경우에는 압류채권자는 회사에 대하여 그 지분에 상당하는 금액의 지급을 청구할 수 있다(249).

7. 定款變更

(1) 의 의

정관의 변경은 실질적 의의의 정관을 변경하는 것을 말한다. 정관은 공서양속, 회사의 본질, 강행규정에 반하지 않는 한 자유롭게 변경할 수 있다.

실질적 의미의 정관의 변경을 의미한다.

(2) 절 차

1) 총사원의 동의 정관을 변경함에는 총사원의 동의가 있어야 한다(204). 합명회사는 사원 개개인의 인적신용을 기초로 하므로 주식회사와 같이 다수결로 사원의 總意를 결정할 수 없기 때문이다. 그러나 정관변경에 관한 규정은 회사의 내부관계에 관한 임의규정이므로 그 요건을 완화할 수 있다고 본다(정희490, 최기556, 정동(회)771, 이철(회)137, 채888, 이기(회)631, 註商(II-上)172).

원칙적으로는 총사원의 동의가 필요하나 임의규정으로 그 요건을 완화할 수 있다.

2) 예외적인 경우 정관소정의 사항 중 사실에 기초를 둔 것(가령 사원의 사망)은 그 사실의 변경에 의해 당연히 정관변경이 생기고 총사원의 동의를 요하지 않는다. 또 지분의 양도(197), 입사, 퇴사(217), 제명(220)과 같은 다른 규정에 의해 총사원의 동의를 얻은 경우에는 비록 이들이 정관기재사항인 사원의 변경에 해당하더라도 따로 정관변경을 위한 동의를 요하지 아니한다(손주494, 정동(회)771~772, 채888, 이기(회)631, 註商(II-上)172, 정찬(상)545).

사실에 기초를 둔 사항의 변화에 따른 정관변경은 총사원의 동의를 요하지 않는다.

(3) 정관변경의 효력과 등기

1) 효력발생 정관변경이 등기사항인 경우에는 변경등기를 요한다(183). 그러나 정관변경의 효력은 등기와 상관없이 총사원의 결의시에 발생한다. 대판 1996.10.29, 96다19321도 "합자회사의 성립 후에 신입사원이 입사하여 사원으로서의 지위를 취득하기 위해서는 정관변경을 요하고 따라서 총사원의 동의를 얻어야 하지만, 정관변경은 회사의 내부관계에서는 총사원의 동의만으로 그 효력을 발생하는 것이므로 신입사원은 총사원의 동의가 있으면 정관인 서면의 경정이나 등기부에의 기재를 기다리지 않고 그 동의가 있는 시점에 곧바로 사원으로서의 지위를 취득한다"고 판시하였다.

총사원의 결의시 효력이 발생한다.

2) 제3자에 대한 대항력 정관변경을 제3자에게 대항하기 위해서는 변경등기를 하여야 한다(37). 위 대판 1996.10.29, 96다19321는 "상법 제37조

변경등기가 경료되어야 제3

자에게 대항할 수 있다.

1항에 의하면 등기할 사항은 등기와 공고 후가 아니면 선의의 제3자에게 대항하지 못하므로, 총사원의 동의로 을이 무한책임사원으로서의 지위를 취득하였다고 하더라도 그에 관한 등기가 마쳐지기 전에는 등기 당사자인 회사나 을로서는 선의의 제3자에게 을이 무한책임사원이라는 사실을 주장할 수 없으므로, 만약 제3자가 갑만이 유일한 무한책임사원이라고 믿은 데 대하여 선의라면, 회사나 을로서는 제3자가 을의 동의를 받지 아니하였음을 주장하여 그 지분양도계약이 효력이 없다고 주장할 수 없다"고 판시하였다.

제 4 會社의 外部關係

外部關係는 회사와 제3자 간의 관계 및 사원과 제3자 간의 관계를 말한다. 회사와 제3자 간에서는 會社代表가 문제되며, 사원과 제3자 간에서는 社員의 責任이 문제된다.

1. 會社代表

合名會社는 法人으로서 스스로는 어떠한 의사표시도 할 수 없으므로 일정한 권한을 가진 자연인으로 하여금 회사의 행위를 대신하게 하고 그 행위의 효과를 법인에게 귀속시킨다. 이를 代表라고 하며 대표권한을 가진 자연인을 代表機關이라고 한다.

(1) 대표기관

각 사원은 회사를 대표한다.

1) 원 칙　합명회사에 있어서 대표는 업무집행의 대외적인 측면에 지나지 않으므로 업무집행권을 가진 자는 모두 대표기관이 된다. 즉, 각 사원이 원칙적으로 회사대표권을 가지는(207前) 自己機關의 原則이 지배한다. 이 경우에는 회사대표에 관해 별도의 등기를 할 필요가 없다.

업무집행권 있는 사원 중 특정사원에게 대표권을 부여할 수 있다.

2) 예 외　대표권을 특정한 사원에게 부여할 수 있는데 이를 代表社員이라고 한다. 대표사원은 업무집행권한이 있는 자 중에서 정하여야 한다. 즉 i) 정관으로 수인의 업무집행사원을 정한 경우에는 각 업무집행사원이 대표기관이 된다(207中). ii) 정관 또는 총사원의 동의로 업무집행사원 중에서 특히 회사를 대표할 자를 정할 수도 있다(207但). 위 i), ii)의 경우에는 대표사원의 성명을 등기하여야 한다(180.4).

(2) 대표사원의 권한

1) 권한의 범위　회사를 대표하는 사원은 회사의 영업에 관하여 재판상 또는 재판외의 모든 행위를 할 권한이 있다(209①). 대표권한은 영업의 전부에 미치지만, 영업 자체를 처분하거나 회사의 기본적인 구조변경을 초래하는 행위는 권한의 범위를 넘어선다. 영업에 관한 행위 여부는 행위의 객관적 성질에 따라 결정된다. 재판상 행위는 訴訟行爲를 말하며, 재판 외의 행위는 法律行爲, 準法律行爲를 묻지 않지만 不法行爲는 포함하지 아니한다. 그러나 대표사원이 업무집행으로 인하여 타인에게 손해를 가한 때에는 이것이 회사의 불법행위도 되어 회사와 사원이 연대하여 손해를 배상할 책임이 있다(210).

회사영업에 관한 재판상 또는 재판외의 모든 행위를 할 권한을 가진다.

2) 대표권의 제한　① 제한; 대표사원의 권한은 정관 또는 총사원의 동의로 제한할 수 있지만 그 제한으로 선의의 제3자에 대하여 대항하지 못한다(209②). ② 소; 회사와 대표사원 간의 訴에 있어서는 대표사원이 회사를 대표할 권한이 없고, 다른 사원 과반수의 결의로 대표할 자를 선정하여야 한다(211). 이 경우 대표권의 제한은 선의의 제3자에 대하여도 대항할 수 있다. ③ 공동대표; 회사는 정관 또는 총사원의 동의로 수인의 사원이 공동으로 회사를 대표할 것을 정할 수 있다(208①). 共同代表의 정함이 있는 경우에는 단독으로는 회사를 대표할 수 없으므로 대표권에 대한 제한으로 된다. 이 경우에도 제3자의 회사에 대한 의사표시(受動代表)는 공동대표의 권한있는 사원 1인에 대하여 이를 함으로써 그 효력이 생긴다(208②). 공동대표는 등기하여야 한다(180. 5).

대표권의 제한에 정관 또는 총사원의 동의가 필요하다. 단, 선의의 제3자에 대항하지 못한다.

(3) 대표권의 상실

1) 사임 · 해임　대표사원도 업무집행사원과 마찬가지로 정당한 사유 없이 사임할 수 없으며, 다른 사원 전원의 동의가 없으면 해임시킬 수 없다(195, 民708).

2) 권한상실선고　대표사원이 업무를 집행함에 현저하게 부적임하거나 중대한 업무에 위반한 행위가 있는 때에는 법원은 사원의 청구에 의하여 代表權限喪失宣告를 할 수 있다(216, 205①). 판결이 확정된 경우에는 본점과 지점의 소재지에서 등기하여야 한다(216, 205②). 대표사원이 1인 경우에는 업무집행사원의 경우와 같이 대표권상실선고를 할 수 없다고 본다(정찬(상)538; 反 정동(회)761).

업무집행에 있어 현저한 부적임, 중대한 업무위반에만 법원은 대표권한 상실선고를 할 수 있다.

2. 社員의 責任

[사례 Ⅷ-1-2: 합명회사 · 합자회사 사원의 책임]

(i) A합명회사의 사원 Y_1과 Y_2는 A회사의 X에 대한 다음 각 채무에 대하여 연대하여 변제할 책임이 있는가? ① A회사가 X에게 제공하기로 한 기술이전의무 ② A회사가 X에게 매각한 부동산의 등기이전의무 ③ A회사의 대표사원 B가 X에게 가한 불법행위로 인한 손해배상책임 ④ A회사의 고용기사 B가 일으킨 교통사고로 X가 입은 손해에 대한 배상의무 ⑤ 회사가 X세무서에 납부할 조세채무 ⑥ A회사의 다른 무한책임사원인 X에 대한 차용금 반환채무 또는 임원보수지급채무

(ii) X는 A합자회사 소속 택시기사가 일으킨 사고(1995.8.5)로 말미암아 큰 부상을 당하여, A회사를 상대로 소송한 결과 1억원의 배상판결을 받았다. 그러나 A회사에 배상금지급능력이 없다는 사실을 알게 된 X는, A회사를 퇴사한 무한책임사원 Y(1995.8.19 퇴사등기)에게 배상금 지급을 청구하였다(1997.8.3). 이에 대하여 Y는, 자신은 이미 A회사를 퇴사한 후 2년이 경과하였으므로 책임이 없으며, 비록 책임이 있다고 하여도 X는 먼저 A회사에 변제자력이 없다는 것과 집행이 용이하지 않다는 것을 입증하여야 한다고 주장하였다. Y의 주장은 타당한가? (대판 1975.2.10, 74다1727 참조).

(iii) X는 A합자회사에 자금을 융자하여 주고 A회사의 대표사원이자 무한책임사원인 B 소유의 부동산에 채권최고금액 2억8천만원의 근저당권을 설정하였다. A회사의 채무불이행에 따라 X는 위 부동산에 경매신청을 하였고, 위 부동산은 2억3천만원에 경락되어 비용공제 후 배당금액이 2억2천만원으로 확정되었다. 배당기일 현재 X의 채권은 원리금 합하여 2억2천만원이었으므로 X는 전액을 자신에게 배당할 것을 요구하였으나, A회사를 퇴직한 Y 등이 임금채권 4억3천만원을 청구채권으로 하여 배당요구하자, 경매법원은 임금채권이 근저당권부채권보다 우선한다는 전제하에 배당할 금액 전액을 Y에게 배당한다는 내용의 배당표를 작성하였다. 이에 X는 Y 등을 상대로 하여 배당이의를 신청하였다. X의 이의는 타당한가? (대판 1996.2.9, 95다719 참조).

(1) 총 설

각 사원은 회사에 대해 직접 연대, 무한책임을 진다.

1) 의 의 合名會社의 社員은 회사의 재산으로 회사의 채무를 完濟할 수 없는 때에는 연대하여 변제할 책임이 있다(212 ①). 사원의 회사채무에 대한 直接 · 連帶 · 無限責任을 인정한 것이다. 합명회사도 법인이기 때문에

회사의 채무는 회사가 부담하며 사원이 회사채권자에 대해 직접 책임을 부담하여야 할 이유는 없다. 그러나 합명회사의 실질이 소수인의 동업을 위한 組合的 性格이 강하며 그 신용의 기초 또한 회사재산이 아닌 사원에 있으므로 사원에게 회사채무에 대한 직접책임을 인정하는 것이다(조지현, "회사의 무한책임사원자격", 「상사법연구」(2006), 398). 이러한 사원의 직접·연대·무한책임은 합명회사의 가장 기본적인 특성으로 되어 있는 바, 각 사원에게 원칙적으로 업무집행권이나 회사대표권을 부여하는 것, 지분의 비율에도 불구하고 각 사원에게 동일한 의결권을 주는 것, 회사의 중요한 사항에 대하여 총사원의 동의를 요하는 것, 지분의 양도나 퇴사 등이 자유롭지 못한 것, 사원의 동일성이 정관에서 확정되며 등기에 의해 공시되는 것 등은 모두 이러한 사원의 無限責任이라는 특성에서 유래하는 것이다.

2) 강행성 사원의 책임에 관한 규정은 강행규정으로서 정관 또는 총사원의 동의로도 이를 면제하거나 제한할 수 없으므로 내부적으로 책임을 제한하여도 이로써 회사채권자에게 대항할 수 없다. 또 사원인 이상 업무집행권이나 대표권의 유무, 출자의 종류를 묻지 않고 모두 동일한 책임을 부담한다. 사원이 아닌 자가 타인에게 자기를 사원이라고 오인시키는 행위를 하였을 때에는 오인으로 인하여 회사와 거래한 자에 대하여 사원과 동일한 책임을 진다(215).

사원의 책임은 정관 또는 총사원의 동의로도 면제, 제한할 수 없다.

3) 출자의무와의 차이 사원의 책임은 외부관계에서 회사채권자에 대해 부담하는 것으로서 내부관계에서 회사에 대해 부담하는 出資義務와는 다르다. 즉, 사원의 책임은 무한책임임에 비해 출자의무는 유한책임이며, 그에 관한 규정도 임의규정이다.

출자의무는 유한책임이다.

(2) 책임의 성질

사원의 책임은 人的·無限·連帶·直接責任이다. 그러나 사원의 책임은 회사채무를 변제할 책임이기 때문에 회사채무의 존재를 전제로 하는 2차적이고 보충적인 책임이다.

1) 무한책임 無限責任은 물적회사 사원의 有限責任과 대립하는 개념으로서 사원은 자신의 출자한도에 상관없이 회사의 모든 채무에 대하여 인적인 책임을 부담한다는 의미이다. 이러한 점에서 保證人의 責任과 유사하지만 보증인의 책임은 보증계약에 기한 책임이라는 점에서 사원의 의사 여하에 불구하고 법의 규정에 의해 부과되는 사원의 책임과 구별된다.

사원은 회사의 모든 채무에 대해 인적책임을 진다.

2) 연대책임 회사의 채무에 대하여 각 사원은 연대하여 변제할 책임

회사의 모든 채

무에 대하여 각 사원간에는 연대하여 책임진다는 의미이며 민법상 보증인과 유사한 항변권을 갖는다.

이 있다. 여기에서 連帶責任이라고 함은 '會社와 社員의 連帶責任'이 아니라 '각 社員간의 連帶責任'을 의미하는 것이다. 이러한 점에서 사원의 연대책임은 민법상 보증인과 피보증인간의 '連帶保證'이 아니라 보증인 상호간의 '保證連帶'와 유사하다. 그러므로 사원은 보증인이 가지는 것과 유사한 抗辯權을 가진다. 즉 사원이 회사채무에 대하여 변제의 청구를 받은 때에는 회사가 주장할 수 있는 항변으로 그 채권자에게 대항할 수 있다(214①). 또 회사가 그 채권자에 대하여 상계, 취소 또는 해제할 권리가 있는 경우에는 사원은 변제를 거부할 수 있다(214②). 또 사원은 회사에 변제의 자력이 있으며 집행이 용이한 것을 증명한 때에는 변제할 책임이 없다(212③).

사원은 회사의 채권자에 대하여 직접적으로 책임을 부담한다.

3) 직접책임 사원은 회사채권자에게 直接責任을 부담한다. 이는 사원이 회사에 대한 출자의무만을 부담하고 출자한 재산으로 회사가 책임을 지는 이른바 물적회사 사원의 간접책임과 구별되는 것이다. 合資會社의 有限責任社員은 출자한도 내에서는 책임이 제한되지만, 그 한도 내에서는 회사채무에 대하여 직접책임을 부담하는 점에서 합명회사 사원의 책임과 같다.

(3) 책임이행의 요건

사원의 책임이행요건으로써 회사가 채무의 완제불능이거나 강제집행이 주효하지 않을 것을 요건으로 한다.

1) 완제불능 · 강제집행불주효 사원은 회사채무에 대하여 직접책임을 부담하므로 회사의 채무가 발생하면 그때부터 이행의 책임이 있다. 그러나 사원의 책임은 회사채무의 존재를 전제로 하는 보충적인 것이므로 일단 회사재산으로 변제하고, 회사재산으로 完濟不能인 경우(212①) 또는 強制執行이 주효하지 못한 경우(212②)에만 변제할 책임이 있다. 完濟不能이라고 함은 채무초과인 상태를 의미하는데, 이는 대차대조표상의 부채의 합계액이 자산의 합계액을 초과하는 경우이다. 다만 완제불능, 강제집행불주효는 사원책임의 이행요건일 뿐 사원이 회사재산으로 변제하고 나머지 채무에 대하여만 책임을 부담한다는 의미는 아니다.

입증책임은 채권자에게 있다는 것이 통설이다.

2) 입증책임 상법은 사원이 회사에 변제의 자력이 있으며 집행이 용이한 것을 증명하면 변제의 책임이 없다고 규정하고 있다(212③). 그 의미에 대하여는 입증책임이 채권자에 있다는 것이 통설의 입장이다(정희338, 정동(회)766, 정찬(회)181). 그러나 대판 1975.2.10, 74다1727는 [사례Ⅷ-1-2-ii]와 유사한 사안에서 "소외 합자회사 신일택시(A)에 변제의 자력이 있으며 집행이 용이하다는 사실은 피고(Y)가 그의 책임을 면하기 위하여 적극적으로 주장 · 입증하여야 할 사유이므로 그 주장 · 입증을 하지 않은 피고에 대하여 원심이 이에 관한 석명이나 주장과 입증을 촉구하지 아니하였다 하여 심리미진의 위법을 범

한 것이라고는 말할 수 없다"고 판시하여 사원에게 입증책임이 있다는 입장을 취하고 있다.

(4) 책임의 내용

1) 대상채무 책임의 대상은 '會社의 債務'이다. 회사의 채무는 계약상의 채무이든, 불법행위로 인한 손해배상책임이든 묻지 아니한다. 즉 [사례Ⅷ-1-2-i]의 ③과 같은 회사 자체의 불법행위책임(210)이나 [사례Ⅷ-1-2-i]의 ④와 같은 회사의 사용자책임(民756)도 그 대상이 된다. 또 [사례Ⅷ-1-2-i]의 ⑤와 같은 공법상의 채무도 마찬가지이다. 사원의 책임은 회사가 부담하는 채무와 동일한 것이 원칙이지만 [사례Ⅷ-1-2-i]의 ①,②와 같이 대체성이 없는 채무에 대하여는 채무불이행으로 인한 손해배상책임만 부담한다. 대판 1956.7.5, 1956민상147도 이러한 취지에서 "합자회사가 무자력인 경우에 무한책임사원이 그 책임을 지는 것은 대체할 수 있는 채무이행에 한하고, 본건과 같이 특정한 권리(전화가입권)의 이전을 목적으로 하는 청구에는 적용할 수 없다"고 판시한 바 있다.

회사의 모든 채무는 대상채무이다.

2) 사원에 대한 채무 문제는 [사례Ⅷ-1-2-i]의 ⑥과 같이 채권자가 사원(X)인 경우에 다른 사원(Y_1,Y_2)은 그 채무에 대하여도 연대하여 변제책임이 있는가 하는 점이다. 다수설은 상법 제212조의 적용을 부정하고 각 사원(Y_1, Y_2, X)은 손실분담비율에 따라 그 사원(X)에게 변제하면 충분하다고 한다(정희338, 서·정596, 손주503, 정무622, 정찬(상)543). 이에 대하여 소수설은 사원의 회사에 대한 채권을 사원자격과 무관한 채권(借用金返還債權)과 사원자격에 기한 채권(任員報酬債權)으로 나누어, 전자에 대하여는 상법 제212조를 적용하여야 하나 후자에 대하여는 적용되지 않는다고 한다(정동(회)767, 최기1183, 채886, 이철(회)150). 이론적으로는 소수설이 우수하나, 실제적으로 사원자격에 기한 채권인지 여부를 구별하기가 쉽지 않고, 또한 변제한 사원의 다른 사원에 대한 求償債權(民425①)에 대하여도 또 상법 제212조를 적용하는 순환논법에 빠지게 되므로 다수설이 타당하다고 본다.

사원이 채권자일 경우 다른 사원은 손실분담비율에 따라 변제하면 족하다는 다수설이 타당하다.

3) 임금채무 ① 문제의 소재; 사원의 책임대상이 되는 회사의 채무에는 회사와 사용인 간의 고용관계로 인한 채무가 당연히 포함된다. 그런데 임금채권은 회사의 총재산에 대하여 우선변제권이 있으나 質權이나 抵當權에는 우선하지 못하므로(468), 임금채권의 보호를 위하여 근로기준법에서는, 임금채권에 사용자의 총재산에 대하여 질권·저당권뿐 아니라 조세채권에 대하여도 우선변제권을 부여하고 있다(勤基30의2②). 문제는 이 규정에서 말하는

임금채권은 우선변제권이 있는데 '사용자의 총재산'에 사원 개인재산의 포함여부에 관하여 판례는 법인 자체의 재산만

을 의미한다고 하나 합명회사 사원의 직접, 무한, 연대책임에 비추어 볼 때 부당하다는 비판이 있다.

'使用者의 總財產'에 합명회사의 사원(합자회사의 무한책임사원)의 개인재산도 포함하는가 하는 점이다. ② 판례의 입장; 이에 관하여 대판 1996.2.9, 95다719는 [사례Ⅷ-1-2-iii]에서 "임금 우선변제권의 적용대상이 되는 '사용자의 총재산'이라 함은 근로계약의 당사자로서 임금채무를 1차적으로 부담하는 사업주인 사용자(A회사)의 총재산을 의미하고, 따라서 사용자가 법인인 경우에는 법인 자체의 재산만을 가리키며, 법인의 대표자 등 사업경영 담당자의 개인(B사원) 재산은 이에 포함되지 않는다고 봄이 상당하다. 합자회사(A)가 회사 재산으로 채무를 완제할 수 없거나 또는 회사 재산에 대한 강제집행이 주효하지 못하여 결국 합자회사의 무한책임사원(B)이 근로자들(Y 등)에 대한 회사의 임금채무를 변제할 책임을 지게 되었다 하더라도, 보충적인 위 책임의 성질이나 일반 담보권자의 신뢰보호 및 거래질서에 미치는 영향 등을 고려할 때 이를 회사가 사업주로서 임금채무를 부담하는 경우와 동일하다고 보아 무한책임사원(B) 개인 소유의 재산까지 임금 우선변제권의 대상이 되는 '사용자의 총재산'에 포함된다고 해석할 수는 없다"고 판시하여 X의 이의청구를 받아들였다. ③ 비판; 이러한 판례의 태도에 대하여는 합명회사(합자회사)의 법리와 주식회사의 법리를 오해한 것이라는 비판이 제기되고 있다. 즉 무한책임사원에게 회사채무에 대한 직접·연대·무한책임을 인정하는 합명회사(합자회사)에 있어서는 법인인 회사의 재산과 무한책임사원의 재산의 분리는 의미가 없고, 따라서 채권자에 대한 관계에 있어서는 법인격은 무의미한 것이며, 이 점이 사원과 회사의 법인격을 엄격히 구분하는 주식회사와 다른 점이라는 것이다(최기원, "임금채권과 무한책임사원의 책임", 354 이하).

(5) 책임기간

사원이 책임지는 기간은 사원이 회사에 입사한 시점부터 퇴사한 시점까지로 하는 것이 원칙일 것이다. 그러나 합명회사 사원의 책임은 이보다 훨씬 더 확대되고 있다.

입사전채무도 다른 사원과 동일한 책임을 진다.

1) 입사 전 채무 회사성립 후에 가입한 사원은 그 가입전에 생긴 회사채무에 대하여 다른 사원과 동일한 책임을 진다(213). 대외관계에서 사원의 책임을 통일시키기 위함이다.

퇴사등기전까지 생긴 채무는 2년간 다른 사원과 동일한 책임을 진다.

2) 퇴사 후 책임 사원이 퇴사하거나 지분을 양도한 경우에도 퇴사등기 전에 생긴 회사채무에 대하여는 등기 후 2년 내에는 다른 사원과 동일한 책임이 있다(225). 합명회사와 거래하는 제3자는 사원의 신용을 중시하는데, 아무런 채권자보호절차 없이 갑자기 그 사원이 퇴사하거나 지분을 양도

하여 회사관계로부터 이탈하는 경우에는 거래상대방인 제3자는 불측의 손해를 입게 될 가능성이 있다. 이에 따라 사원의 책임을 퇴사 또는 지분양도 이후 일정기간 동안 연장한 것으로서, 주식회사의 자본감소절차에 있어서의 채권자보호조치에 대응하는 것이다. [사례Ⅷ-1-2-ⅱ]에서 보면 A회사 소속 운전수가 사고를 일으킨 것은 1995년 8월 5일로서 이 때에 회사의 채무는 발생한 것이고, A회사의 무한책임사원(Y)이 퇴사등기한 것은 채무발생후인 1995년 8월 19일이고, X가 Y에게 청구를 한 것은 Y의 퇴사등기일부터 2년내인 1997년 8월 3일이므로 사원(Y)은 채권자(X)에 대하여 1억원의 배상책임이 있게 되는 것이다.

3) 해산 후 책임 합명회사가 해산한 경우 사원의 책임은 본점소재지에서 해산등기 후 5년까지 연장된다(267①).

(6) 책임이행의 효과

사원이 회사채무를 변제한 경우에는 회사의 채무는 소멸한다. 이 경우 사원은 회사에 대하여 辨濟者 代位로서 求償權을 취득하고(民481), 다른 사원에 대하여도 그 부담 부분에 한하여 구상권을 가진다(民425). 이 구상권은 보충성이 없기 때문에 구상청구를 받은 다른 사원은 회사에 변제자력이 있다는 이유로 이행을 거절할 수 없다.

사원의 책임이행으로 회사채무는 소멸하고 사원의 회사, 다른 사원에 대한 구상권을 취득한다.

제 5 社員의 入社와 退社

사원자격의 변동은 여러 원인에 의하여 발생한다. 우선 사원자격의 취득에는 原始取得(설립, 입사)과 承繼取得(지분양수, 상속)이 있으며 사원자격의 상실에는 절대적 상실(해산, 퇴사)과 상대적 상실(지분양도, 사망)이 있다. 이들 각각의 사유에 대하여는 관련되는 곳에서 설명하고 있으므로 여기에서는 入社와 退社에 대하여만 살펴본다.

1. 入 社

(1) 의 의

회사 성립후에 출자를 함으로써 사원자격을 원시적으로 취득하는 것을 入社라고 한다. 입사는 사원이 되려는 자와 회사간의 入社契約에 의해 이루

출자를 통한 사원자격을 원시적으로 획득하

는 것이다.

어진다.

(2) 절 차

총사원의 동의시에 입사한 것이 된다.

入社에 대하여는 상법에 특별한 규정을 두고 있지 않으나, 사원은 정관의 기재사항이므로, 정관변경절차인 총사원의 동의를 요하며(204) 동의시에 입사한 것이 된다. 대판 1996.10.29, 96다19321도 이러한 취지에서 "합자회사의 성립 후에 신입사원이 입사하여 사원으로서의 지위를 취득하기 위해서는 정관변경을 요하고 따라서 총사원의 동의를 얻어야 하지만, 정관변경은 회사의 내부관계에서는 총사원의 동의만으로 그 효력을 발생하는 것이므로 신입사원은 총사원의 동의가 있으면 정관인 서면의 경정이나 등기부에의 기재를 기다리지 않고 그 동의가 있는 시점에 곧바로 사원으로서의 지위를 취득한다"고 판시하였다.

(3) 등 기

사원은 등기사항이므로 새로운 入社는 변경등기를 요한다(183).

(4) 신입사원의 책임

회사 성립 후에 가입한 사원은 그 가입 전에 생긴 회사채무에 대하여 다른 사원과 동일한 책임을 진다(213).

2. 退 社

[사례 Ⅷ-1-3: 합명회사 · 합자회사 사원의 퇴사]

(i) ① A합자회사는 유한책임사원 X_1,X_2,Y_2와 무한책임사원 Y_1의 4인으로 구성되어 있다. 대표사원인 Y_1의 회사재산 유용 등으로 인해 X_1,X_2와 Y_1,Y_2간에 경영상의 분쟁이 발생하자, X_1과 X_2는 Y_1,Y_2를 일괄적으로 제명할 것을 합의하고 제명선고를 법원에 청구하였다. X_1,X_2의 제명청구는 타당한가?(대판 1976.6.22, 75다1503 참조) ② 만일 A합명회사(합자회사)의 사원이 X와 Y뿐이고 X가 Y의 제명을 법원에 청구한 경우에는 어떠한가? (대판 1991.7.26, 90다19206 참조).

(ii) A는 Y합명회사의 사원 X에 대한 약속어음금채권에 기하여, X의 Y회사에 대한 사원출자지분을 압류한 후, 상법 제224조 제1항의 규정에 의한 퇴사예고를 하였다. 이후 B가 X의 A에 대한 채무를 중첩적으로 인수하고 채권자인 A는 이를 승낙하였다. 이에 X는 위 퇴사예고는 상당한 담보의 제공으로 효력을 잃었으므로 자신의 퇴사는 원인무효라는 이유로, Y회사에 대하여 사

원퇴사등기의 말소를 청구하였다. X의 청구는 타당한가? (대판 1989.5.23, 88다카13516 참조).

(1) 의 의

1) 개 념 退社는 회사의 존속 중에 특정한 사원이 사원으로서의 자격을 절대적으로 상실하는 것을 말한다. 사원이 지분의 전부를 양도한 경우에는 사원자격을 상실하지만 양수인이 그 지위를 승계한 것이기 때문에(상대적 상실) 사원지위의 절대적 상실인 퇴사와 구부된다.

사원자격의 절대적 상실을 의미한다.

2) 인정이유 退社制度는 인적회사의 특성이 반영된 것으로서 물적회사에는 없는 제도인데 그 근거는 첫째, 합명회사에서는 사원의 책임이 중하기 때문에 사원을 장기간 그 의사에 반하여 회사에 붙들어 두는 것은 타당하지 아니하며 둘째, 사원의 인적신용을 중시하여 지분의 양도를 극도로 제한하기 때문에 이에 대신하여 투하자본의 회수수단으로서 퇴사를 인정할 필요가 있으며 셋째, 어떠한 사원이 일신상의 사유로 더 이상 회사를 계속할 수 없는 경우에도 그 사원의 퇴사를 인정하지 않으면 회사 전체를 해산할 수밖에 없게 되어 기업유지의 원칙에 반하게 된다는 것이다.

3) 퇴사원인 사원이 퇴사를 하게 되는 원인은 여러가지가 있는데, 이러한 퇴사원인에 따라 사원의 의사에 따른 任意退社와 법정사유의 발생으로 퇴사로 간주되는 當然退社 및 회사채권자에 의한 強制退社로 구분되어진다.

(2) 임의퇴사

정관으로 회사의 존립기간을 정하지 아니하거나 어느 사원의 종신까지 존속할 것을 정한 때에는 사원은 6월전에 예고하고 영업년도말에 한하여 퇴사할 수 있다(217①). 그러나 부득이한 사유가 있을 때에는 언제든지 퇴사할 수 있다(217②). 여기서 '不得已한 事由'라고 함은 계속하여 회사에 관여할 수 없는 일신상의 사유(가령 질병)를 의미하며 회사의 사업부진 등 사원들이 공통적으로 감수해야 할 어려움은 포함하지 아니하며, 한편 사원의 퇴사로 사원이 1인이 된 경우에도 퇴사가 가능하다고 본다(정동(회)773, 정찬(상)547, 註商(II-上)200). 퇴사는 회사에 대한 일방적 의사표시로서 하며 다른 사원의 동의를 요하지 아니한다. 퇴사시에는 출자분의 환급을 받을 수 있다.

부득이한 사유란 계속하여 회사에 관여할 수 없는 일신상의 사유이다.

(3) 당연퇴사

1) 사 유 當然退社의 사유는 i) 정관소정의 사유(정년 기타 자격상실사유), ii) 총

사원의 동의(이 경우에는 부득이한 사유가 없더라도 퇴사할 수 있으나, 사원의 의사에 관계없이 퇴사한다는 의미는 아님), iii) 사망(정관으로 상속을 인정한 경우에는 상속인이 사원의 지위를 승계), iv) 금치산, v) 파산, vi) 제명의 여섯 가지이다(218).

2) 퇴사의제　이외에 당연퇴사가 擬制되는 경우로는 다음의 두 가지가 있다. 첫째, 회사설립의 무효 또는 취소판결이 확정된 후 그 무효 또는 취소의 사유가 있는 사원을 제외한 다른 사원전원의 동의로써 회사를 계속한 경우(194 ①), 그 사원은 퇴사한 것으로 본다(194 ②). 둘째, 회사의 해산사유가 발생한 경우 사원의 전부 또는 일부의 동의로 회사를 계속할 수 있는데, 동의를 하지 아니한 사원은 퇴사한 것으로 본다(229 ①).

(4) 제　명

사원자격의 박탈을 의미한다.

1) 의　의　除名은 대상 사원의 의사에 반하여 사원자격을 박탈하는 것이다. 합명회사는 사원간의 인적신뢰를 그 바탕으로 하므로, 만일 어느 사원에게 사원간의 신뢰를 깨는 사유가 발생하여 더 이상 동업을 하기 곤란한 경우에는 다른 사원들의 과반수 결의로서 그 사원을 회사로부터 축출하는 제명조치를 취할 수 있다. 이러한 제명을 통하여 사원간의 신뢰가 상실되는 경우에도 나머지 사원들로 하여금 회사를 계속하는 것이 가능하므로 기업유지의 이념을 실현할 수 있게 된다. 다만 제명제도를 남용하여 다른 사원을 부당하게 축출하는 일이 없도록 하기 위해 상법은 제명사유와 절차를 엄격하게 규정하고 있다.

통설은 강행법규로 보아 제명사유의 가감을 허용하지 않는 입장이며 타당하다.

2) 제명사유　제명사유는 i) 출자의무를 이행하지 아니한 때, ii) 경업금지의무에 위반한 때, iii) 회사의 업무집행 또는 대표에 부정한 행위가 있는 때, 권한 없이 업무를 집행하거나 회사를 대표한 때, iv) 기타 중요한 사유가 있는 때의 네 가지이다(220 ①). 문제는 정관의 규정 또는 총사원의 동의로 이러한 제명사유를 배제하거나 제한할 수 있는가 하는 점이다. 통설은 상법 제220조를 강행법규로 보아 제명사유의 가감은 허용되지 않는다는 입장을 취하고 있으나(정찬(상)548, 손주509, 註商(Ⅱ-上)209) 반대견해도 있다(최기 118). 생각건대 제명은 당사자의 의사에 반하여 회사로부터 축출하는 제도로서 그 남용의 방지를 위해 법이 제명사유를 한정하고 있는 것이므로 상법 제220조에서 인정하는 사유 이외에는 제명사유를 추가하거나 삭제할 수 없다고 본다.

다른사원 과반수의 결의에 의한 제명 청구와 법원의 제명 선고를 통해 이

3) 제명결의　제명사유에 해당하는 사실이 발생하면 다른 사원 과반수의 결의에 의한 除名請求와 법원의 除名宣告로서 제명이 이루어진다. ① 일괄제명; 제명청구에 요구되는 '다른 社員過半數'의 의미와 관련하여 [사례Ⅷ-1-3-i]의 ①과 같은 일괄제명이 가능한가 하는 점이 문제된다. 통설은

루어진다.

제명은 당해 사원의 개인적 특질을 고려하여야 하므로 일괄제명(X1,X2의 합의에 의한 Y1,Y2의 동시제명)은 허용되지 않고 제명대상 사원별로 제명하여야 한다고 본다(정희341, 손주509, 정동(회)775, 채893, 정찬(상)549, 註商(Ⅱ-上)207; 反 최기1188~1189). 즉 Y_1과 Y_2의 제명은 분리하되, Y_1의 제명시에는 그를 제외한 X_1,X_2 및 Y_2의 과반수결의, Y_2의 제명시에는 X_1,X_2 및 Y_1의 과반수결의를 얻어야 한다. 대판 1976.6.22, 75다1503도 이와 유사한 사안에서 "제명은 원래 개인적인 것이고, 제명사유에 해당한다 하여 당연히 제명이 되는 것이 아니고 당해 사원의 개인적 특질을 고려한 다음 결정되는 것이므로 같은 취지에서 피제명 각인에 대하여 타의 사원의 동의 여부의 기회를 주어 개별적으로 그 제명의 당부를 나머지 다른 사원의 과반수의 의결로 결의하여야 하는 것"이라고 판시하고 있다. ② 사원이 2인인 경우; [사례Ⅷ-1-3-i]의 ②와 같이 사원이 2인뿐인 회사에서 제명이 가능한가 하는 점도 문제된다. 이에 그 사원(Y)을 제명하면 사원이 1인이 되어 회사의 해산사유(227. 3)가 되므로 제명할 수 없다고 본다(정희341, 손주509, 이철(회)141, 이기(회)630, 정찬(상)549). 대판 1991.7.26, 90다19206도 "상법 제220조 제1항, 제269조는 합자회사에 있어서 사원에게 같은 법조 소정의 제명사유가 있는 경우에는 다른 사원 과반수의 결의에 의하여 그 사원의 제명선고를 법원에 청구할 수 있다고 규정하고 있는 바, 다른 사원 과반수의 결의란 그 문언상 명백한 바와 같이 제명대상인 사원 이외에 다른 사원 2인 이상의 존재를 전제로 하고 있는 점, 위 제명선고제도의 취지나 성질 등에 비추어 보면, 무한책임사원과 유한책임사원 각 1인만으로 된 합자회사에 있어서는 한 사원의 의사에 의하여 다른 사원의 제명을 할 수는 없다고 보아야 한다"고 판시하였다.

4) 제명선고　제명청구의 소는 회사의 본점소재지 지방법원의 관할에 속한다(220②, 206). 법원의 제명선고의 판결이 확정되면 본점과 지점의 소재지에 등기하여야 한다(220②, 205②).

(5) 채권자에 의한 강제 퇴사

채권자의 채권확보수단으로 채무자인 사원을 퇴사시켜 지분의 환급으로 채권만족을 얻을 수 있도록 하고 있다.

사원의 지분을 압류한 채권자는 6월전에 예고하고 영업년도말에 그 사원을 퇴사시킬 수 있다(224①). 지분을 압류한 채권자는 이익배당을 받아 변제에 충당할 수 있지만 그것만으로는 충분하지 않은 경우에는 사원을 퇴사시켜 지분을 환급받음으로써 채권을 회수할 수 있도록 한 것이다. 다만 사원이 변제하거나 상당한 담보를 제공한 때에는 그 효력을 잃는데(224②) 이러한 경우에는 굳이 사원을 퇴사시킬 필요가 없기 때문이다. 여기에서 '상당한

(제224조①)

擔保'라고 함은 채무의 이행을 확보할 수 있는 것이면 물적 담보이든 인적 담보이든 상관이 없다. 대판 1989.5.23, 88다카13516은 [사례Ⅷ1-3-ii]와 유사한 사안에서 "상법 제224조 제2항의 규정에 의하여 사원의 지분압류채권자에 의한 퇴사는 사원(X)이 그 채무를 변제하거나 담보를 제공한 때에는 그 효력을 잃도록 되어 있는 바, 위에서 담보를 제공한 때라 함은 압류채권자(A)와의 사이에서 담보물권을 설정하거나 보증계약을 체결한 때를 말하는 것이므로, 실질적으로 보증과 같은 채권확보의 효력이 있는 중첩적 채무인수계약이 압류채권자와의 사이에서 체결되거나 또는 압류채권자가 위 채무인수를 승낙한 때에는 퇴사예고는 그 효력을 잃는다고 보아야 할 것이다"라고 판시하고 있다.

(6) 퇴사의 효과

사원자격의 절대적 상실을 의미한다.

퇴사로 인하여 사원으로서의 자격을 절대적으로 상실한다. 이와 같이 사원이 퇴사하게 되면 대외적인 책임을 부담할 사원수가 감소하므로 채권자보호조치가 필요하고, 퇴사하는 사원에 대하여는 지분의 환급 등 정산조치가 필요하다.

1) 회사채권자보호 퇴사한 사원은 본점소재지에서 퇴사등기를 하기 전에 생긴 회사채무에 대하여는 등기 후 2년 내에는 다른 사원과 동일한 책임이 있다. 그 의미에 대하여는 사원의 책임부분에서 설명한 바와 같다(225①). 지분을 양도한 사원의 경우에도 마찬가지이다(225②).

지분의 환급은 출자의 종류와 상관없이 금전으로 한다.

2) 지분환급청구권 · 손실분담금납입의무 퇴사한 사원은 회사에 대하여 持分還給請求權을 가진다. 재산출자자는 물론이고 정관에 다른 정함이 없는 한 노무 또는 신용으로 출자한 경우에도 마찬가지이다(222). ① 지분의 계산; 환급할 지분에 대한 計算은 퇴사당시의 회사의 재산상태에 따라야 하는데, 제명으로 인한 퇴사의 경우에는 제명의 소를 제기한 때를 기준으로 하며 그 때로부터 법정이자를 붙여야 한다(221). 지분계산결과 회사에 대한 지분이 적극적으로 되는 경우에는 환급청구를 할 수 있지만 모자라는 경우에는 오히려 손실분담금을 납입하여야 한다. ② 성질; 지분의 계산으로 퇴사원에게 환급할 금액이 확정되면 구체적인 금전채권으로 되는데, 이는 지분의 환급은 출자의 종류에 불구하고 금전으로 하기 때문이다(195, 民719②). 이 채무는 사원이 제3자적 지위에서 회사에 대하여 가지는 채권이므로 다른 사원 전원이 연대 · 무한책임(212)을 부담한다(정찬(상)551, 이철(회)144, 정희342, 손주512). ③ 이용권의 출자; 사원이 특정재산의 사용을 출자의 목적으로 한 경우에는 사원자격의 상실로

그 재산의 반환을 청구할 수 있지만 이는 소유권에 기한 반환청구이며 지분환급은 아니다.

3) 상호변경청구　퇴사한 사원의 성명이 회사의 상호 중에 사용된 경우에는 그 사원은 회사에 대하여 그 사용의 폐지를 청구할 수 있다(226).

(7) 정관변경 · 등기

1) 정관변경　퇴사로서 정관의 기재사항인 사원의 변경(179. 3)이 생기지만 따로 정관변경절차(총사원의 동의) 없이 당연히 정관이 변경된다(정찬(상)550, 손주 510, 정동(회)776).

2) 등 기　사원의 퇴사는 등기사항(180. 1)의 변경이므로 변경등기를 하여야 한다(183). 다만 제명에 의한 퇴사의 경우에는 제명의 등기를 하므로(220②, 205②) 따로 퇴사등기를 할 필요가 없다. 퇴사등기는 사원면책의 제척기간의 기산점이 되므로(225 ①), 중요한 의미를 가진다(대판 1975.2.10, 74다1727).

퇴사 등기는 사원면책의 제척기간의 기산점이 된다.

제 6 會社의 構造改編과 消滅

1. 合　併

合併의 의의, 성질, 효과 등은 합병 일반과 마찬가지이므로 여기에서는 合名會社의 합병에 특유한 사항에 대하여만 설명하기로 한다.

(1) 합병의 제한

회사는 그 종류 여하에 불구하고 자유롭게 합병할 수 있으므로(174 ①), 합명회사는 다른 합명회사는 물론이고 주식회사 또는 유한회사와도 합병할 수 있다. 다만 합병을 하는 회사의 일방 또는 쌍방이 株式會社 또는 有限會社인 때에는 합병 후 존속하는 회사 또는 합병으로 설립되는 회사는 株式會社 또는 有限會社이어야 한다(171 ②). 해산 후의 회사는 존립중의 회사를 존속회사로 하는 경우에 한하여 합병할 수 있다(174 ③).

회사합병시 일방 또는 쌍방이 주식회사나 유한회사인 경우와 해산후의 회사에 관하여는 제한을 두고 있다.

(2) 합병의 절차

합병은 당사회사의 대표기관간의 합병계약 체결, 합병결의, 채권자보호절차, 합병등기의 순으로 진행된다. 합명회사의 경우에도 合併契約書를 작성하는 것이 보통이지만 주식회사와는 달리 그 작성은 법률상의 요건은 아니다. 다만, 주식회사와 합병하는 경우에는 총사원의 동의를 얻어 합병계약서를 작성하여야 한다.

1) **합병결의** 합명회사가 다른 회사와 합병함에는 총사원의 동의를 요한다(230).

2) **채권자보호절차** 합병결의 후 2주간 내에 합병에 대한 이의제출을 일정한 기간(1월 이상)동안 최고·공고하고, 이의를 제출한 채권자에 대한 변제·담보제공·재산신탁(232) 등은 주식회사의 합병과 마찬가지이다.

3) **설립위원의 선임** 신설합병의 경우에는 총사원의 동의로 설립위원을 선임하여야 하며(175②), 정관작성 기타 설립에 관한 행위는 각 회사에서 선임한 설립위원이 공동으로 하여야 한다(175①).

4) **합병등기** 이러한 절차가 종료된 때에는 본점소재지에서는 2주간 내, 지점소재지에서는 3주간 내에 합병등기를 하여야 한다. 즉 합병등기는 존속회사에는 변경등기, 소멸회사에는 해산등기, 신설회사에서는 설립등기를 각각 하는 것을 말한다(233). 합병의 효력은 존속회사 또는 신설회사가 그 본점소재지에서 변경등기 또는 설립등기할 때에 발생한다(234).

(3) 합병의 효과

합병의 결과 당사회사의 전부 또는 일부의 소멸과 존속회사의 정관변경, 또는 신회사가 성립한다. 이에 따라 소멸회사의 사원은 존속회사 또는 신설회사의 사원으로 되고, 소멸회사로부터 존속회사 또는 신설회사에 대한 권리의무의 포괄적 이전이 생긴다.

(4) 합병의 무효

합병무효의 소는 합병등기일부터 6월 이내에 제기해야 한다.

합병절차에 하자가 있으면 합병무효가 문제되고 주식회사의 경우와 마찬가지로 合併無效의 訴에 의해서만 그 하자를 다툴 수 있다. 소의 제기권자는 각 회사의 사원, 청산인, 파산관재인 또는 합병을 승인하지 아니한 회사채권자이다(236①). 合併無效의 訴는 합병등기일로부터 6월이내에 제기하여야 한다(236②). 기타 소의 절차(240, 186~191), 무효판결확정의 효력(239)에 대하여는 주식회사 합병과 같다.

2. 組織變更

組織變更의 의의, 절차 및 그 효과에 대하여는 조직변경 일반에서 설명한 부분이 그대로 합명회사에도 해당하기 때문에 여기에서는 합명회사가 합자회사로 조직·변경하는 경우의 특수한 문제에 대하여만 살펴보기로 한다.

(1) 방　법

조직변경시 물적회사는 물적회사로, 인적회사는 인적회사로만 가능하다.

회사의 조직변경은 物的會社 상호간 또는 人的會社 상호간에서만 인정된다. 따라서 합명회사에서 합자회사로 또는 합자회사에서 합명회사로의 조직변경만 가능하다. 다만, 합자회사는 합명회사와는 달리 무한책임과 유한책임사원으로 구성되기 때문에, 합명회사가 합자회사로 조직변경하기 위해서는 유한책임사원을 영입하는 것이 필요하다. 그 방법으로는 종래 사원의 일부를 유한책임사원으로 하거나 유한책임사원을 새로 가입시켜서 할 수 있다(242①). 조직변경은 회사의 존속 중에는 물론, 사원이 1인이 되어 해산한 회사가 새로 사원을 가입시켜 회사를 계속할 경우에도 가능하다(242②, 229②).

(2) 절　차

1) 총사원의 동의　　합명회사를 합자회사로 조직변경하기 위해서는 총사원의 동의가 필요하다(242①). 이 때 조직변경 후의 합자회사의 정관내용에 관하여도 정하여야 한다.

2) 채권자보호절차　　합명회사의 조직변경시에는 회사채권자 보호를 위한 절차는 특별히 존재하지 아니한다. 다만 유한책임사원이 된 자는 퇴사원에 준하여 조직변경등기 전에 생긴 회사채무에 대하여 조직변경등기 후 2년내에는 무한책임을 부담한다(244). 유한책임사원을 가입시켜 합자회사로 된 경우에는 무한책임사원은 종래와 같이 책임을 부담하고 유한책임사원이 증가하게 되므로 채권자보호절차가 필요하지 않다.

(3) 등　기

합명회사에서 합자회사로 조직변경을 한 경우에는 본점소재지에서는 2주간내에, 지점소재지에서는 3주간내에, 합명회사에 대하여는 해산등기, 합자회사에 대하여는 설립등기를 하여야 한다(243).

3. 解　　散

(1) 해산사유

합명회사는 주식회사와 달리 1인 회사가 인정되지 않는다.

1) 해산사유　　合名會社의 解散事由에는 i) 존립기간의 만료 기타 정관으로 정한 사유의 발생, ii) 총사원의 동의, iii) 사원이 1인으로 된 때, iv) 합병, v) 파산, vi) 법원의 명령 또는 판결의 여섯 가지가 있다(227). 주식회사에서는 1人會社를 인정하는 것이 통설이지만, 합명회사는 이를 인정하지 않으므로 사원이 1인이 되면 해산된다.

'부득이한 사유'의 존재시 각 사원은 해산판결을 청구할 수 있다.

2) **해산판결** 法院에 대한 解散判決請求는 부득이한 사유가 있는 때에 각 사원이 할 수 있는데(241①), 주식회사의 해산판결보다 그 요건이 매우 완화되어 있다. 이 소는 본점소재지의 지방법원의 관할에 전속하며 판결의 확정에 의해 해산된다(241②, 186, 191). 여기서 '부득이한 사유'라고 함은 사원간에 충돌이 생겨 원만하게 사업을 계속할 수 없는 때라든가, 중심적 사원이 사망한 때 등이다.

(2) 해산등기

회사가 해산된 때에는 합병과 파산의 경우 외에는 그 해산사유가 있는 날로부터 본점소재지에서는 2주간내, 지점소재지에서는 3주간내에 해산등기를 하여야 한다(228). 합병에서는 따로 합병등기(233)를 하고, 파산의 경우에도 파산등기(破 109)를 하게 되므로 해산등기를 하지 않아도 된다.

(3) 해산의 효과

영업능력상실만 제외하고는 해산 전 회사와 동일성을 유지한다.

1) **청산절차의 개시** 합병과 파산의 경우를 제외하고는 해산에 의하여 청산절차가 개시된다. 청산중의 회사도 청산의 목적범위 내에서는 존속하는 것으로 보기 때문에(245), 영업능력을 상실하는 점을 제외하고는 해산 전의 회사와 동일성을 유지한다.

해산등기 후 5년간 사원은 회사채권에 대해 책임진다.

2) **사원의 책임소멸** 회사채권자에 대한 사원의 책임은 본점소재지에서 해산등기 후 5년이 경과하여야 소멸한다(267①). 그러나 이 기간이 경과한 후에도 분배하지 아니한 잔여재산이 있는 때에는 회사채권자는 이에 대하여 변제를 청구할 수 있다(267②).

(4) 회사의 계속

해산 후 사원총동의 또는 일부동의로 회사를 계속할 수 있다.

1) **계속사유** 회사가 존립기간의 만료 기타 정관으로 정한 사유의 발생이나 총사원의 동의로 해산한 경우에는 사원의 전부 또는 일부의 동의로 회사를 계속할 수 있다(229①). 또 사원이 1인이 되어 해산한 경우에는 새로 사원을 가입시켜서 회사를 계속할 수 있다(229②). 이 경우 신입사원은 가입전에 생긴 회사채무에 대하여 다른 사원과 동일한 책임을 진다(229④, 213).

회사 계속을 위해서는 계속 등기를 경료해야 한다.

2) **계속등기** 회사의 해산등기 후에 회사를 계속하는 경우에는 본점소재지에서는 2주간내, 지점소재지에서는 3주간내에 회사의 계속등기를 하여야 한다(229③).

4. 清 算

가. 清算의 2方法

清算은 해산한 회사의 법률관계를 정리하고 그 재산을 처분하는 절차이다. 합명회사의 청산에는 법에서 정한 절차에 따르는 法定清算 이외에 정관 또는 총사원의 합의로 정한 방법에 의한 任意清算이 인정되는 점에서 주식회사의 청산과는 매우 다르다. 주식회사의 주주는 유한책임을 부담하므로 회사재산만이 유일한 담보가 되기 때문에 회사재산의 처분(청산)에는 회사채권자의 보호를 위하여 엄격한 법의 간섭을 받게 된다. 그러나 합명회사에 있어서는 사원간의 인적 신용이 중요하고 또 해산후에도 일정기간(5년) 사원의 책임이 계속되어(267①), 법정청산절차를 고집할 필요가 없기 때문이다.

청산은 회사의 법률관계의 정리와 잔여재산의 처분절차로 법정청산과 임의청산이 인정된다.

나. 任意清算

(1) 사 유

1) 원 칙 　해산된 회사의 재산처분방법은 정관 또는 총사원의 동의로 이를 정할 수 있다(247①前). 즉 임의처분을 청산의 원칙적인 방법으로 정하고 있다. 이 경우에는 회사재산의 처분방법에 제한이 없으므로 회사의 영업을 양도하여 그 대가를 사원에게 분배하거나, 혹은 현물로 회사재산을 사원에게 분배할 수 있다.

정관 또는 총사원의 동의로 해산된 회사의 재산처분방법을 정할 수 있다.

2) 예 외 　사원이 1인인 때(227.3)와 법원의 명령 또는 판결에 의해 해산한 경우(227.6)에는 임의청산이 허용되지 아니한다(247②). 또 해산사유 중 합병(227.4)과 파산(227.5)의 경우에는 청산절차가 필요 없으므로 결국 임의청산이 인정되는 경우란 정관소정의 해산사유(227.1) 및 총사원의 동의로 해산한 경우(227.3)에 한정된다.

임의청산이 되지 않는 경우로 1인 해산, 법원의 명령, 판결에 기한 해산이 있다.

(2) 채권자보호

임의청산에 있어서는 회사재산이 부정한 방법으로 처분될 우려가 있으므로 채권자보호조치가 필요하다.

1) 일반채권자보호 　① **채권자보호절차**; 회사는 해산사유가 있는 날로부터 2주간내에 재산목록과 대차대조표를 작성하여야 하며(247①但), 이 기간내에 채권자에 대한 이의신청의 催告와 公告를 하고(247③, 232①), 이의채권자에 대한 변제·담보제공·재산신탁을 하여야 한다(247③, 232②③). ② **채권자취소권**;

재산목록 및 대차대조표 작성의무와 채권자의 이의신청 최고·공고의무,

이의채권자에 대한 변제 담보제공과 재산신탁의무가 있으며 채권자취소권을 행사할 수 있다.

회사가 이러한 절차에 위반하여 그 재산을 처분함으로써 회사채권자를 해한 때에는 회사채권자는 그 처분의 취소를 법원에 청구할 수 있다(248①). 그러나 재산의 처분으로 인하여 이익을 받은 자나 轉得한 자가 그 처분행위 또는 轉得 당시에 채권자를 해함을 알지 못한 경우에는 취소청구를 할 수 없다(248②, 民407). 채권자의 재산처분취소의 소는 그 채권자가 취소원인을 안 날로부터 1년 내, 재산처분이 있은 날로부터 5년 내에 회사의 본점소재지 지방법원에 제기하여야 한다(248②, 186, 民406②).

임의청산은 지분압류 채권자의 동의를 얻어야 한다.

2) **지분압류채권자보호** 사원의 지분을 압류한 채권자가 있는 때에는 임의청산은 압류채권자의 동의를 얻어야 한다(247④). 회사가 압류채권자의 동의를 얻지 아니하고 재산을 처분한 때에는 회사에 대하여 그 지분에 상당하는 금액의 지급을 청구할 수 있으며 일반채권자와 같은 債權者取消權이 인정된다(249).

(3) 청산종결등기

임의청산은 청산종결 등기를 해야 한다.

해산된 회사는 그 재산의 처분을 완료한 날부터 본점소재지에서는 2주간내에 지점소재지에서는 3주간내에 청산종결의 등기를 하여야 한다(247⑤).

다. 法定清算

주식회사의 청산종결과 동일하다.

法定清算의 절차나 효과 등은 주식회사의 청산과 동일하다. 이하에서는 합명회사의 법정청산에서 특히 문제되는 점만 살펴본다.

(1) 청산사유

임의청산사유에 해당하지만 사원간에 청산방법에 대하여 합의를 할 수 없는 경우에는 법정청산절차에 의한다. 그러나 사원이 1인이 되어 해산한 경우나 법원의 해산명령 또는 해산판결에 의해 해산한 때에는 반드시 법정청산을 하여야 한다(247②).

(2) 청산인

청산인은 청산업무담당자이며 선임은 등기사항이다.

1) **선 임** 법정청산에서는 청산사무를 담당하는 清算人을 선임하여야 한다. 청산인은 i) 총사원의 과반수의 결의로 선임하지만(251①), ii) 선임이 없는 때에는 업무집행사원이 청산인이 되며(251②), iii) 사원이 1인으로 되거나 법원의 해산명령·해산판결에 의해 해산된 때에는 법원은 사원 기타의 이해관계인이나 검사의 청구에 의하여 또는 직권으로 청산인을 선임한다(252). 청산인의 선임은 등기사항이다(253).

2) 해 임　청산인이 그 직무를 집행함에 현저하게 부적임하거나 중대한 임무에 위반행위가 있는 때에는 법원은 사원 기타의 이해관계인의 청구에 의하여 청산인을 해임할 수 있다(262). 그러나 사원이 선임한 청산인은 총사원의 과반수결의에 의해 언제든지 해임할 수 있다(261).

청산사무에 관한 재판상 재판외의 모든 행위를 한다.

3) 직무권한　청산인은 清算事務에 관하여 직무권한이 있다(254①). 청산인의 직무에 관한 행위는 과반수의 결의로서 정한다(254②). 代表淸算人은 청산사무에 관하여 재판상 재판외의 모든 행위를 할 수 있다(254③). 업무집행사원이 청산인이 된 경우에는 대표청산인이 되지만, 법원이 선임한 경우에는 법원이 대표청산인을 정한다.

4) 의무와 책임　청산인은 자기거래제한(265, 199), 제3자에 대한 불법행위책임(265, 210), 회사 또는 제3자에 대한 임무해태로 인한 손해배상책임(265, 399, 401)을 부담한다. 그러나 청산법인은 영업을 하지 아니하므로 경업금지의무는 부담하지 아니한다.

(3) 청산사무

1) 재산목록 등의 작성　청산인은 취임한 후 지체없이 회사의 재산상태를 조사하고 재산목록과 대차대조표를 작성하여 각 사원에게 교부하여야 한다(256①). 청산인은 각 사원의 청구가 있는 때에는 언제든지 청산의 상황을 보고하여야 한다(256②).

2) 청산사무의 범위　청산사무는 i) 현존사무의 종결, ii) 채권의 추심과 채무의 변제, iii) 재산의 換價處分, iv) 잔여재산의 분배로 되어 있지만(254①), 여기에 한정되는 것은 아니다. 이외에도 청산인은 회사의 현존재산이 그 채무를 변제함에 부족한 때에는, 청산인은 변제기에 불구하고 각 사원에 대하여 그 지분의 비율에 따라 출자를 청구할 수 있다(258①). 재산의 환가처분의 방법으로 영업의 전부 또는 일부를 양도함에는 총사원의 과반수결의가 있어야 한다(257). 나머지 사항에 대하여는 주식회사의 청산부분에서 설명한 바와 같다.

(4) 청산의 종결

1) 사원의 동의　청산인은 청산이 종료한 때에는 지체없이 계산서를 작성하여 각 사원에게 교부하고 그 승인을 얻어야 한다(263①). 이 계산서를 받은 사원이 1월내에 이의를 하지 아니한 때에는 청산인에게 부정행위가 있는 경우를 제외하고는 그 계산을 승인한 것으로 본다(263②).

2) **청산종결등기** 청산이 종결된 때에는 청산인은 계산서에 대한 총사원의 승인이 있는 날로부터 본점소재지에서는 2주간내, 지점소재지에서는 3주간내에 청산종결등기를 하여야 한다(264). 청산종결등기로서 회사의 법인격이 소멸하지만, 그때까지 아직 청산되지 아니한 사항이 남아 있는 경우에는 그 사항의 종결로서 소멸한다(대판 1968.6.18, 67다2528).

3) **서류의 보존** 회사의 장부와 영업 및 청산에 관한 중요 서류는 본점소재지에서 청산종결등기 후 10년간 보존하여야 한다. 다만, 전표 또는 이와 유사한 서류는 5년간 이를 보존하여야 한다(266 ①). 이 경우 총사원 과반수의 결의로 보존인과 보존방법을 정하여야 한다(266 ②).

제 2 절 合資會社

제 1 總 說

1. 沿 革

合資會社는 인적회사라는 점에서는 합명회사와 그 본질을 같이 하지만, 그 기원은 합명회사와는 달리 중세의 commenda 계약에서 유래한다는 견해가 통설이다. commenda 계약에서는 본국에 머무르는 자본가가 기업가(그 당시에는 대부분 선장)에게 금전이나 상품 또는 선박을 위탁하고, 기업가는 해외로 나아가 무역을 하여 이를 통해 얻은 이익을 분배하는 것을 내용으로 하였다. 이것이 발전하여 기업가도 자본의 일부를 부담하는 collegantia로 되었으며, 이러한 collegantia는 15세기 경부터 다시 기업가와 자본가가 함께 공동기업자로서 외부에 나타나는 형태와 자본가가 기업가의 배후에 가려져 외부에 나타나지 않는 형태로 분화되었다. 전자가 合資會社이고 후자가 匿名組合이다.

합자회사는 중세의 commenda계약에서 유래한다는 견해가 통설이다.

2. 意義와 特性

合資會社는 無限責任社員과 有限責任社員으로 구성되는 회사이다([268]).

(1) 인적회사

合資會社는 서로 다른 책임을 지는 사원간의 결합으로 이루어진 이원적 구성의 조직체라는 점에서 일원적 조직체인 합명회사와 다르다. 그러나 개인적 신뢰관계를 기초로 하는 조합적 성격이 강한 공동기업이라는 점에서는 합명회사와 같은 인적회사에 속한다. 그러므로 상법은 합명회사에 관한 규정을 합자회사에 일반적으로 준용하고 있다([269]).

합자회사 또한 인적회사로서 상법상 합명회사의 규정을 준용하고 있다.

(2) 익명조합과의 차이

위에서 본 바와 같이 合資會社는 匿名組合과 그 기원을 같이 할 뿐 아니라, 기업가와 자본가가 결합한 공동기업이라는 점에서 경제적 기능도 서

익명조합과 달리 합자회사의

사원은 유한책임사원일지라도 회사 채권자에 대해서 직접, 유한 책임을 진다.

로 유사하다. 그러나 합자회사는 社團法人으로서 회사가 법적 주체임에 대해, 익명조합은 영업자와 익명조합원간의 債權契約에 불과하고 따라서 영업자가 기업의 법적 주체(영업자의 단독기업)가 된다는 점에서 근본적인 차이가 있다. 그러므로 합자회사에서는 유한책임사원도 회사의 구성원으로서 회사채권자에 대하여 직접 · 유한책임을 부담함에 비해, 익명조합에서는 영업자만 대외적인 법률관계를 맺고 匿名組合員은 제3자와 아무런 법률관계를 가지지 아니한다.

제 2 設 立

1. 設立節次

합자회사의 설립절차도 정관작성과 설립등기로 이루어진다.

合資會社의 설립절차도 합명회사와 같이 정관작성과 설립등기로 이루어진다. 합자회사도 사원간의 신뢰를 바탕으로 하는 인적회사이므로, 물적회사에서 보는 바와 같은, 회사의 재산적 기초를 확보하기 위한 엄격한 출자절차가 생략되기 때문이다. 합명회사의 설립절차와 차이점에 대하여만 살펴본다.

(1) 정관작성

1) 작 성 합자회사는 무한책임사원과 유한책임사원으로 구성되므로, 정관의 작성에도 이들이 같이 참여하여야 한다. 사원의 수에는 특별한 제한은 없고 무한책임사원과 유한책임사원 각 1인 이상이면 된다.

2) 기재사항 정관의 절대적 기재사항은 합명회사의 기재사항([179])외에, i) 각 사원의 무한책임 또는 유한책임인 것을 기재하여야 하며([270]), ii) 상호에는 반드시 '合資會社'라는 문자를 사용하여야 한다([19]).

(2) 설립등기

설립등기사항도 합명회사의 등기사항([180])외에 각 사원의 무한책임 또는 유한책임인 것을 등기하여야 한다([271]).

2. 設立의 無效 · 取消

합자회사의 설립에 있어서도 인적회사의 특성이 반영되어 합명회사에서와 같이 設立無效의 訴 이외에 設立取消의 訴가 인정된다(269). 무효 또는 취소판결의 효력확정 후 회사의 계속을 인정하는 점(269, 194)과 기타 소의 절차와 판결의 효력에 대하여는 모두 합명회사의 설립하자에 관한 부분과 동일하다.

제 3 內部關係

[사례 Ⅷ-2-1: 합자회사의 내부관계]

(i) A합자회사는 유한책임사원에게 업무집행권을 부여하는 정관의 규정에 따라 유한책임사원인 Y를 업무집행사원으로 선임하였다. A회사의 다른 사원 X는 법원에 Y의 업무집행정지가처분을 신청할 수 있는가?

(ii) A합자회사의 총자본 중 1.3%의 출자지분을 가지고 있는 유한책임사원 X는, 이 회사의 무한책임사원(업무집행사원)인 Y가 업무집행에 현저히 부적임하다고 판단할 경우, 법원에 업무집행상실선고를 청구할 수 있는가? (서울고판 1974.1.24, 72나1588 참조).

(iii) A합자회사의 유한책임사원 Y가 다른 사원들의 동의를 얻지 않고 A회사로부터 회사소유의 부동산을 매입한 경우, 다른 사원 X는 Y에게 그 부동산의 반환청구를 할 수 있는가?

(iv) Y합자회사는 무한책임사원 A_1, A_2, A_3와 유한책임사원 B_1, B_2의 5인으로 구성되어 있다. X는 A_1에 대한 6천3백만원의 약속어음채권에 대한 담보로 A_1의 Y회사에 대한 지분(총사원권의 25%)을 양도받기로 하였다. 그러나 그 지분을 전부 X에게 이전할 경우 X의 아들 B_1이 보유하는 지분과 합하여 총사원권의 50%가 넘어 Y회사의 운영권을 좌우하게 되므로, 이를 피하기 위하여 X와 A_2 및 A_3의 3인 명의로 분산하여 지분변경등기를 하였다. 이후 X는 명의신탁을 해지하고 Y회사에 대하여 A_2, A_3의 지분을 이전 받기 위한 변경등기를 청구하였다. B_2의 동의가 없을 경우 변경등기가 가능한가? (대판 1989.11.28, 88다카33626 참조).

1. 出 資

無限責任社員과 有限責任社員은 대외적인 책임을 서로 달리하므로 그 출자의 내용도 다르다.

무한책임사원과 유한책임사원은 출자의 의

(1) 무한책임사원의 출자

무가 다르다. 노무출자, 신용출자가 가능하다.

합명회사의 사원과 마찬가지로 합자회사의 무한책임사원의 출자에는 재산출자 이외에 노무출자와 신용출자도 가능하다(269).

(2) 유한책임사원의 출자

재산출자만 가능하며, 유한·직접책임을 진다.

유한책임사원은 재산출자만 가능하고 信用 또는 勞務를 출자의 목적으로 하지 못한다(272). 유한책임사원은 자신의 출자를 한도로 채권자에 대하여 직접 책임을 부담하는데(279), 신용출자 또는 노무출자를 한 경우에는 출자액의 평가가 객관적으로 곤란하므로 채권자의 이익을 해할 우려가 있기 때문이다. 재산출자에 금전출자 이외에 현물출자도 가능한 것은 주식회사의 주주와 마찬가지이다.

2. 業務執行

(1) 업무집행권

1) 무한책임사원 원칙적으로 업무집행권이 있다(273). 그러나 정관으로 무한책임사원 중에서 業務執行社員을 별도로 정할 수 있다(269, 201). 업무집행사원은 각자 업무집행을 할 수 있으나, 지배인의 선임과 해임은 업무집행사원이 있는 경우에도 무한책임사원 과반수의 결의에 의하여야 한다(274).

다수설은 임의규정으로 해석하여 정관 또는 내부규정으로 정할 수 있다고 본다.

2) 유한책임사원 회사의 업무집행을 하지 못한다(278). 그런데 이 규정에도 불구하고 [사례Ⅷ-2-1-i]과 같이 정관 또는 내부규정으로 유한책임사원에게 업무집행권을 부여한 경우의 효력이 문제된다. 업무집행은 내부관계에 관한 사항이므로 이 규정은 임의규정에 지나지 않는다고 보는 다수설(정동(회)788, 손주526, 최기1201, 이기(회)637, 註商(II-上)315)과 유한책임사원에게 업무집행을 맡기는 것은 부당하므로 이를 강행규정으로 보아야 한다는 소수설(이철(회)159, 채904)이 대립한다. 소수설은 합명회사에서 사원 아닌 자에게 업무집행권을 부여할 수 없다는 것과의 균형상 유한책임사원의 업무집행권을 인정할 수 없다고 하나, 유한책임사원도 사원이므로 업무집행권을 인정하여도 상관없다고 본다. 다수설에 의할 경우 위 사례에서 X는 가처분신청을 할 수 없다.

현저한 부적임, 중대한 업무위반시 법원의 상실선고에 의한다.

3) 업무집행권의 상실 업무집행사원이 업무를 집행함에 현저하게 부적임하거나 중대한 업무에 위반한 행위가 있는 때에는 사원은 법원에 업무집행권한의 상실을 청구할 수 있다(269, 205①). 그 청구는 반드시 무한책임사원에 한정하지 않고 [사례Ⅷ-2-1-ii]와 같이 극히 적은 지분을 가지고 있는 유한책

임사원도 할 수 있다는 것이 판례의 입장이다(서울고판 1974.1.24, 72나1588). 또 무한책임사원이 1인인 경우에는 그의 권한상실선고를 청구할 수 없다(대판 1977.4.26, 75다1341).

(2) 업무감시권

1) 무한책임사원 업무집행권이 없는 무한책임사원도 업무집행의 결과에 대하여는 업무집행사원과 동일한 책임을 부담하므로 언제든지 회사의 업무 및 재산상황을 검사할 권한이 있다(269, 195, 民710).

2) 유한책임사원 영업년도말에 있어서 영업시간내에 한하여 회사의 회계장부·대차대조표 기타의 서류를 열람할 수 있고 회사의 업무와 재산상태를 검사할 수 있다(277 ①). 그러나 중요한 사유가 있는 때에는 언제든지 법원의 허가를 얻어 서류의 열람과 검사를 할 수 있다(277 ②). 유한책임사원의 業務監視權은 주주의 경리감독권에 비해 훨씬 광범위하다. 이는 유한책임사원이 회사채권자에 대하여 직접 책임을 부담한다는 점에서 주주보다 회사의 업무나 재산상태에 관한 이해관계가 크기 때문이다.

회사에 대하여 직접, 유한책임을 부담함으로 주주의 경리감독권에 비해 훨씬 넓다.

3. 競業禁止·自己去來制限

(1) 경업금지

1) 무한책임사원 다른 사원 전원(유한책임사원 포함)의 동의가 없으면 競業이 금지된다(269, 198). 즉, 競業禁止는 업무집행권이 없는 무한책임사원에게도 요구된다. 경업금지는 회사의 경영상의 정보를 이용하여 회사와 경쟁되는 영업을 하지 못하도록 하기 위함인데, 업무집행권이 없는 무한책임사원은 비록 경영에는 참여하지 못하지만 무제한적인 감시권을 가지고 있어 회사의 중요 정보에 접근할 기회가 많기 때문이다.

무한책임사원 전원은 경업금지의무가 있다. 단, 다른 사원 총동의시 가능하다.

2) 유한책임사원 다른 사원의 동의없이 자기 또는 제3자의 계산으로 회사의 영업부류에 속하는 거래를 할 수 있고 동종영업을 목적으로 하는 다른 회사의 무한책임사원 또는 이사가 될 수 있다(275). 업무집행권이 없는 무한책임사원의 경우와 마찬가지로 유한책임사원에게도 업무감시권이 있으므로 입법론으로서 경업금지의무를 부과해야 한다는 견해도 있다(정찬(상) 561).

경업금지의무가 없다.

(2) 자기거래제한

1) 무한책임사원 다른 사원 과반수의 찬성이 없으면 회사와 자기거래를 할 수 없다(269, 199).

원칙적으로 자기거래는 제한된다.

2) 유한책임사원 경업금지의무(275)와는 달리 자기거래를 허용하는

아무런 규정이 없으므로 유한책임사원에겐 적용이 없다고 봄이 타당하다.

규정이 없다. 따라서 [사례Ⅷ-2-1-iii]과 같은 경우에 유한책임사원(Y)에 대하여도 자기거래제한 규정(269, 199)이 적용된다는 견해(이철(회) 160, 채904)가 있으나, 업무집행권이 없는 유한책임사원에게 이를 요구하는 것은 타당하지 않다고 본다(정찬(상)561, 정동(회)789). 따라서 X는 Y에게 부동산의 반환을 요구할 수 없다.

4. 損益分配

정관에 의하나 정관에 규정이 없을시 민법상 조합규정을 준용한다.

損益의 分配는 정관에서 정하는 바에 따른다. 그러나 손익분배에 관한 특별한 규정이 없을 경우에는 각 사원의 출자가액에 비례하여 손익을 분배한다(269, 195, 民717). 다만 유한책임사원의 손실분담은 출자액을 한도로 하는 바, 이는 유한책임의 당연한 결과이다.

5. 持 分

(1) 양 도

다른 총사원의 동의가 필요하다.

1) 무한책임사원 지분을 양도함에는 유한책임사원을 포함하여 다른 사원 전원의 동의를 얻어야 한다(269, 197). 따라서 [사례Ⅷ-2-1-iv]에서 유한책임사원 B_2의 동의를 받지 않은 지분양도는 효력이 없다. 대판 1989.11.28, 88다카33626도 이와 유사한 사안에서 “곽○○(A_2)와 위 김○○(A_3) 명의의 지분변경등기가 원고(X)를 위한 명의신탁이었다고 하여도 명의신탁을 하게 된 취지가 원고의 사원지분 과다취득을 막기 위한 데에 있었던 이상, 원고(X)가 위 곽○○ 등(A_2,A_3)에 대하여 명의신탁을 해지하고 지분이전을 구하려면 정관의 규정에 의하여 총사원의 동의를 얻어야 한다고 할 것이다”라고 판시하였다.

무한책임사원 총동의가 필요하다.

2) 유한책임사원 지분을 양도함에는 무한책임사원 전원의 동의만 받으면 되고 다른 유한책임사원의 동의는 받을 필요가 없다(276).

(2) 입질 · 압류

지분 또한 재산적 가치가 있으므로 입질, 압류도 가능하다.

유한책임사원의 지분도 재산적 가치를 가지기 때문에 이를 담보로 제공하거나 압류할 수 있다고 본다(269, 223, 224).

6. 定款變更 및 社員變更

(1) 정관변경

합자회사는 유한책임사원과 무한책임사원 전원의 동의로써만 정관을 변경할 수 있다(269, 204). 다만 정관으로 그 요건을 완화할 수 있다(통설).

(2) 사원변경(입사 · 퇴사)

합자회사 사원의 입사와 퇴사는 합명회사 사원과 거의 동일하다. 다만 유한책임사원의 사망(283 ①)과 금치산(284)은 당연퇴사의 사유가 아닌 점만 다르다. 그러므로 유한책임사원이 사망한 때에는 그 상속인이 그 지분을 승계하여 사원이 된다(283 ①). 그러나 이는 모두 임의규정이므로 정관에서 이와 달리 규정할 수 있다. 상속인이 수인인 때에는 사원의 권리를 행사할 자 1인을 정하여야 하며, 이를 정하지 아니한 때에는 회사의 通知 또는 催告는 그 중 1인에 대하여 하면 전원에 대하여 그 효력이 있다(283 ②).

사원변경규정은 임의규정으로 정관에 의해 달리할 수 있다.

제 4 外部關係

1. 會社代表

[사례 Ⅷ-2-2: 합자회사의 대표]

합자회사의 유한책임사원 A는 정관의 규정에 따라 회사대표로 선임되어 대표사원으로 등기되었다. ① A는 X회사 소유부동산을 Y에게 매도하고 소유권이전등기를 종료하였다. 이러한 사실을 알게 된 X회사는 A는 대표사원이 될 수 없는 유한책임사원이므로 A가 회사대표로서 체결한 위 부동산매매계약은 무효라고 하면서, Y를 상대로 부동산이전등기말소 청구를 하였다. X의 청구는 타당한가? (대판 1966.1.25, 65다2128 참조). ② 만일 A가 대표사원등기시에는 유한책임사원이었으나 이후 무한책임사원으로 변경등기한 후 이건 부동산을 매도한 경우에는 어떠한가? (대판 1972.5.9, 72다8 참조).

(1) 대표권한

1) 무한책임사원　　합자회사의 대표권은 i) 원칙적으로 각 무한책임사

원에게 있으나(269, 207前), ii) 정관의 규정으로 업무집행사원을 따로 둔 경우에는 각 업무집행사원에게 대표권이 있고(269, 207中), iii) 정관 또는 총사원의 동의로 업무집행사원 중에서 따로 대표사원을 정한 경우에는 대표사원에게 대표권이 있다(269, 207後).

유한책임사원의 대표행위는 금지된다.

2) 유한책임사원 업무집행과 마찬가지로 유한책임사원의 회사의 대표행위는 금지된다(278). 그런데 [사례Ⅷ-2-2]의 ①과 같이 정관의 규정으로 유한책임사원에게 대표권을 부여할 수 있는가 하는 점이 문제된다. 내부관계에 불과한 업무집행권과는 달리 회사대표권은 제3자에게 영향을 주는 외부관계에 관한 강행규정으로서 정관 또는 총사원의 동의로도 달리 정할 수 없다고 보아야 할 것이다(정동(회)790, 이철(회)162, 채903, 정찬(상)563, 이기(회)638, 註商(II-上)325). 대판 1966.1.25, 65다2128도 이와 유사한 사안에서 "합자회사에 있어서는 회사 대표자로 될 수 있는 자는 무한책임사원에 한할 것이고, 유한책임사원은 설사 정관 또는 총사원의 동의로써 회사 대표자로 지정되어 그와 같은 등기까지 경유되었다 하더라도 회사 대표권을 가질 수 없을 것이다"라고 판시하고 있다. 따라서 대표권이 없는 사원(A)이 회사를 대표한 행위(부동산 매매)는 효력이 없다. 다만 X회사는 不實登記(대표사원등기)의 공신력에 의해 Y에게 부동산의 소유권반환을 청구할 수 없다. 그러나 [사례Ⅷ-2-2]의 ②에서는 등기의 하자는 치유된다고 본다. 즉 대판 1972.5.9, 72다8은 "합자회사의 대표사원은 유한책임사원은 될 수 없고, 무한책임사원만이 된다고 함은 소론과 같으나 위 이○○(A)은 위와 같이 그가 원고회사(X)의 대표사원의 등기를 할 때에는 유한책임사원의 신분으로 그 등기를 한 흠이 있어도, 그 후 그 유한책임 사원을 무한책임사원으로 변경등기를 한 이상 그는 이 변경등기를 한 때에 그 대표사원 자격의 흠결은 소멸되고, 그 등기의 효력이 발생하였다 할 것이므로 위 각 등기가 난 후에 본건 부동산을 처분한 그에게는 소론과 같이 그 대표권에 흠결이 있었다고 할 수 없다"고 판시하였다.

(2) 대표권의 제한·상실

대표사원의 대표권 제한과 상실은 합명회사의 경우와 마찬가지이다. 즉 대표사원과 회사간의 訴에 있어서의 대표자 선정(269, 211), 대표권상실선고(269, 216), 무한책임사원이 1인 경우 대표권 상실선고청구를 할 수 없음은 앞에서 본 바와 같다(대판 1977.4.26, 75다1341).

2. 社員의 責任

(1) 무한책임사원

합자회사의 무한책임사원은 합명회사 사원과 마찬가지로 회사채권자에 대하여 直接·連帶·無限責任을 부담한다(269, 212).

(2) 유한책임사원

주주와 달리 유한책임 사원은 회사 채무에 대한 직접 책임을 진다.

1) 직접·연대·유한책임　　유한책임사원도 회사채무에 대하여 직접 책임을 지고 또 다른 사원과 연대하여 책임지는 점에서는 무한책임사원과 동일하다. 그러나 유한책임사원은 출자한도 내에서만 책임을 지는 점에서, 회사의 모든 채무에 대하여 책임을 지는 무한책임과는 구별되는 것이다. 즉 유한책임사원은 그 출자가액에서 이미 이행한 부분을 제외한 가액을 한도로 하여 회사채무를 변제할 책임이 있다(279①). 또 회사에 이익이 없음에도 불구하고 배당을 받은 금액은 변제책임을 정함에 있어 이를 가산한다(279②). 한편, 이와 같이 유한책임사원은 출자가액을 한도로 책임을 지는 점에서는 주주의 유한책임과 유사하다. 그러나 주주는 회사에 대한 출자의무만을 부담하고 회사채권자에 대하여는 어떠한 경우에도 직접 책임을 지지 않는데 비해(法人格否認, 業務執行關與者의경우에는 예외), 유한책임 사원의 경우는 비록 출자가액에 한정되기는 하나 회사채무에 대한 직접변제책임을 부담하는 점에서 근본적인 차이가 있다.

2) 출자가액의 감소　　유한책임사원은 그 출자를 감소한 후에도 본점소재지에서 등기를 하기 전에 생긴 회사채무에 대하여는 등기 후 2년내에는 감소전의 가액을 한도로 책임을 지게 된다(280). 이는 채권자의 신뢰를 보호하기 위한 데에 그 취지가 있다.

(3) 사원의 책임변경

정관변경으로 종전의 유한책임사원이 무한책임사원으로 변경한 경우에는 그 책임변경 전에 생긴 회사채무에 대하여는 무한책임사원과 동일한 책임을 진다(282, 213). 반대로 종래 무한책임사원이 유한책임사원으로 된 경우에는 변경등기 전에 생긴 회사채무에 대하여 변경등기 후 2년내에는 무한책임사원으로서 책임을 부담한다(282, 225①).

(4) 자칭무한책임사원

유한책임사원이 타인에게 자기를 무한책임사원이라고 誤認시키는 행위

무한책임사원

과 동일한 책임을 진다.

를 한 때에는 오인으로 인하여 회사와 거래를 한 자에 대하여 무한책임사원과 동일한 책임이 있다(281①). 또 유한책임사원이 책임의 한도를 오인시키는 행위를 한 경우에도 그 한도에서 책임이 있다(281②).

제 5 構造改編과 消滅

1. 合併 · 組織變更

(1) 합 병

합자회사의 합병에 관하여는 합명회사의 합병에 관한 부분이 그대로 적용된다.

(2) 조직변경

인적회사의 조직변경은 인적회사 상호간에서만 인정된다는 점에 대하여는 이미 언급한 바와 같다. 여기에서는 합자회사에서 합명회사로 조직변경하는 경우에 대하여만 살펴본다.

조직변경은 총사원의 동의가 필요하다.

1) 절 차 합명회사에는 무한책임사원만 있으므로 합자회사가 합명회사로 조직변경하기 위해서는 유한책임사원을 무한책임사원으로 책임변경하든가(286①), 아니면 유한책임사원이 모두 퇴사하고 무한책임사원만으로 회사를 계속하는 방식을 취하게 된다(286②). 어느 경우이든 조직변경을 위해서는 총사원의 동의가 필요하다. 그러나 합명회사로의 조직변경은 회사채권자에게는 유리하므로 특별한 채권자보호절차는 요구되지 아니한다.

2) 등 기 조직변경한 경우에는 본점소재지에서는 2주간내, 지점소재지에서는 3주간내에, 합자회사에 있어서는 해산등기를, 합명회사에 있어서는 설립등기를 하여야 한다(286③).

2. 解散 · 清算

(1) 해산 · 회사계속

1) 해산사유 합명회사의 해산사유와 동일하나, 합자회사의 해산사유로 무한책임사원 또는 유한책임사원의 전원이 퇴사한 때가 추가된다(285①).

남은 총사원의

2) 회사계속 퇴사 후 남아 있는 무한책임사원 또는 유한책임사원은

전원의 동의로써 새로 유한책임사원 또는 무한책임사원을 가입시켜서 회사를 계속할 수 있다(285②). 이 경우 새로 가입한 사원의 책임에 관하여는 신입사원의 책임(213)이 인정되고, 회사계속의 등기(229③)를 하여야 한다(285③).

동의에 의해 회사를 계속할 수 있다.

3) 조직변경과 회사계속　유한책임사원 전원이 퇴사하여 해산사유가 발생한 경우에는 무한책임사원 전원의 동의로 합명회사로 조직변경하여 회사를 계속할 수 있다(286②).

(2) 청　산

합자회사도 인적회사이므로 임의청산과 법정청산의 2가지 방법으로 청산할 수 있음은 합명회사에서와 같다. 다만 청산인을 선임할 경우에는 무한책임사원의 과반수결의로 선임하며(287本), 유한책임사원의 동의를 요하지 않는 점이 다르다. 청산인을 선임하지 아니할 경우에는 業務執行社員이 청산인이 된다(287但).

청산인이 선임은 무한책임사원의 과반수 결의로 해야 한다.

제 3 절 有限會社

제 1 總 說

1. 意 義

유한회사 사원은 출자금 한도로 출자의무가 제한되고 회사채무에 대해 직접 책임을 부담하지 않는 회사이다.

有限會社는 사원의 지위(지분)가 세분화된 비율적 단위의 형태를 취하고, 모든 사원이 원칙적으로 그 출자금을 한도로 하는 出資義務만 부담하며, 회사채권자에 대하여는 직접책임을 부담하지 않는 회사이다. 유한회사는 사원의 유한책임원칙을 그 기본적인 특질로 하는 점에서 주식회사와 같은 物的會社에 속한다. 그러나 주식회사가 대기업에 적합한 기업형태임에 비하여 유한회사는 중소기업에 적합한 기업형태라는 점에서 특색이 있다.

즉 우리 상법에는 인적회사의 전형인 합명회사와 물적회사의 전형인 주식회사가 있지만, 합명회사는 사원이 무한책임을 지기 때문에 유한책임을 원하는 기업적 요구에 부응할 수 없고, 주식회사는 대자본을 흡수할 필요가 있는 대기업을 위한 조직형태로서 그 설립과 조직이 복잡하며 법의 간섭도 엄격하여 중소기업에는 적합하지 아니하다. 또한 합자회사는 인적회사와 물적회사의 요소를 갖춘 이원적 구성의 기업형태이기는 하나, 양자를 기계적이고 병렬적으로 통합한 것이므로 비현실적이라는 문제점을 안고 있다. 여기에서 인적회사와 물적회사의 장점을 유기적으로 융합한 중간형태로서, 사원의 有限責任制를 기본으로 하지만 그 설립절차나 조직관리방법 등을 간소화하고 공시주의도 완화하여, 중소기업에 알맞은 일원적 조직의 형태로 창안된 것이 유한회사이다.

2. 沿革과 利用實態

(1) 연 혁

10세기 말 독일 입법자에 의해 중소기업용으

상법상 다른 회사가 오랜 역사적 발전의 소산인 것과는 달리, 有限會社는 19세기말 독일의 입법자가 중소기업에 적합하게 창안한 회사형태이다 (이기수, "유한회사법에서의 채권자보호제도", 「정희철교수화갑기념논문집」(1979.9), 245). 당시 독일에서는 기업의 대부분을 차지하는 중소기업인에게 유한책임의 혜택을 부여함으로써 국민경제의 발전을 도모할 목적으로, 영국의 私會社(private company) 및 독일 재래의 船舶共有制度를 모범으로 하여 1892년에 有限會社法(GmbH Gesetz)을 제정하였다. 독일의 유한회사법은 유한책임의 장점을 살리면서도 설립절차나 기구를 간소화하여 탄력적인 회사운영을 가능하게 했기 때문에 유한회사가 독일에서는 가장 보편적인 기업형태로 정착되었다. 이후 유럽 각국도 이를 받아들이고 있으며, 우리 나라도 상법제정 당시부터 유한회사를 회사의 한 형태로 규정하고 있다. 다만 우리 나라는 독일이나 일본과 같이 유한회사법을 특별법으로 제정하지 않고, 상법내에 수용하고 있는 점에 차이가 있다.

로 고안된 제도이다.

(2) 이용실태

유한회사가 가지는 여러 장점과 독일에서의 높은 이용도와는 달리 우리 나라에서는 유한회사가 극소수에 머무르고 있다. 이와 같이 국내에서 기업의 규모 여하에 관계없이 주식회사를 선호하고 유한회사를 기피하는 이유로는 다음의 몇 가지를 꼽을 수 있을 것이다. **첫째**, 대기업은 모두 주식회사이기 때문에 주식회사라는 명칭이 유한회사보다도 기업신용에 유리하다는 점이다. **둘째**, 주식회사의 최저자본한도가 5천만원으로(329 ①), 우리 경제현실에 비추어 비현실적이어서 누구나 쉽게 주식회사를 설립할 수 있다는 점이다(30평짜리 아파트 전세값도 1억원이 넘는 현실을 생각해 보라). **셋째**, '有限'會社라는 명칭이 존속기간이 유한인 회사라는 오해를 주기 쉽다는 점이다. **넷째**, 유한회사는 주식회사의 엄격한 법적 규제를 완화하기 위한 것이나, 법을 지키지 않아도 별다른 불편이 없으므로 굳이 유한회사를 할 필요가 없다는 점이다.

우리나라에서는 유한회사가 극소수에 머무르고 있다.

3. 性　質

유한회사는 資本團體이고, 사원이 有限責任을 지며, 小規模·閉鎖性이라는 성질을 가진다(유수선, "법인에서 사원의 실체파악책임", 「상사법연구」(2006), 503).

(1) 자본단체

有限會社의 社員은 회사에 대하여 유한의 출사의무만 부담하기 때문에 회사 채권자의 담보로 되는 것은 회사재산뿐이다. 그러므로 유한회사에 대하여도 주식회사의 경우와 마찬가지로 자본개념을 정립하고 이를 중심으로 회사재산을 확보하고 있다. 유한회사에서도 자본의 3원칙이 적용되는데, 授權資本制度를 취하고 있는 주식회사의 경우보다 더욱 엄격하다.

유한회사의 자본3원칙은 수권자본제를 취하는 주식회사보다 엄격하다.

1) **자본확정의 원칙** 정관으로 자본의 총액을 확정하고(543. 2), 자본총액에 대하여는 출자의 引受와 納入이 있어야 한다(548). 주식회사에서는 수권자본제도를 채택함으로써 자본확정의 원칙이 상당부분 퇴색하였지만, 유한회사에서는 원래의 의미대로 지켜진다.

2) **자본유지의 원칙** 자본에 상당하는 재산을 현실적으로 유지하여야 한다. 즉 변태설립사항(544), 출자의 납입(548), 현물출자에 관한 사원의 책임(550), 출자미필액에 대한 사원의 책임(551), 기타 계산규정 등은 이 원칙에 따른 것이다.

3) **자본불변의 원칙** 일단 정하여진 자본에 대해서는 자유롭게 증가시키거나 감소시키지 못한다. 즉 자본증감은 정관변경절차를 요한다는 점에서(584), 신주발행을 이사회의 권한으로 하고 자본증감이 정관변경을 초래하지 않는 주식회사와 다르다.

(2) 유한책임

주주의 유한책임과 동일하다.

유한회사 사원의 책임은 원칙적으로 출자한 금액을 한도로 하는 점에서 주주의 유한책임과 동일하다(553). 다만 회사성립당시의 사원, 증자에 동의한 사원, 조직변경결의 당시의 사원은 일정한 자본전보책임을 부담한다(550, 551, 593, 605). 유한회사에서는 회사설립이나 증자에 대하여 별도의 감시없이 사원의 자율적인 결정에 맡기는 대신, 자본유지원칙에 따라 엄격한 전보책임을 인정하고 있는 바, 이는 유한책임에 대한 예외라고 할 것이다.

(3) 소규모 · 폐쇄성

유한회사의 특질로 구체적 규정에 반영되어 있다.

유한회사는 자본단체이기는 하지만 주식회사와 같이 일반 대중으로부터 자금을 조달하여 대자본을 형성하는 것이 아니고, 한정된 투자자들 상호간에 자금을 출자하여 동업하는 경우에 적합한 기업형태로서, 소규모 · 폐쇄성을 그 특질로 한다. 小規模 · 閉鎖性은 다음과 같은 구체적 규정에 반영되어 있다.

1) **설 립** 설립절차를 간소화하여 i) 주식회사의 發起設立에 해당하는 절차만 인정하고(543), ii) 사원을 공모하는 募集設立은 허용되지 아니하며(589②), iii) 설립경과의 조사가 생략되고, iv) 정관에서 각 사원의 出資座數가 확정되며(543②4), v) 최저자본은 1천만원으로 하였다(546①).

사원이 50인 이하로 한정된다.

2) **사 원** 소수 사원간의 인적 유대를 바탕으로 하므로 i) 사원의 총수는 원칙적으로 50인 이하로 한정하고(545①), ii) 사원의 지분에 대한 指示式 또는 無記名式證券의 발행이 금지되며(555), iii) 지분의 전부 또는 일부를 사원 이외의 자에게 양도하기 위해서는 사원총회의 특별결의를 받아야 하고

(556), iv) 설립시 또는 증자시에 사원들이 연대하여 자본전보책임을 부담하도록(550, 551, 593) 하고 있다.

유한회사의 기관에도 소규모, 폐쇄성이 반영되어 있다.

3) 기 관　유한회사의 기관은 주식회사와 같이 원칙적으로 社員總會, 理事, 監事로 구분된다. 그러나 소규모·폐쇄성이 반영되어 i) 총사원의 동의로 소집절차없이 총회를 개최할 수 있으며(573), 총회결의에 있어서, 서면결의도 인정되고(577), ii) 업무집행기관은 이사회와 대표이사로 분화되지 않고 이사로 일원화되어 있으며 그 수도 제한이 없고(561), iii) 감사가 임의기관이라는 특성이 있다(568).

4) 자금조달·계산　유한회사에는 수권자본제도가 인정되지 아니하므로 i) 증자는 정관변경사항이며(584), ii) 사원이외 자로부터의 공모도 인정되지 않으므로 증자시 사원의 출자인수권만 인정된다(588). 또한 iii) 사채발행이 인정되지 아니하며, iv) 이자배당이 허용되지 않고, v) 공시주의도 완화되어 대차대조표 공고를 요하지 아니한다.

제 2 設　立

주식회사의 설립절차보다 간소하다.

有限會社의 設立도 정관의 작성, 출자의 이행, 기관의 구성, 설립등기라는 절차를 거쳐 종료하지만 주식회사의 설립에 비해 간소화되어 있다. 즉 유한회사의 설립방법에는 주식회사의 발기설립에 상당하는 절차밖에 없고, 발기인도 존재하지 아니하므로 사원이 될 자가 정관을 작성한다. 사원의 개성이 중시되어 사원과 그 출자액뿐 아니라 기관의 설치가 정관에 의해 확정되고(543②, 547), 設立無效의 訴 이외에 設立取消의 訴(552, 184②)가 인정되는 것은 인적회사의 경우와 유사하다. 그러나 유한회사도 자본단체인 이상 출자의 이행은 주식회사와 같이 설립단계에서 완료되어야 한다(548).

설립취소의 소가 인정되는 점에서 인적회사와 유사하다.

1. 設立節次

(1) 정관의 작성

1) 작성·공증　유한회사의 설립은 사원이 정관을 작성하고(543①), 각 사원이 기명날인 또는 서명하여야 한다(543②). 종래에는 2인 이상의 사원으로만 설립하도록 하였으나 2001년 개정상법은 주식회사와 마찬가지로 1인 설립을 허용하였다. 또한 정관은 공증을 받아야 한다(543③, 292).

2) 절대적 기재사항　① 기재사항; i) 목적, ii) 상호, iii) 사원의 성명 · 주민등록번호, iv) 자본의 총액, v) 출자 1좌의 금액, vi) 각 사원의 출자좌수, vii) 본점의 소재지의 7가지이다(543②). ② 자본; 자본의 총액은 1,000만원 이상이어야 하지만(546①), 최고액에는 제한이 없다. 다만, 자본액은 정관기재사항이므로 자본의 감소는 물론이고 증가의 경우에도 정관을 변경하여야 한다. ③ 출자; 出資 1座의 금액은 5천원 이상으로 균일하여야 하며(546②), 지분공유는 허용된다(558, 333). 또한 사원의 출자좌수가 정관에서 확정되므로 별도의 지분인수절차가 없으며 출자 목적은 재산출자에 한정된다.

자본의 최고액에 제한이 없다.

3) 상대적 기재사항　가장 중요한 것으로는 變態設立事項(현물출자, 재산인수, 설립비용)이 있다(544). 재산인수의 탈법수단으로 事後設立이 이용되는 것을 방지하기 위해 사원총회의 특별결의를 요한다(576②). 이외에도 감사의 설치(568①), 사원총회의 결의방법(574), 의결권의 수(575但), 이익배당의 기준(580但), 사원의 회계장부열람권(581②), 초대이사의 지정(547①), 업무집행의 결정(564①)과 같은 많은 상대적 기재사항이 있는 바, 이는 유한회사에서는 주식회사와는 달리 사원의 자율적 결정을 중시하기 때문이다.

주식회사에 비해 상대적 기재사항이 많은 이유는 사원의 자율적 결정이 중시되기 때문이다.

4) 임의적 기재사항　이외에도 유한회사의 본질 또는 강행규정에 위반되지 않는 사항(가령 이사의 정원, 결산기)은 정관에 기재할 수 있는데, 임의적 기재사항도 일단 정관에 기재되면 다른 사항과 마찬가지의 효력을 가지기 때문에 그 변경에는 정관변경절차를 거쳐야 한다.

(2) 출자의 이행

이사는 사원으로 하여금 출자전액의 납입 또는 현물출자의 목적인 재산전부의 급여를 시켜야 한다(548①). 現物出資의 경우에는 목적재산의 이전에 필요한 서류를 교부하여야 한다(548②, 295②). 다만 변태설립사항에 대하여 법원이 선임한 검사인에 의한 조사 기타 조치는 요구되지 아니한다. 사원은 재산출자만 허용되고 인적회사와 같은 노무출자나 신용출자는 허용되지 아니한다.

사원은 재산출자만 허용되고 노무, 신용출자는 허용되지 않는다.

(3) 이사 · 감사의 선임

1) 이　사　정관으로 이사를 정하지 아니한 때에는 회사성립 전에 사원총회를 열어 이를 선임하여야 한다(547①). 유한회사의 설립에는 발기인이 없으므로 정관에서 초대이사를 정할 수 있게 한 것이 특징이다. 이 때의 사원총회는 주식회사의 창립총회와 같은 역할을 하게 되는데 그 소집은 각 사원이 할 수 있다(547②).

2) 감　사　감사는 임의기관이지만 감사를 두기로 한 때에는 이사와

마찬가지로 정관에서 지정하거나 사원총회에서 선임할 수 있다(568②).

(4) 설립등기

유한회사의 설립등기는 출자의 납입 또는 현물출자의 이행이 있는 날로부터 2주간내에 하여야 한다(549①). 설립등기로 유한회사는 법인으로서 성립한다(172).

2. 設立關與者의 責任

유한회사의 설립에 있어서는 주식회사와는 달리 설립경과에 대한 내·외부적인 조사가 생략되는 대신 설립관여자인 사원과 이사 또는 감사에 대하여 엄격한 資本塡補責任을 부과한다. 이는 자본충실을 기하기 위함인데, 유한책임원칙에 대한 예외가 된다.

설립관여자의 엄격한 자본전보책임을 부과하고 있다.

(1) 현물출자에 대한 사원의 책임

1) 내 용 현물출자 또는 재산인수의 목적인 재산이 회사성립 당시의 實價가 정관에 정한 가격에 현저하게 부족한 때에는 회사성립 당시의 사원은 회사에 대하여 그 부족액을 연대하여 지급할 책임이 있다(550①).

현물출자가액의 부족액에 대한 연대지급책임의무이다.

2) 근 거 변태설립사항은 그 평가에 따라서는 회사의 재산적 기초를 위태롭게 할 수 있다. 그러나 주식회사와는 달리 유한회사의 설립에서는 아무런 조사절차가 없으므로 그 대신에 사원 전원에게 자본전보책임을 부과한 것이다. 현저하게 부족하게 된 원인에는 재산의 과대평가뿐 아니라 경제상황의 변동에 따라 재산가치의 급격한 하락이 생긴 경우도 포함된다.

3) 면 제 이 책임은 무과실책임으로서 총사원의 동의로도 면제하지 못한다(550②).

무과실 책임이다.

(2) 출자미필액에 대한 사원·이사·감사의 책임

1) 내 용 회사성립 후에 출자금액의 납입 또는 현물출자의 이행이 완료되지 아니하였음이 발견된 때에는 회사성립당시의 사원, 이사와 감사는 회사에 대하여 그 납입되지 아니한 금액 또는 이행되지 아니한 현물의 가액을 연대하여 지급할 책임이 있다(551①).

자본충실을 위하여 회사설립의무 출자 미필액에 대해 회사설립당시 사원, 이사와 감사에게 연대지급책임이 있다.

2) 근 거 유한회사의 설립에는 주식회사와 같은 발기인이 존재하지 아니하고 發起人의 資本充實責任(321)도 없으므로, 그 대신 설립에 관여한 사원과 이사 및 감사에게 연대책임을 지우고 있는 것이다. 이처럼 사원과

이사 및 감사에게 자본전보책임을 부과한 것은 사원에게는 現物出資價額塡補責任(550①)과 마찬가지로 자본충실을 위하여 유한책임의 예외를 인정할 필요가 있으며, 이사는 출자액의 납입 또는 이행을 시킬 의무가 있고(548), 감사는 업무감사권(569)이 있기 때문이다.

이사와 감사는 총사원의 동의로 면책될 수 있다.

3) 면 제　이사와 감사는 회사의 수임인으로서 책임을 부담하기 때문에 총사원의 동의로 그 책임을 면제할 수 있지만(551③), 사원의 책임은 어떠한 경우에도 면제되지 아니한다(551②).

3. 設立의 無效・取消

(1) 설립무효의 소

설립무효의 소의 제척기간은 2년이다.
설립무효의 원인은 주식회사와 같다(통설).

회사의 설립의 무효는 그 사원, 이사와 감사에 한하여 회사설립의 날로부터 2년내에 訴만으로 이를 주장할 수 있다(552①). 설립무효의 원인은 주식회사의 경우와 같다는 것이 통설인데, 이에 따르면 무효원인은 설립절차상의 하자(객관적 하자)만이고 사원의 주관적 하자는 포함하지 않는다는 것이다. 그러나 다음에서 보는 바와 같이 유한회사에서는 사원의 주관적 하자를 회사의 설립취소의 원인으로 하고 있는 점에서 사원의 의사표시에 무효원인(意思無能力, 通情虛僞表示)이 있는 경우에도 이를 회사설립의 무효원인으로 보아야 하지 않을까 생각된다.

(2) 설립취소의 소

주식회사와 달리 사원의 개성이 중시되기 때문에 인정된다.

회사의 설립의 취소는 그 取消權 있는 자에 한하여 회사설립의 날로부터 2년내에 訴만으로 이를 주장할 수 있다(552①). 이처럼 주식회사에는 인정되지 아니하는 설립취소가 인정되는 것은, 유한회사에서는 합명회사나 합자회사와 마찬가지로 사원간의 인적 신뢰관계를 바탕으로 사원의 개성이 중시되기 때문이다. 따라서 사원의 설립행위에 취소원인인 하자(행위무능력, 사기・강박) 또는 債權者 詐害(552②, 185)가 있으면 회사설립의 취소원인으로 된다.

(3) 소의 절차

설립무효・취소의 소에 대하여는 합명회사의 관련규정이 준용된다(552②).

제 3 社員의 權利義務

1. 社員資格과 數

(1) 사원자격

유한회사의 사원자격에 대하여는 특별한 제한이 없다. 따라서 자연인은 물론이고 회사 기타 법인도 사원이 될 수 있다.

(2) 사원의 수

사원의 총수는 원칙적으로 50인을 초과하지 못한다(545①). 그러나 특별한 사정이 있는 경우, 법원의 인가를 얻은 때(545②), 상속 또는 유증으로 인하여 사원의 수에 변경이 생기는 때에는 예외이다(545①但). 여기에서 '特別한 事情'이란 가령 회사의 합병이나 조직변경 등의 사유로 부득이 사원이 50인을 초과하게 된 경우를 의미한다(이철(회)927, 정찬(상)1113).

원칙적으로 총사원은 50인을 초과하지 못한다.

2. 社員의 權利와 義務

(1) 사원권으로서의 지분

1) 지분복수주의 유한회사의 사원의 지위(社員權)를 持分이라고 한다. 지분은 세분화된 비율적 단위의 형태를 취하므로 각 사원은 그가 가진 出資座數에 따라 지분을 가진다. 즉, 출자 1좌별로 1개의 지분을 가지므로, 가령 출자 10좌를 가진 주주는 10개의 지분을 가지게 된다. 출자 1좌의 금액은 정관에서 정하며 5천원 이상으로 균일하여야 한다(546②).

2) 지분과 자본의 관계 유한회사에서는 자본을 지분(출자좌수)으로 분할하여야 한다는 규정이 없고(560, 329②), 따라서 주식회사와 같이 자본과 지분의 관계에 관한 규정(451)도 없다. 그러므로 지분과 자본은 반드시 연결되어 있지 않기 때문에 유한회사 사원의 지분은 주식과는 달리 '資本의 構成單位'로서의 의미를 가지고 있지 않다(정찬(상)1115, 정동(회)708).

유한회사에서의 지분은 주식회사와 달리 '자본의 구성단위'로서의 의미를 가지지 않는다.

(2) 사원의 권리

유한회사의 사원권도 주식회사의 경우와 같이 自益權과 共益權, 少數社員權과 單獨社員權으로 각각 나누어 볼 수 있다.

모두 단독사원권이다.

1) 자익권 이익배당청구권(580), 잔여재산분배청구권(612), 출자인수권(588) 등이 이에 속한다. 그러나 주식회사와는 달리 지분양도권은 크게 제한된다(556). 자익권은 모두 단독사원권이다.

단독사원권과 소수사원권이 있다.

2) 공익권 ① 단독사원권; 의결권(575), 설립무효·취소의 소권(552), 증자·감자·합병무효의 소(595, 597, 236) 등이 있다. 그러나 주주와는 달리 사원제안권(363의2)은 인정되지 않는다. ② 소수사원권; 이사·감사·청산인에 대한 대표소송제기권(565, 570, 613), 이사·청산인의 위법행위유지청구권(567, 613, 402) 및 총회소집권(572), 이사·청산인 해임청구권(567, 613②, 385②, 539), 회계장부열람권(581), 업무재산상태검사권(582), 해산청구권(613①, 520) 등이 있다. 종래 少數社員權은 100분의 5이상의 출자좌수를 가진 사원에게만 허용하였으나 1998년 상법개정시 사안에 따라 100분의 3 또는 100분의 1로 완화하였다. 그러나 정관으로 이를 더욱 완화할 수 있는 경우도 있다(572②, 581②).

(3) 사원의 의무

출자의무와 자본전보책임을 부담한다.

유한회사의 사원은 원칙으로 그 출자한 금액을 한도로 출자의무를 부담한다(553). 그러나 예외적으로 회사성립 당시의 사원, 자본증가결의에 동의한 사원 및 조직변경결의 당시의 사원은 일정한 자본전보책임을 부담한다(550, 551, 593, 607④). 사원의 출자는 금전출자를 원칙으로 하고 예외적으로 現物出資를 허용하지만, 어느 경우에도 출자의무는 회사의 성립 전, 또는 자본증가의 효력발생 전에 모두 이행하여야 한다(548, 591).

3. 持分의 變動

持分의 取得에는 원시취득으로 회사의 설립, 자본증가시에 출자의 인수에 의한 취득이 있고, 승계취득으로는 상속·회사합병에 의한 포괄승계와 지분의 양수·경매 등과 같은 특정승계가 있다. 持分의 喪失에는 승계취득의 반면으로서 생기는 상대적인 상실과 회사의 소멸 또는 지분의 소각에 의한 절대적 상실이 있다. 여기에서는 지분의 양도 및 상속, 입질에 대하여 살펴본다.

가. 持分의 讓渡

[사례 Ⅷ-3-1: 유한회사지분의 양도]

X는 재향군인회로서 그 회원인 Y_1과 함께 70:30의 비율로 공동출자하여 A유

한회사를 설립하였다. X는 보유하고 있는 A회사의 지분 70% 전부를 X의 회원인 Y_1,Y_2등 5인에게 명의신탁을 하였는데, 이들 5인이 A회사의 전사원이었다. X는 명의신탁을 해지한 후 Y_1,Y_2 등에게 사원총회의 지분반환(양도)결의를 요구하였는데 이들이 거부하자, Y_1,Y_2 등 5인의 사원을 상대로 사원권확인의 소를 제기하였다. 이에 대하여 Y_1,Y_2 등은 명의신탁 사실을 부인하고, 만일 명의신탁이 인정되더라도 사원총회의 특별결의가 없는 이상 명의신탁 해지의 효력이 없다고 주장하였다. Y_1,Y_2 등의 주장은 타당한가? (대판1997.6.27, 95다20140 참조).

(1) 양도가능성

투하자본회수가능성과 유한회사 폐쇄성을 조화시키기 위해 제한을 하고 있다.

유한회사에서는 사원이 유한책임을 지는 관계로 회사재산의 확보가 중요하다. 그러므로 사원이 투하자본을 회수하는 방법은 매우 제한되어, 자본감소에 의한 지분의 유상소각 또는 환급(597, 439), 이익에 의한 지분의 소각(560, 343) 등에 한정되어 있다. 이에 따라 지분의 양도를 인정하지 않을 수 없지만 한편으로는 유한회사의 폐쇄성으로 인하여 사원의 개성이 중요하므로, 원하지 않는 자가 지분을 양수하여 사원으로 되는 것을 방지할 필요가 있다. 이러한 투하자본 회수가능성과 회사의 폐쇄성을 조화시키기 위해 상법은 지분의 양도성과 그 제한을 다음과 같이 인정하고 있다.

1) 사원상호간의 양도　사원은 그 지분의 전부 또는 일부를 정관의 정하는 바에 따라 다른 사원에게 양도할 수 있다(556 ③). 즉 사원상호간의 지분양도에 있어서는 다른 사원의 동의를 얻어야 하는 등의 제한은 없다.

사원총회의 특별결의가 필요하다.
단, 양도로 인해 사원수 50인 초과시 유증을 제외하곤 무효이다.

2) 제3자에 대한 양도　사원은 그 지분의 전부 또는 일부를 사원 이외의 자에게 양도하는 경우에는 사원총회의 특별결의를 얻어야 한다. 그러나 정관으로 양도의 제한을 가중(가령 총사원의 동의)할 수 있다(556 ①). 또한 양도로 인하여 사원의 총수가 50인을 초과하는 경우에는 遺贈의 경우를 제외하고는 그 양도는 효력이 없다(556 ②). 이와 같이 상법이 유한회사 사원의 지분양도를 엄격하게 제한하면서 주식의 양도제한시에 인정되는 회사에 대한 매수청구권(335의2 이하)을 인정하지 않고 있는 것은 균형을 잃은 것이라고 하겠다(560).

3) 회사의 자기지분취득　유한회사도 自己持分을 취득하거나 質取하는 것이 원칙적으로 금지되는 것은 주식회사의 경우와 마찬가지이다(560, 341, 341의3, 342).

(2) 양도의 효력

당사자의 의사표시로 이루어

1) 이전적 효력　지분양도는 당사자의 의사표시에 의해 효력이 발생하며 양도인의 모든 권리가 양수인에게 이전한다. 그러나 제3자에 대한 양

진다.

도에 있어서는 사원총회의 특별결의를 얻지 아니하면 양도의 효력이 없다. 대판 1997.6.27, 95다20140도 [사례Ⅷ-3-1]에서 "상법 제556조 제1항의 규정 취지는 소수의 사원으로 구성되고 사원의 개성이 중시되며 사원 상호간의 긴밀한 신뢰관계를 기초로 하는 유한회사에 있어서 사원이 그 지분을 자유롭게 양도할 수 있도록 허용하게 되면 회사에 우호적이지 않은 자가 사원이 될 수 있어 경영의 원활과 사원 상호간의 신뢰관계를 저해하게 되는 결과, 유한회사가 가지는 폐쇄성·비공개성에 반하게 되므로 이를 방지하기 위한 것이라 할 것인 바, 유한회사의 지분(사원권)에 관한 명의신탁 해지의 경우에도 사원의 변경을 가져오므로 위 규정을 유추적용하여 사원총회의 특별결의가 있어야 그 효력이 생긴다고 보는 것이 법의 취지에 비추어 상당하다고 할 것이고, 따라서 해지의 의사표시만에 의하여 수탁된 지분이 바로 명의신탁자(X)에게 복귀하는 것은 아니다"라고 판시하였다. 그러나 위 사례에서는 수탁자인 사원전원(Y_1,Y_2 등)이 사원총회결의를 거부하고 있고, 또 사원이 아닌 X가 A회사나 그 사원(Y_1,Y_2 등)에 대하여 사원총회의 특별결의를 요구할 아무런 법적인 수단도 마련되어 있지 않은 사정을 감안하여 "이와 같은 특별한 사정이 있는 경우라면 실제로는 지분양도의 동의를 위한 사원총회의 특별결의를 거치지 않았다고 하더라도 신의성실의 원칙상 사원총회의 특별결의가 있는 것으로 보아 명의신탁 해지가 유효하다고 봄이 상당하다고 할 것이고, 명의신탁 해지가 유효한 이상 수탁된 지분은 바로 원고(X)에게 복귀하는 것이므로 원고(X)는 피고들(Y_1,Y_2 등)을 상대로 사원권 확인의 소를 제기하여 그 판결을 받아 이를 향우교통(A회사)에 제출함으로써 사원명부상의 사원명의를 변경할 수 있으니 확인의 이익도 있다고 할 것이다"라고 판시하였다.

사원명부에 명의개서하지 아니한 경우엔 회사나 제3자에게 대항하지 못한다.

2) 대항력 양수인이 성명, 주소와 그 목적이 되는 출자좌수를 社員名簿에 기재하지 아니하면 지분의 이전을 회사와 제3자에게 대항하지 못한다(557). 사원명부의 명의개서에 지분이전의 대항력을 인정한 것으로서, 양도의 경우뿐 아니라 入質, 相續에 의한 취득시에도 마찬가지이다.

나. 持分의 入質

(1) 사원간의 입질

등록질만 인정되고 약식질은 인정되지 않는다.

유한회사 사원의 지분도 경제적 가치를 가지므로 질권의 목적으로 할 수 있다(559①). 질권의 설정도 지분양도와 마찬가지의 방법과 요건에 따른다(559②). 따라서 持分의 入質은 의사표시에 의하지만 질권자의 이름과 주소 및 질권의 목적인 출자좌수를 사원명부에 기재하지 아니하면 이로써 회사 기타 제3자에게 대항할 수 없다(557). 그러므로 주식의 경우와는 달리 지분에 대하여는 登錄質만 인정되고 略式質은 인정되지 않는다. 질권의 효력은 주식의 경우와 마찬가지이다(560, 339, 340).

(2) 제3자에 대한 입질

사원이 아닌 자를 질권자로 하여 입질하는 경우에 사원총회의 특별결의를 거쳐야 함은 위에서 본 바와 같다. 그런데 이 경우 사원총회의 결의는 입질 그 자체에 대하여 얻어야 하는가, 아니면 질권이 실현되어 지분이 질권자에게 이전될 때 얻으면 되는가 하는 문제가 있다. 주식양도제한의 경우에서 설명한 바와 같이 입질 그 자체는 지분의 귀속주체에 변동을 가져오는 것이 아니므로 지분이 현실적으로 질권자에 이전될 때 승인을 얻으면 된다고 본다.

질권이 실현되어 현실적으로 지분이 이전될 시 사원총회의 특별결의가 필요하다.

4. 持分證券 · 社員名簿

(1) 지분증권

유한회사는 사원의 지분에 관하여 지시식 또는 무기명식의 증권을 발행하지 못한다(555). 이는 지분의 양도가 매우 제한되어 이를 證券化하여 양도하기에 부적합하기 때문이다. 위 규정의 취지로 볼 때 記名式持分證券의 발행은 가능하다고 보여지지만, 이는 증거증권에 지나지 않으며 유가증권이라고는 할 수 없다.

사원의 지분에 관하여 지시식 또는 무기명식의 증권을 발행하지 못한다.

(2) 사원명부

이사는 사원의 성명, 주소와 그 출자좌수를 기재한(566②) 사원명부를 본점에 비치하여야 한다(566①). 사원과 회사채권자는 영업시간내에 언제든지 사원명부의 열람 또는 등사를 청구할 수 있다(566③). 지분이전 및 입질은 사원명부의 기재에 의해 대항력을 구비하고(557, 559②), 회사의 사원에 대한 통지 및 최고는 사원명부에 기재한 사원의 주소 또는 그 자가 회사에 통지한 주소로 하면 된다.

성명, 주소와 출자좌수를 기재한다.

제 4 會社의 管理

유한회사에는 '會社의 機關' 이라는 개념 대신 '會社의 管理' 기구로서 사원총회, 이사, 감사를 두고 있다.

1. 理 事

(1) 의 의

이사는 필요적 상설기관이다.

有限會社의 理事는 회사의 업무를 집행하고 회사를 대표하는 필요적 상설기관이다. 유한회사는 주식회사와는 달리 업무집행기관이 이사회와 대표이사로 분화되어 있지 않고, 이사로 일원화되어 있다. 이사는 반드시 사원자격이 있어야 하는 것은 아니지만 정관으로 사원에 한정하는 것은 무방하다.

(2) 선임·종임

사원총회의 보통결의에 의한다.

1) 선 임 이사는 사원총회에서 선임하지만(567, 382) 최초의 이사는 정관에서 정할 수 있다(547①). 이사의 선임은 총회의 보통결의에 의하는데 정족수에 특별한 규정은 없고, 또 2인 이상의 이사를 선임하는 경우에도 집중투표제(382의2)를 인정하지 아니한다(567). 다만 정관에서 집중투표제를 도입하는 것은 금지되지 아니한다. 또한 이사의 수에 관해서도 1인 또는 수인의 이사를 두어야 한다(561)고만 규정할 뿐 이사의 수에 제한은 없다. 이사와 회사의 관계는 위임이며 그 보수는 정관이나 사원총회에서 정할 수 있음은 주식회사의 경우와 같다(567, 388).

임기제한이 없다.

2) 해 임 이사의 임기에 대하여는 특별한 제한은 없다. 사원총회특별결의에 의한 이사의 해임(567, 385①), 소수사원의 이사해임의 소(567, 385②) 및 이사결원시 조치(567, 386, 407, 408) 등은 주식회사의 이사와 같다.

(3) 권 한

1) 업무집행권 이사는 유한회사의 업무집행기관이다. 이사가 수인일 때에는 정관에 다른 정함이 없으면 업무집행, 지점의 설치·이전·폐지, 지배인의 선임·해임은 이사 과반수의 결의에 의하여야 한다(564①). 과반수결의는 반드시 회의를 개최하여 할 필요는 없고 서면, 구두 등 적절한 방법으로 하면 된다(정희649, 정동(회)720, 정찬(상)1122).

공동대표로 정할 수 있다.

2) 회사대표권 이사는 유한회사의 대표기관이다(562①). 이사가 수인있는 때에는 원칙적으로 각자가 회사를 대표한다. 그러나 정관 혹은 총사원의 동의로 대표이사를 정할 수 있고(562②), 수인의 이사가 공동으로 회사를 대표할 것(共同代表)을 정할 수 있다(562③). 대표권의 범위, 회사의 불법행위책임은

합명회사의 대표사원과 같다(567, 209, 210). 그러나 이사와 회사간의 소에 대하여는 이사에게 대표권이 없고 사원총회에서 대표할 자를 선임하여야 한다(563). 유한회사도 표현대표이사의 책임을 진다(567, 395).

(4) 의 무

이사와 회사의 관계는 위임이므로 선관의무, 경업금지의무, 자기거래제한의무를 부담한다.

이사와 회사의 관계는 委任이므로(570, 382②) 이사는 회사에 대하여 일반적인 선관의무를 부담한다. 이사는 회사에 대하여 경업금지의무(567, 397), 자기거래제한의무를 부담한다. 즉 이사는 감사가 있는 때에는 그 승인이 있는 때, 감사가 없는 때에는 사원총회의 승인이 있는 때에 한하여 자기 또는 제3자의 계산으로 회사와 거래를 할 수 있다(564③). 그러나 주식회사 이사의 충실의무에 관한 규정(382의3)은 유한회사의 이사에는 적용되지 아니한다.

(5) 책 임

회사 또는 제3자를 대상으로 법령위반이나 중대한 임무해태의 경우 회사와 연대배상 책임을 부담한다.

1) 손해배상책임 이사는 회사 또는 제3자에 대하여 법령위반 또는 중대한 임무해태로 인한 손해배상책임을 진다(567, 399~401). 가령 사원총회의 승인을 받지 않고 경업행위나 자기거래를 한 경우에는 회사가 입은 손해에 대하여 연대배상책임이 있다.

2) 자본충실책임 회사성립 후에 출자금액의 납입 또는 현물출자의 이행이 완료되지 아니하였음이 발견된 때에는 이사는 회사에 대하여 그 납입되지 아니한 금액 또는 이행되지 아니한 현물의 가액을 연대하여 지급할 책임이 있다(551①). 또한 增資時 출자의 인수 또는 납입의무(594), 조직변경시의 전보책임(607④)도 부담한다. 이사의 이러한 책임은 총사원의 동의가 없으면 면제하지 못한다(551③, 594③, 607④).

3) 대표소송과 위법행위유지 이사의 책임을 추궁하기 위한 代表訴訟 및 違法行爲留止請求가 인정된다(567, 402, 565).

(6) 준용규정

유한회사의 이사에 대하여는 합명회사 사원에 관한 일부규정(209, 210)과 주식회사 이사에 관한 규정(386, 388, 395, 402, 407, 408)이 준용되는데(567), 이에 관하여는 관련되는 곳에서 언급한 바 있다.

2. 監事와 檢査人

(1) 감 사

유한회사의 감사는 임의기관이다.

1) 의의 · 선임 등 有限會社의 監事는 업무와 회계감사권을 가진 기관이지만, 주식회사의 監事와 같이 필요적 기관은 아니고 특별히 정관에 정한 경우에만 두는 임의기관이다(568①). 감사를 두는 경우에도 그 인원수에는 제한이 없으므로 1인이라도 상관없다. 감사는 사원총회에서 선임하지만 초대감사는 정관에서 정할 수 있다(568②, 547). 그 밖에 해임(385①), 결원시 조치(386), 보수(388) 등은 주식회사의 감사에 있어서와 같다(570).

업무와 회계감사권, 임시총회소집권, 증자시 자본전보책임, 감사 보고서 작성의무를 부담한다.

2) 권한 · 의무 등 감사는 언제든지 회사의 업무와 재산상태를 조사할 수 있고 이사에 대하여 영업에 관한 보고를 요구할 수 있다(569). 또한 감사는 이사가 총회에 제출할 재무제표 등 회계에 관한 서류를 조사하여 감사보고서를 작성할 의무(579③)가 있다. 유한회사의 감사는 임시총회소집권(571①), 증자시 자본전보책임(551, 594)을 부담하는 점을 제외하고는 주식회사의 감사와 동일하다(570, 414, 400, 407, 411, 565).

(2) 검사인

법원 또는 사원총회에서 선임된다.

檢査人은 회사의 업무와 재산상태를 조사하기 위하여 선임되는 임시기관이다. 유한회사에서 검사인은 법원이 선임하는 경우와 사원총회에서 선임하는 경우가 있다.

회사의 업무상태와 재산상태를 조사하기 위함이다.

1) 법원선임 검사인 회사의 업무집행에 관하여 부정행위 또는 법령이나 정관에 위반한 중대한 사유가 있는 때에는 자본총액의 100분의 3이상에 해당하는 출자좌수를 가진 사원은 회사의 업무와 재산상태를 조사하게 하기 위하여 법원에 검사인의 선임을 청구할 수 있다(582①). 검사인은 그 조사의 결과를 서면으로 법원에 보고하여야 한다(582②). 법원은 검사인의 보고서에 의하여 필요하다고 인정한 경우에는 감사가 있는 때에는 감사에게, 감사가 없는 때에는 이사에게 사원총회의 소집을 명할 수 있다(582③).

이사의 제출서류와 감사보고서 조사를 목적으로 한다.

2) 사원총회선임 검사인 이사가 제출한 서류와 감사보고서를 조사하게 하기 위하여 사원총회의 결의로 검사인을 선임할 수 있다(578, 367, 582).

(3) 사원총회 · 사원에 의한 감시

유한회사에서는, 이상에서 본 바와 같은 감사와 검사인에 의한 감시 · 조사 이외에도 사원총회의 결의나 소수사원 또는 각 사원이 단독으로 회사의 업무와 재산상태에 대한 감시를 할 수 있는 경우가 많이 있다.

3. 社員總會

(1) 의의와 권한

유한회사의 社員總會는 사원에 의해 구성되는 필요적 상설기관으로서, 그 권한에 거의 아무런 제한을 받지 않는 회사의 최고의사결정기관이다. 이는 주식회사의 주주총회가 상법 또는 정관에 정한 사항에 한하여 의결할 수 있는 것과는 대조가 되는데, 유한회사는 소수인에 의한 폐쇄적인 조직체이기 때문에 회사의 모든 결정을 사원들의 의사에 맡기는 것이 당연하다고 보기 때문이다. 이에 따라 사원총회는 공서양속 또는 유한회사의 본질에 반하지 않는 한, 회사에 관한 어떠한 사항에 대하여도 결정을 할 수 있고 하부기관인 이사는 그 결정에 기속된다(이정한, "유한회사의 기관", 「손주찬 교수정년기념논문집」(1989.9), 580).

사원총회는 필요적 상설기관이며 유한회사의 최고의사결정기관이다.

(2) 소 집

1) 소집권자 ① 원칙; 사원총회의 소집은 원칙적으로 이사(청산인)가 한다(571①本). 이사가 수인이 있는 경우에도 일반적인 업무집행의 결정(564)과는 달리 각 이사가 단독으로 할 수 있다고 본다(손주1110, 정동715; 反 정희651). ② 예외; 감사에게 총회소집권을 부여하고 있으며(571①但), 또한 자본의 총액의 100분의 3이상에 해당하는 출자좌수를 가진 사원은 회의의 목적사항과 소집의 이유를 기재한 서면을 이사에게 제출하여 총회의 소집을 청구할 수 있다(572①). 소수사원의 소집청구에 대하여 지체없이 소집절차를 밟지 아니한 때에는 법원의 허가를 얻어 총회를 소집할 수 있다(572③, 366①). 소수사원의 총회소집권한에 대하여는 정관으로 달리 정할 수 있으므로(572②), 그 요건을 가중하거나 감경할 수 있고 소집권 자체를 배제할 수도 있다. 그러나 사원의 제안권은 인정되지 아니한다.

소집절차는 이사 내지 청산인에 의함을 원칙으로 하나 예외적으로 감사에게 사원총회 소집권을 부여하고 있다.

2) 시기 · 장소 총회에는 매년 정기적으로 소집되는 정기총회(578, 365①)와 필요한 경우 수시로 소집되는 임시총회(578, 365③)가 있다. 소집지는 정관에 특별한 규정이 없으면 본점소재지 또는 그 인접지이어야 한다(571③, 364).

3) 소집통지 총회를 소집할 경우에는 회일 1주간전에 각 사원에 대해 통지를 발송하여야 하지만, 이 기간은 정관으로 단축할 수 있다(571②). 소집통지에는 회의의 목적사항을 기재하여야 한다(571③, 363②). 그러나 총사원의 동의가 있을 때에는 소집절차를 생략할 수 있다(573).

소집일 1주전에 소집통지를 발송하여야 하나 정관으로 단축할 수 있다.

(3) 의결권

1좌1의결권이 원칙이나 정관으로 달리 정할 수 있다.

각 사원은 출자 1좌마다 1개의 의결권을 가지는 것이 원칙이다(575本). 그러나 정관으로 의결권의 수에 관하여 달리 정할 수 있는데(575但), 이는 주식회사의 주주평등원칙과 매우 큰 대조를 보이는 것이다. 따라서 일정수 이상의 출자 좌수를 가진 사원의 의결권을 제한한다든지, 사원각자에게 출자지분에 관계없이 1개의 의결권만을 부여한다든지, 출자 1좌에 대해 복수의 의결권을 부여하는 것도 가능하다(정희651, 정동(회)716~717, 최기1008, 정찬(상)1118). 다만 사원의 의결권을 완전히 박탈할 수는 없다고 본다(정희651, 이철(회)933, 정찬(상)1119).

(4) 결 의

사원총회의 결의에는 결의사항의 중요성에 따라 보통결의(통상결의)와 특별결의 및 총사원의 일치에 의한 결의가 있다.

의결권 과반수를 가진 사원출석과 의결권자 과반수의 동의를 요한다.

1) **보통결의** 사원총회의 결의는 원칙적으로 총사원의 의결권의 과반수를 가지는 사원이 출석하여, 출석사원의 의결권의 과반수로써 한다(574). 그러나 정관으로 결의요건에 대해 이와 달리 정할 수 있으므로, 보통결의의 정족수를 완화할 수 있다.

총사원 과반수 출석과 총의결권의 3/4 이상의 동의로 한다.

2) **특별결의** ① **결의요건**; 총사원의 과반수 이상이며 총사원의 의결권의 4분의 3이상을 가진 자의 동의로 하는 결의이다(585①). 이 경우 의결권을 행사할 수 없는 사원은 이를 총사원의 수에, 그 행사할 수 없는 의결권은 이를 의결권의 수에 산입하지 아니한다(585②). 유한회사에서 사원의 개성을 중시하는 측면이 반영된 것이다. 이처럼 사원총회의 특별결의요건은 주주총회의 특별결의요건보다 엄격하다. ② **결의사항**; 사원이외의 자에 대한 지분양도승인(556①), 자본증감(586, 597), 사원의 출자인수권제한(586) 등 매우 많은데 나머지는 주주총회의 특별결의사항과 대체로 유사하다.

3) **총사원의 동의** 주식회사로의 조직변경(607①)과 이사감사의 책임면제(551③, 607④)는 총사원의 일치에 의한 총회결의를 요하는 사항이다.

(5) 서면결의

유한회사의 소규모, 폐쇄성에 의해 인정되고 있다.

유한회사의 소규모 · 폐쇄성을 반영하여 번잡한 총회소집과 회의에 갈음하는 書面決議를 인정하고 있다. 서면결의는 총회결의와 동일한 효력을 가지며(577③), 총회에 관한 규정이 준용된다(577④). 이와 같은 서면결의에는 다음의 두 가지가 있다.

결의 방법을 서면에 의하도록

1) **서면결의** 총사원이 총회의 결의사항에 대하여 서면결의를 할 것에 동의한 경우이다(577①). 이는 총사원이 결의의 대상인 의안자체에 대한 것

이 아니라, 결의방법으로 서면결의에 합의한 경우이다. 따라서 이 때에는 결의방법만 서면결의에 의할 뿐 결의요건 등은 총회결의와 다를 바 없으므로 보통결의, 특별결의 요건의 충족 여하에 따라 결의가 성립하기도 하고 부결되기도 한다. 서면결의는 특정한 사안별로 할 수 있을 뿐 사전에 포괄적으로 합의할 수는 없다.

결의할 수 있으나 사전에 포괄적인 서면결의는 할 수 없다.

2) 서면동의　결의의 목적사항에 대하여 총사원이 서면으로 동의를 한 때에는 서면에 의한 결의가 있는 것으로 본다(577②). 이는 사전에 서면결의에 합의한 바 없지만 모든 사원이 서면으로 동의하였으므로 총회결의가 있는 것으로 보는 것이다.

총회결의가 성립한 것으로 간주한다.

(6) 결의하자

총회결의하자에 대하여는 주주총회에 관한 규정이 그대로 준용된다(578, 376~381).

4. 會社의 計算

유한회사도 물적 회사이므로 경리관계를 명확하고 투명하게 처리하여 회사의 재산적 기초를 튼튼히 할 필요가 있다. 그러나 한편으로 유한회사의 소규모·폐쇄성을 감안하지 않을 수 없으므로, 주식회사의 계산에 관한 규정을 상당부분 준용하고 있지만 준용하지 않는 것도 있다.

(1) 결산절차

1) 재무제표 등의 작성　이사는 매결산기에 재무제표인 대차대조표·손익계산서·이익잉여금처분계산서 또는 결손금처리계산서와 그 부속명세서 및 영업보고서를 작성하여(579①, 579의2①), 감사가 있는 때에는 정기총회 회일로부터 4주간전에 감사에게 제출하여야 한다(579②, 579의2②). 감사는 이들 서류를 받은 날로부터 3주간내에 감사보고서를 작성하여 이사에게 제출하여야 한다(579③, 579의2②).

유한회사도 물적회사이나 소규모·폐쇄성으로 인해 주식회사의 일부 규정이 준용되어 대차대조표·손익계산서·이익잉여금처분계산서 또는 결손금처리계산서와 부속명세서 및 영업보고서를 작성한다.

2) 재무제표 등의 비치·공시　이사는 정기총회 회일의 1주간 전부터 5년간 재무제표와 그 부속명세서, 영업보고서와 서류와 감사보고서를 본점에 비치해 두어야 하고(579의3①) 사원 및 채권자에게 공시하여야 한다(579의2②, 448②).

(2) 재무제표의 내용

유한회사의 대차대조표의 기재방법에 대하여는 주식회사의 기업회계기준과 같은 규정이 없다. 그러나 자산평가, 이연자산, 법정준비금에 대하여는 주식회사의 경우와 거의 유사하다. 다만 유한회사에서는 자본의 총액이 정관에 기재되지만 그 산정에 관한 규정이 없고 준비금의 자본전입도 인정되지 아니한다.

(3) 이익배당

원칙은 각사원의 출자좌수에 따른다.

유한회사의 이익배당요건은 주식회사의 경우와 마찬가지이다. 이익배당은 원칙적으로 각 사원의 출자좌수에 따라야 한다(580). 그러나 정관에 이와 달리 정할 수 있는데, 가령 창립사원을 우대한다든지, 사원이 된 년수에 따라 가산을 준다든지, 모든 사원에게 동액의 배당을 하는 것도 가능하다. 그러나 유한회사에는 중간배당, 이자의 배당에 해당하는 제도는 인정되지 아니한다. 그 밖에 회사채권자에 의한 위법배당액의 반환청구에 관하여는 주식회사의 규정이 준용된다.

(4) 사원의 경리감독권

3/100 이상의 출자좌수의 사원만이 가능하다.

1) 장부열람권 자본의 100분의 3이상에 해당하는 출자좌수를 가진 사원은 회계의 장부와 서류의 열람 또는 등사를 청구할 수 있다(581①). 그러나 정관으로 이를 單獨社員權으로 정할 수 있으나(581②), 이 경우 부속명세서는 작성하지 아니한다(581③).

3/100 이상 출자좌수의 사원의 신청에 의해 법원이 선임한다.

2) 업무·재산상태의 검사 회사의 업무집행에 관하여 부정행위 또는 법령이나 정관에 위반한 중대한 사유가 있는 때에는 자본총액의 100분의 3 이상에 해당하는 출자좌수를 가진 사원은 회사의 업무와 재산상태를 조사하게 하기 위하여 법원에 검사인의 선임을 청구할 수 있다(582①). 검사인은 그 조사의 결과를 서면으로 법원에 보고하여야 한다(582②). 법원은 전항의 보고서에 의하여 필요하다고 인정되는 경우에는 감사가 있는 때에는 감사에게, 감사가 없는 때에는 이사에게 사원총회의 소집을 명할 수 있다(582③).

제 5 定款의 變更(資本의 增減)

자본의 총액은 정관기재사항이다.

유한회사는 수권자본제도를 채용하지 않기 때문에 資本의 總額이 정관의 기재사항이다(543②2). 따라서 자본감소는 물론이고, 주식회사의 신주발행에 해당하는 자본증가도 모두 정관변경사항이다.

1. 定款變更

정관변경에는 사원총회의 특별결의를 요한다(584). 정관변경결의도 서면결의에 의할 수 있다. 그러나 정관변경을 위한 총회의 소집통지에는 의안의 요령을 기재할 것(433②)을 요하지 않는 점은 주식회사와 다르다. 변경된 내용이 등기사항인 경우에는 변경등기를 하여야 한다(549②, 182). 일반적으로 변경등기는 제3자에 대한 대항력만 있지만(37), 자본증가의 변경등기는 효력요건이나(592).

사원총회의 특별결의를 요하며 자본증가의 변경등기는 효력발생 요건이다.

2. 資本의 增加

가. 總　　說

(1) 의　의

資本增加라 함은 정관 소정의 資本總額을 증가시키는 것을 말한다. 주식회사의 신주발행과 마찬가지로 주로 자금조달을 목적으로 하는데, 유한회사는 사채발행이 허용되지 않으므로 장기적으로 거액의 자금을 조달하는 방법은 자본증가에 의할 수밖에 없다.

자본 총액의 증가를 의미한다.

(2) 방　법

자본증가의 방법에는 i) 출자 1좌의 금액을 증액하는 방법, ii) 출자좌수를 증가하는 방법 및 iii) 양자를 겸용하는 방법이 있다. 그러나 출자1좌의 금액을 증액할 경우에는 추가적인 출자를 요하므로 총사원의 동의가 요구된다. 따라서 대부분 출자좌수를 증가하는 방법을 이용하며 상법도 이에 대하여만 규정을 두고 있다.

나. 節　　次

(1) 사원총회의 특별결의

자본증가는 정관변경에 해당하기 때문에 사원총회의 특별결의를 요한다(584, 585). 이 결의에서는 정관에 정함이 없는 경우에도 현물출자, 재산인수 및 증자부분의 출자인수권자와 그 권리의 내용을 정할 수 있다(586). 회사가 증자 후 2년내에 증자 전부터 존재하는 재산으로서, 영업을 위하여 계속하여 사용할 것을 증자자본의 20분의 1이상에 상당하는 대가로 취득하는 계

사후증자도 사원총회의 특별결의에 의한다.

약, 이른바 事後增資도 사원총회의 특별결의에 의하여야 한다(596, 576②). 이는 현물출자나 재산인수의 탈법수단으로 이용되는 것을 차단하기 위함이다.

(2) 출자의 인수

사원의 출자인수권은 사원총회의 특별결의로써 제한할 수 있다.

1) 출자인수권　증자분에 대한 우선적인 인수권, 즉 신출자인수권은 사원권의 내용이기는 하지만 주식회사와는 달리 사원총회의 특별결의로 제한할 수 있다. 즉 i) 증자결의시 특정인을 출자인수권자로 정할 수 있고(586.3), ii) 사원총회특별결의로서 미리 특정한 자에게 출자인수권을 부여할 수 있으며(587), iii) 이러한 결의가 없는 경우에 한하여 사원의 출자인수권이 인정된다(588).

광고 기타의 방법으로 인수인을 공모하지 못하며 총사원 50인을 초과할 순 없다.

2) 인수방법　자본증가의 경우에 출자의 인수를 하고자 하는 자는 인수를 증명하는 서면에 그 인수할 출자의 좌수와 주소를 기재하고 기명날인 또는 서명하여야 한다(589①). 출자인수권자가 출자를 인수를 하지 아니한 경우에는 다른 출자인수인을 구할 수 있으나, 광고 기타의 방법에 의하여 인수인을 공모하지 못한다(589②). 그러나 출자의 인수에 의하여도 사원의 총수는 50인을 넘을 수 없다.

(3) 출자의 이행

출자의 이행에서 상계로서 회사에 대해 주장하지 못한다.

증자분에 대한 전부의 인수가 있을 때에는 이사는 인수인으로 하여금 출자전액을 납입 또는 현물출자의 목적인 재산 전부의 급여를 시켜야 하는데, 이 경우 인수인은 회사에 대한 채권으로 상계를 주장하지 못한다(596, 548, 334).

(4) 자본증가의 등기

출자전액 납입일 또는 현물출자 이행완료일로부터 2주간내에 본점소재지에서 하여야 하며 효력발생요건이다.

유한회사는 자본증가로 인한 출자전액의 납입 또는 현물출자의 이행이 완료된 날로부터 2주간내에 본점의 소재지에서 자본증가로 인한 변경등기를 하여야 한다(591). 자본의 증가는 본점소재지에서 이와 같은 등기를 할 때 비로소 그 효력이 생긴다(592). 다만 이익배당에 관하여는 특칙을 정하고 있는데, 출자인수인은 출자의 납입기일 또는 현물출자의 목적인 재산의 급여기일로부터 이익배당에 관하여 사원과 동일한 권리를 가진다(590).

다. 資本塡補責任

(1) 사원의 책임

총사원의 동의로도 면제할 수

현물출자 또는 재산인수의 목적인 재산의 자본증가 당시의 實價가 자본증가의 결의에 의하여 정한 가격에 현저하게 부족한 때에는 그 결의에 동의한 사원은 회사에 대하여 그 부족액을 연대하여 지급할 책임이 있다(593①). 회사설립시와 마찬가지로 사원의 자본전보책임은 총사원의 동의로도 면제할 수 없다(593②, 550②, 551②).

있다.

(2) 이사 · 감사의 책임

자본증가 후에 아직 인수되지 아니한 출자가 있는 때에는 이사와 감사가 공동으로 인수한 것으로 본다(594①). 자본증가 후에 아직 출자전액의 납입 또는 현물출자의 목적인 재산의 급여가 미필된 출자가 있는 때에는 이사와 감사는 연대하여 그 납입 또는 급여미필재산의 가액을 지급할 책임이 있다(594②). 이사와 감사의 책임은 총사원의 동의가 있는 경우에만 면제된다(594③, 551③).

이사와 감사는 총사원의 동의로 책임을 면할 수 있다.

3. 資本의 減少

(1) 의의와 방법

資本減少는 정관소정의 자본총액을 감소하는 것이다. 자본감소에는 회사재산의 감소를 초래하는 실질적 자본감소와 그렇지 않은 명목상의 자본감소가 있는데, 큰 결손이 생긴 회사에서 재산과 자본을 맞추기 위한 명목상의 자본을 감소시키는 것이 보통의 경우이다. 자본감소의 방법에는 i) 출자 1좌의 금액을 감소하는 방법, ii) 출자좌수를 감소하는 방법 및 iii) 양자를 겸하는 방법이 있다. 출자 1좌의 금액을 감소할 경우에는 5천원 이하로는 할 수 없다(546②).

자본총액의 감소를 의미한다.

(2) 절 차

자본감소는 사원총회의 특별결의(584, 585), 채권자보호절차(597, 439②), 출자에 대한 감소조치(597, 443), 자본감소의 변경등기(549③, 183)의 순서로 진행된다. 자본감소등기는 변경등기에 지나지 않으므로 실질적인 자본감소조치의 완료로써 자본감소의 효력이 발생하며 감자등기는 제3자에 대한 대항력만 부여하는 점에서 증자등기(592)와 구별된다.

증자등기와 달리 감자등기는 제3자에 대한 대항요건이다.

4. 資本增減의 無效

자본증가의 무효는 사원, 이사 또는 감사에 한하여 제591조의 규정에 의한 본점소재지에서의 등기를 한 날로부터 6월내에 訴만으로 이를 주장할

제소권은 사원, 감사, 이사에 한

하며 제척기간은 6월이내이다.

수 있다(595①). 그 이외에는 신주발행무효의 소에 관한 규정이 준용된다(595②, 430~432). 감자무효의 소에 관하여도 주식회사의 감자무효의 소에 관한 규정이 준용된다(597,445, 446).

제 6 構造改編과 消滅

1. 合 倂

(1) 요 건

어떤 종류의 회사와도 합병할 수 있으나 인적회사와의 합병 후 신설회사 또는 존속회사는 유한회사여야 하며, 한편 주식회사인 경우에는 법원의 인가가 필요하다.

유한회사는 그 종류여하에 관계없이 어떤 회사와도 합병할 수 있다(174①). 다만 유한회사가 합명회사 또는 합자회사와 합병하는 경우에는, 존속회사 또는 신설회사는 유한회사이어야 한다(174②). 유한회사가 주식회사와 합병하는 경우에 합병 후 존속하는 회사 또는 합병으로 인하여 설립되는 회사가 주식회사인 때에는 법원의 인가를 얻지 아니하면 합병의 효력이 없다(600①). 이러한 방법을 통하여 주식회사 설립에 관한 엄격한 규제의 회피를 차단하기 위함이다. 합병을 하는 회사의 일방이 社債의 償還을 완료하지 아니한 주식회사인 때에는 합병 후 존속하는 회사 또는 합병으로 인하여 설립되는 회사는 유한회사로 하지 못한다(600②). 유한회사에서는 사채를 발행하지 못하기 때문이다.

(2) 절 차

1) 합병결의 유한회사가 다른 회사와 합병을 함에는 사원총회의 특별결의가 있어야 한다(598).

2) 설립위원의 선임 신설합병의 경우에 설립위원의 선임은 사원총회의 특별결의에 의하여야 한다(599).

종류로는 변경등기, 해산등기, 설립등기가 이에 해당한다.

3) 합병의 등기 유한회사가 합병을 한 때에는 報告總會(603, 526) 또는 創立總會(603, 527)가 종결한 날로부터 본점소재지에서는 2주간, 지점소재지에서는 3주간내에 합병등기를 하여야 한다. 합병등기는 합병 후 존속하는 유한회사에 있어서는 변경등기, 합병으로 인하여 소멸되는 유한회사에 있어서는 해산등기, 합병으로 인하여 설립되는 유한회사에 있어서는 설립등기를 하여야 한다(602).

(3) 물상대위

합병의 효력은 주식회사 합병의 경우와 같다. 다만 유한회사가 주식회사와 합병하는 경우에, 존속회사 또는 신설회사가 유한회사인 때에는 종전의 주식을 목적으로 하는 質權은 그 주식에 갈음하여 주주가 취득하는 유한회사 사원의 지분 기타 금전에 미친다(601①). 이 경우에 질권의 목적인 지분에 관하여 출자좌수와 질권자의 성명 및 주소를 사원명부에 기재하지 아니하면 그 질권으로써 회사 기타의 제3자에 대항하지 못한다(601②).

(4) 준용규정

이외의 합병의 절차와 효력은 합명회사, 주식회사의 합병에 관한 규정이 준용된다(603).

2. 組織變更

인적회사로의 조직변경은 허용되지 않는다.

물적회사와 인적회사 상호간에는 조직변경이 허용되지 아니하므로 유한회사에서 주식회사로, 또는 주식회사에서 유한회사로의 조직변경만 가능하다.

(1) 유한회사에서 주식회사

총사원 일치와 법원의 인가를 요한다.

1) 요건과 절차 유한회사는 총사원의 일치에 의한 총회의 결의로 그 조직을 변경하여 이를 주식회사로 할 수 있다(607①). 그러나 총회의 결의를 거쳤더라도 조직변경이 효력을 갖기 위해서는 법원의 인가를 얻어야 한다(607③). 이는 조직변경을 이용하여 주식회사 설립의 엄격한 규제를 회피하는 것을 방지하고자 함이다. 이 경우에도 자본유지의 원칙에 따라 조직변경시에 발행하는 주식의 발행가액의 총액은 회사에 현존하는 순재산액을 초과하지 못하며(607②), 채권자보호절차도 밟아야 한다(608, 232). 조직을 변경한 때에는 본점소재지에서는 2주간, 지점소재지에서는 3주간 내에 유한회사에 있어서는 해산등기, 주식회사에 있어서는 설립등기를 하여야 한다(607⑤, 606).

2) 물상대위 종전의 지분상에 설정된 質權은 그 지분에 갈음하여 발행되는 주식 위에 그 효력이 미치며(607⑤, 601①), 질권자는 주권의 교부를 회사에 대하여 청구할 수 있다(607⑤, 340③).

이사, 감사, 사원은 전보책임이 있다. 단, 이사.

3) 전보책임 조직변경의 경우에 회사에 현존하는 순재산액이 조직변경시에 발행하는 주식의 발행가액의 총액에 부족하는 때에는 조직변경결의 당시의 이사, 감사와 사원은 회사에 대하여 연대하여 그 부족액을 지급할

감사는 주주 전원의 동의로 책임 면할수 있다.

책임이 있다. 주주의 책임은 면제되지 아니하며, 이사와 감사는 주주전원의 동의로 그 책임을 면제할 수 있다(607④, 550②, 551②③).

(2) 주식회사에서 유한회사

사채가 발행된 경우 사채 상환이 완료될 때까지 조직 변경은 불가능하다.

1) 요건과 절차 주식회사는 총주주의 일치에 의한 총회의 결의로 그 조직을 변경하여 이를 유한회사로 할 수 있다(604①本). 이 결의에서는 정관 기타 조직변경에 필요한 사항을 정하여야 한다(604③). 그러나 회사가 사채를 발행한 경우에는 그 사채의 상환을 완료하지 않고서는 조직변경을 할 수 없다(604①). 또한 회사에 현존하는 순재산액보다 많은 금액을 자본의 총액으로 하지 못하며(604②), 채권자보호절차도 밟아야 한다(608, 232). 조직을 변경한 때에는 본점소재지에서는 2주간, 지점소재지에서는 3주간내에 주식회사에 있어서는 해산등기, 유한회사에 있어서는 설립등기를 하여야 한다(606).

2) 물상대위 종전의 주식을 목적으로 한 질권의 효력은 조직변경 후 이에 갈음하는 유한회사의 지분 기타 금전에 미친다(604④).

이사는 총사원의 동의로 책임을 면할 수 있다.

3) 전보책임 조직변경의 경우에 회사에 현존하는 순재산액이 자본의 총액에 부족하는 때에는 조직변경결의 당시의 이사와 주주는 회사에 대하여 연대하여 그 부족액을 지급할 책임이 있다(605①). 주주의 전보책임은 면제되지 아니하며 이사의 책임은 총사원의 동의로 면할 수 있다(605②, 551③).

3. 解 散

(1) 해산사유

유한회사의 해산사유로는 i) 존립기간 만료 기타 정관으로 정한 사유의 발생, ii) 합병, iii) 파산, iv) 법원의 해산명령 또는 해산판결, v) 사원총회의 특별결의 등의 5가지가 있다(609).

(2) 회사계속

사원총회의 특별결의로 회사를 계속할 수 있다.

정관소정의 사유나 사원총회결의에 의해 해산한 때에는 사원총회의 특별결의로써 회사를 계속할 수 있다(610①). 이미 해산등기를 마친 경우에는 새로이 회사계속의 등기를 하여야 한다(611, 229③).

4. 淸　　算

유한회사도 물적회사이므로 法定淸算만 인정된다. 그리고 그 절차도 주식회사의 청산절차와 거의 동일하다(613①). 다만 유한회사의 청산에 있어서는 청산인이 淸算人會와 代表淸算人會로 분리되지 않는 것은 이사회의 경우와 마찬가지이다. 또한 잔여재산의 분배는 원칙적으로 사원의 출자좌수에 따르는 것은 주식회사와 동일하나, 정관으로 이와 달리 정할 수 있음은 유한회사의 폐쇄성이 반영된 것이다.

법정청산만 인정되며 잔여재산 배분은 정관으로 달리 정할 수 있다.

제 4 절 外國會社

1. 概 觀

외국회사와 거래하는 거래상대방보호를 위해 특별규정이 필요하다.

우리경제의 개방화 · 국제화가 진행되면서 많은 외국회사들이 국내에 진출하여 경제활동을 영위하고 있다. 그런데 외국회사들은 우리 나라의 회사법이 아닌 외국법에 따라 설립되고 규율되고 있음에도 불구하고, 외국회사와 거래하는 상대방은 국내회사와 동일한 법률적 효과를 기대하게 된다. 그러므로 외국회사에 대해 특별한 규정을 두어 거래상대방의 신뢰를 보호할 필요가 있다.

나아가 資本自由化가 확대되면서 많은 외국자본이 국내회사에 투자를 하는 등 기업의 다국적화가 진행되고 있다. 이에 따라 우리 회사법의 적용을 받는 국내회사와 그렇지 않는 외국회사간의 구별기준 자체도 모호해지고 있다. 이와 같이 외국회사와 관련하여 해결되어야 할 많은 문제가 있지만, 상법은 제6장 '外國會社' 부분에서 매우 간단한 몇 개의 규정만을 두고 있다. 그러므로 외국회사에 관련된 법률관계는 상법 뿐 아니라 民法, 國際私法 등 관련 규정을 종합하여 살펴보아야 할 것이다.

2. 外國會社의 意義

상법은 외국회사의 개념에 관한 규정을 두지 않고 있다. 그러므로 무엇이 외국회사인가에 관해서는 이론적으로 해결할 수밖에 없다.

(1) 학 설

설립준거법주의(통설)와 본거지법주의로 대립된다.

외국회사의 정의에 관하여는 크게 設立準據法主義와 本據地法主義가 대립한다. 설립준거법주의는, 보통 회사(법인)가 특정한 국가의 법에 준거하여 설립되고 법인격을 부여받는다는 것을 근거로 하여 외국법에 의해 설립된 회사를 외국회사로 본다(통설). 이에 대해 본거지법주의는, 법인이 가장 밀접한 관계를 가진 지역이 법인의 본거지이고 또 법인과 거래관계가 있는 거래상대방을 보호한다는 취지에서, 영업의 본거지를 외국에 두고 있는 회사를 외국회사로 본다. 외국회사인 경우에는 그 회사의 권리능력, 불법행위 능력, 회사의 설립, 내부관계 등 회사에 관한 모든 법률관계는 모두 이러한 기준에 의하여 정해지는 本國法(外國法)의 규율을 받게 된다(손주찬, "외국회사의 국내에서의 법적지위", 「상사법의 제문제」(1983.8), 109).

(2) 검 토

본거지법주의는 본거지의 개념을 i) 회사의 업무현업 중심지로 이해하는 견해, ii) 경영통괄 중심지로 이해하는 견해 등 일정하지 않을 뿐 아니라, 본거지가 변경될 경우 그 본국법도 변경되어야 한다는 문제점이 있다. 한편 설립준거지법주의에 의하면 법인이 일단 설립되면 이후에는 準據法이 고정된다는 장점이 있지만, 설립지와 법인의 경영활동 근거지가 전혀 다른 경우에는 법인의 실질적인 활동과는 아무런 관련이 없는 설립준거법의 규제를 받아야 한다는 불합리한 점이 있다. 가령 A국법에 준거하여 설립된 회사가 B국을 본거지로 하여 경영활동을 하고 A국과는 설립 이외에는 아무런 관계가 없는, 소위 '오아시스회사'는 설립준거법주의만으로는 충분한 규제할 수 없다.

(3) 상법의 규정

외국회사의 설립준거법은 등기사항이므로 상법은 설립준거법주의를 취하고 있다.

상법은 i) 외국회사의 설립준거법을 그 등기사항으로 하고 있으며(614 ③), ii) 외국에서 설립된 회사에 대하여도 예외적으로 국내법을 적용하는 경우를 두고 있는 점(617) 등으로 볼 때 설립준거법주의를 취하고 있다고 보여진다(손주1135, 정희660, 정동(회)884, 정찬(상)1132). 다만 위에서 본 바와 같이 설립준거법주의를 고집할 경우, 국내에 본점을 설치하거나 국내영업을 주된 목적으로 하면서도 회사법의 적용을 회피하기 위하여 고의로 외국에서 회사를 설립하는 폐단이 있으므로 그에 대비한 규정을 두고 있다. 즉 외국에서 설립된 회사라도 국내에 그 본점을 설치하거나 국내에서 영업할 것을 주된 목적으로 하는 때에는 국내에서 설립된 회사와 동일한 규정에 의하여야 한다(617). 여기에서 '本店'이라고 함은 정관상 본점이 아니고 사실상 본점을 의미하므로 회사의 업무지휘의 중심적인 소재기관을 말하며, 이는 주주총회보다는 이사회 소재지라고 보면 된다.

3. 外國會社의 地位

각국간의 협정

외국회사에 대하여 어떠한 법적 지위를 인정할 것인가는 각국간의 協

또는 국제법의 일반원칙에 따라 정해진다.

定 또는 國際法의 一般原則에 따르는데, 우리 나라는 내외국법인 평등주의에 입각하고 있다(정희661, 정동(회)885, 정찬(상)1133). 이에 따라 외국에서 법인격을 부여받은 회사가 한국에서 활동하기 위하여 한국법에 의해 새로 법인격을 취득하거나 승인받을 필요는 없다. 그러나 외국회사도 국내회사와 마찬가지로 회사법에 의한 감독을 받아야 하고, 또 회사의 종류별로 법의 간섭 정도가 다르므로, 그 외국회사가 우리 회사법상 어떠한 종류의 회사에 속하는지를 결정할 필요가 있다. 이에 따라 다른 법에 별도의 규정이 있는 경우를 제외하고는 외국회사는 대한민국에서 성립된 동종 또는 가장 유사한 회사로 보고 있다(621).

4. 國內營業의 要件

외국회사가 국내에서 영업을 하고자 하는 때에는 대표자를 정하고, 영업소를 설치해야 하며 등기를 하여야 한다.

(1) 대표자선정과 영업소설치

외국회사의 대표자는 국내회사의 대표기관과 같은 권한을 갖는다.

국내영업을 하기 위해 외국회사는 먼저 대표자를 정하여야 한다(614①). 외국회사의 대표자는 국내회사의 대표기관과 같이 영업에 관한 재판상 · 재판외의 모든 행위를 행할 권한을 가진 것으로 본다(614④, 209). 또 대표자의 불법행위에 의한 외국회사의 不法行爲責任을 인정한다(614④, 210). 대표자선임 및 영업소 설치는 외국회사등기의 전제요건이다.

(2) 외국회사등기

거래 상대방 보호와 내 · 외국회사의 평등한 대우가 그 취지이다.

1) 등기사항 외국회사는 i) 영업소의 설치에 관하여 대한민국에서 설립되는 동종의 회사 또는 가장 유사한 회사의 지점과 동일한 등기를 하여야 하며(614②), ii) 회사설립의 準據法과 iii) 대한민국에서의 대표자의 성명과 그 주소를 등기하여야 한다(614③). 이는 외국회사와 거래하는 상대방을 보호하고 외국회사와 내국회사간에 평등한 대우를 하려는 취지이다. 등기는 外國會社 등기부에 하여야 한다.

제3자 보호 및 외국회사 지점등기의 촉진차원에서 비롯된 것이다.

2) 등기전 계속거래의 금지 외국회사는 그 영업소의 소재지에서 외국회사등기를 하기 전에는 계속하여 거래를 하지 못한다(616①). 이에 위반하여 거래를 한 자는 거래에 대하여 회사와 연대하여 책임을 진다(616①②). 이는 등기에 의하여 실태가 명확히 되기 전에는 제3자가 외국회사의 존재를 부인할 수 있다는 것을 의미하는 것으로서, 제3자를 보호하는 동시에 외국회사의 지점등기를 촉진하는 취지라고 하겠다(정희662, 정동(회)886, 정찬(상)1134). 대판 1959.7.30,

4291 민상331도 "외국회사의 사장, 부사장 등 취체역(이사) 전원이 한국내에 주소를 두고 사무소를 설치했을 때에는 사무소의 명칭여하에 관계없이 한국내에 지점을 설치한 것이라 할 것인 즉, 지점설치의 등기를 해야 하고, 부연하면(이를 하지 아니한 때에는) 제3자는 외국회사의 성립을 부인할 수 있다"고 판시한 바 있다.

5. 株券과 債券의 發行과 流通

외국회사가 국내에서 i) 주권 또는 채권을 발행하거나, ii) 주식의 이전이나 입질 또는 사채를 이전할 경우에는, 상법의 관련규정(335~338, 340①, 355~357, 478①, 479, 480)을 준용한다(618①). 이 경우에는 처음 국내에 설치한 영업소를 본점으로 본다(618②).

6. 營業所閉鎖

(1) 폐쇄명령

외국회사가 국내에 영업소를 설치한 경우에, i) 영업소의 설치목적이 불법한 것인 때, ii)영업소의 설치등기를 한 후 정당한 사유없이 1년내에 영업을 개시하지 아니하거나 1년이상 영업을 휴지한 때 또는 정당한 사유없이 지급을 정지한 때, iii) 회사의 대표자 기타 업무를 집행하는 자가 법령 또는 선량한 풍속 기타 사회질서에 위반한 행위를 한 때에는 법원은 이해관계인 또는 검사의 청구에 의하여 그 영업소의 폐쇄를 명할 수 있다(619①). 영업소 폐쇄명령은 국내회사의 解散命令(176)에 해당하는 조치로서 그 요건이 약간 다를 뿐 기타 회사의 營業財産補塡處分(176②), 이해관계인의 擔保提供(176③,④)에 관한 규정은 폐쇄명령에 준용된다(619②).

국내회사의 해산명령에 해당되므로 일부 규정을 준용한다.

(2) 청 산

영업소폐쇄명령이 있는 경우 또는 외국회사가 스스로 영업소를 폐쇄한 경우에는 법원은 이해관계인의 신청에 의하여 또는 직권으로 국내에 있는 그 회사재산의 전부에 대한 청산의 개시를 명할 수 있다. 이 경우에는 법원은 청산인을 선임하여야 한다(620①③). 외국회사의 청산에 대하여는 그 성질이 허용하지 않는 경우를 제외하고는 주식회사의 청산에 관한 규정(535~537, 542)을 준용한다(620②③).

이해관계인의 신청이나 직권에 의하며 특별한 경우를 제외하고는 주식회사의 규정을 준용한다.

附　　録

上場會社標準定款

附録
上場會社標準定款

上場會社 標準定款

사단법인 한국상장회사협의회
제정 1980. 2. 5 1988. 1.25
개정 1984. 7.13 1988. 1.25
1989. 12.6 1991. 8.21
1993. 6.22 1996. 1.17
1996.10.10 1997. 2.21
1998. 2.17 1999. 2.23
2000. 2.10 1988. 1.25

제 1 장 총 칙

제 1 조(상호) 이 회사는 ○○○주식회사(또는 주식회사 ○○○)라 한다. 영문으로는 ○○○(약호 ○○○)라 표기한다.

제 2 조(목적) 이 회사는 다음의 사업을 영위함을 목적으로 한다.

1.
2.
⋮
6. 전 각호에 부대되는 사업

제 3 조(본점의 소재지 및 지점 등의 설치) ①이 회사는 본점을 ○○에 둔다.

②이 회사는 필요에 따라 이사회의 결의로 지점을 둘 수 있다.

※ 1. 본점의 소재지는 서울특별시(○○광역시) 또는 ○○도 ○○시(군) 정도로 규정하여도 무방함.
2. 상법상 지점 이외에 출장소, 사무소 및 해외현지법인 등을 이사회 결의에 의하여 두고자 할 때에는 제2항을 다음과 같이 규정할 수 있음.
예) 이 회사는 필요에 따라 이사회의 결의로 국내외에 지점, 출장소, 사무소 및 현지법인을 둘 수 있다.

제 4 조(공고방법) 이 회사의 공고는 ○○시에서 발행되는 ○○일보(신문)에 게재한다.

제 2 장 주 식

제 5 조(발행예정주식의 총수) 이 회사가 발행할 주식의 총수는 ○○주로 한다.

제 6 조(일주의 금액) 이 회사가 발행하는 주식 일주의 금액은 ○○원으로 한다.

제 7 조(설립시에 발행하는 주식의 총수) 이 회사가 설립시에 발행하는 주식의 총수는 ○○주로 한다.

기명식 보통주식만을 발행할 경우

제 8 조(주식의 종류①) 이 회사가 발행할 주식은 기명식 보통주식으로 한다.

기명식 우선주식도 발행할 경우

제 8 조(주식의 종류②) 이 회사가 발행할 주식의 종류는 기명식 보통주식과 기명식 우선주식으로 한다.

제 8 조의2(우선주식의 수와 내용) ①이 회사가 발행할 우선주식은 의결권이 없는 것으로 하며, 그 발행주식의 수는 ○○주로 한다.(개정 1996.10.10)

②우선주식에 대하여는 액면금액을 기준으로 하여 년 ○○%이상 ○○%이내에서 발행시에 이사회가 우선배당율을 정한다.(개정 1996.10.10)

※ 각 상장회사가 정관에 정할 최저배당률은 투자자에게는 적정한 배당수익이 보장되는 선이면서, 자금코스트등 적정한 재무비용과 그간의 배당정책 그리고 자본시장의 제반지표들을 고려하여 결정하여야 할 것임.(주석변경 2000.2.10)

③보통주식의 배당율이 우선주식의 배당율을 초과할 경우에는 그 초과분에 대하여 보통주식과 동일한 비율로 참가시켜 배당한다.(개정 1996.10.10)

④우선주식에 대하여 어느 사업년도에 있어서 소정의 배당을 하지 못한 경우에는 누적된 미배당분을 다음 사업년도의 배당시에 우선하여 배당한다.(개정 1996.10.10)

⑤우선주식에 대하여 소정의 배당을 하지 아니한다는 결의가 있는 경우에는 그 결의가 있는 총회의 다음 총회부터 그 우선적 배당을 한다는 결의가 있는 총회의 종료시까지는 의결권이 있는 것으로 한다.(개정 1996.10.10)

⑥이 회사가 유상증자 또는 무상증자를 실시하는 경우 우선주식에 대한 신주의 배정은 유상증자의 경우에는 보통주식으로 무상증자의 경우에는 그와 같은 종류의 주식으로 한다.(개정 1996.

10.10)

⑦우선주식의 존속기간은 발행일로부터 ○년으로 하고 이 기간 만료와 동시에 보통주식으로 전환된다. 그러나 위 기간중 소정의 배당을 하지 못한 경우에는 소정의 배당을 완료할 때까지 그 기간을 연장한다. 이 경우 전환으로 인하여 발행하는 주식에 대한 이익의 배당에 관하여는 제10조의4의 규정을 준용한다.(개정 1996.10.10)

※ 우선주식의 존속기간은 그 발행일로부터 최소 3년이상 최장 10년이내의 범위내에서 회사가 자율적으로 결정하도록 함.

제9조(주권의 종류) 이 회사가 발행할 주권의 종류는 일주권, 오주권, 일십주권, 오십주권, 일백주권, 오백주권, 일천주권, 일만주권의 8종으로 한다.

제10조(신주인수권) ①이 회사의 주주는 신주발행에 있어서 그가 소유한 주식수에 비례하여 신주의 배정을 받을 권리를 가진다.(단서삭제 1997.2.21)

②제1항의 규정에 불구하고 다음 각호의 경우에는 주주외의 자에게 신주를 배정할 수 있다.

1. (삭제 2000.2.10)
2. 증권거래법 제189조의3의 규정에 의하여 이사회의 결의로 일반공모증자 방식으로 신주를 발행하는 경우(본호신설 1997.2.21)
3. 증권거래법 제191조의7의 규정에 의하여 우리사주조합원에게 신주를 우선배정하는 경우(본호개정 1997.2.21)
4. 증권거래법 제189조의4의 규정에 의하여 주식매수선택권의 행사로 인하여 신주를 발행하는 경우(본호신설 1997. 2.21, 개정 2000.2.10)
5. 증권거래법 제192조의 규정에 의하여 주식예탁증서(DR) 발행에 따라 신주를 발행하는 경우(본호신설 1998.2.17)
6. 회사가 경영상 필요로 외국인투자촉진법에 의한 외국인투자를 위하여 신주를 발행하는 경우(개정 1999.2.23)

※ 본조 제2항 제6호의 규정은 제3자배정의 하나의 예를 제시한 것으로서 회사가 제3자 배정방식으로 신주를 발행하고자 하는 경우에는 그 밖에도 아래 예시에서 보는 바와 같이 그 목적과 대상을 특정하여야 함.
이와 함께 제10조의2에서 규정한 것과 같이 발행한도와 발행가격 등에 대하여는 별도로 규정하여야 함.
예) 1. "긴급한 자금의 조달을 위하여 국내외 금융기관에게" 신주를 발행하는 경우
2. "기술도입을 필요로 그 제휴회사에게" 신주를 발행하는 경우

※ 신규로 주권을 상장하거나 협회등록을 하고자 하는 회사는 "주권을 신규상장하거나 협회등록하기 위하여 신주를 모집하거나 인수인에게 인수하게 하는 경우"와 같이 주주의 신주인수권 배제근거를 신설하여야 함.(주석신설 2000.2.10)

③주주가 신주인수권을 포기 또는 상실하거나 신주배정에서 단주가 발생하는 경우에 그 처리방법은 이사회의 결의로 정한다.(본항신설 1997.2.21)

제10조의2(일반공모증자등) ①이 회사는 발행주식총수의 100분의 ○○(또는 액면총액이 ○○원)을 초과하지 않는 범위 내에서 증권거래법 제189조의3의 규정에서 정하는 방법에 따라 이사회의 결의로 일반공모증자방식에 의한 신주를 발행할 수 있다.(개정 1999.2.23)

②이 회사는 발행주식총수의 100분의 ○○(또는 액면총액이 ○○원)을 초과하지 않는 범위내에서 증권거래법 제192조의 규정에 따라 이사회 결의로 주식예탁증서(DR)를 발행할 수 있다.(신설 1999.2.23)

③이 회사는 발행주식총수의 100분의 ○○(또는 액면총액이 ○○원)을 초과하지 않는 범위내에서 경영상 필요로 외국인투자촉진법에 의한 외국인투자를 위하여 이사회 결의로 신주를 발행할 수 있다.(개정 1999.2.23)

※ 회사가 제3자를 대상으로 신주를 배정·발행하고자 하는 경우에는 제10조 제2항 제6호 주석에서 예시한 것과 같이 그 목적과 대상을 정하는 것은 물론 발행 당시 신주발행의 필요성과 함께 적합성, 공정성이 확보되도록 유의하여야 함.

④제1항 내지 제3항의 방식에 의해 신주를 발행할 경우에는 발행할 주식의 종류와 수 및 발행가격 등은 이사회의 결의로써 정한다. 다만, 이 경우 신주의 발행가격은 증권거래법 시행령 제84조의5의 규정에서 정하는 가격 이상으로 하여야 한다.(개정 1999.2.23)

제10조의3(주식매수선택권) ①이 회사는 임·직원에게 발행주식총수의 100분의 ○의 범위 내에서 증권거래법 제189조의4의 규정에 의한 주식매수선택권을 주주총회의 특별결의에 의하여 부여할 수 있다.(개정 2000.2.10)

※ 부여총한도는 상장법인 및 협회등록법인의 경우 발행주식총수의 100분의 15이며(증권거래법 시행령 제84조의6 제5항), 벤처기업의 경우 발행주식총수의 100분의 50임(벤처기업 육성에 관한 특별조치법 시행령 제11조의3 제6항).(주석변경 2000.2.10)

②주식매수선택권을 부여받을 자는 회사의 설립·경영과 기술혁신 등에 기여하거나 기여할 수 있는 임·직원으로 하되 다음 각호의 1에 해당하는 자는 제외한다.(개정 2000.2.10)

1. 최대주주(증권거래법 제54조의5 제4항 제2호

의 최대주주를 말한다. 이하 같다) 및 그 특수관계인(증권거래법 시행령 제10조의3 제2항의 규정에 의한 특수관계인을 말한다. 이하 같다). 다만, 당해 법인의 임원이 됨으로써 특수관계인에 해당하게 된 자(그 임원이 계열회사의 비상근임원인 자를 포함한다)는 제외한다.(단서신설 1999.2.23, 개정 2000. 2.10)
2. 주요주주(증권거래법 제188조의 규정에 의한 주요주주를 말한다. 이하 같다) 및 그 특수관계인. 다만, 당해 법인의 임원이 됨으로써 특수관계인에 해당하게 된 자(그 임원이 계열회사의 비상근임원인 자를 포함한다)는 제외한다.(단서신설 1999.2.23, 개정 2000.2.10)
3. 주식매수선택권의 행사로 주요주주가 되는 자
③주식매수선택권의 행사로 교부할 주식(주식매수선택권의 행사가격과 시가와의 차액을 현금 또는 자기주식으로 교부하는 경우에는 그 차액의 산정기준이 되는 주식을 말한다)은 기명식 보통주식(또는 기명식 우선주식)으로 한다.(개정 2000.2.10)
④주식매수선택권의 부여대상이 되는 임·직원의 수는 재직하는 임·직원의 100분의 ○을 초과할 수 없고, 임원 또는 직원 1인에 대하여 부여하는 주식매수선택권은 발행주식총수의 100분의 ○을 초과할 수 없다.(개정 2000.2.10)

※ 과세특례 : 종업원 모두를 부여 대상으로 하는 경우에는 적용되지 아니함(조세특례제한법 시행령 제13조 제9항).(주석변경 1999.2.23)

※ 종업원 1인 부여한도는 발행주식총수의 100분의 10(조세특례제한법 제15조 제2항 제5호)(주석변경 1999.2.23)

⑤주식매수선택권을 행사할 주식의 1주당 행사가격은 다음 각호의 가액 이상이어야 한다. 주식매수선택권을 부여한 후 그 행사가격을 조정하는 경우에도 또한 같다.
1. 새로이 주식을 발행하여 교부하는 경우에는 다음 각목의 가격중 높은 금액
가. 주식매수선택권의 부여일을 기준으로 증권거래법 시행령 제84조의9 제2항 제1호의 규정을 준용하여 평가한 당해 주식의 시가
나. 당해 주식의 권면액
2. 제1호 이외의 경우에는 제1호 가목의 규정에 의하여 평가한 당해 주식의 시가(본항개정 2000.2.10)

※ 상법은 행사가격 및 그 조정에 관한 사항을 주주총회의 특별결의로 정하도록 하고 있으며(제340조의3 제2항 제3호), 증권거래법 시행규칙은 주식매수선택권 부여계약서에 이에 관한 사항을 정하도록 하고 있음(제36조의9 제1항).(주석변경 2000. 2.10)

⑥주식매수선택권은 제1항의 결의일부터 3년이 경과한 날로부터 ○년 내에 행사할 수 있다.(개정 2000.2.10)

※ 주식매수선택권의 행사기간은 3년이 경과한 날로부터 5년~7년(경과기간 3년을 포함하여 10년 이내의 기간)의 범위 내에서 회사가 자율적으로 결정하도록 함.(주석변경 2000.2.10)

※ 주식매수선택권의 행사기간 만료일을 당해 임·직원의 퇴임 또는 퇴직일로 정하는 경우 당해 임·직원이 본인의 귀책사유가 아닌 사유로 퇴임 또는 퇴직한 때에는 그 날부터 3월 이상의 행사기간을 추가로 부여하여야 함(증권거래법 시행규칙 제36조의9 제3항).(주석신설 2000.2.10)

⑦주식매수선택권을 부여받은 자는 제1항의 결의일부터 2년 이상 재임 또는 재직하여야 행사할 수 있다. 다만, 주식매수선택권을 부여받은 자가 제1항의 결의일부터 2년내에 사망하거나 정년으로 인한 퇴임 또는 퇴직 기타 본인의 귀책사유가 아닌 사유로 퇴임 또는 퇴직한 경우에는 그 행사기간 동안 주식매수선택권을 행사할 수 있다.(신설 2000.2.10)
⑧주식매수선택권의 행사로 인하여 발행한 신주에 대한 이익의 배당에 관하여는 제10조의4의 규정을 준용한다.(신설 2000.2.10)
⑨다음 각호의 1에 해당하는 경우에는 이사회의 결의로 주식매수선택권의 부여를 취소할 수 있다.(개정 2000.2.10)
1. 당해 임·직원이 주식매수선택권을 부여받은 후 임의로 퇴임하거나 퇴직한 경우(개정 2000.2.10)
2. 당해 임·직원이 고의 또는 과실로 회사에 중대한 손해를 초래하게 한 경우
3. 기타 주식매수선택권 부여계약에서 정한 취소사유가 발생한 경우(개정 2000.2.10)
(본조신설 1997.2.21)

제10조의4(신주의 배당기산일) 이 회사가 유상증자, 무상증자 및 주식배당에 의하여 신주를 발행하는 경우 신주에 대한 이익의 배당에 관하여는 신주를 발행한 때가 속하는 영업년도의 직전영업년도말에 발행된 것으로 본다.(신설 1996.1.17)

명의개서대리인을 두는 경우

제11조(명의개서대리인①) ①이 회사는 주식의 명의개서대리인을 둔다.
②명의개서대리인 및 그 사무취급장소와 대행업

무의 범위는 이사회의 결의로 정하고 이를 공고한다.

③이 회사의 주주명부 또는 그 복본을 명의개서대리인의 사무취급장소에 비치하고 주식의 명의개서, 질권의 등록 또는 말소, 신탁재산의 표시 또는 말소, 주권의 발행, 신고의 접수, 기타 주식에 관한 사무는 명의개서대리인으로 하여금 취급케 한다.

④제3항의 사무취급에 관한 절차는 명의개서대리인의 유가증권의 명의개서대행 등에 관한 규정에 따른다.(개정1996. 1.17)

제12조(주주 등의 주소, 성명 및 인감 또는 서명 등 신고①) ①주주와 등록질권자는 그 성명, 주소 및 인감 또는 서명등을 제11조의 명의개서대리인에게 신고하여야 한다.(개정1996. 1.17)

②외국에 거주하는 주주와 등록질권자는 대한민국내에 통지를 받을 장소와 대리인을 정하여 신고하여야 한다.

③제1항 및 제2항의 변동이 생긴 경우에도 같다.

명의개서대리인을 두지 않는 경우

제11조(명의개서 등②) 주식의 명의개서, 질권의 등록 또는 말소, 신탁재산의 표시 또는 말소, 주권의 발행, 신고의 접수, 기타 주식에 관한 업무절차는 이사회의 결의로 정하는 주식업무취급규칙에 따른다.

제12조(주주 등의 주소, 성명 및 인감 또는 서명 등 신고②) ①주주와 등록질권자는 그 성명, 주소 및 인감 또는 서명을 이 회사에 신고하여야 한다.(개정1996.1.17)

②외국에 거주하는 주주와 등록질권자는 대한민국내에 통지를 받을 장소와 대리인을 정하여 신고하여야 한다.

③제1항 및 제2항의 변동이 생긴 경우에도 같다.

제13조(주주명부의 폐쇄 및 기준일) ①이 회사는 매년 1월 1일부터 1월 31일까지 권리에 관한 주주명부의 기재변경을 정지한다.

②이 회사는 매년 12월 31일 최종의 주주명부에 기재되어 있는 주주를 그 결산기에 관한 정기주주총회에서 권리를 행사할 주주로 한다.

③이 회사는 임시주주총회의 소집 기타 필요한 경우 이사회의 결의로 3월을 경과하지 아니하는 일정한 기간을 정하여 권리에 관한 주주명부의 기재변경을 정지하거나 이사회의 결의로 정한 날에 주주명부에 기재되어 있는 주주를 그 권리를 행사할 주주로 할 수 있으며, 이사회가 필요하다고 인정하는 경우에는 주주명부의 기재변경정지와 기준일의 지정을 함께 할 수 있다. 회사는 이를 2주간전에 공고하여야 한다.

※ 회사가 정기주주총회 개최를 위하여 주주명부를 폐쇄하지 않고 기준일제도만을 채택하고자 할 경우에는 제13조를 다음과 같이 규정할 수 있음.

예) **제13조(기준일)** ①이 회사는 매년 12월 31일 최종의 주주명부에 기재되어 있는 주주를 그 결산기에 관한 정기주주총회에서 권리를 행사할 주주로 한다.

② 이 회사는 임시주주총회의 소집 기타 필요한 경우 이사회의 결의로 정한 날에 주주명부에 기재되어 있는 주주를 그 권리를 행사할 주주로 한다. 회사는 이를 2주간전에 공고하여야 한다.

※ 회사가 정기주주총회 종료일까지 주주명부를 폐쇄하고자 할 경우에는 제13조를 다음과 같이 규정할 수 있음.

예) **제13조(주주명부의 폐쇄 및 기준일)** ①이 회사는 매년 1월 1일부터 그 결산기에 관한 정기주주총회 종료일까지 권리에 관한 주주명부의 기재변경을 정지한다.

② 이 회사는 매년 12월 31일 최종의 주주명부에 기재되어 있는 주주를 그 결산기에 관한 정기주주총회에서 권리를 행사할 주주로 한다.

③ 이 회사는 임시주주총회의 소집 기타 필요한 경우 이사회의 결의로 3월을 경과하지 아니하는 일정한 기간을 정하여 권리에 관한 주주명부의 기재변경을 정지하거나 이사회의 결의로 정한 날에 주주명부에 기재되어 있는 주주를 그 권리를 행사할 주주로 할 수 있으며, 이사회가 필요하다고 인정하는 경우에는 주주명부의 기재변경정지와 기준일의 지정을 함께 할 수 있다. 회사는 이를 2주간전에 공고하여야 한다.

제3장 사 채

제14조(전환사채의 발행) ①이 회사는 사채의 액면총액이 ○○원을 초과하지 않는 범위내에서 다음 각호의 경우 이사회 결의로 주주외의 자에게 전환사채를 발행할 수 있다.(개정 2000.2.10)

1. 전환사채를 일반공모의 방법으로 발행하는 경우
2. 경영상 필요로 외국인투자촉진법에 의한 외국인투자를 위하여 전환사채를 발행하는 경우
3. ……………
4. ……………
5. ……………

※ 본항 제2호의 규정은 제3자배정방식의 일례를 제시한 것으로서 회사가 제3자배정방식으로 전환사채를 발행하고자 하는 경우에는 그 밖에도 아래 예시에서 보는 바와 같이 그 목적과 대상을 특정하여야 함.(주석신설

2000.2.10)

예) 1. 기술도입을 필요로 그 제휴회사에 전환사채를 발행하는 경우

2. 긴급한 자금의 조달을 위하여 국내외 금융기관에게 전환사채를 발행하는 경우

3. 증권거래법 제192조의 규정에 의하여 해외에서 전환사채를 발행하는 경우

②제1항의 전환사채에 있어서 이사회는 그 일부에 대하여만 전환권을 부여하는 조건으로도 이를 발행할 수 있다.

③전환으로 인하여 발행하는 주식은 ○○주식으로 하고 전환가액은 주식의 액면금액 또는 그 이상의 가액으로 사채발행시 이사회가 정한다.

※ 회사가 전환사채의 전환청구로 인하여 발행할 신주의 종류를 여러 종류의 주식(우선주와 보통주)으로 하고자 할 경우에는 다음과 같이 규정할 수 있음.(주석신설 2000.2.10)

예) 전환으로 인하여 발행하는 주식은 사채의 액면총액 중 ○○원은 보통주식으로, ○○원은 우선주식으로 하고, 전환가액은 주식의 액면금액 또는 그 이상의 가액으로 사채발행시 이사회가 정한다.

④전환을 청구할 수 있는 기간은 당해 사채의 발행일후 ○○월(또는 ○○일)이 경과하는 날로부터 그 상환기일의 직전일까지로 한다. 그러나 위 기간내에서 이사회의 결의로써 전환청구기간을 조정할 수 있다.

⑤전환으로 인하여 발행하는 주식에 대한 이익의 배당과 전환사채에 대한 이자의 지급에 관하여는 제10조의4의 규정을 준용한다.(개정1996.1.17)

※ (주석삭제 2000.2.10)

제15조(신주인수권부사채의 발행) ①이 회사는 사채의 액면총액이 ○○원을 초과하지 않는 범위내에서 다음 각호의 경우 이사회 결의로 주주외의 자에게 신주인수권부사채를 발행할 수 있다.(개정 2000.2.10)

1. 신주인수권부사채를 일반공모의 방법으로 발행하는 경우

2. 경영상 필요로 외국인투자촉진법에 의한 외국인투자를 위하여 신주인수권부사채를 발행하는 경우

3. ……………

4. ……………

5. ……………

※ 본항 제2호의 규정은 제3자배정방식의 일례를 제시한 것으로서 회사가 제3자배정방식으로 신주인수권부사채를 발행하고자 하는 경우에는 그 밖에도 아래 예시에서 보는 바와 같이 그 목적과 대상을 특정하여야 함.(주석신설 2000.2.10)

예) 1. 기술도입을 필요로 그 제휴회사에 신주인수권부사채를 발행하는 경우

2. 긴급한 자금의 조달을 위하여 국내외 금융기관에게 신주인수권부사채를 발행하는 경우

3. 증권거래법 제192조의 규정에 의하여 해외에서 신주인수권부사채를 발행하는 경우

②신주인수를 청구할 수 있는 금액은 사채의 액면총액을 초과하지 않는 범위내에서 이사회가 정한다.

③신주인수권의 행사로 발행하는 주식은 ○○주식으로 하고 그 발행가액은 액면금액 또는 그 이상의 가액으로 사채발행시 이사회가 정한다.

④신주인수권을 행사할 수 있는 기간은 당해 사채발행일후 ○○월(또는 ○○일)이 경과한 날로부터 그 상환기일의 직전일까지로 한다. 그러나 위 기간내에서 이사회의 결의로써 신주인수권의 행사기간을 조정할 수 있다.

⑤신주인수권의 행사로 인하여 발행하는 주식에 대한 이익의 배당에 관하여는 제10조의4의 규정을 준용한다.(개정1996.1.17)

제16조(사채발행에 관한 준용규정) 제11조, 제12조의 규정은 사채발행의 경우에 준용한다.(개정 1996.1.17)

제 4 장 주주총회

제17조(소집시기) ①이 회사의 주주총회는 정기주주총회와 임시주주총회로 한다.

②정기주주총회는 매사업년도 종료후 3월이내에, 임시주주총회는 필요에 따라 소집한다.

제18조(소집권자) ①주주총회의 소집은 법령에 다른 규정이 있는 경우를 제외하고는 이사회의 결의에 따라 대표이사(사장)이 소집한다.

②대표이사(사장)이 유고시에는 제34조 제2항의 규정을 준용한다.

제19조(소집통지 및 공고) ①주주총회를 소집함에는 그 일시, 장소 및 회의의 목적사항을 총회일 2주간전에 주주에게 서면으로 통지를 발송하여야 한다.

②의결권있는 발행주식총수의 100분의 1이하의 주식을 소유한 주주에 대한 소집통지는 2주간전에 주주총회를 소집한다는 뜻과 회의 목적사항을 ○○에서 발행하는 ○○일보(신문)와 ○○신문(일보)에 2회이상 공고함으로써 서면에 의한 소집통지에 갈음할 수 있다.

③이 회사가 제1항 및 제2항에 따라 주주총회의 소집통지 또는 공고를 하는 경우에는 증권거래법 제191조의10 제2항에서 규정하는 회사의 경영참고사항을 통지 또는 공고하여야 한다. 그러

나 회사의 경영참고사항을 회사의 본·지점, 명의개서대행회사, 금융감독위원회, 증권거래소에 비치하는 경우에는 통지 또는 공고에 갈음할 수 있다.(개정 1999.2.23)

제20조(소집지) 주주총회는 본점소재지에서 개최하되 필요에 따라 이의 인접지역에서도 개최할 수 있다.

※ 지방에 본점을 둔 회사가 특정시에서 주주총회를 개최하고자 하는 경우에는 제20조에 그 장소를 다음과 같이 추가하여도 무방함.

예) 주주총회는 본점소재지 또는 이의 인접지 이외에 ○○시에서도 개최할 수 있다.

제21조(의장) ①주주총회의 의장은 대표이사(사장)으로 한다.

②대표이사(사장)이 유고시에는 제34조 제2항의 규정을 준용한다.

제22조(의장의 질서유지권) ①주주총회의 의장은 고의로 의사진행을 방해하기 위한 발언·행동을 하는 등 현저히 질서를 문란하게 하는 자에 대하여 그 발언의 정지 또는 퇴장을 명할 수 있다.(개정 2000.2.10)

②주주총회의 의장은 의사진행의 원활을 기하기 위하여 필요하다고 인정할 때에는 주주의 발언의 시간 및 회수를 제한할 수 있다.

제23조(주주의 의결권) 주주의 의결권은 1주마다 1개로 한다.

제24조(상호주에 대한 의결권 제한) 이 회사, 모회사 및 자회사 또는 자회사가 다른 회사의 발행주식총수의 10분의 1을 초과하는 주식을 가지고 있는 경우 그 다른 회사가 가지고 있는 이 회사의 주식은 의결권이 없다.

제25조(의결권의 불통일행사) ①2이상의 의결권을 가지고 있는 주주가 의결권의 불통일행사를 하고자 할 때에는 회일의 3일전에 회사에 대하여 서면으로 그 뜻과 이유를 통지하여야 한다.

②회사는 주주의 의결권의 불통일행사를 거부할 수 있다. 그러나 주주가 주식의 신탁을 인수하였거나 기타 타인을 위하여 주식을 가지고 있는 경우에는 그러하지 아니하다.

제26조(의결권의 대리행사) ①주주는 대리인으로 하여금 그 의결권을 행사하게 할 수 있다.

②제1항의 대리인은 주주총회 개시전에 그 대리권을 증명하는 서면(위임장)을 제출하여야 한다.

제27조(주주총회의 결의방법) 주주총회의 결의는 법령에 다른 정함이 있는 경우를 제외하고는 출석한 주주의 의결권의 과반수로 하되 발행주식총수의 4분의 1이상의 수로 하여야 한다.(개정 1996.1.17)

서면에 의한 의결권행사제도를 도입하는 경우

※ 상법 제368조의3에 따라 서면에 의한 의결권행사제도를 도입하기 위하여는 다음과 같이 제27조의2의 규정을 두어야 함.

제27조의2(서면에 의한 의결권의 행사) ①주주는 총회에 출석하지 아니하고 서면에 의하여 의결권을 행사할 수 있다.

②회사는 제1항의 경우 총회의 소집통지서에 주주의 의결권 행사에 필요한 서면과 참고자료를 첨부하여야 한다.

③서면에 의하여 의결권을 행사하고자 하는 주주는 제2항의 서면에 필요한 사항을 기재하여, 회일의 전일까지 회사에 제출하여야 한다.

(본조신설 2000.2.10)

서면에 의한 의결권행사제도를 도입하지 않는 경우

※ 서면에 의한 의결권행사제도를 도입하지 않는 경우에는 제27조의2와 같은 규정을 두지 아니함.

제28조(주주총회의 의사록) 주주총회의 의사는 그 경과의 요령과 결과를 의사록에 기재하고 의장과 출석한 이사가 기명날인 또는 서명을 하여 본점과 지점에 비치한다.(개정1996.1.17)

제 5 장　이사·이사회

제29조(이사의 수) 이 회사의 이사는 3명이상 ○명이내로 하고, 사외이사는 이사총수의 4분의 1 이상으로 한다.(개정 2000.2.10)

※ 최근사업년도말 자산총액이 2조원 이상인 상장회사는 3인 이상으로 이사총수의 2분의 1 이상을 사외이사로 선임하여야 함. 다만, 2000사업년도 종료후 최초로 소집되는 정기주주총회 전까지는 3인 이상이면 2분의 1 미만으로 할 수 있음.(주석신설 2000.2.10)

제30조(이사의 선임) ①이사는 주주총회에서 선임한다.(개정 2000.2.10)

②이사의 선임은 출석한 주주의 의결권의 과반수로 하되 발행주식총수의 4분의 1이상의 수로 하여야 한다.(개정 1996.1.17, 2000.2.10)

집중투표제를 채택할 경우

※ 집중투표제에 대한 배제규정을 정관에 두지 않는 경우에는 상법 제382조의2 규정에 의한 집중투표제를 적용하는 것임.

집중투표제를 채택하지 않을 경우

③2인 이상의 이사를 선임하는 경우 상법 제382조의2에서 규정하는 집중투표제는 적용하지 아니한다.(신설 1999.2.23, 개정 2000.2.10)

제31조(이사의 임기) 이사의 임기는 3년으로 한다. 그러나 그 임기가 최종의 결산기 종료후 당해결산기에 관한 정기주주총회전에 만료될 경우에는 그 총회의 종결시까지 그 임기를 연장한다. (개정 2000.2.10)

제32조(이사의 보선) 이사중 결원이 생긴 때에는 주주총회에서 이를 선임한다. 그러나 이 정관 제( )조에서 정하는 원수를 결하지 아니하고 업무수행상 지장이 없는 경우에는 그러하지 아니한다.(개정 2000.2.10)

제33조(대표이사 등의 선임) 이 회사는 이사회의 결의로 대표이사(사장) ○명, 부사장, 전무이사 및 상무이사 약간명을 선임할 수 있다.

제34조(이사의 직무) ①대표이사(사장)은 회사를 대표하고 업무를 총괄한다.

②부사장, 전무이사, 상무이사 및 이사는 사장을 보좌하고 이사회에서 정하는 바에 따라 이 회사의 업무를 분장 집행하며 대표이사(사장)의 유고시에는 위 순서로 그 직무를 대행한다.

제34조의2(이사의 보고의무) 이사는 회사에 현저하게 손해를 미칠 염려가 있는 사실을 발견한 때에는 즉시 감사에게 이를 보고하여야 한다.(신설 1996.1.17)

※ 감사위원회를 설치한 회사는 "감사위원회에" 보고하는 것으로 규정하여야 함.(주석신설 2000.2.10)

제35조 (삭제 2000.2.10)

제36조 (삭제 2000.2.10)

제37조(이사회의 구성과 소집) ①이사회는 이사로 구성하며 이 회사 업무의 중요사항을 결의한다.

②이사회는 대표이사(사장) 또는 이사회에서 따로 정한 이사가 있을 때에는 그 이사가 회일 ○○일전에 각 이사 및 감사에게 통지하여 소집한다. 그러나 이사 및 감사 전원의 동의가 있을 때에는 소집절차를 생략할 수 있다.

③이사회의 의장은 제2항의 규정에 의한 이사회의 소집권자로 한다.(신설 2000.2.10)

제38조(이사회의 결의방법) ①이사회의 결의는 이사 과반수의 출석과 출석이사의 과반수로 한다.

②이사회는 이사의 전부 또는 일부가 직접 회의에 출석하지 아니하고 모든 이사가 동영상 및 음성을 동시에 송·수신하는 통신수단에 의하여 결의에 참가하는 것을 허용할 수 있다. 이 경우 당해 이사는 이사회에 직접 출석한 것으로 본다. (개정 2000.2.10)

③이사회의 결의에 관하여 특별한 이해관계가 있는 자는 의결권을 행사하지 못한다.

제39조(이사회의 의사록) ①이사회의 의사에 관하여는 의사록을 작성하여야 한다.

②의사록에는 의사의 안건, 경과요령, 그 결과, 반대하는 자와 그 반대이유를 기재하고 출석한 이사 및 감사가 기명날인 또는 서명하여야 한다. (본조개정 1996.1.17, 2000.2.10)

※ 감사위원회를 설치한 경우에는 감사를 삭제하여야 함. (주석신설 2000.2.10)

제39조의2(위원회) ①이 회사는 이사회내에 다음 각호의 위원회를 둔다.

1. ○○위원회
2. ....
3. ....
4. ....

※ 최근사업년도말 자산총액이 2조원 이상인 상장회사는 증권거래법 제191조의16 제3항(제54조의5 제3항) 및 제191조의17 제1항에 의하여 사외이사후보추천위원회와 감사위원회를 반드시 설치하여야 함. 각 위원회의 명칭은 다음과 같이 규정할 수 있음.(주석신설 2000.2.10)

예) 1. 경영위원회
2. 보수위원회
3. 사외이사후보추천위원회
4. 감사위원회

②각 위원회의 구성, 권한, 운영 등에 관한 세부사항은 이사회의 결의로 정한다.

③위원회에 대해서는 제37조, 제38조 및 제39조의 규정을 준용한다.

(본조신설 2000.2.10)

제40조(이사의 보수와 퇴직금) ①이사의 보수는 주주총회의 결의로 이를 정한다.(개정 2000.2.10)

②이사의 퇴직금의 지급은 주주총회 결의를 거친 임원퇴직금지급규정에 의한다.(개정 2000.2.10)

제41조(상담역 및 고문) 이 회사는 이사회의 결의로 상담역 또는 고문 약간명을 둘 수 있다.

감사를 두는 경우

제6장 감 사

제41조의2(감사) ①이 회사의 감사는 1명이상 ○명이내로 한다. 그 중 1명이상은 상근으로 하여

야 한다.

②감사의 선임을 위한 의안은 이사의 선임을 위한 의안과는 구분하여 의결하여야 한다.

③감사의 선임은 출석한 주주의 의결권의 과반수로 하되 발행주식총수의 4분의 1이상의 수로 하여야 한다. 그러나 의결권있는 발행주식총수의 100분의 3을 초과하는 수의 주식을 가진 주주는 그 초과하는 주식에 관하여 제1항의 감사의 선임에 있어서는 의결권을 행사하지 못한다. 다만, 소유주식수의 산정에 있어 최대주주와 그 특수관계인, 최대주주 또는 그 특수관계인의 계산으로 주식을 보유하는 자, 최대주주 또는 그 특수관계인에게 의결권을 위임한 자가 소유하는 의결권있는 주식의 수는 합산한다.

(본조신설 2000.2.10)

제41조의3(감사의 임기) 감사의 임기는 취임후 3년내의 최종의 결산기에 관한 정기주주총회 종결시까지로 한다.(신설 2000.2.10)

제41조의4(감사의 보선) 감사중 결원이 생긴 때에는 주주총회에서 이를 선임한다. 그러나 이 정관 제( )조에서 정하는 원수를 결하지 아니하고 업무수행상 지장이 없는 경우에는 그러하지 아니한다.(신설 2000.2.10)

제41조의5(감사의 직무) ①감사는 이 회사의 회계와 업무를 감사한다.

②감사는 회의의 목적사항과 소집의 이유를 기재한 서면을 이사회에 제출하여 임시총회의 소집을 청구할 수 있다.

③감사는 그 직무를 수행하기 위하여 필요한 때에는 자회사에 대하여 영업의 보고를 요구할 수 있다. 이 경우 자회사가 지체없이 보고를 하지 아니할 때 또는 그 보고의 내용을 확인할 필요가 있는 때에는 자회사의 업무와 재산상태를 조사할 수 있다.

(본조신설 2000.2.10)

제41조의6(감사록) 감사는 감사에 관하여 감사록을 작성하여야 하며, 감사록에는 감사의 실시요령과 그 결과를 기재하고 감사를 실시한 감사가 기명날인 또는 서명하여야 한다.(신설 2000.2.10)

제41조의7(감사의 보수와 퇴직금) ①감사의 보수는 주주총회의 결의로 이를 정한다. 감사의 보수결정을 위한 의안은 이사의 보수결정을 위한 의안과는 구분하여 의결하여야 한다.

②감사의 퇴직금의 지급은 주주총회 결의를 거친 임원퇴직금지급규정에 의한다.

(본조신설 2000.2.10)

감사위원회를 두는 경우

제 6 장 감사위원회

제41조의2(감사위원회의 구성) ①이 회사는 감사에 갈음하여 제39조의2의 규정에 의한 감사위원회를 둔다.

②감사위원회는 3인 이상의 이사로 구성한다.

③위원의 3분의 2 이상은 사외이사이어야 하고, 사외이사 아닌 위원은 증권거래법 제54조의6 제3항의 요건을 갖추어야 한다.

④사외이사가 아닌 감사위원회 위원의 선임에는 의결권을 행사할 최대주주와 그 특수관계인, 최대주주 또는 그 특수관계인의 계산으로 주식을 보유하는 자, 최대주주 또는 그 특수관계인에게 의결권을 위임한 자가 소유하는 의결권있는 주식의 합계가 의결권있는 발행주식총수의 100분의 3을 초과하는 경우 그 주주는 그 초과하는 주식에 관하여 의결권을 행사하지 못한다.

⑤감사위원회는 그 결의로 위원회를 대표할 자를 선정하여야 한다. 이 경우 수인의 위원이 공동으로 위원회를 대표할 것을 정할 수 있다.

(본조신설 2000.2.10)

제41조의3(감사위원회의 직무) ①감사위원회는 이 회사의 회계와 업무를 감사한다.

②감사위원회는 회의의 목적사항과 소집의 이유를 기재한 서면을 이사회에 제출하여 임시총회의 소집을 청구할 수 있다.

③감사위원회는 그 직무를 수행하기 위하여 필요한 때에는 자회사에 대하여 영업의 보고를 요구할 수 있다. 이 경우 자회사가 지체없이 보고를 하지 아니할 때 또는 그 보고의 내용을 확인할 필요가 있는 때에는 자회사의 업무와 재산상태를 조사할 수 있다.

④감사위원회는 주주총회에 외부감사인 후보를 제청한다.

⑤감사위원회는 제1항 내지 제4항 외에 이사회가 위임한 사항을 처리한다.

(본조신설 2000.2.10)

제41조의4(감사록) 감사위원회는 감사에 관하여 감사록을 작성하여야 하며, 감사록에는 감사의 실시요령과 그 결과를 기재하고 감사를 실시한 감사위원회 위원이 기명날인 또는 서명하여야 한다.(신설 2000.2.10)

제 7 장 계 산

제42조(사업년도) 이 회사의 사업년도는 매년 ○

○월 ○○일부터 (익년) ○○월 ○○일까지로 한다.(개정 1996.1.17)

제43조(재무제표와 영업보고서의 작성 비치 등)

①이 회사의 대표이사(사장)은 정기주주총회 회일의 6주간전에 다음의 서류와 그 부속명세서 및 영업보고서를 작성하여 감사의 감사를 받아야 하며, 다음 각호의 서류와 영업보고서를 정기총회에 제출하여야 한다.

1. 대차대조표
2. 손익계산서
3. 이익잉여금처분계산서 또는 결손금처리계산서

②감사는 정기주주총회일의 1주전까지 감사보고서를 대표이사(사장)에게 제출하여야 한다.(본항 개정 1997.2.21)

※ 제1항과 제2항의 경우 감사위원회를 설치한 회사는 "감사"를 "감사위원회"로 변경하여 규정하여야 함.(주석신설 2000. 2.10)

③대표이사(사장)은 제1항 각호의 서류와 그 부속명세서를 영업보고서 및 감사보고서와 함께 정기주주총회 회일의 1주간전부터 본사에 5년간, 그 등본을 지점에 3년간 비치하여야 한다.

④대표이사(사장)은 제1항 각호의 서류에 대한 주주총회의 승인을 얻은 때에는 지체없이 대차대조표와 외부감사인의 감사의견을 공고하여야 한다.

제43조의2(외부감사인의 선임) 외부감사인은 주식회사의 외부감사에 관한 법률의 규정에 의한 감사인선임위원회의 제청에 의하여 정기주주총회에서 선임한다.(신설 2000.2.10)

※ 감사위원회를 설치한 회사는 감사위원회가 외부감사인을 주주총회에 제청함.(주석신설 2000.2.10)

제44조(이익금의 처분) 이 회사는 매사업년도의 처분전리익잉여금을 다음과 같이 처분한다.(본문 개정 1996.10.10)

1. 이익준비금
2. 기타의 법정적립금
3. 배당금
4. 임의적립금
5. 기타의 이익잉여금처분액

제45조(이익배당) ①이익의 배당은 금전과 주식으로 할 수 있다.

②이익의 배당을 주식으로 하는 경우 회사가 수종의 주식을 발행한 때에는 주주총회의 결의로 그와 다른 종류의 주식으로도 할 수 있다.(신설 1996.1.17)

③제1항의 배당은 매결산기말 현재의 주주명부에 기재된 주주 또는 등록된 질권자에게 지급한다.

중간배당제도를 도입할 경우

제45조의2(중간배당) ①이 회사는 ○월 ○일 0시 현재의 주주에게 증권거래법 제192조의3에 의한 중간배당을 할 수 있다. 중간배당은 금전으로 한다.

②제1항의 중간배당은 이사회의 결의로 하되, 그 결의는 제1항의 기준일 이후 45일내에 하여야 한다.

③중간배당은 직전결산기의 대차대조표상의 순재산액에서 다음 각호의 금액을 공제한 액을 한도로 한다.

1. 직전결산기의 자본의 액
2. 직전결산기까지 적립된 자본준비금과 이익준비금의 합계액
3. 직전결산기의 정기주주총회에서 이익배당하기로 정한 금액
4. 직전결산기까지 정관의 규정 또는 주주총회의 결의에 의하여 특정목적을 위해 적립한 임의준비금
5. 중간배당에 따라 당해 결산기에 적립하여야 할 이익준비금

④사업년도개시일이후 제1항의 기준일이전에 신주를 발행한 경우(준비금의 자본전입, 주식배당, 전환사채의 전환청구, 신주인수권부사채의 신주인수권 행사의 경우를 포함한다)에는 중간배당에 관해서는 당해 신주는 직전사업년도말에 발행된 것으로 본다.

⑤중간배당을 할 때에는 제8조의2의 우선주식에 대하여도 보통주식과 동일한 배당률을 적용한다. (본조신설 1999.2.23)

※ 본조 「중간배당」에 대한 규정취지와 유의사항은 별첨 "중간배당조문에 대한 주해"를 반드시 확인·참조하도록 함.

중간배당제도를 도입하지 않을 경우

※ 중간배당은 정관에 규정한 경우에 한하여 실시할 수 있는 것이므로 중간배당제도를 도입하지 않을 경우에는 정관에 규정할 필요가 없음.

제46조(배당금지급청구권의 소멸시효) ①배당금의 지급청구권은 5년간 이를 행사하지 아니하면 소멸시효가 완성한다.

②제1항의 시효의 완성으로 인한 배당금은 이 회사에 귀속한다.

부　　칙

이 정관은 1980년 2월 5일부터 시행한다.

부　　칙

이 정관은 1984년 7월 13일부터 시행한다.

부　　칙

이 정관은 1988년 1월 25일부터 시행한다.

부　　칙

이 정관은 1989년 12월 6일부터 시행한다.

부　　칙

이 정관은 1991년 8월 21일부터 시행한다.

부　　칙

이 정관은 1993년 6월 22일부터 시행한다.

부　　칙

1. (시행일) 이 정관은 1996년 1월 17일부터 시행한다. 다만, 제10조의2, 제12조, 제27조, 제28조, 제30조, 제31조, 제34조의2, 제35조, 제36조, 제39조, 제45조의 개정규정은 1996년 10월 1일부터 시행한다.
   * 제10조의2의 개정규정의 시행에 관하여는 개정상법시행일이전에 정관을 개정하는 회사로서 개정상법시행일이전에 유상증자, 무상증자 및 주식배당으로 인한 신주가 발행되었거나 발행될 것으로 예상되는 경우 및 개정상법시행일이후에 정관을 개정하는 회사로서 정관개정일이전에 유상증자, 무상증자 및 주식배당으로 인한 신주가 발행된 경우에는 제10조의2의 개정규정의 시행에 대하여 아래와 같이 별도규정하여야 함.
   "제10조의2의 개정규정은 본 정관개정일 이후 최초로 개시되는 사업년도부터 시행한다."
2. (전환사채 및 신주인수권부사채의 발행에 관한 적용례) 제14조 및 제15조의 개정규정은 이 정관시행일 이후 발행되는 분부터 적용한다.
   ※ 제14조 및 제15조에 대한 개정전 규정이 개정규정과 동일한 경우에는 동 조항을 신설할 필요가 없음.

부　　칙

1. (시행일) 이 정관은 1996년 10월 10일부터 시행한다.
2. (우선주식에 대한 경과조치) 이 회사가 개정상법시행일(1996년 10월 1일)이전에 발행한 우선주식(보통주식배당율+1%추가현금배당 우선주식)에 대하여 무상증자에 의하여 우선주식을 발행하는 경우에는 제8조의2의 규정에 의한 새로운 우선주식을 배정한다.
   ※ 이 경과조치는 회사가 본 표준정관 제8조의2를 예시된 개정조문으로 개정한 회사로서 개정상법시행일(1996년 10월 1일) 이전에 발행된 우선주식(보통주식배당율+1%추가현금배당 우선주식)이 있는 회사에만 적용되므로 이러한 회사에서는 반드시 부칙에 이를 명시하여야 함.

부　　칙

이 정관은 1997년 2월 21일부터 시행한다. 다만, 제10조 제2항 제4호 및 제10조의3은 증권거래법시행령 공포일부터 시행하며, 제10조, 제10조의2, 제19조 제3항, 제30조, 제40조 제1항, 제43조 제2항은 1997년 4월 1일부터 시행한다.

부　　칙

이 정관은 1998년 2월 17일부터 시행한다.

부　　칙

이 정관은 1999년 2월 23일부터 시행한다. 다만, 제30조 제3항은 1999년 6월 29일부터 시행한다.

부　　칙

이 정관은 2000년 2월 10일부터 시행한다.

판 례 색 인

[대법원 판결 · 결정]

[서울 고등법원 판결 · 결정]

[부산 고등법원 판결]

[대구 고등법원 판결]

[서울 민사지방법원 판결]

[인천 지방법원 판결]

[대구 지방법원 판결]

[청주 지방법원 판결]

[헌법재판소 결정]

[日本 大審院 判決]

[日本 最高裁判所 判決]

[日本 下級審 判決・決定]

사 항 색 인

[ㄷ]

[著者略歷]
서울대학교 법과대학 졸업
서울대학교 대학원 법학석사 및 법학박사
미국 Washington주립대학, UC Berkeley 연구교수
부산대학교 법과대학 교수 역임
중앙대학교 법과대학장 · 행정대학원장 역임
[현] 중앙대학교 법과대학 교수(http://justice.law.cau.ac.kr/~suhhunje)
민주평통 자문위원, 외교통상부 · 공정거래위원회 자문위원
대한상사중재원 중재인, 외무고시 · 사법시험 위원
경실련 경제정의연구소 바른기업시민운동본부장

[主要著書]
「컨테이너 複合運送人의 責任法理」(三知院), 1986
「通商問題와 法」(제2판, 栗谷出版社), 1995
「對外通商環境變化와 法制改編」(集文堂), 1996
「公正去來法審決例 100選」(共著, 法文社), 1996
「問題中心 國際經濟法」(共著, 法文社), 1998
「國際經濟法」(제2판, 栗谷出版社), 1998
「어음 · 手票法」(제2판, 法文社), 2000
「사례중심체계 어음 · 手票法」(제2판, 法文社), 2000
「會社法」(法文社), 2000
「사례중심체계 商法講義(下)」(法文社), 2004
「상법의 이해」(栗谷出版社), 2003
「사례형객관식 상법의 이해」(공저, 회경사), 2004
「國際去來法」(제4판, 法文社), 2006
「캐나다와 영국의 문화정책 및 법제에 관한 연구」(공저, 한국법제연구원), 2006
「사법시험 국제거래법-이론 및 문제」(공저, 법문사), 2007

사례중심체계 **商法講義(上)**

2001年 9月 20日 初版 發行
2007年 9月 12日 第2版1刷 發行

著　者 徐 憲 濟
發行人 裵 孝 善
發行處 圖書出版 法 文 社
413-756 경기도 파주시 교하읍 문발리 526-3
등　록 1957년 12월 12일/제2-76호(윤)
전　화 031-955-6500~6 FAX 031-955-6525
E-mail (영업) bms@bobmunsa.co.kr
(편집) edit66@bobmunsa.co.kr
홈페이지 http://www.bobmunsa.co.kr
組　版 (주) 성 지 이 디 피

정가 38,000원 ISBN 978-89-18-01570-5